2018

FREQUENTLY USED LAWS AND REGULATIONS

中华人民共和国
常用法律法规全书
（含司法解释）

法律出版社法规中心 编

全国百佳图书出版单位
法律出版社
LAW PRESS·CHINA

图书在版编目(CIP)数据

2018中华人民共和国常用法律法规全书：含司法解释/法律出版社法规中心编. -- 7版. -- 北京：法律出版社，2017
(法律法规全书系列)
ISBN 978-7-5197-1832-9

Ⅰ.①2… Ⅱ.①法… Ⅲ.①法律-汇编-中国②法律解释-汇编-中国 Ⅳ.①D920.9

中国版本图书馆CIP数据核字(2017)第326816号

2018中华人民共和国常用法律法规全书(含司法解释)
2018 ZHONGHUA RENMIN GONGHEGUO CHANGYONG FALÜ FAGUI QUANSHU (HAN SIFA JIESHI)

法律出版社法规中心 编

责任编辑 张 戬
装帧设计 马 帅

出版 法律出版社
总发行 中国法律图书有限公司
经销 新华书店
印刷 三河市兴达印务有限公司
责任印制 吕亚莉

编辑统筹 法规出版分社
开本 787毫米×960毫米 1/16
印张 53
字数 1608千
版本 2018年2月第7版
印次 2018年2月第1次印刷

法律出版社/北京市丰台区莲花池西里7号(100073)
网址/www.lawpress.com.cn
投稿邮箱/info@lawpress.com.cn
举报维权邮箱/jbwq@lawpress.com.cn
销售热线/010-63939792
咨询电话/010-63939796

中国法律图书有限公司/北京市丰台区莲花池西里7号(100073)
全国各地中法图分、子公司销售电话：
统一销售客服/400-660-6393
第一法律书店/010-63939781/9782
西安分公司/029-85330678
重庆分公司/023-67453036
上海分公司/021-62071639/1636
深圳分公司/0755-83072995

书号:ISBN 978-7-5197-1832-9
定价:98.00元
(如有缺页或倒装,中国法律图书有限公司负责退换)

“法律法规全书”十周年改版说明

尊敬的读者：

法律出版社“法律法规全书”系列法规工具书自2008年推出以来，一直保持较高的市场认可度，经常荣登本类销量榜前列。值此十周年之际，我们首先要对长期以来一直关心、支持我们的读者致以诚挚的谢意。

为更加适应社会传播方式的改变及读者不断变化的需求，我们决定对本套系作出改版，并更好地与读者沟通，做好读者服务。本次改版涉及以下几方面：

一是对图书套系作出拆分。原套系统一采用特16开“方砖头”规格（成品尺寸18.5厘米×23厘米），这种便于摊开翻阅的形式逐渐得到了读者的认可和欢迎。但随着国家立法的不断完善，新的立法越来越多，法规数量越来越庞杂。囿于装订技术所限，只能通过缩小字号、行距或者删减内容等传统方式来控制图书厚度，但这是以牺牲读者阅读品质或牺牲图书完整度作为代价的。因此，经过对套系进行深入分析，我们发现本套图书大体可分为两类：一类是民事法、刑事法、诉讼法相关分册，主要涉及国家法律和司法解释层面相关文件，立法相对稳定；另一类是行政法、经济法相关分册，主要涉及国家法律、行政法规和部门规章层面相关文件，行政法规和部门规章新增数量较多，近年来图书“增厚”明显。鉴于此，我们将行政法、经济法相关分册的开本增大为正16开（成品尺寸18.5厘米×26厘米），并在保持法律、行政法规收齐的前提下，进一步梳理各领域部门规章，尽力将该领域部门规章层面的法律文件全部收录齐，并做到“加量不加价”。改后的**行政法、经济法相关分册**归属于“法律法规全书（含全部规章）”系列，**民事法、刑事法、诉讼法相关分册**保留在“法律法规全书”系列中。两个系列装帧相同、收录标准相同，仅在开本上有所差异。

二是保留2016年前广泛采用的“彩虹色系”。本系列图书2017年采用新配色方案后，部分读者反映与旧版差别过大，难以与以往版本相关联，也难以与其他同质产品相区分。故2018年改版后，我们将恢复2009年至2016年间广泛采用的“彩虹色系”配色方案，除个别分册外，均恢复原封面色彩，延续经典。

三是改进读者服务方式。书信往来是出版社与读者沟通的传统渠道，我们从2013年开始尝试通过电子邮件为读者提供增补和沟通交流，但仍难以实现与读者的及时互动和沟通。随着微信的发展普及，我们决定自2018年开始，推出微信公众服务号。读者可通过公众服务号免费获取增补材料，也可直接与编辑部门互动交流，今后还将根据情况逐渐实现最新立法信息速递、最新图书出版信息获取、绝版图书加印申请、编校错误反馈等功能。

法规中心公众服务号

法律出版社成立于1954年，是司法部直属的法律专业出版机构，享有"社会科学类全国一级出版社"、"全国百佳图书出版单位"、全国首批"数字出版转型示范单位"和"中央国家机关文明单位"等荣誉称号。

法律出版社法规中心是法律出版社旗下的专业法规编纂机构，"法律法规全书"系列及新"法律法规全书（含全部规章）"系列是法规中心重点打造的品牌产品，倾注中心领导、编辑十余年编辑经验与智慧，**其严谨并有特色的逻辑编排体系、谨慎严苛的法规选取标准、细致严密的编辑技术、专业严格的专家评审规则**，使图书内容做到实用而不冗余，"干货"多、"注水"无，是其多年来在市场上保有良好口碑和区别于近年来市场上新增同质化产品的关键所在。

最后，感谢所有购买、支持、关注过"法律法规全书"系列图书的读者，读者的支持是本套图书十年来得以不断再版的根源。我们将一如既往地保持出版品质，尽力为读者提供更好的法规信息服务。

法律出版社法规中心

2018年1月

购买法律社图书，认准独角兽标志！

编辑出版说明

新中国成立以来特别是改革开放30多年来,中国的立法工作取得了举世瞩目的成就。目前,涵盖社会关系各个方面的法律部门已经齐全,各个法律部门中基本的、主要的法律已经制定,相应的行政法规和地方性法规比较完备,法律体系内部总体做到科学和谐统一,中国特色社会主义法律体系已经形成。

中国特色社会主义法律体系,是以宪法为统帅,以法律为主干,以行政法规、地方性法规为重要组成部分,由宪法相关法、民法商法、行政法、经济法、社会法、刑法、诉讼与非诉讼程序法等多个法律部门组成的有机统一整体。上述法律部门确立的各项法律制度,涵盖了社会关系的各个方面,把国家各项工作、社会各个方面纳入了法治化轨道,为依法治国、建设社会主义法治国家提供了坚实的基础。法律已经成为中国公民、法人和其他组织解决各种矛盾和纠纷的重要手段,也为中国各级人民法院维护公民、法人和其他组织的合法权益提供了重要依据。

根据国务院新闻办公室《中国特色社会主义法律体系》白皮书的统计,截至2011年8月底,中国已制定现行宪法和有效法律共240部、行政法规706部、地方性法规8600多部。2011年至2017年间,又有大量法律法规新出台或被修改。从上述数据可见,中国的法律法规数量大、层级多。一方面,对于绝大部分人而言,掌握上述所有的法律法规既不现实,也无必要;另一方面,法律已经渗透到社会生活的各个领域,每个人都应该学习、掌握必备的法律,这又是不争的现实。为解决上述两方面的矛盾,满足社会各界对常用法律法规学习、了解、查阅的需要,我们精心编辑出版了这本《中华人民共和国常用法律法规全书(含司法解释)》。

本书收录了改革开放以来至2017年12月期间公布的现行有效的常用法律、行政法规。考虑到法律的施行离不开司法部门的参与,故将最高人民法院、最高人民检察院公布的重要司法解释也涵盖在书中。全书根据中国特色社会主义法律体系的组成部门编排并略有变动,分为宪法国家法、社会法、民事法、商事法、经济法、行政法、刑法、程序法八个部分,每一类下又根据实际立法情况细分诸多小类。目录中对法律以外的法规、司法解释等文件用仿宋字体显示。正文中对所有法律均附加条旨,可指引读者迅速找到自己需要的条文。本书具有体系清晰、查阅方便的特点。

党的十九大明确全面推进依法治国,法律在国家政治生活、社会治理中的作用将越来越大,今后一段时期,法律、法规的修改、完善更是不可避免的。为保持本书与新法的同步更新,避免读者在一定周期内重复购书,特结合法律出版社法规中心的资源优势提供动态增补服务。读者可扫描书末或封底二维码关注法规中心公众服务号,查看、下载免费增补材料。

由于编者水平所限,还望读者在使用过程中不吝赐教,提出您的宝贵意见,以便本书继续修订完善。

法律出版社法规中心

2018年1月

总 目 录

目　　录

一、宪法国家法编

二、民 事 法 编

三、商事法编

1. 公司企业

2. 保险

3. 票据

4. 证券、基金

四、经济法编

1. 总类

2. 财税

3. 金融

五、行政法编

1. 总类

2. 人事

3. 公安

4. 司法行政

六、社会法编

八、程序法编

1. 诉讼程序

2. 非诉讼程序

附　录

一、宪法国家法编

导读：

宪法国家法，在《中国特色社会主义法律体系》白皮书中称为“宪法相关法”。根据“白皮书”的描述，宪法相关法是与宪法相配套、直接保障宪法实施和国家政权运作等方面的法律规范，调整国家政治关系，主要包括国家机构的产生、组织、职权和基本工作原则方面的法律，民族区域自治制度、特别行政区制度、基层群众自治制度方面的法律，维护国家主权、领土完整、国家安全、国家标志象征方面的法律，保障公民基本政治权利方面的法律。截至 2011 年 8 月底，中国已制定宪法相关法方面的法律 38 部和一批行政法规、地方性法规。

中国制定了全国人民代表大会和地方各级人民代表大会选举法、地方各级人民代表大会和地方各级人民政府组织法等法律，建立了人民代表大会代表和国家机构领导人员选举制度，为保证人民当家作主提供了制度保障，为国家机构的产生提供了合法基础；制定了全国人民代表大会组织法、国务院组织法、人民法院组织法、人民检察院组织法等法律，建立了有关国家机构的组织、职权和权限等方面的制度；为贯彻落实“一国两制”方针，实现国家统一，制定了香港特别行政区基本法、澳门特别行政区基本法，建立了特别行政区制度，保持了香港、澳门的长期繁荣和稳定；制定了居民委员会组织法和村民委员会组织法，建立了城乡基层群众自治制度。公民依法直接行使民主选举、民主决策、民主管理和民主监督的权利，对基层组织的公共事务和公益事业实行民主自治，这成为中国最直接、最广泛的民主实践。制定了缔结条约程序法、领海及毗连区法、专属经济区和大陆架法、反分裂国家法和国旗法、国徽法等法律，建立了维护国家主权和领土完整的法律制度，捍卫了国家的根本利益；制定了集会游行示威法、国家赔偿法等法律以及民族、宗教、信访、出版、社团登记方面的行政法规，保障了公民基本政治权利。

中国充分保障公民的选举权和被选举权。选举实行普遍、平等、直接选举和间接选举相结合以及差额选举的原则。中国宪法规定，年满 18 周岁的公民，不分民族、种族、性别、职业、家庭出身、宗教信仰、教育程度、财产状况、居住期限，除依法被剥夺政治权利的人外，都有选举权和被选举权。为保障公民的选举权和被选举权，根据国情和实际，中国不断修改完善选举制度，逐步实现了城乡按相同人口比例选举人大代表，并保证各地区、各民族、各方面都有适当数量的代表，实现了城乡居民选举权的完全平等。

中国制定了民族区域自治法，实行民族区域自治制度，充分尊重和保障各少数民族管理本民族内部事务的权利，依法保障各少数民族的合法权益。目前，依据宪法和法律，中国共建立了 155 个民族自治地方，包括 5 个自治区、30 个自治州、120 个自治县(旗)。此外，还建立了 1100 多个民族乡。根据宪法和民族区域自治法的规定，民族自治地方拥有广泛的自治权。一是自主管理本民族、本地区的内部事务。民族自治地方的人民代表大会常务委员会中，都有实行区域自治的民族的公民担任主任或者副主任；自治区主席、自治州州长、自治县县长全部由实行区域自治的民族的公民担任。二是民族自治地方的人民代表大会有权依照当地民族的政治、经济和文化的特点，制定自治条例和单行条例，并可以依照当地民族的特点，依法对法律和行政法规的规定作出变通规定。截至 2011 年 8 月底，民族自治地方共制定现行有效的自治条例和单行条例 780 多部。三是使用和发展本民族语言文字。中国 55 个少数民族中，53 个民族有自己的语言，共使用 72 种语言；29 个少数民族有本民族的文字。中国宪法和民族区域自治法确立的民族区域自治制度，符合中国各民族人民的共同利益和发展要求，保障各少数民族依法自主管理本民族事务，民主参与国家和社会事务管理，平等享有经济、政治、社会和文化权利，维护了平等、团结、互助、和谐的民族关系。

中国尊重和保障人权。中国宪法全面规定了公民的基本权利和自由，制定了一系列保障人权的法律法规，建立了较为完备的保障人权的法律制度，依法保障公民的生存权和发展权，公民的人身权、财产权和宗教信仰自由、言论出版自由、集会结社自由、游行示威自由以及社会保障权、受教育权等经济、政治、社会、文化权利得到切实维护。中国宪法规定，公民有信仰宗教的自由，任何国家机关、社会团体和个人不得强制公民信仰宗教或者不信仰宗教，不得歧视信仰宗教的公民和不信仰宗教的公民。国务院还颁布了宗教事务条例。目前，中国共有各种宗教信徒 1 亿多人，公民的宗教信仰自由得到充分保障。中国宪法还规定，由于国家机关和国家工作人员侵犯公民权利而受到损失的人，有依照法律规定取得赔偿的权利。中国制定了国家赔偿法，建立国家赔偿制度，有效保障公民、法人和其他组织依法取得国家赔偿的权利。

1. 宪法

中华人民共和国宪法

1. 1982年12月4日第五届全国人民代表大会第五次会议通过
2. 1982年12月4日全国人民代表大会公告公布施行
3. 1988年4月12日第七届全国人民代表大会第一次会议第一次修正
4. 1993年3月29日第八届全国人民代表大会第一次会议第二次修正
5. 1999年3月15日第九届全国人民代表大会第二次会议第三次修正
6. 2004年3月14日第十届全国人民代表大会第二次会议第四次修正

目　录

序　言

中国是世界上历史最悠久的国家之一。中国各族人民共同创造了光辉灿烂的文化，具有光荣的革命传统。

一八四〇年以后，封建的中国逐渐变成半殖民地、半封建的国家。中国人民为国家独立、民族解放和民主自由进行了前仆后继的英勇奋斗。

二十世纪，中国发生了翻天覆地的伟大历史变革。

一九一一年孙中山先生领导的辛亥革命，废除了封建帝制，创立了中华民国。但是，中国人民反对帝国主义和封建主义的历史任务还没有完成。

一九四九年，以毛泽东主席为领袖的中国共产党领导中国各族人民，在经历了长期的艰难曲折的武装斗争和其他形式的斗争以后，终于推翻了帝国主义、封建主义和官僚资本主义的统治，取得了新民主主义革命的伟大胜利，建立了中华人民共和国。从此，中国人民掌握了国家的权力，成为国家的主人。

中华人民共和国成立以后，我国社会逐步实现了由新民主主义到社会主义的过渡。生产资料私有制的社会主义改造已经完成，人剥削人的制度已经消灭，社会主义制度已经确立。工人阶级领导的、以工农联盟为基础的人民民主专政，实质上即无产阶级专政，得到巩固和发展。中国人民和中国人民解放军战胜了帝国主义、霸权主义的侵略、破坏和武装挑衅，维护了国家的独立和安全，增强了国防。经济建设取得了重大的成就，独立的、比较完整的社会主义工业体系已经基本形成，农业生产显著提高。教育、科学、文化等事业有了很大的发展，社会主义思想教育取得了明显的成效。广大人民的生活有了较大的改善。

中国新民主主义革命的胜利和社会主义事业的成就，是中国共产党领导中国各族人民，在马克思列宁主义、毛泽东思想的指引下，坚持真理，修正错误，战胜许多艰难险阻而取得的。我国将长期处于社会主义初级阶段。国家的根本任务是，沿着中国特色社会主义道路，集中力量进行社会主义现代化建设。中国各族人民将继续在中国共产党领导下，在马克思列宁主义、毛泽东思想、邓小平理论和“三个代表”重要思想指引下，坚持人民民主专政，坚持社会主义道路，坚持改革开放，不断完善社会主义的各项制度，发展社会主义市场经济，发展社会主义民主，健全社会主义法制，自力更生，艰苦奋斗，逐步实现工业、农业、国防和科学技术的现代化，推动物质文明、政治文明和精神文明协调发展，把我国建设成为富强、民主、文明的社会主义国家。

在我国，剥削阶级作为阶级已经消灭，但是阶级斗争还将在一定范围内长期存在。中国人民对敌视和破坏我国社会主义制度的国内外的敌对势力和敌对分子，必须进行斗争。

台湾是中华人民共和国的神圣领土的一部分。完成统一祖国的大业是包括台湾同胞在内的全中国人民的神圣职责。

社会主义的建设事业必须依靠工人、农民和知识分子，团结一切可以团结的力量。在长期的革命和建设过程中，已经结成由中国共产党领导的，有各民主党派和各人民团体参加的，包括全体社会主义劳动者、社会主义事业的建设者、拥护社会主义的爱国者和拥护祖国统一的爱国者的广泛的爱国统一战线，这个统一战线将继续巩固和发展。中国人民政治协商会议是有广泛代表性的统一战线组织，过去发挥了重要的历史作用，今后在国家政治生活、社会生活和对外友好活动中，在进行社会主义现代化建设、维护国家的统一和团结的斗争中，将进一步发挥它的重要作用。中国共产党领导的多党合作和政治协商制度将长期存在和发展。

中华人民共和国是全国各族人民共同缔造的统一的多民族国家。平等、团结、互助的社会主义民族关系已经确立，并将继续加强。在维护民族团结的斗争中，要反对大民族主义，主要是大汉族主义，也要反对地方民族主义。国家尽一切努力，促进全国各民族的共同繁荣。

中国革命和建设的成就是同世界人民的支持分不开的。中国的前途是同世界的前途紧密地联系在一起的。

中国坚持独立自主的对外政策,坚持互相尊重主权和领土完整、互不侵犯、互不干涉内政、平等互利、和平共处的五项原则,发展同各国的外交关系和经济、文化的交流;坚持反对帝国主义、霸权主义、殖民主义,加强同世界各国人民的团结,支持被压迫民族和发展中国家争取和维护民族独立、发展民族经济的正义斗争,为维护世界和平和促进人类进步事业而努力。

本宪法以法律的形式确认了中国各族人民奋斗的成果,规定了国家的根本制度和根本任务,是国家的根本法,具有最高的法律效力。全国各族人民、一切国家机关和武装力量、各政党和各社会团体、各企业事业组织,都必须以宪法为根本的活动准则,并且负有维护宪法尊严、保证宪法实施的职责。

第一章 总 纲

第一条 【国体】[①]中华人民共和国是工人阶级领导的、以工农联盟为基础的人民民主专政的社会主义国家。

社会主义制度是中华人民共和国的根本制度。禁止任何组织或者个人破坏社会主义制度。

第二条 【政体】中华人民共和国的一切权力属于人民。

人民行使国家权力的机关是全国人民代表大会和地方各级人民代表大会。

人民依照法律规定,通过各种途径和形式,管理国家事务,管理经济和文化事业,管理社会事务。

第三条 【民主集中制原则】中华人民共和国的国家机构实行民主集中制的原则。

全国人民代表大会和地方各级人民代表大会都由民主选举产生,对人民负责,受人民监督。

国家行政机关、审判机关、检察机关都由人民代表大会产生,对它负责,受它监督。

中央和地方的国家机构职权的划分,遵循在中央的统一领导下,充分发挥地方的主动性、积极性的原则。

第四条 【民族政策】中华人民共和国各民族一律平等。国家保障各少数民族的合法的权利和利益,维护和发展各民族的平等、团结、互助关系。禁止对任何民族的歧视和压迫,禁止破坏民族团结和制造民族分裂的行为。

国家根据各少数民族的特点和需要,帮助各少数民族地区加速经济和文化的发展。

各少数民族聚居的地方实行区域自治,设立自治机关,行使自治权。各民族自治地方都是中华人民共和国不可分离的部分。

各民族都有使用和发展自己的语言文字的自由,都有保持或者改革自己的风俗习惯的自由。

第五条 【法制的统一和尊严】中华人民共和国实行依法治国,建设社会主义法治国家。

国家维护社会主义法制的统一和尊严。

一切法律、行政法规和地方性法规都不得同宪法相抵触。

一切国家机关和武装力量、各政党和各社会团体、各企业事业组织都必须遵守宪法和法律。一切违反宪法和法律的行为,必须予以追究。

任何组织或者个人都不得有超越宪法和法律的特权。

第六条 【公有制与按劳分配原则】中华人民共和国的社会主义经济制度的基础是生产资料的社会主义公有制,即全民所有制和劳动群众集体所有制。社会主义公有制消灭人剥削人的制度,实行各尽所能、按劳分配的原则。

国家在社会主义初级阶段,坚持公有制为主体、多种所有制经济共同发展的基本经济制度,坚持按劳分配为主体、多种分配方式并存的分配制度。

第七条 【国有经济】国有经济,即社会主义全民所有制经济,是国民经济中的主导力量。国家保障国有经济的巩固和发展。

第八条 【集体经济】农村集体经济组织实行家庭承包经营为基础、统分结合的双层经营体制。农村中的生产、供销、信用、消费等各种形式的合作经济,是社会主义劳动群众集体所有制经济。参加农村集体经济组织的劳动者,有权在法律规定的范围内经营自留地、自留山、家庭副业和饲养自留畜。

城镇中的手工业、工业、建筑业、运输业、商业、服务业等行业的各种形式的合作经济,都是社会主义劳动群众集体所有制经济。

国家保护城乡集体经济组织的合法的权利和利益,鼓励、指导和帮助集体经济的发展。

第九条 【自然资源的归属与利用】矿藏、水流、森林、山岭、草原、荒地、滩涂等自然资源,都属于国家所有,即全民所有;由法律规定属于集体所有的森林和山岭、草原、荒地、滩涂除外。

国家保障自然资源的合理利用,保护珍贵的动物和植物。禁止任何组织或者个人用任何手段侵占或者破坏自然资源。

第十条 【土地制度】城市的土地属于国家所有。

农村和城市郊区的土地,除由法律规定属于国家所有的以外,属于集体所有;宅基地和自留地、自留山,也属于集体所有。

国家为了公共利益的需要,可以依照法律规定对土地实行征收或者征用并给予补偿。

任何组织或者个人不得侵占、买卖或者以其他形式非法转让土地。土地的使用权可以依照法律的规定转让。

一切使用土地的组织和个人必须合理地利用土地。

第十一条 【个体经济、私营经济】在法律规定范围内的个体经济、私营经济等非公有制经济,是社会主义市场经济的

---

① 条文主旨为编者所加,下同。

重要组成部分。

国家保护个体经济、私营经济等非公有制经济的合法的权利和利益。国家鼓励、支持和引导非公有制经济的发展,并对非公有制经济依法实行监督和管理。

第十二条 【公共财产】社会主义的公共财产神圣不可侵犯。

国家保护社会主义的公共财产。禁止任何组织或者个人用任何手段侵占或者破坏国家的和集体的财产。

第十三条 【保护私有财产】公民的合法的私有财产不受侵犯。

国家依照法律规定保护公民的私有财产权和继承权。

国家为了公共利益的需要,可以依照法律规定对公民的私有财产实行征收或者征用并给予补偿。

第十四条 【生产、积累与消费】国家通过提高劳动者的积极性和技术水平,推广先进的科学技术,完善经济管理体制和企业经营管理制度,实行各种形式的社会主义责任制,改进劳动组织,以不断提高劳动生产率和经济效益,发展社会生产力。

国家厉行节约,反对浪费。

国家合理安排积累和消费,兼顾国家、集体和个人的利益,在发展生产的基础上,逐步改善人民的物质生活和文化生活。

国家建立健全同经济发展水平相适应的社会保障制度。

第十五条 【社会主义市场经济】国家实行社会主义市场经济。

国家加强经济立法,完善宏观调控。

国家依法禁止任何组织或者个人扰乱社会经济秩序。

第十六条 【国有企业】国有企业在法律规定的范围内有权自主经营。

国有企业依照法律规定,通过职工代表大会和其他形式,实行民主管理。

第十七条 【集体经济】集体经济组织在遵守有关法律的前提下,有独立进行经济活动的自主权。

集体经济组织实行民主管理,依照法律规定选举和罢免管理人员,决定经营管理的重大问题。

第十八条 【外资经济】中华人民共和国允许外国的企业和其他经济组织或者个人依照中华人民共和国法律的规定在中国投资,同中国的企业或者其他经济组织进行各种形式的经济合作。

在中国境内的外国企业和其他外国经济组织以及中外合资经营的企业,都必须遵守中华人民共和国的法律。它们的合法的权利和利益受中华人民共和国法律的保护。

第十九条 【教育事业】国家发展社会主义的教育事业,提高全国人民的科学文化水平。

国家举办各种学校,普及初等义务教育,发展中等教育、职业教育和高等教育,并且发展学前教育。

国家发展各种教育设施,扫除文盲,对工人、农民、国家工作人员和其他劳动者进行政治、文化、科学、技术、业务的教育,鼓励自学成才。

国家鼓励集体经济组织、国家企业事业组织和其他社会力量依照法律规定举办各种教育事业。

国家推广全国通用的普通话。

第二十条 【科技事业】国家发展自然科学和社会科学事业,普及科学和技术知识,奖励科学研究成果和技术发明创造。

第二十一条 【医疗、卫生与体育事业】国家发展医疗卫生事业,发展现代医药和我国传统医药,鼓励和支持农村集体经济组织、国家企业事业组织和街道组织举办各种医疗卫生设施,开展群众性的卫生活动,保护人民健康。

国家发展体育事业,开展群众性的体育活动,增强人民体质。

第二十二条 【文化事业】国家发展为人民服务、为社会主义服务的文学艺术事业、新闻广播电视事业、出版发行事业、图书馆博物馆文化馆和其他文化事业,开展群众性的文化活动。

国家保护名胜古迹、珍贵文物和其他重要历史文化遗产。

第二十三条 【知识分子】国家培养为社会主义服务的各种专业人才,扩大知识分子的队伍,创造条件,充分发挥他们在社会主义现代化建设中的作用。

第二十四条 【精神文明建设】国家通过普及理想教育、道德教育、文化教育、纪律和法制教育,通过在城乡不同范围的群众中制定和执行各种守则、公约,加强社会主义精神文明的建设。

国家提倡爱祖国、爱人民、爱劳动、爱科学、爱社会主义的公德,在人民中进行爱国主义、集体主义和国际主义、共产主义的教育,进行辩证唯物主义和历史唯物主义的教育,反对资本主义的、封建主义的和其他的腐朽思想。

第二十五条 【计划生育】国家推行计划生育,使人口的增长同经济和社会发展计划相适应。

第二十六条 【生活、生态环境】国家保护和改善生活环境和生态环境,防治污染和其他公害。

国家组织和鼓励植树造林,保护林木。

第二十七条 【国家机关及公务员制度】一切国家机关实行精简的原则,实行工作责任制,实行工作人员的培训和考核制度,不断提高工作质量和工作效率,反对官僚主义。

一切国家机关和国家工作人员必须依靠人民的支持,经常保持同人民的密切联系,倾听人民的意见和建议,接受人民的监督,努力为人民服务。

第二十八条 【社会秩序之维护】国家维护社会秩序,镇压叛国和其他危害国家安全的犯罪活动,制裁危害社会治安、破坏社会主义经济和其他犯罪的活动,惩办和改造犯罪分子。

第二十九条 【军队制度】中华人民共和国的武装力量属于

人民。它的任务是巩固国防,抵抗侵略,保卫祖国,保卫人民的和平劳动,参加国家建设事业,努力为人民服务。

国家加强武装力量的革命化、现代化、正规化的建设,增强国防力量。

第三十条　**【行政区划】**中华人民共和国的行政区域划分如下:

(一)全国分为省、自治区、直辖市;

(二)省、自治区分为自治州、县、自治县、市;

(三)县、自治县分为乡、民族乡、镇。

直辖市和较大的市分为区、县。自治州分为县、自治县、市。

自治区、自治州、自治县都是民族自治地方。

第三十一条　**【特别行政区】**国家在必要时得设立特别行政区。在特别行政区内实行的制度按照具体情况由全国人民代表大会以法律规定。

第三十二条　**【对外国人的保护】**中华人民共和国保护在中国境内的外国人的合法权利和利益,在中国境内的外国人必须遵守中华人民共和国的法律。

中华人民共和国对于因为政治原因要求避难的外国人,可以给予受庇护的权利。

第二章　公民的基本权利和义务

第三十三条　**【公民资格及其平等权】**凡具有中华人民共和国国籍的人都是中华人民共和国公民。

中华人民共和国公民在法律面前一律平等。

国家尊重和保障人权。

任何公民享有宪法和法律规定的权利,同时必须履行宪法和法律规定的义务。

第三十四条　**【参选权】**中华人民共和国年满十八周岁的公民,不分民族、种族、性别、职业、家庭出身、宗教信仰、教育程度、财产状况、居住期限,都有选举权和被选举权;但是依照法律被剥夺政治权利的人除外。

第三十五条　**【基本政治自由】**中华人民共和国公民有言论、出版、集会、结社、游行、示威的自由。

第三十六条　**【信教自由】**中华人民共和国公民有宗教信仰自由。

任何国家机关、社会团体和个人不得强制公民信仰宗教或者不信仰宗教,不得歧视信仰宗教的公民和不信仰宗教的公民。

国家保护正常的宗教活动。任何人不得利用宗教进行破坏社会秩序、损害公民身体健康、妨碍国家教育制度的活动。

宗教团体和宗教事务不受外国势力的支配。

第三十七条　**【人身自由】**中华人民共和国公民的人身自由不受侵犯。

任何公民,非经人民检察院批准或者决定或者人民法院决定,并由公安机关执行,不受逮捕。

禁止非法拘禁和以其他方法非法剥夺或者限制公民的人身自由,禁止非法搜查公民的身体。

第三十八条　**【人格尊严权及保护】**中华人民共和国公民的人格尊严不受侵犯。禁止用任何方法对公民进行侮辱、诽谤和诬告陷害。

第三十九条　**【住宅权】**中华人民共和国公民的住宅不受侵犯。禁止非法搜查或者非法侵入公民的住宅。

第四十条　**【通信自由和秘密权】**中华人民共和国公民的通信自由和通信秘密受法律的保护。除因国家安全或者追查刑事犯罪的需要,由公安机关或者检察机关依照法律规定的程序对通信进行检查外,任何组织或者个人不得以任何理由侵犯公民的通信自由和通信秘密。

第四十一条　**【公民的监督权及其保障】**中华人民共和国公民对于任何国家机关和国家工作人员,有提出批评和建议的权利;对于任何国家机关和国家工作人员的违法失职行为,有向有关国家机关提出申诉、控告或者检举的权利,但是不得捏造或者歪曲事实进行诬告陷害。

对于公民的申诉、控告或者检举,有关国家机关必须查清事实,负责处理。任何人不得压制和打击报复。

由于国家机关和国家工作人员侵犯公民权利而受到损失的人,有依照法律规定取得赔偿的权利。

第四十二条　**【劳动权】**中华人民共和国公民有劳动的权利和义务。

国家通过各种途径,创造劳动就业条件,加强劳动保护,改善劳动条件,并在发展生产的基础上,提高劳动报酬和福利待遇。

劳动是一切有劳动能力的公民的光荣职责。国有企业和城乡集体经济组织的劳动者都应当以国家主人翁的态度对待自己的劳动。国家提倡社会主义劳动竞赛,奖励劳动模范和先进工作者。国家提倡公民从事义务劳动。

国家对就业前的公民进行必要的劳动就业训练。

第四十三条　**【劳动者的休息权】**中华人民共和国劳动者有休息的权利。

国家发展劳动者休息和休养的设施,规定职工的工作时间和休假制度。

第四十四条　**【退休制度】**国家依照法律规定实行企业事业组织的职工和国家机关工作人员的退休制度。退休人员的生活受到国家和社会的保障。

第四十五条　**【弱者获得救济的权利】**中华人民共和国公民在年老、疾病或者丧失劳动能力的情况下,有从国家和社会获得物质帮助的权利。国家发展为公民享受这些权利所需要的社会保险、社会救济和医疗卫生事业。

国家和社会保障残废军人的生活,抚恤烈士家属,优待军人家属。

国家和社会帮助安排盲、聋、哑和其他有残疾的公民的劳动、生活和教育。

第四十六条 **【受教育的权利】**中华人民共和国公民有受教育的权利和义务。

国家培养青年、少年、儿童在品德、智力、体质等方面全面发展。

第四十七条 **【文化活动权】**中华人民共和国公民有进行科学研究、文学艺术创作和其他文化活动的自由。国家对于从事教育、科学、技术、文学、艺术和其他文化事业的公民的有益于人民的创造性工作,给以鼓励和帮助。

第四十八条 **【妇女的平等权】**中华人民共和国妇女在政治的、经济的、文化的、社会的和家庭的生活等各方面享有同男子平等的权利。

国家保护妇女的权利和利益,实行男女同工同酬,培养和选拔妇女干部。

第四十九条 **【婚姻家庭制度】**婚姻、家庭、母亲和儿童受国家的保护。

夫妻双方有实行计划生育的义务。

父母有抚养教育未成年子女的义务,成年子女有赡养扶助父母的义务。

禁止破坏婚姻自由,禁止虐待老人、妇女和儿童。

第五十条 **【华侨、归侨的权益保障】**中华人民共和国保护华侨的正当的权利和利益,保护归侨和侨眷的合法的权利和利益。

第五十一条 **【公民自由和权利的限度】**中华人民共和国公民在行使自由和权利的时候,不得损害国家的、社会的、集体的利益和其他公民的合法的自由和权利。

第五十二条 **【维护国家统一和民族团结的义务】**中华人民共和国公民有维护国家统一和全国各民族团结的义务。

第五十三条 **【遵纪守法的义务】**中华人民共和国公民必须遵守宪法和法律,保守国家秘密,爱护公共财产,遵守劳动纪律,遵守公共秩序,尊重社会公德。

第五十四条 **【维护祖国的安全、荣誉和利益的义务】**中华人民共和国公民有维护祖国的安全、荣誉和利益的义务,不得有危害祖国的安全、荣誉和利益的行为。

第五十五条 **【捍卫国家的义务】**保卫祖国、抵抗侵略是中华人民共和国每一个公民的神圣职责。

依照法律服兵役和参加民兵组织是中华人民共和国公民的光荣义务。

第五十六条 **【纳税的义务】**中华人民共和国公民有依照法律纳税的义务。

第三章 国家机构

第一节 全国人民代表大会

第五十七条 **【全国人大的性质及常设机关】**中华人民共和国全国人民代表大会是最高国家权力机关。它的常设机关是全国人民代表大会常务委员会。

第五十八条 **【国家立法权的行使主体】**全国人民代表大会和全国人民代表大会常务委员会行使国家立法权。

第五十九条 **【全国人大的组成及选举】**全国人民代表大会由省、自治区、直辖市、特别行政区和军队选出的代表组成。各少数民族都应当有适当名额的代表。

全国人民代表大会代表的选举由全国人民代表大会常务委员会主持。

全国人民代表大会代表名额和代表产生办法由法律规定。

第六十条 **【全国人大的任期】**全国人民代表大会每届任期五年。

全国人民代表大会任期届满的两个月以前,全国人民代表大会常务委员会必须完成下届全国人民代表大会代表的选举。如果遇到不能进行选举的非常情况,由全国人民代表大会常务委员会以全体组成人员的三分之二以上的多数通过,可以推迟选举,延长本届全国人民代表大会的任期。在非常情况结束后一年内,必须完成下届全国人民代表大会代表的选举。

第六十一条 **【全国人大的会议制度】**全国人民代表大会会议每年举行一次,由全国人民代表大会常务委员会召集。如果全国人民代表大会常务委员会认为必要,或者有五分之一以上的全国人民代表大会代表提议,可以临时召集全国人民代表大会会议。

全国人民代表大会举行会议的时候,选举主席团主持会议。

第六十二条 **【全国人大的职权】**全国人民代表大会行使下列职权:

(一)修改宪法;

(二)监督宪法的实施;

(三)制定和修改刑事、民事、国家机构的和其他的基本法律;

(四)选举中华人民共和国主席、副主席;

(五)根据中华人民共和国主席的提名,决定国务院总理的人选;根据国务院总理的提名,决定国务院副总理、国务委员、各部部长、各委员会主任、审计长、秘书长的人选;

(六)选举中央军事委员会主席;根据中央军事委员会主席的提名,决定中央军事委员会其他组成人员的人选;

(七)选举最高人民法院院长;

(八)选举最高人民检察院检察长,

(九)审查和批准国民经济和社会发展计划和计划执行情况的报告;

(十)审查和批准国家的预算和预算执行情况的报告;

(十一)改变或者撤销全国人民代表大会常务委员会不适当的决定;

(十二)批准省、自治区和直辖市的建置;

(十三)决定特别行政区的设立及其制度;

(十四)决定战争和和平的问题;

(十五)应当由最高国家权力机关行使的其他职权。

第六十三条 **【全国人大的罢免权】**全国人民代表大会有权

罢免下列人员：

(一)中华人民共和国主席、副主席；

(二)国务院总理、副总理、国务委员、各部部长、各委员会主任、审计长、秘书长；

(三)中央军事委员会主席和中央军事委员会其他组成人员；

(四)最高人民法院院长；

(五)最高人民检察院检察长。

第六十四条 【宪法的修改及法律案的通过】宪法的修改，由全国人民代表大会常务委员会或者五分之一以上的全国人民代表大会代表提议，并由全国人民代表大会以全体代表的三分之二以上的多数通过。

法律和其他议案由全国人民代表大会以全体代表的过半数通过。

第六十五条 【全国人大常委会的组成及选举】全国人民代表大会常务委员会由下列人员组成：

委员长，

副委员长若干人，

秘书长，

委员若干人。

全国人民代表大会常务委员会组成人员中，应当有适当名额的少数民族代表。

全国人民代表大会选举并有权罢免全国人民代表大会常务委员会的组成人员。

全国人民代表大会常务委员会的组成人员不得担任国家行政机关、审判机关和检察机关的职务。

第六十六条 【全国人大常委会的任期】全国人民代表大会常务委员会每届任期同全国人民代表大会每届任期相同，它行使职权到下届全国人民代表大会选出新的常务委员会为止。

委员长、副委员长连续任职不得超过两届。

第六十七条 【全国人大常委会的职权】全国人民代表大会常务委员会行使下列职权：

(一)解释宪法，监督宪法的实施；

(二)制定和修改除应当由全国人民代表大会制定的法律以外的其他法律；

(三)在全国人民代表大会闭会期间，对全国人民代表大会制定的法律进行部分补充和修改，但是不得同该法律的基本原则相抵触；

(四)解释法律；

(五)在全国人民代表大会闭会期间，审查和批准国民经济和社会发展计划、国家预算在执行过程中所必须作的部分调整方案；

(六)监督国务院、中央军事委员会、最高人民法院和最高人民检察院的工作；

(七)撤销国务院制定的同宪法、法律相抵触的行政法规、决定和命令；

(八)撤销省、自治区、直辖市国家权力机关制定的同宪法、法律和行政法规相抵触的地方性法规和决议；

(九)在全国人民代表大会闭会期间，根据国务院总理的提名，决定部长、委员会主任、审计长、秘书长的人选；

(十)在全国人民代表大会闭会期间，根据中央军事委员会主席的提名，决定中央军事委员会其他组成人员的人选；

(十一)根据最高人民法院院长的提请，任免最高人民法院副院长、审判员、审判委员会委员和军事法院院长；

(十二)根据最高人民检察院检察长的提请，任免最高人民检察院副检察长、检察员、检察委员会委员和军事检察院检察长，并且批准省、自治区、直辖市的人民检察院检察长的任免；

(十三)决定驻外全权代表的任免；

(十四)决定同外国缔结的条约和重要协定的批准和废除；

(十五)规定军人和外交人员的衔级制度和其他专门衔级制度；

(十六)规定和决定授予国家的勋章和荣誉称号；

(十七)决定特赦；

(十八)在全国人民代表大会闭会期间，如果遇到国家遭受武装侵犯或者必须履行国际间共同防止侵略的条约的情况，决定战争状态的宣布；

(十九)决定全国总动员或者局部动员；

(二十)决定全国或者个别省、自治区、直辖市进入紧急状态；

(二十一)全国人民代表大会授予的其他职权。

第六十八条 【全国人大常委会的工作分工】全国人民代表大会常务委员会委员长主持全国人民代表大会常务委员会的工作，召集全国人民代表大会常务委员会会议。副委员长、秘书长协助委员长工作。

委员长、副委员长、秘书长组成委员长会议，处理全国人民代表大会常务委员会的重要日常工作。

第六十九条 【全国人大与其常委会的关系】全国人民代表大会常务委员会对全国人民代表大会负责并报告工作。

第七十条 【全国人大的专门委员会及其职责】全国人民代表大会设立民族委员会、法律委员会、财政经济委员会、教育科学文化卫生委员会、外事委员会、华侨委员会和其他需要设立的专门委员会。在全国人民代表大会闭会期间，各专门委员会受全国人民代表大会常务委员会的领导。

各专门委员会在全国人民代表大会和全国人民代表大会常务委员会领导下，研究、审议和拟订有关议案。

第七十一条 【特定问题的调查委员会】全国人民代表大会和全国人民代表大会常务委员会认为必要的时候，可以组织关于特定问题的调查委员会，并且根据调查委员会的报告，作出相应的决议。

调查委员会进行调查的时候，一切有关的国家机关、社会团体和公民都有义务向它提供必要的材料。

第七十二条 【提案权】全国人民代表大会代表和全国人民代表大会常务委员会组成人员,有权依照法律规定的程序分别提出属于全国人民代表大会和全国人民代表大会常务委员会职权范围内的议案。

第七十三条 【质询权】全国人民代表大会代表在全国人民代表大会开会期间,全国人民代表大会常务委员会组成人员在常务委员会开会期间,有权依照法律规定的程序提出对国务院或者国务院各部、各委员会的质询案。受质询的机关必须负责答复。

第七十四条 【司法豁免权】全国人民代表大会代表,非经全国人民代表大会会议主席团许可,在全国人民代表大会闭会期间非经全国人民代表大会常务委员会许可,不受逮捕或者刑事审判。

第七十五条 【言论、表决豁免权】全国人民代表大会代表在全国人民代表大会各种会议上的发言和表决,不受法律追究。

第七十六条 【全国人大代表的义务】全国人民代表大会代表必须模范地遵守宪法和法律,保守国家秘密,并且在自己参加的生产、工作和社会活动中,协助宪法和法律的实施。

全国人民代表大会代表应当同原选举单位和人民保持密切的联系,听取和反映人民的意见和要求,努力为人民服务。

第七十七条 【对全国人大代表的监督和罢免】全国人民代表大会代表受原选举单位的监督。原选举单位有权依照法律规定的程序罢免本单位选出的代表。

第七十八条 【全国人大及其常委会的组织和工作程序】全国人民代表大会和全国人民代表大会常务委员会的组织和工作程序由法律规定。

第二节 中华人民共和国主席

第七十九条 【主席、副主席的选举及任期】中华人民共和国主席、副主席由全国人民代表大会选举。

有选举权和被选举权的年满四十五周岁的中华人民共和国公民可以被选为中华人民共和国主席、副主席。

中华人民共和国主席、副主席每届任期同全国人民代表大会每届任期相同,连续任职不得超过两届。

第八十条 【主席的职权】中华人民共和国主席根据全国人民代表大会的决定和全国人民代表大会常务委员会的决定,公布法律,任免国务院总理、副总理、国务委员、各部部长、各委员会主任、审计长、秘书长,授予国家的勋章和荣誉称号,发布特赦令,宣布进入紧急状态,宣布战争状态,发布动员令。

第八十一条 【主席的外交职权】中华人民共和国主席代表中华人民共和国,进行国事活动,接受外国使节;根据全国人民代表大会常务委员会的决定,派遣和召回驻外全权代表,批准和废除同外国缔结的条约和重要协定。

第八十二条 【副主席的职权】中华人民共和国副主席协助主席工作。

中华人民共和国副主席受主席的委托,可以代行主席的部分职权。

第八十三条 【主席、副主席的换届时间】中华人民共和国主席、副主席行使职权到下届全国人民代表大会选出的主席、副主席就职为止。

第八十四条 【主席、副主席的缺位处理】中华人民共和国主席缺位的时候,由副主席继任主席的职位。

中华人民共和国副主席缺位的时候,由全国人民代表大会补选。

中华人民共和国主席、副主席都缺位的时候,由全国人民代表大会补选;在补选以前,由全国人民代表大会常务委员会委员长暂时代理主席职位。

第三节 国务院

第八十五条 【国务院的性质、地位】中华人民共和国国务院,即中央人民政府,是最高国家权力机关的执行机关,是最高国家行政机关。

第八十六条 【国务院的组织】国务院由下列人员组成:

总理,
副总理若干人,
国务委员若干人,
各部部长,
各委员会主任,
审计长,
秘书长。

国务院实行总理负责制。各部、各委员会实行部长、主任负责制。

国务院的组织由法律规定。

第八十七条 【国务院的任期】国务院每届任期同全国人民代表大会每届任期相同。

总理、副总理、国务委员连续任职不得超过两届。

第八十八条 【国务院的工作分工】总理领导国务院的工作。副总理、国务委员协助总理工作。

总理、副总理、国务委员、秘书长组成国务院常务会议。

总理召集和主持国务院常务会议和国务院全体会议。

第八十九条 【国务院的职权】国务院行使下列职权:

(一)根据宪法和法律,规定行政措施,制定行政法规,发布决定和命令;

(二)向全国人民代表大会或者全国人民代表大会常务委员会提出议案;

(三)规定各部和各委员会的任务和职责,统一领导各部和各委员会的工作,并且领导不属于各部和各委员会的全国性的行政工作;

（四）统一领导全国地方各级国家行政机关的工作，规定中央和省、自治区、直辖市的国家行政机关的职权的具体划分；

（五）编制和执行国民经济和社会发展计划和国家预算；

（六）领导和管理经济工作和城乡建设；

（七）领导和管理教育、科学、文化、卫生、体育和计划生育工作；

（八）领导和管理民政、公安、司法行政和监察等工作；

（九）管理对外事务，同外国缔结条约和协定；

（十）领导和管理国防建设事业；

（十一）领导和管理民族事务，保障少数民族的平等权利和民族自治地方的自治权利；

（十二）保护华侨的正当的权利和利益，保护归侨和侨眷的合法的权利和利益；

（十三）改变或者撤销各部、各委员会发布的不适当的命令、指示和规章；

（十四）改变或者撤销地方各级国家行政机关的不适当的决定和命令；

（十五）批准省、自治区、直辖市的区域划分，批准自治州、县、自治县、市的建置和区域划分；

（十六）依照法律规定决定省、自治区、直辖市的范围内部分地区进入紧急状态；

（十七）审定行政机构的编制，依照法律规定任免、培训、考核和奖惩行政人员；

（十八）全国人民代表大会和全国人民代表大会常务委员会授予的其他职权。

第九十条　【各部、委首长负责制及各部、委的决定权】国务院各部部长、各委员会主任负责本部门的工作；召集和主持部务会议或者委员会会议、委务会议，讨论决定本部门工作的重大问题。

各部、各委员会根据法律和国务院的行政法规、决定、命令，在本部门的权限内，发布命令、指示和规章。

第九十一条　【审计机关及其职权】国务院设立审计机关，对国务院各部门和地方各级政府的财政收支，对国家的财政金融机构和企业事业组织的财务收支，进行审计监督。

审计机关在国务院总理领导下，依照法律规定独立行使审计监督权，不受其他行政机关、社会团体和个人的干涉。

第九十二条　【国务院与全国人大及其常委会的关系】国务院对全国人民代表大会负责并报告工作；在全国人民代表大会闭会期间，对全国人民代表大会常务委员会负责并报告工作。

第四节　中央军事委员会

第九十三条　【中央军委的组成、职责与任期】中华人民共和国中央军事委员会领导全国武装力量。

中央军事委员会由下列人员组成：

主席，

副主席若干人，

委员若干人。

中央军事委员会实行主席负责制。

中央军事委员会每届任期同全国人民代表大会每届任期相同。

第九十四条　【中央军委向全国人大及其常委会负责】中央军事委员会主席对全国人民代表大会和全国人民代表大会常务委员会负责。

第五节　地方各级人民代表大会和地方各级人民政府

第九十五条　【地方人大及政府的设置和组织】省、直辖市、县、市、市辖区、乡、民族乡、镇设立人民代表大会和人民政府。

地方各级人民代表大会和地方各级人民政府的组织由法律规定。

自治区、自治州、自治县设立自治机关。自治机关的组织和工作根据宪法第三章第五节、第六节规定的基本原则由法律规定。

第九十六条　【地方人大的性质及常委会的设置】地方各级人民代表大会是地方国家权力机关。

县级以上的地方各级人民代表大会设立常务委员会。

第九十七条　【地方人大代表的选举】省、直辖市、设区的市的人民代表大会代表由下一级的人民代表大会选举；县、不设区的市、市辖区、乡、民族乡、镇的人民代表大会代表由选民直接选举。

地方各级人民代表大会代表名额和代表产生办法由法律规定。

第九十八条　【地方人大的任期】地方各级人民代表大会每届任期五年。

第九十九条　【地方人大的职权】地方各级人民代表大会在本行政区域内，保证宪法、法律、行政法规的遵守和执行；依照法律规定的权限，通过和发布决议，审查和决定地方的经济建设、文化建设和公共事业建设的计划。

县级以上的地方各级人民代表大会审查和批准本行政区域内的国民经济和社会发展计划、预算以及它们的执行情况的报告；有权改变或者撤销本级人民代表大会常务委员会不适当的决定。

民族乡的人民代表大会可以依照法律规定的权限采取适合民族特点的具体措施。

第一百条　【地方性法规的制定】省、直辖市的人民代表大会和它们的常务委员会，在不同宪法、法律、行政法规相抵触的前提下，可以制定地方性法规，报全国人民代表大会常务委员会备案。

第一百零一条　【地方人大的选举权】地方各级人民代表大

会分别选举并且有权罢免本级人民政府的省长和副省长、市长和副市长、县长和副县长、区长和副区长、乡长和副乡长、镇长和副镇长。

县级以上的地方各级人民代表大会选举并且有权罢免本级人民法院院长和本级人民检察院检察长。选出或者罢免人民检察院检察长，须报上级人民检察院检察长提请该级人民代表大会常务委员会批准。

第一百零二条 **【对地方人大代表的监督和罢免】**省、直辖市、设区的市的人民代表大会代表受原选举单位的监督；县、不设区的市、市辖区、乡、民族乡、镇的人民代表大会代表受选民的监督。

地方各级人民代表大会代表的选举单位和选民有权依照法律规定的程序罢免由他们选出的代表。

第一百零三条 **【地方人大常委会的组成、地位及产生】**县级以上的地方各级人民代表大会常务委员会由主任、副主任若干人和委员若干人组成，对本级人民代表大会负责并报告工作。

县级以上的地方各级人民代表大会选举并有权罢免本级人民代表大会常务委员会的组成人员。

县级以上的地方各级人民代表大会常务委员会的组成人员不得担任国家行政机关、审判机关和检察机关的职务。

第一百零四条 **【地方人大常委会的职权】**县级以上的地方各级人民代表大会常务委员会讨论、决定本行政区域内各方面工作的重大事项；监督本级人民政府、人民法院和人民检察院的工作；撤销本级人民政府的不适当的决定和命令；撤销下一级人民代表大会的不适当的决议；依照法律规定的权限决定国家机关工作人员的任免；在本级人民代表大会闭会期间，罢免和补选上一级人民代表大会的个别代表。

第一百零五条 **【地方政府的性质、地位及其负责制】**地方各级人民政府是地方各级国家权力机关的执行机关，是地方各级国家行政机关。

地方各级人民政府实行省长、市长、县长、区长、乡长、镇长负责制。

第一百零六条 **【地方政府的任期】**地方各级人民政府每届任期同本级人民代表大会每届任期相同。

第一百零七条 **【地方政府的职权】**县级以上地方各级人民政府依照法律规定的权限，管理本行政区域内的经济、教育、科学、文化、卫生、体育事业、城乡建设事业和财政、民政、公安、民族事务、司法行政、监察、计划生育等行政工作，发布决定和命令，任免、培训、考核和奖惩行政工作人员。

乡、民族乡、镇的人民政府执行本级人民代表大会的决议和上级国家行政机关的决定和命令，管理本行政区域内的行政工作。

省、直辖市的人民政府决定乡、民族乡、镇的建置和区域划分。

第一百零八条 **【地方政府内部及各级政府之间的关系】**县级以上的地方各级人民政府领导所属各工作部门和下级人民政府的工作，有权改变或者撤销所属各工作部门和下级人民政府的不适当的决定。

第一百零九条 **【地方政府审计机关的地位和职权】**县级以上的地方各级人民政府设立审计机关。地方各级审计机关依照法律规定独立行使审计监督权，对本级人民政府和上一级审计机关负责。

第一百一十条 **【地方政府与同级人大、上级政府的关系】**地方各级人民政府对本级人民代表大会负责并报告工作。县级以上的地方各级人民政府在本级人民代表大会闭会期间，对本级人民代表大会常务委员会负责并报告工作。

地方各级人民政府对上一级国家行政机关负责并报告工作。全国地方各级人民政府都是国务院统一领导下的国家行政机关，都服从国务院。

第一百一十一条 **【居民委员会和村民委员会】**城市和农村按居民居住地区设立的居民委员会或者村民委员会是基层群众性自治组织。居民委员会、村民委员会的主任、副主任和委员由居民选举。居民委员会、村民委员会同基层政权的相互关系由法律规定。

居民委员会、村民委员会设人民调解、治安保卫、公共卫生等委员会，办理本居住地区的公共事务和公益事业，调解民间纠纷，协助维护社会治安，并且向人民政府反映群众的意见、要求和提出建议。

第六节 民族自治地方的自治机关

第一百一十二条 **【民族自治机关】**民族自治地方的自治机关是自治区、自治州、自治县的人民代表大会和人民政府。

第一百一十三条 **【自治地方的人大及其常委会的组成】**自治区、自治州、自治县的人民代表大会中，除实行区域自治的民族的代表外，其他居住在本行政区域内的民族也应当有适当名额的代表。

自治区、自治州、自治县的人民代表大会常务委员会中应当有实行区域自治的民族的公民担任主任或者副主任。

第一百一十四条 **【自治地方的政府首长的人选】**自治区主席、自治州州长、自治县县长由实行区域自治的民族的公民担任。

第一百一十五条 **【民族自治地方的自治权】**自治区、自治州、自治县的自治机关行使宪法第三章第五节规定的地方国家机关的职权，同时依照宪法、民族区域自治法和其他法律规定的权限行使自治权，根据本地方实际情况贯彻执行国家的法律、政策。

第一百一十六条 **【自治条例和单行条例】**民族自治地方的人民代表大会有权依照当地民族的政治、经济和文化的特点,制定自治条例和单行条例。自治区的自治条例和单行条例,报全国人民代表大会常务委员会批准后生效。自治州、自治县的自治条例和单行条例,报省或者自治区的人民代表大会常务委员会批准后生效,并报全国人民代表大会常务委员会备案。

第一百一十七条　【财政自治权】民族自治地方的自治机关有管理地方财政的自治权。凡是依照国家财政体制属于民族自治地方的财政收入,都应当由民族自治地方的自治机关自主地安排使用。

第一百一十八条　【地方性经济的自主权】民族自治地方的自治机关在国家计划的指导下,自主地安排和管理地方性的经济建设事业。

国家在民族自治地方开发资源、建设企业的时候,应当照顾民族自治地方的利益。

第一百一十九条　【地方文化事业的自主权】民族自治地方的自治机关自主地管理本地方的教育、科学、文化、卫生、体育事业,保护和整理民族的文化遗产,发展和繁荣民族文化。

第一百二十条　【民族自治地方的公安部队】民族自治地方的自治机关依照国家的军事制度和当地的实际需要,经国务院批准,可以组织本地方维护社会治安的公安部队。

第一百二十一条　【自治机关的公务语言】民族自治地方的自治机关在执行职务的时候,依照本民族自治地方自治条例的规定,使用当地通用的一种或者几种语言文字。

第一百二十二条　【国家对民族自治地方的帮助、扶持】国家从财政、物资、技术等方面帮助各少数民族加速发展经济建设和文化建设事业。

国家帮助民族自治地方从当地民族中大量培养各级干部、各种专业人才和技术工人。

第七节　人民法院和人民检察院

第一百二十三条　【审判机关】中华人民共和国人民法院是国家的审判机关。

第一百二十四条　【人民法院的级别、组织和任期】中华人民共和国设立最高人民法院、地方各级人民法院和军事法院等专门人民法院。

最高人民法院院长每届任期同全国人民代表大会每届任期相同,连续任职不得超过两届。

人民法院的组织由法律规定。

第一百二十五条　【审判公开原则和辩护原则】人民法院审理案件,除法律规定的特别情况外,一律公开进行。被告人有权获得辩护。

第一百二十六条　【审判权独立】人民法院依照法律规定独立行使审判权,不受行政机关、社会团体和个人的干涉。

第一百二十七条　【各级审判机关间的关系】最高人民法院是最高审判机关。

最高人民法院监督地方各级人民法院和专门人民法院的审判工作,上级人民法院监督下级人民法院的审判工作。

第一百二十八条　【法院与人大的关系】最高人民法院对全国人民代表大会和全国人民代表大会常务委员会负责。地方各级人民法院对产生它的国家权力机关负责。

第一百二十九条　【法律监督机关】中华人民共和国人民检察院是国家的法律监督机关。

第一百三十条　【检察院的级别、组织和任期】中华人民共和国设立最高人民检察院、地方各级人民检察院和军事检察院等专门人民检察院。

最高人民检察院检察长每届任期同全国人民代表大会每届任期相同,连续任职不得超过两届。

人民检察院的组织由法律规定。

第一百三十一条　【检察权独立】人民检察院依照法律规定独立行使检察权,不受行政机关、社会团体和个人的干涉。

第一百三十二条　【检察机关间的关系】最高人民检察院是最高检察机关。

最高人民检察院领导地方各级人民检察院和专门人民检察院的工作,上级人民检察院领导下级人民检察院的工作。

第一百三十三条　【检察院与人大的关系】最高人民检察院对全国人民代表大会和全国人民代表大会常务委员会负责。地方各级人民检察院对产生它的国家权力机关和上级人民检察院负责。

第一百三十四条　【诉讼语言】各民族公民都有用本民族语言文字进行诉讼的权利。人民法院和人民检察院对于不通晓当地通用的语言文字的诉讼参与人,应当为他们翻译。

在少数民族聚居或者多民族共同居住的地区,应当用当地通用的语言进行审理;起诉书、判决书、布告和其他文书应当根据实际需要使用当地通用的一种或者几种文字。

第一百三十五条　【司法机关间的分工与制衡原则】人民法院、人民检察院和公安机关办理刑事案件,应当分工负责,互相配合,互相制约,以保证准确有效地执行法律。

第四章　国旗、国歌、国徽、首都

第一百三十六条　【国旗】中华人民共和国国旗是五星红旗。

中华人民共和国国歌是《义勇军进行曲》。

第一百三十七条　【国徽】中华人民共和国国徽,中间是五星照耀下的天安门,周围是谷穗和齿轮。

第一百三十八条　【首都】中华人民共和国首都是北京。

2. 选举、代表

中华人民共和国
全国人民代表大会和地方
各级人民代表大会选举法

1. 1979年7月1日第五届全国人民代表大会第二次会议通过
2. 根据1982年12月10日第五届全国人民代表大会第五次会议《关于修改〈中华人民共和国全国人民代表大会和地方各级人民代表大会选举法〉的若干规定的决议》第一次修正
3. 根据1986年12月2日第六届全国人民代表大会常务委员会第十八次会议《关于修改〈中华人民共和国全国人民代表大会和地方各级人民代表大会选举法〉的决定》第二次修正
4. 根据1995年2月28日第八届全国人民代表大会常务委员会第十二次会议《关于修改〈中华人民共和国全国人民代表大会和地方各级人民代表大会选举法〉的决定》第三次修正
5. 根据2004年10月27日第十届全国人民代表大会常务委员会第十二次会议《关于修改〈中华人民共和国全国人民代表大会和地方各级人民代表大会选举法〉的决定》第四次修正
6. 根据2010年3月14日第十一届全国人民代表大会第三次会议《关于修改〈中华人民共和国全国人民代表大会和地方各级人民代表大会选举法〉的决定》第五次修正
7. 根据2015年8月29日第十二届全国人民代表大会常务委员会第十六次会议《关于修改〈中华人民共和国地方各级人民代表大会和地方各级人民政府组织法〉、〈中华人民共和国全国人民代表大会和地方各级人民代表大会选举法〉、〈中华人民共和国全国人民代表大会和地方各级人民代表大会代表法〉的决定》第六次修正

目　录

第一章　总　　则

第一条　【立法根据】根据中华人民共和国宪法，制定全国人民代表大会和地方各级人民代表大会选举法。

第二条　【选举方式】全国人民代表大会的代表，省、自治区、直辖市、设区的市、自治州的人民代表大会的代表，由下一级人民代表大会选举。

不设区的市、市辖区、县、自治县、乡、民族乡、镇的人民代表大会的代表，由选民直接选举。

第三条　【选举资格】中华人民共和国年满十八周岁的公民，不分民族、种族、性别、职业、家庭出身、宗教信仰、教育程度、财产状况和居住期限，都有选举权和被选举权。

依照法律被剥夺政治权利的人没有选举权和被选举权。

第四条　【一人一票】每一选民在一次选举中只有一个投票权。

第五条　【军队选举办法另订】人民解放军单独进行选举，选举办法另订。

第六条　【代表广泛】全国人民代表大会和地方各级人民代表大会的代表应当具有广泛的代表性，应当有适当数量的基层代表，特别是工人、农民和知识分子代表；应当有适当数量的妇女代表，并逐步提高妇女代表的比例。

全国人民代表大会和归侨人数较多地区的地方人民代表大会，应当有适当名额的归侨代表。

旅居国外的中华人民共和国公民在县级以下人民代表大会代表选举期间在国内的，可以参加原籍地或者出国前居住地的选举。

第七条　【选举经费】全国人民代表大会和地方各级人民代表大会的选举经费，列入财政预算，由国库开支。

第二章　选 举 机 构

第八条　【主持选举机构】全国人民代表大会常务委员会主持全国人民代表大会代表的选举。省、自治区、直辖市、设区的市、自治州的人民代表大会常务委员会主持本级人民代表大会代表的选举。

不设区的市、市辖区、县、自治县、乡、民族乡、镇设立选举委员会，主持本级人民代表大会代表的选举。不设区的市、市辖区、县、自治县的选举委员会受本级人民代表大会常务委员会的领导。乡、民族乡、镇的选举委员会受不设区的市、市辖区、县、自治县的人民代表大会常务委员会的领导。

省、自治区、直辖市、设区的市、自治州的人民代表大会常务委员会指导本行政区域内县级以下人民代表大会代表的选举工作。

第九条　【主持选举机构的产生】不设区的市、市辖区、县、自治县的选举委员会的组成人员由本级人民代表大会常务委员会任命。乡、民族乡、镇的选举委员会的组成人员由不设区的市、市辖区、县、自治县的人民代表大会常务委员会任命。

选举委员会的组成人员为代表候选人的，应当辞去选举委员会的职务。

第十条　【选举委员会职责】选举委员会履行下列职责：

(一)划分选举本级人民代表大会代表的选区，分配各选区应选代表的名额；

(二)进行选民登记，审查选民资格，公布选民名单；受理对于选民名单不同意见的申诉，并作出决定；

(三)确定选举日期；

(四)了解核实并组织介绍代表候选人的情况；根据较多数选民的意见，确定和公布正式代表候选人名单；

(五)主持投票选举；

(六)确定选举结果是否有效，公布当选代表名单；

(七)法律规定的其他职责。

选举委员会应当及时公布选举信息。

第三章　地方各级人民代表大会代表名额

第十一条　【代表名额】地方各级人民代表大会的代表名额，按照下列规定确定：

(一)省、自治区、直辖市的代表名额基数为三百五十名，省、自治区每十五万人可以增加一名代表，直辖市每二万五千人可以增加一名代表；但是，代表总名额不得超过一千名；

(二)设区的市、自治州的代表名额基数为二百四十名，每二万五千人可以增加一名代表；人口超过一千万的，代表总名额不得超过六百五十名；

(三)不设区的市、市辖区、县、自治县的代表名额基数为一百二十名，每五千人可以增加一名代表；人口超过一百六十五万的，代表总名额不得超过四百五十名；人口不足五万的，代表总名额可以少于一百二十名；

(四)乡、民族乡、镇的代表名额基数为四十名，每一千五百人可以增加一名代表；但是，代表总名额不得超过一百六十名；人口不足二千的，代表总名额可以少于四十名。

按照前款规定的地方各级人民代表大会的代表名额基数与按人口数增加的代表数相加，即为地方各级人民代表大会的代表总名额。

自治区、聚居的少数民族多的省，经全国人民代表大会常务委员会决定，代表名额可以另加百分之五。聚居的少数民族多或者人口居住分散的县、自治县、乡、民族乡，经省、自治区、直辖市的人民代表大会常务委员会决定，代表名额可以另加百分之五。

第十二条　【具体名额的确定】省、自治区、直辖市的人民代表大会代表的具体名额，由全国人民代表大会常务委员会依照本法确定。设区的市、自治州和县级的人民代表大会代表的具体名额，由省、自治区、直辖市的人民代表大会常务委员会依照本法确定，报全国人民代表大会常务委员会备案。乡级的人民代表大会代表的具体名额，由县级的人民代表大会常务委员会依照本法确定，报上一级人民代表大会常务委员会备案。

第十三条　【名额固定与变动】地方各级人民代表大会的代表总名额经确定后，不再变动。如果由于行政区划变动或者由于重大工程建设等原因造成人口较大变动的，该级人民代表大会的代表总名额依照本法的规定重新确定。

第十四条　【名额分配原则】地方各级人民代表大会代表名额，由本级人民代表大会常务委员会或者本级选举委员会根据本行政区域所辖的下一级各行政区域或者各选区的人口数，按照每一代表所代表的城乡人口数相同的原则，以及保证各地区、各民族、各方面都有适当数量代表的要求进行分配。在县、自治县的人民代表大会中，人口特少的乡、民族乡、镇，至少应有代表一人。

地方各级人民代表大会代表名额的分配办法，由省、自治区、直辖市人民代表大会常务委员会参照全国人民代表大会代表名额分配的办法，结合本地区的具体情况规定。

第四章　全国人民代表大会代表名额

第十五条　【全国人大代表的产生】全国人民代表大会的代表，由省、自治区、直辖市的人民代表大会和人民解放军选举产生。

全国人民代表大会代表的名额不超过三千人。

香港特别行政区、澳门特别行政区应选全国人民代表大会代表的名额和代表产生办法，由全国人民代表大会另行规定。

第十六条　【全国人大代表名额分配】全国人民代表大会代表名额，由全国人民代表大会常务委员会根据各省、自治区、直辖市的人口数，按照每一代表所代表的城乡人口数相同的原则，以及保证各地区、各民族、各方面都有适当数量代表的要求进行分配。

省、自治区、直辖市应选全国人民代表大会代表名额，由根据人口数计算确定的名额数、相同的地区基本名额数和其他应选名额数构成。

全国人民代表大会代表名额的具体分配，由全国人民代表大会常务委员会决定。

第十七条　【少数民族代表名额分配原则】全国少数民族应选全国人民代表大会代表，由全国人民代表大会常务委员会参照各少数民族的人口数和分布等情况，分配给各省、自治区、直辖市的人民代表大会选出。人口特少的民族，至少应有代表一人。

第五章　各少数民族的选举

第十八条　【少数民族聚居地方的代表名额分配】有少数民族聚居的地方，每一聚居的少数民族都应有代表参加当地的人民代表大会。

聚居境内同一少数民族的总人口数占境内总人口数百分之三十以上的，每一代表所代表的人口数应相当于当地人民代表大会每一代表所代表的人口数。

聚居境内同一少数民族的总人口数不足境内总人口

数百分之十五的，每一代表所代表的人口数可以适当少于当地人民代表大会每一代表所代表的人口数，但不得少于二分之一；实行区域自治的民族人口特少的自治县，经省、自治区的人民代表大会常务委员会决定，可以少于二分之一。人口特少的其他聚居民族，至少应有代表一人。

聚居境内同一少数民族的总人口数占境内总人口数百分之十五以上、不足百分之三十的，每一代表所代表的人口数，可以适当少于当地人民代表大会每一代表所代表的人口数，但分配给该少数民族的应选代表名额不得超过代表总名额的百分之三十。

第十九条　【少数民族聚居地方其他民族代表名额的分配】自治区、自治州、自治县和有少数民族聚居的乡、民族乡、镇的人民代表大会，对于聚居在境内的其他少数民族和汉族代表的选举，适用本法第十八条的规定。

第二十条　【散居少数民族代表名额的分配】散居的少数民族应选当地人民代表大会的代表，每一代表所代表的人口数可以少于当地人民代表大会每一代表所代表的人口数。

自治区、自治州、自治县和有少数民族聚居的乡、民族乡、镇的人民代表大会，对于散居的其他少数民族和汉族代表的选举，适用前款的规定。

第二十一条　【少数民族聚居地方的选举办法】有少数民族聚居的不设区的市、市辖区、县、乡、民族乡、镇的人民代表大会代表的产生，按照当地的民族关系和居住状况，各少数民族选民可以单独选举或者联合选举。

自治县和有少数民族聚居的乡、民族乡、镇的人民代表大会，对于居住在境内的其他少数民族和汉族代表的选举办法，适用前款的规定。

第二十二条　【民族自治地方选举使用的文字】自治区、自治州、自治县制定或者公布的选举文件、选民名单、选民证、代表候选人名单、代表当选证书和选举委员会的印章等，都应当同时使用当地通用的民族文字。

第二十三条　【少数民族选举的其他事项】少数民族选举的其他事项，参照本法有关各条的规定办理。

第六章　选 区 划 分

第二十四条　【选区的划分办法】不设区的市、市辖区、县、自治县、乡、民族乡、镇的人民代表大会的代表名额分配到选区，按选区进行选举。选区可以按居住状况划分，也可以按生产单位、事业单位、工作单位划分。

选区的大小，按照每一选区选一名至三名代表划分。

第二十五条　【每一代表代表人数大体相等原则】本行政区域内各选区每一代表所代表的人口数应当大体相等。

第七章　选 民 登 记

第二十六条　【选民登记】选民登记按选区进行，经登记确认的选民资格长期有效。每次选举前对上次选民登记以后新满十八周岁的、被剥夺政治权利期满后恢复政治权利的选民，予以登记。对选民经登记后迁出原选区的，列入新迁入的选区的选民名单；对死亡的和依照法律被剥夺政治权利的人，从选民名单上除名。

精神病患者不能行使选举权利的，经选举委员会确认，不列入选民名单。

第二十七条　【选民资格确认】选民名单应在选举日的二十日以前公布，实行凭选民证参加投票选举的，并应当发给选民证。

第二十八条　【选民资格的异议和处理】对于公布的选民名单有不同意见的，可以在选民名单公布之日起五日内向选举委员会提出申诉。选举委员会对申诉意见，应在三日内作出处理决定。申诉人如果对处理决定不服，可以在选举日的五日以前向人民法院起诉，人民法院应在选举日以前作出判决。人民法院的判决为最后决定。

第八章　代表候选人的提出

第二十九条　【代表候选人提名】全国和地方各级人民代表大会的代表候选人，按选区或者选举单位提名产生。

各政党、各人民团体，可以联合或者单独推荐代表候选人。选民或者代表，十人以上联名，也可以推荐代表候选人。推荐者应向选举委员会或者大会主席团介绍代表候选人的情况。接受推荐的代表候选人应当向选举委员会或者大会主席团如实提供个人身份、简历等基本情况。提供的基本情况不实的，选举委员会或者大会主席团应当向选民或者代表通报。

各政党、各人民团体联合或者单独推荐的代表候选人的人数，每一选民或者代表参加联名推荐的代表候选人的人数，均不得超过本选区或者选举单位应选代表的名额。

第三十条　【差额选举】全国和地方各级人民代表大会代表实行差额选举，代表候选人的人数应多于应选代表的名额。

由选民直接选举人民代表大会代表的，代表候选人的人数应多于应选代表名额三分之一至一倍；由县级以上的地方各级人民代表大会选举上一级人民代表大会代表的，代表候选人的人数应多于应选代表名额五分之一至二分之一。

第三十一条　【正式代表候选人的确定】由选民直接选举人民代表大会代表的，代表候选人由各选区选民和各政党、各人民团体提名推荐。选举委员会汇总后，将代表候选人名单及代表候选人的基本情况在选举日的十五日以前公布，并交各该选区的选民小组讨论、协商，确定正式代表候选人名单。如果所提代表候选人的人数超过本法第三十条规定的最高差额比例，由选举委员会交各该选区的选民小组讨论、协商，根据较多数选民的意见，确定正式代表候选人名单；对正式代表候选人不能形成较为一致意见的，进行预选，根据预选时得票多少的顺序，确定正式代表候选人名单。正式代表候选人名单及代表候选人的基本情况应当在选举日的七日以前公布。

县级以上的地方各级人民代表大会在选举上一级人民代表大会代表时,提名、酝酿代表候选人的时间不得少于两天。各该级人民代表大会主席团将依法提出的代表候选人名单及代表候选人的基本情况印发全体代表,由全体代表酝酿、讨论。如果所提代表候选人的人数符合本法第三十条规定的差额比例,直接进行投票选举。如果所提代表候选人的人数超过本法第三十条规定的最高差额比例,进行预选,根据预选时得票多少的顺序,按照本级人民代表大会的选举办法根据本法确定的具体差额比例,确定正式代表候选人名单,进行投票选举。

第三十二条　【上级代表候选人不限于代表】县级以上的地方各级人民代表大会在选举上一级人民代表大会代表时,代表候选人不限于各该级人民代表大会的代表。

第三十三条　【介绍代表候选人】选举委员会或者人民代表大会主席团应当向选民或者代表介绍代表候选人的情况。推荐代表候选人的政党、人民团体和选民、代表可以在选民小组或者代表小组会议上介绍所推荐的代表候选人的情况。选举委员会根据选民的要求,应当组织代表候选人与选民见面,由代表候选人介绍本人的情况,回答选民的问题。但是,在选举日必须停止代表候选人的介绍。

第三十四条　【公民选举不得接受境外资助】公民参加各级人民代表大会代表的选举,不得直接或者间接接受境外机构、组织、个人提供的与选举有关的任何形式的资助。

违反前款规定的,不列入代表候选人名单;已经列入代表候选人名单的,从名单中除名;已经当选的,其当选无效。

第九章　选 举 程 序

第三十五条　【严格依法选举】全国人民代表大会和地方各级人民代表大会代表的选举,应当严格依照法定程序进行,并接受监督。任何组织或者个人都不得以任何方式干预选民或者代表自由行使选举权。

第三十六条　【领取选票】在选民直接选举人民代表大会代表时,选民根据选举委员会的规定,凭身份证或者选民证领取选票。

第三十七条　【组织投票方式】选举委员会应当根据各选区选民分布状况,按照方便选民投票的原则设立投票站,进行选举。选民居住比较集中的,可以召开选举大会,进行选举;因患有疾病等原因行动不便或者居住分散并且交通不便的选民,可以在流动票箱投票。

第三十八条　【主持间接选举的机构】县级以上的地方各级人民代表大会在选举上一级人民代表大会代表时,由各该级人民代表大会主席团主持。

第三十九条　【无记名投票】全国和地方各级人民代表大会代表的选举,一律采用无记名投票的方法。选举时应当设有秘密写票处。

选民如果是文盲或者因残疾不能写选票的,可以委托他信任的人代写。

第四十条　【选举自由】选举人对于代表候选人可以投赞成票,可以投反对票,可以另选其他任何选民,也可以弃权。

第四十一条　【委托投票】选民如果在选举期间外出,经选举委员会同意,可以书面委托其他选民代为投票。每一选民接受的委托不得超过三人,并应当按照委托人的意愿代为投票。

第四十二条　【监票计票】投票结束后,由选民或者代表推选的监票、计票人员和选举委员会或者人民代表大会主席团的人员将投票人数和票数加以核对,作出记录,并由监票人签字。

代表候选人的近亲属不得担任监票人、计票人。

第四十三条　【选举与选票的有效】每次选举所投的票数,多于投票人数的无效,等于或者少于投票人数的有效。

每一选票所选的人数,多于规定应选代表人数的作废,等于或者少于规定应选代表人数的有效。

第四十四条　【当选条件】在选民直接选举人民代表大会代表时,选区全体选民的过半数参加投票,选举有效。代表候选人获得参加投票的选民过半数的选票时,始得当选。

县级以上的地方各级人民代表大会在选举上一级人民代表大会代表时,代表候选人获得全体代表过半数的选票时,始得当选。

获得过半数选票的代表候选人的人数超过应选代表名额时,以得票多的当选。如遇票数相等不能确定当选人时,应当就票数相等的候选人再次投票,以得票多的当选。

获得过半数选票的当选代表的人数少于应选代表的名额时,不足的名额另行选举。另行选举时,根据在第一次投票时得票多少的顺序,按照本法第三十条规定的差额比例,确定候选人名单。如果只选一人,候选人应为二人。

依照前款规定另行选举县级和乡级的人民代表大会代表时,代表候选人以得票多的当选,但是得票数不得少于选票的三分之一;县级以上的地方各级人民代表大会在另行选举上一级人民代表大会代表时,代表候选人获得全体代表过半数的选票,始得当选。

第四十五条　【选举结果的公布】选举结果由选举委员会或者人民代表大会主席团根据本法确定是否有效,并予以宣布。

当选代表名单由选举委员会或者人民代表大会主席团予以公布。

第四十六条　【代表资格审查委员会依法审查】代表资格审查委员会依法对当选代表是否符合宪法、法律规定的代表的基本条件,选举是否符合法律规定的程序,以及是否存在破坏选举和其他当选无效的违法行为进行审查,提出代表当选是否有效的意见,向本级人民代表大会常务委员会或者乡、民族乡、镇的人民代表大会主席团报告。

县级以上的各级人民代表大会常务委员会或者乡、民族乡、镇的人民代表大会主席团根据代表资格审查委员会提出的报告,确认代表的资格或者确定代表的当选无效,在每届人民代表大会第一次会议前公布代表名单。

第四十七条 【代表不得兼任的情形】公民不得同时担任两个以上无隶属关系的行政区域的人民代表大会代表。

第十章 对代表的监督和罢免、辞职、补选

第四十八条 【选民或者选举单位的监督罢免权】全国和地方各级人民代表大会的代表,受选民和原选举单位的监督。选民或者选举单位都有权罢免自己选出的代表。

第四十九条 【罢免要求的提出和表决】对于县级的人民代表大会代表,原选区选民五十人以上联名,对于乡级的人民代表大会代表,原选区选民三十人以上联名,可以向县级的人民代表大会常务委员会书面提出罢免要求。

罢免要求应当写明罢免理由。被提出罢免的代表有权在选民会议上提出申辩意见,也可以书面提出申辩意见。

县级的人民代表大会常务委员会应当将罢免要求和被提出罢免的代表的书面申辩意见印发原选区选民。

表决罢免要求,由县级的人民代表大会常务委员会派有关负责人员主持。

第五十条 【罢免案的提出和表决】县级以上的地方各级人民代表大会举行会议的时候,主席团或者十分之一以上代表联名,可以提出对由该级人民代表大会选出的上一级人民代表大会代表的罢免案。在人民代表大会闭会期间,县级以上的地方各级人民代表大会常务委员会主任会议或者常务委员会五分之一以上组成人员联名,可以向常务委员会提出对由该级人民代表大会选出的上一级人民代表大会代表的罢免案。罢免案应当写明罢免理由。

县级以上的地方各级人民代表大会举行会议的时候,被提出罢免的代表有权在主席团会议和大会全体会议上提出申辩意见,或者书面提出申辩意见,由主席团印发会议。罢免案经会议审议后,由主席团提请全体会议表决。

县级以上的地方各级人民代表大会常务委员会举行会议的时候,被提出罢免的代表有权在主任会议和常务委员会全体会议上提出申辩意见,或者书面提出申辩意见,由主任会议印发会议。罢免案经会议审议后,由主任会议提请全体会议表决。

第五十一条 【罢免的表决方式】罢免代表采用无记名的表决方式。

第五十二条 【罢免决议的通过】罢免县级和乡级的人民代表大会代表,须经原选区过半数的选民通过。

罢免由县级以上的地方各级人民代表大会选出的代表,须经各该级人民代表大会过半数的代表通过;在代表大会闭会期间,须经常务委员会组成人员的过半数通过。罢免的决议,须报送上一级人民代表大会常务委员会备案、公告。

第五十三条 【相应职务撤销】县级以上的各级人民代表大会常务委员会组成人员,县级以上的各级人民代表大会专门委员会成员的代表职务被罢免的,其常务委员会组成人员或者专门委员会成员的职务相应撤销,由主席团或者常务委员会予以公告。

乡、民族乡、镇的人民代表大会主席、副主席的代表职务被罢免的,其主席、副主席的职务相应撤销,由主席团予以公告。

第五十四条 【辞职】全国人民代表大会代表,省、自治区、直辖市、设区的市、自治州的人民代表大会代表,可以向选举他的人民代表大会的常务委员会书面提出辞职。常务委员会接受辞职,须经常务委员会组成人员的过半数通过。接受辞职的决议,须报送上一级人民代表大会常务委员会备案、公告。

县级的人民代表大会代表可以向本级人民代表大会常务委员会书面提出辞职,乡级的人民代表大会代表可以向本级人民代表大会书面提出辞职。县级的人民代表大会常务委员会接受辞职,须经常务委员会组成人员的过半数通过。乡级的人民代表大会接受辞职,须经人民代表大会过半数的代表通过。接受辞职的,应当予以公告。

第五十五条 【相应职务的终止】县级以上的各级人民代表大会常务委员会组成人员,县级以上的各级人民代表大会的专门委员会成员,辞去代表职务的请求被接受的,其常务委员会组成人员、专门委员会成员的职务相应终止,由常务委员会予以公告。

乡、民族乡、镇的人民代表大会主席、副主席,辞去代表职务的请求被接受的,其主席、副主席的职务相应终止,由主席团予以公告。

第五十六条 【补选】代表在任期内,因故出缺,由原选区或者原选举单位补选。

地方各级人民代表大会代表在任期内调离或者迁出本行政区域的,其代表资格自行终止,缺额另行补选。

县级以上的地方各级人民代表大会闭会期间,可以由本级人民代表大会常务委员会补选上一级人民代表大会代表。

补选出缺的代表时,代表候选人的名额可以多于应选代表的名额,也可以同应选代表的名额相等。补选的具体办法,由省、自治区、直辖市的人民代表大会常务委员会规定。

对补选产生的代表,依照本法第四十六条的规定进行代表资格审查。

第十一章 对破坏选举的制裁

第五十七条 【破坏选举行为的法律责任】为保障选民和代表自由行使选举权和被选举权,对有下列行为之一,破坏选举,违反治安管理规定的,依法给予治安管理处罚;构成犯罪的,依法追究刑事责任:

(一)以金钱或者其他财物贿赂选民或者代表,妨害选民和代表自由行使选举权和被选举权的;

(二)以暴力、威胁、欺骗或者其他非法手段妨害选民和代表自由行使选举权和被选举权的;

(三)伪造选举文件、虚报选举票数或者有其他违法行为的;

(四)对于控告、检举选举中违法行为的人,或者对于提出要求罢免代表的人进行压制、报复的。

国家工作人员有前款所列行为的,还应当依法给予行政处分。

以本条第一款所列违法行为当选的,其当选无效。

第五十八条　【破坏选举行为的调查处理】主持选举的机构发现有破坏选举的行为或者收到对破坏选举行为的举报,应当及时依法调查处理;需要追究法律责任的,及时移送有关机关予以处理。

第十二章　附　　则

第五十九条　【实施细则】省、自治区、直辖市的人民代表大会及其常务委员会根据本法可以制定选举实施细则,报全国人民代表大会常务委员会备案。

中华人民共和国全国人民代表大会和地方各级人民代表大会代表法

1. 1992年4月3日第七届全国人民代表大会第五次会议通过

2. 根据2009年8月27日第十一届全国人民代表大会常务委员会第十次会议《关于修改部分法律的决定》第一次修正

3. 根据2010年10月28日第十一届全国人民代表大会常务委员会第十七次会议《关于修改〈中华人民共和国全国人民代表大会和地方各级人民代表大会代表法〉的决定》第二次修正

4. 根据2015年8月29日第十二届全国人民代表大会常务委员会第十六次会议《关于修改〈中华人民共和国地方各级人民代表大会和地方各级人民政府组织法〉、〈中华人民共和国全国人民代表大会和地方各级人民代表大会选举法〉、〈中华人民共和国全国人民代表大会和地方各级人民代表大会代表法〉的决定》第三次修正

目　　录

第一章　总　　则

第一条　【立法目的】为保证全国人民代表大会和地方各级人民代表大会代表依法行使代表的职权,履行代表的义务,发挥代表作用,根据宪法,制定本法。

第二条　【人民代表的产生和地位】全国人民代表大会和地方各级人民代表大会代表依照法律规定选举产生。

全国人民代表大会代表是最高国家权力机关组成人员,地方各级人民代表大会代表是地方各级国家权力机关组成人员。

全国人民代表大会和地方各级人民代表大会代表,代表人民的利益和意志,依照宪法和法律赋予本级人民代表大会的各项职权,参加行使国家权力。

第三条　【代表的权利】代表享有下列权利:

(一)出席本级人民代表大会会议,参加审议各项议案、报告和其他议题,发表意见;

(二)依法联名提出议案、质询案、罢免案等;

(三)提出对各方面工作的建议、批评和意见;

(四)参加本级人民代表大会的各项选举;

(五)参加本级人民代表大会的各项表决;

(六)获得依法执行代表职务所需的信息和各项保障;

(七)法律规定的其他权利。

第四条　【代表的义务】代表应当履行下列义务:

(一)模范地遵守宪法和法律,保守国家秘密,在自己参加的生产、工作和社会活动中,协助宪法和法律的实施;

(二)按时出席本级人民代表大会会议,认真审议各项议案、报告和其他议题,发表意见,做好会议期间的各项工作;

(三)积极参加统一组织的视察、专题调研、执法检查等履职活动;

(四)加强履职学习和调查研究,不断提高执行代表职务的能力;

(五)与原选区选民或者原选举单位和人民群众保持密切联系,听取和反映他们的意见和要求,努力为人民服务;

(六)自觉遵守社会公德,廉洁自律,公道正派,勤勉尽责;

(七)法律规定的其他义务。

第五条　【代表职务】代表依照本法的规定在本级人民代表大会会议期间的工作和在本级人民代表大会闭会期间的活动,都是执行代表职务。

国家和社会为代表执行代表职务提供保障。

代表不脱离各自的生产和工作。代表出席本级人民代表大会会议,参加闭会期间统一组织的履职活动,应当安排好本人的生产和工作,优先执行代表职务。

第六条　【对代表的监督】代表受原选区选民或者原选举单位的监督。

第二章　代表在本级人民代表大会会议期间的工作

第七条　【代表须出席会议及会前准备】代表应当按时出席

本级人民代表大会会议。代表因健康等特殊原因不能出席会议的,应当按照规定请假。

代表在出席本级人民代表大会会议前,应当听取人民群众的意见和建议,为会议期间执行代表职务做好准备。

第八条 【审议议案和报告】代表参加大会全体会议、代表团全体会议、小组会议,审议列入会议议程的各项议案和报告。

代表可以被推选或者受邀请列席主席团会议、专门委员会会议,发表意见。

代表应当围绕会议议题发表意见,遵守议事规则。

第九条 【代表的提案权】代表有权依照法律规定的程序向本级人民代表大会提出属于本级人民代表大会职权范围内的议案。议案应当有案由、案据和方案。

代表依法提出的议案,由本级人民代表大会主席团决定是否列入会议议程,或者先交有关的专门委员会审议、提出是否列入会议议程的意见,再决定是否列入会议议程。

列入会议议程的议案,在交付大会表决前,提出议案的代表要求撤回的,经主席团同意,会议对该项议案的审议即行终止。

第十条 【全国人大代表的修宪提案权】全国人民代表大会代表,有权依照宪法规定的程序向全国人民代表大会提出修改宪法的议案。

第十一条 【代表的选举权】代表参加本级人民代表大会的各项选举。

全国人民代表大会代表有权对主席团提名的全国人民代表大会常务委员会组成人员的人选,中华人民共和国主席、副主席的人选,中央军事委员会主席的人选,最高人民法院院长和最高人民检察院检察长的人选,全国人民代表大会各专门委员会的人选,提出意见。

县级以上的地方各级人民代表大会代表有权依照法律规定的程序提出本级人民代表大会常务委员会的组成人员,人民政府领导人员,人民法院院长,人民检察院检察长以及上一级人民代表大会代表的人选,并有权对本级人民代表大会主席团和代表依法提出的上述人员的人选提出意见。

乡、民族乡、镇的人民代表大会代表有权依照法律规定的程序提出本级人民代表大会主席、副主席和人民政府领导人员的人选,并有权对本级人民代表大会主席团和代表依法提出的上述人员的人选提出意见。

各级人民代表大会代表有权对本级人民代表大会主席团的人选,提出意见。

代表对确定的候选人,可以投赞成票,可以投反对票,可以另选他人,也可以弃权。

第十二条 【全国、县级以上人大代表的决定权】全国人民代表大会代表参加决定国务院组成人员和中央军事委员会副主席、委员的人选。

县级以上的各级人民代表大会代表参加表决通过本级人民代表大会各专门委员会组成人员的人选。

第十三条 【代表询问权】代表在审议议案和报告时,可以向本级有关国家机关提出询问。有关国家机关应当派负责人或者负责人员回答询问。

第十四条 【代表质询权】全国人民代表大会会议期间,一个代表团或者三十名以上的代表联名,有权书面提出对国务院和国务院各部、各委员会,最高人民法院,最高人民检察院的质询案。

县级以上的地方各级人民代表大会代表有权依照法律规定的程序提出对本级人民政府及其所属各部门,人民法院,人民检察院的质询案。

乡、民族乡、镇的人民代表大会代表有权依照法律规定的程序提出对本级人民政府的质询案。

质询案应当写明质询对象、质询的问题和内容。

质询案按照主席团的决定由受质询机关答复。提出质询案的代表半数以上对答复不满意的,可以要求受质询机关再作答复。

第十五条 【代表提出罢免案】全国人民代表大会代表有权依照法律规定的程序提出对全国人民代表大会常务委员会组成人员,中华人民共和国主席、副主席,国务院组成人员,中央军事委员会组成人员,最高人民法院院长,最高人民检察院检察长的罢免案。

县级以上的地方各级人民代表大会代表有权依照法律规定的程序提出对本级人民代表大会常务委员会组成人员,人民政府组成人员,人民法院院长,人民检察院检察长的罢免案。

乡、民族乡、镇的人民代表大会代表有权依照法律规定的程序提出对本级人民代表大会主席、副主席和人民政府领导人员的罢免案。

罢免案应当写明罢免的理由。

第十六条 【组织调查委员会】县级以上的各级人民代表大会代表有权依法提议组织关于特定问题的调查委员会。

第十七条 【代表表决类型】代表参加本级人民代表大会表决,可以投赞成票,可以投反对票,也可以弃权。

第十八条 【代表的批评、建议权】代表有权向本级人民代表大会提出对各方面工作的建议、批评和意见。建议、批评和意见应当明确具体,注重反映实际情况和问题。

第三章 代表在本级人民代表大会闭会期间的活动

第十九条 【闭会期间代表活动的组织机构】县级以上的各级人民代表大会常务委员会组织本级人民代表大会代表开展闭会期间的活动。

县级以上的地方各级人民代表大会常务委员会受上一级人民代表大会常务委员会的委托,组织本级人民代表大会选举产生的上一级人民代表大会代表开展闭会期间的活动。

乡、民族乡、镇的人民代表大会主席、副主席根据主席团的安排,组织本级人民代表大会代表开展闭会期间的活动。

第二十条　【闭会期间代表活动的基本形式】代表在闭会期间的活动以集体活动为主,以代表小组活动为基本形式。代表可以通过多种方式听取、反映原选区选民或者原选举单位的意见和要求。

第二十一条　【代表小组】县级以上的各级人民代表大会代表,在本级或者下级人民代表大会常务委员会协助下,可以按照便于组织和开展活动的原则组成代表小组。

县级以上的各级人民代表大会代表,可以参加下级人民代表大会代表的代表小组活动。

第二十二条　【代表视察】县级以上的各级人民代表大会代表根据本级人民代表大会常务委员会的安排,对本级或者下级国家机关和有关单位的工作进行视察。乡、民族乡、镇的人民代表大会代表根据本级人民代表大会主席团的安排,对本级人民政府和有关单位的工作进行视察。

代表按前款规定进行视察,可以提出约见本级或者下级有关国家机关负责人。被约见的有关国家机关负责人或者由他委托的负责人员应当听取代表的建议、批评和意见。

代表可以持代表证就地进行视察。县级以上的地方各级人民代表大会常务委员会或者乡、民族乡、镇的人民代表大会主席团根据代表的要求,联系安排本级或者上级的代表持代表证就地进行视察。

代表视察时,可以向被视察单位提出建议、批评和意见,但不直接处理问题。

第二十三条　【开展专题调研】代表根据安排,围绕经济社会发展和关系人民群众切身利益、社会普遍关注的重大问题,开展专题调研。

第二十四条　【报告的转交及反馈】代表参加视察、专题调研活动形成的报告,由本级人民代表大会常务委员会办事机构或者乡、民族乡、镇的人民代表大会主席团转交有关机关、组织。对报告中提出的意见和建议的研究处理情况应当向代表反馈。

第二十五条　【临时会议】代表有权依照法律规定的程序提议临时召集本级人民代表大会会议。

第二十六条　【代表列席本级会议】县级以上的各级人民代表大会代表可以应邀列席本级人民代表大会常务委员会会议、本级人民代表大会各专门委员会会议,参加本级人民代表大会常务委员会组织的执法检查和其他活动。乡、民族乡、镇的人民代表大会代表参加本级人民代表大会主席团组织的执法检查和其他活动。

第二十七条　【代表列席原选举单位的会议】全国人民代表大会代表,省、自治区、直辖市、自治州、设区的市的人民代表大会代表可以列席原选举单位的人民代表大会会议,并可以应邀列席原选举单位的人民代表大会常务委员会会议。

第二十八条　【代表参加调查委员会】县级以上的各级人民代表大会代表根据本级人民代表大会或者本级人民代表大会常务委员会的决定,参加关于特定问题的调查委员会。

第二十九条　【代表监督本级常委会的工作】代表在本级人民代表大会闭会期间,有权向本级人民代表大会常务委员会或者乡、民族乡、镇的人民代表大会主席团提出对各方面工作的建议、批评和意见。建议、批评和意见应当明确具体,注重反映实际情况和问题。

第三十条　【乡级人大代表应反映民意】乡、民族乡、镇的人民代表大会代表在本级人民代表大会闭会期间,根据统一安排,开展调研等活动;组成代表小组,分工联系选民,反映人民群众的意见和要求。

第四章　代表执行职务的保障

第三十一条　【代表的言论豁免权】代表在人民代表大会各种会议上的发言和表决,不受法律追究。

第三十二条　【代表的刑事豁免权】县级以上的各级人民代表大会代表,非经本级人民代表大会主席团许可,在本级人民代表大会闭会期间,非经本级人民代表大会常务委员会许可,不受逮捕或者刑事审判。如果因为是现行犯被拘留,执行拘留的机关应当立即向该级人民代表大会主席团或者人民代表大会常务委员会报告。

对县级以上的各级人民代表大会代表,如果采取法律规定的其他限制人身自由的措施,应当经该级人民代表大会主席团或者人民代表大会常务委员会许可。

人民代表大会主席团或者常务委员会受理有关机关依照本条规定提请许可的申请,应当审查是否存在对代表在人民代表大会各种会议上的发言和表决进行法律追究,或者对代表提出建议、批评和意见等其他执行职务行为打击报复的情形,并据此作出决定。

乡、民族乡、镇的人民代表大会代表,如果被逮捕、受刑事审判、或者被采取法律规定的其他限制人身自由的措施,执行机关应当立即报告乡、民族乡、镇的人民代表大会。

第三十三条　【代表的时间保障】代表在本级人民代表大会闭会期间,参加由本级人民代表大会常务委员会或者乡、民族乡、镇的人民代表大会主席团安排的代表活动,代表所在单位必须给予时间保障。

第三十四条　【代表的物质保障】代表按照本法第三十三条的规定执行代表职务,其所在单位按正常出勤对待,享受所在单位的工资和其他待遇。

无固定工资收入的代表执行代表职务,根据实际情况由本级财政给予适当补贴。

第三十五条　【代表的活动经费】代表的活动经费,应当列入本级财政预算予以保障，专款专用。

第三十六条 **【常委会与本级代表保持联系】**县级以上的各级人民代表大会常务委员会应当采取多种方式同本级人民代表大会代表保持联系，扩大代表对本级人民代表大会常务委员会活动的参与。

第三十七条 **【常委会为代表提供必要条件】**县级以上的地方各级人民代表大会常务委员会，应当为本行政区域内的代表执行代表职务提供必要的条件。

第三十八条 **【代表的知情权】**县级以上的各级人民代表大会常务委员会，各级人民政府和人民法院、人民检察院，应当及时向本级人民代表大会代表通报工作情况，提供信息资料，保障代表的知情权。

第三十九条 **【履职学习】**县级以上的各级人民代表大会常务委员会应当有计划地组织代表参加履职学习，协助代表全面熟悉人民代表大会制度、掌握履行代表职务所需的法律知识和其他专业知识。

乡、民族乡、镇的人民代表大会代表可以参加上级人民代表大会常务委员会组织的代表履职学习。

第四十条 **【常委会为代表提供服务保障】**县级以上的各级人民代表大会常务委员会的办事机构和工作机构是代表执行代表职务的集体服务机构，为代表执行代表职务提供服务保障。

第四十一条 **【代表证】**为了便于代表执行代表职务，各级人民代表大会可以为本级人民代表大会代表制发代表证。

第四十二条 **【认真处理代表建议、批评和意见】**有关机关、组织应当认真研究办理代表建议、批评和意见，并自交办之日起三个月内答复。涉及面广、处理难度大的建议、批评和意见，应当自交办之日起六个月内答复。

有关机关、组织在研究办理代表建议、批评和意见的过程中，应当与代表联系沟通，充分听取意见。

代表建议、批评和意见的办理情况，应当向本级人民代表大会常务委员会或者乡、民族乡、镇的人民代表大会主席团报告，并印发下一次人民代表大会会议。代表建议、批评和意见办理情况的报告，应当予以公开。

第四十三条 **【少数民族代表】**少数民族代表执行代表职务时，有关部门应当在语言文字、生活习惯等方面给予必要的帮助和照顾。

第四十四条 **【代表执行职务的保障】**一切组织和个人都必须尊重代表的权利，支持代表执行代表职务。

有义务协助代表执行代表职务而拒绝履行义务的，有关单位应当予以批评教育，直至给予行政处分。

阻碍代表依法执行代表职务的，根据情节，由所在单位或者上级机关给予行政处分，或者适用《中华人民共和国治安管理处罚法》第五十条的处罚规定；以暴力、威胁方法阻碍代表依法执行代表职务的，依照刑法有关规定追究刑事责任。

对代表依法执行代表职务进行打击报复的，由所在单位或者上级机关责令改正或者给予行政处分；国家工作人员进行打击报复构成犯罪的，依照刑法有关规定追究刑事责任。

第五章 对代表的监督

第四十五条 **【代表到群众中去】**代表应当采取多种方式经常听取人民群众对代表履职的意见，回答原选区选民或者原选举单位对代表工作和代表活动的询问，接受监督。

由选民直接选举的代表应当以多种方式向原选区选民报告履职情况。县级人民代表大会常务委员会和乡、民族乡、镇的人民代表大会主席团应当定期组织本级人民代表大会代表向原选区选民报告履职情况。

第四十六条 **【代表不得滥用职权】**代表应当正确处理从事个人职业活动与执行代表职务的关系，不得利用执行代表职务干涉具体司法案件或者招标投标等经济活动牟取个人利益。

第四十七条 **【对代表的罢免】**选民或者选举单位有权依法罢免自己选出的代表。被提出罢免的代表有权出席罢免该代表的会议提出申辩意见，或者书面提出申辩意见。

第四十八条 **【暂停执行代表职务】**代表有下列情形之一的，暂时停止执行代表职务，由代表资格审查委员会向本级人民代表大会常务委员会或者乡、民族乡、镇的人民代表大会报告：

（一）因刑事案件被羁押正在受侦查、起诉、审判的；

（二）被依法判处管制、拘役或者有期徒刑而没有附加剥夺政治权利，正在服刑的。

前款所列情形在代表任期内消失后，恢复其执行代表职务，但代表资格终止者除外。

第四十九条 **【终止代表资格】**代表有下列情形之一的，其代表资格终止：

（一）地方各级人民代表大会代表迁出或者调离本行政区域的；

（二）辞职被接受的；

（三）未经批准两次不出席本级人民代表大会会议的；

（四）被罢免的；

（五）丧失中华人民共和国国籍的；

（六）依照法律被剥夺政治权利的；

（七）丧失行为能力的。

第五十条 **【终止代表资格的公告】**县级以上的各级人民代表大会代表资格的终止，由代表资格审查委员会报本级人民代表大会常务委员会，由本级人民代表大会常务委员会予以公告。

乡、民族乡、镇的人民代表大会代表资格的终止，由代表资格审查委员会报本级人民代表大会，由本级人民代表大会予以公告。

第六章 附　　则

第五十一条 **【实施办法】**省、自治区、直辖市的人民代表大会及其常务委员会可以根据本法和本行政区域的实际情况,制定实施办法。

第五十二条　【生效日期】本法自公布之日起施行。

3. 立法

中华人民共和国立法法

1. 2000年3月15日第九届全国人民代表大会第三次会议通过

2. 根据2015年3月15日第十二届全国人民代表大会第三次会议《关于修改〈中华人民共和国立法法〉的决定》修正

第一章　总　　则

第一条　【立法宗旨和依据】为了规范立法活动,健全国家立法制度,提高立法质量,完善中国特色社会主义法律体系,发挥立法的引领和推动作用,保障和发展社会主义民主,全面推进依法治国,建设社会主义法治国家,根据宪法,制定本法。

第二条　【调整范围】法律、行政法规、地方性法规、自治条例和单行条例的制定、修改和废止,适用本法。

国务院部门规章和地方政府规章的制定、修改和废止,依照本法的有关规定执行。

第三条　【遵循宪法的基本原则】立法应当遵循宪法的基本原则,以经济建设为中心,坚持社会主义道路、坚持人民民主专政、坚持中国共产党的领导、坚持马克思列宁主义毛泽东思想邓小平理论,坚持改革开放。

第四条　【依法立法】立法应当依照法定的权限和程序,从国家整体利益出发,维护社会主义法制的统一和尊严。

第五条　【民主立法】立法应当体现人民的意志,发扬社会主义民主,坚持立法公开,保障人民通过多种途径参与立法活动。

第六条　【科学立法】立法应当从实际出发,适应经济社会发展和全面深化改革的要求,科学合理地规定公民、法人和其他组织的权利与义务、国家机关的权力与责任。

法律规范应当明确、具体,具有针对性和可执行性。

第二章　法　　律

第一节　立 法 权 限

第七条　【全国人大及其常委会立法权限】全国人民代表大会和全国人民代表大会常务委员会行使国家立法权。

全国人民代表大会制定和修改刑事、民事、国家机构的和其他的基本法律。

全国人民代表大会常务委员会制定和修改除应当由全国人民代表大会制定的法律以外的其他法律;在全国人民代表大会闭会期间,对全国人民代表大会制定的法律进行部分补充和修改,但是不得同该法律的基本原则相抵触。

第八条　【全国人大及其常委会专属立法权】下列事项只能制定法律:

(一)国家主权的事项;

(二)各级人民代表大会、人民政府、人民法院和人民检察院的产生、组织和职权;

(三)民族区域自治制度、特别行政区制度、基层群众自治制度;

(四)犯罪和刑罚;

(五)对公民政治权利的剥夺、限制人身自由的强制措施和处罚;

(六)税种的设立、税率的确定和税收征收管理等税收基本制度;

(七)对非国有财产的征收、征用;

(八)民事基本制度;

(九)基本经济制度以及财政、海关、金融和外贸的基本制度;

(十)诉讼和仲裁制度;

(十一)必须由全国人民代表大会及其常务委员会制定法律的其他事项。

第九条　【授权国务院制定行政法规】本法第八条规定的事项尚未制定法律的,全国人民代表大会及其常务委员会有权作出决定,授权国务院可以根据实际需要,对其中的部分事项先制定行政法规,但是有关犯罪和刑罚、对公民政治权利的剥夺和限制人身自由的强制措施和处罚、司法制度等事项除外。

第十条　【授权规则】授权决定应当明确授权的目的、事项、范围、期限以及被授权机关实施授权决定应当遵循的原则等。

授权的期限不得超过五年,但是授权决定另有规定的除外。

被授权机关应当在授权期限届满的六个月以前,向授权机关报告授权决定实施的情况,并提出是否需要制定有关法律的意见;需要继续授权的,可以提出相关意见,由全国人民代表大会及其常务委员会决定。

第十一条　【授权终止】授权立法事项,经过实践检验,制定法律的条件成熟时,由全国人民代表大会及其常务委员会及时制定法律。法律制定后,相应立法事项的授权终止。

第十二条　【行使被授予权力的规则】被授权机关应当严格按照授权决定行使被授予的权力。

被授权机关不得将被授予的权力转授给其他机关。

第十三条　【暂时调整或者暂时停止法律部分适用】全国人民代表大会及其常务委员会可以根据改革发展的需要,决定就行政管理等领域的特定事项授权在一定期限内在部分地方暂时调整或者暂时停止适用法律的部分规定。

第二节 全国人民代表大会立法程序

第十四条 【有关机关提出法律案】全国人民代表大会主席团可以向全国人民代表大会提出法律案，由全国人民代表大会会议审议。

全国人民代表大会常务委员会、国务院、中央军事委员会、最高人民法院、最高人民检察院、全国人民代表大会各专门委员会，可以向全国人民代表大会提出法律案，由主席团决定列入会议议程。

第十五条 【代表团或者代表联名提出法律案】一个代表团或者三十名以上的代表联名，可以向全国人民代表大会提出法律案，由主席团决定是否列入会议议程，或者先交有关的专门委员会审议、提出是否列入会议议程的意见，再决定是否列入会议议程。

专门委员会审议的时候，可以邀请提案人列席会议，发表意见。

第十六条 【常委会先行审议法律案】向全国人民代表大会提出的法律案，在全国人民代表大会闭会期间，可以先向常务委员会提出，经常务委员会会议依照本法第二章第三节规定的有关程序审议后，决定提请全国人民代表大会审议，由常务委员会向大会全体会议作说明，或者由提案人向大会全体会议作说明。

常务委员会依照前款规定审议法律案，应当通过多种形式征求全国人民代表大会代表的意见，并将有关情况予以反馈；专门委员会和常务委员会工作机构进行立法调研，可以邀请有关的全国人民代表大会代表参加。

第十七条 【法律草案提前印发代表】常务委员会决定提请全国人民代表大会会议审议的法律案，应当在会议举行的一个月前将法律草案发给代表。

第十八条 【代表团审议法律案】列入全国人民代表大会会议议程的法律案，大会全体会议听取提案人的说明后，由各代表团进行审议。

各代表团审议法律案时，提案人应当派人听取意见，回答询问。

各代表团审议法律案时，根据代表团的要求，有关机关、组织应当派人介绍情况。

第十九条 【专门委员会审议法律案】列入全国人民代表大会会议议程的法律案，由有关的专门委员会进行审议，向主席团提出审议意见，并印发会议。

第二十条 【法律委员会统一审议法律案】列入全国人民代表大会会议议程的法律案，由法律委员会根据各代表团和有关的专门委员会的审议意见，对法律案进行统一审议，向主席团提出审议结果报告和法律草案修改稿，对重要的不同意见应当在审议结果报告中予以说明，经主席团会议审议通过后，印发会议。

第二十一条 【主席团常务主席召开会议审议重大问题】列入全国人民代表大会会议议程的法律案，必要时，主席团常务主席可以召开各代表团团长会议，就法律案中的重大问题听取各代表团的审议意见，进行讨论，并将讨论的情况和意见向主席团报告。

主席团常务主席也可以就法律案中的重大的专门性问题，召集代表团推选的有关代表进行讨论，并将讨论的情况和意见向主席团报告。

第二十二条 【法律案的撤回】列入全国人民代表大会会议议程的法律案，在交付表决前，提案人要求撤回的，应当说明理由，经主席团同意，并向大会报告，对该法律案的审议即行终止。

第二十三条 【大会授权常委会审议大会的法律案】法律案在审议中有重大问题需要进一步研究的，经主席团提出，由大会全体会议决定，可以授权常务委员会根据代表的意见进一步审议，作出决定，并将决定情况向全国人民代表大会下次会议报告；也可以授权常务委员会根据代表的意见进一步审议，提出修改方案，提请全国人民代表大会下次会议审议决定。

第二十四条 【法律案的表决】法律草案修改稿经各代表团审议，由法律委员会根据各代表团的审议意见进行修改，提出法律草案表决稿，由主席团提请大会全体会议表决，由全体代表的过半数通过。

第二十五条 【大会通过的法律的公布】全国人民代表大会通过的法律由国家主席签署主席令予以公布。

第三节 全国人民代表大会常务委员会立法程序

第二十六条 【委员长会议及其他有关机构提出法律案】委员长会议可以向常务委员会提出法律案，由常务委员会会议审议。

国务院、中央军事委员会、最高人民法院、最高人民检察院、全国人民代表大会各专门委员会，可以向常务委员会提出法律案，由委员长会议决定列入常务委员会会议议程，或者先交有关的专门委员会审议、提出报告，再决定列入常务委员会会议议程。如果委员长会议认为法律案有重大问题需要进一步研究，可以建议提案人修改完善后再向常务委员会提出。

第二十七条 【常委会组成人员提出法律案】常务委员会组成人员十人以上联名，可以向常务委员会提出法律案，由委员长会议决定是否列入常务委员会会议议程，或者先交有关的专门委员会审议、提出是否列入会议议程的意见，再决定是否列入常务委员会会议议程。不列入常务委员会会议议程的，应当向常务委员会会议报告或者向提案人说明。

专门委员会审议的时候，可以邀请提案人列席会议，发表意见。

第二十八条 【提前印发法律草案和代表列席会议】列入常务委员会会议议程的法律案，除特殊情况外，应当在会议举行的七日前将法律草案发给常务委员会组成人员。

常务委员会会议审议法律案时,应当邀请有关的全国人民代表大会代表列席会议。

第二十九条　【三审制】列入常务委员会会议议程的法律案,一般应当经三次常务委员会会议审议后再交付表决。

常务委员会会议第一次审议法律案,在全体会议上听取提案人的说明,由分组会议进行初步审议。

常务委员会会议第二次审议法律案,在全体会议上听取法律委员会关于法律草案修改情况和主要问题的汇报,由分组会议进一步审议。

常务委员会会议第三次审议法律案,在全体会议上听取法律委员会关于法律草案审议结果的报告,由分组会议对法律草案修改稿进行审议。

常务委员会审议法律案时,根据需要,可以召开联组会议或者全体会议,对法律草案中的主要问题进行讨论。

第三十条　【三审制的例外情形】列入常务委员会会议议程的法律案,各方面意见比较一致的,可以经两次常务委员会会议审议后交付表决;调整事项较为单一或者部分修改的法律案,各方面的意见比较一致的,也可以经一次常务委员会会议审议即交付表决。

第三十一条　【分组审议】常务委员会分组会议审议法律案时,提案人应当派人听取意见,回答询问。

常务委员会分组会议审议法律案时,根据小组的要求,有关机关、组织应当派人介绍情况。

第三十二条　【专门委员会审议】列入常务委员会会议议程的法律案,由有关的专门委员会进行审议,提出审议意见,印发常务委员会会议。

有关的专门委员会审议法律案时,可以邀请其他专门委员会的成员列席会议,发表意见。

第三十三条　【法律委员会统一审议】列入常务委员会会议议程的法律案,由法律委员会根据常务委员会组成人员、有关的专门委员会的审议意见和各方面提出的意见,对法律案进行统一审议,提出修改情况的汇报或者审议结果报告和法律草案修改稿,对重要的不同意见应当在汇报或者审议结果报告中予以说明。对有关的专门委员会的审议意见没有采纳的,应当向有关的专门委员会反馈。

法律委员会审议法律案时,应当邀请有关的专门委员会的成员列席会议,发表意见。

第三十四条　【专委会审议法律案有关负责人说明情况】专门委员会审议法律案时,应当召开全体会议审议,根据需要,可以要求有关机关、组织派有关负责人说明情况。

第三十五条　【专委会重要问题意见不一致的处理】专门委员会之间对法律草案的重要问题意见不一致时,应当向委员长会议报告。

第三十六条　【法律案听取各方面意见】列入常务委员会会议议程的法律案,法律委员会、有关的专门委员会和常务委员会工作机构应当听取各方面的意见。听取意见可以采取座谈会、论证会、听证会等多种形式。

法律案有关问题专业性较强,需要进行可行性评价的,应当召开论证会,听取有关专家、部门和全国人民代表大会代表等方面的意见。论证情况应当向常务委员会报告。

法律案有关问题存在重大意见分歧或者涉及利益关系重大调整,需要进行听证的,应当召开听证会,听取有关基层和群体代表、部门、人民团体、专家、全国人民代表大会代表和社会有关方面的意见。听证情况应当向常务委员会报告。

常务委员会工作机构应当将法律草案发送相关领域的全国人民代表大会代表、地方人民代表大会常务委员会以及有关部门、组织和专家征求意见。

第三十七条　【法律案向社会公布征求意见】列入常务委员会会议议程的法律案,应当在常务委员会会议后将法律草案及其起草、修改的说明等向社会公布,征求意见,但是经委员长会议决定不公布的除外。向社会公布征求意见的时间一般不少于三十日。征求意见的情况应当向社会通报。

第三十八条　【常委会工作机构整理各方面意见】列入常务委员会会议议程的法律案,常务委员会工作机构应当收集整理分组审议的意见和各方面提出的意见以及其他有关资料,分送法律委员会和有关的专门委员会,并根据需要,印发常务委员会会议。

第三十九条　【法律案通过前评估】拟提请常务委员会会议审议通过的法律案,在法律委员会提出审议结果报告前,常务委员会工作机构可以对法律草案中主要制度规范的可行性、法律出台时机、法律实施的社会效果和可能出现的问题等进行评估。评估情况由法律委员会在审议结果报告中予以说明。

第四十条　【列入常委会议程的法律案的撤回】列入常务委员会会议议程的法律案,在交付表决前,提案人要求撤回的,应当说明理由,经委员长会议同意,并向常务委员会报告,对该法律案的审议即行终止。

第四十一条　【表决通过和单独表决】法律草案修改稿经常务委员会会议审议,由法律委员会根据常务委员会组成人员的审议意见进行修改,提出法律草案表决稿,由委员长会议提请常务委员会全体会议表决,由常务委员会全体组成人员的过半数通过。

法律草案表决稿交付常务委员会会议表决前,委员长会议根据常务委员会会议审议的情况,可以决定将个别意见分歧较大的重要条款提请常务委员会会议单独表决。

单独表决的条款经常务委员会会议表决后,委员长会议根据单独表决的情况,可以决定将法律草案表决稿交付表决,也可以决定暂不付表决,交法律委员会和有关的专门委员会进一步审议。

第四十二条　【法律案终止审议】列入常务委员会会议审议

的法律案，因各方面对制定该法律的必要性、可行性等重大问题存在较大意见分歧搁置审议满两年的，或者因暂不付表决经过两年没有再次列入常务委员会会议议程审议的，由委员长会议向常务委员会报告，该法律案终止审议。

第四十三条　【合并表决或分别表决】对多部法律中涉及同类事项的个别条款进行修改，一并提出法律案的，经委员长会议决定，可以合并表决，也可以分别表决。

第四十四条　【常委会通过的法律的公布】常务委员会通过的法律由国家主席签署主席令予以公布。

第四节　法律解释

第四十五条　【法律解释权和法律解释的范围】法律解释权属于全国人民代表大会常务委员会。

法律有以下情况之一的，由全国人民代表大会常务委员会解释：

（一）法律的规定需要进一步明确具体含义的；

（二）法律制定后出现新的情况，需要明确适用法律依据的。

第四十六条　【提出法律解释要求的机关】国务院、中央军事委员会、最高人民法院、最高人民检察院和全国人民代表大会各专门委员会以及省、自治区、直辖市的人民代表大会常务委员会可以向全国人民代表大会常务委员会提出法律解释要求。

第四十七条　【法律解释草案的研拟和列入议程】常务委员会工作机构研究拟订法律解释草案，由委员长会议决定列入常务委员会会议议程。

第四十八条　【法律解释草案审议程序】法律解释草案经常务委员会会议审议，由法律委员会根据常务委员会组成人员的审议意见进行审议、修改，提出法律解释草案表决稿。

第四十九条　【法律解释草案的表决和公布程序】法律解释草案表决稿由常务委员会全体组成人员的过半数通过，由常务委员会发布公告予以公布。

第五十条　【法律解释的效力】全国人民代表大会常务委员会的法律解释同法律具有同等效力。

第五节　其他规定

第五十一条　【发挥人大在立法工作中的主导作用】全国人民代表大会及其常务委员会加强对立法工作的组织协调，发挥在立法工作中的主导作用。

第五十二条　【全国人大常委会立法规划、年度立法计划】全国人民代表大会常务委员会通过立法规划、年度立法计划等形式，加强对立法工作的统筹安排。编制立法规划和年度立法计划，应当认真研究代表议案和建议，广泛征集意见，科学论证评估，根据经济社会发展和民主法治建设的需要，确定立法项目，提高立法的及时性、针对性和系统性。立法规划和年度立法计划由委员长会议通过并向社会公布。

全国人民代表大会常务委员会工作机构负责编制立法规划和拟订年度立法计划，并按照全国人民代表大会常务委员会的要求，督促立法规划和年度立法计划的落实。

第五十三条　【专委会、常委会工作机构起草法律草案】全国人民代表大会有关的专门委员会、常务委员会工作机构应当提前参与有关方面的法律草案起草工作；综合性、全局性、基础性的重要法律草案，可以由有关的专门委员会或者常务委员会工作机构组织起草。

专业性较强的法律草案，可以吸收相关领域的专家参与起草工作，或者委托有关专家、教学科研单位、社会组织起草。

第五十四条　【提出法律案配套的文件资料】提出法律案，应当同时提出法律草案文本及其说明，并提供必要的参阅资料。修改法律的，还应当提交修改前后的对照文本。法律草案的说明应当包括制定或者修改法律的必要性、可行性和主要内容，以及起草过程中对重大分歧意见的协调处理情况。

第五十五条　【法律案的撤回】向全国人民代表大会及其常务委员会提出的法律案，在列入会议议程前，提案人有权撤回。

第五十六条　【表决未获通过后的处理程序】交付全国人民代表大会及其常务委员会全体会议表决未获得通过的法律案，如果提案人认为必须制定该法律，可以按照法律规定的程序重新提出，由主席团、委员长会议决定是否列入会议议程；其中，未获得全国人民代表大会通过的法律案，应当提请全国人民代表大会审议决定。

第五十七条　【法律的施行日期】法律应当明确规定施行日期。

第五十八条　【主席令的内容和法律的刊载】签署公布法律的主席令载明该法律的制定机关、通过和施行日期。

法律签署公布后，及时在全国人民代表大会常务委员会公报和中国人大网以及在全国范围内发行的报纸上刊载。

在常务委员会公报上刊登的法律文本为标准文本。

第五十九条　【法律的修改和废止】法律的修改和废止程序，适用本章的有关规定。

法律被修改的，应当公布新的法律文本。

法律被废止的，除由其他法律规定废止该法律的以外，由国家主席签署主席令予以公布。

第六十条　【法律草案与其他法律的衔接】法律草案与其他法律相关规定不一致的，提案人应当予以说明并提出处理意见，必要时应当同时提出修改或者废止其他法律相关规定的议案。

法律委员会和有关的专门委员会审议法律案时，认为需要修改或者废止其他法律相关规定的，应当提出处理意见。

第六十一条　【法律文本标号形式】法律根据内容需要，可以分编、章、节、条、款、项、目。

编、章、节、条的序号用中文数字依次表述,款不编序号,项的序号用中文数字加括号依次表述,目的序号用阿拉伯数字依次表述。

法律标题的题注应当载明制定机关、通过日期。经过修改的法律,应当依次载明修改机关、修改日期。

第六十二条 **【专门事项配套规定】**法律规定明确要求有关国家机关对专门事项作出配套的具体规定的,有关国家机关应当自法律施行之日起一年内作出规定,法律对配套的具体规定制定期限另有规定的,从其规定。有关国家机关未能在期限内作出配套的具体规定的,应当向全国人民代表大会常务委员会说明情况。

第六十三条 **【立法后评估】**全国人民代表大会有关的专门委员会、常务委员会工作机构可以组织对有关法律或者法律中有关规定进行立法后评估。评估情况应当向常务委员会报告。

第六十四条 **【法律询问答复】**全国人民代表大会常务委员会工作机构可以对有关具体问题的法律询问进行研究予以答复,并报常务委员会备案。

第三章 行 政 法 规

第六十五条 **【制定行政法规的权限】**国务院根据宪法和法律,制定行政法规。

行政法规可以就下列事项作出规定:

(一)为执行法律的规定需要制定行政法规的事项;

(二)宪法第八十九条规定的国务院行政管理职权的事项。

应当由全国人民代表大会及其常务委员会制定法律的事项,国务院根据全国人民代表大会及其常务委员会的授权决定先制定的行政法规,经过实践检验,制定法律的条件成熟时,国务院应当及时提请全国人民代表大会及其常务委员会制定法律。

第六十六条 **【国务院年度立法计划和行政法规立项】**国务院法制机构应当根据国家总体工作部署拟订国务院年度立法计划,报国务院审批。国务院年度立法计划中的法律项目应当与全国人民代表大会常务委员会的立法规划和年度立法计划相衔接。国务院法制机构应当及时跟踪了解国务院各部门落实立法计划的情况,加强组织协调和督促指导。

国务院有关部门认为需要制定行政法规的,应当向国务院报请立项。

第六十七条 **【行政法规起草和听取意见】**行政法规由国务院有关部门或者国务院法制机构具体负责起草,重要行政管理的法律、行政法规草案由国务院法制机构组织起草。行政法规在起草过程中,应当广泛听取有关机关、组织、人民代表大会代表和社会公众的意见。听取意见可以采取座谈会、论证会、听证会等多种形式。

行政法规草案应当向社会公布,征求意见,但是经国务院决定不公布的除外。

第六十八条 **【行政法规草案的审查】**行政法规起草工作完成后,起草单位应当将草案及其说明、各方面对草案主要问题的不同意见和其他有关资料送国务院法制机构进行审查。

国务院法制机构应当向国务院提出审查报告和草案修改稿,审查报告应当对草案主要问题作出说明。

第六十九条 **【行政法规的决定程序】**行政法规的决定程序依照中华人民共和国国务院组织法的有关规定办理。

第七十条 **【行政法规公布的主体】**行政法规由总理签署国务院令公布。

有关国防建设的行政法规,可以由国务院总理、中央军事委员会主席共同签署国务院、中央军事委员会令公布。

第七十一条 **【行政法规公布的载体】**行政法规签署公布后,及时在国务院公报和中国政府法制信息网以及在全国范围内发行的报纸上刊载。

在国务院公报上刊登的行政法规文本为标准文本。

第四章 地方性法规、自治条例和单行条例、规章

第一节 地方性法规、自治条例和单行条例

第七十二条 **【地方性法规制定主体、原则】**省、自治区、直辖市的人民代表大会及其常务委员会根据本行政区域的具体情况和实际需要,在不同宪法、法律、行政法规相抵触的前提下,可以制定地方性法规。

设区的市的人民代表大会及其常务委员会根据本市的具体情况和实际需要,在不同宪法、法律、行政法规和本省、自治区的地方性法规相抵触的前提下,可以对城乡建设与管理、环境保护、历史文化保护等方面的事项制定地方性法规,法律对设区的市制定地方性法规的事项另有规定的,从其规定。设区的市的地方性法规须报省、自治区的人民代表大会常务委员会批准后施行。省、自治区的人民代表大会常务委员会对报请批准的地方性法规,应当对其合法性进行审查,同宪法、法律、行政法规和本省、自治区的地方性法规不抵触的,应当在四个月内予以批准。

省、自治区的人民代表大会常务委员会在对报请批准的设区的市的地方性法规进行审查时,发现其同本省、自治区的人民政府的规章相抵触的,应当作出处理决定。

除省、自治区的人民政府所在地的市,经济特区所在地的市和国务院已经批准的较大的市以外,其他设区的市开始制定地方性法规的具体步骤和时间,由省、自治区的人民代表大会常务委员会综合考虑本省、自治区所辖的设区的市的人口数量、地域面积、经济社会发展情况以及立法需求、立法能力等因素确定,并报全国人民代表大会常务委员会和国务院备案。

自治州的人民代表大会及其常务委员会可以依照本条第二款规定行使设区的市制定地方性法规的职权。自治州开始制定地方性法规的具体步骤和时间，依照前款规定确定。

省、自治区的人民政府所在地的市，经济特区所在地的市和国务院已经批准的较大的市已经制定的地方性法规，涉及本条第二款规定事项范围以外的，继续有效。

第七十三条 【地方性法规权限】地方性法规可以就下列事项作出规定：

（一）为执行法律、行政法规的规定，需要根据本行政区域的实际情况作具体规定的事项；

（二）属于地方性事务需要制定地方性法规的事项。

除本法第八条规定的事项外，其他事项国家尚未制定法律或者行政法规的，省、自治区、直辖市和设区的市、自治州根据本地方的具体情况和实际需要，可以先制定地方性法规。在国家制定的法律或者行政法规生效后，地方性法规同法律或者行政法规相抵触的规定无效，制定机关应当及时予以修改或者废止。

设区的市、自治州根据本条第一款、第二款制定地方性法规，限于本法第七十二条第二款规定的事项。

制定地方性法规，对上位法已经明确规定的内容，一般不作重复性规定。

第七十四条 【经济特区法规】经济特区所在地的省、市的人民代表大会及其常务委员会根据全国人民代表大会的授权决定，制定法规，在经济特区范围内实施。

第七十五条 【自治条例和单行条例】民族自治地方的人民代表大会有权依照当地民族的政治、经济和文化的特点，制定自治条例和单行条例。自治区的自治条例和单行条例，报全国人民代表大会常务委员会批准后生效。自治州、自治县的自治条例和单行条例，报省、自治区、直辖市的人民代表大会常务委员会批准后生效。

自治条例和单行条例可以依照当地民族的特点，对法律和行政法规的规定作出变通规定，但不得违背法律或者行政法规的基本原则，不得对宪法和民族区域自治法的规定以及其他有关法律、行政法规专门就民族自治地方所作的规定作出变通规定。

第七十六条 【由大会通过的地方性法规】规定本行政区域特别重大事项的地方性法规，应当由人民代表大会通过。

第七十七条 【地方性法规制定程序】地方性法规案、自治条例和单行条例案的提出、审议和表决程序，根据中华人民共和国地方各级人民代表大会和地方各级人民政府组织法，参照本法第二章第二节、第三节、第五节的规定，由本级人民代表大会规定。

地方性法规草案由负责统一审议的机构提出审议结果的报告和草案修改稿。

第七十八条 【地方性法规公布程序】省、自治区、直辖市的人民代表大会制定的地方性法规由大会主席团发布公告予以公布。

省、自治区、直辖市的人民代表大会常务委员会制定的地方性法规由常务委员会发布公告予以公布。

设区的市、自治州的人民代表大会及其常务委员会制定的地方性法规报经批准后，由设区的市、自治州的人民代表大会常务委员会发布公告予以公布。

自治条例和单行条例报经批准后，分别由自治区、自治州、自治县的人民代表大会常务委员会发布公告予以公布。

第七十九条 【地方性法规公布载体】地方性法规、自治区的自治条例和单行条例公布后，及时在本级人民代表大会常务委员会公报和中国人大网、本地方人民代表大会网站以及在本行政区域范围内发行的报纸上刊载。

在常务委员会公报上刊登的地方性法规、自治条例和单行条例文本为标准文本。

第二节 规　　章

第八十条 【部门规章的制定主体、依据和权限范围】国务院各部、委员会、中国人民银行、审计署和具有行政管理职能的直属机构，可以根据法律和国务院的行政法规、决定、命令，在本部门的权限范围内，制定规章。

部门规章规定的事项应当属于执行法律或者国务院的行政法规、决定、命令的事项。没有法律或者国务院的行政法规、决定、命令的依据，部门规章不得设定减损公民、法人和其他组织权利或者增加其义务的规范，不得增加本部门的权力或者减少本部门的法定职责。

第八十一条 【联合制定部门规章】涉及两个以上国务院部门职权范围的事项，应当提请国务院制定行政法规或者由国务院有关部门联合制定规章。

第八十二条 【地方政府规章的制定主体、依据和权限范围】省、自治区、直辖市和设区的市、自治州的人民政府，可以根据法律、行政法规和本省、自治区、直辖市的地方性法规，制定规章。

地方政府规章可以就下列事项作出规定：

（一）为执行法律、行政法规、地方性法规的规定需要制定规章的事项；

（二）属于本行政区域的具体行政管理事项。

设区的市、自治州的人民政府根据本条第一款、第二款制定地方政府规章，限于城乡建设与管理、环境保护、历史文化保护等方面的事项。已经制定的地方政府规章，涉及上述事项范围以外的，继续有效。

除省、自治区的人民政府所在地的市，经济特区所在地的市和国务院已经批准的较大的市以外，其他设区的市、自治州的人民政府开始制定规章的时间，与本省、自治区人民代表大会常务委员会确定的本市、自治州开始制定地方性法规的时间同步。

应当制定地方性法规但条件尚不成熟的，因行政管理迫切需要,可以先制定地方政府规章。规章实施满两年需要继续实施规章所规定的行政措施的,应当提请本级人民代表大会或者其常务委员会制定地方性法规。

没有法律、行政法规、地方性法规的依据,地方政府规章不得设定减损公民、法人和其他组织权利或者增加其义务的规范。

第八十三条　【规章制定程序】国务院部门规章和地方政府规章的制定程序,参照本法第三章的规定,由国务院规定。

第八十四条　【规章决定程序】部门规章应当经部务会议或者委员会会议决定。

地方政府规章应当经政府常务会议或者全体会议决定。

第八十五条　【规章公布程序】部门规章由部门首长签署命令予以公布。

地方政府规章由省长、自治区主席、市长或者自治州州长签署命令予以公布。

第八十六条　【规章公布载体】部门规章签署公布后,及时在国务院公报或者部门公报和中国政府法制信息网以及在全国范围内发行的报纸上刊载。

地方政府规章签署公布后,及时在本级人民政府公报和中国政府法制信息网以及在本行政区域范围内发行的报纸上刊载。

在国务院公报或者部门公报和地方人民政府公报上刊登的规章文本为标准文本。

第五章　适用与备案审查

第八十七条　【宪法的法律效力】宪法具有最高的法律效力,一切法律、行政法规、地方性法规、自治条例和单行条例、规章都不得同宪法相抵触。

第八十八条　【法律、法规、规章的效力等级】法律的效力高于行政法规、地方性法规、规章。

行政法规的效力高于地方性法规、规章。

第八十九条　【地方性法规、地方政府规章效力等级】地方性法规的效力高于本级和下级地方政府规章。

省、自治区的人民政府制定的规章的效力高于本行政区域内的设区的市、自治州的人民政府制定的规章。

第九十条　【自治条例和单行条例、经济特区法规的效力】自治条例和单行条例依法对法律、行政法规、地方性法规作变通规定的,在本自治地方适用自治条例和单行条例的规定。

经济特区法规根据授权对法律、行政法规、地方性法规作变通规定的,在本经济特区适用经济特区法规的规定。

第九十一条　【部门规章、地方政府规章的效力】部门规章之间、部门规章与地方政府规章之间具有同等效力,在各自的权限范围内施行。

第九十二条　【特别法优于一般法和新法优于旧法】同一机关制定的法律、行政法规、地方性法规、自治条例和单行条例、规章,特别规定与一般规定不一致的,适用特别规定;新的规定与旧的规定不一致的,适用新的规定。

第九十三条　【法不溯及既往原则及其例外】法律、行政法规、地方性法规、自治条例和单行条例、规章不溯及既往,但为了更好地保护公民、法人和其他组织的权利和利益而作的特别规定除外。

第九十四条　【新的一般规定与旧的特别规定的冲突裁决】法律之间对同一事项的新的一般规定与旧的特别规定不一致,不能确定如何适用时,由全国人民代表大会常务委员会裁决。

行政法规之间对同一事项的新的一般规定与旧的特别规定不一致,不能确定如何适用时,由国务院裁决。

第九十五条　【地方性法规、规章之间的冲突裁决】地方性法规、规章之间不一致时,由有关机关依照下列规定的权限作出裁决:

(一)同一机关制定的新的一般规定与旧的特别规定不一致时,由制定机关裁决;

(二)地方性法规与部门规章之间对同一事项的规定不一致,不能确定如何适用时,由国务院提出意见,国务院认为应当适用地方性法规的,应当决定在该地方适用地方性法规的规定;认为应当适用部门规章的,应当提请全国人民代表大会常务委员会裁决;

(三)部门规章之间、部门规章与地方政府规章之间对同一事项的规定不一致时,由国务院裁决。

根据授权制定的法规与法律规定不一致,不能确定如何适用时,由全国人民代表大会常务委员会裁决。

第九十六条　【应予改变或撤销的情形】法律、行政法规、地方性法规、自治条例和单行条例、规章有下列情形之一的,由有关机关依照本法第九十七条规定的权限予以改变或者撤销:

(一)超越权限的;

(二)下位法违反上位法规定的;

(三)规章之间对同一事项的规定不一致,经裁决应当改变或者撤销一方的规定的;

(四)规章的规定被认为不适当,应当予以改变或者撤销的;

(五)违背法定程序的。

第九十七条　【改变或撤销的权限】改变或者撤销法律、行政法规、地方性法规、自治条例和单行条例、规章的权限是:

(一)全国人民代表大会有权改变或者撤销它的常务委员会制定的不适当的法律,有权撤销全国人民代表大会常务委员会批准的违背宪法和本法第七十五条第二款规定的自治条例和单行条例;

(二)全国人民代表大会常务委员会有权撤销同宪法和法律相抵触的行政法规,有权撤销同宪法、法律和行政法规相抵触的地方性法规,有权撤销省、自治区、直辖市的人民代表大会常务委员会批准的违背宪法和本法第七十五条第二款规定的自治条例和单行条例；

（三）国务院有权改变或者撤销不适当的部门规章和地方政府规章；

（四）省、自治区、直辖市的人民代表大会有权改变或者撤销它的常务委员会制定的和批准的不适当的地方性法规；

（五）地方人民代表大会常务委员会有权撤销本级人民政府制定的不适当的规章；

（六）省、自治区的人民政府有权改变或者撤销下一级人民政府制定的不适当的规章；

（七）授权机关有权撤销被授权机关制定的超越授权范围或者违背授权目的的法规，必要时可以撤销授权。

第九十八条 【报送备案】行政法规、地方性法规、自治条例和单行条例、规章应当在公布后的三十日内依照下列规定报有关机关备案：

（一）行政法规报全国人民代表大会常务委员会备案；

（二）省、自治区、直辖市的人民代表大会及其常务委员会制定的地方性法规，报全国人民代表大会常务委员会和国务院备案；设区的市、自治州的人民代表大会及其常务委员会制定的地方性法规，由省、自治区的人民代表大会常务委员会报全国人民代表大会常务委员会和国务院备案；

（三）自治州、自治县的人民代表大会制定的自治条例和单行条例，由省、自治区、直辖市的人民代表大会常务委员会报全国人民代表大会常务委员会和国务院备案；自治条例、单行条例报送备案时，应当说明对法律、行政法规、地方性法规作出变通的情况；

（四）部门规章和地方政府规章报国务院备案；地方政府规章应当同时报本级人民代表大会常务委员会备案；设区的市、自治州的人民政府制定的规章应当同时报省、自治区的人民代表大会常务委员会和人民政府备案；

（五）根据授权制定的法规应当报授权决定规定的机关备案；经济特区法规报送备案时，应当说明对法律、行政法规、地方性法规作出变通的情况。

第九十九条 【被动审查与主动审查】国务院、中央军事委员会、最高人民法院、最高人民检察院和各省、自治区、直辖市的人民代表大会常务委员会认为行政法规、地方性法规、自治条例和单行条例同宪法或者法律相抵触的，可以向全国人民代表大会常务委员会书面提出进行审查的要求，由常务委员会工作机构分送有关的专门委员会进行审查、提出意见。

前款规定以外的其他国家机关和社会团体、企业事业组织以及公民认为行政法规、地方性法规、自治条例和单行条例同宪法或者法律相抵触的，可以向全国人民代表大会常务委员会书面提出进行审查的建议，由常务委员会工作机构进行研究，必要时，送有关的专门委员会进行审查、提出意见。

有关的专门委员会和常务委员会工作机构可以对报送备案的规范性文件进行主动审查。

第一百条 【审查程序】全国人民代表大会专门委员会、常务委员会工作机构在审查、研究中认为行政法规、地方性法规、自治条例和单行条例同宪法或者法律相抵触的，可以向制定机关提出书面审查意见、研究意见；也可以由法律委员会与有关的专门委员会、常务委员会工作机构召开联合审查会议，要求制定机关到会说明情况，再向制定机关提出书面审查意见。制定机关应当在两个月内研究提出是否修改的意见，并向全国人民代表大会法律委员会和有关的专门委员会或者常务委员会工作机构反馈。

全国人民代表大会法律委员会、有关的专门委员会、常务委员会工作机构根据前款规定，向制定机关提出审查意见、研究意见，制定机关按照所提意见对行政法规、地方性法规、自治条例和单行条例进行修改或者废止的，审查终止。

全国人民代表大会法律委员会、有关的专门委员会、常务委员会工作机构经审查、研究认为行政法规、地方性法规、自治条例和单行条例同宪法或者法律相抵触而制定机关不予修改的，应当向委员长会议提出予以撤销的议案、建议，由委员长会议决定提请常务委员会会议审议决定。

第一百零一条 【审查、研究情况的反馈与公开】全国人民代表大会有关的专门委员会和常务委员会工作机构应当按照规定要求，将审查、研究情况向提出审查建议的国家机关、社会团体、企业事业组织以及公民反馈，并可以向社会公开。

第一百零二条 【其他备案机关的审查程序】其他接受备案的机关对报送备案的地方性法规、自治条例和单行条例、规章的审查程序，按照维护法制统一的原则，由接受备案的机关规定。

第六章 附 则

第一百零三条 【军事法规、军事规章的制定】中央军事委员会根据宪法和法律，制定军事法规。

中央军事委员会各总部、军兵种、军区、中国人民武装警察部队，可以根据法律和中央军事委员会的军事法规、决定、命令，在其权限范围内，制定军事规章。

军事法规、军事规章在武装力量内部实施。

军事法规、军事规章的制定、修改和废止办法，由中央军事委员会依照本法规定的原则规定。

第一百零四条 【司法解释制定原则与备案】最高人民法院、最高人民检察院作出的属于审判、检察工作中具体应用法律的解释，应当主要针对具体的法律条文，并符合立法的目的、原则和原意。遇有本法第四十五条第二款规定情况的，应当向全国人民代表大会常务委员会提出法律解释的要求或者提出制定、修改有关法律的议案。

最高人民法院、最高人民检察院作出的属于审判、检察工作中具体应用法律的解释,应当自公布之日起三十日内报全国人民代表大会常务委员会备案。

最高人民法院、最高人民检察院以外的审判机关和检察机关,不得作出具体应用法律的解释。

第一百零五条 【施行日期】本法自 2000 年 7 月 1 日起施行。

4. 基层自治组织

中华人民共和国城市居民委员会组织法

1. 1989 年 12 月 26 日第七届全国人民代表大会常务委员会第十一次会议通过
2. 1989 年 12 月 26 日中华人民共和国主席令第 21 号公布
3. 自 1990 年 1 月 1 日起施行

第一条 【立法目的】为了加强城市居民委员会的建设,由城市居民群众依法办理群众自己的事情,促进城市基层社会主义民主和城市社会主义物质文明、精神文明建设的发展,根据宪法,制定本法。

第二条 【居委会性质及与有关政府的工作关系】居民委员会是居民自我管理、自我教育、自我服务的基层群众性自治组织。

不设区的市、市辖区的人民政府或者它的派出机关对居民委员会的工作给予指导、支持和帮助。居民委员会协助不设区的市、市辖区的人民政府或者它的派出机关开展工作。

第三条 【居委会的任务】居民委员会的任务:

(一)宣传宪法、法律、法规和国家的政策,维护居民的合法权益,教育居民履行依法应尽的义务,爱护公共财产,开展多种形式的社会主义精神文明建设活动;

(二)办理本居住地区居民的公共事务和公益事业;

(三)调解民间纠纷;

(四)协助维护社会治安;

(五)协助人民政府或者它的派出机关做好与居民利益有关的公共卫生、计划生育、优抚救济、青少年教育等项工作;

(六)向人民政府或者它的派出机关反映居民的意见、要求和提出建议。

第四条 【开展活动、管理财产】居民委员会应当开展便民利民的社区服务活动,可以兴办有关的服务事业。

居民委员会管理本居民委员会的财产,任何部门和单位不得侵犯居民委员会的财产所有权。

第五条 【民族团结】多民族居住地区的居民委员会,应当教育居民互相帮助,互相尊重,加强民族团结。

第六条 【居委会的设置】居民委员会根据居民居住状况,按照便于居民自治的原则,一般在一百户至七百户的范围内设立。

居民委员会的设立、撤销、规模调整,由不设区的市、市辖区的人民政府决定。

第七条 【居委会成员】居民委员会由主任、副主任和委员共五至九人组成。多民族居住地区,居民委员会中应当有人数较少的民族的成员。

第八条 【居委会成员的产生办法】居民委员会主任、副主任和委员,由本居住地区全体有选举权的居民或者由每户派代表选举产生;根据居民意见,也可以由每个居民小组选举代表二至三人选举产生。居民委员会每届任期三年,其成员可以连选连任。

年满十八周岁的本居住地区居民,不分民族、种族、性别、职业、家庭出身、宗教信仰、教育程度、财产状况、居住期限,都有选举权和被选举权;但是,依照法律被剥夺政治权利的人除外。

第九条 【居民会议】居民会议由十八周岁以上的居民组成。

居民会议可以由全体十八周岁以上的居民或者每户派代表参加,也可以由每个居民小组选举代表二至三人参加。

居民会议必须有全体十八周岁以上的居民、户的代表或者居民小组选举的代表的过半数出席,才能举行。会议的决定,由出席人的过半数通过。

第十条 【居委会与居民会议】居民委员会向居民会议负责并报告工作。

居民会议由居民委员会召集和主持。有五分之一以上的十八周岁以上的居民、五分之一以上的户或者三分之一以上的居民小组提议,应当召集居民会议。涉及全体居民利益的重要问题,居民委员会必须提请居民会议讨论决定。

居民会议有权撤换和补选居民委员会成员。

第十一条 【工作原则】居民委员会决定问题,采取少数服从多数的原则。

居民委员会进行工作,应当采取民主的方法,不得强迫命令。

第十二条 【居委会成员的表率作用】居民委员会成员应当遵守宪法、法律、法规和国家的政策,办事公道,热心为居民服务。

第十三条 【居委会机构设置】居民委员会根据需要设人民调解、治安保卫、公共卫生等委员会。居民委员会成员可以兼任下属的委员会的成员。居民较少的居民委员会可以不设下属的委员会,由居民委员会的成员分工负责有关工作。

第十四条 【居民小组】居民委员会可以分设若干居民小组,

小组长由居民小组推选。

第十五条 【居民公约】居民公约由居民会议讨论制定,报不设区的市、市辖区的人民政府或者它的派出机关备案,由居民委员会监督执行。居民应当遵守居民会议的决议和居民公约。

居民公约的内容不得与宪法、法律、法规和国家的政策相抵触。

第十六条 【居委会财务】居民委员会办理本居住地区公益事业所需的费用,经居民会议讨论决定,可以根据自愿原则向居民筹集,也可以向本居住地区的受益单位筹集,但是必须经受益单位同意;收支帐目应当及时公布,接受居民监督。

第十七条 【工作经费与办公用房】居民委员会的工作经费和来源,居民委员会成员的生活补贴费的范围、标准和来源,由不设区的市、市辖区的人民政府或者上级人民政府规定并拨付;经居民会议同意,可以从居民委员会的经济收入中给予适当补助。

居民委员会的办公用房,由当地人民政府统筹解决。

第十八条 【协助改造罪犯】依照法律被剥夺政治权利的人编入居民小组,居民委员会应当对他们进行监督和教育。

第十九条 【家属委员会】机关、团体、部队、企业事业组织,不参加所在地的居民委员会,但是应当支持所在地的居民委员会的工作。所在地的居民委员会讨论同这些单位有关的问题,需要他们参加会议时,他们应当派代表参加,并且遵守居民委员会的有关决定和居民公约。

前款所列单位的职工及家属、军人及随军家属,参加居住地区的居民委员会;其家属聚居区可以单独成立家属委员会,承担居民委员会的工作,在不设区的市、市辖区的人民政府或者它的派出机关和本单位的指导下进行工作。家属委员会的工作经费和家属委员会成员的生活补贴费、办公用房,由所属单位解决。

第二十条 【居委会与有关政府机构的工作关系】市、市辖区的人民政府有关部门,需要居民委员会或者它的下属委员会协助进行的工作,应当经市、市辖区的人民政府或者它的派出机关同意并统一安排。市、市辖区的人民政府的有关部门,可以对居民委员会有关的下属委员会进行业务指导。

第二十一条 【乡镇居委会】本法适用于乡、民族乡、镇的人民政府所在地设立的居民委员会。

第二十二条 【实施办法】省、自治区、直辖市的人民代表大会常务委员会可以根据本法制定实施办法。

第二十三条 【生效日期】本法自 1990 年 1 月 1 日起施行。1954 年 12 月 31 日全国人民代表大会常务委员会通过的《城市居民委员会组织条例》同时废止。

中华人民共和国
村民委员会组织法

1. 1998 年 11 月 4 日第九届全国人民代表大会常务委员会第五次会议通过

2. 2010 年 10 月 28 日第十一届全国人民代表大会常务委员会第十七次会议修订

目　录

第一章　总　　则

第一条 【立法目的】为了保障农村村民实行自治,由村民依法办理自己的事情,发展农村基层民主,维护村民的合法权益,促进社会主义新农村建设,根据宪法,制定本法。

第二条 【村委会的性质和职责】村民委员会是村民自我管理、自我教育、自我服务的基层群众性自治组织,实行民主选举、民主决策、民主管理、民主监督。

村民委员会办理本村的公共事务和公益事业,调解民间纠纷,协助维护社会治安,向人民政府反映村民的意见、要求和提出建议。

村民委员会向村民会议、村民代表会议负责并报告工作。

第三条 【村委会的设立原则】村民委员会根据村民居住状况、人口多少,按照便于群众自治,有利于经济发展和社会管理的原则设立。

村民委员会的设立、撤销、范围调整,由乡、民族乡、镇的人民政府提出,经村民会议讨论同意,报县级人民政府批准。

村民委员会可以根据村民居住状况、集体土地所有权关系等分设若干村民小组。

第四条 【基层党组织的作用】中国共产党在农村的基层组织,按照中国共产党章程进行工作,发挥领导核心作用,领导和支持村民委员会行使职权;依照宪法和法律,支持和保障村民开展自治活动、直接行使民主权利。

第五条 【乡级政府与村委会的关系】乡、民族乡、镇的人民政府对村民委员会的工作给予指导、支持和帮助,但是不得干预依法属于村民自治范围内的事项。

村民委员会协助乡、民族乡、镇的人民政府开展工作。

第二章　村民委员会的组成和职责

第六条　【村委会的组成】村民委员会由主任、副主任和委员共三至七人组成。

村民委员会成员中，应当有妇女成员，多民族村民居住的村应当有人数较少的民族的成员。

对村民委员会成员，根据工作情况，给予适当补贴。

第七条　【村委会下属委员会的组成】村民委员会根据需要设人民调解、治安保卫、公共卫生与计划生育等委员会。村民委员会成员可以兼任下属委员会的成员。人口少的村的村民委员会可以不设下属委员会，由村民委员会成员分工负责人民调解、治安保卫、公共卫生与计划生育等工作。

第八条　【村委会的经济职能】村民委员会应当支持和组织村民依法发展各种形式的合作经济和其他经济，承担本村生产的服务和协调工作，促进农村生产建设和经济发展。

村民委员会依照法律规定，管理本村属于村农民集体所有的土地和其他财产，引导村民合理利用自然资源，保护和改善生态环境。

村民委员会应当尊重并支持集体经济组织依法独立进行经济活动的自主权，维护以家庭承包经营为基础、统分结合的双层经营体制，保障集体经济组织和村民、承包经营户、联户或者合伙的合法财产权和其他合法权益。

第九条　【村委会的文化职能】村民委员会应当宣传宪法、法律、法规和国家的政策，教育和推动村民履行法律规定的义务、爱护公共财产，维护村民的合法权益，发展文化教育，普及科技知识，促进男女平等，做好计划生育工作，促进村与村之间的团结、互助，开展多种形式的社会主义精神文明建设活动。

村民委员会应当支持服务性、公益性、互助性社会组织依法开展活动，推动农村社区建设。

多民族村民居住的村，村民委员会应当教育和引导各民族村民增进团结、互相尊重、互相帮助。

第十条　【村委会的自治职能】村民委员会及其成员应当遵守宪法、法律、法规和国家的政策，遵守并组织实施村民自治章程、村规民约，执行村民会议、村民代表会议的决定、决议，办事公道，廉洁奉公，热心为村民服务，接受村民监督。

第三章　村民委员会的选举

第十一条　【村委会成员的选举方式及任期】村民委员会主任、副主任和委员，由村民直接选举产生。任何组织或者个人不得指定、委派或者撤换村民委员会成员。

村民委员会每届任期三年，届满应当及时举行换届选举。村民委员会成员可以连选连任。

第十二条　【村委会选举委员会的组成及职责】村民委员会的选举，由村民选举委员会主持。

村民选举委员会由主任和委员组成，由村民会议、村民代表会议或者各村民小组会议推选产生。

村民选举委员会成员被提名为村民委员会成员候选人，应当退出村民选举委员会。

村民选举委员会成员退出村民选举委员会或者因其他原因出缺的，按照原推选结果依次递补，也可以另行推选。

第十三条　【村民的选举权及其登记】年满十八周岁的村民，不分民族、种族、性别、职业、家庭出身、宗教信仰、教育程度、财产状况、居住期限，都有选举权和被选举权；但是，依照法律被剥夺政治权利的人除外。

村民委员会选举前，应当对下列人员进行登记，列入参加选举的村民名单：

(一)户籍在本村并且在本村居住的村民；

(二)户籍在本村，不在本村居住，本人表示参加选举的村民；

(三)户籍不在本村，在本村居住一年以上，本人申请参加选举，并且经村民会议或者村民代表会议同意参加选举的公民。

已在户籍所在村或者居住村登记参加选举的村民，不得再参加其他地方村民委员会的选举。

第十四条　【村民名单的公布及异议】登记参加选举的村民名单应当在选举日的二十日前由村民选举委员会公布。

对登记参加选举的村民名单有异议的，应当自名单公布之日起五日内向村民选举委员会申诉，村民选举委员会应当自收到申诉之日起三日内作出处理决定，并公布处理结果。

第十五条　【村委会的选举程序】选举村民委员会，由登记参加选举的村民直接提名候选人。村民提名候选人，应当从全体村民利益出发，推荐奉公守法、品行良好、公道正派、热心公益、具有一定文化水平和工作能力的村民为候选人。候选人的名额应当多于应选名额。村民选举委员会应当组织候选人与村民见面，由候选人介绍履行职责的设想，回答村民提出的问题。

选举村民委员会，有登记参加选举的村民过半数投票，选举有效；候选人获得参加投票的村民过半数的选票，始得当选。当选人数不足应选名额的，不足的名额另行选举。另行选举的，第一次投票未当选的人员得票多的为候选人，候选人以得票多的当选，但是所得票数不得少于已投选票总数的三分之一。

选举实行无记名投票、公开计票的方法，选举结果应当当场公布。选举时，应当设立秘密写票处。

登记参加选举的村民，选举期间外出不能参加投票的，可以书面委托本村有选举权的近亲属代为投票。村民选举委员会应当公布委托人和受委托人的名单。

具体选举办法由省、自治区、直辖市的人民代表大会常务委员会规定。

第十六条　【村委会成员的罢免】本村五分之一以上有选举

权的村民或者三分之一以上的村民代表联名，可以提出罢免村民委员会成员的要求，并说明要求罢免的理由。被提出罢免的村民委员会成员有权提出申辩意见。

罢免村民委员会成员，须有登记参加选举的村民过半数投票，并须经投票的村民过半数通过。

第十七条 【破坏选举的法律后果】以暴力、威胁、欺骗、贿赂、伪造选票、虚报选举票数等不正当手段当选村民委员会成员的，当选无效。

对以暴力、威胁、欺骗、贿赂、伪造选票、虚报选举票数等不正当手段，妨害村民行使选举权、被选举权，破坏村民委员会选举的行为，村民有权向乡、民族乡、镇的人民代表大会和人民政府或者县级人民代表大会常务委员会和人民政府及其有关主管部门举报，由乡级或者县级人民政府负责调查并依法处理。

第十八条 【村委会成员职务的终止】村民委员会成员丧失行为能力或者被判处刑罚的，其职务自行终止。

第十九条 【村委会成员的补选】村民委员会成员出缺，可以由村民会议或者村民代表会议进行补选。补选程序参照本法第十五条的规定办理。补选的村民委员会成员的任期到本届村民委员会任期届满时止。

第二十条 【村委会工作的移交】村民委员会应当自新一届村民委员会产生之日起十日内完成工作移交。工作移交由村民选举委员会主持，由乡、民族乡、镇的人民政府监督。

第四章 村民会议和村民代表会议

第二十一条 【村民会议的组成及召集】村民会议由本村十八周岁以上的村民组成。

村民会议由村民委员会召集。有十分之一以上的村民或者三分之一以上的村民代表提议，应当召集村民会议。召集村民会议，应当提前十天通知村民。

第二十二条 【村民会议的召开】召开村民会议，应当有本村十八周岁以上村民的过半数，或者本村三分之二以上的户的代表参加，村民会议所作决定应当经到会人员的过半数通过。法律对召开村民会议及作出决定另有规定的，依照其规定。

召开村民会议，根据需要可以邀请驻本村的企业、事业单位和群众组织派代表列席。

第二十三条 【村民会议的权力】村民会议审议村民委员会的年度工作报告，评议村民委员会成员的工作；有权撤销或者变更村民委员会不适当的决定；有权撤销或者变更村民代表会议不适当的决定。

村民会议可以授权村民代表会议审议村民委员会的年度工作报告，评议村民委员会成员的工作，撤销或者变更村民委员会不适当的决定。

第二十四条 【经村民会议讨论决定方可办理的事项】涉及村民利益的下列事项，经村民会议讨论决定方可办理：

（一）本村享受误工补贴的人员及补贴标准；

（二）从村集体经济所得收益的使用；

（三）本村公益事业的兴办和筹资筹劳方案及建设承包方案；

（四）土地承包经营方案；

（五）村集体经济项目的立项、承包方案；

（六）宅基地的使用方案；

（七）征地补偿费的使用、分配方案；

（八）以借贷、租赁或者其他方式处分村集体财产；

（九）村民会议认为应当由村民会议讨论决定的涉及村民利益的其他事项。

村民会议可以授权村民代表会议讨论决定前款规定的事项。

法律对讨论决定村集体经济组织财产和成员权益的事项另有规定的，依照其规定。

第二十五条 【村民代表会议的组成】人数较多或者居住分散的村，可以设立村民代表会议，讨论决定村民会议授权的事项。村民代表会议由村民委员会成员和村民代表组成，村民代表应当占村民代表会议组成人员的五分之四以上，妇女村民代表应当占村民代表会议组成人员的三分之一以上。

村民代表由村民按每五户至十五户推选一人，或者由各村民小组推选若干人。村民代表的任期与村民委员会的任期相同。村民代表可以连选连任。

村民代表应当向其推选户或者村民小组负责，接受村民监督。

第二十六条 【村民代表会议的召集】村民代表会议由村民委员会召集。村民代表会议每季度召开一次。有五分之一以上的村民代表提议，应当召集村民代表会议。

村民代表会议有三分之二以上的组成人员参加方可召开，所作决定应当经到会人员的过半数同意。

第二十七条 【村民自治章程、村规民约以及村民会议或者村民代表会议的决定】村民会议可以制定和修改村民自治章程、村规民约，并报乡、民族乡、镇的人民政府备案。

村民自治章程、村规民约以及村民会议或者村民代表会议的决定不得与宪法、法律、法规和国家的政策相抵触，不得有侵犯村民的人身权利、民主权利和合法财产权利的内容。

村民自治章程、村规民约以及村民会议或者村民代表会议的决定违反前款规定的，由乡、民族乡、镇的人民政府责令改正。

第二十八条 【村民小组会议的召开】召开村民小组会议，应当有本村民小组十八周岁以上的村民三分之二以上，或者本村民小组三分之二以上的户的代表参加，所作决定应当经到会人员的过半数同意。

【村民小组组长的推选及任期】村民小组组长由村民小组会议推选。村民小组组长任期与村民委员会的任期相同,可以连选连任。

【村民小组会议的职责】属于村民小组的集体所有的土地、企业和其他财产的经营管理以及公益事项的办理,由村民小组会议依照有关法律的规定讨论决定,所作决定及实施情况应当及时向本村民小组的村民公布。

第五章　民主管理和民主监督

第二十九条　【村委会的工作原则】村民委员会应当实行少数服从多数的民主决策机制和公开透明的工作原则,建立健全各种工作制度。

第三十条　【村务公开制度】村民委员会实行村务公开制度。

村民委员会应当及时公布下列事项,接受村民的监督:

(一)本法第二十三条、第二十四条规定的由村民会议、村民代表会议讨论决定的事项及其实施情况;

(二)国家计划生育政策的落实方案;

(三)政府拨付和接受社会捐赠的救灾救助、补贴补助等资金、物资的管理使用情况;

(四)村民委员会协助人民政府开展工作的情况;

(五)涉及本村村民利益,村民普遍关心的其他事项。

前款规定事项中,一般事项至少每季度公布一次;集体财务往来较多的,财务收支情况应当每月公布一次;涉及村民利益的重大事项应当随时公布。

村民委员会应当保证所公布事项的真实性,并接受村民的查询。

第三十一条　【村务公开制度的保障】村民委员会不及时公布应当公布的事项或者公布的事项不真实的,村民有权向乡、民族乡、镇的人民政府或者县级人民政府及其有关主管部门反映,有关人民政府或者主管部门应当负责调查核实,责令依法公布;经查证确有违法行为的,有关人员应当依法承担责任。

第三十二条　【村务监督机构及其职责】村应当建立村务监督委员会或者其他形式的村务监督机构,负责村民民主理财,监督村务公开等制度的落实,其成员由村民会议或者村民代表会议在村民中推选产生,其中应有具备财会、管理知识的人员。村民委员会成员及其近亲属不得担任村务监督机构成员。村务监督机构成员向村民会议和村民代表会议负责,可以列席村民委员会会议。

第三十三条　【民主评议】村民委员会成员以及由村民或者村集体承担误工补贴的聘用人员,应当接受村民会议或者村民代表会议对其履行职责情况的民主评议。民主评议每年至少进行一次,由村务监督机构主持。

村民委员会成员连续两次被评议不称职的,其职务终止。

第三十四条　【村务档案】村民委员会和村务监督机构应当建立村务档案。村务档案包括:选举文件和选票,会议记录,土地发包方案和承包合同,经济合同,集体财务账目,集体资产登记文件,公益设施基本资料,基本建设资料,宅基地使用方案,征地补偿费使用及分配方案等。村务档案应当真实、准确、完整、规范。

第三十五条　【经济责任审计】村民委员会成员实行任期和离任经济责任审计,审计包括下列事项:

(一)本村财务收支情况;

(二)本村债权债务情况;

(三)政府拨付和接受社会捐赠的资金、物资管理使用情况;

(四)本村生产经营和建设项目的发包管理以及公益事业建设项目招标投标情况;

(五)本村资金管理使用以及本村集体资产、资源的承包、租赁、担保、出让情况,征地补偿费的使用、分配情况;

(六)本村五分之一以上的村民要求审计的其他事项。

村民委员会成员的任期和离任经济责任审计,由县级人民政府农业部门、财政部门或者乡、民族乡、镇的人民政府负责组织,审计结果应当公布,其中离任经济责任审计结果应当在下一届村民委员会选举之前公布。

第三十六条　【法律责任】村民委员会或者村民委员会成员作出的决定侵害村民合法权益的,受侵害的村民可以申请人民法院予以撤销,责任人依法承担法律责任。

村民委员会不依照法律、法规的规定履行法定义务的,由乡、民族乡、镇的人民政府责令改正。

乡、民族乡、镇的人民政府干预依法属于村民自治范围事项的,由上一级人民政府责令改正。

第六章　附　　则

第三十七条　【工作条件和经费】人民政府对村民委员会协助政府开展工作应当提供必要的条件;人民政府有关部门委托村民委员会开展工作需要经费的,由委托部门承担。

村民委员会办理本村公益事业所需的经费,由村民会议通过筹资筹劳解决;经费确有困难的,由地方人民政府给予适当支持。

第三十八条　【驻村单位与村委会的关系】驻在农村的机关、团体、部队、国有及国有控股企业、事业单位及其人员不参加村民委员会组织,但应当通过多种形式参与农村社区建设,并遵守有关村规民约。

村民委员会、村民会议或者村民代表会议讨论决定与前款规定的单位有关的事项,应当与其协商。

第三十九条　【地方人大和政府的职责】地方各级人民代表大会和县级以上地方各级人民代表大会常务委员会在本行政区域内保证本法的实施,保障村民依法行使自治权利。

第四十条　【实施办法】省、自治区、直辖市的人民代表大会常务委员会根据本法,结合本行政区域的实际情况,制定实施办法。

第四十一条　【生效日期】本法自公布之日起施行。

5.国家赔偿

中华人民共和国国家赔偿法

1. 1994年5月12日第八届全国人民代表大会常务委员会第七次会议通过

2. 根据2010年4月29日第十一届全国人民代表大会常务委员会第十四次会议《关于修改〈中华人民共和国国家赔偿法〉的决定》第一次修正

3. 根据2012年10月26日第十一届全国人民代表大会常务委员会第二十九次会议《关于修改〈中华人民共和国国家赔偿法〉的决定》第二次修正

目　　录

第一章　总　　则

第一条　【立法宗旨和依据】为保障公民、法人和其他组织享有依法取得国家赔偿的权利,促进国家机关依法行使职权,根据宪法,制定本法。

第二条　【国家赔偿归责原则及赔偿义务机关】国家机关和国家机关工作人员行使职权,有本法规定的侵犯公民、法人和其他组织合法权益的情形,造成损害的,受害人有依照本法取得国家赔偿的权利。

本法规定的赔偿义务机关,应当依照本法及时履行赔偿义务。

第二章　行政赔偿

第一节　赔偿范围

第三条　【侵犯人身权的行政赔偿范围】行政机关及其工作人员在行使行政职权时有下列侵犯人身权情形之一的,受害人有取得赔偿的权利:

(一)违法拘留或者违法采取限制公民人身自由的行政强制措施的;

(二)非法拘禁或者以其他方法非法剥夺公民人身自由的;

(三)以殴打、虐待等行为或者唆使、放纵他人以殴打、虐待等行为造成公民身体伤害或者死亡的;

(四)违法使用武器、警械造成公民身体伤害或者死亡的;

(五)造成公民身体伤害或者死亡的其他违法行为。

第四条　【侵犯财产权的行政赔偿范围】行政机关及其工作人员在行使行政职权时有下列侵犯财产权情形之一的,受害人有取得赔偿的权利:

(一)违法实施罚款、吊销许可证和执照、责令停产停业、没收财物等行政处罚的;

(二)违法对财产采取查封、扣押、冻结等行政强制措施的;

(三)违法征收、征用财产的;

(四)造成财产损害的其他违法行为。

第五条　【行政侵权中的免责情形】属于下列情形之一的,国家不承担赔偿责任:

(一)行政机关工作人员与行使职权无关的个人行为;

(二)因公民、法人和其他组织自己的行为致使损害发生的;

(三)法律规定的其他情形。

第二节　赔偿请求人和赔偿义务机关

第六条　【行政赔偿请求人】受害的公民、法人和其他组织有权要求赔偿。

受害的公民死亡,其继承人和其他有扶养关系的亲属有权要求赔偿。

受害的法人或者其他组织终止的,其权利承受人有权要求赔偿。

第七条　【行政赔偿义务机关】行政机关及其工作人员行使行政职权侵犯公民、法人和其他组织的合法权益造成损害的,该行政机关为赔偿义务机关。

两个以上行政机关共同行使行政职权时侵犯公民、法人和其他组织的合法权益造成损害的,共同行使行政职权的行政机关为共同赔偿义务机关。

法律、法规授权的组织在行使授予的行政权力时侵犯公民、法人和其他组织的合法权益造成损害的,被授权的组织为赔偿义务机关。

受行政机关委托的组织或者个人在行使受委托的行政权力时侵犯公民、法人和其他组织的合法权益造成损害的,委托的行政机关为赔偿义务机关。

赔偿义务机关被撤销的,继续行使其职权的行政机关为赔偿义务机关;没有继续行使其职权的行政机关的,撤销该赔偿义务机关的行政机关为赔偿义务机关。

第八条　【经过行政复议的赔偿义务机关】经复议机关复议

的,最初造成侵权行为的行政机关为赔偿义务机关,但复议机关的复议决定加重损害的,复议机关对加重的部分履行赔偿义务。

第三节 赔偿程序

第九条 【赔偿请求人要求行政赔偿的途径】赔偿义务机关有本法第三条、第四条规定情形之一的,应当给予赔偿。

赔偿请求人要求赔偿,应当先向赔偿义务机关提出,也可以在申请行政复议或者提起行政诉讼时一并提出。

第十条 【行政赔偿的共同赔偿义务机关】赔偿请求人可以向共同赔偿义务机关中的任何一个赔偿义务机关要求赔偿,该赔偿义务机关应当先予赔偿。

第十一条 【根据损害提出数项赔偿要求】赔偿请求人根据受到的不同损害,可以同时提出数项赔偿要求。

第十二条 【赔偿请求人递交赔偿申请书】要求赔偿应当递交申请书,申请书应当载明下列事项:

(一)受害人的姓名、性别、年龄、工作单位和住所,法人或者其他组织的名称、住所和法定代表人或者主要负责人的姓名、职务;

(二)具体的要求、事实根据和理由;

(三)申请的年、月、日。

赔偿请求人书写申请书确有困难的,可以委托他人代书;也可以口头申请,由赔偿义务机关记入笔录。

赔偿请求人不是受害人本人的,应当说明与受害人的关系,并提供相应证明。

赔偿请求人当面递交申请书的,赔偿义务机关应当当场出具加盖本行政机关专用印章并注明收讫日期的书面凭证。申请材料不齐全的,赔偿义务机关应当当场或者在五日内一次性告知赔偿请求人需要补正的全部内容。

第十三条 【行政赔偿义务机关作出赔偿决定】赔偿义务机关应当自收到申请之日起两个月内,作出是否赔偿的决定。赔偿义务机关作出赔偿决定,应当充分听取赔偿请求人的意见,并可以与赔偿请求人就赔偿方式、赔偿项目和赔偿数额依照本法第四章的规定进行协商。

赔偿义务机关决定赔偿的,应当制作赔偿决定书,并自作出决定之日起十日内送达赔偿请求人。

赔偿义务机关决定不予赔偿的,应当自作出决定之日起十日内书面通知赔偿请求人,并说明不予赔偿的理由。

第十四条 【赔偿请求人向法院提起诉讼】赔偿义务机关在规定期限内未作出是否赔偿的决定,赔偿请求人可以自期限届满之日起三个月内,向人民法院提起诉讼。

赔偿请求人对赔偿的方式、项目、数额有异议的,或者赔偿义务机关作出不予赔偿决定的,赔偿请求人可以自赔偿义务机关作出赔偿或者不予赔偿决定之日起三个月内,向人民法院提起诉讼。

第十五条 【举证责任】人民法院审理行政赔偿案件,赔偿请求人和赔偿义务机关对自己提出的主张,应当提供证据。

赔偿义务机关采取行政拘留或者限制人身自由的强制措施期间,被限制人身自由的人死亡或者丧失行为能力的,赔偿义务机关的行为与被限制人身自由的人的死亡或者丧失行为能力是否存在因果关系,赔偿义务机关应当提供证据。

第十六条 【行政追偿】赔偿义务机关赔偿损失后,应当责令有故意或者重大过失的工作人员或者受委托的组织或者个人承担部分或者全部赔偿费用。

对有故意或者重大过失的责任人员,有关机关应当依法给予处分;构成犯罪的,应当依法追究刑事责任。

第三章 刑事赔偿

第一节 赔偿范围

第十七条 【侵犯人身权的刑事赔偿范围】行使侦查、检察、审判职权的机关以及看守所、监狱管理机关及其工作人员在行使职权时有下列侵犯人身权情形之一的,受害人有取得赔偿的权利:

(一)违反刑事诉讼法的规定对公民采取拘留措施的,或者依照刑事诉讼法规定的条件和程序对公民采取拘留措施,但是拘留时间超过刑事诉讼法规定的时限,其后决定撤销案件、不起诉或者判决宣告无罪终止追究刑事责任的;

(二)对公民采取逮捕措施后,决定撤销案件、不起诉或者判决宣告无罪终止追究刑事责任的;

(三)依照审判监督程序再审改判无罪,原判刑罚已经执行的;

(四)刑讯逼供或者以殴打、虐待等行为或者唆使、放纵他人以殴打、虐待等行为造成公民身体伤害或者死亡的;

(五)违法使用武器、警械造成公民身体伤害或者死亡的。

第十八条 【侵犯财产权的刑事赔偿范围】行使侦查、检察、审判职权的机关以及看守所、监狱管理机关及其工作人员在行使职权时有下列侵犯财产权情形之一的,受害人有取得赔偿的权利:

(一)违法对财产采取查封、扣押、冻结、追缴等措施的;

(二)依照审判监督程序再审改判无罪,原判罚金、没收财产已经执行的。

第十九条 【刑事赔偿免责情形】属于下列情形之一的,国家不承担赔偿责任:

(一)因公民自己故意作虚伪供述,或者伪造其他有罪证据被羁押或者被判处刑罚的;

(二)依照刑法第十七条、第十八条规定不负刑事责任的人被羁押的;

(三)依照刑事诉讼法第十五条、第一百七十三条第二款、第二百七十三条第二款、第二百七十九条规定不追究刑事责任的人被羁押的；

（四）行使侦查、检察、审判职权的机关以及看守所、监狱管理机关的工作人员与行使职权无关的个人行为；

（五）因公民自伤、自残等故意行为致使损害发生的；

（六）法律规定的其他情形。

第二节 赔偿请求人和赔偿义务机关

第二十条 【刑事赔偿请求人】赔偿请求人的确定依照本法第六条的规定。

第二十一条 【刑事赔偿义务机关】行使侦查、检察、审判职权的机关以及看守所、监狱管理机关及其工作人员在行使职权时侵犯公民、法人和其他组织的合法权益造成损害的，该机关为赔偿义务机关。

对公民采取拘留措施，依照本法的规定应当给予国家赔偿的，作出拘留决定的机关为赔偿义务机关。

对公民采取逮捕措施后决定撤销案件、不起诉或者判决宣告无罪的，作出逮捕决定的机关为赔偿义务机关。

再审改判无罪的，作出原生效判决的人民法院为赔偿义务机关。二审改判无罪，以及二审发回重审后作无罪处理的，作出一审有罪判决的人民法院为赔偿义务机关。

第三节 赔偿程序

第二十二条 【刑事赔偿的提出和赔偿义务机关先行处理】赔偿义务机关有本法第十七条、第十八条规定情形之一的，应当给予赔偿。

赔偿请求人要求赔偿，应当先向赔偿义务机关提出。

赔偿请求人提出赔偿请求，适用本法第十一条、第十二条的规定。

第二十三条 【刑事赔偿义务机关赔偿决定的作出】赔偿义务机关应当自收到申请之日起两个月内，作出是否赔偿的决定。赔偿义务机关作出赔偿决定，应当充分听取赔偿请求人的意见，并可以与赔偿请求人就赔偿方式、赔偿项目和赔偿数额依照本法第四章的规定进行协商。

赔偿义务机关决定赔偿的，应当制作赔偿决定书，并自作出决定之日起十日内送达赔偿请求人。

赔偿义务机关决定不予赔偿的，应当自作出决定之日起十日内书面通知赔偿请求人，并说明不予赔偿的理由。

第二十四条 【刑事赔偿复议申请的提出】赔偿义务机关在规定期限内未作出是否赔偿的决定，赔偿请求人可以自期限届满之日起三十日内向赔偿义务机关的上一级机关申请复议。

赔偿请求人对赔偿的方式、项目、数额有异议的，或者赔偿义务机关作出不予赔偿决定的，赔偿请求人可以自赔偿义务机关作出赔偿或者不予赔偿决定之日起三十日内，向赔偿义务机关的上一级机关申请复议。

赔偿义务机关是人民法院的，赔偿请求人可以依照本条规定向其上一级人民法院赔偿委员会申请作出赔偿决定。

第二十五条 【刑事赔偿复议的处理和对复议决定的救济】复议机关应当自收到申请之日起两个月内作出决定。

赔偿请求人不服复议决定的，可以在收到复议决定之日起三十日内向复议机关所在地的同级人民法院赔偿委员会申请作出赔偿决定；复议机关逾期不作决定的，赔偿请求人可以自期限届满之日起三十日内向复议机关所在地的同级人民法院赔偿委员会申请作出赔偿决定。

第二十六条 【举证责任分配】人民法院赔偿委员会处理赔偿请求，赔偿请求人和赔偿义务机关对自己提出的主张，应当提供证据。

被羁押人在羁押期间死亡或者丧失行为能力的，赔偿义务机关的行为与被羁押人的死亡或者丧失行为能力是否存在因果关系，赔偿义务机关应当提供证据。

第二十七条 【赔偿委员会办理案件程序】人民法院赔偿委员会处理赔偿请求，采取书面审查的办法。必要时，可以向有关单位和人员调查情况、收集证据。赔偿请求人与赔偿义务机关对损害事实及因果关系有争议的，赔偿委员会可以听取赔偿请求人和赔偿义务机关的陈述和申辩，并可以进行质证。

第二十八条 【赔偿委员会办理案件期限】人民法院赔偿委员会应当自收到赔偿申请之日起三个月内作出决定；属于疑难、复杂、重大案件的，经本院院长批准，可以延长三个月。

第二十九条 【赔偿委员会的组成】中级以上的人民法院设立赔偿委员会，由人民法院三名以上审判员组成，组成人员的人数应当为单数。

赔偿委员会作赔偿决定，实行少数服从多数的原则。

赔偿委员会作出的赔偿决定，是发生法律效力的决定，必须执行。

第三十条 【赔偿委员会重新审查程序】赔偿请求人或者赔偿义务机关对赔偿委员会作出的决定，认为确有错误的，可以向上一级人民法院赔偿委员会提出申诉。

赔偿委员会作出的赔偿决定生效后，如发现赔偿决定违反本法规定的，经本院院长决定或者上级人民法院指令，赔偿委员会应当在两个月内重新审查并依法作出决定，上一级人民法院赔偿委员会也可以直接审查并作出决定。

最高人民检察院对各级人民法院赔偿委员会作出的决定，上级人民检察院对下级人民法院赔偿委员会作出的决定，发现违反本法规定的，应当向同级人民法院赔偿委员会提出意见，同级人民法院赔偿委员会应当在两个月内重新审查并依法作出决定。

第三十一条 【刑事赔偿的追偿】赔偿义务机关赔偿后，应当向有下列情形之一的工作人员追偿部分或者全部赔偿费用：

（一）有本法第十七条第四项、第五项规定情形的；

(二)在处理案件中有贪污受贿,徇私舞弊,枉法裁判行为的。

对有前款规定情形的责任人员,有关机关应当依法给予处分;构成犯罪的,应当依法追究刑事责任。

第四章 赔偿方式和计算标准

第三十二条 【赔偿方式】国家赔偿以支付赔偿金为主要方式。

能够返还财产或者恢复原状的,予以返还财产或者恢复原状。

第三十三条 【人身自由的国家赔偿标准】侵犯公民人身自由的,每日赔偿金按照国家上年度职工日平均工资计算。

第三十四条 【生命健康权的国家赔偿标准】侵犯公民生命健康权的,赔偿金按照下列规定计算:

(一)造成身体伤害的,应当支付医疗费、护理费,以及赔偿因误工减少的收入。减少的收入每日的赔偿金按照国家上年度职工日平均工资计算,最高额为国家上年度职工年平均工资的五倍;

(二)造成部分或者全部丧失劳动能力的,应当支付医疗费、护理费、残疾生活辅助具费、康复费等因残疾而增加的必要支出和继续治疗所必需的费用,以及残疾赔偿金。残疾赔偿金根据丧失劳动能力的程度,按照国家规定的伤残等级确定,最高不超过国家上年度职工年平均工资的二十倍。造成全部丧失劳动能力的,对其扶养的无劳动能力的人,还应当支付生活费;

(三)造成死亡的,应当支付死亡赔偿金、丧葬费,总额为国家上年度职工年平均工资的二十倍。对死者生前扶养的无劳动能力的人,还应当支付生活费。

前款第二项、第三项规定的生活费的发放标准,参照当地最低生活保障标准执行。被扶养的人是未成年人的,生活费给付至十八周岁止;其他无劳动能力的人,生活费给付至死亡时止。

第三十五条 【精神损害的国家赔偿标准】有本法第三条或者第十七条规定情形之一,致人精神损害的,应当在侵权行为影响的范围内,为受害人消除影响,恢复名誉,赔礼道歉;造成严重后果的,应当支付相应的精神损害抚慰金。

第三十六条 【财产权的国家赔偿标准】侵犯公民、法人和其他组织的财产权造成损害的,按照下列规定处理:

(一)处罚款、罚金、追缴、没收财产或者违法征收、征用财产的,返还财产;

(二)查封、扣押、冻结财产的,解除对财产的查封、扣押、冻结,造成财产损坏或者灭失的,依照本条第三项、第四项的规定赔偿;

(三)应当返还的财产损坏的,能够恢复原状的恢复原状,不能恢复原状的,按照损害程度给付相应的赔偿金;

(四)应当返还的财产灭失的,给付相应的赔偿金;

(五)财产已经拍卖或者变卖的,给付拍卖或者变卖所得的价款;变卖的价款明显低于财产价值的,应当支付相应的赔偿金;

(六)吊销许可证和执照、责令停产停业的,赔偿停产停业期间必要的经常性费用开支;

(七)返还执行的罚款或者罚金、追缴或者没收的金钱,解除冻结的存款或者汇款的,应当支付银行同期存款利息;

(八)对财产权造成其他损害的,按照直接损失给予赔偿。

第三十七条 【国家赔偿费用】赔偿费用列入各级财政预算。

赔偿请求人凭生效的判决书、复议决定书、赔偿决定书或者调解书,向赔偿义务机关申请支付赔偿金。

赔偿义务机关应当自收到支付赔偿金申请之日起七日内,依照预算管理权限向有关的财政部门提出支付申请。财政部门应当自收到支付申请之日起十五日内支付赔偿金。

赔偿费用预算与支付管理的具体办法由国务院规定。

第五章 其他规定

第三十八条 【民事、行政诉讼中的司法赔偿】人民法院在民事诉讼、行政诉讼过程中,违法采取对妨害诉讼的强制措施、保全措施或者对判决、裁定及其他生效法律文书执行错误,造成损害的,赔偿请求人要求赔偿的程序,适用本法刑事赔偿程序的规定。

第三十九条 【国家赔偿请求时效】赔偿请求人请求国家赔偿的时效为两年,自其知道或者应当知道国家机关及其工作人员行使职权时的行为侵犯其人身权、财产权之日起计算,但被羁押等限制人身自由期间不计算在内。在申请行政复议或者提起行政诉讼时一并提出赔偿请求的,适用行政复议法、行政诉讼法有关时效的规定。

赔偿请求人在赔偿请求时效的最后六个月内,因不可抗力或者其他障碍不能行使请求权的,时效中止。从中止时效的原因消除之日起,赔偿请求时效期间继续计算。

第四十条 【对等原则】外国人、外国企业和组织在中华人民共和国领域内要求中华人民共和国国家赔偿的,适用本法。

外国人、外国企业和组织的所属国对中华人民共和国公民、法人和其他组织要求该国国家赔偿的权利不予保护或者限制的,中华人民共和国与该外国人、外国企业和组织的所属国实行对等原则。

第六章 附 则

第四十一条 【不得收费和征税】赔偿请求人要求国家赔偿的,赔偿义务机关、复议机关和人民法院不得向赔偿请求人收取任何费用。

对赔偿请求人取得的赔偿金不予征税。

第四十二条 【施行时间】本法自 1995 年 1 月 1 日起施行。

最高人民法院关于人民法院执行《中华人民共和国国家赔偿法》几个问题的解释

1. 1996年5月6日公布
2. 法发〔1996〕15号

一、根据《中华人民共和国国家赔偿法》(以下简称赔偿法)第十七条①第(二)项、第(三)项的规定,依照刑法第十四条、第十五条规定不负刑事责任的人和依照刑事诉讼法第十五条规定不追究刑事责任的人被羁押,国家不承担赔偿责任。但是对起诉后经人民法院判处拘役、有期徒刑、无期徒刑和死刑并已执行的上列人员,有权依法取得赔偿。判决确定前被羁押的日期依法不予赔偿。

二、依照赔偿法第三十一条②的规定,人民法院在民事诉讼、行政诉讼过程中,违法采取对妨害诉讼的强制措施、保全措施或者对判决、裁定及其他生效法律文书执行错误,造成损害,具有以下情形之一的,适用刑事赔偿程序予以赔偿:

(一)错误实施司法拘留、罚款的;

(二)实施赔偿法第十五条③第(四)项、第(五)项规定行为的;

(三)实施赔偿法第十六条④第(一)项规定行为的。

人民法院审理的民事、经济、行政案件发生错判并已执行,依法应当执行回转的,或者当事人申请财产保全、先予执行,申请有错误造成财产损失依法应由申请人赔偿的,国家不承担赔偿责任。

三、公民、法人和其他组织申请人民法院依照赔偿法规定予以赔偿的案件,应当经过依法确认。未经依法确认的,赔偿请求人应当要求有关人民法院予以确认。被要求的人民法院由有关审判庭负责办理依法确认事宜,并应以人民法院的名义答复赔偿请求人。被要求的人民法院不予确认的,赔偿请求人有权申诉。

四、根据赔偿法第二十六条⑤、第二十七条⑥的规定,人民法院判处管制、有期徒刑缓刑、剥夺政治权利等刑罚的人被依法改判无罪的,国家不承担赔偿责任,但是,赔偿请求人在判决生效前被羁押的,依法有权取得赔偿。

五、根据赔偿法第十九条⑦第四款"再审改判无罪的,作出原生效判决的人民法院为赔偿义务机关"的规定,原一审人民法院作出判决后,被告人没有上诉,人民检察院没有抗诉,判决发生法律效力的,原一审人民法院为赔偿义务机关;被告人上诉或者人民检察院抗诉,原二审人民法院维持一审判决或者对一审人民法院判决予以改判的,原二审人民法院为赔偿义务机关。

六、赔偿法第二十六条⑧关于"侵犯公民人身自由的,每日的赔偿金按照国家上年度职工日平均工资计算"中规定的上年度,应为赔偿义务机关、复议机关或者人民法院赔偿委员会作出赔偿决定时的上年度;复议机关或者人民法院赔偿委员会决定维持原赔偿决定的,按作出原赔偿决定时的上年度执行。

国家上年度职工日平均工资数额,应当以职工年平均工资除以全年法定工作日数的方法计算。年平均工资以国家统计局公布的数字为准。

最高人民法院关于适用《中华人民共和国国家赔偿法》若干问题的解释(一)

1. 2011年2月14日最高人民法院审判委员会第1511次会议通过
2. 2011年2月28日公布
3. 法释〔2011〕4号
4. 自2011年3月18日起施行

为正确适用2010年4月29日第十一届全国人民代表大会常务委员会第十四次会议修正的《中华人民共和国国家赔偿法》,对人民法院处理国家赔偿案件中适用国家赔偿法的有关问题解释如下:

第一条 国家机关及其工作人员行使职权侵犯公民、法人和其他组织合法权益的行为发生在2010年12月1日以后,或者发生在2010年12月1日以前、持续至2010年12月1日以后的,适用修正的国家赔偿法。

第二条 国家机关及其工作人员行使职权侵犯公民、法人和其他组织合法权益的行为发生在2010年12月1日以前的,适用修正前的国家赔偿法,但有下列情形之一的,适用修正的国家赔偿法:

(一)2010年12月1日以前已经受理赔偿请求人的赔偿请求但尚未作出生效赔偿决定的;

(二)赔偿请求人在2010年12月1日以后提出赔偿请求的。

第三条 人民法院对2010年12月1日以前已经受理但尚未审结的国家赔偿确认案件,应当继续审理。

---

① 因2010年《国家赔偿法》修改时部分条款序号有变动,编者于此对相关条文改后所对应的新条文作出说明,下同。此处对应的是改后第十九条。

② 改后第三十八条。

③ 改后第十七条。

④ 改后第十八条。

⑤ 改后第三十三条。

⑥ 改后第三十四条。

⑦ 改后第二十一条。

⑧ 改后第三十三条。

第四条　公民、法人和其他组织对行使侦查、检察、审判职权的机关以及看守所、监狱管理机关在2010年12月1日以前作出并已发生法律效力的不予确认职务行为违法的法律文书不服,未依据修正前的国家赔偿法规定提出申诉并经有权机关作出侵权确认结论,直接向人民法院赔偿委员会申请赔偿的,不予受理。

第五条　公民、法人和其他组织对在2010年12月1日以前发生法律效力的赔偿决定不服提出申诉的,人民法院审查处理时适用修正前的国家赔偿法;但是仅就修正的国家赔偿法增加的赔偿项目及标准提出申诉的,人民法院不予受理。

第六条　人民法院审查发现2010年12月1日以前发生法律效力的确认裁定、赔偿决定确有错误应当重新审查处理的,适用修正前的国家赔偿法。

第七条　赔偿请求人认为行使侦查、检察、审判职权的机关以及看守所、监狱管理机关及其工作人员在行使职权时有修正的国家赔偿法第十七条第(一)、(二)、(三)项、第十八条规定情形的,应当在刑事诉讼程序终结后提出赔偿请求,但下列情形除外:

(一)赔偿请求人有证据证明其与尚未终结的刑事案件无关的;

(二)刑事案件被害人依据刑事诉讼法第一百九十八条的规定,以财产未返还或者认为返还的财产受到损害而要求赔偿的。

第八条　赔偿请求人认为人民法院有修正的国家赔偿法第三十八条规定情形的,应当在民事、行政诉讼程序或者执行程序终结后提出赔偿请求,但人民法院已依法撤销对妨害诉讼采取的强制措施的情形除外。

第九条　赔偿请求人或者赔偿义务机关认为人民法院赔偿委员会作出的赔偿决定存在错误,依法向上一级人民法院赔偿委员会提出申诉的,不停止赔偿决定的执行;但人民法院赔偿委员会依据修正的国家赔偿法第三十条的规定决定重新审查的,可以决定中止原赔偿决定的执行。

第十条　人民检察院依据修正的国家赔偿法第三十条第三款的规定,对人民法院赔偿委员会在2010年12月1日以后作出的赔偿决定提出意见的,同级人民法院赔偿委员会应当决定重新审查,并可以决定中止原赔偿决定的执行。

第十一条　本解释自公布之日起施行。

6. 其他相关法

中华人民共和国国籍法

1. 1980年9月10日第五届全国人民代表大会第三次会议通过
2. 1980年9月10日全国人民代表大会常务委员会委员长令第8号公布
3. 自1980年9月10日起施行

第一条　**【适用范围】**中华人民共和国国籍的取得、丧失和恢复,都适用本法。

第二条　**【国籍的一致性】**中华人民共和国是统一的多民族的国家,各民族的人都具有中国国籍。

第三条　**【对双重国籍的否认】**中华人民共和国不承认中国公民具有双重国籍。

第四条　**【国籍的出生取得之一】**父母双方或一方为中国公民,本人出生在中国,具有中国国籍。

第五条　**【国籍的出生取得之二】**父母双方或一方为中国公民,本人出生在外国,具有中国国籍;但父母双方或一方为中国公民并定居在外国,本人出生时即具有外国国籍的,不具有中国国籍。

第六条　**【国籍的出生取得之三】**父母无国籍或国籍不明,定居在中国,本人出生在中国,具有中国国籍。

第七条　**【申请加入中国国籍】**外国人或无国籍人,愿意遵守中国宪法和法律,并具有下列条件之一的,可以经申请批准加入中国国籍:

一、中国人的近亲属;

二、定居在中国的;

三、有其他正当理由。

第八条　**【加入中国国籍,丧失外国国籍】**申请加入中国国籍获得批准的,即取得中国国籍;被批准加入中国国籍的,不得再保留外国国籍。

第九条　**【丧失中国国籍之一】**定居外国的中国公民,自愿加入或取得外国国籍的,即自动丧失中国国籍。

第十条　**【申请退出中国国籍】**中国公民具有下列条件之一的,可以经申请批准退出中国国籍:

一、外国人的近亲属;

二、定居在外国的;

三、有其他正当理由。

第十一条　**【丧失中国国籍之二】**申请退出中国国籍获得批准的,即丧失中国国籍。

第十二条　**【不得退出中国国籍的人员】**国家工作人员和现役军人,不得退出中国国籍。

第十三条　**【外国人的中国国籍的恢复】**曾有过中国国籍的外国人,具有正当理由,可以申请恢复中国国籍;被批准恢复中国国籍的,不得再保留外国国籍。

第十四条 【中国国籍的取得、丧失和恢复的程序】中国国籍的取得、丧失和恢复,除第九条规定的以外,必须办理申请手续。未满十八周岁的人,可由其父母或其他法定代理人代为办理申请。

第十五条 【受理国籍申请的机关】受理国籍申请的机关,在国内为当地市、县公安局,在国外为中国外交代表机关和领事机关。

第十六条 【国籍申请的审批及证书】加入、退出和恢复中国国籍的申请,由中华人民共和国公安部审批。经批准的,由公安部发给证书。

第十七条 【本法公布前国籍的效力】本法公布前,已经取得中国国籍的或已经丧失中国国籍的,继续有效。

第十八条 【生效日期】本法自公布之日起施行。

全国年节及纪念日放假办法

1. 1949年12月23日政务院公布

2. 根据1999年9月18日国务院令第270号《关于修改〈全国年节及纪念日放假办法〉的决定》第一次修订

3. 根据2007年12月14日国务院令第513号《关于修改〈全国年节及纪念日放假办法〉的决定》第二次修订

4. 根据2013年12月11日国务院令第644号《关于修改〈全国年节及纪念日放假办法〉的决定》第三次修订

第一条 为统一全国年节及纪念日的假期,制定本办法。

第二条 全体公民放假的节日:

(一)新年,放假1天(1月1日);

(二)春节,放假3天(农历正月初一、初二、初三);

(三)清明节,放假1天(农历清明当日);

(四)劳动节,放假1天(5月1日);

(五)端午节,放假1天(农历端午当日);

(六)中秋节,放假1天(农历中秋当日);

(七)国庆节,放假3天(10月1日、2日、3日)。

第三条 部分公民放假的节日及纪念日:

(一)妇女节(3月8日),妇女放假半天;

(二)青年节(5月4日),14周岁以上的青年放假半天;

(三)儿童节(6月1日),不满14周岁的少年儿童放假1天;

(四)中国人民解放军建军纪念日(8月1日),现役军人放假半天。

第四条 少数民族习惯的节日,由各少数民族聚居地区的地方人民政府,按照各该民族习惯,规定放假日期。

第五条 二七纪念日、五卅纪念日、七七抗战纪念日、九三抗战胜利纪念日、九一八纪念日、教师节、护士节、记者节、植树节等其他节日、纪念日,均不放假。

第六条 全体公民放假的假日,如果适逢星期六、星期日,应当在工作日补假。部分公民放假的假日,如果适逢星期六、星期日,则不补假。

第七条 本办法自公布之日起施行。

二、民事法编

导读：

在《中国特色社会主义法律体系》白皮书中，民事法与商事法合称“民法商法”。根据“白皮书”的描述，民法是调整平等主体的公民之间、法人之间、公民和法人之间的财产关系和人身关系的法律规范，遵循民事主体地位平等、意思自治、公平、诚实信用等基本原则。商法调整商事主体之间的商事关系，遵循民法的基本原则，同时秉承保障商事交易自由、等价有偿、便捷安全等原则。截至 2011 年 8 月底，中国已制定民法商法方面的法律 33 部和一大批规范商事活动的行政法规、地方性法规。

中国制定了民法通则，对民事商事活动应当遵循的基本规则作出规定，明确了民法的调整对象、基本原则以及民事主体、民事行为、民事权利和民事责任制度。随着市场经济的发展，中国陆续制定了合同法、物权法、农村土地承包法等法律，建立健全了债权制度和包括所有权、用益物权、担保物权的物权制度；制定了侵权责任法，完善了侵权责任制度；制定了婚姻法、收养法、继承法等法律，建立和完善了婚姻家庭制度；制定了涉外民事关系法律适用法，健全了涉外民事关系法律适用制度；制定了公司法、合伙企业法、个人独资企业法、商业银行法、证券投资基金法、农民专业合作社法等法律，建立健全了商事主体制度；制定了证券法、海商法、票据法、保险法等法律，建立健全了商事行为制度，中国的海上贸易、票据、保险、证券等市场经济活动制度逐步建立并迅速发展。

中国高度重视保护知识产权，颁布实施了专利法、商标法、著作权法和计算机软件保护条例、集成电路布图设计保护条例、著作权集体管理条例、信息网络传播权保护条例、植物新品种保护条例、知识产权海关保护条例、特殊标志管理条例、奥林匹克标志保护条例等以保护知识产权为主要内容的一大批法律法规。1982 年制定的商标法是中国开始系统建立现代知识产权法律制度的重要标志，为进一步提高中国的知识产权保护水平，并适应加入世界贸易组织的需要，中国不断健全知识产权法律制度，先后多次对专利法、商标法、著作权法等法律法规进行修改，在立法原则、权利内容、保护标准、法律救济手段等方面，更加突出对促进科技进步与创新的法律保护。截至 2010 年底，中国累计授予各类专利 389 万多件；有效注册商标达 460 万多件，其中来自 177 个国家和地区的注册商标有 67 万多件。据不完全统计，2001 年至 2010 年，各级版权行政管理部门共收缴侵权盗版复制品 7.07 亿件，行政处罚案件 93000 多起，移送司法机关的案件 2500 多件。

为推进改革开放，扩大国际经济合作和技术交流，中国制定了中外合资经营企业法、外资企业法、中外合作经营企业法，对外国投资者在中国的投资条件、程序、经营、监督、管理和合法权益的保障等作出规定，确定了外国投资者在中国投资应当尊重中国国家主权的原则，以及中国保护投资者合法权益、平等互利、给予优惠、遵循国际通行规则等原则，为外国投资者在中国进行投资创造了良好的环境。为更好地体现平等互利和遵循国际通行规则，中国多次对这三部法律进行修改完善，充分保障了外国投资者在中国投资、开展经贸活动的合法权益。截至 2010 年底，中国共批准设立外商投资企业 710747 家，实际使用外资金额 11078.58 亿美元，充分表明中国保护外国投资者的法律制度日益完善。

资料补充栏

1. 总类

中华人民共和国民法总则

1. 2017年3月15日第十二届全国人民代表大会第五次会议通过
2. 2017年3月15日中华人民共和国主席令第66号公布
3. 自2017年10月1日起施行

目　录

第一章　基本规定

第一条　【立法目的】为了保护民事主体的合法权益，调整民事关系，维护社会和经济秩序，适应中国特色社会主义发展要求，弘扬社会主义核心价值观，根据宪法，制定本法。

第二条　【调整范围】民法调整平等主体的自然人、法人和非法人组织之间的人身关系和财产关系。

第三条　【民事权益受法律保护】民事主体的人身权利、财产权利以及其他合法权益受法律保护，任何组织或者个人不得侵犯。

第四条　【平等原则】民事主体在民事活动中的法律地位一律平等。

第五条　【自愿原则】民事主体从事民事活动，应当遵循自愿原则，按照自己的意思设立、变更、终止民事法律关系。

第六条　【公平原则】民事主体从事民事活动，应当遵循公平原则，合理确定各方的权利和义务。

第七条　【诚信原则】民事主体从事民事活动，应当遵循诚信原则，秉持诚实，恪守承诺。

第八条　【公序良俗原则】民事主体从事民事活动，不得违反法律，不得违背公序良俗。

第九条　【绿色原则】民事主体从事民事活动，应当有利于节约资源、保护生态环境。

第十条　【法律适用】处理民事纠纷，应当依照法律；法律没有规定的，可以适用习惯，但是不得违背公序良俗。

第十一条　【优先适用特别法】其他法律对民事关系有特别规定的，依照其规定。

第十二条　【适用范围】中华人民共和国领域内的民事活动，适用中华人民共和国法律。法律另有规定的，依照其规定。

第二章　自　然　人

第一节　民事权利能力和民事行为能力

第十三条　【自然人民事权利能力的起止】自然人从出生时起到死亡时止，具有民事权利能力，依法享有民事权利，承担民事义务。

第十四条　【自然人民事权利能力平等】自然人的民事权利能力一律平等。

第十五条　【自然人出生和死亡时间的判断标准】自然人的出生时间和死亡时间，以出生证明、死亡证明记载的时间为准；没有出生证明、死亡证明的，以户籍登记或者其他有效身份登记记载的时间为准。有其他证据足以推翻以上记载时间的，以该证据证明的时间为准。

第十六条　【胎儿利益的特殊保护】涉及遗产继承、接受赠与等胎儿利益保护的，胎儿视为具有民事权利能力。但是胎儿娩出时为死体的，其民事权利能力自始不存在。

第十七条　【成年人与未成年人的年龄划分】十八周岁以上的自然人为成年人。不满十八周岁的自然人为未成年人。

第十八条　【完全民事行为能力人】成年人为完全民事行为能力人，可以独立实施民事法律行为。

十六周岁以上的未成年人，以自己的劳动收入为主要生活来源的，视为完全民事行为能力人。

第十九条　【限制民事行为能力人】八周岁以上的未成年人为限制民事行为能力人，实施民事法律行为由其法定代理人代理或者经其法定代理人同意、追认，但是可以独立实施纯获利益的民事法律行为或者与其年龄、智力相适应的民事法律行为。

第二十条 【无民事行为能力人】不满八周岁的未成年人为无民事行为能力人,由其法定代理人代理实施民事法律行为。

第二十一条 【不能辨认自己行为时的民事行为能力】不能辨认自己行为的成年人为无民事行为能力人,由其法定代理人代理实施民事法律行为。

八周岁以上的未成年人不能辨认自己行为的,适用前款规定。

第二十二条 【不能完全辨认自己行为时的民事行为能力】不能完全辨认自己行为的成年人为限制民事行为能力人,实施民事法律行为由其法定代理人代理或者经其法定代理人同意、追认,但是可以独立实施纯获利益的民事法律行为或者与其智力、精神健康状况相适应的民事法律行为。

第二十三条 【法定代理人】无民事行为能力人、限制民事行为能力人的监护人是其法定代理人。

第二十四条 【无民事行为能力人或限制民事行为能力人的认定与恢复】不能辨认或者不能完全辨认自己行为的成年人,其利害关系人或者有关组织,可以向人民法院申请认定该成年人为无民事行为能力人或者限制民事行为能力人。

被人民法院认定为无民事行为能力人或者限制民事行为能力人的,经本人、利害关系人或者有关组织申请,人民法院可以根据其智力、精神健康恢复的状况,认定该成年人恢复为限制民事行为能力人或者完全民事行为能力人。

本条规定的有关组织包括:居民委员会、村民委员会、学校、医疗机构、妇女联合会、残疾人联合会、依法设立的老年人组织、民政部门等。

第二十五条 【自然人的住所】自然人以户籍登记或者其他有效身份登记记载的居所为住所;经常居所与住所不一致的,经常居所视为住所。

第二节 监 护

第二十六条 【法定监护人的义务】父母对未成年子女负有抚养、教育和保护的义务。

成年子女对父母负有赡养、扶助和保护的义务。

第二十七条 【未成年人的监护人】父母是未成年子女的监护人。

未成年人的父母已经死亡或者没有监护能力的,由下列有监护能力的人按顺序担任监护人:

(一)祖父母、外祖父母;

(二)兄、姐;

(三)其他愿意担任监护人的个人或者组织,但是须经未成年人住所地的居民委员会、村民委员会或者民政部门同意。

第二十八条 【无、限制民事行为能力的成年人的监护人】无民事行为能力或者限制民事行为能力的成年人,由下列有监护能力的人按顺序担任监护人:

(一)配偶;

(二)父母、子女;

(三)其他近亲属;

(四)其他愿意担任监护人的个人或者组织,但是须经被监护人住所地的居民委员会、村民委员会或者民政部门同意。

第二十九条 【遗嘱指定监护人】被监护人的父母担任监护人的,可以通过遗嘱指定监护人。

第三十条 【协议确定监护人】依法具有监护资格的人之间可以协议确定监护人。协议确定监护人应当尊重被监护人的真实意愿。

第三十一条 【担任监护人有争议时的处理】对监护人的确定有争议的,由被监护人住所地的居民委员会、村民委员会或者民政部门指定监护人,有关当事人对指定不服的,可以向人民法院申请指定监护人;有关当事人也可以直接向人民法院申请指定监护人。

居民委员会、村民委员会、民政部门或者人民法院应当尊重被监护人的真实意愿,按照最有利于被监护人的原则在依法具有监护资格的人中指定监护人。

依照本条第一款规定指定监护人前,被监护人的人身权利、财产权利以及其他合法权益处于无人保护状态的,由被监护人住所地的居民委员会、村民委员会、法律规定的有关组织或者民政部门担任临时监护人。

监护人被指定后,不得擅自变更;擅自变更的,不免除被指定的监护人的责任。

第三十二条 【没有具有监护资格的人时监护人的担任】没有依法具有监护资格的人的,监护人由民政部门担任,也可以由具备履行监护职责条件的被监护人住所地的居民委员会、村民委员会担任。

第三十三条 【意定监护】具有完全民事行为能力的成年人,可以与其近亲属、其他愿意担任监护人的个人或者组织事先协商,以书面形式确定自己的监护人。协商确定的监护人在该成年人丧失或者部分丧失民事行为能力时,履行监护职责。

第三十四条 【监护人的职责与权利】监护人的职责是代理被监护人实施民事法律行为,保护被监护人的人身权利、财产权利以及其他合法权益等。

监护人依法履行监护职责产生的权利,受法律保护。

监护人不履行监护职责或者侵害被监护人合法权益的,应当承担法律责任。

第三十五条 【监护人履行职责的原则与要求】监护人应当按照最有利于被监护人的原则履行监护职责。监护人除为维护被监护人利益外,不得处分被监护人的财产。

未成年人的监护人履行监护职责,在作出与被监护人利益有关的决定时,应当根据被监护人的年龄和智力状况,尊重被监护人的真实意愿。

成年人的监护人履行监护职责,应当最大程度地尊重被监护人的真实意愿,保障并协助被监护人实施与其智力、精神健康状况相适应的民事法律行为。对被监护人有能力独立处理的事务,监护人不得干涉。

第三十六条 【**撤销监护人资格的情形**】监护人有下列情形之一的,人民法院根据有关个人或者组织的申请,撤销其监护人资格,安排必要的临时监护措施,并按照最有利于被监护人的原则依法指定监护人:

(一)实施严重损害被监护人身心健康行为的;

(二)怠于履行监护职责,或者无法履行监护职责并且拒绝将监护职责部分或者全部委托给他人,导致被监护人处于危困状态的;

(三)实施严重侵害被监护人合法权益的其他行为的。

本条规定的有关个人和组织包括:其他依法具有监护资格的人,居民委员会、村民委员会、学校、医疗机构、妇女联合会、残疾人联合会、未成年人保护组织、依法设立的老年人组织、民政部门等。

前款规定的个人和民政部门以外的组织未及时向人民法院申请撤销监护人资格的,民政部门应当向人民法院申请。

第三十七条 【**监护资格被撤销后负担义务不免除**】依法负担被监护人抚养费、赡养费、扶养费的父母、子女、配偶等,被人民法院撤销监护人资格后,应当继续履行负担的义务。

第三十八条 【**恢复监护人资格**】被监护人的父母或者子女被人民法院撤销监护人资格后,除对被监护人实施故意犯罪的外,确有悔改表现的,经其申请,人民法院可以在尊重被监护人真实意愿的前提下,视情况恢复其监护人资格,人民法院指定的监护人与被监护人的监护关系同时终止。

第三十九条 【**监护关系终止的情形**】有下列情形之一的,监护关系终止:

(一)被监护人取得或者恢复完全民事行为能力;

(二)监护人丧失监护能力;

(三)被监护人或者监护人死亡;

(四)人民法院认定监护关系终止的其他情形。

监护关系终止后,被监护人仍然需要监护的,应当依法另行确定监护人。

第三节 宣告失踪和宣告死亡

第四十条 【**宣告失踪的条件**】自然人下落不明满二年的,利害关系人可以向人民法院申请宣告该自然人为失踪人。

第四十一条 【**下落不明的时间计算**】自然人下落不明的时间从其失去音讯之日起计算。战争期间下落不明的,下落不明的时间自战争结束之日或者有关机关确定的下落不明之日起计算。

第四十二条 【**失踪人的财产代管人**】失踪人的财产由其配偶、成年子女、父母或者其他愿意担任财产代管人的人代管。

代管有争议,没有前款规定的人,或者前款规定的人无代管能力的,由人民法院指定的人代管。

第四十三条 【**财产代管人的职责**】财产代管人应当妥善管理失踪人的财产,维护其财产权益。

失踪人所欠税款、债务和应付的其他费用,由财产代管人从失踪人的财产中支付。

财产代管人因故意或者重大过失造成失踪人财产损失的,应当承担赔偿责任。

第四十四条 【**财产代管人的变更**】财产代管人不履行代管职责、侵害失踪人财产权益或者丧失代管能力的,失踪人的利害关系人可以向人民法院申请变更财产代管人。

财产代管人有正当理由的,可以向人民法院申请变更财产代管人。

人民法院变更财产代管人的,变更后的财产代管人有权要求原财产代管人及时移交有关财产并报告财产代管情况。

第四十五条 【**宣告失踪的撤销**】失踪人重新出现,经本人或者利害关系人申请,人民法院应当撤销失踪宣告。

失踪人重新出现,有权要求财产代管人及时移交有关财产并报告财产代管情况。

第四十六条 【**宣告死亡的条件**】自然人有下列情形之一的,利害关系人可以向人民法院申请宣告该自然人死亡:

(一)下落不明满四年;

(二)因意外事件,下落不明满二年。

因意外事件下落不明,经有关机关证明该自然人不可能生存的,申请宣告死亡不受二年时间的限制。

第四十七条 【**优先适用宣告死亡**】对同一自然人,有的利害关系人申请宣告死亡,有的利害关系人申请宣告失踪,符合本法规定的宣告死亡条件的,人民法院应当宣告死亡。

第四十八条 【**宣告死亡日期的确定**】被宣告死亡的人,人民法院宣告死亡的判决作出之日视为其死亡的日期;因意外事件下落不明宣告死亡的,意外事件发生之日视为其死亡的日期。

第四十九条 【**被宣告死亡期间的民事法律行为效力**】自然人被宣告死亡但是并未死亡的,不影响该自然人在被宣告死亡期间实施的民事法律行为的效力。

第五十条 【**死亡宣告的撤销**】被宣告死亡的人重新出现,经本人或者利害关系人申请,人民法院应当撤销死亡宣告。

第五十一条 【**宣告死亡对婚姻关系的影响**】被宣告死亡的人的婚姻关系,自死亡宣告之日起消灭。死亡宣告被撤销的,婚姻关系自撤销死亡宣告之日起自行恢复,但是其配偶再婚或者向婚姻登记机关书面声明不愿意恢复的除外。

第五十二条 【**宣告死亡对收养关系的影响**】被宣告死亡的人在被宣告死亡期间,其子女被他人依法收养的,在死亡宣告被撤销后,不得以未经本人同意为由主张收养关系无效。

第五十三条 【死亡宣告撤销后的财产返还】被撤销死亡宣告的人有权请求依照继承法取得其财产的民事主体返还财产。无法返还的,应当给予适当补偿。

利害关系人隐瞒真实情况,致使他人被宣告死亡取得其财产的,除应当返还财产外,还应当对由此造成的损失承担赔偿责任。

第四节 个体工商户和农村承包经营户

第五十四条 【个体工商户的定义】自然人从事工商业经营,经依法登记,为个体工商户。个体工商户可以起字号。

第五十五条 【农村承包经营户的定义】农村集体经济组织的成员,依法取得农村土地承包经营权,从事家庭承包经营的,为农村承包经营户。

第五十六条 【"两户"债务的承担】个体工商户的债务,个人经营的,以个人财产承担;家庭经营的,以家庭财产承担;无法区分的,以家庭财产承担。

农村承包经营户的债务,以从事农村土地承包经营的农户财产承担;事实上由农户部分成员经营的,以该部分成员的财产承担。

第三章 法　　人

第一节 一般规定

第五十七条 【法人的定义】法人是具有民事权利能力和民事行为能力,依法独立享有民事权利和承担民事义务的组织。

第五十八条 【法人成立的条件】法人应当依法成立。

法人应当有自己的名称、组织机构、住所、财产或者经费。法人成立的具体条件和程序,依照法律、行政法规的规定。

设立法人,法律、行政法规规定须经有关机关批准的,依照其规定。

第五十九条 【法人权利能力和行为能力的起止】法人的民事权利能力和民事行为能力,从法人成立时产生,到法人终止时消灭。

第六十条 【法人民事责任承担】法人以其全部财产独立承担民事责任。

第六十一条 【法定代表人的定义及行为的法律后果】依照法律或者法人章程的规定,代表法人从事民事活动的负责人,为法人的法定代表人。

法定代表人以法人名义从事的民事活动,其法律后果由法人承受。

法人章程或者法人权力机构对法定代表人代表权的限制,不得对抗善意相对人。

第六十二条 【法定代表人的民事责任】法定代表人因执行职务造成他人损害的,由法人承担民事责任。

法人承担民事责任后,依照法律或者法人章程的规定,可以向有过错的法定代表人追偿。

第六十三条 【法人的住所】法人以其主要办事机构所在地为住所。依法需要办理法人登记的,应当将主要办事机构所在地登记为住所。

第六十四条 【法人变更登记】法人存续期间登记事项发生变化的,应当依法向登记机关申请变更登记。

第六十五条 【不得对抗第三人】法人的实际情况与登记的事项不一致的,不得对抗善意相对人。

第六十六条 【公示登记信息】登记机关应当依法及时公示法人登记的有关信息。

第六十七条 【法人的合并、分立的权利义务承担】法人合并的,其权利和义务由合并后的法人享有和承担。

法人分立的,其权利和义务由分立后的法人享有连带债权,承担连带债务,但是债权人和债务人另有约定的除外。

第六十八条 【法人终止的原因】有下列原因之一并依法完成清算、注销登记的,法人终止:

(一)法人解散;

(二)法人被宣告破产;

(三)法律规定的其他原因。

法人终止,法律、行政法规规定须经有关机关批准的,依照其规定。

第六十九条 【法人解散的情形】有下列情形之一的,法人解散:

(一)法人章程规定的存续期间届满或者法人章程规定的其他解散事由出现;

(二)法人的权力机构决议解散;

(三)因法人合并或者分立需要解散;

(四)法人依法被吊销营业执照、登记证书,被责令关闭或者被撤销;

(五)法律规定的其他情形。

第七十条 【法人解散后的清算】法人解散的,除合并或者分立的情形外,清算义务人应当及时组成清算组进行清算。

法人的董事、理事等执行机构或者决策机构的成员为清算义务人。法律、行政法规另有规定的,依照其规定。

清算义务人未及时履行清算义务,造成损害的,应当承担民事责任;主管机关或者利害关系人可以申请人民法院指定有关人员组成清算组进行清算。

第七十一条 【清算适用的法律依据】法人的清算程序和清算组职权,依照有关法律的规定;没有规定的,参照适用公司法的有关规定。

第七十二条 【清算的法律后果】清算期间法人存续,但是不得从事与清算无关的活动。

法人清算后的剩余财产,根据法人章程的规定或者法人权力机构的决议处理。法律另有规定的,依照其规定。

清算结束并完成法人注销登记时,法人终止;依法不需要办理法人登记的,清算结束时,法人终止。

第七十三条 【法人破产】法人被宣告破产的,依法进行破产清算并完成法人注销登记时,法人终止。

第七十四条 【法人分支机构及其责任承担】法人可以依法设立分支机构。法律、行政法规规定分支机构应当登记的,依照其规定。

分支机构以自己的名义从事民事活动,产生的民事责任由法人承担;也可以先以该分支机构管理的财产承担,不足以承担的,由法人承担。

第七十五条 【设立人的民事责任承担】设立人为设立法人从事的民事活动,其法律后果由法人承受;法人未成立的,其法律后果由设立人承受,设立人为二人以上的,享有连带债权,承担连带债务。

设立人为设立法人以自己的名义从事民事活动产生的民事责任,第三人有权选择请求法人或者设立人承担。

第二节 营利法人

第七十六条 【营利法人的定义及类型】以取得利润并分配给股东等出资人为目的成立的法人,为营利法人。

营利法人包括有限责任公司、股份有限公司和其他企业法人等。

第七十七条 【营利法人的成立】营利法人经依法登记成立。

第七十八条 【营利法人的成立日期】依法设立的营利法人,由登记机关发给营利法人营业执照。营业执照签发日期为营利法人的成立日期。

第七十九条 【营利法人的章程】设立营利法人应当依法制定法人章程。

第八十条 【权力机构及其职权】营利法人应当设权力机构。

权力机构行使修改法人章程,选举或者更换执行机构、监督机构成员,以及法人章程规定的其他职权。

第八十一条 【执行机构的职权和法定代表人的担任】营利法人应当设执行机构。

执行机构行使召集权力机构会议,决定法人的经营计划和投资方案,决定法人内部管理机构的设置,以及法人章程规定的其他职权。

执行机构为董事会或者执行董事的,董事长、执行董事或者经理按照法人章程的规定担任法定代表人;未设董事会或者执行董事的,法人章程规定的主要负责人为其执行机构和法定代表人。

第八十二条 【监督机构及其职权】营利法人设监事会或者监事等监督机构的,监督机构依法行使检查法人财务,监督执行机构成员、高级管理人员执行法人职务的行为,以及法人章程规定的其他职权。

第八十三条 【出资人滥用权利的责任承担】营利法人的出资人不得滥用出资人权利损害法人或者其他出资人的利益。滥用出资人权利给法人或者其他出资人造成损失的,应当依法承担民事责任。

营利法人的出资人不得滥用法人独立地位和出资人有限责任损害法人的债权人利益。滥用法人独立地位和出资人有限责任,逃避债务,严重损害法人的债权人利益的,应当对法人债务承担连带责任。

第八十四条 【限制不当利用关联关系】营利法人的控股出资人、实际控制人、董事、监事、高级管理人员不得利用其关联关系损害法人的利益。利用关联关系给法人造成损失的,应当承担赔偿责任。

第八十五条 【决议的撤销】营利法人的权力机构、执行机构作出决议的会议召集程序、表决方式违反法律、行政法规、法人章程,或者决议内容违反法人章程的,营利法人的出资人可以请求人民法院撤销该决议,但是营利法人依据该决议与善意相对人形成的民事法律关系不受影响。

第八十六条 【经营活动的要求】营利法人从事经营活动,应当遵守商业道德,维护交易安全,接受政府和社会的监督,承担社会责任。

第三节 非营利法人

第八十七条 【非营利法人的定义及组成】为公益目的或者其他非营利目的成立,不向出资人、设立人或者会员分配所取得利润的法人,为非营利法人。

非营利法人包括事业单位、社会团体、基金会、社会服务机构等。

第八十八条 【事业单位法人资格的取得】具备法人条件,为适应经济社会发展需要,提供公益服务设立的事业单位,经依法登记成立,取得事业单位法人资格;依法不需要办理法人登记的,从成立之日起,具有事业单位法人资格。

第八十九条 【事业单位法人组织机构、法定代表人的产生】事业单位法人设理事会的,除法律另有规定外,理事会为其决策机构。事业单位法人的法定代表人依照法律、行政法规或者法人章程的规定产生。

第九十条 【社会团体法人资格的取得】具备法人条件,基于会员共同意愿,为公益目的或者会员共同利益等非营利目的设立的社会团体,经依法登记成立,取得社会团体法人资格;依法不需要办理法人登记的,从成立之日起,具有社会团体法人资格。

第九十一条 【社会团体法人的章程、权力机构、法定代表人】设立社会团体法人应当依法制定法人章程。

社会团体法人应当设会员大会或者会员代表大会等权力机构。

社会团体法人应当设理事会等执行机构。理事长或者会长等负责人按照法人章程的规定担任法定代表人。

第九十二条 【捐助法人资格的取得】具备法人条件,为公益目的以捐助财产设立的基金会、社会服务机构等,经依法登记成立,取得捐助法人资格。

依法设立的宗教活动场所,具备法人条件的,可以申请法人登记,取得捐助法人资格。法律、行政法规对宗教活动场所有规定的,依照其规定。

第九十三条 【捐助法人的相关规定】设立捐助法人应当依法制定法人章程。

捐助法人应当设理事会、民主管理组织等决策机构,并设执行机构。理事长等负责人按照法人章程的规定担任法定代表人。

捐助法人应当设监事会等监督机构。

第九十四条 【捐助人的权利】捐助人有权向捐助法人查询捐助财产的使用、管理情况,并提出意见和建议,捐助法人应当及时、如实答复。

捐助法人的决策机构、执行机构或者法定代表人作出决定的程序违反法律、行政法规、法人章程,或者决定内容违反法人章程的,捐助人等利害关系人或者主管机关可以请求人民法院撤销该决定,但是捐助法人依据该决定与善意相对人形成的民事法律关系不受影响。

第九十五条 【非营利法人终止时剩余财产的分配】为公益目的成立的非营利法人终止时,不得向出资人、设立人或者会员分配剩余财产。剩余财产应当按照法人章程的规定或者权力机构的决议用于公益目的;无法按照法人章程的规定或者权力机构的决议处理的,由主管机关主持转给宗旨相同或者相近的法人,并向社会公告。

第四节 特别法人

第九十六条 【特别法人的类型】本节规定的机关法人、农村集体经济组织法人、城镇农村的合作经济组织法人、基层群众性自治组织法人,为特别法人。

第九十七条 【机关法人资格的取得】有独立经费的机关和承担行政职能的法定机构从成立之日起,具有机关法人资格,可以从事为履行职能所需要的民事活动。

第九十八条 【机关法人终止后的责任承担】机关法人被撤销的,法人终止,其民事权利和义务由继任的机关法人享有和承担;没有继任的机关法人的,由作出撤销决定的机关法人享有和承担。

第九十九条 【农村集体经济组织法人资格的取得】农村集体经济组织依法取得法人资格。

法律、行政法规对农村集体经济组织有规定的,依照其规定。

第一百条 【合作经济组织法人资格的取得】城镇农村的合作经济组织依法取得法人资格。

法律、行政法规对城镇农村的合作经济组织有规定的,依照其规定。

第一百零一条 【居民委员会、村民委员会的性质、职能】居民委员会、村民委员会具有基层群众性自治组织法人资格,可以从事为履行职能所需要的民事活动。

未设立村集体经济组织的,村民委员会可以依法代行村集体经济组织的职能。

第四章 非法人组织

第一百零二条 【非法人组织的定义及类型】非法人组织是不具有法人资格,但是能够依法以自己的名义从事民事活动的组织。

非法人组织包括个人独资企业、合伙企业、不具有法人资格的专业服务机构等。

第一百零三条 【非法人组织的登记】非法人组织应当依照法律的规定登记。

设立非法人组织,法律、行政法规规定须经有关机关批准的,依照其规定。

第一百零四条 【非法人组织的债务承担】非法人组织的财产不足以清偿债务的,其出资人或者设立人承担无限责任。法律另有规定的,依照其规定。

第一百零五条 【非法人组织的代表】非法人组织可以确定一人或者数人代表该组织从事民事活动。

第一百零六条 【非法人组织解散的情形】有下列情形之一的,非法人组织解散:

(一)章程规定的存续期间届满或者章程规定的其他解散事由出现;

(二)出资人或者设立人决定解散;

(三)法律规定的其他情形。

第一百零七条 【非法人组织的清算】非法人组织解散的,应当依法进行清算。

第一百零八条 【参照适用】非法人组织除适用本章规定外,参照适用本法第三章第一节的有关规定。

第五章 民事权利

第一百零九条 【人身自由、人格尊严受保护】自然人的人身自由、人格尊严受法律保护。

第一百一十条 【自然人、法人、非法人组织享有的权利】自然人享有生命权、身体权、健康权、姓名权、肖像权、名誉权、荣誉权、隐私权、婚姻自主权等权利。

法人、非法人组织享有名称权、名誉权、荣誉权等权利。

第一百一十一条 【个人信息受法律保护】自然人的个人信息受法律保护。任何组织和个人需要获取他人个人信息的,应当依法取得并确保信息安全,不得非法收集、使用、加工、传输他人个人信息,不得非法买卖、提供或者公开他人个人信息。

第一百一十二条 【因婚姻、家庭产生的人身权利受保护】自然人因婚姻、家庭关系等产生的人身权利受法律保护。

第一百一十三条 【财产权利平等保护】民事主体的财产权利受法律平等保护。

第一百一十四条 【物权的定义和构成】民事主体依法享有物权。

物权是权利人依法对特定的物享有直接支配和排他的权利,包括所有权、用益物权和担保物权。

第一百一十五条 【物权客体】物包括不动产和动产。法律规定权利作为物权客体的,依照其规定。

第一百一十六条 【物权法定】物权的种类和内容,由法律规定。

第一百一十七条 【征收、征用】为了公共利益的需要,依照法律规定的权限和程序征收、征用不动产或者动产的,应当给予公平、合理的补偿。

第一百一十八条 【债权的定义】民事主体依法享有债权。

债权是因合同、侵权行为、无因管理、不当得利以及法律的其他规定,权利人请求特定义务人为或者不为一定行为的权利。

第一百一十九条 【合同的约束力】依法成立的合同,对当事人具有法律约束力。

第一百二十条 【侵权责任的承担】民事权益受到侵害的,被侵权人有权请求侵权人承担侵权责任。

第一百二十一条 【无因管理】没有法定的或者约定的义务,为避免他人利益受损失而进行管理的人,有权请求受益人偿还由此支出的必要费用。

第一百二十二条 【不当得利】因他人没有法律根据,取得不当利益,受损失的人有权请求其返还不当利益。

第一百二十三条 【知识产权及其类型】民事主体依法享有知识产权。

知识产权是权利人依法就下列客体享有的专有的权利:

(一)作品;

(二)发明、实用新型、外观设计;

(三)商标;

(四)地理标志;

(五)商业秘密;

(六)集成电路布图设计;

(七)植物新品种;

(八)法律规定的其他客体。

第一百二十四条 【继承权】自然人依法享有继承权。

自然人合法的私有财产,可以依法继承。

第一百二十五条 【投资性权利】民事主体依法享有股权和其他投资性权利。

第一百二十六条 【其他权利】民事主体享有法律规定的其他民事权利和利益。

第一百二十七条 【虚拟财产的保护】法律对数据、网络虚拟财产的保护有规定的,依照其规定。

第一百二十八条 【特殊保护规定】法律对未成年人、老年人、残疾人、妇女、消费者等的民事权利保护有特别规定的,依照其规定。

第一百二十九条 【民事权利的取得】民事权利可以依据民事法律行为、事实行为、法律规定的事件或者法律规定的其他方式取得。

第一百三十条 【依法行使权力】民事主体按照自己的意愿依法行使民事权利,不受干涉。

第一百三十一条 【权利义务一致】民事主体行使权利时,应当履行法律规定的和当事人约定的义务。

第一百三十二条 【不得滥用权利】民事主体不得滥用民事权利损害国家利益、社会公共利益或者他人合法权益。

第六章 民事法律行为

第一节 一般规定

第一百三十三条 【民事法律行为的定义】民事法律行为是民事主体通过意思表示设立、变更、终止民事法律关系的行为。

第一百三十四条 【民事法律行为的成立】民事法律行为可以基于双方或者多方的意思表示一致成立,也可以基于单方的意思表示成立。

法人、非法人组织依照法律或者章程规定的议事方式和表决程序作出决议的,该决议行为成立。

第一百三十五条 【形式要件】民事法律行为可以采用书面形式、口头形式或者其他形式;法律、行政法规规定或者当事人约定采用特定形式的,应当采用特定形式。

第一百三十六条 【民事法律行为的效力】民事法律行为自成立时生效,但是法律另有规定或者当事人另有约定的除外。

行为人非依法律规定或者未经对方同意,不得擅自变更或者解除民事法律行为。

第二节 意思表示

第一百三十七条 【意思表示的生效时间】以对话方式作出的意思表示,相对人知道其内容时生效。

以非对话方式作出的意思表示,到达相对人时生效。以非对话方式作出的采用数据电文形式的意思表示,相对人指定特定系统接收数据电文的,该数据电文进入该特定系统时生效;未指定特定系统的,相对人知道或者应当知道该数据电文进入其系统时生效。当事人对采用数据电文形式的意思表示的生效时间另有约定的,按照其约定。

第一百三十八条 【无相对人时的生效时间】无相对人的意思表示,表示完成时生效。法律另有规定的,依照其规定。

第一百三十九条 【公告方式意思表示的生效时间】以公告方式作出的意思表示,公告发布时生效。

第一百四十条 【意思表示的作出方式】行为人可以明示或者默示作出意思表示。

沉默只有在有法律规定、当事人约定或者符合当事人之间的交易习惯时,才可以视为意思表示。

第一百四十一条 【意思表示的撤回】行为人可以撤回意思表示。撤回意思表示的通知应当在意思表示到达相对人前或者与意思表示同时到达相对人。

第一百四十二条 【意思表示的解释】有相对人的意思表示的解释,应当按照所使用的词句,结合相关条款、行为的性质和目的、习惯以及诚信原则,确定意思表示的含义。

无相对人的意思表示的解释,不能完全拘泥于所使用的词句,而应当结合相关条款、行为的性质和目的、习惯以及诚信原则,确定行为人的真实意思。

第三节 民事法律行为的效力

第一百四十三条 【民事法律行为有效的条件】具备下列条件的民事法律行为有效:

(一)行为人具有相应的民事行为能力;

(二)意思表示真实;

(三)不违反法律、行政法规的强制性规定,不违背公序良俗。

第一百四十四条 【无民事行为能力人行为的法律效力】无民事行为能力人实施的民事法律行为无效。

第一百四十五条 【限制民事行为能力人行为的法律效力】限制民事行为能力人实施的纯获利益的民事法律行为或者与其年龄、智力、精神健康状况相适应的民事法律行为有效;实施的其他民事法律行为经法定代理人同意或者追认后有效。

相对人可以催告法定代理人自收到通知之日起一个月内予以追认。法定代理人未作表示的,视为拒绝追认。民事法律行为被追认前,善意相对人有撤销的权利。撤销应当以通知的方式作出。

第一百四十六条 【虚假表示与隐藏行为】行为人与相对人以虚假的意思表示实施的民事法律行为无效。

以虚假的意思表示隐藏的民事法律行为的效力,依照有关法律规定处理。

第一百四十七条 【重大误解时行为人的撤销权】基于重大误解实施的民事法律行为,行为人有权请求人民法院或者仲裁机构予以撤销。

第一百四十八条 【受欺诈方的撤销权】一方以欺诈手段,使对方在违背真实意思的情况下实施的民事法律行为,受欺诈方有权请求人民法院或者仲裁机构予以撤销。

第一百四十九条 【第三人欺诈时的撤销权】第三人实施欺诈行为,使一方在违背真实意思的情况下实施的民事法律行为,对方知道或者应当知道该欺诈行为的,受欺诈方有权请求人民法院或者仲裁机构予以撤销。

第一百五十条 【受胁迫方的撤销权】一方或者第三人以胁迫手段,使对方在违背真实意思的情况下实施的民事法律行为,受胁迫方有权请求人民法院或者仲裁机构予以撤销。

第一百五十一条 【显失公平时受损害方的撤销权】一方利用对方处于危困状态、缺乏判断能力等情形,致使民事法律行为成立时显失公平的,受损害方有权请求人民法院或者仲裁机构予以撤销。

第一百五十二条 【撤销权消灭的情形】有下列情形之一的,撤销权消灭:

(一)当事人自知道或者应当知道撤销事由之日起一年内、重大误解的当事人自知道或者应当知道撤销事由之日起三个月内没有行使撤销权;

(二)当事人受胁迫,自胁迫行为终止之日起一年内没有行使撤销权;

(三)当事人知道撤销事由后明确表示或者以自己的行为表明放弃撤销权。

当事人自民事法律行为发生之日起五年内没有行使撤销权的,撤销权消灭。

第一百五十三条 【违反强制性规定的后果】违反法律、行政法规的强制性规定的民事法律行为无效,但是该强制性规定不导致该民事法律行为无效的除外。

违背公序良俗的民事法律行为无效。

第一百五十四条 【恶意串通的行为效力】行为人与相对人恶意串通,损害他人合法权益的民事法律行为无效。

第一百五十五条 【无效、被撤销的民事法律行为自始无效】无效的或者被撤销的民事法律行为自始没有法律约束力。

第一百五十六条 【民事行为部分无效】民事法律行为部分无效,不影响其他部分效力的,其他部分仍然有效。

第一百五十七条 【无效、被撤销的法律后果】民事法律行为无效、被撤销或者确定不发生效力后,行为人因该行为取得的财产,应当予以返还;不能返还或者没有必要返还的,应当折价补偿。有过错的一方应当赔偿对方由此所受到的损失;各方都有过错的,应当各自承担相应的责任。法律另有规定的,依照其规定。

第四节 民事法律行为的附条件和附期限

第一百五十八条 【附条件的民事法律行为】民事法律行为可以附条件,但是按照其性质不得附条件的除外。附生效条件的民事法律行为,自条件成就时生效。附解除条件的民事法律行为,自条件成就时失效。

第一百五十九条 【阻止或促成条件成就】附条件的民事法律行为,当事人为自己的利益不正当地阻止条件成就的,视为条件已成就;不正当地促成条件成就的,视为条件不成就。

第一百六十条 【附期限的民事法律行为】民事法律行为可以附期限,但是按照其性质不得附期限的除外。附生效期限的民事法律行为,自期限届至时生效。附终止期限的民事法律行为,自期限届满时失效。

第七章 代　　理

第一节 一般规定

第一百六十一条 【代理及不得代理】民事主体可以通过代理人实施民事法律行为。

依照法律规定、当事人约定或者民事法律行为的性质,应当由本人亲自实施的民事法律行为,不得代理。

第一百六十二条 【代理的法律效力】代理人在代理权限内,以被代理人名义实施的民事法律行为,对被代理人发生效力。

第一百六十三条 **【代理的种类】**代理包括委托代理和法定代理。

委托代理人按照被代理人的委托行使代理权。法定代理人依照法律的规定行使代理权。

第一百六十四条 **【代理人不当行为的法律后果】**代理人不履行或者不完全履行职责,造成被代理人损害的,应当承担民事责任。

代理人和相对人恶意串通,损害被代理人合法权益的,代理人和相对人应当承担连带责任。

第二节 委托代理

第一百六十五条 **【授权委托书的形式和应载事项】**委托代理授权采用书面形式的,授权委托书应当载明代理人的姓名或者名称、代理事项、权限和期间,并由被代理人签名或者盖章。

第一百六十六条 **【数人共同行使代理权】**数人为同一代理事项的代理人的,应当共同行使代理权,但是当事人另有约定的除外。

第一百六十七条 **【违法代理及其法律后果】**代理人知道或者应当知道代理事项违法仍然实施代理行为,或者被代理人知道或者应当知道代理人的代理行为违法未作反对表示的,被代理人和代理人应当承担连带责任。

第一百六十八条 **【代理人的行为限制】**代理人不得以被代理人的名义与自己实施民事法律行为,但是被代理人同意或者追认的除外。

代理人不得以被代理人的名义与自己同时代理的其他人实施民事法律行为,但是被代理的双方同意或者追认的除外。

第一百六十九条 **【转委托代理】**代理人需要转委托第三人代理的,应当取得被代理人的同意或者追认。

转委托代理经被代理人同意或者追认的,被代理人可以就代理事务直接指示转委托的第三人,代理人仅就第三人的选任以及对第三人的指示承担责任。

转委托代理未经被代理人同意或者追认的,代理人应当对转委托的第三人的行为承担责任,但是在紧急情况下代理人为了维护被代理人的利益需要转委托第三人代理的除外。

第一百七十条 **【职务代理的法律效力】**执行法人或者非法人组织工作任务的人员,就其职权范围内的事项,以法人或者非法人组织的名义实施民事法律行为,对法人或者非法人组织发生效力。

法人或者非法人组织对执行其工作任务的人员职权范围的限制,不得对抗善意相对人。

第一百七十一条 **【无权代理的法律后果】**行为人没有代理权、超越代理权或者代理权终止后,仍然实施代理行为,未经被代理人追认的,对被代埋人不发生效力。

相对人可以催告被代理人自收到通知之日起一个月内予以追认。被代理人未作表示的,视为拒绝追认。行为人实施的行为被追认前,善意相对人有撤销的权利。撤销应当以通知的方式作出。

行为人实施的行为未被追认的,善意相对人有权请求行为人履行债务或者就其受到的损害请求行为人赔偿,但是赔偿的范围不得超过被代理人追认时相对人所能获得的利益。

相对人知道或者应当知道行为人无权代理的,相对人和行为人按照各自的过错承担责任。

第一百七十二条 **【表见代理】**行为人没有代理权、超越代理权或者代理权终止后,仍然实施代理行为,相对人有理由相信行为人有代理权的,代理行为有效。

第三节 代理终止

第一百七十三条 **【委托代理终止的情形】**有下列情形之一的,委托代理终止:

(一)代理期间届满或者代理事务完成;

(二)被代理人取消委托或者代理人辞去委托;

(三)代理人丧失民事行为能力;

(四)代理人或者被代理人死亡;

(五)作为代理人或者被代理人的法人、非法人组织终止。

第一百七十四条 **【被代理人死亡后代理行为有效的情形】**被代理人死亡后,有下列情形之一的,委托代理人实施的代理行为有效:

(一)代理人不知道并且不应当知道被代理人死亡;

(二)被代理人的继承人予以承认;

(三)授权中明确代理权在代理事务完成时终止;

(四)被代理人死亡前已经实施,为了被代理人的继承人的利益继续代理。

作为被代理人的法人、非法人组织终止的,参照适用前款规定。

第一百七十五条 **【法定代理终止的情形】**有下列情形之一的,法定代理终止:

(一)被代理人取得或者恢复完全民事行为能力;

(二)代理人丧失民事行为能力;

(三)代理人或者被代理人死亡;

(四)法律规定的其他情形。

第八章 民事责任

第一百七十六条 **【民事义务与责任】**民事主体依照法律规定和当事人约定,履行民事义务,承担民事责任。

第一百七十七条 **【按份责任】**二人以上依法承担按份责任,能够确定责任大小的,各自承担相应的责任;难以确定责任大小的,平均承担责任。

第一百七十八条 **【连带责任】**二人以上依法承担连带责任的,权利人有权请求部分或者全部连带责任人承担责任。

连带责任人的责任份额根据各自责任大小确定;难以

确定责任大小的,平均承担责任。实际承担责任超过自己责任份额的连带责任人,有权向其他连带责任人追偿。

连带责任,由法律规定或者当事人约定。

第一百七十九条　【承担民事责任的方式】承担民事责任的方式主要有:

(一)停止侵害;

(二)排除妨碍;

(三)消除危险;

(四)返还财产;

(五)恢复原状;

(六)修理、重作、更换;

(七)继续履行;

(八)赔偿损失;

(九)支付违约金;

(十)消除影响、恢复名誉;

(十一)赔礼道歉。

法律规定惩罚性赔偿的,依照其规定。

本条规定的承担民事责任的方式,可以单独适用,也可以合并适用。

第一百八十条　【民事责任的免除】因不可抗力不能履行民事义务的,不承担民事责任。法律另有规定的,依照其规定。

不可抗力是指不能预见、不能避免且不能克服的客观情况。

第一百八十一条　【正当防卫】因正当防卫造成损害的,不承担民事责任。

正当防卫超过必要的限度,造成不应有的损害的,正当防卫人应当承担适当的民事责任。

第一百八十二条　【紧急避险】因紧急避险造成损害的,由引起险情发生的人承担民事责任。

危险由自然原因引起的,紧急避险人不承担民事责任,可以给予适当补偿。

紧急避险采取措施不当或者超过必要的限度,造成不应有的损害的,紧急避险人应当承担适当的民事责任。

第一百八十三条　【为保护他人私益受损时的责任承担与补偿办法】因保护他人民事权益使自己受到损害的,由侵权人承担民事责任,受益人可以给予适当补偿。没有侵权人、侵权人逃逸或者无力承担民事责任,受害人请求补偿的,受益人应当给予适当补偿。

第一百八十四条　【见义勇为】因自愿实施紧急救助行为造成受助人损害的,救助人不承担民事责任。

第一百八十五条　【侵害英烈权利的后果】侵害英雄烈士等的姓名、肖像、名誉、荣誉,损害社会公共利益的,应当承担民事责任。

第一百八十六条　【责任竞合】因当事人一方的违约行为,损害对方人身权益、财产权益的,受损害方有权选择请求其承担违约责任或者侵权责任。

第一百八十七条　【法律责任重合】民事主体因同一行为应当承担民事责任、行政责任和刑事责任的,承担行政责任或者刑事责任不影响承担民事责任;民事主体的财产不足以支付的,优先用于承担民事责任。

第九章　诉讼时效

第一百八十八条　【诉讼时效】向人民法院请求保护民事权利的诉讼时效期间为三年。法律另有规定的,依照其规定。

诉讼时效期间自权利人知道或者应当知道权利受到损害以及义务人之日起计算。法律另有规定的,依照其规定。但是自权利受到损害之日起超过二十年的,人民法院不予保护;有特殊情况的,人民法院可以根据权利人的申请决定延长。

第一百八十九条　【分期履行的诉讼时效】当事人约定同一债务分期履行的,诉讼时效期间自最后一期履行期限届满之日起计算。

第一百九十条　【对法定代理请求权的诉讼时效】无民事行为能力人或者限制民事行为能力人对其法定代理人的请求权的诉讼时效期间,自该法定代理终止之日起计算。

第一百九十一条　【受性侵未成年人赔偿请求权的诉讼时效】未成年人遭受性侵害的损害赔偿请求权的诉讼时效期间,自受害人年满十八周岁之日起计算。

第一百九十二条　【诉讼时效届满对义务人的影响】诉讼时效期间届满的,义务人可以提出不履行义务的抗辩。

诉讼时效期间届满后,义务人同意履行的,不得以诉讼时效期间届满为由抗辩;义务人已自愿履行的,不得请求返还。

第一百九十三条　【不得主动适用】人民法院不得主动适用诉讼时效的规定。

第一百九十四条　【诉讼时效中止的情形】在诉讼时效期间的最后六个月内,因下列障碍,不能行使请求权的,诉讼时效中止:

(一)不可抗力;

(二)无民事行为能力人或者限制民事行为能力人没有法定代理人,或者法定代理人死亡、丧失民事行为能力、丧失代理权;

(三)继承开始后未确定继承人或者遗产管理人;

(四)权利人被义务人或者其他人控制;

(五)其他导致权利人不能行使请求权的障碍。

自中止时效的原因消除之日起满六个月,诉讼时效期间届满。

第一百九十五条　【诉讼时效中断的情形】有下列情形之一的,诉讼时效中断,从中断、有关程序终结时起,诉讼时效期间重新计算:

(一)权利人向义务人提出履行请求;

(二)义务人同意履行义务;

（三）权利人提起诉讼或者申请仲裁；

（四）与提起诉讼或者申请仲裁具有同等效力的其他情形。

第一百九十六条 【不适用诉讼时效的情形】下列请求权不适用诉讼时效的规定：

（一）请求停止侵害、排除妨碍、消除危险；

（二）不动产物权和登记的动产物权的权利人请求返还财产；

（三）请求支付抚养费、赡养费或者扶养费；

（四）依法不适用诉讼时效的其他请求权。

第一百九十七条 【诉讼时效法定】诉讼时效的期间、计算方法以及中止、中断的事由由法律规定，当事人约定无效。

当事人对诉讼时效利益的预先放弃无效。

第一百九十八条 【仲裁时效】法律对仲裁时效有规定的，依照其规定；没有规定的，适用诉讼时效的规定。

第一百九十九条 【撤销权、解除权等的例外规定】法律规定或者当事人约定的撤销权、解除权等权利的存续期间，除法律另有规定外，自权利人知道或者应当知道权利产生之日起计算，不适用有关诉讼时效中止、中断和延长的规定。存续期间届满，撤销权、解除权等权利消灭。

第十章 期间计算

第二百条 【期间计算方法】民法所称的期间按照公历年、月、日、小时计算。

第二百零一条 【年、月、日、小时开始的计算方法】按照年、月、日计算期间的，开始的当日不计入，自下一日开始计算。

按照小时计算期间的，自法律规定或者当事人约定的时间开始计算。

第二百零二条 【年、月期间最后一日的计算方法】按照年、月计算期间的，到期月的对应日为期间的最后一日；没有对应日的，月末日为期间的最后一日。

第二百零三条 【期间最后一日截止时间的计算方法】期间的最后一日是法定休假日的，以法定休假日结束的次日为期间的最后一日。

期间的最后一日的截止时间为二十四时；有业务时间的，停止业务活动的时间为截止时间。

第二百零四条 【期间的计算依据】期间的计算方法依照本法的规定，但是法律另有规定或者当事人另有约定的除外。

第十一章 附 则

第二百零五条 【与期间计算有关的术语】民法所称的“以上”“以下”“以内”“届满”，包括本数；所称的“不满”“超过”“以外”，不包括本数。

第二百零六条 【生效时间】本法自2017年10月1日起施行。

中华人民共和国
涉外民事关系法律适用法

1. 2010年10月28日第十一届全国人民代表大会常务委员会第十七次会议通过

2. 2010年10月28日中华人民共和国主席令第36号公布

3. 自2011年4月1日起施行

目 录

第一章 一般规定

第一条 【立法宗旨】为了明确涉外民事关系的法律适用，合理解决涉外民事争议，维护当事人的合法权益，制定本法。

第二条 【调整范围】涉外民事关系适用的法律，依照本法确定。其他法律对涉外民事关系法律适用另有特别规定的，依照其规定。

本法和其他法律对涉外民事关系法律适用没有规定的，适用与该涉外民事关系有最密切联系的法律。

第三条 【选择适用】当事人依照法律规定可以明示选择涉外民事关系适用的法律。

第四条 【强制适用】中华人民共和国法律对涉外民事关系有强制性规定的，直接适用该强制性规定。

第五条 【公共秩序保留】外国法律的适用将损害中华人民共和国社会公共利益的，适用中华人民共和国法律。

第六条 【最密切联系地】涉外民事关系适用外国法律，该国不同区域实施不同法律的，适用与该涉外民事关系有最密切联系区域的法律。

第七条 【诉讼时效】诉讼时效，适用相关涉外民事关系应当适用的法律。

第八条 【涉外民事关系的定性】涉外民事关系的定性，适用法院地法律。

第九条 【外国法律的范围】涉外民事关系适用的外国法律，不包括该国的法律适用法。

第十条 【外国法律查明】涉外民事关系适用的外国法律，由人民法院、仲裁机构或者行政机关查明。当事人选择适用外国法律的，应当提供该国法律。

不能查明外国法律或者该国法律没有规定的，适用中华人民共和国法律。

第二章 民事主体

第十一条 【民事权利能力】自然人的民事权利能力,适用经常居所地法律。

第十二条 【民事行为能力】自然人的民事行为能力,适用经常居所地法律。

自然人从事民事活动,依照经常居所地法律为无民事行为能力,依照行为地法律为有民事行为能力的,适用行为地法律,但涉及婚姻家庭、继承的除外。

第十三条 【宣告失踪、宣告死亡】宣告失踪或者宣告死亡,适用自然人经常居所地法律。

第十四条 【法人】法人及其分支机构的民事权利能力、民事行为能力、组织机构、股东权利义务等事项,适用登记地法律。

法人的主营业地与登记地不一致的,可以适用主营业地法律。法人的经常居所地,为其主营业地。

第十五条 【人格权】人格权的内容,适用权利人经常居所地法律。

第十六条 【代理】代理适用代理行为地法律,但被代理人与代理人的民事关系,适用代理关系发生地法律。

当事人可以协议选择委托代理适用的法律。

第十七条 【信托】当事人可以协议选择信托适用的法律。当事人没有选择的,适用信托财产所在地法律或者信托关系发生地法律。

第十八条 【仲裁】当事人可以协议选择仲裁协议适用的法律。当事人没有选择的,适用仲裁机构所在地法律或者仲裁地法律。

第十九条 【国籍国法律】依照本法适用国籍国法律,自然人具有两个以上国籍的,适用有经常居所的国籍国法律;在所有国籍国均无经常居所的,适用与其有最密切联系的国籍国法律。自然人无国籍或者国籍不明的,适用其经常居所地法律。

第二十条 【经常居住地法律】依照本法适用经常居所地法律,自然人经常居所地不明的,适用其现在居所地法律。

第三章 婚姻家庭

第二十一条 【结婚条件】结婚条件,适用当事人共同经常居所地法律;没有共同经常居所地的,适用共同国籍国法律;没有共同国籍,在一方当事人经常居所地或者国籍国缔结婚姻的,适用婚姻缔结地法律。

第二十二条 【结婚手续】结婚手续,符合婚姻缔结地法律、一方当事人经常居所地法律或者国籍国法律的,均为有效。

第二十三条 【夫妻人身关系】夫妻人身关系,适用共同经常居所地法律;没有共同经常居所地的,适用共同国籍国法律。

第二十四条 【夫妻财产关系】夫妻财产关系,当事人可以协议选择适用一方当事人经常居所地法律、国籍国法律或者主要财产所在地法律。当事人没有选择的,适用共同经常居所地法律;没有共同经常居所地的,适用共同国籍国法律。

第二十五条 【父母子女关系】父母子女人身、财产关系,适用共同经常居所地法律;没有共同经常居所地的,适用一方当事人经常居所地法律或者国籍国法律中有利于保护弱者权益的法律。

第二十六条 【协议离婚】协议离婚,当事人可以协议选择适用一方当事人经常居所地法律或者国籍国法律。当事人没有选择的,适用共同经常居所地法律;没有共同经常居所地的,适用共同国籍国法律;没有共同国籍的,适用办理离婚手续机构所在地法律。

第二十七条 【诉讼离婚】诉讼离婚,适用法院地法律。

第二十八条 收养的条件和手续,适用收养人和被收养人经常居所地法律。收养的效力,适用收养时收养人经常居所地法律。收养关系的解除,适用收养时被收养人经常居所地法律或者法院地法律。

第二十九条 【扶养】扶养,适用一方当事人经常居所地法律、国籍国法律或者主要财产所在地法律中有利于保护被扶养人权益的法律。

第三十条 【监护】监护,适用一方当事人经常居所地法律或者国籍国法律中有利于保护被监护人权益的法律。

第四章 继　　承

第三十一条 【法定继承】法定继承,适用被继承人死亡时经常居所地法律,但不动产法定继承,适用不动产所在地法律。

第三十二条 【遗嘱方式】遗嘱方式,符合遗嘱人立遗嘱时或者死亡时经常居所地法律、国籍国法律或者遗嘱行为地法律的,遗嘱均为成立。

第三十三条 【遗嘱效力】遗嘱效力,适用遗嘱人立遗嘱时或者死亡时经常居所地法律或者国籍国法律。

第三十四条 【遗产管理】遗产管理等事项,适用遗产所在地法律。

第三十五条 【无人继承遗产的归属】无人继承遗产的归属,适用被继承人死亡时遗产所在地法律。

第五章 物　　权

第三十六条 【不动产物权】不动产物权,适用不动产所在地法律。

第三十七条 【动产物权】当事人可以协议选择动产物权适用的法律。当事人没有选择的,适用法律事实发生时动产所在地法律。

第三十八条 【运输中动产物权】当事人可以协议选择运输中动产物权发生变更适用的法律。当事人没有选择的,适用运输目的地法律。

第三十九条 【有价证券】有价证券,适用有价证券权利实现地法律或者其他与该有价证券有最密切联系的法律。

第四十条 【**权利质权**】权利质权,适用质权设立地法律。

第六章 债 权

第四十一条 【**合同**】当事人可以协议选择合同适用的法律。当事人没有选择的,适用履行义务最能体现该合同特征的一方当事人经常居所地法律或者其他与该合同有最密切联系的法律。

第四十二条 【**消费者合同**】消费者合同,适用消费者经常居所地法律;消费者选择适用商品、服务提供地法律或者经营者在消费者经常居所地没有从事相关经营活动的,适用商品、服务提供地法律。

第四十三条 【**劳动合同**】劳动合同,适用劳动者工作地法律;难以确定劳动者工作地的,适用用人单位主营业地法律。劳务派遣,可以适用劳务派出地法律。

第四十四条 【**侵权责任**】侵权责任,适用侵权行为地法律,但当事人有共同经常居所地的,适用共同经常居所地法律。侵权行为发生后,当事人协议选择适用法律的,按照其协议。

第四十五条 【**产品责任**】产品责任,适用被侵权人经常居所地法律;被侵权人选择适用侵权人主营业地法律、损害发生地法律的,或者侵权人在被侵权人经常居所地没有从事相关经营活动的,适用侵权人主营业地法律或者损害发生地法律。

第四十六条 【**网络侵权**】通过网络或者采用其他方式侵害姓名权、肖像权、名誉权、隐私权等人格权的,适用被侵权人经常居所地法律。

第四十七条 【**不当得利、无因管理**】不当得利、无因管理,适用当事人协议选择适用的法律。当事人没有选择的,适用当事人共同经常居所地法律;没有共同经常居所地的,适用不当得利、无因管理发生地法律。

第七章 知 识 产 权

第四十八条 【**知识产权的归属、内容**】知识产权的归属和内容,适用被请求保护地法律。

第四十九条 【**知识产权转让和许可使用**】当事人可以协议选择知识产权转让和许可使用适用的法律。当事人没有选择的,适用本法对合同的有关规定。

第五十条 【**知识产权的侵权责任**】知识产权的侵权责任,适用被请求保护地法律,当事人也可以在侵权行为发生后协议选择适用法院地法律。

第八章 附 则

第五十一条 【**优先适用本法**】《中华人民共和国民法通则》第一百四十六条、第一百四十七条,《中华人民共和国继承法》第三十六条,与本法的规定不一致的,适用本法。

第五十二条 【**施行时间**】本法自2011年4月1日起施行。

2. 物权

中华人民共和国物权法

1. 2007年3月16日第十届全国人民代表大会第五次会议通过
2. 2007年3月16日中华人民共和国主席令第62号公布
3. 自2007年10月1日起施行

目 录

第一编 总 则

第一章 基 本 原 则

第一条 【**立法目的及依据**】为了维护国家基本经济制度,维护社会主义市场经济秩序,明确物的归属,发挥物的效用,保护权利人的物权,根据宪法,制定本法。

第二条 **【调整范围】**因物的归属和利用而产生的民事关系,适用本法。

本法所称物,包括不动产和动产。法律规定权利作为物权客体的,依照其规定。

本法所称物权,是指权利人依法对特定的物享有直接支配和排他的权利,包括所有权、用益物权和担保物权。

第三条 **【基本经济制度与社会主义市场经济原则】**国家在社会主义初级阶段,坚持公有制为主体、多种所有制经济共同发展的基本经济制度。

国家巩固和发展公有制经济,鼓励、支持和引导非公有制经济的发展。

国家实行社会主义市场经济,保障一切市场主体的平等法律地位和发展权利。

第四条 **【平等保护国家、集体和私人的物权】**国家、集体、私人的物权和其他权利人的物权受法律保护,任何单位和个人不得侵犯。

第五条 **【物权法定原则】**物权的种类和内容,由法律规定。

第六条 **【物权公示原则】**不动产物权的设立、变更、转让和消灭,应当依照法律规定登记。动产物权的设立和转让,应当依照法律规定交付。

第七条 **【取得和行使物权遵守法律、尊重社会公德原则】**物权的取得和行使,应当遵守法律,尊重社会公德,不得损害公共利益和他人合法权益。

第八条 **【物权法与其他法律关系】**其他相关法律对物权另有特别规定的,依照其规定。

第二章　物权的设立、变更、转让和消灭

第一节　不动产登记

第九条 **【不动产物权登记生效以及所有权可不登记的规定】**不动产物权的设立、变更、转让和消灭,经依法登记,发生效力;未经登记,不发生效力,但法律另有规定的除外。

依法属于国家所有的自然资源,所有权可以不登记。

第十条 **【不动产登记机构和国家统一登记制度】**不动产登记,由不动产所在地的登记机构办理。

国家对不动产实行统一登记制度。统一登记的范围、登记机构和登记办法,由法律、行政法规规定。

第十一条 **【申请登记应提供的必要材料】**当事人申请登记,应当根据不同登记事项提供权属证明和不动产界址、面积等必要材料。

第十二条 **【登记机构应当履行的职责】**登记机构应当履行下列职责:

(一)查验申请人提供的权属证明和其他必要材料;

(二)就有关登记事项询问申请人;

(三)如实、及时登记有关事项;

(四)法律、行政法规规定的其他职责。

申请登记的不动产的有关情况需要进一步证明的,登记机构可以要求申请人补充材料,必要时可以实地查看。

第十三条 **【登记机构禁止从事的行为】**登记机构不得有下列行为:

(一)要求对不动产进行评估;

(二)以年检等名义进行重复登记;

(三)超出登记职责范围的其他行为。

第十四条 **【登记效力】**不动产物权的设立、变更、转让和消灭,依照法律规定应当登记的,自记载于不动产登记簿时发生效力。

第十五条 **【合同效力和物权效力区分】**当事人之间订立有关设立、变更、转让和消灭不动产物权的合同,除法律另有规定或者合同另有约定外,自合同成立时生效;未办理物权登记的,不影响合同效力。

第十六条 **【不动产登记簿效力及其管理机构】**不动产登记簿是物权归属和内容的根据。不动产登记簿由登记机构管理。

第十七条 **【不动产登记簿与不动产权属证书关系】**不动产权属证书是权利人享有该不动产物权的证明。不动产权属证书记载的事项,应当与不动产登记簿一致;记载不一致的,除有证据证明不动产登记簿确有错误外,以不动产登记簿为准。

第十八条 **【不动产登记资料查询、复制】**权利人、利害关系人可以申请查询、复制登记资料,登记机构应当提供。

第十九条 **【不动产更正登记和异议登记】**权利人、利害关系人认为不动产登记簿记载的事项错误的,可以申请更正登记。不动产登记簿记载的权利人书面同意更正或者有证据证明登记确有错误的,登记机构应当予以更正。

不动产登记簿记载的权利人不同意更正的,利害关系人可以申请异议登记。登记机构予以异议登记的,申请人在异议登记之日起十五日内不起诉,异议登记失效。异议登记不当,造成权利人损害的,权利人可以向申请人请求损害赔偿。

第二十条 **【预告登记】**当事人签订买卖房屋或者其他不动产物权的协议,为保障将来实现物权,按照约定可以向登记机构申请预告登记。预告登记后,未经预告登记的权利人同意,处分该不动产的,不发生物权效力。

预告登记后,债权消灭或者自能够进行不动产登记之日起三个月内未申请登记的,预告登记失效。

第二十一条 **【登记错误赔偿责任】**当事人提供虚假材料申请登记,给他人造成损害的,应当承担赔偿责任。

因登记错误,给他人造成损害的,登记机构应当承担赔偿责任。登记机构赔偿后,可以向造成登记错误的人追偿。

第二十二条 **【登记收费问题】**不动产登记费按件收取,不得按照不动产的面积、体积或者价款的比例收取。具体收费

标准由国务院有关部门会同价格主管部门规定。

第二节 动产交付

第二十三条 【动产物权的设立和转让生效时间】动产物权的设立和转让，自交付时发生效力，但法律另有规定的除外。

第二十四条 【船舶等物权登记】船舶、航空器和机动车等物权的设立、变更、转让和消灭，未经登记，不得对抗善意第三人。

第二十五条 【动产物权受让人先行占有】动产物权设立和转让前，权利人已经依法占有该动产的，物权自法律行为生效时发生效力。

第二十六条 【动产物权指示交付】动产物权设立和转让前，第三人依法占有该动产的，负有交付义务的人可以通过转让请求第三人返还原物的权利代替交付。

第二十七条 【动产物权占有改定】动产物权转让时，双方又约定由出让人继续占有该动产的，物权自该约定生效时发生效力。

第三节 其他规定

第二十八条 【特殊原因导致物权设立、变更、转让或者消灭的规定】因人民法院、仲裁委员会的法律文书或者人民政府的征收决定等，导致物权设立、变更、转让或者消灭的，自法律文书或者人民政府的征收决定等生效时发生效力。

第二十九条 【因继承或者受遗赠等而取得物权】因继承或者受遗赠取得物权的，自继承或者受遗赠开始时发生效力。

第三十条 【因事实行为而设立或者消灭物权】因合法建造、拆除房屋等事实行为设立或者消灭物权的，自事实行为成就时发生效力。

第三十一条 【非依法律行为享有的不动产物权变动】依照本法第二十八条至第三十条规定享有不动产物权的，处分该物权时，依照法律规定需要办理登记的，未经登记，不发生物权效力。

第三章 物权的保护

第三十二条 【物权保护争讼程序】物权受到侵害的，权利人可以通过和解、调解、仲裁、诉讼等途径解决。

第三十三条 【物权确认请求权】因物权的归属、内容发生争议的，利害关系人可以请求确认权利。

第三十四条 【返还原物权请求权】无权占有不动产或者动产的，权利人可以请求返还原物。

第三十五条 【排除妨害、消除危险请求权】妨害物权或者可能妨害物权的，权利人可以请求排除妨害或者消除危险。

第三十六条 【修理、重作、更换或者恢复原状请求权】造成不动产或者动产毁损的，权利人可以请求修理、重作、更换或者恢复原状。

第三十七条 【损害赔偿和其他民事责任请求权】侵害物权，造成权利人损害的，权利人可以请求损害赔偿，也可以请求承担其他民事责任。

第三十八条 【物权保护方式的单用和并用以及三大法律责任的适用】本章规定的物权保护方式，可以单独适用，也可以根据权利被侵害的情形合并适用。

侵害物权，除承担民事责任外，违反行政管理规定的，依法承担行政责任；构成犯罪的，依法追究刑事责任。

第二编 所有权

第四章 一般规定

第三十九条 【所有权基本内容】所有权人对自己的不动产或者动产，依法享有占有、使用、收益和处分的权利。

第四十条 【所有权人设定他物权】所有权人有权在自己的不动产或者动产上设立用益物权和担保物权。用益物权人、担保物权人行使权利，不得损害所有权人的权益。

第四十一条 【国家专有】法律规定专属于国家所有的不动产和动产，任何单位和个人不能取得所有权。

第四十二条 【征收】为了公共利益的需要，依照法律规定的权限和程序可以征收集体所有的土地和单位、个人的房屋及其他不动产。

征收集体所有的土地，应当依法足额支付土地补偿费、安置补助费、地上附着物和青苗的补偿费等费用，安排被征地农民的社会保障费用，保障被征地农民的生活，维护被征地农民的合法权益。

征收单位、个人的房屋及其他不动产，应当依法给予拆迁补偿，维护被征收人的合法权益；征收个人住宅的，还应当保障被征收人的居住条件。

任何单位和个人不得贪污、挪用、私分、截留、拖欠征收补偿费等费用。

第四十三条 【保护耕地、禁止违法征地】国家对耕地实行特殊保护，严格限制农用地转为建设用地，控制建设用地总量。不得违反法律规定的权限和程序征收集体所有的土地。

第四十四条 【征用】因抢险、救灾等紧急需要，依照法律规定的权限和程序可以征用单位、个人的不动产或者动产。被征用的不动产或者动产使用后，应当返还被征用人。单位、个人的不动产或者动产被征用或者征用后毁损、灭失的，应当给予补偿。

第五章 国家所有权和集体所有权、私人所有权

第四十五条 【国有财产范围、国家所有的性质和国家所有权行使】法律规定属于国家所有的财产，属于国家所有即全民所有。

国有财产由国务院代表国家行使所有权；法律另有规定的，依照其规定。

第四十六条 【矿藏、水流、海域的国家所有权】矿藏、水流、海域属于国家所有。

第四十七条 【国家所有土地范围】城市的土地,属于国家所有。法律规定属于国家所有的农村和城市郊区的土地,属于国家所有。

第四十八条 【属于国家所有的自然资源】森林、山岭、草原、荒地、滩涂等自然资源,属于国家所有,但法律规定属于集体所有的除外。

第四十九条 【野生动植物资源的国家所有权】法律规定属于国家所有的野生动植物资源,属于国家所有。

第五十条 【无线电频谱资源的国家所有权】无线电频谱资源属于国家所有。

第五十一条 【属于国家所有的文物】法律规定属于国家所有的文物,属于国家所有。

第五十二条 【属于国家所有的资产和基础设施】国防资产属于国家所有。

铁路、公路、电力设施、电信设施和油气管道等基础设施,依照法律规定为国家所有的,属于国家所有。

第五十三条 【国家机关的物权】国家机关对其直接支配的不动产和动产,享有占有、使用以及依照法律和国务院的有关规定处分的权利。

第五十四条 【国家举办的事业单位的物权】国家举办的事业单位对其直接支配的不动产和动产,享有占有、使用以及依照法律和国务院的有关规定收益、处分的权利。

第五十五条 【国家出资的企业出资人制度】国家出资的企业,由国务院、地方人民政府依照法律、行政法规规定分别代表国家履行出资人职责,享有出资人权益。

第五十六条 【国有财产保护】国家所有的财产受法律保护,禁止任何单位和个人侵占、哄抢、私分、截留、破坏。

第五十七条 【国有财产管理法律责任】履行国有财产管理、监督职责的机构及其工作人员,应当依法加强对国有财产的管理、监督,促进国有财产保值增值,防止国有财产损失;滥用职权,玩忽职守,造成国有财产损失的,应当依法承担法律责任。

违反国有财产管理规定,在企业改制、合并分立、关联交易等过程中,低价转让、合谋私分、擅自担保或者以其他方式造成国有财产损失的,应当依法承担法律责任。

第五十八条 【集体财产范围】集体所有的不动产和动产包括:

(一)法律规定属于集体所有的土地和森林、山岭、草原、荒地、滩涂;

(二)集体所有的建筑物、生产设施、农田水利设施;

(三)集体所有的教育、科学、文化、卫生、体育等设施;

(四)集体所有的其他不动产和动产。

第五十九条 【农民集体所有财产归属以及重大事项集体决定】农民集体所有的不动产和动产,属于本集体成员集体所有。

下列事项应当依照法定程序经本集体成员决定:

(一)土地承包方案以及将土地发包给本集体以外的单位或者个人承包;

(二)个别土地承包经营权人之间承包地的调整;

(三)土地补偿费等费用的使用、分配办法;

(四)集体出资的企业的所有权变动等事项;

(五)法律规定的其他事项。

第六十条 【农民集体所有权的行使】对于集体所有的土地和森林、山岭、草原、荒地、滩涂等,依照下列规定行使所有权:

(一)属于村农民集体所有的,由村集体经济组织或者村民委员会代表集体行使所有权;

(二)分别属于村内两个以上农民集体所有的,由村内各该集体经济组织或者村民小组代表集体行使所有权;

(三)属于乡镇农民集体所有的,由乡镇集体经济组织代表集体行使所有权。

第六十一条 【城镇集体财产权利】城镇集体所有的不动产和动产,依照法律、行政法规的规定由本集体享有占有、使用、收益和处分的权利。

第六十二条 【公布集体财产状况】集体经济组织或者村民委员会、村民小组应当依照法律、行政法规以及章程、村规民约向本集体成员公布集体财产的状况。

第六十三条 【集体财产权保护】集体所有的财产受法律保护,禁止任何单位和个人侵占、哄抢、私分、破坏。

集体经济组织、村民委员会或者其负责人作出的决定侵害集体成员合法权益的,受侵害的集体成员可以请求人民法院予以撤销。

第六十四条 【私有财产范围】私人对其合法的收入、房屋、生活用品、生产工具、原材料等不动产和动产享有所有权。

第六十五条 【保护私人合法权益】私人合法的储蓄、投资及其收益受法律保护。

国家依照法律规定保护私人的继承权及其他合法权益。

第六十六条 【私有财产保护】私人的合法财产受法律保护,禁止任何单位和个人侵占、哄抢、破坏。

第六十七条 【企业出资人权利】国家、集体和私人依法可以出资设立有限责任公司、股份有限公司或者其他企业。国家、集体和私人所有的不动产或者动产,投到企业的,由出资人按照约定或者出资比例享有资产收益、重大决策以及选择经营管理者等权利并履行义务。

第六十八条 【法人财产权】企业法人对其不动产和动产依照法律、行政法规以及章程享有占有、使用、收益和处分的权利。

企业法人以外的法人,对其不动产和动产的权利,适用有关法律、行政法规以及章程的规定。

第六十九条 【保护社会团体财产】社会团体依法所有的不动产和动产,受法律保护。

第六章 业主的建筑物区分所有权

第七十条 【建筑物区分所有权】业主对建筑物内的住宅、经营性用房等专有部分享有所有权,对专有部分以外的共有部分享有共有和共同管理的权利。

第七十一条 **【业主对专有部分行使所有权】**业主对其建筑物专有部分享有占有、使用、收益和处分的权利。业主行使权利不得危及建筑物的安全,不得损害其他业主的合法权益。

第七十二条 **【业主对共有部分的权利义务】**业主对建筑物专有部分以外的共有部分,享有权利,承担义务;不得以放弃权利不履行义务。

业主转让建筑物内的住宅、经营性用房,其对共有部分享有的共有和共同管理的权利一并转让。

第七十三条 **【建筑区划内的场所归属】**建筑区划内的道路,属于业主共有,但属于城镇公共道路的除外。建筑区划内的绿地,属于业主共有,但属于城镇公共绿地或者明示属于个人的除外。建筑区划内的其他公共场所、公用设施和物业服务用房,属于业主共有。

第七十四条 **【车位、车库的规定】**建筑区划内,规划用于停放汽车的车位、车库应当首先满足业主的需要。

建筑区划内,规划用于停放汽车的车位、车库的归属,由当事人通过出售、附赠或者出租等方式约定。

占用业主共有的道路或者其他场地用于停放汽车的车位,属于业主共有。

第七十五条 **【业主大会、业主委员会设立】**业主可以设立业主大会,选举业主委员会。

地方人民政府有关部门应当对设立业主大会和选举业主委员会给予指导和协助。

第七十六条 **【业主决定建筑区划内重大事项及表决权】**下列事项由业主共同决定:

(一)制定和修改业主大会议事规则;

(二)制定和修改建筑物及其附属设施的管理规约;

(三)选举业主委员会或者更换业主委员会成员;

(四)选聘和解聘物业服务企业或者其他管理人;

(五)筹集和使用建筑物及其附属设施的维修资金;

(六)改建、重建建筑物及其附属设施;

(七)有关共有和共同管理权利的其他重大事项。

决定前款第五项和第六项规定的事项,应当经专有部分占建筑物总面积三分之二以上的业主且占总人数三分之二以上的业主同意。决定前款其他事项,应当经专有部分占建筑物总面积过半数的业主且占总人数过半数的业主同意。

第七十七条 **【将住宅改变为经营性用房的规定】**业主不得违反法律、法规以及管理规约,将住宅改变为经营性用房。业主将住宅改变为经营性用房的,除遵守法律、法规以及管理规约外,应当经有利害关系的业主同意。

第七十八条 **【业主大会、业主委员会决定效力】**业主大会或者业主委员会的决定,对业主具有约束力。

业主大会或者业主委员会作出的决定侵害业主合法权益的,受侵害的业主可以请求人民法院予以撤销。

第七十九条 **【建筑物及其附属设施的维修基金的归属、用途以及筹集与使用】**建筑物及其附属设施的维修资金,属于业主共有。经业主共同决定,可以用于电梯、水箱等共有部分的维修。维修资金的筹集、使用情况应当公布。

第八十条 **【建筑物及其附属设施的费用分摊、收益分配】**建筑物及其附属设施的费用分摊、收益分配等事项,有约定的,按照约定;没有约定或者约定不明确的,按照业主专有部分占建筑物总面积的比例确定。

第八十一条 **【建筑物及其附属设施的管理】**业主可以自行管理建筑物及其附属设施,也可以委托物业服务企业或者其他管理人管理。

对建设单位聘请的物业服务企业或者其他管理人,业主有权依法更换。

第八十二条 **【物业服务企业或者其他管理人与业主关系】**物业服务企业或者其他管理人根据业主的委托管理建筑区划内的建筑物及其附属设施,并接受业主的监督。

第八十三条 **【业主义务】**业主应当遵守法律、法规以及管理规约。

业主大会和业主委员会,对任意弃置垃圾、排放污染物或者噪声、违反规定饲养动物、违章搭建、侵占通道、拒付物业费等损害他人合法权益的行为,有权依照法律、法规以及管理规约,要求行为人停止侵害、消除危险、排除妨害、赔偿损失。业主对侵害自己合法权益的行为,可以依法向人民法院提起诉讼。

第七章 相邻关系

第八十四条 **【处理相邻关系的原则】**不动产的相邻权利人应当按照有利生产、方便生活、团结互助、公平合理的原则,正确处理相邻关系。

第八十五条 **【处理相邻关系的依据】**法律、法规对处理相邻关系有规定的,依照其规定;法律、法规没有规定的,可以按照当地习惯。

第八十六条 **【用水、排水相邻关系】**不动产权利人应当为相邻权利人用水、排水提供必要的便利。

对自然流水的利用,应当在不动产的相邻权利人之间合理分配。对自然流水的排放,应当尊重自然流向。

第八十七条 **【相邻关系中通行权】**不动产权利人对相邻权利人因通行等必须利用其土地的,应当提供必要的便利。

第八十八条 **【利用相邻土地】**不动产权利人因建造、修缮建筑物以及铺设电线、电缆、水管、暖气和燃气管线等必须利用相邻土地、建筑物的,该土地、建筑物的权利人应当提供必要的便利。

第八十九条 **【通风、采光和日照的规定】**建造建筑物,不得违反国家有关工程建设标准,妨碍相邻建筑物的通风、采光和日照。

第九十条　【相邻不动产之间禁止排放、施放污染物】不动产权利人不得违反国家规定弃置固体废物,排放大气污染物、水污染物、噪声、光、电磁波辐射等有害物质。

第九十一条　【维护相邻不动产安全】不动产权利人挖掘土地、建造建筑物、铺设管线以及安装设备等,不得危及相邻不动产的安全。

第九十二条　【使用相邻不动产时避免造成损害】不动产权利人因用水、排水、通行、铺设管线等利用相邻不动产的,应当尽量避免对相邻的不动产权利人造成损害;造成损害的,应当给予赔偿。

第八章　共　　有

第九十三条　【共有概念和共有形式】不动产或者动产可以由两个以上单位、个人共有。共有包括按份共有和共同共有。

第九十四条　【按份共有】按份共有人对共有的不动产或者动产按照其份额享有所有权。

第九十五条　【共同共有】共同共有人对共有的不动产或者动产共同享有所有权。

第九十六条　【共有物管理】共有人按照约定管理共有的不动产或者动产;没有约定或者约定不明确的,各共有人都有管理的权利和义务。

第九十七条　【共有物处分或者重大修缮】处分共有的不动产或者动产以及对共有的不动产或者动产作重大修缮的,应当经占份额三分之二以上的按份共有人或者全体共同共有人同意,但共有人之间另有约定的除外。

第九十八条　【共有物管理费用负担】对共有物的管理费用以及其他负担,有约定的,按照约定;没有约定或者约定不明确的,按份共有人按照其份额负担,共同共有人共同负担。

第九十九条　【共有财产分割原则】共有人约定不得分割共有的不动产或者动产,以维持共有关系的,应当按照约定,但共有人有重大理由需要分割的,可以请求分割;没有约定或者约定不明确的,按份共有人可以随时请求分割,共同共有人在共有的基础丧失或者有重大理由需要分割时可以请求分割。因分割对其他共有人造成损害的,应当给予赔偿。

第一百条　【共有物分割方式】共有人可以协商确定分割方式。达不成协议,共有的不动产或者动产可以分割并且不会因分割减损价值的,应当对实物予以分割;难以分割或者因分割会减损价值的,应当对折价或者拍卖、变卖取得的价款予以分割。

共有人分割所得的不动产或者动产有瑕疵的,其他共有人应当分担损失。

第一百零一条　【共有人的优先购买权】按份共有人可以转让其享有的共有的不动产或者动产份额。其他共有人在同等条件下享有优先购买的权利。

第一百零二条　【因共有财产产生的债权债务关系的效力】因共有的不动产或者动产产生的债权债务,在对外关系上,共有人享有连带债权、承担连带债务,但法律另有规定或者第三人知道共有人不具有连带债权债务关系的除外;在共有人内部关系上,除共有人另有约定外,按份共有人按照份额享有债权、承担债务,共同共有人共同享有债权、承担债务。偿还债务超过自己应当承担份额的按份共有人,有权向其他共有人追偿。

第一百零三条　【共有关系不明对共有关系性质推定】共有人对共有的不动产或者动产没有约定为按份共有或者共同共有,或者约定不明确的,除共有人具有家庭关系等外,视为按份共有。

第一百零四条　【按份共有人份额不明的确定原则】按份共有人对共有的不动产或者动产享有的份额,没有约定或者约定不明确的,按照出资额确定;不能确定出资额的,视为等额享有。

第一百零五条　【用益物权和担保物权的准共有】两个以上单位、个人共同享有用益物权、担保物权的,参照本章规定。

第九章　所有权取得的特别规定

第一百零六条　【善意取得】无处分权人将不动产或者动产转让给受让人的,所有权人有权追回;除法律另有规定外,符合下列情形的,受让人取得该不动产或者动产的所有权:

(一)受让人受让该不动产或者动产时是善意的;

(二)以合理的价格转让;

(三)转让的不动产或者动产依照法律规定应当登记的已经登记,不需要登记的已经交付给受让人。

受让人依照前款规定取得不动产或者动产的所有权的,原所有权人有权向无处分权人请求赔偿损失。

当事人善意取得其他物权的,参照前两款规定。

第一百零七条　【遗失物的善意取得】所有权人或者其他权利人有权追回遗失物。该遗失物通过转让被他人占有的,权利人有权向无处分权人请求损害赔偿,或者自知道或者应当知道受让人之日起二年内向受让人请求返还原物,但受让人通过拍卖或者向具有经营资格的经营者购得该遗失物的,权利人请求返还原物时应当支付受让人所付的费用。权利人向受让人支付所付费用后,有权向无处分权人追偿。

第一百零八条　【善意受让人取得动产后的原有权利消灭】善意受让人取得动产后,该动产上的原有权利消灭,但善意受让人在受让时知道或者应当知道该权利的除外。

第一百零九条　【拾得遗失物返还】拾得遗失物,应当返还权利人。拾得人应当及时通知权利人领取,或者送交公安等有关部门。

第一百一十条　【收到遗失物的处理】有关部门收到遗失物,

知道权利人的，应当及时通知其领取；不知道的，应当及时发布招领公告。

第一百一十一条 【遗失物保管】拾得人在遗失物送交有关部门前，有关部门在遗失物被领取前，应当妥善保管遗失物。因故意或者重大过失致使遗失物毁损、灭失的，应当承担民事责任。

第一百一十二条 【拾金不昧】权利人领取遗失物时，应当向拾得人或者有关部门支付保管遗失物等支出的必要费用。

权利人悬赏寻找遗失物的，领取遗失物时应当按照承诺履行义务。

拾得人侵占遗失物的，无权请求保管遗失物等支出的费用，也无权请求权利人按照承诺履行义务。

第一百一十三条 【无人认领的遗失物归国家所有】遗失物自发布招领公告之日起六个月内无人认领的，归国家所有。

第一百一十四条 【拾得漂流物、发现埋藏物或者隐藏物的规定】拾得漂流物、发现埋藏物或者隐藏物的，参照拾得遗失物的有关规定。文物保护法等法律另有规定的，依照其规定。

第一百一十五条 【从物随主物转让】主物转让的，从物随主物转让，但当事人另有约定的除外。

第一百一十六条 【天然孳息及法定孳息归属】天然孳息，由所有权人取得；既有所有权人又有用益物权人的，由用益物权人取得。当事人另有约定的，按照约定。

法定孳息，当事人有约定的，按照约定取得；没有约定或者约定不明确的，按照交易习惯取得。

第三编 用益物权

第十章 一般规定

第一百一十七条 【用益物权人享有的基本权利】用益物权人对他人所有的不动产或者动产，依法享有占有、使用和收益的权利。

第一百一十八条 【国有和集体所有的自然资源，单位和个人可以取得用益物权】国家所有或者国家所有由集体使用以及法律规定属于集体所有的自然资源，单位、个人依法可以占有、使用和收益。

第一百一十九条 【自然资源有偿使用制度】国家实行自然资源有偿使用制度，但法律另有规定的除外。

第一百二十条 【用益物权人的权利行使】用益物权人行使权利，应当遵守法律有关保护和合理开发利用资源的规定。所有权人不得干涉用益物权人行使权利。

第一百二十一条 【用益物权人因征收、征用有权获得补偿】因不动产或者动产被征收、征用致使用益物权消灭或者影响用益物权行使的，用益物权人有权依照本法第四十二条、第四十四条的规定获得相应补偿。

第一百二十二条 【海域使用权】依法取得的海域使用权受法律保护。

第一百二十三条 【合法探矿权等受法律保护】依法取得的探矿权、采矿权、取水权和使用水域、滩涂从事养殖、捕捞的权利受法律保护。

第十一章 土地承包经营权

第一百二十四条 【农村集体经济组织实行双层经营体制】农村集体经济组织实行家庭承包经营为基础、统分结合的双层经营体制。

农民集体所有和国家所有由农民集体使用的耕地、林地、草地以及其他用于农业的土地，依法实行土地承包经营制度。

第一百二十五条 【土地承包经营权人享有的基本权利】土地承包经营权人依法对其承包经营的耕地、林地、草地等享有占有、使用和收益的权利，有权从事种植业、林业、畜牧业等农业生产。

第一百二十六条 【土地承包期】耕地的承包期为三十年。草地的承包期为三十年至五十年。林地的承包期为三十年至七十年；特殊林木的林地承包期，经国务院林业行政主管部门批准可以延长。

前款规定的承包期届满，由土地承包经营权人按照国家有关规定继续承包。

第一百二十七条 【土地承包经营权设立和登记】土地承包经营权自土地承包经营权合同生效时设立。

县级以上地方人民政府应当向土地承包经营权人发放土地承包经营权证、林权证、草原使用权证，并登记造册，确认土地承包经营权。

第一百二十八条 【家庭承包的土地承包经营权流转】土地承包经营权人依照农村土地承包法的规定，有权将土地承包经营权采取转包、互换、转让等方式流转。流转的期限不得超过承包期的剩余期限。未经依法批准，不得将承包地用于非农建设。

第一百二十九条 【互换、转让土地承包经营权进行登记】土地承包经营权人将土地承包经营权互换、转让，当事人要求登记的，应当向县级以上地方人民政府申请土地承包经营权变更登记；未经登记，不得对抗善意第三人。

第一百三十条 【承包地调整】承包期内发包人不得调整承包地。

因自然灾害严重毁损承包地等特殊情形，需要适当调整承包的耕地和草地的，应当依照农村土地承包法等法律规定办理。

第一百三十一条 【承包地收回】承包期内发包人不得收回承包地。农村土地承包法等法律另有规定的，依照其规定。

第一百三十二条 【承包地被征收的补偿】承包地被征收的，土地承包经营权人有权依照本法第四十二条第二款的规定获得相应补偿。

第一百三十三条 【以招标等方式承包的土地承包经营权流

转】通过招标、拍卖、公开协商等方式承包荒地等农村土地,依照农村土地承包法等法律和国务院的有关规定,其土地承包经营权可以转让、入股、抵押或者以其他方式流转。

第一百三十四条 【国有农用地实行承包经营的法律适用】国家所有的农用地实行承包经营的,参照本法的有关规定。

第十二章 建设用地使用权

第一百三十五条 【建设用地使用权概念】建设用地使用权人依法对国家所有的土地享有占有、使用和收益的权利,有权利用该土地建造建筑物、构筑物及其附属设施。

第一百三十六条 【建设用地使用权分层设立】建设用地使用权可以在土地的地表、地上或者地下分别设立。新设立的建设用地使用权,不得损害已设立的用益物权。

第一百三十七条 【建设用地使用权出让方式】设立建设用地使用权,可以采取出让或者划拨等方式。

工业、商业、旅游、娱乐和商品住宅等经营性用地以及同一土地有两个以上意向用地者的,应当采取招标、拍卖等公开竞价的方式出让。

严格限制以划拨方式设立建设用地使用权。采取划拨方式的,应当遵守法律、行政法规关于土地用途的规定。

第一百三十八条 【建设用地使用权出让合同内容】采取招标、拍卖、协议等出让方式设立建设用地使用权的,当事人应当采取书面形式订立建设用地使用权出让合同。

建设用地使用权出让合同一般包括下列条款:

(一)当事人的名称和住所;

(二)土地界址、面积等;

(三)建筑物、构筑物及其附属设施占用的空间;

(四)土地用途;

(五)使用期限;

(六)出让金等费用及其支付方式;

(七)解决争议的方法。

第一百三十九条 【建设用地使用权登记】设立建设用地使用权的,应当向登记机构申请建设用地使用权登记。建设用地使用权自登记时设立。登记机构应当向建设用地使用权人发放建设用地使用权证书。

第一百四十条 【土地用途】建设用地使用权人应当合理利用土地,不得改变土地用途;需要改变土地用途的,应当依法经有关行政主管部门批准。

第一百四十一条 【建设用地使用权人支付出让金等费用的义务】建设用地使用权人应当依照法律规定以及合同约定支付出让金等费用。

第一百四十二条 【建设用地使用权人建造的建筑物等设施的权属】建设用地使用权人建造的建筑物、构筑物及其附属设施的所有权属于建设用地使用权人,但有相反证据证明的除外。

第一百四十三条 【建设用地使用权流转方式】建设用地使用权人有权将建设用地使用权转让、互换、出资、赠与或者抵押,但法律另有规定的除外。

第一百四十四条 【处分建设用地使用权的合同形式和期限】建设用地使用权转让、互换、出资、赠与或者抵押的,当事人应当采取书面形式订立相应的合同。使用期限由当事人约定,但不得超过建设用地使用权的剩余期限。

第一百四十五条 【建设用地使用权流转应当申请变更登记】建设用地使用权转让、互换、出资或者赠与的,应当向登记机构申请变更登记。

第一百四十六条 【建筑物等设施随建设用地使用权的流转而一并处分】建设用地使用权转让、互换、出资或者赠与的,附着于该土地上的建筑物、构筑物及其附属设施一并处分。

第一百四十七条 【建设用地使用权随建筑物等设施的流转而一并处分】建筑物、构筑物及其附属设施转让、互换、出资或者赠与的,该建筑物、构筑物及其附属设施占用范围内的建设用地使用权一并处分。

第一百四十八条 【建设用地使用权提前收回及其补偿】建设用地使用权期间届满前,因公共利益需要提前收回该土地的,应当依照本法第四十二条的规定对该土地上的房屋及其他不动产给予补偿,并退还相应的出让金。

第一百四十九条 【建设用地使用权续期及土地上的房屋及其他不动产归属】住宅建设用地使用权期间届满的,自动续期。

非住宅建设用地使用权期间届满后的续期,依照法律规定办理。该土地上的房屋及其他不动产的归属,有约定的,按照约定;没有约定或者约定不明确的,依照法律、行政法规的规定办理。

第一百五十条 【建设用地使用权注销登记】建设用地使用权消灭的,出让人应当及时办理注销登记。登记机构应当收回建设用地使用权证书。

第一百五十一条 【集体所有的土地作为建设用地的规定】集体所有的土地作为建设用地的,应当依照土地管理法等法律规定办理。

第十三章 宅基地使用权

第一百五十二条 【宅基地使用权的权利内容】宅基地使用权人依法对集体所有的土地享有占有和使用的权利,有权依法利用该土地建造住宅及其附属设施。

第一百五十三条 【宅基地使用权的取得、行使和转让适用法律的衔接性】宅基地使用权的取得、行使和转让,适用土地管理法等法律和国家有关规定。

第一百五十四条 【宅基地灭失后重新分配】宅基地因自然灾害等原因灭失的,宅基地使用权消灭。对失去宅基地的村民,应当重新分配宅基地。

第一百五十五条 【宅基地使用权的变更登记和注销登记】 已经登记的宅基地使用权转让或者消灭的,应当及时办理变更登记或者注销登记。

第十四章 地 役 权

第一百五十六条 【地役权】 地役权人有权按照合同约定,利用他人的不动产,以提高自己的不动产的效益。

前款所称他人的不动产为供役地,自己的不动产为需役地。

第一百五十七条 【设立地役权】 设立地役权,当事人应当采取书面形式订立地役权合同。

地役权合同一般包括下列条款:

(一)当事人的姓名或者名称和住所;

(二)供役地和需役地的位置;

(三)利用目的和方法;

(四)利用期限;

(五)费用及其支付方式;

(六)解决争议的方法。

第一百五十八条 【地役权效力】 地役权自地役权合同生效时设立。当事人要求登记的,可以向登记机构申请地役权登记;未经登记,不得对抗善意第三人。

第一百五十九条 【供役地权利人义务】 供役地权利人应当按照合同约定,允许地役权人利用其土地,不得妨害地役权人行使权利。

第一百六十条 【地役权人权利义务】 地役权人应当按照合同约定的利用目的和方法利用供役地,尽量减少对供役地权利人物权的限制。

第一百六十一条 【地役权期限】 地役权的期限由当事人约定,但不得超过土地承包经营权、建设用地使用权等用益物权的剩余期限。

第一百六十二条 【在享有和负担地役权的土地上设立承包经营权、宅基地使用权】 土地所有权人享有地役权或者负担地役权的,设立土地承包经营权、宅基地使用权时,该土地承包经营权人、宅基地使用权人继续享有或者负担已设立的地役权。

第一百六十三条 【在已设立用益物权的土地上设立地役权】 土地上已设立土地承包经营权、建设用地使用权、宅基地使用权等权利的,未经用益物权人同意,土地所有权人不得设立地役权。

第一百六十四条 【地役权不得与需役地分离而单独转让】 地役权不得单独转让。土地承包经营权、建设用地使用权等转让的,地役权一并转让,但合同另有约定的除外。

第一百六十五条 【地役权不得单独抵押】 地役权不得单独抵押。土地承包经营权、建设用地使用权等抵押的,在实现抵押权时,地役权一并转让。

第一百六十六条 【需役地上的土地承包经营权、建设用地使用权部分转让】 需役地以及需役地上的土地承包经营权、建设用地使用权部分转让时,转让部分涉及地役权的,受让人同时享有地役权。

第一百六十七条 【供役地上的土地承包经营权、建设用地使用权部分转让】 供役地以及供役地上的土地承包经营权、建设用地使用权部分转让时,转让部分涉及地役权的,地役权对受让人具有约束力。

第一百六十八条 【地役权消灭】 地役权人有下列情形之一的,供役地权利人有权解除地役权合同,地役权消灭:

(一)违反法律规定或者合同约定,滥用地役权;

(二)有偿利用供役地,约定的付款期间届满后在合理期限内经两次催告未支付费用。

第一百六十九条 【地役权变动后的登记】 已经登记的地役权变更、转让或者消灭的,应当及时办理变更登记或者注销登记。

第四编 担 保 物 权

第十五章 一 般 规 定

第一百七十条 【担保物权的含义】 担保物权人在债务人不履行到期债务或者发生当事人约定的实现担保物权的情形,依法享有就担保财产优先受偿的权利,但法律另有规定的除外。

第一百七十一条 【担保物权适用范围及反担保】 债权人在借贷、买卖等民事活动中,为保障实现其债权,需要担保的,可以依照本法和其他法律的规定设立担保物权。

第三人为债务人向债权人提供担保的,可以要求债务人提供反担保。反担保适用本法和其他法律的规定。

第一百七十二条 【担保合同从属性以及担保合同无效后的法律责任】 设立担保物权,应当依照本法和其他法律的规定订立担保合同。担保合同是主债权债务合同的从合同。主债权债务合同无效,担保合同无效,但法律另有规定的除外。

担保合同被确认无效后,债务人、担保人、债权人有过错的,应当根据其过错各自承担相应的民事责任。

第一百七十三条 【担保物权的担保范围】 担保物权的担保范围包括主债权及其利息、违约金、损害赔偿金、保管担保财产和实现担保物权的费用。当事人另有约定的,按照约定。

第一百七十四条 【担保物权物上代位性】 担保期间,担保财产毁损、灭失或者被征收等,担保物权人可以就获得的保险金、赔偿金或者补偿金等优先受偿。被担保债权的履行期未届满的,也可以提存该保险金、赔偿金或者补偿金等。

第一百七十五条 【未经担保人同意允许债务人转移债务的法律后果】 第三人提供担保,未经其书面同意,债权人允许债务人转移全部或者部分债务的,担保人不再承担相应的担保责任。

第一百七十六条 【物的担保与人的担保关系】 被担保的债权既有物的担保又有人的担保的,债务人不履行到期债务或者发生当事人约定的实现担保物权的情形,债权人应当按照约定实现债权;没有约定或者约定不明确,债务人自己提供物的担保的,债权人应当先就该物的担保实现债权;第三人提供物的担保的,债权人可以就物的担保实现债权,也可以要求保证人承担保证责任。提供担保的第三人承担担保责任后,有权向债务人追偿。

第一百七十七条 【**担保物权消灭原因**】有下列情形之一的,担保物权消灭:

(一)主债权消灭;

(二)担保物权实现;

(三)债权人放弃担保物权;

(四)法律规定担保物权消灭的其他情形。

第一百七十八条 【**担保法与本法效力衔接**】担保法与本法的规定不一致的,适用本法。

第十六章 抵 押 权

第一节 一般抵押权

第一百七十九条 【**抵押权基本权利**】为担保债务的履行,债务人或者第三人不转移财产的占有,将该财产抵押给债权人的,债务人不履行到期债务或者发生当事人约定的实现抵押权的情形,债权人有权就该财产优先受偿。

前款规定的债务人或者第三人为抵押人,债权人为抵押权人,提供担保的财产为抵押财产。

第一百八十条 【**抵押财产范围**】债务人或者第三人有权处分的下列财产可以抵押:

(一)建筑物和其他土地附着物;

(二)建设用地使用权;

(三)以招标、拍卖、公开协商等方式取得的荒地等土地承包经营权;

(四)生产设备、原材料、半成品、产品;

(五)正在建造的建筑物、船舶、航空器;

(六)交通运输工具;

(七)法律、行政法规未禁止抵押的其他财产。

抵押人可以将前款所列财产一并抵押。

第一百八十一条 【**浮动抵押**】经当事人书面协议,企业、个体工商户、农业生产经营者可以将现有的以及将有的生产设备、原材料、半成品、产品抵押,债务人不履行到期债务或者发生当事人约定的实现抵押权的情形,债权人有权就实现抵押权时的动产优先受偿。

第一百八十二条 【**房地产抵押关系**】以建筑物抵押的,该建筑物占用范围内的建设用地使用权一并抵押。以建设用地使用权抵押的,该土地上的建筑物一并抵押。

抵押人未依照前款规定一并抵押的,未抵押的财产视为一并抵押。

第一百八十三条 【**乡镇、村企业的建筑物和建设用地使用权抵押**】乡镇、村企业的建设用地使用权不得单独抵押。以乡镇、村企业的厂房等建筑物抵押的,其占用范围内的建设用地使用权一并抵押。

第一百八十四条 【**禁止抵押**】下列财产不得抵押:

(一)土地所有权;

(二)耕地、宅基地、自留地、自留山等集体所有的土地使用权,但法律规定可以抵押的除外;

(三)学校、幼儿园、医院等以公益为目的的事业单位、社会团体的教育设施、医疗卫生设施和其他社会公益设施;

(四)所有权、使用权不明或者有争议的财产;

(五)依法被查封、扣押、监管的财产;

(六)法律、行政法规规定不得抵押的其他财产。

第一百八十五条 【**设立抵押权**】设立抵押权,当事人应当采取书面形式订立抵押合同。

抵押合同一般包括下列条款:

(一)被担保债权的种类和数额;

(二)债务人履行债务的期限;

(三)抵押财产的名称、数量、质量、状况、所在地、所有权归属或者使用权归属;

(四)担保的范围。

第一百八十六条 【**禁止流押**】抵押权人在债务履行期届满前,不得与抵押人约定债务人不履行到期债务时抵押财产归债权人所有。

第一百八十七条 【**不动产抵押登记**】以本法第一百八十条第一款第一项至第三项规定的财产或者第五项规定的正在建造的建筑物抵押的,应当办理抵押登记。抵押权自登记时设立。

第一百八十八条 【**动产抵押效力**】以本法第一百八十条第一款第四项、第六项规定的财产或者第五项规定的正在建造的船舶、航空器抵押的,抵押权自抵押合同生效时设立;未经登记,不得对抗善意第三人。

第一百八十九条 【**动产浮动抵押登记**】企业、个体工商户、农业生产经营者以本法第一百八十一条规定的动产抵押的,应当向抵押人住所地的工商行政管理部门办理登记。抵押权自抵押合同生效时设立;未经登记,不得对抗善意第三人。

依照本法第一百八十一条规定抵押的,不得对抗正常经营活动中已支付合理价款并取得抵押财产的买受人。

第一百九十条 【**抵押权和租赁权关系**】订立抵押合同前抵押财产已出租的,原租赁关系不受该抵押权的影响。抵押权设立后抵押财产出租的,该租赁关系不得对抗已登记的抵押权。

第一百九十一条 【**抵押期间转让抵押财产**】抵押期间,抵押人经抵押权人同意转让抵押财产的,应当将转让所得的价款向抵押权人提前清偿债务或者提存。转让的价款超过债权数额的部分归抵押人所有,不足部分由债务人清偿。

抵押期间,抵押人未经抵押权人同意,不得转让抵押财产,但受让人代为清偿债务消灭抵押权的除外。

第一百九十二条 【抵押权转让或者作为其他债权担保】抵押权不得与债权分离而单独转让或者作为其他债权的担保。债权转让的,担保该债权的抵押权一并转让,但法律另有规定或者当事人另有约定的除外。

第一百九十三条 【抵押财产毁损或者价值减少时的处理】抵押人的行为足以使抵押财产价值减少的,抵押权人有权要求抵押人停止其行为。抵押财产价值减少的,抵押权人有权要求恢复抵押财产的价值,或者提供与减少的价值相应的担保。抵押人不恢复抵押财产的价值也不提供担保的,抵押权人有权要求债务人提前清偿债务。

第一百九十四条 【抵押权人放弃抵押权、抵押权的顺位及变更】抵押权人可以放弃抵押权或者抵押权的顺位。抵押权人与抵押人可以协议变更抵押权顺位以及被担保的债权数额等内容,但抵押权的变更,未经其他抵押权人书面同意,不得对其他抵押权人产生不利影响。

债务人以自己的财产设定抵押,抵押权人放弃该抵押权、抵押权顺位或者变更抵押权的,其他担保人在抵押权人丧失优先受偿权益的范围内免除担保责任,但其他担保人承诺仍然提供担保的除外。

第一百九十五条 【抵押权实现的条件、方式和程序】债务人不履行到期债务或者发生当事人约定的实现抵押权的情形,抵押权人可以与抵押人协议以抵押财产折价或者以拍卖、变卖该抵押财产所得的价款优先受偿。协议损害其他债权人利益的,其他债权人可以在知道或者应当知道撤销事由之日起一年内请求人民法院撤销该协议。

抵押权人与抵押人未就抵押权实现方式达成协议的,抵押权人可以请求人民法院拍卖、变卖抵押财产。

抵押财产折价或者变卖的,应当参照市场价格。

第一百九十六条 【抵押财产确定】依照本法第一百八十一条规定设定抵押的,抵押财产自下列情形之一发生时确定:

(一)债务履行期届满,债权未实现;

(二)抵押人被宣告破产或者被撤销;

(三)当事人约定的实现抵押权的情形;

(四)严重影响债权实现的其他情形。

第一百九十七条 【抵押财产孳息】债务人不履行到期债务或者发生当事人约定的实现抵押权的情形,致使抵押财产被人民法院依法扣押的,自扣押之日起抵押权人有权收取该抵押财产的天然孳息或者法定孳息,但抵押权人未通知应当清偿法定孳息的义务人的除外。

前款规定的孳息应当先充抵收取孳息的费用。

第一百九十八条 【抵押财产变现后的处理】抵押财产折价或者拍卖、变卖后,其价款超过债权数额的部分归抵押人所有,不足部分由债务人清偿。

第一百九十九条 【抵押权清偿顺序】同一财产向两个以上债权人抵押的,拍卖、变卖抵押财产所得的价款依照下列规定清偿:

(一)抵押权已登记的,按照登记的先后顺序清偿;顺序相同的,按照债权比例清偿;

(二)抵押权已登记的先于未登记的受偿;

(三)抵押权未登记的,按照债权比例清偿。

第二百条 【以建设用地使用权抵押的特别规定】建设用地使用权抵押后,该土地上新增的建筑物不属于抵押财产。该建设用地使用权实现抵押权时,应当将该土地上新增的建筑物与建设用地使用权一并处分,但新增建筑物所得的价款,抵押权人无权优先受偿。

第二百零一条 【抵押权实现的特别规定】依照本法第一百八十条第一款第三项规定的土地承包经营权抵押的,或者依照本法第一百八十三条规定以乡镇、村企业的厂房等建筑物占用范围内的建设用地使用权一并抵押的,实现抵押权后,未经法定程序,不得改变土地所有权的性质和土地用途。

第二百零二条 【抵押权存续期间】抵押权人应当在主债权诉讼时效期间行使抵押权;未行使的,人民法院不予保护。

第二节 最高额抵押权

第二百零三条 【最高额抵押的概念】为担保债务的履行,债务人或者第三人对一定期间内将要连续发生的债权提供担保财产的,债务人不履行到期债务或者发生当事人约定的实现抵押权的情形,抵押权人有权在最高债权额限度内就该担保财产优先受偿。

最高额抵押权设立前已经存在的债权,经当事人同意,可以转入最高额抵押担保的债权范围。

第二百零四条 【最高额抵押所担保的主债权以及最高额抵押权转让】最高额抵押担保的债权确定前,部分债权转让的,最高额抵押权不得转让,但当事人另有约定的除外。

第二百零五条 【抵押权人与抵押人协议变更最高额抵押的有关内容】最高额抵押担保的债权确定前,抵押权人与抵押人可以通过协议变更债权确定的期间、债权范围以及最高债权额,但变更的内容不得对其他抵押权人产生不利影响。

第二百零六条 【最高额抵押权所担保债权确定事由】有下列情形之一的,抵押权人的债权确定:

(一)约定的债权确定期间届满;

(二)没有约定债权确定期间或者约定不明确,抵押权人或者抵押人自最高额抵押权设立之日起满二年后请求确定债权;

(三)新的债权不可能发生;

(四)抵押财产被查封、扣押;

(五)债务人、抵押人被宣告破产或者被撤销;

(六)法律规定债权确定的其他情形。

第二百零七条 【最高额抵押权适用一般抵押权相关条款】最高额抵押权除适用本节规定外,适用本章第一节一般抵押权的规定。

第十七章 质 权

第一节 动产质权

第二百零八条 【动产质权基本权利】为担保债务的履行,债务人或者第三人将其动产出质给债权人占有的,债务人不履行到期债务或者发生当事人约定的实现质权的情形,债权人有权就该动产优先受偿。

前款规定的债务人或者第三人为出质人,债权人为质权人,交付的动产为质押财产。

第二百零九条 【禁止出质的动产】法律、行政法规禁止转让的动产不得出质。

第二百一十条 【质权合同】设立质权,当事人应当采取书面形式订立质权合同。

质权合同一般包括下列条款:

(一)被担保债权的种类和数额;

(二)债务人履行债务的期限;

(三)质押财产的名称、数量、质量、状况;

(四)担保的范围;

(五)质押财产交付的时间。

第二百一十一条 【禁止流质】质权人在债务履行期届满前,不得与出质人约定债务人不履行到期债务时质押财产归债权人所有。

第二百一十二条 【动产质权设立】质权自出质人交付质押财产时设立。

第二百一十三条 【质权人孳息收取权】质权人有权收取质押财产的孳息,但合同另有约定的除外。

前款规定的孳息应当先充抵收取孳息的费用。

第二百一十四条 【质权人对质物使用处分的限制及法律责任】质权人在质权存续期间,未经出质人同意,擅自使用、处分质押财产,给出质人造成损害的,应当承担赔偿责任。

第二百一十五条 【质权人妥善保管质物义务】质权人负有妥善保管质押财产的义务;因保管不善致使质押财产毁损、灭失的,应当承担赔偿责任。

质权人的行为可能使质押财产毁损、灭失的,出质人可以要求质权人将质押财产提存,或者要求提前清偿债务并返还质押财产。

第二百一十六条 【质物保全】因不能归责于质权人的事由可能使质押财产毁损或者价值明显减少,足以危害质权人权利的,质权人有权要求出质人提供相应的担保;出质人不提供的,质权人可以拍卖、变卖质押财产,并与出质人通过协议将拍卖、变卖所得的价款提前清偿债务或者提存。

第二百一十七条 【转质权】质权人在质权存续期间,未经出质人同意转质,造成质押财产毁损、灭失的,应当向出质人承担赔偿责任。

第二百一十八条 【质权放弃及其他担保人责任承担原则】质权人可以放弃质权。债务人以自己的财产出质,质权人放弃该质权的,其他担保人在质权人丧失优先受偿权益的范围内免除担保责任,但其他担保人承诺仍然提供担保的除外。

第二百一十九条 【质物返还及质权实现】债务人履行债务或者出质人提前清偿所担保的债权的,质权人应当返还质押财产。

债务人不履行到期债务或者发生当事人约定的实现质权的情形,质权人可以与出质人协议以质押财产折价,也可以就拍卖、变卖质押财产所得的价款优先受偿。

质押财产折价或者变卖的,应当参照市场价格。

第二百二十条 【及时行使质权请求权及怠于行使质权的责任】出质人可以请求质权人在债务履行期届满后及时行使质权;质权人不行使的,出质人可以请求人民法院拍卖、变卖质押财产。

出质人请求质权人及时行使质权,因质权人怠于行使权利造成损害的,由质权人承担赔偿责任。

第二百二十一条 【质物变价款归属原则】质押财产折价或者拍卖、变卖后,其价款超过债权数额的部分归出质人所有,不足部分由债务人清偿。

第二百二十二条 【最高额质权】出质人与质权人可以协议设立最高额质权。

最高额质权除适用本节有关规定外,参照本法第十六章第二节最高额抵押权的规定。

第二节 权利质权

第二百二十三条 【可以出质的权利范围】债务人或者第三人有权处分的下列权利可以出质:

(一)汇票、支票、本票;

(二)债券、存款单;

(三)仓单、提单;

(四)可以转让的基金份额、股权;

(五)可以转让的注册商标专用权、专利权、著作权等知识产权中的财产权;

(六)应收账款;

(七)法律、行政法规规定可以出质的其他财产权利。

第二百二十四条 【以汇票等出质的质权设立】以汇票、支票、本票、债券、存款单、仓单、提单出质的,当事人应当订立书面合同。质权自权利凭证交付质权人时设立;没有权利凭证的,质权自有关部门办理出质登记时设立。

第二百二十五条 【质权人行使权利的特别规定】汇票、支票、本票、债券、存款单、仓单、提单的兑现日期或者提货日期先于主债权到期的,质权人可以兑现或者提货,并与出质人协议将兑现的价款或者提取的货物提前清偿债务或者提存。

第二百二十六条 【以基金份额、股权出质的权利质权设立和出质人处分基金份额、股权的限制】以基金份额、股权出质的,当事人应当订立书面合同。以基金份额、证券登记结算机构登记的股权出质的,质权自证券登记结算机构办理出质登记时设立;以其他股权出质的,质权自工商行政管理部门办理出质登记时设立。

基金份额、股权出质后,不得转让,但经出质人与质权人协商同意的除外。出质人转让基金份额、股权所得的价款,应当向质权人提前清偿债务或者提存。

第二百二十七条 【以知识产权中的财产权出质的权利质权设立和出质人处分知识产权的限制】以注册商标专用权、专利权、著作权等知识产权中的财产权出质的,当事人应当订立书面合同。质权自有关主管部门办理出质登记时设立。

知识产权中的财产权出质后,出质人不得转让或者许可他人使用,但经出质人与质权人协商同意的除外。出质人转让或者许可他人使用出质的知识产权中的财产权所得的价款,应当向质权人提前清偿债务或者提存。

第二百二十八条 【以应收账款出质的权利质权设立和出质人转让应收账款的限制】以应收账款出质的,当事人应当订立书面合同。质权自信贷征信机构办理出质登记时设立。

应收账款出质后,不得转让,但经出质人与质权人协商同意的除外。出质人转让应收账款所得的价款,应当向质权人提前清偿债务或者提存。

第二百二十九条 【权利质权适用动产质权的规定】权利质权除适用本节规定外,适用本章第一节动产质权的规定。

第十八章 留 置 权

第二百三十条 【留置权的一般规定】债务人不履行到期债务,债权人可以留置已经合法占有的债务人的动产,并有权就该动产优先受偿。

前款规定的债权人为留置权人,占有的动产为留置财产。

第二百三十一条 【留置财产与债权的关系】债权人留置的动产,应当与债权属于同一法律关系,但企业之间留置的除外。

第二百三十二条 【留置权适用范围的限制性】法律规定或者当事人约定不得留置的动产,不得留置。

第二百三十三条 【可分物作为留置财产的特殊规定】留置财产为可分物的,留置财产的价值应当相当于债务的金额。

第二百三十四条 【留置权人保管义务】留置权人负有妥善保管留置财产的义务;因保管不善致使留置财产毁损、灭失的,应当承担赔偿责任。

第二百三十五条 【留置权人收取孳息的权利】留置权人有权收取留置财产的孳息。

前款规定的孳息应当先充抵收取孳息的费用。

第二百三十六条 【实现留置权的一般规定】留置权人与债务人应当约定留置财产后的债务履行期间;没有约定或者约定不明确的,留置权人应当给债务人两个月以上履行债务的期间,但鲜活易腐等不易保管的动产除外。债务人逾期未履行的,留置权人可以与债务人协议以留置财产折价,也可以就拍卖、变卖留置财产所得的价款优先受偿。

留置财产折价或者变卖的,应当参照市场价格。

第二百三十七条 【债务人可请求留置权人行使留置权】债务人可以请求留置权人在债务履行期届满后行使留置权;留置权人不行使的,债务人可以请求人民法院拍卖、变卖留置财产。

第二百三十八条 【留置权实现】留置财产折价或者拍卖、变卖后,其价款超过债权数额的部分归债务人所有,不足部分由债务人清偿。

第二百三十九条 【留置权与抵押权或者质权的关系】同一动产上已设立抵押权或者质权,该动产又被留置的,留置权人优先受偿。

第二百四十条 【留置权消灭的原因】留置权人对留置财产丧失占有或者留置权人接受债务人另行提供担保的,留置权消灭。

第五编 占 有

第十九章 占 有

第二百四十一条 【有权占有法律适用】基于合同关系等产生的占有,有关不动产或者动产的使用、收益、违约责任等,按照合同约定;合同没有约定或者约定不明确的,依照有关法律规定。

第二百四十二条 【恶意占有人应承担的赔偿责任】占有人因使用占有的不动产或者动产,致使该不动产或者动产受到损害的,恶意占有人应当承担赔偿责任。

第二百四十三条 【无权占有人的返还义务及善意占有人的必要费用返还请求权】不动产或者动产被占有人占有的,权利人可以请求返还原物及其孳息,但应当支付善意占有人因维护该不动产或者动产支出的必要费用。

第二百四十四条 【被占有的不动产或者动产毁损、灭失时占有人的责任】占有的不动产或者动产毁损、灭失,该不动产或者动产的权利人请求赔偿的,占有人应当将因毁损、灭失取得的保险金、赔偿金或者补偿金等返还给权利人;权利人的损害未得到足够弥补的,恶意占有人还应当赔偿损失。

第二百四十五条 【占有保护】占有的不动产或者动产被侵占的,占有人有权请求返还原物;对妨害占有的行为,占有人有权请求排除妨害或者消除危险;因侵占或者妨害造成损害的,占有人有权请求损害赔偿。

占有人返还原物的请求权,自侵占发生之日起一年内未行使的,该请求权消灭。

附 则

第二百四十六条 【授权地方性法规暂时规定不动产统一登记】法律、行政法规对不动产统一登记的范围、登记机构和登记办法作出规定前,地方性法规可以依照本法有关规定作出规定。

第二百四十七条 【**施行日期**】本法自2007年10月1日起施行。

最高人民法院关于适用《中华人民共和国物权法》若干问题的解释(一)

1. 2015年12月10日最高人民法院审判委员会第1670次会议通过
2. 2016年2月22日公布
3. 法释〔2016〕5号
4. 自2016年3月1日起施行

为正确审理物权纠纷案件,根据《中华人民共和国物权法》的相关规定,结合民事审判实践,制定本解释。

第一条 因不动产物权的归属,以及作为不动产物权登记基础的买卖、赠与、抵押等产生争议,当事人提起民事诉讼的,应当依法受理。当事人已经在行政诉讼中申请一并解决上述民事争议,且人民法院一并审理的除外。

第二条 当事人有证据证明不动产登记簿的记载与真实权利状态不符、其为该不动产物权的真实权利人,请求确认其享有物权的,应予支持。

第三条 异议登记因物权法第十九条第二款规定的事由失效后,当事人提起民事诉讼,请求确认物权归属的,应当依法受理。异议登记失效不影响人民法院对案件的实体审理。

第四条 未经预告登记的权利人同意,转移不动产所有权,或者设定建设用地使用权、地役权、抵押权等其他物权的,应当依照物权法第二十条第一款的规定,认定其不发生物权效力。

第五条 买卖不动产物权的协议被认定无效、被撤销、被解除,或者预告登记的权利人放弃债权的,应当认定为物权法第二十条第二款所称的"债权消灭"。

第六条 转让人转移船舶、航空器和机动车等所有权,受让人已经支付对价并取得占有,虽未经登记,但转让人的债权人主张其为物权法第二十四条所称的"善意第三人"的,不予支持,法律另有规定的除外。

第七条 人民法院、仲裁委员会在分割共有不动产或者动产等案件中作出并依法生效的改变原有物权关系的判决书、裁决书、调解书,以及人民法院在执行程序中作出的拍卖成交裁定书、以物抵债裁定书,应当认定为物权法第二十八条所称导致物权设立、变更、转让或者消灭的人民法院、仲裁委员会的法律文书。

第八条 依照物权法第二十八条至第三十条规定享有物权,但尚未完成动产交付或者不动产登记的物权人,根据物权法第三十四条至第三十七条的规定,请求保护其物权的,应予支持。

第九条 共有份额的权利主体因继承、遗赠等原因发生变化时,其他按份共有人主张优先购买的,不予支持,但按份共有人之间另有约定的除外。

第十条 物权法第一百零一条所称的"同等条件",应当综合共有份额的转让价格、价款履行方式及期限等因素确定。

第十一条 优先购买权的行使期间,按份共有人之间有约定的,按照约定处理;没有约定或者约定不明的,按照下列情形确定:

(一)转让人向其他按份共有人发出的包含同等条件内容的通知中载明行使期间的,以该期间为准;

(二)通知中未载明行使期间,或者载明的期间短于通知送达之日起十五日的,为十五日;

(三)转让人未通知的,为其他按份共有人知道或者应当知道最终确定的同等条件之日起十五日;

(四)转让人未通知,且无法确定其他按份共有人知道或者应当知道最终确定的同等条件的,为共有份额权属转移之日起六个月。

第十二条 按份共有人向共有人之外的人转让其份额,其他按份共有人根据法律、司法解释规定,请求按照同等条件购买该共有份额的,应予支持。

其他按份共有人的请求具有下列情形之一的,不予支持:

(一)未在本解释第十一条规定的期间内主张优先购买,或者虽主张优先购买,但提出减少转让价款、增加转让人负担等实质性变更要求;

(二)以其优先购买权受到侵害为由,仅请求撤销共有份额转让合同或者认定该合同无效。

第十三条 按份共有人之间转让共有份额,其他按份共有人主张根据物权法第一百零一条规定优先购买的,不予支持,但按份共有人之间另有约定的除外。

第十四条 两个以上按份共有人主张优先购买且协商不成时,请求按照转让时各自份额比例行使优先购买权的,应予支持。

第十五条 受让人受让不动产或者动产时,不知道转让人无处分权,且无重大过失的,应当认定受让人为善意。

真实权利人主张受让人不构成善意的,应当承担举证证明责任。

第十六条 具有下列情形之一的,应当认定不动产受让人知道转让人无处分权:

(一)登记簿上存在有效的异议登记;

(二)预告登记有效期内,未经预告登记的权利人同意;

(三)登记簿上已经记载司法机关或者行政机关依法裁定、决定查封或者以其他形式限制不动产权利的有关事项;

(四)受让人知道登记簿上记载的权利主体错误;

（五）受让人知道他人已经依法享有不动产物权。

真实权利人有证据证明不动产受让人应当知道转让人无处分权的，应当认定受让人具有重大过失。

第十七条 受让人受让动产时，交易的对象、场所或者时机等不符合交易习惯的，应当认定受让人具有重大过失。

第十八条 物权法第一百零六条第一款第一项所称的“受让人受让该不动产或者动产时”，是指依法完成不动产物权转移登记或者动产交付之时。

当事人以物权法第二十五条规定的方式交付动产的，转让动产法律行为生效时为动产交付之时；当事人以物权法第二十六条规定的方式交付动产的，转让人与受让人之间有关转让返还原物请求权的协议生效时为动产交付之时。

法律对不动产、动产物权的设立另有规定的，应当按照法律规定的时间认定权利人是否为善意。

第十九条 物权法第一百零六条第一款第二项所称“合理的价格”，应当根据转让标的物的性质、数量以及付款方式等具体情况，参考转让时交易地市场价格以及交易习惯等因素综合认定。

第二十条 转让人将物权法第二十四条规定的船舶、航空器和机动车等交付给受让人的，应当认定符合物权法第一百零六条第一款第三项规定的善意取得的条件。

第二十一条 具有下列情形之一，受让人主张根据物权法第一百零六条规定取得所有权的，不予支持：

（一）转让合同因违反合同法第五十二条规定被认定无效；

（二）转让合同因受让人存在欺诈、胁迫或者乘人之危等法定事由被撤销。

第二十二条 本解释自2016年3月1日起施行。

本解释施行后人民法院新受理的一审案件，适用本解释。

本解释施行前人民法院已经受理、施行后尚未审结的一审、二审案件，以及本解释施行前已经终审、施行后当事人申请再审或者按照审判监督程序决定再审的案件，不适用本解释。

国有土地上房屋征收与补偿条例

2011年1月21日国务院令第590号公布施行

第一章 总 则

第一条 为了规范国有土地上房屋征收与补偿活动，维护公共利益，保障被征收房屋所有权人的合法权益，制定本条例。

第二条 为了公共利益的需要，征收国有土地上单位、个人的房屋，应当对被征收房屋所有权人（以下称被征收人）给予公平补偿。

第三条 房屋征收与补偿应当遵循决策民主、程序正当、结果公开的原则。

第四条 市、县级人民政府负责本行政区域的房屋征收与补偿工作。

市、县级人民政府确定的房屋征收部门（以下称房屋征收部门）组织实施本行政区域的房屋征收与补偿工作。

市、县级人民政府有关部门应当依照本条例的规定和本级人民政府规定的职责分工，互相配合，保障房屋征收与补偿工作的顺利进行。

第五条 房屋征收部门可以委托房屋征收实施单位，承担房屋征收与补偿的具体工作。房屋征收实施单位不得以营利为目的。

房屋征收部门对房屋征收实施单位在委托范围内实施的房屋征收与补偿行为负责监督，并对其行为后果承担法律责任。

第六条 上级人民政府应当加强对下级人民政府房屋征收与补偿工作的监督。

国务院住房城乡建设主管部门和省、自治区、直辖市人民政府住房城乡建设主管部门应当会同同级财政、国土资源、发展改革等有关部门，加强对房屋征收与补偿实施工作的指导。

第七条 任何组织和个人对违反本条例规定的行为，都有权向有关人民政府、房屋征收部门和其他有关部门举报。接到举报的有关人民政府、房屋征收部门和其他有关部门对举报应当及时核实、处理。

监察机关应当加强对参与房屋征收与补偿工作的政府和有关部门或者单位及其工作人员的监察。

第二章 征收决定

第八条 为了保障国家安全、促进国民经济和社会发展等公共利益的需要，有下列情形之一，确需征收房屋的，由市、县级人民政府作出房屋征收决定：

（一）国防和外交的需要；

（二）由政府组织实施的能源、交通、水利等基础设施建设的需要；

（三）由政府组织实施的科技、教育、文化、卫生、体育、环境和资源保护、防灾减灾、文物保护、社会福利、市政公用等公共事业的需要；

（四）由政府组织实施的保障性安居工程建设的需要；

（五）由政府依照城乡规划法有关规定组织实施的对危房集中、基础设施落后等地段进行旧城区改建的需要；

（六）法律、行政法规规定的其他公共利益的需要。

第九条 依照本条例第八条规定，确需征收房屋的各项建设活动，应当符合国民经济和社会发展规划、土地利用总体规划、城乡规划和专项规划。保障性安居工程建设、旧城区改建，应当纳入市、县级国民经济和社会发展年度计划。

制定国民经济和社会发展规划、土地利用总体规划、城乡规划和专项规划,应当广泛征求社会公众意见,经过科学论证。

第十条　房屋征收部门拟定征收补偿方案,报市、县级人民政府。

市、县级人民政府应当组织有关部门对征收补偿方案进行论证并予以公布,征求公众意见。征求意见期限不得少于30日。

第十一条　市、县级人民政府应当将征求意见情况和根据公众意见修改的情况及时公布。

因旧城区改建需要征收房屋,多数被征收人认为征收补偿方案不符合本条例规定的,市、县级人民政府应当组织由被征收人和公众代表参加的听证会,并根据听证会情况修改方案。

第十二条　市、县级人民政府作出房屋征收决定前,应当按照有关规定进行社会稳定风险评估;房屋征收决定涉及被征收人数量较多的,应当经政府常务会议讨论决定。

作出房屋征收决定前,征收补偿费用应当足额到位、专户存储、专款专用。

第十三条　市、县级人民政府作出房屋征收决定后应当及时公告。公告应当载明征收补偿方案和行政复议、行政诉讼权利等事项。

市、县级人民政府及房屋征收部门应当做好房屋征收与补偿的宣传、解释工作。

房屋被依法征收的,国有土地使用权同时收回。

第十四条　被征收人对市、县级人民政府作出的房屋征收决定不服的,可以依法申请行政复议,也可以依法提起行政诉讼。

第十五条　房屋征收部门应当对房屋征收范围内房屋的权属、区位、用途、建筑面积等情况组织调查登记,被征收人应当予以配合。调查结果应当在房屋征收范围内向被征收人公布。

第十六条　房屋征收范围确定后,不得在房屋征收范围内实施新建、扩建、改建房屋和改变房屋用途等不当增加补偿费用的行为;违反规定实施的,不予补偿。

房屋征收部门应当将前款所列事项书面通知有关部门暂停办理相关手续。暂停办理相关手续的书面通知应当载明暂停期限。暂停期限最长不得超过1年。

第三章　补　　偿

第十七条　作出房屋征收决定的市、县级人民政府对被征收人给予的补偿包括:

(一)被征收房屋价值的补偿;

(二)因征收房屋造成的搬迁、临时安置的补偿;

(三)因征收房屋造成的停产停业损失的补偿。

市、县级人民政府应当制定补助和奖励办法,对被征收人给予补助和奖励。

第十八条　征收个人住宅,被征收人符合住房保障条件的,作出房屋征收决定的市、县级人民政府应当优先给予住房保障。具体办法由省、自治区、直辖市制定。

第十九条　对被征收房屋价值的补偿,不得低于房屋征收决定公告之日被征收房屋类似房地产的市场价格。被征收房屋的价值,由具有相应资质的房地产价格评估机构按照房屋征收评估办法评估确定。

对评估确定的被征收房屋价值有异议的,可以向房地产价格评估机构申请复核评估。对复核结果有异议的,可以向房地产价格评估专家委员会申请鉴定。

房屋征收评估办法由国务院住房城乡建设主管部门制定,制定过程中,应当向社会公开征求意见。

第二十条　房地产价格评估机构由被征收人协商选定;协商不成的,通过多数决定、随机选定等方式确定,具体办法由省、自治区、直辖市制定。

房地产价格评估机构应当独立、客观、公正地开展房屋征收评估工作,任何单位和个人不得干预。

第二十一条　被征收人可以选择货币补偿,也可以选择房屋产权调换。

被征收人选择房屋产权调换的,市、县级人民政府应当提供用于产权调换的房屋,并与被征收人计算、结清被征收房屋价值与用于产权调换房屋价值的差价。

因旧城区改建征收个人住宅,被征收人选择在改建地段进行房屋产权调换的,作出房屋征收决定的市、县级人民政府应当提供改建地段或者就近地段的房屋。

第二十二条　因征收房屋造成搬迁的,房屋征收部门应当向被征收人支付搬迁费;选择房屋产权调换的,产权调换房屋交付前,房屋征收部门应当向被征收人支付临时安置费或者提供周转用房。

第二十三条　对因征收房屋造成停产停业损失的补偿,根据房屋被征收前的效益、停产停业期限等因素确定。具体办法由省、自治区、直辖市制定。

第二十四条　市、县级人民政府及其有关部门应当依法加强对建设活动的监督管理,对违反城乡规划进行建设的,依法予以处理。

市、县级人民政府作出房屋征收决定前,应当组织有关部门依法对征收范围内未经登记的建筑进行调查、认定和处理。对认定为合法建筑和未超过批准期限的临时建筑的,应当给予补偿;对认定为违法建筑和超过批准期限的临时建筑的,不予补偿。

第二十五条　房屋征收部门与被征收人依照本条例的规定,就补偿方式、补偿金额和支付期限、用于产权调换房屋的地点和面积、搬迁费、临时安置费或者周转用房、停产停业损失、搬迁期限、过渡方式和过渡期限等事项,订立补偿协议。

补偿协议订立后,一方当事人不履行补偿协议约定的义务的,另一方当事人可以依法提起诉讼。

第二十六条　房屋征收部门与被征收人在征收补偿方案确

定的签约期限内达不成补偿协议，或者被征收房屋所有权人不明确的，由房屋征收部门报请作出房屋征收决定的市、县级人民政府依照本条例的规定，按照征收补偿方案作出补偿决定，并在房屋征收范围内予以公告。

补偿决定应当公平，包括本条例第二十五条第一款规定的有关补偿协议的事项。

被征收人对补偿决定不服的，可以依法申请行政复议，也可以依法提起行政诉讼。

第二十七条 实施房屋征收应当先补偿、后搬迁。

作出房屋征收决定的市、县级人民政府对被征收人给予补偿后，被征收人应当在补偿协议约定或者补偿决定确定的搬迁期限内完成搬迁。

任何单位和个人不得采取暴力、威胁或者违反规定中断供水、供热、供气、供电和道路通行等非法方式迫使被征收人搬迁。禁止建设单位参与搬迁活动。

第二十八条 被征收人在法定期限内不申请行政复议或者不提起行政诉讼，在补偿决定规定的期限内又不搬迁的，由作出房屋征收决定的市、县级人民政府依法申请人民法院强制执行。

强制执行申请书应当附具补偿金额和专户存储账号、产权调换房屋和周转用房的地点和面积等材料。

第二十九条 房屋征收部门应当依法建立房屋征收补偿档案，并将分户补偿情况在房屋征收范围内向被征收人公布。

审计机关应当加强对征收补偿费用管理和使用情况的监督，并公布审计结果。

第四章 法律责任

第三十条 市、县级人民政府及房屋征收部门的工作人员在房屋征收与补偿工作中不履行本条例规定的职责，或者滥用职权、玩忽职守、徇私舞弊的，由上级人民政府或者本级人民政府责令改正，通报批评；造成损失的，依法承担赔偿责任；对直接负责的主管人员和其他直接责任人员，依法给予处分；构成犯罪的，依法追究刑事责任。

第三十一条 采取暴力、威胁或者违反规定中断供水、供热、供气、供电和道路通行等非法方式迫使被征收人搬迁，造成损失的，依法承担赔偿责任；对直接负责的主管人员和其他直接责任人员，构成犯罪的，依法追究刑事责任；尚不构成犯罪的，依法给予处分；构成违反治安管理行为的，依法给予治安管理处罚。

第三十二条 采取暴力、威胁等方法阻碍依法进行的房屋征收与补偿工作，构成犯罪的，依法追究刑事责任；构成违反治安管理行为的，依法给予治安管理处罚。

第三十三条 贪污、挪用、私分、截留、拖欠征收补偿费用的，责令改正，追回有关款项，限期退还违法所得，对有关责任单位通报批评、给予警告；造成损失的，依法承担赔偿责任；对直接负责的主管人员和其他直接责任人员，构成犯罪的，依法追究刑事责任；尚不构成犯罪的，依法给予处分。

第三十四条 房地产价格评估机构或者房地产估价师出具虚假或者有重大差错的评估报告的，由发证机关责令限期改正，给予警告，对房地产价格评估机构并处5万元以上20万元以下罚款，对房地产估价师并处1万元以上3万元以下罚款，并记入信用档案；情节严重的，吊销资质证书、注册证书；造成损失的，依法承担赔偿责任；构成犯罪的，依法追究刑事责任。

第五章 附 则

第三十五条 本条例自公布之日起施行。2001年6月13日国务院公布的《城市房屋拆迁管理条例》同时废止。本条例施行前已依法取得房屋拆迁许可证的项目，继续沿用原有的规定办理，但政府不得责成有关部门强制拆迁。

不动产登记暂行条例

1. 2014年11月24日国务院令第656号公布
2. 自2015年3月1日起施行

第一章 总 则

第一条 为整合不动产登记职责，规范登记行为，方便群众申请登记，保护权利人合法权益，根据《中华人民共和国物权法》等法律，制定本条例。

第二条 本条例所称不动产登记，是指不动产登记机构依法将不动产权利归属和其他法定事项记载于不动产登记簿的行为。

本条例所称不动产，是指土地、海域以及房屋、林木等定着物。

第三条 不动产首次登记、变更登记、转移登记、注销登记、更正登记、异议登记、预告登记、查封登记等，适用本条例。

第四条 国家实行不动产统一登记制度。

不动产登记遵循严格管理、稳定连续、方便群众的原则。

不动产权利人已经依法享有的不动产权利，不因登记机构和登记程序的改变而受到影响。

第五条 下列不动产权利，依照本条例的规定办理登记：

（一）集体土地所有权；
（二）房屋等建筑物、构筑物所有权；
（三）森林、林木所有权；
（四）耕地、林地、草地等土地承包经营权；
（五）建设用地使用权；
（六）宅基地使用权；
（七）海域使用权；
（八）地役权；
（九）抵押权；

(十)法律规定需要登记的其他不动产权利。

第六条 国务院国土资源主管部门负责指导、监督全国不动产登记工作。

县级以上地方人民政府应当确定一个部门为本行政区域的不动产登记机构,负责不动产登记工作,并接受上级人民政府不动产登记主管部门的指导、监督。

第七条 不动产登记由不动产所在地的县级人民政府不动产登记机构办理;直辖市、设区的市人民政府可以确定本级不动产登记机构统一办理所属各区的不动产登记。

跨县级行政区域的不动产登记,由所跨县级行政区域的不动产登记机构分别办理。不能分别办理的,由所跨县级行政区域的不动产登记机构协商办理;协商不成的,由共同的上一级人民政府不动产登记主管部门指定办理。

国务院确定的重点国有林区的森林、林木和林地,国务院批准项目用海、用岛,中央国家机关使用的国有土地等不动产登记,由国务院国土资源主管部门会同有关部门规定。

第二章 不动产登记簿

第八条 不动产以不动产单元为基本单位进行登记。不动产单元具有唯一编码。

不动产登记机构应当按照国务院国土资源主管部门的规定设立统一的不动产登记簿。

不动产登记簿应当记载以下事项:

(一)不动产的坐落、界址、空间界限、面积、用途等自然状况;

(二)不动产权利的主体、类型、内容、来源、期限、权利变化等权属状况;

(三)涉及不动产权利限制、提示的事项;

(四)其他相关事项。

第九条 不动产登记簿应当采用电子介质,暂不具备条件的,可以采用纸质介质。不动产登记机构应当明确不动产登记簿唯一、合法的介质形式。

不动产登记簿采用电子介质的,应当定期进行异地备份,并具有唯一、确定的纸质转化形式。

第十条 不动产登记机构应当依法将各类登记事项准确、完整、清晰地记载于不动产登记簿。任何人不得损毁不动产登记簿,除依法予以更正外不得修改登记事项。

第十一条 不动产登记工作人员应当具备与不动产登记工作相适应的专业知识和业务能力。

不动产登记机构应当加强对不动产登记工作人员的管理和专业技术培训。

第十二条 不动产登记机构应当指定专人负责不动产登记簿的保管,并建立健全相应的安全责任制度。

采用纸质介质不动产登记簿的,应当配备必要的防盗、防火、防渍、防有害生物等安全保护设施。

采用电子介质不动产登记簿的,应当配备专门的存储设施,并采取信息网络安全防护措施。

第十三条 不动产登记簿由不动产登记机构永久保存。不动产登记簿损毁、灭失的,不动产登记机构应当依据原有登记资料予以重建。

行政区域变更或者不动产登记机构职能调整的,应当及时将不动产登记簿移交相应的不动产登记机构。

第三章 登记程序

第十四条 因买卖、设定抵押权等申请不动产登记的,应当由当事人双方共同申请。

属于下列情形之一的,可以由当事人单方申请:

(一)尚未登记的不动产首次申请登记的;

(二)继承、接受遗赠取得不动产权利的;

(三)人民法院、仲裁委员会生效的法律文书或者人民政府生效的决定等设立、变更、转让、消灭不动产权利的;

(四)权利人姓名、名称或者自然状况发生变化,申请变更登记的;

(五)不动产灭失或者权利人放弃不动产权利,申请注销登记的;

(六)申请更正登记或者异议登记的;

(七)法律、行政法规规定可以由当事人单方申请的其他情形。

第十五条 当事人或者其代理人应当到不动产登记机构办公场所申请不动产登记。

不动产登记机构将申请登记事项记载于不动产登记簿前,申请人可以撤回登记申请。

第十六条 申请人应当提交下列材料,并对申请材料的真实性负责:

(一)登记申请书;

(二)申请人、代理人身份证明材料、授权委托书;

(三)相关的不动产权属来源证明材料、登记原因证明文件、不动产权属证书;

(四)不动产界址、空间界限、面积等材料;

(五)与他人利害关系的说明材料;

(六)法律、行政法规以及本条例实施细则规定的其他材料。

不动产登记机构应当在办公场所和门户网站公开申请登记所需材料目录和示范文本等信息。

第十七条 不动产登记机构收到不动产登记申请材料,应当分别按照下列情况办理:

(一)属于登记职责范围,申请材料齐全、符合法定形式,或者申请人按照要求提交全部补正申请材料的,应当受理并书面告知申请人;

(二)申请材料存在可以当场更正的错误的,应当告知申请人当场更正,申请人当场更正后,应当受理并书面告知申请人;

(三)申请材料不齐全或者不符合法定形式的,应当当场书面告知申请人不予受理并一次性告知需要补正的全部内容；

（四）申请登记的不动产不属于本机构登记范围的，应当当场书面告知申请人不予受理并告知申请人向有登记权的机构申请。

不动产登记机构未当场书面告知申请人不予受理的，视为受理。

第十八条 不动产登记机构受理不动产登记申请的，应当按照下列要求进行查验：

（一）不动产界址、空间界限、面积等材料与申请登记的不动产状况是否一致；

（二）有关证明材料、文件与申请登记的内容是否一致；

（三）登记申请是否违反法律、行政法规规定。

第十九条 属于下列情形之一的，不动产登记机构可以对申请登记的不动产进行实地查看：

（一）房屋等建筑物、构筑物所有权首次登记；

（二）在建建筑物抵押权登记；

（三）因不动产灭失导致的注销登记；

（四）不动产登记机构认为需要实地查看的其他情形。

对可能存在权属争议，或者可能涉及他人利害关系的登记申请，不动产登记机构可以向申请人、利害关系人或者有关单位进行调查。

不动产登记机构进行实地查看或者调查时，申请人、被调查人应当予以配合。

第二十条 不动产登记机构应当自受理登记申请之日起30个工作日内办结不动产登记手续，法律另有规定的除外。

第二十一条 登记事项自记载于不动产登记簿时完成登记。

不动产登记机构完成登记，应当依法向申请人核发不动产权属证书或者登记证明。

第二十二条 登记申请有下列情形之一的，不动产登记机构应当不予登记，并书面告知申请人：

（一）违反法律、行政法规规定的；

（二）存在尚未解决的权属争议的；

（三）申请登记的不动产权利超过规定期限的；

（四）法律、行政法规规定不予登记的其他情形。

第四章 登记信息共享与保护

第二十三条 国务院国土资源主管部门应当会同有关部门建立统一的不动产登记信息管理基础平台。

各级不动产登记机构登记的信息应当纳入统一的不动产登记信息管理基础平台，确保国家、省、市、县四级登记信息的实时共享。

第二十四条 不动产登记有关信息与住房城乡建设、农业、林业、海洋等部门审批信息、交易信息等应当实时互通共享。

不动产登记机构能够通过实时互通共享取得的信息，不得要求不动产登记申请人重复提交。

第二十五条 国土资源、公安、民政、财政、税务、工商、金融、审计、统计等部门应当加强不动产登记有关信息互通共享。

第二十六条 不动产登记机构、不动产登记信息共享单位及其工作人员应当对不动产登记信息保密；涉及国家秘密的不动产登记信息，应当依法采取必要的安全保密措施。

第二十七条 权利人、利害关系人可以依法查询、复制不动产登记资料，不动产登记机构应当提供。

有关国家机关可以依照法律、行政法规的规定查询、复制与调查处理事项有关的不动产登记资料。

第二十八条 查询不动产登记资料的单位、个人应当向不动产登记机构说明查询目的，不得将查询获得的不动产登记资料用于其他目的；未经权利人同意，不得泄露查询获得的不动产登记资料。

第五章 法律责任

第二十九条 不动产登记机构登记错误给他人造成损害，或者当事人提供虚假材料申请登记给他人造成损害的，依照《中华人民共和国物权法》的规定承担赔偿责任。

第三十条 不动产登记机构工作人员进行虚假登记，损毁、伪造不动产登记簿，擅自修改登记事项，或者有其他滥用职权、玩忽职守行为的，依法给予处分；给他人造成损害的，依法承担赔偿责任；构成犯罪的，依法追究刑事责任。

第三十一条 伪造、变造不动产权属证书、不动产登记证明，或者买卖、使用伪造、变造的不动产权属证书、不动产登记证明的，由不动产登记机构或者公安机关依法予以收缴；有违法所得的，没收违法所得；给他人造成损害的，依法承担赔偿责任；构成违反治安管理行为的，依法给予治安管理处罚；构成犯罪的，依法追究刑事责任。

第三十二条 不动产登记机构、不动产登记信息共享单位及其工作人员，查询不动产登记资料的单位或者个人违反国家规定，泄露不动产登记资料、登记信息，或者利用不动产登记资料、登记信息进行不正当活动，给他人造成损害的，依法承担赔偿责任；对有关责任人员依法给予处分；有关责任人员构成犯罪的，依法追究刑事责任。

第六章 附 则

第三十三条 本条例施行前依法颁发的各类不动产权属证书和制作的不动产登记簿继续有效。

不动产统一登记过渡期内，农村土地承包经营权的登记按照国家有关规定执行。

第三十四条 本条例实施细则由国务院国土资源主管部门会同有关部门制定。

第三十五条 本条例自2015年3月1日起施行。本条例施行前公布的行政法规有关不动产登记的规定与本条例规定不一致的，以本条例规定为准。

3. 债权

(1)合同

中华人民共和国合同法

1. 1999年3月15日第九届全国人民代表大会第二次会议通过
2. 1999年3月15日中华人民共和国主席令第15号公布
3. 自1999年10月1日起施行

目　　录

总　则

第一章　一般规定

第一条　【立法目的】为了保护合同当事人的合法权益,维护社会经济秩序,促进社会主义现代化建设,制定本法。

第二条　【合同定义】本法所称合同是平等主体的自然人、法人、其他组织之间设立、变更、终止民事权利义务关系的协议。

婚姻、收养、监护等有关身份关系的协议,适用其他法律的规定。

第三条　【平等原则】合同当事人的法律地位平等,一方不得将自己的意志强加给另一方。

第四条　【合同自由原则】当事人依法享有自愿订立合同的权利,任何单位和个人不得非法干预。

第五条　【公平原则】当事人应当遵循公平原则确定各方的权利和义务。

第六条　【诚实信用原则】当事人行使权利、履行义务应当遵循诚实信用原则。

第七条　【遵纪守法原则】当事人订立、履行合同,应当遵守法律、行政法规,尊重社会公德,不得扰乱社会经济秩序,损害社会公共利益。

第八条　【依合同履行义务原则】依法成立的合同,对当事人具有法律约束力。当事人应当按照约定履行自己的义务,不得擅自变更或者解除合同。

依法成立的合同,受法律保护。

第二章　合同的订立

第九条　【订立合同的能力】当事人订立合同,应当具有相应的民事权利能力和民事行为能力。

当事人依法可以委托代理人订立合同。

第十条　【合同的形式】当事人订立合同,有书面形式、口头形式和其他形式。

法律、行政法规规定采用书面形式的,应当采用书面形式。当事人约定采用书面形式的,应当采用书面形式。

第十一条　【书面形式】书面形式是指合同书、信件和数据电文(包括电报、电传、传真、电子数据交换和电子邮件)等可以有形地表现所载内容的形式。

第十二条　【合同内容】合同的内容由当事人约定,一般包括以下条款:

(一)当事人的名称或者姓名和住所;
(二)标的;
(三)数量;
(四)质量;
(五)价款或者报酬;
(六)履行期限、地点和方式;
(七)违约责任;
(八)解决争议的方法。

当事人可以参照各类合同的示范文本订立合同。

第十三条 **【订立合同方式】**当事人订立合同,采取要约、承诺方式。

第十四条 **【要约】**要约是希望和他人订立合同的意思表示,该意思表示应当符合下列规定:

(一)内容具体确定;

(二)表明经受要约人承诺,要约人即受该意思表示约束。

第十五条 **【要约邀请】**要约邀请是希望他人向自己发出要约的意思表示。寄送的价目表、拍卖公告、招标公告、招股说明书、商业广告等为要约邀请。

商业广告的内容符合要约规定的,视为要约。

第十六条 **【要约的生效】**要约到达受要约人时生效。

采用数据电文形式订立合同,收件人指定特定系统接收数据电文的,该数据电文进入该特定系统的时间,视为到达时间;未指定特定系统的,该数据电文进入收件人的任何系统的首次时间,视为到达时间。

第十七条 **【要约的撤回】**要约可以撤回。撤回要约的通知应当在要约到达受要约人之前或者与要约同时到达受要约人。

第十八条 **【要约的撤销】**要约可以撤销。撤销要约的通知应当在受要约人发出承诺通知之前到达受要约人。

第十九条 **【要约不得撤销的情形】**有下列情形之一的,要约不得撤销:

(一)要约人确定了承诺期限或者以其他形式明示要约不可撤销;

(二)受要约人有理由认为要约是不可撤销的,并已经为履行合同作了准备工作。

第二十条 **【要约的失效】**有下列情形之一的,要约失效:

(一)拒绝要约的通知到达要约人;

(二)要约人依法撤销要约;

(三)承诺期限届满,受要约人未作出承诺;

(四)受要约人对要约的内容作出实质性变更。

第二十一条 **【承诺的定义】**承诺是受要约人同意要约的意思表示。

第二十二条 **【承诺的方式】**承诺应当以通知的方式作出,但根据交易习惯或者要约表明可以通过行为作出承诺的除外。

第二十三条 **【承诺的期限】**承诺应当在要约确定的期限内到达要约人。

要约没有确定承诺期限的,承诺应当依照下列规定到达:

(一)要约以对话方式作出的,应当即时作出承诺,但当事人另有约定的除外;

(二)要约以非对话方式作出的,承诺应当在合理期限内到达。

第二十四条 **【承诺期限的起点】**要约以信件或者电报作出的,承诺期限自信件载明的日期或者电报交发之日开始计算。信件未载明日期的,自投寄该信件的邮戳日期开始计算。要约以电话、传真等快速通讯方式作出的,承诺期限自要约到达受要约人时开始计算。

第二十五条 **【合同成立时间】**承诺生效时合同成立。

第二十六条 **【承诺的生效】**承诺通知到达要约人时生效。承诺不需要通知的,根据交易习惯或者要约的要求作出承诺的行为时生效。

采用数据电文形式订立合同的,承诺到达的时间适用本法第十六条第二款的规定。

第二十七条 **【承诺的撤回】**承诺可以撤回。撤回承诺的通知应当在承诺通知到达要约人之前或者与承诺通知同时到达要约人。

第二十八条 **【新要约】**受要约人超过承诺期限发出承诺的,除要约人及时通知受要约人该承诺有效的以外,为新要约。

第二十九条 **【迟到的承诺】**受要约人在承诺期限内发出承诺,按照通常情形能够及时到达要约人,但因其他原因承诺到达要约人时超过承诺期限的,除要约人及时通知受要约人因承诺超过期限不接受该承诺的以外,该承诺有效。

第三十条 **【承诺的变更】**承诺的内容应当与要约的内容一致。受要约人对要约的内容作出实质性变更的,为新要约。有关合同标的、数量、质量、价款或者报酬、履行期限、履行地点和方式、违约责任和解决争议方法等的变更,是对要约内容的实质性变更。

第三十一条 **【承诺的内容】**承诺对要约的内容作出非实质性变更的,除要约人及时表示反对或者要约表明承诺不得对要约的内容作出任何变更的以外,该承诺有效,合同的内容以承诺的内容为准。

第三十二条 **【合同成立时间】**当事人采用合同书形式订立合同的,自双方当事人签字或者盖章时合同成立。

第三十三条 **【确认书与合同成立】**当事人采用信件、数据电文等形式订立合同的,可以在合同成立之前要求签订确认书。签订确认书时合同成立。

第三十四条 **【合同成立地点】**承诺生效的地点为合同成立的地点。

采用数据电文形式订立合同的,收件人的主营业地为合同成立的地点;没有主营业地的,其经常居住地为合同成立的地点。当事人另有约定的,按照其约定。

第三十五条 **【书面合同成立地点】**当事人采用合同书形式订立合同的,双方当事人签字或者盖章的地点为合同成立的地点。

第三十六条 **【书面合同与合同成立】**法律、行政法规规定或者当事人约定采用书面形式订立合同,当事人未采用书面形式但一方已经履行主要义务,对方接受的,该合同成立。

第三十七条 **【合同书与合同成立】**采用合同书形式订立合同,在签字或者盖章之前,当事人一方已经履行主要义务,对方接受的,该合同成立。

第三十八条 【依国家计划订立合同】国家根据需要下达指令性任务或者国家订货任务的,有关法人、其他组织之间应当依照有关法律、行政法规规定的权利和义务订立合同。

第三十九条 【格式合同条款定义及使用人义务】采用格式条款订立合同的,提供格式条款的一方应当遵循公平原则确定当事人之间的权利和义务,并采取合理的方式提请对方注意免除或者限制其责任的条款,按照对方的要求,对该条款予以说明。

格式条款是当事人为了重复使用而预先拟定,并在订立合同时未与对方协商的条款。

第四十条 【格式合同条款的无效】格式条款具有本法第五十二条和第五十三条规定情形的,或者提供格式条款一方免除其责任、加重对方责任、排除对方主要权利的,该条款无效。

第四十一条 【格式合同的解释】对格式条款的理解发生争议的,应当按照通常理解予以解释。对格式条款有两种以上解释的,应当作出不利于提供格式条款一方的解释。格式条款和非格式条款不一致的,应当采用非格式条款。

第四十二条 【缔约过失】当事人在订立合同过程中有下列情形之一,给对方造成损失的,应当承担损害赔偿责任:

(一)假借订立合同,恶意进行磋商;

(二)故意隐瞒与订立合同有关的重要事实或者提供虚假情况;

(三)有其他违背诚实信用原则的行为。

第四十三条 【保密义务】当事人在订立合同过程中知悉的商业秘密,无论合同是否成立,不得泄露或者不正当地使用。泄露或者不正当地使用该商业秘密给对方造成损失的,应当承担损害赔偿责任。

第三章　合同的效力

第四十四条 【合同的生效】依法成立的合同,自成立时生效。

法律、行政法规规定应当办理批准、登记等手续生效的,依照其规定。

第四十五条 【附条件的合同】当事人对合同的效力可以约定附条件。附生效条件的合同,自条件成就时生效。附解除条件的合同,自条件成就时失效。

当事人为自己的利益不正当地阻止条件成就的,视为条件已成就;不正当地促成条件成就的,视为条件不成就。

第四十六条 【附期限的合同】当事人对合同的效力可以约定附期限。附生效期限的合同,自期限届至时生效。附终止期限的合同,自期限届满时失效。

第四十七条 【限制行为能力人订立的合同】限制民事行为能力人订立的合同,经法定代理人追认后,该合同有效,但纯获利益的合同或者与其年龄、智力、精神健康状况相适应而订立的合同,不必经法定代理人追认。

相对人可以催告法定代理人在一个月内予以追认。法定代理人未作表示的,视为拒绝追认。合同被追认之前,善意相对人有撤销的权利。撤销应当以通知的方式作出。

第四十八条 【无权代理人订立的合同】行为人没有代理权、超越代理权或者代理权终止后以被代理人名义订立的合同,未经被代理人追认,对被代理人不发生效力,由行为人承担责任。

相对人可以催告被代理人在一个月内予以追认。被代理人未作表示的,视为拒绝追认。合同被追认之前,善意相对人有撤销的权利。撤销应当以通知的方式作出。

第四十九条 【表见代理】行为人没有代理权、超越代理权或者代理权终止后以被代理人名义订立合同,相对人有理由相信行为人有代理权的,该代理行为有效。

第五十条 【法定代表人越权行为】法人或者其他组织的法定代表人、负责人超越权限订立的合同,除相对人知道或者应当知道其超越权限的以外,该代表行为有效。

第五十一条 【无处分权人订立的合同】无处分权的人处分他人财产,经权利人追认或者无处分权的人订立合同后取得处分权的,该合同有效。

第五十二条 【合同无效的法定情形】有下列情形之一的,合同无效:

(一)一方以欺诈、胁迫的手段订立合同,损害国家利益;

(二)恶意串通,损害国家、集体或者第三人利益;

(三)以合法形式掩盖非法目的;

(四)损害社会公共利益;

(五)违反法律、行政法规的强制性规定。

第五十三条 【合同免责条款的无效】合同中的下列免责条款无效:

(一)造成对方人身伤害的;

(二)因故意或者重大过失造成对方财产损失的。

第五十四条 【可撤销合同】下列合同,当事人一方有权请求人民法院或者仲裁机构变更或者撤销:

(一)因重大误解订立的;

(二)在订立合同时显失公平的。

一方以欺诈、胁迫的手段或者乘人之危,使对方在违背真实意思的情况下订立的合同,受损害方有权请求人民法院或者仲裁机构变更或者撤销。

当事人请求变更的,人民法院或者仲裁机构不得撤销。

第五十五条 【撤销权的消灭】有下列情形之一的,撤销权消灭:

(一)具有撤销权的当事人自知道或者应当知道撤销事由之日起一年内没有行使撤销权;

(二)具有撤销权的当事人知道撤销事由后明确表示

或者以自己的行为放弃撤销权。

第五十六条 【合同自始无效与部分有效】无效的合同或者被撤销的合同自始没有法律约束力。合同部分无效,不影响其他部分效力的,其他部分仍然有效。

第五十七条 【合同解决争议条款的效力】合同无效、被撤销或者终止的,不影响合同中独立存在的有关解决争议方法的条款的效力。

第五十八条 【合同无效或被撤销的法律后果】合同无效或者被撤销后,因该合同取得的财产,应当予以返还;不能返还或者没有必要返还的,应当折价补偿。有过错的一方应当赔偿对方因此所受到的损失,双方都有过错的,应当各自承担相应的责任。

第五十九条 【恶意串通获取财产的返还】当事人恶意串通,损害国家、集体或者第三人利益的,因此取得的财产收归国家所有或者返还集体、第三人。

第四章　合同的履行

第六十条 【严格履行与诚实信用】当事人应当按照约定全面履行自己的义务。

当事人应当遵循诚实信用原则,根据合同的性质、目的和交易习惯履行通知、协助、保密等义务。

第六十一条 【合同约定不明的补救】合同生效后,当事人就质量、价款或者报酬、履行地点等内容没有约定或者约定不明确的,可以协议补充;不能达成补充协议的,按照合同有关条款或者交易习惯确定。

第六十二条 【合同约定不明时的履行】当事人就有关合同内容约定不明确,依照本法第六十一条的规定仍不能确定的,适用下列规定:

(一)质量要求不明确的,按照国家标准、行业标准履行;没有国家标准、行业标准的,按照通常标准或者符合合同目的的特定标准履行。

(二)价款或者报酬不明确的,按照订立合同时履行地的市场价格履行;依法应当执行政府定价或者政府指导价的,按照规定履行。

(三)履行地点不明确,给付货币的,在接受货币一方所在地履行;交付不动产的,在不动产所在地履行;其他标的,在履行义务一方所在地履行。

(四)履行期限不明确的,债务人可以随时履行,债权人也可以随时要求履行,但应当给对方必要的准备时间。

(五)履行方式不明确的,按照有利于实现合同目的的方式履行。

(六)履行费用的负担不明确的,由履行义务一方负担。

第六十三条 【交付期限与价格执行】执行政府定价或者政府指导价的,在合同约定的交付期限内政府价格调整时,按照交付时的价格计价。逾期交付标的物的,遇价格上涨时,按照原价格执行;价格下降时,按照新价格执行。逾期提取标的物或者逾期付款的,遇价格上涨时,按照新价格执行;价格下降时,按照原价格执行。

第六十四条 【向第三人履行合同】当事人约定由债务人向第三人履行债务的,债务人未向第三人履行债务或者履行债务不符合约定,应当向债权人承担违约责任。

第六十五条 【第三人不履行合同的责任承担】当事人约定由第三人向债权人履行债务的,第三人不履行债务或者履行债务不符合约定,债务人应当向债权人承担违约责任。

第六十六条 【同时履行抗辩权】当事人互负债务,没有先后履行顺序的,应当同时履行。一方在对方履行之前有权拒绝其履行要求。一方在对方履行债务不符合约定时,有权拒绝其相应的履行要求。

第六十七条 【先履行义务】当事人互负债务,有先后履行顺序,先履行一方未履行的,后履行一方有权拒绝其履行要求。先履行一方履行债务不符合约定的,后履行一方有权拒绝其相应的履行要求。

第六十八条 【不安抗辩权】应当先履行债务的当事人,有确切证据证明对方有下列情形之一的,可以中止履行:

(一)经营状况严重恶化;

(二)转移财产、抽逃资金,以逃避债务;

(三)丧失商业信誉;

(四)有丧失或者可能丧失履行债务能力的其他情形。

当事人没有确切证据中止履行的,应当承担违约责任。

第六十九条 【不安抗辩权的行使】当事人依照本法第六十八条的规定中止履行的,应当及时通知对方。对方提供适当担保时,应当恢复履行。中止履行后,对方在合理期限内未恢复履行能力并且未提供适当担保的,中止履行的一方可以解除合同。

第七十条 【因债权人原因致债务履行困难的处理】债权人分立、合并或者变更住所没有通知债务人,致使履行债务发生困难的,债务人可以中止履行或者将标的物提存。

第七十一条 【债务的提前履行】债权人可以拒绝债务人提前履行债务,但提前履行不损害债权人利益的除外。

债务人提前履行债务给债权人增加的费用,由债务人负担。

第七十二条 【债务的部分履行】债权人可以拒绝债务人部分履行债务,但部分履行不损害债权人利益的除外。

债务人部分履行债务给债权人增加的费用,由债务人负担。

第七十三条 【债权人的代位权】因债务人怠于行使其到期债权,对债权人造成损害的,债权人可以向人民法院请求以自己的名义代位行使债务人的债权,但该债权专属于债务人自身的除外。

代位权的行使范围以债权人的债权为限。债权人行使代位权的必要费用,由债务人负担。

第七十四条 【债权人的撤销权】因债务人放弃其到期债权

或者无偿转让财产,对债权人造成损害的,债权人可以请求人民法院撤销债务人的行为。债务人以明显不合理的低价转让财产,对债权人造成损害,并且受让人知道该情形的,债权人也可以请求人民法院撤销债务人的行为。

撤销权的行使范围以债权人的债权为限。债权人行使撤销权的必要费用,由债务人负担。

第七十五条 【撤销权的期间】撤销权自债权人知道或者应当知道撤销事由之日起一年内行使。自债务人的行为发生之日起五年内没有行使撤销权的,该撤销权消灭。

第七十六条 【当事人变化对合同履行的影响】合同生效后,当事人不得因姓名、名称的变更或者法定代表人、负责人、承办人的变动而不履行合同义务。

第五章 合同的变更和转让

第七十七条 【合同变更条件】当事人协商一致,可以变更合同。

法律、行政法规规定变更合同应当办理批准、登记等手续的,依照其规定。

第七十八条 【合同变更内容不明的处理】当事人对合同变更的内容约定不明确的,推定为未变更。

第七十九条 【债权的转让】债权人可以将合同的权利全部或者部分转让给第三人,但有下列情形之一的除外:

(一)根据合同性质不得转让;

(二)按照当事人约定不得转让;

(三)依照法律规定不得转让。

第八十条 【债权转让的通知义务】债权人转让权利的,应当通知债务人。未经通知,该转让对债务人不发生效力。

债权人转让权利的通知不得撤销,但经受让人同意的除外。

第八十一条 【从权利的转移】债权人转让权利的,受让人取得与债权有关的从权利,但该从权利专属于债权人自身的除外。

第八十二条 【债务人的抗辩权】债务人接到债权转让通知后,债务人对让与人的抗辩,可以向受让人主张。

第八十三条 【债务人的抵销权】债务人接到债权转让通知时,债务人对让与人享有债权,并且债务人的债权先于转让的债权到期或者同时到期的,债务人可以向受让人主张抵销。

第八十四条 【债权人同意】债务人将合同的义务全部或者部分转移给第三人的,应当经债权人同意。

第八十五条 【承担人的抗辩】债务人转移义务的,新债务人可以主张原债务人对债权人的抗辩。

第八十六条 【从债的转移】债务人转移义务的,新债务人应当承担与主债务有关的从债务,但该从债务专属于原债务人自身的除外。

第八十七条 【合同转让形式要件】法律、行政法规规定转让权利或者转移义务应当办理批准、登记等手续的,依照其规定。

第八十八条 【概括转让】当事人一方经对方同意,可以将自己在合同中的权利和义务一并转让给第三人。

第八十九条 【概括转让的效力】权利和义务一并转让的,适用本法第七十九条、第八十一条至第八十三条、第八十五条至第八十七条的规定。

第九十条 【新当事人的概括承受】当事人订立合同后合并的,由合并后的法人或者其他组织行使合同权利,履行合同义务。当事人订立合同后分立的,除债权人和债务人另有约定的以外,由分立的法人或者其他组织对合同的权利和义务享有连带债权,承担连带债务。

第六章 合同的权利义务终止

第九十一条 【合同消灭的原因】有下列情形之一的,合同的权利义务终止:

(一)债务已经按照约定履行;

(二)合同解除;

(三)债务相互抵销;

(四)债务人依法将标的物提存;

(五)债权人免除债务;

(六)债权债务同归于一人;

(七)法律规定或者当事人约定终止的其他情形。

第九十二条 【合同终止后的义务】合同的权利义务终止后,当事人应当遵循诚实信用原则,根据交易习惯履行通知、协助、保密等义务。

第九十三条 【合同约定解除】当事人协商一致,可以解除合同。

当事人可以约定一方解除合同的条件。解除合同的条件成就时,解除权人可以解除合同。

第九十四条 【合同的法定解除】有下列情形之一的,当事人可以解除合同:

(一)因不可抗力致使不能实现合同目的;

(二)在履行期限届满之前,当事人一方明确表示或者以自己的行为表明不履行主要债务;

(三)当事人一方迟延履行主要债务,经催告后在合理期限内仍未履行;

(四)当事人一方迟延履行债务或者有其他违约行为致使不能实现合同目的;

(五)法律规定的其他情形。

第九十五条 【解除权消灭】法律规定或者当事人约定解除权行使期限,期限届满当事人不行使的,该权利消灭。

法律没有规定或者当事人没有约定解除权行使期限,经对方催告后在合理期限内不行使的,该权利消灭。

第九十六条 【解除权的行使】当事人一方依照本法第九十三条第二款、第九十四条的规定主张解除合同的,应当通知对方。合同自通知到达对方时解除。对方有异议的,可以请求人民法院或者仲裁机构确认解除合同的效力。

法律、行政法规规定解除合同应当办理批准、登记等手续的,依照其规定。

第九十七条 【解除的效力】合同解除后,尚未履行的,终止履行;已经履行的,根据履行情况和合同性质,当事人可以要求恢复原状、采取其他补救措施,并有权要求赔偿损失。

第九十八条 【结算、清理条款效力】合同的权利义务终止,不影响合同中结算和清理条款的效力。

第九十九条 【债务的抵销及行使】当事人互负到期债务,该债务的标的物种类、品质相同的,任何一方可以将自己的债务与对方的债务抵销,但依照法律规定或者按照合同性质不得抵销的除外。

当事人主张抵销的,应当通知对方。通知自到达对方时生效。抵销不得附条件或者附期限。

第一百条 【债务的约定抵销】当事人互负债务,标的物种类、品质不相同的,经双方协商一致,也可以抵销。

第一百零一条 【提存的要件】有下列情形之一,难以履行债务的,债务人可以将标的物提存:

(一)债权人无正当理由拒绝受领;

(二)债权人下落不明;

(三)债权人死亡未确定继承人或者丧失民事行为能力未确定监护人;

(四)法律规定的其他情形。

标的物不适于提存或者提存费用过高的,债务人依法可以拍卖或者变卖标的物,提存所得的价款。

第一百零二条 【提存后的通知】标的物提存后,除债权人下落不明的以外,债务人应当及时通知债权人或者债权人的继承人、监护人。

第一百零三条 【提存的效力】标的物提存后,毁损、灭失的风险由债权人承担。提存期间,标的物的孳息归债权人所有。提存费用由债权人负担。

第一百零四条 【提存物的受领及受领权消灭】债权人可以随时领取提存物,但债权人对债务人负有到期债务的,在债权人未履行债务或者提供担保之前,提存部门根据债务人的要求应当拒绝其领取提存物。

债权人领取提存物的权利,自提存之日起五年内不行使而消灭,提存物扣除提存费用后归国家所有。

第一百零五条 【免除的效力】债权人免除债务人部分或者全部债务的,合同的权利义务部分或者全部终止。

第一百零六条 【混同的效力】债权和债务同归于一人的,合同的权利义务终止,但涉及第三人利益的除外。

第七章 违约责任

第一百零七条 【违约责任】当事人一方不履行合同义务或者履行合同义务不符合约定的,应当承担继续履行、采取补救措施或者赔偿损失等违约责任。

第一百零八条 【拒绝履行】当事人一方明确表示或者以自己的行为表明不履行合同义务的,对方可以在履行期限届满之前要求其承担违约责任。

第一百零九条 【金钱债务的违约责任】当事人一方未支付价款或者报酬的,对方可以要求其支付价款或者报酬。

第一百一十条 【非金钱债务的违约责任】当事人一方不履行非金钱债务或者履行非金钱债务不符合约定的,对方可以要求履行,但有下列情形之一的除外:

(一)法律上或者事实上不能履行;

(二)债务的标的不适于强制履行或者履行费用过高;

(三)债权人在合理期限内未要求履行。

第一百一十一条 【瑕疵履行】质量不符合约定的,应当按照当事人的约定承担违约责任。对违约责任没有约定或者约定不明确,依照本法第六十一条的规定仍不能确定的,受损害方根据标的的性质以及损失的大小,可以合理选择要求对方承担修理、更换、重作、退货、减少价款或者报酬等违约责任。

第一百一十二条 【履行、补救措施后的损失赔偿】当事人一方不履行合同义务或者履行合同义务不符合约定的,在履行义务或者采取补救措施后,对方还有其他损失的,应当赔偿损失。

第一百一十三条 【损害赔偿的范围】当事人一方不履行合同义务或者履行合同义务不符合约定,给对方造成损失的,损失赔偿额应当相当于因违约所造成的损失,包括合同履行后可以获得的利益,但不得超过违反合同一方订立合同时预见到或者应当预见到的因违反合同可能造成的损失。

经营者对消费者提供商品或者服务有欺诈行为的,依照《中华人民共和国消费者权益保护法》的规定承担损害赔偿责任。

第一百一十四条 【违约金】当事人可以约定一方违约时应当根据违约情况向对方支付一定数额的违约金,也可以约定因违约产生的损失赔偿额的计算方法。

约定的违约金低于造成的损失的,当事人可以请求人民法院或者仲裁机构予以增加;约定的违约金过分高于造成的损失的,当事人可以请求人民法院或者仲裁机构予以适当减少。

当事人就迟延履行约定违约金的,违约方支付违约金后,还应当履行债务。

第一百一十五条 【定金】当事人可以依照《中华人民共和国担保法》约定一方向对方给付定金作为债权的担保。债务人履行债务后,定金应当抵作价款或者收回。给付定金的一方不履行约定的债务的,无权要求返还定金;收受定金的一方不履行约定的债务的,应当双倍返还定金。

第一百一十六条 【违约金与定金的选择】当事人既约定违约金,又约定定金的,一方违约时,对方可以选择适用违约金或者定金条款。

第一百一十七条 【不可抗力】因不可抗力不能履行合同的,

根据不可抗力的影响,部分或者全部免除责任,但法律另有规定的除外。当事人迟延履行后发生不可抗力的,不能免除责任。

本法所称不可抗力,是指不能预见、不能避免并不能克服的客观情况。

第一百一十八条　【不可抗力的通知与证明】当事人一方因不可抗力不能履行合同的,应当及时通知对方,以减轻可能给对方造成的损失,并应当在合理期限内提供证明。

第一百一十九条　【减损规则】当事人一方违约后,对方应当采取适当措施防止损失的扩大;没有采取适当措施致使损失扩大的,不得就扩大的损失要求赔偿。

当事人因防止损失扩大而支出的合理费用,由违约方承担。

第一百二十条　【双方违约的责任】当事人双方都违反合同的,应当各自承担相应的责任。

第一百二十一条　【因第三人的过错造成的违约】当事人一方因第三人的原因造成违约的,应当向对方承担违约责任。当事人一方和第三人之间的纠纷,依照法律规定或者按照约定解决。

第一百二十二条　【责任竞合】因当事人一方的违约行为,侵害对方人身、财产权益的,受损害方有权选择依照本法要求其承担违约责任或者依照其他法律要求其承担侵权责任。

第八章　其他规定

第一百二十三条　【其他规定的适用】其他法律对合同另有规定的,依照其规定。

第一百二十四条　【无名合同】本法分则或者其他法律没有明文规定的合同,适用本法总则的规定,并可以参照本法分则或者其他法律最相类似的规定。

第一百二十五条　【合同解释】当事人对合同条款的理解有争议的,应当按照合同所使用的词句、合同的有关条款、合同的目的、交易习惯以及诚实信用原则,确定该条款的真实意思。

合同文本采用两种以上文字订立并约定具有同等效力的,对各文本使用的词句推定具有相同含义。各文本使用的词句不一致的,应当根据合同的目的予以解释。

第一百二十六条　【涉外合同】涉外合同的当事人可以选择处理合同争议所适用的法律,但法律另有规定的除外。涉外合同的当事人没有选择的,适用与合同有最密切联系的国家的法律。

在中华人民共和国境内履行的中外合资经营企业合同、中外合作经营企业合同、中外合作勘探开发自然资源合同,适用中华人民共和国法律。

第一百二十七条　【合同监督机关】工商行政管理部门和其他有关行政主管部门在各自的职权范围内,依照法律、行政法规的规定,对利用合同危害国家利益、社会公共利益的违法行为,负责监督处理;构成犯罪的,依法追究刑事责任。

第一百二十八条　【合同争议的解决】当事人可以通过和解或者调解解决合同争议。

当事人不愿和解、调解或者和解、调解不成的,可以根据仲裁协议向仲裁机构申请仲裁。涉外合同的当事人可以根据仲裁协议向中国仲裁机构或者其他仲裁机构申请仲裁。当事人没有订立仲裁协议或者仲裁协议无效的,可以向人民法院起诉。当事人应当履行发生法律效力的判决、仲裁裁决、调解书;拒不履行的,对方可以请求人民法院执行。

第一百二十九条　【特殊时效】因国际货物买卖合同和技术进出口合同争议提起诉讼或者申请仲裁的期限为四年,自当事人知道或者应当知道其权利受到侵害之日起计算。因其他合同争议提起诉讼或者申请仲裁的期限,依照有关法律的规定。

分　则

第九章　买卖合同

第一百三十条　【定义】买卖合同是出卖人转移标的物的所有权于买受人,买受人支付价款的合同。

第一百三十一条　【买卖合同的内容】买卖合同的内容除依照本法第十二条的规定以外,还可以包括包装方式、检验标准和方法、结算方式、合同使用的文字及其效力等条款。

第一百三十二条　【标的物】出卖的标的物,应当属于出卖人所有或者出卖人有权处分。

法律、行政法规禁止或者限制转让的标的物,依照其规定。

第一百三十三条　【标的物所有权转移时间】标的物的所有权自标的物交付时起转移,但法律另有规定或者当事人另有约定的除外。

第一百三十四条　【标的物所有权转移的约定】当事人可以在买卖合同中约定买受人未履行支付价款或者其他义务的,标的物的所有权属于出卖人。

第一百三十五条　【出卖人的基本义务】出卖人应当履行向买受人交付标的物或者交付提取标的物的单证,并转移标的物所有权的义务。

第一百三十六条　【有关单证和资料的交付】出卖人应当按照约定或者交易习惯向买受人交付提取标的物单证以外的有关单证和资料。

第一百三十七条　【知识产权归属】出卖具有知识产权的计算机软件等标的物的,除法律另有规定或者当事人另有约定的以外,该标的物的知识产权不属于买受人。

第一百三十八条　【交付的时间】出卖人应当按照约定的期限交付标的物。约定交付期间的,出卖人可以在该交付期间内的任何时间交付。

第一百三十九条　【交付时间的推定】当事人没有约定标的的

物的交付期限或者约定不明确的,适用本法第六十一条、第六十二条第四项的规定。

第一百四十条 【占有标的物与交付时间】标的物在订立合同之前已为买受人占有的,合同生效的时间为交付时间。

第一百四十一条 【交付的地点】出卖人应当按照约定的地点交付标的物。

当事人没有约定交付地点或者约定不明确,依照本法第六十一条的规定仍不能确定的,适用下列规定:

(一)标的物需要运输的,出卖人应当将标的物交付给第一承运人以运交给买受人;

(二)标的物不需要运输,出卖人和买受人订立合同时知道标的物在某一地点的,出卖人应当在该地点交付标的物;不知道标的物在某一地点的,应当在出卖人订立合同时的营业地交付标的物。

第一百四十二条 【标的物的风险负担】标的物毁损、灭失的风险,在标的物交付之前由出卖人承担,交付之后由买受人承担,但法律另有规定或者当事人另有约定的除外。

第一百四十三条 【买受人违约交付的风险承担】因买受人的原因致使标的物不能按照约定的期限交付的,买受人应当自违反约定之日起承担标的物毁损、灭失的风险。

第一百四十四条 【在途标的物的风险承担】出卖人出卖交由承运人运输的在途标的物,除当事人另有约定的以外,毁损、灭失的风险自合同成立时起由买受人承担。

第一百四十五条 【标的物交付给第一承运人后的风险承担】当事人没有约定交付地点或者约定不明确,依照本法第一百四十一条第二款第一项的规定标的物需要运输的,出卖人将标的物交付给第一承运人后,标的物毁损、灭失的风险由买受人承担。

第一百四十六条 【买受人不履行接收标的物义务的风险承担】出卖人按照约定或者依照本法第一百四十一条第二款第二项的规定将标的物置于交付地点,买受人违反约定没有收取的,标的物毁损、灭失的风险自违反约定之日起由买受人承担。

第一百四十七条 【未交付单证、资料与风险承担】出卖人按照约定未交付有关标的物的单证和资料的,不影响标的物毁损、灭失风险的转移。

第一百四十八条 【标的物的瑕疵担保责任】因标的物质量不符合质量要求,致使不能实现合同目的的,买受人可以拒绝接受标的物或者解除合同。买受人拒绝接受标的物或者解除合同的,标的物毁损、灭失的风险由出卖人承担。

第一百四十九条 【风险承担不影响瑕疵担保】标的物毁损、灭失的风险由买受人承担的,不影响因出卖人履行债务不符合约定,买受人要求其承担违约责任的权利。

第一百五十条 【标的物权利瑕疵担保】出卖人就交付的标的物,负有保证第三人不得向买受人主张任何权利的义务,但法律另有规定的除外。

第一百五十一条 【权利瑕疵担保责任和免除】买受人订立合同时知道或者应当知道第三人对买卖的标的物享有权利的,出卖人不承担本法第一百五十条规定的义务。

第一百五十二条 【中止支付价款权】买受人有确切证据证明第三人可能就标的物主张权利的,可以中止支付相应的价款,但出卖人提供适当担保的除外。

第一百五十三条 【标的物的瑕疵担保】出卖人应当按照约定的质量要求交付标的物。出卖人提供有关标的物质量说明的,交付的标的物应当符合该说明的质量要求。

第一百五十四条 【法定质量担保】当事人对标的物的质量要求没有约定或者约定不明确,依照本法第六十一条的规定仍不能确定的,适用本法第六十二条第一项的规定。

第一百五十五条 【买受人权利】出卖人交付的标的物不符合质量要求的,买受人可以依照本法第一百一十一条的规定要求承担违约责任。

第一百五十六条 【标的物包装方式】出卖人应当按照约定的包装方式交付标的物。对包装方式没有约定或者约定不明确,依照本法第六十一条的规定仍不能确定的,应当按照通用的方式包装,没有通用方式的,应当采取足以保护标的物的包装方式。

第一百五十七条 【买受人的检验义务】买受人收到标的物时应当在约定的检验期间内检验。没有约定检验期间的,应当及时检验。

第一百五十八条 【买受人的通知义务及免除】当事人约定检验期间的,买受人应当在检验期间内将标的物的数量或者质量不符合约定的情形通知出卖人。买受人怠于通知的,视为标的物的数量或者质量符合约定。

当事人没有约定检验期间的,买受人应当在发现或者应当发现标的物的数量或者质量不符合约定的合理期间内通知出卖人。买受人在合理期间内未通知或者自标的物收到之日起两年内未通知出卖人的,视为标的物的数量或者质量符合约定,但对标的物有质量保证期的,适用质量保证期,不适用该两年的规定。

出卖人知道或者应当知道提供的标的物不符合约定的,买受人不受前两款规定的通知时间的限制。

第一百五十九条 【买受人的基本义务】买受人应当按照约定的数额支付价款。对价款没有约定或者约定不明确的,适用本法第六十一条、第六十二条第二项的规定。

第一百六十条 【支付价款的地点】买受人应当按照约定的地点支付价款。对支付地点没有约定或者约定不明确,依照本法第六十一条的规定仍不能确定的,买受人应当在出卖人的营业地支付,但约定支付价款以交付标的物或者交付提取标的物单证为条件的,在交付标的物或者交付提取标的物单证的所在地支付。

第一百六十一条 【支付价款的时间】买受人应当按照约定的时间支付价款。对支付时间没有约定或者约定不明确,依照本法第六十一条的规定仍不能确定的,买受人应当在收到标的物或者提取标的物单证的同时支付。

第一百六十二条　【多交标的物的处理】出卖人多交标的物的，买受人可以接收或者拒绝接收多交的部分。买受人接收多交部分的，按照合同的价格支付价款；买受人拒绝接收多交部分的，应当及时通知出卖人。

第一百六十三条　【标的物孳息的归属】标的物在交付之前产生的孳息，归出卖人所有，交付之后产生的孳息，归买受人所有。

第一百六十四条　【解除合同与主物从物的关系】因标的物的主物不符合约定而解除合同的，解除合同的效力及于从物。因标的物的从物不符合约定被解除的，解除的效力不及于主物。

第一百六十五条　【数物并存的合同解除】标的物为数物，其中一物不符合约定的，买受人可以就该物解除，但该物与他物分离使标的物的价值显受损害的，当事人可以就数物解除合同。

第一百六十六条　【分批交付标的物的合同解除】出卖人分批交付标的物的，出卖人对其中一批标的物不交付或者交付不符合约定，致使该批标的物不能实现合同目的的，买受人可以就该批标的物解除。

出卖人不交付其中一批标的物或者交付不符合约定，致使今后其他各批标的物的交付不能实现合同目的的，买受人可以就该批以及今后其他各批标的物解除。

买受人如果就其中一批标的物解除，该批标的物与其他各批标的物相互依存的，可以就已经交付和未交付的各批标的物解除。

第一百六十七条　【分期付款买卖中的合同解除】分期付款的买受人未支付到期价款的金额达到全部价款的五分之一的，出卖人可以要求买受人支付全部价款或者解除合同。

出卖人解除合同的，可以向买受人要求支付该标的物的使用费。

第一百六十八条　【样品买卖】凭样品买卖的当事人应当封存样品，并可以对样品质量予以说明。出卖人交付的标的物应当与样品及其说明的质量相同。

第一百六十九条　【样品买卖特殊责任】凭样品买卖的买受人不知道样品有隐蔽瑕疵的，即使交付的标的物与样品相同，出卖人交付的标的物的质量仍然应当符合同种物的通常标准。

第一百七十条　【试用买卖的试用期间】试用买卖的当事人可以约定标的物的试用期间。对试用期间没有约定或者约定不明确，依照本法第六十一条的规定仍不能确定的，由出卖人确定。

第一百七十一条　【买受人对标的物的认可】试用买卖的买受人在试用期内可以购买标的物，也可以拒绝购买。试用期间届满，买受人对是否购买标的物未作表示的，视为购买。

第一百七十二条　【招标投标买卖】招标投标买卖的当事人的权利和义务以及招标投标程序等，依照有关法律、行政法规的规定。

第一百七十三条　【拍卖】拍卖的当事人的权利和义务以及拍卖程序等，依照有关法律、行政法规的规定。

第一百七十四条　【买卖合同准用于有偿合同】法律对其他有偿合同有规定的，依照其规定；没有规定的，参照买卖合同的有关规定。

第一百七十五条　【互易合同】当事人约定易货交易，转移标的物的所有权的，参照买卖合同的有关规定。

第十章　供用电、水、气、热力合同

第一百七十六条　【定义】供用电合同是供电人向用电人供电，用电人支付电费的合同。

第一百七十七条　【主要条款】供用电合同的内容包括供电的方式、质量、时间，用电容量、地址、性质，计量方式，电价、电费的结算方式，供用电设施的维护责任等条款。

第一百七十八条　【履行地】供用电合同的履行地点，按照当事人约定；当事人没有约定或者约定不明确的，供电设施的产权分界处为履行地点。

第一百七十九条　【安全供电义务及责任】供电人应当按照国家规定的供电质量标准和约定安全供电。供电人未按照国家规定的供电质量标准和约定安全供电，造成用电人损失的，应当承担损害赔偿责任。

第一百八十条　【中断供电的通知义务】供电人因供电设施计划检修、临时检修、依法限电或者用电人违法用电等原因，需要中断供电时，应当按照国家有关规定事先通知用电人。未事先通知用电人中断供电，造成用电人损失的，应当承担损害赔偿责任。

第一百八十一条　【不可抗力断电的抢修义务】因自然灾害等原因断电，供电人应当按照国家有关规定及时抢修。未及时抢修，造成用电人损失的，应当承担损害赔偿责任。

第一百八十二条　【用电人交付电费义务】用电人应当按照国家有关规定和当事人的约定及时交付电费。用电人逾期不交付电费的，应当按照约定支付违约金。经催告用电人在合理期限内仍不交付电费和违约金的，供电人可以按照国家规定的程序中止供电。

第一百八十三条　【安全用电义务】用电人应当按照国家有关规定和当事人的约定安全用电。用电人未按照国家有关规定和当事人的约定安全用电，造成供电人损失的，应当承担损害赔偿责任。

第一百八十四条　【供用水、气、热力合同】供用水、供用气、供用热力合同，参照供用电合同的有关规定。

第十一章　赠 与 合 同

第一百八十五条　【定义】赠与合同是赠与人将自己的财产无偿给予受赠人，受赠人表示接受赠与的合同。

第一百八十六条　【赠与合同的任意撤销与限制】赠与人在赠与财产的权利转移之前可以撤销赠与。

具有救灾、扶贫等社会公益、道德义务性质的赠与合同或者经过公证的赠与合同,不适用前款规定。

第一百八十七条 【赠与的登记等手续】赠与的财产依法需要办理登记等手续的,应当办理有关手续。

第一百八十八条 【受赠人的交付请求权】具有救灾、扶贫等社会公益、道德义务性质的赠与合同或者经过公证的赠与合同,赠与人不交付赠与的财产的,受赠人可以要求交付。

第一百八十九条 【赠与人责任】因赠与人故意或者重大过失致使赠与的财产毁损、灭失的,赠与人应当承担损害赔偿责任。

第一百九十条 【附义务赠与】赠与可以附义务。

赠与附义务的,受赠人应当按照约定履行义务。

第一百九十一条 【赠与的瑕疵担保责任】赠与的财产有瑕疵的,赠与人不承担责任。附义务的赠与,赠与的财产有瑕疵的,赠与人在附义务的限度内承担与出卖人相同的责任。

赠与人故意不告知瑕疵或者保证无瑕疵,造成受赠人损失的,应当承担损害赔偿责任。

第一百九十二条 【赠与的法定撤销】受赠人有下列情形之一的,赠与人可以撤销赠与:

(一)严重侵害赠与人或者赠与人的近亲属;

(二)对赠与人有扶养义务而不履行;

(三)不履行赠与合同约定的义务。

赠与人的撤销权,自知道或者应当知道撤销原因之日起一年内行使。

第一百九十三条 【赠与人的继承人或法定代理人的撤销权】因受赠人的违法行为致使赠与人死亡或者丧失民事行为能力的,赠与人的继承人或者法定代理人可以撤销赠与。

赠与人的继承人或者法定代理人的撤销权,自知道或者应当知道撤销原因之日起六个月内行使。

第一百九十四条 【赠与财产的返还】撤销权人撤销赠与的,可以向受赠人要求返还赠与的财产。

第一百九十五条 【赠与义务的免除】赠与人的经济状况显著恶化,严重影响其生产经营或者家庭生活的,可以不再履行赠与义务。

第十二章 借 款 合 同

第一百九十六条 【定义】借款合同是借款人向贷款人借款,到期返还借款并支付利息的合同。

第一百九十七条 【合同形式及主要条款】借款合同采用书面形式,但自然人之间借款另有约定的除外。

借款合同的内容包括借款种类、币种、用途、数额、利率、期限和还款方式等条款。

第一百九十八条 【合同的担保】订立借款合同,贷款人可以要求借款人提供担保。担保依照《中华人民共和国担保法》的规定。

第一百九十九条 【借款人提供其真实情况的义务】订立借款合同,借款人应当按照贷款人的要求提供与借款有关的业务活动和财务状况的真实情况。

第二百条 【利息的预先扣除】借款的利息不得预先在本金中扣除。利息预先在本金中扣除的,应当按照实际借款数额返还借款并计算利息。

第二百零一条 【贷款人、借款人违约责任】贷款人未按照约定的日期、数额提供借款,造成借款人损失的,应当赔偿损失。

借款人未按照约定的日期、数额收取借款的,应当按照约定的日期、数额支付利息。

第二百零二条 【贷款人的检查、监督权】贷款人按照约定可以检查、监督借款的使用情况。借款人应当按照约定向贷款人定期提供有关财务会计报表等资料。

第二百零三条 【借款使用的限制】借款人未按照约定的借款用途使用借款的,贷款人可以停止发放借款、提前收回借款或者解除合同。

第二百零四条 【利率】办理贷款业务的金融机构贷款的利率,应当按照中国人民银行规定的贷款利率的上下限确定。

第二百零五条 【利息的支付】借款人应当按照约定的期限支付利息。对支付利息的期限没有约定或者约定不明确,依照本法第六十一条的规定仍不能确定,借款期间不满一年的,应当在返还借款时一并支付;借款期间一年以上的,应当在每届满一年时支付,剩余期间不满一年的,应当在返还借款时一并支付。

第二百零六条 【借款的返还期限】借款人应当按照约定的期限返还借款。对借款期限没有约定或者约定不明确,依照本法第六十一条的规定仍不能确定的,借款人可以随时返还;贷款人可以催告借款人在合理期限内返还。

第二百零七条 【逾期利息】借款人未按照约定的期限返还借款的,应当按照约定或者国家有关规定支付逾期利息。

第二百零八条 【提前偿还借款的利息计算】借款人提前偿还借款的,除当事人另有约定的以外,应当按照实际借款的期间计算利息。

第二百零九条 【借款展期】借款人可以在还款期限届满之前向贷款人申请展期。贷款人同意的,可以展期。

第二百一十条 【自然人间借款合同的生效时间】自然人之间的借款合同,自贷款人提供借款时生效。

第二百一十一条 【自然人间借款合同的利率】自然人之间的借款合同对支付利息没有约定或者约定不明确的,视为不支付利息。

自然人之间的借款合同约定支付利息的,借款的利率不得违反国家有关限制借款利率的规定。

第十二章 租 赁 合 同

第二百一十二条 【定义】租赁合同是出租人将租赁物交付

承租人使用、收益,承租人支付租金的合同。

第二百一十三条 【合同的主要条款】租赁合同的内容包括租赁物的名称、数量、用途、租赁期限、租金及其支付期限和方式、租赁物维修等条款。

第二百一十四条 【租赁期限】租赁期限不得超过二十年。超过二十年的,超过部分无效。

租赁期间届满,当事人可以续订租赁合同,但约定的租赁期限自续订之日起不得超过二十年。

第二百一十五条 【租赁合同的形式】租赁期限六个月以上的,应当采用书面形式。当事人未采用书面形式的,视为不定期租赁。

第二百一十六条 【出租人基本义务】出租人应当按照约定将租赁物交付承租人,并在租赁期间保持租赁物符合约定的用途。

第二百一十七条 【承租人基本义务】承租人应当按照约定的方法使用租赁物。对租赁物的使用方法没有约定或者约定不明确,依照本法第六十一条的规定仍不能确定的,应当按照租赁物的性质使用。

第二百一十八条 【正当使用租赁物的责任】承租人按照约定的方法或者租赁物的性质使用租赁物,致使租赁物受到损耗的,不承担损害赔偿责任。

第二百一十九条 【未正当使用租赁物的责任】承租人未按照约定的方法或者租赁物的性质使用租赁物,致使租赁物受到损失的,出租人可以解除合同并要求赔偿损失。

第二百二十条 【租赁物的维修】出租人应当履行租赁物的维修义务,但当事人另有约定的除外。

第二百二十一条 【出租人履行维修义务】承租人在租赁物需要维修时可以要求出租人在合理期限内维修。出租人未履行维修义务的,承租人可以自行维修,维修费用由出租人负担。因维修租赁物影响承租人使用的,应当相应减少租金或者延长租期。

第二百二十二条 【租赁物的保管】承租人应当妥善保管租赁物,因保管不善造成租赁物毁损、灭失的,应当承担损害赔偿责任。

第二百二十三条 【租赁物的改善】承租人经出租人同意,可以对租赁物进行改善或者增设他物。

承租人未经出租人同意,对租赁物进行改善或者增设他物的,出租人可以要求承租人恢复原状或者赔偿损失。

第二百二十四条 【转租】承租人经出租人同意,可以将租赁物转租给第三人。承租人转租的,承租人与出租人之间的租赁合同继续有效,第三人对租赁物造成损失的,承租人应当赔偿损失。

承租人未经出租人同意转租的,出租人可以解除合同。

第二百二十五条 【租赁物的收益】在租赁期间因占有、使用租赁物获得的收益,归承租人所有,但当事人另有约定的除外。

第二百二十六条 【支付租金的期限】承租人应当按照约定的期限支付租金。对支付期限没有约定或者约定不明确,依照本法第六十一条的规定仍不能确定,租赁期间不满一年的,应当在租赁期间届满时支付;租赁期间一年以上的,应当在每届满一年时支付,剩余期间不满一年的,应当在租赁期间届满时支付。

第二百二十七条 【租金的未支付、迟延支付和逾期不支付】承租人无正当理由未支付或者迟延支付租金的,出租人可以要求承租人在合理期限内支付。承租人逾期不支付的,出租人可以解除合同。

第二百二十八条 【租赁物的权利瑕疵】因第三人主张权利,致使承租人不能对租赁物使用、收益的,承租人可以要求减少租金或者不支付租金。

第三人主张权利的,承租人应当及时通知出租人。

第二百二十九条 【所有权变动后的合同效力】租赁物在租赁期间发生所有权变动的,不影响租赁合同的效力。

第二百三十条 【优先购买权】出租人出卖租赁房屋的,应当在出卖之前的合理期限内通知承租人,承租人享有以同等条件优先购买的权利。

第二百三十一条 【租赁物的灭失】因不可归责于承租人的事由,致使租赁物部分或者全部毁损、灭失的,承租人可以要求减少租金或者不支付租金;因租赁物部分或者全部毁损、灭失,致使不能实现合同目的的,承租人可以解除合同。

第二百三十二条 【租期不明的处理】当事人对租赁期限没有约定或者约定不明确,依照本法第六十一条的规定仍不能确定的,视为不定期租赁。当事人可以随时解除合同,但出租人解除合同应当在合理期限之前通知承租人。

第二百三十三条 【租赁物的瑕疵担保】租赁物危及承租人的安全或者健康的,即使承租人订立合同时明知该租赁物质量不合格,承租人仍然可以随时解除合同。

第二百三十四条 【共同居住人的租赁权】承租人在房屋租赁期间死亡的,与其生前共同居住的人可以按照原租赁合同租赁该房屋。

第二百三十五条 【租赁物的返还】租赁期间届满,承租人应当返还租赁物。返还的租赁物应当符合按照约定或者租赁物的性质使用后的状态。

第二百三十六条 【续租】租赁期间届满,承租人继续使用租赁物,出租人没有提出异议的,原租赁合同继续有效,但租赁期限为不定期。

第十四章 融资租赁合同

第二百三十七条 【定义】融资租赁合同是出租人根据承租人对出卖人、租赁物的选择,向出卖人购买租赁物,提供给承租人使用,承租人支付租金的合同。

第二百三十八条 【合同的主要条款及形式】融资租赁合同的内容包括租赁物名称、数量、规格、技术性能、检验方法、租赁期限、租金构成及其支付期限和方式、币种、租赁期间届满租赁物的归属等条款。

融资租赁合同应当采用书面形式。

第二百三十九条 **【租赁物的购买】**出租人根据承租人对出卖人、租赁物的选择订立的买卖合同，出卖人应当按照约定向承租人交付标的物，承租人享有与受领标的物有关的买受人的权利。

第二百四十条 **【索赔权】**出租人、出卖人、承租人可以约定，出卖人不履行买卖合同义务的，由承租人行使索赔的权利。承租人行使索赔权利的，出租人应当协助。

第二百四十一条 **【买卖合同的变更】**出租人根据承租人对出卖人、租赁物的选择订立的买卖合同，未经承租人同意，出租人不得变更与承租人有关的合同内容。

第二百四十二条 **【租赁物所有权】**出租人享有租赁物的所有权。承租人破产的，租赁物不属于破产财产。

第二百四十三条 **【租金的确定】**融资租赁合同的租金，除当事人另有约定的以外，应当根据购买租赁物的大部分或者全部成本以及出租人的合理利润确定。

第二百四十四条 **【租赁物的瑕疵担保责任】**租赁物不符合约定或者不符合使用目的的，出租人不承担责任，但承租人依赖出租人的技能确定租赁物或者出租人干预选择租赁物的除外。

第二百四十五条 **【租赁物的占有和使用】**出租人应当保证承租人对租赁物的占有和使用。

第二百四十六条 **【租赁物造成的损害责任】**承租人占有租赁物期间，租赁物造成第三人的人身伤害或者财产损害的，出租人不承担责任。

第二百四十七条 **【租赁物的保管、使用、维修】**承租人应当妥善保管、使用租赁物。

承租人应当履行占有租赁物期间的维修义务。

第二百四十八条 **【承租人拒付租金责任】**承租人应当按照约定支付租金。承租人经催告后在合理期限内仍不支付租金的，出租人可以要求支付全部租金；也可以解除合同，收回租赁物。

第二百四十九条 **【租赁物价值的部分返还权】**当事人约定租赁期间届满租赁物归承租人所有，承租人已经支付大部分租金，但无力支付剩余租金，出租人因此解除合同收回租赁物的，收回的租赁物的价值超过承租人欠付的租金以及其他费用的，承租人可以要求部分返还。

第二百五十条 **【租赁期满租赁物归属】**出租人和承租人可以约定租赁期间届满租赁物的归属。对租赁物的归属没有约定或者约定不明确，依照本法第六十一条的规定仍不能确定的，租赁物的所有权归出租人。

第十五章　承揽合同

第二百五十一条 **【定义】**承揽合同是承揽人按照定作人的要求完成工作，交付工作成果，定作人给付报酬的合同。

承揽包括加工、定作、修理、复制、测试、检验等工作。

第二百五十二条 **【合同的主要条款】**承揽合同的内容包括承揽的标的、数量、质量、报酬、承揽方式、材料的提供、履行期限、验收标准和方法等条款。

第二百五十三条 **【承揽工作的完成】**承揽人应当以自己的设备、技术和劳力，完成主要工作，但当事人另有约定的除外。

承揽人将其承揽的主要工作交由第三人完成的，应当就该第三人完成的工作成果向定作人负责；未经定作人同意的，定作人也可以解除合同。

第二百五十四条 **【承揽人对辅助性工作的责任】**承揽人可以将其承揽的辅助工作交由第三人完成。承揽人将其承揽的辅助工作交由第三人完成的，应当就该第三人完成的工作成果向定作人负责。

第二百五十五条 **【承揽人提供材料的义务】**承揽人提供材料的，承揽人应当按照约定选用材料，并接受定作人检验。

第二百五十六条 **【定作人提供材料及双方义务】**定作人提供材料的，定作人应当按照约定提供材料。承揽人对定作人提供的材料，应当及时检验，发现不符合约定时，应当及时通知定作人更换、补齐或者采取其他补救措施。

承揽人不得擅自更换定作人提供的材料，不得更换不需要修理的零部件。

第二百五十七条 **【承揽人的通知义务】**承揽人发现定作人提供的图纸或者技术要求不合理的，应当及时通知定作人。因定作人怠于答复等原因造成承揽人损失的，应当赔偿损失。

第二百五十八条 **【中途变更工作要求的责任】**定作人中途变更承揽工作的要求，造成承揽人损失的，应当赔偿损失。

第二百五十九条 **【定作人的协助义务】**承揽工作需要定作人协助的，定作人有协助的义务。

定作人不履行协助义务致使承揽工作不能完成的，承揽人可以催告定作人在合理期限内履行义务，并可以顺延履行期限；定作人逾期不履行的，承揽人可以解除合同。

第二百六十条 **【承揽人接受监督检查的义务】**承揽人在工作期间，应当接受定作人必要的监督检验。定作人不得因监督检验妨碍承揽人的正常工作。

第二百六十一条 **【验收质量保证】**承揽人完成工作的，应当向定作人交付工作成果，并提交必要的技术资料和有关质量证明。定作人应当验收该工作成果。

第二百六十二条 **【质量不合约定的责任】**承揽人交付的工作成果不符合质量要求的，定作人可以要求承揽人承担修理、重作、减少报酬、赔偿损失等违约责任。

第二百六十三条 **【支付报酬期限】**定作人应当按照约定的期限支付报酬。对支付报酬的期限没有约定或者约定不明确，依照本法第六十一条的规定仍不能确定的，定作人应当在承揽人交付工作成果时支付；工作成果部分交付的，定作人应当相应支付。

第二百六十四条 【承揽人的留置权】定作人未向承揽人支付报酬或者材料费等价款的,承揽人对完成的工作成果享有留置权,但当事人另有约定的除外。

第二百六十五条 【材料的保管】承揽人应当妥善保管定作人提供的材料以及完成的工作成果,因保管不善造成毁损、灭失的,应当承担损害赔偿责任。

第二百六十六条 【承揽人的保密义务】承揽人应当按照定作人的要求保守秘密,未经定作人许可,不得留存复制品或者技术资料。

第二百六十七条 【共同承揽】共同承揽人对定作人承担连带责任,但当事人另有约定的除外。

第二百六十八条 【定作人的解除权】定作人可以随时解除承揽合同,造成承揽人损失的,应当赔偿损失。

第十六章 建设工程合同

第二百六十九条 【定义】建设工程合同是承包人进行工程建设,发包人支付价款的合同。

建设工程合同包括工程勘察、设计、施工合同。

第二百七十条 【合同形式】建设工程合同应当采用书面形式。

第二百七十一条 【招标投标】建设工程的招标投标活动,应当依照有关法律的规定公开、公平、公正进行。

第二百七十二条 【总包与分包】发包人可以与总承包人订立建设工程合同,也可以分别与勘察人、设计人、施工人订立勘察、设计、施工承包合同。发包人不得将应当由一个承包人完成的建设工程肢解成若干部分发包给几个承包人。

总承包人或者勘察、设计、施工承包人经发包人同意,可以将自己承包的部分工作交由第三人完成。第三人就其完成的工作成果与总承包人或者勘察、设计、施工承包人向发包人承担连带责任。承包人不得将其承包的全部建设工程转包给第三人或者将其承包的全部建设工程肢解以后以分包的名义分别转包给第三人。

禁止承包人将工程分包给不具备相应资质条件的单位。禁止分包单位将其承包的工程再分包。建设工程主体结构的施工必须由承包人自行完成。

第二百七十三条 【重大建设工程合同的订立】国家重大建设工程合同,应当按照国家规定的程序和国家批准的投资计划、可行性研究报告等文件订立。

第二百七十四条 【勘察、设计合同主要内容】勘察、设计合同的内容包括提交有关基础资料和文件(包括概预算)的期限、质量要求、费用以及其他协作条件等条款。

第二百七十五条 【施工合同主要条款】施工合同的内容包括工程范围、建设工期、中间交工工程的开工和竣工时间、工程质量、工程造价、技术资料交付时间、材料和设备供应责任、拨款和结算、竣工验收、质量保修范围和质量保证期、双方相互协作等条款。

第二百七十六条 【建设工程监理】建设工程实行监理的,发包人应当与监理人采用书面形式订立委托监理合同。发包人与监理人的权利和义务以及法律责任,应当依照本法委托合同以及其他有关法律、行政法规的规定。

第二百七十七条 【发包人检查权】发包人在不妨碍承包人正常作业的情况下,可以随时对作业进度、质量进行检查。

第二百七十八条 【隐蔽工程的验收】隐蔽工程在隐蔽以前,承包人应当通知发包人检查。发包人没有及时检查的,承包人可以顺延工程日期,并有权要求赔偿停工、窝工等损失。

第二百七十九条 【竣工验收】建设工程竣工后,发包人应当根据施工图纸及说明书、国家颁发的施工验收规范和质量检验标准及时进行验收。验收合格的,发包人应当按照约定支付价款,并接收该建设工程。

建设工程竣工经验收合格后,方可交付使用;未经验收或者验收不合格的,不得交付使用。

第二百八十条 【勘察、设计人质量责任】勘察、设计的质量不符合要求或者未按照期限提交勘察、设计文件拖延工期,造成发包人损失的,勘察人、设计人应当继续完善勘察、设计,减收或者免收勘察、设计费并赔偿损失。

第二百八十一条 【施工人的质量责任】因施工人的原因致使建设工程质量不符合约定的,发包人有权要求施工人在合理期限内无偿修理或者返工、改建。经过修理或者返工、改建后,造成逾期交付的,施工人应当承担违约责任。

第二百八十二条 【合理使用期限内的损害赔偿责任】因承包人的原因致使建设工程在合理使用期限内造成人身和财产损害的,承包人应当承担损害赔偿责任。

第二百八十三条 【发包人违约责任】发包人未按照约定的时间和要求提供原材料、设备、场地、资金、技术资料的,承包人可以顺延工程日期,并有权要求赔偿停工、窝工等损失。

第二百八十四条 【发包人原因致工程停建、缓建的责任】因发包人的原因致使工程中途停建、缓建的,发包人应当采取措施弥补或者减少损失,赔偿承包人因此造成的停工、窝工、倒运、机械设备调迁、材料和构件积压等损失和实际费用。

第二百八十五条 【发包人原因致勘察、设计、返工、停工或修改设计的责任】因发包人变更计划,提供的资料不准确,或者未按照期限提供必需的勘察、设计工作条件而造成勘察、设计的返工、停工或者修改设计,发包人应当按照勘察人、设计人实际消耗的工作量增付费用。

第二百八十六条 【工程价款的支付】发包人未按照约定支付价款的,承包人可以催告发包人在合理期限内支付价款。发包人逾期不支付的,除按照建设工程的性质不宜折价、拍卖的以外,承包人可以与发包人协议将该工程折价,也可以申请人民法院将该工程依法拍卖。建设工程的价款就该工程折价或者拍卖的价款优先受偿。

第二百八十七条 【适用承揽合同的规定】本章没有规定的，适用承揽合同的有关规定。

第十七章 运输合同

第一节 一般规定

第二百八十八条 【定义】运输合同是承运人将旅客或者货物从起运地点运输到约定地点，旅客、托运人或者收货人支付票款或者运输费用的合同。

第二百八十九条 【公共运输承运人】从事公共运输的承运人不得拒绝旅客、托运人通常、合理的运输要求。

第二百九十条 【按约定期间运输义务】承运人应当在约定期间或者合理期间内将旅客、货物安全运输到约定地点。

第二百九十一条 【按约定路线运输义务】承运人应当按照约定的或者通常的运输路线将旅客、货物运输到约定地点。

第二百九十二条 【旅客、托运人或收货人基本义务】旅客、托运人或者收货人应当支付票款或者运输费用。承运人未按照约定路线或者通常路线运输增加票款或者运输费用的，旅客、托运人或者收货人可以拒绝支付增加部分的票款或者运输费用。

第二节 客运合同

第二百九十三条 【合同的成立】客运合同自承运人向旅客交付客票时成立，但当事人另有约定或者另有交易习惯的除外。

第二百九十四条 【持有效客票乘运义务】旅客应当持有效客票乘运。旅客无票乘运、超程乘运、越级乘运或者持失效客票乘运的，应当补交票款，承运人可以按照规定加收票款。旅客不交付票款的，承运人可以拒绝运输。

第二百九十五条 【退票与变更】旅客因自己的原因不能按照客票记载的时间乘坐的，应当在约定的时间内办理退票或者变更手续。逾期办理的，承运人可以不退票款，并不再承担运输义务。

第二百九十六条 【按约定限量携带行李义务】旅客在运输中应当按照约定的限量携带行李。超过限量携带行李的，应当办理托运手续。

第二百九十七条 【违禁品或危险物品的携带禁止】旅客不得随身携带或者在行李中夹带易燃、易爆、有毒、有腐蚀性、有放射性以及有可能危及运输工具上人身和财产安全的危险物品或者其他违禁物品。

旅客违反前款规定的，承运人可以将违禁物品卸下、销毁或者送交有关部门。旅客坚持携带或者夹带违禁物品的，承运人应当拒绝运输。

第二百九十八条 【承运人告知重要事项义务】承运人应当向旅客及时告知有关不能正常运输的重要事由和安全运输应当注意的事项。

第二百九十九条 【承运人迟延运输】承运人应当按照客票载明的时间和班次运输旅客。承运人迟延运输的，应当根据旅客的要求安排改乘其他班次或者退票。

第三百条 【承运人变更运输工具】承运人擅自变更运输工具而降低服务标准的，应当根据旅客的要求退票或者减收票款；提高服务标准的，不应当加收票款。

第三百零一条 【对旅客的救助义务】承运人在运输过程中，应当尽力救助患有急病、分娩、遇险的旅客。

第三百零二条 【旅客伤亡的损害赔偿责任】承运人应当对运输过程中旅客的伤亡承担损害赔偿责任，但伤亡是旅客自身健康原因造成的或者承运人证明伤亡是旅客故意、重大过失造成的除外。

前款规定适用于按照规定免票、持优待票或者经承运人许可搭乘的无票旅客。

第三百零三条 【对行李的赔偿责任】在运输过程中旅客自带物品毁损、灭失，承运人有过错的，应当承担损害赔偿责任。

旅客托运的行李毁损、灭失的，适用货物运输的有关规定。

第三节 货运合同

第三百零四条 【托运人告知义务】托运人办理货物运输，应当向承运人准确表明收货人的名称或者姓名或者凭指示的收货人，货物的名称、性质、重量、数量，收货地点等有关货物运输的必要情况。

因托运人申报不实或者遗漏重要情况，造成承运人损失的，托运人应当承担损害赔偿责任。

第三百零五条 【托运人提交文件义务】货物运输需要办理审批、检验等手续的，托运人应当将办理完有关手续的文件提交承运人。

第三百零六条 【托运人的包装义务】托运人应当按照约定的方式包装货物。对包装方式没有约定或者约定不明确的，适用本法第一百五十六条的规定。

托运人违反前款规定的，承运人可以拒绝运输。

第三百零七条 【托运人运送危险货物的义务】托运人托运易燃、易爆、有毒、有腐蚀性、有放射性等危险物品的，应当按照国家有关危险物品运输的规定对危险物品妥善包装，作出危险物标志和标签，并将有关危险物品的名称、性质和防范措施的书面材料提交承运人。

托运人违反前款规定的，承运人可以拒绝运输，也可以采取相应措施以避免损失的发生，因此产生的费用由托运人承担。

第三百零八条 【托运人请求变更的权利】在承运人将货物交付收货人之前，托运人可以要求承运人中止运输、返还货物、变更到达地或者将货物交给其他收货人，但应当赔偿承运人因此受到的损失。

第三百零九条 【承运人的通知义务及收货人及时提货义务】货物运输到达后，承运人知道收货人的，应当及时通知收货人，收货人应当及时提货。收货人逾期提货的，应当向承运人支付保管费等费用。

第三百一十条　【收货人对货物的检验】收货人提货时应当按照约定的期限检验货物。对检验货物的期限没有约定或者约定不明确,依照本法第六十一条的规定仍不能确定的,应当在合理期限内检验货物。收货人在约定的期限或者合理期限内对货物的数量、毁损等未提出异议的,视为承运人已经按照运输单证的记载交付的初步证据。

第三百一十一条　【承运人的赔偿责任】承运人对运输过程中货物的毁损、灭失承担损害赔偿责任,但承运人证明货物的毁损、灭失是因不可抗力、货物本身的自然性质或者合理损耗以及托运人、收货人的过错造成的,不承担损害赔偿责任。

第三百一十二条　【确定货损额的方法】货物的毁损、灭失的赔偿额,当事人有约定的,按照其约定;没有约定或者约定不明确,依照本法第六十一条的规定仍不能确定的,按照交付或者应当交付时货物到达地的市场价格计算。法律、行政法规对赔偿额的计算方法和赔偿限额另有规定的,依照其规定。

第三百一十三条　【联运的责任承担】两个以上承运人以同一运输方式联运的,与托运人订立合同的承运人应当对全程运输承担责任。损失发生在某一运输区段的,与托运人订立合同的承运人和该区段的承运人承担连带责任。

第三百一十四条　【货物的灭失与运费的处理】货物在运输过程中因不可抗力灭失,未收取运费的,承运人不得要求支付运费;已收取运费的,托运人可以要求返还。

第三百一十五条　【运送物的留置】托运人或者收货人不支付运费、保管费以及其他运输费用的,承运人对相应的运输货物享有留置权,但当事人另有约定的除外。

第三百一十六条　【货物的提存】收货人不明或者收货人无正当理由拒绝受领货物的,依照本法第一百零一条的规定,承运人可以提存货物。

第四节　多式联运合同

第三百一十七条　【多式联运经营人的权利义务】多式联运经营人负责履行或者组织履行多式联运合同,对全程运输享有承运人的权利,承担承运人的义务。

第三百一十八条　【多式联运的责任制度】多式联运经营人可以与参加多式联运的各区段承运人就多式联运合同的各区段运输约定相互之间的责任,但该约定不影响多式联运经营人对全程运输承担的义务。

第三百一十九条　【联运单据的转让】多式联运经营人收到托运人交付的货物时,应当签发多式联运单据。按照托运人的要求,多式联运单据可以是可转让单据,也可以是不可转让单据。

第三百二十条　【托运人的损害赔偿责任】因托运人托运货物时的过错造成多式联运经营人损失的,即使托运人已经转让多式联运单据,托运人仍然应当承担损害赔偿责任。

第三百二十一条　【赔偿责任适用法律的规定】货物的毁损、灭失发生于多式联运的某一运输区段的,多式联运经营人的赔偿责任和责任限额,适用调整该区段运输方式的有关法律规定。货物毁损、灭失发生的运输区段不能确定的,依照本章规定承担损害赔偿责任。

第十八章　技 术 合 同

第一节　一 般 规 定

第三百二十二条　【定义】技术合同是当事人就技术开发、转让、咨询或者服务订立的确立相互之间权利和义务的合同。

第三百二十三条　【订立技术合同的原则】订立技术合同,应当有利于科学技术的进步,加速科学技术成果的转化、应用和推广。

第三百二十四条　【技术合同的主要条款】技术合同的内容由当事人约定,一般包括以下条款:

(一)项目名称;
(二)标的的内容、范围和要求;
(三)履行的计划、进度、期限、地点、地域和方式;
(四)技术情报和资料的保密;
(五)风险责任的承担;
(六)技术成果的归属和收益的分成办法;
(七)验收标准和方法;
(八)价款、报酬或者使用费及其支付方式;
(九)违约金或者损失赔偿的计算方法;
(十)解决争议的方法;
(十一)名词和术语的解释。

与履行合同有关的技术背景资料、可行性论证和技术评价报告、项目任务书和计划书、技术标准、技术规范、原始设计和工艺文件,以及其他技术文档,按照当事人的约定可以作为合同的组成部分。

技术合同涉及专利的,应当注明发明创造的名称、专利申请人和专利权人、申请日期、申请号、专利号以及专利权的有效期限。

第三百二十五条　【技术合同价款、报酬或使用费】技术合同价款、报酬或者使用费的支付方式由当事人约定,可以采取一次总算、一次总付或者一次总算、分期支付,也可以采取提成支付或者提成支付附加预付入门费的方式。

约定提成支付的,可以按照产品价格、实施专利和使用技术秘密后新增的产值、利润或者产品销售额的一定比例提成,也可以按照约定的其他方式计算。提成支付的比例可以采取固定比例、逐年递增比例或者逐年递减比例。

约定提成支付的,当事人应当在合同中约定查阅有关会计帐目的办法。

第三百二十六条　【职务技术成果的经济权属】职务技术成果的使用权、转让权属于法人或者其他组织的,法人或者其他组织可以就该项职务技术成果订立技术合同。法人或者其他组织应当从使用和转让该项职务技术成果所取得的收益中提取一定比例，对完成该项职务技术成果的个人给予奖励或者报酬。法人或者其他组织订立技术合同转让职务技术成果时，职务技术成果的完成人享有以同等条件优先受让的权利。

职务技术成果是执行法人或者其他组织的工作任务，或者主要是利用法人或者其他组织的物质技术条件所完成的技术成果。

第三百二十七条 【非职务技术成果的经济权属】非职务技术成果的使用权、转让权属于完成技术成果的个人，完成技术成果的个人可以就该项非职务技术成果订立技术合同。

第三百二十八条 【技术成果的精神权属】完成技术成果的个人有在有关技术成果文件上写明自己是技术成果完成者的权利和取得荣誉证书、奖励的权利。

第三百二十九条 【技术合同的无效】非法垄断技术、妨碍技术进步或者侵害他人技术成果的技术合同无效。

第二节 技术开发合同

第三百三十条 【定义及合同形式】技术开发合同是指当事人之间就新技术、新产品、新工艺或者新材料及其系统的研究开发所订立的合同。

技术开发合同包括委托开发合同和合作开发合同。

技术开发合同应当采用书面形式。

当事人之间就具有产业应用价值的科技成果实施转化订立的合同，参照技术开发合同的规定。

第三百三十一条 【委托人义务】委托开发合同的委托人应当按照约定支付研究开发经费和报酬；提供技术资料、原始数据；完成协作事项；接受研究开发成果。

第三百三十二条 【受托人义务】委托开发合同的研究开发人应当按照约定制定和实施研究开发计划；合理使用研究开发经费；按期完成研究开发工作，交付研究开发成果，提供有关的技术资料和必要的技术指导，帮助委托人掌握研究开发成果。

第三百三十三条 【委托人的违约责任】委托人违反约定造成研究开发工作停滞、延误或者失败的，应当承担违约责任。

第三百三十四条 【受托人的违约责任】研究开发人违反约定造成研究开发工作停滞、延误或者失败的，应当承担违约责任。

第三百三十五条 【合作开发各方的主要义务】合作开发合同的当事人应当按照约定进行投资，包括以技术进行投资；分工参与研究开发工作；协作配合研究开发工作。

第三百三十六条 【合作开发各方的违约责任】合作开发合同的当事人违反约定造成研究开发工作停滞、延误或者失败的，应当承担违约责任。

第三百三十七条 【合同的解除】因作为技术开发合同标的的技术已经由他人公开，致使技术开发合同的履行没有意义的，当事人可以解除合同。

第三百三十八条 【风险负担及通知义务】在技术开发合同履行过程中，因出现无法克服的技术困难，致使研究开发失败或者部分失败的，该风险责任由当事人约定。没有约定或者约定不明确，依照本法第六十一条的规定仍不能确定的，风险责任由当事人合理分担。

当事人一方发现前款规定的可能致使研究开发失败或者部分失败的情形时，应当及时通知另一方并采取适当措施减少损失。没有及时通知并采取适当措施，致使损失扩大的，应当就扩大的损失承担责任。

第三百三十九条 【技术成果的归属】委托开发完成的发明创造，除当事人另有约定的以外，申请专利的权利属于研究开发人。研究开发人取得专利权的，委托人可以免费实施该专利。

研究开发人转让专利申请权的，委托人享有以同等条件优先受让的权利。

第三百四十条 【合作开发技术成果的归属】合作开发完成的发明创造，除当事人另有约定的以外，申请专利的权利属于合作开发的当事人共有。当事人一方转让其共有的专利申请权的，其他各方享有以同等条件优先受让的权利。

合作开发的当事人一方声明放弃其共有的专利申请权的，可以由另一方单独申请或者由其他各方共同申请。申请人取得专利权的，放弃专利申请权的一方可以免费实施该专利。

合作开发的当事人一方不同意申请专利的，另一方或者其他各方不得申请专利。

第三百四十一条 【技术秘密成果的归属与分享】委托开发或者合作开发完成的技术秘密成果的使用权、转让权以及利益的分配办法，由当事人约定。没有约定或者约定不明确，依照本法第六十一条的规定仍不能确定的，当事人均有使用和转让的权利，但委托开发的研究开发人不得在向委托人交付研究开发成果之前，将研究开发成果转让给第三人。

第三节 技术转让合同

第三百四十二条 【内容及形式】技术转让合同包括专利权转让、专利申请权转让、技术秘密转让、专利实施许可合同。

技术转让合同应当采用书面形式。

第三百四十三条 【技术转让范围的约定】技术转让合同可以约定让与人和受让人实施专利或者使用技术秘密的范围，但不得限制技术竞争和技术发展。

第三百四十四条 【专利实施许可合同的限制】专利实施许可合同只在该专利权的存续期间内有效。专利权有效期限届满或者专利权被宣布无效的，专利权人不得就该专利与他人订立专利实施许可合同。

第三百四十五条　【专利实施许可合同让与人主要义务】专利实施许可合同的让与人应当按照约定许可受让人实施专利,交付实施专利有关的技术资料,提供必要的技术指导。

第三百四十六条　【专利实施许可合同受让人主要义务】专利实施许可合同的受让人应当按照约定实施专利,不得许可约定以外的第三人实施该专利;并按照约定支付使用费。

第三百四十七条　【技术秘密转让合同让与人的义务】技术秘密转让合同的让与人应当按照约定提供技术资料,进行技术指导,保证技术的实用性、可靠性,承担保密义务。

第三百四十八条　【技术秘密转让合同的受让人义务】技术秘密转让合同的受让人应当按照约定使用技术,支付使用费,承担保密义务。

第三百四十九条　【技术转让合同让与人基本义务】技术转让合同的让与人应当保证自己是所提供的技术的合法拥有者,并保证所提供的技术完整、无误、有效,能够达到约定的目标。

第三百五十条　【技术转让合同受让人技术保密义务】技术转让合同的受让人应当按照约定的范围和期限,对让与人提供的技术中尚未公开的秘密部分,承担保密义务。

第三百五十一条　【让与人违约责任】让与人未按照约定转让技术的,应当返还部分或者全部使用费,并应当承担违约责任;实施专利或者使用技术秘密超越约定的范围的,违反约定擅自许可第三人实施该项专利或者使用该项技术秘密的,应当停止违约行为,承担违约责任;违反约定的保密义务的,应当承担违约责任。

第三百五十二条　【受让人违约责任】受让人未按照约定支付使用费的,应当补交使用费并按照约定支付违约金;不补交使用费或者支付违约金的,应当停止实施专利或者使用技术秘密,交还技术资料,承担违约责任;实施专利或者使用技术秘密超越约定的范围的,未经让与人同意擅自许可第三人实施该专利或者使用该技术秘密的,应当停止违约行为,承担违约责任;违反约定的保密义务的,应当承担违约责任。

第三百五十三条　【技术合同让与人侵权责任】受让人按照约定实施专利、使用技术秘密侵害他人合法权益的,由让与人承担责任,但当事人另有约定的除外。

第三百五十四条　【后续技术成果的归属与分享】当事人可以按照互利的原则,在技术转让合同中约定实施专利、使用技术秘密后续改进的技术成果的分享办法。没有约定或者约定不明确,依照本法第六十一条的规定仍不能确定的,一方后续改进的技术成果,其他各方无权分享。

第三百五十五条　【技术进出口合同的法律适用】法律、行政法规对技术进出口合同或者专利、专利申请合同另有规定的,依照其规定。

第四节　技术咨询合同和技术服务合同

第三百五十六条　【内容】技术咨询合同包括就特定技术项目提供可行性论证、技术预测、专题技术调查、分析评价报告等合同。

技术服务合同是指当事人一方以技术知识为另一方解决特定技术问题所订立的合同,不包括建设工程合同和承揽合同。

第三百五十七条　【技术咨询合同委托人主要义务】技术咨询合同的委托人应当按照约定阐明咨询的问题,提供技术背景材料及有关技术资料、数据;接受受托人的工作成果,支付报酬。

第三百五十八条　【技术咨询合同受托人主要义务】技术咨询合同的受托人应当按照约定的期限完成咨询报告或者解答问题;提出的咨询报告应当达到约定的要求。

第三百五十九条　【委托人与受托人的违约责任】技术咨询合同的委托人未按照约定提供必要的资料和数据,影响工作进度和质量,不接受或者逾期接受工作成果的,支付的报酬不得追回,未支付的报酬应当支付。

技术咨询合同的受托人未按期提出咨询报告或者提出的咨询报告不符合约定的,应当承担减收或者免收报酬等违约责任。

技术咨询合同的委托人按照受托人符合约定要求的咨询报告和意见作出决策所造成的损失,由委托人承担,但当事人另有约定的除外。

第三百六十条　【技术服务合同委托人义务】技术服务合同的委托人应当按照约定提供工作条件,完成配合事项;接受工作成果并支付报酬。

第三百六十一条　【技术服务合同受托人义务】技术服务合同的受托人应当按照约定完成服务项目,解决技术问题,保证工作质量,并传授解决技术问题的知识。

第三百六十二条　【技术服务合同双方当事人的违约责任】技术服务合同的委托人不履行合同义务或者履行合同义务不符合约定,影响工作进度和质量,不接受或者逾期接受工作成果的,支付的报酬不得追回,未支付的报酬应当支付。

技术服务合同的受托人未按照合同约定完成服务工作的,应当承担免收报酬等违约责任。

第三百六十三条　【新创技术成果的归属和分享】在技术咨询合同、技术服务合同履行过程中,受托人利用委托人提供的技术资料和工作条件完成的新的技术成果,属于受托人。委托人利用受托人的工作成果完成的新的技术成果,属于委托人。当事人另有约定的,按照其约定。

第三百六十四条　【技术培训合同、技术中介合同的法律适用】法律、行政法规对技术中介合同、技术培训合同另有规定的,依照其规定。

第十九章 保管合同

第三百六十五条 【定义】保管合同是保管人保管寄存人交付的保管物,并返还该物的合同。

第三百六十六条 【保管费的支付】寄存人应当按照约定向保管人支付保管费。

当事人对保管费没有约定或者约定不明确,依照本法第六十一条的规定仍不能确定的,保管是无偿的。

第三百六十七条 【保管合同的成立】保管合同自保管物交付时成立,但当事人另有约定的除外。

第三百六十八条 【保管凭证】寄存人向保管人交付保管物的,保管人应当给付保管凭证,但另有交易习惯的除外。

第三百六十九条 【保管行为的要求】保管人应当妥善保管保管物。

当事人可以约定保管场所或者方法。除紧急情况或者为了维护寄存人利益的以外,不得擅自改变保管场所或者方法。

第三百七十条 【保管物有瑕疵或需特殊保管时寄存人的义务】寄存人交付的保管物有瑕疵或者按照保管物的性质需要采取特殊保管措施的,寄存人应当将有关情况告知保管人。寄存人未告知,致使保管物受损失的,保管人不承担损害赔偿责任;保管人因此受损失的,除保管人知道或者应当知道并且未采取补救措施的以外,寄存人应当承担损害赔偿责任。

第三百七十一条 【第三人代为保管】保管人不得将保管物转交第三人保管,但当事人另有约定的除外。

保管人违反前款规定,将保管物转交第三人保管,对保管物造成损失的,应当承担损害赔偿责任。

第三百七十二条 【保管人不得使用保管物的义务】保管人不得使用或者许可第三人使用保管物,但当事人另有约定的除外。

第三百七十三条 【第三人主张权利的返还】第三人对保管物主张权利的,除依法对保管物采取保全或者执行的以外,保管人应当履行向寄存人返还保管物的义务。

第三人对保管人提起诉讼或者对保管物申请扣押的,保管人应当及时通知寄存人。

第三百七十四条 【保管物的毁损灭失与保管人责任】保管期间,因保管人保管不善造成保管物毁损、灭失的,保管人应当承担损害赔偿责任,但保管是无偿的,保管人证明自己没有重大过失的,不承担损害赔偿责任。

第三百七十五条 【寄存人的声明义务】寄存人寄存货币、有价证券或者其他贵重物品的,应当向保管人声明,由保管人验收或者封存。寄存人未声明的,该物品毁损、灭失后,保管人可以按照一般物品予以赔偿。

第三百七十六条 【保管物领取】寄存人可以随时领取保管物。

当事人对保管期间没有约定或者约定不明确的,保管人可以随时要求寄存人领取保管物;约定保管期间的,保管人无特别事由,不得要求寄存人提前领取保管物。

第三百七十七条 【保管物的返还】保管期间届满或者寄存人提前领取保管物的,保管人应当将原物及其孳息归还寄存人。

第三百七十八条 【货币等的返还】保管人保管货币的,可以返还相同种类、数量的货币。保管其他可替代物的,可以按照约定返还相同种类、品质、数量的物品。

第三百七十九条 【保管费支付期限】有偿的保管合同,寄存人应当按照约定的期限向保管人支付保管费。

当事人对支付期限没有约定或者约定不明确,依照本法第六十一条的规定仍不能确定的,应当在领取保管物的同时支付。

第三百八十条 【保管人的留置权】寄存人未按照约定支付保管费以及其他费用的,保管人对保管物享有留置权,但当事人另有约定的除外。

第二十章 仓储合同

第三百八十一条 【定义】仓储合同是保管人储存存货人交付的仓储物,存货人支付仓储费的合同。

第三百八十二条 【仓储合同生效时间】仓储合同自成立时生效。

第三百八十三条 【危险物品的储存】储存易燃、易爆、有毒、有腐蚀性、有放射性等危险物品或者易变质物品,存货人应当说明该物品的性质,提供有关资料。

存货人违反前款规定的,保管人可以拒收仓储物,也可以采取相应措施以避免损失的发生,因此产生的费用由存货人承担。

保管人储存易燃、易爆、有毒、有腐蚀性、有放射性等危险物品的,应当具备相应的保管条件。

第三百八十四条 【仓储物的验收】保管人应当按照约定对入库仓储物进行验收。保管人验收时发现入库仓储物与约定不符合的,应当及时通知存货人。保管人验收后,发生仓储物的品种、数量、质量不符合约定的,保管人应当承担损害赔偿责任。

第三百八十五条 【仓单】存货人交付仓储物的,保管人应当给付仓单。

第三百八十六条 【仓单应载事项】保管人应当在仓单上签字或者盖章。仓单包括下列事项:

(一)存货人的名称或者姓名和住所;

(二)仓储物的品种、数量、质量、包装、件数和标记;

(三)仓储物的损耗标准;

(四)储存场所;

(五)储存期间;

(六)仓储费;

(七)仓储物已经办理保险的,其保险金额、期间以及保险人的名称;

(八)填发人、填发地和填发日期。

第三百八十七条 【仓单的背书及其效力】仓单是提取仓储物的凭证。存货人或者仓单持有人在仓单上背书并经保管人签字或者盖章的,可以转让提取仓储物的权利。

第三百八十八条 【检查权】保管人根据存货人或者仓单持有人的要求,应当同意其检查仓储物或者提取样品。

第三百八十九条 【保管人的通知义务】保管人对入库仓储物发现有变质或者其他损坏的,应当及时通知存货人或者仓单持有人。

第三百九十条 【保管人的催告义务】保管人对入库仓储物发现有变质或者其他损坏,危及其他仓储物的安全和正常保管的,应当催告存货人或者仓单持有人作出必要的处置。因情况紧急,保管人可以作出必要的处置,但事后应当将该情况及时通知存货人或者仓单持有人。

第三百九十一条 【仓储物提取时间】当事人对储存期间没有约定或者约定不明确的,存货人或者仓单持有人可以随时提取仓储物,保管人也可以随时要求存货人或者仓单持有人提取仓储物,但应当给予必要的准备时间。

第三百九十二条 【仓单持有人提取仓储物】储存期间届满,存货人或者仓单持有人应当凭仓单提取仓储物。存货人或者仓单持有人逾期提取的,应当加收仓储费;提前提取的,不减收仓储费。

第三百九十三条 【保管人的提存权】储存期间届满,存货人或者仓单持有人不提取仓储物的,保管人可以催告其在合理期限内提取,逾期不提取的,保管人可以提存仓储物。

第三百九十四条 【保管人违约责任】储存期间,因保管人保管不善造成仓储物毁损、灭失的,保管人应当承担损害赔偿责任。

因仓储物的性质、包装不符合约定或者超过有效储存期造成仓储物变质、损坏的,保管人不承担损害赔偿责任。

第三百九十五条 【仓储合同的法律适用】本章没有规定的,适用保管合同的有关规定。

第二十一章 委托合同

第三百九十六条 【定义】委托合同是委托人和受托人约定,由受托人处理委托人事务的合同。

第三百九十七条 【委托范围】委托人可以特别委托受托人处理一项或者数项事务,也可以概括委托受托人处理一切事务。

第三百九十八条 【委托费用】委托人应当预付处理委托事务的费用。受托人为处理委托事务垫付的必要费用,委托人应当偿还该费用及其利息。

第三百九十九条 【受托人服从指示的义务】受托人应当按照委托人的指示处理委托事务。需要变更委托人指示的,应当经委托人同意;因情况紧急,难以和委托人取得联系的,受托人应当妥善处理委托事务,但事后应当将该情况及时报告委托人。

第四百条 【亲自处理及转委托】受托人应当亲自处理委托事务。经委托人同意,受托人可以转委托。转委托经同意的,委托人可以就委托事务直接指示转委托的第三人,受托人仅就第三人的选任及其对第三人的指示承担责任。转委托未经同意的,受托人应当对转委托的第三人的行为承担责任,但在紧急情况下受托人为维护委托人的利益需要转委托的除外。

第四百零一条 【受托人的报告义务】受托人应当按照委托人的要求,报告委托事务的处理情况。委托合同终止时,受托人应当报告委托事务的结果。

第四百零二条 【委托人的介入权】受托人以自己的名义,在委托人的授权范围内与第三人订立的合同,第三人在订立合同时知道受托人与委托人之间的代理关系的,该合同直接约束委托人和第三人,但有确切证据证明该合同只约束受托人和第三人的除外。

第四百零三条 【委托人对第三人的权利及第三人选择相对人的权利】受托人以自己的名义与第三人订立合同时,第三人不知道受托人与委托人之间的代理关系的,受托人因第三人的原因对委托人不履行义务,受托人应当向委托人披露第三人,委托人因此可以行使受托人对第三人的权利,但第三人与受托人订立合同时如果知道该委托人就不会订立合同的除外。

受托人因委托人的原因对第三人不履行义务,受托人应当向第三人披露委托人,第三人因此可以选择受托人或者委托人作为相对人主张其权利,但第三人不得变更选定的相对人。

委托人行使受托人对第三人的权利的,第三人可以向委托人主张其对受托人的抗辩。第三人选定委托人作为其相对人的,委托人可以向第三人主张其对受托人的抗辩以及受托人对第三人的抗辩。

第四百零四条 【受托人转交财产义务】受托人处理委托事务取得的财产,应当转交给委托人。

第四百零五条 【委托人支付报酬的义务】受托人完成委托事务的,委托人应当向其支付报酬。因不可归责于受托人的事由,委托合同解除或者委托事务不能完成的,委托人应当向受托人支付相应的报酬。当事人另有约定的,按照其约定。

第四百零六条 【受托人的损害赔偿责任】有偿的委托合同,因受托人的过错给委托人造成损失的,委托人可以要求赔偿损失。无偿的委托合同,因受托人的故意或者重大过失给委托人造成损失的,委托人可以要求赔偿损失。

受托人超越权限给委托人造成损失的,应当赔偿损失。

第四百零七条 【委托人的赔偿责任】受托人处理委托事务时,因不可归责于自己的事由受到损失的,可以向委托人要求赔偿损失。

第四百零八条 【另行委托】委托人经受托人同意,可以在受托人之外委托第三人处理委托事务。因此给受托人造成损失的，受托人可以向委托人要求赔偿损失。

第四百零九条 【受托人的连带责任】两个以上的受托人共同处理委托事务的，对委托人承担连带责任。

第四百一十条 【任意解除权】委托人或者受托人可以随时解除委托合同。因解除合同给对方造成损失的，除不可归责于该当事人的事由以外，应当赔偿损失。

第四百一十一条 【委托合同的终止】委托人或者受托人死亡、丧失民事行为能力或者破产的，委托合同终止，但当事人另有约定或者根据委托事务的性质不宜终止的除外。

第四百一十二条 【受托人的后合同义务】因委托人死亡、丧失民事行为能力或者破产，致使委托合同终止将损害委托人利益的，在委托人的继承人、法定代理人或者清算组织承受委托事务之前，受托人应当继续处理委托事务。

第四百一十三条 【受托人死亡后其继承人等的义务】因受托人死亡、丧失民事行为能力或者破产，致使委托合同终止的，受托人的继承人、法定代理人或者清算组织应当及时通知委托人。因委托合同终止将损害委托人利益的，在委托人作出善后处理之前，受托人的继承人、法定代理人或者清算组织应当采取必要措施。

第二十二章 行纪合同

第四百一十四条 【定义】行纪合同是行纪人以自己的名义为委托人从事贸易活动，委托人支付报酬的合同。

第四百一十五条 【处理委托事务的费用承担】行纪人处理委托事务支出的费用，由行纪人负担，但当事人另有约定的除外。

第四百一十六条 【行纪人对委托物的保管义务】行纪人占有委托物的，应当妥善保管委托物。

第四百一十七条 【委托物的处理】委托物交付给行纪人时有瑕疵或者容易腐烂、变质的，经委托人同意，行纪人可以处分该物；和委托人不能及时取得联系的，行纪人可以合理处分。

第四百一十八条 【未按指示进行行纪活动的后果】行纪人低于委托人指定的价格卖出或者高于委托人指定的价格买入的，应当经委托人同意。未经委托人同意，行纪人补偿其差额的，该买卖对委托人发生效力。

行纪人高于委托人指定的价格卖出或者低于委托人指定的价格买入的，可以按照约定增加报酬。没有约定或者约定不明确，依照本法第六十一条的规定仍不能确定的，该利益属于委托人。

委托人对价格有特别指示的，行纪人不得违背该指示卖出或者买入。

第四百一十九条 【行纪人的介入权】行纪人卖出或者买入具有市场定价的商品，除委托人有相反的意思表示的以外，行纪人自己可以作为买受人或者出卖人。

行纪人有前款规定情形的，仍然可以要求委托人支付报酬。

第四百二十条 【委托物的处置】行纪人按照约定买入委托物，委托人应当及时受领。经行纪人催告，委托人无正当理由拒绝受领的，行纪人依照本法第一百零一条的规定可以提存委托物。

委托物不能卖出或者委托人撤回出卖，经行纪人催告，委托人不取回或者不处分该物的，行纪人依照本法第一百零一条的规定可以提存委托物。

第四百二十一条 【行纪人与第三人的关系】行纪人与第三人订立合同的，行纪人对该合同直接享有权利、承担义务。

第三人不履行义务致使委托人受到损害的，行纪人应当承担损害赔偿责任，但行纪人与委托人另有约定的除外。

第四百二十二条 【行纪人的报酬请求权及留置权】行纪人完成或者部分完成委托事务的，委托人应当向其支付相应的报酬。委托人逾期不支付报酬的，行纪人对委托物享有留置权，但当事人另有约定的除外。

第四百二十三条 【行纪合同的法律适用】本章没有规定的，适用委托合同的有关规定。

第二十三章 居间合同

第四百二十四条 【定义】居间合同是居间人向委托人报告订立合同的机会或者提供订立合同的媒介服务，委托人支付报酬的合同。

第四百二十五条 【居间人如实报告义务】居间人应当就有关订立合同的事项向委托人如实报告。

居间人故意隐瞒与订立合同有关的重要事实或者提供虚假情况，损害委托人利益的，不得要求支付报酬并应当承担损害赔偿责任。

第四百二十六条 【居间人的报酬请求权】居间人促成合同成立的，委托人应当按照约定支付报酬。对居间人的报酬没有约定或者约定不明确，依照本法第六十一条的规定仍不能确定的，根据居间人的劳务合理确定。因居间人提供订立合同的媒介服务而促成合同成立的，由该合同的当事人平均负担居间人的报酬。

居间人促成合同成立的，居间活动的费用，由居间人负担。

第四百二十七条 【未促成合同成立的处理】居间人未促成合同成立的，不得要求支付报酬，但可以要求委托人支付从事居间活动支出的必要费用。

附 则

第四百二十八条 【生效日期及废止条款】本法自 1999 年 10 月 1 日起施行，《中华人民共和国经济合同法》、《中华人民共和国涉外经济合同法》、《中华人民共和国技术合同法》同时废止。

最高人民法院关于适用《中华人民共和国合同法》若干问题的解释(一)

1. 1999年12月1日最高人民法院审判委员会第1090次会议通过
2. 1999年12月19日公布
3. 法释[1999]19号
4. 自1999年12月29日起施行

为了正确审理合同纠纷案件,根据《中华人民共和国合同法》(以下简称合同法)的规定,对人民法院适用合同法的有关问题作出如下解释:

一、法律适用范围

第一条 合同法实施以后成立的合同发生纠纷起诉到人民法院的,适用合同法的规定;合同法实施以前成立的合同发生纠纷起诉到人民法院的,除本解释另有规定的以外,适用当时的法律规定,当时没有法律规定的,可以适用合同法的有关规定。

第二条 合同成立于合同法实施之前,但合同约定的履行期限跨越合同法实施之日或者履行期限在合同法实施之后,因履行合同发生的纠纷,适用合同法第四章的有关规定。

第三条 人民法院确认合同效力时,对合同法实施以前成立的合同,适用当时的法律合同无效而适用合同法合同有效的,则适用合同法。

第四条 合同法实施以后,人民法院确认合同无效,应当以全国人大及其常委会制定的法律和国务院制定的行政法规为依据,不得以地方性法规、行政规章为依据。

第五条 人民法院对合同法实施以前已经作出终审裁决的案件进行再审,不适用合同法。

二、诉讼时效

第六条 技术合同争议当事人的权利受到侵害的事实发生在合同法实施之前,自当事人知道或者应当知道其权利受到侵害之日起至合同法实施之日超过一年的,人民法院不予保护;尚未超过一年的,其提起诉讼的时效期间为二年。

第七条 技术进出口合同争议当事人的权利受到侵害的事实发生在合同法实施之前,自当事人知道或者应当知道其权利受到侵害之日起至合同法施行之日超过二年的,人民法院不予保护;尚未超过二年的,其提起诉讼的时效期间为四年。

第八条 合同法第五十五条规定的"一年"、第七十五条和第一百零四条第二款规定的"五年"为不变期间,不适用诉讼时效中止、中断或者延长的规定。

三、合同效力

第九条 依照合同法第四十四条第二款的规定,法律、行政法规规定合同应当办理批准手续,或者办理批准、登记等手续才生效,在一审法庭辩论终结前当事人仍未办理批准手续的,或者仍未办理批准、登记等手续的,人民法院应当认定该合同未生效;法律、行政法规规定合同应当办理登记手续,但未规定登记后生效的,当事人未办理登记手续不影响合同的效力,合同标的物所有权及其他物权不能转移。

合同法第七十七条第二款、第八十七条、第九十六条第二款所列合同变更、转让、解除等情形,依照前款规定处理。

第十条 当事人超越经营范围订立合同,人民法院不因此认定合同无效。但违反国家限制经营、特许经营以及法律、行政法规禁止经营规定的除外。

四、代位权

第十一条 债权人依照合同法第七十三条的规定提起代位权诉讼,应当符合下列条件:

(一)债权人对债务人的债权合法;

(二)债务人怠于行使其到期债权,对债权人造成损害;

(三)债务人的债权已到期;

(四)债务人的债权不是专属于债务人自身的债权。

第十二条 合同法第七十三条第一款规定的专属于债务人自身的债权,是指基于扶养关系、抚养关系、赡养关系、继承关系产生的给付请求权和劳动报酬、退休金、养老金、抚恤金、安置费、人寿保险、人身伤害赔偿请求权等权利。

第十三条 合同法第七十三条规定的"债务人怠于行使其到期债权,对债权人造成损害的",是指债务人不履行其对债权人的到期债务,又不以诉讼方式或者仲裁方式向其债务人主张其享有的具有金钱给付内容的到期债权,致使债权人的到期债权未能实现。

次债务人(即债务人的债务人)不认为债务人有怠于行使其到期债权情况的,应当承担举证责任。

第十四条 债权人依照合同法第七十三条的规定提起代位权诉讼的,由被告住所地人民法院管辖。

第十五条 债权人向人民法院起诉债务人以后,又向同一人民法院对次债务人提起代位权诉讼,符合本解释第十三条的规定和《中华人民共和国民事诉讼法》第一百零八条规定的起诉条件的,应当立案受理;不符合本解释第十三条规定的,告知债权人向次债务人住所地人民法院另行起诉。

受理代位权诉讼的人民法院在债权人起诉债务人的诉讼裁决发生法律效力以前,应当依照《中华人民共和国民事诉讼法》第一百三十六条第(五)项的规定中止代位权诉讼。

第十六条 债权人以次债务人为被告向人民法院提起代位权诉讼,未将债务人列为第三人的,人民法院可以追加债务人为第三人。

两个或者两个以上债权人以同一次债务人为被告提起代位权诉讼的，人民法院可以合并审理。

第十七条 在代位权诉讼中，债权人请求人民法院对次债务人的财产采取保全措施的，应当提供相应的财产担保。

第十八条 在代位权诉讼中，次债务人对债务人的抗辩，可以向债权人主张。

债务人在代位权诉讼中对债权人的债权提出异议，经审查异议成立的，人民法院应当裁定驳回债权人的起诉。

第十九条 在代位权诉讼中，债权人胜诉的，诉讼费由次债务人负担，从实现的债权中优先支付。

第二十条 债权人向次债务人提起的代位权诉讼经人民法院审理后认定代位权成立的，由次债务人向债权人履行清偿义务，债权人与债务人、债务人与次债务人之间相应的债权债务关系即予消灭。

第二十一条 在代位权诉讼中，债权人行使代位权的请求数额超过债务人所负债务额或者超过次债务人对债务人所负债务额的，对超出部分人民法院不予支持。

第二十二条 债务人在代位权诉讼中，对超过债权人代位请求数额的债权部分起诉次债务人的，人民法院应当告知其向有管辖权的人民法院另行起诉。

债务人的起诉符合法定条件的，人民法院应当受理；受理债务人起诉的人民法院在代位权诉讼裁决发生法律效力以前，应当依法中止。

五、撤　销　权

第二十三条 债权人依照合同法第七十四条的规定提起撤销权诉讼的，由被告住所地人民法院管辖。

第二十四条 债权人依照合同法第七十四条的规定提起撤销权诉讼时只以债务人为被告，未将受益人或者受让人列为第三人的，人民法院可以追加该受益人或者受让人为第三人。

第二十五条 债权人依照合同法第七十四条的规定提起撤销权诉讼，请求人民法院撤销债务人放弃债权或转让财产的行为，人民法院应当就债权人主张的部分进行审理，依法撤销的，该行为自始无效。

两个或者两个以上债权人以同一债务人为被告，就同一标的提起撤销权诉讼的，人民法院可以合并审理。

第二十六条 债权人行使撤销权所支付的律师代理费、差旅费等必要费用，由债务人负担；第三人有过错的，应当适当分担。

六、合同转让中的第三人

第二十七条 债权人转让合同权利后，债务人与受让人之间因履行合同发生纠纷诉至人民法院，债务人对债权人的权利提出抗辩的，可以将债权人列为第三人。

第二十八条 经债权人同意，债务人转移合同义务后，受让人与债权人之间因履行合同发生纠纷诉至人民法院，受让人就债务人对债权人的权利提出抗辩的，可以将债务人列为第三人。

第二十九条 合同当事人一方经对方同意将其在合同中的权利义务一并转让给受让人，对方与受让人因履行合同发生纠纷诉至人民法院，对方就合同权利义务提出抗辩的，可以将出让方列为第三人。

七、请求权竞合

第三十条 债权人依照合同法第一百二十二条的规定向人民法院起诉时作出选择后，在一审开庭以前又变更诉讼请求的，人民法院应当准许。对方当事人提出管辖权异议，经审查异议成立的，人民法院应当驳回起诉。

最高人民法院关于适用《中华人民共和国合同法》若干问题的解释（二）

1. *2009 年 2 月 9 日最高人民法院审判委员会第 1462 次会议通过*
2. *2009 年 4 月 24 日公布*
3. *法释〔2009〕5 号*
4. *自 2009 年 5 月 13 日起施行*

为了正确审理合同纠纷案件，根据《中华人民共和国合同法》的规定，对人民法院适用合同法的有关问题作出如下解释：

一、合同的订立

第一条 当事人对合同是否成立存在争议，人民法院能够确定当事人名称或者姓名、标的和数量的，一般应当认定合同成立。但法律另有规定或者当事人另有约定的除外。

对合同欠缺的前款规定以外的其他内容，当事人达不成协议的，人民法院依照合同法第六十一条、第六十二条、第一百二十五条等有关规定予以确定。

第二条 当事人未以书面形式或者口头形式订立合同，但从双方从事的民事行为能够推定双方有订立合同意愿的，人民法院可以认定是以合同法第十条第一款中的“其他形式”订立的合同。但法律另有规定的除外。

第三条 悬赏人以公开方式声明对完成一定行为的人支付报酬，完成特定行为的人请求悬赏人支付报酬的，人民法院依法予以支持。但悬赏有合同法第五十二条规定情形的除外。

第四条 采用书面形式订立合同，合同约定的签订地与实际签字或者盖章地点不符的，人民法院应当认定约定的签订地为合同签订地；合同没有约定签订地，双方当事人签字或者盖章不在同一地点的，人民法院应当认定最后签字或者盖章的地点为合同签订地。

第五条 当事人采用合同书形式订立合同的，应当签字或者盖章。当事人在合同书上摁手印的,人民法院应当认定其具有与签字或者盖章同等的法律效力。

第六条　提供格式条款的一方对格式条款中免除或者限制其责任的内容,在合同订立时采用足以引起对方注意的文字、符号、字体等特别标识,并按照对方的要求对该格式条款予以说明的,人民法院应当认定符合合同法第三十九条所称"采取合理的方式"。

提供格式条款一方对已尽合理提示及说明义务承担举证责任。

第七条　下列情形,不违反法律、行政法规强制性规定的,人民法院可以认定为合同法所称"交易习惯":

(一)在交易行为当地或者某一领域、某一行业通常采用并为交易对方订立合同时所知道或者应当知道的做法;

(二)当事人双方经常使用的习惯做法。

对于交易习惯,由提出主张的一方当事人承担举证责任。

第八条　依照法律、行政法规的规定经批准或者登记才能生效的合同成立后,有义务办理申请批准或者申请登记等手续的一方当事人未按照法律规定或者合同约定办理申请批准或者未申请登记的,属于合同法第四十二条第(三)项规定的"其他违背诚实信用原则的行为",人民法院可以根据案件的具体情况和相对人的请求,判决相对人自己办理有关手续;对方当事人对由此产生的费用和给相对人造成的实际损失,应当承担损害赔偿责任。

二、合同的效力

第九条　提供格式条款的一方当事人违反合同法第三十九条第一款关于提示和说明义务的规定,导致对方没有注意免除或者限制其责任的条款,对方当事人申请撤销该格式条款的,人民法院应当支持。

第十条　提供格式条款的一方当事人违反合同法第三十九条第一款的规定,并具有合同法第四十条规定的情形之一的,人民法院应当认定该格式条款无效。

第十一条　根据合同法第四十七条、第四十八条的规定,追认的意思表示自到达相对人时生效,合同自订立时起生效。

第十二条　无权代理人以被代理人的名义订立合同,被代理人已经开始履行合同义务的,视为对合同的追认。

第十三条　被代理人依照合同法第四十九条的规定承担有效代理行为所产生的责任后,可以向无权代理人追偿因代理行为而遭受的损失。

第十四条　合同法第五十二条第(五)项规定的"强制性规定",是指效力性强制性规定。

第十五条　出卖人就同一标的物订立多重买卖合同,合同均不具有合同法第五十二条规定的无效情形,买受人因不能按照合同约定取得标的物所有权,请求追究出卖人违约责任的,人民法院应予支持。

三、合同的履行

第十六条　人民法院根据具体案情可以将合同法第六十四条、第六十五条规定的第三人列为无独立请求权的第三人,但不得依职权将其列为该合同诉讼案件的被告或者有独立请求权的第三人。

第十七条　债权人以境外当事人为被告提起的代位权诉讼,人民法院根据《中华人民共和国民事诉讼法》第二百四十一条的规定确定管辖。

第十八条　债务人放弃其未到期的债权或者放弃债权担保,或者恶意延长到期债权的履行期,对债权人造成损害,债权人依照合同法第七十四条的规定提起撤销权诉讼的,人民法院应当支持。

第十九条　对于合同法第七十四条规定的"明显不合理的低价",人民法院应当以交易当地一般经营者的判断,并参考交易当时交易地的物价部门指导价或者市场交易价,结合其他相关因素综合考虑予以确认。

转让价格达不到交易时交易地的指导价或者市场交易价百分之七十的,一般可以视为明显不合理的低价;对转让价格高于当地指导价或者市场交易价百分之三十的,一般可以视为明显不合理的高价。

债务人以明显不合理的高价收购他人财产,人民法院可以根据债权人的申请,参照合同法第七十四条的规定予以撤销。

第二十条　债务人的给付不足以清偿其对同一债权人所负的数笔相同种类的全部债务,应当优先抵充已到期的债务;几项债务均到期的,优先抵充对债权人缺乏担保或者担保数额最少的债务;担保数额相同的,优先抵充债务负担较重的债务;负担相同的,按照债务到期的先后顺序抵充;到期时间相同的,按比例抵充。但是,债权人与债务人对清偿的债务或者清偿抵充顺序有约定的除外。

第二十一条　债务人除主债务之外还应当支付利息和费用,当其给付不足以清偿全部债务时,并且当事人没有约定的,人民法院应当按照下列顺序抵充:

(一)实现债权的有关费用;

(二)利息;

(三)主债务。

四、合同的权利义务终止

第二十二条　当事人一方违反合同法第九十二条规定的义务,给对方当事人造成损失,对方当事人请求赔偿实际损失的,人民法院应当支持。

第二十三条　对于依照合同法第九十九条的规定可以抵销的到期债权,当事人约定不得抵销的,人民法院可以认定该约定有效。

第二十四条　当事人对合同法第九十六条、第九十九条规定的合同解除或者债务抵销虽有异议,但在约定的异议期限届满后才提出异议并向人民法院起诉的,人民法院不予支持；当事人没有约定异议期间，在解除合同或者债务抵销通知到达之日起三个月以后才向人民法院起诉的，人民法院不予支持。

第二十五条 依照合同法第一百零一条的规定，债务人将合同标的物或者标的物拍卖、变卖所得价款交付提存部门时，人民法院应当认定提存成立。

提存成立的，视为债务人在其提存范围内已经履行债务。

第二十六条 合同成立以后客观情况发生了当事人在订立合同时无法预见的、非不可抗力造成的不属于商业风险的重大变化，继续履行合同对于一方当事人明显不公平或者不能实现合同目的，当事人请求人民法院变更或者解除合同的，人民法院应当根据公平原则，并结合案件的实际情况确定是否变更或者解除。

五、违约责任

第二十七条 当事人通过反诉或者抗辩的方式，请求人民法院依照合同法第一百一十四条第二款的规定调整违约金的，人民法院应予支持。

第二十八条 当事人依照合同法第一百一十四条第二款的规定，请求人民法院增加违约金的，增加后的违约金数额以不超过实际损失额为限。增加违约金以后，当事人又请求对方赔偿损失的，人民法院不予支持。

第二十九条 当事人主张约定的违约金过高请求予以适当减少的，人民法院应当以实际损失为基础，兼顾合同的履行情况、当事人的过错程度以及预期利益等综合因素，根据公平原则和诚实信用原则予以衡量，并作出裁决。

当事人约定的违约金超过造成损失的百分之三十的，一般可以认定为合同法第一百一十四条第二款规定的"过分高于造成的损失"。

六、附　　则

第三十条 合同法施行后成立的合同发生纠纷的案件，本解释施行后尚未终审的，适用本解释；本解释施行前已经终审，当事人申请再审或者按照审判监督程序决定再审的，不适用本解释。

最高人民法院关于审理商品房买卖合同纠纷案件适用法律若干问题的解释

1. 2003年3月24日最高人民法院审判委员会第1267次会议通过
2. 2003年4月28日公布
3. 法释〔2003〕7号
4. 自2003年6月1日起施行

为正确、及时审理商品房买卖合同纠纷案件，根据《中华人民共和国民法通则》、《中华人民共和国合同法》、《中华人民共和国城市房地产管理法》、《中华人民共和国担保法》等相关法律，结合民事审判实践，制定本解释。

第一条 本解释所称的商品房买卖合同，是指房地产开发企业（以下统称为出卖人）将尚未建成或者已竣工的房屋向社会销售并转移房屋所有权于买受人，买受人支付价款的合同。

第二条 出卖人未取得商品房预售许可证明，与买受人订立的商品房预售合同，应当认定无效，但是在起诉前取得商品房预售许可证明的，可以认定有效。

第三条 商品房的销售广告和宣传资料为要约邀请，但是出卖人就商品房开发规划范围内的房屋及相关设施所作的说明和允诺具体确定，并对商品房买卖合同的订立以及房屋价格的确定有重大影响的，应当视为要约。该说明和允诺即使未载入商品房买卖合同，亦应当视为合同内容，当事人违反的，应当承担违约责任。

第四条 出卖人通过认购、订购、预订等方式向买受人收受定金作为订立商品房买卖合同担保的，如果因当事人一方原因未能订立商品房买卖合同，应当按照法律关于定金的规定处理；因不可归责于当事人双方的事由，导致商品房买卖合同未能订立的，出卖人应当将定金返还买受人。

第五条 商品房的认购、订购、预订等协议具备《商品房销售管理办法》第十六条规定的商品房买卖合同的主要内容，并且出卖人已经按照约定收受购房款的，该协议应当认定为商品房买卖合同。

第六条 当事人以商品房预售合同未按照法律、行政法规规定办理登记备案手续为由，请求确认合同无效的，不予支持。

当事人约定以办理登记备案手续为商品房预售合同生效条件的，从其约定，但当事人一方已经履行主要义务，对方接受的除外。

第七条 拆迁人与被拆迁人按照所有权调换形式订立拆迁补偿安置协议，明确约定拆迁人以位置、用途特定的房屋对被拆迁人予以补偿安置，如果拆迁人将该补偿安置房屋另行出卖给第三人，被拆迁人请求优先取得补偿安置房屋的，应予支持。

被拆迁人请求解除拆迁补偿安置协议的，按照本解释第八条的规定处理。

第八条 具有下列情形之一，导致商品房买卖合同目的不能实现的，无法取得房屋的买受人可以请求解除合同、返还已付购房款及利息、赔偿损失，并可以请求出卖人承担不超过已付购房款一倍的赔偿责任：

（一）商品房买卖合同订立后，出卖人未告知买受人又将该房屋抵押给第三人；

（二）商品房买卖合同订立后，出卖人又将该房屋出卖给第三人。

第九条 出卖人订立商品房买卖合同时，具有下列情形之一，导致合同无效或者被撤销、解除的，买受人可以请求返

还已付购房款及利息、赔偿损失,并可以请求出卖人承担不超过已付购房款一倍的赔偿责任:

(一)故意隐瞒没有取得商品房预售许可证明的事实或者提供虚假商品房预售许可证明;

(二)故意隐瞒所售房屋已经抵押的事实;

(三)故意隐瞒所售房屋已经出卖给第三人或者为拆迁补偿安置房屋的事实。

第十条 买受人以出卖人与第三人恶意串通,另行订立商品房买卖合同并将房屋交付使用,导致其无法取得房屋为由,请求确认出卖人与第三人订立的商品房买卖合同无效的,应予支持。

第十一条 对房屋的转移占有,视为房屋的交付使用,但当事人另有约定的除外。

房屋毁损、灭失的风险,在交付使用前由出卖人承担,交付使用后由买受人承担;买受人接到出卖人的书面交房通知,无正当理由拒绝接收的,房屋毁损、灭失的风险自书面交房通知确定的交付使用之日起由买受人承担,但法律另有规定或者当事人另有约定的除外。

第十二条 因房屋主体结构质量不合格不能交付使用,或者房屋交付使用后,房屋主体结构质量经核验确属不合格,买受人请求解除合同和赔偿损失的,应予支持。

第十三条 因房屋质量问题严重影响正常居住使用,买受人请求解除合同和赔偿损失的,应予支持。

交付使用的房屋存在质量问题,在保修期内,出卖人应当承担修复责任;出卖人拒绝修复或者在合理期限内拖延修复的,买受人可以自行或者委托他人修复。修复费用及修复期间造成的其他损失由出卖人承担。

第十四条 出卖人交付使用的房屋套内建筑面积或者建筑面积与商品房买卖合同约定面积不符,合同有约定的,按照约定处理;合同没有约定或者约定不明确的,按照以下原则处理:

(一)面积误差比绝对值在3%以内(含3%),按照合同约定的价格据实结算,买受人请求解除合同的,不予支持;

(二)面积误差比绝对值超出3%,买受人请求解除合同、返还已付购房款及利息的,应予支持。买受人同意继续履行合同,房屋实际面积大于合同约定面积的,面积误差比在3%以内(含3%)部分的房价款由买受人按照约定的价格补足,面积误差比超出3%部分的房价款由出卖人承担,所有权归买受人;房屋实际面积小于合同约定面积的,面积误差比在3%以内(含3%)部分的房价款及利息由出卖人返还买受人,面积误差比超过3%部分的房价款由出卖人双倍返还买受人。

第十五条 根据《合同法》第九十四条的规定,出卖人迟延交付房屋或者买受人迟延支付购房款,经催告后在三个月的合理期限内仍未履行,当事人一方请求解除合同的,应予支持,但当事人另有约定的除外。

法律没有规定或者当事人没有约定,经对方当事人催告后,解除权行使的合理期限为三个月。对方当事人没有催告的,解除权应当在解除权发生之日起一年内行使;逾期不行使的,解除权消灭。

第十六条 当事人以约定的违约金过高为由请求减少的,应当以违约金超过造成的损失30%为标准适当减少;当事人以约定的违约金低于造成的损失为由请求增加的,应当以违约造成的损失确定违约金数额。

第十七条 商品房买卖合同没有约定违约金数额或者损失赔偿额计算方法,违约金数额或者损失赔偿额可以参照以下标准确定:

逾期付款的,按照未付购房款总额,参照中国人民银行规定的金融机构计收逾期贷款利息的标准计算。

逾期交付使用房屋的,按照逾期交付使用房屋期间有关主管部门公布或者有资格的房地产评估机构评定的同地段同类房屋租金标准确定。

第十八条 由于出卖人的原因,买受人在下列期限届满未能取得房屋权属证书的,除当事人有特殊约定外,出卖人应当承担违约责任:

(一)商品房买卖合同约定的办理房屋所有权登记的期限;

(二)商品房买卖合同的标的物为尚未建成房屋的,自房屋交付使用之日起90日;

(三)商品房买卖合同的标的物为已竣工房屋的,自合同订立之日起90日。

合同没有约定违约金或者损失数额难以确定的,可以按照已付购房款总额,参照中国人民银行规定的金融机构计收逾期贷款利息的标准计算。

第十九条 商品房买卖合同约定或者《城市房地产开发经营管理条例》第三十三条规定的办理房屋所有权登记的期限届满后超过一年,由于出卖人的原因,导致买受人无法办理房屋所有权登记,买受人请求解除合同和赔偿损失的,应予支持。

第二十条 出卖人与包销人订立商品房包销合同,约定出卖人将其开发建设的房屋交由包销人以出卖人的名义销售的,包销期满未销售的房屋,由包销人按照合同约定的包销价格购买,但当事人另有约定的除外。

第二十一条 出卖人自行销售已经约定由包销人包销的房屋,包销人请求出卖人赔偿损失的,应予支持,但当事人另有约定的除外。

第二十二条 对于买受人因商品房买卖合同与出卖人发生的纠纷,人民法院应当通知包销人参加诉讼;出卖人、包销人和买受人对各自的权利义务有明确约定的,按照约定的内容确定各方的诉讼地位。

第二十三条 商品房买卖合同约定,买受人以担保贷款方式付款、因当事人一方原因未能订立商品房担保贷款合同并导致商品房买卖合同不能继续履行的,对方当事人可以请求解除合同和赔偿损失。因不可归责于当事人双方的事由未能订立商品房担保贷款合同并导致商品房买卖合同不能继续履行的，当事人可以请求解除合同，出卖人应当将收受的购房款本金及其利息或者定金返还买受人。

第二十四条 因商品房买卖合同被确认无效或者被撤销、解除，致使商品房担保贷款合同的目的无法实现，当事人请求解除商品房担保贷款合同的，应予支持。

第二十五条 以担保贷款为付款方式的商品房买卖合同的当事人一方请求确认商品房买卖合同无效或者撤销、解除合同的，如果担保权人作为有独立请求权第三人提出诉讼请求，应当与商品房担保贷款合同纠纷合并审理；未提出诉讼请求的，仅处理商品房买卖合同纠纷。担保权人就商品房担保贷款合同纠纷另行起诉的，可以与商品房买卖合同纠纷合并审理。

商品房买卖合同被确认无效或者被撤销、解除后，商品房担保贷款合同也被解除的、出卖人应当将收受的购房贷款和购房款的本金及利息分别返还担保权人和买受人。

第二十六条 买受人未按照商品房担保贷款合同的约定偿还贷款，亦未与担保权人办理商品房抵押登记手续，担保权人起诉买受人，请求处分商品房买卖合同项下买受人合同权利的，应当通知出卖人参加诉讼；担保权人同时起诉出卖人时，如果出卖人为商品房担保贷款合同提供保证的，应当列为共同被告。

第二十七条 买受人未按照商品房担保贷款合同的约定偿还贷款，但是已经取得房屋权属证书并与担保权人办理了商品房抵押登记手续，抵押权人请求买受人偿还贷款或者就抵押的房屋优先受偿的，不应当追加出卖人为当事人，但出卖人提供保证的除外。

第二十八条 本解释自2003年6月1日起施行。

《中华人民共和国城市房地产管理法》施行后订立的商品房买卖合同发生的纠纷案件，本解释公布施行后尚在一审、二审阶段的，适用本解释。

《中华人民共和国城市房地产管理法》施行后订立的商品房买卖合同发生的纠纷案件，在本解释公布施行前已经终审，当事人申请再审或者按照审判监督程序决定再审的，不适用本解释。

《中华人民共和国城市房地产管理法》施行前发生的商品房买卖行为，适用当时的法律、法规和《最高人民法院〈关于审理房地产管理法施行前房地产开发经营案件若干问题的解答〉》。

最高人民法院关于审理建设工程施工合同纠纷案件适用法律问题的解释

1. 2004年9月29日最高人民法院审判委员会第1327次会议通过
2. 2004年10月25日公布
3. 法释〔2004〕14号
4. 自2005年1月1日起施行

根据《中华人民共和国民法通则》、《中华人民共和国合同法》、《中华人民共和国招标投标法》、《中华人民共和国民事诉讼法》等法律规定，结合民事审判实际，就审理建设工程施工合同纠纷案件适用法律的问题，制定本解释。

第一条 建设工程施工合同具有下列情形之一的，应当根据合同法第五十二条第（五）项的规定，认定无效：

（一）承包人未取得建筑施工企业资质或者超越资质等级的；

（二）没有资质的实际施工人借用有资质的建筑施工企业名义的；

（三）建设工程必须进行招标而未招标或者中标无效的。

第二条 建设工程施工合同无效，但建设工程经竣工验收合格，承包人请求参照合同约定支付工程价款的，应予支持。

第三条 建设工程施工合同无效，且建设工程经竣工验收不合格的，按照以下情形分别处理：

（一）修复后的建设工程经竣工验收合格，发包人请求承包人承担修复费用的，应予支持；

（二）修复后的建设工程经竣工验收不合格，承包人请求支付工程价款的，不予支持。

因建设工程不合格造成的损失，发包人有过错的，也应承担相应的民事责任。

第四条 承包人非法转包、违法分包建设工程或者没有资质的实际施工人借用有资质的建筑施工企业名义与他人签订建设工程施工合同的行为无效。人民法院可以根据民法通则第一百三十四条规定，收缴当事人已经取得的非法所得。

第五条 承包人超越资质等级许可的业务范围签订建设工程施工合同，在建设工程竣工前取得相应资质等级，当事人请求按照无效合同处理的，不予支持。

第六条 当事人对垫资和垫资利息有约定，承包人请求按照约定返还垫资及其利息的，应予支持，但是约定的利息计算标准高于中国人民银行发布的同期同类贷款利率的部分除外。

当事人对垫资没有约定的，按照工程欠款处理。

当事人对垫资利息没有约定，承包人请求支付利息的,不予支持。

第七条 具有劳务作业法定资质的承包人与总承包人、分包人签订的劳务分包合同,当事人以转包建设工程违反法律规定为由请求确认无效的,不予支持。

第八条 承包人具有下列情形之一,发包人请求解除建设工程施工合同的,应予支持:

(一)明确表示或者以行为表明不履行合同主要义务的;

(二)合同约定的期限内没有完工,且在发包人催告的合理期限内仍未完工的;

(三)已经完成的建设工程质量不合格,并拒绝修复的;

(四)将承包的建设工程非法转包、违法分包的。

第九条 发包人具有下列情形之一,致使承包人无法施工,且在催告的合理期限内仍未履行相应义务,承包人请求解除建设工程施工合同的,应予支持:

(一)未按约定支付工程价款的;

(二)提供的主要建筑材料、建筑构配件和设备不符合强制性标准的;

(三)不履行合同约定的协助义务的。

第十条 建设工程施工合同解除后,已经完成的建设工程质量合格的,发包人应当按照约定支付相应的工程价款;已经完成的建设工程质量不合格的,参照本解释第三条规定处理。

因一方违约导致合同解除的,违约方应当赔偿因此而给对方造成的损失。

第十一条 因承包人的过错造成建设工程质量不符合约定,承包人拒绝修理、返工或者改建,发包人请求减少支付工程价款的,应予支持。

第十二条 发包人具有下列情形之一,造成建设工程质量缺陷,应当承担过错责任:

(一)提供的设计有缺陷;

(二)提供或者指定购买的建筑材料、建筑构配件、设备不符合强制性标准;

(三)直接指定分包人分包专业工程。

承包人有过错的,也应当承担相应的过错责任。

第十三条 建设工程未经竣工验收,发包人擅自使用后,又以使用部分质量不符合约定为由主张权利的,不予支持;但是承包人应当在建设工程的合理使用寿命内对地基基础工程和主体结构质量承担民事责任。

第十四条 当事人对建设工程实际竣工日期有争议的,按照以下情形分别处理:

(一)建设工程经竣工验收合格的,以竣工验收合格之日为竣工日期;

(二)承包人已经提交竣工验收报告,发包人拖延验收的,以承包人提交验收报告之日为竣工日期;

(三)建设工程未经竣工验收,发包人擅自使用的,以转移占有建设工程之日为竣工日期。

第十五条 建设工程竣工前,当事人对工程质量发生争议,工程质量经鉴定合格的,鉴定期间为顺延工期期间。

第十六条 当事人对建设工程的计价标准或者计价方法有约定的,按照约定结算工程价款。

因设计变更导致建设工程的工程量或者质量标准发生变化,当事人对该部分工程价款不能协商一致的,可以参照签订建设工程施工合同时当地建设行政主管部门发布的计价方法或者计价标准结算工程价款。

建设工程施工合同有效,但建设工程经竣工验收不合格的,工程价款结算参照本解释第三条规定处理。

第十七条 当事人对欠付工程价款利息计付标准有约定的,按照约定处理;没有约定的,按照中国人民银行发布的同期同类贷款利率计息。

第十八条 利息从应付工程价款之日计付。当事人对付款时间没有约定或者约定不明的,下列时间视为应付款时间:

(一)建设工程已实际交付的,为交付之日;

(二)建设工程没有交付的,为提交竣工结算文件之日;

(三)建设工程未交付,工程价款也未结算的,为当事人起诉之日。

第十九条 当事人对工程量有争议的,按照施工过程中形成的签证等书面文件确认。承包人能够证明发包人同意其施工,但未能提供签证文件证明工程量发生的,可以按照当事人提供的其他证据确认实际发生的工程量。

第二十条 当事人约定,发包人收到竣工结算文件后,在约定期限内不予答复,视为认可竣工结算文件的,按照约定处理。承包人请求按照竣工结算文件结算工程价款的,应予支持。

第二十一条 当事人就同一建设工程另行订立的建设工程施工合同与经过备案的中标合同实质性内容不一致的,应当以备案的中标合同作为结算工程价款的根据。

第二十二条 当事人约定按照固定价结算工程价款,一方当事人请求对建设工程造价进行鉴定的,不予支持。

第二十三条 当事人对部分案件事实有争议的,仅对有争议的事实进行鉴定,但争议事实范围不能确定,或者双方当事人请求对全部事实鉴定的除外。

第二十四条 建设工程施工合同纠纷以施工行为地为合同履行地。

第二十五条 因建设工程质量发生争议的,发包人可以以总承包人、分包人和实际施工人为共同被告提起诉讼。

第二十六条 实际施工人以转包人、违法分包人为被告起诉的,人民法院应当依法受理。

实际施工人以发包人为被告主张权利的,人民法院可以追加转包人或者违法分包人为本案当事人。发包人只在欠付工程价款范围内对实际施工人承担责任。

第二十七条 因保修人未及时履行保修义务,导致建筑物毁损或者造成人身、财产损害的,保修人应当承担赔偿责任。

保修人与建筑物所有人或者发包人对建筑物毁损均有过错的,各自承担相应的责任。

第二十八条 本解释自2005年1月1日起施行。

施行后受理的第一审案件适用本解释。

施行前最高人民法院发布的司法解释与本解释相抵触的,以本解释为准。

最高人民法院关于审理涉及国有土地使用权合同纠纷案件适用法律问题的解释

1. *2004年11月23日最高人民法院审判委员会第1334次会议通过*
2. *2005年6月18日公布*
3. *法释〔2005〕5号*
4. *自2005年8月1日起施行*

根据《中华人民共和国民法通则》、《中华人民共和国合同法》、《中华人民共和国土地管理法》、《中华人民共和国城市房地产管理法》等法律规定,结合民事审判实践,就审理涉及国有土地使用权合同纠纷案件适用法律的问题,制定本解释。

一、土地使用权出让合同纠纷

第一条 本解释所称的土地使用权出让合同,是指市、县人民政府土地管理部门作为出让方将国有土地使用权在一定年限内让与受让方,受让方支付土地使用权出让金的协议。

第二条 开发区管理委员会作为出让方与受让方订立的土地使用权出让合同,应当认定无效。

本解释实施前,开发区管理委员会作为出让方与受让方订立的土地使用权出让合同,起诉前经市、县人民政府土地管理部门追认的,可以认定合同有效。

第三条 经市、县人民政府批准同意以协议方式出让的土地使用权,土地使用权出让金低于订立合同时当地政府按照国家规定确定的最低价的,应当认定土地使用权出让合同约定的价格条款无效。

当事人请求按照订立合同时的市场评估价格交纳土地使用权出让金的,应予支持;受让方不同意按照市场评估价格补足,请求解除合同的,应予支持。因此造成的损失,由当事人按照过错承担责任。

第四条 土地使用权出让合同的出让方因未办理土地使用权出让批准手续而不能交付土地,受让方请求解除合同的,应予支持。

第五条 受让方经出让方和市、县人民政府城市规划行政主管部门同意,改变土地使用权出让合同约定的土地用途,当事人请求按照起诉时同种用途的土地出让金标准调整土地出让金的,应予支持。

第六条 受让方擅自改变土地使用权出让合同约定的土地用途,出让方请求解除合同的,应予支持。

二、土地使用权转让合同纠纷

第七条 本解释所称的土地使用权转让合同,是指土地使用权人作为转让方将出让土地使用权转让于受让方,受让方支付价款的协议。

第八条 土地使用权人作为转让方与受让方订立土地使用权转让合同后,当事人一方以双方之间未办理土地使用权变更登记手续为由,请求确认合同无效的,不予支持。

第九条 转让方未取得出让土地使用权证书与受让方订立合同转让土地使用权,起诉前转让方已经取得出让土地使用权证书或者有批准权的人民政府同意转让的,应当认定合同有效。

第十条 土地使用权人作为转让方就同一出让土地使用权订立数个转让合同,在转让合同有效的情况下,受让方均要求履行合同的,按照以下情形分别处理:

(一)已经办理土地使用权变更登记手续的受让方,请求转让方履行交付土地等合同义务的,应予支持;

(二)均未办理土地使用权变更登记手续,已先行合法占有投资开发土地的受让方请求转让方履行土地使用权变更登记等合同义务的,应予支持;

(三)均未办理土地使用权变更登记手续,又未合法占有投资开发土地,先行支付土地转让款的受让方请求转让方履行交付土地和办理土地使用权变更登记等合同义务的,应予支持;

(四)合同均未履行,依法成立在先的合同受让方请求履行合同的,应予支持。

未能取得土地使用权的受让方请求解除合同、赔偿损失的,按照《中华人民共和国合同法》的有关规定处理。

第十一条 土地使用权人未经有批准权的人民政府批准,与受让方订立合同转让划拨土地使用权的,应当认定合同无效。但起诉前经有批准权的人民政府批准办理土地使用权出让手续的,应当认定合同有效。

第十二条 土地使用权人与受让方订立合同转让划拨土地使用权,起诉前经有批准权的人民政府同意转让,并由受让方办理土地使用权出让手续的,土地使用权人与受让方订立的合同可以按照补偿性质的合同处理。

第十三条 土地使用权人与受让方订立合同转让划拨土地使用权,起诉前经有批准权的人民政府决定不办理土地使用权出让手续,并将该划拨土地使用权直接划拨给受让方使用的,土地使用权人与受让方订立的合同可以按照补偿性质的合同处理。

三、合作开发房地产合同纠纷

第十四条 本解释所称的合作开发房地产合同,是指当事人订立的以提供出让土地使用权、资金等作为共同投资,共享利润、共担风险合作开发房地产为基本内容的协议。

第十五条 合作开发房地产合同的当事人一方具备房地产开发经营资质的,应当认定合同有效。

当事人双方均不具备房地产开发经营资质的,应当认定合同无效。但起诉前当事人一方已经取得房地产开发经营资质或者已依法合作成立具有房地产开发经营资质的房地产开发企业的,应当认定合同有效。

第十六条 土地使用权人未经有批准权的人民政府批准,以划拨土地使用权作为投资与他人订立合同合作开发房地产的,应当认定合同无效。但起诉前已经办理批准手续的,应当认定合同有效。

第十七条 投资数额超出合作开发房地产合同的约定,对增加的投资数额的承担比例,当事人协商不成的,按照当事人的过错确定;因不可归责于当事人的事由或者当事人的过错无法确定的,按照约定的投资比例确定;没有约定投资比例的,按照约定的利润分配比例确定。

第十八条 房屋实际建筑面积少于合作开发房地产合同的约定,对房屋实际建筑面积的分配比例,当事人协商不成的,按照当事人的过错确定;因不可归责于当事人的事由或者当事人过错无法确定的,按照约定的利润分配比例确定。

第十九条 在下列情形下,合作开发房地产合同的当事人请求分配房地产项目利益的,不予受理;已经受理的,驳回起诉:

(一)依法需经批准的房地产建设项目未经有批准权的人民政府主管部门批准;

(二)房地产建设项目未取得建设工程规划许可证;

(三)擅自变更建设工程规划。

因当事人隐瞒建设工程规划变更的事实所造成的损失,由当事人按照过错承担。

第二十条 房屋实际建筑面积超出规划建筑面积,经有批准权的人民政府主管部门批准后,当事人对超出部分的房屋分配比例协商不成的,按照约定的利润分配比例确定。对增加的投资数额的承担比例,当事人协商不成的,按照约定的投资比例确定;没有约定投资比例的,按照约定的利润分配比例确定。

第二十一条 当事人违反规划开发建设的房屋,被有批准权的人民政府主管部门认定为违法建筑责令拆除,当事人对损失承担协商不成的,按照当事人过错确定责任;过错无法确定的,按照约定的投资比例确定责任;没有约定投资比例的,按照约定的利润分配比例确定责任。

第二十二条 合作开发房地产合同约定仅以投资数额确定利润分配比例,当事人未足额交纳出资的,按照当事人的实际投资比例分配利润。

第二十三条 合作开发房地产合同的当事人要求将房屋预售款充抵投资参与利润分配的,不予支持。

第二十四条 合作开发房地产合同约定提供土地使用权的当事人不承担经营风险,只收取固定利益的,应当认定为土地使用权转让合同。

第二十五条 合作开发房地产合同约定提供资金的当事人不承担经营风险,只分配固定数量房屋的,应当认定为房屋买卖合同。

第二十六条 合作开发房地产合同约定提供资金的当事人不承担经营风险,只收取固定数额货币的,应当认定为借款合同。

第二十七条 合作开发房地产合同约定提供资金的当事人不承担经营风险,只以租赁或者其他形式使用房屋的,应当认定为房屋租赁合同。

四、其　他

第二十八条 本解释自2005年8月1日起施行;施行后受理的第一审案件适用本解释。

本解释施行前最高人民法院发布的司法解释与本解释不一致的,以本解释为准。

最高人民法院关于审理城镇房屋租赁合同纠纷案件具体应用法律若干问题的解释

1. *2009年6月22日最高人民法院审判委员会第1469次会议通过*
2. *2009年7月30日公布*
3. *法释〔2009〕11号*
4. *自2009年9月1日起施行*

为正确审理城镇房屋租赁合同纠纷案件,依法保护当事人的合法权益,根据《中华人民共和国民法通则》、《中华人民共和国物权法》、《中华人民共和国合同法》等法律规定,结合民事审判实践,制定本解释。

第一条 本解释所称城镇房屋,是指城市、镇规划区内的房屋。

乡、村庄规划区内的房屋租赁合同纠纷案件,可以参照本解释处理。但法律另有规定的,适用其规定。

当事人依照国家福利政策租赁公有住房、廉租住房、经济适用住房产生的纠纷案件,不适用本解释。

第二条 出租人就未取得建设工程规划许可证或者未按照建设工程规划许可证的规定建设的房屋,与承租人订立的租赁合同无效。但在一审法庭辩论终结前取得建设工程规划许可证或者经主管部门批准建设的,人民法院应当认定有效。

第三条 出租人就未经批准或者未按照批准内容建设的临时建筑,与承租人订立的租赁合同无效。但在一审法庭辩论终结前经主管部门批准建设的,人民法院应当认定有效。

租赁期限超过临时建筑的使用期限,超过部分无效。但在一审法庭辩论终结前经主管部门批准延长使用期限的,人民法院应当认定延长使用期限内的租赁期间有效。

第四条 当事人以房屋租赁合同未按照法律、行政法规规定办理登记备案手续为由,请求确认合同无效的,人民法院不予支持。

当事人约定以办理登记备案手续为房屋租赁合同生效条件的,从其约定。但当事人一方已经履行主要义务,对方接受的除外。

第五条 房屋租赁合同无效,当事人请求参照合同约定的租金标准支付房屋占有使用费的,人民法院一般应予支持。

当事人请求赔偿因合同无效受到的损失,人民法院依照合同法的有关规定和本司法解释第九条、第十三条、第十四条的规定处理。

第六条 出租人就同一房屋订立数份租赁合同,在合同均有效的情况下,承租人均主张履行合同的,人民法院按照下列顺序确定履行合同的承租人:

(一)已经合法占有租赁房屋的;

(二)已经办理登记备案手续的;

(三)合同成立在先的。

不能取得租赁房屋的承租人请求解除合同、赔偿损失的,依照合同法的有关规定处理。

第七条 承租人擅自变动房屋建筑主体和承重结构或者扩建,在出租人要求的合理期限内仍不予恢复原状,出租人请求解除合同并要求赔偿损失的,人民法院依照合同法第二百一十九条的规定处理。

第八条 因下列情形之一,导致租赁房屋无法使用,承租人请求解除合同的,人民法院应予支持:

(一)租赁房屋被司法机关或者行政机关依法查封的;

(二)租赁房屋权属有争议的;

(三)租赁房屋具有违反法律、行政法规关于房屋使用条件强制性规定情况的。

第九条 承租人经出租人同意装饰装修,租赁合同无效时,未形成附合的装饰装修物,出租人同意利用的,可折价归出租人所有;不同意利用的,可由承租人拆除。因拆除造成房屋毁损的,承租人应当恢复原状。

已形成附合的装饰装修物,出租人同意利用的,可折价归出租人所有;不同意利用的,由双方各自按照导致合同无效的过错分担现值损失。

第十条 承租人经出租人同意装饰装修,租赁期间届满或者合同解除时,除当事人另有约定外,未形成附合的装饰装修物,可由承租人拆除。因拆除造成房屋毁损的,承租人应当恢复原状。

第十一条 承租人经出租人同意装饰装修,合同解除时,双方对已形成附合的装饰装修物的处理没有约定的,人民法院按照下列情形分别处理:

(一)因出租人违约导致合同解除,承租人请求出租人赔偿剩余租赁期内装饰装修残值损失的,应予支持;

(二)因承租人违约导致合同解除,承租人请求出租人赔偿剩余租赁期内装饰装修残值损失的,不予支持。但出租人同意利用的,应在利用价值范围内予以适当补偿;

(三)因双方违约导致合同解除,剩余租赁期内的装饰装修残值损失,由双方根据各自的过错承担相应的责任;

(四)因不可归责于双方的事由导致合同解除的,剩余租赁期内的装饰装修残值损失,由双方按照公平原则分担。法律另有规定的,适用其规定。

第十二条 承租人经出租人同意装饰装修,租赁期间届满时,承租人请求出租人补偿附合装饰装修费用的,不予支持。但当事人另有约定的除外。

第十三条 承租人未经出租人同意装饰装修或者扩建发生的费用,由承租人负担。出租人请求承租人恢复原状或者赔偿损失的,人民法院应予支持。

第十四条 承租人经出租人同意扩建,但双方对扩建费用的处理没有约定的,人民法院按照下列情形分别处理:

(一)办理合法建设手续的,扩建造价费用由出租人负担;

(二)未办理合法建设手续的,扩建造价费用由双方按照过错分担。

第十五条 承租人经出租人同意将租赁房屋转租给第三人时,转租期限超过承租人剩余租赁期限的,人民法院应当认定超过部分的约定无效。但出租人与承租人另有约定的除外。

第十六条 出租人知道或者应当知道承租人转租,但在六个月内未提出异议,其以承租人未经同意为由请求解除合同或者认定转租合同无效的,人民法院不予支持。

因租赁合同产生的纠纷案件,人民法院可以通知次承租人作为第三人参加诉讼。

第十七条 因承租人拖欠租金,出租人请求解除合同时,次承租人请求代承租人支付欠付的租金和违约金以抗辩出租人合同解除权的,人民法院应予支持。但转租合同无效的除外。

次承租人代为支付的租金和违约金超出其应付的租金数额,可以折抵租金或者向承租人追偿。

第十八条 房屋租赁合同无效、履行期限届满或者解除,出租人请求负有腾房义务的次承租人支付逾期腾房占有使用费的,人民法院应予支持。

第十九条 承租人租赁房屋用于以个体工商户或者个人合伙方式从事经营活动,承租人在租赁期间死亡、宣告失踪或者宣告死亡,其共同经营人或者其他合伙人请求按照原租赁合同租赁该房屋的,人民法院应予支持。

第二十条 租赁房屋在租赁期间发生所有权变动,承租人请求房屋受让人继续履行原租赁合同的,人民法院应予支持。但租赁房屋具有下列情形或者当事人另有约定的除外:

(一)房屋在出租前已设立抵押权,因抵押权人实现抵押权发生所有权变动的;

(二)房屋在出租前已被人民法院依法查封的。

第二十一条　出租人出卖租赁房屋未在合理期限内通知承租人或者存在其他侵害承租人优先购买权情形,承租人请求出租人承担赔偿责任的,人民法院应予支持。但请求确认出租人与第三人签订的房屋买卖合同无效的,人民法院不予支持。

第二十二条　出租人与抵押权人协议折价、变卖租赁房屋偿还债务,应当在合理期限内通知承租人。承租人请求以同等条件优先购买房屋的,人民法院应予支持。

第二十三条　出租人委托拍卖人拍卖租赁房屋,应当在拍卖5日前通知承租人。承租人未参加拍卖的,人民法院应当认定承租人放弃优先购买权。

第二十四条　具有下列情形之一,承租人主张优先购买房屋的,人民法院不予支持:

(一)房屋共有人行使优先购买权的;

(二)出租人将房屋出卖给近亲属,包括配偶、父母、子女、兄弟姐妹、祖父母、外祖父母、孙子女、外孙子女的;

(三)出租人履行通知义务后,承租人在十五日内未明确表示购买的;

(四)第三人善意购买租赁房屋并已经办理登记手续的。

第二十五条　本解释施行前已经终审,本解释施行后当事人申请再审或者按照审判监督程序决定再审的案件,不适用本解释。

最高人民法院关于审理买卖合同纠纷案件适用法律问题的解释

1. 2012年3月31日最高人民法院审判委员会第1545次会议通过
2. 2012年5月10日公布
3. 法释〔2012〕8号
4. 自2012年7月1日起施行

为正确审理买卖合同纠纷案件,根据《中华人民共和国民法通则》、《中华人民共和国合同法》、《中华人民共和国物权法》、《中华人民共和国民事诉讼法》等法律的规定,结合审判实践,制定本解释。

一、买卖合同的成立及效力

第一条　当事人之间没有书面合同,一方以送货单、收货单、结算单、发票等主张存在买卖合同关系的,人民法院应当结合当事人之间的交易方式、交易习惯以及其他相关证据,对买卖合同是否成立作出认定。

对账确认函、债权确认书等函件、凭证没有记载债权人名称,买卖合同当事人一方以此证明存在买卖合同关系的,人民法院应予支持,但有相反证据足以推翻的除外。

第二条　当事人签订认购书、订购书、预订书、意向书、备忘录等预约合同,约定在将来一定期限内订立买卖合同,一方不履行订立买卖合同的义务,对方请求其承担预约合同违约责任或者要求解除预约合同并主张损害赔偿的,人民法院应予支持。

第三条　当事人一方以出卖人在缔约时对标的物没有所有权或者处分权为由主张合同无效的,人民法院不予支持。

出卖人因未取得所有权或者处分权致使标的物所有权不能转移,买受人要求出卖人承担违约责任或者要求解除合同并主张损害赔偿的,人民法院应予支持。

第四条　人民法院在按照合同法的规定认定电子交易合同的成立及效力的同时,还应当适用电子签名法的相关规定。

二、标的物交付和所有权转移

第五条　标的物为无需以有形载体交付的电子信息产品,当事人对交付方式约定不明确,且依照合同法第六十一条的规定仍不能确定的,买受人收到约定的电子信息产品或者权利凭证即为交付。

第六条　根据合同法第一百六十二条的规定,买受人拒绝接收多交部分标的物的,可以代为保管多交部分标的物。买受人主张出卖人负担代为保管期间的合理费用的,人民法院应予支持。

买受人主张出卖人承担代为保管期间非因买受人故意或者重大过失造成的损失的,人民法院应予支持。

第七条　合同法第一百三十六条规定的"提取标的物单证以外的有关单证和资料",主要应当包括保险单、保修单、普通发票、增值税专用发票、产品合格证、质量保证书、质量鉴定书、品质检验证书、产品进出口检疫书、原产地证明书、使用说明书、装箱单等。

第八条　出卖人仅以增值税专用发票及税款抵扣资料证明其已履行交付标的物义务,买受人不认可的,出卖人应当提供其他证据证明交付标的物的事实。

合同约定或者当事人之间习惯以普通发票作为付款凭证,买受人以普通发票证明已经履行付款义务的,人民法院应予支持,但有相反证据足以推翻的除外。

第九条　出卖人就同一普通动产订立多重买卖合同,在买卖合同均有效的情况下,买受人均要求实际履行合同的,应当按照以下情形分别处理:

(一)先行受领交付的买受人请求确认所有权已经转移的,人民法院应予支持;

(二)均未受领交付,先行支付价款的买受人请求出卖人履行交付标的物等合同义务的,人民法院应予支持;

(三)均未受领交付,也未支付价款,依法成立在先合同的买受人请求出卖人履行交付标的物等合同义务的,人民法院应予支持。

第十条　出卖人就同一船舶、航空器、机动车等特殊动产订立多重买卖合同,在买卖合同均有效的情况下,买受人均

要求实际履行合同的,应当按照以下情形分别处理:

(一)先行受领交付的买受人请求出卖人履行办理所有权转移登记手续等合同义务的,人民法院应予支持;

(二)均未受领交付,先行办理所有权转移登记手续的买受人请求出卖人履行交付标的物等合同义务的,人民法院应予支持;

(三)均未受领交付,也未办理所有权转移登记手续,依法成立在先合同的买受人请求出卖人履行交付标的物和办理所有权转移登记手续等合同义务的,人民法院应予支持;

(四)出卖人将标的物交付给买受人之一,又为其他买受人办理所有权转移登记,已受领交付的买受人请求将标的物所有权登记在自己名下的,人民法院应予支持。

三、标的物风险负担

第十一条 合同法第一百四十一条第二款第(一)项规定的"标的物需要运输的",是指标的物由出卖人负责办理托运,承运人系独立于买卖合同当事人之外的运输业者的情形。标的物毁损、灭失的风险负担,按照合同法第一百四十五条的规定处理。

第十二条 出卖人根据合同约定将标的物运送至买受人指定地点并交付给承运人后,标的物毁损、灭失的风险由买受人负担,但当事人另有约定的除外。

第十三条 出卖人出卖交由承运人运输的在途标的物,在合同成立时知道或者应当知道标的物已经毁损、灭失却未告知买受人,买受人主张出卖人负担标的物毁损、灭失的风险的,人民法院应予支持。

第十四条 当事人对风险负担没有约定,标的物为种类物,出卖人未以装运单据、加盖标记、通知买受人等可识别的方式清楚地将标的物特定于买卖合同,买受人主张不负担标的物毁损、灭失的风险的,人民法院应予支持。

四、标的物检验

第十五条 当事人对标的物的检验期间未作约定,买受人签收的送货单、确认单等载明标的物数量、型号、规格的,人民法院应当根据合同法第一百五十七条的规定,认定买受人已对数量和外观瑕疵进行了检验,但有相反证据足以推翻的除外。

第十六条 出卖人依照买受人的指示向第三人交付标的物,出卖人和买受人之间约定的检验标准与买受人和第三人之间约定的检验标准不一致的,人民法院应当根据合同法第六十四条的规定,以出卖人和买受人之间约定的检验标准为标的物的检验标准。

第十七条 人民法院具体认定合同法第一百五十八条第二款规定的"合理期间"时,应当综合当事人之间的交易性质、交易目的、交易方式、交易习惯、标的物的种类、数量、性质、安装和使用情况、瑕疵的性质、买受人应尽的合理注意义务、检验方法和难易程度、买受人或者检验人所处的具体环境、自身技能以及其他合理因素,依据诚实信用原则进行判断。

合同法第一百五十八条第二款规定的"两年"是最长的合理期间。该期间为不变期间,不适用诉讼时效中止、中断或者延长的规定。

第十八条 约定的检验期间过短,依照标的物的性质和交易习惯,买受人在检验期间内难以完成全面检验的,人民法院应当认定该期间为买受人对外观瑕疵提出异议的期间,并根据本解释第十七条第一款的规定确定买受人对隐蔽瑕疵提出异议的合理期间。

约定的检验期间或者质量保证期间短于法律、行政法规规定的检验期间或者质量保证期间的,人民法院应当以法律、行政法规规定的检验期间或者质量保证期间为准。

第十九条 买受人在合理期间内提出异议,出卖人以买受人已经支付价款、确认欠款数额、使用标的物等为由,主张买受人放弃异议的,人民法院不予支持,但当事人另有约定的除外。

第二十条 合同法第一百五十八条规定的检验期间、合理期间、两年期间经过后,买受人主张标的物的数量或者质量不符合约定的,人民法院不予支持。

出卖人自愿承担违约责任后,又以上述期间经过为由翻悔的,人民法院不予支持。

五、违约责任

第二十一条 买受人依约保留部分价款作为质量保证金,出卖人在质量保证期间未及时解决质量问题而影响标的物的价值或者使用效果,出卖人主张支付该部分价款的,人民法院不予支持。

第二十二条 买受人在检验期间、质量保证期间、合理期间内提出质量异议,出卖人未按要求予以修理或者因情况紧急,买受人自行或者通过第三人修理标的物后,主张出卖人负担因此发生的合理费用的,人民法院应予支持。

第二十三条 标的物质量不符合约定,买受人依照合同法第一百一十一条的规定要求减少价款的,人民法院应予支持。当事人主张以符合约定的标的物和实际交付的标的物按交付时的市场价值计算差价的,人民法院应予支持。

价款已经支付,买受人主张返还减价后多出部分价款的,人民法院应予支持。

第二十四条 买卖合同对付款期限作出的变更,不影响当事人关于逾期付款违约金的约定,但该违约金的起算点应当随之变更。

买卖合同约定逾期付款违约金,买受人以出卖人接受价款时未主张逾期付款违约金为由拒绝支付该违约金的,人民法院不予支持。

买卖合同约定逾期付款违约金,但对账单、还款协议等未涉及逾期付款责任,出卖人根据对账单、还款协议等主张欠款时请求买受人依约支付逾期付款违约金的,人民法院应予支持,但对账单、还款协议等明确载有本金及逾期付款利息数额或者已经变更买卖合同中关于本金、利息等约定内容的除外。

买卖合同没有约定逾期付款违约金或者该违约金的计算方法,出卖人以买受人违约为由主张赔偿逾期付款损失的,人民法院可以中国人民银行同期同类人民币贷款基准利率为基础,参照逾期罚息利率标准计算。

第二十五条 出卖人没有履行或者不当履行从给付义务,致使买受人不能实现合同目的,买受人主张解除合同的,人民法院应当根据合同法第九十四条第(四)项的规定,予以支持。

第二十六条 买卖合同因违约而解除后,守约方主张继续适用违约金条款的,人民法院应予支持;但约定的违约金过分高于造成的损失的,人民法院可以参照合同法第一百一十四条第二款的规定处理。

第二十七条 买卖合同当事人一方以对方违约为由主张支付违约金,对方以合同不成立、合同未生效、合同无效或者不构成违约等为由进行免责抗辩而未主张调整过高的违约金的,人民法院应当就法院若不支持免责抗辩,当事人是否需要主张调整违约金进行释明。

一审法院认为免责抗辩成立且未予释明,二审法院认为应当判决支付违约金的,可以直接释明并改判。

第二十八条 买卖合同约定的定金不足以弥补一方违约造成的损失,对方请求赔偿超过定金部分的损失的,人民法院可以并处,但定金和损失赔偿的数额总和不应高于因违约造成的损失。

第二十九条 买卖合同当事人一方违约造成对方损失,对方主张赔偿可得利益损失的,人民法院应当根据当事人的主张,依据合同法第一百一十三条、第一百一十九条、本解释第三十条、第三十一条等规定进行认定。

第三十条 买卖合同当事人一方违约造成对方损失,对方对损失的发生也有过错,违约方主张扣减相应的损失赔偿额的,人民法院应予支持。

第三十一条 买卖合同当事人一方因对方违约而获有利益,违约方主张从损失赔偿额中扣除该部分利益的,人民法院应予支持。

第三十二条 合同约定减轻或者免除出卖人对标的物的瑕疵担保责任,但出卖人故意或者因重大过失不告知买受人标的物的瑕疵,出卖人主张依约减轻或者免除瑕疵担保责任的,人民法院不予支持。

第三十三条 买受人在缔约时知道或者应当知道标的物质量存在瑕疵,主张出卖人承担瑕疵担保责任的,人民法院不予支持,但买受人在缔约时不知道该瑕疵会导致标的物的基本效用显著降低的除外。

六、所有权保留

第三十四条 买卖合同当事人主张合同法第一百三十四条关于标的物所有权保留的规定适用于不动产的,人民法院不予支持。

第三十五条 当事人约定所有权保留,在标的物所有权转移前,买受人有下列情形之一,对出卖人造成损害,出卖人主张取回标的物的,人民法院应予支持:

(一)未按约定支付价款的;

(二)未按约定完成特定条件的;

(三)将标的物出卖、出质或者作出其他不当处分的。

取回的标的物价值显著减少,出卖人要求买受人赔偿损失的,人民法院应予支持。

第三十六条 买受人已经支付标的物总价款的百分之七十五以上,出卖人主张取回标的物的,人民法院不予支持。

在本解释第三十五条第一款第(三)项情形下,第三人依据物权法第一百零六条的规定已经善意取得标的物所有权或者其他物权,出卖人主张取回标的物的,人民法院不予支持。

第三十七条 出卖人取回标的物后,买受人在双方约定的或者出卖人指定的回赎期间内,消除出卖人取回标的物的事由,主张回赎标的物的,人民法院应予支持。

买受人在回赎期间内没有回赎标的物的,出卖人可以另行出卖标的物。

出卖人另行出卖标的物的,出卖所得价款依次扣除取回和保管费用、再交易费用、利息、未清偿的价金后仍有剩余的,应返还原买受人;如有不足,出卖人要求原买受人清偿的,人民法院应予支持,但原买受人有证据证明出卖人另行出卖的价格明显低于市场价格的除外。

七、特 种 买 卖

第三十八条 合同法第一百六十七条第一款规定的“分期付款”,系指买受人将应付的总价款在一定期间内至少分三次向出卖人支付。

分期付款买卖合同的约定违反合同法第一百六十七条第一款的规定,损害买受人利益,买受人主张该约定无效的,人民法院应予支持。

第三十九条 分期付款买卖合同约定出卖人在解除合同时可以扣留已受领价金,出卖人扣留的金额超过标的物使用费以及标的物受损赔偿额,买受人请求返还超过部分的,人民法院应予支持。

当事人对标的物的使用费没有约定的,人民法院可以参照当地同类标的物的租金标准确定。

第四十条 合同约定的样品质量与文字说明不一致且发生纠纷时当事人不能达成合意,样品封存后外观和内在品质没有发生变化的,人民法院应当以样品为准;外观和内在品质发生变化,或者当事人对是否发生变化有争议而又无法查明的,人民法院应当以文字说明为准。

第四十一条 试用买卖的买受人在试用期内已经支付一部分价款的,人民法院应当认定买受人同意购买,但合同另有约定的除外。

在试用期内,买受人对标的物实施了出卖、出租、设定担保物权等非试用行为的,人民法院应当认定买受人同意购买。

第四十二条 买卖合同存在下列约定内容之一的,不属于试用买卖。买受人主张属于试用买卖的,人民法院不予支持:

(一)约定标的物经过试用或者检验符合一定要求时,买受人应当购买标的物;

(二)约定第三人经试验对标的物认可时,买受人应当购买标的物;

(三)约定买受人在一定期间内可以调换标的物;

(四)约定买受人在一定期间内可以退还标的物。

第四十三条 试用买卖的当事人没有约定使用费或者约定不明确,出卖人主张买受人支付使用费的,人民法院不予支持。

八、其他问题

第四十四条 出卖人履行交付义务后诉请买受人支付价款,买受人以出卖人违约在先为由提出异议的,人民法院应当按照下列情况分别处理:

(一)买受人拒绝支付违约金、拒绝赔偿损失或者主张出卖人应当采取减少价款等补救措施的,属于提出抗辩;

(二)买受人主张出卖人应支付违约金、赔偿损失或者要求解除合同的,应当提起反诉。

第四十五条 法律或者行政法规对债权转让、股权转让等权利转让合同有规定的,依照其规定;没有规定的,人民法院可以根据合同法第一百二十四条和第一百七十四条的规定,参照适用买卖合同的有关规定。

权利转让或者其他有偿合同参照适用买卖合同的有关规定的,人民法院应当首先引用合同法第一百七十四条的规定,再引用买卖合同的有关规定。

第四十六条 本解释施行前本院发布的有关购销合同、销售合同等有偿转移标的物所有权的合同的规定,与本解释抵触的,自本解释施行之日起不再适用。

本解释施行后尚未终审的买卖合同纠纷案件,适用本解释;本解释施行前已经终审,当事人申请再审或者按照审判监督程序决定再审的,不适用本解释。

最高人民法院关于审理民间借贷案件适用法律若干问题的规定

1. 2015年6月23日最高人民法院审判委员会第1655次会议通过
2. 2015年8月6日公布
3. 法释〔2015〕18号
4. 自2015年9月1日起施行

为正确审理民间借贷纠纷案件,根据《中华人民共和国民法通则》、《中华人民共和国物权法》、《中华人民共和国担保法》、《中华人民共和国合同法》、《中华人民共和国民事诉讼法》、《中华人民共和国刑事诉讼法》等相关法律之规定,结合审判实践,制定本规定。

第一条 本规定所称的民间借贷,是指自然人、法人、其他组织之间及其相互之间进行资金融通的行为。

经金融监管部门批准设立的从事贷款业务的金融机构及其分支机构,因发放贷款等相关金融业务引发的纠纷,不适用本规定。

第二条 出借人向人民法院起诉时,应当提供借据、收据、欠条等债权凭证以及其他能够证明借贷法律关系存在的证据。

当事人持有的借据、收据、欠条等债权凭证没有载明债权人,持有债权凭证的当事人提起民间借贷诉讼的,人民法院应予受理。被告对原告的债权人资格提出有事实依据的抗辩,人民法院经审理认为原告不具有债权人资格的,裁定驳回起诉。

第三条 借贷双方就合同履行地未约定或者约定不明确,事后未达成补充协议,按照合同有关条款或者交易习惯仍不能确定的,以接受货币一方所在地为合同履行地。

第四条 保证人为借款人提供连带责任保证,出借人仅起诉借款人的,人民法院可以不追加保证人为共同被告;出借人仅起诉保证人的,人民法院可以追加借款人为共同被告。

保证人为借款人提供一般保证,出借人仅起诉保证人的,人民法院应当追加借款人为共同被告;出借人仅起诉借款人的,人民法院可以不追加保证人为共同被告。

第五条 人民法院立案后,发现民间借贷行为本身涉嫌非法集资犯罪的,应当裁定驳回起诉,并将涉嫌非法集资犯罪的线索、材料移送公安或者检察机关。

公安或者检察机关不予立案,或者立案侦查后撤销案件,或者检察机关作出不起诉决定,或者经人民法院生效判决认定不构成非法集资犯罪,当事人又以同一事实向人民法院提起诉讼的,人民法院应予受理。

第六条 人民法院立案后,发现与民间借贷纠纷案件虽有关联但不是同一事实的涉嫌非法集资等犯罪的线索、材料的,人民法院应当继续审理民间借贷纠纷案件,并将涉嫌非法集资等犯罪的线索、材料移送公安或者检察机关。

第七条 民间借贷的基本案件事实必须以刑事案件审理结果为依据,而该刑事案件尚未审结的,人民法院应当裁定中止诉讼。

第八条 借款人涉嫌犯罪或者生效判决认定其有罪,出借人起诉请求担保人承担民事责任的,人民法院应予受理。

第九条 具有下列情形之一,可以视为具备合同法第二百一十条关于自然人之间借款合同的生效要件:

(一)以现金支付的,自借款人收到借款时;

(二)以银行转账、网上电子汇款或者通过网络贷款平

台等形式支付的,自资金到达借款人账户时;

(三)以票据交付的,自借款人依法取得票据权利时;

(四)出借人将特定资金账户支配权授权给借款人的,自借款人取得对该账户实际支配权时;

(五)出借人以与借款人约定的其他方式提供借款并实际履行完成时。

第十条 除自然人之间的借款合同外,当事人主张民间借贷合同自合同成立时生效的,人民法院应予支持,但当事人另有约定或者法律、行政法规另有规定的除外。

第十一条 法人之间、其他组织之间以及它们相互之间为生产、经营需要订立的民间借贷合同,除存在合同法第五十二条、本规定第十四条规定的情形外,当事人主张民间借贷合同有效的,人民法院应予支持。

第十二条 法人或者其他组织在本单位内部通过借款形式向职工筹集资金,用于本单位生产、经营,且不存在合同法第五十二条、本规定第十四条规定的情形,当事人主张民间借贷合同有效的,人民法院应予支持。

第十三条 借款人或者出借人的借贷行为涉嫌犯罪,或者已经生效的判决认定构成犯罪,当事人提起民事诉讼的,民间借贷合同并不当然无效。人民法院应当根据合同法第五十二条、本规定第十四条之规定,认定民间借贷合同的效力。

担保人以借款人或者出借人的借贷行为涉嫌犯罪或者已经生效的判决认定构成犯罪为由,主张不承担民事责任的,人民法院应当依据民间借贷合同与担保合同的效力、当事人的过错程度,依法确定担保人的民事责任。

第十四条 具有下列情形之一,人民法院应当认定民间借贷合同无效:

(一)套取金融机构信贷资金又高利转贷给借款人,且借款人事先知道或者应当知道的;

(二)以向其他企业借贷或者向本单位职工集资取得的资金又转贷给借款人牟利,且借款人事先知道或者应当知道的;

(三)出借人事先知道或者应当知道借款人借款用于违法犯罪活动仍然提供借款的;

(四)违背社会公序良俗的;

(五)其他违反法律、行政法规效力性强制性规定的。

第十五条 原告以借据、收据、欠条等债权凭证为依据提起民间借贷诉讼,被告依据基础法律关系提出抗辩或者反诉,并提供证据证明债权纠纷非民间借贷行为引起的,人民法院应当依据查明的案件事实,按照基础法律关系审理。

当事人通过调解、和解或者清算达成的债权债务协议,不适用前款规定。

第十六条 原告仅依据借据、收据、欠条等债权凭证提起民间借贷诉讼,被告抗辩已经偿还借款,被告应当对其主张提供证据证明。被告提供相应证据证明其主张后,原告仍应就借贷关系的成立承担举证证明责任。

被告抗辩借贷行为尚未实际发生并能作出合理说明,人民法院应当结合借贷金额、款项交付、当事人的经济能力、当地或者当事人之间的交易方式、交易习惯、当事人财产变动情况以及证人证言等事实和因素,综合判断查证借贷事实是否发生。

第十七条 原告仅依据金融机构的转账凭证提起民间借贷诉讼,被告抗辩转账系偿还双方之前借款或其他债务,被告应当对其主张提供证据证明。被告提供相应证据证明其主张后,原告仍应就借贷关系的成立承担举证证明责任。

第十八条 根据《关于适用〈中华人民共和国民事诉讼法〉的解释》第一百七十四条第二款之规定,负有举证证明责任的原告无正当理由拒不到庭,经审查现有证据无法确认借贷行为、借贷金额、支付方式等案件主要事实,人民法院对其主张的事实不予认定。

第十九条 人民法院审理民间借贷纠纷案件时发现有下列情形,应当严格审查借贷发生的原因、时间、地点、款项来源、交付方式、款项流向以及借贷双方的关系、经济状况等事实,综合判断是否属于虚假民事诉讼:

(一)出借人明显不具备出借能力;

(二)出借人起诉所依据的事实和理由明显不符合常理;

(三)出借人不能提交债权凭证或者提交的债权凭证存在伪造的可能;

(四)当事人双方在一定期间内多次参加民间借贷诉讼;

(五)当事人一方或者双方无正当理由拒不到庭参加诉讼,委托代理人对借贷事实陈述不清或者陈述前后矛盾;

(六)当事人双方对借贷事实的发生没有任何争议或者诉辩明显不符合常理;

(七)借款人的配偶或合伙人、案外人的其他债权人提出有事实依据的异议;

(八)当事人在其他纠纷中存在低价转让财产的情形;

(九)当事人不正当放弃权利;

(十)其他可能存在虚假民间借贷诉讼的情形。

第二十条 经查明属于虚假民间借贷诉讼,原告申请撤诉的,人民法院不予准许,并应当根据民事诉讼法第一百一十二条之规定,判决驳回其请求。

诉讼参与人或者其他人恶意制造、参与虚假诉讼,人民法院应当依照民事诉讼法第一百一十一条、第一百一十二条和第一百一十三条之规定,依法予以罚款、拘留;构成犯罪的,应当移送有管辖权的司法机关追究刑事责任。

单位恶意制造、参与虚假诉讼的,人民法院应当对该单位进行罚款,并可以对其主要负责人或者直接责任人员予以罚款、拘留;构成犯罪的,应当移送有管辖权的司法机关追究刑事责任。

第二十一条 他人在借据、收据、欠条等债权凭证或者借款合同上签字或者盖章，但未表明其保证人身份或者承担保证责任，或者通过其他事实不能推定其为保证人，出借人请求其承担保证责任的，人民法院不予支持。

第二十二条 借贷双方通过网络贷款平台形成借贷关系，网络贷款平台的提供者仅提供媒介服务，当事人请求其承担担保责任的，人民法院不予支持。

网络贷款平台的提供者通过网页、广告或者其他媒介明示或者有其他证据证明其为借贷提供担保，出借人请求网络贷款平台的提供者承担担保责任的，人民法院应予支持。

第二十三条 企业法定代表人或负责人以企业名义与出借人签订民间借贷合同，出借人、企业或者其股东能够证明所借款项用于企业法定代表人或负责人个人使用，出借人请求将企业法定代表人或负责人列为共同被告或者第三人的，人民法院应予准许。

企业法定代表人或负责人以个人名义与出借人签订民间借贷合同，所借款项用于企业生产经营，出借人请求企业与个人共同承担责任的，人民法院应予支持。

第二十四条 当事人以签订买卖合同作为民间借贷合同的担保，借款到期后借款人不能还款，出借人请求履行买卖合同的，人民法院应当按照民间借贷法律关系审理，并向当事人释明变更诉讼请求。当事人拒绝变更的，人民法院裁定驳回起诉。

按照民间借贷法律关系审理作出的判决生效后，借款人不履行生效判决确定的金钱债务，出借人可以申请拍卖买卖合同标的物，以偿还债务。就拍卖所得的价款与应偿还借款本息之间的差额，借款人或者出借人有权主张返还或补偿。

第二十五条 借贷双方没有约定利息，出借人主张支付借期内利息的，人民法院不予支持。

自然人之间借贷对利息约定不明，出借人主张支付利息的，人民法院不予支持。除自然人之间借贷的外，借贷双方对借贷利息约定不明，出借人主张利息的，人民法院应当结合民间借贷合同的内容，并根据当地或者当事人的交易方式、交易习惯、市场利率等因素确定利息。

第二十六条 借贷双方约定的利率未超过年利率24%，出借人请求借款人按照约定的利率支付利息的，人民法院应予支持。

借贷双方约定的利率超过年利率36%，超过部分的利息约定无效。借款人请求出借人返还已支付的超过年利率36%部分的利息的，人民法院应予支持。

第二十七条 借据、收据、欠条等债权凭证载明的借款金额，一般认定为本金。预先在本金中扣除利息的，人民法院应当将实际出借的金额认定为本金。

第二十八条 借贷双方对前期借款本息结算后将利息计入后期借款本金并重新出具债权凭证，如果前期利率没有超过年利率24%，重新出具的债权凭证载明的金额可认定为后期借款本金；超过部分的利息不能计入后期借款本金。约定的利率超过年利率24%，当事人主张超过部分的利息不能计入后期借款本金的，人民法院应予支持。

按前款计算，借款人在借款期间届满后应当支付的本息之和，不能超过最初借款本金与以最初借款本金为基数，以年利率24%计算的整个借款期间的利息之和。出借人请求借款人支付超过部分的，人民法院不予支持。

第二十九条 借贷双方对逾期利率有约定的，从其约定，但以不超过年利率24%为限。

未约定逾期利率或者约定不明的，人民法院可以区分不同情况处理：

（一）既未约定借期内的利率，也未约定逾期利率，出借人主张借款人自逾期还款之日起按照年利率6%支付资金占用期间利息的，人民法院应予支持；

（二）约定了借期内的利率但未约定逾期利率，出借人主张借款人自逾期还款之日起按照借期内的利率支付资金占用期间利息的，人民法院应予支持。

第三十条 出借人与借款人既约定了逾期利率，又约定了违约金或者其他费用，出借人可以选择主张逾期利息、违约金或者其他费用，也可以一并主张，但总计超过年利率24%的部分，人民法院不予支持。

第三十一条 没有约定利息但借款人自愿支付，或者超过约定的利率自愿支付利息或违约金，且没有损害国家、集体和第三人利益，借款人又以不当得利为由要求出借人返还的，人民法院不予支持，但借款人要求返还超过年利率36%部分的利息除外。

第三十二条 借款人可以提前偿还借款，但当事人另有约定的除外。

借款人提前偿还借款并主张按照实际借款期间计算利息的，人民法院应予支持。

第三十三条 本规定公布施行后，最高人民法院于1991年8月13日发布的《关于人民法院审理借贷案件的若干意见》同时废止；最高人民法院以前发布的司法解释与本规定不一致的，不再适用。

（2）担保

中华人民共和国担保法（节录）

1. 1995年6月30日第八届全国人民代表大会常务委员会第十四次会议通过

2. 1995年6月30日中华人民共和国主席令第50号公布

3. 自1995年10月1日起施行

目　　录

第一章　总　则

第一条　【立法目的】为促进资金融通和商品流通,保障债权的实现,发展社会主义市场经济,制定本法。

第二条　【适用范围及担保方式】在借贷、买卖、货物运输、加工承揽等经济活动中,债权人需要以担保方式保障其债权实现的,可以依照本法规定设定担保。

本法规定的担保方式为保证、抵押、质押、留置和定金。

第三条　【担保活动基本原则】担保活动应当遵循平等、自愿、公平、诚实信用的原则。

第四条　【反担保】第三人为债务人向债权人提供担保时,可以要求债务人提供反担保。

反担保适用本法担保的规定。

第五条　【担保合同与主合同的关系以及担保合同无效后的法律后果】担保合同是主合同的从合同,主合同无效,担保合同无效。担保合同另有约定的,按照约定。

担保合同被确认无效后,债务人、担保人、债权人有过错的,应当根据其过错各自承担相应的民事责任。

第二章　保　证

第一节　保证和保证人

第六条　【保证的定义】本法所称保证,是指保证人和债权人约定,当债务人不履行债务时,保证人按照约定履行债务或者承担责任的行为。

第七条　【保证人的资格和范围】具有代为清偿债务能力的法人、其他组织或者公民,可以作保证人。

第八条　【国家机关作为保证人的禁止与例外】国家机关不得为保证人,但经国务院批准为使用外国政府或者国际经济组织贷款进行转贷的除外。

第九条　【公益法人作为保证人的禁止】学校、幼儿园、医院等以公益为目的的事业单位、社会团体不得为保证人。

第十条　【企业法人分支机构、职能部门作为保证人的禁止与例外】企业法人的分支机构、职能部门不得为保证人。

企业法人的分支机构有法人书面授权的,可以在授权范围内提供保证。

第十一条　【强令提供担保的禁止】任何单位和个人不得强令银行等金融机构或者企业为他人提供保证;银行等金融机构或者企业对强令其为他人提供保证的行为,有权拒绝。

第十二条　【共同保证】同一债务有两个以上保证人的,保证人应当按照保证合同约定的保证份额,承担保证责任。没有约定保证份额的,保证人承担连带责任,债权人可以要求任何一个保证人承担全部保证责任,保证人都负有担保全部债权实现的义务。已经承担保证责任的保证人,有权向债务人追偿,或者要求承担连带责任的其他保证人清偿其应当承担的份额。

第二节　保证合同和保证方式

第十三条　【保证合同的订立】保证人与债权人应当以书面形式订立保证合同。

第十四条　【一时保证与最高额保证】保证人与债权人可以就单个主合同分别订立保证合同,也可以协议在最高债权额限度内就一定期间连续发生的借款合同或者某项商品交易合同订立一个保证合同。

第十五条　【保证合同的内容】保证合同应当包括以下内容:

(一)被保证的主债权种类、数额;

(二)债务人履行债务的期限;

(三)保证的方式;

(四)保证担保的范围;

(五)保证的期间;

(六)双方认为需要约定的其他事项。

保证合同不完全具备前款规定内容的,可以补正。

第十六条　【保证的方式】保证的方式有:

(一)一般保证;

(二)连带责任保证。

第十七条　【一般保证及先诉抗辩权】当事人在保证合同中约定,债务人不能履行债务时,由保证人承担保证责任的,为一般保证。

一般保证的保证人在主合同纠纷未经审判或者仲裁,并就债务人财产依法强制执行仍不能履行债务前,对债权人可以拒绝承担保证责任。

有下列情形之一的,保证人不得行使前款规定的权利:

(一)债务人住所变更,致使债权人要求其履行债务发生重大困难的;

(二)人民法院受理债务人破产案件,中止执行程序的;

(三)保证人以书面形式放弃前款规定的权利的。

第十八条　【连带责任保证】当事人在保证合同中约定保证人与债务人对债务承担连带责任的,为连带责任保证。

连带责任保证的债务人在主合同规定的债务履行期届满没有履行债务的,债权人可以要求债务人履行债务,也可以要求保证人在其保证范围内承担保证责任。

第十九条　【保证方式没有约定或约定不明的推定】当事人对保证方式没有约定或者约定不明确的,按照连带责任保证承担保证责任。

第二十条　【保证人的一般抗辩权】一般保证和连带责任保

证的保证人享有债务人的抗辩权。债务人放弃对债务的抗辩权的,保证人仍有权抗辩。

抗辩权是指债权人行使债权时,债务人根据法定事由,对抗债权人行使请求权的权利。

第三节 保证责任

第二十一条 【保证范围】保证担保的范围包括主债权及利息、违约金、损害赔偿金和实现债权的费用。保证合同另有约定的,按照约定。

当事人对保证担保的范围没有约定或者约定不明确的,保证人应当对全部债务承担责任。

第二十二条 【债权让与对保证责任的影响】保证期间,债权人依法将主债权转让给第三人的,保证人在原保证担保的范围内继续承担保证责任。保证合同另有约定的,按照约定。

第二十三条 【债务转让对保证责任的影响】保证期间,债权人许可债务人转让债务的,应当取得保证人书面同意,保证人对未经其同意转让的债务,不再承担保证责任。

第二十四条 【债的变更对保证责任的影响】债权人与债务人协议变更主合同的,应当取得保证人书面同意,未经保证人书面同意的,保证人不再承担保证责任。保证合同另有约定的,按照约定。

第二十五条 【一般保证的保证期间】一般保证的保证人与债权人未约定保证期间的,保证期间为主债务履行期届满之日起六个月。

在合同约定的保证期间和前款规定的保证期间,债权人未对债务人提起诉讼或者申请仲裁的,保证人免除保证责任;债权人已提起诉讼或者申请仲裁的,保证期间适用诉讼时效中断的规定。

第二十六条 【连带责任的保证期间】连带责任保证的保证人与债权人未约定保证期间的,债权人有权自主债务履行期届满之日起六个月内要求保证人承担保证责任。

在合同约定的保证期间和前款规定的保证期间,债权人未要求保证人承担保证责任的,保证人免除保证责任。

第二十七条 【最高额保证的保证期间】保证人依照本法第十四条规定就连续发生的债权作保证,未约定保证期间的,保证人可以随时书面通知债权人终止保证合同,但保证人对于通知到债权人前所发生的债权,承担保证责任。

第二十八条 【保证担保与物的担保并存时保证责任的承担】同一债权既有保证又有物的担保的,保证人对物的担保以外的债权承担保证责任。

债权人放弃物的担保的,保证人在债权人放弃权利的范围内免除保证责任。

第二十九条 【企业法人的分支机构订立的无效保证合同的处理】企业法人的分支机构未经法人书面授权或者超出授权范围与债权人订立保证合同的,该合同无效或者超出授权范围的部分无效,债权人和企业法人有过错的,应当根据其过错各自承担相应的民事责任;债权人无过错的,由企业法人承担民事责任。

第三十条 【保证责任的免除】有下列情形之一的,保证人不承担民事责任:

(一)主合同当事人双方串通,骗取保证人提供保证的;

(二)主合同债权人采取欺诈、胁迫等手段,使保证人在违背真实意思的情况下提供保证的。

第三十一条 【保证人的追偿权】保证人承担保证责任后,有权向债务人追偿。

第三十二条 【保证人追偿权的预先行使】人民法院受理债务人破产案件后,债权人未申报债权的,保证人可以参加破产财产分配,预先行使追偿权。

第三章 抵押(略)①

第四章 质押(略)

第五章 留置(略)

第六章 定 金

第八十九条 【定金及其法律效力】当事人可以约定一方向对方给付定金作为债权的担保。债务人履行债务后,定金应当抵作价款或者收回。给付定金的一方不履行约定的债务的,无权要求返还定金;收受定金的一方不履行约定的债务的,应当双倍返还定金。

第九十条 【定金的成立】定金应当以书面形式约定。当事人在定金合同中应当约定交付定金的期限。定金合同从实际交付定金之日起生效。

第九十一条 【定金的数额】定金的数额由当事人约定,但不得超过主合同标的额的百分之二十。

第七章 附 则

第九十二条 【动产与不动产】本法所称不动产是指土地以及房屋、林木等地上定着物。

本法所称动产是指不动产以外的物。

第九十三条 【担保合同的表现形式】本法所称保证合同、抵押合同、质押合同、定金合同可以是单独订立的书面合同,包括当事人之间的具有担保性质的信函、传真等,也可以是主合同中的担保条款。

第九十四条 【担保物折价或变卖的价格确定】抵押物、质物、留置物折价或者变卖,应当参照市场价格。

第九十五条 【本法适用的例外】海商法等法律对担保有特别规定的,依照其规定。

第九十六条 【生效日期】本法自 1995 年 10 月 1 日起施行。

---

① 《物权法》施行后,本法与其规定不一致的,适用《物权法》。《物权法》对抵押权、质权、留置权都作了新的或与本法一致的规定,请读者参见本书第 65 ~ 69 页。

最高人民法院关于适用《中华人民共和国担保法》若干问题的解释(节录)

1. 2000年9月29日最高人民法院审判委员会第1133次会议通过
2. 2000年12月8日公布
3. 法释〔2000〕44号
4. 自2000年12月13日起施行

为了正确适用《中华人民共和国担保法》(以下简称担保法),结合审判实践经验,对人民法院审理担保纠纷案件适用法律问题作出如下解释。

一、关于总则部分的解释

第一条 当事人对由民事关系产生的债权,在不违反法律、法规强制性规定的情况下,以担保法规定的方式设定担保的,可以认定为有效。

第二条 反担保人可以是债务人,也可以是债务人之外的其他人。

反担保方式可以是债务人提供的抵押或者质押,也可以是其他人提供的保证、抵押或者质押。

第三条 国家机关和以公益为目的的事业单位、社会团体违反法律规定提供担保的,担保合同无效。因此给债权人造成损失的,应当根据担保法第五条第二款的规定处理。

第四条 董事、经理违反《中华人民共和国公司法》第六十条的规定,以公司资产为本公司的股东或者其他个人债务提供担保的,担保合同无效。除债权人知道或者应当知道的外,债务人、担保人应当对债权人的损失承担连带赔偿责任。

第五条 以法律、法规禁止流通的财产或者不可转让的财产设定担保的,担保合同无效。

以法律、法规限制流通的财产设定担保的,在实现债权时,人民法院应当按照有关法律、法规的规定对该财产进行处理。

第六条 有下列情形之一的,对外担保合同无效:

(一)未经国家有关主管部门批准或者登记对外担保的;

(二)未经国家有关主管部门批准或者登记,为境外机构向境内债权人提供担保的;

(三)为外商投资企业注册资本、外商投资企业中的外方投资部分的对外债务提供担保的;

(四)无权经营外汇担保业务的金融机构、无外汇收入的非金融性质的企业法人提供外汇担保的;

(五)主合同变更或者债权人将对外担保合同项下的权利转让,未经担保人同意和国家有关主管部门批准的,担保人不再承担担保责任。但法律、法规另有规定的除外。

第七条 主合同有效而担保合同无效,债权人无过错的,担保人与债务人对主合同债权人的经济损失,承担连带赔偿责任;债权人、担保人有过错的,担保人承担民事责任的部分,不应超过债务人不能清偿部分的二分之一。

第八条 主合同无效而导致担保合同无效,担保人无过错的,担保人不承担民事责任;担保人有过错的,担保人承担民事责任的部分,不应超过债务人不能清偿部分的三分之一。

第九条 担保人因无效担保合同向债权人承担赔偿责任后,可以向债务人追偿,或者在承担赔偿责任的范围内,要求有过错的反担保人承担赔偿责任。

担保人可以根据承担赔偿责任的事实对债务人或者反担保人另行提起诉讼。

第十条 主合同解除后,担保人对债务人应当承担的民事责任仍应承担担保责任。但是,担保合同另有约定的除外。

第十一条 法人或者其他组织的法定代表人、负责人超越权限订立的担保合同,除相对人知道或者应当知道其超越权限的以外,该代表行为有效。

第十二条 当事人约定的或者登记部门要求登记的担保期间,对担保物权的存续不具有法律约束力。

担保物权所担保的债权的诉讼时效结束后,担保权人在诉讼时效结束后的二年内行使担保物权的,人民法院应当予以支持。

二、关于保证部分的解释

第十三条 保证合同中约定保证人代为履行非金钱债务的,如果保证人不能实际代为履行,对债权人因此造成的损失,保证人应当承担赔偿责任。

第十四条 不具有完全代偿能力的法人、其他组织或者自然人,以保证人身份订立保证合同后,又以自己没有代偿能力要求免除保证责任的,人民法院不予支持。

第十五条 担保法第七条规定的其他组织主要包括:

(一)依法登记领取营业执照的独资企业、合伙企业;

(二)依法登记领取营业执照的联营企业;

(三)依法登记领取营业执照的中外合作经营企业;

(四)经民政部门核准登记的社会团体;

(五)经核准登记领取营业执照的乡镇、街道、村办企业。

第十六条 从事经营活动的事业单位、社会团体为保证人的,如无其他导致保证合同无效的情况,其所签定的保证合同应当认定为有效。

第十七条 企业法人的分支机构未经法人书面授权提供保证的,保证合同无效。因此给债权人造成损失的,应当根据担保法第五条第二款的规定处理。

企业法人的分支机构经法人书面授权提供保证的,如果法人的书面授权范围不明,法人的分支机构应当对保证合同约定的全部债务承担保证责任。

企业法人的分支机构经营管理的财产不足以承担保证责任的，由企业法人承担民事责任。

企业法人的分支机构提供的保证无效后应当承担赔偿责任的，由分支机构经营管理的财产承担。企业法人有过错的，按照担保法第二十九条的规定处理。

第十八条 企业法人的职能部门提供保证的，保证合同无效。债权人知道或者应当知道保证人为企业法人的职能部门的，因此造成的损失由债权人自行承担。

债权人不知保证人为企业法人的职能部门，因此造成的损失，可以参照担保法第五条第二款的规定和第二十九条的规定处理。

第十九条 两个以上保证人对同一债务同时或者分别提供保证时，各保证人与债权人没有约定保证份额的，应当认定为连带共同保证。

连带共同保证的保证人以其相互之间约定各自承担的份额对抗债权人的，人民法院不予支持。

第二十条 连带共同保证的债务人在主合同规定的债务履行期届满没有履行债务的，债权人可以要求债务人履行债务，也可以要求任何一个保证人承担全部保证责任。

连带共同保证的保证人承担保证责任后，向债务人不能追偿的部分，由各连带保证人按其内部约定的比例分担。没有约定的，平均分担。

第二十一条 按份共同保证的保证人按照保证合同约定的保证份额承担保证责任后，在其履行保证责任的范围内对债务人行使追偿权。

第二十二条 第三人单方以书面形式向债权人出具担保书，债权人接受且未提出异议的，保证合同成立。

主合同中虽然没有保证条款，但是，保证人在主合同上以保证人的身份签字或者盖章的，保证合同成立。

第二十三条 最高额保证合同的不特定债权确定后，保证人应当对在最高债权额限度内就一定期间连续发生的债权余额承担保证责任。

第二十四条 一般保证的保证人在主债权履行期间届满后，向债权人提供了债务人可供执行财产的真实情况的，债权人放弃或者怠于行使权利致使该财产不能被执行，保证人可以请求人民法院在其提供可供执行财产的实际价值范围内免除保证责任。

第二十五条 担保法第十七条第三款第（一）项规定的债权人要求债务人履行债务发生的重大困难情形，包括债务人下落不明、移居境外，且无财产可供执行。

第二十六条 第三人向债权人保证监督支付专款专用的，在履行了监督支付专款专用的义务后，不再承担责任。未尽监督义务造成资金流失的，应当对流失的资金承担补充赔偿责任。

第二十七条 保证人对债务人的注册资金提供保证的，债务人的实际投资与注册资金不符，或者抽逃转移注册资金的，保证人在注册资金不足或者抽逃转移注册资金的范围内承担连带保证责任。

第二十八条 保证期间，债权人依法将主债权转让给第三人的，保证债权同时转让，保证人在原保证担保的范围内对受让人承担保证责任。但是保证人与债权人事先约定仅对特定的债权人承担保证责任或者禁止债权转让的，保证人不再承担保证责任。

第二十九条 保证期间，债权人许可债务人转让部分债务未经保证人书面同意的，保证人对未经其同意转让部分的债务，不再承担保证责任。但是，保证人仍应当对未转让部分的债务承担保证责任。

第三十条 保证期间，债权人与债务人对主合同数量、价款、币种、利率等内容作了变动，未经保证人同意的，如果减轻债务人的债务的，保证人仍应当对变更后的合同承担保证责任；如果加重债务人的债务的，保证人对加重的部分不承担保证责任。

债权人与债务人对主合同履行期限作了变动，未经保证人书面同意的，保证期间为原合同约定的或者法律规定的期间。

债权人与债务人协议变动主合同内容，但并未实际履行的，保证人仍应当承担保证责任。

第三十一条 保证期间不因任何事由发生中断、中止、延长的法律后果。

第三十二条 保证合同约定的保证期间早于或者等于主债务履行期限的，视为没有约定，保证期间为主债务履行期届满之日起六个月。

保证合同约定保证人承担保证责任直至主债务本息还清时为止等类似内容的，视为约定不明，保证期间为主债务履行期届满之日起二年。

第三十三条 主合同对主债务履行期限没有约定或者约定不明的，保证期间自债权人要求债务人履行义务的宽限期届满之日起计算。

第三十四条 一般保证的债权人在保证期间届满前对债务人提起诉讼或者申请仲裁的，从判决或者仲裁裁决生效之日起，开始计算保证合同的诉讼时效。

连带责任保证的债权人在保证期间届满前要求保证人承担保证责任的，从债权人要求保证人承担保证责任之日起，开始计算保证合同的诉讼时效。

第三十五条 保证人对已经超过诉讼时效期间的债务承担保证责任或者提供保证的，又以超过诉讼时效为由抗辩的，人民法院不予支持。

第三十六条 一般保证中，主债务诉讼时效中断，保证债务诉讼时效中断；连带责任保证中，主债务诉讼时效中断，保证债务诉讼时效不中断。

一般保证和连带责任保证中，主债务诉讼时效中止的，保证债务的诉讼时效同时中止。

第三十七条 最高额保证合同对保证期间没有约定或者约定不明的，如最高额保证合同约定有保证人清偿债务期限的,保证期间为清偿期限届满之日起六个月。没有约定债务清偿期限的,保证期间自最高额保证终止之日或自债权人收到保证人终止保证合同的书面通知到达之日起六个月。

第三十八条　同一债权既有保证又有第三人提供物的担保的,债权人可以请求保证人或者物的担保人承担担保责任。当事人对保证担保的范围或者物的担保的范围没有约定或者约定不明的,承担了担保责任的担保人,可以向债务人追偿,也可以要求其他担保人清偿其应当分担的份额。

同一债权既有保证又有物的担保的,物的担保合同被确认无效或者被撤销,或者担保物因不可抗力的原因灭失而没有代位物的,保证人仍应当按合同的约定或者法律的规定承担保证责任。

债权人在主合同履行期届满后怠于行使担保物权,致使担保物的价值减少或者毁损、灭失的,视为债权人放弃部分或者全部物的担保。保证人在债权人放弃权利的范围内减轻或者免除保证责任。

第三十九条　主合同当事人双方协议以新贷偿还旧贷,除保证人知道或者应当知道的外,保证人不承担民事责任。

新贷与旧贷系同一保证人的,不适用前款的规定。

第四十条　主合同债务人采取欺诈、胁迫等手段,使保证人在违背真实意思的情况下提供保证的,债权人知道或者应当知道欺诈、胁迫事实的,按照担保法第三十条的规定处理。

第四十一条　债务人与保证人共同欺骗债权人,订立主合同和保证合同的,债权人可以请求人民法院予以撤销。因此给债权人造成损失的,由保证人与债务人承担连带赔偿责任。

第四十二条　人民法院判决保证人承担保证责任或者赔偿责任的,应当在判决书主文中明确保证人享有担保法第三十一条规定的权利。判决书中未予明确追偿权的,保证人只能按照承担责任的事实,另行提起诉讼。

保证人对债务人行使追偿权的诉讼时效,自保证人向债权人承担责任之日起开始计算。

第四十三条　保证人自行履行保证责任时,其实际清偿额大于主债权范围的,保证人只能在主债权范围内对债务人行使追偿权。

第四十四条　保证期间,人民法院受理债务人破产案件的,债权人既可以向人民法院申报债权,也可以向保证人主张权利。

债权人申报债权后在破产程序中未受清偿的部分,保证人仍应当承担保证责任。债权人要求保证人承担保证责任的,应当在破产程序终结后六个月内提出。

第四十五条　债权人知道或者应当知道债务人破产,既未申报债权也未通知保证人,致使保证人不能预先行使追偿权的,保证人在该债权在破产程序中可能受偿的范围内免除保证责任。

第四十六条　人民法院受理债务人破产案件后,债权人未申报债权的,各连带共同保证的保证人应当作为一个主体申报债权,预先行使追偿权。

三、关于抵押部分的解释(略)

四、关于质押部分的解释(略)

五、关于留置部分的解释(略)

六、关于定金部分的解释

第一百一十五条　当事人约定以交付定金作为订立主合同担保的,给付定金的一方拒绝订立主合同的,无权要求返还定金;收受定金的一方拒绝订立合同的,应当双倍返还定金。

第一百一十六条　当事人约定以交付定金作为主合同成立或者生效要件的,给付定金的一方未支付定金,但主合同已经履行或者已经履行主要部分的,不影响主合同的成立或者生效。

第一百一十七条　定金交付后,交付定金的一方可以按照合同的约定以丧失定金为代价而解除主合同,收受定金的一方可以双倍返还定金为代价而解除主合同。对解除主合同后责任的处理,适用《中华人民共和国合同法》的规定。

第一百一十八条　当事人交付留置金、担保金、保证金、订约金、押金或者订金等,但没有约定定金性质的,当事人主张定金权利的,人民法院不予支持。

第一百一十九条　实际交付的定金数额多于或者少于约定数额,视为变更定金合同;收受定金一方提出异议并拒绝接受定金的,定金合同不生效。

第一百二十条　因当事人一方迟延履行或者其他违约行为,致使合同目的不能实现,可以适用定金罚则。但法律另有规定或者当事人另有约定的除外。

当事人一方不完全履行合同的,应当按照未履行部分所占合同约定内容的比例,适用定金罚则。

第一百二十一条　当事人约定的定金数额超过主合同标的额百分之二十的,超过的部分,人民法院不予支持。

第一百二十二条　因不可抗力、意外事件致使主合同不能履行的,不适用定金罚则。因合同关系以外第三人的过错,致使主合同不能履行的,适用定金罚则。受定金处罚的一方当事人,可以依法向第三人追偿。

七、关于其他问题的解释

第一百二十三条　同一债权上数个担保物权并存时,债权人放弃债务人提供的物的担保的,其他担保人在其放弃权利的范围内减轻或者免除担保责任。

第一百二十四条　企业法人的分支机构为他人提供保证的,人民法院在审理保证纠纷案件中可以将该企业法人作为共同被告参加诉讼。但是商业银行、保险公司的分支机构提供保证的除外。

第一百二十五条 一般保证的债权人向债务人和保证人一并提起诉讼的，人民法院可以将债务人和保证人列为共同被告参加诉讼。但是，应当在判决书中明确在对债务人财产依法强制执行后仍不能履行债务时，由保证人承担保证责任。

第一百二十六条 连带责任保证的债权人可以将债务人或者保证人作为被告提起诉讼，也可以将债务人和保证人作为共同被告提起诉讼。

第一百二十七条 债务人对债权人提起诉讼，债权人提起反诉的，保证人可以作为第三人参加诉讼。

第一百二十八条 债权人向人民法院请求行使担保物权时，债务人和担保人应当作为共同被告参加诉讼。

同一债权既有保证又有物的担保的，当事人发生纠纷提起诉讼的，债务人与保证人、抵押人或者出质人可以作为共同被告参加诉讼。

第一百二十九条 主合同和担保合同发生纠纷提起诉讼的，应当根据主合同确定案件管辖。担保人承担连带责任的担保合同发生纠纷，债权人向担保人主张权利的，应当由担保人住所地的法院管辖。

主合同和担保合同选择管辖的法院不一致的，应当根据主合同确定案件管辖。

第一百三十条 在主合同纠纷案件中，对担保合同未经审判，人民法院不应当依据对主合同当事人所作出的判决或者裁定，直接执行担保人的财产。

第一百三十一条 本解释所称“不能清偿”指对债务人的存款、现金、有价证券、成品、半成品、原材料、交通工具等可以执行的动产和其他方便执行的财产执行完毕后，债务仍未能得到清偿的状态。

第一百三十二条 在案件审理或者执行程序中，当事人提供财产担保的，人民法院应当对该财产的权属证书予以扣押，同时向有关部门发出协助执行通知书，要求其在规定的时间内不予办理担保财产的转移手续。

第一百三十三条 担保法施行以前发生的担保行为，适用担保行为发生时的法律、法规和有关司法解释。

担保法施行以后因担保行为发生的纠纷案件，在本解释公布施行前已经终审，当事人申请再审或者按审判监督程序决定再审的，不适用本解释。

担保法施行以后因担保行为发生的纠纷案件，在本解释公布施行后尚在一审或二审阶段的，适用担保法和本解释。

第一百三十四条 最高人民法院在担保法施行以前作出的有关担保问题的司法解释，与担保法和本解释相抵触的，不再适用。

(3)其他

中华人民共和国拍卖法

1. 1996 年 7 月 5 日第八届全国人民代表大会常务委员会第二十次会议通过

2. 根据 2004 年 8 月 28 日第十届全国人民代表大会常务委员会第十一次会议《关于修改〈中华人民共和国拍卖法〉的决定》第一次修正

3. 根据 2015 年 4 月 24 日第十二届全国人民代表大会常务委员会第十四次会议《关于修改〈中华人民共和国电力法〉等六部法律的决定》第二次修正

目　录

第一章 总　　则

第一条 【立法目的】为了规范拍卖行为，维护拍卖秩序，保护拍卖活动各方当事人的合法权益，制定本法。

第二条 【适用范围】本法适用于中华人民共和国境内拍卖企业进行的拍卖活动。

第三条 【拍卖的定义】拍卖是指以公开竞价的形式，将特定物品或者财产权利转让给最高应价者的买卖方式。

第四条 【拍卖原则】拍卖活动应当遵守有关法律、行政法规，遵循公开、公平、公正、诚实信用的原则。

第五条 【拍卖业的管理】国务院负责管理拍卖业的部门对全国拍卖业实施监督管理。

省、自治区、直辖市的人民政府和设区的市的人民政府负责管理拍卖业的部门对本行政区域内的拍卖业实施监督管理。

第二章 拍 卖 标 的

第六条 【拍卖标的的范围】拍卖标的应当是委托人所有或者依法可以处分的物品或者财产权利。

第七条 【拍卖标的的禁止】法律、行政法规禁止买卖的物品或者财产权利,不得作为拍卖标的。

第八条 【特殊标的的审批、鉴定、许可】依照法律或者按照国务院规定需经审批才能转让的物品或者财产权利,在拍卖前,应当依法办理审批手续。

委托拍卖的文物,在拍卖前,应当经拍卖人住所地的文物行政管理部门依法鉴定、许可。

第九条 【特殊标的的拍卖人指定】国家行政机关依法没收的物品,充抵税款、罚款的物品和其他物品,按照国务院规定应当委托拍卖的,由财产所在地的省、自治区、直辖市的人民政府和设区的市的人民政府指定的拍卖人进行拍卖。

拍卖由人民法院依法没收的物品,充抵罚金、罚款的物品以及无法返还的追回物品,适用前款规定。

第三章 拍卖当事人

第一节 拍 卖 人

第十条 【拍卖人定义】拍卖人是指依照本法和《中华人民共和国公司法》设立的从事拍卖活动的企业法人。

第十一条 【拍卖企业的设立】企业取得从事拍卖业务的许可必须经所在地的省、自治区、直辖市人民政府负责管理拍卖业的部门审核批准。拍卖企业可以在设区的市设立。

第十二条 【企业申请取得从事拍卖业务许可的条件】企业申请取得从事拍卖业务的许可,应当具备下列条件:

(一)有一百万元人民币以上的注册资本;

(二)有自己的名称、组织机构、住所和章程;

(三)有与从事拍卖业务相适应的拍卖师和其他工作人员;

(四)有符合本法和其他有关法律规定的拍卖业务规则;

(五)符合国务院有关拍卖业发展的规定;

(六)法律、行政法规规定的其他条件。

第十三条 【经营文物的拍卖企业的特别条件】拍卖企业经营文物拍卖的,应当有一千万元人民币以上的注册资本,有具有文物拍卖专业知识的人员。

第十四条 【拍卖师】拍卖活动应当由拍卖师主持。

第十五条 【拍卖师的条件】拍卖师应当具备下列条件:

(一)具有高等院校专科以上学历和拍卖专业知识;

(二)在拍卖企业工作两年以上;

(三)品行良好。

被开除公职或者吊销拍卖师资格证书未满五年的,或者因故意犯罪受过刑事处罚的,不得担任拍卖师。

第十六条 【拍卖师资格】拍卖师资格考核,由拍卖行业协会统一组织。经考核合格的,由拍卖行业协会发给拍卖师资格证书。

第十七条 【拍卖行业协会】拍卖行业协会是依法成立的社会团体法人,是拍卖业的自律性组织。拍卖行业协会依照本法并根据章程,对拍卖企业和拍卖师进行监督。

第十八条 【拍卖标的瑕疵告知义务】拍卖人有权要求委托人说明拍卖标的的来源和瑕疵。

拍卖人应当向竞买人说明拍卖标的的瑕疵。

第十九条 【拍卖物的保管义务】拍卖人对委托人交付拍卖的物品负有保管义务。

第二十条 【亲自拍卖义务】拍卖人接受委托后,未经委托人同意,不得委托其他拍卖人拍卖。

第二十一条 【保密义务】委托人、买受人要求对其身份保密的,拍卖人应当为其保密。

第二十二条 【竞买禁止】拍卖人及其工作人员不得以竞买人的身份参与自己组织的拍卖活动,并不得委托他人代为竞买。

第二十三条 【自己物品、财产权利的拍卖禁止】拍卖人不得在自己组织的拍卖活动中拍卖自己的物品或者财产权利。

第二十四条 【交付价款及移交标的义务】拍卖成交后,拍卖人应当按照约定向委托人交付拍卖标的的价款,并按照约定将拍卖标的移交给买受人。

第二节 委 托 人

第二十五条 【委托人定义】委托人是指委托拍卖人拍卖物品或者财产权利的公民、法人或者其他组织。

第二十六条 【委托手续的办理】委托人可以自行办理委托拍卖手续,也可以由其代理人代为办理委托拍卖手续。

第二十七条 【拍卖委托人的瑕疵告知义务】委托人应当向拍卖人说明拍卖标的的来源和瑕疵。

第二十八条 【拍卖标的的保留价】委托人有权确定拍卖标的的保留价并要求拍卖人保密。

拍卖国有资产,依照法律或者按照国务院规定需要评估的,应当经依法设立的评估机构评估,并根据评估结果确定拍卖标的的保留价。

第二十九条 【拍卖标的的撤回】委托人在拍卖开始前可以撤回拍卖标的。委托人撤回拍卖标的的,应当向拍卖人支付约定的费用;未作约定的,应当向拍卖人支付为拍卖支出的合理费用。

第三十条 【委托人的竞买禁止】委托人不得参与竞买,也不得委托他人代为竞买。

第三十一条 【委托人的标的移交义务】按照约定由委托人移交拍卖标的的,拍卖成交后,委托人应当将拍卖标的移交给买受人。

第三节 竞 买 人

第三十二条 【竞买人定义】竞买人是指参加竞购拍卖标的的公民、法人或者其他组织。

第三十三条 【竞买人的条件】法律、行政法规对拍卖标的的买卖条件有规定的,竞买人应当具备规定的条件。

第三十四条 【竞买的参加】竞买人可以自行参加竞买,也可以委托其代理人参加竞买。

第三十五条 【竞买人权利】竞买人有权了解拍卖标的的瑕疵,有权查验拍卖标的和查阅有关拍卖资料。

第三十六条 【**应价**】竞买人一经应价,不得撤回,当其他竞买人有更高应价时,其应价即丧失约束力。

第三十七条 【**恶意串通、损害他人利益的禁止**】竞买人之间、竞买人与拍卖人之间不得恶意串通,损害他人利益。

第四节 买 受 人

第三十八条 【**买受人定义**】买受人是指以最高应价购得拍卖标的的竞买人。

第三十九条 【**买受人义务**】买受人应当按照约定支付拍卖标的的价款,未按照约定支付价款的,应当承担违约责任,或者由拍卖人征得委托人的同意,将拍卖标的再行拍卖。

拍卖标的再行拍卖的,原买受人应当支付第一次拍卖中本人及委托人应当支付的佣金。再行拍卖的价款低于原拍卖价款的,原买受人应当补足差额。

第四十条 【**买受人权利**】买受人未能按照约定取得拍卖标的的,有权要求拍卖人或者委托人承担违约责任。

买受人未按照约定受领拍卖标的的,应当支付由此产生的保管费用。

第四章 拍 卖 程 序

第一节 拍 卖 委 托

第四十一条 【**委托人及拍卖标的的证明**】委托人委托拍卖物品或者财产权利,应当提供身份证明和拍卖人要求提供的拍卖标的的所有权证明或者依法可以处分拍卖标的的证明及其他资料。

第四十二条 【**拍卖人的核实义务及拍卖合同形式**】拍卖人应当对委托人提供的有关文件、资料进行核实。拍卖人接受委托的,应当与委托人签订书面委托拍卖合同。

第四十三条 【**拍卖标的的鉴定**】拍卖人认为需要对拍卖标的进行鉴定的,可以进行鉴定。

鉴定结论与委托拍卖合同载明的拍卖标的状况不相符的,拍卖人有权要求变更或者解除合同。

第四十四条 【**委托拍卖合同主要条款**】委托拍卖合同应当载明以下事项:

(一)委托人、拍卖人的姓名或者名称、住所;

(二)拍卖标的的名称、规格、数量、质量;

(三)委托人提出的保留价;

(四)拍卖的时间、地点;

(五)拍卖标的交付或者转移的时间、方式;

(六)佣金及其支付的方式、期限;

(七)价款的支付方式、期限;

(八)违约责任;

(九)双方约定的其他事项。

第二节 拍卖公告与展示

第四十五条 【**拍卖公告**】拍卖人应当于拍卖日七日前发布拍卖公告。

第四十六条 【**拍卖公告载明事项**】拍卖公告应当载明下列事项:

(一)拍卖的时间、地点;

(二)拍卖标的;

(三)拍卖标的展示时间、地点;

(四)参与竞买应当办理的手续;

(五)需要公告的其他事项。

第四十七条 【**拍卖公告的发布**】拍卖公告应当通过报纸或者其他新闻媒介发布。

第四十八条 【**拍卖标的的展示**】拍卖人应当在拍卖前展示拍卖标的,并提供查看拍卖标的的条件及有关资料。

拍卖标的的展示时间不得少于两日。

第三节 拍卖的实施

第四十九条 【**规则及注意事项的宣布**】拍卖师应当于拍卖前宣布拍卖规则和注意事项。

第五十条 【**有无保留价的拍卖**】拍卖标的无保留价的,拍卖师应当在拍卖前予以说明。

拍卖标的有保留价的,竞买人的最高应价未达到保留价时,该应价不发生效力,拍卖师应当停止拍卖标的的拍卖。

第五十一条 【**拍卖成交**】竞买人的最高应价经拍卖师落槌或者以其他公开表示买定的方式确认后,拍卖成交。

第五十二条 【**成交确认书**】拍卖成交后,买受人和拍卖人应当签署成交确认书。

第五十三条 【**拍卖笔录**】拍卖人进行拍卖时,应当制作拍卖笔录。拍卖笔录应当由拍卖师、记录人签名;拍卖成交的,还应当由买受人签名。

第五十四条 【**拍卖资料的保管**】拍卖人应当妥善保管有关业务经营活动的完整账簿、拍卖笔录和其他有关资料。

前款规定的账簿、拍卖笔录和其他有关资料的保管期限,自委托拍卖合同终止之日起计算,不得少于五年。

第五十五条 【**拍卖标的的转移手续**】拍卖标的需要依法办理证照变更、产权过户手续的,委托人、买受人应当持拍卖人出具的成交证明和有关材料,向有关行政管理机关办理手续。

第四节 佣 金

第五十六条 【**拍卖的佣金及费用**】委托人、买受人可以与拍卖人约定佣金的比例。

委托人、买受人与拍卖人对佣金比例未作约定,拍卖成交的,拍卖人可以向委托人、买受人各收取不超过拍卖成交价百分之五的佣金。收取佣金的比例按照同拍卖成交价成反比的原则确定。

拍卖未成交的,拍卖人可以向委托人收取约定的费用;未作约定的,可以向委托人收取为拍卖支出的合理费用。

第五十七条 【**佣金比例**】拍卖本法第九条规定的物品成交的,拍卖人可以向买受人收取不超过拍卖成交价百分之五的佣金。收取佣金的比例按照同拍卖成交价成反比的原则确定。

拍卖未成交的,适用本法第五十六条第三款的规定。

第五章 法律责任

第五十八条 【无权处分的责任】委托人违反本法第六条的规定,委托拍卖其没有所有权或者依法不得处分的物品或者财产权利的,应当依法承担责任。拍卖人明知委托人对拍卖的物品或者财产权利没有所有权或者依法不得处分的,应当承担连带责任。

第五十九条 【对应拍卖物擅自处理的责任】国家机关违反本法第九条的规定,将应当委托财产所在地的省、自治区、直辖市的人民政府或者设区的市的人民政府指定的拍卖人拍卖的物品擅自处理的,对负有直接责任的主管人员和其他直接责任人员依法给予行政处分,给国家造成损失的,还应当承担赔偿责任。

第六十条 【未经许可从事拍卖业务的责任】违反本法第十一条的规定,未经许可从事拍卖业务的,由工商行政管理部门予以取缔,没收违法所得,并可以处违法所得一倍以上五倍以下的罚款。

第六十一条 【拍卖物的瑕疵担保责任】拍卖人、委托人违反本法第十八条第二款、第二十七条的规定,未说明拍卖标的的瑕疵,给买受人造成损害的,买受人有权向拍卖人要求赔偿;属于委托人责任的,拍卖人有权向委托人追偿。

拍卖人、委托人在拍卖前声明不能保证拍卖标的的真伪或者品质的,不承担瑕疵担保责任。

因拍卖标的存在瑕疵未声明的,请求赔偿的诉讼时效期间为一年,自当事人知道或者应当知道权利受到损害之日起计算。

因拍卖标的存在缺陷造成人身、财产损害请求赔偿的诉讼时效期间,适用《中华人民共和国产品质量法》和其他法律的有关规定。

第六十二条 【违反竞买禁止规定的责任】拍卖人及其工作人员违反本法第二十二条的规定,参与竞买或者委托他人代为竞买的,由工商行政管理部门对拍卖人给予警告,可以处拍卖佣金一倍以上五倍以下的罚款;情节严重的,吊销营业执照。

第六十三条 【拍卖自己物品及财产权利的责任】违反本法第二十三条的规定,拍卖人在自己组织的拍卖活动中拍卖自己的物品或者财产权利的,由工商行政管理部门没收拍卖所得。

第六十四条 【违反委托人竞买禁止的责任】违反本法第三十条的规定,委托人参与竞买或者委托他人代为竞买的,工商行政管理部门可以对委托人处拍卖成交价百分之三十以下的罚款。

第六十五条 【恶意串通致人损害的责任】违反本法第三十七条的规定,竞买人之间、竞买人与拍卖人之间恶意串通,给他人造成损害的,拍卖无效,应当依法承担赔偿责任。由工商行政管理部门对参与恶意串通的竞买人处最高应价百分之十以上百分之三十以下的罚款;对参与恶意串通的拍卖人处最高应价百分之十以上百分之五十以下的罚款。

第六十六条 【违反佣金比例的责任】违反本法第四章第四节关于佣金比例的规定收取佣金的,拍卖人应当将超收部分返还委托人、买受人。物价管理部门可以对拍卖人处拍卖佣金一倍以上五倍以下的罚款。

第六章 附 则

第六十七条 【拍卖法的对外适用】外国人、外国企业和组织在中华人民共和国境内委托拍卖或者参加竞买的,适用本法。

第六十八条 【生效日期】本法自1997年1月1日起施行。

中华人民共和国招标投标法

1. 1999年8月30日第九届全国人民代表大会常务委员会第十一次会议通过

2. 根据2017年12月27日第十二届全国人民代表大会常务委员会第三十一次会议《关于修改〈中华人民共和国招标投标法〉、〈中华人民共和国计量法〉的决定》修正

目 录

第一章 总 则

第一条 【立法目的】为了规范招标投标活动,保护国家利益、社会公共利益和招标投标活动当事人的合法权益,提高经济效益,保证项目质量,制定本法。

第二条 【适用范围】在中华人民共和国境内进行招标投标活动,适用本法。

第三条 【必须进行招标的建设工程项目】在中华人民共和国境内进行下列工程建设项目包括项目的勘察、设计、施工、监理以及与工程建设有关的重要设备、材料等的采购,必须进行招标:

(一)大型基础设施、公用事业等关系社会公共利益、公众安全的项目;

(二)全部或者部分使用国有资金投资或者国家融资的项目;

(三)使用国际组织或者外国政府贷款、援助资金的项目。

前款所列项目的具体范围和规模标准，由国务院发展计划部门会同国务院有关部门制订，报国务院批准。

法律或者国务院对必须进行招标的其他项目的范围有规定的，依照其规定。

第四条 **【规避招标的禁止】**任何单位和个人不得将依法必须进行招标的项目化整为零或者以其他任何方式规避招标。

第五条 **【招投标活动的原则】**招标投标活动应当遵循公开、公平、公正和诚实信用的原则。

第六条 **【招投标活动不受地区和部门的限制】**依法必须进行招标的项目，其招标投标活动不受地区或者部门的限制。任何单位和个人不得违法限制或者排斥本地区、本系统以外的法人或者其他组织参加投标，不得以任何方式非法干涉招标投标活动。

第七条 **【对招投标活动的监督】**招标投标活动及其当事人应当接受依法实施的监督。

有关行政监督部门依法对招标投标活动实施监督，依法查处招标投标活动中的违法行为。

对招标投标活动的行政监督及有关部门的具体职权划分，由国务院规定。

第二章 招　　标

第八条 **【招标人】**招标人是依照本法规定提出招标项目、进行招标的法人或者其他组织。

第九条 **【招标项目的批准】**招标项目按照国家有关规定需要履行项目审批手续的，应当先履行审批手续，取得批准。

招标人应当有进行招标项目的相应资金或者资金来源已经落实，并应当在招标文件中如实载明。

第十条 **【公开招标和邀请招标】**招标分为公开招标和邀请招标。

公开招标，是指招标人以招标公告的方式邀请不特定的法人或者其他组织投标。

邀请招标，是指招标人以投标邀请书的方式邀请特定的法人或者其他组织投标。

第十一条 **【适用邀请招标的情形】**国务院发展计划部门确定的国家重点项目和省、自治区、直辖市人民政府确定的地方重点项目不适宜公开招标的，经国务院发展计划部门或者省、自治区、直辖市人民政府批准，可以进行邀请招标。

第十二条 **【自行办理招标和招标代理】**招标人有权自行选择招标代理机构，委托其办理招标事宜。任何单位和个人不得以任何方式为招标人指定招标代理机构。

招标人具有编制招标文件和组织评标能力的，可以自行办理招标事宜。任何单位和个人不得强制其委托招标代理机构办理招标事宜。

依法必须进行招标的项目，招标人自行办理招标事宜的，应当向有关行政监督部门备案。

第十三条 **【招标代理机构及条件】**招标代理机构是依法设立、从事招标代理业务并提供相关服务的社会中介组织。

招标代理机构应当具备下列条件：

（一）有从事招标代理业务的营业场所和相应资金；

（二）有能够编制招标文件和组织评标的相应专业力量。

第十四条 **【招标代理机构不得与机关存在利益关系】**招标代理机构与行政机关和其他国家机关不得存在隶属关系或者其他利益关系。

第十五条 **【招标代理机构的代理范围】**招标代理机构应当在招标人委托的范围内办理招标事宜，并遵守本法关于招标人的规定。

第十六条 **【招标公告】**招标人采用公开招标方式的，应当发布招标公告。依法必须进行招标的项目的招标公告，应当通过国家指定的报刊、信息网络或者其他媒介发布。

招标公告应当载明招标人的名称和地址、招标项目的性质、数量、实施地点和时间以及获取招标文件的办法等事项。

第十七条 **【邀请招标方式的行使】**招标人采用邀请招标方式的，应当向三个以上具备承担招标项目的能力、资信良好的特定的法人或者其他组织发出投标邀请书。

投标邀请书应当载明本法第十六条第二款规定的事项。

第十八条 **【潜在投标人】**招标人可以根据招标项目本身的要求，在招标公告或者投标邀请书中，要求潜在投标人提供有关资质证明文件和业绩情况，并对潜在投标人进行资格审查；国家对投标人的资格条件有规定的，依照其规定。

招标人不得以不合理的条件限制或者排斥潜在投标人，不得对潜在投标人实行歧视待遇。

第十九条 **【招标文件】**招标人应当根据招标项目的特点和需要编制招标文件。招标文件应当包括招标项目的技术要求、对投标人资格审查的标准、投标报价要求和评标标准等所有实质性要求和条件以及拟签订合同的主要条款。

国家对招标项目的技术、标准有规定的，招标人应当按照其规定在招标文件中提出相应要求。

招标项目需要划分标段、确定工期的，招标人应当合理划分标段、确定工期，并在招标文件中载明。

第二十条 **【招标文件的限制】**招标文件不得要求或者标明特定的生产供应者以及含有倾向或者排斥潜在投标人的其他内容。

第二十一条 **【潜在投标人对项目现场的踏勘】**招标人根据招标项目的具体情况，可以组织潜在投标人踏勘项目现场。

第二十二条 **【已获取招标文件者及标底的保密】**招标人不得向他人透露已获取招标文件的潜在投标人的名称、数量以及可能影响公平竞争的有关招标投标的其他情况。

招标人设有标底的,标底必须保密。

第二十三条 【招标文件的澄清或修改】招标人对已发出的招标文件进行必要的澄清或者修改的,应当在招标文件要求提交投标文件截止时间至少十五日前,以书面形式通知所有招标文件收受人。该澄清或者修改的内容为招标文件的组成部分。

第二十四条 【编制投标文件的时间】招标人应当确定投标人编制投标文件所需要的合理时间;但是,依法必须进行招标的项目,自招标文件开始发出之日起至投标人提交投标文件截止之日止,最短不得少于二十日。

第三章 投 标

第二十五条 【投标人】投标人是响应招标、参加投标竞争的法人或者其他组织。

依法招标的科研项目允许个人参加投标的,投标的个人适用本法有关投标人的规定。

第二十六条 【投标人的资格条件】投标人应当具备承担招标项目的能力;国家有关规定对投标人资格条件或者招标文件对投标人资格条件有规定的,投标人应当具备规定的资格条件。

第二十七条 【投标文件的编制】投标人应当按照招标文件的要求编制投标文件。投标文件应当对招标文件提出的实质性要求和条件作出响应。

招标项目属于建设施工的,投标文件的内容应当包括拟派出的项目负责人与主要技术人员的简历、业绩和拟用于完成招标项目的机械设备等。

第二十八条 【投标文件的送达】投标人应当在招标文件要求提交投标文件的截止时间前,将投标文件送达投标地点。招标人收到投标文件后,应当签收保存,不得开启。投标人少于三个的,招标人应当依照本法重新招标。

在招标文件要求提交投标文件的截止时间后送达的投标文件,招标人应当拒收。

第二十九条 【投标文件的补充、修改、撤回】投标人在招标文件要求提交投标文件的截止时间前,可以补充、修改或者撤回已提交的投标文件,并书面通知招标人。补充、修改的内容为投标文件的组成部分。

第三十条 【投标文件对拟分包项目的载明】投标人根据招标文件载明的项目实际情况,拟在中标后将中标项目的部分非主体、非关键性工作进行分包的,应当在投标文件中载明。

第三十一条 【共同投标】两个以上法人或者其他组织可以组成一个联合体,以一个投标人的身份共同投标。

联合体各方均应当具备承担招标项目的相应能力;国家有关规定或者招标文件对投标人资格条件有规定的,联合体各方均应当具备规定的相应资格条件。由同一专业的单位组成的联合体,按照资质等级较低的单位确定资质等级。

联合体各方应当签订共同投标协议,明确约定各方拟承担的工作和责任,并将共同投标协议连同投标文件一并提交招标人。联合体中标的,联合体各方应当共同与招标人签订合同,就中标项目向招标人承担连带责任。

招标人不得强制投标人组成联合体共同投标,不得限制投标人之间的竞争。

第三十二条 【串通投标的禁止】投标人不得相互串通投标报价,不得排挤其他投标人的公平竞争,损害招标人或者其他投标人的合法权益。

投标人不得与招标人串通投标,损害国家利益、社会公共利益或者他人的合法权益。

禁止投标人以向招标人或者评标委员会成员行贿的手段谋取中标。

第三十三条 【低于成本的报价竞标与骗取中标的禁止】投标人不得以低于成本的报价竞标,也不得以他人名义投标或者以其他方式弄虚作假,骗取中标。

第四章 开标、评标和中标

第三十四条 【开标的时间与地点】开标应当在招标文件确定的提交投标文件截止时间的同一时间公开进行;开标地点应当为招标文件中预先确定的地点。

第三十五条 【开标人与参加人】开标由招标人主持,邀请所有投标人参加。

第三十六条 【开标方式】开标时,由投标人或者其推选的代表检查投标文件的密封情况,也可以由招标人委托的公证机构检查并公证;经确认无误后,由工作人员当众拆封,宣读投标人名称、投标价格和投标文件的其他主要内容。

招标人在招标文件要求提交投标文件的截止时间前收到的所有投标文件,开标时都应当当众予以拆封、宣读。

开标过程应当记录,并存档备查。

第三十七条 【评标】评标由招标人依法组建的评标委员会负责。

依法必须进行招标的项目,其评标委员会由招标人的代表和有关技术、经济等方面的专家组成,成员人数为五人以上单数,其中技术、经济等方面的专家不得少于成员总数的三分之二。

前款专家应当从事相关领域工作满八年并具有高级职称或者具有同等专业水平,由招标人从国务院有关部门或者省、自治区、直辖市人民政府有关部门提供的专家名册或者招标代理机构的专家库内的相关专业的专家名单中确定;一般招标项目可以采取随机抽取方式,特殊招标项目可以由招标人直接确定。

与投标人有利害关系的人不得进入相关项目的评标委员会;已经进入的应当更换。

评标委员会成员的名单在中标结果确定前应当保密。

第三十八条 【评标的保密】招标人应当采取必要的措施,保证评标在严格保密的情况下进行。

任何单位和个人不得非法干预、影响评标的过程和结果。

第三十九条　【投标人对投标文件的说明义务】评标委员会可以要求投标人对投标文件中含义不明确的内容作必要的澄清或者说明，但是澄清或者说明不得超出投标文件的范围或者改变投标文件的实质性内容。

第四十条　【评标的方法】评标委员会应当按照招标文件确定的评标标准和方法，对投标文件进行评审和比较；设有标底的，应当参考标底。评标委员会完成评标后，应当向招标人提出书面评标报告，并推荐合格的中标候选人。

招标人根据评标委员会提出的书面评标报告和推荐的中标候选人确定中标人。招标人也可以授权评标委员会直接确定中标人。

国务院对特定招标项目的评标有特别规定的，从其规定。

第四十一条　【中标人的投标应符合的条件】中标人的投标应当符合下列条件之一：

（一）能够最大限度地满足招标文件中规定的各项综合评价标准；

（二）能够满足招标文件的实质性要求，并且经评审的投标价格最低；但是投标价格低于成本的除外。

第四十二条　【对所有投标的否决】评标委员会经评审，认为所有投标都不符合招标文件要求的，可以否决所有投标。

依法必须进行招标的项目的所有投标被否决的，招标人应当依照本法重新招标。

第四十三条　【确定中标人前对招标人与投标人进行谈判的禁止】在确定中标人前，招标人不得与投标人就投标价格、投标方案等实质性内容进行谈判。

第四十四条　【评标委员会成员的义务】评标委员会成员应当客观、公正地履行职务，遵守职业道德，对所提出的评审意见承担个人责任。

评标委员会成员不得私下接触投标人，不得收受投标人的财物或者其他好处。

评标委员会成员和参与评标的有关工作人员不得透露对投标文件的评审和比较、中标候选人的推荐情况以及与评标有关的其他情况。

第四十五条　【中标通知书的发出】中标人确定后，招标人应当向中标人发出中标通知书，并同时将中标结果通知所有未中标的投标人。

中标通知书对招标人和中标人具有法律效力。中标通知书发出后，招标人改变中标结果的，或者中标人放弃中标项目的，应当依法承担法律责任。

第四十六条　【按投标文件订立书面合同】招标人和中标人应当自中标通知书发出之日起三十日内，按照招标文件和中标人的投标文件订立书面合同。招标人和中标人不得再行订立背离合同实质性内容的其他协议。

招标文件要求中标人提交履约保证金的，中标人应当提交。

第四十七条　【向有关行政监督部门提交招投标情况报告的期限】依法必须进行招标的项目，招标人应当自确定中标人之日起十五日内，向有关行政监督部门提交招标投标情况的书面报告。

第四十八条　【中标人对合同义务的履行】中标人应当按照合同约定履行义务，完成中标项目。中标人不得向他人转让中标项目，也不得将中标项目肢解后分别向他人转让。

中标人按照合同约定或者经招标人同意，可以将中标项目的部分非主体、非关键性工作分包给他人完成。接受分包的人应当具备相应的资格条件，并不得再次分包。

中标人应当就分包项目向招标人负责，接受分包的人就分包项目承担连带责任。

第五章　法律责任

第四十九条　【必须进行招标的项目不招标的责任】违反本法规定，必须进行招标的项目而不招标的，将必须进行招标的项目化整为零或者以其他任何方式规避招标的，责令限期改正，可以处项目合同金额千分之五以上千分之十以下的罚款；对全部或者部分使用国有资金的项目，可以暂停项目执行或者暂停资金拨付；对单位直接负责的主管人员和其他直接责任人员依法给予处分。

第五十条　【招标代理机构泄密、招投标人串通的责任】招标代理机构违反本法规定，泄露应当保密的与招标投标活动有关的情况和资料的，或者与招标人、投标人串通损害国家利益、社会公共利益或者他人合法权益的，处五万元以上二十五万元以下的罚款；对单位直接负责的主管人员和其他直接责任人员处单位罚款数额百分之五以上百分之十以下的罚款；有违法所得的，并处没收违法所得；情节严重的，禁止其一年至二年内代理依法必须进行招标的项目并予以公告，直至由工商行政管理机关吊销营业执照；构成犯罪的，依法追究刑事责任。给他人造成损失的，依法承担赔偿责任。

前款所列行为影响中标结果的，中标无效。

第五十一条　【限制或排斥潜在投标人的责任】招标人以不合理的条件限制或者排斥潜在投标人的，对潜在投标人实行歧视待遇的，强制要求投标人组成联合体共同投标的，或者限制投标人之间竞争的，责令改正，可以处一万元以上五万元以下的罚款。

第五十二条　【泄露招投标活动有关秘密的责任】依法必须进行招标的项目的招标人向他人透露已获取招标文件的潜在投标人的名称、数量或者可能影响公平竞争的有关招标投标的其他情况的，或者泄露标底的，给予警告，可以并处一万元以上十万元以下的罚款；对单位直接负责的主管人员和其他直接责任人员依法给予处分；构成犯罪的，依法追究刑事责任。

前款所列行为影响中标结果的，中标无效。

第五十三条　【串通投标的责任】投标人相互串通投标或者与招标人串通投标的,投标人以向招标人或者评标委员会成员行贿的手段谋取中标的,中标无效,处中标项目金额千分之五以上千分之十以下的罚款,对单位直接负责的主管人员和其他直接责任人员处单位罚款数额百分之五以上百分之十以下的罚款;有违法所得的,并处没收违法所得;情节严重的,取消其一年至二年内参加依法必须进行招标的项目的投标资格并予以公告,直至由工商行政管理机关吊销营业执照;构成犯罪的,依法追究刑事责任。给他人造成损失的,依法承担赔偿责任。

第五十四条　【骗取中标的责任】投标人以他人名义投标或者以其他方式弄虚作假,骗取中标的,中标无效,给招标人造成损失的,依法承担赔偿责任;构成犯罪的,依法追究刑事责任。

依法必须进行招标的项目的投标人有前款所列行为尚未构成犯罪的,处中标项目金额千分之五以上千分之十以下的罚款,对单位直接负责的主管人员和其他直接责任人员处单位罚款数额百分之五以上百分之十以下的罚款;有违法所得的,并处没收违法所得;情节严重的,取消其一年至三年内参加依法必须进行招标的项目的投标资格并予以公告,直至由工商行政管理机关吊销营业执照。

第五十五条　【招标人违规谈判的责任】依法必须进行招标的项目,招标人违反本法规定,与投标人就投标价格、投标方案等实质性内容进行谈判的,给予警告,对单位直接负责的主管人员和其他直接责任人员依法给予处分。

前款所列行为影响中标结果的,中标无效。

第五十六条　【评标委员会成员受贿、泄密的责任】评标委员会成员收受投标人的财物或者其他好处的,评标委员会成员或者参加评标的有关工作人员向他人透露对投标文件的评审和比较、中标候选人的推荐以及与评标有关的其他情况的,给予警告,没收收受的财物,可以并处三千元以上五万元以下的罚款,对有所列违法行为的评标委员会成员取消担任评标委员会成员的资格,不得再参加任何依法必须进行招标的项目的评标;构成犯罪的,依法追究刑事责任。

第五十七条　【招标人在中标候选之外确定中标人的责任】招标人在评标委员会依法推荐的中标候选人以外确定中标人的,依法必须进行招标的项目在所有投标被评标委员会否决后自行确定中标人的,中标无效,责令改正,可以处中标项目金额千分之五以上千分之十以下的罚款;对单位直接负责的主管人员和其他直接责任人员依法给予处分。

第五十八条　【中标人转让、分包中标项目的责任】中标人将中标项目转让给他人的,将中标项目肢解后分别转让给他人的,违反本法规定将中标项目的部分主体、关键性工作分包给他人的,或者分包人再次分包的,转让、分包无效,处转让、分包项目金额千分之五以上千分之十以下的罚款;有违法所得的,并处没收违法所得;可以责令停业整顿;情节严重的,由工商行政管理机关吊销营业执照。

第五十九条　【不按招投标文件订立合同的责任】招标人与中标人不按照招标文件和中标人的投标文件订立合同的,或者招标人、中标人订立背离合同实质性内容的协议的,责令改正;可以处中标项目金额千分之五以上千分之十以下的罚款。

第六十条　【中标人不履行合同义务的责任】中标人不履行与招标人订立的合同的,履约保证金不予退还,给招标人造成的损失超过履约保证金数额的,还应当对超过部分予以赔偿;没有提交履约保证金的,应当对招标人的损失承担赔偿责任。

中标人不按照与招标人订立的合同履行义务,情节严重的,取消其二年至五年内参加依法必须进行招标的项目的投标资格并予以公告,直至由工商行政管理机关吊销营业执照。

因不可抗力不能履行合同的,不适用前两款规定。

第六十一条　【行政处罚的决定】本章规定的行政处罚,由国务院规定的有关行政监督部门决定。本法已对实施行政处罚的机关作出规定的除外。

第六十二条　【干涉招投标活动的责任】任何单位违反本法规定,限制或者排斥本地区、本系统以外的法人或者其他组织参加投标的,为招标人指定招标代理机构的,强制招标人委托招标代理机构办理招标事宜的,或者以其他方式干涉招标投标活动的,责令改正;对单位直接负责的主管人员和其他直接责任人员依法给予警告、记过、记大过的处分,情节较重的,依法给予降级、撤职、开除的处分。

个人利用职权进行前款违法行为的,依照前款规定追究责任。

第六十三条　【行政监督、机关工作人员的责任】对招标投标活动依法负有行政监督职责的国家机关工作人员徇私舞弊、滥用职权或者玩忽职守,构成犯罪的,依法追究刑事责任;不构成犯罪的,依法给予行政处分。

第六十四条　【中标无效的处理】依法必须进行招标的项目违反本法规定,中标无效的,应当依照本法规定的中标条件从其余投标人中重新确定中标人或者依照本法重新进行招标。

第六章　附　　则

第六十五条　【异议或投诉】投标人和其他利害关系人认为招标投标活动不符合本法有关规定的,有权向招标人提出异议或者依法向有关行政监督部门投诉。

第六十六条　【招标除外项目】涉及国家安全、国家秘密、抢险救灾或者属于利用扶贫资金实行以工代赈、需要使用农民工等特殊情况,不适宜进行招标的项目,按照国家有关规定可以不进行招标。

第六十七条　【适用除外】使用国际组织或者外国政府贷款、援助资金的项目进行招标，贷款方、资金提供方对招标投标的具体条件和程序有不同规定的，可以适用其规定，但违背中华人民共和国的社会公共利益的除外。

第六十八条　【生效日期】本法自2000年1月1日起施行。

中华人民共和国
招标投标法实施条例

1. *2011年11月30日国务院第183次常务会议通过*
2. *2011年12月20日国务院令第613号公布*
3. *根据2017年3月1日国务院令第676号《关于修改和废止部分行政法规的决定》修订*

第一章　总　　则

第一条　为了规范招标投标活动，根据《中华人民共和国招标投标法》（以下简称招标投标法），制定本条例。

第二条　招标投标法第三条所称工程建设项目，是指工程以及与工程建设有关的货物、服务。

前款所称工程，是指建设工程，包括建筑物和构筑物的新建、改建、扩建及其相关的装修、拆除、修缮等；所称与工程建设有关的货物，是指构成工程不可分割的组成部分，且为实现工程基本功能所必需的设备、材料等；所称与工程建设有关的服务，是指为完成工程所需的勘察、设计、监理等服务。

第三条　依法必须进行招标的工程建设项目的具体范围和规模标准，由国务院发展改革部门会同国务院有关部门制订，报国务院批准后公布施行。

第四条　国务院发展改革部门指导和协调全国招标投标工作，对国家重大建设项目的工程招标投标活动实施监督检查。国务院工业和信息化、住房城乡建设、交通运输、铁道、水利、商务等部门，按照规定的职责分工对有关招标投标活动实施监督。

县级以上地方人民政府发展改革部门指导和协调本行政区域的招标投标工作。县级以上地方人民政府有关部门按照规定的职责分工，对招标投标活动实施监督，依法查处招标投标活动中的违法行为。县级以上地方人民政府对其所属部门有关招标投标活动的监督职责分工另有规定的，从其规定。

财政部门依法对实行招标投标的政府采购工程建设项目的预算执行情况和政府采购政策执行情况实施监督。

监察机关依法对与招标投标活动有关的监察对象实施监察。

第五条　设区的市级以上地方人民政府可以根据实际需要，建立统一规范的招标投标交易场所，为招标投标活动提供服务。招标投标交易场所不得与行政监督部门存在隶属关系，不得以营利为目的。

国家鼓励利用信息网络进行电子招标投标。

第六条　禁止国家工作人员以任何方式非法干涉招标投标活动。

第二章　招　　标

第七条　按照国家有关规定需要履行项目审批、核准手续的依法必须进行招标的项目，其招标范围、招标方式、招标组织形式应当报项目审批、核准部门审批、核准。项目审批、核准部门应当及时将审批、核准确定的招标范围、招标方式、招标组织形式通报有关行政监督部门。

第八条　国有资金占控股或者主导地位的依法必须进行招标的项目，应当公开招标；但有下列情形之一的，可以邀请招标：

（一）技术复杂、有特殊要求或者受自然环境限制，只有少量潜在投标人可供选择；

（二）采用公开招标方式的费用占项目合同金额的比例过大。

有前款第二项所列情形，属于本条例第七条规定的项目，由项目审批、核准部门在审批、核准项目时作出认定；其他项目由招标人申请有关行政监督部门作出认定。

第九条　除招标投标法第六十六条规定的可以不进行招标的特殊情况外，有下列情形之一的，可以不进行招标：

（一）需要采用不可替代的专利或者专有技术；

（二）采购人依法能够自行建设、生产或者提供；

（三）已通过招标方式选定的特许经营项目投资人依法能够自行建设、生产或者提供；

（四）需要向原中标人采购工程、货物或者服务，否则将影响施工或者功能配套要求；

（五）国家规定的其他特殊情形。

招标人为适用前款规定弄虚作假的，属于招标投标法第四条规定的规避招标。

第十条　招标投标法第十二条第二款规定的招标人具有编制招标文件和组织评标能力，是指招标人具有与招标项目规模和复杂程度相适应的技术、经济等方面的专业人员。

第十一条　招标代理机构的资格依照法律和国务院的规定由有关部门认定。

国务院住房城乡建设、商务、发展改革、工业和信息化等部门，按照规定的职责分工对招标代理机构依法实施监督管理。

第十二条　招标代理机构应当拥有一定数量的具备编制招标文件、组织评标等相应能力的专业人员。

第十三条　招标代理机构在其资格许可和招标人委托的范围内开展招标代理业务，任何单位和个人不得非法干涉。

招标代理机构代理招标业务，应当遵守招标投标法和本条例关于招标人的规定。招标代理机构不得在所代理的招标项目中投标或者代理投标，也不得为所代理的招标项目的投标人提供咨询。

招标代理机构不得涂改、出租、出借、转让资格证书。

第十四条 招标人应当与被委托的招标代理机构签订书面委托合同,合同约定的收费标准应当符合国家有关规定。

第十五条 公开招标的项目,应当依照招标投标法和本条例的规定发布招标公告、编制招标文件。

招标人采用资格预审办法对潜在投标人进行资格审查的,应当发布资格预审公告、编制资格预审文件。

依法必须进行招标的项目的资格预审公告和招标公告,应当在国务院发展改革部门依法指定的媒介发布。在不同媒介发布的同一招标项目的资格预审公告或者招标公告的内容应当一致。指定媒介发布依法必须进行招标的项目的境内资格预审公告、招标公告,不得收取费用。

编制依法必须进行招标的项目的资格预审文件和招标文件,应当使用国务院发展改革部门会同有关行政监督部门制定的标准文本。

第十六条 招标人应当按照资格预审公告、招标公告或者投标邀请书规定的时间、地点发售资格预审文件或者招标文件。资格预审文件或者招标文件的发售期不得少于5日。

招标人发售资格预审文件、招标文件收取的费用应当限于补偿印刷、邮寄的成本支出,不得以营利为目的。

第十七条 招标人应当合理确定提交资格预审申请文件的时间。依法必须进行招标的项目提交资格预审申请文件的时间,自资格预审文件停止发售之日起不得少于5日。

第十八条 资格预审应当按照资格预审文件载明的标准和方法进行。

国有资金占控股或者主导地位的依法必须进行招标的项目,招标人应当组建资格审查委员会审查资格预审申请文件。资格审查委员会及其成员应当遵守招标投标法和本条例有关评标委员会及其成员的规定。

第十九条 资格预审结束后,招标人应当及时向资格预审申请人发出资格预审结果通知书。未通过资格预审的申请人不具有投标资格。

通过资格预审的申请人少于3个的,应当重新招标。

第二十条 招标人采用资格后审办法对投标人进行资格审查的,应当在开标后由评标委员会按照招标文件规定的标准和方法对投标人的资格进行审查。

第二十一条 招标人可以对已发出的资格预审文件或者招标文件进行必要的澄清或者修改。澄清或者修改的内容可能影响资格预审申请文件或者投标文件编制的,招标人应当在提交资格预审申请文件截止时间至少3日前,或者投标截止时间至少15日前,以书面形式通知所有获取资格预审文件或者招标文件的潜在投标人;不足3日或者15日的,招标人应当顺延提交资格预审申请文件或者投标文件的截止时间。

第二十二条 潜在投标人或者其他利害关系人对资格预审文件有异议的,应当在提交资格预审申请文件截止时间2日前提出;对招标文件有异议的,应当在投标截止时间10日前提出。招标人应当自收到异议之日起3日内作出答复;作出答复前,应当暂停招标投标活动。

第二十三条 招标人编制的资格预审文件、招标文件的内容违反法律、行政法规的强制性规定,违反公开、公平、公正和诚实信用原则,影响资格预审结果或者潜在投标人投标的,依法必须进行招标的项目的招标人应当在修改资格预审文件或者招标文件后重新招标。

第二十四条 招标人对招标项目划分标段的,应当遵守招标投标法的有关规定,不得利用划分标段限制或者排斥潜在投标人。依法必须进行招标的项目的招标人不得利用划分标段规避招标。

第二十五条 招标人应当在招标文件中载明投标有效期。投标有效期从提交投标文件的截止之日起算。

第二十六条 招标人在招标文件中要求投标人提交投标保证金的,投标保证金不得超过招标项目估算价的2%。投标保证金有效期应当与投标有效期一致。

依法必须进行招标的项目的境内投标单位,以现金或者支票形式提交的投标保证金应当从其基本账户转出。

招标人不得挪用投标保证金。

第二十七条 招标人可以自行决定是否编制标底。一个招标项目只能有一个标底。标底必须保密。

接受委托编制标底的中介机构不得参加受托编制标底项目的投标,也不得为该项目的投标人编制投标文件或者提供咨询。

招标人设有最高投标限价的,应当在招标文件中明确最高投标限价或者最高投标限价的计算方法。招标人不得规定最低投标限价。

第二十八条 招标人不得组织单个或者部分潜在投标人踏勘项目现场。

第二十九条 招标人可以依法对工程以及与工程建设有关的货物、服务全部或者部分实行总承包招标。以暂估价形式包括在总承包范围内的工程、货物、服务属于依法必须进行招标的项目范围且达到国家规定规模标准的,应当依法进行招标。

前款所称暂估价,是指总承包招标时不能确定价格而由招标人在招标文件中暂时估定的工程、货物、服务的金额。

第三十条 对技术复杂或者无法精确拟定技术规格的项目,招标人可以分两阶段进行招标。

第一阶段,投标人按照招标公告或者投标邀请书的要求提交不带报价的技术建议,招标人根据投标人提交的技术建议确定技术标准和要求,编制招标文件。

第二阶段,招标人向在第一阶段提交技术建议的投标人提供招标文件,投标人按照招标文件的要求提交包括最终技术方案和投标报价的投标文件。

招标人要求投标人提交投标保证金的,应当在第二阶段提出。

第三十一条 招标人终止招标的,应当及时发布公告,或者以书面形式通知被邀请的或者已经获取资格预审文件、招标文件的潜在投标人。已经发售资格预审文件、招标文件或者已经收取投标保证金的,招标人应当及时退还所收取的资格预审文件、招标文件的费用,以及所收取的投标保证金及银行同期存款利息。

第三十二条 招标人不得以不合理的条件限制、排斥潜在投标人或者投标人。

招标人有下列行为之一的,属于以不合理条件限制、排斥潜在投标人或者投标人:

(一)就同一招标项目向潜在投标人或者投标人提供有差别的项目信息;

(二)设定的资格、技术、商务条件与招标项目的具体特点和实际需要不相适应或者与合同履行无关;

(三)依法必须进行招标的项目以特定行政区域或者特定行业的业绩、奖项作为加分条件或者中标条件;

(四)对潜在投标人或者投标人采取不同的资格审查或者评标标准;

(五)限定或者指定特定的专利、商标、品牌、原产地或者供应商;

(六)依法必须进行招标的项目非法限定潜在投标人或者投标人的所有制形式或者组织形式;

(七)以其他不合理条件限制、排斥潜在投标人或者投标人。

第三章 投 标

第三十三条 投标人参加依法必须进行招标的项目的投标,不受地区或者部门的限制,任何单位和个人不得非法干涉。

第三十四条 与招标人存在利害关系可能影响招标公正性的法人、其他组织或者个人,不得参加投标。

单位负责人为同一人或者存在控股、管理关系的不同单位,不得参加同一标段投标或者未划分标段的同一招标项目投标。

违反前两款规定的,相关投标均无效。

第三十五条 投标人撤回已提交的投标文件,应当在投标截止时间前书面通知招标人。招标人已收取投标保证金的,应当自收到投标人书面撤回通知之日起5日内退还。

投标截止后投标人撤销投标文件的,招标人可以不退还投标保证金。

第三十六条 未通过资格预审的申请人提交的投标文件,以及逾期送达或者不按照招标文件要求密封的投标文件,招标人应当拒收。

招标人应当如实记载投标文件的送达时间和密封情况,并存档备查。

第三十七条 招标人应当在资格预审公告、招标公告或者投标邀请书中载明是否接受联合体投标。

招标人接受联合体投标并进行资格预审的,联合体应当在提交资格预审申请文件前组成。资格预审后联合体增减、更换成员的,其投标无效。

联合体各方在同一招标项目中以自己名义单独投标或者参加其他联合体投标的,相关投标均无效。

第三十八条 投标人发生合并、分立、破产等重大变化的,应当及时书面告知招标人。投标人不再具备资格预审文件、招标文件规定的资格条件或者其投标影响招标公正性的,其投标无效。

第三十九条 禁止投标人相互串通投标。

有下列情形之一的,属于投标人相互串通投标:

(一)投标人之间协商投标报价等投标文件的实质性内容;

(二)投标人之间约定中标人;

(三)投标人之间约定部分投标人放弃投标或者中标;

(四)属于同一集团、协会、商会等组织成员的投标人按照该组织要求协同投标;

(五)投标人之间为谋取中标或者排斥特定投标人而采取的其他联合行动。

第四十条 有下列情形之一的,视为投标人相互串通投标:

(一)不同投标人的投标文件由同一单位或者个人编制;

(二)不同投标人委托同一单位或者个人办理投标事宜;

(三)不同投标人的投标文件载明的项目管理成员为同一人;

(四)不同投标人的投标文件异常一致或者投标报价呈规律性差异;

(五)不同投标人的投标文件相互混装;

(六)不同投标人的投标保证金从同一单位或者个人的账户转出。

第四十一条 禁止招标人与投标人串通投标。

有下列情形之一的,属于招标人与投标人串通投标:

(一)招标人在开标前开启投标文件并将有关信息泄露给其他投标人;

(二)招标人直接或者间接向投标人泄露标底、评标委员会成员等信息;

(三)招标人明示或者暗示投标人压低或者抬高投标报价;

(四)招标人授意投标人撤换、修改投标文件;

(五)招标人明示或者暗示投标人为特定投标人中标提供方便;

(六)招标人与投标人为谋求特定投标人中标而采取的其他串通行为。

第四十二条 使用通过受让或者租借等方式获取的资格、资质证书投标的,属于招标投标法第三十三条规定的以他人名义投标。

投标人有下列情形之一的,属于招标投标法第三十三条规定的以其他方式弄虚作假的行为:

(一)使用伪造、变造的许可证件;

(二)提供虚假的财务状况或者业绩;

(三)提供虚假的项目负责人或者主要技术人员简历、劳动关系证明;

(四)提供虚假的信用状况;

(五)其他弄虚作假的行为。

第四十三条　提交资格预审申请文件的申请人应当遵守招标投标法和本条例有关投标人的规定。

第四章　开标、评标和中标

第四十四条　招标人应当按照招标文件规定的时间、地点开标。

投标人少于3个的,不得开标;招标人应当重新招标。

投标人对开标有异议的,应当在开标现场提出,招标人应当当场作出答复,并制作记录。

第四十五条　国家实行统一的评标专家专业分类标准和管理办法。具体标准和办法由国务院发展改革部门会同国务院有关部门制定。

省级人民政府和国务院有关部门应当组建综合评标专家库。

第四十六条　除招标投标法第三十七条第三款规定的特殊招标项目外,依法必须进行招标的项目,其评标委员会的专家成员应当从评标专家库内相关专业的专家名单中以随机抽取方式确定。任何单位和个人不得以明示、暗示等任何方式指定或者变相指定参加评标委员会的专家成员。

依法必须进行招标的项目的招标人非因招标投标法和本条例规定的事由,不得更换依法确定的评标委员会成员。更换评标委员会的专家成员应当依照前款规定进行。

评标委员会成员与投标人有利害关系的,应当主动回避。

有关行政监督部门应当按照规定的职责分工,对评标委员会成员的确定方式、评标专家的抽取和评标活动进行监督。行政监督部门的工作人员不得担任本部门负责监督项目的评标委员会成员。

第四十七条　招标投标法第三十七条第三款所称特殊招标项目,是指技术复杂、专业性强或者国家有特殊要求,采取随机抽取方式确定的专家难以保证胜任评标工作的项目。

第四十八条　招标人应当向评标委员会提供评标所必需的信息,但不得明示或者暗示其倾向或者排斥特定投标人。

招标人应当根据项目规模和技术复杂程度等因素合理确定评标时间。超过三分之一的评标委员会成员认为评标时间不够的,招标人应当适当延长。

评标过程中,评标委员会成员有回避事由、擅离职守或者因健康等原因不能继续评标的,应当及时更换。被更换的评标委员会成员作出的评审结论无效,由更换后的评标委员会成员重新进行评审。

第四十九条　评标委员会成员应当依照招标投标法和本条例的规定,按照招标文件规定的评标标准和方法,客观、公正地对投标文件提出评审意见。招标文件没有规定的评标标准和方法不得作为评标的依据。

评标委员会成员不得私下接触投标人,不得收受投标人给予的财物或者其他好处,不得向招标人征询确定中标人的意向,不得接受任何单位或者个人明示或者暗示提出的倾向或者排斥特定投标人的要求,不得有其他不客观、不公正履行职务的行为。

第五十条　招标项目设有标底的,招标人应当在开标时公布。标底只能作为评标的参考,不得以投标报价是否接近标底作为中标条件,也不得以投标报价超过标底上下浮动范围作为否决投标的条件。

第五十一条　有下列情形之一的,评标委员会应当否决其投标:

(一)投标文件未经投标单位盖章和单位负责人签字;

(二)投标联合体没有提交共同投标协议;

(三)投标人不符合国家或者招标文件规定的资格条件;

(四)同一投标人提交两个以上不同的投标文件或者投标报价,但招标文件要求提交备选投标的除外;

(五)投标报价低于成本或者高于招标文件设定的最高投标限价;

(六)投标文件没有对招标文件的实质性要求和条件作出响应;

(七)投标人有串通投标、弄虚作假、行贿等违法行为。

第五十二条　投标文件中有含义不明确的内容、明显文字或者计算错误,评标委员会认为需要投标人作出必要澄清、说明的,应当书面通知该投标人。投标人的澄清、说明应当采用书面形式,并不得超出投标文件的范围或者改变投标文件的实质性内容。

评标委员会不得暗示或者诱导投标人作出澄清、说明,不得接受投标人主动提出的澄清、说明。

第五十三条　评标完成后,评标委员会应当向招标人提交书面评标报告和中标候选人名单。中标候选人应当不超过3个,并标明排序。

评标报告应当由评标委员会全体成员签字。对评标结果有不同意见的评标委员会成员应当以书面形式说明其不同意见和理由,评标报告应当注明该不同意见。评标委员会成员拒绝在评标报告上签字又不书面说明其不同意见和理由的,视为同意评标结果。

第五十四条　依法必须进行招标的项目,招标人应当自收到评标报告之日起3日内公示中标候选人,公示期不得少于

3日。

投标人或者其他利害关系人对依法必须进行招标的项目的评标结果有异议的，应当在中标候选人公示期间提出。招标人应当自收到异议之日起3日内作出答复；作出答复前，应当暂停招标投标活动。

第五十五条　国有资金占控股或者主导地位的依法必须进行招标的项目，招标人应当确定排名第一的中标候选人为中标人。排名第一的中标候选人放弃中标、因不可抗力不能履行合同、不按照招标文件要求提交履约保证金，或者被查实存在影响中标结果的违法行为等情形，不符合中标条件的，招标人可以按照评标委员会提出的中标候选人名单排序依次确定其他中标候选人为中标人，也可以重新招标。

第五十六条　中标候选人的经营、财务状况发生较大变化或者存在违法行为，招标人认为可能影响其履约能力的，应当在发出中标通知书前由原评标委员会按照招标文件规定的标准和方法审查确认。

第五十七条　招标人和中标人应当依照招标投标法和本条例的规定签订书面合同，合同的标的、价款、质量、履行期限等主要条款应当与招标文件和中标人的投标文件的内容一致。招标人和中标人不得再行订立背离合同实质性内容的其他协议。

招标人最迟应当在书面合同签订后5日内向中标人和未中标的投标人退还投标保证金及银行同期存款利息。

第五十八条　招标文件要求中标人提交履约保证金的，中标人应当按照招标文件的要求提交。履约保证金不得超过中标合同金额的10%。

第五十九条　中标人应当按照合同约定履行义务，完成中标项目。中标人不得向他人转让中标项目，也不得将中标项目肢解后分别向他人转让。

中标人按照合同约定或者经招标人同意，可以将中标项目的部分非主体、非关键性工作分包给他人完成。接受分包的人应当具备相应的资格条件，并不得再次分包。

中标人应当就分包项目向招标人负责，接受分包的人就分包项目承担连带责任。

第五章　投诉与处理

第六十条　投标人或者其他利害关系人认为招标投标活动不符合法律、行政法规规定的，可以自知道或者应当知道之日起10日内向有关行政监督部门投诉。投诉应当有明确的请求和必要的证明材料。

就本条例第二十二条、第四十四条、第五十四条规定事项投诉的，应当先向招标人提出异议，异议答复期间不计算在前款规定的期限内。

第六十一条　投诉人就同一事项向两个以上有权受理的行政监督部门投诉的，由最先收到投诉的行政监督部门负责处理。

行政监督部门应当自收到投诉之日起3个工作日内决定是否受理投诉，并自受理投诉之日起30个工作日内作出书面处理决定；需要检验、检测、鉴定、专家评审的，所需时间不计算在内。

投诉人捏造事实、伪造材料或者以非法手段取得证明材料进行投诉的，行政监督部门应当予以驳回。

第六十二条　行政监督部门处理投诉，有权查阅、复制有关文件、资料，调查有关情况，相关单位和人员应当予以配合。必要时，行政监督部门可以责令暂停招标投标活动。

行政监督部门的工作人员对监督检查过程中知悉的国家秘密、商业秘密，应当依法予以保密。

第六章　法律责任

第六十三条　招标人有下列限制或者排斥潜在投标人行为之一的，由有关行政监督部门依照招标投标法第五十一条的规定处罚：

（一）依法应当公开招标的项目不按照规定在指定媒介发布资格预审公告或者招标公告；

（二）在不同媒介发布的同一招标项目的资格预审公告或者招标公告的内容不一致，影响潜在投标人申请资格预审或者投标。

依法必须进行招标的项目的招标人不按照规定发布资格预审公告或者招标公告，构成规避招标的，依照招标投标法第四十九条的规定处罚。

第六十四条　招标人有下列情形之一的，由有关行政监督部门责令改正，可以处10万元以下的罚款：

（一）依法应当公开招标而采用邀请招标；

（二）招标文件、资格预审文件的发售、澄清、修改的时限，或者确定的提交资格预审申请文件、投标文件的时限不符合招标投标法和本条例规定；

（三）接受未通过资格预审的单位或者个人参加投标；

（四）接受应当拒收的投标文件。

招标人有前款第一项、第三项、第四项所列行为之一的，对单位直接负责的主管人员和其他直接责任人员依法给予处分。

第六十五条　招标代理机构在所代理的招标项目中投标、代理投标或者向该项目投标人提供咨询的，接受委托编制标底的中介机构参加受托编制标底项目的投标或者为该项目的投标人编制投标文件、提供咨询的，依照招标投标法第五十条的规定追究法律责任。

第六十六条　招标人超过本条例规定的比例收取投标保证金、履约保证金或者不按照规定退还投标保证金及银行同期存款利息的，由有关行政监督部门责令改正，可以处5万元以下的罚款；给他人造成损失的，依法承担赔偿责任。

第六十七条　投标人相互串通投标或者与招标人串通投标的，投标人向招标人或者评标委员会成员行贿谋取中标的,中标无效;构成犯罪的,依法追究刑事责任;尚不构成犯罪的,依照招标投标法第五十三条的规定处罚。投标人未中标的,对单位的罚款金额按照招标项目合同金额依照招标投标法规定的比例计算。

投标人有下列行为之一的,属于招标投标法第五十三条规定的情节严重行为,由有关行政监督部门取消其1年至2年内参加依法必须进行招标的项目的投标资格:

(一)以行贿谋取中标;

(二)3年内2次以上串通投标;

(三)串通投标行为损害招标人、其他投标人或者国家、集体、公民的合法利益,造成直接经济损失30万元以上;

(四)其他串通投标情节严重的行为。

投标人自本条第二款规定的处罚执行期限届满之日起3年内又有该款所列违法行为之一的,或者串通投标、以行贿谋取中标情节特别严重的,由工商行政管理机关吊销营业执照。

法律、行政法规对串通投标报价行为的处罚另有规定的,从其规定。

第六十八条 投标人以他人名义投标或者以其他方式弄虚作假骗取中标的,中标无效;构成犯罪的,依法追究刑事责任;尚不构成犯罪的,依照招标投标法第五十四条的规定处罚。依法必须进行招标的项目的投标人未中标的,对单位的罚款金额按照招标项目合同金额依照招标投标法规定的比例计算。

投标人有下列行为之一的,属于招标投标法第五十四条规定的情节严重行为,由有关行政监督部门取消其1年至3年内参加依法必须进行招标的项目的投标资格:

(一)伪造、变造资格、资质证书或者其他许可证件骗取中标;

(二)3年内2次以上使用他人名义投标;

(三)弄虚作假骗取中标给招标人造成直接经济损失30万元以上;

(四)其他弄虚作假骗取中标情节严重的行为。

投标人自本条第二款规定的处罚执行期限届满之日起3年内又有该款所列违法行为之一的,或者弄虚作假骗取中标情节特别严重的,由工商行政管理机关吊销营业执照。

第六十九条 出让或者出租资格、资质证书供他人投标的,依照法律、行政法规的规定给予行政处罚;构成犯罪的,依法追究刑事责任。

第七十条 依法必须进行招标的项目的招标人不按照规定组建评标委员会,或者确定、更换评标委员会成员违反招标投标法和本条例规定的,由有关行政监督部门责令改正,可以处10万元以下的罚款,对单位直接负责的主管人员和其他直接责任人员依法给予处分;违法确定或者更换的评标委员会成员作出的评审结论无效,依法重新进行评审。

国家工作人员以任何方式非法干涉选取评标委员会成员的,依照本条例第八十条的规定追究法律责任。

第七十一条 评标委员会成员有下列行为之一的,由有关行政监督部门责令改正;情节严重的,禁止其在一定期限内参加依法必须进行招标的项目的评标;情节特别严重的,取消其担任评标委员会成员的资格:

(一)应当回避而不回避;

(二)擅离职守;

(三)不按照招标文件规定的评标标准和方法评标;

(四)私下接触投标人;

(五)向招标人征询确定中标人的意向或者接受任何单位或者个人明示或者暗示提出的倾向或者排斥特定投标人的要求;

(六)对依法应当否决的投标不提出否决意见;

(七)暗示或者诱导投标人作出澄清、说明或者接受投标人主动提出的澄清、说明;

(八)其他不客观、不公正履行职务的行为。

第七十二条 评标委员会成员收受投标人的财物或者其他好处的,没收收受的财物,处3000元以上5万元以下的罚款,取消担任评标委员会成员的资格,不得再参加依法必须进行招标的项目的评标;构成犯罪的,依法追究刑事责任。

第七十三条 依法必须进行招标的项目的招标人有下列情形之一的,由有关行政监督部门责令改正,可以处中标项目金额10‰以下的罚款;给他人造成损失的,依法承担赔偿责任;对单位直接负责的主管人员和其他直接责任人员依法给予处分:

(一)无正当理由不发出中标通知书;

(二)不按照规定确定中标人;

(三)中标通知书发出后无正当理由改变中标结果;

(四)无正当理由不与中标人订立合同;

(五)在订立合同时向中标人提出附加条件。

第七十四条 中标人无正当理由不与招标人订立合同,在签订合同时向招标人提出附加条件,或者不按照招标文件要求提交履约保证金的,取消其中标资格,投标保证金不予退还。对依法必须进行招标的项目的中标人,由有关行政监督部门责令改正,可以处中标项目金额10‰以下的罚款。

第七十五条 招标人和中标人不按照招标文件和中标人的投标文件订立合同,合同的主要条款与招标文件、中标人的投标文件的内容不一致,或者招标人、中标人订立背离合同实质性内容的协议的,由有关行政监督部门责令改正,可以处中标项目金额5‰以上10‰以下的罚款。

第七十六条 中标人将中标项目转让给他人的,将中标项目肢解后分别转让给他人的,违反招标投标法和本条例规定将中标项目的部分主体、关键性工作分包给他人的,或者分包人再次分包的,转让、分包无效,处转让、分包项目金额5‰以上10‰以下的罚款;有违法所得的,并处没收违法所得;可以责令停业整顿;情节严重的,由工商行政管理机关吊销营业执照。

第七十七条 投标人或者其他利害关系人捏造事实、伪造材料或者以非法手段取得证明材料进行投诉,给他人造成损失的,依法承担赔偿责任。

招标人不按照规定对异议作出答复,继续进行招标投标活动的,由有关行政监督部门责令改正,拒不改正或者不能改正并影响中标结果的,依照本条例第八十一条的规定处理。

第七十八条 国家建立招标投标信用制度。有关行政监督部门应当依法公告对招标人、招标代理机构、投标人、评标委员会成员等当事人违法行为的行政处理决定。

第七十九条 项目审批、核准部门不依法审批、核准项目招标范围、招标方式、招标组织形式的,对单位直接负责的主管人员和其他直接责任人员依法给予处分。

有关行政监督部门不依法履行职责,对违反招标投标法和本条例规定的行为不依法查处,或者不按照规定处理投诉、不依法公告对招标投标当事人违法行为的行政处理决定的,对直接负责的主管人员和其他直接责任人员依法给予处分。

项目审批、核准部门和有关行政监督部门的工作人员徇私舞弊、滥用职权、玩忽职守,构成犯罪的,依法追究刑事责任。

第八十条 国家工作人员利用职务便利,以直接或者间接、明示或者暗示等任何方式非法干涉招标投标活动,有下列情形之一的,依法给予记过或者记大过处分;情节严重的,依法给予降级或者撤职处分;情节特别严重的,依法给予开除处分;构成犯罪的,依法追究刑事责任:

(一)要求对依法必须进行招标的项目不招标,或者要求对依法应当公开招标的项目不公开招标;

(二)要求评标委员会成员或者招标人以其指定的投标人作为中标候选人或者中标人,或者以其他方式非法干涉评标活动,影响中标结果;

(三)以其他方式非法干涉招标投标活动。

第八十一条 依法必须进行招标的项目的招标投标活动违反招标投标法和本条例的规定,对中标结果造成实质性影响,且不能采取补救措施予以纠正的,招标、投标、中标无效,应当依法重新招标或者评标。

第七章 附 则

第八十二条 招标投标协会按照依法制定的章程开展活动,加强行业自律和服务。

第八十三条 政府采购的法律、行政法规对政府采购货物、服务的招标投标另有规定的,从其规定。

第八十四条 本条例自2012年2月1日起施行。

中华人民共和国旅游法

1. 2013年4月25日第十二届全国人民代表大会常务委员会第二次会议通过

2. 根据2016年11月7日第十二届全国人民代表大会常务委员会第二十四次会议《关于修改〈中华人民共和国对外贸易法〉等十二部法律的决定》修正

目 录

第一章 总 则

第一条 【立法目的】为保障旅游者和旅游经营者的合法权益,规范旅游市场秩序,保护和合理利用旅游资源,促进旅游业持续健康发展,制定本法。

第二条 【适用范围】在中华人民共和国境内的和在中华人民共和国境内组织到境外的游览、度假、休闲等形式的旅游活动以及为旅游活动提供相关服务的经营活动,适用本法。

第三条 【国家发展旅游事业】国家发展旅游事业,完善旅游公共服务,依法保护旅游者在旅游活动中的权利。

第四条 【基本原则】旅游业发展应当遵循社会效益、经济效益和生态效益相统一的原则。国家鼓励各类市场主体在有效保护旅游资源的前提下,依法合理利用旅游资源。利用公共资源建设的游览场所应当体现公益性质。

第五条 【社会参与】国家倡导健康、文明、环保的旅游方式,支持和鼓励各类社会机构开展旅游公益宣传,对促进旅游业发展做出突出贡献的单位和个人给予奖励。

第六条 【旅游市场规范】国家建立健全旅游服务标准和市场规则,禁止行业垄断和地区垄断。旅游经营者应当诚信经营,公平竞争,承担社会责任,为旅游者提供安全、健康、卫生、方便的旅游服务。

第七条 【旅游综合协调机制】国务院建立健全旅游综合协调机制,对旅游业发展进行综合协调。

县级以上地方人民政府应当加强对旅游工作的组织和领导,明确相关部门或者机构,对本行政区域的旅游业发展和监督管理进行统筹协调。

第八条　【旅游行业组织】依法成立的旅游行业组织,实行自律管理。

第二章　旅　游　者

第九条　【公平交易权】旅游者有权自主选择旅游产品和服务,有权拒绝旅游经营者的强制交易行为。

旅游者有权知悉其购买的旅游产品和服务的真实情况。

旅游者有权要求旅游经营者按照约定提供产品和服务。

第十条　【受尊重权】旅游者的人格尊严、民族风俗习惯和宗教信仰应当得到尊重。

第十一条　【特殊群体的便利和优惠】残疾人、老年人、未成年人等旅游者在旅游活动中依照法律、法规和有关规定享受便利和优惠。

第十二条　【获得救助权和赔偿】旅游者在人身、财产安全遇有危险时,有请求救助和保护的权利。

旅游者人身、财产受到侵害的,有依法获得赔偿的权利。

第十三条　【文明旅游】旅游者在旅游活动中应当遵守社会公共秩序和社会公德,尊重当地的风俗习惯、文化传统和宗教信仰,爱护旅游资源,保护生态环境,遵守旅游文明行为规范。

第十四条　【不得损害他人合法权益】旅游者在旅游活动中或者在解决纠纷时,不得损害当地居民的合法权益,不得干扰他人的旅游活动,不得损害旅游经营者和旅游从业人员的合法权益。

第十五条　【旅游者安全义务】旅游者购买、接受旅游服务时,应当向旅游经营者如实告知与旅游活动相关的个人健康信息,遵守旅游活动中的安全警示规定。

旅游者对国家应对重大突发事件暂时限制旅游活动的措施以及有关部门、机构或者旅游经营者采取的安全防范和应急处置措施,应当予以配合。

旅游者违反安全警示规定,或者对国家应对重大突发事件暂时限制旅游活动的措施、安全防范和应急处置措施不予配合的,依法承担相应责任。

第十六条　【出境入境旅游者义务】出境旅游者不得在境外非法滞留,随团出境的旅游者不得擅自分团、脱团。

入境旅游者不得在境内非法滞留,随团入境的旅游者不得擅自分团、脱团。

第三章　旅游规划和促进

第十七条　【规划编制】国务院和县级以上地方人民政府应当将旅游业发展纳入国民经济和社会发展规划。

国务院和省、自治区、直辖市人民政府以及旅游资源丰富的设区的市和县级人民政府,应当按照国民经济和社会发展规划的要求,组织编制旅游发展规划。对跨行政区域且适宜进行整体利用的旅游资源进行利用时,应当由上级人民政府组织编制或者由相关地方人民政府协商编制统一的旅游发展规划。

第十八条　【规划内容】旅游发展规划应当包括旅游业发展的总体要求和发展目标,旅游资源保护和利用的要求和措施,以及旅游产品开发、旅游服务质量提升、旅游文化建设、旅游形象推广、旅游基础设施和公共服务设施建设的要求和促进措施等内容。

根据旅游发展规划,县级以上地方人民政府可以编制重点旅游资源开发利用的专项规划,对特定区域内的旅游项目、设施和服务功能配套提出专门要求。

第十九条　【规划衔接】旅游发展规划应当与土地利用总体规划、城乡规划、环境保护规划以及其他自然资源和文物等人文资源的保护和利用规划相衔接。

第二十条　【规划兼顾】各级人民政府编制土地利用总体规划、城乡规划,应当充分考虑相关旅游项目、设施的空间布局和建设用地要求。规划和建设交通、通信、供水、供电、环保等基础设施和公共服务设施,应当兼顾旅游业发展的需要。

第二十一条　【资源保护】对自然资源和文物等人文资源进行旅游利用,必须严格遵守有关法律、法规的规定,符合资源、生态保护和文物安全的要求,尊重和维护当地传统文化和习俗,维护资源的区域整体性、文化代表性和地域特殊性,并考虑军事设施保护的需要。有关主管部门应当加强对资源保护和旅游利用状况的监督检查。

第二十二条　【规划执行评估】各级人民政府应当组织对本级政府编制的旅游发展规划的执行情况进行评估,并向社会公布。

第二十三条　【政策扶持】国务院和县级以上地方人民政府应当制定并组织实施有利于旅游业持续健康发展的产业政策,推进旅游休闲体系建设,采取措施推动区域旅游合作,鼓励跨区域旅游线路和产品开发,促进旅游与工业、农业、商业、文化、卫生、体育、科教等领域的融合,扶持少数民族地区、革命老区、边远地区和贫困地区旅游业发展。

第二十四条　【资金支持】国务院和县级以上地方人民政府应当根据实际情况安排资金,加强旅游基础设施建设、旅游公共服务和旅游形象推广。

第二十五条　【旅游形象推广】国家制定并实施旅游形象推广战略。国务院旅游主管部门统筹组织国家旅游形象的境外推广工作,建立旅游形象推广机构和网络,开展旅游国际合作与交流。

县级以上地方人民政府统筹组织本地的旅游形象推广工作。

第二十六条　【公共服务】国务院旅游主管部门和县级以上地方人民政府应当根据需要建立旅游公共信息和咨询平台,无偿向旅游者提供旅游景区、线路、交通、气象、住宿、安全、医疗急救等必要信息和咨询服务。设区的市和县级人民政府有关部门应当根据需要在交通枢纽、商业中心和旅游者集中场所设置旅游咨询中心，在景区和通往主要景区的道路设置旅游指示标识。

旅游资源丰富的设区的市和县级人民政府可以根据本地的实际情况，建立旅游客运专线或者游客中转站，为旅游者在城市及周边旅游提供服务。

第二十七条 【职业教育和培训】国家鼓励和支持发展旅游职业教育和培训，提高旅游从业人员素质。

第四章 旅游经营

第二十八条 【旅行社设立】设立旅行社，招徕、组织、接待旅游者，为其提供旅游服务，应当具备下列条件，取得旅游主管部门的许可，依法办理工商登记：

（一）有固定的经营场所；

（二）有必要的营业设施；

（三）有符合规定的注册资本；

（四）有必要的经营管理人员和导游；

（五）法律、行政法规规定的其他条件。

第二十九条 【旅行社业务范围】旅行社可以经营下列业务：

（一）境内旅游；

（二）出境旅游；

（三）边境旅游；

（四）入境旅游；

（五）其他旅游业务。

旅行社经营前款第二项和第三项业务，应当取得相应的业务经营许可，具体条件由国务院规定。

第三十条 【禁止非法转让】旅行社不得出租、出借旅行社业务经营许可证，或者以其他形式非法转让旅行社业务经营许可。

第三十一条 【旅游服务质量保证金】旅行社应当按照规定交纳旅游服务质量保证金，用于旅游者权益损害赔偿和垫付旅游者人身安全遇有危险时紧急救助的费用。

第三十二条 【禁止虚假宣传】旅行社为招徕、组织旅游者发布信息，必须真实、准确，不得进行虚假宣传，误导旅游者。

第三十三条 【项目活动安排的禁止规定】旅行社及其从业人员组织、接待旅游者，不得安排参观或者参与违反我国法律、法规和社会公德的项目或者活动。

第三十四条 【产品和服务的订购】旅行社组织旅游活动应当向合格的供应商订购产品和服务。

第三十五条 【禁止不合理低价组团、诱骗消费】旅行社不得以不合理的低价组织旅游活动，诱骗旅游者，并通过安排购物或者另行付费旅游项目获取回扣等不正当利益。

旅行社组织、接待旅游者，不得指定具体购物场所，不得安排另行付费旅游项目。但是，经双方协商一致或者旅游者要求，且不影响其他旅游者行程安排的除外。

发生违反前两款规定情形的，旅游者有权在旅游行程结束后三十日内，要求旅行社为其办理退货并先行垫付退货货款，或者退还另行付费旅游项目的费用。

第三十六条 【领队或导游陪同】旅行社组织团队出境旅游或者组织、接待团队入境旅游，应当按照规定安排领队或者导游全程陪同。

第三十七条 【导游执业资格】参加导游资格考试成绩合格，与旅行社订立劳动合同或者在相关旅游行业组织注册的人员，可以申请取得导游证。

第三十八条 【旅行社对导游的义务】旅行社应当与其聘用的导游依法订立劳动合同，支付劳动报酬，缴纳社会保险费用。

旅行社临时聘用导游为旅游者提供服务的，应当全额向导游支付本法第六十条第三款规定的导游服务费用。

旅行社安排导游为团队旅游提供服务的，不得要求导游垫付或者向导游收取任何费用。

第三十九条 【领队执业资格】从事领队业务，应当取得导游证，具有相应的学历、语言能力和旅游从业经历，并与委派其从事领队业务的取得出境旅游业务经营许可的旅行社订立劳动合同。

第四十条 【导游和领队的委派】导游和领队为旅游者提供服务必须接受旅行社委派，不得私自承揽导游和领队业务。

第四十一条 【导游和领队从业行为规范】导游和领队从事业务活动，应当佩戴导游证，遵守职业道德，尊重旅游者的风俗习惯和宗教信仰，应当向旅游者告知和解释旅游文明行为规范，引导旅游者健康、文明旅游，劝阻旅游者违反社会公德的行为。

导游和领队应当严格执行旅游行程安排，不得擅自变更旅游行程或者中止服务活动，不得向旅游者索取小费，不得诱导、欺骗、强迫或者变相强迫旅游者购物或者参加另行付费旅游项目。

第四十二条 【景区开放条件】景区开放应当具备下列条件，并听取旅游主管部门的意见：

（一）有必要的旅游配套服务和辅助设施；

（二）有必要的安全设施及制度，经过安全风险评估，满足安全条件；

（三）有必要的环境保护设施和生态保护措施；

（四）法律、行政法规规定的其他条件。

第四十三条 【景区门票和收费管理】利用公共资源建设的景区的门票以及景区内的游览场所、交通工具等另行收费项目，实行政府定价或者政府指导价，严格控制价格上涨。拟收费或者提高价格的，应当举行听证会，征求旅游者、经营者和有关方面的意见，论证其必要性、可行性。

利用公共资源建设的景区，不得通过增加另行收费项目等方式变相涨价；另行收费项目已收回投资成本的，应当相应降低价格或者取消收费。

公益性的城市公园、博物馆、纪念馆等，除重点文物保护单位和珍贵文物收藏单位外，应当逐步免费开放。

第四十四条 【景区门票收费公示】景区应当在醒目位置公示门票价格、另行收费项目的价格及团体收费价格。景区提高门票价格应当提前六个月公布。

将不同景区的门票或者同一景区内不同游览场所的门票合并出售的,合并后的价格不得高于各单项门票的价格之和,且旅游者有权选择购买其中的单项票。

景区内的核心游览项目因故暂停向旅游者开放或者停止提供服务的,应当公示并相应减少收费。

第四十五条 【景区流量控制】景区接待旅游者不得超过景区主管部门核定的最大承载量。景区应当公布景区主管部门核定的最大承载量,制定和实施旅游者流量控制方案,并可以采取门票预约等方式,对景区接待旅游者的数量进行控制。

旅游者数量可能达到最大承载量时,景区应当提前公告并同时向当地人民政府报告,景区和当地人民政府应当及时采取疏导、分流等措施。

第四十六条 【居民从事旅游经营】城镇和乡村居民利用自有住宅或者其他条件依法从事旅游经营,其管理办法由省、自治区、直辖市制定。

第四十七条 【高风险旅游项目经营许可】经营高空、高速、水上、潜水、探险等高风险旅游项目,应当按照国家有关规定取得经营许可。

第四十八条 【网络业务经营】通过网络经营旅行社业务的,应当依法取得旅行社业务经营许可,并在其网站主页的显著位置标明其业务经营许可证信息。

发布旅游经营信息的网站,应当保证其信息真实、准确。

第四十九条 【相关旅游服务】为旅游者提供交通、住宿、餐饮、娱乐等服务的经营者,应当符合法律、法规规定的要求,按照合同约定履行义务。

第五十条 【安全保障和质量标准】旅游经营者应当保证其提供的商品和服务符合保障人身、财产安全的要求。

旅游经营者取得相关质量标准等级的,其设施和服务不得低于相应标准;未取得质量标准等级的,不得使用相关质量等级的称谓和标识。

第五十一条 【禁止商业贿赂】旅游经营者销售、购买商品或者服务,不得给予或者收受贿赂。

第五十二条 【旅游者个人信息保护】旅游经营者对其在经营活动中知悉的旅游者个人信息,应当予以保密。

第五十三条 【旅游客运经营规范】从事道路旅游客运的经营者应当遵守道路客运安全管理的各项制度,并在车辆显著位置明示道路旅游客运专用标识,在车厢内显著位置公示经营者和驾驶人信息、道路运输管理机构监督电话等事项。

第五十四条 【交由他人经营的责任】景区、住宿经营者将其部分经营项目或者场地交由他人从事住宿、餐饮、购物、游览、娱乐、旅游交通等经营的,应当对实际经营者的经营行为给旅游者造成的损害承担连带责任。

第五十五条 【经营者报告义务】旅游经营者组织、接待出入境旅游,发现旅游者从事违法活动或者有违反本法第十六条规定情形的,应当及时向公安机关、旅游主管部门或者我国驻外机构报告。

第五十六条 【责任保险】国家根据旅游活动的风险程度,对旅行社、住宿、旅游交通以及本法第四十七条规定的高风险旅游项目等经营者实施责任保险制度。

第五章 旅游服务合同

第五十七条 【旅游服务合同的订立】旅行社组织和安排旅游活动,应当与旅游者订立合同。

第五十八条 【包价旅游合同】包价旅游合同应当采用书面形式,包括下列内容:

(一)旅行社、旅游者的基本信息;

(二)旅游行程安排;

(三)旅游团成团的最低人数;

(四)交通、住宿、餐饮等旅游服务安排和标准;

(五)游览、娱乐等项目的具体内容和时间;

(六)自由活动时间安排;

(七)旅游费用及其交纳的期限和方式;

(八)违约责任和解决纠纷的方式;

(九)法律、法规规定和双方约定的其他事项。

订立包价旅游合同时,旅行社应当向旅游者详细说明前款第二项至第八项所载内容。

第五十九条 【旅游行程单】旅行社应当在旅游行程开始前向旅游者提供旅游行程单。旅游行程单是包价旅游合同的组成部分。

第六十条 【载明委托社、代理社、地接社、导游服务费】旅行社委托其他旅行社代理销售包价旅游产品并与旅游者订立包价旅游合同的,应当在包价旅游合同中载明委托社和代理社的基本信息。

旅行社依照本法规定将包价旅游合同中的接待业务委托给地接社履行的,应当在包价旅游合同中载明地接社的基本信息。

安排导游为旅游者提供服务的,应当在包价旅游合同中载明导游服务费用。

第六十一条 【投保提示义务】旅行社应当提示参加团队旅游的旅游者按照规定投保人身意外伤害保险。

第六十二条 【相关事项告知义务】订立包价旅游合同时,旅行社应当向旅游者告知下列事项:

(一)旅游者不适合参加旅游活动的情形;

(二)旅游活动中的安全注意事项;

(三)旅行社依法可以减免责任的信息;

(四)旅游者应当注意的旅游目的地相关法律、法规和风俗习惯、宗教禁忌,依照中国法律不宜参加的活动等;

(五)法律、法规规定的其他应当告知的事项。

在包价旅游合同履行中，遇有前款规定事项的，旅行社也应当告知旅游者。

第六十三条 【不能出团的处理】旅行社招徕旅游者组团旅游，因未达到约定人数不能出团的，组团社可以解除合同。但是，境内旅游应当至少提前七日通知旅游者，出境旅游应当至少提前三十日通知旅游者。

因未达到约定人数不能出团的，组团社经征得旅游者书面同意，可以委托其他旅行社履行合同。组团社对旅游者承担责任，受委托的旅行社对组团社承担责任。旅游者不同意的，可以解除合同。

因未达到约定的成团人数解除合同的，组团社应当向旅游者退还已收取的全部费用。

第六十四条 【包价旅游合同的转让】旅游行程开始前，旅游者可以将包价旅游合同中自身的权利义务转让给第三人，旅行社没有正当理由的不得拒绝，因此增加的费用由旅游者和第三人承担。

第六十五条 【旅游者解除合同】旅游行程结束前，旅游者解除合同的，组团社应当在扣除必要的费用后，将余款退还旅游者。

第六十六条 【因旅游者的原因解除合同】旅游者有下列情形之一的，旅行社可以解除合同：

（一）患有传染病等疾病，可能危害其他旅游者健康和安全的；

（二）携带危害公共安全的物品且不同意交有关部门处理的；

（三）从事违法或者违反社会公德的活动的；

（四）从事严重影响其他旅游者权益的活动，且不听劝阻、不能制止的；

（五）法律规定的其他情形。

因前款规定情形解除合同的，组团社应当在扣除必要的费用后，将余款退还旅游者；给旅行社造成损失的，旅游者应当依法承担赔偿责任。

第六十七条 【不可抗力等情形的处理】因不可抗力或者旅行社、履行辅助人已尽合理注意义务仍不能避免的事件，影响旅游行程的，按照下列情形处理：

（一）合同不能继续履行的，旅行社和旅游者均可以解除合同。合同不能完全履行的，旅行社经向旅游者作出说明，可以在合理范围内变更合同；旅游者不同意变更的，可以解除合同。

（二）合同解除的，组团社应当在扣除已向地接社或者履行辅助人支付且不可退还的费用后，将余款退还旅游者；合同变更的，因此增加的费用由旅游者承担，减少的费用退还旅游者。

（三）危及旅游者人身、财产安全的，旅行社应当采取相应的安全措施，因此支出的费用，由旅行社与旅游者分担。

（四）造成旅游者滞留的，旅行社应当采取相应的安置措施。因此增加的食宿费用，由旅游者承担；增加的返程费用，由旅行社与旅游者分担。

第六十八条 【协助返回】旅游行程中解除合同的，旅行社应当协助旅游者返回出发地或者旅游者指定的合理地点。由于旅行社或者履行辅助人的原因导致合同解除的，返程费用由旅行社承担。

第六十九条 【包价旅游合同的履行】旅行社应当按照包价旅游合同的约定履行义务，不得擅自变更旅游行程安排。

经旅游者同意，旅行社将包价旅游合同中的接待业务委托给其他具有相应资质的地接社履行的，应当与地接社订立书面委托合同，约定双方的权利和义务，向地接社提供与旅游者订立的包价旅游合同的副本，并向地接社支付不低于接待和服务成本的费用。地接社应当按照包价旅游合同和委托合同提供服务。

第七十条 【违约责任】旅行社不履行包价旅游合同义务或者履行合同义务不符合约定的，应当依法承担继续履行、采取补救措施或者赔偿损失等违约责任；造成旅游者人身损害、财产损失的，应当依法承担赔偿责任。旅行社具备履行条件，经旅游者要求仍拒绝履行合同，造成旅游者人身损害、滞留等严重后果的，旅游者还可以要求旅行社支付旅游费用一倍以上三倍以下的赔偿金。

由于旅游者自身原因导致包价旅游合同不能履行或者不能按照约定履行，或者造成旅游者人身损害、财产损失的，旅行社不承担责任。

在旅游者自行安排活动期间，旅行社未尽到安全提示、救助义务的，应当对旅游者的人身损害、财产损失承担相应责任。

第七十一条 【因地接社、履行辅助人原因违约】由于地接社、履行辅助人的原因导致违约的，由组团社承担责任；组团社承担责任后可以向地接社、履行辅助人追偿。

由于地接社、履行辅助人的原因造成旅游者人身损害、财产损失的，旅游者可以要求地接社、履行辅助人承担赔偿责任，也可以要求组团社承担赔偿责任；组团社承担责任后可以向地接社、履行辅助人追偿。但是，由于公共交通经营者的原因造成旅游者人身损害、财产损失的，由公共交通经营者依法承担赔偿责任，旅行社应当协助旅游者向公共交通经营者索赔。

第七十二条 【旅游者的赔偿责任】旅游者在旅游活动中或者在解决纠纷时，损害旅行社、履行辅助人、旅游从业人员或者其他旅游者的合法权益的，依法承担赔偿责任。

第七十三条 【旅游者要求的包价旅游合同】旅行社根据旅游者的具体要求安排旅游行程，与旅游者订立包价旅游合同的，旅游者请求变更旅游行程安排，因此增加的费用由旅游者承担，减少的费用退还旅游者。

第七十四条 【旅游代订、设计、咨询合同】旅行社接受旅游者的委托，为其代订交通、住宿、餐饮、游览、娱乐等旅游服务，收取代办费用的，应当亲自处理委托事务。因旅行社的过错给旅游者造成损失的,旅行社应当承担赔偿责任。

旅行社接受旅游者的委托,为其提供旅游行程设计、旅游信息咨询等服务的,应当保证设计合理、可行,信息及时、准确。

第七十五条　【按约定提供住宿服务】住宿经营者应当按照旅游服务合同的约定为团队旅游者提供住宿服务。住宿经营者未能按照旅游服务合同提供服务的,应当为旅游者提供不低于原定标准的住宿服务,因此增加的费用由住宿经营者承担;但由于不可抗力、政府因公共利益需要采取措施造成不能提供服务的,住宿经营者应当协助安排旅游者住宿。

第六章　旅 游 安 全

第七十六条　【旅游安全监管职责】县级以上人民政府统一负责旅游安全工作。县级以上人民政府有关部门依照法律、法规履行旅游安全监管职责。

第七十七条　【安全风险提示】国家建立旅游目的地安全风险提示制度。旅游目的地安全风险提示的级别划分和实施程序,由国务院旅游主管部门会同有关部门制定。

县级以上人民政府及其有关部门应当将旅游安全作为突发事件监测和评估的重要内容。

第七十八条　【旅游应急管理】县级以上人民政府应当依法将旅游应急管理纳入政府应急管理体系,制定应急预案,建立旅游突发事件应对机制。

突发事件发生后,当地人民政府及其有关部门和机构应当采取措施开展救援,并协助旅游者返回出发地或者旅游者指定的合理地点。

第七十九条　【旅游经营者的安全保障义务】旅游经营者应当严格执行安全生产管理和消防安全管理的法律、法规和国家标准、行业标准,具备相应的安全生产条件,制定旅游者安全保护制度和应急预案。

旅游经营者应当对直接为旅游者提供服务的从业人员开展经常性应急救助技能培训,对提供的产品和服务进行安全检验、监测和评估,采取必要措施防止危害发生。

旅游经营者组织、接待老年人、未成年人、残疾人等旅游者,应当采取相应的安全保障措施。

第八十条　【旅游经营者的安全说明、警示义务】旅游经营者应当就旅游活动中的下列事项,以明示的方式事先向旅游者作出说明或者警示:

(一)正确使用相关设施、设备的方法;

(二)必要的安全防范和应急措施;

(三)未向旅游者开放的经营、服务场所和设施、设备;

(四)不适宜参加相关活动的群体;

(五)可能危及旅游者人身、财产安全的其他情形。

第八十一条　【旅游经营者的安全救助、报告义务】突发事件或者旅游安全事故发生后,旅游经营者应当立即采取必要的救助和处置措施,依法履行报告义务,并对旅游者作出妥善安排。

第八十二条　【旅游者请求救助】旅游者在人身、财产安全遇有危险时,有权请求旅游经营者、当地政府和相关机构进行及时救助。

中国出境旅游者在境外陷于困境时,有权请求我国驻当地机构在其职责范围内给予协助和保护。

旅游者接受相关组织或者机构的救助后,应当支付应由个人承担的费用。

第七章　旅游监督管理

第八十三条　【监管职责】县级以上人民政府旅游主管部门和有关部门依照本法和有关法律、法规的规定,在各自职责范围内对旅游市场实施监督管理。

县级以上人民政府应当组织旅游主管部门、有关主管部门和工商行政管理、产品质量监督、交通等执法部门对相关旅游经营行为实施监督检查。

第八十四条　【旅游主管部门及其工作人员的禁止行为】旅游主管部门履行监督管理职责,不得违反法律、行政法规的规定向监督管理对象收取费用。

旅游主管部门及其工作人员不得参与任何形式的旅游经营活动。

第八十五条　【旅游主管部门的监管权限】县级以上人民政府旅游主管部门有权对下列事项实施监督检查:

(一)经营旅行社业务以及从事导游、领队服务是否取得经营、执业许可;

(二)旅行社的经营行为;

(三)导游和领队等旅游从业人员的服务行为;

(四)法律、法规规定的其他事项。

旅游主管部门依照前款规定实施监督检查,可以对涉嫌违法的合同、票据、账簿以及其他资料进行查阅、复制。

第八十六条　【履职要求】旅游主管部门和有关部门依法实施监督检查,其监督检查人员不得少于二人,并应当出示合法证件。监督检查人员少于二人或者未出示合法证件的,被检查单位和个人有权拒绝。

监督检查人员对在监督检查中知悉的被检查单位的商业秘密和个人信息应当依法保密。

第八十七条　【配合义务】对依法实施的监督检查,有关单位和个人应当配合,如实说明情况并提供文件、资料,不得拒绝、阻碍和隐瞒。

第八十八条　【对违法行为的处理】县级以上人民政府旅游主管部门和有关部门,在履行监督检查职责中或者在处理举报、投诉时,发现违反本法规定行为的,应当依法及时作出处理;对不属于本部门职责范围的事项,应当及时书面通知并移交有关部门查处。

第八十九条　【信息共享】县级以上地方人民政府建立旅游违法行为查处信息的共享机制,对需要跨部门、跨地区联合查处的违法行为,应当进行督办。

旅游主管部门和有关部门应当按照各自职责,及时向社会公布监督检查的情况。

第九十条 【行业自律】依法成立的旅游行业组织依照法律、行政法规和章程的规定,制定行业经营规范和服务标准,对其会员的经营行为和服务质量进行自律管理,组织开展职业道德教育和业务培训,提高从业人员素质。

第八章 旅游纠纷处理

第九十一条 【旅游投诉受理机构】县级以上人民政府应当指定或者设立统一的旅游投诉受理机构。受理机构接到投诉,应当及时进行处理或者移交有关部门处理,并告知投诉者。

第九十二条 【旅游纠纷解决途径】旅游者与旅游经营者发生纠纷,可以通过下列途径解决:

(一)双方协商;

(二)向消费者协会、旅游投诉受理机构或者有关调解组织申请调解;

(三)根据与旅游经营者达成的仲裁协议提请仲裁机构仲裁;

(四)向人民法院提起诉讼。

第九十三条 【调解】消费者协会、旅游投诉受理机构和有关调解组织在双方自愿的基础上,依法对旅游者与旅游经营者之间的纠纷进行调解。

第九十四条 【代表人】旅游者与旅游经营者发生纠纷,旅游者一方人数众多并有共同请求的,可以推选代表人参加协商、调解、仲裁、诉讼活动。

第九章 法律责任

第九十五条 【违反旅行社业务经营许可规定的法律责任】违反本法规定,未经许可经营旅行社业务的,由旅游主管部门或者工商行政管理部门责令改正,没收违法所得,并处一万元以上十万元以下罚款;违法所得十万元以上的,并处违法所得一倍以上五倍以下罚款;对有关责任人员,处二千元以上二万元以下罚款。

旅行社违反本法规定,未经许可经营本法第二十九条第一款第二项、第三项业务,或者出租、出借旅行社业务经营许可证,或者以其他方式非法转让旅行社业务经营许可的,除依照前款规定处罚外,并责令停业整顿;情节严重的,吊销旅行社业务经营许可证;对直接负责的主管人员,处二千元以上二万元以下罚款。

第九十六条 【旅行社违反安排导游或领队有关规定的法律责任】旅行社违反本法规定,有下列行为之一的,由旅游主管部门责令改正,没收违法所得,并处五千元以上五万元以下罚款;情节严重的,责令停业整顿或者吊销旅行社业务经营许可证;对直接负责的主管人员和其他直接责任人员,处二千元以上二万元以下罚款:

(一)未按照规定为出境或者入境团队旅游安排领队或者导游全程陪同的;

(二)安排未取得导游证的人员提供导游服务或者安排不具备领队条件的人员提供领队服务的;

(三)未向临时聘用的导游支付导游服务费用的;

(四)要求导游垫付或者向导游收取费用的。

第九十七条 【旅行社违反有关经营规范的法律责任】旅行社违反本法规定,有下列行为之一的,由旅游主管部门或者有关部门责令改正,没收违法所得,并处五千元以上五万元以下罚款;违法所得五万元以上的,并处违法所得一倍以上五倍以下罚款;情节严重的,责令停业整顿或者吊销旅行社业务经营许可证;对直接负责的主管人员和其他直接责任人员,处二千元以上二万元以下罚款:

(一)进行虚假宣传,误导旅游者的;

(二)向不合格的供应商订购产品和服务的;

(三)未按照规定投保旅行社责任保险的。

第九十八条 【旅行社低价组团、诱骗消费的法律责任】旅行社违反本法第三十五条规定的,由旅游主管部门责令改正,没收违法所得,责令停业整顿,并处三万元以上三十万元以下罚款;违法所得三十万元以上的,并处违法所得一倍以上五倍以下罚款;情节严重的,吊销旅行社业务经营许可证;对直接负责的主管人员和其他直接责任人员,没收违法所得,处二千元以上二万元以下罚款,并暂扣或者吊销导游证。

第九十九条 【旅行社违反报告义务的法律责任】旅行社未履行本法第五十五条规定的报告义务的,由旅游主管部门处五千元以上五万元以下罚款;情节严重的,责令停业整顿或者吊销旅行社业务经营许可证;对直接负责的主管人员和其他直接责任人员,处二千元以上二万元以下罚款,并暂扣或者吊销导游证。

第一百条 【旅行社有关违约行为的法律责任】旅行社违反本法规定,有下列行为之一的,由旅游主管部门责令改正,处三万元以上三十万元以下罚款,并责令停业整顿;造成旅游者滞留等严重后果的,吊销旅行社业务经营许可证;对直接负责的主管人员和其他直接责任人员,处二千元以上二万元以下罚款,并暂扣或者吊销导游证:

(一)在旅游行程中擅自变更旅游行程安排,严重损害旅游者权益的;

(二)拒绝履行合同的;

(三)未征得旅游者书面同意,委托其他旅行社履行包价旅游合同的。

第一百零一条 【旅行社安排违法或者违反社会公德的活动的法律责任】旅行社违反本法规定,安排旅游者参观或者参与违反我国法律、法规和社会公德的项目或者活动的,由旅游主管部门责令改正,没收违法所得,责令停业整顿,并处二万元以上二十万元以下罚款;情节严重的,吊销旅行社业务经营许可证;对直接负责的主管人员和其他直接责任人员,处二千元以上二万元以下罚款,并暂扣或者吊销导游证。

第一百零二条　【违反导游和领队从业规定的法律责任】违反本法规定,未取得导游证或者不具备领队条件而从事导游、领队活动的,由旅游主管部门责令改正,没收违法所得,并处一千元以上一万元以下罚款,予以公告。

导游、领队违反本法规定,私自承揽业务的,由旅游主管部门责令改正,没收违法所得,处一千元以上一万元以下罚款,并暂扣或者吊销导游证。

导游、领队违反本法规定,向旅游者索取小费的,由旅游主管部门责令退还,处一千元以上一万元以下罚款;情节严重的,并暂扣或者吊销导游证。

第一百零三条　【从业禁止】违反本法规定被吊销导游证的导游、领队和受到吊销旅行社业务经营许可证处罚的旅行社的有关管理人员,自处罚之日起未逾三年的,不得重新申请导游证或者从事旅行社业务。

第一百零四条　【行贿和受贿的法律责任】旅游经营者违反本法规定,给予或者收受贿赂的,由工商行政管理部门依照有关法律、法规的规定处罚;情节严重的,并由旅游主管部门吊销旅行社业务经营许可证。

第一百零五条　【景区的法律责任一】景区不符合本法规定的开放条件而接待旅游者的,由景区主管部门责令停业整顿直至符合开放条件,并处二万元以上二十万元以下罚款。

景区在旅游者数量可能达到最大承载量时,未依照本法规定公告或者未向当地人民政府报告,未及时采取疏导、分流等措施,或者超过最大承载量接待旅游者的,由景区主管部门责令改正,情节严重的,责令停业整顿一个月至六个月。

第一百零六条　【景区的法律责任二】景区违反本法规定,擅自提高门票或者另行收费项目的价格,或者有其他价格违法行为的,由有关主管部门依照有关法律、法规的规定处罚。

第一百零七条　【旅游经营者违反有关安全管理规定的法律责任】旅游经营者违反有关安全生产管理和消防安全管理的法律、法规或者国家标准、行业标准的,由有关主管部门依照有关法律、法规的规定处罚。

第一百零八条　【信用档案及公示】对违反本法规定的旅游经营者及其从业人员,旅游主管部门和有关部门应当记入信用档案,向社会公布。

第一百零九条　【监管部门工作人员渎职的法律责任】旅游主管部门和有关部门的工作人员在履行监督管理职责中,滥用职权、玩忽职守、徇私舞弊,尚不构成犯罪的,依法给予处分。

第一百一十条　【刑事责任】违反本法规定,构成犯罪的,依法追究刑事责任。

第十章　附　　则

第一百一十一条　【用语含义】本法下列用语的含义:

(一)旅游经营者,是指旅行社、景区以及为旅游者提供交通、住宿、餐饮、购物、娱乐等服务的经营者。

(二)景区,是指为旅游者提供游览服务、有明确的管理界限的场所或者区域。

(三)包价旅游合同,是指旅行社预先安排行程,提供或者通过履行辅助人提供交通、住宿、餐饮、游览、导游或者领队等两项以上旅游服务,旅游者以总价支付旅游费用的合同。

(四)组团社,是指与旅游者订立包价旅游合同的旅行社。

(五)地接社,是指接受组团社委托,在目的地接待旅游者的旅行社。

(六)履行辅助人,是指与旅行社存在合同关系,协助其履行包价旅游合同义务,实际提供相关服务的法人或者自然人。

第一百一十二条　【施行日期】本法自 2013 年 10 月 1 日起施行。

最高人民法院关于审理旅游纠纷案件适用法律若干问题的规定

1. 2010 年 9 月 13 日最高人民法院审判委员会第 1496 次会议通过
2. 2010 年 10 月 26 日公布
3. 法释〔2010〕13 号
4. 自 2010 年 11 月 1 日起施行

为正确审理旅游纠纷案件,依法保护当事人合法权益,根据《中华人民共和国民法通则》、《中华人民共和国合同法》、《中华人民共和国消费者权益保护法》、《中华人民共和国侵权责任法》和《中华人民共和国民事诉讼法》等有关法律规定,结合民事审判实践,制定本规定。

第一条　本规定所称的旅游纠纷,是指旅游者与旅游经营者、旅游辅助服务者之间因旅游发生的合同纠纷或者侵权纠纷。

"旅游经营者"是指以自己的名义经营旅游业务,向公众提供旅游服务的人。

"旅游辅助服务者"是指与旅游经营者存在合同关系,协助旅游经营者履行旅游合同义务,实际提供交通、游览、住宿、餐饮、娱乐等旅游服务的人。

旅游者在自行旅游过程中与旅游景点经营者因旅游发生的纠纷,参照适用本规定。

第二条　以单位、家庭等集体形式与旅游经营者订立旅游合同,在履行过程中发生纠纷,除集体以合同一方当事人名义起诉外,旅游者个人提起旅游合同纠纷诉讼的,人民法院应予受理。

第三条　因旅游经营者方面的同一原因造成旅游者人身损害、财产损失,旅游者选择要求旅游经营者承担违约责任或者侵权责任的，人民法院应当根据当事人选择的案由进行审理。

第四条 因旅游辅助服务者的原因导致旅游经营者违约，旅游者仅起诉旅游经营者的，人民法院可以将旅游辅助服务者追加为第三人。

第五条 旅游经营者已投保责任险，旅游者因保险责任事故仅起诉旅游经营者的，人民法院可以应当事人的请求将保险公司列为第三人。

第六条 旅游经营者以格式合同、通知、声明、告示等方式作出对旅游者不公平、不合理的规定，或者减轻、免除其损害旅游者合法权益的责任，旅游者请求依据消费者权益保护法第二十四条的规定认定该内容无效的，人民法院应予支持。

第七条 旅游经营者、旅游辅助服务者未尽到安全保障义务，造成旅游者人身损害、财产损失，旅游者请求旅游经营者、旅游辅助服务者承担责任的，人民法院应予支持。

因第三人的行为造成旅游者人身损害、财产损失，由第三人承担责任；旅游经营者、旅游辅助服务者未尽安全保障义务，旅游者请求其承担相应补充责任的，人民法院应予支持。

第八条 旅游经营者、旅游辅助服务者对可能危及旅游者人身、财产安全的旅游项目未履行告知、警示义务，造成旅游者人身损害、财产损失，旅游者请求旅游经营者、旅游辅助服务者承担责任的，人民法院应予支持。

旅游者未按旅游经营者、旅游辅助服务者的要求提供与旅游活动相关的个人健康信息并履行如实告知义务，或者不听从旅游经营者、旅游辅助服务者的告知、警示，参加不适合自身条件的旅游活动，导致旅游过程中出现人身损害、财产损失，旅游者请求旅游经营者、旅游辅助服务者承担责任的，人民法院不予支持。

第九条 旅游经营者、旅游辅助服务者泄露旅游者个人信息或者未经旅游者同意公开其个人信息，旅游者请求其承担相应责任的，人民法院应予支持。

第十条 旅游经营者将旅游业务转让给其他旅游经营者，旅游者不同意转让，请求解除旅游合同、追究旅游经营者违约责任的，人民法院应予支持。

旅游经营者擅自将其旅游业务转让给其他旅游经营者，旅游者在旅游过程中遭受损害，请求与其签订旅游合同的旅游经营者和实际提供旅游服务的旅游经营者承担连带责任的，人民法院应予支持。

第十一条 除合同性质不宜转让或者合同另有约定之外，在旅游行程开始前的合理期间内，旅游者将其在旅游合同中的权利义务转让给第三人，请求确认转让合同效力的，人民法院应予支持。

因前款所述原因，旅游经营者请求旅游者、第三人给付增加的费用或者旅游者请求旅游经营者退还减少的费用的，人民法院应予支持。

第十二条 旅游行程开始前或者进行中，因旅游者单方解除合同，旅游者请求旅游经营者退还尚未实际发生的费用，或者旅游经营者请求旅游者支付合理费用的，人民法院应予支持。

第十三条 因不可抗力等不可归责于旅游经营者、旅游辅助服务者的客观原因导致旅游合同无法履行，旅游经营者、旅游者请求解除旅游合同的，人民法院应予支持。旅游经营者、旅游者请求对方承担违约责任的，人民法院不予支持。旅游者请求旅游经营者退还尚未实际发生的费用的，人民法院应予支持。

因不可抗力等不可归责于旅游经营者、旅游辅助服务者的客观原因变更旅游行程，在征得旅游者同意后，旅游经营者请求旅游者分担因此增加的旅游费用或旅游者请求旅游经营者退还因此减少的旅游费用的，人民法院应予支持。

第十四条 因旅游辅助服务者的原因造成旅游者人身损害、财产损失，旅游者选择请求旅游辅助服务者承担侵权责任的，人民法院应予支持。

旅游经营者对旅游辅助服务者未尽谨慎选择义务，旅游者请求旅游经营者承担相应补充责任的，人民法院应予支持。

第十五条 签订旅游合同的旅游经营者将其部分旅游业务委托旅游目的地的旅游经营者，因受托方未尽旅游合同义务，旅游者在旅游过程中受到损害，要求作出委托的旅游经营者承担赔偿责任的，人民法院应予支持。

旅游经营者委托除前款规定以外的人从事旅游业务，发生旅游纠纷，旅游者起诉旅游经营者的，人民法院应予受理。

第十六条 旅游经营者准许他人挂靠其名下从事旅游业务，造成旅游者人身损害、财产损失，旅游者请求旅游经营者与挂靠人承担连带责任的，人民法院应予支持。

第十七条 旅游经营者违反合同约定，有擅自改变旅游行程、遗漏旅游景点、减少旅游服务项目、降低旅游服务标准等行为，旅游者请求旅游经营者赔偿未完成约定旅游服务项目等合理费用的，人民法院应予支持。

旅游经营者提供服务时有欺诈行为，旅游者请求旅游经营者双倍赔偿其遭受的损失的，人民法院应予支持。

第十八条 因飞机、火车、班轮、城际客运班车等公共客运交通工具延误，导致合同不能按照约定履行，旅游者请求旅游经营者退还未实际发生的费用的，人民法院应予支持。合同另有约定的除外。

第十九条 旅游者在自行安排活动期间遭受人身损害、财产损失，旅游经营者未尽到必要的提示义务、救助义务，旅游者请求旅游经营者承担相应责任的，人民法院应予支持。

前款规定的自行安排活动期间，包括旅游经营者安排的在旅游行程中独立的自由活动期间、旅游者不参加旅游行程的活动期间以及旅游者经导游或者领队同意暂时离队的个人活动期间等。

第二十条　旅游者在旅游行程中未经导游或者领队许可，故意脱离团队，遭受人身损害、财产损失，请求旅游经营者赔偿损失的，人民法院不予支持。

第二十一条　旅游者提起违约之诉，主张精神损害赔偿的，人民法院应告知其变更为侵权之诉；旅游者仍坚持提起违约之诉的，对于其精神损害赔偿的主张，人民法院不予支持。

第二十二条　旅游经营者或者旅游辅助服务者为旅游者代管的行李物品损毁、灭失，旅游者请求赔偿损失的，人民法院应予支持，但下列情形除外：

（一）损失是由于旅游者未听从旅游经营者或者旅游辅助服务者的事先声明或者提示，未将现金、有价证券、贵重物品由其随身携带而造成的；

（二）损失是由于不可抗力、意外事件造成的；

（三）损失是由于旅游者的过错造成的；

（四）损失是由于物品的自然属性造成的。

第二十三条　旅游者要求旅游经营者返还下列费用的，人民法院应予支持：

（一）因拒绝旅游经营者安排的购物活动或者另行付费的项目被增收的费用；

（二）在同一旅游行程中，旅游经营者提供相同服务，因旅游者的年龄、职业等差异而增收的费用。

第二十四条　旅游经营者因过错致其代办的手续、证件存在瑕疵，或者未尽妥善保管义务而遗失、毁损，旅游者请求旅游经营者补办或者协助补办相关手续、证件并承担相应费用的，人民法院应予支持。

因上述行为影响旅游行程，旅游者请求旅游经营者退还尚未发生的费用、赔偿损失的，人民法院应予支持。

第二十五条　旅游经营者事先设计，并以确定的总价提供交通、住宿、游览等一项或者多项服务，不提供导游和领队服务，由旅游者自行安排游览行程的旅游过程中，旅游经营者提供的服务不符合合同约定，侵害旅游者合法权益，旅游者请求旅游经营者承担相应责任的，人民法院应予支持。

旅游者在自行安排的旅游活动中合法权益受到侵害，请求旅游经营者、旅游辅助服务者承担责任的，人民法院不予支持。

第二十六条　本规定施行前已经终审，本规定施行后当事人申请再审或者按照审判监督程序决定再审的案件，不适用本规定。

4. 知识产权

(1)著作权

中华人民共和国著作权法

1. 1990年9月7日第七届全国人民代表大会常务委员会第十五次会议通过

2. 根据2001年10月27日第九届全国人民代表大会常务委员会第二十四次会议《关于修改〈中华人民共和国著作权法〉的决定》第一次修正

3. 根据2010年2月26日第十一届全国人民代表大会常务委员会第十三次会议《关于修改〈中华人民共和国著作权法〉的决定》第二次修正

目　　录

第一章　总　　则

第一条　**【立法目的】**为保护文学、艺术和科学作品作者的著作权，以及与著作权有关的权益，鼓励有益于社会主义精神文明、物质文明建设的作品的创作和传播，促进社会主义文化和科学事业的发展与繁荣，根据宪法制定本法。

第二条　**【适用范围】**中国公民、法人或者其他组织的作品，不论是否发表，依照本法享有著作权。

外国人、无国籍人的作品根据其作者所属国或者经常居住地国同中国签订的协议或者共同参加的国际条约享有的著作权，受本法保护。

外国人、无国籍人的作品首先在中国境内出版的，依照本法享有著作权。

未与中国签订协议或者共同参加国际条约的国家的作者以及无国籍人的作品首次在中国参加的国际条约的成员国出版的,或者在成员国和非成员国同时出版的,受本法保护。

第三条 【著作权客体】本法所称的作品,包括以下列形式创作的文学、艺术和自然科学、社会科学、工程技术等作品:

(一)文字作品;

(二)口述作品;

(三)音乐、戏剧、曲艺、舞蹈、杂技艺术作品;

(四)美术、建筑作品;

(五)摄影作品;

(六)电影作品和以类似摄制电影的方法创作的作品;

(七)工程设计图、产品设计图、地图、示意图等图形作品和模型作品;

(八)计算机软件;

(九)法律、行政法规规定的其他作品。

第四条 【监督管理】著作权人行使著作权,不得违反宪法和法律,不得损害公共利益。国家对作品的出版、传播依法进行监督管理。

第五条 【不适用客体】本法不适用于:

(一)法律、法规,国家机关的决议、决定、命令和其他具有立法、行政、司法性质的文件,及其官方正式译文;

(二)时事新闻;

(三)历法、通用数表、通用表格和公式。

第六条 【民间文学艺术作品的保护】民间文学艺术作品的著作权保护办法由国务院另行规定。

第七条 【著作权行政管理部门】国务院著作权行政管理部门主管全国的著作权管理工作;各省、自治区、直辖市人民政府的著作权行政管理部门主管本行政区域的著作权管理工作。

第八条 【著作权集体管理组织】著作权人和与著作权有关的权利人可以授权著作权集体管理组织行使著作权或者与著作权有关的权利。著作权集体管理组织被授权后,可以以自己的名义为著作权人和与著作权有关的权利人主张权利,并可以作为当事人进行涉及著作权或者与著作权有关的权利的诉讼、仲裁活动。

著作权集体管理组织是非营利性组织,其设立方式、权利义务、著作权许可使用费的收取和分配,以及对其监督和管理等由国务院另行规定。

第二章 著 作 权

第一节 著作权人及其权利

第九条 【著作权人】著作权人包括:

(一)作者;

(二)其他依照本法享有著作权的公民、法人或者其他组织。

第十条 【著作权内容】著作权包括下列人身权和财产权:

(一)发表权,即决定作品是否公之于众的权利;

(二)署名权,即表明作者身份,在作品上署名的权利;

(三)修改权,即修改或者授权他人修改作品的权利;

(四)保护作品完整权,即保护作品不受歪曲、篡改的权利;

(五)复制权,即以印刷、复印、拓印、录音、录像、翻录、翻拍等方式将作品制作一份或者多份的权利;

(六)发行权,即以出售或者赠与方式向公众提供作品的原件或者复制件的权利;

(七)出租权,即有偿许可他人临时使用电影作品和以类似摄制电影的方法创作的作品、计算机软件的权利,计算机软件不是出租的主要标的的除外;

(八)展览权,即公开陈列美术作品、摄影作品的原件或者复制件的权利;

(九)表演权,即公开表演作品,以及用各种手段公开播送作品的表演的权利;

(十)放映权,即通过放映机、幻灯机等技术设备公开再现美术、摄影、电影和以类似摄制电影的方法创作的作品等的权利;

(十一)广播权,即以无线方式公开广播或者传播作品,以有线传播或者转播的方式向公众传播广播的作品,以及通过扩音器或者其他传送符号、声音、图像的类似工具向公众传播广播的作品的权利;

(十二)信息网络传播权,即以有线或者无线方式向公众提供作品,使公众可以在其个人选定的时间和地点获得作品的权利;

(十三)摄制权,即以摄制电影或者以类似摄制电影的方法将作品固定在载体上的权利;

(十四)改编权,即改变作品,创作出具有独创性的新作品的权利;

(十五)翻译权,即将作品从一种语言文字转换成另一种语言文字的权利;

(十六)汇编权,即将作品或者作品的片段通过选择或者编排,汇集成新作品的权利;

(十七)应当由著作权人享有的其他权利。

著作权人可以许可他人行使前款第(五)项至第(十七)项规定的权利,并依照约定或者本法有关规定获得报酬。

著作权人可以全部或者部分转让本条第一款第(五)项至第(十七)项规定的权利,并依照约定或者本法有关规定获得报酬。

第二节 著作权归属

第十一条 【作者】著作权属于作者,本法另有规定的除外。

创作作品的公民是作者。

由法人或者其他组织主持,代表法人或者其他组织意志创作,并由法人或者其他组织承担责任的作品,法人或者其他组织视为作者。

如无相反证明,在作品上署名的公民、法人或者其他组织为作者。

第十二条 【演绎作品】改编、翻译、注释、整理已有作品而产生的作品,其著作权由改编、翻译、注释、整理人享有,但行使著作权时不得侵犯原作品的著作权。

第十三条 【合作作品】两人以上合作创作的作品,著作权由合作作者共同享有。没有参加创作的人,不能成为合作作者。

合作作品可以分割使用的,作者对各自创作的部分可以单独享有著作权,但行使著作权时不得侵犯合作作品整体的著作权。

第十四条 【汇编作品】汇编若干作品、作品的片段或者不构成作品的数据或者其他材料,对其内容的选择或者编排体现独创性的作品,为汇编作品,其著作权由汇编人享有,但行使著作权时,不得侵犯原作品的著作权。

第十五条 【电影作品】电影作品和以类似摄制电影的方法创作的作品的著作权由制片者享有,但编剧、导演、摄影、作词、作曲等作者享有署名权,并有权按照与制片者签订的合同获得报酬。

电影作品和以类似摄制电影的方法创作的作品中的剧本、音乐等可以单独使用的作品的作者有权单独行使其著作权。

第十六条 【职务作品】公民为完成法人或者其他组织工作任务所创作的作品是职务作品,除本条第二款的规定以外,著作权由作者享有,但法人或者其他组织有权在其业务范围内优先使用。作品完成两年内,未经单位同意,作者不得许可第三人以与单位使用的相同方式使用该作品。

有下列情形之一的职务作品,作者享有署名权,著作权的其他权利由法人或者其他组织享有,法人或者其他组织可以给予作者奖励:

(一)主要是利用法人或者其他组织的物质技术条件创作,并由法人或者其他组织承担责任的工程设计图、产品设计图、地图、计算机软件等职务作品;

(二)法律、行政法规规定或者合同约定著作权由法人或者其他组织享有的职务作品。

第十七条 【委托作品】受委托创作的作品,著作权的归属由委托人和受托人通过合同约定。合同未作明确约定或者没有订立合同的,著作权属于受托人。

第十八条 【作品原件的转移】美术等作品原件所有权的转移,不视为作品著作权的转移,但美术作品原件的展览权由原件所有人享有。

第十九条 【著作权的继承和承受】著作权属于公民的,公民死亡后,其本法第十条第一款第(五)项至第(十七)项规定的权利在本法规定的保护期内,依照继承法的规定转移。

著作权属于法人或者其他组织的,法人或者其他组织变更、终止后,其本法第十条第一款第(五)项至第(十七)项规定的权利在本法规定的保护期内,由承受其权利义务的法人或者其他组织享有;没有承受其权利义务的法人或者其他组织的,由国家享有。

第三节 权利的保护期

第二十条 【署名权、修改权、保护作品完整权】作者的署名权、修改权、保护作品完整权的保护期不受限制。

第二十一条 【发表权、财产权】公民的作品,其发表权、本法第十条第一款第(五)项至第(十七)项规定的权利的保护期为作者终生及其死亡后五十年,截止于作者死亡后第五十年的12月31日;如果是合作作品,截止于最后死亡的作者死亡后第五十年的12月31日。

法人或者其他组织的作品、著作权(署名权除外)由法人或者其他组织享有的职务作品,其发表权、本法第十条第一款第(五)项至第(十七)项规定的权利的保护期为五十年,截止于作品首次发表后第五十年的12月31日,但作品自创作完成后五十年内未发表的,本法不再保护。

电影作品和以类似摄制电影的方法创作的作品、摄影作品,其发表权、本法第十条第一款第(五)项至第(十七)项规定的权利的保护期为五十年,截止于作品首次发表后第五十年的12月31日,但作品自创作完成后五十年内未发表的,本法不再保护。

第四节 权利的限制

第二十二条 【合理使用】在下列情况下使用作品,可以不经著作权人许可,不向其支付报酬,但应当指明作者姓名、作品名称,并且不得侵犯著作权人依照本法享有的其他权利:

(一)为个人学习、研究或者欣赏,使用他人已经发表的作品;

(二)为介绍、评论某一作品或者说明某一问题,在作品中适当引用他人已经发表的作品;

(三)为报道时事新闻,在报纸、期刊、广播电台、电视台等媒体中不可避免地再现或者引用已经发表的作品;

(四)报纸、期刊、广播电台、电视台等媒体刊登或者播放其他报纸、期刊、广播电台、电视台等媒体已经发表的关于政治、经济、宗教问题的时事性文章,但作者声明不许刊登、播放的除外;

(五)报纸、期刊、广播电台、电视台等媒体刊登或者播放在公众集会上发表的讲话,但作者声明不许刊登、播放的除外;

(六)为学校课堂教学或者科学研究,翻译或者少量复制已经发表的作品,供教学或者科研人员使用,但不得出版发行;

(七)国家机关为执行公务在合理范围内使用已经发表的作品;

(八)图书馆、档案馆、纪念馆、博物馆、美术馆等为陈列或者保存版本的需要，复制本馆收藏的作品；

（九）免费表演已经发表的作品，该表演未向公众收取费用，也未向表演者支付报酬；

（十）对设置或者陈列在室外公共场所的艺术作品进行临摹、绘画、摄影、录像；

（十一）将中国公民、法人或者其他组织已经发表的以汉语言文字创作的作品翻译成少数民族语言文字作品在国内出版发行；

（十二）将已经发表的作品改成盲文出版。

前款规定适用于对出版者、表演者、录音录像制作者、广播电台、电视台的权利的限制。

第二十三条 【法定许可使用】为实施九年制义务教育和国家教育规划而编写出版教科书，除作者事先声明不许使用的外，可以不经著作权人许可，在教科书中汇编已经发表的作品片段或者短小的文字作品、音乐作品或者单幅的美术作品、摄影作品，但应当按照规定支付报酬，指明作者姓名、作品名称，并且不得侵犯著作权人依照本法享有的其他权利。

前款规定适用于对出版者、表演者、录音录像制作者、广播电台、电视台的权利的限制。

第三章 著作权许可使用和转让合同

第二十四条 【许可使用合同】使用他人作品应当同著作权人订立许可使用合同，本法规定可以不经许可的除外。

许可使用合同包括下列主要内容：

（一）许可使用的权利种类；

（二）许可使用的权利是专有使用权或者非专有使用权；

（三）许可使用的地域范围、期间；

（四）付酬标准和办法；

（五）违约责任；

（六）双方认为需要约定的其他内容。

第二十五条 【著作权的转让】转让本法第十条第一款第（五）项至第（十七）项规定的权利，应当订立书面合同。

权利转让合同包括下列主要内容：

（一）作品的名称；

（二）转让的权利种类、地域范围；

（三）转让价金；

（四）交付转让价金的日期和方式；

（五）违约责任；

（六）双方认为需要约定的其他内容。

第二十六条 【著作权质押】以著作权出质的，由出质人和质权人向国务院著作权行政管理部门办理出质登记。

第二十七条 【未明确许可、转让的权利】许可使用合同和转让合同中著作权人未明确许可、转让的权利，未经著作权人同意，另一方当事人不得行使。

第二十八条 【使用作品付酬标准】使用作品的付酬标准可以由当事人约定，也可以按照国务院著作权行政管理部门会同有关部门制定的付酬标准支付报酬。当事人约定不明确的，按照国务院著作权行政管理部门会同有关部门制定的付酬标准支付报酬。

第二十九条 【禁止侵犯作者权利】出版者、表演者、录音录像制作者、广播电台、电视台等依照本法有关规定使用他人作品的，不得侵犯作者的署名权、修改权、保护作品完整权和获得报酬的权利。

第四章 出版、表演、录音录像、播放

第一节 图书、报刊的出版

第三十条 【出版合同】图书出版者出版图书应当和著作权人订立出版合同，并支付报酬。

第三十一条 【专有出版权】图书出版者对著作权人交付出版的作品，按照合同约定享有的专有出版权受法律保护，他人不得出版该作品。

第三十二条 【作品的交付及重印、再版】著作权人应当按照合同约定期限交付作品。图书出版者应当按照合同约定的出版质量、期限出版图书。

图书出版者不按照合同约定期限出版，应当依照本法第五十四条的规定承担民事责任。

图书出版者重印、再版作品的，应当通知著作权人，并支付报酬。图书脱销后，图书出版者拒绝重印、再版的，著作权人有权终止合同。

第三十三条 【投稿、转载】著作权人向报社、期刊社投稿的，自稿件发出之日起十五日内未收到报社通知决定刊登的，或者自稿件发出之日起三十日内未收到期刊社通知决定刊登的，可以将同一作品向其他报社、期刊社投稿。双方另有约定的除外。

作品刊登后，除著作权人声明不得转载、摘编的外，其他报刊可以转载或者作为文摘、资料刊登，但应当按照规定向著作权人支付报酬。

第三十四条 【对作品的修改、删节】图书出版者经作者许可，可以对作品修改、删节。

报社、期刊社可以对作品作文字性修改、删节。对内容的修改，应当经作者许可。

第三十五条 【演绎作品中原作品著作权人的权利】出版改编、翻译、注释、整理、汇编已有作品而产生的作品，应当取得改编、翻译、注释、整理、汇编作品的著作权人和原作品的著作权人许可，并支付报酬。

第三十六条 【版式设计专有使用权】出版者有权许可或者禁止他人使用其出版的图书、期刊的版式设计。

前款规定的权利的保护期为十年，截止于使用该版式设计的图书、期刊首次出版后第十年的12月31日。

第二节 表 演

第三十七条 【表演者义务】使用他人作品演出，表演者（演员、演出单位）应当取得著作权人许可，并支付报酬。演出

组织者组织演出,由该组织者取得著作权人许可,并支付报酬。

使用改编、翻译、注释、整理已有作品而产生的作品进行演出,应当取得改编、翻译、注释、整理作品的著作权人和原作品的著作权人许可,并支付报酬。

第三十八条 【表演者权利】表演者对其表演享有下列权利:

(一)表明表演者身份;

(二)保护表演形象不受歪曲;

(三)许可他人从现场直播和公开传送其现场表演,并获得报酬;

(四)许可他人录音录像,并获得报酬;

(五)许可他人复制、发行录有其表演的录音录像制品,并获得报酬;

(六)许可他人通过信息网络向公众传播其表演,并获得报酬。

被许可人以前款第(三)项至第(六)项规定的方式使用作品,还应当取得著作权人许可,并支付报酬。

第三十九条 【表演者权利保护期】本法第三十八条第一款第(一)项、第(二)项规定的权利的保护期不受限制。

本法第三十八条第一款第(三)项至第(六)项规定的权利的保护期为五十年,截止于该表演发生后第五十年的12月31日。

第三节 录音录像

第四十条 【录音录像制作者使用作品】录音录像制作者使用他人作品制作录音录像制品,应当取得著作权人许可,并支付报酬。

录音录像制作者使用改编、翻译、注释、整理已有作品而产生的作品,应当取得改编、翻译、注释、整理作品的著作权人和原作品著作权人许可,并支付报酬。

录音制作者使用他人已经合法录制为录音制品的音乐作品制作录音制品,可以不经著作权人许可,但应当按照规定支付报酬;著作权人声明不许使用的不得使用。

第四十一条 【合同和报酬】录音录像制作者制作录音录像制品,应当同表演者订立合同,并支付报酬。

第四十二条 【录音录像制作者专有权和权利保护期】录音录像制作者对其制作的录音录像制品,享有许可他人复制、发行、出租、通过信息网络向公众传播并获得报酬的权利;权利的保护期为五十年,截止于该制品首次制作完成后第五十年的12月31日。

被许可人复制、发行、通过信息网络向公众传播录音录像制品,还应当取得著作权人、表演者许可,并支付报酬。

第四节 广播电台、电视台播放

第四十三条 【广播电台、电视台使用作品】广播电台、电视台播放他人未发表的作品,应当取得著作权人许可,并支付报酬。

广播电台、电视台播放他人已发表的作品,可以不经著作权人许可,但应当支付报酬。

第四十四条 【播放录音制品】广播电台、电视台播放已经出版的录音制品,可以不经著作权人许可,但应当支付报酬。当事人另有约定的除外。具体办法由国务院规定。

第四十五条 【广播组织专有权和权利保护期】广播电台、电视台有权禁止未经其许可的下列行为:

(一)将其播放的广播、电视转播;

(二)将其播放的广播、电视录制在音像载体上以及复制音像载体。

前款规定的权利的保护期为五十年,截止于该广播、电视首次播放后第五十年的12月31日。

第四十六条 【电视台播放他人作品】电视台播放他人的电影作品和以类似摄制电影的方法创作的作品、录像制品,应当取得制片者或者录像制作者许可,并支付报酬;播放他人的录像制品,还应当取得著作权人许可,并支付报酬。

第五章 法律责任和执法措施

第四十七条 【侵权行为的民事责任】有下列侵权行为的,应当根据情况,承担停止侵害、消除影响、赔礼道歉、赔偿损失等民事责任:

(一)未经著作权人许可,发表其作品的;

(二)未经合作作者许可,将与他人合作创作的作品当作自己单独创作的作品发表的;

(三)没有参加创作,为谋取个人名利,在他人作品上署名的;

(四)歪曲、篡改他人作品的;

(五)剽窃他人作品的;

(六)未经著作权人许可,以展览、摄制电影和以类似摄制电影的方法使用作品,或者以改编、翻译、注释等方式使用作品的,本法另有规定的除外;

(七)使用他人作品,应当支付报酬而未支付的;

(八)未经电影作品和以类似摄制电影的方法创作的作品、计算机软件、录音录像制品的著作权人或者与著作权有关的权利人许可,出租其作品或者录音录像制品的,本法另有规定的除外;

(九)未经出版者许可,使用其出版的图书、期刊的版式设计的;

(十)未经表演者许可,从现场直播或者公开传送其现场表演,或者录制其表演的;

(十一)其他侵犯著作权以及与著作权有关的权益的行为。

第四十八条 【侵权行为的民事、行政、刑事责任】有下列侵权行为的,应当根据情况,承担停止侵害、消除影响、赔礼道歉、赔偿损失等民事责任;同时损害公共利益的,可以由著作权行政管理部门责令停止侵权行为,没收违法所得,没收、销毁侵权复制品,并可处以罚款;情节严重的,著作

权行政管理部门还可以没收主要用于制作侵权复制品的材料、工具、设备等;构成犯罪的,依法追究刑事责任:

(一)未经著作权人许可,复制、发行、表演、放映、广播、汇编、通过信息网络向公众传播其作品的,本法另有规定的除外;

(二)出版他人享有专有出版权的图书的;

(三)未经表演者许可,复制、发行录有其表演的录音录像制品,或者通过信息网络向公众传播其表演的,本法另有规定的除外;

(四)未经录音录像制作者许可,复制、发行、通过信息网络向公众传播其制作的录音录像制品的,本法另有规定的除外;

(五)未经许可,播放或者复制广播、电视的,本法另有规定的除外;

(六)未经著作权人或者与著作权有关的权利人许可,故意避开或者破坏权利人为其作品、录音录像制品等采取的保护著作权或者与著作权有关的权利的技术措施的,法律、行政法规另有规定的除外;

(七)未经著作权人或者与著作权有关的权利人许可,故意删除或者改变作品、录音录像制品等的权利管理电子信息的,法律、行政法规另有规定的除外;

(八)制作、出售假冒他人署名的作品的。

第四十九条 【**赔偿标准**】侵犯著作权或者与著作权有关的权利的,侵权人应当按照权利人的实际损失给予赔偿;实际损失难以计算的,可以按照侵权人的违法所得给予赔偿。赔偿数额还应当包括权利人为制止侵权行为所支付的合理开支。

权利人的实际损失或者侵权人的违法所得不能确定的,由人民法院根据侵权行为的情节,判决给予五十万元以下的赔偿。

第五十条 【**诉前财产保全措施和禁止令**】著作权人或者与著作权有关的权利人有证据证明他人正在实施或者即将实施侵犯其权利的行为,如不及时制止将会使其合法权益受到难以弥补的损害的,可以在起诉前向人民法院申请采取责令停止有关行为和财产保全的措施。

人民法院处理前款申请,适用《中华人民共和国民事诉讼法》第九十三条至第九十六条和第九十九条的规定。

第五十一条 【**诉前证据保全**】为制止侵权行为,在证据可能灭失或者以后难以取得的情况下,著作权人或者与著作权有关的权利人可以在起诉前向人民法院申请保全证据。

人民法院接受申请后,必须在四十八小时内作出裁定;裁定采取保全措施的,应当立即开始执行。

人民法院可以责令申请人提供担保,申请人不提供担保的,驳回申请。

申请人在人民法院采取保全措施后十五日内不起诉的,人民法院应当解除保全措施。

第五十二条 【**法院对侵权行为的民事制裁**】人民法院审理案件,对于侵犯著作权或者与著作权有关的权利的,可以没收违法所得、侵权复制品以及进行违法活动的财物。

第五十三条 【**过错推定**】复制品的出版者、制作者不能证明其出版、制作有合法授权的,复制品的发行者或者电影作品或者以类似摄制电影的方法创作的作品、计算机软件、录音录像制品的复制品的出租者不能证明其发行、出租的复制品有合法来源的,应当承担法律责任。

第五十四条 【**违约责任**】当事人不履行合同义务或者履行合同义务不符合约定条件的,应当依照《中华人民共和国民法通则》、《中华人民共和国合同法》等有关法律规定承担民事责任。

第五十五条 【**纠纷解决途径**】著作权纠纷可以调解,也可以根据当事人达成的书面仲裁协议或者著作权合同中的仲裁条款,向仲裁机构申请仲裁。

当事人没有书面仲裁协议,也没有在著作权合同中订立仲裁条款的,可以直接向人民法院起诉。

第五十六条 【**行政诉讼**】当事人对行政处罚不服的,可以自收到行政处罚决定书之日起三个月内向人民法院起诉,期满不起诉又不履行的,著作权行政管理部门可以申请人民法院执行。

第六章 附 则

第五十七条 【**版权**】本法所称的著作权即版权。

第五十八条 【**出版**】本法第二条所称的出版,指作品的复制、发行。

第五十九条 【**计算机软件、信用网络传播权**】计算机软件、信息网络传播权的保护办法由国务院另行规定。

第六十条 【**著作权法溯及力**】本法规定的著作权人和出版者、表演者、录音录像制作者、广播电台、电视台的权利,在本法施行之日尚未超过本法规定的保护期的,依照本法予以保护。

本法施行前发生的侵权或者违约行为,依照侵权或者违约行为发生时的有关规定和政策处理。

第六十一条 【**施行时间**】本法自1991年6月1日起施行。

中华人民共和国
著作权法实施条例

1. 2002年8月2日中华人民共和国国务院令第359号公布

2. 根据2011年1月8日国务院令第588号《关于废止和修改部分行政法规的决定》第一次修订

3. 根据2013年1月30日国务院令第633号《关于修改〈中华人民共和国著作权法实施条例〉的决定》第二次修订

第一条 根据《中华人民共和国著作权法》(以下简称著作权法),制定本条例。

第二条 著作权法所称作品,是指文学、艺术和科学领域内具有独创性并能以某种有形形式复制的智力成果。

第三条　著作权法所称创作,是指直接产生文学、艺术和科学作品的智力活动。

为他人创作进行组织工作,提供咨询意见、物质条件,或者进行其他辅助工作,均不视为创作。

第四条　著作权法和本条例中下列作品的含义:

(一)文字作品,是指小说、诗词、散文、论文等以文字形式表现的作品;

(二)口述作品,是指即兴的演说、授课、法庭辩论等以口头语言形式表现的作品;

(三)音乐作品,是指歌曲、交响乐等能够演唱或者演奏的带词或者不带词的作品;

(四)戏剧作品,是指话剧、歌剧、地方戏等供舞台演出的作品;

(五)曲艺作品,是指相声、快书、大鼓、评书等以说唱为主要形式表演的作品;

(六)舞蹈作品,是指通过连续的动作、姿势、表情等表现思想情感的作品;

(七)杂技艺术作品,是指杂技、魔术、马戏等通过形体动作和技巧表现的作品;

(八)美术作品,是指绘画、书法、雕塑等以线条、色彩或者其他方式构成的有审美意义的平面或者立体的造型艺术作品;

(九)建筑作品,是指以建筑物或者构筑物形式表现的有审美意义的作品;

(十)摄影作品,是指借助器械在感光材料或者其他介质上记录客观物体形象的艺术作品;

(十一)电影作品和以类似摄制电影的方法创作的作品,是指摄制在一定介质上,由一系列有伴音或者无伴音的画面组成,并且借助适当装置放映或者以其他方式传播的作品;

(十二)图形作品,是指为施工、生产绘制的工程设计图、产品设计图,以及反映地理现象、说明事物原理或者结构的地图、示意图等作品;

(十三)模型作品,是指为展示、试验或者观测等用途,根据物体的形状和结构,按照一定比例制成的立体作品。

第五条　著作权法和本条例中下列用语的含义:

(一)时事新闻,是指通过报纸、期刊、广播电台、电视台等媒体报道的单纯事实消息;

(二)录音制品,是指任何对表演的声音和其他声音的录制品;

(三)录像制品,是指电影作品和以类似摄制电影的方法创作的作品以外的任何有伴音或者无伴音的连续相关形象、图像的录制品;

(四)录音制作者,是指录音制品的首次制作人;

(五)录像制作者,是指录像制品的首次制作人;

(六)表演者,是指演员、演出单位或者其他表演文学、艺术作品的人。

第六条　著作权自作品创作完成之日起产生。

第七条　著作权法第二条第三款规定的首先在中国境内出版的外国人、无国籍人的作品,其著作权自首次出版之日起受保护。

第八条　外国人、无国籍人的作品在中国境外首先出版后,30日内在中国境内出版的,视为该作品同时在中国境内出版。

第九条　合作作品不可以分割使用的,其著作权由各合作作者共同享有,通过协商一致行使;不能协商一致,又无正当理由的,任何一方不得阻止他方行使除转让以外的其他权利,但是所得收益应当合理分配给所有合作作者。

第十条　著作权人许可他人将其作品摄制成电影作品和以类似摄制电影的方法创作的作品的,视为已同意对其作品进行必要的改动,但是这种改动不得歪曲篡改原作品。

第十一条　著作权法第十六条第一款关于职务作品的规定中的“工作任务”,是指公民在该法人或者该组织中应当履行的职责。

著作权法第十六条第二款关于职务作品的规定中的“物质技术条件”,是指该法人或者该组织为公民完成创作专门提供的资金、设备或者资料。

第十二条　职务作品完成两年内,经单位同意,作者许可第三人以与单位使用的相同方式使用作品所获报酬,由作者与单位按约定的比例分配。

作品完成两年的期限,自作者向单位交付作品之日起计算。

第十三条　作者身份不明的作品,由作品原件的所有人行使除署名权以外的著作权。作者身份确定后,由作者或者其继承人行使著作权。

第十四条　合作作者之一死亡后,其对合作作品享有的著作权法第十条第一款第五项至第十七项规定的权利无人继承又无人受遗赠的,由其他合作作者享有。

第十五条　作者死亡后,其著作权中的署名权、修改权和保护作品完整权由作者的继承人或者受遗赠人保护。

著作权无人继承又无人受遗赠的,其署名权、修改权和保护作品完整权由著作权行政管理部门保护。

第十六条　国家享有著作权的作品的使用,由国务院著作权行政管理部门管理。

第十七条　作者生前未发表的作品,如果作者未明确表示不发表,作者死亡后50年内,其发表权可由继承人或者受遗赠人行使;没有继承人又无人受遗赠的,由作品原件的所有人行使。

第十八条　作者身份不明的作品,其著作权法第十条第一款第五项至第十七项规定的权利的保护期截止于作品首次发表后第50年的12月31日。作者身份确定后,适用著作权法第二十一条的规定。

第十九条　使用他人作品的,应当指明作者姓名、作品名称;

但是，当事人另有约定或者由于作品使用方式的特性无法指明的除外。

第二十条 著作权法所称已经发表的作品，是指著作权人自行或者许可他人公之于众的作品。

第二十一条 依照著作权法有关规定，使用可以不经著作权人许可的已经发表的作品的，不得影响该作品的正常使用，也不得不合理地损害著作权人的合法利益。

第二十二条 依照著作权法第二十三条、第三十三条第二款、第四十条第三款的规定使用作品的付酬标准，由国务院著作权行政管理部门会同国务院价格主管部门制定、公布。

第二十三条 使用他人作品应当同著作权人订立许可使用合同，许可使用的权利是专有使用权的，应当采取书面形式，但是报社、期刊社刊登作品除外。

第二十四条 著作权法第二十四条规定的专有使用权的内容由合同约定，合同没有约定或者约定不明的，视为被许可人有权排除包括著作权人在内的任何人以同样的方式使用作品；除合同另有约定外，被许可人许可第三人行使同一权利，必须取得著作权人的许可。

第二十五条 与著作权人订立专有许可使用合同、转让合同的，可以向著作权行政管理部门备案。

第二十六条 著作权法和本条例所称与著作权有关的权益，是指出版者对其出版的图书和期刊的版式设计享有的权利，表演者对其表演享有的权利，录音录像制作者对其制作的录音录像制品享有的权利，广播电台、电视台对其播放的广播、电视节目享有的权利。

第二十七条 出版者、表演者、录音录像制作者、广播电台、电视台行使权利，不得损害被使用作品和原作品著作权人的权利。

第二十八条 图书出版合同中约定图书出版者享有专有出版权但没有明确其具体内容的，视为图书出版者享有在合同有效期限内和在合同约定的地域范围内以同种文字的原版、修订版出版图书的专有权利。

第二十九条 著作权人寄给图书出版者的两份订单在6个月内未能得到履行，视为著作权法第三十二条所称图书脱销。

第三十条 著作权人依照著作权法第三十三条第二款声明不得转载、摘编其作品的，应当在报纸、期刊刊登该作品时附带声明。

第三十一条 著作权人依照著作权法第四十条第三款声明不得对其作品制作录音制品的，应当在该作品合法录制为录音制品时声明。

第三十二条 依照著作权法第二十三条、第三十三条第二款、第四十条第三款的规定，使用他人作品的，应当自使用该作品之日起2个月内向著作权人支付报酬。

第三十三条 外国人、无国籍人在中国境内的表演，受著作权法保护。

外国人、无国籍人根据中国参加的国际条约对其表演享有的权利，受著作权法保护。

第三十四条 外国人、无国籍人在中国境内制作、发行的录音制品，受著作权法保护。

外国人、无国籍人根据中国参加的国际条约对其制作、发行的录音制品享有的权利，受著作权法保护。

第三十五条 外国的广播电台、电视台根据中国参加的国际条约对其播放的广播、电视节目享有的权利，受著作权法保护。

第三十六条 有著作权法第四十八条所列侵权行为，同时损害社会公共利益，非法经营额5万元以上的，著作权行政管理部门可处非法经营额1倍以上5倍以下的罚款；没有非法经营额或者非法经营额5万元以下的，著作权行政管理部门根据情节轻重，可处25万元以下的罚款。

第三十七条 有著作权法第四十八条所列侵权行为，同时损害社会公共利益的，由地方人民政府著作权行政管理部门负责查处。

国务院著作权行政管理部门可以查处在全国有重大影响的侵权行为。

第三十八条 本条例自2002年9月15日起施行。1991年5月24日国务院批准、1991年5月30日国家版权局发布的《中华人民共和国著作权法实施条例》同时废止。

最高人民法院关于审理著作权民事纠纷案件适用法律若干问题的解释

1. 2002年10月12日最高人民法院审判委员会第1246次会议通过
2. 2002年10月12日公布
3. 法释〔2002〕31号
4. 自2002年10月15日起施行

为了正确审理著作权民事纠纷案件，根据《中华人民共和国民法通则》、《中华人民共和国合同法》、《中华人民共和国著作权法》、《中华人民共和国民事诉讼法》等法律的规定，就适用法律若干问题解释如下：

第一条 人民法院受理以下著作权民事纠纷案件：

（一）著作权及与著作权有关权益权属、侵权、合同纠纷案件；

（二）申请诉前停止侵犯著作权、与著作权有关权益行为，申请诉前财产保全、诉前证据保全案件；

（三）其他著作权、与著作权有关权益纠纷案件。

第二条 著作权民事纠纷案件，由中级以上人民法院管辖。

各高级人民法院根据本辖区的实际情况，可以确定若干基层人民法院管辖第一审著作权民事纠纷案件。

第三条 对著作权行政管理部门查处的侵犯著作权行为，当事人向人民法院提起诉讼追究该行为人民事责任的，人民法院应当受理。

人民法院审理已经过著作权行政管理部门处理的侵犯著作权行为的民事纠纷案件,应当对案件事实进行全面审查。

第四条　因侵犯著作权行为提起的民事诉讼,由著作权法第四十六条、第四十七条所规定侵权行为的实施地、侵权复制品储藏地或者查封扣押地、被告住所地人民法院管辖。

前款规定的侵权复制品储藏地,是指大量或者经常性储存、隐匿侵权复制品所在地;

查封扣押地,是指海关、版权、工商等行政机关依法查封、扣押侵权复制品所在地。

第五条　对涉及不同侵权行为实施地的多个被告提起的共同诉讼,原告可以选择其中一个被告的侵权行为实施地人民法院管辖;

仅对其中某一被告提起的诉讼,该被告侵权行为实施地的人民法院有管辖权。

第六条　依法成立的著作权集体管理组织,根据著作权人的书面授权,以自己的名义提起诉讼,人民法院应当受理。

第七条　当事人提供的涉及著作权的底稿、原件、合法出版物、著作权登记证书、认证机构出具的证明、取得权利的合同等,可以作为证据。

在作品或者制品上署名的自然人、法人或者其他组织视为著作权、与著作权有关权益的权利人,但有相反证明的除外。

第八条　当事人自行或者委托他人以定购、现场交易等方式购买侵权复制品而取得的实物、发票等,可以作为证据。

公证人员在未向涉嫌侵权的一方当事人表明身份的情况下,如实对另一方当事人按照前款规定的方式取得的证据和取证过程出具的公证书,应当作为证据使用,但有相反证据的除外。

第九条　著作权法第十条第(一)项规定的"公之于众",是指著作权人自行或者经著作权人许可将作品向不特定的人公开,但不以公众知晓为构成条件。

第十条　著作权法第十五条第二款所指的作品,著作权人是自然人的,其保护期适用著作权法第二十一条第一款的规定;

著作权人是法人或其他组织的,其保护期适用著作权法第二十一条第二款的规定。

第十一条　因作品署名顺序发生的纠纷,人民法院按照下列原则处理:

有约定的按约定确定署名顺序;

没有约定的,可以按照创作作品付出的劳动、作品排列、作者姓氏笔画等确定署名顺序。

第十二条　按照著作权法第十七条规定委托作品著作权属于委托人的情形,委托人在约定的使用范围内享有使用作品的权利;

双方没有约定使用作品范围的,委托人可以在委托创作的特定目的范围内免费使用该作品。

第十三条　除著作权法第十一条第三款规定的情形外,由他人执笔,本人审阅定稿并以本人名义发表的报告、讲话等作品,著作权归报告人或者讲话人享有。

著作权人可以支付执笔人适当的报酬。

第十四条　当事人合意以特定人物经历为题材完成的自传体作品,当事人对著作权权属有约定的,依其约定;没有约定的,著作权归该特定人物享有,执笔人或整理人对作品完成付出劳动的,著作权人可以向其支付适当的报酬。

第十五条　由不同作者就同一题材创作的作品,作品的表达系独立完成并且有创作性的,应当认定作者各自享有独立著作权。

第十六条　通过大众传播媒介传播的单纯事实消息属于著作权法第五条第(二)项规定的时事新闻。

传播报道他人采编的时事新闻,应当注明出处。

第十七条　著作权法第三十二条第二款规定的转载,是指报纸、期刊登载其他报刊已发表作品的行为。

转载未注明被转载作品的作者和最初登载的报刊出处的,应当承担消除影响、赔礼道歉等民事责任。

第十八条　著作权法第二十二条第(十)项规定的室外公共场所的艺术作品,是指设置或者陈列在室外社会公众活动所处的雕塑、绘画、书法等艺术作品。

对前款规定艺术作品的临摹、绘画、摄影、录像人,可以对其成果以合理的方式和范围再行使用,不构成侵权。

第十九条　出版者、制作者应当对其出版、制作有合法授权承担举证责任,发行者、出租者应当对其发行或者出租的复制品有合法来源承担举证责任。

举证不能的,依据著作权法第四十六条、第四十七条的相应规定承担法律责任。

第二十条　出版物侵犯他人著作权的,出版者应当根据其过错、侵权程度及损害后果等承担民事赔偿责任。

出版者对其出版行为的授权、稿件来源和署名、所编辑出版物的内容等未尽到合理注意义务的,依据著作权法第四十八条的规定,承担赔偿责任。

出版者尽了合理注意义务,著作权人也无证据证明出版者应当知道其出版涉及侵权的,依据民法通则第一百一十七条第一款的规定,出版者承担停止侵权、返还其侵权所得利润的民事责任。

出版者所尽合理注意义务情况,由出版者承担举证责任。

第二十一条　计算机软件用户未经许可或者超过许可范围商业使用计算机软件的,依据著作权法第四十七条第(一)项、《计算机软件保护条例》第二十四条第(一)项的规定承担民事责任。

第二十二条　著作权转让合同未采取书面形式的,人民法院依据合同法第三十六条、第三十七条的规定审查合同是否成立。

第二十三条　出版者将著作权人交付出版的作品丢失、毁损致使出版合同不能履行的,依据著作权法第五十三条、民法通则第一百一十七条以及合同法第一百二十二条的规定追究出版者的民事责任。

第二十四条 权利人的实际损失,可以根据权利人因侵权所造成复制品发行减少量或者侵权复制品销售量与权利人发行该复制品单位利润乘积计算。

发行减少量难以确定的,按照侵权复制品市场销售量确定。

第二十五条 权利人的实际损失或者侵权人的违法所得无法确定的,人民法院根据当事人的请求或者依职权适用著作权法第四十八条第二款的规定确定赔偿数额。

人民法院在确定赔偿数额时,应当考虑作品类型、合理使用费、侵权行为性质、后果等情节综合确定。

当事人按照本条第一款的规定就赔偿数额达成协议的,应当准许。

第二十六条 著作权法第四十八条第一款规定的制止侵权行为所支付的合理开支,包括权利人或者委托代理人对侵权行为进行调查、取证的合理费用。

人民法院根据当事人的诉讼请求和具体案情,可以将符合国家有关部门规定的律师费用计算在赔偿范围内。

第二十七条 在著作权法修改决定施行前发生的侵犯著作权行为起诉的案件,人民法院于该决定施行后做出判决的,可以参照适用著作权法第四十八条的规定。

第二十八条 侵犯著作权的诉讼时效为二年,自著作权人知道或者应当知道侵权行为之日起计算。

权利人超过二年起诉的,如果侵权行为在起诉时仍在持续,在该著作权保护期内,人民法院应当判决被告停止侵权行为;

侵权损害赔偿数额应当自权利人向人民法院起诉之日起向前推算二年计算。

第二十九条 对著作权法第四十七条规定的侵权行为,人民法院根据当事人的请求除追究行为人民事责任外,还可以依据民法通则第一百三十四条第三款的规定给予民事制裁,罚款数额可以参照《中华人民共和国著作权法实施条例》的有关规定确定。

著作权行政管理部门对相同的侵权行为已经给予行政处罚的,人民法院不再予以民事制裁。

第三十条 对2001年10月27日前发生的侵犯著作权行为,当事人于2001年10月27日后向人民法院提出申请采取责令停止侵权行为或者证据保全措施的,适用著作权法第四十九条、第五十条的规定。

人民法院采取诉前措施,参照《最高人民法院关于诉前停止侵犯注册商标专用权行为和保全证据适用法律问题的解释》的规定办理。

第三十一条 除本解释另行规定外,2001年10月27日以后人民法院受理的著作权民事纠纷案件,涉及2001年10月27日前发生的民事行为的,适用修改前著作权法的规定;

涉及该日期以后发生的民事行为的,适用修改后著作权法的规定;

涉及该日期前发生,持续到该日期后的民事行为的,适用修改后著作权法的规定。

第三十二条 以前的有关规定与本解释不一致的,以本解释为准。

(2)专利

中华人民共和国专利法

1. 1984年3月12日第六届全国人民代表大会常务委员会第四次会议通过

2. 根据1992年9月4日第七届全国人民代表大会常务委员会第二十七次会议《关于修改〈中华人民共和国专利法〉的决定》第一次修正

3. 根据2000年8月25日第九届全国人民代表大会常务委员会第十七次会议《关于修改〈中华人民共和国专利法〉的决定》第二次修正

4. 根据2008年12月27日第十一届全国人民代表大会常务委员会第六次会议《关于修改〈中华人民共和国专利法〉的决定》第三次修正

目　　录

第一章　总　　则

第一条 【立法目的】为了保护专利权人的合法权益,鼓励发明创造,推动发明创造的应用,提高创新能力,促进科学技术进步和经济社会发展,制定本法。

第二条 【发明创造范围】本法所称的发明创造是指发明、实用新型和外观设计。

发明,是指对产品、方法或者其改进所提出的新的技术方案。

实用新型,是指对产品的形状、构造或者其结合所提出的适于实用的新的技术方案。

外观设计,是指对产品的形状、图案或者其结合以及色彩与形状、图案的结合所作出的富有美感并适于工业应用的新设计。

第三条 【管理部门】国务院专利行政部门负责管理全国的专利工作;统一受理和审查专利申请,依法授予专利权。

省、自治区、直辖市人民政府管理专利工作的部门负责本行政区域内的专利管理工作。

第四条 【保密处理】申请专利的发明创造涉及国家安全或者重大利益需要保密的,按照国家有关规定办理。

第五条　【不授专利权情形】对违反法律、社会公德或者妨害公共利益的发明创造,不授予专利权。

对违反法律、行政法规的规定获取或者利用遗传资源,并依赖该遗传资源完成的发明创造,不授予专利权。

第六条　【职务发明】执行本单位的任务或者主要是利用本单位的物质技术条件所完成的发明创造为职务发明创造。职务发明创造申请专利的权利属于该单位;申请被批准后,该单位为专利权人。

非职务发明创造,申请专利的权利属于发明人或者设计人;申请被批准后,该发明人或者设计人为专利权人。

利用本单位的物质技术条件所完成的发明创造,单位与发明人或者设计人订有合同,对申请专利的权利和专利权的归属作出约定的,从其约定。

第七条　【非职务专利申请对待】对发明人或者设计人的非职务发明创造专利申请,任何单位或者个人不得压制。

第八条　【合作发明专利权归属】两个以上单位或者个人合作完成的发明创造、一个单位或者个人接受其他单位或者个人委托所完成的发明创造,除另有协议的以外,申请专利的权利属于完成或者共同完成的单位或者个人;申请被批准后,申请的单位或者个人为专利权人。

第九条　【同一发明创造只授一项专利】同样的发明创造只能授予一项专利权。但是,同一申请人同日对同样的发明创造既申请实用新型专利又申请发明专利,先获得的实用新型专利权尚未终止,且申请人声明放弃该实用新型专利权的,可以授予发明专利权。

两个以上的申请人分别就同样的发明创造申请专利的,专利权授予最先申请的人。

第十条　【申请权、专利权转让】专利申请权和专利权可以转让。

中国单位或者个人向外国人、外国企业或者外国其他组织转让专利申请权或者专利权的,应当依照有关法律、行政法规的规定办理手续。

转让专利申请权或者专利权的,当事人应当订立书面合同,并向国务院专利行政部门登记,由国务院专利行政部门予以公告。专利申请权或者专利权的转让自登记之日起生效。

第十一条　【排他规定】发明和实用新型专利权被授予后,除本法另有规定的以外,任何单位或者个人未经专利权人许可,都不得实施其专利,即不得为生产经营目的制造、使用、许诺销售、销售、进口其专利产品,或者使用其专利方法以及使用、许诺销售、销售、进口依照该专利方法直接获得的产品。

外观设计专利权被授予后,任何单位或者个人未经专利权人许可,都不得实施其专利,即不得为生产经营目的制造、许诺销售、销售、进口其外观设计专利产品。

第十二条　【许可合同】任何单位或者个人实施他人专利的,应当与专利权人订立实施许可合同,向专利权人支付专利使用费。被许可人无权允许合同规定以外的任何单位或者个人实施该专利。

第十三条　【发明实施费用支付】发明专利申请公布后,申请人可以要求实施其发明的单位或者个人支付适当的费用。

第十四条　【公益发明】国有企业事业单位的发明专利,对国家利益或者公共利益具有重大意义的,国务院有关主管部门和省、自治区、直辖市人民政府报经国务院批准,可以决定在批准的范围内推广应用,允许指定的单位实施,由实施单位按照国家规定向专利权人支付使用费。

第十五条　【共有专利权的实施】专利申请权或者专利权的共有人对权利的行使有约定的,从其约定。没有约定的,共有人可以单独实施或者以普通许可方式许可他人实施该专利;许可他人实施该专利的,收取的使用费应当在共有人之间分配。

除前款规定的情形外,行使共有的专利申请权或者专利权应当取得全体共有人的同意。

第十六条　【职务发明奖励】被授予专利权的单位应当对职务发明创造的发明人或者设计人给予奖励;发明创造专利实施后,根据其推广应用的范围和取得的经济效益,对发明人或者设计人给予合理的报酬。

第十七条　【署名权与标识权】发明人或者设计人有权在专利文件中写明自己是发明人或者设计人。

专利权人有权在其专利产品或者该产品的包装上标明专利标识。

第十八条　【涉外规定】在中国没有经常居所或者营业所的外国人、外国企业或者外国其他组织在中国申请专利的,依照其所属国同中国签订的协议或者共同参加的国际条约,或者依照互惠原则,根据本法办理。

第十九条　【外国人或组织专利事务委托】在中国没有经常居所或者营业所的外国人、外国企业或者外国其他组织在中国申请专利和办理其他专利事务的,应当委托依法设立的专利代理机构办理。

中国单位或者个人在国内申请专利和办理其他专利事务的,可以委托依法设立的专利代理机构办理。

专利代理机构应当遵守法律、行政法规,按照被代理人的委托办理专利申请或者其他专利事务;对被代理人发明创造的内容,除专利申请已经公布或者公告的以外,负有保密责任。专利代理机构的具体管理办法由国务院规定。

第二十条　【中国人涉外专利申请委托】任何单位或者个人将在中国完成的发明或者实用新型向外国申请专利的,应当事先报经国务院专利行政部门进行保密审查。保密审查的程序、期限等按照国务院的规定执行。

中国单位或者个人可以根据中华人民共和国参加的有关国际条约提出专利国际申请。申请人提出专利国际申请的,应当遵守前款规定。

国务院专利行政部门依照中华人民共和国参加的有

关国际条约、本法和国务院有关规定处理专利国际申请。

对违反本条第一款规定向外国申请专利的发明或者实用新型,在中国申请专利的,不授予专利权。

第二十一条 【专利审查要求】国务院专利行政部门及其专利复审委员会应当按照客观、公正、准确、及时的要求,依法处理有关专利的申请和请求。

国务院专利行政部门应当完整、准确、及时发布专利信息,定期出版专利公报。

在专利申请公布或者公告前,国务院专利行政部门的工作人员及有关人员对其内容负有保密责任。

第二章 授予专利权的条件

第二十二条 【授予条件】授予专利权的发明和实用新型,应当具备新颖性、创造性和实用性。

新颖性,是指该发明或者实用新型不属于现有技术;也没有任何单位或者个人就同样的发明或者实用新型在申请日以前向国务院专利行政部门提出过申请,并记载在申请日以后公布的专利申请文件或者公告的专利文件中。

创造性,是指与现有技术相比,该发明具有突出的实质性特点和显著的进步,该实用新型具有实质性特点和进步。

实用性,是指该发明或者实用新型能够制造或者使用,并且能够产生积极效果。

本法所称现有技术,是指申请日以前在国内外为公众所知的技术。

第二十三条 【外观设计专利权授予条件】授予专利权的外观设计,应当不属于现有设计;也没有任何单位或者个人就同样的外观设计在申请日以前向国务院专利行政部门提出过申请,并记载在申请日以后公告的专利文件中。

授予专利权的外观设计与现有设计或者现有设计特征的组合相比,应当具有明显区别。

授予专利权的外观设计不得与他人在申请日以前已经取得的合法权利相冲突。

本法所称现有设计,是指申请日以前在国内外为公众所知的设计。

第二十四条 【新颖性保持特殊规定】申请专利的发明创造在申请日以前六个月内,有下列情形之一的,不丧失新颖性:

(一)在中国政府主办或者承认的国际展览会上首次展出的;

(二)在规定的学术会议或者技术会议上首次发表的;

(三)他人未经申请人同意而泄露其内容的。

第二十五条 【不授予专利权情形】对下列各项,不授予专利权:

(一)科学发现;

(二)智力活动的规则和方法;

(三)疾病的诊断和治疗方法;

(四)动物和植物品种;

(五)用原子核变换方法获得的物质;

(六)对平面印刷品的图案、色彩或者二者的结合作出的主要起标识作用的设计。

对前款第(四)项所列产品的生产方法,可以依照本法规定授予专利权。

第三章 专利的申请

第二十六条 【发明或实用新型专利申请文件】申请发明或者实用新型专利的,应当提交请求书、说明书及其摘要和权利要求书等文件。

请求书应当写明发明或者实用新型的名称,发明人的姓名,申请人姓名或者名称、地址,以及其他事项。

说明书应当对发明或者实用新型作出清楚、完整的说明,以所属技术领域的技术人员能够实现为准;必要的时候,应当有附图。摘要应当简要说明发明或者实用新型的技术要点。

权利要求书应当以说明书为依据,清楚、简要地限定要求专利保护的范围。

依赖遗传资源完成的发明创造,申请人应当在专利申请文件中说明该遗传资源的直接来源和原始来源;申请人无法说明原始来源的,应当陈述理由。

第二十七条 【外观设计专利权申请文件】申请外观设计专利的,应当提交请求书、该外观设计的图片或者照片以及对该外观设计的简要说明等文件。

申请人提交的有关图片或者照片应当清楚地显示要求专利保护的产品的外观设计。

第二十八条 【申请日确定】国务院专利行政部门收到专利申请文件之日为申请日。如果申请文件是邮寄的,以寄出的邮戳日为申请日。

第二十九条 【申请优先权】申请人自发明或者实用新型在外国第一次提出专利申请之日起十二个月内,或者自外观设计在外国第一次提出专利申请之日起六个月内,又在中国就相同主题提出专利申请的,依照该外国同中国签订的协议或者共同参加的国际条约,或者依照相互承认优先权的原则,可以享有优先权。

申请人自发明或者实用新型在中国第一次提出专利申请之日起十二个月内,又向国务院专利行政部门就相同主题提出专利申请的,可以享有优先权。

第三十条 【优先权书面声明】申请人要求优先权的,应当在申请的时候提出书面声明,并且在三个月内提交第一次提出的专利申请文件的副本;未提出书面声明或者逾期未提交专利申请文件副本的,视为未要求优先权。

第三十一条 【专利数量确定】一件发明或者实用新型专利申请应当限于一项发明或者实用新型。属于一个总的发明构思的两项以上的发明或者实用新型,可以作为一件申请提出。

一件外观设计专利申请应当限于一项外观设计。同一产品两项以上的相似外观设计,或者用于同一类别并且成套出售或者使用的产品的两项以上外观设计,可以作为一件申请提出。

第三十二条　【申请撤回】申请人可以在被授予专利权之前随时撤回其专利申请。

第三十三条　【申请文件的修改】申请人可以对其专利申请文件进行修改,但是,对发明和实用新型专利申请文件的修改不得超出原说明书和权利要求书记载的范围,对外观设计专利申请文件的修改不得超出原图片或者照片表示的范围。

第四章　专利申请的审查和批准

第三十四条　【审查公布】国务院专利行政部门收到发明专利申请后,经初步审查认为符合本法要求的,自申请日起满十八个月,即行公布。国务院专利行政部门可以根据申请人的请求早日公布其申请。

第三十五条　【实质审查】发明专利申请自申请日起三年内,国务院专利行政部门可以根据申请人随时提出的请求,对其申请进行实质审查;申请人无正当理由逾期不请求实质审查的,该申请即被视为撤回。

国务院专利行政部门认为必要的时候,可以自行对发明专利申请进行实质审查。

第三十六条　【实质审查资料提交】发明专利的申请人请求实质审查的时候,应当提交在申请日前与其发明有关的参考资料。

发明专利已经在外国提出过申请的,国务院专利行政部门可以要求申请人在指定期限内提交该国为审查其申请进行检索的资料或者审查结果的资料;无正当理由逾期不提交的,该申请即被视为撤回。

第三十七条　【申请不符规定的处理】国务院专利行政部门对发明专利申请进行实质审查后,认为不符合本法规定的,应当通知申请人,要求其在指定的期限内陈述意见,或者对其申请进行修改;无正当理由逾期不答复的,该申请即被视为撤回。

第三十八条　【驳回申请情形】发明专利申请经申请人陈述意见或者进行修改后,国务院专利行政部门仍然认为不符合本法规定的,应当予以驳回。

第三十九条　【发明专利权的授予】发明专利申请经实质审查没有发现驳回理由的,由国务院专利行政部门作出授予发明专利权的决定,发给发明专利证书,同时予以登记和公告。发明专利权自公告之日起生效。

第四十条　【实用新型和外观设计专利权的授予】实用新型和外观设计专利申请经初步审查没有发现驳回理由的,由国务院专利行政部门作出授予实用新型专利权或者外观设计专利权的决定,发给相应的专利证书,同时予以登记和公告。实用新型专利权和外观设计专利权自公告之日起生效。

第四十一条　【专利申请复审】国务院专利行政部门设立专利复审委员会。专利申请人对国务院专利行政部门驳回申请的决定不服的,可以自收到通知之日起三个月内,向专利复审委员会请求复审。专利复审委员会复审后,作出决定,并通知专利申请人。

专利申请人对专利复审委员会的复审决定不服的,可以自收到通知之日起三个月内向人民法院起诉。

第五章　专利权的期限、终止和无效

第四十二条　【专利权期限】发明专利权的期限为二十年,实用新型专利权和外观设计专利权的期限为十年,均自申请日起计算。

第四十三条　【年费】专利权人应当自被授予专利权的当年开始缴纳年费。

第四十四条　【专利权提前终止情形】有下列情形之一的,专利权在期限届满前终止:

(一)没有按照规定缴纳年费的;

(二)专利权人以书面声明放弃其专利权的。

专利权在期限届满前终止的,由国务院专利行政部门登记和公告。

第四十五条　【专利权授予异议】自国务院专利行政部门公告授予专利权之日起,任何单位或者个人认为该专利权的授予不符合本法有关规定的,可以请求专利复审委员会宣告该专利权无效。

第四十六条　【异议审查】专利复审委员会对宣告专利权无效的请求应当及时审查和作出决定,并通知请求人和专利权人。宣告专利权无效的决定,由国务院专利行政部门登记和公告。

对专利复审委员会宣告专利权无效或者维持专利权的决定不服的,可以自收到通知之日起三个月内向人民法院起诉。人民法院应当通知无效宣告请求程序的对方当事人作为第三人参加诉讼。

第四十七条　【专利权宣告无效的效力和处理】宣告无效的专利权视为自始即不存在。

宣告专利权无效的决定,对在宣告专利权无效前人民法院作出并已执行的专利侵权的判决、调解书,已经履行或者强制执行的专利侵权纠纷处理决定,以及已经履行的专利实施许可合同和专利权转让合同,不具有追溯力。但是因专利权人的恶意给他人造成的损失,应当给予赔偿。

依照前款规定不返还专利侵权赔偿金、专利使用费、专利权转让费,明显违反公平原则的,应当全部或者部分返还。

第六章　专利实施的强制许可

第四十八条　【对具备实施条件单位的强制许可】有下列情形之一的,国务院专利行政部门根据具备实施条件的单位或者个人的申请,可以给予实施发明专利或者实用新型专利的强制许可：

(一)专利权人自专利权被授予之日起满三年,且自提出专利申请之日起满四年,无正当理由未实施或者未充分实施其专利的;

(二)专利权人行使专利权的行为被依法认定为垄断行为,为消除或者减少该行为对竞争产生的不利影响的。

第四十九条 【公益性强制许可】在国家出现紧急状态或者非常情况时,或者为了公共利益的目的,国务院专利行政部门可以给予实施发明专利或者实用新型专利的强制许可。

第五十条 【药品专利强制许可】为了公共健康目的,对取得专利权的药品,国务院专利行政部门可以给予制造并将其出口到符合中华人民共和国参加的有关国际条约规定的国家或者地区的强制许可。

第五十一条 【依赖型专利强制许可】一项取得专利权的发明或者实用新型比前已经取得专利权的发明或者实用新型具有显著经济意义的重大技术进步,其实施又有赖于前一发明或者实用新型的实施的,国务院专利行政部门根据后一专利权人的申请,可以给予实施前一发明或者实用新型的强制许可。

在依照前款规定给予实施强制许可的情形下,国务院专利行政部门根据前一专利权人的申请,也可以给予实施后一发明或者实用新型的强制许可。

第五十二条 【半导体技术强制许可限制】强制许可涉及的发明创造为半导体技术的,其实施限于公共利益的目的和本法第四十八条第(二)项规定的情形。

第五十三条 【强制许可实施的重心】除依照本法第四十八条第(二)项、第五十条规定给予的强制许可外,强制许可的实施应当主要为了供应国内市场。

第五十四条 【申请强制许可的证据提交】依照本法第四十八条第(一)项、第五十一条规定申请强制许可的单位或者个人应当提供证据,证明其以合理的条件请求专利权人许可其实施专利,但未能在合理的时间内获得许可。

第五十五条 【强制许可的通知及公告】国务院专利行政部门作出的给予实施强制许可的决定,应当及时通知专利权人,并予以登记和公告。

给予实施强制许可的决定,应当根据强制许可的理由规定实施的范围和时间。强制许可的理由消除并不再发生时,国务院专利行政部门应当根据专利权人的请求,经审查后作出终止实施强制许可的决定。

第五十六条 【独占实施权的排除】取得实施强制许可的单位或者个人不享有独占的实施权,并且无权允许他人实施。

第五十七条 【费用支付】取得实施强制许可的单位或者个人应当付给专利权人合理的使用费,或者依照中华人民共和国参加的有关国际条约的规定处理使用费问题。付给使用费的,其数额由双方协商;双方不能达成协议的,由国务院专利行政部门裁决。

第五十八条 【起诉情形】专利权人对国务院专利行政部门关于实施强制许可的决定不服的,专利权人和取得实施强制许可的单位或者个人对国务院专利行政部门关于实施强制许可的使用费的裁决不服的,可以自收到通知之日起三个月内向人民法院起诉。

第七章 专利权的保护

第五十九条 【保护范围】发明或者实用新型专利权的保护范围以其权利要求的内容为准,说明书及附图可以用于解释权利要求的内容。

外观设计专利权的保护范围以表示在图片或者照片中的该产品的外观设计为准,简要说明可以用于解释图片或者照片所表示的该产品的外观设计。

第六十条 【纠纷解决】未经专利权人许可,实施其专利,即侵犯其专利权,引起纠纷的,由当事人协商解决;不愿协商或者协商不成的,专利权人或者利害关系人可以向人民法院起诉,也可以请求管理专利工作的部门处理。管理专利工作的部门处理时,认定侵权行为成立的,可以责令侵权人立即停止侵权行为,当事人不服的,可以自收到处理通知之日起十五日内依照《中华人民共和国行政诉讼法》向人民法院起诉;侵权人期满不起诉又不停止侵权行为的,管理专利工作的部门可以申请人民法院强制执行。进行处理的管理专利工作的部门应当事人的请求,可以就侵犯专利权的赔偿数额进行调解;调解不成的,当事人可以依照《中华人民共和国民事诉讼法》向人民法院起诉。

第六十一条 【专利侵权纠纷的举证要求】专利侵权纠纷涉及新产品制造方法的发明专利的,制造同样产品的单位或者个人应当提供其产品制造方法不同于专利方法的证明。

专利侵权纠纷涉及实用新型专利或者外观设计专利的,人民法院或者管理专利工作的部门可以要求专利权人或者利害关系人出具由国务院专利行政部门对相关实用新型或者外观设计进行检索、分析和评价后作出的专利权评价报告,作为审理、处理专利侵权纠纷的证据。

第六十二条 【不构成侵权情形】在专利侵权纠纷中,被控侵权人有证据证明其实施的技术或者设计属于现有技术或者现有设计的,不构成侵犯专利权。

第六十三条 【假冒专利的法律责任】假冒专利的,除依法承担民事责任外,由管理专利工作的部门责令改正并予公告,没收违法所得,可以并处违法所得四倍以下的罚款;没有违法所得的,可以处二十万元以下的罚款;构成犯罪的,依法追究刑事责任。

第六十四条 【查处涉嫌假冒专利行为】管理专利工作的部门根据已经取得的证据,对涉嫌假冒专利行为进行查处时,可以询问有关当事人,调查与涉嫌违法行为有关的情况;对当事人涉嫌违法行为的场所实施现场检查;查阅、复制与涉嫌违法行为有关的合同、发票、账簿以及其他有关资料;检查与涉嫌违法行为有关的产品,对有证据证明是假冒专利的产品,可以查封或者扣押。

管理专利工作的部门依法行使前款规定的职权时,当事人应当予以协助、配合,不得拒绝、阻挠。

第六十五条 【侵权赔偿数额确定】侵犯专利权的赔偿数额按照权利人因被侵权所受到的实际损失确定;实际损失难以确定的,可以按照侵权人因侵权所获得的利益确定。权利人的损失或者侵权人获得的利益难以确定的,参照该专利许可使用费的倍数合理确定。赔偿数额还应当包括权利人为制止侵权行为所支付的合理开支。

权利人的损失、侵权人获得的利益和专利许可使用费均难以确定的,人民法院可以根据专利权的类型、侵权行为的性质和情节等因素,确定给予一万元以上一百万元以下的赔偿。

第六十六条 【诉前保全】专利权人或者利害关系人有证据证明他人正在实施或者即将实施侵犯专利权的行为,如不及时制止将会使其合法权益受到难以弥补的损害的,可以在起诉前向人民法院申请采取责令停止有关行为的措施。

申请人提出申请时,应当提供担保;不提供担保的,驳回申请。

人民法院应当自接受申请之时起四十八小时内作出裁定;有特殊情况需要延长的,可以延长四十八小时。裁定责令停止有关行为的,应当立即执行。当事人对裁定不服的,可以申请复议一次;复议期间不停止裁定的执行。

申请人自人民法院采取责令停止有关行为的措施之日起十五日内不起诉的,人民法院应当解除该措施。

申请有错误的,申请人应当赔偿被申请人因停止有关行为所遭受的损失。

第六十七条 【诉前证据保全】为了制止专利侵权行为,在证据可能灭失或者以后难以取得的情况下,专利权人或者利害关系人可以在起诉前向人民法院申请保全证据。

人民法院采取保全措施,可以责令申请人提供担保;申请人不提供担保的,驳回申请。

人民法院应当自接受申请之时起四十八小时内作出裁定;裁定采取保全措施的,应当立即执行。

申请人自人民法院采取保全措施之日起十五日内不起诉的,人民法院应当解除该措施。

第六十八条 【诉讼时效】侵犯专利权的诉讼时效为二年,自专利权人或者利害关系人得知或者应当得知侵权行为之日起计算。

发明专利申请公布后至专利权授予前使用该发明未支付适当使用费的,专利权人要求支付使用费的诉讼时效为二年,自专利权人得知或者应当得知他人使用其发明之日起计算,但是,专利权人于专利权授予之日前即已得知或者应当得知的,自专利权授予之日起计算。

第六十九条 【不视为侵权情形】有下列情形之一的,不视为侵犯专利权:

(一)专利产品或者依照专利方法直接获得的产品,由专利权人或者经其许可的单位、个人售出后,使用、许诺销售、销售、进口该产品的;

(二)在专利申请日前已经制造相同产品、使用相同方法或者已经作好制造、使用的必要准备,并且仅在原有范围内继续制造、使用的;

(三)临时通过中国领陆、领水、领空的外国运输工具,依照其所属国同中国签订的协议或者共同参加的国际条约,或者依照互惠原则,为运输工具自身需要而在其装置和设备中使用有关专利的;

(四)专为科学研究和实验而使用有关专利的;

(五)为提供行政审批所需要的信息,制造、使用、进口专利药品或者专利医疗器械的,以及专门为其制造、进口专利药品或者专利医疗器械的。

第七十条 【不承担赔偿责任情形】为生产经营目的使用、许诺销售或者销售不知道是未经专利权人许可而制造并售出的专利侵权产品,能证明该产品合法来源的,不承担赔偿责任。

第七十一条 【泄露国家秘密的处罚】违反本法第二十条规定向外国申请专利,泄露国家秘密的,由所在单位或者上级主管机关给予行政处分;构成犯罪的,依法追究刑事责任。

第七十二条 【侵权行政处分】侵夺发明人或者设计人的非职务发明创造专利申请权和本法规定的其他权益的,由所在单位或者上级主管机关给予行政处分。

第七十三条 【主管部门推荐专利产品的禁止及处罚】管理专利工作的部门不得参与向社会推荐专利产品等经营活动。

管理专利工作的部门违反前款规定的,由其上级机关或者监察机关责令改正,消除影响,有违法收入的予以没收;情节严重的,对直接负责的主管人员和其他直接责任人员依法给予行政处分。

第七十四条 【渎职处罚】从事专利管理工作的国家机关工作人员以及其他有关国家机关工作人员玩忽职守、滥用职权、徇私舞弊,构成犯罪的,依法追究刑事责任;尚不构成犯罪的,依法给予行政处分。

第八章 附 则

第七十五条 【手续费用缴纳】向国务院专利行政部门申请专利和办理其他手续,应当按照规定缴纳费用。

第七十六条 【生效日期】本法自1985年4月1日起施行。

中华人民共和国
专利法实施细则

1. 2001年6月15日国务院令第306号公布

2. 根据2002年12月28日国务院令第368号《关于修改〈中华人民共和国专利法实施细则〉的决定》第一次修订

3. 根据2010年1月9日国务院令第569号《关于修改〈中华人民共和国专利法实施细则〉的决定》第二次修订

第一章 总 则

第一条 根据《中华人民共和国专利法》(以下简称专利法),制定本细则。

第二条 专利法和本细则规定的各种手续,应当以书面形式或者国务院专利行政部门规定的其他形式办理。

第三条 依照专利法和本细则规定提交的各种文件应当使用中文;国家有统一规定的科技术语的,应当采用规范词;外国人名、地名和科技术语没有统一中文译文的,应当注明原文。

依照专利法和本细则规定提交的各种证件和证明文件是外文的,国务院专利行政部门认为必要时,可以要求当事人在指定期限内附送中文译文;期满未附送的,视为未提交该证件和证明文件。

第四条 向国务院专利行政部门邮寄的各种文件,以寄出的邮戳日为递交日;邮戳日不清晰的,除当事人能够提出证明外,以国务院专利行政部门收到日为递交日。

国务院专利行政部门的各种文件,可以通过邮寄、直接送交或者其他方式送达当事人。当事人委托专利代理机构的,文件送交专利代理机构;未委托专利代理机构的,文件送交请求书中指明的联系人。

国务院专利行政部门邮寄的各种文件,自文件发出之日起满15日,推定为当事人收到文件之日。

根据国务院专利行政部门规定应当直接送交的文件,以交付日为送达日。

文件送交地址不清,无法邮寄的,可以通过公告的方式送达当事人。自公告之日起满1个月,该文件视为已经送达。

第五条 专利法和本细则规定的各种期限的第一日不计算在期限内。期限以年或者月计算的,以其最后一月的相应日为期限届满日;该月无相应日的,以该月最后一日为期限届满日;期限届满日是法定休假日的,以休假日后的第一个工作日为期限届满日。

第六条 当事人因不可抗拒的事由而延误专利法或者本细则规定的期限或者国务院专利行政部门指定的期限,导致其权利丧失的,自障碍消除之日起2个月内,最迟自期限届满之日起2年内,可以向国务院专利行政部门请求恢复权利。

除前款规定的情形外,当事人因其他正当理由延误专利法或者本细则规定的期限或者国务院专利行政部门指定的期限,导致其权利丧失的,可以自收到国务院专利行政部门的通知之日起2个月内向国务院专利行政部门请求恢复权利。

当事人依照本条第一款或者第二款的规定请求恢复权利的,应当提交恢复权利请求书,说明理由,必要时附具有关证明文件,并办理权利丧失前应当办理的相应手续;依照本条第二款的规定请求恢复权利的,还应当缴纳恢复权利请求费。

当事人请求延长国务院专利行政部门指定的期限的,应当在期限届满前,向国务院专利行政部门说明理由并办理有关手续。

本条第一款和第二款的规定不适用专利法第二十四条、第二十九条、第四十二条、第六十八条规定的期限。

第七条 专利申请涉及国防利益需要保密的,由国防专利机构受理并进行审查;国务院专利行政部门受理的专利申请涉及国防利益需要保密的,应当及时移交国防专利机构进行审查。经国防专利机构审查没有发现驳回理由的,由国务院专利行政部门作出授予国防专利权的决定。

国务院专利行政部门认为其受理的发明或者实用新型专利申请涉及国防利益以外的国家安全或者重大利益需要保密的,应当及时作出按照保密专利申请处理的决定,并通知申请人。保密专利申请的审查、复审以及保密专利权无效宣告的特殊程序,由国务院专利行政部门规定。

第八条 专利法第二十条所称在中国完成的发明或者实用新型,是指技术方案的实质性内容在中国境内完成的发明或者实用新型。

任何单位或者个人将在中国完成的发明或者实用新型向外国申请专利的,应当按照下列方式之一请求国务院专利行政部门进行保密审查:

(一)直接向外国申请专利或者向有关国外机构提交专利国际申请的,应当事先向国务院专利行政部门提出请求,并详细说明其技术方案;

(二)向国务院专利行政部门申请专利后拟向外国申请专利或者向有关国外机构提交专利国际申请的,应当在向外国申请专利或者向有关国外机构提交专利国际申请前向国务院专利行政部门提出请求。

向国务院专利行政部门提交专利国际申请的,视为同时提出了保密审查请求。

第九条 国务院专利行政部门收到依照本细则第八条规定递交的请求后,经过审查认为该发明或者实用新型可能涉及国家安全或者重大利益需要保密的,应当及时向申请人发出保密审查通知;申请人未在其请求递交日起4个月内收到保密审查通知的,可以就该发明或者实用新型向外国申请专利或者向有关国外机构提交专利国际申请。

国务院专利行政部门依照前款规定通知进行保密审查的,应当及时作出是否需要保密的决定,并通知申请人。申请人未在其请求递交日起6个月内收到需要保密的决定的,可以就该发明或者实用新型向外国申请专利或者向有关国外机构提交专利国际申请。

第十条 专利法第五条所称违反法律的发明创造,不包括仅其实施为法律所禁止的发明创造。

第十一条 除专利法第二十八条和第四十二条规定的情形外,专利法所称申请日,有优先权的,指优先权日。

本细则所称申请日,除另有规定的外,是指专利法第二十八条规定的申请日。

第十二条 专利法第六条所称执行本单位的任务所完成的职务发明创造,是指:

(一)在本职工作中作出的发明创造;

(二)履行本单位交付的本职工作之外的任务所作出的发明创造;

(三)退休、调离原单位后或者劳动、人事关系终止后1年内作出的,与其在原单位承担的本职工作或者原单位分配的任务有关的发明创造。

专利法第六条所称本单位,包括临时工作单位;专利法第六条所称本单位的物质技术条件,是指本单位的资金、设备、零部件、原材料或者不对外公开的技术资料等。

第十三条 专利法所称发明人或者设计人,是指对发明创造的实质性特点作出创造性贡献的人。在完成发明创造过程中,只负责组织工作的人、为物质技术条件的利用提供方便的人或者从事其他辅助工作的人,不是发明人或者设计人。

第十四条 除依照专利法第十条规定转让专利权外,专利权因其他事由发生转移的,当事人应当凭有关证明文件或者法律文书向国务院专利行政部门办理专利权转移手续。

专利权人与他人订立的专利实施许可合同,应当自合同生效之日起3个月内向国务院专利行政部门备案。

以专利权出质的,由出质人和质权人共同向国务院专利行政部门办理出质登记。

第二章 专利的申请

第十五条 以书面形式申请专利的,应当向国务院专利行政部门提交申请文件一式两份。

以国务院专利行政部门规定的其他形式申请专利的,应当符合规定的要求。

申请人委托专利代理机构向国务院专利行政部门申请专利和办理其他专利事务的,应当同时提交委托书,写明委托权限。

申请人有2人以上且未委托专利代理机构的,除请求书中另有声明的外,以请求书中指明的第一申请人为代表人。

第十六条 发明、实用新型或者外观设计专利申请的请求书应当写明下列事项:

(一)发明、实用新型或者外观设计的名称;

(二)申请人是中国单位或者个人的,其名称或者姓名、地址、邮政编码、组织机构代码或者居民身份证件号码;申请人是外国人、外国企业或者外国其他组织的,其姓名或者名称、国籍或者注册的国家或者地区;

(三)发明人或者设计人的姓名;

(四)申请人委托专利代理机构的,受托机构的名称、机构代码以及该机构指定的专利代理人的姓名、执业证号码、联系电话;

(五)要求优先权的,申请人第一次提出专利申请(以下简称在先申请)的申请日、申请号以及原受理机构的名称;

(六)申请人或者专利代理机构的签字或者盖章;

(七)申请文件清单;

(八)附加文件清单;

(九)其他需要写明的有关事项。

第十七条 发明或者实用新型专利申请的说明书应当写明发明或者实用新型的名称,该名称应当与请求书中的名称一致。说明书应当包括下列内容:

(一)技术领域:写明要求保护的技术方案所属的技术领域;

(二)背景技术:写明对发明或者实用新型的理解、检索、审查有用的背景技术;有可能的,并引证反映这些背景技术的文件;

(三)发明内容:写明发明或者实用新型所要解决的技术问题以及解决其技术问题采用的技术方案,并对照现有技术写明发明或者实用新型的有益效果;

(四)附图说明:说明书有附图的,对各幅附图作简略说明;

(五)具体实施方式:详细写明申请人认为实现发明或者实用新型的优选方式;必要时,举例说明;有附图的,对照附图。

发明或者实用新型专利申请人应当按照前款规定的方式和顺序撰写说明书,并在说明书每一部分前面写明标题,除非其发明或者实用新型的性质用其他方式或者顺序撰写能节约说明书的篇幅并使他人能够准确理解其发明或者实用新型。

发明或者实用新型说明书应当用词规范、语句清楚,并不得使用"如权利要求……所述的……"一类的引用语,也不得使用商业性宣传用语。

发明专利申请包含一个或者多个核苷酸或者氨基酸序列的,说明书应当包括符合国务院专利行政部门规定的序列表。申请人应当将该序列表作为说明书的一个单独部分提交,并按照国务院专利行政部门的规定提交该序列表的计算机可读形式的副本。

实用新型专利申请说明书应当有表示要求保护的产

品的形状、构造或者其结合的附图。

第十八条 发明或者实用新型的几幅附图应当按照"图1,图2,……"顺序编号排列。

发明或者实用新型说明书文字部分中未提及的附图标记不得在附图中出现,附图中未出现的附图标记不得在说明书文字部分中提及。申请文件中表示同一组成部分的附图标记应当一致。

附图中除必需的词语外,不应当含有其他注释。

第十九条 权利要求书应当记载发明或者实用新型的技术特征。

权利要求书有几项权利要求的,应当用阿拉伯数字顺序编号。

权利要求书中使用的科技术语应当与说明书中使用的科技术语一致,可以有化学式或者数学式,但是不得有插图。除绝对必要的外,不得使用"如说明书……部分所述"或者"如图……所示"的用语。

权利要求中的技术特征可以引用说明书附图中相应的标记,该标记应当放在相应的技术特征后并置于括号内,便于理解权利要求。附图标记不得解释为对权利要求的限制。

第二十条 权利要求书应当有独立权利要求,也可以有从属权利要求。

独立权利要求应当从整体上反映发明或者实用新型的技术方案,记载解决技术问题的必要技术特征。

从属权利要求应当用附加的技术特征,对引用的权利要求作进一步限定。

第二十一条 发明或者实用新型的独立权利要求应当包括前序部分和特征部分,按照下列规定撰写:

(一)前序部分:写明要求保护的发明或者实用新型技术方案的主题名称和发明或者实用新型主题与最接近的现有技术共有的必要技术特征;

(二)特征部分:使用"其特征是……"或者类似的用语,写明发明或者实用新型区别于最接近的现有技术的技术特征。这些特征和前序部分写明的特征合在一起,限定发明或者实用新型要求保护的范围。

发明或者实用新型的性质不适于用前款方式表达的,独立权利要求可以用其他方式撰写。

一项发明或者实用新型应当只有一个独立权利要求,并写在同一发明或者实用新型的从属权利要求之前。

第二十二条 发明或者实用新型的从属权利要求应当包括引用部分和限定部分,按照下列规定撰写:

(一)引用部分:写明引用的权利要求的编号及其主题名称;

(二)限定部分:写明发明或者实用新型附加的技术特征。

从属权利要求只能引用在前的权利要求。引用两项以上权利要求的多项从属权利要求,只能以择一方式引用在前的权利要求,并不得作为另一项多项从属权利要求的基础。

第二十三条 说明书摘要应当写明发明或者实用新型专利申请所公开内容的概要,即写明发明或者实用新型的名称和所属技术领域,并清楚地反映所要解决的技术问题、解决该问题的技术方案的要点以及主要用途。

说明书摘要可以包含最能说明发明的化学式;有附图的专利申请,还应当提供一幅最能说明该发明或者实用新型技术特征的附图。附图的大小及清晰度应当保证在该图缩小到4厘米×6厘米时,仍能清晰地分辨出图中的各个细节。摘要文字部分不得超过300个字。摘要中不得使用商业性宣传用语。

第二十四条 申请专利的发明涉及新的生物材料,该生物材料公众不能得到,并且对该生物材料的说明不足以使所属领域的技术人员实施其发明的,除应当符合专利法和本细则的有关规定外,申请人还应当办理下列手续:

(一)在申请日前或者最迟在申请日(有优先权的,指优先权日),将该生物材料的样品提交国务院专利行政部门认可的保藏单位保藏,并在申请时或者最迟自申请日起4个月内提交保藏单位出具的保藏证明和存活证明;期满未提交证明的,该样品视为未提交保藏;

(二)在申请文件中,提供有关该生物材料特征的资料;

(三)涉及生物材料样品保藏的专利申请应当在请求书和说明书中写明该生物材料的分类命名(注明拉丁文名称)、保藏该生物材料样品的单位名称、地址、保藏日期和保藏编号;申请时未写明的,应当自申请日起4个月内补正;期满未补正的,视为未提交保藏。

第二十五条 发明专利申请人依照本细则第二十四条的规定保藏生物材料样品的,在发明专利申请公布后,任何单位或者个人需要将该专利申请所涉及的生物材料作为实验目的使用的,应当向国务院专利行政部门提出请求,并写明下列事项:

(一)请求人的姓名或者名称和地址;

(二)不向其他任何人提供该生物材料的保证;

(三)在授予专利权前,只作为实验目的使用的保证。

第二十六条 专利法所称遗传资源,是指取自人体、动物、植物或者微生物等含有遗传功能单位并具有实际或者潜在价值的材料;专利法所称依赖遗传资源完成的发明创造,是指利用了遗传资源的遗传功能完成的发明创造。

就依赖遗传资源完成的发明创造申请专利的,申请人应当在请求书中予以说明,并填写国务院专利行政部门制定的表格。

第二十七条 申请人请求保护色彩的,应当提交彩色图片或者照片。

申请人应当就每件外观设计产品所需要保护的内容提交有关图片或者照片。

第二十八条 外观设计的简要说明应当写明外观设计产品的名称、用途,外观设计的设计要点,并指定一幅最能表明设计要点的图片或者照片。省略视图或者请求保护色彩的,应当在简要说明中写明。

对同一产品的多项相似外观设计提出一件外观设计专利申请的,应当在简要说明中指定其中一项作为基本设计。

简要说明不得使用商业性宣传用语,也不能用来说明产品的性能。

第二十九条 国务院专利行政部门认为必要时,可以要求外观设计专利申请人提交使用外观设计的产品样品或者模型。样品或者模型的体积不得超过30厘米×30厘米×30厘米,重量不得超过15公斤。易腐、易损或者危险品不得作为样品或者模型提交。

第三十条 专利法第二十四条第(一)项所称中国政府承认的国际展览会,是指国际展览会公约规定的在国际展览局注册或者由其认可的国际展览会。

专利法第二十四条第(二)项所称学术会议或者技术会议,是指国务院有关主管部门或者全国性学术团体组织召开的学术会议或者技术会议。

申请专利的发明创造有专利法第二十四条第(一)项或者第(二)项所列情形的,申请人应当在提出专利申请时声明,并自申请日起2个月内提交有关国际展览会或者学术会议、技术会议的组织单位出具的有关发明创造已经展出或者发表,以及展出或者发表日期的证明文件。

申请专利的发明创造有专利法第二十四条第(三)项所列情形的,国务院专利行政部门认为必要时,可以要求申请人在指定期限内提交证明文件。

申请人未依照本条第三款的规定提出声明和提交证明文件的,或者未依照本条第四款的规定在指定期限内提交证明文件的,其申请不适用专利法第二十四条的规定。

第三十一条 申请人依照专利法第三十条的规定要求外国优先权的,申请人提交的在先申请文件副本应当经原受理机构证明。依照国务院专利行政部门与该受理机构签订的协议,国务院专利行政部门通过电子交换等途径获得在先申请文件副本的,视为申请人提交了经该受理机构证明的在先申请文件副本。要求本国优先权,申请人在请求书中写明在先申请的申请日和申请号的,视为提交了在先申请文件副本。

要求优先权,但请求书中漏写或者错写在先申请的申请日、申请号和原受理机构名称中的一项或者两项内容的,国务院专利行政部门应当通知申请人在指定期限内补正;期满未补正的,视为未要求优先权。

要求优先权的申请人的姓名或者名称与在先申请文件副本中记载的申请人姓名或者名称不一致的,应当提交优先权转让证明材料,未提交该证明材料的,视为未要求优先权。

外观设计专利申请的申请人要求外国优先权,其在先申请未包括对外观设计的简要说明,申请人按照本细则第二十八条规定提交的简要说明未超出在先申请文件的图片或者照片表示的范围的,不影响其享有优先权。

第三十二条 申请人在一件专利申请中,可以要求一项或者多项优先权;要求多项优先权的,该申请的优先权期限从最早的优先权日起计算。

申请人要求本国优先权,在先申请是发明专利申请的,可以就相同主题提出发明或者实用新型专利申请;在先申请是实用新型专利申请的,可以就相同主题提出实用新型或者发明专利申请。但是,提出后一申请时,在先申请的主题有下列情形之一的,不得作为要求本国优先权的基础:

(一)已经要求外国优先权或者本国优先权的;

(二)已经被授予专利权的;

(三)属于按照规定提出的分案申请的。

申请人要求本国优先权的,其在先申请自后一申请提出之日起即视为撤回。

第三十三条 在中国没有经常居所或者营业所的申请人,申请专利或者要求外国优先权的,国务院专利行政部门认为必要时,可以要求其提供下列文件:

(一)申请人是个人的,其国籍证明;

(二)申请人是企业或者其他组织的,其注册的国家或者地区的证明文件;

(三)申请人的所属国,承认中国单位和个人可以按照该国国民的同等条件,在该国享有专利权、优先权和其他与专利有关的权利的证明文件。

第三十四条 依照专利法第三十一条第一款规定,可以作为一件专利申请提出的属于一个总的发明构思的两项以上的发明或者实用新型,应当在技术上相互关联,包含一个或者多个相同或者相应的特定技术特征,其中特定技术特征是指每一项发明或者实用新型作为整体,对现有技术作出贡献的技术特征。

第三十五条 依照专利法第三十一条第二款规定,将同一产品的多项相似外观设计作为一件申请提出的,对该产品的其他设计应当与简要说明中指定的基本设计相似。一件外观设计专利申请中的相似外观设计不得超过10项。

专利法第三十一条第二款所称同一类别并且成套出售或者使用的产品的两项以上外观设计,是指各产品属于分类表中同一大类,习惯上同时出售或者同时使用,而且各产品的外观设计具有相同的设计构思。

将两项以上外观设计作为一件申请提出的,应当将各项外观设计的顺序编号标注在每件外观设计产品各幅图片或者照片的名称之前。

第三十六条 申请人撤回专利申请的,应当向国务院专利行政部门提出声明,写明发明创造的名称、申请号和申请日。

撤回专利申请的声明在国务院专利行政部门作好公

布专利申请文件的印刷准备工作后提出的，申请文件仍予公布；但是，撤回专利申请的声明应当在以后出版的专利公报上予以公告。

第三章　专利申请的审查和批准

第三十七条　在初步审查、实质审查、复审和无效宣告程序中，实施审查和审理的人员有下列情形之一的，应当自行回避，当事人或者其他利害关系人可以要求其回避：

（一）是当事人或者其代理人的近亲属的；

（二）与专利申请或者专利权有利害关系的；

（三）与当事人或者其代理人有其他关系，可能影响公正审查和审理的；

（四）专利复审委员会成员曾参与原申请的审查的。

第三十八条　国务院专利行政部门收到发明或者实用新型专利申请的请求书、说明书（实用新型必须包括附图）和权利要求书，或者外观设计专利申请的请求书、外观设计的图片或者照片和简要说明后，应当明确申请日、给予申请号，并通知申请人。

第三十九条　专利申请文件有下列情形之一的，国务院专利行政部门不予受理，并通知申请人：

（一）发明或者实用新型专利申请缺少请求书、说明书（实用新型无附图）或者权利要求书的，或者外观设计专利申请缺少请求书、图片或者照片、简要说明的；

（二）未使用中文的；

（三）不符合本细则第一百二十一条第一款规定的；

（四）请求书中缺少申请人姓名或者名称，或者缺少地址的；

（五）明显不符合专利法第十八条或者第十九条第一款的规定的；

（六）专利申请类别（发明、实用新型或者外观设计）不明确或者难以确定的。

第四十条　说明书中写有对附图的说明但无附图或者缺少部分附图的，申请人应当在国务院专利行政部门指定的期限内补交附图或者声明取消对附图的说明。申请人补交附图的，以向国务院专利行政部门提交或者邮寄附图之日为申请日；取消对附图的说明的，保留原申请日。

第四十一条　两个以上的申请人同日（指申请日；有优先权的，指优先权日）分别就同样的发明创造申请专利的，应当在收到国务院专利行政部门的通知后自行协商确定申请人。

同一申请人在同日（指申请日）对同样的发明创造既申请实用新型专利又申请发明专利的，应当在申请时分别说明对同样的发明创造已申请了另一专利；未作说明的，依照专利法第九条第一款关于同样的发明创造只能授予一项专利权的规定处理。

国务院专利行政部门公告授予实用新型专利权，应当公告申请人已依照本条第二款的规定同时申请了发明专利的说明。

发明专利申请经审查没有发现驳回理由，国务院专利行政部门应当通知申请人在规定期限内声明放弃实用新型专利权。申请人声明放弃的，国务院专利行政部门应当作出授予发明专利权的决定，并在公告授予发明专利权时一并公告申请人放弃实用新型专利权声明。申请人不同意放弃的，国务院专利行政部门应当驳回该发明专利申请；申请人期满未答复的，视为撤回该发明专利申请。

实用新型专利权自公告授予发明专利权之日起终止。

第四十二条　一件专利申请包括两项以上发明、实用新型或者外观设计的，申请人可以在本细则第五十四条第一款规定的期限届满前，向国务院专利行政部门提出分案申请；但是，专利申请已经被驳回、撤回或者视为撤回的，不能提出分案申请。

国务院专利行政部门认为一件专利申请不符合专利法第三十一条和本细则第三十四条或者第三十五条的规定的，应当通知申请人在指定期限内对其申请进行修改；申请人期满未答复的，该申请视为撤回。

分案的申请不得改变原申请的类别。

第四十三条　依照本细则第四十二条规定提出的分案申请，可以保留原申请日，享有优先权的，可以保留优先权日，但是不得超出原申请记载的范围。

分案申请应当依照专利法及本细则的规定办理有关手续。

分案申请的请求书中应当写明原申请的申请号和申请日。提交分案申请时，申请人应当提交原申请文件副本；原申请享有优先权的，并应当提交原申请的优先权文件副本。

第四十四条　专利法第三十四条和第四十条所称初步审查，是指审查专利申请是否具备专利法第二十六条或者第二十七条规定的文件和其他必要的文件，这些文件是否符合规定的格式，并审查下列各项：

（一）发明专利申请是否明显属于专利法第五条、第二十五条规定的情形，是否不符合专利法第十八条、第十九条第一款、第二十条第一款或者本细则第十六条、第二十六条第二款的规定，是否明显不符合专利法第二条第二款、第二十六条第五款、第三十一条第一款、第三十三条或者本细则第十七条至第二十一条的规定；

（二）实用新型专利申请是否明显属于专利法第五条、第二十五条规定的情形，是否不符合专利法第十八条、第十九条第一款、第二十条第一款或者本细则第十六条至第十九条、第二十一条至第二十三条的规定，是否明显不符合专利法第二条第三款、第二十二条第二款、第四款、第二十六条第三款、第四款、第三十一条第一款、第三十三条或者本细则第二十条、第四十三条第一款的规定，是否依照专利法第九条规定不能取得专利权；

（三）外观设计专利申请是否明显属于专利法第五条、

第二十五条第一款第(六)项规定的情形,是否不符合专利法第十八条、第十九条第一款或者本细则第十六条、第二十七条、第二十八条的规定,是否明显不符合专利法第二条第四款、第二十三条第一款、第二十七条第二款、第三十一条第二款、第三十三条或者本细则第四十三条第一款的规定,是否依照专利法第九条规定不能取得专利权;

(四)申请文件是否符合本细则第二条、第三条第一款的规定。

国务院专利行政部门应当将审查意见通知申请人,要求其在指定期限内陈述意见或者补正;申请人期满未答复的,其申请视为撤回。申请人陈述意见或者补正后,国务院专利行政部门仍然认为不符合前款所列各项规定的,应当予以驳回。

第四十五条 除专利申请文件外,申请人向国务院专利行政部门提交的与专利申请有关的其他文件有下列情形之一的,视为未提交:

(一)未使用规定的格式或者填写不符合规定的;

(二)未按照规定提交证明材料的。

国务院专利行政部门应当将视为未提交的审查意见通知申请人。

第四十六条 申请人请求早日公布其发明专利申请的,应当向国务院专利行政部门声明。国务院专利行政部门对该申请进行初步审查后,除予以驳回的外,应当立即将申请予以公布。

第四十七条 申请人写明使用外观设计的产品及其所属类别的,应当使用国务院专利行政部门公布的外观设计产品分类表。未写明使用外观设计的产品所属类别或者所写的类别不确切的,国务院专利行政部门可以予以补充或者修改。

第四十八条 自发明专利申请公布之日起至公告授予专利权之日止,任何人均可以对不符合专利法规定的专利申请向国务院专利行政部门提出意见,并说明理由。

第四十九条 发明专利申请人因有正当理由无法提交专利法第三十六条规定的检索资料或者审查结果资料的,应当向国务院专利行政部门声明,并在得到有关资料后补交。

第五十条 国务院专利行政部门依照专利法第三十五条第二款的规定对专利申请自行进行审查时,应当通知申请人。

第五十一条 发明专利申请人在提出实质审查请求时以及在收到国务院专利行政部门发出的发明专利申请进入实质审查阶段通知书之日起的3个月内,可以对发明专利申请主动提出修改。

实用新型或者外观设计专利申请人自申请日起2个月内,可以对实用新型或者外观设计专利申请主动提出修改。

申请人在收到国务院专利行政部门发出的审查意见通知书后对专利申请文件进行修改的,应当针对通知书指出的缺陷进行修改。

国务院专利行政部门可以自行修改专利申请文件中文字和符号的明显错误。国务院专利行政部门自行修改的,应当通知申请人。

第五十二条 发明或者实用新型专利申请的说明书或者权利要求书的修改部分,除个别文字修改或者增删外,应当按照规定格式提交替换页。外观设计专利申请的图片或者照片的修改,应当按照规定提交替换页。

第五十三条 依照专利法第三十八条的规定,发明专利申请经实质审查应当予以驳回的情形是指:

(一)申请属于专利法第五条、第二十五条规定的情形,或者依照专利法第九条规定不能取得专利权的;

(二)申请不符合专利法第二条第二款、第二十条第一款、第二十二条、第二十六条第三款、第四款、第五款、第三十一条第一款或者本细则第二十条第二款规定的;

(三)申请的修改不符合专利法第三十三条规定,或者分案的申请不符合本细则第四十三条第一款的规定的。

第五十四条 国务院专利行政部门发出授予专利权的通知后,申请人应当自收到通知之日起2个月内办理登记手续。申请人按期办理登记手续的,国务院专利行政部门应当授予专利权,颁发专利证书,并予以公告。

期满未办理登记手续的,视为放弃取得专利权的权利。

第五十五条 保密专利申请经审查没有发现驳回理由的,国务院专利行政部门应当作出授予保密专利权的决定,颁发保密专利证书,登记保密专利权的有关事项。

第五十六条 授予实用新型或者外观设计专利权的决定公告后,专利法第六十条规定的专利权人或者利害关系人可以请求国务院专利行政部门作出专利权评价报告。

请求作出专利权评价报告的,应当提交专利权评价报告请求书,写明专利号。每项请求应当限于一项专利权。

专利权评价报告请求书不符合规定的,国务院专利行政部门应当通知请求人在指定期限内补正;请求人期满未补正的,视为未提出请求。

第五十七条 国务院专利行政部门应当自收到专利权评价报告请求书后2个月内作出专利权评价报告。对同一项实用新型或者外观设计专利权,有多个请求人请求作出专利权评价报告的,国务院专利行政部门仅作出一份专利权评价报告。任何单位或者个人可以查阅或者复制该专利权评价报告。

第五十八条 国务院专利行政部门对专利公告、专利单行本中出现的错误,一经发现,应当及时更正,并对所作更正予以公告。

第四章 专利申请的复审与专利权的无效宣告

第五十九条 专利复审委员会由国务院专利行政部门指定

的技术专家和法律专家组成，主任委员由国务院专利行政部门负责人兼任。

第六十条 依照专利法第四十一条的规定向专利复审委员会请求复审的，应当提交复审请求书，说明理由，必要时还应当附具有关证据。

复审请求不符合专利法第十九条第一款或者第四十一条第一款规定的，专利复审委员会不予受理，书面通知复审请求人并说明理由。

复审请求书不符合规定格式的，复审请求人应当在专利复审委员会指定的期限内补正；期满未补正的，该复审请求视为未提出。

第六十一条 请求人在提出复审请求或者在对专利复审委员会的复审通知书作出答复时，可以修改专利申请文件；但是，修改应当仅限于消除驳回决定或者复审通知书指出的缺陷。

修改的专利申请文件应当提交一式两份。

第六十二条 专利复审委员会应当将受理的复审请求书转交国务院专利行政部门原审查部门进行审查。原审查部门根据复审请求人的请求，同意撤销原决定的，专利复审委员会应当据此作出复审决定，并通知复审请求人。

第六十三条 专利复审委员会进行复审后，认为复审请求不符合专利法和本细则有关规定的，应当通知复审请求人，要求其在指定期限内陈述意见。期满未答复的，该复审请求视为撤回；经陈述意见或者进行修改后，专利复审委员会认为仍不符合专利法和本细则有关规定的，应当作出维持原驳回决定的复审决定。

专利复审委员会进行复审后，认为原驳回决定不符合专利法和本细则有关规定的，或者认为经过修改的专利申请文件消除了原驳回决定指出的缺陷的，应当撤销原驳回决定，由原审查部门继续进行审查程序。

第六十四条 复审请求人在专利复审委员会作出决定前，可以撤回其复审请求。

复审请求人在专利复审委员会作出决定前撤回其复审请求的，复审程序终止。

第六十五条 依照专利法第四十五条的规定，请求宣告专利权无效或者部分无效的，应当向专利复审委员会提交专利权无效宣告请求书和必要的证据一式两份。无效宣告请求书应当结合提交的所有证据，具体说明无效宣告请求的理由，并指明每项理由所依据的证据。

前款所称无效宣告请求的理由，是指被授予专利的发明创造不符合专利法第二条、第二十条第一款、第二十二条、第二十三条、第二十六条第三款、第四款、第二十七条第二款、第三十三条或者本细则第二十条第二款、第四十三条第一款的规定，或者属于专利法第五条、第二十五条的规定，或者依照专利法第九条规定不能取得专利权。

第六十六条 专利权无效宣告请求不符合专利法第十九条第一款或者本细则第六十五条规定的，专利复审委员会不予受理。

在专利复审委员会就无效宣告请求作出决定之后，又以同样的理由和证据请求无效宣告的，专利复审委员会不予受理。

以不符合专利法第二十三条第三款的规定为理由请求宣告外观设计专利权无效，但是未提交证明权利冲突的证据的，专利复审委员会不予受理。

专利权无效宣告请求书不符合规定格式的，无效宣告请求人应当在专利复审委员会指定的期限内补正；期满未补正的，该无效宣告请求视为未提出。

第六十七条 在专利复审委员会受理无效宣告请求后，请求人可以在提出无效宣告请求之日起1个月内增加理由或者补充证据。逾期增加理由或者补充证据的，专利复审委员会可以不予考虑。

第六十八条 专利复审委员会应当将专利权无效宣告请求书和有关文件的副本送交专利权人，要求其在指定的期限内陈述意见。

专利权人和无效宣告请求人应当在指定期限内答复专利复审委员会发出的转送文件通知书或者无效宣告请求审查通知书；期满未答复的，不影响专利复审委员会审理。

第六十九条 在无效宣告请求的审查过程中，发明或者实用新型专利的专利权人可以修改其权利要求书，但是不得扩大原专利的保护范围。

发明或者实用新型专利的专利权人不得修改专利说明书和附图，外观设计专利的专利权人不得修改图片、照片和简要说明。

第七十条 专利复审委员会根据当事人的请求或者案情需要，可以决定对无效宣告请求进行口头审理。

专利复审委员会决定对无效宣告请求进行口头审理的，应当向当事人发出口头审理通知书，告知举行口头审理的日期和地点。当事人应当在通知书指定的期限内作出答复。

无效宣告请求人对专利复审委员会发出的口头审理通知书在指定的期限内未作答复，并且不参加口头审理的，其无效宣告请求视为撤回；专利权人不参加口头审理的，可以缺席审理。

第七十一条 在无效宣告请求审查程序中，专利复审委员会指定的期限不得延长。

第七十二条 专利复审委员会对无效宣告的请求作出决定前，无效宣告请求人可以撤回其请求。

专利复审委员会作出决定之前，无效宣告请求人撤回其请求或者其无效宣告请求被视为撤回的，无效宣告请求审查程序终止。但是，专利复审委员会认为根据已进行的审查工作能够作出宣告专利权无效或者部分无效的决定的，不终止审查程序。

第五章　专利实施的强制许可

第七十三条　专利法第四十八条第（一）项所称未充分实施其专利，是指专利权人及其被许可人实施其专利的方式或者规模不能满足国内对专利产品或者专利方法的需求。

专利法第五十条所称取得专利权的药品，是指解决公共健康问题所需的医药领域中的任何专利产品或者依照专利方法直接获得的产品，包括取得专利权的制造该产品所需的活性成分以及使用该产品所需的诊断用品。

第七十四条　请求给予强制许可的，应当向国务院专利行政部门提交强制许可请求书，说明理由并附具有关证明文件。

国务院专利行政部门应当将强制许可请求书的副本送交专利权人，专利权人应当在国务院专利行政部门指定的期限内陈述意见；期满未答复的，不影响国务院专利行政部门作出决定。

国务院专利行政部门在作出驳回强制许可请求的决定或者给予强制许可的决定前，应当通知请求人和专利权人拟作出的决定及其理由。

国务院专利行政部门依照专利法第五十条的规定作出给予强制许可的决定，应当同时符合中国缔结或者参加的有关国际条约关于为了解决公共健康问题而给予强制许可的规定，但中国作出保留的除外。

第七十五条　依照专利法第五十七条的规定，请求国务院专利行政部门裁决使用费数额的，当事人应当提出裁决请求书，并附具双方不能达成协议的证明文件。国务院专利行政部门应当自收到请求书之日起3个月内作出裁决，并通知当事人。

第六章　对职务发明创造的发明人或者设计人的奖励和报酬

第七十六条　被授予专利权的单位可以与发明人、设计人约定或者在其依法制定的规章制度中规定专利法第十六条规定的奖励、报酬的方式和数额。

企业、事业单位给予发明人或者设计人的奖励、报酬，按照国家有关财务、会计制度的规定进行处理。

第七十七条　被授予专利权的单位未与发明人、设计人约定也未在其依法制定的规章制度中规定专利法第十六条规定的奖励的方式和数额的，应当自专利权公告之日起3个月内发给发明人或者设计人奖金。一项发明专利的奖金最低不少于3000元；一项实用新型专利或者外观设计专利的奖金最低不少于1000元。

由于发明人或者设计人的建议被其所属单位采纳而完成的发明创造，被授予专利权的单位应当从优发给奖金。

第七十八条　被授予专利权的单位未与发明人、设计人约定也未在其依法制定的规章制度中规定专利法第十六条规定的报酬的方式和数额的，在专利权有效期限内，实施发明创造专利后，每年应当从实施该项发明或者实用新型专利的营业利润中提取不低于2%或者从实施该项外观设计专利的营业利润中提取不低于0.2%，作为报酬给予发明人或者设计人，或者参照上述比例，给予发明人或者设计人一次性报酬；被授予专利权的单位许可其他单位或者个人实施其专利的，应当从收取的使用费中提取不低于10%，作为报酬给予发明人或者设计人。

第七章　专利权的保护

第七十九条　专利法和本细则所称管理专利工作的部门，是指由省、自治区、直辖市人民政府以及专利管理工作量大又有实际处理能力的设区的市人民政府设立的管理专利工作的部门。

第八十条　国务院专利行政部门应当对管理专利工作的部门处理专利侵权纠纷、查处假冒专利行为、调解专利纠纷进行业务指导。

第八十一条　当事人请求处理专利侵权纠纷或者调解专利纠纷的，由被请求人所在地或者侵权行为地的管理专利工作的部门管辖。

两个以上管理专利工作的部门都有管辖权的专利纠纷，当事人可以向其中一个管理专利工作的部门提出请求；当事人向两个以上有管辖权的管理专利工作的部门提出请求的，由最先受理的管理专利工作的部门管辖。

管理专利工作的部门对管辖权发生争议的，由其共同的上级人民政府管理专利工作的部门指定管辖；无共同上级人民政府管理专利工作的部门的，由国务院专利行政部门指定管辖。

第八十二条　在处理专利侵权纠纷过程中，被请求人提出无效宣告请求并被专利复审委员会受理的，可以请求管理专利工作的部门中止处理。

管理专利工作的部门认为被请求人提出的中止理由明显不能成立的，可以不中止处理。

第八十三条　专利权人依照专利法第十七条的规定，在其专利产品或者该产品的包装上标明专利标识的，应当按照国务院专利行政部门规定的方式予以标明。

专利标识不符合前款规定的，由管理专利工作的部门责令改正。

第八十四条　下列行为属于专利法第六十三条规定的假冒专利的行为：

（一）在未被授予专利权的产品或者其包装上标注专利标识，专利权被宣告无效后或者终止后继续在产品或者其包装上标注专利标识，或者未经许可在产品或者产品包装上标注他人的专利号；

（二）销售第（一）项所述产品；

（三）在产品说明书等材料中将未被授予专利权的技术或者设计称为专利技术或者专利设计，将专利申请称为专利，或者未经许可使用他人的专利号，使公众将所涉及的技术或者设计误认为是专利技术或者专利设计；

（四）伪造或者变造专利证书、专利文件或者专利申请文件；

（五）其他使公众混淆，将未被授予专利权的技术或者设计误认为是专利技术或者专利设计的行为。

专利权终止前依法在专利产品、依照专利方法直接获得的产品或者其包装上标注专利标识，在专利权终止后许诺销售、销售该产品的，不属于假冒专利行为。

销售不知道是假冒专利的产品，并且能够证明该产品合法来源的，由管理专利工作的部门责令停止销售，但免除罚款的处罚。

第八十五条 除专利法第六十条规定的外，管理专利工作的部门应当事人请求，可以对下列专利纠纷进行调解：

（一）专利申请权和专利权归属纠纷；

（二）发明人、设计人资格纠纷；

（三）职务发明创造的发明人、设计人的奖励和报酬纠纷；

（四）在发明专利申请公布后专利权授予前使用发明而未支付适当费用的纠纷；

（五）其他专利纠纷。

对于前款第（四）项所列的纠纷，当事人请求管理专利工作的部门调解的，应当在专利权被授予之后提出。

第八十六条 当事人因专利申请权或者专利权的归属发生纠纷，已请求管理专利工作的部门调解或者向人民法院起诉的，可以请求国务院专利行政部门中止有关程序。

依照前款规定请求中止有关程序的，应当向国务院专利行政部门提交请求书，并附具管理专利工作的部门或者人民法院的写明申请号或者专利号的有关受理文件副本。

管理专利工作的部门作出的调解书或者人民法院作出的判决生效后，当事人应当向国务院专利行政部门办理恢复有关程序的手续。自请求中止之日起1年内，有关专利申请权或者专利权归属的纠纷未能结案，需要继续中止有关程序的，请求人应当在该期限内请求延长中止。期满未请求延长的，国务院专利行政部门自行恢复有关程序。

第八十七条 人民法院在审理民事案件中裁定对专利申请权或者专利权采取保全措施的，国务院专利行政部门应当在收到写明申请号或者专利号的裁定书和协助执行通知书之日中止被保全的专利申请权或者专利权的有关程序。保全期限届满，人民法院没有裁定继续采取保全措施的，国务院专利行政部门自行恢复有关程序。

第八十八条 国务院专利行政部门根据本细则第八十六条和第八十七条规定中止有关程序，是指暂停专利申请的初步审查、实质审查、复审程序，授予专利权程序和专利权无效宣告程序；暂停办理放弃、变更、转移专利权或者专利申请权手续，专利权质押手续以及专利权期限届满前的终止手续等。

第八章 专利登记和专利公报

第八十九条 国务院专利行政部门设置专利登记簿，登记下列与专利申请和专利权有关的事项：

（一）专利权的授予；

（二）专利申请权、专利权的转移；

（三）专利权的质押、保全及其解除；

（四）专利实施许可合同的备案；

（五）专利权的无效宣告；

（六）专利权的终止；

（七）专利权的恢复；

（八）专利实施的强制许可；

（九）专利权人的姓名或者名称、国籍和地址的变更。

第九十条 国务院专利行政部门定期出版专利公报，公布或者公告下列内容：

（一）发明专利申请的著录事项和说明书摘要；

（二）发明专利申请的实质审查请求和国务院专利行政部门对发明专利申请自行进行实质审查的决定；

（三）发明专利申请公布后的驳回、撤回、视为撤回、视为放弃、恢复和转移；

（四）专利权的授予以及专利权的著录事项；

（五）发明或者实用新型专利的说明书摘要，外观设计专利的一幅图片或者照片；

（六）国防专利、保密专利的解密；

（七）专利权的无效宣告；

（八）专利权的终止、恢复；

（九）专利权的转移；

（十）专利实施许可合同的备案；

（十一）专利权的质押、保全及其解除；

（十二）专利实施的强制许可的给予；

（十三）专利权人的姓名或者名称、地址的变更；

（十四）文件的公告送达；

（十五）国务院专利行政部门作出的更正；

（十六）其他有关事项。

第九十一条 国务院专利行政部门应当提供专利公报、发明专利申请单行本以及发明专利、实用新型专利、外观设计专利单行本，供公众免费查阅。

第九十二条 国务院专利行政部门负责按照互惠原则与其他国家、地区的专利机关或者区域性专利组织交换专利文献。

第九章 费　用

第九十三条 向国务院专利行政部门申请专利和办理其他手续时，应当缴纳下列费用：

（一）申请费、申请附加费、公布印刷费、优先权要求费；

（二）发明专利申请实质审查费、复审费；

（三）专利登记费、公告印刷费、年费；

(四)恢复权利请求费、延长期限请求费;

(五)著录事项变更费、专利权评价报告请求费、无效宣告请求费。

前款所列各种费用的缴纳标准,由国务院价格管理部门、财政部门会同国务院专利行政部门规定。

第九十四条 专利法和本细则规定的各种费用,可以直接向国务院专利行政部门缴纳,也可以通过邮局或者银行汇付,或者以国务院专利行政部门规定的其他方式缴纳。

通过邮局或者银行汇付的,应当在送交国务院专利行政部门的汇单上写明正确的申请号或者专利号以及缴纳的费用名称。不符合本款规定的,视为未办理缴费手续。

直接向国务院专利行政部门缴纳费用的,以缴纳当日为缴费日;以邮局汇付方式缴纳费用的,以邮局汇出的邮戳日为缴费日;以银行汇付方式缴纳费用的,以银行实际汇出日为缴费日。

多缴、重缴、错缴专利费用的,当事人可以自缴费日起3年内,向国务院专利行政部门提出退款请求,国务院专利行政部门应当予以退还。

第九十五条 申请人应当自申请日起2个月内或者在收到受理通知书之日起15日内缴纳申请费、公布印刷费和必要的申请附加费;期满未缴纳或者未缴足的,其申请视为撤回。

申请人要求优先权的,应当在缴纳申请费的同时缴纳优先权要求费;期满未缴纳或者未缴足的,视为未要求优先权。

第九十六条 当事人请求实质审查或者复审的,应当在专利法及本细则规定的相关期限内缴纳费用;期满未缴纳或者未缴足的,视为未提出请求。

第九十七条 申请人办理登记手续时,应当缴纳专利登记费、公告印刷费和授予专利权当年的年费;期满未缴纳或者未缴足的,视为未办理登记手续。

第九十八条 授予专利权当年以后的年费应当在上一年度期满前缴纳。专利权人未缴纳或者未缴足的,国务院专利行政部门应当通知专利权人自应当缴纳年费期满之日起6个月内补缴,同时缴纳滞纳金;滞纳金的金额按照每超过规定的缴费时间1个月,加收当年全额年费的5%计算;期满未缴纳的,专利权自应当缴纳年费期满之日起终止。

第九十九条 恢复权利请求费应当在本细则规定的相关期限内缴纳;期满未缴纳或者未缴足的,视为未提出请求。

延长期限请求费应当在相应期限届满之日前缴纳;期满未缴纳或者未缴足的,视为未提出请求。

著录事项变更费、专利权评价报告请求费、无效宣告请求费应当自提出请求之日起1个月内缴纳;期满未缴纳或者未缴足的,视为未提出请求。

第一百条 申请人或者专利权人缴纳本细则规定的各种费用有困难的,可以按照规定向国务院专利行政部门提出减缴或者缓缴的请求。减缴或者缓缴的办法由国务院财政部门会同国务院价格管理部门、国务院专利行政部门规定。

第十章 关于国际申请的特别规定

第一百零一条 国务院专利行政部门根据专利法第二十条规定,受理按照专利合作条约提出的专利国际申请。

按照专利合作条约提出并指定中国的专利国际申请(以下简称国际申请)进入国务院专利行政部门处理阶段(以下称进入中国国家阶段)的条件和程序适用本章的规定;本章没有规定的,适用专利法及本细则其他各章的有关规定。

第一百零二条 按照专利合作条约已确定国际申请日并指定中国的国际申请,视为向国务院专利行政部门提出的专利申请,该国际申请日视为专利法第二十八条所称的申请日。

第一百零三条 国际申请的申请人应当在专利合作条约第二条所称的优先权日(本章简称优先权日)起30个月内,向国务院专利行政部门办理进入中国国家阶段的手续;申请人未在该期限内办理该手续的,在缴纳宽限费后,可以在自优先权日起32个月内办理进入中国国家阶段的手续。

第一百零四条 申请人依照本细则第一百零三条的规定办理进入中国国家阶段的手续的,应当符合下列要求:

(一)以中文提交进入中国国家阶段的书面声明,写明国际申请号和要求获得的专利权类型;

(二)缴纳本细则第九十三条第一款规定的申请费、公布印刷费,必要时缴纳本细则第一百零三条规定的宽限费;

(三)国际申请以外文提出的,提交原始国际申请的说明书和权利要求书的中文译文;

(四)在进入中国国家阶段的书面声明中写明发明创造的名称、申请人姓名或者名称、地址和发明人的姓名,上述内容应当与世界知识产权组织国际局(以下简称国际局)的记录一致;国际申请中未写明发明人的,在上述声明中写明发明人的姓名;

(五)国际申请以外文提出的,提交摘要的中文译文,有附图和摘要附图的,提交附图副本和摘要附图副本,附图中有文字的,将其替换为对应的中文文字;国际申请以中文提出的,提交国际公布文件中的摘要和摘要附图副本;

(六)在国际阶段向国际局已办理申请人变更手续的,提供变更后的申请人享有申请权的证明材料;

(七)必要时缴纳本细则第九十三条第一款规定的申请附加费。

符合本条第一款第(一)项至第(三)项要求的,国务院专利行政部门应当给予申请号,明确国际申请进入中国国家阶段的日期(以下简称进入日),并通知申请人其国际申请已进入中国国家阶段。

国际申请已进入中国国家阶段，但不符合本条第一款第(四)项至第(七)项要求的，国务院专利行政部门应当通知申请人在指定期限内补正；期满未补正的，其申请视为撤回。

第一百零五条 国际申请有下列情形之一的，其在中国的效力终止：

(一)在国际阶段，国际申请被撤回或者被视为撤回，或者国际申请对中国的指定被撤回的；

(二)申请人未在优先权日起32个月内按照本细则第一百零三条规定办理进入中国国家阶段手续的；

(三)申请人办理进入中国国家阶段的手续，但自优先权日起32个月期限届满仍不符合本细则第一百零四条第(一)项至第(三)项要求的。

依照前款第(一)项的规定，国际申请在中国的效力终止的，不适用本细则第六条的规定；依照前款第(二)项、第(三)项的规定，国际申请在中国的效力终止的，不适用本细则第六条第二款的规定。

第一百零六条 国际申请在国际阶段作过修改，申请人要求以经修改的申请文件为基础进行审查的，应当自进入日起2个月内提交修改部分的中文译文。在该期间内未提交中文译文的，对申请人在国际阶段提出的修改，国务院专利行政部门不予考虑。

第一百零七条 国际申请涉及的发明创造有专利法第二十四条第(一)项或者第(二)项所列情形之一，在提出国际申请时作过声明的，申请人应当在进入中国国家阶段的书面声明中予以说明，并自进入日起2个月内提交本细则第三十条第三款规定的有关证明文件；未予说明或者期满未提交证明文件的，其申请不适用专利法第二十四条的规定。

第一百零八条 申请人按照专利合作条约的规定，对生物材料样品的保藏已作出说明的，视为已经满足了本细则第二十四条第(三)项的要求。申请人应当在进入中国国家阶段声明中指明记载生物材料样品保藏事项的文件以及在该文件中的具体记载位置。

申请人在原始提交的国际申请的说明书中已记载生物材料样品保藏事项，但是没有在进入中国国家阶段声明中指明的，应当自进入日起4个月内补正。期满未补正的，该生物材料视为未提交保藏。

申请人自进入日起4个月内向国务院专利行政部门提交生物材料样品保藏证明和存活证明的，视为在本细则第二十四条第(一)项规定的期限内提交。

第一百零九条 国际申请涉及的发明创造依赖遗传资源完成的，申请人应当在国际申请进入中国国家阶段的书面声明中予以说明，并填写国务院专利行政部门制定的表格。

第一百一十条 申请人在国际阶段已要求一项或者多项优先权，在进入中国国家阶段时该优先权要求继续有效的，视为已经依照专利法第三十条的规定提出了书面声明。

申请人应当自进入日起2个月内缴纳优先权要求费；期满未缴纳或者未缴足的，视为未要求该优先权。

申请人在国际阶段已依照专利合作条约的规定，提交过在先申请文件副本的，办理进入中国国家阶段手续时不需要向国务院专利行政部门提交在先申请文件副本。申请人在国际阶段未提交在先申请文件副本的，国务院专利行政部门认为必要时，可以通知申请人在指定期限内补交；申请人期满未补交的，其优先权要求视为未提出。

第一百一十一条 在优先权日起30个月期满前要求国务院专利行政部门提前处理和审查国际申请的，申请人除应当办理进入中国国家阶段手续外，还应当依照专利合作条约第二十三条第二款规定提出请求。国际局尚未向国务院专利行政部门传送国际申请的，申请人应当提交经确认的国际申请副本。

第一百一十二条 要求获得实用新型专利权的国际申请，申请人可以自进入日起2个月内对专利申请文件主动提出修改。

要求获得发明专利权的国际申请，适用本细则第五十一条第一款的规定。

第一百一十三条 申请人发现提交的说明书、权利要求书或者附图中的文字的中文译文存在错误的，可以在下列规定期限内依照原始国际申请文本提出改正：

(一)在国务院专利行政部门作好公布发明专利申请或者公告实用新型专利权的准备工作之前；

(二)在收到国务院专利行政部门发出的发明专利申请进入实质审查阶段通知书之日起3个月内。

申请人改正译文错误的，应当提出书面请求并缴纳规定的译文改正费。

申请人按照国务院专利行政部门的通知书的要求改正译文的，应当在指定期限内办理本条第二款规定的手续；期满未办理规定手续的，该申请视为撤回。

第一百一十四条 对要求获得发明专利权的国际申请，国务院专利行政部门经初步审查认为符合专利法和本细则有关规定的，应当在专利公报上予以公布；国际申请以中文以外的文字提出的，应当公布申请文件的中文译文。

要求获得发明专利权的国际申请，由国际局以中文进行国际公布的，自国际公布日起适用专利法第十三条的规定；由国际局以中文以外的文字进行国际公布的，自国务院专利行政部门公布之日起适用专利法第十三条的规定。

对国际申请，专利法第二十一条和第二十二条中所称的公布是指本条第一款所规定的公布。

第一百一十五条 国际申请包含两项以上发明或者实用新型的，申请人可以自进入日起，依照本细则第四十二条第一款的规定提出分案申请。

在国际阶段，国际检索单位或者国际初步审查单位认为国际申请不符合专利合作条约规定的单一性要求时，申请人未按照规定缴纳附加费，导致国际申请某些部分未经国际检索或者未经国际初步审查，在进入中国国家阶段时，申请人要求将所述部分作为审查基础，国务院专利行政部门认为国际检索单位或者国际初步审查单位对发明单一性的判断正确的，应当通知申请人在指定期限内缴纳单一性恢复费。期满未缴纳或者未足额缴纳的，国际申请中未经检索或者未经国际初步审查的部分视为撤回。

第一百一十六条 国际申请在国际阶段被有关国际单位拒绝给予国际申请日或者宣布视为撤回的，申请人在收到通知之日起2个月内，可以请求国际局将国际申请档案中任何文件的副本转交国务院专利行政部门，并在该期限内向国务院专利行政部门办理本细则第一百零三条规定的手续，国务院专利行政部门应当在接到国际局传送的文件后，对国际单位作出的决定是否正确进行复查。

第一百一十七条 基于国际申请授予的专利权，由于译文错误，致使依照专利法第五十九条规定确定的保护范围超出国际申请的原文所表达的范围的，以依据原文限制后的保护范围为准；致使保护范围小于国际申请的原文所表达的范围的，以授权时的保护范围为准。

第十一章 附 则

第一百一十八条 经国务院专利行政部门同意，任何人均可以查阅或者复制已经公布或者公告的专利申请的案卷和专利登记簿，并可以请求国务院专利行政部门出具专利登记簿副本。

已视为撤回、驳回和主动撤回的专利申请的案卷，自该专利申请失效之日起满2年后不予保存。

已放弃、宣告全部无效和终止的专利权的案卷，自该专利权失效之日起满3年后不予保存。

第一百一十九条 向国务院专利行政部门提交申请文件或者办理各种手续，应当由申请人、专利权人、其他利害关系人或者其代表人签字或者盖章；委托专利代理机构的，由专利代理机构盖章。

请求变更发明人姓名、专利申请人和专利权人的姓名或者名称、国籍和地址、专利代理机构的名称、地址和代理人姓名的，应当向国务院专利行政部门办理著录事项变更手续，并附具变更理由的证明材料。

第一百二十条 向国务院专利行政部门邮寄有关申请或者专利权的文件，应当使用挂号信函，不得使用包裹。

除首次提交专利申请文件外，向国务院专利行政部门提交各种文件、办理各种手续的，应当标明申请号或者专利号、发明创造名称和申请人或者专利权人姓名或者名称。

一件信函中应当只包含同一申请的文件。

第一百二十一条 各类申请文件应当打字或者印刷，字迹呈黑色，整齐清晰，并不得涂改。附图应当用制图工具和黑色墨水绘制，线条应当均匀清晰，并不得涂改。

请求书、说明书、权利要求书、附图和摘要应当分别用阿拉伯数字顺序编号。

申请文件的文字部分应当横向书写。纸张限于单面使用。

第一百二十二条 国务院专利行政部门根据专利法和本细则制定专利审查指南。

第一百二十三条 本细则自2001年7月1日起施行。1992年12月12日国务院批准修订、1992年12月21日中国专利局发布的《中华人民共和国专利法实施细则》同时废止。

最高人民法院关于审理侵犯专利权纠纷案件应用法律若干问题的解释

1. 2009年12月21日最高人民法院审判委员会第1480次会议通过
2. 2009年12月28日公布
3. 法释〔2009〕21号
4. 自2010年1月1日起施行

为正确审理侵犯专利权纠纷案件，根据《中华人民共和国专利法》、《中华人民共和国民事诉讼法》等有关法律规定，结合审判实际，制定本解释。

第一条 人民法院应当根据权利人主张的权利要求，依据专利法第五十九条第一款的规定确定专利权的保护范围。权利人在一审法庭辩论终结前变更其主张的权利要求的，人民法院应当准许。

权利人主张以从属权利要求确定专利权保护范围的，人民法院应当以该从属权利要求记载的附加技术特征及其引用的权利要求记载的技术特征，确定专利权的保护范围。

第二条 人民法院应当根据权利要求的记载，结合本领域普通技术人员阅读说明书及附图后对权利要求的理解，确定专利法第五十九条第一款规定的权利要求的内容。

第三条 人民法院对于权利要求，可以运用说明书及附图、权利要求书中的相关权利要求、专利审查档案进行解释。说明书对权利要求用语有特别界定的，从其特别界定。

以上述方法仍不能明确权利要求含义的，可以结合工具书、教科书等公知文献以及本领域普通技术人员的通常理解进行解释。

第四条 对于权利要求中以功能或者效果表述的技术特征，人民法院应当结合说明书和附图描述的该功能或者效果的具体实施方式及其等同的实施方式，确定该技术特征的内容。

第五条 对于仅在说明书或者附图中描述而在权利要求中未记载的技术方案，权利人在侵犯专利权纠纷案件中将其纳入专利权保护范围的，人民法院不予支持。

第六条 专利申请人、专利权人在专利授权或者无效宣告程序中，通过对权利要求、说明书的修改或者意见陈述而放弃的技术方案，权利人在侵犯专利权纠纷案件中又将其纳入专利权保护范围的，人民法院不予支持。

第七条 人民法院判定被诉侵权技术方案是否落入专利权的保护范围，应当审查权利人主张的权利要求所记载的全部技术特征。

被诉侵权技术方案包含与权利要求记载的全部技术特征相同或者等同的技术特征的，人民法院应当认定其落入专利权的保护范围；被诉侵权技术方案的技术特征与权利要求记载的全部技术特征相比，缺少权利要求记载的一个以上的技术特征，或者有一个以上技术特征不相同也不等同的，人民法院应当认定其没有落入专利权的保护范围。

第八条 在与外观设计专利产品相同或者相近种类产品上，采用与授权外观设计相同或者近似的外观设计的，人民法院应当认定被诉侵权设计落入专利法第五十九条第二款规定的外观设计专利权的保护范围。

第九条 人民法院应当根据外观设计产品的用途，认定产品种类是否相同或者相近。确定产品的用途，可以参考外观设计的简要说明、国际外观设计分类表、产品的功能以及产品销售、实际使用的情况等因素。

第十条 人民法院应当以外观设计专利产品的一般消费者的知识水平和认知能力，判断外观设计是否相同或者近似。

第十一条 人民法院认定外观设计是否相同或者近似时，应当根据授权外观设计、被诉侵权设计的设计特征，以外观设计的整体视觉效果进行综合判断；对于主要由技术功能决定的设计特征以及对整体视觉效果不产生影响的产品的材料、内部结构等特征，应当不予考虑。

下列情形，通常对外观设计的整体视觉效果更具有影响：

（一）产品正常使用时容易被直接观察到的部位相对于其他部位；

（二）授权外观设计区别于现有设计的设计特征相对于授权外观设计的其他设计特征。

被诉侵权设计与授权外观设计在整体视觉效果上无差异的，人民法院应当认定两者相同；在整体视觉效果上无实质性差异的，应当认定两者近似。

第十二条 将侵犯发明或者实用新型专利权的产品作为零部件，制造另一产品的，人民法院应当认定属于专利法第十一条规定的使用行为；销售该另一产品的，人民法院应当认定属于专利法第十一条规定的销售行为。

将侵犯外观设计专利权的产品作为零部件，制造另一产品并销售的，人民法院应当认定属于专利法第十一条规定的销售行为，但侵犯外观设计专利权的产品在该另一产品中仅具有技术功能的除外。

对于前两款规定的情形，被诉侵权人之间存在分工合作的，人民法院应当认定为共同侵权。

第十三条 对于使用专利方法获得的原始产品，人民法院应当认定为专利法第十一条规定的依照专利方法直接获得的产品。

对于将上述原始产品进一步加工、处理而获得后续产品的行为，人民法院应当认定属于专利法第十一条规定的使用依照该专利方法直接获得的产品。

第十四条 被诉落入专利权保护范围的全部技术特征，与一项现有技术方案中的相应技术特征相同或者无实质性差异的，人民法院应当认定被诉侵权人实施的技术属于专利法第六十二条规定的现有技术。

被诉侵权设计与一个现有设计相同或者无实质性差异的，人民法院应当认定被诉侵权人实施的设计属于专利法第六十二条规定的现有设计。

第十五条 被诉侵权人以非法获得的技术或者设计主张先用权抗辩的，人民法院不予支持。

有下列情形之一的，人民法院应当认定属于专利法第六十九条第（二）项规定的已经作好制造、使用的必要准备：

（一）已经完成实施发明创造所必需的主要技术图纸或者工艺文件；

（二）已经制造或者购买实施发明创造所必需的主要设备或者原材料。

专利法第六十九条第（二）项规定的原有范围，包括专利申请日前已有的生产规模以及利用已有的生产设备或者根据已有的生产准备可以达到的生产规模。

先用权人在专利申请日后将其已经实施或作好实施必要准备的技术或设计转让或者许可他人实施，被诉侵权人主张该实施行为属于在原有范围内继续实施的，人民法院不予支持，但该技术或设计与原有企业一并转让或者承继的除外。

第十六条 人民法院依据专利法第六十五条第一款的规定确定侵权人因侵权所获得的利益，应当限于侵权人因侵犯专利权行为所获得的利益；因其他权利所产生的利益，应当合理扣除。

侵犯发明、实用新型专利权的产品系另一产品的零部件的，人民法院应当根据该零部件本身的价值及其在实现成品利润中的作用等因素合理确定赔偿数额。

侵犯外观设计专利权的产品为包装物的，人民法院应当按照包装物本身的价值及其在实现被包装产品利润中的作用等因素合理确定赔偿数额。

第十七条 产品或者制造产品的技术方案在专利申请日以前为国内外公众所知的，人民法院应当认定该产品不属于专利法第六十一条第一款规定的新产品。

第十八条 权利人向他人发出侵犯专利权的警告，被警告人或者利害关系人经书面催告权利人行使诉权，自权利人收到该书面催告之日起一个月内或者自书面催告发出之日起二个月内，权利人不撤回警告也不提起诉讼，被警告人或者利害关系人向人民法院提起请求确认其行为不侵犯专利权的诉讼的，人民法院应当受理。

第十九条　被诉侵犯专利权行为发生在2009年10月1日以前的，人民法院适用修改前的专利法；发生在2009年10月1日以后的，人民法院适用修改后的专利法。

被诉侵犯专利权行为发生在2009年10月1日以前且持续到2009年10月1日以后，依据修改前和修改后的专利法的规定侵权人均应承担赔偿责任的，人民法院适用修改后的专利法确定赔偿数额。

第二十条　本院以前发布的有关司法解释与本解释不一致的，以本解释为准。

最高人民法院关于审理侵犯专利权纠纷案件应用法律若干问题的解释（二）

1. *2016年1月25日最高人民法院审判委员会第1676次会议通过*
2. *2016年3月21日公布*
3. *法释〔2016〕1号*
4. *自2016年4月1日起施行*

为正确审理侵犯专利权纠纷案件，根据《中华人民共和国专利法》《中华人民共和国侵权责任法》《中华人民共和国民事诉讼法》等有关法律规定，结合审判实践，制定本解释。

第一条　权利要求书有两项以上权利要求的，权利人应当在起诉状中载明据以起诉被诉侵权人侵犯其专利权的权利要求。起诉状对此未记载或者记载不明的，人民法院应当要求权利人明确。经释明，权利人仍不予明确的，人民法院可以裁定驳回起诉。

第二条　权利人在专利侵权诉讼中主张的权利要求被专利复审委员会宣告无效的，审理侵犯专利权纠纷案件的人民法院可以裁定驳回权利人基于该无效权利要求的起诉。

有证据证明宣告上述权利要求无效的决定被生效的行政判决撤销的，权利人可以另行起诉。

专利权人另行起诉的，诉讼时效期间从本条第二款所称行政判决书送达之日起计算。

第三条　因明显违反专利法第二十六条第三款、第四款导致说明书无法用于解释权利要求，且不属于本解释第四条规定的情形，专利权因此被请求宣告无效的，审理侵犯专利权纠纷案件的人民法院一般应当裁定中止诉讼；在合理期限内专利权未被请求宣告无效的，人民法院可以根据权利要求的记载确定专利权的保护范围。

第四条　权利要求书、说明书及附图中的语法、文字、标点、图形、符号等存有歧义，但本领域普通技术人员通过阅读权利要求书、说明书及附图可以得出唯一理解的，人民法院应当根据该唯一理解予以认定。

第五条　在人民法院确定专利权的保护范围时，独立权利要求的前序部分、特征部分以及从属权利要求的引用部分、限定部分记载的技术特征均有限定作用。

第六条　人民法院可以运用与涉案专利存在分案申请关系的其他专利及其专利审查档案、生效的专利授权确权裁判文书解释涉案专利的权利要求。

专利审查档案，包括专利审查、复审、无效程序中专利申请人或者专利权人提交的书面材料，国务院专利行政部门及其专利复审委员会制作的审查意见通知书、会晤记录、口头审理记录、生效的专利复审请求审查决定书和专利权无效宣告请求审查决定书等。

第七条　被诉侵权技术方案在包含封闭式组合物权利要求全部技术特征的基础上增加其他技术特征的，人民法院应当认定被诉侵权技术方案未落入专利权的保护范围，但该增加的技术特征属于不可避免的常规数量杂质的除外。

前款所称封闭式组合物权利要求，一般不包括中药组合物权利要求。

第八条　功能性特征，是指对于结构、组分、步骤、条件或其之间的关系等，通过其在发明创造中所起的功能或者效果进行限定的技术特征，但本领域普通技术人员仅通过阅读权利要求即可直接、明确地确定实现上述功能或者效果的具体实施方式的除外。

与说明书及附图记载的实现前款所称功能或者效果不可缺少的技术特征相比，被诉侵权技术方案的相应技术特征是以基本相同的手段，实现相同的功能，达到相同的效果，且本领域普通技术人员在被诉侵权行为发生时无需经过创造性劳动就能够联想到的，人民法院应当认定该相应技术特征与功能性特征相同或者等同。

第九条　被诉侵权技术方案不能适用于权利要求中使用环境特征所限定的使用环境的，人民法院应当认定被诉侵权技术方案未落入专利权的保护范围。

第十条　对于权利要求中以制备方法界定产品的技术特征，被诉侵权产品的制备方法与其不相同也不等同的，人民法院应当认定被诉侵权技术方案未落入专利权的保护范围。

第十一条　方法权利要求未明确记载技术步骤的先后顺序，但本领域普通技术人员阅读权利要求书、说明书及附图后直接、明确地认为该技术步骤应当按照特定顺序实施的，人民法院应当认定该步骤顺序对于专利权的保护范围具有限定作用。

第十二条　权利要求采用"至少""不超过"等用语对数值特征进行界定，且本领域普通技术人员阅读权利要求书、说明书及附图后认为专利技术方案特别强调该用语对技术特征的限定作用,权利人主张与其不相同的数值特征属于等同特征的,人民法院不予支持。

第十三条 权利人证明专利申请人、专利权人在专利授权确权程序中对权利要求书、说明书及附图的限缩性修改或者陈述被明确否定的,人民法院应当认定该修改或者陈述未导致技术方案的放弃。

第十四条 人民法院在认定一般消费者对于外观设计所具有的知识水平和认知能力时,一般应当考虑被诉侵权行为发生时授权外观设计所属相同或者相近种类产品的设计空间。设计空间较大的,人民法院可以认定一般消费者通常不容易注意到不同设计之间的较小区别;设计空间较小的,人民法院可以认定一般消费者通常更容易注意到不同设计之间的较小区别。

第十五条 对于成套产品的外观设计专利,被诉侵权设计与其一项外观设计相同或者近似的,人民法院应当认定被诉侵权设计落入专利权的保护范围。

第十六条 对于组装关系唯一的组件产品的外观设计专利,被诉侵权设计与其组合状态下的外观设计相同或者近似的,人民法院应当认定被诉侵权设计落入专利权的保护范围。

对于各构件之间无组装关系或者组装关系不唯一的组件产品的外观设计专利,被诉侵权设计与其全部单个构件的外观设计均相同或者近似的,人民法院应当认定被诉侵权设计落入专利权的保护范围;被诉侵权设计缺少其单个构件的外观设计或者与之不相同也不近似的,人民法院应当认定被诉侵权设计未落入专利权的保护范围。

第十七条 对于变化状态产品的外观设计专利,被诉侵权设计与变化状态图所示各种使用状态下的外观设计均相同或者近似的,人民法院应当认定被诉侵权设计落入专利权的保护范围;被诉侵权设计缺少其一种使用状态下的外观设计或者与之不相同也不近似的,人民法院应当认定被诉侵权设计未落入专利权的保护范围。

第十八条 权利人依据专利法第十三条诉请在发明专利申请公布日至授权公告日期间实施该发明的单位或者个人支付适当费用的,人民法院可以参照有关专利许可使用费合理确定。

发明专利申请公布时申请人请求保护的范围与发明专利公告授权时的专利权保护范围不一致,被诉技术方案均落入上述两种范围的,人民法院应当认定被告在前款所称期间内实施了该发明;被诉技术方案仅落入其中一种范围的,人民法院应当认定被告在前款所称期间内未实施该发明。

发明专利公告授权后,未经专利权人许可,为生产经营目的使用、许诺销售、销售在本条第一款所称期间内已由他人制造、销售、进口的产品,且该他人已支付或者书面承诺支付专利法第十三条规定的适当费用的,对于权利人关于上述使用、许诺销售、销售行为侵犯专利权的主张,人民法院不予支持。

第十九条 产品买卖合同依法成立的,人民法院应当认定属于专利法第十一条规定的销售。

第二十条 对于将依照专利方法直接获得的产品进一步加工、处理而获得的后续产品,进行再加工、处理的,人民法院应当认定不属于专利法第十一条规定的"使用依照该专利方法直接获得的产品"。

第二十一条 明知有关产品系专门用于实施专利的材料、设备、零部件、中间物等,未经专利权人许可,为生产经营目的将该产品提供给他人实施了侵犯专利权的行为,权利人主张该提供者的行为属于侵权责任法第九条规定的帮助他人实施侵权行为的,人民法院应予支持。

明知有关产品、方法被授予专利权,未经专利权人许可,为生产经营目的积极诱导他人实施了侵犯专利权的行为,权利人主张该诱导者的行为属于侵权责任法第九条规定的教唆他人实施侵权行为的,人民法院应予支持。

第二十二条 对于被诉侵权人主张的现有技术抗辩或者现有设计抗辩,人民法院应当依照专利申请日时施行的专利法界定现有技术或者现有设计。

第二十三条 被诉侵权技术方案或者外观设计落入在先的涉案专利权的保护范围,被诉侵权人以其技术方案或者外观设计被授予专利权为由抗辩不侵犯涉案专利权的,人民法院不予支持。

第二十四条 推荐性国家、行业或者地方标准明示所涉必要专利的信息,被诉侵权人以实施该标准无需专利权人许可为由抗辩不侵犯该专利权的,人民法院一般不予支持。

推荐性国家、行业或者地方标准明示所涉必要专利的信息,专利权人、被诉侵权人协商该专利的实施许可条件时,专利权人故意违反其在标准制定中承诺的公平、合理、无歧视的许可义务,导致无法达成专利实施许可合同,且被诉侵权人在协商中无明显过错的,对于权利人请求停止标准实施行为的主张,人民法院一般不予支持。

本条第二款所称实施许可条件,应当由专利权人、被诉侵权人协商确定。经充分协商,仍无法达成一致的,可以请求人民法院确定。人民法院在确定上述实施许可条件时,应当根据公平、合理、无歧视的原则,综合考虑专利的创新程度及其在标准中的作用、标准所属的技术领域、标准的性质、标准实施的范围和相关的许可条件等因素。

法律、行政法规对实施标准中的专利另有规定的,从其规定。

第二十五条 为生产经营目的使用、许诺销售或者销售不知道是未经专利权人许可而制造并售出的专利侵权产品,且举证证明该产品合法来源的,对于权利人请求停止上述使用、许诺销售、销售行为的主张,人民法院应予支持,但被诉侵权产品的使用者举证证明其已支付该产品的合理对价的除外。

本条第一款所称不知道,是指实际不知道且不应当知道。

本条第一款所称合法来源,是指通过合法的销售渠道、通常的买卖合同等正常商业方式取得产品。对于合法来源,使用者、许诺销售者或者销售者应当提供符合交易习惯的相关证据。

第二十六条　被告构成对专利权的侵犯,权利人请求判令其停止侵权行为的,人民法院应予支持,但基于国家利益、公共利益的考量,人民法院可以不判令被告停止被诉行为,而判令其支付相应的合理费用。

第二十七条　权利人因被侵权所受到的实际损失难以确定的,人民法院应当依照专利法第六十五条第一款的规定,要求权利人对侵权人因侵权所获得的利益进行举证;在权利人已经提供侵权人所获利益的初步证据,而与专利侵权行为相关的账簿、资料主要由侵权人掌握的情况下,人民法院可以责令侵权人提供该账簿、资料;侵权人无正当理由拒不提供或者提供虚假的账簿、资料的,人民法院可以根据权利人的主张和提供的证据认定侵权人因侵权所获得的利益。

第二十八条　权利人、侵权人依法约定专利侵权的赔偿数额或者赔偿计算方法,并在专利侵权诉讼中主张依据该约定确定赔偿数额的,人民法院应予支持。

第二十九条　宣告专利权无效的决定作出后,当事人根据该决定依法申请再审,请求撤销专利权无效宣告前人民法院作出但未执行的专利侵权的判决、调解书的,人民法院可以裁定中止再审审查,并中止原判决、调解书的执行。

专利权人向人民法院提供充分、有效的担保,请求继续执行前款所称判决、调解书的,人民法院应当继续执行;侵权人向人民法院提供充分、有效的反担保,请求中止执行的,人民法院应当准许。人民法院生效裁判未撤销宣告专利权无效的决定的,专利权人应当赔偿因继续执行给对方造成的损失;宣告专利权无效的决定被人民法院生效裁判撤销,专利权仍有效的,人民法院可以依据前款所称判决、调解书直接执行上述反担保财产。

第三十条　在法定期限内对宣告专利权无效的决定不向人民法院起诉或者起诉后生效裁判未撤销该决定,当事人根据该决定依法申请再审,请求撤销宣告专利权无效前人民法院作出但未执行的专利侵权的判决、调解书的,人民法院应当再审。当事人根据该决定,依法申请终结执行宣告专利权无效前人民法院作出但未执行的专利侵权的判决、调解书的,人民法院应当裁定终结执行。

第三十一条　本解释自2016年4月1日起施行。最高人民法院以前发布的相关司法解释与本解释不一致的,以本解释为准。

最高人民法院关于审理专利纠纷案件适用法律问题的若干规定

1. 2001年6月19日最高人民法院审判委员会第1180次会议通过、2001年6月22日公布、自2001年7月1日起施行(法释〔2001〕21号)

2. 根据2013年2月25日最高人民法院审判委员会第1570次会议通过、2013年4月1日公布的《关于修改〈最高人民法院关于审理专利纠纷案件适用法律问题的若干规定〉的决定》(法释〔2013〕9号)第一次修正

3. 根据2015年1月19日最高人民法院审判委员会第1641次会议通过、2015年1月29日公布的《关于修改〈最高人民法院关于审理专利纠纷案件适用法律问题的若干规定〉的决定》(法释〔2015〕4号)第二次修正

为了正确审理专利纠纷案件,根据《中华人民共和国民法通则》(以下简称民法通则)、《中华人民共和国专利法》(以下简称专利法)、《中华人民共和国民事诉讼法》和《中华人民共和国行政诉讼法》等法律的规定,作如下规定:

第一条　人民法院受理下列专利纠纷案件:

1. 专利申请权纠纷案件;
2. 专利权权属纠纷案件;
3. 专利权、专利申请权转让合同纠纷案件;
4. 侵犯专利权纠纷案件;
5. 假冒他人专利纠纷案件;
6. 发明专利申请公布后、专利权授予前使用费纠纷案件;
7. 职务发明创造发明人、设计人奖励、报酬纠纷案件;
8. 诉前申请停止侵权、财产保全案件;
9. 发明人、设计人资格纠纷案件;
10. 不服专利复审委员会维持驳回申请复审决定案件;
11. 不服专利复审委员会专利权无效宣告请求决定案件;
12. 不服国务院专利行政部门实施强制许可决定案件;
13. 不服国务院专利行政部门实施强制许可使用费裁决案件;
14. 不服国务院专利行政部门行政复议决定案件;
15. 不服管理专利工作的部门行政决定案件;
16. 其他专利纠纷案件。

第二条　专利纠纷第一审案件,由各省、自治区、直辖市人民政府所在地的中级人民法院和最高人民法院指定的中级人民法院管辖。

最高人民法院根据实际情况，可以指定基层人民法院管辖第一审专利纠纷案件。

第三条 当事人对专利复审委员会于2001年7月1日以后作出的关于实用新型、外观设计专利权撤销请求复审决定不服向人民法院起诉的，人民法院不予受理。

第四条 当事人对专利复审委员会于2001年7月1日以后作出的关于维持驳回实用新型、外观设计专利申请的复审决定，或者关于实用新型、外观设计专利权无效宣告请求的决定不服向人民法院起诉的，人民法院应当受理。

第五条 因侵犯专利权行为提起的诉讼，由侵权行为地或者被告住所地人民法院管辖。

侵权行为地包括：被诉侵犯发明、实用新型专利权的产品的制造、使用、许诺销售、销售、进口等行为的实施地；专利方法使用行为的实施地，依照该专利方法直接获得的产品的使用、许诺销售、销售、进口等行为的实施地；外观设计专利产品的制造、许诺销售、销售、进口等行为的实施地；假冒他人专利的行为实施地。上述侵权行为的侵权结果发生地。

第六条 原告仅对侵权产品制造者提起诉讼，未起诉销售者，侵权产品制造地与销售地不一致的，制造地人民法院有管辖权；以制造者与销售者为共同被告起诉的，销售地人民法院有管辖权。

销售者是制造者分支机构，原告在销售地起诉侵权产品制造者制造、销售行为的，销售地人民法院有管辖权。

第七条 原告根据1993年1月1日以前提出的专利申请和根据该申请授予的方法发明专利权提起的侵权诉讼，参照本规定第五条、第六条的规定确定管辖。

人民法院在上述案件实体审理中依法适用方法发明专利权不延及产品的规定。

第八条 对申请日在2009年10月1日前（不含该日）的实用新型专利提起侵犯专利权诉讼，原告可以出具由国务院专利行政部门作出的检索报告；对申请日在2009年10月1日以后的实用新型或者外观设计专利提起侵犯专利权诉讼，原告可以出具由国务院专利行政部门作出的专利权评价报告。根据案件审理需要，人民法院可以要求原告提交检索报告或者专利权评价报告。原告无正当理由不提交的，人民法院可以裁定中止诉讼或者判令原告承担可能的不利后果。

侵犯实用新型、外观设计专利权纠纷案件的被告请求中止诉讼的，应当在答辩期内对原告的专利权提出宣告无效的请求。

第九条 人民法院受理的侵犯实用新型、外观设计专利权纠纷案件，被告在答辩期间内请求宣告该项专利权无效的，人民法院应当中止诉讼，但具备下列情形之一的，可以不中止诉讼：

（一）原告出具的检索报告或者专利权评价报告未发现导致实用新型或者外观设计专利权无效的事由的；

（二）被告提供的证据足以证明其使用的技术已经公知的；

（三）被告请求宣告该项专利权无效所提供的证据或者依据的理由明显不充分的；

（四）人民法院认为不应当中止诉讼的其他情形。

第十条 人民法院受理的侵犯实用新型、外观设计专利权纠纷案件，被告在答辩期间届满后请求宣告该项专利权无效的，人民法院不应当中止诉讼，但经审查认为有必要中止诉讼的除外。

第十一条 人民法院受理的侵犯发明专利权纠纷案件或者经专利复审委员会审查维持专利权的侵犯实用新型、外观设计专利权纠纷案件，被告在答辩期间内请求宣告该项专利权无效的，人民法院可以不中止诉讼。

第十二条 人民法院决定中止诉讼，专利权人或者利害关系人请求责令被告停止有关行为或者采取其他制止侵权损害继续扩大的措施，并提供了担保，人民法院经审查符合有关法律规定的，可以在裁定中止诉讼的同时一并作出有关裁定。

第十三条 人民法院对专利权进行财产保全，应当向国务院专利行政部门发出协助执行通知书，载明要求协助执行的事项，以及对专利权保全的期限，并附人民法院作出的裁定书。

对专利权保全的期限一次不得超过六个月，自国务院专利行政部门收到协助执行通知书之日起计算。如果仍然需要对该专利权继续采取保全措施的，人民法院应当在保全期限届满前向国务院专利行政部门另行送达继续保全的协助执行通知书。保全期限届满前未送达的，视为自动解除对该专利权的财产保全。

人民法院对出质的专利权可以采取财产保全措施，质权人的优先受偿权不受保全措施的影响；专利权人与被许可人已经签订的独占实施许可合同，不影响人民法院对该专利权进行财产保全。

人民法院对已经进行保全的专利权，不得重复进行保全。

第十四条 2001年7月1日以前利用本单位的物质技术条件所完成的发明创造，单位与发明人或者设计人订有合同，对申请专利的权利和专利权的归属作出约定的，从其约定。

第十五条 人民法院受理的侵犯专利权纠纷案件，涉及权利冲突的，应当保护在先依法享有权利的当事人的合法权益。

第十六条 专利法第二十三条所称的在先取得的合法权利包括：商标权、著作权、企业名称权、肖像权、知名商品特有包装或者装潢使用权等。

第十七条 专利法第五十九条第一款所称的“发明或者实用新型专利权的保护范围以其权利要求的内容为准，说明书及附图可以用于解释权利要求的内容”，是指专利权的保护范围应当以权利要求记载的全部技术特征所确定的范围为准,也包括与该技术特征相等同的特征所确定的范围。

等同特征,是指与所记载的技术特征以基本相同的手段,实现基本相同的功能,达到基本相同的效果,并且本领域普通技术人员在被诉侵权行为发生时无需经过创造性劳动就能够联想到的特征。

第十八条　侵犯专利权行为发生在2001年7月1日以前的,适用修改前专利法的规定确定民事责任;发生在2001年7月1日以后的,适用修改后专利法的规定确定民事责任。

第十九条　假冒他人专利的,人民法院可以依照专利法第六十三条的规定确定其民事责任。管理专利工作的部门未给予行政处罚的,人民法院可以依照民法通则第一百三十四条第三款的规定给予民事制裁,适用民事罚款数额可以参照专利法第六十三条的规定确定。

第二十条　专利法第六十五条规定的权利人因被侵权所受到的实际损失可以根据专利权人的专利产品因侵权所造成销售量减少的总数乘以每件专利产品的合理利润所得之积计算。权利人销售量减少的总数难以确定的,侵权产品在市场上销售的总数乘以每件专利产品的合理利润所得之积可以视为权利人因被侵权所受到的实际损失。

专利法第六十五条规定的侵权人因侵权所获得的利益可以根据该侵权产品在市场上销售的总数乘以每件侵权产品的合理利润所得之积计算。侵权人因侵权所获得的利益一般按照侵权人的营业利润计算,对于完全以侵权为业的侵权人,可以按照销售利润计算。

第二十一条　权利人的损失或者侵权人获得的利益难以确定,有专利许可使用费可以参照的,人民法院可以根据专利权的类型、侵权行为的性质和情节、专利许可的性质、范围、时间等因素,参照该专利许可使用费的倍数合理确定赔偿数额;没有专利许可使用费可以参照或者专利许可使用费明显不合理的,人民法院可以根据专利权的类型、侵权行为的性质和情节等因素,依照专利法第六十五条第二款的规定确定赔偿数额。

第二十二条　权利人主张其为制止侵权行为所支付合理开支的,人民法院可以在专利法第六十五条确定的赔偿数额之外另行计算。

第二十三条　侵犯专利权的诉讼时效为二年,自专利权人或者利害关系人知道或者应当知道侵权行为之日起计算。权利人超过二年起诉的,如果侵权行为在起诉时仍在继续,在该项专利权有效期内,人民法院应当判决被告停止侵权行为,侵权损害赔偿数额应当自权利人向人民法院起诉之日起向前推算二年计算。

第二十四条　专利法第十一条、第六十九条所称的许诺销售,是指以做广告、在商店橱窗中陈列或者在展销会上展出等方式作出销售商品的意思表示。

第二十五条　人民法院受理的侵犯专利权纠纷案件,已经过管理专利工作的部门作出侵权或者不侵权认定的,人民法院仍应当就当事人的诉讼请求进行全面审查。

第二十六条　以前的有关司法解释与本规定不一致的,以本规定为准。

(3)商标

中华人民共和国商标法

1. 1982年8月23日第五届全国人民代表大会常务委员会第二十四次会议通过

2. 根据1993年2月22日第七届全国人民代表大会常务委员会第三十次会议《关于修改〈中华人民共和国商标法〉的决定》第一次修正

3. 根据2001年10月27日第九届全国人民代表大会常务委员会第二十四次会议《关于修改〈中华人民共和国商标法〉的决定》第二次修正

4. 根据2013年8月30日第十二届全国人民代表大会常务委员会第四次会议《关于修改〈中华人民共和国商标法〉的决定》第三次修正

目　　录

第一章　总　　则

第一条　**【立法宗旨】**为了加强商标管理,保护商标专用权,促使生产、经营者保证商品和服务质量,维护商标信誉,以保障消费者和生产、经营者的利益,促进社会主义市场经济的发展,特制定本法。

第二条　**【商标主管部门】**国务院工商行政管理部门商标局主管全国商标注册和管理的工作。

国务院工商行政管理部门设立商标评审委员会,负责处理商标争议事宜。

第三条　**【注册商标及其分类、保护】**经商标局核准注册的商标为注册商标,包括商品商标、服务商标和集体商标、证明商标;商标注册人享有商标专用权,受法律保护。

本法所称集体商标,是指以团体、协会或者其他组织名义注册,供该组织成员在商事活动中使用,以表明使用者在该组织中的成员资格的标志。

本法所称证明商标,是指由对某种商品或者服务具有监督能力的组织所控制，而由该组织以外的单位或者个人使用于其商品或者服务，用以证明该商品或者服务的原产地、原料、制造方法、质量或者其他特定品质的标志。

集体商标、证明商标注册和管理的特殊事项，由国务院工商行政管理部门规定。

第四条 【商标注册】自然人、法人或者其他组织在生产经营活动中，对其商品或者服务需要取得商标专用权的，应当向商标局申请商标注册。

本法有关商品商标的规定，适用于服务商标。

第五条 【注册商标共有】两个以上的自然人、法人或者其他组织可以共同向商标局申请注册同一商标，共同享有和行使该商标专用权。

第六条 【商标强制注册】法律、行政法规规定必须使用注册商标的商品，必须申请商标注册，未经核准注册的，不得在市场销售。

第七条 【诚实信用原则和商品质量】申请注册和使用商标，应当遵循诚实信用原则。

商标使用人应当对其使用商标的商品质量负责。各级工商行政管理部门应当通过商标管理，制止欺骗消费者的行为。

第八条 【商标的本质特征和构成要素】任何能够将自然人、法人或者其他组织的商品与他人的商品区别开的标志，包括文字、图形、字母、数字、三维标志、颜色组合和声音等，以及上述要素的组合，均可以作为商标申请注册。

第九条 【申请注册和使用商标的原则】申请注册的商标，应当有显著特征，便于识别，并不得与他人在先取得的合法权利相冲突。

商标注册人有权标明“注册商标”或者注册标记。

第十条 【不得作为商标使用的标志】下列标志不得作为商标使用：

（一）同中华人民共和国的国家名称、国旗、国徽、国歌、军旗、军徽、军歌、勋章等相同或者近似的，以及同中央国家机关的名称、标志、所在地特定地点的名称或者标志性建筑物的名称、图形相同的；

（二）同外国的国家名称、国旗、国徽、军旗等相同或者近似的，但经该国政府同意的除外；

（三）同政府间国际组织的名称、旗帜、徽记等相同或者近似的，但经该组织同意或者不易误导公众的除外；

（四）与表明实施控制、予以保证的官方标志、检验印记相同或者近似的，但经授权的除外；

（五）同“红十字”、“红新月”的名称、标志相同或者近似的；

（六）带有民族歧视性的；

（七）带有欺骗性，容易使公众对商品的质量等特点或者产地产生误认的；

（八）有害于社会主义道德风尚或者有其他不良影响的。

县级以上行政区划的地名或者公众知晓的外国地名，不得作为商标。但是，地名具有其他含义或者作为集体商标、证明商标组成部分的除外；已经注册的使用地名的商标继续有效。

第十一条 【不得作为商标注册的标志及显著特征的取得】下列标志不得作为商标注册：

（一）仅有本商品的通用名称、图形、型号的；

（二）仅直接表示商品的质量、主要原料、功能、用途、重量、数量及其他特点的；

（三）其他缺乏显著特征的。

前款所列标志经过使用取得显著特征，并便于识别的，可以作为商标注册。

第十二条 【三维标志商标的限制】以三维标志申请注册商标的，仅由商品自身的性质产生的形状、为获得技术效果而需有的商品形状或者使商品具有实质性价值的形状，不得注册。

第十三条 【驰名商标的特别保护】为相关公众所熟知的商标，持有人认为其权利受到侵害时，可以依照本法规定请求驰名商标保护。

就相同或者类似商品申请注册的商标是复制、摹仿或者翻译他人未在中国注册的驰名商标，容易导致混淆的，不予注册并禁止使用。

就不相同或者不相类似商品申请注册的商标是复制、摹仿或者翻译他人已经在中国注册的驰名商标，误导公众，致使该驰名商标注册人的利益可能受到损害的，不予注册并禁止使用。

第十四条 【驰名商标认定】驰名商标应当根据当事人的请求，作为处理涉及商标案件需要认定的事实进行认定。认定驰名商标应当考虑下列因素：

（一）相关公众对该商标的知晓程度；

（二）该商标使用的持续时间；

（三）该商标的任何宣传工作的持续时间、程度和地理范围；

（四）该商标作为驰名商标受保护的记录；

（五）该商标驰名的其他因素。

在商标注册审查、工商行政管理部门查处商标违法案件过程中，当事人依照本法第十三条规定主张权利的，商标局根据审查、处理案件的需要，可以对商标驰名情况作出认定。

在商标争议处理过程中，当事人依照本法第十三条规定主张权利的，商标评审委员会根据处理案件的需要，可以对商标驰名情况作出认定。

在商标民事、行政案件审理过程中，当事人依照本法第十三条规定主张权利的，最高人民法院指定的人民法院根据审理案件的需要，可以对商标驰名情况作出认定。

生产、经营者不得将“驰名商标”字样用于商品、商品包装或者容器上，或者用于广告宣传、展览以及其他商业活动中。

第十五条　【禁止恶意抢注】未经授权,代理人或者代表人以自己的名义将被代理人或者被代表人的商标进行注册,被代理人或者被代表人提出异议的,不予注册并禁止使用。

就同一种商品或者类似商品申请注册的商标与他人在先使用的未注册商标相同或者近似,申请人与该他人具有前款规定以外的合同、业务往来关系或者其他关系而明知该他人商标存在,该他人提出异议的,不予注册。

第十六条　【地理标志】商标中有商品的地理标志,而该商品并非来源于该标志所标示的地区,误导公众的,不予注册并禁止使用;但是,已经善意取得注册的继续有效。

前款所称地理标志,是指标示某商品来源于某地区,该商品的特定质量、信誉或者其他特征,主要由该地区的自然因素或者人文因素所决定的标志。

第十七条　【外国人或者外国企业在我国申请商标注册】外国人或者外国企业在中国申请商标注册的,应当按其所属国和中华人民共和国签订的协议或者共同参加的国际条约办理,或者按对等原则办理。

第十八条　【商标代理】申请商标注册或者办理其他商标事宜,可以自行办理,也可以委托依法设立的商标代理机构办理。

外国人或者外国企业在中国申请商标注册和办理其他商标事宜的,应当委托依法设立的商标代理机构办理。

第十九条　【商标代理机构的行为规范】商标代理机构应当遵循诚实信用原则,遵守法律、行政法规,按照被代理人的委托办理商标注册申请或者其他商标事宜;对在代理过程中知悉的被代理人的商业秘密,负有保密义务。

委托人申请注册的商标可能存在本法规定不得注册情形的,商标代理机构应当明确告知委托人。

商标代理机构知道或者应当知道委托人申请注册的商标属于本法第十五条和第三十二条规定情形的,不得接受其委托。

商标代理机构除对其代理服务申请商标注册外,不得申请注册其他商标。

第二十条　【商标代理行业组织】商标代理行业组织应当按照章程规定,严格执行吸纳会员的条件,对违反行业自律规范的会员实行惩戒。商标代理行业组织对其吸纳的会员和对会员的惩戒情况,应当及时向社会公布。

第二十一条　【商标国际注册】商标国际注册遵循中华人民共和国缔结或者参加的有关国际条约确立的制度,具体办法由国务院规定。

第二章　商标注册的申请

第二十二条　【商标注册申请的提出】商标注册申请人应当按规定的商品分类表填报使用商标的商品类别和商品名称,提出注册申请。

商标注册申请人可以通过一份申请就多个类别的商品申请注册同一商标。

商标注册申请等有关文件,可以以书面方式或者数据电文方式提出。

第二十三条　【核定使用范围之外需另行申请】注册商标需要在核定使用范围之外的商品上取得商标专用权的,应当另行提出注册申请。

第二十四条　【改变标志需重新注册】注册商标需要改变其标志的,应当重新提出注册申请。

第二十五条　【优先权】商标注册申请人自其商标在外国第一次提出商标注册申请之日起六个月内,又在中国就相同商品以同一商标提出商标注册申请的,依照该外国同中国签订的协议或者共同参加的国际条约,或者按照相互承认优先权的原则,可以享有优先权。

依照前款要求优先权的,应当在提出商标注册申请的时候提出书面声明,并且在三个月内提交第一次提出的商标注册申请文件的副本;未提出书面声明或者逾期未提交商标注册申请文件副本的,视为未要求优先权。

第二十六条　【国际展览会中的临时保护】商标在中国政府主办的或者承认的国际展览会展出的商品上首次使用的,自该商品展出之日起六个月内,该商标的注册申请人可以享有优先权。

依照前款要求优先权的,应当在提出商标注册申请的时候提出书面声明,并且在三个月内提交展出其商品的展览会名称、在展出商品上使用该商标的证据、展出日期等证明文件;未提出书面声明或者逾期未提交证明文件的,视为未要求优先权。

第二十七条　【申请商标注册的行为规则】为申请商标注册所申报的事项和所提供的材料应当真实、准确、完整。

第三章　商标注册的审查和核准

第二十八条　【初步审查】对申请注册的商标,商标局应当自收到商标注册申请文件之日起九个月内审查完毕,符合本法有关规定的,予以初步审定公告。

第二十九条　【说明或者修正】在审查过程中,商标局认为商标注册申请内容需要说明或者修正的,可以要求申请人做出说明或者修正。申请人未做出说明或者修正的,不影响商标局做出审查决定。

第三十条　【驳回申请】申请注册的商标,凡不符合本法有关规定或者同他人在同一种商品或者类似商品上已经注册的或者初步审定的商标相同或者近似的,由商标局驳回申请,不予公告。

第三十一条　【申请在先原则】两个或者两个以上的商标注册申请人,在同一种商品或者类似商品上,以相同或者近似的商标申请注册的,初步审定并公告申请在先的商标;同一天申请的,初步审定并公告使用在先的商标,驳回其他人的申请,不予公告。

第三十二条 【保护在先权利和禁止恶意抢注】申请商标注册不得损害他人现有的在先权利，也不得以不正当手段抢先注册他人已经使用并有一定影响的商标。

第三十三条 【商标异议程序和核准注册】对初步审定公告的商标，自公告之日起三个月内，在先权利人、利害关系人认为违反本法第十三条第二款和第三款、第十五条、第十六条第一款、第三十条、第三十一条、第三十二条规定的，或者任何人认为违反本法第十条、第十一条、第十二条规定的，可以向商标局提出异议。公告期满无异议的，予以核准注册，发给商标注册证，并予公告。

第三十四条 【驳回申请的救济程序】对驳回申请、不予公告的商标，商标局应当书面通知商标注册申请人。商标注册申请人不服的，可以自收到通知之日起十五日内向商标评审委员会申请复审。商标评审委员会应当自收到申请之日起九个月内做出决定，并书面通知申请人。有特殊情况需要延长的，经国务院工商行政管理部门批准，可以延长三个月。当事人对商标评审委员会的决定不服的，可以自收到通知之日起三十日内向人民法院起诉。

第三十五条 【商标异议的处理程序】对初步审定公告的商标提出异议的，商标局应当听取异议人和被异议人陈述事实和理由，经调查核实后，自公告期满之日起十二个月内做出是否准予注册的决定，并书面通知异议人和被异议人。有特殊情况需要延长的，经国务院工商行政管理部门批准，可以延长六个月。

商标局做出准予注册决定的，发给商标注册证，并予公告。异议人不服的，可以依照本法第四十四条、第四十五条的规定向商标评审委员会请求宣告该注册商标无效。

商标局做出不予注册决定，被异议人不服的，可以自收到通知之日起十五日内向商标评审委员会申请复审。商标评审委员会应当自收到申请之日起十二个月内做出复审决定，并书面通知异议人和被异议人。有特殊情况需要延长的，经国务院工商行政管理部门批准，可以延长六个月。被异议人对商标评审委员会的决定不服的，可以自收到通知之日起三十日内向人民法院起诉。人民法院应当通知异议人作为第三人参加诉讼。

商标评审委员会在依照前款规定进行复审的过程中，所涉及的在先权利的确定必须以人民法院正在审理或者行政机关正在处理的另一案件的结果为依据的，可以中止审查。中止原因消除后，应当恢复审查程序。

第三十六条 【决定的生效时间、权利取得时间及其效力】法定期限届满，当事人对商标局做出的驳回申请决定、不予注册决定不申请复审或者对商标评审委员会做出的复审决定不向人民法院起诉的，驳回申请决定、不予注册决定或者复审决定生效。

经审查异议不成立而准予注册的商标，商标注册申请人取得商标专用权的时间自初步审定公告三个月期满之日起计算。自该商标公告期满之日起至准予注册决定做出前，对他人在同一种或者类似商品上使用与该商标相同或者近似的标志的行为不具有追溯力；但是，因该使用人的恶意给商标注册人造成的损失，应当给予赔偿。

第三十七条 【及时审查】对商标注册申请和商标复审申请应当及时进行审查。

第三十八条 【更正】商标注册申请人或者注册人发现商标申请文件或者注册文件有明显错误的，可以申请更正。商标局依法在其职权范围内作出更正，并通知当事人。

前款所称更正错误不涉及商标申请文件或者注册文件的实质性内容。

第四章 注册商标的续展、转让和使用许可

第三十九条 【有效期】注册商标的有效期为十年，自核准注册之日起计算。

第四十条 【续展手续】注册商标有效期满，需要继续使用的，商标注册人应当在期满前十二个月内按照规定办理续展手续；在此期间未能办理的，可以给予六个月的宽展期。每次续展注册的有效期为十年，自该商标上一届有效期满次日起计算。期满未办理续展手续的，注销其注册商标。

商标局应当对续展注册的商标予以公告。

第四十一条 【变更】注册商标需要变更注册人的名义、地址或者其他注册事项的，应当提出变更申请。

第四十二条 【转让】转让注册商标的，转让人和受让人应当签订转让协议，并共同向商标局提出申请。受让人应当保证使用该注册商标的商品质量。

转让注册商标的，商标注册人对其在同一种商品上注册的近似的商标，或者在类似商品上注册的相同或者近似的商标，应当一并转让。

对容易导致混淆或者有其他不良影响的转让，商标局不予核准，书面通知申请人并说明理由。

转让注册商标经核准后，予以公告。受让人自公告之日起享有商标专用权。

第四十三条 【使用许可】商标注册人可以通过签订商标使用许可合同，许可他人使用其注册商标。许可人应当监督被许可人使用其注册商标的商品质量。被许可人应当保证使用该注册商标的商品质量。

经许可使用他人注册商标的，必须在使用该注册商标的商品上标明被许可人的名称和商品产地。

许可他人使用其注册商标的，许可人应当将其商标使用许可报商标局备案，由商标局公告。商标使用许可未经备案不得对抗善意第三人。

第五章 注册商标的无效宣告

第四十四条 【违反绝对拒绝注册理由的无效程序】已经注册的商标，违反本法第十条、第十一条、第十二条规定的，或者是以欺骗手段或者其他不正当手段取得注册的，由商标局宣告该注册商标无效；其他单位或者个人可以请求商

标评审委员会宣告该注册商标无效。

商标局做出宣告注册商标无效的决定,应当书面通知当事人。当事人对商标局的决定不服的,可以自收到通知之日起十五日内向商标评审委员会申请复审。商标评审委员会应当自收到申请之日起九个月内做出决定,并书面通知当事人。有特殊情况需要延长的,经国务院工商行政管理部门批准,可以延长三个月。当事人对商标评审委员会的决定不服的,可以自收到通知之日起三十日内向人民法院起诉。

其他单位或者个人请求商标评审委员会宣告注册商标无效的,商标评审委员会收到申请后,应当书面通知有关当事人,并限期提出答辩。商标评审委员会应当自收到申请之日起九个月内做出维持注册商标或者宣告注册商标无效的裁定,并书面通知当事人。有特殊情况需要延长的,经国务院工商行政管理部门批准,可以延长三个月。当事人对商标评审委员会的裁定不服的,可以自收到通知之日起三十日内向人民法院起诉。人民法院应当通知商标裁定程序的对方当事人作为第三人参加诉讼。

第四十五条 【违反相对拒绝注册理由的无效程序】已经注册的商标,违反本法第十三条第二款和第三款、第十五条、第十六条第一款、第三十条、第三十一条、第三十二条规定的,自商标注册之日起五年内,在先权利人或者利害关系人可以请求商标评审委员会宣告该注册商标无效。对恶意注册的,驰名商标所有人不受五年的时间限制。

商标评审委员会收到宣告注册商标无效的申请后,应当书面通知有关当事人,并限期提出答辩。商标评审委员会应当自收到申请之日起十二个月内做出维持注册商标或者宣告注册商标无效的裁定,并书面通知当事人。有特殊情况需要延长的,经国务院工商行政管理部门批准,可以延长六个月。当事人对商标评审委员会的裁定不服的,可以自收到通知之日起三十日内向人民法院起诉。人民法院应当通知商标裁定程序的对方当事人作为第三人参加诉讼。

商标评审委员会在依照前款规定对无效宣告请求进行审查的过程中,所涉及的在先权利的确定必须以人民法院正在审理或者行政机关正在处理的另一案件的结果为依据的,可以中止审查。中止原因消除后,应当恢复审查程序。

第四十六条 【无效审查决定、裁定的生效】法定期限届满,当事人对商标局宣告注册商标无效的决定不申请复审或者对商标评审委员会的复审决定、维持注册商标或者宣告注册商标无效的裁定不向人民法院起诉的,商标局的决定或者商标评审委员会的复审决定、裁定生效。

第四十七条 【商标无效的法律效力】依照本法第四十四条、第四十五条的规定宣告无效的注册商标,由商标局予以公告,该注册商标专用权视为自始即不存在。

宣告注册商标无效的决定或者裁定,对宣告无效前人民法院做出并已执行的商标侵权案件的判决、裁定、调解书和工商行政管理部门做出并已执行的商标侵权案件的处理决定以及已经履行的商标转让或者使用许可合同不具有追溯力。但是,因商标注册人的恶意给他人造成的损失,应当给予赔偿。

依照前款规定不返还商标侵权赔偿金、商标转让费、商标使用费,明显违反公平原则的,应当全部或者部分返还。

第六章 商标使用的管理

第四十八条 【商标使用】本法所称商标的使用,是指将商标用于商品、商品包装或者容器以及商品交易文书上,或者将商标用于广告宣传、展览以及其他商业活动中,用于识别商品来源的行为。

第四十九条 【注册商标的撤销】商标注册人在使用注册商标的过程中,自行改变注册商标、注册人名义、地址或者其他注册事项的,由地方工商行政管理部门责令限期改正;期满不改正的,由商标局撤销其注册商标。

注册商标成为其核定使用的商品的通用名称或者没有正当理由连续三年不使用的,任何单位或者个人可以向商标局申请撤销该注册商标。商标局应当自收到申请之日起九个月内做出决定。有特殊情况需要延长的,经国务院工商行政管理部门批准,可以延长三个月。

第五十条 【一年内不予核准】注册商标被撤销、被宣告无效或者期满不再续展的,自撤销、宣告无效或者注销之日起一年内,商标局对与该商标相同或者近似的商标注册申请,不予核准。

第五十一条 【违反强制注册规定的法律责任】违反本法第六条规定的,由地方工商行政管理部门责令限期申请注册,违法经营额五万元以上的,可以处违法经营额百分之二十以下的罚款,没有违法经营额或者违法经营额不足五万元的,可以处一万元以下的罚款。

第五十二条 【不当使用未注册商标的法律责任】将未注册商标冒充注册商标使用的,或者使用未注册商标违反本法第十条规定的,由地方工商行政管理部门予以制止,限期改正,并可以予以通报,违法经营额五万元以上的,可以处违法经营额百分之二十以下的罚款,没有违法经营额或者违法经营额不足五万元的,可以处一万元以下的罚款。

第五十三条 【违法使用“驰名商标”字样的法律责任】违反本法第十四条第五款规定的,由地方工商行政管理部门责令改正,处十万元罚款。

第五十四条 【撤销决定的救济程序】对商标局撤销或者不予撤销注册商标的决定,当事人不服的,可以自收到通知之日起十五日内向商标评审委员会申请复审。商标评审委员会应当自收到申请之日起九个月内做出决定,并书面通知当事人。有特殊情况需要延长的,经国务院工商行政管理部门批准,可以延长三个月。当事人对商标评审委员会的决定不服的，可以自收到通知之日起三十日内向人民法院起诉。

第五十五条　【撤销决定的生效及其效力】法定期限届满，当事人对商标局做出的撤销注册商标的决定不申请复审或者对商标评审委员会做出的复审决定不向人民法院起诉的，撤销注册商标的决定、复审决定生效。

被撤销的注册商标，由商标局予以公告，该注册商标专用权自公告之日起终止。

第七章　注册商标专用权的保护

第五十六条　【保护范围】注册商标的专用权，以核准注册的商标和核定使用的商品为限。

第五十七条　【商标侵权的情形】有下列行为之一的，均属侵犯注册商标专用权：

（一）未经商标注册人的许可，在同一种商品上使用与其注册商标相同的商标的；

（二）未经商标注册人的许可，在同一种商品上使用与其注册商标近似的商标，或者在类似商品上使用与其注册商标相同或者近似的商标，容易导致混淆的；

（三）销售侵犯注册商标专用权的商品的；

（四）伪造、擅自制造他人注册商标标识或者销售伪造、擅自制造的注册商标标识的；

（五）未经商标注册人同意，更换其注册商标并将该更换商标的商品又投入市场的；

（六）故意为侵犯他人商标专用权行为提供便利条件，帮助他人实施侵犯商标专用权行为的；

（七）给他人的注册商标专用权造成其他损害的。

第五十八条　【将商标用作企业字号】将他人注册商标、未注册的驰名商标作为企业名称中的字号使用，误导公众，构成不正当竞争行为的，依照《中华人民共和国反不正当竞争法》处理。

第五十九条　【注册商标专用权的限制】注册商标中含有的本商品的通用名称、图形、型号，或者直接表示商品的质量、主要原料、功能、用途、重量、数量及其他特点，或者含有的地名，注册商标专用权人无权禁止他人正当使用。

三维标志注册商标中含有的商品自身的性质产生的形状、为获得技术效果而需有的商品形状或者使商品具有实质性价值的形状，注册商标专用权人无权禁止他人正当使用。

商标注册人申请商标注册前，他人已经在同一种商品或者类似商品上先于商标注册人使用与注册商标相同或者近似并有一定影响的商标的，注册商标专用权人无权禁止该使用人在原使用范围内继续使用该商标，但可以要求其附加适当区别标识。

第六十条　【商标侵权的处理】有本法第五十七条所列侵犯注册商标专用权行为之一，引起纠纷的，由当事人协商解决；不愿协商或者协商不成的，商标注册人或者利害关系人可以向人民法院起诉，也可以请求工商行政管理部门处理。

工商行政管理部门处理时，认定侵权行为成立的，责令立即停止侵权行为，没收、销毁侵权商品和主要用于制造侵权商品、伪造注册商标标识的工具，违法经营额五万元以上的，可以处违法经营额五倍以下的罚款，没有违法经营额或者违法经营额不足五万元的，可以处二十五万元以下的罚款。对五年内实施两次以上商标侵权行为或者有其他严重情节的，应当从重处罚。销售不知道是侵犯注册商标专用权的商品，能证明该商品是自己合法取得并说明提供者的，由工商行政管理部门责令停止销售。

对侵犯商标专用权的赔偿数额的争议，当事人可以请求进行处理的工商行政管理部门调解，也可以依照《中华人民共和国民事诉讼法》向人民法院起诉。经工商行政管理部门调解，当事人未达成协议或者调解书生效后不履行的，当事人可以依照《中华人民共和国民事诉讼法》向人民法院起诉。

第六十一条　【商标侵权的查处和司法移送】对侵犯注册商标专用权的行为，工商行政管理部门有权依法查处；涉嫌犯罪的，应当及时移送司法机关依法处理。

第六十二条　【工商部门的职权及中止查处】县级以上工商行政管理部门根据已经取得的违法嫌疑证据或者举报，对涉嫌侵犯他人注册商标专用权的行为进行查处时，可以行使下列职权：

（一）询问有关当事人，调查与侵犯他人注册商标专用权有关的情况；

（二）查阅、复制当事人与侵权活动有关的合同、发票、账簿以及其他有关资料；

（三）对当事人涉嫌从事侵犯他人注册商标专用权活动的场所实施现场检查；

（四）检查与侵权活动有关的物品；对有证据证明是侵犯他人注册商标专用权的物品，可以查封或者扣押。

工商行政管理部门依法行使前款规定的职权时，当事人应当予以协助、配合，不得拒绝、阻挠。

在查处商标侵权案件过程中，对商标权属存在争议或者权利人同时向人民法院提起商标侵权诉讼的，工商行政管理部门可以中止案件的查处。中止原因消除后，应当恢复或者终结案件查处程序。

第六十三条　【商标侵权的赔偿数额】侵犯商标专用权的赔偿数额，按照权利人因被侵权所受到的实际损失确定；实际损失难以确定的，可以按照侵权人因侵权所获得的利益确定；权利人的损失或者侵权人获得的利益难以确定的，参照该商标许可使用费的倍数合理确定。对恶意侵犯商标专用权、情节严重的，可以在按照上述方法确定数额的一倍以上三倍以下确定赔偿数额。赔偿数额应当包括权利人为制止侵权行为所支付的合理开支。

人民法院为确定赔偿数额,在权利人已经尽力举证,而与侵权行为相关的账簿、资料主要由侵权人掌握的情况下,可以责令侵权人提供与侵权行为相关的账簿、资料;侵权人不提供或者提供虚假的账簿、资料的,人民法院可以参考权利人的主张和提供的证据判定赔偿数额。

权利人因被侵权所受到的实际损失、侵权人因侵权所获得的利益、注册商标许可使用费难以确定的,由人民法院根据侵权行为的情节判决给予三百万元以下的赔偿。

第六十四条　【不承担赔偿责任的情形】注册商标专用权人请求赔偿,被控侵权人以注册商标专用权人未使用注册商标提出抗辩的,人民法院可以要求注册商标专用权人提供此前三年内实际使用该注册商标的证据。注册商标专用权人不能证明此前三年内实际使用过该注册商标,也不能证明因侵权行为受到其他损失的,被控侵权人不承担赔偿责任。

销售不知道是侵犯注册商标专用权的商品,能证明该商品是自己合法取得并说明提供者的,不承担赔偿责任。

第六十五条　【诉前临时措施】商标注册人或者利害关系人有证据证明他人正在实施或者即将实施侵犯其注册商标专用权的行为,如不及时制止将会使其合法权益受到难以弥补的损害的,可以依法在起诉前向人民法院申请采取责令停止有关行为和财产保全的措施。

第六十六条　【诉前证据保全】为制止侵权行为,在证据可能灭失或者以后难以取得的情况下,商标注册人或者利害关系人可以依法在起诉前向人民法院申请保全证据。

第六十七条　【刑事责任】未经商标注册人许可,在同一种商品上使用与其注册商标相同的商标,构成犯罪的,除赔偿被侵权人的损失外,依法追究刑事责任。

伪造、擅自制造他人注册商标标识或者销售伪造、擅自制造的注册商标标识,构成犯罪的,除赔偿被侵权人的损失外,依法追究刑事责任。

销售明知是假冒注册商标的商品,构成犯罪的,除赔偿被侵权人的损失外,依法追究刑事责任。

第六十八条　【商标代理机构的法律责任】商标代理机构有下列行为之一的,由工商行政管理部门责令限期改正,给予警告,处一万元以上十万元以下的罚款;对直接负责的主管人员和其他直接责任人员给予警告,处五千元以上五万元以下的罚款;构成犯罪的,依法追究刑事责任:

(一)办理商标事宜过程中,伪造、变造或者使用伪造、变造的法律文件、印章、签名的;

(二)以诋毁其他商标代理机构等手段招徕商标代理业务或者以其他不正当手段扰乱商标代理市场秩序的;

(三)违反本法第十九条第三款、第四款规定的。

商标代理机构有前款规定行为的,由工商行政管理部门记入信用档案;情节严重的,商标局、商标评审委员会并可以决定停止受理其办理商标代理业务,予以公告。

商标代理机构违反诚实信用原则,侵害委托人合法利益的,应当依法承担民事责任,并由商标代理行业组织依照章程规定予以惩戒。

第六十九条　【国家机关工作人员的行为规范】从事商标注册、管理和复审工作的国家机关工作人员必须秉公执法,廉洁自律,忠于职守,文明服务。

商标局、商标评审委员会以及从事商标注册、管理和复审工作的国家机关工作人员不得从事商标代理业务和商品生产经营活动。

第七十条　【工商部门的内部监督】工商行政管理部门应当建立健全内部监督制度,对负责商标注册、管理和复审工作的国家机关工作人员执行法律、行政法规和遵守纪律的情况,进行监督检查。

第七十一条　【国家机关工作人员的法律责任】从事商标注册、管理和复审工作的国家机关工作人员玩忽职守、滥用职权、徇私舞弊,违法办理商标注册、管理和复审事项,收受当事人财物,牟取不正当利益,构成犯罪的,依法追究刑事责任;尚不构成犯罪的,依法给予处分。

第八章　附　　则

第七十二条　【费用】申请商标注册和办理其他商标事宜的,应当缴纳费用,具体收费标准另定。

第七十三条　【施行日期及效力】本法自1983年3月1日起施行。1963年4月10日国务院公布的《商标管理条例》同时废止;其他有关商标管理的规定,凡与本法抵触的,同时失效。

本法施行前已经注册的商标继续有效。

中华人民共和国
商标法实施条例

1. 2002年8月3日国务院令第358号公布
2. 2014年4月29日国务院令第651号修订
3. 自2014年5月1日起施行

第一章　总　　则

第一条　根据《中华人民共和国商标法》(以下简称商标法),制定本条例。

第二条　本条例有关商品商标的规定,适用于服务商标。

第三条　商标持有人依照商标法第十三条规定请求驰名商标保护的,应当提交其商标构成驰名商标的证据材料。商标局、商标评审委员会应当依照商标法第十四条的规定,根据审查、处理案件的需要以及当事人提交的证据材料,对其商标驰名情况作出认定。

第四条　商标法第十六条规定的地理标志,可以依照商标法和本条例的规定,作为证明商标或者集体商标申请注册。

以地理标志作为证明商标注册的,其商品符合使用该地理标志条件的自然人、法人或者其他组织可以要求使用该证明商标,控制该证明商标的组织应当允许。以地理标志作为集体商标注册的,其商品符合使用该地理标志条件的自然人、法人或者其他组织,可以要求参加以该地理标志作为集体商标注册的团体、协会或者其他组织,该团体、协会或者其他组织应当依据其章程接纳为会员;不要求参加以该地理标志作为集体商标注册的团体、协会或者其他组织的,也可以正当使用该地理标志,该团体、协会或者其他组织无权禁止。

第五条 当事人委托商标代理机构申请商标注册或者办理其他商标事宜,应当提交代理委托书。代理委托书应当载明代理内容及权限;外国人或者外国企业的代理委托书还应当载明委托人的国籍。

外国人或者外国企业的代理委托书及与其有关的证明文件的公证、认证手续,按照对等原则办理。

申请商标注册或者转让商标,商标注册申请人或者商标转让受让人为外国人或者外国企业的,应当在申请书中指定中国境内接收人负责接收商标局、商标评审委员会后继商标业务的法律文件。商标局、商标评审委员会后继商标业务的法律文件向中国境内接收人送达。

商标法第十八条所称外国人或者外国企业,是指在中国没有经常居所或者营业所的外国人或者外国企业。

第六条 申请商标注册或者办理其他商标事宜,应当使用中文。

依照商标法和本条例规定提交的各种证件、证明文件和证据材料是外文的,应当附送中文译文;未附送的,视为未提交该证件、证明文件或者证据材料。

第七条 商标局、商标评审委员会工作人员有下列情形之一的,应当回避,当事人或者利害关系人可以要求其回避:

(一)是当事人或者当事人、代理人的近亲属的;

(二)与当事人、代理人有其他关系,可能影响公正的;

(三)与申请商标注册或者办理其他商标事宜有利害关系的。

第八条 以商标法第二十二条规定的数据电文方式提交商标注册申请等有关文件,应当按照商标局或者商标评审委员会的规定通过互联网提交。

第九条 除本条例第十八条规定的情形外,当事人向商标局或者商标评审委员会提交文件或者材料的日期,直接递交的,以递交日为准;邮寄的,以寄出的邮戳日为准;邮戳日不清晰或者没有邮戳的,以商标局或者商标评审委员会实际收到日为准,但是当事人能够提出实际邮戳日证据的除外。通过邮政企业以外的快递企业递交的,以快递企业收寄日为准;收寄日不明确的,以商标局或者商标评审委员会实际收到日为准,但是当事人能够提出实际收寄日证据的除外。以数据电文方式提交的,以进入商标局或者商标评审委员会电子系统的日期为准。

当事人向商标局或者商标评审委员会邮寄文件,应当使用给据邮件。

当事人向商标局或者商标评审委员会提交文件,以书面方式提交的,以商标局或者商标评审委员会所存档案记录为准;以数据电文方式提交的,以商标局或者商标评审委员会数据库记录为准,但是当事人确有证据证明商标局或者商标评审委员会档案、数据库记录有错误的除外。

第十条 商标局或者商标评审委员会的各种文件,可以通过邮寄、直接递交、数据电文或者其他方式送达当事人;以数据电文方式送达当事人的,应当经当事人同意。当事人委托商标代理机构的,文件送达商标代理机构视为送达当事人。

商标局或者商标评审委员会向当事人送达各种文件的日期,邮寄的,以当事人收到的邮戳日为准;邮戳日不清晰或者没有邮戳的,自文件发出之日起满15日视为送达当事人,但是当事人能够证明实际收到日的除外;直接递交的,以递交日为准;以数据电文方式送达的,自文件发出之日起满15日视为送达当事人,但是当事人能够证明文件进入其电子系统日期的除外。文件通过上述方式无法送达的,可以通过公告方式送达,自公告发布之日起满30日,该文件视为送达当事人。

第十一条 下列期间不计入商标审查、审理期限:

(一)商标局、商标评审委员会文件公告送达的期间;

(二)当事人需要补充证据或者补正文件的期间以及因当事人更换需要重新答辩的期间;

(三)同日申请提交使用证据及协商、抽签需要的期间;

(四)需要等待优先权确定的期间;

(五)审查、审理过程中,依案件申请人的请求等待在先权利案件审理结果的期间。

第十二条 除本条第二款规定的情形外,商标法和本条例规定的各种期限开始的当日不计算在期限内。期限以年或者月计算的,以期限最后一月的相应日为期限届满日;该月无相应日的,以该月最后一日为期限届满日;期限届满日是节假日的,以节假日后的第一个工作日为期限届满日。

商标法第三十九条、第四十条规定的注册商标有效期从法定日开始起算,期限最后一月相应日的前一日为期限届满日,该月无相应日的,以该月最后一日为期限届满日。

第二章 商标注册的申请

第十三条 申请商标注册,应当按照公布的商品和服务分类表填报。每一件商标注册申请应当向商标局提交《商标注册申请书》1份、商标图样1份;以颜色组合或者着色图样申请商标注册的,应当提交着色图样,并提交黑白稿1份;不指定颜色的,应当提交黑白图样。

商标图样应当清晰,便于粘贴,用光洁耐用的纸张印制或者用照片代替,长和宽应当不大于10厘米,不小于5厘米。

以三维标志申请商标注册的,应当在申请书中予以声明,说明商标的使用方式,并提交能够确定三维形状的图样,提交的商标图样应当至少包含三面视图。

以颜色组合申请商标注册的,应当在申请书中予以声明,说明商标的使用方式。

以声音标志申请商标注册的,应当在申请书中予以声明,提交符合要求的声音样本,对申请注册的声音商标进行描述,说明商标的使用方式。对声音商标进行描述,应当以五线谱或者简谱对申请用作商标的声音加以描述并附加文字说明;无法以五线谱或者简谱描述的,应当以文字加以描述;商标描述与声音样本应当一致。

申请注册集体商标、证明商标的,应当在申请书中予以声明,并提交主体资格证明文件和使用管理规则。

商标为外文或者包含外文的,应当说明含义。

第十四条　申请商标注册的,申请人应当提交其身份证明文件。商标注册申请人的名义与所提交的证明文件应当一致。

前款关于申请人提交其身份证明文件的规定适用于向商标局提出的办理变更、转让、续展、异议、撤销等其他商标事宜。

第十五条　商品或者服务项目名称应当按照商品和服务分类表中的类别号、名称填写;商品或者服务项目名称未列入商品和服务分类表的,应当附送对该商品或者服务的说明。

商标注册申请等有关文件以纸质方式提出的,应当打字或者印刷。

本条第二款规定适用于办理其他商标事宜。

第十六条　共同申请注册同一商标或者办理其他共有商标事宜的,应当在申请书中指定一个代表人;没有指定代表人的,以申请书中顺序排列的第一人为代表人。

商标局和商标评审委员会的文件应当送达代表人。

第十七条　申请人变更其名义、地址、代理人、文件接收人或者删减指定的商品的,应当向商标局办理变更手续。

申请人转让其商标注册申请的,应当向商标局办理转让手续。

第十八条　商标注册的申请日期以商标局收到申请文件的日期为准。

商标注册申请手续齐备、按照规定填写申请文件并缴纳费用的,商标局予以受理并书面通知申请人;申请手续不齐备、未按照规定填写申请文件或者未缴纳费用的,商标局不予受理,书面通知申请人并说明理由。申请手续基本齐备或者申请文件基本符合规定,但是需要补正的,商标局通知申请人予以补正,限其自收到通知之日起30日内,按照指定内容补正并交回商标局。在规定期限内补正并交回商标局的,保留申请日期;期满未补正的或者不按照要求进行补正的,商标局不予受理并书面通知申请人。

本条第二款关于受理条件的规定适用于办理其他商标事宜。

第十九条　两个或者两个以上的申请人,在同一种商品或者类似商品上,分别以相同或者近似的商标在同一天申请注册的,各申请人应当自收到商标局通知之日起30日内提交其申请注册前在先使用该商标的证据。同日使用或者均未使用的,各申请人可以自收到商标局通知之日起30日内自行协商,并将书面协议报送商标局;不愿协商或者协商不成的,商标局通知各申请人以抽签的方式确定一个申请人,驳回其他人的注册申请。商标局已经通知但申请人未参加抽签的,视为放弃申请,商标局应当书面通知未参加抽签的申请人。

第二十条　依照商标法第二十五条规定要求优先权的,申请人提交的第一次提出商标注册申请文件的副本应当经受理该申请的商标主管机关证明,并注明申请日期和申请号。

第三章　商标注册申请的审查

第二十一条　商标局对受理的商标注册申请,依照商标法及本条例的有关规定进行审查,对符合规定或者在部分指定商品上使用商标的注册申请符合规定的,予以初步审定,并予以公告;对不符合规定或者在部分指定商品上使用商标的注册申请不符合规定的,予以驳回或者驳回在部分指定商品上使用商标的注册申请,书面通知申请人并说明理由。

第二十二条　商标局对一件商标注册申请在部分指定商品上予以驳回的,申请人可以将该申请中初步审定的部分申请分割成另一件申请,分割后的申请保留原申请的申请日期。

需要分割的,申请人应当自收到商标局《商标注册申请部分驳回通知书》之日起15日内,向商标局提出分割申请。

商标局收到分割申请后,应当将原申请分割为两件,对分割出来的初步审定申请生成新的申请号,并予以公告。

第二十三条　依照商标法第二十九条规定,商标局认为对商标注册申请内容需要说明或者修正的,申请人应当自收到商标局通知之日起15日内作出说明或者修正。

第二十四条　对商标局初步审定予以公告的商标提出异议的,异议人应当向商标局提交下列商标异议材料一式两份并标明正、副本:

(一)商标异议申请书;

(二)异议人的身份证明;

(三)以违反商标法第十三条第二款和第三款、第十五条、第十六条第一款、第三十条、第三十一条、第三十二条规定为由提出异议的,异议人作为在先权利人或者利害关系人的证明。

商标异议申请书应当有明确的请求和事实依据，并附送有关证据材料。

第二十五条 商标局收到商标异议申请书后，经审查，符合受理条件的，予以受理，向申请人发出受理通知书。

第二十六条 商标异议申请有下列情形的，商标局不予受理，书面通知申请人并说明理由：

（一）未在法定期限内提出的；

（二）申请人主体资格、异议理由不符合商标法第三十三条规定的；

（三）无明确的异议理由、事实和法律依据的；

（四）同一异议人以相同的理由、事实和法律依据针对同一商标再次提出异议申请的。

第二十七条 商标局应当将商标异议材料副本及时送交被异议人，限其自收到商标异议材料副本之日起30日内答辩。被异议人不答辩的，不影响商标局作出决定。

当事人需要在提出异议申请或者答辩后补充有关证据材料的，应当在商标异议申请书或者答辩书中声明，并自提交商标异议申请书或者答辩书之日起3个月内提交；期满未提交的，视为当事人放弃补充有关证据材料。但是，在期满后生成或者当事人有其他正当理由未能在期满前提交的证据，在期满后提交的，商标局将证据交对方当事人并质证后可以采信。

第二十八条 商标法第三十五条第三款和第三十六条第一款所称不予注册决定，包括在部分指定商品上不予注册决定。

被异议商标在商标局作出准予注册决定或者不予注册决定前已经刊发注册公告的，撤销该注册公告。经审查异议不成立而准予注册的，在准予注册决定生效后重新公告。

第二十九条 商标注册申请人或者商标注册人依照商标法第三十八条规定提出更正申请的，应当向商标局提交更正申请书。符合更正条件的，商标局核准后更正相关内容；不符合更正条件的，商标局不予核准，书面通知申请人并说明理由。

已经刊发初步审定公告或者注册公告的商标经更正的，刊发更正公告。

第四章 注册商标的变更、转让、续展

第三十条 变更商标注册人名义、地址或者其他注册事项的，应当向商标局提交变更申请书。变更商标注册人名义的，还应当提交有关登记机关出具的变更证明文件。商标局核准的，发给商标注册人相应证明，并予以公告；不予核准的，应当书面通知申请人并说明理由。

变更商标注册人名义或者地址的，商标注册人应当将其全部注册商标一并变更；未一并变更的，由商标局通知其限期改正；期满未改正的，视为放弃变更申请，商标局应当书面通知申请人。

第三十一条 转让注册商标的，转让人和受让人应当向商标局提交转让注册商标申请书。转让注册商标申请手续应当由转让人和受让人共同办理。商标局核准转让注册商标申请的，发给受让人相应证明，并予以公告。

转让注册商标，商标注册人对其在同一种或者类似商品上注册的相同或者近似的商标未一并转让的，由商标局通知其限期改正；期满未改正的，视为放弃转让该注册商标的申请，商标局应当书面通知申请人。

第三十二条 注册商标专用权因转让以外的继承等其他事由发生移转的，接受该注册商标专用权的当事人应当凭有关证明文件或者法律文书到商标局办理注册商标专用权移转手续。

注册商标专用权移转的，注册商标专用权人在同一种或者类似商品上注册的相同或者近似的商标，应当一并移转；未一并移转的，由商标局通知其限期改正；期满未改正的，视为放弃该移转注册商标的申请，商标局应当书面通知申请人。

商标移转申请经核准的，予以公告。接受该注册商标专用权移转的当事人自公告之日起享有商标专用权。

第三十三条 注册商标需要续展注册的，应当向商标局提交商标续展注册申请书。商标局核准商标注册续展申请的，发给相应证明并予以公告。

第五章 商标国际注册

第三十四条 商标法第二十一条规定的商标国际注册，是指根据《商标国际注册马德里协定》（以下简称马德里协定）、《商标国际注册马德里协定有关议定书》（以下简称马德里议定书）及《商标国际注册马德里协定及该协定有关议定书的共同实施细则》的规定办理的马德里商标国际注册。

马德里商标国际注册申请包括以中国为原属国的商标国际注册申请、指定中国的领土延伸申请及其他有关的申请。

第三十五条 以中国为原属国申请商标国际注册的，应当在中国设有真实有效的营业所，或者在中国有住所，或者拥有中国国籍。

第三十六条 符合本条例第三十五条规定的申请人，其商标已在商标局获得注册的，可以根据马德里协定申请办理该商标的国际注册。

符合本条例第三十五条规定的申请人，其商标已在商标局获得注册，或者已向商标局提出商标注册申请并被受理的，可以根据马德里议定书申请办理该商标的国际注册。

第三十七条 以中国为原属国申请商标国际注册的，应当通过商标局向世界知识产权组织国际局（以下简称国际局）

申请办理。

以中国为原属国的,与马德里协定有关的商标国际注册的后期指定、放弃、注销,应当通过商标局向国际局申请办理;与马德里协定有关的商标国际注册的转让、删减、变更、续展,可以通过商标局向国际局申请办理,也可以直接向国际局申请办理。

以中国为原属国的,与马德里议定书有关的商标国际注册的后期指定、转让、删减、放弃、注销、变更、续展,可以通过商标局向国际局申请办理,也可以直接向国际局申请办理。

第三十八条　通过商标局向国际局申请商标国际注册及办理其他有关申请的,应当提交符合国际局和商标局要求的申请书和相关材料。

第三十九条　商标国际注册申请指定的商品或者服务不得超出国内基础申请或者基础注册的商品或者服务的范围。

第四十条　商标国际注册申请手续不齐备或者未按照规定填写申请书的,商标局不予受理,申请日不予保留。

申请手续基本齐备或者申请书基本符合规定,但需要补正的,申请人应当自收到补正通知书之日起30日内予以补正,逾期未补正的,商标局不予受理,书面通知申请人。

第四十一条　通过商标局向国际局申请商标国际注册及办理其他有关申请的,应当按照规定缴纳费用。

申请人应当自收到商标局缴费通知单之日起15日内,向商标局缴纳费用。期满未缴纳的,商标局不受理其申请,书面通知申请人。

第四十二条　商标局在马德里协定或者马德里议定书规定的驳回期限(以下简称驳回期限)内,依照商标法和本条例的有关规定对指定中国的领土延伸申请进行审查,作出决定,并通知国际局。商标局在驳回期限内未发出驳回或者部分驳回通知的,该领土延伸申请视为核准。

第四十三条　指定中国的领土延伸申请人,要求将三维标志、颜色组合、声音标志作为商标保护或者要求保护集体商标、证明商标的,自该商标在国际局国际注册簿登记之日起3个月内,应当通过依法设立的商标代理机构,向商标局提交本条例第十三条规定的相关材料。未在上述期限内提交相关材料的,商标局驳回该领土延伸申请。

第四十四条　世界知识产权组织对商标国际注册有关事项进行公告,商标局不再另行公告。

第四十五条　对指定中国的领土延伸申请,自世界知识产权组织《国际商标公告》出版的次月1日起3个月内,符合商标法第三十三条规定条件的异议人可以向商标局提出异议申请。

商标局在驳回期限内将异议申请的有关情况以驳回决定的形式通知国际局。

被异议人可以自收到国际局转发的驳回通知书之日起30日内进行答辩,答辩书及相关证据材料应当通过依法设立的商标代理机构向商标局提交。

第四十六条　在中国获得保护的国际注册商标,有效期自国际注册日或者后期指定日起算。在有效期届满前,注册人可以向国际局申请续展,在有效期内未申请续展的,可以给予6个月的宽展期。商标局收到国际局的续展通知后,依法进行审查。国际局通知未续展的,注销该国际注册商标。

第四十七条　指定中国的领土延伸申请办理转让的,受让人应当在缔约方境内有真实有效的营业所,或者在缔约方境内有住所,或者是缔约方国民。

转让人未将其在相同或者类似商品或者服务上的相同或者近似商标一并转让的,商标局通知注册人自发出通知之日起3个月内改正;期满未改正或者转让容易引起混淆或者有其他不良影响的,商标局作出该转让在中国无效的决定,并向国际局作出声明。

第四十八条　指定中国的领土延伸申请办理删减,删减后的商品或者服务不符合中国有关商品或者服务分类要求或者超出原指定商品或者服务范围的,商标局作出该删减在中国无效的决定,并向国际局作出声明。

第四十九条　依照商标法第四十九条第二款规定申请撤销国际注册商标,应当自该商标国际注册申请的驳回期限届满之日起满3年后向商标局提出申请;驳回期限届满时仍处在驳回复审或者异议相关程序的,应当自商标局或者商标评审委员会作出的准予注册决定生效之日起满3年后向商标局提出申请。

依照商标法第四十四条第一款规定申请宣告国际注册商标无效的,应当自该商标国际注册申请的驳回期限届满后向商标评审委员会提出申请;驳回期限届满时仍处在驳回复审或者异议相关程序的,应当自商标局或者商标评审委员会作出的准予注册决定生效后向商标评审委员会提出申请。

依照商标法第四十五条第一款规定申请宣告国际注册商标无效的,应当自该商标国际注册申请的驳回期限届满之日起5年内向商标评审委员会提出申请;驳回期限届满时仍处在驳回复审或者异议相关程序的,应当自商标局或者商标评审委员会作出的准予注册决定生效之日起5年内向商标评审委员会提出申请。对恶意注册的,驰名商标所有人不受5年的时间限制。

第五十条　商标法和本条例下列条款的规定不适用于办理商标国际注册相关事宜:

(一)商标法第二十八条、第三十五条第一款关于审查和审理期限的规定;

(二)本条例第二十二条、第三十条第二款;

(三)商标法第四十二条及本条例第三十一条关于商标转让由转让人和受让人共同申请并办理手续的规定。

第六章　商标评审

第五十一条　商标评审是指商标评审委员会依照商标法第

三十四条、第三十五条、第四十四条、第四十五条、第五十四条的规定审理有关商标争议事宜。当事人向商标评审委员会提出商标评审申请，应当有明确的请求、事实、理由和法律依据，并提供相应证据。

商标评审委员会根据事实，依法进行评审。

第五十二条 商标评审委员会审理不服商标局驳回商标注册申请决定的复审案件，应当针对商标局的驳回决定和申请人申请复审的事实、理由、请求及评审时的事实状态进行审理。

商标评审委员会审理不服商标局驳回商标注册申请决定的复审案件，发现申请注册的商标有违反商标法第十条、第十一条、第十二条和第十六条第一款规定情形，商标局并未依据上述条款作出驳回决定的，可以依据上述条款作出驳回申请的复审决定。商标评审委员会作出复审决定前应当听取申请人的意见。

第五十三条 商标评审委员会审理不服商标局不予注册决定的复审案件，应当针对商标局的不予注册决定和申请人申请复审的事实、理由、请求及原异议人提出的意见进行审理。

商标评审委员会审理不服商标局不予注册决定的复审案件，应当通知原异议人参加并提出意见。原异议人的意见对案件审理结果有实质影响的，可以作为评审的依据；原异议人不参加或者不提出意见的，不影响案件的审理。

第五十四条 商标评审委员会审理依照商标法第四十四条、第四十五条规定请求宣告注册商标无效的案件，应当针对当事人申请和答辩的事实、理由及请求进行审理。

第五十五条 商标评审委员会审理不服商标局依照商标法第四十四条第一款规定作出宣告注册商标无效决定的复审案件，应当针对商标局的决定和申请人申请复审的事实、理由及请求进行审理。

第五十六条 商标评审委员会审理不服商标局依照商标法第四十九条规定作出撤销或者维持注册商标决定的复审案件，应当针对商标局作出撤销或者维持注册商标决定和当事人申请复审时所依据的事实、理由及请求进行审理。

第五十七条 申请商标评审，应当向商标评审委员会提交申请书，并按照对方当事人的数量提交相应份数的副本；基于商标局的决定书申请复审的，还应当同时附送商标局的决定书副本。

商标评审委员会收到申请书后，经审查，符合受理条件的，予以受理；不符合受理条件的，不予受理，书面通知申请人并说明理由；需要补正的，通知申请人自收到通知之日起30日内补正。经补正仍不符合规定的，商标评审委员会不予受理，书面通知申请人并说明理由；期满未补正的，视为撤回申请，商标评审委员会应当书面通知申请人。

商标评审委员会受理商标评审申请后，发现不符合受理条件的，予以驳回，书面通知申请人并说明理由。

第五十八条 商标评审委员会受理商标评审申请后应当及时将申请书副本送交对方当事人，限其自收到申请书副本之日起30日内答辩；期满未答辩的，不影响商标评审委员会的评审。

第五十九条 当事人需要在提出评审申请或者答辩后补充有关证据材料的，应当在申请书或者答辩书中声明，并自提交申请书或者答辩书之日起3个月内提交；期满未提交的，视为放弃补充有关证据材料。但是，在期满后生成或者当事人有其他正当理由未能在期满前提交的证据，在期满后提交的，商标评审委员会将证据交对方当事人并质证后可以采信。

第六十条 商标评审委员会根据当事人的请求或者实际需要，可以决定对评审申请进行口头审理。

商标评审委员会决定对评审申请进行口头审理的，应当在口头审理15日前书面通知当事人，告知口头审理的日期、地点和评审人员。当事人应当在通知书指定的期限内作出答复。

申请人不答复也不参加口头审理的，其评审申请视为撤回，商标评审委员会应当书面通知申请人；被申请人不答复也不参加口头审理的，商标评审委员会可以缺席评审。

第六十一条 申请人在商标评审委员会作出决定、裁定前，可以书面向商标评审委员会要求撤回申请并说明理由，商标评审委员会认为可以撤回的，评审程序终止。

第六十二条 申请人撤回商标评审申请的，不得以相同的事实和理由再次提出评审申请。商标评审委员会对商标评审申请已经作出裁定或者决定的，任何人不得以相同的事实和理由再次提出评审申请。但是，经不予注册复审程序予以核准注册后向商标评审委员会提起宣告注册商标无效的除外。

第七章　商标使用的管理

第六十三条 使用注册商标，可以在商品、商品包装、说明书或者其他附着物上标明“注册商标”或者注册标记。

注册标记包括㊟和®。使用注册标记，应当标注在商标的右上角或者右下角。

第六十四条 《商标注册证》遗失或者破损的，应当向商标局提交补发《商标注册证》申请书。《商标注册证》遗失的，应当在《商标公告》上刊登遗失声明。破损的《商标注册证》，应当在提交补发申请时交回商标局。

商标注册人需要商标局补发商标变更、转让、续展证明，出具商标注册证明，或者商标申请人需要商标局出具优先权证明文件的，应当向商标局提交相应申请书。符合要求的，商标局发给相应证明；不符合要求的，商标局不予办理，通知申请人并告知理由。

伪造或者变造《商标注册证》或者其他商标证明文件的,依照刑法关于伪造、变造国家机关证件罪或者其他罪的规定,依法追究刑事责任。

第六十五条　有商标法第四十九条规定的注册商标成为其核定使用的商品通用名称情形的,任何单位或者个人可以向商标局申请撤销该注册商标,提交申请时应当附送证据材料。商标局受理后应当通知商标注册人,限其自收到通知之日起2个月内答辩;期满未答辩的,不影响商标局作出决定。

第六十六条　有商标法第四十九条规定的注册商标无正当理由连续3年不使用情形的,任何单位或者个人可以向商标局申请撤销该注册商标,提交申请时应当说明有关情况。商标局受理后应当通知商标注册人,限其自收到通知之日起2个月内提交该商标在撤销申请提出前使用的证据材料或者说明不使用的正当理由;期满未提供使用的证据材料或者证据材料无效并没有正当理由的,由商标局撤销其注册商标。

前款所称使用的证据材料,包括商标注册人使用注册商标的证据材料和商标注册人许可他人使用注册商标的证据材料。

以无正当理由连续3年不使用为由申请撤销注册商标的,应当自该注册商标注册公告之日起满3年后提出申请。

第六十七条　下列情形属于商标法第四十九条规定的正当理由:

(一)不可抗力;

(二)政府政策性限制;

(三)破产清算;

(四)其他不可归责于商标注册人的正当事由。

第六十八条　商标局、商标评审委员会撤销注册商标或者宣告注册商标无效,撤销或者宣告无效的理由仅及于部分指定商品的,对在该部分指定商品上使用的商标注册予以撤销或者宣告无效。

第六十九条　许可他人使用其注册商标的,许可人应当在许可合同有效期内向商标局备案并报送备案材料。备案材料应当说明注册商标使用许可人、被许可人、许可期限、许可使用的商品或者服务范围等事项。

第七十条　以注册商标专用权出质的,出质人与质权人应当签订书面质权合同,并共同向商标局提出质权登记申请,由商标局公告。

第七十一条　违反商标法第四十三条第二款规定的,由工商行政管理部门责令限期改正;逾期不改正的,责令停止销售,拒不停止销售的,处10万元以下的罚款。

第七十二条　商标持有人依照商标法第十三条规定请求驰名商标保护的,可以向工商行政管理部门提出请求。经商标局依照商标法第十四条规定认定为驰名商标的,由工商行政管理部门责令停止违反商标法第十三条规定使用商标的行为,收缴、销毁违法使用的商标标识;商标标识与商品难以分离的,一并收缴、销毁。

第七十三条　商标注册人申请注销其注册商标或者注销其商标在部分指定商品上的注册的,应当向商标局提交商标注销申请书,并交回原《商标注册证》。

商标注册人申请注销其注册商标或者注销其商标在部分指定商品上的注册,经商标局核准注销的,该注册商标专用权或者该注册商标专用权在该部分指定商品上的效力自商标局收到其注销申请之日起终止。

第七十四条　注册商标被撤销或者依照本条例第七十三条的规定被注销的,原《商标注册证》作废,并予以公告;撤销该商标在部分指定商品上的注册的,或者商标注册人申请注销其商标在部分指定商品上的注册的,重新核发《商标注册证》,并予以公告。

第八章　注册商标专用权的保护

第七十五条　为侵犯他人商标专用权提供仓储、运输、邮寄、印制、隐匿、经营场所、网络商品交易平台等,属于商标法第五十七条第六项规定的提供便利条件。

第七十六条　在同一种商品或者类似商品上将与他人注册商标相同或者近似的标志作为商品名称或者商品装潢使用,误导公众的,属于商标法第五十七条第二项规定的侵犯注册商标专用权的行为。

第七十七条　对侵犯注册商标专用权的行为,任何人可以向工商行政管理部门投诉或者举报。

第七十八条　计算商标法第六十条规定的违法经营额,可以考虑下列因素:

(一)侵权商品的销售价格;

(二)未销售侵权商品的标价;

(三)已查清侵权商品实际销售的平均价格;

(四)被侵权商品的市场中间价格;

(五)侵权人因侵权所产生的营业收入;

(六)其他能够合理计算侵权商品价值的因素。

第七十九条　下列情形属于商标法第六十条规定的能证明该商品是自己合法取得的情形:

(一)有供货单位合法签章的供货清单和货款收据且经查证属实或者供货单位认可的;

(二)有供销双方签订的进货合同且经查证已真实履行的;

(三)有合法进货发票且发票记载事项与涉案商品对应的;

(四)其他能够证明合法取得涉案商品的情形。

第八十条　销售不知道是侵犯注册商标专用权的商品,能证明该商品是自己合法取得并说明提供者的,由工商行政管理部门责令停止销售,并将案件情况通报侵权商品提供者所在地工商行政管理部门。

第八十一条　涉案注册商标权属正在商标局、商标评审委员会审理或者人民法院诉讼中,案件结果可能影响案件定性的,属于商标法第六十二条第三款规定的商标权属存在争议。

第八十二条 在查处商标侵权案件过程中,工商行政管理部门可以要求权利人对涉案商品是否为权利人生产或者其许可生产的产品进行辨认。

第九章 商标代理

第八十三条 商标法所称商标代理,是指接受委托人的委托,以委托人的名义办理商标注册申请、商标评审或者其他商标事宜。

第八十四条 商标法所称商标代理机构,包括经工商行政管理部门登记从事商标代理业务的服务机构和从事商标代理业务的律师事务所。

商标代理机构从事商标局、商标评审委员会主管的商标事宜代理业务的,应当按照下列规定向商标局备案:

(一)交验工商行政管理部门的登记证明文件或者司法行政部门批准设立律师事务所的证明文件并留存复印件;

(二)报送商标代理机构的名称、住所、负责人、联系方式等基本信息;

(三)报送商标代理从业人员名单及联系方式。

工商行政管理部门应当建立商标代理机构信用档案。商标代理机构违反商标法或者本条例规定的,由商标局或者商标评审委员会予以公开通报,并记入其信用档案。

第八十五条 商标法所称商标代理从业人员,是指在商标代理机构中从事商标代理业务的工作人员。

商标代理从业人员不得以个人名义自行接受委托。

第八十六条 商标代理机构向商标局、商标评审委员会提交的有关申请文件,应当加盖该代理机构公章并由相关商标代理从业人员签字。

第八十七条 商标代理机构申请注册或者受让其代理服务以外的其他商标,商标局不予受理。

第八十八条 下列行为属于商标法第六十八条第一款第二项规定的以其他不正当手段扰乱商标代理市场秩序的行为:

(一)以欺诈、虚假宣传、引人误解或者商业贿赂等方式招徕业务的;

(二)隐瞒事实,提供虚假证据,或者威胁、诱导他人隐瞒事实,提供虚假证据的;

(三)在同一商标案件中接受有利益冲突的双方当事人委托的。

第八十九条 商标代理机构有商标法第六十八条规定行为的,由行为人所在地或者违法行为发生地县级以上工商行政管理部门进行查处并将查处情况通报商标局。

第九十条 商标局、商标评审委员会依照商标法第六十八条规定停止受理商标代理机构办理商标代理业务的,可以作出停止受理该商标代理机构商标代理业务6个月以上直至永久停止受理的决定。停止受理商标代理业务的期间届满,商标局、商标评审委员会应当恢复受理。

商标局、商标评审委员会作出停止受理或者恢复受理商标代理的决定应当在其网站予以公告。

第九十一条 工商行政管理部门应当加强对商标代理行业组织的监督和指导。

第十章 附 则

第九十二条 连续使用至1993年7月1日的服务商标,与他人在相同或者类似的服务上已注册的服务商标相同或者近似的,可以继续使用;但是,1993年7月1日后中断使用3年以上的,不得继续使用。

已连续使用至商标局首次受理新放开商品或者服务项目之日的商标,与他人在新放开商品或者服务项目相同或者类似的商品或者服务上已注册的商标相同或者近似的,可以继续使用;但是,首次受理之日后中断使用3年以上的,不得继续使用。

第九十三条 商标注册用商品和服务分类表,由商标局制定并公布。

申请商标注册或者办理其他商标事宜的文件格式,由商标局、商标评审委员会制定并公布。

商标评审委员会的评审规则由国务院工商行政管理部门制定并公布。

第九十四条 商标局设置《商标注册簿》,记载注册商标及有关注册事项。

第九十五条 《商标注册证》及相关证明是权利人享有注册商标专用权的凭证。《商标注册证》记载的注册事项,应当与《商标注册簿》一致;记载不一致的,除有证据证明《商标注册簿》确有错误外,以《商标注册簿》为准。

第九十六条 商标局发布《商标公告》,刊发商标注册及其他有关事项。

《商标公告》采用纸质或者电子形式发布。

除送达公告外,公告内容自发布之日起视为社会公众已经知道或者应当知道。

第九十七条 申请商标注册或者办理其他商标事宜,应当缴纳费用。缴纳费用的项目和标准,由国务院财政部门、国务院价格主管部门分别制定。

第九十八条 本条例自2014年5月1日起施行。

最高人民法院关于审理商标民事纠纷案件适用法律若干问题的解释

1. 2002年10月12日最高人民法院审判委员会第1246次会议通过
2. 2002年10月12日公布
3. 法释[2002]32号
4. 自2002年10月16日起施行

为了正确审理商标纠纷案件,根据《中华人民共和国民法通则》、《中华人民共和国合同法》、《中华人民共和国商标法》、《中华人民共和国民事诉讼法》等法律的规定,就适用法律若干问题解释如下:

第一条 下列行为属于商标法第五十二条第(五)项规定的给他人注册商标专用权造成其他损害的行为:

(一)将与他人注册商标相同或者相近似的文字作为企业的字号在相同或者类似商品上突出使用,容易使相关公众产生误认的;

(二)复制、摹仿、翻译他人注册的驰名商标或其主要部分在不相同或者不相类似商品上作为商标使用,误导公众,致使该驰名商标注册人的利益可能受到损害的;

(三)将与他人注册商标相同或者相近似的文字注册为域名,并且通过该域名进行相关商品交易的电子商务,容易使相关公众产生误认的。

第二条 依据商标法第十三条第一款的规定,复制、摹仿、翻译他人未在中国注册的驰名商标或其主要部分,在相同或者类似商品上作为商标使用,容易导致混淆的,应当承担停止侵害的民事法律责任。

第三条 商标法第四十条规定的商标使用许可包括以下三类:

(一)独占使用许可,是指商标注册人在约定的期间、地域和以约定的方式,将该注册商标仅许可一个被许可人使用,商标注册人依约定不得使用该注册商标;

(二)排他使用许可,是指商标注册人在约定的期间、地域和以约定的方式,将该注册商标仅许可一个被许可人使用,商标注册人依约定可以使用该注册商标但不得另行许可他人使用该注册商标;

(三)普通使用许可,是指商标注册人在约定的期间、地域和以约定的方式,许可他人使用其注册商标,并可自行使用该注册商标和许可他人使用其注册商标。

第四条 商标法第五十三条规定的利害关系人,包括注册商标使用许可合同的被许可人、注册商标财产权利的合法继承人等。

在发生注册商标专用权被侵害时,独占使用许可合同的被许可人可以向人民法院提起诉讼;排他使用许可合同的被许可人可以和商标注册人共同起诉,也可以在商标注册人不起诉的情况下,自行提起诉讼;

普通使用许可合同的被许可人经商标注册人明确授权,可以提起诉讼。

第五条 商标注册人或者利害关系人在注册商标续展宽展期内提出续展申请,未获核准前,以他人侵犯其注册商标专用权提起诉讼的,人民法院应当受理。

第六条 因侵犯注册商标专用权行为提起的民事诉讼,由商标法第十三条、第五十二条所规定侵权行为的实施地、侵权商品的储藏地或者查封扣押地、被告住所地人民法院管辖。

前款规定的侵权商品的储藏地,是指大量或者经常性储存、隐匿侵权商品所在地;

查封扣押地,是指海关、工商等行政机关依法查封、扣押侵权商品所在地。

第七条 对涉及不同侵权行为实施地的多个被告提起的共同诉讼,原告可以选择其中一个被告的侵权行为实施地人民法院管辖;

仅对其中某一被告提起的诉讼,该被告侵权行为实施地的人民法院有管辖权。

第八条 商标法所称相关公众,是指与商标所标识的某类商品或者服务有关的消费者和与前述商品或者服务的营销有密切关系的其他经营者。

第九条 商标法第五十二条第(一)项规定的商标相同,是指被控侵权的商标与原告的注册商标相比较,二者在视觉上基本无差别。

商标法第五十二条第(一)项规定的商标近似,是指被控侵权的商标与原告的注册商标相比较,其文字的字形、读音、含义或者图形的构图及颜色,或者其各要素组合后的整体结构相似,或者其立体形状、颜色组合近似,易使相关公众对商品的来源产生误认或者认为其来源与原告注册商标的商品有特定的联系。

第十条 人民法院依据商标法第五十二条第(一)项的规定,认定商标相同或者近似按照以下原则进行:

(一)以相关公众的一般注意力为标准;

(二)既要进行对商标的整体比对,又要进行对商标主要部分的比对,比对应当在比对对象隔离的状态下分别进行;

(三)判断商标是否近似,应当考虑请求保护注册商标的显著性和知名度。

第十一条 商标法第五十二条第(一)项规定的类似商品,是指在功能、用途、生产部门、销售渠道、消费对象等方面相同,或者相关公众一般认为其存在特定联系、容易造成混淆的商品。

类似服务,是指在服务的目的、内容、方式、对象等方面相同,或者相关公众一般认为存在特定联系、容易造成混淆的服务。

商品与服务类似，是指商品和服务之间存在特定联系，容易使相关公众混淆。

第十二条 人民法院依据商标法第五十二条第(一)项的规定，认定商品或者服务是否类似，应当以相关公众对商品或者服务的一般认识综合判断；

《商标注册用商品和服务国际分类表》、《类似商品和服务区分表》可以作为判断类似商品或者服务的参考。

第十三条 人民法院依据商标法第五十六条第一款的规定确定侵权人的赔偿责任时，可以根据权利人选择的计算方法计算赔偿数额。

第十四条 商标法第五十六条第一款规定的侵权所获得的利益，可以根据侵权商品销售量与该商品单位利润乘积计算；

该商品单位利润无法查明的，按照注册商标商品的单位利润计算。

第十五条 商标法第五十六条第一款规定的因被侵权所受到的损失，可以根据权利人因侵权所造成商品销售减少量或者侵权商品销售量与该注册商标商品的单位利润乘积计算。

第十六条 侵权人因侵权所获得的利益或者被侵权人因被侵权所受到的损失均难以确定的，人民法院可以根据当事人的请求或者依职权适用商标法第五十六条第二款的规定确定赔偿数额。

人民法院在确定赔偿数额时，应当考虑侵权行为的性质、期间、后果，商标的声誉，商标使用许可费的数额，商标使用许可的种类、时间、范围及制止侵权行为的合理开支等因素综合确定。

当事人按照本条第一款的规定就赔偿数额达成协议的，应当准许。

第十七条 商标法第五十六条第一款规定的制止侵权行为所支付的合理开支，包括权利人或者委托代理人对侵权行为进行调查、取证的合理费用。

人民法院根据当事人的诉讼请求和案件具体情况，可以将符合国家有关部门规定的律师费用计算在赔偿范围内。

第十八条 侵犯注册商标专用权的诉讼时效为二年，自商标注册人或者利害权利人知道或者应当知道侵权行为之日起计算。商标注册人或者利害关系人超过二年起诉的，如果侵权行为在起诉时仍在持续，在该注册商标专用权有效期限内，人民法院应当判决被告停止侵权行为，侵权损害赔偿数额应当自权利人向人民法院起诉之日起向前推算二年计算。

第十九条 商标使用许可合同未经备案的，不影响该许可合同的效力，但当事人另有约定的除外。

商标使用许可合同未在商标局备案的，不得对抗善意第三人。

第二十条 注册商标的转让不影响转让前已经生效的商标使用许可合同的效力，但商标使用许可合同另有约定的除外。

第二十一条 人民法院在审理侵犯注册商标专用权纠纷案件中，依据民法通则第一百三十四条、商标法第五十三条的规定和案件具体情况，可以判决侵权人承担停止侵害、排除妨碍、消除危险、赔偿损失、消除影响等民事责任，还可以作出罚款，收缴侵权商品、伪造的商标标识和专门用于生产侵权商品的材料、工具、设备等财物的民事制裁决定。

罚款数额可以参照《中华人民共和国商标法实施条例》的有关规定确定。

工商行政管理部门对同一侵犯注册商标专用权行为已经给予行政处罚的，人民法院不再予以民事制裁。

第二十二条 人民法院在审理商标纠纷案件中，根据当事人的请求和案件的具体情况，可以对涉及的注册商标是否驰名依法作出认定。

认定驰名商标，应当依照商标法第十四条的规定进行。

当事人对曾经被行政主管机关或者人民法院认定的驰名商标请求保护的，对方当事人对涉及的商标驰名不持异议，人民法院不再审查。

提出异议的，人民法院依照商标法第十四条的规定审查。

第二十三条 本解释有关商品商标的规定，适用于服务商标。

第二十四条 以前的有关规定与本解释不一致的，以本解释为准。

最高人民法院关于审理涉及驰名商标保护的民事纠纷案件应用法律若干问题的解释

1. 2009年4月22日最高人民法院审判委员会第1467次会议通过
2. 2009年4月23日公布
3. 法释〔2009〕3号
4. 自2009年5月1日起施行

为在审理侵犯商标权等民事纠纷案件中依法保护驰名商标，根据《中华人民共和国商标法》、《中华人民共和国反不正当竞争法》、《中华人民共和国民事诉讼法》等有关法律规定，结合审判实际，制定本解释。

第一条 本解释所称驰名商标，是指在中国境内为相关公众广为知晓的商标。

第二条 在下列民事纠纷案件中，当事人以商标驰名作为事实根据，人民法院根据案件具体情况，认为确有必要的，对所涉商标是否驰名作出认定：

(一)以违反商标法第十三条的规定为由，提起的侵犯商标权诉讼；

(二)以企业名称与其驰名商标相同或者近似为由，提起的侵犯商标权或者不正当竞争诉讼；

(三)符合本解释第六条规定的抗辩或者反诉的诉讼。

第三条 在下列民事纠纷案件中，人民法院对于所涉商标是否驰名不予审查：

(一)被诉侵犯商标权或者不正当竞争行为的成立不以商标驰名为事实根据的；

(二)被诉侵犯商标权或者不正当竞争行为因不具备法律规定的其他要件而不成立的。

原告以被告注册、使用的域名与其注册商标相同或者近似，并通过该域名进行相关商品交易的电子商务，足以造成相关公众误认为由，提起的侵权诉讼，按照前款第(一)项的规定处理。

第四条 人民法院认定商标是否驰名，应当以证明其驰名的事实为依据，综合考虑商标法第十四条规定的各项因素，但是根据案件具体情况无需考虑该条规定的全部因素即足以认定商标驰名的情形除外。

第五条 当事人主张商标驰名的，应当根据案件具体情况，提供下列证据，证明被诉侵犯商标权或者不正当竞争行为发生时，其商标已属驰名：

(一)使用该商标的商品的市场份额、销售区域、利税等；

(二)该商标的持续使用时间；

(三)该商标的宣传或者促销活动的方式、持续时间、程度、资金投入和地域范围；

(四)该商标曾被作为驰名商标受保护的记录；

(五)该商标享有的市场声誉；

(六)证明该商标已属驰名的其他事实。

前款所涉及的商标使用的时间、范围、方式等，包括其核准注册前持续使用的情形。

对于商标使用时间长短、行业排名、市场调查报告、市场价值评估报告、是否曾被认定为著名商标等证据，人民法院应当结合认定商标驰名的其他证据，客观、全面地进行审查。

第六条 原告以被诉商标的使用侵犯其注册商标专用权为由提起民事诉讼，被告以原告的注册商标复制、摹仿或者翻译其在先未注册驰名商标为由提出抗辩或者提起反诉的，应当对其在先未注册商标驰名的事实负举证责任。

第七条 被诉侵犯商标权或者不正当竞争行为发生前，曾被人民法院或者国务院工商行政管理部门认定驰名的商标，被告对该商标驰名的事实不持异议的，人民法院应当予以认定。被告提出异议的，原告仍应当对该商标驰名的事实负举证责任。

除本解释另有规定外，人民法院对于商标驰名的事实，不适用民事诉讼证据的自认规则。

第八条 对于在中国境内为社会公众广为知晓的商标，原告已提供其商标驰名的基本证据，或者被告不持异议的，人民法院对该商标驰名的事实予以认定。

第九条 足以使相关公众对使用驰名商标和被诉商标的商品来源产生误认，或者足以使相关公众认为使用驰名商标和被诉商标的经营者之间具有许可使用、关联企业关系等特定联系的，属于商标法第十三条第一款规定的“容易导致混淆”。

足以使相关公众认为被诉商标与驰名商标具有相当程度的联系，而减弱驰名商标的显著性、贬损驰名商标的市场声誉，或者不正当利用驰名商标的市场声誉的，属于商标法第十三条第二款规定的“误导公众，致使该驰名商标注册人的利益可能受到损害”。

第十条 原告请求禁止被告在不相类似商品上使用与原告驰名的注册商标相同或者近似的商标或者企业名称的，人民法院应当根据案件具体情况，综合考虑以下因素后作出裁判：

(一)该驰名商标的显著程度；

(二)该驰名商标在使用被诉商标或者企业名称的商品的相关公众中的知晓程度；

(三)使用驰名商标的商品与使用被诉商标或者企业名称的商品之间的关联程度；

(四)其他相关因素。

第十一条 被告使用的注册商标违反商标法第十三条的规定，复制、摹仿或者翻译原告驰名商标，构成侵犯商标权的，人民法院应当根据原告的请求，依法判决禁止被告使用该商标，但被告的注册商标有下列情形之一的，人民法院对原告的请求不予支持：

(一)已经超过商标法第四十一条第二款规定的请求撤销期限的；

(二)被告提出注册申请时，原告的商标并不驰名的。

第十二条 当事人请求保护的未注册驰名商标，属于商标法第十条、第十一条、第十二条规定不得作为商标使用或者注册情形的，人民法院不予支持。

第十三条 在涉及驰名商标保护的民事纠纷案件中，人民法院对于商标驰名的认定，仅作为案件事实和判决理由，不写入判决主文；以调解方式审结的，在调解书中对商标驰名的事实不予认定。

第十四条 本院以前有关司法解释与本解释不一致的，以本解释为准。

5. 亲属、继承

中华人民共和国婚姻法

1. 1980年9月10日第五届全国人民代表大会第三次会议通过
2. 根据2001年4月28日第九届全国人民代表大会常务委员会第二十一次会议《关于修改〈中华人民共和国婚姻法〉的决定》修正

目　　录

第一章　总　　则

第一条　**【立法目的】**本法是婚姻家庭关系的基本准则。

第二条　**【婚姻制度】**实行婚姻自由、一夫一妻、男女平等的婚姻制度。

保护妇女、儿童和老人的合法权益。

实行计划生育。

第三条　**【禁止的婚姻行为】**禁止包办、买卖婚姻和其他干涉婚姻自由的行为。禁止借婚姻索取财物。

禁止重婚。禁止有配偶者与他人同居。禁止家庭暴力。禁止家庭成员间的虐待和遗弃。

第四条　**【家庭关系】**夫妻应当互相忠实,互相尊重;家庭成员间应当敬老爱幼,互相帮助,维护平等、和睦、文明的婚姻家庭关系。

第二章　结　　婚

第五条　**【结婚自愿】**结婚必须男女双方完全自愿,不许任何一方对他方加以强迫或任何第三者加以干涉。

第六条　**【法定婚龄】**结婚年龄,男不得早于二十二周岁,女不得早于二十周岁。晚婚晚育应予鼓励。

第七条　**【禁止结婚】**有下列情形之一的,禁止结婚:

(一)直系血亲和三代以内的旁系血亲;

(二)患有医学上认为不应当结婚的疾病。

第八条　**【结婚登记】**要求结婚的男女双方必须亲自到婚姻登记机关进行结婚登记。符合本法规定的,予以登记,发给结婚证。取得结婚证,即确立夫妻关系。未办理结婚登记的,应当补办登记。

第九条　**【互为家庭成员】**登记结婚后,根据男女双方约定,女方可以成为男方家庭的成员,男方可以成为女方家庭的成员。

第十条　**【婚姻无效】**有下列情形之一的,婚姻无效:

(一)重婚的;

(二)有禁止结婚的亲属关系的;

(三)婚前患有医学上认为不应当结婚的疾病,婚后尚未治愈的;

(四)未到法定婚龄的。

第十一条　**【胁迫结婚】**因胁迫结婚的,受胁迫的一方可以向婚姻登记机关或人民法院请求撤销该婚姻。受胁迫的一方撤销婚姻的请求,应当自结婚登记之日起一年内提出。被非法限制人身自由的当事人请求撤销婚姻的,应当自恢复人身自由之日起一年内提出。

第十二条　**【婚姻的无效】**无效或被撤销的婚姻,自始无效。当事人不具有夫妻的权利和义务。同居期间所得的财产,由当事人协议处理;协议不成时,由人民法院根据照顾无过错方的原则判决。对重婚导致的婚姻无效的财产处理,不得侵害合法婚姻当事人的财产权益。当事人所生的子女,适用本法有关父母子女的规定。

第三章　家 庭 关 系

第十三条　**【夫妻平等】**夫妻在家庭中地位平等。

第十四条　**【夫妻姓名权】**夫妻双方都有各用自己姓名的权利。

第十五条　**【夫妻的自由】**夫妻双方都有参加生产、工作、学习和社会活动的自由,一方不得对他方加以限制或干涉。

第十六条　**【计划生育义务】**夫妻双方都有实行计划生育的义务。

第十七条　**【夫妻共有财产】**夫妻在婚姻关系存续期间所得的下列财产,归夫妻共同所有:

(一)工资、奖金;

(二)生产、经营的收益;

(三)知识产权的收益;

(四)继承或赠与所得的财产,但本法第十八条第三项规定的除外;

(五)其他应当归共同所有的财产。

夫妻对共同所有的财产,有平等的处理权。

第十八条　**【夫妻一方的财产】**有下列情形之一的,为夫妻一方的财产:

(一)一方的婚前财产;

(二)一方因身体受到伤害获得的医疗费、残疾人生活补助费等费用;

(三)遗嘱或赠与合同中确定只归夫或妻一方的财产;

(四)一方专用的生活用品;

(五)其他应当归一方的财产。

第十九条　**【夫妻财产约定】**夫妻可以约定婚姻关系存续期间所得的财产以及婚前财产归各自所有、共同所有或部分各自所有、部分共同所有。约定应当采用书面形式。没有约定或约定不明确的,适用本法第十七条、第十八条的规定。

夫妻对婚姻关系存续期间所得的财产以及婚前财产的约定,对双方具有约束力。

夫妻对婚姻关系存续期间所得的财产约定归各自所有的,夫或妻一方对外所负的债务,第三人知道该约定的,以夫或妻一方所有的财产清偿。

第二十条 【夫妻扶养义务】夫妻有互相扶养的义务。

一方不履行扶养义务时,需要扶养的一方,有要求对方付给扶养费的权利。

第二十一条 【父母与子女】父母对子女有抚养教育的义务;子女对父母有赡养扶助的义务。

父母不履行抚养义务时,未成年的或不能独立生活的子女,有要求父母付给抚养费的权利。

子女不履行赡养义务时,无劳动能力的或生活困难的父母,有要求子女付给赡养费的权利。

禁止溺婴、弃婴和其他残害婴儿的行为。

第二十二条 【子女的姓】子女可以随父姓,可以随母姓。

第二十三条 【父母对子女的保护和教育】父母有保护和教育未成年子女的权利和义务。在未成年子女对国家、集体或他人造成损害时,父母有承担民事责任的义务。

第二十四条 【继承遗产】夫妻有相互继承遗产的权利。

父母和子女有相互继承遗产的权利。

第二十五条 【非婚生子女】非婚生子女享有与婚生子女同等的权利,任何人不得加以危害和歧视。

不直接抚养非婚生子女的生父或生母,应当负担子女的生活费和教育费,直至子女能独立生活为止。

第二十六条 【收养关系】国家保护合法的收养关系。养父母和养子女间的权利和义务,适用本法对父母子女关系的有关规定。

养子女和生父母间的权利和义务,因收养关系的成立而消除。

第二十七条 【继父母与继子女】继父母与继子女间,不得虐待或歧视。

继父或继母和受其抚养教育的继子女间的权利和义务,适用本法对父母子女关系的有关规定。

第二十八条 【祖与孙】有负担能力的祖父母、外祖父母,对于父母已经死亡或父母无力抚养的未成年的孙子女、外孙子女,有抚养的义务。有负担能力的孙子女、外孙子女,对于子女已经死亡或子女无力赡养的祖父母、外祖父母,有赡养的义务。

第二十九条 【兄姐与弟妹】有负担能力的兄、姐,对于父母已经死亡或父母无力抚养的未成年的弟、妹,有扶养的义务。由兄、姐扶养长大的有负担能力的弟、妹,对于缺乏劳动能力又缺乏生活来源的兄、姐,有扶养的义务。

第三十条 【尊重父母婚姻】子女应当尊重父母的婚姻权利,不得干涉父母再婚以及婚后的生活。子女对父母的赡养义务,不因父母的婚姻关系变化而终止。

第四章 离　　婚

第三十一条 【自愿离婚】男女双方自愿离婚的,准予离婚。双方必须到婚姻登记机关申请离婚。婚姻登记机关查明双方确实是自愿并对子女和财产问题已有适当处理时,发给离婚证。

第三十二条 【离婚诉讼】男女一方要求离婚的,可由有关部门进行调解或直接向人民法院提出离婚诉讼。

人民法院审理离婚案件,应当进行调解;如感情确已破裂,调解无效,应准予离婚。

有下列情形之一,调解无效的,应准予离婚:

(一)重婚或有配偶者与他人同居的;

(二)实施家庭暴力或虐待、遗弃家庭成员的;

(三)有赌博、吸毒等恶习屡教不改的;

(四)因感情不和分居满二年的;

(五)其他导致夫妻感情破裂的情形。

一方被宣告失踪,另一方提出离婚诉讼的,应准予离婚。

第三十三条 【军人配偶要求离婚】现役军人的配偶要求离婚,须得军人同意,但军人一方有重大过错的除外。

第三十四条 【不得提出离婚】女方在怀孕期间、分娩后一年内或中止妊娠后六个月内,男方不得提出离婚。女方提出离婚的,或人民法院认为确有必要受理男方离婚请求的,不在此限。

第三十五条 【复婚】离婚后,男女双方自愿恢复夫妻关系的,必须到婚姻登记机关进行复婚登记。

第三十六条 【离婚与子女】父母与子女间的关系,不因父母离婚而消除。离婚后,子女无论由父或母直接抚养,仍是父母双方的子女。

离婚后,父母对于子女仍有抚养和教育的权利和义务。

离婚后,哺乳期内的子女,以随哺乳的母亲抚养为原则。哺乳期后的子女,如双方因抚养问题发生争执不能达成协议时,由人民法院根据子女的权益和双方的具体情况判决。

第三十七条 【离婚后的子女抚养】离婚后,一方抚养的子女,另一方应负担必要的生活费和教育费的一部或全部,负担费用的多少和期限的长短,由双方协议;协议不成时,由人民法院判决。

关于子女生活费和教育费的协议或判决,不妨碍子女在必要时向父母任何一方提出超过协议或判决原定数额的合理要求。

第三十八条 【离婚后的子女探望】离婚后,不直接抚养子女的父或母,有探望子女的权利,另一方有协助的义务。

行使探望权利的方式、时间由当事人协议;协议不成时,由人民法院判决。

父或母探望子女,不利于子女身心健康的,由人民法院依法中止探望的权利;中止的事由消失后,应当恢复探望的权利。

第三十九条　【夫妻共同财产的离婚处理】离婚时，夫妻的共同财产由双方协议处理；协议不成时，由人民法院根据财产的具体情况，照顾子女和女方权益的原则判决。

夫或妻在家庭土地承包经营中享有的权益等，应当依法予以保护。

第四十条　【补偿】夫妻书面约定婚姻关系存续期间所得的财产归各自所有，一方因抚育子女、照料老人、协助另一方工作等付出较多义务的，离婚时有权向另一方请求补偿，另一方应当予以补偿。

第四十一条　【共同债务】离婚时，原为夫妻共同生活所负的债务，应当共同偿还。共同财产不足清偿的，或财产归各自所有的，由双方协议清偿；协议不成时，由人民法院判决。

第四十二条　【适当帮助】离婚时，如一方生活困难，另一方应从其住房等个人财产中给予适当帮助。具体办法由双方协议；协议不成时，由人民法院判决。

第五章　救助措施与法律责任

第四十三条　【家庭暴力与虐待】实施家庭暴力或虐待家庭成员，受害人有权提出请求，居民委员会、村民委员会以及所在单位应当予以劝阻、调解。

对正在实施的家庭暴力，受害人有权提出请求，居民委员会、村民委员会应当予以劝阻；公安机关应当予以制止。

实施家庭暴力或虐待家庭成员，受害人提出请求的，公安机关应当依照治安管理处罚的法律规定予以行政处罚。

第四十四条　【遗弃】对遗弃家庭成员，受害人有权提出请求，居民委员会、村民委员会以及所在单位应当予以劝阻、调解。

对遗弃家庭成员，受害人提出请求的，人民法院应当依法作出支付扶养费、抚养费、赡养费的判决。

第四十五条　【重婚、家庭暴力、虐待、遗弃犯罪】对重婚的，对实施家庭暴力或虐待、遗弃家庭成员构成犯罪的，依法追究刑事责任。受害人可以依照刑事诉讼法的有关规定，向人民法院自诉；公安机关应当依法侦查，人民检察院应当依法提起公诉。

第四十六条　【损害赔偿】有下列情形之一，导致离婚的，无过错方有权请求损害赔偿：

（一）重婚的；

（二）有配偶者与他人同居的；

（三）实施家庭暴力的；

（四）虐待、遗弃家庭成员的。

第四十七条　【隐藏、转移共同财产等】离婚时，一方隐藏、转移、变卖、毁损夫妻共同财产，或伪造债务企图侵占另一方财产的，分割夫妻共同财产时，对隐藏、转移、变卖、毁损夫妻共同财产或伪造债务的一方，可以少分或不分。离婚后，另一方发现有上述行为的，可以向人民法院提起诉讼，请求再次分割夫妻共同财产。

人民法院对前款规定的妨害民事诉讼的行为，依照民事诉讼法的规定予以制裁。

第四十八条　【强制执行】对拒不执行有关扶养费、抚养费、赡养费、财产分割、遗产继承、探望子女等判决或裁定的，由人民法院依法强制执行。有关个人和单位应负协助执行的责任。

第四十九条　【婚姻家庭的其他法律规定】其他法律对有关婚姻家庭的违法行为和法律责任另有规定的，依照其规定。

第六章　附　则

第五十条　【变通规定】民族自治地方的人民代表大会有权结合当地民族婚姻家庭的具体情况，制定变通规定。自治州、自治县制定的变通规定，报省、自治区、直辖市人民代表大会常务委员会批准后生效。自治区制定的变通规定，报全国人民代表大会常务委员会批准后生效。

第五十一条　【施行日期与旧法废止】本法自 1981 年 1 月 1 日起施行。

1950 年 5 月 1 日颁行的《中华人民共和国婚姻法》，自本法施行之日起废止。

最高人民法院关于适用《中华人民共和国婚姻法》若干问题的解释（一）

1. 2001 年 12 月 24 日最高人民法院审判委员会第 1202 次会议通过
2. 2001 年 12 月 25 日公布
3. 法释〔2001〕30 号
4. 自 2001 年 12 月 27 日起施行

为了正确审理婚姻家庭纠纷案件，根据《中华人民共和国婚姻法》（以下简称婚姻法）、《中华人民共和国民事诉讼法》等法律的规定，对人民法院适用婚姻法的有关问题作出如下解释：

第一条　婚姻法第三条、第三十二条、第四十三条、第四十五条、第四十六条所称的“家庭暴力”，是指行为人以殴打、捆绑、残害、强行限制人身自由或者其他手段，给其家庭成员的身体、精神等方面造成一定伤害后果的行为。持续性、经常性的家庭暴力，构成虐待。

第二条　婚姻法第三条、第三十二条、第四十六条规定的“有配偶者与他人同居”的情形，是指有配偶者与婚外异性，不以夫妻名义，持续、稳定地共同居住。

第三条　当事人仅以婚姻法第四条为依据提起诉讼的，人民法院不予受理；已经受理的，裁定驳回起诉。

第四条　男女双方根据婚姻法第八条规定补办结婚登记的，

婚姻关系的效力从双方均符合婚姻法所规定的结婚的实质要件时起算。

第五条 未按婚姻法第八条规定办理结婚登记而以夫妻名义共同生活的男女,起诉到人民法院要求离婚的,应当区别对待:

(一)1994年2月1日民政部《婚姻登记管理条例》公布实施以前,男女双方已经符合结婚实质要件的,按事实婚姻处理;

(二)1994年2月1日民政部《婚姻登记管理条例》公布实施以后,男女双方符合结婚实质要件的,人民法院应当告知其在案件受理前补办结婚登记;未补办结婚登记的,按解除同居关系处理。

第六条 未按婚姻法第八条规定办理结婚登记而以夫妻名义共同生活的男女,一方死亡,另一方以配偶身份主张享有继承权的,按照本解释第五条的原则处理。

第七条 有权依据婚姻法第十条规定向人民法院就已办理结婚登记的婚姻申请宣告婚姻无效的主体,包括婚姻当事人及利害关系人。利害关系人包括:

(一)以重婚为由申请宣告婚姻无效的,为当事人的近亲属及基层组织。

(二)以未到法定婚龄为由申请宣告婚姻无效的,为未达法定婚龄者的近亲属。

(三)以有禁止结婚的亲属关系为由申请宣告婚姻无效的,为当事人的近亲属。

(四)以婚前患有医学上认为不应当结婚的疾病,婚后尚未治愈为由申请宣告婚姻无效的,为与患病者共同生活的近亲属。

第八条 当事人依据婚姻法第十条规定向人民法院申请宣告婚姻无效的,申请时,法定的无效婚姻情形已经消失的,人民法院不予支持。

第九条 人民法院审理宣告婚姻无效案件,对婚姻效力的审理不适用调解,应当依法作出判决;有关婚姻效力的判决一经作出,即发生法律效力。

涉及财产分割和子女抚养的,可以调解。调解达成协议的,另行制作调解书。对财产分割和子女抚养问题的判决不服的,当事人可以上诉。

第十条 婚姻法第十一条所称的"胁迫",是指行为人以给另一方当事人或者其近亲属的生命、身体健康、名誉、财产等方面造成损害为要挟,迫使另一方当事人违反真实意愿结婚的情况。

因受胁迫而请求撤销婚姻的,只能是受胁迫一方的婚姻关系当事人本人。

第十一条 人民法院审理婚姻当事人因受胁迫而请求撤销婚姻的案件,应当适用简易程序或者普通程序。

第十二条 婚姻法第十一条规定的"一年",不适用诉讼时效中止、中断或者延长的规定。

第十三条 婚姻法第十二条所规定的自始无效,是指无效或者可撤销婚姻在依法被宣告无效或被撤销时,才确定该婚姻自始不受法律保护。

第十四条 人民法院根据当事人的申请,依法宣告婚姻无效或者撤销婚姻的,应当收缴双方的结婚证书并将生效的判决书寄送当地婚姻登记管理机关。

第十五条 被宣告无效或被撤销的婚姻,当事人同居期间所得的财产,按共同共有处理。但有证据证明为当事人一方所有的除外。

第十六条 人民法院审理重婚导致的无效婚姻案件时,涉及财产处理的,应当准许合法婚姻当事人作为有独立请求权的第三人参加诉讼。

第十七条 婚姻法第十七条关于"夫或妻对夫妻共同所有的财产,有平等的处理权"的规定,应当理解为:

(一)夫或妻在处理夫妻共同财产上的权利是平等的。因日常生活需要而处理夫妻共同财产的,任何一方均有权决定。

(二)夫或妻非因日常生活需要对夫妻共同财产做重要处理决定,夫妻双方应当平等协商,取得一致意见。他人有理由相信其为夫妻双方共同意思表示的,另一方不得以不同意或不知道为由对抗善意第三人。

第十八条 婚姻法第十九条所称"第三人知道该约定的",夫妻一方对此负有举证责任。

第十九条 婚姻法第十八条规定为夫妻一方所有的财产,不因婚姻关系的延续而转化为夫妻共同财产。但当事人另有约定的除外。

第二十条 婚姻法第二十一条规定的"不能独立生活的子女",是指尚在校接受高中及其以下学历教育,或者丧失或未完全丧失劳动能力等非因主观原因而无法维持正常生活的成年子女。

第二十一条 婚姻法第二十一条所称"抚养费",包括子女生活费、教育费、医疗费等费用。

第二十二条 人民法院审理离婚案件,符合第三十二条第二款规定"应准予离婚"情形的,不应当因当事人有过错而判决不准离婚。

第二十三条 婚姻法第三十三条所称的"军人一方有重大过错",可以依据婚姻法第三十二条第三款前三项规定及军人有其他重大过错导致夫妻感情破裂的情形予以判断。

第二十四条 人民法院作出的生效的离婚判决中未涉及探望权,当事人就探望权问题单独提起诉讼的,人民法院应予受理。

第二十五条 当事人在履行生效判决、裁定或者调解书的过程中,请求中止行使探望权的,人民法院在征询双方当事人意见后,认为需要中止行使探望权的,依法作出裁定。中止探望的情形消失后,人民法院应当根据当事人的申请通知其恢复探望权的行使。

第二十六条 未成年子女、直接抚养子女的父或母及其他对未成年子女负担抚养、教育义务的法定监护人,有权向人民法院提出中止探望权的请求。

第二十七条　婚姻法第四十二条所称“一方生活困难”,是指依靠个人财产和离婚时分得的财产无法维持当地基本生活水平。

一方离婚后没有住处的,属于生活困难。

离婚时,一方以个人财产中的住房对生活困难者进行帮助的形式,可以是房屋的居住权或者房屋的所有权。

第二十八条　婚姻法第四十六条规定的“损害赔偿”,包括物质损害赔偿和精神损害赔偿。涉及精神损害赔偿的,适用最高人民法院《关于确定民事侵权精神损害赔偿责任若干问题的解释》的有关规定。

第二十九条　承担婚姻法第四十六条规定的损害赔偿责任的主体,为离婚诉讼当事人中无过错方的配偶。

人民法院判决不准离婚的案件,对于当事人基于婚姻法第四十六条提出的损害赔偿请求,不予支持。

在婚姻关系存续期间,当事人不起诉离婚而单独依据该条规定提起损害赔偿请求的,人民法院不予受理。

第三十条　人民法院受理离婚案件时,应当将婚姻法第四十六条等规定中当事人的有关权利义务,书面告知当事人。在适用婚姻法第四十六条时,应当区分以下不同情况:

(一)符合婚姻法第四十六条规定的无过错方作为原告基于该条规定向人民法院提起损害赔偿请求的,必须在离婚诉讼的同时提出。

(二)符合婚姻法第四十六条规定的无过错方作为被告的离婚诉讼案件,如果被告不同意离婚也不基于该条规定提起损害赔偿请求的,可以在离婚后一年内就此单独提起诉讼。

(三)无过错方作为被告的离婚诉讼案件,一审时被告未基于婚姻法第四十六条规定提出损害赔偿请求,二审期间提出的,人民法院应当进行调解,调解不成的,告知当事人在离婚后一年内另行起诉。

第三十一条　当事人依据婚姻法第四十七条的规定向人民法院提起诉讼,请求再次分割夫妻共同财产的诉讼时效为两年,从当事人发现之次日起计算。

第三十二条　婚姻法第四十八条关于对拒不执行有关探望子女等判决和裁定的,由人民法院依法强制执行的规定,是指对拒不履行协助另一方行使探望权的有关个人和单位采取拘留、罚款等强制措施,不能对子女的人身、探望行为进行强制执行。

第三十三条　婚姻法修改后正在审理的一、二审婚姻家庭纠纷案件,一律适用修改后的婚姻法。此前最高人民法院作出的相关司法解释如与本解释相抵触,以本解释为准。

第三十四条　本解释自公布之日起施行。

最高人民法院关于适用《中华人民共和国婚姻法》若干问题的解释(二)

1. 2003年12月4日最高人民法院审判委员会第1299次会议通过、2003年12月25日公布、自2004年4月1日起施行(法释〔2003〕19号)

2. 根据2017年2月20日最高人民法院审判委员会第1710次会议通过、2017年2月28日公布、自2017年3月1日起施行的《最高人民法院关于适用〈中华人民共和国婚姻法〉若干问题的解释(二)的补充规定》(法释〔2017〕6号)修正

为正确审理婚姻家庭纠纷案件,根据《中华人民共和国婚姻法》(以下简称婚姻法)、《中华人民共和国民事诉讼法》等相关法律规定,对人民法院适用婚姻法的有关问题作出如下解释:

第一条　当事人起诉请求解除同居关系的,人民法院不予受理。但当事人请求解除的同居关系,属于婚姻法第三条、第三十二条、第四十六条规定的“有配偶者与他人同居”的,人民法院应当受理并依法予以解除。

当事人因同居期间财产分割或者子女抚养纠纷提起诉讼的,人民法院应当受理。

第二条　人民法院受理申请宣告婚姻无效案件后,经审查确属无效婚姻的,应当依法作出宣告婚姻无效的判决。原告申请撤诉的,不予准许。

第三条　人民法院受理离婚案件后,经审查确属无效婚姻的,应当将婚姻无效的情形告知当事人,并依法作出宣告婚姻无效的判决。

第四条　人民法院审理无效婚姻案件,涉及财产分割和子女抚养的,应当对婚姻效力的认定和其他纠纷的处理分别制作裁判文书。

第五条　夫妻一方或者双方死亡后一年内,生存一方或者利害关系人依据婚姻法第十条的规定申请宣告婚姻无效的,人民法院应当受理。

第六条　利害关系人依据婚姻法第十条的规定,申请人民法院宣告婚姻无效的,利害关系人为申请人,婚姻关系当事人双方为被申请人。

夫妻一方死亡的,生存一方为被申请人。

夫妻双方均已死亡的,不列被申请人。

第七条　人民法院就同一婚姻关系分别受理了离婚和申请宣告婚姻无效案件的,对于离婚案件的审理,应当待申请宣告婚姻无效案件作出判决后进行。

前款所指的婚姻关系被宣告无效后,涉及财产分割和子女抚养的,应当继续审理。

第八条　离婚协议中关于财产分割的条款或者当事人因离婚就财产分割达成的协议,对男女双方具有法律约束力。

当事人因履行上述财产分割协议发生纠纷提起诉讼的,人民法院应当受理。

第九条　男女双方协议离婚后一年内就财产分割问题反悔,请求变更或者撤销财产分割协议的,人民法院应当受理。

人民法院审理后,未发现订立财产分割协议时存在欺诈、胁迫等情形的,应当依法驳回当事人的诉讼请求。

第十条　当事人请求返还按照习俗给付的彩礼的,如果查明属于以下情形,人民法院应当予以支持:

(一)双方未办理结婚登记手续的;

(二)双方办理结婚登记手续但确未共同生活的;

(三)婚前给付并导致给付人生活困难的。

适用前款第(二)、(三)项的规定,应当以双方离婚为条件。

第十一条　婚姻关系存续期间,下列财产属于婚姻法第十七条规定的"其他应当归共同所有的财产":

(一)一方以个人财产投资取得的收益;

(二)男女双方实际取得或者应当取得的住房补贴、住房公积金;

(三)男女双方实际取得或者应当取得的养老保险金、破产安置补偿费。

第十二条　婚姻法第十七条第三项规定的"知识产权的收益",是指婚姻关系存续期间,实际取得或者已经明确可以取得的财产性收益。

第十三条　军人的伤亡保险金、伤残补助金、医药生活补助费属于个人财产。

第十四条　人民法院审理离婚案件,涉及分割发放到军人名下的复员费、自主择业费等一次性费用的,以夫妻婚姻关系存续年限乘以年平均值,所得数额为夫妻共同财产。

前款所称年平均值,是指将发放到军人名下的上述费用总额按具体年限均分得出的数额。其具体年限为人均寿命七十岁与军人入伍时实际年龄的差额。

第十五条　夫妻双方分割共同财产中的股票、债券、投资基金份额等有价证券以及未上市股份有限公司股份时,协商不成或者按市价分配有困难的,人民法院可以根据数量按比例分配。

第十六条　人民法院审理离婚案件,涉及分割夫妻共同财产中以一方名义在有限责任公司的出资额,另一方不是该公司股东的,按以下情形分别处理:

(一)夫妻双方协商一致将出资额部分或者全部转让给该股东的配偶,过半数股东同意、其他股东明确表示放弃优先购买权的,该股东的配偶可以成为该公司股东;

(二)夫妻双方就出资额转让份额和转让价格等事项协商一致后,过半数股东不同意转让,但愿意以同等价格购买该出资额的,人民法院可以对转让出资所得财产进行分割。过半数股东不同意转让,也不愿意以同等价格购买该出资额的,视为其同意转让,该股东的配偶可以成为该公司股东。

用于证明前款规定的过半数股东同意的证据,可以是股东会决议,也可以是当事人通过其他合法途径取得的股东的书面声明材料。

第十七条　人民法院审理离婚案件,涉及分割夫妻共同财产中以一方名义在合伙企业中的出资,另一方不是该企业合伙人的,当夫妻双方协商一致,将其合伙企业中的财产份额全部或者部分转让给对方时,按以下情形分别处理:

(一)其他合伙人一致同意的,该配偶依法取得合伙人地位;

(二)其他合伙人不同意转让,在同等条件下行使优先受让权的,可以对转让所得的财产进行分割;

(三)其他合伙人不同意转让,也不行使优先受让权,但同意该合伙人退伙或者退还部分财产份额的,可以对退还的财产进行分割;

(四)其他合伙人既不同意转让,也不行使优先受让权,又不同意该合伙人退伙或者退还部分财产份额的,视为全体合伙人同意转让,该配偶依法取得合伙人地位。

第十八条　夫妻以一方名义投资设立独资企业的,人民法院分割夫妻在该独资企业中的共同财产时,应当按照以下情形分别处理:

(一)一方主张经营该企业的,对企业资产进行评估后,由取得企业一方给予另一方相应的补偿;

(二)双方均主张经营该企业的,在双方竞价基础上,由取得企业的一方给予另一方相应的补偿;

(三)双方均不愿意经营该企业的,按照《中华人民共和国个人独资企业法》等有关规定办理。

第十九条　由一方婚前承租、婚后用共同财产购买的房屋,房屋权属证书登记在一方名下的,应当认定为夫妻共同财产。

第二十条　双方对夫妻共同财产中的房屋价值及归属无法达成协议时,人民法院按以下情形分别处理:

(一)双方均主张房屋所有权并且同意竞价取得的,应当准许;

(二)一方主张房屋所有权的,由评估机构按市场价格对房屋作出评估,取得房屋所有权的一方应当给予另一方相应的补偿;

(三)双方均不主张房屋所有权的,根据当事人的申请拍卖房屋,就所得价款进行分割。

第二十一条　离婚时双方对尚未取得所有权或者尚未取得完全所有权的房屋有争议且协商不成的,人民法院不宜判决房屋所有权的归属,应当根据实际情况判决由当事人使用。

当事人就前款规定的房屋取得完全所有权后,有争议的,可以另行向人民法院提起诉讼。

第二十二条　当事人结婚前,父母为双方购置房屋出资的,该出资应当认定为对自己子女的个人赠与,但父母明确表示赠与双方的除外。

当事人结婚后,父母为双方购置房屋出资的,该出资应当认定为对夫妻双方的赠与，但父母明确表示赠与一方的除外。

第二十三条 债权人就一方婚前所负个人债务向债务人的配偶主张权利的，人民法院不予支持。但债权人能够证明所负债务用于婚后家庭共同生活的除外。

第二十四条 债权人就婚姻关系存续期间夫妻一方以个人名义所负债务主张权利的，应当按夫妻共同债务处理。但夫妻一方能够证明债权人与债务人明确约定为个人债务，或者能够证明属于婚姻法第十九条第三款规定情形的除外。

夫妻一方与第三人串通，虚构债务，第三人主张权利的，人民法院不予支持。

夫妻一方在从事赌博、吸毒等违法犯罪活动中所负债务，第三人主张权利的，人民法院不予支持。

第二十五条 当事人的离婚协议或者人民法院的判决书、裁定书、调解书已经对夫妻财产分割问题作出处理的，债权人仍有权就夫妻共同债务向男女双方主张权利。

一方就共同债务承担连带清偿责任后，基于离婚协议或者人民法院的法律文书向另一方主张追偿的，人民法院应当支持。

第二十六条 夫或妻一方死亡的，生存一方应当对婚姻关系存续期间的共同债务承担连带清偿责任。

第二十七条 当事人在婚姻登记机关办理离婚登记手续后，以婚姻法第四十六条规定为由向人民法院提出损害赔偿请求的，人民法院应当受理。但当事人在协议离婚时已经明确表示放弃该项请求，或者在办理离婚登记手续一年后提出的，不予支持。

第二十八条 夫妻一方申请对配偶的个人财产或者夫妻共同财产采取保全措施的，人民法院可以在采取保全措施可能造成损失的范围内，根据实际情况，确定合理的财产担保数额。

第二十九条 本解释自2004年4月1日起施行。

本解释施行后，人民法院新受理的一审婚姻家庭纠纷案件，适用本解释。

本解释施行后，此前最高人民法院作出的相关司法解释与本解释相抵触的，以本解释为准。

最高人民法院关于适用《中华人民共和国婚姻法》若干问题的解释（三）

1. 2011年7月4日最高人民法院审判委员会第1525次会议通过
2. 2011年8月9日公布
3. 法释〔2011〕18号
4. 自2011年8月13日起施行

为正确审理婚姻家庭纠纷案件，根据《中华人民共和国婚姻法》、《中华人民共和国民事诉讼法》等相关法律规定，对人民法院适用婚姻法的有关问题作出如下解释：

第一条 当事人以婚姻法第十条规定以外的情形申请宣告婚姻无效的，人民法院应当判决驳回当事人的申请。

当事人以结婚登记程序存在瑕疵为由提起民事诉讼，主张撤销结婚登记的，告知其可以依法申请行政复议或者提起行政诉讼。

第二条 夫妻一方向人民法院起诉请求确认亲子关系不存在，并已提供必要证据予以证明，另一方没有相反证据又拒绝做亲子鉴定的，人民法院可以推定请求确认亲子关系不存在一方的主张成立。

当事人一方起诉请求确认亲子关系，并提供必要证据予以证明，另一方没有相反证据又拒绝做亲子鉴定的，人民法院可以推定请求确认亲子关系一方的主张成立。

第三条 婚姻关系存续期间，父母双方或者一方拒不履行抚养子女义务，未成年或者不能独立生活的子女请求支付抚养费的，人民法院应予支持。

第四条 婚姻关系存续期间，夫妻一方请求分割共同财产的，人民法院不予支持，但有下列重大理由且不损害债权人利益的除外：

（一）一方有隐藏、转移、变卖、毁损、挥霍夫妻共同财产或者伪造夫妻共同债务等严重损害夫妻共同财产利益行为的；

（二）一方负有法定扶养义务的人患重大疾病需要医治，另一方不同意支付相关医疗费用的。

第五条 夫妻一方个人财产在婚后产生的收益，除孳息和自然增值外，应认定为夫妻共同财产。

第六条 婚前或者婚姻关系存续期间，当事人约定将一方所有的房产赠与另一方，赠与方在赠与房产变更登记之前撤销赠与，另一方请求判令继续履行的，人民法院可以按照合同法第一百八十六条的规定处理。

第七条 婚后由一方父母出资为子女购买的不动产，产权登记在出资人子女名下的，可按照婚姻法第十八条第（三）项的规定，视为只对自己子女一方的赠与，该不动产应认定为夫妻一方的个人财产。

由双方父母出资购买的不动产，产权登记在一方子女名下的，该不动产可认定为双方按照各自父母的出资份额按份共有，但当事人另有约定的除外。

第八条 无民事行为能力人的配偶有虐待、遗弃等严重损害无民事行为能力一方的人身权利或者财产权益行为，其他有监护资格的人可以依照特别程序要求变更监护关系；变更后的监护人代理无民事行为能力一方提起离婚诉讼的，人民法院应予受理。

第九条 夫以妻擅自中止妊娠侵犯其生育权为由请求损害赔偿的，人民法院不予支持；夫妻双方因是否生育发生纠纷，致使感情确已破裂，一方请求离婚的，人民法院经调解无效，应依照婚姻法第三十二条第三款第（五）项的规定处理。

第十条　夫妻一方婚前签订不动产买卖合同,以个人财产支付首付款并在银行贷款,婚后用夫妻共同财产还贷,不动产登记于首付款支付方名下的,离婚时该不动产由双方协议处理。

依前款规定不能达成协议的,人民法院可以判决该不动产归产权登记一方,尚未归还的贷款为产权登记一方的个人债务。双方婚后共同还贷支付的款项及其相对应财产增值部分,离婚时应根据婚姻法第三十九条第一款规定的原则,由产权登记一方对另一方进行补偿。

第十一条　一方未经另一方同意出售夫妻共同共有的房屋,第三人善意购买、支付合理对价并办理产权登记手续,另一方主张追回该房屋的,人民法院不予支持。

夫妻一方擅自处分共同共有的房屋造成另一方损失,离婚时另一方请求赔偿损失的,人民法院应予支持。

第十二条　婚姻关系存续期间,双方用夫妻共同财产出资购买以一方父母名义参加房改的房屋,产权登记在一方父母名下,离婚时另一方主张按照夫妻共同财产对该房屋进行分割的,人民法院不予支持。购买该房屋时的出资,可以作为债权处理。

第十三条　离婚时夫妻一方尚未退休、不符合领取养老保险金条件,另一方请求按照夫妻共同财产分割养老保险金的,人民法院不予支持;婚后以夫妻共同财产缴付养老保险费,离婚时一方主张将养老金账户中婚姻关系存续期间个人实际缴付部分作为夫妻共同财产分割的,人民法院应予支持。

第十四条　当事人达成的以登记离婚或者到人民法院协议离婚为条件的财产分割协议,如果双方协议离婚未成,一方在离婚诉讼中反悔的,人民法院应当认定该财产分割协议没有生效,并根据实际情况依法对夫妻共同财产进行分割。

第十五条　婚姻关系存续期间,夫妻一方作为继承人依法可以继承的遗产,在继承人之间尚未实际分割,起诉离婚时另一方请求分割的,人民法院应当告知当事人在继承人之间实际分割遗产后另行起诉。

第十六条　夫妻之间订立借款协议,以夫妻共同财产出借给一方从事个人经营活动或用于其他个人事务的,应视为双方约定处分夫妻共同财产的行为,离婚时可按照借款协议的约定处理。

第十七条　夫妻双方均有婚姻法第四十六条规定的过错情形,一方或者双方向对方提出离婚损害赔偿请求的,人民法院不予支持。

第十八条　离婚后,一方以尚有夫妻共同财产未处理为由向人民法院起诉请求分割的,经审查该财产确属离婚时未涉及的夫妻共同财产,人民法院应当依法予以分割。

第十九条　本解释施行后,最高人民法院此前作出的相关司法解释与本解释相抵触的,以本解释为准。

中华人民共和国收养法

1. 1991年12月29日第七届全国人民代表大会常务委员会第二十三次会议通过

2. 根据1998年11月4日第九届全国人民代表大会常务委员会第五次会议《关于修改〈中华人民共和国收养法〉的决定》修正

目　　录

第一章　总　　则

第一条　【立法目的】为保护合法的收养关系,维护收养关系当事人的权利,制定本法。

第二条　【基本原则】收养应当有利于被收养的未成年人的抚养、成长,保障被收养人和收养人的合法权益,遵循平等自愿的原则,并不得违背社会公德。

第三条　【保护计划生育】收养不得违背计划生育的法律、法规。

第二章　收养关系的成立

第四条　【被收养人的条件】下列不满十四周岁的未成年人可以被收养:

(一)丧失父母的孤儿;

(二)查找不到生父母的弃婴和儿童;

(三)生父母有特殊困难无力抚养的子女。

第五条　【送养人的条件】下列公民、组织可以作送养人:

(一)孤儿的监护人;

(二)社会福利机构;

(三)有特殊困难无力抚养子女的生父母。

第六条　【收养人的条件】收养人应当同时具备下列条件:

(一)无子女;

(二)有抚养教育被收养人的能力;

(三)未患有在医学上认为不应当收养子女的疾病;

(四)年满三十周岁。

第七条　【特别规定】收养三代以内同辈旁系血亲的子女,可以不受本法第四条第三项、第五条第三项、第九条和被收养人不满十四周岁的限制。

华侨收养三代以内同辈旁系血亲的子女,还可以不受收养人无子女的限制。

第八条　【收养人数】收养人只能收养一名子女。

收养孤儿、残疾儿童或者社会福利机构抚养的查找不到生父母的弃婴和儿童,可以不受收养人无子女和收养一名的限制。

第九条 【无配偶男性收养女性的年龄限制】无配偶的男性收养女性的,收养人与被收养人的年龄应当相差四十周岁以上。

第十条 【共同送养与共同收养】生父母送养子女,须双方共同送养。生父母一方不明或者查找不到的可以单方送养。

有配偶者收养子女,须夫妻共同收养。

第十一条 【当事人自愿】收养人收养与送养人送养,须双方自愿。收养年满十周岁以上未成年人的,应当征得被收养人的同意。

第十二条 【监护人送养的限制】未成年人的父母均不具备完全民事行为能力的,该未成年人的监护人不得将其送养,但父母对该未成年人有严重危害可能的除外。

第十三条 【送养未成年孤儿的限制】监护人送养未成年孤儿的,须征得有抚养义务的人同意。有抚养义务的人不同意送养、监护人不愿意继续履行监护职责的,应当依照《中华人民共和国民法通则》的规定变更监护人。

第十四条 【收养继子女的特别规定】继父或者继母经继子女的生父母同意,可以收养继子女,并可以不受本法第四条第三项、第五条第三项、第六条和被收养人不满十四周岁以及收养一名的限制。

第十五条 【收养的形式要件】收养应当向县级以上人民政府民政部门登记。收养关系自登记之日起成立。

收养查找不到生父母的弃婴和儿童的,办理登记的民政部门应当在登记前予以公告。

收养关系当事人愿意订立收养协议的,可以订立收养协议。

收养关系当事人各方或者一方要求办理收养公证的,应当办理收养公证。

第十六条 【户口登记】收养关系成立后,公安部门应当依照国家有关规定为被收养人办理户口登记。

第十七条 【亲朋抚养例外】孤儿或者生父母无力抚养的子女,可以由生父母的亲属、朋友抚养。

抚养人与被抚养人的关系不适用收养关系。

第十八条 【优先抚养权】配偶一方死亡,另一方送养未成年子女的,死亡一方的父母有优先抚养的权利。

第十九条 【禁止超计划生育】送养人不得以送养子女为理由违反计划生育的规定再生育子女。

第二十条 【禁止买卖儿童】严禁买卖儿童或者借收养名义买卖儿童。

第二十一条 【涉外收养】外国人依照本法可以在中华人民共和国收养子女。

外国人在中华人民共和国收养子女,应当经其所在国主管机关依照该国法律审查同意。收养人应当提供由其所在国有权机构出具的有关收养人的年龄、婚姻、职业、财产、健康、有无受过刑事处罚等状况的证明材料,该证明材料应当经其所在国外交机关或者外交机关授权的机构认证,并经中华人民共和国驻该国使领馆认证。该收养人应当与送养人订立书面协议,亲自向省级人民政府民政部门登记。

收养关系当事人各方或者一方要求办理收养公证的,应当到国务院司法行政部门认定的具有办理涉外公证资格的公证机构办理收养公证。

第二十二条 【保守收养秘密】收养人、送养人要求保守收养秘密的,其他人应当尊重其意愿,不得泄露。

第三章 收养的效力

第二十三条 【收养的效力】自收养关系成立之日起,养父母与养子女间的权利义务关系,适用法律关于父母子女关系的规定;养子女与养父母的近亲属间的权利义务关系,适用法律关于子女与父母的近亲属关系的规定。

养子女与生父母及其他近亲属间的权利义务关系,因收养关系的成立而消除。

第二十四条 【养子女的姓氏】养子女可以随养父或者养母的姓,经当事人协商一致,也可以保留原姓。

第二十五条 【收养的无效】违反《中华人民共和国民法通则》第五十五条和本法规定的收养行为无法律效力。

收养行为被人民法院确认无效的,从行为开始时起就没有法律效力。

第四章 收养关系的解除

第二十六条 【收养解除的条件之一】收养人在被收养人成年以前,不得解除收养关系,但收养人、送养人双方协议解除的除外,养子女年满十周岁以上的,应当征得本人同意。

收养人不履行抚养义务,有虐待、遗弃等侵害未成年养子女合法权益行为的,送养人有权要求解除养父母与养子女间的收养关系。送养人、收养人不能达成解除收养关系协议的,可以向人民法院起诉。

第二十七条 【收养解除的条件之二】养父母与成年养子女关系恶化、无法共同生活的,可以协议解除收养关系。不能达成协议的,可以向人民法院起诉。

第二十八条 【解除的程序】当事人协议解除收养关系的,应当到民政部门办理解除收养关系的登记。

第二十九条 【解除的法律后果】收养关系解除后,养子女与养父母及其他近亲属间的权利义务关系即行消除,与生父母及其他近亲属间的权利义务关系自行恢复,但成年养子女与生父母及其他近亲属间的权利义务关系是否恢复,可以协商确定。

第三十条 【解除后的抚养费给付】收养关系解除后,经养父母抚养的成年养子女,对缺乏劳动能力又缺乏生活来源的养父母,应当给付生活费。因养子女成年后虐待、遗弃养父母而解除收养关系的,养父母可以要求养子女补偿收养期间支出的生活费和教育费。

生父母要求解除收养关系的,养父母可以要求生父母适当补偿收养期间支出的生活费和教育费,但因养父母虐待、遗弃养子女而解除收养关系的除外。

第五章　法律责任

第三十一条　【法律责任】借收养名义拐卖儿童的,依法追究刑事责任。

遗弃婴儿的,由公安部门处以罚款;构成犯罪的,依法追究刑事责任。

出卖亲生子女的,由公安部门没收非法所得,并处以罚款;构成犯罪的,依法追究刑事责任。

第六章　附　　则

第三十二条　【民族自治地方的变通或补充规定】民族自治地方的人民代表大会及其常务委员会可以根据本法的原则,结合当地情况,制定变通的或者补充的规定。自治区的规定,报全国人民代表大会常务委员会备案。自治州、自治县的规定,报省或者自治区的人民代表大会常务委员会批准后生效,并报全国人民代表大会常务委员会备案。

第三十三条　【实施办法的制定】国务院可以根据本法制定实施办法。

第三十四条　【生效日期】本法自1992年4月1日起施行。

中华人民共和国继承法

1. 1985年4月10日第六届全国人民代表大会第三次会议通过
2. 1985年4月10日中华人民共和国主席令第24号公布
3. 自1985年10月1日起施行

目　　录

第一章　总　　则

第一条　【立法目的】根据《中华人民共和国宪法》规定,为保护公民的私有财产的继承权,制定本法。

第二条　【继承的开始】继承从被继承人死亡时开始。

第三条　【遗产范围】遗产是公民死亡时遗留的个人合法财产,包括:

(一)公民的收入;

(二)公民的房屋、储蓄和生活用品;

(三)公民的林木、牲畜和家禽;

(四)公民的文物、图书资料;

(五)法律允许公民所有的生产资料;

(六)公民的著作权、专利权中的财产权利;

(七)公民的其他合法财产。

第四条　【承包关系与继承】个人承包应得的个人收益,依照本法规定继承。个人承包,依照法律允许由继承人继续承包的,按照承包合同办理。

第五条　【继承方式】继承开始后,按照法定继承办理;有遗嘱的,按照遗嘱继承或者遗赠办理;有遗赠扶养协议的,按照协议办理。

第六条　【无行为能力人、限制行为能力人继承权、受遗赠权的行使】无行为能力人的继承权、受遗赠权,由他的法定代理人代为行使。

限制行为能力人的继承权、受遗赠权,由他的法定代理人代为行使,或者征得法定代理人同意后行使。

第七条　【继承权的丧失】继承人有下列行为之一的,丧失继承权:

(一)故意杀害被继承人的;

(二)为争夺遗产而杀害其他继承人的;

(三)遗弃被继承人的,或者虐待被继承人情节严重的;

(四)伪造、篡改或者销毁遗嘱,情节严重的。

第八条　【诉讼时效】继承权纠纷提起诉讼的期限为二年,自继承人知道或者应当知道其权利被侵犯之日起计算。但是,自继承开始之日起超过二十年的,不得再提起诉讼。

第二章　法定继承

第九条　【男女平等】继承权男女平等。

第十条　【继承人范围及继承顺序】遗产按照下列顺序继承:

第一顺序:配偶、子女、父母。

第二顺序:兄弟姐妹、祖父母、外祖父母。

继承开始后,由第一顺序继承人继承,第二顺序继承人不继承。没有第一顺序继承人继承的,由第二顺序继承人继承。

本法所说的子女,包括婚生子女、非婚生子女、养子女和有扶养关系的继子女。

本法所说的父母,包括生父母、养父母和有扶养关系的继父母。

本法所说的兄弟姐妹,包括同父母的兄弟姐妹、同父异母或者同母异父的兄弟姐妹、养兄弟姐妹、有扶养关系的继兄弟姐妹。

第十一条　【代位继承】被继承人的子女先于被继承人死亡的,由被继承人的子女的晚辈直系血亲代位继承。代位继承人一般只能继承他的父亲或者母亲有权继承的遗产份额。

第十二条　【丧偶儿媳、女婿的继承权】丧偶儿媳对公、婆,丧偶女婿对岳父、岳母,尽了主要赡养义务的,作为第一顺序继承人。

第十三条　【遗产分配】同一顺序继承人继承遗产的份额,一般应当均等。

对生活有特殊困难的缺乏劳动能力的继承人，分配遗产时，应当予以照顾。

对被继承人尽了主要扶养义务或者与被继承人共同生活的继承人，分配遗产时，可以多分。

有扶养能力和有扶养条件的继承人，不尽扶养义务的，分配遗产时，应当不分或者少分。

继承人协商同意的，也可以不均等。

第十四条　【酌情分得遗产权】对继承人以外的依靠被继承人扶养的缺乏劳动能力又没有生活来源的人，或者继承人以外的对被继承人扶养较多的人，可以分给他们适当的遗产。

第十五条　【继承问题解决方式】继承人应当本着互谅互让、和睦团结的精神，协商处理继承问题。遗产分割的时间、办法和份额，由继承人协商确定。协商不成的，可以由人民调解委员会调解或者向人民法院提起诉讼。

第三章　遗嘱继承和遗赠

第十六条　【遗嘱与遗赠的一般规定】公民可以依照本法规定立遗嘱处分个人财产，并可以指定遗嘱执行人。

公民可以立遗嘱将个人财产指定由法定继承人的一人或者数人继承。

公民可以立遗嘱将个人财产赠给国家、集体或者法定继承人以外的人。

第十七条　【遗嘱的形式】公证遗嘱由遗嘱人经公证机关办理。

自书遗嘱由遗嘱人亲笔书写，签名，注明年、月、日。

代书遗嘱应当有两个以上见证人在场见证，由其中一人代书，注明年、月、日，并由代书人、其他见证人和遗嘱人签名。

以录音形式立的遗嘱，应当有两个以上见证人在场见证。

遗嘱人在危急情况下，可以立口头遗嘱。口头遗嘱应当有两个以上见证人在场见证。危急情况解除后，遗嘱人能够用书面或者录音形式立遗嘱的，所立的口头遗嘱无效。

第十八条　【遗嘱见证人】下列人员不能作为遗嘱见证人：

（一）无行为能力人、限制行为能力人；

（二）继承人、受遗赠人；

（三）与继承人、受遗赠人有利害关系的人。

第十九条　【特留份规定】遗嘱应当对缺乏劳动能力又没有生活来源的继承人保留必要的遗产份额。

第二十条　【遗嘱的撤销、变更】遗嘱人可以撤销、变更自己所立的遗嘱。

立有数份遗嘱，内容相抵触的，以最后的遗嘱为准。

自书、代书、录音、口头遗嘱，不得撤销、变更公证遗嘱。

第二十一条　【附义务的遗嘱】遗嘱继承或者遗赠附有义务的，继承人或者受遗赠人应当履行义务。没有正当理由不履行义务的，经有关单位或者个人请求，人民法院可以取消他接受遗产的权利。

第二十二条　【遗嘱的无效】无行为能力人或者限制行为能力人所立的遗嘱无效。

遗嘱必须表示遗嘱人的真实意思，受胁迫、欺骗所立的遗嘱无效。

伪造的遗嘱无效。

遗嘱被篡改的，篡改的内容无效。

第四章　遗产的处理

第二十三条　【继承开始的通知】继承开始后，知道被继承人死亡的继承人应当及时通知其他继承人和遗嘱执行人。继承人中无人知道被继承人死亡或者知道被继承人死亡而不能通知的，由被继承人生前所在单位或者住所地的居民委员会、村民委员会负责通知。

第二十四条　【遗产的保管】存有遗产的人，应当妥善保管遗产，任何人不得侵吞或者争抢。

第二十五条　【继承和遗赠的接受和放弃】继承开始后，继承人放弃继承的，应当在遗产处理前，作出放弃继承的表示。没有表示的，视为接受继承。

受遗赠人应当在知道受遗赠后两个月内，作出接受或者放弃受遗赠的表示。到期没有表示的，视为放弃受遗赠。

第二十六条　【遗产的认定】夫妻在婚姻关系存续期间所得的共同所有的财产，除有约定的以外，如果分割遗产，应当先将共同所有的财产的一半分出为配偶所有，其余的为被继承人的遗产。

遗产在家庭共有财产之中的，遗产分割时，应当先分出他人的财产。

第二十七条　【法定继承的适用范围】有下列情形之一的，遗产中的有关部分按照法定继承办理：

（一）遗嘱继承人放弃继承或者受遗赠人放弃受遗赠的；

（二）遗嘱继承人丧失继承权的；

（三）遗嘱继承人、受遗赠人先于遗嘱人死亡的；

（四）遗嘱无效部分所涉及的遗产；

（五）遗嘱未处分的遗产。

第二十八条　【胎儿预留份】遗产分割时，应当保留胎儿的继承份额。胎儿出生时是死体的，保留的份额按照法定继承办理。

第二十九条　【遗产分割的规则和方法】遗产分割应当有利于生产和生活需要，不损害遗产的效用。

不宜分割的遗产，可以采取折价、适当补偿或者共有等方法处理。

第三十条　【再婚时对所继承遗产的处分权】夫妻一方死亡后另一方再婚的，有权处分所继承的财产，任何人不得干涉。

第三十一条 【遗赠扶养协议】公民可以与扶养人签订遗赠扶养协议。按照协议，扶养人承担该公民生养死葬的义务，享有受遗赠的权利。

公民可以与集体所有制组织签订遗赠扶养协议。按照协议，集体所有制组织承担该公民生养死葬的义务，享有受遗赠的权利。

第三十二条 【无人继承的遗产】无人继承又无人受遗赠的遗产，归国家所有；死者生前是集体所有制组织成员的，归所在集体所有制组织所有。

第三十三条 【继承遗产与清偿债务】继承遗产应当清偿被继承人依法应当缴纳的税款和债务，缴纳税款和清偿债务以他的遗产实际价值为限。超过遗产实际价值部分，继承人自愿偿还的不在此限。

继承人放弃继承的，对被继承人依法应当缴纳的税款和债务可以不负偿还责任。

第三十四条 【遗赠与债务清偿】执行遗赠不得妨碍清偿遗赠人依法应当缴纳的税款和债务。

第五章 附 则

第三十五条 【民族自治地方的变通或补充规定】民族自治地方的人民代表大会可以根据本法的原则，结合当地民族财产继承的具体情况，制定变通的或者补充的规定。自治区的规定，报全国人民代表大会常务委员会备案。自治州、自治县的规定，报省或者自治区的人民代表大会常务委员会批准后生效，并报全国人民代表大会常务委员会备案。

第三十六条 【涉外继承】中国公民继承在中华人民共和国境外的遗产或者继承在中华人民共和国境内的外国人的遗产，动产适用被继承人住所地法律，不动产适用不动产所在地法律。

外国人继承在中华人民共和国境内的遗产或者继承在中华人民共和国境外的中国公民的遗产，动产适用被继承人住所地法律，不动产适用不动产所在地法律。

中华人民共和国与外国订有条约、协定的，按照条约、协定办理。

第三十七条 【生效日期】本法自1985年10月1日起施行。

最高人民法院关于贯彻执行《中华人民共和国继承法》若干问题的意见

1. 1985年9月11日公布

2. 法（民）发〔1985〕22号

第六届全国人民代表大会第三次会议通过的《中华人民共和国继承法》，是我国公民处理继承问题的准则，是人民法院正确、及时审理继承案件的依据。人民法院贯彻执行继承法，要根据社会主义的法制原则，坚持继承权男女平等，贯彻互相扶助和权利义务相一致的精神，依法保护公民的私有财产的继承权。

为了正确贯彻执行继承法，我们根据继承法的有关规定和审判实践经验，对审理继承案件中具体适用继承法的一些问题，提出以下意见，供各级人民法院在审理继承案件时试行。

一、关于总则部分

1. 继承从被继承人生理死亡或被宣告死亡时开始。

失踪人被宣告死亡的，以法院判决中确定的失踪人的死亡日期，为继承开始的时间。

2. 相互有继承关系的几个人在同一事件中死亡，如不能确定死亡先后时间的，推定没有继承人的人先死亡。死亡人各自都有继承人的，如几个死亡人辈分不同，推定长辈先死亡；几个死亡人辈分相同，推定同时死亡，彼此不发生继承，由他们各自的继承人分别继承。

3. 公民可继承的其他合法财产包括有价证券和履行标的为财物的债权等。

4. 承包人死亡时尚未取得承包收益的，可把死者生前对承包所投入的资金和所付出的劳动及其增值和孳息，由发包单位或者接续承包合同的人合理折价、补偿。其价额作为遗产。

5. 被继承人生前与他人订有遗赠扶养协议，同时又立有遗嘱的，继承开始后，如果遗赠扶养协议与遗嘱没有抵触，遗产分别按协议和遗嘱处理；如果有抵触，按协议处理，与协议抵触的遗嘱全部或部分无效。

6. 遗嘱继承人依遗嘱取得遗产后，仍有权依继承法第十三条的规定取得遗嘱未处分的遗产。

7. 不满六周岁的儿童、精神病患者，应当认定其为无行为能力人。

已满六周岁，不满十八周岁的未成年人，应当认定其为限制行为能力人。

8. 法定代理人代理被代理人行使继承权、受遗赠权，不得损害被代理人的利益。法定代理人一般不能代理被代理人放弃继承权、受遗赠权。明显损害被代理人利益的，应认定其代理行为无效。

9. 在遗产继承中，继承人之间因是否丧失继承权发生纠纷，诉讼到人民法院的，由人民法院根据继承法第七条的规定，判决确认其是否丧失继承权。

10. 继承人虐待被继承人情节是否严重，可以从实施虐待行为的时间、手段、后果和社会影响等方面认定。

虐待被继承人情节严重的，不论是否追究刑事责任，均可确认其丧失继承权。

11. 继承人故意杀害被继承人的，不论是既遂还是未遂，均应确认其丧失继承权。

12. 继承人有继承法第七条第(一)项或第(二)项所列之行为,而被继承人以遗嘱将遗产指定由该继承人继承的,可确认遗嘱无效,并按继承法第七条的规定处理。

13. 继承人虐待被继承人情节严重的,或者遗弃被继承人的,如以后确有悔改表现,而且被虐待人、被遗弃人生前又表示宽恕,可不确认其丧失继承权。

14. 继承人伪造、篡改或者销毁遗嘱,侵害了缺乏劳动能力又无生活来源的继承人的利益,并造成其生活困难的,应认定其行为情节严重。

15. 在诉讼时效期间内,因不可抗拒的事由致继承人无法主张继承权利的,人民法院可按中止诉讼时效处理。

16. 继承人在知道自己的权利受到侵犯之日起的二年之内,其遗产继承权纠纷确在人民调解委员会进行调解期间,可按中止诉讼时效处理。

17. 继承人因遗产继承纠纷向人民法院提起诉讼,诉讼时效即为中断。

18. 自继承开始之日起的第十八年至第二十年期间内,继承人才知道自己的权利被侵犯的,其提起诉讼的权利,应当在继承开始之日起的二十年之内行使,超过二十年的,不得再行提起诉讼。

二、关于法定继承部分

19. 被收养人对养父母尽了赡养义务,同时又对生父母扶养较多的,除可依继承法第十条的规定继承养父母的遗产外,还可依继承法第十四条的规定分得生父母的适当的遗产。

20. 在旧社会形成的一夫多妻家庭中,子女与生母以外的父亲的其他配偶之间形成扶养关系的,互有继承权。

21. 继子女继承了继父母遗产的,不影响其继承生父母的遗产。

继父母继承了继子女遗产的,不影响其继承生子女的遗产。

22. 收养他人为养孙子女,视为养父母与养子女的关系的,可互为第一顺序继承人。

23. 养子女与生子女之间、养子女与养子女之间,系养兄弟姐妹,可互为第二顺序继承人。

被收养人与其亲兄弟姐妹之间的权利义务关系,因收养关系的成立而消除,不能互为第二顺序继承人。

24. 继兄弟姐妹之间的继承权,因继兄弟姐妹之间的扶养关系而发生。没有扶养关系的,不能互为第二顺序继承人。

继兄弟姐妹之间相互继承了遗产的,不影响其继承亲兄弟姐妹的遗产。

25. 被继承人的孙子女、外孙子女、曾孙子女、外曾孙子女都可以代位继承,代位继承人不受辈数的限制。

26. 被继承人的养子女、已形成扶养关系的继子女的生子女可代位继承;被继承人亲生子女的养子女可代位继承;被继承人养子女的养子女可代位继承;与被继承人已形成扶养关系的继子女的养子女也可以代位继承。

27. 代位继承人缺乏劳动能力又没有生活来源,或者对被继承人尽过主要赡养义务的,分配遗产时,可以多分。

28. 继承人丧失继承权的,其晚辈直系血亲不得代位继承。如该代位继承人缺乏劳动能力又没有生活来源,或对被继承人尽赡养义务较多的,可适当分给遗产。

29. 丧偶儿媳对公婆、丧偶女婿对岳父、岳母,无论其是否再婚,依继承法第十二条规定作为第一顺序继承人时,不影响其子女代位继承。

30. 对被继承人生活提供了主要经济来源,或在劳务等方面给予了主要扶助的,应当认定其尽了主要赡养义务或主要扶养义务。

31. 依继承法第十四条规定可以分给适当遗产的人,分给他们遗产时,按具体情况可多于或少于继承人。

32. 依继承法第十四条规定可以分给适当遗产的人,在其依法取得被继承人遗产的权利受到侵犯时,本人有权以独立的诉讼主体的资格向人民法院提起诉讼,但在遗产分割时,明知而未提出请求的,一般不予受理;不知而未提出请求,在二年以内起诉的,应予受理。

33. 继承人有扶养能力和扶养条件,愿意尽扶养义务,但被继承人因有固定收入和劳动能力,明确表示不要求其扶养的,分配遗产时,一般不应因此而影响其继承份额。

34. 有扶养能力和扶养条件的继承人虽然与被继承人共同生活,但对需要扶养的被继承人不尽扶养义务,分配遗产时,可以少分或者不分。

三、关于遗嘱继承部分

35. 继承法实施前订立的,形式上稍有欠缺的遗嘱,如内容合法,又有充分证据证明确为遗嘱人真实意思表示的,可以认定遗嘱有效。

36. 继承人、受遗赠人的债权人、债务人,共同经营的合伙人,也应当视为与继承人、受遗赠人有利害关系,不能作为遗嘱的见证人。

37. 遗嘱人未保留缺乏劳动能力又没有生活来源的继承人的遗产份额,遗产处理时,应当为该继承人留下必要的遗产,所剩余的部分,才可参照遗嘱确定的分配原则处理。

继承人是否缺乏劳动能力又没有生活来源,应按遗嘱生效时该继承人的具体情况确定。

38. 遗嘱人以遗嘱处分了属于国家、集体或他人所有的财产,遗嘱的这部分,应认定无效。

39. 遗嘱人生前的行为与遗嘱的意思表示相反,而使遗嘱处分的财产在继承开始前灭失,部分灭失或所有权转移、部分转移的,遗嘱视为被撤销或部分被撤销。

40. 公民在遗书中涉及死后个人财产处分的内容,确为死者真实意思的表示,有本人签名并注明了年、月、日,又无相反证据的,可按自书遗嘱对待。

41. 遗嘱人立遗嘱时必须有行为能力。无行为能力人所立的遗嘱,即使其本人后来有了行为能力,仍属无效遗嘱。遗嘱人立遗嘱时有行为能力,后来丧失了行为能力,不影响遗嘱的效力。

42. 遗嘱人以不同形式立有数份内容相抵触的遗嘱,其中有公证遗嘱的,以最后所立公证遗嘱为准;没有公证遗嘱的,以最后所立的遗嘱为准。

43. 附义务的遗嘱继承或遗赠,如义务能够履行,而继承人、受遗赠人无正当理由不履行,经受益人或其他继承人请求,人民法院可以取消他接受附义务那部分遗产的权利,由提出请求的继承人或受益人负责按遗嘱人的意愿履行义务,接受遗产。

四、关于遗产的处理部分

44. 人民法院在审理继承案件时,如果知道有继承人而无法通知的,分割遗产时,要保留其应继承的遗产,并确定该遗产的保管人或保管单位。

45. 应当为胎儿保留的遗产份额没有保留的,应从继承人所继承的遗产中扣回。

为胎儿保留的遗产份额,如胎儿出生后死亡的,由其继承人继承;如胎儿出生时就是死体的,由被继承人的继承人继承。

46. 继承人因放弃继承权,致其不能履行法定义务的,放弃继承权的行为无效。

47. 继承人放弃继承应当以书面形式向其他继承人表示。用口头方式表示放弃继承,本人承认,或有其他充分证据证明的,也应当认定其有效。

48. 在诉讼中,继承人向人民法院以口头方式表示放弃继承的,要制作笔录,由放弃继承的人签名。

49. 继承人放弃继承的意思表示,应当在继承开始后、遗产分割前作出。遗产分割后表示放弃的不再是继承权,而是所有权。

50. 遗产处理前或在诉讼进行中,继承人对放弃继承翻悔的,由人民法院根据其提出的具体理由,决定是否承认。遗产处理后,继承人对放弃继承翻悔的,不予承认。

51. 放弃继承的效力,追溯到继承开始的时间。

52. 继承开始后,继承人没有表示放弃继承,并于遗产分割前死亡的,其继承遗产的权利转移给他的合法继承人。

53. 继承开始后,受遗赠人表示接受遗赠,并于遗产分割前死亡的,其接受遗赠的权利转移给他的继承人。

54. 由国家或集体组织供给生活费用的烈属和享受社会救济的城市居民,其遗产仍应准许合法继承人继承。

55. 集体组织对"五保户"实行"五保"时,双方有扶养协议的,按协议处理;没有扶养协议,死者有遗嘱继承人或法定继承人要求继承的,按遗嘱继承或法定继承处理,但集体组织有权要求扣回"五保"费用。

56. 扶养人或集体组织与公民订有遗赠扶养协议,扶养人或集体组织无正当理由不履行,致协议解除的,不能享有受遗赠的权利,其支付的供养费用一般不予补偿;遗赠人无正当理由不履行,致协议解除的,则应偿还扶养人或集体组织已支付的供养费用。

57. 遗产因无人继承收归国家或集体组织所有时,按继承法第十四条规定可以分给遗产的人提出取得遗产的要求,人民法院应视情况适当分给遗产。

58. 人民法院在分割遗产中的房屋、生产资料和特定职业所需要的财产时,应依据有利于发挥其使用效益和继承人的实际需要,兼顾各继承人的利益进行处理。

59. 人民法院对故意隐匿、侵吞或争抢遗产的继承人,可以酌情减少其应继承的遗产。

60. 继承诉讼开始后,如继承人、受遗赠人中有既不愿参加诉讼,又不表示放弃实体权利的,应追加为共同原告;已明确表示放弃继承的,不再列为当事人。

61. 继承人中有缺乏劳动能力又没有生活来源的人,即使遗产不足清偿债务,也应为其保留适当遗产,然后再按继承法第三十三条和民事诉讼法第一百八十条的规定清偿债务。

62. 遗产已被分割而未清偿债务时,如有法定继承又有遗嘱继承和遗赠的,首先由法定继承人用其所得遗产清偿债务;不足清偿时,剩余的债务由遗嘱继承人和受遗赠人按比例用所得遗产偿还;如果只有遗嘱继承和遗赠的,由遗嘱继承人和受遗赠人按比例用所得遗产偿还。

五、关于附则部分

63. 涉外继承,遗产为动产的,适用被继承人住所地法律,即适用被继承人生前最后住所地国家的法律。

64. 继承法施行前,人民法院已经审结的继承案件,继承法施行后,按审判监督程序提起再审的,适用审结时的有关政策、法律。

人民法院对继承法生效前已经受理、生效时尚未审结的继承案件,适用继承法。但不得再以超过诉讼时效为由驳回起诉。

6. 侵权

中华人民共和国侵权责任法

1. 2009年12月26日第十一届全国人民代表大会常务委员会第十二次会议通过
2. 2009年12月26日中华人民共和国主席令第21号公布
3. 自2010年7月1日起施行

目　　录

第一章 一般规定

第一条 【立法目的】为保护民事主体的合法权益,明确侵权责任,预防并制裁侵权行为,促进社会和谐稳定,制定本法。

第二条 【适用范围】侵害民事权益,应当依照本法承担侵权责任。

本法所称民事权益,包括生命权、健康权、姓名权、名誉权、荣誉权、肖像权、隐私权、婚姻自主权、监护权、所有权、用益物权、担保物权、著作权、专利权、商标专用权、发现权、股权、继承权等人身、财产权益。

第三条 【被侵权人的请求权】被侵权人有权请求侵权人承担侵权责任。

第四条 【侵权责任优先】侵权人因同一行为应当承担行政责任或者刑事责任的,不影响依法承担侵权责任。

因同一行为应当承担侵权责任和行政责任、刑事责任,侵权人的财产不足以支付的,先承担侵权责任。

第五条 【侵权责任法和其他法律的关系】其他法律对侵权责任另有特别规定的,依照其规定。

第二章 责任构成和责任方式

第六条 【过错责任原则和过错推定】行为人因过错侵害他人民事权益,应当承担侵权责任。

根据法律规定推定行为人有过错,行为人不能证明自己没有过错的,应当承担侵权责任。

第七条 【无过错责任原则】行为人损害他人民事权益,不论行为人有无过错,法律规定应当承担侵权责任的,依照其规定。

第八条 【共同侵权行为】二人以上共同实施侵权行为,造成他人损害的,应当承担连带责任。

第九条 【教唆、帮助他人实施侵权行为】教唆、帮助他人实施侵权行为的,应当与行为人承担连带责任。

教唆、帮助无民事行为能力人、限制民事行为能力人实施侵权行为的,应当承担侵权责任;该无民事行为能力人、限制民事行为能力人的监护人未尽到监护责任的,应当承担相应的责任。

第十条 【共同危险行为】二人以上实施危及他人人身、财产安全的行为,其中一人或者数人的行为造成他人损害,能够确定具体侵权人的,由侵权人承担责任;不能确定具体侵权人的,行为人承担连带责任。

第十一条 【无意思联络但承担连带责任的分别侵权行为】二人以上分别实施侵权行为造成同一损害,每个人的侵权行为都足以造成全部损害的,行为人承担连带责任。

第十二条 【无意思联络的分别侵权行为】二人以上分别实施侵权行为造成同一损害,能够确定责任大小的,各自承担相应的责任;难以确定责任大小的,平均承担赔偿责任。

第十三条 【连带责任】法律规定承担连带责任的,被侵权人有权请求部分或者全部连带责任人承担责任。

第十四条 【连带责任人内部的责任分担】连带责任人根据各自责任大小确定相应的赔偿数额;难以确定责任大小的,平均承担赔偿责任。

支付超出自己赔偿数额的连带责任人,有权向其他连带责任人追偿。

第十五条 【承担侵权责任的方式】承担侵权责任的方式主要有:

(一)停止侵害;
(二)排除妨碍;
(三)消除危险;
(四)返还财产;
(五)恢复原状;
(六)赔偿损失;
(七)赔礼道歉;
(八)消除影响、恢复名誉。

以上承担侵权责任的方式,可以单独适用,也可以合并适用。

第十六条 【人身损害赔偿】侵害他人造成人身损害的,应当赔偿医疗费、护理费、交通费等为治疗和康复支出的合理费用,以及因误工减少的收入。造成残疾的,还应当赔偿残疾生活辅助具费和残疾赔偿金。造成死亡的,还应当赔偿丧葬费和死亡赔偿金。

第十七条 【以相同数额确定死亡赔偿金】因同一侵权行为造成多人死亡的,可以以相同数额确定死亡赔偿金。

第十八条 【被侵权人死亡或者合并、分立时请求权人的确定】被侵权人死亡的,其近亲属有权请求侵权人承担侵权责任。被侵权人为单位,该单位分立、合并的,承继权利的单位有权请求侵权人承担侵权责任。

被侵权人死亡的,支付被侵权人医疗费、丧葬费等合理费用的人有权请求侵权人赔偿费用,但侵权人已支付该费用的除外。

第十九条 【财产损失的计算】侵害他人财产的,财产损失按照损失发生时的市场价格或者其他方式计算。

第二十条 【侵害人身权益造成财产损失的赔偿】侵害他人人身权益造成财产损失的,按照被侵权人因此受到的损失赔偿;被侵权人的损失难以确定,侵权人因此获得利益的,按照其获得的利益赔偿;侵权人因此获得的利益难以确定,被侵权人和侵权人就赔偿数额协商不一致,向人民法院提起诉讼的,由人民法院根据实际情况确定赔偿数额。

第二十一条 【危及他人人身、财产安全责任的承担方式】侵权行为危及他人人身、财产安全的,被侵权人可以请求侵权人承担停止侵害、排除妨碍、消除危险等侵权责任。

第二十二条 【精神损害赔偿】侵害他人人身权益,造成他人严重精神损害的,被侵权人可以请求精神损害赔偿。

第二十三条 【因防止、制止他人民事权益被侵害而使自己受到损害的责任承担】因防止、制止他人民事权益被侵害而使自己受到损害的,由侵权人承担责任。侵权人逃逸或者无力承担责任,被侵权人请求补偿的,受益人应当给予适当补偿。

第二十四条 【公平分担损失】受害人和行为人对损害的发生都没有过错的,可以根据实际情况,由双方分担损失。

第二十五条 【赔偿费用的支付方式】损害发生后,当事人可以协商赔偿费用的支付方式。协商不一致的,赔偿费用应当一次性支付;一次性支付确有困难的,可以分期支付,但应当提供相应的担保。

第三章 不承担责任和减轻责任的情形

第二十六条 【过错相抵】被侵权人对损害的发生也有过错的,可以减轻侵权人的责任。

第二十七条 【受害人的故意】损害是因受害人故意造成的,行为人不承担责任。

第二十八条 【第三人的原因】损害是因第三人造成的,第三人应当承担侵权责任。

第二十九条 【不可抗力】因不可抗力造成他人损害的,不承担责任。法律另有规定的,依照其规定。

第三十条 【正当防卫】因正当防卫造成损害的,不承担责任。正当防卫超过必要的限度,造成不应有的损害的,正当防卫人应当承担适当的责任。

第三十一条 【紧急避险】因紧急避险造成损害的,由引起险情发生的人承担责任。如果危险是由自然原因引起的,紧急避险人不承担责任或者给予适当补偿。紧急避险采取措施不当或者超过必要的限度,造成不应有的损害的,紧急避险人应当承担适当的责任。

第四章 关于责任主体的特殊规定

第三十二条 【监护人的责任】无民事行为能力人、限制民事行为能力人造成他人损害的,由监护人承担侵权责任。监护人尽到监护责任的,可以减轻其侵权责任。

有财产的无民事行为能力人、限制民事行为能力人造成他人损害的,从本人财产中支付赔偿费用。不足部分,由监护人赔偿。

第三十三条 【完全民事行为能力人暂时无意识或者失去控制后的责任】完全民事行为能力人对自己的行为暂时没有意识或者失去控制造成他人损害有过错的,应当承担侵权责任;没有过错的,根据行为人的经济状况对受害人适当补偿。

完全民事行为能力人因醉酒、滥用麻醉药品或者精神药品对自己的行为暂时没有意识或者失去控制造成他人损害的,应当承担侵权责任。

第三十四条 【用人单位、劳务派遣单位和用工单位的责任】用人单位的工作人员因执行工作任务造成他人损害的,由用人单位承担侵权责任。

劳务派遣期间,被派遣的工作人员因执行工作任务造成他人损害的,由接受劳务派遣的用工单位承担侵权责任;劳务派遣单位有过错的,承担相应的补充责任。

第三十五条 【个人劳务关系中的责任】个人之间形成劳务关系,提供劳务一方因劳务造成他人损害的,由接受劳务一方承担侵权责任。提供劳务一方因劳务自己受到损害的,根据双方各自的过错承担相应的责任。

第三十六条 【网络侵权责任】网络用户、网络服务提供者利用网络侵害他人民事权益的,应当承担侵权责任。

网络用户利用网络服务实施侵权行为的,被侵权人有权通知网络服务提供者采取删除、屏蔽、断开链接等必要措施。网络服务提供者接到通知后未及时采取必要措施的,对损害的扩大部分与该网络用户承担连带责任。

网络服务提供者知道网络用户利用其网络服务侵害他人民事权益,未采取必要措施的,与该网络用户承担连带责任。

第三十七条 【违反安全保障义务的侵权责任】宾馆、商场、银行、车站、娱乐场所等公共场所的管理人或者群众性活动的组织者,未尽到安全保障义务,造成他人损害的,应当承担侵权责任。

因第三人的行为造成他人损害的,由第三人承担侵权责任;管理人或者组织者未尽到安全保障义务的,承担相应的补充责任。

第三十八条 【无民事行为能力人在幼儿园、学校或者其他教育机构学习、生活期间受到损害】无民事行为能力人在幼儿园、学校或者其他教育机构学习、生活期间受到人身损害的,幼儿园、学校或者其他教育机构应当承担责任,但能够证明尽到教育、管理职责的,不承担责任。

第三十九条 【限制民事行为能力人在学校或者其他教育机构学习、生活期间受到损害】限制民事行为能力人在学校或者其他教育机构学习、生活期间受到人身损害,学校或者其他教育机构未尽到教育、管理职责的,应当承担责任。

第四十条 【无民事行为能力人或者限制民事行为能力人受到幼儿园、学校或者其他教育机构以外的人员人身损害】无民事行为能力人或者限制民事行为能力人在幼儿园、学校或者其他教育机构学习、生活期间,受到幼儿园、学校或者其他教育机构以外的人员人身损害的,由侵权人承担侵权责任;幼儿园、学校或者其他教育机构未尽到管理职责的,承担相应的补充责任。

第五章 产品责任

第四十一条 【生产者的责任】因产品存在缺陷造成他人损害的，生产者应当承担侵权责任。

第四十二条 【销售者的责任】因销售者的过错使产品存在缺陷，造成他人损害的，销售者应当承担侵权责任。

销售者不能指明缺陷产品的生产者也不能指明缺陷产品的供货者的，销售者应当承担侵权责任。

第四十三条 【生产者与销售者之间的责任承担】因产品存在缺陷造成损害的，被侵权人可以向产品的生产者请求赔偿，也可以向产品的销售者请求赔偿。

产品缺陷由生产者造成的，销售者赔偿后，有权向生产者追偿。

因销售者的过错使产品存在缺陷的，生产者赔偿后，有权向销售者追偿。

第四十四条 【生产者、销售者对第三人的追偿权】因运输者、仓储者等第三人的过错使产品存在缺陷，造成他人损害的，产品的生产者、销售者赔偿后，有权向第三人追偿。

第四十五条 【生产者、销售者排除妨碍、消除危险等责任】因产品缺陷危及他人人身、财产安全的，被侵权人有权请求生产者、销售者承担排除妨碍、消除危险等侵权责任。

第四十六条 【警示、召回等补救措施】产品投入流通后发现存在缺陷的，生产者、销售者应当及时采取警示、召回等补救措施。未及时采取补救措施或者补救措施不力造成损害的，应当承担侵权责任。

第四十七条 【惩罚性赔偿】明知产品存在缺陷仍然生产、销售，造成他人死亡或者健康严重损害的，被侵权人有权请求相应的惩罚性赔偿。

第六章 机动车交通事故责任

第四十八条 【机动车交通事故责任的原则规定】机动车发生交通事故造成损害的，依照道路交通安全法的有关规定承担赔偿责任。

第四十九条 【租赁、借用的机动车交通事故责任】因租赁、借用等情形机动车所有人与使用人不是同一人时，发生交通事故后属于该机动车一方责任的，由保险公司在机动车强制保险责任限额范围内予以赔偿。不足部分，由机动车使用人承担赔偿责任；机动车所有人对损害的发生有过错的，承担相应的赔偿责任。

第五十条 【转让并交付但未办理登记的机动车交通事故责任】当事人之间已经以买卖等方式转让并交付机动车但未办理所有权转移登记，发生交通事故后属于该机动车一方责任的，由保险公司在机动车强制保险责任限额范围内予以赔偿。不足部分，由受让人承担赔偿责任。

第五十一条 【拼装或者已达到报废标准的机动车交通事故责任】以买卖等方式转让拼装或者已达到报废标准的机动车，发生交通事故造成损害的，由转让人和受让人承担连带责任。

第五十二条 【盗抢的机动车交通事故责任】盗窃、抢劫或者抢夺的机动车发生交通事故造成损害的，由盗窃人、抢劫人或者抢夺人承担赔偿责任。保险公司在机动车强制保险责任限额范围内垫付抢救费用的，有权向交通事故责任人追偿。

第五十三条 【驾驶人逃逸时对被侵权人的救济】机动车驾驶人发生交通事故后逃逸，该机动车参加强制保险的，由保险公司在机动车强制保险责任限额范围内予以赔偿；机动车不明或者该机动车未参加强制保险，需要支付被侵权人人身伤亡的抢救、丧葬等费用的，由道路交通事故社会救助基金垫付。道路交通事故社会救助基金垫付后，其管理机构有权向交通事故责任人追偿。

第七章 医疗损害责任

第五十四条 【医疗损害责任的归责原则】患者在诊疗活动中受到损害，医疗机构及其医务人员有过错的，由医疗机构承担赔偿责任。

第五十五条 【说明、告知义务】医务人员在诊疗活动中应当向患者说明病情和医疗措施。需要实施手术、特殊检查、特殊治疗的，医务人员应当及时向患者说明医疗风险、替代医疗方案等情况，并取得其书面同意；不宜向患者说明的，应当向患者的近亲属说明，并取得其书面同意。

医务人员未尽到前款义务，造成患者损害的，医疗机构应当承担赔偿责任。

第五十六条 【紧急情况下告知义务的例外】因抢救生命垂危的患者等紧急情况，不能取得患者或者其近亲属意见的，经医疗机构负责人或者授权的负责人批准，可以立即实施相应的医疗措施。

第五十七条 【诊疗义务】医务人员在诊疗活动中未尽到与当时的医疗水平相应的诊疗义务，造成患者损害的，医疗机构应当承担赔偿责任。

第五十八条 【过错推定的情形】患者有损害，因下列情形之一的，推定医疗机构有过错：

（一）违反法律、行政法规、规章以及其他有关诊疗规范的规定；

（二）隐匿或者拒绝提供与纠纷有关的病历资料；

（三）伪造、篡改或者销毁病历资料。

第五十九条 【药品、消毒药剂、医疗器械缺陷或者不合格血液输入责任】因药品、消毒药剂、医疗器械的缺陷，或者输入不合格的血液造成患者损害的，患者可以向生产者或者血液提供机构请求赔偿，也可以向医疗机构请求赔偿。患者向医疗机构请求赔偿的，医疗机构赔偿后，有权向负有责任的生产者或者血液提供机构追偿。

第六十条 【医疗机构不承担责任的情形】患者有损害，因下列情形之一的，医疗机构不承担赔偿责任：

（一）患者或者其近亲属不配合医疗机构进行符合诊疗规范的诊疗；

(二)医务人员在抢救生命垂危的患者等紧急情况下已经尽到合理诊疗义务；

(三)限于当时的医疗水平难以诊疗。

前款第一项情形中,医疗机构及其医务人员也有过错的,应当承担相应的赔偿责任。

第六十一条　【填写、妥善保管和提供病历资料的义务】医疗机构及其医务人员应当按照规定填写并妥善保管住院志、医嘱单、检验报告、手术及麻醉记录、病理资料、护理记录、医疗费用等病历资料。

患者要求查阅、复制前款规定的病历资料的,医疗机构应当提供。

第六十二条　【患者的隐私权】医疗机构及其医务人员应当对患者的隐私保密。泄露患者隐私或者未经患者同意公开其病历资料,造成患者损害的,应当承担侵权责任。

第六十三条　【不得实施不必要的检查】医疗机构及其医务人员不得违反诊疗规范实施不必要的检查。

第六十四条　【医疗机构及其医务人员的合法权益的保护】医疗机构及其医务人员的合法权益受法律保护。干扰医疗秩序,妨害医务人员工作、生活的,应当依法承担法律责任。

第八章　环境污染责任

第六十五条　【环境污染责任的归责原则】因污染环境造成损害的,污染者应当承担侵权责任。

第六十六条　【污染者的举证责任】因污染环境发生纠纷,污染者应当就法律规定的不承担责任或者减轻责任的情形及其行为与损害之间不存在因果关系承担举证责任。

第六十七条　【两个以上污染者造成损害的责任】两个以上污染者污染环境,污染者承担责任的大小,根据污染物的种类、排放量等因素确定。

第六十八条　【因第三人过错污染环境的责任】因第三人的过错污染环境造成损害的,被侵权人可以向污染者请求赔偿,也可以向第三人请求赔偿。污染者赔偿后,有权向第三人追偿。

第九章　高度危险责任

第六十九条　【高度危险责任的一般规定】从事高度危险作业造成他人损害的,应当承担侵权责任。

第七十条　【民用核设施损害责任】民用核设施发生核事故造成他人损害的,民用核设施的经营者应当承担侵权责任,但能够证明损害是因战争等情形或者受害人故意造成的,不承担责任。

第七十一条　【民用航空器损害责任】民用航空器造成他人损害的,民用航空器的经营者应当承担侵权责任,但能够证明损害是因受害人故意造成的,不承担责任。

第七十二条　【高度危险物损害责任】占有或者使用易燃、易爆、剧毒、放射性等高度危险物造成他人损害的,占有人或者使用人应当承担侵权责任,但能够证明损害是因受害人故意或者不可抗力造成的,不承担责任。被侵权人对损害的发生有重大过失的,可以减轻占有人或者使用人的责任。

第七十三条　【高空、高压、地下挖掘、高速轨道运输工具损害责任】从事高空、高压、地下挖掘活动或者使用高速轨道运输工具造成他人损害的,经营者应当承担侵权责任,但能够证明损害是因受害人故意或者不可抗力造成的,不承担责任。被侵权人对损害的发生有过失的,可以减轻经营者的责任。

第七十四条　【遗失、抛弃高度危险物损害责任】遗失、抛弃高度危险物造成他人损害的,由所有人承担侵权责任。所有人将高度危险物交由他人管理的,由管理人承担侵权责任;所有人有过错的,与管理人承担连带责任。

第七十五条　【非法占有高度危险物损害责任】非法占有高度危险物造成他人损害的,由非法占有人承担侵权责任。所有人、管理人不能证明对防止他人非法占有尽到高度注意义务的,与非法占有人承担连带责任。

第七十六条　【高度危险区域损害责任】未经许可进入高度危险活动区域或者高度危险物存放区域受到损害,管理人已经采取安全措施并尽到警示义务的,可以减轻或者不承担责任。

第七十七条　【赔偿限额】承担高度危险责任,法律规定赔偿限额的,依照其规定。

第十章　饲养动物损害责任

第七十八条　【动物饲养人或者管理人的责任】饲养的动物造成他人损害的,动物饲养人或者管理人应当承担侵权责任,但能够证明损害是因被侵权人故意或者重大过失造成的,可以不承担或者减轻责任。

第七十九条　【未采取安全措施的损害责任】违反管理规定,未对动物采取安全措施造成他人损害的,动物饲养人或者管理人应当承担侵权责任。

第八十条　【禁止饲养的危险动物损害责任】禁止饲养的烈性犬等危险动物造成他人损害的,动物饲养人或者管理人应当承担侵权责任。

第八十一条　【动物园的动物损害责任】动物园的动物造成他人损害的,动物园应当承担侵权责任,但能够证明尽到管理职责的,不承担责任。

第八十二条　【遗弃、逃逸的动物损害责任】遗弃、逃逸的动物在遗弃、逃逸期间造成他人损害的,由原动物饲养人或者管理人承担侵权责任。

第八十三条　【第三人过错时的责任承担】因第三人的过错致使动物造成他人损害的,被侵权人可以向动物饲养人或者管理人请求赔偿,也可以向第三人请求赔偿。动物饲养人或者管理人赔偿后,有权向第三人追偿。

第八十四条　【饲养动物不得妨害他人生活】饲养动物应当遵守法律,尊重社会公德,不得妨害他人生活。

第十一章 物件损害责任

第八十五条 **【建筑物等设施及其搁置物、悬挂物脱落、坠落损害责任】**建筑物、构筑物或者其他设施及其搁置物、悬挂物发生脱落、坠落造成他人损害,所有人、管理人或者使用人不能证明自己没有过错的,应当承担侵权责任。所有人、管理人或者使用人赔偿后,有其他责任人的,有权向其他责任人追偿。

第八十六条 **【建筑物等设施倒塌损害责任】**建筑物、构筑物或者其他设施倒塌造成他人损害的,由建设单位与施工单位承担连带责任。建设单位、施工单位赔偿后,有其他责任人的,有权向其他责任人追偿。

因其他责任人的原因,建筑物、构筑物或者其他设施倒塌造成他人损害的,由其他责任人承担侵权责任。

第八十七条 **【不明抛掷物、坠落物损害责任】**从建筑物中抛掷物品或者从建筑物上坠落的物品造成他人损害,难以确定具体侵权人的,除能够证明自己不是侵权人的外,由可能加害的建筑物使用人给予补偿。

第八十八条 **【堆放物倒塌损害责任】**堆放物倒塌造成他人损害,堆放人不能证明自己没有过错的,应当承担侵权责任。

第八十九条 **【妨碍通行物损害责任】**在公共道路上堆放、倾倒、遗撒妨碍通行的物品造成他人损害的,有关单位或者个人应当承担侵权责任。

第九十条 **【林木折断损害责任】**因林木折断造成他人损害,林木的所有人或者管理人不能证明自己没有过错的,应当承担侵权责任。

第九十一条 **【公共场所、道路施工和窨井等地下设施损害责任】**在公共场所或者道路上挖坑、修缮安装地下设施等,没有设置明显标志和采取安全措施造成他人损害的,施工人应当承担侵权责任。

窨井等地下设施造成他人损害,管理人不能证明尽到管理职责的,应当承担侵权责任。

第十二章 附 则

第九十二条 **【实施日期】**本法自 2010 年 7 月 1 日起施行。

最高人民法院关于审理人身损害赔偿案件适用法律若干问题的解释[①](节录)

1. 2003 年 12 月 4 日最高人民法院审判委员会第 1299 次会议通过
2. 2003 年 12 月 26 日公布
3. 法释〔2003〕20 号
4. 自 2004 年 5 月 1 日起施行

为正确审理人身损害赔偿案件,依法保护当事人的合法权益,根据《中华人民共和国民法通则》(以下简称民法通则)、《中华人民共和国民事诉讼法》(以下简称民事诉讼法)等有关法律规定,结合审判实践,就有关适用法律的问题作如下解释:

……

第十七条 受害人遭受人身损害,因就医治疗支出的各项费用以及因误工减少的收入,包括医疗费、误工费、护理费、交通费、住宿费、住院伙食补助费、必要的营养费,赔偿义务人应当予以赔偿。

受害人因伤致残的,其因增加生活上需要所支出的必要费用以及因丧失劳动能力导致的收入损失,包括残疾赔偿金、残疾辅助器具费、被扶养人生活费,以及因康复护理、继续治疗实际发生的必要的康复费、护理费、后续治疗费,赔偿义务人也应当予以赔偿。

受害人死亡的,赔偿义务人除应当根据抢救治疗情况赔偿本条第一款规定的相关费用外,还应当赔偿丧葬费、被扶养人生活费、死亡补偿费以及受害人亲属办理丧葬事宜支出的交通费、住宿费和误工损失等其他合理费用。

第十八条 受害人或者死者近亲属遭受精神损害,赔偿权利人向人民法院请求赔偿精神损害抚慰金的,适用《最高人民法院关于确定民事侵权精神损害赔偿责任若干问题的解释》予以确定。

精神损害抚慰金的请求权,不得让与或者继承。但赔偿义务人已经以书面方式承诺给予金钱赔偿,或者赔偿权利人已经向人民法院起诉的除外。

第十九条 医疗费根据医疗机构出具的医药费、住院费等收款凭证,结合病历和诊断证明等相关证据确定。赔偿义务人对治疗的必要性和合理性有异议的,应当承担相应的举证责任。

医疗费的赔偿数额,按照一审法庭辩论终结前实际发生的数额确定。器官功能恢复训练所必要的康复费、适当的整容费以及其他后续治疗费,赔偿权利人可以待实际发生后另行起诉。但根据医疗证明或者鉴定结论确定必然发生的费用,可以与已经发生的医疗费一并予以赔偿。

第二十条 误工费根据受害人的误工时间和收入状况确定。

误工时间根据受害人接受治疗的医疗机构出具的证明确定。受害人因伤致残持续误工的,误工时间可以计算至定残日前一天。

受害人有固定收入的,误工费按照实际减少的收入计算。受害人无固定收入的,按照其最近三年的平均收入计算;受害人不能举证证明其最近三年的平均收入状况的,可以参照受诉法院所在地相同或者相近行业上一年度职工的平均工资计算。

第二十一条 护理费根据护理人员的收入状况和护理人数、

---

① 本解释侵权责任部分内容与《侵权责任法》重合或冲突,故本书只收录赔偿部分内容。

护理期限确定。

护理人员有收入的,参照误工费的规定计算;护理人员没有收入或者雇佣护工的,参照当地护工从事同等级别护理的劳务报酬标准计算。护理人员原则上为一人,但医疗机构或者鉴定机构有明确意见的,可以参照确定护理人员人数。

护理期限应计算至受害人恢复生活自理能力时止。受害人因残疾不能恢复生活自理能力的,可以根据其年龄、健康状况等因素确定合理的护理期限,但最长不超过二十年。

受害人定残后的护理,应当根据其护理依赖程度并结合配制残疾辅助器具的情况确定护理级别。

第二十二条　交通费根据受害人及其必要的陪护人员因就医或者转院治疗实际发生的费用计算。交通费应当以正式票据为凭;有关凭据应当与就医地点、时间、人数、次数相符合。

第二十三条　住院伙食补助费可以参照当地国家机关一般工作人员的出差伙食补助标准予以确定。

受害人确有必要到外地治疗,因客观原因不能住院,受害人本人及其陪护人员实际发生的住宿费和伙食费,其合理部分应予赔偿。

第二十四条　营养费根据受害人伤残情况参照医疗机构的意见确定。

第二十五条　残疾赔偿金根据受害人丧失劳动能力程度或者伤残等级,按照受诉法院所在地上一年度城镇居民人均可支配收入或者农村居民人均纯收入标准,自定残之日起按二十年计算。但六十周岁以上的,年龄每增加一岁减少一年;七十五周岁以上的,按五年计算。

受害人因伤致残但实际收入没有减少,或者伤残等级较轻但造成职业妨害严重影响其劳动就业的,可以对残疾赔偿金作相应调整。

第二十六条　残疾辅助器具费按照普通适用器具的合理费用标准计算。伤情有特殊需要的,可以参照辅助器具配制机构的意见确定相应的合理费用标准。

辅助器具的更换周期和赔偿期限参照配制机构的意见确定。

第二十七条　丧葬费按照受诉法院所在地上一年度职工月平均工资标准,以六个月总额计算。

第二十八条　被扶养人生活费根据扶养人丧失劳动能力程度,按照受诉法院所在地上一年度城镇居民人均消费性支出和农村居民人均年生活消费支出标准计算。被扶养人为未成年人的,计算至十八周岁;被扶养人无劳动能力又无其他生活来源的,计算二十年。但六十周岁以上的,年龄每增加一岁减少一年;七十五周岁以上的,按五年计算。

被扶养人是指受害人依法应当承担扶养义务的未成年人或者丧失劳动能力又无其他生活来源的成年近亲属。被扶养人还有其他扶养人的,赔偿义务人只赔偿受害人依法应当负担的部分。被扶养人有数人的,年赔偿总额累计不超过上一年度城镇居民人均消费性支出额或者农村居民人均年生活消费支出额。

第二十九条　死亡赔偿金按照受诉法院所在地上一年度城镇居民人均可支配收入或者农村居民人均纯收入标准,按二十年计算。但六十周岁以上的,年龄每增加一岁减少一年;七十五周岁以上的,按五年计算。

第三十条　赔偿权利人举证证明其住所地或者经常居住地城镇居民人均可支配收入或者农村居民人均纯收入高于受诉法院所在地标准的,残疾赔偿金或者死亡赔偿金可以按照其住所地或者经常居住地的相关标准计算。

被扶养人生活费的相关计算标准,依照前款原则确定。

第三十一条　人民法院应当按照民法通则第一百三十一条以及本解释第二条的规定,确定第十九条至第二十九条各项财产损失的实际赔偿金额。

前款确定的物质损害赔偿金与按照第十八条第一款规定确定的精神损害抚慰金,原则上应当一次性给付。

第三十二条　超过确定的护理期限、辅助器具费给付年限或者残疾赔偿金给付年限,赔偿权利人向人民法院起诉请求继续给付护理费、辅助器具费或者残疾赔偿金的,人民法院应予受理。赔偿权利人确需继续护理、配制辅助器具,或者没有劳动能力和生活来源的,人民法院应当判令赔偿义务人继续给付相关费用五至十年。

第三十三条　赔偿义务人请求以定期金方式给付残疾赔偿金、被扶养人生活费、残疾辅助器具费的,应当提供相应的担保。人民法院可以根据赔偿义务人的给付能力和提供担保的情况,确定以定期金方式给付相关费用。但一审法庭辩论终结前已经发生的费用、死亡赔偿金以及精神损害抚慰金,应当一次性给付。

第三十四条　人民法院应当在法律文书中明确定期金的给付时间、方式以及每期给付标准。执行期间有关统计数据发生变化的,给付金额应当适时进行相应调整。

定期金按照赔偿权利人的实际生存年限给付,不受本解释有关赔偿期限的限制。

第三十五条　本解释所称“城镇居民人均可支配收入”、“农村居民人均纯收入”、“城镇居民人均消费性支出”、“农村居民人均年生活消费支出”、“职工平均工资”,按照政府统计部门公布的各省、自治区、直辖市以及经济特区和计划单列市上一年度相关统计数据确定。

“上一年度”,是指一审法庭辩论终结时的上一统计年度。

第三十六条　本解释自2004年5月1日起施行。2004年5月1日后新受理的一审人身损害赔偿案件,适用本解释的规定。已经作出生效裁判的人身损害赔偿案件依法再审的,不适用本解释的规定。

在本解释公布施行之前已经生效施行的司法解释,其内容与本解释不一致的,以本解释为准。

最高人民法院关于确定民事侵权精神损害赔偿责任若干问题的解释

1. *2001年2月26日最高人民法院审判委员会第1161次会议通过*
2. *2001年3月8日公布*
3. *法释〔2001〕7号*
4. *自2001年3月10日起施行*

为在审理民事侵权案件中正确确定精神损害赔偿责任,根据《中华人民共和国民法通则》等有关法律规定,结合审判实践经验,对有关问题作如下解释:

第一条 自然人因下列人格权利遭受非法侵害,向人民法院起诉请求赔偿精神损害的,人民法院应当依法予以受理:

(一)生命权、健康权、身体权;

(二)姓名权、肖像权、名誉权、荣誉权;

(三)人格尊严权、人身自由权。

违反社会公共利益、社会公德侵害他人隐私或者其他人格利益,受害人以侵权为由向人民法院起诉请求赔偿精神损害的,人民法院应当依法予以受理。

第二条 非法使被监护人脱离监护,导致亲子关系或者近亲属间的亲属关系遭受严重损害,监护人向人民法院起诉请求赔偿精神损害的,人民法院应当依法予以受理。

第三条 自然人死亡后,其近亲属因下列侵权行为遭受精神痛苦,向人民法院起诉请求赔偿精神损害的,人民法院应当依法予以受理:

(一)以侮辱、诽谤、贬损、丑化或者违反社会公共利益、社会公德的其他方式,侵害死者姓名、肖像、名誉、荣誉;

(二)非法披露、利用死者隐私,或者以违反社会公共利益、社会公德的其他方式侵害死者隐私;

(三)非法利用、损害遗体、遗骨,或者以违反社会公共利益、社会公德的其他方式侵害遗体、遗骨。

第四条 具有人格象征意义的特定纪念物品,因侵权行为而永久性灭失或者毁损,物品所有人以侵权为由,向人民法院起诉请求赔偿精神损害的,人民法院应当依法予以受理。

第五条 法人或者其他组织以人格权利遭受侵害为由,向人民法院起诉请求赔偿精神损害的,人民法院不予受理。

第六条 当事人在侵权诉讼中没有提出赔偿精神损害的诉讼请求,诉讼终结后又基于同一侵权事实另行起诉请求赔偿精神损害的,人民法院不予受理。

第七条 自然人因侵权行为致死,或者自然人死亡后其人格或者遗体遭受侵害,死者的配偶、父母和子女向人民法院起诉请求赔偿精神损害的,列其配偶、父母和子女为原告;没有配偶、父母和子女的,可以由其他近亲属提起诉讼,列其他近亲属为原告。

第八条 因侵权致人精神损害,但未造成严重后果,受害人请求赔偿精神损害的,一般不予支持,人民法院可以根据情形判令侵权人停止侵害、恢复名誉、消除影响、赔礼道歉。

因侵权致人精神损害,造成严重后果的,人民法院除判令侵权人承担停止侵害、恢复名誉、消除影响、赔礼道歉等民事责任外,可以根据受害人一方的请求判令其赔偿相应的精神损害抚慰金。

第九条 精神损害抚慰金包括以下方式:

(一)致人残疾的,为残疾赔偿金;

(二)致人死亡的,为死亡赔偿金;

(三)其他损害情形的精神抚慰金。

第十条 精神损害的赔偿数额根据以下因素确定:

(一)侵权人的过错程度,法律另有规定的除外;

(二)侵害的手段、场合、行为方式等具体情节;

(三)侵权行为所造成的后果;

(四)侵权人的获利情况;

(五)侵权人承担责任的经济能力;

(六)受诉法院所在地平均生活水平。

法律、行政法规对残疾赔偿金、死亡赔偿金等有明确规定的,适用法律、行政法规的规定。

第十一条 受害人对损害事实和损害后果的发生有过错的,可以根据其过错程度减轻或者免除侵权人的精神损害赔偿责任。

第十二条 在本解释公布施行之前已经生效施行的司法解释,其内容有与本解释不一致的,以本解释为准。

最高人民法院关于审理道路交通事故损害赔偿案件适用法律若干问题的解释

1. *2012年9月17日最高人民法院审判委员会第1556次会议通过*
2. *2012年11月27日公布*
3. *法释〔2012〕19号*
4. *自2012年12月21日起施行*

为正确审理道路交通事故损害赔偿案件,根据《中华人民共和国侵权责任法》《中华人民共和国合同法》《中华人民共和国道路交通安全法》《中华人民共和国保险法》《中华人民共和国民事诉讼法》等法律的规定,结合审判实践,制定本解释。

一、关于主体责任的认定

第一条 机动车发生交通事故造成损害,机动车所有人或者管理人有下列情形之一,人民法院应当认定其对损害的发

生有过错,并适用侵权责任法第四十九条的规定确定其相应的赔偿责任:

(一)知道或者应当知道机动车存在缺陷,且该缺陷是交通事故发生原因之一的;

(二)知道或者应当知道驾驶人无驾驶资格或者未取得相应驾驶资格的;

(三)知道或者应当知道驾驶人因饮酒、服用国家管制的精神药品或者麻醉药品,或者患有妨碍安全驾驶机动车的疾病等依法不能驾驶机动车的;

(四)其他应当认定机动车所有人或者管理人有过错的。

第二条 未经允许驾驶他人机动车发生交通事故造成损害,当事人依照侵权责任法第四十九条的规定请求由机动车驾驶人承担赔偿责任的,人民法院应予支持。机动车所有人或者管理人有过错的,承担相应的赔偿责任,但具有侵权责任法第五十二条规定情形的除外。

第三条 以挂靠形式从事道路运输经营活动的机动车发生交通事故造成损害,属于该机动车一方责任,当事人请求由挂靠人和被挂靠人承担连带责任的,人民法院应予支持。

第四条 被多次转让但未办理转移登记的机动车发生交通事故造成损害,属于该机动车一方责任,当事人请求由最后一次转让并交付的受让人承担赔偿责任的,人民法院应予支持。

第五条 套牌机动车发生交通事故造成损害,属于该机动车一方责任,当事人请求由套牌机动车的所有人或者管理人承担赔偿责任的,人民法院应予支持;被套牌机动车所有人或者管理人同意套牌的,应当与套牌机动车的所有人或者管理人承担连带责任。

第六条 拼装车、已达到报废标准的机动车或者依法禁止行驶的其他机动车被多次转让,并发生交通事故造成损害,当事人请求由所有的转让人和受让人承担连带责任的,人民法院应予支持。

第七条 接受机动车驾驶培训的人员,在培训活动中驾驶机动车发生交通事故造成损害,属于该机动车一方责任,当事人请求驾驶培训单位承担赔偿责任的,人民法院应予支持。

第八条 机动车试乘过程中发生交通事故造成试乘人损害,当事人请求提供试乘服务者承担赔偿责任的,人民法院应予支持。试乘人有过错的,应当减轻提供试乘服务者的赔偿责任。

第九条 因道路管理维护缺陷导致机动车发生交通事故造成损害,当事人请求道路管理者承担相应赔偿责任的,人民法院应予支持,但道路管理者能够证明已按照法律、法规、规章、国家标准、行业标准或者地方标准尽到安全防护、警示等管理维护义务的除外。

依法不得进入高速公路的车辆、行人,进入高速公路发生交通事故造成自身损害,当事人请求高速公路管理者承担赔偿责任的,适用侵权责任法第七十六条的规定。

第十条 因在道路上堆放、倾倒、遗撒物品等妨碍通行的行为,导致交通事故造成损害,当事人请求行为人承担赔偿责任的,人民法院应予支持。道路管理者不能证明已按照法律、法规、规章、国家标准、行业标准或者地方标准尽到清理、防护、警示等义务的,应当承担相应的赔偿责任。

第十一条 未按照法律、法规、规章或者国家标准、行业标准、地方标准的强制性规定设计、施工,致使道路存在缺陷并造成交通事故,当事人请求建设单位与施工单位承担相应赔偿责任的,人民法院应予支持。

第十二条 机动车存在产品缺陷导致交通事故造成损害,当事人请求生产者或者销售者依照侵权责任法第五章的规定承担赔偿责任的,人民法院应予支持。

第十三条 多辆机动车发生交通事故造成第三人损害,当事人请求多个侵权人承担赔偿责任的,人民法院应当区分不同情况,依照侵权责任法第十条、第十一条或者第十二条的规定,确定侵权人承担连带责任或者按份责任。

二、关于赔偿范围的认定

第十四条 道路交通安全法第七十六条规定的“人身伤亡”,是指机动车发生交通事故侵害被侵权人的生命权、健康权等人身权益所造成的损害,包括侵权责任法第十六条和第二十二条规定的各项损害。

道路交通安全法第七十六条规定的“财产损失”,是指因机动车发生交通事故侵害被侵权人的财产权益所造成的损失。

第十五条 因道路交通事故造成下列财产损失,当事人请求侵权人赔偿的,人民法院应予支持:

(一)维修被损坏车辆所支出的费用、车辆所载物品的损失、车辆施救费用;

(二)因车辆灭失或者无法修复,为购买交通事故发生时与被损坏车辆价值相当的车辆重置费用;

(三)依法从事货物运输、旅客运输等经营性活动的车辆,因无法从事相应经营活动所产生的合理停运损失;

(四)非经营性车辆因无法继续使用,所产生的通常替代性交通工具的合理费用。

三、关于责任承担的认定

第十六条 同时投保机动车第三者责任强制保险(以下简称“交强险”)和第三者责任商业保险(以下简称“商业三者险”)的机动车发生交通事故造成损害,当事人同时起诉侵权人和保险公司的,人民法院应当按照下列规则确定赔偿责任:

(一)先由承保交强险的保险公司在责任限额范围内予以赔偿;

(二)不足部分,由承保商业三者险的保险公司根据保险合同予以赔偿;

（三）仍有不足的，依照道路交通安全法和侵权责任法的相关规定由侵权人予以赔偿。

被侵权人或者其近亲属请求承保交强险的保险公司优先赔偿精神损害的，人民法院应予支持。

第十七条 投保人允许的驾驶人驾驶机动车致使投保人遭受损害，当事人请求承保交强险的保险公司在责任限额范围内予以赔偿的，人民法院应予支持，但投保人为本车上人员的除外。

第十八条 有下列情形之一导致第三人人身损害，当事人请求保险公司在交强险责任限额范围内予以赔偿，人民法院应予支持：

（一）驾驶人未取得驾驶资格或者未取得相应驾驶资格的；

（二）醉酒、服用国家管制的精神药品或者麻醉药品后驾驶机动车发生交通事故的；

（三）驾驶人故意制造交通事故的。

保险公司在赔偿范围内向侵权人主张追偿权的，人民法院应予支持。追偿权的诉讼时效期间自保险公司实际赔偿之日起计算。

第十九条 未依法投保交强险的机动车发生交通事故造成损害，当事人请求投保义务人在交强险责任限额范围内予以赔偿的，人民法院应予支持。

投保义务人和侵权人不是同一人，当事人请求投保义务人和侵权人在交强险责任限额范围内承担连带责任的，人民法院应予支持。

第二十条 具有从事交强险业务资格的保险公司违法拒绝承保、拖延承保或者违法解除交强险合同，投保义务人在向第三人承担赔偿责任后，请求该保险公司在交强险责任限额范围内承担相应赔偿责任的，人民法院应予支持。

第二十一条 多辆机动车发生交通事故造成第三人损害，损失超出各机动车交强险责任限额之和的，由各保险公司在各自责任限额范围内承担赔偿责任；损失未超出各机动车交强险责任限额之和，当事人请求由各保险公司按照其责任限额与责任限额之和的比例承担赔偿责任的，人民法院应予支持。

依法分别投保交强险的牵引车和挂车连接使用时发生交通事故造成第三人损害，当事人请求由各保险公司在各自的责任限额范围内平均赔偿的，人民法院应予支持。

多辆机动车发生交通事故造成第三人损害，其中部分机动车未投保交强险，当事人请求先由已承保交强险的保险公司在责任限额范围内予以赔偿的，人民法院应予支持。保险公司就超出其应承担的部分向未投保交强险的投保义务人或者侵权人行使追偿权的，人民法院应予支持。

第二十二条 同一交通事故的多个被侵权人同时起诉的，人民法院应当按照各被侵权人的损失比例确定交强险的赔偿数额。

第二十三条 机动车所有权在交强险合同有效期内发生变动，保险公司在交通事故发生后，以该机动车未办理交强险合同变更手续为由主张免除赔偿责任的，人民法院不予支持。

机动车在交强险合同有效期内发生改装、使用性质改变等导致危险程度增加的情形，发生交通事故后，当事人请求保险公司在责任限额范围内予以赔偿的，人民法院应予支持。

前款情形下，保险公司另行起诉请求投保义务人按照重新核定后的保险费标准补足当期保险费的，人民法院应予支持。

第二十四条 当事人主张交强险人身伤亡保险金请求权转让或者设定担保的行为无效的，人民法院应予支持。

四、关于诉讼程序的规定

第二十五条 人民法院审理道路交通事故损害赔偿案件，应当将承保交强险的保险公司列为共同被告。但该保险公司已经在交强险责任限额范围内予以赔偿且当事人无异议的除外。

人民法院审理道路交通事故损害赔偿案件，当事人请求将承保商业三者险的保险公司列为共同被告的，人民法院应予准许。

第二十六条 被侵权人因道路交通事故死亡，无近亲属或者近亲属不明，未经法律授权的机关或者有关组织向人民法院起诉主张死亡赔偿金的，人民法院不予受理。

侵权人以已向未经法律授权的机关或者有关组织支付死亡赔偿金为理由，请求保险公司在交强险责任限额范围内予以赔偿的，人民法院不予支持。

被侵权人因道路交通事故死亡，无近亲属或者近亲属不明，支付被侵权人医疗费、丧葬费等合理费用的单位或者个人，请求保险公司在交强险责任限额范围内予以赔偿的，人民法院应予支持。

第二十七条 公安机关交通管理部门制作的交通事故认定书，人民法院应依法审查并确认其相应的证明力，但有相反证据推翻的除外。

五、关于适用范围的规定

第二十八条 机动车在道路以外的地方通行时引发的损害赔偿案件，可以参照适用本解释的规定。

第二十九条 本解释施行后尚未终审的案件，适用本解释；本解释施行前已经终审，当事人申请再审或者按照审判监督程序决定再审的案件，不适用本解释。

最高人民法院关于审理利用信息网络侵害人身权益民事纠纷案件适用法律若干问题的规定

1. 2014年6月23日最高人民法院审判委员会第1621次会议通过
2. 2014年8月21日公布
3. 法释〔2014〕11号
4. 自2014年10月10日起施行

为正确审理利用信息网络侵害人身权益民事纠纷案件,根据《中华人民共和国民法通则》、《中华人民共和国侵权责任法》、《全国人民代表大会常务委员会关于加强网络信息保护的决定》、《中华人民共和国民事诉讼法》等法律的规定,结合审判实践,制定本规定。

第一条 本规定所称的利用信息网络侵害人身权益民事纠纷案件,是指利用信息网络侵害他人姓名权、名称权、名誉权、荣誉权、肖像权、隐私权等人身权益引起的纠纷案件。

第二条 利用信息网络侵害人身权益提起的诉讼,由侵权行为地或者被告住所地人民法院管辖。

侵权行为实施地包括实施被诉侵权行为的计算机等终端设备所在地,侵权结果发生地包括被侵权人住所地。

第三条 原告依据侵权责任法第三十六条第二款、第三款的规定起诉网络用户或者网络服务提供者的,人民法院应予受理。

原告仅起诉网络用户,网络用户请求追加涉嫌侵权的网络服务提供者为共同被告或者第三人的,人民法院应予准许。

原告仅起诉网络服务提供者,网络服务提供者请求追加可以确定的网络用户为共同被告或者第三人的,人民法院应予准许。

第四条 原告起诉网络服务提供者,网络服务提供者以涉嫌侵权的信息系网络用户发布为由抗辩的,人民法院可以根据原告的请求及案件的具体情况,责令网络服务提供者向人民法院提供能够确定涉嫌侵权的网络用户的姓名(名称)、联系方式、网络地址等信息。

网络服务提供者无正当理由拒不提供的,人民法院可以依据民事诉讼法第一百一十四条的规定对网络服务提供者采取处罚等措施。

原告根据网络服务提供者提供的信息请求追加网络用户为被告的,人民法院应予准许。

第五条 依据侵权责任法第三十六条第二款的规定,被侵权人以书面形式或者网络服务提供者公示的方式向网络服务提供者发出的通知,包含下列内容的,人民法院应当认定有效:

(一)通知人的姓名(名称)和联系方式;

(二)要求采取必要措施的网络地址或者足以准确定位侵权内容的相关信息;

(三)通知人要求删除相关信息的理由。

被侵权人发送的通知未满足上述条件,网络服务提供者主张免除责任的,人民法院应予支持。

第六条 人民法院适用侵权责任法第三十六条第二款的规定,认定网络服务提供者采取的删除、屏蔽、断开链接等必要措施是否及时,应当根据网络服务的性质、有效通知的形式和准确程度,网络信息侵害权益的类型和程度等因素综合判断。

第七条 其发布的信息被采取删除、屏蔽、断开链接等措施的网络用户,主张网络服务提供者承担违约责任或者侵权责任,网络服务提供者以收到通知为由抗辩的,人民法院应予支持。

被采取删除、屏蔽、断开链接等措施的网络用户,请求网络服务提供者提供通知内容的,人民法院应予支持。

第八条 因通知人的通知导致网络服务提供者错误采取删除、屏蔽、断开链接等措施,被采取措施的网络用户请求通知人承担侵权责任的,人民法院应予支持。

被错误采取措施的网络用户请求网络服务提供者采取相应恢复措施的,人民法院应予支持,但受技术条件限制无法恢复的除外。

第九条 人民法院依据侵权责任法第三十六条第三款认定网络服务提供者是否"知道",应当综合考虑下列因素:

(一)网络服务提供者是否以人工或者自动方式对侵权网络信息以推荐、排名、选择、编辑、整理、修改等方式作出处理;

(二)网络服务提供者应当具备的管理信息的能力,以及所提供服务的性质、方式及其引发侵权的可能性大小;

(三)该网络信息侵害人身权益的类型及明显程度;

(四)该网络信息的社会影响程度或者一定时间内的浏览量;

(五)网络服务提供者采取预防侵权措施的技术可能性及其是否采取了相应的合理措施;

(六)网络服务提供者是否针对同一网络用户的重复侵权行为或者同一侵权信息采取了相应的合理措施;

(七)与本案相关的其他因素。

第十条 人民法院认定网络用户或者网络服务提供者转载网络信息行为的过错及其程度,应当综合以下因素:

(一)转载主体所承担的与其性质、影响范围相适应的注意义务;

(二)所转载信息侵害他人人身权益的明显程度;

(三)对所转载信息是否作出实质性修改,是否添加或者修改文章标题,导致其与内容严重不符以及误导公众的可能性。

第十一条 网络用户或者网络服务提供者采取诽谤、诋毁等手段,损害公众对经营主体的信赖,降低其产品或者服务的社会评价,经营主体请求网络用户或者网络服务提供者承担侵权责任的,人民法院应依法予以支持。

第十二条 网络用户或者网络服务提供者利用网络公开自

然人基因信息、病历资料、健康检查资料、犯罪记录、家庭住址、私人活动等个人隐私和其他个人信息,造成他人损害,被侵权人请求其承担侵权责任的,人民法院应予支持。但下列情形除外:

(一)经自然人书面同意且在约定范围内公开;

(二)为促进社会公共利益且在必要范围内;

(三)学校、科研机构等基于公共利益为学术研究或者统计的目的,经自然人书面同意,且公开的方式不足以识别特定自然人;

(四)自然人自行在网络上公开的信息或者其他已合法公开的个人信息;

(五)以合法渠道获取的个人信息;

(六)法律或者行政法规另有规定。

网络用户或者网络服务提供者以违反社会公共利益、社会公德的方式公开前款第四项、第五项规定的个人信息,或者公开该信息侵害权利人值得保护的重大利益,权利人请求网络用户或者网络服务提供者承担侵权责任的,人民法院应予支持。

国家机关行使职权公开个人信息的,不适用本条规定。

第十三条 网络用户或者网络服务提供者,根据国家机关依职权制作的文书和公开实施的职权行为等信息来源所发布的信息,有下列情形之一,侵害他人人身权益,被侵权人请求侵权人承担侵权责任的,人民法院应予支持:

(一)网络用户或者网络服务提供者发布的信息与前述信息来源内容不符;

(二)网络用户或者网络服务提供者以添加侮辱性内容、诽谤性信息、不当标题或者通过增删信息、调整结构、改变顺序等方式致人误解;

(三)前述信息来源已被公开更正,但网络用户拒绝更正或者网络服务提供者不予更正;

(四)前述信息来源已被公开更正,网络用户或者网络服务提供者仍然发布更正之前的信息。

第十四条 被侵权人与构成侵权的网络用户或者网络服务提供者达成一方支付报酬,另一方提供删除、屏蔽、断开链接等服务的协议,人民法院应认定为无效。

擅自篡改、删除、屏蔽特定网络信息或者以断开链接的方式阻止他人获取网络信息,发布该信息的网络用户或者网络服务提供者请求侵权人承担侵权责任的,人民法院应予支持。接受他人委托实施该行为的,委托人与受托人承担连带责任。

第十五条 雇佣、组织、教唆或者帮助他人发布、转发网络信息侵害他人人身权益,被侵权人请求行为人承担连带责任的,人民法院应予支持。

第十六条 人民法院判决侵权人承担赔礼道歉、消除影响或者恢复名誉等责任形式的,应当与侵权的具体方式和所造成的影响范围相当。侵权人拒不履行的,人民法院可以采取在网络上发布公告或者公布裁判文书等合理的方式执行,由此产生的费用由侵权人承担。

第十七条 网络用户或者网络服务提供者侵害他人人身权益,造成财产损失或者严重精神损害,被侵权人依据侵权责任法第二十条和第二十二条的规定请求其承担赔偿责任的,人民法院应予支持。

第十八条 被侵权人为制止侵权行为所支付的合理开支,可以认定为侵权责任法第二十条规定的财产损失。合理开支包括被侵权人或者委托代理人对侵权行为进行调查、取证的合理费用。人民法院根据当事人的请求和具体案情,可以将符合国家有关部门规定的律师费用计算在赔偿范围内。

被侵权人因人身权益受侵害造成的财产损失或者侵权人因此获得的利益无法确定的,人民法院可以根据具体案情在50万元以下的范围内确定赔偿数额。

精神损害的赔偿数额,依据最高人民法院《关于确定民事侵权精神损害赔偿责任若干问题的解释》第十条的规定予以确定。

第十九条 本规定施行后人民法院正在审理的一审、二审案件适用本规定。

本规定施行前已经终审,本规定施行后当事人申请再审或者按照审判监督程序决定再审的案件,不适用本规定。

最高人民法院关于审理环境侵权责任纠纷案件适用法律若干问题的解释

1. *2015年2月9日最高人民法院审判委员会第1644次会议通过*
2. *2015年6月1日公布*
3. *法释〔2015〕12号*
4. *自2015年6月3日起施行*

为正确审理环境侵权责任纠纷案件,根据《中华人民共和国侵权责任法》《中华人民共和国环境保护法》《中华人民共和国民事诉讼法》等法律的规定,结合审判实践,制定本解释。

第一条 因污染环境造成损害,不论污染者有无过错,污染者应当承担侵权责任。污染者以排污符合国家或者地方污染物排放标准为由主张不承担责任的,人民法院不予支持。

污染者不承担责任或者减轻责任的情形,适用海洋环境保护法、水污染防治法、大气污染防治法等环境保护单行法的规定;相关环境保护单行法没有规定的,适用侵权责任法的规定。

第二条 两个以上污染者共同实施污染行为造成损害,被侵权人根据侵权责任法第八条规定请求污染者承担连带责任的,人民法院应予支持。

第三条 两个以上污染者分别实施污染行为造成同一损害,每一个污染者的污染行为都足以造成全部损害,被侵权人根据侵权责任法第十一条规定请求污染者承担连带责任的,人民法院应予支持。

两个以上污染者分别实施污染行为造成同一损害,每一个污染者的污染行为都不足以造成全部损害,被侵权人根据侵权责任法第十二条规定请求污染者承担责任的,人民法院应予支持。

两个以上污染者分别实施污染行为造成同一损害,部分污染者的污染行为足以造成全部损害,部分污染者的污染行为只造成部分损害,被侵权人根据侵权责任法第十一条规定请求足以造成全部损害的污染者与其他污染者就共同造成的损害部分承担连带责任,并对全部损害承担责任的,人民法院应予支持。

第四条　两个以上污染者污染环境,对污染者承担责任的大小,人民法院应当根据污染物的种类、排放量、危害性以及有无排污许可证、是否超过污染物排放标准、是否超过重点污染物排放总量控制指标等因素确定。

第五条　被侵权人根据侵权责任法第六十八条规定分别或者同时起诉污染者、第三人的,人民法院应予受理。

被侵权人请求第三人承担赔偿责任的,人民法院应当根据第三人的过错程度确定其相应赔偿责任。

污染者以第三人的过错污染环境造成损害为由主张不承担责任或者减轻责任的,人民法院不予支持。

第六条　被侵权人根据侵权责任法第六十五条规定请求赔偿的,应当提供证明以下事实的证据材料:

(一)污染者排放了污染物;

(二)被侵权人的损害;

(三)污染者排放的污染物或者其次生污染物与损害之间具有关联性。

第七条　污染者举证证明下列情形之一的,人民法院应当认定其污染行为与损害之间不存在因果关系:

(一)排放的污染物没有造成该损害可能的;

(二)排放的可造成该损害的污染物未到达该损害发生地的;

(三)该损害于排放污染物之前已发生的;

(四)其他可以认定污染行为与损害之间不存在因果关系的情形。

第八条　对查明环境污染案件事实的专门性问题,可以委托具备相关资格的司法鉴定机构出具鉴定意见或者由国务院环境保护主管部门推荐的机构出具检验报告、检测报告、评估报告或者监测数据。

第九条　当事人申请通知一至两名具有专门知识的人出庭,就鉴定意见或者污染物认定、损害结果、因果关系等专业问题提出意见的,人民法院可以准许。当事人未申请,人民法院认为有必要的,可以进行释明。

具有专门知识的人在法庭上提出的意见,经当事人质证,可以作为认定案件事实的根据。

第十条　负有环境保护监督管理职责的部门或者其委托的机构出具的环境污染事件调查报告、检验报告、检测报告、评估报告或者监测数据等,经当事人质证,可以作为认定案件事实的根据。

第十一条　对于突发性或者持续时间较短的环境污染行为,在证据可能灭失或者以后难以取得的情况下,当事人或者利害关系人根据民事诉讼法第八十一条规定申请证据保全的,人民法院应当准许。

第十二条　被申请人具有环境保护法第六十三条规定情形之一,当事人或者利害关系人根据民事诉讼法第一百条或者第一百零一条规定申请保全的,人民法院可以裁定责令被申请人立即停止侵害行为或者采取污染防治措施。

第十三条　人民法院应当根据被侵权人的诉讼请求以及具体案情,合理判定污染者承担停止侵害、排除妨碍、消除危险、恢复原状、赔礼道歉、赔偿损失等民事责任。

第十四条　被侵权人请求恢复原状的,人民法院可以依法裁判污染者承担环境修复责任,并同时确定被告不履行环境修复义务时应当承担的环境修复费用。

污染者在生效裁判确定的期限内未履行环境修复义务的,人民法院可以委托其他人进行环境修复,所需费用由污染者承担。

第十五条　被侵权人起诉请求污染者赔偿因污染造成的财产损失、人身损害以及为防止污染扩大、消除污染而采取必要措施所支出的合理费用的,人民法院应予支持。

第十六条　下列情形之一,应当认定为环境保护法第六十五条规定的弄虚作假:

(一)环境影响评价机构明知委托人提供的材料虚假而出具严重失实的评价文件的;

(二)环境监测机构或者从事环境监测设备维护、运营的机构故意隐瞒委托人超过污染物排放标准或者超过重点污染物排放总量控制指标的事实的;

(三)从事防治污染设施维护、运营的机构故意不运行或者不正常运行环境监测设备或者防治污染设施的;

(四)有关机构在环境服务活动中其他弄虚作假的情形。

第十七条　被侵权人提起诉讼,请求污染者停止侵害、排除妨碍、消除危险的,不受环境保护法第六十六条规定的时效期间的限制。

第十八条　本解释适用于审理因污染环境、破坏生态造成损害的民事案件,但法律和司法解释对环境民事公益诉讼案件另有规定的除外。

相邻污染侵害纠纷、劳动者在职业活动中因受污染损害发生的纠纷,不适用本解释。

第十九条　本解释施行后,人民法院尚未审结的一审、二审案件适用本解释规定。本解释施行前已经作出生效裁判的案件,本解释施行后依法再审的,不适用本解释。

本解释施行后,最高人民法院以前颁布的司法解释与本解释不一致的,不再适用。

三、商事法编

导读：

在《中国特色社会主义法律体系》白皮书中，民事法与商事法合称“民法商法”。根据“白皮书”的描述，民法是调整平等主体的公民之间、法人之间、公民和法人之间的财产关系和人身关系的法律规范，遵循民事主体地位平等、意思自治、公平、诚实信用等基本原则。商法调整商事主体之间的商事关系，遵循民法的基本原则，同时秉承保障商事交易自由、等价有偿、便捷安全等原则。截至2011年8月底，中国已制定民法商法方面的法律33部和一大批规范商事活动的行政法规、地方性法规。

中国制定了民法通则，对民事商事活动应当遵循的基本规则作出规定，明确了民法的调整对象、基本原则以及民事主体、民事行为、民事权利和民事责任制度。随着市场经济的发展，中国陆续制定了合同法、物权法、农村土地承包法等法律，建立健全了债权制度和包括所有权、用益物权、担保物权的物权制度；制定了侵权责任法，完善了侵权责任制度；制定了婚姻法、收养法、继承法等法律，建立和完善了婚姻家庭制度；制定了涉外民事关系法律适用法，健全了涉外民事关系法律适用制度；制定了公司法、合伙企业法、个人独资企业法、商业银行法、证券投资基金法、农民专业合作社法等法律，建立健全了商事主体制度；制定了证券法、海商法、票据法、保险法等法律，建立健全了商事行为制度，中国的海上贸易、票据、保险、证券等市场经济活动制度逐步建立并迅速发展。

中国高度重视保护知识产权，颁布实施了专利法、商标法、著作权法和计算机软件保护条例、集成电路布图设计保护条例、著作权集体管理条例、信息网络传播权保护条例、植物新品种保护条例、知识产权海关保护条例、特殊标志管理条例、奥林匹克标志保护条例等以保护知识产权为主要内容的一大批法律法规。1982年制定的商标法是中国开始系统建立现代知识产权法律制度的重要标志，为进一步提高中国的知识产权保护水平，并适应加入世界贸易组织的需要，中国不断健全知识产权法律制度，先后多次对专利法、商标法、著作权法等法律法规进行修改，在立法原则、权利内容、保护标准、法律救济手段等方面，更加突出对促进科技进步与创新的法律保护。截至2010年底，中国累计授予各类专利389万多件；有效注册商标达460万多件，其中来自177个国家和地区的注册商标有67万多件。据不完全统计，2001年至2010年，各级版权行政管理部门共收缴侵权盗版复制品7.07亿件，行政处罚案件93000多起，移送司法机关的案件2500多件。

为推进改革开放，扩大国际经济合作和技术交流，中国制定了中外合资经营企业法、外资企业法、中外合作经营企业法，对外国投资者在中国的投资条件、程序、经营、监督、管理和合法权益的保障等作出规定，确定了外国投资者在中国投资应当尊重中国国家主权的原则，以及中国保护投资者合法权益、平等互利、给予优惠、遵循国际通行规则等原则，为外国投资者在中国进行投资创造了良好的环境。为更好地体现平等互利和遵循国际通行规则，中国多次对这三部法律进行修改完善，充分保障了外国投资者在中国投资、开展经贸活动的合法权益。截至2010年底，中国共批准设立外商投资企业710747家，实际使用外资金额11078.58亿美元，充分表明中国保护外国投资者的法律制度日益完善。

资料补充栏

1. 公司企业

中华人民共和国公司法

1. 1993年12月29日第八届全国人民代表大会常务委员会第五次会议通过
2. 根据1999年12月25日第九届全国人民代表大会常务委员会第十三次会议《关于修改〈中华人民共和国公司法〉的决定》第一次修正
3. 根据2004年8月28日第十届全国人民代表大会常务委员会第十一次会议《关于修改〈中华人民共和国公司法〉的决定》第二次修正
4. 2005年10月27日第十届全国人民代表大会常务委员会第十八次会议修订
5. 根据2013年12月28日第十二届全国人民代表大会常务委员会第六次会议《关于修改〈中华人民共和国海洋环境保护法〉等七部法律的决定》第三次修正

目　　录

第一章　总　　则

第一条　【立法目的】为了规范公司的组织和行为，保护公司、股东和债权人的合法权益，维护社会经济秩序，促进社会主义市场经济的发展，制定本法。

第二条　【调整对象】本法所称公司是指依照本法在中国境内设立的有限责任公司和股份有限公司。

第三条　【公司的界定】公司是企业法人，有独立的法人财产，享有法人财产权。公司以其全部财产对公司的债务承担责任。

有限责任公司的股东以其认缴的出资额为限对公司承担责任；股份有限公司的股东以其认购的股份为限对公司承担责任。

第四条　【股东权利】公司股东依法享有资产收益、参与重大决策和选择管理者等权利。

第五条　【合法经营和合法权益受保护】公司从事经营活动，必须遵守法律、行政法规，遵守社会公德、商业道德，诚实守信，接受政府和社会公众的监督，承担社会责任。

公司的合法权益受法律保护，不受侵犯。

第六条　【公司设立的准则主义】设立公司，应当依法向公司登记机关申请设立登记。符合本法规定的设立条件的，由公司登记机关分别登记为有限责任公司或者股份有限公司；不符合本法规定的设立条件的，不得登记为有限责任公司或者股份有限公司。

法律、行政法规规定设立公司必须报经批准的，应当在公司登记前依法办理批准手续。

公众可以向公司登记机关申请查询公司登记事项，公司登记机关应当提供查询服务。

第七条　【公司营业执照】依法设立的公司，由公司登记机关发给公司营业执照。公司营业执照签发日期为公司成立日期。

公司营业执照应当载明公司的名称、住所、注册资本、经营范围、法定代表人姓名等事项。

公司营业执照记载的事项发生变更的，公司应当依法办理变更登记，由公司登记机关换发营业执照。

第八条　【公司的名称】依照本法设立的有限责任公司，必须在公司名称中标明有限责任公司或者有限公司字样。

依照本法设立的股份有限公司，必须在公司名称中标明股份有限公司或者股份公司字样。

第九条　【公司形式变更的准则主义与债权债务承继】有限责任公司变更为股份有限公司，应当符合本法规定的股份有限公司的条件。股份有限公司变更为有限责任公司，应当符合本法规定的有限责任公司的条件。

有限责任公司变更为股份有限公司的，或者股份有限公司变更为有限责任公司的，公司变更前的债权、债务由变更后的公司承继。

第十条　【公司的住所】公司以其主要办事机构所在地为住所。

第十一条　【公司的章程】设立公司必须依法制定公司章程。公司章程对公司、股东、董事、监事、高级管理人员具有约束力。

第十二条　【公司的经营范围】公司的经营范围由公司章程规定,并依法登记。公司可以修改公司章程,改变经营范围,但是应当办理变更登记。

公司的经营范围中属于法律、行政法规规定须经批准的项目,应当依法经过批准。

第十三条　【公司法定代表人】公司法定代表人依照公司章程的规定,由董事长、执行董事或者经理担任,并依法登记。公司法定代表人变更,应当办理变更登记。

第十四条　【分公司与子公司】公司可以设立分公司。设立分公司,应当向公司登记机关申请登记,领取营业执照。分公司不具有法人资格,其民事责任由公司承担。

公司可以设立子公司,子公司具有法人资格,依法独立承担民事责任。

第十五条　【公司的转投资及其限制】公司可以向其他企业投资;但是,除法律另有规定外,不得成为对所投资企业的债务承担连带责任的出资人。

第十六条　【公司转投资及提供担保的程序规定】公司向其他企业投资或者为他人提供担保,依照公司章程的规定,由董事会或者股东会、股东大会决议;公司章程对投资或者担保的总额及单项投资或者担保的数额有限额规定的,不得超过规定的限额。

公司为公司股东或者实际控制人提供担保的,必须经股东会或者股东大会决议。

前款规定的股东或者受前款规定的实际控制人支配的股东,不得参加前款规定事项的表决。该项表决由出席会议的其他股东所持表决权的过半数通过。

第十七条　【公司的劳动保护等义务】公司必须保护职工的合法权益,依法与职工签订劳动合同,参加社会保险,加强劳动保护,实现安全生产。

公司应当采用多种形式,加强公司职工的职业教育和岗位培训,提高职工素质。

第十八条　【公司的工会及民主管理】公司职工依照《中华人民共和国工会法》组织工会,开展工会活动,维护职工合法权益。公司应当为本公司工会提供必要的活动条件。公司工会代表职工就职工的劳动报酬、工作时间、福利、保险和劳动安全卫生等事项依法与公司签订集体合同。

公司依照宪法和有关法律的规定,通过职工代表大会或者其他形式,实行民主管理。

公司研究决定改制以及经营方面的重大问题、制定重要的规章制度时,应当听取公司工会的意见,并通过职工代表大会或者其他形式听取职工的意见和建议。

第十九条　【公司中的中国共产党组织】在公司中,根据中国共产党章程的规定,设立中国共产党的组织,开展党的活动。公司应当为党组织的活动提供必要条件。

第二十条　【股东滥用权利的责任】公司股东应当遵守法律、行政法规和公司章程,依法行使股东权利,不得滥用股东权利损害公司或者其他股东的利益;不得滥用公司法人独立地位和股东有限责任损害公司债权人的利益。

公司股东滥用股东权利给公司或者其他股东造成损失的,应当依法承担赔偿责任。

公司股东滥用公司法人独立地位和股东有限责任,逃避债务,严重损害公司债权人利益的,应当对公司债务承担连带责任。

第二十一条　【禁止关联行为】公司的控股股东、实际控制人、董事、监事、高级管理人员不得利用其关联关系损害公司利益。

违反前款规定,给公司造成损失的,应当承担赔偿责任。

第二十二条　【无效决议及其法律后果】公司股东会或者股东大会、董事会的决议内容违反法律、行政法规的无效。

股东会或者股东大会、董事会的会议召集程序、表决方式违反法律、行政法规或者公司章程,或者决议内容违反公司章程的,股东可以自决议作出之日起六十日内,请求人民法院撤销。

股东依照前款规定提起诉讼的,人民法院可以应公司的请求,要求股东提供相应担保。

公司根据股东会或者股东大会、董事会决议已办理变更登记的,人民法院宣告该决议无效或者撤销该决议后,公司应当向公司登记机关申请撤销变更登记。

第二章　有限责任公司的设立和组织机构

第一节　设　　立

第二十三条　【有限责任公司的设立条件】设立有限责任公司,应当具备下列条件:

(一)股东符合法定人数;

(二)有符合公司章程规定的全体股东认缴的出资额;

(三)股东共同制定公司章程;

(四)有公司名称,建立符合有限责任公司要求的组织机构;

(五)有公司住所。

第二十四条　【有限责任公司的股东人数限制】有限责任公司由五十个以下股东出资设立。

第二十五条　【有限责任公司章程的法定事项】有限责任公司章程应当载明下列事项:

(一)公司名称和住所;

(二)公司经营范围;

(三)公司注册资本;

(四)股东的姓名或者名称;

(五)股东的出资方式、出资额和出资时间;

(六)公司的机构及其产生办法、职权、议事规则;

(七)公司法定代表人;

(八)股东会会议认为需要规定的其他事项。

股东应当在公司章程上签名、盖章。

第二十六条 【有限责任公司的注册资本】有限责任公司的注册资本为在公司登记机关登记的全体股东认缴的出资额。

法律、行政法规以及国务院决定对有限责任公司注册资本实缴、注册资本最低限额另有规定的，从其规定。

第二十七条 【股东出资方式、出资评估】股东可以用货币出资，也可以用实物、知识产权、土地使用权等可以用货币估价并可以依法转让的非货币财产作价出资；但是，法律、行政法规规定不得作为出资的财产除外。

对作为出资的非货币财产应当评估作价，核实财产，不得高估或者低估作价。法律、行政法规对评估作价有规定的，从其规定。

第二十八条 【股东出资义务的履行和出资违约】股东应当按期足额缴纳公司章程中规定的各自所认缴的出资额。股东以货币出资的，应当将货币出资足额存入有限责任公司在银行开设的账户；以非货币财产出资的，应当依法办理其财产权的转移手续。

股东不按照前款规定缴纳出资的，除应当向公司足额缴纳外，还应当向已按期足额缴纳出资的股东承担违约责任。

第二十九条 【有限责任公司的设立登记】股东认足公司章程规定的出资后，由全体股东指定的代表或者共同委托的代理人向公司登记机关报送公司登记申请书、公司章程等文件，申请设立登记。

第三十条 【非货币财产出资违约责任】有限责任公司成立后，发现作为设立公司出资的非货币财产的实际价额显著低于公司章程所定价额的，应当由交付该出资的股东补足其差额；公司设立时的其他股东承担连带责任。

第三十一条 【股东出资证明书】有限责任公司成立后，应当向股东签发出资证明书。

出资证明书应当载明下列事项：

（一）公司名称；

（二）公司成立日期；

（三）公司注册资本；

（四）股东的姓名或者名称、缴纳的出资额和出资日期；

（五）出资证明书的编号和核发日期。

出资证明书由公司盖章。

第三十二条 【股东名册】有限责任公司应当置备股东名册，记载下列事项：

（一）股东的姓名或者名称及住所；

（二）股东的出资额；

（三）出资证明书编号。

记载于股东名册的股东，可以依股东名册主张行使股东权利。

公司应当将股东的姓名或者名称向公司登记机关登记；登记事项发生变更的，应当办理变更登记。未经登记或者变更登记的，不得对抗第三人。

第三十三条 【股东的查阅权】股东有权查阅、复制公司章程、股东会会议记录、董事会会议决议、监事会会议决议和财务会计报告。

股东可以要求查阅公司会计账簿。股东要求查阅公司会计账簿的，应当向公司提出书面请求，说明目的。公司有合理根据认为股东查阅会计账簿有不正当目的，可能损害公司合法利益的，可以拒绝提供查阅，并应当自股东提出书面请求之日起十五日内书面答复股东并说明理由。公司拒绝提供查阅的，股东可以请求人民法院要求公司提供查阅。

第三十四条 【股东分红权和优先认购权】股东按照实缴的出资比例分取红利；公司新增资本时，股东有权优先按照实缴的出资比例认缴出资。但是，全体股东约定不按照出资比例分取红利或者不按照出资比例优先认缴出资的除外。

第三十五条 【股东不得抽回出资】公司成立后，股东不得抽逃出资。

第二节 组织机构

第三十六条 【股东会】有限责任公司股东会由全体股东组成。股东会是公司的权力机构，依照本法行使职权。

第三十七条 【股东会的职权】股东会行使下列职权：

（一）决定公司的经营方针和投资计划；

（二）选举和更换非由职工代表担任的董事、监事，决定有关董事、监事的报酬事项；

（三）审议批准董事会的报告；

（四）审议批准监事会或者监事的报告；

（五）审议批准公司的年度财务预算方案、决算方案；

（六）审议批准公司的利润分配方案和弥补亏损方案；

（七）对公司增加或者减少注册资本作出决议；

（八）对发行公司债券作出决议；

（九）对公司合并、分立、解散、清算或者变更公司形式作出决议；

（十）修改公司章程；

（十一）公司章程规定的其他职权。

对前款所列事项股东以书面形式一致表示同意的，可以不召开股东会会议，直接作出决定，并由全体股东在决定文件上签名、盖章。

第三十八条 【股东会的首次会议】首次股东会会议由出资最多的股东召集和主持，依照本法规定行使职权。

第三十九条 【股东会的会议制度】股东会会议分为定期会议和临时会议。

定期会议应当依照公司章程的规定按时召开。代表十分之一以上表决权的股东，三分之一以上的董事，监事会或者不设监事会的公司的监事提议召开临时会议的，应当召开临时会议。

第四十条　【股东会会议的召集与组织】有限责任公司设立董事会的,股东会会议由董事会召集,董事长主持;董事长不能履行职务或者不履行职务的,由副董事长主持;副董事长不能履行职务或者不履行职务的,由半数以上董事共同推举一名董事主持。

有限责任公司不设董事会的,股东会会议由执行董事召集和主持。

董事会或者执行董事不能履行或者不履行召集股东会会议职责的,由监事会或者不设监事会的公司的监事召集和主持;监事会或者监事不召集和主持的,代表十分之一以上表决权的股东可以自行召集和主持。

第四十一条　【股东会会议的通知期限和会议记录】召开股东会会议,应当于会议召开十五日前通知全体股东;但是,公司章程另有规定或者全体股东另有约定的除外。

股东会应当对所议事项的决定作成会议记录,出席会议的股东应当在会议记录上签名。

第四十二条　【股东的表决权】股东会会议由股东按照出资比例行使表决权;但是,公司章程另有规定的除外。

第四十三条　【股东会的议事方式和表决程序】股东会的议事方式和表决程序,除本法有规定的外,由公司章程规定。

股东会会议作出修改公司章程、增加或者减少注册资本的决议,以及公司合并、分立、解散或者变更公司形式的决议,必须经代表三分之二以上表决权的股东通过。

第四十四条　【董事会及其成员构成及董事长法律地位】有限责任公司设董事会,其成员为三人至十三人;但是,本法第五十条另有规定的除外。

两个以上的国有企业或者两个以上的其他国有投资主体投资设立的有限责任公司,其董事会成员中应当有公司职工代表;其他有限责任公司董事会成员中可以有公司职工代表。董事会中的职工代表由公司职工通过职工代表大会、职工大会或者其他形式民主选举产生。

董事会设董事长一人,可以设副董事长。董事长、副董事长的产生办法由公司章程规定。

第四十五条　【董事的任职期限】董事任期由公司章程规定,但每届任期不得超过三年。董事任期届满,连选可以连任。

董事任期届满未及时改选,或者董事在任期内辞职导致董事会成员低于法定人数的,在改选出的董事就任前,原董事仍应当依照法律、行政法规和公司章程的规定,履行董事职务。

第四十六条　【董事会的职权】董事会对股东会负责,行使下列职权:

(一)召集股东会会议,并向股东会报告工作;

(二)执行股东会的决议;

(三)决定公司的经营计划和投资方案;

(四)制订公司的年度财务预算方案、决算方案;

(五)制订公司的利润分配方案和弥补亏损方案;

(六)制订公司增加或者减少注册资本以及发行公司债券的方案;

(七)制订公司合并、分立、解散或者变更公司形式的方案;

(八)决定公司内部管理机构的设置;

(九)决定聘任或者解聘公司经理及其报酬事项,并根据经理的提名决定聘任或者解聘公司副经理、财务负责人及其报酬事项;

(十)制定公司的基本管理制度;

(十一)公司章程规定的其他职权。

第四十七条　【董事会会议的召集和主持】董事会会议由董事长召集和主持;董事长不能履行职务或者不履行职务的,由副董事长召集和主持;副董事长不能履行职务或者不履行职务的,由半数以上董事共同推举一名董事召集和主持。

第四十八条　【董事会的议事方式和表决程序】董事会的议事方式和表决程序,除本法有规定的外,由公司章程规定。

董事会应当对所议事项的决定作成会议记录,出席会议的董事应当在会议记录上签名。

董事会决议的表决,实行一人一票。

第四十九条　【经理的职权】有限责任公司可以设经理,由董事会决定聘任或者解聘。经理对董事会负责,行使下列职权:

(一)主持公司的生产经营管理工作,组织实施董事会决议;

(二)组织实施公司年度经营计划和投资方案;

(三)拟订公司内部管理机构设置方案;

(四)拟订公司的基本管理制度;

(五)制定公司的具体规章;

(六)提请聘任或者解聘公司副经理、财务负责人;

(七)决定聘任或者解聘除应由董事会决定聘任或者解聘以外的负责管理人员;

(八)董事会授予的其他职权。

公司章程对经理职权另有规定的,从其规定。

经理列席董事会会议。

第五十条　【执行董事】股东人数较少或者规模较小的有限责任公司,可以设一名执行董事,不设董事会。执行董事可以兼任公司经理。

执行董事的职权由公司章程规定。

第五十一条　【监事会和监事】有限责任公司设监事会,其成员不得少于三人。股东人数较少或者规模较小的有限责任公司,可以设一至二名监事,不设监事会。

监事会应当包括股东代表和适当比例的公司职工代表,其中职工代表的比例不得低于三分之一,具体比例由公司章程规定。监事会中的职工代表由公司职工通过职工代表大会、职工大会或者其他形式民主选举产生。

监事会设主席一人,由全体监事过半数选举产生。监事会主席召集和主持监事会会议；监事会主席不能履行职务或者不履行职务的，由半数以上监事共同推举一名监事召集和主持监事会会议。

董事、高级管理人员不得兼任监事。

第五十二条 【监事的任职期限】监事的任期每届为三年。监事任期届满，连选可以连任。

监事任期届满未及时改选，或者监事在任期内辞职导致监事会成员低于法定人数的，在改选出的监事就任前，原监事仍应当依照法律、行政法规和公司章程的规定，履行监事职务。

第五十三条 【监事会或监事的一般职权】监事会、不设监事会的公司的监事行使下列职权：

（一）检查公司财务；

（二）对董事、高级管理人员执行公司职务的行为进行监督，对违反法律、行政法规、公司章程或者股东会决议的董事、高级管理人员提出罢免的建议；

（三）当董事、高级管理人员的行为损害公司的利益时，要求董事、高级管理人员予以纠正；

（四）提议召开临时股东会会议，在董事会不履行本法规定的召集和主持股东会会议职责时召集和主持股东会会议；

（五）向股东会会议提出提案；

（六）依照本法第一百五十一条的规定，对董事、高级管理人员提起诉讼；

（七）公司章程规定的其他职权。

第五十四条 【监事的质询建议权与调查权】监事可以列席董事会会议，并对董事会决议事项提出质询或者建议。

监事会、不设监事会的公司的监事发现公司经营情况异常，可以进行调查；必要时，可以聘请会计师事务所等协助其工作，费用由公司承担。

第五十五条 【监事会会议】监事会每年度至少召开一次会议，监事可以提议召开临时监事会会议。

监事会的议事方式和表决程序，除本法有规定的外，由公司章程规定。

监事会决议应当经半数以上监事通过。

监事会应当对所议事项的决定作成会议记录，出席会议的监事应当在会议记录上签名。

第五十六条 【监事行使职权的费用承担】监事会、不设监事会的公司的监事行使职权所必需的费用，由公司承担。

第三节 一人有限责任公司的特别规定

第五十七条 【一人有限责任公司的定义、设立、组织机构】一人有限责任公司的设立和组织机构，适用本节规定；本节没有规定的，适用本章第一节、第二节的规定。

本法所称一人有限责任公司，是指只有一个自然人股东或者一个法人股东的有限责任公司。

第五十八条 【一人有限责任公司的投资限制】一个自然人只能投资设立一个一人有限责任公司。该一人有限责任公司不能投资设立新的一人有限责任公司。

第五十九条 【公司登记与营业执照中的投资者身份注明】一人有限责任公司应当在公司登记中注明自然人独资或者法人独资，并在公司营业执照中载明。

第六十条 【一人有限责任公司的章程】一人有限责任公司章程由股东制定。

第六十一条 【股东决定重大事项的书面形式要求】一人有限责任公司不设股东会。股东作出本法第三十七条第一款所列决定时，应当采用书面形式，并由股东签名后置备于公司。

第六十二条 【年度审计】一人有限责任公司应当在每一会计年度终了时编制财务会计报告，并经会计师事务所审计。

第六十三条 【股东对公司债务的连带责任】一人有限责任公司的股东不能证明公司财产独立于股东自己的财产的，应当对公司债务承担连带责任。

第四节 国有独资公司的特别规定

第六十四条 【国有独资公司的定义】国有独资公司的设立和组织机构，适用本节规定；本节没有规定的，适用本章第一节、第二节的规定。

本法所称国有独资公司，是指国家单独出资、由国务院或者地方人民政府授权本级人民政府国有资产监督管理机构履行出资人职责的有限责任公司。

第六十五条 【国有独资公司章程的制定或批准】国有独资公司章程由国有资产监督管理机构制定，或者由董事会制订报国有资产监督管理机构批准。

第六十六条 【国有独资公司重大事项的决定】国有独资公司不设股东会，由国有资产监督管理机构行使股东会职权。国有资产监督管理机构可以授权公司董事会行使股东会的部分职权，决定公司的重大事项，但公司的合并、分立、解散、增加或者减少注册资本和发行公司债券，必须由国有资产监督管理机构决定；其中，重要的国有独资公司合并、分立、解散、申请破产的，应当由国有资产监督管理机构审核后，报本级人民政府批准。

前款所称重要的国有独资公司，按照国务院的规定确定。

第六十七条 【国有独资公司的董事会】国有独资公司设董事会，依照本法第四十六条、第六十六条的规定行使职权。董事每届任期不得超过三年。董事会成员中应当有公司职工代表。

董事会成员由国有资产监督管理机构委派；但是，董事会成员中的职工代表由公司职工代表大会选举产生。

董事会设董事长一人，可以设副董事长。董事长、副董事长由国有资产监督管理机构从董事会成员中指定。

第六十八条 【国有独资公司经理】国有独资公司设经理,由董事会聘任或者解聘。经理依照本法第四十九条规定行使职权。

经国有资产监督管理机构同意,董事会成员可以兼任经理。

第六十九条 【高级职员的兼职禁止】国有独资公司的董事长、副董事长、董事、高级管理人员,未经国有资产监督管理机构同意,不得在其他有限责任公司、股份有限公司或者其他经济组织兼职。

第七十条 【国有独资公司的监事会】国有独资公司监事会成员不得少于五人,其中职工代表的比例不得低于三分之一,具体比例由公司章程规定。

监事会成员由国有资产监督管理机构委派;但是,监事会成员中的职工代表由公司职工代表大会选举产生。监事会主席由国有资产监督管理机构从监事会成员中指定。

监事会行使本法第五十三条第(一)项至第(三)项规定的职权和国务院规定的其他职权。

第三章 有限责任公司的股权转让

第七十一条 【股权转让的一般规定】有限责任公司的股东之间可以相互转让其全部或者部分股权。

股东向股东以外的人转让股权,应当经其他股东过半数同意。股东应就其股权转让事项书面通知其他股东征求同意,其他股东自接到书面通知之日起满三十日未答复的,视为同意转让。其他股东半数以上不同意转让的,不同意的股东应当购买该转让的股权;不购买的,视为同意转让。

经股东同意转让的股权,在同等条件下,其他股东有优先购买权。两个以上股东主张行使优先购买权的,协商确定各自的购买比例;协商不成的,按照转让时各自的出资比例行使优先购买权。

公司章程对股权转让另有规定的,从其规定。

第七十二条 【强制执行程序下的股权转让】人民法院依照法律规定的强制执行程序转让股东的股权时,应当通知公司及全体股东,其他股东在同等条件下有优先购买权。其他股东自人民法院通知之日起满二十日不行使优先购买权的,视为放弃优先购买权。

第七十三条 【股权转让对出资证明书、公司章程和股东名册的影响】依照本法第七十一条、第七十二条转让股权后,公司应当注销原股东的出资证明书,向新股东签发出资证明书,并相应修改公司章程和股东名册中有关股东及其出资额的记载。对公司章程的该项修改不需再由股东会表决。

第七十四条 【异议股东请求公司收购股权的情形】有下列情形之一的,对股东会该项决议投反对票的股东可以请求公司按照合理的价格收购其股权:

(一)公司连续五年不向股东分配利润,而公司该五年连续盈利,并且符合本法规定的分配利润条件的;

(二)公司合并、分立、转让主要财产的;

(三)公司章程规定的营业期限届满或者章程规定的其他解散事由出现,股东会会议通过决议修改章程使公司存续的。

自股东会会议决议通过之日起六十日内,股东与公司不能达成股权收购协议的,股东可以自股东会会议决议通过之日起九十日内向人民法院提起诉讼。

第七十五条 【股东资格的继承】自然人股东死亡后,其合法继承人可以继承股东资格;但是,公司章程另有规定的除外。

第四章 股份有限公司的设立和组织机构

第一节 设 立

第七十六条 【设立条件】设立股份有限公司,应当具备下列条件:

(一)发起人符合法定人数;

(二)有符合公司章程规定的全体发起人认购的股本总额或者募集的实收股本总额;

(三)股份发行、筹办事项符合法律规定;

(四)发起人制订公司章程,采用募集方式设立的经创立大会通过;

(五)有公司名称,建立符合股份有限公司要求的组织机构;

(六)有公司住所。

第七十七条 【设立方式】股份有限公司的设立,可以采取发起设立或者募集设立的方式。

发起设立,是指由发起人认购公司应发行的全部股份而设立公司。

募集设立,是指由发起人认购公司应发行股份的一部分,其余股份向社会公开募集或者向特定对象募集而设立公司。

第七十八条 【设立发起人的限制】设立股份有限公司,应当有二人以上二百人以下为发起人,其中须有半数以上的发起人在中国境内有住所。

第七十九条 【发起人筹办公司的义务】股份有限公司发起人承担公司筹办事务。

发起人应当签订发起人协议,明确各自在公司设立过程中的权利和义务。

第八十条 【注册资本的限定】股份有限公司采取发起设立方式设立的,注册资本为在公司登记机关登记的全体发起人认购的股本总额。在发起人认购的股份缴足前,不得向他人募集股份。

股份有限公司采取募集方式设立的，注册资本为在公司登记机关登记的实收股本总额。

法律、行政法规以及国务院决定对股份有限公司注册资本实缴、注册资本最低限额另有规定的，从其规定。

第八十一条 【股份有限公司章程的法定事项】股份有限公司章程应当载明下列事项：

（一）公司名称和住所；

（二）公司经营范围；

（三）公司设立方式；

（四）公司股份总数、每股金额和注册资本；

（五）发起人的姓名或者名称、认购的股份数、出资方式和出资时间；

（六）董事会的组成、职权和议事规则；

（七）公司法定代表人；

（八）监事会的组成、职权和议事规则；

（九）公司利润分配办法；

（十）公司的解散事由与清算办法；

（十一）公司的通知和公告办法；

（十二）股东大会会议认为需要规定的其他事项。

第八十二条 【发起人的出资方式要求】发起人的出资方式，适用本法第二十七条的规定。

第八十三条 【发起人出资义务的履行、出资违约及设立登记申请】以发起设立方式设立股份有限公司的，发起人应当书面认足公司章程规定其认购的股份，并按照公司章程规定缴纳出资。以非货币财产出资的，应当依法办理其财产权的转移手续。

发起人不依照前款规定缴纳出资的，应当按照发起人协议承担违约责任。

发起人认足公司章程规定的出资后，应当选举董事会和监事会，由董事会向公司登记机关报送公司章程以及法律、行政法规规定的其他文件，申请设立登记。

第八十四条 【对募集设立发起人认购股份的要求】以募集设立方式设立股份有限公司的，发起人认购的股份不得少于公司股份总数的百分之三十五；但是，法律、行政法规另有规定的，从其规定。

第八十五条 【募集股份公告和认股书内容】发起人向社会公开募集股份，必须公告招股说明书，并制作认股书。认股书应当载明本法第八十六条所列事项，由认股人填写认购股数、金额、住所，并签名、盖章。认股人按照所认购股数缴纳股款。

第八十六条 【招股说明书的主要内容】招股说明书应当附有发起人制订的公司章程，并载明下列事项：

（一）发起人认购的股份数；

（二）每股的票面金额和发行价格；

（三）无记名股票的发行总数；

（四）募集资金的用途；

（五）认股人的权利、义务；

（六）本次募股的起止期限及逾期未募足时认股人可以撤回所认股份的说明。

第八十七条 【发起人向社会募集股份的方式】发起人向社会公开募集股份，应当由依法设立的证券公司承销，签订承销协议。

第八十八条 【缴纳股款方式】发起人向社会公开募集股份，应当同银行签订代收股款协议。

代收股款的银行应当按照协议代收和保存股款，向缴纳股款的认股人出具收款单据，并负有向有关部门出具收款证明的义务。

第八十九条 【发起人召开公司创立大会的义务】发行股份的股款缴足后，必须经依法设立的验资机构验资并出具证明。发起人应当自股款缴足之日起三十日内主持召开公司创立大会。创立大会由发起人、认股人组成。

发行的股份超过招股说明书规定的截止期限尚未募足的，或者发行股份的股款缴足后，发起人在三十日内未召开创立大会的，认股人可以按照所缴股款并加算银行同期存款利息，要求发起人返还。

第九十条 【创立大会的召集职权和表决程序】发起人应当在创立大会召开十五日前将会议日期通知各认股人或者予以公告。创立大会应有代表股份总数过半数的发起人、认股人出席，方可举行。

创立大会行使下列职权：

（一）审议发起人关于公司筹办情况的报告；

（二）通过公司章程；

（三）选举董事会成员；

（四）选举监事会成员；

（五）对公司的设立费用进行审核；

（六）对发起人用于抵作股款的财产的作价进行审核；

（七）发生不可抗力或者经营条件发生重大变化直接影响公司设立的，可以作出不设立公司的决议。

创立大会对前款所列事项作出决议，必须经出席会议的认股人所持表决权过半数通过。

第九十一条 【股本抽回的限制】发起人、认股人缴纳股款或者交付抵作股款的出资后，除未按期募足股份、发起人未按期召开创立大会或者创立大会决议不设立公司的情形外，不得抽回其股本。

第九十二条 【申请设立登记文件】董事会应于创立大会结束后三十日内，向公司登记机关报送下列文件，申请设立登记：

（一）公司登记申请书；

（二）创立大会的会议记录；

（三）公司章程；

（四）验资证明；

（五）法定代表人、董事、监事的任职文件及其身份证明；

（六）发起人的法人资格证明或者自然人身份证明；

(七)公司住所证明。

以募集方式设立股份有限公司公开发行股票的,还应当向公司登记机关报送国务院证券监督管理机构的核准文件。

第九十三条 【发起人的出资补缴责任】股份有限公司成立后,发起人未按照公司章程的规定缴足出资的,应当补缴;其他发起人承担连带责任。

股份有限公司成立后,发现作为设立公司出资的非货币财产的实际价额显著低于公司章程所定价额的,应当由交付该出资的发起人补足其差额;其他发起人承担连带责任。

第九十四条 【公司设立过程中的发起人责任】股份有限公司的发起人应当承担下列责任:

(一)公司不能成立时,对设立行为所产生的债务和费用负连带责任;

(二)公司不能成立时,对认股人已缴纳的股款,负返还股款并加算银行同期存款利息的连带责任;

(三)在公司设立过程中,由于发起人的过失致使公司利益受到损害的,应当对公司承担赔偿责任。

第九十五条 【有限责任公司变更为股份有限公司的资产额要求及募股要求】有限责任公司变更为股份有限公司时,折合的实收股本总额不得高于公司净资产额。有限责任公司变更为股份有限公司,为增加资本公开发行股份时,应当依法办理。

第九十六条 【重要资料的置备】股份有限公司应当将公司章程、股东名册、公司债券存根、股东大会会议记录、董事会会议记录、监事会会议记录、财务会计报告置备于本公司。

第九十七条 【股东的查阅权与建议质询权】股东有权查阅公司章程、股东名册、公司债券存根、股东大会会议记录、董事会会议决议、监事会会议决议、财务会计报告,对公司的经营提出建议或者质询。

第二节 股 东 大 会

第九十八条 【股东大会的地位与组成】股份有限公司股东大会由全体股东组成。股东大会是公司的权力机构,依照本法行使职权。

第九十九条 【股东大会的职权】本法第三十七条第一款关于有限责任公司股东会职权的规定,适用于股份有限公司股东大会。

第一百条 【股东大会及临时股东大会的召开】股东大会应当每年召开一次年会。有下列情形之一的,应当在两个月内召开临时股东大会:

(一)董事人数不足本法规定人数或者公司章程所定人数的三分之二时;

(二)公司未弥补的亏损达实收股本总额三分之一时;

(三)单独或者合计持有公司百分之十以上股份的股东请求时;

(四)董事会认为必要时;

(五)监事会提议召开时;

(六)公司章程规定的其他情形。

第一百零一条 【股东大会的召集】股东大会会议由董事会召集,董事长主持;董事长不能履行职务或者不履行职务的,由副董事长主持;副董事长不能履行职务或者不履行职务的,由半数以上董事共同推举一名董事主持。

董事会不能履行或者不履行召集股东大会会议职责的,监事会应当及时召集和主持;监事会不召集和主持的,连续九十日以上单独或者合计持有公司百分之十以上股份的股东可以自行召集和主持。

第一百零二条 【股东大会的通知期限、临时议案和股票交存制度】召开股东大会会议,应当将会议召开的时间、地点和审议的事项于会议召开二十日前通知各股东;临时股东大会应当于会议召开十五日前通知各股东;发行无记名股票的,应当于会议召开三十日前公告会议召开的时间、地点和审议事项。

单独或者合计持有公司百分之三以上股份的股东,可以在股东大会召开十日前提出临时提案并书面提交董事会;董事会应当在收到提案后二日内通知其他股东,并将该临时提案提交股东大会审议。临时提案的内容应当属于股东大会职权范围,并有明确议题和具体决议事项。

股东大会不得对前两款通知中未列明的事项作出决议。

无记名股票持有人出席股东大会会议的,应当于会议召开五日前至股东大会闭会时将股票交存于公司。

第一百零三条 【表决权与股东大会议事规则】股东出席股东大会会议,所持每一股份有一表决权。但是,公司持有的本公司股份没有表决权。

股东大会作出决议,必须经出席会议的股东所持表决权过半数通过。但是,股东大会作出修改公司章程、增加或者减少注册资本的决议,以及公司合并、分立、解散或者变更公司形式的决议,必须经出席会议的股东所持表决权的三分之二以上通过。

第一百零四条 【股东大会的法定召集及表决事项】本法和公司章程规定公司转让、受让重大资产或者对外提供担保等事项必须经股东大会作出决议的,董事会应当及时召集股东大会会议,由股东大会就上述事项进行表决。

第一百零五条 【累积投票制】股东大会选举董事、监事,可以依照公司章程的规定或者股东大会的决议,实行累积投票制。

本法所称累积投票制,是指股东大会选举董事或者监事时,每一股份拥有与应选董事或者监事人数相同的表决权,股东拥有的表决权可以集中使用。

第一百零六条 【表决权的代理行使】股东可以委托代理人出席股东大会会议,代理人应当向公司提交股东授权委托书,并在授权范围内行使表决权。

第一百零七条 【股东大会的会议记录】股东大会应当对所议事项的决定作成会议记录,主持人、出席会议的董事应当在会议记录上签名。会议记录应当与出席股东的签名册及代理出席的委托书一并保存。

第三节 董事会、经理

第一百零八条 【董事会设立及其职权】股份有限公司设董事会,其成员为五人至十九人。

董事会成员中可以有公司职工代表。董事会中的职工代表由公司职工通过职工代表大会、职工大会或者其他形式民主选举产生。

本法第四十五条关于有限责任公司董事任期的规定,适用于股份有限公司董事。

本法第四十六条关于有限责任公司董事会职权的规定,适用于股份有限公司董事会。

第一百零九条 【董事会的组成】董事会设董事长一人,可以设副董事长。董事长和副董事长由董事会以全体董事的过半数选举产生。

董事长召集和主持董事会会议,检查董事会决议的实施情况。副董事长协助董事长工作,董事长不能履行职务或者不履行职务的,由副董事长履行职务;副董事长不能履行职务或者不履行职务的,由半数以上董事共同推举一名董事履行职务。

第一百一十条 【董事会的召开】董事会每年度至少召开两次会议,每次会议应当于会议召开十日前通知全体董事和监事。

代表十分之一以上表决权的股东、三分之一以上董事或者监事会,可以提议召开董事会临时会议。董事长应当自接到提议后十日内,召集和主持董事会会议。

董事会召开临时会议,可以另定召集董事会的通知方式和通知时限。

第一百一十一条 【董事会的议事规则】董事会会议应有过半数的董事出席方可举行。董事会作出决议,必须经全体董事的过半数通过。

董事会决议的表决,实行一人一票。

第一百一十二条 【董事会的出席与代理出席、会议记录与责任承担】董事会会议,应由董事本人出席;董事因故不能出席,可以书面委托其他董事代为出席,委托书中应载明授权范围。

董事会应当对会议所议事项的决定作成会议记录,出席会议的董事应当在会议记录上签名。

董事应当对董事会的决议承担责任。董事会的决议违反法律、行政法规或者公司章程、股东大会决议,致使公司遭受严重损失的,参与决议的董事对公司负赔偿责任。但经证明在表决时曾表明异议并记载于会议记录的,该董事可以免除责任。

第一百一十三条 【经理及其职权】股份有限公司设经理,由董事会决定聘任或者解聘。

本法第四十九条关于有限责任公司经理职权的规定,适用于股份有限公司经理。

第一百一十四条 【董事会成员兼任经理】公司董事会可以决定由董事会成员兼任经理。

第一百一十五条 【禁止向高级职员提供借款】公司不得直接或者通过子公司向董事、监事、高级管理人员提供借款。

第一百一十六条 【定期披露高级职员报酬】公司应当定期向股东披露董事、监事、高级管理人员从公司获得报酬的情况。

第四节 监 事 会

第一百一十七条 【监事会的设立与组成】股份有限公司设监事会,其成员不得少于三人。

监事会应当包括股东代表和适当比例的公司职工代表,其中职工代表的比例不得低于三分之一,具体比例由公司章程规定。监事会中的职工代表由公司职工通过职工代表大会、职工大会或者其他形式民主选举产生。

监事会设主席一人,可以设副主席。监事会主席和副主席由全体监事过半数选举产生。监事会主席召集和主持监事会会议;监事会主席不能履行职务或者不履行职务的,由监事会副主席召集和主持监事会会议;监事会副主席不能履行职务或者不履行职务的,由半数以上监事共同推举一名监事召集和主持监事会会议。

董事、高级管理人员不得兼任监事。

本法第五十二条关于有限责任公司监事任期的规定,适用于股份有限公司监事。

第一百一十八条 【监事会的职权】本法第五十三条、第五十四条关于有限责任公司监事会职权的规定,适用于股份有限公司监事会。

监事会行使职权所必需的费用,由公司承担。

第一百一十九条 【监事会的会议制度】监事会每六个月至少召开一次会议。监事可以提议召开临时监事会会议。

监事会的议事方式和表决程序,除本法有规定的外,由公司章程规定。

监事会决议应当经半数以上监事通过。

监事会应当对所议事项的决定作成会议记录,出席会议的监事应当在会议记录上签名。

第五节 上市公司组织机构的特别规定

第一百二十条 【上市公司的定义】本法所称上市公司,是指其股票在证券交易所上市交易的股份有限公司。

第一百二十一条 【重大资产买卖与重要担保的议事规则】上市公司在一年内购买、出售重大资产或者担保金额超过公司资产总额百分之三十的,应当由股东大会作出决议,并经出席会议的股东所持表决权的三分之二以上通过。

第一百二十二条　【独立董事的设立】上市公司设独立董事,具体办法由国务院规定。

第一百二十三条　【董事会秘书的设立及其职权】上市公司设董事会秘书,负责公司股东大会和董事会会议的筹备、文件保管以及公司股东资料的管理,办理信息披露事务等事宜。

第一百二十四条　【关联关系董事回避与相关事项议事规则】上市公司董事与董事会会议决议事项所涉及的企业有关联关系的,不得对该项决议行使表决权,也不得代理其他董事行使表决权。该董事会会议由过半数的无关联关系董事出席即可举行,董事会会议所作决议须经无关联关系董事过半数通过。出席董事会的无关联关系董事人数不足三人的,应将该事项提交上市公司股东大会审议。

第五章　股份有限公司的股份发行和转让

第一节　股 份 发 行

第一百二十五条　【股份有限公司的股份及其形式】股份有限公司的资本划分为股份,每一股的金额相等。

公司的股份采取股票的形式。股票是公司签发的证明股东所持股份的凭证。

第一百二十六条　【股份有限公司股份发行的原则】股份的发行,实行公平、公正的原则,同种类的每一股份应当具有同等权利。

同次发行的同种类股票,每股的发行条件和价格应当相同;任何单位或者个人所认购的股份,每股应当支付相同价额。

第一百二十七条　【股票发行的价格】股票发行价格可以按票面金额,也可以超过票面金额,但不得低于票面金额。

第一百二十八条　【股票形式与应载明的事项】股票采用纸面形式或者国务院证券监督管理机构规定的其他形式。

股票应当载明下列主要事项:

(一)公司名称;

(二)公司成立日期;

(三)股票种类、票面金额及代表的股份数;

(四)股票的编号。

股票由法定代表人签名,公司盖章。

发起人的股票,应当标明发起人股票字样。

第一百二十九条　【股票种类】公司发行的股票,可以为记名股票,也可以为无记名股票。

公司向发起人、法人发行的股票,应当为记名股票,并应当记载该发起人、法人的名称或者姓名,不得另立户名或者以代表人姓名记名。

第一百三十条　【股东名册的置备及内容】公司发行记名股票的,应当置备股东名册,记载下列事项:

(一)股东的姓名或者名称及住所;

(二)各股东所持股份数;

(三)各股东所持股票的编号;

(四)各股东取得股份的日期。

发行无记名股票的,公司应当记载其股票数量、编号及发行日期。

第一百三十一条　【其他种类股票】国务院可以对公司发行本法规定以外的其他种类的股份,另行作出规定。

第一百三十二条　【向股东交付股票的时间】股份有限公司成立后,即向股东正式交付股票。公司成立前不得向股东交付股票。

第一百三十三条　【发行新股的决议事项】公司发行新股,股东大会应当对下列事项作出决议:

(一)新股种类及数额;

(二)新股发行价格;

(三)新股发行的起止日期;

(四)向原有股东发行新股的种类及数额。

第一百三十四条　【新股发行公告、募股方式及缴纳股款方式】公司经国务院证券监督管理机构核准公开发行新股时,必须公告新股招股说明书和财务会计报告,并制作认股书。

本法第八十七条、第八十八条的规定适用于公司公开发行新股。

第一百三十五条　【新股作价方案的确定】公司发行新股,可以根据公司经营情况和财务状况,确定其作价方案。

第一百三十六条　【新股募足后的变更登记及公告】公司发行新股募足股款后,必须向公司登记机关办理变更登记,并公告。

第二节　股 份 转 让

第一百三十七条　【股份可依法转让】股东持有的股份可以依法转让。

第一百三十八条　【转让股份的场所】股东转让其股份,应当在依法设立的证券交易场所进行或者按照国务院规定的其他方式进行。

第一百三十九条　【记名股票的转让】记名股票,由股东以背书方式或者法律、行政法规规定的其他方式转让;转让后由公司将受让人的姓名或者名称及住所记载于股东名册。

股东大会召开前二十日内或者公司决定分配股利的基准日前五日内,不得进行前款规定的股东名册的变更登记。但是,法律对上市公司股东名册变更登记另有规定的,从其规定。

第一百四十条　【无记名股票的转让】无记名股票的转让,由股东将该股票交付给受让人后即发生转让的效力。

第一百四十一条　【转让本公司股份的限制】发起人持有的本公司股份,自公司成立之日起一年内不得转让。公司公开发行股份前已发行的股份,自公司股票在证券交易所上市交易之日起一年内不得转让。

公司董事、监事、高级管理人员应当向公司申报所持有的本公司的股份及其变动情况，在任职期间每年转让的股份不得超过其所持有本公司股份总数的百分之二十五；所持本公司股份自公司股票上市交易之日起一年内不得转让。上述人员离职后半年内，不得转让其所持有的本公司股份。公司章程可以对公司董事、监事、高级管理人员转让其所持有的本公司股份作出其他限制性规定。

第一百四十二条　【禁止收购本公司股份及其例外】公司不得收购本公司股份。但是，有下列情形之一的除外：

（一）减少公司注册资本；

（二）与持有本公司股份的其他公司合并；

（三）将股份奖励给本公司职工；

（四）股东因对股东大会作出的公司合并、分立决议持异议，要求公司收购其股份的。

公司因前款第（一）项至第（三）项的原因收购本公司股份的，应当经股东大会决议。公司依照前款规定收购本公司股份后，属于第（一）项情形的，应当自收购之日起十日内注销；属于第（二）项、第（四）项情形的，应当在六个月内转让或者注销。

公司依照第一款第（三）项规定收购的本公司股份，不得超过本公司已发行股份总额的百分之五；用于收购的资金应当从公司的税后利润中支出；所收购的股份应当在一年内转让给职工。

公司不得接受本公司的股票作为质押权的标的。

第一百四十三条　【公示催告程序】记名股票被盗、遗失或者灭失，股东可以依照《中华人民共和国民事诉讼法》规定的公示催告程序，请求人民法院宣告该股票失效。人民法院宣告该股票失效后，股东可以向公司申请补发股票。

第一百四十四条　【上市公司的股票交易】上市公司的股票，依照有关法律、行政法规及证券交易所交易规则上市交易。

第一百四十五条　【上市公司的信息披露公开制度】上市公司必须依照法律、行政法规的规定，公开其财务状况、经营情况及重大诉讼，在每会计年度内半年公布一次财务会计报告。

第六章　公司董事、监事、高级管理人员的资格和义务

第一百四十六条　【不得担任高级职员的情形】有下列情形之一的，不得担任公司的董事、监事、高级管理人员：

（一）无民事行为能力或者限制民事行为能力；

（二）因贪污、贿赂、侵占财产、挪用财产或者破坏社会主义市场经济秩序，被判处刑罚，执行期满未逾五年，或者因犯罪被剥夺政治权利，执行期满未逾五年；

（三）担任破产清算的公司、企业的董事或者厂长、经理，对该公司、企业的破产负有个人责任的，自该公司、企业破产清算完结之日起未逾三年；

（四）担任因违法被吊销营业执照、责令关闭的公司、企业的法定代表人，并负有个人责任的，自该公司、企业被吊销营业执照之日起未逾三年；

（五）个人所负数额较大的债务到期未清偿。

公司违反前款规定选举、委派董事、监事或者聘任高级管理人员的，该选举、委派或者聘任无效。

董事、监事、高级管理人员在任职期间出现本条第一款所列情形的，公司应当解除其职务。

第一百四十七条　【高级职员的一般义务】董事、监事、高级管理人员应当遵守法律、行政法规和公司章程，对公司负有忠实义务和勤勉义务。

董事、监事、高级管理人员不得利用职权收受贿赂或者其他非法收入，不得侵占公司的财产。

第一百四十八条　【高级职员的禁止行为】董事、高级管理人员不得有下列行为：

（一）挪用公司资金；

（二）将公司资金以其个人名义或者以其他个人名义开立账户存储；

（三）违反公司章程的规定，未经股东会、股东大会或者董事会同意，将公司资金借贷给他人或者以公司财产为他人提供担保；

（四）违反公司章程的规定或者未经股东会、股东大会同意，与本公司订立合同或者进行交易；

（五）未经股东会或者股东大会同意，利用职务便利为自己或者他人谋取属于公司的商业机会，自营或者为他人经营与所任职公司同类的业务；

（六）接受他人与公司交易的佣金归为己有；

（七）擅自披露公司秘密；

（八）违反对公司忠实义务的其他行为。

董事、高级管理人员违反前款规定所得的收入应当归公司所有。

第一百四十九条　【高级职员对公司的赔偿责任】董事、监事、高级管理人员执行公司职务时违反法律、行政法规或者公司章程的规定，给公司造成损失的，应当承担赔偿责任。

第一百五十条　【高级职员对股东会及监事会行使知情权的配合】股东会或者股东大会要求董事、监事、高级管理人员列席会议的，董事、监事、高级管理人员应当列席并接受股东的质询。

董事、高级管理人员应当如实向监事会或者不设监事会的有限责任公司的监事提供有关情况和资料，不得妨碍监事会或者监事行使职权。

第一百五十一条　【股东维护公司利益的起诉权】董事、高级管理人员有本法第一百四十九条规定的情形的，有限责任公司的股东、股份有限公司连续一百八十日以上单独或者合计持有公司百分之一以上股份的股东，可以书面请求监事会或者不设监事会的有限责任公司的监事向人民法院提起诉讼；监事有本法第一百四十九条规定的情形的，前

述股东可以书面请求董事会或者不设董事会的有限责任公司的执行董事向人民法院提起诉讼。

监事会、不设监事会的有限责任公司的监事,或者董事会、执行董事收到前款规定的股东书面请求后拒绝提起诉讼,或者自收到请求之日起三十日内未提起诉讼,或者情况紧急、不立即提起诉讼将会使公司利益受到难以弥补的损害的,前款规定的股东有权为了公司的利益以自己的名义直接向人民法院提起诉讼。

他人侵犯公司合法权益,给公司造成损失的,本条第一款规定的股东可以依照前两款的规定向人民法院提起诉讼。

第一百五十二条　【股东与监事维护个人利益的起诉权】董事、高级管理人员违反法律、行政法规或者公司章程的规定,损害股东利益的,股东可以向人民法院提起诉讼。

第七章　公司债券

第一百五十三条　【公司债券的定义及发行条件】本法所称公司债券,是指公司依照法定程序发行、约定在一定期限还本付息的有价证券。

公司发行公司债券应当符合《中华人民共和国证券法》规定的发行条件。

第一百五十四条　【公司债券募集的核准和公告】发行公司债券的申请经国务院授权的部门核准后,应当公告公司债券募集办法。

公司债券募集办法中应当载明下列主要事项:

(一)公司名称;

(二)债券募集资金的用途;

(三)债券总额和债券的票面金额;

(四)债券利率的确定方式;

(五)还本付息的期限和方式;

(六)债券担保情况;

(七)债券的发行价格、发行的起止日期;

(八)公司净资产额;

(九)已发行的尚未到期的公司债券总额;

(十)公司债券的承销机构。

第一百五十五条　【公司债券票面必须载明的事项】公司以实物券方式发行公司债券的,必须在债券上载明公司名称、债券票面金额、利率、偿还期限等事项,并由法定代表人签名,公司盖章。

第一百五十六条　【债券的种类】公司债券,可以为记名债券,也可以为无记名债券。

第一百五十七条　【债券存根簿的置备及其应载明的事项】公司发行公司债券应当置备公司债券存根簿。

发行记名公司债券的,应当在公司债券存根簿上载明下列事项:

(一)债券持有人的姓名或者名称及住所;

(二)债券持有人取得债券的日期及债券的编号;

(三)债券总额,债券的票面金额、利率、还本付息的期限和方式;

(四)债券的发行日期。

发行无记名公司债券的,应当在公司债券存根簿上载明债券总额、利率、偿还期限和方式、发行日期及债券的编号。

第一百五十八条　【债券登记结算机构的制度要求】记名公司债券的登记结算机构应当建立债券登记、存管、付息、兑付等相关制度。

第一百五十九条　【公司债券的转让场所与转让价格】公司债券可以转让,转让价格由转让人与受让人约定。

公司债券在证券交易所上市交易的,按照证券交易所的交易规则转让。

第一百六十条　【公司债券的转让方式】记名公司债券,由债券持有人以背书方式或者法律、行政法规规定的其他方式转让;转让后由公司将受让人的姓名或者名称及住所记载于公司债券存根簿。

无记名公司债券的转让,由债券持有人将该债券交付给受让人后即发生转让的效力。

第一百六十一条　【可转换债券的发行及载明事项】上市公司经股东大会决议可以发行可转换为股票的公司债券,并在公司债券募集办法中规定具体的转换办法。上市公司发行可转换为股票的公司债券,应当报国务院证券监督管理机构核准。

发行可转换为股票的公司债券,应当在债券上标明可转换公司债券字样,并在公司债券存根簿上载明可转换公司债券的数额。

第一百六十二条　【可转换债券的转换】发行可转换为股票的公司债券的,公司应当按照其转换办法向债券持有人换发股票,但债券持有人对转换股票或者不转换股票有选择权。

第八章　公司财务、会计

第一百六十三条　【公司财务、会计制度的建立】公司应当依照法律、行政法规和国务院财政部门的规定建立本公司的财务、会计制度。

第一百六十四条　【财务会计报告的制作和年审制】公司应当在每一会计年度终了时编制财务会计报告,并依法经会计师事务所审计。

财务会计报告应当依照法律、行政法规和国务院财政部门的规定制作。

第一百六十五条　【财务会计报告送交股东及公告】有限责任公司应当依照公司章程规定的期限将财务会计报告送交各股东。

股份有限公司的财务会计报告应当在召开股东大会年会的二十日前置备于本公司,供股东查阅;公开发行股票的股份有限公司必须公告其财务会计报告。

第一百六十六条 【公司税后利润的分配】公司分配当年税后利润时,应当提取利润的百分之十列入公司法定公积金。公司法定公积金累计额为公司注册资本的百分之五十以上的,可以不再提取。

公司的法定公积金不足以弥补以前年度亏损的,在依照前款规定提取法定公积金之前,应当先用当年利润弥补亏损。

公司从税后利润中提取法定公积金后,经股东会或者股东大会决议,还可以从税后利润中提取任意公积金。

公司弥补亏损和提取公积金后所余税后利润,有限责任公司依照本法第三十四条的规定分配;股份有限公司按照股东持有的股份比例分配,但股份有限公司章程规定不按持股比例分配的除外。

股东会、股东大会或者董事会违反前款规定,在公司弥补亏损和提取法定公积金之前向股东分配利润的,股东必须将违反规定分配的利润退还公司。

公司持有的本公司股份不得分配利润。

第一百六十七条 【资本公积金】股份有限公司以超过股票票面金额的发行价格发行股份所得的溢价款以及国务院财政部门规定列入资本公积金的其他收入,应当列为公司资本公积金。

第一百六十八条 【公积金的用途及限制】公司的公积金用于弥补公司的亏损、扩大公司生产经营或者转为增加公司资本。但是,资本公积金不得用于弥补公司的亏损。

法定公积金转为资本时,所留存的该项公积金不得少于转增前公司注册资本的百分之二十五。

第一百六十九条 【公司对会计师事务所的聘用及解聘】公司聘用、解聘承办公司审计业务的会计师事务所,依照公司章程的规定,由股东会、股东大会或者董事会决定。

公司股东会、股东大会或者董事会就解聘会计师事务所进行表决时,应当允许会计师事务所陈述意见。

第一百七十条 【公司对会计师事务所的诚实义务】公司应当向聘用的会计师事务所提供真实、完整的会计凭证、会计账簿、财务会计报告及其他会计资料,不得拒绝、隐匿、谎报。

第一百七十一条 【禁止另立账簿及开立个人账户】公司除法定的会计账簿外,不得另立会计账簿。

对公司资产,不得以任何个人名义开立账户存储。

第九章 公司合并、分立、增资、减资

第一百七十二条 【公司合并的种类】公司合并可以采取吸收合并或者新设合并。

一个公司吸收其他公司为吸收合并,被吸收的公司解散。两个以上公司合并设立一个新的公司为新设合并,合并各方解散。

第一百七十三条 【公司合并程序和债权人异议权】公司合并,应当由合并各方签订合并协议,并编制资产负债表及财产清单。公司应当自作出合并决议之日起十日内通知债权人,并于三十日内在报纸上公告。债权人自接到通知书之日起三十日内,未接到通知书的自公告之日起四十五日内,可以要求公司清偿债务或者提供相应的担保。

第一百七十四条 【公司合并的债权债务承继】公司合并时,合并各方的债权、债务,应当由合并后存续的公司或者新设的公司承继。

第一百七十五条 【公司分立的通知义务】公司分立,其财产作相应的分割。

公司分立,应当编制资产负债表及财产清单。公司应当自作出分立决议之日起十日内通知债权人,并于三十日内在报纸上公告。

第一百七十六条 【公司分立的债务承继】公司分立前的债务由分立后的公司承担连带责任。但是,公司在分立前与债权人就债务清偿达成的书面协议另有约定的除外。

第一百七十七条 【减少注册资本的程序要求】公司需要减少注册资本时,必须编制资产负债表及财产清单。

公司应当自作出减少注册资本决议之日起十日内通知债权人,并于三十日内在报纸上公告。债权人自接到通知书之日起三十日内,未接到通知书的自公告之日起四十五日内,有权要求公司清偿债务或者提供相应的担保。

第一百七十八条 【增加注册资本的规定】有限责任公司增加注册资本时,股东认缴新增资本的出资,依照本法设立有限责任公司缴纳出资的有关规定执行。

股份有限公司为增加注册资本发行新股时,股东认购新股,依照本法设立股份有限公司缴纳股款的有关规定执行。

第一百七十九条 【公司合并、分立、增资、减资的登记要求】公司合并或者分立,登记事项发生变更的,应当依法向公司登记机关办理变更登记;公司解散的,应当依法办理公司注销登记;设立新公司的,应当依法办理公司设立登记。

公司增加或者减少注册资本,应当依法向公司登记机关办理变更登记。

第十章 公司解散和清算

第一百八十条 【公司解散的原因】公司因下列原因解散:

(一)公司章程规定的营业期限届满或者公司章程规定的其他解散事由出现;

(二)股东会或者股东大会决议解散;

(三)因公司合并或者分立需要解散;

(四)依法被吊销营业执照、责令关闭或者被撤销;

(五)人民法院依照本法第一百八十二条的规定予以解散。

第一百八十一条 【为使公司存续而修改章程的议事规则】公司有本法第一百八十条第(一)项情形的,可以通过修改公司章程而存续。

依照前款规定修改公司章程,有限责任公司须经持有三分之二以上表决权的股东通过,股份有限公司须经出席股东大会会议的股东所持表决权的三分之二以上通过。

第一百八十二条 **【股东请求法院解散公司的情形】**公司经营管理发生严重困难,继续存续会使股东利益受到重大损失,通过其他途径不能解决的,持有公司全部股东表决权百分之十以上的股东,可以请求人民法院解散公司。

第一百八十三条 **【清算组的成立与组成】**公司因本法第一百八十条第(一)项、第(二)项、第(四)项、第(五)项规定而解散的,应当在解散事由出现之日起十五日内成立清算组,开始清算。有限责任公司的清算组由股东组成,股份有限公司的清算组由董事或者股东大会确定的人员组成。逾期不成立清算组进行清算的,债权人可以申请人民法院指定有关人员组成清算组进行清算。人民法院应当受理该申请,并及时组织清算组进行清算。

第一百八十四条 **【清算组的职权】**清算组在清算期间行使下列职权:

(一)清理公司财产,分别编制资产负债表和财产清单;

(二)通知、公告债权人;

(三)处理与清算有关的公司未了结的业务;

(四)清缴所欠税款以及清算过程中产生的税款;

(五)清理债权、债务;

(六)处理公司清偿债务后的剩余财产;

(七)代表公司参与民事诉讼活动。

第一百八十五条 **【清算期间的债权申报】**清算组应当自成立之日起十日内通知债权人,并于六十日内在报纸上公告。债权人应当自接到通知书之日起三十日内,未接到通知书的自公告之日起四十五日内,向清算组申报其债权。

债权人申报债权,应当说明债权的有关事项,并提供证明材料。清算组应当对债权进行登记。

在申报债权期间,清算组不得对债权人进行清偿。

第一百八十六条 **【清算方案的制定与公司财产的处理】**清算组在清理公司财产、编制资产负债表和财产清单后,应当制定清算方案,并报股东会、股东大会或者人民法院确认。

公司财产在分别支付清算费用、职工的工资、社会保险费用和法定补偿金,缴纳所欠税款,清偿公司债务后的剩余财产,有限责任公司按照股东的出资比例分配,股份有限公司按照股东持有的股份比例分配。

清算期间,公司存续,但不得开展与清算无关的经营活动。公司财产在未依照前款规定清偿前,不得分配给股东。

第一百八十七条 **【宣告破产】**清算组在清理公司财产、编制资产负债表和财产清单后,发现公司财产不足清偿债务的,应当依法向人民法院申请宣告破产。

公司经人民法院裁定宣告破产后,清算组应当将清算事务移交给人民法院。

第一百八十八条 **【清算报告的报送及公司注销登记】**公司清算结束后,清算组应当制作清算报告,报股东会、股东大会或者人民法院确认,并报送公司登记机关,申请注销公司登记,公告公司终止。

第一百八十九条 **【清算组成员的义务】**清算组成员应当忠于职守,依法履行清算义务。

清算组成员不得利用职权收受贿赂或者其他非法收入,不得侵占公司财产。

清算组成员因故意或者重大过失给公司或者债权人造成损失的,应当承担赔偿责任。

第一百九十条 **【破产清算的法律依据】**公司被依法宣告破产的,依照有关企业破产的法律实施破产清算。

第十一章　外国公司的分支机构

第一百九十一条 **【外国公司的定义】**本法所称外国公司是指依照外国法律在中国境外设立的公司。

第一百九十二条 **【外国公司分支机构的设立申请及审批】**外国公司在中国境内设立分支机构,必须向中国主管机关提出申请,并提交其公司章程、所属国的公司登记证书等有关文件,经批准后,向公司登记机关依法办理登记,领取营业执照。

外国公司分支机构的审批办法由国务院另行规定。

第一百九十三条 **【外国公司分支机构的设立及资金要求】**外国公司在中国境内设立分支机构,必须在中国境内指定负责该分支机构的代表人或者代理人,并向该分支机构拨付与其所从事的经营活动相适应的资金。

对外国公司分支机构的经营资金需要规定最低限额的,由国务院另行规定。

第一百九十四条 **【外国公司分支机构的名称要求及章程置备】**外国公司的分支机构应当在其名称中标明该外国公司的国籍及责任形式。

外国公司的分支机构应当在本机构中置备该外国公司章程。

第一百九十五条 **【外国公司分支机构不具有中国法人资格】**外国公司在中国境内设立的分支机构不具有中国法人资格。

外国公司对其分支机构在中国境内进行经营活动承担民事责任。

第一百九十六条 **【外国公司分支机构的合法经营义务及合法权益的保护】**经批准设立的外国公司分支机构,在中国境内从事业务活动,必须遵守中国的法律,不得损害中国的社会公共利益,其合法权益受中国法律保护。

第一百九十七条 **【外国公司撤销分支机构的条件】**外国公司撤销其在中国境内的分支机构时,必须依法清偿债务,依照本法有关公司清算程序的规定进行清算。未清偿债务之前,不得将其分支机构的财产移至中国境外。

第十二章 法律责任

第一百九十八条 【公司登记违法的法律责任】违反本法规定,虚报注册资本、提交虚假材料或者采取其他欺诈手段隐瞒重要事实取得公司登记的,由公司登记机关责令改正,对虚报注册资本的公司,处以虚报注册资本金额百分之五以上百分之十五以下的罚款;对提交虚假材料或者采取其他欺诈手段隐瞒重要事实的公司,处以五万元以上五十万元以下的罚款;情节严重的,撤销公司登记或者吊销营业执照。

第一百九十九条 【公司的发起人、股东出资违法的法律责任】公司的发起人、股东虚假出资,未交付或者未按期交付作为出资的货币或者非货币财产的,由公司登记机关责令改正,处以虚假出资金额百分之五以上百分之十五以下的罚款。

第二百条 【公司的发起人、股东抽逃出资的法律责任】公司的发起人、股东在公司成立后,抽逃其出资的,由公司登记机关责令改正,处以所抽逃出资金额百分之五以上百分之十五以下的罚款。

第二百零一条 【公司另立会计账簿的法律责任】公司违反本法规定,在法定的会计账簿以外另立会计账簿的,由县级以上人民政府财政部门责令改正,处以五万元以上五十万元以下的罚款。

第二百零二条 【提交财务会计报告违法的法律责任】公司在依法向有关主管部门提供的财务会计报告等材料上作虚假记载或者隐瞒重要事实的,由有关主管部门对直接负责的主管人员和其他直接责任人员处以三万元以上三十万元以下的罚款。

第二百零三条 【违法提取法定公积金的法律责任】公司不依照本法规定提取法定公积金的,由县级以上人民政府财政部门责令如数补足应当提取的金额,可以对公司处以二十万元以下的罚款。

第二百零四条 【公司在合并、分立、减少注册资本和清算中的违法行为及其法律责任】公司在合并、分立、减少注册资本或者进行清算时,不依照本法规定通知或者公告债权人的,由公司登记机关责令改正,对公司处以一万元以上十万元以下的罚款。

公司在进行清算时,隐匿财产,对资产负债表或者财产清单作虚假记载或者在未清偿债务前分配公司财产的,由公司登记机关责令改正,对公司处以隐匿财产或者未清偿债务前分配公司财产金额百分之五以上百分之十以下的罚款;对直接负责的主管人员和其他直接责任人员处以一万元以上十万元以下的罚款。

第二百零五条 【公司在清算期间违法经营的法律责任】公司在清算期间开展与清算无关的经营活动的,由公司登记机关予以警告,没收违法所得。

第二百零六条 【清算组及其成立对其违法行为的法律责任】清算组不依照本法规定向公司登记机关报送清算报告,或者报送清算报告隐瞒重要事实或者有重大遗漏的,由公司登记机关责令改正。

清算组成员利用职权徇私舞弊、谋取非法收入或者侵占公司财产的,由公司登记机关责令退还公司财产,没收违法所得,并可以处以违法所得一倍以上五倍以下的罚款。

第二百零七条 【资产评估、验资或验证机构对其违法行为的法律责任】承担资产评估、验资或者验证的机构提供虚假材料的,由公司登记机关没收违法所得,处以违法所得一倍以上五倍以下的罚款,并可以由有关主管部门依法责令该机构停业、吊销直接责任人员的资格证书,吊销营业执照。

承担资产评估、验资或者验证的机构因过失提供有重大遗漏的报告的,由公司登记机关责令改正,情节较重的,处以所得收入一倍以上五倍以下的罚款,并可以由有关主管部门依法责令该机构停业、吊销直接责任人员的资格证书,吊销营业执照。

承担资产评估、验资或者验证的机构因其出具的评估结果、验资或者验证证明不实,给公司债权人造成损失的,除能够证明自己没有过错的外,在其评估或者证明不实的金额范围内承担赔偿责任。

第二百零八条 【登记机关违法行为的法律责任】公司登记机关对不符合本法规定条件的登记申请予以登记,或者对符合本法规定条件的登记申请不予登记的,对直接负责的主管人员和其他直接责任人员,依法给予行政处分。

第二百零九条 【登记机关上级部门违法行为的法律责任】公司登记机关的上级部门强令公司登记机关对不符合本法规定条件的登记申请予以登记,或者对符合本法规定条件的登记申请不予登记的,或者对违法登记进行包庇的,对直接负责的主管人员和其他直接责任人员依法给予行政处分。

第二百一十条 【假冒公司的违法行为及其法律责任】未依法登记为有限责任公司或者股份有限公司,而冒用有限责任公司或者股份有限公司名义的,或者未依法登记为有限责任公司或者股份有限公司的分公司,而冒用有限责任公司或者股份有限公司的分公司名义的,由公司登记机关责令改正或者予以取缔,可以并处十万元以下的罚款。

第二百一十一条 【不当停业及不依法办理变更登记的法律责任】公司成立后无正当理由超过六个月未开业的,或者开业后自行停业连续六个月以上的,可以由公司登记机关吊销营业执照。

公司登记事项发生变更时,未依照本法规定办理有关变更登记的,由公司登记机关责令限期登记;逾期不登记的,处以一万元以上十万元以下的罚款。

第二百一十二条 【外国公司擅自在中国境内设立分支机构的法律责任】外国公司违反本法规定,擅自在中国境内设立分支机构的,由公司登记机关责令改正或者关闭,可以并处五万元以上二十万元以下的罚款。

第二百一十三条　【危害国家安全与社会公共利益的法律责任】利用公司名义从事危害国家安全、社会公共利益的严重违法行为的，吊销营业执照。

第二百一十四条　【民事赔偿优先原则】公司违反本法规定，应当承担民事赔偿责任和缴纳罚款、罚金的，其财产不足以支付时，先承担民事赔偿责任。

第二百一十五条　【刑事责任的追究】违反本法规定，构成犯罪的，依法追究刑事责任。

第十三章　附　　则

第二百一十六条　【本法所涉相关用语的含义】本法下列用语的含义：

（一）高级管理人员，是指公司的经理、副经理、财务负责人，上市公司董事会秘书和公司章程规定的其他人员。

（二）控股股东，是指其出资额占有限责任公司资本总额百分之五十以上或者其持有的股份占股份有限公司股本总额百分之五十以上的股东；出资额或者持有股份的比例虽然不足百分之五十，但依其出资额或者持有的股份所享有的表决权已足以对股东会、股东大会的决议产生重大影响的股东。

（三）实际控制人，是指虽不是公司的股东，但通过投资关系、协议或者其他安排，能够实际支配公司行为的人。

（四）关联关系，是指公司控股股东、实际控制人、董事、监事、高级管理人员与其直接或者间接控制的企业之间的关系，以及可能导致公司利益转移的其他关系。但是，国家控股的企业之间不仅因为同受国家控股而具有关联关系。

第二百一十七条　【本法在外商投资领域的适用及例外】外商投资的有限责任公司和股份有限公司适用本法；有关外商投资的法律另有规定的，适用其规定。

第二百一十八条　【生效施行日期】本法自 2006 年 1 月 1 日起施行。

最高人民法院关于适用《中华人民共和国公司法》若干问题的规定（一）

1. 2006 年 3 月 27 日最高人民法院审判委员会第 1382 次会议通过、2006 年 4 月 28 日公布、自 2006 年 5 月 9 日起施行（法释〔2006〕3 号）

2. 根据 2014 年 2 月 17 日最高人民法院审判委员会第 1607 次会议通过、2014 年 2 月 20 日公布的《关于修改〈关于适用《中华人民共和国公司法》若干问题的规定〉的决定》（法释〔2014〕2 号）修正

为正确适用 2005 年 10 月 27 日十届全国人大常委会第十八次会议修订的《中华人民共和国公司法》，对人民法院在审理相关的民事纠纷案件中，具体适用公司法的有关问题规定如下：

第一条　公司法实施后，人民法院尚未审结的和新受理的民事案件，其民事行为或事件发生在公司法实施以前的，适用当时的法律法规和司法解释。

第二条　因公司法实施前有关民事行为或者事件发生纠纷起诉到人民法院的，如当时的法律法规和司法解释没有明确规定时，可参照适用公司法的有关规定。

第三条　原告以公司法第二十二条第二款、第七十四条第二款规定事由，向人民法院提起诉讼时，超过公司法规定期限的，人民法院不予受理。

第四条　公司法第一百五十一条规定的 180 日以上连续持股期间，应为股东向人民法院提起诉讼时，已期满的持股时间；规定的合计持有公司百分之一以上股份，是指两个以上股东持股份额的合计。

第五条　人民法院对公司法实施前已经终审的案件依法进行再审时，不适用公司法的规定。

第六条　本规定自公布之日起实施。

最高人民法院关于适用《中华人民共和国公司法》若干问题的规定（二）

1. 2008 年 5 月 5 日最高人民法院审判委员会第 1447 次会议通过、2008 年 5 月 12 日公布、自 2008 年 5 月 19 日起施行（法释〔2008〕6 号）

2. 根据 2014 年 2 月 17 日最高人民法院审判委员会第 1607 次会议通过、2014 年 2 月 20 日公布的《关于修改〈关于适用《中华人民共和国公司法》若干问题的规定〉的决定》（法释〔2014〕2 号）修正

为正确适用《中华人民共和国公司法》，结合审判实践，就人民法院审理公司解散和清算案件适用法律问题作出如下规定。

第一条　单独或者合计持有公司全部股东表决权百分之十以上的股东，以下列事由之一提起解散公司诉讼，并符合公司法第一百八十二条规定的，人民法院应予受理：

（一）公司持续两年以上无法召开股东会或者股东大会，公司经营管理发生严重困难的；

（二）股东表决时无法达到法定或者公司章程规定的比例，持续两年以上不能做出有效的股东会或者股东大会决议，公司经营管理发生严重困难的；

（三）公司董事长期冲突，且无法通过股东会或者股东大会解决，公司经营管理发生严重困难的；

（四）经营管理发生其他严重困难，公司继续存续会使股东利益受到重大损失的情形。

股东以知情权、利润分配请求权等权益受到损害，或者公司亏损、财产不足以偿还全部债务，以及公司被吊销企业法人营业执照未进行清算等为由，提起解散公司诉讼的，人民法院不予受理。

第二条 股东提起解散公司诉讼，同时又申请人民法院对公司进行清算的，人民法院对其提出的清算申请不予受理。人民法院可以告知原告，在人民法院判决解散公司后，依据公司法第一百八十三条和本规定第七条的规定，自行组织清算或者另行申请人民法院对公司进行清算。

第三条 股东提起解散公司诉讼时，向人民法院申请财产保全或者证据保全的，在股东提供担保且不影响公司正常经营的情形下，人民法院可予以保全。

第四条 股东提起解散公司诉讼应当以公司为被告。

原告以其他股东为被告一并提起诉讼的，人民法院应当告知原告将其他股东变更为第三人；原告坚持不予变更的，人民法院应当驳回原告对其他股东的起诉。

原告提起解散公司诉讼应当告知其他股东，或者由人民法院通知其参加诉讼。其他股东或者有关利害关系人申请以共同原告或者第三人身份参加诉讼的，人民法院应予准许。

第五条 人民法院审理解散公司诉讼案件，应当注重调解。当事人协商同意由公司或者股东收购股份，或者以减资等方式使公司存续，且不违反法律、行政法规强制性规定的，人民法院应予支持。当事人不能协商一致使公司存续的，人民法院应当及时判决。

经人民法院调解公司收购原告股份的，公司应当自调解书生效之日起六个月内将股份转让或者注销。股份转让或者注销之前，原告不得以公司收购其股份为由对抗公司债权人。

第六条 人民法院关于解散公司诉讼作出的判决，对公司全体股东具有法律约束力。

人民法院判决驳回解散公司诉讼请求后，提起该诉讼的股东或者其他股东又以同一事实和理由提起解散公司诉讼的，人民法院不予受理。

第七条 公司应当依照公司法第一百八十三条的规定，在解散事由出现之日起十五日内成立清算组，开始自行清算。

有下列情形之一，债权人申请人民法院指定清算组进行清算的，人民法院应予受理：

（一）公司解散逾期不成立清算组进行清算的；

（二）虽然成立清算组但故意拖延清算的；

（三）违法清算可能严重损害债权人或者股东利益的。

具有本条第二款所列情形，而债权人未提起清算申请，公司股东申请人民法院指定清算组对公司进行清算的，人民法院应予受理。

第八条 人民法院受理公司清算案件，应当及时指定有关人员组成清算组。

清算组成员可以从下列人员或者机构中产生：

（一）公司股东、董事、监事、高级管理人员；

（二）依法设立的律师事务所、会计师事务所、破产清算事务所等社会中介机构；

（三）依法设立的律师事务所、会计师事务所、破产清算事务所等社会中介机构中具备相关专业知识并取得执业资格的人员。

第九条 人民法院指定的清算组成员有下列情形之一的，人民法院可以根据债权人、股东的申请，或者依职权更换清算组成员：

（一）有违反法律或者行政法规的行为；

（二）丧失执业能力或者民事行为能力；

（三）有严重损害公司或者债权人利益的行为。

第十条 公司依法清算结束并办理注销登记前，有关公司的民事诉讼，应当以公司的名义进行。

公司成立清算组的，由清算组负责人代表公司参加诉讼；尚未成立清算组的，由原法定代表人代表公司参加诉讼。

第十一条 公司清算时，清算组应当按照公司法第一百八十五条的规定，将公司解散清算事宜书面通知全体已知债权人，并根据公司规模和营业地域范围在全国或者公司注册登记地省级有影响的报纸上进行公告。

清算组未按照前款规定履行通知和公告义务，导致债权人未及时申报债权而未获清偿，债权人主张清算组成员对因此造成的损失承担赔偿责任的，人民法院应依法予以支持。

第十二条 公司清算时，债权人对清算组核定的债权有异议的，可以要求清算组重新核定。清算组不予重新核定，或者债权人对重新核定的债权仍有异议，债权人以公司为被告向人民法院提起诉讼请求确认的，人民法院应予受理。

第十三条 债权人在规定的期限内未申报债权，在公司清算程序终结前补充申报的，清算组应予登记。

公司清算程序终结，是指清算报告经股东会、股东大会或者人民法院确认完毕。

第十四条 债权人补充申报的债权，可以在公司尚未分配财产中依法清偿。公司尚未分配财产不能全额清偿，债权人主张股东以其在剩余财产分配中已经取得的财产予以清偿的，人民法院应予支持；但债权人因重大过错未在规定期限内申报债权的除外。

债权人或者清算组，以公司尚未分配财产和股东在剩余财产分配中已经取得的财产，不能全额清偿补充申报的债权为由，向人民法院提出破产清算申请的，人民法院不予受理。

第十五条 公司自行清算的，清算方案应当报股东会或者股东大会决议确认；人民法院组织清算的，清算方案应当报人民法院确认。未经确认的清算方案，清算组不得执行。

执行未经确认的清算方案给公司或者债权人造成损失，公司、股东或者债权人主张清算组成员承担赔偿责任的，人民法院应依法予以支持。

第十六条 人民法院组织清算的，清算组应当自成立之日起六个月内清算完毕。

因特殊情况无法在六个月内完成清算的，清算组应当向人民法院申请延长。

第十七条　人民法院指定的清算组在清理公司财产、编制资产负债表和财产清单时，发现公司财产不足清偿债务的，可以与债权人协商制作有关债务清偿方案。

债务清偿方案经全体债权人确认且不损害其他利害关系人利益的，人民法院可依清算组的申请裁定予以认可。清算组依据该清偿方案清偿债务后，应当向人民法院申请裁定终结清算程序。

债权人对债务清偿方案不予确认或者人民法院不予认可的，清算组应当依法向人民法院申请宣告破产。

第十八条　有限责任公司的股东、股份有限公司的董事和控股股东未在法定期限内成立清算组开始清算，导致公司财产贬值、流失、毁损或者灭失，债权人主张其在造成损失范围内对公司债务承担赔偿责任的，人民法院应依法予以支持。

有限责任公司的股东、股份有限公司的董事和控股股东因怠于履行义务，导致公司主要财产、账册、重要文件等灭失，无法进行清算，债权人主张其对公司债务承担连带清偿责任的，人民法院应依法予以支持。

上述情形系实际控制人原因造成，债权人主张实际控制人对公司债务承担相应民事责任的，人民法院应依法予以支持。

第十九条　有限责任公司的股东、股份有限公司的董事和控股股东，以及公司的实际控制人在公司解散后，恶意处置公司财产给债权人造成损失，或者未经依法清算，以虚假的清算报告骗取公司登记机关办理法人注销登记，债权人主张其对公司债务承担相应赔偿责任的，人民法院应依法予以支持。

第二十条　公司解散应当在依法清算完毕后，申请办理注销登记。公司未经清算即办理注销登记，导致公司无法进行清算，债权人主张有限责任公司的股东、股份有限公司的董事和控股股东，以及公司的实际控制人对公司债务承担清偿责任的，人民法院应依法予以支持。

公司未经依法清算即办理注销登记，股东或者第三人在公司登记机关办理注销登记时承诺对公司债务承担责任，债权人主张其对公司债务承担相应民事责任的，人民法院应依法予以支持。

第二十一条　有限责任公司的股东、股份有限公司的董事和控股股东，以及公司的实际控制人为二人以上的，其中一人或者数人按照本规定第十八条和第二十条第一款的规定承担民事责任后，主张其他人员按照过错大小分担责任的，人民法院应依法予以支持。

第二十二条　公司解散时，股东尚未缴纳的出资均应作为清算财产。股东尚未缴纳的出资，包括到期应缴未缴的出资，以及依照公司法第二十六条和第八十条的规定分期缴纳尚未届满缴纳期限的出资。

公司财产不足以清偿债务时，债权人主张未缴出资股东，以及公司设立时的其他股东或者发起人在未缴出资范围内对公司债务承担连带清偿责任的，人民法院应依法予以支持。

第二十三条　清算组成员从事清算事务时，违反法律、行政法规或者公司章程给公司或者债权人造成损失，公司或者债权人主张其承担赔偿责任的，人民法院应依法予以支持。

有限责任公司的股东、股份有限公司连续一百八十日以上单独或者合计持有公司百分之一以上股份的股东，依据公司法第一百五十一条第三款的规定，以清算组成员有前款所述行为为由向人民法院提起诉讼的，人民法院应予受理。

公司已经清算完毕注销，上述股东参照公司法第一百五十一条第三款的规定，直接以清算组成员为被告、其他股东为第三人向人民法院提起诉讼的，人民法院应予受理。

第二十四条　解散公司诉讼案件和公司清算案件由公司住所地人民法院管辖。公司住所地是指公司主要办事机构所在地。公司办事机构所在地不明确的，由其注册地人民法院管辖。

基层人民法院管辖县、县级市或者区的公司登记机关核准登记公司的解散诉讼案件和公司清算案件；中级人民法院管辖地区、地级市以上的公司登记机关核准登记公司的解散诉讼案件和公司清算案件。

最高人民法院关于适用《中华人民共和国公司法》若干问题的规定(三)

1. 2010年12月6日最高人民法院审判委员会第1504次会议通过、2011年1月27日公布、自2011年2月16日起施行(法释〔2011〕3号)

2. 根据2014年2月17日最高人民法院审判委员会第1607次会议通过、2014年2月20日公布的《关于修改〈关于适用《中华人民共和国公司法》若干问题的规定〉的决定》(法释〔2014〕2号)修正

为正确适用《中华人民共和国公司法》，结合审判实践，就人民法院审理公司设立、出资、股权确认等纠纷案件适用法律问题作出如下规定。

第一条　为设立公司而签署公司章程、向公司认购出资或者股份并履行公司设立职责的人，应当认定为公司的发起人，包括有限责任公司设立时的股东。

第二条　发起人为设立公司以自己名义对外签订合同，合同相对人请求该发起人承担合同责任的，人民法院应予支持。

公司成立后对前款规定的合同予以确认，或者已经实际享有合同权利或者履行合同义务,合同相对人请求公司承担合同责任的,人民法院应予支持。

第三条 发起人以设立中公司名义对外签订合同,公司成立后合同相对人请求公司承担合同责任的,人民法院应予支持。

公司成立后有证据证明发起人利用设立中公司的名义为自己的利益与相对人签订合同,公司以此为由主张不承担合同责任的,人民法院应予支持,但相对人为善意的除外。

第四条 公司因故未成立,债权人请求全体或者部分发起人对设立公司行为所产生的费用和债务承担连带清偿责任的,人民法院应予支持。

部分发起人依照前款规定承担责任后,请求其他发起人分担的,人民法院应当判令其他发起人按照约定的责任承担比例分担责任;没有约定责任承担比例的,按照约定的出资比例分担责任;没有约定出资比例的,按照均等份额分担责任。

因部分发起人的过错导致公司未成立,其他发起人主张其承担设立行为所产生的费用和债务的,人民法院应当根据过错情况,确定过错一方的责任范围。

第五条 发起人因履行公司设立职责造成他人损害,公司成立后受害人请求公司承担侵权赔偿责任的,人民法院应予支持;公司未成立,受害人请求全体发起人承担连带赔偿责任的,人民法院应予支持。

公司或者无过错的发起人承担赔偿责任后,可以向有过错的发起人追偿。

第六条 股份有限公司的认股人未按期缴纳所认股份的股款,经公司发起人催缴后在合理期间内仍未缴纳,公司发起人对该股份另行募集的,人民法院应当认定该募集行为有效。认股人延期缴纳股款给公司造成损失,公司请求该认股人承担赔偿责任的,人民法院应予支持。

第七条 出资人以不享有处分权的财产出资,当事人之间对于出资行为效力产生争议的,人民法院可以参照物权法第一百零六条的规定予以认定。

以贪污、受贿、侵占、挪用等违法犯罪所得的货币出资后取得股权的,对违法犯罪行为予以追究、处罚时,应当采取拍卖或者变卖的方式处置其股权。

第八条 出资人以划拨土地使用权出资,或者以设定权利负担的土地使用权出资,公司、其他股东或者公司债权人主张认定出资人未履行出资义务的,人民法院应当责令当事人在指定的合理期间内办理土地变更手续或者解除权利负担;逾期未办理或者未解除的,人民法院应当认定出资人未依法全面履行出资义务。

第九条 出资人以非货币财产出资,未依法评估作价,公司、其他股东或者公司债权人请求认定出资人未履行出资义务的,人民法院应当委托具有合法资格的评估机构对该财产评估作价。评估确定的价额显著低于公司章程所定价额的,人民法院应当认定出资人未依法全面履行出资义务。

第十条 出资人以房屋、土地使用权或者需要办理权属登记的知识产权等财产出资,已经交付公司使用但未办理权属变更手续,公司、其他股东或者公司债权人主张认定出资人未履行出资义务的,人民法院应当责令当事人在指定的合理期间内办理权属变更手续;在前述期间内办理了权属变更手续的,人民法院应当认定其已经履行了出资义务;出资人主张自其实际交付财产给公司使用时享有相应股东权利的,人民法院应予支持。

出资人以前款规定的财产出资,已经办理权属变更手续但未交付给公司使用,公司或者其他股东主张其向公司交付、并在实际交付之前不享有相应股东权利的,人民法院应予支持。

第十一条 出资人以其他公司股权出资,符合下列条件的,人民法院应当认定出资人已履行出资义务:

(一)出资的股权由出资人合法持有并依法可以转让;

(二)出资的股权无权利瑕疵或者权利负担;

(三)出资人已履行关于股权转让的法定手续;

(四)出资的股权已依法进行了价值评估。

股权出资不符合前款第(一)、(二)、(三)项的规定,公司、其他股东或者公司债权人请求认定出资人未履行出资义务的,人民法院应当责令该出资人在指定的合理期间内采取补正措施,以符合上述条件;逾期未补正的,人民法院应当认定其未依法全面履行出资义务。

股权出资不符合本条第一款第(四)项的规定,公司、其他股东或者公司债权人请求认定出资人未履行出资义务的,人民法院应当按照本规定第九条的规定处理。

第十二条 公司成立后,公司、股东或者公司债权人以相关股东的行为符合下列情形之一且损害公司权益为由,请求认定该股东抽逃出资的,人民法院应予支持:

(一)制作虚假财务会计报表虚增利润进行分配;

(二)通过虚构债权债务关系将其出资转出;

(三)利用关联交易将出资转出;

(四)其他未经法定程序将出资抽回的行为。

第十三条 股东未履行或者未全面履行出资义务,公司或者其他股东请求其向公司依法全面履行出资义务的,人民法院应予支持。

公司债权人请求未履行或者未全面履行出资义务的股东在未出资本息范围内对公司债务不能清偿的部分承担补充赔偿责任的,人民法院应予支持;未履行或者未全面履行出资义务的股东已经承担上述责任,其他债权人提出相同请求的,人民法院不予支持。

股东在公司设立时未履行或者未全面履行出资义务,依照本条第一款或者第二款提起诉讼的原告,请求公司的发起人与被告股东承担连带责任的,人民法院应予支持;公司的发起人承担责任后,可以向被告股东追偿。

股东在公司增资时未履行或者未全面履行出资义务，依照本条第一款或者第二款提起诉讼的原告，请求未尽公司法第一百四十七条第一款规定的义务而使出资未缴足的董事、高级管理人员承担相应责任的，人民法院应予支持；董事、高级管理人员承担责任后，可以向被告股东追偿。

第十四条　股东抽逃出资，公司或者其他股东请求其向公司返还出资本息、协助抽逃出资的其他股东、董事、高级管理人员或者实际控制人对此承担连带责任的，人民法院应予支持。

公司债权人请求抽逃出资的股东在抽逃出资本息范围内对公司债务不能清偿的部分承担补充赔偿责任、协助抽逃出资的其他股东、董事、高级管理人员或者实际控制人对此承担连带责任的，人民法院应予支持；抽逃出资的股东已经承担上述责任，其他债权人提出相同请求的，人民法院不予支持。

第十五条　出资人以符合法定条件的非货币财产出资后，因市场变化或者其他客观因素导致出资财产贬值，公司、其他股东或者公司债权人请求该出资人承担补足出资责任的，人民法院不予支持。但是，当事人另有约定的除外。

第十六条　股东未履行或者未全面履行出资义务或者抽逃出资，公司根据公司章程或者股东会决议对其利润分配请求权、新股优先认购权、剩余财产分配请求权等股东权利作出相应的合理限制，该股东请求认定该限制无效的，人民法院不予支持。

第十七条　有限责任公司的股东未履行出资义务或者抽逃全部出资，经公司催告缴纳或者返还，其在合理期间内仍未缴纳或者返还出资，公司以股东会决议解除该股东的股东资格，该股东请求确认该解除行为无效的，人民法院不予支持。

在前款规定的情形下，人民法院在判决时应当释明，公司应当及时办理法定减资程序或者由其他股东或者第三人缴纳相应的出资。在办理法定减资程序或者其他股东或者第三人缴纳相应的出资之前，公司债权人依照本规定第十三条或者第十四条请求相关当事人承担相应责任的，人民法院应予支持。

第十八条　有限责任公司的股东未履行或者未全面履行出资义务即转让股权，受让人对此知道或者应当知道，公司请求该股东履行出资义务、受让人对此承担连带责任的，人民法院应予支持；公司债权人依照本规定第十三条第二款向该股东提起诉讼，同时请求前述受让人对此承担连带责任的，人民法院应予支持。

受让人根据前款规定承担责任后，向该未履行或者未全面履行出资义务的股东追偿的，人民法院应予支持。但是，当事人另有约定的除外。

第十九条　公司股东未履行或者未全面履行出资义务或者抽逃出资，公司或者其他股东请求其向公司全面履行出资义务或者返还出资，被告股东以诉讼时效为由进行抗辩的，人民法院不予支持。

公司债权人的债权未过诉讼时效期间，其依照本规定第十三条第二款、第十四条第二款的规定请求未履行或者未全面履行出资义务或者抽逃出资的股东承担赔偿责任，被告股东以出资义务或者返还出资义务超过诉讼时效期间为由进行抗辩的，人民法院不予支持。

第二十条　当事人之间对是否已履行出资义务发生争议，原告提供对股东履行出资义务产生合理怀疑证据的，被告股东应当就其已履行出资义务承担举证责任。

第二十一条　当事人向人民法院起诉请求确认其股东资格的，应当以公司为被告，与案件争议股权有利害关系的人作为第三人参加诉讼。

第二十二条　当事人之间对股权归属发生争议，一方请求人民法院确认其享有股权的，应当证明以下事实之一：

（一）已经依法向公司出资或者认缴出资，且不违反法律法规强制性规定；

（二）已经受让或者以其他形式继受公司股权，且不违反法律法规强制性规定。

第二十三条　当事人依法履行出资义务或者依法继受取得股权后，公司未根据公司法第三十一条、第三十二条的规定签发出资证明书、记载于股东名册并办理公司登记机关登记，当事人请求公司履行上述义务的，人民法院应予支持。

第二十四条　有限责任公司的实际出资人与名义出资人订立合同，约定由实际出资人出资并享有投资权益，以名义出资人为名义股东，实际出资人与名义股东对该合同效力发生争议的，如无合同法第五十二条规定的情形，人民法院应当认定该合同有效。

前款规定的实际出资人与名义股东因投资权益的归属发生争议，实际出资人以其实际履行了出资义务为由向名义股东主张权利的，人民法院应予支持。名义股东以公司股东名册记载、公司登记机关登记为由否认实际出资人权利的，人民法院不予支持。

实际出资人未经公司其他股东半数以上同意，请求公司变更股东、签发出资证明书、记载于股东名册、记载于公司章程并办理公司登记机关登记的，人民法院不予支持。

第二十五条　名义股东将登记于其名下的股权转让、质押或者以其他方式处分，实际出资人以其对于股权享有实际权利为由，请求认定处分股权行为无效的，人民法院可以参照物权法第一百零六条的规定处理。

名义股东处分股权造成实际出资人损失，实际出资人请求名义股东承担赔偿责任的，人民法院应予支持。

第二十六条　公司债权人以登记于公司登记机关的股东未履行出资义务为由，请求其对公司债务不能清偿的部分在未出资本息范围内承担补充赔偿责任，股东以其仅为名义股东而非实际出资人为由进行抗辩的，人民法院不予支持。

名义股东根据前款规定承担赔偿责任后,向实际出资人追偿的,人民法院应予支持。

第二十七条　股权转让后尚未向公司登记机关办理变更登记,原股东将仍登记于其名下的股权转让、质押或者以其他方式处分,受让股东以其对于股权享有实际权利为由,请求认定处分股权行为无效的,人民法院可以参照物权法第一百零六条的规定处理。

原股东处分股权造成受让股东损失,受让股东请求原股东承担赔偿责任、对于未及时办理变更登记有过错的董事、高级管理人员或者实际控制人承担相应责任的,人民法院应予支持;受让股东对于未及时办理变更登记也有过错的,可以适当减轻上述董事、高级管理人员或者实际控制人的责任。

第二十八条　冒用他人名义出资并将该他人作为股东在公司登记机关登记的,冒名登记行为人应当承担相应责任;公司、其他股东或者公司债权人以未履行出资义务为由,请求被冒名登记为股东的承担补足出资责任或者对公司债务不能清偿部分的赔偿责任的,人民法院不予支持。

最高人民法院关于适用《中华人民共和国公司法》若干问题的规定(四)

1. *2016年12月5日最高人民法院审判委员会第1702次会议通过*
2. *2017年8月25日公布*
3. *法释〔2017〕16号*
4. *自2017年9月1日起施行*

为正确适用《中华人民共和国公司法》,结合人民法院审判实践,现就公司决议效力、股东知情权、利润分配权、优先购买权和股东代表诉讼等案件适用法律问题作出如下规定。

第一条　公司股东、董事、监事等请求确认股东会或者股东大会、董事会决议无效或者不成立的,人民法院应当依法予以受理。

第二条　依据公司法第二十二条第二款请求撤销股东会或者股东大会、董事会决议的原告,应当在起诉时具有公司股东资格。

第三条　原告请求确认股东会或者股东大会、董事会决议不成立、无效或者撤销决议的案件,应当列公司为被告。对决议涉及的其他利害关系人,可以依法列为第三人。

一审法庭辩论终结前,其他有原告资格的人以相同的诉讼请求申请参加前款规定诉讼的,可以列为共同原告。

第四条　股东请求撤销股东会或者股东大会、董事会决议,符合公司法第二十二条第二款规定的,人民法院应当予以支持,但会议召集程序或者表决方式仅有轻微瑕疵,且对决议未产生实质影响的,人民法院不予支持。

第五条　股东会或者股东大会、董事会决议存在下列情形之一,当事人主张决议不成立的,人民法院应当予以支持:

(一)公司未召开会议的,但依据公司法第三十七条第二款或者公司章程规定可以不召开股东会或者股东大会而直接作出决定,并由全体股东在决定文件上签名、盖章的除外;

(二)会议未对决议事项进行表决的;

(三)出席会议的人数或者股东所持表决权不符合公司法或者公司章程规定的;

(四)会议的表决结果未达到公司法或者公司章程规定的通过比例的;

(五)导致决议不成立的其他情形。

第六条　股东会或者股东大会、董事会决议被人民法院判决确认无效或者撤销的,公司依据该决议与善意相对人形成的民事法律关系不受影响。

第七条　股东依据公司法第三十三条、第九十七条或者公司章程的规定,起诉请求查阅或者复制公司特定文件材料的,人民法院应当依法予以受理。

公司有证据证明前款规定的原告在起诉时不具有公司股东资格的,人民法院应当驳回起诉,但原告有初步证据证明在持股期间其合法权益受到损害,请求依法查阅或者复制其持股期间的公司特定文件材料的除外。

第八条　有限责任公司有证据证明股东存在下列情形之一的,人民法院应当认定股东有公司法第三十三条第二款规定的“不正当目的”:

(一)股东自营或者为他人经营与公司主营业务有实质性竞争关系业务的,但公司章程另有规定或者全体股东另有约定的除外;

(二)股东为了向他人通报有关信息查阅公司会计账簿,可能损害公司合法利益的;

(三)股东在向公司提出查阅请求之日前的三年内,曾通过查阅公司会计账簿,向他人通报有关信息损害公司合法利益的;

(四)股东有不正当目的的其他情形。

第九条　公司章程、股东之间的协议等实质性剥夺股东依据公司法第三十三条、第九十七条规定查阅或者复制公司文件材料的权利,公司以此为由拒绝股东查阅或者复制的,人民法院不予支持。

第十条　人民法院审理股东请求查阅或者复制公司特定文件材料的案件,对原告诉讼请求予以支持的,应当在判决中明确查阅或者复制公司特定文件材料的时间、地点和特定文件材料的名录。

股东依据人民法院生效判决查阅公司文件材料的,在该股东在场的情况下,可以由会计师、律师等依法或者依据执业行为规范负有保密义务的中介机构执业人员辅助进行。

第十一条　股东行使知情权后泄露公司商业秘密导致公司合法利益受到损害,公司请求该股东赔偿相关损失的,人民法院应当予以支持。

根据本规定第十条辅助股东查阅公司文件材料的会计师、律师等泄露公司商业秘密导致公司合法利益受到损害,公司请求其赔偿相关损失的,人民法院应当予以支持。

第十二条　公司董事、高级管理人员等未依法履行职责,导致公司未依法制作或者保存公司法第三十三条、第九十七条规定的公司文件材料,给股东造成损失,股东依法请求负有相应责任的公司董事、高级管理人员承担民事赔偿责任的,人民法院应当予以支持。

第十三条　股东请求公司分配利润案件,应当列公司为被告。

一审法庭辩论终结前,其他股东基于同一分配方案请求分配利润并申请参加诉讼的,应当列为共同原告。

第十四条　股东提交载明具体分配方案的股东会或者股东大会的有效决议,请求公司分配利润,公司拒绝分配利润且其关于无法执行决议的抗辩理由不成立的,人民法院应当判决公司按照决议载明的具体分配方案向股东分配利润。

第十五条　股东未提交载明具体分配方案的股东会或者股东大会决议,请求公司分配利润的,人民法院应当驳回其诉讼请求,但违反法律规定滥用股东权利导致公司不分配利润,给其他股东造成损失的除外。

第十六条　有限责任公司的自然人股东因继承发生变化时,其他股东主张依据公司法第七十一条第三款规定行使优先购买权的,人民法院不予支持,但公司章程另有规定或者全体股东另有约定的除外。

第十七条　有限责任公司的股东向股东以外的人转让股权,应就其股权转让事项以书面或者其他能够确认收悉的合理方式通知其他股东征求同意。其他股东半数以上不同意转让,不同意的股东不购买的,人民法院应当认定视为同意转让。

经股东同意转让的股权,其他股东主张转让股东应当向其以书面或者其他能够确认收悉的合理方式通知转让股权的同等条件的,人民法院应当予以支持。

经股东同意转让的股权,在同等条件下,转让股东以外的其他股东主张优先购买的,人民法院应当予以支持,但转让股东依据本规定第二十条放弃转让的除外。

第十八条　人民法院在判断是否符合公司法第七十一条第三款及本规定所称的"同等条件"时,应当考虑转让股权的数量、价格、支付方式及期限等因素。

第十九条　有限责任公司的股东主张优先购买转让股权的,应当在收到通知后,在公司章程规定的行使期间内提出购买请求。公司章程没有规定行使期间或者规定不明确的,以通知确定的期间为准,通知确定的期间短于三十日或者未明确行使期间的,行使期间为三十日。

第二十条　有限责任公司的转让股东,在其他股东主张优先购买后又不同意转让股权的,对其他股东优先购买的主张,人民法院不予支持,但公司章程另有规定或者全体股东另有约定的除外。其他股东主张转让股东赔偿其损失合理的,人民法院应当予以支持。

第二十一条　有限责任公司的股东向股东以外的人转让股权,未就其股权转让事项征求其他股东意见,或者以欺诈、恶意串通等手段,损害其他股东优先购买权,其他股东主张按照同等条件购买该转让股权的,人民法院应当予以支持,但其他股东自知道或者应当知道行使优先购买权的同等条件之日起三十日内没有主张,或者自股权变更登记之日起超过一年的除外。

前款规定的其他股东仅提出确认股权转让合同及股权变动效力等请求,未同时主张按照同等条件购买转让股权的,人民法院不予支持,但其他股东非因自身原因导致无法行使优先购买权,请求损害赔偿的除外。

股东以外的股权受让人,因股东行使优先购买权而不能实现合同目的的,可以依法请求转让股东承担相应民事责任。

第二十二条　通过拍卖向股东以外的人转让有限责任公司股权的,适用公司法第七十一条第二款、第三款或者第七十二条规定的"书面通知""通知""同等条件"时,根据相关法律、司法解释确定。

在依法设立的产权交易场所转让有限责任公司国有股权的,适用公司法第七十一条第二款、第三款或者第七十二条规定的"书面通知""通知""同等条件"时,可以参照产权交易场所的交易规则。

第二十三条　监事会或者不设监事会的有限责任公司的监事依据公司法第一百五十一条第一款规定对董事、高级管理人员提起诉讼的,应当列公司为原告,依法由监事会主席或者不设监事会的有限责任公司的监事代表公司进行诉讼。

董事会或者不设董事会的有限责任公司的执行董事依据公司法第一百五十一条第一款规定对监事提起诉讼的,或者依据公司法第一百五十一条第三款规定对他人提起诉讼的,应当列公司为原告,依法由董事长或者执行董事代表公司进行诉讼。

第二十四条　符合公司法第一百五十一条第一款规定条件的股东,依据公司法第一百五十一条第二款、第三款规定,直接对董事、监事、高级管理人员或者他人提起诉讼的,应当列公司为第三人参加诉讼。

一审法庭辩论终结前,符合公司法第一百五十一条第一款规定条件的其他股东,以相同的诉讼请求申请参加诉讼的,应当列为共同原告。

第二十五条　股东依据公司法第一百五十一条第二款、第三款规定直接提起诉讼的案件,胜诉利益归属于公司。股东请求被告直接向其承担民事责任的,人民法院不予支持。

第二十六条　股东依据公司法第一百五十一条第二款、第三款规定直接提起诉讼的案件，其诉讼请求部分或者全部得到人民法院支持的，公司应当承担股东因参加诉讼支付的合理费用。

第二十七条 本规定自2017年9月1日起施行。

本规定施行后尚未终审的案件，适用本规定；本规定施行前已经终审的案件，或者适用审判监督程序再审的案件，不适用本规定。

中华人民共和国合伙企业法

1. 1997年2月23日第八届全国人民代表大会常务委员会第二十四次会议通过

2. 2006年8月27日第十届全国人民代表大会常务委员会第二十三次会议修订

3. 自2007年6月1日起施行

目　　录

第一章　总　　则

第一条　【立法目的】为了规范合伙企业的行为，保护合伙企业及其合伙人、债权人的合法权益，维护社会经济秩序，促进社会主义市场经济的发展，制定本法。

第二条　【定义和分类】本法所称合伙企业，是指自然人、法人和其他组织依照本法在中国境内设立的普通合伙企业和有限合伙企业。

普通合伙企业由普通合伙人组成，合伙人对合伙企业债务承担无限连带责任。本法对普通合伙人承担责任的形式有特别规定的，从其规定。

有限合伙企业由普通合伙人和有限合伙人组成，普通合伙人对合伙企业债务承担无限连带责任，有限合伙人以其认缴的出资额为限对合伙企业债务承担责任。

第三条　【普通合伙人的限制】国有独资公司、国有企业、上市公司以及公益性的事业单位、社会团体不得成为普通合伙人。

第四条　【合伙协议的订立】合伙协议依法由全体合伙人协商一致、以书面形式订立。

第五条　【合伙原则】订立合伙协议、设立合伙企业，应当遵循自愿、平等、公平、诚实信用原则。

第六条　【所得税缴纳】合伙企业的生产经营所得和其他所得，按照国家有关税收规定，由合伙人分别缴纳所得税。

第七条　【合伙企业及其合伙人的社会责任】合伙企业及其合伙人必须遵守法律、行政法规，遵守社会公德、商业道德，承担社会责任。

第八条　【法律保护】合伙企业及其合伙人的合法财产及其权益受法律保护。

第九条　【申请设立合伙企业所需文件】申请设立合伙企业，应当向企业登记机关提交登记申请书、合伙协议书、合伙人身份证明等文件。

合伙企业的经营范围中有属于法律、行政法规规定在登记前须经批准的项目的，该项经营业务应当依法经过批准，并在登记时提交批准文件。

第十条　【申请材料提交后的处理】申请人提交的登记申请材料齐全、符合法定形式，企业登记机关能够当场登记的，应予当场登记，发给营业执照。

除前款规定情形外，企业登记机关应当自受理申请之日起二十日内，作出是否登记的决定。予以登记的，发给营业执照；不予登记的，应当给予书面答复，并说明理由。

第十一条　【营业执照】合伙企业的营业执照签发日期，为合伙企业成立日期。

合伙企业领取营业执照前，合伙人不得以合伙企业名义从事合伙业务。

第十二条　【分支机构的设立】合伙企业设立分支机构，应当向分支机构所在地的企业登记机关申请登记，领取营业执照。

第十三条　【变更登记】合伙企业登记事项发生变更的，执行合伙事务的合伙人应当自作出变更决定或者发生变更事由之日起十五日内，向企业登记机关申请办理变更登记。

第二章　普通合伙企业

第一节　合伙企业设立

第十四条　【设立条件】设立合伙企业，应当具备下列条件：

（一）有二个以上合伙人。合伙人为自然人的，应当具有完全民事行为能力；

（二）有书面合伙协议；

（三）有合伙人认缴或者实际缴付的出资；

（四）有合伙企业的名称和生产经营场所；

（五）法律、行政法规规定的其他条件。

第十五条　【企业名称】合伙企业名称中应当标明"普通合伙"字样。

第十六条　【出资方式】合伙人可以用货币、实物、知识产权、土地使用权或者其他财产权利出资，也可以用劳务出资。

合伙人以实物、知识产权、土地使用权或者其他财产权利出资,需要评估作价的,可以由全体合伙人协商确定,也可以由全体合伙人委托法定评估机构评估。

合伙人以劳务出资的,其评估办法由全体合伙人协商确定,并在合伙协议中载明。

第十七条 【出资义务的履行】合伙人应当按照合伙协议约定的出资方式、数额和缴付期限,履行出资义务。

以非货币财产出资的,依照法律、行政法规的规定,需要办理财产权转移手续的,应当依法办理。

第十八条 【合伙协议内容】合伙协议应当载明下列事项:

(一)合伙企业的名称和主要经营场所的地点;

(二)合伙目的和合伙经营范围;

(三)合伙人的姓名或者名称、住所;

(四)合伙人的出资方式、数额和缴付期限;

(五)利润分配、亏损分担方式;

(六)合伙事务的执行;

(七)入伙与退伙;

(八)争议解决办法;

(九)合伙企业的解散与清算;

(十)违约责任。

第十九条 【合伙协议的生效、修改或补充】合伙协议经全体合伙人签名、盖章后生效。合伙人按照合伙协议享有权利,履行义务。

修改或者补充合伙协议,应当经全体合伙人一致同意;但是,合伙协议另有约定的除外。

合伙协议未约定或者约定不明确的事项,由合伙人协商决定;协商不成的,依照本法和其他有关法律、行政法规的规定处理。

第二节 合伙企业财产

第二十条 【财产范围】合伙人的出资、以合伙企业名义取得的收益和依法取得的其他财产,均为合伙企业的财产。

第二十一条 【禁止清算前分割合伙财产】合伙人在合伙企业清算前,不得请求分割合伙企业的财产;但是,本法另有规定的除外。

合伙人在合伙企业清算前私自转移或者处分合伙企业财产的,合伙企业不得以此对抗善意第三人。

第二十二条 【合伙财产份额的转让】除合伙协议另有约定外,合伙人向合伙人以外的人转让其在合伙企业中的全部或者部分财产份额时,须经其他合伙人一致同意。

合伙人之间转让在合伙企业中的全部或者部分财产份额时,应当通知其他合伙人。

第二十三条 【合伙人的优先购买权】合伙人向合伙人以外的人转让其在合伙企业中的财产份额的,在同等条件下,其他合伙人有优先购买权;但是,合伙协议另有约定的除外。

第二十四条 【合伙财产份额受让人的权利】合伙人以外的人依法受让合伙人在合伙企业中的财产份额的,经修改合伙协议即成为合伙企业的合伙人,依照本法和修改后的合伙协议享有权利,履行义务。

第二十五条 【合伙财产份额的出质】合伙人以其在合伙企业中的财产份额出质的,须经其他合伙人一致同意;未经其他合伙人一致同意,其行为无效,由此给善意第三人造成损失的,由行为人依法承担赔偿责任。

第三节 合伙事务执行

第二十六条 【同等执行权利及委托执行】合伙人对执行合伙事务享有同等的权利。

按照合伙协议的约定或者经全体合伙人决定,可以委托一个或者数个合伙人对外代表合伙企业,执行合伙事务。

作为合伙人的法人、其他组织执行合伙事务的,由其委派的代表执行。

第二十七条 【监督执行的权利】依照本法第二十六条第二款规定委托一个或者数个合伙人执行合伙事务的,其他合伙人不再执行合伙事务。

不执行合伙事务的合伙人有权监督执行事务合伙人执行合伙事务的情况。

第二十八条 【执行人的权利义务】由一个或者数个合伙人执行合伙事务的,执行事务合伙人应当定期向其他合伙人报告事务执行情况以及合伙企业的经营和财务状况,其执行合伙事务所产生的收益归合伙企业,所产生的费用和亏损由合伙企业承担。

合伙人为了解合伙企业的经营状况和财务状况,有权查阅合伙企业会计账簿等财务资料。

第二十九条 【执行异议;委托执行的撤销】合伙人分别执行合伙事务的,执行事务合伙人可以对其他合伙人执行的事务提出异议。提出异议时,应当暂停该项事务的执行。如果发生争议,依照本法第三十条规定作出决定。

受委托执行合伙事务的合伙人不按照合伙协议或者全体合伙人的决定执行事务的,其他合伙人可以决定撤销该委托。

第三十条 【合伙企业的表决方法】合伙人对合伙企业有关事项作出决议,按照合伙协议约定的表决办法办理。合伙协议未约定或者约定不明确的,实行合伙人一人一票并经全体合伙人过半数通过的表决办法。

本法对合伙企业的表决办法另有规定的,从其规定。

第三十一条 【应经全体合伙人同意的事项】除合伙协议另有约定外,合伙企业的下列事项应当经全体合伙人一致同意:

(一)改变合伙企业的名称;

(二)改变合伙企业的经营范围、主要经营场所的地点;

(三)处分合伙企业的不动产;

（四）转让或者处分合伙企业的知识产权和其他财产权利；

（五）以合伙企业名义为他人提供担保；

（六）聘任合伙人以外的人担任合伙企业的经营管理人员。

第三十二条　【合伙人的禁止经营行为】合伙人不得自营或者同他人合作经营与本合伙企业相竞争的业务。

除合伙协议另有约定或者经全体合伙人一致同意外，合伙人不得同本合伙企业进行交易。

合伙人不得从事损害本合伙企业利益的活动。

第三十三条　【利润分配与亏损分担】合伙企业的利润分配、亏损分担，按照合伙协议的约定办理；合伙协议未约定或者约定不明确的，由合伙人协商决定；协商不成的，由合伙人按照实缴出资比例分配、分担；无法确定出资比例的，由合伙人平均分配、分担。

合伙协议不得约定将全部利润分配给部分合伙人或者由部分合伙人承担全部亏损。

第三十四条　【合伙出资的增减】合伙人按照合伙协议的约定或者经全体合伙人决定，可以增加或者减少对合伙企业的出资。

第三十五条　【企业经营管理人员的职责】被聘任的合伙企业的经营管理人员应当在合伙企业授权范围内履行职务。

被聘任的合伙企业的经营管理人员，超越合伙企业授权范围履行职务，或者在履行职务过程中因故意或者重大过失给合伙企业造成损失的，依法承担赔偿责任。

第三十六条　【财务、会计制度】合伙企业应当依照法律、行政法规的规定建立企业财务、会计制度。

第四节　合伙企业与第三人关系

第三十七条　【内部限制不对抗善意第三人】合伙企业对合伙人执行合伙事务以及对外代表合伙企业权利的限制，不得对抗善意第三人。

第三十八条　【债务清偿】合伙企业对其债务，应先以其全部财产进行清偿。

第三十九条　【合伙人的无限连带责任】合伙企业不能清偿到期债务的，合伙人承担无限连带责任。

第四十条　【合伙人的追偿权】合伙人由于承担无限连带责任，清偿数额超过本法第三十三条第一款规定的其亏损分担比例的，有权向其他合伙人追偿。

第四十一条　【合伙人自身债务与合伙企业债务的关系】合伙人发生与合伙企业无关的债务，相关债权人不得以其债权抵销其对合伙企业的债务；也不得代位行使合伙人在合伙企业中的权利。

第四十二条　【合伙人自身债务的清偿；对合伙人财产份额的强制执行】合伙人的自有财产不足清偿其与合伙企业无关的债务的，该合伙人可以以其从合伙企业中分取的收益用于清偿；债权人也可以依法请求人民法院强制执行该合伙人在合伙企业中的财产份额用于清偿。

人民法院强制执行合伙人的财产份额时，应当通知全体合伙人，其他合伙人有优先购买权；其他合伙人未购买，又不同意将该财产份额转让给他人的，依照本法第五十一条的规定为该合伙人办理退伙结算，或者办理削减该合伙人相应财产份额的结算。

第五节　入伙、退伙

第四十三条　【新合伙人入伙的条件】新合伙人入伙，除合伙协议另有约定外，应当经全体合伙人一致同意，并依法订立书面入伙协议。

订立入伙协议时，原合伙人应当向新合伙人如实告知原合伙企业的经营状况和财务状况。

第四十四条　【新合伙人的权利义务】入伙的新合伙人与原合伙人享有同等权利，承担同等责任。入伙协议另有约定的，从其约定。

新合伙人对入伙前合伙企业的债务承担无限连带责任。

第四十五条　【约定合伙期限内的退伙】合伙协议约定合伙期限的，在合伙企业存续期间，有下列情形之一的，合伙人可以退伙：

（一）合伙协议约定的退伙事由出现；

（二）经全体合伙人一致同意；

（三）发生合伙人难以继续参加合伙的事由；

（四）其他合伙人严重违反合伙协议约定的义务。

第四十六条　【未约定合伙期限的退伙】合伙协议未约定合伙期限的，合伙人在不给合伙企业事务执行造成不利影响的情况下，可以退伙，但应当提前三十日通知其他合伙人。

第四十七条　【违法退伙的赔偿责任】合伙人违反本法第四十五条、第四十六条的规定退伙的，应当赔偿由此给合伙企业造成的损失。

第四十八条　【当然退伙情形】合伙人有下列情形之一的，当然退伙：

（一）作为合伙人的自然人死亡或者被依法宣告死亡；

（二）个人丧失偿债能力；

（三）作为合伙人的法人或者其他组织依法被吊销营业执照、责令关闭、撤销，或者被宣告破产；

（四）法律规定或者合伙协议约定合伙人必须具有相关资格而丧失该资格；

（五）合伙人在合伙企业中的全部财产份额被人民法院强制执行。

合伙人被依法认定为无民事行为能力人或者限制民事行为能力人的，经其他合伙人一致同意，可以依法转为有限合伙人，普通合伙企业依法转为有限合伙企业。其他合伙人未能一致同意的，该无民事行为能力或者限制民事行为能力的合伙人退伙。

退伙事由实际发生之日为退伙生效日。

第四十九条　【除名情形】合伙人有下列情形之一的,经其他合伙人一致同意,可以决议将其除名:

(一)未履行出资义务;

(二)因故意或者重大过失给合伙企业造成损失;

(三)执行合伙事务时有不正当行为;

(四)发生合伙协议约定的事由。

对合伙人的除名决议应当书面通知被除名人。被除名人接到除名通知之日,除名生效,被除名人退伙。

被除名人对除名决议有异议的,可以自接到除名通知之日起三十日内,向人民法院起诉。

第五十条　【合伙财产份额的继承】合伙人死亡或者被依法宣告死亡的,对该合伙人在合伙企业中的财产份额享有合法继承权的继承人,按照合伙协议的约定或者经全体合伙人一致同意,从继承开始之日起,取得该合伙企业的合伙人资格。

有下列情形之一的,合伙企业应当向合伙人的继承人退还被继承合伙人的财产份额:

(一)继承人不愿意成为合伙人;

(二)法律规定或者合伙协议约定合伙人必须具有相关资格,而该继承人未取得该资格;

(三)合伙协议约定不能成为合伙人的其他情形。

合伙人的继承人为无民事行为能力人或者限制民事行为能力人的,经全体合伙人一致同意,可以依法成为有限合伙人,普通合伙企业依法转为有限合伙企业。全体合伙人未能一致同意的,合伙企业应当将被继承合伙人的财产份额退还该继承人。

第五十一条　【退伙结算】合伙人退伙,其他合伙人应当与该退伙人按照退伙时的合伙企业财产状况进行结算,退还退伙人的财产份额。退伙人对给合伙企业造成的损失负有赔偿责任的,相应扣减其应当赔偿的数额。

退伙时有未了结的合伙企业事务的,待该事务了结后进行结算。

第五十二条　【合伙财产份额的退还】退伙人在合伙企业中财产份额的退还办法,由合伙协议约定或者由全体合伙人决定,可以退还货币,也可以退还实物。

第五十三条　【退伙后的责任】退伙人对基于其退伙前的原因发生的合伙企业债务,承担无限连带责任。

第五十四条　【退伙人的亏损分担】合伙人退伙时,合伙企业财产少于合伙企业债务的,退伙人应当依照本法第三十三条第一款的规定分担亏损。

第六节　特殊的普通合伙企业

第五十五条　【定义和法律适用】以专业知识和专门技能为客户提供有偿服务的专业服务机构,可以设立为特殊的普通合伙企业。

特殊的普通合伙企业是指合伙人依照本法第五十七条的规定承担责任的普通合伙企业。

特殊的普通合伙企业适用本节规定;本节未作规定的,适用本章第一节至第五节的规定。

第五十六条　【企业名称】特殊的普通合伙企业名称中应当标明“特殊普通合伙”字样。

第五十七条　【合伙人的责任承担】一个合伙人或者数个合伙人在执业活动中因故意或者重大过失造成合伙企业债务的,应当承担无限责任或者无限连带责任,其他合伙人以其在合伙企业中的财产份额为限承担责任。

合伙人在执业活动中非因故意或者重大过失造成的合伙企业债务以及合伙企业的其他债务,由全体合伙人承担无限连带责任。

第五十八条　【个别合伙人的责任追究】合伙人执业活动中因故意或者重大过失造成的合伙企业债务,以合伙企业财产对外承担责任后,该合伙人应当按照合伙协议的约定对给合伙企业造成的损失承担赔偿责任。

第五十九条　【执业风险基金】特殊的普通合伙企业应当建立执业风险基金、办理职业保险。

执业风险基金用于偿付合伙人执业活动造成的债务。执业风险基金应当单独立户管理。具体管理办法由国务院规定。

第三章　有限合伙企业

第六十条　【法律适用】有限合伙企业及其合伙人适用本章规定;本章未作规定的,适用本法第二章第一节至第五节关于普通合伙企业及其合伙人的规定。

第六十一条　【设立的人数限制】有限合伙企业由二个以上五十个以下合伙人设立;但是,法律另有规定的除外。

有限合伙企业至少应当有一个普通合伙人。

第六十二条　【企业名称】有限合伙企业名称中应当标明“有限合伙”字样。

第六十三条　【合伙协议内容】合伙协议除符合本法第十八条的规定外,还应当载明下列事项:

(一)普通合伙人和有限合伙人的姓名或者名称、住所;

(二)执行事务合伙人应具备的条件和选择程序;

(三)执行事务合伙人权限与违约处理办法;

(四)执行事务合伙人的除名条件和更换程序;

(五)有限合伙人入伙、退伙的条件、程序以及相关责任;

(六)有限合伙人和普通合伙人相互转变程序。

第六十四条　【出资方式】有限合伙人可以用货币、实物、知识产权、土地使用权或者其他财产权利作价出资。

有限合伙人不得以劳务出资。

第六十五条　【出资义务】有限合伙人应当按照合伙协议的约定按期足额缴纳出资;未按期足额缴纳的,应当承担补缴义务,并对其他合伙人承担违约责任。

第六十六条　【登记事项】有限合伙企业登记事项中应当载

明有限合伙人的姓名或者名称及认缴的出资数额。

第六十七条 【合伙事务执行】有限合伙企业由普通合伙人执行合伙事务。执行事务合伙人可以要求在合伙协议中确定执行事务的报酬及报酬提取方式。

第六十八条 【不视为执行合伙事务的行为】有限合伙人不执行合伙事务,不得对外代表有限合伙企业。

有限合伙人的下列行为,不视为执行合伙事务:

(一)参与决定普通合伙人入伙、退伙;

(二)对企业的经营管理提出建议;

(三)参与选择承办有限合伙企业审计业务的会计师事务所;

(四)获取经审计的有限合伙企业财务会计报告;

(五)对涉及自身利益的情况,查阅有限合伙企业财务会计账簿等财务资料;

(六)在有限合伙企业中的利益受到侵害时,向有责任的合伙人主张权利或者提起诉讼;

(七)执行事务合伙人怠于行使权利时,督促其行使权利或者为了本企业的利益以自己的名义提起诉讼;

(八)依法为本企业提供担保。

第六十九条 【利润分配】有限合伙企业不得将全部利润分配给部分合伙人;但是,合伙协议另有约定的除外。

第七十条 【允许自我交易】有限合伙人可以同本有限合伙企业进行交易;但是,合伙协议另有约定的除外。

第七十一条 【允许同业竞争】有限合伙人可以自营或者同他人合作经营与本有限合伙企业相竞争的业务;但是,合伙协议另有约定的除外。

第七十二条 【允许财产份额出质】有限合伙人可以将其在有限合伙企业中的财产份额出质;但是,合伙协议另有约定的除外。

第七十三条 【允许财产份额转让】有限合伙人可以按照合伙协议的约定向合伙人以外的人转让其在有限合伙企业中的财产份额,但应当提前三十日通知其他合伙人。

第七十四条 【有限合伙人自身债务的清偿及对财产份额的强制执行】有限合伙人的自有财产不足清偿其与合伙企业无关的债务的,该合伙人可以以其从有限合伙企业中分取的收益用于清偿;债权人也可以依法请求人民法院强制执行该合伙人在有限合伙企业中的财产份额用于清偿。

人民法院强制执行有限合伙人的财产份额时,应当通知全体合伙人。在同等条件下,其他合伙人有优先购买权。

第七十五条 【企业解散及类型变通】有限合伙企业仅剩有限合伙人的,应当解散;有限合伙企业仅剩普通合伙人的,转为普通合伙企业。

第七十六条 【有限合伙人的责任承担】第三人有理由相信有限合伙人为普通合伙人并与其交易的,该有限合伙人对该笔交易承担与普通合伙人同样的责任。

有限合伙人未经授权以有限合伙企业名义与他人进行交易,给有限合伙企业或者其他合伙人造成损失的,该有限合伙人应当承担赔偿责任。

第七十七条 【新入伙的有限合伙人对入伙前企业债务的承担】新入伙的有限合伙人对入伙前有限合伙企业的债务,以其认缴的出资额为限承担责任。

第七十八条 【当然退伙】有限合伙人有本法第四十八条第一款第一项、第三项至第五项所列情形之一的,当然退伙。

第七十九条 【不得要求退伙的情形】作为有限合伙人的自然人在有限合伙企业存续期间丧失民事行为能力的,其他合伙人不得因此要求其退伙。

第八十条 【有限合伙人资格的继承】作为有限合伙人的自然人死亡、被依法宣告死亡或者作为有限合伙人的法人及其他组织终止时,其继承人或者权利承受人可以依法取得该有限合伙人在有限合伙企业中的资格。

第八十一条 【退伙后的责任承担】有限合伙人退伙后,对基于其退伙前的原因发生的有限合伙企业债务,以其退伙时从有限合伙企业中取回的财产承担责任。

第八十二条 【普通合伙人与有限合伙人互相转变的条件】除合伙协议另有约定外,普通合伙人转变为有限合伙人,或者有限合伙人转变为普通合伙人,应当经全体合伙人一致同意。

第八十三条 【有限合伙人转变为普通合伙人的责任承担】有限合伙人转变为普通合伙人的,对其作为有限合伙人期间有限合伙企业发生的债务承担无限连带责任。

第八十四条 【普通合伙人转变为有限合伙人的责任承担】普通合伙人转变为有限合伙人的,对其作为普通合伙人期间合伙企业发生的债务承担无限连带责任。

第四章 合伙企业解散、清算

第八十五条 【解散情形】合伙企业有下列情形之一的,应当解散:

(一)合伙期限届满,合伙人决定不再经营;

(二)合伙协议约定的解散事由出现;

(三)全体合伙人决定解散;

(四)合伙人已不具备法定人数满三十天;

(五)合伙协议约定的合伙目的已经实现或者无法实现;

(六)依法被吊销营业执照、责令关闭或者被撤销;

(七)法律、行政法规规定的其他原因。

第八十六条 【清算人的确定】合伙企业解散,应当由清算人进行清算。

清算人由全体合伙人担任;经全体合伙人过半数同意,可以自合伙企业解散事由出现后十五日内指定一个或者数个合伙人,或者委托第三人,担任清算人。

自合伙企业解散事由出现之日起十五日内未确定清算人的,合伙人或者其他利害关系人可以申请人民法院指定清算人。

第八十七条　【清算人职权】清算人在清算期间执行下列事务：

（一）清理合伙企业财产，分别编制资产负债表和财产清单；

（二）处理与清算有关的合伙企业未了结事务；

（三）清缴所欠税款；

（四）清理债权、债务；

（五）处理合伙企业清偿债务后的剩余财产；

（六）代表合伙企业参加诉讼或者仲裁活动。

第八十八条　【债权申报】清算人自被确定之日起十日内将合伙企业解散事项通知债权人，并于六十日内在报纸上公告。债权人应当自接到通知书之日起三十日内，未接到通知书的自公告之日起四十五日内，向清算人申报债权。

债权人申报债权，应当说明债权的有关事项，并提供证明材料。清算人应当对债权进行登记。

清算期间，合伙企业存续，但不得开展与清算无关的经营活动。

第八十九条　【财产分配】合伙企业财产在支付清算费用和职工工资、社会保险费用、法定补偿金以及缴纳所欠税款、清偿债务后的剩余财产，依照本法第三十三条第一款的规定进行分配。

第九十条　【清算报告】清算结束，清算人应当编制清算报告，经全体合伙人签名、盖章后，在十五日内向企业登记机关报送清算报告，申请办理合伙企业注销登记。

第九十一条　【企业注销后原普通合伙人的责任】合伙企业注销后，原普通合伙人对合伙企业存续期间的债务仍应承担无限连带责任。

第九十二条　【企业破产】合伙企业不能清偿到期债务的，债权人可以依法向人民法院提出破产清算申请，也可以要求普通合伙人清偿。

合伙企业依法被宣告破产的，普通合伙人对合伙企业债务仍应承担无限连带责任。

第五章　法律责任

第九十三条　【提交虚假文件或骗取登记的法律责任】违反本法规定，提交虚假文件或者采取其他欺骗手段，取得合伙企业登记的，由企业登记机关责令改正，处以五千元以上五万元以下的罚款；情节严重的，撤销企业登记，并处以五万元以上二十万元以下的罚款。

第九十四条　【未在其名称中标明合伙类别的法律责任】违反本法规定，合伙企业未在其名称中标明“普通合伙”、“特殊普通合伙”或者“有限合伙”字样的，由企业登记机关责令限期改正，处以二千元以上一万元以下的罚款。

第九十五条　【未领取营业执照或未办理变更登记的法律责任】违反本法规定，未领取营业执照，而以合伙企业或者合伙企业分支机构名义从事合伙业务的，由企业登记机关责令停止，处以五千元以上五万元以下的罚款。

合伙企业登记事项发生变更时，未依照本法规定办理变更登记的，由企业登记机关责令限期登记；逾期不登记的，处以二千元以上二万元以下的罚款。

合伙企业登记事项发生变更，执行合伙事务的合伙人未按期申请办理变更登记的，应当赔偿由此给合伙企业、其他合伙人或者善意第三人造成的损失。

第九十六条　【合伙人或从业人员滥用职权的赔偿责任】合伙人执行合伙事务，或者合伙企业从业人员利用职务上的便利，将应当归合伙企业的利益据为己有的，或者采取其他手段侵占合伙企业财产的，应当将该利益和财产退还合伙企业；给合伙企业或者其他合伙人造成损失的，依法承担赔偿责任。

第九十七条　【合伙人擅自处理须经全体合伙人一致同意始得执行的事务的赔偿责任】合伙人对本法规定或者合伙协议约定必须经全体合伙人一致同意始得执行的事务擅自处理，给合伙企业或者其他合伙人造成损失的，依法承担赔偿责任。

第九十八条　【不具有事务执行权的合伙人擅自执行合伙事务的赔偿责任】不具有事务执行权的合伙人擅自执行合伙事务，给合伙企业或者其他合伙人造成损失的，依法承担赔偿责任。

第九十九条　【合伙人同业竞争的后果和赔偿责任】合伙人违反本法规定或者合伙协议的约定，从事与本合伙企业相竞争的业务或者与本合伙企业进行交易的，该收益归合伙企业所有；给合伙企业或者其他合伙人造成损失的，依法承担赔偿责任。

第一百条　【清算人不报送或报送虚假、有重大遗漏清算报告的法律责任】清算人未依照本法规定向企业登记机关报送清算报告，或者报送清算报告隐瞒重要事实，或者有重大遗漏的，由企业登记机关责令改正。由此产生的费用和损失，由清算人承担和赔偿。

第一百零一条　【清算人滥用职权的赔偿责任】清算人执行清算事务，牟取非法收入或者侵占合伙企业财产的，应当将该收入和侵占的财产退还合伙企业；给合伙企业或者其他合伙人造成损失的，依法承担赔偿责任。

第一百零二条　【清算人损害债权人利益的赔偿责任】清算人违反本法规定，隐匿、转移合伙企业财产，对资产负债表或者财产清单作虚假记载，或者在未清偿债务前分配财产，损害债权人利益的，依法承担赔偿责任。

第一百零三条　【合伙人违反合伙协议的违约责任；履行合伙协议发生争议的解决途径】合伙人违反合伙协议的，应当依法承担违约责任。

合伙人履行合伙协议发生争议的，合伙人可以通过协商或者调解解决。不愿通过协商、调解解决或者协商、调解不成的，可以按照合伙协议约定的仲裁条款或者事后达成的书面仲裁协议，向仲裁机构申请仲裁。合伙协议中未订立仲裁条款，事后又没有达成书面仲裁协议的，可以向人民法院起诉。

第一百零四条 【**行政管理人员的行政责任**】有关行政管理机关的工作人员违反本法规定,滥用职权、徇私舞弊、收受贿赂、侵害合伙企业合法权益的,依法给予行政处分。

第一百零五条 【**刑事责任**】违反本法规定,构成犯罪的,依法追究刑事责任。

第一百零六条 【**民事赔偿优先**】违反本法规定,应当承担民事赔偿责任和缴纳罚款、罚金,其财产不足以同时支付的,先承担民事赔偿责任。

第六章 附 则

第一百零七条 【**合伙制非企业专业服务机构的法律适用**】非企业专业服务机构依据有关法律采取合伙制的,其合伙人承担责任的形式可以适用本法关于特殊的普通合伙企业合伙人承担责任的规定。

第一百零八条 【**外国企业或个人在中国设立合伙企业的管理办法**】外国企业或者个人在中国境内设立合伙企业的管理办法由国务院规定。

第一百零九条 【**施行日期**】本法自2007年6月1日起施行。

中华人民共和国个人独资企业法

1. 1999年8月30日第九届全国人民代表大会常务委员会第十一次会议通过
2. 1999年8月30日中华人民共和国主席令第20号公布
3. 自2000年1月1日起施行

目 录

第一章 总 则

第一条 【**立法目的**】为了规范个人独资企业的行为,保护个人独资企业投资人和债权人的合法权益,维护社会经济秩序,促进社会主义市场经济的发展,根据宪法,制定本法。

第二条 【**定义**】本法所称个人独资企业,是指依照本法在中国境内设立,由一个自然人投资,财产为投资人个人所有,投资人以其个人财产对企业债务承担无限责任的经营实体。

第三条 【**住所**】个人独资企业以其主要办事机构所在地为住所。

第四条 【**依法经营**】个人独资企业从事经营活动必须遵守法律、行政法规,遵守诚实信用原则,不得损害社会公共利益。

个人独资企业应当依法履行纳税义务。

第五条 【**权益保护**】国家依法保护个人独资企业的财产和其他合法权益。

第六条 【**依法招聘职工、建立工会**】个人独资企业应当依法招用职工。职工的合法权益受法律保护。

个人独资企业职工依法建立工会,工会依法开展活动。

第七条 【**党的活动**】在个人独资企业中的中国共产党党员依照中国共产党章程进行活动。

第二章 个人独资企业的设立

第八条 【**设立条件**】设立个人独资企业应当具备下列条件:

(一)投资人为一个自然人;
(二)有合法的企业名称;
(三)有投资人申报的出资;
(四)有固定的生产经营场所和必要的生产经营条件;
(五)有必要的从业人员。

第九条 【**申请程序**】申请设立个人独资企业,应当由投资人或者其委托的代理人向个人独资企业所在地的登记机关提交设立申请书、投资人身份证明、生产经营场所使用证明等文件。委托代理人申请设立登记时,应当出具投资人的委托书和代理人的合法证明。

个人独资企业不得从事法律、行政法规禁止经营的业务;从事法律、行政法规规定须报经有关部门审批的业务,应当在申请设立登记时提交有关部门的批准文件。

第十条 【**申请书内容**】个人独资企业设立申请书应当载明下列事项:

(一)企业的名称和住所;
(二)投资人的姓名和居所;
(三)投资人的出资额和出资方式;
(四)经营范围。

第十一条 【**名称**】个人独资企业的名称应当与其责任形式及从事的营业相符合。

第十二条 【**登记**】登记机关应当在收到设立申请文件之日起十五日内,对符合本法规定条件的,予以登记,发给营业执照;对不符合本法规定条件的,不予登记,并应当给予书面答复,说明理由。

第十三条 【**执照签发**】个人独资企业的营业执照的签发日期,为个人独资企业成立日期。

在领取个人独资企业营业执照前,投资人不得以个人独资企业名义从事经营活动。

第十四条 【**分支机构的设立**】个人独资企业设立分支机构,应当由投资人或者其委托的代理人向分支机构所在地的登记机关申请登记,领取营业执照。

分支机构经核准登记后,应将登记情况报该分支机构隶属的个人独资企业的登记机关备案。

分支机构的民事责任由设立该分支机构的个人独资企业承担。

第十五条　【变更登记】个人独资企业存续期间登记事项发生变更的,应当在作出变更决定之日起的十五日内依法向登记机关申请办理变更登记。

第三章　个人独资企业的投资人及事务管理

第十六条　【禁止设立】法律、行政法规禁止从事营利性活动的人,不得作为投资人申请设立个人独资企业。

第十七条　【财产权】个人独资企业投资人对本企业的财产依法享有所有权,其有关权利可以依法进行转让或继承。

第十八条　【无限责任】个人独资企业投资人在申请企业设立登记时明确以其家庭共有财产作为个人出资的,应当依法以家庭共有财产对企业债务承担无限责任。

第十九条　【管理】个人独资企业投资人可以自行管理企业事务,也可以委托或者聘用其他具有民事行为能力的人负责企业的事务管理。

投资人委托或者聘用他人管理个人独资企业事务,应当与受托人或者被聘用的人签订书面合同,明确委托的具体内容和授予的权利范围。

受托人或者被聘用的人员应当履行诚信、勤勉义务,按照与投资人签订的合同负责个人独资企业的事务管理。

投资人对受托人或者被聘用的人员职权的限制,不得对抗善意第三人。

第二十条　【管理人员的禁止行为】投资人委托或者聘用的管理个人独资企业事务的人员不得有下列行为:

(一)利用职务上的便利,索取或者收受贿赂;

(二)利用职务或者工作上的便利侵占企业财产;

(三)挪用企业的资金归个人使用或者借贷给他人;

(四)擅自将企业资金以个人名义或者以他人名义开立帐户储存;

(五)擅自以企业财产提供担保;

(六)未经投资人同意,从事与本企业相竞争的业务;

(七)未经投资人同意,同本企业订立合同或者进行交易;

(八)未经投资人同意,擅自将企业商标或者其他知识产权转让给他人使用;

(九)泄露本企业的商业秘密;

(十)法律、行政法规禁止的其他行为。

第二十一条　【财务】个人独资企业应当依法设置会计帐簿,进行会计核算。

第二十二条　【职工权益保护】个人独资企业招用职工的,应当依法与职工签订劳动合同,保障职工的劳动安全,按时、足额发放职工工资。

第二十三条　【职工保险】个人独资企业应当按照国家规定参加社会保险,为职工缴纳社会保险费。

第二十四条　【企业权利】个人独资企业可以依法申请贷款、取得土地使用权,并享有法律、行政法规规定的其他权利。

第二十五条　【禁止摊派】任何单位和个人不得违反法律、行政法规的规定,以任何方式强制个人独资企业提供财力、物力、人力;对于违法强制提供财力、物力、人力的行为,个人独资企业有权拒绝。

第四章　个人独资企业的解散和清算

第二十六条　【解散情形】个人独资企业有下列情形之一时,应当解散:

(一)投资人决定解散;

(二)投资人死亡或者被宣告死亡,无继承人或者继承人决定放弃继承;

(三)被依法吊销营业执照;

(四)法律、行政法规规定的其他情形。

第二十七条　【解散程序】个人独资企业解散,由投资人自行清算或者由债权人申请人民法院指定清算人进行清算。

投资人自行清算的,应当在清算前十五日内书面通知债权人,无法通知的,应当予以公告。债权人应当在接到通知之日起三十日内,未接到通知的应当在公告之日起六十日内,向投资人申报其债权。

第二十八条　【解散后的责任】个人独资企业解散后,原投资人对个人独资企业存续期间的债务仍应承担偿还责任,但债权人在五年内未向债务人提出偿债请求的,该责任消灭。

第二十九条　【债务清偿】个人独资企业解散的,财产应当按照下列顺序清偿:

(一)所欠职工工资和社会保险费用;

(二)所欠税款;

(三)其他债务。

第三十条　【清算期内的禁止行为】清算期间,个人独资企业不得开展与清算目的无关的经营活动。在按前条规定清偿债务前,投资人不得转移、隐匿财产。

第三十一条　【个人其他财产清偿】个人独资企业财产不足以清偿债务的,投资人应当以其个人的其他财产予以清偿。

第三十二条　【注销登记】个人独资企业清算结束后,投资人或者人民法院指定的清算人应当编制清算报告,并于十五日内到登记机关办理注销登记。

第五章　法律责任

第三十三条　【欺骗登记】违反本法规定,提交虚假文件或采取其他欺骗手段,取得企业登记的,责令改正,处以五千元以下的罚款;情节严重的,并处吊销营业执照。

第三十四条　【擅自更名责任】违反本法规定,个人独资企业使用的名称与其在登记机关登记的名称不相符合的,责令限期改正,处以二千元以下的罚款。

第三十五条 【涂改、出租、转让执照责任】涂改、出租、转让营业执照的,责令改正,没收违法所得,处以三千元以下的罚款;情节严重的,吊销营业执照。

伪造营业执照的,责令停业,没收违法所得,处以五千元以下的罚款。构成犯罪的,依法追究刑事责任。

第三十六条 【不开业或停业责任】个人独资企业成立后无正当理由超过六个月未开业的,或者开业后自行停业连续六个月以上的,吊销营业执照。

第三十七条 【未登记或变更登记责任】违反本法规定,未领取营业执照,以个人独资企业名义从事经营活动的,责令停止经营活动,处以三千元以下的罚款。

个人独资企业登记事项发生变更时,未按本法规定办理有关变更登记的,责令限期办理变更登记;逾期不办理的,处以二千元以下的罚款。

第三十八条 【管理人责任】投资人委托或者聘用的人员管理个人独资企业事务时违反双方订立的合同,给投资人造成损害的,承担民事赔偿责任。

第三十九条 【企业侵犯职工利益责任】个人独资企业违反本法规定,侵犯职工合法权益,未保障职工劳动安全,不缴纳社会保险费用的,按照有关法律、行政法规予以处罚,并追究有关责任人员的责任。

第四十条 【管理人侵犯财产责任】投资人委托或者聘用的人员违反本法第二十条规定,侵犯个人独资企业财产权益的,责令退还侵占的财产;给企业造成损失的,依法承担赔偿责任;有违法所得的,没收违法所得;构成犯罪的,依法追究刑事责任。

第四十一条 【摊派责任】违反法律、行政法规的规定强制个人独资企业提供财力、物力、人力的,按照有关法律、行政法规予以处罚,并追究有关责任人员的责任。

第四十二条 【企业逃避债务责任】个人独资企业及其投资人在清算前或清算期间隐匿或转移财产,逃避债务的,依法追回其财产,并按照有关规定予以处罚;构成犯罪的,依法追究刑事责任。

第四十三条 【责任顺序】投资人违反本法规定,应当承担民事赔偿责任和缴纳罚款、罚金,其财产不足以支付的,或者被判处没收财产的,应当先承担民事赔偿责任。

第四十四条 【登记机关责任】登记机关对不符合本法规定条件的个人独资企业予以登记,或者对符合本法规定条件的企业不予登记的,对直接责任人员依法给予行政处分;构成犯罪的,依法追究刑事责任。

第四十五条 【登记机关上级主管人员责任】登记机关的上级部门的有关主管人员强令登记机关对不符合本法规定条件的企业予以登记,或者对符合本法规定条件的企业不予登记的,或者对登记机关的违法登记行为进行包庇的,对直接责任人员依法给予行政处分;构成犯罪的,依法追究刑事责任。

第四十六条 【不予登记的救济】登记机关对符合法定条件的申请不予登记或者超过法定时限不予答复的,当事人可依法申请行政复议或提起行政诉讼。

第六章 附 则

第四十七条 【适用范围】外商独资企业不适用本法。

第四十八条 【生效日期】本法自2000年1月1日起施行。

中华人民共和国企业破产法

1. 2006年8月27日第十届全国人民代表大会常务委员会第二十三次会议通过

2. 2006年8月27日中华人民共和国主席令第54号公布

3. 自2007年6月1日起施行

目 录

第一章 总 则

第一条 【立法目的】为规范企业破产程序,公平清理债权债务,保护债权人和债务人的合法权益,维护社会主义市场经济秩序,制定本法。

第二条 【适用范围】企业法人不能清偿到期债务,并且资产不足以清偿全部债务或者明显缺乏清偿能力的,依照本法规定清理债务。

企业法人有前款规定情形,或者有明显丧失清偿能力可能的,可以依照本法规定进行重整。

第三条 【案件管辖】破产案件由债务人住所地人民法院管辖。

第四条 【审理程序】破产案件审理程序,本法没有规定的,适用民事诉讼法的有关规定。

第五条 【涉外破产的效力】依照本法开始的破产程序,对债务人在中华人民共和国领域外的财产发生效力。

对外国法院作出的发生法律效力的破产案件的判决、裁定,涉及债务人在中华人民共和国领域内的财产,申请或者请求人民法院承认和执行的,人民法院依照中华人民共和国缔结或者参加的国际条约,或者按照互惠原则进行审查,认为不违反中华人民共和国法律的基本原则,不损害国家主权、安全和社会公共利益,不损害中华人民共和国领域内债权人的合法权益的,裁定承认和执行。

第六条 【权益保障与责任追究】人民法院审理破产案件,应当依法保障企业职工的合法权益,依法追究破产企业经营管理人员的法律责任。

第二章 申请和受理

第一节 申 请

第七条 【申请破产清算的情形】债务人有本法第二条规定的情形,可以向人民法院提出重整、和解或者破产清算申请。

债务人不能清偿到期债务,债权人可以向人民法院提出对债务人进行重整或者破产清算的申请。

企业法人已解散但未清算或者未清算完毕,资产不足以清偿债务的,依法负有清算责任的人应当向人民法院申请破产清算。

第八条 【破产申请书】向人民法院提出破产申请,应当提交破产申请书和有关证据。

破产申请书应当载明下列事项:

(一)申请人、被申请人的基本情况;

(二)申请目的;

(三)申请的事实和理由;

(四)人民法院认为应当载明的其他事项。

债务人提出申请的,还应当向人民法院提交财产状况说明、债务清册、债权清册、有关财务会计报告、职工安置预案以及职工工资的支付和社会保险费用的缴纳情况。

第九条 【申请的撤回】人民法院受理破产申请前,申请人可以请求撤回申请。

第二节 受 理

第十条 【受理期限】债权人提出破产申请的,人民法院应当自收到申请之日起五日内通知债务人。债务人对申请有异议的,应当自收到人民法院的通知之日起七日内向人民法院提出。人民法院应当自异议期满之日起十日内裁定是否受理。

除前款规定的情形外,人民法院应当自收到破产申请之日起十五日内裁定是否受理。

有特殊情况需要延长前两款规定的裁定受理期限的,经上一级人民法院批准,可以延长十五日。

第十一条 【送达期限与送达后的材料提交】人民法院受理破产申请的,应当自裁定作出之日起五日内送达申请人。

债权人提出申请的,人民法院应当自裁定作出之日起五日内送达债务人。债务人应当自裁定送达之日起十五日内,向人民法院提交财产状况说明、债务清册、债权清册、有关财务会计报告以及职工工资的支付和社会保险费用的缴纳情况。

第十二条 【不受理申请与驳回申请】人民法院裁定不受理破产申请的,应当自裁定作出之日起五日内送达申请人并说明理由。申请人对裁定不服的,可以自裁定送达之日起十日内向上一级人民法院提起上诉。

人民法院受理破产申请后至破产宣告前,经审查发现债务人不符合本法第二条规定情形的,可以裁定驳回申请。申请人对裁定不服的,可以自裁定送达之日起十日内向上一级人民法院提起上诉。

第十三条 【指定管理人】人民法院裁定受理破产申请的,应当同时指定管理人。

第十四条 【通知与公告】人民法院应当自裁定受理破产申请之日起二十五日内通知已知债权人,并予以公告。

通知和公告应当载明下列事项:

(一)申请人、被申请人的名称或者姓名;

(二)人民法院受理破产申请的时间;

(三)申报债权的期限、地点和注意事项;

(四)管理人的名称或者姓名及其处理事务的地址;

(五)债务人的债务人或者财产持有人应当向管理人清偿债务或者交付财产的要求;

(六)第一次债权人会议召开的时间和地点;

(七)人民法院认为应当通知和公告的其他事项。

第十五条 【债务人义务】自人民法院受理破产申请的裁定送达债务人之日起至破产程序终结之日,债务人的有关人员承担下列义务:

(一)妥善保管其占有和管理的财产、印章和账簿、文书等资料;

(二)根据人民法院、管理人的要求进行工作,并如实回答询问;

(三)列席债权人会议并如实回答债权人的询问;

(四)未经人民法院许可,不得离开住所地;

(五)不得新任其他企业的董事、监事、高级管理人员。

前款所称有关人员,是指企业的法定代表人;经人民法院决定,可以包括企业的财务管理人员和其他经营管理人员。

第十六条 【个别清偿无效】人民法院受理破产申请后,债务人对个别债权人的债务清偿无效。

第十七条 【向管理人清偿债务或交付财产】人民法院受理

破产申请后,债务人的债务人或者财产持有人应当向管理人清偿债务或者交付财产。

债务人的债务人或者财产持有人故意违反前款规定向债务人清偿债务或者交付财产,使债权人受到损失的,不免除其清偿债务或者交付财产的义务。

第十八条 【对破产申请受理前未履行完毕的合同的处理】人民法院受理破产申请后,管理人对破产申请受理前成立而债务人和对方当事人均未履行完毕的合同有权决定解除或者继续履行,并通知对方当事人。管理人自破产申请受理之日起二个月内未通知对方当事人,或者自收到对方当事人催告之日起三十日内未答复的,视为解除合同。

管理人决定继续履行合同的,对方当事人应当履行;但是,对方当事人有权要求管理人提供担保。管理人不提供担保的,视为解除合同。

第十九条 【保全解除与执行中止】人民法院受理破产申请后,有关债务人财产的保全措施应当解除,执行程序应当中止。

第二十条 【诉讼或仲裁的中止与继续进行】人民法院受理破产申请后,已经开始而尚未终结的有关债务人的民事诉讼或者仲裁应当中止;在管理人接管债务人的财产后,该诉讼或者仲裁继续进行。

第二十一条 【管辖恒定】人民法院受理破产申请后,有关债务人的民事诉讼,只能向受理破产申请的人民法院提起。

第三章 管 理 人

第二十二条 【管理人的指定与更换】管理人由人民法院指定。

债权人会议认为管理人不能依法、公正执行职务或者有其他不能胜任职务情形的,可以申请人民法院予以更换。

指定管理人和确定管理人报酬的办法,由最高人民法院规定。

第二十三条 【管理人义务】管理人依照本法规定执行职务,向人民法院报告工作,并接受债权人会议和债权人委员会的监督。

管理人应当列席债权人会议,向债权人会议报告职务执行情况,并回答询问。

第二十四条 【管理人资格】管理人可以由有关部门、机构的人员组成的清算组或者依法设立的律师事务所、会计师事务所、破产清算事务所等社会中介机构担任。

人民法院根据债务人的实际情况,可以在征询有关社会中介机构的意见后,指定该机构具备相关专业知识并取得执业资格的人员担任管理人。

有下列情形之一的,不得担任管理人:

(一)因故意犯罪受过刑事处罚;

(二)曾被吊销相关专业执业证书;

(三)与本案有利害关系;

(四)人民法院认为不宜担任管理人的其他情形。

个人担任管理人的,应当参加执业责任保险。

第二十五条 【管理人职责】管理人履行下列职责:

(一)接管债务人的财产、印章和账簿、文书等资料;

(二)调查债务人财产状况,制作财产状况报告;

(三)决定债务人的内部管理事务;

(四)决定债务人的日常开支和其他必要开支;

(五)在第一次债权人会议召开之前,决定继续或者停止债务人的营业;

(六)管理和处分债务人的财产;

(七)代表债务人参加诉讼、仲裁或者其他法律程序;

(八)提议召开债权人会议;

(九)人民法院认为管理人应当履行的其他职责。

本法对管理人的职责另有规定的,适用其规定。

第二十六条 【管理人须经法院许可的行为】在第一次债权人会议召开之前,管理人决定继续或者停止债务人的营业或者有本法第六十九条规定行为之一的,应当经人民法院许可。

第二十七条 【管理人职业道德】管理人应当勤勉尽责,忠实执行职务。

第二十八条 【管理人的报酬与工作人员】管理人经人民法院许可,可以聘用必要的工作人员。

管理人的报酬由人民法院确定。债权人会议对管理人的报酬有异议的,有权向人民法院提出。

第二十九条 【管理人辞职限制】管理人没有正当理由不得辞去职务。管理人辞去职务应当经人民法院许可。

第四章 债务人财产

第三十条 【债务人财产范围】破产申请受理时属于债务人的全部财产,以及破产申请受理后至破产程序终结前债务人取得的财产,为债务人财产。

第三十一条 【可撤销的债务人行为之一】人民法院受理破产申请前一年内,涉及债务人财产的下列行为,管理人有权请求人民法院予以撤销:

(一)无偿转让财产的;

(二)以明显不合理的价格进行交易的;

(三)对没有财产担保的债务提供财产担保的;

(四)对未到期的债务提前清偿的;

(五)放弃债权的。

第三十二条 【可撤销的债务人行为之二】人民法院受理破产申请前六个月内,债务人有本法第二条第一款规定的情形,仍对个别债权人进行清偿的,管理人有权请求人民法院予以撤销。但是,个别清偿使债务人财产受益的除外。

第三十三条 【无效的债务人行为】涉及债务人财产的下列行为无效:

(一)为逃避债务而隐匿、转移财产的;

(二)虚构债务或者承认不真实的债务的。

第三十四条 【可追回的债务人财产】因本法第三十一条、第三十二条或者第三十三条规定的行为而取得的债务人的财产,管理人有权追回。

第三十五条 【出资的追缴】人民法院受理破产申请后,债务人的出资人尚未完全履行出资义务的,管理人应当要求该出资人缴纳所认缴的出资,而不受出资期限的限制。

第三十六条 【非正常收入和被侵占财产的追回】债务人的董事、监事和高级管理人员利用职权从企业获取的非正常收入和侵占的企业财产,管理人应当追回。

第三十七条 【清偿债务与替代担保】人民法院受理破产申请后,管理人可以通过清偿债务或者提供为债权人接受的担保,取回质物、留置物。

前款规定的债务清偿或者替代担保,在质物或者留置物的价值低于被担保的债权额时,以该质物或者留置物当时的市场价值为限。

第三十八条 【非债务人财产的取回】人民法院受理破产申请后,债务人占有的不属于债务人的财产,该财产的权利人可以通过管理人取回。但是,本法另有规定的除外。

第三十九条 【在途标的物的取回】人民法院受理破产申请时,出卖人已将买卖标的物向作为买受人的债务人发运,债务人尚未收到且未付清全部价款的,出卖人可以取回在运途中的标的物。但是,管理人可以支付全部价款,请求出卖人交付标的物。

第四十条 【抵消条件及其限制】债权人在破产申请受理前对债务人负有债务的,可以向管理人主张抵销。但是,有下列情形之一的,不得抵销:

(一)债务人的债务人在破产申请受理后取得他人对债务人的债权的;

(二)债权人已知债务人有不能清偿到期债务或者破产申请的事实,对债务人负担债务的;但是,债权人因为法律规定或者有破产申请一年前所发生的原因而负担债务的除外;

(三)债务人的债务人已知债务人有不能清偿到期债务或者破产申请的事实,对债务人取得债权的;但是,债务人的债务人因为法律规定或者有破产申请一年前所发生的原因而取得债权的除外。

第五章 破产费用和共益债务

第四十一条 【破产费用的范围】人民法院受理破产申请后发生的下列费用,为破产费用:

(一)破产案件的诉讼费用;

(二)管理、变价和分配债务人财产的费用;

(三)管理人执行职务的费用、报酬和聘用工作人员的费用。

第四十二条 【共益债务的内容】人民法院受理破产申请后发生的下列债务,为共益债务:

(一)因管理人或者债务人请求对方当事人履行双方均未履行完毕的合同所产生的债务;

(二)债务人财产受无因管理所产生的债务;

(三)因债务人不当得利所产生的债务;

(四)为债务人继续营业而应支付的劳动报酬和社会保险费用以及由此产生的其他债务;

(五)管理人或者相关人员执行职务致人损害所产生的债务;

(六)债务人财产致人损害所产生的债务。

第四十三条 【清偿顺序与破产程序终结】破产费用和共益债务由债务人财产随时清偿。

债务人财产不足以清偿所有破产费用和共益债务的,先行清偿破产费用。

债务人财产不足以清偿所有破产费用或者共益债务的,按照比例清偿。

债务人财产不足以清偿破产费用的,管理人应当提请人民法院终结破产程序。人民法院应当自收到请求之日起十五日内裁定终结破产程序,并予以公告。

第六章 债权申报

第四十四条 【债权人】人民法院受理破产申请时对债务人享有债权的债权人,依照本法规定的程序行使权利。

第四十五条 【债权申报期限】人民法院受理破产申请后,应当确定债权人申报债权的期限。债权申报期限自人民法院发布受理破产申请公告之日起计算,最短不得少于三十日,最长不得超过三个月。

第四十六条 【未到期与附利息债权】未到期的债权,在破产申请受理时视为到期。

附利息的债权自破产申请受理时起停止计息。

第四十七条 【附条件、附期限与诉讼、仲裁未决债权】附条件、附期限的债权和诉讼、仲裁未决的债权,债权人可以申报。

第四十八条 【不必申报的债权与职工权利】债权人应当在人民法院确定的债权申报期限内向管理人申报债权。

债务人所欠职工的工资和医疗、伤残补助、抚恤费用,所欠的应当划入职工个人账户的基本养老保险、基本医疗保险费用,以及法律、行政法规规定应当支付给职工的补偿金,不必申报,由管理人调查后列出清单并予以公示。职工对清单记载有异议的,可以要求管理人更正;管理人不予更正的,职工可以向人民法院提起诉讼。

第四十九条 【债权说明】债权人申报债权时,应当书面说明债权的数额和有无财产担保,并提交有关证据。申报的债权是连带债权的,应当说明。

第五十条 【连带债权的申报】连带债权人可以由其中一人代表全体连带债权人申报债权,也可以共同申报债权。

第五十一条 【保证人或其他连带债务人的债权申报】债务人的保证人或者其他连带债务人已经代替债务人清偿债务的,以其对债务人的求偿权申报债权。

债务人的保证人或者其他连带债务人尚未代替债务人清偿债务的，以其对债务人的将来求偿权申报债权。但是，债权人已经向管理人申报全部债权的除外。

第五十二条 【连带债务人数人的债权申报】连带债务人数人被裁定适用本法规定的程序的，其债权人有权就全部债权分别在各破产案件中申报债权。

第五十三条 【解除合同后的债权申报】管理人或者债务人依照本法规定解除合同的，对方当事人以因合同解除所产生的损害赔偿请求权申报债权。

第五十四条 【受托人的债权申报】债务人是委托合同的委托人，被裁定适用本法规定的程序，受托人不知该事实，继续处理委托事务的，受托人以由此产生的请求权申报债权。

第五十五条 【票据付款人的债权申报】债务人是票据的出票人，被裁定适用本法规定的程序，该票据的付款人继续付款或者承兑的，付款人以由此产生的请求权申报债权。

第五十六条 【补充申报；未申报】在人民法院确定的债权申报期限内，债权人未申报债权的，可以在破产财产最后分配前补充申报；但是，此前已进行的分配，不再对其补充分配。为审查和确认补充申报债权的费用，由补充申报人承担。

债权人未依照本法规定申报债权的，不得依照本法规定的程序行使权利。

第五十七条 【债权表保存】管理人收到债权申报材料后，应当登记造册，对申报的债权进行审查，并编制债权表。

债权表和债权申报材料由管理人保存，供利害关系人查阅。

第五十八条 【债权表的核查及异议】依照本法第五十七条规定编制的债权表，应当提交第一次债权人会议核查。

债务人、债权人对债权表记载的债权无异议的，由人民法院裁定确认。

债务人、债权人对债权表记载的债权有异议的，可以向受理破产申请的人民法院提起诉讼。

第七章 债权人会议

第一节 一般规定

第五十九条 【债权人的表决权；职工和工会代表的发表意见权】依法申报债权的债权人为债权人会议的成员，有权参加债权人会议，享有表决权。

债权尚未确定的债权人，除人民法院能够为其行使表决权而临时确定债权额的外，不得行使表决权。

对债务人的特定财产享有担保权的债权人，未放弃优先受偿权利的，对于本法第六十一条第一款第七项、第十项规定的事项不享有表决权。

债权人可以委托代理人出席债权人会议，行使表决权。代理人出席债权人会议，应当向人民法院或者债权人会议主席提交债权人的授权委托书。

债权人会议应当有债务人的职工和工会的代表参加，对有关事项发表意见。

第六十条 【债权人会议主席】债权人会议设主席一人，由人民法院从有表决权的债权人中指定。

债权人会议主席主持债权人会议。

第六十一条 【债权人会议职权】债权人会议行使下列职权：

（一）核查债权；

（二）申请人民法院更换管理人，审查管理人的费用和报酬；

（三）监督管理人；

（四）选任和更换债权人委员会成员；

（五）决定继续或者停止债务人的营业；

（六）通过重整计划；

（七）通过和解协议；

（八）通过债务人财产的管理方案；

（九）通过破产财产的变价方案；

（十）通过破产财产的分配方案；

（十一）人民法院认为应当由债权人会议行使的其他职权。

债权人会议应当对所议事项的决议作成会议记录。

第六十二条 【债权人会议的召集与召开】第一次债权人会议由人民法院召集，自债权申报期限届满之日起十五日内召开。

以后的债权人会议，在人民法院认为必要时，或者管理人、债权人委员会、占债权总额四分之一以上的债权人向债权人会议主席提议时召开。

第六十三条 【召开债权人会议的提前通知】召开债权人会议，管理人应当提前十五日通知已知的债权人。

第六十四条 【债权人会议的决议】债权人会议的决议，由出席会议的有表决权的债权人过半数通过，并且其所代表的债权额占无财产担保债权总额的二分之一以上。但是，本法另有规定的除外。

债权人认为债权人会议的决议违反法律规定，损害其利益的，可以自债权人会议作出决议之日起十五日内，请求人民法院裁定撤销该决议，责令债权人会议依法重新作出决议。

债权人会议的决议，对于全体债权人均有约束力。

第六十五条 【由人民法院裁定的表决未通过事项】本法第六十一条第一款第八项、第九项所列事项，经债权人会议表决未通过的，由人民法院裁定。

本法第六十一条第一款第十项所列事项，经债权人会议二次表决仍未通过的，由人民法院裁定。

对前两款规定的裁定，人民法院可以在债权人会议上宣布或者另行通知债权人。

第六十六条 【对裁定不服的复议】债权人对人民法院依照本法第六十五条第一款作出的裁定不服的，债权额占无财产担保债权总额二分之一以上的债权人对人民法院依照本法第六十五条第二款作出的裁定不服的,可以自裁定宣布之日或者收到通知之日起十五日内向该人民法院申请复议。复议期间不停止裁定的执行。

第二节 债权人委员会

第六十七条 【债权人委员会的组成】债权人会议可以决定设立债权人委员会。债权人委员会由债权人会议选任的债权人代表和一名债务人的职工代表或者工会代表组成。债权人委员会成员不得超过九人。

债权人委员会成员应当经人民法院书面决定认可。

第六十八条 【债权人委员会职权】债权人委员会行使下列职权:

(一)监督债务人财产的管理和处分;

(二)监督破产财产分配;

(三)提议召开债权人会议;

(四)债权人会议委托的其他职权。

债权人委员会执行职务时,有权要求管理人、债务人的有关人员对其职权范围内的事务作出说明或者提供有关文件。

管理人、债务人的有关人员违反本法规定拒绝接受监督的,债权人委员会有权就监督事项请求人民法院作出决定;人民法院应当在五日内作出决定。

第六十九条 【管理人应当及时报告债权人委员会的行为】管理人实施下列行为,应当及时报告债权人委员会:

(一)涉及土地、房屋等不动产权益的转让;

(二)探矿权、采矿权、知识产权等财产权的转让;

(三)全部库存或者营业的转让;

(四)借款;

(五)设定财产担保;

(六)债权和有价证券的转让;

(七)履行债务人和对方当事人均未履行完毕的合同;

(八)放弃权利;

(九)担保物的取回;

(十)对债权人利益有重大影响的其他财产处分行为。

未设立债权人委员会的,管理人实施前款规定的行为应当及时报告人民法院。

第八章 重　　整

第一节 重整申请和重整期间

第七十条 【重整申请人】债务人或者债权人可以依照本法规定,直接向人民法院申请对债务人进行重整。

债权人申请对债务人进行破产清算的,在人民法院受理破产申请后、宣告债务人破产前,债务人或者出资额占债务人注册资本十分之一以上的出资人,可以向人民法院申请重整。

第七十一条 【对重整申请的审查与公告】人民法院经审查认为重整申请符合本法规定的,应当裁定债务人重整,并予以公告。

第七十二条 【重整期间】自人民法院裁定债务人重整之日起至重整程序终止,为重整期间。

第七十三条 【债务人自行管理事务】在重整期间,经债务人申请,人民法院批准,债务人可以在管理人的监督下自行管理财产和营业事务。

有前款规定情形的,依照本法规定已接管债务人财产和营业事务的管理人应当向债务人移交财产和营业事务,本法规定的管理人的职权由债务人行使。

第七十四条 【聘任债务人的经管人员负责营业】管理人负责管理财产和营业事务的,可以聘任债务人的经营管理人员负责营业事务。

第七十五条 【担保权的暂停行使及恢复】在重整期间,对债务人的特定财产享有的担保权暂停行使。但是,担保物有损坏或者价值明显减少的可能,足以危害担保权人权利的,担保权人可以向人民法院请求恢复行使担保权。

在重整期间,债务人或者管理人为继续营业而借款的,可以为该借款设定担保。

第七十六条 【按约定取回债务人合法占有的财产】债务人合法占有的他人财产,该财产的权利人在重整期间要求取回的,应当符合事先约定的条件。

第七十七条 【重整期间对相关人员的限制】在重整期间,债务人的出资人不得请求投资收益分配。

在重整期间,债务人的董事、监事、高级管理人员不得向第三人转让其持有的债务人的股权。但是,经人民法院同意的除外。

第七十八条 【终止重整并宣告破产的情形】在重整期间,有下列情形之一的,经管理人或者利害关系人请求,人民法院应当裁定终止重整程序,并宣告债务人破产:

(一)债务人的经营状况和财产状况继续恶化,缺乏挽救的可能性;

(二)债务人有欺诈、恶意减少债务人财产或者其他显著不利于债权人的行为;

(三)由于债务人的行为致使管理人无法执行职务。

第二节 重整计划的制定和批准

第七十九条 【提交重整计划草案的期限与不提交的后果】债务人或者管理人应当自人民法院裁定债务人重整之日起六个月内,同时向人民法院和债权人会议提交重整计划草案。

前款规定的期限届满,经债务人或者管理人请求,有正当理由的,人民法院可以裁定延期三个月。

债务人或者管理人未按期提出重整计划草案的,人民法院应当裁定终止重整程序,并宣告债务人破产。

第八十条 【债务人可制作重整计划草案】债务人自行管理财产和营业事务的,由债务人制作重整计划草案。

管理人负责管理财产和营业事务的,由管理人制作重整计划草案。

第八十一条 【重整计划草案的内容】重整计划草案应当包括下列内容:

(一)债务人的经营方案;

(二)债权分类;

(三)债权调整方案;

(四)债权受偿方案;

(五)重整计划的执行期限;

(六)重整计划执行的监督期限;

(七)有利于债务人重整的其他方案。

第八十二条 【债权人会议对重整计划草案的分组表决】下列各类债权的债权人参加讨论重整计划草案的债权人会议,依照下列债权分类,分组对重整计划草案进行表决:

(一)对债务人的特定财产享有担保权的债权;

(二)债务人所欠职工的工资和医疗、伤残补助、抚恤费用,所欠的应当划入职工个人账户的基本养老保险、基本医疗保险费用,以及法律、行政法规规定应当支付给职工的补偿金;

(三)债务人所欠税款;

(四)普通债权。

人民法院在必要时可以决定在普通债权组中设小额债权组对重整计划草案进行表决。

第八十三条 【重整计划中的禁止性规定】重整计划不得规定减免债务人欠缴的本法第八十二条第一款第二项规定以外的社会保险费用;该项费用的债权人不参加重整计划草案的表决。

第八十四条 【法院召开的债权人会议对重整计划草案的表决】人民法院应当自收到重整计划草案之日起三十日内召开债权人会议,对重整计划草案进行表决。

出席会议的同一表决组的债权人过半数同意重整计划草案,并且其所代表的债权额占该组债权总额的三分之二以上的,即为该组通过重整计划草案。

债务人或者管理人应当向债权人会议就重整计划草案作出说明,并回答询问。

第八十五条 【债务人的出资人对重整计划草案的表决】债务人的出资人代表可以列席讨论重整计划草案的债权人会议。

重整计划草案涉及出资人权益调整事项的,应当设出资人组,对该事项进行表决。

第八十六条 【重整计划的通过和批准】各表决组均通过重整计划草案时,重整计划即为通过。

自重整计划通过之日起十日内,债务人或者管理人应当向人民法院提出批准重整计划的申请。人民法院经审查认为符合本法规定的,应当自收到申请之日起三十日内裁定批准,终止重整程序,并予以公告。

第八十七条 【对部分表决组未通过重整计划草案的处理;申请法院批准重整计划草案的情形】部分表决组未通过重整计划草案的,债务人或者管理人可以同未通过重整计划草案的表决组协商。该表决组可以在协商后再表决一次。双方协商的结果不得损害其他表决组的利益。

未通过重整计划草案的表决组拒绝再次表决或者再次表决仍未通过重整计划草案,但重整计划草案符合下列条件的,债务人或者管理人可以申请人民法院批准重整计划草案:

(一)按照重整计划草案,本法第八十二条第一款第一项所列债权就该特定财产将获得全额清偿,其因延期清偿所受的损失将得到公平补偿,并且其担保权未受到实质性损害,或者该表决组已经通过重整计划草案;

(二)按照重整计划草案,本法第八十二条第一款第二项、第三项所列债权将获得全额清偿,或者相应表决组已经通过重整计划草案;

(三)按照重整计划草案,普通债权所获得的清偿比例,不低于其在重整计划草案被提请批准时依照破产清算程序所能获得的清偿比例,或者该表决组已经通过重整计划草案;

(四)重整计划草案对出资人权益的调整公平、公正,或者出资人组已经通过重整计划草案;

(五)重整计划草案公平对待同一表决组的成员,并且所规定的债权清偿顺序不违反本法第一百一十三条的规定;

(六)债务人的经营方案具有可行性。

人民法院经审查认为重整计划草案符合前款规定的,应当自收到申请之日起三十日内裁定批准,终止重整程序,并予以公告。

第八十八条 【终止重整并宣告破产】重整计划草案未获得通过且未依照本法第八十七条的规定获得批准,或者已通过的重整计划未获得批准的,人民法院应当裁定终止重整程序,并宣告债务人破产。

第三节 重整计划的执行

第八十九条 【重整计划的执行人】重整计划由债务人负责执行。

人民法院裁定批准重整计划后,已接管财产和营业事务的管理人应当向债务人移交财产和营业事务。

第九十条 【重整计划的监督人】自人民法院裁定批准重整计划之日起,在重整计划规定的监督期内,由管理人监督重整计划的执行。

在监督期内,债务人应当向管理人报告重整计划执行情况和债务人财务状况。

第九十一条 【监督报告的提交;监督期限的延长】监督期届满时,管理人应当向人民法院提交监督报告。自监督报告提交之日起,管理人的监督职责终止。

管理人向人民法院提交的监督报告,重整计划的利害关系人有权查阅。

经管理人申请,人民法院可以裁定延长重整计划执行的监督期限。

第九十二条　【经法院裁定批准的重整计划的效力】经人民法院裁定批准的重整计划,对债务人和全体债权人均有约束力。

债权人未依照本法规定申报债权的,在重整计划执行期间不得行使权利;在重整计划执行完毕后,可以按照重整计划规定的同类债权的清偿条件行使权利。

债权人对债务人的保证人和其他连带债务人所享有的权利,不受重整计划的影响。

第九十三条　【重整计划的中止执行】债务人不能执行或者不执行重整计划的,人民法院经管理人或者利害关系人请求,应当裁定终止重整计划的执行,并宣告债务人破产。

人民法院裁定终止重整计划执行的,债权人在重整计划中作出的债权调整的承诺失去效力。债权人因执行重整计划所受的清偿仍然有效,债权未受清偿的部分作为破产债权。

前款规定的债权人,只有在其他同顺位债权人同自己所受的清偿达到同一比例时,才能继续接受分配。

有本条第一款规定情形的,为重整计划的执行提供的担保继续有效。

第九十四条　【因重整计划减免的债务的清偿免除】按照重整计划减免的债务,自重整计划执行完毕时起,债务人不再承担清偿责任。

第九章　和　　解

第九十五条　【申请和解的条件】债务人可以依照本法规定,直接向人民法院申请和解;也可以在人民法院受理破产申请后、宣告债务人破产前,向人民法院申请和解。

债务人申请和解,应当提出和解协议草案。

第九十六条　【裁定和解】人民法院经审查认为和解申请符合本法规定的,应当裁定和解,予以公告,并召集债权人会议讨论和解协议草案。

对债务人的特定财产享有担保权的权利人,自人民法院裁定和解之日起可以行使权利。

第九十七条　【通过和解协议的条件】债权人会议通过和解协议的决议,由出席会议的有表决权的债权人过半数同意,并且其所代表的债权额占无财产担保债权总额的三分之二以上。

第九十八条　【通过和解协议的后果】债权人会议通过和解协议的,由人民法院裁定认可,终止和解程序,并予以公告。管理人应当向债务人移交财产和营业事务,并向人民法院提交执行职务的报告。

第九十九条　【和解协议草案未获通过的后果】和解协议草案经债权人会议表决未获得通过,或者已经债权人会议通过的和解协议未获得人民法院认可的,人民法院应当裁定终止和解程序,并宣告债务人破产。

第一百条　【经人民法院裁定认可的和解协议的效力】经人民法院裁定认可的和解协议,对债务人和全体和解债权人均有约束力。

和解债权人是指人民法院受理破产申请时对债务人享有无财产担保债权的人。

和解债权人未依照本法规定申报债权的,在和解协议执行期间不得行使权利;在和解协议执行完毕后,可以按照和解协议规定的清偿条件行使权利。

第一百零一条　【不受和解协议影响的人员】和解债权人对债务人的保证人和其他连带债务人所享有的权利,不受和解协议的影响。

第一百零二条　【按照和解协议清偿债务】债务人应当按照和解协议规定的条件清偿债务。

第一百零三条　【和解协议无效的情形及后果】因债务人的欺诈或者其他违法行为而成立的和解协议,人民法院应当裁定无效,并宣告债务人破产。

有前款规定情形的,和解债权人因执行和解协议所受的清偿,在其他债权人所受清偿同等比例的范围内,不予返还。

第一百零四条　【终止和解协议执行的情形及后果】债务人不能执行或者不执行和解协议的,人民法院经和解债权人请求,应当裁定终止和解协议的执行,并宣告债务人破产。

人民法院裁定终止和解协议执行的,和解债权人在和解协议中作出的债权调整的承诺失去效力。和解债权人因执行和解协议所受的清偿仍然有效,和解债权未受清偿的部分作为破产债权。

前款规定的债权人,只有在其他债权人同自己所受的清偿达到同一比例时,才能继续接受分配。

有本条第一款规定情形的,为和解协议的执行提供的担保继续有效。

第一百零五条　【因自行达成协议的破产终结】人民法院受理破产申请后,债务人与全体债权人就债权债务的处理自行达成协议的,可以请求人民法院裁定认可,并终结破产程序。

第一百零六条　【因和解协议减免的债务的清偿免除】按照和解协议减免的债务,自和解协议执行完毕时起,债务人不再承担清偿责任。

第十章　破产清算

第一节　破产宣告

第一百零七条　【破产宣告的后果】人民法院依照本法规定宣告债务人破产的,应当自裁定作出之日起五日内送达债务人和管理人,自裁定作出之日起十日内通知已知债权人,并予以公告。

债务人被宣告破产后,债务人称为破产人,债务人财产称为破产财产,人民法院受理破产申请时对债务人享有的债权称为破产债权。

第一百零八条 【破产宣告前裁定终结程序的情形】破产宣告前,有下列情形之一的,人民法院应当裁定终结破产程序,并予以公告:

(一)第三人为债务人提供足额担保或者为债务人清偿全部到期债务的;

(二)债务人已清偿全部到期债务的。

第一百零九条 【担保权人的优先受偿权】对破产人的特定财产享有担保权的权利人,对该特定财产享有优先受偿的权利。

第一百一十条 【优先受偿权与普通债权】享有本法第一百零九条规定权利的债权人行使优先受偿权利未能完全受偿的,其未受偿的债权作为普通债权;放弃优先受偿权利的,其债权作为普通债权。

第二节 变价和分配

第一百一十一条 【破产财产变价方案】管理人应当及时拟订破产财产变价方案,提交债权人会议讨论。

管理人应当按照债权人会议通过的或者人民法院依照本法第六十五条第一款规定裁定的破产财产变价方案,适时变价出售破产财产。

第一百一十二条 【变价出售破产财产】变价出售破产财产应当通过拍卖进行。但是,债权人会议另有决议的除外。

破产企业可以全部或者部分变价出售。企业变价出售时,可以将其中的无形资产和其他财产单独变价出售。

按照国家规定不能拍卖或者限制转让的财产,应当按照国家规定的方式处理。

第一百一十三条 【破产财产的清偿顺序】破产财产在优先清偿破产费用和共益债务后,依照下列顺序清偿:

(一)破产人所欠职工的工资和医疗、伤残补助、抚恤费用,所欠的应当划入职工个人账户的基本养老保险、基本医疗保险费用,以及法律、行政法规规定应当支付给职工的补偿金;

(二)破产人欠缴的除前项规定以外的社会保险费用和破产人所欠税款;

(三)普通破产债权。

破产财产不足以清偿同一顺序的清偿要求的,按照比例分配。

破产企业的董事、监事和高级管理人员的工资按照该企业职工的平均工资计算。

第一百一十四条 【破产财产的分配方式】破产财产的分配应当以货币分配方式进行。但是,债权人会议另有决议的除外。

第一百一十五条 【破产财产分配方案】管理人应当及时拟订破产财产分配方案,提交债权人会议讨论。

破产财产分配方案应当载明下列事项:

(一)参加破产财产分配的债权人名称或者姓名、住所;

(二)参加破产财产分配的债权额;

(三)可供分配的破产财产数额;

(四)破产财产分配的顺序、比例及数额;

(五)实施破产财产分配的方法。

债权人会议通过破产财产分配方案后,由管理人将该方案提请人民法院裁定认可。

第一百一十六条 【对破产财产分配方案的执行】破产财产分配方案经人民法院裁定认可后,由管理人执行。

管理人按照破产财产分配方案实施多次分配的,应当公告本次分配的财产额和债权额。管理人实施最后分配的,应当在公告中指明,并载明本法第一百一十七条第二款规定的事项。

第一百一十七条 【对附条件债权分配额的提存】对于附生效条件或者解除条件的债权,管理人应当将其分配额提存。

管理人依照前款规定提存的分配额,在最后分配公告日,生效条件未成就或者解除条件成就的,应当分配给其他债权人;在最后分配公告日,生效条件成就或者解除条件未成就的,应当交付给债权人。

第一百一十八条 【对债权人未受领分配额的提存】债权人未受领的破产财产分配额,管理人应当提存。债权人自最后分配公告之日起满二个月仍不领取的,视为放弃受领分配的权利,管理人或者人民法院应当将提存的分配额分配给其他债权人。

第一百一十九条 【对诉讼或仲裁未决债权分配额的提存】破产财产分配时,对于诉讼或者仲裁未决的债权,管理人应当将其分配额提存。自破产程序终结之日起满二年仍不能受领分配的,人民法院应当将提存的分配额分配给其他债权人。

第三节 破产程序的终结

第一百二十条 【破产程序的终结情形】破产人无财产可供分配的,管理人应当请求人民法院裁定终结破产程序。

管理人在最后分配完结后,应当及时向人民法院提交破产财产分配报告,并提请人民法院裁定终结破产程序。

人民法院应当自收到管理人终结破产程序的请求之日起十五日内作出是否终结破产程序的裁定。裁定终结的,应当予以公告。

第一百二十一条 【注销登记】管理人应当自破产程序终结之日起十日内,持人民法院终结破产程序的裁定,向破产人的原登记机关办理注销登记。

第一百二十二条　【管理人执行职务的终止】管理人于办理注销登记完毕的次日终止执行职务。但是,存在诉讼或者仲裁未决情况的除外。

第一百二十三条　【破产终结后的追加分配】自破产程序依照本法第四十三条第四款或者第一百二十条的规定终结之日起二年内,有下列情形之一的,债权人可以请求人民法院按照破产财产分配方案进行追加分配:

(一)发现有依照本法第三十一条、第三十二条、第三十三条、第三十六条规定应当追回的财产的;

(二)发现破产人有应当供分配的其他财产的。

有前款规定情形,但财产数量不足以支付分配费用的,不再进行追加分配,由人民法院将其上交国库。

第一百二十四条　【破产终结后的继续清偿责任】破产人的保证人和其他连带债务人,在破产程序终结后,对债权人依照破产清算程序未受清偿的债权,依法继续承担清偿责任。

第十一章　法律责任

第一百二十五条　【董事、监事或者高级管理人员致使企业破产的责任追究】企业董事、监事或者高级管理人员违反忠实义务、勤勉义务,致使所在企业破产的,依法承担民事责任。

有前款规定情形的人员,自破产程序终结之日起三年内不得担任任何企业的董事、监事、高级管理人员。

第一百二十六条　【债务人不列席债权人会议或不真实表述的法律责任】有义务列席债权人会议的债务人的有关人员,经人民法院传唤,无正当理由拒不列席债权人会议的,人民法院可以拘传,并依法处以罚款。债务人的有关人员违反本法规定,拒不陈述、回答,或者作虚假陈述、回答的,人民法院可以依法处以罚款。

第一百二十七条　【债务人不提交或不移交相关材料的法律责任】债务人违反本法规定,拒不向人民法院提交或者提交不真实的财产状况说明、债务清册、债权清册、有关财务会计报告以及职工工资的支付情况和社会保险费用的缴纳情况的,人民法院可以对直接责任人员依法处以罚款。

债务人违反本法规定,拒不向管理人移交财产、印章和账簿、文书等资料的,或者伪造、销毁有关财产证据材料而使财产状况不明的,人民法院可以对直接责任人员依法处以罚款。

第一百二十八条　【债务人可撤销或无效行为的法律责任】债务人有本法第三十一条、第三十二条、第三十三条规定的行为,损害债权人利益的,债务人的法定代表人和其他直接责任人员依法承担赔偿责任。

第一百二十九条　【债务人擅自离开住所地的法律责任】债务人的有关人员违反本法规定,擅自离开住所地的,人民法院可以予以训诫、拘留,可以依法并处罚款。

第一百三十条　【管理人未忠实执行职务的法律责任】管理人未依照本法规定勤勉尽责,忠实执行职务的,人民法院可以依法处以罚款;给债权人、债务人或者第三人造成损失的,依法承担赔偿责任。

第一百三十一条　【刑事责任】违反本法规定,构成犯罪的,依法追究刑事责任。

第十二章　附　　则

第一百三十二条　【优先于担保权人受偿的费用】本法施行后,破产人在本法公布之日前所欠职工的工资和医疗、伤残补助、抚恤费用,所欠的应当划入职工个人账户的基本养老保险、基本医疗保险费用,以及法律、行政法规规定应当支付给职工的补偿金,依照本法第一百一十三条的规定清偿后不足以清偿的部分,以本法第一百零九条规定的特定财产优先于对该特定财产享有担保权的权利人受偿。

第一百三十三条　【本法施行前国有企业破产的法律适用】在本法施行前国务院规定的期限和范围内的国有企业实施破产的特殊事宜,按照国务院有关规定办理。

第一百三十四条　【金融机构破产的法律适用】商业银行、证券公司、保险公司等金融机构有本法第二条规定情形的,国务院金融监督管理机构可以向人民法院提出对该金融机构进行重整或者破产清算的申请。国务院金融监督管理机构依法对出现重大经营风险的金融机构采取接管、托管等措施的,可以向人民法院申请中止以该金融机构为被告或者被执行人的民事诉讼程序或者执行程序。

金融机构实施破产的,国务院可以依据本法和其他有关法律的规定制定实施办法。

第一百三十五条　【企业法人以外的组织的参照适用】其他法律规定企业法人以外的组织的清算,属于破产清算的,参照适用本法规定的程序。

第一百三十六条　【施行日期】本法自2007年6月1日起施行,《中华人民共和国企业破产法(试行)》同时废止。

2. 保险

中华人民共和国保险法

1. 1995年6月30日第八届全国人民代表大会常务委员会第十四次会议通过
2. 根据2002年10月28日第九届全国人民代表大会常务委员会第三十次会议《关于修改〈中华人民共和国保险法〉的决定》第一次修正
3. 2009年2月28日第十一届全国人民代表大会常务委员会第七次会议修订
4. 根据2014年8月31日第十二届全国人民代表大会常务委员会第十次会议《关于修改〈中华人民共和国保险法〉等五部法律的决定》第二次修正
5. 根据2015年4月24日第十二届全国人民代表大会常务委员会第十四次会议《关于修改〈中华人民共和国计量法〉等五部法律的决定》第三次修正

目　　录

第一章　总　　则

第一条　**【立法目的】**为了规范保险活动，保护保险活动当事人的合法权益，加强对保险业的监督管理，维护社会经济秩序和社会公共利益，促进保险事业的健康发展，制定本法。

第二条　**【保险的定义】**本法所称保险，是指投保人根据合同约定，向保险人支付保险费，保险人对于合同约定的可能发生的事故因其发生所造成的财产损失承担赔偿保险金责任，或者当被保险人死亡、伤残、疾病或者达到合同约定的年龄、期限等条件时承担给付保险金责任的商业保险行为。

第三条　**【适用范围】**在中华人民共和国境内从事保险活动，适用本法。

第四条　**【合法原则】**从事保险活动必须遵守法律、行政法规，尊重社会公德，不得损害社会公共利益。

第五条　**【诚实信用原则】**保险活动当事人行使权利、履行义务应当遵循诚实信用原则。

第六条　**【专营原则】**保险业务由依照本法设立的保险公司以及法律、行政法规规定的其他保险组织经营，其他单位和个人不得经营保险业务。

第七条　**【强制境内保险原则】**在中华人民共和国境内的法人和其他组织需要办理境内保险的，应当向中华人民共和国境内的保险公司投保。

第八条　**【分业经营原则】**保险业和银行业、证券业、信托业实行分业经营、分业管理，保险公司与银行、证券、信托业务机构分别设立。国家另有规定的除外。

第九条　**【保险业的监管】**国务院保险监督管理机构依法对保险业实施监督管理。

国务院保险监督管理机构根据履行职责的需要设立派出机构。派出机构按照国务院保险监督管理机构的授权履行监督管理职责。

第二章　保 险 合 同

第一节　一 般 规 定

第十条　**【保险合同、投保人以及保险人的定义】**保险合同是投保人与保险人约定保险权利义务关系的协议。

投保人是指与保险人订立保险合同，并按照合同约定负有支付保险费义务的人。

保险人是指与投保人订立保险合同，并按照合同约定承担赔偿或者给付保险金责任的保险公司。

第十一条　**【公平原则、自愿原则】**订立保险合同，应当协商一致，遵循公平原则确定各方的权利和义务。

除法律、行政法规规定必须保险的外，保险合同自愿订立。

第十二条　**【保险利益原则】**人身保险的投保人在保险合同订立时，对被保险人应当具有保险利益。

财产保险的被保险人在保险事故发生时，对保险标的应当具有保险利益。

人身保险是以人的寿命和身体为保险标的的保险。

财产保险是以财产及其有关利益为保险标的的保险。

被保险人是指其财产或者人身受保险合同保障，享有保险金请求权的人。投保人可以为被保险人。

保险利益是指投保人或者被保险人对保险标的具有的法律上承认的利益。

第十三条　**【保险合同的成立与生效】**投保人提出保险要求，经保险人同意承保，保险合同成立。保险人应当及时向投保人签发保险单或者其他保险凭证。

保险单或者其他保险凭证应当载明当事人双方约定的合同内容。当事人也可以约定采用其他书面形式载明合同内容。

依法成立的保险合同，自成立时生效。投保人和保险人可以对合同的效力约定附条件或者附期限。

第十四条 【保险责任的开始】保险合同成立后,投保人按照约定交付保险费,保险人按照约定的时间开始承担保险责任。

第十五条 【保险合同的解除权】除本法另有规定或者保险合同另有约定外,保险合同成立后,投保人可以解除合同,保险人不得解除合同。

第十六条 【投保人的告知义务与不可抗辩条款】订立保险合同,保险人就保险标的或者被保险人的有关情况提出询问的,投保人应当如实告知。

投保人故意或者因重大过失未履行前款规定的如实告知义务,足以影响保险人决定是否同意承保或者提高保险费率的,保险人有权解除合同。

前款规定的合同解除权,自保险人知道有解除事由之日起,超过三十日不行使而消灭。自合同成立之日起超过二年的,保险人不得解除合同;发生保险事故的,保险人应当承担赔偿或者给付保险金的责任。

投保人故意不履行如实告知义务的,保险人对于合同解除前发生的保险事故,不承担赔偿或者给付保险金的责任,并不退还保险费。

投保人因重大过失未履行如实告知义务,对保险事故的发生有严重影响的,保险人对于合同解除前发生的保险事故,不承担赔偿或者给付保险金的责任,但应当退还保险费。

保险人在合同订立时已经知道投保人未如实告知的情况的,保险人不得解除合同;发生保险事故的,保险人应当承担赔偿或者给付保险金的责任。

保险事故是指保险合同约定的保险责任范围内的事故。

第十七条 【保险合同格式条款的说明义务与免责条款的无效】订立保险合同,采用保险人提供的格式条款的,保险人向投保人提供的投保单应当附格式条款,保险人应当向投保人说明合同的内容。

对保险合同中免除保险人责任的条款,保险人在订立合同时应当在投保单、保险单或者其他保险凭证上作出足以引起投保人注意的提示,并对该条款的内容以书面或者口头形式向投保人作出明确说明;未作提示或者明确说明的,该条款不产生效力。

第十八条 【基本条款应载明的事项】保险合同应当包括下列事项:

(一)保险人的名称和住所;

(二)投保人、被保险人的姓名或者名称、住所,以及人身保险的受益人的姓名或者名称、住所;

(三)保险标的;

(四)保险责任和责任免除;

(五)保险期间和保险责任开始时间;

(六)保险金额;

(七)保险费以及支付办法;

(八)保险金赔偿或者给付办法;

(九)违约责任和争议处理;

(十)订立合同的年、月、日。

投保人和保险人可以约定与保险有关的其他事项。

受益人是指人身保险合同中由被保险人或者投保人指定的享有保险金请求权的人。投保人、被保险人可以为受益人。

保险金额是指保险人承担赔偿或者给付保险金责任的最高限额。

第十九条 【无效的格式条款】采用保险人提供的格式条款订立的保险合同中的下列条款无效:

(一)免除保险人依法应承担的义务或者加重投保人、被保险人责任的;

(二)排除投保人、被保险人或者受益人依法享有的权利的。

第二十条 【保险合同的变更及证明】投保人和保险人可以协商变更合同内容。

变更保险合同的,应当由保险人在保险单或者其他保险凭证上批注或者附贴批单,或者由投保人和保险人订立变更的书面协议。

第二十一条 【保险事故发生的通知义务及例外】投保人、被保险人或者受益人知道保险事故发生后,应当及时通知保险人。故意或者因重大过失未及时通知,致使保险事故的性质、原因、损失程度等难以确定的,保险人对无法确定的部分,不承担赔偿或者给付保险金的责任,但保险人通过其他途径已经及时知道或者应当及时知道保险事故发生的除外。

第二十二条 【协助理赔义务】保险事故发生后,按照保险合同请求保险人赔偿或者给付保险金时,投保人、被保险人或者受益人应当向保险人提供其所能提供的与确认保险事故的性质、原因、损失程度等有关的证明和资料。

保险人按照合同的约定,认为有关的证明和资料不完整的,应当及时一次性通知投保人、被保险人或者受益人补充提供。

第二十三条 【保险金的赔付义务与赔付程序】保险人收到被保险人或者受益人的赔偿或者给付保险金的请求后,应当及时作出核定;情形复杂的,应当在三十日内作出核定,但合同另有约定的除外。保险人应当将核定结果通知被保险人或者受益人;对属于保险责任的,在与被保险人或者受益人达成赔偿或者给付保险金的协议后十日内,履行赔偿或者给付保险金义务。保险合同对赔偿或者给付保险金的期限有约定的,保险人应当按照约定履行赔偿或者给付保险金义务。

保险人未及时履行前款规定义务的,除支付保险金外,应当赔偿被保险人或者受益人因此受到的损失。

任何单位和个人不得非法干预保险人履行赔偿或者给付保险金的义务,也不得限制被保险人或者受益人取得保险金的权利。

第二十四条 【保险人拒绝赔付的通知义务】保险人依照本法第二十三条的规定作出核定后，对不属于保险责任的，应当自作出核定之日起三日内向被保险人或者受益人发出拒绝赔偿或者拒绝给付保险金通知书，并说明理由。

第二十五条 【保险人的先行赔付义务】保险人自收到赔偿或者给付保险金的请求和有关证明、资料之日起六十日内，对其赔偿或者给付保险金的数额不能确定的，应当根据已有证明和资料可以确定的数额先予支付；保险人最终确定赔偿或者给付保险金的数额后，应当支付相应的差额。

第二十六条 【保险金请求权的诉讼时效】人寿保险以外的其他保险的被保险人或者受益人，向保险人请求赔偿或者给付保险金的诉讼时效期间为二年，自其知道或者应当知道保险事故发生之日起计算。

人寿保险的被保险人或者受益人向保险人请求给付保险金的诉讼时效期间为五年，自其知道或者应当知道保险事故发生之日起计算。

第二十七条 【保险人的合同解除权】未发生保险事故，被保险人或者受益人谎称发生了保险事故，向保险人提出赔偿或者给付保险金请求的，保险人有权解除合同，并不退还保险费。

投保人、被保险人故意制造保险事故的，保险人有权解除合同，不承担赔偿或者给付保险金的责任；除本法第四十三条规定外，不退还保险费。

保险事故发生后，投保人、被保险人或者受益人以伪造、变造的有关证明、资料或者其他证据，编造虚假的事故原因或者夸大损失程度的，保险人对其虚报的部分不承担赔偿或者给付保险金的责任。

投保人、被保险人或者受益人有前三款规定行为之一，致使保险人支付保险金或者支出费用的，应当退回或者赔偿。

第二十八条 【再保险的定义】保险人将其承担的保险业务，以分保形式部分转移给其他保险人的，为再保险。

应再保险接受人的要求，再保险分出人应当将其自负责任及原保险的有关情况书面告知再保险接受人。

第二十九条 【再保险合同的相对性】再保险接受人不得向原保险的投保人要求支付保险费。

原保险的被保险人或者受益人不得向再保险接受人提出赔偿或者给付保险金的请求。

再保险分出人不得以再保险接受人未履行再保险责任为由，拒绝履行或者迟延履行其原保险责任。

第三十条 【保险合同格式条款的解释规则】采用保险人提供的格式条款订立的保险合同，保险人与投保人、被保险人或者受益人对合同条款有争议的，应当按照通常理解予以解释。对合同条款有两种以上解释的，人民法院或者仲裁机构应当作出有利于被保险人和受益人的解释。

第二节 人身保险合同

第三十一条 【人身保险的保险利益及效力】投保人对下列人员具有保险利益：

（一）本人；

（二）配偶、子女、父母；

（三）前项以外与投保人有抚养、赡养或者扶养关系的家庭其他成员、近亲属；

（四）与投保人有劳动关系的劳动者。

除前款规定外，被保险人同意投保人为其订立合同的，视为投保人对被保险人具有保险利益。

订立合同时，投保人对被保险人不具有保险利益的，合同无效。

第三十二条 【误告年龄的后果】投保人申报的被保险人年龄不真实，并且其真实年龄不符合合同约定的年龄限制的，保险人可以解除合同，并按照合同约定退还保险单的现金价值。保险人行使合同解除权，适用本法第十六条第三款、第六款的规定。

投保人申报的被保险人年龄不真实，致使投保人支付的保险费少于应付保险费的，保险人有权更正并要求投保人补交保险费，或者在给付保险金时按照实付保险费与应付保险费的比例支付。

投保人申报的被保险人年龄不真实，致使投保人支付的保险费多于应付保险费的，保险人应当将多收的保险费退还投保人。

第三十三条 【为无民事行为能力人投保死亡保险的禁止及例外】投保人不得为无民事行为能力人投保以死亡为给付保险金条件的人身保险，保险人也不得承保。

父母为其未成年子女投保的人身保险，不受前款规定限制。但是，因被保险人死亡给付的保险金总和不得超过国务院保险监督管理机构规定的限额。

第三十四条 【订立普通死亡保险合同的限制及其保单流转】以死亡为给付保险金条件的合同，未经被保险人同意并认可保险金额的，合同无效。

按照以死亡为给付保险金条件的合同所签发的保险单，未经被保险人书面同意，不得转让或者质押。

父母为其未成年子女投保的人身保险，不受本条第一款规定限制。

第三十五条 【保险费的支付方式】投保人可以按照合同约定向保险人一次支付全部保险费或者分期支付保险费。

第三十六条 【缴付保险费的宽限期及逾期缴付的后果】合同约定分期支付保险费，投保人支付首期保险费后，除合同另有约定外，投保人自保险人催告之日起超过三十日未支付当期保险费，或者超过约定的期限六十日未支付当期保险费的，合同效力中止，或者由保险人按照合同约定的条件减少保险金额。

被保险人在前款规定期限内发生保险事故的，保险人应当按照合同约定给付保险金，但可以扣减欠交的保险费。

第三十七条　【保险合同的复效及未复效的后果】合同效力依照本法第三十六条规定中止的,经保险人与投保人协商并达成协议,在投保人补交保险费后,合同效力恢复。但是,自合同效力中止之日起满二年双方未达成协议的,保险人有权解除合同。

保险人依照前款规定解除合同的,应当按照合同约定退还保险单的现金价值。

第三十八条　【以诉讼方式请求人寿保险费的禁止】保险人对人寿保险的保险费,不得用诉讼方式要求投保人支付。

第三十九条　【受益人的指定】人身保险的受益人由被保险人或者投保人指定。

投保人指定受益人时须经被保险人同意。投保人为与其有劳动关系的劳动者投保人身保险,不得指定被保险人及其近亲属以外的人为受益人。

被保险人为无民事行为能力人或者限制民事行为能力人的,可以由其监护人指定受益人。

第四十条　【受益人的顺序及份额】被保险人或者投保人可以指定一人或者数人为受益人。

受益人为数人的,被保险人或者投保人可以确定受益顺序和受益份额;未确定受益份额的,受益人按照相等份额享有受益权。

第四十一条　【受益人的变更】被保险人或者投保人可以变更受益人并书面通知保险人。保险人收到变更受益人的书面通知后,应当在保险单或者其他保险凭证上批注或者附贴批单。

投保人变更受益人时须经被保险人同意。

第四十二条　【保险金作为被保险人遗产的情形】被保险人死亡后,有下列情形之一的,保险金作为被保险人的遗产,由保险人依照《中华人民共和国继承法》的规定履行给付保险金的义务:

(一)没有指定受益人,或者受益人指定不明无法确定的;

(二)受益人先于被保险人死亡,没有其他受益人的;

(三)受益人依法丧失受益权或者放弃受益权,没有其他受益人的。

受益人与被保险人在同一事件中死亡,且不能确定死亡先后顺序的,推定受益人死亡在先。

第四十三条　【故意造成保险事故的后果及受益权的丧失】投保人故意造成被保险人死亡、伤残或者疾病的,保险人不承担给付保险金的责任。投保人已交足二年以上保险费的,保险人应当按照合同约定向其他权利人退还保险单的现金价值。

受益人故意造成被保险人死亡、伤残、疾病的,或者故意杀害被保险人未遂的,该受益人丧失受益权。

第四十四条　【保险人的免责事由(一)　被保险人自杀】以被保险人死亡为给付保险金条件的合同,自合同成立或者合同效力恢复之日起二年内,被保险人自杀的,保险人不承担给付保险金的责任,但被保险人自杀时为无民事行为能力人的除外。

保险人依照前款规定不承担给付保险金责任的,应当按照合同约定退还保险单的现金价值。

第四十五条　【保险人的免责事由(二)　被保险人犯罪】因被保险人故意犯罪或者抗拒依法采取的刑事强制措施导致其伤残或者死亡的,保险人不承担给付保险金的责任。投保人已交足二年以上保险费的,保险人应当按照合同约定退还保险单的现金价值。

第四十六条　【人寿保险代位追偿权的禁止】被保险人因第三者的行为而发生死亡、伤残或者疾病等保险事故的,保险人向被保险人或者受益人给付保险金后,不享有向第三者追偿的权利,但被保险人或者受益人仍有权向第三者请求赔偿。

第四十七条　【保单不丧失价值】投保人解除合同的,保险人应当自收到解除合同通知之日起三十日内,按照合同约定退还保险单的现金价值。

第三节　财产保险合同

第四十八条　【保险利益的存在时间】保险事故发生时,被保险人对保险标的不具有保险利益的,不得向保险人请求赔偿保险金。

第四十九条　【转让保险标的的效力】保险标的转让的,保险标的的受让人承继被保险人的权利和义务。

保险标的转让的,被保险人或者受让人应当及时通知保险人,但货物运输保险合同和另有约定的合同除外。

因保险标的转让导致危险程度显著增加的,保险人自收到前款规定的通知之日起三十日内,可以按照合同约定增加保险费或者解除合同。保险人解除合同的,应当将已收取的保险费,按照合同约定扣除自保险责任开始之日起至合同解除之日止应收的部分后,退还投保人。

被保险人、受让人未履行本条第二款规定的通知义务的,因转让导致保险标的危险程度显著增加而发生的保险事故,保险人不承担赔偿保险金的责任。

第五十条　【运输类保险合同解除权的禁止】货物运输保险合同和运输工具航程保险合同,保险责任开始后,合同当事人不得解除合同。

第五十一条　【维护保险标的的安全义务】被保险人应当遵守国家有关消防、安全、生产操作、劳动保护等方面的规定,维护保险标的的安全。

保险人可以按照合同约定对保险标的的安全状况进行检查,及时向投保人、被保险人提出消除不安全因素和隐患的书面建议。

投保人、被保险人未按照约定履行其对保险标的的安全应尽责任的,保险人有权要求增加保险费或者解除合同。

保险人为维护保险标的的安全，经被保险人同意，可以采取安全预防措施。

第五十二条 【危险程度增加的通知义务】在合同有效期内，保险标的的危险程度显著增加的，被保险人应当按照合同约定及时通知保险人，保险人可以按照合同约定增加保险费或者解除合同。保险人解除合同的，应当将已收取的保险费，按照合同约定扣除自保险责任开始之日起至合同解除之日止应收的部分后，退还投保人。

被保险人未履行前款规定的通知义务的，因保险标的的危险程度显著增加而发生的保险事故，保险人不承担赔偿保险金的责任。

第五十三条 【减收保险费的情形】有下列情形之一的，除合同另有约定外，保险人应当降低保险费，并按日计算退还相应的保险费：

（一）据以确定保险费率的有关情况发生变化，保险标的的危险程度明显减少的；

（二）保险标的的保险价值明显减少的。

第五十四条 【投保人的解除权及其效力】保险责任开始前，投保人要求解除合同的，应当按照合同约定向保险人支付手续费，保险人应当退还保险费。保险责任开始后，投保人要求解除合同的，保险人应当将已收取的保险费，按照合同约定扣除自保险责任开始之日起至合同解除之日止应收的部分后，退还投保人。

第五十五条 【定值与不定值保险以及超额与不足额保险的效力】投保人和保险人约定保险标的的保险价值并在合同中载明的，保险标的发生损失时，以约定的保险价值为赔偿计算标准。

投保人和保险人未约定保险标的的保险价值的，保险标的发生损失时，以保险事故发生时保险标的的实际价值为赔偿计算标准。

保险金额不得超过保险价值。超过保险价值的，超过部分无效，保险人应当退还相应的保险费。

保险金额低于保险价值的，除合同另有约定外，保险人按照保险金额与保险价值的比例承担赔偿保险金的责任。

第五十六条 【重复保险的定义及效力】重复保险的投保人应当将重复保险的有关情况通知各保险人。

重复保险的各保险人赔偿保险金的总和不得超过保险价值。除合同另有约定外，各保险人按照其保险金额与保险金额总和的比例承担赔偿保险金的责任。

重复保险的投保人可以就保险金额总和超过保险价值的部分，请求各保险人按比例返还保险费。

重复保险是指投保人对同一保险标的、同一保险利益、同一保险事故分别与两个以上保险人订立保险合同，且保险金额总和超过保险价值的保险。

第五十七条 【防止与减少保险标的损失的义务】保险事故发生时，被保险人应当尽力采取必要的措施，防止或者减少损失。

保险事故发生后，被保险人为防止或者减少保险标的的损失所支付的必要的、合理的费用，由保险人承担；保险人所承担的费用数额在保险标的损失赔偿金额以外另行计算，最高不超过保险金额的数额。

第五十八条 【保险标的部分损失时的合同解除权】保险标的发生部分损失的，自保险人赔偿之日起三十日内，投保人可以解除合同；除合同另有约定外，保险人也可以解除合同，但应当提前十五日通知投保人。

合同解除的，保险人应当将保险标的未受损失部分的保险费，按照合同约定扣除自保险责任开始之日起至合同解除之日止应收的部分后，退还投保人。

第五十九条 【保险标的的权利归属】保险事故发生后，保险人已支付了全部保险金额，并且保险金额等于保险价值的，受损保险标的的全部权利归于保险人；保险金额低于保险价值的，保险人按照保险金额与保险价值的比例取得受损保险标的的部分权利。

第六十条 【保险人代位权的行使】因第三者对保险标的的损害而造成保险事故的，保险人自向被保险人赔偿保险金之日起，在赔偿金额范围内代位行使被保险人对第三者请求赔偿的权利。

前款规定的保险事故发生后，被保险人已经从第三者取得损害赔偿的，保险人赔偿保险金时，可以相应扣减被保险人从第三者已取得的赔偿金额。

保险人依照本条第一款规定行使代位请求赔偿的权利，不影响被保险人就未取得赔偿的部分向第三者请求赔偿的权利。

第六十一条 【被保险人追偿权的放弃与限制】保险事故发生后，保险人未赔偿保险金之前，被保险人放弃对第三者请求赔偿的权利的，保险人不承担赔偿保险金的责任。

保险人向被保险人赔偿保险金后，被保险人未经保险人同意放弃对第三者请求赔偿的权利的，该行为无效。

被保险人故意或者因重大过失致使保险人不能行使代位请求赔偿的权利的，保险人可以扣减或者要求返还相应的保险金。

第六十二条 【保险人代位权行使的禁止】除被保险人的家庭成员或者其组成人员故意造成本法第六十条第一款规定的保险事故外，保险人不得对被保险人的家庭成员或者其组成人员行使代位请求赔偿的权利。

第六十三条 【被保险人对代位权行使的协助】保险人向第三者行使代位请求赔偿的权利时，被保险人应当向保险人提供必要的文件和所知道的有关情况。

第六十四条 【查明及确定保险事故费用的承担】保险人、被保险人为查明和确定保险事故的性质、原因和保险标的的损失程度所支付的必要的、合理的费用，由保险人承担。

第六十五条 【责任保险的定义、赔付及第三人的直接请求权】保险人对责任保险的被保险人给第三者造成的损害，可以依照法律的规定或者合同的约定,直接向该第三者赔偿保险金。

责任保险的被保险人给第三者造成损害,被保险人对第三者应负的赔偿责任确定的,根据被保险人的请求,保险人应当直接向该第三者赔偿保险金。被保险人怠于请求的,第三者有权就其应获赔偿部分直接向保险人请求赔偿保险金。

责任保险的被保险人给第三者造成损害,被保险人未向该第三者赔偿的,保险人不得向被保险人赔偿保险金。

责任保险是指以被保险人对第三者依法应负的赔偿责任为保险标的的保险。

第六十六条　【责任保险中保险人承担保险责任的范围】责任保险的被保险人因给第三者造成损害的保险事故而被提起仲裁或者诉讼的,被保险人支付的仲裁或者诉讼费用以及其他必要的、合理的费用,除合同另有约定外,由保险人承担。

第三章　保险公司

第六十七条　【保险公司的设立申请与批准】设立保险公司应当经国务院保险监督管理机构批准。

国务院保险监督管理机构审查保险公司的设立申请时,应当考虑保险业的发展和公平竞争的需要。

第六十八条　【设立条件】设立保险公司应当具备下列条件:

(一)主要股东具有持续盈利能力,信誉良好,最近三年内无重大违法违规记录,净资产不低于人民币二亿元;

(二)有符合本法和《中华人民共和国公司法》规定的章程;

(三)有符合本法规定的注册资本;

(四)有具备任职专业知识和业务工作经验的董事、监事和高级管理人员;

(五)有健全的组织机构和管理制度;

(六)有符合要求的营业场所和与经营业务有关的其他设施;

(七)法律、行政法规和国务院保险监督管理机构规定的其他条件。

第六十九条　【注册资本】设立保险公司,其注册资本的最低限额为人民币二亿元。

国务院保险监督管理机构根据保险公司的业务范围、经营规模,可以调整其注册资本的最低限额,但不得低于本条第一款规定的限额。

保险公司的注册资本必须为实缴货币资本。

第七十条　【申请设立保险公司需提交的材料】申请设立保险公司,应当向国务院保险监督管理机构提出书面申请,并提交下列材料:

(一)设立申请书,申请书应当载明拟设立的保险公司的名称、注册资本、业务范围等;

(二)可行性研究报告;

(三)筹建方案;

(四)投资人的营业执照或者其他背景资料,经会计师事务所审计的上一年度财务会计报告;

(五)投资人认可的筹备组负责人和拟任董事长、经理名单及本人认可证明;

(六)国务院保险监督管理机构规定的其他材料。

第七十一条　【批准筹建保险公司的决定】国务院保险监督管理机构应当对设立保险公司的申请进行审查,自受理之日起六个月内作出批准或者不批准筹建的决定,并书面通知申请人。决定不批准的,应当书面说明理由。

第七十二条　【保险公司的筹建期间】申请人应当自收到批准筹建通知之日起一年内完成筹建工作;筹建期间不得从事保险经营活动。

第七十三条　【保险公司的开业申请与监管机构的决定】筹建工作完成后,申请人具备本法第六十八条规定的设立条件的,可以向国务院保险监督管理机构提出开业申请。

国务院保险监督管理机构应当自受理开业申请之日起六十日内,作出批准或者不批准开业的决定。决定批准的,颁发经营保险业务许可证;决定不批准的,应当书面通知申请人并说明理由。

第七十四条　【分支机构的设立批准机关与责任承担】保险公司在中华人民共和国境内设立分支机构,应当经保险监督管理机构批准。

保险公司分支机构不具有法人资格,其民事责任由保险公司承担。

第七十五条　【设立分支机构的申请与所需材料】保险公司申请设立分支机构,应当向保险监督管理机构提出书面申请,并提交下列材料:

(一)设立申请书;

(二)拟设机构三年业务发展规划和市场分析材料;

(三)拟任高级管理人员的简历及相关证明材料;

(四)国务院保险监督管理机构规定的其他材料。

第七十六条　【分支机构设立申请的审查与决定】保险监督管理机构应当对保险公司设立分支机构的申请进行审查,自受理之日起六十日内作出批准或者不批准的决定。决定批准的,颁发分支机构经营保险业务许可证;决定不批准的,应当书面通知申请人并说明理由。

第七十七条　【保险公司及分支机构的工商登记】经批准设立的保险公司及其分支机构,凭经营保险业务许可证向工商行政管理机关办理登记,领取营业执照。

第七十八条　【保险业经营许可证的失效】保险公司及其分支机构自取得经营保险业务许可证之日起六个月内,无正当理由未向工商行政管理机关办理登记的,其经营保险业务许可证失效。

第七十九条　【设立分支机构的批准机关】保险公司在中华人民共和国境外设立子公司、分支机构,应当经国务院保险监督管理机构批准。

第八十条 【外资保险机构之代表机构的设立及其限制】外国保险机构在中华人民共和国境内设立代表机构，应当经国务院保险监督管理机构批准。代表机构不得从事保险经营活动。

第八十一条 【保险公司高级管理人员的积极任职条件及范围】保险公司的董事、监事和高级管理人员，应当品行良好，熟悉与保险相关的法律、行政法规，具有履行职责所需的经营管理能力，并在任职前取得保险监督管理机构核准的任职资格。

保险公司高级管理人员的范围由国务院保险监督管理机构规定。

第八十二条 【保险公司高级管理人员的消极任职条件】有《中华人民共和国公司法》第一百四十六条规定的情形或者下列情形之一的，不得担任保险公司的董事、监事、高级管理人员：

（一）因违法行为或者违纪行为被金融监督管理机构取消任职资格的金融机构的董事、监事、高级管理人员，自被取消任职资格之日起未逾五年的；

（二）因违法行为或者违纪行为被吊销执业资格的律师、注册会计师或者资产评估机构、验证机构等机构的专业人员，自被吊销执业资格之日起未逾五年的。

第八十三条 【保险公司高级管理人员的损害赔偿责任】保险公司的董事、监事、高级管理人员执行公司职务时违反法律、行政法规或者公司章程的规定，给公司造成损失的，应当承担赔偿责任。

第八十四条 【保险公司的变更事项及批准】保险公司有下列情形之一的，应当经保险监督管理机构批准：

（一）变更名称；

（二）变更注册资本；

（三）变更公司或者分支机构的营业场所；

（四）撤销分支机构；

（五）公司分立或者合并；

（六）修改公司章程；

（七）变更出资额占有限责任公司资本总额百分之五以上的股东，或者变更持有股份有限公司股份百分之五以上的股东；

（八）国务院保险监督管理机构规定的其他情形。

第八十五条 【保险公司精算报告制度与合规报告制度的建立】保险公司应当聘用专业人员，建立精算报告制度和合规报告制度。

第八十六条 【保险公司经营文件的报送与保证真实义务】保险公司应当按照保险监督管理机构的规定，报送有关报告、报表、文件和资料。

保险公司的偿付能力报告、财务会计报告、精算报告、合规报告及其他有关报告、报表、文件和资料必须如实记录保险业务事项，不得有虚假记载、误导性陈述和重大遗漏。

第八十七条 【保险公司的经营活动文件的保管义务及保管期限】保险公司应当按照国务院保险监督管理机构的规定妥善保管业务经营活动的完整账簿、原始凭证和有关资料。

前款规定的账簿、原始凭证和有关资料的保管期限，自保险合同终止之日起计算，保险期间在一年以下的不得少于五年，保险期间超过一年的不得少于十年。

第八十八条 【保险公司对中介服务机构的聘请与解聘】保险公司聘请或者解聘会计师事务所、资产评估机构、资信评级机构等中介服务机构，应当向保险监督管理机构报告；解聘会计师事务所、资产评估机构、资信评级机构等中介服务机构，应当说明理由。

第八十九条 【保险公司的解散、解散清算及限制】保险公司因分立、合并需要解散，或者股东会、股东大会决议解散，或者公司章程规定的解散事由出现，经国务院保险监督管理机构批准后解散。

经营有人寿保险业务的保险公司，除因分立、合并或者被依法撤销外，不得解散。

保险公司解散，应当依法成立清算组进行清算。

第九十条 【保险公司的重整、和解及破产清算】保险公司有《中华人民共和国企业破产法》第二条规定情形的，经国务院保险监督管理机构同意，保险公司或者其债权人可以依法向人民法院申请重整、和解或者破产清算；国务院保险监督管理机构也可以依法向人民法院申请对该保险公司进行重整或者破产清算。

第九十一条 【保险公司破产后的清偿顺序】破产财产在优先清偿破产费用和共益债务后，按照下列顺序清偿：

（一）所欠职工工资和医疗、伤残补助、抚恤费用，所欠应当划入职工个人账户的基本养老保险、基本医疗保险费用，以及法律、行政法规规定应当支付给职工的补偿金；

（二）赔偿或者给付保险金；

（三）保险公司欠缴的除第（一）项规定以外的社会保险费用和所欠税款；

（四）普通破产债权。

破产财产不足以清偿同一顺序的清偿要求的，按照比例分配。

破产保险公司的董事、监事和高级管理人员的工资，按照该公司职工的平均工资计算。

第九十二条 【人寿保险业务的转让】经营有人寿保险业务的保险公司被依法撤销或者被依法宣告破产的，其持有的人寿保险合同及责任准备金，必须转让给其他经营有人寿保险业务的保险公司；不能同其他保险公司达成转让协议的，由国务院保险监督管理机构指定经营有人寿保险业务的保险公司接受转让。

转让或者由国务院保险监督管理机构指定接受转让前款规定的人寿保险合同及责任准备金的，应当维护被保险人、受益人的合法权益。

第九十三条　【保险业务许可证的注销】保险公司依法终止其业务活动，应当注销其经营保险业务许可证。

第九十四条　【公司法的适用】保险公司，除本法另有规定外，适用《中华人民共和国公司法》的规定。

第四章　保险经营规则

第九十五条　【保险公司的业务范围】保险公司的业务范围：

（一）人身保险业务，包括人寿保险、健康保险、意外伤害保险等保险业务；

（二）财产保险业务，包括财产损失保险、责任保险、信用保险、保证保险等保险业务；

（三）国务院保险监督管理机构批准的与保险有关的其他业务。

保险人不得兼营人身保险业务和财产保险业务。但是，经营财产保险业务的保险公司经国务院保险监督管理机构批准，可以经营短期健康保险业务和意外伤害保险业务。

保险公司应当在国务院保险监督管理机构依法批准的业务范围内从事保险经营活动。

第九十六条　【再保险业务的经营范围】经国务院保险监督管理机构批准，保险公司可以经营本法第九十五条规定的保险业务的下列再保险业务：

（一）分出保险；

（二）分入保险。

第九十七条　【保险保证金的提取】保险公司应当按照其注册资本总额的百分之二十提取保证金，存入国务院保险监督管理机构指定的银行，除公司清算时用于清偿债务外，不得动用。

第九十八条　【责任准备金的提取】保险公司应当根据保障被保险人利益、保证偿付能力的原则，提取各项责任准备金。

保险公司提取和结转责任准备金的具体办法，由国务院保险监督管理机构制定。

第九十九条　【公积金的提取】保险公司应当依法提取公积金。

第一百条　【保险保障基金的缴纳、使用及筹集】保险公司应当缴纳保险保障基金。

保险保障基金应当集中管理，并在下列情形下统筹使用：

（一）在保险公司被撤销或者被宣告破产时，向投保人、被保险人或者受益人提供救济；

（二）在保险公司被撤销或者被宣告破产时，向依法接受其人寿保险合同的保险公司提供救济；

（三）国务院规定的其他情形。

保险保障基金筹集、管理和使用的具体办法，由国务院制定。

第一百零一条　【最低偿付能力的保证】保险公司应当具有与其业务规模和风险程度相适应的最低偿付能力。保险公司的认可资产减去认可负债的差额不得低于国务院保险监督管理机构规定的数额；低于规定数额的，应当按照国务院保险监督管理机构的要求采取相应措施达到规定的数额。

第一百零二条　【自留保险费的限额】经营财产保险业务的保险公司当年自留保险费，不得超过其实有资本金加公积金总和的四倍。

第一百零三条　【最大赔偿责任及分保】保险公司对每一危险单位，即对一次保险事故可能造成的最大损失范围所承担的责任，不得超过其实有资本金加公积金总和的百分之十；超过的部分应当办理再保险。

保险公司对危险单位的划分应当符合国务院保险监督管理机构的规定。

第一百零四条　【危险单位的计算】保险公司对危险单位的划分方法和巨灾风险安排方案，应当报国务院保险监督管理机构备案。

第一百零五条　【依法办理再保险】保险公司应当按照国务院保险监督管理机构的规定办理再保险，并审慎选择再保险接受人。

第一百零六条　【资金运用原则及形式】保险公司的资金运用必须稳健，遵循安全性原则。

保险公司的资金运用限于下列形式：

（一）银行存款；

（二）买卖债券、股票、证券投资基金份额等有价证券；

（三）投资不动产；

（四）国务院规定的其他资金运用形式。

保险公司资金运用的具体管理办法，由国务院保险监督管理机构依照前两款的规定制定。

第一百零七条　【保险资产管理公司的设立及活动原则】经国务院保险监督管理机构会同国务院证券监督管理机构批准，保险公司可以设立保险资产管理公司。

保险资产管理公司从事证券投资活动，应当遵守《中华人民共和国证券法》等法律、行政法规的规定。

保险资产管理公司的管理办法，由国务院保险监督管理机构会同国务院有关部门制定。

第一百零八条　【关联交易的管理与信息披露】保险公司应当按照国务院保险监督管理机构的规定，建立对关联交易的管理和信息披露制度。

第一百零九条　【利用关联关系损害公司利益行为的禁止】保险公司的控股股东、实际控制人、董事、监事、高级管理人员不得利用关联交易损害公司的利益。

第一百一十条　【重大事项的披露义务】保险公司应当按照国务院保险监督管理机构的规定，真实、准确、完整地披露财务会计报告、风险管理状况、保险产品经营情况等重大事项。

第一百一十一条　【保险销售人员的任职能力】保险公司从

事保险销售的人员应当品行良好，具有保险销售所需的专业能力。保险销售人员的行为规范和管理办法，由国务院保险监督管理机构规定。

第一百一十二条 【保险代理人的登记管理】保险公司应当建立保险代理人登记管理制度，加强对保险代理人的培训和管理，不得唆使、诱导保险代理人进行违背诚信义务的活动。

第一百一十三条 【保险业务许可证的合法使用义务】保险公司及其分支机构应当依法使用经营保险业务许可证，不得转让、出租、出借经营保险业务许可证。

第一百一十四条 【保险条款与费率的拟订原则】保险公司应当按照国务院保险监督管理机构的规定，公平、合理拟订保险条款和保险费率，不得损害投保人、被保险人和受益人的合法权益。

保险公司应当按照合同约定和本法规定，及时履行赔偿或者给付保险金义务。

第一百一十五条 【不正当竞争的禁止】保险公司开展业务，应当遵循公平竞争的原则，不得从事不正当竞争。

第一百一十六条 【保险公司及工作人员从事保险业务时的禁止行为】保险公司及其工作人员在保险业务活动中不得有下列行为：

（一）欺骗投保人、被保险人或者受益人；

（二）对投保人隐瞒与保险合同有关的重要情况；

（三）阻碍投保人履行本法规定的如实告知义务，或者诱导其不履行本法规定的如实告知义务；

（四）给予或者承诺给予投保人、被保险人、受益人保险合同约定以外的保险费回扣或者其他利益；

（五）拒不依法履行保险合同约定的赔偿或者给付保险金义务；

（六）故意编造未曾发生的保险事故、虚构保险合同或者故意夸大已经发生的保险事故的损失程度进行虚假理赔，骗取保险金或者牟取其他不正当利益；

（七）挪用、截留、侵占保险费；

（八）委托未取得合法资格的机构从事保险销售活动；

（九）利用开展保险业务为其他机构或者个人牟取不正当利益；

（十）利用保险代理人、保险经纪人或者保险评估机构，从事以虚构保险中介业务或者编造退保等方式套取费用等违法活动；

（十一）以捏造、散布虚假事实等方式损害竞争对手的商业信誉，或者以其他不正当竞争行为扰乱保险市场秩序；

（十二）泄露在业务活动中知悉的投保人、被保险人的商业秘密；

（十三）违反法律、行政法规和国务院保险监督管理机构规定的其他行为。

第五章 保险代理人和保险经纪人

第一百一十七条 【保险代理人的定义】保险代理人是根据保险人的委托，向保险人收取佣金，并在保险人授权的范围内代为办理保险业务的机构或者个人。

保险代理机构包括专门从事保险代理业务的保险专业代理机构和兼营保险代理业务的保险兼业代理机构。

第一百一十八条 【保险经纪人的定义】保险经纪人是基于投保人的利益，为投保人与保险人订立保险合同提供中介服务，并依法收取佣金的机构。

第一百一十九条 【许可证、营业执照及工商登记】保险代理机构、保险经纪人应当具备国务院保险监督管理机构规定的条件，取得保险监督管理机构颁发的经营保险代理业务许可证、保险经纪业务许可证。

第一百二十条 【公司制保险专业代理机构、保险经纪人的设立条件】以公司形式设立保险专业代理机构、保险经纪人，其注册资本最低限额适用《中华人民共和国公司法》的规定。

国务院保险监督管理机构根据保险专业代理机构、保险经纪人的业务范围和经营规模，可以调整其注册资本的最低限额，但不得低于《中华人民共和国公司法》规定的限额。

保险专业代理机构、保险经纪人的注册资本或者出资额必须为实缴货币资本。

第一百二十一条 【保险专业代理机构、保险经纪人高管的任职积极条件】保险专业代理机构、保险经纪人的高级管理人员，应当品行良好，熟悉保险法律、行政法规，具有履行职责所需的经营管理能力，并在任职前取得保险监督管理机构核准的任职资格。

第一百二十二条 【从业人员的能力要求】个人保险代理人、保险代理机构的代理从业人员、保险经纪人的经纪从业人员，应当品行良好，具有从事保险代理业务或者保险经纪业务所需的专业能力。

第一百二十三条 【经营场所、账簿记载】保险代理机构、保险经纪人应当有自己的经营场所，设立专门账簿记载保险代理业务、经纪业务的收支情况。

第一百二十四条 【保证金的缴付与使用及职业责任保险】保险代理机构、保险经纪人应当按照国务院保险监督管理机构的规定缴存保证金或者投保职业责任保险。

第一百二十五条 【个人保险代理的限制】个人保险代理人在代为办理人寿保险业务时，不得同时接受两个以上保险人的委托。

第一百二十六条 【保险委托协议】保险人委托保险代理人代为办理保险业务，应当与保险代理人签订委托代理协议，依法约定双方的权利和义务。

第一百二十七条 【有权代理的效力及表见代理】保险代理人根据保险人的授权代为办理保险业务的行为，由保险人承担责任。

保险代理人没有代理权、超越代理权或者代理权终止后以保险人名义订立合同,使投保人有理由相信其有代理权的,该代理行为有效。保险人可以依法追究越权的保险代理人的责任。

第一百二十八条　【保险经纪人的赔偿责任】保险经纪人因过错给投保人、被保险人造成损失的,依法承担赔偿责任。

第一百二十九条　【保险公估机构及其工作人员的责任】保险活动当事人可以委托保险公估机构等依法设立的独立评估机构或者具有相关专业知识的人员,对保险事故进行评估和鉴定。

接受委托对保险事故进行评估和鉴定的机构和人员,应当依法、独立、客观、公正地进行评估和鉴定,任何单位和个人不得干涉。

前款规定的机构和人员,因故意或者过失给保险人或者被保险人造成损失的,依法承担赔偿责任。

第一百三十条　【保险佣金的支付对象】保险佣金只限于向保险代理人、保险经纪人支付,不得向其他人支付。

第一百三十一条　【保险代理人、保险经纪人及其从业人员的行为限制】保险代理人、保险经纪人及其从业人员在办理保险业务活动中不得有下列行为:

(一)欺骗保险人、投保人、被保险人或者受益人;

(二)隐瞒与保险合同有关的重要情况;

(三)阻碍投保人履行本法规定的如实告知义务,或者诱导其不履行本法规定的如实告知义务;

(四)给予或者承诺给予投保人、被保险人或者受益人保险合同约定以外的利益;

(五)利用行政权力、职务或者职业便利以及其他不正当手段强迫、引诱或者限制投保人订立保险合同;

(六)伪造、擅自变更保险合同,或者为保险合同当事人提供虚假证明材料;

(七)挪用、截留、侵占保险费或者保险金;

(八)利用业务便利为其他机构或者个人牟取不正当利益;

(九)串通投保人、被保险人或者受益人,骗取保险金;

(十)泄露在业务活动中知悉的保险人、投保人、被保险人的商业秘密。

第一百三十二条　【相关条款的适用】本法第八十六条第一款、第一百一十三条的规定,适用于保险代理机构和保险经纪人。

第六章　保险业监督管理

第一百三十三条　【保险业的监管机构、监管原则及目的】保险监督管理机构依照本法和国务院规定的职责,遵循依法、公开、公正的原则,对保险业实施监督管理,维护保险市场秩序,保护投保人、被保险人和受益人的合法权益。

第一百三十四条　【保险业监管行政规章的制定】国务院保险监督管理机构依照法律、行政法规制定并发布有关保险业监督管理的规章。

第一百三十五条　【特殊险种之条款与费率的监管原则及方式】关系社会公众利益的保险险种、依法实行强制保险的险种和新开发的人寿保险险种等的保险条款和保险费率,应当报国务院保险监督管理机构批准。国务院保险监督管理机构审批时,应当遵循保护社会公众利益和防止不正当竞争的原则。其他保险险种的保险条款和保险费率,应当报保险监督管理机构备案。

保险条款和保险费率审批、备案的具体办法,由国务院保险监督管理机构依照前款规定制定。

第一百三十六条　【违法使用条款与费率的责任】保险公司使用的保险条款和保险费率违反法律、行政法规或者国务院保险监督管理机构的有关规定的,由保险监督管理机构责令停止使用,限期修改;情节严重的,可以在一定期限内禁止申报新的保险条款和保险费率。

第一百三十七条　【偿付能力监管体系的建立】国务院保险监督管理机构应当建立健全保险公司偿付能力监管体系,对保险公司的偿付能力实施监控。

第一百三十八条　【可以针对偿付能力不足的保险公司采取的措施】对偿付能力不足的保险公司,国务院保险监督管理机构应当将其列为重点监管对象,并可以根据具体情况采取下列措施:

(一)责令增加资本金、办理再保险;

(二)限制业务范围;

(三)限制向股东分红;

(四)限制固定资产购置或者经营费用规模;

(五)限制资金运用的形式、比例;

(六)限制增设分支机构;

(七)责令拍卖不良资产、转让保险业务;

(八)限制董事、监事、高级管理人员的薪酬水平;

(九)限制商业性广告;

(十)责令停止接受新业务。

第一百三十九条　【保险公司未依法运用资金的责任】保险公司未依照本法规定提取或者结转各项责任准备金,或者未依照本法规定办理再保险,或者严重违反本法关于资金运用的规定的,由保险监督管理机构责令限期改正,并可以责令调整负责人及有关管理人员。

第一百四十条　【保险公司的整顿条件、整顿组的构成及整顿公告】保险监督管理机构依照本法第一百三十九条的规定作出限期改正的决定后,保险公司逾期未改正的,国务院保险监督管理机构可以决定选派保险专业人员和指定该保险公司的有关人员组成整顿组,对公司进行整顿。

整顿决定应当载明被整顿公司的名称、整顿理由、整顿组成员和整顿期限,并予以公告。

第一百四十一条　【整顿组的日常业务监督权】整顿组有权监督被整顿保险公司的日常业务。被整顿公司的负责人及有关管理人员应当在整顿组的监督下行使职权。

第一百四十二条 【整顿组的业务停止权】整顿过程中，被整顿保险公司的原有业务继续进行。但是，国务院保险监督管理机构可以责令被整顿公司停止部分原有业务、停止接受新业务，调整资金运用。

第一百四十三条 【整顿结束】被整顿保险公司经整顿已纠正其违反本法规定的行为，恢复正常经营状况的，由整顿组提出报告，经国务院保险监督管理机构批准，结束整顿，并由国务院保险监督管理机构予以公告。

第一百四十四条 【接管保险公司的条件】保险公司有下列情形之一的，国务院保险监督管理机构可以对其实行接管：

（一）公司的偿付能力严重不足的；

（二）违反本法规定，损害社会公共利益，可能严重危及或者已经严重危及公司的偿付能力的。

被接管的保险公司的债权债务关系不因接管而变化。

第一百四十五条 【接管组的组成及接管办法】接管组的组成和接管的实施办法，由国务院保险监督管理机构决定，并予以公告。

第一百四十六条 【延长接管期限】接管期限届满，国务院保险监督管理机构可以决定延长接管期限，但接管期限最长不得超过二年。

第一百四十七条 【接管终止及公告】接管期限届满，被接管的保险公司已恢复正常经营能力的，由国务院保险监督管理机构决定终止接管，并予以公告。

第一百四十八条 【被整顿或被接管保险公司的重整或破产清算】被整顿、被接管的保险公司有《中华人民共和国企业破产法》第二条规定情形的，国务院保险监督管理机构可以依法向人民法院申请对该保险公司进行重整或者破产清算。

第一百四十九条 【保险公司的撤销与清算】保险公司因违法经营被依法吊销经营保险业务许可证的，或者偿付能力低于国务院保险监督管理机构规定标准，不予撤销将严重危害保险市场秩序、损害公共利益的，由国务院保险监督管理机构予以撤销并公告，依法及时组织清算组进行清算。

第一百五十条 【强制股东、实际控制人披露信息的权力】国务院保险监督管理机构有权要求保险公司股东、实际控制人在指定的期限内提供有关信息和资料。

第一百五十一条 【保险公司股东关联交易的限制与责任】保险公司的股东利用关联交易严重损害公司利益，危及公司偿付能力的，由国务院保险监督管理机构责令改正。在按照要求改正前，国务院保险监督管理机构可以限制其股东权利；拒不改正的，可以责令其转让所持的保险公司股权。

第一百五十二条 【约谈保险公司高管的权力】保险监督管理机构根据履行监督管理职责的需要，可以与保险公司董事、监事和高级管理人员进行监督管理谈话，要求其就公司的业务活动和风险管理的重大事项作出说明。

第一百五十三条 【对公司直接责任人员采取限制措施的条件及措施类型】保险公司在整顿、接管、撤销清算期间，或者出现重大风险时，国务院保险监督管理机构可以对该公司直接负责的董事、监事、高级管理人员和其他直接责任人员采取以下措施：

（一）通知出境管理机关依法阻止其出境；

（二）申请司法机关禁止其转移、转让或者以其他方式处分财产，或者在财产上设定其他权利。

第一百五十四条 【监管机构的检查权与调查权】保险监督管理机构依法履行职责，可以采取下列措施：

（一）对保险公司、保险代理人、保险经纪人、保险资产管理公司、外国保险机构的代表机构进行现场检查；

（二）进入涉嫌违法行为发生场所调查取证；

（三）询问当事人及与被调查事件有关的单位和个人，要求其对与被调查事件有关的事项作出说明；

（四）查阅、复制与被调查事件有关的财产权登记等资料；

（五）查阅、复制保险公司、保险代理人、保险经纪人、保险资产管理公司、外国保险机构的代表机构以及与被调查事件有关的单位和个人的财务会计资料及其他相关文件和资料；对可能被转移、隐匿或者毁损的文件和资料予以封存；

（六）查询涉嫌违法经营的保险公司、保险代理人、保险经纪人、保险资产管理公司、外国保险机构的代表机构以及与涉嫌违法事项有关的单位和个人的银行账户；

（七）对有证据证明已经或者可能转移、隐匿违法资金等涉案财产或者隐匿、伪造、毁损重要证据的，经保险监督管理机构主要负责人批准，申请人民法院予以冻结或者查封。

保险监督管理机构采取前款第（一）项、第（二）项、第（五）项措施的，应当经保险监督管理机构负责人批准；采取第（六）项措施的，应当经国务院保险监督管理机构负责人批准。

保险监督管理机构依法进行监督检查或者调查，其监督检查、调查的人员不得少于二人，并应当出示合法证件和监督检查、调查通知书；监督检查、调查的人员少于二人或者未出示合法证件和监督检查、调查通知书的，被检查、调查的单位和个人有权拒绝。

第一百五十五条 【被检查、调查单位或个人的协助义务】保险监督管理机构依法履行职责，被检查、调查的单位和个人应当配合。

第一百五十六条 【监管机构人员的廉洁义务】保险监督管理机构工作人员应当忠于职守，依法办事，公正廉洁，不得利用职务便利牟取不正当利益，不得泄露所知悉的有关单位和个人的商业秘密。

第一百五十七条 【金融监管机构的信息共享与协助义务】

国务院保险监督管理机构应当与中国人民银行、国务院其他金融监督管理机构建立监督管理信息共享机制。

保险监督管理机构依法履行职责,进行监督检查、调查时,有关部门应当予以配合。

第七章　法律责任

第一百五十八条　【未取得许可证从事保险业务的责任】违反本法规定,擅自设立保险公司、保险资产管理公司或者非法经营商业保险业务的,由保险监督管理机构予以取缔,没收违法所得,并处违法所得一倍以上五倍以下的罚款;没有违法所得或者违法所得不足二十万元的,处二十万元以上一百万元以下的罚款。

第一百五十九条　【非法从事保险代理、保险经纪业务的责任】违反本法规定,擅自设立保险专业代理机构、保险经纪人,或者未取得经营保险代理业务许可证、保险经纪业务许可证从事保险代理业务、保险经纪业务的,由保险监督管理机构予以取缔,没收违法所得,并处违法所得一倍以上五倍以下的罚款;没有违法所得或者违法所得不足五万元的,处五万元以上三十万元以下的罚款。

第一百六十条　【超出审批范围从事保险业务的责任】保险公司违反本法规定,超出批准的业务范围经营的,由保险监督管理机构责令限期改正,没收违法所得,并处违法所得一倍以上五倍以下的罚款;没有违法所得或者违法所得不足十万元的,处十万元以上五十万元以下的罚款。逾期不改正或者造成严重后果的,责令停业整顿或者吊销业务许可证。

第一百六十一条　【保险公司及其工作人员从事禁止行为的责任】保险公司有本法第一百一十六条规定行为之一的,由保险监督管理机构责令改正,处五万元以上三十万元以下的罚款;情节严重的,限制其业务范围、责令停止接受新业务或者吊销业务许可证。

第一百六十二条　【保险公司违法变更公司重要事项的责任】保险公司违反本法第八十四条规定的,由保险监督管理机构责令改正,处一万元以上十万元以下的罚款。

第一百六十三条　【违反本法规定承保的责任】保险公司违反本法规定,有下列行为之一的,由保险监督管理机构责令改正,处五万元以上三十万元以下的罚款:

(一)超额承保,情节严重的;

(二)为无民事行为能力人承保以死亡为给付保险金条件的保险的。

第一百六十四条　【限制业务范围、停止新业务或吊销许可证的情形(一)】违反本法规定,有下列行为之一的,由保险监督管理机构责令改正,处五万元以上三十万元以下的罚款;情节严重的,可以限制其业务范围、责令停止接受新业务或者吊销业务许可证:

(一)未按照规定提存保证金或者违反规定动用保证金的;

(二)未按照规定提取或者结转各项责任准备金的;

(三)未按照规定缴纳保险保障基金或者提取公积金的;

(四)未按照规定办理再保险的;

(五)未按照规定运用保险公司资金的;

(六)未经批准设立分支机构的;

(七)未按照规定申请批准保险条款、保险费率的。

第一百六十五条　【保险代理人与保险经纪人违反限制规定的责任】保险代理机构、保险经纪人有本法第一百三十一条规定行为之一的,由保险监督管理机构责令改正,处五万元以上三十万元以下的罚款;情节严重的,吊销业务许可证。

第一百六十六条　【保险代理人与保险经纪人未分散职业风险或未设立专门账簿的责任】保险代理机构、保险经纪人违反本法规定,有下列行为之一的,由保险监督管理机构责令改正,处二万元以上十万元以下的罚款;情节严重的,责令停业整顿或者吊销业务许可证:

(一)未按照规定缴存保证金或者投保职业责任保险的;

(二)未按照规定设立专门账簿记载业务收支情况的。

第一百六十七条　【违法聘用保险从业人员的责任】违反本法规定,聘任不具有任职资格的人员的,由保险监督管理机构责令改正,处二万元以上十万元以下的罚款。

第一百六十八条　【违法转让、出租、出借保险业务许可证的责任】违反本法规定,转让、出租、出借业务许可证的,由保险监督管理机构处一万元以上十万元以下的罚款;情节严重的,责令停业整顿或者吊销业务许可证。

第一百六十九条　【未依法保管、报送、提供或披露重要文件、资料与信息的责任】违反本法规定,有下列行为之一的,由保险监督管理机构责令限期改正;逾期不改正的,处一万元以上十万元以下的罚款:

(一)未按照规定报送或者保管报告、报表、文件、资料的,或者未按照规定提供有关信息、资料的;

(二)未按照规定报送保险条款、保险费率备案的;

(三)未按照规定披露信息的。

第一百七十条　【限制业务范围、停止新业务或吊销许可证的情形(二)】违反本法规定,有下列行为之一的,由保险监督管理机构责令改正,处十万元以上五十万元以下的罚款;情节严重的,可以限制其业务范围、责令停止接受新业务或者吊销业务许可证:

(一)编制或者提供虚假的报告、报表、文件、资料的;

(二)拒绝或者妨碍依法监督检查的;

(三)未按照规定使用经批准或者备案的保险条款、保险费率的。

第一百七十一条　【保险从业人员因保险机构违法而应承担的责任】保险公司、保险资产管理公司、保险专业代理机构、保险经纪人违反本法规定的,保险监督管理机构除分别依照本法第一百六十条至第一百七十条的规定对该单位给予处罚外，对其直接负责的主管人员和其他直接责任人员给予警告，并处一万元以上十万元以下的罚款；情节严重的，撤销任职资格。

第一百七十二条 【个人保险代理人违法从事保险业务的责任】个人保险代理人违反本法规定的，由保险监督管理机构给予警告，可以并处二万元以下的罚款；情节严重的，处二万元以上十万元以下的罚款。

第一百七十三条 【外国保险机构违法设立代表机构及其违法经营的责任】外国保险机构未经国务院保险监督管理机构批准，擅自在中华人民共和国境内设立代表机构的，由国务院保险监督管理机构予以取缔，处五万元以上三十万元以下的罚款。

外国保险机构在中华人民共和国境内设立的代表机构从事保险经营活动的，由保险监督管理机构责令改正，没收违法所得，并处违法所得一倍以上五倍以下的罚款；没有违法所得或者违法所得不足二十万元的，处二十万元以上一百万元以下的罚款；对其首席代表可以责令撤换；情节严重的，撤销其代表机构。

第一百七十四条 【从事保险诈骗活动的行政责任】投保人、被保险人或者受益人有下列行为之一，进行保险诈骗活动，尚不构成犯罪的，依法给予行政处罚：

（一）投保人故意虚构保险标的，骗取保险金的；

（二）编造未曾发生的保险事故，或者编造虚假的事故原因或者夸大损失程度，骗取保险金的；

（三）故意造成保险事故，骗取保险金的。

保险事故的鉴定人、评估人、证明人故意提供虚假的证明文件，为投保人、被保险人或者受益人进行保险诈骗提供条件的，依照前款规定给予处罚。

第一百七十五条 【加害人的损害赔偿责任】违反本法规定，给他人造成损害的，依法承担民事责任。

第一百七十六条 【阻碍行使保险监管权力的行政责任】拒绝、阻碍保险监督管理机构及其工作人员依法行使监督检查、调查职权，未使用暴力、威胁方法的，依法给予治安管理处罚。

第一百七十七条 【保险监管机构限制及禁止从事保险事业的权力】违反法律、行政法规的规定，情节严重的，国务院保险监督管理机构可以禁止有关责任人员一定期限直至终身进入保险业。

第一百七十八条 【监管人员违法监管的责任】保险监督管理机构从事监督管理工作的人员有下列情形之一的，依法给予处分：

（一）违反规定批准机构的设立的；

（二）违反规定进行保险条款、保险费率审批的；

（三）违反规定进行现场检查的；

（四）违反规定查询账户或者冻结资金的；

（五）泄露其知悉的有关单位和个人的商业秘密的；

（六）违反规定实施行政处罚的；

（七）滥用职权、玩忽职守的其他行为。

第一百七十九条 【严重违法时的刑事责任】违反本法规定，构成犯罪的，依法追究刑事责任。

第八章 附 则

第一百八十条 【加入保险行业协会的权利与义务】保险公司应当加入保险行业协会。保险代理人、保险经纪人、保险公估机构可以加入保险行业协会。

保险行业协会是保险业的自律性组织，是社会团体法人。

第一百八十一条 【其他保险组织经营保险业务对本法的适用】保险公司以外的其他依法设立的保险组织经营的商业保险业务，适用本法。

第一百八十二条 【海上保险活动对本法的适用】海上保险适用《中华人民共和国海商法》的有关规定；《中华人民共和国海商法》未规定的，适用本法的有关规定。

第一百八十三条 【涉外保险机构对本法的适用】中外合资保险公司、外资独资保险公司、外国保险公司分公司适用本法规定；法律、行政法规另有规定的，适用其规定。

第一百八十四条 【农业保险对本法的不适用以及强制保险对本法的适用】国家支持发展为农业生产服务的保险事业。农业保险由法律、行政法规另行规定。

强制保险，法律、行政法规另有规定的，适用其规定。

第一百八十五条 【本法的生效时间】本法自2009年10月1日起施行。

最高人民法院关于适用《中华人民共和国保险法》若干问题的解释（一）

1. 2009年9月14日最高人民法院审判委员会第1473次会议通过
2. 2009年9月21日公布
3. 法释〔2009〕12号
4. 自2009年10月1日起施行

为正确审理保险合同纠纷案件，切实维护当事人的合法权益，现就人民法院适用2009年2月28日第十一届全国人大常委会第七次会议修订的《中华人民共和国保险法》（以下简称保险法）的有关问题规定如下：

第一条 保险法施行后成立的保险合同发生的纠纷，适用保险法的规定。保险法施行前成立的保险合同发生的纠纷，除本解释另有规定外，适用当时的法律规定；当时的法律没有规定的，参照适用保险法的有关规定。

认定保险合同是否成立，适用合同订立时的法律。

第二条 对于保险法施行前成立的保险合同，适用当时的法律认定无效而适用保险法认定有效的，适用保险法的规定。

第三条　保险合同成立于保险法施行前而保险标的转让、保险事故、理赔、代位求偿等行为或事件,发生于保险法施行后的,适用保险法的规定。

第四条　保险合同成立于保险法施行前,保险法施行后,保险人以投保人未履行如实告知义务或者申报被保险人年龄不真实为由,主张解除合同的,适用保险法的规定。

第五条　保险法施行前成立的保险合同,下列情形下的期间自2009年10月1日起计算:

(一)保险法施行前,保险人收到赔偿或者给付保险金的请求,保险法施行后,适用保险法第二十三条规定的三十日的;

(二)保险法施行前,保险人知道解除事由,保险法施行后,按照保险法第十六条、第三十二条的规定行使解除权,适用保险法第十六条规定的三十日的;

(三)保险法施行后,保险人按照保险法第十六条第二款的规定请求解除合同,适用保险法第十六条规定的二年的;

(四)保险法施行前,保险人收到保险标的转让通知,保险法施行后,以保险标的转让导致危险程度显著增加为由请求按照合同约定增加保险费或者解除合同,适用保险法第四十九条规定的三十日的。

第六条　保险法施行前已经终审的案件,当事人申请再审或者按照审判监督程序提起再审的案件,不适用保险法的规定。

最高人民法院关于适用《中华人民共和国保险法》若干问题的解释(二)

1. 2013年5月6日最高人民法院审判委员会第1577次会议通过
2. 2013年5月31日公布
3. 法释〔2013〕14号
4. 自2013年6月8日起施行

为正确审理保险合同纠纷案件,切实维护当事人的合法权益,根据《中华人民共和国保险法》《中华人民共和国合同法》《中华人民共和国民事诉讼法》等法律规定,结合审判实践,就保险法中关于保险合同一般规定部分有关法律适用问题解释如下:

第一条　财产保险中,不同投保人就同一保险标的分别投保,保险事故发生后,被保险人在其保险利益范围内依据保险合同主张保险赔偿的,人民法院应予支持。

第二条　人身保险中,因投保人对被保险人不具有保险利益导致保险合同无效,投保人主张保险人退还扣减相应手续费后的保险费的,人民法院应予支持。

第三条　投保人或者投保人的代理人订立保险合同时没有亲自签字或者盖章,而由保险人或者保险人的代理人代为签字或者盖章的,对投保人不生效。但投保人已经交纳保险费的,视为其对代签字或者盖章行为的追认。

保险人或者保险人的代理人代为填写保险单证后经投保人签字或者盖章确认的,代为填写的内容视为投保人的真实意思表示。但有证据证明保险人或者保险人的代理人存在保险法第一百一十六条、第一百三十一条相关规定情形的除外。

第四条　保险人接受了投保人提交的投保单并收取了保险费,尚未作出是否承保的意思表示,发生保险事故,被保险人或者受益人请求保险人按照保险合同承担赔偿或者给付保险金责任,符合承保条件的,人民法院应予支持;不符合承保条件的,保险人不承担保险责任,但应当退还已经收取的保险费。

保险人主张不符合承保条件的,应承担举证责任。

第五条　保险合同订立时,投保人明知的与保险标的或者被保险人有关的情况,属于保险法第十六条第一款规定的投保人"应当如实告知"的内容。

第六条　投保人的告知义务限于保险人询问的范围和内容。当事人对询问范围及内容有争议的,保险人负举证责任。

保险人以投保人违反了对投保单询问表中所列概括性条款的如实告知义务为由请求解除合同的,人民法院不予支持。但该概括性条款有具体内容的除外。

第七条　保险人在保险合同成立后知道或者应当知道投保人未履行如实告知义务,仍然收取保险费,又依照保险法第十六条第二款的规定主张解除合同的,人民法院不予支持。

第八条　保险人未行使合同解除权,直接以存在保险法第十六条第四款、第五款规定的情形为由拒绝赔偿的,人民法院不予支持。但当事人就拒绝赔偿事宜及保险合同存续另行达成一致的情况除外。

第九条　保险人提供的格式合同文本中的责任免除条款、免赔额、免赔率、比例赔付或者给付等免除或者减轻保险人责任的条款,可以认定为保险法第十七条第二款规定的"免除保险人责任的条款"。

保险人因投保人、被保险人违反法定或者约定义务,享有解除合同权利的条款,不属于保险法第十七条第二款规定的"免除保险人责任的条款"。

第十条　保险人将法律、行政法规中的禁止性规定情形作为保险合同免责条款的免责事由,保险人对该条款作出提示后,投保人、被保险人或者受益人以保险人未履行明确说明义务为由主张该条款不生效的,人民法院不予支持。

第十一条　保险合同订立时,保险人在投保单或者保险单等其他保险凭证上,对保险合同中免除保险人责任的条款,以足以引起投保人注意的文字、字体、符号或者其他明显标志作出提示的,人民法院应当认定其履行了保险法第十七条第二款规定的提示义务。

保险人对保险合同中有关免除保险人责任条款的概念、内容及其法律后果以书面或者口头形式向投保人作出常人能够理解的解释说明的，人民法院应当认定保险人履行了保险法第十七条第二款规定的明确说明义务。

第十二条 通过网络、电话等方式订立的保险合同，保险人以网页、音频、视频等形式对免除保险人责任条款予以提示和明确说明的，人民法院可以认定其履行了提示和明确说明义务。

第十三条 保险人对其履行了明确说明义务负举证责任。

投保人对保险人履行了符合本解释第十一条第二款要求的明确说明义务在相关文书上签字、盖章或者以其他形式予以确认的，应当认定保险人履行了该项义务。但另有证据证明保险人未履行明确说明义务的除外。

第十四条 保险合同中记载的内容不一致的，按照下列规则认定：

（一）投保单与保险单或者其他保险凭证不一致的，以投保单为准。但不一致的情形系经保险人说明并经投保人同意的，以投保人签收的保险单或者其他保险凭证载明的内容为准；

（二）非格式条款与格式条款不一致的，以非格式条款为准；

（三）保险凭证记载的时间不同的，以形成时间在后的为准；

（四）保险凭证存在手写和打印两种方式的，以双方签字、盖章的手写部分的内容为准。

第十五条 保险法第二十三条规定的三十日核定期间，应自保险人初次收到索赔请求及投保人、被保险人或者受益人提供的有关证明和资料之日起算。

保险人主张扣除投保人、被保险人或者受益人补充提供有关证明和资料期间的，人民法院应予支持。扣除期间自保险人根据保险法第二十二条规定作出的通知到达投保人、被保险人或者受益人之日起，至投保人、被保险人或者受益人按照通知要求补充提供的有关证明和资料到达保险人之日止。

第十六条 保险人应以自己的名义行使保险代位求偿权。

根据保险法第六十条第一款的规定，保险人代位求偿权的诉讼时效期间应自其取得代位求偿权之日起算。

第十七条 保险人在其提供的保险合同格式条款中对非保险术语所作的解释符合专业意义，或者虽不符合专业意义，但有利于投保人、被保险人或者受益人的，人民法院应予认可。

第十八条 行政管理部门依据法律规定制作的交通事故认定书、火灾事故认定书等，人民法院应当依法审查并确认其相应的证明力，但有相反证据能够推翻的除外。

第十九条 保险事故发生后，被保险人或者受益人起诉保险人，保险人以被保险人或者受益人未要求第三者承担责任为由抗辩不承担保险责任的，人民法院不予支持。

财产保险事故发生后，被保险人就其所受损失从第三者取得赔偿后的不足部分提起诉讼，请求保险人赔偿的，人民法院应予依法受理。

第二十条 保险公司依法设立并取得营业执照的分支机构属于《中华人民共和国民事诉讼法》第四十八条规定的其他组织，可以作为保险合同纠纷案件的当事人参加诉讼。

第二十一条 本解释施行后尚未终审的保险合同纠纷案件，适用本解释；本解释施行前已经终审，当事人申请再审或者按照审判监督程序决定再审的案件，不适用本解释。

最高人民法院关于适用《中华人民共和国保险法》若干问题的解释（三）

1. 2015年9月21日最高人民法院审判委员会第1661次会议通过
2. 2015年11月25日公布
3. 法释〔2015〕21号
4. 自2015年12月1日起施行

为正确审理保险合同纠纷案件，切实维护当事人的合法权益，根据《中华人民共和国保险法》《中华人民共和国合同法》《中华人民共和国民事诉讼法》等法律规定，结合审判实践，就保险法中关于保险合同章人身保险部分有关法律适用问题解释如下：

第一条 当事人订立以死亡为给付保险金条件的合同，根据保险法第三十四条的规定，“被保险人同意并认可保险金额”可以采取书面形式、口头形式或者其他形式；可以在合同订立时作出，也可以在合同订立后追认。

有下列情形之一的，应认定为被保险人同意投保人为其订立保险合同并认可保险金额：

（一）被保险人明知他人代其签名同意而未表示异议的；

（二）被保险人同意投保人指定的受益人的；

（三）有证据足以认定被保险人同意投保人为其投保的其他情形。

第二条 被保险人以书面形式通知保险人和投保人撤销其依据保险法第三十四条第一款规定所作出的同意意思表示的，可认定为保险合同解除。

第三条 人民法院审理人身保险合同纠纷案件时，应主动审查投保人订立保险合同时是否具有保险利益，以及以死亡为给付保险金条件的合同是否经过被保险人同意并认可保险金额。

第四条 保险合同订立后，因投保人丧失对被保险人的保险利益，当事人主张保险合同无效的，人民法院不予支持。

第五条 保险合同订立时，被保险人根据保险人的要求在指定医疗服务机构进行体检,当事人主张投保人如实告知义务免除的,人民法院不予支持。

保险人知道被保险人的体检结果,仍以投保人未就相关情况履行如实告知义务为由要求解除合同的,人民法院不予支持。

第六条 未成年人父母之外的其他履行监护职责的人为未成年人订立以死亡为给付保险金条件的合同,当事人主张参照保险法第三十三条第二款、第三十四条第三款的规定认定该合同有效的,人民法院不予支持,但经未成年人父母同意的除外。

第七条 当事人以被保险人、受益人或者他人已经代为支付保险费为由,主张投保人对应的交费义务已经履行的,人民法院应予支持。

第八条 保险合同效力依照保险法第三十六条规定中止,投保人提出恢复效力申请并同意补交保险费的,除被保险人的危险程度在中止期间显著增加外,保险人拒绝恢复效力的,人民法院不予支持。

保险人在收到恢复效力申请后,三十日内未明确拒绝的,应认定为同意恢复效力。

保险合同自投保人补交保险费之日恢复效力。保险人要求投保人补交相应利息的,人民法院应予支持。

第九条 投保人指定受益人未经被保险人同意的,人民法院应认定指定行为无效。

当事人对保险合同约定的受益人存在争议,除投保人、被保险人在保险合同之外另有约定外,按照以下情形分别处理:

(一)受益人约定为"法定"或者"法定继承人"的,以继承法规定的法定继承人为受益人;

(二)受益人仅约定为身份关系,投保人与被保险人为同一主体的,根据保险事故发生时与被保险人的身份关系确定受益人;投保人与被保险人为不同主体的,根据保险合同成立时与被保险人的身份关系确定受益人;

(三)受益人的约定包括姓名和身份关系,保险事故发生时身份关系发生变化的,认定为未指定受益人。

第十条 投保人或者被保险人变更受益人,当事人主张变更行为自变更意思表示发出时生效的,人民法院应予支持。

投保人或者被保险人变更受益人未通知保险人,保险人主张变更对其不发生效力的,人民法院应予支持。

投保人变更受益人未经被保险人同意的,人民法院应认定变更行为无效。

第十一条 投保人或者被保险人在保险事故发生后变更受益人,变更后的受益人请求保险人给付保险金的,人民法院不予支持。

第十二条 投保人或者被保险人指定数人为受益人,部分受益人在保险事故发生前死亡、放弃受益权或者依法丧失受益权的,该受益人应得的受益份额按照保险合同的约定处理;保险合同没有约定或者约定不明的,该受益人应得的受益份额按照以下情形分别处理:

(一)未约定受益顺序和受益份额的,由其他受益人平均享有;

(二)未约定受益顺序但约定受益份额的,由其他受益人按照相应比例享有;

(三)约定受益顺序但未约定受益份额的,由同顺序的其他受益人平均享有;同一顺序没有其他受益人的,由后一顺序的受益人平均享有;

(四)约定受益顺序和受益份额的,由同顺序的其他受益人按照相应比例享有;同一顺序没有其他受益人的,由后一顺序的受益人按照相应比例享有。

第十三条 保险事故发生后,受益人将与本次保险事故相对应的全部或者部分保险金请求权转让给第三人,当事人主张该转让行为有效的,人民法院应予支持,但根据合同性质、当事人约定或者法律规定不得转让的除外。

第十四条 保险金根据保险法第四十二条规定作为被保险人的遗产,被保险人的继承人要求保险人给付保险金,保险人以其已向持有保险单的被保险人的其他继承人给付保险金为由抗辩的,人民法院应予支持。

第十五条 受益人与被保险人存在继承关系,在同一事件中死亡且不能确定死亡先后顺序的,人民法院应根据保险法第四十二条第二款的规定推定受益人死亡在先,并按照保险法及本解释的相关规定确定保险金归属。

第十六条 保险合同解除时,投保人与被保险人、受益人为不同主体,被保险人或者受益人要求退还保险单的现金价值的,人民法院不予支持,但保险合同另有约定的除外。

投保人故意造成被保险人死亡、伤残或者疾病,保险人依照保险法第四十三条规定退还保险单的现金价值的,其他权利人按照被保险人、被保险人继承人的顺序确定。

第十七条 投保人解除保险合同,当事人以其解除合同未经被保险人或者受益人同意为由主张解除行为无效的,人民法院不予支持,但被保险人或者受益人已向投保人支付相当于保险单现金价值的款项并通知保险人的除外。

第十八条 保险人给付费用补偿型的医疗费用保险金时,主张扣减被保险人从公费医疗或者社会医疗保险取得的赔偿金额的,应当证明该保险产品在厘定医疗费用保险费率时已经将公费医疗或者社会医疗保险部分相应扣除,并按照扣减后的标准收取保险费。

第十九条 保险合同约定按照基本医疗保险的标准核定医疗费用,保险人以被保险人的医疗支出超出基本医疗保险范围为由拒绝给付保险金的,人民法院不予支持;保险人有证据证明被保险人支出的费用超过基本医疗保险同类医疗费用标准,要求对超出部分拒绝给付保险金的,人民法院应予支持。

第二十条 保险人以被保险人未在保险合同约定的医疗服务机构接受治疗为由拒绝给付保险金的,人民法院应予支持,但被保险人因情况紧急必须立即就医的除外。

第二十一条 保险人以被保险人自杀为由拒绝给付保险金的,由保险人承担举证责任。

受益人或者被保险人的继承人以被保险人自杀时无民事行为能力为由抗辩的,由其承担举证责任。

第二十二条 保险法第四十五条规定的"被保险人故意犯罪"的认定,应当以刑事侦查机关、检察机关和审判机关的生效法律文书或者其他结论性意见为依据。

第二十三条 保险人主张根据保险法第四十五条的规定不承担给付保险金责任的,应当证明被保险人的死亡、伤残结果与其实施的故意犯罪或者抗拒依法采取的刑事强制措施的行为之间存在因果关系。

被保险人在羁押、服刑期间因意外或者疾病造成伤残或者死亡,保险人主张根据保险法第四十五条的规定不承担给付保险金责任的,人民法院不予支持。

第二十四条 投保人为被保险人订立以死亡为给付保险金条件的保险合同,被保险人被宣告死亡后,当事人要求保险人按照保险合同约定给付保险金的,人民法院应予支持。

被保险人被宣告死亡之日在保险责任期间之外,但有证据证明下落不明之日在保险责任期间之内,当事人要求保险人按照保险合同约定给付保险金的,人民法院应予支持。

第二十五条 被保险人的损失系由承保事故或者非承保事故、免责事由造成难以确定,当事人请求保险人给付保险金的,人民法院可以按照相应比例予以支持。

第二十六条 本解释自2015年12月1日起施行。本解释施行后尚未终审的保险合同纠纷案件,适用本解释;本解释施行前已经终审,当事人申请再审或者按照审判监督程序决定再审的案件,不适用本解释。

3. 票据

中华人民共和国票据法

1. 1995年5月10日第八届全国人民代表大会常务委员会第十三次会议通过

2. 根据2004年8月28日第十届全国人民代表大会常务委员会第十一次会议《关于修改〈中华人民共和国票据法〉的决定》修正

目 录

第一章 总 则

第一条 **【立法目的】**为了规范票据行为,保障票据活动中当事人的合法权益,维护社会经济秩序,促进社会主义市场经济的发展,制定本法。

第二条 **【适用范围】**在中华人民共和国境内的票据活动,适用本法。

本法所称票据,是指汇票、本票和支票。

第三条 **【票据活动基本原则】**票据活动应当遵守法律、行政法规,不得损害社会公共利益。

第四条 **【票据行为、票据权利与票据责任】**票据出票人制作票据,应当按照法定条件在票据上签章,并按照所记载的事项承担票据责任。

持票人行使票据权利,应当按照法定程序在票据上签章,并出示票据。

其他票据债务人在票据上签章的,按照票据所记载的事项承担票据责任。

本法所称票据权利,是指持票人向票据债务人请求支付票据金额的权利,包括付款请求权和追索权。

本法所称票据责任,是指票据债务人向持票人支付票据金额的义务。

第五条 **【票据代理】**票据当事人可以委托其代理人在票据上签章,并应当在票据上表明其代理关系。

没有代理权而以代理人名义在票据上签章的,应当由签章人承担票据责任;代理人超越代理权限的,应当就其超越权限的部分承担票据责任。

第六条 **【非完全行为能力人盖章的效力】**无民事行为能力人或者限制民事行为能力人在票据上签章的,其签章无效,但是不影响其他签章的效力。

第七条 **【票据签章】**票据上的签章,为签名、盖章或者签名加盖章。

法人和其他使用票据的单位在票据上的签章,为该法人或者该单位的盖章加其法定代表人或者其授权的代理人的签章。

在票据上的签名,应当为该当事人的本名。

第八条 **【票据金额的记载】**票据金额以中文大写和数码同时记载,二者必须一致,二者不一致的,票据无效。

第九条 **【票据的记载事项及其更改】**票据上的记载事项必须符合本法的规定。

票据金额、日期、收款人名称不得更改,更改的票据无效。

对票据上的其他记载事项,原记载人可以更改,更改时应当由原记载人签章证明。

第十条 【**票据与其基础关系**】票据的签发、取得和转让,应当遵循诚实信用的原则,具有真实的交易关系和债权债务关系。

票据的取得,必须给付对价,即应当给付票据双方当事人认可的相对应的代价。

第十一条 【**无对价的票据取得**】因税收、继承、赠与可以依法无偿取得票据的,不受给付对价的限制。但是,所享有的票据权利不得优于其前手的权利。

前手是指在票据签章人或者持票人之前签章的其他票据债务人。

第十二条 【**恶意或重大过失取得票据的效力**】以欺诈、偷盗或者胁迫等手段取得票据的,或者明知有前列情形,出于恶意取得票据的,不得享有票据权利。

持票人因重大过失取得不符合本法规定的票据的,也不得享有票据权利。

第十三条 【**票据抗辩**】票据债务人不得以自己与出票人或者与持票人的前手之间的抗辩事由,对抗持票人。但是,持票人明知存在抗辩事由而取得票据的除外。

票据债务人可以对不履行约定义务的与自己有直接债权债务关系的持票人,进行抗辩。

本法所称抗辩,是指票据债务人根据本法规定对票据债权人拒绝履行义务的作为。

第十四条 【**票据的伪造和变造**】票据上的记载事项应当真实,不得伪造、变造。伪造、变造票据上的签章和其他记载事项的,应当承担法律责任。

票据上有伪造、变造的签章的,不影响票据上其他真实签章的效力。

票据上其他记载事项被变造的,在变造之前签章的人,对原记载事项负责;在变造之后签章的人,对变造之后的记载事项负责;不能辨别是在票据被变造之前或者之后签章的,视同在变造之前签章。

第十五条 【**票据丧失及其救济**】票据丧失,失票人可以及时通知票据的付款人挂失止付,但是,未记载付款人或者无法确定付款人及其代理付款人的票据除外。

收到挂失止付通知的付款人,应当暂停支付。

失票人应当在通知挂失止付后3日内,也可以在票据丧失后,依法向人民法院申请公示催告,或者向人民法院提起诉讼。

第十六条 【**票据权利的行使与保全**】持票人对票据债务人行使票据权利,或者保全票据权利,应当在票据当事人的营业场所和营业时间内进行,票据当事人无营业场所的,应当在其住所进行。

第十七条 【**票据时效**】票据权利在下列期限内不行使而消灭:

(一)持票人对票据的出票人和承兑人的权利,自票据到期日起2年。见票即付的汇票、本票,自出票日起2年;

(二)持票人对支票出票人的权利,自出票日起6个月;

(三)持票人对前手的追索权,自被拒绝承兑或者被拒绝付款之日起6个月;

(四)持票人对前手的再追索权,自清偿日或者被提起诉讼之日起3个月。

票据的出票日、到期日由票据当事人依法确定。

第十八条 【**票据的利益返还请求权**】持票人因超过票据权利时效或者因票据记载事项欠缺而丧失票据权利的,仍享有民事权利,可以请求出票人或者承兑人返还其与未支付的票据金额相当的利益。

第二章 汇 票

第一节 出 票

第十九条 【**汇票的定义和种类**】汇票是出票人签发的,委托付款人在见票时或者在指定日期无条件支付确定的金额给收款人或者持票人的票据。

汇票分为银行汇票和商业汇票。

第二十条 【**出票**】出票是指出票人签发票据并将其交付给收款人的票据行为。

第二十一条 【**出票行为的有效条件**】汇票的出票人必须与付款人具有真实的委托付款关系,并且具有支付汇票金额的可靠资金来源。

不得签发无对价的汇票用以骗取银行或者其他票据当事人的资金。

第二十二条 【**汇票的绝对应记载事项及其效力**】汇票必须记载下列事项:

(一)表明"汇票"的字样;

(二)无条件支付的委托;

(三)确定的金额;

(四)付款人名称;

(五)收款人名称;

(六)出票日期;

(七)出票人签章。

汇票上未记载前款规定事项之一的,汇票无效。

第二十三条 【**汇票的相对应记载事项及其效力**】汇票上记载付款日期、付款地、出票地等事项的,应当清楚、明确。

汇票上未记载付款日期的,为见票即付。

汇票上未记载付款地的,付款人的营业场所、住所或者经常居住地为付款地。

汇票上未记载出票地的,出票人的营业场所、住所或者经常居住地为出票地。

第二十四条 【**不具票据法上效力的记载事项及其效力**】汇票上可以记载本法规定事项以外的其他出票事项,但是该记载事项不具有汇票上的效力。

第二十五条 【付款日期的记载】付款日期可以按照下列形式之一记载：

（一）见票即付；

（二）定日付款；

（三）出票后定期付款；

（四）见票后定期付款。

前款规定的付款日期为汇票到期日。

第二十六条 【汇票出票的效力】出票人签发汇票后，即承担保证该汇票承兑和付款的责任。出票人在汇票得不到承兑或者付款时，应当向持票人清偿本法第七十条、第七十一条规定的金额和费用。

第二节 背 书

第二十七条 【汇票权利转让】持票人可以将汇票权利转让给他人或者将一定的汇票权利授予他人行使。

出票人在汇票上记载“不得转让”字样的，汇票不得转让。

持票人行使第一款规定的权利时，应当背书并交付汇票。

背书是指在票据背面或者粘单上记载有关事项并签章的票据行为。

第二十八条 【粘单】票据凭证不能满足背书人记载事项的需要，可以加附粘单，粘附于票据凭证上。

粘单上的第一记载人，应当在汇票和粘单的粘接处签章。

第二十九条 【背书的记载事项】背书由背书人签章并记载背书日期。

背书未记载日期的，视为在汇票到期日前背书。

第三十条 【记名背书】汇票以背书转让或者以背书将一定的汇票权利授予他人行使时，必须记载被背书人名称。

第三十一条 【背书的连续】以背书转让的汇票，背书应当连续。持票人以背书的连续，证明其汇票权利；非经背书转让，而以其他合法方式取得汇票的，依法举证，证明其汇票权利。

前款所称背书连续，是指在票据转让中，转让汇票的背书人与受让汇票的被背书人在汇票上的签章依次前后衔接。

第三十二条 【后手及其责任】以背书转让的汇票，后手应当对其直接前手背书的真实性负责。

后手是指在票据签章人之后签章的其他票据债务人。

第三十三条 【附条件背书、部分背书、分别背书的效力】背书不得附有条件。背书时附有条件的，所附条件不具有汇票上的效力。

将汇票金额的一部分转让的背书或者将汇票金额分别转让给二人以上的背书无效。

第三十四条 【背书人的禁止背书及其效力】背书人在汇票上记载“不得转让”字样，其后手再背书转让的，原背书人对后手的被背书人不承担保证责任。

第三十五条 【委托收款背书和质押背书及其效力】背书记载“委托收款”字样的，被背书人有权代背书人行使被委托的汇票权利。但是，被背书人不得再以背书转让汇票权利。

汇票可以设定质押；质押时应当以背书记载“质押”字样。被背书人依法实现其质权时，可以行使汇票权利。

第三十六条 【不得背书转让的情形】汇票被拒绝承兑、被拒绝付款或者超过付款提示期限的，不得背书转让；背书转让的，背书人应当承担汇票责任。

第三十七条 【背书人义务】背书人以背书转让汇票后，即承担保证其后手所持汇票承兑和付款的责任。背书人在汇票得不到承兑或者付款时，应当向持票人清偿本法第七十条、第七十一条规定的金额和费用。

第三节 承 兑

第三十八条 【承兑的定义】承兑是指汇票付款人承诺在汇票到期日支付汇票金额的票据行为。

第三十九条 【提示承兑及定时付款、出票后定期付款的汇票的提示承兑期间】定日付款或者出票后定期付款的汇票，持票人应当在汇票到期日前向付款人提示承兑。

提示承兑是指持票人向付款人出示汇票，并要求付款人承诺付款的行为。

第四十条 【见票后定期付款汇票的提示承兑期间及在提示承兑期间未提示承兑的效力】见票后定期付款的汇票，持票人应当自出票日起1个月内向付款人提示承兑。

汇票未按照规定期限提示承兑的，持票人丧失对其前手的追索权。

见票即付的汇票无需提示承兑。

第四十一条 【付款人的承兑期间】付款人对向其提示承兑的汇票，应当自收到提示承兑的汇票之日起3日内承兑或者拒绝承兑。

付款人收到持票人提示承兑的汇票时，应当向持票人签发收到汇票的回单。回单上应当记明汇票提示承兑日期并签章。

第四十二条 【承兑的记载】付款人承兑汇票的，应当在汇票正面记载“承兑”字样和承兑日期并签章；见票后定期付款的汇票，应当在承兑时记载付款日期。

汇票上未记载承兑日期的，以前条第一款规定期限的最后一日为承兑日期。

第四十三条 【附条件承兑的效力】付款人承兑汇票，不得附有条件；承兑附有条件的，视为拒绝承兑。

第四十四条 【承兑的效力】付款人承兑汇票后，应当承担到期付款的责任。

第四节 保 证

第四十五条 【汇票保证及保证人的资格】汇票的债务可以

由保证人承担保证责任。

保证人由汇票债务人以外的他人担当。

第四十六条　【汇票保证的记载事项和方法】保证人必须在汇票或者粘单上记载下列事项：

(一)表明"保证"的字样；

(二)保证人名称和住所；

(三)被保证人的名称；

(四)保证日期；

(五)保证人签章。

第四十七条　【未载事项的推定】保证人在汇票或者粘单上未记载前条第(三)项的，已承兑的汇票，承兑人为被保证人；未承兑的汇票，出票人为被保证人。

保证人在汇票或者粘单上未记载前条第(四)项的，出票日期为保证日期。

第四十八条　【票据保证的限制】保证不得附有条件；附有条件的，不影响对汇票的保证责任。

第四十九条　【票据保证人的票据责任】保证人对合法取得汇票的持票人所享有的汇票权利，承担保证责任。但是，被保证人的债务因汇票记载事项欠缺而无效的除外。

第五十条　【保证人和被保证人的连带责任】被保证的汇票，保证人应当与被保证人对持票人承担连带责任。汇票到期后得不到付款的，持票人有权向保证人请求付款，保证人应当足额付款。

第五十一条　【共同保证人的连带责任】保证人为二人以上的，保证人之间承担连带责任。

第五十二条　【保证人的追索权】保证人清偿汇票债务后，可以行使持票人对被保证人及其前手的追索权。

第五节　付　　款

第五十三条　【提示付款】持票人应当按照下列期限提示付款：

(一)见票即付的汇票，自出票日起1个月内向付款人提示付款；

(二)定日付款、出票后定期付款或者见票后定期付款的汇票，自到期日起10日内向承兑人提示付款。

持票人未按照前款规定期限提示付款的，在作出说明后，承兑人或者付款人仍应当继续对持票人承担付款责任。

通过委托收款银行或者通过票据交换系统向付款人提示付款的，视同持票人提示付款。

第五十四条　【付款人即时足额付款的义务】持票人依照前条规定提示付款的，付款人必须在当日足额付款。

第五十五条　【持票人的签收】持票人获得付款的，应当在汇票上签收，并将汇票交给付款人。持票人委托银行收款的，受委托的银行将代收的汇票金额转帐收入持票人帐户，视同签收。

第五十六条　【受托收款银行和受托付款银行的责任】持票人委托的收款银行的责任，限于按照汇票上记载事项将汇票金额转入持票人帐户。

付款人委托的付款银行的责任，限于按照汇票上记载事项从付款人帐户支付汇票金额。

第五十七条　【付款人的审查义务及其过错责任】付款人及其代理付款人付款时，应当审查汇票背书的连续，并审查提示付款人的合法身份证明或者有效证件。

付款人及其代理付款人以恶意或者有重大过失付款的，应当自行承担责任。

第五十八条　【期前付款】对定日付款、出票后定期付款或者见票后定期付款的汇票，付款人在到期日前付款的，由付款人自行承担所产生的责任。

第五十九条　【付款的币种】汇票金额为外币的，按照付款日的市场汇价，以人民币支付。

汇票当事人对汇票支付的货币种类另有约定的，从其约定。

第六十条　【付款的效力】付款人依法足额付款后，全体汇票债务人的责任解除。

第六节　追　索　权

第六十一条　【追索权的发生】汇票到期被拒绝付款的，持票人可以对背书人、出票人以及汇票的其他债务人行使追索权。

汇票到期日前，有下列情形之一的，持票人也可以行使追索权：

(一)汇票被拒绝承兑的；

(二)承兑人或者付款人死亡、逃匿的；

(三)承兑人或者付款人被依法宣告破产的或者因违法被责令终止业务活动的。

第六十二条　【追索权的行使】持票人行使追索权时，应当提供被拒绝承兑或者被拒绝付款的有关证明。

持票人提示承兑或者提示付款被拒绝的，承兑人或者付款人必须出具拒绝证明，或者出具退票理由书。未出具拒绝证明或者退票理由书的，应当承担由此产生的民事责任。

第六十三条　【拒绝证明的代替—其他有关证明】持票人因承兑人或者付款人死亡、逃匿或者其他原因，不能取得拒绝证明的，可以依法取得其他有关证明。

第六十四条　【拒绝证明的代替—法院司法文书、行政处罚决定】承兑人或者付款人被人民法院依法宣告破产的，人民法院的有关司法文书具有拒绝证明的效力。

承兑人或者付款人因违法被责令终止业务活动的，有关行政主管部门的处罚决定具有拒绝证明的效力。

第六十五条　【追索权的丧失】持票人不能出示拒绝证明、退票理由书或者未按照规定期限提供其他合法证明的，丧失对其前手的追索权。但是，承兑人或者付款人仍应当对持票人承担责任。

第六十六条 【拒绝事由的通知】持票人应当自收到被拒绝承兑或者被拒绝付款的有关证明之日起3日内,将被拒绝事由书面通知其前手;其前手应当自收到通知之日起3日内书面通知其再前手。持票人也可以同时向各汇票债务人发出书面通知。

未按照前款规定期限通知的,持票人仍可以行使追索权。因延期通知给其前手或者出票人造成损失的,由没有按照规定期限通知的汇票当事人,承担对该损失的赔偿责任,但是所赔偿的金额以汇票金额为限。

在规定期限内将通知按照法定地址或者约定的地址邮寄的,视为已经发出通知。

第六十七条 【拒绝事由通知的记载】依照前条第一款所作的书面通知,应当记明汇票的主要记载事项,并说明该汇票已被退票。

第六十八条 【追索权的效力】汇票的出票人、背书人、承兑人和保证人对持票人承担连带责任。

持票人可以不按照汇票债务人的先后顺序,对其中任何一人、数人或者全体行使追索权。

持票人对汇票债务人中的一人或者数人已经进行追索的,对其他汇票债务人仍可以行使追索权。被追索人清偿债务后,与持票人享有同一权利。

第六十九条 【追索权的限制】持票人为出票人的,对其前手无追索权。持票人为背书人的,对其后手无追索权。

第七十条 【追索金额】持票人行使追索权,可以请求被追索人支付下列金额和费用:

(一)被拒绝付款的汇票金额;

(二)汇票金额自到期日或者提示付款日起至清偿日止,按照中国人民银行规定的利率计算的利息;

(三)取得有关拒绝证明和发出通知书的费用。

被追索人清偿债务时,持票人应当交出汇票和有关拒绝证明,并出具所收到利息和费用的收据。

第七十一条 【再追索及再追索金额】被追索人依照前条规定清偿后,可以向其他汇票债务人行使再追索权,请求其他汇票债务人支付下列金额和费用:

(一)已清偿的全部金额;

(二)前项金额自清偿日起至再追索清偿日止,按照中国人民银行规定的利率计算的利息;

(三)发出通知书的费用。

行使再追索权的被追索人获得清偿时,应当交出汇票和有关拒绝证明,并出具所收到利息和费用的收据。

第七十二条 【有关追索人清偿债务的效力】被追索人依照前二条规定清偿债务后,其责任解除。

第三章 本 票

第七十三条 【本票及其范围】本票是出票人签发的,承诺自己在见票时无条件支付确定的金额给收款人或者持票人的票据。

本法所称本票,是指银行本票。

第七十四条 【出票人资格】本票的出票人必须具有支付本票金额的可靠资金来源,并保证支付。

第七十五条 【本票的绝对应记载事项】本票必须记载下列事项:

(一)表明"本票"的字样;

(二)无条件支付的承诺;

(三)确定的金额;

(四)收款人名称;

(五)出票日期;

(六)出票人签章。

本票上未记载前款规定事项之一的,本票无效。

第七十六条 【本票的相应记载事项】本票上记载付款地、出票地等事项的,应当清楚、明确。

本票上未记载付款地的,出票人的营业场所为付款地。

本票上未记载出票地的,出票人的营业场所为出票地。

第七十七条 【见票的效力】本票的出票人在持票人提示见票时,必须承担付款的责任。

第七十八条 【付款期限】本票自出票日起,付款期限最长不得超过2个月。

第七十九条 【逾期提示见票的法律后果】本票的持票人未按照规定期限提示见票的,丧失对出票人以外的前手的追索权。

第八十条 【汇票有关规定对本票的准用】本票的背书、保证、付款行为和追索权的行使,除本章规定外,适用本法第二章有关汇票的规定。

本票的出票行为,除本章规定外,适用本法第二十四条关于汇票的规定。

第四章 支 票

第八十一条 【支票的概念】支票是出票人签发的,委托办理支票存款业务的银行或者其他金融机构在见票时无条件支付确定的金额给收款人或者持票人的票据。

第八十二条 【支票存款帐户的开立】开立支票存款帐户,申请人必须使用其本名,并提交证明其身份的合法证件。

开立支票存款帐户和领用支票,应当有可靠的资信,并存入一定的资金。

开立支票存款帐户,申请人应当预留其本名的签名式样和印鉴。

第八十三条 【现金支票与转帐支票】支票可以支取现金,也可以转帐,用于转帐时,应当在支票正面注明。

支票中专门用于支取现金的,可以另行制作现金支票,现金支票只能用于支取现金。

支票中专门用于转帐的,可以另行制作转帐支票,转帐支票只能用于转帐,不得支取现金。

第八十四条　【支票的绝对应记载事项】支票必须记载下列事项:

(一)表明"支票"的字样;

(二)无条件支付的委托;

(三)确定的金额;

(四)付款人名称;

(五)出票日期;

(六)出票人签章。

支票上未记载前款规定事项之一的,支票无效。

第八十五条　【支票金额的授权补记】支票上的金额可以由出票人授权补记,未补记前的支票,不得使用。

第八十六条　【收款人名称的授权补记与支票的相对应记载事项】支票上未记载收款人名称的,经出票人授权,可以补记。

支票上未记载付款地的,付款人的营业场所为付款地。

支票上未记载出票地的,出票人的营业场所、住所或者经常居住地为出票地。

出票人可以在支票上记载自己为收款人。

第八十七条　【支票资金关系与空头支票的禁止】支票的出票人所签发的支票金额不得超过其付款时在付款人处实有的存款金额。

出票人签发的支票金额超过其付款时在付款人处实有的存款金额的,为空头支票。禁止签发空头支票。

第八十八条　【支票的签章】支票的出票人不得签发与其预留本名的签名式样或者印鉴不符的支票。

第八十九条　【支票出票的效力】出票人必须按照签发的支票金额承担保证向该持票人付款的责任。

出票人在付款人处的存款足以支付支票金额时,付款人应当在当日足额付款。

第九十条　【支票的付款日期】支票限于见票即付,不得另行记载付款日期。另行记载付款日期的,该记载无效。

第九十一条　【揭示付款期限】支票的持票人应当自出票日起10日内提示付款;异地使用的支票,其提示付款的期限由中国人民银行另行规定。

超过提示付款期限的,付款人可以不予付款;付款人不予付款的,出票人仍应当对持票人承担票据责任。

第九十二条　【支票付款的效力】付款人依法支付支票金额的,对出票人不再承担受委托付款的责任,对持票人不再承担付款的责任。但是,付款人以恶意或者有重大过失付款的除外。

第九十三条　【汇票的有关规定对支票的准用】支票的背书、付款行为和追索权的行使,除本章规定外,适用本法第二章有关汇票的规定。

支票的出票行为,除本章规定外,适用本法第二十四条、第二十六条关于汇票的规定。

第五章　涉外票据的法律适用

第九十四条　【涉外票据及其法律适用】涉外票据的法律适用,依照本章的规定确定。

前款所称涉外票据,是指出票、背书、承兑、保证、付款等行为中,既有发生在中华人民共和国境内又有发生在中华人民共和国境外的票据。

第九十五条　【国际条约和国际惯例的适用】中华人民共和国缔结或者参加的国际条约同本法有不同规定的,适用国际条约的规定。但是,中华人民共和国声明保留的条款除外。

本法和中华人民共和国缔结或者参加的国际条约没有规定的,可以适用国际惯例。

第九十六条　【票据行为能力的准据法】票据债务人的民事行为能力,适用其本国法律。

票据债务人的民事行为能力,依照其本国法律为无民事行为能力或者为限制民事行为能力而依照行为地法律为完全民事行为能力的,适用行为地法律。

第九十七条　【票据形式的准据法】汇票、本票出票时的记载事项,适用出票地法律。

支票出票时的记载事项,适用出票地法律,经当事人协议,也可以适用付款地法律。

第九十八条　【票据行为的准据法】票据的背书、承兑、付款和保证行为,适用行为地法律。

第九十九条　【票据追索权行使期限的准据法】票据追索权的行使期限,适用出票地法律。

第一百条　【票据权利保全的准据法】票据的提示期限、有关拒绝证明的方式、出具拒绝证明的期限,适用付款地法律。

第一百零一条　【票据权利保护的准据法】票据丧失时,失票人请求保全票据权利的程序,适用付款地法律。

第六章　法律责任

第一百零二条　【票据欺诈行为的刑事责任】有下列票据欺诈行为之一的,依法追究刑事责任:

(一)伪造、变造票据的;

(二)故意使用伪造、变造的票据的;

(三)签发空头支票或者故意签发与其预留的本名签名式样或者印鉴不符的支票,骗取财物的;

(四)签发无可靠资金来源的汇票、本票,骗取资金的;

(五)汇票、本票的出票人在出票时作虚假记载,骗取财物的;

(六)冒用他人的票据,或者故意使用过期或者作废的票据,骗取财物的;

(七)付款人同出票人、持票人恶意串通,实施前六项所列行为之一的。

第一百零三条　【票据欺诈行为的行政责任】有前条所列行为之一,情节轻微,不构成犯罪的,依照国家有关规定给予行政处罚。

第一百零四条 【票据业务中玩忽职守的法律责任】金融机构工作人员在票据业务中玩忽职守,对违反本法规定的票据予以承兑、付款或者保证的,给予处分;造成重大损失,构成犯罪的,依法追究刑事责任。

由于金融机构工作人员因前款行为给当事人造成损失的,由该金融机构和直接责任人员依法承担赔偿责任。

第一百零五条 【付款人故意压票的法律责任】票据的付款人对见票即付或者到期的票据,故意压票,拖延支付的,由金融行政管理部门处以罚款,对直接责任人员给予处分。

票据的付款人故意压票,拖延支付,给持票人造成损失的,依法承担赔偿责任。

第一百零六条 【民事责任】依照本法规定承担赔偿责任以外的其他违反本法规定的行为,给他人造成损失的,应当依法承担民事责任。

第七章 附 则

第一百零七条 【期限的计算】本法规定的各项期限的计算,适用民法通则关于计算期间的规定。

按月计算期限的,按到期月的对日计算;无对日的,月末日为到期日。

第一百零八条 【票据及其格式与印制】汇票、本票、支票的格式应当统一。

票据凭证的格式和印制管理办法,由中国人民银行规定。

第一百零九条 【实施办法的制定】票据管理的具体实施办法,由中国人民银行依照本法制定,报国务院批准后施行。

第一百一十条 【生效日期】本法自1996年1月1日起施行。

最高人民法院关于审理票据纠纷案件若干问题的规定

1. 2000年2月24日最高人民法院审判委员会第1102次会议通过
2. 2000年11月14日公布
3. 法释〔2000〕32号
4. 自2000年11月21日起施行

为了正确适用《中华人民共和国票据法》(以下简称票据法),公正、及时审理票据纠纷案件,保护票据当事人的合法权益,维护金融秩序和金融安全,根据票据法及其他有关法律的规定,结合审判实践,现对人民法院审理票据纠纷案件的若干问题规定如下:

一、受理和管辖

第一条 因行使票据权利或者票据法上的非票据权利而引起的纠纷,人民法院应当依法受理。

第二条 依照票据法第十条的规定,票据债务人(即出票人)以在票据未转让时的基础关系违法、双方不具有真实的交易关系和债权债务关系、持票人应付对价而未付对价为由,要求返还票据而提起诉讼的,人民法院应当依法受理。

第三条 依照票据法第三十六条的规定,票据被拒绝承兑、被拒绝付款或者汇票、支票超过提示付款期限后,票据持有人背书转让的,被背书人以背书人为被告行使追索权而提起诉讼的,人民法院应当依法受理。

第四条 持票人不先行使付款请求权而先行使追索权遭拒绝提起诉讼的,人民法院不予受理。除有票据法第六十一条第二款和本规定第三条所列情形外,持票人只能在首先向付款人行使付款请求权而得不到付款时,才可以行使追索权。

第五条 付款请求权是持票人享有的第一顺序权利,追索权是持票人享有的第二顺序权利,即汇票到期被拒绝付款或者具有票据法第六十一条第二款所列情形的,持票人请求背书人、出票人以及汇票的其他债务人支付票据法第七十条第一款所列金额和费用的权利。

第六条 因票据权利纠纷提起的诉讼,依法由票据支付地或者被告住所地人民法院管辖。

票据支付地是指票据上载明的付款地,票据上未载明付款地的,汇票付款人或者代理付款人的营业场所、住所或者经常居住地,本票出票人的营业场所,支票付款人或者代理付款人的营业场所所在地为票据付款地。代理付款人即付款人的委托代理人,是指根据付款人的委托代为支付票据金额的银行、信用合作社等金融机构。

第七条 因非票据权利纠纷提起的诉讼,依法由被告住所地人民法院管辖。

二、票据保全

第八条 人民法院在审理、执行票据纠纷案件时,对具有下列情形之一的票据,经当事人申请并提供担保,可以依法采取保全措施或者执行措施:

(一)不履行约定义务,与票据债务人有直接债权债务关系的票据当事人所持有的票据;

(二)持票人恶意取得的票据;

(三)应付对价而未付对价的持票人持有的票据;

(四)记载有"不得转让"字样而用于贴现的票据;

(五)记载有"不得转让"字样而用于质押的票据;

(六)法律或者司法解释规定有其他情形的票据。

三、举证责任

第九条 票据诉讼的举证责任由提出主张的一方当事人承担。

依照票据法第四条第二款、第十条、第十二条、第二十一条的规定,向人民法院提起诉讼的持票人有责任提供诉争票据。该票据的出票、承兑、交付、背书转让涉嫌欺诈、偷盗、胁迫、恐吓、暴力等非法行为的,持票人对持票的合法性应当负责举证。

第十条 票据债务人依照票据法第十三条的规定,对与其有直接债权债务关系的持票人提出抗辩,人民法院合并审理票据关系和基础关系的,持票人应当提供相应的证据证明已经履行了约定义务。

第十一条 付款人或者承兑人被人民法院依法宣告破产的,持票人因行使追索权而向人民法院提起诉讼时,应当向受理法院提供人民法院依法作出的宣告破产裁定书或者能够证明付款人或者承兑人破产的其他证据。

第十二条 在票据诉讼中,负有举证责任的票据当事人应当在一审人民法院法庭辩论结束以前提供证据。因客观原因不能在上述举证期限以内提供的,应当在举证期限届满以前向人民法院申请延期。延长的期限由人民法院根据案件的具体情况决定。

票据当事人在一审人民法院审理期间隐匿票据、故意有证不举,应当承担相应的诉讼后果。

四、票据权利及抗辩

第十三条 票据法第十七条第一款第(一)、(二)项规定的持票人对票据的出票人和承兑人的权利,包括付款请求权和追索权。

第十四条 票据债务人以票据法第十条、第二十一条的规定为由,对业经背书转让票据的持票人进行抗辩的,人民法院不予支持。

第十五条 票据债务人依照票据法第十二条、第十三条的规定,对持票人提出下列抗辩的,人民法院应予支持:

(一)与票据债务人有直接债权债务关系并且不履行约定义务的;

(二)以欺诈、偷盗或者胁迫等非法手段取得票据,或者明知有前列情形,出于恶意取得票据的;

(三)明知票据债务人与出票人或者与持票人的前手之间存在抗辩事由而取得票据的;

(四)因重大过失取得票据的;

(五)其他依法不得享有票据权利的。

第十六条 票据债务人依照票据法第九条、第十七条、第十八条、第二十二条和第三十一条的规定,对持票人提出下列抗辩的,人民法院应予支持:

(一)欠缺法定必要记载事项或者不符合法定格式的;

(二)超过票据权利时效的;

(三)人民法院作出的除权判决已经发生法律效力的;

(四)以背书方式取得但背书不连续的;

(五)其他依法不得享有票据权利的。

第十七条 票据出票人或者背书人被宣告破产的,而付款人或者承兑人不知其事实而付款或者承兑,因此所产生的追索权可以登记为破产债权,付款人或者承兑人为债权人。

第十八条 票据法第十七条第一款第(三)、(四)项规定的持票人对前手的追索权,不包括对票据出票人的追索权。

第十九条 票据法第四十条第二款和第六十五条规定的持票人丧失对其前手的追索权,不包括对票据出票人的追索权。

第二十条 票据法第十七条规定的票据权利时效发生中断的,只对发生时效中断事由的当事人有效。

第二十一条 票据法第六十六条第一款规定的书面通知是否逾期,以持票人或者其前手发出书面通知之日为准;以信函通知的,以信函投寄邮戳记载之日为准。

第二十二条 票据法第七十条、第七十一条所称中国人民银行规定的利率,是指中国人民银行规定的企业同期流动资金贷款利率。

第二十三条 代理付款人在人民法院公示催告公告发布以前按照规定程序善意付款后,承兑人或者付款人以已经公示催告为由拒付代理付款人已经垫付的款项的,人民法院不予支持。

五、失票救济

第二十四条 票据丧失后,失票人直接向人民法院申请公示催告或者提起诉讼的,人民法院应当依法受理。

第二十五条 出票人已经签章的授权补记的支票丧失后,失票人依法向人民法院申请公示催告的,人民法院应当依法受理。

第二十六条 票据法第十五条第三款规定的可以申请公示催告的失票人,是指按照规定可以背书转让的票据在丧失票据占有以前的最后合法持票人。

第二十七条 出票人已经签章但未记载代理付款人的银行汇票丧失后,失票人依法向付款人即出票银行所在地人民法院申请公示催告的,人民法院应当依法受理。

第二十八条 超过付款提示期限的票据丧失以后,失票人申请公示催告的,人民法院应当依法受理。

第二十九条 失票人通知票据付款人挂失止付后三日内向人民法院申请公示催告的,公示催告申请书应当载明下列内容:

(一)票面金额;

(二)出票人、持票人、背书人;

(三)申请的理由、事实;

(四)通知票据付款人或者代理付款人挂失止付的时间;

(五)付款人或者代理付款人的名称、通信地址、电话号码等。

第三十条 人民法院决定受理公示催告申请,应当同时通知付款人及代理付款人停止支付,并自立案之日起三日内发出公告。

第三十一条 付款人或者代理付款人收到人民法院发出的止付通知,应当立即停止支付,直至公示催告程序终结。非经发出止付通知的人民法院许可擅自解付的,不得免除票据责任。

第三十二条 人民法院决定受理公示催告申请后发布的公告应当在全国性的报刊上登载。

第三十三条 依照《中华人民共和国民事诉讼法》(以下简称民事诉讼法)第一百九十六条的规定,公示催告的期间,国内票据自公告发布之日起六十日,涉外票据可根据具体情况适当延长,但最长不得超过九十日。

第三十四条 依照民事诉讼法第一百九十七条第二款的规定,在公示催告期间,以公示催告的票据质押、贴现,因质押、贴现而接受该票据的持票人主张票据权利的,人民法院不予支持,但公示催告期间届满以后人民法院作出除权判决以前取得该票据的除外。

第三十五条 票据丧失后,失票人在票据权利时效届满以前请求出票人补发票据,或者请求债务人付款,在提供相应担保的情况下因债务人拒绝付款或者出票人拒绝补发票据提起诉讼的,由被告住所地或者票据支付地人民法院管辖。

第三十六条 失票人因请求出票人补发票据或者请求债务人付款遭到拒绝而向人民法院提起诉讼的,被告为与失票人具有票据债权债务关系的出票人、拒绝付款的票据付款人或者承兑人。

第三十七条 失票人为行使票据所有权,向非法持有票据人请求返还票据的,人民法院应当依法受理。

第三十八条 失票人向人民法院提起诉讼的,除向人民法院说明曾经持有票据及丧失票据的情形外,还应当提供担保。担保的数额相当于票据载明的金额。

第三十九条 对于伪报票据丧失的当事人,人民法院在查明事实,裁定终结公示催告或者诉讼程序后,可以参照民事诉讼法第一百零二条的规定,追究伪报人的法律责任。

六、票 据 效 力

第四十条 依照票据法第一百零九条以及经国务院批准的《票据管理实施办法》的规定,票据当事人使用的不是中国人民银行规定的统一格式票据的,按照《票据管理实施办法》的规定认定,但在中国境外签发的票据除外。

第四十一条 票据出票人在票据上的签章上不符合票据法以及下述规定的,该签章不具有票据法上的效力:

(一)商业汇票上的出票人的签章,为该法人或者该单位的财务专用章或者公章加其法定代表人、单位负责人或者其授权的代理人的签名或者盖章;

(二)银行汇票上的出票人的签章和银行承兑汇票的承兑人的签章,为该银行汇票专用章加其法定代表人或者其授权的代理人的签名或者盖章;

(三)银行本票上的出票人的签章,为该银行的本票专用章加其法定代表人或者其授权的代理人的签名或者盖章;

(四)支票上的出票人的签章,出票人为单位的,为与该单位在银行预留签章一致的财务专用章或者公章加其法定代表人或者其授权的代理人的签名或者盖章;出票人为个人的,为与该个人在银行预留签章一致的签名或者盖章。

第四十二条 银行汇票、银行本票的出票人以及银行承兑汇票的承兑人在票据上未加盖规定的专用章而加盖该银行的公章,支票的出票人在票据上未加盖与该单位在银行预留签章一致的财务专用章而加盖该出票人公章的,签章人应当承担票据责任。

第四十三条 依照票据法第九条以及《票据管理实施办法》的规定,票据金额的中文大写与数码不一致,或者票据载明的金额、出票日期或者签发日期、收款人名称更改,或者违反规定加盖银行部门印章代替专用章,付款人或者代理付款人对此类票据付款的,应当承担责任。

第四十四条 因更改银行汇票的实际结算金额引起纠纷而提起诉讼,当事人请求认定汇票效力的,人民法院应当认定该银行汇票无效。

第四十五条 空白授权票据的持票人行使票据权利时未对票据必须记载事项补充完全,因付款人或者代理付款人拒绝接收该票据而提起诉讼的,人民法院不予支持。

第四十六条 票据的背书人、承兑人、保证人在票据上的签章不符合票据法以及《票据管理实施办法》规定的,或者无民事行为能力人、限制民事行为能力人在票据上签章的,其签章无效,但不影响人民法院对票据上其他签章效力的认定。

七、票 据 背 书

第四十七条 因票据质权人以质押票据再行背书质押或者背书转让引起纠纷而提起诉讼的,人民法院应当认定背书行为无效。

第四十八条 依照票据法第二十七条的规定,票据的出票人在票据上记载"不得转让"字样,票据持有人背书转让的,背书行为无效。背书转让后的受让人不得享有票据权利,票据的出票人、承兑人对受让人不承担票据责任。

第四十九条 依照票据法第二十七条和第三十条的规定,背书人未记载被背书人名称即将票据交付他人的,持票人在票据被背书人栏内记载自己的名称与背书人记载具有同等法律效力。

第五十条 依照票据法第三十一条的规定,连续背书的第一背书人应当是在票据上记载的收款人,最后的票据持有人应当是最后一次背书的被背书人。

第五十一条 依照票据法第三十四条和第三十五条的规定,背书人在票据上记载"不得转让"、"委托收款"、"质押"字样,其后手再背书转让、委托收款或者质押的,原背书人对后手的被背书人不承担票据责任,但不影响出票人、承兑人以及原背书人之前手的票据责任。

第五十二条 依照票据法第五十七条第二款的规定,贷款人恶意或者有重大过失从事票据质押贷款的,人民法院应当认定质押行为无效。

第五十三条 依照票据法第二十七条的规定,出票人在票据上记载“不得转让”字样,其后手以此票据进行贴现、质押的,通过贴现、质押取得票据的持票人主张票据权利的,人民法院不予支持。

第五十四条　依照票据法第三十四条和第三十五条的规定,背书人在票据上记载“不得转让”字样,其后手以此票据进行贴现、质押的,原背书人对后手的被背书人不承担票据责任。

第五十五条　依照票据法第三十五条第二款的规定,以汇票设定质押时,出质人在汇票上只记载了“质押”字样未在票据上签章的,或者出质人未在汇票、粘单上记载“质押”字样而另行签订质押合同、质押条款的,不构成票据质押。

第五十六条　商业汇票的持票人向其非开户银行申请贴现,与向自己开立存款账户的银行申请贴现具有同等法律效力。但是,持票人有恶意或者与贴现银行恶意串通的除外。

第五十七条　违反规定区域出票,背书转让银行汇票,或者违反票据管理规定跨越票据交换区域出票、背书转让银行本票、支票的,不影响出票人、背书人依法应当承担的票据责任。

第五十八条　依照票据法第三十六条的规定,票据被拒绝承兑、被拒绝付款或者超过提示付款期限,票据持有人背书转让的,背书人应当承担票据责任。

第五十九条　承兑人或者付款人依照票据法第五十三条第二款的规定对逾期提示付款的持票人付款与按照规定的期限付款具有同等法律效力。

八、票 据 保 证

第六十条　国家机关、以公益为目的的事业单位、社会团体、企业法人的分支机构和职能部门作为票据保证人的,票据保证无效,但经国务院批准为使用外国政府或者国际经济组织贷款进行转贷,国家机关提供票据保证的,以及企业法人的分支机构在法人书面授权范围内提供票据保证的除外。

第六十一条　票据保证无效的,票据的保证人应当承担与其过错相应的民事责任。

第六十二条　保证人未在票据或者粘单上记载“保证”字样而另行签订保证合同或者保证条款的,不属于票据保证,人民法院应当适用《中华人民共和国担保法》的有关规定。

九、法 律 适 用

第六十三条　人民法院审理票据纠纷案件,适用票据法的规定;票据法没有规定的,适用《中华人民共和国民法通则》、《中华人民共和国合同法》、《中华人民共和国担保法》等民商事法律以及国务院制定的行政法规。

中国人民银行制定并公布施行的有关行政规章与法律、行政法规不抵触的,可以参照适用。

第六十四条　票据当事人因对金融行政管理部门的具体行政行为不服提起诉讼的,适用《中华人民共和国行政处罚法》、票据法以及《票据管理实施办法》等有关票据管理的规定。

中国人民银行制定并公布施行的有关行政规章与法律、行政法规不抵触的,可以参照适用。

第六十五条　人民法院对票据法施行以前已经作出终审裁决的票据纠纷案件进行再审,不适用票据法。

十、法 律 责 任

第六十六条　具有下列情形之一的票据,未经背书转让的,票据债务人不承担票据责任;已经背书转让的,票据无效不影响其他真实签章的效力:

(一)出票人签章不真实的;

(二)出票人为无民事行为能力人的;

(三)出票人为限制民事行为能力人的。

第六十七条　依照票据法第十四条、第一百零三条、第一百零四条的规定,伪造、变造票据者除应当依法承担刑事、行政责任外,给他人造成损失的,还应当承担民事赔偿责任。被伪造签章者不承担票据责任。

第六十八条　对票据未记载事项或者未完全记载事项作补充记载,补充事项超出授权范围的,出票人对补充后的票据应当承担票据责任。给他人造成损失的,出票人还应当承担相应的民事责任。

第六十九条　付款人或者代理付款人未能识别出伪造、变造的票据或者身份证件而错误付款,属于票据法第五十七条规定的“重大过失”,给持票人造成损失的,应当依法承担民事责任。付款人或者代理付款人承担责任后有权向伪造者、变造者依法追偿。

持票人有过错的,也应当承担相应的民事责任。

第七十条　付款人及其代理付款人有下列情形之一的,应当自行承担责任:

(一)未依照票据法第五十七条的规定对提示付款人的合法身份证明或者有效证件以及汇票背书的连续性履行审查义务而错误付款的;

(二)公示催告期间对公示催告的票据付款的;

(三)收到人民法院的止付通知后付款的;

(四)其他以恶意或者重大过失付款的。

第七十一条　票据法第六十三条所称“其他有关证明”是指:

(一)人民法院出具的宣告承兑人、付款人失踪或者死亡的证明、法律文书;

(二)公安机关出具的承兑人、付款人逃匿或者下落不明的证明;

(三)医院或者有关单位出具的承兑人、付款人死亡的证明;

(四)公证机构出具的具有拒绝证明效力的文书。

第七十二条　当事人因申请票据保全错误而给他人造成损失的,应当依法承担民事责任。

第七十三条　因出票人签发空头支票、与其预留本名的签名式样或者印鉴不符的支票给他人造成损失的，支票的出票人和背书人应当依法承担民事责任。

第七十四条 人民法院在审理票据纠纷案件时，发现与本案有牵连但不属同一法律关系的票据欺诈犯罪嫌疑线索的，应当及时将犯罪嫌疑线索提供给有关公安机关，但票据纠纷案件不应因此而中止审理。

第七十五条 依照票据法第一百零五条的规定，由于金融机构工作人员在票据业务中玩忽职守，对违反票据法规定的票据予以承兑、付款、贴现或者保证，给当事人造成损失的，由该金融机构与直接责任人员依法承担连带责任。

第七十六条 依照票据法第一百零七条的规定，由于出票人制作票据，或者其他票据债务人未按照法定条件在票据上签章，给他人造成损失的，除应当按照所记载事项承担票据责任外，还应当承担相应的民事责任。

持票人明知或者应当知道前款情形而接受的，可以适当减轻出票人或者票据债务人的责任。

最高人民法院关于审理信用证纠纷案件若干问题的规定

1. 2005年10月24日最高人民法院审判委员会第1368次会议通过
2. 2005年11月14日公布
3. 法释〔2005〕13号
4. 自2006年1月1日起施行

根据《中华人民共和国民法通则》、《中华人民共和国合同法》、《中华人民共和国担保法》、《中华人民共和国民事诉讼法》等法律，参照国际商会《跟单信用证统一惯例》等相关国际惯例，结合审判实践，就审理信用证纠纷案件的有关问题，制定本规定。

第一条 本规定所指的信用证纠纷案件，是指在信用证开立、通知、修改、撤销、保兑、议付、偿付等环节产生的纠纷。

第二条 人民法院审理信用证纠纷案件时，当事人约定适用相关国际惯例或者其他规定的，从其约定；当事人没有约定的，适用国际商会《跟单信用证统一惯例》或者其他相关国际惯例。

第三条 开证申请人与开证行之间因申请开立信用证而产生的欠款纠纷、委托人和受托人之间因委托开立信用证产生的纠纷、担保人为申请开立信用证或者委托开立信用证提供担保而产生的纠纷以及信用证项下融资产生的纠纷，适用本规定。

第四条 因申请开立信用证而产生的欠款纠纷、委托开立信用证纠纷和因此产生的担保纠纷以及信用证项下融资产生的纠纷应当适用中华人民共和国相关法律。涉外合同当事人对法律适用另有约定的除外。

第五条 开证行在作出付款、承兑或者履行信用证项下其他义务的承诺后，只要单据与信用证条款、单据与单据之间在表面上相符，开证行应当履行在信用证规定的期限内付款的义务。当事人以开证申请人与受益人之间的基础交易提出抗辩的，人民法院不予支持。具有本规定第八条的情形除外。

第六条 人民法院在审理信用证纠纷案件中涉及单证审查的，应当根据当事人约定适用的相关国际惯例或者其他规定进行；当事人没有约定的，应当按照国际商会《跟单信用证统一惯例》以及国际商会确定的相关标准，认定单据与信用证条款、单据与单据之间是否在表面上相符。

信用证项下单据与信用证条款之间、单据与单据之间在表面上不完全一致，但并不导致相互之间产生歧义的，不应认定为不符点。

第七条 开证行有独立审查单据的权利和义务，有权自行作出单据与信用证条款、单据与单据之间是否在表面上相符的决定，并自行决定接受或者拒绝接受单据与信用证条款、单据与单据之间的不符点。开证行发现信用证项下存在不符点后，可以自行决定是否联系开证申请人接受不符点。开证申请人决定是否接受不符点，并不影响开证行最终决定是否接受不符点。开证行和开证申请人另有约定的除外。

开证行向受益人明确表示接受不符点的，应当承担付款责任。

开证行拒绝接受不符点时，受益人以开证申请人已接受不符点为由要求开证行承担信用证项下付款责任的，人民法院不予支持。

第八条 凡有下列情形之一的，应当认定存在信用证欺诈：

（一）受益人伪造单据或者提交记载内容虚假的单据；

（二）受益人恶意不交付货物或者交付的货物无价值；

（三）受益人和开证申请人或者其他第三方串通提交假单据，而没有真实的基础交易；

（四）其他进行信用证欺诈的情形。

第九条 开证申请人、开证行或者其他利害关系人发现有本规定第八条的情形，并认为将会给其造成难以弥补的损害时，可以向有管辖权的人民法院申请中止支付信用证项下的款项。

第十条 人民法院认定存在信用证欺诈的，应当裁定中止支付或者判决终止支付信用证项下款项，但有下列情形之一的除外：

（一）开证行的指定人、授权人已按照开证行的指令善意地进行了付款；

（二）开证行或者其指定人、授权人已对信用证项下票据善意地作出了承兑；

(三)保兑行善意地履行了付款义务;

(四)议付行善意地进行了议付。

第十一条 当事人在起诉前申请中止支付信用证项下款项符合下列条件的,人民法院应予受理:

(一)受理申请的人民法院对该信用证纠纷案件享有管辖权;

(二)申请人提供的证据材料证明存在本规定第八条的情形;

(三)如不采取中止支付信用证项下款项的措施,将会使申请人的合法权益受到难以弥补的损害;

(四)申请人提供了可靠、充分的担保;

(五)不存在本规定第十条的情形。

当事人在诉讼中申请中止支付信用证项下款项的,应当符合前款第(二)、(三)、(四)、(五)项规定的条件。

第十二条 人民法院接受中止支付信用证项下款项申请后,必须在四十八小时内作出裁定;裁定中止支付的,应当立即开始执行。

人民法院作出中止支付信用证项下款项的裁定,应当列明申请人、被申请人和第三人。

第十三条 当事人对人民法院作出中止支付信用证项下款项的裁定有异议的,可以在裁定书送达之日起十日内向上一级人民法院申请复议。上一级人民法院应当自收到复议申请之日起十日内作出裁定。

复议期间,不停止原裁定的执行。

第十四条 人民法院在审理信用证欺诈案件过程中,必要时可以将信用证纠纷与基础交易纠纷一并审理。

当事人以基础交易欺诈为由起诉的,可以将与案件有关的开证行、议付行或者其他信用证法律关系的利害关系人列为第三人;第三人可以申请参加诉讼,人民法院也可以通知第三人参加诉讼。

第十五条 人民法院通过实体审理,认定构成信用证欺诈并且不存在本规定第十条的情形的,应当判决终止支付信用证项下的款项。

第十六条 保证人以开证行或者开证申请人接受不符点未征得其同意为由请求免除保证责任的,人民法院不予支持。保证合同另有约定的除外。

第十七条 开证申请人与开证行对信用证进行修改未征得保证人同意的,保证人只在原保证合同约定的或者法律规定的期间和范围内承担保证责任。保证合同另有约定的除外。

第十八条 本规定自2006年1月1日起施行。

4. 证券、基金

中华人民共和国证券法

1. 1998年12月29日第九届全国人民代表大会常务委员会第六次会议通过

2. 根据2004年8月28日第十届全国人民代表大会常务委员会第十一次会议《关于修改〈中华人民共和国证券法〉的决定》第一次修正

3. 2005年10月27日第十届全国人民代表大会常务委员会第十八次会议修订

4. 根据2013年6月29日第十二届全国人民代表大会常务委员会第三次会议《关于修改〈中华人民共和国文物保护法〉等十二部法律的决定》第二次修正

5. 根据2014年8月31日第十二届全国人民代表大会常务委员会第十次会议《关于修改〈中华人民共和国保险法〉等五部法律的决定》第三次修正

目　　录

第一章　总　　则

第一条 【立法宗旨】为了规范证券发行和交易行为,保护投资者的合法权益,维护社会经济秩序和社会公共利益,促进社会主义市场经济的发展,制定本法。

第二条 【法律适用】在中华人民共和国境内,股票、公司债券和国务院依法认定的其他证券的发行和交易,适用本法;本法未规定的,适用《中华人民共和国公司法》和其他法律、行政法规的规定。

政府债券、证券投资基金份额的上市交易,适用本法;其他法律、行政法规另有规定的,适用其规定。

证券衍生品种发行、交易的管理办法,由国务院依照本法的原则规定。

第三条 【公开、公平、公正原则】证券的发行、交易活动,必须实行公开、公平、公正的原则。

第四条 【自愿、有偿、诚实信用原则】证券发行、交易活动的当事人具有平等的法律地位,应当遵守自愿、有偿、诚实信用的原则。

第五条 【守法原则】证券的发行、交易活动,必须遵守法律、行政法规;禁止欺诈、内幕交易和操纵证券市场的行为。

第六条 【分业经营管理】证券业和银行业、信托业、保险业实行分业经营、分业管理,证券公司与银行、信托、保险业务机构分别设立。国家另有规定的除外。

第七条 【监督管理机构】国务院证券监督管理机构依法对全国证券市场实行集中统一监督管理。

国务院证券监督管理机构根据需要可以设立派出机构,按照授权履行监督管理职责。

第八条 【自律性管理】在国家对证券发行、交易活动实行集中统一监督管理的前提下,依法设立证券业协会,实行自律性管理。

第九条 【审计监督】国家审计机关依法对证券交易所、证券公司、证券登记结算机构、证券监督管理机构进行审计监督。

第二章 证券发行

第十条 【公开发行证券条件】公开发行证券,必须符合法律、行政法规规定的条件,并依法报经国务院证券监督管理机构或者国务院授权的部门核准;未经依法核准,任何单位和个人不得公开发行证券。

有下列情形之一的,为公开发行:

(一)向不特定对象发行证券的;

(二)向特定对象发行证券累计超过二百人的;

(三)法律、行政法规规定的其他发行行为。

非公开发行证券,不得采用广告、公开劝诱和变相公开方式。

第十一条 【保荐人】发行人申请公开发行股票、可转换为股票的公司债券,依法采取承销方式的,或者公开发行法律、行政法规规定实行保荐制度的其他证券的,应当聘请具有保荐资格的机构担任保荐人。

保荐人应当遵守业务规则和行业规范,诚实守信,勤勉尽责,对发行人的申请文件和信息披露资料进行审慎核查,督导发行人规范运作。

保荐人的资格及其管理办法由国务院证券监督管理机构规定。

第十二条 【募股申请】设立股份有限公司公开发行股票,应当符合《中华人民共和国公司法》规定的条件和经国务院批准的国务院证券监督管理机构规定的其他条件,向国务院证券监督管理机构报送募股申请和下列文件:

(一)公司章程;

(二)发起人协议;

(三)发起人姓名或者名称,发起人认购的股份数、出资种类及验资证明;

(四)招股说明书;

(五)代收股款银行的名称及地址;

(六)承销机构名称及有关的协议。

依照本法规定聘请保荐人的,还应当报送保荐人出具的发行保荐书。

法律、行政法规规定设立公司必须报经批准的,还应当提交相应的批准文件。

第十三条 【公开发行新股条件】公司公开发行新股,应当符合下列条件:

(一)具备健全且运行良好的组织机构;

(二)具有持续盈利能力,财务状况良好;

(三)最近三年财务会计文件无虚假记载,无其他重大违法行为;

(四)经国务院批准的国务院证券监督管理机构规定的其他条件。

上市公司非公开发行新股,应当符合经国务院批准的国务院证券监督管理机构规定的条件,并报国务院证券监督管理机构核准。

第十四条 【发行新股需报送的文件】公司公开发行新股,应当向国务院证券监督管理机构报送募股申请和下列文件:

(一)公司营业执照;

(二)公司章程;

(三)股东大会决议;

(四)招股说明书;

(五)财务会计报告;

(六)代收股款银行的名称及地址;

(七)承销机构名称及有关的协议。

依照本法规定聘请保荐人的,还应当报送保荐人出具的发行保荐书。

第十五条 【募集资金】公司对公开发行股票所募集资金,必须按照招股说明书所列资金用途使用。改变招股说明书所列资金用途,必须经股东大会作出决议。擅自改变用途而未作纠正的,或者未经股东大会认可的,不得公开发行新股。

第十六条 【发行公司债券条件】公开发行公司债券,应当符合下列条件:

(一)股份有限公司的净资产不低于人民币三千万元,有限责任公司的净资产不低于人民币六千万元;

(二)累计债券余额不超过公司净资产的百分之四十;

(三)最近三年平均可分配利润足以支付公司债券一年的利息;

(四)筹集的资金投向符合国家产业政策;

(五)债券的利率不超过国务院限定的利率水平;

(六)国务院规定的其他条件。

公开发行公司债券筹集的资金,必须用于核准的用途,不得用于弥补亏损和非生产性支出。

上市公司发行可转换为股票的公司债券,除应当符合第一款规定的条件外,还应当符合本法关于公开发行股票的条件,并报国务院证券监督管理机构核准。

第十七条 【公开发行公司债券报送文件】申请公开发行公司债券,应当向国务院授权的部门或者国务院证券监督管理机构报送下列文件:

(一)公司营业执照;

(二)公司章程;

(三)公司债券募集办法;

(四)资产评估报告和验资报告;

(五)国务院授权的部门或者国务院证券监督管理机构规定的其他文件。

依照本法规定聘请保荐人的,还应当报送保荐人出具的发行保荐书。

第十八条 【再次公开发行公司债券的禁止条件】有下列情形之一的,不得再次公开发行公司债券:

(一)前一次公开发行的公司债券尚未募足;

(二)对已公开发行的公司债券或者其他债务有违约或者延迟支付本息的事实,仍处于继续状态;

(三)违反本法规定,改变公开发行公司债券所募资金的用途。

第十九条 【申请文件的格式和报送方式】发行人依法申请核准发行证券所报送的申请文件的格式、报送方式,由依法负责核准的机构或者部门规定。

第二十条 【申请文件真实、准确、完整】 发行人向国务院证券监督管理机构或者国务院授权的部门报送的证券发行申请文件,必须真实、准确、完整。

为证券发行出具有关文件的证券服务机构和人员,必须严格履行法定职责,保证其所出具文件的真实性、准确性和完整性。

第二十一条 【预先披露】发行人申请首次公开发行股票的,在提交申请文件后,应当按照国务院证券监督管理机构的规定预先披露有关申请文件。

第二十二条 【发行审核委员会】国务院证券监督管理机构设发行审核委员会,依法审核股票发行申请。

发行审核委员会由国务院证券监督管理机构的专业人员和所聘请的该机构外的有关专家组成,以投票方式对股票发行申请进行表决,提出审核意见。

发行审核委员会的具体组成办法、组成人员任期、工作程序,由国务院证券监督管理机构规定。

第二十三条 【核准股票发行申请】国务院证券监督管理机构依照法定条件负责核准股票发行申请。核准程序应当公开,依法接受监督。

参与审核和核准股票发行申请的人员,不得与发行申请人有利害关系,不得直接或者间接接受发行申请人的馈赠,不得持有所核准的发行申请的股票,不得私下与发行申请人进行接触。

国务院授权的部门对公司债券发行申请的核准,参照前两款的规定执行。

第二十四条 【股票发行核准】国务院证券监督管理机构或者国务院授权的部门应当自受理证券发行申请文件之日起三个月内,依照法定条件和法定程序作出予以核准或者不予核准的决定,发行人根据要求补充、修改发行申请文件的时间不计算在内;不予核准的,应当说明理由。

第二十五条 【证券发行公告】证券发行申请经核准,发行人应当依照法律、行政法规的规定,在证券公开发行前,公告公开发行募集文件,并将该文件置备于指定场所供公众查阅。

发行证券的信息依法公开前,任何知情人不得公开或者泄露该信息。

发行人不得在公告公开发行募集文件前发行证券。

第二十六条 【法律责任】国务院证券监督管理机构或者国务院授权的部门对已作出的核准证券发行的决定,发现不符合法定条件或者法定程序,尚未发行证券的,应当予以撤销,停止发行。已经发行尚未上市的,撤销发行核准决定,发行人应当按照发行价并加算银行同期存款利息返还证券持有人;保荐人应当与发行人承担连带责任,但是能够证明自己没有过错的除外;发行人的控股股东、实际控制人有过错的,应当与发行人承担连带责任。

第二十七条 【责任承担】股票依法发行后,发行人经营与收益的变化,由发行人自行负责;由此变化引致的投资风险,由投资者自行负责。

第二十八条 【证券承销】发行人向不特定对象发行的证券,法律、行政法规规定应当由证券公司承销的,发行人应当同证券公司签订承销协议。证券承销业务采取代销或者包销方式。

证券代销是指证券公司代发行人发售证券,在承销期结束时,将未售出的证券全部退还给发行人的承销方式。

证券包销是指证券公司将发行人的证券按照协议全部购入或者在承销期结束时将售后剩余证券全部自行购入的承销方式。

第二十九条 【发行人权利】公开发行证券的发行人有权依法自主选择承销的证券公司。证券公司不得以不正当竞争手段招揽证券承销业务。

第三十条 【包销协议载明事项】证券公司承销证券,应当同发行人签订代销或者包销协议,载明下列事项:

(一)当事人的名称、住所及法定代表人姓名;

(二)代销、包销证券的种类、数量、金额及发行价格;

(三)代销、包销的期限及起止日期;

(四)代销、包销的付款方式及日期;

(五)代销、包销的费用和结算办法;

（六）违约责任；

（七）国务院证券监督管理机构规定的其他事项。

第三十一条　【文件检查】证券公司承销证券，应当对公开发行募集文件的真实性、准确性、完整性进行核查；发现有虚假记载、误导性陈述或者重大遗漏的，不得进行销售活动；已经销售的，必须立即停止销售活动，并采取纠正措施。

第三十二条　【承销团承销】向不特定对象发行的证券票面总值超过人民币五千万元的，应当由承销团承销。承销团应当由主承销和参与承销的证券公司组成。

第三十三条　【代销、包销最长期限】证券的代销、包销期限最长不得超过九十日。

证券公司在代销、包销期内，对所代销、包销的证券应当保证先行出售给认购人，证券公司不得为本公司预留所代销的证券和预先购入并留存所包销的证券。

第三十四条　【溢价发行】股票发行采取溢价发行的，其发行价格由发行人与承销的证券公司协商确定。

第三十五条　【发行失败】股票发行采用代销方式，代销期限届满，向投资者出售的股票数量未达到拟公开发行股票数量百分之七十的，为发行失败。发行人应当按照发行价并加算银行同期存款利息返还股票认购人。

第三十六条　【备案制】公开发行股票，代销、包销期限届满，发行人应当在规定的期限内将股票发行情况报国务院证券监督管理机构备案。

第三章　证券交易

第一节　一般规定

第三十七条　【依法买卖证券】证券交易当事人依法买卖的证券，必须是依法发行并交付的证券。

非依法发行的证券，不得买卖。

第三十八条　【转让期限】依法发行的股票、公司债券及其他证券，法律对其转让期限有限制性规定的，在限定的期限内不得买卖。

第三十九条　【交易场所】依法公开发行的股票、公司债券及其他证券，应当在依法设立的证券交易所上市交易或者在国务院批准的其他证券交易场所转让。

第四十条　【上市交易方式】证券在证券交易所上市交易，应当采用公开的集中交易方式或者国务院证券监督管理机构批准的其他方式。

第四十一条　【买卖形式】证券交易当事人买卖的证券可以采用纸面形式或者国务院证券监督管理机构规定的其他形式。

第四十二条　【交易方式】证券交易以现货和国务院规定的其他方式进行交易。

第四十三条　【从业人员职责】证券交易所、证券公司和证券登记结算机构的从业人员、证券监督管理机构的工作人员以及法律、行政法规禁止参与股票交易的其他人员，在任期或者法定限期内，不得直接或者以化名、借他人名义持有、买卖股票，也不得收受他人赠送的股票。

任何人在成为前款所列人员时，其原已持有的股票，必须依法转让。

第四十四条　【帐户保密】证券交易所、证券公司、证券登记结算机构必须依法为客户开立的账户保密。

第四十五条　【买卖禁止】为股票发行出具审计报告、资产评估报告或者法律意见书等文件的证券服务机构和人员，在该股票承销期内和期满后六个月内，不得买卖该种股票。

除前款规定外，为上市公司出具审计报告、资产评估报告或者法律意见书等文件的证券服务机构和人员，自接受上市公司委托之日起至上述文件公开后五日内，不得买卖该种股票。

第四十六条　【证券交易的收费】证券交易的收费必须合理，并公开收费项目、收费标准和收费办法。

证券交易的收费项目、收费标准和管理办法由国务院有关主管部门统一规定。

第四十七条　【股票买卖】上市公司董事、监事、高级管理人员、持有上市公司股份百分之五以上的股东，将其持有的该公司的股票在买入后六个月内卖出，或者在卖出后六个月内又买入，由此所得收益归该公司所有，公司董事会应当收回其所得收益。但是，证券公司因包销购入售后剩余股票而持有百分之五以上股份的，卖出该股票不受六个月时间限制。

公司董事会不按照前款规定执行的，股东有权要求董事会在三十日内执行。公司董事会未在上述期限内执行的，股东有权为了公司的利益以自己的名义直接向人民法院提起诉讼。

公司董事会不按照第一款的规定执行的，负有责任的董事依法承担连带责任。

第二节　证券上市

第四十八条　【上市交易申请】申请证券上市交易，应当向证券交易所提出申请，由证券交易所依法审核同意，并由双方签订上市协议。

证券交易所根据国务院授权的部门的决定安排政府债券上市交易。

第四十九条　【保荐人】申请股票、可转换为股票的公司债券或者法律、行政法规规定实行保荐制度的其他证券上市交易，应当聘请具有保荐资格的机构担任保荐人。

本法第十一条第二款、第三款的规定适用于上市保荐人。

第五十条　【上市申请条件】股份有限公司申请股票上市，应当符合下列条件：

（一）股票经国务院证券监督管理机构核准已公开发行；

（二）公司股本总额不少于人民币三千万元；

（三）公开发行的股份达到公司股份总数的百分之二

十五以上;公司股本总额超过人民币四亿元的,公开发行股份的比例为百分之十以上;

(四)公司最近三年无重大违法行为,财务会计报告无虚假记载。

证券交易所可以规定高于前款规定的上市条件,并报国务院证券监督管理机构批准。

第五十一条　【股票上市交易】国家鼓励符合产业政策并符合上市条件的公司股票上市交易。

第五十二条　【上市申报文件】申请股票上市交易,应当向证券交易所报送下列文件:

(一)上市报告书;

(二)申请股票上市的股东大会决议;

(三)公司章程;

(四)公司营业执照;

(五)依法经会计师事务所审计的公司最近三年的财务会计报告;

(六)法律意见书和上市保荐书;

(七)最近一次的招股说明书;

(八)证券交易所上市规则规定的其他文件。

第五十三条　【上市公告】股票上市交易申请经证券交易所审核同意后,签订上市协议的公司应当在规定的期限内公告股票上市的有关文件,并将该文件置备于指定场所供公众查阅。

第五十四条　【公告事项】签订上市协议的公司除公告前条规定的文件外,还应当公告下列事项:

(一)股票获准在证券交易所交易的日期;

(二)持有公司股份最多的前十名股东的名单和持股数额;

(三)公司的实际控制人;

(四)董事、监事、高级管理人员的姓名及其持有本公司股票和债券的情况。

第五十五条　【股票的暂停上市】上市公司有下列情形之一的,由证券交易所决定暂停其股票上市交易:

(一)公司股本总额、股权分布等发生变化不再具备上市条件;

(二)公司不按照规定公开其财务状况,或者对财务会计报告作虚假记载,可能误导投资者;

(三)公司有重大违法行为;

(四)公司最近三年连续亏损;

(五)证券交易所上市规则规定的其他情形。

第五十六条　【股票的终止上市】上市公司有下列情形之一的,由证券交易所决定终止其股票上市交易:

(一)公司股本总额、股权分布等发生变化不再具备上市条件,在证券交易所规定的期限内仍不能达到上市条件;

(二)公司不按照规定公开其财务状况,或者对财务会计报告作虚假记载,且拒绝纠正;

(三)公司最近三年连续亏损,在其后一个年度内未能恢复盈利;

(四)公司解散或者被宣告破产;

(五)证券交易所上市规则规定的其他情形。

第五十七条　【债券上市条件】公司申请公司债券上市交易,应当符合下列条件:

(一)公司债券的期限为一年以上;

(二)公司债券实际发行额不少于人民币五千万元;

(三)公司申请债券上市时仍符合法定的公司债券发行条件。

第五十八条　【债券上市报送的文件】申请公司债券上市交易,应当向证券交易所报送下列文件:

(一)上市报告书;

(二)申请公司债券上市的董事会决议;

(三)公司章程;

(四)公司营业执照;

(五)公司债券募集办法;

(六)公司债券的实际发行数额;

(七)证券交易所上市规则规定的其他文件。

申请可转换为股票的公司债券上市交易,还应当报送保荐人出具的上市保荐书。

第五十九条　【债券上市文件公告】公司债券上市交易申请经证券交易所审核同意后,签订上市协议的公司应当在规定的期限内公告公司债券上市文件及有关文件,并将其申请文件置备于指定场所供公众查阅。

第六十条　【债券的暂停上市】公司债券上市交易后,公司有下列情形之一的,由证券交易所决定暂停其公司债券上市交易:

(一)公司有重大违法行为;

(二)公司情况发生重大变化不符合公司债券上市条件;

(三)发行公司债券所募集的资金不按照核准的用途使用;

(四)未按照公司债券募集办法履行义务;

(五)公司最近二年连续亏损。

第六十一条　【债券的终止上市】公司有前条第(一)项、第(四)项所列情形之一经查实后果严重的,或者有前条第(二)项、第(三)项、第(五)项所列情形之一,在限期内未能消除的,由证券交易所决定终止其公司债券上市交易。

公司解散或者被宣告破产的,由证券交易所终止其公司债券上市交易。

第六十二条　【复核申请】对证券交易所作出的不予上市、暂停上市、终止上市决定不服的,可以向证券交易所设立的复核机构申请复核。

第三节　持续信息公开

第六十三条　【真实披露义务】发行人、上市公司依法披露的信息，必须真实、准确、完整，不得有虚假记载、误导性陈述或者重大遗漏。

第六十四条 **【公开发行公告】**经国务院证券监督管理机构核准依法公开发行股票，或者经国务院授权的部门核准依法公开发行公司债券，应当公告招股说明书、公司债券募集办法。依法公开发行新股或者公司债券的，还应当公告财务会计报告。

第六十五条 **【中期报告】**上市公司和公司债券上市交易的公司，应当在每一会计年度的上半年结束之日起二个月内，向国务院证券监督管理机构和证券交易所报送记载以下内容的中期报告，并予公告：

（一）公司财务会计报告和经营情况；

（二）涉及公司的重大诉讼事项；

（三）已发行的股票、公司债券变动情况；

（四）提交股东大会审议的重要事项；

（五）国务院证券监督管理机构规定的其他事项。

第六十六条 **【年度报告】**上市公司和公司债券上市交易的公司，应当在每一会计年度结束之日起四个月内，向国务院证券监督管理机构和证券交易所报送记载以下内容的年度报告，并予公告：

（一）公司概况；

（二）公司财务会计报告和经营情况；

（三）董事、监事、高级管理人员简介及其持股情况；

（四）已发行的股票、公司债券情况，包括持有公司股份最多的前十名股东的名单和持股数额；

（五）公司的实际控制人；

（六）国务院证券监督管理机构规定的其他事项。

第六十七条 **【临时报告制度】**发生可能对上市公司股票交易价格产生较大影响的重大事件，投资者尚未得知时，上市公司应当立即将有关该重大事件的情况向国务院证券监督管理机构和证券交易所报送临时报告，并予公告，说明事件的起因、目前的状态和可能产生的法律后果。

下列情况为前款所称重大事件：

（一）公司的经营方针和经营范围的重大变化；

（二）公司的重大投资行为和重大的购置财产的决定；

（三）公司订立重要合同，可能对公司的资产、负债、权益和经营成果产生重要影响；

（四）公司发生重大债务和未能清偿到期重大债务的违约情况；

（五）公司发生重大亏损或者重大损失；

（六）公司生产经营的外部条件发生的重大变化；

（七）公司的董事、三分之一以上监事或者经理发生变动；

（八）持有公司百分之五以上股份的股东或者实际控制人，其持有股份或者控制公司的情况发生较大变化；

（九）公司减资、合并、分立、解散及申请破产的决定；

（十）涉及公司的重大诉讼，股东大会、董事会决议被依法撤销或者宣告无效；

（十一）公司涉嫌犯罪被司法机关立案调查，公司董事、监事、高级管理人员涉嫌犯罪被司法机关采取强制措施；

（十二）国务院证券监督管理机构规定的其他事项。

第六十八条 **【公司领导签署报告意见】**上市公司董事、高级管理人员应当对公司定期报告签署书面确认意见。

上市公司监事会应当对董事会编制的公司定期报告进行审核并提出书面审核意见。

上市公司董事、监事、高级管理人员应当保证上市公司所披露的信息真实、准确、完整。

第六十九条 **【违反信息披露义务的法律责任】**发行人、上市公司公告的招股说明书、公司债券募集办法、财务会计报告、上市报告文件、年度报告、中期报告、临时报告以及其他信息披露资料，有虚假记载、误导性陈述或者重大遗漏，致使投资者在证券交易中遭受损失的，发行人、上市公司应当承担赔偿责任；发行人、上市公司的董事、监事、高级管理人员和其他直接责任人员以及保荐人、承销的证券公司，应当与发行人、上市公司承担连带赔偿责任，但是能够证明自己没有过错的除外；发行人、上市公司的控股股东、实际控制人有过错的，应当与发行人、上市公司承担连带赔偿责任。

第七十条 **【信息披露方式】**依法必须披露的信息，应当在国务院证券监督管理机构指定的媒体发布，同时将其置备于公司住所、证券交易所，供社会公众查阅。

第七十一条 **【对信息披露的监督】**国务院证券监督管理机构对上市公司年度报告、中期报告、临时报告以及公告的情况进行监督，对上市公司分派或者配售新股的情况进行监督，对上市公司控股股东和信息披露义务人的行为进行监督。

证券监督管理机构、证券交易所、保荐人、承销的证券公司及有关人员，对公司依照法律、行政法规规定必须作出的公告，在公告前不得泄露其内容。

第七十二条 **【暂停、终止上市的公告、备案】**证券交易所决定暂停或者终止证券上市交易的，应当及时公告，并报国务院证券监督管理机构备案。

第四节　禁止的交易行为

第七十三条 **【内幕交易的禁止】**禁止证券交易内幕信息的知情人和非法获取内幕信息的人利用内幕信息从事证券交易活动。

第七十四条 **【知情人】**证券交易内幕信息的知情人包括：

（一）发行人的董事、监事、高级管理人员；

（二）持有公司百分之五以上股份的股东及其董事、监事、高级管理人员，公司的实际控制人及其董事、监事、高级管理人员；

（三）发行人控股的公司及其董事、监事、高级管理

人员;

(四)由于所任公司职务可以获取公司有关内幕信息的人员;

(五)证券监督管理机构工作人员以及由于法定职责对证券的发行、交易进行管理的其他人员;

(六)保荐人、承销的证券公司、证券交易所、证券登记结算机构、证券服务机构的有关人员;

(七)国务院证券监督管理机构规定的其他人。

第七十五条 【内幕信息】证券交易活动中,涉及公司的经营、财务或者对该公司证券的市场价格有重大影响的尚未公开的信息,为内幕信息。

下列信息皆属内幕信息:

(一)本法第六十七条第二款所列重大事件;

(二)公司分配股利或者增资的计划;

(三)公司股权结构的重大变化;

(四)公司债务担保的重大变更;

(五)公司营业用主要资产的抵押、出售或者报废一次超过该资产的百分之三十;

(六)公司的董事、监事、高级管理人员的行为可能依法承担重大损害赔偿责任;

(七)上市公司收购的有关方案;

(八)国务院证券监督管理机构认定的对证券交易价格有显著影响的其他重要信息。

第七十六条 【禁止利用内幕信息】证券交易内幕信息的知情人和非法获取内幕信息的人,在内幕信息公开前,不得买卖该公司的证券,或者泄露该信息,或者建议他人买卖该证券。

持有或者通过协议、其他安排与他人共同持有公司百分之五以上股份的自然人、法人、其他组织收购上市公司的股份,本法另有规定的,适用其规定。

内幕交易行为给投资者造成损失的,行为人应当依法承担赔偿责任。

第七十七条 【禁止操纵证券市场】禁止任何人以下列手段操纵证券市场:

(一)单独或者通过合谋,集中资金优势、持股优势或者利用信息优势联合或者连续买卖,操纵证券交易价格或者证券交易量;

(二)与他人串通,以事先约定的时间、价格和方式相互进行证券交易,影响证券交易价格或者证券交易量;

(三)在自己实际控制的账户之间进行证券交易,影响证券交易价格或者证券交易量;

(四)以其他手段操纵证券市场。

操纵证券市场行为给投资者造成损失的,行为人应当依法承担赔偿责任。

第七十八条 【禁止编造、传播虚假信息】禁止国家工作人员、传播媒介从业人员和有关人员编造、传播虚假信息,扰乱证券市场。

禁止证券交易所、证券公司、证券登记结算机构、证券服务机构及其从业人员,证券业协会、证券监督管理机构及其工作人员,在证券交易活动中作出虚假陈述或者信息误导。

各种传播媒介传播证券市场信息必须真实、客观,禁止误导。

第七十九条 【禁止欺诈行为】禁止证券公司及其从业人员从事下列损害客户利益的欺诈行为:

(一)违背客户的委托为其买卖证券;

(二)不在规定时间内向客户提供交易的书面确认文件;

(三)挪用客户所委托买卖的证券或者客户账户上的资金;

(四)未经客户的委托,擅自为客户买卖证券,或者假借客户的名义买卖证券;

(五)为牟取佣金收入,诱使客户进行不必要的证券买卖;

(六)利用传播媒介或者通过其他方式提供、传播虚假或者误导投资者的信息;

(七)其他违背客户真实意思表示,损害客户利益的行为。

欺诈客户行为给客户造成损失的,行为人应当依法承担赔偿责任。

第八十条 【禁止法人从事证券交易】禁止法人非法利用他人账户从事证券交易;禁止法人出借自己或者他人的证券账户。

第八十一条 【禁止违规资金入市】依法拓宽资金入市渠道,禁止资金违规流入股市。

第八十二条 【禁止挪用公款买卖证券】禁止任何人挪用公款买卖证券。

第八十三条 【国有或国有控股企业买卖股票】国有企业和国有资产控股的企业买卖上市交易的股票,必须遵守国家有关规定。

第八十四条 【报告禁止交易行为】证券交易所、证券公司、证券登记结算机构、证券服务机构及其从业人员对证券交易中发现的禁止的交易行为,应当及时向证券监督管理机构报告。

第四章 上市公司的收购

第八十五条 【收购方式】投资者可以采取要约收购、协议收购及其他合法方式收购上市公司。

第八十六条 【书面报告和公告】通过证券交易所的证券交易,投资者持有或者通过协议、其他安排与他人共同持有一个上市公司已发行的股份达到百分之五时,应当在该事实发生之日起三日内,向国务院证券监督管理机构、证券交易所作出书面报告,通知该上市公司,并予公告;在上述期限内,不得再行买卖该上市公司的股票。

投资者持有或者通过协议、其他安排与他人共同持有一个上市公司已发行的股份达到百分之五后，其所持该上市公司已发行的股份比例每增加或者减少百分之五，应当依照前款规定进行报告和公告。在报告期限内和作出报告、公告后二日内，不得再行买卖该上市公司的股票。

第八十七条　【报告、公告内容】依照前条规定所作的书面报告和公告，应当包括下列内容：

（一）持股人的名称、住所；

（二）持有的股票的名称、数额；

（三）持股达到法定比例或者持股增减变化达到法定比例的日期。

第八十八条　【收购要约】通过证券交易所的证券交易，投资者持有或者通过协议、其他安排与他人共同持有一个上市公司已发行的股份达到百分之三十时，继续进行收购的，应当依法向该上市公司所有股东发出收购上市公司全部或者部分股份的要约。

收购上市公司部分股份的收购要约应当约定，被收购公司股东承诺出售的股份数额超过预定收购的股份数额的，收购人按比例进行收购。

第八十九条　【收购报告书的内容】依照前条规定发出收购要约，收购人必须公告上市公司收购报告书，并载明下列事项：

（一）收购人的名称、住所；

（二）收购人关于收购的决定；

（三）被收购的上市公司名称；

（四）收购目的；

（五）收购股份的详细名称和预定收购的股份数额；

（六）收购期限、收购价格；

（七）收购所需资金额及资金保证；

（八）公告上市公司收购报告书时持有被收购公司股份数占该公司已发行的股份总数的比例。

第九十条　【收购期限】收购要约约定的收购期限不得少于三十日，并不得超过六十日。

第九十一条　【撤销禁止】在收购要约确定的承诺期限内，收购人不得撤销其收购要约。收购人需要变更收购要约的，必须及时公告，载明具体变更事项。

第九十二条　【适用条件】收购要约提出的各项收购条件，适用于被收购公司的所有股东。

第九十三条　【要约收购的限制】采取要约收购方式的，收购人在收购期限内，不得卖出被收购公司的股票，也不得采取要约规定以外的形式和超出要约的条件买入被收购公司的股票。

第九十四条　【协议收购】采取协议收购方式的，收购人可以依照法律、行政法规的规定同被收购公司的股东以协议方式进行股份转让。

以协议方式收购上市公司时，达成协议后，收购人必须在三日内将该收购协议向国务院证券监督管理机构及证券交易所作出书面报告，并予公告。

在公告前不得履行收购协议。

第九十五条　【临时托管】采取协议收购方式的，协议双方可以临时委托证券登记结算机构保管协议转让的股票，并将资金存放于指定的银行。

第九十六条　【收购要约】采取协议收购方式的，收购人收购或者通过协议、其他安排与他人共同收购一个上市公司已发行的股份达到百分之三十时，继续进行收购的，应当向该上市公司所有股东发出收购上市公司全部或者部分股份的要约。但是，经国务院证券监督管理机构免除发出要约的除外。

收购人依照前款规定以要约方式收购上市公司股份，应当遵守本法第八十九条至第九十三条的规定。

第九十七条　【终止上市】收购期限届满，被收购公司股权分布不符合上市条件的，该上市公司的股票应当由证券交易所依法终止上市交易；其余仍持有被收购公司股票的股东，有权向收购人以收购要约的同等条件出售其股票，收购人应当收购。

收购行为完成后，被收购公司不再具备股份有限公司条件的，应当依法变更企业形式。

第九十八条　【股票转让禁止】在上市公司收购中，收购人持有的被收购的上市公司的股票，在收购行为完成后的十二个月内不得转让。

第九十九条　【公司收购的股票后果】收购行为完成后，收购人与被收购公司合并，并将该公司解散的，被解散公司的原有股票由收购人依法更换。

第一百条　【收购报告和公告】收购行为完成后，收购人应当在十五日内将收购情况报告国务院证券监督管理机构和证券交易所，并予公告。

第一百零一条　【收购办法】收购上市公司中由国家授权投资的机构持有的股份，应当按照国务院的规定，经有关主管部门批准。

国务院证券监督管理机构应当依照本法的原则制定上市公司收购的具体办法。

第五章　证券交易所

第一百零二条　【定义】证券交易所是为证券集中交易提供场所和设施，组织和监督证券交易，实行自律管理的法人。

证券交易所的设立和解散，由国务院决定。

第一百零三条　【章程制定】设立证券交易所必须制定章程。

证券交易所章程的制定和修改，必须经国务院证券监督管理机构批准。

第一百零四条　【名称要求】证券交易所必须在其名称中标明证券交易所字样。其他任何单位或者个人不得使用证券交易所或者近似的名称。

第一百零五条　【费用支配】证券交易所可以自行支配的各项费用收入，应当首先用于保证其证券交易场所和设施的正常运行并逐步改善。

实行会员制的证券交易所的财产积累归会员所有,其权益由会员共同享有,在其存续期间,不得将其财产积累分配给会员。

第一百零六条 【理事会】证券交易所设理事会。

第一百零七条 【总经理】证券交易所设总经理一人,由国务院证券监督管理机构任免。

第一百零八条 【负责人的任职禁止性要求】有《中华人民共和国公司法》第一百四十六条规定的情形或者下列情形之一的,不得担任证券交易所的负责人:

(一)因违法行为或者违纪行为被解除职务的证券交易所、证券登记结算机构的负责人或者证券公司的董事、监事、高级管理人员,自被解除职务之日起未逾五年;

(二)因违法行为或者违纪行为被撤销资格的律师、注册会计师或者投资咨询机构、财务顾问机构、资信评级机构、资产评估机构、验证机构的专业人员,自被撤销资格之日起未逾五年。

第一百零九条 【从业人员的禁止性要求】因违法行为或者违纪行为被开除的证券交易所、证券登记结算机构、证券服务机构、证券公司的从业人员和被开除的国家机关工作人员,不得招聘为证券交易所的从业人员。

第一百一十条 【会员资格】进入证券交易所参与集中交易的,必须是证券交易所的会员。

第一百一十一条 【委托交易方式】投资者应当与证券公司签订证券交易委托协议,并在证券公司开立证券交易账户,以书面、电话以及其他方式,委托该证券公司代其买卖证券。

第一百一十二条 【交易申报和清算】证券公司根据投资者的委托,按照证券交易规则提出交易申报,参与证券交易所场内的集中交易,并根据成交结果承担相应的清算交收责任;证券登记结算机构根据成交结果,按照清算交收规则,与证券公司进行证券和资金的清算交收,并为证券公司客户办理证券的登记过户手续。

第一百一十三条 【即时行情的公布】证券交易所应当为组织公平的集中交易提供保障,公布证券交易即时行情,并按交易日制作证券市场行情表,予以公布。

未经证券交易所许可,任何单位和个人不得发布证券交易即时行情。

第一百一十四条 【技术性停牌和临时停市】因突发性事件而影响证券交易的正常进行时,证券交易所可以采取技术性停牌的措施;因不可抗力的突发性事件或者为维护证券交易的正常秩序,证券交易所可以决定临时停市。

证券交易所采取技术性停牌或者决定临时停市,必须及时报告国务院证券监督管理机构。

第一百一十五条 【监控报告】证券交易所对证券交易实行实时监控,并按照国务院证券监督管理机构的要求,对异常的交易情况提出报告。

证券交易所应当对上市公司及相关信息披露义务人披露信息进行监督,督促其依法及时、准确地披露信息。

证券交易所根据需要,可以对出现重大异常交易情况的证券账户限制交易,并报国务院证券监督管理机构备案。

第一百一十六条 【风险基金】证券交易所应当从其收取的交易费用和会员费、席位费中提取一定比例的金额设立风险基金。风险基金由证券交易所理事会管理。

风险基金提取的具体比例和使用办法,由国务院证券监督管理机构会同国务院财政部门规定。

第一百一十七条 【不得擅用风险基金】证券交易所应当将收存的风险基金存入开户银行专门账户,不得擅自使用。

第一百一十八条 【规则报批】证券交易所依照证券法律、行政法规制定上市规则、交易规则、会员管理规则和其他有关规则,并报国务院证券监督管理机构批准。

第一百一十九条 【回避原则】证券交易所的负责人和其他从业人员在执行与证券交易有关的职务时,与其本人或者其亲属有利害关系的,应当回避。

第一百二十条 【交易结果的保护】按照依法制定的交易规则进行的交易,不得改变其交易结果。对交易中违规交易者应负的民事责任不得免除;在违规交易中所获利益,依照有关规定处理。

第一百二十一条 【违规处罚】在证券交易所内从事证券交易的人员,违反证券交易所有关交易规则的,由证券交易所给予纪律处分;对情节严重的,撤销其资格,禁止其入场进行证券交易。

第六章 证 券 公 司

第一百二十二条 【设立审批】设立证券公司,必须经国务院证券监督管理机构审查批准。未经国务院证券监督管理机构批准,任何单位和个人不得经营证券业务。

第一百二十三条 【定义】本法所称证券公司是指依照《中华人民共和国公司法》和本法规定设立的经营证券业务的有限责任公司或者股份有限公司。

第一百二十四条 【设立条件】设立证券公司,应当具备下列条件:

(一)有符合法律、行政法规规定的公司章程;

(二)主要股东具有持续盈利能力,信誉良好,最近三年无重大违法违规记录,净资产不低于人民币二亿元;

(三)有符合本法规定的注册资本;

(四)董事、监事、高级管理人员具备任职资格,从业人员具有证券从业资格;

(五)有完善的风险管理与内部控制制度;

(六)有合格的经营场所和业务设施;

(七)法律、行政法规规定的和经国务院批准的国务院证券监督管理机构规定的其他条件。

第一百二十五条 【业务范围】经国务院证券监督管理机构

批准,证券公司可以经营下列部分或者全部业务:

(一)证券经纪;

(二)证券投资咨询;

(三)与证券交易、证券投资活动有关的财务顾问;

(四)证券承销与保荐;

(五)证券自营;

(六)证券资产管理;

(七)其他证券业务。

第一百二十六条 【名称规定】证券公司必须在其名称中标明证券有限责任公司或者证券股份有限公司字样。

第一百二十七条 【最低注册资本】证券公司经营本法第一百二十五条第(一)项至第(三)项业务的,注册资本最低限额为人民币五千万元;经营第(四)项至第(七)项业务之一的,注册资本最低限额为人民币一亿元;经营第(四)项至第(七)项业务中两项以上的,注册资本最低限额为人民币五亿元。证券公司的注册资本应当是实缴资本。

国务院证券监督管理机构根据审慎监管原则和各项业务的风险程度,可以调整注册资本最低限额,但不得少于前款规定的限额。

第一百二十八条 【申请受理】国务院证券监督管理机构应当自受理证券公司设立申请之日起六个月内,依照法定条件和法定程序并根据审慎监管原则进行审查,作出批准或者不予批准的决定,并通知申请人;不予批准的,应当说明理由。

证券公司设立申请获得批准的,申请人应当在规定的期限内向公司登记机关申请设立登记,领取营业执照。

证券公司应当自领取营业执照之日起十五日内,向国务院证券监督管理机构申请经营证券业务许可证。未取得经营证券业务许可证,证券公司不得经营证券业务。

第一百二十九条 【变更批准】证券公司设立、收购或者撤销分支机构,变更业务范围,增加注册资本且股权结构发生重大调整,减少注册资本,变更持有百分之五以上股权的股东、实际控制人,变更公司章程中的重要条款,合并、分立、停业、解散、破产,必须经国务院证券监督管理机构批准。

证券公司在境外设立、收购或者参股证券经营机构,必须经国务院证券监督管理机构批准。

第一百三十条 【风险控制指标】国务院证券监督管理机构应当对证券公司的净资本,净资本与负债的比例,净资本与净资产的比例,净资本与自营、承销、资产管理等业务规模的比例,负债与净资产的比例,以及流动资产与流动负债的比例等风险控制指标作出规定。

证券公司不得为其股东或者股东的关联人提供融资或者担保。

第一百三十一条 【任职资格】证券公司的董事、监事、高级管理人员,应当正直诚实,品行良好,熟悉证券法律、行政法规,具有履行职责所需的经营管理能力,并在任职前取得国务院证券监督管理机构核准的任职资格。

有《中华人民共和国公司法》第一百四十六条规定的情形或者下列情形之一的,不得担任证券公司的董事、监事、高级管理人员:

(一)因违法行为或者违纪行为被解除职务的证券交易所、证券登记结算机构的负责人或者证券公司的董事、监事、高级管理人员,自被解除职务之日起未逾五年;

(二)因违法行为或者违纪行为被撤销资格的律师、注册会计师或者投资咨询机构、财务顾问机构、资信评级机构、资产评估机构、验证机构的专业人员,自被撤销资格之日起未逾五年。

第一百三十二条 【招聘的限制条件】因违法行为或者违纪行为被开除的证券交易所、证券登记结算机构、证券服务机构、证券公司的从业人员和被开除的国家机关工作人员,不得招聘为证券公司的从业人员。

第一百三十三条 【兼职禁止】国家机关工作人员和法律、行政法规规定的禁止在公司中兼职的其他人员,不得在证券公司中兼任职务。

第一百三十四条 【证券投资者保护基金】国家设立证券投资者保护基金。证券投资者保护基金由证券公司缴纳的资金及其他依法筹集的资金组成,其筹集、管理和使用的具体办法由国务院规定。

第一百三十五条 【交易风险准备金】证券公司从每年的税后利润中提取交易风险准备金,用于弥补证券交易的损失,其提取的具体比例由国务院证券监督管理机构规定。

第一百三十六条 【内部控制制度】证券公司应当建立健全内部控制制度,采取有效隔离措施,防范公司与客户之间、不同客户之间的利益冲突。

证券公司必须将其证券经纪业务、证券承销业务、证券自营业务和证券资产管理业务分开办理,不得混合操作。

第一百三十七条 【自营业务】证券公司的自营业务必须以自己的名义进行,不得假借他人名义或者以个人名义进行。

证券公司的自营业务必须使用自有资金和依法筹集的资金。

证券公司不得将其自营账户借给他人使用。

第一百三十八条 【自主经营权】证券公司依法享有自主经营的权利,其合法经营不受干涉。

第一百三十九条 【交易结算资金】证券公司客户的交易结算资金应当存放在商业银行,以每个客户的名义单独立户管理。具体办法和实施步骤由国务院规定。

证券公司不得将客户的交易结算资金和证券归入其自有财产。禁止任何单位或者个人以任何形式挪用客户的交易结算资金和证券。证券公司破产或者清算时,客户的交易结算资金和证券不属于其破产财产或者清算财产。非因客户本身的债务或者法律规定的其他情形,不得查封、冻结、扣划或者强制执行客户的交易结算资金和证券。

第一百四十条　【证券买卖委托书】证券公司办理经纪业务,应当置备统一制定的证券买卖委托书,供委托人使用。采取其他委托方式的,必须作出委托记录。

客户的证券买卖委托,不论是否成交,其委托记录应当按照规定的期限,保存于证券公司。

第一百四十一条　【证券代理买卖】证券公司接受证券买卖的委托,应当根据委托书载明的证券名称、买卖数量、出价方式、价格幅度等,按照交易规则代理买卖证券,如实进行交易记录;买卖成交后,应当按照规定制作买卖成交报告单交付客户。

证券交易中确认交易行为及其交易结果的对账单必须真实,并由交易经办人员以外的审核人员逐笔审核,保证账面证券余额与实际持有的证券相一致。

第一百四十二条　【融资融券服务】证券公司为客户买卖证券提供融资融券服务,应当按照国务院的规定并经国务院证券监督管理机构批准。

第一百四十三条　【全权委托禁止】证券公司办理经纪业务,不得接受客户的全权委托而决定证券买卖、选择证券种类、决定买卖数量或者买卖价格。

第一百四十四条　【承诺禁止】证券公司不得以任何方式对客户证券买卖的收益或者赔偿证券买卖的损失作出承诺。

第一百四十五条　【私下接受委托禁止】证券公司及其从业人员不得未经过其依法设立的营业场所私下接受客户委托买卖证券。

第一百四十六条　【职务行为责任承担】证券公司的从业人员在证券交易活动中,执行所属的证券公司的指令或者利用职务违反交易规则的,由所属的证券公司承担全部责任。

第一百四十七条　【资料保存】证券公司应当妥善保存客户开户资料、委托记录、交易记录和与内部管理、业务经营有关的各项资料,任何人不得隐匿、伪造、篡改或者毁损。上述资料的保存期限不得少于二十年。

第一百四十八条　【信息、资料报送要求】证券公司应当按照规定向国务院证券监督管理机构报送业务、财务等经营管理信息和资料。国务院证券监督管理机构有权要求证券公司及其股东、实际控制人在指定的期限内提供有关信息、资料。

证券公司及其股东、实际控制人向国务院证券监督管理机构报送或者提供的信息、资料,必须真实、准确、完整。

第一百四十九条　【审计评估】国务院证券监督管理机构认为有必要时,可以委托会计师事务所、资产评估机构对证券公司的财务状况、内部控制状况、资产价值进行审计或者评估。具体办法由国务院证券监督管理机构会同有关主管部门制定。

第一百五十条　【违规处罚措施】证券公司的净资本或者其他风险控制指标不符合规定的,国务院证券监督管理机构应当责令其限期改正;逾期未改正,或者其行为严重危及该证券公司的稳健运行、损害客户合法权益的,国务院证券监督管理机构可以区别情形,对其采取下列措施:

(一)限制业务活动,责令暂停部分业务,停止批准新业务;

(二)停止批准增设、收购营业性分支机构;

(三)限制分配红利,限制向董事、监事、高级管理人员支付报酬、提供福利;

(四)限制转让财产或者在财产上设定其他权利;

(五)责令更换董事、监事、高级管理人员或者限制其权利;

(六)责令控股股东转让股权或者限制有关股东行使股东权利;

(七)撤销有关业务许可。

证券公司整改后,应当向国务院证券监督管理机构提交报告。国务院证券监督管理机构经验收,符合有关风险控制指标的,应当自验收完毕之日起三日内解除对其采取的前款规定的有关措施。

第一百五十一条　【对虚假、抽逃出资的处罚】证券公司的股东有虚假出资、抽逃出资行为的,国务院证券监督管理机构应当责令其限期改正,并可责令其转让所持证券公司的股权。

在前款规定的股东按照要求改正违法行为、转让所持证券公司的股权前,国务院证券监督管理机构可以限制其股东权利。

第一百五十二条　【领导责任承担】证券公司的董事、监事、高级管理人员未能勤勉尽责,致使证券公司存在重大违法违规行为或者重大风险的,国务院证券监督管理机构可以撤销其任职资格,并责令公司予以更换。

第一百五十三条　【公司责任承担】证券公司违法经营或者出现重大风险,严重危害证券市场秩序、损害投资者利益的,国务院证券监督管理机构可以对该证券公司采取责令停业整顿、指定其他机构托管、接管或者撤销等监管措施。

第一百五十四条　【对直接责任人的措施】在证券公司被责令停业整顿、被依法指定托管、接管或者清算期间,或者出现重大风险时,经国务院证券监督管理机构批准,可以对该证券公司直接负责的董事、监事、高级管理人员和其他直接责任人员采取以下措施:

(一)通知出境管理机关依法阻止其出境;

(二)申请司法机关禁止其转移、转让或者以其他方式处分财产,或者在财产上设定其他权利。

第七章　证券登记结算机构

第一百五十五条　【定义和设立批准】证券登记结算机构是为证券交易提供集中登记、存管与结算服务,不以营利为目的的法人。

设立证券登记结算机构必须经国务院证券监督管理

机构批准。

第一百五十六条　【设立条件】设立证券登记结算机构，应当具备下列条件：

（一）自有资金不少于人民币二亿元；

（二）具有证券登记、存管和结算服务所必须的场所和设施；

（三）主要管理人员和从业人员必须具有证券从业资格；

（四）国务院证券监督管理机构规定的其他条件。

证券登记结算机构的名称中应当标明证券登记结算字样。

第一百五十七条　【职能】证券登记结算机构履行下列职能：

（一）证券账户、结算账户的设立；

（二）证券的存管和过户；

（三）证券持有人名册登记；

（四）证券交易所上市证券交易的清算和交收；

（五）受发行人的委托派发证券权益；

（六）办理与上述业务有关的查询；

（七）国务院证券监督管理机构批准的其他业务。

第一百五十八条　【运营方式和章程、业务规则的报批】证券登记结算采取全国集中统一的运营方式。

证券登记结算机构章程、业务规则应当依法制定，并经国务院证券监督管理机构批准。

第一百五十九条　【证券的存管】证券持有人持有的证券，在上市交易时，应当全部存管在证券登记结算机构。

证券登记结算机构不得挪用客户的证券。

第一百六十条　【义务】证券登记结算机构应当向证券发行人提供证券持有人名册及其有关资料。

证券登记结算机构应当根据证券登记结算的结果，确认证券持有人持有证券的事实，提供证券持有人登记资料。

证券登记结算机构应当保证证券持有人名册和登记过户记录真实、准确、完整，不得隐匿、伪造、篡改或者毁损。

第一百六十一条　【保障措施】证券登记结算机构应当采取下列措施保证业务的正常进行：

（一）具有必备的服务设备和完善的数据安全保护措施；

（二）建立完善的业务、财务和安全防范等管理制度；

（三）建立完善的风险管理系统。

第一百六十二条　【文件资料保存】证券登记结算机构应当妥善保存登记、存管和结算的原始凭证及有关文件和资料。其保存期限不得少于二十年。

第一百六十三条　【结算风险基金】证券登记结算机构应当设立证券结算风险基金，用于垫付或者弥补因违约交收、技术故障、操作失误、不可抗力造成的证券登记结算机构的损失。

证券结算风险基金从证券登记结算机构的业务收入和收益中提取，并可以由结算参与人按照证券交易业务量的一定比例缴纳。

证券结算风险基金的筹集、管理办法，由国务院证券监督管理机构会同国务院财政部门规定。

第一百六十四条　【基金保管】证券结算风险基金应当存入指定银行的专门账户，实行专项管理。

证券登记结算机构以证券结算风险基金赔偿后，应当向有关责任人追偿。

第一百六十五条　【解散】证券登记结算机构申请解散，应当经国务院证券监督管理机构批准。

第一百六十六条　【证券账户的设立】投资者委托证券公司进行证券交易，应当申请开立证券账户。证券登记结算机构应当按照规定以投资者本人的名义为投资者开立证券账户。

投资者申请开立账户，必须持有证明中国公民身份或者中国法人资格的合法证件。国家另有规定的除外。

第一百六十七条　【交收义务】证券登记结算机构为证券交易提供净额结算服务时，应当要求结算参与人按照货银对付的原则，足额交付证券和资金，并提供交收担保。

在交收完成之前，任何人不得动用用于交收的证券、资金和担保物。

结算参与人未按时履行交收义务的，证券登记结算机构有权按照业务规则处理前款所述财产。

第一百六十八条　【清算】证券登记结算机构按照业务规则收取的各类结算资金和证券，必须存放于专门的清算交收账户，只能按业务规则用于已成交的证券交易的清算交收，不得被强制执行。

第八章　证券服务机构

第一百六十九条　【业务批准】投资咨询机构、财务顾问机构、资信评级机构、资产评估机构、会计师事务所从事证券服务业务，必须经国务院证券监督管理机构和有关主管部门批准。

投资咨询机构、财务顾问机构、资信评级机构、资产评估机构、会计师事务所从事证券服务业务的审批管理办法，由国务院证券监督管理机构和有关主管部门制定。

第一百七十条　【从业资格】投资咨询机构、财务顾问机构、资信评级机构从事证券服务业务的人员，必须具备证券专业知识和从事证券业务或者证券服务业务二年以上经验。认定其证券从业资格的标准和管理办法，由国务院证券监督管理机构制定。

第一百七十一条　【禁止行为】投资咨询机构及其从业人员从事证券服务业务不得有下列行为：

（一）代理委托人从事证券投资；

（二）与委托人约定分享证券投资收益或者分担证券投资损失；

(三)买卖本咨询机构提供服务的上市公司股票;

(四)利用传播媒介或者通过其他方式提供、传播虚假或者误导投资者的信息;

(五)法律、行政法规禁止的其他行为。

有前款所列行为之一,给投资者造成损失的,依法承担赔偿责任。

第一百七十二条 【服务费用】从事证券服务业务的投资咨询机构和资信评级机构,应当按照国务院有关主管部门规定的标准或者收费办法收取服务费用。

第一百七十三条 【文件出具义务】证券服务机构为证券的发行、上市、交易等证券业务活动制作、出具审计报告、资产评估报告、财务顾问报告、资信评级报告或者法律意见书等文件,应当勤勉尽责,对所依据的文件资料内容的真实性、准确性、完整性进行核查和验证。其制作、出具的文件有虚假记载、误导性陈述或者重大遗漏,给他人造成损失的,应当与发行人、上市公司承担连带赔偿责任,但是能够证明自己没有过错的除外。

第九章 证券业协会

第一百七十四条 【性质】证券业协会是证券业的自律性组织,是社会团体法人。

证券公司应当加入证券业协会。

证券业协会的权力机构为全体会员组成的会员大会。

第一百七十五条 【协会章程】证券业协会章程由会员大会制定,并报国务院证券监督管理机构备案。

第一百七十六条 【职责履行】证券业协会履行下列职责:

(一)教育和组织会员遵守证券法律、行政法规;

(二)依法维护会员的合法权益,向证券监督管理机构反映会员的建议和要求;

(三)收集整理证券信息,为会员提供服务;

(四)制定会员应遵守的规则,组织会员单位的从业人员的业务培训,开展会员间的业务交流;

(五)对会员之间、会员与客户之间发生的证券业务纠纷进行调解;

(六)组织会员就证券业的发展、运作及有关内容进行研究;

(七)监督、检查会员行为,对违反法律、行政法规或者协会章程的,按照规定给予纪律处分;

(八)证券业协会章程规定的其他职责。

第一百七十七条 【理事会】证券业协会设理事会。理事会成员依章程的规定由选举产生。

第十章 证券监督管理机构

第一百七十八条 【设立目的】国务院证券监督管理机构依法对证券市场实行监督管理,维护证券市场秩序,保障其合法运行。

第一百七十九条 【职责】国务院证券监督管理机构在对证券市场实施监督管理中履行下列职责:

(一)依法制定有关证券市场监督管理的规章、规则,并依法行使审批或者核准权;

(二)依法对证券的发行、上市、交易、登记、存管、结算,进行监督管理;

(三)依法对证券发行人、上市公司、证券公司、证券投资基金管理公司、证券服务机构、证券交易所、证券登记结算机构的证券业务活动,进行监督管理;

(四)依法制定从事证券业务人员的资格标准和行为准则,并监督实施;

(五)依法监督检查证券发行、上市和交易的信息公开情况;

(六)依法对证券业协会的活动进行指导和监督;

(七)依法对违反证券市场监督管理法律、行政法规的行为进行查处;

(八)法律、行政法规规定的其他职责。

国务院证券监督管理机构可以和其他国家或者地区的证券监督管理机构建立监督管理合作机制,实施跨境监督管理。

第一百八十条 【权力】国务院证券监督管理机构依法履行职责,有权采取下列措施:

(一)对证券发行人、上市公司、证券公司、证券投资基金管理公司、证券服务机构、证券交易所、证券登记结算机构进行现场检查;

(二)进入涉嫌违法行为发生场所调查取证;

(三)询问当事人和与被调查事件有关的单位和个人,要求其对与被调查事件有关的事项作出说明;

(四)查阅、复制与被调查事件有关的财产权登记、通讯记录等资料;

(五)查阅、复制当事人和与被调查事件有关的单位和个人的证券交易记录、登记过户记录、财务会计资料及其他相关文件和资料;对可能被转移、隐匿或者毁损的文件和资料,可以予以封存;

(六)查询当事人和与被调查事件有关的单位和个人的资金账户、证券账户和银行账户;对有证据证明已经或者可能转移或者隐匿违法资金、证券等涉案财产或者隐匿、伪造、毁损重要证据的,经国务院证券监督管理机构主要负责人批准,可以冻结或者查封;

(七)在调查操纵证券市场、内幕交易等重大证券违法行为时,经国务院证券监督管理机构主要负责人批准,可以限制被调查事件当事人的证券买卖,但限制的期限不得超过十五个交易日;案情复杂的,可以延长十五个交易日。

第一百八十一条 【监督程序】国务院证券监督管理机构依法履行职责,进行监督检查或者调查,其监督检查、调查的人员不得少于二人,并应当出示合法证件和监督检查、调查通知书。监督检查、调查的人员少于二人或者未出示合法证件和监督检查、调查通知书的,被检查、调查的单位有权拒绝。

第一百八十二条 【职责履行】国务院证券监督管理机构工作人员必须忠于职守，依法办事，公正廉洁，不得利用职务便利牟取不正当利益，不得泄露所知悉的有关单位和个人的商业秘密。

第一百八十三条 【协助义务】国务院证券监督管理机构依法履行职责，被检查、调查的单位和个人应当配合，如实提供有关文件和资料，不得拒绝、阻碍和隐瞒。

第一百八十四条 【制度公开】国务院证券监督管理机构依法制定的规章、规则和监督管理工作制度应当公开。

国务院证券监督管理机构依据调查结果，对证券违法行为作出的处罚决定，应当公开。

第一百八十五条 【信息共享机制】国务院证券监督管理机构应当与国务院其他金融监督管理机构建立监督管理信息共享机制。

国务院证券监督管理机构依法履行职责，进行监督检查或者调查时，有关部门应当予以配合。

第一百八十六条 【涉嫌犯罪的移送】国务院证券监督管理机构依法履行职责，发现证券违法行为涉嫌犯罪的，应当将案件移送司法机关处理。

第一百八十七条 【任职禁止】国务院证券监督管理机构的人员不得在被监管的机构中任职。

第十一章 法律责任

第一百八十八条 【擅自发行证券责任】未经法定机关核准，擅自公开或者变相公开发行证券的，责令停止发行，退还所募资金并加算银行同期存款利息，处以非法所募资金金额百分之一以上百分之五以下的罚款；对擅自公开或者变相公开发行证券设立的公司，由依法履行监督管理职责的机构或者部门会同县级以上地方人民政府予以取缔。对直接负责的主管人员和其他直接责任人员给予警告，并处以三万元以上三十万元以下的罚款。

第一百八十九条 【骗取发行核准的责任】发行人不符合发行条件，以欺骗手段骗取发行核准，尚未发行证券的，处以三十万元以上六十万元以下的罚款；已经发行证券的，处以非法所募资金金额百分之一以上百分之五以下的罚款。对直接负责的主管人员和其他直接责任人员处以三万元以上三十万元以下的罚款。

发行人的控股股东、实际控制人指使从事前款违法行为的，依照前款的规定处罚。

第一百九十条 【承销或者代理买卖未经核准的证券的责任】证券公司承销或者代理买卖未经核准擅自公开发行的证券的，责令停止承销或者代理买卖，没收违法所得，并处以违法所得一倍以上五倍以下的罚款；没有违法所得或者违法所得不足三十万元的，处以三十万元以上六十万元以下的罚款。给投资者造成损失的，应当与发行人承担连带赔偿责任。对直接负责的主管人员和其他直接责任人员给予警告，撤销任职资格或者证券从业资格，并处以三万元以上三十万元以下的罚款。

第一百九十一条 【证券公司违反承销业务规定的责任】证券公司承销证券，有下列行为之一的，责令改正，给予警告，没收违法所得，可以并处三十万元以上六十万元以下的罚款；情节严重的，暂停或者撤销相关业务许可。给其他证券承销机构或者投资者造成损失的，依法承担赔偿责任。对直接负责的主管人员和其他直接责任人员给予警告，可以并处三万元以上三十万元以下的罚款；情节严重的，撤销任职资格或者证券从业资格：

（一）进行虚假的或者误导投资者的广告或者其他宣传推介活动；

（二）以不正当竞争手段招揽承销业务；

（三）其他违反证券承销业务规定的行为。

第一百九十二条 【保荐人责任】保荐人出具有虚假记载、误导性陈述或者重大遗漏的保荐书，或者不履行其他法定职责的，责令改正，给予警告，没收业务收入，并处以业务收入一倍以上五倍以下的罚款；情节严重的，暂停或者撤销相关业务许可。对直接负责的主管人员和其他直接责任人员给予警告，并处以三万元以上三十万元以下的罚款；情节严重的，撤销任职资格或者证券从业资格。

第一百九十三条 【违反披露义务的处罚】发行人、上市公司或者其他信息披露义务人未按照规定披露信息，或者所披露的信息有虚假记载、误导性陈述或者重大遗漏的，责令改正，给予警告，并处以三十万元以上六十万元以下的罚款。对直接负责的主管人员和其他直接责任人员给予警告，并处以三万元以上三十万元以下的罚款。

发行人、上市公司或者其他信息披露义务人未按照规定报送有关报告，或者报送的报告有虚假记载、误导性陈述或者重大遗漏的，责令改正，给予警告，并处以三十万元以上六十万元以下的罚款。对直接负责的主管人员和其他直接责任人员给予警告，并处以三万元以上三十万元以下的罚款。

发行人、上市公司或者其他信息披露义务人的控股股东、实际控制人指使从事前两款违法行为的，依照前两款的规定处罚。

第一百九十四条 【擅自改变募集资金用途的处罚】发行人、上市公司擅自改变公开发行证券所募集资金的用途的，责令改正，对直接负责的主管人员和其他直接责任人员给予警告，并处以三万元以上三十万元以下的罚款。

发行人、上市公司的控股股东、实际控制人指使从事前款违法行为的，给予警告，并处以三十万元以上六十万元以下的罚款。对直接负责的主管人员和其他直接责任人员依照前款的规定处罚。

第一百九十五条 【高管人员违法买卖证券的处罚】上市公司的董事、监事、高级管理人员、持有上市公司股份百分之五以上的股东，违反本法第四十七条的规定买卖本公司股票的，给予警告，可以并处三万元以上十万元以下的罚款。

第一百九十六条 **【非法开设证交场的处罚】**非法开设证券交易场所的,由县级以上人民政府予以取缔,没收违法所得,并处以违法所得一倍以上五倍以下的罚款;没有违法所得或者违法所得不足十万元的,处以十万元以上五十万元以下的罚款。对直接负责的主管人员和其他直接责任人员给予警告,并处以三万元以上三十万元以下的罚款。

第一百九十七条 **【擅自设立证券公司的处罚】**未经批准,擅自设立证券公司或者非法经营证券业务的,由证券监督管理机构予以取缔,没收违法所得,并处以违法所得一倍以上五倍以下的罚款;没有违法所得或者违法所得不足三十万元的,处以三十万元以上六十万元以下的罚款。对直接负责的主管人员和其他直接责任人员给予警告,并处以三万元以上三十万元以下的罚款。

第一百九十八条 **【违法聘任证券从业人员的处罚】**违反本法规定,聘任不具有任职资格、证券从业资格的人员的,由证券监督管理机构责令改正,给予警告,可以并处十万元以上三十万元以下的罚款;对直接负责的主管人员给予警告,可以并处三万元以上十万元以下的罚款。

第一百九十九条 **【非法持有股票的处罚】**法律、行政法规规定禁止参与股票交易的人员,直接或者以化名、借他人名义持有、买卖股票的,责令依法处理非法持有的股票,没收违法所得,并处以买卖股票等值以下的罚款;属于国家工作人员的,还应当依法给予行政处分。

第二百条 **【故意提供虚假资料的处罚】**证券交易所、证券公司、证券登记结算机构、证券服务机构的从业人员或者证券业协会的工作人员,故意提供虚假资料,隐匿、伪造、篡改或者毁损交易记录,诱骗投资者买卖证券的,撤销证券从业资格,并处以三万元以上十万元以下的罚款;属于国家工作人员的,还应当依法给予行政处分。

第二百零一条 **【中介机构从业人员违法买卖股票的处罚】**为股票的发行、上市、交易出具审计报告、资产评估报告或者法律意见书等文件的证券服务机构和人员,违反本法第四十五条的规定买卖股票的,责令依法处理非法持有的股票,没收违法所得,并处以买卖股票等值以下的罚款。

第二百零二条 **【非法获取内幕信息的处罚】**证券交易内幕信息的知情人或者非法获取内幕信息的人,在涉及证券的发行、交易或者其他对证券的价格有重大影响的信息公开前,买卖该证券,或者泄露该信息,或者建议他人买卖该证券的,责令依法处理非法持有的证券,没收违法所得,并处以违法所得一倍以上五倍以下的罚款;没有违法所得或者违法所得不足三万元的,处以三万元以上六十万元以下的罚款。单位从事内幕交易的,还应当对直接负责的主管人员和其他直接责任人员给予警告,并处以三万元以上三十万元以下的罚款。证券监督管理机构工作人员进行内幕交易的,从重处罚。

第二百零三条 **【非法操纵证券市场的处罚】**违反本法规定,操纵证券市场的,责令依法处理非法持有的证券,没收违法所得,并处以违法所得一倍以上五倍以下的罚款;没有违法所得或者违法所得不足三十万元的,处以三十万元以上三百万元以下的罚款。单位操纵证券市场的,还应当对直接负责的主管人员和其他直接责任人员给予警告,并处以十万元以上六十万元以下的罚款。

第二百零四条 **【在限制转让期限内买卖证券的处罚】**违反法律规定,在限制转让期限内买卖证券的,责令改正,给予警告,并处以买卖证券等值以下的罚款。对直接负责的主管人员和其他直接责任人员给予警告,并处以三万元以上三十万元以下的罚款。

第二百零五条 **【违法融资融券的处罚】**证券公司违反本法规定,为客户买卖证券提供融资融券的,没收违法所得,暂停或者撤销相关业务许可,并处以非法融资融券等值以下的罚款。对直接负责的主管人员和其他直接责任人员给予警告,撤销任职资格或者证券从业资格,并处以三万元以上三十万元以下的罚款。

第二百零六条 **【扰乱证券市场的处罚】**违反本法第七十八条第一款、第三款的规定,扰乱证券市场的,由证券监督管理机构责令改正,没收违法所得,并处以违法所得一倍以上五倍以下的罚款;没有违法所得或者违法所得不足三万元的,处以三万元以上二十万元以下的罚款。

第二百零七条 **【虚假陈述的处罚】**违反本法第七十八条第二款的规定,在证券交易活动中作出虚假陈述或者信息误导的,责令改正,处以三万元以上二十万元以下的罚款;属于国家工作人员的,还应当依法给予行政处分。

第二百零八条 **【法人以他人名义买卖证券的处罚】**违反本法规定,法人以他人名义设立账户或者利用他人账户买卖证券的,责令改正,没收违法所得,并处以违法所得一倍以上五倍以下的罚款;没有违法所得或者违法所得不足三万元的,处以三万元以上三十万元以下的罚款。对直接负责的主管人员和其他直接责任人员给予警告,并处以三万元以上十万元以下的罚款。

证券公司为前款规定的违法行为提供自己或者他人的证券交易账户的,除依照前款的规定处罚外,还应当撤销直接负责的主管人员和其他直接责任人员的任职资格或者证券从业资格。

第二百零九条 **【非法从事证券自营业务的处罚】**证券公司违反本法规定,假借他人名义或者以个人名义从事证券自营业务的,责令改正,没收违法所得,并处以违法所得一倍以上五倍以下的罚款;没有违法所得或者违法所得不足三十万元的,处以三十万元以上六十万元以下的罚款;情节严重的,暂停或者撤销证券自营业务许可。对直接负责的主管人员和其他直接责任人员给予警告,撤销任职资格或者证券从业资格,并处以三万元以上十万元以下的罚款。

第二百一十条 **【违背客户的委托买卖证券、办理交易的处罚】**证券公司违背客户的委托买卖证券、办理交易事项,或者违背客户真实意思表示,办理交易以外的其他事项的,责令改正,处以一万元以上十万元以下的罚款。给客户造成损失的,依法承担赔偿责任。

第二百一十一条 【挪用客户资金或者证券的处罚】证券公司、证券登记结算机构挪用客户的资金或者证券,或者未经客户的委托,擅自为客户买卖证券的,责令改正,没收违法所得,并处以违法所得一倍以上五倍以下的罚款;没有违法所得或者违法所得不足十万元的,处以十万元以上六十万元以下的罚款;情节严重的,责令关闭或者撤销相关业务许可。对直接负责的主管人员和其他直接责任人员给予警告,撤销任职资格或者证券从业资格,并处以三万元以上三十万元以下的罚款。

第二百一十二条 【经纪业务违规行为责任】证券公司办理经纪业务,接受客户的全权委托买卖证券的,或者证券公司对客户买卖证券的收益或者赔偿证券买卖的损失作出承诺的,责令改正,没收违法所得,并处以五万元以上二十万元以下的罚款,可以暂停或者撤销相关业务许可。对直接负责的主管人员和其他直接责任人员给予警告,并处以三万元以上十万元以下的罚款,可以撤销任职资格或者证券从业资格。

第二百一十三条 【收购人违规责任】收购人未按照本法规定履行上市公司收购的公告、发出收购要约等义务的,责令改正,给予警告,并处以十万元以上三十万元以下的罚款;在改正前,收购人对其收购或者通过协议、其他安排与他人共同收购的股份不得行使表决权。对直接负责的主管人员和其他直接责任人员给予警告,并处以三万元以上三十万元以下的罚款。

第二百一十四条 【损害被收购公司及其股东合法权益的处罚】收购人或者收购人的控股股东,利用上市公司收购,损害被收购公司及其股东的合法权益的,责令改正,给予警告;情节严重的,并处以十万元以上六十万元以下的罚款。给被收购公司及其股东造成损失的,依法承担赔偿责任。对直接负责的主管人员和其他直接责任人员给予警告,并处以三万元以上三十万元以下的罚款。

第二百一十五条 【私下接受委托买卖证券的处罚】证券公司及其从业人员违反本法规定,私下接受客户委托买卖证券的,责令改正,给予警告,没收违法所得,并处以违法所得一倍以上五倍以下的罚款;没有违法所得或者违法所得不足十万元的,处以十万元以上三十万元以下的罚款。

第二百一十六条 【违规经营非上市证券交易的处罚】证券公司违反规定,未经批准经营非上市证券的交易的,责令改正,没收违法所得,并处以违法所得一倍以上五倍以下的罚款。

第二百一十七条 【不正常营业的处罚】证券公司成立后,无正当理由超过三个月未开始营业的,或者开业后自行停业连续三个月以上的,由公司登记机关吊销其公司营业执照。

第二百一十八条 【擅自设立分支机构和经营机构的处罚】证券公司违反本法第一百二十九条的规定,擅自设立、收购、撤销分支机构,或者合并、分立、停业、解散、破产,或者在境外设立、收购、参股证券经营机构的,责令改正,没收违法所得,并处以违法所得一倍以上五倍以下的罚款;没有违法所得或者违法所得不足十万元的,处以十万元以上六十万元以下的罚款。对直接负责的主管人员给予警告,并处以三万元以上十万元以下的罚款。

证券公司违反本法第一百二十九条的规定,擅自变更有关事项的,责令改正,并处以十万元以上三十万元以下的罚款。对直接负责的主管人员给予警告,并处以五万元以下的罚款。

第二百一十九条 【超出业务许可范围经营证券业务的处罚】证券公司违反本法规定,超出业务许可范围经营证券业务的,责令改正,没收违法所得,并处以违法所得一倍以上五倍以下的罚款;没有违法所得或者违法所得不足三十万元的,处以三十万元以上六十万元以下罚款;情节严重的,责令关闭。对直接负责的主管人员和其他直接责任人员给予警告,撤销任职资格或者证券从业资格,并处以三万元以上十万元以下的罚款。

第二百二十条 【混合业务操作的处罚】证券公司对其证券经纪业务、证券承销业务、证券自营业务、证券资产管理业务,不依法分开办理,混合操作的,责令改正,没收违法所得,并处以三十万元以上六十万元以下的罚款;情节严重的,撤销相关业务许可。对直接负责的主管人员和其他直接责任人员给予警告,并处以三万元以上十万元以下的罚款;情节严重的,撤销任职资格或者证券从业资格。

第二百二十一条 【骗取证券业务许可的法律责任】提交虚假证明文件或者采取其他欺诈手段隐瞒重要事实骗取证券业务许可的,或者证券公司在证券交易中有严重违法行为,不再具备经营资格的,由证券监督管理机构撤销证券业务许可。

第二百二十二条 【欺诈责任】证券公司或者其股东、实际控制人违反规定,拒不向证券监督管理机构报送或者提供经营管理信息和资料,或者报送、提供的经营管理信息和资料有虚假记载、误导性陈述或者重大遗漏的,责令改正,给予警告,并处以三万元以上三十万元以下的罚款,可以暂停或者撤销证券公司相关业务许可。对直接负责的主管人员和其他直接责任人员,给予警告,并处以三万元以下的罚款,可以撤销任职资格或者证券从业资格。

证券公司为其股东或者股东的关联人提供融资或者担保的,责令改正,给予警告,并处以十万元以上三十万元以下的罚款。对直接负责的主管人员和其他直接责任人员,处以三万元以上十万元以下的罚款。股东有过错的,在按照要求改正前,国务院证券监督管理机构可以限制其股东权利;拒不改正的,可以责令其转让所持证券公司股权。

第二百二十三条 【证券服务机构的失职责任】证券服务机

构未勤勉尽责,所制作、出具的文件有虚假记载、误导性陈述或者重大遗漏的,责令改正,没收业务收入,暂停或者撤销证券服务业务许可,并处以业务收入一倍以上五倍以下的罚款。对直接负责的主管人员和其他直接责任人员给予警告,撤销证券从业资格,并处以三万元以上十万元以下的罚款。

第二百二十四条 【**违规发行、承销公司债券的责任**】违反本法规定,发行、承销公司债券的,由国务院授权的部门依照本法有关规定予以处罚。

第二百二十五条 【**资料保管不善的责任**】上市公司、证券公司、证券交易所、证券登记结算机构、证券服务机构,未按照有关规定保存有关文件和资料的,责令改正,给予警告,并处以三万元以上三十万元以下的罚款;隐匿、伪造、篡改或者毁损有关文件和资料的,给予警告,并处以三十万元以上六十万元以下的罚款。

第二百二十六条 【**擅自设立证券登记结算机构的责任**】未经国务院证券监督管理机构批准,擅自设立证券登记结算机构的,由证券监督管理机构予以取缔,没收违法所得,并处以违法所得一倍以上五倍以下的罚款。

投资咨询机构、财务顾问机构、资信评级机构、资产评估机构、会计师事务所未经批准,擅自从事证券服务业务的,责令改正,没收违法所得,并处以违法所得一倍以上五倍以下的罚款。

证券登记结算机构、证券服务机构违反本法规定或者依法制定的业务规则的,由证券监督管理机构责令改正,没收违法所得,并处以违法所得一倍以上五倍以下的罚款;没有违法所得或者违法所得不足十万元的,处以十万元以上三十万元以下的罚款;情节严重的,责令关闭或者撤销证券服务业务许可。

第二百二十七条 【**行政处罚情形**】国务院证券监督管理机构或者国务院授权的部门有下列情形之一的,对直接负责的主管人员和其他直接责任人员,依法给予行政处分:

(一)对不符合本法规定的发行证券、设立证券公司等申请予以核准、批准的;

(二)违反规定采取本法第一百八十条规定的现场检查、调查取证、查询、冻结或者查封等措施的;

(三)违反规定对有关机构和人员实施行政处罚的;

(四)其他不依法履行职责的行为。

第二百二十八条 【**监管失职的责任**】证券监督管理机构的工作人员和发行审核委员会的组成人员,不履行本法规定的职责,滥用职权、玩忽职守,利用职务便利牟取不正当利益,或者泄露所知悉的有关单位和个人的商业秘密的,依法追究法律责任。

第二百二十九条 【**违法核准上市责任**】证券交易所对不符合本法规定条件的证券上市申请予以审核同意的,给予警告,没收业务收入,并处以业务收入一倍以上五倍以下的罚款。对直接负责的主管人员和其他直接责任人员给予警告,并处以三万元以上三十万元以下的罚款。

第二百三十条 【**阻碍监管的治安处罚**】拒绝、阻碍证券监督管理机构及其工作人员依法行使监督检查、调查职权未使用暴力、威胁方法的,依法给予治安管理处罚。

第二百三十一条 【**刑事责任**】违反本法规定,构成犯罪的,依法追究刑事责任。

第二百三十二条 【**民事赔偿责任**】违反本法规定,应当承担民事赔偿责任和缴纳罚款、罚金,其财产不足以同时支付时,先承担民事赔偿责任。

第二百三十三条 【**市场禁入制度**】违反法律、行政法规或者国务院证券监督管理机构的有关规定,情节严重的,国务院证券监督管理机构可以对有关责任人员采取证券市场禁入的措施。

前款所称证券市场禁入,是指在一定期限内直至终身不得从事证券业务或者不得担任上市公司董事、监事、高级管理人员的制度。

第二百三十四条 【**罚款上缴国库**】依照本法收缴的罚款和没收的违法所得,全部上缴国库。

第二百三十五条 【**不服处罚决定的救济**】当事人对证券监督管理机构或者国务院授权的部门的处罚决定不服的,可以依法申请行政复议,或者依法直接向人民法院提起诉讼。

第十二章 附 则

第二百三十六条 【**与旧法的衔接**】本法施行前依照行政法规已批准在证券交易所上市交易的证券继续依法进行交易。

本法施行前依照行政法规和国务院金融行政管理部门的规定经批准设立的证券经营机构,不完全符合本法规定的,应当在规定的限期内达到本法规定的要求。具体实施办法,由国务院另行规定。

第二百三十七条 【**审核费用**】发行人申请核准公开发行股票、公司债券,应当按照规定缴纳审核费用。

第二百三十八条 【**境外上市交易**】境内企业直接或者间接到境外发行证券或者将其证券在境外上市交易,必须经国务院证券监督管理机构依照国务院的规定批准。

第二百三十九条 【**外币交易**】境内公司股票以外币认购和交易的,具体办法由国务院另行规定。

第二百四十条 【**施行日期**】本法自 2006 年 1 月 1 日起施行。

股票发行与交易管理暂行条例

1993 年 4 月 22 日国务院令第 112 号公布施行

第一章 总 则

第一条 为了适应发展社会主义市场经济的需要,建立和发展全国统一、高效的股票市场,保护投资者的合法权益和社会公共利益,促进国民经济的发展,制定本条例。

第二条 在中华人民共和国境内从事股票发行、交易及其相关活动,必须遵守本条例。

本条例关于股票的规定适用于具有股票性质、功能的证券。

第三条 股票的发行与交易,应当遵循公开、公平和诚实信用的原则。

第四条 股票的发行与交易,应当维护社会主义公有制的主体地位,保障国有资产不受侵害。

第五条 国务院证券委员会(以下简称"证券委")是全国证券市场的主管机构,依照法律、法规的规定对全国证券市场进行统一管理。中国证券监督管理委员会(以下简称"证监会")是证券委的监督管理执行机构,依照法律、法规的规定对证券发行与交易的具体活动进行管理和监督。

第六条 人民币特种股票发行与交易的具体办法另行制定。

境内企业直接或者间接到境外发行股票、将其股票在境外交易,必须经证券委审批,具体办法另行制定。

第二章 股票的发行

第七条 股票发行人必须是具有股票发行资格的股份有限公司。

前款所称股份有限公司,包括已经成立的股份有限公司和经批准拟成立的股份有限公司。

第八条 设立股份有限公司申请公开发行股票,应当符合下列条件:

(一)其生产经营符合国家产业政策;

(二)其发行的普通股限于一种,同股同权;

(三)发起人认购的股本数额不少于公司拟发行的股本总额的35%;

(四)在公司拟发行的股本总额中,发起人认购的部分不少于人民币三千万元,但是国家另有规定的除外;

(五)向社会公众发行的部分不少于公司拟发行的股本总额的25%,其中公司职工认购的股本数额不得超过拟向社会公众发行的股本总额的10%;公司拟发行的股本总额超过人民币四亿元的,证监会按照规定可以酌情降低向社会公众发行的部分的比例,但是最低不少于公司拟发行的股本总额的10%;

(六)发起人在近3年内没有重大违法行为;

(七)证券委规定的其他条件。

第九条 原有企业改组设立股份有限公司申请公开发行股票,除应当符合本条例第八条所列条件外,还应当符合下列条件:

(一)发行前一年末,净资产在总资产中所占比例不低于30%,无形资产在净资产中所占比例不高于20%,但是证券委另有规定的除外;

(二)近三年连续盈利。

国有企业改组设立股份有限公司公开发行股票的,国家拥有的股份在公司拟发行的股本总额中所占的比例由国务院或者国务院授权的部门规定。

第十条 股份有限公司增资申请公开发行股票,除应当符合本条例第八条和第九条所列条件外,还应当符合下列条件:

(一)前一次公开发行股票所得资金的使用与其招股说明书所述的用途相符,并且资金使用效益良好;

(二)距前一次公开发行股票的时间不少于十二个月;

(三)从前一次公开发行股票到本次申请期间没有重大违法行为;

(四)证券委规定的其他条件。

第十一条 定向募集公司申请公开发行股票,除应当符合本条例第八条和第九条所列条件外,还应当符合下列条件:

(一)定向募集所得资金的使用与其招股说明书所述的用途相符,并且资金使用效益良好;

(二)距最近一次定向募集股份的时间不少于十二个月;

(三)从最近一次定向募集到本次公开发行期间没有重大违法行为;

(四)内部职工股权证按照规定范围发放,并且已交国家指定的证券机构集中托管;

(五)证券委规定的其他条件。

第十二条 申请公开发行股票,按照下列程序办理:

(一)申请人聘请会计师事务所、资产评估机构、律师事务所等专业性机构,对其资信、资产、财务状况进行审定、评估和就有关事项出具法律意见书后,按照隶属关系,分别向省、自治区、直辖市、计划单列市人民政府(以下简称"地方政府")或者中央企业主管部门提出公开发行股票的申请;

(二)在国家下达的发行规模内,地方政府对地方企业的发行申请进行审批,中央企业主管部门在与申请人所在地地方政府协商后对中央企业的发行申请进行审批;地方政府、中央企业主管部门应当自收到发行申请之日起30个工作日内作出审批决定,并抄报证券委;

(三)被批准的发行申请,送证监会复审;证监会应当自收到复审申请之日起20个工作日内出具复审意见书,并将复审意见书抄报证券委;经证监会复审同意的,申请人应当向证券交易所上市委员会提出申请,经上市委员会同意接受上市,方可发行股票。

第十三条 申请公开发行股票,应当向地方政府或者中央企业主管部门报送下列文件:

(一)申请报告;

(二)发起人会议或者股东大会同意公开发行股票的决议;

(三)批准设立股份有限公司的文件;

(四)工商行政管理部门颁发的股份有限公司营业执

照或者股份有限公司筹建登记证明;

(五)公司章程或者公司章程草案;

(六)招股说明书;

(七)资金运用的可行性报告;需要国家提供资金或者其他条件的固定资产投资项目,还应当提供国家有关部门同意固定资产投资立项的批准文件;

(八)经会计师事务所审计的公司近3年或者成立以来的财务报告和由二名以上注册会计师及其所在事务所签字、盖章的审计报告;

(九)经二名以上律师及其所在事务所就有关事项签字、盖章的法律意见书;

(十)经二名以上专业评估人员及其所在机构签字、盖章的资产评估报告,经二名以上注册会计师及其所在事务所签字、盖章的验资报告;涉及国有资产的,还应当提供国有资产管理部门出具的确认文件;

(十一)股票发行承销方案和承销协议;

(十二)地方政府或者中央企业主管部门要求报送的其他文件。

第十四条 被批准的发行申请送证监会复审时,除应当报送本条例第十三条所列文件外,还应当报送下列文件:

(一)地方政府或者中央企业主管部门批准发行申请的文件;

(二)证监会要求报送的其他文件。

第十五条 本条例第十三条所称招股说明书应当按照证监会规定的格式制作,并载明下列事项:

(一)公司的名称、住所;

(二)发起人、发行人简况;

(三)筹资的目的;

(四)公司现有股本总额,本次发行的股票种类、总额,每股的面值、售价,发行前的每股净资产值和发行结束后每股预期净资产值,发行费用和佣金;

(五)初次发行的发起人认购股本的情况、股权结构及验资证明;

(六)承销机构的名称、承销方式与承销数量;

(七)发行的对象、时间、地点及股票认购和股款缴纳的方式;

(八)所筹资金的运用计划及收益、风险预测;

(九)公司近期发展规划和经注册会计师审核并出具审核意见的公司下一年的盈利预测文件;

(十)重要的合同;

(十一)涉及公司的重大诉讼事项;

(十二)公司董事、监事名单及其简历;

(十三)近三年或者成立以来的生产经营状况和有关业务发展的基本情况;

(十四)经会计师事务所审计的公司近3年或者成立以来的财务报告和由二名以上注册会计师及其所在事务所签字、盖章的审计报告;

(十五)增资发行的公司前次公开发行股票所筹资金的运用情况;

(十六)证监会要求载明的其他事项。

第十六条 招股说明书的封面应当载明:"发行人保证招股说明书的内容真实、准确、完整。政府及国家证券管理部门对本次发行所作出的任何决定,均不表明其对发行人所发行的股票的价值或者投资人的收益作出实质性判断或者保证。"

第十七条 全体发起人或者董事以及主承销商应当在招股说明书上签字,保证招股说明书没有虚假、严重误导性陈述或者重大遗漏,并保证对其承担连带责任。

第十八条 为发行人出具文件的注册会计师及其所在事务所、专业评估人员及其所在机构、律师及其所在事务所,在履行职责时,应当按照本行业公认的业务标准和道德规范,对其出具文件内容的真实性、准确性、完整性进行核查和验证。

第十九条 在获准公开发行股票前,任何人不得以任何形式泄露招股说明书的内容。在获准公开发行股票后,发行人应当在承销期开始前二个至五个工作日期间公布招股说明书。

发行人应当向认购人提供招股说明书。证券承销机构应当将招股说明书备置于营业场所,并有义务提醒认购人阅读招股说明书。

招股说明书的有效期为6个月,自招股说明书签署完毕之日起计算。招股说明书失效后,股票发行必须立即停止。

第二十条 公开发行的股票应当由证券经营机构承销。承销包括包销和代销两种方式。

发行人应当与证券经营机构签署承销协议。承销协议应当载明下列事项:

(一)当事人的名称、住所及法定代表人的姓名;

(二)承销方式;

(三)承销股票的种类、数量、金额及发行价格;

(四)承销期及起止日期;

(五)承销付款的日期及方式;

(六)承销费用的计算、支付方式和日期;

(七)违约责任;

(八)其他需要约定的事项。

证券经营机构收取承销费用的原则,由证监会确定。

第二十一条 证券经营机构承销股票,应当对招股说明书和其他有关宣传材料的真实性、准确性、完整性进行核查;发现含有虚假、严重误导性陈述或者重大遗漏的,不得发出要约邀请或者要约;已经发出的,应当立即停止销售活动,并采取相应的补救措施。

第二十二条 拟公开发行股票的面值总额超过人民币3000万元或者预期销售总金额超过人民币5000万元的,应当由承销团承销。

承销团由二个以上承销机构组成。主承销商由发行人按照公平竞争的原则,通过竞标或者协商的方式确定。主承销商应当与其他承销商签署承销团协议。

第二十三条 拟公开发行股票的面值总额超过人民币1亿元或者预期销售总金额超过人民币1亿5000万元的,承销团中的外地承销机构的数目以及总承销量中在外地销售的数量,应当占合理的比例。

前款所称外地是指发行人所在的省、自治区、直辖市以外的地区。

第二十四条 承销期不得少于10日,不得超过90日。

在承销期内,承销机构应当尽力向认购人出售其所承销的股票,不得为本机构保留所承销的股票。

承销期满后,尚未售出的股票按照承销协议约定的包销或者代销方式分别处理。

第二十五条 承销机构或者其委托机构向社会发放股票认购申请表,不得收取高于认购申请表印制和发放成本的费用,并不得限制认购申请表发放数量。

认购数量超过拟公开发行的总量时,承销机构应当按照公平原则,采用按比例配售、按比例累退配售或者抽签等方式销售股票。采用抽签方式时,承销机构应当在规定的日期,在公证机关监督下,按照规定的程序,对所有股票认购申请表进行公开抽签,并对中签者销售股票。

除承销机构或者其委托机构外,任何单位和个人不得发放、转售股票认购申请表。

第二十六条 承销机构应当在承销期满后的十五个工作日内向证监会提交承销情况的书面报告。

第二十七条 证券经营机构在承销期结束后,将其持有的发行人的股票向发行人以外的社会公众作出要约邀请、要约或者销售,应当经证监会批准,按照规定的程序办理。

第二十八条 发行人用新股票换回其已经发行在外的股票,并且这种交换无直接或者间接的费用发生的,不适用本章规定。

第三章 股票的交易

第二十九条 股票交易必须在经证券委批准可以进行股票交易的证券交易场所进行。

第三十条 股份有限公司申请其股票在证券交易所交易,应当符合下列条件:

(一)其股票已经公开发行;

(二)发行后的股本总额不少于人民币5000万元;

(三)持有面值人民币1000元以上的个人股东人数不少于1000人,个人持有的股票面值总额不少于人民币1000万元;

(四)公司有最近三年连续盈利的记录;原有企业改组设立股份有限公司的,原企业有最近三年连续盈利的记录,但是新设立的股份有限公司除外;

(五)证券委规定的其他条件。

第三十一条 公开发行股票符合前条规定条件的股份有限公司,申请其股票在证券交易所交易,应当向证券交易所的上市委员会提出申请;上市委员会应当自收到申请之日起20个工作日内作出审批,确定具体上市时间。审批文件报证监会备案,并抄报证券委。

第三十二条 股份有限公司申请其股票在证券交易所交易,应当向证券交易所的上市委员会送交下列文件:

(一)申请书;

(二)公司登记注册文件;

(三)股票公开发行的批准文件;

(四)经会计师事务所审计的公司近三年或者成立以来的财务报告和由二名以上的注册会计师及其所在事务所签字、盖章的审计报告;

(五)证券交易所会员的推荐书;

(六)最近一次的招股说明书;

(七)证券交易所要求的其他文件。

第三十三条 股票获准在证券交易所交易后,上市公司应当公布上市公告并将本条例第三十二条所列文件予以公布。

第三十四条 上市公告的内容,除应当包括本条例第十五条规定的招股说明书的主要内容外,还应当包括下列事项:

(一)股票获准在证券交易所交易的日期和批准文号;

(二)股票发行情况、股权结构和最大的十名股东的名单及持股数额;

(三)公司创立大会或者股东大会同意公司股票在证券交易所交易的决议;

(四)董事、监事和高级管理人员简历及其持有本公司证券的情况;

(五)公司近3年或者成立以来的经营业绩和财务状况以及下一年的盈利预测文件;

(六)证券交易所要求载明的其他事项。

第三十五条 为上市公司出具文件的注册会计师及其所在事务所、专业评估人员及其所在机构、律师及其所在事务所,在履行职责时,应当按照本行业公认的业务标准和道德规范,对其出具文件内容的真实性、准确性、完整性进行核查和验证。

第三十六条 国家拥有的股份的转让必须经国家有关部门批准,具体办法另行规定。

国家拥有的股份的转让,不得损害国家拥有的股份的权益。

第三十七条 证券交易场所,证券保管、清算、过户、登记机构和证券经营机构,应当保证外地委托人与本地委托人享有同等待遇,不得歧视或者限制外地委托人。

第三十八条 股份有限公司的董事、监事、高级管理人员和持有公司5%以上有表决权股份的法人股东,将其所持有的公司股票在买入后6个月内卖出或者在卖出后6个月内买入,由此获得的利润归公司所有。

前款规定适用于持有公司5%以上有表决权股份的法

人股东的董事、监事和高级管理人员。

第三十九条　证券业从业人员、证券业管理人员和国家规定禁止买卖股票的其他人员,不得直接或者间接持有、买卖股票,但是买卖经批准发行的投资基金证券除外。

第四十条　为股票发行出具审计报告、资产评估报告、法律意见书等文件的有关专业人员,在该股票承销期内和期满后6个月内,不得购买或者持有该股票。

为上市公司出具审计报告、资产评估报告、法律意见书等文件的有关专业人员,在其审计报告、资产评估报告、法律意见书等文件成为公开信息前,不得购买或者持有该公司的股票;成为公开信息后的5个工作日内,也不得购买该公司的股票。

第四十一条　未依照国家有关规定经过批准,股份有限公司不得购回其发行在外的股票。

第四十二条　未经证券委批准,任何人不得对股票及其指数的期权、期货进行交易。

第四十三条　任何金融机构不得为股票交易提供贷款。

第四十四条　证券经营机构不得将客户的股票借与他人或者作为担保物。

第四十五条　经批准从事证券自营、代理和投资基金管理业务中二项以上业务的证券经营机构,应当将不同业务的经营人员、资金、账目分开。

第四章　上市公司的收购

第四十六条　任何个人不得持有一个上市公司5‰以上的发行在外的普通股;超过的部分,由公司在征得证监会同意后,按照原买入价格和市场价格中较低的一种价格收购。但是,因公司发行在外的普通股总量减少,致使个人持有该公司5‰以上发行在外的普通股的,超过的部分在合理期限内不予收购。

外国和香港、澳门、台湾地区的个人持有的公司发行的人民币特种股票和在境外发行的股票,不受前款规定的5‰的限制。

第四十七条　任何法人直接或者间接持有一个上市公司发行在外的普通股达到5%时,应当自该事实发生之日起3个工作日内,向该公司、证券交易场所和证监会作出书面报告并公告。但是,因公司发行在外的普通股总量减少,致使法人持有该公司5%以上发行在外的普通股的,在合理期限内不受上述限制。

任何法人持有一个上市公司5%以上的发行在外的普通股后,其持有该种股票的增减变化每达到该种股票发行在外总额的2%时,应当自该事实发生之日起3个工作日内,向该公司、证券交易场所和证监会作出书面报告并公告。

法人在依照前两款规定作出报告并公告之日起2个工作日内和作出报告前,不得再行直接或者间接买入或者卖出该种股票。

第四十八条　发起人以外的任何法人直接或者间接持有一个上市公司发行在外的普通股达到30%时,应当自该事实发生之日起45个工作日内,向该公司所有股票持有人发出收购要约,按照下列价格中较高的一种价格,以货币付款方式购买股票:

(一)在收购要约发出前12个月内收购要约人购买该种股票所支付的最高价格;

(二)在收购要约发出前30个工作日内该种股票的平均市场价格。

前款持有人发出收购要约前,不得再行购买该种股票。

第四十九条　收购要约人在发出收购要约前应当向证监会作出有关收购的书面报告;在发出收购要约的同时应当向受要约人、证券交易场所提供本身情况的说明和与该要约有关的全部信息,并保证材料真实、准确、完整,不产生误导。

收购要约的有效期不得少于30个工作日,自收购要约发出之日起计算。自收购要约发出之日起30个工作日内,收购要约人不得撤回其收购要约。

第五十条　收购要约的全部条件适用于同种股票的所有持有人。

第五十一条　收购要约期满,收购要约人持有的普通股未达到该公司发行在外的普通股总数的50%的,为收购失败;收购要约人除发出新的收购要约外,其以后每年购买的该公司发行在外的普通股,不得超过该公司发行在外的普通股总数的5%。

收购要约期满,收购要约人持有的普通股达到该公司发行在外的普通股总数的75%以上的,该公司应当在证券交易所终止交易。

收购要约人要约购买股票的总数低于预受要约的总数时,收购要约人应当按照比例从所有预受收购要约的受要约人中购买该股票。

收购要约期满,收购要约人持有的股票达到该公司股票总数的90%时,其余股东有权以同等条件向收购要约人强制出售其股票。

第五十二条　收购要约发出后,主要要约条件改变的,收购要约人应当立即通知所有受要约人。通知可以采用新闻发布会、登报或者其他传播形式。

收购要约人在要约期内及要约期满后30个工作日内,不得以要约规定以外的任何条件购买该种股票。

预受收购要约的受要约人有权在收购要约失效前撤回对该要约的预受。

第五章　保管、清算和过户

第五十三条　股票发行采取记名式。发行人可以发行簿记券式股票,也可以发行实物券式股票。簿记券式股票名册应当由证监会指定的机构保管。实物券式股票集中保管的,也应当由证监会指定的机构保管。

第五十四条　未经股票持有人的书面同意,股票保管机构不得将该持有人的股票借与他人或者作为担保物。

第五十五条　证券清算机构应当根据方便、安全、公平的原则,制定股票清算、交割的业务规则和内部管理规则。

证券清算机构应当按照公平的原则接纳会员。

第五十六条　证券保管、清算、过户、登记机构应当接受证监会监管。

第六章　上市公司的信息披露

第五十七条　上市公司应当向证监会、证券交易场所提供下列文件:

(一)在每个会计年度的前6个月结束后60日内提交中期报告;

(二)在每个会计年度结束后120日内提交经注册会计师审计的年度报告。

中期报告和年度报告应当符合国家的会计制度和证监会的有关规定,由上市公司授权的董事或者经理签字,并由上市公司盖章。

第五十八条　本条例第五十七条所列中期报告应当包括下列内容:

(一)公司财务报告;

(二)公司管理部门对公司财务状况和经营成果的分析;

(三)涉及公司的重大诉讼事项;

(四)公司发行在外股票的变动情况;

(五)公司提交给有表决权的股东审议的重要事项;

(六)证监会要求载明的其他内容。

第五十九条　本条例第五十七条所列年度报告应当包括下列内容:

(一)公司简况;

(二)公司的主要产品或者主要服务项目简况;

(三)公司所在行业简况;

(四)公司所拥有的重要的工厂、矿山、房地产等财产简况;

(五)公司发行在外股票的情况,包括持有公司5%以上发行在外普通股的股东的名单及前十名最大的股东的名单;

(六)公司股东数量;

(七)公司董事、监事和高级管理人员简况、持股情况和报酬;

(八)公司及其关联人一览表和简况;

(九)公司近3年或者成立以来的财务信息摘要;

(十)公司管理部门对公司财务状况和经营成果的分析;

(十一)公司发行在外债券的变动情况;

(十二)涉及公司的重大诉讼事项;

(十三)经注册会计师审计的公司最近两个年度的比较财务报告及其附表、注释;该上市公司为控股公司的,还应当包括最近两个年度的比较合并财务报告;

(十四)证监会要求载明的其他内容。

第六十条　发生可能对上市公司股票的市场价格产生较大影响、而投资人尚未得知的重大事件时,上市公司应当立即将有关该重大事件的报告提交证券交易场所和证监会,并向社会公布,说明事件的实质。但是,上市公司有充分理由认为向社会公布该重大事件会损害上市公司的利益,且不公布也不会导致股票市场价格重大变动的,经证券交易场所同意,可以不予公布。

前款所称重大事件包括下列情况:

(一)公司订立重要合同,该合同可能对公司的资产、负债、权益和经营成果中的一项或者多项产生显著影响;

(二)公司的经营政策或者经营项目发生重大变化;

(三)公司发生重大的投资行为或者购置金额较大的长期资产的行为;

(四)公司发生重大债务;

(五)公司未能归还到期重大债务的违约情况;

(六)公司发生重大经营性或者非经营性亏损;

(七)公司资产遭受重大损失;

(八)公司生产经营环境发生重要变化;

(九)新颁布的法律、法规、政策、规章等,可能对公司的经营有显著影响;

(十)董事长、30%以上的董事或者总经理发生变动;

(十一)持有公司5%以上的发行在外的普通股的股东,其持有该种股票的增减变化每达到该种股票发行在外总额的2%以上的事实;

(十二)涉及公司的重大诉讼事项;

(十三)公司进入清算、破产状态。

第六十一条　在任何公共传播媒介中出现的消息可能对上市公司股票的市场价格产生误导性影响时,该公司知悉后应当立即对该消息作出公开澄清。

第六十二条　上市公司的董事、监事和高级管理人员持有该公司普通股的,应当向证监会、证券交易场所和该公司报告其持股情况;持股情况发生变化的,应当自该变化发生之日起10个工作日内向证监会、证券交易场所和该公司作出报告。

前款所列人员在辞职或者离职后6个月内负有依照本条规定作出报告的义务。

第六十三条　上市公司应当将要求公布的信息刊登在证监会指定的全国性报刊上。

上市公司在依照前款规定公布信息的同时,可以在证券交易场所指定的地方报刊上公布有关信息。

第六十四条　证监会应当将上市公司及其董事、监事、高级管理人员和持有公司5%以上的发行在外的普通股的股东所提交的报告、公告及其他文件及时向社会公开,供投资人查阅。

证监会要求披露的全部信息均为公开信息,但是下列信息除外:

(一)法律、法规予以保护并允许不予披露的商业秘密;

(二)证监会在调查违法行为过程中获得的非公开信息和文件;

(三)根据有关法律、法规规定可以不予披露的其他信息和文件。

第六十五条 股票持有人可以授权他人代理行使其同意权或者投票权。但是,任何人在征集25人以上的同意权或者投票权时,应当遵守证监会有关信息披露和作出报告的规定。

第六十六条 上市公司除应当向证监会、证券交易场所提交本章规定的报告、公告、信息及文件外,还应当按照证券交易场所的规定提交有关报告、公告、信息及文件,并向所有股东公开。

第六十七条 本条例第五十七条至第六十五条的规定,适用于已经公开发行股票,其股票并未在证券交易场所交易的股份有限公司。

第七章 调查和处罚

第六十八条 对违反本条例规定的单位和个人,证监会有权进行调查或者会同国家有关部门进行调查;重大的案件,由证券委组织调查。

第六十九条 证监会可以对证券经营机构的业务活动进行检查。

第七十条 股份有限公司违反本条例规定,有下列行为之一的,根据不同情况,单处或者并处警告、责令退还非法所筹股款、没收非法所得、罚款;情节严重的,停止其发行股票资格:

(一)未经批准发行或者变相发行股票的;

(二)以欺骗或者其他不正当手段获准发行股票或者获准其股票在证券交易场所交易的;

(三)未按照规定方式、范围发行股票,或者在招股说明书失效后销售股票的;

(四)未经批准购回其发行在外的股票的。

对前款所列行为负有直接责任的股份有限公司的董事、监事和高级管理人员,给予警告或者处以3万元以上30万元以下的罚款。

第七十一条 证券经营机构违反本条例规定,有下列行为之一的,根据不同情况,单处或者并处警告、没收非法获取的股票和其他非法所得、罚款;情节严重的,限制、暂停其证券经营业务或者撤销其证券经营业务许可:

(一)未按照规定的时间、程序、方式承销股票的;

(二)未按照规定发放股票认购申请表的;

(三)将客户的股票借与他人或者作为担保物的;

(四)收取不合理的佣金和其他费用的;

(五)以客户的名义为本机构买卖股票的;

(六)挪用客户保证金的;

(七)在代理客户买卖股票活动中,与客户分享股票交易的利润或者分担股票交易的损失,或者向客户提供避免损失的保证的;

(八)为股票交易提供融资的。

对前款所列行为负有责任的证券经营机构的主管人员和直接责任人员,给予警告或者处以3万元以上30万元以下的罚款。

第七十二条 内幕人员和以不正当手段获取内幕信息的其他人员违反本条例规定,泄露内幕信息、根据内幕信息买卖股票或者向他人提出买卖股票的建议的,根据不同情况,没收非法获取的股票和其他非法所得,并处以5万元以上50万元以下的罚款。

证券业从业人员、证券业管理人员和国家规定禁止买卖股票的其他人员违反本条例规定,直接或者间接持有、买卖股票的,除责令限期出售其持有的股票外,根据不同情况,单处或者并处警告、没收非法所得、5000元以上50000元以下的罚款。

第七十三条 会计师事务所、资产评估机构和律师事务所违反本条例规定,出具的文件有虚假、严重误导性内容或者有重大遗漏的,根据不同情况,单处或者并处警告、没收非法所得、罚款;情节严重的,暂停其从事证券业务或者撤销其从事证券业务许可。

对前款所列行为负有直接责任的注册会计师、专业评估人员和律师,给予警告或者处以3万元以上30万元以下的罚款;情节严重的,撤销其从事证券业务的资格。

第七十四条 任何单位和个人违反本条例规定,有下列行为之一的,根据不同情况,单处或者并处警告、没收非法获取的股票和其他非法所得、罚款:

(一)在证券委批准可以进行股票交易的证券交易场所之外进行股票交易的;

(二)在股票发行、交易过程中,作出虚假、严重误导性陈述或者遗漏重大信息的;

(三)通过合谋或者集中资金操纵股票市场价格,或者以散布谣言等手段影响股票发行、交易的;

(四)为制造股票的虚假价格与他人串通,不转移股票的所有权或者实际控制,虚买虚卖的;

(五)出售或者要约出售其并不持有的股票,扰乱股票市场秩序的;

(六)利用职权或者其他不正当手段,索取或者强行买卖股票,或者协助他人买卖股票的;

(七)未经批准对股票及其指数的期权、期货进行交易的;

(八)未按照规定履行有关文件和信息的报告、公开、公布义务的;

(九)伪造、篡改或者销毁与股票发行、交易有关的业务记录、财务账簿等文件的;

（十）其他非法从事股票发行、交易及其相关活动的。

股份有限公司有前款所列行为，情节严重的，可以停止其发行股票的资格；证券经营机构有前款所列行为，情节严重的，可以限制、暂停其证券经营业务或者撤销其证券经营业务许可。

第七十五条 本条例第七十条、第七十一条、第七十二条、第七十四条规定的处罚，由证券委指定的机构决定；重大的案件的处罚，报证券委决定。本条例第七十三条规定的处罚，由有关部门在各自的职权范围内决定。

第七十六条 上市公司和证券交易所或者其他证券业自律性管理组织的会员及其工作人员违反本条例规定，除依照本条例规定给予行政处罚外，由证券交易所或者其他证券业自律性管理组织根据章程或者自律准则给予制裁。

第七十七条 违反本条例规定，给他人造成损失的，应当依法承担民事赔偿责任。

第七十八条 违反本条例规定，构成犯罪的，依法追究刑事责任。

第八章 争议的仲裁

第七十九条 与股票的发行或者交易有关的争议，当事人可以按照协议的约定向仲裁机构申请调解、仲裁。

第八十条 证券经营机构之间以及证券经营机构与证券交易场所之间因股票的发行或者交易引起的争议，应当由证券委批准设立或者指定的仲裁机构调解、仲裁。

第九章 附 则

第八十一条 本条例下列用语的含义：

（一）“股票”是指股份有限公司发行的、表示其股东按其持有的股份享受权益和承担义务的可转让的书面凭证。

“簿记券式股票”是指发行人按照证监会规定的统一格式制作的、记载股东权益的书面名册。

“实物券式股票”是指发行人在证监会指定的印制机构统一印制的书面股票。

（二）“发行在外的普通股”是指公司库存以外的普通股。

（三）“公开发行”是指发行人通过证券经营机构向发行人以外的社会公众就发行人的股票作出的要约邀请、要约或者销售行为。

（四）“承销”是指证券经营机构依照协议包销或者代销发行人所发行股票的行为。

（五）“承销机构”是指以包销或者代销方式为发行人销售股票的证券经营机构。

（六）“包销”是指承销机构在发行期结束后将未售出的股票全部买下的承销方式。

（七）“代销”是指承销机构代理发售股票，在发行期结束后，将未售出的股票全部退还给发行人或者包销人的承销方式。

（八）“公布”是指将本条例规定应当予以披露的文件刊载在证监会指定的报刊上的行为。

（九）“公开”是指将本条例规定应当予以披露的文件备置于发行人及其证券承销机构的营业地和证监会，供投资人查阅的行为。

（十）“要约”是指向特定人或者非特定人发出购买或者销售某种股票的口头的或者书面的意思表示。

（十一）“要约邀请”是指建议他人向自己发出要约的意思表示。

（十二）“预受”是指受要约人同意接受要约的初步意思表示，在要约期满前不构成承诺。

（十三）“上市公司”是指其股票获准在证券交易场所交易的股份有限公司。

（十四）“内幕人员”是指任何由于持有发行人的股票，或者在发行人或者与发行人有密切联系的企业中担任董事、监事、高级管理人员，或者由于其会员地位、管理地位、监督地位和职业地位，或者作为雇员、专业顾问履行职务，能够接触或者获取内幕信息的人员。

（十五）“内幕信息”是指有关发行人、证券经营机构、有收购意图的法人、证券监督管理机构、证券业自律性管理组织以及与其有密切联系的人员所知悉的尚未公开的可能影响股票市场价格的重大信息。

（十六）“证券交易场所”是指经批准设立的、进行证券交易的证券交易所和证券交易报价系统。

（十七）“证券业管理人员”是指证券管理部门和证券业自律性管理组织的工作人员。

（十八）“证券业从业人员”是指从事证券发行、交易及其他相关业务的机构的工作人员。

第八十二条 证券经营机构和证券交易所的管理规定，另行制定。

公司内部职工持股不适用本条例。

第八十三条 本条例由证券委负责解释。

第八十四条 本条例自发布之日起施行。

中华人民共和国证券投资基金法

1. 2003年10月28日第十届全国人民代表大会常务委员会第五次会议通过

2. 2012年12月28日第十一届全国人民代表大会常务委员会第三十次会议修订

3. 根据2015年4月24日第十二届全国人民代表大会常务委员会第十四次会议《关于修改〈中华人民共和国港口法〉等七部法律的决定》修正

目 录

第一章 总 则

第一条 【立法目的】为了规范证券投资基金活动,保护投资人及相关当事人的合法权益,促进证券投资基金和资本市场的健康发展,制定本法。

第二条 【调整范围】在中华人民共和国境内,公开或者非公开募集资金设立证券投资基金(以下简称基金),由基金管理人管理,基金托管人托管,为基金份额持有人的利益,进行证券投资活动,适用本法;本法未规定的,适用《中华人民共和国信托法》、《中华人民共和国证券法》和其他有关法律、行政法规的规定。

第三条 【相关方的权利、义务约定】基金管理人、基金托管人和基金份额持有人的权利、义务,依照本法在基金合同中约定。

基金管理人、基金托管人依照本法和基金合同的约定,履行受托职责。

通过公开募集方式设立的基金(以下简称公开募集基金)的基金份额持有人按其所持基金份额享受收益和承担风险,通过非公开募集方式设立的基金(以下简称非公开募集基金)的收益分配和风险承担由基金合同约定。

第四条 【基本原则】从事证券投资基金活动,应当遵循自愿、公平、诚实信用的原则,不得损害国家利益和社会公共利益。

第五条 【基金财产】基金财产的债务由基金财产本身承担,基金份额持有人以其出资为限对基金财产的债务承担责任。但基金合同依照本法另有约定的,从其约定。

基金财产独立于基金管理人、基金托管人的固有财产。基金管理人、基金托管人不得将基金财产归入其固有财产。

基金管理人、基金托管人因基金财产的管理、运用或者其他情形而取得的财产和收益,归入基金财产。

基金管理人、基金托管人因依法解散、被依法撤销或者被依法宣告破产等原因进行清算的,基金财产不属于其清算财产。

第六条 【基金财产的债权债务】基金财产的债权,不得与基金管理人、基金托管人固有财产的债务相抵销;不同基金财产的债权债务,不得相互抵销。

第七条 【禁止因其他债务强制执行基金财产】非因基金财产本身承担的债务,不得对基金财产强制执行。

第八条 【基金财产投资的税收】基金财产投资的相关税收,由基金份额持有人承担,基金管理人或者其他扣缴义务人按照国家有关税收征收的规定代扣代缴。

第九条 【相关从业人员的义务】基金管理人、基金托管人管理、运用基金财产,基金服务机构从事基金服务活动,应当恪尽职守,履行诚实信用、谨慎勤勉的义务。

基金管理人运用基金财产进行证券投资,应当遵守审慎经营规则,制定科学合理的投资策略和风险管理制度,有效防范和控制风险。

基金从业人员应当具备基金从业资格,遵守法律、行政法规,恪守职业道德和行为规范。

第十条 【基金行业协会】基金管理人、基金托管人和基金服务机构,应当依照本法成立证券投资基金行业协会(以下简称基金行业协会),进行行业自律,协调行业关系,提供行业服务,促进行业发展。

第十一条 【监管机构】国务院证券监督管理机构依法对证券投资基金活动实施监督管理;其派出机构依照授权履行职责。

第二章 基金管理人

第十二条 【管理人担任及核准】基金管理人由依法设立的公司或者合伙企业担任。

公开募集基金的基金管理人,由基金管理公司或者经国务院证券监督管理机构按照规定核准的其他机构担任。

第十三条 【设立基金管理公司的条件】设立管理公开募集基金的基金管理公司,应当具备下列条件,并经国务院证券监督管理机构批准:

(一)有符合本法和《中华人民共和国公司法》规定的章程;

(二)注册资本不低于一亿元人民币,且必须为实缴货币资本;

(三)主要股东应当具有经营金融业务或者管理金融机构的良好业绩、良好的财务状况和社会信誉,资产规模达到国务院规定的标准,最近三年没有违法记录;

(四)取得基金从业资格的人员达到法定人数;

(五)董事、监事、高级管理人员具备相应的任职条件;

(六)有符合要求的营业场所、安全防范设施和与基金管理业务有关的其他设施;

(七)有良好的内部治理结构、完善的内部稽核监控制度、风险控制制度;

(八)法律、行政法规规定的和经国务院批准的国务院证券监督管理机构规定的其他条件。

第十四条 【设立管理公司的审批期限】国务院证券监督管理机构应当自受理基金管理公司设立申请之日起六个月内依照本法第十三条规定的条件和审慎监管原则进行审查，作出批准或者不予批准的决定，并通知申请人；不予批准的，应当说明理由。

基金管理公司变更持有百分之五以上股权的股东，变更公司的实际控制人，或者变更其他重大事项，应当报经国务院证券监督管理机构批准。国务院证券监督管理机构应当自受理申请之日起六十日内作出批准或者不予批准的决定，并通知申请人；不予批准的，应当说明理由。

第十五条 【对管理人的从业人员的限制条件】有下列情形之一的，不得担任公开募集基金的基金管理人的董事、监事、高级管理人员和其他从业人员：

（一）因犯有贪污贿赂、渎职、侵犯财产罪或者破坏社会主义市场经济秩序罪，被判处刑罚的；

（二）对所任职的公司、企业因经营不善破产清算或者因违法被吊销营业执照负有个人责任的董事、监事、厂长、高级管理人员，自该公司、企业破产清算终结或者被吊销营业执照之日起未逾五年的；

（三）个人所负债务数额较大，到期未清偿的；

（四）因违法行为被开除的基金管理人、基金托管人、证券交易所、证券公司、证券登记结算机构、期货交易所、期货公司及其他机构的从业人员和国家机关工作人员；

（五）因违法行为被吊销执业证书或者被取消资格的律师、注册会计师和资产评估机构、验证机构的从业人员、投资咨询从业人员；

（六）法律、行政法规规定不得从事基金业务的其他人员。

第十六条 【管理人董事、监事的任职资格】公开募集基金的基金管理人的董事、监事和高级管理人员，应当熟悉证券投资方面的法律、行政法规，具有三年以上与其所任职务相关的工作经历；高级管理人员还应当具备基金从业资格。

第十七条 【管理制度】公开募集基金的基金管理人的董事、监事、高级管理人员和其他从业人员，其本人、配偶、利害关系人进行证券投资，应当事先向基金管理人申报，并不得与基金份额持有人发生利益冲突。

公开募集基金的基金管理人应当建立前款规定人员进行证券投资的申报、登记、审查、处置等管理制度，并报国务院证券监督管理机构备案。

第十八条 【管理人从业人员的限制】公开募集基金的基金管理人的董事、监事、高级管理人员和其他从业人员，不得担任基金托管人或者其他基金管理人的任何职务，不得从事损害基金财产和基金份额持有人利益的证券交易及其他活动。

第十九条 【管理人职责】公开募集基金的基金管理人应当履行下列职责：

（一）依法募集资金，办理基金份额的发售和登记事宜；

（二）办理基金备案手续；

（三）对所管理的不同基金财产分别管理、分别记账，进行证券投资；

（四）按照基金合同的约定确定基金收益分配方案，及时向基金份额持有人分配收益；

（五）进行基金会计核算并编制基金财务会计报告；

（六）编制中期和年度基金报告；

（七）计算并公告基金资产净值，确定基金份额申购、赎回价格；

（八）办理与基金财产管理业务活动有关的信息披露事项；

（九）按照规定召集基金份额持有人大会；

（十）保存基金财产管理业务活动的记录、账册、报表和其他相关资料；

（十一）以基金管理人名义，代表基金份额持有人利益行使诉讼权利或者实施其他法律行为；

（十二）国务院证券监督管理机构规定的其他职责。

第二十条 【管理人行为的限制】公开募集基金的基金管理人及其董事、监事、高级管理人员和其他从业人员不得有下列行为：

（一）将其固有财产或者他人财产混同于基金财产从事证券投资；

（二）不公平地对待其管理的不同基金财产；

（三）利用基金财产或者职务之便为基金份额持有人以外的人牟取利益；

（四）向基金份额持有人违规承诺收益或者承担损失；

（五）侵占、挪用基金财产；

（六）泄露因职务便利获取的未公开信息、利用该信息从事或者明示、暗示他人从事相关的交易活动；

（七）玩忽职守，不按照规定履行职责；

（八）法律、行政法规和国务院证券监督管理机构规定禁止的其他行为。

第二十一条 【管理人内部管理机构及原则】公开募集基金的基金管理人应当建立良好的内部治理结构，明确股东会、董事会、监事会和高级管理人员的职责权限，确保基金管理人独立运作。

公开募集基金的基金管理人可以实行专业人士持股计划，建立长效激励约束机制。

公开募集基金的基金管理人的股东、董事、监事和高级管理人员在行使权利或者履行职责时，应当遵循基金份额持有人利益优先的原则。

第二十二条 【风险准备金】公开募集基金的基金管理人应当从管理基金的报酬中计提风险准备金。

公开募集基金的基金管理人因违法违规、违反基金合同等原因给基金财产或者基金份额持有人合法权益造成损失,应当承担赔偿责任的,可以优先使用风险准备金予以赔偿。

第二十三条　【股东实际控制人行为的限制】公开募集基金的基金管理人的股东、实际控制人应当按照国务院证券监督管理机构的规定及时履行重大事项报告义务,并不得有下列行为:

(一)虚假出资或者抽逃出资;

(二)未依法经股东会或者董事会决议擅自干预基金管理人的基金经营活动;

(三)要求基金管理人利用基金财产为自己或者他人牟取利益,损害基金份额持有人利益;

(四)国务院证券监督管理机构规定禁止的其他行为。

公开募集基金的基金管理人的股东、实际控制人有前款行为或者股东不再符合法定条件的,国务院证券监督管理机构应当责令其限期改正,并可视情节责令其转让所持有或者控制的基金管理人的股权。

在前款规定的股东、实际控制人按照要求改正违法行为、转让所持有或者控制的基金管理人的股权前,国务院证券监督管理机构可以限制有关股东行使股东权利。

第二十四条　【对管理人违法违规的处理】公开募集基金的基金管理人违法违规,或者其内部治理结构、稽核监控和风险控制管理不符合规定的,国务院证券监督管理机构应当责令其限期改正;逾期未改正,或者其行为严重危及该基金管理人的稳健运行、损害基金份额持有人合法权益的,国务院证券监督管理机构可以区别情形,对其采取下列措施:

(一)限制业务活动,责令暂停部分或者全部业务;

(二)限制分配红利,限制向董事、监事、高级管理人员支付报酬、提供福利;

(三)限制转让固有财产或者在固有财产上设定其他权利;

(四)责令更换董事、监事、高级管理人员或者限制其权利;

(五)责令有关股东转让股权或者限制有关股东行使股东权利。

公开募集基金的基金管理人整改后,应当向国务院证券监督管理机构提交报告。国务院证券监督管理机构经验收,符合有关要求的,应当自验收完毕之日起三日内解除对其采取的有关措施。

第二十五条　【管理人的更换】公开募集基金的基金管理人的董事、监事、高级管理人员未能勤勉尽责,致使基金管理人存在重大违法违规行为或者重大风险的,国务院证券监督管理机构可以责令更换。

第二十六条　【对管理人违法经营的处理】公开募集基金的基金管理人违法经营或者出现重大风险,严重危害证券市场秩序、损害基金份额持有人利益的,国务院证券监督管理机构可以对该基金管理人采取责令停业整顿、指定其他机构托管、接管、取消基金管理资格或者撤销等监管措施。

第二十七条　【对管理人的监管】在公开募集基金的基金管理人被责令停业整顿、被依法指定托管、接管或者清算期间,或者出现重大风险时,经国务院证券监督管理机构批准,可以对该基金管理人直接负责的董事、监事、高级管理人员和其他直接责任人员采取下列措施:

(一)通知出境管理机关依法阻止其出境;

(二)申请司法机关禁止其转移、转让或者以其他方式处分财产,或者在财产上设定其他权利。

第二十八条　【管理人职责终止】有下列情形之一的,公开募集基金的基金管理人职责终止:

(一)被依法取消基金管理资格;

(二)被基金份额持有人大会解任;

(三)依法解散、被依法撤销或者被依法宣告破产;

(四)基金合同约定的其他情形。

第二十九条　【管理人职责的移交】公开募集基金的基金管理人职责终止的,基金份额持有人大会应当在六个月内选任新基金管理人;新基金管理人产生前,由国务院证券监督管理机构指定临时基金管理人。

公开募集基金的基金管理人职责终止的,应当妥善保管基金管理业务资料,及时办理基金管理业务的移交手续,新基金管理人或者临时基金管理人应当及时接收。

第三十条　【管理人职责终止后的基金财产审计】公开募集基金的基金管理人职责终止的,应当按照规定聘请会计师事务所对基金财产进行审计,并将审计结果予以公告,同时报国务院证券监督管理机构备案。

第三十一条　【补充规定】对非公开募集基金的基金管理人进行规范的具体办法,由国务院金融监督管理机构依照本章的原则制定。

第三章　基金托管人

第三十二条　【托管人担任及核准】基金托管人由依法设立的商业银行或者其他金融机构担任。

商业银行担任基金托管人的,由国务院证券监督管理机构会同国务院银行业监督管理机构核准;其他金融机构担任基金托管人的,由国务院证券监督管理机构核准。

第三十三条　【担任基金托管人的条件】担任基金托管人,应当具备下列条件:

(一)净资产和风险控制指标符合有关规定;

(二)设有专门的基金托管部门;

(三)取得基金从业资格的专职人员达到法定人数;

(四)有安全保管基金财产的条件;

(五)有安全高效的清算、交割系统;

(六)有符合要求的营业场所、安全防范设施和与基金托管业务有关的其他设施;

(七)有完善的内部稽核监控制度和风险控制制度;

（八）法律、行政法规规定的和经国务院批准的国务院证券监督管理机构、国务院银行业监督管理机构规定的其他条件。

第三十四条 【对托管人从业人员及高级管理人员的条件及限制】本法第十五条、第十七条、第十八条的规定，适用于基金托管人的专门基金托管部门的高级管理人员和其他从业人员。

本法第十六条的规定，适用于基金托管人的专门基金托管部门的高级管理人员。

第三十五条 【禁止托管人与管理人一体】基金托管人与基金管理人不得为同一机构，不得相互出资或者持有股份。

第三十六条 【托管人职责】基金托管人应当履行下列职责：

（一）安全保管基金财产；

（二）按照规定开设基金财产的资金账户和证券账户；

（三）对所托管的不同基金财产分别设置账户，确保基金财产的完整与独立；

（四）保存基金托管业务活动的记录、账册、报表和其他相关资料；

（五）按照基金合同的约定，根据基金管理人的投资指令，及时办理清算、交割事宜；

（六）办理与基金托管业务活动有关的信息披露事项；

（七）对基金财务会计报告、中期和年度基金报告出具意见；

（八）复核、审查基金管理人计算的基金资产净值和基金份额申购、赎回价格；

（九）按照规定召集基金份额持有人大会；

（十）按照规定监督基金管理人的投资运作；

（十一）国务院证券监督管理机构规定的其他职责。

第三十七条 【托管人对违规投资指令的监督】基金托管人发现基金管理人的投资指令违反法律、行政法规和其他有关规定，或者违反基金合同约定的，应当拒绝执行，立即通知基金管理人，并及时向国务院证券监督管理机构报告。

基金托管人发现基金管理人依据交易程序已经生效的投资指令违反法律、行政法规和其他有关规定，或者违反基金合同约定的，应当立即通知基金管理人，并及时向国务院证券监督管理机构报告。

第三十八条 【对托管人行为的限制】本法第二十条、第二十二条的规定，适用于基金托管人。

第三十九条 【对托管人失责的处理】基金托管人不再具备本法规定的条件，或者未能勤勉尽责，在履行本法规定的职责时存在重大失误的，国务院证券监督管理机构、国务院银行业监督管理机构应当责令其改正；逾期未改正，或者其行为严重影响所托管基金的稳健运行、损害基金份额持有人利益的，国务院证券监督管理机构、国务院银行业监督管理机构可以区别情形，对其采取下列措施：

（一）限制业务活动，责令暂停办理新的基金托管业务；

（二）责令更换负有责任的专门基金托管部门的高级管理人员。

基金托管人整改后，应当向国务院证券监督管理机构、国务院银行业监督管理机构提交报告；经验收，符合有关要求的，应当自验收完毕之日起三日内解除对其采取的有关措施。

第四十条 【托管人资格的取消】国务院证券监督管理机构、国务院银行业监督管理机构对有下列情形之一的基金托管人，可以取消其基金托管资格：

（一）连续三年没有开展基金托管业务的；

（二）违反本法规定，情节严重的；

（三）法律、行政法规规定的其他情形。

第四十一条 【托管人职责的终止】有下列情形之一的，基金托管人职责终止：

（一）被依法取消基金托管资格；

（二）被基金份额持有人大会解任；

（三）依法解散、被依法撤销或者被依法宣告破产；

（四）基金合同约定的其他情形。

第四十二条 【托管人职责的移交】基金托管人职责终止的，基金份额持有人大会应当在六个月内选任新基金托管人；新基金托管人产生前，由国务院证券监督管理机构指定临时基金托管人。

基金托管人职责终止的，应当妥善保管基金财产和基金托管业务资料，及时办理基金财产和基金托管业务的移交手续，新基金托管人或者临时基金托管人应当及时接收。

第四十三条 【托管人职责终止后的基金财产审计】基金托管人职责终止的，应当按照规定聘请会计师事务所对基金财产进行审计，并将审计结果予以公告，同时报国务院证券监督管理机构备案。

第四章 基金的运作方式和组织

第四十四条 【基金运作方式的约定】基金合同应当约定基金的运作方式。

第四十五条 【基金的运作方式】基金的运作方式可以采用封闭式、开放式或者其他方式。

采用封闭式运作方式的基金（以下简称封闭式基金），是指基金份额总额在基金合同期限内固定不变，基金份额持有人不得申请赎回的基金；采用开放式运作方式的基金（以下简称开放式基金），是指基金份额总额不固定，基金份额可以在基金合同约定的时间和场所申购或者赎回的基金。

采用其他运作方式的基金的基金份额发售、交易、申购、赎回的办法，由国务院证券监督管理机构另行规定。

第四十六条 【基金份额持有人的权利】基金份额持有人享有下列权利：

（一）分享基金财产收益；

(二)参与分配清算后的剩余基金财产;

(三)依法转让或者申请赎回其持有的基金份额;

(四)按照规定要求召开基金份额持有人大会或者召集基金份额持有人大会;

(五)对基金份额持有人大会审议事项行使表决权;

(六)对基金管理人、基金托管人、基金服务机构损害其合法权益的行为依法提起诉讼;

(七)基金合同约定的其他权利。

公开募集基金的基金份额持有人有权查阅或者复制公开披露的基金信息资料;非公开募集基金的基金份额持有人对涉及自身利益的情况,有权查阅基金的财务会计账簿等财务资料。

第四十七条　【基金份额持有人大会的组成及职权】基金份额持有人大会由全体基金份额持有人组成,行使下列职权:

(一)决定基金扩募或者延长基金合同期限;

(二)决定修改基金合同的重要内容或者提前终止基金合同;

(三)决定更换基金管理人、基金托管人;

(四)决定调整基金管理人、基金托管人的报酬标准;

(五)基金合同约定的其他职权。

第四十八条　【日常机构的设立及职权】按照基金合同约定,基金份额持有人大会可以设立日常机构,行使下列职权:

(一)召集基金份额持有人大会;

(二)提请更换基金管理人、基金托管人;

(三)监督基金管理人的投资运作、基金托管人的托管活动;

(四)提请调整基金管理人、基金托管人的报酬标准;

(五)基金合同约定的其他职权。

前款规定的日常机构,由基金份额持有人大会选举产生的人员组成;其议事规则,由基金合同约定。

第四十九条　【对基金份额持有人大会及其日常机构的限制】基金份额持有人大会及其日常机构不得直接参与或者干涉基金的投资管理活动。

第五章　基金的公开募集

第五十条　【公开募集基金】公开募集基金,应当经国务院证券监督管理机构注册。未经注册,不得公开或者变相公开募集基金。

前款所称公开募集基金,包括向不特定对象募集资金、向特定对象募集资金累计超过二百人,以及法律、行政法规规定的其他情形。

公开募集基金应当由基金管理人管理,基金托管人托管。

第五十一条　【公开募集基金的文件】注册公开募集基金,由拟任基金管理人向国务院证券监督管理机构提交下列文件:

(一)申请报告;

(二)基金合同草案;

(三)基金托管协议草案;

(四)招募说明书草案;

(五)律师事务所出具的法律意见书;

(六)国务院证券监督管理机构规定提交的其他文件。

第五十二条　【基金合同的内容】公开募集基金的基金合同应当包括下列内容:

(一)募集基金的目的和基金名称;

(二)基金管理人、基金托管人的名称和住所;

(三)基金的运作方式;

(四)封闭式基金的基金份额总额和基金合同期限,或者开放式基金的最低募集份额总额;

(五)确定基金份额发售日期、价格和费用的原则;

(六)基金份额持有人、基金管理人和基金托管人的权利、义务;

(七)基金份额持有人大会召集、议事及表决的程序和规则;

(八)基金份额发售、交易、申购、赎回的程序、时间、地点、费用计算方式,以及给付赎回款项的时间和方式;

(九)基金收益分配原则、执行方式;

(十)基金管理人、基金托管人报酬的提取、支付方式与比例;

(十一)与基金财产管理、运用有关的其他费用的提取、支付方式;

(十二)基金财产的投资方向和投资限制;

(十三)基金资产净值的计算方法和公告方式;

(十四)基金募集未达到法定要求的处理方式;

(十五)基金合同解除和终止的事由、程序以及基金财产清算方式;

(十六)争议解决方式;

(十七)当事人约定的其他事项。

第五十三条　【基金招募说明书的内容】公开募集基金的基金招募说明书应当包括下列内容:

(一)基金募集申请的准予注册文件名称和注册日期;

(二)基金管理人、基金托管人的基本情况;

(三)基金合同和基金托管协议的内容摘要;

(四)基金份额的发售日期、价格、费用和期限;

(五)基金份额的发售方式、发售机构及登记机构名称;

(六)出具法律意见书的律师事务所和审计基金财产的会计师事务所的名称和住所;

(七)基金管理人、基金托管人报酬及其他有关费用的提取、支付方式与比例;

(八)风险警示内容;

(九)国务院证券监督管理机构规定的其他内容。

第五十四条　【募集审核】国务院证券监督管理机构应当自

受理公开募集基金的募集注册申请之日起六个月内依照法律、行政法规及国务院证券监督管理机构的规定进行审查，作出注册或者不予注册的决定，并通知申请人；不予注册的，应当说明理由。

第五十五条 **【发售前提及办理】**基金募集申请经注册后，方可发售基金份额。

基金份额的发售，由基金管理人或者其委托的基金销售机构办理。

第五十六条 **【发售前公布相关文件】**基金管理人应当在基金份额发售的三日前公布招募说明书、基金合同及其他有关文件。

前款规定的文件应当真实、准确、完整。

对基金募集所进行的宣传推介活动，应当符合有关法律、行政法规的规定，不得有本法第七十七条所列行为。

第五十七条 **【募集开始及期限】**基金管理人应当自收到准予注册文件之日起六个月内进行基金募集。超过六个月开始募集，原注册的事项未发生实质性变化的，应当报国务院证券监督管理机构备案；发生实质性变化的，应当向国务院证券监督管理机构重新提交注册申请。

基金募集不得超过国务院证券监督管理机构准予注册的基金募集期限。基金募集期限自基金份额发售之日起计算。

第五十八条 **【募集期满后验资】**基金募集期限届满，封闭式基金募集的基金份额总额达到准予注册规模的百分之八十以上，开放式基金募集的基金份额总额超过准予注册的最低募集份额总额，并且基金份额持有人人数符合国务院证券监督管理机构规定的，基金管理人应当自募集期限届满之日起十日内聘请法定验资机构验资，自收到验资报告之日起十日内，向国务院证券监督管理机构提交验资报告，办理基金备案手续，并予以公告。

第五十九条 **【募集资金存入专门账户】**基金募集期间募集的资金应当存入专门账户，在基金募集行为结束前，任何人不得动用。

第六十条 **【基金合同成立及生效、募集失败后的管理人责任】**投资人交纳认购的基金份额的款项时，基金合同成立；基金管理人依照本法第五十八条的规定向国务院证券监督管理机构办理基金备案手续，基金合同生效。

基金募集期限届满，不能满足本法第五十八条规定的条件的，基金管理人应当承担下列责任：

（一）以其固有财产承担因募集行为而产生的债务和费用；

（二）在基金募集期限届满后三十日内返还投资人已交纳的款项，并加计银行同期存款利息。

第六章 公开募集基金的基金份额的交易、申购与赎回

第六十一条 **【基金份额上市交易】**申请基金份额上市交易，基金管理人应当向证券交易所提出申请，证券交易所依法审核同意的，双方应当签订上市协议。

第六十二条 **【基金份额上市交易的条件】**基金份额上市交易，应当符合下列条件：

（一）基金的募集符合本法规定；

（二）基金合同期限为五年以上；

（三）基金募集金额不低于二亿元人民币；

（四）基金份额持有人不少于一千人；

（五）基金份额上市交易规则规定的其他条件。

第六十三条 **【上市规则的制定与审核】**基金份额上市交易规则由证券交易所制定，报国务院证券监督管理机构批准。

第六十四条 **【上市终止情形】**基金份额上市交易后，有下列情形之一的，由证券交易所终止其上市交易，并报国务院证券监督管理机构备案：

（一）不再具备本法第六十二条规定的上市交易条件；

（二）基金合同期限届满；

（三）基金份额持有人大会决定提前终止上市交易；

（四）基金合同约定的或者基金份额上市交易规则规定的终止上市交易的其他情形。

第六十五条 **【申购、赎回和登记的办理】**开放式基金的基金份额的申购、赎回、登记，由基金管理人或者其委托的基金服务机构办理。

第六十六条 **【办理时间及成立和生效日期】**基金管理人应当在每个工作日办理基金份额的申购、赎回业务；基金合同另有约定的，从其约定。

投资人交付申购款项，申购成立；基金份额登记机构确认基金份额时，申购生效。

基金份额持有人递交赎回申请，赎回成立；基金份额登记机构确认赎回时，赎回生效。

第六十七条 **【赎回的除外情形】**基金管理人应当按时支付赎回款项，但是下列情形除外：

（一）因不可抗力导致基金管理人不能支付赎回款项；

（二）证券交易场所依法决定临时停市，导致基金管理人无法计算当日基金资产净值；

（三）基金合同约定的其他特殊情形。

发生上述情形之一的，基金管理人应当在当日报国务院证券监督管理机构备案。

本条第一款规定的情形消失后，基金管理人应当及时支付赎回款项。

第六十八条 **【为赎回保有足额现金或政府债券】**开放式基金应当保持足够的现金或者政府债券，以备支付基金份额持有人的赎回款项。基金财产中应当保持的现金或者政府债券的具体比例，由国务院证券监督管理机构规定。

第六十九条 **【申购、赎回价格计算】**基金份额的申购、赎回价格，依据申购、赎回日基金份额净值加、减有关费用计算。

第七十条　【基金份额净值计价错误的处理】基金份额净值计价出现错误时,基金管理人应当立即纠正,并采取合理的措施防止损失进一步扩大。计价错误达到基金份额净值百分之零点五时,基金管理人应当公告,并报国务院证券监督管理机构备案。

因基金份额净值计价错误造成基金份额持有人损失的,基金份额持有人有权要求基金管理人、基金托管人予以赔偿。

第七章　公开募集基金的投资与信息披露

第七十一条　【证券投资采用资产组合的方式】基金管理人运用基金财产进行证券投资,除国务院证券监督管理机构另有规定外,应当采用资产组合的方式。

资产组合的具体方式和投资比例,依照本法和国务院证券监督管理机构的规定在基金合同中约定。

第七十二条　【基金资产的投资方式】基金财产应当用于下列投资:

(一)上市交易的股票、债券;

(二)国务院证券监督管理机构规定的其他证券及其衍生品种。

第七十三条　【基金资产禁用的投资方式】基金财产不得用于下列投资或者活动:

(一)承销证券;

(二)违反规定向他人贷款或者提供担保;

(三)从事承担无限责任的投资;

(四)买卖其他基金份额,但是国务院证券监督管理机构另有规定的除外;

(五)向基金管理人、基金托管人出资;

(六)从事内幕交易、操纵证券交易价格及其他不正当的证券交易活动;

(七)法律、行政法规和国务院证券监督管理机构规定禁止的其他活动。

运用基金财产买卖基金管理人、基金托管人及其控股股东、实际控制人或者与其有其他重大利害关系的公司发行的证券或承销期内承销的证券,或者从事其他重大关联交易的,应当遵循基金份额持有人利益优先的原则,防范利益冲突,符合国务院证券监督管理机构的规定,并履行信息披露义务。

第七十四条　【信息披露】基金管理人、基金托管人和其他基金信息披露义务人应当依法披露基金信息,并保证所披露信息的真实性、准确性和完整性。

第七十五条　【披露时间及保证查阅】基金信息披露义务人应当确保应予披露的基金信息在国务院证券监督管理机构规定时间内披露,并保证投资人能够按照基金合同约定的时间和方式查阅或者复制公开披露的信息资料。

第七十六条　【披露内容】公开披露的基金信息包括:

(一)基金招募说明书、基金合同、基金托管协议;

(二)基金募集情况;

(三)基金份额上市交易公告书;

(四)基金资产净值、基金份额净值;

(五)基金份额申购、赎回价格;

(六)基金财产的资产组合季度报告、财务会计报告及中期和年度基金报告;

(七)临时报告;

(八)基金份额持有人大会决议;

(九)基金管理人、基金托管人的专门基金托管部门的重大人事变动;

(十)涉及基金财产、基金管理业务、基金托管业务的诉讼或者仲裁;

(十一)国务院证券监督管理机构规定应予披露的其他信息。

第七十七条　【披露的禁止行为】公开披露基金信息,不得有下列行为:

(一)虚假记载、误导性陈述或者重大遗漏;

(二)对证券投资业绩进行预测;

(三)违规承诺收益或者承担损失;

(四)诋毁其他基金管理人、基金托管人或者基金销售机构;

(五)法律、行政法规和国务院证券监督管理机构规定禁止的其他行为。

第八章　公开募集基金的基金合同的变更、终止与基金财产清算

第七十八条　【基金转换运作方式或合并】按照基金合同的约定或者基金份额持有人大会的决议,基金可以转换运作方式或者与其他基金合并。

第七十九条　【封闭式基金扩募或延长基金合同期限的核准条件】封闭式基金扩募或者延长基金合同期限,应当符合下列条件,并报国务院证券监督管理机构备案:

(一)基金运营业绩良好;

(二)基金管理人最近二年内没有因违法违规行为受到行政处罚或者刑事处罚;

(三)基金份额持有人大会决议通过;

(四)本法规定的其他条件。

第八十条　【基金合同终止的情形】有下列情形之一的,基金合同终止:

(一)基金合同期限届满而未延期;

(二)基金份额持有人大会决定终止;

(三)基金管理人、基金托管人职责终止,在六个月内没有新基金管理人、新基金托管人承接;

(四)基金合同约定的其他情形。

第八十一条　【基金合同终止后的清算】基金合同终止时,基金管理人应当组织清算组对基金财产进行清算。

清算组由基金管理人、基金托管人以及相关的中介服务机构组成。

清算组作出的清算报告经会计师事务所审计,律师事务所出具法律意见书后,报国务院证券监督管理机构备案并公告。

第八十二条　【剩余基金财产分配】清算后的剩余基金财产,应当按照基金份额持有人所持份额比例进行分配。

第九章　公开募集基金的基金份额持有人权利行使

第八十三条　【基金份额持有人大会的召集】基金份额持有人大会由基金管理人召集。基金份额持有人大会设立日常机构的,由该日常机构召集;该日常机构未召集的,由基金管理人召集。基金管理人未按规定召集或者不能召集的,由基金托管人召集。

代表基金份额百分之十以上的基金份额持有人就同一事项要求召开基金份额持有人大会,而基金份额持有人大会的日常机构、基金管理人、基金托管人都不召集的,代表基金份额百分之十以上的基金份额持有人有权自行召集,并报国务院证券监督管理机构备案。

第八十四条　【召开基金份额持有人大会的公告事项】召开基金份额持有人大会,召集人应当至少提前三十日公告基金份额持有人大会的召开时间、会议形式、审议事项、议事程序和表决方式等事项。

基金份额持有人大会不得就未经公告的事项进行表决。

第八十五条　【大会召开方式及基金份额表决权】基金份额持有人大会可以采取现场方式召开,也可以采取通讯等方式召开。

每一基金份额具有一票表决权,基金份额持有人可以委托代理人出席基金份额持有人大会并行使表决权。

第八十六条　【大会召开、决议通过的前提】基金份额持有人大会应当有代表二分之一以上基金份额的持有人参加,方可召开。

参加基金份额持有人大会的持有人的基金份额低于前款规定比例的,召集人可以在原公告的基金份额持有人大会召开时间的三个月以后、六个月以内,就原定审议事项重新召集基金份额持有人大会。重新召集的基金份额持有人大会应当有代表三分之一以上基金份额的持有人参加,方可召开。

基金份额持有人大会就审议事项作出决定,应当经参加大会的基金份额持有人所持表决权的二分之一以上通过;但是,转换基金的运作方式、更换基金管理人或者基金托管人、提前终止基金合同、与其他基金合并,应当经参加大会的基金份额持有人所持表决权的三分之二以上通过。

基金份额持有人大会决定的事项,应当依法报国务院证券监督管理机构备案,并予以公告。

第十章　非公开募集基金

第八十七条　【非公开募集基金及合格投资者】非公开募集基金应当向合格投资者募集,合格投资者累计不得超过二百人。

前款所称合格投资者,是指达到规定资产规模或者收入水平,并且具备相应的风险识别能力和风险承担能力、其基金份额认购金额不低于规定限额的单位和个人。

合格投资者的具体标准由国务院证券监督管理机构规定。

第八十八条　【基金托管人】除基金合同另有约定外,非公开募集基金应当由基金托管人托管。

第八十九条　【基金管理人】担任非公开募集基金的基金管理人,应当按照规定向基金行业协会履行登记手续,报送基本情况。

第九十条　【证券投资登记】未经登记,任何单位或者个人不得使用“基金”或者“基金管理”字样或者近似名称进行证券投资活动;但是,法律、行政法规另有规定的除外。

第九十一条　【非公开募集限制】非公开募集基金,不得向合格投资者之外的单位和个人募集资金,不得通过报刊、电台、电视台、互联网等公众传播媒体或者讲座、报告会、分析会等方式向不特定对象宣传推介。

第九十二条　【基金合同的内容】非公开募集基金,应当制定并签订基金合同。基金合同应当包括下列内容:

(一)基金份额持有人、基金管理人、基金托管人的权利、义务;

(二)基金的运作方式;

(三)基金的出资方式、数额和认缴期限;

(四)基金的投资范围、投资策略和投资限制;

(五)基金收益分配原则、执行方式;

(六)基金承担的有关费用;

(七)基金信息提供的内容、方式;

(八)基金份额的认购、赎回或者转让的程序和方式;

(九)基金合同变更、解除和终止的事由、程序;

(十)基金财产清算方式;

(十一)当事人约定的其他事项。

基金份额持有人转让基金份额的,应当符合本法第八十七条、第九十一条的规定。

第九十三条　【约定承担无限连带责任的合同内容】按照基金合同约定,非公开募集基金可以由部分基金份额持有人作为基金管理人负责基金的投资管理活动,并在基金财产不足以清偿其债务时对基金财产的债务承担无限连带责任。

前款规定的非公开募集基金,其基金合同还应载明:

(一)承担无限连带责任的基金份额持有人和其他基金份额持有人的姓名或者名称、住所;

(二)承担无限连带责任的基金份额持有人的除名条件和更换程序;

(三)基金份额持有人增加、退出的条件、程序以及相关责任；

(四)承担无限连带责任的基金份额持有人和其他基金份额持有人的转换程序。

第九十四条　【募集完毕的备案与报告】非公开募集基金募集完毕,基金管理人应当向基金行业协会备案。对募集的资金总额或者基金份额持有人的人数达到规定标准的基金,基金行业协会应当向国务院证券监督管理机构报告。

非公开募集基金财产的证券投资,包括买卖公开发行的股份有限公司股票、债券、基金份额,以及国务院证券监督管理机构规定的其他证券及其衍生品种。

第九十五条　【管理人、托管人向份额持有人提供信息】基金管理人、基金托管人应当按照基金合同的约定,向基金份额持有人提供基金信息。

第九十六条　【管理人的核准】专门从事非公开募集基金管理业务的基金管理人,其股东、高级管理人员、经营期限、管理的基金资产规模等符合规定条件的,经国务院证券监督管理机构核准,可以从事公开募集基金管理业务。

第十一章　基金服务机构

第九十七条　【基金服务机构的注册或备案】从事公开募集基金的销售、销售支付、份额登记、估值、投资顾问、评价、信息技术系统服务等基金服务业务的机构,应当按照国务院证券监督管理机构的规定进行注册或者备案。

第九十八条　【向投资人揭示投资风险】基金销售机构应当向投资人充分揭示投资风险,并根据投资人的风险承担能力销售不同风险等级的基金产品。

第九十九条　【基金销售结算资金的划付】基金销售支付机构应当按照规定办理基金销售结算资金的划付,确保基金销售结算资金安全、及时划付。

第一百条　【基金销售结算资金、基金份额独立】基金销售结算资金、基金份额独立于基金销售机构、基金销售支付机构或者基金份额登记机构的自有财产。基金销售机构、基金销售支付机构或者基金份额登记机构破产或者清算时,基金销售结算资金、基金份额不属于其破产财产或者清算财产。非因投资人本身的债务或者法律规定的其他情形,不得查封、冻结、扣划或者强制执行基金销售结算资金、基金份额。

基金销售机构、基金销售支付机构、基金份额登记机构应当确保基金销售结算资金、基金份额的安全、独立,禁止任何单位或者个人以任何形式挪用基金销售结算资金、基金份额。

第一百零一条　【委托办理事项】基金管理人可以委托基金服务机构代为办理基金的份额登记、核算、估值、投资顾问等事项,基金托管人可以委托基金服务机构代为办理基金的核算、估值、复核等事项,但基金管理人、基金托管人依法应当承担的责任不因委托而免除。

第一百零二条　【数据的保存及期限】基金份额登记机构以电子介质登记的数据,是基金份额持有人权利归属的根据。基金份额持有人以基金份额出质的,质权自基金份额登记机构办理出质登记时设立。

基金份额登记机构应当妥善保存登记数据,并将基金份额持有人名称、身份信息及基金份额明细等数据备份至国务院证券监督管理机构认定的机构。其保存期限自基金账户销户之日起不得少于二十年。

基金份额登记机构应当保证登记数据的真实、准确、完整,不得隐匿、伪造、篡改或者毁损。

第一百零三条　【对投资顾问机构及其从业人员的要求及限制】基金投资顾问机构及其从业人员提供基金投资顾问服务,应当具有合理的依据,对其服务能力和经营业绩进行如实陈述,不得以任何方式承诺或者保证投资收益,不得损害服务对象的合法权益。

第一百零四条　【对评价机构及其从业人员的要求及限制】基金评价机构及其从业人员应当客观公正,按照依法制定的业务规则开展基金评价业务,禁止误导投资人,防范可能发生的利益冲突。

第一百零五条　【信息技术系统】基金管理人、基金托管人、基金服务机构的信息技术系统,应当符合规定的要求。国务院证券监督管理机构可以要求信息技术系统服务机构提供该信息技术系统的相关资料。

第一百零六条　【律师事务所、会计师事务所的职责及责任承担】律师事务所、会计师事务所接受基金管理人、基金托管人的委托,为有关基金业务活动出具法律意见书、审计报告、内部控制评价报告等文件,应当勤勉尽责,对所依据的文件资料内容的真实性、准确性、完整性进行核查和验证。其制作、出具的文件有虚假记载、误导性陈述或者重大遗漏,给他人财产造成损失的,应当与委托人承担连带赔偿责任。

第一百零七条　【对基金服务机构的要求及限制】基金服务机构应当勤勉尽责、恪尽职守,建立应急等风险管理制度和灾难备份系统,不得泄露与基金份额持有人、基金投资运作相关的非公开信息。

第十二章　基金行业协会

第一百零八条　【基金行业协会】基金行业协会是证券投资基金行业的自律性组织,是社会团体法人。

基金管理人、基金托管人应当加入基金行业协会,基金服务机构可以加入基金行业协会。

第一百零九条　【会员大会及理事会】基金行业协会的权力机构为全体会员组成的会员大会。

基金行业协会设理事会。理事会成员依章程的规定由选举产生。

第一百一十条　【行业协会章程】基金行业协会章程由会员大会制定,并报国务院证券监督管理机构备案。

第一百一十一条 【行业协会的职责】基金行业协会履行下列职责：

（一）教育和组织会员遵守有关证券投资的法律、行政法规，维护投资人合法权益；

（二）依法维护会员的合法权益，反映会员的建议和要求；

（三）制定和实施行业自律规则，监督、检查会员及其从业人员的执业行为，对违反自律规则和协会章程的，按照规定给予纪律处分；

（四）制定行业执业标准和业务规范，组织基金从业人员的从业考试、资质管理和业务培训；

（五）提供会员服务，组织行业交流，推动行业创新，开展行业宣传和投资人教育活动；

（六）对会员之间、会员与客户之间发生的基金业务纠纷进行调解；

（七）依法办理非公开募集基金的登记、备案；

（八）协会章程规定的其他职责。

第十三章 监督管理

第一百一十二条 【监管职责】国务院证券监督管理机构依法履行下列职责：

（一）制定有关证券投资基金活动监督管理的规章、规则，并行使审批、核准或者注册权；

（二）办理基金备案；

（三）对基金管理人、基金托管人及其他机构从事证券投资基金活动进行监督管理，对违法行为进行查处，并予以公告；

（四）制定基金从业人员的资格标准和行为准则，并监督实施；

（五）监督检查基金信息的披露情况；

（六）指导和监督基金行业协会的活动；

（七）法律、行政法规规定的其他职责。

第一百一十三条 【监管措施】国务院证券监督管理机构依法履行职责，有权采取下列措施：

（一）对基金管理人、基金托管人、基金服务机构进行现场检查，并要求其报送有关的业务资料；

（二）进入涉嫌违法行为发生场所调查取证；

（三）询问当事人和与被调查事件有关的单位和个人，要求其对与被调查事件有关的事项作出说明；

（四）查阅、复制与被调查事件有关的财产权登记、通讯记录等资料；

（五）查阅、复制当事人和与被调查事件有关的单位和个人的证券交易记录、登记过户记录、财务会计资料及其他相关文件和资料；对可能被转移、隐匿或者毁损的文件和资料，可以予以封存；

（六）查询当事人和与被调查事件有关的单位和个人的资金账户、证券账户和银行账户；对有证据证明已经或者可能转移或者隐匿违法资金、证券等涉案财产或者隐匿、伪造、毁损重要证据的，经国务院证券监督管理机构主要负责人批准，可以冻结或者查封；

（七）在调查操纵证券市场、内幕交易等重大证券违法行为时，经国务院证券监督管理机构主要负责人批准，可以限制被调查事件当事人的证券买卖，但限制的期限不得超过十五个交易日；案情复杂的，可以延长十五个交易日。

第一百一十四条 【职责履行要求】国务院证券监督管理机构工作人员依法履行职责，进行调查或者检查时，不得少于二人，并应当出示合法证件；对调查或者检查中知悉的商业秘密负有保密的义务。

第一百一十五条 【依法监管】国务院证券监督管理机构工作人员应当忠于职守，依法办事，公正廉洁，接受监督，不得利用职务牟取私利。

第一百一十六条 【配合监管】国务院证券监督管理机构依法履行职责时，被调查、检查的单位和个人应当配合，如实提供有关文件和资料，不得拒绝、阻碍和隐瞒。

第一百一十七条 【移送司法】国务院证券监督管理机构依法履行职责，发现违法行为涉嫌犯罪的，应当将案件移送司法机关处理。

第一百一十八条 【禁止兼职】国务院证券监督管理机构工作人员在任职期间，或者离职后在《中华人民共和国公务员法》规定的期限内，不得在被监管的机构中担任职务。

第十四章 法律责任

第一百一十九条 【擅自设立基金管理公司、擅自公开募集基金的责任】违反本法规定，未经批准擅自设立基金管理公司或者未经核准从事公开募集基金管理业务的，由证券监督管理机构予以取缔或者责令改正，没收违法所得，并处违法所得一倍以上五倍以下罚款；没有违法所得或者违法所得不足一百万元的，并处十万元以上一百万元以下罚款。对直接负责的主管人员和其他直接责任人员给予警告，并处三万元以上三十万元以下罚款。

基金管理公司违反本法规定，擅自变更持有百分之五以上股权的股东、实际控制人或者其他重大事项的，责令改正，没收违法所得，并处违法所得一倍以上五倍以下罚款；没有违法所得或者违法所得不足五十万元的，并处五万元以上五十万元以下罚款。对直接负责的主管人员给予警告，并处三万元以上十万元以下罚款。

第一百二十条 【管理人、托管人未按规定申报的责任】基金管理人的董事、监事、高级管理人员和其他从业人员，基金托管人的专门基金托管部门的高级管理人员和其他从业人员，未按照本法第十七条第一款规定申报的，责令改正，处三万元以上十万元以下罚款。

基金管理人、基金托管人违反本法第十七条第二款规定的，责令改正，处十万元以上一百万元以下罚款；对直接负责的主管人员和其他直接责任人员给予警告，暂停或者撤销基金从业资格,并处三万元以上三十万元以下罚款。

第一百二十一条 【损害赔偿责任】基金管理人的董事、监事、高级管理人员和其他从业人员,基金托管人的专门基金托管部门的高级管理人员和其他从业人员违反本法第十八条规定的,责令改正,没收违法所得,并处违法所得一倍以上五倍以下罚款;没有违法所得或者违法所得不足一百万元的,并处十万元以上一百万元以下罚款;情节严重的,撤销基金从业资格。

第一百二十二条 【对基金财产未实行分别管理或分账保管的责任】基金管理人、基金托管人违反本法规定,未对基金财产实行分别管理或者分账保管,责令改正,处五万元以上五十万元以下罚款;对直接负责的主管人员和其他直接责任人员给予警告,暂停或者撤销基金从业资格,并处三万元以上三十万元以下罚款。

第一百二十三条 【管理人、托管人及其董事、监事、高级管理人员的违法责任】基金管理人、基金托管人及其董事、监事、高级管理人员和其他从业人员有本法第二十条所列行为之一的,责令改正,没收违法所得,并处违法所得一倍以上五倍以下罚款;没有违法所得或者违法所得不足一百万元的,并处十万元以上一百万元以下罚款;基金管理人、基金托管人有上述行为的,还应当对其直接负责的主管人员和其他直接责任人员给予警告,暂停或者撤销基金从业资格,并处三万元以上三十万元以下罚款。

基金管理人、基金托管人及其董事、监事、高级管理人员和其他从业人员侵占、挪用基金财产而取得的财产和收益,归入基金财产。但是,法律、行政法规另有规定的,依照其规定。

第一百二十四条 【股东、实际控制人的违法责任】基金管理人的股东、实际控制人违反本法第二十三条规定的,责令改正,没收违法所得,并处违法所得一倍以上五倍以下罚款;没有违法所得或者违法所得不足一百万元的,并处十万元以上一百万元以下罚款;对直接负责的主管人员和其他直接责任人员给予警告,暂停或者撤销基金或证券从业资格,并处三万元以上三十万元以下罚款。

第一百二十五条 【擅自从事基金托管业务的责任】未经核准,擅自从事基金托管业务的,责令停止,没收违法所得,并处违法所得一倍以上五倍以下罚款;没有违法所得或者违法所得不足一百万元的,并处十万元以上一百万元以下罚款;对直接负责的主管人员和其他直接责任人员给予警告,并处三万元以上三十万元以下罚款。

第一百二十六条 【相互出资或持股的责任】基金管理人、基金托管人违反本法规定,相互出资或者持有股份的,责令改正,可以处十万元以下罚款。

第一百二十七条 【擅自公开或变相公开募集基金的责任】违反本法规定,擅自公开或者变相公开募集基金的,责令停止,返还所募资金和加计的银行同期存款利息,没收违法所得,并处所募资金金额百分之一以上百分之五以下罚款。对直接负责的主管人员和其他直接责任人员给予警告,并处五万元以上五十万元以下罚款。

第一百二十八条 【违反动用募集资金的责任】违反本法第五十九条规定,动用募集的资金的,责令返还,没收违法所得,并处违法所得一倍以上五倍以下罚款;没有违法所得或者违法所得不足五十万元的,并处五万元以上五十万元以下罚款;对直接负责的主管人员和其他直接责任人员给予警告,并处三万元以上三十万元以下罚款。

第一百二十九条 【基金管理人、托管人利用基金财产违法投资的责任】基金管理人、基金托管人有本法第七十三条第一款第一项至第五项和第七项所列行为之一,或者违反本法第七十三条第二款规定的,责令改正,处十万元以上一百万元以下罚款;对直接负责的主管人员和其他直接责任人员给予警告,暂停或者撤销基金从业资格,并处三万元以上三十万元以下罚款。

基金管理人、基金托管人有前款行为,运用基金财产而取得的财产和收益,归入基金财产。但是,法律、行政法规另有规定的,依照其规定。

第一百三十条 【从事内幕交易的基金管理人、托管人等主管人员的责任】基金管理人、基金托管人有本法第七十三条第一款第六项规定行为的,除依照《中华人民共和国证券法》的有关规定处罚外,对直接负责的主管人员和其他直接责任人员暂停或者撤销基金从业资格。

第一百三十一条 【专业机构弄虚作假的责任】基金信息披露义务人不依法披露基金信息或者披露的信息有虚假记载、误导性陈述或者重大遗漏的,责令改正,没收违法所得,并处十万元以上一百万元以下罚款;对直接负责的主管人员和其他直接责任人员给予警告,暂停或者撤销基金从业资格,并处三万元以上三十万元以下罚款。

第一百三十二条 【不按规定召集基金份额持有人大会的责任】基金管理人或者基金托管人不按照规定召集基金份额持有人大会的,责令改正,可以处五万元以下罚款;对直接负责的主管人员和其他直接责任人员给予警告,暂停或者撤销基金从业资格。

第一百三十三条 【违法进行证券投资活动的责任】违反本法规定,未经登记,使用“基金”或者“基金管理”字样或者近似名称进行证券投资活动的,没收违法所得,并处违法所得一倍以上五倍以下罚款;没有违法所得或者违法所得不足一百万元的,并处十万元以上一百万元以下罚款。对直接负责的主管人员和其他直接责任人员给予警告,并处三万元以上三十万元以下罚款。

第一百三十四条 【非公开募集基金完毕未备案的责任】违反本法规定,非公开募集基金募集完毕,基金管理人未备案的,处十万元以上三十万元以下罚款。对直接负责的主管人员和其他直接责任人员给予警告,并处三万元以上十万元以下罚款。

第一百三十五条 【向合格投资者之外的单位个人非公开募

集资金或转让基金份额的责任】违反本法规定，向合格投资者之外的单位或者个人非公开募集资金或者转让基金份额的，没收违法所得，并处违法所得一倍以上五倍以下罚款；没有违法所得或者违法所得不足一百万元的，并处十万元以上一百万元以下罚款。对直接负责的主管人员和其他直接责任人员给予警告，并处三万元以上三十万元以下罚款。

第一百三十六条　【擅自从事公开募集基金业务的责任】违反本法规定，擅自从事公开募集基金的基金服务业务的，责令改正，没收违法所得，并处违法所得一倍以上五倍以下罚款；没有违法所得或者违法所得不足三十万元的，并处十万元以上三十万元以下罚款。对直接负责的主管人员和其他直接责任人员给予警告，并处三万元以上十万元以下罚款。

第一百三十七条　【基金销售机构损害投资人利益的责任】基金销售机构未向投资人充分揭示投资风险并误导其购买与其风险承担能力不相当的基金产品的，处十万元以上三十万元以下罚款；情节严重的，责令其停止基金服务业务。对直接负责的主管人员和其他直接责任人员给予警告，撤销基金从业资格，并处三万元以上十万元以下罚款。

第一百三十八条　【基金销售支付机构未按规定划付基金销售结算资金的责任】基金销售支付机构未按照规定划付基金销售结算资金的，处十万元以上三十万元以下罚款；情节严重的，责令其停止基金服务业务。对直接负责的主管人员和其他直接责任人员给予警告，撤销基金从业资格，并处三万元以上十万元以下罚款。

第一百三十九条　【挪用基金销售结算资金或基金份额的责任】挪用基金销售结算资金或者基金份额的，责令改正，没收违法所得，并处违法所得一倍以上五倍以下罚款；没有违法所得或者违法所得不足一百万元的，并处十万元以上一百万元以下罚款。对直接负责的主管人员和其他直接责任人员给予警告，并处三万元以上三十万元以下罚款。

第一百四十条　【基金份额登记机构的法律责任】基金份额登记机构未妥善保存或者备份基金份额登记数据的，责令改正，给予警告，并处十万元以上三十万元以下罚款；情节严重的，责令其停止基金服务业务。对直接负责的主管人员和其他直接责任人员给予警告，撤销基金从业资格，并处三万元以上十万元以下罚款。

基金份额登记机构隐匿、伪造、篡改、毁损基金份额登记数据的，责令改正，处十万元以上一百万元以下罚款，并责令其停止基金服务业务。对直接负责的主管人员和其他直接责任人员给予警告，撤销基金从业资格，并处三万元以上三十万元以下罚款。

第一百四十一条　【基金投资顾问机构、基金评价机构及其从业人员的法律责任】基金投资顾问机构、基金评价机构及其从业人员违反本法规定开展投资顾问、基金评价服务的，处十万元以上三十万元以下罚款；情节严重的，责令其停止基金服务业务。对直接负责的主管人员和其他直接责任人员给予警告，撤销基金从业资格，并处三万元以上十万元以下罚款。

第一百四十二条　【信息技术系统服务机构的法律责任】信息技术系统服务机构未按照规定向国务院证券监督管理机构提供相关信息技术系统资料，或者提供的信息技术系统资料虚假、有重大遗漏的，责令改正，处三万元以上十万元以下罚款。对直接负责的主管人员和其他直接责任人员给予警告，并处一万元以上三万元以下罚款。

第一百四十三条　【会计师事务所、律师事务所的法律责任】会计师事务所、律师事务所未勤勉尽责，所出具的文件有虚假记载、误导性陈述或者重大遗漏的，责令改正，没收业务收入，暂停或者撤销相关业务许可，并处业务收入一倍以上五倍以下罚款。对直接负责的主管人员和其他直接责任人员给予警告，并处三万元以上十万元以下罚款。

第一百四十四条　【基金服务机构的法律责任】基金服务机构未建立应急等风险管理制度和灾难备份系统，或者泄露与基金份额持有人、基金投资运作相关的非公开信息的，处十万元以上三十万元以下罚款；情节严重的，责令其停止基金服务业务。对直接负责的主管人员和其他直接责任人员给予警告，撤销基金从业资格，并处三万元以上十万元以下罚款。

第一百四十五条　【损害赔偿责任】违反本法规定，给基金财产、基金份额持有人或者投资人造成损害的，依法承担赔偿责任。

基金管理人、基金托管人在履行各自职责的过程中，违反本法规定或者基金合同约定，给基金财产或者基金份额持有人造成损害的，应当分别对各自的行为依法承担赔偿责任；因共同行为给基金财产或者基金份额持有人造成损害的，应当承担连带赔偿责任。

第一百四十六条　【监管人员违法责任】证券监督管理机构工作人员玩忽职守、滥用职权、徇私舞弊或者利用职务上的便利索取或者收受他人财物的，依法给予行政处分。

第一百四十七条　【拒绝、阻碍监管机构行使职权的责任】拒绝、阻碍证券监督管理机构及其工作人员依法行使监督检查、调查职权未使用暴力、威胁方法的，依法给予治安管理处罚。

第一百四十八条　【证券市场禁入】违反法律、行政法规或者国务院证券监督管理机构的有关规定，情节严重的，国务院证券监督管理机构可以对有关责任人员采取证券市场禁入的措施。

第一百四十九条　【刑事责任】违反本法规定，构成犯罪的，依法追究刑事责任。

第一百五十条　【民事责任优先】违反本法规定，应当承担民事赔偿责任和缴纳罚款、罚金，其财产不足以同时支付时，先承担民事赔偿责任。

第一百五十一条　【以固有资产承担责任】依照本法规定，基金管理人、基金托管人、基金服务机构应当承担的民事赔偿责任和缴纳的罚款、罚金,由基金管理人、基金托管人、基金服务机构以其固有财产承担。

依法收缴的罚款、罚金和没收的违法所得,应当全部上缴国库。

第十五章　附　　则

第一百五十二条　【向特定对象集资或接受其委托的管理办法】在中华人民共和国境内募集投资境外证券的基金,以及合格境外投资者在境内进行证券投资,应当经国务院证券监督管理机构批准,具体办法由国务院证券监督管理机构会同国务院有关部门规定,报国务院批准。

第一百五十三条　【适用规定】公开或者非公开募集资金,以进行证券投资活动为目的设立的公司或者合伙企业,资产由基金管理人或者普通合伙人管理的,其证券投资活动适用本法。

第一百五十四条　【施行日期】本法自 2013 年 6 月 1 日起施行。

四、经济法编

导读：

根据《中国特色社会主义法律体系》白皮书的描述，经济法是调整国家从社会整体利益出发，对经济活动实行干预、管理或者调控所产生的社会经济关系的法律规范。经济法为国家对市场经济进行适度干预和宏观调控提供法律手段和制度框架，防止市场经济的自发性和盲目性所导致的弊端。截至2011年8月底，中国已制定经济法方面的法律60部和一大批相关行政法规、地方性法规。

中国制定了预算法、价格法、中国人民银行法等法律，对经济活动实施宏观调控和管理；制定了企业所得税法、个人所得税法、车船税法、税收征收管理法等法律，以及增值税暂行条例、营业税暂行条例、城市维护建设税暂行条例等行政法规，不断健全税收制度；制定了银行业监督管理法、反洗钱法等法律，对金融行业的安全运行实施监督管理；制定了农业法、种子法、农产品质量安全法等法律，保障农业发展和国家粮食安全；制定了铁路法、公路法、民用航空法、电力法等法律，对重要行业实施监督管理和产业促进；制定了土地管理法、森林法、水法、矿产资源法等法律，规范重要自然资源的合理开发和利用；制定了节约能源法、可再生能源法、循环经济促进法、清洁生产促进法等法律，促进能源的有效利用和可再生能源开发。

中国重视通过法律保障市场主体之间的公平、有序竞争。反不正当竞争法是中国由计划经济向市场经济转轨时期制定的一部重要法律，借鉴国际经验，规定禁止仿冒、商业贿赂、虚假宣传、侵犯商业秘密、不正当有奖销售、诋毁竞争对手等不正当竞争行为，维护经营者公平竞争的权益。价格法规定国家实行并逐步完善宏观调控下主要由市场形成价格的机制，大多数商品和服务实行市场调节价，极少数商品和服务实行政府指导价或者政府定价。反垄断法对垄断协议、滥用市场支配地位、排除、限制竞争的经营者集中等垄断行为作了禁止性规定。中国依法对财税、金融、外汇、投资等体制进行改革，建立了与市场经济相适应的宏观管理体系。中国经济的市场化进程取得了举世瞩目的成就。

中国积极履行在世界贸易组织框架内承担的义务，不断完善对外贸易法律制度，确立了社会主义市场经济条件下的对外贸易体制，规范了对外贸易经营者的权利和义务，健全了货物进出口、技术进出口和国际服务贸易管理制度，建立了具有中国特色的对外贸易调查制度和对外贸易促进体制，并根据世界贸易组织规则完善了贸易救济制度以及海关监管和进出口商品检验检疫制度，确立了统一、透明的对外贸易制度。中国对外贸易快速增长，进出口总额在世界贸易中的地位不断提升。2010年中国出口占世界出口的比重达10.4%。

资料补充栏

1. 总类

中华人民共和国
中小企业促进法

1. 2002年6月29日第九届全国人民代表大会常务委员会第二十八次会议通过
2. 2017年9月1日第十二届全国人民代表大会常务委员会第二十九次会议修订
3. 自2018年1月1日起施行

目　　录

第一章　总　　则

第一条　【立法目的】 为了改善中小企业经营环境,保障中小企业公平参与市场竞争,维护中小企业合法权益,支持中小企业创业创新,促进中小企业健康发展,扩大城乡就业,发挥中小企业在国民经济和社会发展中的重要作用,制定本法。

第二条　【中小企业定义及划分标准的制定】 本法所称中小企业,是指在中华人民共和国境内依法设立的,人员规模、经营规模相对较小的企业,包括中型企业、小型企业和微型企业。

中型企业、小型企业和微型企业划分标准由国务院负责中小企业促进工作综合管理的部门会同国务院有关部门,根据企业从业人员、营业收入、资产总额等指标,结合行业特点制定,报国务院批准。

第三条　【促进中小企业发展的战略、原则和方针】 国家将促进中小企业发展作为长期发展战略,坚持各类企业权利平等、机会平等、规则平等,对中小企业特别是其中的小型微型企业实行积极扶持、加强引导、完善服务、依法规范、保障权益的方针,为中小企业创立和发展创造有利的环境。

第四条　【中小企业的守法及相关义务】 中小企业应当依法经营,遵守国家劳动用工、安全生产、职业卫生、社会保障、资源环境、质量标准、知识产权、财政税收等方面的法律、法规,遵循诚信原则,规范内部管理,提高经营管理水平;不得损害劳动者合法权益,不得损害社会公共利益。

第五条　【中小企业促进工作的管理体制】 国务院制定促进中小企业发展政策,建立中小企业促进工作协调机制,统筹全国中小企业促进工作。

国务院负责中小企业促进工作综合管理的部门组织实施促进中小企业发展政策,对中小企业促进工作进行宏观指导、综合协调和监督检查。

国务院有关部门根据国家促进中小企业发展政策,在各自职责范围内负责中小企业促进工作。

县级以上地方各级人民政府根据实际情况建立中小企业促进工作协调机制,明确相应的负责中小企业促进工作综合管理的部门,负责本行政区域内的中小企业促进工作。

第六条　【中小企业统计监测】 国家建立中小企业统计监测制度。统计部门应当加强对中小企业的统计调查和监测分析,定期发布有关信息。

第七条　【中小企业信用制度建设】 国家推进中小企业信用制度建设,建立社会化的信用信息征集与评价体系,实现中小企业信用信息查询、交流和共享的社会化。

第二章　财 税 支 持

第八条　【设立中小企业发展专项资金】 中央财政应当在本级预算中设立中小企业科目,安排中小企业发展专项资金。

县级以上地方各级人民政府应当根据实际情况,在本级财政预算中安排中小企业发展专项资金。

第九条　【中小企业发展专项资金的使用和管理】 中小企业发展专项资金通过资助、购买服务、奖励等方式,重点用于支持中小企业公共服务体系和融资服务体系建设。

中小企业发展专项资金向小型微型企业倾斜,资金管理使用坚持公开、透明的原则,实行预算绩效管理。

第十条　【设立中小企业发展基金】 国家设立中小企业发展基金。国家中小企业发展基金应当遵循政策性导向和市场化运作原则,主要用于引导和带动社会资金支持初创期中小企业,促进创业创新。

县级以上地方各级人民政府可以设立中小企业发展基金。

中小企业发展基金的设立和使用管理办法由国务院规定。

第十一条　【对小型微型企业的税收优惠】 国家实行有利于小型微型企业发展的税收政策,对符合条件的小型微型企业按照规定实行缓征、减征、免征企业所得税、增值税等措施,简化税收征管程序,减轻小型微型企业税收负担。

第十二条　【对小型微型企业的行政事业性收费优惠】 国家对小型微型企业行政事业性收费实行减免等优惠政策,减轻小型微型企业负担。

第三章 融资促进

第十三条 【金融机构服务中小企业实体经济】金融机构应当发挥服务实体经济的功能，高效、公平地服务中小企业。

第十四条 【中国人民银行的职责】中国人民银行应当综合运用货币政策工具，鼓励和引导金融机构加大对小型微型企业的信贷支持，改善小型微型企业融资环境。

第十五条 【国务院银行业监督管理机构的职责】国务院银行业监督管理机构对金融机构开展小型微型企业金融服务应当制定差异化监管政策，采取合理提高小型微型企业不良贷款容忍度等措施，引导金融机构增加小型微型企业融资规模和比重，提高金融服务水平。

第十六条 【各类金融机构的职责】国家鼓励各类金融机构开发和提供适合中小企业特点的金融产品和服务。

国家政策性金融机构应当在其业务经营范围内，采取多种形式，为中小企业提供金融服务。

第十七条 【普惠金融的有关要求】国家推进和支持普惠金融体系建设，推动中小银行、非存款类放贷机构和互联网金融有序健康发展，引导银行业金融机构向县域和乡镇等小型微型企业金融服务薄弱地区延伸网点和业务。

国有大型商业银行应当设立普惠金融机构，为小型微型企业提供金融服务。国家推动其他银行业金融机构设立小型微型企业金融服务专营机构。

地区性中小银行应当积极为其所在地的小型微型企业提供金融服务，促进实体经济发展。

第十八条 【中小企业直接融资】国家健全多层次资本市场体系，多渠道推动股权融资，发展并规范债券市场，促进中小企业利用多种方式直接融资。

第十九条 【担保融资】国家完善担保融资制度，支持金融机构为中小企业提供以应收账款、知识产权、存货、机器设备等为担保品的担保融资。

第二十条 【应收账款融资】中小企业以应收账款申请担保融资时，其应收账款的付款方，应当及时确认债权债务关系，支持中小企业融资。

国家鼓励中小企业及付款方通过应收账款融资服务平台确认债权债务关系，提高融资效率，降低融资成本。

第二十一条 【信用担保融资】县级以上人民政府应当建立中小企业政策性信用担保体系，鼓励各类担保机构为中小企业融资提供信用担保。

第二十二条 【保险产品融资】国家推动保险机构开展中小企业贷款保证保险和信用保险业务，开发适应中小企业分散风险、补偿损失需求的保险产品。

第二十三条 【征信业务和第三方评级服务】国家支持征信机构发展针对中小企业融资的征信产品和服务，依法向政府有关部门、公用事业单位和商业机构采集信息。

国家鼓励第三方评级机构开展中小企业评级服务。

第四章 创业扶持

第二十四条 【法律政策咨询和公共信息服务】县级以上人民政府及其有关部门应当通过政府网站、宣传资料等形式，为创业人员免费提供工商、财税、金融、环境保护、安全生产、劳动用工、社会保障等方面的法律政策咨询和公共信息服务。

第二十五条 【特殊群体创业优惠政策】高等学校毕业生、退役军人和失业人员、残疾人员等创办小型微型企业，按照国家规定享受税收优惠和收费减免。

第二十六条 【支持社会资金投资中小企业】国家采取措施支持社会资金参与投资中小企业。创业投资企业和个人投资者投资初创期科技创新企业的，按照国家规定享受税收优惠。

第二十七条 【优化创业审批】国家改善企业创业环境，优化审批流程，实现中小企业行政许可便捷，降低中小企业设立成本。

第二十八条 【支持创业基地、孵化基地建设】国家鼓励建设和创办小型微型企业创业基地、孵化基地，为小型微型企业提供生产经营场地和服务。

第二十九条 【提供生产经营场所】地方各级人民政府应当根据中小企业发展的需要，在城乡规划中安排必要的用地和设施，为中小企业获得生产经营场所提供便利。

国家支持利用闲置的商业用房、工业厂房、企业库房和物流设施等，为创业者提供低成本生产经营场所。

第三十条 【鼓励网络平台向中小企业开放】国家鼓励互联网平台向中小企业开放技术、开发、营销、推广等资源，加强资源共享与合作，为中小企业创业提供服务。

第三十一条 【中小企业市场退出便利化】国家简化中小企业注销登记程序，实现中小企业市场退出便利化。

第五章 创新支持

第三十二条 【创新鼓励和优惠政策】国家鼓励中小企业按照市场需求，推进技术、产品、管理模式、商业模式等创新。

中小企业的固定资产由于技术进步等原因，确需加速折旧的，可以依法缩短折旧年限或者采取加速折旧方法。

国家完善中小企业研究开发费用加计扣除政策，支持中小企业技术创新。

第三十三条 【鼓励应用现代技术手段】国家支持中小企业在研发设计、生产制造、运营管理等环节应用互联网、云计算、大数据、人工智能等现代技术手段，创新生产方式，提高生产经营效率。

第三十四条 【鼓励中小企业参与科研、军民融合和标准制定】国家鼓励中小企业参与产业关键共性技术研究开发和利用财政资金设立的科研项目实施。

国家推动军民融合深度发展，支持中小企业参与国防科研和生产活动。

国家支持中小企业及中小企业的有关行业组织参与

标准的制定。

第三十五条　【提高中小企业知识产权创造、运用、保护和管理能力】国家鼓励中小企业研究开发拥有自主知识产权的技术和产品，规范内部知识产权管理，提升保护和运用知识产权的能力；鼓励中小企业投保知识产权保险；减轻中小企业申请和维持知识产权的费用等负担。

第三十六条　【鼓励各类创新服务机构提供服务】县级以上人民政府有关部门应当在规划、用地、财政等方面提供支持，推动建立和发展各类创新服务机构。

国家鼓励各类创新服务机构为中小企业提供技术信息、研发设计与应用、质量标准、实验试验、检验检测、技术转让、技术培训等服务，促进科技成果转化，推动企业技术、产品升级。

第三十七条　【引进和培养创新人才】县级以上人民政府有关部门应当拓宽渠道，采取补贴、培训等措施，引导高等学校毕业生到中小企业就业，帮助中小企业引进创新人才。

国家鼓励科研机构、高等学校和大型企业等创造条件向中小企业开放试验设施，开展技术研发与合作，帮助中小企业开发新产品，培养专业人才。

国家鼓励科研机构、高等学校支持本单位的科技人员以兼职、挂职、参与项目合作等形式到中小企业从事产学研合作和科技成果转化活动，并按照国家有关规定取得相应报酬。

第六章　市场开拓

第三十八条　【完善市场体系】国家完善市场体系，实行统一的市场准入和市场监管制度，反对垄断和不正当竞争，营造中小企业公平参与竞争的市场环境。

第三十九条　【大中小企业融通发展】国家支持大型企业与中小企业建立以市场配置资源为基础的、稳定的原材料供应、生产、销售、服务外包、技术开发和技术改造等方面的协作关系，带动和促进中小企业发展。

第四十条　【政府采购支持】国务院有关部门应当制定中小企业政府采购的相关优惠政策，通过制定采购需求标准、预留采购份额、价格评审优惠、优先采购等措施，提高中小企业在政府采购中的份额。

向中小企业预留的采购份额应当占本部门年度政府采购项目预算总额的百分之三十以上；其中，预留给小型微型企业的比例不低于百分之六十。中小企业无法提供的商品和服务除外。

政府采购不得在企业股权结构、经营年限、经营规模和财务指标等方面对中小企业实行差别待遇或者歧视待遇。

政府采购部门应当在政府采购监督管理部门指定的媒体上及时向社会公开发布采购信息，为中小企业获得政府采购合同提供指导和服务。

第四十一条　【推动对外经济技术合作与交流】县级以上人民政府有关部门应当在法律咨询、知识产权保护、技术性贸易措施、产品认证等方面为中小企业产品和服务出口提供指导和帮助，推动对外经济技术合作与交流。

国家有关政策性金融机构应当通过开展进出口信贷、出口信用保险等业务，支持中小企业开拓境外市场。

第四十二条　【开拓国际市场】县级以上人民政府有关部门应当为中小企业提供用汇、人员出入境等方面的便利，支持中小企业到境外投资，开拓国际市场。

第七章　服务措施

第四十三条　【中小企业公共服务体系】国家建立健全社会化的中小企业公共服务体系，为中小企业提供服务。

第四十四条　【中小企业公共服务机构】县级以上地方各级人民政府应当根据实际需要建立和完善中小企业公共服务机构，为中小企业提供公益性服务。

第四十五条　【政策信息互联网发布平台】县级以上人民政府负责中小企业促进工作综合管理的部门应当建立跨部门的政策信息互联网发布平台，及时汇集涉及中小企业的法律法规、创业、创新、金融、市场、权益保护等各类政府服务信息，为中小企业提供便捷无偿服务。

第四十六条　【鼓励各类服务机构为中小企业提供服务】国家鼓励各类服务机构为中小企业提供创业培训与辅导、知识产权保护、管理咨询、信息咨询、信用服务、市场营销、项目开发、投资融资、财会税务、产权交易、技术支持、人才引进、对外合作、展览展销、法律咨询等服务。

第四十七条　【中小企业经营管理人员培训】县级以上人民政府负责中小企业促进工作综合管理的部门应当安排资金，有计划地组织实施中小企业经营管理人员培训。

第四十八条　【中小企业人才培养】国家支持有关机构、高等学校开展针对中小企业经营管理及生产技术等方面的人员培训，提高企业营销、管理和技术水平。

国家支持高等学校、职业教育院校和各类职业技能培训机构与中小企业合作共建实习实践基地，支持职业教育院校教师和中小企业技术人才双向交流，创新中小企业人才培养模式。

第四十九条　【发挥行业组织作用】中小企业的有关行业组织应当依法维护会员的合法权益，反映会员诉求，加强自律管理，为中小企业创业创新、开拓市场等提供服务。

第八章　权益保护

第五十条　【合法权益受保护】国家保护中小企业及其出资人的财产权和其他合法权益。任何单位和个人不得侵犯中小企业财产及其合法收益。

第五十一条　【听取意见、建议和受理投诉、举报】县级以上人民政府负责中小企业促进工作综合管理的部门应当建立专门渠道，听取中小企业对政府相关管理工作的意见和建议，并及时向有关部门反馈，督促改进。

县级以上地方各级人民政府有关部门和有关行业组

织应当公布联系方式,受理中小企业的投诉、举报,并在规定的时间内予以调查、处理。

第五十二条　【政府依法履职】地方各级人民政府应当依法实施行政许可,依法开展管理工作,不得实施没有法律、法规依据的检查,不得强制或者变相强制中小企业参加考核、评比、表彰、培训等活动。

第五十三条　【大型企业等不得拖欠中小企业资金】国家机关、事业单位和大型企业不得违约拖欠中小企业的货物、工程、服务款项。

中小企业有权要求拖欠方支付拖欠款并要求对拖欠造成的损失进行赔偿。

第五十四条　【禁止乱收费、乱罚款、乱摊派】任何单位不得违反法律、法规向中小企业收取费用,不得实施没有法律、法规依据的罚款,不得向中小企业摊派财物。中小企业对违反上述规定的行为有权拒绝和举报、控告。

第五十五条　【涉企行政事业性收费实行目录清单制度】国家建立和实施涉企行政事业性收费目录清单制度,收费目录清单及其实施情况向社会公开,接受社会监督。

任何单位不得对中小企业执行目录清单之外的行政事业性收费,不得对中小企业擅自提高收费标准、扩大收费范围;严禁以各种方式强制中小企业赞助捐赠、订购报刊、加入社团、接受指定服务;严禁行业组织依靠代行政府职能或者利用行政资源擅自设立收费项目、提高收费标准。

第五十六条　【随机抽查和合并、联合检查】县级以上地方各级人民政府有关部门对中小企业实施监督检查应当依法进行,建立随机抽查机制。同一部门对中小企业实施的多项监督检查能够合并进行的,应当合并进行;不同部门对中小企业实施的多项监督检查能够合并完成的,由本级人民政府组织有关部门实施合并或者联合检查。

第九章　监督检查

第五十七条　【工作监督检查】县级以上人民政府定期组织对中小企业促进工作情况的监督检查;对违反本法的行为及时予以纠正,并对直接负责的主管人员和其他直接责任人员依法给予处分。

第五十八条　【中小企业发展环境评估】国务院负责中小企业促进工作综合管理的部门应当委托第三方机构定期开展中小企业发展环境评估,并向社会公布。

地方各级人民政府可以根据实际情况委托第三方机构开展中小企业发展环境评估。

第五十九条　【监督中小企业发展专项资金和基金】县级以上人民政府应当定期组织开展对中小企业发展专项资金、中小企业发展基金使用效果的企业评价、社会评价和资金使用动态评估,并将评价和评估情况及时向社会公布,接受社会监督。

县级以上人民政府有关部门在各自职责范围内,对中小企业发展专项资金、中小企业发展基金的管理和使用情况进行监督,对截留、挤占、挪用、侵占、贪污中小企业发展专项资金、中小企业发展基金等行为依法进行查处,并对直接负责的主管人员和其他直接责任人员依法给予处分;构成犯罪的,依法追究刑事责任。

第六十条　【侵权行为的监督检查】县级以上地方各级人民政府有关部门在各自职责范围内,对强制或者变相强制中小企业参加考核、评比、表彰、培训等活动的行为,违法向中小企业收费、罚款、摊派财物的行为,以及其他侵犯中小企业合法权益的行为进行查处,并对直接负责的主管人员和其他直接责任人员依法给予处分。

第十章　附　　则

第六十一条　【实施日期】本法自2018年1月1日起施行。

中华人民共和国
反不正当竞争法

1. 1993年9月2日第八届全国人民代表大会常务委员会第三次会议通过

2. 2017年11月4日第十二届全国人民代表大会常务委员会第三十次会议修订

3. 自2018年1月1日起施行

目　　录

第一章　总　　则

第一条　【目的】为了促进社会主义市场经济健康发展,鼓励和保护公平竞争,制止不正当竞争行为,保护经营者和消费者的合法权益,制定本法。

第二条　【原则与概念】经营者在生产经营活动中,应当遵循自愿、平等、公平、诚信的原则,遵守法律和商业道德。

本法所称的不正当竞争行为,是指经营者在生产经营活动中,违反本法规定,扰乱市场竞争秩序,损害其他经营者或者消费者的合法权益的行为。

本法所称的经营者,是指从事商品生产、经营或者提供服务(以下所称商品包括服务)的自然人、法人和非法人组织。

第三条　【各级政府职责】各级人民政府应当采取措施,制止不正当竞争行为,为公平竞争创造良好的环境和条件。

国务院建立反不正当竞争工作协调机制,研究决定反不正当竞争重大政策,协调处理维护市场竞争秩序的重大问题。

第四条 【政府部门职责】县级以上人民政府履行工商行政管理职责的部门对不正当竞争行为进行查处；法律、行政法规规定由其他部门查处的，依照其规定。

第五条 【监督、自律】国家鼓励、支持和保护一切组织和个人对不正当竞争行为进行社会监督。

国家机关及其工作人员不得支持、包庇不正当竞争行为。

行业组织应当加强行业自律，引导、规范会员依法竞争，维护市场竞争秩序。

第二章 不正当竞争行为

第六条 【禁止实施混淆行为】经营者不得实施下列混淆行为，引人误认为是他人商品或者与他人存在特定联系：

（一）擅自使用与他人有一定影响的商品名称、包装、装潢等相同或者近似的标识；

（二）擅自使用他人有一定影响的企业名称（包括简称、字号等）、社会组织名称（包括简称等）、姓名（包括笔名、艺名、译名等）；

（三）擅自使用他人有一定影响的域名主体部分、网站名称、网页等；

（四）其他足以引人误认为是他人商品或者与他人存在特定联系的混淆行为。

第七条 【禁止贿赂方式经营】经营者不得采用财物或者其他手段贿赂下列单位或者个人，以谋取交易机会或者竞争优势：

（一）交易相对方的工作人员；

（二）受交易相对方委托办理相关事务的单位或者个人；

（三）利用职权或者影响力影响交易的单位或者个人。

经营者在交易活动中，可以以明示方式向交易相对方支付折扣，或者向中间人支付佣金。经营者向交易相对方支付折扣、向中间人支付佣金的，应当如实入账。接受折扣、佣金的经营者也应当如实入账。

经营者的工作人员进行贿赂的，应当认定为经营者的行为；但是，经营者有证据证明该工作人员的行为与为经营者谋取交易机会或者竞争优势无关的除外。

第八条 【禁止虚假或引人误解的商业宣传】经营者不得对其商品的性能、功能、质量、销售状况、用户评价、曾获荣誉等作虚假或者引人误解的商业宣传，欺骗、误导消费者。

经营者不得通过组织虚假交易等方式，帮助其他经营者进行虚假或者引人误解的商业宣传。

第九条 【禁止实施侵犯商业秘密的行为】经营者不得实施下列侵犯商业秘密的行为：

（一）以盗窃、贿赂、欺诈、胁迫或者其他不正当手段获取权利人的商业秘密；

（二）披露、使用或者允许他人使用以前项手段获取的权利人的商业秘密；

（三）违反约定或者违反权利人有关保守商业秘密的要求，披露、使用或者允许他人使用其所掌握的商业秘密。

第三人明知或者应知商业秘密权利人的员工、前员工或者其他单位、个人实施前款所列违法行为，仍获取、披露、使用或者允许他人使用该商业秘密的，视为侵犯商业秘密。

本法所称的商业秘密，是指不为公众所知悉、具有商业价值并经权利人采取相应保密措施的技术信息和经营信息。

第十条 【有奖销售的禁止情形】经营者进行有奖销售不得存在下列情形：

（一）所设奖的种类、兑奖条件、奖金金额或者奖品等有奖销售信息不明确，影响兑奖；

（二）采用谎称有奖或者故意让内定人员中奖的欺骗方式进行有奖销售；

（三）抽奖式的有奖销售，最高奖的金额超过五万元。

第十一条 【禁止损害商誉】经营者不得编造、传播虚假信息或者误导性信息，损害竞争对手的商业信誉、商品声誉。

第十二条 【网络生产经营规范】经营者利用网络从事生产经营活动，应当遵守本法的各项规定。

经营者不得利用技术手段，通过影响用户选择或者其他方式，实施下列妨碍、破坏其他经营者合法提供的网络产品或者服务正常运行的行为：

（一）未经其他经营者同意，在其合法提供的网络产品或者服务中，插入链接、强制进行目标跳转；

（二）误导、欺骗、强迫用户修改、关闭、卸载其他经营者合法提供的网络产品或者服务；

（三）恶意对其他经营者合法提供的网络产品或者服务实施不兼容；

（四）其他妨碍、破坏其他经营者合法提供的网络产品或者服务正常运行的行为。

第三章 对涉嫌不正当竞争行为的调查

第十三条 【监督机关职权】监督检查部门调查涉嫌不正当竞争行为，可以采取下列措施：

（一）进入涉嫌不正当竞争行为的经营场所进行检查；

（二）询问被调查的经营者、利害关系人及其他有关单位、个人，要求其说明有关情况或者提供与被调查行为有关的其他资料；

（三）查询、复制与涉嫌不正当竞争行为有关的协议、账簿、单据、文件、记录、业务函电和其他资料；

（四）查封、扣押与涉嫌不正当竞争行为有关的财物；

（五）查询涉嫌不正当竞争行为的经营者的银行账户。

采取前款规定的措施，应当向监督检查部门主要负责人书面报告，并经批准。采取前款第四项、第五项规定的措施，应当向设区的市级以上人民政府监督检查部门主要负责人书面报告,并经批准。

监督检查部门调查涉嫌不正当竞争行为,应当遵守《中华人民共和国行政强制法》和其他有关法律、行政法规的规定,并应当将查处结果及时向社会公开。

第十四条　【被调查者的协作义务】监督检查部门调查涉嫌不正当竞争行为,被调查的经营者、利害关系人及其他有关单位、个人应当如实提供有关资料或者情况。

第十五条　【保密义务】监督检查部门及其工作人员对调查过程中知悉的商业秘密负有保密义务。

第十六条　【举报】对涉嫌不正当竞争行为,任何单位和个人有权向监督检查部门举报,监督检查部门接到举报后应当依法及时处理。

监督检查部门应当向社会公开受理举报的电话、信箱或者电子邮件地址,并为举报人保密。对实名举报并提供相关事实和证据的,监督检查部门应当将处理结果告知举报人。

第四章　法律责任

第十七条　【民事责任及赔偿范围】经营者违反本法规定,给他人造成损害的,应当依法承担民事责任。

经营者的合法权益受到不正当竞争行为损害的,可以向人民法院提起诉讼。

因不正当竞争行为受到损害的经营者的赔偿数额,按照其因被侵权所受到的实际损失确定;实际损失难以计算的,按照侵权人因侵权所获得的利益确定。赔偿数额还应当包括经营者为制止侵权行为所支付的合理开支。

经营者违反本法第六条、第九条规定,权利人因被侵权所受到的实际损失、侵权人因侵权所获得的利益难以确定的,由人民法院根据侵权行为的情节判决给予权利人三百万元以下的赔偿。

第十八条　【实施混淆行为的责任】经营者违反本法第六条规定实施混淆行为的,由监督检查部门责令停止违法行为,没收违法商品。违法经营额五万元以上的,可以并处违法经营额五倍以下的罚款;没有违法经营额或者违法经营额不足五万元的,可以并处二十五万元以下的罚款。情节严重的,吊销营业执照。

经营者登记的企业名称违反本法第六条规定的,应当及时办理名称变更登记;名称变更前,由原企业登记机关以统一社会信用代码代替其名称。

第十九条　【贿赂责任】经营者违反本法第七条规定贿赂他人的,由监督检查部门没收违法所得,处十万元以上三百万元以下的罚款。情节严重的,吊销营业执照。

第二十条　【涉虚假或引人误解宣传的责任】经营者违反本法第八条规定对其商品作虚假或者引人误解的商业宣传,或者通过组织虚假交易等方式帮助其他经营者进行虚假或者引人误解的商业宣传的,由监督检查部门责令停止违法行为,处二十万元以上一百万元以下的罚款;情节严重的,处一百万元以上二百万元以下的罚款,可以吊销营业执照。

经营者违反本法第八条规定,属于发布虚假广告的,依照《中华人民共和国广告法》的规定处罚。

第二十一条　【侵犯商业秘密的责任】经营者违反本法第九条规定侵犯商业秘密的,由监督检查部门责令停止违法行为,处十万元以上五十万元以下的罚款;情节严重的,处五十万元以上三百万元以下的罚款。

第二十二条　【违法有奖销售的责任】经营者违反本法第十条规定进行有奖销售的,由监督检查部门责令停止违法行为,处五万元以上五十万元以下的罚款。

第二十三条　【违法损害竞争对手商誉的责任】经营者违反本法第十一条规定损害竞争对手商业信誉、商品声誉的,由监督检查部门责令停止违法行为、消除影响,处十万元以上五十万元以下的罚款;情节严重的,处五十万元以上三百万元以下的罚款。

第二十四条　【妨碍、破坏网络产品或服务正常运行的责任】经营者违反本法第十二条规定妨碍、破坏其他经营者合法提供的网络产品或者服务正常运行的,由监督检查部门责令停止违法行为,处十万元以上五十万元以下的罚款;情节严重的,处五十万元以上三百万元以下的罚款。

第二十五条　【从轻或减轻、免予处罚】经营者违反本法规定从事不正当竞争,有主动消除或者减轻违法行为危害后果等法定情形的,依法从轻或者减轻行政处罚;违法行为轻微并及时纠正,没有造成危害后果的,不予行政处罚。

第二十六条　【信用记录公示】经营者违反本法规定从事不正当竞争,受到行政处罚的,由监督检查部门记入信用记录,并依照有关法律、行政法规的规定予以公示。

第二十七条　【民事责任优先承担】经营者违反本法规定,应当承担民事责任、行政责任和刑事责任,其财产不足以支付的,优先用于承担民事责任。

第二十八条　【拒绝、阻碍调查的责任】妨害监督检查部门依照本法履行职责,拒绝、阻碍调查的,由监督检查部门责令改正,对个人可以处五千元以下的罚款,对单位可以处五万元以下的罚款,并可以由公安机关依法给予治安管理处罚。

第二十九条　【行政复议或诉讼】当事人对监督检查部门作出的决定不服的,可以依法申请行政复议或者提起行政诉讼。

第三十条　【渎职处分】监督检查部门的工作人员滥用职权、玩忽职守、徇私舞弊或者泄露调查过程中知悉的商业秘密的,依法给予处分。

第三十一条　【刑事责任】违反本法规定,构成犯罪的,依法追究刑事责任。

第五章　附　　则

第三十二条　【施行日期】本法自2018年1月1日起施行。

最高人民法院关于审理不正当竞争民事案件应用法律若干问题的解释

1. 2006年12月30日最高人民法院审判委员会第1412次会议通过
2. 2007年1月12日公布
3. 法释〔2007〕2号
4. 自2007年2月1日起施行

为了正确审理不正当竞争民事案件,依法保护经营者的合法权益,维护市场竞争秩序,依照《中华人民共和国民法通则》、《中华人民共和国反不正当竞争法》、《中华人民共和国民事诉讼法》等法律的有关规定,结合审判实践经验和实际情况,制定本解释。

第一条　在中国境内具有一定的市场知名度,为相关公众所知悉的商品,应当认定为反不正当竞争法第五条第(二)项规定的"知名商品"。人民法院认定知名商品,应当考虑该商品的销售时间、销售区域、销售额和销售对象,进行任何宣传的持续时间、程度和地域范围,作为知名商品受保护的情况等因素,进行综合判断。原告应当对其商品的市场知名度负举证责任。

在不同地域范围内使用相同或者近似的知名商品特有的名称、包装、装潢,在后使用者能够证明其善意使用的,不构成反不正当竞争法第五条第(二)项规定的不正当竞争行为。因后来的经营活动进入相同地域范围而使其商品来源足以产生混淆,在先使用者请求责令在后使用者附加足以区别商品来源的其他标识的,人民法院应当予以支持。

第二条　具有区别商品来源的显著特征的商品的名称、包装、装潢,应当认定为反不正当竞争法第五条第(二)项规定的"特有的名称、包装、装潢"。有下列情形之一的,人民法院不认定为知名商品特有的名称、包装、装潢:

(一)商品的通用名称、图形、型号;

(二)仅仅直接表示商品的质量、主要原料、功能、用途、重量、数量及其他特点的商品名称;

(三)仅由商品自身的性质产生的形状,为获得技术效果而需有的商品形状以及使商品具有实质性价值的形状;

(四)其他缺乏显著特征的商品名称、包装、装潢。

前款第(一)、(二)、(四)项规定的情形经过使用取得显著特征的,可以认定为特有的名称、包装、装潢。

知名商品特有的名称、包装、装潢中含有本商品的通用名称、图形、型号,或者直接表示商品的质量、主要原料、功能、用途、重量、数量以及其他特点,或者含有地名,他人因客观叙述商品而正当使用的,不构成不正当竞争行为。

第三条　由经营者营业场所的装饰、营业用具的式样、营业人员的服饰等构成的具有独特风格的整体营业形象,可以认定为反不正当竞争法第五条第(二)项规定的"装潢"。

第四条　足以使相关公众对商品的来源产生误认,包括误认为与知名商品的经营者具有许可使用、关联企业关系等特定联系的,应当认定为反不正当竞争法第五条第(二)项规定的"造成和他人的知名商品相混淆,使购买者误认为是该知名商品"。

在相同商品上使用相同或者视觉上基本无差别的商品名称、包装、装潢,应当视为足以造成和他人知名商品相混淆。

认定与知名商品特有名称、包装、装潢相同或者近似,可以参照商标相同或者近似的判断原则和方法。

第五条　商品的名称、包装、装潢属于商标法第十条第一款规定的不得作为商标使用的标志,当事人请求依照反不正当竞争法第五条第(二)项规定予以保护的,人民法院不予支持。

第六条　企业登记主管机关依法登记注册的企业名称,以及在中国境内进行商业使用的外国(地区)企业名称,应当认定为反不正当竞争法第五条第(三)项规定的"企业名称"。具有一定的市场知名度、为相关公众所知悉的企业名称中的字号,可以认定为反不正当竞争法第五条第(三)项规定的"企业名称"。

在商品经营中使用的自然人的姓名,应当认定为反不正当竞争法第五条第(三)项规定的"姓名"。具有一定的市场知名度、为相关公众所知悉的自然人的笔名、艺名等,可以认定为反不正当竞争法第五条第(三)项规定的"姓名"。

第七条　在中国境内进行商业使用,包括将知名商品特有的名称、包装、装潢或者企业名称、姓名用于商品、商品包装以及商品交易文书上,或者用于广告宣传、展览以及其他商业活动中,应当认定为反不正当竞争法第五条第(二)项、第(三)项规定的"使用"。

第八条　经营者具有下列行为之一,足以造成相关公众误解的,可以认定为反不正当竞争法第九条第一款规定的引人误解的虚假宣传行为:

(一)对商品作片面的宣传或者对比的;

(二)将科学上未定论的观点、现象等当作定论的事实用于商品宣传的;

(三)以歧义性语言或者其他引人误解的方式进行商品宣传的。

以明显的夸张方式宣传商品,不足以造成相关公众误解的,不属于引人误解的虚假宣传行为。

人民法院应当根据日常生活经验、相关公众一般注意力、发生误解的事实和被宣传对象的实际情况等因素,对引人误解的虚假宣传行为进行认定。

第九条　有关信息不为其所属领域的相关人员普遍知悉和容易获得,应当认定为反不正当竞争法第十条第三款规定的"不为公众所知悉"。

具有下列情形之一的,可以认定有关信息不构成不为公众所知悉：

(一)该信息为其所属技术或者经济领域的人的一般常识或者行业惯例；

(二)该信息仅涉及产品的尺寸、结构、材料、部件的简单组合等内容，进入市场后相关公众通过观察产品即可直接获得；

(三)该信息已经在公开出版物或者其他媒体上公开披露；

(四)该信息已通过公开的报告会、展览等方式公开；

(五)该信息从其他公开渠道可以获得；

(六)该信息无需付出一定的代价而容易获得。

第十条　有关信息具有现实的或者潜在的商业价值，能为权利人带来竞争优势的，应当认定为反不正当竞争法第十条第三款规定的“能为权利人带来经济利益、具有实用性”。

第十一条　权利人为防止信息泄漏所采取的与其商业价值等具体情况相适应的合理保护措施，应当认定为反不正当竞争法第十条第三款规定的“保密措施”。

人民法院应当根据所涉信息载体的特性、权利人保密的意愿、保密措施的可识别程度、他人通过正当方式获得的难易程度等因素，认定权利人是否采取了保密措施。

具有下列情形之一，在正常情况下足以防止涉密信息泄漏的，应当认定权利人采取了保密措施：

(一)限定涉密信息的知悉范围，只对必须知悉的相关人员告知其内容；

(二)对于涉密信息载体采取加锁等防范措施；

(三)在涉密信息的载体上标有保密标志；

(四)对于涉密信息采用密码或者代码等；

(五)签订保密协议；

(六)对于涉密的机器、厂房、车间等场所限制来访者或者提出保密要求；

(七)确保信息秘密的其他合理措施。

第十二条　通过自行开发研制或者反向工程等方式获得的商业秘密，不认定为反不正当竞争法第十条第(一)、(二)项规定的侵犯商业秘密行为。

前款所称“反向工程”，是指通过技术手段对从公开渠道取得的产品进行拆卸、测绘、分析等而获得该产品的有关技术信息。当事人以不正当手段知悉了他人的商业秘密之后，又以反向工程为由主张获取行为合法的，不予支持。

第十三条　商业秘密中的客户名单，一般是指客户的名称、地址、联系方式以及交易的习惯、意向、内容等构成的区别于相关公知信息的特殊客户信息，包括汇集众多客户的客户名册，以及保持长期稳定交易关系的特定客户。

客户基于对职工个人的信赖而与职工所在单位进行市场交易，该职工离职后，能够证明客户自愿选择与自己或者其新单位进行市场交易的，应当认定没有采用不正当手段，但职工与原单位另有约定的除外。

第十四条　当事人指称他人侵犯其商业秘密的，应当对其拥有的商业秘密符合法定条件、对方当事人的信息与其商业秘密相同或者实质相同以及对方当事人采取不正当手段的事实负举证责任。其中，商业秘密符合法定条件的证据，包括商业秘密的载体、具体内容、商业价值和对该项商业秘密所采取的具体保密措施等。

第十五条　对于侵犯商业秘密行为，商业秘密独占使用许可合同的被许可人提起诉讼的，人民法院应当依法受理。

排他使用许可合同的被许可人和权利人共同提起诉讼，或者在权利人不起诉的情况下，自行提起诉讼，人民法院应当依法受理。

普通使用许可合同的被许可人和权利人共同提起诉讼，或者经权利人书面授权，单独提起诉讼的，人民法院应当依法受理。

第十六条　人民法院对于侵犯商业秘密行为判决停止侵害的民事责任时，停止侵害的时间一般持续到该项商业秘密已为公众知悉时为止。

依据前款规定判决停止侵害的时间如果明显不合理的，可以在依法保护权利人该项商业秘密竞争优势的情况下，判决侵权人在一定期限或者范围内停止使用该项商业秘密。

第十七条　确定反不正当竞争法第十条规定的侵犯商业秘密行为的损害赔偿额，可以参照确定侵犯专利权的损害赔偿额的方法进行；确定反不正当竞争法第五条、第九条、第十四条规定的不正当竞争行为的损害赔偿额，可以参照确定侵犯注册商标专用权的损害赔偿额的方法进行。

因侵权行为导致商业秘密已为公众所知悉的，应当根据该项商业秘密的商业价值确定损害赔偿额。商业秘密的商业价值，根据其研究开发成本、实施该项商业秘密的收益、可得利益、可保持竞争优势的时间等因素确定。

第十八条　反不正当竞争法第五条、第九条、第十条、第十四条规定的不正当竞争民事第一审案件，一般由中级人民法院管辖。

各高级人民法院根据本辖区的实际情况，经最高人民法院批准，可以确定若干基层人民法院受理不正当竞争民事第一审案件，已经批准可以审理知识产权民事案件的基层人民法院，可以继续受理。

第十九条　本解释自2007年2月1日起施行。

中华人民共和国反垄断法

1. 2007年8月30日第十届全国人民代表大会第二十九次会议通过
2. 2007年8月30日中华人民共和国主席令第68号公布
3. 自2008年8月1日起施行

目　　录

第三章 滥用市场支配地位
第四章 经营者集中
第五章 滥用行政权力排除、限制竞争
第六章 对涉嫌垄断行为的调查
第七章 法律责任
第八章 附 则

第一章 总 则

第一条 【立法目的】为了预防和制止垄断行为,保护市场公平竞争,提高经济运行效率,维护消费者利益和社会公共利益,促进社会主义市场经济健康发展,制定本法。

第二条 【适用范围】中华人民共和国境内经济活动中的垄断行为,适用本法;中华人民共和国境外的垄断行为,对境内市场竞争产生排除、限制影响的,适用本法。

第三条 【垄断行为种类】本法规定的垄断行为包括:

(一)经营者达成垄断协议;

(二)经营者滥用市场支配地位;

(三)具有或者可能具有排除、限制竞争效果的经营者集中。

第四条 【立法原则】国家制定和实施与社会主义市场经济相适应的竞争规则,完善宏观调控,健全统一、开放、竞争、有序的市场体系。

第五条 【对经营者集中的原则规定】经营者可以通过公平竞争、自愿联合,依法实施集中,扩大经营规模,提高市场竞争能力。

第六条 【对滥用市场支配地位的原则规定】具有市场支配地位的经营者,不得滥用市场支配地位,排除、限制竞争。

第七条 【对特定行业经营者的规范】国有经济占控制地位的关系国民经济命脉和国家安全的行业以及依法实行专营专卖的行业,国家对其经营者的合法经营活动予以保护,并对经营者的经营行为及其商品和服务的价格依法实施监管和调控,维护消费者利益,促进技术进步。

前款规定行业的经营者应当依法经营,诚实守信,严格自律,接受社会公众的监督,不得利用其控制地位或者专营专卖地位损害消费者利益。

第八条 【行政性限制竞争】行政机关和法律、法规授权的具有管理公共事务职能的组织不得滥用行政权力,排除、限制竞争。

第九条 【国务院反垄断委员会】国务院设立反垄断委员会,负责组织、协调、指导反垄断工作,履行下列职责:

(一)研究拟订有关竞争政策;

(二)组织调查、评估市场总体竞争状况,发布评估报告;

(三)制定、发布反垄断指南;

(四)协调反垄断行政执法工作;

(五)国务院规定的其他职责。

国务院反垄断委员会的组成和工作规则由国务院规定。

第十条 【反垄断执法机构】国务院规定的承担反垄断执法职责的机构(以下统称国务院反垄断执法机构)依照本法规定,负责反垄断执法工作。

国务院反垄断执法机构根据工作需要,可以授权省、自治区、直辖市人民政府相应的机构,依照本法规定负责有关反垄断执法工作。

第十一条 【行业协会的自律】行业协会应当加强行业自律,引导本行业的经营者依法竞争,维护市场竞争秩序。

第十二条 【经营者和相关市场的概念】本法所称经营者,是指从事商品生产、经营或者提供服务的自然人、法人和其他组织。

本法所称相关市场,是指经营者在一定时期内就特定商品或者服务(以下统称商品)进行竞争的商品范围和地域范围。

第二章 垄断协议

第十三条 【垄断协议概念及横向垄断协议类型】禁止具有竞争关系的经营者达成下列垄断协议:

(一)固定或者变更商品价格;

(二)限制商品的生产数量或者销售数量;

(三)分割销售市场或者原材料采购市场;

(四)限制购买新技术、新设备或者限制开发新技术、新产品;

(五)联合抵制交易;

(六)国务院反垄断执法机构认定的其他垄断协议。

本法所称垄断协议,是指排除、限制竞争的协议、决定或者其他协同行为。

第十四条 【纵向垄断协议类型】禁止经营者与交易相对人达成下列垄断协议:

(一)固定向第三人转售商品的价格;

(二)限定向第三人转售商品的最低价格;

(三)国务院反垄断执法机构认定的其他垄断协议。

第十五条 【垄断协议的豁免】经营者能够证明所达成的协议属于下列情形之一的,不适用本法第十三条、第十四条的规定:

(一)为改进技术、研究开发新产品的;

(二)为提高产品质量、降低成本、增进效率,统一产品规格、标准或者实行专业化分工的;

(三)为提高中小经营者经营效率,增强中小经营者竞争力的;

(四)为实现节约能源、保护环境、救灾救助等社会公共利益的;

(五)因经济不景气,为缓解销售量严重下降或者生产明显过剩的;

(六)为保障对外贸易和对外经济合作中的正当利益的;

(七)法律和国务院规定的其他情形。

属于前款第一项至第五项情形,不适用本法第十三条、第十四条规定的,经营者还应当证明所达成的协议不会严重限制相关市场的竞争,并且能够使消费者分享由此产生的利益。

第十六条　【行业协会对反垄断法的适用】行业协会不得组织本行业的经营者从事本章禁止的垄断行为。

第三章　滥用市场支配地位

第十七条　【市场支配地位概念及滥用市场支配地位的情形】禁止具有市场支配地位的经营者从事下列滥用市场支配地位的行为:

(一)以不公平的高价销售商品或者以不公平的低价购买商品;

(二)没有正当理由,以低于成本的价格销售商品;

(三)没有正当理由,拒绝与交易相对人进行交易;

(四)没有正当理由,限定交易相对人只能与其进行交易或者只能与其指定的经营者进行交易;

(五)没有正当理由搭售商品,或者在交易时附加其他不合理的交易条件;

(六)没有正当理由,对条件相同的交易相对人在交易价格等交易条件上实行差别待遇;

(七)国务院反垄断执法机构认定的其他滥用市场支配地位的行为。

本法所称市场支配地位,是指经营者在相关市场内具有能够控制商品价格、数量或者其他交易条件,或者能够阻碍、影响其他经营者进入相关市场能力的市场地位。

第十八条　【认定市场支配地位的因素】认定经营者具有市场支配地位,应当依据下列因素:

(一)该经营者在相关市场的市场份额,以及相关市场的竞争状况;

(二)该经营者控制销售市场或者原材料采购市场的能力;

(三)该经营者的财力和技术条件;

(四)其他经营者对该经营者在交易上的依赖程度;

(五)其他经营者进入相关市场的难易程度;

(六)与认定该经营者市场支配地位有关的其他因素。

第十九条　【市场支配地位的推定】有下列情形之一的,可以推定经营者具有市场支配地位:

(一)一个经营者在相关市场的市场份额达到二分之一的;

(二)两个经营者在相关市场的市场份额合计达到三分之二的;

(三)三个经营者在相关市场的市场份额合计达到四分之三的。

有前款第二项、第三项规定的情形,其中有的经营者市场份额不足十分之一的,不应当推定该经营者具有市场支配地位。

被推定具有市场支配地位的经营者,有证据证明不具有市场支配地位的,不应当认定其具有市场支配地位。

第四章　经营者集中

第二十条　【经营者集中的情形】经营者集中是指下列情形:

(一)经营者合并;

(二)经营者通过取得股权或者资产的方式取得对其他经营者的控制权;

(三)经营者通过合同等方式取得对其他经营者的控制权或者能够对其他经营者施加决定性影响。

第二十一条　【经营者集中申报】经营者集中达到国务院规定的申报标准的,经营者应当事先向国务院反垄断执法机构申报,未申报的不得实施集中。

第二十二条　【经营者集中的申报豁免】经营者集中有下列情形之一的,可以不向国务院反垄断执法机构申报:

(一)参与集中的一个经营者拥有其他每个经营者百分之五十以上有表决权的股份或者资产的;

(二)参与集中的每个经营者百分之五十以上有表决权的股份或者资产被同一个未参与集中的经营者拥有的。

第二十三条　【经营者申报集中提交的文件、资料】经营者向国务院反垄断执法机构申报集中,应当提交下列文件、资料:

(一)申报书;

(二)集中对相关市场竞争状况影响的说明;

(三)集中协议;

(四)参与集中的经营者经会计师事务所审计的上一会计年度财务会计报告;

(五)国务院反垄断执法机构规定的其他文件、资料。

申报书应当载明参与集中的经营者的名称、住所、经营范围、预定实施集中的日期和国务院反垄断执法机构规定的其他事项。

第二十四条　【资料补正】经营者提交的文件、资料不完备的,应当在国务院反垄断执法机构规定的期限内补交文件、资料。经营者逾期未补交文件、资料的,视为未申报。

第二十五条　【经营者集中的初步审查】国务院反垄断执法机构应当自收到经营者提交的符合本法第二十三条规定的文件、资料之日起三十日内,对申报的经营者集中进行初步审查,作出是否实施进一步审查的决定,并书面通知经营者。国务院反垄断执法机构作出决定前,经营者不得实施集中。

国务院反垄断执法机构作出不实施进一步审查的决定或者逾期未作出决定的,经营者可以实施集中。

第二十六条　【经营者集中的进一步审查】国务院反垄断执法机构决定实施进一步审查的,应当自决定之日起九十日内审查完毕,作出是否禁止经营者集中的决定,并书面通知经营者。作出禁止经营者集中的决定,应当说明理由。

审查期间,经营者不得实施集中。

有下列情形之一的,国务院反垄断执法机构经书面通知经营者,可以延长前款规定的审查期限,但最长不得超过六十日:

(一)经营者同意延长审查期限的;

(二)经营者提交的文件、资料不准确,需要进一步核实的;

(三)经营者申报后有关情况发生重大变化的。

国务院反垄断执法机构逾期未作出决定的,经营者可以实施集中。

第二十七条 **【审查考虑的因素】**审查经营者集中,应当考虑下列因素:

(一)参与集中的经营者在相关市场的市场份额及其对市场的控制力;

(二)相关市场的市场集中度;

(三)经营者集中对市场进入、技术进步的影响;

(四)经营者集中对消费者和其他有关经营者的影响;

(五)经营者集中对国民经济发展的影响;

(六)国务院反垄断执法机构认为应当考虑的影响市场竞争的其他因素。

第二十八条 **【经营者集中的禁止及其豁免】**经营者集中具有或者可能具有排除、限制竞争效果的,国务院反垄断执法机构应当作出禁止经营者集中的决定。但是,经营者能够证明该集中对竞争产生的有利影响明显大于不利影响,或者符合社会公共利益的,国务院反垄断执法机构可以作出对经营者集中不予禁止的决定。

第二十九条 **【附加限制性条件】**对不予禁止的经营者集中,国务院反垄断执法机构可以决定附加减少集中对竞争产生不利影响的限制性条件。

第三十条 **【决定与公告】**国务院反垄断执法机构应当将禁止经营者集中的决定或者对经营者集中附加限制性条件的决定,及时向社会公布。

第三十一条 **【反垄断审查与国家安全审查】**对外资并购境内企业或者以其他方式参与经营者集中,涉及国家安全的,除依照本法规定进行经营者集中审查外,还应当按照国家有关规定进行国家安全审查。

第五章 滥用行政权力排除、限制竞争

第三十二条 **【禁止指定交易】**行政机关和法律、法规授权的具有管理公共事务职能的组织不得滥用行政权力,限定或者变相限定单位或者个人经营、购买、使用其指定的经营者提供的商品。

第三十三条 **【禁止妨碍商品在地区之间自由流通】**行政机关和法律、法规授权的具有管理公共事务职能的组织不得滥用行政权力,实施下列行为,妨碍商品在地区之间的自由流通:

(一)对外地商品设定歧视性收费项目、实行歧视性收费标准,或者规定歧视性价格;

(二)对外地商品规定与本地同类商品不同的技术要求、检验标准,或者对外地商品采取重复检验、重复认证等歧视性技术措施,限制外地商品进入本地市场;

(三)采取专门针对外地商品的行政许可,限制外地商品进入本地市场;

(四)设置关卡或者采取其他手段,阻碍外地商品进入或者本地商品运出;

(五)妨碍商品在地区之间自由流通的其他行为。

第三十四条 **【禁止招投标活动中的地方保护】**行政机关和法律、法规授权的具有管理公共事务职能的组织不得滥用行政权力,以设定歧视性资质要求、评审标准或者不依法发布信息等方式,排斥或者限制外地经营者参加本地的招标投标活动。

第三十五条 **【禁止排斥或者限制在本地投资或者设立分支机构】**行政机关和法律、法规授权的具有管理公共事务职能的组织不得滥用行政权力,采取与本地经营者不平等待遇等方式,排斥或者限制外地经营者在本地投资或者设立分支机构。

第三十六条 **【禁止强制经营者从事垄断行为】**行政机关和法律、法规授权的具有管理公共事务职能的组织不得滥用行政权力,强制经营者从事本法规定的垄断行为。

第三十七条 **【禁止制定含有排除、限制竞争内容的规定】**行政机关不得滥用行政权力,制定含有排除、限制竞争内容的规定。

第六章 对涉嫌垄断行为的调查

第三十八条 **【涉嫌垄断行为的举报和调查】**反垄断执法机构依法对涉嫌垄断行为进行调查。

对涉嫌垄断行为,任何单位和个人有权向反垄断执法机构举报。反垄断执法机构应当为举报人保密。

举报采用书面形式并提供相关事实和证据的,反垄断执法机构应当进行必要的调查。

第三十九条 **【调查措施】**反垄断执法机构调查涉嫌垄断行为,可以采取下列措施:

(一)进入被调查的经营者的营业场所或者其他有关场所进行检查;

(二)询问被调查的经营者、利害关系人或者其他有关单位或者个人,要求其说明有关情况;

(三)查阅、复制被调查的经营者、利害关系人或者其他有关单位或者个人的有关单证、协议、会计账簿、业务函电、电子数据等文件、资料;

(四)查封、扣押相关证据;

(五)查询经营者的银行账户。

采取前款规定的措施,应当向反垄断执法机构主要负责人书面报告,并经批准。

第四十条　【调查程序】反垄断执法机构调查涉嫌垄断行为，执法人员不得少于二人，并应当出示执法证件。

执法人员进行询问和调查，应当制作笔录，并由被询问人或者被调查人签字。

第四十一条　【保密义务】反垄断执法机构及其工作人员对执法过程中知悉的商业秘密负有保密义务。

第四十二条　【被调查对象的配合调查义务】被调查的经营者、利害关系人或者其他有关单位或者个人应当配合反垄断执法机构依法履行职责，不得拒绝、阻碍反垄断执法机构的调查。

第四十三条　【被调查对象陈述意见的权利】被调查的经营者、利害关系人有权陈述意见。反垄断执法机构应当对被调查的经营者、利害关系人提出的事实、理由和证据进行核实。

第四十四条　【对垄断行为的处理和公布】反垄断执法机构对涉嫌垄断行为调查核实后，认为构成垄断行为的，应当依法作出处理决定，并可以向社会公布。

第四十五条　【承诺制度】对反垄断执法机构调查的涉嫌垄断行为，被调查的经营者承诺在反垄断执法机构认可的期限内采取具体措施消除该行为后果的，反垄断执法机构可以决定中止调查。中止调查的决定应当载明被调查的经营者承诺的具体内容。

反垄断执法机构决定中止调查的，应当对经营者履行承诺的情况进行监督。经营者履行承诺的，反垄断执法机构可以决定终止调查。

有下列情形之一的，反垄断执法机构应当恢复调查：

(一)经营者未履行承诺的；

(二)作出中止调查决定所依据的事实发生重大变化的；

(三)中止调查的决定是基于经营者提供的不完整或者不真实的信息作出的。

第七章　法律责任

第四十六条　【达成、实施垄断协议的法律责任】经营者违反本法规定，达成并实施垄断协议的，由反垄断执法机构责令停止违法行为，没收违法所得，并处上一年度销售额百分之一以上百分之十以下的罚款；尚未实施所达成的垄断协议的，可以处五十万元以下的罚款。

经营者主动向反垄断执法机构报告达成垄断协议的有关情况并提供重要证据的，反垄断执法机构可以酌情减轻或者免除对该经营者的处罚。

行业协会违反本法规定，组织本行业的经营者达成垄断协议的，反垄断执法机构可以处五十万元以下的罚款；情节严重的，社会团体登记管理机关可以依法撤销登记。

第四十七条　【滥用市场支配地位的法律责任】经营者违反本法规定，滥用市场支配地位的，由反垄断执法机构责令停止违法行为，没收违法所得，并处上一年度销售额百分之一以上百分之十以下的罚款。

第四十八条　【违法实施经营者集中的法律责任】经营者违反本法规定实施集中的，由国务院反垄断执法机构责令停止实施集中、限期处分股份或者资产、限期转让营业以及采取其他必要措施恢复到集中前的状态，可以处五十万元以下的罚款。

第四十九条　【实施处罚时应当考虑的因素】对本法第四十六条、第四十七条、第四十八条规定的罚款，反垄断执法机构确定具体罚款数额时，应当考虑违法行为的性质、程度和持续的时间等因素。

第五十条　【垄断行为的民事责任】经营者实施垄断行为，给他人造成损失的，依法承担民事责任。

第五十一条　【行政性限制竞争行为的法律责任】行政机关和法律、法规授权的具有管理公共事务职能的组织滥用行政权力，实施排除、限制竞争行为的，由上级机关责令改正；对直接负责的主管人员和其他直接责任人员依法给予处分。反垄断执法机构可以向有关上级机关提出依法处理的建议。

法律、行政法规对行政机关和法律、法规授权的具有管理公共事务职能的组织滥用行政权力实施排除、限制竞争行为的处理另有规定的，依照其规定。

第五十二条　【拒绝、阻碍调查行为的法律责任】对反垄断执法机构依法实施的审查和调查，拒绝提供有关材料、信息，或者提供虚假材料、信息，或者隐匿、销毁、转移证据，或者有其他拒绝、阻碍调查行为的，由反垄断执法机构责令改正，对个人可以处二万元以下的罚款，对单位可以处二十万元以下的罚款；情节严重的，对个人处二万元以上十万元以下的罚款，对单位处二十万元以上一百万元以下的罚款；构成犯罪的，依法追究刑事责任。

第五十三条　【行政复议和行政诉讼】对反垄断执法机构依据本法第二十八条、第二十九条作出的决定不服的，可以先依法申请行政复议；对行政复议决定不服的，可以依法提起行政诉讼。

对反垄断执法机构作出的前款规定以外的决定不服的，可以依法申请行政复议或者提起行政诉讼。

第五十四条　【反垄断执法机构工作人员的责任】反垄断执法机构工作人员滥用职权、玩忽职守、徇私舞弊或者泄露执法过程中知悉的商业秘密，构成犯罪的，依法追究刑事责任；尚不构成犯罪的，依法给予处分。

第八章　附　　则

第五十五条　【反垄断与知识产权保护】经营者依照有关知识产权的法律、行政法规规定行使知识产权的行为，不适用本法；但是，经营者滥用知识产权，排除、限制竞争的行为，适用本法。

第五十六条　【农业经济活动的排除适用】农业生产者及农村经济组织在农产品生产、加工、销售、运输、储存等经营活动中实施的联合或者协同行为，不适用本法。

第五十七条 【**施行日期**】本法自2008年8月1日起施行。

最高人民法院关于审理因垄断行为引发的民事纠纷案件应用法律若干问题的规定

1. 2012年1月30日最高人民法院审判委员会第1539次会议通过
2. 2012年5月3日公布
3. 法释〔2012〕5号
4. 自2012年6月1日起施行

为正确审理因垄断行为引发的民事纠纷案件，制止垄断行为，保护和促进市场公平竞争，维护消费者利益和社会公共利益，根据《中华人民共和国反垄断法》、《中华人民共和国侵权责任法》、《中华人民共和国合同法》和《中华人民共和国民事诉讼法》等法律的相关规定，制定本规定。

第一条 本规定所称因垄断行为引发的民事纠纷案件（以下简称垄断民事纠纷案件），是指因垄断行为受到损失以及因合同内容、行业协会的章程等违反反垄断法而发生争议的自然人、法人或者其他组织，向人民法院提起的民事诉讼案件。

第二条 原告直接向人民法院提起民事诉讼，或者在反垄断执法机构认定构成垄断行为的处理决定发生法律效力后向人民法院提起民事诉讼，并符合法律规定的其他受理条件的，人民法院应当受理。

第三条 第一审垄断民事纠纷案件，由省、自治区、直辖市人民政府所在地的市、计划单列市中级人民法院以及最高人民法院指定的中级人民法院管辖。

经最高人民法院批准，基层人民法院可以管辖第一审垄断民事纠纷案件。

第四条 垄断民事纠纷案件的地域管辖，根据案件具体情况，依照民事诉讼法及相关司法解释有关侵权纠纷、合同纠纷等的管辖规定确定。

第五条 民事纠纷案件立案时的案由并非垄断纠纷，被告以原告实施了垄断行为为由提出抗辩或者反诉且有证据支持，或者案件需要依据反垄断法作出裁判，但受诉人民法院没有垄断民事纠纷案件管辖权的，应当将案件移送有管辖权的人民法院。

第六条 两个或者两个以上原告因同一垄断行为向有管辖权的同一法院分别提起诉讼的，人民法院可以合并审理。

两个或者两个以上原告因同一垄断行为向有管辖权的不同法院分别提起诉讼的，后立案的法院在得知有关法院先立案的情况后，应当在七日内裁定将案件移送先立案的法院；受移送的法院可以合并审理。被告应当在答辩阶段主动向受诉人民法院提供其因同一行为在其他法院涉诉的相关信息。

第七条 被诉垄断行为属于反垄断法第十三条第一款第（一）项至第（五）项规定的垄断协议的，被告应对该协议不具有排除、限制竞争的效果承担举证责任。

第八条 被诉垄断行为属于反垄断法第十七条第一款规定的滥用市场支配地位的，原告应当对被告在相关市场内具有支配地位和其滥用市场支配地位承担举证责任。

被告以其行为具有正当性为由进行抗辩的，应当承担举证责任。

第九条 被诉垄断行为属于公用企业或者其他依法具有独占地位的经营者滥用市场支配地位的，人民法院可以根据市场结构和竞争状况的具体情况，认定被告在相关市场内具有支配地位，但有相反证据足以推翻的除外。

第十条 原告可以以被告对外发布的信息作为证明其具有市场支配地位的证据。被告对外发布的信息能够证明其在相关市场内具有支配地位的，人民法院可以据此作出认定，但有相反证据足以推翻的除外。

第十一条 证据涉及国家秘密、商业秘密、个人隐私或者其他依法应当保密的内容的，人民法院可以依职权或者当事人的申请采取不公开开庭、限制或者禁止复制、仅对代理律师展示、责令签署保密承诺书等保护措施。

第十二条 当事人可以向人民法院申请一至二名具有相应专门知识的人员出庭，就案件的专门性问题进行说明。

第十三条 当事人可以向人民法院申请委托专业机构或者专业人员就案件的专门性问题作出市场调查或者经济分析报告。经人民法院同意，双方当事人可以协商确定专业机构或者专业人员；协商不成的，由人民法院指定。

人民法院可以参照民事诉讼法及相关司法解释有关鉴定结论的规定，对前款规定的市场调查或者经济分析报告进行审查判断。

第十四条 被告实施垄断行为，给原告造成损失的，根据原告的诉讼请求和查明的事实，人民法院可以依法判令被告承担停止侵害、赔偿损失等民事责任。

根据原告的请求，人民法院可以将原告因调查、制止垄断行为所支付的合理开支计入损失赔偿范围。

第十五条 被诉合同内容、行业协会的章程等违反反垄断法或者其他法律、行政法规的强制性规定的，人民法院应当依法认定其无效。

第十六条 因垄断行为产生的损害赔偿请求权诉讼时效期间，从原告知道或者应当知道权益受侵害之日起计算。

原告向反垄断执法机构举报被诉垄断行为的，诉讼时效从其举报之日起中断。反垄断执法机构决定不立案、撤销案件或者决定终止调查的，诉讼时效期间从原告知道或者应当知道不立案、撤销案件或者终止调查之日起重新计算。反垄断执法机构调查后认定构成垄断行为的，诉讼时效期间从原告知道或者应当知道反垄断执法机构认定构成垄断行为的处理决定发生法律效力之日起重新计算。

原告起诉时被诉垄断行为已经持续超过二年,被告提出诉讼时效抗辩的,损害赔偿应当自原告向人民法院起诉之日起向前推算二年计算。

中华人民共和国企业国有资产法

1. *2008年10月28日第十一届全国人民代表大会常务委员会第五次会议通过*
2. *2008年10月28日中华人民共和国主席令第5号公布*
3. *自2009年5月1日起施行*

目　录

第一章　总　　则

第一条　【立法目的】为了维护国家基本经济制度,巩固和发展国有经济,加强对国有资产的保护,发挥国有经济在国民经济中的主导作用,促进社会主义市场经济发展,制定本法。

第二条　【定义及适用范围】本法所称企业国有资产(以下称国有资产),是指国家对企业各种形式的出资所形成的权益。

第三条　【国有资产权属】国有资产属于国家所有即全民所有。国务院代表国家行使国有资产所有权。

第四条　【国有资产出资人代表】国务院和地方人民政府依照法律、行政法规的规定,分别代表国家对国家出资企业履行出资人职责,享有出资人权益。

国务院确定的关系国民经济命脉和国家安全的大型国家出资企业,重要基础设施和重要自然资源等领域的国家出资企业,由国务院代表国家履行出资人职责。其他的国家出资企业,由地方人民政府代表国家履行出资人职责。

第五条　【国家出资企业】本法所称国家出资企业,是指国家出资的国有独资企业、国有独资公司,以及国有资本控股公司、国有资本参股公司。

第六条　【政企分开、政资分开原则】国务院和地方人民政府应当按照政企分开、社会公共管理职能与国有资产出资人职能分开、不干预企业依法自主经营的原则,依法履行出资人职责。

第七条　【国有经济的控制力和主导作用】国家采取措施,推动国有资本向关系国民经济命脉和国家安全的重要行业和关键领域集中,优化国有经济布局和结构,推进国有企业的改革和发展,提高国有经济的整体素质,增强国有经济的控制力、影响力。

第八条　【国有资产监管体制】国家建立健全与社会主义市场经济发展要求相适应的国有资产管理与监督体制,建立健全国有资产保值增值考核和责任追究制度,落实国有资产保值增值责任。

第九条　【国有资产基础管理制度】国家建立健全国有资产基础管理制度。具体办法按照国务院的规定制定。

第十条　【国有资产保护】国有资产受法律保护,任何单位和个人不得侵害。

第二章　履行出资人职责的机构

第十一条　【履行出资人职责的机构】国务院国有资产监督管理机构和地方人民政府按照国务院的规定设立的国有资产监督管理机构,根据本级人民政府的授权,代表本级人民政府对国家出资企业履行出资人职责。

国务院和地方人民政府根据需要,可以授权其他部门、机构代表本级人民政府对国家出资企业履行出资人职责。

代表本级人民政府履行出资人职责的机构、部门,以下统称履行出资人职责的机构。

第十二条　【履行出资人职责的机构的基本职责】履行出资人职责的机构代表本级人民政府对国家出资企业依法享有资产收益、参与重大决策和选择管理者等出资人权利。

履行出资人职责的机构依照法律、行政法规的规定,制定或者参与制定国家出资企业的章程。

履行出资人职责的机构对法律、行政法规和本级人民政府规定须经本级人民政府批准的履行出资人职责的重大事项,应当报请本级人民政府批准。

第十三条　【股东代表】履行出资人职责的机构委派的股东代表参加国有资本控股公司、国有资本参股公司召开的股东会会议、股东大会会议,应当按照委派机构的指示提出提案、发表意见、行使表决权,并将其履行职责的情况和结果及时报告委派机构。

第十四条　【履行出资人职责的原则】履行出资人职责的机构应当依照法律、行政法规以及企业章程履行出资人职责,保障出资人权益,防止国有资产损失。

履行出资人职责的机构应当维护企业作为市场主体

依法享有的权利，除依法履行出资人职责外，不得干预企业经营活动。

第十五条 【履行出资人职责的机构对政府的义务】履行出资人职责的机构对本级人民政府负责，向本级人民政府报告履行出资人职责的情况，接受本级人民政府的监督和考核，对国有资产的保值增值负责。

履行出资人职责的机构应当按照国家有关规定，定期向本级人民政府报告有关国有资产总量、结构、变动、收益等汇总分析的情况。

第三章 国家出资企业

第十六条 【国家出资企业的权利】国家出资企业对其动产、不动产和其他财产依照法律、行政法规以及企业章程享有占有、使用、收益和处分的权利。

国家出资企业依法享有的经营自主权和其他合法权益受法律保护。

第十七条 【国家出资企业的义务】国家出资企业从事经营活动，应当遵守法律、行政法规，加强经营管理，提高经济效益，接受人民政府及其有关部门、机构依法实施的管理和监督，接受社会公众的监督，承担社会责任，对出资人负责。

国家出资企业应当依法建立和完善法人治理结构，建立健全内部监督管理和风险控制制度。

第十八条 【财务管理】国家出资企业应当依照法律、行政法规和国务院财政部门的规定，建立健全财务、会计制度，设置会计账簿，进行会计核算，依照法律、行政法规以及企业章程的规定向出资人提供真实、完整的财务、会计信息。

国家出资企业应当依照法律、行政法规以及企业章程的规定，向出资人分配利润。

第十九条 【监事会监督】国有独资公司、国有资本控股公司和国有资本参股公司依照《中华人民共和国公司法》的规定设立监事会。国有独资企业由履行出资人职责的机构按照国务院的规定委派监事组成监事会。

国家出资企业的监事会依照法律、行政法规以及企业章程的规定，对董事、高级管理人员执行职务的行为进行监督，对企业财务进行监督检查。

第二十条 【职工民主管理】国家出资企业依照法律规定，通过职工代表大会或者其他形式，实行民主管理。

第二十一条 【对所出资企业的监管】国家出资企业对其所出资企业依法享有资产收益、参与重大决策和选择管理者等出资人权利。

国家出资企业对其所出资企业，应当依照法律、行政法规的规定，通过制定或者参与制定所出资企业的章程，建立权责明确、有效制衡的企业内部监督管理和风险控制制度，维护其出资人权益。

第四章 国家出资企业管理者的选择与考核

第二十二条 【选择企业管理者】履行出资人职责的机构依照法律、行政法规以及企业章程的规定，任免或者建议任免国家出资企业的下列人员：

（一）任免国有独资企业的经理、副经理、财务负责人和其他高级管理人员；

（二）任免国有独资公司的董事长、副董事长、董事、监事会主席和监事；

（三）向国有资本控股公司、国有资本参股公司的股东会、股东大会提出董事、监事人选。

国家出资企业中应当由职工代表出任的董事、监事，依照有关法律、行政法规的规定由职工民主选举产生。

第二十三条 【企业管理者的任职条件】履行出资人职责的机构任命或者建议任命的董事、监事、高级管理人员，应当具备下列条件：

（一）有良好的品行；

（二）有符合职位要求的专业知识和工作能力；

（三）有能够正常履行职责的身体条件；

（四）法律、行政法规规定的其他条件。

董事、监事、高级管理人员在任职期间出现不符合前款规定情形或者出现《中华人民共和国公司法》规定的不得担任公司董事、监事、高级管理人员情形的，履行出资人职责的机构应当依法予以免职或者提出免职建议。

第二十四条 【企业管理者的任职程序】履行出资人职责的机构对拟任命或者建议任命的董事、监事、高级管理人员的人选，应当按照规定的条件和程序进行考察。考察合格的，按照规定的权限和程序任命或者建议任命。

第二十五条 【企业管理者兼职禁止】未经履行出资人职责的机构同意，国有独资企业、国有独资公司的董事、高级管理人员不得在其他企业兼职。未经股东会、股东大会同意，国有资本控股公司、国有资本参股公司的董事、高级管理人员不得在经营同类业务的其他企业兼职。

未经履行出资人职责的机构同意，国有独资公司的董事长不得兼任经理。未经股东会、股东大会同意，国有资本控股公司的董事长不得兼任经理。

董事、高级管理人员不得兼任监事。

第二十六条 【企业管理者的义务】国家出资企业的董事、监事、高级管理人员，应当遵守法律、行政法规以及企业章程，对企业负有忠实义务和勤勉义务，不得利用职权收受贿赂或者取得其他非法收入和不当利益，不得侵占、挪用企业资产，不得超越职权或者违反程序决定企业重大事项，不得有其他侵害国有资产出资人权益的行为。

第二十七条 【企业管理者的考核、奖惩和薪酬】国家建立国家出资企业管理者经营业绩考核制度。履行出资人职责的机构应当对其任命的企业管理者进行年度和任期考核，并依据考核结果决定对企业管理者的奖惩。

履行出资人职责的机构应当按照国家有关规定，确定其任命的国家出资企业管理者的薪酬标准。

第二十八条 【企业管理者经济责任审计】国有独资企业、国有独资公司和国有资本控股公司的主要负责人,应当接受依法进行的任期经济责任审计。

第二十九条 【政府直接任免企业管理者】本法第二十二条第一款第一项、第二项规定的企业管理者,国务院和地方人民政府规定由本级人民政府任免的,依照其规定。履行出资人职责的机构依照本章规定对上述企业管理者进行考核、奖惩并确定其薪酬标准。

第五章 关系国有资产出资人权益的重大事项

第一节 一般规定

第三十条 【重大事项的范围】国家出资企业合并、分立、改制、上市,增加或者减少注册资本,发行债券,进行重大投资,为他人提供大额担保,转让重大财产,进行大额捐赠,分配利润,以及解散、申请破产等重大事项,应当遵守法律、行政法规以及企业章程的规定,不得损害出资人和债权人的权益。

第三十一条 【国有独资企业、公司重大事项的决定之一】国有独资企业、国有独资公司合并、分立,增加或者减少注册资本,发行债券,分配利润,以及解散、申请破产,由履行出资人职责的机构决定。

第三十二条 【国有独资企业、公司重大事项的决定之二】国有独资企业、国有独资公司有本法第三十条所列事项的,除依照本法第三十一条和有关法律、行政法规以及企业章程的规定,由履行出资人职责的机构决定的以外,国有独资企业由企业负责人集体讨论决定,国有独资公司由董事会决定。

第三十三条 【国有资本控股、参股公司重大事项的决定】国有资本控股公司、国有资本参股公司有本法第三十条所列事项的,依照法律、行政法规以及公司章程的规定,由公司股东会、股东大会或者董事会决定。由股东会、股东大会决定的,履行出资人职责的机构委派的股东代表应当依照本法第十三条的规定行使权利。

第三十四条 【应由政府批准的重大事项】重要的国有独资企业、国有独资公司、国有资本控股公司的合并、分立、解散、申请破产以及法律、行政法规和本级人民政府规定应当由履行出资人职责的机构报经本级人民政府批准的重大事项,履行出资人职责的机构在作出决定或者向其委派参加国有资本控股公司股东会会议、股东大会会议的股东代表作出指示前,应当报请本级人民政府批准。

本法所称的重要的国有独资企业、国有独资公司和国有资本控股公司,按照国务院的规定确定。

第三十五条 【政府其他部门的审批】国家出资企业发行债券、投资等事项,有关法律、行政法规规定应当报经人民政府或者人民政府有关部门、机构批准、核准或者备案的,依照其规定。

第三十六条 【风险防范】国家出资企业投资应当符合国家产业政策,并按照国家规定进行可行性研究;与他人交易应当公平、有偿,取得合理对价。

第三十七条 【听取职工意见和建议】国家出资企业的合并、分立、改制、解散、申请破产等重大事项,应当听取企业工会的意见,并通过职工代表大会或者其他形式听取职工的意见和建议。

第三十八条 【所出资企业的重大事项】国有独资企业、国有独资公司、国有资本控股公司对其所出资企业的重大事项参照本章规定履行出资人职责。具体办法由国务院规定。

第二节 企业改制

第三十九条 【企业改制的定义】本法所称企业改制是指:

(一)国有独资企业改为国有独资公司;

(二)国有独资企业、国有独资公司改为国有资本控股公司或者非国有资本控股公司;

(三)国有资本控股公司改为非国有资本控股公司。

第四十条 【企业改制的决定】企业改制应当依照法定程序,由履行出资人职责的机构决定或者由公司股东会、股东大会决定。

重要的国有独资企业、国有独资公司、国有资本控股公司的改制,履行出资人职责的机构在作出决定或者向其委派参加国有资本控股公司股东会会议、股东大会会议的股东代表作出指示前,应当将改制方案报请本级人民政府批准。

第四十一条 【改制方案】企业改制应当制定改制方案,载明改制后的企业组织形式、企业资产和债权债务处理方案、股权变动方案、改制的操作程序、资产评估和财务审计等中介机构的选聘等事项。

企业改制涉及重新安置企业职工的,还应当制定职工安置方案,并经职工代表大会或者职工大会审议通过。

第四十二条 【资产清查、评估和作价】企业改制应当按照规定进行清产核资、财务审计、资产评估,准确界定和核实资产,客观、公正地确定资产的价值。

企业改制涉及以企业的实物、知识产权、土地使用权等非货币财产折算为国有资本出资或者股份的,应当按照规定对折价财产进行评估,以评估确认价格作为确定国有资本出资额或者股份数额的依据。不得将财产低价折股或者有其他损害出资人权益的行为。

第三节 与关联方的交易

第四十三条 【关联方不得利用与企业之间的交易谋取不正当利益】国家出资企业的关联方不得利用与国家出资企业之间的交易,谋取不当利益,损害国家出资企业利益。

本法所称关联方,是指本企业的董事、监事、高级管理人员及其近亲属,以及这些人员所有或者实际控制的企业。

第四十四条 【禁止的关联方交易】国有独资企业、国有独资公司、国有资本控股公司不得无偿向关联方提供资金、商品、服务或者其他资产,不得以不公平的价格与关联方进行交易。

第四十五条 【国有独资企业、公司与其关联方交易的决定】 未经履行出资人职责的机构同意,国有独资企业、国有独资公司不得有下列行为:

(一)与关联方订立财产转让、借款的协议;

(二)为关联方提供担保;

(三)与关联方共同出资设立企业,或者向董事、监事、高级管理人员或者其近亲属所有或者实际控制的企业投资。

第四十六条 【国有资本控股公司与其关联方交易的决定】 国有资本控股公司、国有资本参股公司与关联方的交易,依照《中华人民共和国公司法》和有关行政法规以及公司章程的规定,由公司股东会、股东大会或者董事会决定。由公司股东会、股东大会决定的,履行出资人职责的机构委派的股东代表,应当依照本法第十三条的规定行使权利。

公司董事会对公司与关联方的交易作出决议时,该交易涉及的董事不得行使表决权,也不得代理其他董事行使表决权。

第四节 资产评估

第四十七条 【应当评估的情形】 国有独资企业、国有独资公司和国有资本控股公司合并、分立、改制,转让重大财产,以非货币财产对外投资,清算或者有法律、行政法规以及企业章程规定应当进行资产评估的其他情形的,应当按照规定对有关资产进行评估。

第四十八条 【委托第三方评估】 国有独资企业、国有独资公司和国有资本控股公司应当委托依法设立的符合条件的资产评估机构进行资产评估;涉及应当报经履行出资人职责的机构决定的事项的,应当将委托资产评估机构的情况向履行出资人职责的机构报告。

第四十九条 【如实提供评估资料】 国有独资企业、国有独资公司、国有资本控股公司及其董事、监事、高级管理人员应当向资产评估机构如实提供有关情况和资料,不得与资产评估机构串通评估作价。

第五十条 【遵守评估准则】 资产评估机构及其工作人员受托评估有关资产,应当遵守法律、行政法规以及评估执业准则,独立、客观、公正地对受托评估的资产进行评估。资产评估机构应当对其出具的评估报告负责。

第五节 国有资产转让

第五十一条 【国有资产转让的定义】 本法所称国有资产转让,是指依法将国家对企业的出资所形成的权益转移给其他单位或者个人的行为;按照国家规定无偿划转国有资产的除外。

第五十二条 【国有资产转让的宗旨】 国有资产转让应当有利于国有经济布局和结构的战略性调整,防止国有资产损失,不得损害交易各方的合法权益。

第五十三条 【国有资产转让的决定】 国有资产转让由履行出资人职责的机构决定。履行出资人职责的机构决定转让全部国有资产的,或者转让部分国有资产致使国家对该企业不再具有控股地位的,应当报请本级人民政府批准。

第五十四条 【国有资产转让的原则和方式】 国有资产转让应当遵循等价有偿和公开、公平、公正的原则。

除按照国家规定可以直接协议转让的以外,国有资产转让应当在依法设立的产权交易场所公开进行。转让方应当如实披露有关信息,征集受让方;征集产生的受让方为两个以上的,转让应当采用公开竞价的交易方式。

转让上市交易的股份依照《中华人民共和国证券法》的规定进行。

第五十五条 【国有资产转让价格】 国有资产转让应当以依法评估的、经履行出资人职责的机构认可或者由履行出资人职责的机构报经本级人民政府核准的价格为依据,合理确定最低转让价格。

第五十六条 【国有资产向管理层转让】 法律、行政法规或者国务院国有资产监督管理机构规定可以向本企业的董事、监事、高级管理人员或者其近亲属,或者这些人员所有或者实际控制的企业转让的国有资产,在转让时,上述人员或者企业参与受让的,应当与其他受让参与者平等竞买;转让方应当按照国家有关规定,如实披露有关信息;相关的董事、监事和高级管理人员不得参与转让方案的制定和组织实施的各项工作。

第五十七条 【国有资产向境外投资者转让】 国有资产向境外投资者转让的,应当遵守国家有关规定,不得危害国家安全和社会公共利益。

第六章 国有资本经营预算

第五十八条 【国有资本经营预算制度】 国家建立健全国有资本经营预算制度,对取得的国有资本收入及其支出实行预算管理。

第五十九条 【国有资本经营预算的收入和支出】 国家取得的下列国有资本收入,以及下列收入的支出,应当编制国有资本经营预算:

(一)从国家出资企业分得的利润;

(二)国有资产转让收入;

(三)从国家出资企业取得的清算收入;

(四)其他国有资本收入。

第六十条 【国有资本经营预算的编制原则和批准】 国有资本经营预算按年度单独编制,纳入本级人民政府预算,报本级人民代表大会批准。

国有资本经营预算支出按照当年预算收入规模安排,不列赤字。

第六十一条 【国有资本经营预算的编制】 国务院和有关地方人民政府财政部门负责国有资本经营预算草案的编制

工作,履行出资人职责的机构向财政部门提出由其履行出资人职责的国有资本经营预算建议草案。

第六十二条 【国务院规定具体办法和实施步骤】国有资本经营预算管理的具体办法和实施步骤,由国务院规定,报全国人民代表大会常务委员会备案。

第七章　国有资产监督

第六十三条 【各级人大常委会的监督】各级人民代表大会常务委员会通过听取和审议本级人民政府履行出资人职责的情况和国有资产监督管理情况的专项工作报告,组织对本法实施情况的执法检查等,依法行使监督职权。

第六十四条 【政府的监督】国务院和地方人民政府应当对其授权履行出资人职责的机构履行职责的情况进行监督。

第六十五条 【审计机关的监督】国务院和地方人民政府审计机关依照《中华人民共和国审计法》的规定,对国有资本经营预算的执行情况和属于审计监督对象的国家出资企业进行审计监督。

第六十六条 【社会监督】国务院和地方人民政府应当依法向社会公布国有资产状况和国有资产监督管理工作情况,接受社会公众的监督。

任何单位和个人有权对造成国有资产损失的行为进行检举和控告。

第六十七条 【委托中介机构进行审计监督】履行出资人职责的机构根据需要,可以委托会计师事务所对国有独资企业、国有独资公司的年度财务会计报告进行审计,或者通过国有资本控股公司的股东会、股东大会决议,由国有资本控股公司聘请会计师事务所对公司的年度财务会计报告进行审计,维护出资人权益。

第八章　法律责任

第六十八条 【履行出资人职责的机构的法律责任】履行出资人职责的机构有下列行为之一的,对其直接负责的主管人员和其他直接责任人员依法给予处分:

(一)不按照法定的任职条件,任命或者建议任命国家出资企业管理者的;

(二)侵占、截留、挪用国家出资企业的资金或者应当上缴的国有资本收入的;

(三)违反法定的权限、程序,决定国家出资企业重大事项,造成国有资产损失的;

(四)有其他不依法履行出资人职责的行为,造成国有资产损失的。

第六十九条 【履行出资人职责的机构的工作人员的法律责任】履行出资人职责的机构的工作人员玩忽职守、滥用职权、徇私舞弊,尚不构成犯罪的,依法给予处分。

第七十条 【股东代表的法律责任】履行出资人职责的机构委派的股东代表未按照委派机构的指示履行职责,造成国有资产损失的,依法承担赔偿责任;属于国家工作人员的,并依法给予处分。

第七十一条 【企业管理者的法律责任】国家出资企业的董事、监事、高级管理人员有下列行为之一,造成国有资产损失的,依法承担赔偿责任;属于国家工作人员的,并依法给予处分:

(一)利用职权收受贿赂或者取得其他非法收入和不当利益的;

(二)侵占、挪用企业资产的;

(三)在企业改制、财产转让等过程中,违反法律、行政法规和公平交易规则,将企业财产低价转让、低价折股的;

(四)违反本法规定与本企业进行交易的;

(五)不如实向资产评估机构、会计师事务所提供有关情况和资料,或者与资产评估机构、会计师事务所串通出具虚假资产评估报告、审计报告的;

(六)违反法律、行政法规和企业章程规定的决策程序,决定企业重大事项的;

(七)有其他违反法律、行政法规和企业章程执行职务行为的。

国家出资企业的董事、监事、高级管理人员因前款所列行为取得的收入,依法予以追缴或者归国家出资企业所有。

履行出资人职责的机构任命或者建议任命的董事、监事、高级管理人员有本条第一款所列行为之一,造成国有资产重大损失的,由履行出资人职责的机构依法予以免职或者提出免职建议。

第七十二条 【交易无效】在涉及关联方交易、国有资产转让等交易活动中,当事人恶意串通,损害国有资产权益的,该交易行为无效。

第七十三条 【企业管理者的市场禁入】国有独资企业、国有独资公司、国有资本控股公司的董事、监事、高级管理人员违反本法规定,造成国有资产重大损失,被免职的,自免职之日起五年内不得担任国有独资企业、国有独资公司、国有资本控股公司的董事、监事、高级管理人员;造成国有资产特别重大损失,或者因贪污、贿赂、侵占财产、挪用财产或者破坏社会主义市场经济秩序被判处刑罚的,终身不得担任国有独资企业、国有独资公司、国有资本控股公司的董事、监事、高级管理人员。

第七十四条 【中介机构的法律责任】接受委托对国家出资企业进行资产评估、财务审计的资产评估机构、会计师事务所违反法律、行政法规的规定和执业准则,出具虚假的资产评估报告或者审计报告的,依照有关法律、行政法规的规定追究法律责任。

第七十五条 【刑事责任】违反本法规定,构成犯罪的,依法追究刑事责任。

第九章　附　则

第七十六条 【金融企业国有资产的适用】金融企业国有资产的管理与监督,法律、行政法规另有规定的,依照其规定。

第七十七条 【**施行日期**】本法自2009年5月1日起施行。

中华人民共和国资产评估法

1. 2016年7月2日第十二届全国人民代表大会常务委员会第二十一次会议通过
2. 2016年7月2日中华人民共和国主席令第46号公布
3. 自2016年12月1日起施行

目　　录

第一章　总　　则

第一条 【**立法目的**】为了规范资产评估行为，保护资产评估当事人合法权益和公共利益，促进资产评估行业健康发展，维护社会主义市场经济秩序，制定本法。

第二条 【**资产评估的定义**】本法所称资产评估（以下称评估），是指评估机构及其评估专业人员根据委托对不动产、动产、无形资产、企业价值、资产损失或者其他经济权益进行评定、估算，并出具评估报告的专业服务行为。

第三条 【**评估事项**】自然人、法人或者其他组织需要确定评估对象价值的，可以自愿委托评估机构评估。

涉及国有资产或者公共利益等事项，法律、行政法规规定需要评估的（以下称法定评估），应当依法委托评估机构评估。

第四条 【**评估原则与法律保护**】评估机构及其评估专业人员开展业务应当遵守法律、行政法规和评估准则，遵循独立、客观、公正的原则。

评估机构及其评估专业人员依法开展业务，受法律保护。

第五条 【**评估机构**】评估专业人员从事评估业务，应当加入评估机构，并且只能在一个评估机构从事业务。

第六条 【**评估行业协会**】评估行业可以按照专业领域依法设立行业协会，实行自律管理，并接受有关评估行政管理部门的监督和社会监督。

第七条 【**监管部门**】国务院有关评估行政管理部门按照各自职责分工，对评估行业进行监督管理。

设区的市级以上地方人民政府有关评估行政管理部门按照各自职责分工，对本行政区域内的评估行业进行监督管理。

第二章　评估专业人员

第八条 【**评估专业人员**】评估专业人员包括评估师和其他具有评估专业知识及实践经验的评估从业人员。

评估师是指通过评估师资格考试的评估专业人员。国家根据经济社会发展需要确定评估师专业类别。

第九条 【**评估师资格考试**】有关全国性评估行业协会按照国家规定组织实施评估师资格全国统一考试。

具有高等院校专科以上学历的公民，可以参加评估师资格全国统一考试。

第十条 【**评估师名单公布**】有关全国性评估行业协会应当在其网站上公布评估师名单，并实时更新。

第十一条 【**受到刑事处罚者五年内不得从事评估业务**】因故意犯罪或者在从事评估、财务、会计、审计活动中因过失犯罪而受刑事处罚，自刑罚执行完毕之日起不满五年的人员，不得从事评估业务。

第十二条 【**评估专业人员的权利**】评估专业人员享有下列权利：

（一）要求委托人提供相关的权属证明、财务会计信息和其他资料，以及为执行公允的评估程序所需的必要协助；

（二）依法向有关国家机关或者其他组织查阅从事业务所需的文件、证明和资料；

（三）拒绝委托人或者其他组织、个人对评估行为和评估结果的非法干预；

（四）依法签署评估报告；

（五）法律、行政法规规定的其他权利。

第十三条 【**评估专业人员的义务**】评估专业人员应当履行下列义务：

（一）诚实守信，依法独立、客观、公正从事业务；

（二）遵守评估准则，履行调查职责，独立分析估算，勤勉谨慎从事业务；

（三）完成规定的继续教育，保持和提高专业能力；

（四）对评估活动中使用的有关文件、证明和资料的真实性、准确性、完整性进行核查和验证；

（五）对评估活动中知悉的国家秘密、商业秘密和个人隐私予以保密；

（六）与委托人或者其他相关当事人及评估对象有利害关系的，应当回避；

（七）接受行业协会的自律管理，履行行业协会章程规定的义务；

（八）法律、行政法规规定的其他义务。

第十四条 【**评估专业人员的禁止行为**】评估专业人员不得有下列行为：

（一）私自接受委托从事业务、收取费用；

(二)同时在两个以上评估机构从事业务;

(三)采用欺骗、利诱、胁迫,或者贬损、诋毁其他评估专业人员等不正当手段招揽业务;

(四)允许他人以本人名义从事业务,或者冒用他人名义从事业务;

(五)签署本人未承办业务的评估报告;

(六)索要、收受或者变相索要、收受合同约定以外的酬金、财物,或者谋取其他不正当利益;

(七)签署虚假评估报告或者有重大遗漏的评估报告;

(八)违反法律、行政法规的其他行为。

第三章　评估机构

第十五条　【评估机构的组织形式】评估机构应当依法采用合伙或者公司形式,聘用评估专业人员开展评估业务。

合伙形式的评估机构,应当有两名以上评估师;其合伙人三分之二以上应当是具有三年以上从业经历且最近三年内未受停止从业处罚的评估师。

公司形式的评估机构,应当有八名以上评估师和两名以上股东,其中三分之二以上股东应当是具有三年以上从业经历且最近三年内未受停止从业处罚的评估师。

评估机构的合伙人或者股东为两名的,两名合伙人或者股东都应当是具有三年以上从业经历且最近三年内未受停止从业处罚的评估师。

第十六条　【评估机构的设立】设立评估机构,应当向工商行政管理部门申请办理登记。评估机构应当自领取营业执照之日起三十日内向有关评估行政管理部门备案。评估行政管理部门应当及时将评估机构备案情况向社会公告。

第十七条　【评估机构的管理与监督】评估机构应当依法独立、客观、公正开展业务,建立健全质量控制制度,保证评估报告的客观、真实、合理。

评估机构应当建立健全内部管理制度,对本机构的评估专业人员遵守法律、行政法规和评估准则的情况进行监督,并对其从业行为负责。

评估机构应当依法接受监督检查,如实提供评估档案以及相关情况。

第十八条　【因委托人的过错,评估机构有权拒绝履行合同】委托人拒绝提供或者不如实提供执行评估业务所需的权属证明、财务会计信息和其他资料的,评估机构有权依法拒绝其履行合同的要求。

第十九条　【委托人非法干预评估结果,评估机构有权解除合同】委托人要求出具虚假评估报告或者有其他非法干预评估结果情形的,评估机构有权解除合同。

第二十条　【评估机构的禁止行为】评估机构不得有下列行为:

(一)利用开展业务之便,谋取不正当利益;

(二)允许其他机构以本机构名义开展业务,或者冒用其他机构名义开展业务;

(三)以恶性压价、支付回扣、虚假宣传,或者贬损、诋毁其他评估机构等不正当手段招揽业务;

(四)受理与自身有利害关系的业务;

(五)分别接受利益冲突双方的委托,对同一评估对象进行评估;

(六)出具虚假评估报告或者有重大遗漏的评估报告;

(七)聘用或者指定不符合本法规定的人员从事评估业务;

(八)违反法律、行政法规的其他行为。

第二十一条　【风险防范】评估机构根据业务需要建立职业风险基金,或者自愿办理职业责任保险,完善风险防范机制。

第四章　评估程序

第二十二条　【评估机构的选择】委托人有权自主选择符合本法规定的评估机构,任何组织或者个人不得非法限制或者干预。

评估事项涉及两个以上当事人的,由全体当事人协商委托评估机构。

委托开展法定评估业务,应当依法选择评估机构。

第二十三条　【订立委托合同】委托人应当与评估机构订立委托合同,约定双方的权利和义务。

委托人应当按照合同约定向评估机构支付费用,不得索要、收受或者变相索要、收受回扣。

委托人应当对其提供的权属证明、财务会计信息和其他资料的真实性、完整性和合法性负责。

第二十四条　【承办人员及其回避】对受理的评估业务,评估机构应当指定至少两名评估专业人员承办。

委托人有权要求与相关当事人及评估对象有利害关系的评估专业人员回避。

第二十五条　【评估依据】评估专业人员应当根据评估业务具体情况,对评估对象进行现场调查,收集权属证明、财务会计信息和其他资料并进行核查验证、分析整理,作为评估的依据。

第二十六条　【评估报告】评估专业人员应当恰当选择评估方法,除依据评估执业准则只能选择一种评估方法的外,应当选择两种以上评估方法,经综合分析,形成评估结论,编制评估报告。

评估机构应当对评估报告进行内部审核。

第二十七条　【保证评估报告真实性】评估报告应当由至少两名承办该项业务的评估专业人员签名并加盖评估机构印章。

评估机构及其评估专业人员对其出具的评估报告依法承担责任。

委托人不得串通、唆使评估机构或者评估专业人员出具虚假评估报告。

第二十八条　【评估业务应由至少两名评估师承办】评估机

构开展法定评估业务,应当指定至少两名相应专业类别的评估师承办,评估报告应当由至少两名承办该项业务的评估师签名并加盖评估机构印章。

第二十九条 【评估档案的保存期限】评估档案的保存期限不少于十五年,属于法定评估业务的,保存期限不少于三十年。

第三十条 【委托人异议】委托人对评估报告有异议的,可以要求评估机构解释。

第三十一条 【委托人投诉、举报】委托人认为评估机构或者评估专业人员违法开展业务的,可以向有关评估行政管理部门或者行业协会投诉、举报,有关评估行政管理部门或者行业协会应当及时调查处理,并答复委托人。

第三十二条 【依规使用评估报告】委托人或者评估报告使用人应当按照法律规定和评估报告载明的使用范围使用评估报告。

委托人或者评估报告使用人违反前款规定使用评估报告的,评估机构和评估专业人员不承担责任。

第五章 行 业 协 会

第三十三条 【评估行业协会组织管理】评估行业协会是评估机构和评估专业人员的自律性组织,依照法律、行政法规和章程实行自律管理。

评估行业按照专业领域设立全国性评估行业协会,根据需要设立地方性评估行业协会。

第三十四条 【评估行业协会章程】评估行业协会的章程由会员代表大会制定,报登记管理机关核准,并报有关评估行政管理部门备案。

第三十五条 【评估行业协会会员的权利义务】评估机构、评估专业人员加入有关评估行业协会,平等享有章程规定的权利,履行章程规定的义务。有关评估行业协会公布加入本协会的评估机构、评估专业人员名单。

第三十六条 【评估行业协会职责】评估行业协会履行下列职责:

(一)制定会员自律管理办法,对会员实行自律管理;

(二)依据评估基本准则制定评估执业准则和职业道德准则;

(三)组织开展会员继续教育;

(四)建立会员信用档案,将会员遵守法律、行政法规和评估准则的情况记入信用档案,并向社会公开;

(五)检查会员建立风险防范机制的情况;

(六)受理对会员的投诉、举报,受理会员的申诉,调解会员执业纠纷;

(七)规范会员从业行为,定期对会员出具的评估报告进行检查,按照章程规定对会员给予奖惩,并将奖惩情况及时报告有关评估行政管理部门;

(八)保障会员依法开展业务,维护会员合法权益;

(九)法律、行政法规和章程规定的其他职责。

第三十七条 【评估行业协会沟通协作、信息共享】有关评估行业协会应当建立沟通协作和信息共享机制,根据需要制定共同的行为规范,促进评估行业健康有序发展。

第三十八条 【评估行业协会会费】评估行业协会收取会员会费的标准,由会员代表大会通过,并向社会公开。不得以会员交纳会费数额作为其在行业协会中担任职务的条件。

会费的收取、使用接受会员代表大会和有关部门的监督,任何组织或者个人不得侵占、私分和挪用。

第六章 监 督 管 理

第三十九条 【准则、行业监管办法制定主管机关】国务院有关评估行政管理部门组织制定评估基本准则和评估行业监督管理办法。

第四十条 【对评估行业的监管】设区的市级以上人民政府有关评估行政管理部门依据各自职责,负责监督管理评估行业,对评估机构和评估专业人员的违法行为依法实施行政处罚,将处罚情况及时通报有关评估行业协会,并依法向社会公开。

第四十一条 【问题、投诉、举报解决】评估行政管理部门对有关评估行业协会实施监督检查,对检查发现的问题和针对协会的投诉、举报,应当及时调查处理。

第四十二条 【禁止行政管理部门违法限制业务】评估行政管理部门不得违反本法规定,对评估机构依法开展业务进行限制。

第四十三条 【禁止关联】评估行政管理部门不得与评估行业协会、评估机构存在人员或者资金关联,不得利用职权为评估机构招揽业务。

第七章 法 律 责 任

第四十四条 【评估专业人员的禁止行为及违法责任】评估专业人员违反本法规定,有下列情形之一的,由有关评估行政管理部门予以警告,可以责令停止从业六个月以上一年以下;有违法所得的,没收违法所得;情节严重的,责令停止从业一年以上五年以下;构成犯罪的,依法追究刑事责任:

(一)私自接受委托从事业务、收取费用的;

(二)同时在两个以上评估机构从事业务的;

(三)采用欺骗、利诱、胁迫,或者贬损、诋毁其他评估专业人员等不正当手段招揽业务的;

(四)允许他人以本人名义从事业务,或者冒用他人名义从事业务的;

(五)签署本人未承办业务的评估报告或者有重大遗漏的评估报告的;

(六)索要、收受或者变相索要、收受合同约定以外的酬金、财物,或者谋取其他不正当利益的。

第四十五条 【评估专业人员签署虚假评估报告的法律责任】评估专业人员违反本法规定,签署虚假评估报告的,由有关评估行政管理部门责令停止从业两年以上五年以下;有违法所得的,没收违法所得;情节严重的,责令停止从业五年以上十年以下;构成犯罪的,依法追究刑事责任,终身不得从事评估业务。

第四十六条　【未经工商登记从事评估业务的法律责任】违反本法规定,未经工商登记以评估机构名义从事评估业务的,由工商行政管理部门责令停止违法活动;有违法所得的,没收违法所得,并处违法所得一倍以上五倍以下罚款。

第四十七条　【评估机构的禁止行为及违法责任】评估机构违反本法规定,有下列情形之一的,由有关评估行政管理部门予以警告,可以责令停业一个月以上六个月以下;有违法所得的,没收违法所得,并处违法所得一倍以上五倍以下罚款;情节严重的,由工商行政管理部门吊销营业执照;构成犯罪的,依法追究刑事责任:

(一)利用开展业务之便,谋取不正当利益的;

(二)允许其他机构以本机构名义开展业务,或者冒用其他机构名义开展业务的;

(三)以恶性压价、支付回扣、虚假宣传,或者贬损、诋毁其他评估机构等不正当手段招揽业务的;

(四)受理与自身有利害关系的业务的;

(五)分别接受利益冲突双方的委托,对同一评估对象进行评估的;

(六)出具有重大遗漏的评估报告的;

(七)未按本法规定的期限保存评估档案的;

(八)聘用或者指定不符合本法规定的人员从事评估业务的;

(九)对本机构的评估专业人员疏于管理,造成不良后果的。

评估机构未按本法规定备案或者不符合本法第十五条规定的条件的,由有关评估行政管理部门责令改正;拒不改正的,责令停业,可以并处一万元以上五万元以下罚款。

第四十八条　【评估机构出具虚假评估报告的法律责任】评估机构违反本法规定,出具虚假评估报告的,由有关评估行政管理部门责令停业六个月以上一年以下;有违法所得的,没收违法所得,并处违法所得一倍以上五倍以下罚款;情节严重的,由工商行政管理部门吊销营业执照;构成犯罪的,依法追究刑事责任。

第四十九条　【累计三次受到处罚的后果】评估机构、评估专业人员在一年内累计三次因违反本法规定受到责令停业、责令停止从业以外处罚的,有关评估行政管理部门可以责令其停业或者停止从业一年以上五年以下。

第五十条　【损害赔偿】评估专业人员违反本法规定,给委托人或者其他相关当事人造成损失的,由其所在的评估机构依法承担赔偿责任。评估机构履行赔偿责任后,可以向有故意或者重大过失行为的评估专业人员追偿。

第五十一条　【未依法委托的法律责任】违反本法规定,应当委托评估机构进行法定评估而未委托的,由有关部门责令改正;拒不改正的,处十万元以上五十万元以下罚款;情节严重的,对直接负责的主管人员和其他直接责任人员依法给予处分;造成损失的,依法承担赔偿责任;构成犯罪的,依法追究刑事责任。

第五十二条　【委托人的禁止行为及违法责任】违反本法规定,委托人在法定评估中有下列情形之一的,由有关评估行政管理部门会同有关部门责令改正;拒不改正的,处十万元以上五十万元以下罚款;有违法所得的,没收违法所得;情节严重的,对直接负责的主管人员和其他直接责任人员依法给予处分;造成损失的,依法承担赔偿责任;构成犯罪的,依法追究刑事责任:

(一)未依法选择评估机构的;

(二)索要、收受或者变相索要、收受回扣的;

(三)串通、唆使评估机构或者评估师出具虚假评估报告的;

(四)不如实向评估机构提供权属证明、财务会计信息和其他资料的;

(五)未按照法律规定和评估报告载明的使用范围使用评估报告的。

前款规定以外的委托人违反本法规定,给他人造成损失的,依法承担赔偿责任。

第五十三条　【评估行业协会的法律责任】评估行业协会违反本法规定的,由有关评估行政管理部门给予警告,责令改正;拒不改正的,可以通报登记管理机关,由其依法给予处罚。

第五十四条　【有关工作人员违法的法律责任】有关行政管理部门、评估行业协会工作人员违反本法规定,滥用职权、玩忽职守或者徇私舞弊的,依法给予处分;构成犯罪的,依法追究刑事责任。

第八章　附　　则

第五十五条　【施行日期】本法自2016年12月1日起施行。

2. 财税

中华人民共和国预算法

1. 1994年3月22日第八届全国人民代表大会第二次会议通过

2. 根据2014年8月31日第十二届全国人民代表大会常务委员会第十次会议《关于修改〈中华人民共和国预算法〉的决定》修正

目　　录

第一章　总　　则

第一条　【立法目的】为了规范政府收支行为，强化预算约束，加强对预算的管理和监督，建立健全全面规范、公开透明的预算制度，保障经济社会的健康发展，根据宪法，制定本法。

第二条　【适用范围】预算、决算的编制、审查、批准、监督，以及预算的执行和调整，依照本法规定执行。

第三条　【预算管理体制、预算组成】国家实行一级政府一级预算，设立中央，省、自治区、直辖市，设区的市、自治州，县、自治县、不设区的市、市辖区，乡、民族乡、镇五级预算。

全国预算由中央预算和地方预算组成。地方预算由各省、自治区、直辖市总预算组成。

地方各级总预算由本级预算和汇总的下一级总预算组成；下一级只有本级预算的，下一级总预算即指下一级的本级预算。没有下一级预算的，总预算即指本级预算。

第四条　【预算收入和预算支出】预算由预算收入和预算支出组成。

政府的全部收入和支出都应当纳入预算。

第五条　【预算内容】预算包括一般公共预算、政府性基金预算、国有资本经营预算、社会保险基金预算。

一般公共预算、政府性基金预算、国有资本经营预算、社会保险基金预算应当保持完整、独立。政府性基金预算、国有资本经营预算、社会保险基金预算应当与一般公共预算相衔接。

第六条　【中央一般公共预算】一般公共预算是对以税收为主体的财政收入，安排用于保障和改善民生、推动经济社会发展、维护国家安全、维持国家机构正常运转等方面的收支预算。

中央一般公共预算包括中央各部门（含直属单位，下同）的预算和中央对地方的税收返还、转移支付预算。

中央一般公共预算收入包括中央本级收入和地方向中央的上解收入。中央一般公共预算支出包括中央本级支出、中央对地方的税收返还和转移支付。

第七条　【地方各级一般公共预算】地方各级一般公共预算包括本级各部门（含直属单位，下同）的预算和税收返还、转移支付预算。

地方各级一般公共预算收入包括地方本级收入、上级政府对本级政府的税收返还和转移支付、下级政府的上解收入。地方各级一般公共预算支出包括地方本级支出、对上级政府的上解支出、对下级政府的税收返还和转移支付。

第八条　【部门预算组成】各部门预算由本部门及其所属各单位预算组成。

第九条　【政府性基金预算】政府性基金预算是对依照法律、行政法规的规定在一定期限内向特定对象征收、收取或者以其他方式筹集的资金，专项用于特定公共事业发展的收支预算。

政府性基金预算应当根据基金项目收入情况和实际支出需要，按基金项目编制，做到以收定支。

第十条　【国有资本经营预算】国有资本经营预算是对国有资本收益作出支出安排的收支预算。

国有资本经营预算应当按照收支平衡的原则编制，不列赤字，并安排资金调入一般公共预算。

第十一条　【社会保险基金预算】社会保险基金预算是对社会保险缴款、一般公共预算安排和其他方式筹集的资金，专项用于社会保险的收支预算。

社会保险基金预算应当按照统筹层次和社会保险项目分别编制，做到收支平衡。

第十二条　【预算原则】各级预算应当遵循统筹兼顾、勤俭节约、量力而行、讲求绩效和收支平衡的原则。

各级政府应当建立跨年度预算平衡机制。

第十三条　【预算调整】经人民代表大会批准的预算，非经法定程序，不得调整。各级政府、各部门、各单位的支出必须以经批准的预算为依据，未列入预算的不得支出。

第十四条　【预算公开】经本级人民代表大会或者本级人民代表大会常务委员会批准的预算、预算调整、决算、预算执行情况的报告及报表，应当在批准后二十日内由本级政府财政部门向社会公开，并对本级政府财政转移支付安排、执行的情况以及举借债务的情况等重要事项作出说明。

经本级政府财政部门批复的部门预算、决算及报表，应当在批复后二十日内由各部门向社会公开，并对部门预算、决算中机关运行经费的安排、使用情况等重要事项作出说明。

各级政府、各部门、各单位应当将政府采购的情况及时向社会公开。

本条前三款规定的公开事项，涉及国家秘密的除外。

第十五条　【分税制】国家实行中央和地方分税制。

第十六条　【财政转移支付制度】国家实行财政转移支付制度。财政转移支付应当规范、公平、公开，以推进地区间基本公共服务均等化为主要目标。

财政转移支付包括中央对地方的转移支付和地方上级政府对下级政府的转移支付，以为均衡地区间基本财力、由下级政府统筹安排使用的一般性转移支付为主体。

按照法律、行政法规和国务院的规定可以设立专项转移支付，用于办理特定事项。建立健全专项转移支付定期评估和退出机制。市场竞争机制能够有效调节的事项不得设立专项转移支付。

上级政府在安排专项转移支付时,不得要求下级政府承担配套资金。但是,按照国务院的规定应当由上下级政府共同承担的事项除外。

第十七条　【预算机制】各级预算的编制、执行应当建立健全相互制约、相互协调的机制。

第十八条　【预算年度】预算年度自公历一月一日起,至十二月三十一日止。

第十九条　【预算单位】预算收入和预算支出以人民币元为计算单位。

第二章　预算管理职权

第二十条　【全国人大及其常委会预算权】全国人民代表大会审查中央和地方预算草案及中央和地方预算执行情况的报告;批准中央预算和中央预算执行情况的报告;改变或者撤销全国人民代表大会常务委员会关于预算、决算的不适当的决议。

全国人民代表大会常务委员会监督中央和地方预算的执行;审查和批准中央预算的调整方案;审查和批准中央决算;撤销国务院制定的同宪法、法律相抵触的关于预算、决算的行政法规、决定和命令;撤销省、自治区、直辖市人民代表大会及其常务委员会制定的同宪法、法律和行政法规相抵触的关于预算、决算的地方性法规和决议。

第二十一条　【地方各级人大及其常委会预算权】县级以上地方各级人民代表大会审查本级总预算草案及本级总预算执行情况的报告;批准本级预算和本级预算执行情况的报告;改变或者撤销本级人民代表大会常务委员会关于预算、决算的不适当的决议;撤销本级政府关于预算、决算的不适当的决定和命令。

县级以上地方各级人民代表大会常务委员会监督本级总预算的执行;审查和批准本级预算的调整方案;审查和批准本级决算;撤销本级政府和下一级人民代表大会及其常务委员会关于预算、决算的不适当的决定、命令和决议。

乡、民族乡、镇的人民代表大会审查和批准本级预算和本级预算执行情况的报告;监督本级预算的执行;审查和批准本级预算的调整方案;审查和批准本级决算;撤销本级政府关于预算、决算的不适当的决定和命令。

第二十二条　【各级专门委员会预算权】全国人民代表大会财政经济委员会对中央预算草案初步方案及上一年预算执行情况、中央预算调整初步方案和中央决算草案进行初步审查,提出初步审查意见。

省、自治区、直辖市人民代表大会有关专门委员会对本级预算草案初步方案及上一年预算执行情况、本级预算调整初步方案和本级决算草案进行初步审查,提出初步审查意见。

设区的市、自治州人民代表大会有关专门委员会对本级预算草案初步方案及上一年预算执行情况、本级预算调整初步方案和本级决算草案进行初步审查,提出初步审查意见,未设立专门委员会的,由本级人民代表大会常务委员会有关工作机构研究提出意见。

县、自治县、不设区的市、市辖区人民代表大会常务委员会对本级预算草案初步方案及上一年预算执行情况进行初步审查,提出初步审查意见。县、自治县、不设区的市、市辖区人民代表大会常务委员会有关工作机构对本级预算调整初步方案和本级决算草案研究提出意见。

设区的市、自治州以上各级人民代表大会有关专门委员会进行初步审查、常务委员会有关工作机构研究提出意见时,应当邀请本级人民代表大会代表参加。

对依照本条第一款至第四款规定提出的意见,本级政府财政部门应当将处理情况及时反馈。

依照本条第一款至第四款规定提出的意见以及本级政府财政部门反馈的处理情况报告,应当印发本级人民代表大会代表。

全国人民代表大会常务委员会和省、自治区、直辖市、设区的市、自治州人民代表大会常务委员会有关工作机构,依照本级人民代表大会常务委员会的决定,协助本级人民代表大会财政经济委员会或者有关专门委员会承担审查预算草案、预算调整方案、决算草案和监督预算执行等方面的具体工作。

第二十三条　【国务院预算权】国务院编制中央预算、决算草案;向全国人民代表大会作关于中央和地方预算草案的报告;将省、自治区、直辖市政府报送备案的预算汇总后报全国人民代表大会常务委员会备案;组织中央和地方预算的执行;决定中央预算预备费的动用;编制中央预算调整方案;监督中央各部门和地方政府的预算执行;改变或者撤销中央各部门和地方政府关于预算、决算的不适当的决定、命令;向全国人民代表大会、全国人民代表大会常务委员会报告中央和地方预算的执行情况。

第二十四条　【地方各级政府预算权】县级以上地方各级政府编制本级预算、决算草案;向本级人民代表大会作关于本级总预算草案的报告;将下一级政府报送备案的预算汇总后报本级人民代表大会常务委员会备案;组织本级总预算的执行;决定本级预算预备费的动用;编制本级预算的调整方案;监督本级各部门和下级政府的预算执行;改变或者撤销本级各部门和下级政府关于预算、决算的不适当的决定、命令;向本级人民代表大会、本级人民代表大会常务委员会报告本级总预算的执行情况。

乡、民族乡、镇政府编制本级预算、决算草案;向本级人民代表大会作关于本级预算草案的报告;组织本级预算的执行;决定本级预算预备费的动用;编制本级预算的调整方案;向本级人民代表大会报告本级预算的执行情况。

经省、自治区、直辖市政府批准,乡、民族乡、镇本级预算草案、预算调整方案、决算草案，可以由上一级政府代编，并依照本法第二十一条的规定报乡、民族乡、镇的人民代表大会审查和批准。

第二十五条 【各级政府财政部门预算权责】国务院财政部门具体编制中央预算、决算草案；具体组织中央和地方预算的执行；提出中央预算预备费动用方案；具体编制中央预算的调整方案；定期向国务院报告中央和地方预算的执行情况。

地方各级政府财政部门具体编制本级预算、决算草案；具体组织本级总预算的执行；提出本级预算预备费动用方案；具体编制本级预算的调整方案；定期向本级政府和上一级政府财政部门报告本级总预算的执行情况。

第二十六条 【各部门预算权责】各部门编制本部门预算、决算草案；组织和监督本部门预算的执行；定期向本级政府财政部门报告预算的执行情况。

各单位编制本单位预算、决算草案；按照国家规定上缴预算收入，安排预算支出，并接受国家有关部门的监督。

第三章 预算收支范围

第二十七条 【一般公共预算组成】一般公共预算收入包括各项税收收入、行政事业性收费收入、国有资源（资产）有偿使用收入、转移性收入和其他收入。

一般公共预算支出按照其功能分类，包括一般公共服务支出，外交、公共安全、国防支出，农业、环境保护支出，教育、科技、文化、卫生、体育支出，社会保障及就业支出和其他支出。

一般公共预算支出按照其经济性质分类，包括工资福利支出、商品和服务支出、资本性支出和其他支出。

第二十八条 【其他预算收支范围】政府性基金预算、国有资本经营预算和社会保险基金预算的收支范围，按照法律、行政法规和国务院的规定执行。

第二十九条 【中央预算与地方预算划分】中央预算与地方预算有关收入和支出项目的划分、地方向中央上解收入、中央对地方税收返还或者转移支付的具体办法，由国务院规定，报全国人民代表大会常务委员会备案。

第三十条 【上下级政府预算关系】上级政府不得在预算之外调用下级政府预算的资金。下级政府不得挤占或者截留属于上级政府预算的资金。

第四章 预 算 编 制

第三十一条 【国务院下达预算草案指示；预算草案编制时间】国务院应当及时下达关于编制下一年预算草案的通知。编制预算草案的具体事项由国务院财政部门部署。

各级政府、各部门、各单位应当按照国务院规定的时间编制预算草案。

第三十二条 【预算编制依据】各级预算应当根据年度经济社会发展目标、国家宏观调控总体要求和跨年度预算平衡的需要，参考上一年预算执行情况、有关支出绩效评价结果和本年度收支预测，按照规定程序征求各方面意见后，进行编制。

各级政府依据法定权限作出决定或者制定行政措施，凡涉及增加或者减少财政收入或者支出的，应当在预算批准前提出并在预算草案中作出相应安排。

各部门、各单位应当按照国务院财政部门制定的政府收支分类科目、预算支出标准和要求，以及绩效目标管理等预算编制规定，根据其依法履行职能和事业发展的需要以及存量资产情况，编制本部门、本单位预算草案。

前款所称政府收支分类科目，收入分为类、款、项、目；支出按其功能分类分为类、款、项，按其经济性质分类分为类、款。

第三十三条 【地方预算草案报审】省、自治区、直辖市政府应当按照国务院规定的时间，将本级总预算草案报国务院审核汇总。

第三十四条 【中央预算赤字】中央一般公共预算中必需的部分资金，可以通过举借国内和国外债务等方式筹措，举借债务应当控制适当的规模，保持合理的结构。

对中央一般公共预算中举借的债务实行余额管理，余额的规模不得超过全国人民代表大会批准的限额。

国务院财政部门具体负责对中央政府债务的统一管理。

第三十五条 【地方预算赤字】地方各级预算按照量入为出、收支平衡的原则编制，除本法另有规定外，不列赤字。

经国务院批准的省、自治区、直辖市的预算中必需的建设投资的部分资金，可以在国务院确定的限额内，通过发行地方政府债券举借债务的方式筹措。举借债务的规模，由国务院报全国人民代表大会或者全国人民代表大会常务委员会批准。省、自治区、直辖市依照国务院下达的限额举借的债务，列入本级预算调整方案，报本级人民代表大会常务委员会批准。举借的债务应当有偿还计划和稳定的偿还资金来源，只能用于公益性资本支出，不得用于经常性支出。

除前款规定外，地方政府及其所属部门不得以任何方式举借债务。

除法律另有规定外，地方政府及其所属部门不得为任何单位和个人的债务以任何方式提供担保。

国务院建立地方政府债务风险评估和预警机制、应急处置机制以及责任追究制度。国务院财政部门对地方政府债务实施监督。

第三十六条 【预算编制要求】各级预算收入的编制，应当与经济社会发展水平相适应，与财政政策相衔接。

各级政府、各部门、各单位应当依照本法规定，将所有政府收入全部列入预算，不得隐瞒、少列。

第三十七条 【预算编制原则】各级预算支出应当依照本法规定，按其功能和经济性质分类编制。

各级预算支出的编制，应当贯彻勤俭节约的原则，严格控制各部门、各单位的机关运行经费和楼堂馆所等基本建设支出。

各级一般公共预算支出的编制,应当统筹兼顾,在保证基本公共服务合理需要的前提下,优先安排国家确定的重点支出。

第三十八条 【转移支付的编制】一般性转移支付应当按照国务院规定的基本标准和计算方法编制。专项转移支付应当分地区、分项目编制。

县级以上各级政府应当将对下级政府的转移支付预计数提前下达下级政府。

地方各级政府应当将上级政府提前下达的转移支付预计数编入本级预算。

第三十九条 【安排必要的援助资金】中央预算和有关地方预算中应当安排必要的资金,用于扶助革命老区、民族地区、边疆地区、贫困地区发展经济社会建设事业。

第四十条 【预备费】各级一般公共预算应当按照本级一般公共预算支出额的百分之一至百分之三设置预备费,用于当年预算执行中的自然灾害等突发事件处理增加的支出及其他难以预见的开支。

第四十一条 【预算周转金】各级一般公共预算按照国务院的规定可以设置预算周转金,用于本级政府调剂预算年度内季节性收支差额。

各级一般公共预算按照国务院的规定可以设置预算稳定调节基金,用于弥补以后年度预算资金的不足。

第四十二条 【预算余额】各级政府上一年预算的结转资金,应当在下一年用于结转项目的支出;连续两年未用完的结转资金,应当作为结余资金管理。

各部门、各单位上一年预算的结转、结余资金按照国务院财政部门的规定办理。

第五章 预算审查和批准

第四十三条 【预算的审查与批准】中央预算由全国人民代表大会审查和批准。

地方各级预算由本级人民代表大会审查和批准。

第四十四条 【预算草案接受人大财经委初步审查】国务院财政部门应当在每年全国人民代表大会会议举行的四十五日前,将中央预算草案的初步方案提交全国人民代表大会财政经济委员会进行初步审查。

省、自治区、直辖市政府财政部门应当在本级人民代表大会会议举行的三十日前,将本级预算草案的初步方案提交本级人民代表大会有关专门委员会进行初步审查。

设区的市、自治州政府财政部门应当在本级人民代表大会会议举行的三十日前,将本级预算草案的初步方案提交本级人民代表大会有关专门委员会进行初步审查,或者送交本级人民代表大会常务委员会有关工作机构征求意见。

县、自治县、不设区的市、市辖区政府应当在本级人民代表大会会议举行的三十日前,将本级预算草案的初步方案提交本级人民代表大会常务委员会进行初步审查。

第四十五条 【人大审查预算草案前听取各界意见】县、自治县、不设区的市、市辖区、乡、民族乡、镇的人民代表大会举行会议审查预算草案前,应当采用多种形式,组织本级人民代表大会代表,听取选民和社会各界的意见。

第四十六条 【预算草案的细化】报送各级人民代表大会审查和批准的预算草案应当细化。本级一般公共预算支出,按其功能分类应当编列到项;按其经济性质分类,基本支出应当编列到款。本级政府性基金预算、国有资本经营预算、社会保险基金预算支出,按其功能分类应当编列到项。

第四十七条 【报告预算】国务院在全国人民代表大会举行会议时,向大会作关于中央和地方预算草案以及中央和地方预算执行情况的报告。

地方各级政府在本级人民代表大会举行会议时,向大会作关于总预算草案和总预算执行情况的报告。

第四十八条 【重点审查内容】全国人民代表大会和地方各级人民代表大会对预算草案及其报告、预算执行情况的报告重点审查下列内容:

(一)上一年预算执行情况是否符合本级人民代表大会预算决议的要求;

(二)预算安排是否符合本法的规定;

(三)预算安排是否贯彻国民经济和社会发展的方针政策,收支政策是否切实可行;

(四)重点支出和重大投资项目的预算安排是否适当;

(五)预算的编制是否完整,是否符合本法第四十六条的规定;

(六)对下级政府的转移性支出预算是否规范、适当;

(七)预算安排举借的债务是否合法、合理,是否有偿还计划和稳定的偿还资金来源;

(八)与预算有关重要事项的说明是否清晰。

第四十九条 【审查结果报告】全国人民代表大会财政经济委员会向全国人民代表大会主席团提出关于中央和地方预算草案及中央和地方预算执行情况的审查结果报告。

省、自治区、直辖市、设区的市、自治州人民代表大会有关专门委员会,县、自治县、不设区的市、市辖区人民代表大会常务委员会,向本级人民代表大会主席团提出关于总预算草案及上一年总预算执行情况的审查结果报告。

审查结果报告应当包括下列内容:

(一)对上一年预算执行和落实本级人民代表大会预算决议的情况作出评价;

(二)对本年度预算草案是否符合本法的规定,是否可行作出评价;

(三)对本级人民代表大会批准预算草案和预算报告提出建议;

(四)对执行年度预算、改进预算管理、提高预算绩效、加强预算监督等提出意见和建议。

第五十条 【地方预算的批准与备案】乡、民族乡、镇政府应当及时将经本级人民代表大会批准的本级预算报上一级政府备案。县级以上地方各级政府应当及时将经本级人民代表大会批准的本级预算及下一级政府报送备案的预算汇总,报上一级政府备案。

县级以上地方各级政府将下一级政府依照前款规定报送备案的预算汇总后,报本级人民代表大会常务委员会备案。国务院将省、自治区、直辖市政府依照前款规定报送备案的预算汇总后,报全国人民代表大会常务委员会备案。

第五十一条 【预算的撤销】国务院和县级以上地方各级政府对下一级政府依照本法第五十条规定报送备案的预算,认为有同法律、行政法规相抵触或者有其他不适当之处,需要撤销批准预算的决议的,应当提请本级人民代表大会常务委员会审议决定。

第五十二条 【财政部门批复预算】各级预算经本级人民代表大会批准后,本级政府财政部门应当在二十日内向本级各部门批复预算。各部门应当在接到本级政府财政部门批复的本部门预算后十五日内向所属各单位批复预算。

中央对地方的一般性转移支付应当在全国人民代表大会批准预算后三十日内正式下达。中央对地方的专项转移支付应当在全国人民代表大会批准预算后九十日内正式下达。

省、自治区、直辖市政府接到中央一般性转移支付和专项转移支付后,应当在三十日内正式下达到本行政区域县级以上各级政府。

县级以上地方各级预算安排对下级政府的一般性转移支付和专项转移支付,应当分别在本级人民代表大会批准预算后的三十日和六十日内正式下达。

对自然灾害等突发事件处理的转移支付,应当及时下达预算;对据实结算等特殊项目的转移支付,可以分期下达预算,或者先预付后结算。

县级以上各级政府财政部门应当将批复本级各部门的预算和批复下级政府的转移支付预算,抄送本级人民代表大会财政经济委员会、有关专门委员会和常务委员会有关工作机构。

第六章 预 算 执 行

第五十三条 【财政部门负责预算执行】各级预算由本级政府组织执行,具体工作由本级政府财政部门负责。

各部门、各单位是本部门、本单位的预算执行主体,负责本部门、本单位的预算执行,并对执行结果负责。

第五十四条 【预算草案批准前后的预算支出】预算年度开始后,各级预算草案在本级人民代表大会批准前,可以安排下列支出:

(一)上一年度结转的支出;

(二)参照上一年同期的预算支出数额安排必须支付的本年度部门基本支出、项目支出,以及对下级政府的转移性支出;

(三)法律规定必须履行支付义务的支出,以及用于自然灾害等突发事件处理的支出。

根据前款规定安排支出的情况,应当在预算草案的报告中作出说明。

预算经本级人民代表大会批准后,按照批准的预算执行。

第五十五条 【预算收入征收部门责任】预算收入征收部门和单位,必须依照法律、行政法规的规定,及时、足额征收应征的预算收入。不得违反法律、行政法规规定,多征、提前征收或者减征、免征、缓征应征的预算收入,不得截留、占用或者挪用预算收入。

各级政府不得向预算收入征收部门和单位下达收入指标。

第五十六条 【预算收入上缴部门责任】政府的全部收入应当上缴国家金库(以下简称国库),任何部门、单位和个人不得截留、占用、挪用或者拖欠。

对于法律有明确规定或者经国务院批准的特定专用资金,可以依照国务院的规定设立财政专户。

第五十七条 【政府财政部门责任】各级政府财政部门必须依照法律、行政法规和国务院财政部门的规定,及时、足额地拨付预算支出资金,加强对预算支出的管理和监督。

各级政府、各部门、各单位的支出必须按照预算执行,不得虚假列支。

各级政府、各部门、各单位应当对预算支出情况开展绩效评价。

第五十八条 【各级预算收付实现制】各级预算的收入和支出实行收付实现制。

特定事项按照国务院的规定实行权责发生制的有关情况,应当向本级人民代表大会常务委员会报告。

第五十九条 【预算必须设立国库】县级以上各级预算必须设立国库;具备条件的乡、民族乡、镇也应当设立国库。

中央国库业务由中国人民银行经理,地方国库业务依照国务院的有关规定办理。

各级国库应当按照国家有关规定,及时准确地办理预算收入的收纳、划分、留解、退付和预算支出的拨付。

各级国库库款的支配权属于本级政府财政部门。除法律、行政法规另有规定外,未经本级政府财政部门同意,任何部门、单位和个人都无权冻结、动用国库库款或者以其他方式支配已入国库的库款。

各级政府应当加强对本级国库的管理和监督,按照国务院的规定完善国库现金管理,合理调节国库资金余额。

第六十条 【资金退库办法】已经缴入国库的资金,依照法律、行政法规的规定或者国务院的决定需要退付的,各级政府财政部门或者其授权的机构应当及时办理退付。按照规定应当由财政支出安排的事项,不得用退库处理。

第六十一条 【国库集中收付制度】国家实行国库集中收缴和集中支付制度,对政府全部收入和支出实行国库集中收付管理。

第六十二条 【政府与预算收入征收部门关系】各级政府应当加强对预算执行的领导,支持政府财政、税务、海关等预算收入的征收部门依法组织预算收入,支持政府财政部门严格管理预算支出。

财政、税务、海关等部门在预算执行中,应当加强对预算执行的分析;发现问题时应当及时建议本级政府采取措施予以解决。

第六十三条 【预算收支管理】各部门、各单位应当加强对预算收入和支出的管理,不得截留或者动用应当上缴的预算收入,不得擅自改变预算支出的用途。

第六十四条 【预算预备费动用方案的决定】各级预算预备费的动用方案,由本级政府财政部门提出,报本级政府决定。

第六十五条 【预算周转金管理】各级预算周转金由本级政府财政部门管理,不得挪作他用。

第六十六条 【预算超收、结余、短收处理办法】各级一般公共预算年度执行中有超收收入的,只能用于冲减赤字或者补充预算稳定调节基金。

各级一般公共预算的结余资金,应当补充预算稳定调节基金。

省、自治区、直辖市一般公共预算年度执行中出现短收,通过调入预算稳定调节基金、减少支出等方式仍不能实现收支平衡的,省、自治区、直辖市政府报本级人民代表大会或者其常务委员会批准,可以增列赤字,报国务院财政部门备案,并应当在下一年度预算中予以弥补。

第七章 预算调整

第六十七条 【进行预算调整的情况】经全国人民代表大会批准的中央预算和经地方各级人民代表大会批准的地方各级预算,在执行中出现下列情况之一的,应当进行预算调整:

(一)需要增加或者减少预算总支出的;

(二)需要调入预算稳定调节基金的;

(三)需要调减预算安排的重点支出数额的;

(四)需要增加举借债务数额的。

第六十八条 【预算调整方案】在预算执行中,各级政府一般不制定新的增加财政收入或者支出的政策和措施,也不制定减少财政收入的政策和措施;必须作出并需要进行预算调整的,应当在预算调整方案中作出安排。

第六十九条 【预算调整程序】在预算执行中,各级政府对于必须进行的预算调整,应当编制预算调整方案。预算调整方案应当说明预算调整的理由、项目和数额。

在预算执行中,由于发生自然灾害等突发事件,必须及时增加预算支出的,应当先动支预备费;预备费不足支出的,各级政府可以先安排支出,属于预算调整的,列入预算调整方案。

国务院财政部门应当在全国人民代表大会常务委员会举行会议审查和批准预算调整方案的三十日前,将预算调整初步方案送交全国人民代表大会财政经济委员会进行初步审查。

省、自治区、直辖市政府财政部门应当在本级人民代表大会常务委员会举行会议审查和批准预算调整方案的三十日前,将预算调整初步方案送交本级人民代表大会有关专门委员会进行初步审查。

设区的市、自治州政府财政部门应当在本级人民代表大会常务委员会举行会议审查和批准预算调整方案的三十日前,将预算调整初步方案送交本级人民代表大会有关专门委员会进行初步审查,或者送交本级人民代表大会常务委员会有关工作机构征求意见。

县、自治县、不设区的市、市辖区政府财政部门应当在本级人民代表大会常务委员会举行会议审查和批准预算调整方案的三十日前,将预算调整初步方案送交本级人民代表大会常务委员会有关工作机构征求意见。

中央预算的调整方案应当提请全国人民代表大会常务委员会审查和批准。县级以上地方各级预算的调整方案应当提请本级人民代表大会常务委员会审查和批准;乡、民族乡、镇预算的调整方案应当提请本级人民代表大会审查和批准。未经批准,不得调整预算。

第七十条 【未经批准调整预算的撤销】经批准的预算调整方案,各级政府应当严格执行。未经本法第六十九条规定的程序,各级政府不得作出预算调整的决定。

对违反前款规定作出的决定,本级人民代表大会、本级人民代表大会常务委员会或者上级政府应当责令其改变或者撤销。

第七十一条 【不属于预算调整的情况】在预算执行中,地方各级政府因上级政府增加不需要本级政府提供配套资金的专项转移支付而引起的预算支出变化,不属于预算调整。

接受增加专项转移支付的县级以上地方各级政府应当向本级人民代表大会常务委员会报告有关情况;接受增加专项转移支付的乡、民族乡、镇政府应当向本级人民代表大会报告有关情况。

第七十二条 【预算科目】各部门、各单位的预算支出应当按照预算科目执行。严格控制不同预算科目、预算级次或者项目间的预算资金的调剂,确需调剂使用的,按照国务院财政部门的规定办理。

第七十三条 【预算调整方案备案】地方各级预算的调整方案经批准后,由本级政府报上一级政府备案。

第八章 决 算

第七十四条 【决算编制单位及时间】决算草案由各级政府、

各部门、各单位,在每一预算年度终了后按照国务院规定的时间编制。

编制决算草案的具体事项,由国务院财政部门部署。

第七十五条 【编制决算的要求】编制决算草案,必须符合法律、行政法规,做到收支真实、数额准确、内容完整、报送及时。

决算草案应当与预算相对应,按预算数、调整预算数、决算数分别列出。一般公共预算支出应当按其功能分类编列到项,按其经济性质分类编列到款。

第七十六条 【各部门决算草案】各部门对所属各单位的决算草案,应当审核并汇总编制本部门的决算草案,在规定的期限内报本级政府财政部门审核。

各级政府财政部门对本级各部门决算草案审核后发现有不符合法律、行政法规规定的,有权予以纠正。

第七十七条 【政府决算及批准】国务院财政部门编制中央决算草案,经国务院审计部门审计后,报国务院审定,由国务院提请全国人民代表大会常务委员会审查和批准。

县级以上地方各级政府财政部门编制本级决算草案,经本级政府审计部门审计后,报本级政府审定,由本级政府提请本级人民代表大会常务委员会审查和批准。

乡、民族乡、镇政府编制本级决算草案,提请本级人民代表大会审查和批准。

第七十八条 【决算草案接受人大财经委初步审查】国务院财政部门应当在全国人民代表大会常务委员会举行会议审查和批准中央决算草案的三十日前,将上一年度中央决算草案提交全国人民代表大会财政经济委员会进行初步审查。

省、自治区、直辖市政府财政部门应当在本级人民代表大会常务委员会举行会议审查和批准本级决算草案的三十日前,将上一年度本级决算草案提交本级人民代表大会有关专门委员会进行初步审查。

设区的市、自治州政府财政部门应当在本级人民代表大会常务委员会举行会议审查和批准本级决算草案的三十日前,将上一年度本级决算草案提交本级人民代表大会有关专门委员会进行初步审查,或者送交本级人民代表大会常务委员会有关工作机构征求意见。

县、自治县、不设区的市、市辖区政府财政部门应当在本级人民代表大会常务委员会举行会议审查和批准本级决算草案的三十日前,将上一年度本级决算草案送交本级人民代表大会常务委员会有关工作机构征求意见。

全国人民代表大会财政经济委员会和省、自治区、直辖市、设区的市、自治州人民代表大会有关专门委员会,向本级人民代表大会常务委员会提出关于本级决算草案的审查结果报告。

第七十九条 【决算草案的重点审查内容】县级以上各级人民代表大会常务委员会和乡、民族乡、镇人民代表大会对本级决算草案,重点审查下列内容:

(一)预算收入情况;

(二)支出政策实施情况和重点支出、重大投资项目资金的使用及绩效情况;

(三)结转资金的使用情况;

(四)资金结余情况;

(五)本级预算调整及执行情况;

(六)财政转移支付安排执行情况;

(七)经批准举借债务的规模、结构、使用、偿还等情况;

(八)本级预算周转金规模和使用情况;

(九)本级预备费使用情况;

(十)超收收入安排情况,预算稳定调节基金的规模和使用情况;

(十一)本级人民代表大会批准的预算决议落实情况;

(十二)其他与决算有关的重要情况。

县级以上各级人民代表大会常务委员会应当结合本级政府提出的上一年度预算执行和其他财政收支的审计工作报告,对本级决算草案进行审查。

第八十条 【各级财政部门批复决算】各级决算经批准后,财政部门应当在二十日内向本级各部门批复决算。各部门应当在接到本级政府财政部门批复的本部门决算后十五日内向所属单位批复决算。

第八十一条 【决算备案】地方各级政府应当将经批准的决算及下一级政府上报备案的决算汇总,报上一级政府备案。

县级以上各级政府应当将下一级政府报送备案的决算汇总后,报本级人民代表大会常务委员会备案。

第八十二条 【决算的撤销】国务院和县级以上地方各级政府对下一级政府依照本法第八十一条规定报送备案的决算,认为有同法律、行政法规相抵触或者有其他不适当之处,需要撤销批准该项决算的决议的,应当提请本级人民代表大会常务委员会审议决定;经审议决定撤销的,该下级人民代表大会常务委员会应当责成本级政府依照本法规定重新编制决算草案,提请本级人民代表大会常务委员会审查和批准。

第九章 监 督

第八十三条 【监督机关】全国人民代表大会及其常务委员会对中央和地方预算、决算进行监督。

县级以上地方各级人民代表大会及其常务委员会对本级和下级预算、决算进行监督。

乡、民族乡、镇人民代表大会对本级预算、决算进行监督。

第八十四条 【监督机关调查权】各级人民代表大会和县级以上各级人民代表大会常务委员会有权就预算、决算中的重大事项或者特定问题组织调查,有关的政府、部门、单位和个人应当如实反映情况和提供必要的材料。

第八十五条 【**调查机关质询权**】各级人民代表大会和县级以上各级人民代表大会常务委员会举行会议时，人民代表大会代表或者常务委员会组成人员，依照法律规定程序就预算、决算中的有关问题提出询问或者质询，受询问或者受质询的有关的政府或者财政部门必须及时给予答复。

第八十六条 【**各级政府报告义务**】国务院和县级以上地方各级政府应当在每年六月至九月期间向本级人民代表大会常务委员会报告预算执行情况。

第八十七条 【**上级政府监督下级政府**】各级政府监督下级政府的预算执行；下级政府应当定期向上一级政府报告预算执行情况。

第八十八条 【**财政部门的监督权**】各级政府财政部门负责监督检查本级各部门及其所属各单位预算的编制、执行，并向本级政府和上一级政府财政部门报告预算执行情况。

第八十九条 【**审计监督**】县级以上政府审计部门依法对预算执行、决算实行审计监督。

对预算执行和其他财政收支的审计工作报告应当向社会公开。

第九十条 【**部门监督**】政府各部门负责监督检查所属各单位的预算执行，及时向本级政府财政部门反映本部门预算执行情况，依法纠正违反预算的行为。

第九十一条 【**社会监督**】公民、法人或者其他组织发现有违反本法的行为，可以依法向有关国家机关进行检举、控告。

接受检举、控告的国家机关应当依法进行处理，并为检举人、控告人保密。任何单位或者个人不得压制和打击报复检举人、控告人。

第十章 法律责任

第九十二条 【**违法行为的处分之一**】各级政府及有关部门有下列行为之一的，责令改正，对负有直接责任的主管人员和其他直接责任人员追究行政责任：

（一）未依照本法规定，编制、报送预算草案、预算调整方案、决算草案和部门预算、决算以及批复预算、决算的；

（二）违反本法规定，进行预算调整的；

（三）未依照本法规定对有关预算事项进行公开和说明的；

（四）违反规定设立政府性基金项目和其他财政收入项目的；

（五）违反法律、法规规定使用预算预备费、预算周转金、预算稳定调节基金、超收收入的；

（六）违反本法规定开设财政专户的。

第九十三条 【**违法行为的处分之二**】各级政府及有关部门、单位有下列行为之一的，责令改正，对负有直接责任的主管人员和其他直接责任人员依法给予降级、撤职、开除的处分：

（一）未将所有政府收入和支出列入预算或者虚列收入和支出的；

（二）违反法律、行政法规的规定，多征、提前征收或者减征、免征、缓征应征预算收入的；

（三）截留、占用、挪用或者拖欠应当上缴国库的预算收入的；

（四）违反本法规定，改变预算支出用途的；

（五）擅自改变上级政府专项转移支付资金用途的；

（六）违反本法规定拨付预算支出资金，办理预算收入收纳、划分、留解、退付，或者违反本法规定冻结、动用国库库款或者以其他方式支配已入国库库款的。

第九十四条 【**违法行为的处分之三**】各级政府、各部门、各单位违反本法规定举借债务或者为他人债务提供担保，或者挪用重点支出资金，或者在预算之外及超预算标准建设楼堂馆所的，责令改正，对负有直接责任的主管人员和其他直接责任人员给予撤职、开除的处分。

第九十五条 【**违法行为的处分之四**】各级政府有关部门、单位及其工作人员有下列行为之一的，责令改正，追回骗取、使用的资金，有违法所得的没收违法所得，对单位给予警告或者通报批评；对负有直接责任的主管人员和其他直接责任人员依法给予处分：

（一）违反法律、法规的规定，改变预算收入上缴方式的；

（二）以虚报、冒领等手段骗取预算资金的；

（三）违反规定扩大开支范围、提高开支标准的；

（四）其他违反财政管理规定的行为。

第九十六条 【**违法行为的处分适用其他法律**】本法第九十二条、第九十三条、第九十四条、第九十五条所列违法行为，其他法律对其处理、处罚另有规定的，依照其规定。

违反本法规定，构成犯罪的，依法追究刑事责任。

第十一章 附 则

第九十七条 【**政府综合财务报告**】各级政府财政部门应当按年度编制以权责发生制为基础的政府综合财务报告，报告政府整体财务状况、运行情况和财政中长期可持续性，报本级人民代表大会常务委员会备案。

第九十八条 【**实施条例**】国务院根据本法制定实施条例。

第九十九条 【**民族自治地方的预算管理**】民族自治地方的预算管理，依照民族区域自治法的有关规定执行；民族区域自治法没有规定的，依照本法和国务院的有关规定执行。

第一百条 【**地方性法规**】省、自治区、直辖市人民代表大会或者其常务委员会根据本法，可以制定有关预算审查监督的决定或者地方性法规。

第一百零一条 【**施行时间**】本法自1995年1月1日起施行。1991年10月21日国务院发布的《国家预算管理条例》同时废止。

中华人民共和国政府采购法

1. 2002年6月29日第九届全国人民代表大会常务委员会第二十八次会议通过

2. 根据2014年8月31日第十二届全国人民代表大会常务委员会第十次会议《关于修改〈中华人民共和国保险法〉等五部法律的决定》修正

目　　录

第一章　总　　则

第一条　【立法目的】为了规范政府采购行为，提高政府采购资金的使用效益，维护国家利益和社会公共利益，保护政府采购当事人的合法权益，促进廉政建设，制定本法。

第二条　【适用范围、政府采购及其对象】在中华人民共和国境内进行的政府采购适用本法。

本法所称政府采购，是指各级国家机关、事业单位和团体组织，使用财政性资金采购依法制定的集中采购目录以内的或者采购限额标准以上的货物、工程和服务的行为。

政府集中采购目录和采购限额标准依照本法规定的权限制定。

本法所称采购，是指以合同方式有偿取得货物、工程和服务的行为，包括购买、租赁、委托、雇用等。

本法所称货物，是指各种形态和种类的物品，包括原材料、燃料、设备、产品等。

本法所称工程，是指建设工程，包括建筑物和构筑物的新建、改建、扩建、装修、拆除、修缮等。

本法所称服务，是指除货物和工程以外的其他政府采购对象。

第三条　【政府采购的原则】政府采购应当遵循公开透明原则、公平竞争原则、公正原则和诚实信用原则。

第四条　【招标投标适用的法律】政府采购工程进行招标投标的，适用招标投标法。

第五条　【供应商自由进入采购市场】任何单位和个人不得采用任何方式，阻挠和限制供应商自由进入本地区和本行业的政府采购市场。

第六条　【采购预算】政府采购应当严格按照批准的预算执行。

第七条　【集中采购】政府采购实行集中采购和分散采购相结合。集中采购的范围由省级以上人民政府公布的集中采购目录确定。

属于中央预算的政府采购项目，其集中采购目录由国务院确定并公布；属于地方预算的政府采购项目，其集中采购目录由省、自治区、直辖市人民政府或者其授权的机构确定并公布。

纳入集中采购目录的政府采购项目，应当实行集中采购。

第八条　【采购限额】政府采购限额标准，属于中央预算的政府采购项目，由国务院确定并公布；属于地方预算的政府采购项目，由省、自治区、直辖市人民政府或者其授权的机构确定并公布。

第九条　【指导思想】政府采购应当有助于实现国家的经济和社会发展政策目标，包括保护环境，扶持不发达地区和少数民族地区，促进中小企业发展等。

第十条　【本国采购与例外情形】政府采购应当采购本国货物、工程和服务。但有下列情形之一的除外：

（一）需要采购的货物、工程或者服务在中国境内无法获取或者无法以合理的商业条件获取的；

（二）为在中国境外使用而进行采购的；

（三）其他法律、行政法规另有规定的。

前款所称本国货物、工程和服务的界定，依照国务院有关规定执行。

第十一条　【信息公开】政府采购的信息应当在政府采购监督管理部门指定的媒体上及时向社会公开发布，但涉及商业秘密的除外。

第十二条　【回避制度】在政府采购活动中，采购人员及相关人员与供应商有利害关系的，必须回避。供应商认为采购人员及相关人员与其他供应商有利害关系的，可以申请其回避。

前款所称相关人员，包括招标采购中评标委员会的组成人员，竞争性谈判采购中谈判小组的组成人员，询价采购中询价小组的组成人员等。

第十三条　【主管部门】各级人民政府财政部门是负责政府采购监督管理的部门，依法履行对政府采购活动的监督管理职责。

各级人民政府其他有关部门依法履行与政府采购活动有关的监督管理职责。

第二章　政府采购当事人

第十四条　【采购当事人】政府采购当事人是指在政府采购活动中享有权利和承担义务的各类主体，包括采购人、供应商和采购代理机构等。

第十五条　【采购人】采购人是指依法进行政府采购的国家机关、事业单位、团体组织。

第十六条　【集中采购机构】集中采购机构为采购代理机构。设区的市、自治州以上人民政府根据本级政府采购项目组织集中采购的需要设立集中采购机构。

集中采购机构是非营利事业法人,根据采购人的委托办理采购事宜。

第十七条　【集中采购机构的采购活动要求】集中采购机构进行政府采购活动,应当符合采购价格低于市场平均价格、采购效率更高、采购质量优良和服务良好的要求。

第十八条　【集中采购与自行采购的适用情形】采购人采购纳入集中采购目录的政府采购项目,必须委托集中采购机构代理采购;采购未纳入集中采购目录的政府采购项目,可以自行采购,也可以委托集中采购机构在委托的范围内代理采购。

纳入集中采购目录属于通用的政府采购项目的,应当委托集中采购机构代理采购;属于本部门、本系统有特殊要求的项目,应当实行部门集中采购;属于本单位有特殊要求的项目,经省级以上人民政府批准,可以自行采购。

第十九条　【采购代理机构的选择】采购人可以委托集中采购机构以外的采购代理机构,在委托的范围内办理政府采购事宜。

采购人有权自行选择采购代理机构,任何单位和个人不得以任何方式为采购人指定采购代理机构。

第二十条　【委托采购须签订协议】采购人依法委托采购代理机构办理采购事宜的,应当由采购人与采购代理机构签订委托代理协议,依法确定委托代理的事项,约定双方的权利义务。

第二十一条　【供应商】供应商是指向采购人提供货物、工程或者服务的法人、其他组织或者自然人。

第二十二条　【供应商条件】供应商参加政府采购活动应当具备下列条件:

(一)具有独立承担民事责任的能力;

(二)具有良好的商业信誉和健全的财务会计制度;

(三)具有履行合同所必需的设备和专业技术能力;

(四)有依法缴纳税收和社会保障资金的良好记录;

(五)参加政府采购活动前三年内,在经营活动中没有重大违法记录;

(六)法律、行政法规规定的其他条件。

采购人可以根据采购项目的特殊要求,规定供应商的特定条件,但不得以不合理的条件对供应商实行差别待遇或者歧视待遇。

第二十三条　【供应商的选择】采购人可以要求参加政府采购的供应商提供有关资质证明文件和业绩情况,并根据本法规定的供应商条件和采购项目对供应商的特定要求,对供应商的资格进行审查。

第二十四条　【联合体】两个以上的自然人、法人或者其他组织可以组成一个联合体,以一个供应商的身份共同参加政府采购。

以联合体形式进行政府采购的,参加联合体的供应商均应当具备本法第二十二条规定的条件,并应当向采购人提交联合协议,载明联合体各方承担的工作和义务。联合体各方应当共同与采购人签订采购合同,就采购合同约定的事项对采购人承担连带责任。

第二十五条　【禁止不正当竞争】政府采购当事人不得相互串通损害国家利益、社会公共利益和其他当事人的合法权益;不得以任何手段排斥其他供应商参与竞争。

供应商不得以向采购人、采购代理机构、评标委员会的组成人员、竞争性谈判小组的组成人员、询价小组的组成人员行贿或者采取其他不正当手段谋取中标或者成交。

采购代理机构不得以向采购人行贿或者采取其他不正当手段谋取非法利益。

第三章　政府采购方式

第二十六条　【采购方式】政府采购采用以下方式:

(一)公开招标;

(二)邀请招标;

(三)竞争性谈判;

(四)单一来源采购;

(五)询价;

(六)国务院政府采购监督管理部门认定的其他采购方式。

公开招标应作为政府采购的主要采购方式。

第二十七条　【公开招标】采购人采购货物或者服务应当采用公开招标方式的,其具体数额标准,属于中央预算的政府采购项目,由国务院规定;属于地方预算的政府采购项目,由省、自治区、直辖市人民政府规定;因特殊情况需要采用公开招标以外的采购方式的,应当在采购活动开始前获得设区的市、自治州以上人民政府采购监督管理部门的批准。

第二十八条　【禁止规避公开招标】采购人不得将应当以公开招标方式采购的货物或者服务化整为零或者以其他任何方式规避公开招标采购。

第二十九条　【邀请招标】符合下列情形之一的货物或者服务,可以依照本法采用邀请招标方式采购:

(一)具有特殊性,只能从有限范围的供应商处采购的;

(二)采用公开招标方式的费用占政府采购项目总价值的比例过大的。

第三十条　【竞争性谈判】符合下列情形之一的货物或者服务,可以依照本法采用竞争性谈判方式采购:

(一)招标后没有供应商投标或者没有合格标的或者重新招标未能成立的;

(二)技术复杂或者性质特殊,不能确定详细规格或者具体要求的；

（三）采用招标所需时间不能满足用户紧急需要的；

（四）不能事先计算出价格总额的。

第三十一条 【**单一来源采购**】符合下列情形之一的货物或者服务，可以依照本法采用单一来源方式采购：

（一）只能从唯一供应商处采购的；

（二）发生了不可预见的紧急情况不能从其他供应商处采购的；

（三）必须保证原有采购项目一致性或者服务配套的要求，需要继续从原供应商处添购，且添购资金总额不超过原合同采购金额百分之十的。

第三十二条 【**询价**】采购的货物规格、标准统一、现货货源充足且价格变化幅度小的政府采购项目，可以依照本法采用询价方式采购。

第四章 政府采购程序

第三十三条 【**预算部门职责**】负有编制部门预算职责的部门在编制下一财政年度部门预算时，应当将该财政年度政府采购的项目及资金预算列出，报本级财政部门汇总。部门预算的审批，按预算管理权限和程序进行。

第三十四条 【**邀请招标的供应商选择**】货物或者服务项目采取邀请招标方式采购的，采购人应当从符合相应资格条件的供应商中，通过随机方式选择三家以上的供应商，并向其发出投标邀请书。

第三十五条 【**投标期间**】货物和服务项目实行招标方式采购的，自招标文件开始发出之日起至投标人提交投标文件截止之日止，不得少于二十日。

第三十六条 【**废标**】在招标采购中，出现下列情形之一的，应予废标：

（一）符合专业条件的供应商或者对招标文件作实质响应的供应商不足三家的；

（二）出现影响采购公正的违法、违规行为的；

（三）投标人的报价均超过了采购预算，采购人不能支付的；

（四）因重大变故，采购任务取消的。

废标后，采购人应当将废标理由通知所有投标人。

第三十七条 【**废标后续程序**】废标后，除采购任务取消情形外，应当重新组织招标；需要采取其他方式采购的，应当在采购活动开始前获得设区的市、自治州以上人民政府采购监督管理部门或者政府有关部门批准。

第三十八条 【**竞争性谈判的程序**】采用竞争性谈判方式采购的，应当遵循下列程序：

（一）成立谈判小组。谈判小组由采购人的代表和有关专家共三人以上的单数组成，其中专家的人数不得少于成员总数的三分之二。

（二）制定谈判文件。谈判文件应当明确谈判程序、谈判内容、合同草案的条款以及评定成交的标准等事项。

（三）确定邀请参加谈判的供应商名单。谈判小组从符合相应资格条件的供应商名单中确定不少于三家的供应商参加谈判，并向其提供谈判文件。

（四）谈判。谈判小组所有成员集中与单一供应商分别进行谈判。在谈判中，谈判的任何一方不得透露与谈判有关的其他供应商的技术资料、价格和其他信息。谈判文件有实质性变动的，谈判小组应当以书面形式通知所有参加谈判的供应商。

（五）确定成交供应商。谈判结束后，谈判小组应当要求所有参加谈判的供应商在规定时间内进行最后报价，采购人从谈判小组提出的成交候选人中根据符合采购需求、质量和服务相等且报价最低的原则确定成交供应商，并将结果通知所有参加谈判的未成交的供应商。

第三十九条 【**单一来源采购的当事人义务**】采取单一来源方式采购的，采购人与供应商应当遵循本法规定的原则，在保证采购项目质量和双方商定合理价格的基础上进行采购。

第四十条 【**询价采购的程序**】采取询价方式采购的，应当遵循下列程序：

（一）成立询价小组。询价小组由采购人的代表和有关专家共三人以上的单数组成，其中专家的人数不得少于成员总数的三分之二。询价小组应当对采购项目的价格构成和评定成交的标准等事项作出规定。

（二）确定被询价的供应商名单。询价小组根据采购需求，从符合相应资格条件的供应商名单中确定不少于三家的供应商，并向其发出询价通知书让其报价。

（三）询价。询价小组要求被询价的供应商一次报出不得更改的价格。

（四）确定成交供应商。采购人根据符合采购需求、质量和服务相等且报价最低的原则确定成交供应商，并将结果通知所有被询价的未成交的供应商。

第四十一条 【**验收**】采购人或者其委托的采购代理机构应当组织对供应商履约的验收。大型或者复杂的政府采购项目，应当邀请国家认可的质量检测机构参加验收工作。验收方成员应当在验收书上签字，并承担相应的法律责任。

第四十二条 【**采购文件**】采购人、采购代理机构对政府采购项目每项采购活动的采购文件应当妥善保存，不得伪造、变造、隐匿或者销毁。采购文件的保存期限为从采购结束之日起至少保存十五年。

采购文件包括采购活动记录、采购预算、招标文件、投标文件、评标标准、评估报告、定标文件、合同文本、验收证明、质疑答复、投诉处理决定及其他有关文件、资料。

采购活动记录至少应当包括下列内容：

（一）采购项目类别、名称；

（二）采购项目预算、资金构成和合同价格；

（三）采购方式，采用公开招标以外的采购方式的，应

当载明原因;

(四)邀请和选择供应商的条件及原因;

(五)评标标准及确定中标人的原因;

(六)废标的原因;

(七)采用招标以外采购方式的相应记载。

第五章 政府采购合同

第四十三条 【适用法律】政府采购合同适用合同法。采购人和供应商之间的权利和义务,应当按照平等、自愿的原则以合同方式约定。

采购人可以委托采购代理机构代表其与供应商签订政府采购合同。由采购代理机构以采购人名义签订合同的,应当提交采购人的授权委托书,作为合同附件。

第四十四条 【合同形式】政府采购合同应当采用书面形式。

第四十五条 【监管部门规定合同必备条款】国务院政府采购监督管理部门应当会同国务院有关部门,规定政府采购合同必须具备的条款。

第四十六条 【中标与合同签订】采购人与中标、成交供应商应当在中标、成交通知书发出之日起三十日内,按照采购文件确定的事项签订政府采购合同。

中标、成交通知书对采购人和中标、成交供应商均具有法律效力。中标、成交通知书发出后,采购人改变中标、成交结果的,或者中标、成交供应商放弃中标、成交项目的,应当依法承担法律责任。

第四十七条 【采购合同的备案】政府采购项目的采购合同自签订之日起七个工作日内,采购人应当将合同副本报同级政府采购监督管理部门和有关部门备案。

第四十八条 【合同分包】经采购人同意,中标、成交供应商可以依法采取分包方式履行合同。

政府采购合同分包履行的,中标、成交供应商就采购项目和分包项目向采购人负责,分包供应商就分包项目承担责任。

第四十九条 【补充合同】政府采购合同履行中,采购人需追加与合同标的相同的货物、工程或者服务的,在不改变合同其他条款的前提下,可以与供应商协商签订补充合同,但所有补充合同的采购金额不得超过原合同采购金额的百分之十。

第五十条 【合同的变更、中止与终止】政府采购合同的双方当事人不得擅自变更、中止或者终止合同。

政府采购合同继续履行将损害国家利益和社会公共利益的,双方当事人应当变更、中止或者终止合同。有过错的一方应当承担赔偿责任,双方都有过错的,各自承担相应的责任。

第六章 质疑与投诉

第五十一条 【质疑与答复】供应商对政府采购活动事项有疑问的,可以向采购人提出询问,采购人应当及时作出答复,但答复的内容不得涉及商业秘密。

第五十二条 【供应商的质疑权】供应商认为采购文件、采购过程和中标、成交结果使自己的权益受到损害的,可以在知道或者应知其权益受到损害之日起七个工作日内,以书面形式向采购人提出质疑。

第五十三条 【采购人答复义务】采购人应当在收到供应商的书面质疑后七个工作日内作出答复,并以书面形式通知质疑供应商和其他有关供应商,但答复的内容不得涉及商业秘密。

第五十四条 【采购代理机构答复义务】采购人委托采购代理机构采购的,供应商可以向采购代理机构提出询问或者质疑,采购代理机构应当依照本法第五十一条、第五十三条的规定就采购人委托授权范围内的事项作出答复。

第五十五条 【供应商投诉权】质疑供应商对采购人、采购代理机构的答复不满意或者采购人、采购代理机构未在规定的时间内作出答复的,可以在答复期满后十五个工作日内向同级政府采购监督管理部门投诉。

第五十六条 【对投诉的处理】政府采购监督管理部门应当在收到投诉后三十个工作日内,对投诉事项作出处理决定,并以书面形式通知投诉人和与投诉事项有关的当事人。

第五十七条 【处理投诉时的采购暂停】政府采购监督管理部门在处理投诉事项期间,可以视具体情况书面通知采购人暂停采购活动,但暂停时间最长不得超过三十日。

第五十八条 【对投诉处理的行政、司法救济】投诉人对政府采购监督管理部门的投诉处理决定不服或者政府采购监督管理部门逾期未作处理的,可以依法申请行政复议或者向人民法院提起行政诉讼。

第七章 监督检查

第五十九条 【采购监查】政府采购监督管理部门应当加强对政府采购活动及集中采购机构的监督检查。

监督检查的主要内容是:

(一)有关政府采购的法律、行政法规和规章的执行情况;

(二)采购范围、采购方式和采购程序的执行情况;

(三)政府采购人员的职业素质和专业技能。

第六十条 【采购监查部门禁止采购】政府采购监督管理部门不得设置集中采购机构,不得参与政府采购项目的采购活动。

采购代理机构与行政机关不得存在隶属关系或者其他利益关系。

第六十一条 【集中采购机构的内部监督】集中采购机构应当建立健全内部监督管理制度。采购活动的决策和执行程序应当明确,并相互监督、相互制约。经办采购的人员与负责采购合同审核、验收人员的职责权限应当明确,并相互分离。

第六十二条 【对采购人员的要求】集中采购机构的采购人

员应当具有相关职业素质和专业技能，符合政府采购监督管理部门规定的专业岗位任职要求。

集中采购机构对其工作人员应当加强教育和培训；对采购人员的专业水平、工作实绩和职业道德状况定期进行考核。采购人员经考核不合格的，不得继续任职。

第六十三条　**【采购标准与采购结果公开】**政府采购项目的采购标准应当公开。

采用本法规定的采购方式的，采购人在采购活动完成后，应当将采购结果予以公布。

第六十四条　**【采购人遵循法定方式与程序采购】**采购人必须按照本法规定的采购方式和采购程序进行采购。

任何单位和个人不得违反本法规定，要求采购人或者采购工作人员向其指定的供应商进行采购。

第六十五条　**【采购监管部门的检查权】**政府采购监督管理部门应当对政府采购项目的采购活动进行检查，政府采购当事人应当如实反映情况，提供有关材料。

第六十六条　**【采购监管部门的考核义务】**政府采购监督管理部门应当对集中采购机构的采购价格、节约资金效果、服务质量、信誉状况、有无违法行为等事项进行考核，并定期如实公布考核结果。

第六十七条　**【其他部门的监督】**依照法律、行政法规的规定对政府采购负有行政监督职责的政府有关部门，应当按照其职责分工，加强对政府采购活动的监督。

第六十八条　**【审计监督】**审计机关应当对政府采购进行审计监督。政府采购监督管理部门、政府采购各当事人有关政府采购活动，应当接受审计机关的审计监督。

第六十九条　**【监察机关的监察】**监察机关应当加强对参与政府采购活动的国家机关、国家公务员和国家行政机关任命的其他人员实施监察。

第七十条　**【对违法采购的控告权】**任何单位和个人对政府采购活动中的违法行为，有权控告和检举，有关部门、机关应当依照各自职责及时处理。

第八章　法律责任

第七十一条　**【应予行政处分的采购方行为】**采购人、采购代理机构有下列情形之一的，责令限期改正，给予警告，可以并处罚款，对直接负责的主管人员和其他直接责任人员，由其行政主管部门或者有关机关给予处分，并予通报：

（一）应当采用公开招标方式而擅自采用其他方式采购的；

（二）擅自提高采购标准的；

（三）以不合理的条件对供应商实行差别待遇或者歧视待遇的；

（四）在招标采购过程中与投标人进行协商谈判的；

（五）中标、成交通知书发出后不与中标、成交供应商签订采购合同的；

（六）拒绝有关部门依法实施监督检查的。

第七十二条　**【有可能构成犯罪的采购方行为】**采购人、采购代理机构及其工作人员有下列情形之一，构成犯罪的，依法追究刑事责任；尚不构成犯罪的，处以罚款，有违法所得的，并处没收违法所得，属于国家机关工作人员的，依法给予行政处分：

（一）与供应商或者采购代理机构恶意串通的；

（二）在采购过程中接受贿赂或者获取其他不正当利益的；

（三）在有关部门依法实施的监督检查中提供虚假情况的；

（四）开标前泄露标底的。

第七十三条　**【发生违法采购之后对采购本身的处理】**有前两条违法行为之一影响中标、成交结果或者可能影响中标、成交结果的，按下列情况分别处理：

（一）未确定中标、成交供应商的，终止采购活动；

（二）中标、成交供应商已经确定但采购合同尚未履行的，撤销合同，从合格的中标、成交候选人中另行确定中标、成交供应商；

（三）采购合同已经履行的，给采购人、供应商造成损失的，由责任人承担赔偿责任。

第七十四条　**【未按规定实行集中采购的处理】**采购人对应当实行集中采购的政府采购项目，不委托集中采购机构实行集中采购的，由政府采购监督管理部门责令改正；拒不改正的，停止按预算向其支付资金，由其上级行政主管部门或者有关机关依法给予其直接负责的主管人员和其他直接责任人员处分。

第七十五条　**【违反采购公开原则的处理】**采购人未依法公布政府采购项目的采购标准和采购结果的，责令改正，对直接负责的主管人员依法给予处分。

第七十六条　**【采购方擅自处理采购文件的责任】**采购人、采购代理机构违反本法规定隐匿、销毁应当保存的采购文件或者伪造、变造采购文件的，由政府采购监督管理部门处以二万元以上十万元以下的罚款，对其直接负责的主管人员和其他直接责任人员依法给予处分；构成犯罪的，依法追究刑事责任。

第七十七条　**【供应商的违法行为】**供应商有下列情形之一的，处以采购金额千分之五以上千分之十以下的罚款，列入不良行为记录名单，在一至三年内禁止参加政府采购活动，有违法所得的，并处没收违法所得，情节严重的，由工商行政管理机关吊销营业执照；构成犯罪的，依法追究刑事责任：

（一）提供虚假材料谋取中标、成交的；

（二）采取不正当手段诋毁、排挤其他供应商的；

（三）与采购人、其他供应商或者采购代理机构恶意串通的；

（四）向采购人、采购代理机构行贿或者提供其他不正当利益的；

(五)在招标采购过程中与采购人进行协商谈判的;

(六)拒绝有关部门监督检查或者提供虚假情况的。

供应商有前款第(一)至(五)项情形之一的,中标、成交无效。

第七十八条　【采购代理机构违法采购的处理】采购代理机构在代理政府采购业务中有违法行为的,按照有关法律规定处以罚款,可以在一至三年内禁止其代理政府采购业务,构成犯罪的,依法追究刑事责任。

第七十九条　【违法采购的民事责任】政府采购当事人有本法第七十一条、第七十二条、第七十七条违法行为之一,给他人造成损失的,并应依照有关民事法律规定承担民事责任。

第八十条　【采购监管违法的处理】政府采购监督管理部门的工作人员在实施监督检查中违反本法规定滥用职权,玩忽职守,徇私舞弊的,依法给予行政处分;构成犯罪的,依法追究刑事责任。

第八十一条　【怠于处理投诉的责任】政府采购监督管理部门对供应商的投诉逾期未作处理的,给予直接负责的主管人员和其他直接责任人员行政处分。

第八十二条　【采购考核中的违法行为的处理】政府采购监督管理部门对集中采购机构业绩的考核,有虚假陈述,隐瞒真实情况的,或者不作定期考核和公布考核结果的,应当及时纠正,由其上级机关或者监察机关对其负责人进行通报,并对直接负责的人员依法给予行政处分。

集中采购机构在政府采购监督管理部门考核中,虚报业绩,隐瞒真实情况的,处以二万元以上二十万元以下的罚款,并予以通报;情节严重的,取消其代理采购的资格。

第八十三条　【非采购当事人违法行为的处理】任何单位或者个人阻挠和限制供应商进入本地区或者本行业政府采购市场的,责令限期改正;拒不改正的,由该单位、个人的上级行政主管部门或者有关机关给予单位责任人或者个人处分。

第九章　附　　则

第八十四条　【适用除外】使用国际组织和外国政府贷款进行的政府采购,贷款方、资金提供方与中方达成的协议对采购的具体条件另有规定的,可以适用其规定,但不得损害国家利益和社会公共利益。

第八十五条　【特殊采购例外】对因严重自然灾害和其他不可抗力事件所实施的紧急采购和涉及国家安全和秘密的采购,不适用本法。

第八十六条　【军事采购】军事采购法规由中央军事委员会另行制定。

第八十七条　【实施办法】本法实施的具体步骤和办法由国务院规定。

第八十八条　【生效日期】本法自2003年1月1日起施行。

中华人民共和国会计法

1. 1985年1月21日第六届全国人民代表大会常务委员会第九次会议通过

2. 根据1993年12月29日第八届全国人民代表大会常务委员会第五次会议《关于修改〈中华人民共和国会计法〉的决定》第一次修正

3. 1999年10月31日第九届全国人民代表大会常务委员会第十二次会议修订

4. 根据2017年11月4日第十二届全国人民代表大会常务委员会第三十次会议《关于修改〈中华人民共和国会计法〉等十一部法律的决定》第二次修正

目　　录

第一章　总　　则

第一条　【立法目的】为了规范会计行为,保证会计资料真实、完整,加强经济管理和财务管理,提高经济效益,维护社会主义市场经济秩序,制定本法。

第二条　【依法办理会计事务】国家机关、社会团体、公司、企业、事业单位和其他组织(以下统称单位)必须依照本法办理会计事务。

第三条　【设置帐簿】各单位必须依法设置会计帐簿,并保证其真实、完整。

第四条　【负责人责任】单位负责人对本单位的会计工作和会计资料的真实性、完整性负责。

第五条　【会计人员】会计机构、会计人员依照本法规定进行会计核算,实行会计监督。

任何单位或者个人不得以任何方式授意、指使、强令会计机构、会计人员伪造、变造会计凭证、会计帐簿和其他会计资料,提供虚假财务会计报告。

任何单位或者个人不得对依法履行职责、抵制违反本法规定行为的会计人员实行打击报复。

第六条　【奖励先进】对认真执行本法,忠于职守,坚持原则,做出显著成绩的会计人员,给予精神的或者物质的奖励。

第七条　【主管部门】国务院财政部门主管全国的会计工作。

县级以上地方各级人民政府财政部门管理本行政区域内的会计工作。

第八条　【会计制度】国家实行统一的会计制度。国家统一的会计制度由国务院财政部门根据本法制定并公布。

国务院有关部门可以依照本法和国家统一的会计制度制定对会计核算和会计监督有特殊要求的行业实施国家统一的会计制度的具体办法或者补充规定,报国务院财政部门审核批准。

中国人民解放军总后勤部可以依照本法和国家统一的会计制度制定军队实施国家统一的会计制度的具体办法,报国务院财政部门备案。

第二章　会计核算

第九条　【资料真实】各单位必须根据实际发生的经济业务事项进行会计核算,填制会计凭证,登记会计帐簿,编制财务会计报告。

任何单位不得以虚假的经济业务事项或者资料进行会计核算。

第十条　【办理会计手续事项】下列经济业务事项,应当办理会计手续,进行会计核算:

(一)款项和有价证券的收付;

(二)财物的收发、增减和使用;

(三)债权债务的发生和结算;

(四)资本、基金的增减;

(五)收入、支出、费用、成本的计算;

(六)财务成果的计算和处理;

(七)需要办理会计手续、进行会计核算的其他事项。

第十一条　【会计年度】会计年度自公历1月1日起至12月31日止。

第十二条　【本位币】会计核算以人民币为记帐本位币。

业务收支以人民币以外的货币为主的单位,可以选定其中一种货币作为记帐本位币,但是编报的财务会计报告应当折算为人民币。

第十三条　【会计资料符合规定】会计凭证、会计帐簿、财务会计报告和其他会计资料,必须符合国家统一的会计制度的规定。

使用电子计算机进行会计核算的,其软件及其生成的会计凭证、会计帐簿、财务会计报告和其他会计资料,也必须符合国家统一的会计制度的规定。

任何单位和个人不得伪造、变造会计凭证、会计帐簿及其他会计资料,不得提供虚假的财务会计报告。

第十四条　【会计凭证】会计凭证包括原始凭证和记帐凭证。

办理本法第十条所列的经济业务事项,必须填制或者取得原始凭证并及时送交会计机构。

会计机构、会计人员必须按照国家统一的会计制度的规定对原始凭证进行审核,对不真实、不合法的原始凭证有权不予接受,并向单位负责人报告;对记载不准确、不完整的原始凭证予以退回,并要求按照国家统一的会计制度的规定更正、补充。

原始凭证记载的各项内容均不得涂改;原始凭证有错误的,应当由出具单位重开或者更正,更正处应当加盖出具单位印章。原始凭证金额有错误的,应当由出具单位重开,不得在原始凭证上更正。

记帐凭证应当根据经过审核的原始凭证及有关资料编制。

第十五条　【会计帐簿登记】会计帐簿登记,必须以经过审核的会计凭证为依据,并符合有关法律、行政法规和国家统一的会计制度的规定。会计帐簿包括总帐、明细帐、日记帐和其他辅助性帐簿。

会计帐簿应当按照连续编号的页码顺序登记。会计帐簿记录发生错误或者隔页、缺号、跳行的,应当按照国家统一的会计制度规定的方法更正,并由会计人员和会计机构负责人(会计主管人员)在更正处盖章。

使用电子计算机进行会计核算的,其会计帐簿的登记、更正,应当符合国家统一的会计制度的规定。

第十六条　【统一登记、核算】各单位发生的各项经济业务事项应当在依法设置的会计帐簿上统一登记、核算,不得违反本法和国家统一的会计制度的规定私设会计帐簿登记、核算。

第十七条　【核对】各单位应当定期将会计帐簿记录与实物、款项及有关资料相互核对,保证会计帐簿记录与实物及款项的实有数额相符、会计帐簿记录与会计凭证的有关内容相符、会计帐簿之间相对应的记录相符、会计帐簿记录与会计报表的有关内容相符。

第十八条　【会计处理方法一致】各单位采用的会计处理方法,前后各期应当一致,不得随意变更;确有必要变更的,应当按照国家统一的会计制度的规定变更,并将变更的原因、情况及影响在财务会计报告中说明。

第十九条　【担保、未决诉讼】单位提供的担保、未决诉讼等或有事项,应当按照国家统一的会计制度的规定,在财务会计报告中予以说明。

第二十条　【会计报告】财务会计报告应当根据经过审核的会计帐簿记录和有关资料编制,并符合本法和国家统一的会计制度关于财务会计报告的编制要求、提供对象和提供期限的规定;其他法律、行政法规另有规定的,从其规定。

财务会计报告由会计报表、会计报表附注和财务情况说明书组成。向不同的会计资料使用者提供的财务会计报告,其编制依据应当一致。有关法律、行政法规规定会计报表、会计报表附注和财务情况说明书须经注册会计师审计的,注册会计师及其所在的会计师事务所出具的审计报告应当随同财务会计报告一并提供。

第二十一条　【签名、盖章】财务会计报告应当由单位负责人和主管会计工作的负责人、会计机构负责人(会计主管人员)签名并盖章;设置总会计师的单位,还须由总会计师签名并盖章。

单位负责人应当保证财务会计报告真实、完整。

第二十二条　【使用文字】会计记录的文字应当使用中文。

在民族自治地方,会计记录可以同时使用当地通用的一种民族文字。在中华人民共和国境内的外商投资企业、外国企业和其他外国组织的会计记录可以同时使用一种外国文字。

第二十三条 【会计资料保管】各单位对会计凭证、会计帐簿、财务会计报告和其他会计资料应当建立档案,妥善保管。会计档案的保管期限和销毁办法,由国务院财政部门会同有关部门制定。

第三章 公司、企业会计核算的特别规定

第二十四条 【遵守本章】公司、企业进行会计核算,除应当遵守本法第二章的规定外,还应当遵守本章规定。

第二十五条 【业务事项记录】公司、企业必须根据实际发生的经济业务事项,按照国家统一的会计制度的规定确认、计量和记录资产、负债、所有者权益、收入、费用、成本和利润。

第二十六条 【禁止行为】公司、企业进行会计核算不得有下列行为:

(一)随意改变资产、负债、所有者权益的确认标准或者计量方法,虚列、多列、不列或者少列资产、负债、所有者权益;

(二)虚列或者隐瞒收入,推迟或者提前确认收入;

(三)随意改变费用、成本的确认标准或者计量方法,虚列、多列、不列或者少列费用、成本;

(四)随意调整利润的计算、分配方法,编造虚假利润或者隐瞒利润;

(五)违反国家统一的会计制度规定的其他行为。

第四章 会 计 监 督

第二十七条 【内部监督制度】各单位应当建立、健全本单位内部会计监督制度。单位内部会计监督制度应当符合下列要求:

(一)记帐人员与经济业务事项和会计事项的审批人员、经办人员、财物保管人员的职责权限应当明确,并相互分离、相互制约;

(二)重大对外投资、资产处置、资金调度和其他重要经济业务事项的决策和执行的相互监督、相互制约程序应当明确;

(三)财产清查的范围、期限和组织程序应当明确;

(四)对会计资料定期进行内部审计的办法和程序应当明确。

第二十八条 【依法履行职责】单位负责人应当保证会计机构、会计人员依法履行职责,不得授意、指使、强令会计机构、会计人员违法办理会计事项。

会计机构、会计人员对违反本法和国家统一的会计制度规定的会计事项,有权拒绝办理或者按照职权予以纠正。

第二十九条 【不符事项】会计机构、会计人员发现会计帐簿记录与实物、款项及有关资料不相符的,按照国家统一的会计制度的规定有权自行处理的,应当及时处理;无权处理的,应当立即向单位负责人报告,请求查明原因,作出处理。

第三十条 【检举违法行为】任何单位和个人对违反本法和国家统一的会计制度规定的行为,有权检举。收到检举的部门有权处理的,应当依法按照职责分工及时处理;无权处理的,应当及时移送有权处理的部门处理。收到检举的部门、负责处理的部门应当为检举人保密,不得将检举人姓名和检举材料转给被检举单位和被检举人个人。

第三十一条 【审计报告】有关法律、行政法规规定,须经注册会计师进行审计的单位,应当向受委托的会计师事务所如实提供会计凭证、会计帐簿、财务会计报告和其他会计资料以及有关情况。

任何单位或者个人不得以任何方式要求或者示意注册会计师及其所在的会计师事务所出具不实或者不当的审计报告。

财政部门有权对会计师事务所出具审计报告的程序和内容进行监督。

第三十二条 【财政监督】财政部门对各单位的下列情况实施监督:

(一)是否依法设置会计帐簿;

(二)会计凭证、会计帐簿、财务会计报告和其他会计资料是否真实、完整;

(三)会计核算是否符合本法和国家统一的会计制度的规定;

(四)从事会计工作的人员是否具备专业能力、遵守职业道德。

在对前款第(二)项所列事项实施监督,发现重大违法嫌疑时,国务院财政部门及其派出机构可以向与被监督单位有经济业务往来的单位和被监督单位开立帐户的金融机构查询有关情况,有关单位和金融机构应当给予支持。

第三十三条 【其他部门监督】财政、审计、税务、人民银行、证券监管、保险监管等部门应当依照有关法律、行政法规规定的职责,对有关单位的会计资料实施监督检查。

前款所列监督检查部门对有关单位的会计资料依法实施监督检查后,应当出具检查结论。有关监督检查部门已经作出的检查结论能够满足其他监督检查部门履行本部门职责需要的,其他监督检查部门应当加以利用,避免重复查帐。

第三十四条 【保密】依法对有关单位的会计资料实施监督检查的部门及其工作人员对在监督检查中知悉的国家秘密和商业秘密负有保密义务。

第三十五条 【接受检查】各单位必须依照有关法律、行政法规的规定,接受有关监督检查部门依法实施的监督检查,如实提供会计凭证、会计帐簿、财务会计报告和其他会计资料以及有关情况,不得拒绝、隐匿、谎报。

第五章 会计机构和会计人员

第三十六条 【机构、人员设置】各单位应当根据会计业务的需要,设置会计机构,或者在有关机构中设置会计人员并指定会计主管人员;不具备设置条件的,应当委托经批准设立从事会计代理记帐业务的中介机构代理记帐。

国有的和国有资产占控股地位或者主导地位的大、中型企业必须设置总会计师。总会计师的任职资格、任免程序、职责权限由国务院规定。

第三十七条 【稽核制度】会计机构内部应当建立稽核制度。

出纳人员不得兼任稽核、会计档案保管和收入、支出、费用、债权债务帐目的登记工作。

第三十八条 【从业资格】会计人员应当具备从事会计工作所需要的专业能力。

担任单位会计机构负责人(会计主管人员)的,应当具备会计师以上专业技术职务资格或者从事会计工作三年以上经历。

本法所称会计人员的范围由国务院财政部门规定。

第三十九条 【业务素质】会计人员应当遵守职业道德,提高业务素质。对会计人员的教育和培训工作应当加强。

第四十条 【限制人员】因有提供虚假财务会计报告,做假帐,隐匿或者故意销毁会计凭证、会计帐簿、财务会计报告,贪污,挪用公款,职务侵占等与会计职务有关的违法行为被依法追究刑事责任的人员,不得再从事会计工作。

第四十一条 【交接】会计人员调动工作或者离职,必须与接管人员办清交接手续。

一般会计人员办理交接手续,由会计机构负责人(会计主管人员)监交;会计机构负责人(会计主管人员)办理交接手续,由单位负责人监交,必要时主管单位可以派人会同监交。

第六章 法律责任

第四十二条 【行政处分】违反本法规定,有下列行为之一的,由县级以上人民政府财政部门责令限期改正,可以对单位并处三千元以上五万元以下的罚款;对其直接负责的主管人员和其他直接责任人员,可以处二千元以上二万元以下的罚款;属于国家工作人员的,还应当由其所在单位或者有关单位依法给予行政处分:

(一)不依法设置会计帐簿的;

(二)私设会计帐簿的;

(三)未按照规定填制、取得原始凭证或者填制、取得的原始凭证不符合规定的;

(四)以未经审核的会计凭证为依据登记会计帐簿或者登记会计帐簿不符合规定的;

(五)随意变更会计处理方法的;

(六)向不同的会计资料使用者提供的财务会计报告编制依据不一致的;

(七)未按照规定使用会计记录文字或者记帐本位币的;

(八)未按照规定保管会计资料,致使会计资料毁损、灭失的;

(九)未按照规定建立并实施单位内部会计监督制度或者拒绝依法实施的监督或者不如实提供有关会计资料及有关情况的;

(十)任用会计人员不符合本法规定的。

有前款所列行为之一,构成犯罪的,依法追究刑事责任。

会计人员有第一款所列行为之一,情节严重的,五年内不得从事会计工作。

有关法律对第一款所列行为的处罚另有规定的,依照有关法律的规定办理。

第四十三条 【伪造、变造】伪造、变造会计凭证、会计帐簿,编制虚假财务会计报告,构成犯罪的,依法追究刑事责任。

有前款行为,尚不构成犯罪的,由县级以上人民政府财政部门予以通报,可以对单位并处五千元以上十万元以下的罚款;对其直接负责的主管人员和其他直接责任人员,可以处三千元以上五万元以下的罚款;属于国家工作人员的,还应当由其所在单位或者有关单位依法给予撤职直至开除的行政处分;其中的会计人员,五年内不得从事会计工作。

第四十四条 【隐匿、销毁】隐匿或者故意销毁依法应当保存的会计凭证、会计帐簿、财务会计报告,构成犯罪的,依法追究刑事责任。

有前款行为,尚不构成犯罪的,由县级以上人民政府财政部门予以通报,可以对单位并处五千元以上十万元以下的罚款;对其直接负责的主管人员和其他直接责任人员,可以处三千元以上五万元以下的罚款;属于国家工作人员的,还应当由其所在单位或者有关单位依法给予撤职直至开除的行政处分;其中的会计人员,五年内不得从事会计工作。

第四十五条 【授意、指使、强令】授意、指使、强令会计机构、会计人员及其他人员伪造、变造会计凭证、会计帐簿,编制虚假财务会计报告或者隐匿、故意销毁依法应当保存的会计凭证、会计帐簿、财务会计报告,构成犯罪的,依法追究刑事责任;尚不构成犯罪的,可以处五千元以上五万元以下的罚款;属于国家工作人员的,还应当由其所在单位或者有关单位依法给予降级、撤职、开除的行政处分。

第四十六条 【打击报复】单位负责人对依法履行职责、抵制违反本法规定行为的会计人员以降级、撤职、调离工作岗位、解聘或者开除等方式实行打击报复,构成犯罪的,依法追究刑事责任;尚不构成犯罪的,由其所在单位或者有关单位依法给予行政处分。对受打击报复的会计人员,应当恢复其名誉和原有职务、级别。

第四十七条 【渎职】财政部门及有关行政部门的工作人员

在实施监督管理中滥用职权、玩忽职守、徇私舞弊或者泄露国家秘密、商业秘密,构成犯罪的,依法追究刑事责任;尚不构成犯罪的,依法给予行政处分。

第四十八条　【违反三十条规定】违反本法第三十条规定,将检举人姓名和检举材料转给被检举单位和被检举人个人的,由所在单位或者有关单位依法给予行政处分。

第四十九条　【法条竞合】违反本法规定,同时违反其他法律规定的,由有关部门在各自职权范围内依法进行处罚。

第七章　附　　则

第五十条　【用语含义】本法下列用语的含义:

单位负责人,是指单位法定代表人或者法律、行政法规规定代表单位行使职权的主要负责人。

国家统一的会计制度,是指国务院财政部门根据本法制定的关于会计核算、会计监督、会计机构和会计人员以及会计工作管理的制度。

第五十一条　【个体户】个体工商户会计管理的具体办法,由国务院财政部门根据本法的原则另行规定。

第五十二条　【生效日期】本法自2000年7月1日起施行。

中华人民共和国个人所得税法

1. 1980年9月10日第五届全国人民代表大会第三次会议通过

2. 根据1993年10月31日第八届全国人民代表大会常务委员会第四次会议《关于修改〈中华人民共和国个人所得税法〉的决定》第一次修正

3. 根据1999年8月30日第九届全国人民代表大会常务委员会第十一次会议《关于修改〈中华人民共和国个人所得税法〉的决定》第二次修正

4. 根据2005年10月27日第十届全国人民代表大会常务委员会第十八次会议《关于修改〈中华人民共和国个人所得税法〉的决定》第三次修正

5. 根据2007年6月29日第十届全国人民代表大会常务委员会第二十八次会议《关于修改〈中华人民共和国个人所得税法〉的决定》第四次修正

6. 根据2007年12月29日第十届全国人民代表大会常务委员会第三十一次会议《关于修改〈中华人民共和国个人所得税法〉的决定》第五次修正

7. 根据2011年6月30日第十一届全国人民代表大会常务委员会第二十一次会议《关于修改〈中华人民共和国个人所得税法〉的决定》第六次修正

第一条　【纳税主体】在中国境内有住所,或者无住所而在境内居住满一年的个人,从中国境内和境外取得的所得,依照本法规定缴纳个人所得税。

在中国境内无住所又不居住或者无住所而在境内居住不满一年的个人,从中国境内取得的所得,依照本法规定缴纳个人所得税。

第二条　【范围】下列各项个人所得,应纳个人所得税:

一、工资、薪金所得;

二、个体工商户的生产、经营所得;

三、对企事业单位的承包经营、承租经营所得;

四、劳务报酬所得;

五、稿酬所得;

六、特许权使用费所得;

七、利息、股息、红利所得;

八、财产租赁所得;

九、财产转让所得;

十、偶然所得;

十一、经国务院财政部门确定征税的其他所得。

第三条　【税率】个人所得税的税率:

一、工资、薪金所得,适用超额累进税率,税率为百分之三至百分之四十五(税率表附后)。

二、个体工商户的生产、经营所得和对企事业单位的承包经营、承租经营所得,适用百分之五至百分之三十五的超额累进税率(税率表附后)。

三、稿酬所得,适用比例税率,税率为百分之二十,并按应纳税额减征百分之三十。

四、劳务报酬所得,适用比例税率,税率为百分之二十。对劳务报酬所得一次收入畸高的,可以实行加成征收,具体办法由国务院规定。

五、特许权使用费所得,利息、股息、红利所得,财产租赁所得,财产转让所得,偶然所得和其他所得,适用比例税率,税率为百分之二十。

第四条　【免税】下列各项个人所得,免纳个人所得税:

一、省级人民政府、国务院部委和中国人民解放军军以上单位,以及外国组织、国际组织颁发的科学、教育、技术、文化、卫生、体育、环境保护等方面的奖金;

二、国债和国家发行的金融债券利息;

三、按照国家统一规定发给的补贴、津贴;

四、福利费、抚恤金、救济金;

五、保险赔款;

六、军人的转业费、复员费;

七、按照国家统一规定发给干部、职工的安家费、退职费、退休工资、离休工资、离休生活补助费;

八、依照我国有关法律规定应予免税的各国驻华使馆、领事馆的外交代表、领事官员和其他人员的所得;

九、中国政府参加的国际公约、签订的协议中规定免税的所得;

十、经国务院财政部门批准免税的所得。

第五条　【减税】有下列情形之一的,经批准可以减征个人所得税:

一、残疾、孤老人员和烈属的所得;

二、因严重自然灾害造成重大损失的;

三、其他经国务院财政部门批准减税的。

第六条 【税额计算】应纳税所得额的计算：

一、工资、薪金所得，以每月收入额减除费用三千五百元后的余额，为应纳税所得额。

二、个体工商户的生产、经营所得，以每一纳税年度的收入总额减除成本、费用以及损失后的余额，为应纳税所得额。

三、对企事业单位的承包经营、承租经营所得，以每一纳税年度的收入总额，减除必要费用后的余额，为应纳税所得额。

四、劳务报酬所得、稿酬所得、特许权使用费所得、财产租赁所得，每次收入不超过四千元的，减除费用八百元；四千元以上的，减除百分之二十的费用，其余额为应纳税所得额。

五、财产转让所得，以转让财产的收入额减除财产原值和合理费用后的余额，为应纳税所得额。

六、利息、股息、红利所得，偶然所得和其他所得，以每次收入额为应纳税所得额。

个人将其所得对教育事业和其他公益事业捐赠的部分，按照国务院有关规定从应纳税所得中扣除。

对在中国境内无住所而在中国境内取得工资、薪金所得的纳税义务人和在中国境内有住所而在中国境外取得工资、薪金所得的纳税义务人，可以根据其平均收入水平、生活水平以及汇率变化情况确定附加减除费用，附加减除费用适用的范围和标准由国务院规定。

第七条 【境外所得】纳税义务人从中国境外取得的所得，准予其在应纳税额中扣除已在境外缴纳的个人所得税税额。但扣除额不得超过该纳税义务人境外所得依照本法规定计算的应纳税额。

第八条 【义务人】个人所得税，以所得人为纳税义务人，以支付所得的单位或者个人为扣缴义务人。个人所得超过国务院规定数额的，在两处以上取得工资、薪金所得或者没有扣缴义务人的，以及具有国务院规定的其他情形的，纳税义务人应当按照国家规定办理纳税申报。扣缴义务人应当按照国家规定办理全员全额扣缴申报。

第九条 【缴纳日期】扣缴义务人每月所扣的税款，自行申报纳税人每月应纳的税款，都应当在次月十五日内缴入国库，并向税务机关报送纳税申报表。

工资、薪金所得应纳的税款，按月计征，由扣缴义务人或者纳税义务人在次月十五日内缴入国库，并向税务机关报送纳税申报表。特定行业的工资、薪金所得应纳的税款，可以实行按年计算、分月预缴的方式计征，具体办法由国务院规定。

个体工商户的生产、经营所得应纳的税款，按年计算，分月预缴，由纳税义务人在次月十五日内预缴，年度终了后三个月内汇算清缴，多退少补。

对企事业单位的承包经营、承租经营所得应纳的税款，按年计算，由纳税义务人在年度终了后三十日内缴入国库，并向税务机关报送纳税申报表。纳税义务人在一年内分次取得承包经营、承租经营所得的，应当在取得每次所得后的十五日内预缴，年度终了后三个月内汇算清缴，多退少补。

从中国境外取得所得的纳税义务人，应当在年度终了后三十日内，将应纳的税款缴入国库，并向税务机关报送纳税申报表。

第十条 【本币】各项所得的计算，以人民币为单位。所得为外国货币的，按照国家外汇管理机关规定的外汇牌价折合成人民币缴纳税款。

第十一条 【手续费】对扣缴义务人按照所扣缴的税款，付给百分之二的手续费。

第十二条 【利息所得税】对储蓄存款利息所得开征、减征、停征个人所得税及其具体方法，由国务院规定。

第十三条 【征收管理】个人所得税的征收管理，依照《中华人民共和国税收征收管理法》的规定执行。

第十四条 【实施条例】国务院根据本法制定实施条例。

第十五条 【生效日期】本法自公布之日起施行。

个人所得税税率表一（工资、薪金所得适用）

级数	全月应纳税所得额	税率（%）
1	不超过1500元的	3
2	超过1500元至4500元的部分	10
3	超过4500元至9000元的部分	20
4	超过9000元至35000元的部分	25
5	超过35000元至55000元的部分	30
6	超过55000元至80000元的部分	35
7	超过80000元的部分	45

（注：本表所称全月应纳税所得额是指依照本法第六条的规定，以每月收入额减除费用三千五百元以及附加减除费用后的余额。）

个人所得税税率表二（个体工商户的生产、经营所得和对企事业单位的承包经营、承租经营所得适用）

级数	全年应纳税所得额	税率（%）
1	不超过15000元的	5
2	超过15000元至30000元的部分	10
3	超过30000元至60000元的部分	20
4	超过60000元至100000元的部分	30
5	超过100000元的部分	35

（注：本表所称全年应纳税所得额是指依照本法第六条的规定，以每一纳税年度的收入总额减除成本、费用以及损失后的余额。）

中华人民共和国企业所得税法

1. 2007年3月16日第十届全国人民代表大会第五次会议通过
2. 根据2017年2月24日第十二届全国人民代表大会常务委员会第二十六次会议《关于修改〈中华人民共和国企业所得税法〉的决定》修正

目　　录

第一章　总　　则

第一条　【纳税对象】在中华人民共和国境内，企业和其他取得收入的组织(以下统称企业)为企业所得税的纳税人，依照本法的规定缴纳企业所得税。

个人独资企业、合伙企业不适用本法。

第二条　【企业的分类及其定义】企业分为居民企业和非居民企业。

本法所称居民企业，是指依法在中国境内成立，或者依照外国(地区)法律成立但实际管理机构在中国境内的企业。

本法所称非居民企业，是指依照外国(地区)法律成立且实际管理机构不在中国境内，但在中国境内设立机构、场所的，或者在中国境内未设立机构、场所，但有来源于中国境内所得的企业。

第三条　【缴纳范围】居民企业应当就其来源于中国境内、境外的所得缴纳企业所得税。

非居民企业在中国境内设立机构、场所的，应当就其所设机构、场所取得的来源于中国境内的所得，以及发生在中国境外但与其所设机构、场所有实际联系的所得，缴纳企业所得税。

非居民企业在中国境内未设立机构、场所的，或者虽设立机构、场所但取得的所得与其所设机构、场所没有实际联系的，应当就其来源于中国境内的所得缴纳企业所得税。

第四条　【税率】企业所得税的税率为25%。

非居民企业取得本法第三条第三款规定的所得，适用税率为20%。

第二章　应纳税所得额

第五条　【应纳税所得额】企业每一纳税年度的收入总额，减除不征税收入、免税收入、各项扣除以及允许弥补的以前年度亏损后的余额，为应纳税所得额。

第六条　【收入总额】企业以货币形式和非货币形式从各种来源取得的收入，为收入总额。包括：

(一)销售货物收入；
(二)提供劳务收入；
(三)转让财产收入；
(四)股息、红利等权益性投资收益；
(五)利息收入；
(六)租金收入；
(七)特许权使用费收入；
(八)接受捐赠收入；
(九)其他收入。

第七条　【不征税收入】收入总额中的下列收入为不征税收入：

(一)财政拨款；
(二)依法收取并纳入财政管理的行政事业性收费、政府性基金；
(三)国务院规定的其他不征税收入。

第八条　【企业合理支出的扣除标准】企业实际发生的与取得收入有关的、合理的支出，包括成本、费用、税金、损失和其他支出，准予在计算应纳税所得额时扣除。

第九条　【企业公益性捐赠支出扣除的标准】企业发生的公益性捐赠支出，在年度利润总额12%以内的部分，准予在计算应纳税所得额时扣除；超过年度利润总额12%的部分，准予结转以后三年内在计算应纳税所得额时扣除。

第十条　【不得扣除的支出范围】在计算应纳税所得额时，下列支出不得扣除：

(一)向投资者支付的股息、红利等权益性投资收益款项；
(二)企业所得税税款；
(三)税收滞纳金；
(四)罚金、罚款和被没收财物的损失；
(五)本法第九条规定以外的捐赠支出；
(六)赞助支出；
(七)未经核定的准备金支出；
(八)与取得收入无关的其他支出。

第十一条　【固定资产折旧扣除规范】在计算应纳税所得额时，企业按照规定计算的固定资产折旧，准予扣除。

下列固定资产不得计算折旧扣除：

(一)房屋、建筑物以外未投入使用的固定资产；
(二)以经营租赁方式租入的固定资产；
(三)以融资租赁方式租出的固定资产；
(四)已足额提取折旧仍继续使用的固定资产；

（五）与经营活动无关的固定资产；

（六）单独估价作为固定资产入账的土地；

（七）其他不得计算折旧扣除的固定资产。

第十二条　【无形资产摊销费用的扣除规范】在计算应纳税所得额时，企业按照规定计算的无形资产摊销费用，准予扣除。

下列无形资产不得计算摊销费用扣除：

（一）自行开发的支出已在计算应纳税所得额时扣除的无形资产；

（二）自创商誉；

（三）与经营活动无关的无形资产；

（四）其他不得计算摊销费用扣除的无形资产。

第十三条　【长期待摊费用的扣除规范】在计算应纳税所得额时，企业发生的下列支出作为长期待摊费用，按照规定摊销的，准予扣除：

（一）已足额提取折旧的固定资产的改建支出；

（二）租入固定资产的改建支出；

（三）固定资产的大修理支出；

（四）其他应当作为长期待摊费用的支出。

第十四条　【投资资产成本扣除规范】企业对外投资期间，投资资产的成本在计算应纳税所得额时不得扣除。

第十五条　【存货扣除规范】企业使用或者销售存货，按照规定计算的存货成本，准予在计算应纳税所得额时扣除。

第十六条　【转让资产的净值扣除规范】企业转让资产，该项资产的净值，准予在计算应纳税所得额时扣除。

第十七条　【境外亏损不得抵减境内盈利】企业在汇总计算缴纳企业所得税时，其境外营业机构的亏损不得抵减境内营业机构的盈利。

第十八条　【结转年限】企业纳税年度发生的亏损，准予向以后年度结转，用以后年度的所得弥补，但结转年限最长不得超过五年。

第十九条　【非居民企业应纳税所得额计算方法】非居民企业取得本法第三条第三款规定的所得，按照下列方法计算其应纳税所得额：

（一）股息、红利等权益性投资收益和利息、租金、特许权使用费所得，以收入全额为应纳税所得额；

（二）转让财产所得，以收入全额减除财产净值后的余额为应纳税所得额；

（三）其他所得，参照前两项规定的方法计算应纳税所得额。

第二十条　【立法委任】本章规定的收入、扣除的具体范围、标准和资产的税务处理的具体办法，由国务院财政、税务主管部门规定。

第二十一条　【计算规定的适用】在计算应纳税所得额时，企业财务、会计处理办法与税收法律、行政法规的规定不一致的，应当依照税收法律、行政法规的规定计算。

第三章　应纳税额

第二十二条　【应纳税额】企业的应纳税所得额乘以适用税率，减除依照本法关于税收优惠的规定减免和抵免的税额后的余额，为应纳税额。

第二十三条　【应纳税额的抵免、抵补】企业取得的下列所得已在境外缴纳的所得税税额，可以从其当期应纳税额中抵免，抵免限额为该项所得依照本法规定计算的应纳税额；超过抵免限额的部分，可以在以后五个年度内，用每年度抵免限额抵免当年应抵税额后的余额进行抵补：

（一）居民企业来源于中国境外的应税所得；

（二）非居民企业在中国境内设立机构、场所，取得发生在中国境外但与该机构、场所有实际联系的应税所得。

第二十四条　【境外税额的抵免】居民企业从其直接或者间接控制的外国企业分得的来源于中国境外的股息、红利等权益性投资收益，外国企业在境外实际缴纳的所得税税额中属于该项所得负担的部分，可以作为该居民企业的可抵免境外所得税税额，在本法第二十三条规定的抵免限额内抵免。

第四章　税收优惠

第二十五条　【税收优惠】国家对重点扶持和鼓励发展的产业和项目，给予企业所得税优惠。

第二十六条　【免税收入】企业的下列收入为免税收入：

（一）国债利息收入；

（二）符合条件的居民企业之间的股息、红利等权益性投资收益；

（三）在中国境内设立机构、场所的非居民企业从居民企业取得与该机构、场所有实际联系的股息、红利等权益性投资收益；

（四）符合条件的非营利组织的收入。

第二十七条　【企业所得税的免减征范围】企业的下列所得，可以免征、减征企业所得税：

（一）从事农、林、牧、渔业项目的所得；

（二）从事国家重点扶持的公共基础设施项目投资经营的所得；

（三）从事符合条件的环境保护、节能节水项目的所得；

（四）符合条件的技术转让所得；

（五）本法第三条第三款规定的所得。

第二十八条　【小型微利企业税收优惠】符合条件的小型微利企业，减按20%的税率征收企业所得税。

国家需要重点扶持的高新技术企业，减按15%的税率征收企业所得税。

第二十九条　【自治地方减免税的规定】民族自治地方的自治机关对本民族自治地方的企业应缴纳的企业所得税中属于地方分享的部分，可以决定减征或者免征。自治州、自治县决定减征或者免征的，须报省、自治区、直辖市人民政府批准。

第三十条　【对新产品开发费用及福利企业的税收优惠】企业的下列支出,可以在计算应纳税所得额时加计扣除:

(一)开发新技术、新产品、新工艺发生的研究开发费用;

(二)安置残疾人员及国家鼓励安置的其他就业人员所支付的工资。

第三十一条　【创业投资企业税收优惠】创业投资企业从事国家需要重点扶持和鼓励的创业投资,可以按投资额的一定比例抵扣应纳税所得额。

第三十二条　【加速折旧】企业的固定资产由于技术进步等原因,确需加速折旧的,可以缩短折旧年限或者采取加速折旧的方法。

第三十三条　【资源综合利用企业的税收优惠】企业综合利用资源,生产符合国家产业政策规定的产品所取得的收入,可以在计算应纳税所得额时减计收入。

第三十四条　【企业投资环保等方面的税收优惠】企业购置用于环境保护、节能节水、安全生产等专用设备的投资额,可以按一定比例实行税额抵免。

第三十五条　【税收优惠办法的制定】本法规定的税收优惠的具体办法,由国务院规定。

第三十六条　【专项优惠政策】根据国民经济和社会发展的需要,或者由于突发事件等原因对企业经营活动产生重大影响的,国务院可以制定企业所得税专项优惠政策,报全国人民代表大会常务委员会备案。

第五章　源泉扣缴

第三十七条　【源泉扣缴】对非居民企业取得本法第三条第三款规定的所得应缴纳的所得税,实行源泉扣缴,以支付人为扣缴义务人。税款由扣缴义务人在每次支付或者到期应支付时,从支付或者到期应支付的款项中扣缴。

第三十八条　【扣缴义务人】对非居民企业在中国境内取得工程作业和劳务所得应缴纳的所得税,税务机关可以指定工程价款或者劳务费的支付人为扣缴义务人。

第三十九条　【税款追缴】依照本法第三十七条、第三十八条规定应当扣缴的所得税,扣缴义务人未依法扣缴或者无法履行扣缴义务的,由纳税人在所得发生地缴纳。纳税人未依法缴纳的,税务机关可以从该纳税人在中国境内其他收入项目的支付人应付的款项中,追缴该纳税人的应纳税款。

第四十条　【代扣的期限】扣缴义务人每次代扣的税款,应当自代扣之日起七日内缴入国库,并向所在地的税务机关报送扣缴企业所得税报告表。

第六章　特别纳税调整

第四十一条　【特别纳税调整】企业与其关联方之间的业务往来,不符合独立交易原则而减少企业或者其关联方应纳税收入或者所得额的,税务机关有权按照合理方法调整。

企业与其关联方共同开发、受让无形资产,或者共同提供、接受劳务发生的成本,在计算应纳税所得额时应当按照独立交易原则进行分摊。

第四十二条　【预约定价安排】企业可以向税务机关提出与其关联方之间业务往来的定价原则和计算方法,税务机关与企业协商、确认后,达成预约定价安排。

第四十三条　【报送纳税申报表应提供相关资料】企业向税务机关报送年度企业所得税纳税申报表时,应当就其与关联方之间的业务往来,附送年度关联业务往来报告表。

税务机关在进行关联业务调查时,企业及其关联方,以及与关联业务调查有关的其他企业,应当按照规定提供相关资料。

第四十四条　【税务机关核定权】企业不提供与其关联方之间业务往来资料,或者提供虚假、不完整资料,未能真实反映其关联业务往来情况的,税务机关有权依法核定其应纳税所得额。

第四十五条　【居民企业利润计入】由居民企业,或者由居民企业和中国居民控制的设立在实际税负明显低于本法第四条第一款规定税率水平的国家(地区)的企业,并非由于合理的经营需要而对利润不作分配或者减少分配的,上述利润中应归属于该居民企业的部分,应当计入该居民企业的当期收入。

第四十六条　【投资支出扣除规范】企业从其关联方接受的债权性投资与权益性投资的比例超过规定标准而发生的利息支出,不得在计算应纳税所得额时扣除。

第四十七条　【税务机关的调整权利】企业实施其他不具有合理商业目的的安排而减少其应纳税收入或者所得额的,税务机关有权按照合理方法调整。

第四十八条　【补征税款加收利息】税务机关依照本章规定作出纳税调整,需要补征税款的,应当补征税款,并按照国务院规定加收利息。

第七章　征收管理

第四十九条　【其他法律规定】企业所得税的征收管理除本法规定外,依照《中华人民共和国税收征收管理法》的规定执行。

第五十条　【居民企业纳税地点】除税收法律、行政法规另有规定外,居民企业以企业登记注册地为纳税地点;但登记注册地在境外的,以实际管理机构所在地为纳税地点。

居民企业在中国境内设立不具有法人资格的营业机构的,应当汇总计算并缴纳企业所得税。

第五十一条　【非居民企业纳税地点】非居民企业取得本法第三条第二款规定的所得,以机构、场所所在地为纳税地点。非居民企业在中国境内设立两个或者两个以上机构、场所的,经税务机关审核批准,可以选择由其主要机构、场所汇总缴纳企业所得税。

非居民企业取得本法第三条第三款规定的所得,以扣缴义务人所在地为纳税地点。

第五十二条　【禁止合并缴纳企业所得税】除国务院另有规定外,企业之间不得合并缴纳企业所得税。

第五十三条　【纳税年度计算】企业所得税按纳税年度计算。纳税年度自公历1月1日起至12月31日止。

企业在一个纳税年度中间开业,或者终止经营活动,使该纳税年度的实际经营期不足十二个月的,应当以其实际经营期为一个纳税年度。

企业依法清算时,应当以清算期间作为一个纳税年度。

第五十四条　【预缴和清缴】企业所得税分月或者分季预缴。

企业应当自月份或者季度终了之日起十五日内,向税务机关报送预缴企业所得税纳税申报表,预缴税款。

企业应当自年度终了之日起五个月内,向税务机关报送年度企业所得税纳税申报表,并汇算清缴,结清应缴应退税款。

企业在报送企业所得税纳税申报表时,应当按照规定附送财务会计报告和其他有关资料。

第五十五条　【清缴日期】企业在年度中间终止经营活动的,应当自实际经营终止之日起六十日内,向税务机关办理当期企业所得税汇算清缴。

企业应当在办理注销登记前,就其清算所得向税务机关申报并依法缴纳企业所得税。

第五十六条　【计算依据】依照本法缴纳的企业所得税,以人民币计算。所得以人民币以外的货币计算的,应当折合成人民币计算并缴纳税款。

第八章　附　　则

第五十七条　【优惠政策】本法公布前已经批准设立的企业,依照当时的税收法律、行政法规规定,享受低税率优惠的,按照国务院规定,可以在本法施行后五年内,逐步过渡到本法规定的税率;享受定期减免税优惠的,按照国务院规定,可以在本法施行后继续享受到期满为止,但因未获利而尚未享受优惠的,优惠期限从本法施行年度起计算。

法律设置的发展对外经济合作和技术交流的特定地区内,以及国务院已规定执行上述地区特殊政策的地区内新设立的国家需要重点扶持的高新技术企业,可以享受过渡性税收优惠,具体办法由国务院规定。

国家已确定的其他鼓励类企业,可以按照国务院规定享受减免税优惠。

第五十八条　【税收协定】中华人民共和国政府同外国政府订立的有关税收的协定与本法有不同规定的,依照协定的规定办理。

第五十九条　【立法委任】国务院根据本法制定实施条例。

第六十条　【施行日期与旧法废止】本法自2008年1月1日起施行。1991年4月9日第七届全国人民代表大会第四次会议通过的《中华人民共和国外商投资企业和外国企业所得税法》和1993年12月13日国务院发布的《中华人民共和国企业所得税暂行条例》同时废止。

中华人民共和国增值税暂行条例

1. 1993年12月13日国务院令第134号公布
2. 2008年11月10日国务院令第538号第一次修订
3. 根据2016年2月6日国务院令第666号《关于修改部分行政法规的决定》第二次修订
4. 根据2017年11月19日国务院令第691号《关于废止〈中华人民共和国营业税暂行条例〉和修改〈中华人民共和国增值税暂行条例〉的决定》第三次修订

第一条　在中华人民共和国境内销售货物或者加工、修理修配劳务(以下简称劳务),销售服务、无形资产、不动产以及进口货物的单位和个人,为增值税的纳税人,应当依照本条例缴纳增值税。

第二条　增值税税率:

(一)纳税人销售货物、劳务、有形动产租赁服务或者进口货物,除本条第二项、第四项、第五项另有规定外,税率为17%。

(二)纳税人销售交通运输、邮政、基础电信、建筑、不动产租赁服务,销售不动产,转让土地使用权,销售或者进口下列货物,税率为11%:

1. 粮食等农产品、食用植物油、食用盐;
2. 自来水、暖气、冷气、热水、煤气、石油液化气、天然气、二甲醚、沼气、居民用煤炭制品;
3. 图书、报纸、杂志、音像制品、电子出版物;
4. 饲料、化肥、农药、农机、农膜;
5. 国务院规定的其他货物。

(三)纳税人销售服务、无形资产,除本条第一项、第二项、第五项另有规定外,税率为6%。

(四)纳税人出口货物,税率为零;但是,国务院另有规定的除外。

(五)境内单位和个人跨境销售国务院规定范围内的服务、无形资产,税率为零。

税率的调整,由国务院决定。

第三条　纳税人兼营不同税率的项目,应当分别核算不同税率项目的销售额;未分别核算销售额的,从高适用税率。

第四条　除本条例第十一条规定外,纳税人销售货物、劳务、服务、无形资产、不动产(以下统称应税销售行为),应纳税额为当期销项税额抵扣当期进项税额后的余额。应纳税额计算公式:

应纳税额 = 当期销项税额 - 当期进项税额

当期销项税额小于当期进项税额不足抵扣时,其不足部分可以结转下期继续抵扣。

第五条　纳税人发生应税销售行为,按照销售额和本条例第

二条规定的税率计算收取的增值税额,为销项税额。销项税额计算公式:

销项税额=销售额×税率

第六条 销售额为纳税人发生应税销售行为收取的全部价款和价外费用,但是不包括收取的销项税额。

销售额以人民币计算。纳税人以人民币以外的货币结算销售额的,应当折合成人民币计算。

第七条 纳税人发生应税销售行为的价格明显偏低并无正当理由的,由主管税务机关核定其销售额。

第八条 纳税人购进货物、劳务、服务、无形资产、不动产支付或者负担的增值税额,为进项税额。

下列进项税额准予从销项税额中抵扣:

(一)从销售方取得的增值税专用发票上注明的增值税额。

(二)从海关取得的海关进口增值税专用缴款书上注明的增值税额。

(三)购进农产品,除取得增值税专用发票或者海关进口增值税专用缴款书外,按照农产品收购发票或者销售发票上注明的农产品买价和11%的扣除率计算的进项税额,国务院另有规定的除外。进项税额计算公式:

进项税额=买价×扣除率

(四)自境外单位或者个人购进劳务、服务、无形资产或者境内的不动产,从税务机关或者扣缴义务人取得的代扣代缴税款的完税凭证上注明的增值税额。

准予抵扣的项目和扣除率的调整,由国务院决定。

第九条 纳税人购进货物、劳务、服务、无形资产、不动产,取得的增值税扣税凭证不符合法律、行政法规或者国务院税务主管部门有关规定的,其进项税额不得从销项税额中抵扣。

第十条 下列项目的进项税额不得从销项税额中抵扣:

(一)用于简易计税方法计税项目、免征增值税项目、集体福利或者个人消费的购进货物、劳务、服务、无形资产和不动产;

(二)非正常损失的购进货物,以及相关的劳务和交通运输服务;

(三)非正常损失的在产品、产成品所耗用的购进货物(不包括固定资产)、劳务和交通运输服务;

(四)国务院规定的其他项目。

第十一条 小规模纳税人发生应税销售行为,实行按照销售额和征收率计算应纳税额的简易办法,并不得抵扣进项税额。应纳税额计算公式:

应纳税额=销售额×征收率

小规模纳税人的标准由国务院财政、税务主管部门规定。

第十二条 小规模纳税人增值税征收率为3%,国务院另有规定的除外。

征收率的调整,由国务院决定。

第十三条 小规模纳税人以外的纳税人应当向主管税务机关办理登记。具体登记办法由国务院税务主管部门制定。

小规模纳税人会计核算健全,能够提供准确税务资料的,可以向主管税务机关办理登记,不作为小规模纳税人,依照本条例有关规定计算应纳税额。

第十四条 纳税人进口货物,按照组成计税价格和本条例第二条规定的税率计算应纳税额。组成计税价格和应纳税额计算公式:

组成计税价格=关税完税价格+关税+消费税

应纳税额=组成计税价格×税率

第十五条 下列项目免征增值税:

(一)农业生产者销售的自产农产品;

(二)避孕药品和用具;

(三)古旧图书;

(四)直接用于科学研究、科学试验和教学的进口仪器、设备;

(五)外国政府、国际组织无偿援助的进口物资和设备;

(六)由残疾人的组织直接进口供残疾人专用的物品;

(七)销售的自己使用过的物品。

除前款规定外,增值税的免税、减税项目由国务院规定。任何地区、部门均不得规定免税、减税项目。

第十六条 纳税人兼营免税、减税项目的,应当分别核算免税、减税项目的销售额;未分别核算销售额的,不得免税、减税。

第十七条 纳税人销售额未达到国务院财政、税务主管部门规定的增值税起征点的,免征增值税;达到起征点的,依照本条例规定全额计算缴纳增值税。

第十八条 中华人民共和国境外的单位或者个人在境内销售劳务,在境内未设有经营机构的,以其境内代理人为扣缴义务人;在境内没有代理人的,以购买方为扣缴义务人。

第十九条 增值税纳税义务发生时间:

(一)发生应税销售行为,为收讫销售款项或者取得索取销售款项凭据的当天;先开具发票的,为开具发票的当天。

(二)进口货物,为报关进口的当天。

增值税扣缴义务发生时间为纳税人增值税纳税义务发生的当天。

第二十条 增值税由税务机关征收,进口货物的增值税由海关代征。

个人携带或者邮寄进境自用物品的增值税,连同关税一并计征。具体办法由国务院关税税则委员会会同有关部门制定。

第二十一条 纳税人发生应税销售行为,应当向索取增值税专用发票的购买方开具增值税专用发票,并在增值税专用发票上分别注明销售额和销项税额。

属于下列情形之一的,不得开具增值税专用发票:

（一）应税销售行为的购买方为消费者个人的；

（二）发生应税销售行为适用免税规定的。

第二十二条 增值税纳税地点：

（一）固定业户应当向其机构所在地的主管税务机关申报纳税。总机构和分支机构不在同一县（市）的，应当分别向各自所在地的主管税务机关申报纳税；经国务院财政、税务主管部门或者其授权的财政、税务机关批准，可以由总机构汇总向总机构所在地的主管税务机关申报纳税。

（二）固定业户到外县（市）销售货物或者劳务，应当向其机构所在地的主管税务机关报告外出经营事项，并向其机构所在地的主管税务机关申报纳税；未报告的，应当向销售地或者劳务发生地的主管税务机关申报纳税；未向销售地或者劳务发生地的主管税务机关申报纳税的，由其机构所在地的主管税务机关补征税款。

（三）非固定业户销售货物或者劳务，应当向销售地或者劳务发生地的主管税务机关申报纳税；未向销售地或者劳务发生地的主管税务机关申报纳税的，由其机构所在地或者居住地的主管税务机关补征税款。

（四）进口货物，应当向报关地海关申报纳税。

扣缴义务人应当向其机构所在地或者居住地的主管税务机关申报缴纳其扣缴的税款。

第二十三条 增值税的纳税期限分别为1日、3日、5日、10日、15日、1个月或者1个季度。纳税人的具体纳税期限，由主管税务机关根据纳税人应纳税额的大小分别核定；不能按照固定期限纳税的，可以按次纳税。

纳税人以1个月或者1个季度为1个纳税期的，自期满之日起15日内申报纳税；以1日、3日、5日、10日或者15日为1个纳税期的，自期满之日起5日内预缴税款，于次月1日起15日内申报纳税并结清上月应纳税款。

扣缴义务人解缴税款的期限，依照前两款规定执行。

第二十四条 纳税人进口货物，应当自海关填发海关进口增值税专用缴款书之日起15日内缴纳税款。

第二十五条 纳税人出口货物适用退（免）税规定的，应当向海关办理出口手续，凭出口报关单等有关凭证，在规定的出口退（免）税申报期内按月向主管税务机关申报办理该项出口货物的退（免）税；境内单位和个人跨境销售服务和无形资产适用退（免）税规定的，应当按期向主管税务机关申报办理退（免）税。具体办法由国务院财政、税务主管部门制定。

出口货物办理退税后发生退货或者退关的，纳税人应当依法补缴已退的税款。

第二十六条 增值税的征收管理，依照《中华人民共和国税收征收管理法》及本条例有关规定执行。

第二十七条 纳税人缴纳增值税的有关事项，国务院或者国务院财政、税务主管部门经国务院同意另有规定的，依照其规定。

第二十八条 本条例自2009年1月1日起施行。

中华人民共和国消费税暂行条例

1. 1993年12月13日国务院令第135号公布

2. 2008年11月10日国务院令第539号修订

3. 自2009年1月1日起施行

第一条 在中华人民共和国境内生产、委托加工和进口本条例规定的消费品的单位和个人，以及国务院确定的销售本条例规定的消费品的其他单位和个人，为消费税的纳税人，应当依照本条例缴纳消费税。

第二条 消费税的税目、税率，依照本条例所附的《消费税税目税率表》执行。

消费税税目、税率的调整，由国务院决定。

第三条 纳税人兼营不同税率的应当缴纳消费税的消费品（以下简称应税消费品），应当分别核算不同税率应税消费品的销售额、销售数量；未分别核算销售额、销售数量，或者将不同税率的应税消费品组成成套消费品销售的，从高适用税率。

第四条 纳税人生产的应税消费品，于纳税人销售时纳税。纳税人自产自用的应税消费品，用于连续生产应税消费品的，不纳税；用于其他方面的，于移送使用时纳税。

委托加工的应税消费品，除受托方为个人外，由受托方在向委托方交货时代收代缴税款。委托加工的应税消费品，委托方用于连续生产应税消费品的，所纳税款准予按规定抵扣。

进口的应税消费品，于报关进口时纳税。

第五条 消费税实行从价定率、从量定额，或者从价定率和从量定额复合计税（以下简称复合计税）的办法计算应纳税额。应纳税额计算公式：

实行从价定率办法计算的应纳税额 = 销售额 × 比例税率

实行从量定额办法计算的应纳税额 = 销售数量 × 定额税率

实行复合计税办法计算的应纳税额 = 销售额 × 比例税率 + 销售数量 × 定额税率

纳税人销售的应税消费品，以人民币计算销售额。纳税人以人民币以外的货币结算销售额的，应当折合成人民币计算。

第六条 销售额为纳税人销售应税消费品向购买方收取的全部价款和价外费用。

第七条 纳税人自产自用的应税消费品，按照纳税人生产的同类消费品的销售价格计算纳税；没有同类消费品销售价格的，按照组成计税价格计算纳税。

实行从价定率办法计算纳税的组成计税价格计算公式：

组成计税价格 =（成本 + 利润）÷（1 − 比例税率）

实行复合计税办法计算纳税的组成计税价格计算公式：

组成计税价格＝(成本＋利润＋自产自用数量×定额税率)÷(1－比例税率)

第八条 委托加工的应税消费品，按照受托方的同类消费品的销售价格计算纳税；没有同类消费品销售价格的，按照组成计税价格计算纳税。

实行从价定率办法计算纳税的组成计税价格计算公式：

组成计税价格＝(材料成本＋加工费)÷(1－比例税率)

实行复合计税办法计算纳税的组成计税价格计算公式：

组成计税价格＝(材料成本＋加工费＋委托加工数量×定额税率)÷(1－比例税率)

第九条 进口的应税消费品，按照组成计税价格计算纳税。

实行从价定率办法计算纳税的组成计税价格计算公式：

组成计税价格＝(关税完税价格＋关税)÷(1－消费税比例税率)

实行复合计税办法计算纳税的组成计税价格计算公式：

组成计税价格＝(关税完税价格＋关税＋进口数量×消费税定额税率)÷(1－消费税比例税率)

第十条 纳税人应税消费品的计税价格明显偏低并无正当理由的，由主管税务机关核定其计税价格。

第十一条 对纳税人出口应税消费品，免征消费税；国务院另有规定的除外。出口应税消费品的免税办法，由国务院财政、税务主管部门规定。

第十二条 消费税由税务机关征收，进口的应税消费品的消费税由海关代征。

个人携带或者邮寄进境的应税消费品的消费税，连同关税一并计征。具体办法由国务院关税税则委员会会同有关部门制定。

第十三条 纳税人销售的应税消费品，以及自产自用的应税消费品，除国务院财政、税务主管部门另有规定外，应当向纳税人机构所在地或者居住地的主管税务机关申报纳税。

委托加工的应税消费品，除受托方为个人外，由受托方向机构所在地或者居住地的主管税务机关解缴消费税税款。

进口的应税消费品，应当向报关地海关申报纳税。

第十四条 消费税的纳税期限分别为1日、3日、5日、10日、15日、1个月或者1个季度。纳税人的具体纳税期限，由主管税务机关根据纳税人应纳税额的大小分别核定；不能按照固定期限纳税的，可以按次纳税。

纳税人以1个月或者1个季度为1个纳税期的，自期满之日起15日内申报纳税；以1日、3日、5日、10日或者15日为1个纳税期的，自期满之日起5日内预缴税款，于次月1日起15日内申报纳税并结清上月应纳税款。

第十五条 纳税人进口应税消费品，应当自海关填发海关进口消费税专用缴款书之日起15日内缴纳税款。

第十六条 消费税的征收管理，依照《中华人民共和国税收征收管理法》及本条例有关规定执行。

第十七条 本条例自2009年1月1日起施行。

附：消费税税目税率表(略)

中华人民共和国税收征收管理法

1. 1992年9月4日第七届全国人民代表大会常务委员会第二十七次会议通过

2. 根据1995年2月28日第八届全国人民代表大会常务委员会第十二次会议《关于修改〈中华人民共和国税收征收管理法〉的决定》第一次修正

3. 2001年4月28日第九届全国人民代表大会常务委员会第二十一次会议修订

4. 根据2013年6月29日第十二届全国人民代表大会常务委员会第三次会议《关于修改〈中华人民共和国文物保护法〉等十二部法律的决定》第二次修正

5. 根据2015年4月24日第十二届全国人民代表大会常务委员会第十四次会议《关于修改〈中华人民共和国港口法〉等七部法律的决定》第三次修正

目　录

第一章　总　　则

第一条 【立法目的】为了加强税收征收管理，规范税收征收和缴纳行为，保障国家税收收入，保护纳税人的合法权益，促进经济和社会发展，制定本法。

第二条 【适用范围】凡依法由税务机关征收的各种税收的征收管理，均适用本法。

第三条 【法律适用】税收的开征、停征以及减税、免税、退税、补税，依照法律的规定执行；法律授权国务院规定的，依照国务院制定的行政法规的规定执行。

任何机关、单位和个人不得违反法律、行政法规的规定，擅自作出税收开征、停征以及减税、免税、退税、补税和其他同税收法律、行政法规相抵触的决定。

第四条 【纳税人】法律、行政法规规定负有纳税义务的单位和个人为纳税人。

法律、行政法规规定负有代扣代缴、代收代缴税款义务的单位和个人为扣缴义务人。

纳税人、扣缴义务人必须依照法律、行政法规的规定缴纳税款、代扣代缴、代收代缴税款。

第五条 【税务主管】国务院税务主管部门主管全国税收征收管理工作。各地国家税务局和地方税务局应当按照国务院规定的税收征收管理范围分别进行征收管理。

地方各级人民政府应当依法加强对本行政区域内税收征收管理工作的领导或者协调,支持税务机关依法执行职务,依照法定税率计算税额,依法征收税款。

各有关部门和单位应当支持、协助税务机关依法执行职务。

税务机关依法执行职务,任何单位和个人不得阻挠。

第六条 【信息】国家有计划地用现代信息技术装备各级税务机关,加强税收征收管理信息系统的现代化建设,建立、健全税务机关与政府其他管理机关的信息共享制度。

纳税人、扣缴义务人和其他有关单位应当按照国家有关规定如实向税务机关提供与纳税和代扣代缴、代收代缴税款有关的信息。

第七条 【税务宣传与咨询】税务机关应当广泛宣传税收法律、行政法规,普及纳税知识,无偿地为纳税人提供纳税咨询服务。

第八条 【纳税人和扣缴义务人的权利】纳税人、扣缴义务人有权向税务机关了解国家税收法律、行政法规的规定以及与纳税程序有关的情况。

纳税人、扣缴义务人有权要求税务机关为纳税人、扣缴义务人的情况保密。税务机关应当依法为纳税人、扣缴义务人的情况保密。

纳税人依法享有申请减税、免税、退税的权利。

纳税人、扣缴义务人对税务机关所作出的决定,享有陈述权、申辩权;依法享有申请行政复议、提起行政诉讼、请求国家赔偿等权利。

纳税人、扣缴义务人有权控告和检举税务机关、税务人员的违法违纪行为。

第九条 【税务机关与人员的职责】税务机关应当加强队伍建设,提高税务人员的政治业务素质。

税务机关、税务人员必须秉公执法,忠于职守,清正廉洁,礼貌待人,文明服务,尊重和保护纳税人、扣缴义务人的权利,依法接受监督。

税务人员不得索贿受贿、徇私舞弊、玩忽职守、不征或者少征应征税款;不得滥用职权多征税款或者故意刁难纳税人和扣缴义务人。

第十条 【税务机关的管理制度】各级税务机关应当建立、健全内部制约和监督管理制度。

上级税务机关应当对下级税务机关的执法活动依法进行监督。

各级税务机关应当对其工作人员执行法律、行政法规和廉洁自律准则的情况进行监督检查。

第十一条 【职责及相互关系】税务机关负责征收、管理、稽查、行政复议的人员的职责应当明确,并相互分离、相互制约。

第十二条 【回避】税务人员征收税款和查处税收违法案件,与纳税人、扣缴义务人或者税收违法案件有利害关系的,应当回避。

第十三条 【检举】任何单位和个人都有权检举违反税收法律、行政法规的行为。收到检举的机关和负责查处的机关应当为检举人保密。税务机关应当按照规定对检举人给予奖励。

第十四条 【税务机关】本法所称税务机关是指各级税务局、税务分局、税务所和按照国务院规定设立的并向社会公告的税务机构。

第二章 税务管理

第一节 税务登记

第十五条 【税务登记】企业,企业在外地设立的分支机构和从事生产、经营的场所,个体工商户和从事生产、经营的事业单位(以下统称从事生产、经营的纳税人)自领取营业执照之日起三十日内,持有关证件,向税务机关申报办理税务登记。税务机关应当于收到申报的当日办理登记并发给税务登记证件。

工商行政管理机关应当将办理登记注册、核发营业执照的情况,定期向税务机关通报。

本条第一款规定以外的纳税人办理税务登记和扣缴义务人办理扣缴税款登记的范围和办法,由国务院规定。

第十六条 【变更登记与注销登记】从事生产、经营的纳税人,税务登记内容发生变化的,自工商行政管理机关办理变更登记之日起三十日内或者在向工商行政管理机关申请办理注销登记之前,持有关证件向税务机关申报办理变更或者注销税务登记。

第十七条 【帐户帐号】从事生产、经营的纳税人应当按照国家有关规定,持税务登记证件,在银行或者其他金融机构开立基本存款帐户和其他存款帐户,并将其全部帐号向税务机关报告。

银行和其他金融机构应当在从事生产、经营的纳税人的帐户中登录税务登记证件号码,并在税务登记证件中登录从事生产、经营的纳税人的帐户帐号。

税务机关依法查询从事生产、经营的纳税人开立帐户的情况时,有关银行和其他金融机构应当予以协助。

第十八条 【税务登记证件】纳税人按照国务院税务主管部门的规定使用税务登记证件。税务登记证件不得转借、涂改、损毁、买卖或者伪造。

第二节 帐簿、凭证管理

第十九条 【帐簿】纳税人、扣缴义务人按照有关法律、行政法规和国务院财政、税务主管部门的规定设置帐簿,根据合法、有效凭证记帐,进行核算。

第二十条 【财务、会计制度或者财务、会计处理办法】从事生产、经营的纳税人的财务、会计制度或者财务、会计处理办法和会计核算软件,应当报送税务机关备案。

纳税人、扣缴义务人的财务、会计制度或者财务、会计处理办法与国务院或者国务院财政、税务主管部门有关税收的规定抵触的,依照国务院或者国务院财政、税务主管部门有关税收的规定计算应纳税款、代扣代缴和代收代缴税款。

第二十一条 【发票】税务机关是发票的主管机关,负责发票印制、领购、开具、取得、保管、缴销的管理和监督。

单位、个人在购销商品、提供或者接受经营服务以及从事其他经营活动中,应当按照规定开具、使用、取得发票。

发票的管理办法由国务院规定。

第二十二条 【发票的印制】增值税专用发票由国务院税务主管部门指定的企业印制;其他发票,按照国务院税务主管部门的规定,分别由省、自治区、直辖市国家税务局、地方税务局指定企业印制。

未经前款规定的税务机关指定,不得印制发票。

第二十三条 【税控装置】国家根据税收征收管理的需要,积极推广使用税控装置。纳税人应当按照规定安装、使用税控装置,不得损毁或者擅自改动税控装置。

第二十四条 【资料保管】从事生产、经营的纳税人、扣缴义务人必须按照国务院财政、税务主管部门规定的保管期限保管帐簿、记帐凭证、完税凭证及其他有关资料。

帐簿、记帐凭证、完税凭证及其他有关资料不得伪造、变造或者擅自损毁。

第三节 纳 税 申 报

第二十五条 【申报】纳税人必须依照法律、行政法规规定或者税务机关依照法律、行政法规的规定确定的申报期限、申报内容如实办理纳税申报,报送纳税申报表、财务会计报表以及税务机关根据实际需要要求纳税人报送的其他纳税资料。

扣缴义务人必须依照法律、行政法规规定或者税务机关依照法律、行政法规的规定确定的申报期限、申报内容如实报送代扣代缴、代收代缴税款报告表以及税务机关根据实际需要要求扣缴义务人报送的其他有关资料。

第二十六条 【申报方式】纳税人、扣缴义务人可以直接到税务机关办理纳税申报或者报送代扣代缴、代收代缴税款报告表,也可以按照规定采取邮寄、数据电文或者其他方式办理上述申报、报送事项。

第二十七条 【延期申报】纳税人、扣缴义务人不能按期办理纳税申报或者报送代扣代缴、代收代缴税款报告表的,经税务机关核准,可以延期申报。

经核准延期办理前款规定的申报、报送事项的,应当在纳税期内按照上期实际缴纳的税额或者税务机关核定的税额预缴税款,并在核准的延期内办理税款结算。

第三章 税 款 征 收

第二十八条 【依法征税】税务机关依照法律、行政法规的规定征收税款,不得违反法律、行政法规的规定开征、停征、多征、少征、提前征收、延缓征收或者摊派税款。

农业税应纳税额按照法律、行政法规的规定核定。

第二十九条 【税款征收权】除税务机关、税务人员以及经税务机关依照法律、行政法规委托的单位和人员外,任何单位和个人不得进行税款征收活动。

第三十条 【扣缴义务人】扣缴义务人依照法律、行政法规的规定履行代扣、代收税款的义务。对法律、行政法规没有规定负有代扣、代收税款义务的单位和个人,税务机关不得要求其履行代扣、代收税款义务。

扣缴义务人依法履行代扣、代收税款义务时,纳税人不得拒绝。纳税人拒绝的,扣缴义务人应当及时报告税务机关处理。

税务机关按照规定付给扣缴义务人代扣、代收手续费。

第三十一条 【缴纳与解缴期限】纳税人、扣缴义务人按照法律、行政法规规定或者税务机关依照法律、行政法规的规定确定的期限,缴纳或者解缴税款。

纳税人因有特殊困难,不能按期缴纳税款的,经省、自治区、直辖市国家税务局、地方税务局批准,可以延期缴纳税款,但是最长不得超过三个月。

第三十二条 【滞纳税款】纳税人未按照规定期限缴纳税款的,扣缴义务人未按照规定期限解缴税款的,税务机关除责令限期缴纳外,从滞纳税款之日起,按日加收滞纳税款万分之五的滞纳金。

第三十三条 【减免税】纳税人依照法律、行政法规的规定办理减税、免税。

地方各级人民政府、各级人民政府主管部门、单位和个人违反法律、行政法规规定,擅自作出的减税、免税决定无效,税务机关不得执行,并向上级税务机关报告。

第三十四条 【完税凭证】税务机关征收税款时,必须给纳税人开具完税凭证。扣缴义务人代扣、代收税款时,纳税人要求扣缴义务人开具代扣、代收税款凭证的,扣缴义务人应当开具。

第三十五条 【核定税额】纳税人有下列情形之一的,税务机关有权核定其应纳税额:

(一)依照法律、行政法规的规定可以不设置帐簿的;

(二)依照法律、行政法规的规定应当设置帐簿但未设置的;

(三)擅自销毁帐簿或者拒不提供纳税资料的;

(四)虽设置帐簿,但帐目混乱或者成本资料、收入凭

证、费用凭证残缺不全,难以查帐的;

(五)发生纳税义务,未按照规定的期限办理纳税申报,经税务机关责令限期申报,逾期仍不申报的;

(六)纳税人申报的计税依据明显偏低,又无正当理由的。

税务机关核定应纳税额的具体程序和方法由国务院税务主管部门规定。

第三十六条 【合理调整】企业或者外国企业在中国境内设立的从事生产、经营的机构、场所与其关联企业之间的业务往来,应当按照独立企业之间的业务往来收取或者支付价款、费用;不按照独立企业之间的业务往来收取或者支付价款、费用,而减少其应纳税的收入或者所得额的,税务机关有权进行合理调整。

第三十七条 【税务扣押】对未按照规定办理税务登记的从事生产、经营的纳税人以及临时从事经营的纳税人,由税务机关核定其应纳税额,责令缴纳;不缴纳的,税务机关可以扣押其价值相当于应纳税款的商品、货物。扣押后缴纳应纳税款的,税务机关必须立即解除扣押,并归还所扣押的商品、货物;扣押后仍不缴纳应纳税款的,经县以上税务局(分局)局长批准,依法拍卖或者变卖所扣押的商品、货物,以拍卖或者变卖所得抵缴税款。

第三十八条 【限期缴纳、纳税担保与税收保全】税务机关有根据认为从事生产、经营的纳税人有逃避纳税义务行为的,可以在规定的纳税期之前,责令限期缴纳应纳税款;在限期内发现纳税人有明显的转移、隐匿其应纳税的商品、货物以及其他财产或者应纳税的收入的迹象的,税务机关可以责成纳税人提供纳税担保。如果纳税人不能提供纳税担保,经县以上税务局(分局)局长批准,税务机关可以采取下列税收保全措施:

(一)书面通知纳税人开户银行或者其他金融机构冻结纳税人的金额相当于应纳税款的存款;

(二)扣押、查封纳税人的价值相当于应纳税款的商品、货物或者其他财产。

纳税人在前款规定的限期内缴纳税款的,税务机关必须立即解除税收保全措施;限期期满仍未缴纳税款的,经县以上税务局(分局)局长批准,税务机关可以书面通知纳税人开户银行或者其他金融机构从其冻结的存款中扣缴税款,或者依法拍卖或者变卖所扣押、查封的商品、货物或者其他财产,以拍卖或者变卖所得抵缴税款。

个人及其所扶养家属维持生活必需的住房和用品,不在税收保全措施的范围之内。

第三十九条 【税务赔偿】纳税人在限期内已缴纳税款,税务机关未立即解除税收保全措施,使纳税人的合法利益遭受损失的,税务机关应当承担赔偿责任。

第四十条 【强制执行措施】从事生产、经营的纳税人、扣缴义务人未按照规定的期限缴纳或者解缴税款,纳税担保人未按照规定的期限缴纳所担保的税款,由税务机关责令限期缴纳,逾期仍未缴纳的,经县以上税务局(分局)局长批准,税务机关可以采取下列强制执行措施:

(一)书面通知其开户银行或者其他金融机构从其存款中扣缴税款;

(二)扣押、查封、依法拍卖或者变卖其价值相当于应纳税款的商品、货物或者其他财产,以拍卖或者变卖所得抵缴税款。

税务机关采取强制执行措施时,对前款所列纳税人、扣缴义务人、纳税担保人未缴纳的滞纳金同时强制执行。

个人及其所扶养家属维持生活必需的住房和用品,不在强制执行措施的范围之内。

第四十一条 【保全措施与强制执行措施权力的行使】本法第三十七条、第三十八条、第四十条规定的采取税收保全措施、强制执行措施的权力,不得由法定的税务机关以外的单位和个人行使。

第四十二条 【措施的依法采取】税务机关采取税收保全措施和强制执行措施必须依照法定权限和法定程序,不得查封、扣押纳税人个人及其所扶养家属维持生活必需的住房和用品。

第四十三条 【赔偿责任】税务机关滥用职权违法采取税收保全措施、强制执行措施,或者采取税收保全措施、强制执行措施不当,使纳税人、扣缴义务人或者纳税担保人的合法权益遭受损失的,应当依法承担赔偿责任。

第四十四条 【阻止出境】欠缴税款的纳税人或者他的法定代表人需要出境的,应当在出境前向税务机关结清应纳税款、滞纳金或者提供担保。未结清税款、滞纳金,又不提供担保的,税务机关可以通知出境管理机关阻止其出境。

第四十五条 【税收优先】税务机关征收税款,税收优先于无担保债权,法律另有规定的除外;纳税人欠缴的税款发生在纳税人以其财产设定抵押、质押或者纳税人的财产被留置之前的,税收应当先于抵押权、质权、留置权执行。

纳税人欠缴税款,同时又被行政机关决定处以罚款、没收违法所得的,税收优先于罚款、没收违法所得。

税务机关应当对纳税人欠缴税款的情况定期予以公告。

第四十六条 【欠税情况】纳税人有欠税情形而以其财产设定抵押、质押的,应当向抵押权人、质权人说明其欠税情况。抵押权人、质权人可以请求税务机关提供有关的欠税情况。

第四十七条 【扣押收据与查封清单】税务机关扣押商品、货物或者其他财产时,必须开付收据;查封商品、货物或者其他财产时,必须开付清单。

第四十八条 【纳税人的合并与分立】纳税人有合并、分立情形的,应当向税务机关报告,并依法缴清税款。纳税人合并时未缴清税款的,应当由合并后的纳税人继续履行未履行的纳税义务;纳税人分立时未缴清税款的,分立后的纳税人对未履行的纳税义务应当承担连带责任。

第四十九条　【财产处分报告】欠缴税款数额较大的纳税人在处分其不动产或者大额资产之前,应当向税务机关报告。

第五十条　【代位权与撤销权】欠缴税款的纳税人因怠于行使到期债权,或者放弃到期债权,或者无偿转让财产,或者以明显不合理的低价转让财产而受让人知道该情形,对国家税收造成损害的,税务机关可以依照合同法第七十三条、第七十四条的规定行使代位权、撤销权。

税务机关依照前款规定行使代位权、撤销权的,不免除欠缴税款的纳税人尚未履行的纳税义务和应承担的法律责任。

第五十一条　【税款退还】纳税人超过应纳税额缴纳的税款,税务机关发现后应当立即退还;纳税人自结算缴纳税款之日起三年内发现的,可以向税务机关要求退还多缴的税款并加算银行同期存款利息,税务机关及时查实后应当立即退还;涉及从国库中退库的,依照法律、行政法规有关国库管理的规定退还。

第五十二条　【税款的未缴或者少缴】因税务机关的责任,致使纳税人、扣缴义务人未缴或者少缴税款的,税务机关在三年内可以要求纳税人、扣缴义务人补缴税款,但是不得加收滞纳金。

因纳税人、扣缴义务人计算错误等失误,未缴或者少缴税款的,税务机关在三年内可以追征税款、滞纳金;有特殊情况的,追征期可以延长到五年。

对偷税、抗税、骗税的,税务机关追征其未缴或者少缴的税款、滞纳金或者所骗取的税款,不受前款规定期限的限制。

第五十三条　【税款的入库】国家税务局和地方税务局应当按照国家规定的税收征收管理范围和税款入库预算级次,将征收的税款缴入国库。

对审计机关、财政机关依法查出的税收违法行为,税务机关应当根据有关机关的决定、意见书,依法将应收的税款、滞纳金按照税款入库预算级次缴入国库,并将结果及时回复有关机关。

第四章　税务检查

第五十四条　【税务检查的范围】税务机关有权进行下列税务检查:

(一)检查纳税人的帐簿、记帐凭证、报表和有关资料,检查扣缴义务人代扣代缴、代收代缴税款帐簿、记帐凭证和有关资料;

(二)到纳税人的生产、经营场所和货物存放地检查纳税人应纳税的商品、货物或者其他财产,检查扣缴义务人与代扣代缴、代收代缴税款有关的经营情况;

(三)责成纳税人、扣缴义务人提供与纳税或者代扣代缴、代收代缴税款有关的文件、证明材料和有关资料;

(四)询问纳税人、扣缴义务人与纳税或者代扣代缴、代收代缴税款有关的问题和情况;

(五)到车站、码头、机场、邮政企业及其分支机构检查纳税人托运、邮寄应纳税商品、货物或者其他财产的有关单据、凭证和有关资料;

(六)经县以上税务局(分局)局长批准,凭全国统一格式的检查存款帐户许可证明,查询从事生产、经营的纳税人、扣缴义务人在银行或者其他金融机构的存款帐户。税务机关在调查税收违法案件时,经设区的市、自治州以上税务局(分局)局长批准,可以查询案件涉嫌人员的储蓄存款。税务机关查询所获得的资料,不得用于税收以外的用途。

第五十五条　【税务检查中的税收保全措施和强制执行措施】税务机关对从事生产、经营的纳税人以前纳税期的纳税情况依法进行税务检查时,发现纳税人有逃避纳税义务行为,并有明显的转移、隐匿其应纳税的商品、货物以及其他财产或者应纳税的收入的迹象的,可以按照本法规定的批准权限采取税收保全措施或者强制执行措施。

第五十六条　【接受税务检查】纳税人、扣缴义务人必须接受税务机关依法进行的税务检查,如实反映情况,提供有关资料,不得拒绝、隐瞒。

第五十七条　【税务调查】税务机关依法进行税务检查时,有权向有关单位和个人调查纳税人、扣缴义务人和其他当事人与纳税或者代扣代缴、代收代缴税款有关的情况,有关单位和个人有义务向税务机关如实提供有关资料及证明材料。

第五十八条　【情况和资料处置】税务机关调查税务违法案件时,对与案件有关的情况和资料,可以记录、录音、录像、照相和复制。

第五十九条　【出示证件与通知书】税务机关派出的人员进行税务检查时,应当出示税务检查证和税务检查通知书,并有责任为被检查人保守秘密;未出示税务检查证和税务检查通知书的,被检查人有权拒绝检查。

第五章　法律责任

第六十条　【纳税人的一般法律责任】纳税人有下列行为之一的,由税务机关责令限期改正,可以处二千元以下的罚款;情节严重的,处二千元以上一万元以下的罚款:

(一)未按照规定的期限申报办理税务登记、变更或者注销登记的;

(二)未按照规定设置、保管帐簿或者保管记帐凭证和有关资料的;

(三)未按照规定将财务、会计制度或者财务、会计处理办法和会计核算软件报送税务机关备查的;

(四)未按照规定将其全部银行帐号向税务机关报告的;

(五)未按照规定安装、使用税控装置,或者损毁或者擅自改动税控装置的。

纳税人不办理税务登记的,由税务机关责令限期改正;逾期不改正的,经税务机关提请,由工商行政管理机关吊销其营业执照。

纳税人未按照规定使用税务登记证件，或者转借、涂改、损毁、买卖、伪造税务登记证件的，处二千元以上一万元以下的罚款；情节严重的，处一万元以上五万元以下的罚款。

第六十一条 【扣缴义务人的法律责任】扣缴义务人未按照规定设置、保管代扣代缴、代收代缴税款帐簿或者保管代扣代缴、代收代缴税款记帐凭证及有关资料的，由税务机关责令限期改正，可以处二千元以下的罚款；情节严重的，处二千元以上五千元以下的罚款。

第六十二条 【迟延办理纳税申报和迟延报送纳税资料】纳税人未按照规定的期限办理纳税申报和报送纳税资料的，或者扣缴义务人未按照规定的期限向税务机关报送代扣代缴、代收代缴税款报告表和有关资料的，由税务机关责令限期改正，可以处二千元以下的罚款；情节严重的，可以处二千元以上一万元以下的罚款。

第六十三条 【偷税】纳税人伪造、变造、隐匿、擅自销毁帐簿、记帐凭证，或者在帐簿上多列支出或者不列、少列收入，或者经税务机关通知申报而拒不申报或者进行虚假的纳税申报，不缴或者少缴应纳税款的，是偷税。对纳税人偷税的，由税务机关追缴其不缴或者少缴的税款、滞纳金，并处不缴或者少缴的税款百分之五十以上五倍以下的罚款；构成犯罪的，依法追究刑事责任。

扣缴义务人采取前款所列手段，不缴或者少缴已扣、已收税款，由税务机关追缴其不缴或者少缴的税款、滞纳金，并处不缴或者少缴的税款百分之五十以上五倍以下的罚款；构成犯罪的，依法追究刑事责任。

第六十四条 【编制虚假计税依据与不进行纳税申报等】纳税人、扣缴义务人编造虚假计税依据的，由税务机关责令限期改正，并处五万元以下的罚款。

纳税人不进行纳税申报，不缴或者少缴应纳税款的，由税务机关追缴其不缴或者少缴的税款、滞纳金，并处不缴或者少缴的税款百分之五十以上五倍以下的罚款。

第六十五条 【欠税且转移或隐匿财产的责任】纳税人欠缴应纳税款，采取转移或者隐匿财产的手段，妨碍税务机关追缴欠缴的税款的，由税务机关追缴欠缴的税款、滞纳金，并处欠缴税款百分之五十以上五倍以下的罚款；构成犯罪的，依法追究刑事责任。

第六十六条 【骗取出口退税款】以假报出口或者其他欺骗手段，骗取国家出口退税款的，由税务机关追缴其骗取的退税款，并处骗取税款一倍以上五倍以下的罚款；构成犯罪的，依法追究刑事责任。

对骗取国家出口退税款的，税务机关可以在规定期间内停止为其办理出口退税。

第六十七条 【抗税】以暴力、威胁方法拒不缴纳税款的，是抗税，除由税务机关追缴其拒缴的税款、滞纳金外，依法追究刑事责任。情节轻微，未构成犯罪的，由税务机关追缴其拒缴的税款、滞纳金，并处拒缴税款一倍以上五倍以下的罚款。

第六十八条 【逾期缴纳者的责任】纳税人、扣缴义务人在规定期限内不缴或者少缴应纳或者应解缴的税款，经税务机关责令限期缴纳，逾期仍未缴纳的，税务机关除依照本法第四十条的规定采取强制执行措施追缴其不缴或者少缴的税款外，可以处不缴或者少缴的税款百分之五十以上五倍以下的罚款。

第六十九条 【扣缴义务人违反义务的责任】扣缴义务人应扣未扣、应收而不收税款的，由税务机关向纳税人追缴税款，对扣缴义务人处应扣未扣、应收未收税款百分之五十以上三倍以下的罚款。

第七十条 【阻挠税务检查】纳税人、扣缴义务人逃避、拒绝或者以其他方式阻挠税务机关检查的，由税务机关责令改正，可以处一万元以下的罚款；情节严重的，处一万元以上五万元以下的罚款。

第七十一条 【非法印制发票】违反本法第二十二条规定，非法印制发票的，由税务机关销毁非法印制的发票，没收违法所得和作案工具，并处一万元以上五万元以下的罚款；构成犯罪的，依法追究刑事责任。

第七十二条 【收缴发票与停止向其发售发票】从事生产、经营的纳税人、扣缴义务人有本法规定的税收违法行为，拒不接受税务机关处理的，税务机关可以收缴其发票或者停止向其发售发票。

第七十三条 【金融机构拒绝税务检查】纳税人、扣缴义务人的开户银行或者其他金融机构拒绝接受税务机关依法检查纳税人、扣缴义务人存款帐户，或者拒绝执行税务机关作出的冻结存款或者扣缴税款的决定，或者在接到税务机关的书面通知后帮助纳税人、扣缴义务人转移存款，造成税款流失的，由税务机关处十万元以上五十万元以下的罚款，对直接负责的主管人员和其他直接责任人员处一千元以上一万元以下的罚款。

第七十四条 【税务所决定的行政罚款额】本法规定的行政处罚，罚款额在二千元以下的，可以由税务所决定。

第七十五条 【罚没收入的入库】税务机关和司法机关的涉税罚没收入，应当按照税款入库预算级次上缴国库。

第七十六条 【擅改征税范围和入库预算级次的责任】税务机关违反规定擅自改变税收征收管理范围和税款入库预算级次的，责令限期改正，对直接负责的主管人员和其他直接责任人员依法给予降级或者撤职的行政处分。

第七十七条 【涉嫌税务犯罪】纳税人、扣缴义务人有本法第六十三条、第六十五条、第六十六条、第六十七条、第七十一条规定的行为涉嫌犯罪的，税务机关应当依法移交司法机关追究刑事责任。

税务人员徇私舞弊，对依法应当移交司法机关追究刑事责任的不移交，情节严重的，依法追究刑事责任。

第七十八条 【未经税务机关依法委托征收税款的责任】未经税务机关依法委托征收税款的，责令退还收取的财物，依法给予行政处分或者行政处罚;致使他人合法权益受到损失的,依法承担赔偿责任;构成犯罪的,依法追究刑事责任。

第七十九条 【**查封、扣押个人及其所扶养家属维持生活必需的住房和用品者的责任**】税务机关、税务人员查封、扣押纳税人个人及其所扶养家属维持生活必需的住房和用品的,责令退还,依法给予行政处分;构成犯罪的,依法追究刑事责任。

第八十条 【**税务人员与纳税人和扣缴义务人相勾结的违法与犯罪**】税务人员与纳税人、扣缴义务人勾结,唆使或者协助纳税人、扣缴义务人有本法第六十三条、第六十五条、第六十六条规定的行为,构成犯罪的,依法追究刑事责任;尚不构成犯罪的,依法给予行政处分。

第八十一条 【**受贿或索贿**】税务人员利用职务上的便利,收受或者索取纳税人、扣缴义务人财物或者谋取其他不正当利益,构成犯罪的,依法追究刑事责任;尚不构成犯罪的,依法给予行政处分。

第八十二条 【**税务人员的徇私舞弊或玩忽职守等**】税务人员徇私舞弊或者玩忽职守,不征或者少征应征税款,致使国家税收遭受重大损失,构成犯罪的,依法追究刑事责任;尚不构成犯罪的,依法给予行政处分。

税务人员滥用职权,故意刁难纳税人、扣缴义务人的,调离税收工作岗位,并依法给予行政处分。

税务人员对控告、检举税收违法违纪行为的纳税人、扣缴义务人以及其他检举人进行打击报复的,依法给予行政处分;构成犯罪的,依法追究刑事责任。

税务人员违反法律、行政法规的规定,故意高估或者低估农业税计税产量,致使多征或者少征税款,侵犯农民合法权益或者损害国家利益,构成犯罪的,依法追究刑事责任;尚不构成犯罪的,依法给予行政处分。

第八十三条 【**提前征收、延缓征收与摊派税款**】违反法律、行政法规的规定提前征收、延缓征收或者摊派税款的,由其上级机关或者行政监察机关责令改正,对直接负责的主管人员和其他直接责任人员依法给予行政处分。

第八十四条 【**违法的税收决定**】违反法律、行政法规的规定,擅自作出税收的开征、停征或者减税、免税、退税、补税以及其他同税收法律、行政法规相抵触的决定的,除依照本法规定撤销其擅自作出的决定外,补征应征未征税款,退还不应征收而征收的税款,并由上级机关追究直接负责的主管人员和其他直接责任人员的行政责任;构成犯罪的,依法追究刑事责任。

第八十五条 【**未依法回避**】税务人员在征收税款或者查处税收违法案件时,未按照本法规定进行回避的,对直接负责的主管人员和其他直接责任人员,依法给予行政处分。

第八十六条 【**未被发现的应受行政处罚的税收违法行为**】违反税收法律、行政法规应当给予行政处罚的行为,在五年内未被发现的,不再给予行政处罚。

第八十七条 【**违反保密规定的责任**】未按照本法规定为纳税人、扣缴义务人、检举人保密的,对直接负责的主管人员和其他直接责任人员,由所在单位或者有关单位依法给予行政处分。

第八十八条 【**纳税争议**】纳税人、扣缴义务人、纳税担保人同税务机关在纳税上发生争议时,必须先依照税务机关的纳税决定缴纳或者解缴税款及滞纳金或者提供相应的担保,然后可以依法申请行政复议;对行政复议决定不服的,可以依法向人民法院起诉。

当事人对税务机关的处罚决定、强制执行措施或者税收保全措施不服的,可以依法申请行政复议,也可以依法向人民法院起诉。

当事人对税务机关的处罚决定逾期不申请行政复议也不向人民法院起诉、又不履行的,作出处罚决定的税务机关可以采取本法第四十条规定的强制执行措施,或者申请人民法院强制执行。

第六章 附 则

第八十九条 【**代办税务事宜**】纳税人、扣缴义务人可以委托税务代理人代为办理税务事宜。

第九十条 【**立法委任**】耕地占用税、契税、农业税、牧业税征收管理的具体办法,由国务院另行制定。

关税及海关代征税收的征收管理,依照法律、行政法规的有关规定执行。

第九十一条 【**国际条约优先**】中华人民共和国同外国缔结的有关税收的条约、协定同本法有不同规定的,依照条约、协定的规定办理。

第九十二条 【**不同规定的法律适用**】本法施行前颁布的税收法律与本法有不同规定的,适用本法规定。

第九十三条 【**实施细则**】国务院根据本法制定实施细则。

第九十四条 【**生效日期**】本法自2001年5月1日起施行。

中华人民共和国发票管理办法

1. 1993年12月12日国务院批准
2. 1993年12月23日财政部令第6号公布
3. 根据2010年12月20日国务院令第587号《关于修改〈中华人民共和国发票管理办法〉的决定》修订

第一章 总 则

第一条 为了加强发票管理和财务监督,保障国家税收收入,维护经济秩序,根据《中华人民共和国税收征收管理法》,制定本办法。

第二条 在中华人民共和国境内印制、领购、开具、取得、保管、缴销发票的单位和个人(以下称印制、使用发票的单位和个人),必须遵守本办法。

第三条 本办法所称发票,是指在购销商品、提供或者接受服务以及从事其他经营活动中,开具、收取的收付款凭证。

第四条 国务院税务主管部门统一负责全国的发票管理工作。省、自治区、直辖市国家税务局和地方税务局(以下统称省、自治区、直辖市税务机关)依据各自的职责,共同做好本行政区域内的发票管理工作。

财政、审计、工商行政管理、公安等有关部门在各自的职责范围内,配合税务机关做好发票管理工作。

第五条 发票的种类、联次、内容以及使用范围由国务院税务主管部门规定。

第六条 对违反发票管理法规的行为,任何单位和个人可以举报。税务机关应当为检举人保密,并酌情给予奖励。

第二章 发票的印制

第七条 增值税专用发票由国务院税务主管部门确定的企业印制;其他发票,按照国务院税务主管部门的规定,由省、自治区、直辖市税务机关确定的企业印制。禁止私自印制、伪造、变造发票。

第八条 印制发票的企业应当具备下列条件:

(一)取得印刷经营许可证和营业执照;

(二)设备、技术水平能够满足印制发票的需要;

(三)有健全的财务制度和严格的质量监督、安全管理、保密制度。

税务机关应当以招标方式确定印制发票的企业,并发给发票准印证。

第九条 印制发票应当使用国务院税务主管部门确定的全国统一的发票防伪专用品。禁止非法制造发票防伪专用品。

第十条 发票应当套印全国统一发票监制章。全国统一发票监制章的式样和发票版面印刷的要求,由国务院税务主管部门规定。发票监制章由省、自治区、直辖市税务机关制作。禁止伪造发票监制章。

发票实行不定期换版制度。

第十一条 印制发票的企业按照税务机关的统一规定,建立发票印制管理制度和保管措施。

发票监制章和发票防伪专用品的使用和管理实行专人负责制度。

第十二条 印制发票的企业必须按照税务机关批准的式样和数量印制发票。

第十三条 发票应当使用中文印制。民族自治地方的发票,可以加印当地一种通用的民族文字。有实际需要的,也可以同时使用中外两种文字印制。

第十四条 各省、自治区、直辖市内的单位和个人使用的发票,除增值税专用发票外,应当在本省、自治区、直辖市内印制;确有必要到外省、自治区、直辖市印制的,应当由省、自治区、直辖市税务机关商印制地省、自治区、直辖市税务机关同意,由印制地省、自治区、直辖市税务机关确定的企业印制。

禁止在境外印制发票。

第三章 发票的领购

第十五条 需要领购发票的单位和个人,应当持税务登记证件、经办人身份证明、按照国务院税务主管部门规定式样制作的发票专用章的印模,向主管税务机关办理发票领购手续。主管税务机关根据领购单位和个人的经营范围和规模,确认领购发票的种类、数量以及领购方式,在5个工作日内发给发票领购簿。

单位和个人领购发票时,应当按照税务机关的规定报告发票使用情况,税务机关应当按照规定进行查验。

第十六条 需要临时使用发票的单位和个人,可以凭购销商品、提供或者接受服务以及从事其他经营活动的书面证明、经办人身份证明,直接向经营地税务机关申请代开发票。依照税收法律、行政法规规定应当缴纳税款的,税务机关应当先征收税款,再开具发票。税务机关根据发票管理的需要,可以按照国务院税务主管部门的规定委托其他单位代开发票。

禁止非法代开发票。

第十七条 临时到本省、自治区、直辖市以外从事经营活动的单位或者个人,应当凭所在地税务机关的证明,向经营地税务机关领购经营地的发票。

临时在本省、自治区、直辖市以内跨市、县从事经营活动领购发票的办法,由省、自治区、直辖市税务机关规定。

第十八条 税务机关对外省、自治区、直辖市来本辖区从事临时经营活动的单位和个人领购发票的,可以要求其提供保证人或者根据所领购发票的票面限额以及数量交纳不超过1万元的保证金,并限期缴销发票。

按期缴销发票的,解除保证人的担保义务或者退还保证金;未按期缴销发票的,由保证人或者以保证金承担法律责任。

税务机关收取保证金应当开具资金往来结算票据。

第四章 发票的开具和保管

第十九条 销售商品、提供服务以及从事其他经营活动的单位和个人,对外发生经营业务收取款项,收款方应当向付款方开具发票;特殊情况下,由付款方向收款方开具发票。

第二十条 所有单位和从事生产、经营活动的个人在购买商品、接受服务以及从事其他经营活动支付款项,应当向收款方取得发票。取得发票时,不得要求变更品名和金额。

第二十一条 不符合规定的发票,不得作为财务报销凭证,任何单位和个人有权拒收。

第二十二条 开具发票应当按照规定的时限、顺序、栏目,全部联次一次性如实开具,并加盖发票专用章。

任何单位和个人不得有下列虚开发票行为:

(一)为他人、为自己开具与实际经营业务情况不符的发票;

(二)让他人为自己开具与实际经营业务情况不符的发票;

(三)介绍他人开具与实际经营业务情况不符的发票。

第二十三条 安装税控装置的单位和个人,应当按照规定使用税控装置开具发票,并按期向主管税务机关报送开具发票的数据。

使用非税控电子器具开具发票的,应当将非税控电子器具使用的软件程序说明资料报主管税务机关备案,并按照规定保存、报送开具发票的数据。

国家推广使用网络发票管理系统开具发票,具体管理办法由国务院税务主管部门制定。

第二十四条　任何单位和个人应当按照发票管理规定使用发票,不得有下列行为:

(一)转借、转让、介绍他人转让发票、发票监制章和发票防伪专用品;

(二)知道或者应当知道是私自印制、伪造、变造、非法取得或者废止的发票而受让、开具、存放、携带、邮寄、运输;

(三)拆本使用发票;

(四)扩大发票使用范围;

(五)以其他凭证代替发票使用。

税务机关应当提供查询发票真伪的便捷渠道。

第二十五条　除国务院税务主管部门规定的特殊情形外,发票限于领购单位和个人在本省、自治区、直辖市内开具。

省、自治区、直辖市税务机关可以规定跨市、县开具发票的办法。

第二十六条　除国务院税务主管部门规定的特殊情形外,任何单位和个人不得跨规定的使用区域携带、邮寄、运输空白发票。

禁止携带、邮寄或者运输空白发票出入境。

第二十七条　开具发票的单位和个人应当建立发票使用登记制度,设置发票登记簿,并定期向主管税务机关报告发票使用情况。

第二十八条　开具发票的单位和个人应当在办理变更或者注销税务登记的同时,办理发票和发票领购簿的变更、缴销手续。

第二十九条　开具发票的单位和个人应当按照税务机关的规定存放和保管发票,不得擅自损毁。已经开具的发票存根联和发票登记簿,应当保存5年。保存期满,报经税务机关查验后销毁。

第五章　发票的检查

第三十条　税务机关在发票管理中有权进行下列检查:

(一)检查印制、领购、开具、取得、保管和缴销发票的情况;

(二)调出发票查验;

(三)查阅、复制与发票有关的凭证、资料;

(四)向当事各方询问与发票有关的问题和情况;

(五)在查处发票案件时,对与案件有关的情况和资料,可以记录、录音、录像、照像和复制。

第三十一条　印制、使用发票的单位和个人,必须接受税务机关依法检查,如实反映情况,提供有关资料,不得拒绝、隐瞒。

税务人员进行检查时,应当出示税务检查证。

第三十二条　税务机关需要将已开具的发票调出查验时,应当向被查验的单位和个人开具发票换票证。发票换票证与所调出查验的发票有同等的效力。被调出查验发票的单位和个人不得拒绝接受。

税务机关需要将空白发票调出查验时,应当开具收据;经查无问题的,应当及时返还。

第三十三条　单位和个人从中国境外取得的与纳税有关的发票或者凭证,税务机关在纳税审查时有疑义的,可以要求其提供境外公证机构或者注册会计师的确认证明,经税务机关审核认可后,方可作为记账核算的凭证。

第三十四条　税务机关在发票检查中需要核对发票存根联与发票联填写情况时,可以向持有发票或者发票存根联的单位发出发票填写情况核对卡,有关单位应当如实填写,按期报回。

第六章　罚　　则

第三十五条　违反本办法的规定,有下列情形之一的,由税务机关责令改正,可以处1万元以下的罚款;有违法所得的予以没收:

(一)应当开具而未开具发票,或者未按照规定的时限、顺序、栏目,全部联次一次性开具发票,或者未加盖发票专用章的;

(二)使用税控装置开具发票,未按期向主管税务机关报送开具发票的数据的;

(三)使用非税控电子器具开具发票,未将非税控电子器具使用的软件程序说明资料报主管税务机关备案,或者未按照规定保存、报送开具发票的数据的;

(四)拆本使用发票的;

(五)扩大发票使用范围的;

(六)以其他凭证代替发票使用的;

(七)跨规定区域开具发票的;

(八)未按照规定缴销发票的;

(九)未按照规定存放和保管发票的。

第三十六条　跨规定的使用区域携带、邮寄、运输空白发票,以及携带、邮寄或者运输空白发票出入境的,由税务机关责令改正,可以处1万元以下的罚款;情节严重的,处1万元以上3万元以下的罚款;有违法所得的予以没收。

丢失发票或者擅自损毁发票的,依照前款规定处罚。

第三十七条　违反本办法第二十二条第二款的规定虚开发票的,由税务机关没收违法所得;虚开金额在1万元以下的,可以并处5万元以下的罚款;虚开金额超过1万元的,并处5万元以上50万元以下的罚款;构成犯罪的,依法追究刑事责任。

非法代开发票的,依照前款规定处罚。

第三十八条　私自印制、伪造、变造发票,非法制造发票防伪专用品，伪造发票监制章的，由税务机关没收违法所得，没收、销毁作案工具和非法物品，并处1万元以上5万元以下的罚款；情节严重的，并处5万元以上50万元以下的罚款；对印制发票的企业，可以并处吊销发票准印证；构成犯罪的，依法追究刑事责任。

前款规定的处罚，《中华人民共和国税收征收管理法》有规定的，依照其规定执行。

第三十九条 有下列情形之一的，由税务机关处1万元以上5万元以下的罚款；情节严重的，处5万元以上50万元以下的罚款；有违法所得的予以没收：

（一）转借、转让、介绍他人转让发票、发票监制章和发票防伪专用品的；

（二）知道或者应当知道是私自印制、伪造、变造、非法取得或者废止的发票而受让、开具、存放、携带、邮寄、运输的。

第四十条 对违反发票管理规定2次以上或者情节严重的单位和个人，税务机关可以向社会公告。

第四十一条 违反发票管理法规，导致其他单位或者个人未缴、少缴或者骗取税款的，由税务机关没收违法所得，可以并处未缴、少缴或者骗取的税款1倍以下的罚款。

第四十二条 当事人对税务机关的处罚决定不服的，可以依法申请行政复议或者向人民法院提起行政诉讼。

第四十三条 税务人员利用职权之便，故意刁难印制、使用发票的单位和个人，或者有违反发票管理法规行为的，依照国家有关规定给予处分；构成犯罪的，依法追究刑事责任。

第七章 附 则

第四十四条 国务院税务主管部门可以根据有关行业特殊的经营方式和业务需求，会同国务院有关主管部门制定该行业的发票管理办法。

国务院税务主管部门可以根据增值税专用发票管理的特殊需要，制定增值税专用发票的具体管理办法。

第四十五条 本办法自发布之日起施行。财政部1986年发布的《全国发票管理暂行办法》和原国家税务局1991年发布的《关于对外商投资企业和外国企业发票管理的暂行规定》同时废止。

3. 金融

现金管理暂行条例

1. 1988年9月8日国务院令第12号公布

2. 根据2011年1月8日国务院令第588号《关于废止和修改部分行政法规的决定》修订

第一章 总 则

第一条 为改善现金管理，促进商品生产和流通，加强对社会经济活动的监督，制定本条例。

第二条 凡在银行和其他金融机构（以下简称开户银行）开立帐户的机关、团体、部队、企业、事业单位和其他单位（以下简称开户单位），必须依照本条例的规定收支和使用现金，接受开户银行的监督。

国家鼓励开户单位和个人在经济活动中，采取转帐方式进行结算，减少使用现金。

第三条 开户单位之间的经济往来，除按本条例规定的范围可以使用现金外，应当通过开户银行进行转帐结算。

第四条 各级人民银行应当严格履行金融主管机关的职责，负责对开户银行的现金管理进行监督和稽核。

开户银行依照本条例和中国人民银行的规定，负责现金管理的具体实施，对开户单位收支、使用现金进行监督管理。

第二章 现金管理和监督

第五条 开户单位可以在下列范围内使用现金：

（一）职工工资、津贴；

（二）个人劳务报酬；

（三）根据国家规定颁发给个人的科学技术、文化艺术、体育等各种奖金；

（四）各种劳保、福利费用以及国家规定的对个人的其他支出；

（五）向个人收购农副产品和其他物资的价款；

（六）出差人员必须随身携带的差旅费；

（七）结算起点以下的零星支出；

（八）中国人民银行确定需要支付现金的其他支出。

前款结算起点定为一千元。结算起点的调整，由中国人民银行确定，报国务院备案。

第六条 除本条例第五条第（五）、（六）项外，开户单位支付给个人的款项，超过使用现金限额的部分，应当以支票或者银行本票支付；确需全额支付现金的，经开户银行审核后，予以支付现金。

前款使用现金限额，按本条例第五条第二款的规定执行。

第七条 转帐结算凭证在经济往来中，具有同现金相同的支付能力。

开户单位在销售活动中，不得对现金结算给予比转帐结算优惠待遇；不得拒收支票、银行汇票和银行本票。

第八条 机关、团体、部队、全民所有制和集体所有制企业事业单位购置国家规定的专项控制商品，必须采取转帐结算方式，不得使用现金。

第九条 开户银行应当根据实际需要，核定开户单位三天至五天的日常零星开支所需的库存现金限额。

边远地区和交通不便地区的开户单位的库存现金限额，可以多于五天，但不得超过十五天的日常零星开支。

第十条 经核定的库存现金限额，开户单位必须严格遵守。

需要增加或者减少库存现金限额的,应当向开户银行提出申请,由开户银行核定。

第十一条 开户单位现金收支应当依照下列规定办理:

(一)开户单位现金收入应当于当日送存开户银行。当日送存确有困难的,由开户银行确定送存时间;

(二)开户单位支付现金,可以从本单位库存现金限额中支付或者从开户银行提取,不得从本单位的现金收入中直接支付(即坐支)。因特殊情况需要坐支现金的,应当事先报经开户银行审查批准,由开户银行核定坐支范围和限额。坐支单位应当定期向开户银行报送坐支金额和使用情况;

(三)开户单位根据本条例第五条和第六条的规定,从开户银行提取现金,应当写明用途,由本单位财会部门负责人签字盖章,经开户银行审核后,予以支付现金;

(四)因采购地点不固定,交通不便,生产或者市场急需,抢险救灾以及其他特殊情况必须使用现金的,开户单位应当向开户银行提出申请,由本单位财会部门负责人签字盖章,经开户银行审核后,予以支付现金。

第十二条 开户单位应当建立健全现金帐目,逐笔记载现金支付。帐目应当日清月结,帐款相符。

第十三条 对个体工商户、农村承包经营户发放的贷款,应当以转帐方式支付。对确需在集市使用现金购买物资的,经开户银行审核后,可以在贷款金额内支付现金。

第十四条 在开户银行开户的个体工商户、农村承包经营户异地采购所需货款,应当通过银行汇兑方式支付。因采购地点不固定,交通不便必须携带现金的,由开户银行根据实际需要,予以支付现金。

未在开户银行开户的个体工商户、农村承包经营户异地采购所需货款,可以通过银行汇兑方式支付。凡加盖"现金"字样的结算凭证,汇入银行必须保证支付现金。

第十五条 具备条件的银行应当接受开户单位的委托,开展代发工资、转存储蓄业务。

第十六条 为保证开户单位的现金收入及时送存银行,开户银行必须按照规定做好现金收款工作,不得随意缩短收款时间。大中城市和商业比较集中的地区,应当建立非营业时间收款制度。

第十七条 开户银行应当加强柜台审查,定期和不定期地对开户单位现金收支情况进行检查,并按规定向当地人民银行报告现金管理情况。

第十八条 一个单位在几家银行开户的,由一家开户银行负责现金管理工作,核定开户单位库存现金限额。

各金融机构的现金管理分工,由中国人民银行确定。有关现金管理分工的争议,由当地人民银行协调、裁决。

第十九条 开户银行应当建立健全现金管理制度,配备专职人员,改进工作作风,改善服务设施。现金管理工作所需经费应当在开户银行业务费中解决。

第三章 法律责任

~~**第二十条** 开户单位有下列情形之一的,开户银行应当依照中国人民银行的规定,责令其停止违法活动,并可根据情节轻重处以罚款:~~

~~(一)超出规定范围、限额使用现金的;~~

~~(二)超出核定的库存现金限额留存现金的。~~(2011年1月8日删除)

~~**第二十一条** 开户单位有下列情形之一的,开户银行应当依照中国人民银行的规定,予以警告或者罚款;情节严重的,可在一定期限内停止对该单位的贷款或者停止对该单位的现金支付:~~

~~(一)对现金结算给予比转帐结算优惠待遇的;~~

~~(二)拒收支票、银行汇票和银行本票的;~~

~~(三)违反本条例第八条规定,不采取转帐结算方式购置国家规定的专项控制商品的;~~

~~(四)用不符合财务会计制度规定的凭证顶替库存现金的;~~

~~(五)用转帐凭证套换现金的;~~

~~(六)编造用途套取现金的;~~

~~(七)互相借用现金的;~~

~~(八)利用帐户替其他单位和个人套取现金的;~~

~~(九)将单位的现金收入按个人储蓄方式存入银行的;~~

~~(十)保留帐外公款的;~~

~~(十一)未经批准坐支或者未按开户银行核定的坐支范围和限额坐支现金的。~~(2011年1月8日删除)

~~**第二十二条** 开户单位对开户银行作出的处罚决定不服的,必须首先按照处罚决定执行,然后可在十日内向开户银行的同级人民银行申请复议。同级人民银行应当在收到复议申请之日起三十日内作出复议决定。开户单位对复议决定不服的,可以在收到复议决定之日起三十日内向人民法院起诉。~~(2011年1月8日删除)

第二十三条 银行工作人员违反本条例规定,徇私舞弊、贪污受贿、玩忽职守纵容违法行为的,应当根据情节轻重,给予行政处分和经济处罚;构成犯罪的,由司法机关依法追究刑事责任。

第四章 附 则

第二十四条 本条例由中国人民银行负责解释;施行细则由中国人民银行制定。

第二十五条 本条例自1988年10月1日起施行。1977年11月28日发布的《国务院关于实行现金管理的决定》同时废止。

储蓄管理条例

1. 1992年12月11日国务院令第107号公布
2. 根据2011年1月8日国务院令第588号《关于废止和修改部分行政法规的决定》修订

第一章 总 则

第一条 为了发展储蓄事业,保护储户的合法权益,加强储蓄管理,制定本条例。

第二条 凡在中国境内办理储蓄业务的储蓄机构和参加储蓄的个人,必须遵守本条例的规定。

第三条 本条例所称储蓄是指个人将属于其所有的人民币或者外币存入储蓄机构,储蓄机构开具存折或者存单作为凭证,个人凭存折或者存单可以支取存款本金和利息,储蓄机构依照规定支付存款本金和利息的活动。

任何单位和个人不得将公款以个人名义转为储蓄存款。

第四条 本条例所称储蓄机构是指经中国人民银行或其分支机构批准,各银行、信用合作社办理储蓄业务的机构,以及邮政企业依法办理储蓄业务的机构。

第五条 国家保护个人合法储蓄存款的所有权及其他合法权益,鼓励个人参加储蓄。

储蓄机构办理储蓄业务,必须遵循"存款自愿,取款自由,存款有息,为储户保密"的原则。

第六条 中国人民银行负责全国储蓄管理工作。

中国人民银行及其分支机构负责储蓄机构和储蓄业务的审批,协调、仲裁有关储蓄机构之间在储蓄业务方面的争议,监督、稽核储蓄机构的业务工作,纠正和处罚违反国家储蓄法律、法规和政策的行为。

第七条 中国人民银行经国务院批准,可以采取适当措施稳定储蓄,保护储户利益。

第八条 除储蓄机构外,任何单位和个人不得办理储蓄业务。

第二章 储 蓄 机 构

第九条 储蓄机构的设置,应当遵循统一规划,方便群众,注重实效,确保安全的原则。

第十条 储蓄机构的设置,应当按照国家有关规定报中国人民银行或其分支机构批准,并申领《经营金融业务许可证》,但国家法律、行政法规另有规定的除外。

第十一条 储蓄机构的设置必须具备下列条件:

(一)有机构名称、组织机构和营业场所;

(二)熟悉储蓄业务的工作人员不少于四人;

(三)有必要的安全防范设备。

第十二条 经当地中国人民银行分支机构批准,储蓄机构可以设立储蓄代办点。储蓄代办点的管理办法,由中国人民银行规定。

第十三条 储蓄机构应当按照规定时间营业,不得擅自停业或者缩短营业时间。

第十四条 储蓄机构应当保证储蓄存款本金和利息的支付,不得违反规定拒绝支付储蓄存款本金和利息。

第十五条 储蓄机构不得使用不正当手段吸收储蓄存款。

第三章 储 蓄 业 务

第十六条 储蓄机构可以办理下列人民币储蓄业务:

(一)活期储蓄存款;

(二)整存整取定期储蓄存款;

(三)零存整取定期储蓄存款;

(四)存本取息定期储蓄存款;

(五)整存零取定期储蓄存款;

(六)定活两便储蓄存款;

(七)华侨(人民币)整存整取定期储蓄存款;

(八)经中国人民银行批准开办的其他种类的储蓄存款。

第十七条 经外汇管理部门批准,储蓄机构可以办理下列外币储蓄业务:

(一)活期储蓄存款;

(二)整存整取定期储蓄存款;

(三)经中国人民银行批准开办的其他种类的外币储蓄存款。

办理外币储蓄业务,存款本金和利息应当用外币支付。

第十八条 储蓄机构办理定期储蓄存款时,根据储户的意愿,可以同时为储户办理定期储蓄存款到期自动转存业务。

第十九条 根据国家住房改革的有关政策和实际需要,经当地中国人民银行分支机构批准,储蓄机构可以办理个人住房储蓄业务。

第二十条 经中国人民银行或其分支机构批准,储蓄机构可以办理下列金融业务:

(一)发售和兑付以居民个人为发行对象的国库券、金融债券、企业债券等有价证券;

(二)个人定期储蓄存款存单小额抵押贷款业务;

(三)其他金融业务。

第二十一条 储蓄机构可以办理代发工资和代收房租、水电费等服务性业务。

第四章 储蓄存款利率和计息

第二十二条 储蓄存款利率由中国人民银行拟订,经国务院批准后公布,或者由国务院授权中国人民银行制定、公布。

第二十三条 储蓄机构必须挂牌公告储蓄存款利率,不得擅自变动。

第二十四条 未到期的定期储蓄存款,全部提前支取的,按支取日挂牌公告的活期储蓄存款利率计付利息;部分提前支取的,提前支取的部分按支取日挂牌公告的活期储蓄存款利率计付利息,其余部分到期时按存单开户日挂牌公告的定期储蓄存款利率计付利息。

第二十五条 逾期支取的定期储蓄存款,其超过原定存期的部分,除约定自动转存的外,按支取日挂牌公告的活期储蓄存款利率计付利息。

第二十六条 定期储蓄存款在存期内遇有利率调整,按存单开户日挂牌公告的相应的定期储蓄存款利率计付利息。

第二十七条 活期储蓄存款在存入期间遇有利率调整,按结息日挂牌公告的活期储蓄存款利率计付利息。全部支取活期储蓄存款,按清户日挂牌公告的活期储蓄存款利率计付利息。

第二十八条 储户认为储蓄存款利息支付有错误时,有权向经办的储蓄机构申请复核;经办的储蓄机构应当及时受理、复核。

第五章 提前支取、挂失、查询和过户

第二十九条 未到期的定期储蓄存款,储户提前支取的,必须持存单和存款人的身份证明办理;代储户支取的,代支取人还必须持其身份证明。

第三十条 存单、存折分为记名式和不记名式。记名式的存单、存折可以挂失,不记名式的存单、存折不能挂失。

第三十一条 储户遗失存单、存折或者预留印鉴的印章的,必须立即持本人身份证明,并提供储户的姓名、开户时间、储蓄种类、金额、帐号及住址等有关情况,向其开户的储蓄机构书面申请挂失。在特殊情况下,储户可以用口头或者函电形式申请挂失,但必须在五天内补办书面申请挂失手续。

储蓄机构受理挂失后,必须立即停止支付该储蓄存款;受理挂失前该储蓄存款已被他人支取的,储蓄机构不负赔偿责任。

第三十二条 储蓄机构及其工作人员对储户的储蓄情况负有保密责任。

储蓄机构不代任何单位和个人查询、冻结或者划拨储蓄存款,国家法律、行政法规另有规定的除外。

第三十三条 储蓄存款的所有权发生争议,涉及办理过户的,储蓄机构依据人民法院发生法律效力的判决书、裁定书或者调解书办理过户手续。

第六章 法律责任

第三十四条 违反本条例规定,有下列行为之一的单位和个人,由中国人民银行或其分支机构责令其纠正,并可以根据情节轻重处以罚款、停业整顿、吊销《经营金融业务许可证》;情节严重,构成犯罪的,依法追究刑事责任:

(一)擅自开办储蓄业务的;

(二)擅自设置储蓄机构的;

(三)储蓄机构擅自开办新的储蓄种类的;

(四)储蓄机构擅自办理本条例规定以外的其他金融业务的;

(五)擅自停业或者缩短营业时间的;

(六)储蓄机构采取不正当手段吸收储蓄存款的;

(七)违反国家利率规定,擅自变动储蓄存款利率的;

(八)泄露储户储蓄情况或者未经法定程序代为查询、冻结、划拨储蓄存款的;

(九)其他违反国家储蓄法律、法规和政策的。

违反本条例第三条第二款规定的,依照国家有关规定予以处罚。

第三十五条 对处罚决定不服的,当事人可以依照《中华人民共和国行政复议法》的规定申请复议。对复议决定不服的,当事人可以依照《中华人民共和国行政诉讼法》的规定向人民法院提起诉讼。

第三十六条 复议申请人逾期不起诉又不履行复议决定的,依照《中华人民共和国行政复议法》的规定执行。

第三十七条 储蓄机构违反国家有关规定,侵犯储户合法权益,造成损失的,应当依法承担赔偿责任。

第七章 附 则

第三十八条 本条例施行前的定期储蓄存款,在原定存期内,依照本条例施行前国家有关规定办理计息事宜。

第三十九条 本条例由中国人民银行负责解释,实施细则由中国人民银行制定。

第四十条 本条例自1993年3月1日起施行。1980年5月28日中国人民银行发布的《中国人民银行储蓄存款章程》同时废止。

中华人民共和国外汇管理条例

1. 1996年1月29日国务院令第193号公布
2. 根据1997年1月14日国务院令第211号《关于修改〈中华人民共和国外汇管理条例〉的决定》第一次修订
3. 2008年8月5日国务院令第532号第二次修订

第一章 总 则

第一条 为了加强外汇管理,促进国际收支平衡,促进国民经济健康发展,制定本条例。

第二条 国务院外汇管理部门及其分支机构(以下统称外汇管理机关)依法履行外汇管理职责,负责本条例的实施。

第三条 本条例所称外汇,是指下列以外币表示的可以用作国际清偿的支付手段和资产:

(一)外币现钞,包括纸币、铸币;

(二)外币支付凭证或者支付工具,包括票据、银行存款凭证、银行卡等;

(三)外币有价证券,包括债券、股票等;

(四)特别提款权;

（五）其他外汇资产。

第四条 境内机构、境内个人的外汇收支或者外汇经营活动，以及境外机构、境外个人在境内的外汇收支或者外汇经营活动，适用本条例。

第五条 国家对经常性国际支付和转移不予限制。

第六条 国家实行国际收支统计申报制度。

国务院外汇管理部门应当对国际收支进行统计、监测，定期公布国际收支状况。

第七条 经营外汇业务的金融机构应当按照国务院外汇管理部门的规定为客户开立外汇账户，并通过外汇账户办理外汇业务。

经营外汇业务的金融机构应当依法向外汇管理机关报送客户的外汇收支及账户变动情况。

第八条 中华人民共和国境内禁止外币流通，并不得以外币计价结算，但国家另有规定的除外。

第九条 境内机构、境内个人的外汇收入可以调回境内或者存放境外；调回境内或者存放境外的条件、期限等，由国务院外汇管理部门根据国际收支状况和外汇管理的需要作出规定。

第十条 国务院外汇管理部门依法持有、管理、经营国家外汇储备，遵循安全、流动、增值的原则。

第十一条 国际收支出现或者可能出现严重失衡，以及国民经济出现或者可能出现严重危机时，国家可以对国际收支采取必要的保障、控制等措施。

第二章　经常项目外汇管理

第十二条 经常项目外汇收支应当具有真实、合法的交易基础。经营结汇、售汇业务的金融机构应当按照国务院外汇管理部门的规定，对交易单证的真实性及其与外汇收支的一致性进行合理审查。

外汇管理机关有权对前款规定事项进行监督检查。

第十三条 经常项目外汇收入，可以按照国家有关规定保留或者卖给经营结汇、售汇业务的金融机构。

第十四条 经常项目外汇支出，应当按照国务院外汇管理部门关于付汇与购汇的管理规定，凭有效单证以自有外汇支付或者向经营结汇、售汇业务的金融机构购汇支付。

第十五条 携带、申报外币现钞出入境的限额，由国务院外汇管理部门规定。

第三章　资本项目外汇管理

第十六条 境外机构、境外个人在境内直接投资，经有关主管部门批准后，应当到外汇管理机关办理登记。

境外机构、境外个人在境内从事有价证券或者衍生产品发行、交易，应当遵守国家关于市场准入的规定，并按照国务院外汇管理部门的规定办理登记。

第十七条 境内机构、境内个人向境外直接投资或者从事境外有价证券、衍生产品发行、交易，应当按照国务院外汇管理部门的规定办理登记。国家规定需要事先经有关主管部门批准或者备案的，应当在外汇登记前办理批准或者备案手续。

第十八条 国家对外债实行规模管理。借用外债应当按照国家有关规定办理，并到外汇管理机关办理外债登记。

国务院外汇管理部门负责全国的外债统计与监测，并定期公布外债情况。

第十九条 提供对外担保，应当向外汇管理机关提出申请，由外汇管理机关根据申请人的资产负债等情况作出批准或者不批准的决定；国家规定其经营范围需经有关主管部门批准的，应当在向外汇管理机关提出申请前办理批准手续。申请人签订对外担保合同后，应当到外汇管理机关办理对外担保登记。

经国务院批准为使用外国政府或者国际金融组织贷款进行转贷提供对外担保的，不适用前款规定。

第二十条 银行业金融机构在经批准的经营范围内可以直接向境外提供商业贷款。其他境内机构向境外提供商业贷款，应当向外汇管理机关提出申请，外汇管理机关根据申请人的资产负债等情况作出批准或者不批准的决定；国家规定其经营范围需经有关主管部门批准的，应当在向外汇管理机关提出申请前办理批准手续。

向境外提供商业贷款，应当按照国务院外汇管理部门的规定办理登记。

第二十一条 资本项目外汇收入保留或者卖给经营结汇、售汇业务的金融机构，应当经外汇管理机关批准，但国家规定无需批准的除外。

第二十二条 资本项目外汇支出，应当按照国务院外汇管理部门关于付汇与购汇的管理规定，凭有效单证以自有外汇支付或者向经营结汇、售汇业务的金融机构购汇支付。国家规定应当经外汇管理机关批准的，应当在外汇支付前办理批准手续。

依法终止的外商投资企业，按照国家有关规定进行清算、纳税后，属于外方投资者所有的人民币，可以向经营结汇、售汇业务的金融机构购汇汇出。

第二十三条 资本项目外汇及结汇资金，应当按照有关主管部门及外汇管理机关批准的用途使用。外汇管理机关有权对资本项目外汇及结汇资金使用和账户变动情况进行监督检查。

第四章　金融机构外汇业务管理

第二十四条 金融机构经营或者终止经营结汇、售汇业务，应当经外汇管理机关批准；经营或者终止经营其他外汇业务，应当按照职责分工经外汇管理机关或者金融业监督管理机构批准。

第二十五条 外汇管理机关对金融机构外汇业务实行综合头寸管理，具体办法由国务院外汇管理部门制定。

第二十六条 金融机构的资本金、利润以及因本外币资产不匹配需要进行人民币与外币间转换的，应当经外汇管理机关批准。

第五章 人民币汇率和外汇市场管理

第二十七条 人民币汇率实行以市场供求为基础的、有管理的浮动汇率制度。

第二十八条 经营结汇、售汇业务的金融机构和符合国务院外汇管理部门规定条件的其他机构,可以按照国务院外汇管理部门的规定在银行间外汇市场进行外汇交易。

第二十九条 外汇市场交易应当遵循公开、公平、公正和诚实信用的原则。

第三十条 外汇市场交易的币种和形式由国务院外汇管理部门规定。

第三十一条 国务院外汇管理部门依法监督管理全国的外汇市场。

第三十二条 国务院外汇管理部门可以根据外汇市场的变化和货币政策的要求,依法对外汇市场进行调节。

第六章 监督管理

第三十三条 外汇管理机关依法履行职责,有权采取下列措施:

(一)对经营外汇业务的金融机构进行现场检查;

(二)进入涉嫌外汇违法行为发生场所调查取证;

(三)询问有外汇收支或者外汇经营活动的机构和个人,要求其对与被调查外汇违法事件直接有关的事项作出说明;

(四)查阅、复制与被调查外汇违法事件直接有关的交易单证等资料;

(五)查阅、复制被调查外汇违法事件的当事人和直接有关的单位、个人的财务会计资料及相关文件,对可能被转移、隐匿或者毁损的文件和资料,可以予以封存;

(六)经国务院外汇管理部门或者省级外汇管理机关负责人批准,查询被调查外汇违法事件的当事人和直接有关的单位、个人的账户,但个人储蓄存款账户除外;

(七)对有证据证明已经或者可能转移、隐匿违法资金等涉案财产或者隐匿、伪造、毁损重要证据的,可以申请人民法院冻结或者查封。

有关单位和个人应当配合外汇管理机关的监督检查,如实说明有关情况并提供有关文件、资料,不得拒绝、阻碍和隐瞒。

第三十四条 外汇管理机关依法进行监督检查或者调查,监督检查或者调查的人员不得少于2人,并应当出示证件。监督检查、调查的人员少于2人或者未出示证件的,被监督检查、调查的单位和个人有权拒绝。

第三十五条 有外汇经营活动的境内机构,应当按照国务院外汇管理部门的规定报送财务会计报告、统计报表等资料。

第三十六条 经营外汇业务的金融机构发现客户有外汇违法行为的,应当及时向外汇管理机关报告。

第三十七条 国务院外汇管理部门为履行外汇管理职责,可以从国务院有关部门、机构获取所必需的信息,国务院有关部门、机构应当提供。

国务院外汇管理部门应当向国务院有关部门、机构通报外汇管理工作情况。

第三十八条 任何单位和个人都有权举报外汇违法行为。

外汇管理机关应当为举报人保密,并按照规定对举报人或者协助查处外汇违法行为有功的单位和个人给予奖励。

第七章 法律责任

第三十九条 有违反规定将境内外汇转移境外,或者以欺骗手段将境内资本转移境外等逃汇行为的,由外汇管理机关责令限期调回外汇,处逃汇金额30%以下的罚款;情节严重的,处逃汇金额30%以上等值以下的罚款;构成犯罪的,依法追究刑事责任。

第四十条 有违反规定以外汇收付应当以人民币收付的款项,或者以虚假、无效的交易单证等向经营结汇、售汇业务的金融机构骗购外汇等非法套汇行为的,由外汇管理机关责令对非法套汇资金予以回兑,处非法套汇金额30%以下的罚款;情节严重的,处非法套汇金额30%以上等值以下的罚款;构成犯罪的,依法追究刑事责任。

第四十一条 违反规定将外汇汇入境内的,由外汇管理机关责令改正,处违法金额30%以下的罚款;情节严重的,处违法金额30%以上等值以下的罚款。

非法结汇的,由外汇管理机关责令对非法结汇资金予以回兑,处违法金额30%以下的罚款。

第四十二条 违反规定携带外汇出入境的,由外汇管理机关给予警告,可以处违法金额20%以下的罚款。法律、行政法规规定由海关予以处罚的,从其规定。

第四十三条 有擅自对外借款、在境外发行债券或者提供对外担保等违反外债管理行为的,由外汇管理机关给予警告,处违法金额30%以下的罚款。

第四十四条 违反规定,擅自改变外汇或者结汇资金用途的,由外汇管理机关责令改正,没收违法所得,处违法金额30%以下的罚款;情节严重的,处违法金额30%以上等值以下的罚款。

有违反规定以外币在境内计价结算或者划转外汇等非法使用外汇行为的,由外汇管理机关责令改正,给予警告,可以处违法金额30%以下的罚款。

第四十五条 私自买卖外汇、变相买卖外汇、倒买倒卖外汇或者非法介绍买卖外汇数额较大的,由外汇管理机关给予警告,没收违法所得,处违法金额30%以下的罚款;情节严重的,处违法金额30%以上等值以下的罚款;构成犯罪的,依法追究刑事责任。

第四十六条 未经批准擅自经营结汇、售汇业务的,由外汇管理机关责令改正,有违法所得的,没收违法所得,违法所得50万元以上的,并处违法所得1倍以上5倍以下的罚款;没有违法所得或者违法所得不足50万元的,处50万元以上200万元以下的罚款;情节严重的,由有关主管部门责令停业整顿或者吊销业务许可证；构成犯罪的，依法追究刑事责任。

未经批准经营结汇、售汇业务以外的其他外汇业务的，由外汇管理机关或者金融业监督管理机构依照前款规定予以处罚。

第四十七条 金融机构有下列情形之一的，由外汇管理机关责令限期改正，没收违法所得，并处20万元以上100万元以下的罚款；情节严重或者逾期不改正的，由外汇管理机关责令停止经营相关业务：

（一）办理经常项目资金收付，未对交易单证的真实性及其与外汇收支的一致性进行合理审查的；

（二）违反规定办理资本项目资金收付的；

（三）违反规定办理结汇、售汇业务的；

（四）违反外汇业务综合头寸管理的；

（五）违反外汇市场交易管理的。

第四十八条 有下列情形之一的，由外汇管理机关责令改正，给予警告，对机构可以处30万元以下的罚款，对个人可以处5万元以下的罚款：

（一）未按照规定进行国际收支统计申报的；

（二）未按照规定报送财务会计报告、统计报表等资料的；

（三）未按照规定提交有效单证或者提交的单证不真实的；

（四）违反外汇账户管理规定的；

（五）违反外汇登记管理规定的；

（六）拒绝、阻碍外汇管理机关依法进行监督检查或者调查的。

第四十九条 境内机构违反外汇管理规定的，除依照本条例给予处罚外，对直接负责的主管人员和其他直接责任人员，应当给予处分；对金融机构负有直接责任的董事、监事、高级管理人员和其他直接责任人员给予警告，处5万元以上50万元以下的罚款；构成犯罪的，依法追究刑事责任。

第五十条 外汇管理机关工作人员徇私舞弊、滥用职权、玩忽职守，构成犯罪的，依法追究刑事责任；尚不构成犯罪的，依法给予处分。

第五十一条 当事人对外汇管理机关作出的具体行政行为不服的，可以依法申请行政复议；对行政复议决定仍不服的，可以依法向人民法院提起行政诉讼。

第八章 附 则

第五十二条 本条例下列用语的含义：

（一）境内机构，是指中华人民共和国境内的国家机关、企业、事业单位、社会团体、部队等，外国驻华外交领事机构和国际组织驻华代表机构除外。

（二）境内个人，是指中国公民和在中华人民共和国境内连续居住满1年的外国人，外国驻华外交人员和国际组织驻华代表除外。

（三）经常项目，是指国际收支中涉及货物、服务、收益及经常转移的交易项目等。

（四）资本项目，是指国际收支中引起对外资产和负债水平发生变化的交易项目，包括资本转移、直接投资、证券投资、衍生产品及贷款等。

第五十三条 非金融机构经营结汇、售汇业务，应当由国务院外汇管理部门批准，具体管理办法由国务院外汇管理部门另行制定。

第五十四条 本条例自公布之日起施行。

4. 房地产

中华人民共和国
城市房地产管理法

1. *1994年7月5日第八届全国人民代表大会常务委员会第八次会议通过*
2. *根据2007年8月30日第十届全国人民代表大会常务委员会第二十九次会议《关于修改〈中华人民共和国城市房地产管理法〉的决定》第一次修正*
3. *根据2009年8月27日第十一届全国人民代表大会常务委员会第十次会议《关于修改部分法律的决定》第二次修正*

目　　录

第一章 总 则

第一条 【立法目的】为了加强对城市房地产的管理，维护房地产市场秩序，保障房地产权利人的合法权益，促进房地产业的健康发展，制定本法。

第二条 【适用范围及概念解释】在中华人民共和国城市规划区国有土地（以下简称国有土地）范围内取得房地产开发用地的土地使用权，从事房地产开发、房地产交易，实施房地产管理,应当遵守本法。

本法所称房屋,是指土地上的房屋等建筑物及构筑物。

本法所称房地产开发,是指在依据本法取得国有土地使用权的土地上进行基础设施、房屋建设的行为。

本法所称房地产交易,包括房地产转让、房地产抵押和房屋租赁。

第三条 【土地使用制度及例外】国家依法实行国有土地有偿、有限期使用制度。但是,国家在本法规定的范围内划拨国有土地使用权的除外。

第四条 【发展目标】国家根据社会、经济发展水平,扶持发展居民住宅建设,逐步改善居民的居住条件。

第五条 【权利人的权利和义务】房地产权利人应当遵守法律和行政法规,依法纳税。房地产权利人的合法权益受法律保护,任何单位和个人不得侵犯。

第六条 【征收补偿】为了公共利益的需要,国家可以征收国有土地上单位和个人的房屋,并依法给予拆迁补偿,维护被征收人的合法权益;征收个人住宅的,还应当保障被征收人的居住条件。具体办法由国务院规定。

第七条 【房地产管理机构】国务院建设行政主管部门、土地管理部门依照国务院规定的职权划分,各司其职,密切配合,管理全国房地产工作。

县级以上地方人民政府房产管理、土地管理部门的机构设置及其职权由省、自治区、直辖市人民政府确定。

第二章 房地产开发用地

第一节 土地使用权出让

第八条 【土地使用权出让】土地使用权出让,是指国家将国有土地使用权(以下简称土地使用权)在一定年限内出让给土地使用者,由土地使用者向国家支付土地使用权出让金的行为。

第九条 【有偿出让】城市规划区内的集体所有的土地,经依法征收转为国有土地后,该幅国有土地的使用权方可有偿出让。

第十条 【出让条件】土地使用权出让,必须符合土地利用总体规划、城市规划和年度建设用地计划。

第十一条 【出让报批】县级以上地方人民政府出让土地使用权用于房地产开发的,须根据省级以上人民政府下达的控制指标拟订年度出让土地使用权总面积方案,按照国务院规定,报国务院或者省级人民政府批准。

第十二条 【出让步骤】土地使用权出让,由市、县人民政府有计划、有步骤地进行。出让的每幅地块、用途、年限和其他条件,由市、县人民政府土地管理部门会同城市规划、建设、房产管理部门共同拟定方案,按照国务院规定,报经有批准权的人民政府批准后,由市、县人民政府土地管理部门实施。

直辖市的县人民政府及其有关部门行使前款规定的权限,由直辖市人民政府规定。

第十三条 【出让方式】土地使用权出让,可以采取拍卖、招标或者双方协议的方式。

商业、旅游、娱乐和豪华住宅用地,有条件的,必须采取拍卖、招标方式;没有条件,不能采取拍卖、招标方式的,可以采取双方协议的方式。

采取双方协议方式出让土地使用权的出让金不得低于按国家规定所确定的最低价。

第十四条 【年限规定】土地使用权出让最高年限由国务院规定。

第十五条 【出让合同签订】土地使用权出让,应当签订书面出让合同。

土地使用权出让合同由市、县人民政府土地管理部门与土地使用者签订。

第十六条 【出让金支付】土地使用者必须按照出让合同约定,支付土地使用权出让金;未按照出让合同约定支付土地使用权出让金的,土地管理部门有权解除合同,并可以请求违约赔偿。

第十七条 【出让土地的提供】土地使用者按照出让合同约定支付土地使用权出让金的,市、县人民政府土地管理部门必须按照出让合同约定,提供出让的土地;未按照出让合同约定提供出让的土地的,土地使用者有权解除合同,由土地管理部门返还土地使用权出让金,土地使用者并可以请求违约赔偿。

第十八条 【用途改变】土地使用者需要改变土地使用权出让合同约定的土地用途的,必须取得出让方和市、县人民政府城市规划行政主管部门的同意,签订土地使用权出让合同变更协议或者重新签订土地使用权出让合同,相应调整土地使用权出让金。

第十九条 【出让金使用】土地使用权出让金应当全部上缴财政,列入预算,用于城市基础设施建设和土地开发。土地使用权出让金上缴和使用的具体办法由国务院规定。

第二十条 【土地使用权的收回】国家对土地使用者依法取得的土地使用权,在出让合同约定的使用年限届满前不收回;在特殊情况下,根据社会公共利益的需要,可以依照法律程序提前收回,并根据土地使用者使用土地的实际年限和开发土地的实际情况给予相应的补偿。

第二十一条 【使用权终止】土地使用权因土地灭失而终止。

第二十二条 【使用权续延】土地使用权出让合同约定的使用年限届满,土地使用者需要继续使用土地的,应当至迟于届满前一年申请续期,除根据社会公共利益需要收回该幅土地的,应当予以批准。经批准准予续期的,应当重新签订土地使用权出让合同,依照规定支付土地使用权出让金。

土地使用权出让合同约定的使用年限届满,土地使用者未申请续期或者虽申请续期但依照前款规定未获批准的,土地使用权由国家无偿收回。

第二节 土地使用权划拨

第二十三条 【使用权划拨】土地使用权划拨，是指县级以上人民政府依法批准，在土地使用者缴纳补偿、安置等费用后将该幅土地交付其使用，或者将土地使用权无偿交付给土地使用者使用的行为。

依照本法规定以划拨方式取得土地使用权的，除法律、行政法规另有规定外，没有使用期限的限制。

第二十四条 【划拨土地类别】下列建设用地的土地使用权，确属必需的，可以由县级以上人民政府依法批准划拨：

（一）国家机关用地和军事用地；

（二）城市基础设施用地和公益事业用地；

（三）国家重点扶持的能源、交通、水利等项目用地；

（四）法律、行政法规规定的其他用地。

第三章 房地产开发

第二十五条 【开发原则和总体规划】房地产开发必须严格执行城市规划，按照经济效益、社会效益、环境效益相统一的原则，实行全面规划、合理布局、综合开发、配套建设。

第二十六条 【出让开发条件】以出让方式取得土地使用权进行房地产开发的，必须按照土地使用权出让合同约定的土地用途、动工开发期限开发土地。超过出让合同约定的动工开发日期满一年未动工开发的，可以征收相当于土地使用权出让金百分之二十以下的土地闲置费；满二年未动工开发的，可以无偿收回土地使用权；但是，因不可抗力或者政府、政府有关部门的行为或者动工开发必需的前期工作造成动工开发迟延的除外。

第二十七条 【项目总体要求】房地产开发项目的设计、施工，必须符合国家的有关标准和规范。

房地产开发项目竣工，经验收合格后，方可交付使用。

第二十八条 【土地使用权处置】依法取得的土地使用权，可以依照本法和有关法律、行政法规的规定，作价入股，合资、合作开发经营房地产。

第二十九条 【国家扶持】国家采取税收等方面的优惠措施鼓励和扶持房地产开发企业开发建设居民住宅。

第三十条 【企业设立】房地产开发企业是以营利为目的，从事房地产开发和经营的企业。设立房地产开发企业，应当具备下列条件：

（一）有自己的名称和组织机构；

（二）有固定的经营场所；

（三）有符合国务院规定的注册资本；

（四）有足够的专业技术人员；

（五）法律、行政法规规定的其他条件。

设立房地产开发企业，应当向工商行政管理部门申请设立登记。工商行政管理部门对符合本法规定条件的，应当予以登记，发给营业执照；对不符合本法规定条件的，不予登记。

设立有限责任公司、股份有限公司，从事房地产开发经营的，还应当执行公司法的有关规定。

房地产开发企业在领取营业执照后的一个月内，应当到登记机关所在地的县级以上地方人民政府规定的部门备案。

第三十一条 【注册资本和投资额】房地产开发企业的注册资本与投资总额的比例应当符合国家有关规定。

房地产开发企业分期开发房地产的，分期投资额应当与项目规模相适应，并按照土地使用权出让合同的约定，按期投入资金，用于项目建设。

第四章 房地产交易

第一节 一般规定

第三十二条 【房屋、土地所有权随转】房地产转让、抵押时，房屋的所有权和该房屋占用范围内的土地使用权同时转让、抵押。

第三十三条 【地价确定】基准地价、标定地价和各类房屋的重置价格应当定期确定并公布。具体办法由国务院规定。

第三十四条 【价格评估】国家实行房地产价格评估制度。

房地产价格评估，应当遵循公正、公平、公开的原则，按照国家规定的技术标准和评估程序，以基准地价、标定地价和各类房屋的重置价格为基础，参照当地的市场价格进行评估。

第三十五条 【价格申报】国家实行房地产成交价格申报制度。

房地产权利人转让房地产，应当向县级以上地方人民政府规定的部门如实申报成交价，不得瞒报或者作不实的申报。

第三十六条 【权属登记】房地产转让、抵押，当事人应当依照本法第五章的规定办理权属登记。

第二节 房地产转让

第三十七条 【房地产转让】房地产转让，是指房地产权利人通过买卖、赠与或者其他合法方式将其房地产转移给他人的行为。

第三十八条 【禁止转让的房地产】下列房地产，不得转让：

（一）以出让方式取得土地使用权的，不符合本法第三十九条规定的条件的；

（二）司法机关和行政机关依法裁定、决定查封或者以其他形式限制房地产权利的；

（三）依法收回土地使用权的；

（四）共有房地产，未经其他共有人书面同意的；

（五）权属有争议的；

（六）未依法登记领取权属证书的；

（七）法律、行政法规规定禁止转让的其他情形。

第三十九条 【出让转让条件】以出让方式取得土地使用权的，转让房地产时，应当符合下列条件：

（一）按照出让合同约定已经支付全部土地使用权出让金，并取得土地使用权证书；

(二)按照出让合同约定进行投资开发,属于房屋建设工程的,完成开发投资总额的百分之二十五以上,属于成片开发土地的,形成工业用地或者其他建设用地条件。

转让房地产时房屋已经建成的,还应当持有房屋所有权证书。

第四十条　【划拨转让报批】以划拨方式取得土地使用权的,转让房地产时,应当按照国务院规定,报有批准权的人民政府审批。有批准权的人民政府准予转让的,应当由受让方办理土地使用权出让手续,并依照国家有关规定缴纳土地使用权出让金。

以划拨方式取得土地使用权的,转让房地产报批时,有批准权的人民政府按照国务院规定决定可以不办理土地使用权出让手续的,转让方应当按照国务院规定将转让房地产所获收益中的土地收益上缴国家或者作其他处理。

第四十一条　【转让合同】房地产转让,应当签订书面转让合同,合同中应当载明土地使用权取得的方式。

第四十二条　【合同权利义务转移】房地产转让时,土地使用权出让合同载明的权利、义务随之转移。

第四十三条　【出让转让使用权年限】以出让方式取得土地使用权的,转让房地产后,其土地使用权的使用年限为原土地使用权出让合同约定的使用年限减去原土地使用者已经使用年限后的剩余年限。

第四十四条　【出让转让土地用途改变】以出让方式取得土地使用权的,转让房地产后,受让人改变原土地使用权出让合同约定的土地用途的,必须取得原出让方和市、县人民政府城市规划行政主管部门的同意,签订土地使用权出让合同变更协议或者重新签订土地使用权出让合同,相应调整土地使用权出让金。

第四十五条　【商品房预售条件】商品房预售,应当符合下列条件:

(一)已交付全部土地使用权出让金,取得土地使用权证书;

(二)持有建设工程规划许可证;

(三)按提供预售的商品房计算,投入开发建设的资金达到工程建设总投资的百分之二十五以上,并已经确定施工进度和竣工交付日期;

(四)向县级以上人民政府房产管理部门办理预售登记,取得商品房预售许可证明。

商品房预售人应当按照国家有关规定将预售合同报县级以上人民政府房产管理部门和土地管理部门登记备案。

商品房预售所得款项,必须用于有关的工程建设。

第四十六条　【预售再转让规定】商品房预售的,商品房预购人将购买的未竣工的预售商品房再行转让的问题,由国务院规定。

第三节　房地产抵押

第四十七条　【房地产抵押】房地产抵押,是指抵押人以其合法的房地产以不转移占有的方式向抵押权人提供债务履行担保的行为。债务人不履行债务时,抵押权人有权依法以抵押的房地产拍卖所得的价款优先受偿。

第四十八条　【抵押权设定】依法取得的房屋所有权连同该房屋占用范围内的土地使用权,可以设定抵押权。

以出让方式取得的土地使用权,可以设定抵押权。

第四十九条　【抵押办理凭证】房地产抵押,应当凭土地使用权证书、房屋所有权证书办理。

第五十条　【抵押合同】房地产抵押,抵押人和抵押权人应当签订书面抵押合同。

第五十一条　【抵押权人优先受偿限制】设定房地产抵押权的土地使用权是以划拨方式取得的,依法拍卖该房地产后,应当从拍卖所得的价款中缴纳相当于应缴纳的土地使用权出让金的款额后,抵押权人方可优先受偿。

第五十二条　【新增房屋处理】房地产抵押合同签订后,土地上新增的房屋不属于抵押财产。需要拍卖该抵押的房地产时,可以依法将土地上新增的房屋与抵押财产一同拍卖,但对拍卖新增房屋所得,抵押权人无权优先受偿。

第四节　房屋租赁

第五十三条　【房屋租赁】房屋租赁,是指房屋所有权人作为出租人将其房屋出租给承租人使用,由承租人向出租人支付租金的行为。

第五十四条　【租赁合同的签订与备案】房屋租赁,出租人和承租人应当签订书面租赁合同,约定租赁期限、租赁用途、租赁价格、修缮责任等条款,以及双方的其他权利和义务,并向房产管理部门登记备案。

第五十五条　【住房租赁】住宅用房的租赁,应当执行国家和房屋所在城市人民政府规定的租赁政策。租用房屋从事生产、经营活动的,由租赁双方协商议定租金和其他租赁条款。

第五十六条　【土地收益上缴】以营利为目的,房屋所有权人将以划拨方式取得使用权的国有土地上建成的房屋出租的,应当将租金中所含土地收益上缴国家。具体办法由国务院规定。

第五节　中介服务机构

第五十七条　【中介机构类别】房地产中介服务机构包括房地产咨询机构、房地产价格评估机构、房地产经纪机构等。

第五十八条　【中介机构条件】房地产中介服务机构应当具备下列条件:

(一)有自己的名称和组织机构;

(二)有固定的服务场所;

(三)有必要的财产和经费;

(四)有足够数量的专业人员;

(五)法律、行政法规规定的其他条件。

设立房地产中介服务机构,应当向工商行政管理部门申请设立登记,领取营业执照后,方可开业。

第五十九条 【价格评估资格认证】国家实行房地产价格评估人员资格认证制度。

第五章 房地产权属登记管理

第六十条 【登记发证制度】国家实行土地使用权和房屋所有权登记发证制度。

第六十一条 【使用权登记申请与权证颁发】以出让或者划拨方式取得土地使用权，应当向县级以上地方人民政府土地管理部门申请登记，经县级以上地方人民政府土地管理部门核实，由同级人民政府颁发土地使用权证书。

在依法取得的房地产开发用地上建成房屋的，应当凭土地使用权证书向县级以上地方人民政府房产管理部门申请登记，由县级以上地方人民政府房产管理部门核实并颁发房屋所有权证书。

房地产转让或者变更时，应当向县级以上地方人民政府房产管理部门申请房产变更登记，并凭变更后的房屋所有权证书向同级人民政府土地管理部门申请土地使用权变更登记，经同级人民政府土地管理部门核实，由同级人民政府更换或者更改土地使用权证书。

法律另有规定的，依照有关法律的规定办理。

第六十二条 【抵押登记】房地产抵押时，应当向县级以上地方人民政府规定的部门办理抵押登记。

因处分抵押房地产而取得土地使用权和房屋所有权的，应当依照本章规定办理过户登记。

第六十三条 【产权证书的颁发】经省、自治区、直辖市人民政府确定，县级以上地方人民政府由一个部门统一负责房产管理和土地管理工作的，可以制作、颁发统一的房地产权证书，依照本法第六十一条的规定，将房屋的所有权和该房屋占用范围内的土地使用权的确认和变更，分别载入房地产权证书。

第六章 法律责任

第六十四条 【非法出让使用权处罚】违反本法第十一条、第十二条的规定，擅自批准出让或者擅自出让土地使用权用于房地产开发的，由上级机关或者所在单位给予有关责任人员行政处分。

第六十五条 【未取得营业执照从事房地产开发的处罚】违反本法第三十条的规定，未取得营业执照擅自从事房地产开发业务的，由县级以上人民政府工商行政管理部门责令停止房地产开发业务活动，没收违法所得，可以并处罚款。

第六十六条 【违法转让土地使用权的处罚】违反本法第三十九条第一款的规定转让土地使用权的，由县级以上人民政府土地管理部门没收违法所得，可以并处罚款。

第六十七条 【违法转让房地产的处罚】违反本法第四十条第一款的规定转让房地产的，由县级以上人民政府土地管理部门责令缴纳土地使用权出让金，没收违法所得，可以并处罚款。

第六十八条 【违法预售商品房的处罚】违反本法第四十五条第一款的规定预售商品房的，由县级以上人民政府房产管理部门责令停止预售活动，没收违法所得，可以并处罚款。

第六十九条 【未取得营业执照从事房地产中介的处罚】违反本法第五十八条的规定，未取得营业执照擅自从事房地产中介服务业务的，由县级以上人民政府工商行政管理部门责令停止房地产中介服务业务活动，没收违法所得，可以并处罚款。

第七十条 【非法收费处理】没有法律、法规的依据，向房地产开发企业收费的，上级机关应当责令退回所收取的钱款；情节严重的，由上级机关或者所在单位给予直接责任人员行政处分。

第七十一条 【渎职、行贿、索贿处罚】房产管理部门、土地管理部门工作人员玩忽职守、滥用职权，构成犯罪的，依法追究刑事责任；不构成犯罪的，给予行政处分。

房产管理部门、土地管理部门工作人员利用职务上的便利，索取他人财物，或者非法收受他人财物为他人谋取利益，构成犯罪的，依法追究刑事责任；不构成犯罪的，给予行政处分。

第七章 附 则

第七十二条 【适用范围】在城市规划区外的国有土地范围内取得房地产开发用地的土地使用权，从事房地产开发、交易活动以及实施房地产管理，参照本法执行。

第七十三条 【生效日期】本法自1995年1月1日起施行。

中华人民共和国建筑法

1. *1997年11月1日第八届全国人民代表大会常务委员会第二十八次会议通过*
2. *根据2011年4月22日第十一届全国人民代表大会常务委员会第二十次会议《关于修改〈中华人民共和国建筑法〉的决定》修正*

目 录

第一章 总 则

第一条 【立法目的】为了加强对建筑活动的监督管理,维护建筑市场秩序,保证建筑工程的质量和安全,促进建筑业健康发展,制定本法。

第二条 【适用范围】在中华人民共和国境内从事建筑活动,实施对建筑活动的监督管理,应当遵守本法。

本法所称建筑活动,是指各类房屋建筑及其附属设施的建造和与其配套的线路、管道、设备的安装活动。

第三条 【建筑活动要求】建筑活动应当确保建筑工程质量和安全,符合国家的建筑工程安全标准。

第四条 【国家扶持】国家扶持建筑业的发展,支持建筑科学技术研究,提高房屋建筑设计水平,鼓励节约能源和保护环境,提倡采用先进技术、先进设备、先进工艺、新型建筑材料和现代管理方式。

第五条 【从业要求】从事建筑活动应当遵守法律、法规,不得损害社会公共利益和他人的合法权益。

任何单位和个人都不得妨碍和阻挠依法进行的建筑活动。

第六条 【管理部门】国务院建设行政主管部门对全国的建筑活动实施统一监督管理。

第二章 建筑许可

第一节 建筑工程施工许可

第七条 【许可证的领取】建筑工程开工前,建设单位应当按照国家有关规定向工程所在地县级以上人民政府建设行政主管部门申请领取施工许可证;但是,国务院建设行政主管部门确定的限额以下的小型工程除外。

按照国务院规定的权限和程序批准开工报告的建筑工程,不再领取施工许可证。

第八条 【申领条件】申请领取施工许可证,应当具备下列条件:

(一)已经办理该建筑工程用地批准手续;

(二)在城市规划区的建筑工程,已经取得规划许可证;

(三)需要拆迁的,其拆迁进度符合施工要求;

(四)已经确定建筑施工企业;

(五)有满足施工需要的施工图纸及技术资料;

(六)有保证工程质量和安全的具体措施;

(七)建设资金已经落实;

(八)法律、行政法规规定的其他条件。

建设行政主管部门应当自收到申请之日起十五日内,对符合条件的申请颁发施工许可证。

第九条 【开工期限】建设单位应当自领取施工许可证之日起三个月内开工。因故不能按期开工的,应当向发证机关申请延期;延期以两次为限,每次不超过三个月。既不开工又不申请延期或者超过延期时限的,施工许可证自行废止。

第十条 【施工中止与恢复】在建的建筑工程因故中止施工的,建设单位应当自中止施工之日起一个月内,向发证机关报告,并按照规定做好建筑工程的维护管理工作。

建筑工程恢复施工时,应当向发证机关报告;中止施工满一年的工程恢复施工前,建设单位应当报发证机关核验施工许可证。

第十一条 【不能按期施工处理】按照国务院有关规定批准开工报告的建筑工程,因故不能按期开工或者中止施工的,应当及时向批准机关报告情况。因故不能按期开工超过六个月的,应当重新办理开工报告的批准手续。

第二节 从业资格

第十二条 【从业条件】从事建筑活动的建筑施工企业、勘察单位、设计单位和工程监理单位,应当具备下列条件:

(一)有符合国家规定的注册资本;

(二)有与其从事的建筑活动相适应的具有法定执业资格的专业技术人员;

(三)有从事相关建筑活动所应有的技术装备;

(四)法律、行政法规规定的其他条件。

第十三条 【资质等级】从事建筑活动的建筑施工企业、勘察单位、设计单位和工程监理单位,按照其拥有的注册资本、专业技术人员、技术装备和已完成的建筑工程业绩等资质条件,划分为不同的资质等级,经资质审查合格,取得相应等级的资质证书后,方可在其资质等级许可的范围内从事建筑活动。

第十四条 【执业资格的取得】从事建筑活动的专业技术人员,应当依法取得相应的执业资格证书,并在执业资格证书许可的范围内从事建筑活动。

第三章 建筑工程发包与承包

第一节 一般规定

第十五条 【承包合同】建筑工程的发包单位与承包单位应当依法订立书面合同,明确双方的权利和义务。

发包单位和承包单位应当全面履行合同约定的义务。不按照合同约定履行义务的,依法承担违约责任。

第十六条 【活动原则】建筑工程发包与承包的招标投标活动,应当遵循公开、公正、平等竞争的原则,择优选择承包单位。

建筑工程的招标投标,本法没有规定的,适用有关招标投标法律的规定。

第十七条 【禁止行贿、索贿】发包单位及其工作人员在建筑工程发包中不得收受贿赂、回扣或者索取其他好处。

承包单位及其工作人员不得利用向发包单位及其工作人员行贿、提供回扣或者给予其他好处等不正当手段承揽工程。

第十八条 【造价约定】建筑工程造价应当按照国家有关规定,由发包单位与承包单位在合同中约定。公开招标发包的,其造价的约定,须遵守招标投标法律的规定。

发包单位应当按照合同的约定，及时拨付工程款项。

第二节 发 包

第十九条 【发包方式】建筑工程依法实行招标发包，对不适于招标发包的可以直接发包。

第二十条 【公开招标、开标方式】建筑工程实行公开招标的，发包单位应当依照法定程序和方式，发布招标公告，提供载有招标工程的主要技术要求、主要的合同条款、评标的标准和方法以及开标、评标、定标的程序等内容的招标文件。

开标应当在招标文件规定的时间、地点公开进行。开标后应当按照招标文件规定的评标标准和程序对标书进行评价、比较，在具备相应资质条件的投标者中，择优选定中标者。

第二十一条 【招标组织和监督】建筑工程招标的开标、评标、定标由建设单位依法组织实施，并接受有关行政主管部门的监督。

第二十二条 【发包约束】建筑工程实行招标发包的，发包单位应当将建筑工程发包给依法中标的承包单位。建筑工程实行直接发包的，发包单位应当将建筑工程发包给具有相应资质条件的承包单位。

第二十三条 【禁止限定发包】政府及其所属部门不得滥用行政权力，限定发包单位将招标发包的建筑工程发包给指定的承包单位。

第二十四条 【总承包原则】提倡对建筑工程实行总承包，禁止将建筑工程肢解发包。

建筑工程的发包单位可以将建筑工程的勘察、设计、施工、设备采购一并发包给一个工程总承包单位，也可以将建筑工程勘察、设计、施工、设备采购的一项或者多项发包给一个工程总承包单位；但是，不得将应当由一个承包单位完成的建筑工程肢解成若干部分发包给几个承包单位。

第二十五条 【建筑材料采购】按照合同约定，建筑材料、建筑构配件和设备由工程承包单位采购的，发包单位不得指定承包单位购入用于工程的建筑材料、建筑构配件和设备或者指定生产厂、供应商。

第三节 承 包

第二十六条 【资质等级许可】承包建筑工程的单位应当持有依法取得的资质证书，并在其资质等级许可的业务范围内承揽工程。

禁止建筑施工企业超越本企业资质等级许可的业务范围或者以任何形式用其他建筑施工企业的名义承揽工程。禁止建筑施工企业以任何形式允许其他单位或者个人使用本企业的资质证书、营业执照，以本企业的名义承揽工程。

第二十七条 【共同承包】大型建筑工程或者结构复杂的建筑工程，可以由两个以上的承包单位联合共同承包。共同承包的各方对承包合同的履行承担连带责任。

两个以上不同资质等级的单位实行联合共同承包的，应当按照资质等级低的单位的业务许可范围承揽工程。

第二十八条 【禁止转包、分包】禁止承包单位将其承包的全部建筑工程转包给他人，禁止承包单位将其承包的全部建筑工程肢解以后以分包的名义分别转包给他人。

第二十九条 【分包认可和责任制】建筑工程总承包单位可以将承包工程中的部分工程发包给具有相应资质条件的分包单位；但是，除总承包合同中约定的分包外，必须经建设单位认可。施工总承包的，建筑工程主体结构的施工必须由总承包单位自行完成。

建筑工程总承包单位按照总承包合同的约定对建设单位负责；分包单位按照分包合同的约定对总承包单位负责。总承包单位和分包单位就分包工程对建设单位承担连带责任。

禁止总承包单位将工程分包给不具备相应资质条件的单位。禁止分包单位将其承包的工程再分包。

第四章 建筑工程监理

第三十条 【监理制度推行】国家推行建筑工程监理制度。

国务院可以规定实行强制监理的建筑工程的范围。

第三十一条 【监理委托】实行监理的建筑工程，由建设单位委托具有相应资质条件的工程监理单位监理。建设单位与其委托的工程监理单位应当订立书面委托监理合同。

第三十二条 【监理监督】建筑工程监理应当依照法律、行政法规及有关的技术标准、设计文件和建筑工程承包合同，对承包单位在施工质量、建设工期和建设资金使用等方面，代表建设单位实施监督。

工程监理人员认为工程施工不符合工程设计要求、施工技术标准和合同约定的，有权要求建筑施工企业改正。

工程监理人员发现工程设计不符合建筑工程质量标准或者合同约定的质量要求的，应当报告建设单位要求设计单位改正。

第三十三条 【监理事项通知】实施建筑工程监理前，建设单位应当将委托的工程监理单位、监理的内容及监理权限，书面通知被监理的建筑施工企业。

第三十四条 【监理范围与职责】工程监理单位应当在其资质等级许可的监理范围内，承担工程监理业务。

工程监理单位应当根据建设单位的委托，客观、公正地执行监理任务。

工程监理单位与被监理工程的承包单位以及建筑材料、建筑构配件和设备供应单位不得有隶属关系或者其他利害关系。

工程监理单位不得转让工程监理业务。

第三十五条 【违约责任】工程监理单位不按照委托监理合同的约定履行监理义务，对应当监督检查的项目不检查或者不按照规定检查，给建设单位造成损失的，应当承担相应的赔偿责任。

工程监理单位与承包单位串通,为承包单位谋取非法利益,给建设单位造成损失的,应当与承包单位承担连带赔偿责任。

第五章 建筑安全生产管理

第三十六条 【管理方针、目标】建筑工程安全生产管理必须坚持安全第一、预防为主的方针,建立健全安全生产的责任制度和群防群治制度。

第三十七条 【工程设计要求】建筑工程设计应当符合按照国家规定制定的建筑安全规程和技术规范,保证工程的安全性能。

第三十八条 【安全措施编制】建筑施工企业在编制施工组织设计时,应当根据建筑工程的特点制定相应的安全技术措施;对专业性较强的工程项目,应当编制专项安全施工组织设计,并采取安全技术措施。

第三十九条 【现场安全防范】建筑施工企业应当在施工现场采取维护安全、防范危险、预防火灾等措施;有条件的,应当对施工现场实行封闭管理。

施工现场对毗邻的建筑物、构筑物和特殊作业环境可能造成损害的,建筑施工企业应当采取安全防护措施。

第四十条 【地下管线保护】建设单位应当向建筑施工企业提供与施工现场相关的地下管线资料,建筑施工企业应当采取措施加以保护。

第四十一条 【污染控制】建筑施工企业应当遵守有关环境保护和安全生产的法律、法规的规定,采取控制和处理施工现场的各种粉尘、废气、废水、固体废物以及噪声、振动对环境的污染和危害的措施。

第四十二条 【须审批事项】有下列情形之一的,建设单位应当按照国家有关规定办理申请批准手续:

(一)需要临时占用规划批准范围以外场地的;

(二)可能损坏道路、管线、电力、邮电通讯等公共设施的;

(三)需要临时停水、停电、中断道路交通的;

(四)需要进行爆破作业的;

(五)法律、法规规定需要办理报批手续的其他情形。

第四十三条 【安全生产管理部门】建设行政主管部门负责建筑安全生产的管理,并依法接受劳动行政主管部门对建筑安全生产的指导和监督。

第四十四条 【施工企业安全责任】建筑施工企业必须依法加强对建筑安全生产的管理,执行安全生产责任制度,采取有效措施,防止伤亡和其他安全生产事故的发生。

建筑施工企业的法定代表人对本企业的安全生产负责。

第四十五条 【现场安全责任单位】施工现场安全由建筑施工企业负责。实行施工总承包的,由总承包单位负责。分包单位向总承包单位负责,服从总承包单位对施工现场的安全生产管理。

第四十六条 【安全生产教育培训】建筑施工企业应当建立健全劳动安全生产教育培训制度,加强对职工安全生产的教育培训;未经安全生产教育培训的人员,不得上岗作业。

第四十七条 【施工安全保障】建筑施工企业和作业人员在施工过程中,应当遵守有关安全生产的法律、法规和建筑行业安全规章、规程,不得违章指挥或者违章作业。作业人员有权对影响人身健康的作业程序和作业条件提出改进意见,有权获得安全生产所需的防护用品。作业人员对危及生命安全和人身健康的行为有权提出批评、检举和控告。

第四十八条 【企业承保】建筑施工企业应当依法为职工参加工伤保险缴纳工伤保险费。鼓励企业为从事危险作业的职工办理意外伤害保险,支付保险费。

第四十九条 【变动设计方案】涉及建筑主体和承重结构变动的装修工程,建设单位应当在施工前委托原设计单位或者具有相应资质条件的设计单位提出设计方案;没有设计方案的,不得施工。

第五十条 【房屋拆除安全】房屋拆除应当由具备保证安全条件的建筑施工单位承担,由建筑施工单位负责人对安全负责。

第五十一条 【事故应急处理】施工中发生事故时,建筑施工企业应当采取紧急措施减少人员伤亡和事故损失,并按照国家有关规定及时向有关部门报告。

第六章 建筑工程质量管理

第五十二条 【工程质量管理】建筑工程勘察、设计、施工的质量必须符合国家有关建筑工程安全标准的要求,具体管理办法由国务院规定。

有关建筑工程安全的国家标准不能适应确保建筑安全的要求时,应当及时修订。

第五十三条 【质量体系认证】国家对从事建筑活动的单位推行质量体系认证制度。从事建筑活动的单位根据自愿原则可以向国务院产品质量监督管理部门或者国务院产品质量监督管理部门授权的部门认可的认证机构申请质量体系认证。经认证合格的,由认证机构颁发质量体系认证证书。

第五十四条 【工程质量保证】建设单位不得以任何理由,要求建筑设计单位或者建筑施工企业在工程设计或者施工作业中,违反法律、行政法规和建筑工程质量、安全标准,降低工程质量。

建筑设计单位和建筑施工企业对建设单位违反前款规定提出的降低工程质量的要求,应当予以拒绝。

第五十五条 【工程质量责任制】建筑工程实行总承包的,工程质量由工程总承包单位负责,总承包单位将建筑工程分包给其他单位的,应当对分包工程的质量与分包单位承担连带责任。分包单位应当接受总承包单位的质量管理。

第五十六条 【**工程勘察、设计职责**】建筑工程的勘察、设计单位必须对其勘察、设计的质量负责。勘察、设计文件应当符合有关法律、行政法规的规定和建筑工程质量、安全标准、建筑工程勘察、设计技术规范以及合同的约定。设计文件选用的建筑材料、建筑构配件和设备，应当注明其规格、型号、性能等技术指标，其质量要求必须符合国家规定的标准。

第五十七条 【**建筑材料供给**】建筑设计单位对设计文件选用的建筑材料、建筑构配件和设备，不得指定生产厂、供应商。

第五十八条 【**施工质量责任制**】建筑施工企业对工程的施工质量负责。

建筑施工企业必须按照工程设计图纸和施工技术标准施工，不得偷工减料。工程设计的修改由原设计单位负责，建筑施工企业不得擅自修改工程设计。

第五十九条 【**建筑材料设备检验**】建筑施工企业必须按照工程设计要求、施工技术标准和合同的约定，对建筑材料、建筑构配件和设备进行检验，不合格的不得使用。

第六十条 【**地基和主体结构质量保证**】建筑物在合理使用寿命内，必须确保地基基础工程和主体结构的质量。

建筑工程竣工时，屋顶、墙面不得留有渗漏、开裂等质量缺陷；对已发现的质量缺陷，建筑施工企业应当修复。

第六十一条 【**工程验收**】交付竣工验收的建筑工程，必须符合规定的建筑工程质量标准，有完整的工程技术经济资料和经签署的工程保修书，并具备国家规定的其他竣工条件。

建筑工程竣工经验收合格后，方可交付使用；未经验收或者验收不合格的，不得交付使用。

第六十二条 【**工程质量保修**】建筑工程实行质量保修制度。

建筑工程的保修范围应当包括地基基础工程、主体结构工程、屋面防水工程和其他土建工程，以及电气管线、上下水管线的安装工程，供热、供冷系统工程等项目；保修的期限应当按照保证建筑物合理寿命年限内正常使用，维护使用者合法权益的原则确定。具体的保修范围和最低保修期限由国务院规定。

第六十三条 【**质量投诉**】任何单位和个人对建筑工程的质量事故、质量缺陷都有权向建设行政主管部门或者其他有关部门进行检举、控告、投诉。

第七章 法律责任

第六十四条 【**擅自施工处罚**】违反本法规定，未取得施工许可证或者开工报告未经批准擅自施工的，责令改正，对不符合开工条件的责令停止施工，可以处以罚款。

第六十五条 【**非法发包、承揽处罚**】发包单位将工程发包给不具有相应资质条件的承包单位的，或者违反本法规定将建筑工程肢解发包的，责令改正，处以罚款。

超越本单位资质等级承揽工程的，责令停止违法行为，处以罚款，可以责令停业整顿，降低资质等级；情节严重的，吊销资质证书；有违法所得的，予以没收。

未取得资质证书承揽工程的，予以取缔，并处罚款；有违法所得的，予以没收。

以欺骗手段取得资质证书的，吊销资质证书，处以罚款；构成犯罪的，依法追究刑事责任。

第六十六条 【**非法转让承揽工程处罚**】建筑施工企业转让、出借资质证书或者以其他方式允许他人以本企业的名义承揽工程的，责令改正，没收违法所得，并处罚款，可以责令停业整顿，降低资质等级；情节严重的，吊销资质证书。对因该项承揽工程不符合规定的质量标准造成的损失，建筑施工企业与使用本企业名义的单位或者个人承担连带赔偿责任。

第六十七条 【**转包处罚**】承包单位将承包的工程转包的，或者违反本法规定进行分包的，责令改正，没收违法所得，并处罚款，可以责令停业整顿，降低资质等级；情节严重的，吊销资质证书。

承包单位有前款规定的违法行为的，对因转包工程或者违法分包的工程不符合规定的质量标准造成的损失，与接受转包或者分包的单位承担连带赔偿责任。

第六十八条 【**行贿、索贿刑事责任**】在工程发包与承包中索贿、受贿、行贿，构成犯罪的，依法追究刑事责任；不构成犯罪的，分别处以罚款，没收贿赂的财物，对直接负责的主管人员和其他直接责任人员给予处分。

对在工程承包中行贿的承包单位，除依照前款规定处罚外，可以责令停业整顿，降低资质等级或者吊销资质证书。

第六十九条 【**非法监理处罚**】工程监理单位与建设单位或者建筑施工企业串通，弄虚作假、降低工程质量的，责令改正，处以罚款，降低资质等级或者吊销资质证书；有违法所得的，予以没收；造成损失的，承担连带赔偿责任；构成犯罪的，依法追究刑事责任。

工程监理单位转让监理业务的，责令改正，没收违法所得，可以责令停业整顿，降低资质等级；情节严重的，吊销资质证书。

第七十条 【**擅自变动施工处罚**】违反本法规定，涉及建筑主体或者承重结构变动的装修工程擅自施工的，责令改正，处以罚款；造成损失的，承担赔偿责任；构成犯罪的，依法追究刑事责任。

第七十一条 【**安全事故处罚**】建筑施工企业违反本法规定，对建筑安全事故隐患不采取措施予以消除的，责令改正，可以处以罚款；情节严重的，责令停业整顿，降低资质等级或者吊销资质证书；构成犯罪的，依法追究刑事责任。

建筑施工企业的管理人员违章指挥、强令职工冒险作业，因而发生重大伤亡事故或者造成其他严重后果的，依法追究刑事责任。

第七十二条 【**质量降低处罚**】建设单位违反本法规定，要求建筑设计单位或者建筑施工企业违反建筑工程质量、安全标准,降低工程质量的,责令改正,可以处以罚款;构成犯罪的,依法追究刑事责任。

第七十三条　【非法设计处罚】建筑设计单位不按照建筑工程质量、安全标准进行设计的,责令改正,处以罚款;造成工程质量事故的,责令停业整顿,降低资质等级或者吊销资质证书,没收违法所得,并处罚款;造成损失的,承担赔偿责任;构成犯罪的,依法追究刑事责任。

第七十四条　【非法施工处罚】建筑施工企业在施工中偷工减料的,使用不合格的建筑材料、建筑构配件和设备的,或者有其他不按照工程设计图纸或者施工技术标准施工的行为的,责令改正,处以罚款;情节严重的,责令停业整顿,降低资质等级或者吊销资质证书;造成建筑工程质量不符合规定的质量标准的,负责返工、修理,并赔偿因此造成的损失;构成犯罪的,依法追究刑事责任。

第七十五条　【不保修处罚及赔偿】建筑施工企业违反本法规定,不履行保修义务或者拖延履行保修义务的,责令改正,可以处以罚款,并对在保修期内因屋顶、墙面渗漏、开裂等质量缺陷造成的损失,承担赔偿责任。

第七十六条　【行政处罚机关】本法规定的责令停业整顿、降低资质等级和吊销资质证书的行政处罚,由颁发资质证书的机关决定;其他行政处罚,由建设行政主管部门或者有关部门依照法律和国务院规定的职权范围决定。

依照本法规定被吊销资质证书的,由工商行政管理部门吊销其营业执照。

第七十七条　【非法颁证处罚】违反本法规定,对不具备相应资质等级条件的单位颁发该等级资质证书的,由其上级机关责令收回所发的资质证书,对直接负责的主管人员和其他直接责任人员给予行政处分;构成犯罪的,依法追究刑事责任。

第七十八条　【限包处罚】政府及其所属部门的工作人员违反本法规定,限定发包单位将招标发包的工程发包给指定的承包单位的,由上级机关责令改正;构成犯罪的,依法追究刑事责任。

第七十九条　【非法颁证、验收处罚】负责颁发建筑工程施工许可证的部门及其工作人员对不符合施工条件的建筑工程颁发施工许可证的,负责工程质量监督检查或者竣工验收的部门及其工作人员对不合格的建筑工程出具质量合格文件或者按合格工程验收的,由上级机关责令改正,对责任人员给予行政处分;构成犯罪的,依法追究刑事责任;造成损失的,由该部门承担相应的赔偿责任。

第八十条　【损害赔偿】在建筑物的合理使用寿命内,因建筑工程质量不合格受到损害的,有权向责任者要求赔偿。

第八章　附　　则

第八十一条　【适用范围补充】本法关于施工许可、建筑施工企业资质审查和建筑工程发包、承包、禁止转包,以及建筑工程监理、建筑工程安全和质量管理的规定,适用于其他专业建筑工程的建筑活动,具体办法由国务院规定。

第八十二条　【监管收费】建设行政主管部门和其他有关部门在对建筑活动实施监督管理中,除按照国务院有关规定收取费用外,不得收取其他费用。

第八十三条　【适用范围特别规定】省、自治区、直辖市人民政府确定的小型房屋建筑工程的建筑活动,参照本法执行。

依法核定作为文物保护的纪念建筑物和古建筑等的修缮,依照文物保护的有关法律规定执行。

抢险救灾及其他临时性房屋建筑和农民自建低层住宅的建筑活动,不适用本法。

第八十四条　【军用工程特别规定】军用房屋建筑工程建筑活动的具体管理办法,由国务院、中央军事委员会依据本法制定。

第八十五条　【生效日期】本法自1998年3月1日起施行。

物业管理条例

1. 2003年6月8日国务院令第379号公布

2. 根据2007年8月26日国务院令第504号《关于修改〈物业管理条例〉的决定》第一次修订

3. 根据2016年2月6日国务院令第666号《关于修改部分行政法规的决定》第二次修订

第一章　总　　则

第一条　为了规范物业管理活动,维护业主和物业服务企业的合法权益,改善人民群众的生活和工作环境,制定本条例。

第二条　本条例所称物业管理,是指业主通过选聘物业服务企业,由业主和物业服务企业按照物业服务合同约定,对房屋及配套的设施设备和相关场地进行维修、养护、管理,维护物业管理区域内的环境卫生和相关秩序的活动。

第三条　国家提倡业主通过公开、公平、公正的市场竞争机制选择物业服务企业。

第四条　国家鼓励采用新技术、新方法,依靠科技进步提高物业管理和服务水平。

第五条　国务院建设行政主管部门负责全国物业管理活动的监督管理工作。

县级以上地方人民政府房地产行政主管部门负责本行政区域内物业管理活动的监督管理工作。

第二章　业主及业主大会

第六条　房屋的所有权人为业主。

业主在物业管理活动中,享有下列权利:

(一)按照物业服务合同的约定,接受物业服务企业提供的服务;

(二)提议召开业主大会会议,并就物业管理的有关事项提出建议;

（三）提出制定和修改管理规约、业主大会议事规则的建议；

（四）参加业主大会会议，行使投票权；

（五）选举业主委员会成员，并享有被选举权；

（六）监督业主委员会的工作；

（七）监督物业服务企业履行物业服务合同；

（八）对物业共用部位、共用设施设备和相关场地使用情况享有知情权和监督权；

（九）监督物业共用部位、共用设施设备专项维修资金（以下简称专项维修资金）的管理和使用；

（十）法律、法规规定的其他权利。

第七条 业主在物业管理活动中，履行下列义务：

（一）遵守管理规约、业主大会议事规则；

（二）遵守物业管理区域内物业共用部位和共用设施设备的使用、公共秩序和环境卫生的维护等方面的规章制度；

（三）执行业主大会的决定和业主大会授权业主委员会作出的决定；

（四）按照国家有关规定交纳专项维修资金；

（五）按时交纳物业服务费用；

（六）法律、法规规定的其他义务。

第八条 物业管理区域内全体业主组成业主大会。

业主大会应当代表和维护物业管理区域内全体业主在物业管理活动中的合法权益。

第九条 一个物业管理区域成立一个业主大会。

物业管理区域的划分应当考虑物业的共用设施设备、建筑物规模、社区建设等因素。具体办法由省、自治区、直辖市制定。

第十条 同一个物业管理区域内的业主，应当在物业所在地的区、县人民政府房地产行政主管部门或者街道办事处、乡镇人民政府的指导下成立业主大会，并选举产生业主委员会。但是，只有一个业主的，或者业主人数较少且经全体业主一致同意，决定不成立业主大会的，由业主共同履行业主大会、业主委员会职责。

第十一条 下列事项由业主共同决定：

（一）制定和修改业主大会议事规则；

（二）制定和修改管理规约；

（三）选举业主委员会或者更换业主委员会成员；

（四）选聘和解聘物业服务企业；

（五）筹集和使用专项维修资金；

（六）改建、重建建筑物及其附属设施；

（七）有关共有和共同管理权利的其他重大事项。

第十二条 业主大会会议可以采用集体讨论的形式，也可以采用书面征求意见的形式；但是，应当有物业管理区域内专有部分占建筑物总面积过半数的业主且占总人数过半数的业主参加。

业主可以委托代理人参加业主大会会议。

业主大会决定本条例第十一条第（五）项和第（六）项规定的事项，应当经专有部分占建筑物总面积2/3以上的业主且占总人数2/3以上的业主同意；决定本条例第十一条规定的其他事项，应当经专有部分占建筑物总面积过半数的业主且占总人数过半数的业主同意。

业主大会或者业主委员会的决定，对业主具有约束力。

业主大会或者业主委员会作出的决定侵害业主合法权益的，受侵害的业主可以请求人民法院予以撤销。

第十三条 业主大会会议分为定期会议和临时会议。

业主大会定期会议应当按照业主大会议事规则的规定召开。经20%以上的业主提议，业主委员会应当组织召开业主大会临时会议。

第十四条 召开业主大会会议，应当于会议召开15日以前通知全体业主。

住宅小区的业主大会会议，应当同时告知相关的居民委员会。

业主委员会应当做好业主大会会议记录。

第十五条 业主委员会执行业主大会的决定事项，履行下列职责：

（一）召集业主大会会议，报告物业管理的实施情况；

（二）代表业主与业主大会选聘的物业服务企业签订物业服务合同；

（三）及时了解业主、物业使用人的意见和建议，监督和协助物业服务企业履行物业服务合同；

（四）监督管理规约的实施；

（五）业主大会赋予的其他职责。

第十六条 业主委员会应当自选举产生之日起30日内，向物业所在地的区、县人民政府房地产行政主管部门和街道办事处、乡镇人民政府备案。

业主委员会委员应当由热心公益事业、责任心强、具有一定组织能力的业主担任。

业主委员会主任、副主任在业主委员会成员中推选产生。

第十七条 管理规约应当对有关物业的使用、维护、管理，业主的共同利益，业主应当履行的义务，违反管理规约应当承担的责任等事项依法作出约定。

管理规约应当尊重社会公德，不得违反法律、法规或者损害社会公共利益。

管理规约对全体业主具有约束力。

第十八条 业主大会议事规则应当就业主大会的议事方式、表决程序、业主委员会的组成和成员任期等事项作出约定。

第十九条 业主大会、业主委员会应当依法履行职责，不得作出与物业管理无关的决定，不得从事与物业管理无关的活动。

业主大会、业主委员会作出的决定违反法律、法规的,物业所在地的区、县人民政府房地产行政主管部门或者街道办事处、乡镇人民政府,应当责令限期改正或者撤销其决定,并通告全体业主。

第二十条 业主大会、业主委员会应当配合公安机关,与居民委员会相互协作,共同做好维护物业管理区域内的社会治安等相关工作。

在物业管理区域内,业主大会、业主委员会应当积极配合相关居民委员会依法履行自治管理职责,支持居民委员会开展工作,并接受其指导和监督。

住宅小区的业主大会、业主委员会作出的决定,应当告知相关的居民委员会,并认真听取居民委员会的建议。

第三章 前期物业管理

第二十一条 在业主、业主大会选聘物业服务企业之前,建设单位选聘物业服务企业的,应当签订书面的前期物业服务合同。

第二十二条 建设单位应当在销售物业之前,制定临时管理规约,对有关物业的使用、维护、管理,业主的共同利益,业主应当履行的义务,违反临时管理规约应当承担的责任等事项依法作出约定。

建设单位制定的临时管理规约,不得侵害物业买受人的合法权益。

第二十三条 建设单位应当在物业销售前将临时管理规约向物业买受人明示,并予以说明。

物业买受人在与建设单位签订物业买卖合同时,应当对遵守临时管理规约予以书面承诺。

第二十四条 国家提倡建设单位按照房地产开发与物业管理相分离的原则,通过招投标的方式选聘具有相应资质的物业服务企业。

住宅物业的建设单位,应当通过招投标的方式选聘具有相应资质的物业服务企业;投标人少于3个或者住宅规模较小的,经物业所在地的区、县人民政府房地产行政主管部门批准,可以采用协议方式选聘具有相应资质的物业服务企业。

第二十五条 建设单位与物业买受人签订的买卖合同应当包含前期物业服务合同约定的内容。

第二十六条 前期物业服务合同可以约定期限;但是,期限未满、业主委员会与物业服务企业签订的物业服务合同生效的,前期物业服务合同终止。

第二十七条 业主依法享有的物业共用部位、共用设施设备的所有权或者使用权,建设单位不得擅自处分。

第二十八条 物业服务企业承接物业时,应当对物业共用部位、共用设施设备进行查验。

第二十九条 在办理物业承接验收手续时,建设单位应当向物业服务企业移交下列资料:

(一)竣工总平面图,单体建筑、结构、设备竣工图,配套设施、地下管网工程竣工图等竣工验收资料;

(二)设施设备的安装、使用和维护保养等技术资料;

(三)物业质量保修文件和物业使用说明文件;

(四)物业管理所必需的其他资料。

物业服务企业应当在前期物业服务合同终止时将上述资料移交给业主委员会。

第三十条 建设单位应当按照规定在物业管理区域内配置必要的物业管理用房。

第三十一条 建设单位应当按照国家规定的保修期限和保修范围,承担物业的保修责任。

第四章 物业管理服务

第三十二条 从事物业管理活动的企业应当具有独立的法人资格。

国家对从事物业管理活动的企业实行资质管理制度。具体办法由国务院建设行政主管部门制定。

第三十三条 一个物业管理区域由一个物业服务企业实施物业管理。

第三十四条 业主委员会应当与业主大会选聘的物业服务企业订立书面的物业服务合同。

物业服务合同应当对物业管理事项、服务质量、服务费用、双方的权利义务、专项维修资金的管理与使用、物业管理用房、合同期限、违约责任等内容进行约定。

第三十五条 物业服务企业应当按照物业服务合同的约定,提供相应的服务。

物业服务企业未能履行物业服务合同的约定,导致业主人身、财产安全受到损害的,应当依法承担相应的法律责任。

第三十六条 物业服务企业承接物业时,应当与业主委员会办理物业验收手续。

业主委员会应当向物业服务企业移交本条例第二十九条第一款规定的资料。

第三十七条 物业管理用房的所有权依法属于业主。未经业主大会同意,物业服务企业不得改变物业管理用房的用途。

第三十八条 物业服务合同终止时,物业服务企业应当将物业管理用房和本条例第二十九条第一款规定的资料交还给业主委员会。

物业服务合同终止时,业主大会选聘了新的物业服务企业的,物业服务企业之间应当做好交接工作。

第三十九条 物业服务企业可以将物业管理区域内的专项服务业务委托给专业性服务企业,但不得将该区域内的全部物业管理一并委托给他人。

第四十条 物业服务收费应当遵循合理、公开以及费用与服务水平相适应的原则,区别不同物业的性质和特点,由业主和物业服务企业按照国务院价格主管部门会同国务院建设行政主管部门制定的物业服务收费办法，在物业服务合同中约定。

第四十一条 业主应当根据物业服务合同的约定交纳物业服务费用。业主与物业使用人约定由物业使用人交纳物业服务费用的，从其约定，业主负连带交纳责任。

已竣工但尚未出售或者尚未交给物业买受人的物业，物业服务费用由建设单位交纳。

第四十二条 县级以上人民政府价格主管部门会同同级房地产行政主管部门，应当加强对物业服务收费的监督。

第四十三条 物业服务企业可以根据业主的委托提供物业服务合同约定以外的服务项目，服务报酬由双方约定。

第四十四条 物业管理区域内，供水、供电、供气、供热、通讯、有线电视等单位应当向最终用户收取有关费用。

物业服务企业接受委托代收前款费用的，不得向业主收取手续费等额外费用。

第四十五条 对物业管理区域内违反有关治安、环保、物业装饰装修和使用等方面法律、法规规定的行为，物业服务企业应当制止，并及时向有关行政管理部门报告。

有关行政管理部门在接到物业服务企业的报告后，应当依法对违法行为予以制止或者依法处理。

第四十六条 物业服务企业应当协助做好物业管理区域内的安全防范工作。发生安全事故时，物业服务企业在采取应急措施的同时，应当及时向有关行政管理部门报告，协助做好救助工作。

物业服务企业雇请保安人员的，应当遵守国家有关规定。保安人员在维护物业管理区域内的公共秩序时，应当履行职责，不得侵害公民的合法权益。

第四十七条 物业使用人在物业管理活动中的权利义务由业主和物业使用人约定，但不得违反法律、法规和管理规约的有关规定。

物业使用人违反本条例和管理规约的规定，有关业主应当承担连带责任。

第四十八条 县级以上地方人民政府房地产行政主管部门应当及时处理业主、业主委员会、物业使用人和物业服务企业在物业管理活动中的投诉。

第五章 物业的使用与维护

第四十九条 物业管理区域内按照规划建设的公共建筑和共用设施，不得改变用途。

业主依法确需改变公共建筑和共用设施用途的，应当在依法办理有关手续后告知物业服务企业；物业服务企业确需改变公共建筑和共用设施用途的，应当提请业主大会讨论决定同意后，由业主依法办理有关手续。

第五十条 业主、物业服务企业不得擅自占用、挖掘物业管理区域内的道路、场地，损害业主的共同利益。

因维修物业或者公共利益，业主确需临时占用、挖掘道路、场地的，应当征得业主委员会和物业服务企业的同意；物业服务企业确需临时占用、挖掘道路、场地的，应当征得业主委员会的同意。

业主、物业服务企业应当将临时占用、挖掘的道路、场地，在约定期限内恢复原状。

第五十一条 供水、供电、供气、供热、通信、有线电视等单位，应当依法承担物业管理区域内相关管线和设施设备维修、养护的责任。

前款规定的单位因维修、养护等需要，临时占用、挖掘道路、场地的，应当及时恢复原状。

第五十二条 业主需要装饰装修房屋的，应当事先告知物业服务企业。

物业服务企业应当将房屋装饰装修中的禁止行为和注意事项告知业主。

第五十三条 住宅物业、住宅小区内的非住宅物业或者与单幢住宅楼结构相连的非住宅物业的业主，应当按照国家有关规定交纳专项维修资金。

专项维修资金属于业主所有，专项用于物业保修期满后物业共用部位、共用设施设备的维修和更新、改造，不得挪作他用。

专项维修资金收取、使用、管理的办法由国务院建设行政主管部门会同国务院财政部门制定。

第五十四条 利用物业共用部位、共用设施设备进行经营的，应当在征得相关业主、业主大会、物业服务企业的同意后，按照规定办理有关手续。业主所得收益应当主要用于补充专项维修资金，也可以按照业主大会的决定使用。

第五十五条 物业存在安全隐患，危及公共利益及他人合法权益时，责任人应当及时维修养护，有关业主应当给予配合。

责任人不履行维修养护义务的，经业主大会同意，可以由物业服务企业维修养护，费用由责任人承担。

第六章 法律责任

第五十六条 违反本条例的规定，住宅物业的建设单位未通过招投标的方式选聘物业服务企业或者未经批准，擅自采用协议方式选聘物业服务企业的，由县级以上地方人民政府房地产行政主管部门责令限期改正，给予警告，可以并处10万元以下的罚款。

第五十七条 违反本条例的规定，建设单位擅自处分属于业主的物业共用部位、共用设施设备的所有权或者使用权的，由县级以上地方人民政府房地产行政主管部门处5万元以上20万元以下的罚款；给业主造成损失的，依法承担赔偿责任。

第五十八条 违反本条例的规定，不移交有关资料的，由县级以上地方人民政府房地产行政主管部门责令限期改正；逾期仍不移交有关资料的，对建设单位、物业服务企业予以通报，处1万元以上10万元以下的罚款。

第五十九条 违反本条例的规定，未取得资质证书从事物业管理的,由县级以上地方人民政府房地产行政主管部门没收违法所得,并处5万元以上20万元以下的罚款;给业主造成损失的,依法承担赔偿责任。

以欺骗手段取得资质证书的,依照本条第一款规定处罚,并由颁发资质证书的部门吊销资质证书。

第六十条 违反本条例的规定,物业服务企业将一个物业管理区域内的全部物业管理一并委托给他人的,由县级以上地方人民政府房地产行政主管部门责令限期改正,处委托合同价款30%以上50%以下的罚款;情节严重的,由颁发资质证书的部门吊销资质证书。委托所得收益,用于物业管理区域内物业共用部位、共用设施设备的维修、养护,剩余部分按照业主大会的决定使用;给业主造成损失的,依法承担赔偿责任。

第六十一条 违反本条例的规定,挪用专项维修资金的,由县级以上地方人民政府房地产行政主管部门追回挪用的专项维修资金,给予警告,没收违法所得,可以并处挪用数额2倍以下的罚款;物业服务企业挪用专项维修资金,情节严重的,并由颁发资质证书的部门吊销资质证书;构成犯罪的,依法追究直接负责的主管人员和其他直接责任人员的刑事责任。

第六十二条 违反本条例的规定,建设单位在物业管理区域内不按照规定配置必要的物业管理用房的,由县级以上地方人民政府房地产行政主管部门责令限期改正,给予警告,没收违法所得,并处10万元以上50万元以下的罚款。

第六十三条 违反本条例的规定,未经业主大会同意,物业服务企业擅自改变物业管理用房的用途的,由县级以上地方人民政府房地产行政主管部门责令限期改正,给予警告,并处1万元以上10万元以下的罚款;有收益的,所得收益用于物业管理区域内物业共用部位、共用设施设备的维修、养护,剩余部分按照业主大会的决定使用。

第六十四条 违反本条例的规定,有下列行为之一的,由县级以上地方人民政府房地产行政主管部门责令限期改正,给予警告,并按照本条第二款的规定处以罚款;所得收益,用于物业管理区域内物业共用部位、共用设施设备的维修、养护,剩余部分按照业主大会的决定使用:

(一)擅自改变物业管理区域内按照规划建设的公共建筑和共用设施用途的;

(二)擅自占用、挖掘物业管理区域内道路、场地,损害业主共同利益的;

(三)擅自利用物业共用部位、共用设施设备进行经营的。

个人有前款规定行为之一的,处1000元以上1万元以下的罚款;单位有前款规定行为之一的,处5万元以上20万元以下的罚款。

第六十五条 违反物业服务合同约定,业主逾期不交纳物业服务费用的,业主委员会应当督促其限期交纳;逾期仍不交纳的,物业服务企业可以向人民法院起诉。

第六十六条 业主以业主大会或者业主委员会的名义,从事违反法律、法规的活动,构成犯罪的,依法追究刑事责任;尚不构成犯罪的,依法给予治安管理处罚。

第六十七条 违反本条例的规定,国务院建设行政主管部门、县级以上地方人民政府房地产行政主管部门或者其他有关行政管理部门的工作人员利用职务上的便利,收受他人财物或者其他好处,不依法履行监督管理职责,或者发现违法行为不予查处,构成犯罪的,依法追究刑事责任;尚不构成犯罪的,依法给予行政处分。

第七章　附　　则

第六十八条 本条例自2003年9月1日起施行。

最高人民法院关于审理房屋登记案件若干问题的规定

1. 2010年8月2日最高人民法院审判委员会第1491次会议通过
2. 2010年11月5日公布
3. 法释〔2010〕15号
4. 自2010年11月18日起施行

为正确审理房屋登记案件,根据《中华人民共和国物权法》、《中华人民共和国城市房地产管理法》、《中华人民共和国行政诉讼法》等有关法律规定,结合行政审判实际,制定本规定。

第一条 公民、法人或者其他组织对房屋登记机构的房屋登记行为以及与查询、复制登记资料等事项相关的行政行为或者相应的不作为不服,提起行政诉讼的,人民法院应当依法受理。

第二条 房屋登记机构根据人民法院、仲裁委员会的法律文书或者有权机关的协助执行通知书以及人民政府的征收决定办理的房屋登记行为,公民、法人或者其他组织不服提起行政诉讼的,人民法院不予受理,但公民、法人或者其他组织认为登记与有关文书内容不一致的除外。

房屋登记机构作出未改变登记内容的换发、补发权属证书、登记证明或者更新登记簿的行为,公民、法人或者其他组织不服提起行政诉讼的,人民法院不予受理。

房屋登记机构在行政诉讼法施行前作出的房屋登记行为,公民、法人或者其他组织不服提起行政诉讼的,人民法院不予受理。

第三条 公民、法人或者其他组织对房屋登记行为不服提起行政诉讼的,不受下列情形的影响:

(一)房屋灭失;

(二)房屋登记行为已被登记机构改变;

(三)生效法律文书将房屋权属证书、房屋登记簿或者房屋登记证明作为定案证据采用。

第四条 房屋登记机构为债务人办理房屋转移登记,债权人不服提起诉讼,符合下列情形之一的,人民法院应当依法受理:

(一)以房屋为标的物的债权已办理预告登记的;

(二)债权人为抵押权人且房屋转让未经其同意的;

(三)人民法院依债权人申请对房屋采取强制执行措施并已通知房屋登记机构的;

(四)房屋登记机构工作人员与债务人恶意串通的。

第五条 同一房屋多次转移登记,原房屋权利人、原利害关系人对首次转移登记行为提起行政诉讼的,人民法院应当依法受理。

原房屋权利人、原利害关系人对首次转移登记行为及后续转移登记行为一并提起行政诉讼的,人民法院应当依法受理;人民法院判决驳回原告就在先转移登记行为提出的诉讼请求,或者因保护善意第三人确认在先房屋登记行为违法的,应当裁定驳回原告对后续转移登记行为的起诉。

原房屋权利人、原利害关系人未就首次转移登记行为提起行政诉讼,对后续转移登记行为提起行政诉讼的,人民法院不予受理。

第六条 人民法院受理房屋登记行政案件后,应当通知没有起诉的下列利害关系人作为第三人参加行政诉讼:

(一)房屋登记簿上载明的权利人;

(二)被诉异议登记、更正登记、预告登记的权利人;

(三)人民法院能够确认的其他利害关系人。

第七条 房屋登记行政案件由房屋所在地人民法院管辖,但有下列情形之一的也可由被告所在地人民法院管辖:

(一)请求房屋登记机构履行房屋转移登记、查询、复制登记资料等职责的;

(二)对房屋登记机构收缴房产证行为提起行政诉讼的;

(三)对行政复议改变房屋登记行为提起行政诉讼的。

第八条 当事人以作为房屋登记行为基础的买卖、共有、赠与、抵押、婚姻、继承等民事法律关系无效或者应当撤销为由,对房屋登记行为提起行政诉讼的,人民法院应当告知当事人先行解决民事争议,民事争议处理期间不计算在行政诉讼起诉期限内;已经受理的,裁定中止诉讼。

第九条 被告对被诉房屋登记行为的合法性负举证责任。被告保管证据原件的,应当在法庭上出示。被告不保管原件的,应当提交与原件核对一致的复印件、复制件并作出说明。当事人对被告提交的上述证据提出异议的,应当提供相应的证据。

第十条 被诉房屋登记行为合法的,人民法院应当判决驳回原告的诉讼请求。

第十一条 被诉房屋登记行为涉及多个权利主体或者房屋可分,其中部分主体或者房屋的登记违法应予撤销的,可以判决部分撤销。

被诉房屋登记行为违法,但该行为已被登记机构改变的,判决确认被诉行为违法。

被诉房屋登记行为违法,但判决撤销将给公共利益造成重大损失或者房屋已为第三人善意取得的,判决确认被诉行为违法,不撤销登记行为。

第十二条 申请人提供虚假材料办理房屋登记,给原告造成损害,房屋登记机构未尽合理审慎职责的,应当根据其过错程度及其在损害发生中所起作用承担相应的赔偿责任。

第十三条 房屋登记机构工作人员与第三人恶意串通违法登记,侵犯原告合法权益的,房屋登记机构与第三人承担连带赔偿责任。

第十四条 最高人民法院以前所作的相关的司法解释,凡与本规定不一致的,以本规定为准。

农村集体土地上的房屋登记行政案件参照本规定。

5. 土地

中华人民共和国土地管理法

1. 1986年6月25日第六届全国人民代表大会常务委员会第十六次会议通过

2. 根据1988年12月29日第七届全国人民代表大会常务委员会第五次会议《关于修改〈中华人民共和国土地管理法〉的决定》第一次修正

3. 1998年8月29日第九届全国人民代表大会常务委员会第四次会议修订

4. 根据2004年8月28日第十届全国人民代表大会常务委员会第十一次会议《关于修改〈中华人民共和国土地管理法〉的决定》第二次修正

目　录

第一章　总　　则

第一条 【立法目的】为了加强土地管理,维护土地的社会主义公有制,保护、开发土地资源,合理利用土地,切实保护耕地,促进社会经济的可持续发展,根据宪法,制定本法。

第二条 【所有制形式】中华人民共和国实行土地的社会主义公有制,即全民所有制和劳动群众集体所有制。

全民所有,即国家所有土地的所有权由国务院代表国家行使。

任何单位和个人不得侵占、买卖或者以其他形式非法转让土地。土地使用权可以依法转让。

国家为了公共利益的需要,可以依法对土地实行征收或者征用并给予补偿。

国家依法实行国有土地有偿使用制度。但是,国家在法律规定的范围内划拨国有土地使用权的除外。

第三条 【基本国策】十分珍惜、合理利用土地和切实保护耕地是我国的基本国策。各级人民政府应当采取措施,全面规划,严格管理,保护、开发土地资源,制止非法占用土地的行为。

第四条 【土地用途】国家实行土地用途管制制度。

国家编制土地利用总体规划,规定土地用途,将土地分为农用地、建设用地和未利用地。严格限制农用地转为建设用地,控制建设用地总量,对耕地实行特殊保护。

前款所称农用地是指直接用于农业生产的土地,包括耕地、林地、草地、农田水利用地、养殖水面等;建设用地是指建造建筑物、构筑物的土地,包括城乡住宅和公共设施用地、工矿用地、交通水利设施用地、旅游用地、军事设施用地等;未利用地是指农用地和建设用地以外的土地。

使用土地的单位和个人必须严格按照土地利用总体规划确定的用途使用土地。

第五条 【主管部门】国务院土地行政主管部门统一负责全国土地的管理和监督工作。

县级以上地方人民政府土地行政主管部门的设置及其职责,由省、自治区、直辖市人民政府根据国务院有关规定确定。

第六条 【守法义务、检举控告权】任何单位和个人都有遵守土地管理法律、法规的义务,并有权对违反土地管理法律、法规的行为提出检举和控告。

第七条 【奖励】在保护和开发土地资源、合理利用土地以及进行有关的科学研究等方面成绩显著的单位和个人,由人民政府给予奖励。

第二章 土地的所有权和使用权

第八条 【所有权归属】城市市区的土地属于国家所有。

农村和城市郊区的土地,除由法律规定属于国家所有的以外,属于农民集体所有;宅基地和自留地、自留山,属于农民集体所有。

第九条 【国有土地使用权】国有土地和农民集体所有的土地,可以依法确定给单位或者个人使用。使用土地的单位和个人,有保护、管理和合理利用土地的义务。

第十条 【集体所有土地经营、管理】农民集体所有的土地依法属于村农民集体所有的,由村集体经济组织或者村民委员会经营、管理;已经分别属于村内两个以上农村集体经济组织的农民集体所有的,由村内各该农村集体经济组织或者村民小组经营、管理;已经属于乡(镇)农民集体所有的,由乡(镇)农村集体经济组织经营、管理。

第十一条 【土地登记】农民集体所有的土地,由县级人民政府登记造册,核发证书,确认所有权。

农民集体所有的土地依法用于非农业建设的,由县级人民政府登记造册,核发证书,确认建设用地使用权。

单位和个人依法使用的国有土地,由县级以上人民政府登记造册,核发证书,确认使用权;其中,中央国家机关使用的国有土地的具体登记发证机关,由国务院确定。

确认林地、草原的所有权或者使用权,确认水面、滩涂的养殖使用权,分别依照《中华人民共和国森林法》、《中华人民共和国草原法》和《中华人民共和国渔业法》的有关规定办理。

第十二条 【变更登记】依法改变土地权属和用途的,应当办理土地变更登记手续。

第十三条 【登记保护】依法登记的土地的所有权和使用权受法律保护,任何单位和个人不得侵犯。

第十四条 【承包经营(一)】农民集体所有的土地由本集体经济组织的成员承包经营,从事种植业、林业、畜牧业、渔业生产。土地承包经营期限为三十年。发包方和承包方应当订立承包合同,约定双方的权利和义务。承包经营土地的农民有保护和按照承包合同约定的用途合理利用土地的义务。农民的土地承包经营权受法律保护。

在土地承包经营期限内,对个别承包经营者之间承包的土地进行适当调整的,必须经村民会议三分之二以上成员或者三分之二以上村民代表的同意,并报乡(镇)人民政府和县级人民政府农业行政主管部门批准。

第十五条 【承包经营(二)】国有土地可以由单位或者个人承包经营,从事种植业、林业、畜牧业、渔业生产。农民集体所有的土地,可以由本集体经济组织以外的单位或者个人承包经营,从事种植业、林业、畜牧业、渔业生产。发包方和承包方应当订立承包合同,约定双方的权利和义务。土地承包经营的期限由承包合同约定。承包经营土地的单位和个人,有保护和按照承包合同约定的用途合理利用土地的义务。

农民集体所有的土地由本集体经济组织以外的单位或者个人承包经营的,必须经村民会议三分之二以上成员或者三分之二以上村民代表的同意,并报乡(镇)人民政府批准。

第十六条 【争议解决】土地所有权和使用权争议,由当事人协商解决;协商不成的,由人民政府处理。

单位之间的争议,由县级以上人民政府处理;个人之间、个人与单位之间的争议,由乡级人民政府或者县级以上人民政府处理。

当事人对有关人民政府的处理决定不服的,可以自接到处理决定通知之日起三十日内,向人民法院起诉。

在土地所有权和使用权争议解决前,任何一方不得改变土地利用现状。

第三章 土地利用总体规划

第十七条 【规划要求、期限】各级人民政府应当依据国民经济和社会发展规划、国土整治和资源环境保护的要求、土地供给能力以及各项建设对土地的需求,组织编制土地利用总体规划。

土地利用总体规划的规划期限由国务院规定。

第十八条 【规划权限】下级土地利用总体规划应当依据上一级土地利用总体规划编制。

地方各级人民政府编制的土地利用总体规划中的建设用地总量不得超过上一级土地利用总体规划确定的控制指标,耕地保有量不得低于上一级土地利用总体规划确定的控制指标。

省、自治区、直辖市人民政府编制的土地利用总体规划,应当确保本行政区域内耕地总量不减少。

第十九条 【编制原则】土地利用总体规划按照下列原则编制:

(一)严格保护基本农田,控制非农业建设占用农用地;

(二)提高土地利用率;

(三)统筹安排各类、各区域用地;

(四)保护和改善生态环境,保障土地的可持续利用;

(五)占用耕地与开发复垦耕地相平衡。

第二十条 【土地用途】县级土地利用总体规划应当划分土地利用区,明确土地用途。

乡(镇)土地利用总体规划应当划分土地利用区,根据土地使用条件,确定每一块土地的用途,并予以公告。

第二十一条 【分级审批】土地利用总体规划实行分级审批。

省、自治区、直辖市的土地利用总体规划,报国务院批准。

省、自治区人民政府所在地的市、人口在一百万以上的城市以及国务院指定的城市的土地利用总体规划,经省、自治区人民政府审查同意后,报国务院批准。

本条第二款、第三款规定以外的土地利用总体规划,逐级上报省、自治区、直辖市人民政府批准;其中,乡(镇)土地利用总体规划可以由省级人民政府授权的设区的市、自治州人民政府批准。

土地利用总体规划一经批准,必须严格执行。

第二十二条 【建设用地规模】城市建设用地规模应当符合国家规定的标准,充分利用现有建设用地,不占或者尽量少占农用地。

城市总体规划、村庄和集镇规划,应当与土地利用总体规划相衔接,城市总体规划、村庄和集镇规划中建设用地规模不得超过土地利用总体规划确定的城市和村庄、集镇建设用地规模。

在城市规划区内、村庄和集镇规划区内,城市和村庄、集镇建设用地应当符合城市规划、村庄和集镇规划。

第二十三条 【综合治理】江河、湖泊综合治理和开发利用规划,应当与土地利用总体规划相衔接。在江河、湖泊、水库的管理和保护范围以及蓄洪滞洪区内,土地利用应当符合江河、湖泊综合治理和开发利用规划,符合河道、湖泊行洪、蓄洪和输水的要求。

第二十四条 【计划管理】各级人民政府应当加强土地利用计划管理,实行建设用地总量控制。

土地利用年度计划,根据国民经济和社会发展计划、国家产业政策、土地利用总体规划以及建设用地和土地利用的实际状况编制。土地利用年度计划的编制审批程序与土地利用总体规划的编制审批程序相同,一经审批下达,必须严格执行。

第二十五条 【计划执行情况报告】省、自治区、直辖市人民政府应当将土地利用年度计划的执行情况列为国民经济和社会发展计划执行情况的内容,向同级人民代表大会报告。

第二十六条 【修改规划】经批准的土地利用总体规划的修改,须经原批准机关批准;未经批准,不得改变土地利用总体规划确定的土地用途。

经国务院批准的大型能源、交通、水利等基础设施建设用地,需要改变土地利用总体规划的,根据国务院的批准文件修改土地利用总体规划。

经省、自治区、直辖市人民政府批准的能源、交通、水利等基础设施建设用地,需要改变土地利用总体规划的,属于省级人民政府土地利用总体规划批准权限内的,根据省级人民政府的批准文件修改土地利用总体规划。

第二十七条 【土地调查】国家建立土地调查制度。

县级以上人民政府土地行政主管部门会同同级有关部门进行土地调查。土地所有者或者使用者应当配合调查,并提供有关资料。

第二十八条 【土地等级评定】县级以上人民政府土地行政主管部门会同同级有关部门根据土地调查成果、规划土地用途和国家制定的统一标准,评定土地等级。

第二十九条 【土地统计】国家建立土地统计制度。

县级以上人民政府土地行政主管部门和同级统计部门共同制定统计调查方案,依法进行土地统计,定期发布土地统计资料。土地所有者或者使用者应当提供有关资料,不得虚报、瞒报、拒报、迟报。

土地行政主管部门和统计部门共同发布的土地面积统计资料是各级人民政府编制土地利用总体规划的依据。

第三十条 【动态监测】国家建立全国土地管理信息系统,对土地利用状况进行动态监测。

第四章　耕地保护

第三十一条　【耕地补偿制度】国家保护耕地,严格控制耕地转为非耕地。

国家实行占用耕地补偿制度。非农业建设经批准占用耕地的,按照"占多少,垦多少"的原则,由占用耕地的单位负责开垦与所占用耕地的数量和质量相当的耕地;没有条件开垦或者开垦的耕地不符合要求的,应当按照省、自治区、直辖市的规定缴纳耕地开垦费,专款用于开垦新的耕地。

省、自治区、直辖市人民政府应当制定开垦耕地计划,监督占用耕地的单位按照计划开垦耕地或者按照计划组织开垦耕地,并进行验收。

第三十二条　【耕地耕作层】县级以上地方人民政府可以要求占用耕地的单位将所占用耕地耕作层的土壤用于新开垦耕地、劣质地或者其他耕地的土壤改良。

第三十三条　【耕地总量减少】省、自治区、直辖市人民政府应当严格执行土地利用总体规划和土地利用年度计划,采取措施,确保本行政区域内耕地总量不减少;耕地总量减少的,由国务院责令在规定期限内组织开垦与所减少耕地的数量与质量相当的耕地,并由国务院土地行政主管部门会同农业行政主管部门验收。个别省、直辖市确因土地后备资源匮乏,新增建设用地后,新开垦耕地的数量不足以补偿所占用耕地的数量的,必须报经国务院批准减免本行政区域内开垦耕地的数量,进行易地开垦。

第三十四条　【基本农田保护制度】国家实行基本农田保护制度。下列耕地应当根据土地利用总体规划划入基本农田保护区,严格管理:

(一)经国务院有关主管部门或者县级以上地方人民政府批准确定的粮、棉、油生产基地内的耕地;

(二)有良好的水利与水土保持设施的耕地,正在实施改造计划以及可以改造的中、低产田;

(三)蔬菜生产基地;

(四)农业科研、教学试验田;

(五)国务院规定应当划入基本农田保护区的其他耕地。

各省、自治区、直辖市划定的基本农田应当占本行政区域内耕地的百分之八十以上。

基本农田保护区以乡(镇)为单位进行划区定界,由县级人民政府土地行政主管部门会同同级农业行政主管部门组织实施。

第三十五条　【改良土壤】各级人民政府应当采取措施,维护排灌工程设施,改良土壤,提高地力,防止土地荒漠化、盐渍化、水土流失和污染土地。

第三十六条　【非农业建设占用耕地】非农业建设必须节约使用土地,可以利用荒地的,不得占用耕地;可以利用劣地的,不得占用好地。

禁止占用耕地建窑、建坟或者擅自在耕地上建房、挖砂、采石、采矿、取土等。

禁止占用基本农田发展林果业和挖塘养鱼。

第三十七条　【闲置、荒芜耕地】禁止任何单位和个人闲置、荒芜耕地。已经办理审批手续的非农业建设占用耕地,一年内不用而又可以耕种并收获的,应当由原耕种该幅耕地的集体或者个人恢复耕种,也可以由用地单位组织耕种;一年以上未动工建设的,应当按照省、自治区、直辖市的规定缴纳闲置费;连续二年未使用的,经原批准机关批准,由县级以上人民政府无偿收回用地单位的土地使用权;该幅土地原为农民集体所有的,应当交由原农村集体经济组织恢复耕种。

在城市规划区范围内,以出让方式取得土地使用权进行房地产开发的闲置土地,依照《中华人民共和国城市房地产管理法》的有关规定办理。

承包经营耕地的单位或者个人连续二年弃耕抛荒的,原发包单位应当终止承包合同,收回发包的耕地。

第三十八条　【土地开发】国家鼓励单位和个人按照土地利用总体规划,在保护和改善生态环境、防止水土流失和土地荒漠化的前提下,开发未利用的土地;适宜开发为农用地的,应当优先开发成农用地。

国家依法保护开发者的合法权益。

第三十九条　【开垦条件】开垦未利用的土地,必须经过科学论证和评估,在土地利用总体规划划定的可开垦的区域内,经依法批准后进行。禁止毁坏森林、草原开垦耕地,禁止围湖造田和侵占江河滩地。

根据土地利用总体规划,对破坏生态环境开垦、围垦的土地,有计划有步骤地退耕还林、还牧、还湖。

第四十条　【开垦土地使用权】开发未确定使用权的国有荒山、荒地、荒滩从事种植业、林业、畜牧业、渔业生产的,经县级以上人民政府依法批准,可以确定给开发单位或者个人长期使用。

第四十一条　【土地整理】国家鼓励土地整理。县、乡(镇)人民政府应当组织农村集体经济组织,按照土地利用总体规划,对田、水、路、林、村综合整治,提高耕地质量,增加有效耕地面积,改善农业生产条件和生态环境。

地方各级人民政府应当采取措施,改造中、低产田,整治闲散地和废弃地。

第四十二条　【土地复垦】因挖损、塌陷、压占等造成土地破坏,用地单位和个人应当按照国家有关规定负责复垦;没有条件复垦或者复垦不符合要求的,应当缴纳土地复垦费,专项用于土地复垦。复垦的土地应当优先用于农业。

第五章　建设用地

第四十三条　【用地申请】任何单位和个人进行建设,需要使用土地的,必须依法申请使用国有土地;但是,兴办乡镇企业和村民建设住宅经依法批准使用本集体经济组织农民集体所有的土地的,或者乡(镇)村公共设施和公益事业建设经依法批准使用农民集体所有的土地的除外。

前款所称依法申请使用的国有土地包括国家所有的土地和国家征收的原属于农民集体所有的土地。

第四十四条 【农用地转用审批】建设占用土地，涉及农用地转为建设用地的，应当办理农用地转用审批手续。

省、自治区、直辖市人民政府批准的道路、管线工程和大型基础设施建设项目、国务院批准的建设项目占用土地，涉及农用地转为建设用地的，由国务院批准。

在土地利用总体规划确定的城市和村庄、集镇建设用地规模范围内，为实施该规划而将农用地转为建设用地的，按土地利用年度计划分批次由原批准土地利用总体规划的机关批准。在已批准的农用地转用范围内，具体建设项目用地可以由市、县人民政府批准。

本条第二款、第三款规定以外的建设项目占用土地，涉及农用地转为建设用地的，由省、自治区、直辖市人民政府批准。

第四十五条 【国务院特批】征收下列土地的，由国务院批准：

（一）基本农田；

（二）基本农田以外的耕地超过三十五公顷的；

（三）其他土地超过七十公顷的。

征收前款规定以外的土地的，由省、自治区、直辖市人民政府批准，并报国务院备案。

征收农用地的，应当依照本法第四十四条的规定先行办理农用地转用审批。其中，经国务院批准农用地转用的，同时办理征地审批手续，不再另行办理征地审批；经省、自治区、直辖市人民政府在征地批准权限内批准农用地转用的，同时办理征地审批手续，不再另行办理征地审批，超过征地批准权限的，应当依照本条第一款的规定另行办理征地审批。

第四十六条 【土地征收公告与实施】国家征收土地的，依照法定程序批准后，由县级以上地方人民政府予以公告并组织实施。

被征收土地的所有权人、使用权人应当在公告规定期限内，持土地权属证书到当地人民政府土地行政主管部门办理征地补偿登记。

第四十七条 【征收补偿】征收土地的，按照被征收土地的原用途给予补偿。

征收耕地的补偿费用包括土地补偿费、安置补助费以及地上附着物和青苗的补偿费。征收耕地的土地补偿费，为该耕地被征收前三年平均年产值的六至十倍。征收耕地的安置补助费，按照需要安置的农业人口数计算。需要安置的农业人口数，按照被征收的耕地数量除以征地前被征收单位平均每人占有耕地的数量计算。每一个需要安置的农业人口的安置补助费标准，为该耕地被征收前三年平均年产值的四至六倍。但是，每公顷被征收耕地的安置补助费，最高不得超过被征收前三年平均年产值的十五倍。

征收其他土地的土地补偿费和安置补助费标准，由省、自治区、直辖市参照征收耕地的土地补偿费和安置补助费的标准规定。

被征收土地上的附着物和青苗的补偿标准，由省、自治区、直辖市规定。

征收城市郊区的菜地，用地单位应当按照国家有关规定缴纳新菜地开发建设基金。

依照本条第二款的规定支付土地补偿费和安置补助费，尚不能使需要安置的农民保持原有生活水平的，经省、自治区、直辖市人民政府批准，可以增加安置补助费。但是，土地补偿费和安置补助费的总和不得超过土地被征收前三年平均年产值的三十倍。

国务院根据社会、经济发展水平，在特殊情况下，可以提高征收耕地的土地补偿费和安置补助费的标准。

第四十八条 【补偿安置方案公告】征地补偿安置方案确定后，有关地方人民政府应当公告，并听取被征地的农村集体经济组织和农民的意见。

第四十九条 【补偿费用收支情况公布】被征地的农村集体经济组织应当将征收土地的补偿费用的收支状况向本集体经济组织的成员公布，接受监督。

禁止侵占、挪用被征收土地单位的征地补偿费用和其他有关费用。

第五十条 【兴办企业】地方各级人民政府应当支持被征地的农村集体经济组织和农民从事开发经营，兴办企业。

第五十一条 【大型工程征地】大中型水利、水电工程建设征收土地的补偿费标准和移民安置办法，由国务院另行规定。

第五十二条 【审查可行性报告】建设项目可行性研究论证时，土地行政主管部门可以根据土地利用总体规划、土地利用年度计划和建设用地标准，对建设用地有关事项进行审查，并提出意见。

第五十三条 【建设用地申请批准】经批准的建设项目需要使用国有建设用地的，建设单位应当持法律、行政法规规定的有关文件，向有批准权的县级以上人民政府土地行政主管部门提出建设用地申请，经土地行政主管部门审查，报本级人民政府批准。

第五十四条 【使用权取得方式】建设单位使用国有土地，应当以出让等有偿使用方式取得；但是，下列建设用地，经县级以上人民政府依法批准，可以以划拨方式取得：

（一）国家机关用地和军事用地；

（二）城市基础设施用地和公益事业用地；

（三）国家重点扶持的能源、交通、水利等基础设施用地；

（四）法律、行政法规规定的其他用地。

第五十五条 【土地有偿使用费】以出让等有偿使用方式取得国有土地使用权的建设单位，按照国务院规定的标准和办法，缴纳土地使用权出让金等土地有偿使用费和其他费用后,方可使用土地。

自本法施行之日起,新增建设用地的土地有偿使用费,百分之三十上缴中央财政,百分之七十留给有关地方人民政府,都专项用于耕地开发。

第五十六条 【建设用途】建设单位使用国有土地的,应当按照土地使用权出让等有偿使用合同的约定或者土地使用权划拨批准文件的规定使用土地;确需改变该幅土地建设用途的,应当经有关人民政府土地行政主管部门同意,报原批准用地的人民政府批准。其中,在城市规划区内改变土地用途的,在报批前,应当先经有关城市规划行政主管部门同意。

第五十七条 【临时用地】建设项目施工和地质勘查需要临时使用国有土地或者农民集体所有的土地的,由县级以上人民政府土地行政主管部门批准。其中,在城市规划区内的临时用地,在报批前,应当先经有关城市规划行政主管部门同意。土地使用者应当根据土地权属,与有关土地行政主管部门或者农村集体经济组织、村民委员会签订临时使用土地合同,并按照合同的约定支付临时使用土地补偿费。

临时使用土地的使用者应当按照临时使用土地合同约定的用途使用土地,并不得修建永久性建筑物。

临时使用土地期限一般不超过二年。

第五十八条 【收回国有土地使用权】有下列情形之一的,由有关人民政府土地行政主管部门报经原批准用地的人民政府或者有批准权的人民政府批准,可以收回国有土地使用权:

(一)为公共利益需要使用土地的;

(二)为实施城市规划进行旧城区改建,需要调整使用土地的;

(三)土地出让等有偿使用合同约定的使用期限届满,土地使用者未申请续期或者申请续期未获批准的;

(四)因单位撤销、迁移等原因,停止使用原划拨的国有土地的;

(五)公路、铁路、机场、矿场等经核准报废的。

依照前款第(一)项、第(二)项的规定收回国有土地使用权的,对土地使用权人应当给予适当补偿。

第五十九条 【乡村建设用地规划及审批】乡镇企业、乡(镇)村公共设施、公益事业、农村村民住宅等乡(镇)村建设,应当按照村庄和集镇规划,合理布局,综合开发,配套建设;建设用地,应当符合乡(镇)土地利用总体规划和土地利用年度计划,并依照本法第四十四条、第六十条、第六十一条、第六十二条的规定办理审批手续。

第六十条 【乡镇企业用地审批】农村集体经济组织使用乡(镇)土地利用总体规划确定的建设用地兴办企业或者与其他单位、个人以土地使用权入股、联营等形式共同举办企业的,应当持有关批准文件,向县级以上地方人民政府土地行政主管部门提出申请,按照省、自治区、直辖市规定的批准权限,由县级以上地方人民政府批准;其中,涉及占用农用地的,依照本法第四十四条的规定办理审批手续。

按照前款规定兴办企业的建设用地,必须严格控制。省、自治区、直辖市可以按照乡镇企业的不同行业和经营规模,分别规定用地标准。

第六十一条 【公共设施公益事业建设用地审批】乡(镇)村公共设施、公益事业建设,需要使用土地的,经乡(镇)人民政府审核,向县级以上地方人民政府土地行政主管部门提出申请,按照省、自治区、直辖市规定的批准权限,由县级以上地方人民政府批准;其中,涉及占用农用地的,依照本法第四十四条的规定办理审批手续。

第六十二条 【宅基地】农村村民一户只能拥有一处宅基地,其宅基地的面积不得超过省、自治区、直辖市规定的标准。

农村村民建住宅,应当符合乡(镇)土地利用总体规划,并尽量使用原有的宅基地和村内空闲地。

农村村民住宅用地,经乡(镇)人民政府审核,由县级人民政府批准;其中,涉及占用农用地的,依照本法第四十四条的规定办理审批手续。

农村村民出卖、出租住房后,再申请宅基地的,不予批准。

第六十三条 【使用权转移】农民集体所有的土地的使用权不得出让、转让或者出租用于非农业建设;但是,符合土地利用总体规划并依法取得建设用地的企业,因破产、兼并等情形致使土地使用权依法发生转移的除外。

第六十四条 【禁止重建、扩建】在土地利用总体规划制定前已建的不符合土地利用总体规划确定的用途的建筑物、构筑物,不得重建、扩建。

第六十五条 【收回集体土地使用权】有下列情形之一的,农村集体经济组织报经原批准用地的人民政府批准,可以收回土地使用权:

(一)为乡(镇)村公共设施和公益事业建设,需要使用土地的;

(二)不按照批准的用途使用土地的;

(三)因撤销、迁移等原因而停止使用土地的。

依照前款第(一)项规定收回农民集体所有的土地的,对土地使用权人应当给予适当补偿。

第六章 监督检查

第六十六条 【检查机关】县级以上人民政府土地行政主管部门对违反土地管理法律、法规的行为进行监督检查。

土地管理监督检查人员应当熟悉土地管理法律、法规,忠于职守、秉公执法。

第六十七条 【监督措施】县级以上人民政府土地行政主管部门履行监督检查职责时,有权采取下列措施:

(一)要求被检查的单位或者个人提供有关土地权利的文件和资料,进行查阅或者予以复制;

(二)要求被检查的单位或者个人就有关土地权利的

问题作出说明；

（三）进入被检查单位或者个人非法占用的土地现场进行勘测；

（四）责令非法占用土地的单位或者个人停止违反土地管理法律、法规的行为。

第六十八条　【出示检查证件】土地管理监督检查人员履行职责，需要进入现场进行勘测、要求有关单位或者个人提供文件、资料和作出说明的，应当出示土地管理监督检查证件。

第六十九条　【合作义务】有关单位和个人对县级以上人民政府土地行政主管部门就土地违法行为进行的监督检查应当支持与配合，并提供工作方便，不得拒绝与阻碍土地管理监督检查人员依法执行职务。

第七十条　【对国家工作人员的监督】县级以上人民政府土地行政主管部门在监督检查工作中发现国家工作人员的违法行为，依法应当给予行政处分的，应当依法予以处理；自己无权处理的，应当向同级或者上级人民政府的行政监察机关提出行政处分建议书，有关行政监察机关应当依法予以处理。

第七十一条　【案件移送】县级以上人民政府土地行政主管部门在监督检查工作中发现土地违法行为构成犯罪的，应当将案件移送有关机关，依法追究刑事责任；尚不构成犯罪的，应当依法给予行政处罚。

第七十二条　【上级监督下级】依照本法规定应当给予行政处罚，而有关土地行政主管部门不给予行政处罚的，上级人民政府土地行政主管部门有权责令有关土地行政主管部门作出行政处罚决定或者直接给予行政处罚，并给予有关土地行政主管部门的负责人行政处分。

第七章　法律责任

第七十三条　【非法转让土地、将农用地改为建设用地责任】买卖或者以其他形式非法转让土地的，由县级以上人民政府土地行政主管部门没收违法所得；对违反土地利用总体规划擅自将农用地改为建设用地的，限期拆除在非法转让的土地上新建的建筑物和其他设施，恢复土地原状，对符合土地利用总体规划的，没收在非法转让的土地上新建的建筑物和其他设施；可以并处罚款；对直接负责的主管人员和其他直接责任人员，依法给予行政处分；构成犯罪的，依法追究刑事责任。

第七十四条　【非法占用耕地责任】违反本法规定，占用耕地建窑、建坟或者擅自在耕地上建房、挖砂、采石、采矿、取土等，破坏种植条件的，或者因开发土地造成土地荒漠化、盐渍化的，由县级以上人民政府土地行政主管部门责令限期改正或者治理，可以并处罚款；构成犯罪的，依法追究刑事责任。

第七十五条　【拒绝复垦土地责任】违反本法规定，拒不履行土地复垦义务的，由县级以上人民政府土地行政主管部门责令限期改正；逾期不改正的，责令缴纳复垦费，专项用于土地复垦，可以处以罚款。

第七十六条　【非法占用土地责任】未经批准或者采取欺骗手段骗取批准，非法占用土地的，由县级以上人民政府土地行政主管部门责令退还非法占用的土地，对违反土地利用总体规划擅自将农用地改为建设用地的，限期拆除在非法占用的土地上新建的建筑物和其他设施，恢复土地原状，对符合土地利用总体规划的，没收在非法占用的土地上新建的建筑物和其他设施，可以并处罚款；对非法占用土地单位的直接负责的主管人员和其他直接责任人员，依法给予行政处分；构成犯罪的，依法追究刑事责任。

超过批准的数量占用土地，多占的土地以非法占用土地论处。

第七十七条　【非法建住宅责任】农村村民未经批准或者采取欺骗手段骗取批准，非法占用土地建住宅的，由县级以上人民政府土地行政主管部门责令退还非法占用的土地，限期拆除在非法占用的土地上新建的房屋。

超过省、自治区、直辖市规定的标准，多占的土地以非法占用土地论处。

第七十八条　【非法批准责任】无权批准征收、使用土地的单位或者个人非法批准占用土地的，超越批准权限非法批准占用土地的，不按照土地利用总体规划确定的用途批准用地的，或者违反法律规定的程序批准占用、征收土地的，其批准文件无效，对非法批准征收、使用土地的直接负责的主管人员和其他直接责任人员，依法给予行政处分；构成犯罪的，依法追究刑事责任。非法批准、使用的土地应当收回，有关当事人拒不归还的，以非法占用土地论处。

非法批准征收、使用土地，对当事人造成损失的，依法应当承担赔偿责任。

第七十九条　【非法侵占征地费责任】侵占、挪用被征收土地单位的征地补偿费用和其他有关费用，构成犯罪的，依法追究刑事责任；尚不构成犯罪的，依法给予行政处分。

第八十条　【拒还土地责任】依法收回国有土地使用权当事人拒不交出土地的，临时使用土地期满拒不归还的，或者不按照批准的用途使用国有土地的，由县级以上人民政府土地行政主管部门责令交还土地，处以罚款。

第八十一条　【擅自转移土地使用权责任】擅自将农民集体所有的土地的使用权出让、转让或者出租用于非农业建设的，由县级以上人民政府土地行政主管部门责令限期改正，没收违法所得，并处罚款。

第八十二条　【不依法办理变更登记责任】不依照本法规定办理土地变更登记的，由县级以上人民政府土地行政主管部门责令其限期办理。

第八十三条　【不拆除责任】依照本法规定，责令限期拆除在非法占用的土地上新建的建筑物和其他设施的，建设单位或者个人必须立即停止施工，自行拆除；对继续施工的，作出处罚决定的机关有权制止。建设单位或者个人对责令限期拆除的行政处罚决定不服的,可以在接到责令限期拆除决定之日起十五日内,向人民法院起诉;期满不起诉又不自行拆除的,由作出处罚决定的机关依法申请人民法院强制执行,费用由违法者承担。

第八十四条 【读职】土地行政主管部门的工作人员玩忽职守、滥用职权、徇私舞弊,构成犯罪的,依法追究刑事责任;尚不构成犯罪的,依法给予行政处分。

第八章 附 则

第八十五条 【三资企业】中外合资经营企业、中外合作经营企业、外资企业使用土地的,适用本法;法律另有规定的,从其规定。

第八十六条 【生效日期】本法自1999年1月1日起施行。

中华人民共和国土地管理法实施条例

1. 1998年12月27日国务院令第256号公布
2. 根据2011年1月8日国务院令第588号《关于废止和修改部分行政法规的决定》第一次修订
3. 根据2014年7月29日国务院令第653号《关于修改部分行政法规的决定》第二次修订

第一章 总 则

第一条 根据《中华人民共和国土地管理法》(以下简称《土地管理法》),制定本条例。

第二章 土地的所有权和使用权

第二条 下列土地属于全民所有即国家所有:

(一)城市市区的土地;

(二)农村和城市郊区中已经依法没收、征收、征购为国有的土地;

(三)国家依法征收的土地;

(四)依法不属于集体所有的林地、草地、荒地、滩涂及其他土地;

(五)农村集体经济组织全部成员转为城镇居民的,原属于其成员集体所有的土地;

(六)因国家组织移民、自然灾害等原因,农民成建制地集体迁移后不再使用的原属于迁移农民集体所有的土地。

第三条 国家依法实行土地登记发证制度。依法登记的土地所有权和土地使用权受法律保护,任何单位和个人不得侵犯。

土地登记内容和土地权属证书式样由国务院土地行政主管部门统一规定。

土地登记资料可以公开查询。

确认林地、草原的所有权或者使用权,确认水面、滩涂的养殖使用权,分别依照《森林法》、《草原法》和《渔业法》的有关规定办理。

第四条 农民集体所有的土地,由土地所有者向土地所在地的县级人民政府土地行政主管部门提出土地登记申请,由县级人民政府登记造册,核发集体土地所有权证书,确认所有权。

农民集体所有的土地依法用于非农业建设的,由土地使用者向土地所在地的县级人民政府土地行政主管部门提出土地登记申请,由县级人民政府登记造册,核发集体土地使用权证书,确认建设用地使用权。

设区的市人民政府可以对市辖区内农民集体所有的土地实行统一登记。

第五条 单位和个人依法使用的国有土地,由土地使用者向土地所在地的县级以上人民政府土地行政主管部门提出土地登记申请,由县级以上人民政府登记造册,核发国有土地使用权证书,确认使用权。其中,中央国家机关使用的国有土地的登记发证,由国务院土地行政主管部门负责,具体登记发证办法由国务院土地行政主管部门会同国务院机关事务管理局等有关部门制定。

未确定使用权的国有土地,由县级以上人民政府登记造册,负责保护管理。

第六条 依法改变土地所有权、使用权的,因依法转让地上建筑物、构筑物等附着物导致土地使用权转移的,必须向土地所在地的县级以上人民政府土地行政主管部门提出土地变更登记申请,由原土地登记机关依法进行土地所有权、使用权变更登记。土地所有权、使用权的变更,自变更登记之日起生效。

依法改变土地用途的,必须持批准文件,向土地所在地的县级以上人民政府土地行政主管部门提出土地变更登记申请,由原土地登记机关依法进行变更登记。

第七条 依照《土地管理法》的有关规定,收回用地单位的土地使用权的,由原土地登记机关注销土地登记。

土地使用权有偿使用合同约定的使用期限届满,土地使用者未申请续期或者虽申请续期未获批准的,由原土地登记机关注销土地登记。

第三章 土地利用总体规划

第八条 全国土地利用总体规划,由国务院土地行政主管部门会同国务院有关部门编制,报国务院批准。

省、自治区、直辖市的土地利用总体规划,由省、自治区、直辖市人民政府组织本级土地行政主管部门和其他有关部门编制,报国务院批准。

省、自治区人民政府所在地的市、人口在一百万以上的城市以及国务院指定的城市的土地利用总体规划,由各该市人民政府组织本级土地行政主管部门和其他有关部门编制,经省、自治区人民政府审查同意后,报国务院批准。

本条第一款、第二款、第三款规定以外的土地利用总体规划,由有关人民政府组织本级土地行政主管部门和其他有关部门编制,逐级上报省、自治区、直辖市人民政府批准;其中,乡(镇)土地利用总体规划,由乡(镇)人民政府编制,逐级上报省、自治区、直辖市人民政府或者省、自治区、直辖市人民政府授权的设区的市、自治州人民政府批准。

第九条 土地利用总体规划的规划期限一般为十五年。

第十条 依照《土地管理法》规定,土地利用总体规划应当将土地划分为农用地、建设用地和未利用地。

县级和乡(镇)土地利用总体规划应当根据需要,划定基本农田保护区、土地开垦区、建设用地区和禁止开垦区等;其中,乡(镇)土地利用总体规划还应当根据土地使用条件,确定每一块土地的用途。

土地分类和划定土地利用区的具体办法,由国务院土地行政主管部门会同国务院有关部门制定。

第十一条 乡(镇)土地利用总体规划经依法批准后,乡(镇)人民政府应当在本行政区域内予以公告。

公告应当包括下列内容:

(一)规划目标;

(二)规划期限;

(三)规划范围;

(四)地块用途;

(五)批准机关和批准日期。

第十二条 依照《土地管理法》第二十六条第二款、第三款规定修改土地利用总体规划的,由原编制机关根据国务院或者省、自治区、直辖市人民政府的批准文件修改。修改后的土地利用总体规划应当报原批准机关批准。

上一级土地利用总体规划修改后,涉及修改下一级土地利用总体规划的,由上一级人民政府通知下一级人民政府作出相应修改,并报原批准机关备案。

第十三条 各级人民政府应当加强土地利用年度计划管理,实行建设用地总量控制。土地利用年度计划一经批准下达,必须严格执行。

土地利用年度计划应当包括下列内容:

(一)农用地转用计划指标;

(二)耕地保有量计划指标;

(三)土地开发整理计划指标。

第十四条 县级以上人民政府土地行政主管部门应当会同同级有关部门进行土地调查。

土地调查应当包括下列内容:

(一)土地权属;

(二)土地利用现状;

(三)土地条件。

地方土地利用现状调查结果,经本级人民政府审核,报上一级人民政府批准后,应当向社会公布;全国土地利用现状调查结果,报国务院批准后,应当向社会公布。土地调查规程,由国务院土地行政主管部门会同国务院有关部门制定。

第十五条 国务院土地行政主管部门会同国务院有关部门制定土地等级评定标准。

县级以上人民政府土地行政主管部门应当会同同级有关部门根据土地等级评定标准,对土地等级进行评定。地方土地等级评定结果,经本级人民政府审核,报上一级人民政府土地行政主管部门批准后,应当向社会公布。

根据国民经济和社会发展状况,土地等级每六年调整一次。

第四章 耕地保护

第十六条 在土地利用总体规划确定的城市和村庄、集镇建设用地范围内,为实施城市规划和村庄、集镇规划占用耕地,以及在土地利用总体规划确定的城市建设用地范围外的能源、交通、水利、矿山、军事设施等建设项目占用耕地的,分别由市、县人民政府、农村集体经济组织和建设单位依照《土地管理法》第三十一条的规定负责开垦耕地;没有条件开垦或者开垦的耕地不符合要求的,应当按照省、自治区、直辖市的规定缴纳耕地开垦费。

第十七条 禁止单位和个人在土地利用总体规划确定的禁止开垦区内从事土地开发活动。

在土地利用总体规划确定的土地开垦区内,开发未确定土地使用权的国有荒山、荒地、荒滩从事种植业、林业、畜牧业、渔业生产的,应当向土地所在地的县级以上地方人民政府土地行政主管部门提出申请,按照省、自治区、直辖市规定的权限,由县级以上地方人民政府批准。

开发未确定土地使用权的国有荒山、荒地、荒滩从事种植业、林业、畜牧业或者渔业生产的,经县级以上地方人民政府依法批准,可以确定给开发单位或者个人长期使用,使用期限最长不得超过五十年。

第十八条 县、乡(镇)人民政府应当按照土地利用总体规划,组织农村集体经济组织制定土地整理方案,并组织实施。

地方各级人民政府应当采取措施,按照土地利用总体规划推进土地整理。土地整理新增耕地面积的60%可以用作折抵建设占用耕地的补偿指标。

土地整理所需费用,按照谁受益谁负担的原则,由农村集体经济组织和土地使用者共同承担。

第五章 建设用地

第十九条 建设占用土地,涉及农用地转为建设用地的,应当符合土地利用总体规划和土地利用年度计划中确定的农用地转用指标;城市和村庄、集镇建设占用土地,涉及农用地转用的,还应当符合城市规划和村庄、集镇规划。不符合规定的,不得批准农用地转为建设用地。

第二十条 在土地利用总体规划确定的城市建设用地范围内,为实施城市规划占用土地的,按照下列规定办理:

(一)市、县人民政府按照土地利用年度计划拟订农用地转用方案、补充耕地方案、征收土地方案,分批次逐级上报有批准权的人民政府。

(二)有批准权的人民政府土地行政主管部门对农用地转用方案、补充耕地方案、征收土地方案进行审查,提出审查意见,报有批准权的人民政府批准;其中,补充耕地方案由批准农用地转用方案的人民政府在批准农用地转用方案时一并批准。

(三)农用地转用方案、补充耕地方案、征收土地方案经批准后,由市、县人民政府组织实施,按具体建设项目分别供地。

在土地利用总体规划确定的村庄、集镇建设用地范围内,为实施村庄、集镇规划占用土地的,由市、县人民政府拟订农用地转用方案、补充耕地方案,依照前款规定的程序办理。

第二十一条　具体建设项目需要使用土地的,建设单位应当根据建设项目的总体设计一次申请,办理建设用地审批手续;分期建设的项目,可以根据可行性研究报告确定的方案分期申请建设用地,分期办理建设用地有关审批手续。

第二十二条　具体建设项目需要占用土地利用总体规划确定的城市建设用地范围内的国有建设用地的,按照下列规定办理:

(一)建设项目可行性研究论证时,由土地行政主管部门对建设项目用地有关事项进行审查,提出建设项目用地预审报告;可行性研究报告报批时,必须附具土地行政主管部门出具的建设项目用地预审报告。

(二)建设单位持建设项目的有关批准文件,向市、县人民政府土地行政主管部门提出建设用地申请,由市、县人民政府土地行政主管部门审查,拟订供地方案,报市、县人民政府批准;需要上级人民政府批准的,应当报上级人民政府批准。

(三)供地方案经批准后,由市、县人民政府向建设单位颁发建设用地批准书。有偿使用国有土地的,由市、县人民政府土地行政主管部门与土地使用者签订国有土地有偿使用合同;划拨使用国有土地的,由市、县人民政府土地行政主管部门向土地使用者核发国有土地划拨决定书。

(四)土地使用者应当依法申请土地登记。

通过招标、拍卖方式提供国有建设用地使用权的,由市、县人民政府土地行政主管部门会同有关部门拟订方案,报市、县人民政府批准后,由市、县人民政府土地行政主管部门组织实施,并与土地使用者签订土地有偿使用合同。土地使用者应当依法申请土地登记。

第二十三条　具体建设项目需要使用土地的,必须依法申请使用土地利用总体规划确定的城市建设用地范围内的国有建设用地。能源、交通、水利、矿山、军事设施等建设项目确需使用土地利用总体规划确定的城市建设用地范围外的土地,涉及农用地的,按照下列规定办理:

(一)建设项目可行性研究论证时,由土地行政主管部门对建设项目用地有关事项进行审查,提出建设项目用地预审报告;可行性研究报告报批时,必须附具土地行政主管部门出具的建设项目用地预审报告。

(二)建设单位持建设项目的有关批准文件,向市、县人民政府土地行政主管部门提出建设用地申请,由市、县人民政府土地行政主管部门审查,拟订农用地转用方案、补充耕地方案、征收土地方案和供地方案(涉及国有农用地的,不拟订征收土地方案),经市、县人民政府审核同意后,逐级上报有批准权的人民政府批准;其中,补充耕地方案由批准农用地转用方案的人民政府在批准农用地转用方案时一并批准;供地方案由批准征收土地的人民政府在批准征收土地方案时一并批准(涉及国有农用地的,供地方案由批准农用地转用的人民政府在批准农用地转用方案时一并批准)。

(三)农用地转用方案、补充耕地方案、征收土地方案和供地方案经批准后,由市、县人民政府组织实施,向建设单位颁发建设用地批准书。有偿使用国有土地的,由市、县人民政府土地行政主管部门与土地使用者签订国有土地有偿使用合同;划拨使用国有土地的,由市、县人民政府土地行政主管部门向土地使用者核发国有土地划拨决定书。

(四)土地使用者应当依法申请土地登记。

建设项目确需使用土地利用总体规划确定的城市建设用地范围外的土地,涉及农民集体所有的未利用地的,只报批征收土地方案和供地方案。

第二十四条　具体建设项目需要占用土地利用总体规划确定的国有未利用地的,按照省、自治区、直辖市的规定办理;但是,国家重点建设项目、军事设施和跨省、自治区、直辖市行政区域的建设项目以及国务院规定的其他建设项目用地,应当报国务院批准。

第二十五条　征收土地方案经依法批准后,由被征收土地所在地的市、县人民政府组织实施,并将批准征地机关、批准文号、征收土地的用途、范围、面积以及征地补偿标准、农业人员安置办法和办理征地补偿的期限等,在被征收土地所在地的乡(镇)、村予以公告。

被征收土地的所有权人、使用权人应当在公告规定的期限内,持土地权属证书到公告指定的人民政府土地行政主管部门办理征地补偿登记。

市、县人民政府土地行政主管部门根据经批准的征收土地方案,会同有关部门拟订征地补偿、安置方案,在被征收土地所在地的乡(镇)、村予以公告,听取被征收土地的农村集体经济组织和农民的意见。征地补偿、安置方案报市、县人民政府批准后,由市、县人民政府土地行政主管部门组织实施。对补偿标准有争议的,由县级以上地方人民政府协调;协调不成的,由批准征收土地的人民政府裁决。征地补偿、安置争议不影响征收土地方案的实施。

征收土地的各项费用应当自征地补偿、安置方案批准之日起三个月内全额支付。

第二十六条 土地补偿费归农村集体经济组织所有；地上附着物及青苗补偿费归地上附着物及青苗的所有者所有。

征收土地的安置补助费必须专款专用，不得挪作他用。需要安置的人员由农村集体经济组织安置的，安置补助费支付给农村集体经济组织，由农村集体经济组织管理和使用；由其他单位安置的，安置补助费支付给安置单位；不需要统一安置的，安置补助费发放给被安置人员个人或者征得被安置人员同意后用于支付被安置人员的保险费用。

市、县和乡（镇）人民政府应当加强对安置补助费使用情况的监督。

第二十七条 抢险救灾等急需使用土地的，可以先行使用土地。其中，属于临时用地的，灾后应当恢复原状并交还原土地使用者使用，不再办理用地审批手续；属于永久性建设用地的，建设单位应当在灾情结束后六个月内申请补办建设用地审批手续。

第二十八条 建设项目施工和地质勘查需要临时占用耕地的，土地使用者应当自临时用地期满之日起一年内恢复种植条件。

第二十九条 国有土地有偿使用的方式包括：

（一）国有土地使用权出让；

（二）国有土地租赁；

（三）国有土地使用权作价出资或者入股。

第三十条 《土地管理法》第五十五条规定的新增建设用地的土地有偿使用费，是指国家在新增建设用地中应取得的平均土地纯收益。

第六章 监督检查

第三十一条 土地管理监督检查人员应当经过培训，经考核合格后，方可从事土地管理监督检查工作。

第三十二条 土地行政主管部门履行监督检查职责，除采取《土地管理法》第六十七条规定的措施外，还可以采取下列措施：

（一）询问违法案件的当事人、嫌疑人和证人；

（二）进入被检查单位或者个人非法占用的土地现场进行拍照、摄像；

（三）责令当事人停止正在进行的土地违法行为；

（四）对涉嫌土地违法的单位或者个人，停止办理有关土地审批、登记手续；

（五）责令违法嫌疑人在调查期间不得变卖、转移与案件有关的财物。

第三十三条 依照《土地管理法》第七十二条规定给予行政处分的，由责令作出行政处罚决定或者直接给予行政处罚决定的上级人民政府土地行政主管部门作出。对于警告、记过、记大过的行政处分决定，上级土地行政主管部门可以直接作出；对于降级、撤职、开除的行政处分决定，上级土地行政主管部门应当按照国家有关人事管理权限和处理程序的规定，向有关机关提出行政处分建议，由有关机关依法处理。

第七章 法律责任

第三十四条 违反本条例第十七条的规定，在土地利用总体规划确定的禁止开垦区内进行开垦的，由县级以上人民政府土地行政主管部门责令限期改正；逾期不改正的，依照《土地管理法》第七十六条的规定处罚。

第三十五条 在临时使用的土地上修建永久性建筑物、构筑物的，由县级以上人民政府土地行政主管部门责令限期拆除；逾期不拆除的，由作出处罚决定的机关依法申请人民法院强制执行。

第三十六条 对在土地利用总体规划制定前已建的不符合土地利用总体规划确定的用途的建筑物、构筑物重建、扩建的，由县级以上人民政府土地行政主管部门责令限期拆除；逾期不拆除的，由作出处罚决定的机关依法申请人民法院强制执行。

第三十七条 阻碍土地行政主管部门的工作人员依法执行职务的，依法给予治安管理处罚或者追究刑事责任。

第三十八条 依照《土地管理法》第七十三条的规定处以罚款的，罚款额为非法所得的50%以下。

第三十九条 依照《土地管理法》第八十一条的规定处以罚款的，罚款额为非法所得的5%以上20%以下。

第四十条 依照《土地管理法》第七十四条的规定处以罚款的，罚款额为耕地开垦费的二倍以下。

第四十一条 依照《土地管理法》第七十五条的规定处以罚款的，罚款额为土地复垦费的二倍以下。

第四十二条 依照《土地管理法》第七十六条的规定处以罚款的，罚款额为非法占用土地每平方米三十元以下。

第四十三条 依照《土地管理法》第八十条的规定处以罚款的，罚款额为非法占用土地每平方米十元以上三十元以下。

第四十四条 违反本条例第二十八条的规定，逾期不恢复种植条件的，由县级以上人民政府土地行政主管部门责令限期改正，可以处耕地复垦费二倍以下的罚款。

第四十五条 违反土地管理法律、法规规定，阻挠国家建设征收土地的，由县级以上人民政府土地行政主管部门责令交出土地；拒不交出土地的，申请人民法院强制执行。

第八章 附 则

第四十六条 本条例自1999年1月1日起施行。1991年1月4日国务院发布的《中华人民共和国土地管理法实施条例》同时废止。

中华人民共和国城镇国有土地使用权出让和转让暂行条例

1990年5月19日国务院令第55号公布施行

第一章　总　　则

第一条　为了改革城镇国有土地使用制度，合理开发、利用、经营土地，加强土地管理，促进城市建设和经济发展，制定本条例。

第二条　国家按照所有权与使用权分离的原则，实行城镇国有土地使用权出让、转让制度，但地下资源、埋藏物和市政公用设施除外。

前款所称城镇国有土地是指市、县城、建制镇、工矿区范围内属于全民所有的土地（以下简称土地）。

第三条　中华人民共和国境内外的公司、企业、其他组织和个人，除法律另有规定者外，均可依照本条例的规定取得土地使用权，进行土地开发、利用、经营。

第四条　依照本条例的规定取得土地使用权的土地使用者，其使用权在使用年限内可以转让、出租、抵押或者用于其他经济活动，合法权益受国家法律保护。

第五条　土地使用者开发、利用、经营土地的活动，应当遵守国家法律、法规的规定，并不得损害社会公共利益。

第六条　县级以上人民政府土地管理部门依法对土地使用权的出让、转让、出租、抵押、终止进行监督检查。

第七条　土地使用权出让、转让、出租、抵押、终止及有关的地上建筑物、其他附着物的登记，由政府土地管理部门、房产管理部门依照法律和国务院的有关规定办理。

登记文件可以公开查阅。

第二章　土地使用权出让

第八条　土地使用权出让是指国家以土地所有者的身份将土地使用权在一定年限内让与土地使用者，并由土地使用者向国家支付土地使用权出让金的行为。

土地使用权出让应当签订出让合同。

第九条　土地使用权的出让，由市、县人民政府负责，有计划、有步骤地进行。

第十条　土地使用权出让的地块、用途、年限和其他条件，由市、县人民政府土地管理部门会同城市规划和建设管理部门、房产管理部门共同拟定方案，按照国务院规定的批准权限报经批准后，由土地管理部门实施。

第十一条　土地使用权出让合同应当按照平等、自愿、有偿的原则，由市、县人民政府土地管理部门（以下简称出让方）与土地使用者签订。

第十二条　土地使用权出让最高年限按下列用途确定：

（一）居住用地七十年；

（二）工业用地五十年；

（三）教育、科技、文化、卫生、体育用地五十年；

（四）商业、旅游、娱乐用地四十年；

（五）综合或者其他用地五十年。

第十三条　土地使用权出让可以采取下列方式：

（一）协议；

（二）招标；

（三）拍卖。

依照前款规定方式出让土地使用权的具体程序和步骤，由省、自治区、直辖市人民政府规定。

第十四条　土地使用者应当在签订土地使用权出让合同后六十日内，支付全部土地使用权出让金。逾期未全部支付的，出让方有权解除合同，并可请求违约赔偿。

第十五条　出让方应当按照合同规定，提供出让的土地使用权。未按合同规定提供土地使用权的，土地使用者有权解除合同，并可请求违约赔偿。

第十六条　土地使用者在支付全部土地使用权出让金后，应当依照规定办理登记，领取土地使用证，取得土地使用权。

第十七条　土地使用者应当按照土地使用权出让合同的规定和城市规划的要求，开发、利用、经营土地。

未按合同规定的期限和条件开发、利用土地的，市、县人民政府土地管理部门应当予以纠正，并根据情节可以给予警告、罚款直至无偿收回土地使用权的处罚。

第十八条　土地使用者需要改变土地使用权出让合同规定的土地用途的，应当征得出让方同意并经土地管理部门和城市规划部门批准，依照本章的有关规定重新签订土地使用权出让合同，调整土地使用权出让金，并办理登记。

第三章　土地使用权转让

第十九条　土地使用权转让是指土地使用者将土地使用权再转移的行为，包括出售、交换和赠与。

未按土地使用权出让合同规定的期限和条件投资开发、利用土地的，土地使用权不得转让。

第二十条　土地使用权转让应当签订转让合同。

第二十一条　土地使用权转让时，土地使用权出让合同和登记文件中所载明的权利、义务随之转移。

第二十二条　土地使用者通过转让方式取得的土地使用权，其使用年限为土地使用权出让合同规定的使用年限减去原土地使用者已使用年限后的剩余年限。

第二十三条　土地使用权转让时，其地上建筑物、其他附着物所有权随之转让。

第二十四条　地上建筑物、其他附着物的所有人或者共有人，享有该建筑物、附着物使用范围内的土地使用权。

土地使用者转让地上建筑物、其他附着物所有权时，其使用范围内的土地使用权随之转让，但地上建筑物、其他附着物作为动产转让的除外。

第二十五条　土地使用权和地上建筑物、其他附着物所有权转让,应当依照规定办理过户登记。

土地使用权和地上建筑物、其他附着物所有权分割转让的,应当经市、县人民政府土地管理部门和房产管理部门批准,并依照规定办理过户登记。

第二十六条 土地使用权转让价格明显低于市场价格的,市、县人民政府有优先购买权。

土地使用权转让的市场价格不合理上涨时,市、县人民政府可以采取必要的措施。

第二十七条 土地使用权转让后,需要改变土地使用权出让合同规定的土地用途的,依照本条例第十八条的规定办理。

第四章 土地使用权出租

第二十八条 土地使用权出租是指土地使用者作为出租人将土地使用权随同地上建筑物、其他附着物租赁给承租人使用,由承租人向出租人支付租金的行为。

未按土地使用权出让合同规定的期限和条件投资开发、利用土地的,土地使用权不得出租。

第二十九条 土地使用权出租,出租人与承租人应当签订租赁合同。

租赁合同不得违背国家法律、法规和土地使用权出让合同的规定。

第三十条 土地使用权出租后,出租人必须继续履行土地使用权出让合同。

第三十一条 土地使用权和地上建筑物、其他附着物出租,出租人应当依照规定办理登记。

第五章 土地使用权抵押

第三十二条 土地使用权可以抵押。

第三十三条 土地使用权抵押时,其地上建筑物、其他附着物随之抵押。

地上建筑物、其他附着物抵押时,其使用范围内的土地使用权随之抵押。

第三十四条 土地使用权抵押,抵押人与抵押权人应当签订抵押合同。

抵押合同不得违背国家法律、法规和土地使用权出让合同的规定。

第三十五条 土地使用权和地上建筑物、其他附着物抵押,应当依照规定办理抵押登记。

第三十六条 抵押人到期未能履行债务或者在抵押合同期间宣告解散、破产的,抵押权人有权依照国家法律、法规和抵押合同的规定处分抵押财产。

因处分抵押财产而取得土地使用权和地上建筑物、其他附着物所有权的,应当依照规定办理过户登记。

第三十七条 处分抵押财产所得,抵押权人有优先受偿权。

第三十八条 抵押权因债务清偿或者其他原因而消灭的,应当依照规定办理注销抵押登记。

第六章 土地使用权终止

第三十九条 土地使用权因土地使用权出让合同规定的使用年限届满、提前收回及土地灭失等原因而终止。

第四十条 土地使用权期满,土地使用权及其地上建筑物、其他附着物所有权由国家无偿取得。土地使用者应当交还土地使用证,并依照规定办理注销登记。

第四十一条 土地使用权期满,土地使用者可以申请续期。需要续期的,应当依照本条例第二章的规定重新签订合同,支付土地使用权出让金,并办理登记。

第四十二条 国家对土地使用者依法取得的土地使用权不提前收回。在特殊情况下,根据社会公共利益的需要,国家可以依照法律程序提前收回,并根据土地使用者已使用的年限和开发、利用土地的实际情况给予相应的补偿。

第七章 划拨土地使用权

第四十三条 划拨土地使用权是指土地使用者通过各种方式依法无偿取得的土地使用权。

前款土地使用者应当依照《中华人民共和国城镇土地使用税暂行条例》的规定缴纳土地使用税。

第四十四条 划拨土地使用权,除本条例第四十五条规定的情况外,不得转让、出租、抵押。

第四十五条 符合下列条件的,经市、县人民政府土地管理部门和房产管理部门批准,其划拨土地使用权和地上建筑物、其他附着物所有权可以转让、出租、抵押:

(一)土地使用者为公司、企业、其他经济组织和个人;

(二)领有国有土地使用证;

(三)具有地上建筑物、其他附着物合法的产权证明;

(四)依照本条例第二章的规定签订土地使用权出让合同,向当地市、县人民政府补交土地使用权出让金或者以转让、出租、抵押所获收益抵交土地使用权出让金。

转让、出租、抵押前款划拨土地使用权的,分别依照本条例第三章、第四章和第五章的规定办理。

第四十六条 对未经批准擅自转让、出租、抵押划拨土地使用权的单位和个人,市、县人民政府土地管理部门应当没收其非法收入,并根据情节处以罚款。

第四十七条 无偿取得划拨土地使用权的土地使用者,因迁移、解散、撤销、破产或者其他原因而停止使用土地的,市、县人民政府应当无偿收回其划拨土地使用权,并可依照本条例的规定予以出让。

对划拨土地使用权,市、县人民政府根据城市建设发展需要和城市规划的要求,可以无偿收回,并可依照本条例的规定予以出让。

无偿收回划拨土地使用权时,对其地上建筑物、其他附着物,市、县人民政府应当根据实际情况给予适当补偿。

第八章 附 则

第四十八条 依照本条例的规定取得土地使用权的个人,其土地使用权可以继承。

第四十九条 土地使用者应当依照国家税收法规的规定纳税。

第五十条 依照本条例收取的土地使用权出让金列入财政预算,作为专项基金管理,主要用于城市建设和土地开发。具体使用管理办法,由财政部另行制定。

第五十一条 各省、自治区、直辖市人民政府应当根据本条例的规定和当地的实际情况选择部分条件比较成熟的城镇先行试点。

第五十二条 外商投资从事开发经营成片土地的,其土地使用权的管理依照国务院的有关规定执行。

第五十三条 本条例由国家土地管理局负责解释;实施办法由省、自治区、直辖市人民政府制定。

第五十四条 本条例自发布之日起施行。

6. 农业

中华人民共和国农业法

1. 1993年7月2日第八届全国人民代表大会常务委员会第二次会议通过
2. 2002年12月28日第九届全国人民代表大会常务委员会第三十一次会议修订
3. 根据2009年8月27日第十一届全国人民代表大会常务委员会第十次会议《关于修改部分法律的决定》第一次修正
4. 根据2012年12月28日第十一届全国人民代表大会常务委员会第三十次会议《关于修改〈中华人民共和国农业法〉的决定》第二次修正

目　　录

第一章　总　　则

第一条 【立法目的】为了巩固和加强农业在国民经济中的基础地位,深化农村改革,发展农业生产力,推进农业现代化,维护农民和农业生产经营组织的合法权益,增加农民收入,提高农民科学文化素质,促进农业和农村经济的持续、稳定、健康发展,实现全面建设小康社会的目标,制定本法。

第二条 【定义】本法所称农业,是指种植业、林业、畜牧业和渔业等产业,包括与其直接相关的产前、产中、产后服务。

本法所称农业生产经营组织,是指农村集体经济组织、农民专业合作经济组织、农业企业和其他从事农业生产经营的组织。

第三条 【经济发展目标】国家把农业放在发展国民经济的首位。

农业和农村经济发展的基本目标是:建立适应发展社会主义市场经济要求的农村经济体制,不断解放和发展农村生产力,提高农业的整体素质和效益,确保农产品供应和质量,满足国民经济发展和人口增长、生活改善的需求,提高农民的收入和生活水平,促进农村富余劳动力向非农产业和城镇转移,缩小城乡差别和区域差别,建设富裕、民主、文明的社会主义新农村,逐步实现农业和农村现代化。

第四条 【保障农业发挥作用】国家采取措施,保障农业更好地发挥在提供食物、工业原料和其他农产品,维护和改善生态环境,促进农村经济社会发展等多方面的作用。

第五条 【经济成分】国家坚持和完善公有制为主体、多种所有制经济共同发展的基本经济制度,振兴农村经济。

国家长期稳定农村以家庭承包经营为基础、统分结合的双层经营体制,发展社会化服务体系,壮大集体经济实力,引导农民走共同富裕的道路。

国家在农村坚持和完善以按劳分配为主体、多种分配方式并存的分配制度。

第六条 【科教兴农】国家坚持科教兴农和农业可持续发展的方针。

国家采取措施加强农业和农村基础设施建设,调整、优化农业和农村经济结构,推进农业产业化经营,发展农业科技、教育事业,保护农业生态环境,促进农业机械化和信息化,提高农业综合生产能力。

第七条 【增收减负】国家保护农民和农业生产经营组织的财产及其他合法权益不受侵犯。

各级人民政府及其有关部门应当采取措施增加农民收入,切实减轻农民负担。

第八条 【奖励】全社会应当高度重视农业,支持农业发展。

国家对发展农业和农村经济有显著成绩的单位和个人,给予奖励。

第九条 【政府负责】各级人民政府对农业和农村经济发展工作统一负责,组织各有关部门和全社会做好发展农业和为发展农业服务的各项工作。

国务院农业行政主管部门主管全国农业和农村经济发展工作,国务院林业行政主管部门和其他有关部门在各自的职责范围内,负责有关的农业和农村经济发展工作。

县级以上地方人民政府各农业行政主管部门负责本行政区域内的种植业、畜牧业、渔业等农业和农村经济发展工作,林业行政主管部门负责本行政区域内的林业工作。县级以上地方人民政府其他有关部门在各自的职责范围内,负责本行政区域内有关的为农业生产经营服务的工作。

第二章　农业生产经营体制

第十条　【土地承包经营制度】国家实行农村土地承包经营制度,依法保障农村土地承包关系的长期稳定,保护农民对承包土地的使用权。

农村土地承包经营的方式、期限、发包方和承包方的权利义务、土地承包经营权的保护和流转等,适用《中华人民共和国土地管理法》和《中华人民共和国农村土地承包法》。

农村集体经济组织应当在家庭承包经营的基础上,依法管理集体资产,为其成员提供生产、技术、信息等服务,组织合理开发、利用集体资源,壮大经济实力。

第十一条　【专业合作经济组织】国家鼓励农民在家庭承包经营的基础上自愿组成各类专业合作经济组织。

农民专业合作经济组织应当坚持为成员服务的宗旨,按照加入自愿、退出自由、民主管理、盈余返还的原则,依法在其章程规定的范围内开展农业生产经营和服务活动。

农民专业合作经济组织可以有多种形式,依法成立、依法登记。任何组织和个人不得侵犯农民专业合作经济组织的财产和经营自主权。

第十二条　【兴办企业】农民和农业生产经营组织可以自愿按照民主管理、按劳分配和按股分红相结合的原则,以资金、技术、实物等入股,依法兴办各类企业。

第十三条　【产业化经营】国家采取措施发展多种形式的农业产业化经营,鼓励和支持农民和农业生产经营组织发展生产、加工、销售一体化经营。

国家引导和支持从事农产品生产、加工、流通服务的企业、科研单位和其他组织,通过与农民或者农民专业合作经济组织订立合同或者建立各类企业等形式,形成收益共享、风险共担的利益共同体,推进农业产业化经营,带动农业发展。

第十四条　【行业协会】农民和农业生产经营组织可以按照法律、行政法规成立各种农产品行业协会,为成员提供生产、营销、信息、技术、培训等服务,发挥协调和自律作用,提出农产品贸易救济措施的申请,维护成员和行业的利益。

第三章　农 业 生 产

第十五条　【发展规划】县级以上人民政府根据国民经济和社会发展的中长期规划、农业和农村经济发展的基本目标和农业资源区划,制定农业发展规划。

省级以上人民政府农业行政主管部门根据农业发展规划,采取措施发挥区域优势,促进形成合理的农业生产区域布局,指导和协调农业和农村经济结构调整。

第十六条　【调整和优化农业生产结构】国家引导和支持农民和农业生产经营组织结合本地实际按照市场需求,调整和优化农业生产结构,协调发展种植业、林业、畜牧业和渔业,发展优质、高产、高效益的农业,提高农产品国际竞争力。

种植业以优化品种、提高质量、增加效益为中心,调整作物结构、品种结构和品质结构。

加强林业生态建设,实施天然林保护、退耕还林和防沙治沙工程,加强防护林体系建设,加速营造速生丰产林、工业原料林和薪炭林。

加强草原保护和建设,加快发展畜牧业,推广圈养和舍饲,改良畜禽品种,积极发展饲料工业和畜禽产品加工业。

渔业生产应当保护和合理利用渔业资源,调整捕捞结构,积极发展水产养殖业、远洋渔业和水产品加工业。

县级以上人民政府应当制定政策,安排资金,引导和支持农业结构调整。

第十七条　【提高综合生产能力】各级人民政府应当采取措施,加强农业综合开发和农田水利、农业生态环境保护、乡村道路、农村能源和电网、农产品仓储和流通、渔港、草原围栏、动植物原种良种基地等农业和农村基础设施建设,改善农业生产条件,保护和提高农业综合生产能力。

第十八条　【动植物良种的选育和推广】国家扶持动植物品种的选育、生产、更新和良种的推广使用,鼓励品种选育和生产、经营相结合,实施种子工程和畜禽良种工程。国务院和省、自治区、直辖市人民政府设立专项资金,用于扶持动植物良种的选育和推广工作。

第十九条　【水利管理】各级人民政府和农业生产经营组织应当加强农田水利设施建设,建立健全农田水利设施的管理制度,节约用水,发展节水型农业,严格依法控制非农业建设占用灌溉水源,禁止任何组织和个人非法占用或者毁损农田水利设施。

国家对缺水地区发展节水型农业给予重点扶持。

第二十条　【农业机械】国家鼓励和支持农民和农业生产经营组织使用先进、适用的农业机械,加强农业机械安全管理,提高农业机械化水平。

国家对农民和农业生产经营组织购买先进农业机械给予扶持。

第二十一条　【气象事业】各级人民政府应当支持为农业服务的气象事业的发展,提高对气象灾害的监测和预报水平。

第二十二条　【质量标准、检测监督体系】国家采取措施提高农产品的质量,建立健全农产品质量标准体系和质量检验检测监督体系,按照有关技术规范、操作规程和质量卫生安全标准,组织农产品的生产经营,保障农产品质量安全。

第二十三条　【认证和标志制度】国家支持依法建立健全优质农产品认证和标志制度。

国家鼓励和扶持发展优质农产品生产。县级以上地方人民政府应当结合本地情况,按照国家有关规定采取措施,发展优质农产品生产。

符合国家规定标准的优质农产品可以依照法律或者行政法规的规定申请使用有关的标志。符合规定产地及生产规范要求的农产品可以依照有关法律或者行政法规的规定申请使用农产品地理标志。

第二十四条　【防疫、检疫制度】国家实行动植物防疫、检疫制度,健全动植物防疫、检疫体系,加强对动物疫病和植物病、虫、杂草、鼠害的监测、预警、防治,建立重大动物疫情和植物病虫害的快速扑灭机制,建设动物无规定疫病区,实施植物保护工程。

第二十五条　【安全、合格】农药、兽药、饲料和饲料添加剂、肥料、种子、农业机械等可能危害人畜安全的农业生产资料的生产经营,依照相关法律、行政法规的规定实行登记或者许可制度。

各级人民政府应当建立健全农业生产资料的安全使用制度,农民和农业生产经营组织不得使用国家明令淘汰和禁止使用的农药、兽药、饲料添加剂等农业生产资料和其他禁止使用的产品。

农业生产资料的生产者、销售者应当对其生产、销售的产品的质量负责,禁止以次充好、以假充真、以不合格的产品冒充合格的产品;禁止生产和销售国家明令淘汰的农药、兽药、饲料添加剂、农业机械等农业生产资料。

第四章　农产品流通与加工

第二十六条　【市场调节】农产品的购销实行市场调节。国家对关系国计民生的重要农产品的购销活动实行必要的宏观调控,建立中央和地方分级储备调节制度,完善仓储运输体系,做到保证供应,稳定市场。

第二十七条　【市场建设】国家逐步建立统一、开放、竞争、有序的农产品市场体系,制定农产品批发市场发展规划。对农村集体经济组织和农民专业合作经济组织建立农产品批发市场和农产品集贸市场,国家给予扶持。

县级以上人民政府工商行政管理部门和其他有关部门按照各自的职责,依法管理农产品批发市场,规范交易秩序,防止地方保护与不正当竞争。

第二十八条　【流通渠道】国家鼓励和支持发展多种形式的农产品流通活动。支持农民和农民专业合作经济组织按照国家有关规定从事农产品收购、批发、贮藏、运输、零售和中介活动。鼓励供销合作社和其他从事农产品购销的农业生产经营组织提供市场信息,开拓农产品流通渠道,为农产品销售服务。

县级以上人民政府应当采取措施,督促有关部门保障农产品运输畅通,降低农产品流通成本。有关行政管理部门应当简化手续,方便鲜活农产品的运输,除法律、行政法规另有规定外,不得扣押鲜活农产品的运输工具。

第二十九条　【农产品加工业和食品工业】国家支持发展农产品加工业和食品工业,增加农产品的附加值。县级以上人民政府应当制定农产品加工业和食品工业发展规划,引导农产品加工企业形成合理的区域布局和规模结构,扶持农民专业合作经济组织和乡镇企业从事农产品加工和综合开发利用。

国家建立健全农产品加工制品质量标准,完善检测手段,加强农产品加工过程中的质量安全管理和监督,保障食品安全。

第三十条　【外贸】国家鼓励发展农产品进出口贸易。

国家采取加强国际市场研究、提供信息和营销服务等措施,促进农产品出口。

为维护农产品产销秩序和公平贸易,建立农产品进口预警制度,当某些进口农产品已经或者可能对国内相关农产品的生产造成重大的不利影响时,国家可以采取必要的措施。

第五章　粮食安全

第三十一条　【粮食生产与耕地保护】国家采取措施保护和提高粮食综合生产能力,稳步提高粮食生产水平,保障粮食安全。

国家建立耕地保护制度,对基本农田依法实行特殊保护。

第三十二条　【对粮食主产区重点扶持】国家在政策、资金、技术等方面对粮食主产区给予重点扶持,建设稳定的商品粮生产基地,改善粮食收贮及加工设施,提高粮食主产区的粮食生产、加工水平和经济效益。

国家支持粮食主产区与主销区建立稳定的购销合作关系。

第三十三条　【保护价制度】在粮食的市场价格过低时,国务院可以决定对部分粮食品种实行保护价制度。保护价应当根据有利于保护农民利益、稳定粮食生产的原则确定。

农民按保护价制度出售粮食,国家委托的收购单位不得拒收。

县级以上人民政府应当组织财政、金融等部门以及国家委托的收购单位及时筹足粮食收购资金,任何部门、单位或者个人不得截留或者挪用。

第三十四条　【粮食储备】国家建立粮食安全预警制度,采取措施保障粮食供给。国务院应当制定粮食安全保障目标与粮食储备数量指标,并根据需要组织有关主管部门进行耕地、粮食库存情况的核查。

国家对粮食实行中央和地方分级储备调节制度,建设仓储运输体系。承担国家粮食储备任务的企业应当按照国家规定保证储备粮的数量和质量。

第三十五条　【粮食风险基金】国家建立粮食风险基金,用于支持粮食储备、稳定粮食市场和保护农民利益。

第三十六条 【改善食物营养结构】国家提倡珍惜和节约粮食，并采取措施改善人民的食物营养结构。

第六章 农业投入与支持保护

第三十七条 【投入、支持】国家建立和完善农业支持保护体系，采取财政投入、税收优惠、金融支持等措施，从资金投入、科研与技术推广、教育培训、农业生产资料供应、市场信息、质量标准、检验检疫、社会化服务以及灾害救助等方面扶持农民和农业生产经营组织发展农业生产，提高农民的收入水平。

在不与我国缔结或加入的有关国际条约相抵触的情况下，国家对农民实施收入支持政策，具体办法由国务院制定。

第三十八条 【投入水平】国家逐步提高农业投入的总体水平。中央和县级以上地方财政每年对农业总投入的增长幅度应当高于其财政经常性收入的增长幅度。

各级人民政府在财政预算内安排的各项用于农业的资金应当主要用于：加强农业基础设施建设；支持农业结构调整，促进农业产业化经营；保护粮食综合生产能力，保障国家粮食安全；健全动植物检疫、防疫体系，加强动物疫病和植物病、虫、杂草、鼠害防治；建立健全农产品质量标准和检验检测监督体系、农产品市场及信息服务体系；支持农业科研教育、农业技术推广和农民培训；加强农业生态环境保护建设；扶持贫困地区发展；保障农民收入水平等。

县级以上各级财政用于种植业、林业、畜牧业、渔业、农田水利的农业基本建设投入应当统筹安排，协调增长。

国家为加快西部开发，增加对西部地区农业发展和生态环境保护的投入。

第三十九条 【资金保障】县级以上人民政府每年财政预算内安排的各项用于农业的资金应当及时足额拨付。各级人民政府应当加强对国家各项农业资金分配、使用过程的监督管理，保证资金安全，提高资金的使用效率。

任何单位和个人不得截留、挪用用于农业的财政资金和信贷资金。审计机关应当依法加强对用于农业的财政和信贷等资金的审计监督。

第四十条 【鼓励多种经营方式】国家运用税收、价格、信贷等手段，鼓励和引导农民和农业生产经营组织增加农业生产经营性投入和小型农田水利等基本建设投入。

国家鼓励和支持农民和农业生产经营组织在自愿的基础上依法采取多种形式，筹集农业资金。

第四十一条 【社会资金】国家鼓励社会资金投向农业，鼓励企业事业单位、社会团体和个人捐资设立各种农业建设和农业科技、教育基金。

国家采取措施，促进农业扩大利用外资。

第四十二条 【农业信息服务】各级人民政府应当鼓励和支持企业事业单位及其他各类经济组织开展农业信息服务。

县级以上人民政府农业行政主管部门及其他有关部门应当建立农业信息搜集、整理和发布制度，及时向农民和农业生产经营组织提供市场信息等服务。

第四十三条 【农用工业】国家鼓励和扶持农用工业的发展。

国家采取税收、信贷等手段鼓励和扶持农业生产资料的生产和贸易，为农业生产稳定增长提供物质保障。

国家采取宏观调控措施，使化肥、农药、农用薄膜、农业机械和农用柴油等主要农业生产资料和农产品之间保持合理的比价。

第四十四条 【支持社会化服务事业】国家鼓励供销合作社、农村集体经济组织、农民专业合作经济组织、其他组织和个人发展多种形式的农业生产产前、产中、产后的社会化服务事业。县级以上人民政府及其各有关部门应当采取措施对农业社会化服务事业给予支持。

对跨地区从事农业社会化服务的，农业、工商管理、交通运输、公安等有关部门应当采取措施给予支持。

第四十五条 【农村金融服务】国家建立健全农村金融体系，加强农村信用制度建设，加强农村金融监管。

有关金融机构应当采取措施增加信贷投入，改善农村金融服务，对农民和农业生产经营组织的农业生产经营活动提供信贷支持。

农村信用合作社应当坚持为农业、农民和农村经济发展服务的宗旨，优先为当地农民的生产经营活动提供信贷服务。

国家通过贴息等措施，鼓励金融机构向农民和农业生产经营组织的农业生产经营活动提供贷款。

第四十六条 【农业保险】国家建立和完善农业保险制度。

国家逐步建立和完善政策性农业保险制度。鼓励和扶持农民和农业生产经营组织建立为农业生产经营活动服务的互助合作保险组织，鼓励商业性保险公司开展农业保险业务。

农业保险实行自愿原则。任何组织和个人不得强制农民和农业生产经营组织参加农业保险。

第四十七条 【防御自然灾害】各级人民政府应当采取措施，提高农业防御自然灾害的能力，做好防灾、抗灾和救灾工作，帮助灾民恢复生产，组织生产自救，开展社会互助互济；对没有基本生活保障的灾民给予救济和扶持。

第七章 农业科技与农业教育

第四十八条 【制定规划、发展科教】国务院和省级人民政府应当制定农业科技、农业教育发展规划，发展农业科技、教育事业。

县级以上人民政府应当按照国家有关规定逐步增加农业科技经费和农业教育经费。

国家鼓励、吸引企业等社会力量增加农业科技投入，鼓励农民、农业生产经营组织、企业事业单位等依法举办农业科技、教育事业。

第四十九条　【发展农业科技】国家保护植物新品种、农产品地理标志等知识产权,鼓励和引导农业科研、教育单位加强农业科学技术的基础研究和应用研究,传播和普及农业科学技术知识,加速科技成果转化与产业化,促进农业科学技术进步。

国务院有关部门应当组织农业重大关键技术的科技攻关。国家采取措施促进国际农业科技、教育合作与交流,鼓励引进国外先进技术。

第五十条　【农业技术推广】国家扶持农业技术推广事业,建立政府扶持和市场引导相结合,有偿与无偿服务相结合,国家农业技术推广机构和社会力量相结合的农业技术推广体系,促使先进的农业技术尽快应用于农业生产。

第五十一条　【农业技术推广队伍】国家设立的农业技术推广机构应当以农业技术试验示范基地为依托,承担公共所需的关键性技术的推广和示范等公益性职责,为农民和农业生产经营组织提供无偿农业技术服务。

县级以上人民政府应当根据农业生产发展需要,稳定和加强农业技术推广队伍,保障农业技术推广机构的工作经费。

各级人民政府应当采取措施,按照国家规定保障和改善从事农业技术推广工作的专业科技人员的工作条件、工资待遇和生活条件,鼓励他们为农业服务。

第五十二条　【农业服务】农业科研单位、有关学校、农民专业合作社、涉农企业、群众性科技组织及有关科技人员,根据农民和农业生产经营组织的需要,可以提供无偿服务,也可以通过技术转让、技术服务、技术承包、技术咨询和技术入股等形式,提供有偿服务,取得合法收益。农业科研单位、有关学校、农民专业合作社、涉农企业、群众性科技组织及有关科技人员应当提高服务水平,保证服务质量。

对农业科研单位、有关学校、农业技术推广机构举办的为农业服务的企业,国家在税收、信贷等方面给予优惠。

国家鼓励和支持农民、供销合作社、其他企业事业单位等参与农业技术推广工作。

第五十三条　【继续教育】国家建立农业专业技术人员继续教育制度。县级以上人民政府农业行政主管部门会同教育、人事等有关部门制定农业专业技术人员继续教育计划,并组织实施。

第五十四条　【农村义务教育】国家在农村依法实施义务教育,并保障义务教育经费。国家在农村举办的普通中小学校教职工工资由县级人民政府按照国家规定统一发放,校舍等教学设施的建设和维护经费由县级人民政府按照国家规定统一安排。

第五十五条　【农业职业教育】国家发展农业职业教育。国务院有关部门按照国家职业资格证书制度的统一规定,开展农业行业的职业分类、职业技能鉴定工作,管理农业行业的职业资格证书。

第五十六条　【先进技术】国家采取措施鼓励农民采用先进的农业技术,支持农民举办各种科技组织,开展农业实用技术培训、农民绿色证书培训和其他就业培训,提高农民的文化技术素质。

第八章　农业资源与农业环境保护

第五十七条　【生态环境】发展农业和农村经济必须合理利用和保护土地、水、森林、草原、野生动植物等自然资源,合理开发和利用水能、沼气、太阳能、风能等可再生能源和清洁能源,发展生态农业,保护和改善生态环境。

县级以上人民政府应当制定农业资源区划或者农业资源合理利用和保护的区划,建立农业资源监测制度。

第五十八条　【农田保护】农民和农业生产经营组织应当保养耕地,合理使用化肥、农药、农用薄膜,增加使用有机肥料,采用先进技术,保护和提高地力,防止农用地的污染、破坏和地力衰退。

县级以上人民政府农业行政主管部门应当采取措施,支持农民和农业生产经营组织加强耕地质量建设,并对耕地质量进行定期监测。

第五十九条　【水土保持】各级人民政府应当采取措施,加强小流域综合治理,预防和治理水土流失。从事可能引起水土流失的生产建设活动的单位和个人,必须采取预防措施,并负责治理因生产建设活动造成的水土流失。

各级人民政府应当采取措施,预防土地沙化,治理沙化土地。国务院和沙化土地所在地区的县级以上地方人民政府应当按照法律规定制定防沙治沙规划,并组织实施。

第六十条　【植树造林】国家实行全民义务植树制度。各级人民政府应当采取措施,组织群众植树造林,保护林地和林木,预防森林火灾,防治森林病虫害,制止滥伐、盗伐林木,提高森林覆盖率。

国家在天然林保护区域实行禁伐或者限伐制度,加强造林护林。

第六十一条　【草原保护】有关地方人民政府,应当加强草原的保护、建设和管理,指导、组织农(牧)民和农(牧)业生产经营组织建设人工草场、饲草饲料基地和改良天然草原,实行以草定畜,控制载畜量,推行划区轮牧、休牧和禁牧制度,保护草原植被,防止草原退化沙化和盐渍化。

第六十二条　【退耕】禁止毁林毁草开垦、烧山开垦以及开垦国家禁止开垦的陡坡地,已经开垦的应当逐步退耕还林、还草。

禁止围湖造田以及围垦国家禁止围垦的湿地。已经围垦的,应当逐步退耕还湖、还湿地。

对在国务院批准规划范围内实施退耕的农民,应当按照国家规定予以补助。

第六十三条　【增殖渔业资源】各级人民政府应当采取措施,依法执行捕捞限额和禁渔、休渔制度,增殖渔业资源,保护渔业水域生态环境。

国家引导、支持从事捕捞业的农(渔)民和农(渔)业生产经营组织从事水产养殖业或者其他职业,对根据当地人民政府统一规划转产转业的农(渔)民,应当按照国家规定予以补助。

第六十四条 【生物物种资源保护】国家建立与农业生产有关的生物物种资源保护制度,保护生物多样性,对稀有、濒危、珍贵生物资源及其原生地实行重点保护。从境外引进生物物种资源应当依法进行登记或者审批,并采取相应安全控制措施。

农业转基因生物的研究、试验、生产、加工、经营及其他应用,必须依照国家规定严格实行各项安全控制措施。

第六十五条 【防止环境污染和生态破坏】各级农业行政主管部门应当引导农民和农业生产经营组织采取生物措施或者使用高效低毒低残留农药、兽药,防治动植物病、虫、杂草、鼠害。

农产品采收后的秸秆及其他剩余物质应当综合利用,妥善处理,防止造成环境污染和生态破坏。

从事畜禽等动物规模养殖的单位和个人应当对粪便、废水及其他废弃物进行无害化处理或者综合利用,从事水产养殖的单位和个人应当合理投饵、施肥、使用药物,防止造成环境污染和生态破坏。

第六十六条 【造成农业生态环境污染的责任】县级以上人民政府应当采取措施,督促有关单位进行治理,防治废水、废气和固体废弃物对农业生态环境的污染。排放废水、废气和固体废弃物造成农业生态环境污染事故的,由环境保护行政主管部门或者农业行政主管部门依法调查处理;给农民和农业生产经营组织造成损失的,有关责任者应当依法赔偿。

第九章 农民权益保护

第六十七条 【收费、罚款、摊派】任何机关或者单位向农民或者农业生产经营组织收取行政、事业性费用必须依据法律、法规的规定。收费的项目、范围和标准应当公布。没有法律、法规依据的收费,农民和农业生产经营组织有权拒绝。

任何机关或者单位对农民或者农业生产经营组织进行罚款处罚必须依据法律、法规、规章的规定。没有法律、法规、规章依据的罚款,农民和农业生产经营组织有权拒绝。

任何机关或者单位不得以任何方式向农民或者农业生产经营组织进行摊派。除法律、法规另有规定外,任何机关或者单位以任何方式要求农民或者农业生产经营组织提供人力、财力、物力的,属于摊派。农民和农业生产经营组织有权拒绝任何方式的摊派。

第六十八条 【限制集资活动】各级人民政府及其有关部门和所属单位不得以任何方式向农民或者农业生产经营组织集资。

没有法律、法规依据或者未经国务院批准,任何机关或者单位不得在农村进行任何形式的达标、升级、验收活动。

第六十九条 【依法纳税】农民和农业生产经营组织依照法律、行政法规的规定承担纳税义务。税务机关及代扣、代收税款的单位应当依法征税,不得违法摊派税款及以其他违法方法征税。

第七十条 【教育收费】农村义务教育除按国务院规定收取的费用外,不得向农民和学生收取其他费用。禁止任何机关或者单位通过农村中小学校向农民收费。

第七十一条 【征地补偿】国家依法征收农民集体所有的土地,应当保护农民和农村集体经济组织的合法权益,依法给予农民和农村集体经济组织征地补偿,任何单位和个人不得截留、挪用征地补偿费用。

第七十二条 【土地承包经营权】各级人民政府、农村集体经济组织或者村民委员会在农业和农村经济结构调整、农业产业化经营和土地承包经营权流转等过程中,不得侵犯农民的土地承包经营权,不得干涉农民自主安排的生产经营项目,不得强迫农民购买指定的生产资料或者按指定的渠道销售农产品。

第七十三条 【依法筹资筹劳】农村集体经济组织或者村民委员会为发展生产或者兴办公益事业,需要向其成员(村民)筹资筹劳的,应当经成员(村民)会议或者成员(村民)代表会议过半数通过后,方可进行。

农村集体经济组织或者村民委员会依照前款规定筹资筹劳的,不得超过省级以上人民政府规定的上限控制标准,禁止强行以资代劳。

农村集体经济组织和村民委员会对涉及农民利益的重要事项,应当向农民公开,并定期公布财务账目,接受农民的监督。

第七十四条 【自愿接受有偿服务】任何单位和个人向农民或者农业生产经营组织提供生产、技术、信息、文化、保险等有偿服务,必须坚持自愿原则,不得强迫农民和农业生产经营组织接受服务。

第七十五条 【依法收购农产品】农产品收购单位在收购农产品时,不得压级压价,不得在支付的价款中扣缴任何费用。法律、行政法规规定代扣、代收税款的,依照法律、行政法规的规定办理。

农产品收购单位与农产品销售者因农产品的质量等级发生争议的,可以委托具有法定资质的农产品质量检验机构检验。

第七十六条 【赔偿损失】农业生产资料使用者因生产资料质量问题遭受损失的,出售该生产资料的经营者应当予以赔偿,赔偿额包括购货价款、有关费用和可得利益损失。

第七十七条 【维护合法权益】农民或者农业生产经营组织为维护自身的合法权益,有向各级人民政府及其有关部门反映情况和提出合法要求的权利,人民政府及其有关部门对农民或者农业生产经营组织提出的合理要求,应当按照国家规定及时给予答复。

第七十八条 【法律保护】违反法律规定,侵犯农民权益的,农民或者农业生产经营组织可以依法申请行政复议或者向人民法院提起诉讼,有关人民政府及其有关部门或者人民法院应当依法受理。

人民法院和司法行政主管机关应当依照有关规定为农民提供法律援助。

第十章 农村经济发展

第七十九条 【城乡协调发展】国家坚持城乡协调发展的方针,扶持农村第二、第三产业发展,调整和优化农村经济结构,增加农民收入,促进农村经济全面发展,逐步缩小城乡差别。

第八十条 【乡镇企业】各级人民政府应当采取措施,发展乡镇企业,支持农业的发展,转移富余的农业劳动力。

国家完善乡镇企业发展的支持措施,引导乡镇企业优化结构,更新技术,提高素质。

第八十一条 【农村小城镇建设】县级以上地方人民政府应当根据当地的经济发展水平、区位优势和资源条件,按照合理布局、科学规划、节约用地的原则,有重点地推进农村小城镇建设。

地方各级人民政府应当注重运用市场机制,完善相应政策,吸引农民和社会资金投资小城镇开发建设,发展第二、第三产业,引导乡镇企业相对集中发展。

第八十二条 【城镇就业】国家采取措施引导农村富余劳动力在城乡、地区间合理有序流动。地方各级人民政府依法保护进入城镇就业的农村劳动力的合法权益,不得设置不合理限制,已经设置的应当取消。

第八十三条 【社会救济】国家逐步完善农村社会救济制度,保障农村五保户、贫困残疾农民、贫困老年农民和其他丧失劳动能力的农民的基本生活。

第八十四条 【医疗保障】国家鼓励、支持农民巩固和发展农村合作医疗和其他医疗保障形式,提高农民健康水平。

第八十五条 【扶贫方针】国家扶持贫困地区改善经济发展条件,帮助进行经济开发。省级人民政府根据国家关于扶持贫困地区的总体目标和要求,制定扶贫开发规划,并组织实施。

各级人民政府应当坚持开发式扶贫方针,组织贫困地区的农民和农业生产经营组织合理使用扶贫资金,依靠自身力量改变贫穷落后面貌,引导贫困地区的农民调整经济结构、开发当地资源。扶贫开发应当坚持与资源保护、生态建设相结合,促进贫困地区经济、社会的协调发展和全面进步。

第八十六条 【扶贫资金】中央和省级财政应当把扶贫开发投入列入年度财政预算,并逐年增加,加大对贫困地区的财政转移支付和建设资金投入。

国家鼓励和扶持金融机构、其他企业事业单位和个人投入资金支持贫困地区开发建设。

禁止任何单位和个人截留、挪用扶贫资金。审计机关应当加强扶贫资金的审计监督。

第十一章 执法监督

第八十七条 【农业行政管理体制】县级以上人民政府应当采取措施逐步完善适应社会主义市场经济发展要求的农业行政管理体制。

县级以上人民政府农业行政主管部门和有关行政主管部门应当加强规划、指导、管理、协调、监督、服务职责,依法行政,公正执法。

县级以上地方人民政府农业行政主管部门应当在其职责范围内健全行政执法队伍,实行综合执法,提高执法效率和水平。

第八十八条 【主管部门及执法人员的职责权限】县级以上人民政府农业行政主管部门及其执法人员履行执法监督检查职责时,有权采取下列措施:

(一)要求被检查单位或者个人说明情况,提供有关文件、证照、资料;

(二)责令被检查单位或者个人停止违反本法的行为,履行法定义务。

农业行政执法人员在履行监督检查职责时,应当向被检查单位或者个人出示行政执法证件,遵守执法程序。有关单位或者个人应当配合农业行政执法人员依法执行职务,不得拒绝和阻碍。

第八十九条 【主管部门及执法人员的活动限制】农业行政主管部门与农业生产、经营单位必须在机构、人员、财务上彻底分离。农业行政主管部门及其工作人员不得参与和从事农业生产经营活动。

第十二章 法律责任

第九十条 【侵害农民及农业生产经营组织合法权益】违反本法规定,侵害农民和农业生产经营组织的土地承包经营权等财产权或者其他合法权益的,应当停止侵害,恢复原状;造成损失、损害的,依法承担赔偿责任。

国家工作人员利用职务便利或者以其他名义侵害农民和农业生产经营组织的合法权益的,应当赔偿损失,并由其所在单位或者上级主管机关给予行政处分。

第九十一条 【违反本法部分条款的法律责任】违反本法第十九条、第二十五条、第六十二条、第七十一条规定的,依照相关法律或者行政法规的规定予以处罚。

第九十二条 【截留、挪用资金】有下列行为之一的,由上级主管机关责令限期归还被截留、挪用的资金,没收非法所得,并由上级主管机关或者所在单位给予直接负责的主管人员和其他直接责任人员行政处分;构成犯罪的,依法追究刑事责任:

（一）违反本法第三十三条第三款规定，截留、挪用粮食收购资金的；

（二）违反本法第三十九条第二款规定，截留、挪用用于农业的财政资金和信贷资金的；

（三）违反本法第八十六条第三款规定，截留、挪用扶贫资金的。

第九十三条　【乱收费行为】违反本法第六十七条规定，向农民或者农业生产经营组织违法收费、罚款、摊派的，上级主管机关应当予以制止，并予公告；已经收取钱款或者已经使用人力、物力的，由上级主管机关责令限期归还已经收取的钱款或者折价偿还已经使用的人力、物力，并由上级主管机关或者所在单位给予直接负责的主管人员和其他直接责任人员行政处分；情节严重，构成犯罪的，依法追究刑事责任。

第九十四条　【非法集资等行为】有下列行为之一的，由上级主管机关责令停止违法行为，并给予直接负责的主管人员和其他直接责任人员行政处分，责令退还违法收取的集资款、税款或者费用：

（一）违反本法第六十八条规定，非法在农村进行集资、达标、升级、验收活动的；

（二）违反本法第六十九条规定，以违法方法向农民征税的；

（三）违反本法第七十条规定，通过农村中小学校向农民超额、超项目收费的。

第九十五条　【强迫农民以资代劳】违反本法第七十三条第二款规定，强迫农民以资代劳的，由乡（镇）人民政府责令改正，并退还违法收取的资金。

第九十六条　【强迫接受有偿服务】违反本法第七十四条规定，强迫农民和农业生产经营组织接受有偿服务的，由有关人民政府责令改正，并返还其违法收取的费用；情节严重的，给予直接负责的主管人员和其他直接责任人员行政处分；造成农民和农业生产经营组织损失的，依法承担赔偿责任。

第九十七条　【违法从事农业生产经营活动】县级以上人民政府农业行政主管部门的工作人员违反本法规定参与和从事农业生产经营活动的，依法给予行政处分；构成犯罪的，依法追究刑事责任。

第十三章　附　　则

第九十八条　【适用范围】本法有关农民的规定，适用于国有农场、牧场、林场、渔场等企业事业单位实行承包经营的职工。

第九十九条　【施行日期】本法自2003年3月1日起施行。

中华人民共和国农村土地承包法

1. 2002年8月29日第九届全国人民代表大会常务委员会第二十九次会议通过

2. 根据2009年8月27日第十一届全国人民代表大会常务委员会第十次会议《关于修改部分法律的决定》修正

目　　录

第一章　总　　则

第一条　【立法目的】为稳定和完善以家庭承包经营为基础、统分结合的双层经营体制，赋予农民长期而有保障的土地使用权，维护农村土地承包当事人的合法权益，促进农业、农村经济发展和农村社会稳定，根据宪法，制定本法。

第二条　【定义】本法所称农村土地，是指农民集体所有和国家所有依法由农民集体使用的耕地、林地、草地，以及其他依法用于农业的土地。

第三条　【土地承包方式】国家实行农村土地承包经营制度。

农村土地承包采取农村集体经济组织内部的家庭承包方式，不宜采取家庭承包方式的荒山、荒沟、荒丘、荒滩等农村土地，可以采取招标、拍卖、公开协商等方式承包。

第四条　【土地所有权不变】国家依法保护农村土地承包关系的长期稳定。

农村土地承包后，土地的所有权性质不变。承包地不得买卖。

第五条　【保护土地承包权】农村集体经济组织成员有权依法承包由本集体经济组织发包的农村土地。

任何组织和个人不得剥夺和非法限制农村集体经济组织成员承包土地的权利。

第六条　【保护妇女土地承包权】农村土地承包，妇女与男子享有平等的权利。承包中应当保护妇女的合法权益，任何组织和个人不得剥夺、侵害妇女应当享有的土地承包经营权。

第七条　【土地承包原则】农村土地承包应当坚持公开、公平、公正的原则,正确处理国家、集体、个人三者的利益关系。

第八条　【承包后合理利用】农村土地承包应当遵守法律、法规,保护土地资源的合理开发和可持续利用。未经依法批准不得将承包地用于非农建设。

国家鼓励农民和农村集体经济组织增加对土地的投入,培肥地力,提高农业生产能力。

第九条　【保护承包双方合法权益】国家保护集体土地所有者的合法权益,保护承包方的土地承包经营权,任何组织和个人不得侵犯。

第十条　【保护承包权流转】国家保护承包方依法、自愿、有偿地进行土地承包经营权流转。

第十一条　【各级行政主管部门职责】国务院农业、林业行政主管部门分别依照国务院规定的职责负责全国农村土地承包及承包合同管理的指导。县级以上地方人民政府农业、林业等行政主管部门分别依照各自职责,负责本行政区域内农村土地承包及承包合同管理。乡(镇)人民政府负责本行政区域内农村土地承包及承包合同管理。

第二章　家庭承包

第一节　发包方和承包方的权利和义务

第十二条　【发包方】农民集体所有的土地依法属于村农民集体所有的,由村集体经济组织或者村民委员会发包;已经分别属于村内两个以上农村集体经济组织的农民集体所有的,由村内各该农村集体经济组织或者村民小组发包。村集体经济组织或者村民委员会发包的,不得改变村内各集体经济组织农民集体所有的土地的所有权。

国家所有依法由农民集体使用的农村土地,由使用该土地的农村集体经济组织、村民委员会或者村民小组发包。

第十三条　【发包方权利】发包方享有下列权利:

(一)发包本集体所有的或者国家所有依法由本集体使用的农村土地;

(二)监督承包方依照承包合同约定的用途合理利用和保护土地;

(三)制止承包方损害承包地和农业资源的行为;

(四)法律、行政法规规定的其他权利。

第十四条　【发包方义务】发包方承担下列义务:

(一)维护承包方的土地承包经营权,不得非法变更、解除承包合同;

(二)尊重承包方的生产经营自主权,不得干涉承包方依法进行正常的生产经营活动;

(三)依照承包合同约定为承包方提供生产、技术、信息等服务;

(四)执行县、乡(镇)土地利用总体规划,组织本集体经济组织内的农业基础设施建设;

(五)法律、行政法规规定的其他义务。

第十五条　【承包方】家庭承包的承包方是本集体经济组织的农户。

第十六条　【承包方权利】承包方享有下列权利:

(一)依法享有承包地使用、收益和土地承包经营权流转的权利,有权自主组织生产经营和处置产品;

(二)承包地被依法征收、征用、占用的,有权依法获得相应的补偿;

(三)法律、行政法规规定的其他权利。

第十七条　【承包方义务】承包方承担下列义务:

(一)维持土地的农业用途,不得用于非农建设;

(二)依法保护和合理利用土地,不得给土地造成永久性损害;

(三)法律、行政法规规定的其他义务。

第二节　承包的原则和程序

第十八条　【承包原则】土地承包应当遵循以下原则:

(一)按照规定统一组织承包时,本集体经济组织成员依法平等地行使承包土地的权利,也可以自愿放弃承包土地的权利;

(二)民主协商,公平合理;

(三)承包方案应当按照本法第十二条的规定,依法经本集体经济组织成员的村民会议三分之二以上成员或者三分之二以上村民代表的同意;

(四)承包程序合法。

第十九条　【承包程序】土地承包应当按照以下程序进行:

(一)本集体经济组织成员的村民会议选举产生承包工作小组;

(二)承包工作小组依照法律、法规的规定拟订并公布承包方案;

(三)依法召开本集体经济组织成员的村民会议,讨论通过承包方案;

(四)公开组织实施承包方案;

(五)签订承包合同。

第三节　承包期限和承包合同

第二十条　【承包期】耕地的承包期为三十年。草地的承包期为三十年至五十年。林地的承包期为三十年至七十年;特殊林木的林地承包期,经国务院林业行政主管部门批准可以延长。

第二十一条　【承包合同内容】发包方应当与承包方签订书面承包合同。

承包合同一般包括以下条款:

(一)发包方、承包方的名称,发包方负责人和承包方代表的姓名、住所;

(二)承包土地的名称、坐落、面积、质量等级;

(三)承包期限和起止日期;

(四)承包土地的用途;

(五)发包方和承包方的权利和义务;

（六）违约责任。

第二十二条　【承包合同生效】承包合同自成立之日起生效。承包方自承包合同生效时取得土地承包经营权。

第二十三条　【承包经营权证】县级以上地方人民政府应当向承包方颁发土地承包经营权证或者林权证等证书，并登记造册，确认土地承包经营权。

颁发土地承包经营权证或者林权证等证书，除按规定收取证书工本费外，不得收取其他费用。

第二十四条　【不得随意变更承包合同】承包合同生效后，发包方不得因承办人或者负责人的变动而变更或者解除，也不得因集体经济组织的分立或者合并而变更或者解除。

第二十五条　【不得利用职权干涉土地承包】国家机关及其工作人员不得利用职权干涉农村土地承包或者变更、解除承包合同。

第四节　土地承包经营权的保护

第二十六条　【承包权的合理收回】承包期内，发包方不得收回承包地。

承包期内，承包方全家迁入小城镇落户的，应当按照承包方的意愿，保留其土地承包经营权或者允许其依法进行土地承包经营权流转。

承包期内，承包方全家迁入设区的市，转为非农业户口的，应当将承包的耕地和草地交回发包方。承包方不交回的，发包方可以收回承包的耕地和草地。

承包期内，承包方交回承包地或者发包方依法收回承包地时，承包方对其在承包地上投入而提高土地生产能力的，有权获得相应的补偿。

第二十七条　【承包权的合理调整】承包期内，发包方不得调整承包地。

承包期内，因自然灾害严重毁损承包地等特殊情形对个别农户之间承包的耕地和草地需要适当调整的，必须经本集体经济组织成员的村民会议三分之二以上成员或者三分之二以上村民代表的同意，并报乡（镇）人民政府和县级人民政府农业等行政主管部门批准。承包合同中约定不得调整的，按照其约定。

第二十八条　【可用于调整承包的土地】下列土地应当用于调整承包土地或者承包给新增人口：

（一）集体经济组织依法预留的机动地；

（二）通过依法开垦等方式增加的；

（三）承包方依法、自愿交回的。

第二十九条　【自动交回承包地】承包期内，承包方可以自愿将承包地交回发包方。承包方自愿交回承包地的，应当提前半年以书面形式通知发包方。承包方在承包期内交回承包地的，在承包期内不得再要求承包土地。

第三十条　【妇女婚姻状况变更不影响承包权】承包期内，妇女结婚，在新居住地未取得承包地的，发包方不得收回其原承包地；妇女离婚或者丧偶，仍在原居住地生活或者不在原居住地生活但在新居住地未取得承包地的，发包方不得收回其原承包地。

第三十一条　【承包继承】承包人应得的承包收益，依照继承法的规定继承。

林地承包的承包人死亡，其继承人可以在承包期内继续承包。

第五节　土地承包经营权的流转

第三十二条　【承包权流转方式】通过家庭承包取得的土地承包经营权可以依法采取转包、出租、互换、转让或者其他方式流转。

第三十三条　【流转原则】土地承包经营权流转应当遵循以下原则：

（一）平等协商、自愿、有偿，任何组织和个人不得强迫或者阻碍承包方进行土地承包经营权流转；

（二）不得改变土地所有权的性质和土地的农业用途；

（三）流转的期限不得超过承包期的剩余期限；

（四）受让方须有农业经营能力；

（五）在同等条件下，本集体经济组织成员享有优先权。

第三十四条　【流转主体自主权】土地承包经营权流转的主体是承包方。承包方有权依法自主决定土地承包经营权是否流转和流转的方式。

第三十五条　【发包方不得单方解除合同】承包期内，发包方不得单方面解除承包合同，不得假借少数服从多数强迫承包方放弃或者变更土地承包经营权，不得以划分“口粮田”和“责任田”等为由收回承包地搞招标承包，不得将承包地收回抵顶欠款。

第三十六条　【流转费用及收益归属】土地承包经营权流转的转包费、租金、转让费等，应当由当事人双方协商确定。流转的收益归承包方所有，任何组织和个人不得擅自截留、扣缴。

第三十七条　【流转合同的签订、备案及内容】土地承包经营权采取转包、出租、互换、转让或者其他方式流转，当事人双方应当签订书面合同。采取转让方式流转的，应当经发包方同意；采取转包、出租、互换或者其他方式流转的，应当报发包方备案。

土地承包经营权流转合同一般包括以下条款：

（一）双方当事人的姓名、住所；

（二）流转土地的名称、坐落、面积、质量等级；

（三）流转的期限和起止日期；

（四）流转土地的用途；

（五）双方当事人的权利和义务；

（六）流转价款及支付方式；

（七）违约责任。

第三十八条　【流转合同登记】土地承包经营权采取互换、转让方式流转，当事人要求登记的，应当向县级以上地方人民政府申请登记。未经登记,不得对抗善意第三人。

第三十九条 【一定期限内的转包不影响原承包关系】承包方可以在一定期限内将部分或者全部土地承包经营权转包或者出租给第三方,承包方与发包方的承包关系不变。

承包方将土地交由他人代耕不超过一年的,可以不签订书面合同。

第四十条 【承包权互换】承包方之间为方便耕种或者各自需要,可以对属于同一集体经济组织的土地的土地承包经营权进行互换。

第四十一条 【经营权转让后原承包关系终止】承包方有稳定的非农职业或者有稳定的收入来源的,经发包方同意,可以将全部或者部分土地承包经营权转让给其他从事农业生产经营的农户,由该农户同发包方确立新的承包关系,原承包方与发包方在该土地上的承包关系即行终止。

第四十二条 【经营权入股】承包方之间为发展农业经济,可以自愿联合将土地承包经营权入股,从事农业合作生产。

第四十三条 【流转补偿】承包方对其在承包地上投入而提高土地生产能力的,土地承包经营权依法流转时有权获得相应的补偿。

第三章 其他方式的承包

第四十四条 【其他承包方式的法律适用】不宜采取家庭承包方式的荒山、荒沟、荒丘、荒滩等农村土地,通过招标、拍卖、公开协商等方式承包的,适用本章规定。

第四十五条 【承包合同内容的协商】以其他方式承包农村土地的,应当签订承包合同。当事人的权利和义务、承包期限等,由双方协商确定。以招标、拍卖方式承包的,承包费通过公开竞标、竞价确定;以公开协商等方式承包的,承包费由双方议定。

第四十六条 【承包或股份经营】荒山、荒沟、荒丘、荒滩等可以直接通过招标、拍卖、公开协商等方式实行承包经营,也可以将土地承包经营权折股分给本集体经济组织成员后,再实行承包经营或者股份合作经营。

承包荒山、荒沟、荒丘、荒滩的,应当遵守有关法律、行政法规的规定,防止水土流失,保护生态环境。

第四十七条 【优先承包权】以其他方式承包农村土地,在同等条件下,本集体经济组织成员享有优先承包权。

第四十八条 【本集体经济组织以外单位、个人的承包】发包方将农村土地发包给本集体经济组织以外的单位或者个人承包,应当事先经本集体经济组织成员的村民会议三分之二以上成员或者三分之二以上村民代表的同意,并报乡(镇)人民政府批准。

由本集体经济组织以外的单位或者个人承包的,应当对承包方的资信情况和经营能力进行审查后,再签订承包合同。

第四十九条 【允许承包流转】通过招标、拍卖、公开协商等方式承包农村土地,经依法登记取得土地承包经营权证或者林权证等证书的,其土地承包经营权可以依法采取转让、出租、入股、抵押或者其他方式流转。

第五十条 【允许承包继承】土地承包经营权通过招标、拍卖、公开协商等方式取得的,该承包人死亡,其应得的承包收益,依照继承法的规定继承;在承包期内,其继承人可以继续承包。

第四章 争议的解决和法律责任

第五十一条 【承包纠纷解决方式】因土地承包经营发生纠纷的,双方当事人可以通过协商解决,也可以请求村民委员会、乡(镇)人民政府等调解解决。

当事人不愿协商、调解或者协商、调解不成的,可以向农村土地承包仲裁机构申请仲裁,也可以直接向人民法院起诉。

第五十二条 【不服仲裁的起诉】当事人对农村土地承包仲裁机构的仲裁裁决不服的,可以在收到裁决书之日起三十日内向人民法院起诉。逾期不起诉的,裁决书即发生法律效力。

第五十三条 【侵权民事责任】任何组织和个人侵害承包方的土地承包经营权的,应当承担民事责任。

第五十四条 【发包方的侵权责任】发包方有下列行为之一的,应当承担停止侵害、返还原物、恢复原状、排除妨害、消除危险、赔偿损失等民事责任:

(一)干涉承包方依法享有的生产经营自主权;

(二)违反本法规定收回、调整承包地;

(三)强迫或者阻碍承包方进行土地承包经营权流转;

(四)假借少数服从多数强迫承包方放弃或者变更土地承包经营权而进行土地承包经营权流转;

(五)以划分“口粮田”和“责任田”等为由收回承包地搞招标承包;

(六)将承包地收回抵顶欠款;

(七)剥夺、侵害妇女依法享有的土地承包经营权;

(八)其他侵害土地承包经营权的行为。

第五十五条 【违规约定无效】承包合同中违背承包方意愿或者违反法律、行政法规有关不得收回、调整承包地等强制性规定的约定无效。

第五十六条 【违约责任】当事人一方不履行合同义务或者履行义务不符合约定的,应当依照《中华人民共和国合同法》的规定承担违约责任。

第五十七条 【强迫流转无效】任何组织和个人强迫承包方进行土地承包经营权流转的,该流转无效。

第五十八条 【流转收益的退还】任何组织和个人擅自截留、扣缴土地承包经营权流转收益的,应当退还。

第五十九条 【刑事责任】违反土地管理法规,非法征收、征用、占用土地或者贪污、挪用土地征收、征用补偿费用,构成犯罪的,依法追究刑事责任;造成他人损害的,应当承担损害赔偿等责任。

第六十条 【承包方的违法责任】承包方违法将承包地用于非农建设的,由县级以上地方人民政府有关行政主管部门依法予以处罚。

承包方给承包地造成永久性损害的,发包方有权制止,并有权要求承包方赔偿由此造成的损失。

第六十一条 【国家机关及其工作人员的违法责任】国家机关及其工作人员有利用职权干涉农村土地承包,变更、解除承包合同,干涉承包方依法享有的生产经营自主权,或者强迫、阻碍承包方进行土地承包经营权流转等侵害土地承包经营权的行为,给承包方造成损失的,应当承担损害赔偿等责任;情节严重的,由上级机关或者所在单位给予直接责任人员行政处分;构成犯罪的,依法追究刑事责任。

第五章 附 则

第六十二条 【本法施行前的承包效力】本法实施前已经按照国家有关农村土地承包的规定承包,包括承包期限长于本法规定的,本法实施后继续有效,不得重新承包土地。未向承包方颁发土地承包经营权证或者林权证等证书的,应当补发证书。

第六十三条 【机动地】本法实施前已经预留机动地的,机动地面积不得超过本集体经济组织耕地总面积的百分之五。不足百分之五的,不得再增加机动地。

本法实施前未留机动地的,本法实施后不得再留机动地。

第六十四条 【实施办法】各省、自治区、直辖市人民代表大会常务委员会可以根据本法,结合本行政区域的实际情况,制定实施办法。

第六十五条 【施行日期】本法自2003年3月1日起施行。

中华人民共和国
农产品质量安全法

1. 2006年4月29日第十届全国人民代表大会常务委员会第二十一次会议通过
2. 2006年4月29日中华人民共和国主席令第49号公布
3. 自2006年11月1日起施行

目 录

第一章 总 则

第一条 【立法目的】为保障农产品质量安全,维护公众健康,促进农业和农村经济发展,制定本法。

第二条 【定义】本法所称农产品,是指来源于农业的初级产品,即在农业活动中获得的植物、动物、微生物及其产品。

本法所称农产品质量安全,是指农产品质量符合保障人的健康、安全的要求。

第三条 【负责部门】县级以上人民政府农业行政主管部门负责农产品质量安全的监督管理工作;县级以上人民政府有关部门按照职责分工,负责农产品质量安全的有关工作。

第四条 【重视农产品质量安全管理】县级以上人民政府应当将农产品质量安全管理工作纳入本级国民经济和社会发展规划,并安排农产品质量安全经费,用于开展农产品质量安全工作。

第五条 【农产品质量安全服务】县级以上地方人民政府统一领导、协调本行政区域内的农产品质量安全工作,并采取措施,建立健全农产品质量安全服务体系,提高农产品质量安全水平。

第六条 【农产品质量安全风险评估】国务院农业行政主管部门应当设立由有关方面专家组成的农产品质量安全风险评估专家委员会,对可能影响农产品质量安全的潜在危害进行风险分析和评估。

国务院农业行政主管部门应当根据农产品质量安全风险评估结果采取相应的管理措施,并将农产品质量安全风险评估结果及时通报国务院有关部门。

第七条 【农产品质量安全状况信息发布】国务院农业行政主管部门和省、自治区、直辖市人民政府农业行政主管部门应当按照职责权限,发布有关农产品质量安全状况信息。

第八条 【支持生产优质农产品】国家引导、推广农产品标准化生产,鼓励和支持生产优质农产品,禁止生产、销售不符合国家规定的农产品质量安全标准的农产品。

第九条 【支持农产品质量安全科研】国家支持农产品质量安全科学技术研究,推行科学的质量安全管理方法,推广先进安全的生产技术。

第十条 【注重农产品质量安全】各级人民政府及有关部门应当加强农产品质量安全知识的宣传,提高公众的农产品质量安全意识,引导农产品生产者、销售者加强质量安全管理,保障农产品消费安全。

第二章 农产品质量安全标准

第十一条 【健全安全标准体系】国家建立健全农产品质量安全标准体系。农产品质量安全标准是强制性的技术规范。

农产品质量安全标准的制定和发布,依照有关法律、行政法规的规定执行。

第十二条 【制定安全标准的考虑因素】制定农产品质量安全标准应当充分考虑农产品质量安全风险评估结果,并听取农产品生产者、销售者和消费者的意见,保障消费安全。

第十三条 【及时修订质量安全标准】农产品质量安全标准应当根据科学技术发展水平以及农产品质量安全的需要,及时修订。

第十四条 【安全标准实施部门】农产品质量安全标准由农业行政主管部门商有关部门组织实施。

第三章 农产品产地

第十五条 【农产品禁止生产区域】县级以上地方人民政府农业行政主管部门按照保障农产品质量安全的要求,根据农产品品种特性和生产区域大气、土壤、水体中有毒有害物质状况等因素,认为不适宜特定农产品生产的,提出禁止生产的区域,报本级人民政府批准后公布。具体办法由国务院农业行政主管部门商国务院环境保护行政主管部门制定。

农产品禁止生产区域的调整,依照前款规定的程序办理。

第十六条 【发送农产品生产条件】县级以上人民政府应当采取措施,加强农产品基地建设,改善农产品的生产条件。

县级以上人民政府农业行政主管部门应当采取措施,推进保障农产品质量安全的标准化生产综合示范区、示范农场、养殖小区和无规定动植物疫病区的建设。

第十七条 【禁止在有毒有害区域农作】禁止在有毒有害物质超过规定标准的区域生产、捕捞、采集食用农产品和建立农产品生产基地。

第十八条 【向农产品产地排污的禁止】禁止违反法律、法规的规定向农产品产地排放或者倾倒废水、废气、固体废物或者其他有毒有害物质。

农业生产用水和用作肥料的固体废物,应当符合国家规定的标准。

第十九条 【农业生产防止污染义务】农产品生产者应当合理使用化肥、农药、兽药、农用薄膜等化工产品,防止对农产品产地造成污染。

第四章 农产品生产

第二十条 【主管部门的职责】国务院农业行政主管部门和省、自治区、直辖市人民政府农业行政主管部门应当制定保障农产品质量安全的生产技术要求和操作规程。县级以上人民政府农业行政主管部门应当加强对农产品生产的指导。

第二十一条 【许可制度和定期抽样检查制度】对可能影响农产品质量安全的农药、兽药、饲料和饲料添加剂、肥料、兽医器械,依照有关法律、行政法规的规定实行许可制度。

国务院农业行政主管部门和省、自治区、直辖市人民政府农业行政主管部门应当定期对可能危及农产品质量安全的农药、兽药、饲料和饲料添加剂、肥料等农业投入品进行监督抽查,并公布抽查结果。

第二十二条 【农业投入品安全使用制度】县级以上人民政府农业行政主管部门应当加强对农业投入品使用的管理和指导,建立健全农业投入品的安全使用制度。

第二十三条 【质量安全知识、技能培训】农业科研教育机构和农业技术推广机构应当加强对农产品生产者质量安全知识和技能的培训。

第二十四条 【农产品生产记录】农产品生产企业和农民专业合作经济组织应当建立农产品生产记录,如实记载下列事项:

(一)使用农业投入品的名称、来源、用法、用量和使用、停用的日期;

(二)动物疫病、植物病虫草害的发生和防治情况;

(三)收获、屠宰或者捕捞的日期。

农产品生产记录应当保存二年。禁止伪造农产品生产记录。

国家鼓励其他农产品生产者建立农产品生产记录。

第二十五条 【合理使用农业投入品】农产品生产者应当按照法律、行政法规和国务院农业行政主管部门的规定,合理使用农业投入品,严格执行农业投入品使用安全间隔期或者休药期的规定,防止危及农产品质量安全。

禁止在农产品生产过程中使用国家明令禁止使用的农业投入品。

第二十六条 【农产品质量安全检测制度】农产品生产企业和农民专业合作经济组织,应当自行或者委托检测机构对农产品质量安全状况进行检测;经检测不符合农产品质量安全标准的农产品,不得销售。

第二十七条 【自律管理】农民专业合作经济组织和农产品行业协会对其成员应当及时提供生产技术服务,建立农产品质量安全管理制度,健全农产品质量安全控制体系,加强自律管理。

第五章 农产品包装和标识

第二十八条 【农产品的标识】农产品生产企业、农民专业合作经济组织以及从事农产品收购的单位或者个人销售的农产品,按照规定应当包装或者附加标识的,须经包装或者附加标识后方可销售。包装物或者标识上应当按照规定标明产品的品名、产地、生产者、生产日期、保质期、产品质量等级等内容;使用添加剂的,还应当按照规定标明添加剂的名称。具体办法由国务院农业行政主管部门制定。

第二十九条 【添加剂符合技术规范要求】农产品在包装、保鲜、贮存、运输中所使用的保鲜剂、防腐剂、添加剂等材料,应当符合国家有关强制性的技术规范。

第三十条 【转基因的标识】属于农业转基因生物的农产品,应当按照农业转基因生物安全管理的有关规定进行标识。

第三十一条 【附具合格证明】依法需要实施检疫的动植物及其产品,应当附具检疫合格标志、检疫合格证明。

第三十二条 【农产品的标志】销售的农产品必须符合农产品质量安全标准，生产者可以申请使用无公害农产品标志。农产品质量符合国家规定的有关优质农产品标准的，生产者可以申请使用相应的农产品质量标志。

禁止冒用前款规定的农产品质量标志。

第六章 监督检查

第三十三条 【禁止销售的农产品】有下列情形之一的农产品，不得销售：

（一）含有国家禁止使用的农药、兽药或者其他化学物质的；

（二）农药、兽药等化学物质残留或者含有的重金属等有毒有害物质不符合农产品质量安全标准的；

（三）含有的致病性寄生虫、微生物或者生物毒素不符合农产品质量安全标准的；

（四）使用的保鲜剂、防腐剂、添加剂等材料不符合国家有关强制性的技术规范的；

（五）其他不符合农产品质量安全标准的。

第三十四条 【产品质量安全监测制度】国家建立农产品质量安全监测制度。县级以上人民政府农业行政主管部门应当按照保障农产品质量安全的要求，制定并组织实施农产品质量安全监测计划，对生产中或者市场上销售的农产品进行监督抽查。监督抽查结果由国务院农业行政主管部门或者省、自治区、直辖市人民政府农业行政主管部门按照权限予以公布。

监督抽查检测应当委托符合本法第三十五条规定条件的农产品质量安全检测机构进行，不得向被抽查人收取费用，抽取的样品不得超过国务院农业行政主管部门规定的数量。上级农业行政主管部门监督抽查的农产品，下级农业行政主管部门不得另行重复抽查。

第三十五条 【检测机构】农产品质量安全检测应当充分利用现有的符合条件的检测机构。

从事农产品质量安全检测的机构，必须具备相应的检测条件和能力，由省级以上人民政府农业行政主管部门或者其授权的部门考核合格。具体办法由国务院农业行政主管部门制定。

农产品质量安全检测机构应当依法经计量认证合格。

第三十六条 【检测复检】农产品生产者、销售者对监督抽查检测结果有异议的，可以自收到检测结果之日起五日内，向组织实施农产品质量安全监督抽查的农业行政主管部门或者其上级农业行政主管部门申请复检。

采用国务院农业行政主管部门会同有关部门认定的快速检测方法进行农产品质量安全监督抽查检测，被抽查人对检测结果有异议的，可以自收到检测结果时起四小时内申请复检。复检不得采用快速检测方法。

因检测结果错误给当事人造成损害的，依法承担赔偿责任。

第三十七条 【农产品批发市场的抽查检测】农产品批发市场应当设立或者委托农产品质量安全检测机构，对进场销售的农产品质量安全状况进行抽查检测；发现不符合农产品质量安全标准的，应当要求销售者立即停止销售，并向农业行政主管部门报告。

农产品销售企业对其销售的农产品，应当建立健全进货检查验收制度；经查验不符合农产品质量安全标准的，不得销售。

第三十八条 【社会监督】国家鼓励单位和个人对农产品质量安全进行社会监督。任何单位和个人都有权对违反本法的行为进行检举、揭发和控告。有关部门收到相关的检举、揭发和控告后，应当及时处理。

第三十九条 【检查权及相关强制权利】县级以上人民政府农业行政主管部门在农产品质量安全监督检查中，可以对生产、销售的农产品进行现场检查，调查了解农产品质量安全的有关情况，查阅、复制与农产品质量安全有关的记录和其他资料；对经检测不符合农产品质量安全标准的农产品，有权查封、扣押。

第四十条 【对农产品质量安全事故的应对】发生农产品质量安全事故时，有关单位和个人应当采取控制措施，及时向所在地乡级人民政府和县级人民政府农业行政主管部门报告；收到报告的机关应当及时处理并报上一级人民政府和有关部门。发生重大农产品质量安全事故时，农业行政主管部门应当及时通报同级食品药品监督管理部门。

第四十一条 【对销售违规农产品责任人的处理】县级以上人民政府农业行政主管部门在农产品质量安全监督管理中，发现有本法第三十三条所列情形之一的农产品，应当按照农产品质量安全责任追究制度的要求，查明责任人，依法予以处理或者提出处理建议。

第四十二条 【进口农产品的检验】进口的农产品必须按照国家规定的农产品质量安全标准进行检验；尚未制定有关农产品质量安全标准的，应当依法及时制定，未制定之前，可以参照国家有关部门指定的国外有关标准进行检验。

第七章 法律责任

第四十三条 【管理人员的责任】农产品质量安全监督管理人员不依法履行监督职责，或者滥用职权的，依法给予行政处分。

第四十四条 【伪造检测结果和检测结果不实的责任】农产品质量安全检测机构伪造检测结果的，责令改正，没收违法所得，并处五万元以上十万元以下罚款，对直接负责的主管人员和其他直接责任人员处一万元以上五万元以下罚款；情节严重的，撤销其检测资格；造成损害的，依法承担赔偿责任。

农产品质量安全检测机构出具检测结果不实，造成损害的，依法承担赔偿责任；造成重大损害的，并撤销其检测资格。

第四十五条　【污染农产品产地的责任】违反法律、法规规定,向农产品产地排放或者倾倒废水、废气、固体废物或者其他有毒有害物质的,依照有关环境保护法律、法规的规定处罚;造成损害的,依法承担赔偿责任。

第四十六条　【违法使用农业投入品的责任】使用农业投入品违反法律、行政法规和国务院农业行政主管部门的规定的,依照有关法律、行政法规的规定处罚。

第四十七条　【违反农产品生产记录规定的责任】农产品生产企业、农民专业合作经济组织未建立或者未按照规定保存农产品生产记录的,或者伪造农产品生产记录的,责令限期改正;逾期不改正的,可以处二千元以下罚款。

第四十八条　【违反农产品包装规定的责任】违反本法第二十八条规定,销售的农产品未按照规定进行包装、标识的,责令限期改正;逾期不改正的,可以处二千元以下罚款。

第四十九条　【违法使用添加物品的责任】有本法第三十三条第四项规定情形,使用的保鲜剂、防腐剂、添加剂等材料不符合国家有关强制性的技术规范的,责令停止销售,对被污染的农产品进行无害化处理,对不能进行无害化处理的予以监督销毁;没收违法所得,并处二千元以上二万元以下罚款。

第五十条　【违法销售责任】农产品生产企业、农民专业合作经济组织销售的农产品有本法第三十三条第一项至第三项或者第五项所列情形之一的,责令停止销售,追回已经销售的农产品,对违法销售的农产品进行无害化处理或者予以监督销毁;没收违法所得,并处二千元以上二万元以下罚款。

农产品销售企业销售的农产品有前款所列情形的,依照前款规定处理、处罚。

农产品批发市场中销售的农产品有第一款所列情形的,对违法销售的农产品依照第一款规定处理,对农产品销售者依照第一款规定处罚。

农产品批发市场违反本法第三十七条第一款规定的,责令改正,处二千元以上二万元以下罚款。

第五十一条　【冒用农产品质量标志的责任】违反本法第三十二条规定,冒用农产品质量标志的,责令改正,没收违法所得,并处二千元以上二万元以下罚款。

第五十二条　【处罚的决定机关】本法第四十四条、第四十七条至第四十九条、第五十条第一款、第四款和第五十一条规定的处理、处罚,由县级以上人民政府农业行政主管部门决定;第五十条第二款、第三款规定的处理、处罚,由工商行政管理部门决定。

法律对行政处罚及处罚机关有其他规定的,从其规定。但是,对同一违法行为不得重复处罚。

第五十三条　【刑事责任】违反本法规定,构成犯罪的,依法追究刑事责任。

第五十四条　【对消费者的赔偿责任】生产、销售本法第三十三条所列农产品,给消费者造成损害的,依法承担赔偿责任。

农产品批发市场中销售的农产品有前款规定情形的,消费者可以向农产品批发市场要求赔偿;属于生产者、销售者责任的,农产品批发市场有权追偿。消费者也可以直接向农产品生产者、销售者要求赔偿。

第八章　附　　则

第五十五条　【适用例外】生猪屠宰的管理按照国家有关规定执行。

第五十六条　【施行日期】本法自2006年11月1日起施行。

中华人民共和国乡镇企业法

1. 1996年10月29日第八届全国人民代表大会常务委员会第二十二次会议通过

2. 1996年10月29日中华人民共和国主席令第76号公布

3. 自1997年1月1日起施行

第一条　【立法目的】为了扶持和引导乡镇企业持续健康发展,保护乡镇企业的合法权益,规范乡镇企业的行为,繁荣农村经济,促进社会主义现代化建设,制定本法。

第二条　【定义】本法所称乡镇企业,是指农村集体经济组织或者农民投资为主,在乡镇(包括所辖村)举办的承担支援农业义务的各类企业。

前款所称投资为主,是指农村集体经济组织或者农民投资超过百分之五十,或者虽不足百分之五十,但能起到控股或者实际支配作用。

乡镇企业符合企业法人条件的,依法取得企业法人资格。

第三条　【作用、任务】乡镇企业是农村经济的重要支柱和国民经济的重要组成部分。

乡镇企业的主要任务是,根据市场需要发展商品生产,提供社会服务,增加社会有效供给,吸收农村剩余劳动力,提高农民收入,支援农业,推进农业和农村现代化,促进国民经济和社会事业发展。

第四条　【原则】发展乡镇企业,坚持以农村集体经济为主导,多种经济成分共同发展的原则。

第五条　【不得管理】国家对乡镇企业积极扶持、合理规划、分类指导、依法管理。

第六条　【鼓励、扶持】国家鼓励和重点扶持经济欠发达地区、少数民族地区发展乡镇企业,鼓励经济发达地区的乡镇企业或者其他经济组织采取多种形式支持经济欠发达地区和少数民族地区举办乡镇企业。

第七条　【政府管理】国务院乡镇企业行政管理部门和有关部门按照各自的职责对全国的乡镇企业进行规划、协调、监督、服务;县级以上地方各级人民政府乡镇企业行政管理部门和有关部门按照各自的职责对本行政区域内的乡镇企业进行规划、协调、监督、服务。

第八条 【登记】经依法登记设立的乡镇企业，应当向当地乡镇企业行政管理部门办理登记备案手续。

乡镇企业改变名称、住所或者分立、合并、停业、终止等，依法办理变更登记、设立登记或者注销登记后，应当报乡镇企业行政管理部门备案。

第九条 【分支机构】乡镇企业在城市设立的分支机构，或者农村集体经济组织在城市开办的并承担支援农业义务的企业，按照乡镇企业对待。

第十条 【财产权】农村集体经济组织投资设立的乡镇企业，其企业财产权属于设立该企业的全体农民集体所有。

农村集体经济组织与其他企业、组织或者个人共同投资设立的乡镇企业，其企业财产权按照出资份额属于投资者所有。

农民合伙或者单独投资设立的乡镇企业，其企业财产权属于投资者所有。

第十一条 【核算】乡镇企业依法实行独立核算，自主经营，自负盈亏。

具有企业法人资格的乡镇企业，依法享有法人财产权。

第十二条 【权益保护】国家保护乡镇企业的合法权益；乡镇企业的合法财产不受侵犯。

任何组织或者个人不得违反法律、行政法规干预乡镇企业的生产经营，撤换企业负责人；不得非法占有或者无偿使用乡镇企业的财产。

第十三条 【内部管理】乡镇企业按照法律、行政法规规定的企业形式设立，投资者依照有关法律、行政法规决定企业的重大事项，建立经营管理制度，依法享有权利和承担义务。

第十四条 【民主决策】乡镇企业依法实行民主管理，投资者在确定企业经营管理制度和企业负责人，作出重大经营决策和决定职工工资、生活福利、劳动保护、劳动安全等重大问题时，应当听取本企业工会或者职工的意见，实施情况要定期向职工公布，接受职工监督。

第十五条 【职工保险】国家鼓励有条件的地区建立、健全乡镇企业职工社会保险制度。

第十六条 【停业、终止的职工安排】乡镇企业停业、终止，已经建立社会保险制度的，按照有关规定安排职工；依法订立劳动合同的，按照合同的约定办理。原属于农村集体经济组织的职工有权返回农村集体经济组织从事生产，或者由职工自谋职业。

第十七条 【社会性支出】乡镇企业从税后利润中提取一定比例的资金用于支援农业和农村社会性支出，其比例和管理使用办法由省、自治区、直辖市人民政府规定。

除法律、行政法规另有规定外，任何机关、组织或者个人不得以任何方式向乡镇企业收取费用，进行摊派。

第十八条 【减税】国家根据乡镇企业发展的情况，在一定时期内对乡镇企业减征一定比例的税收。减征税收的税种、期限和比例由国务院规定。

第十九条 【税收优惠】国家对符合下列条件之一的中小型乡镇企业，根据不同情况实行一定期限的税收优惠：

（一）集体所有制乡镇企业开办初期经营确有困难的；

（二）设立在少数民族地区、边远地区和贫困地区的；

（三）从事粮食、饲料、肉类的加工、贮存、运销经营的；

（四）国家产业政策规定需要特殊扶持的。

前款税收优惠的具体办法由国务院规定。

第二十条 【贷款优惠】国家运用信贷手段，鼓励和扶持乡镇企业发展。对于符合前条规定条件之一并且符合贷款条件的乡镇企业，国家有关金融机构可以给予优先贷款，对其中生产资金困难且有发展前途的可以给予优惠贷款。

前款优先贷款、优惠贷款的具体办法由国务院规定。

第二十一条 【企业发展基金】县级以上人民政府依照国家有关规定，可以设立乡镇企业发展基金。基金由下列资金组成：

（一）政府拨付的用于乡镇企业发展的周转金；

（二）乡镇企业每年上缴地方税金增长部分中一定比例的资金；

（三）基金运用产生的收益；

（四）农村集体经济组织、乡镇企业、农民等自愿提供的资金。

第二十二条 【基金使用】乡镇企业发展基金专门用于扶持乡镇企业发展，其使用范围如下：

（一）支持少数民族地区、边远地区和贫困地区发展乡镇企业；

（二）支持经济欠发达地区、少数民族地区与经济发达地区的乡镇企业之间进行经济技术合作和举办合资项目；

（三）支持乡镇企业按照国家产业政策调整产业结构和产品结构；

（四）支持乡镇企业进行技术改造，开发名特优新产品和生产传统手工艺产品；

（五）发展生产农用生产资料或者直接为农业生产服务的乡镇企业；

（六）发展从事粮食、饲料、肉类的加工、贮存、运销经营的乡镇企业；

（七）支持乡镇企业职工的职业教育和技术培训；

（八）其他需要扶持的项目。

乡镇企业发展基金的设立和使用管理办法由国务院规定。

第二十三条 【招用人才】国家积极培养乡镇企业人才，鼓励科技人员、经营管理人员及大中专毕业生到乡镇企业工作，通过多种方式为乡镇企业服务。

乡镇企业通过多渠道、多形式培训技术人员、经营管理人员和生产人员，并采取优惠措施吸引人才。

第二十四条 【技术合作】国家采取优惠措施，鼓励乡镇企业同科研机构、高等院校、国有企业及其他企业、组织之间开展各种形式的经济技术合作。

第二十五条　【鼓励出口】国家鼓励乡镇企业开展对外经济技术合作与交流,建设出口商品生产基地,增加出口创汇。

具备条件的乡镇企业依法经批准可以取得对外贸易经营权。

第二十六条　【城镇建设】地方各级人民政府按照统一规划、合理布局的原则,将发展乡镇企业同小城镇建设相结合,引导和促进乡镇企业适当集中发展,逐步加强基础设施和服务设施建设,以加快小城镇建设。

第二十七条　【技术改造】乡镇企业应当按照市场需要和国家产业政策,合理调整产业结构和产品结构,加强技术改造,不断采用先进的技术、生产工艺和设备,提高企业经营管理水平。

第二十八条　【建设用地】举办乡镇企业,其建设用地应当符合土地利用总体规划,严格控制、合理利用和节约使用土地,凡有荒地、劣地可以利用的,不得占用耕地、好地。

举办乡镇企业使用农村集体所有的土地的,应当依照法律、法规的规定,办理有关用地批准手续和土地登记手续。

乡镇企业使用农村集体所有的土地,连续闲置两年以上或者因停办闲置一年以上的,应当由原土地所有者收回该土地使用权,重新安排使用。

第二十九条　【资源利用】乡镇企业应当依法合理开发和使用自然资源。

乡镇企业从事矿产资源开采,必须依照有关法律规定,经有关部门批准,取得采矿许可证、生产许可证,实行正规作业,防止资源浪费,严禁破坏资源。

第三十条　【建设财务制度】乡镇企业应当按照国家有关规定,建立财务会计制度,加强财务管理,依法设置会计帐册,如实记录财务活动。

第三十一条　【报送统计资料】乡镇企业必须按照国家统计制度,如实报送统计资料。对于违反国家规定制发的统计调查报表,乡镇企业有权拒绝填报。

第三十二条　【纳税申报】乡镇企业应当依法办理税务登记,按期进行纳税申报,足额缴纳税款。

各级人民政府应当依法加强乡镇企业的税收管理工作,有关管理部门不得超越管理权限对乡镇企业减免税。

第三十三条　【产品质量】乡镇企业应当加强产品质量管理,努力提高产品质量;生产和销售的产品必须符合保障人体健康,人身、财产安全的国家标准和行业标准;不得生产、销售失效、变质产品和国家明令淘汰的产品;不得在产品中掺杂、掺假,以假充真,以次充好。

第三十四条　【依法使用商标】乡镇企业应当依法使用商标,重视企业信誉;按照国家规定,制作所生产经营的商品标识,不得伪造产品的产地或者伪造、冒用他人厂名、厂址和认证标志、名优标志。

第三十五条　【环境保护】乡镇企业必须遵守有关环境保护的法律、法规,按照国家产业政策,在当地人民政府的统一指导下,采取措施,积极发展无污染、少污染和低资源消耗的企业,切实防治环境污染和生态破坏,保护和改善环境。

地方人民政府应当制定和实施乡镇企业环境保护规划,提高乡镇企业防治污染的能力。

第三十六条　【防止污染】乡镇企业建设对环境有影响的项目,必须严格执行环境影响评价制度。

乡镇企业建设项目中防治污染的设施,必须与主体工程同时设计、同时施工、同时投产使用。防治污染的设施必须经环境保护行政主管部门验收合格后,该建设项目方可投入生产或者使用。

乡镇企业不得采用或者使用国家明令禁止的严重污染环境的生产工艺和设备;不得生产和经营国家明令禁止的严重污染环境的产品。排放污染物超过国家或者地方规定标准,严重污染环境的,必须限期治理,逾期未完成治理任务的,依法关闭、停产或者转产。

第三十七条　【劳动保护】乡镇企业必须遵守有关劳动保护、劳动安全的法律、法规,认真贯彻执行安全第一、预防为主的方针,采取有效的劳动卫生技术措施和管理措施,防止生产伤亡事故和职业病的发生;对危害职工安全的事故隐患,应当限期解决或者停产整顿。严禁管理者违章指挥,强令职工冒险作业。发生生产伤亡事故,应当采取积极抢救措施,依法妥善处理,并向有关部门报告。

第三十八条　【行政处理】违反本法规定,有下列行为之一的,由县级以上人民政府乡镇企业行政管理部门责令改正:

(一)非法改变乡镇企业所有权的;

(二)非法占有或者无偿使用乡镇企业财产的;

(三)非法撤换乡镇企业负责人的;

(四)侵犯乡镇企业自主经营权的。

前款行为给乡镇企业造成经济损失的,应当依法赔偿。

第三十九条　【报告、检举】乡镇企业有权向审计、监察、财政、物价和乡镇企业行政管理部门控告、检举向企业非法收费、摊派或者罚款的单位和个人。有关部门和上级机关应当责令责任人停止其行为,并限期归还有关财物。对直接责任人员,有关部门可以根据情节轻重,给予相应的处罚。

第四十条　【企业违法处理】乡镇企业违反国家产品质量、环境保护、土地管理、自然资源开发、劳动安全、税收及其他有关法律、法规的,除依照有关法律、法规处理外,在其改正之前,应当根据情节轻重停止其享受本法规定的部分或者全部优惠。

第四十一条　【不支援农业的责任】乡镇企业违反本法规定,不承担支援农业义务的,由乡镇企业行政管理部门责令改正,在其改正之前,可以停止其享受本法规定的部分或者全部优惠。

第四十二条　【复议、诉讼】对依照本法第三十八条至第四十一条规定所作处罚、处理决定不服的,当事人可以依法申请行政复议、提起诉讼。

第四十三条　【生效时间】本法自1997年1月1日起施行。

7. 对外贸易

中华人民共和国对外贸易法

1. *1994年5月12日第八届全国人民代表大会常务委员会第七次会议通过*
2. *2004年4月6日第十届全国人民代表大会常务委员会第八次会议修订*
3. *根据2016年11月7日第十二届全国人民代表大会常务委员会第二十四次会议《关于修改〈中华人民共和国对外贸易法〉等十二部法律的决定》修正*

目　录

第一章　总　　则

第一条　【立法目的】为了扩大对外开放，发展对外贸易，维护对外贸易秩序，保护对外贸易经营者的合法权益，促进社会主义市场经济的健康发展，制定本法。

第二条　【适用范围】本法适用于对外贸易以及与对外贸易有关的知识产权保护。

本法所称对外贸易，是指货物进出口、技术进出口和国际服务贸易。

第三条　【主管部门】国务院对外贸易主管部门依照本法主管全国对外贸易工作。

第四条　【基本政策】国家实行统一的对外贸易制度，鼓励发展对外贸易，维护公平、自由的对外贸易秩序。

第五条　【国际合作】中华人民共和国根据平等互利的原则，促进和发展同其他国家和地区的贸易关系，缔结或者参加关税同盟协定、自由贸易区协定等区域经济贸易协定，参加区域经济组织。

第六条　【对他国的待遇】中华人民共和国在对外贸易方面根据所缔结或者参加的国际条约、协定，给予其他缔约方、参加方最惠国待遇、国民待遇等待遇，或者根据互惠、对等原则给予对方最惠国待遇、国民待遇等待遇。

第七条　【对歧视性措施的回应】任何国家或者地区在贸易方面对中华人民共和国采取歧视性的禁止、限制或者其他类似措施的，中华人民共和国可以根据实际情况对该国家或者该地区采取相应的措施。

第二章　对外贸易经营者

第八条　【定义】本法所称对外贸易经营者，是指依法办理工商登记或者其他执业手续，依照本法和其他有关法律、行政法规的规定从事对外贸易经营活动的法人、其他组织或者个人。

第九条　【备案登记制度】从事货物进出口或者技术进出口的对外贸易经营者，应当向国务院对外贸易主管部门或者其委托的机构办理备案登记；但是，法律、行政法规和国务院对外贸易主管部门规定不需要备案登记的除外。备案登记的具体办法由国务院对外贸易主管部门规定。

对外贸易经营者未按照规定办理备案登记的，海关不予办理进出口货物的报关验放手续。

第十条　【守法及资质要求】从事国际服务贸易，应当遵守本法和其他有关法律、行政法规的规定。

从事对外劳务合作的单位，应当具备相应的资质。具体办法由国务院规定。

第十一条　【国营贸易管理】国家可以对部分货物的进出口实行国营贸易管理。实行国营贸易管理货物的进出口业务只能由经授权的企业经营；但是，国家允许部分数量的国营贸易管理货物的进出口业务由非授权企业经营的除外。

实行国营贸易管理的货物和经授权经营企业的目录，由国务院对外贸易主管部门会同国务院其他有关部门确定、调整并公布。

违反本条第一款规定，擅自进出口实行国营贸易管理的货物的，海关不予放行。

第十二条　【委托办理外贸业务】对外贸易经营者可以接受他人的委托，在经营范围内代为办理对外贸易业务。

第十三条　【文件材料的提交与保密】对外贸易经营者应当按照国务院对外贸易主管部门或者国务院其他有关部门依法作出的规定，向有关部门提交与其对外贸易经营活动有关的文件及资料。有关部门应当为提供者保守商业秘密。

第三章　货物进出口与技术进出口

第十四条　【进出口自由原则】国家准许货物与技术的自由进出口。但是，法律、行政法规另有规定的除外。

第十五条　【自动许可制度】国务院对外贸易主管部门基于监测进出口情况的需要，可以对部分自由进出口的货物实行进出口自动许可并公布其目录。

实行自动许可的进出口货物，收货人、发货人在办理海关报关手续前提出自动许可申请的，国务院对外贸易主管部门或者其委托的机构应当予以许可；未办理自动许可手续的,海关不予放行。

进出口属于自由进出口的技术,应当向国务院对外贸易主管部门或者其委托的机构办理合同备案登记。

第十六条　【进出口的限制或禁止】国家基于下列原因,可以限制或者禁止有关货物、技术的进口或者出口:

(一)为维护国家安全、社会公共利益或者公共道德,需要限制或者禁止进口或者出口的;

(二)为保护人的健康或者安全,保护动物、植物的生命或者健康,保护环境,需要限制或者禁止进口或者出口的;

(三)为实施与黄金或者白银进出口有关的措施,需要限制或者禁止进口或者出口的;

(四)国内供应短缺或者为有效保护可能用竭的自然资源,需要限制或者禁止出口的;

(五)输往国家或者地区的市场容量有限,需要限制出口的;

(六)出口经营秩序出现严重混乱,需要限制出口的;

(七)为建立或者加快建立国内特定产业,需要限制进口的;

(八)对任何形式的农业、牧业、渔业产品有必要限制进口的;

(九)为保障国家国际金融地位和国际收支平衡,需要限制进口的;

(十)依照法律、行政法规的规定,其他需要限制或者禁止进口或者出口的;

(十一)根据我国缔结或者参加的国际条约、协定的规定,其他需要限制或者禁止进口或者出口的。

第十七条　【必要措施的采取】国家对与裂变、聚变物质或者衍生此类物质的物质有关的货物、技术进出口,以及与武器、弹药或者其他军用物资有关的进出口,可以采取任何必要的措施,维护国家安全。

在战时或者为维护国际和平与安全,国家在货物、技术进出口方面可以采取任何必要的措施。

第十八条　【限制或者禁止进出口的货物、技术目录】国务院对外贸易主管部门会同国务院其他有关部门,依照本法第十六条和第十七条的规定,制定、调整并公布限制或者禁止进出口的货物、技术目录。

国务院对外贸易主管部门或者由其会同国务院其他有关部门,经国务院批准,可以在本法第十六条和第十七条规定的范围内,临时决定限制或者禁止前款规定目录以外的特定货物、技术的进口或者出口。

第十九条　【对限制进口或者出口货物或技术的管理】国家对限制进口或者出口的货物,实行配额、许可证等方式管理;对限制进口或者出口的技术,实行许可证管理。

实行配额、许可证管理的货物、技术,应当按照国务院规定经国务院对外贸易主管部门或者经其会同国务院其他有关部门许可,方可进口或者出口。

国家对部分进口货物可以实行关税配额管理。

第二十条　【配额的分配】进出口货物配额、关税配额,由国务院对外贸易主管部门或者国务院其他有关部门在各自的职责范围内,按照公开、公平、公正和效益的原则进行分配。具体办法由国务院规定。

第二十一条　【进出口商品的认证、检验、检疫】国家实行统一的商品合格评定制度,根据有关法律、行政法规的规定,对进出口商品进行认证、检验、检疫。

第二十二条　【原产地管理】国家对进出口货物进行原产地管理。具体办法由国务院规定。

第二十三条　【特定物品的例外规定】对文物和野生动物、植物及其产品等,其他法律、行政法规有禁止或者限制进出口规定的,依照有关法律、行政法规的规定执行。

第四章　国际服务贸易

第二十四条　【国民待遇的给予】中华人民共和国在国际服务贸易方面根据所缔结或者参加的国际条约、协定中所作的承诺,给予其他缔约方、参加方市场准入和国民待遇。

第二十五条　【服务贸易的管理】国务院对外贸易主管部门和国务院其他有关部门,依照本法和其他有关法律、行政法规的规定,对国际服务贸易进行管理。

第二十六条　【国际服务贸易的限制或禁止】国家基于下列原因,可以限制或者禁止有关的国际服务贸易:

(一)为维护国家安全、社会公共利益或者公共道德,需要限制或者禁止的;

(二)为保护人的健康或者安全,保护动物、植物的生命或者健康,保护环境,需要限制或者禁止的;

(三)为建立或者加快建立国内特定服务产业,需要限制的;

(四)为保障国家外汇收支平衡,需要限制的;

(五)依照法律、行政法规的规定,其他需要限制或者禁止的;

(六)根据我国缔结或者参加的国际条约、协定的规定,其他需要限制或者禁止的。

第二十七条　【采取必要措施维护国家安全】国家对与军事有关的国际服务贸易,以及与裂变、聚变物质或者衍生此类物质的物质有关的国际服务贸易,可以采取任何必要的措施,维护国家安全。

在战时或者为维护国际和平与安全,国家在国际服务贸易方面可以采取任何必要的措施。

第二十八条　【市场准入制度】国务院对外贸易主管部门会同国务院其他有关部门,依照本法第二十六条、第二十七条和其他有关法律、行政法规的规定,制定、调整并公布国际服务贸易市场准入目录。

第五章　与对外贸易有关的知识产权保护

第二十九条　【保护知识产权】国家依照有关知识产权的法

律、行政法规,保护与对外贸易有关的知识产权。

进口货物侵犯知识产权,并危害对外贸易秩序的,国务院对外贸易主管部门可以采取在一定期限内禁止侵权人生产、销售的有关货物进口等措施。

第三十条 【对权利人采取必要措施的情形】知识产权权利人有阻止被许可人对许可合同中的知识产权的有效性提出质疑、进行强制性一揽子许可、在许可合同中规定排他性返授条件等行为之一,并危害对外贸易公平竞争秩序的,国务院对外贸易主管部门可以采取必要的措施消除危害。

第三十一条 【对等原则】其他国家或者地区在知识产权保护方面未给予中华人民共和国的法人、其他组织或者个人国民待遇,或者不能对来源于中华人民共和国的货物、技术或者服务提供充分有效的知识产权保护的,国务院对外贸易主管部门可以依照本法和其他有关法律、行政法规的规定,并根据中华人民共和国缔结或者参加的国际条约、协定,对与该国家或者该地区的贸易采取必要的措施。

第六章 对外贸易秩序

第三十二条 【对外贸易中的反垄断】在对外贸易经营活动中,不得违反有关反垄断的法律、行政法规的规定实施垄断行为。

在对外贸易经营活动中实施垄断行为,危害市场公平竞争的,依照有关反垄断的法律、行政法规的规定处理。

有前款违法行为,并危害对外贸易秩序的,国务院对外贸易主管部门可以采取必要的措施消除危害。

第三十三条 【禁止不正当竞争】在对外贸易经营活动中,不得实施以不正当的低价销售商品、串通投标、发布虚假广告、进行商业贿赂等不正当竞争行为。

在对外贸易经营活动中实施不正当竞争行为的,依照有关反不正当竞争的法律、行政法规的规定处理。

有前款违法行为,并危害对外贸易秩序的,国务院对外贸易主管部门可以采取禁止该经营者有关货物、技术进出口等措施消除危害。

第三十四条 【其他违法行为】在对外贸易活动中,不得有下列行为:

(一)伪造、变造进出口货物原产地标记,伪造、变造或者买卖进出口货物原产地证书、进出口许可证、进出口配额证明或者其他进出口证明文件;

(二)骗取出口退税;

(三)走私;

(四)逃避法律、行政法规规定的认证、检验、检疫;

(五)违反法律、行政法规规定的其他行为。

第三十五条 【遵守外汇管理规定】对外贸易经营者在对外贸易经营活动中,应当遵守国家有关外汇管理的规定。

第三十六条 【公告制度】违反本法规定,危害对外贸易秩序的,国务院对外贸易主管部门可以向社会公告。

第七章 对外贸易调查

第三十七条 【调查事项】为了维护对外贸易秩序,国务院对外贸易主管部门可以自行或者会同国务院其他有关部门,依照法律、行政法规的规定对下列事项进行调查:

(一)货物进出口、技术进出口、国际服务贸易对国内产业及其竞争力的影响;

(二)有关国家或者地区的贸易壁垒;

(三)为确定是否应当依法采取反倾销、反补贴或者保障措施等对外贸易救济措施,需要调查的事项;

(四)规避对外贸易救济措施的行为;

(五)对外贸易中有关国家安全利益的事项;

(六)为执行本法第七条、第二十九条第二款、第三十条、第三十一条、第三十二条第三款、第三十三条第三款的规定,需要调查的事项;

(七)其他影响对外贸易秩序,需要调查的事项。

第三十八条 【调查方式】启动对外贸易调查,由国务院对外贸易主管部门发布公告。

调查可以采取书面问卷、召开听证会、实地调查、委托调查等方式进行。

国务院对外贸易主管部门根据调查结果,提出调查报告或者作出处理裁定,并发布公告。

第三十九条 【单位、个人的协助和保密义务】有关单位和个人应当对对外贸易调查给予配合、协助。

国务院对外贸易主管部门和国务院其他有关部门及其工作人员进行对外贸易调查,对知悉的国家秘密和商业秘密负有保密义务。

第八章 对外贸易救济

第四十条 【采取外贸救济措施】国家根据对外贸易调查结果,可以采取适当的对外贸易救济措施。

第四十一条 【反倾销措施的采取】其他国家或者地区的产品以低于正常价值的倾销方式进入我国市场,对已建立的国内产业造成实质损害或者产生实质损害威胁,或者对建立国内产业造成实质阻碍的,国家可以采取反倾销措施,消除或者减轻这种损害或者损害的威胁或者阻碍。

第四十二条 【涉及第三国的保障措施】其他国家或者地区的产品以低于正常价值出口至第三国市场,对我国已建立的国内产业造成实质损害或者产生实质损害威胁,或者对我国建立国内产业造成实质阻碍的,应国内产业的申请,国务院对外贸易主管部门可以与该第三国政府进行磋商,要求其采取适当的措施。

第四十三条 【反补贴措施】进口的产品直接或者间接地接受出口国家或者地区给予的任何形式的专向性补贴,对已建立的国内产业造成实质损害或者产生实质损害威胁,或者对建立国内产业造成实质阻碍的,国家可以采取反补贴措施,消除或者减轻这种损害或者损害的威胁或者阻碍。

第四十四条 【贸易保障措施】因进口产品数量大量增加,对生产同类产品或者与其直接竞争的产品的国内产业造成严重损害或者严重损害威胁的,国家可以采取必要的保障措施,消除或者减轻这种损害或者损害的威胁,并可以对该产业提供必要的支持。

第四十五条 【数量限制】因其他国家或者地区的服务提供者向我国提供的服务增加,对提供同类服务或者与其直接竞争的服务的国内产业造成损害或者产生损害威胁的,国家可以采取必要的救济措施,消除或者减轻这种损害或者损害的威胁。

第四十六条 【第三国限制进口情况下的数量限制措施】因第三国限制进口而导致某种产品进入我国市场的数量大量增加,对已建立的国内产业造成损害或者产生损害威胁,或者对建立国内产业造成阻碍的,国家可以采取必要的救济措施,限制该产品进口。

第四十七条 【他国违反条约的补救措施】与中华人民共和国缔结或者共同参加经济贸易条约、协定的国家或者地区,违反条约、协定的规定,使中华人民共和国根据该条约、协定享有的利益丧失或者受损,或者阻碍条约、协定目标实现的,中华人民共和国政府有权要求有关国家或者地区政府采取适当的补救措施,并可以根据有关条约、协定中止或者终止履行相关义务。

第四十八条 【磋商、谈判和解决争端的主体】国务院对外贸易主管部门依照本法和其他有关法律的规定,进行对外贸易的双边或者多边磋商、谈判和争端的解决。

第四十九条 【预警应急机制】国务院对外贸易主管部门和国务院其他有关部门应当建立货物进出口、技术进出口和国际服务贸易的预警应急机制,应对对外贸易中的突发和异常情况,维护国家经济安全。

第五十条 【反规避措施】国家对规避本法规定的对外贸易救济措施的行为,可以采取必要的反规避措施。

第九章 对外贸易促进

第五十一条 【完善对外贸易促进机制】国家制定对外贸易发展战略,建立和完善对外贸易促进机制。

第五十二条 【相关金融机构的完善】国家根据对外贸易发展的需要,建立和完善为对外贸易服务的金融机构,设立对外贸易发展基金、风险基金。

第五十三条 【外贸促进措施】国家通过进出口信贷、出口信用保险、出口退税及其他促进对外贸易的方式,发展对外贸易。

第五十四条 【信息服务体系】国家建立对外贸易公共信息服务体系,向对外贸易经营者和其他社会公众提供信息服务。

第五十五条 【鼓励外贸】国家采取措施鼓励对外贸易经营者开拓国际市场,采取对外投资、对外工程承包和对外劳务合作等多种形式,发展对外贸易。

第五十六条 【外贸协会、商会】对外贸易经营者可以依法成立和参加有关协会、商会。

有关协会、商会应当遵守法律、行政法规,按照章程对其成员提供与对外贸易有关的生产、营销、信息、培训等方面的服务,发挥协调和自律作用,依法提出有关对外贸易救济措施的申请,维护成员和行业的利益,向政府有关部门反映成员有关对外贸易的建议,开展对外贸易促进活动。

第五十七条 【贸易促进组织的活动】中国国际贸易促进组织按照章程开展对外联系,举办展览,提供信息、咨询服务和其他对外贸易促进活动。

第五十八条 【扶持中小企业开展外贸】国家扶持和促进中小企业开展对外贸易。

第五十九条 【对特定地区的外贸扶持】国家扶持和促进民族自治地方和经济不发达地区发展对外贸易。

第十章 法律责任

第六十条 【擅自进出口实行国营贸易管理的货物的责任】违反本法第十一条规定,未经授权擅自进出口实行国营贸易管理的货物的,国务院对外贸易主管部门或者国务院其他有关部门可以处五万元以下罚款;情节严重的,可以自行政处罚决定生效之日起三年内,不受理违法行为人从事国营贸易管理货物进出口业务的申请,或者撤销已给予其从事其他国营贸易管理货物进出口的授权。

第六十一条 【违反禁止和限制进出口规则的处罚】进出口属于禁止进出口的货物的,或者未经许可擅自进出口属于限制进出口的货物的,由海关依照有关法律、行政法规的规定处理、处罚;构成犯罪的,依法追究刑事责任。

进出口属于禁止进出口的技术的,或者未经许可擅自进出口属于限制进出口的技术的,依照有关法律、行政法规的规定处理、处罚;法律、行政法规没有规定的,由国务院对外贸易主管部门责令改正,没收违法所得,并处违法所得一倍以上五倍以下罚款,没有违法所得或者违法所得不足一万元的,处一万元以上五万元以下罚款;构成犯罪的,依法追究刑事责任。

自前两款规定的行政处罚决定生效之日或者刑事处罚判决生效之日起,国务院对外贸易主管部门或者国务院其他有关部门可以在三年内不受理违法行为人提出的进出口配额或者许可证的申请,或者禁止违法行为人在一年以上三年以下的期限内从事有关货物或者技术的进出口经营活动。

第六十二条 【违反禁止和限制的国际服务贸易规则的处罚】从事属于禁止的国际服务贸易的,或者未经许可擅自从事属于限制的国际服务贸易的,依照有关法律、行政法规的规定处罚;法律、行政法规没有规定的,由国务院对外贸易主管部门责令改正,没收违法所得,并处违法所得一倍以上五倍以下罚款,没有违法所得或者违法所得不足一万元的,处一万元以上五万元以下罚款;构成犯罪的,依法追究刑事责任。

国务院对外贸易主管部门可以禁止违法行为人自前款规定的行政处罚决定生效之日或者刑事处罚判决生效之日起一年以上三年以下的期限内从事有关的国际服务贸易经营活动。

第六十三条　**【对其他违法行为的责任追究】**违反本法第三十四条规定，依照有关法律、行政法规的规定处罚；构成犯罪的，依法追究刑事责任。

国务院对外贸易主管部门可以禁止违法行为人自前款规定的行政处罚决定生效之日或者刑事处罚判决生效之日起一年以上三年以下的期限内从事有关的对外贸易经营活动。

第六十四条　**【海关、外汇管理部门的配合措施】**依照本法第六十一条至第六十三条规定被禁止从事有关对外贸易经营活动的，在禁止期限内，海关根据国务院对外贸易主管部门依法作出的禁止决定，对该对外贸易经营者的有关进出口货物不予办理报关验放手续，外汇管理部门或者外汇指定银行不予办理有关结汇、售汇手续。

第六十五条　**【行政机关人员的违法责任】**依照本法负责对外贸易管理工作的部门的工作人员玩忽职守、徇私舞弊或者滥用职权，构成犯罪的，依法追究刑事责任；尚不构成犯罪的，依法给予行政处分。

依照本法负责对外贸易管理工作的部门的工作人员利用职务上的便利，索取他人财物，或者非法收受他人财物为他人谋取利益，构成犯罪的，依法追究刑事责任；尚不构成犯罪的，依法给予行政处分。

第六十六条　**【当事人的救济措施】**对外贸易经营活动当事人对依照本法负责对外贸易管理工作的部门作出的具体行政行为不服的，可以依法申请行政复议或者向人民法院提起行政诉讼。

第十一章　附　　则

第六十七条　**【与特定物品有关的对外贸易管理】**与军品、裂变和聚变物质或者衍生此类物质的物质有关的对外贸易管理以及文化产品的进出口管理，法律、行政法规另有规定的，依照其规定。

第六十八条　**【边境地区的灵活措施】**国家对边境地区与接壤国家边境地区之间的贸易以及边民互市贸易，采取灵活措施，给予优惠和便利。具体办法由国务院规定。

第六十九条　**【适用范围限制】**中华人民共和国的单独关税区不适用本法。

第七十条　**【施行日期】**本法自2004年7月1日起施行。

最高人民法院关于审理国际贸易行政案件若干问题的规定

1. 2002年8月27日最高人民法院审判委员会第1239次会议通过
2. 2002年8月27日公布
3. 法释〔2002〕27号
4. 自2002年10月1日起施行

为依法公正及时地审理国际贸易行政案件，根据《中华人民共和国行政诉讼法》（以下简称行政诉讼法）、《中华人民共和国立法法》（以下简称立法法）以及其他有关法律的规定，制定本规定。

第一条　下列案件属于本规定所称国际贸易行政案件：

（一）有关国际货物贸易的行政案件；

（二）有关国际服务贸易的行政案件；

（三）与国际贸易有关的知识产权行政案件；

（四）其他国际贸易行政案件。

第二条　人民法院行政审判庭依法审理国际贸易行政案件。

第三条　自然人、法人或者其他组织认为中华人民共和国具有国家行政职权的机关和组织及其工作人员（以下统称行政机关）有关国际贸易的具体行政行为侵犯其合法权益的，可以依照行政诉讼法以及其他有关法律、法规的规定，向人民法院提起行政诉讼。

第四条　当事人的行为发生在新法生效之前，行政机关在新法生效之后对该行为作出行政处理决定的，当事人可以依照新法的规定提起行政诉讼。

第五条　第一审国际贸易行政案件由具有管辖权的中级以上人民法院管辖。

第六条　人民法院审理国际贸易行政案件，应当依照行政诉讼法，并根据案件具体情况，从以下方面对被诉具体行政行为进行合法性审查：

（一）主要证据是否确实、充分；

（二）适用法律、法规是否正确；

（三）是否违反法定程序；

（四）是否超越职权；

（五）是否滥用职权；

（六）行政处罚是否显失公正；

（七）是否不履行或者拖延履行法定职责。

第七条　根据行政诉讼法第五十二条第一款及立法法第六十三条第一款和第二款规定，人民法院审理国际贸易行政案件，应当依据中华人民共和国法律、行政法规以及地方立法机关在法定立法权限范围内制定的有关或者影响国际贸易的地方性法规。地方性法规适用于本行政区域内发生的国际贸易行政案件。

第八条 根据行政诉讼法第五十三条第一款及立法法第七十一条、第七十二条和第七十三条规定,人民法院审理国际贸易行政案件,参照国务院部门根据法律和国务院的行政法规、决定、命令,在本部门权限范围内制定的有关或者影响国际贸易的部门规章,以及省、自治区、直辖市和省、自治区的人民政府所在地的市、经济特区所在地的市、国务院批准的较大的市的人民政府根据法律、行政法规和地方性法规制定的有关或者影响国际贸易的地方政府规章。

第九条 人民法院审理国际贸易行政案件所适用的法律、行政法规的具体条文存在两种以上的合理解释,其中有一种解释与中华人民共和国缔结或者参加的国际条约的有关规定相一致的,应当选择与国际条约的有关规定相一致的解释,但中华人民共和国声明保留的条款除外。

第十条 外国人、无国籍人、外国组织在中华人民共和国进行国际贸易行政诉讼,同中华人民共和国公民、组织有同等的诉讼权利和义务,但有行政诉讼法第七十一条第二款规定的情形的,适用对等原则。

第十一条 涉及香港特别行政区、澳门特别行政区和台湾地区当事人的国际贸易行政案件,参照本规定处理。

第十二条 本规定自2002年10月1日起施行。

8. 工商质检

中华人民共和国消费者权益保护法

1. 1993年10月31日第八届全国人民代表大会常务委员会第四次会议通过

2. 根据2009年8月27日第十一届全国人民代表大会常务委员会第十次会议《关于修改部分法律的决定》第一次修正

3. 根据2013年10月25日第十二届全国人民代表大会常务委员会第五次会议《关于修改〈中华人民共和国消费者权益保护法〉的决定》第二次修正

目　　录

第一章　总　　则

第一条 【立法目的】为保护消费者的合法权益,维护社会经济秩序,促进社会主义市场经济健康发展,制定本法。

第二条 【消费者的范围】消费者为生活消费需要购买、使用商品或者接受服务,其权益受本法保护;本法未作规定的,受其他有关法律、法规保护。

第三条 【经营者的范围】经营者为消费者提供其生产、销售的商品或者提供服务,应当遵守本法;本法未作规定的,应当遵守其他有关法律、法规。

第四条 【基本原则】经营者与消费者进行交易,应当遵循自愿、平等、公平、诚实信用的原则。

第五条 【国家对消费者的保护】国家保护消费者的合法权益不受侵害。

国家采取措施,保障消费者依法行使权利,维护消费者的合法权益。

国家倡导文明、健康、节约资源和保护环境的消费方式,反对浪费。

第六条 【社会对消费者的保护】保护消费者的合法权益是全社会的共同责任。

国家鼓励、支持一切组织和个人对损害消费者合法权益的行为进行社会监督。

大众传播媒介应当做好维护消费者合法权益的宣传,对损害消费者合法权益的行为进行舆论监督。

第二章　消费者的权利

第七条 【人身、财产安全的权利】消费者在购买、使用商品和接受服务时享有人身、财产安全不受损害的权利。

消费者有权要求经营者提供的商品和服务,符合保障人身、财产安全的要求。

第八条 【商品、服务知悉权】消费者享有知悉其购买、使用的商品或者接受的服务的真实情况的权利。

消费者有权根据商品或者服务的不同情况,要求经营者提供商品的价格、产地、生产者、用途、性能、规格、等级、主要成份、生产日期、有效期限、检验合格证明、使用方法说明书、售后服务,或者服务的内容、规格、费用等有关情况。

第九条 【自主选择权】消费者享有自主选择商品或者服务的权利。

消费者有权自主选择提供商品或者服务的经营者,自主选择商品品种或者服务方式,自主决定购买或者不购买任何一种商品、接受或者不接受任何一项服务。

消费者在自主选择商品或者服务时,有权进行比较、鉴别和挑选。

第十条 【公平交易权】消费者享有公平交易的权利。

消费者在购买商品或者接受服务时,有权获得质量保障、价格合理、计量正确等公平交易条件,有权拒绝经营者的强制交易行为。

第十一条 【损害赔偿权】消费者因购买、使用商品或者接受服务受到人身、财产损害的,享有依法获得赔偿的权利。

第十二条　【结社权】消费者享有依法成立维护自身合法权益的社会组织的权利。

第十三条　【知识了解权】消费者享有获得有关消费和消费者权益保护方面的知识的权利。

消费者应当努力掌握所需商品或者服务的知识和使用技能，正确使用商品，提高自我保护意识。

第十四条　【受尊重权】消费者在购买、使用商品和接受服务时，享有人格尊严、民族风俗习惯得到尊重的权利，享有个人信息依法得到保护的权利。

第十五条　【监督权】消费者享有对商品和服务以及保护消费者权益工作进行监督的权利。

消费者有权检举、控告侵害消费者权益的行为和国家机关及其工作人员在保护消费者权益工作中的违法失职行为，有权对保护消费者权益工作提出批评、建议。

第三章　经营者的义务

第十六条　【守法义务】经营者向消费者提供商品或者服务，应当依照本法和其他有关法律、法规的规定履行义务。

经营者和消费者有约定的，应当按照约定履行义务，但双方的约定不得违背法律、法规的规定。

经营者向消费者提供商品或者服务，应当恪守社会公德，诚信经营，保障消费者的合法权益；不得设定不公平、不合理的交易条件，不得强制交易。

第十七条　【接受监督义务】经营者应当听取消费者对其提供的商品或者服务的意见，接受消费者的监督。

第十八条　【安全保障义务】经营者应当保证其提供的商品或者服务符合保障人身、财产安全的要求。对可能危及人身、财产安全的商品和服务，应当向消费者作出真实的说明和明确的警示，并说明和标明正确使用商品或者接受服务的方法以及防止危害发生的方法。

宾馆、商场、餐馆、银行、机场、车站、港口、影剧院等经营场所的经营者，应当对消费者尽到安全保障义务。

第十九条　【缺陷报告和告知等义务】经营者发现其提供的商品或者服务存在缺陷，有危及人身、财产安全危险的，应当立即向有关行政部门报告和告知消费者，并采取停止销售、警示、召回、无害化处理、销毁、停止生产或者服务等措施。采取召回措施的，经营者应当承担消费者因商品被召回支出的必要费用。

第二十条　【真实信息告知义务】经营者向消费者提供有关商品或者服务的质量、性能、用途、有效期限等信息，应当真实、全面，不得作虚假或者引人误解的宣传。

经营者对消费者就其提供的商品或者服务的质量和使用方法等问题提出的询问，应当作出真实、明确的答复。

经营者提供商品或者服务应当明码标价。

第二十一条　【真实标记义务】经营者应当标明其真实名称和标记。

租赁他人柜台或者场地的经营者，应当标明其真实名称和标记。

第二十二条　【出具单据义务】经营者提供商品或者服务，应当按照国家有关规定或者商业惯例向消费者出具发票等购货凭证或者服务单据；消费者索要发票等购货凭证或者服务单据的，经营者必须出具。

第二十三条　【质量保证义务】经营者应当保证在正常使用商品或者接受服务的情况下其提供的商品或者服务应当具有的质量、性能、用途和有效期限；但消费者在购买该商品或者接受该服务前已经知道其存在瑕疵，且存在该瑕疵不违反法律强制性规定的除外。

经营者以广告、产品说明、实物样品或者其他方式表明商品或者服务的质量状况的，应当保证其提供的商品或者服务的实际质量与表明的质量状况相符。

经营者提供的机动车、计算机、电视机、电冰箱、空调器、洗衣机等耐用商品或者装饰装修等服务，消费者自接受商品或者服务之日起六个月内发现瑕疵，发生争议的，由经营者承担有关瑕疵的举证责任。

第二十四条　【售后服务义务】经营者提供的商品或者服务不符合质量要求的，消费者可以依照国家规定、当事人约定退货，或者要求经营者履行更换、修理等义务。没有国家规定和当事人约定的，消费者可以自收到商品之日起七日内退货；七日后符合法定解除合同条件的，消费者可以及时退货，不符合法定解除合同条件的，可以要求经营者履行更换、修理等义务。

依照前款规定进行退货、更换、修理的，经营者应当承担运输等必要费用。

第二十五条　【特殊方式销售商品的退货义务】经营者采用网络、电视、电话、邮购等方式销售商品，消费者有权自收到商品之日起七日内退货，且无需说明理由，但下列商品除外：

（一）消费者定作的；

（二）鲜活易腐的；

（三）在线下载或者消费者拆封的音像制品、计算机软件等数字化商品；

（四）交付的报纸、期刊。

除前款所列商品外，其他根据商品性质并经消费者在购买时确认不宜退货的商品，不适用无理由退货。

消费者退货的商品应当完好。经营者应当自收到退回商品之日起七日内返还消费者支付的商品价款。退回商品的运费由消费者承担；经营者和消费者另有约定的，按照约定。

第二十六条　【格式条款的使用与禁止】经营者在经营活动中使用格式条款的，应当以显著方式提请消费者注意商品或者服务的数量和质量、价款或者费用、履行期限和方式、安全注意事项和风险警示、售后服务、民事责任等与消费者有重大利害关系的内容，并按照消费者的要求予以说明。

经营者不得以格式条款、通知、声明、店堂告示等方式,作出排除或者限制消费者权利、减轻或者免除经营者责任、加重消费者责任等对消费者不公平、不合理的规定,不得利用格式条款并借助技术手段强制交易。

格式条款、通知、声明、店堂告示等含有前款所列内容的,其内容无效。

第二十七条　【禁止侵犯消费者人身权】经营者不得对消费者进行侮辱、诽谤,不得搜查消费者的身体及其携带的物品,不得侵犯消费者的人身自由。

第二十八条　【特殊经营者的信息提供义务】采用网络、电视、电话、邮购等方式提供商品或者服务的经营者,以及提供证券、保险、银行等金融服务的经营者,应当向消费者提供经营地址、联系方式、商品或者服务的数量和质量、价款或者费用、履行期限和方式、安全注意事项和风险警示、售后服务、民事责任等信息。

第二十九条　【消费者个人信息保护义务】经营者收集、使用消费者个人信息,应当遵循合法、正当、必要的原则,明示收集、使用信息的目的、方式和范围,并经消费者同意。经营者收集、使用消费者个人信息,应当公开其收集、使用规则,不得违反法律、法规的规定和双方的约定收集、使用信息。

经营者及其工作人员对收集的消费者个人信息必须严格保密,不得泄露、出售或者非法向他人提供。经营者应当采取技术措施和其他必要措施,确保信息安全,防止消费者个人信息泄露、丢失。在发生或者可能发生信息泄露、丢失的情况时,应当立即采取补救措施。

经营者未经消费者同意或者请求,或者消费者明确表示拒绝的,不得向其发送商业性信息。

第四章　国家对消费者合法权益的保护

第三十条　【立法参与】国家制定有关消费者权益的法律、法规、规章和强制性标准,应当听取消费者和消费者协会等组织的意见。

第三十一条　【政府监管】各级人民政府应当加强领导,组织、协调、督促有关行政部门做好保护消费者合法权益的工作,落实保护消费者合法权益的职责。

各级人民政府应当加强监督,预防危害消费者人身、财产安全行为的发生,及时制止危害消费者人身、财产安全的行为。

第三十二条　【主管部门】各级人民政府工商行政管理部门和其他有关行政部门应当依照法律、法规的规定,在各自的职责范围内,采取措施,保护消费者的合法权益。

有关行政部门应当听取消费者和消费者协会等组织对经营者交易行为、商品和服务质量问题的意见,及时调查处理。

第三十三条　【有关部门的抽查检验等职责】有关行政部门在各自的职责范围内,应当定期或者不定期对经营者提供的商品和服务进行抽查检验,并及时向社会公布抽查检验结果。

有关行政部门发现并认定经营者提供的商品或者服务存在缺陷,有危及人身、财产安全危险的,应当立即责令经营者采取停止销售、警示、召回、无害化处理、销毁、停止生产或者服务等措施。

第三十四条　【违法惩处】有关国家机关应当依照法律、法规的规定,惩处经营者在提供商品和服务中侵害消费者合法权益的违法犯罪行为。

第三十五条　【方便诉讼】人民法院应当采取措施,方便消费者提起诉讼。对符合《中华人民共和国民事诉讼法》起诉条件的消费者权益争议,必须受理,及时审理。

第五章　消费者组织

第三十六条　【消费者组织】消费者协会和其他消费者组织是依法成立的对商品和服务进行社会监督的保护消费者合法权益的社会组织。

第三十七条　【消费者协会的职能】消费者协会履行下列公益性职责:

(一)向消费者提供消费信息和咨询服务,提高消费者维护自身合法权益的能力,引导文明、健康、节约资源和保护环境的消费方式;

(二)参与制定有关消费者权益的法律、法规、规章和强制性标准;

(三)参与有关行政部门对商品和服务的监督、检查;

(四)就有关消费者合法权益的问题,向有关部门反映、查询,提出建议;

(五)受理消费者的投诉,并对投诉事项进行调查、调解;

(六)投诉事项涉及商品和服务质量问题的,可以委托具备资格的鉴定人鉴定,鉴定人应当告知鉴定意见;

(七)就损害消费者合法权益的行为,支持受损害的消费者提起诉讼或者依照本法提起诉讼;

(八)对损害消费者合法权益的行为,通过大众传播媒介予以揭露、批评。

各级人民政府对消费者协会履行职责应当予以必要的经费等支持。

消费者协会应当认真履行保护消费者合法权益的职责,听取消费者的意见和建议,接受社会监督。

依法成立的其他消费者组织依照法律、法规及其章程的规定,开展保护消费者合法权益的活动。

第三十八条　【禁止消费者组织牟利】消费者组织不得从事商品经营和营利性服务,不得以收取费用或者其他牟取利益的方式向消费者推荐商品和服务。

第六章　争议的解决

第三十九条　【争议解决途径】消费者和经营者发生消费者

权益争议的，可以通过下列途径解决：

（一）与经营者协商和解；

（二）请求消费者协会或者依法成立的其他调解组织调解；

（三）向有关行政部门投诉；

（四）根据与经营者达成的仲裁协议提请仲裁机构仲裁；

（五）向人民法院提起诉讼。

第四十条 **【赔偿请求权的行使】**消费者在购买、使用商品时，其合法权益受到损害的，可以向销售者要求赔偿。销售者赔偿后，属于生产者的责任或者属于向销售者提供商品的其他销售者的责任的，销售者有权向生产者或者其他销售者追偿。

消费者或者其他受害人因商品缺陷造成人身、财产损害的，可以向销售者要求赔偿，也可以向生产者要求赔偿。属于生产者责任的，销售者赔偿后，有权向生产者追偿。属于销售者责任的，生产者赔偿后，有权向销售者追偿。

消费者在接受服务时，其合法权益受到损害的，可以向服务者要求赔偿。

第四十一条 **【企业合并、分立的赔偿】**消费者在购买、使用商品或者接受服务时，其合法权益受到损害，因原企业分立、合并的，可以向变更后承受其权利义务的企业要求赔偿。

第四十二条 **【使用他人执照经营的损害赔偿】**使用他人营业执照的违法经营者提供商品或者服务，损害消费者合法权益的，消费者可以向其要求赔偿，也可以向营业执照的持有人要求赔偿。

第四十三条 **【展销、租赁柜台经营的损害赔偿】**消费者在展销会、租赁柜台购买商品或者接受服务，其合法权益受到损害的，可以向销售者或者服务者要求赔偿。展销会结束或者柜台租赁期满后，也可以向展销会的举办者、柜台的出租者要求赔偿。展销会的举办者、柜台的出租者赔偿后，有权向销售者或者服务者追偿。

第四十四条 **【网络交易损害赔偿的责任承担】**消费者通过网络交易平台购买商品或者接受服务，其合法权益受到损害的，可以向销售者或者服务者要求赔偿。网络交易平台提供者不能提供销售者或者服务者的真实名称、地址和有效联系方式的，消费者也可以向网络交易平台提供者要求赔偿；网络交易平台提供者作出更有利于消费者的承诺的，应当履行承诺。网络交易平台提供者赔偿后，有权向销售者或者服务者追偿。

网络交易平台提供者明知或者应知销售者或者服务者利用其平台侵害消费者合法权益，未采取必要措施的，依法与该销售者或者服务者承担连带责任。

第四十五条 **【利用虚假宣传方式经营的损害赔偿】**消费者因经营者利用虚假广告或者其他虚假宣传方式提供商品或者服务，其合法权益受到损害的，可以向经营者要求赔偿。广告经营者、发布者发布虚假广告的，消费者可以请求行政主管部门予以惩处。广告经营者、发布者不能提供经营者的真实名称、地址和有效联系方式的，应当承担赔偿责任。

广告经营者、发布者设计、制作、发布关系消费者生命健康商品或者服务的虚假广告，造成消费者损害的，应当与提供该商品或者服务的经营者承担连带责任。

社会团体或者其他组织、个人在关系消费者生命健康商品或者服务的虚假广告或者其他虚假宣传中向消费者推荐商品或者服务，造成消费者损害的，应当与提供该商品或者服务的经营者承担连带责任。

第四十六条 **【投诉的处理】**消费者向有关行政部门投诉的，该部门应当自收到投诉之日起七个工作日内，予以处理并告知消费者。

第四十七条 **【消费者公益诉讼】**对侵害众多消费者合法权益的行为，中国消费者协会以及在省、自治区、直辖市设立的消费者协会，可以向人民法院提起诉讼。

第七章　法律责任

第四十八条 **【承担民事责任的情形】**经营者提供商品或者服务有下列情形之一的，除本法另有规定外，应当依照其他有关法律、法规的规定，承担民事责任：

（一）商品或者服务存在缺陷的；

（二）不具备商品应当具备的使用性能而出售时未作说明的；

（三）不符合在商品或者其包装上注明采用的商品标准的；

（四）不符合商品说明、实物样品等方式表明的质量状况的；

（五）生产国家明令淘汰的商品或者销售失效、变质的商品的；

（六）销售的商品数量不足的；

（七）服务的内容和费用违反约定的；

（八）对消费者提出的修理、重作、更换、退货、补足商品数量、退还货款和服务费用或者赔偿损失的要求，故意拖延或者无理拒绝的；

（九）法律、法规规定的其他损害消费者权益的情形。

经营者对消费者未尽到安全保障义务，造成消费者损害的，应当承担侵权责任。

第四十九条 **【造成消费者人身伤害或死亡的民事责任】**经营者提供商品或者服务，造成消费者或者其他受害人人身伤害的，应当赔偿医疗费、护理费、交通费等为治疗和康复支出的合理费用，以及因误工减少的收入。造成残疾的，还应当赔偿残疾生活辅助具费和残疾赔偿金。造成死亡的，还应当赔偿丧葬费和死亡赔偿金。

第五十条 **【侵害消费者人格尊严、人身自由或个人信息的民事责任】**经营者侵害消费者的人格尊严、侵犯消费者人身自由或者侵害消费者个人信息依法得到保护的权利的,应当停止侵害、恢复名誉、消除影响、赔礼道歉,并赔偿损失。

第五十一条 【造成消费者严重精神损害的民事责任】经营者有侮辱诽谤、搜查身体、侵犯人身自由等侵害消费者或者其他受害人人身权益的行为,造成严重精神损害的,受害人可以要求精神损害赔偿。

第五十二条 【造成消费者财产损害的民事责任】经营者提供商品或者服务,造成消费者财产损害的,应当依照法律规定或者当事人约定承担修理、重作、更换、退货、补足商品数量、退还货款和服务费用或者赔偿损失等民事责任。

第五十三条 【预收款方式的违约责任】经营者以预收款方式提供商品或者服务的,应当按照约定提供。未按照约定提供的,应当按照消费者的要求履行约定或者退回预付款;并应当承担预付款的利息、消费者必须支付的合理费用。

第五十四条 【不合格商品的民事责任】依法经有关行政部门认定为不合格的商品,消费者要求退货的,经营者应当负责退货。

第五十五条 【欺诈经营的民事责任】经营者提供商品或者服务有欺诈行为的,应当按照消费者的要求增加赔偿其受到的损失,增加赔偿的金额为消费者购买商品的价款或者接受服务的费用的三倍;增加赔偿的金额不足五百元的,为五百元。法律另有规定的,依照其规定。

经营者明知商品或者服务存在缺陷,仍然向消费者提供,造成消费者或者其他受害人死亡或者健康严重损害的,受害人有权要求经营者依照本法第四十九条、第五十一条等法律规定赔偿损失,并有权要求所受损失二倍以下的惩罚性赔偿。

第五十六条 【承担行政责任的情形】经营者有下列情形之一,除承担相应的民事责任外,其他有关法律、法规对处罚机关和处罚方式有规定的,依照法律、法规的规定执行;法律、法规未作规定的,由工商行政管理部门或者其他有关行政部门责令改正,可以根据情节单处或者并处警告、没收违法所得、处以违法所得一倍以上十倍以下的罚款,没有违法所得的,处以五十万元以下的罚款;情节严重的,责令停业整顿、吊销营业执照:

(一)提供的商品或者服务不符合保障人身、财产安全要求的;

(二)在商品中掺杂、掺假,以假充真,以次充好,或者以不合格商品冒充合格商品的;

(三)生产国家明令淘汰的商品或者销售失效、变质的商品的;

(四)伪造商品的产地,伪造或者冒用他人的厂名、厂址,篡改生产日期,伪造或者冒用认证标志等质量标志的;

(五)销售的商品应当检验、检疫而未检验、检疫或者伪造检验、检疫结果的;

(六)对商品或者服务作虚假或者引人误解的宣传的;

(七)拒绝或者拖延有关行政部门责令对缺陷商品或者服务采取停止销售、警示、召回、无害化处理、销毁、停止生产或者服务等措施的;

(八)对消费者提出的修理、重作、更换、退货、补足商品数量、退还货款和服务费用或者赔偿损失的要求,故意拖延或者无理拒绝的;

(九)侵害消费者人格尊严、侵犯消费者人身自由或者侵害消费者个人信息依法得到保护的权利的;

(十)法律、法规规定的对损害消费者权益应当予以处罚的其他情形。

经营者有前款规定情形的,除依照法律、法规规定予以处罚外,处罚机关应当记入信用档案,向社会公布。

第五十七条 【承担刑事责任的情形】经营者违反本法规定提供商品或者服务,侵害消费者合法权益,构成犯罪的,依法追究刑事责任。

第五十八条 【民事赔偿责任优先】经营者违反本法规定,应当承担民事赔偿责任和缴纳罚款、罚金,其财产不足以同时支付的,先承担民事赔偿责任。

第五十九条 【对行政处罚的复议或起诉】经营者对行政处罚决定不服的,可以依法申请行政复议或者提起行政诉讼。

第六十条 【妨害公务的法律责任】以暴力、威胁等方法阻碍有关行政部门工作人员依法执行职务的,依法追究刑事责任;拒绝、阻碍有关行政部门工作人员依法执行职务,未使用暴力、威胁方法的,由公安机关依照《中华人民共和国治安管理处罚法》的规定处罚。

第六十一条 【玩忽职守或包庇的法律责任】国家机关工作人员玩忽职守或者包庇经营者侵害消费者合法权益的行为的,由其所在单位或者上级机关给予行政处分;情节严重,构成犯罪的,依法追究刑事责任。

第八章 附 则

第六十二条 【购买、使用农资参照本法】农民购买、使用直接用于农业生产的生产资料,参照本法执行。

第六十三条 【施行日期】本法自1994年1月1日起施行。

中华人民共和国广告法

1. 1994年10月27日第八届全国人民代表大会常务委员会第十次会议通过
2. 2015年4月24日第十二届全国人民代表大会常务委员会第十四次会议修订
3. 自2015年9月1日起施行

目 录

第一章 总 则

第一条 【**立法目的**】为了规范广告活动，保护消费者的合法权益，促进广告业的健康发展，维护社会经济秩序，制定本法。

第二条 【**调整范围及定义**】在中华人民共和国境内，商品经营者或者服务提供者通过一定媒介和形式直接或者间接地介绍自己所推销的商品或者服务的商业广告活动，适用本法。

本法所称广告主，是指为推销商品或者服务，自行或者委托他人设计、制作、发布广告的自然人、法人或者其他组织。

本法所称广告经营者，是指接受委托提供广告设计、制作、代理服务的自然人、法人或者其他组织。

本法所称广告发布者，是指为广告主或者广告主委托的广告经营者发布广告的自然人、法人或者其他组织。

本法所称广告代言人，是指广告主以外的，在广告中以自己的名义或者形象对商品、服务作推荐、证明的自然人、法人或者其他组织。

第三条 【**内容和形式要求**】广告应当真实、合法，以健康的表现形式表达广告内容，符合社会主义精神文明建设和弘扬中华民族优秀传统文化的要求。

第四条 【**真实性原则**】广告不得含有虚假或者引人误解的内容，不得欺骗、误导消费者。

广告主应当对广告内容的真实性负责。

第五条 【**基本行为规范**】广告主、广告经营者、广告发布者从事广告活动，应当遵守法律、法规，诚实信用，公平竞争。

第六条 【**监督管理体制**】国务院工商行政管理部门主管全国的广告监督管理工作，国务院有关部门在各自的职责范围内负责广告管理相关工作。

县级以上地方工商行政管理部门主管本行政区域的广告监督管理工作，县级以上地方人民政府有关部门在各自的职责范围内负责广告管理相关工作。

第七条 【**行业组织**】广告行业组织依照法律、法规和章程的规定，制定行业规范，加强行业自律，促进行业发展，引导会员依法从事广告活动，推动广告行业诚信建设。

第二章 广告内容准则

第八条 【**广告表述**】广告中对商品的性能、功能、产地、用途、质量、成分、价格、生产者、有效期限、允诺等或者对服务的内容、提供者、形式、质量、价格、允诺等有表示的，应当准确、清楚、明白。

广告中表明推销的商品或者服务附带赠送的，应当明示所附带赠送商品或者服务的品种、规格、数量、期限和方式。

法律、行政法规规定广告中应当明示的内容，应当显著、清晰表示。

第九条 【**一般禁止情形**】广告不得有下列情形：

（一）使用或者变相使用中华人民共和国的国旗、国歌、国徽，军旗、军歌、军徽；

（二）使用或者变相使用国家机关、国家机关工作人员的名义或者形象；

（三）使用“国家级”、“最高级”、“最佳”等用语；

（四）损害国家的尊严或者利益，泄露国家秘密；

（五）妨碍社会安定，损害社会公共利益；

（六）危害人身、财产安全，泄露个人隐私；

（七）妨碍社会公共秩序或者违背社会良好风尚；

（八）含有淫秽、色情、赌博、迷信、恐怖、暴力的内容；

（九）含有民族、种族、宗教、性别歧视的内容；

（十）妨碍环境、自然资源或者文化遗产保护；

（十一）法律、行政法规规定禁止的其他情形。

第十条 【**保护未成年人和残疾人**】广告不得损害未成年人和残疾人的身心健康。

第十一条 【**涉及行政许可和引证内容的广告**】广告内容涉及的事项需要取得行政许可的，应当与许可的内容相符合。

广告使用数据、统计资料、调查结果、文摘、引用语等引证内容的，应当真实、准确，并表明出处。引证内容有适用范围和有效期限的，应当明确表示。

第十二条 【**涉及专利的广告**】广告中涉及专利产品或者专利方法的，应当标明专利号和专利种类。

未取得专利权的，不得在广告中谎称取得专利权。

禁止使用未授予专利权的专利申请和已经终止、撤销、无效的专利作广告。

第十三条 【**广告不得含有贬低内容**】广告不得贬低其他生产经营者的商品或者服务。

第十四条 【**广告可识别性以及发布要求**】广告应当具有可识别性，能够使消费者辨明其为广告。

大众传播媒介不得以新闻报道形式变相发布广告。通过大众传播媒介发布的广告应当显著标明“广告”，与其他非广告信息相区别，不得使消费者产生误解。

广播电台、电视台发布广告，应当遵守国务院有关部门关于时长、方式的规定，并应当对广告时长作出明显提示。

第十五条 【**处方药、易制毒化学品、戒毒等广告**】麻醉药品、精神药品、医疗用毒性药品、放射性药品等特殊药品，药品类易制毒化学品，以及戒毒治疗的药品、医疗器械和治疗方法，不得作广告。

前款规定以外的处方药，只能在国务院卫生行政部门和国务院药品监督管理部门共同指定的医学、药学专业刊物上作广告。

第十六条 【医疗、药品、医疗器械广告】医疗、药品、医疗器械广告不得含有下列内容：

(一)表示功效、安全性的断言或者保证；

(二)说明治愈率或者有效率；

(三)与其他药品、医疗器械的功效和安全性或者其他医疗机构比较；

(四)利用广告代言人作推荐、证明；

(五)法律、行政法规规定禁止的其他内容。

药品广告的内容不得与国务院药品监督管理部门批准的说明书不一致,并应当显著标明禁忌、不良反应。处方药广告应当显著标明“本广告仅供医学药学专业人士阅读”,非处方药广告应当显著标明“请按药品说明书或者在药师指导下购买和使用”。

推荐给个人自用的医疗器械的广告,应当显著标明“请仔细阅读产品说明书或者在医务人员的指导下购买和使用”。医疗器械产品注册证明文件中有禁忌内容、注意事项的,广告中应当显著标明“禁忌内容或者注意事项详见说明书”。

第十七条 【禁止使用医药用语】除医疗、药品、医疗器械广告外,禁止其他任何广告涉及疾病治疗功能,并不得使用医疗用语或者易使推销的商品与药品、医疗器械相混淆的用语。

第十八条 【保健食品广告】保健食品广告不得含有下列内容：

(一)表示功效、安全性的断言或者保证；

(二)涉及疾病预防、治疗功能；

(三)声称或者暗示广告商品为保障健康所必需；

(四)与药品、其他保健食品进行比较；

(五)利用广告代言人作推荐、证明；

(六)法律、行政法规规定禁止的其他内容。

保健食品广告应当显著标明“本品不能代替药物”。

第十九条 【禁止变相发布广告】广播电台、电视台、报刊音像出版单位、互联网信息服务提供者不得以介绍健康、养生知识等形式变相发布医疗、药品、医疗器械、保健食品广告。

第二十条 【母乳代用品广告】禁止在大众传播媒介或者公共场所发布声称全部或者部分替代母乳的婴儿乳制品、饮料和其他食品广告。

第二十一条 【农药、兽药、饲料和饲料添加剂广告】农药、兽药、饲料和饲料添加剂广告不得含有下列内容：

(一)表示功效、安全性的断言或者保证；

(二)利用科研单位、学术机构、技术推广机构、行业协会或者专业人士、用户的名义或者形象作推荐、证明；

(三)说明有效率；

(四)违反安全使用规程的文字、语言或者画面；

(五)法律、行政法规规定禁止的其他内容。

第二十二条 【烟草广告】禁止在大众传播媒介或者公共场所、公共交通工具、户外发布烟草广告。禁止向未成年人发送任何形式的烟草广告。

禁止利用其他商品或者服务的广告、公益广告,宣传烟草制品名称、商标、包装、装潢以及类似内容。

烟草制品生产者或者销售者发布的迁址、更名、招聘等启事中,不得含有烟草制品名称、商标、包装、装潢以及类似内容。

第二十三条 【酒类广告】酒类广告不得含有下列内容：

(一)诱导、怂恿饮酒或者宣传无节制饮酒；

(二)出现饮酒的动作；

(三)表现驾驶车、船、飞机等活动；

(四)明示或者暗示饮酒有消除紧张和焦虑、增加体力等功效。

第二十四条 【教育、培训广告】教育、培训广告不得含有下列内容：

(一)对升学、通过考试、获得学位学历或者合格证书,或者对教育、培训的效果作出明示或者暗示的保证性承诺；

(二)明示或者暗示有相关考试机构或者其工作人员、考试命题人员参与教育、培训；

(三)利用科研单位、学术机构、教育机构、行业协会、专业人士、受益者的名义或者形象作推荐、证明。

第二十五条 【有投资回报预期的商品或者服务广告】招商等有投资回报预期的商品或者服务广告,应当对可能存在的风险以及风险责任承担有合理提示或者警示,并不得含有下列内容：

(一)对未来效果、收益或者与其相关的情况作出保证性承诺,明示或者暗示保本、无风险或者保收益等,国家另有规定的除外；

(二)利用学术机构、行业协会、专业人士、受益者的名义或者形象作推荐、证明。

第二十六条 【房地产广告】房地产广告,房源信息应当真实,面积应当表明为建筑面积或者套内建筑面积,并不得含有下列内容：

(一)升值或者投资回报的承诺；

(二)以项目到达某一具体参照物的所需时间表示项目位置；

(三)违反国家有关价格管理的规定；

(四)对规划或者建设中的交通、商业、文化教育设施以及其他市政条件作误导宣传。

第二十七条 【种养殖广告】农作物种子、林木种子、草种子、种畜禽、水产苗种和种养殖广告关于品种名称、生产性能、生长量或者产量、品质、抗性、特殊使用价值、经济价值、适宜种植或者养殖的范围和条件等方面的表述应当真实、清楚、明白,并不得含有下列内容：

（一）作科学上无法验证的断言；

（二）表示功效的断言或者保证；

（三）对经济效益进行分析、预测或者作保证性承诺；

（四）利用科研单位、学术机构、技术推广机构、行业协会或者专业人士、用户的名义或者形象作推荐、证明。

第二十八条　【虚假广告】广告以虚假或者引人误解的内容欺骗、误导消费者的，构成虚假广告。

广告有下列情形之一的，为虚假广告：

（一）商品或者服务不存在的；

（二）商品的性能、功能、产地、用途、质量、规格、成分、价格、生产者、有效期限、销售状况、曾获荣誉等信息，或者服务的内容、提供者、形式、质量、价格、销售状况、曾获荣誉等信息，以及与商品或者服务有关的允诺等信息与实际情况不符，对购买行为有实质性影响的；

（三）使用虚构、伪造或者无法验证的科研成果、统计资料、调查结果、文摘、引用语等信息作证明材料的；

（四）虚构使用商品或者接受服务的效果的；

（五）以虚假或者引人误解的内容欺骗、误导消费者的其他情形。

第三章　广告行为规范

第二十九条　【从事广告发布业务的条件】广播电台、电视台、报刊出版单位从事广告发布业务的，应当设有专门从事广告业务的机构，配备必要的人员，具有与发布广告相适应的场所、设备，并向县级以上地方工商行政管理部门办理广告发布登记。

第三十条　【广告合同】广告主、广告经营者、广告发布者之间在广告活动中应当依法订立书面合同。

第三十一条　【禁止不正当竞争】广告主、广告经营者、广告发布者不得在广告活动中进行任何形式的不正当竞争。

第三十二条　【受委托方的合法经营资格】广告主委托设计、制作、发布广告，应当委托具有合法经营资格的广告经营者、广告发布者。

第三十三条　【广告涉及他人人身权利时的义务】广告主或者广告经营者在广告中使用他人名义或者形象的，应当事先取得其书面同意；使用无民事行为能力人、限制民事行为能力人的名义或者形象的，应当事先取得其监护人的书面同意。

第三十四条　【广告业务管理制度和查验、核对义务】广告经营者、广告发布者应当按照国家有关规定，建立、健全广告业务的承接登记、审核、档案管理制度。

广告经营者、广告发布者依据法律、行政法规查验有关证明文件，核对广告内容。对内容不符或者证明文件不全的广告，广告经营者不得提供设计、制作、代理服务，广告发布者不得发布。

第三十五条　【广告收费标准和办法】广告经营者、广告发布者应当公布其收费标准和收费办法。

第三十六条　【媒介传播效果资料真实】广告发布者向广告主、广告经营者提供的覆盖率、收视率、点击率、发行量等资料应当真实。

第三十七条　【不得提供广告服务的情形】法律、行政法规规定禁止生产、销售的产品或者提供的服务，以及禁止发布广告的商品或者服务，任何单位或者个人不得设计、制作、代理、发布广告。

第三十八条　【广告代言人的义务】广告代言人在广告中对商品、服务作推荐、证明，应当依据事实，符合本法和有关法律、行政法规规定，并不得为其未使用过的商品或者未接受过的服务作推荐、证明。

不得利用不满十周岁的未成年人作为广告代言人。

对在虚假广告中作推荐、证明受到行政处罚未满三年的自然人、法人或者其他组织，不得利用其作为广告代言人。

第三十九条　【广告不得侵扰中小学生、幼儿】不得在中小学校、幼儿园内开展广告活动，不得利用中小学生和幼儿的教材、教辅材料、练习册、文具、教具、校服、校车等发布或者变相发布广告，但公益广告除外。

第四十条　【针对未成年人的广告】在针对未成年人的大众传播媒介上不得发布医疗、药品、保健食品、医疗器械、化妆品、酒类、美容广告，以及不利于未成年人身心健康的网络游戏广告。

针对不满十四周岁的未成年人的商品或者服务的广告不得含有下列内容：

（一）劝诱其要求家长购买广告商品或者服务；

（二）可能引发其模仿不安全行为。

第四十一条　【户外广告的监管】县级以上地方人民政府应当组织有关部门加强对利用户外场所、空间、设施等发布户外广告的监督管理，制定户外广告设置规划和安全要求。

户外广告的管理办法，由地方性法规、地方政府规章规定。

第四十二条　【禁止设置户外广告的情形】有下列情形之一的，不得设置户外广告：

（一）利用交通安全设施、交通标志的；

（二）影响市政公共设施、交通安全设施、交通标志、消防设施、消防安全标志使用的；

（三）妨碍生产或者人民生活，损害市容市貌的；

（四）在国家机关、文物保护单位、风景名胜区等的建筑控制地带，或者县级以上地方人民政府禁止设置户外广告的区域设置的。

第四十三条　【垃圾广告】任何单位或者个人未经当事人同意或者请求，不得向其住宅、交通工具等发送广告，也不得以电子信息方式向其发送广告。

以电子信息方式发送广告的，应当明示发送者的真实身份和联系方式,并向接收者提供拒绝继续接收的方式。

第四十四条 【互联网广告】利用互联网从事广告活动,适用本法的各项规定。

利用互联网发布、发送广告,不得影响用户正常使用网络。在互联网页面以弹出等形式发布的广告,应当显著标明关闭标志,确保一键关闭。

第四十五条 【"第三方平台"义务】公共场所的管理者或者电信业务经营者、互联网信息服务提供者对其明知或者应知的利用其场所或者信息传输、发布平台发送、发布违法广告的,应当予以制止。

第四章 监督管理

第四十六条 【特殊商品和服务广告发布前审查】发布医疗、药品、医疗器械、农药、兽药和保健食品广告,以及法律、行政法规规定应当进行审查的其他广告,应当在发布前由有关部门(以下称广告审查机关)对广告内容进行审查;未经审查,不得发布。

第四十七条 【广告发布前审查程序】广告主申请广告审查,应当依照法律、行政法规向广告审查机关提交有关证明文件。

广告审查机关应当依照法律、行政法规规定作出审查决定,并应当将审查批准文件抄送同级工商行政管理部门。广告审查机关应当及时向社会公布批准的广告。

第四十八条 【广告审查批准文件不得伪造、变造或者转让】任何单位或者个人不得伪造、变造或者转让广告审查批准文件。

第四十九条 【工商行政管理部门职权和义务】工商行政管理部门履行广告监督管理职责,可以行使下列职权:

(一)对涉嫌从事违法广告活动的场所实施现场检查;

(二)询问涉嫌违法当事人或者其法定代表人、主要负责人和其他有关人员,对有关单位或者个人进行调查;

(三)要求涉嫌违法当事人限期提供有关证明文件;

(四)查阅、复制与涉嫌违法广告有关的合同、票据、账簿、广告作品和其他有关资料;

(五)查封、扣押与涉嫌违法广告直接相关的广告物品、经营工具、设备等财物;

(六)责令暂停发布可能造成严重后果的涉嫌违法广告;

(七)法律、行政法规规定的其他职权。

工商行政管理部门应当建立健全广告监测制度,完善监测措施,及时发现和依法查处违法广告行为。

第五十条 【授权制定利用大众传播媒介发布广告的行为规范】国务院工商行政管理部门会同国务院有关部门,制定大众传播媒介广告发布行为规范。

第五十一条 【配合监管义务】工商行政管理部门依照本法规定行使职权,当事人应当协助、配合,不得拒绝、阻挠。

第五十二条 【保密义务】工商行政管理部门和有关部门及其工作人员对其在广告监督管理活动中知悉的商业秘密负有保密义务。

第五十三条 【投诉和举报】任何单位或者个人有权向工商行政管理部门和有关部门投诉、举报违反本法的行为。工商行政管理部门和有关部门应当向社会公开受理投诉、举报的电话、信箱或者电子邮件地址,接到投诉、举报的部门应当自收到投诉之日起七个工作日内,予以处理并告知投诉、举报人。

工商行政管理部门和有关部门不依法履行职责的,任何单位或者个人有权向其上级机关或者监察机关举报。接到举报的机关应当依法作出处理,并将处理结果及时告知举报人。

有关部门应当为投诉、举报人保密。

第五十四条 【社会监督】消费者协会和其他消费者组织对违反本法规定,发布虚假广告侵害消费者合法权益,以及其他损害社会公共利益的行为,依法进行社会监督。

第五章 法律责任

第五十五条 【虚假广告行政、刑事责任】违反本法规定,发布虚假广告的,由工商行政管理部门责令停止发布广告,责令广告主在相应范围内消除影响,处广告费用三倍以上五倍以下的罚款,广告费用无法计算或者明显偏低的,处二十万元以上一百万元以下的罚款;两年内有三次以上违法行为或者有其他严重情节的,处广告费用五倍以上十倍以下的罚款,广告费用无法计算或者明显偏低的,处一百万元以上二百万元以下的罚款,可以吊销营业执照,并由广告审查机关撤销广告审查批准文件、一年内不受理其广告审查申请。

医疗机构有前款规定违法行为,情节严重的,除由工商行政管理部门依照本法处罚外,卫生行政部门可以吊销诊疗科目或者吊销医疗机构执业许可证。

广告经营者、广告发布者明知或者应知广告虚假仍设计、制作、代理、发布的,由工商行政管理部门没收广告费用,并处广告费用三倍以上五倍以下的罚款,广告费用无法计算或者明显偏低的,处二十万元以上一百万元以下的罚款;两年内有三次以上违法行为或者有其他严重情节的,处广告费用五倍以上十倍以下的罚款,广告费用无法计算或者明显偏低的,处一百万元以上二百万元以下的罚款,并可以由有关部门暂停广告发布业务、吊销营业执照、吊销广告发布登记证件。

广告主、广告经营者、广告发布者有本条第一款、第三款规定行为,构成犯罪的,依法追究刑事责任。

第五十六条 【虚假广告民事责任】违反本法规定,发布虚假广告,欺骗、误导消费者,使购买商品或者接受服务的消费者的合法权益受到损害的,由广告主依法承担民事责任。广告经营者、广告发布者不能提供广告主的真实名称、地址和有效联系方式的,消费者可以要求广告经营者、广告发布者先行赔偿。

关系消费者生命健康的商品或者服务的虚假广告，造成消费者损害的，其广告经营者、广告发布者、广告代言人应当与广告主承担连带责任。

前款规定以外的商品或者服务的虚假广告，造成消费者损害的，其广告经营者、广告发布者、广告代言人，明知或者应知广告虚假仍设计、制作、代理、发布或者作推荐、证明的，应当与广告主承担连带责任。

第五十七条　【发布违反基本准则或者本法禁止发布的广告的责任】有下列行为之一的，由工商行政管理部门责令停止发布广告，对广告主处二十万元以上一百万元以下的罚款，情节严重的，并可以吊销营业执照，由广告审查机关撤销广告审查批准文件、一年内不受理其广告审查申请；对广告经营者、广告发布者，由工商行政管理部门没收广告费用，处二十万元以上一百万元以下的罚款，情节严重的，并可以吊销营业执照、吊销广告发布登记证件：

（一）发布有本法第九条、第十条规定的禁止情形的广告的；

（二）违反本法第十五条规定发布处方药广告、药品类易制毒化学品广告、戒毒治疗的医疗器械和治疗方法广告的；

（三）违反本法第二十条规定，发布声称全部或者部分替代母乳的婴儿乳制品、饮料和其他食品广告的；

（四）违反本法第二十二条规定发布烟草广告的；

（五）违反本法第三十七条规定，利用广告推销禁止生产、销售的产品或者提供的服务，或者禁止发布广告的商品或者服务的；

（六）违反本法第四十条第一款规定，在针对未成年人的大众传播媒介上发布医疗、药品、保健食品、医疗器械、化妆品、酒类、美容广告，以及不利于未成年人身心健康的网络游戏广告的。

第五十八条　【发布违反特殊准则、违法使用广告代言人或者未经依法审查的广告的责任】有下列行为之一的，由工商行政管理部门责令停止发布广告，责令广告主在相应范围内消除影响，处广告费用一倍以上三倍以下的罚款，广告费用无法计算或者明显偏低的，处十万元以上二十万元以下的罚款；情节严重的，处广告费用三倍以上五倍以下的罚款，广告费用无法计算或者明显偏低的，处二十万元以上一百万元以下的罚款，可以吊销营业执照，并由广告审查机关撤销广告审查批准文件、一年内不受理其广告审查申请：

（一）违反本法第十六条规定发布医疗、药品、医疗器械广告的；

（二）违反本法第十七条规定，在广告中涉及疾病治疗功能，以及使用医疗用语或者易使推销的商品与药品、医疗器械相混淆的用语的；

（三）违反本法第十八条规定发布保健食品广告的；

（四）违反本法第二十一条规定发布农药、兽药、饲料和饲料添加剂广告的；

（五）违反本法第二十三条规定发布酒类广告的；

（六）违反本法第二十四条规定发布教育、培训广告的；

（七）违反本法第二十五条规定发布招商等有投资回报预期的商品或者服务广告的；

（八）违反本法第二十六条规定发布房地产广告的；

（九）违反本法第二十七条规定发布农作物种子、林木种子、草种子、种畜禽、水产苗种和种养殖广告的；

（十）违反本法第三十八条第二款规定，利用不满十周岁的未成年人作为广告代言人的；

（十一）违反本法第三十八条第三款规定，利用自然人、法人或者其他组织作为广告代言人的；

（十二）违反本法第三十九条规定，在中小学校、幼儿园内或者利用与中小学生、幼儿有关的物品发布广告的；

（十三）违反本法第四十条第二款规定，发布针对不满十四周岁的未成年人的商品或者服务的广告的；

（十四）违反本法第四十六条规定，未经审查发布广告的。

医疗机构有前款规定违法行为，情节严重的，除由工商行政管理部门依照本法处罚外，卫生行政部门可以吊销诊疗科目或者吊销医疗机构执业许可证。

广告经营者、广告发布者明知或者应知有本条第一款规定违法行为仍设计、制作、代理、发布的，由工商行政管理部门没收广告费用，并处广告费用一倍以上三倍以下的罚款，广告费用无法计算或者明显偏低的，处十万元以上二十万元以下的罚款；情节严重的，处广告费用三倍以上五倍以下的罚款，广告费用无法计算或者明显偏低的，处二十万元以上一百万元以下的罚款，并可以由有关部门暂停广告发布业务、吊销营业执照、吊销广告发布登记证件。

第五十九条　【发布违反一般准则或者贬低他人商品或服务的广告的责任】有下列行为之一的，由工商行政管理部门责令停止发布广告，对广告主处十万元以下的罚款：

（一）广告内容违反本法第八条规定的；

（二）广告引证内容违反本法第十一条规定的；

（三）涉及专利的广告违反本法第十二条规定的；

（四）违反本法第十三条规定，广告贬低其他生产经营者的商品或者服务的。

广告经营者、广告发布者明知或者应知有前款规定违法行为仍设计、制作、代理、发布的，由工商行政管理部门处十万元以下的罚款。

广告违反本法第十四条规定，不具有可识别性的，或者违反本法第十九条规定，变相发布医疗、药品、医疗器械、保健食品广告的，由工商行政管理部门责令改正，对广告发布者处十万元以下的罚款。

第六十条　【擅自从事广告发布业务的责任】违反本法第二

十九条规定,广播电台、电视台、报刊出版单位未办理广告发布登记,擅自从事广告发布业务的,由工商行政管理部门责令改正,没收违法所得,违法所得一万元以上的,并处违法所得一倍以上三倍以下的罚款;违法所得不足一万元的,并处五千元以上三万元以下的罚款。

第六十一条 【广告经营者、广告发布者未依法进行广告业务管理的责任】违反本法第三十四条规定,广告经营者、广告发布者未按照国家有关规定建立、健全广告业务管理制度的,或者未对广告内容进行核对的,由工商行政管理部门责令改正,可以处五万元以下的罚款。

违反本法第三十五条规定,广告经营者、广告发布者未公布其收费标准和收费办法的,由价格主管部门责令改正,可以处五万元以下的罚款。

第六十二条 【广告代言人的责任】广告代言人有下列情形之一的,由工商行政管理部门没收违法所得,并处违法所得一倍以上二倍以下的罚款:

(一)违反本法第十六条第一款第四项规定,在医疗、药品、医疗器械广告中作推荐、证明的;

(二)违反本法第十八条第一款第五项规定,在保健食品广告中作推荐、证明的;

(三)违反本法第三十八条第一款规定,为其未使用过的商品或者未接受过的服务作推荐、证明的;

(四)明知或者应知广告虚假仍在广告中对商品、服务作推荐、证明的。

第六十三条 【未经同意或者请求向他人发送广告、违法利用互联网发布广告的责任】违反本法第四十三条规定发送广告的,由有关部门责令停止违法行为,对广告主处五千元以上三万元以下的罚款。

违反本法第四十四条第二款规定,利用互联网发布广告,未显著标明关闭标志,确保一键关闭的,由工商行政管理部门责令改正,对广告主处五千元以上三万元以下的罚款。

第六十四条 【公共场所的管理者和电信业务经营者、互联网信息服务提供者未依法制止违法广告活动的责任】违反本法第四十五条规定,公共场所的管理者和电信业务经营者、互联网信息服务提供者,明知或者应知广告活动违法不予制止的,由工商行政管理部门没收违法所得,违法所得五万元以上的,并处违法所得一倍以上三倍以下的罚款,违法所得不足五万元的,并处一万元以上五万元以下的罚款;情节严重的,由有关部门依法停止相关业务。

第六十五条 【隐瞒真实情况或者提供虚假材料申请广告审查的责任】违反本法规定,隐瞒真实情况或者提供虚假材料申请广告审查的,广告审查机关不予受理或者不予批准,予以警告,一年内不受理该申请人的广告审查申请;以欺骗、贿赂等不正当手段取得广告审查批准的,广告审查机关予以撤销,处十万元以上二十万元以下的罚款,三年内不受理该申请人的广告审查申请。

第六十六条 【伪造、变造或者转让广告审查批准文件的责任】违反本法规定,伪造、变造或者转让广告审查批准文件的,由工商行政管理部门没收违法所得,并处一万元以上十万元以下的罚款。

第六十七条 【信用档案制度】有本法规定的违法行为的,由工商行政管理部门记入信用档案,并依照有关法律、行政法规规定予以公示。

第六十八条 【广播电台、电视台、报刊音像出版单位及其主管部门的责任】广播电台、电视台、报刊音像出版单位发布违法广告,或者以新闻报道形式变相发布广告,或者以介绍健康、养生知识等形式变相发布医疗、药品、医疗器械、保健食品广告,工商行政管理部门依照本法给予处罚的,应当通报新闻出版广电部门以及其他有关部门。新闻出版广电部门以及其他有关部门应当依法对负有责任的主管人员和直接责任人员给予处分;情节严重的,并可以暂停媒体的广告发布业务。

新闻出版广电部门以及其他有关部门未依照前款规定对广播电台、电视台、报刊音像出版单位进行处理的,对负有责任的主管人员和直接责任人员,依法给予处分。

第六十九条 【民事责任】广告主、广告经营者、广告发布者违反本法规定,有下列侵权行为之一的,依法承担民事责任:

(一)在广告中损害未成年人或者残疾人的身心健康的;

(二)假冒他人专利的;

(三)贬低其他生产经营者的商品、服务的;

(四)在广告中未经同意使用他人名义或者形象的;

(五)其他侵犯他人合法民事权益的。

第七十条 【对公司、企业广告违法行为负有个人责任的法定代表人的责任】因发布虚假广告,或者有其他本法规定的违法行为,被吊销营业执照的公司、企业的法定代表人,对违法行为负有个人责任的,自该公司、企业被吊销营业执照之日起三年内不得担任公司、企业的董事、监事、高级管理人员。

第七十一条 【拒绝、阻挠工商部门监督检查等违反治安管理行为的责任】违反本法规定,拒绝、阻挠工商行政管理部门监督检查,或者有其他构成违反治安管理行为的,依法给予治安管理处罚;构成犯罪的,依法追究刑事责任。

第七十二条 【广告审查机关的责任】广告审查机关对违法的广告内容作出审查批准决定的,对负有责任的主管人员和直接责任人员,由任免机关或者监察机关依法给予处分;构成犯罪的,依法追究刑事责任。

第七十三条 【广告管理部门及其工作人员的责任】工商行政管理部门对在履行广告监测职责中发现的违法广告行为或者对经投诉、举报的违法广告行为,不依法予以查处的,对负有责任的主管人员和直接责任人员,依法给予处分。

工商行政管理部门和负责广告管理相关工作的有关部门的工作人员玩忽职守、滥用职权、徇私舞弊的,依法给予处分。

有前两款行为,构成犯罪的,依法追究刑事责任。

第六章 附 则

第七十四条 【公益广告】国家鼓励、支持开展公益广告宣传活动,传播社会主义核心价值观,倡导文明风尚。

大众传播媒介有义务发布公益广告。广播电台、电视台、报刊出版单位应当按照规定的版面、时段、时长发布公益广告。公益广告的管理办法,由国务院工商行政管理部门会同有关部门制定。

第七十五条 【实施日期】本法自2015年9月1日起施行。

中华人民共和国
企业法人登记管理条例

1. 1988年5月13日国务院第4次常务会议通过
2. 1988年6月3日国务院令第1号发布
3. 根据2011年1月8日国务院令第588号《关于废止和修改部分行政法规的决定》第一次修订
4. 根据2014年2月19日国务院令第648号《关于废止和修改部分行政法规的决定》第二次修订
5. 根据2016年2月6日国务院令第666号《关于修改部分行政法规的决定》第三次修订

第一章 总 则

第一条 为建立企业法人登记管理制度,确认企业法人资格,保障企业合法权益,取缔非法经营,维护社会经济秩序,根据《中华人民共和国民法通则》的有关规定,制定本条例。

第二条 具备法人条件的下列企业,应当依照本条例的规定办理企业法人登记:

(一)全民所有制企业;

(二)集体所有制企业;

(三)联营企业;

(四)在中华人民共和国境内设立的中外合资经营企业、中外合作经营企业和外资企业;

(五)私营企业;

(六)依法需要办理企业法人登记的其他企业。

第三条 申请企业法人登记,经企业法人登记主管机关审核,准予登记注册的,领取《企业法人营业执照》,取得法人资格,其合法权益受国家法律保护。

依法需要办理企业法人登记的,未经企业法人登记主管机关核准登记注册,不得从事经营活动。

第二章 登记主管机关

第四条 企业法人登记主管机关(以下简称登记主管机关)是国家工商行政管理局和地方各级工商行政管理局。各级登记主管机关在上级登记主管机关的领导下,依法履行职责,不受非法干预。

第五条 经国务院或者国务院授权部门批准的全国性公司、企业集团、经营进出口业务的公司,由国家工商行政管理局核准登记注册。中外合资经营企业、中外合作经营企业、外资企业由国家工商行政管理局或者国家工商行政管理局授权的地方工商行政管理局核准登记注册。

全国性公司的子(分)公司,经省、自治区、直辖市人民政府或其授权部门批准设立的企业、企业集团、经营进出口业务的公司,由省、自治区、直辖市工商行政管理局核准登记注册。

其他企业,由所在市、县(区)工商行政管理局核准登记注册。

第六条 各级登记主管机关,应当建立企业法人登记档案和登记统计制度,掌握企业法人登记有关的基础信息,为发展有计划的商品经济服务。

登记主管机关应当根据社会需要,有计划地开展向公众提供企业法人登记资料的服务。

第三章 登记条件和申请登记单位

第七条 申请企业法人登记的单位应当具备下列条件:

(一)名称、组织机构和章程;

(二)固定的经营场所和必要的设施;

(三)符合国家规定并与其生产经营和服务规模相适应的资金数额和从业人员;

(四)能够独立承担民事责任;

(五)符合国家法律、法规和政策规定的经营范围。

第八条 企业办理企业法人登记,由该企业的组建负责人申请。

独立承担民事责任的联营企业办理企业法人登记,由联营企业的组建负责人申请。

第四章 登记注册事项

第九条 企业法人登记注册的主要事项:企业法人名称、住所、经营场所、法定代表人、经济性质、经营范围、经营方式、注册资金、从业人数、经营期限、分支机构。

第十条 企业法人只准使用一个名称。企业法人申请登记注册的名称由登记主管机关核定,经核准登记注册后在规定的范围内享有专用权。

申请设立中外合资经营企业、中外合作经营企业和外资企业应当在合同、章程审批之前,向登记主管机关申请企业名称登记。

第十一条 登记主管机关核准登记注册的企业法人的法定代表人是代表企业行使职权的签字人。法定代表人的签字应当向登记主管机关备案。

第十二条　注册资金是国家授予企业法人经营管理的财产或者企业法人自有财产的数额体现。

企业法人办理开业登记,申请注册的资金数额与实有资金不一致的,按照国家专项规定办理。

第十三条　企业法人的经营范围应当与其资金、场地、设备、从业人员以及技术力量相适应;按照国家有关规定,可以一业为主,兼营他业。企业法人应当在核准登记注册的经营范围内从事经营活动。

第五章　开业登记

第十四条　企业法人办理开业登记,应当在主管部门或者审批机关批准后30日内,向登记主管机关提出申请;没有主管部门、审批机关的企业申请开业登记,由登记主管机关进行审查。登记主管机关应当在受理申请后30日内,做出核准登记或者不予核准登记的决定。

第十五条　申请企业法人开业登记,应当提交下列文件、证件:

(一)组建负责人签署的登记申请书;

(二)主管部门或者审批机关的批准文件;

(三)组织章程;

(四)资金信用证明、验资证明或者资金担保;

(五)企业主要负责人的身份证明;

(六)住所和经营场所使用证明;

(七)其他有关文件、证件。

第十六条　申请企业法人开业登记的单位,经登记主管机关核准登记注册,领取《企业法人营业执照》后,企业即告成立。企业法人凭据《企业法人营业执照》可以刻制公章、开立银行账户、签订合同,进行经营活动。

登记主管机关可以根据企业法人开展业务的需要,核发《企业法人营业执照》副本。

第六章　变更登记

第十七条　企业法人改变名称、住所、经营场所、法定代表人、经济性质、经营范围、经营方式、注册资金、经营期限,以及增设或者撤销分支机构,应当申请办理变更登记。

第十八条　企业法人申请变更登记,应当在主管部门或者审批机关批准后30日内,向登记主管机关申请办理变更登记。

第十九条　企业法人分立、合并、迁移,应当在主管部门或者审批机关批准后30日内,向登记主管机关申请办理变更登记、开业登记或者注销登记。

第七章　注销登记

第二十条　企业法人歇业、被撤销、宣告破产或者因其他原因终止营业,应当向登记主管机关办理注销登记。

第二十一条　企业法人办理注销登记,应当提交法定代表人签署的申请注销登记报告、主管部门或者审批机关的批准文件、清理债务完结的证明或者清算组织负责清理债权债务的文件。经登记主管机关核准后,收缴《企业法人营业执照》、《企业法人营业执照》副本,收缴公章,并将注销登记情况告知其开户银行。

第二十二条　企业法人领取《企业法人营业执照》后,满6个月尚未开展经营活动或者停止经营活动满1年的,视同歇业,登记主管机关应当收缴《企业法人营业执照》、《企业法人营业执照》副本,收缴公章,并将注销登记情况告知其开户银行。

第八章　公示和证照管理

第二十三条　登记主管机关应当将企业法人登记、备案信息通过企业信用信息公示系统向社会公示。

第二十四条　企业法人应当于每年1月1日至6月30日,通过企业信用信息公示系统向登记主管机关报送上一年度年度报告,并向社会公示。

年度报告公示的内容以及监督检查办法由国务院制定。

第二十五条　登记主管机关核发的《企业法人营业执照》是企业法人凭证,除登记主管机关依照法定程序可以扣缴或者吊销外,其他任何单位和个人不得收缴、扣押、毁坏。

企业法人遗失《企业法人营业执照》、《企业法人营业执照》副本,必须登报声明后,方可申请补领。

《企业法人营业执照》、《企业法人营业执照》副本,不得伪造、涂改、出租、出借、转让或者出卖。

国家推行电子营业执照。电子营业执照与纸质营业执照具有同等法律效力。

第九章　事业单位、科技性的社会团体从事经营活动的登记管理

第二十六条　事业单位、科技性的社会团体根据国家有关规定,设立具备法人条件的企业,由该企业申请登记,经登记主管机关核准,领取《企业法人营业执照》,方可从事经营活动。

第二十七条　根据国家有关规定,实行企业化经营,国家不再核拨经费的事业单位和从事经营活动的科技性的社会团体,具备企业法人登记条件的,由该单位申请登记,经登记主管机关核准,领取《企业法人营业执照》,方可从事经营活动。

第十章　监督管理

第二十八条　登记主管机关对企业法人依法履行下列监督管理职责:

(一)监督企业法人按照规定办理开业、变更、注销登记;

(二)监督企业法人按照登记注册事项和章程、合同从事经营活动;

(三)监督企业法人和法定代表人遵守国家法律、法规和政策;

（四）制止和查处企业法人的违法经营活动，保护企业法人的合法权益。

第二十九条 企业法人有下列情形之一的，登记主管机关可以根据情况分别给予警告、罚款、没收非法所得、停业整顿、扣缴、吊销《企业法人营业执照》的处罚：

（一）登记中隐瞒真实情况、弄虚作假或者未经核准登记注册擅自开业的；

（二）擅自改变主要登记事项或者超出核准登记的经营范围从事经营活动的；

（三）不按照规定办理注销登记的；

（四）伪造、涂改、出租、出借、转让或者出卖《企业法人营业执照》、《企业法人营业执照》副本的；

（五）抽逃、转移资金，隐匿财产逃避债务的；

（六）从事非法经营活动的。

对企业法人按照上述规定进行处罚时，应当根据违法行为的情节，追究法定代表人的行政责任、经济责任；触犯刑律的，由司法机关依法追究刑事责任。

第三十条 登记主管机关处理企业法人违法活动，必须查明事实，依法处理，并将处理决定书面通知当事人。

第三十一条 企业法人对登记主管机关的处罚不服时，可以在收到处罚通知后15日内向上一级登记主管机关申请复议。上级登记主管机关应当在收到复议申请之日起30日内作出复议决定。申请人对复议决定不服的，可以在收到复议通知之日起30日内向人民法院起诉。逾期不提出申诉又不缴纳罚没款的，登记主管机关可以按照规定程序申请人民法院强制执行。

第三十二条 企业法人被吊销《企业法人营业执照》，登记主管机关应当收缴其公章，并将注销登记情况告知其开户银行，其债权债务由主管部门或者清算组织负责清理。

第三十三条 主管部门、审批机关、登记主管机关的工作人员违反本条例规定，严重失职、滥用职权、营私舞弊、索贿受贿或者侵害企业法人合法权益的，应当根据情节给予行政处分和经济处罚；触犯刑律的，由司法机关依法追究刑事责任。

第十一章　附　　则

第三十四条 企业法人设立不能独立承担民事责任的分支机构，由该企业法人申请登记，经登记主管机关核准，领取《营业执照》，在核准登记的经营范围内从事经营活动。

根据国家有关规定，由国家核拨经费的事业单位、科技性的社会团体从事经营活动或者设立不具备法人条件的企业，由该单位申请登记，经登记主管机关核准，领取《营业执照》，在核准登记的经营范围内从事经营活动。

具体登记管理参照本条例的规定执行。

第三十五条 经国务院有关部门或者各级计划部门批准的新建企业，其筹建期满1年的，应当按照专项规定办理筹建登记。

第三十六条 本条例施行前，具备法人条件的企业，已经登记主管机关核准登记注册的，不再另行办理企业法人登记。

第三十七条 本条例由国家工商行政管理局负责解释；施行细则由国家工商行政管理局制定。

第三十八条 本条例自1988年7月1日起施行。1980年7月26日国务院发布的《中外合资经营企业登记管理办法》，1982年8月9日国务院发布的《工商企业登记管理条例》，1985年8月14日国务院批准、1985年8月25日国家工商行政管理局发布的《公司登记管理暂行规定》同时废止。

中华人民共和国
公司登记管理条例

1. 1994年6月24日国务院令第156号公布
2. 根据2005年12月18日国务院令第451号《关于修改〈中华人民共和国公司登记管理条例〉的决定》第一次修订
3. 根据2014年2月19日国务院令第648号《关于废止和修改部分行政法规的决定》第二次修订
4. 根据2016年2月6日国务院令第666号《关于修改部分行政法规的决定》第三次修订

第一章　总　　则

第一条 为了确认公司的企业法人资格，规范公司登记行为，依据《中华人民共和国公司法》（以下简称《公司法》），制定本条例。

第二条 有限责任公司和股份有限公司（以下统称公司）设立、变更、终止，应当依照本条例办理公司登记。

申请办理公司登记，申请人应当对申请文件、材料的真实性负责。

第三条 公司经公司登记机关依法登记，领取《企业法人营业执照》，方取得企业法人资格。

自本条例施行之日起设立公司，未经公司登记机关登记的，不得以公司名义从事经营活动。

第四条 工商行政管理机关是公司登记机关。

下级公司登记机关在上级公司登记机关的领导下开展公司登记工作。

公司登记机关依法履行职责，不受非法干预。

第五条 国家工商行政管理总局主管全国的公司登记工作。

第二章　登 记 管 辖

第六条 国家工商行政管理总局负责下列公司的登记：

（一）国务院国有资产监督管理机构履行出资人职责的公司以及该公司投资设立并持有50%以上股份的公司；

（二）外商投资的公司；

（三）依照法律、行政法规或者国务院决定的规定，应

当由国家工商行政管理总局登记的公司;

(四)国家工商行政管理总局规定应当由其登记的其他公司。

第七条　省、自治区、直辖市工商行政管理局负责本辖区内下列公司的登记:

(一)省、自治区、直辖市人民政府国有资产监督管理机构履行出资人职责的公司以及该公司投资设立并持有50%以上股份的公司;

(二)省、自治区、直辖市工商行政管理局规定由其登记的自然人投资设立的公司;

(三)依照法律、行政法规或者国务院决定的规定,应当由省、自治区、直辖市工商行政管理局登记的公司;

(四)国家工商行政管理总局授权登记的其他公司。

第八条　设区的市(地区)工商行政管理局、县工商行政管理局,以及直辖市的工商行政管理分局、设区的市工商行政管理局的区分局,负责本辖区内下列公司的登记:

(一)本条例第六条和第七条所列公司以外的其他公司;

(二)国家工商行政管理总局和省、自治区、直辖市工商行政管理局授权登记的公司。

前款规定的具体登记管辖由省、自治区、直辖市工商行政管理局规定。但是,其中的股份有限公司由设区的市(地区)工商行政管理局负责登记。

第三章　登记事项

第九条　公司的登记事项包括:

(一)名称;

(二)住所;

(三)法定代表人姓名;

(四)注册资本;

(五)公司类型;

(六)经营范围;

(七)营业期限;

(八)有限责任公司股东或者股份有限公司发起人的姓名或者名称。

第十条　公司的登记事项应当符合法律、行政法规的规定。不符合法律、行政法规规定的,公司登记机关不予登记。

第十一条　公司名称应当符合国家有关规定。公司只能使用一个名称。经公司登记机关核准登记的公司名称受法律保护。

第十二条　公司的住所是公司主要办事机构所在地。经公司登记机关登记的公司的住所只能有一个。公司的住所应当在其公司登记机关辖区内。

第十三条　公司的注册资本应当以人民币表示,法律、行政法规另有规定的除外。

第十四条　股东的出资方式应当符合《公司法》第二十七条的规定。但股东不得以劳务、信用、自然人姓名、商誉、特许经营权或者设定担保的财产等作价出资。

第十五条　公司的经营范围由公司章程规定,并依法登记。

公司的经营范围用语应当参照国民经济行业分类标准。

第十六条　公司类型包括有限责任公司和股份有限公司。

一人有限责任公司应当在公司登记中注明自然人独资或者法人独资,并在公司营业执照中载明。

第四章　设立登记

第十七条　设立公司应当申请名称预先核准。

法律、行政法规或者国务院决定规定设立公司必须报经批准,或者公司经营范围中属于法律、行政法规或者国务院决定规定在登记前须经批准的项目的,应当在报送批准前办理公司名称预先核准,并以公司登记机关核准的公司名称报送批准。

第十八条　设立有限责任公司,应当由全体股东指定的代表或者共同委托的代理人向公司登记机关申请名称预先核准;设立股份有限公司,应当由全体发起人指定的代表或者共同委托的代理人向公司登记机关申请名称预先核准。

申请名称预先核准,应当提交下列文件:

(一)有限责任公司的全体股东或者股份有限公司的全体发起人签署的公司名称预先核准申请书;

(二)全体股东或者发起人指定代表或者共同委托代理人的证明;

(三)国家工商行政管理总局规定要求提交的其他文件。

第十九条　预先核准的公司名称保留期为6个月。预先核准的公司名称在保留期内,不得用于从事经营活动,不得转让。

第二十条　设立有限责任公司,应当由全体股东指定的代表或者共同委托的代理人向公司登记机关申请设立登记。设立国有独资公司,应当由国务院或者地方人民政府授权的本级人民政府国有资产监督管理机构作为申请人,申请设立登记。法律、行政法规或者国务院决定规定设立有限责任公司必须报经批准的,应当自批准之日起90日内向公司登记机关申请设立登记;逾期申请设立登记的,申请人应当报批准机关确认原批准文件的效力或者另行报批。

申请设立有限责任公司,应当向公司登记机关提交下列文件:

(一)公司法定代表人签署的设立登记申请书;

(二)全体股东指定代表或者共同委托代理人的证明;

(三)公司章程;

(四)股东的主体资格证明或者自然人身份证明;

(五)载明公司董事、监事、经理的姓名、住所的文件以及有关委派、选举或者聘用的证明;

(六)公司法定代表人任职文件和身份证明;

（七）企业名称预先核准通知书；

（八）公司住所证明；

（九）国家工商行政管理总局规定要求提交的其他文件。

法律、行政法规或者国务院决定规定设立有限责任公司必须报经批准的，还应当提交有关批准文件。

第二十一条 设立股份有限公司，应当由董事会向公司登记机关申请设立登记。以募集方式设立股份有限公司的，应当于创立大会结束后30日内向公司登记机关申请设立登记。

申请设立股份有限公司，应当向公司登记机关提交下列文件：

（一）公司法定代表人签署的设立登记申请书；

（二）董事会指定代表或者共同委托代理人的证明；

（三）公司章程；

（四）发起人的主体资格证明或者自然人身份证明；

（五）载明公司董事、监事、经理姓名、住所的文件以及有关委派、选举或者聘用的证明；

（六）公司法定代表人任职文件和身份证明；

（七）企业名称预先核准通知书；

（八）公司住所证明；

（九）国家工商行政管理总局规定要求提交的其他文件。

以募集方式设立股份有限公司的，还应当提交创立大会的会议记录以及依法设立的验资机构出具的验资证明；以募集方式设立股份有限公司公开发行股票的，还应当提交国务院证券监督管理机构的核准文件。

法律、行政法规或者国务院决定规定设立股份有限公司必须报经批准的，还应当提交有关批准文件。

第二十二条 公司申请登记的经营范围中属于法律、行政法规或者国务院决定规定在登记前须经批准的项目的，应当在申请登记前报经国家有关部门批准，并向公司登记机关提交有关批准文件。

第二十三条 公司章程有违反法律、行政法规的内容的，公司登记机关有权要求公司作相应修改。

第二十四条 公司住所证明是指能够证明公司对其住所享有使用权的文件。

第二十五条 依法设立的公司，由公司登记机关发给《企业法人营业执照》。公司营业执照签发日期为公司成立日期。公司凭公司登记机关核发的《企业法人营业执照》刻制印章，开立银行账户，申请纳税登记。

第五章 变更登记

第二十六条 公司变更登记事项，应当向原公司登记机关申请变更登记。

未经变更登记，公司不得擅自改变登记事项。

第二十七条 公司申请变更登记，应当向公司登记机关提交下列文件：

（一）公司法定代表人签署的变更登记申请书；

（二）依照《公司法》作出的变更决议或者决定；

（三）国家工商行政管理总局规定要求提交的其他文件。

公司变更登记事项涉及修改公司章程的，应当提交由公司法定代表人签署的修改后的公司章程或者公司章程修正案。

变更登记事项依照法律、行政法规或者国务院决定规定在登记前须经批准的，还应当向公司登记机关提交有关批准文件。

第二十八条 公司变更名称的，应当自变更决议或者决定作出之日起30日内申请变更登记。

第二十九条 公司变更住所的，应当在迁入新住所前申请变更登记，并提交新住所使用证明。

公司变更住所跨公司登记机关辖区的，应当在迁入新住所前向迁入地公司登记机关申请变更登记；迁入地公司登记机关受理的，由原公司登记机关将公司登记档案移送迁入地公司登记机关。

第三十条 公司变更法定代表人的，应当自变更决议或者决定作出之日起30日内申请变更登记。

第三十一条 公司增加注册资本的，应当自变更决议或者决定作出之日起30日内申请变更登记。

公司减少注册资本的，应当自公告之日起45日后申请变更登记，并应当提交公司在报纸上登载公司减少注册资本公告的有关证明和公司债务清偿或者债务担保情况的说明。

第三十二条 公司变更经营范围的，应当自变更决议或者决定作出之日起30日内申请变更登记；变更经营范围涉及法律、行政法规或者国务院决定规定在登记前须经批准的项目的，应当自国家有关部门批准之日起30日内申请变更登记。

公司的经营范围中属于法律、行政法规或者国务院决定规定须经批准的项目被吊销、撤销许可证或者其他批准文件，或者许可证、其他批准文件有效期届满的，应当自吊销、撤销许可证、其他批准文件或者许可证、其他批准文件有效期届满之日起30日内申请变更登记或者依照本条例第六章的规定办理注销登记。

第三十三条 公司变更类型的，应当按照拟变更的公司类型的设立条件，在规定的期限内向公司登记机关申请变更登记，并提交有关文件。

第三十四条 有限责任公司变更股东的，应当自变更之日起30日内申请变更登记，并应当提交新股东的主体资格证明或者自然人身份证明。

有限责任公司的自然人股东死亡后，其合法继承人继承股东资格的，公司应当依照前款规定申请变更登记。

有限责任公司的股东或者股份有限公司的发起人改

变姓名或者名称的,应当自改变姓名或者名称之日起30日内申请变更登记。

第三十五条 公司登记事项变更涉及分公司登记事项变更的,应当自公司变更登记之日起30日内申请分公司变更登记。

第三十六条 公司章程修改未涉及登记事项的,公司应当将修改后的公司章程或者公司章程修正案送原公司登记机关备案。

第三十七条 公司董事、监事、经理发生变动的,应当向原公司登记机关备案。

第三十八条 因合并、分立而存续的公司,其登记事项发生变化的,应当申请变更登记;因合并、分立而解散的公司,应当申请注销登记;因合并、分立而新设立的公司,应当申请设立登记。

公司合并、分立的,应当自公告之日起45日后申请登记,提交合并协议和合并、分立决议或者决定以及公司在报纸上登载公司合并、分立公告的有关证明和债务清偿或者债务担保情况的说明。法律、行政法规或者国务院决定规定公司合并、分立必须报经批准的,还应当提交有关批准文件。

第三十九条 变更登记事项涉及《企业法人营业执照》载明事项的,公司登记机关应当换发营业执照。

第四十条 公司依照《公司法》第二十二条规定向公司登记机关申请撤销变更登记的,应当提交下列文件:

(一)公司法定代表人签署的申请书;

(二)人民法院的裁判文书。

第六章 注销登记

第四十一条 公司解散,依法应当清算的,清算组应当自成立之日起10日内将清算组成员、清算组负责人名单向公司登记机关备案。

第四十二条 有下列情形之一的,公司清算组应当自公司清算结束之日起30日内向原公司登记机关申请注销登记:

(一)公司被依法宣告破产;

(二)公司章程规定的营业期限届满或者公司章程规定的其他解散事由出现,但公司通过修改公司章程而存续的除外;

(三)股东会、股东大会决议解散或者一人有限责任公司的股东、外商投资的公司董事会决议解散;

(四)依法被吊销营业执照、责令关闭或者被撤销;

(五)人民法院依法予以解散;

(六)法律、行政法规规定的其他解散情形。

第四十三条 公司申请注销登记,应当提交下列文件:

(一)公司清算组负责人签署的注销登记申请书;

(二)人民法院的破产裁定、解散裁判文书,公司依照《公司法》作出的决议或者决定,行政机关责令关闭或者公司被撤销的文件;

(三)股东会、股东大会、一人有限责任公司的股东、外商投资的公司董事会或者人民法院、公司批准机关备案、确认的清算报告;

(四)《企业法人营业执照》;

(五)法律、行政法规规定应当提交的其他文件。

国有独资公司申请注销登记,还应当提交国有资产监督管理机构的决定,其中,国务院确定的重要的国有独资公司,还应当提交本级人民政府的批准文件。

有分公司的公司申请注销登记,还应当提交分公司的注销登记证明。

第四十四条 经公司登记机关注销登记,公司终止。

第七章 分公司的登记

第四十五条 分公司是指公司在其住所以外设立的从事经营活动的机构。分公司不具有企业法人资格。

第四十六条 分公司的登记事项包括:名称、营业场所、负责人、经营范围。

分公司的名称应当符合国家有关规定。

分公司的经营范围不得超出公司的经营范围。

第四十七条 公司设立分公司的,应当自决定作出之日起30日内向分公司所在地的公司登记机关申请登记;法律、行政法规或者国务院决定规定必须报经有关部门批准的,应当自批准之日起30日内向公司登记机关申请登记。

设立分公司,应当向公司登记机关提交下列文件:

(一)公司法定代表人签署的设立分公司的登记申请书;

(二)公司章程以及加盖公司印章的《企业法人营业执照》复印件;

(三)营业场所使用证明;

(四)分公司负责人任职文件和身份证明;

(五)国家工商行政管理总局规定要求提交的其他文件。

法律、行政法规或者国务院决定规定设立分公司必须报经批准,或者分公司经营范围中属于法律、行政法规或者国务院决定规定在登记前须经批准的项目的,还应当提交有关批准文件。

分公司的公司登记机关准予登记的,发给《营业执照》。公司应当自分公司登记之日起30日内,持分公司的《营业执照》到公司登记机关办理备案。

第四十八条 分公司变更登记事项的,应当向公司登记机关申请变更登记。

申请变更登记,应当提交公司法定代表人签署的变更登记申请书。变更名称、经营范围的,应当提交加盖公司印章的《企业法人营业执照》复印件,分公司经营范围中属于法律、行政法规或者国务院决定规定在登记前须经批准的项目的,还应当提交有关批准文件。变更营业场所的,应当提交新的营业场所使用证明。变更负责人的,应当提交公司的任免文件以及其身份证明。

公司登记机关准予变更登记的，换发《营业执照》。

第四十九条 分公司被公司撤销、依法责令关闭、吊销营业执照的，公司应当自决定作出之日起30日内向该分公司的公司登记机关申请注销登记。申请注销登记应当提交公司法定代表人签署的注销登记申请书和分公司的《营业执照》。公司登记机关准予注销登记后，应当收缴分公司的《营业执照》。

第八章 登记程序

第五十条 申请公司、分公司登记，申请人可以到公司登记机关提交申请，也可以通过信函、电报、电传、传真、电子数据交换和电子邮件等方式提出申请。

通过电报、电传、传真、电子数据交换和电子邮件等方式提出申请的，应当提供申请人的联系方式以及通讯地址。

第五十一条 公司登记机关应当根据下列情况分别作出是否受理的决定：

（一）申请文件、材料齐全，符合法定形式的，或者申请人按照公司登记机关的要求提交全部补正申请文件、材料的，应当决定予以受理。

（二）申请文件、材料齐全，符合法定形式，但公司登记机关认为申请文件、材料需要核实的，应当决定予以受理，同时书面告知申请人需要核实的事项、理由以及时间。

（三）申请文件、材料存在可以当场更正的错误的，应当允许申请人当场予以更正，由申请人在更正处签名或者盖章，注明更正日期；经确认申请文件、材料齐全，符合法定形式的，应当决定予以受理。

（四）申请文件、材料不齐全或者不符合法定形式的，应当当场或者在5日内一次告知申请人需要补正的全部内容；当场告知时，应当将申请文件、材料退回申请人；属于5日内告知的，应当收取申请文件、材料并出具收到申请文件、材料的凭据，逾期不告知的，自收到申请文件、材料之日起即为受理。

（五）不属于公司登记范畴或者不属于本机关登记管辖范围的事项，应当即时决定不予受理，并告知申请人向有关行政机关申请。

公司登记机关对通过信函、电报、电传、传真、电子数据交换和电子邮件等方式提出申请的，应当自收到申请文件、材料之日起5日内作出是否受理的决定。

第五十二条 除依照本条例第五十三条第一款第（一）项作出准予登记决定的外，公司登记机关决定予以受理的，应当出具《受理通知书》；决定不予受理的，应当出具《不予受理通知书》，说明不予受理的理由，并告知申请人享有依法申请行政复议或者提起行政诉讼的权利。

第五十三条 公司登记机关对决定予以受理的登记申请，应当分别情况在规定的期限内作出是否准予登记的决定：

（一）对申请人到公司登记机关提出的申请予以受理的，应当当场作出准予登记的决定。

（二）对申请人通过信函方式提交的申请予以受理的，应当自受理之日起15日内作出准予登记的决定。

（三）通过电报、电传、传真、电子数据交换和电子邮件等方式提交申请的，申请人应当自收到《受理通知书》之日起15日内，提交与电报、电传、传真、电子数据交换和电子邮件等内容一致并符合法定形式的申请文件、材料原件；申请人到公司登记机关提交申请文件、材料原件的，应当当场作出准予登记的决定；申请人通过信函方式提交申请文件、材料原件的，应当自受理之日起15日内作出准予登记的决定。

（四）公司登记机关自发出《受理通知书》之日起60日内，未收到申请文件、材料原件，或者申请文件、材料原件与公司登记机关所受理的申请文件、材料不一致的，应当作出不予登记的决定。

公司登记机关需要对申请文件、材料核实的，应当自受理之日起15日内作出是否准予登记的决定。

第五十四条 公司登记机关作出准予公司名称预先核准决定的，应当出具《企业名称预先核准通知书》；作出准予公司设立登记决定的，应当出具《准予设立登记通知书》，告知申请人自决定之日起10日内，领取营业执照；作出准予公司变更登记决定的，应当出具《准予变更登记通知书》，告知申请人自决定之日起10日内，换发营业执照；作出准予公司注销登记决定的，应当出具《准予注销登记通知书》，收缴营业执照。

公司登记机关作出不予名称预先核准、不予登记决定的，应当出具《企业名称驳回通知书》、《登记驳回通知书》，说明不予核准、登记的理由，并告知申请人享有依法申请行政复议或者提起行政诉讼的权利。

第五十五条 公司登记机关应当将公司登记、备案信息通过企业信用信息公示系统向社会公示。

第五十六条 吊销《企业法人营业执照》和《营业执照》的公告由公司登记机关发布。

第九章 年度报告公示、证照和档案管理

第五十七条 公司应当于每年1月1日至6月30日，通过企业信用信息公示系统向公司登记机关报送上一年度年度报告，并向社会公示。

年度报告公示的内容以及监督检查办法由国务院制定。

第五十八条 《企业法人营业执照》、《营业执照》分为正本和副本，正本和副本具有同等法律效力。

国家推行电子营业执照。电子营业执照与纸质营业执照具有同等法律效力。

《企业法人营业执照》正本或者《营业执照》正本应当置于公司住所或者分公司营业场所的醒目位置。

公司可以根据业务需要向公司登记机关申请核发营业执照若干副本。

第五十九条 任何单位和个人不得伪造、涂改、出租、出借、转让营业执照。

营业执照遗失或者毁坏的,公司应当在公司登记机关指定的报刊上声明作废,申请补领。

公司登记机关依法作出变更登记、注销登记、撤销变更登记决定,公司拒不缴回或者无法缴回营业执照的,由公司登记机关公告营业执照作废。

第六十条 公司登记机关对需要认定的营业执照,可以临时扣留,扣留期限不得超过10天。

第六十一条 借阅、抄录、携带、复制公司登记档案资料的,应当按照规定的权限和程序办理。

任何单位和个人不得修改、涂抹、标注、损毁公司登记档案资料。

第六十二条 营业执照正本、副本样式,电子营业执照标准以及公司登记的有关重要文书格式或者表式,由国家工商行政管理总局统一制定。

第十章 法律责任

第六十三条 虚报注册资本,取得公司登记的,由公司登记机关责令改正,处以虚报注册资本金额5%以上15%以下的罚款;情节严重的,撤销公司登记或者吊销营业执照。

第六十四条 提交虚假材料或者采取其他欺诈手段隐瞒重要事实,取得公司登记的,由公司登记机关责令改正,处以5万元以上50万元以下的罚款;情节严重的,撤销公司登记或者吊销营业执照。

第六十五条 公司的发起人、股东虚假出资,未交付或者未按期交付作为出资的货币或者非货币财产的,由公司登记机关责令改正,处以虚假出资金额5%以上15%以下的罚款。

第六十六条 公司的发起人、股东在公司成立后,抽逃出资的,由公司登记机关责令改正,处以所抽逃出资金额5%以上15%以下的罚款。

第六十七条 公司成立后无正当理由超过6个月未开业的,或者开业后自行停业连续6个月以上的,可以由公司登记机关吊销营业执照。

第六十八条 公司登记事项发生变更时,未依照本条例规定办理有关变更登记的,由公司登记机关责令限期登记;逾期不登记的,处以1万元以上10万元以下的罚款。其中,变更经营范围涉及法律、行政法规或者国务院决定规定须经批准的项目而未取得批准,擅自从事相关经营活动,情节严重的,吊销营业执照。

公司未依照本条例规定办理有关备案的,由公司登记机关责令限期办理;逾期未办理的,处以3万元以下的罚款。

第六十九条 公司在合并、分立、减少注册资本或者进行清算时,不按照规定通知或者公告债权人的,由公司登记机关责令改正,处以1万元以上10万元以下的罚款。

公司在进行清算时,隐匿财产,对资产负债表或者财产清单作虚假记载或者在未清偿债务前分配公司财产的,由公司登记机关责令改正,对公司处以隐匿财产或者未清偿债务前分配公司财产金额5%以上10%以下的罚款;对直接负责的主管人员和其他直接责任人员处以1万元以上10万元以下的罚款。

公司在清算期间开展与清算无关的经营活动的,由公司登记机关予以警告,没收违法所得。

第七十条 清算组不按照规定向公司登记机关报送清算报告,或者报送清算报告隐瞒重要事实或者有重大遗漏的,由公司登记机关责令改正。

清算组成员利用职权徇私舞弊、谋取非法收入或者侵占公司财产的,由公司登记机关责令退还公司财产,没收违法所得,并可以处以违法所得1倍以上5倍以下的罚款。

第七十一条 伪造、涂改、出租、出借、转让营业执照的,由公司登记机关处以1万元以上10万元以下的罚款;情节严重的,吊销营业执照。

第七十二条 未将营业执照置于住所或者营业场所醒目位置的,由公司登记机关责令改正;拒不改正的,处以1000元以上5000元以下的罚款。

第七十三条 承担资产评估、验资或者验证的机构提供虚假材料的,由公司登记机关没收违法所得,处以违法所得1倍以上5倍以下的罚款,并可以由有关主管部门依法责令该机构停业、吊销直接责任人员的资格证书,吊销营业执照。

承担资产评估、验资或者验证的机构因过失提供有重大遗漏的报告的,由公司登记机关责令改正,情节较重的,处以所得收入1倍以上5倍以下的罚款,并可以由有关主管部门依法责令该机构停业、吊销直接责任人员的资格证书,吊销营业执照。

第七十四条 未依法登记为有限责任公司或者股份有限公司,而冒用有限责任公司或者股份有限公司名义的,或者未依法登记为有限责任公司或者股份有限公司的分公司,而冒用有限责任公司或者股份有限公司的分公司名义的,由公司登记机关责令改正或者予以取缔,可以并处10万元以下的罚款。

第七十五条 公司登记机关对不符合规定条件的公司登记申请予以登记,或者对符合规定条件的登记申请不予登记的,对直接负责的主管人员和其他直接责任人员,依法给予行政处分。

第七十六条 公司登记机关的上级部门强令公司登记机关对不符合规定条件的登记申请予以登记,或者对符合规定条件的登记申请不予登记的,或者对违法登记进行包庇的,对直接负责的主管人员和其他直接责任人员依法给予行政处分。

第七十七条 外国公司违反《公司法》规定，擅自在中国境内设立分支机构的，由公司登记机关责令改正或者关闭，可以并处5万元以上20万元以下的罚款。

第七十八条 利用公司名义从事危害国家安全、社会公共利益的严重违法行为的，吊销营业执照。

第七十九条 分公司有本章规定的违法行为的，适用本章规定。

第八十条 违反本条例规定，构成犯罪的，依法追究刑事责任。

第十一章 附 则

第八十一条 外商投资的公司的登记适用本条例。有关外商投资企业的法律对其登记另有规定的，适用其规定。

第八十二条 法律、行政法规或者国务院决定规定设立公司必须报经批准，或者公司经营范围中属于法律、行政法规或者国务院决定规定在登记前须经批准的项目的，由国家工商行政管理总局依照法律、行政法规或者国务院决定规定编制企业登记前置行政许可目录并公布。

第八十三条 本条例自1994年7月1日起施行。

个体工商户条例

1. *2011年3月30日国务院第149次常务会议通过*
2. *2011年4月16日国务院令第596号公布*
3. *根据2014年2月19日国务院令第648号《关于废止和修改部分行政法规的决定》第一次修订*
4. *根据2016年2月6日国务院令第666号《关于修改部分行政法规的决定》第二次修订*

第一条 为了保护个体工商户的合法权益，鼓励、支持和引导个体工商户健康发展，加强对个体工商户的监督、管理，发挥其在经济社会发展和扩大就业中的重要作用，制定本条例。

第二条 有经营能力的公民，依照本条例规定经工商行政管理部门登记，从事工商业经营的，为个体工商户。

个体工商户可以个人经营，也可以家庭经营。

个体工商户的合法权益受法律保护，任何单位和个人不得侵害。

第三条 县、自治县、不设区的市、市辖区工商行政管理部门为个体工商户的登记机关（以下简称登记机关）。登记机关按照国务院工商行政管理部门的规定，可以委托其下属工商行政管理所办理个体工商户登记。

第四条 国家对个体工商户实行市场平等准入、公平待遇的原则。

申请办理个体工商户登记，申请登记的经营范围不属于法律、行政法规禁止进入的行业的，登记机关应当依法予以登记。

第五条 工商行政管理部门和县级以上人民政府其他有关部门应当依法对个体工商户实行监督和管理。

个体工商户从事经营活动，应当遵守法律、法规，遵守社会公德、商业道德，诚实守信，接受政府及其有关部门依法实施的监督。

第六条 地方各级人民政府和县级以上人民政府有关部门应当采取措施，在经营场所、创业和职业技能培训、职业技能鉴定、技术创新、参加社会保险等方面，为个体工商户提供支持、便利和信息咨询等服务。

第七条 依法成立的个体劳动者协会在工商行政管理部门指导下，为个体工商户提供服务，维护个体工商户合法权益，引导个体工商户诚信自律。

个体工商户自愿加入个体劳动者协会。

第八条 申请登记为个体工商户，应当向经营场所所在地登记机关申请注册登记。申请人应当提交登记申请书、身份证明和经营场所证明。

个体工商户登记事项包括经营者姓名和住所、组成形式、经营范围、经营场所。个体工商户使用名称的，名称作为登记事项。

第九条 登记机关对申请材料依法审查后，按照下列规定办理：

（一）申请材料齐全、符合法定形式的，当场予以登记；申请材料不齐全或者不符合法定形式要求的，当场告知申请人需要补正的全部内容；

（二）需要对申请材料的实质性内容进行核实的，依法进行核查，并自受理申请之日起15日内作出是否予以登记的决定；

（三）不符合个体工商户登记条件的，不予登记并书面告知申请人，说明理由，告知申请人有权依法申请行政复议、提起行政诉讼。

予以注册登记的，登记机关应当自登记之日起10日内发给营业执照。

国家推行电子营业执照。电子营业执照与纸质营业执照具有同等法律效力。

第十条 个体工商户登记事项变更的，应当向登记机关申请办理变更登记。

个体工商户变更经营者的，应当在办理注销登记后，由新的经营者重新申请办理注册登记。家庭经营的个体工商户在家庭成员间变更经营者的，依照前款规定办理变更手续。

第十一条 申请注册登记或者变更登记的登记事项属于依法须取得行政许可的，应当向登记机关提交许可证明。

第十二条 个体工商户不再从事经营活动的，应当到登记机关办理注销登记。

第十三条 个体工商户应当于每年1月1日至6月30日，向登记机关报送年度报告。

个体工商户应当对其年度报告的真实性、合法性负责。

个体工商户年度报告办法由国务院工商行政管理部门制定。

第十四条　登记机关将未按照规定履行年度报告义务的个体工商户载入经营异常名录,并在企业信用信息公示系统上向社会公示。

第十五条　登记机关接收个体工商户年度报告和抽查不得收取任何费用。

第十六条　登记机关和有关行政机关应当在其政府网站和办公场所,以便于公众知晓的方式公布个体工商户申请登记和行政许可的条件、程序、期限、需要提交的全部材料目录和收费标准等事项。

登记机关和有关行政机关应当为申请人申请行政许可和办理登记提供指导和查询服务。

第十七条　个体工商户在领取营业执照后,应当依法办理税务登记。

个体工商户税务登记内容发生变化的,应当依法办理变更或者注销税务登记。

第十八条　任何部门和单位不得向个体工商户集资、摊派,不得强行要求个体工商户提供赞助或者接受有偿服务。

第十九条　地方各级人民政府应当将个体工商户所需生产经营场地纳入城乡建设规划,统筹安排。

个体工商户经批准使用的经营场地,任何单位和个人不得侵占。

第二十条　个体工商户可以凭营业执照及税务登记证明,依法在银行或者其他金融机构开立账户,申请贷款。

金融机构应当改进和完善金融服务,为个体工商户申请贷款提供便利。

第二十一条　个体工商户可以根据经营需要招用从业人员。

个体工商户应当依法与招用的从业人员订立劳动合同,履行法律、行政法规规定和合同约定的义务,不得侵害从业人员的合法权益。

第二十二条　个体工商户提交虚假材料骗取注册登记,或者伪造、涂改、出租、出借、转让营业执照的,由登记机关责令改正,处4000元以下的罚款;情节严重的,撤销注册登记或者吊销营业执照。

第二十三条　个体工商户登记事项变更,未办理变更登记的,由登记机关责令改正,处1500元以下的罚款;情节严重的,吊销营业执照。

个体工商户未办理税务登记的,由税务机关责令限期改正;逾期未改正的,经税务机关提请,由登记机关吊销营业执照。

第二十四条　在个体工商户营业执照有效期内,有关行政机关依法吊销、撤销个体工商户的行政许可,或者行政许可有效期届满的,应当自吊销、撤销行政许可或者行政许可有效期届满之日起5个工作日内通知登记机关,由登记机关撤销注册登记或者吊销营业执照,或者责令当事人依法办理变更登记。

第二十五条　工商行政管理部门以及其他有关部门应当加强个体工商户管理工作的信息交流,逐步建立个体工商户管理信息系统。

第二十六条　工商行政管理部门以及其他有关部门的工作人员,滥用职权、徇私舞弊、收受贿赂或者侵害个体工商户合法权益的,依法给予处分;构成犯罪的,依法追究刑事责任。

第二十七条　香港特别行政区、澳门特别行政区永久性居民中的中国公民,台湾地区居民可以按照国家有关规定,申请登记为个体工商户。

第二十八条　个体工商户申请转变为企业组织形式,符合法定条件的,登记机关和有关行政机关应当为其提供便利。

第二十九条　无固定经营场所摊贩的管理办法,由省、自治区、直辖市人民政府根据当地实际情况规定。

第三十条　本条例自2011年11月1日起施行。1987年8月5日国务院发布的《城乡个体工商户管理暂行条例》同时废止。

中华人民共和国产品质量法

1. 1993年2月22日第七届全国人民代表大会常务委员会第三十次会议通过

2. 根据2000年7月8日第九届全国人民代表大会常务委员会第十六次会议《关于修改〈中华人民共和国产品质量法〉的决定》第一次修正

3. 根据2009年8月27日第十一届全国人民代表大会常务委员会第十次会议《关于修改部分法律的决定》第二次修正

目　　录

第一章　总　　则

第一条　【立法目的】为了加强对产品质量的监督管理,提高产品质量水平,明确产品质量责任,保护消费者的合法权益,维护社会经济秩序,制定本法。

第二条　【适用范围】在中华人民共和国境内从事产品生产、销售活动,必须遵守本法。

本法所称产品是指经过加工、制作,用于销售的产品。

建设工程不适用本法规定;但是,建设工程使用的建筑材料、建筑构配件和设备,属于前款规定的产品范围的,适用本法规定。

第三条 【生产者、销售者质量管理责任】生产者、销售者应当建立健全内部产品质量管理制度,严格实施岗位质量规范、质量责任以及相应的考核办法。

第四条 【责任依据】生产者、销售者依照本法规定承担产品质量责任。

第五条 【禁止性条款】禁止伪造或者冒用认证标志等质量标志;禁止伪造产品的产地,伪造或者冒用他人的厂名、厂址;禁止在生产、销售的产品中掺杂、掺假,以假充真,以次充好。

第六条 【国家扶持】国家鼓励推行科学的质量管理方法,采用先进的科学技术,鼓励企业产品质量达到并且超过行业标准、国家标准和国际标准。

对产品质量管理先进和产品质量达到国际先进水平、成绩显著的单位和个人,给予奖励。

第七条 【政府职责】各级人民政府应当把提高产品质量纳入国民经济和社会发展规划,加强对产品质量工作的统筹规划和组织领导,引导、督促生产者、销售者加强产品质量管理,提高产品质量,组织各有关部门依法采取措施,制止产品生产、销售中违反本法规定的行为,保障本法的施行。

第八条 【主管部门】国务院产品质量监督部门主管全国产品质量监督工作。国务院有关部门在各自的职责范围内负责产品质量监督工作。

县级以上地方产品质量监督部门主管本行政区域内的产品质量监督工作。县级以上地方人民政府有关部门在各自的职责范围内负责产品质量监督工作。

法律对产品质量的监督部门另有规定的,依照有关法律的规定执行。

第九条 【工作人员职责】各级人民政府工作人员和其他国家机关工作人员不得滥用职权、玩忽职守或者徇私舞弊,包庇、放纵本地区、本系统发生的产品生产、销售中违反本法规定的行为,或者阻挠、干预依法对产品生产、销售中违反本法规定的行为进行查处。

各级地方人民政府和其他国家机关有包庇、放纵产品生产、销售中违反本法规定的行为的,依法追究其主要负责人的法律责任。

第十条 【检举和奖励】任何单位和个人有权对违反本法规定的行为,向产品质量监督部门或者其他有关部门检举。

产品质量监督部门和有关部门应当为检举人保密,并按照省、自治区、直辖市人民政府的规定给予奖励。

第十一条 【市场准入】任何单位和个人不得排斥非本地区或者非本系统企业生产的质量合格产品进入本地区、本系统。

第二章 产品质量的监督

第十二条 【产品质量检验】产品质量应当检验合格,不得以不合格产品冒充合格产品。

第十三条 【产品安全】可能危及人体健康和人身、财产安全的工业产品,必须符合保障人体健康和人身、财产安全的国家标准、行业标准;未制定国家标准、行业标准的,必须符合保障人体健康和人身、财产安全的要求。

禁止生产、销售不符合保障人体健康和人身、财产安全的标准和要求的工业产品。具体管理办法由国务院规定。

第十四条 【质量体系认证】国家根据国际通用的质量管理标准,推行企业质量体系认证制度。企业根据自愿原则可以向国务院产品质量监督部门认可的或者国务院产品质量监督部门授权的部门认可的认证机构申请企业质量体系认证。经认证合格的,由认证机构颁发企业质量体系认证证书。

国家参照国际先进的产品标准和技术要求,推行产品质量认证制度。企业根据自愿原则可以向国务院产品质量监督部门认可的或者国务院产品质量监督部门授权的部门认可的认证机构申请产品质量认证。经认证合格的,由认证机构颁发产品质量认证证书,准许企业在产品或者其包装上使用产品质量认证标志。

第十五条 【质量监督检查】国家对产品质量实行以抽查为主要方式的监督检查制度,对可能危及人体健康和人身、财产安全的产品,影响国计民生的重要工业产品以及消费者、有关组织反映有质量问题的产品进行抽查。抽查的样品应当在市场上或者企业成品仓库内的待销产品中随机抽取。监督抽查工作由国务院产品质量监督部门规划和组织。县级以上地方产品质量监督部门在本行政区域内也可以组织监督抽查。法律对产品质量的监督检查另有规定的,依照有关法律的规定执行。

国家监督抽查的产品,地方不得另行重复抽查;上级监督抽查的产品,下级不得另行重复抽查。

根据监督抽查的需要,可以对产品进行检验。检验抽取样品的数量不得超过检验的合理需要,并不得向被检查人收取检验费用。监督抽查所需检验费用按照国务院规定列支。

生产者、销售者对抽查检验的结果有异议的,可以自收到检验结果之日起十五日内向实施监督抽查的产品质量监督部门或者其上级产品质量监督部门申请复检,由受理复检的产品质量监督部门作出复检结论。

第十六条 【质量检查配合】对依法进行的产品质量监督检查,生产者、销售者不得拒绝。

第十七条 【质量不合格的处理】依照本法规定进行监督抽查的产品质量不合格的,由实施监督抽查的产品质量监督部门责令其生产者、销售者限期改正。逾期不改正的,由省级以上人民政府产品质量监督部门予以公告;公告后经复查仍不合格的,责令停业,限期整顿;整顿期满后经复查产品质量仍不合格的,吊销营业执照。

监督抽查的产品有严重质量问题的,依照本法第五章的有关规定处罚。

第十八条 **【对涉嫌违法行为的查处】**县级以上产品质量监督部门根据已经取得的违法嫌疑证据或者举报,对涉嫌违反本法规定的行为进行查处时,可以行使下列职权:

(一)对当事人涉嫌从事违反本法的生产、销售活动的场所实施现场检查;

(二)向当事人的法定代表人、主要负责人和其他有关人员调查、了解与涉嫌从事违反本法的生产、销售活动有关的情况;

(三)查阅、复制当事人有关的合同、发票、帐簿以及其他有关资料;

(四)对有根据认为不符合保障人体健康和人身、财产安全的国家标准、行业标准的产品或者有其他严重质量问题的产品,以及直接用于生产、销售该项产品的原辅材料、包装物、生产工具,予以查封或者扣押。

县级以上工商行政管理部门按照国务院规定的职责范围,对涉嫌违反本法规定的行为进行查处时,可以行使前款规定的职权。

第十九条 **【检验机构资格】**产品质量检验机构必须具备相应的检测条件和能力,经省级以上人民政府产品质量监督部门或者其授权的部门考核合格后,方可承担产品质量检验工作。法律、行政法规对产品质量检验机构另有规定的,依照有关法律、行政法规的规定执行。

第二十条 **【中介机构设立】**从事产品质量检验、认证的社会中介机构必须依法设立,不得与行政机关和其他国家机关存在隶属关系或者其他利益关系。

第二十一条 **【质量检验及认证要求】**产品质量检验机构、认证机构必须依法按照有关标准,客观、公正地出具检验结果或者认证证明。

产品质量认证机构应当依照国家规定对准许使用认证标志的产品进行认证后的跟踪检查;对不符合认证标准而使用认证标志的,要求其改正;情节严重的,取消其使用认证标志的资格。

第二十二条 **【消费者权利】**消费者有权就产品质量问题,向产品的生产者、销售者查询;向产品质量监督部门、工商行政管理部门及有关部门申诉,接受申诉的部门应当负责处理。

第二十三条 **【支持起诉】**保护消费者权益的社会组织可以就消费者反映的产品质量问题建议有关部门负责处理,支持消费者对因产品质量造成的损害向人民法院起诉。

第二十四条 **【产品质量状况公告】**国务院和省、自治区、直辖市人民政府的产品质量监督部门应当定期发布其监督抽查的产品的质量状况公告。

第二十五条 **【质检部门推荐禁止】**产品质量监督部门或者其他国家机关以及产品质量检验机构不得向社会推荐生产者的产品;不得以对产品进行监制、监销等方式参与产品经营活动。

第三章 生产者、销售者的产品质量责任和义务

第一节 生产者的产品质量责任和义务

第二十六条 **【生产者产品质量责任】**生产者应当对其生产的产品质量负责。

产品质量应当符合下列要求:

(一)不存在危及人身、财产安全的不合理的危险,有保障人体健康和人身、财产安全的国家标准、行业标准的,应当符合该标准;

(二)具备产品应当具备的使用性能,但是,对产品存在使用性能的瑕疵作出说明的除外;

(三)符合在产品或者其包装上注明采用的产品标准,符合以产品说明、实物样品等方式表明的质量状况。

第二十七条 **【标识要求】**产品或者其包装上的标识必须真实,并符合下列要求:

(一)有产品质量检验合格证明;

(二)有中文标明的产品名称、生产厂厂名和厂址;

(三)根据产品的特点和使用要求,需要标明产品规格、等级、所含主要成份的名称和含量的,用中文相应予以标明;需要事先让消费者知晓的,应当在外包装上标明,或者预先向消费者提供有关资料;

(四)限期使用的产品,应当在显著位置清晰地标明生产日期和安全使用期或者失效日期;

(五)使用不当,容易造成产品本身损坏或者可能危及人身、财产安全的产品,应当有警示标志或者中文警示说明。

裸装的食品和其他根据产品的特点难以附加标识的裸装产品,可以不附加产品标识。

第二十八条 **【特殊产品包装】**易碎、易燃、易爆、有毒、有腐蚀性、有放射性等危险物品以及储运中不能倒置和其他有特殊要求的产品,其包装质量必须符合相应要求,依照国家有关规定作出警示标志或者中文警示说明,标明储运注意事项。

第二十九条 **【淘汰产品禁止生产】**生产者不得生产国家明令淘汰的产品。

第三十条 **【伪造产地、厂名、厂址的禁止】**生产者不得伪造产地,不得伪造或者冒用他人的厂名、厂址。

第三十一条 **【禁止伪造、冒用质量标志】**生产者不得伪造或者冒用认证标志等质量标志。

第三十二条 **【掺假禁止】**生产者生产产品,不得掺杂、掺假,不得以假充真、以次充好,不得以不合格产品冒充合格产品。

第二节 销售者的产品质量责任和义务

第三十三条 【进货检验】销售者应当建立并执行进货检查验收制度,验明产品合格证明和其他标识。

第三十四条 【产品质量保持】销售者应当采取措施,保持销售产品的质量。

第三十五条 【失效产品禁止销售】销售者不得销售国家明令淘汰并停止销售的产品和失效、变质的产品。

第三十六条 【标识要求】销售者销售的产品的标识应当符合本法第二十七条的规定。

第三十七条 【伪造产地、厂址、厂名禁止】销售者不得伪造产地,不得伪造或者冒用他人的厂名、厂址。

第三十八条 【认证标志冒用、伪造禁止】销售者不得伪造或者冒用认证标志等质量标志。

第三十九条 【掺假禁止】销售者销售产品,不得掺杂、掺假,不得以假充真、以次充好,不得以不合格产品冒充合格产品。

第四章 损害赔偿

第四十条 【售出产品不合格时的处理】售出的产品有下列情形之一的,销售者应当负责修理、更换、退货;给购买产品的消费者造成损失的,销售者应当赔偿损失:

(一)不具备产品应当具备的使用性能而事先未作说明的;

(二)不符合在产品或者其包装上注明采用的产品标准的;

(三)不符合以产品说明、实物样品等方式表明的质量状况的。

销售者依照前款规定负责修理、更换、退货、赔偿损失后,属于生产者的责任或者属于向销售者提供产品的其他销售者(以下简称供货者)的责任的,销售者有权向生产者、供货者追偿。

销售者未按照第一款规定给予修理、更换、退货或者赔偿损失的,由产品质量监督部门或者工商行政管理部门责令改正。

生产者之间,销售者之间,生产者与销售者之间订立的买卖合同、承揽合同有不同约定的,合同当事人按照合同约定执行。

第四十一条 【生产者责任承担情形】因产品存在缺陷造成人身、缺陷产品以外的其他财产(以下简称他人财产)损害的,生产者应当承担赔偿责任。

生产者能够证明有下列情形之一的,不承担赔偿责任:

(一)未将产品投入流通的;

(二)产品投入流通时,引起损害的缺陷尚不存在的;

(三)将产品投入流通时的科学技术水平尚不能发现缺陷的存在的。

第四十二条 【销售者责任承担情形】由于销售者的过错使产品存在缺陷,造成人身、他人财产损害的,销售者应当承担赔偿责任。

销售者不能指明缺陷产品的生产者也不能指明缺陷产品的供货者的,销售者应当承担赔偿责任。

第四十三条 【产品损害赔偿责任的承担】因产品存在缺陷造成人身、他人财产损害的,受害人可以向产品的生产者要求赔偿,也可以向产品的销售者要求赔偿。属于产品的生产者的责任,产品的销售者赔偿的,产品的销售者有权向产品的生产者追偿。属于产品的销售者的责任,产品的生产者赔偿的,产品的生产者有权向产品的销售者追偿。

第四十四条 【赔偿范围】因产品存在缺陷造成受害人人身伤害的,侵害人应当赔偿医疗费、治疗期间的护理费、因误工减少的收入等费用;造成残疾的,还应当支付残疾者生活自助具费、生活补助费、残疾赔偿金以及由其扶养的人所必需的生活费等费用;造成受害人死亡的,并应当支付丧葬费、死亡赔偿金以及由死者生前扶养的人所必需的生活费等费用。

因产品存在缺陷造成受害人财产损失的,侵害人应当恢复原状或者折价赔偿。受害人因此遭受其他重大损失的,侵害人应当赔偿损失。

第四十五条 【诉讼时效】因产品存在缺陷造成损害要求赔偿的诉讼时效期间为二年,自当事人知道或者应当知道其权益受到损害时起计算。

因产品存在缺陷造成损害要求赔偿的请求权,在造成损害的缺陷产品交付最初消费者满十年丧失;但是,尚未超过明示的安全使用期的除外。

第四十六条 【缺陷解释】本法所称缺陷,是指产品存在危及人身、他人财产安全的不合理的危险;产品有保障人体健康和人身、财产安全的国家标准、行业标准的,是指不符合该标准。

第四十七条 【质量纠纷解决办法】因产品质量发生民事纠纷时,当事人可以通过协商或者调解解决。当事人不愿通过协商、调解解决或者协商、调解不成的,可以根据当事人各方的协议向仲裁机构申请仲裁;当事人各方没有达成仲裁协议或者仲裁协议无效的,可以直接向人民法院起诉。

第四十八条 【质检委托】仲裁机构或者人民法院可以委托本法第十九条规定的产品质量检验机构,对有关产品质量进行检验。

第五章 罚 则

第四十九条 【违反安全标准规定的处理】生产、销售不符合保障人体健康和人身、财产安全的国家标准、行业标准的产品的,责令停止生产、销售,没收违法生产、销售的产品,并处违法生产、销售产品(包括已售出和未售出的产品,下同)货值金额等值以上三倍以下的罚款;有违法所得的,并处没收违法所得;情节严重的,吊销营业执照;构成犯罪的,依法追究刑事责任。

第五十条 【掺假处理】在产品中掺杂、掺假,以假充真,以次充好,或者以不合格产品冒充合格产品的,责令停止生产、销售,没收违法生产、销售的产品,并处违法生产、销售产品货值金额百分之五十以上三倍以下的罚款;有违法所得的,并处没收违法所得;情节严重的,吊销营业执照;构成犯罪的,依法追究刑事责任。

第五十一条 【生产禁止性产品处理】生产国家明令淘汰的产品的,销售国家明令淘汰并停止销售的产品的,责令停止生产、销售,没收违法生产、销售的产品,并处违法生产、销售产品货值金额等值以下的罚款;有违法所得的,并处没收违法所得;情节严重的,吊销营业执照。

第五十二条 【销售失效产品处理】销售失效、变质的产品的,责令停止销售,没收违法销售的产品,并处违法销售产品货值金额二倍以下的罚款;有违法所得的,并处没收违法所得;情节严重的,吊销营业执照;构成犯罪的,依法追究刑事责任。

第五十三条 【伪造产地、厂名、厂址的处理】伪造产品产地的,伪造或者冒用他人厂名、厂址的,伪造或者冒用认证标志等质量标志的,责令改正,没收违法生产、销售的产品,并处违法生产、销售产品货值金额等值以下的罚款;有违法所得的,并处没收违法所得;情节严重的,吊销营业执照。

第五十四条 【标识不合格的处理】产品标识不符合本法第二十七条规定的,责令改正;有包装的产品标识不符合本法第二十七条第(四)项、第(五)项规定,情节严重的,责令停止生产、销售,并处违法生产、销售产品货值金额百分之三十以下的罚款;有违法所得的,并处没收违法所得。

第五十五条 【从轻情节】销售者销售本法第四十九条至第五十三条规定禁止销售的产品,有充分证据证明其不知道该产品为禁止销售的产品并如实说明其进货来源的,可以从轻或者减轻处罚。

第五十六条 【拒检处理】拒绝接受依法进行的产品质量监督检查的,给予警告,责令改正;拒不改正的,责令停业整顿;情节特别严重的,吊销营业执照。

第五十七条 【伪造检验证明的处理】产品质量检验机构、认证机构伪造检验结果或者出具虚假证明的,责令改正,对单位处五万元以上十万元以下的罚款,对直接负责的主管人员和其他直接责任人员处一万元以上五万元以下的罚款;有违法所得的,并处没收违法所得;情节严重的,取消其检验资格、认证资格;构成犯罪的,依法追究刑事责任。

产品质量检验机构、认证机构出具的检验结果或者证明不实,造成损失的,应当承担相应的赔偿责任;造成重大损失的,撤销其检验资格、认证资格。

产品质量认证机构违反本法第二十一条第二款的规定,对不符合认证标准而使用认证标志的产品,未依法要求其改正或者取消其使用认证标志资格的,对因产品不符合认证标准给消费者造成的损失,与产品的生产者、销售者承担连带责任;情节严重的,撤销其认证资格。

第五十八条 【团体、中介机构连带责任】社会团体、社会中介机构对产品质量作出承诺、保证,而该产品又不符合其承诺、保证的质量要求,给消费者造成损失的,与产品的生产者、销售者承担连带责任。

第五十九条 【广告误导处理】在广告中对产品质量作虚假宣传,欺骗和误导消费者的,依照《中华人民共和国广告法》的规定追究法律责任。

第六十条 【伪劣产品生产工具的没收责任】对生产者专门用于生产本法第四十九条、第五十一条所列的产品或者以假充真的产品的原辅材料、包装物、生产工具,应当予以没收。

第六十一条 【非法运输、保管仓储的处理】知道或者应当知道属于本法规定禁止生产、销售的产品而为其提供运输、保管、仓储等便利条件的,或者为以假充真的产品提供制假生产技术的,没收全部运输、保管、仓储或者提供制假生产技术的收入,并处违法收入百分之五十以上三倍以下的罚款;构成犯罪的,依法追究刑事责任。

第六十二条 【违反第49条、第52条的处理】服务业的经营者将本法第四十九条至第五十二条规定禁止销售的产品用于经营性服务的,责令停止使用;对知道或者应当知道所使用的产品属于本法规定禁止销售的产品的,按照违法使用的产品(包括已使用和尚未使用的产品)的货值金额,依照本法对销售者的处罚规定处罚。

第六十三条 【封、押物品隐匿、变卖的处理】隐匿、转移、变卖、损毁被产品质量监督部门或者工商行政管理部门查封、扣押的物品的,处被隐匿、转移、变卖、损毁物品货值金额等值以上三倍以下的罚款;有违法所得的,并处没收违法所得。

第六十四条 【执行优先的规定】违反本法规定,应当承担民事赔偿责任和缴纳罚款、罚金,其财产不足以同时支付时,先承担民事赔偿责任。

第六十五条 【对政府工作人员的处罚】各级人民政府工作人员和其他国家机关工作人员有下列情形之一的,依法给予行政处分;构成犯罪的,依法追究刑事责任:

(一)包庇、放纵产品生产、销售中违反本法规定行为的;

(二)向从事违反本法规定的生产、销售活动的当事人通风报信,帮助其逃避查处的;

(三)阻挠、干预产品质量监督部门或者工商行政管理部门依法对产品生产、销售中违反本法规定的行为进行查处,造成严重后果的。

第六十六条 【质检部门超规索样和收取处理检验费】产品质量监督部门在产品质量监督抽查中超过规定的数量索取样品或者向被检查人收取检验费用的，由上级产品质量监督部门或者监察机关责令退还；情节严重的，对直接负责的主管人员和其他直接责任人员依法给予行政处分。

第六十七条 【质检部门违反第25条的处理】产品质量监督部门或者其他国家机关违反本法第二十五条的规定，向社会推荐生产者的产品或者以监制、监销等方式参与产品经营活动的，由其上级机关或者监察机关责令改正，消除影响，有违法收入的予以没收；情节严重的，对直接负责的主管人员和其他直接责任人员依法给予行政处分。

产品质量检验机构有前款所列违法行为的，由产品质量监督部门责令改正，消除影响，有违法收入的予以没收，可以并处违法收入一倍以下的罚款；情节严重的，撤销其质量检验资格。

第六十八条 【渎职处罚】产品质量监督部门或者工商行政管理部门的工作人员滥用职权、玩忽职守、徇私舞弊，构成犯罪的，依法追究刑事责任；尚不构成犯罪的，依法给予行政处分。

第六十九条 【阻扰公务的处罚】以暴力、威胁方法阻碍产品质量监督部门或者工商行政管理部门的工作人员依法执行职务的，依法追究刑事责任；拒绝、阻碍未使用暴力、威胁方法的，由公安机关依照治安管理处罚法的规定处罚。

第七十条 【处罚权限】本法规定的吊销营业执照的行政处罚由工商行政管理部门决定，本法第四十九条至第五十七条、第六十条至第六十三条规定的行政处罚由产品质量监督部门或者工商行政管理部门按照国务院规定的职权范围决定。法律、行政法规对行使行政处罚权的机关另有规定的，依照有关法律、行政法规的规定执行。

第七十一条 【没收产品处理】对依照本法规定没收的产品，依照国家有关规定进行销毁或者采取其他方式处理。

第七十二条 【货值计算】本法第四十九条至第五十四条、第六十二条、第六十三条所规定的货值金额以违法生产、销售产品的标价计算；没有标价的，按照同类产品的市场价格计算。

第六章 附 则

第七十三条 【特殊规定】军工产品质量监督管理办法，由国务院、中央军事委员会另行制定。

因核设施、核产品造成损害的赔偿责任，法律、行政法规另有规定的，依照其规定。

第七十四条 【生效日期】本法自1993年9月1日起施行。

9. 审计

中华人民共和国审计法

1. 1994年8月31日第八届全国人民代表大会常务委员会第九次会议通过

2. 根据2006年2月28日第十届全国人民代表大会常务委员会第二十次会议《关于修改〈中华人民共和国审计法〉的决定》修正

目 录

第一章 总 则

第一条 【立法宗旨】为了加强国家的审计监督，维护国家财政经济秩序，提高财政资金使用效益，促进廉政建设，保障国民经济和社会健康发展，根据宪法，制定本法。

第二条 【审计监督制度】国家实行审计监督制度。国务院和县级以上地方人民政府设立审计机关。

国务院各部门和地方各级人民政府及其各部门的财政收支，国有的金融机构和企业事业组织的财务收支，以及其他依照本法规定应当接受审计的财政收支、财务收支，依照本法规定接受审计监督。

审计机关对前款所列财政收支或者财务收支的真实、合法和效益，依法进行审计监督。

第三条 【依法审计】审计机关依照法律规定的职权和程序，进行审计监督。

审计机关依据有关财政收支、财务收支的法律、法规和国家其他有关规定进行审计评价，在法定职权范围内作出审计决定。

第四条 【审计工作报告】国务院和县级以上地方人民政府应当每年向本级人民代表大会常务委员会提出审计机关对预算执行和其他财政收支的审计工作报告。审计工作报告应当重点报告对预算执行的审计情况。必要时，人民代表大会常务委员会可以对审计工作报告作出决议。

国务院和县级以上地方人民政府应当将审计工作报告中指出的问题的纠正情况和处理结果向本级人民代表大会常务委员会报告。

第五条 【审计监督权独立】审计机关依照法律规定独立行使审计监督权，不受其他行政机关、社会团体和个人的干涉。

第六条　【审计原则】审计机关和审计人员办理审计事项，应当客观公正，实事求是，廉洁奉公，保守秘密。

第二章　审计机关和审计人员

第七条　【审计署】国务院设立审计署，在国务院总理领导下，主管全国的审计工作。审计长是审计署的行政首长。

第八条　【各级审计机关】省、自治区、直辖市、设区的市、自治州、县、自治县、不设区的市、市辖区的人民政府的审计机关，分别在省长、自治区主席、市长、州长、县长、区长和上一级审计机关的领导下，负责本行政区域内的审计工作。

第九条　【审计机关领导体制】地方各级审计机关对本级人民政府和上一级审计机关负责并报告工作，审计业务以上级审计机关领导为主。

第十条　【派出机构】审计机关根据工作需要，经本级人民政府批准，可以在其审计管辖范围内设立派出机构。

派出机构根据审计机关的授权，依法进行审计工作。

第十一条　【经费保证】审计机关履行职责所必需的经费，应当列入财政预算，由本级人民政府予以保证。

第十二条　【审计资格】审计人员应当具备与其从事的审计工作相适应的专业知识和业务能力。

第十三条　【审计回避】审计人员办理审计事项，与被审计单位或者审计事项有利害关系的，应当回避。

第十四条　【审计保密】审计人员对其在执行职务中知悉的国家秘密和被审计单位的商业秘密，负有保密的义务。

第十五条　【职务保护】审计人员依法执行职务，受法律保护。

任何组织和个人不得拒绝、阻碍审计人员依法执行职务，不得打击报复审计人员。

审计机关负责人依照法定程序任免。审计机关负责人没有违法失职或者其他不符合任职条件的情况的，不得随意撤换。

地方各级审计机关负责人的任免，应当事先征求上一级审计机关的意见。

第三章　审计机关职责

第十六条　【审计监督对象】审计机关对本级各部门(含直属单位)和下级政府预算的执行情况和决算以及其他财政收支情况，进行审计监督。

第十七条　【审计结果报告】审计署在国务院总理领导下，对中央预算执行情况和其他财政收支情况进行审计监督，向国务院总理提出审计结果报告。

地方各级审计机关分别在省长、自治区主席、市长、州长、县长、区长和上一级审计机关的领导下，对本级预算执行情况和其他财政收支情况进行审计监督，向本级人民政府和上一级审计机关提出审计结果报告。

第十八条　【审计范围】审计署对中央银行的财务收支，进行审计监督。

审计机关对国有金融机构的资产、负债、损益，进行审计监督。

第十九条　【对事业单位的审计监督】审计机关对国家的事业组织和使用财政资金的其他事业组织的财务收支，进行审计监督。

第二十条　【对国有资产的审计监督】审计机关对国有企业的资产、负债、损益，进行审计监督。

第二十一条　【对国有企业、金融机构的审计监督】对国有资本占控股地位或者主导地位的企业、金融机构的审计监督，由国务院规定。

第二十二条　【对预算执行情况和决算的审计监督】审计机关对政府投资和以政府投资为主的建设项目的预算执行情况和决算，进行审计监督。

第二十三条　【对基金、资金的财务收支的审计监督】审计机关对政府部门管理的和其他单位受政府委托管理的社会保障基金、社会捐赠资金以及其他有关基金、资金的财务收支，进行审计监督。

第二十四条　【特别项目的财务审计监督】审计机关对国际组织和外国政府援助、贷款项目的财务收支，进行审计监督。

第二十五条　【对主要负责人的审计监督】审计机关按照国家有关规定，对国家机关和依法属于审计机关审计监督对象的其他单位的主要负责人，在任职期间对本地区、本部门或者本单位的财政收支、财务收支以及有关经济活动应负经济责任的履行情况，进行审计监督。

第二十六条　【其他审计事项】除本法规定的审计事项外，审计机关对其他法律、行政法规规定应当由审计机关进行审计的事项，依照本法和有关法律、行政法规的规定进行审计监督。

第二十七条　【专项审计调查】审计机关有权对与国家财政收支有关的特定事项，向有关地方、部门、单位进行专项审计调查，并向本级人民政府和上一级审计机关报告审计调查结果。

第二十八条　【审计管辖】审计机关根据被审计单位的财政、财务隶属关系或者国有资产监督管理关系，确定审计管辖范围。

审计机关之间对审计管辖范围有争议的，由其共同的上级审计机关确定。

上级审计机关可以将其审计管辖范围内的本法第十八条第二款至第二十五条规定的审计事项，授权下级审计机关进行审计；上级审计机关对下级审计机关审计管辖范围内的重大审计事项，可以直接进行审计，但是应当防止不必要的重复审计。

第二十九条　【健全内部审计制度】依法属于审计机关审计监督对象的单位，应当按照国家有关规定建立健全内部审计制度；其内部审计工作应当接受审计机关的业务指导和监督。

第三十条 【审计报告核查】社会审计机构审计的单位依法属于审计机关审计监督对象的，审计机关按照国务院的规定，有权对该社会审计机构出具的相关审计报告进行核查。

第四章 审计机关权限

第三十一条 【被审计单位不得拒绝、拖延、谎报相关资料】审计机关有权要求被审计单位按照审计机关的规定提供预算或者财务收支计划、预算执行情况、决算、财务会计报告，运用电子计算机储存、处理的财政收支、财务收支电子数据和必要的电子计算机技术文档，在金融机构开立账户的情况，社会审计机构出具的审计报告，以及其他与财政收支或者财务收支有关的资料，被审计单位不得拒绝、拖延、谎报。

被审计单位负责人对本单位提供的财务会计资料的真实性和完整性负责。

第三十二条 【被审计单位不得拒绝提供相关资料】审计机关进行审计时，有权检查被审计单位的会计凭证、会计账簿、财务会计报告和运用电子计算机管理财政收支、财务收支电子数据的系统，以及其他与财政收支、财务收支有关的资料和资产，被审计单位不得拒绝。

第三十三条 【被审计单位应如实提供相关证明材料】审计机关进行审计时，有权就审计事项的有关问题向有关单位和个人进行调查，并取得有关证明材料。有关单位和个人应当支持、协助审计机关工作，如实向审计机关反映情况，提供有关证明材料。

审计机关经县级以上人民政府审计机关负责人批准，有权查询被审计单位在金融机构的账户。

审计机关有证据证明被审计单位以个人名义存储公款的，经县级以上人民政府审计机关主要负责人批准，有权查询被审计单位以个人名义在金融机构的存款。

第三十四条 【冻结暂停拨付措施】审计机关进行审计时，被审计单位不得转移、隐匿、篡改、毁弃会计凭证、会计账簿、财务会计报告以及其他与财政收支或者财务收支有关的资料，不得转移、隐匿所持有的违反国家规定取得的资产。

审计机关对被审计单位违反前款规定的行为，有权予以制止；必要时，经县级以上人民政府审计机关负责人批准，有权封存有关资料和违反国家规定取得的资产；对其中在金融机构的有关存款需要予以冻结的，应当向人民法院提出申请。

审计机关对被审计单位正在进行的违反国家规定的财政收支、财务收支行为，有权予以制止；制止无效的，经县级以上人民政府审计机关负责人批准，通知财政部门和有关主管部门暂停拨付与违反国家规定的财政收支、财务收支行为直接有关的款项，已经拨付的，暂停使用。

审计机关采取前两款规定的措施不得影响被审计单位合法的业务活动和生产经营活动。

第三十五条 【违法纠正】审计机关认为被审计单位所执行的上级主管部门有关财政收支、财务收支的规定与法律、行政法规相抵触的，应当建议有关主管部门纠正；有关主管部门不予纠正的，审计机关应当提请有权处理的机关依法处理。

第三十六条 【审计结果公布】审计机关可以向政府有关部门通报或者向社会公布审计结果。

审计机关通报或者公布审计结果，应当依法保守国家秘密和被审计单位的商业秘密，遵守国务院的有关规定。

第三十七条 【协助义务】审计机关履行审计监督职责，可以提请公安、监察、财政、税务、海关、价格、工商行政管理等机关予以协助。

第五章 审计程序

第三十八条 【审计执行】审计机关根据审计项目计划确定的审计事项组成审计组，并应当在实施审计三日前，向被审计单位送达审计通知书；遇有特殊情况，经本级人民政府批准，审计机关可以直接持审计通知书实施审计。

被审计单位应当配合审计机关的工作，并提供必要的工作条件。

审计机关应当提高审计工作效率。

第三十九条 【审计调查】审计人员通过审查会计凭证、会计账簿、财务会计报告，查阅与审计事项有关的文件、资料，检查现金、实物、有价证券，向有关单位和个人调查等方式进行审计，并取得证明材料。

审计人员向有关单位和个人进行调查时，应当出示审计人员的工作证件和审计通知书副本。

第四十条 【审计报告】审计组对审计事项实施审计后，应当向审计机关提出审计组的审计报告。审计组的审计报告报送审计机关前，应当征求被审计对象的意见。被审计对象应当自接到审计组的审计报告之日起十日内，将其书面意见送交审计组。审计组应当将被审计对象的书面意见一并报送审计机关。

第四十一条 【审计报告和审计决定】审计机关按照审计署规定的程序对审计组的审计报告进行审议，并对被审计对象对审计组的审计报告提出的意见一并研究后，提出审计机关的审计报告；对违反国家规定的财政收支、财务收支行为，依法应当给予处理、处罚的，在法定职权范围内作出审计决定或者向有关主管机关提出处理、处罚的意见。

审计机关应当将审计机关的审计报告和审计决定送达被审计单位和有关主管机关、单位。审计决定自送达之日起生效。

第四十二条 【级别监督】上级审计机关认为下级审计机关作出的审计决定违反国家有关规定的，可以责成下级审计机关予以变更或者撤销，必要时也可以直接作出变更或者撤销的决定。

第六章 法律责任

第四十三条 【违规处罚】被审计单位违反本法规定,拒绝或者拖延提供与审计事项有关的资料的,或者提供的资料不真实、不完整的,或者拒绝、阻碍检查的,由审计机关责令改正,可以通报批评,给予警告;拒不改正的,依法追究责任。

第四十四条 【转移、隐匿、篡改、毁弃有关资料,转移、隐匿违规资产的处罚】被审计单位违反本法规定,转移、隐匿、篡改、毁弃会计凭证、会计账簿、财务会计报告以及其他与财政收支、财务收支有关的资料,或者转移、隐匿所持有的违反国家规定取得的资产,审计机关认为对直接负责的主管人员和其他直接责任人员依法应当给予处分的,应当提出给予处分的建议,被审计单位或者其上级机关、监察机关应当依法及时作出决定,并将结果书面通知审计机关;构成犯罪的,依法追究刑事责任。

第四十五条 【对违规财政收支行为的处理措施】对本级各部门(含直属单位)和下级政府违反预算的行为或者其他违反国家规定的财政收支行为,审计机关、人民政府或者有关主管部门在法定职权范围内,依照法律、行政法规的规定,区别情况采取下列处理措施:

(一)责令限期缴纳应当上缴的款项;

(二)责令限期退还被侵占的国有资产;

(三)责令限期退还违法所得;

(四)责令按照国家统一的会计制度的有关规定进行处理;

(五)其他处理措施。

第四十六条 【对被审计单位违规财务收支行为的处罚】对被审计单位违反国家规定的财务收支行为,审计机关、人民政府或者有关主管部门在法定职权范围内,依照法律、行政法规的规定,区别情况采取前条规定的处理措施,并可以依法给予处罚。

第四十七条 【审计决定的执行】审计机关在法定职权范围内作出的审计决定,被审计单位应当执行。

审计机关依法责令被审计单位上缴应当上缴的款项,被审计单位拒不执行的,审计机关应当通报有关主管部门,有关主管部门应当依照有关法律、行政法规的规定予以扣缴或者采取其他处理措施,并将结果书面通知审计机关。

第四十八条 【救济途径】被审计单位对审计机关作出的有关财务收支的审计决定不服的,可以依法申请行政复议或者提起行政诉讼。

被审计单位对审计机关作出的有关财政收支的审计决定不服的,可以提请审计机关的本级人民政府裁决,本级人民政府的裁决为最终决定。

第四十九条 【对直接责任人员的处分】被审计单位的财政收支、财务收支违反国家规定,审计机关认为对直接负责的主管人员和其他直接责任人员依法应当给予处分的,应当提出给予处分的建议,被审计单位或者其上级机关、监察机关应当依法及时作出决定,并将结果书面通知审计机关。

第五十条 【被审计单位的刑事责任】被审计单位的财政收支、财务收支违反法律、行政法规的规定,构成犯罪的,依法追究刑事责任。

第五十一条 【报复陷害审计人员责任】报复陷害审计人员的,依法给予处分;构成犯罪的,依法追究刑事责任。

第五十二条 【审计人员渎职】审计人员滥用职权、徇私舞弊、玩忽职守或者泄露所知悉的国家秘密、商业秘密的,依法给予处分;构成犯罪的,依法追究刑事责任。

第七章 附 则

第五十三条 【解放军审计工作】中国人民解放军审计工作的规定,由中央军事委员会根据本法制定。

第五十四条 【施行日期】本法自1995年1月1日起施行。1988年11月30日国务院发布的《中华人民共和国审计条例》同时废止。

中华人民共和国审计法实施条例

1. 1997年10月21日国务院令第231号公布
2. 2010年2月11日国务院令第571号修订
3. 自2010年5月1日起施行

第一章 总 则

第一条 根据《中华人民共和国审计法》(以下简称审计法)的规定,制定本条例。

第二条 审计法所称审计,是指审计机关依法独立检查被审计单位的会计凭证、会计账簿、财务会计报告以及其他与财政收支、财务收支有关的资料和资产,监督财政收支、财务收支真实、合法和效益的行为。

第三条 审计法所称财政收支,是指依照《中华人民共和国预算法》和国家其他有关规定,纳入预算管理的收入和支出,以及下列财政资金中未纳入预算管理的收入和支出:

(一)行政事业性收费;

(二)国有资源、国有资产收入;

(三)应当上缴的国有资本经营收益;

(四)政府举借债务筹措的资金;

(五)其他未纳入预算管理的财政资金。

第四条 审计法所称财务收支,是指国有的金融机构、企业事业组织以及依法应当接受审计机关审计监督的其他单位,按照国家财务会计制度的规定,实行会计核算的各项收入和支出。

第五条 审计机关依照审计法和本条例以及其他有关法律、法规规定的职责、权限和程序进行审计监督。

审计机关依照有关财政收支、财务收支的法律、法规，以及国家有关政策、标准、项目目标等方面的规定进行审计评价，对被审计单位违反国家规定的财政收支、财务收支行为，在法定职权范围内作出处理、处罚的决定。

第六条 任何单位和个人对依法应当接受审计机关审计监督的单位违反国家规定的财政收支、财务收支行为，有权向审计机关举报。审计机关接到举报，应当依法及时处理。

第二章 审计机关和审计人员

第七条 审计署在国务院总理领导下，主管全国的审计工作，履行审计法和国务院规定的职责。

地方各级审计机关在本级人民政府行政首长和上一级审计机关的领导下，负责本行政区域的审计工作，履行法律、法规和本级人民政府规定的职责。

第八条 省、自治区人民政府设有派出机关的，派出机关的审计机关对派出机关和省、自治区人民政府审计机关负责并报告工作，审计业务以省、自治区人民政府审计机关领导为主。

第九条 审计机关派出机构依照法律、法规和审计机关的规定，在审计机关的授权范围内开展审计工作，不受其他行政机关、社会团体和个人的干涉。

第十条 审计机关编制年度经费预算草案的依据主要包括：

（一）法律、法规；

（二）本级人民政府的决定和要求；

（三）审计机关的年度审计工作计划；

（四）定员定额标准；

（五）上一年度经费预算执行情况和本年度的变化因素。

第十一条 审计人员实行审计专业技术资格制度，具体按照国家有关规定执行。

审计机关根据工作需要，可以聘请具有与审计事项相关专业知识的人员参加审计工作。

第十二条 审计人员办理审计事项，有下列情形之一的，应当申请回避，被审计单位也有权申请审计人员回避：

（一）与被审计单位负责人或者有关主管人员有夫妻关系、直系血亲关系、三代以内旁系血亲或者近姻亲关系的；

（二）与被审计单位或者审计事项有经济利益关系的；

（三）与被审计单位、审计事项、被审计单位负责人或者有关主管人员有其他利害关系，可能影响公正执行公务的。

审计人员的回避，由审计机关负责人决定；审计机关负责人办理审计事项时的回避，由本级人民政府或者上一级审计机关负责人决定。

第十三条 地方各级审计机关正职和副职负责人的任免，应当事先征求上一级审计机关的意见。

第十四条 审计机关负责人在任职期间没有下列情形之一的，不得随意撤换：

（一）因犯罪被追究刑事责任的；

（二）因严重违法、失职受到处分，不适宜继续担任审计机关负责人的；

（三）因健康原因不能履行职责1年以上的；

（四）不符合国家规定的其他任职条件的。

第三章 审计机关职责

第十五条 审计机关对本级人民政府财政部门具体组织本级预算执行的情况，本级预算收入征收部门征收预算收入的情况，与本级人民政府财政部门直接发生预算缴款、拨款关系的部门、单位的预算执行情况和决算，下级人民政府的预算执行情况和决算，以及其他财政收支情况，依法进行审计监督。经本级人民政府批准，审计机关对其他取得财政资金的单位和项目接受、运用财政资金的真实、合法和效益情况，依法进行审计监督。

第十六条 审计机关对本级预算收入和支出的执行情况进行审计监督的内容包括：

（一）财政部门按照本级人民代表大会批准的本级预算向本级各部门（含直属单位）批复预算的情况、本级预算执行中调整情况和预算收支变化情况；

（二）预算收入征收部门依照法律、行政法规的规定和国家其他有关规定征收预算收入情况；

（三）财政部门按照批准的年度预算、用款计划，以及规定的预算级次和程序，拨付本级预算支出资金情况；

（四）财政部门依照法律、行政法规的规定和财政管理体制，拨付和管理政府间财政转移支付资金情况以及办理结算、结转情况；

（五）国库按照国家有关规定办理预算收入的收纳、划分、留解情况和预算支出资金的拨付情况；

（六）本级各部门（含直属单位）执行年度预算情况；

（七）依照国家有关规定实行专项管理的预算资金收支情况；

（八）法律、法规规定的其他预算执行情况。

第十七条 审计法第十七条所称审计结果报告，应当包括下列内容：

（一）本级预算执行和其他财政收支的基本情况；

（二）审计机关对本级预算执行和其他财政收支情况作出的审计评价；

（三）本级预算执行和其他财政收支中存在的问题以及审计机关依法采取的措施；

（四）审计机关提出的改进本级预算执行和其他财政收支管理工作的建议；

（五）本级人民政府要求报告的其他情况。

第十八条 审计署对中央银行及其分支机构履行职责所发生的各项财务收支，依法进行审计监督。

审计署向国务院总理提出的中央预算执行和其他财政收支情况审计结果报告,应当包括对中央银行的财务收支的审计情况。

第十九条　审计法第二十一条所称国有资本占控股地位或者主导地位的企业、金融机构,包括:

(一)国有资本占企业、金融机构资本(股本)总额的比例超过50%的;

(二)国有资本占企业、金融机构资本(股本)总额的比例在50%以下,但国有资本投资主体拥有实际控制权的。

审计机关对前款规定的企业、金融机构,除国务院另有规定外,比照审计法第十八条第二款、第二十条规定进行审计监督。

第二十条　审计法第二十二条所称政府投资和以政府投资为主的建设项目,包括:

(一)全部使用预算内投资资金、专项建设基金、政府举借债务筹措的资金等财政资金的;

(二)未全部使用财政资金,财政资金占项目总投资的比例超过50%,或者占项目总投资的比例在50%以下,但政府拥有项目建设、运营实际控制权的。

审计机关对前款规定的建设项目的总预算或者概算的执行情况、年度预算的执行情况和年度决算、单项工程结算、项目竣工决算,依法进行审计监督;对前款规定的建设项目进行审计时,可以对直接有关的设计、施工、供货等单位取得建设项目资金的真实性、合法性进行调查。

第二十一条　审计法第二十三条所称社会保障基金,包括社会保险、社会救助、社会福利基金以及发展社会保障事业的其他专项基金;所称社会捐赠资金,包括来源于境内外的货币、有价证券和实物等各种形式的捐赠。

第二十二条　审计法第二十四条所称国际组织和外国政府援助、贷款项目,包括:

(一)国际组织、外国政府及其机构向中国政府及其机构提供的贷款项目;

(二)国际组织、外国政府及其机构向中国企业事业组织以及其他组织提供的由中国政府及其机构担保的贷款项目;

(三)国际组织、外国政府及其机构向中国政府及其机构提供的援助和赠款项目;

(四)国际组织、外国政府及其机构向受中国政府委托管理有关基金、资金的单位提供的援助和赠款项目;

(五)国际组织、外国政府及其机构提供援助、贷款的其他项目。

第二十三条　审计机关可以依照审计法和本条例规定的审计程序、方法以及国家其他有关规定,对预算管理或者国有资产管理使用等与国家财政收支有关的特定事项,向有关地方、部门、单位进行专项审计调查。

第二十四条　审计机关根据被审计单位的财政、财务隶属关系,确定审计管辖范围;不能根据财政、财务隶属关系确定审计管辖范围的,根据国有资产监督管理关系,确定审计管辖范围。

两个以上国有资本投资主体投资的金融机构、企业事业组织和建设项目,由对主要投资主体有审计管辖权的审计机关进行审计监督。

第二十五条　各级审计机关应当按照确定的审计管辖范围进行审计监督。

第二十六条　依法属于审计机关审计监督对象的单位的内部审计工作,应当接受审计机关的业务指导和监督。

依法属于审计机关审计监督对象的单位,可以根据内部审计工作的需要,参加依法成立的内部审计自律组织。审计机关可以通过内部审计自律组织,加强对内部审计工作的业务指导和监督。

第二十七条　审计机关进行审计或者专项审计调查时,有权对社会审计机构出具的相关审计报告进行核查。

审计机关核查社会审计机构出具的相关审计报告时,发现社会审计机构存在违反法律、法规或者执业准则等情况的,应当移送有关主管机关依法追究责任。

第四章　审计机关权限

第二十八条　审计机关依法进行审计监督时,被审计单位应当依照审计法第三十一条规定,向审计机关提供与财政收支、财务收支有关的资料。被审计单位负责人应当对本单位提供资料的真实性和完整性作出书面承诺。

第二十九条　各级人民政府财政、税务以及其他部门(含直属单位)应当向本级审计机关报送下列资料:

(一)本级人民代表大会批准的本级预算和本级人民政府财政部门向本级各部门(含直属单位)批复的预算,预算收入征收部门的年度收入计划,以及本级各部门(含直属单位)向所属各单位批复的预算;

(二)本级预算收支执行和预算收入征收部门的收入计划完成情况月报、年报,以及决算情况;

(三)综合性财政税务工作统计年报、情况简报,财政、预算、税务、财务和会计等规章制度;

(四)本级各部门(含直属单位)汇总编制的本部门决算草案。

第三十条　审计机关依照审计法第三十三条规定查询被审计单位在金融机构的账户的,应当持县级以上人民政府审计机关负责人签发的协助查询单位账户通知书;查询被审计单位以个人名义在金融机构的存款的,应当持县级以上人民政府审计机关主要负责人签发的协助查询个人存款通知书。有关金融机构应当予以协助,并提供证明材料,审计机关和审计人员负有保密义务。

第三十一条　审计法第三十四条所称违反国家规定取得的资产,包括:

(一)弄虚作假骗取的财政拨款、实物以及金融机构贷款;

（二）违反国家规定享受国家补贴、补助、贴息、免息、减税、免税、退税等优惠政策取得的资产；

（三）违反国家规定向他人收取的款项、有价证券、实物；

（四）违反国家规定处分国有资产取得的收益；

（五）违反国家规定取得的其他资产。

第三十二条 审计机关依照审计法第三十四条规定封存被审计单位有关资料和违反国家规定取得的资产的，应当持县级以上人民政府审计机关负责人签发的封存通知书，并在依法收集与审计事项相关的证明材料或者采取其他措施后解除封存。封存的期限为7日以内；有特殊情况需要延长的，经县级以上人民政府审计机关负责人批准，可以适当延长，但延长的期限不得超过7日。

对封存的资料、资产，审计机关可以指定被审计单位负责保管，被审计单位不得损毁或者擅自转移。

第三十三条 审计机关依照审计法第三十六条规定，可以就有关审计事项向政府有关部门通报或者向社会公布对被审计单位的审计、专项审计调查结果。

审计机关经与有关主管机关协商，可以在向社会公布的审计、专项审计调查结果中，一并公布对社会审计机构相关审计报告核查的结果。

审计机关拟向社会公布对上市公司的审计、专项审计调查结果的，应当在5日前将拟公布的内容告知上市公司。

第五章 审计程序

第三十四条 审计机关应当根据法律、法规和国家其他有关规定，按照本级人民政府和上级审计机关的要求，确定年度审计工作重点，编制年度审计项目计划。

审计机关在年度审计项目计划中确定对国有资本占控股地位或者主导地位的企业、金融机构进行审计的，应当自确定之日起7日内告知列入年度审计项目计划的企业、金融机构。

第三十五条 审计机关应当根据年度审计项目计划，组成审计组，调查了解被审计单位的有关情况，编制审计方案，并在实施审计3日前，向被审计单位送达审计通知书。

第三十六条 审计法第三十八条所称特殊情况，包括：

（一）办理紧急事项的；

（二）被审计单位涉嫌严重违法违规的；

（三）其他特殊情况。

第三十七条 审计人员实施审计时，应当按照下列规定办理：

（一）通过检查、查询、监督盘点、发函询证等方法实施审计；

（二）通过收集原件、原物或者复制、拍照等方法取得证明材料；

（三）对与审计事项有关的会议和谈话内容作出记录，或者要求被审计单位提供会议记录材料；

（四）记录审计实施过程和查证结果。

第三十八条 审计人员向有关单位和个人调查取得的证明材料，应当有提供者的签名或者盖章；不能取得提供者签名或者盖章的，审计人员应当注明原因。

第三十九条 审计组向审计机关提出审计报告前，应当书面征求被审计单位意见。被审计单位应当自接到审计组的审计报告之日起10日内，提出书面意见；10日内未提出书面意见的，视同无异议。

审计组应当针对被审计单位提出的书面意见，进一步核实情况，对审计组的审计报告作必要修改，连同被审计单位的书面意见一并报送审计机关。

第四十条 审计机关有关业务机构和专门机构或者人员对审计组的审计报告以及相关审计事项进行复核、审理后，由审计机关按照下列规定办理：

（一）提出审计机关的审计报告，内容包括：对审计事项的审计评价，对违反国家规定的财政收支、财务收支行为提出的处理、处罚意见，移送有关主管机关、单位的意见，改进财政收支、财务收支管理工作的意见；

（二）对违反国家规定的财政收支、财务收支行为，依法应当给予处理、处罚的，在法定职权范围内作出处理、处罚的审计决定；

（三）对依法应当追究有关人员责任的，向有关主管机关、单位提出给予处分的建议；对依法应当由有关主管机关处理、处罚的，移送有关主管机关；涉嫌犯罪的，移送司法机关。

第四十一条 审计机关在审计中发现损害国家利益和社会公共利益的事项，但处理、处罚依据又不明确的，应当向本级人民政府和上一级审计机关报告。

第四十二条 被审计单位应当按照审计机关规定的期限和要求执行审计决定。对应当上缴的款项，被审计单位应当按照财政管理体制和国家有关规定缴入国库或者财政专户。审计决定需要有关主管机关、单位协助执行的，审计机关应当书面提请协助执行。

第四十三条 上级审计机关应当对下级审计机关的审计业务依法进行监督。

下级审计机关作出的审计决定违反国家有关规定的，上级审计机关可以责成下级审计机关予以变更或者撤销，也可以直接作出变更或者撤销的决定；审计决定被撤销后需要重新作出审计决定的，上级审计机关可以责成下级审计机关在规定的期限内重新作出审计决定，也可以直接作出审计决定。

下级审计机关应当作出而没有作出审计决定的，上级审计机关可以责成下级审计机关在规定的期限内作出审计决定，也可以直接作出审计决定。

第四十四条 审计机关进行专项审计调查时，应当向被调查的地方、部门、单位出示专项审计调查的书面通知，并说明有关情况;有关地方、部门、单位应当接受调查,如实反映情况,提供有关资料。

在专项审计调查中,依法属于审计机关审计监督对象的部门、单位有违反国家规定的财政收支、财务收支行为或者其他违法违规行为的,专项审计调查人员和审计机关可以依照审计法和本条例的规定提出审计报告,作出审计决定,或者移送有关主管机关、单位依法追究责任。

第四十五条 审计机关应当按照国家有关规定建立、健全审计档案制度。

第四十六条 审计机关送达审计文书,可以直接送达,也可以邮寄送达或者以其他方式送达。直接送达的,以被审计单位在送达回证上注明的签收日期或者见证人证明的收件日期为送达日期;邮寄送达的,以邮政回执上注明的收件日期为送达日期;以其他方式送达的,以签收或者收件日期为送达日期。

审计机关的审计文书的种类、内容和格式,由审计署规定。

第六章 法律责任

第四十七条 被审计单位违反审计法和本条例的规定,拒绝、拖延提供与审计事项有关的资料,或者提供的资料不真实、不完整,或者拒绝、阻碍检查的,由审计机关责令改正,可以通报批评,给予警告;拒不改正的,对被审计单位可以处5万元以下的罚款,对直接负责的主管人员和其他直接责任人员,可以处2万元以下的罚款,审计机关认为应当给予处分的,向有关主管机关、单位提出给予处分的建议;构成犯罪的,依法追究刑事责任。

第四十八条 对本级各部门(含直属单位)和下级人民政府违反预算的行为或者其他违反国家规定的财政收支行为,审计机关在法定职权范围内,依照法律、行政法规的规定,区别情况采取审计法第四十五条规定的处理措施。

第四十九条 对被审计单位违反国家规定的财务收支行为,审计机关在法定职权范围内,区别情况采取审计法第四十五条规定的处理措施,可以通报批评,给予警告;有违法所得的,没收违法所得,并处违法所得1倍以上5倍以下的罚款;没有违法所得的,可以处5万元以下的罚款;对直接负责的主管人员和其他直接责任人员,可以处2万元以下的罚款,审计机关认为应当给予处分的,向有关主管机关、单位提出给予处分的建议;构成犯罪的,依法追究刑事责任。

法律、行政法规对被审计单位违反国家规定的财务收支行为处理、处罚另有规定的,从其规定。

第五十条 审计机关在作出较大数额罚款的处罚决定前,应当告知被审计单位和有关人员有要求举行听证的权利。较大数额罚款的具体标准由审计署规定。

第五十一条 审计机关提出的对被审计单位给予处理、处罚的建议以及对直接负责的主管人员和其他直接责任人员给予处分的建议,有关主管机关、单位应当依法及时作出决定,并将结果书面通知审计机关。

第五十二条 被审计单位对审计机关依照审计法第十六条、第十七条和本条例第十五条规定进行审计监督作出的审计决定不服的,可以自审计决定送达之日起60日内,提请审计机关的本级人民政府裁决,本级人民政府的裁决为最终决定。

审计机关应当在审计决定中告知被审计单位提请裁决的途径和期限。

裁决期间,审计决定不停止执行。但是,有下列情形之一的,可以停止执行:

(一)审计机关认为需要停止执行的;

(二)受理裁决的人民政府认为需要停止执行的;

(三)被审计单位申请停止执行,受理裁决的人民政府认为其要求合理,决定停止执行的。

裁决由本级人民政府法制机构办理。裁决决定应当自接到提请之日起60日内作出;有特殊情况需要延长的,经法制机构负责人批准,可以适当延长,并告知审计机关和提请裁决的被审计单位,但延长的期限不得超过30日。

第五十三条 除本条例第五十二条规定的可以提请裁决的审计决定外,被审计单位对审计机关作出的其他审计决定不服的,可以依法申请行政复议或者提起行政诉讼。

审计机关应当在审计决定中告知被审计单位申请行政复议或者提起行政诉讼的途径和期限。

第五十四条 被审计单位应当将审计决定执行情况书面报告审计机关。审计机关应当检查审计决定的执行情况。

被审计单位不执行审计决定的,审计机关应当责令限期执行;逾期仍不执行的,审计机关可以申请人民法院强制执行,建议有关主管机关、单位对直接负责的主管人员和其他直接责任人员给予处分。

第五十五条 审计人员滥用职权、徇私舞弊、玩忽职守,或者泄露所知悉的国家秘密、商业秘密的,依法给予处分;构成犯罪的,依法追究刑事责任。

审计人员违法违纪取得的财物,依法予以追缴、没收或者责令退赔。

第七章 附则

第五十六条 本条例所称以上、以下,包括本数。

本条例第五十二条规定的期间的最后一日是法定节假日的,以节假日后的第一个工作日为期间届满日。审计法和本条例规定的其他期间以工作日计算,不含法定节假日。

第五十七条 实施经济责任审计的规定,另行制定。

第五十八条 本条例自2010年5月1日起施行。

五、行政法编

导读：

根据《中国特色社会主义法律体系》白皮书的描述，行政法是关于行政权的授予、行政权的行使以及对行政权的监督的法律规范，调整的是行政机关与行政管理相对人之间因行政管理活动发生的关系，遵循职权法定、程序法定、公正公开、有效监督等原则，既保障行政机关依法行使职权，又注重保障公民、法人和其他组织的权利。截至 2011 年 8 月底，中国已制定行政法方面的法律 79 部和一大批规范行政权力的行政法规、地方性法规。

中国十分重视对行政机关行使权力的规范，依法加强对行政权力行使的监督，确保行政机关依法正确行使权力。中国制定了行政处罚法，确立了处罚法定、公正公开、过罚相当、处罚与教育相结合等基本原则，规范了行政处罚的设定权，规定了较为完备的行政处罚决定和执行程序，建立了行政处罚听证制度，行政机关在作出对当事人的生产生活可能产生重大影响的行政处罚决定前，赋予当事人要求听证的权利。制定了行政复议法，规定了行政机关内部自我纠正错误的机制，为公民、法人和其他组织合法权益提供救济。依据这部法律，平均每年通过行政复议处理行政争议 8 万多件。制定了行政许可法，规定了行政许可的设定、实施机关和实施程序，规范了行政许可制度，并为减少行政许可，明确了可以设定行政许可的事项，同时规定，在公民、法人或者其他组织能够自主决定、市场竞争机制能够有效调节、行业组织和中介机构能够自律管理、行政机关采用事后监督等其他行政管理方式能够解决的情形下，不设行政许可。为了贯彻落实行政许可法，十届全国人大常委会第十一次会议一次通过 9 个法律修正案，取消 11 项行政许可；国务院先后撤销了中央一级的许可事项 1749 项、改变管理方式 121 项、下放管理层级 46 项。制定了行政强制法，明确了设定和实施行政强制的原则，规范了行政强制的种类、设定权限、实施主体和实施程序，为保证和监督行政机关依法行政，保护公民、法人和其他组织的合法权益，提供了法律依据。

中国重视保护人类赖以生存和持续发展的生态环境，制定了环境保护法，确立了经济建设、社会发展与环境保护协调发展的基本方针，规定了各级政府、一切单位和个人保护环境的权利和义务。为预防建设项目对环境产生不利影响，制定了环境影响评价法。针对特定环境保护对象，制定了水污染防治、海洋环境保护、大气污染防治、环境噪声污染防治、固体废物污染环境防治、放射性污染防治等法律。国务院制定了建设项目环境保护管理条例、危险化学品安全管理条例、排污费征收使用管理条例、危险废物经营许可证管理办法等行政法规。地方人大结合本地区的具体情况，制定了一大批环境保护方面的地方性法规。中国已经建立了国家环境保护标准体系，截至 2010 年底，共颁布 1300 余项国家环境保护标准。中国还不断加强环境领域行政执法，近 5 年来，共依法查处环境违法企业 8 万多家（次），取缔关闭违法排污企业 7293 家。

中国还制定了教育法、义务教育法、高等教育法、职业教育法、教师法和幼儿园管理条例、教师资格条例、中外合作办学条例等法律法规，建立健全了国民教育制度；制定了药品管理法、母婴保健法、献血法、传染病防治法、体育法、国境卫生检疫法、食品安全法和医疗器械监督管理条例、中医药条例、反兴奋剂条例等法律法规，建立健全了保障公民身体健康、生命安全的医药卫生制度；制定了居民身份证法、公民出境入境管理法、枪支管理法、消防法、禁毒法、治安管理处罚法、突发事件应对法和看守所条例、大型群众性活动安全管理条例、烟花爆竹安全管理条例等法律法规，建立健全了维护社会秩序和稳定、促进社会和谐、保障公共安全的制度；制定了公务员法、人民警察法、驻外外交人员法和行政机关公务员处分条例等法律法规，建立健全了国家公务员制度；制定了国防动员法、军事设施保护法、人民防空法、兵役法、国防教育法和征兵工作条例、民兵工作条例等法律法规，建立健全了国防和军队建设制度；制定了科学技术进步法、科学技术普及法、文物保护法、非物质文化遗产法和古生物化石保护条例、长城保护条例、电影管理条例等法律法规，建立健全了促进科技进步、保护和繁荣文化的制度。

1. 总类

中华人民共和国行政处罚法

1. 1996 年 3 月 17 日第八届全国人民代表大会第四次会议通过
2. 根据 2009 年 8 月 27 日第十一届全国人民代表大会常务委员会第十次会议《关于修改部分法律的决定》第一次修正
3. 根据 2017 年 9 月 1 日第十二届全国人民代表大会常务委员会第二十九次会议《关于修改〈中华人民共和国法官法〉等八部法律的决定》第二次修正

目　录

第一章　总　　则

第一条　【立法目的】为了规范行政处罚的设定和实施，保障和监督行政机关有效实施行政管理，维护公共利益和社会秩序，保护公民、法人或者其他组织的合法权益，根据宪法，制定本法。

第二条　【适用范围】行政处罚的设定和实施，适用本法。

第三条　【适用对象】公民、法人或者其他组织违反行政管理秩序的行为，应当给予行政处罚的，依照本法由法律、法规或者规章规定，并由行政机关依照本法规定的程序实施。

没有法定依据或者不遵守法定程序的，行政处罚无效。

第四条　【适用原则】行政处罚遵循公正、公开的原则。

设定和实施行政处罚必须以事实为依据，与违法行为的事实、性质、情节以及社会危害程度相当。

对违法行为给予行政处罚的规定必须公布；未经公布的，不得作为行政处罚的依据。

第五条　【适用目的】实施行政处罚，纠正违法行为，应当坚持处罚与教育相结合，教育公民、法人或者其他组织自觉守法。

第六条　【被处罚者权利】公民、法人或者其他组织对行政机关所给予的行政处罚，享有陈述权、申辩权；对行政处罚不服的，有权依法申请行政复议或者提起行政诉讼。

公民、法人或者其他组织因行政机关违法给予行政处罚受到损害的，有权依法提出赔偿要求。

第七条　【被处罚者承担的其他法律责任】公民、法人或者其他组织因违法受到行政处罚，其违法行为对他人造成损害的，应当依法承担民事责任。

违法行为构成犯罪，应当依法追究刑事责任，不得以行政处罚代替刑事处罚。

第二章　行政处罚的种类和设定

第八条　【处罚的种类】行政处罚的种类：

（一）警告；
（二）罚款；
（三）没收违法所得、没收非法财物；
（四）责令停产停业；
（五）暂扣或者吊销许可证、暂扣或者吊销执照；
（六）行政拘留；
（七）法律、行政法规规定的其他行政处罚。

第九条　【法律对处罚种类的设定】法律可以设定各种行政处罚。

限制人身自由的行政处罚，只能由法律设定。

第十条　【行政法规对处罚种类的设定】行政法规可以设定除限制人身自由以外的行政处罚。

法律对违法行为已经作出行政处罚规定，行政法规需要作出具体规定的，必须在法律规定的给予行政处罚的行为、种类和幅度的范围内规定。

第十一条　【地方性法规对处罚种类的设定】地方性法规可以设定除限制人身自由、吊销企业营业执照以外的行政处罚。

法律、行政法规对违法行为已经作出行政处罚规定，地方性法规需要作出具体规定的，必须在法律、行政法规规定的给予行政处罚的行为、种类和幅度的范围内规定。

第十二条　【国务院部、委的规章对处罚的设定】国务院部、委员会制定的规章可以在法律、行政法规规定的给予行政处罚的行为、种类和幅度的范围内作出具体规定。

尚未制定法律、行政法规的，前款规定的国务院部、委员会制定的规章对违反行政管理秩序的行为，可以设定警告或者一定数量罚款的行政处罚。罚款的限额由国务院规定。

国务院可以授权具有行政处罚权的直属机构依照本条第一款、第二款的规定，规定行政处罚。

第十三条　【省、自治区人民政府及有权的市的规章对处罚的设定】省、自治区、直辖市人民政府和省、自治区人民政府所在地的市人民政府以及经国务院批准的较大的市人民政府制定的规章可以在法律、法规规定的给予行政处罚的行为、种类和幅度的范围内作出具体规定。

尚未制定法律、法规的,前款规定的人民政府制定的规章对违反行政管理秩序的行为,可以设定警告或者一定数量罚款的行政处罚。罚款的限额由省、自治区、直辖市人民代表大会常务委员会规定。

第十四条 【其他规范性文件不得设定行政处罚】除本法第九条、第十条、第十一条、第十二条以及第十三条的规定外,其他规范性文件不得设定行政处罚。

第三章 行政处罚的实施机关

第十五条 【处罚的实施】行政处罚由具有行政处罚权的行政机关在法定职权范围内实施。

第十六条 【处罚的权限】国务院或者经国务院授权的省、自治区、直辖市人民政府可以决定一个行政机关行使有关行政机关的行政处罚权,但限制人身自由的行政处罚权只能由公安机关行使。

第十七条 【授权实施处罚】法律、法规授权的具有管理公共事务职能的组织可以在法定授权范围内实施行政处罚。

第十八条 【委托实施处罚】行政机关依照法律、法规或者规章的规定,可以在其法定权限内委托符合本法第十九条规定条件的组织实施行政处罚。行政机关不得委托其他组织或者个人实施行政处罚。

委托行政机关对受委托的组织实施行政处罚的行为应当负责监督,并对该行为的后果承担法律责任。

受委托组织在委托范围内,以委托行政机关名义实施行政处罚;不得再委托其他任何组织或者个人实施行政处罚。

第十九条 【受托组织的条件】受委托组织必须符合以下条件:

(一)依法成立的管理公共事务的事业组织;

(二)具有熟悉有关法律、法规、规章和业务的工作人员;

(三)对违法行为需要进行技术检查或者技术鉴定的,应当有条件组织进行相应的技术检查或者技术鉴定。

第四章 行政处罚的管辖和适用

第二十条 【处罚的管辖】行政处罚由违法行为发生地的县级以上地方人民政府具有行政处罚权的行政机关管辖。法律、行政法规另有规定的除外。

第二十一条 【指定管辖】对管辖发生争议的,报请共同的上一级行政机关指定管辖。

第二十二条 【构成犯罪案件的移送】违法行为构成犯罪的,行政机关必须将案件移送司法机关,依法追究刑事责任。

第二十三条 【改正违法行为】行政机关实施行政处罚时,应当责令当事人改正或者限期改正违法行为。

第二十四条 【同一行为不得重复处罚】对当事人的同一个违法行为,不得给予两次以上罚款的行政处罚。

第二十五条 【未成年人处罚的限制】不满十四周岁的人有违法行为的,不予行政处罚,责令监护人加以管教;已满十四周岁不满十八周岁的人有违法行为的,从轻或者减轻行政处罚。

第二十六条 【精神病人处罚的限制】精神病人在不能辨认或者不能控制自己行为时有违法行为的,不予行政处罚,但应当责令其监护人严加看管和治疗。间歇性精神病人在精神正常时有违法行为的,应当给予行政处罚。

第二十七条 【从轻、减轻处罚的条件】当事人有下列情形之一的,应当依法从轻或者减轻行政处罚:

(一)主动消除或者减轻违法行为危害后果的;

(二)受他人胁迫有违法行为的;

(三)配合行政机关查处违法行为有立功表现的;

(四)其他依法从轻或者减轻行政处罚的。

违法行为轻微并及时纠正,没有造成危害后果的,不予行政处罚。

第二十八条 【刑罚的折抵】违法行为构成犯罪,人民法院判处拘役或者有期徒刑时,行政机关已经给予当事人行政拘留的,应当依法折抵相应刑期。

违法行为构成犯罪,人民法院判处罚金时,行政机关已经给予当事人罚款的,应当折抵相应罚金。

第二十九条 【处罚的时效】违法行为在二年内未被发现的,不再给予行政处罚。法律另有规定的除外。

前款规定的期限,从违法行为发生之日起计算;违法行为有连续或者继续状态的,从行为终了之日起计算。

第五章 行政处罚的决定

第三十条 【处罚的条件】公民、法人或者其他组织违反行政管理秩序的行为,依法应当给予行政处罚的,行政机关必须查明事实;违法事实不清的,不得给予行政处罚。

第三十一条 【告知义务】行政机关在作出行政处罚决定之前,应当告知当事人作出行政处罚决定的事实、理由及依据,并告知当事人依法享有的权利。

第三十二条 【当事人的申辩、陈述权】当事人有权进行陈述和申辩。行政机关必须充分听取当事人的意见,对当事人提出的事实、理由和证据,应当进行复核;当事人提出的事实、理由或者证据成立的,行政机关应当采纳。

行政机关不得因当事人申辩而加重处罚。

第一节 简易程序

第三十三条 【当场处罚】违法事实确凿并有法定依据,对公民处以五十元以下、对法人或者其他组织处以一千元以下罚款或者警告的行政处罚的,可以当场作出行政处罚决定。当事人应当依照本法第四十六条、第四十七条、第四十八条的规定履行行政处罚决定。

第三十四条 【当场处罚的行政处罚决定书】执法人员当场作出行政处罚决定的,应当向当事人出示执法身份证件,填写预定格式、编有号码的行政处罚决定书。行政处罚决定书应当当场交付当事人。

前款规定的行政处罚决定书应当载明当事人的违法行为、行政处罚依据、罚款数额、时间、地点以及行政机关名称，并由执法人员签名或者盖章。

执法人员当场作出的行政处罚决定，必须报所属行政机关备案。

第三十五条 【不服处罚提起的复议或诉讼】当事人对当场作出的行政处罚决定不服的，可以依法申请行政复议或者提起行政诉讼。

第二节 一般程序

第三十六条 【取证】除本法第三十三条规定的可以当场作出的行政处罚外，行政机关发现公民、法人或者其他组织有依法应当给予行政处罚的行为的，必须全面、客观、公正地调查，收集有关证据；必要时，依照法律、法规的规定，可以进行检查。

第三十七条 【证据的收集】行政机关在调查或者进行检查时，执法人员不得少于两人，并应当向当事人或者有关人员出示证件。当事人或者有关人员应当如实回答询问，并协助调查或者检查，不得阻挠。询问或者检查应当制作笔录。

行政机关在收集证据时，可以采取抽样取证的方法；在证据可能灭失或者以后难以取得的情况下，经行政机关负责人批准，可以先行登记保存，并应当在七日内及时作出处理决定，在此期间，当事人或者有关人员不得销毁或者转移证据。

执法人员与当事人有直接利害关系的，应当回避。

第三十八条 【处罚决定】调查终结，行政机关负责人应当对调查结果进行审查，根据不同情况，分别作出如下决定：

（一）确有应受行政处罚的违法行为的，根据情节轻重及具体情况，作出行政处罚决定；

（二）违法行为轻微，依法可以不予行政处罚的，不予行政处罚；

（三）违法事实不能成立的，不得给予行政处罚；

（四）违法行为已构成犯罪的，移送司法机关。

对情节复杂或者重大违法行为给予较重的行政处罚，行政机关的负责人应当集体讨论决定。

在行政机关负责人作出决定之前，应当由从事行政处罚决定审核的人员进行审核。行政机关中初次从事行政处罚决定审核的人员，应当通过国家统一法律职业资格考试取得法律职业资格。

第三十九条 【处罚决定书的内容】行政机关依照本法第三十八条的规定给予行政处罚，应当制作行政处罚决定书。行政处罚决定书应当载明下列事项：

（一）当事人的姓名或者名称、地址；

（二）违反法律、法规或者规章的事实和证据；

（三）行政处罚的种类和依据；

（四）行政处罚的履行方式和期限；

（五）不服行政处罚决定，申请行政复议或者提起行政诉讼的途径和期限；

（六）作出行政处罚决定的行政机关名称和作出决定的日期。

行政处罚决定书必须盖有作出行政处罚决定的行政机关的印章。

第四十条 【送达】行政处罚决定书应当在宣告后当场交付当事人；当事人不在场的，行政机关应当在七日内依照民事诉讼法的有关规定，将行政处罚决定书送达当事人。

第四十一条 【处罚决定不成立的条件】行政机关及其执法人员在作出行政处罚决定之前，不依照本法第三十一条、第三十二条的规定向当事人告知给予行政处罚的事实、理由和依据，或者拒绝听取当事人的陈述、申辩，行政处罚决定不能成立；当事人放弃陈述或者申辩权利的除外。

第三节 听证程序

第四十二条 【听证范围及程序】行政机关作出责令停产停业、吊销许可证或者执照、较大数额罚款等行政处罚决定之前，应当告知当事人有要求举行听证的权利；当事人要求听证的，行政机关应当组织听证。当事人不承担行政机关组织听证的费用。听证依照以下程序组织：

（一）当事人要求听证的，应当在行政机关告知后三日内提出；

（二）行政机关应当在听证的七日前，通知当事人举行听证的时间、地点；

（三）除涉及国家秘密、商业秘密或者个人隐私外，听证公开举行；

（四）听证由行政机关指定的非本案调查人员主持；当事人认为主持人与本案有直接利害关系的，有权申请回避；

（五）当事人可以亲自参加听证，也可以委托一至二人代理；

（六）举行听证时，调查人员提出当事人违法的事实、证据和行政处罚建议；当事人进行申辩和质证；

（七）听证应当制作笔录；笔录应当交当事人审核无误后签字或者盖章。

当事人对限制人身自由的行政处罚有异议的，依照治安管理处罚法有关规定执行。

第四十三条 【听证之后的处罚】听证结束后，行政机关依照本法第三十八条的规定，作出决定。

第六章 行政处罚的执行

第四十四条 【当事人有履行处罚的义务】行政处罚决定依法作出后，当事人应当在行政处罚决定的期限内，予以履行。

第四十五条 【申请复议、提起诉讼不中止处罚的执行】当事人对行政处罚决定不服申请行政复议或者提起行政诉讼的，行政处罚不停止执行，法律另有规定的除外。

第四十六条 【罚缴分离原则】作出罚款决定的行政机关应

当与收缴罚款的机构分离。

除依照本法第四十七条、第四十八条的规定当场收缴的罚款外,作出行政处罚决定的行政机关及其执法人员不得自行收缴罚款。

当事人应当自收到行政处罚决定书之日起十五日内,到指定的银行缴纳罚款。银行应当收受罚款,并将罚款直接上缴国库。

第四十七条　【当场收缴罚款的情形】依照本法第三十三条的规定当场作出行政处罚决定,有下列情形之一的,执法人员可以当场收缴罚款:

(一)依法给予二十元以下的罚款的;

(二)不当场收缴事后难以执行的。

第四十八条　【边远地区当场收缴罚款】在边远、水上、交通不便地区,行政机关及其执法人员依照本法第三十三条、第三十八条的规定作出罚款决定后,当事人向指定的银行缴纳罚款确有困难,经当事人提出,行政机关及其执法人员可以当场收缴罚款。

第四十九条　【罚款收据】行政机关及其执法人员当场收缴罚款的,必须向当事人出具省、自治区、直辖市财政部门统一制发的罚款收据;不出具财政部门统一制发的罚款收据的,当事人有权拒绝缴纳罚款。

第五十条　【罚款交纳期】执法人员当场收缴的罚款,应当自收缴罚款之日起二日内,交至行政机关;在水上当场收缴的罚款,应当自抵岸之日起二日内交至行政机关;行政机关应当在二日内将罚款缴付指定的银行。

第五十一条　【执行措施】当事人逾期不履行行政处罚决定的,作出行政处罚决定的行政机关可以采取下列措施:

(一)到期不缴纳罚款的,每日按罚款数额的百分之三加处罚款;

(二)根据法律规定,将查封、扣押的财物拍卖或者将冻结的存款划拨抵缴罚款;

(三)申请人民法院强制执行。

第五十二条　【分期缴纳罚款】当事人确有经济困难,需要延期或者分期缴纳罚款的,经当事人申请和行政机关批准,可以暂缓或者分期缴纳。

第五十三条　【没收的非法财物的处理】除依法应当予以销毁的物品外,依法没收的非法财物必须按照国家规定公开拍卖或者按照国家有关规定处理。

罚款、没收违法所得或者没收非法财物拍卖的款项,必须全部上缴国库,任何行政机关或者个人不得以任何形式截留、私分或者变相私分;财政部门不得以任何形式向作出行政处罚决定的行政机关返还罚款、没收的违法所得或者返还没收非法财物的拍卖款项。

第五十四条　【监督检查】行政机关应当建立健全对行政处罚的监督制度。县级以上人民政府应当加强对行政处罚的监督检查。

公民、法人或者其他组织对行政机关作出的行政处罚,有权申诉或者检举;行政机关应当认真审查,发现行政处罚有错误的,应当主动改正。

第七章　法律责任

第五十五条　【上级行政机关的监督】行政机关实施行政处罚,有下列情形之一的,由上级行政机关或者有关部门责令改正,可以对直接负责的主管人员和其他直接责任人员依法给予行政处分:

(一)没有法定的行政处罚依据的;

(二)擅自改变行政处罚种类、幅度的;

(三)违反法定的行政处罚程序的;

(四)违反本法第十八条关于委托处罚的规定的。

第五十六条　【当事人的拒绝处罚权及检举权】行政机关对当事人进行处罚不使用罚款、没收财物单据或者使用非法定部门制发的罚款、没收财物单据的,当事人有权拒绝处罚,并有权予以检举。上级行政机关或者有关部门对使用的非法单据予以收缴销毁,对直接负责的主管人员和其他直接责任人员依法给予行政处分。

第五十七条　【自行收缴罚款的处理】行政机关违反本法第四十六条的规定自行收缴罚款的,财政部门违反本法第五十三条的规定向行政机关返还罚款或者拍卖款项的,由上级行政机关或者有关部门责令改正,对直接负责的主管人员和其他直接责任人员依法给予行政处分。

第五十八条　【私分罚没财物的处理】行政机关将罚款、没收的违法所得或者财物截留、私分或者变相私分的,由财政部门或者有关部门予以追缴,对直接负责的主管人员和其他直接责任人员依法给予行政处分;情节严重构成犯罪的,依法追究刑事责任。

执法人员利用职务上的便利,索取或者收受他人财物、收缴罚款据为己有,构成犯罪的,依法追究刑事责任;情节轻微不构成犯罪的,依法给予行政处分。

第五十九条　【行政机关的赔偿责任及对有关人员的处理】行政机关使用或者损毁扣押的财物,对当事人造成损失的,应当依法予以赔偿,对直接负责的主管人员和其他直接责任人员依法给予行政处分。

第六十条　【违法实行检查或执行措施的赔偿责任】行政机关违法实行检查措施或者执行措施,给公民人身或者财产造成损害、给法人或者其他组织造成损失的,应当依法予以赔偿,对直接负责的主管人员和其他直接责任人员依法给予行政处分;情节严重构成犯罪的,依法追究刑事责任。

第六十一条　【对拒不移交罪犯的有关人员的处理】行政机关为牟取本单位私利,对应当依法移交司法机关追究刑事责任的不移交,以行政处罚代替刑罚,由上级行政机关或者有关部门责令纠正;拒不纠正的,对直接负责的主管人员给予行政处分;徇私舞弊、包庇纵容违法行为的,依照刑法有关规定追究刑事责任。

第六十二条　【执法人员失职承担的责任】执法人员玩忽职

守，对应当予以制止和处罚的违法行为不予制止、处罚，致使公民、法人或者其他组织的合法权益、公共利益和社会秩序遭受损害的，对直接负责的主管人员和其他直接责任人员依法给予行政处分；情节严重构成犯罪的，依法追究刑事责任。

第八章 附 则

第六十三条 【国务院制定罚缴分离办法】本法第四十六条罚款决定与罚款收缴分离的规定，由国务院制定具体实施办法。

第六十四条 【生效日期】本法自1996年10月1日起施行。

本法公布前制定的法规和规章关于行政处罚的规定与本法不符合的，应当自本法公布之日起，依照本法规定予以修订，在1997年12月31日前修订完毕。

中华人民共和国行政强制法

1. 2011年6月30日第十一届全国人民代表大会常务委员会第二十一次会议通过
2. 2011年6月30日中华人民共和国主席令第49号公布
3. 自2012年1月1日起施行

目 录

第一章 总 则

第一条 【立法目的】为了规范行政强制的设定和实施，保障和监督行政机关依法履行职责，维护公共利益和社会秩序，保护公民、法人和其他组织的合法权益，根据宪法，制定本法。

第二条 【行政强制】本法所称行政强制，包括行政强制措施和行政强制执行。

行政强制措施，是指行政机关在行政管理过程中，为制止违法行为、防止证据损毁、避免危害发生、控制危险扩大等情形，依法对公民的人身自由实施暂时性限制，或者对公民、法人或者其他组织的财物实施暂时性控制的行为。

行政强制执行，是指行政机关或者行政机关申请人民法院，对不履行行政决定的公民、法人或者其他组织，依法强制履行义务的行为。

第三条 【适用范围】行政强制的设定和实施，适用本法。

发生或者即将发生自然灾害、事故灾难、公共卫生事件或者社会安全事件等突发事件，行政机关采取应急措施或者临时措施，依照有关法律、行政法规的规定执行。

行政机关采取金融业审慎监管措施、进出境货物强制性技术监控措施，依照有关法律、行政法规的规定执行。

第四条 【合法性原则】行政强制的设定和实施，应当依照法定的权限、范围、条件和程序。

第五条 【适当性原则】行政强制的设定和实施，应当适当。采用非强制手段可以达到行政管理目的的，不得设定和实施行政强制。

第六条 【教育与强制相结合原则】实施行政强制，应当坚持教育与强制相结合。

第七条 【不得利用行政强制权谋取利益】行政机关及其工作人员不得利用行政强制权为单位或者个人谋取利益。

第八条 【正当程序和权利救济】公民、法人或者其他组织对行政机关实施行政强制，享有陈述权、申辩权；有权依法申请行政复议或者提起行政诉讼；因行政机关违法实施行政强制受到损害的，有权依法要求赔偿。

公民、法人或者其他组织因人民法院在强制执行中有违法行为或者扩大强制执行范围受到损害的，有权依法要求赔偿。

第二章 行政强制的种类和设定

第九条 【行政强制措施的种类】行政强制措施的种类：

（一）限制公民人身自由；
（二）查封场所、设施或者财物；
（三）扣押财物；
（四）冻结存款、汇款；
（五）其他行政强制措施。

第十条 【行政强制措施的设定权】行政强制措施由法律设定。

尚未制定法律，且属于国务院行政管理职权事项的，行政法规可以设定除本法第九条第一项、第四项和应当由法律规定的行政强制措施以外的其他行政强制措施。

尚未制定法律、行政法规，且属于地方性事务的，地方性法规可以设定本法第九条第二项、第三项的行政强制措施。

法律、法规以外的其他规范性文件不得设定行政强制措施。

第十一条 【行政法规、地方性法规的规定权】法律对行政强制措施的对象、条件、种类作了规定的，行政法规、地方性法规不得作出扩大规定。

法律中未设定行政强制措施的,行政法规、地方性法规不得设定行政强制措施。但是,法律规定特定事项由行政法规规定具体管理措施的,行政法规可以设定除本法第九条第一项、第四项和应当由法律规定的行政强制措施以外的其他行政强制措施。

第十二条 【行政强制执行的方式】行政强制执行的方式:

(一)加处罚款或者滞纳金;

(二)划拨存款、汇款;

(三)拍卖或者依法处理查封、扣押的场所、设施或者财物;

(四)排除妨碍、恢复原状;

(五)代履行;

(六)其他强制执行方式。

第十三条 【行政强制执行的设定权】行政强制执行由法律设定。

法律没有规定行政机关强制执行的,作出行政决定的行政机关应当申请人民法院强制执行。

第十四条 【设定行政强制应听取意见和说明必要性】起草法律草案、法规草案,拟设定行政强制的,起草单位应当采取听证会、论证会等形式听取意见,并向制定机关说明设定该行政强制的必要性、可能产生的影响以及听取和采纳意见的情况。

第十五条 【已设定行政强制的评价】行政强制的设定机关应当定期对其设定的行政强制进行评价,并对不适当的行政强制及时予以修改或者废止。

行政强制的实施机关可以对已设定的行政强制的实施情况及存在的必要性适时进行评价,并将意见报告该行政强制的设定机关。

公民、法人或者其他组织可以向行政强制的设定机关和实施机关就行政强制的设定和实施提出意见和建议。有关机关应当认真研究论证,并以适当方式予以反馈。

第三章 行政强制措施实施程序

第一节 一般规定

第十六条 【实施行政强制措施的条件】行政机关履行行政管理职责,依照法律、法规的规定,实施行政强制措施。

违法行为情节显著轻微或者没有明显社会危害的,可以不采取行政强制措施。

第十七条 【实施主体】行政强制措施由法律、法规规定的行政机关在法定职权范围内实施。行政强制措施权不得委托。

依据《中华人民共和国行政处罚法》的规定行使相对集中行政处罚权的行政机关,可以实施法律、法规规定的与行政处罚权有关的行政强制措施。

行政强制措施应当由行政机关具备资格的行政执法人员实施,其他人员不得实施。

第十八条 【一般实施程序】行政机关实施行政强制措施应当遵守下列规定:

(一)实施前须向行政机关负责人报告并经批准;

(二)由两名以上行政执法人员实施;

(三)出示执法身份证件;

(四)通知当事人到场;

(五)当场告知当事人采取行政强制措施的理由、依据以及当事人依法享有的权利、救济途径;

(六)听取当事人的陈述和申辩;

(七)制作现场笔录;

(八)现场笔录由当事人和行政执法人员签名或者盖章,当事人拒绝的,在笔录中予以注明;

(九)当事人不到场的,邀请见证人到场,由见证人和行政执法人员在现场笔录上签名或者盖章;

(十)法律、法规规定的其他程序。

第十九条 【即时强制】情况紧急,需要当场实施行政强制措施的,行政执法人员应当在二十四小时内向行政机关负责人报告,并补办批准手续。行政机关负责人认为不应当采取行政强制措施的,应当立即解除。

第二十条 【限制人身自由的程序】依照法律规定实施限制公民人身自由的行政强制措施,除应当履行本法第十八条规定的程序外,还应当遵守下列规定:

(一)当场告知或者实施行政强制措施后立即通知当事人家属实施行政强制措施的行政机关、地点和期限;

(二)在紧急情况下当场实施行政强制措施的,在返回行政机关后,立即向行政机关负责人报告并补办批准手续;

(三)法律规定的其他程序。

实施限制人身自由的行政强制措施不得超过法定期限。实施行政强制措施的目的已经达到或者条件已经消失,应当立即解除。

第二十一条 【涉嫌犯罪应当移送司法机关】违法行为涉嫌犯罪应当移送司法机关的,行政机关应当将查封、扣押、冻结的财物一并移送,并书面告知当事人。

第二节 查封、扣押

第二十二条 【查封、扣押的实施主体】查封、扣押应当由法律、法规规定的行政机关实施,其他任何行政机关或者组织不得实施。

第二十三条 【查封、扣押的对象】查封、扣押限于涉案的场所、设施或者财物,不得查封、扣押与违法行为无关的场所、设施或者财物;不得查封、扣押公民个人及其所扶养家属的生活必需品。

当事人的场所、设施或者财物已被其他国家机关依法查封的,不得重复查封。

第二十四条 【查封、扣押实施程序】行政机关决定实施查封、扣押的,应当履行本法第十八条规定的程序,制作并当场交付查封、扣押决定书和清单。

查封、扣押决定书应当载明下列事项：

(一)当事人的姓名或者名称、地址；

(二)查封、扣押的理由、依据和期限；

(三)查封、扣押场所、设施或者财物的名称、数量等；

(四)申请行政复议或者提起行政诉讼的途径和期限；

(五)行政机关的名称、印章和日期。

查封、扣押清单一式二份，由当事人和行政机关分别保存。

第二十五条　【查封、扣押的期限和检测费用的承担】查封、扣押的期限不得超过三十日；情况复杂的，经行政机关负责人批准，可以延长，但是延长期限不得超过三十日。法律、行政法规另有规定的除外。

延长查封、扣押的决定应当及时书面告知当事人，并说明理由。

对物品需要进行检测、检验、检疫或者技术鉴定的，查封、扣押的期间不包括检测、检验、检疫或者技术鉴定的期间。检测、检验、检疫或者技术鉴定的期间应当明确，并书面告知当事人。检测、检验、检疫或者技术鉴定的费用由行政机关承担。

第二十六条　【查封、扣押财物的保管】对查封、扣押的场所、设施或者财物，行政机关应当妥善保管，不得使用或者损毁；造成损失的，应当承担赔偿责任。

对查封的场所、设施或者财物，行政机关可以委托第三人保管，第三人不得损毁或者擅自转移、处置。因第三人的原因造成的损失，行政机关先行赔付后，有权向第三人追偿。

因查封、扣押发生的保管费用由行政机关承担。

第二十七条　【查封、扣押财物的处理】行政机关采取查封、扣押措施后，应当及时查清事实，在本法第二十五条规定的期限内作出处理决定。对违法事实清楚，依法应当没收的非法财物予以没收；法律、行政法规规定应当销毁的，依法销毁；应当解除查封、扣押的，作出解除查封、扣押的决定。

第二十八条　【查封、扣押的解除】有下列情形之一的，行政机关应当及时作出解除查封、扣押决定：

(一)当事人没有违法行为；

(二)查封、扣押的场所、设施或者财物与违法行为无关；

(三)行政机关对违法行为已经作出处理决定，不再需要查封、扣押；

(四)查封、扣押期限已经届满；

(五)其他不再需要采取查封、扣押措施的情形。

解除查封、扣押应当立即退还财物；已将鲜活物品或者其他不易保管的财物拍卖或者变卖的，退还拍卖或者变卖所得款项。变卖价格明显低于市场价格，给当事人造成损失的，应当给予补偿。

第三节　冻　结

第二十九条　【冻结的实施主体与数额】冻结存款、汇款应当由法律规定的行政机关实施，不得委托给其他行政机关或者组织；其他任何行政机关或者组织不得冻结存款、汇款。

冻结存款、汇款的数额应当与违法行为涉及的金额相当；已被其他国家机关依法冻结的，不得重复冻结。

第三十条　【冻结的程序】行政机关依照法律规定决定实施冻结存款、汇款的，应当履行本法第十八条第一项、第二项、第三项、第七项规定的程序，并向金融机构交付冻结通知书。

金融机构接到行政机关依法作出的冻结通知书后，应当立即予以冻结，不得拖延，不得在冻结前向当事人泄露信息。

法律规定以外的行政机关或者组织要求冻结当事人存款、汇款的，金融机构应当拒绝。

第三十一条　【冻结决定书的内容和交付期限】依照法律规定冻结存款、汇款的，作出决定的行政机关应当在三日内向当事人交付冻结决定书。冻结决定书应当载明下列事项：

(一)当事人的姓名或者名称、地址；

(二)冻结的理由、依据和期限；

(三)冻结的账号和数额；

(四)申请行政复议或者提起行政诉讼的途径和期限；

(五)行政机关的名称、印章和日期。

第三十二条　【冻结的期限与延长】自冻结存款、汇款之日起三十日内，行政机关应当作出处理决定或者作出解除冻结决定；情况复杂的，经行政机关负责人批准，可以延长，但是延长期限不得超过三十日。法律另有规定的除外。

延长冻结的决定应当及时书面告知当事人，并说明理由。

第三十三条　【冻结的解除】有下列情形之一的，行政机关应当及时作出解除冻结决定：

(一)当事人没有违法行为；

(二)冻结的存款、汇款与违法行为无关；

(三)行政机关对违法行为已经作出处理决定，不再需要冻结；

(四)冻结期限已经届满；

(五)其他不再需要采取冻结措施的情形。

行政机关作出解除冻结决定的，应当及时通知金融机构和当事人。金融机构接到通知后，应当立即解除冻结。

行政机关逾期未作出处理决定或者解除冻结决定的，金融机构应当自冻结期满之日起解除冻结。

第四章　行政机关强制执行程序

第一节　一般规定

第三十四条　【行政机关强制执行】行政机关依法作出行政决定后，当事人在行政机关决定的期限内不履行义务的，具有行政强制执行权的行政机关依照本章规定强制执行。

第三十五条 【催告程序】行政机关作出强制执行决定前,应当事先催告当事人履行义务。催告应当以书面形式作出,并载明下列事项:

(一)履行义务的期限;

(二)履行义务的方式;

(三)涉及金钱给付的,应当有明确的金额和给付方式;

(四)当事人依法享有的陈述权和申辩权。

第三十六条 【当事人的陈述权、申辩权】当事人收到催告书后有权进行陈述和申辩。行政机关应当充分听取当事人的意见,对当事人提出的事实、理由和证据,应当进行记录、复核。当事人提出的事实、理由或者证据成立的,行政机关应当采纳。

第三十七条 【强制执行决定书】经催告,当事人逾期仍不履行行政决定,且无正当理由的,行政机关可以作出强制执行决定。

强制执行决定应当以书面形式作出,并载明下列事项:

(一)当事人的姓名或者名称、地址;

(二)强制执行的理由和依据;

(三)强制执行的方式和时间;

(四)申请行政复议或者提起行政诉讼的途径和期限;

(五)行政机关的名称、印章和日期。

在催告期间,对有证据证明有转移或者隐匿财物迹象的,行政机关可以作出立即强制执行决定。

第三十八条 【催告书、强制执行决定书的送达】催告书、行政强制执行决定书应当直接送达当事人。当事人拒绝接收或者无法直接送达当事人的,应当依照《中华人民共和国民事诉讼法》的有关规定送达。

第三十九条 【中止执行】有下列情形之一的,中止执行:

(一)当事人履行行政决定确有困难或者暂无履行能力的;

(二)第三人对执行标的主张权利,确有理由的;

(三)执行可能造成难以弥补的损失,且中止执行不损害公共利益的;

(四)行政机关认为需要中止执行的其他情形。

中止执行的情形消失后,行政机关应当恢复执行。对没有明显社会危害,当事人确无能力履行,中止执行满三年未恢复执行的,行政机关不再执行。

第四十条 【终结执行】有下列情形之一的,终结执行:

(一)公民死亡,无遗产可供执行,又无义务承受人的;

(二)法人或者其他组织终止,无财产可供执行,又无义务承受人的;

(三)执行标的灭失的;

(四)据以执行的行政决定被撤销的;

(五)行政机关认为需要终结执行的其他情形。

第四十一条 【执行回转】在执行中或者执行完毕后,据以执行的行政决定被撤销、变更,或者执行错误的,应当恢复原状或者退还财物;不能恢复原状或者退还财物的,依法给予赔偿。

第四十二条 【执行和解】实施行政强制执行,行政机关可以在不损害公共利益和他人合法权益的情况下,与当事人达成执行协议。执行协议可以约定分阶段履行;当事人采取补救措施的,可以减免加处的罚款或者滞纳金。

执行协议应当履行。当事人不履行执行协议的,行政机关应当恢复强制执行。

第四十三条 【文明执法】行政机关不得在夜间或者法定节假日实施行政强制执行。但是,情况紧急的除外。

行政机关不得对居民生活采取停止供水、供电、供热、供燃气等方式迫使当事人履行相关行政决定。

第四十四条 【违法建筑物、构筑物、设施强制的拆除】对违法的建筑物、构筑物、设施等需要强制拆除的,应当由行政机关予以公告,限期当事人自行拆除。当事人在法定期限内不申请行政复议或者提起行政诉讼,又不拆除的,行政机关可以依法强制拆除。

第二节 金钱给付义务的执行

第四十五条 【加处罚款或者滞纳金】行政机关依法作出金钱给付义务的行政决定,当事人逾期不履行的,行政机关可以依法加处罚款或者滞纳金。加处罚款或者滞纳金的标准应当告知当事人。

加处罚款或者滞纳金的数额不得超出金钱给付义务的数额。

第四十六条 【金钱给付义务的直接强制执行】行政机关依照本法第四十五条规定实施加处罚款或者滞纳金超过三十日,经催告当事人仍不履行的,具有行政强制执行权的行政机关可以强制执行。

行政机关实施强制执行前,需要采取查封、扣押、冻结措施的,依照本法第三章规定办理。

没有行政强制执行权的行政机关应当申请人民法院强制执行。但是,当事人在法定期限内不申请行政复议或者提起行政诉讼,经催告仍不履行的,在实施行政管理过程中已经采取查封、扣押措施的行政机关,可以将查封、扣押的财物依法拍卖抵缴罚款。

第四十七条 【划拨存款、汇款】划拨存款、汇款应当由法律规定的行政机关决定,并书面通知金融机构。金融机构接到行政机关依法作出划拨存款、汇款的决定后,应当立即划拨。

法律规定以外的行政机关或者组织要求划拨当事人存款、汇款的,金融机构应当拒绝。

第四十八条 【委托拍卖】依法拍卖财物,由行政机关委托拍卖机构依照《中华人民共和国拍卖法》的规定办理。

第四十九条 【划拨存款、汇款的上缴】划拨的存款、汇款以及拍卖和依法处理所得的款项应当上缴国库或者划入财政专户。任何行政机关或者个人不得以任何形式截留、私分或者变相私分。

第三节　代　履　行

第五十条　【代履行】行政机关依法作出要求当事人履行排除妨碍、恢复原状等义务的行政决定，当事人逾期不履行，经催告仍不履行，其后果已经或者将危害交通安全、造成环境污染或者破坏自然资源的，行政机关可以代履行，或者委托没有利害关系的第三人代履行。

第五十一条　【代履行的实施程序、费用】代履行应当遵守下列规定：

（一）代履行前送达决定书，代履行决定书应当载明当事人的姓名或者名称、地址，代履行的理由和依据、方式和时间、标的、费用预算以及代履行人；

（二）代履行三日前，催告当事人履行，当事人履行的，停止代履行；

（三）代履行时，作出决定的行政机关应当派员到场监督；

（四）代履行完毕，行政机关到场监督的工作人员、代履行人和当事人或者见证人应当在执行文书上签名或者盖章。

代履行的费用按照成本合理确定，由当事人承担。但是，法律另有规定的除外。

代履行不得采用暴力、胁迫以及其他非法方式。

第五十二条　【立即代履行】需要立即清除道路、河道、航道或者公共场所的遗洒物、障碍物或者污染物，当事人不能清除的，行政机关可以决定立即实施代履行；当事人不在场的，行政机关应当在事后立即通知当事人，并依法作出处理。

第五章　申请人民法院强制执行

第五十三条　【申请法院强制执行】当事人在法定期限内不申请行政复议或者提起行政诉讼，又不履行行政决定的，没有行政强制执行权的行政机关可以自期限届满之日起三个月内，依照本章规定申请人民法院强制执行。

第五十四条　【催告与执行管辖】行政机关申请人民法院强制执行前，应当催告当事人履行义务。催告书送达十日后当事人仍未履行义务的，行政机关可以向所在地有管辖权的人民法院申请强制执行；执行对象是不动产的，向不动产所在地有管辖权的人民法院申请强制执行。

第五十五条　【申请强制执行提供的材料】行政机关向人民法院申请强制执行，应当提供下列材料：

（一）强制执行申请书；

（二）行政决定书及作出决定的事实、理由和依据；

（三）当事人的意见及行政机关催告情况；

（四）申请强制执行标的情况；

（五）法律、行政法规规定的其他材料。

强制执行申请书应当由行政机关负责人签名，加盖行政机关的印章，并注明日期。

第五十六条　【申请的受理】人民法院接到行政机关强制执行的申请，应当在五日内受理。

行政机关对人民法院不予受理的裁定有异议的，可以在十五日内向上一级人民法院申请复议，上一级人民法院应当自收到复议申请之日起十五日内作出是否受理的裁定。

第五十七条　【申请的书面审查】人民法院对行政机关强制执行的申请进行书面审查，对符合本法第五十五条规定，且行政决定具备法定执行效力的，除本法第五十八条规定的情形外，人民法院应当自受理之日起七日内作出执行裁定。

第五十八条　【申请的违法审查】人民法院发现有下列情形之一的，在作出裁定前可以听取被执行人和行政机关的意见：

（一）明显缺乏事实根据的；

（二）明显缺乏法律、法规依据的；

（三）其他明显违法并损害被执行人合法权益的。

人民法院应当自受理之日起三十日内作出是否执行的裁定。裁定不予执行的，应当说明理由，并在五日内将不予执行的裁定送达行政机关。

行政机关对人民法院不予执行的裁定有异议的，可以自收到裁定之日起十五日内向上一级人民法院申请复议，上一级人民法院应当自收到复议申请之日起三十日内作出是否执行的裁定。

第五十九条　【申请法院立即执行】因情况紧急，为保障公共安全，行政机关可以申请人民法院立即执行。经人民法院院长批准，人民法院应当自作出执行裁定之日起五日内执行。

第六十条　【执行费用】行政机关申请人民法院强制执行，不缴纳申请费。强制执行的费用由被执行人承担。

人民法院以划拨、拍卖方式强制执行的，可以在划拨、拍卖后将强制执行的费用扣除。

依法拍卖财物，由人民法院委托拍卖机构依照《中华人民共和国拍卖法》的规定办理。

划拨的存款、汇款以及拍卖和依法处理所得的款项应当上缴国库或者划入财政专户，不得以任何形式截留、私分或者变相私分。

第六章　法律责任

第六十一条　【违法实施行政强制的法律责任】行政机关实施行政强制，有下列情形之一的，由上级行政机关或者有关部门责令改正，对直接负责的主管人员和其他直接责任人员依法给予处分：

（一）没有法律、法规依据的；

（二）改变行政强制对象、条件、方式的；

（三）违反法定程序实施行政强制的；

(四)违反本法规定,在夜间或者法定节假日实施行政强制执行的;

(五)对居民生活采取停止供水、供电、供热、供燃气等方式迫使当事人履行相关行政决定的;

(六)有其他违法实施行政强制情形的。

第六十二条　【违法实施查封、扣押、冻结的法律责任】违反本法规定,行政机关有下列情形之一的,由上级行政机关或者有关部门责令改正,对直接负责的主管人员和其他直接责任人员依法给予处分:

(一)扩大查封、扣押、冻结范围的;

(二)使用或者损毁查封、扣押场所、设施或者财物的;

(三)在查封、扣押法定期间不作出处理决定或者未依法及时解除查封、扣押的;

(四)在冻结存款、汇款法定期间不作出处理决定或者未依法及时解除冻结的。

第六十三条　【截留、私分或变相私分和据为己有的法律责任】行政机关将查封、扣押的财物或者划拨的存款、汇款以及拍卖和依法处理所得的款项,截留、私分或者变相私分的,由财政部门或者有关部门予以追缴;对直接负责的主管人员和其他直接责任人员依法给予记大过、降级、撤职或者开除的处分。

行政机关工作人员利用职务上的便利,将查封、扣押的场所、设施或者财物据为己有的,由上级行政机关或者有关部门责令改正,依法给予记大过、降级、撤职或者开除的处分。

第六十四条　【利用行政强制权为单位或者个人谋取利益的法律责任】行政机关及其工作人员利用行政强制权为单位或者个人谋取利益的,由上级行政机关或者有关部门责令改正,对直接负责的主管人员和其他直接责任人员依法给予处分。

第六十五条　【金融机构违法冻结、划拨的法律责任】违反本法规定,金融机构有下列行为之一的,由金融业监督管理机构责令改正,对直接负责的主管人员和其他直接责任人员依法给予处分:

(一)在冻结前向当事人泄露信息的;

(二)对应当立即冻结、划拨的存款、汇款不冻结或者不划拨,致使存款、汇款转移的;

(三)将不应当冻结、划拨的存款、汇款予以冻结或者划拨的;

(四)未及时解除冻结存款、汇款的。

第六十六条　【款项未划入规定账户的法律责任】违反本法规定,金融机构将款项划入国库或者财政专户以外的其他账户的,由金融业监督管理机构责令改正,并处以违法划拨款项二倍的罚款;对直接负责的主管人员和其他直接责任人员依法给予处分。

违反本法规定,行政机关、人民法院指令金融机构将款项划入国库或者财政专户以外的其他账户的,对直接负责的主管人员和其他直接责任人员依法给予处分。

第六十七条　【人民法院违法执行的法律责任】人民法院及其工作人员在强制执行中有违法行为或者扩大强制执行范围的,对直接负责的主管人员和其他直接责任人员依法给予处分。

第六十八条　【赔偿责任和刑事责任】违反本法规定,给公民、法人或者其他组织造成损失的,依法给予赔偿。

违反本法规定,构成犯罪的,依法追究刑事责任。

第七章　附　　则

第六十九条　【期限的计算】本法中十日以内期限的规定是指工作日,不含法定节假日。

第七十条　【法律、行政法规授权的具有管理公共事务职能的组织的主体资格】法律、行政法规授权的具有管理公共事务职能的组织在法定授权范围内,以自己的名义实施行政强制,适用本法有关行政机关的规定。

第七十一条　【生效日期】本法自2012年1月1日起施行。

最高人民法院关于办理申请人民法院强制执行国有土地上房屋征收补偿决定案件若干问题的规定

1. 2012年2月27日最高人民法院审判委员会第1543次会议通过
2. 2012年3月26日公布
3. 法释〔2012〕4号
4. 自2012年4月10日起施行

为依法正确办理市、县级人民政府申请人民法院强制执行国有土地上房屋征收补偿决定(以下简称征收补偿决定)案件,维护公共利益,保障被征收房屋所有权人的合法权益,根据《中华人民共和国行政诉讼法》、《中华人民共和国行政强制法》、《国有土地上房屋征收与补偿条例》(以下简称《条例》)等有关法律、行政法规规定,结合审判实际,制定本规定。

第一条　申请人民法院强制执行征收补偿决定案件,由房屋所在地基层人民法院管辖,高级人民法院可以根据本地实际情况决定管辖法院。

第二条　申请机关向人民法院申请强制执行,除提供《条例》第二十八条规定的强制执行申请书及附具材料外,还应当提供下列材料:

(一)征收补偿决定及相关证据和所依据的规范性文件;

(二)征收补偿决定送达凭证、催告情况及房屋被征收人、直接利害关系人的意见;

(三)社会稳定风险评估材料;

(四)申请强制执行的房屋状况;

(五)被执行人的姓名或者名称、住址及与强制执行相关的财产状况等具体情况；

（六）法律、行政法规规定应当提交的其他材料。

强制执行申请书应当由申请机关负责人签名，加盖申请机关印章，并注明日期。

强制执行的申请应当自被执行人的法定起诉期限届满之日起三个月内提出；逾期申请的，除有正当理由外，人民法院不予受理。

第三条 人民法院认为强制执行的申请符合形式要件且材料齐全的，应当在接到申请后五日内立案受理，并通知申请机关；不符合形式要件或者材料不全的应当限期补正，并在最终补正的材料提供后五日内立案受理；不符合形式要件或者逾期无正当理由不补正材料的，裁定不予受理。

申请机关对不予受理的裁定有异议的，可以自收到裁定之日起十五日内向上一级人民法院申请复议，上一级人民法院应当自收到复议申请之日起十五日内作出裁定。

第四条 人民法院应当自立案之日起三十日内作出是否准予执行的裁定；有特殊情况需要延长审查期限的，由高级人民法院批准。

第五条 人民法院在审查期间，可以根据需要调取相关证据、询问当事人、组织听证或者进行现场调查。

第六条 征收补偿决定存在下列情形之一的，人民法院应当裁定不准予执行：

（一）明显缺乏事实根据；

（二）明显缺乏法律、法规依据；

（三）明显不符合公平补偿原则，严重损害被执行人合法权益，或者使被执行人基本生活、生产经营条件没有保障；

（四）明显违反行政目的，严重损害公共利益；

（五）严重违反法定程序或者正当程序；

（六）超越职权；

（七）法律、法规、规章等规定的其他不宜强制执行的情形。

人民法院裁定不准予执行的，应当说明理由，并在五日内将裁定送达申请机关。

第七条 申请机关对不准予执行的裁定有异议的，可以自收到裁定之日起十五日内向上一级人民法院申请复议，上一级人民法院应当自收到复议申请之日起三十日内作出裁定。

第八条 人民法院裁定准予执行的，应当在五日内将裁定送达申请机关和被执行人，并可以根据实际情况建议申请机关依法采取必要措施，保障征收与补偿活动顺利实施。

第九条 人民法院裁定准予执行的，一般由作出征收补偿决定的市、县级人民政府组织实施，也可以由人民法院执行。

第十条 《条例》施行前已依法取得房屋拆迁许可证的项目，人民法院裁定准予执行房屋拆迁裁决的，参照本规定第九条精神办理。

第十一条 最高人民法院以前所作的司法解释与本规定不一致的，按本规定执行。

中华人民共和国行政许可法

1. 2003 年 8 月 27 日第十届全国人民代表大会常务委员会第四次会议通过

2. 2003 年 8 月 27 日中华人民共和国主席令第 7 号公布

3. 自 2004 年 7 月 1 日起施行

目　　录

第一章　总　　则

第一条　【立法目的】为了规范行政许可的设定和实施，保护公民、法人和其他组织的合法权益，维护公共利益和社会秩序，保障和监督行政机关有效实施行政管理，根据宪法，制定本法。

第二条　【含义】本法所称行政许可，是指行政机关根据公民、法人或者其他组织的申请，经依法审查，准予其从事特定活动的行为。

第三条　【适用范围】行政许可的设定和实施，适用本法。

有关行政机关对其他机关或者对其直接管理的事业单位的人事、财务、外事等事项的审批，不适用本法。

第四条　【依法设定和实施】设定和实施行政许可，应当依照法定的权限、范围、条件和程序。

第五条　【公开、公平、公正原则】设定和实施行政许可，应当遵循公开、公平、公正的原则。

有关行政许可的规定应当公布；未经公布的，不得作为实施行政许可的依据。行政许可的实施和结果，除涉及国家秘密、商业秘密或者个人隐私的外，应当公开。

符合法定条件、标准的，申请人有依法取得行政许可的平等权利，行政机关不得歧视。

第六条　【便民原则】实施行政许可，应当遵循便民的原则，提高办事效率，提供优质服务。

第七条 【公民、法人的合法权益】公民、法人或者其他组织对行政机关实施行政许可,享有陈述权、申辩权;有权依法申请行政复议或者提起行政诉讼;其合法权益因行政机关违法实施行政许可受到损害的,有权依法要求赔偿。

第八条 【禁止随意更改许可】公民、法人或者其他组织依法取得的行政许可受法律保护,行政机关不得擅自改变已经生效的行政许可。

行政许可所依据的法律、法规、规章修改或者废止,或者准予行政许可所依据的客观情况发生重大变化的,为了公共利益的需要,行政机关可以依法变更或者撤回已经生效的行政许可。由此给公民、法人或者其他组织造成财产损失的,行政机关应当依法给予补偿。

第九条 【禁止随意转让许可】依法取得的行政许可,除法律、法规规定依照法定条件和程序可以转让的外,不得转让。

第十条 【健全许可监督】县级以上人民政府应当建立健全对行政机关实施行政许可的监督制度,加强对行政机关实施行政许可的监督检查。

行政机关应当对公民、法人或者其他组织从事行政许可事项的活动实施有效监督。

第二章 行政许可的设定

第十一条 【设定目的】设定行政许可,应当遵循经济和社会发展规律,有利于发挥公民、法人或者其他组织的积极性、主动性,维护公共利益和社会秩序,促进经济、社会和生态环境协调发展。

第十二条 【可设定事项】下列事项可以设定行政许可:

(一)直接涉及国家安全、公共安全、经济宏观调控、生态环境保护以及直接关系人身健康、生命财产安全等特定活动,需要按照法定条件予以批准的事项;

(二)有限自然资源开发利用、公共资源配置以及直接关系公共利益的特定行业的市场准入等,需要赋予特定权利的事项;

(三)提供公众服务并且直接关系公共利益的职业、行业,需要确定具备特殊信誉、特殊条件或者特殊技能等资格、资质的事项;

(四)直接关系公共安全、人身健康、生命财产安全的重要设备、设施、产品、物品,需要按照技术标准、技术规范,通过检验、检测、检疫等方式进行审定的事项;

(五)企业或者其他组织的设立等,需要确定主体资格的事项;

(六)法律、行政法规规定可以设定行政许可的其他事项。

第十三条 【可以不设的事项】本法第十二条所列事项,通过下列方式能够予以规范的,可以不设行政许可:

(一)公民、法人或者其他组织能够自主决定的;

(二)市场竞争机制能够有效调节的;

(三)行业组织或者中介机构能够自律管理的;

(四)行政机关采用事后监督等其他行政管理方式能够解决的。

第十四条 【法律、行政法规和行政决定设定行政许可权限】本法第十二条所列事项,法律可以设定行政许可。尚未制定法律的,行政法规可以设定行政许可。

必要时,国务院可以采用发布决定的方式设定行政许可。实施后,除临时性行政许可事项外,国务院应当及时提请全国人民代表大会及其常务委员会制定法律,或者自行制定行政法规。

第十五条 【地方性法规、地方政府规章设定行政许可权限】本法第十二条所列事项,尚未制定法律、行政法规的,地方性法规可以设定行政许可;尚未制定法律、行政法规和地方性法规的,因行政管理的需要,确需立即实施行政许可的,省、自治区、直辖市人民政府规章可以设定临时性的行政许可。临时性的行政许可实施满一年需要继续实施的,应当提请本级人民代表大会及其常务委员会制定地方性法规。

地方性法规和省、自治区、直辖市人民政府规章,不得设定应当由国家统一确定的公民、法人或者其他组织的资格、资质的行政许可;不得设定企业或者其他组织的设立登记及其前置性行政许可。其设定的行政许可,不得限制其他地区的个人或者企业到本地区从事生产经营和提供服务,不得限制其他地区的商品进入本地区市场。

第十六条 【规定具体许可】行政法规可以在法律设定的行政许可事项范围内,对实施该行政许可作出具体规定。

地方性法规可以在法律、行政法规设定的行政许可事项范围内,对实施该行政许可作出具体规定。

规章可以在上位法设定的行政许可事项范围内,对实施该行政许可作出具体规定。

法规、规章对实施上位法设定的行政许可作出的具体规定,不得增设行政许可;对行政许可条件作出的具体规定,不得增设违反上位法的其他条件。

第十七条 【禁止越权设定】除本法第十四条、第十五条规定的外,其他规范性文件一律不得设定行政许可。

第十八条 【设定的具体内容】设定行政许可,应当规定行政许可的实施机关、条件、程序、期限。

第十九条 【设定前的意见听取】起草法律草案、法规草案和省、自治区、直辖市人民政府规章草案,拟设定行政许可的,起草单位应当采取听证会、论证会等形式听取意见,并向制定机关说明设定该行政许可的必要性、对经济和社会可能产生的影响以及听取和采纳意见的情况。

第二十条 【设定与实施情况评价】行政许可的设定机关应当定期对其设定的行政许可进行评价;对已设定的行政许可,认为通过本法第十三条所列方式能够解决的,应当对设定该行政许可的规定及时予以修改或者废止。

行政许可的实施机关可以对已设定的行政许可的实

施情况及存在的必要性适时进行评价,并将意见报告该行政许可的设定机关。

公民、法人或者其他组织可以向行政许可的设定机关和实施机关就行政许可的设定和实施提出意见和建议。

第二十一条 【有关地区经济事务行政许可的取消】省、自治区、直辖市人民政府对行政法规设定的有关经济事务的行政许可,根据本行政区域经济和社会发展情况,认为通过本法第十三条所列方式能够解决的,报国务院批准后,可以在本行政区域内停止实施该行政许可。

第三章 行政许可的实施机关

第二十二条 【法定职权范围内实施】行政许可由具有行政许可权的行政机关在其法定职权范围内实施。

第二十三条 【法定授权实施】法律、法规授权的具有管理公共事务职能的组织,在法定授权范围内,以自己的名义实施行政许可。被授权的组织适用本法有关行政机关的规定。

第二十四条 【委托实施】行政机关在其法定职权范围内,依照法律、法规、规章的规定,可以委托其他行政机关实施行政许可。委托机关应当将受委托行政机关和受委托实施行政许可的内容予以公告。

委托行政机关对受委托行政机关实施行政许可的行为应当负责监督,并对该行为的后果承担法律责任。

受委托行政机关在委托范围内,以委托行政机关名义实施行政许可;不得再委托其他组织或者个人实施行政许可。

第二十五条 【集中行使许可权】经国务院批准,省、自治区、直辖市人民政府根据精简、统一、效能的原则,可以决定一个行政机关行使有关行政机关的行政许可权。

第二十六条 【统一、联合实施】行政许可需要行政机关内设的多个机构办理的,该行政机关应当确定一个机构统一受理行政许可申请,统一送达行政许可决定。

行政许可依法由地方人民政府两个以上部门分别实施的,本级人民政府可以确定一个部门受理行政许可申请并转告有关部门分别提出意见后统一办理,或者组织有关部门联合办理、集中办理。

第二十七条 【禁止非法实施】行政机关实施行政许可,不得向申请人提出购买指定商品、接受有偿服务等不正当要求。

行政机关工作人员办理行政许可,不得索取或者收受申请人的财物,不得谋取其他利益。

第二十八条 【专业技术组织优先行政机关实施的行为】对直接关系公共安全、人身健康、生命财产安全的设备、设施、产品、物品的检验、检测、检疫,除法律、行政法规规定由行政机关实施的外,应当逐步由符合法定条件的专业技术组织实施。专业技术组织及其有关人员对所实施的检验、检测、检疫结论承担法律责任。

第四章 行政许可的实施程序

第一节 申请与受理

第二十九条 【申请要件】公民、法人或者其他组织从事特定活动,依法需要取得行政许可的,应当向行政机关提出申请。申请书需要采用格式文本的,行政机关应当向申请人提供行政许可申请书格式文本。申请书格式文本中不得包含与申请行政许可事项没有直接关系的内容。

申请人可以委托代理人提出行政许可申请。但是,依法应当由申请人到行政机关办公场所提出行政许可申请的除外。

行政许可申请可以通过信函、电报、电传、传真、电子数据交换和电子邮件等方式提出。

第三十条 【许可公示】行政机关应当将法律、法规、规章规定的有关行政许可的事项、依据、条件、数量、程序、期限以及需要提交的全部材料的目录和申请书示范文本等在办公场所公示。

申请人要求行政机关对公示内容予以说明、解释的,行政机关应当说明、解释,提供准确、可靠的信息。

第三十一条 【申请材料真实】申请人申请行政许可,应当如实向行政机关提交有关材料和反映真实情况,并对其申请材料实质内容的真实性负责。行政机关不得要求申请人提交与其申请的行政许可事项无关的技术资料和其他材料。

第三十二条 【申请处理】行政机关对申请人提出的行政许可申请,应当根据下列情况分别作出处理:

(一)申请事项依法不需要取得行政许可的,应当即时告知申请人不受理;

(二)申请事项依法不属于本行政机关职权范围的,应当即时作出不予受理的决定,并告知申请人向有关行政机关申请;

(三)申请材料存在可以当场更正的错误的,应当允许申请人当场更正;

(四)申请材料不齐全或者不符合法定形式的,应当当场或者在五日内一次告知申请人需要补正的全部内容,逾期不告知的,自收到申请材料之日起即为受理;

(五)申请事项属于本行政机关职权范围,申请材料齐全、符合法定形式,或者申请人按照本行政机关的要求提交全部补正申请材料的,应当受理行政许可申请。

行政机关受理或者不予受理行政许可申请,应当出具加盖本行政机关专用印章和注明日期的书面凭证。

第三十三条 【推行电子政务】行政机关应当建立和完善有关制度,推行电子政务,在行政机关的网站上公布行政许可事项,方便申请人采取数据电文等方式提出行政许可申请;应当与其他行政机关共享有关行政许可信息,提高办事效率。

第二节 审查与决定

第三十四条 【申请材料的审查、核实】行政机关应当对申请人提交的申请材料进行审查。

申请人提交的申请材料齐全、符合法定形式,行政机关能够当场作出决定的,应当当场作出书面的行政许可决定。

根据法定条件和程序,需要对申请材料的实质内容进行核实的,行政机关应当指派两名以上工作人员进行核查。

第三十五条　【下级对上级行政机关直接报送初审】依法应当先经下级行政机关审查后报上级行政机关决定的行政许可,下级行政机关应当在法定期限内将初步审查意见和全部申请材料直接报送上级行政机关。上级行政机关不得要求申请人重复提供申请材料。

第三十六条　【利害关系人意见】行政机关对行政许可申请进行审查时,发现行政许可事项直接关系他人重大利益的,应当告知该利害关系人。申请人、利害关系人有权进行陈述和申辩。行政机关应当听取申请人、利害关系人的意见。

第三十七条　【许可决定期限】行政机关对行政许可申请进行审查后,除当场作出行政许可决定的外,应当在法定期限内按照规定程序作出行政许可决定。

第三十八条　【许可决定的作出】申请人的申请符合法定条件、标准的,行政机关应当依法作出准予行政许可的书面决定。

行政机关依法作出不予行政许可的书面决定的,应当说明理由,并告知申请人享有依法申请行政复议或者提起行政诉讼的权利。

第三十九条　【行政许可证件形式】行政机关作出准予行政许可的决定,需要颁发行政许可证件的,应当向申请人颁发加盖本行政机关印章的下列行政许可证件:

(一)许可证、执照或者其他许可证书;

(二)资格证、资质证或者其他合格证书;

(三)行政机关的批准文件或者证明文件;

(四)法律、法规规定的其他行政许可证件。

行政机关实施检验、检测、检疫的,可以在检验、检测、检疫合格的设备、设施、产品、物品上加贴标签或者加盖检验、检测、检疫印章。

第四十条　【行政许可公开】行政机关作出的准予行政许可决定,应当予以公开,公众有权查阅。

第四十一条　【许可的效力范围】法律、行政法规设定的行政许可,其适用范围没有地域限制的,申请人取得的行政许可在全国范围内有效。

第三节　期　　限

第四十二条　【作出许可决定的期限】除可以当场作出行政许可决定的外,行政机关应当自受理行政许可申请之日起二十日内作出行政许可决定。二十日内不能作出决定的,经本行政机关负责人批准,可以延长十日,并应当将延长期限的理由告知申请人。但是,法律、法规另有规定的,依照其规定。

依照本法第二十六条的规定,行政许可采取统一办理或者联合办理、集中办理的,办理的时间不得超过四十五日;四十五日内不能办结的,经本级人民政府负责人批准,可以延长十五日,并应当将延长期限的理由告知申请人。

第四十三条　【下级行政机关初审期限】依法应当先经下级行政机关审查后报上级行政机关决定的行政许可,下级行政机关应当自其受理行政许可申请之日起二十日内审查完毕。但是,法律、法规另有规定的,依照其规定。

第四十四条　【行政许可证件的颁发、送达期限】行政机关作出准予行政许可的决定,应当自作出决定之日起十日内向申请人颁发、送达行政许可证件,或者加贴标签、加盖检验、检测、检疫印章。

第四十五条　【需排除时限】行政机关作出行政许可决定,依法需要听证、招标、拍卖、检验、检测、检疫、鉴定和专家评审的,所需时间不计算在本节规定的期限内。行政机关应当将所需时间书面告知申请人。

第四节　听　　证

第四十六条　【适用范围】法律、法规、规章规定实施行政许可应当听证的事项,或者行政机关认为需要听证的其他涉及公共利益的重大行政许可事项,行政机关应当向社会公告,并举行听证。

第四十七条　【听证权的告知和听证费用】行政许可直接涉及申请人与他人之间重大利益关系的,行政机关在作出行政许可决定前,应当告知申请人、利害关系人享有要求听证的权利;申请人、利害关系人在被告知听证权利之日起五日内提出听证申请的,行政机关应当在二十日内组织听证。

申请人、利害关系人不承担行政机关组织听证的费用。

第四十八条　【听证程序】听证按照下列程序进行:

(一)行政机关应当于举行听证的七日前将举行听证的时间、地点通知申请人、利害关系人,必要时予以公告;

(二)听证应当公开举行;

(三)行政机关应当指定审查该行政许可申请的工作人员以外的人员为听证主持人,申请人、利害关系人认为主持人与该行政许可事项有直接利害关系的,有权申请回避;

(四)举行听证时,审查该行政许可申请的工作人员应当提供审查意见的证据、理由,申请人、利害关系人可以提出证据,并进行申辩和质证;

(五)听证应当制作笔录,听证笔录应当交听证参加人确认无误后签字或者盖章。

行政机关应当根据听证笔录,作出行政许可决定。

第五节　变更与延续

第四十九条　【变更程序】被许可人要求变更行政许可事项

的，应当向作出行政许可决定的行政机关提出申请；符合法定条件、标准的，行政机关应当依法办理变更手续。

第五十条 【许可有效期的延续】被许可人需要延续依法取得的行政许可的有效期的，应当在该行政许可有效期届满三十日前向作出行政许可决定的行政机关提出申请。但是，法律、法规、规章另有规定的，依照其规定。

行政机关应当根据被许可人的申请，在该行政许可有效期届满前作出是否准予延续的决定；逾期未作决定的，视为准予延续。

第六节 特别规定

第五十一条 【特别程序优先适用】实施行政许可的程序，本节有规定的，适用本节规定；本节没有规定的，适用本章其他有关规定。

第五十二条 【国务院实施行政许可的程序】国务院实施行政许可的程序，适用有关法律、行政法规的规定。

第五十三条 【特许许可方式】实施本法第十二条第二项所列事项的行政许可的，行政机关应当通过招标、拍卖等公平竞争的方式作出决定。但是，法律、行政法规另有规定的，依照其规定。

行政机关通过招标、拍卖等方式作出行政许可决定的具体程序，依照有关法律、行政法规的规定。

行政机关按照招标、拍卖程序确定中标人、买受人后，应当作出准予行政许可的决定，并依法向中标人、买受人颁发行政许可证件。

行政机关违反本条规定，不采用招标、拍卖方式，或者违反招标、拍卖程序，损害申请人合法权益的，申请人可以依法申请行政复议或者提起行政诉讼。

第五十四条 【认可许可】实施本法第十二条第三项所列事项的行政许可，赋予公民特定资格，依法应当举行国家考试的，行政机关根据考试成绩和其他法定条件作出行政许可决定；赋予法人或者其他组织特定的资格、资质的，行政机关根据申请人的专业人员构成、技术条件、经营业绩和管理水平等的考核结果作出行政许可决定。但是，法律、行政法规另有规定的，依照其规定。

公民特定资格的考试依法由行政机关或者行业组织实施，公开举行。行政机关或者行业组织应当事先公布资格考试的报名条件、报考办法、考试科目以及考试大纲。但是，不得组织强制性的资格考试的考前培训，不得指定教材或者其他助考材料。

第五十五条 【核准许可】实施本法第十二条第四项所列事项的行政许可的，应当按照技术标准、技术规范依法进行检验、检测、检疫，行政机关根据检验、检测、检疫的结果作出行政许可决定。

行政机关实施检验、检测、检疫，应当自受理申请之日起五日内指派两名以上工作人员按照技术标准、技术规范进行检验、检测、检疫。不需要对检验、检测、检疫结果作进一步技术分析即可认定设备、设施、产品、物品是否符合技术标准、技术规范的，行政机关应当当场作出行政许可决定。

行政机关根据检验、检测、检疫结果，作出不予行政许可决定的，应当书面说明不予行政许可所依据的技术标准、技术规范。

第五十六条 【登记许可】实施本法第十二条第五项所列事项的行政许可，申请人提交的申请材料齐全、符合法定形式的，行政机关应当当场予以登记。需要对申请材料的实质内容进行核实的，行政机关依照本法第三十四条第三款的规定办理。

第五十七条 【按序许可】有数量限制的行政许可，两个或者两个以上申请人的申请均符合法定条件、标准的，行政机关应当根据受理行政许可申请的先后顺序作出准予行政许可的决定。但是，法律、行政法规另有规定的，依照其规定。

第五章 行政许可的费用

第五十八条 【禁止违规收费及经费的财政保障】行政机关实施行政许可和对行政许可事项进行监督检查，不得收取任何费用。但是，法律、行政法规另有规定的，依照其规定。

行政机关提供行政许可申请书格式文本，不得收费。

行政机关实施行政许可所需经费应当列入本行政机关的预算，由本级财政予以保障，按照批准的预算予以核拨。

第五十九条 【依法收费并上缴】行政机关实施行政许可，依照法律、行政法规收取费用的，应当按照公布的法定项目和标准收费；所收取的费用必须全部上缴国库，任何机关或者个人不得以任何形式截留、挪用、私分或者变相私分。财政部门不得以任何形式向行政机关返还或者变相返还实施行政许可所收取的费用。

第六章 监督检查

第六十条 【上级对下级的监查】上级行政机关应当加强对下级行政机关实施行政许可的监督检查，及时纠正行政许可实施中的违法行为。

第六十一条 【对被许可人的监管】行政机关应当建立健全监督制度，通过核查反映被许可人从事行政许可事项活动情况的有关材料，履行监督责任。

行政机关依法对被许可人从事行政许可事项的活动进行监督检查时，应当将监督检查的情况和处理结果予以记录，由监督检查人员签字后归档。公众有权查阅行政机关监督检查记录。

行政机关应当创造条件，实现与被许可人、其他有关行政机关的计算机档案系统互联，核查被许可人从事行政许可事项活动情况。

第六十二条 【对被许可产品、场所、设备的监管】行政机关可以对被许可人生产经营的产品依法进行抽样检查、检验、检测,对其生产经营场所依法进行实地检查。检查时,行政机关可以依法查阅或者要求被许可人报送有关材料;被许可人应当如实提供有关情况和材料。

行政机关根据法律、行政法规的规定,对直接关系公共安全、人身健康、生命财产安全的重要设备、设施进行定期检验。对检验合格的,行政机关应当发给相应的证明文件。

第六十三条 【违法监督检查】行政机关实施监督检查,不得妨碍被许可人正常的生产经营活动,不得索取或者收受被许可人的财物,不得谋取其他利益。

第六十四条 【对被许可人跨域违法行为的抄告】被许可人在作出行政许可决定的行政机关管辖区域外违法从事行政许可事项活动的,违法行为发生地的行政机关应当依法将被许可人的违法事实、处理结果抄告作出行政许可决定的行政机关。

第六十五条 【举报监督】个人和组织发现违法从事行政许可事项的活动,有权向行政机关举报,行政机关应当及时核实、处理。

第六十六条 【对资源开发、利用被许可人的监管】被许可人未依法履行开发利用自然资源义务或者未依法履行利用公共资源义务的,行政机关应当责令限期改正;被许可人在规定期限内不改正的,行政机关应当依照有关法律、行政法规的规定予以处理。

第六十七条 【对市场准入被许可人的监管】取得直接关系公共利益的特定行业的市场准入行政许可的被许可人,应当按照国家规定的服务标准、资费标准和行政机关依法规定的条件,向用户提供安全、方便、稳定和价格合理的服务,并履行普遍服务的义务;未经作出行政许可决定的行政机关批准,不得擅自停业、歇业。

被许可人不履行前款规定的义务的,行政机关应当责令限期改正,或者依法采取有效措施督促其履行义务。

第六十八条 【对重要设备、设施的自检、监查】对直接关系公共安全、人身健康、生命财产安全的重要设备、设施,行政机关应当督促设计、建造、安装和使用单位建立相应的自检制度。

行政机关在监督检查时,发现直接关系公共安全、人身健康、生命财产安全的重要设备、设施存在安全隐患的,应当责令停止建造、安装和使用,并责令设计、建造、安装和使用单位立即改正。

第六十九条 【对违法行政许可的撤销】有下列情形之一的,作出行政许可决定的行政机关或者其上级行政机关,根据利害关系人的请求或者依据职权,可以撤销行政许可:

(一)行政机关工作人员滥用职权、玩忽职守作出准予行政许可决定的;

(二)超越法定职权作出准予行政许可决定的;

(三)违反法定程序作出准予行政许可决定的;

(四)对不具备申请资格或者不符合法定条件的申请人准予行政许可的;

(五)依法可以撤销行政许可的其他情形。

被许可人以欺骗、贿赂等不正当手段取得行政许可的,应当予以撤销。

依照前两款的规定撤销行政许可,可能对公共利益造成重大损害的,不予撤销。

依照本条第一款的规定撤销行政许可,被许可人的合法权益受到损害的,行政机关应当依法给予赔偿。依照本条第二款的规定撤销行政许可的,被许可人基于行政许可取得的利益不受保护。

第七十条 【行政许可注销】有下列情形之一的,行政机关应当依法办理有关行政许可的注销手续:

(一)行政许可有效期届满未延续的;

(二)赋予公民特定资格的行政许可,该公民死亡或者丧失行为能力的;

(三)法人或者其他组织依法终止的;

(四)行政许可依法被撤销、撤回,或者行政许可证件依法被吊销的;

(五)因不可抗力导致行政许可事项无法实施的;

(六)法律、法规规定的应当注销行政许可的其他情形。

第七章 法律责任

第七十一条 【违规许可的改正、撤销】违反本法第十七条规定设定的行政许可,有关机关应当责令设定该行政许可的机关改正,或者依法予以撤销。

第七十二条 【行政机关及其工作人员的违规责任】行政机关及其工作人员违反本法的规定,有下列情形之一的,由其上级行政机关或者监察机关责令改正;情节严重的,对直接负责的主管人员和其他直接责任人员依法给予行政处分:

(一)对符合法定条件的行政许可申请不予受理的;

(二)不在办公场所公示依法应当公示的材料的;

(三)在受理、审查、决定行政许可过程中,未向申请人、利害关系人履行法定告知义务的;

(四)申请人提交的申请材料不齐全、不符合法定形式,不一次告知申请人必须补正的全部内容的;

(五)未依法说明不受理行政许可申请或者不予行政许可的理由的;

(六)依法应当举行听证而不举行听证的。

第七十三条 【行政机关工作人员违法收取财物】行政机关工作人员办理行政许可、实施监督检查,索取或者收受他人财物或者谋取其他利益,构成犯罪的,依法追究刑事责任;尚不构成犯罪的,依法给予行政处分。

第七十四条 【行政机关违法实施许可】行政机关实施行政许可,有下列情形之一的,由其上级行政机关或者监察机关责令改正，对直接负责的主管人员和其他直接责任人员依法给予行政处分；构成犯罪的，依法追究刑事责任：

（一）对不符合法定条件的申请人准予行政许可或者超越法定职权作出准予行政许可决定的；

（二）对符合法定条件的申请人不予行政许可或者不在法定期限内作出准予行政许可决定的；

（三）依法应当根据招标、拍卖结果或者考试成绩择优作出准予行政许可决定，未经招标、拍卖或者考试，或者不根据招标、拍卖结果或者考试成绩择优作出准予行政许可决定的。

第七十五条 **【行政机关违规收费】**行政机关实施行政许可，擅自收费或者不按照法定项目和标准收费的，由其上级行政机关或者监察机关责令退还非法收取的费用；对直接负责的主管人员和其他直接责任人员依法给予行政处分。

截留、挪用、私分或者变相私分实施行政许可依法收取的费用的，予以追缴；对直接负责的主管人员和其他直接责任人员依法给予行政处分；构成犯罪的，依法追究刑事责任。

第七十六条 **【损害赔偿责任】**行政机关违法实施行政许可，给当事人的合法权益造成损害的，应当依照国家赔偿法的规定给予赔偿。

第七十七条 **【行政机关不履行监督或监督不力】**行政机关不依法履行监督职责或者监督不力，造成严重后果的，由其上级行政机关或者监察机关责令改正，对直接负责的主管人员和其他直接责任人员依法给予行政处分；构成犯罪的，依法追究刑事责任。

第七十八条 **【对有隐瞒情况等行为的申请人的处理】**行政许可申请人隐瞒有关情况或者提供虚假材料申请行政许可的，行政机关不予受理或者不予行政许可，并给予警告；行政许可申请属于直接关系公共安全、人身健康、生命财产安全事项的，申请人在一年内不得再次申请该行政许可。

第七十九条 **【对以欺骗等手段取得许可的处罚】**被许可人以欺骗、贿赂等不正当手段取得行政许可的，行政机关应当依法给予行政处罚；取得的行政许可属于直接关系公共安全、人身健康、生命财产安全事项的，申请人在三年内不得再次申请该行政许可；构成犯罪的，依法追究刑事责任。

第八十条 **【对被许可人违法行为的处罚】**被许可人有下列行为之一的，行政机关应当依法给予行政处罚；构成犯罪的，依法追究刑事责任：

（一）涂改、倒卖、出租、出借行政许可证件，或者以其他形式非法转让行政许可的；

（二）超越行政许可范围进行活动的；

（三）向负责监督检查的行政机关隐瞒有关情况、提供虚假材料或者拒绝提供反映其活动情况的真实材料的；

（四）法律、法规、规章规定的其他违法行为。

第八十一条 **【对未经许可擅自从事相关活动的处罚】**公民、法人或者其他组织未经行政许可，擅自从事依法应当取得行政许可的活动的，行政机关应当依法采取措施予以制止，并依法给予行政处罚；构成犯罪的，依法追究刑事责任。

第八章 附 则

第八十二条 **【期限的计算】**本法规定的行政机关实施行政许可的期限以工作日计算，不含法定节假日。

第八十三条 **【施行日期】**本法自2004年7月1日起施行。

本法施行前有关行政许可的规定，制定机关应当依照本法规定予以清理；不符合本法规定的，自本法施行之日起停止执行。

最高人民法院关于审理行政许可案件若干问题的规定

1. 2009年11月9日最高人民法院审判委员会第1476次会议通过
2. 2009年12月14日公布
3. 法释〔2009〕20号
4. 自2010年1月4日起施行

为规范行政许可案件的审理，根据《中华人民共和国行政许可法》（以下简称行政许可法）、《中华人民共和国行政诉讼法》及其他有关法律规定，结合行政审判实际，对有关问题作如下规定：

第一条 公民、法人或者其他组织认为行政机关作出的行政许可决定以及相应的不作为，或者行政机关就行政许可的变更、延续、撤回、注销、撤销等事项作出的有关具体行政行为及其相应的不作为侵犯其合法权益，提起行政诉讼的，人民法院应当依法受理。

第二条 公民、法人或者其他组织认为行政机关未公开行政许可决定或者未提供行政许可监督检查记录侵犯其合法权益，提起行政诉讼的，人民法院应当依法受理。

第三条 公民、法人或者其他组织仅就行政许可过程中的告知补正申请材料、听证等通知行为提起行政诉讼的，人民法院不予受理，但导致许可程序对上述主体事实上终止的除外。

第四条 当事人不服行政许可决定提起诉讼的，以作出行政许可决定的机关为被告；行政许可依法须经上级行政机关批准，当事人对批准或者不批准行为不服一并提起诉讼的，以上级行政机关为共同被告；行政许可依法须经下级行政机关或者管理公共事务的组织初步审查并上报，当事人对不予初步审查或者不予上报不服提起诉讼的，以下级行政机关或者管理公共事务的组织为被告。

第五条 行政机关依据行政许可法第二十六条第二款规定统一办理行政许可的，当事人对行政许可行为不服提起诉讼，以对当事人作出具有实质影响的不利行为的机关为被告。

第六条 行政机关受理行政许可申请后，在法定期限内不予答复，公民、法人或者其他组织向人民法院起诉的，人民法院应当依法受理。

前款"法定期限"自行政许可申请受理之日起计算；以数据电文方式受理的，自数据电文进入行政机关指定的特定系统之日起计算；数据电文需要确认收讫的，自申请人收到行政机关的收讫确认之日起计算。

第七条 作为被诉行政许可行为基础的其他行政决定或者文书存在以下情形之一的，人民法院不予认可：

(一)明显缺乏事实根据；

(二)明显缺乏法律依据；

(三)超越职权；

(四)其他重大明显违法情形。

第八条 被告不提供或者无正当理由逾期提供证据的，与被诉行政许可行为有利害关系的第三人可以向人民法院提供；第三人对无法提供的证据，可以申请人民法院调取；人民法院在当事人无争议，但涉及国家利益、公共利益或者他人合法权益的情况下，也可以依职权调取证据。

第三人提供或者人民法院调取的证据能够证明行政许可行为合法的，人民法院应当判决驳回原告的诉讼请求。

第九条 人民法院审理行政许可案件，应当以申请人提出行政许可申请后实施的新的法律规范为依据；行政机关在旧的法律规范实施期间，无正当理由拖延审查行政许可申请至新的法律规范实施，适用新的法律规范不利于申请人的，以旧的法律规范为依据。

第十条 被诉准予行政许可决定违反当时的法律规范但符合新的法律规范的，判决确认该决定违法；准予行政许可决定不损害公共利益和利害关系人合法权益的，判决驳回原告的诉讼请求。

第十一条 人民法院审理不予行政许可决定案件，认为原告请求准予许可的理由成立，且被告没有裁量余地的，可以在判决理由写明，并判决撤销不予许可决定，责令被告重新作出决定。

第十二条 被告无正当理由拒绝原告查阅行政许可决定及有关档案材料或者监督检查记录的，人民法院可以判决被告在法定或者合理期限内准予原告查阅。

第十三条 被告在实施行政许可过程中，与他人恶意串通共同违法侵犯原告合法权益的，应当承担连带赔偿责任；被告与他人违法侵犯原告合法权益的，应当根据其违法行为在损害发生过程和结果中所起作用等因素，确定被告的行政赔偿责任；被告已经依照法定程序履行审慎合理的审查职责，因他人行为导致行政许可决定违法的，不承担赔偿责任。

在行政许可案件中，当事人请求一并解决有关民事赔偿问题的，人民法院可以合并审理。

第十四条 行政机关依据行政许可法第八条第二款规定变更或者撤回已经生效的行政许可，公民、法人或者其他组织仅主张行政补偿的，应当先向行政机关提出申请；行政机关在法定期限或者合理期限内不予答复或者对行政机关作出的补偿决定不服的，可以依法提起行政诉讼。

第十五条 法律、法规、规章或者规范性文件对变更或者撤回行政许可的补偿标准未作规定的，一般在实际损失范围内确定补偿数额；行政许可属于行政许可法第十二条第(二)项规定情形的，一般按照实际投入的损失确定补偿数额。

第十六条 行政许可补偿案件的调解，参照最高人民法院《关于审理行政赔偿案件若干问题的规定》的有关规定办理。

第十七条 最高人民法院以前所作的司法解释凡与本规定不一致的，按本规定执行。

中华人民共和国行政复议法

1. 1999年4月29日第九届全国人民代表大会常务委员会第九次会议通过

2. 根据2009年8月27日第十一届全国人民代表大会常务委员会第十次会议《关于修改部分法律的决定》第一次修正

3. 根据2017年9月1日第十二届全国人民代表大会常务委员会第二十九次会议《关于修改〈中华人民共和国法官法〉等八部法律的决定》第二次修正

目　　录

第一章　总　　则

第一条 【**立法目的**】为了防止和纠正违法的或者不当的具体行政行为，保护公民、法人和其他组织的合法权益，保障和监督行政机关依法行使职权，根据宪法，制定本法。

第二条 【**适用范围**】公民、法人或者其他组织认为具体行政行为侵犯其合法权益，向行政机关提出行政复议申请，行政机关受理行政复议申请、作出行政复议决定，适用本法。

第三条 【**复议机关及其职责**】依照本法履行行政复议职责的行政机关是行政复议机关。行政复议机关负责法制工作的机构具体办理行政复议事项，履行下列职责：

(一)受理行政复议申请；

（二）向有关组织和人员调查取证，查阅文件和资料；

（三）审查申请行政复议的具体行政行为是否合法与适当，拟订行政复议决定；

（四）处理或者转送对本法第七条所列有关规定的审查申请；

（五）对行政机关违反本法规定的行为依照规定的权限和程序提出处理建议；

（六）办理因不服行政复议决定提起行政诉讼的应诉事项；

（七）法律、法规规定的其他职责。

行政机关中初次从事行政复议的人员，应当通过国家统一法律职业资格考试取得法律职业资格。

第四条 【复议原则】行政复议机关履行行政复议职责，应当遵循合法、公正、公开、及时、便民的原则，坚持有错必纠，保障法律、法规的正确实施。

第五条 【司法救济】公民、法人或者其他组织对行政复议决定不服的，可以依照行政诉讼法的规定向人民法院提起行政诉讼，但是法律规定行政复议决定为最终裁决的除外。

第二章 行政复议范围

第六条 【复议范围】有下列情形之一的，公民、法人或者其他组织可以依照本法申请行政复议：

（一）对行政机关作出的警告、罚款、没收违法所得、没收非法财物、责令停产停业、暂扣或者吊销许可证、暂扣或者吊销执照、行政拘留等行政处罚决定不服的；

（二）对行政机关作出的限制人身自由或者查封、扣押、冻结财产等行政强制措施决定不服的；

（三）对行政机关作出的有关许可证、执照、资质证、资格证等证书变更、中止、撤销的决定不服的；

（四）对行政机关作出的关于确认土地、矿藏、水流、森林、山岭、草原、荒地、滩涂、海域等自然资源的所有权或者使用权的决定不服的；

（五）认为行政机关侵犯合法的经营自主权的；

（六）认为行政机关变更或者废止农业承包合同，侵犯其合法权益的；

（七）认为行政机关违法集资、征收财物、摊派费用或者违法要求履行其他义务的；

（八）认为符合法定条件，申请行政机关颁发许可证、执照、资质证、资格证等证书，或者申请行政机关审批、登记有关事项，行政机关没有依法办理的；

（九）申请行政机关履行保护人身权利、财产权利、受教育权利的法定职责，行政机关没有依法履行的；

（十）申请行政机关依法发放抚恤金、社会保险金或者最低生活保障费，行政机关没有依法发放的；

（十一）认为行政机关的其他具体行政行为侵犯其合法权益的。

第七条 【规定的审查】公民、法人或者其他组织认为行政机关的具体行政行为所依据的下列规定不合法，在对具体行政行为申请行政复议时，可以一并向行政复议机关提出对该规定的审查申请：

（一）国务院部门的规定；

（二）县级以上地方各级人民政府及其工作部门的规定；

（三）乡、镇人民政府的规定。

前款所列规定不含国务院部、委员会规章和地方人民政府规章。规章的审查依照法律、行政法规办理。

第八条 【申诉及诉讼】不服行政机关作出的行政处分或者其他人事处理决定的，依照有关法律、行政法规的规定提出申诉。

不服行政机关对民事纠纷作出的调解或者其他处理，依法申请仲裁或者向人民法院提起诉讼。

第三章 行政复议申请

第九条 【申请期限】公民、法人或者其他组织认为具体行政行为侵犯其合法权益的，可以自知道该具体行政行为之日起六十日内提出行政复议申请；但是法律规定的申请期限超过六十日的除外。

因不可抗力或者其他正当理由耽误法定申请期限的，申请期限自障碍消除之日起继续计算。

第十条 【复议申请人】依照本法申请行政复议的公民、法人或者其他组织是申请人。

有权申请行政复议的公民死亡的，其近亲属可以申请行政复议。有权申请行政复议的公民为无民事行为能力人或者限制民事行为能力人的，其法定代理人可以代为申请行政复议。有权申请行政复议的法人或者其他组织终止的，承受其权利的法人或者其他组织可以申请行政复议。

同申请行政复议的具体行政行为有利害关系的其他公民、法人或者其他组织，可以作为第三人参加行政复议。

公民、法人或者其他组织对行政机关的具体行政行为不服申请行政复议的，作出具体行政行为的行政机关是被申请人。

申请人、第三人可以委托代理人代为参加行政复议。

第十一条 【复议申请】申请人申请行政复议，可以书面申请，也可以口头申请；口头申请的，行政复议机关应当当场记录申请人的基本情况、行政复议请求、申请行政复议的主要事实、理由和时间。

第十二条 【部门具体行政行为的复议机关】对县级以上地方各级人民政府工作部门的具体行政行为不服的，由申请人选择，可以向该部门的本级人民政府申请行政复议，也可以向上一级主管部门申请行政复议。

对海关、金融、国税、外汇管理等实行垂直领导的行政机关和国家安全机关的具体行政行为不服的，向上一级主管部门申请行政复议。

第十三条　【对其他行政机关具体行政行为不服的复议申请】对地方各级人民政府的具体行政行为不服的，向上一级地方人民政府申请行政复议。

对省、自治区人民政府依法设立的派出机关所属的县级地方人民政府的具体行政行为不服的，向该派出机关申请行政复议。

第十四条　【诉讼或裁决】对国务院部门或者省、自治区、直辖市人民政府的具体行政行为不服的，向作出该具体行政行为的国务院部门或者省、自治区、直辖市人民政府申请行政复议。对行政复议决定不服的，可以向人民法院提起行政诉讼；也可以向国务院申请裁决，国务院依照本法的规定作出最终裁决。

第十五条　【其他机关具体行政行为的复议机关】对本法第十二条、第十三条、第十四条规定以外的其他行政机关、组织的具体行政行为不服的，按照下列规定申请行政复议：

（一）对县级以上地方人民政府依法设立的派出机关的具体行政行为不服的，向设立该派出机关的人民政府申请行政复议；

（二）对政府工作部门依法设立的派出机构依照法律、法规或者规章规定，以自己的名义作出的具体行政行为不服的，向设立该派出机构的部门或者该部门的本级地方人民政府申请行政复议；

（三）对法律、法规授权的组织的具体行政行为不服的，分别向直接管理该组织的地方人民政府、地方人民政府工作部门或者国务院部门申请行政复议；

（四）对两个或者两个以上行政机关以共同的名义作出的具体行政行为不服的，向其共同上一级行政机关申请行政复议；

（五）对被撤销的行政机关在撤销前所作出的具体行政行为不服的，向继续行使其职权的行政机关的上一级行政机关申请行政复议。

有前款所列情形之一的，申请人也可以向具体行政行为发生地的县级地方人民政府提出行政复议申请，由接受申请的县级地方人民政府依照本法第十八条的规定办理。

第十六条　【复议与诉讼的选择】公民、法人或者其他组织申请行政复议，行政复议机关已经依法受理的，或者法律、法规规定应当先向行政复议机关申请行政复议、对行政复议决定不服再向人民法院提起行政诉讼的，在法定行政复议期限内不得向人民法院提起行政诉讼。

公民、法人或者其他组织向人民法院提起行政诉讼，人民法院已经依法受理的，不得申请行政复议。

第四章　行政复议受理

第十七条　【复议的受理】行政复议机关收到行政复议申请后，应当在五日内进行审查，对不符合本法规定的行政复议申请，决定不予受理，并书面告知申请人；对符合本法规定，但是不属于本机关受理的行政复议申请，应当告知申请人向有关行政复议机关提出。

除前款规定外，行政复议申请自行政复议机关负责法制工作的机构收到之日起即为受理。

第十八条　【复议申请的转送】依照本法第十五条第二款的规定接受行政复议申请的县级地方人民政府，对依照本法第十五条第一款的规定属于其他行政复议机关受理的行政复议申请，应当自接到该行政复议申请之日起七日内，转送有关行政复议机关，并告知申请人。接受转送的行政复议机关应当依照本法第十七条的规定办理。

第十九条　【复议之后的行政诉讼】法律、法规规定应当先向行政复议机关申请行政复议、对行政复议决定不服再向人民法院提起行政诉讼的，行政复议机关决定不予受理或者受理后超过行政复议期限不作答复的，公民、法人或者其他组织可以自收到不予受理决定书之日起或者行政复议期满之日起十五日内，依法向人民法院提起行政诉讼。

第二十条　【上级机关责令受理及直接受理】公民、法人或者其他组织依法提出行政复议申请，行政复议机关无正当理由不予受理的，上级行政机关应当责令其受理；必要时，上级行政机关也可以直接受理。

第二十一条　【执行停止事项】行政复议期间具体行政行为不停止执行；但是，有下列情形之一的，可以停止执行：

（一）被申请人认为需要停止执行的；

（二）行政复议机关认为需要停止执行的；

（三）申请人申请停止执行，行政复议机关认为其要求合理，决定停止执行的；

（四）法律规定停止执行的。

第五章　行政复议决定

第二十二条　【书面审查原则及例外】行政复议原则上采取书面审查的办法，但是申请人提出要求或者行政复议机关负责法制工作的机构认为有必要时，可以向有关组织和人员调查情况，听取申请人、被申请人和第三人的意见。

第二十三条　【复议程序事项】行政复议机关负责法制工作的机构应当自行政复议申请受理之日起七日内，将行政复议申请书副本或者行政复议申请笔录复印件发送被申请人。被申请人应当自收到申请书副本或者申请笔录复印件之日起十日内，提出书面答复，并提交当初作出具体行政行为的证据、依据和其他有关材料。

申请人、第三人可以查阅被申请人提出的书面答复、作出具体行政行为的证据、依据和其他有关材料，除涉及国家秘密、商业秘密或者个人隐私外，行政复议机关不得拒绝。

第二十四条　【被申请人不得自行取证】在行政复议过程中，被申请人不得自行向申请人和其他有关组织或者个人收集证据。

第二十五条　【申请撤回】行政复议决定作出前，申请人要求撤回行政复议申请的，经说明理由，可以撤回；撤回行政复议申请的，行政复议终止。

第二十六条 【复议机关对规定的处理】申请人在申请行政复议时，一并提出对本法第七条所列有关规定的审查申请的，行政复议机关对该规定有权处理的，应当在三十日内依法处理；无权处理的，应当在七日内按照法定程序转送有权处理的行政机关依法处理，有权处理的行政机关应当在六十日内依法处理。处理期间，中止对具体行政行为的审查。

第二十七条 【对具体行政行为合法性的审查处理】行政复议机关在对被申请人作出的具体行政行为进行审查时，认为其依据不合法，本机关有权处理的，应当在三十日内依法处理；无权处理的，应当在七日内按照法定程序转送有权处理的国家机关依法处理。处理期间，中止对具体行政行为的审查。

第二十八条 【复议决定的作出】行政复议机关负责法制工作的机构应当对被申请人作出的具体行政行为进行审查，提出意见，经行政复议机关的负责人同意或者集体讨论通过后，按照下列规定作出行政复议决定：

（一）具体行政行为认定事实清楚，证据确凿，适用依据正确，程序合法，内容适当的，决定维持；

（二）被申请人不履行法定职责的，决定其在一定期限内履行；

（三）具体行政行为有下列情形之一的，决定撤销、变更或者确认该具体行政行为违法；决定撤销或者确认该具体行政行为违法的，可以责令被申请人在一定期限内重新作出具体行政行为：

1. 主要事实不清、证据不足的；
2. 适用依据错误的；
3. 违反法定程序的；
4. 超越或者滥用职权的；
5. 具体行政行为明显不当的。

（四）被申请人不按照本法第二十三条的规定提出书面答复、提交当初作出具体行政行为的证据、依据和其他有关材料的，视为该具体行政行为没有证据、依据，决定撤销该具体行政行为。

行政复议机关责令被申请人重新作出具体行政行为的，被申请人不得以同一的事实和理由作出与原具体行政行为相同或者基本相同的具体行政行为。

第二十九条 【行政赔偿】申请人在申请行政复议时可以一并提出行政赔偿请求，行政复议机关对符合国家赔偿法的有关规定应当给予赔偿的，在决定撤销、变更具体行政行为或者确认具体行政行为违法时，应当同时决定被申请人依法给予赔偿。

申请人在申请行政复议时没有提出行政赔偿请求的，行政复议机关在依法决定撤销或者变更罚款，撤销违法集资、没收财物、征收财物、摊派费用以及对财产的查封、扣押、冻结等具体行政行为时，应当同时责令被申请人返还财产，解除对财产的查封、扣押、冻结措施，或者赔偿相应的价款。

第三十条 【对侵犯自然资源所有权或使用权行为的先行复议原则】公民、法人或者其他组织认为行政机关的具体行政行为侵犯其已经依法取得的土地、矿藏、水流、森林、山岭、草原、荒地、滩涂、海域等自然资源的所有权或者使用权的，应当先申请行政复议；对行政复议决定不服的，可以依法向人民法院提起行政诉讼。

根据国务院或者省、自治区、直辖市人民政府对行政区划的勘定、调整或者征收土地的决定，省、自治区、直辖市人民政府确认土地、矿藏、水流、森林、山岭、草原、荒地、滩涂、海域等自然资源的所有权或者使用权的行政复议决定为最终裁决。

第三十一条 【复议期限】行政复议机关应当自受理申请之日起六十日内作出行政复议决定；但是法律规定的行政复议期限少于六十日的除外。情况复杂，不能在规定期限内作出行政复议决定的，经行政复议机关的负责人批准，可以适当延长，并告知申请人和被申请人；但是延长期限最多不超过三十日。

行政复议机关作出行政复议决定，应当制作行政复议决定书，并加盖印章。

行政复议决定书一经送达，即发生法律效力。

第三十二条 【复议决定的履行】被申请人应当履行行政复议决定。

被申请人不履行或者无正当理由拖延履行行政复议决定的，行政复议机关或者有关上级行政机关应当责令其限期履行。

第三十三条 【不履行复议决定的处理】申请人逾期不起诉又不履行行政复议决定的，或者不履行最终裁决的行政复议决定的，按照下列规定分别处理：

（一）维持具体行政行为的行政复议决定，由作出具体行政行为的行政机关依法强制执行，或者申请人民法院强制执行；

（二）变更具体行政行为的行政复议决定，由行政复议机关依法强制执行，或者申请人民法院强制执行。

第六章　法律责任

第三十四条 【复议机关不依法履行职责的处罚】行政复议机关违反本法规定，无正当理由不予受理依法提出的行政复议申请或者不按照规定转送行政复议申请的，或者在法定期限内不作出行政复议决定的，对直接负责的主管人员和其他直接责任人员依法给予警告、记过、记大过的行政处分；经责令受理仍不受理或者不按照规定转送行政复议申请，造成严重后果的，依法给予降级、撤职、开除的行政处分。

第三十五条 【渎职处罚】行政复议机关工作人员在行政复议活动中，徇私舞弊或者有其他渎职、失职行为的，依法给予警告、记过、记大过的行政处分；情节严重的，依法给予降级、撤职、开除的行政处分；构成犯罪的，依法追究刑事责任。

第三十六条　【被申请人不提交答复、资料和阻碍他人复议申请的处罚】被申请人违反本法规定,不提出书面答复或者不提交作出具体行政行为的证据、依据和其他有关材料,或者阻挠、变相阻挠公民、法人或者其他组织依法申请行政复议的,对直接负责的主管人员和其他直接责任人员依法给予警告、记过、记大过的行政处分;进行报复陷害的,依法给予降级、撤职、开除的行政处分;构成犯罪的,依法追究刑事责任。

第三十七条　【不履行、拖延履行复议决定的处罚】被申请人不履行或者无正当理由拖延履行行政复议决定的,对直接负责的主管人员和其他直接责任人员依法给予警告、记过、记大过的行政处分;经责令履行仍拒不履行的,依法给予降级、撤职、开除的行政处分。

第三十八条　【复议机关的建议权】行政复议机关负责法制工作的机构发现有无正当理由不予受理行政复议申请、不按照规定期限作出行政复议决定、徇私舞弊、对申请人打击报复或者不履行行政复议决定等情形的,应当向有关行政机关提出建议,有关行政机关应当依照本法和有关法律、行政法规的规定作出处理。

第七章　附　　则

第三十九条　【经费来源】行政复议机关受理行政复议申请,不得向申请人收取任何费用。行政复议活动所需经费,应当列入本机关的行政经费,由本级财政予以保障。

第四十条　【期间计算和文书送达】行政复议期间的计算和行政复议文书的送达,依照民事诉讼法关于期间、送达的规定执行。

本法关于行政复议期间有关"五日"、"七日"的规定是指工作日,不含节假日。

第四十一条　【适用范围补充规定】外国人、无国籍人、外国组织在中华人民共和国境内申请行政复议,适用本法。

第四十二条　【法律冲突的解决】本法施行前公布的法律有关行政复议的规定与本法的规定不一致的,以本法的规定为准。

第四十三条　【生效日期】本法自1999年10月1日起施行。1990年12月24日国务院发布、1994年10月9日国务院修订发布的《行政复议条例》同时废止。

中华人民共和国
行政复议法实施条例

1. 2007年5月29日国务院令第499号公布
2. 自2007年8月1日起施行

第一章　总　　则

第一条　为了进一步发挥行政复议制度在解决行政争议、建设法治政府、构建社会主义和谐社会中的作用,根据《中华人民共和国行政复议法》(以下简称行政复议法),制定本条例。

第二条　各级行政复议机关应当认真履行行政复议职责,领导并支持本机关负责法制工作的机构(以下简称行政复议机构)依法办理行政复议事项,并依照有关规定配备、充实、调剂专职行政复议人员,保证行政复议机构的办案能力与工作任务相适应。

第三条　行政复议机构除应当依照行政复议法第三条的规定履行职责外,还应当履行下列职责:

(一)依照行政复议法第十八条的规定转送有关行政复议申请;

(二)办理行政复议法第二十九条规定的行政赔偿等事项;

(三)按照职责权限,督促行政复议申请的受理和行政复议决定的履行;

(四)办理行政复议、行政应诉案件统计和重大行政复议决定备案事项;

(五)办理或者组织办理未经行政复议直接提起行政诉讼的行政应诉事项;

(六)研究行政复议工作中发现的问题,及时向有关机关提出改进建议,重大问题及时向行政复议机关报告。

第四条　专职行政复议人员应当具备与履行行政复议职责相适应的品行、专业知识和业务能力,并取得相应资格。具体办法由国务院法制机构会同国务院有关部门规定。

第二章　行政复议申请

第一节　申　请　人

第五条　依照行政复议法和本条例的规定申请行政复议的公民、法人或者其他组织为申请人。

第六条　合伙企业申请行政复议的,应当以核准登记的企业为申请人,由执行合伙事务的合伙人代表该企业参加行政复议;其他合伙组织申请行政复议的,由合伙人共同申请行政复议。

前款规定以外的不具备法人资格的其他组织申请行政复议的,由该组织的主要负责人代表该组织参加行政复议;没有主要负责人的,由共同推选的其他成员代表该组织参加行政复议。

第七条　股份制企业的股东大会、股东代表大会、董事会认为行政机关作出的具体行政行为侵犯企业合法权益的,可以以企业的名义申请行政复议。

第八条　同一行政复议案件申请人超过5人的,推选1至5名代表参加行政复议。

第九条　行政复议期间,行政复议机构认为申请人以外的公民、法人或者其他组织与被审查的具体行政行为有利害关系的,可以通知其作为第三人参加行政复议。

行政复议期间,申请人以外的公民、法人或者其他组织与被审查的具体行政行为有利害关系的,可以向行政复议机构申请作为第三人参加行政复议。

第三人不参加行政复议,不影响行政复议案件的审理。

第十条 申请人、第三人可以委托1至2名代理人参加行政复议。申请人、第三人委托代理人的,应当向行政复议机构提交授权委托书。授权委托书应当载明委托事项、权限和期限。公民在特殊情况下无法书面委托的,可以口头委托。口头委托的,行政复议机构应当核实并记录在卷。申请人、第三人解除或者变更委托的,应当书面报告行政复议机构。

第二节 被申请人

第十一条 公民、法人或者其他组织对行政机关的具体行政行为不服,依照行政复议法和本条例的规定申请行政复议的,作出该具体行政行为的行政机关为被申请人。

第十二条 行政机关与法律、法规授权的组织以共同的名义作出具体行政行为的,行政机关和法律、法规授权的组织为共同被申请人。

行政机关与其他组织以共同名义作出具体行政行为的,行政机关为被申请人。

第十三条 下级行政机关依照法律、法规、规章规定,经上级行政机关批准作出具体行政行为的,批准机关为被申请人。

第十四条 行政机关设立的派出机构、内设机构或者其他组织,未经法律、法规授权,对外以自己名义作出具体行政行为的,该行政机关为被申请人。

第三节 行政复议申请期限

第十五条 行政复议法第九条第一款规定的行政复议申请期限的计算,依照下列规定办理:

(一)当场作出具体行政行为的,自具体行政行为作出之日起计算;

(二)载明具体行政行为的法律文书直接送达的,自受送达人签收之日起计算;

(三)载明具体行政行为的法律文书邮寄送达的,自受送达人在邮件签收单上签收之日起计算;没有邮件签收单的,自受送达人在送达回执上签名之日起计算;

(四)具体行政行为依法通过公告形式告知受送达人的,自公告规定的期限届满之日起计算;

(五)行政机关作出具体行政行为时未告知公民、法人或者其他组织,事后补充告知的,自该公民、法人或者其他组织收到行政机关补充告知的通知之日起计算;

(六)被申请人能够证明公民、法人或者其他组织知道具体行政行为的,自证据材料证明其知道具体行政行为之日起计算。

行政机关作出具体行政行为,依法应当向有关公民、法人或者其他组织送达法律文书而未送达的,视为该公民、法人或者其他组织不知道该具体行政行为。

第十六条 公民、法人或者其他组织依照行政复议法第六条第(八)项、第(九)项、第(十)项的规定申请行政机关履行法定职责,行政机关未履行的,行政复议申请期限依照下列规定计算:

(一)有履行期限规定的,自履行期限届满之日起计算;

(二)没有履行期限规定的,自行政机关收到申请满60日起计算。

公民、法人或者其他组织在紧急情况下请求行政机关履行保护人身权、财产权的法定职责,行政机关不履行的,行政复议申请期限不受前款规定的限制。

第十七条 行政机关作出的具体行政行为对公民、法人或者其他组织的权利、义务可能产生不利影响的,应当告知其申请行政复议的权利、行政复议机关和行政复议申请期限。

第四节 行政复议申请的提出

第十八条 申请人书面申请行政复议的,可以采取当面递交、邮寄或者传真等方式提出行政复议申请。

有条件的行政复议机构可以接受以电子邮件形式提出的行政复议申请。

第十九条 申请人书面申请行政复议的,应当在行政复议申请书中载明下列事项:

(一)申请人的基本情况,包括:公民的姓名、性别、年龄、身份证号码、工作单位、住所、邮政编码;法人或者其他组织的名称、住所、邮政编码和法定代表人或者主要负责人的姓名、职务;

(二)被申请人的名称;

(三)行政复议请求、申请行政复议的主要事实和理由;

(四)申请人的签名或者盖章;

(五)申请行政复议的日期。

第二十条 申请人口头申请行政复议的,行政复议机构应当依照本条例第十九条规定的事项,当场制作行政复议申请笔录交申请人核对或者向申请人宣读,并由申请人签字确认。

第二十一条 有下列情形之一的,申请人应当提供证明材料:

(一)认为被申请人不履行法定职责的,提供曾经要求被申请人履行法定职责而被申请人未履行的证明材料;

(二)申请行政复议时一并提出行政赔偿请求的,提供受具体行政行为侵害而造成损害的证明材料;

(三)法律、法规规定需要申请人提供证据材料的其他情形。

第二十二条 申请人提出行政复议申请时错列被申请人的,行政复议机构应当告知申请人变更被申请人。

第二十三条 申请人对两个以上国务院部门共同作出的具

体行政行为不服的,依照行政复议法第十四条的规定,可以向其中任何一个国务院部门提出行政复议申请,由作出具体行政行为的国务院部门共同作出行政复议决定。

第二十四条　申请人对经国务院批准实行省以下垂直领导的部门作出的具体行政行为不服的,可以选择向该部门的本级人民政府或者上一级主管部门申请行政复议;省、自治区、直辖市另有规定的,依照省、自治区、直辖市的规定办理。

第二十五条　申请人依照行政复议法第三十条第二款的规定申请行政复议的,应当向省、自治区、直辖市人民政府提出行政复议申请。

第二十六条　依照行政复议法第七条的规定,申请人认为具体行政行为所依据的规定不合法的,可以在对具体行政行为申请行政复议的同时一并提出对该规定的审查申请;申请人在对具体行政行为提出行政复议申请时尚不知道该具体行政行为所依据的规定的,可以在行政复议机关作出行政复议决定前向行政复议机关提出对该规定的审查申请。

第三章　行政复议受理

第二十七条　公民、法人或者其他组织认为行政机关的具体行政行为侵犯其合法权益提出行政复议申请,除不符合行政复议法和本条例规定的申请条件的,行政复议机关必须受理。

第二十八条　行政复议申请符合下列规定的,应当予以受理:

(一)有明确的申请人和符合规定的被申请人;

(二)申请人与具体行政行为有利害关系;

(三)有具体的行政复议请求和理由;

(四)在法定申请期限内提出;

(五)属于行政复议法规定的行政复议范围;

(六)属于收到行政复议申请的行政复议机构的职责范围;

(七)其他行政复议机关尚未受理同一行政复议申请,人民法院尚未受理同一主体就同一事实提起的行政诉讼。

第二十九条　行政复议申请材料不齐全或者表述不清楚的,行政复议机构可以自收到该行政复议申请之日起5日内书面通知申请人补正。补正通知应当载明需要补正的事项和合理的补正期限。无正当理由逾期不补正的,视为申请人放弃行政复议申请。补正申请材料所用时间不计入行政复议审理期限。

第三十条　申请人就同一事项向两个或者两个以上有权受理的行政机关申请行政复议的,由最先收到行政复议申请的行政机关受理;同时收到行政复议申请的,由收到行政复议申请的行政机关在10日内协商确定;协商不成的,由其共同上一级行政机关在10日内指定受理机关。协商确定或者指定受理机关所用时间不计入行政复议审理期限。

第三十一条　依照行政复议法第二十条的规定,上级行政机关认为行政复议机关不予受理行政复议申请的理由不成立的,可以先行督促其受理;经督促仍不受理的,应当责令其限期受理,必要时也可以直接受理;认为行政复议申请不符合法定受理条件的,应当告知申请人。

第四章　行政复议决定

第三十二条　行政复议机构审理行政复议案件,应当由2名以上行政复议人员参加。

第三十三条　行政复议机构认为必要时,可以实地调查核实证据;对重大、复杂的案件,申请人提出要求或者行政复议机构认为必要时,可以采取听证的方式审理。

第三十四条　行政复议人员向有关组织和人员调查取证时,可以查阅、复制、调取有关文件和资料,向有关人员进行询问。

调查取证时,行政复议人员不得少于2人,并应当向当事人或者有关人员出示证件。被调查单位和人员应当配合行政复议人员的工作,不得拒绝或者阻挠。

需要现场勘验的,现场勘验所用时间不计入行政复议审理期限。

第三十五条　行政复议机关应当为申请人、第三人查阅有关材料提供必要条件。

第三十六条　依照行政复议法第十四条的规定申请原级行政复议的案件,由原承办具体行政行为有关事项的部门或者机构提出书面答复,并提交作出具体行政行为的证据、依据和其他有关材料。

第三十七条　行政复议期间涉及专门事项需要鉴定的,当事人可以自行委托鉴定机构进行鉴定,也可以申请行政复议机构委托鉴定机构进行鉴定。鉴定费用由当事人承担。鉴定所用时间不计入行政复议审理期限。

第三十八条　申请人在行政复议决定作出前自愿撤回行政复议申请的,经行政复议机构同意,可以撤回。

申请人撤回行政复议申请的,不得再以同一事实和理由提出行政复议申请。但是,申请人能够证明撤回行政复议申请违背其真实意思表示的除外。

第三十九条　行政复议期间被申请人改变原具体行政行为的,不影响行政复议案件的审理。但是,申请人依法撤回行政复议申请的除外。

第四十条　公民、法人或者其他组织对行政机关行使法律、法规规定的自由裁量权作出的具体行政行为不服申请行政复议,申请人与被申请人在行政复议决定作出前自愿达成和解的,应当向行政复议机构提交书面和解协议;和解内容不损害社会公共利益和他人合法权益的,行政复议机构应当准许。

第四十一条　行政复议期间有下列情形之一,影响行政复议案件审理的,行政复议中止:

(一)作为申请人的自然人死亡,其近亲属尚未确定是否参加行政复议的；

（二）作为申请人的自然人丧失参加行政复议的能力，尚未确定法定代理人参加行政复议的；

（三）作为申请人的法人或者其他组织终止，尚未确定权利义务承受人的；

（四）作为申请人的自然人下落不明或者被宣告失踪的；

（五）申请人、被申请人因不可抗力，不能参加行政复议的；

（六）案件涉及法律适用问题，需要有权机关作出解释或者确认的；

（七）案件审理需要以其他案件的审理结果为依据，而其他案件尚未审结的；

（八）其他需要中止行政复议的情形。

行政复议中止的原因消除后，应当及时恢复行政复议案件的审理。

行政复议机构中止、恢复行政复议案件的审理，应当告知有关当事人。

第四十二条 行政复议期间有下列情形之一的，行政复议终止：

（一）申请人要求撤回行政复议申请，行政复议机构准予撤回的；

（二）作为申请人的自然人死亡，没有近亲属或者其近亲属放弃行政复议权利的；

（三）作为申请人的法人或者其他组织终止，其权利义务的承受人放弃行政复议权利的；

（四）申请人与被申请人依照本条例第四十条的规定，经行政复议机构准许达成和解的；

（五）申请人对行政拘留或者限制人身自由的行政强制措施不服申请行政复议后，因申请人同一违法行为涉嫌犯罪，该行政拘留或者限制人身自由的行政强制措施变更为刑事拘留的。

依照本条例第四十一条第一款第（一）项、第（二）项、第（三）项规定中止行政复议，满60日行政复议中止的原因仍未消除的，行政复议终止。

第四十三条 依照行政复议法第二十八条第一款第（一）项规定，具体行政行为认定事实清楚，证据确凿，适用依据正确，程序合法，内容适当的，行政复议机关应当决定维持。

第四十四条 依照行政复议法第二十八条第一款第（二）项规定，被申请人不履行法定职责的，行政复议机关应当决定其在一定期限内履行法定职责。

第四十五条 具体行政行为有行政复议法第二十八条第一款第（三）项规定情形之一的，行政复议机关应当决定撤销、变更该具体行政行为或者确认该具体行政行为违法；决定撤销该具体行政行为或者确认该具体行政行为违法的，可以责令被申请人在一定期限内重新作出具体行政行为。

第四十六条 被申请人未依照行政复议法第二十三条的规定提出书面答复、提交当初作出具体行政行为的证据、依据和其他有关材料的，视为该具体行政行为没有证据、依据，行政复议机关应当决定撤销该具体行政行为。

第四十七条 具体行政行为有下列情形之一，行政复议机关可以决定变更：

（一）认定事实清楚，证据确凿，程序合法，但是明显不当或者适用依据错误的；

（二）认定事实不清，证据不足，但是经行政复议机关审理查明事实清楚，证据确凿的。

第四十八条 有下列情形之一的，行政复议机关应当决定驳回行政复议申请：

（一）申请人认为行政机关不履行法定职责申请行政复议，行政复议机关受理后发现该行政机关没有相应法定职责或者在受理前已经履行法定职责的；

（二）受理行政复议申请后，发现该行政复议申请不符合行政复议法和本条例规定的受理条件的。

上级行政机关认为行政复议机关驳回行政复议申请的理由不成立的，应当责令其恢复审理。

第四十九条 行政复议机关依照行政复议法第二十八条的规定责令被申请人重新作出具体行政行为的，被申请人应当在法律、法规、规章规定的期限内重新作出具体行政行为；法律、法规、规章未规定期限的，重新作出具体行政行为的期限为60日。

公民、法人或者其他组织对被申请人重新作出的具体行政行为不服，可以依法申请行政复议或者提起行政诉讼。

第五十条 有下列情形之一的，行政复议机关可以按照自愿、合法的原则进行调解：

（一）公民、法人或者其他组织对行政机关行使法律、法规规定的自由裁量权作出的具体行政行为不服申请行政复议的；

（二）当事人之间的行政赔偿或者行政补偿纠纷。

当事人经调解达成协议的，行政复议机关应当制作行政复议调解书。调解书应当载明行政复议请求、事实、理由和调解结果，并加盖行政复议机关印章。行政复议调解书经双方当事人签字，即具有法律效力。

调解未达成协议或者调解书生效前一方反悔的，行政复议机关应当及时作出行政复议决定。

第五十一条 行政复议机关在申请人的行政复议请求范围内，不得作出对申请人更为不利的行政复议决定。

第五十二条 第三人逾期不起诉又不履行行政复议决定的，依照行政复议法第三十三条的规定处理。

第五章 行政复议指导和监督

第五十三条 行政复议机关应当加强对行政复议工作的领导。

行政复议机构在本级行政复议机关的领导下,按照职责权限对行政复议工作进行督促、指导。

第五十四条　县级以上各级人民政府应当加强对所属工作部门和下级人民政府履行行政复议职责的监督。

行政复议机关应当加强对其行政复议机构履行行政复议职责的监督。

第五十五条　县级以上地方各级人民政府应当建立健全行政复议工作责任制,将行政复议工作纳入本级政府目标责任制。

第五十六条　县级以上地方各级人民政府应当按照职责权限,通过定期组织检查、抽查等方式,对所属工作部门和下级人民政府行政复议工作进行检查,并及时向有关方面反馈检查结果。

第五十七条　行政复议期间行政复议机关发现被申请人或者其他下级行政机关的相关行政行为违法或者需要做好善后工作的,可以制作行政复议意见书。有关机关应当自收到行政复议意见书之日起60日内将纠正相关行政违法行为或者做好善后工作的情况通报行政复议机构。

行政复议期间行政复议机构发现法律、法规、规章实施中带有普遍性的问题,可以制作行政复议建议书,向有关机关提出完善制度和改进行政执法的建议。

第五十八条　县级以上各级人民政府行政复议机构应当定期向本级人民政府提交行政复议工作状况分析报告。

第五十九条　下级行政复议机关应当及时将重大行政复议决定报上级行政复议机关备案。

第六十条　各级行政复议机构应当定期组织对行政复议人员进行业务培训,提高行政复议人员的专业素质。

第六十一条　各级行政复议机关应当定期总结行政复议工作,对在行政复议工作中做出显著成绩的单位和个人,依照有关规定给予表彰和奖励。

第六章　法律责任

第六十二条　被申请人在规定期限内未按照行政复议决定的要求重新作出具体行政行为,或者违反规定重新作出具体行政行为的,依照行政复议法第三十七条的规定追究法律责任。

第六十三条　拒绝或者阻挠行政复议人员调查取证、查阅、复制、调取有关文件和资料的,对有关责任人员依法给予处分或者治安处罚;构成犯罪的,依法追究刑事责任。

第六十四条　行政复议机关或者行政复议机构不履行行政复议法和本条例规定的行政复议职责,经有权监督的行政机关督促仍不改正的,对直接负责的主管人员和其他直接责任人员依法给予警告、记过、记大过的处分;造成严重后果的,依法给予降级、撤职、开除的处分。

第六十五条　行政机关及其工作人员违反行政复议法和本条例规定的,行政复议机构可以向人事、监察部门提出对有关责任人员的处分建议,也可以将有关人员违法的事实材料直接转送人事、监察部门处理;接受转送的人事、监察部门应当依法处理,并将处理结果通报转送的行政复议机构。

第七章　附　　则

第六十六条　本条例自2007年8月1日起施行。

中华人民共和国
政府信息公开条例

1. 2007年4月5日国务院令第492号公布
2. 自2008年5月1日起施行

第一章　总　　则

第一条　为了保障公民、法人和其他组织依法获取政府信息,提高政府工作的透明度,促进依法行政,充分发挥政府信息对人民群众生产、生活和经济社会活动的服务作用,制定本条例。

第二条　本条例所称政府信息,是指行政机关在履行职责过程中制作或者获取的,以一定形式记录、保存的信息。

第三条　各级人民政府应当加强对政府信息公开工作的组织领导。

国务院办公厅是全国政府信息公开工作的主管部门,负责推进、指导、协调、监督全国的政府信息公开工作。

县级以上地方人民政府办公厅(室)或者县级以上地方人民政府确定的其他政府信息公开工作主管部门负责推进、指导、协调、监督本行政区域的政府信息公开工作。

第四条　各级人民政府及县级以上人民政府部门应当建立健全本行政机关的政府信息公开工作制度,并指定机构(以下统称政府信息公开工作机构)负责本行政机关政府信息公开的日常工作。

政府信息公开工作机构的具体职责是:

(一)具体承办本行政机关的政府信息公开事宜;

(二)维护和更新本行政机关公开的政府信息;

(三)组织编制本行政机关的政府信息公开指南、政府信息公开目录和政府信息公开工作年度报告;

(四)对拟公开的政府信息进行保密审查;

(五)本行政机关规定的与政府信息公开有关的其他职责。

第五条　行政机关公开政府信息,应当遵循公正、公平、便民的原则。

第六条　行政机关应当及时、准确地公开政府信息。行政机关发现影响或者可能影响社会稳定、扰乱社会管理秩序的虚假或者不完整信息的,应当在其职责范围内发布准确的政府信息予以澄清。

第七条　行政机关应当建立健全政府信息发布协调机制。行政机关发布政府信息涉及其他行政机关的,应当与有关行政机关进行沟通、确认,保证行政机关发布的政府信息准确一致。

行政机关发布政府信息依照国家有关规定需要批准的,未经批准不得发布。

第八条 行政机关公开政府信息,不得危及国家安全、公共安全、经济安全和社会稳定。

第二章 公开的范围

第九条 行政机关对符合下列基本要求之一的政府信息应当主动公开:

(一)涉及公民、法人或者其他组织切身利益的;

(二)需要社会公众广泛知晓或者参与的;

(三)反映本行政机关机构设置、职能、办事程序等情况的;

(四)其他依照法律、法规和国家有关规定应当主动公开的。

第十条 县级以上各级人民政府及其部门应当依照本条例第九条的规定,在各自职责范围内确定主动公开的政府信息的具体内容,并重点公开下列政府信息:

(一)行政法规、规章和规范性文件;

(二)国民经济和社会发展规划、专项规划、区域规划及相关政策;

(三)国民经济和社会发展统计信息;

(四)财政预算、决算报告;

(五)行政事业性收费的项目、依据、标准;

(六)政府集中采购项目的目录、标准及实施情况;

(七)行政许可的事项、依据、条件、数量、程序、期限以及申请行政许可需要提交的全部材料目录及办理情况;

(八)重大建设项目的批准和实施情况;

(九)扶贫、教育、医疗、社会保障、促进就业等方面的政策、措施及其实施情况;

(十)突发公共事件的应急预案、预警信息及应对情况;

(十一)环境保护、公共卫生、安全生产、食品药品、产品质量的监督检查情况。

第十一条 设区的市级人民政府、县级人民政府及其部门重点公开的政府信息还应当包括下列内容:

(一)城乡建设和管理的重大事项;

(二)社会公益事业建设情况;

(三)征收或者征用土地、房屋拆迁及其补偿、补助费用的发放、使用情况;

(四)抢险救灾、优抚、救济、社会捐助等款物的管理、使用和分配情况。

第十二条 乡(镇)人民政府应当依照本条例第九条的规定,在其职责范围内确定主动公开的政府信息的具体内容,并重点公开下列政府信息:

(一)贯彻落实国家关于农村工作政策的情况;

(二)财政收支、各类专项资金的管理和使用情况;

(三)乡(镇)土地利用总体规划、宅基地使用的审核情况;

(四)征收或者征用土地、房屋拆迁及其补偿、补助费用的发放、使用情况;

(五)乡(镇)的债权债务、筹资筹劳情况;

(六)抢险救灾、优抚、救济、社会捐助等款物的发放情况;

(七)乡镇集体企业及其他乡镇经济实体承包、租赁、拍卖等情况;

(八)执行计划生育政策的情况。

第十三条 除本条例第九条、第十条、第十一条、第十二条规定的行政机关主动公开的政府信息外,公民、法人或者其他组织还可以根据自身生产、生活、科研等特殊需要,向国务院部门、地方各级人民政府及县级以上地方人民政府部门申请获取相关政府信息。

第十四条 行政机关应当建立健全政府信息发布保密审查机制,明确审查的程序和责任。

行政机关在公开政府信息前,应当依照《中华人民共和国保守国家秘密法》以及其他法律、法规和国家有关规定对拟公开的政府信息进行审查。

行政机关对政府信息不能确定是否可以公开时,应当依照法律、法规和国家有关规定报有关主管部门或者同级保密工作部门确定。

行政机关不得公开涉及国家秘密、商业秘密、个人隐私的政府信息。但是,经权利人同意公开或者行政机关认为不公开可能对公共利益造成重大影响的涉及商业秘密、个人隐私的政府信息,可以予以公开。

第三章 公开的方式和程序

第十五条 行政机关应当将主动公开的政府信息,通过政府公报、政府网站、新闻发布会以及报刊、广播、电视等便于公众知晓的方式公开。

第十六条 各级人民政府应当在国家档案馆、公共图书馆设置政府信息查阅场所,并配备相应的设施、设备,为公民、法人或者其他组织获取政府信息提供便利。

行政机关可以根据需要设立公共查阅室、资料索取点、信息公告栏、电子信息屏等场所、设施,公开政府信息。

行政机关应当及时向国家档案馆、公共图书馆提供主动公开的政府信息。

第十七条 行政机关制作的政府信息,由制作该政府信息的行政机关负责公开;行政机关从公民、法人或者其他组织获取的政府信息,由保存该政府信息的行政机关负责公开。法律、法规对政府信息公开的权限另有规定的,从其规定。

第十八条 属于主动公开范围的政府信息,应当自该政府信息形成或者变更之日起20个工作日内予以公开。法律、法规对政府信息公开的期限另有规定的,从其规定。

第十九条　行政机关应当编制、公布政府信息公开指南和政府信息公开目录,并及时更新。

政府信息公开指南,应当包括政府信息的分类、编排体系、获取方式,政府信息公开工作机构的名称、办公地址、办公时间、联系电话、传真号码、电子邮箱等内容。

政府信息公开目录,应当包括政府信息的索引、名称、内容概述、生成日期等内容。

第二十条　公民、法人或者其他组织依照本条例第十三条规定向行政机关申请获取政府信息的,应当采用书面形式(包括数据电文形式);采用书面形式确有困难的,申请人可以口头提出,由受理该申请的行政机关代为填写政府信息公开申请。

政府信息公开申请应当包括下列内容:

(一)申请人的姓名或者名称、联系方式;

(二)申请公开的政府信息的内容描述;

(三)申请公开的政府信息的形式要求。

第二十一条　对申请公开的政府信息,行政机关根据下列情况分别作出答复:

(一)属于公开范围的,应当告知申请人获取该政府信息的方式和途径;

(二)属于不予公开范围的,应当告知申请人并说明理由;

(三)依法不属于本行政机关公开或者该政府信息不存在的,应当告知申请人,对能够确定该政府信息的公开机关的,应当告知申请人该行政机关的名称、联系方式;

(四)申请内容不明确的,应当告知申请人作出更改、补充。

第二十二条　申请公开的政府信息中含有不应当公开的内容,但是能够作区分处理的,行政机关应当向申请人提供可以公开的信息内容。

第二十三条　行政机关认为申请公开的政府信息涉及商业秘密、个人隐私,公开后可能损害第三方合法权益的,应当书面征求第三方的意见;第三方不同意公开的,不得公开。但是,行政机关认为不公开可能对公共利益造成重大影响的,应当予以公开,并将决定公开的政府信息内容和理由书面通知第三方。

第二十四条　行政机关收到政府信息公开申请,能够当场答复的,应当当场予以答复。

行政机关不能当场答复的,应当自收到申请之日起15个工作日内予以答复;如需延长答复期限的,应当经政府信息公开工作机构负责人同意,并告知申请人,延长答复的期限最长不得超过15个工作日。

申请公开的政府信息涉及第三方权益的,行政机关征求第三方意见所需时间不计算在本条第二款规定的期限内。

第二十五条　公民、法人或者其他组织向行政机关申请提供与其自身相关的税费缴纳、社会保障、医疗卫生等政府信息的,应当出示有效身份证件或者证明文件。

公民、法人或者其他组织有证据证明行政机关提供的与其自身相关的政府信息记录不准确的,有权要求该行政机关予以更正。该行政机关无权更正的,应当转送有权更正的行政机关处理,并告知申请人。

第二十六条　行政机关依申请公开政府信息,应当按照申请人要求的形式予以提供;无法按照申请人要求的形式提供的,可以通过安排申请人查阅相关资料、提供复制件或者其他适当形式提供。

第二十七条　行政机关依申请提供政府信息,除可以收取检索、复制、邮寄等成本费用外,不得收取其他费用。行政机关不得通过其他组织、个人以有偿服务方式提供政府信息。

行政机关收取检索、复制、邮寄等成本费用的标准由国务院价格主管部门会同国务院财政部门制定。

第二十八条　申请公开政府信息的公民确有经济困难的,经本人申请、政府信息公开工作机构负责人审核同意,可以减免相关费用。

申请公开政府信息的公民存在阅读困难或者视听障碍的,行政机关应当为其提供必要的帮助。

第四章　监督和保障

第二十九条　各级人民政府应当建立健全政府信息公开工作考核制度、社会评议制度和责任追究制度,定期对政府信息公开工作进行考核、评议。

第三十条　政府信息公开工作主管部门和监察机关负责对行政机关政府信息公开的实施情况进行监督检查。

第三十一条　各级行政机关应当在每年3月31日前公布本行政机关的政府信息公开工作年度报告。

第三十二条　政府信息公开工作年度报告应当包括下列内容:

(一)行政机关主动公开政府信息的情况;

(二)行政机关依申请公开政府信息和不予公开政府信息的情况;

(三)政府信息公开的收费及减免情况;

(四)因政府信息公开申请行政复议、提起行政诉讼的情况;

(五)政府信息公开工作存在的主要问题及改进情况;

(六)其他需要报告的事项。

第三十三条　公民、法人或者其他组织认为行政机关不依法履行政府信息公开义务的,可以向上级行政机关、监察机关或者政府信息公开工作主管部门举报。收到举报的机关应当予以调查处理。

公民、法人或者其他组织认为行政机关在政府信息公开工作中的具体行政行为侵犯其合法权益的,可以依法申请行政复议或者提起行政诉讼。

第三十四条　行政机关违反本条例的规定,未建立健全政府信息发布保密审查机制的,由监察机关、上一级行政机关责令改正;情节严重的,对行政机关主要负责人依法给予处分。

第三十五条 行政机关违反本条例的规定,有下列情形之一的,由监察机关、上一级行政机关责令改正;情节严重的,对行政机关直接负责的主管人员和其他直接责任人员依法给予处分;构成犯罪的,依法追究刑事责任:

(一)不依法履行政府信息公开义务的;

(二)不及时更新公开的政府信息内容、政府信息公开指南和政府信息公开目录的;

(三)违反规定收取费用的;

(四)通过其他组织、个人以有偿服务方式提供政府信息的;

(五)公开不应当公开的政府信息的;

(六)违反本条例规定的其他行为。

第五章 附 则

第三十六条 法律、法规授权的具有管理公共事务职能的组织公开政府信息的活动,适用本条例。

第三十七条 教育、医疗卫生、计划生育、供水、供电、供气、供热、环保、公共交通等与人民群众利益密切相关的公共企事业单位在提供社会公共服务过程中制作、获取的信息的公开,参照本条例执行,具体办法由国务院有关主管部门或者机构制定。

第三十八条 本条例自2008年5月1日起施行。

信访条例

1. 2005年1月10日国务院令第431号公布
2. 自2005年5月1日起施行

第一章 总 则

第一条 为了保持各级人民政府同人民群众的密切联系,保护信访人的合法权益,维护信访秩序,制定本条例。

第二条 本条例所称信访,是指公民、法人或者其他组织采用书信、电子邮件、传真、电话、走访等形式,向各级人民政府、县级以上人民政府工作部门反映情况,提出建议、意见或者投诉请求,依法由有关行政机关处理的活动。

采用前款规定的形式,反映情况,提出建议、意见或者投诉请求的公民、法人或者其他组织,称信访人。

第三条 各级人民政府、县级以上人民政府工作部门应当做好信访工作,认真处理来信、接待来访,倾听人民群众的意见、建议和要求,接受人民群众的监督,努力为人民群众服务。

各级人民政府、县级以上人民政府工作部门应当畅通信访渠道,为信访人采用本条例规定的形式反映情况,提出建议、意见或者投诉请求提供便利条件。

任何组织和个人不得打击报复信访人。

第四条 信访工作应当在各级人民政府领导下,坚持属地管理、分级负责,谁主管、谁负责,依法、及时、就地解决问题与疏导教育相结合的原则。

第五条 各级人民政府、县级以上人民政府工作部门应当科学、民主决策,依法履行职责,从源头上预防导致信访事项的矛盾和纠纷。

县级以上人民政府应当建立统一领导、部门协调,统筹兼顾、标本兼治,各负其责、齐抓共管的信访工作格局,通过联席会议、建立排查调处机制、建立信访督查工作制度等方式,及时化解矛盾和纠纷。

各级人民政府、县级以上人民政府各工作部门的负责人应当阅批重要来信、接待重要来访、听取信访工作汇报,研究解决信访工作中的突出问题。

第六条 县级以上人民政府应当设立信访工作机构;县级以上人民政府工作部门及乡、镇人民政府应当按照有利工作、方便信访人的原则,确定负责信访工作的机构(以下简称信访工作机构)或者人员,具体负责信访工作。

县级以上人民政府信访工作机构是本级人民政府负责信访工作的行政机构,履行下列职责:

(一)受理、交办、转送信访人提出的信访事项;

(二)承办上级和本级人民政府交由处理的信访事项;

(三)协调处理重要信访事项;

(四)督促检查信访事项的处理;

(五)研究、分析信访情况,开展调查研究,及时向本级人民政府提出完善政策和改进工作的建议;

(六)对本级人民政府其他工作部门和下级人民政府信访工作机构的信访工作进行指导。

第七条 各级人民政府应当建立健全信访工作责任制,对信访工作中的失职、渎职行为,严格依照有关法律、行政法规和本条例的规定,追究有关责任人员的责任,并在一定范围内予以通报。

各级人民政府应当将信访工作绩效纳入公务员考核体系。

第八条 信访人反映的情况,提出的建议、意见,对国民经济和社会发展或者对改进国家机关工作以及保护社会公共利益有贡献的,由有关行政机关或者单位给予奖励。

对在信访工作中做出优异成绩的单位或者个人,由有关行政机关给予奖励。

第二章 信访渠道

第九条 各级人民政府、县级以上人民政府工作部门应当向社会公布信访工作机构的通信地址、电子信箱、投诉电话、信访接待的时间和地点、查询信访事项处理进展及结果的方式等相关事项。

各级人民政府、县级以上人民政府工作部门应当在其信访接待场所或者网站公布与信访工作有关的法律、法规、规章,信访事项的处理程序,以及其他为信访人提供便利的相关事项。

第十条　设区的市级、县级人民政府及其工作部门,乡、镇人民政府应当建立行政机关负责人信访接待日制度,由行政机关负责人协调处理信访事项。信访人可以在公布的接待日和接待地点向有关行政机关负责人当面反映信访事项。

县级以上人民政府及其工作部门负责人或者其指定的人员,可以就信访人反映突出的问题到信访人居住地与信访人面谈沟通。

第十一条　国家信访工作机构充分利用现有政务信息网络资源,建立全国信访信息系统,为信访人在当地提出信访事项、查询信访事项办理情况提供便利。

县级以上地方人民政府应当充分利用现有政务信息网络资源,建立或者确定本行政区域的信访信息系统,并与上级人民政府、政府有关部门、下级人民政府的信访信息系统实现互联互通。

第十二条　县级以上各级人民政府的信访工作机构或者有关工作部门应当及时将信访人的投诉请求输入信访信息系统,信访人可以持行政机关出具的投诉请求受理凭证到当地人民政府的信访工作机构或者有关工作部门的接待场所查询其所提出的投诉请求的办理情况。具体实施办法和步骤由省、自治区、直辖市人民政府规定。

第十三条　设区的市、县两级人民政府可以根据信访工作的实际需要,建立政府主导、社会参与、有利于迅速解决纠纷的工作机制。

信访工作机构应当组织相关社会团体、法律援助机构、相关专业人员、社会志愿者等共同参与,运用咨询、教育、协商、调解、听证等方法,依法、及时、合理处理信访人的投诉请求。

第三章　信访事项的提出

第十四条　信访人对下列组织、人员的职务行为反映情况,提出建议、意见,或者不服下列组织、人员的职务行为,可以向有关行政机关提出信访事项:

(一)行政机关及其工作人员;

(二)法律、法规授权的具有管理公共事务职能的组织及其工作人员;

(三)提供公共服务的企业、事业单位及其工作人员;

(四)社会团体或者其他企业、事业单位中由国家行政机关任命、派出的人员;

(五)村民委员会、居民委员会及其成员。

对依法应当通过诉讼、仲裁、行政复议等法定途径解决的投诉请求,信访人应当依照有关法律、行政法规规定的程序向有关机关提出。

第十五条　信访人对各级人民代表大会以及县级以上各级人民代表大会常务委员会、人民法院、人民检察院职权范围内的信访事项,应当分别向有关的人民代表大会及其常务委员会、人民法院、人民检察院提出,并遵守本条例第十六条、第十七条、第十八条、第十九条、第二十条的规定。

第十六条　信访人采用走访形式提出信访事项,应当向依法有权处理的本级或者上一级机关提出;信访事项已经受理或者正在办理的,信访人在规定期限内向受理、办理机关的上级机关再提出同一信访事项的,该上级机关不予受理。

第十七条　信访人提出信访事项,一般应当采用书信、电子邮件、传真等书面形式;信访人提出投诉请求的,还应当载明信访人的姓名(名称)、住址和请求、事实、理由。

有关机关对采用口头形式提出的投诉请求,应当记录信访人的姓名(名称)、住址和请求、事实、理由。

第十八条　信访人采用走访形式提出信访事项的,应当到有关机关设立或者指定的接待场所提出。

多人采用走访形式提出共同的信访事项的,应当推选代表,代表人数不得超过5人。

第十九条　信访人提出信访事项,应当客观真实,对其所提供材料内容的真实性负责,不得捏造、歪曲事实,不得诬告、陷害他人。

第二十条　信访人在信访过程中应当遵守法律、法规,不得损害国家、社会、集体的利益和其他公民的合法权利,自觉维护社会公共秩序和信访秩序,不得有下列行为:

(一)在国家机关办公场所周围、公共场所非法聚集,围堵、冲击国家机关,拦截公务车辆,或者堵塞、阻断交通的;

(二)携带危险物品、管制器具的;

(三)侮辱、殴打、威胁国家机关工作人员,或者非法限制他人人身自由的;

(四)在信访接待场所滞留、滋事,或者将生活不能自理的人弃留在信访接待场所的;

(五)煽动、串联、胁迫、以财物诱使、幕后操纵他人信访或者以信访为名借机敛财的;

(六)扰乱公共秩序、妨害国家和公共安全的其他行为。

第四章　信访事项的受理

第二十一条　县级以上人民政府信访工作机构收到信访事项,应当予以登记,并区分情况,在15日内分别按下列方式处理:

(一)对本条例第十五条规定的信访事项,应当告知信访人分别向有关的人民代表大会及其常务委员会、人民法院、人民检察院提出。对已经或者依法应当通过诉讼、仲裁、行政复议等法定途径解决的,不予受理,但应当告知信访人依照有关法律、行政法规规定程序向有关机关提出。

(二)对依照法定职责属于本级人民政府或者其工作部门处理决定的信访事项,应当转送有权处理的行政机关;情况重大、紧急的,应当及时提出建议,报请本级人民政府决定。

(三)信访事项涉及下级行政机关或者其工作人员的,按照"属地管理、分级负责,谁主管、谁负责"的原则,直接转送有权处理的行政机关,并抄送下一级人民政府信访工作机构。

县级以上人民政府信访工作机构要定期向下一级人民政府信访工作机构通报转送情况,下级人民政府信访工作机构要定期向上一级人民政府信访工作机构报告转送信访事项的办理情况。

(四)对转送信访事项中的重要情况需要反馈办理结果的,可以直接交由有权处理的行政机关办理,要求其在指定办理期限内反馈结果,提交办结报告。

按照前款第(二)项至第(四)项规定,有关行政机关应当自收到转送、交办的信访事项之日起15日内决定是否受理并书面告知信访人,并按要求通报信访工作机构。

第二十二条 信访人按照本条例规定直接向各级人民政府信访工作机构以外的行政机关提出的信访事项,有关行政机关应当予以登记;对符合本条例第十四条第一款规定并属于本机关法定职权范围的信访事项,应当受理,不得推诿、敷衍、拖延;对不属于本机关职权范围的信访事项,应当告知信访人向有权的机关提出。

有关行政机关收到信访事项后,能够当场答复是否受理的,应当当场书面答复;不能当场答复的,应当自收到信访事项之日起15日内书面告知信访人。但是,信访人的姓名(名称)、住址不清的除外。

有关行政机关应当相互通报信访事项的受理情况。

第二十三条 行政机关及其工作人员不得将信访人的检举、揭发材料及有关情况透露或者转给被检举、揭发的人员或者单位。

第二十四条 涉及两个或者两个以上行政机关的信访事项,由所涉及的行政机关协商受理;受理有争议的,由其共同的上一级行政机关决定受理机关。

第二十五条 应当对信访事项作出处理的行政机关分立、合并、撤销的,由继续行使其职权的行政机关受理;职责不清的,由本级人民政府或者其指定的机关受理。

第二十六条 公民、法人或者其他组织发现可能造成社会影响的重大、紧急信访事项和信访信息时,可以就近向有关行政机关报告。地方各级人民政府接到报告后,应当立即报告上一级人民政府;必要时,通报有关主管部门。县级以上地方人民政府有关部门接到报告后,应当立即报告本级人民政府和上一级主管部门;必要时,通报有关主管部门。国务院有关部门接到报告后,应当立即报告国务院;必要时,通报有关主管部门。

行政机关对重大、紧急信访事项和信访信息不得隐瞒、谎报、缓报,或者授意他人隐瞒、谎报、缓报。

第二十七条 对于可能造成社会影响的重大、紧急信访事项和信访信息,有关行政机关应当在职责范围内依法及时采取措施,防止不良影响的产生、扩大。

第五章 信访事项的办理和督办

第二十八条 行政机关及其工作人员办理信访事项,应当恪尽职守、秉公办事,查明事实、分清责任,宣传法制、教育疏导,及时妥善处理,不得推诿、敷衍、拖延。

第二十九条 信访人反映的情况,提出的建议、意见,有利于行政机关改进工作、促进国民经济和社会发展的,有关行政机关应当认真研究论证并积极采纳。

第三十条 行政机关工作人员与信访事项或者信访人有直接利害关系的,应当回避。

第三十一条 对信访事项有权处理的行政机关办理信访事项,应当听取信访人陈述事实和理由;必要时可以要求信访人、有关组织和人员说明情况;需要进一步核实有关情况的,可以向其他组织和人员调查。

对重大、复杂、疑难的信访事项,可以举行听证。听证应当公开举行,通过质询、辩论、评议、合议等方式,查明事实,分清责任。听证范围、主持人、参加人、程序等由省、自治区、直辖市人民政府规定。

第三十二条 对信访事项有权处理的行政机关经调查核实,应当依照有关法律、法规、规章及其他有关规定,分别作出以下处理,并书面答复信访人:

(一)请求事实清楚,符合法律、法规、规章或者其他有关规定的,予以支持;

(二)请求事由合理但缺乏法律依据的,应当对信访人做好解释工作;

(三)请求缺乏事实根据或者不符合法律、法规、规章或者其他有关规定的,不予支持。

有权处理的行政机关依照前款第(一)项规定作出支持信访请求意见的,应当督促有关机关或者单位执行。

第三十三条 信访事项应当自受理之日起60日内办结;情况复杂的,经本行政机关负责人批准,可以适当延长办理期限,但延长期限不得超过30日,并告知信访人延期理由。法律、行政法规另有规定的,从其规定。

第三十四条 信访人对行政机关作出的信访事项处理意见不服的,可以自收到书面答复之日起30日内请求原办理行政机关的上一级行政机关复查。收到复查请求的行政机关应当自收到复查请求之日起30日内提出复查意见,并予以书面答复。

第三十五条 信访人对复查意见不服的,可以自收到书面答复之日起30日内向复查机关的上一级行政机关请求复核。收到复核请求的行政机关应当自收到复核请求之日起30日内提出复核意见。

复核机关可以按照本条例第三十一条第二款的规定举行听证,经过听证的复核意见可以依法向社会公示。听证所需时间不计算在前款规定的期限内。

信访人对复核意见不服,仍然以同一事实和理由提出投诉请求的,各级人民政府信访工作机构和其他行政机关不再受理。

第三十六条　县级以上人民政府信访工作机构发现有关行政机关有下列情形之一的,应当及时督办,并提出改进建议:

(一)无正当理由未按规定的办理期限办结信访事项的;

(二)未按规定反馈信访事项办理结果的;

(三)未按规定程序办理信访事项的;

(四)办理信访事项推诿、敷衍、拖延的;

(五)不执行信访处理意见的;

(六)其他需要督办的情形。

收到改进建议的行政机关应当在30日内书面反馈情况;未采纳改进建议的,应当说明理由。

第三十七条　县级以上人民政府信访工作机构对于信访人反映的有关政策性问题,应当及时向本级人民政府报告,并提出完善政策、解决问题的建议。

第三十八条　县级以上人民政府信访工作机构对在信访工作中推诿、敷衍、拖延、弄虚作假造成严重后果的行政机关工作人员,可以向有官行政机关提出给予行政处分的建议。

第三十九条　县级以上人民政府信访工作机构应当就以下事项向本级人民政府定期提交信访情况分析报告:

(一)受理信访事项的数据统计、信访事项涉及领域以及被投诉较多的机关;

(二)转送、督办情况以及各部门采纳改进建议的情况;

(三)提出的政策性建议及其被采纳情况。

第六章　法律责任

第四十条　因下列情形之一导致信访事项发生,造成严重后果的,对直接负责的主管人员和其他直接责任人员,依照有关法律、行政法规的规定给予行政处分;构成犯罪的,依法追究刑事责任:

(一)超越或者滥用职权,侵害信访人合法权益的;

(二)行政机关应当作为而不作为,侵害信访人合法权益的;

(三)适用法律、法规错误或者违反法定程序,侵害信访人合法权益的;

(四)拒不执行有权处理的行政机关作出的支持信访请求意见的。

第四十一条　县级以上人民政府信访工作机构对收到的信访事项应当登记、转送、交办而未按规定登记、转送、交办,或者应当履行督办职责而未履行的,由其上级行政机关责令改正;造成严重后果的,对直接负责的主管人员和其他直接责任人员依法给予行政处分。

第四十二条　负有受理信访事项职责的行政机关在受理信访事项过程中违反本条例的规定,有下列情形之一的,由其上级行政机关责令改正;造成严重后果的,对直接负责的主管人员和其他直接责任人员依法给予行政处分:

(一)对收到的信访事项不按规定登记的;

(二)对属于其法定职权范围的信访事项不予受理的;

(三)行政机关未在规定期限内书面告知信访人是否受理信访事项的。

第四十三条　对信访事项有权处理的行政机关在办理信访事项过程中,有下列行为之一的,由其上级行政机关责令改正;造成严重后果的,对直接负责的主管人员和其他直接责任人员依法给予行政处分:

(一)推诿、敷衍、拖延信访事项办理或者未在法定期限内办结信访事项的;

(二)对事实清楚,符合法律、法规、规章或者其他有关规定的投诉请求未予支持的。

第四十四条　行政机关工作人员违反本条例规定,将信访人的检举、揭发材料或者有关情况透露、转给被检举、揭发的人员或者单位的,依法给予行政处分。

行政机关工作人员在处理信访事项过程中,作风粗暴,激化矛盾并造成严重后果的,依法给予行政处分。

第四十五条　行政机关及其工作人员违反本条例第二十六条规定,对可能造成社会影响的重大、紧急信访事项和信访信息,隐瞒、谎报、缓报,或者授意他人隐瞒、谎报、缓报,造成严重后果的,对直接负责的主管人员和其他直接责任人员依法给予行政处分;构成犯罪的,依法追究刑事责任。

第四十六条　打击报复信访人,构成犯罪的,依法追究刑事责任;尚不构成犯罪的,依法给予行政处分或者纪律处分。

第四十七条　违反本条例第十八条、第二十条规定的,有关国家机关工作人员应当对信访人进行劝阻、批评或者教育。

经劝阻、批评和教育无效的,由公安机关予以警告、训诫或者制止;违反集会游行示威的法律、行政法规,或者构成违反治安管理行为的,由公安机关依法采取必要的现场处置措施、给予治安管理处罚;构成犯罪的,依法追究刑事责任。

第四十八条　信访人捏造歪曲事实、诬告陷害他人,构成犯罪的,依法追究刑事责任;尚不构成犯罪的,由公安机关依法给予治安管理处罚。

第七章　附　　则

第四十九条　社会团体、企业事业单位的信访工作参照本条例执行。

第五十条　对外国人、无国籍人、外国组织信访事项的处理,参照本条例执行。

第五十一条　本条例自2005年5月1日起施行。1995年10月28日国务院发布的《信访条例》同时废止。

2. 人事

中华人民共和国公务员法

1. 2005年4月27日第十届全国人民代表大会常务委员会第十五次会议通过

2. 根据2017年9月1日第十二届全国人民代表大会常务委员会第二十九次会议《关于修改〈中华人民共和国法官法〉等八部法律的决定》修正

目　　录

第一章　总　　则

第一条　【立法目的】为了规范公务员的管理，保障公务员的合法权益，加强对公务员的监督，建设高素质的公务员队伍，促进勤政廉政，提高工作效能，根据宪法，制定本法。

第二条　【定义】本法所称公务员，是指依法履行公职、纳入国家行政编制、由国家财政负担工资福利的工作人员。

第三条　【适用范围】公务员的义务、权利和管理，适用本法。

法律对公务员中的领导成员的产生、任免、监督以及法官、检察官等的义务、权利和管理另有规定的，从其规定。

第四条　【公务员制度的指导思想和原则】公务员制度坚持以马克思列宁主义、毛泽东思想、邓小平理论和"三个代表"重要思想为指导，贯彻社会主义初级阶段的基本路线，贯彻中国共产党的干部路线和方针，坚持党管干部原则。

第五条　【公开、平等、竞争、择优和法治原则】公务员的管理，坚持公开、平等、竞争、择优的原则，依照法定的权限、条件、标准和程序进行。

第六条　【监督约束与激励保障并重原则】公务员的管理，坚持监督约束与激励保障并重的原则。

第七条　【任用原则】公务员的任用，坚持任人唯贤、德才兼备的原则，注重工作实绩。

第八条　【分类管理】国家对公务员实行分类管理，提高管理效能和科学化水平。

第九条　【履行职责的法律保障】公务员依法履行职务的行为，受法律保护。

第十条　【公务员的管理】中央公务员主管部门负责全国公务员的综合管理工作。县级以上地方各级公务员主管部门负责本辖区内公务员的综合管理工作。上级公务员主管部门指导下级公务员主管部门的公务员管理工作。各级公务员主管部门指导同级各机关的公务员管理工作。

第二章　公务员的条件、义务与权利

第十一条　【公务员的条件】公务员应当具备下列条件：

（一）具有中华人民共和国国籍；

（二）年满十八周岁；

（三）拥护中华人民共和国宪法；

（四）具有良好的品行；

（五）具有正常履行职责的身体条件；

（六）具有符合职位要求的文化程度和工作能力；

（七）法律规定的其他条件。

第十二条　【公务员的义务】公务员应当履行下列义务：

（一）模范遵守宪法和法律；

（二）按照规定的权限和程序认真履行职责，努力提高工作效率；

（三）全心全意为人民服务，接受人民监督；

（四）维护国家的安全、荣誉和利益；

（五）忠于职守，勤勉尽责，服从和执行上级依法作出的决定和命令；

（六）保守国家秘密和工作秘密；

（七）遵守纪律，恪守职业道德，模范遵守社会公德；

（八）清正廉洁，公道正派；

（九）法律规定的其他义务。

第十三条　【公务员的权利】公务员享有下列权利：

（一）获得履行职责应当具有的工作条件；

（二）非因法定事由、非经法定程序，不被免职、降职、辞退或者处分；

（三）获得工资报酬，享受福利、保险待遇；

（四）参加培训；

（五）对机关工作和领导人员提出批评和建议；

（六）提出申诉和控告；

（七）申请辞职；

(八)法律规定的其他权利。

第三章　职务与级别

第十四条　【公务员的职位分类】国家实行公务员职位分类制度。

公务员职位类别按照公务员职位的性质、特点和管理需要,划分为综合管理类、专业技术类和行政执法类等类别。国务院根据本法,对于具有职位特殊性,需要单独管理的,可以增设其他职位类别。各职位类别的适用范围由国家另行规定。

第十五条　【设置职务序列】国家根据公务员职位类别设置公务员职务序列。

第十六条　【领导职务和非领导职务】公务员职务分为领导职务和非领导职务。

领导职务层次分为:国家级正职、国家级副职、省部级正职、省部级副职、厅局级正职、厅局级副职、县处级正职、县处级副职、乡科级正职、乡科级副职。

非领导职务层次在厅局级以下设置。

第十七条　【职务序列】综合管理类的领导职务根据宪法、有关法律、职务层次和机构规格设置确定。

综合管理类的非领导职务分为:巡视员、副巡视员、调研员、副调研员、主任科员、副主任科员、科员、办事员。

综合管理类以外其他职位类别公务员的职务序列,根据本法由国家另行规定。

第十八条　【具体职位的设立】各机关依照确定的职能、规格、编制限额、职数以及结构比例,设置本机关公务员的具体职位,并确定各职位的工作职责和任职资格条件。

第十九条　【公务员的级别】公务员的职务应当对应相应的级别。公务员职务与级别的对应关系,由国务院规定。

公务员的职务与级别是确定公务员工资及其他待遇的依据。

公务员的级别根据所任职务及其德才表现、工作实绩和资历确定。公务员在同一职务上,可以按照国家规定晋升级别。

第二十条　【衔级】国家根据人民警察以及海关、驻外外交机构公务员的工作特点,设置与其职务相对应的衔级。

第四章　录　　用

第二十一条　【录取原则】录用担任主任科员以下及其他相当职务层次的非领导职务公务员,采取公开考试、严格考察、平等竞争、择优录取的办法。

民族自治地方依照前款规定录用公务员时,依照法律和有关规定对少数民族报考者予以适当照顾。

第二十二条　【录用管理机关】中央机关及其直属机构公务员的录用,由中央公务员主管部门负责组织。地方各级机关公务员的录用,由省级公务员主管部门负责组织,必要时省级公务员主管部门可以授权设区的市级公务员主管部门组织。

第二十三条　【报考资格条件】报考公务员,除应当具备本法第十一条规定的条件外,还应当具备省级以上公务员主管部门规定的拟任职位所要求的资格条件。

国家对行政机关中初次从事行政处罚决定审核、行政复议、行政裁决、法律顾问的公务员实行统一法律职业资格考试制度,由国务院司法行政部门商有关部门组织实施。

第二十四条　【禁止录用情形】下列人员不得录用为公务员:

(一)曾因犯罪受过刑事处罚的;

(二)曾被开除公职的;

(三)有法律规定不得录用为公务员的其他情形的。

第二十五条　【录用公务员的前提】录用公务员,必须在规定的编制限额内,并有相应的职位空缺。

第二十六条　【招考公告】录用公务员,应当发布招考公告。招考公告应当载明招考的职位、名额、报考资格条件、报考需要提交的申请材料以及其他报考须知事项。

招录机关应当采取措施,便利公民报考。

第二十七条　【报考申请的审查】招录机关根据报考资格条件对报考申请进行审查。报考者提交的申请材料应当真实、准确。

第二十八条　【考试内容】公务员录用考试采取笔试和面试的方式进行,考试内容根据公务员应当具备的基本能力和不同职位类别分别设置。

第二十九条　【体检】招录机关根据考试成绩确定考察人选,并对其进行报考资格复审、考察和体检。

体检的项目和标准根据职位要求确定。具体办法由中央公务员主管部门会同国务院卫生行政部门规定。

第三十条　【拟录用名单的公示】招录机关根据考试成绩、考察情况和体检结果,提出拟录用人员名单,并予以公示。

公示期满,中央一级招录机关将拟录用人员名单报中央公务员主管部门备案;地方各级招录机关将拟录用人员名单报省级或者设区的市级公务员主管部门审批。

第三十一条　【特别录用规则】录用特殊职位的公务员,经省级以上公务员主管部门批准,可以简化程序或者采用其他测评办法。

第三十二条　【适用期】新录用的公务员试用期为一年。试用期满合格的,予以任职;不合格的,取消录用。

第五章　考　　核

第三十三条　【考核内容】对公务员的考核,按照管理权限,全面考核公务员的德、能、勤、绩、廉,重点考核工作实绩。

第三十四条　【考核种类】公务员的考核分为平时考核和定期考核。定期考核以平时考核为基础。

第三十五条　【定期考核的方式】对非领导成员公务员的定期考核采取年度考核的方式,先由个人按照职位职责和有关要求进行总结,主管领导在听取群众意见后,提出考核等次建议,由本机关负责人或者授权的考核委员会确定考核等次。

对领导成员的定期考核，由主管机关按照有关规定办理。

第三十六条 【考核结果】定期考核的结果分为优秀、称职、基本称职和不称职四个等次。

定期考核的结果应当以书面形式通知公务员本人。

第三十七条 【考核结果的使用】定期考核的结果作为调整公务员职务、级别、工资以及公务员奖励、培训、辞退的依据。

第六章 职务任免

第三十八条 【任免制度】公务员职务实行选任制和委任制。

领导成员职务按照国家规定实行任期制。

第三十九条 【选任制公务员的任免】选任制公务员在选举结果生效时即任当选职务；任期届满不再连任，或者任期内辞职、被罢免、被撤职的，其所任职务即终止。

第四十条 【委任制公务员的任免】委任制公务员遇有试用期满考核合格、职务发生变化、不再担任公务员职务以及其他情形需要任免职务的，应当按照管理权限和规定的程序任免其职务。

第四十一条 【任职前提】公务员任职必须在规定的编制限额和职数内进行，并有相应的职位空缺。

第四十二条 【禁止有报酬兼职】公务员因工作需要在机关外兼职，应当经有关机关批准，并不得领取兼职报酬。

第七章 职务升降

第四十三条 【晋升条件】公务员晋升职务，应当具备拟任职务所要求的思想政治素质、工作能力、文化程度和任职经历等方面的条件和资格。

公务员晋升职务，应当逐级晋升。特别优秀的或者工作特殊需要的，可以按照规定破格或者越一级晋升职务。

第四十四条 【晋升程序】公务员晋升领导职务，按照下列程序办理：

（一）民主推荐，确定考察对象；

（二）组织考察，研究提出任职建议方案，并根据需要在一定范围内进行酝酿；

（三）按照管理权限讨论决定；

（四）按照规定履行任职手续。

公务员晋升非领导职务，参照前款规定的程序办理。

第四十五条 【补缺办法】机关内设机构厅局级正职以下领导职务出现空缺时，可以在本机关或者本系统内通过竞争上岗的方式，产生任职人选。

厅局级正职以下领导职务或者副调研员以上及其他相当职务层次的非领导职务出现空缺，可以面向社会公开选拔，产生任职人选。

确定初任法官、初任检察官的任职人选，可以面向社会，从通过国家统一法律职业资格考试取得法律职业资格的人员中公开选拔。

第四十六条 【公示和试用期制度】公务员晋升领导职务的，应当按照有关规定实行任职前公示制度和任职试用期制度。

第四十七条 【不称职的处理】公务员在定期考核中被确定为不称职的，按照规定程序降低一个职务层次任职。

第八章 奖 励

第四十八条 【奖励原则】对工作表现突出，有显著成绩和贡献，或者有其他突出事迹的公务员或者公务员集体，给予奖励。奖励坚持精神奖励与物质奖励相结合、以精神奖励为主的原则。

公务员集体的奖励适用于按照编制序列设置的机构或者为完成专项任务组成的工作集体。

第四十九条 【奖励情形】公务员或者公务员集体有下列情形之一的，给予奖励：

（一）忠于职守，积极工作，成绩显著的；

（二）遵守纪律，廉洁奉公，作风正派，办事公道，模范作用突出的；

（三）在工作中有发明创造或者提出合理化建议，取得显著经济效益或者社会效益的；

（四）为增进民族团结、维护社会稳定做出突出贡献的；

（五）爱护公共财产，节约国家资财有突出成绩的；

（六）防止或者消除事故有功，使国家和人民群众利益免受或者减少损失的；

（七）在抢险、救灾等特定环境中奋不顾身，做出贡献的；

（八）同违法违纪行为作斗争有功绩的；

（九）在对外交往中为国家争得荣誉和利益的；

（十）有其他突出功绩的。

第五十条 【奖励种类】奖励分为：嘉奖、记三等功、记二等功、记一等功、授予荣誉称号。

对受奖励的公务员或者公务员集体予以表彰，并给予一次性奖金或者其他待遇。

第五十一条 【集体奖励】给予公务员或者公务员集体奖励，按照规定的权限和程序决定或者审批。

第五十二条 【奖励的撤销】公务员或者公务员集体有下列情形之一的，撤销奖励：

（一）弄虚作假，骗取奖励的；

（二）申报奖励时隐瞒严重错误或者严重违反规定程序的；

（三）有法律、法规规定应当撤销奖励的其他情形的。

第九章 惩 戒

第五十三条 【公务员的纪律】公务员必须遵守纪律，不得有下列行为：

（一）散布有损国家声誉的言论，组织或者参加旨在反对国家的集会、游行、示威等活动；

(二)组织或者参加非法组织,组织或者参加罢工;

(三)玩忽职守,贻误工作;

(四)拒绝执行上级依法作出的决定和命令;

(五)压制批评,打击报复;

(六)弄虚作假,误导、欺骗领导和公众;

(七)贪污、行贿、受贿,利用职务之便为自己或者他人谋取私利;

(八)违反财经纪律,浪费国家资财;

(九)滥用职权,侵害公民、法人或者其他组织的合法权益;

(十)泄露国家秘密或者工作秘密;

(十一)在对外交往中损害国家荣誉和利益;

(十二)参与或者支持色情、吸毒、赌博、迷信等活动;

(十三)违反职业道德、社会公德;

(十四)从事或者参与营利性活动,在企业或者其他营利性组织中兼任职务;

(十五)旷工或者因公外出、请假期满无正当理由逾期不归;

(十六)违反纪律的其他行为。

第五十四条 【执行公务的责任问题】公务员执行公务时,认为上级的决定或者命令有错误的,可以向上级提出改正或者撤销该决定或者命令的意见;上级不改变该决定或者命令,或者要求立即执行的,公务员应当执行该决定或者命令,执行的后果由上级负责,公务员不承担责任;但是,公务员执行明显违法的决定或者命令的,应当依法承担相应的责任。

第五十五条 【处分和免予处分的条件】公务员因违法违纪应当承担纪律责任的,依照本法给予处分;违纪行为情节轻微,经批评教育后改正的,可以免予处分。

第五十六条 【处分种类】处分分为:警告、记过、记大过、降级、撤职、开除。

第五十七条 【处分的原则、程序】对公务员的处分,应当事实清楚、证据确凿、定性准确、处理恰当、程序合法、手续完备。

公务员违纪的,应当由处分决定机关决定对公务员违纪的情况进行调查,并将调查认定的事实及拟给予处分的依据告知公务员本人。公务员有权进行陈述和申辩。

处分决定机关认为对公务员应当给予处分的,应当在规定的期限内,按照管理权限和规定的程序作出处分决定。处分决定应当以书面形式通知公务员本人。

第五十八条 【处分的后果和期限】公务员在受处分期间不得晋升职务和级别,其中受记过、记大过、降级、撤职处分的,不得晋升工资档次。

受处分的期间为:警告,六个月;记过,十二个月;记大过,十八个月;降级、撤职,二十四个月。

受撤职处分的,按照规定降低级别。

第五十九条 【处分的解除】公务员受开除以外的处分,在受处分期间有悔改表现,并且没有再发生违纪行为的,处分期满后,由处分决定机关解除处分并以书面形式通知本人。

解除处分后,晋升工资档次、级别和职务不再受原处分的影响。但是,解除降级、撤职处分的,不视为恢复原级别、原职务。

第十章 培　训

第六十条 【培训制度】机关根据公务员工作职责的要求和提高公务员素质的需要,对公务员进行分级分类培训。

国家建立专门的公务员培训机构。机关根据需要也可以委托其他培训机构承担公务员培训任务。

第六十一条 【培训体系】机关对新录用人员应当在试用期内进行初任培训;对晋升领导职务的公务员应当在任职前或者任职后一年内进行任职培训;对从事专项工作的公务员应当进行专门业务培训;对全体公务员应当进行更新知识、提高工作能力的在职培训,其中对担任专业技术职务的公务员,应当按照专业技术人员继续教育的要求,进行专业技术培训。

国家有计划地加强对后备领导人员的培训。

第六十二条 【培训管理】公务员的培训实行登记管理。

公务员参加培训的时间由公务员主管部门按照本法第六十一条规定的培训要求予以确定。

公务员培训情况、学习成绩作为公务员考核的内容和任职、晋升的依据之一。

第十一章 交流与回避

第六十三条 【交流制度】国家实行公务员交流制度。

公务员可以在公务员队伍内部交流,也可以与国有企业事业单位、人民团体和群众团体中从事公务的人员交流。

交流的方式包括调任、转任和挂职锻炼。

第六十四条 【调任】国有企业事业单位、人民团体和群众团体中从事公务的人员可以调入机关担任领导职务或者副调研员以上及其他相当职务层次的非领导职务。调任人选应当具备本法第十一条规定的条件和拟任职位所要求的资格条件,并不得有本法第二十四条规定的情形。调任机关应当根据上述规定,对调任人选进行严格考察,并按照管理权限审批,必要时可以对调任人选进行考试。

第六十五条 【转任】公务员在不同职位之间转任应当具备拟任职位所要求的资格条件,在规定的编制限额和职数内进行。

对省部级正职以下的领导成员应当有计划、有重点地实行跨地区、跨部门转任。

对担任机关内设机构领导职务和工作性质特殊的非领导职务的公务员,应当有计划地在本机关内转任。

第六十六条 【挂职锻炼】根据培养锻炼公务员的需要,可以选派公务员到下级机关或者上级机关、其他地区机关以及国有企业事业单位挂职锻炼。

公务员在挂职锻炼期间，不改变与原机关的人事关系。

第六十七条　【交流的决定和申请】公务员应当服从机关的交流决定。

公务员本人申请交流的，按照管理权限审批。

第六十八条　【任职回避】公务员之间有夫妻关系、直系血亲关系、三代以内旁系血亲关系以及近姻亲关系的，不得在同一机关担任双方直接隶属于同一领导人员的职务或者有直接上下级领导关系的职务，也不得在其中一方担任领导职务的机关从事组织、人事、纪检、监察、审计和财务工作。

因地域或者工作性质特殊，需要变通执行任职回避的，由省级以上公务员主管部门规定。

第六十九条　【地域回避】公务员担任乡级机关、县级机关及其有关部门主要领导职务的，应当实行地域回避，法律另有规定的除外。

第七十条　【公务回避】公务员执行公务时，有下列情形之一的，应当回避：

（一）涉及本人利害关系的；

（二）涉及与本人有本法第六十八条第一款所列亲属关系人员的利害关系的；

（三）其他可能影响公正执行公务的。

第七十一条　【申请回避】公务员有应当回避情形的，本人应当申请回避；利害关系人有权申请公务员回避。其他人员可以向机关提供公务员需要回避的情况。

机关根据公务员本人或者利害关系人的申请，经审查后作出是否回避的决定，也可以不经申请直接作出回避决定。

第七十二条　【回避的法律适用】法律对公务员回避另有规定的，从其规定。

第十二章　工资福利保险

第七十三条　【工资制度】公务员实行国家统一的职务与级别相结合的工资制度。

公务员工资制度贯彻按劳分配的原则，体现工作职责、工作能力、工作实绩、资历等因素，保持不同职务、级别之间的合理工资差距。

国家建立公务员工资的正常增长机制。

第七十四条　【工资内容】公务员工资包括基本工资、津贴、补贴和奖金。

公务员按照国家规定享受地区附加津贴、艰苦边远地区津贴、岗位津贴等津贴。

公务员按照国家规定享受住房、医疗等补贴、补助。

公务员在定期考核中被确定为优秀、称职的，按照国家规定享受年终奖金。

公务员工资应当按时足额发放。

第七十五条　【工资水平】公务员的工资水平应当与国民经济发展相协调、与社会进步相适应。

国家实行工资调查制度，定期进行公务员和企业相当人员工资水平的调查比较，并将工资调查比较结果作为调整公务员工资水平的依据。

第七十六条　【福利待遇】公务员按照国家规定享受福利待遇。国家根据经济社会发展水平提高公务员的福利待遇。

公务员实行国家规定的工时制度，按照国家规定享受休假。公务员在法定工作日之外加班的，应当给予相应的补休。

第七十七条　【保险制度和伤残待遇】国家建立公务员保险制度，保障公务员在退休、患病、工伤、生育、失业等情况下获得帮助和补偿。

公务员因公致残的，享受国家规定的伤残待遇。公务员因公牺牲、因公死亡或者病故的，其亲属享受国家规定的抚恤和优待。

第七十八条　【待遇法定】任何机关不得违反国家规定自行更改公务员工资、福利、保险政策，擅自提高或者降低公务员的工资、福利、保险待遇。任何机关不得扣减或者拖欠公务员的工资。

第七十九条　【经费保障】公务员工资、福利、保险、退休金以及录用、培训、奖励、辞退等所需经费，应当列入财政预算，予以保障。

第十三章　辞职辞退

第八十条　【辞职的申请和审批】公务员辞去公职，应当向任免机关提出书面申请。任免机关应当自接到申请之日起三十日内予以审批，其中对领导成员辞去公职的申请，应当自接到申请之日起九十日内予以审批。

第八十一条　【不得辞职的情形】公务员有下列情形之一的，不得辞去公职：

（一）未满国家规定的最低服务年限的；

（二）在涉及国家秘密等特殊职位任职或者离开上述职位不满国家规定的脱密期限的；

（三）重要公务尚未处理完毕，且须由本人继续处理的；

（四）正在接受审计、纪律审查，或者涉嫌犯罪，司法程序尚未终结的；

（五）法律、行政法规规定的其他不得辞去公职的情形。

第八十二条　【领导职务的辞职制度】担任领导职务的公务员，因工作变动依照法律规定需要辞去现任职务的，应当履行辞职手续。

担任领导职务的公务员，因个人或者其他原因，可以自愿提出辞去领导职务。

领导成员因工作严重失误、失职造成重大损失或者恶劣社会影响的，或者对重大事故负有领导责任的，应当引咎辞去领导职务。

领导成员应当引咎辞职或者因其他原因不再适合担任现任领导职务,本人不提出辞职的,应当责令其辞去领导职务。

第八十三条 【辞退情形】公务员有下列情形之一的,予以辞退:

(一)在年度考核中,连续两年被确定为不称职的;

(二)不胜任现职工作,又不接受其他安排的;

(三)因所在机关调整、撤销、合并或者缩减编制员额需要调整工作,本人拒绝合理安排的;

(四)不履行公务员义务,不遵守公务员纪律,经教育仍无转变,不适合继续在机关工作,又不宜给予开除处分的;

(五)旷工或者因公外出、请假期满无正当理由逾期不归连续超过十五天,或者一年内累计超过三十天的。

第八十四条 【不得辞退情形】对有下列情形之一的公务员,不得辞退:

(一)因公致残,被确认丧失或者部分丧失工作能力的;

(二)患病或者负伤,在规定的医疗期内的;

(三)女性公务员在孕期、产假、哺乳期内的;

(四)法律、行政法规规定的其他不得辞退的情形。

第八十五条 【辞退通知和后果】辞退公务员,按照管理权限决定。辞退决定应当以书面形式通知被辞退的公务员。

被辞退的公务员,可以领取辞退费或者根据国家有关规定享受失业保险。

第八十六条 【离职交接和审计】公务员辞职或者被辞退,离职前应当办理公务交接手续,必要时按照规定接受审计。

第十四章 退 休

第八十七条 【强制退休】公务员达到国家规定的退休年龄或者完全丧失工作能力的,应当退休。

第八十八条 【申请退休】公务员符合下列条件之一的,本人自愿提出申请,经任免机关批准,可以提前退休:

(一)工作年限满三十年的;

(二)距国家规定的退休年龄不足五年,且工作年限满二十年的;

(三)符合国家规定的可以提前退休的其他情形的。

第八十九条 【退休后待遇】公务员退休后,享受国家规定的退休金和其他待遇,国家为其生活和健康提供必要的服务和帮助,鼓励发挥个人专长,参与社会发展。

第十五章 申诉控告

第九十条 【复核和申诉制】公务员对涉及本人的下列人事处理不服的,可以自知道该人事处理之日起三十日内向原处理机关申请复核;对复核结果不服的,可以自接到复核决定之日起十五日内,按照规定向同级公务员主管部门或者作出该人事处理的机关的上一级机关提出申诉;也可以不经复核,自知道该人事处理之日起三十日内直接提出申诉:

(一)处分;

(二)辞退或者取消录用;

(三)降职;

(四)定期考核定为不称职;

(五)免职;

(六)申请辞职、提前退休未予批准;

(七)未按规定确定或者扣减工资、福利、保险待遇;

(八)法律、法规规定可以申诉的其他情形。

对省级以下机关作出的申诉处理决定不服的,可以向作出处理决定的上一级机关提出再申诉。

行政机关公务员对处分不服向行政监察机关申诉的,按照《中华人民共和国行政监察法》的规定办理。

第九十一条 【处理申诉和复核的期限】原处理机关应当自接到复核申请书后的三十日内作出复核决定。受理公务员申诉的机关应当自受理之日起六十日内作出处理决定;案情复杂的,可以适当延长,但是延长时间不得超过三十日。

复核、申诉期间不停止人事处理的执行。

第九十二条 【及时纠错】公务员申诉的受理机关审查认定人事处理有错误的,原处理机关应当及时予以纠正。

第九十三条 【控告】公务员认为机关及其领导人员侵犯其合法权益的,可以依法向上级机关或者有关的专门机关提出控告。受理控告的机关应当按照规定及时处理。

第九十四条 【不得捏造事实和诬告陷害】公务员提出申诉、控告,不得捏造事实,诬告、陷害他人。

第十六章 职位聘任

第九十五条 【聘任制的适用】机关根据工作需要,经省级以上公务员主管部门批准,可以对专业性较强的职位和辅助性职位实行聘任制。

前款所列职位涉及国家秘密的,不实行聘任制。

第九十六条 【聘任方法和前提】机关聘任公务员可以参照公务员考试录用的程序进行公开招聘,也可以从符合条件的人员中直接选聘。

机关聘任公务员应当在规定的编制限额和工资经费限额内进行。

第九十七条 【聘任合同】机关聘任公务员,应当按照平等自愿、协商一致的原则,签订书面的聘任合同,确定机关与所聘公务员双方的权利、义务。聘任合同经双方协商一致可以变更或者解除。

聘任合同的签订、变更或者解除,应当报同级公务员主管部门备案。

第九十八条 【聘任合同的内容】聘任合同应当具备合同期限,职位及其职责要求,工资、福利、保险待遇,违约责任等条款。

聘任合同期限为一年至五年。聘任合同可以约定试用期,试用期为一个月至六个月。

聘任制公务员按照国家规定实行协议工资制,具体办法由中央公务员主管部门规定。

第九十九条 【**聘任管理**】机关依据本法和聘任合同对所聘公务员进行管理。

第一百条 【**人事争议仲裁制度**】国家建立人事争议仲裁制度。

人事争议仲裁应当根据合法、公正、及时处理的原则,依法维护争议双方的合法权益。

人事争议仲裁委员会根据需要设立。人事争议仲裁委员会由公务员主管部门的代表、聘用机关的代表、聘任制公务员的代表以及法律专家组成。

聘任制公务员与所在机关之间因履行聘任合同发生争议的,可以自争议发生之日起六十日内向人事争议仲裁委员会申请仲裁。当事人对仲裁裁决不服的,可以自接到仲裁裁决书之日起十五日内向人民法院提起诉讼。仲裁裁决生效后,一方当事人不履行的,另一方当事人可以申请人民法院执行。

第十七章 法律责任

第一百零一条 【**违法行为和处罚**】对有下列违反本法规定情形的,由县级以上领导机关或者公务员主管部门按照管理权限,区别不同情况,分别予以责令纠正或者宣布无效;对负有责任的领导人员和直接责任人员,根据情节轻重,给予批评教育或者处分;构成犯罪的,依法追究刑事责任:

(一)不按编制限额、职数或者任职资格条件进行公务员录用、调任、转任、聘任和晋升的;

(二)不按规定条件进行公务员奖惩、回避和办理退休的;

(三)不按规定程序进行公务员录用、调任、转任、聘任、晋升、竞争上岗、公开选拔以及考核、奖惩的;

(四)违反国家规定,更改公务员工资、福利、保险待遇标准的;

(五)在录用、竞争上岗、公开选拔中发生泄露试题、违反考场纪律以及其他严重影响公开、公正的;

(六)不按规定受理和处理公务员申诉、控告的;

(七)违反本法规定的其他情形的。

第一百零二条 【**离职后从业限制**】公务员辞去公职或者退休的,原系领导成员的公务员在离职三年内,其他公务员在离职两年内,不得到与原工作业务直接相关的企业或者其他营利性组织任职,不得从事与原工作业务直接相关的营利性活动。

公务员辞去公职或者退休后有违反前款规定行为的,由其原所在机关的同级公务员主管部门责令限期改正;逾期不改正的,由县级以上工商行政管理部门没收该人员从业期间的违法所得,责令接收单位将该人员予以清退,并根据情节轻重,对接收单位处以被处罚人员违法所得一倍以上五倍以下的罚款。

第一百零三条 【**用人机关的违法责任**】机关因错误的具体人事处理对公务员造成名誉损害的,应当赔礼道歉、恢复名誉、消除影响;造成经济损失的,应当依法给予赔偿。

第一百零四条 【**主管部门工作人员的违法责任**】公务员主管部门的工作人员,违反本法规定,滥用职权、玩忽职守、徇私舞弊,构成犯罪的,依法追究刑事责任;尚不构成犯罪的,给予处分。

第十八章 附 则

第一百零五条 【**领导成员的界定**】本法所称领导成员,是指机关的领导人员,不包括机关内设机构担任领导职务的人员。

第一百零六条 【**参照本法的情形**】法律、法规授权的具有公共事务管理职能的事业单位中除工勤人员以外的工作人员,经批准参照本法进行管理。

第一百零七条 【**施行日期**】本法自2006年1月1日起施行。全国人民代表大会常务委员会1957年10月23日批准、国务院1957年10月26日公布的《国务院关于国家行政机关工作人员的奖惩暂行规定》、1993年8月14日国务院公布的《国家公务员暂行条例》同时废止。

行政机关公务员处分条例

1. 2007年4月22日国务院令第495号公布
2. 自2007年6月1日起施行

第一章 总 则

第一条 为了严肃行政机关纪律,规范行政机关公务员的行为,保证行政机关及其公务员依法履行职责,根据《中华人民共和国公务员法》和《中华人民共和国行政监察法》,制定本条例。

第二条 行政机关公务员违反法律、法规、规章以及行政机关的决定和命令,应当承担纪律责任的,依照本条例给予处分。

法律、其他行政法规、国务院决定对行政机关公务员处分有规定的,依照该法律、行政法规、国务院决定的规定执行;法律、其他行政法规、国务院决定对行政机关公务员应当受到处分的违法违纪行为做了规定,但是未对处分幅度做规定的,适用本条例第三章与其最相类似的条款有关处分幅度的规定。

地方性法规、部门规章、地方政府规章可以补充规定本条例第三章未作规定的应当给予处分的违法违纪行为以及相应的处分幅度。除国务院监察机关、国务院人事部门外,国务院其他部门制定处分规章,应当与国务院监察机关、国务院人事部门联合制定。

除法律、法规、规章以及国务院决定外,行政机关不得以其他形式设定行政机关公务员处分事项。

第三条　行政机关公务员依法履行职务的行为受法律保护,非因法定事由,非经法定程序,不受处分。

第四条　给予行政机关公务员处分,应当坚持公正、公平和教育与惩处相结合的原则。

给予行政机关公务员处分,应当与其违法违纪行为的性质、情节、危害程度相适应。

给予行政机关公务员处分,应当事实清楚、证据确凿、定性准确、处理恰当、程序合法、手续完备。

第五条　行政机关公务员违法违纪涉嫌犯罪的,应当移送司法机关依法追究刑事责任。

第二章　处分的种类和适用

第六条　行政机关公务员处分的种类为:

(一)警告;

(二)记过;

(三)记大过;

(四)降级;

(五)撤职;

(六)开除。

第七条　行政机关公务员受处分的期间为:

(一)警告,6个月;

(二)记过,12个月;

(三)记大过,18个月;

(四)降级、撤职,24个月。

第八条　行政机关公务员在受处分期间不得晋升职务和级别,其中,受记过、记大过、降级、撤职处分的,不得晋升工资档次;受撤职处分的,应当按照规定降低级别。

第九条　行政机关公务员受开除处分的,自处分决定生效之日起,解除其与单位的人事关系,不得再担任公务员职务。

行政机关公务员受开除以外的处分,在受处分期间有悔改表现,并且没有再发生违法违纪行为的,处分期满后,应当解除处分。解除处分后,晋升工资档次、级别和职务不再受原处分的影响。但是,解除降级、撤职处分的,不视为恢复原级别、原职务。

第十条　行政机关公务员同时有两种以上需要给予处分的行为的,应当分别确定其处分。应当给予的处分种类不同的,执行其中最重的处分;应当给予撤职以下多个相同种类处分的,执行该处分,并在一个处分期以上、多个处分期之和以下,决定处分期。

行政机关公务员在受处分期间受到新的处分的,其处分期为原处分期尚未执行的期限与新处分期限之和。

处分期最长不得超过48个月。

第十一条　行政机关公务员2人以上共同违法违纪,需要给予处分的,根据各自应当承担的纪律责任,分别给予处分。

第十二条　有下列情形之一的,应当从重处分:

(一)在2人以上的共同违法违纪行为中起主要作用的;

(二)隐匿、伪造、销毁证据的;

(三)串供或者阻止他人揭发检举、提供证据材料的;

(四)包庇同案人员的;

(五)法律、法规、规章规定的其他从重情节。

第十三条　有下列情形之一的,应当从轻处分:

(一)主动交代违法违纪行为的;

(二)主动采取措施,有效避免或者挽回损失的;

(三)检举他人重大违法违纪行为,情况属实的。

第十四条　行政机关公务员主动交代违法违纪行为,并主动采取措施有效避免或者挽回损失的,应当减轻处分。

行政机关公务员违纪行为情节轻微,经过批评教育后改正的,可以免予处分。

第十五条　行政机关公务员有本条例第十二条、第十三条规定情形之一的,应当在本条例第三章规定的处分幅度以内从重或者从轻给予处分。

行政机关公务员有本条例第十四条第一款规定情形的,应当在本条例第三章规定的处分幅度以外,减轻一个处分的档次给予处分。应当给予警告处分,又有减轻处分的情形的,免予处分。

第十六条　行政机关经人民法院、监察机关、行政复议机关或者上级行政机关依法认定有行政违法行为或者其他违法违纪行为,需要追究纪律责任的,对负有责任的领导人员和直接责任人员给予处分。

第十七条　违法违纪的行政机关公务员在行政机关对其作出处分决定前,已经依法被判处刑罚、罢免、免职或者已经辞去领导职务,依法应当给予处分的,由行政机关根据其违法违纪事实,给予处分。

行政机关公务员依法被判处刑罚的,给予开除处分。

第三章　违法违纪行为及其适用的处分

第十八条　有下列行为之一的,给予记大过处分;情节较重的,给予降级或者撤职处分;情节严重的,给予开除处分:

(一)散布有损国家声誉的言论,组织或者参加旨在反对国家的集会、游行、示威等活动的;

(二)组织或者参加非法组织,组织或者参加罢工的;

(三)违反国家的民族宗教政策,造成不良后果的;

(四)以暴力、威胁、贿赂、欺骗等手段,破坏选举的;

(五)在对外交往中损害国家荣誉和利益的;

(六)非法出境,或者违反规定滞留境外不归的;

(七)未经批准获取境外永久居留资格,或者取得外国国籍的;

(八)其他违反政治纪律的行为。

有前款第(六)项规定行为的,给予开除处分;有前款第(一)项、第(二)项或者第(三)项规定的行为,属于不明真相被裹挟参加，经批评教育后确有悔改表现的，可以减轻或者免予处分。

第十九条 有下列行为之一的，给予警告、记过或者记大过处分；情节较重的，给予降级或者撤职处分；情节严重的，给予开除处分：

（一）负有领导责任的公务员违反议事规则，个人或者少数人决定重大事项，或者改变集体作出的重大决定的；

（二）拒绝执行上级依法作出的决定、命令的；

（三）拒不执行机关的交流决定的；

（四）拒不执行人民法院对行政案件的判决、裁定或者监察机关、审计机关、行政复议机关作出的决定的；

（五）违反规定应当回避而不回避，影响公正执行公务，造成不良后果的；

（六）离任、辞职或者被辞退时，拒不办理公务交接手续或者拒不接受审计的；

（七）旷工或者因公外出、请假期满无正当理由逾期不归，造成不良影响的；

（八）其他违反组织纪律的行为。

第二十条 有下列行为之一的，给予记过、记大过处分；情节较重的，给予降级或者撤职处分；情节严重的，给予开除处分：

（一）不依法履行职责，致使可以避免的爆炸、火灾、传染病传播流行、严重环境污染、严重人员伤亡等重大事故或者群体性事件发生的；

（二）发生重大事故、灾害、事件或者重大刑事案件、治安案件，不按规定报告、处理的；

（三）对救灾、抢险、防汛、防疫、优抚、扶贫、移民、救济、社会保险、征地补偿等专项款物疏于管理，致使款物被贪污、挪用，或者毁损、灭失的；

（四）其他玩忽职守、贻误工作的行为。

第二十一条 有下列行为之一的，给予警告或者记过处分；情节较重的，给予记大过或者降级处分；情节严重的，给予撤职处分：

（一）在行政许可工作中违反法定权限、条件和程序设定或者实施行政许可的；

（二）违法设定或者实施行政强制措施的；

（三）违法设定或者实施行政处罚的；

（四）违反法律、法规规定进行行政委托的；

（五）对需要政府、政府部门决定的招标投标、征收征用、城市房屋拆迁、拍卖等事项违反规定办理的。

第二十二条 弄虚作假，误导、欺骗领导和公众，造成不良后果的，给予警告、记过或者记大过处分；情节较重的，给予降级或者撤职处分；情节严重的，给予开除处分。

第二十三条 有贪污、索贿、受贿、行贿、介绍贿赂、挪用公款、利用职务之便为自己或者他人谋取私利、巨额财产来源不明等违反廉政纪律行为的，给予记过或者记大过处分；情节较重的，给予降级或者撤职处分；情节严重的，给予开除处分。

第二十四条 违反财经纪律，挥霍浪费国家资财的，给予警告处分；情节较重的，给予记过或者记大过处分；情节严重的，给予降级或者撤职处分。

第二十五条 有下列行为之一的，给予记过或者记大过处分；情节较重的，给予降级或者撤职处分；情节严重的，给予开除处分：

（一）以殴打、体罚、非法拘禁等方式侵犯公民人身权利的；

（二）压制批评，打击报复，扣压、销毁举报信件，或者向被举报人透露举报情况的；

（三）违反规定向公民、法人或者其他组织摊派或者收取财物的；

（四）妨碍执行公务或者违反规定干预执行公务的；

（五）其他滥用职权，侵害公民、法人或者其他组织合法权益的行为。

第二十六条 泄露国家秘密、工作秘密，或者泄露因履行职责掌握的商业秘密、个人隐私，造成不良后果的，给予警告、记过或者记大过处分；情节较重的，给予降级或者撤职处分；情节严重的，给予开除处分。

第二十七条 从事或者参与营利性活动，在企业或者其他营利性组织中兼任职务的，给予记过或者记大过处分；情节较重的，给予降级或者撤职处分；情节严重的，给予开除处分。

第二十八条 严重违反公务员职业道德，工作作风懈怠、工作态度恶劣，造成不良影响的，给予警告、记过或者记大过处分。

第二十九条 有下列行为之一的，给予警告、记过或者记大过处分；情节较重的，给予降级或者撤职处分；情节严重的，给予开除处分：

（一）拒不承担赡养、抚养、扶养义务的；

（二）虐待、遗弃家庭成员的；

（三）包养情人的；

（四）严重违反社会公德的行为。

有前款第（三）项行为的，给予撤职或者开除处分。

第三十条 参与迷信活动，造成不良影响的，给予警告、记过或者记大过处分；组织迷信活动的，给予降级或者撤职处分，情节严重的，给予开除处分。

第三十一条 吸食、注射毒品或者组织、支持、参与卖淫、嫖娼、色情淫乱活动的，给予撤职或者开除处分。

第三十二条 参与赌博的，给予警告或者记过处分；情节较重的，给予记大过或者降级处分；情节严重的，给予撤职或者开除处分。

为赌博活动提供场所或者其他便利条件的，给予警告、记过或者记大过处分；情节严重的，给予撤职或者开除处分。

在工作时间赌博的，给予记过、记大过或者降级处分；

屡教不改的,给予撤职或者开除处分。

挪用公款赌博的,给予撤职或者开除处分。

利用赌博索贿、受贿或者行贿的,依照本条例第二十三条的规定给予处分。

第三十三条 违反规定超计划生育的,给予降级或者撤职处分;情节严重的,给予开除处分。

第四章 处分的权限

第三十四条 对行政机关公务员给予处分,由任免机关或者监察机关(以下统称处分决定机关)按照管理权限决定。

第三十五条 对经全国人民代表大会及其常务委员会决定任命的国务院组成人员给予处分,由国务院决定。其中,拟给予撤职、开除处分的,由国务院向全国人民代表大会提出罢免建议,或者向全国人民代表大会常务委员会提出免职建议。罢免或者免职前,国务院可以决定暂停其履行职务。

第三十六条 对经地方各级人民代表大会及其常务委员会选举或者决定任命的地方各级人民政府领导人员给予处分,由上一级人民政府决定。

拟给予经县级以上地方人民代表大会及其常务委员会选举或者决定任命的县级以上地方人民政府领导人员撤职、开除处分的,应当先由本级人民政府向同级人民代表大会提出罢免建议。其中,拟给予县级以上地方人民政府副职领导人员撤职、开除处分的,也可以向同级人民代表大会常务委员会提出撤销职务的建议。拟给予乡镇人民政府领导人员撤职、开除处分的,应当先由本级人民政府向同级人民代表大会提出罢免建议。罢免或者撤销职务前,上级人民政府可以决定暂停其履行职务;遇有特殊紧急情况,省级以上人民政府认为必要时,也可以对其作出撤职或者开除的处分,同时报告同级人民代表大会常务委员会,并通报下级人民代表大会常务委员会。

第三十七条 对地方各级人民政府工作部门正职领导人员给予处分,由本级人民政府决定。其中,拟给予撤职、开除处分的,由本级人民政府向同级人民代表大会常务委员会提出免职建议。免去职务前,本级人民政府或者上级人民政府可以决定暂停其履行职务。

第三十八条 行政机关公务员违法违纪,已经被立案调查,不宜继续履行职责的,任免机关可以决定暂停其履行职务。

被调查的公务员在违法违纪案件立案调查期间,不得交流、出境、辞去公职或者办理退休手续。

第五章 处分的程序

第三十九条 任免机关对涉嫌违法违纪的行政机关公务员的调查、处理,按照下列程序办理:

(一)经任免机关负责人同意,由任免机关有关部门对需要调查处理的事项进行初步调查;

(二)任免机关有关部门经初步调查认为该公务员涉嫌违法违纪,需要进一步查证的,报任免机关负责人批准后立案;

(三)任免机关有关部门负责对该公务员违法违纪事实做进一步调查,包括收集、查证有关证据材料,听取被调查的公务员所在单位的领导成员、有关工作人员以及所在单位监察机构的意见,向其他有关单位和人员了解情况,并形成书面调查材料,向任免机关负责人报告;

(四)任免机关有关部门将调查认定的事实及拟给予处分的依据告知被调查的公务员本人,听取其陈述和申辩,并对其所提出的事实、理由和证据进行复核,记录在案。被调查的公务员提出的事实、理由和证据成立的,应予采信;

(五)经任免机关领导成员集体讨论,作出对该公务员给予处分、免予处分或者撤销案件的决定;

(六)任免机关应当将处分决定以书面形式通知受处分的公务员本人,并在一定范围内宣布;

(七)任免机关有关部门应当将处分决定归入受处分的公务员本人档案,同时汇集有关材料形成该处分案件的工作档案。

受处分的行政机关公务员处分期满解除处分的程序,参照前款第(五)项、第(六)项和第(七)项的规定办理。

任免机关应当按照管理权限,及时将处分决定或者解除处分决定报公务员主管部门备案。

第四十条 监察机关对违法违纪的行政机关公务员的调查、处理,依照《中华人民共和国行政监察法》规定的程序办理。

第四十一条 对行政机关公务员违法违纪案件进行调查,应当由2名以上办案人员进行;接受调查的单位和个人应当如实提供情况。

严禁以暴力、威胁、引诱、欺骗等非法方式收集证据;非法收集的证据不得作为定案的依据。

第四十二条 参与行政机关公务员违法违纪案件调查、处理的人员有下列情形之一的,应当提出回避申请;被调查的公务员以及与案件有利害关系的公民、法人或者其他组织有权要求其回避:

(一)与被调查的公务员是近亲属关系的;

(二)与被调查的案件有利害关系的;

(三)与被调查的公务员有其他关系,可能影响案件公正处理的。

第四十三条 处分决定机关负责人的回避,由处分决定机关的上一级行政机关负责人决定;其他违法违纪案件调查、处理人员的回避,由处分决定机关负责人决定。

处分决定机关或者处分决定机关的上一级行政机关,发现违法违纪案件调查、处理人员有应当回避的情形,可以直接决定该人员回避。

第四十四条 给予行政机关公务员处分,应当自批准立案之日起6个月内作出决定;案情复杂或者遇有其他特殊情形的,办案期限可以延长,但是最长不得超过12个月。

第四十五条 处分决定应当包括下列内容:

(一)被处分人员的姓名、职务、级别、工作单位等基本情况;

(二)经查证的违法违纪事实;

(三)处分的种类和依据;

(四)不服处分决定的申诉途径和期限;

(五)处分决定机关的名称、印章和作出决定的日期。

解除处分决定除包括前款第(一)项、第(二)项和第(五)项规定的内容外,还应当包括原处分的种类和解除处分的依据,以及受处分的行政机关公务员在受处分期间的表现情况。

第四十六条 处分决定、解除处分决定自作出之日起生效。

第四十七条 行政机关公务员受到开除处分后,有新工作单位的,其本人档案转由新工作单位管理;没有新工作单位的,其本人档案转由其户籍所在地人事部门所属的人才服务机构管理。

第六章 不服处分的申诉

第四十八条 受到处分的行政机关公务员对处分决定不服的,依照《中华人民共和国公务员法》和《中华人民共和国行政监察法》的有关规定,可以申请复核或者申诉。

复核、申诉期间不停止处分的执行。

行政机关公务员不因提出复核、申诉而被加重处分。

第四十九条 有下列情形之一的,受理公务员复核、申诉的机关应当撤销处分决定,重新作出决定或者责令原处分决定机关重新作出决定:

(一)处分所依据的违法违纪事实证据不足的;

(二)违反法定程序,影响案件公正处理的;

(三)作出处分决定超越职权或者滥用职权的。

第五十条 有下列情形之一的,受理公务员复核、申诉的机关应当变更处分决定,或者责令原处分决定机关变更处分决定:

(一)适用法律、法规、规章或者国务院决定错误的;

(二)对违法违纪行为的情节认定有误的;

(三)处分不当的。

第五十一条 行政机关公务员的处分决定被变更,需要调整该公务员的职务、级别或者工资档次的,应当按照规定予以调整;行政机关公务员的处分决定被撤销的,应当恢复该公务员的级别、工资档次,按照原职务安排相应的职务,并在适当范围内为其恢复名誉。

被撤销处分或者被减轻处分的行政机关公务员工资福利受到损失的,应当予以补偿。

第七章 附 则

第五十二条 有违法违纪行为应当受到处分的行政机关公务员,在处分决定机关作出处分决定前已经退休的,不再给予处分;但是,依法应当给予降级、撤职、开除处分的,应当按照规定相应降低或者取消其享受的待遇。

第五十三条 行政机关公务员违法违纪取得的财物和用于违法违纪的财物,除依法应当由其他机关没收、追缴或者责令退赔的,由处分决定机关没收、追缴或者责令退赔。违法违纪取得的财物应当退还原所有人或者原持有人的,退还原所有人或者原持有人;属于国家财产以及不应当退还或者无法退还原所有人或者原持有人的,上缴国库。

第五十四条 对法律、法规授权的具有公共事务管理职能的事业单位中经批准参照《中华人民共和国公务员法》管理的工作人员给予处分,参照本条例的有关规定办理。

第五十五条 本条例自2007年6月1日起施行。1988年9月13日国务院发布的《国家行政机关工作人员贪污贿赂行政处分暂行规定》同时废止。

3.公安

中华人民共和国户口登记条例

1958年1月9日全国人民代表大会常务委员会第九十一次会议通过

第一条 为了维持社会秩序,保护公民的权利和利益,服务于社会主义建设,制定本条例。

第二条 中华人民共和国公民,都应当依照本条例的规定履行户口登记。

现役军人的户口登记,由军事机关按照管理现役军人的有关规定办理。

居留在中华人民共和国境内的外国人和无国籍的人的户口登记,除法令另有规定外,适用本条例。

第三条 户口登记工作,由各级公安机关主管。

城市和设有公安派出所的镇,以公安派出所管辖区为户口管辖区;乡和不设公安派出所的镇,以乡、镇管辖区为户口管辖区。乡、镇人民委员会和公安派出所为户口登记机关。

居住在机关、团体、学校、企业、事业等单位内部和公共宿舍的户口,由各单位指定专人,协助户口登记机关办理户口登记;分散居住的户口,由户口登记机关直接办理户口登记。

居住在军事机关和军人宿舍的非现役军人的户口,由各单位指定专人,协助户口登记机关办理户口登记。

农业、渔业、盐业、林业、牧畜业、手工业等生产合作社的户口,由合作社指定专人,协助户口登记机关办理户口登记。合作社以外的户口,由户口登记机关直接办理户口登记。

第四条 户口登记机关应当设立户口登记簿。

城市、水上和设有公安派出所的镇,应当每户发给一本户口簿。

农村以合作社为单位发给户口簿;合作社以外的户口

不发给户口簿。

户口登记簿和户口簿登记的事项,具有证明公民身份的效力。

第五条　户口登记以户为单位。同主管人共同居住一处的立为一户,以主管人为户主。单身居住的自立一户,以本人为户主。居住在机关、团体、学校、企业、事业等单位内部和公共宿舍的户口共立一户或者分别立户。户主负责按照本条例的规定申报户口登记。

第六条　公民应当在经常居住的地方登记为常住人口,一个公民只能在一个地方登记为常住人口。

第七条　婴儿出生后一个月以内,由户主、亲属、抚养人或者邻居向婴儿常住地户口登记机关申报出生登记。

弃婴,由收养人或者育婴机关向户口登记机关申报出生登记。

第八条　公民死亡,城市在葬前,农村在一个月以内,由户主、亲属、抚养人或者邻居向户口登记机关申报死亡登记,注销户口。公民如果在暂住地死亡,由暂住地户口登记机关通知常住地户口登记机关注销户口。

公民因意外事故致死或者死因不明,户主、发现人应当立即报告当地公安派出所或者乡、镇人民委员会。

第九条　婴儿出生后,在申报出生登记前死亡的,应当同时申报出生、死亡两项登记。

第十条　公民迁出本户口管辖区,由本人或者户主在迁出前向户口登记机关申报迁出登记,领取迁移证件,注销户口。

公民由农村迁往城市,必须持有城市劳动部门的录用证明,学校的录取证明,或者城市户口登记机关的准予迁入的证明,向常住地户口登记机关申请办理迁出手续。

公民迁往边防地区,必须经过常住地县、市、市辖区公安机关批准。

第十一条　被征集服现役的公民,在入伍前,由本人或者户主持应征公民入伍通知书向常住地户口登记机关申报迁出登记,注销户口,不发迁移证件。

第十二条　被逮捕的人犯,由逮捕机关在通知人犯家属的同时,通知人犯常住地户口登记机关注销户口。

第十三条　公民迁移,从到达迁入地的时候起,城市在三日以内,农村在十日以内,由本人或者户主持迁移证件向户口登记机关申报迁入登记,缴销迁移证件。

没有迁移证件的公民,凭下列证件到迁入地的户口登记机关申报迁入登记:

(一)复员、转业和退伍的军人,凭县、市兵役机关或者团以上军事机关发给的证件;

(二)从国外回来的华侨和留学生,凭中华人民共和国护照或者入境证件;

(三)被人民法院、人民检察院或者公安机关释放的人,凭释放机关发给的证件。

第十四条　被假释、缓刑的犯人,被管制分子和其他依法被剥夺政治权利的人,在迁移的时候,必须经过户口登记机关转报县、市、市辖区人民法院或者公安机关批准,才可以办理迁出登记;到达迁入地后,应当立即向户口登记机关申报迁入登记。

第十五条　公民在常住地市、县范围以外的城市暂住三日以上的,由暂住地的户主或者本人在三日以内向户口登记机关申报暂住登记,离开前申报注销;暂住在旅店的,由旅店设置旅客登记簿随时登记。

公民在常住地市、县范围以内暂住,或者在常住地市、县范围以外的农村暂住,除暂住在旅店的由旅店设置旅客登记簿随时登记以外,不办理暂住登记。

第十六条　公民因私事离开常住地外出、暂住的时间超过三个月的,应当向户口登记机关申请延长时间或者办理迁移手续;既无理由延长时间又无迁移条件的,应当返回常住地。

第十七条　户口登记的内容需要变更或者更正的时候,由户主或者本人向户口登记机关申报;户口登记机关审查属实后予以变更或者更正。

户口登记机关认为必要的时候,可以向申请人索取有关变更或者更正的证明。

第十八条　公民变更姓名,依照下列规定办理:

(一)未满十八周岁的人需要变更姓名的时候,由本人或者父母、收养人向户口登记机关申请变更登记;

(二)十八周岁以上的人需要变更姓名的时候,由本人向户口登记机关申请变更登记。

第十九条　公民因结婚、离婚、收养、认领、分户、并户、失踪、寻回或者其他事由引起户口变动的时候,由户主或者本人向户口登记机关申报变更登记。

第二十条　有下列情形之一的,根据情节轻重,依法给予治安管理处罚或者追究刑事责任:

(一)不按照本条例的规定申报户口的;

(二)假报户口的;

(三)伪造、涂改、转让、出借、出卖户口证件的;

(四)冒名顶替他人户口的;

(五)旅店管理人不按照规定办理旅客登记的。

第二十一条　户口登记机关在户口登记工作中,如果发现有反革命分子和其他犯罪分子,应当提请司法机关依法追究刑事责任。

第二十二条　户口簿、册、表格、证件,由中华人民共和国公安部统一制定式样,由省、自治区、直辖市公安机关统筹印制。

公民领取户口簿和迁移证应当缴纳工本费。

第二十三条　民族自治地方的自治机关可以根据本条例的精神,结合当地具体情况,制定单行办法。

第二十四条　本条例自公布之日起施行。

中华人民共和国居民身份证法

1. 2003年6月28日第十届全国人民代表大会常务委员会第三次会议通过

2. 根据2011年10月29日第十一届全国人民代表大会常务委员会第二十三次会议《关于修改〈中华人民共和国居民身份证法〉的决定》修正

目　录

第一章　总　　则

第一条　【立法目的】为了证明居住在中华人民共和国境内的公民的身份，保障公民的合法权益，便利公民进行社会活动，维护社会秩序，制定本法。

第二条　【发放范围】居住在中华人民共和国境内的年满十六周岁的中国公民，应当依照本法的规定申请领取居民身份证；未满十六周岁的中国公民，可以依照本法的规定申请领取居民身份证。

第三条　【身份证登记及号码】居民身份证登记的项目包括：姓名、性别、民族、出生日期、常住户口所在地住址、公民身份号码、本人相片、指纹信息、证件的有效期和签发机关。

公民身份号码是每个公民唯一的、终身不变的身份代码，由公安机关按照公民身份号码国家标准编制。

公民申请领取、换领、补领居民身份证，应当登记指纹信息。

第四条　【使用文字】居民身份证使用规范汉字和符合国家标准的数字符号填写。

民族自治地方的自治机关根据本地区的实际情况，对居民身份证用汉字登记的内容，可以决定同时使用实行区域自治的民族的文字或者选用一种当地通用的文字。

第五条　【有效期限】十六周岁以上公民的居民身份证的有效期为十年、二十年、长期。十六周岁至二十五周岁的，发给有效期十年的居民身份证；二十六周岁至四十五周岁的，发给有效期二十年的居民身份证；四十六周岁以上的，发给长期有效的居民身份证。

未满十六周岁的公民，自愿申请领取居民身份证的，发给有效期五年的居民身份证。

第六条　【式样、制发、功能及个人信息保密】居民身份证式样由国务院公安部门制定。居民身份证由公安机关统一制作、发放。

居民身份证具备视读与机读两种功能，视读、机读的内容限于本法第三条第一款规定的项目。

公安机关及其人民警察对因制作、发放、查验、扣押居民身份证而知悉的公民的个人信息，应当予以保密。

第二章　申领和发放

第七条　【领取年龄】公民应当自年满十六周岁之日起三个月内，向常住户口所在地的公安机关申请领取居民身份证。

未满十六周岁的公民，由监护人代为申请领取居民身份证。

第八条　【签发机关】居民身份证由居民常住户口所在地的县级人民政府公安机关签发。

第九条　【港澳台同胞申领身份证】香港同胞、澳门同胞、台湾同胞迁入内地定居的，华侨回国定居的，以及外国人、无国籍人在中华人民共和国境内定居并被批准加入或者恢复中华人民共和国国籍的，在办理常住户口登记时，应当依照本法规定申请领取居民身份证。

第十条　【办理要求】申请领取居民身份证，应当填写《居民身份证申领登记表》，交验居民户口簿。

第十一条　【换领、补领】国家决定换发新一代居民身份证、居民身份证有效期满、公民姓名变更或者证件严重损坏不能辨认的，公民应当换领新证；居民身份证登记项目出现错误的，公安机关应当及时更正，换发新证；领取新证时，必须交回原证。居民身份证丢失的，应当申请补领。

未满十六周岁公民的居民身份证有前款情形的，可以申请换领、换发或者补领新证。

公民办理常住户口迁移手续时，公安机关应当在居民身份证的机读项目中记载公民常住户口所在地住址变动的情况，并告知本人。

第十二条　【办理期限及临时身份证的领取】公民申请领取、换领、补领居民身份证，公安机关应当按照规定及时予以办理。公安机关应当自公民提交《居民身份证申领登记表》之日起六十日内发放居民身份证；交通不便的地区，办理时间可以适当延长，但延长的时间不得超过三十日。

公民在申请领取、换领、补领居民身份证期间，急需使用居民身份证的，可以申请领取临时居民身份证，公安机关应当按照规定及时予以办理。具体办法由国务院公安部门规定。

第三章　使用和查验

第十三条　【证明身份及个人信息保密】公民从事有关活动，需要证明身份的，有权使用居民身份证证明身份，有关单位及其工作人员不得拒绝。

有关单位及其工作人员对履行职责或者提供服务过程中获得的居民身份证记载的公民个人信息，应当予以保密。

第十四条　【应出示身份证的情形】有下列情形之一的，公民

应当出示居民身份证证明身份:

(一)常住户口登记项目变更;

(二)兵役登记;

(三)婚姻登记、收养登记;

(四)申请办理出境手续;

(五)法律、行政法规规定需要用居民身份证证明身份的其他情形。

依照本法规定未取得居民身份证的公民,从事前款规定的有关活动,可以使用符合国家规定的其他证明方式证明身份。

第十五条 【警察可查验身份证的情形】人民警察依法执行职务,遇有下列情形之一的,经出示执法证件,可以查验居民身份证:

(一)对有违法犯罪嫌疑的人员,需要查明身份的;

(二)依法实施现场管制时,需要查明有关人员身份的;

(三)发生严重危害社会治安突发事件时,需要查明现场有关人员身份的;

(四)在火车站、长途汽车站、港口、码头、机场或者在重大活动期间设区的市级人民政府规定的场所,需要查明有关人员身份的;

(五)法律规定需要查明身份的其他情形。

有前款所列情形之一,拒绝人民警察查验居民身份证的,依照有关法律规定,分别不同情形,采取措施予以处理。

任何组织或者个人不得扣押居民身份证。但是,公安机关依照《中华人民共和国刑事诉讼法》执行监视居住强制措施的情形除外。

第四章 法律责任

第十六条 【行政处罚之一】有下列行为之一的,由公安机关给予警告,并处二百元以下罚款,有违法所得的,没收违法所得:

(一)使用虚假证明材料骗领居民身份证的;

(二)出租、出借、转让居民身份证的;

(三)非法扣押他人居民身份证的。

第十七条 【行政处罚之二】有下列行为之一的,由公安机关处二百元以上一千元以下罚款,或者处十日以下拘留,有违法所得的,没收违法所得:

(一)冒用他人居民身份证或者使用骗领的居民身份证的;

(二)购买、出售、使用伪造、变造的居民身份证的。

伪造、变造的居民身份证和骗领的居民身份证,由公安机关予以收缴。

第十八条 【刑事责任】伪造、变造居民身份证的,依法追究刑事责任。

有本法第十六条、第十七条所列行为之一,从事犯罪活动的,依法追究刑事责任。

第十九条 【机关单位及其工作人员违法行为的处罚】国家机关或者金融、电信、交通、教育、医疗等单位的工作人员泄露在履行职责或者提供服务过程中获得的居民身份证记载的公民个人信息,构成犯罪的,依法追究刑事责任;尚不构成犯罪的,由公安机关处十日以上十五日以下拘留,并处五千元罚款,有违法所得的,没收违法所得。

单位有前款行为,构成犯罪的,依法追究刑事责任;尚不构成犯罪的,由公安机关对其直接负责的主管人员和其他直接责任人员,处十日以上十五日以下拘留,并处十万元以上五十万元以下罚款,有违法所得的,没收违法所得。

有前两款行为,对他人造成损害的,依法承担民事责任。

第二十条 【警察违法行为的处罚】人民警察有下列行为之一的,根据情节轻重,依法给予行政处分;构成犯罪的,依法追究刑事责任:

(一)利用制作、发放、查验居民身份证的便利,收受他人财物或者谋取其他利益的;

(二)非法变更公民身份号码,或者在居民身份证上登载本法第三条第一款规定项目以外的信息或者故意登载虚假信息的;

(三)无正当理由不在法定期限内发放居民身份证的;

(四)违反规定查验、扣押居民身份证,侵害公民合法权益的;

(五)泄露因制作、发放、查验、扣押居民身份证而知悉的公民个人信息,侵害公民合法权益的。

第五章 附 则

第二十一条 【工本费】公民申请领取、换领、补领居民身份证,应当缴纳证件工本费。居民身份证工本费标准,由国务院价格主管部门会同国务院财政部门核定。

对城市中领取最低生活保障金的居民、农村中有特殊生活困难的居民,在其初次申请领取和换领居民身份证时,免收工本费。对其他生活确有困难的居民,在其初次申请领取和换领居民身份证时,可以减收工本费。免收和减收工本费的具体办法,由国务院财政部门会同国务院价格主管部门规定。

公安机关收取的居民身份证工本费,全部上缴国库。

第二十二条 【现役军人、武警的身份证】现役的人民解放军军人、人民武装警察申请领取和发放居民身份证的具体办法,由国务院和中央军事委员会另行规定。

第二十三条 【施行日期及旧身份证的有效期】本法自2004年1月1日起施行,《中华人民共和国居民身份证条例》同时废止。

依照《中华人民共和国居民身份证条例》领取的居民身份证,自2013年1月1日起停止使用。依照本法在2012年1月1日以前领取的居民身份证,在其有效期内,继续有效。

国家决定换发新一代居民身份证后,原居民身份证的停止使用日期由国务院决定。

居住证暂行条例

1. 2015年11月26日国务院令第663号公布
2. 自2016年1月1日起施行

第一条 为了促进新型城镇化的健康发展,推进城镇基本公共服务和便利常住人口全覆盖,保障公民合法权益,促进社会公平正义,制定本条例。

第二条 公民离开常住户口所在地,到其他城市居住半年以上,符合有合法稳定就业、合法稳定住所、连续就读条件之一的,可以依照本条例的规定申领居住证。

第三条 居住证是持证人在居住地居住、作为常住人口享受基本公共服务和便利、申请登记常住户口的证明。

第四条 居住证登载的内容包括:姓名、性别、民族、出生日期、公民身份号码、本人相片、常住户口所在地住址、居住地住址、证件的签发机关和签发日期。

第五条 县级以上人民政府应当建立健全为居住证持有人提供基本公共服务和便利的机制。县级以上人民政府发展改革、教育、公安、民政、司法行政、人力资源社会保障、住房城乡建设、卫生计生等有关部门应当根据各自职责,做好居住证持有人的权益保障、服务和管理工作。

第六条 县级以上人民政府应当将为居住证持有人提供基本公共服务和便利的工作纳入国民经济和社会发展规划,完善财政转移支付制度,将提供基本公共服务和便利所需费用纳入财政预算。

第七条 县级以上人民政府有关部门应当建立和完善人口信息库,分类完善劳动就业、教育、社会保障、房产、信用、卫生计生、婚姻等信息系统以及居住证持有人信息的采集、登记工作,加强部门之间、地区之间居住证持有人信息的共享,为推进社会保险、住房公积金等转移接续制度,实现基本公共服务常住人口全覆盖提供信息支持,为居住证持有人在居住地居住提供便利。

第八条 公安机关负责居住证的申领受理、制作、发放、签注等证件管理工作。

居民委员会、村民委员会、用人单位、就读学校以及房屋出租人应当协助做好居住证的申领受理、发放等工作。

第九条 申领居住证,应当向居住地公安派出所或者受公安机关委托的社区服务机构提交本人居民身份证、本人相片以及居住地住址、就业、就读等证明材料。

居住地住址证明包括房屋租赁合同、房屋产权证明文件、购房合同或者房屋出租人、用人单位、就读学校出具的住宿证明等;就业证明包括工商营业执照、劳动合同、用人单位出具的劳动关系证明或者其他能够证明有合法稳定就业的材料等;就读证明包括学生证、就读学校出具的其他能够证明连续就读的材料等。

未满16周岁的未成年人和行动不便的老年人、残疾人等,可以由其监护人、近亲属代为申领居住证。监护人、近亲属代为办理的,应当提供委托人、代办人的合法有效身份证件。

申请人及相关证明材料出具人应当对本条规定的证明材料的真实性、合法性负责。

对申请材料不全的,公安派出所或者受公安机关委托的社区服务机构应当一次性告知申领人需要补充的材料。

对符合居住证办理条件的,公安机关应当自受理之日起15日内制作发放居住证;在偏远地区、交通不便的地区或者因特殊情况,不能按期制作发放居住证的,设区的市级以上地方人民政府在实施办法中可以对制作发放时限作出延长规定,但延长后最长不得超过30日。

第十条 居住证由县级人民政府公安机关签发,每年签注1次。

居住证持有人在居住地连续居住的,应当在居住每满1年之日前1个月内,到居住地公安派出所或者受公安机关委托的社区服务机构办理签注手续。

逾期未办理签注手续的,居住证使用功能中止;补办签注手续的,居住证的使用功能恢复,居住证持有人在居住地的居住年限自补办签注手续之日起连续计算。

第十一条 居住证损坏难以辨认或者丢失的,居住证持有人应当到居住地公安派出所或者受公安机关委托的社区服务机构办理换领、补领手续。

居住证持有人换领新证时,应当交回原证。

第十二条 居住证持有人在居住地依法享受劳动就业,参加社会保险,缴存、提取和使用住房公积金的权利。县级以上人民政府及其有关部门应当为居住证持有人提供下列基本公共服务:

(一)义务教育;
(二)基本公共就业服务;
(三)基本公共卫生服务和计划生育服务;
(四)公共文化体育服务;
(五)法律援助和其他法律服务;
(六)国家规定的其他基本公共服务。

第十三条 居住证持有人在居住地享受下列便利:

(一)按照国家有关规定办理出入境证件;
(二)按照国家有关规定换领、补领居民身份证;
(三)机动车登记;
(四)申领机动车驾驶证;
(五)报名参加职业资格考试、申请授予职业资格;
(六)办理生育服务登记和其他计划生育证明材料;
(七)国家规定的其他便利。

第十四条 国务院有关部门、地方各级人民政府及其有关部门应当积极创造条件,逐步扩大为居住证持有人提供公共服务和便利的范围,提高服务标准,并定期向社会公布居住证持有人享受的公共服务和便利的范围。

第十五条　居住证持有人符合居住地人民政府规定的落户条件的,可以根据本人意愿,将常住户口由原户口所在地迁入居住地。

第十六条　居住地人民政府应当根据下列规定确定落户条件:

(一)建制镇和城区人口50万以下的小城市的落户条件为在城市市区、县人民政府驻地镇或者其他建制镇有合法稳定住所。

(二)城区人口50万至100万的中等城市的落户条件为在城市有合法稳定就业并有合法稳定住所,同时按照国家规定参加城镇社会保险达到一定年限。其中,城市综合承载能力压力小的地方,可以参照建制镇和小城市标准,全面放开落户限制;城市综合承载能力压力大的地方,可以对合法稳定就业的范围、年限和合法稳定住所的范围、条件等作出规定,但对合法稳定住所不得设置住房面积、金额等要求,对参加城镇社会保险年限的要求不得超过3年。

(三)城区人口100万至500万的大城市的落户条件为在城市有合法稳定就业达到一定年限并有合法稳定住所,同时按照国家规定参加城镇社会保险达到一定年限,但对参加城镇社会保险年限的要求不得超过5年。其中,城区人口300万至500万的大城市可以对合法稳定就业的范围、年限和合法稳定住所的范围、条件等作出规定,也可结合本地实际,建立积分落户制度。

(四)城区人口500万以上的特大城市和超大城市应当根据城市综合承载能力和经济社会发展需要,以具有合法稳定就业和合法稳定住所、参加城镇社会保险年限、连续居住年限等为主要指标,建立完善积分落户制度。

第十七条　国家机关及其工作人员对在工作过程中知悉的居住证持有人个人信息,应当予以保密。

第十八条　有下列行为之一的,由公安机关给予警告、责令改正,处200元以下罚款,有违法所得的,没收违法所得:

(一)使用虚假证明材料骗领居住证;

(二)出租、出借、转让居住证;

(三)非法扣押他人居住证。

第十九条　有下列行为之一的,由公安机关处200元以上1000元以下罚款,有违法所得的,没收违法所得:

(一)冒用他人居住证或者使用骗领的居住证;

(二)购买、出售、使用伪造、变造的居住证。

伪造、变造的居住证和骗领的居住证,由公安机关予以收缴。

第二十条　国家机关及其工作人员有下列行为之一的,依法给予处分;构成犯罪的,依法追究刑事责任:

(一)符合居住证申领条件但拒绝受理、发放;

(二)违反有关规定收取费用;

(三)利用制作、发放居住证的便利,收受他人财物或者谋取其他利益;

(四)将在工作中知悉的居住证持有人个人信息出售或者非法提供给他人;

(五)篡改居住证信息。

第二十一条　首次申领居住证,免收证件工本费。换领、补领居住证,应当缴纳证件工本费。办理签注手续不得收取费用。

具体收费办法由国务院财政部门、价格主管部门制定。

第二十二条　设区的市级以上地方人民政府应当结合本行政区域经济社会发展需要及落户条件等因素,根据本条例制定实施办法。

第二十三条　本条例自2016年1月1日起施行。本条例施行前各地已发放的居住证,在有效期内继续有效。

中华人民共和国治安管理处罚法

1. 2005年8月28日第十届全国人民代表大会常务委员会第十七次会议通过

2. 根据2012年10月26日第十一届全国人民代表大会常务委员会第二十九次会议《关于修改〈中华人民共和国治安管理处罚法〉的决定》修正

目　　录

第一章　总　　则

第一条　**【立法目的】**为维护社会治安秩序,保障公共安全,保护公民、法人和其他组织的合法权益,规范和保障公安机关及其人民警察依法履行治安管理职责,制定本法。

第二条　**【违反治安管理行为的性质和特征】**扰乱公共秩序,妨害公共安全,侵犯人身权利、财产权利,妨害社会管理,具有社会危害性,依照《中华人民共和国刑法》的规定构成犯罪的,依法追究刑事责任;尚不够刑事处罚的,由公安机关依照本法给予治安管理处罚。

第三条 【处罚程序应适用的法律规范】治安管理处罚的程序,适用本法的规定;本法没有规定的,适用《中华人民共和国行政处罚法》的有关规定。

第四条 【适用范围】在中华人民共和国领域内发生的违反治安管理行为,除法律有特别规定的外,适用本法。

在中华人民共和国船舶和航空器内发生的违反治安管理行为,除法律有特别规定的外,适用本法。

第五条 【基本原则】治安管理处罚必须以事实为依据,与违反治安管理行为的性质、情节以及社会危害程度相当。

实施治安管理处罚,应当公开、公正,尊重和保障人权,保护公民的人格尊严。

办理治安案件应当坚持教育与处罚相结合的原则。

第六条 【社会治安综合治理】各级人民政府应当加强社会治安综合治理,采取有效措施,化解社会矛盾,增进社会和谐,维护社会稳定。

第七条 【主管和管辖】国务院公安部门负责全国的治安管理工作。县级以上地方各级人民政府公安机关负责本行政区域内的治安管理工作。

治安案件的管辖由国务院公安部门规定。

第八条 【民事责任】违反治安管理的行为对他人造成损害的,行为人或者其监护人应当依法承担民事责任。

第九条 【调解】对于因民间纠纷引起的打架斗殴或者损毁他人财物等违反治安管理行为,情节较轻的,公安机关可以调解处理。经公安机关调解,当事人达成协议的,不予处罚。经调解未达成协议或者达成协议后不履行的,公安机关应当依照本法的规定对违反治安管理行为人给予处罚,并告知当事人可以就民事争议依法向人民法院提起民事诉讼。

第二章 处罚的种类和适用

第十条 【处罚种类】治安管理处罚的种类分为:

(一)警告;

(二)罚款;

(三)行政拘留;

(四)吊销公安机关发放的许可证。

对违反治安管理的外国人,可以附加适用限期出境或者驱逐出境。

第十一条 【查获违禁品、工具和违法所得财物的处理】办理治安案件所查获的毒品、淫秽物品等违禁品,赌具、赌资,吸食、注射毒品的用具以及直接用于实施违反治安管理行为的本人所有的工具,应当收缴,按照规定处理。

违反治安管理所得的财物,追缴退还被侵害人;没有被侵害人的,登记造册,公开拍卖或者按照国家有关规定处理,所得款项上缴国库。

第十二条 【未成年人违法的处罚】已满十四周岁不满十八周岁的人违反治安管理的,从轻或者减轻处罚;不满十四周岁的人违反治安管理的,不予处罚,但是应当责令其监护人严加管教。

第十三条 【精神病人违法的处罚】精神病人在不能辨认或者不能控制自己行为的时候违反治安管理的,不予处罚,但是应当责令其监护人严加看管和治疗。间歇性的精神病人在精神正常的时候违反治安管理的,应当给予处罚。

第十四条 【盲人或聋哑人违法的处罚】盲人或者又聋又哑的人违反治安管理的,可以从轻、减轻或者不予处罚。

第十五条 【醉酒的人违法的处罚】醉酒的人违反治安管理的,应当给予处罚。

醉酒的人在醉酒状态中,对本人有危险或者对他人的人身、财产或者公共安全有威胁的,应当对其采取保护性措施约束至酒醒。

第十六条 【有两种以上违法行为的处罚】有两种以上违反治安管理行为的,分别决定,合并执行。行政拘留处罚合并执行的,最长不超过二十日。

第十七条 【共同违法行为的处罚】共同违反治安管理的,根据违反治安管理行为人在违反治安管理行为中所起的作用,分别处罚。

教唆、胁迫、诱骗他人违反治安管理的,按照其教唆、胁迫、诱骗的行为处罚。

第十八条 【单位违法行为的处罚】单位违反治安管理的,对其直接负责的主管人员和其他直接责任人员依照本法的规定处罚。其他法律、行政法规对同一行为规定给予单位处罚的,依照其规定处罚。

第十九条 【减轻处罚或不予处罚的情形】违反治安管理有下列情形之一的,减轻处罚或者不予处罚:

(一)情节特别轻微的;

(二)主动消除或者减轻违法后果,并取得被侵害人谅解的;

(三)出于他人胁迫或者诱骗的;

(四)主动投案,向公安机关如实陈述自己的违法行为的;

(五)有立功表现的。

第二十条 【从重处罚的情形】违反治安管理有下列情形之的,从重处罚:

(一)有较严重后果的;

(二)教唆、胁迫、诱骗他人违反治安管理的;

(三)对报案人、控告人、举报人、证人打击报复的;

(四)六个月内曾受过治安管理处罚的。

第二十一条 【应给予行政拘留处罚而不予执行的情形】违反治安管理行为人有下列情形之一,依照本法应当给予行政拘留处罚的,不执行行政拘留处罚:

(一)已满十四周岁不满十六周岁的;

(二)已满十六周岁不满十八周岁,初次违反治安管理的;

(三)七十周岁以上的;

(四)怀孕或者哺乳自己不满一周岁婴儿的。

第二十二条 【追究时效】违反治安管理行为在六个月内没有被公安机关发现的,不再处罚。

前款规定的期限,从违反治安管理行为发生之日起计算;违反治安管理行为有连续或者继续状态的,从行为终了之日起计算。

第三章 违反治安管理的行为和处罚

第一节 扰乱公共秩序的行为和处罚

第二十三条 【扰乱单位、公共场所、公共交通和选举秩序的行为及处罚】有下列行为之一的,处警告或者二百元以下罚款;情节较重的,处五日以上十日以下拘留,可以并处五百元以下罚款:

(一)扰乱机关、团体、企业、事业单位秩序,致使工作、生产、营业、医疗、教学、科研不能正常进行,尚未造成严重损失的;

(二)扰乱车站、港口、码头、机场、商场、公园、展览馆或者其他公共场所秩序的;

(三)扰乱公共汽车、电车、火车、船舶、航空器或者其他公共交通工具上的秩序的;

(四)非法拦截或者强登、扒乘机动车、船舶、航空器以及其他交通工具,影响交通工具正常行驶的;

(五)破坏依法进行的选举秩序的。

聚众实施前款行为的,对首要分子处十日以上十五日以下拘留,可以并处一千元以下罚款。

第二十四条 【扰乱文化、体育等大型群众性活动秩序的行为及处罚】有下列行为之一,扰乱文化、体育等大型群众性活动秩序的,处警告或者二百元以下罚款;情节严重的,处五日以上十日以下拘留,可以并处五百元以下罚款:

(一)强行进入场内的;

(二)违反规定,在场内燃放烟花爆竹或者其他物品的;

(三)展示侮辱性标语、条幅等物品的;

(四)围攻裁判员、运动员或者其他工作人员的;

(五)向场内投掷杂物,不听制止的;

(六)扰乱大型群众性活动秩序的其他行为。

因扰乱体育比赛秩序被处以拘留处罚的,可以同时责令其十二个月内不得进入体育场馆观看同类比赛;违反规定进入体育场馆的,强行带离现场。

第二十五条 【扰乱公共秩序的行为及处罚】有下列行为之一的,处五日以上十日以下拘留,可以并处五百元以下罚款;情节较轻的,处五日以下拘留或者五百元以下罚款:

(一)散布谣言,谎报险情、疫情、警情或者以其他方法故意扰乱公共秩序的;

(二)投放虚假的爆炸性、毒害性、放射性、腐蚀性物质或者传染病病原体等危险物质扰乱公共秩序的;

(三)扬言实施放火、爆炸、投放危险物质扰乱公共秩序的。

第二十六条 【寻衅滋事行为及处罚】有下列行为之一的,处五日以上十日以下拘留,可以并处五百元以下罚款;情节较重的,处十日以上十五日以下拘留,可以并处一千元以下罚款:

(一)结伙斗殴的;

(二)追逐、拦截他人的;

(三)强拿硬要或者任意损毁、占用公私财物的;

(四)其他寻衅滋事行为。

第二十七条 【利用封建迷信、会道门进行非法活动的行为及处罚】有下列行为之一的,处十日以上十五日以下拘留,可以并处一千元以下罚款;情节较轻的,处五日以上十日以下拘留,可以并处五百元以下罚款:

(一)组织、教唆、胁迫、诱骗、煽动他人从事邪教、会道门活动或者利用邪教、会道门、迷信活动,扰乱社会秩序、损害他人身体健康的;

(二)冒用宗教、气功名义进行扰乱社会秩序、损害他人身体健康活动的。

第二十八条 【干扰无线电业务及无线电台(站)的行为及处罚】违反国家规定,故意干扰无线电业务正常进行的,或者对正常运行的无线电台(站)产生有害干扰,经有关主管部门指出后,拒不采取有效措施消除的,处五日以上十日以下拘留;情节严重的,处十日以上十五日以下拘留。

第二十九条 【侵入、破坏计算机信息系统的行为及处罚】有下列行为之一的,处五日以下拘留;情节较重的,处五日以上十日以下拘留:

(一)违反国家规定,侵入计算机信息系统,造成危害的;

(二)违反国家规定,对计算机信息系统功能进行删除、修改、增加、干扰,造成计算机信息系统不能正常运行的;

(三)违反国家规定,对计算机信息系统中存储、处理、传输的数据和应用程序进行删除、修改、增加的;

(四)故意制作、传播计算机病毒等破坏性程序,影响计算机信息系统正常运行的。

第二节 妨害公共安全的行为和处罚

第三十条 【违反危险物质管理的行为及处罚】违反国家规定,制造、买卖、储存、运输、邮寄、携带、使用、提供、处置爆炸性、毒害性、放射性、腐蚀性物质或者传染病病原体等危险物质的,处十日以上十五日以下拘留;情节较轻的,处五日以上十日以下拘留。

第三十一条 【对危险物质被盗、被抢、丢失不报的处罚】爆炸性、毒害性、放射性、腐蚀性物质或者传染病病原体等危险物质被盗、被抢或者丢失,未按规定报告的,处五日以下拘留;故意隐瞒不报的,处五日以上十日以下拘留。

第三十二条 【对非法携带管制器具的处罚】非法携带枪支、弹药或者弩、匕首等国家规定的管制器具的，处五日以下拘留，可以并处五百元以下罚款；情节较轻的，处警告或者二百元以下罚款。

非法携带枪支、弹药或者弩、匕首等国家规定的管制器具进入公共场所或者公共交通工具的，处五日以上十日以下拘留，可以并处五百元以下罚款。

第三十三条 【对盗窃、损毁公共设施的处罚】有下列行为之一的，处十日以上十五日以下拘留：

（一）盗窃、损毁油气管道设施、电力电信设施、广播电视设施、水利防汛工程设施或者水文监测、测量、气象测报、环境监测、地质监测、地震监测等公共设施的；

（二）移动、损毁国家边境的界碑、界桩以及其他边境标志、边境设施或者领土、领海标志设施的；

（三）非法进行影响国（边）界线走向的活动或者修建有碍国（边）境管理的设施的。

第三十四条 【对妨害航空器飞行安全行为的处罚】盗窃、损坏、擅自移动使用中的航空设施，或者强行进入航空器驾驶舱的，处十日以上十五日以下拘留。

在使用中的航空器上使用可能影响导航系统正常功能的器具、工具，不听劝阻的，处五日以下拘留或者五百元以下罚款。

第三十五条 【对妨害铁路运行安全行为的处罚】有下列行为之一的，处五日以上十日以下拘留，可以并处五百元以下罚款；情节较轻的，处五日以下拘留或者五百元以下罚款：

（一）盗窃、损毁或者擅自移动铁路设施、设备、机车车辆配件或者安全标志的；

（二）在铁路线路上放置障碍物，或者故意向列车投掷物品的；

（三）在铁路线路、桥梁、涵洞处挖掘坑穴、采石取沙的；

（四）在铁路线路上私设道口或者平交过道的。

第三十六条 【对妨害列车行车安全行为的处罚】擅自进入铁路防护网或者火车来临时在铁路线路上行走坐卧、抢越铁路，影响行车安全的，处警告或者二百元以下罚款。

第三十七条 【对妨害公共道路安全行为的处罚】有下列行为之一的，处五日以下拘留或者五百元以下罚款；情节严重的，处五日以上十日以下拘留，可以并处五百元以下罚款：

（一）未经批准，安装、使用电网的，或者安装、使用电网不符合安全规定的；

（二）在车辆、行人通行的地方施工，对沟井坎穴不设覆盖物、防围和警示标志的，或者故意损毁、移动覆盖物、防围和警示标志的；

（三）盗窃、损毁路面井盖、照明等公共设施的。

第三十八条 【对违反安全规定举办大型活动的处罚】举办文化、体育等大型群众性活动，违反有关规定，有发生安全事故危险的，责令停止活动，立即疏散；对组织者处五日以上十日以下拘留，并处二百元以上五百元以下罚款；情节较轻的，处五日以下拘留或者五百元以下罚款。

第三十九条 【对违反公共场所安全规定的处罚】旅馆、饭店、影剧院、娱乐场、运动场、展览馆或者其他供社会公众活动的场所的经营管理人员，违反安全规定，致使该场所有发生安全事故危险，经公安机关责令改正，拒不改正的，处五日以下拘留。

第三节 侵犯人身权利、财产权利的行为和处罚

第四十条 【对恐怖表演、强迫劳动、限制人身自由的处罚】有下列行为之一的，处十日以上十五日以下拘留，并处五百元以上一千元以下罚款；情节较轻的，处五日以上十日以下拘留，并处二百元以上五百元以下罚款：

（一）组织、胁迫、诱骗不满十六周岁的人或者残疾人进行恐怖、残忍表演的；

（二）以暴力、威胁或者其他手段强迫他人劳动的；

（三）非法限制他人人身自由、非法侵入他人住宅或者非法搜查他人身体的。

第四十一条 【胁迫利用他人乞讨和滋扰乞讨的处罚】胁迫、诱骗或者利用他人乞讨的，处十日以上十五日以下拘留，可以并处一千元以下罚款。

反复纠缠、强行讨要或者以其他滋扰他人的方式乞讨的，处五日以下拘留或者警告。

第四十二条 【对侵犯人身权利六项行为的处罚】有下列行为之一的，处五日以下拘留或者五百元以下罚款；情节较重的，处五日以上十日以下拘留，可以并处五百元以下罚款：

（一）写恐吓信或者以其他方法威胁他人人身安全的；

（二）公然侮辱他人或者捏造事实诽谤他人的；

（三）捏造事实诬告陷害他人，企图使他人受到刑事追究或者受到治安管理处罚的；

（四）对证人及其近亲属进行威胁、侮辱、殴打或者打击报复的；

（五）多次发送淫秽、侮辱、恐吓或者其他信息，干扰他人正常生活的；

（六）偷窥、偷拍、窃听、散布他人隐私的。

第四十三条 【对殴打或故意伤害他人身体的处罚】殴打他人的，或者故意伤害他人身体的，处五日以上十日以下拘留，并处二百元以上五百元以下罚款；情节较轻的，处五日以下拘留或者五百元以下罚款。

有下列情形之一的，处十日以上十五日以下拘留，并处五百元以上一千元以下罚款：

（一）结伙殴打、伤害他人的；

（二）殴打、伤害残疾人、孕妇、不满十四周岁的人或者

六十周岁以上的人的;

(三)多次殴打、伤害他人或者一次殴打、伤害多人的。

第四十四条 【对猥亵他人和公共场所裸露身体的处罚】猥亵他人的,或者在公共场所故意裸露身体,情节恶劣的,处五日以上十日以下拘留;猥亵智力残疾人、精神病人、不满十四周岁的人或者有其他严重情节的,处十日以上十五日以下拘留。

第四十五条 【对虐待家庭成员、遗弃被扶养人的处罚】有下列行为之一的,处五日以下拘留或者警告:

(一)虐待家庭成员,被虐待人要求处理的;

(二)遗弃没有独立生活能力的被扶养人的。

第四十六条 【对强买强卖、强迫服务的处罚】强买强卖商品,强迫他人提供服务或者强迫他人接受服务的,处五日以上十日以下拘留,并处二百元以上五百元以下罚款;情节较轻的,处五日以下拘留或者五百元以下罚款。

第四十七条 【对煽动民族仇恨、民族歧视的处罚】煽动民族仇恨、民族歧视,或者在出版物、计算机信息网络中刊载民族歧视、侮辱内容的,处十日以上十五日以下拘留,可以并处一千元以下罚款。

第四十八条 【对侵犯通信自由的处罚】冒领、隐匿、毁弃、私自开拆或者非法检查他人邮件的,处五日以下拘留或者五百元以下罚款。

第四十九条 【对盗窃、诈骗、哄抢、抢夺、敲诈勒索、损毁公私财物的处罚】盗窃、诈骗、哄抢、抢夺、敲诈勒索或者故意损毁公私财物的,处五日以上十日以下拘留,可以并处五百元以下罚款;情节较重的,处十日以上十五日以下拘留,可以并处一千元以下罚款。

第四节 妨害社会管理的行为和处罚

第五十条 【对拒不执行紧急状态决定、命令和阻碍执行公务的处罚】有下列行为之一的,处警告或者二百元以下罚款;情节严重的,处五日以上十日以下拘留,可以并处五百元以下罚款:

(一)拒不执行人民政府在紧急状态情况下依法发布的决定、命令的;

(二)阻碍国家机关工作人员依法执行职务的;

(三)阻碍执行紧急任务的消防车、救护车、工程抢险车、警车等车辆通行的;

(四)强行冲闯公安机关设置的警戒带、警戒区的。

阻碍人民警察依法执行职务的,从重处罚。

第五十一条 【对招摇撞骗行为的处罚】冒充国家机关工作人员或者以其他虚假身份招摇撞骗的,处五日以上十日以下拘留,可以并处五百元以下罚款;情节较轻的,处五日以下拘留或者五百元以下罚款。

冒充军警人员招摇撞骗的,从重处罚。

第五十二条 【对伪造、变造、买卖公文、证件、票证的处罚】有下列行为之一的,处十日以上十五日以下拘留,可以并处一千元以下罚款;情节较轻的,处五日以上十日以下拘留,可以并处五百元以下罚款:

(一)伪造、变造或者买卖国家机关、人民团体、企业、事业单位或者其他组织的公文、证件、证明文件、印章的;

(二)买卖或者使用伪造、变造的国家机关、人民团体、企业、事业单位或者其他组织的公文、证件、证明文件的;

(三)伪造、变造、倒卖车票、船票、航空客票、文艺演出票、体育比赛入场券或者其他有价票证、凭证的;

(四)伪造、变造船舶户牌,买卖或者使用伪造、变造的船舶户牌,或者涂改船舶发动机号码的。

第五十三条 【对船舶擅进禁、限入水域或岛屿的处罚】船舶擅自进入、停靠国家禁止、限制进入的水域或者岛屿的,对船舶负责人及有关责任人员处五百元以上一千元以下罚款;情节严重的,处五日以下拘留,并处五百元以上一千元以下罚款。

第五十四条 【对违法设立社会团体的处罚】有下列行为之一的,处十日以上十五日以下拘留,并处五百元以上一千元以下罚款;情节较轻的,处五日以下拘留或者五百元以下罚款:

(一)违反国家规定,未经注册登记,以社会团体名义进行活动,被取缔后,仍进行活动的;

(二)被依法撤销登记的社会团体,仍以社会团体名义进行活动的;

(三)未经许可,擅自经营按照国家规定需要由公安机关许可的行业的。

有前款第三项行为的,予以取缔。

取得公安机关许可的经营者,违反国家有关管理规定,情节严重的,公安机关可以吊销许可证。

第五十五条 【对非法集会、游行、示威的处罚】煽动、策划非法集会、游行、示威,不听劝阻的,处十日以上十五日以下拘留。

第五十六条 【对旅馆工作人员违反规定的处罚】旅馆业的工作人员对住宿的旅客不按规定登记姓名、身份证件种类和号码的,或者明知住宿的旅客将危险物质带入旅馆,不予制止的,处二百元以上五百元以下罚款。

旅馆业的工作人员明知住宿的旅客是犯罪嫌疑人员或者被公安机关通缉的人员,不向公安机关报告的,处二百元以上五百元以下罚款;情节严重的,处五日以下拘留,可以并处五百元以下罚款。

第五十七条 【对违法出租房屋的处罚】房屋出租人将房屋出租给无身份证件的人居住的,或者不按规定登记承租人姓名、身份证件种类和号码的,处二百元以上五百元以下罚款。

房屋出租人明知承租人利用出租房屋进行犯罪活动,不向公安机关报告的,处二百元以上五百元以下罚款;情节严重的,处五日以下拘留,可以并处五百元以下罚款。

第五十八条 【对制造噪声干扰他人的处罚】违反关于社会生活噪声污染防治的法律规定，制造噪声干扰他人正常生活的，处警告；警告后不改正的，处二百元以上五百元以下罚款。

第五十九条 【对违法典当、收购的处罚】有下列行为之一的，处五百元以上一千元以下罚款；情节严重的，处五日以上十日以下拘留，并处五百元以上一千元以下罚款：

（一）典当业工作人员承接典当的物品，不查验有关证明、不履行登记手续，或者明知是违法犯罪嫌疑人、赃物，不向公安机关报告的；

（二）违反国家规定，收购铁路、油田、供电、电信、矿山、水利、测量和城市公用设施等废旧专用器材的；

（三）收购公安机关通报寻查的赃物或者有赃物嫌疑的物品的；

（四）收购国家禁止收购的其他物品的。

第六十条 【对妨害执法秩序的处罚】有下列行为之一的，处五日以上十日以下拘留，并处二百元以上五百元以下罚款：

（一）隐藏、转移、变卖或者损毁行政执法机关依法扣押、查封、冻结的财物的；

（二）伪造、隐匿、毁灭证据或者提供虚假证言、谎报案情，影响行政执法机关依法办案的；

（三）明知是赃物而窝藏、转移或者代为销售的；

（四）被依法执行管制、剥夺政治权利或者在缓刑、暂予监外执行中的罪犯或者被依法采取刑事强制措施的人，有违反法律、行政法规或者国务院有关部门的监督管理规定的行为。

第六十一条 【对协助组织、运送他人偷越国（边）境的处罚】协助组织或者运送他人偷越国（边）境的，处十日以上十五日以下拘留，并处一千元以上五千元以下罚款。

第六十二条 【对偷越国（边）境的处罚】为偷越国（边）境人员提供条件的，处五日以上十日以下拘留，并处五百元以上二千元以下罚款。

偷越国（边）境的，处五日以下拘留或者五百元以下罚款。

第六十三条 【对妨害文物管理的处罚】有下列行为之一的，处警告或者二百元以下罚款；情节较重的，处五日以上十日以下拘留，并处二百元以上五百元以下罚款：

（一）刻划、涂污或者以其他方式故意损坏国家保护的文物、名胜古迹的；

（二）违反国家规定，在文物保护单位附近进行爆破、挖掘等活动，危及文物安全的。

第六十四条 【对非法驾驶交通工具的处罚】有下列行为之一的，处五百元以上一千元以下罚款；情节严重的，处十日以上十五日以下拘留，并处五百元以上一千元以下罚款：

（一）偷开他人机动车的；

（二）未取得驾驶证驾驶或者偷开他人航空器、机动船舶的。

第六十五条 【对破坏他人坟墓、尸体和乱停放尸体的处罚】有下列行为之一的，处五日以上十日以下拘留；情节严重的，处十日以上十五日以下拘留，可以并处一千元以下罚款：

（一）故意破坏、污损他人坟墓或者毁坏、丢弃他人尸骨、骨灰的；

（二）在公共场所停放尸体或者因停放尸体影响他人正常生活、工作秩序，不听劝阻的。

第六十六条 【对卖淫、嫖娼的处罚】卖淫、嫖娼的，处十日以上十五日以下拘留，可以并处五千元以下罚款；情节较轻的，处五日以下拘留或者五百元以下罚款。

在公共场所拉客招嫖的，处五日以下拘留或者五百元以下罚款。

第六十七条 【对引诱、容留、介绍卖淫的处罚】引诱、容留、介绍他人卖淫的，处十日以上十五日以下拘留，可以并处五千元以下罚款；情节较轻的，处五日以下拘留或者五百元以下罚款。

第六十八条 【对传播淫秽信息的处罚】制作、运输、复制、出售、出租淫秽的书刊、图片、影片、音像制品等淫秽物品或者利用计算机信息网络、电话以及其他通讯工具传播淫秽信息的，处十日以上十五日以下拘留，可以并处三千元以下罚款；情节较轻的，处五日以下拘留或者五百元以下罚款。

第六十九条 【对组织、参与淫秽活动的处罚】有下列行为之一的，处十日以上十五日以下拘留，并处五百元以上一千元以下罚款：

（一）组织播放淫秽音像的；

（二）组织或者进行淫秽表演的；

（三）参与聚众淫乱活动的。

明知他人从事前款活动，为其提供条件的，依照前款的规定处罚。

第七十条 【对赌博行为的处罚】以营利为目的，为赌博提供条件的，或者参与赌博赌资较大的，处五日以下拘留或者五百元以下罚款；情节严重的，处十日以上十五日以下拘留，并处五百元以上三千元以下罚款。

第七十一条 【涉及毒品原植物的行为及处罚】有下列行为之一的，处十日以上十五日以下拘留，可以并处三千元以下罚款；情节较轻的，处五日以下拘留或者五百元以下罚款：

（一）非法种植罂粟不满五百株或者其他少量毒品原植物的；

（二）非法买卖、运输、携带、持有少量未经灭活的罂粟等毒品原植物种子或者幼苗的；

（三）非法运输、买卖、储存、使用少量罂粟壳的。

有前款第一项行为，在成熟前自行铲除的，不予处罚。

第七十二条 【毒品违法行为及处罚】有下列行为之一的，处

十日以上十五日以下拘留,可以并处二千元以下罚款;情节较轻的,处五日以下拘留或者五百元以下罚款:

(一)非法持有鸦片不满二百克、海洛因或者甲基苯丙胺不满十克或者其他少量毒品的;

(二)向他人提供毒品的;

(三)吸食、注射毒品的;

(四)胁迫、欺骗医务人员开具麻醉药品、精神药品的。

第七十三条　【对教唆、引诱、欺骗他人吸食、注射毒品的处罚】教唆、引诱、欺骗他人吸食、注射毒品的,处十日以上十五日以下拘留,并处五百元以上二千元以下罚款。

第七十四条　【对服务行业人员通风报信行为的处罚】旅馆业、饮食服务业、文化娱乐业、出租汽车业等单位的人员,在公安机关查处吸毒、赌博、卖淫、嫖娼活动时,为违法犯罪行为人通风报信的,处十日以上十五日以下拘留。

第七十五条　【对饲养动物违法行为的处罚】饲养动物,干扰他人正常生活的,处警告;警告后不改正的,或者放任动物恐吓他人的,处二百元以上五百元以下罚款。

驱使动物伤害他人的,依照本法第四十三条第一款的规定处罚。

第七十六条　【对屡教不改行为的处罚】有本法第六十七条、第六十八条、第七十条的行为,屡教不改的,可以按照国家规定采取强制性教育措施。

第四章　处罚程序

第一节　调　　查

第七十七条　【受理治安案件须登记】公安机关对报案、控告、举报或者违反治安管理行为人主动投案,以及其他行政主管部门、司法机关移送的违反治安管理案件,应当及时受理,并进行登记。

第七十八条　【受理治安案件后的处理】公安机关受理报案、控告、举报、投案后,认为属于违反治安管理行为的,应当立即进行调查;认为不属于违反治安管理行为的,应当告知报案人、控告人、举报人、投案人,并说明理由。

第七十九条　【严禁非法取证】公安机关及其人民警察对治安案件的调查,应当依法进行。严禁刑讯逼供或者采用威胁、引诱、欺骗等非法手段收集证据。

以非法手段收集的证据不得作为处罚的根据。

第八十条　【公安机关的保密义务】公安机关及其人民警察在办理治安案件时,对涉及的国家秘密、商业秘密或者个人隐私,应当予以保密。

第八十一条　【关于回避的规定】人民警察在办理治安案件过程中,遇有下列情形之一的,应当回避;违反治安管理行为人、被侵害人或者其法定代理人也有权要求他们回避:

(一)是本案当事人或者当事人的近亲属的;

(二)本人或者其近亲属与本案有利害关系的;

(三)与本案当事人有其他关系,可能影响案件公正处理的。

人民警察的回避,由其所属的公安机关决定;公安机关负责人的回避,由上一级公安机关决定。

第八十二条　【关于传唤的规定】需要传唤违反治安管理行为人接受调查的,经公安机关办案部门负责人批准,使用传唤证传唤。对现场发现的违反治安管理行为人,人民警察经出示工作证件,可以口头传唤,但应当在询问笔录中注明。

公安机关应当将传唤的原因和依据告知被传唤人。对无正当理由不接受传唤或者逃避传唤的人,可以强制传唤。

第八十三条　【传唤后的询问期限与通知义务】对违反治安管理行为人,公安机关传唤后应当及时询问查证,询问查证的时间不得超过八小时;情况复杂,依照本法规定可能适用行政拘留处罚的,询问查证的时间不得超过二十四小时。

公安机关应当及时将传唤的原因和处所通知被传唤人家属。

第八十四条　【询问笔录、书面材料与询问不满十六周岁人的规定】询问笔录应当交被询问人核对;对没有阅读能力的,应当向其宣读。记载有遗漏或者差错的,被询问人可以提出补充或者更正。被询问人确认笔录无误后,应当签名或者盖章,询问的人民警察也应当在笔录上签名。

被询问人要求就被询问事项自行提供书面材料的,应当准许;必要时,人民警察也可以要求被询问人自行书写。

询问不满十六周岁的违反治安管理行为人,应当通知其父母或者其他监护人到场。

第八十五条　【询问地点、方式及应当遵守的程序】人民警察询问被侵害人或者其他证人,可以到其所在单位或者住处进行;必要时,也可以通知其到公安机关提供证言。

人民警察在公安机关以外询问被侵害人或者其他证人,应当出示工作证件。

询问被侵害人或者其他证人,同时适用本法第八十四条的规定。

第八十六条　【询问中的语言帮助】询问聋哑的违反治安管理行为人、被侵害人或者其他证人,应当有通晓手语的人提供帮助,并在笔录上注明。

询问不通晓当地通用的语言文字的违反治安管理行为人、被侵害人或者其他证人,应当配备翻译人员,并在笔录上注明。

第八十七条　【检查时应遵守的程序】公安机关对与违反治安管理行为有关的场所、物品、人身可以进行检查。检查时,人民警察不得少于二人,并应当出示工作证件和县级以上人民政府公安机关开具的检查证明文件。对确有必要立即进行检查的,人民警察经出示工作证件,可以当场检查,但检查公民住所应当出示县级以上人民政府公安机关开具的检查证明文件。

检查妇女的身体,应当由女性工作人员进行。

第八十八条 **【检查笔录的制作】**检查的情况应当制作检查笔录,由检查人、被检查人和见证人签名或者盖章;被检查人拒绝签名的,人民警察应当在笔录上注明。

第八十九条 **【关于扣押物品的规定】**公安机关办理治安案件,对与案件有关的需要作为证据的物品,可以扣押;对被侵害人或者善意第三人合法占有的财产,不得扣押,应当予以登记。对与案件无关的物品,不得扣押。

对扣押的物品,应当会同在场见证人和被扣押物品持有人查点清楚,当场开列清单一式二份,由调查人员、见证人和持有人签名或者盖章,一份交给持有人,另一份附卷备查。

对扣押的物品,应当妥善保管,不得挪作他用;对不宜长期保存的物品,按照有关规定处理。经查明与案件无关的,应当及时退还;经核实属于他人合法财产的,应当登记后立即退还;满六个月无人对该财产主张权利或者无法查清权利人的,应当公开拍卖或者按照国家有关规定处理,所得款项上缴国库。

第九十条 **【关于鉴定的规定】**为了查明案情,需要解决案件中有争议的专门性问题的,应当指派或者聘请具有专门知识的人员进行鉴定;鉴定人鉴定后,应当写出鉴定意见,并且签名。

第二节 决 定

第九十一条 **【处罚的决定机关】**治安管理处罚由县级以上人民政府公安机关决定;其中警告、五百元以下的罚款可以由公安派出所决定。

第九十二条 **【行政拘留的折抵】**对决定给予行政拘留处罚的人,在处罚前已经采取强制措施限制人身自由的时间,应当折抵。限制人身自由一日,折抵行政拘留一日。

第九十三条 **【违反治安管理行为人的陈述与其他证据关系】**公安机关查处治安案件,对没有本人陈述,但其他证据能够证明案件事实的,可以作出治安管理处罚决定。但是,只有本人陈述,没有其他证据证明的,不能作出治安管理处罚决定。

第九十四条 **【陈述与申辩权】**公安机关作出治安管理处罚决定前,应当告知违反治安管理行为人作出治安管理处罚的事实、理由及依据,并告知违反治安管理行为人依法享有的权利。

违反治安管理行为人有权陈述和申辩。公安机关必须充分听取违反治安管理行为人的意见,对违反治安管理行为人提出的事实、理由和证据,应当进行复核;违反治安管理行为人提出的事实、理由或者证据成立的,公安机关应当采纳。

公安机关不得因违反治安管理行为人的陈述、申辩而加重处罚。

第九十五条 **【治安案件的不同处理】**治安案件调查结束后,公安机关应当根据不同情况,分别作出以下处理:

(一)确有依法应当给予治安管理处罚的违法行为的,根据情节轻重及具体情况,作出处罚决定;

(二)依法不予处罚的,或者违法事实不能成立的,作出不予处罚决定;

(三)违法行为已涉嫌犯罪的,移送主管机关依法追究刑事责任;

(四)发现违反治安管理行为人有其他违法行为的,在对违反治安管理行为作出处罚决定的同时,通知有关行政主管部门处理。

第九十六条 **【治安管理处罚决定书内容】**公安机关作出治安管理处罚决定的,应当制作治安管理处罚决定书。决定书应当载明下列内容:

(一)被处罚人的姓名、性别、年龄、身份证件的名称和号码、住址;

(二)违法事实和证据;

(三)处罚的种类和依据;

(四)处罚的执行方式和期限;

(五)对处罚决定不服,申请行政复议、提起行政诉讼的途径和期限;

(六)作出处罚决定的公安机关的名称和作出决定的日期。

决定书应当由作出处罚决定的公安机关加盖印章。

第九十七条 **【宣告、送达、抄送】**公安机关应当向被处罚人宣告治安管理处罚决定书,并当场交付被处罚人;无法当场向被处罚人宣告的,应当在二日内送达被处罚人。决定给予行政拘留处罚的,应当及时通知被处罚人的家属。

有被侵害人的,公安机关应当将决定书副本抄送被侵害人。

第九十八条 **【听证】**公安机关作出吊销许可证以及处二千元以上罚款的治安管理处罚决定前,应当告知违反治安管理行为人有权要求举行听证;违反治安管理行为人要求听证的,公安机关应当及时依法举行听证。

第九十九条 **【期限】**公安机关办理治安案件的期限,自受理之日起不得超过三十日;案情重大、复杂的,经上一级公安机关批准,可以延长三十日。

为了查明案情进行鉴定的期间,不计入办理治安案件的期限。

第一百条 **【当场处罚】**违反治安管理行为事实清楚,证据确凿,处警告或者二百元以下罚款的,可以当场作出治安管理处罚决定。

第一百零一条 **【当场处罚决定程序】**当场作出治安管理处罚决定的,人民警察应当向违反治安管理行为人出示工作证件,并填写处罚决定书。处罚决定书应当当场交付被处罚人;有被侵害人的,并将决定书副本抄送被侵害人。

前款规定的处罚决定书,应当载明被处罚人的姓名、违法行为、处罚依据、罚款数额、时间、地点以及公安机关名称,并由经办的人民警察签名或者盖章。

当场作出治安管理处罚决定的，经办的人民警察应当在二十四小时内报所属公安机关备案。

第一百零二条　【不服处罚提起的复议或诉讼】被处罚人对治安管理处罚决定不服的，可以依法申请行政复议或者提起行政诉讼。

第三节　执　　行

第一百零三条　【行政拘留处罚的执行】对被决定给予行政拘留处罚的人，由作出决定的公安机关送达拘留所执行。

第一百零四条　【当场收缴罚款范围】受到罚款处罚的人应当自收到处罚决定书之日起十五日内，到指定的银行缴纳罚款。但是，有下列情形之一的，人民警察可以当场收缴罚款：

(一)被处五十元以下罚款，被处罚人对罚款无异议的；

(二)在边远、水上、交通不便地区，公安机关及其人民警察依照本法的规定作出罚款决定后，被处罚人向指定的银行缴纳罚款确有困难，经被处罚人提出的；

(三)被处罚人在当地没有固定住所，不当场收缴事后难以执行的。

第一百零五条　【罚款交纳期】人民警察当场收缴的罚款，应当自收缴罚款之日起二日内，交至所属的公安机关；在水上、旅客列车上当场收缴的罚款，应当自抵岸或者到站之日起二日内，交至所属的公安机关；公安机关应当自收到罚款之日起二日内将罚款缴付指定的银行。

第一百零六条　【罚款收据】人民警察当场收缴罚款的，应当向被处罚人出具省、自治区、直辖市人民政府财政部门统一制发的罚款收据；不出具统一制发的罚款收据的，被处罚人有权拒绝缴纳罚款。

第一百零七条　【暂缓执行行政拘留】被处罚人不服行政拘留处罚决定，申请行政复议、提起行政诉讼的，可以向公安机关提出暂缓执行行政拘留的申请。公安机关认为暂缓执行行政拘留不致发生社会危险的，由被处罚人或者其近亲属提出符合本法第一百零八条规定条件的担保人，或者按每日行政拘留二百元的标准交纳保证金，行政拘留的处罚决定暂缓执行。

第一百零八条　【担保人的条件】担保人应当符合下列条件：

(一)与本案无牵连；

(二)享有政治权利，人身自由未受到限制；

(三)在当地有常住户口和固定住所；

(四)有能力履行担保义务。

第一百零九条　【担保人的义务】担保人应当保证被担保人不逃避行政拘留处罚的执行。

担保人不履行担保义务，致使被担保人逃避行政拘留处罚的执行的，由公安机关对其处三千元以下罚款。

第一百一十条　【没收保证金】被决定给予行政拘留处罚的人交纳保证金，暂缓行政拘留后，逃避行政拘留处罚的执行的，保证金予以没收并上缴国库，已经作出的行政拘留决定仍应执行。

第一百一十一条　【退还保证金】行政拘留的处罚决定被撤销，或者行政拘留处罚开始执行的，公安机关收取的保证金应当及时退还交纳人。

第五章　执 法 监 督

第一百一十二条　【执法原则】公安机关及其人民警察应当依法、公正、严格、高效办理治安案件，文明执法，不得徇私舞弊。

第一百一十三条　【禁止行为】公安机关及其人民警察办理治安案件，禁止对违反治安管理行为人打骂、虐待或者侮辱。

第一百一十四条　【监督方式】公安机关及其人民警察办理治安案件，应当自觉接受社会和公民的监督。

公安机关及其人民警察办理治安案件，不严格执法或者有违法违纪行为的，任何单位和个人都有权向公安机关或者人民检察院、行政监察机关检举、控告；收到检举、控告的机关，应当依据职责及时处理。

第一百一十五条　【罚缴分离原则】公安机关依法实施罚款处罚，应当依照有关法律、行政法规的规定，实行罚款决定与罚款收缴分离；收缴的罚款应当全部上缴国库。

第一百一十六条　【行政处分、刑事处罚的规定】人民警察办理治安案件，有下列行为之一的，依法给予行政处分；构成犯罪的，依法追究刑事责任：

(一)刑讯逼供、体罚、虐待、侮辱他人的；

(二)超过询问查证的时间限制人身自由的；

(三)不执行罚款决定与罚款收缴分离制度或者不按规定将罚没的财物上缴国库或者依法处理的；

(四)私分、侵占、挪用、故意损毁收缴、扣押的财物的；

(五)违反规定使用或者不及时返还被侵害人财物的；

(六)违反规定不及时退还保证金的；

(七)利用职务上的便利收受他人财物或者谋取其他利益的；

(八)当场收缴罚款不出具罚款收据或者不如实填写罚款数额的；

(九)接到要求制止违反治安管理行为的报警后，不及时出警的；

(十)在查处违反治安管理活动时，为违法犯罪行为人通风报信的；

(十一)有徇私舞弊、滥用职权，不依法履行法定职责的其他情形的。

办理治安案件的公安机关有前款所列行为的，对直接负责的主管人员和其他直接责任人员给予相应的行政处分。

第一百一十七条 【赔偿责任】公安机关及其人民警察违法行使职权，侵犯公民、法人和其他组织合法权益的，应当赔礼道歉；造成损害的，应当依法承担赔偿责任。

第六章 附 则

第一百一十八条 【"以上、以下、以内"的含义】本法所称以上、以下、以内，包括本数。

第一百一十九条 【生效日期】本法自2006年3月1日起施行。1986年9月5日公布、1994年5月12日修订公布的《中华人民共和国治安管理处罚条例》同时废止。

中华人民共和国道路交通安全法

1. *2003年10月28日第十届全国人民代表大会常务委员会第五次会议通过*
2. *根据2007年12月29日第十届全国人民代表大会常务委员会第三十一次会议《关于修改〈中华人民共和国道路交通安全法〉的决定》第一次修正*
3. *根据2011年4月22日第十一届全国人民代表大会常务委员会第二十次会议《关于修改〈中华人民共和国道路交通安全法〉的决定》第二次修正*

目 录

第一章 总 则

第一条 【立法目的】为了维护道路交通秩序，预防和减少交通事故，保护人身安全，保护公民、法人和其他组织的财产安全及其他合法权益，提高通行效率，制定本法。

第二条 【适用范围】中华人民共和国境内的车辆驾驶人、行人、乘车人以及与道路交通活动有关的单位和个人，都应当遵守本法。

第三条 【工作原则】道路交通安全工作，应当遵循依法管理、方便群众的原则，保障道路交通有序、安全、畅通。

第四条 【政府职责】各级人民政府应当保障道路交通安全管理工作与经济建设和社会发展相适应。

县级以上地方各级人民政府应当适应道路交通发展的需要，依据道路交通安全法律、法规和国家有关政策，制定道路交通安全管理规划，并组织实施。

第五条 【主管部门】国务院公安部门负责全国道路交通安全管理工作。县级以上地方各级人民政府公安机关交通管理部门负责本行政区域内的道路交通安全管理工作。

县级以上各级人民政府交通、建设管理部门依据各自职责，负责有关的道路交通工作。

第六条 【宣传教育】各级人民政府应当经常进行道路交通安全教育，提高公民的道路交通安全意识。

公安机关交通管理部门及其交通警察执行职务时，应当加强道路交通安全法律、法规的宣传，并模范遵守道路交通安全法律、法规。

机关、部队、企业事业单位、社会团体以及其他组织，应当对本单位的人员进行道路交通安全教育。

教育行政部门、学校应当将道路交通安全教育纳入法制教育的内容。

新闻、出版、广播、电视等有关单位，有进行道路交通安全教育的义务。

第七条 【科学推广】对道路交通安全管理工作，应当加强科学研究，推广、使用先进的管理方法、技术、设备。

第二章 车辆和驾驶人

第一节 机动车、非机动车

第八条 【机动车登记制度】国家对机动车实行登记制度。机动车经公安机关交通管理部门登记后，方可上道路行驶。尚未登记的机动车，需要临时上道路行驶的，应当取得临时通行牌证。

第九条 【申请登记证明及受理】申请机动车登记，应当提交以下证明、凭证：

（一）机动车所有人的身份证明；

（二）机动车来历证明；

（三）机动车整车出厂合格证明或者进口机动车进口凭证；

（四）车辆购置税的完税证明或者免税凭证；

（五）法律、行政法规规定应当在机动车登记时提交的其他证明、凭证。

公安机关交通管理部门应当自受理申请之日起五个工作日内完成机动车登记审查工作，对符合前款规定条件的，应当发放机动车登记证书、号牌和行驶证；对不符合前款规定条件的，应当向申请人说明不予登记的理由。

公安机关交通管理部门以外的任何单位或者个人不得发放机动车号牌或者要求机动车悬挂其他号牌，本法另有规定的除外。

机动车登记证书、号牌、行驶证的式样由国务院公安部门规定并监制。

第十条　【安全技术检验】准予登记的机动车应当符合机动车国家安全技术标准。申请机动车登记时,应当接受对该机动车的安全技术检验。但是,经国家机动车产品主管部门依据机动车国家安全技术标准认定的企业生产的机动车型,该车型的新车在出厂时经检验符合机动车国家安全技术标准,获得检验合格证的,免予安全技术检验。

第十一条　【车牌号的使用规定】驾驶机动车上道路行驶,应当悬挂机动车号牌,放置检验合格标志、保险标志,并随车携带机动车行驶证。

机动车号牌应当按照规定悬挂并保持清晰、完整,不得故意遮挡、污损。

任何单位和个人不得收缴、扣留机动车号牌。

第十二条　【变更登记】有下列情形之一的,应当办理相应的登记:

(一)机动车所有权发生转移的;

(二)机动车登记内容变更的;

(三)机动车用作抵押的;

(四)机动车报废的。

第十三条　【安检】对登记后上道路行驶的机动车,应当依照法律、行政法规的规定,根据车辆用途、载客载货数量、使用年限等不同情况,定期进行安全技术检验。对提供机动车行驶证和机动车第三者责任强制保险单的,机动车安全技术检验机构应当予以检验,任何单位不得附加其他条件。对符合机动车国家安全技术标准的,公安机关交通管理部门应当发给检验合格标志。

对机动车的安全技术检验实行社会化。具体办法由国务院规定。

机动车安全技术检验实行社会化的地方,任何单位不得要求机动车到指定的场所进行检验。

公安机关交通管理部门、机动车安全技术检验机构不得要求机动车到指定的场所进行维修、保养。

机动车安全技术检验机构对机动车检验收取费用,应当严格执行国务院价格主管部门核定的收费标准。

第十四条　【强制报废制度】国家实行机动车强制报废制度,根据机动车的安全技术状况和不同用途,规定不同的报废标准。

应当报废的机动车必须及时办理注销登记。

达到报废标准的机动车不得上道路行驶。报废的大型客、货车及其他营运车辆应当在公安机关交通管理部门的监督下解体。

第十五条　【特种车辆标志的使用】警车、消防车、救护车、工程救险车应当按照规定喷涂标志图案,安装警报器、标志灯具。其他机动车不得喷涂、安装、使用上述车辆专用的或者与其相类似的标志图案、警报器或者标志灯具。

警车、消防车、救护车、工程救险车应当严格按照规定的用途和条件使用。

公路监督检查的专用车辆,应当依照公路法的规定,设置统一的标志和示警灯。

第十六条　【禁止行为】任何单位或者个人不得有下列行为:

(一)拼装机动车或者擅自改变机动车已登记的结构、构造或者特征;

(二)改变机动车型号、发动机号、车架号或者车辆识别代号;

(三)伪造、变造或者使用伪造、变造的机动车登记证书、号牌、行驶证、检验合格标志、保险标志;

(四)使用其他机动车的登记证书、号牌、行驶证、检验合格标志、保险标志。

第十七条　【强制保险】国家实行机动车第三者责任强制保险制度,设立道路交通事故社会救助基金。具体办法由国务院规定。

第十八条　【非机动车的登记】依法应当登记的非机动车,经公安机关交通管理部门登记后,方可上道路行驶。

依法应当登记的非机动车的种类,由省、自治区、直辖市人民政府根据当地实际情况规定。

非机动车的外形尺寸、质量、制动器、车铃和夜间反光装置,应当符合非机动车安全技术标准。

第二节　机动车驾驶人

第十九条　【驾驶证】驾驶机动车,应当依法取得机动车驾驶证。

申请机动车驾驶证,应当符合国务院公安部门规定的驾驶许可条件;经考试合格后,由公安机关交通管理部门发给相应类别的机动车驾驶证。

持有境外机动车驾驶证的人,符合国务院公安部门规定的驾驶许可条件,经公安机关交通管理部门考核合格的,可以发给中国的机动车驾驶证。

驾驶人应当按照驾驶证载明的准驾车型驾驶机动车;驾驶机动车时,应当随身携带机动车驾驶证。

公安机关交通管理部门以外的任何单位或者个人,不得收缴、扣留机动车驾驶证。

第二十条　【驾驶培训】机动车的驾驶培训实行社会化,由交通主管部门对驾驶培训学校、驾驶培训班实行资格管理,其中专门的拖拉机驾驶培训学校、驾驶培训班由农业(农业机械)主管部门实行资格管理。

驾驶培训学校、驾驶培训班应当严格按照国家有关规定,对学员进行道路交通安全法律、法规、驾驶技能的培训,确保培训质量。

任何国家机关以及驾驶培训和考试主管部门不得举办或者参与举办驾驶培训学校、驾驶培训班。

第二十一条　【上路前检查】驾驶人驾驶机动车上道路行驶前,应当对机动车的安全技术性能进行认真检查;不得驾驶安全设施不全或者机件不符合技术标准等具有安全隐患的机动车。

第二十二条 【安全、文明驾驶】机动车驾驶人应当遵守道路交通安全法律、法规的规定，按照操作规范安全驾驶、文明驾驶。

饮酒、服用国家管制的精神药品或者麻醉药品，或者患有妨碍安全驾驶机动车的疾病，或者过度疲劳影响安全驾驶的，不得驾驶机动车。

任何人不得强迫、指使、纵容驾驶人违反道路交通安全法律、法规和机动车安全驾驶要求驾驶机动车。

第二十三条 【驾驶证审验制度】公安机关交通管理部门依照法律、行政法规的规定，定期对机动车驾驶证实施审验。

第二十四条 【累积记分制】公安机关交通管理部门对机动车驾驶人违反道路交通安全法律、法规的行为，除依法给予行政处罚外，实行累积记分制度。公安机关交通管理部门对累积记分达到规定分值的机动车驾驶人，扣留机动车驾驶证，对其进行道路交通安全法律、法规教育，重新考试；考试合格的，发还其机动车驾驶证。

对遵守道路交通安全法律、法规，在一年内无累积记分的机动车驾驶人，可以延长机动车驾驶证的审验期。具体办法由国务院公安部门规定。

第三章 道路通行条件

第二十五条 【道路交通信号】全国实行统一的道路交通信号。

交通信号包括交通信号灯、交通标志、交通标线和交通警察的指挥。

交通信号灯、交通标志、交通标线的设置应当符合道路交通安全、畅通的要求和国家标准，并保持清晰、醒目、准确、完好。

根据通行需要，应当及时增设、调换、更新道路交通信号。增设、调换、更新限制性的道路交通信号，应当提前向社会公告，广泛进行宣传。

第二十六条 【交通信号灯】交通信号灯由红灯、绿灯、黄灯组成。红灯表示禁止通行，绿灯表示准许通行，黄灯表示警示。

第二十七条 【铁路警示标志】铁路与道路平面交叉的道口，应当设置警示灯、警示标志或者安全防护设施。无人看守的铁路道口，应当在距道口一定距离处设置警示标志。

第二十八条 【交通设施的保护】任何单位和个人不得擅自设置、移动、占用、损毁交通信号灯、交通标志、交通标线。

道路两侧及隔离带上种植的树木或者其他植物，设置的广告牌、管线等，应当与交通设施保持必要的距离，不得遮挡路灯、交通信号灯、交通标志，不得妨碍安全视距，不得影响通行。

第二十九条 【安全防范】道路、停车场和道路配套设施的规划、设计、建设，应当符合道路交通安全、畅通的要求，并根据交通需求及时调整。

公安机关交通管理部门发现已经投入使用的道路存在交通事故频发路段，或者停车场、道路配套设施存在交通安全严重隐患的，应当及时向当地人民政府报告，并提出防范交通事故、消除隐患的建议，当地人民政府应当及时作出处理决定。

第三十条 【警示与修复损毁道路】道路出现坍塌、坑漕、水毁、隆起等损毁或者交通信号灯、交通标志、交通标线等交通设施损毁、灭失的，道路、交通设施的养护部门或者管理部门应当设置警示标志并及时修复。

公安机关交通管理部门发现前款情形，危及交通安全，尚未设置警示标志的，应当及时采取安全措施，疏导交通，并通知道路、交通设施的养护部门或者管理部门。

第三十一条 【非法占道】未经许可，任何单位和个人不得占用道路从事非交通活动。

第三十二条 【施工要求】因工程建设需要占用、挖掘道路，或者跨越、穿越道路架设、增设管线设施，应当事先征得道路主管部门的同意；影响交通安全的，还应当征得公安机关交通管理部门的同意。

施工作业单位应当在经批准的路段和时间内施工作业，并在距离施工作业地点来车方向安全距离处设置明显的安全警示标志，采取防护措施；施工作业完毕，应当迅速清除道路上的障碍物，消除安全隐患，经道路主管部门和公安机关交通管理部门验收合格，符合通行要求后，方可恢复通行。

对未中断交通的施工作业道路，公安机关交通管理部门应当加强交通安全监督检查，维护道路交通秩序。

第三十三条 【停车泊位】新建、改建、扩建的公共建筑、商业街区、居住区、大(中)型建筑等，应当配建、增建停车场；停车泊位不足的，应当及时改建或者扩建；投入使用的停车场不得擅自停止使用或者改作他用。

在城市道路范围内，在不影响行人、车辆通行的情况下，政府有关部门可以施划停车泊位。

第三十四条 【人行横道及盲道】学校、幼儿园、医院、养老院门前的道路没有行人过街设施的，应当施划人行横道线，设置提示标志。

城市主要道路的人行道，应当按照规划设置盲道。盲道的设置应当符合国家标准。

第四章 道路通行规定

第一节 一般规定

第三十五条 【右行】机动车、非机动车实行右侧通行。

第三十六条 【分道通行】根据道路条件和通行需要，道路划分为机动车道、非机动车道和人行道的，机动车、非机动车、行人实行分道通行。没有划分机动车道、非机动车道和人行道的，机动车在道路中间通行，非机动车和行人在道路两侧通行。

第三十七条　【专用车道的使用】道路划设专用车道的,在专用车道内,只准许规定的车辆通行,其他车辆不得进入专用车道内行驶。

第三十八条　【通行原则】车辆、行人应当按照交通信号通行;遇有交通警察现场指挥时,应当按照交通警察的指挥通行;在没有交通信号的道路上,应当在确保安全、畅通的原则下通行。

第三十九条　【交通限制的提前公告】公安机关交通管理部门根据道路和交通流量的具体情况,可以对机动车、非机动车、行人采取疏导、限制通行、禁止通行等措施。遇有大型群众性活动、大范围施工等情况,需要采取限制交通的措施,或者作出与公众的道路交通活动直接有关的决定,应当提前向社会公告。

第四十条　【交通管制的条件】遇有自然灾害、恶劣气象条件或者重大交通事故等严重影响交通安全的情形,采取其他措施难以保证交通安全时,公安机关交通管理部门可以实行交通管制。

第四十一条　【立法委任】有关道路通行的其他具体规定,由国务院规定。

第二节　机动车通行规定

第四十二条　【车速】机动车上道路行驶,不得超过限速标志标明的最高时速。在没有限速标志的路段,应当保持安全车速。

夜间行驶或者在容易发生危险的路段行驶,以及遇有沙尘、冰雹、雨、雪、雾、结冰等气象条件时,应当降低行驶速度。

第四十三条　【安全车距及禁止超车情形】同车道行驶的机动车,后车应当与前车保持足以采取紧急制动措施的安全距离。有下列情形之一的,不得超车:

(一)前车正在左转弯、掉头、超车的;

(二)与对面来车有会车可能的;

(三)前车为执行紧急任务的警车、消防车、救护车、工程救险车的;

(四)行经铁路道口、交叉路口、窄桥、弯道、陡坡、隧道、人行横道、市区交通流量大的路段等没有超车条件的。

第四十四条　【减速行驶】机动车通过交叉路口,应当按照交通信号灯、交通标志、交通标线或者交通警察的指挥通过;通过没有交通信号灯、交通标志、交通标线或者交通警察指挥的交叉路口时,应当减速慢行,并让行人和优先通行的车辆先行。

第四十五条　【超车限制】机动车遇有前方车辆停车排队等候或者缓慢行驶时,不得借道超车或者占用对面车道,不得穿插等候的车辆。

在车道减少的路段、路口,或者在没有交通信号灯、交通标志、交通标线或者交通警察指挥的交叉路口遇到停车排队等候或者缓慢行驶时,机动车应当依次交替通行。

第四十六条　【铁路道口行驶规定】机动车通过铁路道口时,应当按照交通信号或者管理人员的指挥通行;没有交通信号或者管理人员的,应当减速或者停车,在确认安全后通过。

第四十七条　【避让行人】机动车行经人行横道时,应当减速行驶;遇行人正在通过人行横道,应当停车让行。

机动车行经没有交通信号的道路时,遇行人横过道路,应当避让。

第四十八条　【载物规定】机动车载物应当符合核定的载质量,严禁超载;载物的长、宽、高不得违反装载要求,不得遗洒、飘散载运物。

机动车运载超限的不可解体的物品,影响交通安全的,应当按照公安机关交通管理部门指定的时间、路线、速度行驶,悬挂明显标志。在公路上运载超限的不可解体的物品,并应当依照公路法的规定执行。

机动车载运爆炸物品、易燃易爆化学物品以及剧毒、放射性等危险物品,应当经公安机关批准后,按指定的时间、路线、速度行驶,悬挂警示标志并采取必要的安全措施。

第四十九条　【核定载人量】机动车载人不得超过核定的人数,客运机动车不得违反规定载货。

第五十条　【货运车载客限制】禁止货运机动车载客。

货运机动车需要附载作业人员的,应当设置保护作业人员的安全措施。

第五十一条　【安全带及头盔】机动车行驶时,驾驶人、乘坐人员应当按规定使用安全带,摩托车驾驶人及乘坐人员应当按规定戴安全头盔。

第五十二条　【排除故障】机动车在道路上发生故障,需要停车排除故障时,驾驶人应当立即开启危险报警闪光灯,将机动车移至不妨碍交通的地方停放;难以移动的,应当持续开启危险报警闪光灯,并在来车方向设置警告标志等措施扩大示警距离,必要时迅速报警。

第五十三条　【优先通行权之一】警车、消防车、救护车、工程救险车执行紧急任务时,可以使用警报器、标志灯具;在确保安全的前提下,不受行驶路线、行驶方向、行驶速度和信号灯的限制,其他车辆和行人应当让行。

警车、消防车、救护车、工程救险车非执行紧急任务时,不得使用警报器、标志灯具,不享有前款规定的道路优先通行权。

第五十四条　【优先通行权之二】道路养护车辆、工程作业车进行作业时,在不影响过往车辆通行的前提下,其行驶路线和方向不受交通标志、标线限制,过往车辆和人员应当注意避让。

洒水车、清扫车等机动车应当按照安全作业标准作业;在不影响其他车辆通行的情况下,可以不受车辆分道行驶的限制,但是不得逆向行驶。

第五十五条　【拖拉机通行规定】高速公路、大中城市中心城区内的道路,禁止拖拉机通行。其他禁止拖拉机通行的道路,由省、自治区、直辖市人民政府根据当地实际情况规定。

在允许拖拉机通行的道路上,拖拉机可以从事货运,但是不得用于载人。

第五十六条 【机动车停放】机动车应当在规定地点停放。禁止在人行道上停放机动车;但是,依照本法第三十三条规定施划的停车泊位除外。

在道路上临时停车的,不得妨碍其他车辆和行人通行。

第三节 非机动车通行规定

第五十七条 【非机动车行驶规定】驾驶非机动车在道路上行驶应当遵守有关交通安全的规定。非机动车应当在非机动车道内行驶;在没有非机动车道的道路上,应当靠车行道的右侧行驶。

第五十八条 【残疾人机动轮椅车、电动自行车的最高时速限制】残疾人机动轮椅车、电动自行车在非机动车道内行驶时,最高时速不得超过十五公里。

第五十九条 【非机动车停放】非机动车应当在规定地点停放。未设停放地点的,非机动车停放不得妨碍其他车辆和行人通行。

第六十条 【驾驭畜力车规定】驾驭畜力车,应当使用驯服的牲畜;驾驭畜力车横过道路时,驾驭人应当下车牵引牲畜;驾驭人离开车辆时,应当拴系牲畜。

第四节 行人和乘车人通行规定

第六十一条 【行人行走规则】行人应当在人行道内行走,没有人行道的靠路边行走。

第六十二条 【通过路口或横过道路】行人通过路口或者横过道路,应当走人行横道或者过街设施;通过有交通信号灯的人行横道,应当按照交通信号灯指示通行;通过没有交通信号灯、人行横道的路口,或者在没有过街设施的路段横过道路,应当在确认安全后通过。

第六十三条 【妨碍道路交通安全行为】行人不得跨越、倚坐道路隔离设施,不得扒车、强行拦车或者实施妨碍道路交通安全的其他行为。

第六十四条 【限制行为能力人的保护】学龄前儿童以及不能辨认或者不能控制自己行为的精神疾病患者、智力障碍者在道路上通行,应当由其监护人、监护人委托的人或者对其负有管理、保护职责的人带领。

盲人在道路上通行,应当使用盲杖或者采取其他导盲手段,车辆应当避让盲人。

第六十五条 【通过铁路道口规定】行人通过铁路道口时,应当按照交通信号或者管理人员的指挥通行;没有交通信号和管理人员的,应当在确认无火车驶临后,迅速通过。

第六十六条 【禁带危险物品乘车】乘车人不得携带易燃易爆等危险物品,不得向车外抛洒物品,不得有影响驾驶人安全驾驶的行为。

第五节 高速公路的特别规定

第六十七条 【禁入高速公路的规定及高速限速】行人、非机动车、拖拉机、轮式专用机械车、铰接式客车、全挂拖斗车以及其他设计最高时速低于七十公里的机动车,不得进入高速公路。高速公路限速标志标明的最高时速不得超过一百二十公里。

第六十八条 【高速公路上的故障处理】机动车在高速公路上发生故障时,应当依照本法第五十二条的有关规定办理;但是,警告标志应当设置在故障车来车方向一百五十米以外,车上人员应当迅速转移到右侧路肩上或者应急车道内,并且迅速报警。

机动车在高速公路上发生故障或者交通事故,无法正常行驶的,应当由救援车、清障车拖曳、牵引。

第六十九条 【禁止拦截高速公路行驶车辆】任何单位、个人不得在高速公路上拦截检查行驶的车辆,公安机关的人民警察依法执行紧急公务除外。

第五章 交通事故处理

第七十条 【交通事故的现场处理】在道路上发生交通事故,车辆驾驶人应当立即停车,保护现场;造成人身伤亡的,车辆驾驶人应当立即抢救受伤人员,并迅速报告执勤的交通警察或者公安机关交通管理部门。因抢救受伤人员变动现场的,应当标明位置。乘车人、过往车辆驾驶人、过往行人应当予以协助。

在道路上发生交通事故,未造成人身伤亡,当事人对事实及成因无争议的,可以即行撤离现场,恢复交通,自行协商处理损害赔偿事宜;不即行撤离现场的,应当迅速报告执勤的交通警察或者公安机关交通管理部门。

在道路上发生交通事故,仅造成轻微财产损失,并且基本事实清楚的,当事人应当先撤离现场再进行协商处理。

第七十一条 【交通肇事逃逸】车辆发生交通事故后逃逸的,事故现场目击人员和其他知情人员应当向公安机关交通管理部门或者交通警察举报。举报属实的,公安机关交通管理部门应当给予奖励。

第七十二条 【事故处理措施】公安机关交通管理部门接到交通事故报警后,应当立即派交通警察赶赴现场,先组织抢救受伤人员,并采取措施,尽快恢复交通。

交通警察应当对交通事故现场进行勘验、检查,收集证据;因收集证据的需要,可以扣留事故车辆,但是应当妥善保管,以备核查。

对当事人的生理、精神状况等专业性较强的检验,公安机关交通管理部门应当委托专门机构进行鉴定。鉴定结论应当由鉴定人签名。

第七十三条 【交通事故认定书】公安机关交通管理部门应当根据交通事故现场勘验、检查、调查情况和有关的检验、鉴定结论,及时制作交通事故认定书,作为处理交通事故的证据。交通事故认定书应当载明交通事故的基本事实、成因和当事人的责任,并送达当事人。

第七十四条　【事故赔偿争议】对交通事故损害赔偿的争议,当事人可以请求公安机关交通管理部门调解,也可以直接向人民法院提起民事诉讼。

经公安机关交通管理部门调解,当事人未达成协议或者调解书生效后不履行的,当事人可以向人民法院提起民事诉讼。

第七十五条　【抢救费用】医疗机构对交通事故中的受伤人员应当及时抢救,不得因抢救费用未及时支付而拖延救治。肇事车辆参加机动车第三者责任强制保险的,由保险公司在责任限额范围内支付抢救费用;抢救费用超过责任限额的,未参加机动车第三者责任强制保险或者肇事后逃逸的,由道路交通事故社会救助基金先行垫付部分或者全部抢救费用,道路交通事故社会救助基金管理机构有权向交通事故责任人追偿。

第七十六条　【交通事故的赔偿原则】机动车发生交通事故造成人身伤亡、财产损失的,由保险公司在机动车第三者责任强制保险责任限额范围内予以赔偿;不足的部分,按照下列规定承担赔偿责任:

(一)机动车之间发生交通事故的,由有过错的一方承担赔偿责任;双方都有过错的,按照各自过错的比例分担责任。

(二)机动车与非机动车驾驶人、行人之间发生交通事故,非机动车驾驶人、行人没有过错的,由机动车一方承担赔偿责任;有证据证明非机动车驾驶人、行人有过错的,根据过错程度适当减轻机动车一方的赔偿责任;机动车一方没有过错的,承担不超过百分之十的赔偿责任。

交通事故的损失是由非机动车驾驶人、行人故意碰撞机动车造成的,机动车一方不承担赔偿责任。

第七十七条　【道路外交通事故的处理】车辆在道路以外通行时发生的事故,公安机关交通管理部门接到报案的,参照本法有关规定办理。

第六章　执法监督

第七十八条　【交警培训与考核】公安机关交通管理部门应当加强对交通警察的管理,提高交通警察的素质和管理道路交通的水平。

公安机关交通管理部门应当对交通警察进行法制和交通安全管理业务培训、考核。交通警察经考核不合格的,不得上岗执行职务。

第七十九条　【工作目标】公安机关交通管理部门及其交通警察实施道路交通安全管理,应当依据法定的职权和程序,简化办事手续,做到公正、严格、文明、高效。

第八十条　【警容警纪】交通警察执行职务时,应当按照规定着装,佩带人民警察标志,持有人民警察证件,保持警容严整,举止端庄,指挥规范。

第八十一条　【工本费】依照本法发放牌证等收取工本费,应当严格执行国务院价格主管部门核定的收费标准,并全部上缴国库。

第八十二条　【罚款决定与收缴分离】公安机关交通管理部门依法实施罚款的行政处罚,应当依照有关法律、行政法规的规定,实施罚款决定与罚款收缴分离;收缴的罚款以及依法没收的违法所得,应当全部上缴国库。

第八十三条　【回避】交通警察调查处理道路交通安全违法行为和交通事故,有下列情形之一的,应当回避:

(一)是本案的当事人或者当事人的近亲属;

(二)本人或者其近亲属与本案有利害关系;

(三)与本案当事人有其他关系,可能影响案件的公正处理。

第八十四条　【执法监督】公安机关交通管理部门及其交通警察的行政执法活动,应当接受行政监察机关依法实施的监督。

公安机关督察部门应当对公安机关交通管理部门及其交通警察执行法律、法规和遵守纪律的情况依法进行监督。

上级公安机关交通管理部门应当对下级公安机关交通管理部门的执法活动进行监督。

第八十五条　【社会监督】公安机关交通管理部门及其交通警察执行职务,应当自觉接受社会和公民的监督。

任何单位和个人都有权对公安机关交通管理部门及其交通警察不严格执法以及违法违纪行为进行检举、控告。收到检举、控告的机关,应当依据职责及时查处。

第八十六条　【不得下达罚款指标】任何单位不得给公安机关交通管理部门下达或者变相下达罚款指标;公安机关交通管理部门不得以罚款数额作为考核交通警察的标准。

公安机关交通管理部门及其交通警察对超越法律、法规规定的指令,有权拒绝执行,并同时向上级机关报告。

第七章　法律责任

第八十七条　【现场处罚】公安机关交通管理部门及其交通警察对道路交通安全违法行为,应当及时纠正。

公安机关交通管理部门及其交通警察应当依据事实和本法的有关规定对道路交通安全违法行为予以处罚。对于情节轻微,未影响道路通行的,指出违法行为,给予口头警告后放行。

第八十八条　【处罚种类】对道路交通安全违法行为的处罚种类包括:警告、罚款、暂扣或者吊销机动车驾驶证、拘留。

第八十九条　【行人、乘车人、非机动车驾驶人违规】行人、乘车人、非机动车驾驶人违反道路交通安全法律、法规关于道路通行规定的,处警告或者五元以上五十元以下罚款;非机动车驾驶人拒绝接受罚款处罚的,可以扣留其非机动车。

第九十条 【机动车驾驶人违规】机动车驾驶人违反道路交通安全法律、法规关于道路通行规定的，处警告或者二十元以上二百元以下罚款。本法另有规定的，依照规定处罚。

第九十一条 【酒后驾车】饮酒后驾驶机动车的，处暂扣六个月机动车驾驶证，并处一千元以上二千元以下罚款。因饮酒后驾驶机动车被处罚，再次饮酒后驾驶机动车的，处十日以下拘留，并处一千元以上二千元以下罚款，吊销机动车驾驶证。

醉酒驾驶机动车的，由公安机关交通管理部门约束至酒醒，吊销机动车驾驶证，依法追究刑事责任；五年内不得重新取得机动车驾驶证。

饮酒后驾驶营运机动车的，处十五日拘留，并处五千元罚款，吊销机动车驾驶证，五年内不得重新取得机动车驾驶证。

醉酒驾驶营运机动车的，由公安机关交通管理部门约束至酒醒，吊销机动车驾驶证，依法追究刑事责任；十年内不得重新取得机动车驾驶证，重新取得机动车驾驶证后，不得驾驶营运机动车。

饮酒后或者醉酒驾驶机动车发生重大交通事故，构成犯罪的，依法追究刑事责任，并由公安机关交通管理部门吊销机动车驾驶证，终生不得重新取得机动车驾驶证。

第九十二条 【超载】公路客运车辆载客超过额定乘员的，处二百元以上五百元以下罚款；超过额定乘员百分之二十或者违反规定载货的，处五百元以上二千元以下罚款。

货运机动车超过核定载质量的，处二百元以上五百元以下罚款；超过核定载质量百分之三十或者违反规定载客的，处五百元以上二千元以下罚款。

有前两款行为的，由公安机关交通管理部门扣留机动车至违法状态消除。

运输单位的车辆有本条第一款、第二款规定的情形，经处罚不改的，对直接负责的主管人员处二千元以上五千元以下罚款。

第九十三条 【违规停车】对违反道路交通安全法律、法规关于机动车停放、临时停车规定的，可以指出违法行为，并予以口头警告，令其立即驶离。

机动车驾驶人不在现场或者虽在现场但拒绝立即驶离，妨碍其他车辆、行人通行的，处二十元以上二百元以下罚款，并可以将该机动车拖移至不妨碍交通的地点或者公安机关交通管理部门指定的地点停放。公安机关交通管理部门拖车不得向当事人收取费用，并应当及时告知当事人停放地点。

因采取不正确的方法拖车造成机动车损坏的，应当依法承担补偿责任。

第九十四条 【违反安检规定】机动车安全技术检验机构实施机动车安全技术检验超过国务院价格主管部门核定的收费标准收取费用的，退还多收取的费用，并由价格主管部门依照《中华人民共和国价格法》的有关规定给予处罚。

机动车安全技术检验机构不按照机动车国家安全技术标准进行检验，出具虚假检验结果的，由公安机关交通管理部门处所收检验费用五倍以上十倍以下罚款，并依法撤销其检验资格；构成犯罪的，依法追究刑事责任。

第九十五条 【无牌、无证驾驶】上道路行驶的机动车未悬挂机动车号牌，未放置检验合格标志、保险标志，或者未随车携带行驶证、驾驶证的，公安机关交通管理部门应当扣留机动车，通知当事人提供相应的牌证、标志或者补办相应手续，并可以依照本法第九十条的规定予以处罚。当事人提供相应的牌证、标志或者补办相应手续的，应当及时退还机动车。

故意遮挡、污损或者不按规定安装机动车号牌的，依照本法第九十条的规定予以处罚。

第九十六条 【使用虚假或他人证照】伪造、变造或者使用伪造、变造的机动车登记证书、号牌、行驶证、驾驶证的，由公安机关交通管理部门予以收缴，扣留该机动车，处十五日以下拘留，并处二千元以上五千元以下罚款；构成犯罪的，依法追究刑事责任。

伪造、变造或者使用伪造、变造的检验合格标志、保险标志的，由公安机关交通管理部门予以收缴，扣留该机动车，处十日以下拘留，并处一千元以上三千元以下罚款；构成犯罪的，依法追究刑事责任。

使用其他车辆的机动车登记证书、号牌、行驶证、检验合格标志、保险标志的，由公安机关交通管理部门予以收缴，扣留该机动车，处二千元以上五千元以下罚款。

当事人提供相应的合法证明或者补办相应手续的，应当及时退还机动车。

第九十七条 【非法安装警报器具】非法安装警报器、标志灯具的，由公安机关交通管理部门强制拆除，予以收缴，并处二百元以上二千元以下罚款。

第九十八条 【未上第三者责任强制险】机动车所有人、管理人未按照国家规定投保机动车第三者责任强制保险的，由公安机关交通管理部门扣留车辆至依照规定投保后，并处依照规定投保最低责任限额应缴纳的保险费的二倍罚款。

依照前款缴纳的罚款全部纳入道路交通事故社会救助基金。具体办法由国务院规定。

第九十九条 【其他行政处罚】有下列行为之一的，由公安机关交通管理部门处二百元以上二千元以下罚款：

（一）未取得机动车驾驶证、机动车驾驶证被吊销或者机动车驾驶证被暂扣期间驾驶机动车的；

（二）将机动车交由未取得机动车驾驶证或者机动车驾驶证被吊销、暂扣的人驾驶的；

（三）造成交通事故后逃逸，尚不构成犯罪的；

（四）机动车行驶超过规定时速百分之五十的；

（五）强迫机动车驾驶人违反道路交通安全法律、法规和机动车安全驾驶要求驾驶机动车，造成交通事故，尚不

构成犯罪的;

(六)违反交通管制的规定强行通行,不听劝阻的;

(七)故意损毁、移动、涂改交通设施,造成危害后果,尚不构成犯罪的;

(八)非法拦截、扣留机动车辆,不听劝阻,造成交通严重阻塞或者较大财产损失的。

行为人有前款第二项、第四项情形之一的,可以并处吊销机动车驾驶证;有第一项、第三项、第五项至第八项情形之一的,可以并处十五日以下拘留。

第一百条 【驾驶、出售不合标准机动车】驾驶拼装的机动车或者已达到报废标准的机动车上道路行驶的,公安机关交通管理部门应当予以收缴,强制报废。

对驾驶前款所列机动车上道路行驶的驾驶人,处二百元以上二千元以下罚款,并吊销机动车驾驶证。

出售已达到报废标准的机动车的,没收违法所得,处销售金额等额的罚款,对该机动车依照本条第一款的规定处理。

第一百零一条 【重大交通事故责任】违反道路交通安全法律、法规的规定,发生重大交通事故,构成犯罪的,依法追究刑事责任,并由公安机关交通管理部门吊销机动车驾驶证。

造成交通事故后逃逸的,由公安机关交通管理部门吊销机动车驾驶证,且终生不得重新取得机动车驾驶证。

第一百零二条 【半年内二次以上发生特大交通事故】对六个月内发生二次以上特大交通事故负有主要责任或者全部责任的专业运输单位,由公安机关交通管理部门责令消除安全隐患,未消除安全隐患的机动车,禁止上道路行驶。

第一百零三条 【有关机动车生产、销售的违法行为】国家机动车产品主管部门未按照机动车国家安全技术标准严格审查,许可不合格机动车型投入生产的,对负有责任的主管人员和其他直接责任人员给予降级或者撤职的行政处分。

机动车生产企业经国家机动车产品主管部门许可生产的机动车型,不执行机动车国家安全技术标准或者不严格进行机动车成品质量检验,致使质量不合格的机动车出厂销售的,由质量技术监督部门依照《中华人民共和国产品质量法》的有关规定给予处罚。

擅自生产、销售未经国家机动车产品主管部门许可生产的机动车型的,没收非法生产、销售的机动车成品及配件,可以并处非法产品价值三倍以上五倍以下罚款;有营业执照的,由工商行政管理部门吊销营业执照,没有营业执照的,予以查封。

生产、销售拼装的机动车或者生产、销售擅自改装的机动车的,依照本条第三款的规定处罚。

有本条第二款、第三款、第四款所列违法行为,生产或者销售不符合机动车国家安全技术标准的机动车,构成犯罪的,依法追究刑事责任。

第一百零四条 【道路施工影响交通安全行为】未经批准,擅自挖掘道路、占用道路施工或者从事其他影响道路交通安全活动的,由道路主管部门责令停止违法行为,并恢复原状,可以依法给予罚款;致使通行的人员、车辆及其他财产遭受损失的,依法承担赔偿责任。

有前款行为,影响道路交通安全活动的,公安机关交通管理部门可以责令停止违法行为,迅速恢复交通。

第一百零五条 【未采取安全防护措施行为】道路施工作业或者道路出现损毁,未及时设置警示标志、未采取防护措施,或者应当设置交通信号灯、交通标志、交通标线而没有设置或者应当及时变更交通信号灯、交通标志、交通标线而没有及时变更,致使通行的人员、车辆及其他财产遭受损失的,负有相关职责的单位应当依法承担赔偿责任。

第一百零六条 【妨碍安全视距行为】在道路两侧及隔离带上种植树木、其他植物或者设置广告牌、管线等,遮挡路灯、交通信号灯、交通标志,妨碍安全视距的,由公安机关交通管理部门责令行为人排除妨碍;拒不执行的,处二百元以上二千元以下罚款,并强制排除妨碍,所需费用由行为人负担。

第一百零七条 【当场处罚决定书】对道路交通违法行为人予以警告、二百元以下罚款,交通警察可以当场作出行政处罚决定,并出具行政处罚决定书。

行政处罚决定书应当载明当事人的违法事实、行政处罚的依据、处罚内容、时间、地点以及处罚机关名称,并由执法人员签名或者盖章。

第一百零八条 【罚款的缴纳】当事人应当自收到罚款的行政处罚决定书之日起十五日内,到指定的银行缴纳罚款。

对行人、乘车人和非机动车驾驶人的罚款,当事人无异议的,可以当场予以收缴罚款。

罚款应当开具省、自治区、直辖市财政部门统一制发的罚款收据;不出具财政部门统一制发的罚款收据的,当事人有权拒绝缴纳罚款。

第一百零九条 【对不履行处罚决定可采取的措施】当事人逾期不履行行政处罚决定的,作出行政处罚决定的行政机关可以采取下列措施:

(一)到期不缴纳罚款的,每日按罚款数额的百分之三加处罚款;

(二)申请人民法院强制执行。

第一百一十条 【暂扣或吊销驾驶证】执行职务的交通警察认为应当对道路交通违法行为人给予暂扣或者吊销机动车驾驶证处罚的,可以先予扣留机动车驾驶证,并在二十四小时内将案件移交公安机关交通管理部门处理。

道路交通违法行为人应当在十五日内到公安机关交通管理部门接受处理。无正当理由逾期未接受处理的,吊销机动车驾驶证。

公安机关交通管理部门暂扣或者吊销机动车驾驶证的,应当出具行政处罚决定书。

第一百一十一条 【拘留裁决机关】对违反本法规定予以拘留的行政处罚，由县、市公安局、公安分局或者相当于县一级的公安机关裁决。

第一百一十二条 【对扣留车辆的处理】公安机关交通管理部门扣留机动车、非机动车，应当当场出具凭证，并告知当事人在规定期限内到公安机关交通管理部门接受处理。

公安机关交通管理部门对被扣留的车辆应当妥善保管，不得使用。

逾期不来接受处理，并且经公告三个月仍不来接受处理的，对扣留的车辆依法处理。

第一百一十三条 【暂扣与重新申领驾驶证期限的计算】暂扣机动车驾驶证的期限从处罚决定生效之日起计算；处罚决定生效前先予扣留机动车驾驶证的，扣留一日折抵暂扣期限一日。

吊销机动车驾驶证后重新申请领取机动车驾驶证的期限，按照机动车驾驶证管理规定办理。

第一百一十四条 【电子警察的处罚依据】公安机关交通管理部门根据交通技术监控记录资料，可以对违法的机动车所有人或者管理人依法予以处罚。对能够确定驾驶人的，可以依照本法的规定依法予以处罚。

第一百一十五条 【行政处分】交通警察有下列行为之一的，依法给予行政处分：

（一）为不符合法定条件的机动车发放机动车登记证书、号牌、行驶证、检验合格标志的；

（二）批准不符合法定条件的机动车安装、使用警车、消防车、救护车、工程救险车的警报器、标志灯具，喷涂标志图案的；

（三）为不符合驾驶许可条件、未经考试或者考试不合格人员发放机动车驾驶证的；

（四）不执行罚款决定与罚款收缴分离制度或者不按规定将依法收取的费用、收缴的罚款及没收的违法所得全部上缴国库的；

（五）举办或者参与举办驾驶学校或者驾驶培训班、机动车修理厂或者收费停车场等经营活动的；

（六）利用职务上的便利收受他人财物或者谋取其他利益的；

（七）违法扣留车辆、机动车行驶证、驾驶证、车辆号牌的；

（八）使用依法扣留的车辆的；

（九）当场收取罚款不开具罚款收据或者不如实填写罚款额的；

（十）徇私舞弊，不公正处理交通事故的；

（十一）故意刁难，拖延办理机动车牌证的；

（十二）非执行紧急任务时使用警报器、标志灯具的；

（十三）违反规定拦截、检查正常行驶的车辆的；

（十四）非执行紧急公务时拦截搭乘机动车的；

（十五）不履行法定职责的。

公安机关交通管理部门有前款所列行为之一的，对直接负责的主管人员和其他直接责任人员给予相应的行政处分。

第一百一十六条 【停职和辞退】依照本法第一百一十五条的规定，给予交通警察行政处分的，在作出行政处分决定前，可以停止其执行职务；必要时，可以予以禁闭。

依照本法第一百一十五条的规定，交通警察受到降级或者撤职行政处分的，可以予以辞退。

交通警察受到开除处分或者被辞退的，应当取消警衔；受到撤职以下行政处分的交通警察，应当降低警衔。

第一百一十七条 【渎职责任】交通警察利用职权非法占有公共财物，索取、收受贿赂，或者滥用职权、玩忽职守，构成犯罪的，依法追究刑事责任。

第一百一十八条 【执法不当的损失赔偿】公安机关交通管理部门及其交通警察有本法第一百一十五条所列行为之一，给当事人造成损失的，应当依法承担赔偿责任。

第八章 附 则

第一百一十九条 【用语含义】本法中下列用语的含义：

（一）"道路"，是指公路、城市道路和虽在单位管辖范围但允许社会机动车通行的地方，包括广场、公共停车场等用于公众通行的场所。

（二）"车辆"，是指机动车和非机动车。

（三）"机动车"，是指以动力装置驱动或者牵引，上道路行驶的供人员乘用或者用于运送物品以及进行工程专项作业的轮式车辆。

（四）"非机动车"，是指以人力或者畜力驱动，上道路行驶的交通工具，以及虽有动力装置驱动但设计最高时速、空车质量、外形尺寸符合有关国家标准的残疾人机动轮椅车、电动自行车等交通工具。

（五）"交通事故"，是指车辆在道路上因过错或者意外造成的人身伤亡或者财产损失的事件。

第一百二十条 【部队在编机动车管理】中国人民解放军和中国人民武装警察部队在编机动车牌证、在编机动车检验以及机动车驾驶人考核工作，由中国人民解放军、中国人民武装警察部队有关部门负责。

第一百二十一条 【拖拉机管理】对上道路行驶的拖拉机，由农业（农业机械）主管部门行使本法第八条、第九条、第十三条、第十九条、第二十三条规定的公安机关交通管理部门的管理职权。

农业（农业机械）主管部门依照前款规定行使职权，应当遵守本法有关规定，并接受公安机关交通管理部门的监督；对违反规定的，依照本法有关规定追究法律责任。

本法施行前由农业（农业机械）主管部门发放的机动车牌证，在本法施行后继续有效。

第一百二十二条 【入境的境外机动车管理】国家对入境的

境外机动车的道路交通安全实施统一管理。

第一百二十三条 【地方执行标准】省、自治区、直辖市人民代表大会常务委员会可以根据本地区的实际情况,在本法规定的罚款幅度内,规定具体的执行标准。

第一百二十四条 【实施日期】本法自2004年5月1日起施行。

中华人民共和国道路交通安全法实施条例

1. 2004年4月30日国务院令第405号公布
2. 根据2017年10月7日国务院令第687号《关于修改部分行政法规的决定》修订

第一章 总 则

第一条 根据《中华人民共和国道路交通安全法》(以下简称道路交通安全法)的规定,制定本条例。

第二条 中华人民共和国境内的车辆驾驶人、行人、乘车人以及与道路交通活动有关的单位和个人,应当遵守道路交通安全法和本条例。

第三条 县级以上地方各级人民政府应当建立、健全道路交通安全工作协调机制,组织有关部门对城市建设项目进行交通影响评价,制定道路交通安全管理规划,确定管理目标,制定实施方案。

第二章 车辆和驾驶人

第一节 机 动 车

第四条 机动车的登记,分为注册登记、变更登记、转移登记、抵押登记和注销登记。

第五条 初次申领机动车号牌、行驶证的,应当向机动车所有人住所地的公安机关交通管理部门申请注册登记。

申请机动车注册登记,应当交验机动车,并提交以下证明、凭证:

(一)机动车所有人的身份证明;

(二)购车发票等机动车来历证明;

(三)机动车整车出厂合格证明或者进口机动车进口凭证;

(四)车辆购置税完税证明或者免税凭证;

(五)机动车第三者责任强制保险凭证;

(六)法律、行政法规规定应当在机动车注册登记时提交的其他证明、凭证。

不属于国务院机动车产品主管部门规定免予安全技术检验的车型的,还应当提供机动车安全技术检验合格证明。

第六条 已注册登记的机动车有下列情形之一的,机动车所有人应当向登记该机动车的公安机关交通管理部门申请变更登记:

(一)改变机动车车身颜色的;

(二)更换发动机的;

(三)更换车身或者车架的;

(四)因质量有问题,制造厂更换整车的;

(五)营运机动车改为非营运机动车或者非营运机动车改为营运机动车的;

(六)机动车所有人的住所迁出或者迁入公安机关交通管理部门管辖区域的。

申请机动车变更登记,应当提交下列证明、凭证,属于前款第(一)项、第(二)项、第(三)项、第(四)项、第(五)项情形之一的,还应当交验机动车;属于前款第(二)项、第(三)项情形之一的,还应当同时提交机动车安全技术检验合格证明:

(一)机动车所有人的身份证明;

(二)机动车登记证书;

(三)机动车行驶证。

机动车所有人的住所在公安机关交通管理部门管辖区域内迁移、机动车所有人的姓名(单位名称)或者联系方式变更的,应当向登记该机动车的公安机关交通管理部门备案。

第七条 已注册登记的机动车所有权发生转移的,应当及时办理转移登记。

申请机动车转移登记,当事人应当向登记该机动车的公安机关交通管理部门交验机动车,并提交以下证明、凭证:

(一)当事人的身份证明;

(二)机动车所有权转移的证明、凭证;

(三)机动车登记证书;

(四)机动车行驶证。

第八条 机动车所有人将机动车作为抵押物抵押的,机动车所有人应当向登记该机动车的公安机关交通管理部门申请抵押登记。

第九条 已注册登记的机动车达到国家规定的强制报废标准的,公安机关交通管理部门应当在报废期满的2个月前通知机动车所有人办理注销登记。机动车所有人应当在报废期满前将机动车交售给机动车回收企业,由机动车回收企业将报废的机动车登记证书、号牌、行驶证交公安机关交通管理部门注销。机动车所有人逾期不办理注销登记的,公安机关交通管理部门应当公告该机动车登记证书、号牌、行驶证作废。

因机动车灭失申请注销登记的,机动车所有人应当向公安机关交通管理部门提交本人身份证明,交回机动车登记证书。

第十条 办理机动车登记的申请人提交的证明、凭证齐全、有效的,公安机关交通管理部门应当当场办理登记手续。

人民法院、人民检察院以及行政执法部门依法查封、扣押的机动车,公安机关交通管理部门不予办理机动车登记。

第十一条 机动车登记证书、号牌、行驶证丢失或者损毁，机动车所有人申请补发的，应当向公安机关交通管理部门提交本人身份证明和申请材料。公安机关交通管理部门经与机动车登记档案核实后，在收到申请之日起15日内补发。

第十二条 税务部门、保险机构可以在公安机关交通管理部门的办公场所集中办理与机动车有关的税费缴纳、保险合同订立等事项。

第十三条 机动车号牌应当悬挂在车前、车后指定位置，保持清晰、完整。重型、中型载货汽车及其挂车、拖拉机及其挂车的车身或者车厢后部应当喷涂放大的牌号，字样应当端正并保持清晰。

机动车检验合格标志、保险标志应当粘贴在机动车前窗右上角。

机动车喷涂、粘贴标识或者车身广告的，不得影响安全驾驶。

第十四条 用于公路营运的载客汽车、重型载货汽车、半挂牵引车应当安装、使用符合国家标准的行驶记录仪。交通警察可以对机动车行驶速度、连续驾驶时间以及其他行驶状态信息进行检查。安装行驶记录仪可以分步实施，实施步骤由国务院机动车产品主管部门会同有关部门规定。

第十五条 机动车安全技术检验由机动车安全技术检验机构实施。机动车安全技术检验机构应当按照国家机动车安全技术检验标准对机动车进行检验，对检验结果承担法律责任。

质量技术监督部门负责对机动车安全技术检验机构实行计量认证管理，对机动车安全技术检验设备进行检定，对执行国家机动车安全技术检验标准的情况进行监督。

机动车安全技术检验项目由国务院公安部门会同国务院质量技术监督部门规定。

第十六条 机动车应当从注册登记之日起，按照下列期限进行安全技术检验：

（一）营运载客汽车5年以内每年检验1次；超过5年的，每6个月检验1次；

（二）载货汽车和大型、中型非营运载客汽车10年以内每年检验1次；超过10年的，每6个月检验1次；

（三）小型、微型非营运载客汽车6年以内每2年检验1次；超过6年的，每年检验1次；超过15年的，每6个月检验1次；

（四）摩托车4年以内每2年检验1次；超过4年的，每年检验1次；

（五）拖拉机和其他机动车每年检验1次。

营运机动车在规定检验期限内经安全技术检验合格的，不再重复进行安全技术检验。

第十七条 已注册登记的机动车进行安全技术检验时，机动车行驶证记载的登记内容与该机动车的有关情况不符，或者未按照规定提供机动车第三者责任强制保险凭证的，不予通过检验。

第十八条 警车、消防车、救护车、工程救险车标志图案的喷涂以及警报器、标志灯具的安装、使用规定，由国务院公安部门制定。

第二节　机动车驾驶人

第十九条 符合国务院公安部门规定的驾驶许可条件的人，可以向公安机关交通管理部门申请机动车驾驶证。

机动车驾驶证由国务院公安部门规定式样并监制。

第二十条 学习机动车驾驶，应当先学习道路交通安全法律、法规和相关知识，考试合格后，再学习机动车驾驶技能。

在道路上学习驾驶，应当按照公安机关交通管理部门指定的路线、时间进行。在道路上学习机动车驾驶技能应当使用教练车，在教练员随车指导下进行，与教学无关的人员不得乘坐教练车。学员在学习驾驶中有道路交通安全违法行为或者造成交通事故的，由教练员承担责任。

第二十一条 公安机关交通管理部门应当对申请机动车驾驶证的人进行考试，对考试合格的，在5日内核发机动车驾驶证；对考试不合格的，书面说明理由。

第二十二条 机动车驾驶证的有效期为6年，本条例另有规定的除外。

机动车驾驶人初次申领机动车驾驶证后的12个月为实习期。在实习期内驾驶机动车的，应当在车身后部粘贴或者悬挂统一式样的实习标志。

机动车驾驶人在实习期内不得驾驶公共汽车、营运客车或者执行任务的警车、消防车、救护车、工程救险车以及载有爆炸物品、易燃易爆化学物品、剧毒或者放射性等危险物品的机动车；驾驶的机动车不得牵引挂车。

第二十三条 公安机关交通管理部门对机动车驾驶人的道路交通安全违法行为除给予行政处罚外，实行道路交通安全违法行为累积记分（以下简称记分）制度，记分周期为12个月。对在一个记分周期内记分达到12分的，由公安机关交通管理部门扣留其机动车驾驶证，该机动车驾驶人应当按照规定参加道路交通安全法律、法规的学习并接受考试。考试合格的，记分予以清除，发还机动车驾驶证；考试不合格的，继续参加学习和考试。

应当给予记分的道路交通安全违法行为及其分值，由国务院公安部门根据道路交通安全违法行为的危害程度规定。

公安机关交通管理部门应当提供记分查询方式供机动车驾驶人查询。

第二十四条 机动车驾驶人在一个记分周期内记分未达到12分，所处罚款已经缴纳的，记分予以清除；记分虽未达到12分，但尚有罚款未缴纳的，记分转入下一记分周期。

机动车驾驶人在一个记分周期内记分2次以上达到

12分的,除按照第二十三条的规定扣留机动车驾驶证、参加学习、接受考试外,还应当接受驾驶技能考试。考试合格的,记分予以清除,发还机动车驾驶证;考试不合格的,继续参加学习和考试。

接受驾驶技能考试的,按照本人机动车驾驶证载明的最高准驾车型考试。

第二十五条　机动车驾驶人记分达到12分,拒不参加公安机关交通管理部门通知的学习,也不接受考试的,由公安机关交通管理部门公告其机动车驾驶证停止使用。

第二十六条　机动车驾驶人在机动车驾驶证的6年有效期内,每个记分周期均未达到12分的,换发10年有效期的机动车驾驶证;在机动车驾驶证的10年有效期内,每个记分周期均未达到12分的,换发长期有效的机动车驾驶证。

换发机动车驾驶证时,公安机关交通管理部门应当对机动车驾驶证进行审验。

第二十七条　机动车驾驶证丢失、损毁,机动车驾驶人申请补发的,应当向公安机关交通管理部门提交本人身份证明和申请材料。公安机关交通管理部门经与机动车驾驶证档案核实后,在收到申请之日起3日内补发。

第二十八条　机动车驾驶人在机动车驾驶证丢失、损毁、超过有效期或者被依法扣留、暂扣期间以及记分达到12分的,不得驾驶机动车。

第三章　道路通行条件

第二十九条　交通信号灯分为:机动车信号灯、非机动车信号灯、人行横道信号灯、车道信号灯、方向指示信号灯、闪光警告信号灯、道路与铁路平面交叉道口信号灯。

第三十条　交通标志分为:指示标志、警告标志、禁令标志、指路标志、旅游区标志、道路施工安全标志和辅助标志。

道路交通标线分为:指示标线、警告标线、禁止标线。

第三十一条　交通警察的指挥分为:手势信号和使用器具的交通指挥信号。

第三十二条　道路交叉路口和行人横过道路较为集中的路段应当设置人行横道、过街天桥或者过街地下通道。

在盲人通行较为集中的路段,人行横道信号灯应当设置声响提示装置。

第三十三条　城市人民政府有关部门可以在不影响行人、车辆通行的情况下,在城市道路上施划停车泊位,并规定停车泊位的使用时间。

第三十四条　开辟或者调整公共汽车、长途汽车的行驶路线或者车站,应当符合交通规划和安全、畅通的要求。

第三十五条　道路养护施工单位在道路上进行养护、维修时,应当按照规定设置规范的安全警示标志和安全防护设施。道路养护施工作业车辆、机械应当安装示警灯,喷涂明显的标志图案,作业时应当开启示警灯和危险报警闪光灯。对未中断交通的施工作业道路,公安机关交通管理部门应当加强交通安全监督检查。发生交通阻塞时,及时做好分流、疏导,维护交通秩序。

道路施工需要车辆绕行的,施工单位应当在绕行处设置标志;不能绕行的,应当修建临时通道,保证车辆和行人通行。需要封闭道路中断交通的,除紧急情况外,应当提前5日向社会公告。

第三十六条　道路或者交通设施养护部门、管理部门应当在急弯、陡坡、临崖、临水等危险路段,按照国家标准设置警告标志和安全防护设施。

第三十七条　道路交通标志、标线不规范,机动车驾驶人容易发生辨认错误的,交通标志、标线的主管部门应当及时予以改善。

道路照明设施应当符合道路建设技术规范,保持照明功能完好。

第四章　道路通行规定

第一节　一般规定

第三十八条　机动车信号灯和非机动车信号灯表示:

(一)绿灯亮时,准许车辆通行,但转弯的车辆不得妨碍被放行的直行车辆、行人通行;

(二)黄灯亮时,已越过停止线的车辆可以继续通行;

(三)红灯亮时,禁止车辆通行。

在未设置非机动车信号灯和人行横道信号灯的路口,非机动车和行人应当按照机动车信号灯的表示通行。

红灯亮时,右转弯的车辆在不妨碍被放行的车辆、行人通行的情况下,可以通行。

第三十九条　人行横道信号灯表示:

(一)绿灯亮时,准许行人通过人行横道;

(二)红灯亮时,禁止行人进入人行横道,但是已经进入人行横道的,可以继续通过或者在道路中心线处停留等候。

第四十条　车道信号灯表示:

(一)绿色箭头灯亮时,准许本车道车辆按指示方向通行;

(二)红色叉形灯或者箭头灯亮时,禁止本车道车辆通行。

第四十一条　方向指示信号灯的箭头方向向左、向上、向右分别表示左转、直行、右转。

第四十二条　闪光警告信号灯为持续闪烁的黄灯,提示车辆、行人通行时注意　望,确认安全后通过。

第四十三条　道路与铁路平面交叉道口有两个红灯交替闪烁或者一个红灯亮时,表示禁止车辆、行人通行;红灯熄灭时,表示允许车辆、行人通行。

第二节　机动车通行规定

第四十四条　在道路同方向划有2条以上机动车道的,左侧为快速车道,右侧为慢速车道。在快速车道行驶的机动车应当按照快速车道规定的速度行驶,未达到快速车道规定的行驶速度的,应当在慢速车道行驶。摩托车应当在最右侧车道行驶。有交通标志标明行驶速度的，按照标明的行驶速度行驶。慢速车道内的机动车超越前车时，可以借用快速车道行驶。

在道路同方向划有2条以上机动车道的，变更车道的机动车不得影响相关车道内行驶的机动车的正常行驶。

第四十五条 机动车在道路上行驶不得超过限速标志、标线标明的速度。在没有限速标志、标线的道路上，机动车不得超过下列最高行驶速度：

（一）没有道路中心线的道路，城市道路为每小时30公里，公路为每小时40公里；

（二）同方向只有1条机动车道的道路，城市道路为每小时50公里，公路为每小时70公里。

第四十六条 机动车行驶中遇有下列情形之一的，最高行驶速度不得超过每小时30公里，其中拖拉机、电瓶车、轮式专用机械车不得超过每小时15公里：

（一）进出非机动车道，通过铁路道口、急弯路、窄路、窄桥时；

（二）掉头、转弯、下陡坡时；

（三）遇雾、雨、雪、沙尘、冰雹，能见度在50米以内时；

（四）在冰雪、泥泞的道路上行驶时；

（五）牵引发生故障的机动车时。

第四十七条 机动车超车时，应当提前开启左转向灯、变换使用远、近光灯或者鸣喇叭。在没有道路中心线或者同方向只有1条机动车道的道路上，前车遇后车发出超车信号时，在条件许可的情况下，应当降低速度、靠右让路。后车应当在确认有充足的安全距离后，从前车的左侧超越，在与被超车辆拉开必要的安全距离后，开启右转向灯，驶回原车道。

第四十八条 在没有中心隔离设施或者没有中心线的道路上，机动车遇相对方向来车时应当遵守下列规定：

（一）减速靠右行驶，并与其他车辆、行人保持必要的安全距离；

（二）在有障碍的路段，无障碍的一方先行；但有障碍的一方已驶入障碍路段而无障碍的一方未驶入时，有障碍的一方先行；

（三）在狭窄的坡路，上坡的一方先行；但下坡的一方已行至中途而上坡的一方未上坡时，下坡的一方先行；

（四）在狭窄的山路，不靠山体的一方先行；

（五）夜间会车应当在距相对方向来车150米以外改用近光灯，在窄路、窄桥与非机动车会车时应当使用近光灯。

第四十九条 机动车在有禁止掉头或者禁止左转弯标志、标线的地点以及在铁路道口、人行横道、桥梁、急弯、陡坡、隧道或者容易发生危险的路段，不得掉头。

机动车在没有禁止掉头或者没有禁止左转弯标志、标线的地点可以掉头，但不得妨碍正常行驶的其他车辆和行人的通行。

第五十条 机动车倒车时，应当察明车后情况，确认安全后倒车。不得在铁路道口、交叉路口、单行路、桥梁、急弯、陡坡或者隧道中倒车。

第五十一条 机动车通过有交通信号灯控制的交叉路口，应当按照下列规定通行：

（一）在划有导向车道的路口，按所需行进方向驶入导向车道；

（二）准备进入环形路口的让已在路口内的机动车先行；

（三）向左转弯时，靠路口中心点左侧转弯。转弯时开启转向灯，夜间行驶开启近光灯；

（四）遇放行信号时，依次通过；

（五）遇停止信号时，依次停在停止线以外。没有停止线的，停在路口以外；

（六）向右转弯遇有同车道前车正在等候放行信号时，依次停车等候；

（七）在没有方向指示信号灯的交叉路口，转弯的机动车让直行的车辆、行人先行。相对方向行驶的右转弯机动车让左转弯车辆先行。

第五十二条 机动车通过没有交通信号灯控制也没有交通警察指挥的交叉路口，除应当遵守第五十一条第（二）项、第（三）项的规定外，还应当遵守下列规定：

（一）有交通标志、标线控制的，让优先通行的一方先行；

（二）没有交通标志、标线控制的，在进入路口前停车瞭望，让右方道路的来车先行；

（三）转弯的机动车让直行的车辆先行；

（四）相对方向行驶的右转弯的机动车让左转弯的车辆先行。

第五十三条 机动车遇有前方交叉路口交通阻塞时，应当依次停在路口以外等候，不得进入路口。

机动车在遇有前方机动车停车排队等候或者缓慢行驶时，应当依次排队，不得从前方车辆两侧穿插或者超越行驶，不得在人行横道、网状线区域内停车等候。

机动车在车道减少的路口、路段，遇有前方机动车停车排队等候或者缓慢行驶的，应当每车道一辆依次交替驶入车道减少后的路口、路段。

第五十四条 机动车载物不得超过机动车行驶证上核定的载质量，装载长度、宽度不得超出车厢，并应当遵守下列规定：

（一）重型、中型载货汽车，半挂车载物，高度从地面起不得超过4米，载运集装箱的车辆不得超过4.2米；

（二）其他载货的机动车载物，高度从地面起不得超过2.5米；

（三）摩托车载物，高度从地面起不得超过1.5米，长度不得超出车身0.2米。两轮摩托车载物宽度左右各不得超出车把0.15米；三轮摩托车载物宽度不得超过车身。

载客汽车除车身外部的行李架和内置的行李箱外,不得载货。载客汽车行李架载货,从车顶起高度不得超过0.5米,从地面起高度不得超过4米。

第五十五条　机动车载人应当遵守下列规定:

(一)公路载客汽车不得超过核定的载客人数,但按照规定免票的儿童除外,在载客人数已满的情况下,按照规定免票的儿童不得超过核定载客人数的10%;

(二)载货汽车车厢不得载客。在城市道路上,货运机动车在留有安全位置的情况下,车厢内可以附载临时作业人员1人至5人;载物高度超过车厢栏板时,货物上不得载人;

(三)摩托车后座不得乘坐未满12周岁的未成年人,轻便摩托车不得载人。

第五十六条　机动车牵引挂车应当符合下列规定:

(一)载货汽车、半挂牵引车、拖拉机只允许牵引1辆挂车。挂车的灯光信号、制动、连接、安全防护等装置应当符合国家标准;

(二)小型载客汽车只允许牵引旅居挂车或者总质量700千克以下的挂车。挂车不得载人;

(三)载货汽车所牵引挂车的载质量不得超过载货汽车本身的载质量。

大型、中型载客汽车,低速载货汽车,三轮汽车以及其他机动车不得牵引挂车。

第五十七条　机动车应当按照下列规定使用转向灯:

(一)向左转弯、向左变更车道、准备超车、驶离停车地点或者掉头时,应当提前开启左转向灯;

(二)向右转弯、向右变更车道、超车完毕驶回原车道、靠路边停车时,应当提前开启右转向灯。

第五十八条　机动车在夜间没有路灯、照明不良或者遇有雾、雨、雪、沙尘、冰雹等低能见度情况下行驶时,应当开启前照灯、示廓灯和后位灯,但同方向行驶的后车与前车近距离行驶时,不得使用远光灯。机动车雾天行驶应当开启雾灯和危险报警闪光灯。

第五十九条　机动车在夜间通过急弯、坡路、拱桥、人行横道或者没有交通信号灯控制的路口时,应当交替使用远近光灯示意。

机动车驶近急弯、坡道顶端等影响安全视距的路段以及超车或者遇有紧急情况时,应当减速慢行,并鸣喇叭示意。

第六十条　机动车在道路上发生故障或者发生交通事故,妨碍交通又难以移动的,应当按照规定开启危险报警闪光灯并在车后50米至100米处设置警告标志,夜间还应当同时开启示廓灯和后位灯。

第六十一条　牵引故障机动车应当遵守下列规定:

(一)被牵引的机动车除驾驶人外不得载人,不得拖带挂车;

(二)被牵引的机动车宽度不得大于牵引机动车的宽度;

(三)使用软连接牵引装置时,牵引车与被牵引车之间的距离应当大于4米小于10米;

(四)对制动失效的被牵引车,应当使用硬连接牵引装置牵引;

(五)牵引车和被牵引车均应当开启危险报警闪光灯。

汽车吊车和轮式专用机械车不得牵引车辆。摩托车不得牵引车辆或者被其他车辆牵引。

转向或者照明、信号装置失效的故障机动车,应当使用专用清障车拖曳。

第六十二条　驾驶机动车不得有下列行为:

(一)在车门、车厢没有关好时行车;

(二)在机动车驾驶室的前后窗范围内悬挂、放置妨碍驾驶人视线的物品;

(三)拨打接听手持电话、观看电视等妨碍安全驾驶的行为;

(四)下陡坡时熄火或者空挡滑行;

(五)向道路上抛撒物品;

(六)驾驶摩托车手离车把或者在车把上悬挂物品;

(七)连续驾驶机动车超过4小时未停车休息或者停车休息时间少于20分钟;

(八)在禁止鸣喇叭的区域或者路段鸣喇叭。

第六十三条　机动车在道路上临时停车,应当遵守下列规定:

(一)在设有禁停标志、标线的路段,在机动车道与非机动车道、人行道之间设有隔离设施的路段以及人行横道、施工地段,不得停车;

(二)交叉路口、铁路道口、急弯路、宽度不足4米的窄路、桥梁、陡坡、隧道以及距离上述地点50米以内的路段,不得停车;

(三)公共汽车站、急救站、加油站、消防栓或者消防队(站)门前以及距离上述地点30米以内的路段,除使用上述设施的以外,不得停车;

(四)车辆停稳前不得开车门和上下人员,开关车门不得妨碍其他车辆和行人通行;

(五)路边停车应当紧靠道路右侧,机动车驾驶人不得离车,上下人员或者装卸物品后,立即驶离;

(六)城市公共汽车不得在站点以外的路段停车上下乘客。

第六十四条　机动车行经漫水路或者漫水桥时,应当停车察明水情,确认安全后,低速通过。

第六十五条　机动车载运超限物品行经铁路道口的,应当按照当地铁路部门指定的铁路道口、时间通过。

机动车行经渡口,应当服从渡口管理人员指挥,按照指定地点依次待渡。机动车上下渡船时,应当低速慢行。

第六十六条　警车、消防车、救护车、工程救险车在执行紧急任务遇交通受阻时,可以断续使用警报器,并遵守下列规定:

（一）不得在禁止使用警报器的区域或者路段使用警报器；

（二）夜间在市区不得使用警报器；

（三）列队行驶时，前车已经使用警报器的，后车不再使用警报器。

第六十七条 在单位院内、居民居住区内，机动车应当低速行驶，避让行人；有限速标志的，按照限速标志行驶。

第三节 非机动车通行规定

第六十八条 非机动车通过有交通信号灯控制的交叉路口，应当按照下列规定通行：

（一）转弯的非机动车让直行的车辆、行人优先通行；

（二）遇有前方路口交通阻塞时，不得进入路口；

（三）向左转弯时，靠路口中心点的右侧转弯；

（四）遇有停止信号时，应当依次停在路口停止线以外。没有停止线的，停在路口以外；

（五）向右转弯遇有同方向前车正在等候放行信号时，在本车道内能够转弯的，可以通行；不能转弯的，依次等候。

第六十九条 非机动车通过没有交通信号灯控制也没有交通警察指挥的交叉路口，除应当遵守第六十八条第（一）项、第（二）项和第（三）项的规定外，还应当遵守下列规定：

（一）有交通标志、标线控制的，让优先通行的一方先行；

（二）没有交通标志、标线控制的，在路口外慢行或者停车瞭望，让右方道路的来车先行；

（三）相对方向行驶的右转弯的非机动车让左转弯的车辆先行。

第七十条 驾驶自行车、电动自行车、三轮车在路段上横过机动车道，应当下车推行，有人行横道或者行人过街设施的，应当从人行横道或者行人过街设施通过；没有人行横道、没有行人过街设施或者不便使用行人过街设施的，在确认安全后直行通过。

因非机动车道被占用无法在本车道内行驶的非机动车，可以在受阻的路段借用相邻的机动车道行驶，并在驶过被占用路段后迅速驶回非机动车道。机动车遇此情况应当减速让行。

第七十一条 非机动车载物，应当遵守下列规定：

（一）自行车、电动自行车、残疾人机动轮椅车载物，高度从地面起不得超过1.5米，宽度左右各不得超出车把0.15米，长度前端不得超出车轮，后端不得超出车身0.3米；

（二）三轮车、人力车载物，高度从地面起不得超过2米，宽度左右各不得超出车身0.2米，长度不得超出车身1米；

（三）畜力车载物，高度从地面起不得超过2.5米，宽度左右各不得超出车身0.2米，长度前端不得超出车辕，后端不得超出车身1米。

自行车载人的规定，由省、自治区、直辖市人民政府根据当地实际情况制定。

第七十二条 在道路上驾驶自行车、三轮车、电动自行车、残疾人机动轮椅车应当遵守下列规定：

（一）驾驶自行车、三轮车必须年满12周岁；

（二）驾驶电动自行车和残疾人机动轮椅车必须年满16周岁；

（三）不得醉酒驾驶；

（四）转弯前应当减速慢行，伸手示意，不得突然猛拐，超越前车时不得妨碍被超越的车辆行驶；

（五）不得牵引、攀扶车辆或者被其他车辆牵引，不得双手离把或者手中持物；

（六）不得扶身并行、互相追逐或者曲折竞驶；

（七）不得在道路上骑独轮自行车或者2人以上骑行的自行车；

（八）非下肢残疾的人不得驾驶残疾人机动轮椅车；

（九）自行车、三轮车不得加装动力装置；

（十）不得在道路上学习驾驶非机动车。

第七十三条 在道路上驾驭畜力车应当年满16周岁，并遵守下列规定：

（一）不得醉酒驾驭；

（二）不得并行，驾驭人不得离开车辆；

（三）行经繁华路段、交叉路口、铁路道口、人行横道、急弯路、宽度不足4米的窄路或者窄桥、陡坡、隧道或者容易发生危险的路段，不得超车。驾驭两轮畜力车应当下车牵引牲畜；

（四）不得使用未经驯服的牲畜驾车，随车幼畜须拴系；

（五）停放车辆应当拉紧车闸，拴系牲畜。

第四节 行人和乘车人通行规定

第七十四条 行人不得有下列行为：

（一）在道路上使用滑板、旱冰鞋等滑行工具；

（二）在车行道内坐卧、停留、嬉闹；

（三）追车、抛物击车等妨碍道路交通安全的行为。

第七十五条 行人横过机动车道，应当从行人过街设施通过；没有行人过街设施的，应当从人行横道通过；没有人行横道的，应当观察来往车辆的情况，确认安全后直行通过，不得在车辆临近时突然加速横穿或者中途倒退、折返。

第七十六条 行人列队在道路上通行，每横列不得超过2人，但在已经实行交通管制的路段不受限制。

第七十七条 乘坐机动车应当遵守下列规定：

（一）不得在机动车道上拦乘机动车；

（二）在机动车道上不得从机动车左侧上下车；

（三）开关车门不得妨碍其他车辆和行人通行；

（四）机动车行驶中，不得干扰驾驶，不得将身体任何

部分伸出车外,不得跳车;

(五)乘坐两轮摩托车应当正向骑坐。

第五节 高速公路的特别规定

第七十八条 高速公路应当标明车道的行驶速度,最高车速不得超过每小时120公里,最低车速不得低于每小时60公里。

在高速公路上行驶的小型载客汽车最高车速不得超过每小时120公里,其他机动车不得超过每小时100公里,摩托车不得超过每小时80公里。

同方向有2条车道的,左侧车道的最低车速为每小时100公里;同方向有3条以上车道的,最左侧车道的最低车速为每小时110公里,中间车道的最低车速为每小时90公里。道路限速标志标明的车速与上述车道行驶车速的规定不一致的,按照道路限速标志标明的车速行驶。

第七十九条 机动车从匝道驶入高速公路,应当开启左转向灯,在不妨碍已在高速公路内的机动车正常行驶的情况下驶入车道。

机动车驶离高速公路时,应当开启右转向灯,驶入减速车道,降低车速后驶离。

第八十条 机动车在高速公路上行驶,车速超过每小时100公里时,应当与同车道前车保持100米以上的距离,车速低于每小时100公里时,与同车道前车距离可以适当缩短,但最小距离不得少于50米。

第八十一条 机动车在高速公路上行驶,遇有雾、雨、雪、沙尘、冰雹等低能见度气象条件时,应当遵守下列规定:

(一)能见度小于200米时,开启雾灯、近光灯、示廓灯和前后位灯,车速不得超过每小时60公里,与同车道前车保持100米以上的距离;

(二)能见度小于100米时,开启雾灯、近光灯、示廓灯、前后位灯和危险报警闪光灯,车速不得超过每小时40公里,与同车道前车保持50米以上的距离;

(三)能见度小于50米时,开启雾灯、近光灯、示廓灯、前后位灯和危险报警闪光灯,车速不得超过每小时20公里,并从最近的出口尽快驶离高速公路。

遇有前款规定情形时,高速公路管理部门应当通过显示屏等方式发布速度限制、保持车距等提示信息。

第八十二条 机动车在高速公路上行驶,不得有下列行为:

(一)倒车、逆行、穿越中央分隔带掉头或者在车道内停车;

(二)在匝道、加速车道或者减速车道上超车;

(三)骑、轧车行道分界线或者在路肩上行驶;

(四)非紧急情况时在应急车道行驶或者停车;

(五)试车或者学习驾驶机动车。

第八十三条 在高速公路上行驶的载货汽车车厢不得载人。两轮摩托车在高速公路行驶时不得载人。

第八十四条 机动车通过施工作业路段时,应当注意警示标志,减速行驶。

第八十五条 城市快速路的道路交通安全管理,参照本节的规定执行。

高速公路、城市快速路的道路交通安全管理工作,省、自治区、直辖市人民政府公安机关交通管理部门可以指定设区的市人民政府公安机关交通管理部门或者相当于同级的公安机关交通管理部门承担。

第五章 交通事故处理

第八十六条 机动车与机动车、机动车与非机动车在道路上发生未造成人身伤亡的交通事故,当事人对事实及成因无争议的,在记录交通事故的时间、地点、对方当事人的姓名和联系方式、机动车牌号、驾驶证号、保险凭证号、碰撞部位,并共同签名后,撤离现场,自行协商损害赔偿事宜。当事人对交通事故事实及成因有争议的,应当迅速报警。

第八十七条 非机动车与非机动车或者行人在道路上发生交通事故,未造成人身伤亡,且基本事实及成因清楚的,当事人应当先撤离现场,再自行协商处理损害赔偿事宜。当事人对交通事故事实及成因有争议的,应当迅速报警。

第八十八条 机动车发生交通事故,造成道路、供电、通讯等设施损毁的,驾驶人应当报警等候处理,不得驶离。机动车可以移动的,应当将机动车移至不妨碍交通的地点。公安机关交通管理部门应当将事故有关情况通知有关部门。

第八十九条 公安机关交通管理部门或者交通警察接到交通事故报警,应当及时赶赴现场,对未造成人身伤亡,事实清楚,并且机动车可以移动的,应当在记录事故情况后责令当事人撤离现场,恢复交通。对拒不撤离现场的,予以强制撤离。

对属于前款规定情况的道路交通事故,交通警察可以适用简易程序处理,并当场出具事故认定书。当事人共同请求调解的,交通警察可以当场对损害赔偿争议进行调解。

对道路交通事故造成人员伤亡和财产损失需要勘验、检查现场的,公安机关交通管理部门应当按照勘查现场工作规范进行。现场勘查完毕,应当组织清理现场,恢复交通。

第九十条 投保机动车第三者责任强制保险的机动车发生交通事故,因抢救受伤人员需要保险公司支付抢救费用的,由公安机关交通管理部门通知保险公司。

抢救受伤人员需要道路交通事故救助基金垫付费用的,由公安机关交通管理部门通知道路交通事故社会救助基金管理机构。

第九十一条 公安机关交通管理部门应当根据交通事故当事人的行为对发生交通事故所起的作用以及过错的严重程度,确定当事人的责任。

第九十二条 发生交通事故后当事人逃逸的,逃逸的当事人承担全部责任。但是,有证据证明对方当事人也有过错的,可以减轻责任。

当事人故意破坏、伪造现场、毁灭证据的，承担全部责任。

第九十三条 公安机关交通管理部门对经过勘验、检查现场的交通事故应当在勘查现场之日起10日内制作交通事故认定书。对需要进行检验、鉴定的，应当在检验、鉴定结果确定之日起5日内制作交通事故认定书。

第九十四条 当事人对交通事故损害赔偿有争议，各方当事人一致请求公安机关交通管理部门调解的，应当在收到交通事故认定书之日起10日内提出书面调解申请。

对交通事故致死的，调解从办理丧葬事宜结束之日起开始；对交通事故致伤的，调解从治疗终结或者定残之日起开始；对交通事故造成财产损失的，调解从确定损失之日起开始。

第九十五条 公安机关交通管理部门调解交通事故损害赔偿争议的期限为10日。调解达成协议的，公安机关交通管理部门应当制作调解书送交各方当事人，调解书经各方当事人共同签字后生效；调解未达成协议的，公安机关交通管理部门应当制作调解终结书送交各方当事人。

交通事故损害赔偿项目和标准依照有关法律的规定执行。

第九十六条 对交通事故损害赔偿的争议，当事人向人民法院提起民事诉讼的，公安机关交通管理部门不再受理调解申请。

公安机关交通管理部门调解期间，当事人向人民法院提起民事诉讼的，调解终止。

第九十七条 车辆在道路以外发生交通事故，公安机关交通管理部门接到报案的，参照道路交通安全法和本条例的规定处理。

车辆、行人与火车发生的交通事故以及在渡口发生的交通事故，依照国家有关规定处理。

第六章 执法监督

第九十八条 公安机关交通管理部门应当公开办事制度、办事程序，建立警风警纪监督员制度，自觉接受社会和群众的监督。

第九十九条 公安机关交通管理部门及其交通警察办理机动车登记，发放号牌，对驾驶人考试、发证，处理道路交通安全违法行为，处理道路交通事故，应当严格遵守有关规定，不得越权执法，不得延迟履行职责，不得擅自改变处罚的种类和幅度。

第一百条 公安机关交通管理部门应当公布举报电话，受理群众举报投诉，并及时调查核实，反馈查处结果。

第一百零一条 公安机关交通管理部门应当建立执法质量考核评议、执法责任制和执法过错追究制度，防止和纠正道路交通安全执法中的错误或者不当行为。

第七章 法律责任

第一百零二条 违反本条例规定的行为，依照道路交通安全法和本条例的规定处罚。

第一百零三条 以欺骗、贿赂等不正当手段取得机动车登记或者驾驶许可的，收缴机动车登记证书、号牌、行驶证或者机动车驾驶证，撤销机动车登记或者机动车驾驶许可；申请人在3年内不得申请机动车登记或者机动车驾驶许可。

第一百零四条 机动车驾驶人有下列行为之一，又无其他机动车驾驶人即时替代驾驶的，公安机关交通管理部门除依法给予处罚外，可以将其驾驶的机动车移至不妨碍交通的地点或者有关部门指定的地点停放：

（一）不能出示本人有效驾驶证的；

（二）驾驶的机动车与驾驶证载明的准驾车型不符的；

（三）饮酒、服用国家管制的精神药品或者麻醉药品、患有妨碍安全驾驶的疾病，或者过度疲劳仍继续驾驶的；

（四）学习驾驶人员没有教练人员随车指导单独驾驶的。

第一百零五条 机动车驾驶人有饮酒、醉酒、服用国家管制的精神药品或者麻醉药品嫌疑的，应当接受测试、检验。

第一百零六条 公路客运载客汽车超过核定乘员、载货汽车超过核定载质量的，公安机关交通管理部门依法扣留机动车后，驾驶人应当将超载的乘车人转运、将超载的货物卸载，费用由超载机动车的驾驶人或者所有人承担。

第一百零七条 依照道路交通安全法第九十二条、第九十五条、第九十六条、第九十八条的规定被扣留的机动车，驾驶人或者所有人、管理人30日内没有提供被扣留机动车的合法证明，没有补办相应手续，或者不前来接受处理，经公安机关交通管理部门通知并且经公告3个月仍不前来接受处理的，由公安机关交通管理部门将该机动车送交有资格的拍卖机构拍卖，所得价款上缴国库；非法拼装的机动车予以拆除；达到报废标准的机动车予以报废；机动车涉及其他违法犯罪行为的，移交有关部门处理。

第一百零八条 交通警察按照简易程序当场作出行政处罚的，应当告知当事人道路交通安全违法行为的事实、处罚的理由和依据，并将行政处罚决定书当场交付被处罚人。

第一百零九条 对道路交通安全违法行为人处以罚款或者暂扣驾驶证处罚的，由违法行为发生地的县级以上人民政府公安机关交通管理部门或者相当于同级的公安机关交通管理部门作出决定；对处以吊销机动车驾驶证处罚的，由设区的市人民政府公安机关交通管理部门或者相当于同级的公安机关交通管理部门作出决定。

公安机关交通管理部门对非本辖区机动车的道路交通安全违法行为没有当场处罚的，可以由机动车登记地的公安机关交通管理部门处罚。

第一百一十条 当事人对公安机关交通管理部门及其交通警察的处罚有权进行陈述和申辩，交通警察应当充分听取当事人的陈述和申辩，不得因当事人陈述、申辩而加重其处罚。

第八章　附　　则

第一百一十一条　本条例所称上道路行驶的拖拉机，是指手扶拖拉机等最高设计行驶速度不超过每小时20公里的轮式拖拉机和最高设计行驶速度不超过每小时40公里、牵引挂车方可从事道路运输的轮式拖拉机。

第一百一十二条　农业(农业机械)主管部门应当定期向公安机关交通管理部门提供拖拉机登记、安全技术检验以及拖拉机驾驶证发放的资料、数据。公安机关交通管理部门对拖拉机驾驶人作出暂扣、吊销驾驶证处罚或者记分处理的，应当定期将处罚决定书和记分情况通报有关的农业(农业机械)主管部门。吊销驾驶证的，还应当将驾驶证送交有关的农业(农业机械)主管部门。

第一百一十三条　境外机动车入境行驶，应当向入境地的公安机关交通管理部门申请临时通行号牌、行驶证。临时通行号牌、行驶证应当根据行驶需要，载明有效日期和允许行驶的区域。

入境的境外机动车申请临时通行号牌、行驶证以及境外人员申请机动车驾驶许可的条件、考试办法由国务院公安部门规定。

第一百一十四条　机动车驾驶许可考试的收费标准，由国务院价格主管部门规定。

第一百一十五条　本条例自2004年5月1日起施行。1960年2月11日国务院批准、交通部发布的《机动车管理办法》，1988年3月9日国务院发布的《中华人民共和国道路交通管理条例》，1991年9月22日国务院发布的《道路交通事故处理办法》，同时废止。

中华人民共和国消防法

1. 1998年4月29日第九届全国人民代表大会常务委员会第二次会议通过

2. 2008年10月28日第十一届全国人民代表大会常务委员会第五次会议修订

3. 自2009年5月1日起施行

目　　录

第一章　总　　则

第一条　**【立法目的】**为了预防火灾和减少火灾危害，加强应急救援工作，保护人身、财产安全，维护公共安全，制定本法。

第二条　**【消防工作的方针、原则】**消防工作贯彻预防为主、防消结合的方针，按照政府统一领导、部门依法监管、单位全面负责、公民积极参与的原则，实行消防安全责任制，建立健全社会化的消防工作网络。

第三条　**【各级人民政府的消防工作职责】**国务院领导全国的消防工作。地方各级人民政府负责本行政区域内的消防工作。

各级人民政府应当将消防工作纳入国民经济和社会发展计划，保障消防工作与经济社会发展相适应。

第四条　**【消防工作监督管理体制】**国务院公安部门对全国的消防工作实施监督管理。县级以上地方人民政府公安机关对本行政区域内的消防工作实施监督管理，并由本级人民政府公安机关消防机构负责实施。军事设施的消防工作，由其主管单位监督管理，公安机关消防机构协助；矿井地下部分、核电厂、海上石油天然气设施的消防工作，由其主管单位监督管理。

县级以上人民政府其他有关部门在各自的职责范围内，依照本法和其他相关法律、法规的规定做好消防工作。

法律、行政法规对森林、草原的消防工作另有规定的，从其规定。

第五条　**【单位、个人的消防义务】**任何单位和个人都有维护消防安全、保护消防设施、预防火灾、报告火警的义务。任何单位和成年人都有参加有组织的灭火工作的义务。

第六条　**【消防宣传教育义务】**各级人民政府应当组织开展经常性的消防宣传教育，提高公民的消防安全意识。

机关、团体、企业、事业等单位，应当加强对本单位人员的消防宣传教育。

公安机关及其消防机构应当加强消防法律、法规的宣传，并督促、指导、协助有关单位做好消防宣传教育工作。

教育、人力资源行政主管部门和学校、有关职业培训机构应当将消防知识纳入教育、教学、培训的内容。

新闻、广播、电视等有关单位，应当有针对性地面向社会进行消防宣传教育。

工会、共产主义青年团、妇女联合会等团体应当结合各自工作对象的特点，组织开展消防宣传教育。

村民委员会、居民委员会应当协助人民政府以及公安机关等部门，加强消防宣传教育。

第七条　**【鼓励支持消防事业，表彰奖励有突出贡献的单位、个人】**国家鼓励、支持消防科学研究和技术创新，推广使用先进的消防和应急救援技术、设备；鼓励、支持社会力量开展消防公益活动。

对在消防工作中有突出贡献的单位和个人，应当按照国家有关规定给予表彰和奖励。

第二章　火 灾 预 防

第八条　**【消防规划】**地方各级人民政府应当将包括消防安

全布局、消防站、消防供水、消防通信、消防车通道、消防装备等内容的消防规划纳入城乡规划,并负责组织实施。

城乡消防安全布局不符合消防安全要求的,应当调整、完善;公共消防设施、消防装备不足或者不适应实际需要的,应当增建、改建、配置或者进行技术改造。

第九条 【消防设计施工的要求】建设工程的消防设计、施工必须符合国家工程建设消防技术标准。建设、设计、施工、工程监理等单位依法对建设工程的消防设计、施工质量负责。

第十条 【消防设计文件备案与抽查】按照国家工程建设消防技术标准需要进行消防设计的建设工程,除本法第十一条另有规定的外,建设单位应当自依法取得施工许可之日起七个工作日内,将消防设计文件报公安机关消防机构备案,公安机关消防机构应当进行抽查。

第十一条 【消防设计审核】国务院公安部门规定的大型的人员密集场所和其他特殊建设工程,建设单位应当将消防设计文件报送公安机关消防机构审核。公安机关消防机构依法对审核的结果负责。

第十二条 【消防设计未经审核或者消防设计不合格的法律后果】依法应当经公安机关消防机构进行消防设计审核的建设工程,未经依法审核或者审核不合格的,负责审批该工程施工许可的部门不得给予施工许可,建设单位、施工单位不得施工;其他建设工程取得施工许可后经依法抽查不合格的,应当停止施工。

第十三条 【消防验收和备案、抽查】按照国家工程建设消防技术标准需要进行消防设计的建设工程竣工,依照下列规定进行消防验收、备案:

(一)本法第十一条规定的建设工程,建设单位应当向公安机关消防机构申请消防验收;

(二)其他建设工程,建设单位在验收后应当报公安机关消防机构备案,公安机关消防机构应当进行抽查。

依法应当进行消防验收的建设工程,未经消防验收或者消防验收不合格的,禁止投入使用;其他建设工程经依法抽查不合格的,应当停止使用。

第十四条 【消防设计审核、消防验收、备案和抽查的具体办法】建设工程消防设计审核、消防验收、备案和抽查的具体办法,由国务院公安部门规定。

第十五条 【公众聚集场所的消防安全检查】公众聚集场所在投入使用、营业前,建设单位或者使用单位应当向场所所在地的县级以上地方人民政府公安机关消防机构申请消防安全检查。

公安机关消防机构应当自受理申请之日起十个工作日内,根据消防技术标准和管理规定,对该场所进行消防安全检查。未经消防安全检查或者经检查不符合消防安全要求的,不得投入使用、营业。

第十六条 【单位的消防安全职责】机关、团体、企业、事业等单位应当履行下列消防安全职责:

(一)落实消防安全责任制,制定本单位的消防安全制度、消防安全操作规程,制定灭火和应急疏散预案;

(二)按照国家标准、行业标准配置消防设施、器材,设置消防安全标志,并定期组织检验、维修,确保完好有效;

(三)对建筑消防设施每年至少进行一次全面检测,确保完好有效,检测记录应当完整准确,存档备查;

(四)保障疏散通道、安全出口、消防车通道畅通,保证防火防烟分区、防火间距符合消防技术标准;

(五)组织防火检查,及时消除火灾隐患;

(六)组织进行有针对性的消防演练;

(七)法律、法规规定的其他消防安全职责。

单位的主要负责人是本单位的消防安全责任人。

第十七条 【消防安全重点单位的消防安全职责】县级以上地方人民政府公安机关消防机构应当将发生火灾可能性较大以及发生火灾可能造成重大的人身伤亡或者财产损失的单位,确定为本行政区域内的消防安全重点单位,并由公安机关报本级人民政府备案。

消防安全重点单位除应当履行本法第十六条规定的职责外,还应当履行下列消防安全职责:

(一)确定消防安全管理人,组织实施本单位的消防安全管理工作;

(二)建立消防档案,确定消防安全重点部位,设置防火标志,实行严格管理;

(三)实行每日防火巡查,并建立巡查记录;

(四)对职工进行岗前消防安全培训,定期组织消防安全培训和消防演练。

第十八条 【共用建筑物的消防安全责任】同一建筑物由两个以上单位管理或者使用的,应当明确各方的消防安全责任,并确定责任人对共用的疏散通道、安全出口、建筑消防设施和消防车通道进行统一管理。

住宅区的物业服务企业应当对管理区域内的共用消防设施进行维护管理,提供消防安全防范服务。

第十九条 【易燃易爆危险品生产经营场所的设置要求】生产、储存、经营易燃易爆危险品的场所不得与居住场所设置在同一建筑物内,并应当与居住场所保持安全距离。

生产、储存、经营其他物品的场所与居住场所设置在同一建筑物内的,应当符合国家工程建设消防技术标准。

第二十条 【大型群众性活动的消防安全】举办大型群众性活动,承办人应当依法向公安机关申请安全许可,制定灭火和应急疏散预案并组织演练,明确消防安全责任分工,确定消防安全管理人员,保持消防设施和消防器材配置齐全、完好有效,保证疏散通道、安全出口、疏散指示标志、应急照明和消防车通道符合消防技术标准和管理规定。

第二十一条 【特殊场所和特种作业防火要求】禁止在具有火灾、爆炸危险的场所吸烟、使用明火。因施工等特殊情况需要使用明火作业的,应当按照规定事先办理审批手续,采取相应的消防安全措施;作业人员应当遵守消防安全规定。

进行电焊、气焊等具有火灾危险作业的人员和自动消防系统的操作人员,必须持证上岗,并遵守消防安全操作规程。

第二十二条　【危险物品生产经营单位设置的消防安全要求】生产、储存、装卸易燃易爆危险品的工厂、仓库和专用车站、码头的设置,应当符合消防技术标准。易燃易爆气体和液体的充装站、供应站、调压站,应当设置在符合消防安全要求的位置,并符合防火防爆要求。

已经设置的生产、储存、装卸易燃易爆危险品的工厂、仓库和专用车站、码头,易燃易爆气体和液体的充装站、供应站、调压站,不再符合前款规定的,地方人民政府应当组织、协调有关部门、单位限期解决,消除安全隐患。

第二十三条　【易燃易爆危险品和可燃物资仓库管理】生产、储存、运输、销售、使用、销毁易燃易爆危险品,必须执行消防技术标准和管理规定。

进入生产、储存易燃易爆危险品的场所,必须执行消防安全规定。禁止非法携带易燃易爆危险品进入公共场所或者乘坐公共交通工具。

储存可燃物资仓库的管理,必须执行消防技术标准和管理规定。

第二十四条　【消防产品标准、强制性产品认证和技术鉴定制度】消防产品必须符合国家标准;没有国家标准的,必须符合行业标准。禁止生产、销售或者使用不合格的消防产品以及国家明令淘汰的消防产品。

依法实行强制性产品认证的消防产品,由具有法定资质的认证机构按照国家标准、行业标准的强制性要求认证合格后,方可生产、销售、使用。实行强制性产品认证的消防产品目录,由国务院产品质量监督部门会同国务院公安部门制定并公布。

新研制的尚未制定国家标准、行业标准的消防产品,应当按照国务院产品质量监督部门会同国务院公安部门规定的办法,经技术鉴定符合消防安全要求的,方可生产、销售、使用。

依照本条规定经强制性产品认证合格或者技术鉴定合格的消防产品,国务院公安部门消防机构应当予以公布。

第二十五条　【对消防产品质量的监督检查】产品质量监督部门、工商行政管理部门、公安机关消防机构应当按照各自职责加强对消防产品质量的监督检查。

第二十六条　【建筑构件、建筑材料和室内装修、装饰材料的防火要求】建筑构件、建筑材料和室内装修、装饰材料的防火性能必须符合国家标准;没有国家标准的,必须符合行业标准。

人员密集场所室内装修、装饰,应当按照消防技术标准的要求,使用不燃、难燃材料。

第二十七条　【电器产品、燃气用具产品标准及其安装、使用的消防安全要求】电器产品、燃气用具的产品标准,应当符合消防安全的要求。

电器产品、燃气用具的安装、使用及其线路、管路的设计、敷设、维护保养、检测,必须符合消防技术标准和管理规定。

第二十八条　【保护消防设施、器材,保障消防通道畅通】任何单位、个人不得损坏、挪用或者擅自拆除、停用消防设施、器材,不得埋压、圈占、遮挡消火栓或者占用防火间距,不得占用、堵塞、封闭疏散通道、安全出口、消防车通道。人员密集场所的门窗不得设置影响逃生和灭火救援的障碍物。

第二十九条　【公共消防设施的维护】负责公共消防设施维护管理的单位,应当保持消防供水、消防通信、消防车通道等公共消防设施的完好有效。在修建道路以及停电、停水、截断通信线路时有可能影响消防队灭火救援的,有关单位必须事先通知当地公安机关消防机构。

第三十条　【加强农村消防工作】地方各级人民政府应当加强对农村消防工作的领导,采取措施加强公共消防设施建设,组织建立和督促落实消防安全责任制。

第三十一条　【重要防火时期的消防工作】在农业收获季节、森林和草原防火期间、重大节假日期间以及火灾多发季节,地方各级人民政府应当组织开展有针对性的消防宣传教育,采取防火措施,进行消防安全检查。

第三十二条　【基层组织的群众性消防工作】乡镇人民政府、城市街道办事处应当指导、支持和帮助村民委员会、居民委员会开展群众性的消防工作。村民委员会、居民委员会应当确定消防安全管理人,组织制定防火安全公约,进行防火安全检查。

第三十三条　【火灾公众责任保险】国家鼓励、引导公众聚集场所和生产、储存、运输、销售易燃易爆危险品的企业投保火灾公众责任保险;鼓励保险公司承保火灾公众责任保险。

第三十四条　【对消防安全技术服务的规范】消防产品质量认证、消防设施检测、消防安全监测等消防技术服务机构和执业人员,应当依法获得相应的资质、资格;依照法律、行政法规、国家标准、行业标准和执业准则,接受委托提供消防技术服务,并对服务质量负责。

第三章　消 防 组 织

第三十五条　【消防组织建设】各级人民政府应当加强消防组织建设,根据经济社会发展的需要,建立多种形式的消防组织,加强消防技术人才培养,增强火灾预防、扑救和应急救援的能力。

第三十六条　【政府建立消防队】县级以上地方人民政府应当按照国家规定建立公安消防队、专职消防队,并按照国家标准配备消防装备,承担火灾扑救工作。

乡镇人民政府应当根据当地经济发展和消防工作的需要,建立专职消防队、志愿消防队,承担火灾扑救工作。

第三十七条　【应急救援职责】公安消防队、专职消防队按照国家规定承担重大灾害事故和其他以抢救人员生命为主的应急救援工作。

第三十八条 【消防队的能力建设】公安消防队、专职消防队应当充分发挥火灾扑救和应急救援专业力量的骨干作用；按照国家规定，组织实施专业技能训练，配备并维护保养装备器材，提高火灾扑救和应急救援的能力。

第三十九条 【单位建立专职消防队】下列单位应当建立单位专职消防队，承担本单位的火灾扑救工作：

（一）大型核设施单位、大型发电厂、民用机场、主要港口；

（二）生产、储存易燃易爆危险品的大型企业；

（三）储备可燃的重要物资的大型仓库、基地；

（四）第一项、第二项、第三项规定以外的火灾危险性较大、距离公安消防队较远的其他大型企业；

（五）距离公安消防队较远、被列为全国重点文物保护单位的古建筑群的管理单位。

第四十条 【专职消防队的验收及队员福利待遇】专职消防队的建立，应当符合国家有关规定，并报当地公安机关消防机构验收。

专职消防队的队员依法享受社会保险和福利待遇。

第四十一条 【群众性消防组织】机关、团体、企业、事业等单位以及村民委员会、居民委员会根据需要，建立志愿消防队等多种形式的消防组织，开展群众性自防自救工作。

第四十二条 【公安机关消防机构与专职消防队、志愿消防队等消防组织的关系】公安机关消防机构应当对专职消防队、志愿消防队等消防组织进行业务指导；根据扑救火灾的需要，可以调动指挥专职消防队参加火灾扑救工作。

第四章 灭火救援

第四十三条 【火灾应急预案、应急反应和处置机制】县级以上地方人民政府应当组织有关部门针对本行政区域内的火灾特点制定应急预案，建立应急反应和处置机制，为火灾扑救和应急救援工作提供人员、装备等保障。

第四十四条 【火灾报警；现场疏散、扑救；消防队接警出动】任何人发现火灾都应当立即报警。任何单位、个人都应当无偿为报警提供便利，不得阻拦报警。严禁谎报火警。

人员密集场所发生火灾，该场所的现场工作人员应当立即组织、引导在场人员疏散。

任何单位发生火灾，必须立即组织力量扑救。邻近单位应当给予支援。

消防队接到火警，必须立即赶赴火灾现场，救助遇险人员，排除险情，扑灭火灾。

第四十五条 【组织火灾现场扑救及火灾现场总指挥的权限】公安机关消防机构统一组织和指挥火灾现场扑救，应当优先保障遇险人员的生命安全。

火灾现场总指挥根据扑救火灾的需要，有权决定下列事项：

（一）使用各种水源；

（二）截断电力、可燃气体和可燃液体的输送，限制用火用电；

（三）划定警戒区，实行局部交通管制；

（四）利用临近建筑物和有关设施；

（五）为了抢救人员和重要物资，防止火势蔓延，拆除或者破损毗邻火灾现场的建筑物、构筑物或者设施等；

（六）调动供水、供电、供气、通信、医疗救护、交通运输、环境保护等有关单位协助灭火救援。

根据扑救火灾的紧急需要，有关地方人民政府应当组织人员、调集所需物资支援灭火。

第四十六条 【重大灾害事故应急救援实行统一领导】公安消防队、专职消防队参加火灾以外的其他重大灾害事故的应急救援工作，由县级以上人民政府统一领导。

第四十七条 【消防交通优先】消防车、消防艇前往执行火灾扑救或者应急救援任务，在确保安全的前提下，不受行驶速度、行驶路线、行驶方向和指挥信号的限制，其他车辆、船舶以及行人应当让行，不得穿插超越；收费公路、桥梁免收车辆通行费。交通管理指挥人员应当保证消防车、消防艇迅速通行。

赶赴火灾现场或者应急救援现场的消防人员和调集的消防装备、物资，需要铁路、水路或者航空运输的，有关单位应当优先运输。

第四十八条 【消防设施、器材严禁挪作他用】消防车、消防艇以及消防器材、装备和设施，不得用于与消防和应急救援工作无关的事项。

第四十九条 【扑救火灾、应急救援免收费用】公安消防队、专职消防队扑救火灾、应急救援，不得收取任何费用。

单位专职消防队、志愿消防队参加扑救外单位火灾所损耗的燃料、灭火剂和器材、装备等，由火灾发生地的人民政府给予补偿。

第五十条 【医疗、抚恤】对因参加扑救火灾或者应急救援受伤、致残或者死亡的人员，按照国家有关规定给予医疗、抚恤。

第五十一条 【火灾事故调查】公安机关消防机构有权根据需要封闭火灾现场，负责调查火灾原因，统计火灾损失。

火灾扑灭后，发生火灾的单位和相关人员应当按照公安机关消防机构的要求保护现场，接受事故调查，如实提供与火灾有关的情况。

公安机关消防机构根据火灾现场勘验、调查情况和有关的检验、鉴定意见，及时制作火灾事故认定书，作为处理火灾事故的证据。

第五章 监督检查

第五十二条 【人民政府的监督检查】地方各级人民政府应当落实消防工作责任制，对本级人民政府有关部门履行消防安全职责的情况进行监督检查。

县级以上地方人民政府有关部门应当根据本系统的特

点,有针对性地开展消防安全检查,及时督促整改火灾隐患。

第五十三条 【公安机关消防机构的监督检查】公安机关消防机构应当对机关、团体、企业、事业等单位遵守消防法律、法规的情况依法进行监督检查。公安派出所可以负责日常消防监督检查、开展消防宣传教育,具体办法由国务院公安部门规定。

公安机关消防机构、公安派出所的工作人员进行消防监督检查,应当出示证件。

第五十四条 【消除火灾隐患】公安机关消防机构在消防监督检查中发现火灾隐患的,应当通知有关单位或者个人立即采取措施消除隐患;不及时消除隐患可能严重威胁公共安全的,公安机关消防机构应当依照规定对危险部位或者场所采取临时查封措施。

第五十五条 【重大火灾隐患的发现及处理】公安机关消防机构在消防监督检查中发现城乡消防安全布局、公共消防设施不符合消防安全要求,或者发现本地区存在影响公共安全的重大火灾隐患的,应当由公安机关书面报告本级人民政府。

接到报告的人民政府应当及时核实情况,组织或者责成有关部门、单位采取措施,予以整改。

第五十六条 【公安机关消防机构及其工作人员应当遵循的执法原则】公安机关消防机构及其工作人员应当按照法定的职权和程序进行消防设计审核、消防验收和消防安全检查,做到公正、严格、文明、高效。

公安机关消防机构及其工作人员进行消防设计审核、消防验收和消防安全检查等,不得收取费用,不得利用消防设计审核、消防验收和消防安全检查谋取利益。公安机关消防机构及其工作人员不得利用职务为用户、建设单位指定或者变相指定消防产品的品牌、销售单位或者消防技术服务机构、消防设施施工单位。

第五十七条 【对公安机关消防机构及其工作人员的社会和公民监督】公安机关消防机构及其工作人员执行职务,应当自觉接受社会和公民的监督。

任何单位和个人都有权对公安机关消防机构及其工作人员在执法中的违法行为进行检举、控告。收到检举、控告的机关,应当按照职责及时查处。

第六章 法律责任

第五十八条 【对不符合消防设计审核、消防验收、消防安全检查要求的行为的处罚】违反本法规定,有下列行为之一的,责令停止施工、停止使用或者停产停业,并处三万元以上三十万元以下罚款:

(一)依法应当经公安机关消防机构进行消防设计审核的建设工程,未经依法审核或者审核不合格,擅自施工的;

(二)消防设计经公安机关消防机构依法抽查不合格,不停止施工的;

(三)依法应当进行消防验收的建设工程,未经消防验收或者消防验收不合格,擅自投入使用的;

(四)建设工程投入使用后经公安机关消防机构依法抽查不合格,不停止使用的;

(五)公众聚集场所未经消防安全检查或者经检查不符合消防安全要求,擅自投入使用、营业的。

建设单位未依照本法规定将消防设计文件报公安机关消防机构备案,或者在竣工后未依照本法规定报公安机关消防机构备案的,责令限期改正,处五千元以下罚款。

第五十九条 【对不按消防技术标准设计、施工的行为的处罚】违反本法规定,有下列行为之一的,责令改正或者停止施工,并处一万元以上十万元以下罚款:

(一)建设单位要求建筑设计单位或者建筑施工企业降低消防技术标准设计、施工的;

(二)建筑设计单位不按照消防技术标准强制性要求进行消防设计的;

(三)建筑施工企业不按照消防设计文件和消防技术标准施工,降低消防施工质量的;

(四)工程监理单位与建设单位或者建筑施工企业串通,弄虚作假,降低消防施工质量的。

第六十条 【对违背消防安全职责行为的处罚】单位违反本法规定,有下列行为之一的,责令改正,处五千元以上五万元以下罚款:

(一)消防设施、器材或者消防安全标志的配置、设置不符合国家标准、行业标准,或者未保持完好有效的;

(二)损坏、挪用或者擅自拆除、停用消防设施、器材的;

(三)占用、堵塞、封闭疏散通道、安全出口或者有其他妨碍安全疏散行为的;

(四)埋压、圈占、遮挡消火栓或者占用防火间距的;

(五)占用、堵塞、封闭消防车通道,妨碍消防车通行的;

(六)人员密集场所在门窗上设置影响逃生和灭火救援的障碍物的;

(七)对火灾隐患经公安机关消防机构通知后不及时采取措施消除的。

个人有前款第二项、第三项、第四项、第五项行为之一的,处警告或者五百元以下罚款。

有本条第一款第三项、第四项、第五项、第六项行为,经责令改正拒不改正的,强制执行,所需费用由违法行为人承担。

第六十一条 【对易燃易爆危险品生产经营场所设置不符合规定的处罚】生产、储存、经营易燃易爆危险品的场所与居住场所设置在同一建筑物内,或者未与居住场所保持安全距离的,责令停产停业,并处五千元以上五万元以下罚款。

生产、储存、经营其他物品的场所与居住场所设置在同一建筑物内,不符合消防技术标准的,依照前款规定处罚。

第六十二条 【对涉及消防的违反治安管理行为的处罚】有下列行为之一的,依照《中华人民共和国治安管理处罚法》的规定处罚:

(一)违反有关消防技术标准和管理规定生产、储存、运输、销售、使用、销毁易燃易爆危险品的；

（二）非法携带易燃易爆危险品进入公共场所或者乘坐公共交通工具的；

（三）谎报火警的；

（四）阻碍消防车、消防艇执行任务的；

（五）阻碍公安机关消防机构的工作人员依法执行职务的。

第六十三条 【对违反危险场所消防管理规定行为的处罚】违反本法规定，有下列行为之一的，处警告或者五百元以下罚款；情节严重的，处五日以下拘留：

（一）违反消防安全规定进入生产、储存易燃易爆危险品场所的；

（二）违反规定使用明火作业或者在具有火灾、爆炸危险的场所吸烟、使用明火的。

第六十四条 【对过失引起火灾、阻拦报火警等行为的处罚】违反本法规定，有下列行为之一，尚不构成犯罪的，处十日以上十五日以下拘留，可以并处五百元以下罚款；情节较轻的，处警告或者五百元以下罚款：

（一）指使或者强令他人违反消防安全规定，冒险作业的；

（二）过失引起火灾的；

（三）在火灾发生后阻拦报警，或者负有报告职责的人员不及时报警的；

（四）扰乱火灾现场秩序，或者拒不执行火灾现场指挥员指挥，影响灭火救援的；

（五）故意破坏或者伪造火灾现场的；

（六）擅自拆封或者使用被公安机关消防机构查封的场所、部位的。

第六十五条 【对生产、销售、使用不合格或国家明令淘汰的消防产品行为的处理】违反本法规定，生产、销售不合格的消防产品或者国家明令淘汰的消防产品的，由产品质量监督部门或者工商行政管理部门依照《中华人民共和国产品质量法》的规定从重处罚。

人员密集场所使用不合格的消防产品或者国家明令淘汰的消防产品的，责令限期改正；逾期不改正的，处五千元以上五万元以下罚款，并对其直接负责的主管人员和其他直接责任人员处五百元以上二千元以下罚款；情节严重的，责令停产停业。

公安机关消防机构对于本条第二款规定的情形，除依法对使用者予以处罚外，应当将发现不合格的消防产品和国家明令淘汰的消防产品的情况通报产品质量监督部门、工商行政管理部门。产品质量监督部门、工商行政管理部门应当对生产者、销售者依法及时查处。

第六十六条 【对电器产品、燃气用具的安装、使用等不符合消防技术标准和管理规定的处罚】电器产品、燃气用具的安装、使用及其线路、管路的设计、敷设、维护保养、检测不符合消防技术标准和管理规定的，责令限期改正；逾期不改正的，责令停止使用，可以并处一千元以上五千元以下罚款。

第六十七条 【单位未履行消防安全职责的法律责任】机关、团体、企业、事业等单位违反本法第十六条、第十七条、第十八条、第二十一条第二款规定的，责令限期改正；逾期不改正的，对其直接负责的主管人员和其他直接责任人员依法给予处分或者给予警告处罚。

第六十八条 【人员密集场所现场工作人员不履行职责的法律责任】人员密集场所发生火灾，该场所的现场工作人员不履行组织、引导在场人员疏散的义务，情节严重，尚不构成犯罪的，处五日以上十日以下拘留。

第六十九条 【消防技术服务机构失职的法律责任】消防产品质量认证、消防设施检测等消防技术服务机构出具虚假文件的，责令改正，处五万元以上十万元以下罚款，并对直接负责的主管人员和其他直接责任人员处一万元以上五万元以下罚款；有违法所得的，并处没收违法所得；给他人造成损失的，依法承担赔偿责任；情节严重的，由原许可机关依法责令停止执业或者吊销相应资质、资格。

前款规定的机构出具失实文件，给他人造成损失的，依法承担赔偿责任；造成重大损失的，由原许可机关依法责令停止执业或者吊销相应资质、资格。

第七十条 【对违反消防法行为的处罚程序】本法规定的行政处罚，除本法另有规定的外，由公安机关消防机构决定；其中拘留处罚由县级以上公安机关依照《中华人民共和国治安管理处罚法》的有关规定决定。

公安机关消防机构需要传唤消防安全违法行为人的，依照《中华人民共和国治安管理处罚法》的有关规定执行。

被责令停止施工、停止使用、停产停业的，应当在整改后向公安机关消防机构报告，经公安机关消防机构检查合格，方可恢复施工、使用、生产、经营。

当事人逾期不执行停产停业、停止使用、停止施工决定的，由作出决定的公安机关消防机构强制执行。

责令停产停业，对经济和社会生活影响较大的，由公安机关消防机构提出意见，并由公安机关报请本级人民政府依法决定。本级人民政府组织公安机关等部门实施。

第七十一条 【有关主管部门的工作人员滥用职权、玩忽职守、徇私舞弊的法律责任】公安机关消防机构的工作人员滥用职权、玩忽职守、徇私舞弊，有下列行为之一，尚不构成犯罪的，依法给予处分：

（一）对不符合消防安全要求的消防设计文件、建设工程、场所准予审核合格、消防验收合格、消防安全检查合格的；

（二）无故拖延消防设计审核、消防验收、消防安全检查，不在法定期限内履行职责的；

（三）发现火灾隐患不及时通知有关单位或者个人整改的；

（四）利用职务为用户、建设单位指定或者变相指定消防产品的品牌、销售单位或者消防技术服务机构、消防设施施工单位的；

(五)将消防车、消防艇以及消防器材、装备和设施用于与消防和应急救援无关的事项的；

(六)其他滥用职权、玩忽职守、徇私舞弊的行为。

建设、产品质量监督、工商行政管理等其他有关行政主管部门的工作人员在消防工作中滥用职权、玩忽职守、徇私舞弊,尚不构成犯罪的,依法给予处分。

第七十二条 【违反消防法构成犯罪的刑事责任】违反本法规定,构成犯罪的,依法追究刑事责任。

第七章 附　　则

第七十三条 【专门用语的含义】本法下列用语的含义：

(一)消防设施,是指火灾自动报警系统、自动灭火系统、消火栓系统、防烟排烟系统以及应急广播和应急照明、安全疏散设施等。

(二)消防产品,是指专门用于火灾预防、灭火救援和火灾防护、避难、逃生的产品。

(三)公众聚集场所,是指宾馆、饭店、商场、集贸市场、客运车站候车室、客运码头候船厅、民用机场航站楼、体育场馆、会堂以及公共娱乐场所等。

(四)人员密集场所,是指公众聚集场所,医院的门诊楼、病房楼,学校的教学楼、图书馆、食堂和集体宿舍,养老院,福利院,托儿所,幼儿园,公共图书馆的阅览室,公共展览馆、博物馆的展示厅,劳动密集型企业的生产加工车间和员工集体宿舍,旅游、宗教活动场所等。

第七十四条 【生效日期】本法自2009年5月1日起施行。

4. 司法行政

中华人民共和国律师法

1. 1996年5月15日第八届全国人民代表大会常务委员会第十九次会议通过

2. 根据2001年12月29日第九届全国人民代表大会常务委员会第二十五次会议《关于修改〈中华人民共和国律师法〉的决定》第一次修正

3. 2007年10月28日第十届全国人民代表大会常务委员会第三十次会议修订

4. 根据2012年10月26日第十一届全国人民代表大会常务委员会第二十九次会议《关于修改〈中华人民共和国律师法〉的决定》第二次修正

5. 根据2017年9月1日第十二届全国人民代表大会常务委员会第二十九次会议《关于修改〈中华人民共和国法官法〉等八部法律的决定》第三次修正

目　　录

第一章　总　　则

第一条 【立法目的】为了完善律师制度,规范律师执业行为,保障律师依法执业,发挥律师在社会主义法制建设中的作用,制定本法。

第二条 【律师定义及职责】本法所称律师,是指依法取得律师执业证书,接受委托或者指定,为当事人提供法律服务的执业人员。

律师应当维护当事人合法权益,维护法律正确实施,维护社会公平和正义。

第三条 【执业根据】律师执业必须遵守宪法和法律,恪守律师职业道德和执业纪律。

律师执业必须以事实为根据,以法律为准绳。

律师执业应当接受国家、社会和当事人的监督。

律师依法执业受法律保护,任何组织和个人不得侵害律师的合法权益。

第四条 【管理部门】司法行政部门依照本法对律师、律师事务所和律师协会进行监督、指导。

第二章　律师执业许可

第五条 【执业条件】申请律师执业,应当具备下列条件：

(一)拥护中华人民共和国宪法；

(二)通过国家统一法律职业资格考试取得法律职业资格；

(三)在律师事务所实习满一年；

(四)品行良好。

实行国家统一法律职业资格考试前取得的国家统一司法考试合格证书、律师资格凭证,与国家统一法律职业资格证书具有同等效力。

第六条 【申请文件】申请律师执业,应当向设区的市级或者直辖市的区人民政府司法行政部门提出申请,并提交下列材料：

(一)国家统一法律职业资格证书；

(二)律师协会出具的申请人实习考核合格的材料；

(三)申请人的身份证明；

(四)律师事务所出具的同意接收申请人的证明。

申请兼职律师执业的,还应当提交所在单位同意申请人兼职从事律师职业的证明。

受理申请的部门应当自受理之日起二十日内予以审查,并将审查意见和全部申请材料报送省、自治区、直辖市人民政府司法行政部门。省、自治区、直辖市人民政府司法行政部门应当自收到报送材料之日起十日内予以审核,作出是否准予执业的决定。准予执业的，向申请人颁发律师执业证书；不准予执业的，向申请人书面说明理由。

第七条 【禁止执业限制】申请人有下列情形之一的，不予颁发律师执业证书：

（一）无民事行为能力或者限制民事行为能力的；

（二）受过刑事处罚的，但过失犯罪的除外；

（三）被开除公职或者被吊销律师、公证员执业证书的。

第八条 【申请执业条件】具有高等院校本科以上学历，在法律服务人员紧缺领域从事专业工作满十五年，具有高级职称或者同等专业水平并具有相应的专业法律知识的人员，申请专职律师执业的，经国务院司法行政部门考核合格，准予执业。具体办法由国务院规定。

第九条 【注销律师执业证书】有下列情形之一的，由省、自治区、直辖市人民政府司法行政部门撤销准予执业的决定，并注销被准予执业人员的律师执业证书：

（一）申请人以欺诈、贿赂等不正当手段取得律师执业证书的；

（二）对不符合本法规定条件的申请人准予执业的。

第十条 【执业限制】律师只能在一个律师事务所执业。律师变更执业机构的，应当申请换发律师执业证书。

律师执业不受地域限制。

第十一条 【从业限制】公务员不得兼任执业律师。

律师担任各级人民代表大会常务委员会组成人员的，任职期间不得从事诉讼代理或者辩护业务。

第十二条 【兼职律师】高等院校、科研机构中从事法学教育、研究工作的人员，符合本法第五条规定条件的，经所在单位同意，依照本法第六条规定的程序，可以申请兼职律师执业。

第十三条 【无证执业限制】没有取得律师执业证书的人员，不得以律师名义从事法律服务业务；除法律另有规定外，不得从事诉讼代理或者辩护业务。

第三章 律师事务所

第十四条 【设立条件】律师事务所是律师的执业机构。设立律师事务所应当具备下列条件：

（一）有自己的名称、住所和章程；

（二）有符合本法规定的律师；

（三）设立人应当是具有一定的执业经历，且三年内未受过停止执业处罚的律师；

（四）有符合国务院司法行政部门规定数额的资产。

第十五条 【合伙所】设立合伙律师事务所，除应当符合本法第十四条规定的条件外，还应当有三名以上合伙人，设立人应当是具有三年以上执业经历的律师。

合伙律师事务所可以采用普通合伙或者特殊的普通合伙形式设立。合伙律师事务所的合伙人按照合伙形式对该律师事务所的债务依法承担责任。

第十六条 【个人律师事务所的设立条件及设立人的责任】设立个人律师事务所，除应当符合本法第十四条规定的条件外，设立人还应当是具有五年以上执业经历的律师。设立人对律师事务所的债务承担无限责任。

第十七条 【申请设立材料】申请设立律师事务所，应当提交下列材料：

（一）申请书；

（二）律师事务所的名称、章程；

（三）律师的名单、简历、身份证明、律师执业证书；

（四）住所证明；

（五）资产证明。

设立合伙律师事务所，还应当提交合伙协议。

第十八条 【设立审核】设立律师事务所，应当向设区的市级或者直辖市的区人民政府司法行政部门提出申请，受理申请的部门应当自受理之日起二十日内予以审查，并将审查意见和全部申请材料报送省、自治区、直辖市人民政府司法行政部门。省、自治区、直辖市人民政府司法行政部门应当自收到报送材料之日起十日内予以审核，作出是否准予设立的决定。准予设立的，向申请人颁发律师事务所执业证书；不准予设立的，向申请人书面说明理由。

第十九条 【设立分所】成立三年以上并具有二十名以上执业律师的合伙律师事务所，可以设立分所。设立分所，须经拟设立分所所在地的省、自治区、直辖市人民政府司法行政部门审核。申请设立分所的，依照本法第十八条规定的程序办理。

合伙律师事务所对其分所的债务承担责任。

第二十条 【国资所】国家出资设立的律师事务所，依法自主开展律师业务，以该律师事务所的全部资产对其债务承担责任。

第二十一条 【变更审核】律师事务所变更名称、负责人、章程、合伙协议的，应当报原审核部门批准。

律师事务所变更住所、合伙人的，应当自变更之日起十五日内报原审核部门备案。

第二十二条 【律所执业终止】律师事务所有下列情形之一的，应当终止：

（一）不能保持法定设立条件，经限期整改仍不符合条件的；

（二）律师事务所执业证书被依法吊销的；

（三）自行决定解散的；

（四）法律、行政法规规定应当终止的其他情形。

律师事务所终止的，由颁发执业证书的部门注销该律师事务所的执业证书。

第二十三条 【管理制度的建立健全】律师事务所应当建立健全执业管理、利益冲突审查、收费与财务管理、投诉查处、年度考核、档案管理等制度，对律师在执业活动中遵守职业道德、执业纪律的情况进行监督。

第二十四条 【年报及执业考核结果】律师事务所应当于每

年的年度考核后,向设区的市级或者直辖市的区人民政府司法行政部门提交本所的年度执业情况报告和律师执业考核结果。

第二十五条 【承办业务】律师承办业务,由律师事务所统一接受委托,与委托人签订书面委托合同,按照国家规定统一收取费用并如实入账。

律师事务所和律师应当依法纳税。

第二十六条 【竞争规范】律师事务所和律师不得以诋毁其他律师事务所、律师或者支付介绍费等不正当手段承揽业务。

第二十七条 【其他经营活动的禁止】律师事务所不得从事法律服务以外的经营活动。

第四章 律师的业务和权利、义务

第二十八条 【律师业务范围】律师可以从事下列业务:

(一)接受自然人、法人或者其他组织的委托,担任法律顾问;

(二)接受民事案件、行政案件当事人的委托,担任代理人,参加诉讼;

(三)接受刑事案件犯罪嫌疑人、被告人的委托或者依法接受法律援助机构的指派,担任辩护人,接受自诉案件自诉人、公诉案件被害人或者其近亲属的委托,担任代理人,参加诉讼;

(四)接受委托,代理各类诉讼案件的申诉;

(五)接受委托,参加调解、仲裁活动;

(六)接受委托,提供非诉讼法律服务;

(七)解答有关法律的询问、代写诉讼文书和有关法律事务的其他文书。

第二十九条 【法律顾问职责】律师担任法律顾问的,应当按照约定为委托人就有关法律问题提供意见,草拟、审查法律文书,代理参加诉讼、调解或者仲裁活动,办理委托的其他法律事务,维护委托人的合法权益。

第三十条 【诉讼代理】律师担任诉讼法律事务代理人或者非诉讼法律事务代理人的,应当在受委托的权限内,维护委托人的合法权益。

第三十一条 【刑事辩护】律师担任辩护人的,应当根据事实和法律,提出犯罪嫌疑人、被告人无罪、罪轻或者减轻、免除其刑事责任的材料和意见,维护犯罪嫌疑人、被告人的诉讼权利和其他合法权益。

第三十二条 【拒绝委托和委托拒绝】委托人可以拒绝已委托的律师为其继续辩护或者代理,同时可以另行委托律师担任辩护人或者代理人。

律师接受委托后,无正当理由的,不得拒绝辩护或者代理。但是,委托事项违法、委托人利用律师提供的服务从事违法活动或者委托人故意隐瞒与案件有关的重要事实的,律师有权拒绝辩护或者代理。

第三十三条 【会见权】律师担任辩护人的,有权持律师执业证书、律师事务所证明和委托书或者法律援助公函,依照刑事诉讼法的规定会见在押或者被监视居住的犯罪嫌疑人、被告人。辩护律师会见犯罪嫌疑人、被告人时不被监听。

第三十四条 【诉讼权利】律师担任辩护人的,自人民检察院对案件审查起诉之日起,有权查阅、摘抄、复制本案的案卷材料。

第三十五条 【调查权】受委托的律师根据案情的需要,可以申请人民检察院、人民法院收集、调取证据或者申请人民法院通知证人出庭作证。

律师自行调查取证的,凭律师执业证书和律师事务所证明,可以向有关单位或者个人调查与承办法律事务有关的情况。

第三十六条 【权利保障】律师担任诉讼代理人或者辩护人的,其辩论或者辩护的权利依法受到保障。

第三十七条 【律师人身权】律师在执业活动中的人身权利不受侵犯。

律师在法庭上发表的代理、辩护意见不受法律追究。但是,发表危害国家安全、恶意诽谤他人、严重扰乱法庭秩序的言论除外。

律师在参与诉讼活动中涉嫌犯罪的,侦查机关应当及时通知其所在的律师事务所或者所属的律师协会;被依法拘留、逮捕的,侦查机关应当依照刑事诉讼法的规定通知该律师的家属。

第三十八条 【律师保密义务】律师应当保守在执业活动中知悉的国家秘密、商业秘密,不得泄露当事人的隐私。

律师对在执业活动中知悉的委托人和其他人不愿泄露的有关情况和信息,应当予以保密。但是,委托人或者其他人准备或者正在实施危害国家安全、公共安全以及严重危害他人人身安全的犯罪事实和信息除外。

第三十九条 【双方委托禁止】律师不得在同一案件中为双方当事人担任代理人,不得代理与本人或者其近亲属有利益冲突的法律事务。

第四十条 【禁止行为】律师在执业活动中不得有下列行为:

(一)私自接受委托、收取费用,接受委托人的财物或者其他利益;

(二)利用提供法律服务的便利牟取当事人争议的权益;

(三)接受对方当事人的财物或者其他利益,与对方当事人或者第三人恶意串通,侵害委托人的权益;

(四)违反规定会见法官、检察官、仲裁员以及其他有关工作人员;

(五)向法官、检察官、仲裁员以及其他有关工作人员行贿,介绍贿赂或者指使、诱导当事人行贿,或者以其他不正当方式影响法官、检察官、仲裁员以及其他有关工作人员依法办理案件;

(六)故意提供虚假证据或者威胁、利诱他人提供虚

假证据,妨碍对方当事人合法取得证据;

(七)煽动、教唆当事人采取扰乱公共秩序、危害公共安全等非法手段解决争议;

(八)扰乱法庭、仲裁庭秩序,干扰诉讼、仲裁活动的正常进行。

第四十一条 【曾任法官、检察官的律师限制】曾经担任法官、检察官的律师,从人民法院、人民检察院离任后二年内,不得担任诉讼代理人或者辩护人。

第四十二条 【义务】律师、律师事务所应当按照国家规定履行法律援助义务,为受援人提供符合标准的法律服务,维护受援人的合法权益。

第五章 律师协会

第四十三条 【性质】律师协会是社会团体法人,是律师的自律性组织。

全国设立中华全国律师协会,省、自治区、直辖市设立地方律师协会,设区的市根据需要可以设立地方律师协会。

第四十四条 【章程】全国律师协会章程由全国会员代表大会制定,报国务院司法行政部门备案。

地方律师协会章程由地方会员代表大会制定,报同级司法行政部门备案。地方律师协会章程不得与全国律师协会章程相抵触。

第四十五条 【会员】律师、律师事务所应当加入所在地的地方律师协会。加入地方律师协会的律师、律师事务所,同时是全国律师协会的会员。

律师协会会员享有律师协会章程规定的权利,履行律师协会章程规定的义务。

第四十六条 【职责】律师协会应当履行下列职责:

(一)保障律师依法执业,维护律师的合法权益;

(二)总结、交流律师工作经验;

(三)制定行业规范和惩戒规则;

(四)组织律师业务培训和职业道德、执业纪律教育,对律师的执业活动进行考核;

(五)组织管理申请律师执业人员的实习活动,对实习人员进行考核;

(六)对律师、律师事务所实施奖励和惩戒;

(七)受理对律师的投诉或者举报,调解律师执业活动中发生的纠纷,受理律师的申诉;

(八)法律、行政法规、规章以及律师协会章程规定的其他职责。

律师协会制定的行业规范和惩戒规则,不得与有关法律、行政法规、规章相抵触。

第六章 法律责任

第四十七条 【律师违法处理之一】律师有下列行为之一的,由设区的市级或者直辖市的区人民政府司法行政部门给予警告,可以处五千元以下的罚款;有违法所得的,没收违法所得;情节严重的,给予停止执业三个月以下的处罚:

(一)同时在两个以上律师事务所执业的;

(二)以不正当手段承揽业务的;

(三)在同一案件中为双方当事人担任代理人,或者代理与本人及其近亲属有利益冲突的法律事务的;

(四)从人民法院、人民检察院离任后二年内担任诉讼代理人或者辩护人的;

(五)拒绝履行法律援助义务的。

第四十八条 【律师违法处理之二】律师有下列行为之一的,由设区的市级或者直辖市的区人民政府司法行政部门给予警告,可以处一万元以下的罚款;有违法所得的,没收违法所得;情节严重的,给予停止执业三个月以上六个月以下的处罚:

(一)私自接受委托、收取费用,接受委托人财物或者其他利益的;

(二)接受委托后,无正当理由,拒绝辩护或者代理,不按时出庭参加诉讼或者仲裁的;

(三)利用提供法律服务的便利牟取当事人争议的权益的;

(四)泄露商业秘密或者个人隐私的。

第四十九条 【律师违法处理之三】律师有下列行为之一的,由设区的市级或者直辖市的区人民政府司法行政部门给予停止执业六个月以上一年以下的处罚,可以处五万元以下的罚款;有违法所得的,没收违法所得;情节严重的,由省、自治区、直辖市人民政府司法行政部门吊销其律师执业证书;构成犯罪的,依法追究刑事责任:

(一)违反规定会见法官、检察官、仲裁员以及其他有关工作人员,或者以其他不正当方式影响依法办理案件的;

(二)向法官、检察官、仲裁员以及其他有关工作人员行贿,介绍贿赂或者指使、诱导当事人行贿的;

(三)向司法行政部门提供虚假材料或者有其他弄虚作假行为的;

(四)故意提供虚假证据或者威胁、利诱他人提供虚假证据,妨碍对方当事人合法取得证据的;

(五)接受对方当事人财物或者其他利益,与对方当事人或者第三人恶意串通,侵害委托人权益的;

(六)扰乱法庭、仲裁庭秩序,干扰诉讼、仲裁活动的正常进行的;

(七)煽动、教唆当事人采取扰乱公共秩序、危害公共安全等非法手段解决争议的;

(八)发表危害国家安全、恶意诽谤他人、严重扰乱法庭秩序的言论的;

(九)泄露国家秘密的。

律师因故意犯罪受到刑事处罚的,由省、自治区、直辖市人民政府司法行政部门吊销其律师执业证书。

第五十条 【律师违法处理之四】律师事务所有下列行为之

一的,由设区的市级或者直辖市的区人民政府司法行政部门视其情节给予警告、停业整顿一个月以上六个月以下的处罚,可以处十万元以下的罚款;有违法所得的,没收违法所得;情节特别严重的,由省、自治区、直辖市人民政府司法行政部门吊销律师事务所执业证书:

(一)违反规定接受委托、收取费用的;

(二)违反法定程序办理变更名称、负责人、章程、合伙协议、住所、合伙人等重大事项的;

(三)从事法律服务以外的经营活动的;

(四)以诋毁其他律师事务所、律师或者支付介绍费等不正当手段承揽业务的;

(五)违反规定接受有利益冲突的案件的;

(六)拒绝履行法律援助义务的;

(七)向司法行政部门提供虚假材料或者有其他弄虚作假行为的;

(八)对本所律师疏于管理,造成严重后果的。

律师事务所因前款违法行为受到处罚的,对其负责人视情节轻重,给予警告或者处二万元以下的罚款。

第五十一条 【累进加重处罚】律师因违反本法规定,在受到警告处罚后一年内又发生应当给予警告处罚情形的,由设区的市级或者直辖市的区人民政府司法行政部门给予停止执业三个月以上一年以下的处罚;在受到停止执业处罚期满后二年内又发生应当给予停止执业处罚情形的,由省、自治区、直辖市人民政府司法行政部门吊销其律师执业证书。

律师事务所因违反本法规定,在受到停业整顿处罚期满后二年内又发生应当给予停业整顿处罚情形的,由省、自治区、直辖市人民政府司法行政部门吊销律师事务所执业证书。

第五十二条 【县级司法行政部门的监管】县级人民政府司法行政部门对律师和律师事务所的执业活动实施日常监督管理,对检查发现的问题,责令改正;对当事人的投诉,应当及时进行调查。县级人民政府司法行政部门认为律师和律师事务所的违法行为应当给予行政处罚的,应当向上级司法行政部门提出处罚建议。

第五十三条 【合伙人的限制】受到六个月以上停止执业处罚的律师,处罚期满未逾三年的,不得担任合伙人。

被吊销律师执业证书的,不得担任辩护人、诉讼代理人,但系刑事诉讼、民事诉讼、行政诉讼当事人的监护人、近亲属的除外。

第五十四条 【民事赔偿】律师违法执业或者因过错给当事人造成损失的,由其所在的律师事务所承担赔偿责任。律师事务所赔偿后,可以向有故意或者重大过失行为的律师追偿。

第五十五条 【冒充律师的处罚】没有取得律师执业证书的人员以律师名义从事法律服务业务的,由所在地的县级以上地方人民政府司法行政部门责令停止非法执业,没收违法所得,处违法所得一倍以上五倍以下的罚款。

第五十六条 【司法行政部门的法律责任】司法行政部门工作人员违反本法规定,滥用职权、玩忽职守,构成犯罪的,依法追究刑事责任;尚不构成犯罪的,依法给予处分。

第七章 附 则

第五十七条 【军队律师】为军队提供法律服务的军队律师,其律师资格的取得和权利、义务及行为准则,适用本法规定。军队律师的具体管理办法,由国务院和中央军事委员会制定。

第五十八条 【外国律师事务所机构管理】外国律师事务所在中华人民共和国境内设立机构从事法律服务活动的管理办法,由国务院制定。

第五十九条 【律师收费办法】律师收费办法,由国务院价格主管部门会同国务院司法行政部门制定。

第六十条 【生效日期】本法自 2008 年 6 月 1 日起施行。

法律援助条例

1. 2003 年 7 月 21 日国务院令第 385 号公布
2. 自 2003 年 9 月 1 日起施行

第一章 总 则

第一条 为了保障经济困难的公民获得必要的法律服务,促进和规范法律援助工作,制定本条例。

第二条 符合本条例规定的公民,可以依照本条例获得法律咨询、代理、刑事辩护等无偿法律服务。

第三条 法律援助是政府的责任,县级以上人民政府应当采取积极措施推动法律援助工作,为法律援助提供财政支持,保障法律援助事业与经济、社会协调发展。

法律援助经费应当专款专用,接受财政、审计部门的监督。

第四条 国务院司法行政部门监督管理全国的法律援助工作。县级以上地方各级人民政府司法行政部门监督管理本行政区域的法律援助工作。

中华全国律师协会和地方律师协会应当按照律师协会章程对依据本条例实施的法律援助工作予以协助。

第五条 直辖市、设区的市或者县级人民政府司法行政部门根据需要确定本行政区域的法律援助机构。

法律援助机构负责受理、审查法律援助申请,指派或者安排人员为符合本条例规定的公民提供法律援助。

第六条 律师应当依照律师法和本条例的规定履行法律援助义务,为受援人提供符合标准的法律服务,依法维护受援人的合法权益,接受律师协会和司法行政部门的监督。

第七条 国家鼓励社会对法律援助活动提供捐助。

第八条 国家支持和鼓励社会团体、事业单位等社会组织利用自身资源为经济困难的公民提供法律援助。

第九条 对在法律援助工作中作出突出贡献的组织和个人,有关的人民政府、司法行政部门应当给予表彰、奖励。

第二章 法律援助范围

第十条 公民对下列需要代理的事项,因经济困难没有委托代理人的,可以向法律援助机构申请法律援助:

(一)依法请求国家赔偿的;

(二)请求给予社会保险待遇或者最低生活保障待遇的;

(三)请求发给抚恤金、救济金的;

(四)请求给付赡养费、抚养费、扶养费的;

(五)请求支付劳动报酬的;

(六)主张因见义勇为行为产生的民事权益的。

省、自治区、直辖市人民政府可以对前款规定以外的法律援助事项作出补充规定。

公民可以就本条第一款、第二款规定的事项向法律援助机构申请法律咨询。

第十一条 刑事诉讼中有下列情形之一的,公民可以向法律援助机构申请法律援助:

(一)犯罪嫌疑人在被侦查机关第一次讯问后或者采取强制措施之日起,因经济困难没有聘请律师的;

(二)公诉案件中的被害人及其法定代理人或者近亲属,自案件移送审查起诉之日起,因经济困难没有委托诉讼代理人的;

(三)自诉案件的自诉人及其法定代理人,自案件被人民法院受理之日起,因经济困难没有委托诉讼代理人的。

第十二条 公诉人出庭公诉的案件,被告人因经济困难或者其他原因没有委托辩护人,人民法院为被告人指定辩护时,法律援助机构应当提供法律援助。

被告人是盲、聋、哑人或者未成年人而没有委托辩护人的,或者被告人可能被判处死刑而没有委托辩护人的,人民法院为被告人指定辩护时,法律援助机构应当提供法律援助,无须对被告人进行经济状况的审查。

第十三条 本条例所称公民经济困难的标准,由省、自治区、直辖市人民政府根据本行政区域经济发展状况和法律援助事业的需要规定。

申请人住所地的经济困难标准与受理申请的法律援助机构所在地的经济困难标准不一致的,按照受理申请的法律援助机构所在地的经济困难标准执行。

第三章 法律援助申请和审查

第十四条 公民就本条例第十条所列事项申请法律援助,应当按照下列规定提出:

(一)请求国家赔偿的,向赔偿义务机关所在地的法律援助机构提出申请;

(二)请求给予社会保险待遇、最低生活保障待遇或者请求发给抚恤金、救济金的,向提供社会保险待遇、最低生活保障待遇或者发给抚恤金、救济金的义务机关所在地的法律援助机构提出申请;

(三)请求给付赡养费、抚养费、扶养费的,向给付赡养费、抚养费、扶养费的义务人住所地的法律援助机构提出申请;

(四)请求支付劳动报酬的,向支付劳动报酬的义务人住所地的法律援助机构提出申请;

(五)主张因见义勇为行为产生的民事权益的,向被请求人住所地的法律援助机构提出申请。

第十五条 本条例第十一条所列人员申请法律援助的,应当向审理案件的人民法院所在地的法律援助机构提出申请。被羁押的犯罪嫌疑人的申请由看守所在24小时内转交法律援助机构,申请法律援助所需提交的有关证件、证明材料由看守所通知申请人的法定代理人或者近亲属协助提供。

第十六条 申请人为无民事行为能力人或者限制民事行为能力人的,由其法定代理人代为提出申请。

无民事行为能力人或者限制民事行为能力人与其法定代理人之间发生诉讼或者因其他利益纠纷需要法律援助的,由与该争议事项无利害关系的其他法定代理人代为提出申请。

第十七条 公民申请代理、刑事辩护的法律援助应当提交下列证件、证明材料:

(一)身份证或者其他有效的身份证明,代理申请人还应当提交有代理权的证明;

(二)经济困难的证明;

(三)与所申请法律援助事项有关的案件材料。

申请应当采用书面形式,填写申请表;以书面形式提出申请确有困难的,可以口头申请,由法律援助机构工作人员或者代为转交申请的有关机构工作人员作书面记录。

第十八条 法律援助机构收到法律援助申请后,应当进行审查;认为申请人提交的证件、证明材料不齐全的,可以要求申请人作出必要的补充或者说明,申请人未按要求作出补充或者说明的,视为撤销申请;认为申请人提交的证件、证明材料需要查证的,由法律援助机构向有关机关、单位查证。

对符合法律援助条件的,法律援助机构应当及时决定提供法律援助;对不符合法律援助条件的,应当书面告知申请人理由。

第十九条 申请人对法律援助机构作出的不符合法律援助条件的通知有异议的,可以向确定该法律援助机构的司法行政部门提出,司法行政部门应当在收到异议之日起5个工作日内进行审查,经审查认为申请人符合法律援助条件的,应当以书面形式责令法律援助机构及时对该申请人提供法律援助。

第四章 法律援助实施

第二十条 由人民法院指定辩护的案件,人民法院在开庭10

日前将指定辩护通知书和起诉书副本或者判决书副本送交其所在地的法律援助机构;人民法院不在其所在地审判的,可以将指定辩护通知书和起诉书副本或者判决书副本送交审判地的法律援助机构。

第二十一条　法律援助机构可以指派律师事务所安排律师或者安排本机构的工作人员办理法律援助案件;也可以根据其他社会组织的要求,安排其所属人员办理法律援助案件。对人民法院指定辩护的案件,法律援助机构应当在开庭3日前将确定的承办人员名单回复作出指定的人民法院。

第二十二条　办理法律援助案件的人员,应当遵守职业道德和执业纪律,提供法律援助不得收取任何财物。

第二十三条　办理法律援助案件的人员遇有下列情形之一的,应当向法律援助机构报告,法律援助机构经审查核实的,应当终止该项法律援助:

(一)受援人的经济收入状况发生变化,不再符合法律援助条件的;

(二)案件终止审理或者已被撤销的;

(三)受援人又自行委托律师或者其他代理人的;

(四)受援人要求终止法律援助的。

第二十四条　受指派办理法律援助案件的律师或者接受安排办理法律援助案件的社会组织人员在案件结案时,应当向法律援助机构提交有关的法律文书副本或者复印件以及结案报告等材料。

法律援助机构收到前款规定的结案材料后,应当向受指派办理法律援助案件的律师或者接受安排办理法律援助案件的社会组织人员支付法律援助办案补贴。

法律援助办案补贴的标准由省、自治区、直辖市人民政府司法行政部门会同同级财政部门,根据当地经济发展水平,参考法律援助机构办理各类法律援助案件的平均成本等因素核定,并可以根据需要调整。

第二十五条　法律援助机构对公民申请的法律咨询服务,应当即时办理;复杂疑难的,可以预约择时办理。

第五章　法律责任

第二十六条　法律援助机构及其工作人员有下列情形之一的,对直接负责的主管人员以及其他直接责任人员依法给予纪律处分:

(一)为不符合法律援助条件的人员提供法律援助,或者拒绝为符合法律援助条件的人员提供法律援助的;

(二)办理法律援助案件收取财物的;

(三)从事有偿法律服务的;

(四)侵占、私分、挪用法律援助经费的。

办理法律援助案件收取的财物,由司法行政部门责令退还;从事有偿法律服务的违法所得,由司法行政部门予以没收;侵占、私分、挪用法律援助经费的,由司法行政部门责令追回,情节严重,构成犯罪的,依法追究刑事责任。

第二十七条　律师事务所拒绝法律援助机构的指派,不安排本所律师办理法律援助案件的,由司法行政部门给予警告、责令改正;情节严重的,给予1个月以上3个月以下停业整顿的处罚。

第二十八条　律师有下列情形之一的,由司法行政部门给予警告、责令改正;情节严重的,给予1个月以上3个月以下停止执业的处罚:

(一)无正当理由拒绝接受、擅自终止法律援助案件的;

(二)办理法律援助案件收取财物的。

有前款第(二)项违法行为的,由司法行政部门责令退还违法所得的财物,可以并处所收财物价值1倍以上3倍以下的罚款。

第二十九条　律师办理法律援助案件违反职业道德和执业纪律的,按照律师法的规定予以处罚。

第三十条　司法行政部门工作人员在法律援助的监督管理工作中,有滥用职权、玩忽职守行为的,依法给予行政处分;情节严重,构成犯罪的,依法追究刑事责任。

第六章　附　　则

第三十一条　本条例自2003年9月1日起施行。

中华人民共和国公证法

1. 2005年8月28日第十届全国人民代表大会常务委员会第十七次会议通过

2. 根据2015年4月24日第十二届全国人民代表大会常务委员会第十四次会议《关于修改〈中华人民共和国义务教育法〉等五部法律的决定》第一次修正

3. 根据2017年9月1日第十二届全国人民代表大会常务委员会第二十九次会议《关于修改〈中华人民共和国法官法〉等八部法律的决定》第二次修正

目　　录

第一章　总　　则

第一条　【立法目的】为规范公证活动,保障公证机构和公证员依法履行职责,预防纠纷,保障自然人、法人或者其他组织的合法权益,制定本法。

第二条　【定义】公证是公证机构根据自然人、法人或者其他组织的申请,依照法定程序对民事法律行为、有法律意义的事实和文书的真实性、合法性予以证明的活动。

第三条 【客观公正原则】公证机构办理公证,应当遵守法律,坚持客观、公正的原则。

第四条 【公证协会】全国设立中国公证协会,省、自治区、直辖市设立地方公证协会。中国公证协会和地方公证协会是社会团体法人。中国公证协会章程由会员代表大会制定,报国务院司法行政部门备案。

公证协会是公证业的自律性组织,依据章程开展活动,对公证机构、公证员的执业活动进行监督。

第五条 【对公证的监督指导】司法行政部门依照本法规定对公证机构、公证员和公证协会进行监督、指导。

第二章 公证机构

第六条 【性质】公证机构是依法设立,不以营利为目的,依法独立行使公证职能、承担民事责任的证明机构。

第七条 【设立】公证机构按照统筹规划、合理布局的原则,可以在县、不设区的市、设区的市、直辖市或者市辖区设立;在设区的市、直辖市可以设立一个或者若干个公证机构。公证机构不按行政区划层层设立。

第八条 【设立条件】设立公证机构,应当具备下列条件:

(一)有自己的名称;

(二)有固定的场所;

(三)有二名以上公证员;

(四)有开展公证业务所必需的资金。

第九条 【批准程序】设立公证机构,由所在地的司法行政部门报省、自治区、直辖市人民政府司法行政部门按照规定程序批准后,颁发公证机构执业证书。

第十条 【负责人的产生】公证机构的负责人应当在有三年以上执业经历的公证员中推选产生,由所在地的司法行政部门核准,报省、自治区、直辖市人民政府司法行政部门备案。

第十一条 【可公证事项】根据自然人、法人或者其他组织的申请,公证机构办理下列公证事项:

(一)合同;

(二)继承;

(三)委托、声明、赠与、遗嘱;

(四)财产分割;

(五)招标投标、拍卖;

(六)婚姻状况、亲属关系、收养关系;

(七)出生、生存、死亡、身份、经历、学历、学位、职务、职称、有无违法犯罪记录;

(八)公司章程;

(九)保全证据;

(十)文书上的签名、印鉴、日期,文书的副本、影印本与原本相符;

(十一)自然人、法人或者其他组织自愿申请办理的其他公证事项。

法律、行政法规规定应当公证的事项,有关自然人、法人或者其他组织应当向公证机构申请办理公证。

第十二条 【公证事务】根据自然人、法人或者其他组织的申请,公证机构可以办理下列事务:

(一)法律、行政法规规定由公证机构登记的事务;

(二)提存;

(三)保管遗嘱、遗产或者其他与公证事项有关的财产、物品、文书;

(四)代写与公证事项有关的法律事务文书;

(五)提供公证法律咨询。

第十三条 【禁止性规定】公证机构不得有下列行为:

(一)为不真实、不合法的事项出具公证书;

(二)毁损、篡改公证文书或者公证档案;

(三)以诋毁其他公证机构、公证员或者支付回扣、佣金等不正当手段争揽公证业务;

(四)泄露在执业活动中知悉的国家秘密、商业秘密或者个人隐私;

(五)违反规定的收费标准收取公证费;

(六)法律、法规、国务院司法行政部门规定禁止的其他行为。

第十四条 【公证机构的管理】公证机构应当建立业务、财务、资产等管理制度,对公证员的执业行为进行监督,建立执业过错责任追究制度。

第十五条 【执业责任保险】公证机构应当参加公证执业责任保险。

第三章 公证员

第十六条 【公证员】公证员是符合本法规定的条件,在公证机构从事公证业务的执业人员。

第十七条 【公证员的数量】公证员的数量根据公证业务需要确定。省、自治区、直辖市人民政府司法行政部门应当根据公证机构的设置情况和公证业务的需要核定公证员配备方案,报国务院司法行政部门备案。

第十八条 【公证员的任职资格】担任公证员,应当具备下列条件:

(一)具有中华人民共和国国籍;

(二)年龄二十五周岁以上六十五周岁以下;

(三)公道正派,遵纪守法,品行良好;

(四)通过国家统一法律职业资格考试取得法律职业资格;

(五)在公证机构实习二年以上或者具有三年以上其他法律职业经历并在公证机构实习一年以上,经考核合格。

第十九条 【可担任公证员的人员】从事法学教学、研究工作,具有高级职称的人员,或者具有本科以上学历,从事审判、检察、法制工作、法律服务满十年的公务员、律师,已经离开原工作岗位,经考核合格的,可以担任公证员。

第二十条　【禁止担任公证员的情形】有下列情形之一的,不得担任公证员:

(一)无民事行为能力或者限制民事行为能力的;

(二)因故意犯罪或者职务过失犯罪受过刑事处罚的;

(三)被开除公职的;

(四)被吊销公证员、律师执业证书的。

第二十一条　【公证员的任命】担任公证员,应当由符合公证员条件的人员提出申请,经公证机构推荐,由所在地的司法行政部门报省、自治区、直辖市人民政府司法行政部门审核同意后,报请国务院司法行政部门任命,并由省、自治区、直辖市人民政府司法行政部门颁发公证员执业证书。

第二十二条　【公证员的权利和义务】公证员应当遵纪守法,恪守职业道德,依法履行公证职责,保守执业秘密。

公证员有权获得劳动报酬,享受保险和福利待遇;有权提出辞职、申诉或者控告;非因法定事由和非经法定程序,不被免职或者处罚。

第二十三条　【公证员的禁止行为】公证员不得有下列行为:

(一)同时在二个以上公证机构执业;

(二)从事有报酬的其他职业;

(三)为本人及近亲属办理公证或者办理与本人及近亲属有利害关系的公证;

(四)私自出具公证书;

(五)为不真实、不合法的事项出具公证书;

(六)侵占、挪用公证费或者侵占、盗窃公证专用物品;

(七)毁损、篡改公证文书或者公证档案;

(八)泄露在执业活动中知悉的国家秘密、商业秘密或者个人隐私;

(九)法律、法规、国务院司法行政部门规定禁止的其他行为。

第二十四条　【免职】公证员有下列情形之一的,由所在地的司法行政部门报省、自治区、直辖市人民政府司法行政部门提请国务院司法行政部门予以免职:

(一)丧失中华人民共和国国籍的;

(二)年满六十五周岁或者因健康原因不能继续履行职务的;

(三)自愿辞去公证员职务的;

(四)被吊销公证员执业证书的。

第四章　公证程序

第二十五条　【公证的管辖】自然人、法人或者其他组织申请办理公证,可以向住所地、经常居住地、行为地或者事实发生地的公证机构提出。

申请办理涉及不动产的公证,应当向不动产所在地的公证机构提出;申请办理涉及不动产的委托、声明、赠与、遗嘱的公证,可以适用前款规定。

第二十六条　【委托公证】自然人、法人或者其他组织可以委托他人办理公证,但遗嘱、生存、收养关系等应当由本人办理公证的除外。

第二十七条　【申请公证提交的材料】申请办理公证的当事人应当向公证机构如实说明申请公证事项的有关情况,提供真实、合法、充分的证明材料;提供的证明材料不充分的,公证机构可以要求补充。

公证机构受理公证申请后,应当告知当事人申请公证事项的法律意义和可能产生的法律后果,并将告知内容记录存档。

第二十八条　【公证时审查事项】公证机构办理公证,应当根据不同公证事项的办证规则,分别审查下列事项:

(一)当事人的身份、申请办理该项公证的资格以及相应的权利;

(二)提供的文书内容是否完备,含义是否清晰,签名、印鉴是否齐全;

(三)提供的证明材料是否真实、合法、充分;

(四)申请公证的事项是否真实、合法。

第二十九条　【协助核实义务】公证机构对申请公证的事项以及当事人提供的证明材料,按照有关办证规则需要核实或者对其有疑义的,应当进行核实,或者委托异地公证机构代为核实,有关单位或者个人应当依法予以协助。

第三十条　【出具公证书的期限】公证机构经审查,认为申请提供的证明材料真实、合法、充分,申请公证的事项真实、合法的,应当自受理公证申请之日起十五个工作日内向当事人出具公证书。但是,因不可抗力、补充证明材料或者需要核实有关情况的,所需时间不计算在期限内。

第三十一条　【不予公证的情形】有下列情形之一的,公证机构不予办理公证:

(一)无民事行为能力人或者限制民事行为能力人没有监护人代理申请办理公证的;

(二)当事人与申请公证的事项没有利害关系的;

(三)申请公证的事项属专业技术鉴定、评估事项的;

(四)当事人之间对申请公证的事项有争议的;

(五)当事人虚构、隐瞒事实,或者提供虚假证明材料的;

(六)当事人提供的证明材料不充分或者拒绝补充证明材料的;

(七)申请公证的事项不真实、不合法的;

(八)申请公证的事项违背社会公德的;

(九)当事人拒绝按照规定支付公证费的。

第三十二条　【公证书的格式】公证书应当按照国务院司法行政部门规定的格式制作,由公证员签名或者加盖签名章并加盖公证机构印章。公证书自出具之日起生效。

公证书应当使用全国通用的文字;在民族自治地方,根据当事人的要求,可以制作当地通用的民族文字文本。

第三十三条　【在外国使用公证书的认证程序】公证书需要在国外使用,使用国要求先认证的,应当经中华人民共和国外交部或者外交部授权的机构和有关国家驻中华人民共和国使(领)馆认证。

第三十四条 【公证费】当事人应当按照规定支付公证费。

对符合法律援助条件的当事人,公证机构应当按照规定减免公证费。

第三十五条 【公证书的立卷归档】公证机构应当将公证文书分类立卷,归档保存。法律、行政法规规定应当公证的事项等重要的公证档案在公证机构保存期满,应当按照规定移交地方档案馆保管。

第五章 公证效力

第三十六条 【经公证文书的证据效力】经公证的民事法律行为、有法律意义的事实和文书,应当作为认定事实的根据,但有相反证据足以推翻该项公证的除外。

第三十七条 【经公证债权文书的效力】对经公证的以给付为内容并载明债务人愿意接受强制执行承诺的债权文书,债务人不履行或者履行不适当的,债权人可以依法向有管辖权的人民法院申请执行。

前款规定的债权文书确有错误的,人民法院裁定不予执行,并将裁定书送达双方当事人和公证机构。

第三十八条 【未经公证的后果】法律、行政法规规定未经公证的事项不具有法律效力的,依照其规定。

第三十九条 【公证书的复查】当事人、公证事项的利害关系人认为公证书有错误的,可以向出具该公证书的公证机构提出复查。公证书的内容违法或者与事实不符的,公证机构应当撤销该公证书并予以公告,该公证书自始无效;公证书有其他错误的,公证机构应当予以更正。

第四十条 【对公证书内容有争议的解决】当事人、公证事项的利害关系人对公证书的内容有争议的,可以就该争议向人民法院提起民事诉讼。

第六章 法律责任

第四十一条 【公证机构及公证员的违法责任】公证机构及其公证员有下列行为之一的,由省、自治区、直辖市或者设区的市人民政府司法行政部门给予警告;情节严重的,对公证机构处一万元以上五万元以下罚款,对公证员处一千元以上五千元以下罚款,并可以给予三个月以上六个月以下停止执业的处罚;有违法所得的,没收违法所得:

(一)以诋毁其他公证机构、公证员或者支付回扣、佣金等不正当手段争揽公证业务的;

(二)违反规定的收费标准收取公证费的;

(三)同时在二个以上公证机构执业的;

(四)从事有报酬的其他职业的;

(五)为本人及近亲属办理公证或者办理与本人及近亲属有利害关系的公证的;

(六)依照法律、行政法规的规定,应当给予处罚的其他行为。

第四十二条 【公证机构及公证员的严重违法责任】公证机构及其公证员有下列行为之一的,由省、自治区、直辖市或者设区的市人民政府司法行政部门对公证机构给予警告,并处二万元以上十万元以下罚款,并可以给予一个月以上三个月以下停业整顿的处罚;对公证员给予警告,并处二千元以上一万元以下罚款,并可以给予三个月以上十二个月以下停止执业的处罚;有违法所得的,没收违法所得;情节严重的,由省、自治区、直辖市人民政府司法行政部门吊销公证员执业证书;构成犯罪的,依法追究刑事责任:

(一)私自出具公证书的;

(二)为不真实、不合法的事项出具公证书的;

(三)侵占、挪用公证费或者侵占、盗窃公证专用物品的;

(四)毁损、篡改公证文书或者公证档案的;

(五)泄露在执业活动中知悉的国家秘密、商业秘密或者个人隐私的;

(六)依照法律、行政法规的规定,应当给予处罚的其他行为。

因故意犯罪或者职务过失犯罪受刑事处罚的,应当吊销公证员执业证书。

被吊销公证员执业证书的,不得担任辩护人、诉讼代理人,但系刑事诉讼、民事诉讼、行政诉讼当事人的监护人、近亲属的除外。

第四十三条 【公证机构和公证员的赔偿责任】公证机构及其公证员因过错给当事人、公证事项的利害关系人造成损失的,由公证机构承担相应的赔偿责任;公证机构赔偿后,可以向有故意或者重大过失的公证员追偿。

当事人、公证事项的利害关系人与公证机构因赔偿发生争议的,可以向人民法院提起民事诉讼。

第四十四条 【当事人的违法责任】当事人以及其他个人或者组织有下列行为之一,给他人造成损失的,依法承担民事责任;违反治安管理的,依法给予治安管理处罚;构成犯罪的,依法追究刑事责任:

(一)提供虚假证明材料,骗取公证书的;

(二)利用虚假公证书从事欺诈活动的;

(三)伪造、变造或者买卖伪造、变造的公证书、公证机构印章的。

第七章 附 则

第四十五条 【驻外使(领)馆的公证办理】中华人民共和国驻外使(领)馆可以依照本法的规定或者中华人民共和国缔结或者参加的国际条约的规定,办理公证。

第四十六条 【公证收费标准的制定】公证费的收费标准由省、自治区、直辖市人民政府价格主管部门会同同级司法行政部门制定。

第四十七条 【施行日期】本法自2006年3月1日起施行。

5. 教育

中华人民共和国教育法

1. 1995年3月18日第八届全国人民代表大会第三次会议通过
2. 根据2009年8月27日第十一届全国人民代表大会常务委员会第十次会议《关于修改部分法律的决定》第一次修正
3. 根据2015年12月27日第十二届全国人民代表大会常务委员会第十八次会议《关于修改〈中华人民共和国教育法〉的决定》第二次修正

目　录

第一章　总　　则

第一条　【立法目的】为了发展教育事业,提高全民族的素质,促进社会主义物质文明和精神文明建设,根据宪法,制定本法。

第二条　【适用范围】在中华人民共和国境内的各级各类教育,适用本法。

第三条　【指导思想和基本原则】国家坚持以马克思列宁主义、毛泽东思想和建设有中国特色社会主义理论为指导,遵循宪法确定的基本原则,发展社会主义的教育事业。

第四条　【教育的地位】教育是社会主义现代化建设的基础,国家保障教育事业优先发展。

全社会应当关心和支持教育事业的发展。

全社会应当尊重教师。

第五条　【教育的任务】教育必须为社会主义现代化建设服务、为人民服务,必须与生产劳动和社会实践相结合,培养德、智、体、美等方面全面发展的社会主义建设者和接班人。

第六条　【教育基本内容】教育应当坚持立德树人,对受教育者加强社会主义核心价值观教育,增强受教育者的社会责任感、创新精神和实践能力。

国家在受教育者中进行爱国主义、集体主义、中国特色社会主义的教育,进行理想、道德、纪律、法治、国防和民族团结的教育。

第七条　【继承和吸收】教育应当继承和弘扬中华民族优秀的历史文化传统,吸收人类文明发展的一切优秀成果。

第八条　【教育与国家和社会利益】教育活动必须符合国家和社会公共利益。

国家实行教育与宗教相分离。任何组织和个人不得利用宗教进行妨碍国家教育制度的活动。

第九条　【公民的教育权利和义务】中华人民共和国公民有受教育的权利和义务。

公民不分民族、种族、性别、职业、财产状况、宗教信仰等,依法享有平等的受教育机会。

第十条　【帮助、扶持的教育】国家根据各少数民族的特点和需要,帮助各少数民族地区发展教育事业。

国家扶持边远贫困地区发展教育事业。

国家扶持和发展残疾人教育事业。

第十一条　【教育改革、公平、科研】国家适应社会主义市场经济发展和社会进步的需要,推进教育改革,推动各级各类教育协调发展、衔接融通,完善现代国民教育体系,健全终身教育体系,提高教育现代化水平。

国家采取措施促进教育公平,推动教育均衡发展。

国家支持、鼓励和组织教育科学研究,推广教育科学研究成果,促进教育质量提高。

第十二条　【语言文字】国家通用语言文字为学校及其他教育机构的基本教育教学语言文字,学校及其他教育机构应当使用国家通用语言文字进行教育教学。

民族自治地方以少数民族学生为主的学校及其他教育机构,从实际出发,使用国家通用语言文字和本民族或者当地民族通用的语言文字实施双语教育。

国家采取措施,为少数民族学生为主的学校及其他教育机构实施双语教育提供条件和支持。

第十三条　【奖励对象】国家对发展教育事业做出突出贡献的组织和个人,给予奖励。

第十四条　【管理体制】国务院和地方各级人民政府根据分级管理、分工负责的原则,领导和管理教育工作。

中等及中等以下教育在国务院领导下,由地方人民政府管理。

高等教育由国务院和省、自治区、直辖市人民政府管理。

第十五条　【教育行政部门】国务院教育行政部门主管全国教育工作,统筹规划、协调管理全国的教育事业。

县级以上地方各级人民政府教育行政部门主管本行政区域内的教育工作。

县级以上各级人民政府其他有关部门在各自的职责范围内,负责有关的教育工作。

第十六条　【人大监督】国务院和县级以上地方各级人民政府应当向本级人民代表大会或者其常务委员会报告教育工作和教育经费预算、决算情况,接受监督。

第二章 教育基本制度

第十七条 【教育阶段制度】国家实行学前教育、初等教育、中等教育、高等教育的学校教育制度。

国家建立科学的学制系统。学制系统内的学校和其他教育机构的设置、教育形式、修业年限、招生对象、培养目标等,由国务院或者由国务院授权教育行政部门规定。

第十八条 【学前教育】国家制定学前教育标准,加快普及学前教育,构建覆盖城乡,特别是农村的学前教育公共服务体系。

各级人民政府应当采取措施,为适龄儿童接受学前教育提供条件和支持。

第十九条 【义务教育】国家实行九年制义务教育制度。

各级人民政府采取各种措施保障适龄儿童、少年就学。

适龄儿童、少年的父母或者其他监护人以及有关社会组织和个人有义务使适龄儿童、少年接受并完成规定年限的义务教育。

第二十条 【职业教育和继续教育】国家实行职业教育制度和继续教育制度。

各级人民政府、有关行政部门和行业组织以及企业事业组织应当采取措施,发展并保障公民接受职业学校教育或者各种形式的职业培训。

国家鼓励发展多种形式的继续教育,使公民接受适当形式的政治、经济、文化、科学、技术、业务等方面的教育,促进不同类型学习成果的互认和衔接,推动全民终身学习。

第二十一条 【考试制度】国家实行国家教育考试制度。

国家教育考试由国务院教育行政部门确定种类,并由国家批准的实施教育考试的机构承办。

第二十二条 【学业证书】国家实行学业证书制度。

经国家批准设立或者认可的学校及其他教育机构按照国家有关规定,颁发学历证书或者其他学业证书。

第二十三条 【学位制度】国家实行学位制度。

学位授予单位依法对达到一定学术水平或者专业技术水平的人员授予相应的学位,颁发学位证书。

第二十四条 【扫盲教育】各级人民政府、基层群众性自治组织和企业事业组织应当采取各种措施,开展扫除文盲的教育工作。

按照国家规定具有接受扫除文盲教育能力的公民,应当接受扫除文盲的教育。

第二十五条 【教育督导和教育评估】国家实行教育督导制度和学校及其他教育机构教育评估制度。

第三章 学校及其他教育机构

第二十六条 【举办学校及其他教育机构】国家制定教育发展规划,并举办学校及其他教育机构。

国家鼓励企业事业组织、社会团体、其他社会组织及公民个人依法举办学校及其他教育机构。

国家举办学校及其他教育机构,应当坚持勤俭节约的原则。

以财政性经费、捐赠资产举办或者参与举办的学校及其他教育机构不得设立为营利性组织。

第二十七条 【设立条件】设立学校及其他教育机构,必须具备下列基本条件:

(一)有组织机构和章程;

(二)有合格的教师;

(三)有符合规定标准的教学场所及设施、设备等;

(四)有必备的办学资金和稳定的经费来源。

第二十八条 【审批、注册和备案制度】学校及其他教育机构的设立、变更和终止,应当按照国家有关规定办理审核、批准、注册或者备案手续。

第二十九条 【学校权利】学校及其他教育机构行使下列权利:

(一)按照章程自主管理;

(二)组织实施教育教学活动;

(三)招收学生或者其他受教育者;

(四)对受教育者进行学籍管理,实施奖励或者处分;

(五)对受教育者颁发相应的学业证书;

(六)聘任教师及其他职工,实施奖励或者处分;

(七)管理、使用本单位的设施和经费;

(八)拒绝任何组织和个人对教育教学活动的非法干涉;

(九)法律、法规规定的其他权利。

国家保护学校及其他教育机构的合法权益不受侵犯。

第三十条 【学校义务】学校及其他教育机构应当履行下列义务:

(一)遵守法律、法规;

(二)贯彻国家的教育方针,执行国家教育教学标准,保证教育教学质量;

(三)维护受教育者、教师及其他职工的合法权益;

(四)以适当方式为受教育者及其监护人了解受教育者的学业成绩及其他有关情况提供便利;

(五)遵照国家有关规定收取费用并公开收费项目;

(六)依法接受监督。

第三十一条 【学校内部管理体制】学校及其他教育机构的举办者按照国家有关规定,确定其所举办的学校或者其他教育机构的管理体制。

学校及其他教育机构的校长或者主要行政负责人必须由具有中华人民共和国国籍、在中国境内定居、并具备国家规定任职条件的公民担任,其任免按照国家有关规定办理。学校的教学及其他行政管理,由校长负责。

学校及其他教育机构应当按照国家有关规定,通过以教师为主体的教职工代表大会等组织形式,保障教职工参与民主管理和监督。

第三十二条 【学校的法律地位】学校及其他教育机构具备法人条件的,自批准设立或者登记注册之日起取得法人资格。

学校及其他教育机构在民事活动中依法享有民事权利,承担民事责任。

学校及其他教育机构中的国有资产属于国家所有。

学校及其他教育机构兴办的校办产业独立承担民事责任。

第四章 教师和其他教育工作者

第三十三条 【教师的权利义务】教师享有法律规定的权利,履行法律规定的义务,忠诚于人民的教育事业。

第三十四条 【教师待遇】国家保护教师的合法权益,改善教师的工作条件和生活条件,提高教师的社会地位。

教师的工资报酬、福利待遇,依照法律、法规的规定办理。

第三十五条 【教师制度】国家实行教师资格、职务、聘任制度,通过考核、奖励、培养和培训,提高教师素质,加强教师队伍建设。

第三十六条 【管理人员和教辅人员等】学校及其他教育机构中的管理人员,实行教育职员制度。

学校及其他教育机构中的教学辅助人员和其他专业技术人员,实行专业技术职务聘任制度。

第五章 受教育者

第三十七条 【受教育者的平等权】受教育者在入学、升学、就业等方面依法享有平等权利。

学校和有关行政部门应当按照国家有关规定,保障女子在入学、升学、就业、授予学位、派出留学等方面享有同男子平等的权利。

第三十八条 【国家和社会资助】国家、社会对符合入学条件、家庭经济困难的儿童、少年、青年,提供各种形式的资助。

第三十九条 【残疾人教育】国家、社会、学校及其他教育机构应当根据残疾人身心特性和需要实施教育,并为其提供帮助和便利。

第四十条 【违法犯罪的未成年人】国家、社会、家庭、学校及其他教育机构应当为有违法犯罪行为的未成年人接受教育创造条件。

第四十一条 【职业教育】从业人员有依法接受职业培训和继续教育的权利和义务。

国家机关、企业事业组织和其他社会组织,应当为本单位职工的学习和培训提供条件和便利。

第四十二条 【终身教育】国家鼓励学校及其他教育机构、社会组织采取措施,为公民接受终身教育创造条件。

第四十三条 【受教育者权利】受教育者享有下列权利:

(一)参加教育教学计划安排的各种活动,使用教育教学设施、设备、图书资料;

(二)按照国家有关规定获得奖学金、贷学金、助学金;

(三)在学业成绩和品行上获得公正评价,完成规定的学业后获得相应的学业证书、学位证书;

(四)对学校给予的处分不服向有关部门提出申诉,对学校、教师侵犯其人身权、财产权等合法权益,提出申诉或者依法提起诉讼;

(五)法律、法规规定的其他权利。

第四十四条 【受教育者义务】受教育者应当履行下列义务:

(一)遵守法律、法规;

(二)遵守学生行为规范,尊敬师长,养成良好的思想品德和行为习惯;

(三)努力学习,完成规定的学习任务;

(四)遵守所在学校或者其他教育机构的管理制度。

第四十五条 【学校、体育和卫生保健】教育、体育、卫生行政部门和学校及其他教育机构应当完善体育、卫生保健设施,保护学生的身心健康。

第六章 教育与社会

第四十六条 【社会环境】国家机关、军队、企业事业组织、社会团体及其他社会组织和个人,应当依法为儿童、少年、青年学生的身心健康成长创造良好的社会环境。

第四十七条 【社会合作】国家鼓励企业事业组织、社会团体及其他社会组织同高等学校、中等职业学校在教学、科研、技术开发和推广等方面进行多种形式的合作。

企业事业组织、社会团体及其他社会组织和个人,可以通过适当形式,支持学校的建设,参与学校管理。

第四十八条 【学生实习和社会实践】国家机关、军队、企业事业组织及其他社会组织应当为学校组织的学生实习、社会实践活动提供帮助和便利。

第四十九条 【社会公益活动】学校及其他教育机构在不影响正常教育教学活动的前提下,应当积极参加当地的社会公益活动。

第五十条 【家庭教育】未成年人的父母或者其他监护人应当为其未成年子女或者其他被监护人受教育提供必要条件。

未成年人的父母或者其他监护人应当配合学校及其他教育机构,对其未成年子女或者其他被监护人进行教育。

学校、教师可以对学生家长提供家庭教育指导。

第五十一条 【文化单位义务】图书馆、博物馆、科技馆、文化馆、美术馆、体育馆(场)等社会公共文化体育设施,以及历史文化古迹和革命纪念馆(地),应当对教师、学生实行优待,为受教育者接受教育提供便利。

广播、电视台(站)应当开设教育节目,促进受教育者思想品德、文化和科学技术素质的提高。

第五十二条 【校外教育】国家、社会建立和发展对未成年人进行校外教育的设施。

学校及其他教育机构应当同基层群众性自治组织、企业事业组织、社会团体相互配合,加强对未成年人的校外教育工作。

第五十三条 【社会文化教育】国家鼓励社会团体、社会文化机构及其他社会组织和个人开展有益于受教育者身心健康的社会文化教育活动。

第七章 教育投入与条件保障

第五十四条 【经费筹措体制】国家建立以财政拨款为主、其他多种渠道筹措教育经费为辅的体制，逐步增加对教育的投入，保证国家举办的学校教育经费的稳定来源。

企业事业组织、社会团体及其他社会组织和个人依法举办的学校及其他教育机构，办学经费由举办者负责筹措，各级人民政府可以给予适当支持。

第五十五条 【财政经费比例】国家财政性教育经费支出占国民生产总值的比例应当随着国民经济的发展和财政收入的增长逐步提高。具体比例和实施步骤由国务院规定。

全国各级财政支出总额中教育经费所占比例应当随着国民经济的发展逐步提高。

第五十六条 【经费支出与增长】各级人民政府的教育经费支出，按照事权和财权相统一的原则，在财政预算中单独列项。

各级人民政府教育财政拨款的增长应当高于财政经常性收入的增长，并使按在校学生人数平均的教育费用逐步增长，保证教师工资和学生人均公用经费逐步增长。

第五十七条 【专项资金】国务院及县级以上地方各级人民政府应当设立教育专项资金，重点扶持边远贫困地区、少数民族地区实施义务教育。

第五十八条 【教育费附加】税务机关依法足额征收教育费附加，由教育行政部门统筹管理，主要用于实施义务教育。

省、自治区、直辖市人民政府根据国务院的有关规定，可以决定开征用于教育的地方附加费，专款专用。

第五十九条 【校办产业】国家采取优惠措施，鼓励和扶持学校在不影响正常教育教学的前提下开展勤工俭学和社会服务，兴办校办产业。

第六十条 【捐资助学】国家鼓励境内、境外社会组织和个人捐资助学。

第六十一条 【经费、捐赠使用】国家财政性教育经费、社会组织和个人对教育的捐赠，必须用于教育，不得挪用、克扣。

第六十二条 【教育信贷】国家鼓励运用金融、信贷手段，支持教育事业的发展。

第六十三条 【经费监管】各级人民政府及其教育行政部门应当加强对学校及其他教育机构教育经费的监督管理，提高教育投资效益。

第六十四条 【学校基建】地方各级人民政府及其有关行政部门必须把学校的基本建设纳入城乡建设规划，统筹安排学校的基本建设用地及所需物资，按照国家有关规定实行优先、优惠政策。

第六十五条 【教学用品】各级人民政府对教科书及教学用图书资料的出版发行，对教学仪器、设备的生产和供应，对用于学校教育教学和科学研究的图书资料、教学仪器、设备的进口，按照国家有关规定实行优先、优惠政策。

第六十六条 【现代化教学手段】国家推进教育信息化，加快教育信息基础设施建设，利用信息技术促进优质教育资源普及共享，提高教育教学水平和教育管理水平。

县级以上人民政府及其有关部门应当发展教育信息技术和其他现代化教学方式，有关行政部门应当优先安排，给予扶持。

国家鼓励学校及其他教育机构推广运用现代化教学方式。

第八章 教育对外交流与合作

第六十七条 【对外交流合作原则】国家鼓励开展教育对外交流与合作，支持学校及其他教育机构引进优质教育资源，依法开展中外合作办学，发展国际教育服务，培养国际化人才。

教育对外交流与合作坚持独立自主、平等互利、相互尊重的原则，不得违反中国法律，不得损害国家主权、安全和社会公共利益。

第六十八条 【出国管理】中国境内公民出国留学、研究、进行学术交流或者任教，依照国家有关规定办理。

第六十九条 【境外人员入境学习】中国境外个人符合国家规定的条件并办理有关手续后，可以进入中国境内学校及其他教育机构学习、研究、进行学术交流或者任教，其合法权益受国家保护。

第七十条 【境外学业证书承认】中国对境外教育机构颁发的学位证书、学历证书及其他学业证书的承认，依照中华人民共和国缔结或者加入的国际条约办理，或者按照国家有关规定办理。

第九章 法 律 责 任

第七十一条 【有关经费的违法责任】违反国家有关规定，不按照预算核拨教育经费的，由同级人民政府限期核拨；情节严重的，对直接负责的主管人员和其他直接责任人员，依法给予处分。

违反国家财政制度、财务制度，挪用、克扣教育经费的，由上级机关责令限期归还被挪用、克扣的经费，并对直接负责的主管人员和其他直接责任人员，依法给予处分；构成犯罪的，依法追究刑事责任。

第七十二条 【扰乱教学秩序等行为的法律责任】结伙斗殴、寻衅滋事，扰乱学校及其他教育机构教育教学秩序或者破坏校舍、场地及其他财产的，由公安机关给予治安管理处罚；构成犯罪的，依法追究刑事责任。

侵占学校及其他教育机构的校舍、场地及其他财产的，依法承担民事责任。

第七十三条 【对有危险的教学设施不采取措施的法律责任】明知校舍或者教育教学设施有危险，而不采取措施，造成人员伤亡或者重大财产损失的，对直接负责的主管人员和其他直接责任人员,依法追究刑事责任。

第七十四条 【乱收费用的法律责任】违反国家有关规定,向学校或者其他教育机构收取费用的,由政府责令退还所收费用;对直接负责的主管人员和其他直接责任人员,依法给予处分。

第七十五条 【违法办学的法律责任】违反国家有关规定,举办学校或者其他教育机构的,由教育行政部门或者其他有关行政部门予以撤销;有违法所得的,没收违法所得;对直接负责的主管人员和其他直接责任人员,依法给予处分。

第七十六条 【违规招生的法律责任】学校或者其他教育机构违反国家有关规定招收学生的,由教育行政部门或者其他有关行政部门责令退回招收的学生,退还所收费用;对学校、其他教育机构给予警告,可以处违法所得五倍以下罚款;情节严重的,责令停止相关招生资格一年以上三年以下,直至撤销招生资格、吊销办学许可证;对直接负责的主管人员和其他直接责任人员,依法给予处分;构成犯罪的,依法追究刑事责任。

第七十七条 【徇私舞弊招生的法律责任】在招收学生工作中徇私舞弊的,由教育行政部门或者其他有关行政部门责令退回招收的人员;对直接负责的主管人员和其他直接责任人员,依法给予处分;构成犯罪的,依法追究刑事责任。

第七十八条 【乱收学杂费的法律责任】学校及其他教育机构违反国家有关规定向受教育者收取费用的,由教育行政部门或者其他有关行政部门责令退还所收费用;对直接负责的主管人员和其他直接责任人员,依法给予处分。

第七十九条 【非法获取试题或答案等行为的法律责任】考生在国家教育考试中有下列行为之一的,由组织考试的教育考试机构工作人员在考试现场采取必要措施予以制止并终止其继续参加考试;组织考试的教育考试机构可以取消其相关考试资格或者考试成绩;情节严重的,由教育行政部门责令停止参加相关国家教育考试一年以上三年以下;构成违反治安管理行为的,由公安机关依法给予治安管理处罚;构成犯罪的,依法追究刑事责任:

(一)非法获取考试试题或者答案的;

(二)携带或者使用考试作弊器材、资料的;

(三)抄袭他人答案的;

(四)让他人代替自己参加考试的;

(五)其他以不正当手段获得考试成绩的作弊行为。

第八十条 【组织作弊等行为的法律责任】任何组织或者个人在国家教育考试中有下列行为之一,有违法所得的,由公安机关没收违法所得,并处违法所得一倍以上五倍以下罚款;情节严重的,处五日以上十五日以下拘留;构成犯罪的,依法追究刑事责任;属于国家机关工作人员的,还应当依法给予处分:

(一)组织作弊的;

(二)通过提供考试作弊器材等方式为作弊提供帮助或者便利的;

(三)代替他人参加考试的;

(四)在考试结束前泄露、传播考试试题或者答案的;

(五)其他扰乱考试秩序的行为。

第八十一条 【疏于管理的法律责任】举办国家教育考试,教育行政部门、教育考试机构疏于管理,造成考场秩序混乱、作弊情况严重的,对直接负责的主管人员和其他直接责任人员,依法给予处分;构成犯罪的,依法追究刑事责任。

第八十二条 【违法颁发学业证书等行为的法律责任】学校或者其他教育机构违反本法规定,颁发学位证书、学历证书或者其他学业证书的,由教育行政部门或者其他有关行政部门宣布证书无效,责令收回或者予以没收;有违法所得的,没收违法所得;情节严重的,责令停止相关招生资格一年以上三年以下,直至撤销招生资格、颁发证书资格;对直接负责的主管人员和其他直接责任人员,依法给予处分。

前款规定以外的任何组织或者个人制造、销售、颁发假冒学位证书、学历证书或者其他学业证书,构成违反治安管理行为的,由公安机关依法给予治安管理处罚;构成犯罪的,依法追究刑事责任。

以作弊、剽窃、抄袭等欺诈行为或者其他不正当手段获得学位证书、学历证书或者其他学业证书的,由颁发机构撤销相关证书。购买、使用假冒学位证书、学历证书或者其他学业证书,构成违反治安管理行为的,由公安机关依法给予治安管理处罚。

第八十三条 【侵权行为的法律责任】违反本法规定,侵犯教师、受教育者、学校或者其他教育机构的合法权益,造成损失、损害的,应当依法承担民事责任。

第十章 附 则

第八十四条 【军事和宗教教育】军事学校教育由中央军事委员会根据本法的原则规定。

宗教学校教育由国务院另行规定。

第八十五条 【外资办学】境外的组织和个人在中国境内办学和合作办学的办法,由国务院规定。

第八十六条 【施行日期】本法自1995年9月1日起施行。

中华人民共和国义务教育法

1. 1986年4月12日第六届全国人民代表大会第四次会议通过

2. 2006年6月29日第十届全国人民代表大会常务委员会第二十二次会议修订

3. 根据2015年4月24日第十二届全国人民代表大会常务委员会第十四次会议《关于修改〈中华人民共和国义务教育法〉等五部法律的决定》修正

目 录

第二章 学　　生
第三章 学　　校
第四章 教　　师
第五章 教育教学
第六章 经费保障
第七章 法律责任
第八章 附　　则

第一章 总　　则

第一条 为了保障适龄儿童、少年接受义务教育的权利，保证义务教育的实施，提高全民族素质，根据宪法和教育法，制定本法。

第二条 国家实行九年义务教育制度。

义务教育是国家统一实施的所有适龄儿童、少年必须接受的教育，是国家必须予以保障的公益性事业。

实施义务教育，不收学费、杂费。

国家建立义务教育经费保障机制，保证义务教育制度实施。

第三条 义务教育必须贯彻国家的教育方针，实施素质教育，提高教育质量，使适龄儿童、少年在品德、智力、体质等方面全面发展，为培养有理想、有道德、有文化、有纪律的社会主义建设者和接班人奠定基础。

第四条 凡具有中华人民共和国国籍的适龄儿童、少年，不分性别、民族、种族、家庭财产状况、宗教信仰等，依法享有平等接受义务教育的权利，并履行接受义务教育的义务。

第五条 各级人民政府及其有关部门应当履行本法规定的各项职责，保障适龄儿童、少年接受义务教育的权利。

适龄儿童、少年的父母或者其他法定监护人应当依法保证其按时入学接受并完成义务教育。

依法实施义务教育的学校应当按照规定标准完成教育教学任务，保证教育教学质量。

社会组织和个人应当为适龄儿童、少年接受义务教育创造良好的环境。

第六条 国务院和县级以上地方人民政府应当合理配置教育资源，促进义务教育均衡发展，改善薄弱学校的办学条件，并采取措施，保障农村地区、民族地区实施义务教育，保障家庭经济困难的和残疾的适龄儿童、少年接受义务教育。

国家组织和鼓励经济发达地区支援经济欠发达地区实施义务教育。

第七条 义务教育实行国务院领导，省、自治区、直辖市人民政府统筹规划实施，县级人民政府为主管理的体制。

县级以上人民政府教育行政部门具体负责义务教育实施工作；县级以上人民政府其他有关部门在各自的职责范围内负责义务教育实施工作。

第八条 人民政府教育督导机构对义务教育工作执行法律法规情况、教育教学质量以及义务教育均衡发展状况等进行督导，督导报告向社会公布。

第九条 任何社会组织或者个人有权对违反本法的行为向有关国家机关提出检举或者控告。

发生违反本法的重大事件，妨碍义务教育实施，造成重大社会影响的，负有领导责任的人民政府或者人民政府教育行政部门负责人应当引咎辞职。

第十条 对在义务教育实施工作中做出突出贡献的社会组织和个人，各级人民政府及其有关部门按照有关规定给予表彰、奖励。

第二章 学　　生

第十一条 凡年满六周岁的儿童，其父母或者其他法定监护人应当送其入学接受并完成义务教育；条件不具备的地区的儿童，可以推迟到七周岁。

适龄儿童、少年因身体状况需要延缓入学或者休学的，其父母或者其他法定监护人应当提出申请，由当地乡镇人民政府或者县级人民政府教育行政部门批准。

第十二条 适龄儿童、少年免试入学。地方各级人民政府应当保障适龄儿童、少年在户籍所在地学校就近入学。

父母或者其他法定监护人在非户籍所在地工作或者居住的适龄儿童、少年，在其父母或者其他法定监护人工作或者居住地接受义务教育的，当地人民政府应当为其提供平等接受义务教育的条件。具体办法由省、自治区、直辖市规定。

县级人民政府教育行政部门对本行政区域内的军人子女接受义务教育予以保障。

第十三条 县级人民政府教育行政部门和乡镇人民政府组织和督促适龄儿童、少年入学，帮助解决适龄儿童、少年接受义务教育的困难，采取措施防止适龄儿童、少年辍学。

居民委员会和村民委员会协助政府做好工作，督促适龄儿童、少年入学。

第十四条 禁止用人单位招用应当接受义务教育的适龄儿童、少年。

根据国家有关规定经批准招收适龄儿童、少年进行文艺、体育等专业训练的社会组织，应当保证所招收的适龄儿童、少年接受义务教育；自行实施义务教育的，应当经县级人民政府教育行政部门批准。

第三章 学　　校

第十五条 县级以上地方人民政府根据本行政区域内居住的适龄儿童、少年的数量和分布状况等因素，按照国家有关规定，制定、调整学校设置规划。新建居民区需要设置学校的，应当与居民区的建设同步进行。

第十六条 学校建设，应当符合国家规定的办学标准，适应教育教学需要；应当符合国家规定的选址要求和建设标准，确保学生和教职工安全。

第十七条 县级人民政府根据需要设置寄宿制学校，保障居住分散的适龄儿童、少年入学接受义务教育。

第十八条　国务院教育行政部门和省、自治区、直辖市人民政府根据需要,在经济发达地区设置接收少数民族适龄儿童、少年的学校(班)。

第十九条　县级以上地方人民政府根据需要设置相应的实施特殊教育的学校(班),对视力残疾、听力语言残疾和智力残疾的适龄儿童、少年实施义务教育。特殊教育学校(班)应当具备适应残疾儿童、少年学习、康复、生活特点的场所和设施。

普通学校应当接收具有接受普通教育能力的残疾适龄儿童、少年随班就读,并为其学习、康复提供帮助。

第二十条　县级以上地方人民政府根据需要,为具有预防未成年人犯罪法规定的严重不良行为的适龄少年设置专门的学校实施义务教育。

第二十一条　对未完成义务教育的未成年犯和被采取强制性教育措施的未成年人应当进行义务教育,所需经费由人民政府予以保障。

第二十二条　县级以上人民政府及其教育行政部门应当促进学校均衡发展,缩小学校之间办学条件的差距,不得将学校分为重点学校和非重点学校。学校不得分设重点班和非重点班。

县级以上人民政府及其教育行政部门不得以任何名义改变或者变相改变公办学校的性质。

第二十三条　各级人民政府及其有关部门依法维护学校周边秩序,保护学生、教师、学校的合法权益,为学校提供安全保障。

第二十四条　学校应当建立、健全安全制度和应急机制,对学生进行安全教育,加强管理,及时消除隐患,预防发生事故。

县级以上地方人民政府定期对学校校舍安全进行检查;对需要维修、改造的,及时予以维修、改造。

学校不得聘用曾经因故意犯罪被依法剥夺政治权利或者其他不适合从事义务教育工作的人担任工作人员。

第二十五条　学校不得违反国家规定收取费用,不得以向学生推销或者变相推销商品、服务等方式谋取利益。

第二十六条　学校实行校长负责制。校长应当符合国家规定的任职条件。校长由县级人民政府教育行政部门依法聘任。

第二十七条　对违反学校管理制度的学生,学校应当予以批评教育,不得开除。

第四章　教　　师

第二十八条　教师享有法律规定的权利,履行法律规定的义务,应当为人师表,忠诚于人民的教育事业。

全社会应当尊重教师。

第二十九条　教师在教育教学中应当平等对待学生,关注学生的个体差异,因材施教,促进学生的充分发展。

教师应当尊重学生的人格,不得歧视学生,不得对学生实施体罚、变相体罚或者其他侮辱人格尊严的行为,不得侵犯学生合法权益。

第三十条　教师应当取得国家规定的教师资格。

国家建立统一的义务教育教师职务制度。教师职务分为初级职务、中级职务和高级职务。

第三十一条　各级人民政府保障教师工资福利和社会保险待遇,改善教师工作和生活条件;完善农村教师工资经费保障机制。

教师的平均工资水平应当不低于当地公务员的平均工资水平。

特殊教育教师享有特殊岗位补助津贴。在民族地区和边远贫困地区工作的教师享有艰苦贫困地区补助津贴。

第三十二条　县级以上人民政府应当加强教师培养工作,采取措施发展教师教育。

县级人民政府教育行政部门应当均衡配置本行政区域内学校师资力量,组织校长、教师的培训和流动,加强对薄弱学校的建设。

第三十三条　国务院和地方各级人民政府鼓励和支持城市学校教师和高等学校毕业生到农村地区、民族地区从事义务教育工作。

国家鼓励高等学校毕业生以志愿者的方式到农村地区、民族地区缺乏教师的学校任教。县级人民政府教育行政部门依法认定其教师资格,其任教时间计入工龄。

第五章　教育教学

第三十四条　教育教学工作应当符合教育规律和学生身心发展特点,面向全体学生,教书育人,将德育、智育、体育、美育等有机统一在教育教学活动中,注重培养学生独立思考能力、创新能力和实践能力,促进学生全面发展。

第三十五条　国务院教育行政部门根据适龄儿童、少年身心发展的状况和实际情况,确定教学制度、教育教学内容和课程设置,改革考试制度,并改进高级中等学校招生办法,推进实施素质教育。

学校和教师按照确定的教育教学内容和课程设置开展教育教学活动,保证达到国家规定的基本质量要求。

国家鼓励学校和教师采用启发式教育等教育教学方法,提高教育教学质量。

第三十六条　学校应当把德育放在首位,寓德育于教育教学之中,开展与学生年龄相适应的社会实践活动,形成学校、家庭、社会相互配合的思想道德教育体系,促进学生养成良好的思想品德和行为习惯。

第三十七条　学校应当保证学生的课外活动时间,组织开展文化娱乐等课外活动。社会公共文化体育设施应当为学校开展课外活动提供便利。

第三十八条　教科书根据国家教育方针和课程标准编写,内容力求精简,精选必备的基础知识、基本技能,经济实用,保证质量。

国家机关工作人员和教科书审查人员,不得参与或者变相参与教科书的编写工作。

第三十九条 国家实行教科书审定制度。教科书的审定办法由国务院教育行政部门规定。

未经审定的教科书,不得出版、选用。

第四十条 教科书价格由省、自治区、直辖市人民政府价格行政部门会同同级出版行政部门按照微利原则确定。

第四十一条 国家鼓励教科书循环使用。

第六章 经费保障

第四十二条 国家将义务教育全面纳入财政保障范围,义务教育经费由国务院和地方各级人民政府依照本法规定予以保障。

国务院和地方各级人民政府将义务教育经费纳入财政预算,按照教职工编制标准、工资标准和学校建设标准、学生人均公用经费标准等,及时足额拨付义务教育经费,确保学校的正常运转和校舍安全,确保教职工工资按照规定发放。

国务院和地方各级人民政府用于实施义务教育财政拨款的增长比例应当高于财政经常性收入的增长比例,保证按照在校学生人数平均的义务教育费用逐步增长,保证教职工工资和学生人均公用经费逐步增长。

第四十三条 学校的学生人均公用经费基本标准由国务院财政部门会同教育行政部门制定,并根据经济和社会发展状况适时调整。制定、调整学生人均公用经费基本标准,应当满足教育教学基本需要。

省、自治区、直辖市人民政府可以根据本行政区域的实际情况,制定不低于国家标准的学校学生人均公用经费标准。

特殊教育学校(班)学生人均公用经费标准应当高于普通学校学生人均公用经费标准。

第四十四条 义务教育经费投入实行国务院和地方各级人民政府根据职责共同负担,省、自治区、直辖市人民政府负责统筹落实的体制。农村义务教育所需经费,由各级人民政府根据国务院的规定分项目、按比例分担。

各级人民政府对家庭经济困难的适龄儿童、少年免费提供教科书并补助寄宿生生活费。

义务教育经费保障的具体办法由国务院规定。

第四十五条 地方各级人民政府在财政预算中将义务教育经费单列。

县级人民政府编制预算,除向农村地区学校和薄弱学校倾斜外,应当均衡安排义务教育经费。

第四十六条 国务院和省、自治区、直辖市人民政府规范财政转移支付制度,加大一般性转移支付规模和规范义务教育专项转移支付,支持和引导地方各级人民政府增加对义务教育的投入。地方各级人民政府确保将上级人民政府的义务教育转移支付资金按照规定用于义务教育。

第四十七条 国务院和县级以上地方人民政府根据实际需要,设立专项资金,扶持农村地区、民族地区实施义务教育。

第四十八条 国家鼓励社会组织和个人向义务教育捐赠,鼓励按照国家有关基金会管理的规定设立义务教育基金。

第四十九条 义务教育经费严格按照预算规定用于义务教育;任何组织和个人不得侵占、挪用义务教育经费,不得向学校非法收取或者摊派费用。

第五十条 县级以上人民政府建立健全义务教育经费的审计监督和统计公告制度。

第七章 法律责任

第五十一条 国务院有关部门和地方各级人民政府违反本法第六章的规定,未履行对义务教育经费保障职责的,由国务院或者上级地方人民政府责令限期改正;情节严重的,对直接负责的主管人员和其他直接责任人员依法给予行政处分。

第五十二条 县级以上地方人民政府有下列情形之一的,由上级人民政府责令限期改正;情节严重的,对直接负责的主管人员和其他直接责任人员依法给予行政处分:

(一)未按照国家有关规定制定、调整学校的设置规划的;

(二)学校建设不符合国家规定的办学标准、选址要求和建设标准的;

(三)未定期对学校校舍安全进行检查,并及时维修、改造的;

(四)未依照本法规定均衡安排义务教育经费的。

第五十三条 县级以上人民政府或者其教育行政部门有下列情形之一的,由上级人民政府或者其教育行政部门责令限期改正、通报批评;情节严重的,对直接负责的主管人员和其他直接责任人员依法给予行政处分:

(一)将学校分为重点学校和非重点学校的;

(二)改变或者变相改变公办学校性质的。

县级人民政府教育行政部门或者乡镇人民政府未采取措施组织适龄儿童、少年入学或者防止辍学的,依照前款规定追究法律责任。

第五十四条 有下列情形之一的,由上级人民政府或者上级人民政府教育行政部门、财政部门、价格行政部门和审计机关根据职责分工责令限期改正;情节严重的,对直接负责的主管人员和其他直接责任人员依法给予处分:

(一)侵占、挪用义务教育经费的;

(二)向学校非法收取或者摊派费用的。

第五十五条 学校或者教师在义务教育工作中违反教育法、教师法规定的,依照教育法、教师法的有关规定处罚。

第五十六条 学校违反国家规定收取费用的,由县级人民政府教育行政部门责令退还所收费用;对直接负责的主管人员和其他直接责任人员依法给予处分。

学校以向学生推销或者变相推销商品、服务等方式谋取利益的,由县级人民政府教育行政部门给予通报批评;有违法所得的,没收违法所得;对直接负责的主管人员和其他直接责任人员依法给予处分。

国家机关工作人员和教科书审查人员参与或者变相参与教科书编写的,由县级以上人民政府或者其教育行政部门根据职责权限责令限期改正,依法给予行政处分;有违法所得的,没收违法所得。

第五十七条　学校有下列情形之一的,由县级人民政府教育行政部门责令限期改正;情节严重的,对直接负责的主管人员和其他直接责任人员依法给予处分:

(一)拒绝接收具有接受普通教育能力的残疾适龄儿童、少年随班就读的;

(二)分设重点班和非重点班的;

(三)违反本法规定开除学生的;

(四)选用未经审定的教科书的。

第五十八条　适龄儿童、少年的父母或者其他法定监护人无正当理由未依照本法规定送适龄儿童、少年入学接受义务教育的,由当地乡镇人民政府或者县级人民政府教育行政部门给予批评教育,责令限期改正。

第五十九条　有下列情形之一的,依照有关法律、行政法规的规定予以处罚:

(一)胁迫或者诱骗应当接受义务教育的适龄儿童、少年失学、辍学的;

(二)非法招用应当接受义务教育的适龄儿童、少年的;

(三)出版未经依法审定的教科书的。

第六十条　违反本法规定,构成犯罪的,依法追究刑事责任。

第八章　附　　则

第六十一条　对接受义务教育的适龄儿童、少年不收杂费的实施步骤,由国务院规定。

第六十二条　社会组织或者个人依法举办的民办学校实施义务教育的,依照民办教育促进法有关规定执行;民办教育促进法未作规定的,适用本法。

第六十三条　本法自2006年9月1日起施行。

6.民政

婚姻登记条例

1. 2003年8月8日国务院令第387号公布
2. 自2003年10月1日起施行

第一章　总　　则

第一条　为了规范婚姻登记工作,保障婚姻自由、一夫一妻、男女平等的婚姻制度的实施,保护婚姻当事人的合法权益,根据《中华人民共和国婚姻法》(以下简称婚姻法),制定本条例。

第二条　内地居民办理婚姻登记的机关是县级人民政府民政部门或者乡(镇)人民政府,省、自治区、直辖市人民政府可以按照便民原则确定农村居民办理婚姻登记的具体机关。

中国公民同外国人,内地居民同香港特别行政区居民(以下简称香港居民)、澳门特别行政区居民(以下简称澳门居民)、台湾地区居民(以下简称台湾居民)、华侨办理婚姻登记的机关是省、自治区、直辖市人民政府民政部门或者省、自治区、直辖市人民政府民政部门确定的机关。

第三条　婚姻登记机关的婚姻登记员应当接受婚姻登记业务培训,经考核合格,方可从事婚姻登记工作。

婚姻登记机关办理婚姻登记,除按收费标准向当事人收取工本费外,不得收取其他费用或者附加其他义务。

第二章　结 婚 登 记

第四条　内地居民结婚,男女双方应当共同到一方当事人常住户口所在地的婚姻登记机关办理结婚登记。

中国公民同外国人在中国内地结婚的,内地居民同香港居民、澳门居民、台湾居民、华侨在中国内地结婚的,男女双方应当共同到内地居民常住户口所在地的婚姻登记机关办理结婚登记。

第五条　办理结婚登记的内地居民应当出具下列证件和证明材料:

(一)本人的户口簿、身份证;

(二)本人无配偶以及与对方当事人没有直系血亲和三代以内旁系血亲关系的签字声明。

办理结婚登记的香港居民、澳门居民、台湾居民应当出具下列证件和证明材料:

(一)本人的有效通行证、身份证;

(二)经居住地公证机构公证的本人无配偶以及与对方当事人没有直系血亲和三代以内旁系血亲关系的声明。

办理结婚登记的华侨应当出具下列证件和证明材料:

(一)本人的有效护照;

(二)居住国公证机构或者有权机关出具的、经中华人民共和国驻该国使(领)馆认证的本人无配偶以及与对方当事人没有直系血亲和三代以内旁系血亲关系的证明,或者中华人民共和国驻该国使(领)馆出具的本人无配偶以及与对方当事人没有直系血亲和三代以内旁系血亲关系的证明。

办理结婚登记的外国人应当出具下列证件和证明材料:

(一)本人的有效护照或者其他有效的国际旅行证件;

(二)所在国公证机构或者有权机关出具的、经中华人民共和国驻该国使(领)馆认证或者该国驻华使(领)馆认证的本人无配偶的证明，或者所在国驻华使(领)馆出具的本人无配偶的证明。

第六条 办理结婚登记的当事人有下列情形之一的，婚姻登记机关不予登记：

(一)未到法定结婚年龄的；

(二)非双方自愿的；

(三)一方或者双方已有配偶的；

(四)属于直系血亲或者三代以内旁系血亲的；

(五)患有医学上认为不应当结婚的疾病的。

第七条 婚姻登记机关应当对结婚登记当事人出具的证件、证明材料进行审查并询问相关情况。对当事人符合结婚条件的，应当当场予以登记，发给结婚证；对当事人不符合结婚条件不予登记的，应当向当事人说明理由。

第八条 男女双方补办结婚登记的，适用本条例结婚登记的规定。

第九条 因胁迫结婚的，受胁迫的当事人依据婚姻法第十一条的规定向婚姻登记机关请求撤销其婚姻的，应当出具下列证明材料：

(一)本人的身份证、结婚证；

(二)能够证明受胁迫结婚的证明材料。

婚姻登记机关经审查认为受胁迫结婚的情况属实且不涉及子女抚养、财产及债务问题的，应当撤销该婚姻，宣告结婚证作废。

第三章 离婚登记

第十条 内地居民自愿离婚的，男女双方应当共同到一方当事人常住户口所在地的婚姻登记机关办理离婚登记。

中国公民同外国人在中国内地自愿离婚的，内地居民同香港居民、澳门居民、台湾居民、华侨在中国内地自愿离婚的，男女双方应当共同到内地居民常住户口所在地的婚姻登记机关办理离婚登记。

第十一条 办理离婚登记的内地居民应当出具下列证件和证明材料：

(一)本人的户口簿、身份证；

(二)本人的结婚证；

(三)双方当事人共同签署的离婚协议书。

办理离婚登记的香港居民、澳门居民、台湾居民、华侨、外国人除应当出具前款第(二)项、第(三)项规定的证件、证明材料外，香港居民、澳门居民、台湾居民还应当出具本人的有效通行证、身份证，华侨、外国人还应当出具本人的有效护照或者其他有效国际旅行证件。

离婚协议书应当载明双方当事人自愿离婚的意思表示以及对子女抚养、财产及债务处理等事项协商一致的意见。

第十二条 办理离婚登记的当事人有下列情形之一的，婚姻登记机关不予受理：

(一)未达成离婚协议的；

(二)属于无民事行为能力人或者限制民事行为能力人的；

(三)其结婚登记不是在中国内地办理的。

第十三条 婚姻登记机关应当对离婚登记当事人出具的证件、证明材料进行审查并询问相关情况。对当事人确属自愿离婚，并已对子女抚养、财产、债务等问题达成一致处理意见的，应当当场予以登记，发给离婚证。

第十四条 离婚的男女双方自愿恢复夫妻关系的，应当到婚姻登记机关办理复婚登记。复婚登记适用本条例结婚登记的规定。

第四章 婚姻登记档案和婚姻登记证

第十五条 婚姻登记机关应当建立婚姻登记档案。婚姻登记档案应当长期保管。具体管理办法由国务院民政部门会同国家档案管理部门规定。

第十六条 婚姻登记机关收到人民法院宣告婚姻无效或者撤销婚姻的判决书副本后，应当将该判决书副本收入当事人的婚姻登记档案。

第十七条 结婚证、离婚证遗失或者损毁的，当事人可以持户口簿、身份证向原办理婚姻登记的机关或者一方当事人常住户口所在地的婚姻登记机关申请补领。婚姻登记机关对当事人的婚姻登记档案进行查证，确认属实的，应当为当事人补发结婚证、离婚证。

第五章 罚 则

第十八条 婚姻登记机关及其婚姻登记员有下列行为之一的，对直接负责的主管人员和其他直接责任人员依法给予行政处分：

(一)为不符合婚姻登记条件的当事人办理婚姻登记的；

(二)玩忽职守造成婚姻登记档案损失的；

(三)办理婚姻登记或者补发结婚证、离婚证超过收费标准收取费用的。

违反前款第(三)项规定收取的费用，应当退还当事人。

第六章 附 则

第十九条 中华人民共和国驻外使(领)馆可以依照本条例的有关规定，为男女双方均居住于驻在国的中国公民办理婚姻登记。

第二十条 本条例规定的婚姻登记证由国务院民政部门规定式样并监制。

第二十一条 当事人办理婚姻登记或者补领结婚证、离婚证应当交纳工本费。工本费的收费标准由国务院价格主管部门会同国务院财政部门规定并公布。

殡葬管理条例

1997年7月21日国务院令第225号公布施行

第一章　总　　则

第一条　为了加强殡葬管理,推进殡葬改革,促进社会主义精神文明建设,制定本条例。

第二条　殡葬管理的方针是:积极地、有步骤地实行火葬,改革土葬,节约殡葬用地,革除丧葬陋俗,提倡文明节俭办丧事。

第三条　国务院民政部门负责全国的殡葬管理工作。县级以上地方人民政府民政部门负责本行政区域内的殡葬管理工作。

第四条　人口稠密、耕地较少、交通方便的地区,应当实行火葬;暂不具备条件实行火葬的地区,允许土葬。

实行火葬和允许土葬的地区,由省、自治区、直辖市人民政府划定,并由本级人民政府民政部门报国务院民政部门备案。

第五条　在实行火葬的地区,国家提倡以骨灰寄存的方式以及其他不占或者少占土地的方式处理骨灰。县级人民政府和设区的市、自治州人民政府应当制定实行火葬的具体规划,将新建和改造殡仪馆、火葬场、骨灰堂纳入城乡建设规划和基本建设计划。

在允许土葬的地区,县级人民政府和设区的市、自治州人民政府应当将公墓建设纳入城乡建设规划。

第六条　尊重少数民族的丧葬习俗;自愿改革丧葬习俗的,他人不得干涉。

第二章　殡葬设施管理

第七条　省、自治区、直辖市人民政府民政部门应当根据本行政区域的殡葬工作规划和殡葬需要,提出殡仪馆、火葬场、骨灰堂、公墓、殡仪服务站等殡葬设施的数量、布局规划,报本级人民政府审批。

第八条　建设殡仪馆、火葬场,由县级人民政府和设区的市、自治州人民政府的民政部门提出方案,报本级人民政府审批;建设殡仪服务站、骨灰堂,由县级人民政府和设区的市、自治州人民政府的民政部门审批;建设公墓,经县级人民政府和设区的市、自治州人民政府的民政部门审核同意后,报省、自治区、直辖市人民政府民政部门审批。

利用外资建设殡葬设施,经省、自治区、直辖市人民政府民政部门审核同意后,报国务院民政部门审批。

农村为村民设置公益性墓地,经乡级人民政府审核同意后,报县级人民政府民政部门审批。

第九条　任何单位和个人未经批准,不得擅自兴建殡葬设施。

农村的公益性墓地不得对村民以外的其他人员提供墓穴用地。

禁止建立或者恢复宗族墓地。

第十条　禁止在下列地区建造坟墓:

(一)耕地、林地;

(二)城市公园、风景名胜区和文物保护区;

(三)水库及河流堤坝附近和水源保护区;

(四)铁路、公路主干线两侧。

前款规定区域内现有的坟墓,除受国家保护的具有历史、艺术、科学价值的墓地予以保留外,应当限期迁移或者深埋,不留坟头。

第十一条　严格限制公墓墓穴占地面积和使用年限。按照规划允许土葬或者允许埋葬骨灰的,埋葬遗体或者埋葬骨灰的墓穴占地面积和使用年限,由省、自治区、直辖市人民政府按照节约土地、不占耕地的原则规定。

第十二条　殡葬服务单位应当加强对殡葬服务设施的管理,更新、改造陈旧的火化设备,防止污染环境。

殡仪服务人员应当遵守操作规程和职业道德,实行规范化的文明服务,不得利用工作之便索取财物。

第三章　遗体处理和丧事活动管理

第十三条　遗体处理必须遵守下列规定:

(一)运输遗体必须进行必要的技术处理,确保卫生,防止污染环境;

(二)火化遗体必须凭公安机关或者国务院卫生行政部门规定的医疗机构出具的死亡证明。

第十四条　办理丧事活动,不得妨害公共秩序、危害公共安全,不得侵害他人的合法权益。

第十五条　在允许土葬的地区,禁止在公墓和农村的公益性墓地以外的其他任何地方埋葬遗体、建造坟墓。

第四章　殡葬设备和殡葬用品管理

第十六条　火化机、运尸车、尸体冷藏柜等殡葬设备,必须符合国家规定的技术标准。禁止制造、销售不符合国家技术标准的殡葬设备。

第十七条　禁止制造、销售封建迷信的丧葬用品。禁止在实行火葬的地区出售棺材等土葬用品。

第五章　罚　　则

第十八条　未经批准,擅自兴建殡葬设施的,由民政部门会同建设、土地行政管理部门予以取缔,责令恢复原状,没收违法所得,可以并处违法所得1倍以上3倍以下的罚款。

第十九条　墓穴占地面积超过省、自治区、直辖市人民政府规定的标准的,由民政部门责令限期改正,没收违法所得,可以并处违法所得1倍以上3倍以下的罚款。

第二十条　将应当火化的遗体土葬,或者在公墓和农村的公益性墓地以外的其他地方埋葬遗体、建造坟墓的,由民政部门责令限期改正;拒不改正的,可以强制执行。

第二十一条　办理丧事活动妨害公共秩序、危害公共安全、侵害他人合法权益的，由民政部门予以制止；构成违反治安管理行为的，由公安机关依法给予治安管理处罚；构成犯罪的，依法追究刑事责任。

第二十二条 制造、销售不符合国家技术标准的殡葬设备的，由民政部门会同工商行政管理部门责令停止制造、销售，可以并处制造、销售金额1倍以上3倍以下的罚款。

制造、销售封建迷信殡葬用品的，由民政部门会同工商行政管理部门予以没收，可以并处制造、销售金额1倍以上3倍以下的罚款。

第二十三条 殡仪服务人员利用工作之便索取财物的，由民政部门责令退赔；构成犯罪的，依法追究刑事责任。

第六章 附 则

第二十四条 本条例自发布之日起施行。1985年2月8日国务院发布的《国务院关于殡葬管理的暂行规定》同时废止。

军人抚恤优待条例

1. *2004年8月1日国务院、中央军事委员会令第413号公布*
2. *根据2011年7月29日国务院、中央军事委员会令第602号《关于修改〈军人抚恤优待条例〉的决定》修订*

第一章 总 则

第一条 为了保障国家对军人的抚恤优待，激励军人保卫祖国、建设祖国的献身精神，加强国防和军队建设，根据《中华人民共和国国防法》、《中华人民共和国兵役法》等有关法律，制定本条例。

第二条 中国人民解放军现役军人（以下简称现役军人）、服现役或者退出现役的残疾军人以及复员军人、退伍军人、烈士遗属、因公牺牲军人遗属、病故军人遗属、现役军人家属，是本条例规定的抚恤优待对象，依照本条例的规定享受抚恤优待。

第三条 军人的抚恤优待，实行国家和社会相结合的方针，保障军人的抚恤优待与国民经济和社会发展相适应，保障抚恤优待对象的生活不低于当地的平均生活水平。

全社会应当关怀、尊重抚恤优待对象，开展各种形式的拥军优属活动。

国家鼓励社会组织和个人对军人抚恤优待事业提供捐助。

第四条 国家和社会应当重视和加强军人抚恤优待工作。

军人抚恤优待所需经费由国务院和地方各级人民政府分级负担。中央和地方财政安排的军人抚恤优待经费，专款专用，并接受财政、审计部门的监督。

第五条 国务院民政部门主管全国的军人抚恤优待工作；县级以上地方人民政府民政部门主管本行政区域内的军人抚恤优待工作。

国家机关、社会团体、企业事业单位应当依法履行各自的军人抚恤优待责任和义务。

第六条 各级人民政府对在军人抚恤优待工作中作出显著成绩的单位和个人，给予表彰和奖励。

第二章 死亡抚恤

第七条 现役军人死亡被批准为烈士、被确认为因公牺牲或者病故的，其遗属依照本条例的规定享受抚恤。

第八条 现役军人死亡，符合下列情形之一的，批准为烈士：

（一）对敌作战死亡，或者对敌作战负伤在医疗终结前因伤死亡的；

（二）因执行任务遭敌人或者犯罪分子杀害，或者被俘、被捕后不屈遭敌人杀害或者被折磨致死的；

（三）为抢救和保护国家财产、人民生命财产或者执行反恐怖任务和处置突发事件死亡的；

（四）因执行军事演习、战备航行飞行、空降和导弹发射训练、试航试飞任务以及参加武器装备科研试验死亡的；

（五）在执行外交任务或者国家派遣的对外援助、维持国际和平任务中牺牲的；

（六）其他死难情节特别突出，堪为楷模的。

现役军人在执行对敌作战、边海防执勤或者抢险救灾任务中失踪，经法定程序宣告死亡的，按照烈士对待。

批准烈士，属于因战死亡的，由军队团级以上单位政治机关批准；属于非因战死亡的，由军队军级以上单位政治机关批准；属于本条第一款第六项规定情形的，由中国人民解放军总政治部批准。

第九条 现役军人死亡，符合下列情形之一的，确认为因公牺牲：

（一）在执行任务中或者在上下班途中，由于意外事件死亡的；

（二）被认定为因战、因公致残后因旧伤复发死亡的；

（三）因患职业病死亡的；

（四）在执行任务中或者在工作岗位上因病猝然死亡，或者因医疗事故死亡的；

（五）其他因公死亡的。

现役军人在执行对敌作战、边海防执勤或者抢险救灾以外的其他任务中失踪，经法定程序宣告死亡的，按照因公牺牲对待。

现役军人因公牺牲，由军队团级以上单位政治机关确认；属于本条第一款第五项规定情形的，由军队军级以上单位政治机关确认。

第十条 现役军人除第九条第一款第三项、第四项规定情形以外，因其他疾病死亡的，确认为病故。

现役军人非执行任务死亡或者失踪，经法定程序宣告死亡的，按照病故对待。

现役军人病故，由军队团级以上单位政治机关确认。

第十一条　对烈士遗属、因公牺牲军人遗属、病故军人遗属，由县级人民政府民政部门分别发给《中华人民共和国烈士证明书》、《中华人民共和国军人因公牺牲证明书》、《中华人民共和国军人病故证明书》。

第十二条　现役军人死亡被批准为烈士的，依照《烈士褒扬条例》的规定发给烈士遗属烈士褒扬金。

第十三条　现役军人死亡，根据其死亡性质和死亡时的月工资标准，由县级人民政府民政部门发给其遗属一次性抚恤金，标准是：烈士和因公牺牲的，为上一年度全国城镇居民人均可支配收入的 20 倍加本人 40 个月的工资；病故的，为上一年度全国城镇居民人均可支配收入的 2 倍加本人 40 个月的工资。月工资或者津贴低于排职少尉军官工资标准的，按照排职少尉军官工资标准计算。

获得荣誉称号或者立功的烈士、因公牺牲军人、病故军人，其遗属在应当享受的一次性抚恤金的基础上，由县级人民政府民政部门按照下列比例增发一次性抚恤金：

(一)获得中央军事委员会授予荣誉称号的，增发 35%；

(二)获得军队军区级单位授予荣誉称号的，增发 30%；

(三)立一等功的，增发 25%；

(四)立二等功的，增发 15%；

(五)立三等功的，增发 5%。

多次获得荣誉称号或者立功的烈士、因公牺牲军人、病故军人，其遗属由县级人民政府民政部门按照其中最高等级奖励的增发比例，增发一次性抚恤金。

第十四条　对生前作出特殊贡献的烈士、因公牺牲军人、病故军人，除按照本条例规定发给其遗属一次性抚恤金外，军队可以按照有关规定发给其遗属一次性特别抚恤金。

第十五条　一次性抚恤金发给烈士、因公牺牲军人、病故军人的父母(抚养人)、配偶、子女；没有父母(抚养人)、配偶、子女的，发给未满 18 周岁的兄弟姐妹和已满 18 周岁但无生活费来源且由该军人生前供养的兄弟姐妹。

第十六条　对符合下列条件之一的烈士遗属、因公牺牲军人遗属、病故军人遗属，发给定期抚恤金：

(一)父母(抚养人)、配偶无劳动能力、无生活费来源，或者收入水平低于当地居民平均生活水平的；

(二)子女未满 18 周岁或者已满 18 周岁但因上学或者残疾无生活费来源的；

(三)兄弟姐妹未满 18 周岁或者已满 18 周岁但因上学无生活费来源且由该军人生前供养的。

对符合享受定期抚恤金条件的遗属，由县级人民政府民政部门发给《定期抚恤金领取证》。

第十七条　定期抚恤金标准应当参照全国城乡居民家庭人均收入水平确定。定期抚恤金的标准及其调整办法，由国务院民政部门会同国务院财政部门规定。

第十八条　县级以上地方人民政府对依靠定期抚恤金生活仍有困难的烈士遗属、因公牺牲军人遗属、病故军人遗属，可以增发抚恤金或者采取其他方式予以补助，保障其生活不低于当地的平均生活水平。

第十九条　享受定期抚恤金的烈士遗属、因公牺牲军人遗属、病故军人遗属死亡的，增发 6 个月其原享受的定期抚恤金，作为丧葬补助费，同时注销其领取定期抚恤金的证件。

第二十条　现役军人失踪，经法定程序宣告死亡的，在其被批准为烈士、确认为因公牺牲或者病故后，又经法定程序撤销对其死亡宣告的，由原批准或者确认机关取消其烈士、因公牺牲军人或者病故军人资格，并由发证机关收回有关证件，终止其家属原享受的抚恤待遇。

第三章　残疾抚恤

第二十一条　现役军人残疾被认定为因战致残、因公致残或者因病致残的，依照本条例的规定享受抚恤。

因第八条第一款规定的情形之一导致残疾的，认定为因战致残；因第九条第一款规定的情形之一导致残疾的，认定为因公致残；义务兵和初级士官因第九条第一款第三项、第四项规定情形以外的疾病导致残疾的，认定为因病致残。

第二十二条　残疾的等级，根据劳动功能障碍程度和生活自理障碍程度确定，由重到轻分为一级至十级。

残疾等级的具体评定标准由国务院民政部门、人力资源社会保障部门、卫生部门会同军队有关部门规定。

第二十三条　现役军人因战、因公致残，医疗终结后符合评定残疾等级条件的，应当评定残疾等级。义务兵和初级士官因病致残符合评定残疾等级条件，本人(精神病患者由其利害关系人)提出申请的，也应当评定残疾等级。

因战、因公致残，残疾等级被评定为一级至十级的，享受抚恤；因病致残，残疾等级被评定为一级至六级的，享受抚恤。

第二十四条　因战、因公、因病致残性质的认定和残疾等级的评定权限是：

(一)义务兵和初级士官的残疾，由军队军级以上单位卫生部门认定和评定；

(二)现役军官、文职干部和中级以上士官的残疾，由军队军区级以上单位卫生部门认定和评定；

(三)退出现役的军人和移交政府安置的军队离休、退休干部需要认定残疾性质和评定残疾等级的，由省级人民政府民政部门认定和评定。

评定残疾等级，应当依据医疗卫生专家小组出具的残疾等级医学鉴定意见。

残疾军人由认定残疾性质和评定残疾等级的机关发给《中华人民共和国残疾军人证》。

第二十五条　现役军人因战、因公致残，未及时评定残疾等级，退出现役后或者医疗终结满 3 年后，本人(精神病患者由其利害关系人)申请补办评定残疾等级，有档案记载或者有原始医疗证明的，可以评定残疾等级。

现役军人被评定残疾等级后，在服现役期间或者退出现役后残疾情况发生严重恶化，原定残疾等级与残疾情况明显不符，本人(精神病患者由其利害关系人)申请调整残疾等级的，可以重新评定残疾等级。

第二十六条 退出现役的残疾军人，按照残疾等级享受残疾抚恤金。残疾抚恤金由县级人民政府民政部门发给。

因工作需要继续服现役的残疾军人，经军队军级以上单位批准，由所在部队按照规定发给残疾抚恤金。

第二十七条 残疾军人的抚恤金标准应当参照全国职工平均工资水平确定。残疾抚恤金的标准以及一级至十级残疾军人享受残疾抚恤金的具体办法，由国务院民政部门会同国务院财政部门规定。

县级以上地方人民政府对依靠残疾抚恤金生活仍有困难的残疾军人，可以增发残疾抚恤金或者采取其他方式予以补助，保障其生活不低于当地的平均生活水平。

第二十八条 退出现役的因战、因公致残的残疾军人因旧伤复发死亡的，由县级人民政府民政部门按照因公牺牲军人的抚恤金标准发给其遗属一次性抚恤金，其遗属享受因公牺牲军人遗属抚恤待遇。

退出现役的因战、因公、因病致残的残疾军人因病死亡的，对其遗属增发12个月的残疾抚恤金，作为丧葬补助费；其中，因战、因公致残的一级至四级残疾军人因病死亡的，其遗属享受病故军人遗属抚恤待遇。

第二十九条 退出现役的一级至四级残疾军人，由国家供养终身；其中，对需要长年医疗或者独身一人不便分散安置的，经省级人民政府民政部门批准，可以集中供养。

第三十条 对分散安置的一级至四级残疾军人发给护理费，护理费的标准为：

(一)因战、因公一级和二级残疾的，为当地职工月平均工资的50%；

(二)因战、因公三级和四级残疾的，为当地职工月平均工资的40%；

(三)因病一级至四级残疾的，为当地职工月平均工资的30%。

退出现役的残疾军人的护理费，由县级以上地方人民政府民政部门发给；未退出现役的残疾军人的护理费，经军队军级以上单位批准，由所在部队发给。

第三十一条 残疾军人需要配制假肢、代步三轮车等辅助器械，正在服现役的，由军队军级以上单位负责解决；退出现役的，由省级人民政府民政部门负责解决。

第四章 优 待

第三十二条 烈士遗属依照《烈士褒扬条例》的规定享受优待。

第三十三条 义务兵服现役期间，其家庭由当地人民政府发给优待金或者给予其他优待，优待标准不低于当地平均生活水平。

义务兵和初级士官入伍前是国家机关、社会团体、企业事业单位职工(含合同制人员)的，退出现役后，允许复工复职，并享受不低于本单位同岗位(工种)、同工龄职工的各项待遇；服现役期间，其家属继续享受该单位职工家属的有关福利待遇。

义务兵和初级士官入伍前的承包地(山、林)等，应当保留；服现役期间，除依照国家有关规定和承包合同的约定缴纳有关税费外，免除其他负担。

义务兵从部队发出的平信，免费邮递。

第三十四条 国家对一级至六级残疾军人的医疗费用按照规定予以保障，由所在医疗保险统筹地区社会保险经办机构单独列账管理。具体办法由国务院民政部门会同国务院人力资源社会保障部门、财政部门规定。

七级至十级残疾军人旧伤复发的医疗费用，已经参加工伤保险的，由工伤保险基金支付，未参加工伤保险，有工作的由工作单位解决，没有工作的由当地县级以上地方人民政府负责解决；七级至十级残疾军人旧伤复发以外的医疗费用，未参加医疗保险且本人支付有困难的，由当地县级以上地方人民政府酌情给予补助。

残疾军人、复员军人、带病回乡退伍军人以及因公牺牲军人遗属、病故军人遗属享受医疗优惠待遇。具体办法由省、自治区、直辖市人民政府规定。

中央财政对抚恤优待对象人数较多的困难地区给予适当补助，用于帮助解决抚恤优待对象的医疗费用困难问题。

第三十五条 在国家机关、社会团体、企业事业单位工作的残疾军人，享受与所在单位工伤人员同等的生活福利和医疗待遇。所在单位不得因其残疾将其辞退、解聘或者解除劳动关系。

第三十六条 现役军人凭有效证件、残疾军人凭《中华人民共和国残疾军人证》优先购票乘坐境内运行的火车、轮船、长途公共汽车以及民航班机；残疾军人享受减收正常票价50%的优待。

现役军人凭有效证件乘坐市内公共汽车、电车和轨道交通工具享受优待，具体办法由有关城市人民政府规定。残疾军人凭《中华人民共和国残疾军人证》免费乘坐市内公共汽车、电车和轨道交通工具。

第三十七条 现役军人、残疾军人凭有效证件参观游览公园、博物馆、名胜古迹享受优待，具体办法由公园、博物馆、名胜古迹管理单位所在地的县级以上地方人民政府规定。

第三十八条 因公牺牲军人、病故军人的子女、兄弟姐妹，本人自愿应征并且符合征兵条件的，优先批准服现役。

第三十九条 义务兵和初级士官退出现役后，报考国家公务员、高等学校和中等职业学校，在与其他考生同等条件下优先录取。

残疾军人、因公牺牲军人子女、一级至四级残疾军人的子女，驻边疆国境的县(市)、沙漠区、国家确定的边远地区中的三类地区和军队确定的特、一、二类岛屿部队现役军人的子女报考普通高中、中等职业学校、高等学校,在录取时按照国家有关规定给予优待;接受学历教育的,在同等条件下优先享受国家规定的各项助学政策。现役军人子女的入学、入托,在同等条件下优先接收。具体办法由国务院民政部门会同国务院教育部门规定。

第四十条　残疾军人、复员军人、带病回乡退伍军人、因公牺牲军人遗属、病故军人遗属承租、购买住房依照有关规定享受优先、优惠待遇。居住农村的抚恤优待对象住房有困难的,由地方人民政府帮助解决。具体办法由省、自治区、直辖市人民政府规定。

第四十一条　经军队师(旅)级以上单位政治机关批准随军的现役军官家属、文职干部家属、士官家属,由驻军所在地的公安机关办理落户手续。随军前是国家机关、社会团体、企业事业单位职工的,驻军所在地人民政府人力资源社会保障部门应当接收和妥善安置;随军前没有工作单位的,驻军所在地人民政府应当根据本人的实际情况作出相应安置;对自谋职业的,按照国家有关规定减免有关费用。

第四十二条　驻边疆国境的县(市)、沙漠区、国家确定的边远地区中的三类地区和军队确定的特、一、二类岛屿部队的现役军官、文职干部、士官,其符合随军条件无法随军的家属,所在地人民政府应当妥善安置,保障其生活不低于当地的平均生活水平。

第四十三条　随军的烈士遗属、因公牺牲军人遗属和病故军人遗属移交地方人民政府安置的,享受本条例和当地人民政府规定的抚恤优待。

第四十四条　复员军人生活困难的,按照规定的条件,由当地人民政府民政部门给予定期定量补助,逐步改善其生活条件。

第四十五条　国家兴办优抚医院、光荣院,治疗或者集中供养孤老和生活不能自理的抚恤优待对象。

各类社会福利机构应当优先接收抚恤优待对象。

第五章　法律责任

第四十六条　军人抚恤优待管理单位及其工作人员挪用、截留、私分军人抚恤优待经费,构成犯罪的,依法追究相关责任人员的刑事责任;尚不构成犯罪的,对相关责任人员依法给予行政处分或者纪律处分。被挪用、截留、私分的军人抚恤优待经费,由上一级人民政府民政部门、军队有关部门责令追回。

第四十七条　军人抚恤优待管理单位及其工作人员、参与军人抚恤优待工作的单位及工作人员有下列行为之一的,由其上级主管部门责令改正;情节严重,构成犯罪的,依法追究相关责任人员的刑事责任;尚不构成犯罪的,对相关责任人员依法给予行政处分或者纪律处分:

(一)违反规定审批军人抚恤待遇的;

(二)在审批军人抚恤待遇工作中出具虚假诊断、鉴定、证明的;

(三)不按规定的标准、数额、对象审批或者发放抚恤金、补助金、优待金的;

(四)在军人抚恤优待工作中利用职权谋取私利的。

第四十八条　负有军人优待义务的单位不履行优待义务的,由县级人民政府民政部门责令限期履行义务;逾期仍未履行的,处以2000元以上1万元以下罚款。对直接负责的主管人员和其他直接责任人员依法给予行政处分、纪律处分。因不履行优待义务使抚恤优待对象受到损失的,应当依法承担赔偿责任。

第四十九条　抚恤优待对象有下列行为之一的,由县级人民政府民政部门给予警告,限期退回非法所得;情节严重的,停止其享受的抚恤、优待;构成犯罪的,依法追究刑事责任:

(一)冒领抚恤金、优待金、补助金的;

(二)虚报病情骗取医药费的;

(三)出具假证明,伪造证件、印章骗取抚恤金、优待金、补助金的。

第五十条　抚恤优待对象被判处有期徒刑、剥夺政治权利或者被通缉期间,中止其抚恤优待;被判处死刑、无期徒刑的,取消其抚恤优待资格。

第六章　附　　则

第五十一条　本条例适用于中国人民武装警察部队。

第五十二条　军队离休、退休干部和退休士官的抚恤优待,依照本条例有关现役军人抚恤优待的规定执行。

因参战伤亡的民兵、民工的抚恤,因参加军事演习、军事训练和执行军事勤务伤亡的预备役人员、民兵、民工以及其他人员的抚恤,参照本条例的有关规定办理。

第五十三条　本条例所称的复员军人,是指在1954年10月31日之前入伍、后经批准从部队复员的人员;带病回乡退伍军人,是指在服现役期间患病,尚未达到评定残疾等级条件并有军队医院证明,从部队退伍的人员。

第五十四条　本条例自2004年10月1日起施行。1988年7月18日国务院发布的《军人抚恤优待条例》同时废止。

7. 食品安全

中华人民共和国食品安全法

1. 2009年2月28日第十一届全国人民代表大会常务委员会第七次会议通过

2. 2015年4月24日第十二届全国人民代表大会常务委员会第十四次会议修订

3. 自2015年10月1日起施行

目　　录

第一章 总 则

第一条 【立法目的】为了保证食品安全,保障公众身体健康和生命安全,制定本法。

第二条 【调整范围】在中华人民共和国境内从事下列活动,应当遵守本法:

(一)食品生产和加工(以下称食品生产),食品销售和餐饮服务(以下称食品经营);

(二)食品添加剂的生产经营;

(三)用于食品的包装材料、容器、洗涤剂、消毒剂和用于食品生产经营的工具、设备(以下称食品相关产品)的生产经营;

(四)食品生产经营者使用食品添加剂、食品相关产品;

(五)食品的贮存和运输;

(六)对食品、食品添加剂、食品相关产品的安全管理。

供食用的源于农业的初级产品(以下称食用农产品)的质量安全管理,遵守《中华人民共和国农产品质量安全法》的规定。但是,食用农产品的市场销售、有关质量安全标准的制定、有关安全信息的公布和本法对农业投入品作出规定的,应当遵守本法的规定。

第三条 【食品安全工作方针】食品安全工作实行预防为主、风险管理、全程控制、社会共治,建立科学、严格的监督管理制度。

第四条 【食品生产经营者社会责任】食品生产经营者对其生产经营食品的安全负责。

食品生产经营者应当依照法律、法规和食品安全标准从事生产经营活动,保证食品安全,诚信自律,对社会和公众负责,接受社会监督,承担社会责任。

第五条 【食品安全监管体制】国务院设立食品安全委员会,其职责由国务院规定。

国务院食品药品监督管理部门依照本法和国务院规定的职责,对食品生产经营活动实施监督管理。

国务院卫生行政部门依照本法和国务院规定的职责,组织开展食品安全风险监测和风险评估,会同国务院食品药品监督管理部门制定并公布食品安全国家标准。

国务院其他有关部门依照本法和国务院规定的职责,承担有关食品安全工作。

第六条 【地方政府职责】县级以上地方人民政府对本行政区域的食品安全监督管理工作负责,统一领导、组织、协调本行政区域的食品安全监督管理工作以及食品安全突发事件应对工作,建立健全食品安全全程监督管理工作机制和信息共享机制。

县级以上地方人民政府依照本法和国务院的规定,确定本级食品药品监督管理、卫生行政部门和其他有关部门的职责。有关部门在各自职责范围内负责本行政区域的食品安全监督管理工作。

县级人民政府食品药品监督管理部门可以在乡镇或者特定区域设立派出机构。

第七条 【评议、考核制度】县级以上地方人民政府实行食品安全监督管理责任制。上级人民政府负责对下一级人民政府的食品安全监督管理工作进行评议、考核。县级以上地方人民政府负责对本级食品药品监督管理部门和其他有关部门的食品安全监督管理工作进行评议、考核。

第八条 【监督部门沟通配合】县级以上人民政府应当将食品安全工作纳入本级国民经济和社会发展规划,将食品安全工作经费列入本级政府财政预算,加强食品安全监督管理能力建设,为食品安全工作提供保障。

县级以上人民政府食品药品监督管理部门和其他有关部门应当加强沟通、密切配合,按照各自职责分工,依法行使职权,承担责任。

第九条 【行业协会等的责任】食品行业协会应当加强行业自律,按照章程建立健全行业规范和奖惩机制,提供食品安全信息、技术等服务,引导和督促食品生产经营者依法生产经营,推动行业诚信建设,宣传、普及食品安全知识。

消费者协会和其他消费者组织对违反本法规定,损害消费者合法权益的行为,依法进行社会监督。

第十条 【食品安全的宣传教育】各级人民政府应当加强食品安全的宣传教育,普及食品安全知识,鼓励社会组织、基层群众性自治组织、食品生产经营者开展食品安全法律、法规以及食品安全标准和知识的普及工作,倡导健康的饮食方式,增强消费者食品安全意识和自我保护能力。

新闻媒体应当开展食品安全法律、法规以及食品安全标准和知识的公益宣传,并对食品安全违法行为进行舆论监督。有关食品安全的宣传报道应当真实、公正。

第十一条 【食品安全基础研究】国家鼓励和支持开展与食品安全有关的基础研究、应用研究,鼓励和支持食品生产经营者为提高食品安全水平采用先进技术和先进管理规范。

国家对农药的使用实行严格的管理制度,加快淘汰剧毒、高毒、高残留农药,推动替代产品的研发和应用,鼓励使用高效低毒低残留农药。

第十二条　【举报违法行为】任何组织或者个人有权举报食品安全违法行为,依法向有关部门了解食品安全信息,对食品安全监督管理工作提出意见和建议。

第十三条　【表彰与奖励】对在食品安全工作中做出突出贡献的单位和个人,按照国家有关规定给予表彰、奖励。

第二章　食品安全风险监测和评估

第十四条　【食品安全风险监测制度】国家建立食品安全风险监测制度,对食源性疾病、食品污染以及食品中的有害因素进行监测。

国务院卫生行政部门会同国务院食品药品监督管理、质量监督等部门,制定、实施国家食品安全风险监测计划。

国务院食品药品监督管理部门和其他有关部门获知有关食品安全风险信息后,应当立即核实并向国务院卫生行政部门通报。对有关部门通报的食品安全风险信息以及医疗机构报告的食源性疾病等有关疾病信息,国务院卫生行政部门应当会同国务院有关部门分析研究,认为必要的,及时调整国家食品安全风险监测计划。

省、自治区、直辖市人民政府卫生行政部门会同同级食品药品监督管理、质量监督等部门,根据国家食品安全风险监测计划,结合本行政区域的具体情况,制定、调整本行政区域的食品安全风险监测方案,报国务院卫生行政部门备案并实施。

第十五条　【食品安全风险监测工作】承担食品安全风险监测工作的技术机构应当根据食品安全风险监测计划和监测方案开展监测工作,保证监测数据真实、准确,并按照食品安全风险监测计划和监测方案的要求报送监测数据和分析结果。

食品安全风险监测工作人员有权进入相关食用农产品种植养殖、食品生产经营场所采集样品、收集相关数据。采集样品应当按照市场价格支付费用。

第十六条　【食品安全风险监测结果通报】食品安全风险监测结果表明可能存在食品安全隐患的,县级以上人民政府卫生行政部门应当及时将相关信息通报同级食品药品监督管理等部门,并报告本级人民政府和上级人民政府卫生行政部门。食品药品监督管理等部门应当组织开展进一步调查。

第十七条　【食品安全风险评估制度】国家建立食品安全风险评估制度,运用科学方法,根据食品安全风险监测信息、科学数据以及有关信息,对食品、食品添加剂、食品相关产品中生物性、化学性和物理性危害因素进行风险评估。

国务院卫生行政部门负责组织食品安全风险评估工作,成立由医学、农业、食品、营养、生物、环境等方面的专家组成的食品安全风险评估专家委员会进行食品安全风险评估。食品安全风险评估结果由国务院卫生行政部门公布。

对农药、肥料、兽药、饲料和饲料添加剂等的安全性评估,应当有食品安全风险评估专家委员会的专家参加。

食品安全风险评估不得向生产经营者收取费用,采集样品应当按照市场价格支付费用。

第十八条　【食品安全风险评估情形】有下列情形之一的,应当进行食品安全风险评估:

(一)通过食品安全风险监测或者接到举报发现食品、食品添加剂、食品相关产品可能存在安全隐患的;

(二)为制定或者修订食品安全国家标准提供科学依据需要进行风险评估的;

(三)为确定监督管理的重点领域、重点品种需要进行风险评估的;

(四)发现新的可能危害食品安全因素的;

(五)需要判断某一因素是否构成食品安全隐患的;

(六)国务院卫生行政部门认为需要进行风险评估的其他情形。

第十九条　【食品安全风险评估配合协作】国务院食品药品监督管理、质量监督、农业行政等部门在监督管理工作中发现需要进行食品安全风险评估的,应当向国务院卫生行政部门提出食品安全风险评估的建议,并提供风险来源、相关检验数据和结论等信息、资料。属于本法第十八条规定情形的,国务院卫生行政部门应当及时进行食品安全风险评估,并向国务院有关部门通报评估结果。

第二十条　【卫生、农业部门信息共享】省级以上人民政府卫生行政、农业行政部门应当及时相互通报食品、食用农产品安全风险监测信息。

国务院卫生行政、农业行政部门应当及时相互通报食品、食用农产品安全风险评估结果等信息。

第二十一条　【食品安全风险评估的作用】食品安全风险评估结果是制定、修订食品安全标准和实施食品安全监督管理的科学依据。

经食品安全风险评估,得出食品、食品添加剂、食品相关产品不安全结论的,国务院食品药品监督管理、质量监督等部门应当依据各自职责立即向社会公告,告知消费者停止食用或者使用,并采取相应措施,确保该食品、食品添加剂、食品相关产品停止生产经营;需要制定、修订相关食品安全国家标准的,国务院卫生行政部门应当会同国务院食品药品监督管理部门立即制定、修订。

第二十二条　【食品安全风险警示】国务院食品药品监督管理部门应当会同国务院有关部门,根据食品安全风险评估结果、食品安全监督管理信息,对食品安全状况进行综合分析。对经综合分析表明可能具有较高程度安全风险的食品,国务院食品药品监督管理部门应当及时提出食品安全风险警示,并向社会公布。

第二十三条　【食品安全风险交流】县级以上人民政府食品药品监督管理部门和其他有关部门、食品安全风险评估专家委员会及其技术机构,应当按照科学、客观、及时、公开的原则,组织食品生产经营者、食品检验机构、认证机构、食品行业协会、消费者协会以及新闻媒体等，就食品安全风险评估信息和食品安全监督管理信息进行交流沟通。

第三章 食品安全标准

第二十四条 【制定食品安全标准的原则】制定食品安全标准，应当以保障公众身体健康为宗旨，做到科学合理、安全可靠。

第二十五条 【食品安全标准的强制性】食品安全标准是强制执行的标准。除食品安全标准外，不得制定其他食品强制性标准。

第二十六条 【食品安全标准的内容】食品安全标准应当包括下列内容：

（一）食品、食品添加剂、食品相关产品中的致病性微生物，农药残留、兽药残留、生物毒素、重金属等污染物质以及其他危害人体健康物质的限量规定；

（二）食品添加剂的品种、使用范围、用量；

（三）专供婴幼儿和其他特定人群的主辅食品的营养成分要求；

（四）对与卫生、营养等食品安全要求有关的标签、标志、说明书的要求；

（五）食品生产经营过程的卫生要求；

（六）与食品安全有关的质量要求；

（七）与食品安全有关的食品检验方法与规程；

（八）其他需要制定为食品安全标准的内容。

第二十七条 【食品安全国家标准的制定】食品安全国家标准由国务院卫生行政部门会同国务院食品药品监督管理部门制定、公布，国务院标准化行政部门提供国家标准编号。

食品中农药残留、兽药残留的限量规定及其检验方法与规程由国务院卫生行政部门、国务院农业行政部门会同国务院食品药品监督管理部门制定。

屠宰畜、禽的检验规程由国务院农业行政部门会同国务院卫生行政部门制定。

第二十八条 【食品安全国家标准的制定要求和程序】制定食品安全国家标准，应当依据食品安全风险评估结果并充分考虑食用农产品安全风险评估结果，参照相关的国际标准和国际食品安全风险评估结果，并将食品安全国家标准草案向社会公布，广泛听取食品生产经营者、消费者、有关部门等方面的意见。

食品安全国家标准应当经国务院卫生行政部门组织的食品安全国家标准审评委员会审查通过。食品安全国家标准审评委员会由医学、农业、食品、营养、生物、环境等方面的专家以及国务院有关部门、食品行业协会、消费者协会的代表组成，对食品安全国家标准草案的科学性和实用性等进行审查。

第二十九条 【食品安全地方标准】对地方特色食品，没有食品安全国家标准的，省、自治区、直辖市人民政府卫生行政部门可以制定并公布食品安全地方标准，报国务院卫生行政部门备案。食品安全国家标准制定后，该地方标准即行废止。

第三十条 【食品安全企业标准】国家鼓励食品生产企业制定严于食品安全国家标准或者地方标准的企业标准，在本企业适用，并报省、自治区、直辖市人民政府卫生行政部门备案。

第三十一条 【食品安全标准的公布】省级以上人民政府卫生行政部门应当在其网站上公布制定和备案的食品安全国家标准、地方标准和企业标准，供公众免费查阅、下载。

对食品安全标准执行过程中的问题，县级以上人民政府卫生行政部门应当会同有关部门及时给予指导、解答。

第三十二条 【食品安全标准的跟踪评价】省级以上人民政府卫生行政部门应当会同同级食品药品监督管理、质量监督、农业行政等部门，分别对食品安全国家标准和地方标准的执行情况进行跟踪评价，并根据评价结果及时修订食品安全标准。

省级以上人民政府食品药品监督管理、质量监督、农业行政等部门应当对食品安全标准执行中存在的问题进行收集、汇总，并及时向同级卫生行政部门通报。

食品生产经营者、食品行业协会发现食品安全标准在执行中存在问题的，应当立即向卫生行政部门报告。

第四章 食品生产经营

第一节 一般规定

第三十三条 【食品生产经营要求】食品生产经营应当符合食品安全标准，并符合下列要求：

（一）具有与生产经营的食品品种、数量相适应的食品原料处理和食品加工、包装、贮存等场所，保持该场所环境整洁，并与有毒、有害场所以及其他污染源保持规定的距离；

（二）具有与生产经营的食品品种、数量相适应的生产经营设备或者设施，有相应的消毒、更衣、盥洗、采光、照明、通风、防腐、防尘、防蝇、防鼠、防虫、洗涤以及处理废水、存放垃圾和废弃物的设备或者设施；

（三）有专职或者兼职的食品安全专业技术人员、食品安全管理人员和保证食品安全的规章制度；

（四）具有合理的设备布局和工艺流程，防止待加工食品与直接入口食品、原料与成品交叉污染，避免食品接触有毒物、不洁物；

（五）餐具、饮具和盛放直接入口食品的容器，使用前应当洗净、消毒，炊具、用具用后应当洗净，保持清洁；

（六）贮存、运输和装卸食品的容器、工具和设备应当安全、无害，保持清洁，防止食品污染，并符合保证食品安全所需的温度、湿度等特殊要求，不得将食品与有毒、有害物品一同贮存、运输；

（七）直接入口的食品应当使用无毒、清洁的包装材料、餐具、饮具和容器；

（八）食品生产经营人员应当保持个人卫生，生产经营食品时，应当将手洗净，穿戴清洁的工作衣、帽等；销售无包装的直接入口食品时，应当使用无毒、清洁的容器、售货工具和设备；

（九）用水应当符合国家规定的生活饮用水卫生标准；

（十）使用的洗涤剂、消毒剂应当对人体安全、无害；

（十一）法律、法规规定的其他要求。

非食品生产经营者从事食品贮存、运输和装卸的，应当符合前款第六项的规定。

第三十四条　【禁止生产经营的食品、食品添加剂、食品相关产品】禁止生产经营下列食品、食品添加剂、食品相关产品：

（一）用非食品原料生产的食品或者添加食品添加剂以外的化学物质和其他可能危害人体健康物质的食品，或者用回收食品作为原料生产的食品；

（二）致病性微生物，农药残留、兽药残留、生物毒素、重金属等污染物质以及其他危害人体健康的物质含量超过食品安全标准限量的食品、食品添加剂、食品相关产品；

（三）用超过保质期的食品原料、食品添加剂生产的食品、食品添加剂；

（四）超范围、超限量使用食品添加剂的食品；

（五）营养成分不符合食品安全标准的专供婴幼儿和其他特定人群的主辅食品；

（六）腐败变质、油脂酸败、霉变生虫、污秽不洁、混有异物、掺假掺杂或者感官性状异常的食品、食品添加剂；

（七）病死、毒死或者死因不明的禽、畜、兽、水产动物肉类及其制品；

（八）未按规定进行检疫或者检疫不合格的肉类，或者未经检验或者检验不合格的肉类制品；

（九）被包装材料、容器、运输工具等污染的食品、食品添加剂；

（十）标注虚假生产日期、保质期或者超过保质期的食品、食品添加剂；

（十一）无标签的预包装食品、食品添加剂；

（十二）国家为防病等特殊需要明令禁止生产经营的食品；

（十三）其他不符合法律、法规或者食品安全标准的食品、食品添加剂、食品相关产品。

第三十五条　【食品生产经营许可】国家对食品生产经营实行许可制度。从事食品生产、食品销售、餐饮服务，应当依法取得许可。但是，销售食用农产品，不需要取得许可。

县级以上地方人民政府食品药品监督管理部门应当依照《中华人民共和国行政许可法》的规定，审核申请人提交的本法第三十三条第一款第一项至第四项规定要求的相关资料，必要时对申请人的生产经营场所进行现场核查；对符合规定条件的，准予许可；对不符合规定条件的，不予许可并书面说明理由。

第三十六条　【食品生产加工小作坊和食品摊贩等的管理】食品生产加工小作坊和食品摊贩等从事食品生产经营活动，应当符合本法规定的与其生产经营规模、条件相适应的食品安全要求，保证所生产经营的食品卫生、无毒、无害，食品药品监督管理部门应当对其加强监督管理。

县级以上地方人民政府应当对食品生产加工小作坊、食品摊贩等进行综合治理，加强服务和统一规划，改善其生产经营环境，鼓励和支持其改进生产经营条件，进入集中交易市场、店铺等固定场所经营，或者在指定的临时经营区域、时段经营。

食品生产加工小作坊和食品摊贩等的具体管理办法由省、自治区、直辖市制定。

第三十七条　【“三新”产品许可】利用新的食品原料生产食品，或者生产食品添加剂新品种、食品相关产品新品种，应当向国务院卫生行政部门提交相关产品的安全性评估材料。国务院卫生行政部门应当自收到申请之日起六十日内组织审查；对符合食品安全要求的，准予许可并公布；对不符合食品安全要求的，不予许可并书面说明理由。

第三十八条　【食品中不得添加药品】生产经营的食品中不得添加药品，但是可以添加按照传统既是食品又是中药材的物质。按照传统既是食品又是中药材的物质目录由国务院卫生行政部门会同国务院食品药品监督管理部门制定、公布。

第三十九条　【食品添加剂生产许可】国家对食品添加剂生产实行许可制度。从事食品添加剂生产，应当具有与所生产食品添加剂品种相适应的场所、生产设备或者设施、专业技术人员和管理制度，并依照本法第三十五条第二款规定的程序，取得食品添加剂生产许可。

生产食品添加剂应当符合法律、法规和食品安全国家标准。

第四十条　【食品添加剂允许使用的条件和使用要求】食品添加剂应当在技术上确有必要且经过风险评估证明安全可靠，方可列入允许使用的范围；有关食品安全国家标准应当根据技术必要性和食品安全风险评估结果及时修订。

食品生产经营者应当按照食品安全国家标准使用食品添加剂。

第四十一条　【生产食品相关产品的要求】生产食品相关产品应当符合法律、法规和食品安全国家标准。对直接接触食品的包装材料等具有较高风险的食品相关产品，按照国家有关工业产品生产许可证管理的规定实施生产许可。质量监督部门应当加强对食品相关产品生产活动的监督管理。

第四十二条　【食品安全全程追溯制度】国家建立食品安全全程追溯制度。

食品生产经营者应当依照本法的规定，建立食品安全追溯体系，保证食品可追溯。国家鼓励食品生产经营者采用信息化手段采集、留存生产经营信息,建立食品安全追溯体系。

国务院食品药品监督管理部门会同国务院农业行政等有关部门建立食品安全全程追溯协作机制。

第四十三条 【食品规模化生产和食品安全责任保险】地方各级人民政府应当采取措施鼓励食品规模化生产和连锁经营、配送。

国家鼓励食品生产经营企业参加食品安全责任保险。

第二节 生产经营过程控制

第四十四条 【企业的食品安全管理制度要求】食品生产经营企业应当建立健全食品安全管理制度,对职工进行食品安全知识培训,加强食品检验工作,依法从事生产经营活动。

食品生产经营企业的主要负责人应当落实企业食品安全管理制度,对本企业的食品安全工作全面负责。

食品生产经营企业应当配备食品安全管理人员,加强对其培训和考核。经考核不具备食品安全管理能力的,不得上岗。食品药品监督管理部门应当对企业食品安全管理人员随机进行监督抽查考核并公布考核情况。监督抽查考核不得收取费用。

第四十五条 【从业人员健康管理制度】食品生产经营者应当建立并执行从业人员健康管理制度。患有国务院卫生行政部门规定的有碍食品安全疾病的人员,不得从事接触直接入口食品的工作。

从事接触直接入口食品工作的食品生产经营人员应当每年进行健康检查,取得健康证明后方可上岗工作。

第四十六条 【生产企业实施控制要求】食品生产企业应当就下列事项制定并实施控制要求,保证所生产的食品符合食品安全标准:

(一)原料采购、原料验收、投料等原料控制;

(二)生产工序、设备、贮存、包装等生产关键环节控制;

(三)原料检验、半成品检验、成品出厂检验等检验控制;

(四)运输和交付控制。

第四十七条 【自查制度】食品生产经营者应当建立食品安全自查制度,定期对食品安全状况进行检查评价。生产经营条件发生变化,不再符合食品安全要求的,食品生产经营者应当立即采取整改措施;有发生食品安全事故潜在风险的,应当立即停止食品生产经营活动,并向所在地县级人民政府食品药品监督管理部门报告。

第四十八条 【鼓励食品生产经营企业符合良好生产规范】国家鼓励食品生产经营企业符合良好生产规范要求,实施危害分析与关键控制点体系,提高食品安全管理水平。

对通过良好生产规范、危害分析与关键控制点体系认证的食品生产经营企业,认证机构应当依法实施跟踪调查;对不再符合认证要求的企业,应当依法撤销认证,及时向县级以上人民政府食品药品监督管理部门通报,并向社会公布。认证机构实施跟踪调查不得收取费用。

第四十九条 【农业投入品的使用】食用农产品生产者应当按照食品安全标准和国家有关规定使用农药、肥料、兽药、饲料和饲料添加剂等农业投入品,严格执行农业投入品使用安全间隔期或者休药期的规定,不得使用国家明令禁止的农业投入品。禁止将剧毒、高毒农药用于蔬菜、瓜果、茶叶和中草药材等国家规定的农作物。

食用农产品的生产企业和农民专业合作经济组织应当建立农业投入品使用记录制度。

县级以上人民政府农业行政部门应当加强对农业投入品使用的监督管理和指导,建立健全农业投入品安全使用制度。

第五十条 【食品生产者的进货查验记录制度】食品生产者采购食品原料、食品添加剂、食品相关产品,应当查验供货者的许可证和产品合格证明;对无法提供合格证明的食品原料,应当按照食品安全标准进行检验;不得采购或者使用不符合食品安全标准的食品原料、食品添加剂、食品相关产品。

食品生产企业应当建立食品原料、食品添加剂、食品相关产品进货查验记录制度,如实记录食品原料、食品添加剂、食品相关产品的名称、规格、数量、生产日期或者生产批号、保质期、进货日期以及供货者名称、地址、联系方式等内容,并保存相关凭证。记录和凭证保存期限不得少于产品保质期满后六个月;没有明确保质期的,保存期限不得少于二年。

第五十一条 【食品出厂检验记录制度】食品生产企业应当建立食品出厂检验记录制度,查验出厂食品的检验合格证和安全状况,如实记录食品的名称、规格、数量、生产日期或者生产批号、保质期、检验合格证号、销售日期以及购货者名称、地址、联系方式等内容,并保存相关凭证。记录和凭证保存期限应当符合本法第五十条第二款的规定。

第五十二条 【食品原料、食品添加剂、食品相关产品的质量检验】食品、食品添加剂、食品相关产品的生产者,应当按照食品安全标准对所生产的食品、食品添加剂、食品相关产品进行检验,检验合格后方可出厂或者销售。

第五十三条 【食品经营者的进货查验记录制度】食品经营者采购食品,应当查验供货者的许可证和食品出厂检验合格证或者其他合格证明(以下称合格证明文件)。

食品经营企业应当建立食品进货查验记录制度,如实记录食品的名称、规格、数量、生产日期或者生产批号、保质期、进货日期以及供货者名称、地址、联系方式等内容,并保存相关凭证。记录和凭证保存期限应当符合本法第五十条第二款的规定。

实行统一配送经营方式的食品经营企业,可以由企业总部统一查验供货者的许可证和食品合格证明文件,进行食品进货查验记录。

从事食品批发业务的经营企业应当建立食品销售记录制度,如实记录批发食品的名称、规格、数量、生产日期或者生产批号、保质期、销售日期以及购货者名称、地址、联系方式等内容,并保存相关凭证。记录和凭证保存期限应当符合本法第五十条第二款的规定。

第五十四条　【食品经营者贮存食品的要求】食品经营者应当按照保证食品安全的要求贮存食品,定期检查库存食品,及时清理变质或者超过保质期的食品。

食品经营者贮存散装食品,应当在贮存位置标明食品的名称、生产日期或者生产批号、保质期、生产者名称及联系方式等内容。

第五十五条　【餐饮服务提供者原料控制要求】餐饮服务提供者应当制定并实施原料控制要求,不得采购不符合食品安全标准的食品原料。倡导餐饮服务提供者公开加工过程,公示食品原料及其来源等信息。

餐饮服务提供者在加工过程中应当检查待加工的食品及原料,发现有本法第三十四条第六项规定情形的,不得加工或者使用。

第五十六条　【餐饮服务提供者的食品安全管理】餐饮服务提供者应当定期维护食品加工、贮存、陈列等设施、设备;定期清洗、校验保温设施及冷藏、冷冻设施。

餐饮服务提供者应当按照要求对餐具、饮具进行清洗消毒,不得使用未经清洗消毒的餐具、饮具;餐饮服务提供者委托清洗消毒餐具、饮具的,应当委托符合本法规定条件的餐具、饮具集中消毒服务单位。

第五十七条　【集中用餐单位的要求】学校、托幼机构、养老机构、建筑工地等集中用餐单位的食堂应当严格遵守法律、法规和食品安全标准;从供餐单位订餐的,应当从取得食品生产经营许可的企业订购,并按照要求对订购的食品进行查验。供餐单位应当严格遵守法律、法规和食品安全标准,当餐加工,确保食品安全。

学校、托幼机构、养老机构、建筑工地等集中用餐单位的主管部门应当加强对集中用餐单位的食品安全教育和日常管理,降低食品安全风险,及时消除食品安全隐患。

第五十八条　【餐具、饮具集中消毒服务单位的要求】餐具、饮具集中消毒服务单位应当具备相应的作业场所、清洗消毒设备或者设施,用水和使用的洗涤剂、消毒剂应当符合相关食品安全国家标准和其他国家标准、卫生规范。

餐具、饮具集中消毒服务单位应当对消毒餐具、饮具进行逐批检验,检验合格后方可出厂,并应当随附消毒合格证明。消毒后的餐具、饮具应当在独立包装上标注单位名称、地址、联系方式、消毒日期以及使用期限等内容。

第五十九条　【食品添加剂生产者的出厂检验记录制度】食品添加剂生产者应当建立食品添加剂出厂检验记录制度,查验出厂产品的检验合格证和安全状况,如实记录食品添加剂的名称、规格、数量、生产日期或者生产批号、保质期、检验合格证号、销售日期以及购货者名称、地址、联系方式等相关内容,并保存相关凭证。记录和凭证保存期限应当符合本法第五十条第二款的规定。

第六十条　【食品添加剂经营者的进货查验记录制度】食品添加剂经营者采购食品添加剂,应当依法查验供货者的许可证和产品合格证明文件,如实记录食品添加剂的名称、规格、数量、生产日期或者生产批号、保质期、进货日期以及供货者名称、地址、联系方式等内容,并保存相关凭证。记录和凭证保存期限应当符合本法第五十条第二款的规定。

第六十一条　【集中交易市场等的食品安全管理责任】集中交易市场的开办者、柜台出租者和展销会举办者,应当依法审查入场食品经营者的许可证,明确其食品安全管理责任,定期对其经营环境和条件进行检查,发现其有违反本法规定行为的,应当及时制止并立即报告所在地县级人民政府食品药品监督管理部门。

第六十二条　【网络食品交易第三方平台提供者的义务】网络食品交易第三方平台提供者应当对入网食品经营者进行实名登记,明确其食品安全管理责任;依法应当取得许可证的,还应当审查其许可证。

网络食品交易第三方平台提供者发现入网食品经营者有违反本法规定行为的,应当及时制止并立即报告所在地县级人民政府食品药品监督管理部门;发现严重违法行为的,应当立即停止提供网络交易平台服务。

第六十三条　【食品召回制度】国家建立食品召回制度。食品生产者发现其生产的食品不符合食品安全标准或者有证据证明可能危害人体健康的,应当立即停止生产,召回已经上市销售的食品,通知相关生产经营者和消费者,并记录召回和通知情况。

食品经营者发现其经营的食品有前款规定情形的,应当立即停止经营,通知相关生产经营者和消费者,并记录停止经营和通知情况。食品生产者认为应当召回的,应当立即召回。由于食品经营者的原因造成其经营的食品有前款规定情形的,食品经营者应当召回。

食品生产经营者应当对召回的食品采取无害化处理、销毁等措施,防止其再次流入市场。但是,对因标签、标志或者说明书不符合食品安全标准而被召回的食品,食品生产者在采取补救措施且能保证食品安全的情况下可以继续销售;销售时应当向消费者明示补救措施。

食品生产经营者应当将食品召回和处理情况向所在地县级人民政府食品药品监督管理部门报告;需要对召回的食品进行无害化处理、销毁的,应当提前报告时间、地点。食品药品监督管理部门认为必要的,可以实施现场监督。

食品生产经营者未依照本条规定召回或者停止经营的,县级以上人民政府食品药品监督管理部门可以责令其召回或者停止经营。

第六十四条 【食用农产品批发市场的管理】食用农产品批发市场应当配备检验设备和检验人员或者委托符合本法规定的食品检验机构，对进入该批发市场销售的食用农产品进行抽样检验；发现不符合食品安全标准的，应当要求销售者立即停止销售，并向食品药品监督管理部门报告。

第六十五条 【食用农产品销售者进货查验记录制度】食用农产品销售者应当建立食用农产品进货查验记录制度，如实记录食用农产品的名称、数量、进货日期以及供货者名称、地址、联系方式等内容，并保存相关凭证。记录和凭证保存期限不得少于六个月。

第六十六条 【食用农产品销售环节使用食品添加剂和包装材料的要求】进入市场销售的食用农产品在包装、保鲜、贮存、运输中使用保鲜剂、防腐剂等食品添加剂和包装材料等食品相关产品，应当符合食品安全国家标准。

第三节 标签、说明书和广告

第六十七条 【预包装食品标签】预包装食品的包装上应当有标签。标签应当标明下列事项：

（一）名称、规格、净含量、生产日期；

（二）成分或者配料表；

（三）生产者的名称、地址、联系方式；

（四）保质期；

（五）产品标准代号；

（六）贮存条件；

（七）所使用的食品添加剂在国家标准中的通用名称；

（八）生产许可证编号；

（九）法律、法规或者食品安全标准规定应当标明的其他事项。

专供婴幼儿和其他特定人群的主辅食品，其标签还应当标明主要营养成分及其含量。

食品安全国家标准对标签标注事项另有规定的，从其规定。

第六十八条 【散装食品标注的要求】食品经营者销售散装食品，应当在散装食品的容器、外包装上标明食品的名称、生产日期或者生产批号、保质期以及生产经营者名称、地址、联系方式等内容。

第六十九条 【转基因食品的标示】生产经营转基因食品应当按照规定显著标示。

第七十条 【食品添加剂标签、说明书和包装的要求】食品添加剂应当有标签、说明书和包装。标签、说明书应当载明本法第六十七条第一款第一项至第六项、第八项、第九项规定的事项，以及食品添加剂的使用范围、用量、使用方法，并在标签上载明“食品添加剂”字样。

第七十一条 【标签、说明书的真实性要求】食品和食品添加剂的标签、说明书，不得含有虚假内容，不得涉及疾病预防、治疗功能。生产经营者对其提供的标签、说明书的内容负责。

食品和食品添加剂的标签、说明书应当清楚、明显，生产日期、保质期等事项应当显著标注，容易辨识。

食品和食品添加剂与其标签、说明书的内容不符的，不得上市销售。

第七十二条 【预包装食品的销售要求】食品经营者应当按照食品标签标示的警示标志、警示说明或者注意事项的要求销售食品。

第七十三条 【食品广告要求】食品广告的内容应当真实合法，不得含有虚假内容，不得涉及疾病预防、治疗功能。食品生产经营者对食品广告内容的真实性、合法性负责。

县级以上人民政府食品药品监督管理部门和其他有关部门以及食品检验机构、食品行业协会不得以广告或者其他形式向消费者推荐食品。消费者组织不得以收取费用或者其他牟取利益的方式向消费者推荐食品。

第四节 特殊食品

第七十四条 【特殊食品严格监管原则】国家对保健食品、特殊医学用途配方食品和婴幼儿配方食品等特殊食品实行严格监督管理。

第七十五条 【保健食品原料目录和功能目录】保健食品声称保健功能，应当具有科学依据，不得对人体产生急性、亚急性或者慢性危害。

保健食品原料目录和允许保健食品声称的保健功能目录，由国务院食品药品监督管理部门会同国务院卫生行政部门、国家中医药管理部门制定、调整并公布。

保健食品原料目录应当包括原料名称、用量及其对应的功效；列入保健食品原料目录的原料只能用于保健食品生产，不得用于其他食品生产。

第七十六条 【保健食品注册和备案制度】使用保健食品原料目录以外原料的保健食品和首次进口的保健食品应当经国务院食品药品监督管理部门注册。但是，首次进口的保健食品中属于补充维生素、矿物质等营养物质的，应当报国务院食品药品监督管理部门备案。其他保健食品应当报省、自治区、直辖市人民政府食品药品监督管理部门备案。

进口的保健食品应当是出口国（地区）主管部门准许上市销售的产品。

第七十七条 【保健食品注册和备案的材料】依法应当注册的保健食品，注册时应当提交保健食品的研发报告、产品配方、生产工艺、安全性和保健功能评价、标签、说明书等材料及样品，并提供相关证明文件。国务院食品药品监督管理部门经组织技术审评，对符合安全和功能声称要求的，准予注册；对不符合要求的，不予注册并书面说明理由。对使用保健食品原料目录以外原料的保健食品作出准予注册决定的，应当及时将该原料纳入保健食品原料目录。

依法应当备案的保健食品，备案时应当提交产品配方、生产工艺、标签、说明书以及表明产品安全性和保健功能的材料。

第七十八条　【保健食品标签和说明书】保健食品的标签、说明书不得涉及疾病预防、治疗功能,内容应当真实,与注册或者备案的内容相一致,载明适宜人群、不适宜人群、功效成分或者标志性成分及其含量等,并声明"本品不能代替药物"。保健食品的功能和成分应当与标签、说明书相一致。

第七十九条　【保健食品广告】保健食品广告除应当符合本法第七十三条第一款的规定外,还应当声明"本品不能代替药物";其内容应当经生产企业所在地省、自治区、直辖市人民政府食品药品监督管理部门审查批准,取得保健食品广告批准文件。省、自治区、直辖市人民政府食品药品监督管理部门应当公布并及时更新已经批准的保健食品广告目录以及批准的广告内容。

第八十条　【特殊医学用途配方食品】特殊医学用途配方食品应当经国务院食品药品监督管理部门注册。注册时,应当提交产品配方、生产工艺、标签、说明书以及表明产品安全性、营养充足性和特殊医学用途临床效果的材料。

特殊医学用途配方食品广告适用《中华人民共和国广告法》和其他法律、行政法规关于药品广告管理的规定。

第八十一条　【婴幼儿配方食品】婴幼儿配方食品生产企业应当实施从原料进厂到成品出厂的全过程质量控制,对出厂的婴幼儿配方食品实施逐批检验,保证食品安全。

生产婴幼儿配方食品使用的生鲜乳、辅料等食品原料、食品添加剂等,应当符合法律、行政法规的规定和食品安全国家标准,保证婴幼儿生长发育所需的营养成分。

婴幼儿配方食品生产企业应当将食品原料、食品添加剂、产品配方及标签等事项向省、自治区、直辖市人民政府食品药品监督管理部门备案。

婴幼儿配方乳粉的产品配方应当经国务院食品药品监督管理部门注册。注册时,应当提交配方研发报告和其他表明配方科学性、安全性的材料。

不得以分装方式生产婴幼儿配方乳粉,同一企业不得用同一配方生产不同品牌的婴幼儿配方乳粉。

第八十二条　【材料的真实性和保密等要求】保健食品、特殊医学用途配方食品、婴幼儿配方乳粉的注册人或者备案人应当对其提交材料的真实性负责。

省级以上人民政府食品药品监督管理部门应当及时公布注册或者备案的保健食品、特殊医学用途配方食品、婴幼儿配方乳粉目录,并对注册或者备案中获知的企业商业秘密予以保密。

保健食品、特殊医学用途配方食品、婴幼儿配方乳粉生产企业应当按照注册或者备案的产品配方、生产工艺等技术要求组织生产。

第八十三条　【特殊食品生产质量管理体系】生产保健食品,特殊医学用途配方食品、婴幼儿配方食品和其他专供特定人群的主辅食品的企业,应当按照良好生产规范的要求建立与所生产食品相适应的生产质量管理体系,定期对该体系的运行情况进行自查,保证其有效运行,并向所在地县级人民政府食品药品监督管理部门提交自查报告。

第五章　食品检验

第八十四条　【食品检验机构】食品检验机构按照国家有关认证认可的规定取得资质认定后,方可从事食品检验活动。但是,法律另有规定的除外。

食品检验机构的资质认定条件和检验规范,由国务院食品药品监督管理部门规定。

符合本法规定的食品检验机构出具的检验报告具有同等效力。

县级以上人民政府应当整合食品检验资源,实现资源共享。

第八十五条　【食品检验人】食品检验由食品检验机构指定的检验人独立进行。

检验人应当依照有关法律、法规的规定,并按照食品安全标准和检验规范对食品进行检验,尊重科学,恪守职业道德,保证出具的检验数据和结论客观、公正,不得出具虚假检验报告。

第八十六条　【检验机构与检验人负责制】食品检验实行食品检验机构与检验人负责制。食品检验报告应当加盖食品检验机构公章,并有检验人的签名或者盖章。食品检验机构和检验人对出具的食品检验报告负责。

第八十七条　【监督抽检】县级以上人民政府食品药品监督管理部门应当对食品进行定期或者不定期的抽样检验,并依据有关规定公布检验结果,不得免检。进行抽样检验,应当购买抽取的样品,委托符合本法规定的食品检验机构进行检验,并支付相关费用;不得向食品生产经营者收取检验费和其他费用。

第八十八条　【复检】对依照本法规定实施的检验结论有异议的,食品生产经营者可以自收到检验结论之日起七个工作日内向实施抽样检验的食品药品监督管理部门或者其上一级食品药品监督管理部门提出复检申请,由受理复检申请的食品药品监督管理部门在公布的复检机构名录中随机确定复检机构进行复检。复检机构出具的复检结论为最终检验结论。复检机构与初检机构不得为同一机构。复检机构名录由国务院认证认可监督管理、食品药品监督管理、卫生行政、农业行政等部门共同公布。

采用国家规定的快速检测方法对食用农产品进行抽查检测,被抽查人对检测结果有异议的,可以自收到检测结果时起四小时内申请复检。复检不得采用快速检测方法。

第八十九条　【自行检验和委托检验】食品生产企业可以自行对所生产的食品进行检验,也可以委托符合本法规定的食品检验机构进行检验。

食品行业协会和消费者协会等组织、消费者需要委托食品检验机构对食品进行检验的，应当委托符合本法规定的食品检验机构进行。

第九十条 【食品添加剂检验】食品添加剂的检验，适用本法有关食品检验的规定。

第六章 食品进出口

第九十一条 【进出口食品安全的监督管理部门】国家出入境检验检疫部门对进出口食品安全实施监督管理。

第九十二条 【进口食品、食品添加剂、食品相关产品的要求】进口的食品、食品添加剂、食品相关产品应当符合我国食品安全国家标准。

进口的食品、食品添加剂应当经出入境检验检疫机构依照进出口商品检验相关法律、行政法规的规定检验合格。

进口的食品、食品添加剂应当按照国家出入境检验检疫部门的要求随附合格证明材料。

第九十三条 【进口尚无食品安全国家标准食品等的程序】进口尚无食品安全国家标准的食品，由境外出口商、境外生产企业或者其委托的进口商向国务院卫生行政部门提交所执行的相关国家（地区）标准或者国际标准。国务院卫生行政部门对相关标准进行审查，认为符合食品安全要求的，决定暂予适用，并及时制定相应的食品安全国家标准。进口利用新的食品原料生产的食品或者进口食品添加剂新品种、食品相关产品新品种，依照本法第三十七条的规定办理。

出入境检验检疫机构按照国务院卫生行政部门的要求，对前款规定的食品、食品添加剂、食品相关产品进行检验。检验结果应当公开。

第九十四条 【境外出口商、境外生产企业、进口商的义务】境外出口商、境外生产企业应当保证向我国出口的食品、食品添加剂、食品相关产品符合本法以及我国其他有关法律、行政法规的规定和食品安全国家标准的要求，并对标签、说明书的内容负责。

进口商应当建立境外出口商、境外生产企业审核制度，重点审核前款规定的内容；审核不合格的，不得进口。

发现进口食品不符合我国食品安全国家标准或者有证据证明可能危害人体健康的，进口商应当立即停止进口，并依照本法第六十三条的规定召回。

第九十五条 【进口食品、食品添加剂、食品相关产品风险的应对措施】境外发生的食品安全事件可能对我国境内造成影响，或者在进口食品、食品添加剂、食品相关产品中发现严重食品安全问题的，国家出入境检验检疫部门应当及时采取风险预警或者控制措施，并向国务院食品药品监督管理、卫生行政、农业行政部门通报。接到通报的部门应当及时采取相应措施。

县级以上人民政府食品药品监督管理部门对国内市场上销售的进口食品、食品添加剂实施监督管理。发现存在严重食品安全问题的，国务院食品药品监督管理部门应当及时向国家出入境检验检疫部门通报。国家出入境检验检疫部门应当及时采取相应措施。

第九十六条 【境外出口商、代理商、进口商和境外食品生产企业的备案与注册】向我国境内出口食品的境外出口商或者代理商、进口食品的进口商应当向国家出入境检验检疫部门备案。向我国境内出口食品的境外食品生产企业应当经国家出入境检验检疫部门注册。已经注册的境外食品生产企业提供虚假材料，或者因其自身的原因致使进口食品发生重大食品安全事故的，国家出入境检验检疫部门应当撤销注册并公告。

国家出入境检验检疫部门应当定期公布已经备案的境外出口商、代理商、进口商和已经注册的境外食品生产企业名单。

第九十七条 【进口预包装食品、食品添加剂的标签、说明书】进口的预包装食品、食品添加剂应当有中文标签；依法应当有说明书的，还应当有中文说明书。标签、说明书应当符合本法以及我国其他有关法律、行政法规的规定和食品安全国家标准的要求，并载明食品的原产地以及境内代理商的名称、地址、联系方式。预包装食品没有中文标签、中文说明书或者标签、说明书不符合本条规定的，不得进口。

第九十八条 【食品、食品添加剂的进口和销售记录制度】进口商应当建立食品、食品添加剂进口和销售记录制度，如实记录食品、食品添加剂的名称、规格、数量、生产日期、生产或者进口批号、保质期、境外出口商和购货者名称、地址及联系方式、交货日期等内容，并保存相关凭证。记录和凭证保存期限应当符合本法第五十条第二款的规定。

第九十九条 【出口食品的监督管理】出口食品生产企业应当保证其出口食品符合进口国（地区）的标准或者合同要求。

出口食品生产企业和出口食品原料种植、养殖场应当向国家出入境检验检疫部门备案。

第一百条 【进出口食品安全信息及信用管理】国家出入境检验检疫部门应当收集、汇总下列进出口食品安全信息，并及时通报相关部门、机构和企业：

（一）出入境检验检疫机构对进出口食品实施检验检疫发现的食品安全信息；

（二）食品行业协会和消费者协会等组织、消费者反映的进口食品安全信息；

（三）国际组织、境外政府机构发布的风险预警信息及其他食品安全信息，以及境外食品行业协会等组织、消费者反映的食品安全信息；

（四）其他食品安全信息。

国家出入境检验检疫部门应当对进出口食品的进口商、出口商和出口食品生产企业实施信用管理，建立信用记录,并依法向社会公布。对有不良记录的进口商、出口商和出口食品生产企业,应当加强对其进出口食品的检验检疫。

第一百零一条 【国家出入境检验检疫部门的评估和审查职责】国家出入境检验检疫部门可以对向我国境内出口食品的国家(地区)的食品安全管理体系和食品安全状况进行评估和审查,并根据评估和审查结果,确定相应检验检疫要求。

第七章 食品安全事故处置

第一百零二条 【食品安全事故应急预案】国务院组织制定国家食品安全事故应急预案。

县级以上地方人民政府应当根据有关法律、法规的规定和上级人民政府的食品安全事故应急预案以及本行政区域的实际情况,制定本行政区域的食品安全事故应急预案,并报上一级人民政府备案。

食品安全事故应急预案应当对食品安全事故分级、事故处置组织指挥体系与职责、预防预警机制、处置程序、应急保障措施等作出规定。

食品生产经营企业应当制定食品安全事故处置方案,定期检查本企业各项食品安全防范措施的落实情况,及时消除事故隐患。

第一百零三条 【应急处置、报告、通报】发生食品安全事故的单位应当立即采取措施,防止事故扩大。事故单位和接收病人进行治疗的单位应当及时向事故发生地县级人民政府食品药品监督管理、卫生行政部门报告。

县级以上人民政府质量监督、农业行政等部门在日常监督管理中发现食品安全事故或者接到事故举报,应当立即向同级食品药品监督管理部门通报。

发生食品安全事故,接到报告的县级人民政府食品药品监督管理部门应当按照应急预案的规定向本级人民政府和上级人民政府食品药品监督管理部门报告。县级人民政府和上级人民政府食品药品监督管理部门应当按照应急预案的规定上报。

任何单位和个人不得对食品安全事故隐瞒、谎报、缓报,不得隐匿、伪造、毁灭有关证据。

第一百零四条 【医疗机构报告】医疗机构发现其接收的病人属于食源性疾病病人或者疑似病人的,应当按照规定及时将相关信息向所在地县级人民政府卫生行政部门报告。县级人民政府卫生行政部门认为与食品安全有关的,应当及时通报同级食品药品监督管理部门。

县级以上人民政府卫生行政部门在调查处理传染病或者其他突发公共卫生事件中发现与食品安全相关的信息,应当及时通报同级食品药品监督管理部门。

第一百零五条 【防止、减轻社会危害的措施】县级以上人民政府食品药品监督管理部门接到食品安全事故的报告后,应当立即会同同级卫生行政、质量监督、农业行政等部门进行调查处理,并采取下列措施,防止或者减轻社会危害:

(一)开展应急救援工作,组织救治因食品安全事故导致人身伤害的人员;

(二)封存可能导致食品安全事故的食品及其原料,并立即进行检验;对确认属于被污染的食品及其原料,责令食品生产经营者依照本法第六十三条的规定召回或者停止经营;

(三)封存被污染的食品相关产品,并责令进行清洗消毒;

(四)做好信息发布工作,依法对食品安全事故及其处理情况进行发布,并对可能产生的危害加以解释、说明。

发生食品安全事故需要启动应急预案的,县级以上人民政府应当立即成立事故处置指挥机构,启动应急预案,依照前款和应急预案的规定进行处置。

发生食品安全事故,县级以上疾病预防控制机构应当对事故现场进行卫生处理,并对与事故有关的因素开展流行病学调查,有关部门应当予以协助。县级以上疾病预防控制机构应当向同级食品药品监督管理、卫生行政部门提交流行病学调查报告。

第一百零六条 【事故责任调查】发生食品安全事故,设区的市级以上人民政府食品药品监督管理部门应当立即会同有关部门进行事故责任调查,督促有关部门履行职责,向本级人民政府和上一级人民政府食品药品监督管理部门提出事故责任调查处理报告。

涉及两个以上省、自治区、直辖市的重大食品安全事故由国务院食品药品监督管理部门依照前款规定组织事故责任调查。

第一百零七条 【事故责任调查原则、主要任务】调查食品安全事故,应当坚持实事求是、尊重科学的原则,及时、准确查清事故性质和原因,认定事故责任,提出整改措施。

调查食品安全事故,除了查明事故单位的责任,还应当查明有关监督管理部门、食品检验机构、认证机构及其工作人员的责任。

第一百零八条 【调查部分的权力】食品安全事故调查部门有权向有关单位和个人了解与事故有关的情况,并要求提供相关资料和样品。有关单位和个人应当予以配合,按照要求提供相关资料和样品,不得拒绝。

任何单位和个人不得阻挠、干涉食品安全事故的调查处理。

第八章 监督管理

第一百零九条 【食品安全风险分级管理】县级以上人民政府食品药品监督管理、质量监督部门根据食品安全风险监测、风险评估结果和食品安全状况等,确定监督管理的重点、方式和频次,实施风险分级管理。

县级以上地方人民政府组织本级食品药品监督管理、质量监督、农业行政等部门制定本行政区域的食品安全年度监督管理计划,向社会公布并组织实施。

食品安全年度监督管理计划应当将下列事项作为监督管理的重点:

(一)专供婴幼儿和其他特定人群的主辅食品;

(二)保健食品生产过程中的添加行为和按照注册或者备案的技术要求组织生产的情况,保健食品标签、说明书以及宣传材料中有关功能宣传的情况;

(三)发生食品安全事故风险较高的食品生产经营者;

(四)食品安全风险监测结果表明可能存在食品安全隐患的事项。

第一百一十条 【食品安全监督检查措施】县级以上人民政府食品药品监督管理、质量监督部门履行各自食品安全监督管理职责,有权采取下列措施,对生产经营者遵守本法的情况进行监督检查:

(一)进入生产经营场所实施现场检查;

(二)对生产经营的食品、食品添加剂、食品相关产品进行抽样检验;

(三)查阅、复制有关合同、票据、账簿以及其他有关资料;

(四)查封、扣押有证据证明不符合食品安全标准或者有证据证明存在安全隐患以及用于违法生产经营的食品、食品添加剂、食品相关产品;

(五)查封违法从事生产经营活动的场所。

第一百一十一条 【临时限量值和临时检验方法】对食品安全风险评估结果证明食品存在安全隐患,需要制定、修订食品安全标准的,在制定、修订食品安全标准前,国务院卫生行政部门应当及时会同国务院有关部门规定食品中有害物质的临时限量值和临时检验方法,作为生产经营和监督管理的依据。

第一百一十二条 【快速检测】县级以上人民政府食品药品监督管理部门在食品安全监督管理工作中可以采用国家规定的快速检测方法对食品进行抽查检测。

对抽查检测结果表明可能不符合食品安全标准的食品,应当依照本法第八十七条的规定进行检验。抽查检测结果确定有关食品不符合食品安全标准的,可以作为行政处罚的依据。

第一百一十三条 【食品安全信用档案】县级以上人民政府食品药品监督管理部门应当建立食品生产经营者食品安全信用档案,记录许可颁发、日常监督检查结果、违法行为查处等情况,依法向社会公布并实时更新;对有不良信用记录的食品生产经营者增加监督检查频次,对违法行为情节严重的食品生产经营者,可以通报投资主管部门、证券监督管理机构和有关的金融机构。

第一百一十四条 【对食品生产经营者进行责任约谈】食品生产经营过程中存在食品安全隐患,未及时采取措施消除的,县级以上人民政府食品药品监督管理部门可以对食品生产经营者的法定代表人或者主要负责人进行责任约谈。食品生产经营者应当立即采取措施,进行整改,消除隐患。责任约谈情况和整改情况应当纳入食品生产经营者食品安全信用档案。

第一百一十五条 【有奖举报】县级以上人民政府食品药品监督管理、质量监督等部门应当公布本部门的电子邮件地址或者电话,接受咨询、投诉、举报。接到咨询、投诉、举报,对属于本部门职责的,应当受理并在法定期限内及时答复、核实、处理;对不属于本部门职责的,应当移交有权处理的部门并书面通知咨询、投诉、举报人。有权处理的部门应当在法定期限内及时处理,不得推诿。对查证属实的举报,给予举报人奖励。

有关部门应当对举报人的信息予以保密,保护举报人的合法权益。举报人举报所在企业的,该企业不得以解除、变更劳动合同或者其他方式对举报人进行打击报复。

第一百一十六条 【加强食品安全执法人员管理】县级以上人民政府食品药品监督管理、质量监督等部门应当加强对执法人员食品安全法律、法规、标准和专业知识与执法能力等的培训,并组织考核。不具备相应知识和能力的,不得从事食品安全执法工作。

食品生产经营者、食品行业协会、消费者协会等发现食品安全执法人员在执法过程中有违反法律、法规规定的行为以及不规范执法行为的,可以向本级或者上级人民政府食品药品监督管理、质量监督等部门或者监察机关投诉、举报。接到投诉、举报的部门或者机关应当进行核实,并将经核实的情况向食品安全执法人员所在部门通报;涉嫌违法违纪的,按照本法和有关规定处理。

第一百一十七条 【对食品安全监管部门等进行责任约谈】县级以上人民政府食品药品监督管理等部门未及时发现食品安全系统性风险,未及时消除监督管理区域内的食品安全隐患的,本级人民政府可以对其主要负责人进行责任约谈。

地方人民政府未履行食品安全职责,未及时消除区域性重大食品安全隐患的,上级人民政府可以对其主要负责人进行责任约谈。

被约谈的食品药品监督管理等部门、地方人民政府应当立即采取措施,对食品安全监督管理工作进行整改。

责任约谈情况和整改情况应当纳入地方人民政府和有关部门食品安全监督管理工作评议、考核记录。

第一百一十八条 【食品安全信息统一公布】国家建立统一的食品安全信息平台,实行食品安全信息统一公布制度。国家食品安全总体情况、食品安全风险警示信息、重大食品安全事故及其调查处理信息和国务院确定需要统一公布的其他信息由国务院食品药品监督管理部门统一公布。食品安全风险警示信息和重大食品安全事故及其调查处理信息的影响限于特定区域的,也可以由有关省、自治区、直辖市人民政府食品药品监督管理部门公布。未经授权不得发布上述信息。

县级以上人民政府食品药品监督管理、质量监督、农业行政部门依据各自职责公布食品安全日常监督管理信息。

公布食品安全信息,应当做到准确、及时,并进行必要的解释说明,避免误导消费者和社会舆论。

第一百一十九条　【食品安全信息的报告、通报制度】县级以上地方人民政府食品药品监督管理、卫生行政、质量监督、农业行政部门获知本法规定需要统一公布的信息,应当向上级主管部门报告,由上级主管部门立即报告国务院食品药品监督管理部门;必要时,可以直接向国务院食品药品监督管理部门报告。

县级以上人民政府食品药品监督管理、卫生行政、质量监督、农业行政部门应当相互通报获知的食品安全信息。

第一百二十条　【不得编造、散布虚假食品安全信息】任何单位和个人不得编造、散布虚假食品安全信息。

县级以上人民政府食品药品监督管理部门发现可能误导消费者和社会舆论的食品安全信息,应当立即组织有关部门、专业机构、相关食品生产经营者等进行核实、分析,并及时公布结果。

第一百二十一条　【涉嫌食品安全犯罪案件处理】县级以上人民政府食品药品监督管理、质量监督等部门发现涉嫌食品安全犯罪的,应当按照有关规定及时将案件移送公安机关。对移送的案件,公安机关应当及时审查;认为有犯罪事实需要追究刑事责任的,应当立案侦查。

公安机关在食品安全犯罪案件侦查过程中认为没有犯罪事实,或者犯罪事实显著轻微,不需要追究刑事责任,但依法应当追究行政责任的,应当及时将案件移送食品药品监督管理、质量监督等部门和监察机关,有关部门应当依法处理。

公安机关商请食品药品监督管理、质量监督、环境保护等部门提供检验结论、认定意见以及对涉案物品进行无害化处理等协助的,有关部门应当及时提供,予以协助。

第九章　法律责任

第一百二十二条　【未经许可从事食品生产经营活动等的法律责任】违反本法规定,未取得食品生产经营许可从事食品生产经营活动,或者未取得食品添加剂生产许可从事食品添加剂生产活动的,由县级以上人民政府食品药品监督管理部门没收违法所得和违法生产经营的食品、食品添加剂以及用于违法生产经营的工具、设备、原料等物品;违法生产经营的食品、食品添加剂货值金额不足一万元的,并处五万元以上十万元以下罚款;货值金额一万元以上的,并处货值金额十倍以上二十倍以下罚款。

明知从事前款规定的违法行为,仍为其提供生产经营场所或者其他条件的,由县级以上人民政府食品药品监督管理部门责令停止违法行为,没收违法所得,并处五万元以上十万元以下罚款;使消费者的合法权益受到损害的,应当与食品、食品添加剂生产经营者承担连带责任。

第一百二十三条　【八类最严重违法食品生产经营行为的法律责任】违反本法规定,有下列情形之一,尚不构成犯罪的,由县级以上人民政府食品药品监督管理部门没收违法所得和违法生产经营的食品,并可以没收用于违法生产经营的工具、设备、原料等物品;违法生产经营的食品货值金额不足一万元的,并处十万元以上十五万元以下罚款;货值金额一万元以上的,并处货值金额十五倍以上三十倍以下罚款;情节严重的,吊销许可证,并可以由公安机关对其直接负责的主管人员和其他直接责任人员处五日以上十五日以下拘留:

(一)用非食品原料生产食品、在食品中添加食品添加剂以外的化学物质和其他可能危害人体健康的物质,或者用回收食品作为原料生产食品,或者经营上述食品;

(二)生产经营营养成分不符合食品安全标准的专供婴幼儿和其他特定人群的主辅食品;

(三)经营病死、毒死或者死因不明的禽、畜、兽、水产动物肉类,或者生产经营其制品;

(四)经营未按规定进行检疫或者检疫不合格的肉类,或者生产经营未经检验或者检验不合格的肉类制品;

(五)生产经营国家为防病等特殊需要明令禁止生产经营的食品;

(六)生产经营添加药品的食品。

明知从事前款规定的违法行为,仍为其提供生产经营场所或者其他条件的,由县级以上人民政府食品药品监督管理部门责令停止违法行为,没收违法所得,并处十万元以上二十万元以下罚款;使消费者的合法权益受到损害的,应当与食品生产经营者承担连带责任。

违法使用剧毒、高毒农药的,除依照有关法律、法规规定给予处罚外,可以由公安机关依照第一款规定给予拘留。

第一百二十四条　【十一类违法生产经营行为的法律责任】违反本法规定,有下列情形之一,尚不构成犯罪的,由县级以上人民政府食品药品监督管理部门没收违法所得和违法生产经营的食品、食品添加剂,并可以没收用于违法生产经营的工具、设备、原料等物品;违法生产经营的食品、食品添加剂货值金额不足一万元的,并处五万元以上十万元以下罚款;货值金额一万元以上的,并处货值金额十倍以上二十倍以下罚款;情节严重的,吊销许可证:

(一)生产经营致病性微生物,农药残留、兽药残留、生物毒素、重金属等污染物质以及其他危害人体健康的物质含量超过食品安全标准限量的食品、食品添加剂;

(二)用超过保质期的食品原料、食品添加剂生产食品、食品添加剂,或者经营上述食品、食品添加剂;

(三)生产经营超范围、超限量使用食品添加剂的食品;

（四）生产经营腐败变质、油脂酸败、霉变生虫、污秽不洁、混有异物、掺假掺杂或者感官性状异常的食品、食品添加剂；

（五）生产经营标注虚假生产日期、保质期或者超过保质期的食品、食品添加剂；

（六）生产经营未按规定注册的保健食品、特殊医学用途配方食品、婴幼儿配方乳粉，或者未按注册的产品配方、生产工艺等技术要求组织生产；

（七）以分装方式生产婴幼儿配方乳粉，或者同一企业以同一配方生产不同品牌的婴幼儿配方乳粉；

（八）利用新的食品原料生产食品，或者生产食品添加剂新品种，未通过安全性评估；

（九）食品生产经营者在食品药品监督管理部门责令其召回或者停止经营后，仍拒不召回或者停止经营。

除前款和本法第一百二十三条、第一百二十五条规定的情形外，生产经营不符合法律、法规或者食品安全标准的食品、食品添加剂的，依照前款规定给予处罚。

生产食品相关产品新品种，未通过安全性评估，或者生产不符合食品安全标准的食品相关产品的，由县级以上人民政府质量监督部门依照第一款规定给予处罚。

第一百二十五条 【四类违法生产经营行为的法律责任】违反本法规定，有下列情形之一的，由县级以上人民政府食品药品监督管理部门没收违法所得和违法生产经营的食品、食品添加剂，并可以没收用于违法生产经营的工具、设备、原料等物品；违法生产经营的食品、食品添加剂货值金额不足一万元的，并处五千元以上五万元以下罚款；货值金额一万元以上的，并处货值金额五倍以上十倍以下罚款；情节严重的，责令停产停业，直至吊销许可证：

（一）生产经营被包装材料、容器、运输工具等污染的食品、食品添加剂；

（二）生产经营无标签的预包装食品、食品添加剂或者标签、说明书不符合本法规定的食品、食品添加剂；

（三）生产经营转基因食品未按规定进行标示；

（四）食品生产经营者采购或者使用不符合食品安全标准的食品原料、食品添加剂、食品相关产品。

生产经营的食品、食品添加剂的标签、说明书存在瑕疵但不影响食品安全且不会对消费者造成误导的，由县级以上人民政府食品药品监督管理部门责令改正；拒不改正的，处二千元以下罚款。

第一百二十六条 【生产经营过程违法行为的法律责任】违反本法规定，有下列情形之一的，由县级以上人民政府食品药品监督管理部门责令改正，给予警告；拒不改正的，处五千元以上五万元以下罚款；情节严重的，责令停产停业，直至吊销许可证：

（一）食品、食品添加剂生产者未按规定对采购的食品原料和生产的食品、食品添加剂进行检验；

（二）食品生产经营企业未按规定建立食品安全管理制度，或者未按规定配备或者培训、考核食品安全管理人员；

（三）食品、食品添加剂生产经营者进货时未查验许可证和相关证明文件，或者未按规定建立并遵守进货查验记录、出厂检验记录和销售记录制度；

（四）食品生产经营企业未制定食品安全事故处置方案；

（五）餐具、饮具和盛放直接入口食品的容器，使用前未经洗净、消毒或者清洗消毒不合格，或者餐饮服务设施、设备未按规定定期维护、清洗、校验；

（六）食品生产经营者安排未取得健康证明或者患有国务院卫生行政部门规定的有碍食品安全疾病的人员从事接触直接入口食品的工作；

（七）食品经营者未按规定要求销售食品；

（八）保健食品生产企业未按规定向食品药品监督管理部门备案，或者未按备案的产品配方、生产工艺等技术要求组织生产；

（九）婴幼儿配方食品生产企业未将食品原料、食品添加剂、产品配方、标签等向食品药品监督管理部门备案；

（十）特殊食品生产企业未按规定建立生产质量管理体系并有效运行，或者未定期提交自查报告；

（十一）食品生产经营者未定期对食品安全状况进行检查评价，或者生产经营条件发生变化，未按规定处理；

（十二）学校、托幼机构、养老机构、建筑工地等集中用餐单位未按规定履行食品安全管理责任；

（十三）食品生产企业、餐饮服务提供者未按规定制定、实施生产经营过程控制要求。

餐具、饮具集中消毒服务单位违反本法规定用水，使用洗涤剂、消毒剂，或者出厂的餐具、饮具未按规定检验合格并随附消毒合格证明，或者未按规定在独立包装上标注相关内容的，由县级以上人民政府卫生行政部门依照前款规定给予处罚。

食品相关产品生产者未按规定对生产的食品相关产品进行检验的，由县级以上人民政府质量监督部门依照第一款规定给予处罚。

食用农产品销售者违反本法第六十五条规定的，由县级以上人民政府食品药品监督管理部门依照第一款规定给予处罚。

第一百二十七条 【食品生产加工小作坊、食品摊贩等的违法行为如何处罚】对食品生产加工小作坊、食品摊贩等的违法行为的处罚，依照省、自治区、直辖市制定的具体管理办法执行。

第一百二十八条 【事故单位违法行为的法律责任】违反本法规定，事故单位在发生食品安全事故后未进行处置、报告的，由有关主管部门按照各自职责分工责令改正，给予警告；隐匿、伪造、毁灭有关证据的，责令停产停业，没收违法所得，并处十万元以上五十万元以下罚款；造成严重后果的,吊销许可证。

第一百二十九条　【进出口违法行为的法律责任】违反本法规定,有下列情形之一的,由出入境检验检疫机构依照本法第一百二十四条的规定给予处罚:

(一)提供虚假材料,进口不符合我国食品安全国家标准的食品、食品添加剂、食品相关产品;

(二)进口尚无食品安全国家标准的食品,未提交所执行的标准并经国务院卫生行政部门审查,或者进口利用新的食品原料生产的食品或者进口食品添加剂新品种、食品相关产品新品种,未通过安全性评估;

(三)未遵守本法的规定出口食品;

(四)进口商在有关主管部门责令其依照本法规定召回进口的食品后,仍拒不召回。

违反本法规定,进口商未建立并遵守食品、食品添加剂进口和销售记录制度、境外出口商或者生产企业审核制度的,由出入境检验检疫机构依照本法第一百二十六条的规定给予处罚。

第一百三十条　【集中交易市场违法行为的法律责任】违反本法规定,集中交易市场的开办者、柜台出租者、展销会的举办者允许未依法取得许可的食品经营者进入市场销售食品,或者未履行检查、报告等义务的,由县级以上人民政府食品药品监督管理部门责令改正,没收违法所得,并处五万元以上二十万元以下罚款;造成严重后果的,责令停业,直至由原发证部门吊销许可证;使消费者的合法权益受到损害的,应当与食品经营者承担连带责任。

食用农产品批发市场违反本法第六十四条规定的,依照前款规定承担责任。

第一百三十一条　【网络食品交易违法行为的法律责任】违反本法规定,网络食品交易第三方平台提供者未对入网食品经营者进行实名登记、审查许可证,或者未履行报告、停止提供网络交易平台服务等义务的,由县级以上人民政府食品药品监督管理部门责令改正,没收违法所得,并处五万元以上二十万元以下罚款;造成严重后果的,责令停业,直至由原发证部门吊销许可证;使消费者的合法权益受到损害的,应当与食品经营者承担连带责任。

消费者通过网络食品交易第三方平台购买食品,其合法权益受到损害的,可以向入网食品经营者或者食品生产者要求赔偿。网络食品交易第三方平台提供者不能提供入网食品经营者的真实名称、地址和有效联系方式的,由网络食品交易第三方平台提供者赔偿。网络食品交易第三方平台提供者赔偿后,有权向入网食品经营者或者食品生产者追偿。网络食品交易第三方平台提供者作出更有利于消费者承诺的,应当履行其承诺。

第一百三十二条　【食品贮存、运输和装卸违法行为的法律责任】违反本法规定,未按要求进行食品贮存、运输和装卸的,由县级以上人民政府食品药品监督管理等部门按照各自职责分工责令改正,给予警告;拒不改正的,责令停产停业,并处一万元以上五万元以下罚款;情节严重的,吊销许可证。

第一百三十三条　【拒绝、阻挠、干涉开展食品安全工作等的法律责任】违反本法规定,拒绝、阻挠、干涉有关部门、机构及其工作人员依法开展食品安全监督检查、事故调查处理、风险监测和风险评估的,由有关主管部门按照各自职责分工责令停产停业,并处二千元以上五万元以下罚款;情节严重的,吊销许可证;构成违反治安管理行为的,由公安机关依法给予治安管理处罚。

违反本法规定,对举报人以解除、变更劳动合同或者其他方式打击报复的,应当依照有关法律的规定承担责任。

第一百三十四条　【屡次违法的法律责任】食品生产经营者在一年内累计三次因违反本法规定受到责令停产停业、吊销许可证以外处罚的,由食品药品监督管理部门责令停产停业,直至吊销许可证。

第一百三十五条　【严重违法犯罪者的从业禁止】被吊销许可证的食品生产经营者及其法定代表人、直接负责的主管人员和其他直接责任人员自处罚决定作出之日起五年内不得申请食品生产经营许可,或者从事食品生产经营管理工作、担任食品生产经营企业食品安全管理人员。

因食品安全犯罪被判处有期徒刑以上刑罚的,终身不得从事食品生产经营管理工作,也不得担任食品生产经营企业食品安全管理人员。

食品生产经营者聘用人员违反前两款规定的,由县级以上人民政府食品药品监督管理部门吊销许可证。

第一百三十六条　【食品经营者免予处罚的情形】食品经营者履行了本法规定的进货查验等义务,有充分证据证明其不知道所采购的食品不符合食品安全标准,并能如实说明其进货来源的,可以免予处罚,但应当依法没收其不符合食品安全标准的食品;造成人身、财产或者其他损害的,依法承担赔偿责任。

第一百三十七条　【提供虚假食品安全风险监测、评估信息的法律责任】违反本法规定,承担食品安全风险监测、风险评估工作的技术机构、技术人员提供虚假监测、评估信息的,依法对技术机构直接负责的主管人员和技术人员给予撤职、开除处分;有执业资格的,由授予其资格的主管部门吊销执业证书。

第一百三十八条　【虚假检验报告的法律责任】违反本法规定,食品检验机构、食品检验人员出具虚假检验报告的,由授予其资质的主管部门或者机构撤销该食品检验机构的检验资质,没收所收取的检验费用,并处检验费用五倍以上十倍以下罚款,检验费用不足一万元的,并处五万元以上十万元以下罚款;依法对食品检验机构直接负责的主管人员和食品检验人员给予撤职或者开除处分;导致发生重大食品安全事故的,对直接负责的主管人员和食品检验人员给予开除处分。

违反本法规定,受到开除处分的食品检验机构人员,自处分决定作出之日起十年内不得从事食品检验工作;因食品安全违法行为受到刑事处罚或者因出具虚假检验报告导致发生重大食品安全事故受到开除处分的食品检验机构人员,终身不得从事食品检验工作。食品检验机构聘用不得从事食品检验工作的人员的,由授予其资质的主管部门或者机构撤销该食品检验机构的检验资质。

食品检验机构出具虚假检验报告,使消费者的合法权益受到损害的,应当与食品生产经营者承担连带责任。

第一百三十九条 【虚假认证的法律责任】违反本法规定,认证机构出具虚假认证结论,由认证认可监督管理部门没收所收取的认证费用,并处认证费用五倍以上十倍以下罚款,认证费用不足一万元的,并处五万元以上十万元以下罚款;情节严重的,责令停业,直至撤销认证机构批准文件,并向社会公布;对直接负责的主管人员和负有直接责任的认证人员,撤销其执业资格。

认证机构出具虚假认证结论,使消费者的合法权益受到损害的,应当与食品生产经营者承担连带责任。

第一百四十条 【虚假宣传和违法推荐食品的法律责任】违反本法规定,在广告中对食品作虚假宣传,欺骗消费者,或者发布未取得批准文件、广告内容与批准文件不一致的保健食品广告的,依照《中华人民共和国广告法》的规定给予处罚。

广告经营者、发布者设计、制作、发布虚假食品广告,使消费者的合法权益受到损害的,应当与食品生产经营者承担连带责任。

社会团体或者其他组织、个人在虚假广告或者其他虚假宣传中向消费者推荐食品,使消费者的合法权益受到损害的,应当与食品生产经营者承担连带责任。

违反本法规定,食品药品监督管理等部门、食品检验机构、食品行业协会以广告或者其他形式向消费者推荐食品,消费者组织以收取费用或者其他牟取利益的方式向消费者推荐食品的,由有关主管部门没收违法所得,依法对直接负责的主管人员和其他直接责任人员给予记大过、降级或者撤职处分;情节严重的,给予开除处分。

对食品作虚假宣传且情节严重的,由省级以上人民政府食品药品监督管理部门决定暂停销售该食品,并向社会公布;仍然销售该食品的,由县级以上人民政府食品药品监督管理部门没收违法所得和违法销售的食品,并处二万元以上五万元以下罚款。

第一百四十一条 【编造、散布虚假信息的法律责任】违反本法规定,编造、散布虚假食品安全信息,构成违反治安管理行为的,由公安机关依法给予治安管理处罚。

媒体编造、散布虚假食品安全信息的,由有关主管部门依法给予处罚,并对直接负责的主管人员和其他直接责任人员给予处分;使公民、法人或者其他组织的合法权益受到损害的,依法承担消除影响、恢复名誉、赔偿损失、赔礼道歉等民事责任。

第一百四十二条 【食品安全事故处置有关法律责任】违反本法规定,县级以上地方人民政府有下列行为之一的,对直接负责的主管人员和其他直接责任人员给予记大过处分;情节较重的,给予降级或者撤职处分;情节严重的,给予开除处分;造成严重后果的,其主要负责人还应当引咎辞职:

(一)对发生在本行政区域内的食品安全事故,未及时组织协调有关部门开展有效处置,造成不良影响或者损失;

(二)对本行政区域内涉及多环节的区域性食品安全问题,未及时组织整治,造成不良影响或者损失;

(三)隐瞒、谎报、缓报食品安全事故;

(四)本行政区域内发生特别重大食品安全事故,或者连续发生重大食品安全事故。

第一百四十三条 【政府不作为有关法律责任】违反本法规定,县级以上地方人民政府有下列行为之一的,对直接负责的主管人员和其他直接责任人员给予警告、记过或者记大过处分;造成严重后果的,给予降级或者撤职处分:

(一)未确定有关部门的食品安全监督管理职责,未建立健全食品安全全程监督管理工作机制和信息共享机制,未落实食品安全监督管理责任制;

(二)未制定本行政区域的食品安全事故应急预案,或者发生食品安全事故后未按规定立即成立事故处置指挥机构、启动应急预案。

第一百四十四条 【监管部门有关法律责任】违反本法规定,县级以上人民政府食品药品监督管理、卫生行政、质量监督、农业行政等部门有下列行为之一的,对直接负责的主管人员和其他直接责任人员给予记大过处分;情节较重的,给予降级或者撤职处分;情节严重的,给予开除处分;造成严重后果的,其主要负责人还应当引咎辞职:

(一)隐瞒、谎报、缓报食品安全事故;

(二)未按规定查处食品安全事故,或者接到食品安全事故报告未及时处理,造成事故扩大或者蔓延;

(三)经食品安全风险评估得出食品、食品添加剂、食品相关产品不安全结论后,未及时采取相应措施,造成食品安全事故或者不良社会影响;

(四)对不符合条件的申请人准予许可,或者超越法定职权准予许可;

(五)不履行食品安全监督管理职责,导致发生食品安全事故。

第一百四十五条 【监管部门有关法律责任】违反本法规定,县级以上人民政府食品药品监督管理、卫生行政、质量监督、农业行政等部门有下列行为之一,造成不良后果的,对直接负责的主管人员和其他直接责任人员给予警告、记过或者记大过处分;情节较重的,给予降级或者撤职处分;情节严重的,给予开除处分:

(一)在获知有关食品安全信息后,未按规定向上级主管部门和本级人民政府报告,或者未按规定相互通报;

(二)未按规定公布食品安全信息;

(三)不履行法定职责,对查处食品安全违法行为不配合,或者滥用职权、玩忽职守、徇私舞弊。

第一百四十六条 【行政检查和行政强制法律责任】食品药品监督管理、质量监督等部门在履行食品安全监督管理职责过程中,违法实施检查、强制等执法措施,给生产经营者造成损失的,应当依法予以赔偿,对直接负责的主管人员和其他直接责任人员依法给予处分。

第一百四十七条 【民事责任优先原则】违反本法规定,造成人身、财产或者其他损害的,依法承担赔偿责任。生产经营者财产不足以同时承担民事赔偿责任和缴纳罚款、罚金时,先承担民事赔偿责任。

第一百四十八条 【首付责任制和惩罚性赔偿】消费者因不符合食品安全标准的食品受到损害的,可以向经营者要求赔偿损失,也可以向生产者要求赔偿损失。接到消费者赔偿要求的生产经营者,应当实行首负责任制,先行赔付,不得推诿;属于生产者责任的,经营者赔偿后有权向生产者追偿;属于经营者责任的,生产者赔偿后有权向经营者追偿。

生产不符合食品安全标准的食品或者经营明知是不符合食品安全标准的食品,消费者除要求赔偿损失外,还可以向生产者或者经营者要求支付价款十倍或者损失三倍的赔偿金;增加赔偿的金额不足一千元的,为一千元。但是,食品的标签、说明书存在不影响食品安全且不会对消费者造成误导的瑕疵的除外。

第一百四十九条 【刑事责任】违反本法规定,构成犯罪的,依法追究刑事责任。

第十章 附 则

第一百五十条 【有关用语的含义】本法下列用语的含义:

食品,指各种供人食用或者饮用的成品和原料以及按照传统既是食品又是中药材的物品,但是不包括以治疗为目的的物品。

食品安全,指食品无毒、无害,符合应当有的营养要求,对人体健康不造成任何急性、亚急性或者慢性危害。

预包装食品,指预先定量包装或者制作在包装材料、容器中的食品。

食品添加剂,指为改善食品品质和色、香、味以及为防腐、保鲜和加工工艺的需要而加入食品中的人工合成或者天然物质,包括营养强化剂。

用于食品的包装材料和容器,指包装、盛放食品或者食品添加剂用的纸、竹、木、金属、搪瓷、陶瓷、塑料、橡胶、天然纤维、化学纤维、玻璃等制品和直接接触食品或者食品添加剂的涂料。

用于食品生产经营的工具、设备,指在食品或者食品添加剂生产、销售、使用过程中直接接触食品或者食品添加剂的机械、管道、传送带、容器、用具、餐具等。

用于食品的洗涤剂、消毒剂,指直接用于洗涤或者消毒食品、餐具、饮具以及直接接触食品的工具、设备或者食品包装材料和容器的物质。

食品保质期,指食品在标明的贮存条件下保持品质的期限。

食源性疾病,指食品中致病因素进入人体引起的感染性、中毒性等疾病,包括食物中毒。

食品安全事故,指食源性疾病、食品污染等源于食品,对人体健康有危害或者可能有危害的事故。

第一百五十一条 【转基因食品和食盐的有关管理规定】转基因食品和食盐的食品安全管理,本法未作规定的,适用其他法律、行政法规的规定。

第一百五十二条 【铁路、民航的食品安全管理】铁路、民航运营中食品安全的管理办法由国务院食品药品监督管理部门会同国务院有关部门依照本法制定。

保健食品的具体管理办法由国务院食品药品监督管理部门依照本法制定。

食品相关产品生产活动的具体管理办法由国务院质量监督部门依照本法制定。

国境口岸食品的监督管理由出入境检验检疫机构依照本法以及有关法律、行政法规的规定实施。

军队专用食品和自供食品的食品安全管理办法由中央军事委员会依照本法制定。

第一百五十三条 【监管体制的调整】国务院根据实际需要,可以对食品安全监督管理体制作出调整。

第一百五十四条 【施行日期】本法自2015年10月1日起施行。

最高人民法院
关于审理食品药品纠纷案件
适用法律若干问题的规定

1. *2013年12月9日最高人民法院审判委员会第1599次会议通过*
2. *2013年12月23日公布*
3. *法释〔2013〕28号*
4. *自2014年3月15日起施行*

为正确审理食品药品纠纷案件,根据《中华人民共和国侵权责任法》、《中华人民共和国合同法》、《中华人民共和国消费者权益保护法》、《中华人民共和国食品安全法》、《中华人民共和国民事诉讼法》等法律的规定,结合审判实践,制定本规定。

第一条 消费者因食品、药品纠纷提起民事诉讼,符合民事诉讼法规定受理条件的,人民法院应予受理。

第二条 因食品、药品存在质量问题造成消费者损害,消费者可以分别起诉或者同时起诉销售者和生产者。

消费者仅起诉销售者或者生产者的,必要时人民法院可以追加相关当事人参加诉讼。

第三条 因食品、药品质量问题发生纠纷,购买者向生产者、销售者主张权利,生产者、销售者以购买者明知食品、药品存在质量问题而仍然购买为由进行抗辩的,人民法院不予支持。

第四条 食品、药品生产者、销售者提供给消费者的食品或者药品的赠品发生质量安全问题,造成消费者损害,消费者主张权利,生产者、销售者以消费者未对赠品支付对价为由进行免责抗辩的,人民法院不予支持。

第五条 消费者举证证明所购买食品、药品的事实以及所购食品、药品不符合合同的约定,主张食品、药品的生产者、销售者承担违约责任的,人民法院应予支持。

消费者举证证明因食用食品或者使用药品受到损害,初步证明损害与食用食品或者使用药品存在因果关系,并请求食品、药品的生产者、销售者承担侵权责任的,人民法院应予支持,但食品、药品的生产者、销售者能证明损害不是因产品不符合质量标准造成的除外。

第六条 食品的生产者与销售者应当对于食品符合质量标准承担举证责任。认定食品是否合格,应当以国家标准为依据;没有国家标准的,应当以地方标准为依据;没有国家标准、地方标准的,应当以企业标准为依据。食品的生产者采用的标准高于国家标准、地方标准的,应当以企业标准为依据。没有前述标准的,应当以食品安全法的相关规定为依据。

第七条 食品、药品虽在销售前取得检验合格证明,且食用或者使用时尚在保质期内,但经检验确认产品不合格,生产者或者销售者以该食品、药品具有检验合格证明为由进行抗辩的,人民法院不予支持。

第八条 集中交易市场的开办者、柜台出租者、展销会举办者未履行食品安全法规定的审查、检查、管理等义务,发生食品安全事故,致使消费者遭受人身损害,消费者请求集中交易市场的开办者、柜台出租者、展销会举办者承担连带责任的,人民法院应予支持。

第九条 消费者通过网络交易平台购买食品、药品遭受损害,网络交易平台提供者不能提供食品、药品的生产者或者销售者的真实名称、地址与有效联系方式,消费者请求网络交易平台提供者承担责任的,人民法院应予支持。

网络交易平台提供者承担赔偿责任后,向生产者或者销售者行使追偿权的,人民法院应予支持。

网络交易平台提供者知道或者应当知道食品、药品的生产者、销售者利用其平台侵害消费者合法权益,未采取必要措施,给消费者造成损害,消费者要求其与生产者、销售者承担连带责任的,人民法院应予支持。

第十条 未取得食品生产资质与销售资质的个人、企业或者其他组织,挂靠具有相应资质的生产者与销售者,生产、销售食品,造成消费者损害,消费者请求挂靠者与被挂靠者承担连带责任的,人民法院应予支持。

消费者仅起诉挂靠者或者被挂靠者的,必要时人民法院可以追加相关当事人参加诉讼。

第十一条 消费者因虚假广告推荐的食品、药品存在质量问题遭受损害,依据消费者权益保护法等法律相关规定请求广告经营者、广告发布者承担连带责任的,人民法院应予支持。

社会团体或者其他组织、个人,在虚假广告中向消费者推荐食品、药品,使消费者遭受损害,消费者依据消费者权益保护法等法律相关规定请求其与食品、药品的生产者、销售者承担连带责任的,人民法院应予支持。

第十二条 食品、药品检验机构故意出具虚假检验报告,造成消费者损害,消费者请求其承担连带责任的,人民法院应予支持。

食品、药品检验机构因过失出具不实检验报告,造成消费者损害,消费者请求其承担相应责任的,人民法院应予支持。

第十三条 食品认证机构故意出具虚假认证,造成消费者损害,消费者请求其承担连带责任的,人民法院应予支持。

食品认证机构因过失出具不实认证,造成消费者损害,消费者请求其承担相应责任的,人民法院应予支持。

第十四条 生产、销售的食品、药品存在质量问题,生产者与销售者需同时承担民事责任、行政责任和刑事责任,其财产不足以支付,当事人依照侵权责任法等有关法律规定,请求食品、药品的生产者、销售者首先承担民事责任的,人民法院应予支持。

第十五条 生产不符合安全标准的食品或者销售明知是不符合安全标准的食品,消费者除要求赔偿损失外,向生产者、销售者主张支付价款十倍赔偿金或者依照法律规定的其他赔偿标准要求赔偿的,人民法院应予支持。

第十六条 食品、药品的生产者与销售者以格式合同、通知、声明、告示等方式作出排除或者限制消费者权利,减轻或者免除经营者责任、加重消费者责任等对消费者不公平、不合理的规定,消费者依法请求认定该内容无效的,人民法院应予支持。

第十七条 消费者与化妆品、保健品等产品的生产者、销售者、广告经营者、广告发布者、推荐者、检验机构等主体之间的纠纷,参照适用本规定。

消费者协会依法提起公益诉讼的,参照适用本规定。

第十八条 本规定施行后人民法院正在审理的一审、二审案件适用本规定。

本规定施行前已经终审,本规定施行后当事人申请再审或者按照审判监督程序决定再审的案件,不适用本规定。

8. 环境保护

中华人民共和国环境保护法

1. 1989年12月26日第七届全国人民代表大会常务委员会第十一次会议通过
2. 2014年4月24日第十二届全国人民代表大会常务委员会第八次会议修订
3. 自2015年1月1日起施行

目　录

第一章　总　　则

第一条　【立法目的】为保护和改善环境，防治污染和其他公害，保障公众健康，推进生态文明建设，促进经济社会可持续发展，制定本法。

第二条　【环境的含义】本法所称环境，是指影响人类生存和发展的各种天然的和经过人工改造的自然因素的总体，包括大气、水、海洋、土地、矿藏、森林、草原、湿地、野生生物、自然遗迹、人文遗迹、自然保护区、风景名胜区、城市和乡村等。

第三条　【适用范围】本法适用于中华人民共和国领域和中华人民共和国管辖的其他海域。

第四条　【基本国策】保护环境是国家的基本国策。

国家采取有利于节约和循环利用资源、保护和改善环境、促进人与自然和谐的经济、技术政策和措施，使经济社会发展与环境保护相协调。

第五条　【基本原则】环境保护坚持保护优先、预防为主、综合治理、公众参与、损害担责的原则。

第六条　【环境保护义务】一切单位和个人都有保护环境的义务。

地方各级人民政府应当对本行政区域的环境质量负责。

企业事业单位和其他生产经营者应当防止、减少环境污染和生态破坏，对所造成的损害依法承担责任。

公民应当增强环境保护意识，采取低碳、节俭的生活方式，自觉履行环境保护义务。

第七条　【环保科教】国家支持环境保护科学技术研究、开发和应用，鼓励环境保护产业发展，促进环境保护信息化建设，提高环境保护科学技术水平。

第八条　【加大财政投入】各级人民政府应当加大保护和改善环境、防治污染和其他公害的财政投入，提高财政资金的使用效益。

第九条　【环保宣传与舆论监督】各级人民政府应当加强环境保护宣传和普及工作，鼓励基层群众性自治组织、社会组织、环境保护志愿者开展环境保护法律法规和环境保护知识的宣传，营造保护环境的良好风气。

教育行政部门、学校应当将环境保护知识纳入学校教育内容，培养学生的环境保护意识。

新闻媒体应当开展环境保护法律法规和环境保护知识的宣传，对环境违法行为进行舆论监督。

第十条　【环保工作管理体制】国务院环境保护主管部门，对全国环境保护工作实施统一监督管理；县级以上地方人民政府环境保护主管部门，对本行政区域环境保护工作实施统一监督管理。

县级以上人民政府有关部门和军队环境保护部门，依照有关法律的规定对资源保护和污染防治等环境保护工作实施监督管理。

第十一条　【奖励】对保护和改善环境有显著成绩的单位和个人，由人民政府给予奖励。

第十二条　【环境日】每年6月5日为环境日。

第二章　监 督 管 理

第十三条　【环保规划】县级以上人民政府应当将环境保护工作纳入国民经济和社会发展规划。

国务院环境保护主管部门会同有关部门，根据国民经济和社会发展规划编制国家环境保护规划，报国务院批准并公布实施。

县级以上地方人民政府环境保护主管部门会同有关部门，根据国家环境保护规划的要求，编制本行政区域的环境保护规划，报同级人民政府批准并公布实施。

环境保护规划的内容应当包括生态保护和污染防治的目标、任务、保障措施等，并与主体功能区规划、土地利用总体规划和城乡规划等相衔接。

第十四条　【政策制定考虑环境影响】国务院有关部门和省、自治区、直辖市人民政府组织制定经济、技术政策，应当充分考虑对环境的影响，听取有关方面和专家的意见。

第十五条　【环境质量标准制定】国务院环境保护主管部门制定国家环境质量标准。

省、自治区、直辖市人民政府对国家环境质量标准中未作规定的项目，可以制定地方环境质量标准；对国家环境质量标准中已作规定的项目，可以制定严于国家环境质量标准的地方环境质量标准。地方环境质量标准应当报国务院环境保护主管部门备案。

国家鼓励开展环境基准研究。

第十六条 【污染物排放标准制定】国务院环境保护主管部门根据国家环境质量标准和国家经济、技术条件，制定国家污染物排放标准。

省、自治区、直辖市人民政府对国家污染物排放标准中未作规定的项目，可以制定地方污染物排放标准；对国家污染物排放标准中已作规定的项目，可以制定严于国家污染物排放标准的地方污染物排放标准。地方污染物排放标准应当报国务院环境保护主管部门备案。

第十七条 【环境监测】国家建立、健全环境监测制度。国务院环境保护主管部门制定监测规范，会同有关部门组织监测网络，统一规划国家环境质量监测站（点）的设置，建立监测数据共享机制，加强对环境监测的管理。

有关行业、专业等各类环境质量监测站（点）的设置应当符合法律法规规定和监测规范的要求。

监测机构应当使用符合国家标准的监测设备，遵守监测规范。监测机构及其负责人对监测数据的真实性和准确性负责。

第十八条 【预警机制制定】省级以上人民政府应当组织有关部门或者委托专业机构，对环境状况进行调查、评价，建立环境资源承载能力监测预警机制。

第十九条 【环境影响评价】编制有关开发利用规划，建设对环境有影响的项目，应当依法进行环境影响评价。

未依法进行环境影响评价的开发利用规划，不得组织实施；未依法进行环境影响评价的建设项目，不得开工建设。

第二十条 【区域联防联控】国家建立跨行政区域的重点区域、流域环境污染和生态破坏联合防治协调机制，实行统一规划、统一标准、统一监测、统一的防治措施。

前款规定以外的跨行政区域的环境污染和生态破坏的防治，由上级人民政府协调解决，或者由有关地方人民政府协商解决。

第二十一条 【鼓励和支持措施】国家采取财政、税收、价格、政府采购等方面的政策和措施，鼓励和支持环境保护技术装备、资源综合利用和环境服务等环境保护产业的发展。

第二十二条 【鼓励和支持减排企业】企业事业单位和其他生产经营者，在污染物排放符合法定要求的基础上，进一步减少污染物排放的，人民政府应当依法采取财政、税收、价格、政府采购等方面的政策和措施予以鼓励和支持。

第二十三条 【环境污染整治企业】企业事业单位和其他生产经营者，为改善环境，依照有关规定转产、搬迁、关闭的，人民政府应当予以支持。

第二十四条 【现场检查制度】县级以上人民政府环境保护主管部门及其委托的环境监察机构和其他负有环境保护监督管理职责的部门，有权对排放污染物的企业事业单位和其他生产经营者进行现场检查。被检查者应当如实反映情况，提供必要的资料。实施现场检查的部门、机构及其工作人员应当为被检查者保守商业秘密。

第二十五条 【环保部门行政强制措施权】企业事业单位和其他生产经营者违反法律法规规定排放污染物，造成或者可能造成严重污染的，县级以上人民政府环境保护主管部门和其他负有环境保护监督管理职责的部门，可以查封、扣押造成污染物排放的设施、设备。

第二十六条 【环境保护目标责任制和考核评价制度】国家实行环境保护目标责任制和考核评价制度。县级以上人民政府应当将环境保护目标完成情况纳入对本级人民政府负有环境保护监督管理职责的部门及其负责人和下级人民政府及其负责人的考核内容，作为对其考核评价的重要依据。考核结果应当向社会公开。

第二十七条 【人大监督】县级以上人民政府应当每年向本级人民代表大会或者人民代表大会常务委员会报告环境状况和环境保护目标完成情况，对发生的重大环境事件应当及时向本级人民代表大会常务委员会报告，依法接受监督。

第三章 保护和改善环境

第二十八条 【地方政府改善环境质量】地方各级人民政府应当根据环境保护目标和治理任务，采取有效措施，改善环境质量。

未达到国家环境质量标准的重点区域、流域的有关地方人民政府，应当制定限期达标规划，并采取措施按期达标。

第二十九条 【生态保护红线】国家在重点生态功能区、生态环境敏感区和脆弱区等区域划定生态保护红线，实行严格保护。

各级人民政府对具有代表性的各种类型的自然生态系统区域，珍稀、濒危的野生动植物自然分布区域，重要的水源涵养区域，具有重大科学文化价值的地质构造、著名溶洞和化石分布区、冰川、火山、温泉等自然遗迹，以及人文遗迹、古树名木，应当采取措施予以保护，严禁破坏。

第三十条 【保护生物多样性】开发利用自然资源，应当合理开发，保护生物多样性，保障生态安全，依法制定有关生态保护和恢复治理方案并予以实施。

引进外来物种以及研究、开发和利用生物技术，应当采取措施，防止对生物多样性的破坏。

第三十一条 【生态保护补偿】国家建立、健全生态保护补偿制度。

国家加大对生态保护地区的财政转移支付力度。有关地方人民政府应当落实生态保护补偿资金，确保其用于生态保护补偿。

国家指导受益地区和生态保护地区人民政府通过协商或者按照市场规则进行生态保护补偿。

第三十二条 【保护大气、水、土壤】国家加强对大气、水、土壤等的保护，建立和完善相应的调查、监测、评估和修复制度。

第三十三条 【农业与农村环境保护】各级人民政府应当加强对农业环境的保护,促进农业环境保护新技术的使用,加强对农业污染源的监测预警,统筹有关部门采取措施,防治土壤污染和土地沙化、盐渍化、贫瘠化、石漠化、地面沉降以及防治植被破坏、水土流失、水体富营养化、水源枯竭、种源灭绝等生态失调现象,推广植物病虫害的综合防治。

县级、乡级人民政府应当提高农村环境保护公共服务水平,推动农村环境综合整治。

第三十四条 【海洋环境保护】国务院和沿海地方各级人民政府应当加强对海洋环境的保护。向海洋排放污染物、倾倒废弃物,进行海岸工程和海洋工程建设,应当符合法律法规规定和有关标准,防止和减少对海洋环境的污染损害。

第三十五条 【城乡建设的环境保护】城乡建设应当结合当地自然环境的特点,保护植被、水域和自然景观,加强城市园林、绿地和风景名胜区的建设与管理。

第三十六条 【绿色采购、绿色消费】国家鼓励和引导公民、法人和其他组织使用有利于保护环境的产品和再生产品,减少废弃物的产生。

国家机关和使用财政资金的其他组织应当优先采购和使用节能、节水、节材等有利于保护环境的产品、设备和设施。

第三十七条 【地方政府组织处理生活废弃物】地方各级人民政府应当采取措施,组织对生活废弃物的分类处置、回收利用。

第三十八条 【公民环境保护义务】公民应当遵守环境保护法律法规,配合实施环境保护措施,按照规定对生活废弃物进行分类放置,减少日常生活对环境造成的损害。

第三十九条 【国家监测制度和研究】国家建立、健全环境与健康监测、调查和风险评估制度;鼓励和组织开展环境质量对公众健康影响的研究,采取措施预防和控制与环境污染有关的疾病。

第四章 防治污染和其他公害

第四十条 【促进清洁生产和资源循环利用】国家促进清洁生产和资源循环利用。

国务院有关部门和地方各级人民政府应当采取措施,推广清洁能源的生产和使用。

企业应当优先使用清洁能源,采用资源利用率高、污染物排放量少的工艺、设备以及废弃物综合利用技术和污染物无害化处理技术,减少污染物的产生。

第四十一条 【防污设施的设计、施工与投产】建设项目中防治污染的设施,应当与主体工程同时设计、同时施工、同时投产使用。防治污染的设施应当符合经批准的环境影响评价文件的要求,不得擅自拆除或者闲置。

第四十二条 【排污者防治污染责任】排放污染物的企业事业单位和其他生产经营者,应当采取措施,防治在生产建设或者其他活动中产生的废气、废水、废渣、医疗废物、粉尘、恶臭气体、放射性物质以及噪声、振动、光辐射、电磁辐射等对环境的污染和危害。

排放污染物的企业事业单位,应当建立环境保护责任制度,明确单位负责人和相关人员的责任。

重点排污单位应当按照国家有关规定和监测规范安装使用监测设备,保证监测设备正常运行,保存原始监测记录。

严禁通过暗管、渗井、渗坑、灌注或者篡改、伪造监测数据,或者不正常运行防治污染设施等逃避监管的方式违法排放污染物。

第四十三条 【排污费和环境保护税】排放污染物的企业事业单位和其他生产经营者,应当按照国家有关规定缴纳排污费。排污费应当全部专项用于环境污染防治,任何单位和个人不得截留、挤占或者挪作他用。

依照法律规定征收环境保护税的,不再征收排污费。

第四十四条 【重点污染物排放总量控制】国家实行重点污染物排放总量控制制度。重点污染物排放总量控制指标由国务院下达,省、自治区、直辖市人民政府分解落实。企业事业单位在执行国家和地方污染物排放标准的同时,应当遵守分解落实到本单位的重点污染物排放总量控制指标。

对超过国家重点污染物排放总量控制指标或者未完成国家确定的环境质量目标的地区,省级以上人民政府环境保护主管部门应当暂停审批其新增重点污染物排放总量的建设项目环境影响评价文件。

第四十五条 【排污许可管理制度】国家依照法律规定实行排污许可管理制度。

实行排污许可管理的企业事业单位和其他生产经营者应当按照排污许可证的要求排放污染物;未取得排污许可证的,不得排放污染物。

第四十六条 【工艺、设备和产品实行淘汰制度】国家对严重污染环境的工艺、设备和产品实行淘汰制度。任何单位和个人不得生产、销售或者转移、使用严重污染环境的工艺、设备和产品。

禁止引进不符合我国环境保护规定的技术、设备、材料和产品。

第四十七条 【突发环境事件处理】各级人民政府及其有关部门和企业事业单位,应当依照《中华人民共和国突发事件应对法》的规定,做好突发环境事件的风险控制、应急准备、应急处置和事后恢复等工作。

县级以上人民政府应当建立环境污染公共监测预警机制,组织制定预警方案;环境受到污染,可能影响公众健康和环境安全时,依法及时公布预警信息,启动应急措施。

企业事业单位应当按照国家有关规定制定突发环境事件应急预案,报环境保护主管部门和有关部门备案。在发生或者可能发生突发环境事件时，企业事业单位应当立即采取措施处理，及时通报可能受到危害的单位和居民，并向环境保护主管部门和有关部门报告。

突发环境事件应急处置工作结束后，有关人民政府应当立即组织评估事件造成的环境影响和损失，并及时将评估结果向社会公布。

第四十八条　【化学物品和含有放射性物质物品安全控制和管理】生产、储存、运输、销售、使用、处置化学物品和含有放射性物质的物品，应当遵守国家有关规定，防止污染环境。

第四十九条　【农业、农村环境污染防治】各级人民政府及其农业等有关部门和机构应当指导农业生产经营者科学种植和养殖，科学合理施用农药、化肥等农业投入品，科学处置农用薄膜、农作物秸秆等农业废弃物，防止农业面源污染。

禁止将不符合农用标准和环境保护标准的固体废物、废水施入农田。施用农药、化肥等农业投入品及进行灌溉，应当采取措施，防止重金属和其他有毒有害物质污染环境。

畜禽养殖场、养殖小区、定点屠宰企业等的选址、建设和管理应当符合有关法律法规规定。从事畜禽养殖和屠宰的单位和个人应当采取措施，对畜禽粪便、尸体和污水等废弃物进行科学处置，防止污染环境。

县级人民政府负责组织农村生活废弃物的处置工作。

第五十条　【农村环境污染防治资金支持】各级人民政府应当在财政预算中安排资金，支持农村饮用水水源地保护、生活污水和其他废弃物处理、畜禽养殖和屠宰污染防治、土壤污染防治和农村工矿污染治理等环境保护工作。

第五十一条　【农村环境卫生设施和环境保护公共设施建设】各级人民政府应当统筹城乡建设污水处理设施及配套管网，固体废物的收集、运输和处置等环境卫生设施，危险废物集中处置设施、场所以及其他环境保护公共设施，并保障其正常运行。

第五十二条　【环境污染责任保险】国家鼓励投保环境污染责任保险。

第五章　信息公开和公众参与

第五十三条　【环境权利及其保障机制】公民、法人和其他组织依法享有获取环境信息、参与和监督环境保护的权利。

各级人民政府环境保护主管部门和其他负有环境保护监督管理职责的部门，应当依法公开环境信息、完善公众参与程序，为公民、法人和其他组织参与和监督环境保护提供便利。

第五十四条　【环境信息公开】国务院环境保护主管部门统一发布国家环境质量、重点污染源监测信息及其他重大环境信息。省级以上人民政府环境保护主管部门定期发布环境状况公报。

县级以上人民政府环境保护主管部门和其他负有环境保护监督管理职责的部门，应当依法公开环境质量、环境监测、突发环境事件以及环境行政许可、行政处罚、排污费的征收和使用情况等信息。

县级以上地方人民政府环境保护主管部门和其他负有环境保护监督管理职责的部门，应当将企业事业单位和其他生产经营者的环境违法信息记入社会诚信档案，及时向社会公布违法者名单。

第五十五条　【企业环境信息公开】重点排污单位应当如实向社会公开其主要污染物的名称、排放方式、排放浓度和总量、超标排放情况，以及防治污染设施的建设和运行情况，接受社会监督。

第五十六条　【公众参与】对依法应当编制环境影响报告书的建设项目，建设单位应当在编制时向可能受影响的公众说明情况，充分征求意见。

负责审批建设项目环境影响评价文件的部门在收到建设项目环境影响报告书后，除涉及国家秘密和商业秘密的事项外，应当全文公开；发现建设项目未充分征求公众意见的，应当责成建设单位征求公众意见。

第五十七条　【举报】公民、法人和其他组织发现任何单位和个人有污染环境和破坏生态行为的，有权向环境保护主管部门或者其他负有环境保护监督管理职责的部门举报。

公民、法人和其他组织发现地方各级人民政府、县级以上人民政府环境保护主管部门和其他负有环境保护监督管理职责的部门不依法履行职责的，有权向其上级机关或者监察机关举报。

接受举报的机关应当对举报人的相关信息予以保密，保护举报人的合法权益。

第五十八条　【环境公益诉讼】对污染环境、破坏生态，损害社会公共利益的行为，符合下列条件的社会组织可以向人民法院提起诉讼：

（一）依法在设区的市级以上人民政府民政部门登记；

（二）专门从事环境保护公益活动连续五年以上且无违法记录。

符合前款规定的社会组织向人民法院提起诉讼，人民法院应当依法受理。

提起诉讼的社会组织不得通过诉讼牟取经济利益。

第六章　法律责任

第五十九条　【按日计罚制度】企业事业单位和其他生产经营者违法排放污染物，受到罚款处罚，被责令改正，拒不改正的，依法作出处罚决定的行政机关可以自责令改正之日的次日起，按照原处罚数额按日连续处罚。

前款规定的罚款处罚，依照有关法律法规按照防治污染设施的运行成本、违法行为造成的直接损失或者违法所得等因素确定的规定执行。

地方性法规可以根据环境保护的实际需要，增加第一款规定的按日连续处罚的违法行为的种类。

第六十条　【超标超总量的法律责任】企业事业单位和其他生产经营者超过污染物排放标准或者超过重点污染物排放总量控制指标排放污染物的,县级以上人民政府环境保护主管部门可以责令其采取限制生产、停产整治等措施;情节严重的,报经有批准权的人民政府批准,责令停业、关闭。

第六十一条　【擅自开工建设的法律责任】建设单位未依法提交建设项目环境影响评价文件或者环境影响评价文件未经批准,擅自开工建设的,由负有环境保护监督管理职责的部门责令停止建设,处以罚款,并可以责令恢复原状。

第六十二条　【违规公开环境信息的法律责任】违反本法规定,重点排污单位不公开或者不如实公开环境信息的,由县级以上地方人民政府环境保护主管部门责令公开,处以罚款,并予以公告。

第六十三条　【行政拘留】企业事业单位和其他生产经营者有下列行为之一,尚不构成犯罪的,除依照有关法律法规规定予以处罚外,由县级以上人民政府环境保护主管部门或者其他有关部门将案件移送公安机关,对其直接负责的主管人员和其他直接责任人员,处十日以上十五日以下拘留;情节较轻的,处五日以上十日以下拘留:

(一)建设项目未依法进行环境影响评价,被责令停止建设,拒不执行的;

(二)违反法律规定,未取得排污许可证排放污染物,被责令停止排污,拒不执行的;

(三)通过暗管、渗井、渗坑、灌注或者篡改、伪造监测数据,或者不正常运行防治污染设施等逃避监管的方式违法排放污染物的;

(四)生产、使用国家明令禁止生产、使用的农药,被责令改正,拒不改正的。

第六十四条　【侵权责任】因污染环境和破坏生态造成损害的,应当依照《中华人民共和国侵权责任法》的有关规定承担侵权责任。

第六十五条　【环境服务机构与污染者的连带责任】环境影响评价机构、环境监测机构以及从事环境监测设备和防治污染设施维护、运营的机构,在有关环境服务活动中弄虚作假,对造成的环境污染和生态破坏负有责任的,除依照有关法律法规规定予以处罚外,还应当与造成环境污染和生态破坏的其他责任者承担连带责任。

第六十六条　【诉讼时效期间】提起环境损害赔偿诉讼的时效期间为三年,从当事人知道或者应当知道其受到损害时起计算。

第六十七条　【上级对下级进行监督】上级人民政府及其环境保护主管部门应当加强对下级人民政府及其有关部门环境保护工作的监督。发现有关工作人员有违法行为,依法应当给予处分的,应当向其任免机关或者监察机关提出处分建议。

依法应当给予行政处罚,而有关环境保护主管部门不给予行政处罚的,上级人民政府环境保护主管部门可以直接作出行政处罚的决定。

第六十八条　【监管部门的法律责任】地方各级人民政府、县级以上人民政府环境保护主管部门和其他负有环境保护监督管理职责的部门有下列行为之一的,对直接负责的主管人员和其他直接责任人员给予记过、记大过或者降级处分;造成严重后果的,给予撤职或者开除处分,其主要负责人应当引咎辞职:

(一)不符合行政许可条件准予行政许可的;

(二)对环境违法行为进行包庇的;

(三)依法应当作出责令停业、关闭的决定而未作出的;

(四)对超标排放污染物、采用逃避监管的方式排放污染物、造成环境事故以及不落实生态保护措施造成生态破坏等行为,发现或者接到举报未及时查处的;

(五)违反本法规定,查封、扣押企业事业单位和其他生产经营者的设施、设备的;

(六)篡改、伪造或者指使篡改、伪造监测数据的;

(七)应当依法公开环境信息而未公开的;

(八)将征收的排污费截留、挤占或者挪作他用的;

(九)法律法规规定的其他违法行为。

第六十九条　【刑事责任】违反本法规定,构成犯罪的,依法追究刑事责任。

第七章　附　　则

第七十条　【施行日期】本法自 2015 年 1 月 1 日起施行。

中华人民共和国环境影响评价法

1. 2002 年 10 月 28 日第九届全国人民代表大会常务委员会第三十次会议通过

2. 根据 2016 年 7 月 2 日第十二届全国人民代表大会常务委员会第二十一次会议《关于修改〈中华人民共和国节约能源法〉等六部法律的决定》修正

目　　录

第一章　总　　则

第一条　【立法目的】为了实施可持续发展战略,预防因规划和建设项目实施后对环境造成不良影响,促进经济、社会和环境的协调发展,制定本法。

第二条 【环境影响评价】本法所称环境影响评价，是指对规划和建设项目实施后可能造成的环境影响进行分析、预测和评估，提出预防或者减轻不良环境影响的对策和措施，进行跟踪监测的方法与制度。

第三条 【适用范围】编制本法第九条所规定的范围内的规划，在中华人民共和国领域和中华人民共和国管辖的其他海域内建设对环境有影响的项目，应当依照本法进行环境影响评价。

第四条 【基本原则】环境影响评价必须客观、公开、公正，综合考虑规划或者建设项目实施后对各种环境因素及其所构成的生态系统可能造成的影响，为决策提供科学依据。

第五条 【国家鼓励】国家鼓励有关单位、专家和公众以适当方式参与环境影响评价。

第六条 【科学性方针】国家加强环境影响评价的基础数据库和评价指标体系建设，鼓励和支持对环境影响评价的方法、技术规范进行科学研究，建立必要的环境影响评价信息共享制度，提高环境影响评价的科学性。

国务院环境保护行政主管部门应当会同国务院有关部门，组织建立和完善环境影响评价的基础数据库和评价指标体系。

第二章 规划的环境影响评价

第七条 【一般规划的环境影响评价】国务院有关部门、设区的市级以上地方人民政府及其有关部门，对其组织编制的土地利用的有关规划，区域、流域、海域的建设、开发利用规划，应当在规划编制过程中组织进行环境影响评价，编写该规划有关环境影响的篇章或者说明。

规划有关环境影响的篇章或者说明，应当对规划实施后可能造成的环境影响作出分析、预测和评估，提出预防或者减轻不良环境影响的对策和措施，作为规划草案的组成部分一并报送规划审批机关。

未编写有关环境影响的篇章或者说明的规划草案，审批机关不予审批。

第八条 【专项规划的环境影响评价】国务院有关部门、设区的市级以上地方人民政府及其有关部门，对其组织编制的工业、农业、畜牧业、林业、能源、水利、交通、城市建设、旅游、自然资源开发的有关专项规划（以下简称专项规划），应当在该专项规划草案上报审批前，组织进行环境影响评价，并向审批该专项规划的机关提出环境影响报告书。

前款所列专项规划中的指导性规划，按照本法第七条的规定进行环境影响评价。

第九条 【规划具体范围的确定】依照本法第七条、第八条的规定进行环境影响评价的规划的具体范围，由国务院环境保护行政主管部门会同国务院有关部门规定，报国务院批准。

第十条 【专项规划环境影响报告书的内容】专项规划的环境影响报告书应当包括下列内容：

（一）实施该规划对环境可能造成影响的分析、预测和评估；

（二）预防或者减轻不良环境影响的对策和措施；

（三）环境影响评价的结论。

第十一条 【专项规划环境影响评价的公开原则】专项规划的编制机关对可能造成不良环境影响并直接涉及公众环境权益的规划，应当在该规划草案报送审批前，举行论证会、听证会，或者采取其他形式，征求有关单位、专家和公众对环境影响报告书草案的意见。但是，国家规定需要保密的情形除外。

编制机关应当认真考虑有关单位、专家和公众对环境影响报告书草案的意见，并应当在报送审查的环境影响报告书中附具对意见采纳或者不采纳的说明。

第十二条 【专项规划环境影响报告书的送审】专项规划的编制机关在报批规划草案时，应当将环境影响报告书一并附送审批机关审查；未附送环境影响报告书的，审批机关不予审批。

第十三条 【专项规划环境影响报告书的审查】设区的市级以上人民政府在审批专项规划草案，作出决策前，应当先由人民政府指定的环境保护行政主管部门或者其他部门召集有关部门代表和专家组成审查小组，对环境影响报告书进行审查。审查小组应当提出书面审查意见。

参加前款规定的审查小组的专家，应当从按照国务院环境保护行政主管部门的规定设立的专家库内的相关专业的专家名单中，以随机抽取的方式确定。

由省级以上人民政府有关部门负责审批的专项规划，其环境影响报告书的审查办法，由国务院环境保护行政主管部门会同国务院有关部门制定。

第十四条 【环境影响报告书对专项规划的影响】审查小组提出修改意见的，专项规划的编制机关应当根据环境影响报告书结论和审查意见对规划草案进行修改完善，并对环境影响报告书结论和审查意见的采纳情况作出说明；不采纳的，应当说明理由。

设区的市级以上人民政府或者省级以上人民政府有关部门在审批专项规划草案时，应当将环境影响报告书结论以及审查意见作为决策的重要依据。

在审批中未采纳环境影响报告书结论以及审查意见的，应当作出说明，并存档备查。

第十五条 【跟踪评价】对环境有重大影响的规划实施后，编制机关应当及时组织环境影响的跟踪评价，并将评价结果报告审批机关；发现有明显不良环境影响的，应当及时提出改进措施。

第三章 建设项目的环境影响评价

第十六条 【分类管理】国家根据建设项目对环境的影响程度，对建设项目的环境影响评价实行分类管理。

建设单位应当按照下列规定组织编制环境影响报告

书、环境影响报告表或者填报环境影响登记表（以下统称环境影响评价文件）：

（一）可能造成重大环境影响的，应当编制环境影响报告书，对产生的环境影响进行全面评价；

（二）可能造成轻度环境影响的，应当编制环境影响报告表，对产生的环境影响进行分析或者专项评价；

（三）对环境影响很小、不需要进行环境影响评价的，应当填报环境影响登记表。

建设项目的环境影响评价分类管理名录，由国务院环境保护行政主管部门制定并公布。

第十七条　【建设项目环境影响报告书的内容】建设项目的环境影响报告书应当包括下列内容：

（一）建设项目概况；

（二）建设项目周围环境现状；

（三）建设项目对环境可能造成影响的分析、预测和评估；

（四）建设项目环境保护措施及其技术、经济论证；

（五）建设项目对环境影响的经济损益分析；

（六）对建设项目实施环境监测的建议；

（七）环境影响评价的结论。

环境影响报告表和环境影响登记表的内容和格式，由国务院环境保护行政主管部门制定。

第十八条　【建设项目评价与规划评价的区别】建设项目的环境影响评价，应当避免与规划的环境影响评价相重复。

作为一项整体建设项目的规划，按照建设项目进行环境影响评价，不进行规划的环境影响评价。

已经进行了环境影响评价的规划包含具体建设项目的，规划的环境影响评价结论应当作为建设项目环境影响评价的重要依据，建设项目环境影响评价的内容应当根据规划的环境影响评价审查意见予以简化。

第十九条　【技术服务机构】接受委托为建设项目环境影响评价提供技术服务的机构，应当经国务院环境保护行政主管部门考核审查合格后，颁发资质证书，按照资质证书规定的等级和评价范围，从事环境影响评价服务，并对评价结论负责。为建设项目环境影响评价提供技术服务的机构的资质条件和管理办法，由国务院环境保护行政主管部门制定。

国务院环境保护行政主管部门对已取得资质证书的为建设项目环境影响评价提供技术服务的机构的名单，应当予以公布。

为建设项目环境影响评价提供技术服务的机构，不得与负责审批建设项目环境影响评价文件的环境保护行政主管部门或者其他有关审批部门存在任何利益关系。

第二十条　【对评价机构的要求】环境影响评价文件中的环境影响报告书或者环境影响报告表，应当由具有相应环境影响评价资质的机构编制。

任何单位和个人不得为建设单位指定对其建设项目进行环境影响评价的机构。

第二十一条　【专项规划环境影响评价的公开原则】除国家规定需要保密的情形外，对环境可能造成重大影响、应当编制环境影响报告书的建设项目，建设单位应当在报批建设项目环境影响报告书前，举行论证会、听证会，或者采取其他形式，征求有关单位、专家和公众的意见。

建设单位报批的环境影响报告书应当附具对有关单位、专家和公众的意见采纳或者不采纳的说明。

第二十二条　【建设项目环境影响报告书的审批】建设项目的环境影响报告书、报告表，由建设单位按照国务院的规定报有审批权的环境保护行政主管部门审批。

海洋工程建设项目的海洋环境影响报告书的审批，依照《中华人民共和国海洋环境保护法》的规定办理。

审批部门应当自收到环境影响报告书之日起六十日内，收到环境影响报告表之日起三十日内，分别作出审批决定并书面通知建设单位。

国家对环境影响登记表实行备案管理。

审核、审批建设项目环境影响报告书、报告表以及备案环境影响登记表，不得收取任何费用。

第二十三条　【审批的部门】国务院环境保护行政主管部门负责审批下列建设项目的环境影响评价文件：

（一）核设施、绝密工程等特殊性质的建设项目；

（二）跨省、自治区、直辖市行政区域的建设项目；

（三）由国务院审批的或者由国务院授权有关部门审批的建设项目。

前款规定以外的建设项目的环境影响评价文件的审批权限，由省、自治区、直辖市人民政府规定。

建设项目可能造成跨行政区域的不良环境影响，有关环境保护行政主管部门对该项目的环境影响评价结论有争议的，其环境影响评价文件由共同的上一级环境保护行政主管部门审批。

第二十四条　【环境影响评价文件的重新审核】建设项目的环境影响评价文件经批准后，建设项目的性质、规模、地点、采用的生产工艺或者防治污染、防止生态破坏的措施发生重大变动的，建设单位应当重新报批建设项目的环境影响评价文件。

建设项目的环境影响评价文件自批准之日起超过五年，方决定该项目开工建设的，其环境影响评价文件应当报原审批部门重新审核；原审批部门应当自收到建设项目环境影响评价文件之日起十日内，将审核意见书面通知建设单位。

第二十五条　【环评文件未经审查或未获批准的建设项目不得开工】建设项目的环境影响评价文件未依法经审批部门审查或者审查后未予批准的，建设单位不得开工建设。

第二十六条　【环保对策的实施】建设项目建设过程中，建设单位应当同时实施环境影响报告书、环境影响报告表以及环境影响评价文件审批部门审批意见中提出的环境保护对策措施。

第二十七条 【后评价】在项目建设、运行过程中产生不符合经审批的环境影响评价文件的情形的，建设单位应当组织环境影响的后评价，采取改进措施，并报原环境影响评价文件审批部门和建设项目审批部门备案；原环境影响评价文件审批部门也可以责成建设单位进行环境影响的后评价，采取改进措施。

第二十八条 【跟踪检查】环境保护行政主管部门应当对建设项目投入生产或者使用后所产生的环境影响进行跟踪检查，对造成严重环境污染或者生态破坏的，应当查清原因、查明责任。对属于为建设项目环境影响评价提供技术服务的机构编制不实的环境影响评价文件的，依照本法第三十二条的规定追究其法律责任；属于审批部门工作人员失职、渎职，对依法不应批准的建设项目环境影响评价文件予以批准的，依照本法第三十四条的规定追究其法律责任。

第四章 法律责任

第二十九条 【规划编制机关违法】规划编制机关违反本法规定，未组织环境影响评价，或者组织环境影响评价时弄虚作假或者有失职行为，造成环境影响评价严重失实的，对直接负责的主管人员和其他直接责任人员，由上级机关或者监察机关依法给予行政处分。

第三十条 【规划审批机关违法】规划审批机关对依法应当编写有关环境影响的篇章或者说明而未编写的规划草案，依法应当附送环境影响报告书而未附送的专项规划草案，违法予以批准的，对直接负责的主管人员和其他直接责任人员，由上级机关或者监察机关依法给予行政处分。

第三十一条 【建设单位违法】建设单位未依法报批建设项目环境影响报告书、报告表，或者未依照本法第二十四条的规定重新报批或者报请重新审核环境影响报告书、报告表，擅自开工建设的，由县级以上环境保护行政主管部门责令停止建设，根据违法情节和危害后果，处建设项目总投资额百分之一以上百分之五以下的罚款，并可以责令恢复原状；对建设单位直接负责的主管人员和其他直接责任人员，依法给予行政处分。

建设项目环境影响报告书、报告表未经批准或者未经原审批部门重新审核同意，建设单位擅自开工建设的，依照前款的规定处罚、处分。

建设单位未依法备案建设项目环境影响登记表的，由县级以上环境保护行政主管部门责令备案，处五万元以下的罚款。

海洋工程建设项目的建设单位有本条所列违法行为的，依照《中华人民共和国海洋环境保护法》的规定处罚。

第三十二条 【技术服务机构违法】接受委托为建设项目环境影响评价提供技术服务的机构在环境影响评价工作中不负责任或者弄虚作假，致使环境影响评价文件失实的，由授予环境影响评价资质的环境保护行政主管部门降低其资质等级或者吊销其资质证书，并处所收费用一倍以上三倍以下的罚款；构成犯罪的，依法追究刑事责任。

第三十三条 【违法收费】负责审核、审批、备案建设项目环境影响评价文件的部门在审批、备案中收取费用的，由其上级机关或者监察机关责令退还；情节严重的，对直接负责的主管人员和其他直接责任人员依法给予行政处分。

第三十四条 【环保主管部门渎职行为】环境保护行政主管部门或者其他部门的工作人员徇私舞弊，滥用职权，玩忽职守，违法批准建设项目环境影响评价文件的，依法给予行政处分；构成犯罪的，依法追究刑事责任。

第五章 附 则

第三十五条 【县级规划评价】省、自治区、直辖市人民政府可以根据本地的实际情况，要求对本辖区的县级人民政府编制的规划进行环境影响评价。具体办法由省、自治区、直辖市参照本法第二章的规定制定。

第三十六条 【军事设施建设项目的规定】军事设施建设项目的环境影响评价办法，由中央军事委员会依照本法的原则制定。

第三十七条 【施行日期】本法自2003年9月1日起施行。

六、社会法编

导读：

根据《中国特色社会主义法律体系》白皮书的描述，社会法是调整劳动关系、社会保障、社会福利和特殊群体权益保障等方面的法律规范，遵循公平和谐和国家适度干预原则，通过国家和社会积极履行责任，对劳动者、失业者、丧失劳动能力的人以及其他需要扶助的特殊人群的权益提供必要的保障，维护社会公平，促进社会和谐。截至2011年8月底，中国已制定社会法方面的法律18件和一大批规范劳动关系和社会保障的行政法规、地方性法规。

中国制定了劳动法，将劳动关系以及与劳动关系密切联系的劳动保护、劳动安全卫生、职业培训以及劳动争议、劳动监察等关系纳入调整范围，确立了中国的基本劳动制度；制定了矿山安全法、职业病防治法、安全生产法等法律，对安全生产、职业病预防等事项作了规定，加强了对劳动者权益的保护；制定了劳动合同法、就业促进法和劳动争议调解仲裁法，建立健全了适应社会主义市场经济的劳动合同、促进就业和解决劳动争议的制度；制定了红十字会法、公益事业捐赠法和基金会管理条例等法律法规，建立健全了促进社会公益事业发展和管理的制度；制定了工会法，并先后两次进行修订，确定了工会在国家政治、经济和社会生活中的地位，明确了工会的权利和义务，对工会依法维护劳动者的合法权益发挥了积极作用。

中国重视社会保障制度建设，制定了社会保险法，确立了覆盖城乡全体居民的社会保险体系，建立了基本养老保险、基本医疗保险、工伤保险、失业保险和生育保险五项保险制度，保障公民在年老、患病、工伤、失业、生育等情况下，能够获得必要的物质帮助和生活保障；明确基本养老保险基金逐步实行全国统筹，其他社会保险基金逐步实行省级统筹；规定了劳动者在不同统筹地区就业社会保险关系转移接续制度。国务院还制定了失业保险条例、工伤保险条例和社会保险费征缴暂行条例、农村五保供养工作条例等行政法规，并决定建立新型农村养老保险和新型农村合作医疗制度，对推动社会保障制度建设，发挥了重要作用。社会保障制度的逐步确立，为中国政府依法加快社会保障体系建设，维护社会公平，构建和谐社会，提供了法制保障。目前，中国的社会保障覆盖面越来越大，逐步从国有企业扩大到各类社会经济组织，从单位职工扩大到灵活就业人员和居民，从城镇扩大到农村。截至2010年底，城镇职工养老保险制度覆盖2.57亿人，比2002年增加了约1.7倍；新型农村养老保险制度覆盖了1.03亿人；城乡基本医疗保险覆盖12.6亿人，是2002年的13倍；工伤保险参保1.61亿人；失业保险、生育保险覆盖面也迅速扩大。国务院还制定了城市生活无着的流浪乞讨人员救助管理办法、法律援助条例、自然灾害救助条例、城市居民最低生活保障条例等行政法规，并决定建立农村最低生活保障制度，中国覆盖城乡的社会救助体系已基本建立。截至2010年底，中国共有7700万困难群众享受最低生活保障待遇。中国社会保障的水平不断提高，人民群众切实共享发展成果。

中国重视保障特殊群体的权益，制定了残疾人保障法、未成年人保护法、妇女权益保障法、老年人权益保障法、预防未成年人犯罪法等法律，在保护特殊群体权益方面形成了较为完备的法律制度，对于保护特殊群体合法权益，维护社会公平正义，发挥了重要作用。

资料补充栏

1. 劳动用工

中华人民共和国劳动法

1. 1994年7月5日第八届全国人民代表大会常务委员会第八次会议通过

2. 根据2009年8月27日第十一届全国人民代表大会常务委员会第十次会议《关于修改部分法律的决定》修正

目　　录

第一章　总　　则

第一条　【立法目的】为了保护劳动者的合法权益，调整劳动关系，建立和维护适应社会主义市场经济的劳动制度，促进经济发展和社会进步，根据宪法，制定本法。

第二条　【适用范围】在中华人民共和国境内的企业、个体经济组织（以下统称用人单位）和与之形成劳动关系的劳动者，适用本法。

国家机关、事业组织、社会团体和与之建立劳动合同关系的劳动者，依照本法执行。

第三条　【劳动者权利】劳动者享有平等就业和选择职业的权利、取得劳动报酬的权利、休息休假的权利、获得劳动安全卫生保护的权利、接受职业技能培训的权利、享受社会保险和福利的权利、提请劳动争议处理的权利以及法律规定的其他劳动权利。

劳动者应当完成劳动任务，提高职业技能，执行劳动安全卫生规程，遵守劳动纪律和职业道德。

第四条　【用人单位义务】用人单位应当依法建立和完善规章制度，保障劳动者享有劳动权利和履行劳动义务。

第五条　【国家措施】国家采取各种措施，促进劳动就业，发展职业教育，制定劳动标准，调节社会收入，完善社会保险，协调劳动关系，逐步提高劳动者的生活水平。

第六条　【国家倡导和鼓励义务劳动】国家提倡劳动者参加社会义务劳动，开展劳动竞赛和合理化建议活动，鼓励和保护劳动者进行科学研究、技术革新和发明创造，表彰和奖励劳动模范和先进工作者。

第七条　【参加和组织工会】劳动者有权依法参加和组织工会。

工会代表和维护劳动者的合法权益，依法独立自主地开展活动。

第八条　【参与民主管理或协商】劳动者依照法律规定，通过职工大会、职工代表大会或者其他形式，参与民主管理或者就保护劳动者合法权益与用人单位进行平等协商。

第九条　【劳动工作主管部门】国务院劳动行政部门主管全国劳动工作。

县级以上地方人民政府劳动行政部门主管本行政区域内的劳动工作。

第二章　促 进 就 业

第十条　【国家扶持就业】国家通过促进经济和社会发展，创造就业条件，扩大就业机会。

国家鼓励企业、事业组织、社会团体在法律、行政法规规定的范围内兴办产业或者拓展经营，增加就业。

国家支持劳动者自愿组织起来就业和从事个体经营实现就业。

第十一条　【职介机构发展】地方各级人民政府应当采取措施，发展多种类型的职业介绍机构，提供就业服务。

第十二条　【就业平等】劳动者就业，不因民族、种族、性别、宗教信仰不同而受歧视。

第十三条　【就业男女平等】妇女享有与男子平等的就业权利。在录用职工时，除国家规定的不适合妇女的工种或者岗位外，不得以性别为由拒绝录用妇女或者提高对妇女的录用标准。

第十四条　【特殊人员的就业】残疾人、少数民族人员、退出现役的军人的就业，法律、法规有特别规定的，从其规定。

第十五条　【禁招未成年人和特殊行业相关规定】禁止用人单位招用未满十六周岁的未成年人。

文艺、体育和特种工艺单位招用未满十六周岁的未成年人，必须依照国家有关规定，履行审批手续，并保障其接受义务教育的权利。

第三章　劳动合同和集体合同

第十六条　【劳动合同】劳动合同是劳动者与用人单位确立劳动关系、明确双方权利和义务的协议。

建立劳动关系应当订立劳动合同。

第十七条　【合同的订立和变更】订立和变更劳动合同，应当遵循平等自愿、协商一致的原则，不得违反法律、行政法规的规定。

劳动合同依法订立即具有法律约束力，当事人必须履行劳动合同规定的义务。

第十八条　【无效合同】下列劳动合同无效：

（一）违反法律、行政法规的劳动合同；

（二）采取欺诈、威胁等手段订立的劳动合同。

无效的劳动合同，从订立的时候起，就没有法律约束力。确认劳动合同部分无效的，如果不影响其余部分的效力，其余部分仍然有效。

劳动合同的无效，由劳动争议仲裁委员会或者人民法院确认。

第十九条　【合同形式和条款】劳动合同应当以书面形式订立，并具备以下条款：

（一）劳动合同期限；

（二）工作内容；

（三）劳动保护和劳动条件；

（四）劳动报酬；

（五）劳动纪律；

（六）劳动合同终止的条件；

（七）违反劳动合同的责任。

劳动合同除前款规定的必备条款外，当事人可以协商约定其他内容。

第二十条　【合同期限】劳动合同的期限分为有固定期限、无固定期限和以完成一定的工作为期限。

劳动者在同一用人单位连续工作满十年以上，当事人双方同意续延劳动合同的，如果劳动者提出订立无固定期限的劳动合同，应当订立无固定期限的劳动合同。

第二十一条　【试用期约定】劳动合同可以约定试用期。试用期最长不得超过六个月。

第二十二条　【商业秘密事项约定】劳动合同当事人可以在劳动合同中约定保守用人单位商业秘密的有关事项。

第二十三条　【合同终止】劳动合同期满或者当事人约定的劳动合同终止条件出现，劳动合同即行终止。

第二十四条　【合同解除】经劳动合同当事人协商一致，劳动合同可以解除。

第二十五条　【单位解除劳动合同事项】劳动者有下列情形之一的，用人单位可以解除劳动合同：

（一）在试用期间被证明不符合录用条件的；

（二）严重违反劳动纪律或者用人单位规章制度的；

（三）严重失职，营私舞弊，对用人单位利益造成重大损害的；

（四）被依法追究刑事责任的。

第二十六条　【解除合同提前通知】有下列情形之一的，用人单位可以解除劳动合同，但是应当提前三十日以书面形式通知劳动者本人：

（一）劳动者患病或者非因工负伤，医疗期满后，不能从事原工作也不能从事由用人单位另行安排的工作的；

（二）劳动者不能胜任工作，经过培训或者调整工作岗位，仍不能胜任工作的；

（三）劳动合同订立时所依据的客观情况发生重大变化，致使原劳动合同无法履行，经当事人协商不能就变更劳动合同达成协议的。

第二十七条　【用人单位裁员】用人单位濒临破产进行法定整顿期间或者生产经营状况发生严重困难，确需裁减人员的，应当提前三十日向工会或者全体职工说明情况，听取工会或者职工的意见，经向劳动行政部门报告后，可以裁减人员。

用人单位依据本条规定裁减人员，在六个月内录用人员的，应当优先录用被裁减的人员。

第二十八条　【经济补偿】用人单位依据本法第二十四条、第二十六条、第二十七条的规定解除劳动合同的，应当依照国家有关规定给予经济补偿。

第二十九条　【用人单位解除合同的限制情形】劳动者有下列情形之一的，用人单位不得依据本法第二十六条、第二十七条的规定解除劳动合同：

（一）患职业病或者因工负伤并被确认丧失或者部分丧失劳动能力的；

（二）患病或者负伤，在规定的医疗期内的；

（三）女职工在孕期、产期、哺乳期内的；

（四）法律、行政法规规定的其他情形。

第三十条　【工会职权】用人单位解除劳动合同，工会认为不适当的，有权提出意见。如果用人单位违反法律、法规或者劳动合同，工会有权要求重新处理；劳动者申请仲裁或者提起诉讼的，工会应当依法给予支持和帮助。

第三十一条　【劳动者解除合同的提前通知期限】劳动者解除劳动合同，应当提前三十日以书面形式通知用人单位。

第三十二条　【劳动者随时通知解除合同情形】有下列情形之一的，劳动者可以随时通知用人单位解除劳动合同：

（一）在试用期内的；

（二）用人单位以暴力、威胁或者非法限制人身自由的手段强迫劳动的；

（三）用人单位未按照劳动合同约定支付劳动报酬或者提供劳动条件的。

第三十三条　【集体合同】企业职工一方与企业可以就劳动报酬、工作时间、休息休假、劳动安全卫生、保险福利等事项，签订集体合同。集体合同草案应当提交职工代表大会或者全体职工讨论通过。

集体合同由工会代表职工与企业签订；没有建立工会的企业，由职工推举的代表与企业签订。

第三十四条　【集体合同生效】集体合同签订后应当报送劳动行政部门；劳动行政部门自收到集体合同文本之日起十五日内未提出异议的，集体合同即行生效。

第三十五条　【集体合同效力】依法签订的集体合同对企业和企业全体职工具有约束力。职工个人与企业订立的劳动合同中劳动条件和劳动报酬等标准不得低于集体合同的规定。

第四章 工作时间和休息休假

第三十六条 【国家工时制度】国家实行劳动者每日工作时间不超过八小时、平均每周工作时间不超过四十四小时的工时制度。

第三十七条 【报酬标准和劳动定额确定】对实行计件工作的劳动者,用人单位应当根据本法第三十六条规定的工时制度合理确定其劳动定额和计件报酬标准。

第三十八条 【休息日最低保障】用人单位应当保证劳动者每周至少休息一日。

第三十九条 【工休办法替代】企业因生产特点不能实行本法第三十六条、第三十八条规定的,经劳动行政部门批准,可以实行其他工作和休息办法。

第四十条 【法定假日】用人单位在下列节日期间应当依法安排劳动者休假:

(一)元旦;

(二)春节;

(三)国际劳动节;

(四)国庆节;

(五)法律、法规规定的其他休假节日。

第四十一条 【工作时间延长限制】用人单位由于生产经营需要,经与工会和劳动者协商后可以延长工作时间,一般每日不得超过一小时;因特殊原因需要延长工作时间的,在保障劳动者身体健康的条件下延长工作时间每日不得超过三小时,但是每月不得超过三十六小时。

第四十二条 【延长工作时间限制的例外】有下列情形之一的,延长工作时间不受本法第四十一条规定的限制:

(一)发生自然灾害、事故或者因其他原因,威胁劳动者生命健康和财产安全,需要紧急处理的;

(二)生产设备、交通运输线路、公共设施发生故障,影响生产和公众利益,必须及时抢修的;

(三)法律、行政法规规定的其他情形。

第四十三条 【禁止违法延长工作时间】用人单位不得违反本法规定延长劳动者的工作时间。

第四十四条 【延长工时的报酬支付】有下列情形之一的,用人单位应当按照下列标准支付高于劳动者正常工作时间工资的工资报酬:

(一)安排劳动者延长工作时间的,支付不低于工资的百分之一百五十的工资报酬;

(二)休息日安排劳动者工作又不能安排补休的,支付不低于工资的百分之二百的工资报酬;

(三)法定休假日安排劳动者工作的,支付不低于工资的百分之三百的工资报酬。

第四十五条 【带薪年休假制度】国家实行带薪年休假制度。

劳动者连续工作一年以上的,享受带薪年休假。具体办法由国务院规定。

第五章 工 资

第四十六条 【工资分配原则】工资分配应当遵循按劳分配原则,实行同工同酬。

工资水平在经济发展的基础上逐步提高。国家对工资总量实行宏观调控。

第四十七条 【工资分配方式、水平确定】用人单位根据本单位的生产经营特点和经济效益,依法自主确定本单位的工资分配方式和工资水平。

第四十八条 【最低工资保障】国家实行最低工资保障制度。最低工资的具体标准由省、自治区、直辖市人民政府规定,报国务院备案。

用人单位支付劳动者的工资不得低于当地最低工资标准。

第四十九条 【最低工资标准参考因素】确定和调整最低工资标准应当综合参考下列因素:

(一)劳动者本人及平均赡养人口的最低生活费用;

(二)社会平均工资水平;

(三)劳动生产率;

(四)就业状况;

(五)地区之间经济发展水平的差异。

第五十条 【工资支付形式】工资应当以货币形式按月支付给劳动者本人。不得克扣或者无故拖欠劳动者的工资。

第五十一条 【法定休假日和婚丧假期间工资保障】劳动者在法定休假日和婚丧假期间以及依法参加社会活动期间,用人单位应当依法支付工资。

第六章 劳动安全卫生

第五十二条 【用人单位职责】用人单位必须建立、健全劳动安全卫生制度,严格执行国家劳动安全卫生规程和标准,对劳动者进行劳动安全卫生教育,防止劳动过程中的事故,减少职业危害。

第五十三条 【劳动安全卫生设施标准】劳动安全卫生设施必须符合国家规定的标准。

新建、改建、扩建工程的劳动安全卫生设施必须与主体工程同时设计、同时施工、同时投入生产和使用。

第五十四条 【劳动者劳动安全防护及健康保护】用人单位必须为劳动者提供符合国家规定的劳动安全卫生条件和必要的劳动防护用品,对从事有职业危害作业的劳动者应当定期进行健康检查。

第五十五条 【特种作业资格】从事特种作业的劳动者必须经过专门培训并取得特种作业资格。

第五十六条 【劳动过程安全防护】劳动者在劳动过程中必须严格遵守安全操作规程。

劳动者对用人单位管理人员违章指挥、强令冒险作业,有权拒绝执行;对危害生命安全和身体健康的行为,有权提出批评、检举和控告。

第五十七条 【伤亡事故和职业病统计报告、处理制度】国家建立伤亡事故和职业病统计报告和处理制度。县级以上各级人民政府劳动行政部门、有关部门和用人单位应当依法对劳动者在劳动过程中发生的伤亡事故和劳动者的职业病状况,进行统计、报告和处理。

第七章 女职工和未成年工特殊保护

第五十八条 【女职工和未成年工特殊劳动保护】国家对女职工和未成年工实行特殊劳动保护。

未成年工是指年满十六周岁未满十八周岁的劳动者。

第五十九条 【劳动强度限制】禁止安排女职工从事矿山井下、国家规定的第四级体力劳动强度的劳动和其他禁忌从事的劳动。

第六十条 【经期劳动强度限制】不得安排女职工在经期从事高处、低温、冷水作业和国家规定的第三级体力劳动强度的劳动。

第六十一条 【孕期劳动强度限制】不得安排女职工在怀孕期间从事国家规定的第三级体力劳动强度的劳动和孕期禁忌从事的劳动。对怀孕七个月以上的女职工,不得安排其延长工作时间和夜班劳动。

第六十二条 【产假】女职工生育享受不少于九十天的产假。

第六十三条 【哺乳期劳动保护】不得安排女职工在哺乳未满一周岁的婴儿期间从事国家规定的第三级体力劳动强度的劳动和哺乳期禁忌从事的其他劳动,不得安排其延长工作时间和夜班劳动。

第六十四条 【未成年工劳动保护】不得安排未成年工从事矿山井下、有毒有害、国家规定的第四级体力劳动强度的劳动和其他禁忌从事的劳动。

第六十五条 【未成年工健康检查】用人单位应当对未成年工定期进行健康检查。

第八章 职业培训

第六十六条 【发展目标】国家通过各种途径,采取各种措施,发展职业培训事业,开发劳动者的职业技能,提高劳动者素质,增强劳动者的就业能力和工作能力。

第六十七条 【政府支持】各级人民政府应当把发展职业培训纳入社会经济发展的规划,鼓励和支持有条件的企业、事业组织、社会团体和个人进行各种形式的职业培训。

第六十八条 【职业培训】用人单位应当建立职业培训制度,按照国家规定提取和使用职业培训经费,根据本单位实际,有计划地对劳动者进行职业培训。

从事技术工种的劳动者,上岗前必须经过培训。

第六十九条 【职业技能标准和资格证书】国家确定职业分类,对规定的职业制定职业技能标准,实行职业资格证书制度,由经过政府批准的考核鉴定机构负责对劳动者实施职业技能考核鉴定。

第九章 社会保险和福利

第七十条 【发展目标】国家发展社会保险事业,建立社会保险制度,设立社会保险基金,使劳动者在年老、患病、工伤、失业、生育等情况下获得帮助和补偿。

第七十一条 【协调发展】社会保险水平应当与社会经济发展水平和社会承受能力相适应。

第七十二条 【基金来源】社会保险基金按照保险类型确定资金来源,逐步实行社会统筹。用人单位和劳动者必须依法参加社会保险,缴纳社会保险费。

第七十三条 【享受社保情形】劳动者在下列情形下,依法享受社会保险待遇:

(一)退休;

(二)患病、负伤;

(三)因工伤残或者患职业病;

(四)失业;

(五)生育。

劳动者死亡后,其遗属依法享受遗属津贴。

劳动者享受社会保险待遇的条件和标准由法律、法规规定。

劳动者享受的社会保险金必须按时足额支付。

第七十四条 【社保基金管理】社会保险基金经办机构依照法律规定收支、管理和运营社会保险基金,并负有使社会保险基金保值增值的责任。

社会保险基金监督机构依照法律规定,对社会保险基金的收支、管理和运营实施监督。

社会保险基金经办机构和社会保险基金监督机构的设立和职能由法律规定。

任何组织和个人不得挪用社会保险基金。

第七十五条 【补充保险和个人储蓄保险】国家鼓励用人单位根据本单位实际情况为劳动者建立补充保险。

国家提倡劳动者个人进行储蓄性保险。

第七十六条 【国家和用人单位的发展福利事业责任】国家发展社会福利事业,兴建公共福利设施,为劳动者休息、休养和疗养提供条件。

用人单位应当创造条件,改善集体福利,提高劳动者的福利待遇。

第十章 劳动争议

第七十七条 【劳动争议处理】用人单位与劳动者发生劳动争议,当事人可以依法申请调解、仲裁、提起诉讼,也可以协商解决。

调解原则适用于仲裁和诉讼程序。

第七十八条 【解决争议的原则】解决劳动争议,应当根据合法、公正、及时处理的原则,依法维护劳动争议当事人的合法权益。

第七十九条 【调解和仲裁】劳动争议发生后,当事人可以向本单位劳动争议调解委员会申请调解;调解不成,当事人一方要求仲裁的，可以向劳动争议仲裁委员会申请仲裁。当事人一方也可以直接向劳动争议仲裁委员会申请仲裁。对仲裁裁决不服的，可以向人民法院提起诉讼。

第八十条 **【劳动争议调解委员会及调解协议】**在用人单位内，可以设立劳动争议调解委员会。劳动争议调解委员会由职工代表、用人单位代表和工会代表组成。劳动争议调解委员会主任由工会代表担任。

劳动争议经调解达成协议的，当事人应当履行。

第八十一条 **【仲裁委员会组成】**劳动争议仲裁委员会由劳动行政部门代表、同级工会代表、用人单位方面的代表组成。劳动争议仲裁委员会主任由劳动行政部门代表担任。

第八十二条 **【仲裁期日】**提出仲裁要求的一方应当自劳动争议发生之日起六十日内向劳动争议仲裁委员会提出书面申请。仲裁裁决一般应在收到仲裁申请的六十日内作出。对仲裁裁决无异议的，当事人必须履行。

第八十三条 **【起诉和强制执行】**劳动争议当事人对仲裁裁决不服的，可以自收到仲裁裁决书之日起十五日内向人民法院提起诉讼。一方当事人在法定期限内不起诉又不履行仲裁裁决的，另一方当事人可以申请人民法院强制执行。

第八十四条 **【集体合同争议处理】**因签订集体合同发生争议，当事人协商解决不成的，当地人民政府劳动行政部门可以组织有关各方协调处理。

因履行集体合同发生争议，当事人协商解决不成的，可以向劳动争议仲裁委员会申请仲裁；对仲裁裁决不服的，可以自收到仲裁裁决书之日起十五日内向人民法院提起诉讼。

第十一章 监督检查

第八十五条 **【劳动行政部门监督检查】**县级以上各级人民政府劳动行政部门依法对用人单位遵守劳动法律、法规的情况进行监督检查，对违反劳动法律、法规的行为有权制止，并责令改正。

第八十六条 **【公务检查】**县级以上各级人民政府劳动行政部门监督检查人员执行公务，有权进入用人单位了解执行劳动法律、法规的情况，查阅必要的资料，并对劳动场所进行检查。

县级以上各级人民政府劳动行政部门监督检查人员执行公务，必须出示证件，秉公执法并遵守有关规定。

第八十七条 **【政府监督】**县级以上各级人民政府有关部门在各自职责范围内，对用人单位遵守劳动法律、法规的情况进行监督。

第八十八条 **【工会监督和组织、个人检举控告】**各级工会依法维护劳动者的合法权益，对用人单位遵守劳动法律、法规的情况进行监督。

任何组织和个人对于违反劳动法律、法规的行为有权检举和控告。

第十二章 法律责任

第八十九条 **【对劳动规章违法的处罚】**用人单位制定的劳动规章制度违反法律、法规规定的，由劳动行政部门给予警告，责令改正；对劳动者造成损害的，应当承担赔偿责任。

第九十条 **【违法延长工时处罚】**用人单位违反本法规定，延长劳动者工作时间的，由劳动行政部门给予警告，责令改正，并可以处以罚款。

第九十一条 **【用人单位侵权处理】**用人单位有下列侵害劳动者合法权益情形之一的，由劳动行政部门责令支付劳动者的工资报酬、经济补偿，并可以责令支付赔偿金：

（一）克扣或者无故拖欠劳动者工资的；

（二）拒不支付劳动者延长工作时间工资报酬的；

（三）低于当地最低工资标准支付劳动者工资的；

（四）解除劳动合同后，未依照本法规定给予劳动者经济补偿的。

第九十二条 **【用人单位违反劳保规定的处罚】**用人单位的劳动安全设施和劳动卫生条件不符合国家规定或者未向劳动者提供必要的劳动防护用品和劳动保护设施的，由劳动行政部门或者有关部门责令改正，可以处以罚款；情节严重的，提请县级以上人民政府决定责令停产整顿；对事故隐患不采取措施，致使发生重大事故，造成劳动者生命和财产损失的，对责任人员依照刑法有关规定追究刑事责任。

第九十三条 **【违章作业造成事故处罚】**用人单位强令劳动者违章冒险作业，发生重大伤亡事故，造成严重后果的，对责任人员依法追究刑事责任。

第九十四条 **【非法招用未成年工处罚】**用人单位非法招用未满十六周岁的未成年人的，由劳动行政部门责令改正，处以罚款；情节严重的，由工商行政管理部门吊销营业执照。

第九十五条 **【侵害女工和未成年工合法权益的处罚】**用人单位违反本法对女职工和未成年工的保护规定，侵害其合法权益的，由劳动行政部门责令改正，处以罚款；对女职工或者未成年工造成损害的，应当承担赔偿责任。

第九十六条 **【人身侵权处罚】**用人单位有下列行为之一，由公安机关对责任人员处以十五日以下拘留、罚款或者警告；构成犯罪的，对责任人员依法追究刑事责任：

（一）以暴力、威胁或者非法限制人身自由的手段强迫劳动的；

（二）侮辱、体罚、殴打、非法搜查和拘禁劳动者的。

第九十七条 **【无效合同损害赔偿责任】**由于用人单位的原因订立的无效合同，对劳动者造成损害的，应当承担赔偿责任。

第九十八条 **【违法解除和拖延订立合同损害赔偿】**用人单位违反本法规定的条件解除劳动合同或者故意拖延不订立劳动合同的，由劳动行政部门责令改正；对劳动者造成损害的,应当承担赔偿责任。

第九十九条 【招用未解除合同者损害赔偿】用人单位招用尚未解除劳动合同的劳动者,对原用人单位造成经济损失的,该用人单位应当依法承担连带赔偿责任。

第一百条 【不缴纳保险费处理】用人单位无故不缴纳社会保险费的,由劳动行政部门责令其限期缴纳;逾期不缴的,可以加收滞纳金。

第一百零一条 【妨碍检查公务处罚】用人单位无理阻挠劳动行政部门、有关部门及其工作人员行使监督检查权,打击报复举报人员的,由劳动行政部门或者有关部门处以罚款;构成犯罪的,对责任人员依法追究刑事责任。

第一百零二条 【违法解除合同和违反保密事项损害赔偿】劳动者违反本法规定的条件解除劳动合同或者违反劳动合同中约定的保密事项,对用人单位造成经济损失的,应当依法承担赔偿责任。

第一百零三条 【渎职的法律责任】劳动行政部门或者有关部门的工作人员滥用职权、玩忽职守、徇私舞弊,构成犯罪的,依法追究刑事责任;不构成犯罪的,给予行政处分。

第一百零四条 【挪用社保基金处罚】国家工作人员和社会保险基金经办机构的工作人员挪用社会保险基金,构成犯罪的,依法追究刑事责任。

第一百零五条 【处罚竞合处理】违反本法规定侵害劳动者合法权益,其他法律、行政法规已规定处罚的,依照该法律、行政法规的规定处罚。

第十三章 附 则

第一百零六条 【实施步骤制定】省、自治区、直辖市人民政府根据本法和本地区的实际情况,规定劳动合同制度的实施步骤,报国务院备案。

第一百零七条 【生效日期】本法自 1995 年 1 月 1 日起施行。

中华人民共和国劳动合同法

1. 2007 年 6 月 29 日第十届全国人民代表大会常务委员会第二十八次会议通过

2. 根据 2012 年 12 月 28 日第十一届全国人民代表大会常务委员会第三十次会议《关于修改〈中华人民共和国劳动合同法〉的决定》修正

目 录

第一章 总 则

第一条 【立法宗旨】为了完善劳动合同制度,明确劳动合同双方当事人的权利和义务,保护劳动者的合法权益,构建和发展和谐稳定的劳动关系,制定本法。

第二条 【适用范围】中华人民共和国境内的企业、个体经济组织、民办非企业单位等组织(以下称用人单位)与劳动者建立劳动关系,订立、履行、变更、解除或者终止劳动合同,适用本法。

国家机关、事业单位、社会团体和与其建立劳动关系的劳动者,订立、履行、变更、解除或者终止劳动合同,依照本法执行。

第三条 【基本原则】订立劳动合同,应当遵循合法、公平、平等自愿、协商一致、诚实信用的原则。

依法订立的劳动合同具有约束力,用人单位与劳动者应当履行劳动合同约定的义务。

第四条 【规章制度】用人单位应当依法建立和完善劳动规章制度,保障劳动者享有劳动权利、履行劳动义务。

用人单位在制定、修改或者决定有关劳动报酬、工作时间、休息休假、劳动安全卫生、保险福利、职工培训、劳动纪律以及劳动定额管理等直接涉及劳动者切身利益的规章制度或者重大事项时,应当经职工代表大会或者全体职工讨论,提出方案和意见,与工会或者职工代表平等协商确定。

在规章制度和重大事项决定实施过程中,工会或者职工认为不适当的,有权向用人单位提出,通过协商予以修改完善。

用人单位应当将直接涉及劳动者切身利益的规章制度和重大事项决定公示,或者告知劳动者。

第五条 【协调劳动关系三方机制】县级以上人民政府劳动行政部门会同工会和企业方面代表,建立健全协调劳动关系三方机制,共同研究解决有关劳动关系的重大问题。

第六条 【集体协商机制】工会应当帮助、指导劳动者与用人单位依法订立和履行劳动合同,并与用人单位建立集体协商机制,维护劳动者的合法权益。

第二章 劳动合同的订立

第七条 【劳动关系的建立】用人单位自用工之日起即与劳动者建立劳动关系。用人单位应当建立职工名册备查。

第八条 【用人单位的告知义务和劳动者的说明义务】用人单位招用劳动者时,应当如实告知劳动者工作内容、工作条件、工作地点、职业危害、安全生产状况、劳动报酬,以及劳动者要求了解的其他情况;用人单位有权了解劳动者与劳动合同直接相关的基本情况,劳动者应当如实说明。

第九条 【用人单位不得扣押劳动者证件和要求提供担保】用人单位招用劳动者,不得扣押劳动者的居民身份证和其他证件,不得要求劳动者提供担保或者以其他名义向劳动者收取财物。

第十条 【订立书面劳动合同】建立劳动关系,应当订立书面劳动合同。

已建立劳动关系,未同时订立书面劳动合同的,应当自用工之日起一个月内订立书面劳动合同。

用人单位与劳动者在用工前订立劳动合同的,劳动关系自用工之日起建立。

第十一条 【未订立书面劳动合同时劳动报酬不明确的解决】用人单位未在用工的同时订立书面劳动合同,与劳动者约定的劳动报酬不明确的,新招用的劳动者的劳动报酬按照集体合同规定的标准执行;没有集体合同或者集体合同未规定的,实行同工同酬。

第十二条 【劳动合同的种类】劳动合同分为固定期限劳动合同、无固定期限劳动合同和以完成一定工作任务为期限的劳动合同。

第十三条 【固定期限劳动合同】固定期限劳动合同,是指用人单位与劳动者约定合同终止时间的劳动合同。

用人单位与劳动者协商一致,可以订立固定期限劳动合同。

第十四条 【无固定期限劳动合同】无固定期限劳动合同,是指用人单位与劳动者约定无确定终止时间的劳动合同。

用人单位与劳动者协商一致,可以订立无固定期限劳动合同。有下列情形之一,劳动者提出或者同意续订、订立劳动合同的,除劳动者提出订立固定期限劳动合同外,应当订立无固定期限劳动合同:

(一)劳动者在该用人单位连续工作满十年的;

(二)用人单位初次实行劳动合同制度或者国有企业改制重新订立劳动合同时,劳动者在该用人单位连续工作满十年且距法定退休年龄不足十年的;

(三)连续订立二次固定期限劳动合同,且劳动者没有本法第三十九条和第四十条第一项、第二项规定的情形,续订劳动合同的。

用人单位自用工之日起满一年不与劳动者订立书面劳动合同的,视为用人单位与劳动者已订立无固定期限劳动合同。

第十五条 【以完成一定工作任务为期限的劳动合同】以完成一定工作任务为期限的劳动合同,是指用人单位与劳动者约定以某项工作的完成为合同期限的劳动合同。

用人单位与劳动者协商一致,可以订立以完成一定工作任务为期限的劳动合同。

第十六条 【劳动合同的生效】劳动合同由用人单位与劳动者协商一致,并经用人单位与劳动者在劳动合同文本上签字或者盖章生效。

劳动合同文本由用人单位和劳动者各执一份。

第十七条 【劳动合同的内容】劳动合同应当具备以下条款:

(一)用人单位的名称、住所和法定代表人或者主要负责人;

(二)劳动者的姓名、住址和居民身份证或者其他有效身份证件号码;

(三)劳动合同期限;

(四)工作内容和工作地点;

(五)工作时间和休息休假;

(六)劳动报酬;

(七)社会保险;

(八)劳动保护、劳动条件和职业危害防护;

(九)法律、法规规定应当纳入劳动合同的其他事项。

劳动合同除前款规定的必备条款外,用人单位与劳动者可以约定试用期、培训、保守秘密、补充保险和福利待遇等其他事项。

第十八条 【劳动合同对劳动报酬和劳动条件约定不明确的解决】劳动合同对劳动报酬和劳动条件等标准约定不明确,引发争议的,用人单位与劳动者可以重新协商;协商不成的,适用集体合同规定;没有集体合同或者集体合同未规定劳动报酬的,实行同工同酬;没有集体合同或者集体合同未规定劳动条件等标准的,适用国家有关规定。

第十九条 【试用期】劳动合同期限三个月以上不满一年的,试用期不得超过一个月;劳动合同期限一年以上不满三年的,试用期不得超过二个月;三年以上固定期限和无固定期限的劳动合同,试用期不得超过六个月。

同一用人单位与同一劳动者只能约定一次试用期。

以完成一定工作任务为期限的劳动合同或者劳动合同期限不满三个月的,不得约定试用期。

试用期包含在劳动合同期限内。劳动合同仅约定试用期的,试用期不成立,该期限为劳动合同期限。

第二十条 【试用期工资】劳动者在试用期的工资不得低于本单位相同岗位最低档工资或者劳动合同约定工资的百分之八十,并不得低于用人单位所在地的最低工资标准。

第二十一条 【试用期内解除劳动合同】在试用期中,除劳动者有本法第三十九条和第四十条第一项、第二项规定的情形外,用人单位不得解除劳动合同。用人单位在试用期解除劳动合同的,应当向劳动者说明理由。

第二十二条 【服务期】用人单位为劳动者提供专项培训费用,对其进行专业技术培训的,可以与该劳动者订立协议,约定服务期。

劳动者违反服务期约定的,应当按照约定向用人单位支付违约金。违约金的数额不得超过用人单位提供的培训费用。用人单位要求劳动者支付的违约金不得超过服务期尚未履行部分所应分摊的培训费用。

用人单位与劳动者约定服务期的,不影响按照正常的工资调整机制提高劳动者在服务期期间的劳动报酬。

第二十三条　【保密义务和竞业限制】用人单位与劳动者可以在劳动合同中约定保守用人单位的商业秘密和与知识产权相关的保密事项。

对负有保密义务的劳动者,用人单位可以在劳动合同或者保密协议中与劳动者约定竞业限制条款,并约定在解除或者终止劳动合同后,在竞业限制期限内按月给予劳动者经济补偿。劳动者违反竞业限制约定的,应当按照约定向用人单位支付违约金。

第二十四条　【竞业限制的范围和期限】竞业限制的人员限于用人单位的高级管理人员、高级技术人员和其他负有保密义务的人员。竞业限制的范围、地域、期限由用人单位与劳动者约定,竞业限制的约定不得违反法律、法规的规定。

在解除或者终止劳动合同后,前款规定的人员到与本单位生产或者经营同类产品、从事同类业务的有竞争关系的其他用人单位,或者自己开业生产或者经营同类产品、从事同类业务的竞业限制期限,不得超过二年。

第二十五条　【违约金】除本法第二十二条和第二十三条规定的情形外,用人单位不得与劳动者约定由劳动者承担违约金。

第二十六条　【劳动合同的无效】下列劳动合同无效或者部分无效:

(一)以欺诈、胁迫的手段或者乘人之危,使对方在违背真实意思的情况下订立或者变更劳动合同的;

(二)用人单位免除自己的法定责任、排除劳动者权利的;

(三)违反法律、行政法规强制性规定的。

对劳动合同的无效或者部分无效有争议的,由劳动争议仲裁机构或者人民法院确认。

第二十七条　【劳动合同部分无效】劳动合同部分无效,不影响其他部分效力的,其他部分仍然有效。

第二十八条　【劳动合同无效后劳动报酬的支付】劳动合同被确认无效,劳动者已付出劳动的,用人单位应当向劳动者支付劳动报酬。劳动报酬的数额,参照本单位相同或者相近岗位劳动者的劳动报酬确定。

第三章　劳动合同的履行和变更

第二十九条　【劳动合同的履行】用人单位与劳动者应当按照劳动合同的约定,全面履行各自的义务。

第三十条　【劳动报酬】用人单位应当按照劳动合同约定和国家规定,向劳动者及时足额支付劳动报酬。

用人单位拖欠或者未足额支付劳动报酬的,劳动者可以依法向当地人民法院申请支付令,人民法院应当依法发出支付令。

第三十一条　【加班】用人单位应当严格执行劳动定额标准,不得强迫或者变相强迫劳动者加班。用人单位安排加班的,应当按照国家有关规定向劳动者支付加班费。

第三十二条　【劳动者拒绝违章指挥、强令冒险作业】劳动者拒绝用人单位管理人员违章指挥、强令冒险作业的,不视为违反劳动合同。

劳动者对危害生命安全和身体健康的劳动条件,有权对用人单位提出批评、检举和控告。

第三十三条　【用人单位名称、法定代表人等的变更】用人单位变更名称、法定代表人、主要负责人或者投资人等事项,不影响劳动合同的履行。

第三十四条　【用人单位合并或者分立】用人单位发生合并或者分立等情况,原劳动合同继续有效,劳动合同由承继其权利和义务的用人单位继续履行。

第三十五条　【劳动合同的变更】用人单位与劳动者协商一致,可以变更劳动合同约定的内容。变更劳动合同,应当采用书面形式。

变更后的劳动合同文本由用人单位和劳动者各执一份。

第四章　劳动合同的解除和终止

第三十六条　【协商解除劳动合同】用人单位与劳动者协商一致,可以解除劳动合同。

第三十七条　【劳动者提前通知解除劳动合同】劳动者提前三十日以书面形式通知用人单位,可以解除劳动合同。劳动者在试用期内提前三日通知用人单位,可以解除劳动合同。

第三十八条　【劳动者解除劳动合同】用人单位有下列情形之一的,劳动者可以解除劳动合同:

(一)未按照劳动合同约定提供劳动保护或者劳动条件的;

(二)未及时足额支付劳动报酬的;

(三)未依法为劳动者缴纳社会保险费的;

(四)用人单位的规章制度违反法律、法规的规定,损害劳动者权益的;

(五)因本法第二十六条第一款规定的情形致使劳动合同无效的;

(六)法律、行政法规规定劳动者可以解除劳动合同的其他情形。

用人单位以暴力、威胁或者非法限制人身自由的手段强迫劳动者劳动的,或者用人单位违章指挥、强令冒险作业危及劳动者人身安全的,劳动者可以立即解除劳动合同,不需事先告知用人单位。

第三十九条　【用人单位单方解除劳动合同】劳动者有下列情形之一的,用人单位可以解除劳动合同:

(一)在试用期间被证明不符合录用条件的;

(二)严重违反用人单位的规章制度的;

(三)严重失职,营私舞弊,给用人单位造成重大损害的;

(四)劳动者同时与其他用人单位建立劳动关系,对完成本单位的工作任务造成严重影响，或者经用人单位提出，拒不改正的；

（五）因本法第二十六条第一款第一项规定的情形致使劳动合同无效的；

（六）被依法追究刑事责任的。

第四十条　【无过失性辞退】有下列情形之一的，用人单位提前三十日以书面形式通知劳动者本人或者额外支付劳动者一个月工资后，可以解除劳动合同：

（一）劳动者患病或者非因工负伤，在规定的医疗期满后不能从事原工作，也不能从事由用人单位另行安排的工作的；

（二）劳动者不能胜任工作，经过培训或者调整工作岗位，仍不能胜任工作的；

（三）劳动合同订立时所依据的客观情况发生重大变化，致使劳动合同无法履行，经用人单位与劳动者协商，未能就变更劳动合同内容达成协议的。

第四十一条　【经济性裁员】有下列情形之一，需要裁减人员二十人以上或者裁减不足二十人但占企业职工总数百分之十以上的，用人单位提前三十日向工会或者全体职工说明情况，听取工会或者职工的意见后，裁减人员方案经向劳动行政部门报告，可以裁减人员：

（一）依照企业破产法规定进行重整的；

（二）生产经营发生严重困难的；

（三）企业转产、重大技术革新或者经营方式调整，经变更劳动合同后，仍需裁减人员的；

（四）其他因劳动合同订立时所依据的客观经济情况发生重大变化，致使劳动合同无法履行的。

裁减人员时，应当优先留用下列人员：

（一）与本单位订立较长期限的固定期限劳动合同的；

（二）与本单位订立无固定期限劳动合同的；

（三）家庭无其他就业人员，有需要扶养的老人或者未成年人的。

用人单位依照本条第一款规定裁减人员，在六个月内重新招用人员的，应当通知被裁减的人员，并在同等条件下优先招用被裁减的人员。

第四十二条　【用人单位不得解除劳动合同的情形】劳动者有下列情形之一的，用人单位不得依照本法第四十条、第四十一条的规定解除劳动合同：

（一）从事接触职业病危害作业的劳动者未进行离岗前职业健康检查，或者疑似职业病病人在诊断或者医学观察期间的；

（二）在本单位患职业病或者因工负伤并被确认丧失或者部分丧失劳动能力的；

（三）患病或者非因工负伤，在规定的医疗期内的；

（四）女职工在孕期、产期、哺乳期的；

（五）在本单位连续工作满十五年，且距法定退休年龄不足五年的；

（六）法律、行政法规规定的其他情形。

第四十三条　【工会在劳动合同解除中的监督作用】用人单位单方解除劳动合同，应当事先将理由通知工会。用人单位违反法律、行政法规规定或者劳动合同约定的，工会有权要求用人单位纠正。用人单位应当研究工会的意见，并将处理结果书面通知工会。

第四十四条　【劳动合同的终止】有下列情形之一的，劳动合同终止：

（一）劳动合同期满的；

（二）劳动者开始依法享受基本养老保险待遇的；

（三）劳动者死亡，或者被人民法院宣告死亡或者宣告失踪的；

（四）用人单位被依法宣告破产的；

（五）用人单位被吊销营业执照、责令关闭、撤销或者用人单位决定提前解散的；

（六）法律、行政法规规定的其他情形。

第四十五条　【劳动合同的逾期终止】劳动合同期满，有本法第四十二条规定情形之一的，劳动合同应当续延至相应的情形消失时终止。但是，本法第四十二条第二项规定丧失或者部分丧失劳动能力劳动者的劳动合同的终止，按照国家有关工伤保险的规定执行。

第四十六条　【经济补偿】有下列情形之一的，用人单位应当向劳动者支付经济补偿：

（一）劳动者依照本法第三十八条规定解除劳动合同的；

（二）用人单位依照本法第三十六条规定向劳动者提出解除劳动合同并与劳动者协商一致解除劳动合同的；

（三）用人单位依照本法第四十条规定解除劳动合同的；

（四）用人单位依照本法第四十一条第一款规定解除劳动合同的；

（五）除用人单位维持或者提高劳动合同约定条件续订劳动合同，劳动者不同意续订的情形外，依照本法第四十四条第一项规定终止固定期限劳动合同的；

（六）依照本法第四十四条第四项、第五项规定终止劳动合同的；

（七）法律、行政法规规定的其他情形。

第四十七条　【经济补偿的计算】经济补偿按劳动者在本单位工作的年限，每满一年支付一个月工资的标准向劳动者支付。六个月以上不满一年的，按一年计算；不满六个月的，向劳动者支付半个月工资的经济补偿。

劳动者月工资高于用人单位所在直辖市、设区的市级人民政府公布的本地区上年度职工月平均工资三倍的，向其支付经济补偿的标准按职工月平均工资三倍的数额支付，向其支付经济补偿的年限最高不超过十二年。

本条所称月工资是指劳动者在劳动合同解除或者终止前十二个月的平均工资。

第四十八条 【违法解除或者终止劳动合同的法律后果】用人单位违反本法规定解除或者终止劳动合同,劳动者要求继续履行劳动合同的,用人单位应当继续履行;劳动者不要求继续履行劳动合同或者劳动合同已经不能继续履行的,用人单位应当依照本法第八十七条规定支付赔偿金。

第四十九条 【社会保险关系跨地区转移接续】国家采取措施,建立健全劳动者社会保险关系跨地区转移接续制度。

第五十条 【劳动合同解除或者终止后双方的义务】用人单位应当在解除或者终止劳动合同时出具解除或者终止劳动合同的证明,并在十五日内为劳动者办理档案和社会保险关系转移手续。

劳动者应当按照双方约定,办理工作交接。用人单位依照本法有关规定应当向劳动者支付经济补偿的,在办结工作交接时支付。

用人单位对已经解除或者终止的劳动合同的文本,至少保存二年备查。

第五章 特别规定

第一节 集体合同

第五十一条 【集体合同的订立和内容】企业职工一方与用人单位通过平等协商,可以就劳动报酬、工作时间、休息休假、劳动安全卫生、保险福利等事项订立集体合同。集体合同草案应当提交职工代表大会或者全体职工讨论通过。

集体合同由工会代表企业职工一方与用人单位订立;尚未建立工会的用人单位,由上级工会指导劳动者推举的代表与用人单位订立。

第五十二条 【专项集体合同】企业职工一方与用人单位可以订立劳动安全卫生、女职工权益保护、工资调整机制等专项集体合同。

第五十三条 【行业性集体合同、区域性集体合同】在县级以下区域内,建筑业、采矿业、餐饮服务业等行业可以由工会与企业方面代表订立行业性集体合同,或者订立区域性集体合同。

第五十四条 【集体合同的报送和生效】集体合同订立后,应当报送劳动行政部门;劳动行政部门自收到集体合同文本之日起十五日内未提出异议的,集体合同即行生效。

依法订立的集体合同对用人单位和劳动者具有约束力。行业性、区域性集体合同对当地本行业、本区域的用人单位和劳动者具有约束力。

第五十五条 【集体合同中劳动报酬、劳动条件等标准】集体合同中劳动报酬和劳动条件等标准不得低于当地人民政府规定的最低标准;用人单位与劳动者订立的劳动合同中劳动报酬和劳动条件等标准不得低于集体合同规定的标准。

第五十六条 【集体合同纠纷和法律救济】用人单位违反集体合同,侵犯职工劳动权益的,工会可以依法要求用人单位承担责任;因履行集体合同发生争议,经协商解决不成的,工会可以依法申请仲裁、提起诉讼。

第二节 劳务派遣

第五十七条 【经营劳务派遣业务的条件】经营劳务派遣业务应当具备下列条件:

(一)注册资本不得少于人民币二百万元;

(二)有与开展业务相适应的固定的经营场所和设施;

(三)有符合法律、行政法规规定的劳务派遣管理制度;

(四)法律、行政法规规定的其他条件。

经营劳务派遣业务,应当向劳动行政部门依法申请行政许可;经许可的,依法办理相应的公司登记。未经许可,任何单位和个人不得经营劳务派遣业务。

第五十八条 【劳务派遣单位、用工单位及劳动者的权利义务】劳务派遣单位是本法所称用人单位,应当履行用人单位对劳动者的义务。劳务派遣单位与被派遣劳动者订立的劳动合同,除应当载明本法第十七条规定的事项外,还应当载明被派遣劳动者的用工单位以及派遣期限、工作岗位等情况。

劳务派遣单位应当与被派遣劳动者订立二年以上的固定期限劳动合同,按月支付劳动报酬;被派遣劳动者在无工作期间,劳务派遣单位应当按照所在地人民政府规定的最低工资标准,向其按月支付报酬。

第五十九条 【劳务派遣协议】劳务派遣单位派遣劳动者应当与接受以劳务派遣形式用工的单位(以下称用工单位)订立劳务派遣协议。劳务派遣协议应当约定派遣岗位和人员数量、派遣期限、劳动报酬和社会保险费的数额与支付方式以及违反协议的责任。

用工单位应当根据工作岗位的实际需要与劳务派遣单位确定派遣期限,不得将连续用工期限分割订立数个短期劳务派遣协议。

第六十条 【劳务派遣单位的告知义务】劳务派遣单位应当将劳务派遣协议的内容告知被派遣劳动者。

劳务派遣单位不得克扣用工单位按照劳务派遣协议支付给被派遣劳动者的劳动报酬。

劳务派遣单位和用工单位不得向被派遣劳动者收取费用。

第六十一条 【跨地区派遣劳动者的劳动报酬、劳动条件】劳务派遣单位跨地区派遣劳动者的,被派遣劳动者享有的劳动报酬和劳动条件,按照用工单位所在地的标准执行。

第六十二条 【用工单位的义务】用工单位应当履行下列义务:

(一)执行国家劳动标准,提供相应的劳动条件和劳动保护;

(二)告知被派遣劳动者的工作要求和劳动报酬;

（三）支付加班费、绩效奖金，提供与工作岗位相关的福利待遇；

（四）对在岗被派遣劳动者进行工作岗位所必需的培训；

（五）连续用工的，实行正常的工资调整机制。

用工单位不得将被派遣劳动者再派遣到其他用人单位。

第六十三条 【被派遣劳动者同工同酬】被派遣劳动者享有与用工单位的劳动者同工同酬的权利。用工单位应当按照同工同酬原则，对被派遣劳动者与本单位同类岗位的劳动者实行相同的劳动报酬分配办法。用工单位无同类岗位劳动者的，参照用工单位所在地相同或者相近岗位劳动者的劳动报酬确定。

劳务派遣单位与被派遣劳动者订立的劳动合同和与用工单位订立的劳务派遣协议，载明或者约定的向被派遣劳动者支付的劳动报酬应当符合前款规定。

第六十四条 【被派遣劳动者参加或者组织工会】被派遣劳动者有权在劳务派遣单位或者用工单位依法参加或者组织工会，维护自身的合法权益。

第六十五条 【劳务派遣中解除劳动合同】被派遣劳动者可以依照本法第三十六条、第三十八条的规定与劳务派遣单位解除劳动合同。

被派遣劳动者有本法第三十九条和第四十条第一项、第二项规定情形的，用工单位可以将劳动者退回劳务派遣单位，劳务派遣单位依照本法有关规定，可以与劳动者解除劳动合同。

第六十六条 【劳务派遣的适用岗位】劳动合同用工是我国的企业基本用工形式。劳务派遣用工是补充形式，只能在临时性、辅助性或者替代性的工作岗位上实施。

前款规定的临时性工作岗位是指存续时间不超过六个月的岗位；辅助性工作岗位是指为主营业务岗位提供服务的非主营业务岗位；替代性工作岗位是指用工单位的劳动者因脱产学习、休假等原因无法工作的一定期间内，可以由其他劳动者替代工作的岗位。

用工单位应当严格控制劳务派遣用工数量，不得超过其用工总量的一定比例，具体比例由国务院劳动行政部门规定。

第六十七条 【用人单位不得自设劳务派遣单位】用人单位不得设立劳务派遣单位向本单位或者所属单位派遣劳动者。

第三节 非全日制用工

第六十八条 【非全日制用工的概念】非全日制用工，是指以小时计酬为主，劳动者在同一用人单位一般平均每日工作时间不超过四小时，每周工作时间累计不超过二十四小时的用工形式。

第六十九条 【非全日制用工的劳动合同】非全日制用工双方当事人可以订立口头协议。

从事非全日制用工的劳动者可以与一个或者一个以上用人单位订立劳动合同；但是，后订立的劳动合同不得影响先订立的劳动合同的履行。

第七十条 【非全日制用工不得约定试用期】非全日制用工双方当事人不得约定试用期。

第七十一条 【非全日制用工的终止用工】非全日制用工双方当事人任何一方都可以随时通知对方终止用工。终止用工，用人单位不向劳动者支付经济补偿。

第七十二条 【非全日制用工的劳动报酬】非全日制用工小时计酬标准不得低于用人单位所在地人民政府规定的最低小时工资标准。

非全日制用工劳动报酬结算支付周期最长不得超过十五日。

第六章 监督检查

第七十三条 【劳动合同制度的监督管理体制】国务院劳动行政部门负责全国劳动合同制度实施的监督管理。

县级以上地方人民政府劳动行政部门负责本行政区域内劳动合同制度实施的监督管理。

县级以上各级人民政府劳动行政部门在劳动合同制度实施的监督管理工作中，应当听取工会、企业方面代表以及有关行业主管部门的意见。

第七十四条 【劳动行政部门监督检查事项】县级以上地方人民政府劳动行政部门依法对下列实施劳动合同制度的情况进行监督检查：

（一）用人单位制定直接涉及劳动者切身利益的规章制度及其执行的情况；

（二）用人单位与劳动者订立和解除劳动合同的情况；

（三）劳务派遣单位和用工单位遵守劳务派遣有关规定的情况；

（四）用人单位遵守国家关于劳动者工作时间和休息休假规定的情况；

（五）用人单位支付劳动合同约定的劳动报酬和执行最低工资标准的情况；

（六）用人单位参加各项社会保险和缴纳社会保险费的情况；

（七）法律、法规规定的其他劳动监察事项。

第七十五条 【监督检查措施和依法行政、文明执法】县级以上地方人民政府劳动行政部门实施监督检查时，有权查阅与劳动合同、集体合同有关的材料，有权对劳动场所进行实地检查，用人单位和劳动者都应当如实提供有关情况和材料。

劳动行政部门的工作人员进行监督检查，应当出示证件，依法行使职权，文明执法。

第七十六条 【其他有关主管部门的监督管理】县级以上人民政府建设、卫生、安全生产监督管理等有关主管部门在各自职责范围内,对用人单位执行劳动合同制度的情况进行监督管理。

第七十七条 **【劳动者权利救济途径】**劳动者合法权益受到侵害的,有权要求有关部门依法处理,或者依法申请仲裁、提起诉讼。

第七十八条 **【工会监督检查的权利】**工会依法维护劳动者的合法权益,对用人单位履行劳动合同、集体合同的情况进行监督。用人单位违反劳动法律、法规和劳动合同、集体合同的,工会有权提出意见或者要求纠正;劳动者申请仲裁、提起诉讼的,工会依法给予支持和帮助。

第七十九条 **【对违法行为的举报】**任何组织或者个人对违反本法的行为都有权举报,县级以上人民政府劳动行政部门应当及时核实、处理,并对举报有功人员给予奖励。

第七章 法律责任

第八十条 **【规章制度违法的法律责任】**用人单位直接涉及劳动者切身利益的规章制度违反法律、法规规定的,由劳动行政部门责令改正,给予警告;给劳动者造成损害的,应当承担赔偿责任。

第八十一条 **【缺乏必备条款、不提供劳动合同文本的法律责任】**用人单位提供的劳动合同文本未载明本法规定的劳动合同必备条款或者用人单位未将劳动合同文本交付劳动者的,由劳动行政部门责令改正;给劳动者造成损害的,应当承担赔偿责任。

第八十二条 **【不订立书面劳动合同的法律责任】**用人单位自用工之日起超过一个月不满一年未与劳动者订立书面劳动合同的,应当向劳动者每月支付二倍的工资。

用人单位违反本法规定不与劳动者订立无固定期限劳动合同的,自应当订立无固定期限劳动合同之日起向劳动者每月支付二倍的工资。

第八十三条 **【违法约定试用期的法律责任】**用人单位违反本法规定与劳动者约定试用期的,由劳动行政部门责令改正;违法约定的试用期已经履行的,由用人单位以劳动者试用期满月工资为标准,按已经履行的超过法定试用期的期间向劳动者支付赔偿金。

第八十四条 **【扣押劳动者身份等证件的法律责任】**用人单位违反本法规定,扣押劳动者居民身份证等证件的,由劳动行政部门责令限期退还劳动者本人,并依照有关法律规定给予处罚。

用人单位违反本法规定,以担保或者其他名义向劳动者收取财物的,由劳动行政部门责令限期退还劳动者本人,并以每人五百元以上二千元以下的标准处以罚款;给劳动者造成损害的,应当承担赔偿责任。

劳动者依法解除或者终止劳动合同,用人单位扣押劳动者档案或者其他物品的,依照前款规定处罚。

第八十五条 **【未依法支付劳动报酬、经济补偿等的法律责任】**用人单位有下列情形之一的,由劳动行政部门责令限期支付劳动报酬、加班费或者经济补偿;劳动报酬低于当地最低工资标准的,应当支付其差额部分;逾期不支付的,责令用人单位按应付金额百分之五十以上百分之一百以下的标准向劳动者加付赔偿金:

(一)未按照劳动合同的约定或者国家规定及时足额支付劳动者劳动报酬的;

(二)低于当地最低工资标准支付劳动者工资的;

(三)安排加班不支付加班费的;

(四)解除或者终止劳动合同,未依照本法规定向劳动者支付经济补偿的。

第八十六条 **【订立无效劳动合同的法律责任】**劳动合同依照本法第二十六条规定被确认无效,给对方造成损害的,有过错的一方应当承担赔偿责任。

第八十七条 **【违反解除或者终止劳动合同的法律责任】**用人单位违反本法规定解除或者终止劳动合同的,应当依照本法第四十七条规定的经济补偿标准的二倍向劳动者支付赔偿金。

第八十八条 **【侵害劳动者人身权益的法律责任】**用人单位有下列情形之一的,依法给予行政处罚;构成犯罪的,依法追究刑事责任;给劳动者造成损害的,应当承担赔偿责任:

(一)以暴力、威胁或者非法限制人身自由的手段强迫劳动的;

(二)违章指挥或者强令冒险作业危及劳动者人身安全的;

(三)侮辱、体罚、殴打、非法搜查或者拘禁劳动者的;

(四)劳动条件恶劣、环境污染严重,给劳动者身心健康造成严重损害的。

第八十九条 **【不出具解除、终止书面证明的法律责任】**用人单位违反本法规定未向劳动者出具解除或者终止劳动合同的书面证明,由劳动行政部门责令改正;给劳动者造成损害的,应当承担赔偿责任。

第九十条 **【劳动者的赔偿责任】**劳动者违反本法规定解除劳动合同,或者违反劳动合同中约定的保密义务或者竞业限制,给用人单位造成损失的,应当承担赔偿责任。

第九十一条 **【用人单位的连带赔偿责任】**用人单位招用与其他用人单位尚未解除或者终止劳动合同的劳动者,给其他用人单位造成损失的,应当承担连带赔偿责任。

第九十二条 **【劳务派遣单位、用工单位的法律责任】**违反本法规定,未经许可,擅自经营劳务派遣业务的,由劳动行政部门责令停止违法行为,没收违法所得,并处违法所得一倍以上五倍以下的罚款;没有违法所得的,可以处五万元以下的罚款。

劳务派遣单位、用工单位违反本法有关劳务派遣规定的,由劳动行政部门责令限期改正;逾期不改正的,以每人五千元以上一万元以下的标准处以罚款,对劳务派遣单位,吊销其劳务派遣业务经营许可证。用工单位给被派遣劳动者造成损害的,劳务派遣单位与用工单位承担连带赔偿责任。

第九十三条 【无营业执照经营单位的法律责任】对不具备合法经营资格的用人单位的违法犯罪行为,依法追究法律责任;劳动者已经付出劳动的,该单位或者其出资人应当依照本法有关规定向劳动者支付劳动报酬、经济补偿、赔偿金;给劳动者造成损害的,应当承担赔偿责任。

第九十四条 【个人承包经营者的连带赔偿责任】个人承包经营违反本法规定招用劳动者,给劳动者造成损害的,发包的组织与个人承包经营者承担连带赔偿责任。

第九十五条 【不履行法定职责、违法行使职权的法律责任】劳动行政部门和其他有关主管部门及其工作人员玩忽职守、不履行法定职责,或者违法行使职权,给劳动者或者用人单位造成损害的,应当承担赔偿责任;对直接负责的主管人员和其他直接责任人员,依法给予行政处分;构成犯罪的,依法追究刑事责任。

第八章 附　　则

第九十六条 【事业单位聘用制劳动合同的法律适用】事业单位与实行聘用制的工作人员订立、履行、变更、解除或者终止劳动合同,法律、行政法规或者国务院另有规定的,依照其规定;未作规定的,依照本法有关规定执行。

第九十七条 【过渡性条款】本法施行前已依法订立且在本法施行之日存续的劳动合同,继续履行;本法第十四条第二款第三项规定连续订立固定期限劳动合同的次数,自本法施行后续订固定期限劳动合同时开始计算。

本法施行前已建立劳动关系,尚未订立书面劳动合同的,应当自本法施行之日起一个月内订立。

本法施行之日存续的劳动合同在本法施行后解除或者终止,依照本法第四十六条规定应当支付经济补偿的,经济补偿年限自本法施行之日起计算;本法施行前按照当时有关规定,用人单位应当向劳动者支付经济补偿的,按照当时有关规定执行。

第九十八条 【施行时间】本法自2008年1月1日起施行。

中华人民共和国
劳动合同法实施条例

2008年9月18日国务院令第535号公布施行

第一章 总　　则

第一条 为了贯彻实施《中华人民共和国劳动合同法》(以下简称劳动合同法),制定本条例。

第二条 各级人民政府和县级以上人民政府劳动行政等有关部门以及工会等组织,应当采取措施,推动劳动合同法的贯彻实施,促进劳动关系的和谐。

第三条 依法成立的会计师事务所、律师事务所等合伙组织和基金会,属于劳动合同法规定的用人单位。

第二章 劳动合同的订立

第四条 劳动合同法规定的用人单位设立的分支机构,依法取得营业执照或者登记证书的,可以作为用人单位与劳动者订立劳动合同;未依法取得营业执照或者登记证书的,受用人单位委托可以与劳动者订立劳动合同。

第五条 自用工之日起一个月内,经用人单位书面通知后,劳动者不与用人单位订立书面劳动合同的,用人单位应当书面通知劳动者终止劳动关系,无需向劳动者支付经济补偿,但是应当依法向劳动者支付其实际工作时间的劳动报酬。

第六条 用人单位自用工之日起超过一个月不满一年未与劳动者订立书面劳动合同的,应当依照劳动合同法第八十二条的规定向劳动者每月支付两倍的工资,并与劳动者补订书面劳动合同;劳动者不与用人单位订立书面劳动合同的,用人单位应当书面通知劳动者终止劳动关系,并依照劳动合同法第四十七条的规定支付经济补偿。

前款规定的用人单位向劳动者每月支付两倍工资的起算时间为用工之日起满一个月的次日,截止时间为补订书面劳动合同的前一日。

第七条 用人单位自用工之日起满一年未与劳动者订立书面劳动合同的,自用工之日起满一个月的次日至满一年的前一日应当依照劳动合同法第八十二条的规定向劳动者每月支付两倍的工资,并视为自用工之日起满一年的当日已经与劳动者订立无固定期限劳动合同,应当立即与劳动者补订书面劳动合同。

第八条 劳动合同法第七条规定的职工名册,应当包括劳动者姓名、性别、公民身份号码、户籍地址及现住址、联系方式、用工形式、用工起始时间、劳动合同期限等内容。

第九条 劳动合同法第十四条第二款规定的连续工作满10年的起始时间,应当自用人单位用工之日起计算,包括劳动合同法施行前的工作年限。

第十条 劳动者非因本人原因从原用人单位被安排到新用人单位工作的,劳动者在原用人单位的工作年限合并计算为新用人单位的工作年限。原用人单位已经向劳动者支付经济补偿的,新用人单位在依法解除、终止劳动合同计算支付经济补偿的工作年限时,不再计算劳动者在原用人单位的工作年限。

第十一条 除劳动者与用人单位协商一致的情形外,劳动者依照劳动合同法第十四条第二款的规定,提出订立无固定期限劳动合同的,用人单位应当与其订立无固定期限劳动合同。对劳动合同的内容,双方应当按照合法、公平、平等自愿、协商一致、诚实信用的原则协商确定;对协商不一致的内容,依照劳动合同法第十八条的规定执行。

第十二条 地方各级人民政府及县级以上地方人民政府有关部门为安置就业困难人员提供的给予岗位补贴和社会保险补贴的公益性岗位,其劳动合同不适用劳动合同法有关无固定期限劳动合同的规定以及支付经济补偿的规定。

第十三条　用人单位与劳动者不得在劳动合同法第四十四条规定的劳动合同终止情形之外约定其他的劳动合同终止条件。

第十四条　劳动合同履行地与用人单位注册地不一致的,有关劳动者的最低工资标准、劳动保护、劳动条件、职业危害防护和本地区上年度职工月平均工资标准等事项,按照劳动合同履行地的有关规定执行;用人单位注册地的有关标准高于劳动合同履行地的有关标准,且用人单位与劳动者约定按照用人单位注册地的有关规定执行的,从其约定。

第十五条　劳动者在试用期的工资不得低于本单位相同岗位最低档工资的80%或者不得低于劳动合同约定工资的80%,并不得低于用人单位所在地的最低工资标准。

第十六条　劳动合同法第二十二条第二款规定的培训费用,包括用人单位为了对劳动者进行专业技术培训而支付的有凭证的培训费用、培训期间的差旅费用以及因培训产生的用于该劳动者的其他直接费用。

第十七条　劳动合同期满,但是用人单位与劳动者依照劳动合同法第二十二条的规定约定的服务期尚未到期的,劳动合同应当续延至服务期满;双方另有约定的,从其约定。

第三章　劳动合同的解除和终止

第十八条　有下列情形之一的,依照劳动合同法规定的条件、程序,劳动者可以与用人单位解除固定期限劳动合同、无固定期限劳动合同或者以完成一定工作任务为期限的劳动合同:

(一)劳动者与用人单位协商一致的;

(二)劳动者提前30日以书面形式通知用人单位的;

(三)劳动者在试用期内提前3日通知用人单位的;

(四)用人单位未按照劳动合同约定提供劳动保护或者劳动条件的;

(五)用人单位未及时足额支付劳动报酬的;

(六)用人单位未依法为劳动者缴纳社会保险费的;

(七)用人单位的规章制度违反法律、法规的规定,损害劳动者权益的;

(八)用人单位以欺诈、胁迫的手段或者乘人之危,使劳动者在违背真实意思的情况下订立或者变更劳动合同的;

(九)用人单位在劳动合同中免除自己的法定责任、排除劳动者权利的;

(十)用人单位违反法律、行政法规强制性规定的;

(十一)用人单位以暴力、威胁或者非法限制人身自由的手段强迫劳动者劳动的;

(十二)用人单位违章指挥、强令冒险作业危及劳动者人身安全的;

(十三)法律、行政法规规定劳动者可以解除劳动合同的其他情形。

第十九条　有下列情形之一的,依照劳动合同法规定的条件、程序,用人单位可以与劳动者解除固定期限劳动合同、无固定期限劳动合同或者以完成一定工作任务为期限的劳动合同:

(一)用人单位与劳动者协商一致的;

(二)劳动者在试用期间被证明不符合录用条件的;

(三)劳动者严重违反用人单位的规章制度的;

(四)劳动者严重失职,营私舞弊,给用人单位造成重大损害的;

(五)劳动者同时与其他用人单位建立劳动关系,对完成本单位的工作任务造成严重影响,或者经用人单位提出,拒不改正的;

(六)劳动者以欺诈、胁迫的手段或者乘人之危,使用人单位在违背真实意思的情况下订立或者变更劳动合同的;

(七)劳动者被依法追究刑事责任的;

(八)劳动者患病或者非因工负伤,在规定的医疗期满后不能从事原工作,也不能从事由用人单位另行安排的工作的;

(九)劳动者不能胜任工作,经过培训或者调整工作岗位,仍不能胜任工作的;

(十)劳动合同订立时所依据的客观情况发生重大变化,致使劳动合同无法履行,经用人单位与劳动者协商,未能就变更劳动合同内容达成协议的;

(十一)用人单位依照企业破产法规定进行重整的;

(十二)用人单位生产经营发生严重困难的;

(十三)企业转产、重大技术革新或者经营方式调整,经变更劳动合同后,仍需裁减人员的;

(十四)其他因劳动合同订立时所依据的客观经济情况发生重大变化,致使劳动合同无法履行的。

第二十条　用人单位依照劳动合同法第四十条的规定,选择额外支付劳动者一个月工资解除劳动合同的,其额外支付的工资应当按照该劳动者上一个月的工资标准确定。

第二十一条　劳动者达到法定退休年龄的,劳动合同终止。

第二十二条　以完成一定工作任务为期限的劳动合同因任务完成而终止的,用人单位应当依照劳动合同法第四十七条的规定向劳动者支付经济补偿。

第二十三条　用人单位依法终止工伤职工的劳动合同的,除依照劳动合同法第四十七条的规定支付经济补偿外,还应当依照国家有关工伤保险的规定支付一次性工伤医疗补助金和伤残就业补助金。

第二十四条　用人单位出具的解除、终止劳动合同的证明,应当写明劳动合同期限、解除或者终止劳动合同的日期、工作岗位、在本单位的工作年限。

第二十五条　用人单位违反劳动合同法的规定解除或者终止劳动合同,依照劳动合同法第八十七条的规定支付了赔偿金的,不再支付经济补偿。赔偿金的计算年限自用工之日起计算。

第二十六条 用人单位与劳动者约定了服务期,劳动者依照劳动合同法第三十八条的规定解除劳动合同的,不属于违反服务期的约定,用人单位不得要求劳动者支付违约金。

有下列情形之一,用人单位与劳动者解除约定服务期的劳动合同的,劳动者应当按照劳动合同的约定向用人单位支付违约金:

(一)劳动者严重违反用人单位的规章制度的;

(二)劳动者严重失职,营私舞弊,给用人单位造成重大损害的;

(三)劳动者同时与其他用人单位建立劳动关系,对完成本单位的工作任务造成严重影响,或者经用人单位提出,拒不改正的;

(四)劳动者以欺诈、胁迫的手段或者乘人之危,使用人单位在违背真实意思的情况下订立或者变更劳动合同的;

(五)劳动者被依法追究刑事责任的。

第二十七条 劳动合同法第四十七条规定的经济补偿的月工资按照劳动者应得工资计算,包括计时工资或者计件工资以及奖金、津贴和补贴等货币性收入。劳动者在劳动合同解除或者终止前12个月的平均工资低于当地最低工资标准的,按照当地最低工资标准计算。劳动者工作不满12个月的,按照实际工作的月数计算平均工资。

第四章 劳务派遣特别规定

第二十八条 用人单位或者其所属单位出资或者合伙设立的劳务派遣单位,向本单位或者所属单位派遣劳动者的,属于劳动合同法第六十七条规定的不得设立的劳务派遣单位。

第二十九条 用工单位应当履行劳动合同法第六十二条规定的义务,维护被派遣劳动者的合法权益。

第三十条 劳务派遣单位不得以非全日制用工形式招用被派遣劳动者。

第三十一条 劳务派遣单位或者被派遣劳动者依法解除、终止劳动合同的经济补偿,依照劳动合同法第四十六条、第四十七条的规定执行。

第三十二条 劳务派遣单位违法解除或者终止被派遣劳动者的劳动合同的,依照劳动合同法第四十八条的规定执行。

第五章 法律责任

第三十三条 用人单位违反劳动合同法有关建立职工名册规定的,由劳动行政部门责令限期改正;逾期不改正的,由劳动行政部门处2000元以上2万元以下的罚款。

第三十四条 用人单位依照劳动合同法的规定应当向劳动者每月支付两倍的工资或者应当向劳动者支付赔偿金而未支付的,劳动行政部门应当责令用人单位支付。

第三十五条 用工单位违反劳动合同法和本条例有关劳务派遣规定的,由劳动行政部门和其他有关主管部门责令改正;情节严重的,以每位被派遣劳动者1000元以上5000元以下的标准处以罚款;给被派遣劳动者造成损害的,劳务派遣单位和用工单位承担连带赔偿责任。

第六章 附 则

第三十六条 对违反劳动合同法和本条例的行为的投诉、举报,县级以上地方人民政府劳动行政部门依照《劳动保障监察条例》的规定处理。

第三十七条 劳动者与用人单位因订立、履行、变更、解除或者终止劳动合同发生争议的,依照《中华人民共和国劳动争议调解仲裁法》的规定处理。

第三十八条 本条例自公布之日起施行。

职工带薪年休假条例

1. 2007年12月14日国务院令第514号公布
2. 自2008年1月1日起施行

第一条 为了维护职工休息休假权利,调动职工工作积极性,根据劳动法和公务员法,制定本条例。

第二条 机关、团体、企业、事业单位、民办非企业单位、有雇工的个体工商户等单位的职工连续工作1年以上的,享受带薪年休假(以下简称年休假)。单位应当保证职工享受年休假。职工在年休假期间享受与正常工作期间相同的工资收入。

第三条 职工累计工作已满1年不满10年的,年休假5天;已满10年不满20年的,年休假10天;已满20年的,年休假15天。

国家法定休假日、休息日不计入年休假的假期。

第四条 职工有下列情形之一的,不享受当年的年休假:

(一)职工依法享受寒暑假,其休假天数多于年休假天数的;

(二)职工请事假累计20天以上且单位按照规定不扣工资的;

(三)累计工作满1年不满10年的职工,请病假累计2个月以上的;

(四)累计工作满10年不满20年的职工,请病假累计3个月以上的;

(五)累计工作满20年以上的职工,请病假累计4个月以上的。

第五条 单位根据生产、工作的具体情况,并考虑职工本人意愿,统筹安排职工年休假。

年休假在1个年度内可以集中安排,也可以分段安排,一般不跨年度安排。单位因生产、工作特点确有必要跨年度安排职工年休假的,可以跨1个年度安排。

单位确因工作需要不能安排职工休年休假的,经职工本人同意,可以不安排职工休年休假。对职工应休未休的年休假天数,单位应当按照该职工日工资收入的300%支付年休假工资报酬。

第六条　县级以上地方人民政府人事部门、劳动保障部门应当依据职权对单位执行本条例的情况主动进行监督检查。

工会组织依法维护职工的年休假权利。

第七条　单位不安排职工休年休假又不依照本条例规定给予年休假工资报酬的,由县级以上地方人民政府人事部门或者劳动保障部门依据职权责令限期改正;对逾期不改正的,除责令该单位支付年休假工资报酬外,单位还应当按照年休假工资报酬的数额向职工加付赔偿金;对拒不支付年休假工资报酬、赔偿金的,属于公务员和参照公务员法管理的人员所在单位的,对直接负责的主管人员以及其他直接责任人员依法给予处分;属于其他单位的,由劳动保障部门、人事部门或者职工申请人民法院强制执行。

第八条　职工与单位因年休假发生的争议,依照国家有关法律、行政法规的规定处理。

第九条　国务院人事部门、国务院劳动保障部门依据职权,分别制定本条例的实施办法。

第十条　本条例自2008年1月1日起施行。

中华人民共和国
劳动争议调解仲裁法

1. 2007年12月29日第十届全国人民代表大会常务委员会第三十一次会议通过

2. 2007年12月29日中华人民共和国主席令第80号公布

3. 自2008年5月1日起施行

目　　录

第一章　总　　则

第一条　**【立法目的】**为了公正及时解决劳动争议,保护当事人合法权益,促进劳动关系和谐稳定,制定本法。

第二条　**【调整范围】**中华人民共和国境内的用人单位与劳动者发生的下列劳动争议,适用本法:

(一)因确认劳动关系发生的争议;

(二)因订立、履行、变更、解除和终止劳动合同发生的争议;

(三)因除名、辞退和辞职、离职发生的争议;

(四)因工作时间、休息休假、社会保险、福利、培训以及劳动保护发生的争议;

(五)因劳动报酬、工伤医疗费、经济补偿或者赔偿金等发生的争议;

(六)法律、法规规定的其他劳动争议。

第三条　**【劳动争议处理的原则】**解决劳动争议,应当根据事实,遵循合法、公正、及时、着重调解的原则,依法保护当事人的合法权益。

第四条　**【劳动争议当事人的协商和解】**发生劳动争议,劳动者可以与用人单位协商,也可以请工会或者第三方共同与用人单位协商,达成和解协议。

第五条　**【劳动争议处理的基本程序】**发生劳动争议,当事人不愿协商、协商不成或者达成和解协议后不履行的,可以向调解组织申请调解;不愿调解、调解不成或者达成调解协议后不履行的,可以向劳动争议仲裁委员会申请仲裁;对仲裁裁决不服的,除本法另有规定的外,可以向人民法院提起诉讼。

第六条　**【举证责任】**发生劳动争议,当事人对自己提出的主张,有责任提供证据。与争议事项有关的证据属于用人单位掌握管理的,用人单位应当提供;用人单位不提供的,应当承担不利后果。

第七条　**【劳动争议处理的代表人制度】**发生劳动争议的劳动者一方在十人以上,并有共同请求的,可以推举代表参加调解、仲裁或者诉讼活动。

第八条　**【劳动争议处理的协调劳动关系三方机制】**县级以上人民政府劳动行政部门会同工会和企业方面代表建立协调劳动关系三方机制,共同研究解决劳动争议的重大问题。

第九条　**【劳动监察】**用人单位违反国家规定,拖欠或者未足额支付劳动报酬,或者拖欠工伤医疗费、经济补偿或者赔偿金的,劳动者可以向劳动行政部门投诉,劳动行政部门应当依法处理。

第二章　调　　解

第十条　**【调解组织】**发生劳动争议,当事人可以到下列调解组织申请调解:

(一)企业劳动争议调解委员会;

(二)依法设立的基层人民调解组织;

(三)在乡镇、街道设立的具有劳动争议调解职能的组织。

企业劳动争议调解委员会由职工代表和企业代表组成。职工代表由工会成员担任或者由全体职工推举产生,企业代表由企业负责人指定。企业劳动争议调解委员会主任由工会成员或者双方推举的人员担任。

第十一条　**【担任调解员的条件】**劳动争议调解组织的调解员应当由公道正派、联系群众、热心调解工作,并具有一定法律知识、政策水平和文化水平的成年公民担任。

第十二条 【调解申请】当事人申请劳动争议调解可以书面申请,也可以口头申请。口头申请的,调解组织应当当场记录申请人基本情况、申请调解的争议事项、理由和时间。

第十三条 【调解方式】调解劳动争议,应当充分听取双方当事人对事实和理由的陈述,耐心疏导,帮助其达成协议。

第十四条 【调解协议】经调解达成协议的,应当制作调解协议书。

调解协议书由双方当事人签名或者盖章,经调解员签名并加盖调解组织印章后生效,对双方当事人具有约束力,当事人应当履行。

自劳动争议调解组织收到调解申请之日起十五日内未达成调解协议的,当事人可以依法申请仲裁。

第十五条 【申请仲裁】达成调解协议后,一方当事人在协议约定期限内不履行调解协议的,另一方当事人可以依法申请仲裁。

第十六条 【支付令】因支付拖欠劳动报酬、工伤医疗费、经济补偿或者赔偿金事项达成调解协议,用人单位在协议约定期限内不履行的,劳动者可以持调解协议书依法向人民法院申请支付令。人民法院应当依法发出支付令。

第三章 仲 裁

第一节 一般规定

第十七条 【劳动争议仲裁委员会设立】劳动争议仲裁委员会按照统筹规划、合理布局和适应实际需要的原则设立。省、自治区人民政府可以决定在市、县设立;直辖市人民政府可以决定在区、县设立。直辖市、设区的市也可以设立一个或者若干个劳动争议仲裁委员会。劳动争议仲裁委员会不按行政区划层层设立。

第十八条 【制定仲裁规则及指导劳动争议仲裁工作】国务院劳动行政部门依照本法有关规定制定仲裁规则。省、自治区、直辖市人民政府劳动行政部门对本行政区域的劳动争议仲裁工作进行指导。

第十九条 【劳动争议仲裁委员会组成及职责】劳动争议仲裁委员会由劳动行政部门代表、工会代表和企业方面代表组成。劳动争议仲裁委员会组成人员应当是单数。

劳动争议仲裁委员会依法履行下列职责:

(一)聘任、解聘专职或者兼职仲裁员;

(二)受理劳动争议案件;

(三)讨论重大或者疑难的劳动争议案件;

(四)对仲裁活动进行监督。

劳动争议仲裁委员会下设办事机构,负责办理劳动争议仲裁委员会的日常工作。

第二十条 【仲裁员资格条件】劳动争议仲裁委员会应当设仲裁员名册。

仲裁员应当公道正派并符合下列条件之一:

(一)曾任审判员的;

(二)从事法律研究、教学工作并具有中级以上职称的;

(三)具有法律知识、从事人力资源管理或者工会等专业工作满五年的;

(四)律师执业满三年的。

第二十一条 【仲裁管辖】劳动争议仲裁委员会负责管辖本区域内发生的劳动争议。

劳动争议由劳动合同履行地或者用人单位所在地的劳动争议仲裁委员会管辖。双方当事人分别向劳动合同履行地和用人单位所在地的劳动争议仲裁委员会申请仲裁的,由劳动合同履行地的劳动争议仲裁委员会管辖。

第二十二条 【仲裁案件当事人】发生劳动争议的劳动者和用人单位为劳动争议仲裁案件的双方当事人。

劳务派遣单位或者用工单位与劳动者发生劳动争议的,劳务派遣单位和用工单位为共同当事人。

第二十三条 【仲裁案件第三人】与劳动争议案件的处理结果有利害关系的第三人,可以申请参加仲裁活动或者由劳动争议仲裁委员会通知其参加仲裁活动。

第二十四条 【委托代理】当事人可以委托代理人参加仲裁活动。委托他人参加仲裁活动,应当向劳动争议仲裁委员会提交有委托人签名或者盖章的委托书,委托书应当载明委托事项和权限。

第二十五条 【法定代理和指定代理】丧失或者部分丧失民事行为能力的劳动者,由其法定代理人代为参加仲裁活动;无法定代理人的,由劳动争议仲裁委员会为其指定代理人。劳动者死亡的,由其近亲属或者代理人参加仲裁活动。

第二十六条 【仲裁公开】劳动争议仲裁公开进行,但当事人协议不公开进行或者涉及国家秘密、商业秘密和个人隐私的除外。

第二节 申请和受理

第二十七条 【仲裁时效】劳动争议申请仲裁的时效期间为一年。仲裁时效期间从当事人知道或者应当知道其权利被侵害之日起计算。

前款规定的仲裁时效,因当事人一方向对方当事人主张权利,或者向有关部门请求权利救济,或者对方当事人同意履行义务而中断。从中断时起,仲裁时效期间重新计算。

因不可抗力或者有其他正当理由,当事人不能在本条第一款规定的仲裁时效期间申请仲裁的,仲裁时效中止。从中止时效的原因消除之日起,仲裁时效期间继续计算。

劳动关系存续期间因拖欠劳动报酬发生争议的,劳动者申请仲裁不受本条第一款规定的仲裁时效期间的限制;但是,劳动关系终止的,应当自劳动关系终止之日起一年内提出。

第二十八条 【仲裁申请】申请人申请仲裁应当提交书面仲裁申请,并按照被申请人人数提交副本。

仲裁申请书应当载明下列事项：

(一)劳动者的姓名、性别、年龄、职业、工作单位和住所,用人单位的名称、住所和法定代表人或者主要负责人的姓名、职务;

(二)仲裁请求和所根据的事实、理由;

(三)证据和证据来源、证人姓名和住所。

书写仲裁申请确有困难的,可以口头申请,由劳动争议仲裁委员会记入笔录,并告知对方当事人。

第二十九条　【仲裁申请的受理和不予受理】劳动争议仲裁委员会收到仲裁申请之日起五日内,认为符合受理条件的,应当受理,并通知申请人;认为不符合受理条件的,应当书面通知申请人不予受理,并说明理由。对劳动争议仲裁委员会不予受理或者逾期未作出决定的,申请人可以就该劳动争议事项向人民法院提起诉讼。

第三十条　【仲裁申请送达与仲裁答辩书的提供】劳动争议仲裁委员会受理仲裁申请后,应当在五日内将仲裁申请书副本送达被申请人。

被申请人收到仲裁申请书副本后,应当在十日内向劳动争议仲裁委员会提交答辩书。劳动争议仲裁委员会收到答辩书后,应当在五日内将答辩书副本送达申请人。被申请人未提交答辩书的,不影响仲裁程序的进行。

第三节　开庭和裁决

第三十一条　【仲裁庭组成】劳动争议仲裁委员会裁决劳动争议案件实行仲裁庭制。仲裁庭由三名仲裁员组成,设首席仲裁员。简单劳动争议案件可以由一名仲裁员独任仲裁。

第三十二条　【书面通知仲裁庭组成情况】劳动争议仲裁委员会应当在受理仲裁申请之日起五日内将仲裁庭的组成情况书面通知当事人。

第三十三条　【仲裁员回避】仲裁员有下列情形之一,应当回避,当事人也有权以口头或者书面方式提出回避申请:

(一)是本案当事人或者当事人、代理人的近亲属的;

(二)与本案有利害关系的;

(三)与本案当事人、代理人有其他关系,可能影响公正裁决的;

(四)私自会见当事人、代理人,或者接受当事人、代理人的请客送礼的。

劳动争议仲裁委员会对回避申请应当及时作出决定,并以口头或者书面方式通知当事人。

第三十四条　【仲裁员的法律责任】仲裁员有本法第三十三条第四项规定情形,或者有索贿受贿、徇私舞弊、枉法裁决行为的,应当依法承担法律责任。劳动争议仲裁委员会应当将其解聘。

第三十五条　【开庭通知与延期开庭】仲裁庭应当在开庭五日前,将开庭日期、地点书面通知双方当事人。当事人有正当理由的,可以在开庭三日前请求延期开庭。是否延期,由劳动争议仲裁委员会决定。

第三十六条　【视为撤回仲裁申请和缺席裁决】申请人收到书面通知,无正当理由拒不到庭或者未经仲裁庭同意中途退庭的,可以视为撤回仲裁申请。

被申请人收到书面通知,无正当理由拒不到庭或者未经仲裁庭同意中途退庭的,可以缺席裁决。

第三十七条　【鉴定】仲裁庭对专门性问题认为需要鉴定的,可以交由当事人约定的鉴定机构鉴定;当事人没有约定或者无法达成约定的,由仲裁庭指定的鉴定机构鉴定。

根据当事人的请求或者仲裁庭的要求,鉴定机构应当派鉴定人参加开庭。当事人经仲裁庭许可,可以向鉴定人提问。

第三十八条　【质证、辩论、陈述最后意见】当事人在仲裁过程中有权进行质证和辩论。质证和辩论终结时,首席仲裁员或者独任仲裁员应当征询当事人的最后意见。

第三十九条　【证据及举证责任】当事人提供的证据经查证属实的,仲裁庭应当将其作为认定事实的根据。

劳动者无法提供由用人单位掌握管理的与仲裁请求有关的证据,仲裁庭可以要求用人单位在指定期限内提供。用人单位在指定期限内不提供的,应当承担不利后果。

第四十条　【仲裁庭审笔录】仲裁庭应当将开庭情况记入笔录。当事人和其他仲裁参加人认为对自己陈述的记录有遗漏或者差错的,有权申请补正。如果不予补正,应当记录该申请。

笔录由仲裁员、记录人员、当事人和其他仲裁参加人签名或者盖章。

第四十一条　【当事人自行和解】当事人申请劳动争议仲裁后,可以自行和解。达成和解协议的,可以撤回仲裁申请。

第四十二条　【仲裁庭调解】仲裁庭在作出裁决前,应当先行调解。

调解达成协议的,仲裁庭应当制作调解书。

调解书应当写明仲裁请求和当事人协议的结果。调解书由仲裁员签名,加盖劳动争议仲裁委员会印章,送达双方当事人。调解书经双方当事人签收后,发生法律效力。

调解不成或者调解书送达前,一方当事人反悔的,仲裁庭应当及时作出裁决。

第四十三条　【仲裁审理时限及先行裁决】仲裁庭裁决劳动争议案件,应当自劳动争议仲裁委员会受理仲裁申请之日起四十五日内结束。案情复杂需要延期的,经劳动争议仲裁委员会主任批准,可以延期并书面通知当事人,但是延长期限不得超过十五日。逾期未作出仲裁裁决的,当事人可以就该劳动争议事项向人民法院提起诉讼。

仲裁庭裁决劳动争议案件时,其中一部分事实已经清楚,可以就该部分先行裁决。

第四十四条　【先予执行】仲裁庭对追索劳动报酬、工伤医疗费、经济补偿或者赔偿金的案件，根据当事人的申请，可以裁决先予执行，移送人民法院执行。

仲裁庭裁决先予执行的，应当符合下列条件：

（一）当事人之间权利义务关系明确；

（二）不先予执行将严重影响申请人的生活。

劳动者申请先予执行的，可以不提供担保。

第四十五条　【作出裁决】裁决应当按照多数仲裁员的意见作出，少数仲裁员的不同意见应当记入笔录。仲裁庭不能形成多数意见时，裁决应当按照首席仲裁员的意见作出。

第四十六条　【裁决书】裁决书应当载明仲裁请求、争议事实、裁决理由、裁决结果和裁决日期。裁决书由仲裁员签名，加盖劳动争议仲裁委员会印章。对裁决持不同意见的仲裁员，可以签名，也可以不签名。

第四十七条　【终局裁决】下列劳动争议，除本法另有规定的外，仲裁裁决为终局裁决，裁决书自作出之日起发生法律效力：

（一）追索劳动报酬、工伤医疗费、经济补偿或者赔偿金，不超过当地月最低工资标准十二个月金额的争议；

（二）因执行国家的劳动标准在工作时间、休息休假、社会保险等方面发生的争议。

第四十八条　【劳动者提起诉讼】劳动者对本法第四十七条规定的仲裁裁决不服的，可以自收到仲裁裁决书之日起十五日内向人民法院提起诉讼。

第四十九条　【用人单位申请撤销终局裁决】用人单位有证据证明本法第四十七条规定的仲裁裁决有下列情形之一，可以自收到仲裁裁决书之日起三十日内向劳动争议仲裁委员会所在地的中级人民法院申请撤销裁决：

（一）适用法律、法规确有错误的；

（二）劳动争议仲裁委员会无管辖权的；

（三）违反法定程序的；

（四）裁决所根据的证据是伪造的；

（五）对方当事人隐瞒了足以影响公正裁决的证据的；

（六）仲裁员在仲裁该案时有索贿受贿、徇私舞弊、枉法裁决行为的。

人民法院经组成合议庭审查核实裁决有前款规定情形之一的，应当裁定撤销。

仲裁裁决被人民法院裁定撤销的，当事人可以自收到裁定书之日起十五日内就该劳动争议事项向人民法院提起诉讼。

第五十条　【不服仲裁裁决提起诉讼】当事人对本法第四十七条规定以外的其他劳动争议案件的仲裁裁决不服的，可以自收到仲裁裁决书之日起十五日内向人民法院提起诉讼；期满不起诉的，裁决书发生法律效力。

第五十一条　【生效调解书、裁决书的执行】当事人对发生法律效力的调解书、裁决书，应当依照规定的期限履行。一方当事人逾期不履行的，另一方当事人可以依照民事诉讼法的有关规定向人民法院申请执行。受理申请的人民法院应当依法执行。

第四章　附　　则

第五十二条　【事业单位劳动争议的处理】事业单位实行聘用制的工作人员与本单位发生劳动争议的，依照本法执行；法律、行政法规或者国务院另有规定的，依照其规定。

第五十三条　【仲裁不收费】劳动争议仲裁不收费。劳动争议仲裁委员会的经费由财政予以保障。

第五十四条　【生效时间】本法自2008年5月1日起施行。

最高人民法院关于审理劳动争议案件适用法律若干问题的解释

1. 2001年3月22日最高人民法院审判委员会第1165次会议通过

2. 2001年4月16日公布

3. 法释〔2001〕14号

4. 自2001年4月30日起施行

5. 根据2008年12月16日最高人民法院《关于调整司法解释等文件中引用〈中华人民共和国民事诉讼法〉条文序号的决定》（法释〔2008〕18号）修正

为正确审理劳动争议案件，根据《中华人民共和国劳动法》（以下简称《劳动法》）和《中华人民共和国民事诉讼法》（以下简称《民事诉讼法》）等相关法律之规定，就适用法律的若干问题，作如下解释。

第一条　劳动者与用人单位之间发生的下列纠纷，属于《劳动法》第二条规定的劳动争议，当事人不服劳动争议仲裁委员会作出的裁决，依法向人民法院起诉的，人民法院应当受理：

（一）劳动者与用人单位在履行劳动合同过程中发生的纠纷；

（二）劳动者与用人单位之间没有订立书面劳动合同，但已形成劳动关系后发生的纠纷；

（三）劳动者退休后，与尚未参加社会保险统筹的原用人单位因追索养老金、医疗费、工伤保险待遇和其他社会保险费而发生的纠纷。

第二条　劳动争议仲裁委员会以当事人申请仲裁的事项不属于劳动争议为由，作出不予受理的书面裁决、决定或者通知，当事人不服，依法向人民法院起诉的，人民法院应当分别情况予以处理：

（一）属于劳动争议案件的，应当受理；

（二）虽不属于劳动争议案件，但属于人民法院主管的其他案件，应当依法受理。

第三条　劳动争议仲裁委员会根据《劳动法》第八十二条之规定，以当事人的仲裁申请超过六十日期限为由，作出不予受理的书面裁决、决定或者通知，当事人不服，依法向人民法院起诉的,人民法院应当受理;对确已超过仲裁申请期限,又无不可抗力或者其他正当理由的,依法驳回其诉讼请求。

第四条 劳动争议仲裁委员会以申请仲裁的主体不适格为由,作出不予受理的书面裁决、决定或者通知,当事人不服,依法向人民法院起诉的,经审查,确属主体不适格的,裁定不予受理或者驳回起诉。

第五条 劳动争议仲裁委员会为纠正原仲裁裁决错误重新作出裁决,当事人不服,依法向人民法院起诉的,人民法院应当受理。

第六条 人民法院受理劳动争议案件后,当事人增加诉讼请求的,如该诉讼请求与讼争的劳动争议具有不可分性,应当合并审理;如属独立的劳动争议,应当告知当事人向劳动争议仲裁委员会申请仲裁。

第七条 劳动争议仲裁委员会仲裁的事项不属于人民法院受理的案件范围,当事人不服,依法向人民法院起诉的,裁定不予受理或者驳回起诉。

第八条 劳动争议案件由用人单位所在地或者劳动合同履行地的基层人民法院管辖。

劳动合同履行地不明确的,由用人单位所在地的基层人民法院管辖。

第九条 当事人双方不服劳动争议仲裁委员会作出的同一仲裁裁决,均向同一人民法院起诉的,先起诉的一方当事人为原告,但对双方的诉讼请求,人民法院应当一并作出裁决。

当事人双方就同一仲裁裁决分别向有管辖权的人民法院起诉的,后受理的人民法院应当将案件移送给先受理的人民法院。

第十条 用人单位与其他单位合并的,合并前发生的劳动争议,由合并后的单位为当事人;用人单位分立为若干单位的,其分立前发生的劳动争议,由分立后的实际用人单位为当事人。

用人单位分立为若干单位后,对承受劳动权利义务的单位不明确的,分立后的单位均为当事人。

第十一条 用人单位招用尚未解除劳动合同的劳动者,原用人单位与劳动者发生的劳动争议,可以列新的用人单位为第三人。

原用人单位以新的用人单位侵权为由向人民法院起诉的,可以列劳动者为第三人。

原用人单位以新的用人单位和劳动者共同侵权为由向人民法院起诉的,新的用人单位和劳动者列为共同被告。

第十二条 劳动者在用人单位与其他平等主体之间的承包经营期间,与发包方和承包方双方或者一方发生劳动争议,依法向人民法院起诉的,应当将承包方和发包方作为当事人。

第十三条 因用人单位作出的开除、除名、辞退、解除劳动合同、减少劳动报酬、计算劳动者工作年限等决定而发生的劳动争议,用人单位负举证责任。

第十四条 劳动合同被确认为无效后,用人单位对劳动者付出的劳动,一般可参照本单位同期、同工种、同岗位的工资标准支付劳动报酬。

根据《劳动法》第九十七条之规定,由于用人单位的原因订立的无效合同,给劳动者造成损害的,应当比照违反和解除劳动合同经济补偿金的支付标准,赔偿劳动者因合同无效所造成的经济损失。

第十五条 用人单位有下列情形之一,迫使劳动者提出解除劳动合同的,用人单位应当支付劳动者的劳动报酬和经济补偿,并可支付赔偿金:

(一)以暴力、威胁或者非法限制人身自由的手段强迫劳动的;

(二)未按照劳动合同约定支付劳动报酬或者提供劳动条件的;

(三)克扣或者无故拖欠劳动者工资的;

(四)拒不支付劳动者延长工作时间工资报酬的;

(五)低于当地最低工资标准支付劳动者工资的。

第十六条 劳动合同期满后,劳动者仍在原用人单位工作,原用人单位未表示异议的,视为双方同意以原条件继续履行劳动合同。一方提出终止劳动关系的,人民法院应当支持。

根据《劳动法》第二十条之规定,用人单位应当与劳动者签订无固定期限劳动合同而未签订的,人民法院可以视为双方之间存在无固定期限劳动合同关系,并以原劳动合同确定双方的权利义务关系。

第十七条 劳动争议仲裁委员会作出仲裁裁决后,当事人对裁决中的部分事项不服,依法向人民法院起诉的,劳动争议仲裁裁决不发生法律效力。

第十八条 劳动争议仲裁委员会对多个劳动者的劳动争议作出仲裁裁决后,部分劳动者对仲裁裁决不服,依法向人民法院起诉的,仲裁裁决对提出起诉的劳动者不发生法律效力;对未提出起诉的部分劳动者,发生法律效力,如其申请执行的,人民法院应当受理。

第十九条 用人单位根据《劳动法》第四条之规定,通过民主程序制定的规章制度,不违反国家法律、行政法规及政策规定,并已向劳动者公示的,可以作为人民法院审理劳动争议案件的依据。

第二十条 用人单位对劳动者作出的开除、除名、辞退等处理,或者因其他原因解除劳动合同确有错误的,人民法院可以依法判决予以撤销。

对于追索劳动报酬、养老金、医疗费以及工伤保险待遇、经济补偿金、培训费及其他相关费用等案件,给付数额不当的,人民法院可以予以变更。

第二十一条 当事人申请人民法院执行劳动争议仲裁机构作出的发生法律效力的裁决书、调解书,被申请人提出证据证明劳动争议仲裁裁决书、调解书有下列情形之一,并经审查核实的,人民法院可以根据《民事诉讼法》第二百一十三条之规定,裁定不予执行:

(一)裁决的事项不属于劳动争议仲裁范围,或者劳动争议仲裁机构无权仲裁的;

(二)适用法律确有错误的;

(三)仲裁员仲裁该案时,有徇私舞弊、枉法裁决行为的;

(四)人民法院认定执行该劳动争议仲裁裁决违背社会公共利益的。

人民法院在不予执行的裁定书中,应当告知当事人在收到裁定书之次日起三十日内,可以就该劳动争议事项向人民法院起诉。

最高人民法院关于审理劳动争议案件适用法律若干问题的解释(二)

1. 2006年7月10日最高人民法院审判委员会第1393次会议通过
2. 2006年8月14日公布
3. 法释[2006]6号
4. 自2006年10月1日起施行

为正确审理劳动争议案件,根据《中华人民共和国劳动法》、《中华人民共和国民事诉讼法》等相关法律规定,结合民事审判实践,对人民法院审理劳动争议案件适用法律的若干问题补充解释如下:

第一条 人民法院审理劳动争议案件,对下列情形,视为劳动法第八十二条规定的"劳动争议发生之日":

(一)在劳动关系存续期间产生的支付工资争议,用人单位能够证明已经书面通知劳动者拒付工资的,书面通知送达之日为劳动争议发生之日。用人单位不能证明的,劳动者主张权利之日为劳动争议发生之日。

(二)因解除或者终止劳动关系产生的争议,用人单位不能证明劳动者收到解除或者终止劳动关系书面通知时间的,劳动者主张权利之日为劳动争议发生之日。

(三)劳动关系解除或者终止后产生的支付工资、经济补偿金、福利待遇等争议,劳动者能够证明用人单位承诺支付的时间为解除或者终止劳动关系后的具体日期的,用人单位承诺支付之日为劳动争议发生之日。劳动者不能证明的,解除或者终止劳动关系之日为劳动争议发生之日。

第二条 拖欠工资争议,劳动者申请仲裁时劳动关系仍然存续,用人单位以劳动者申请仲裁超过六十日为由主张不再支付的,人民法院不予支持。但用人单位能够证明劳动者已经收到拒付工资的书面通知的除外。

第三条 劳动者以用人单位的工资欠条为证据直接向人民法院起诉,诉讼请求不涉及劳动关系其他争议的,视为拖欠劳动报酬争议,按照普通民事纠纷受理。

第四条 用人单位和劳动者因劳动关系是否已经解除或者终止,以及应否支付解除或终止劳动关系经济补偿金产生的争议,经劳动争议仲裁委员会仲裁后,当事人依法起诉的,人民法院应予受理。

第五条 劳动者与用人单位解除或者终止劳动关系后,请求用人单位返还其收取的劳动合同定金、保证金、抵押金、抵押物产生的争议,或者办理劳动者的人事档案、社会保险关系等移转手续产生的争议,经劳动争议仲裁委员会仲裁后,当事人依法起诉的,人民法院应予受理。

第六条 劳动者因为工伤、职业病,请求用人单位依法承担给予工伤保险待遇的争议,经劳动争议仲裁委员会仲裁后,当事人依法起诉的,人民法院应予受理。

第七条 下列纠纷不属于劳动争议:

(一)劳动者请求社会保险经办机构发放社会保险金的纠纷;

(二)劳动者与用人单位因住房制度改革产生的公有住房转让纠纷;

(三)劳动者对劳动能力鉴定委员会的伤残等级鉴定结论或者对职业病诊断鉴定委员会的职业病诊断鉴定结论的异议纠纷;

(四)家庭或者个人与家政服务人员之间的纠纷;

(五)个体工匠与帮工、学徒之间的纠纷;

(六)农村承包经营户与受雇人之间的纠纷。

第八条 当事人不服劳动争议仲裁委员会作出的预先支付劳动者部分工资或者医疗费用的裁决,向人民法院起诉的,人民法院不予受理。

用人单位不履行上述裁决中的给付义务,劳动者依法向人民法院申请强制执行的,人民法院应予受理。

第九条 劳动者与起有字号的个体工商户产生的劳动争议诉讼,人民法院应当以营业执照上登记的字号为当事人,但应同时注明该字号业主的自然情况。

第十条 劳动者因履行劳动力派遣合同产生劳动争议而起诉,以派遣单位为被告;争议内容涉及接受单位的,以派遣单位和接受单位为共同被告。

第十一条 劳动者和用人单位均不服劳动争议仲裁委员会的同一裁决,向同一人民法院起诉的,人民法院应当并案审理,双方当事人互为原告和被告。在诉讼过程中,一方当事人撤诉的,人民法院应当根据另一方当事人的诉讼请求继续审理。

第十二条 当事人能够证明在申请仲裁期间内因不可抗力或者其他客观原因无法申请仲裁的,人民法院应当认定申请仲裁期间中止,从中止的原因消灭之次日起,申请仲裁期间连续计算。

第十三条 当事人能够证明在申请仲裁期间内具有下列情

形之一的,人民法院应当认定申请仲裁期间中断:

(一)向对方当事人主张权利;

(二)向有关部门请求权利救济;

(三)对方当事人同意履行义务。

申请仲裁期间中断的,从对方当事人明确拒绝履行义务,或者有关部门作出处理决定或明确表示不予处理时起,申请仲裁期间重新计算。

第十四条 在诉讼过程中,劳动者向人民法院申请采取财产保全措施,人民法院经审查认为申请人经济确有困难,或有证据证明用人单位存在欠薪逃匿可能的,应当减轻或者免除劳动者提供担保的义务,及时采取保全措施。

第十五条 人民法院作出的财产保全裁定中,应当告知当事人在劳动仲裁机构的裁决书或者在人民法院的裁判文书生效后三个月内申请强制执行。逾期不申请的,人民法院应当裁定解除保全措施。

第十六条 用人单位制定的内部规章制度与集体合同或者劳动合同约定的内容不一致,劳动者请求优先适用合同约定的,人民法院应予支持。

第十七条 当事人在劳动争议调解委员会主持下达成的具有劳动权利义务内容的调解协议,具有劳动合同的约束力,可以作为人民法院裁判的根据。

当事人在劳动争议调解委员会主持下仅就劳动报酬争议达成调解协议,用人单位不履行调解协议确定的给付义务,劳动者直接向人民法院起诉的,人民法院可以按照普通民事纠纷受理。

第十八条 本解释自二〇〇六年十月一日起施行。本解释施行前本院颁布的有关司法解释与本解释规定不一致的,以本解释的规定为准。

本解释施行后,人民法院尚未审结的一审、二审案件适用本解释。本解释施行前已经审结的案件,不得适用本解释的规定进行再审。

最高人民法院关于审理劳动争议案件适用法律若干问题的解释(三)

1. *2010年7月12日最高人民法院审判委员会第1489次会议通过*
2. *2010年9月13日公布*
3. *法释〔2010〕12号*
4. *自2010年9月14日起施行*

为正确审理劳动争议案件,根据《中华人民共和国劳动法》、《中华人民共和国劳动合同法》、《中华人民共和国劳动争议调解仲裁法》、《中华人民共和国民事诉讼法》等相关法律规定,结合民事审判实践,特作如下解释。

第一条 劳动者以用人单位未为其办理社会保险手续,且社会保险经办机构不能补办导致其无法享受社会保险待遇为由,要求用人单位赔偿损失而发生争议的,人民法院应予受理。

第二条 因企业自主进行改制引发的争议,人民法院应予受理。

第三条 劳动者依据劳动合同法第八十五条规定,向人民法院提起诉讼,要求用人单位支付加付赔偿金的,人民法院应予受理。

第四条 劳动者与未办理营业执照、营业执照被吊销或者营业期限届满仍继续经营的用人单位发生争议的,应当将用人单位或者其出资人列为当事人。

第五条 未办理营业执照、营业执照被吊销或者营业期限届满仍继续经营的用人单位,以挂靠等方式借用他人营业执照经营的,应当将用人单位和营业执照出借方列为当事人。

第六条 当事人不服劳动人事争议仲裁委员会作出的仲裁裁决,依法向人民法院提起诉讼,人民法院审查认为仲裁裁决遗漏了必须共同参加仲裁的当事人的,应当依法追加遗漏的人为诉讼当事人。

被追加的当事人应当承担责任的,人民法院应当一并处理。

第七条 用人单位与其招用的已经依法享受养老保险待遇或领取退休金的人员发生用工争议,向人民法院提起诉讼的,人民法院应当按劳务关系处理。

第八条 企业停薪留职人员、未达到法定退休年龄的内退人员、下岗待岗人员以及企业经营性停产放长假人员,因与新的用人单位发生用工争议,依法向人民法院提起诉讼的,人民法院应当按劳动关系处理。

第九条 劳动者主张加班费的,应当就加班事实的存在承担举证责任。但劳动者有证据证明用人单位掌握加班事实存在的证据,用人单位不提供的,由用人单位承担不利后果。

第十条 劳动者与用人单位就解除或者终止劳动合同办理相关手续、支付工资报酬、加班费、经济补偿或者赔偿金等达成的协议,不违反法律、行政法规的强制性规定,且不存在欺诈、胁迫或者乘人之危情形的,应当认定有效。

前款协议存在重大误解或者显失公平情形,当事人请求撤销的,人民法院应予支持。

第十一条 劳动人事争议仲裁委员会作出的调解书已经发生法律效力,一方当事人反悔提起诉讼的,人民法院不予受理;已经受理的,裁定驳回起诉。

第十二条 劳动人事争议仲裁委员会逾期未作出受理决定或仲裁裁决,当事人直接提起诉讼的,人民法院应予受理,但申请仲裁的案件存在下列事由的除外:

(一)移送管辖的;

(二)正在送达或送达延误的;

(三)等待另案诉讼结果、评残结论的;

（四）正在等待劳动人事争议仲裁委员会开庭的；

（五）启动鉴定程序或者委托其他部门调查取证的；

（六）其他正当事由。

当事人以劳动人事争议仲裁委员会逾期未作出仲裁裁决为由提起诉讼的，应当提交劳动人事争议仲裁委员会出具的受理通知书或者其他已接受仲裁申请的凭证或证明。

第十三条 劳动者依据调解仲裁法第四十七条第（一）项规定，追索劳动报酬、工伤医疗费、经济补偿或者赔偿金，如果仲裁裁决涉及数项，每项确定的数额均不超过当地月最低工资标准十二个月金额的，应当按照终局裁决处理。

第十四条 劳动人事争议仲裁委员会作出的同一仲裁裁决同时包含终局裁决事项和非终局裁决事项，当事人不服该仲裁裁决向人民法院提起诉讼的，应当按照非终局裁决处理。

第十五条 劳动者依据调解仲裁法第四十八条规定向基层人民法院提起诉讼，用人单位依据调解仲裁法第四十九条规定向劳动人事争议仲裁委员会所在地的中级人民法院申请撤销仲裁裁决的，中级人民法院应不予受理；已经受理的，应当裁定驳回申请。

被人民法院驳回起诉或者劳动者撤诉的，用人单位可以自收到裁定书之日起三十日内，向劳动人事争议仲裁委员会所在地的中级人民法院申请撤销仲裁裁决。

第十六条 用人单位依照调解仲裁法第四十九条规定向中级人民法院申请撤销仲裁裁决，中级人民法院作出的驳回申请或者撤销仲裁裁决的裁定为终审裁定。

第十七条 劳动者依据劳动合同法第三十条第二款和调解仲裁法第十六条规定向人民法院申请支付令，符合民事诉讼法第十七章督促程序规定的，人民法院应予受理。

依据劳动合同法第三十条第二款规定申请支付令被人民法院裁定终结督促程序后，劳动者就劳动争议事项直接向人民法院起诉的，人民法院应当告知其先向劳动人事争议仲裁委员会申请仲裁。

依据调解仲裁法第十六条规定申请支付令被人民法院裁定终结督促程序后，劳动者依据调解协议直接向人民法院提起诉讼的，人民法院应予受理。

第十八条 劳动人事争议仲裁委员会作出终局裁决，劳动者向人民法院申请执行，用人单位向劳动人事争议仲裁委员会所在地的中级人民法院申请撤销的，人民法院应当裁定中止执行。

用人单位撤回撤销终局裁决申请或者其申请被驳回的，人民法院应当裁定恢复执行。仲裁裁决被撤销的，人民法院应当裁定终结执行。

用人单位向人民法院申请撤销仲裁裁决被驳回后，又在执行程序中以相同理由提出不予执行抗辩的，人民法院不予支持。

最高人民法院关于审理劳动争议案件适用法律若干问题的解释（四）

1. 2012 年 12 月 31 日最高人民法院审判委员会第 1566 次会议通过
2. 2013 年 1 月 18 日公布
3. 法释〔2013〕4 号
4. 自 2013 年 2 月 1 日起施行

为正确审理劳动争议案件，根据《中华人民共和国劳动法》《中华人民共和国劳动合同法》《中华人民共和国劳动争议调解仲裁法》《中华人民共和国民事诉讼法》等相关法律规定，结合民事审判实践，就适用法律的若干问题，作如下解释：

第一条 劳动人事争议仲裁委员会以无管辖权为由对劳动争议案件不予受理，当事人提起诉讼的，人民法院按照以下情形分别处理：

（一）经审查认为该劳动人事争议仲裁委员会对案件确无管辖权的，应当告知当事人向有管辖权的劳动人事争议仲裁委员会申请仲裁；

（二）经审查认为该劳动人事争议仲裁委员会有管辖权的，应当告知当事人申请仲裁，并将审查意见书面通知该劳动人事争议仲裁委员会，劳动人事争议仲裁委员会仍不受理，当事人就该劳动争议事项提起诉讼的，应予受理。

第二条 仲裁裁决的类型以仲裁裁决书确定为准。

仲裁裁决书未载明该裁决为终局裁决或非终局裁决，用人单位不服该仲裁裁决向基层人民法院提起诉讼的，应当按照以下情形分别处理：

（一）经审查认为该仲裁裁决为非终局裁决的，基层人民法院应予受理；

（二）经审查认为该仲裁裁决为终局裁决的，基层人民法院不予受理，但应告知用人单位可以自收到不予受理裁定书之日起三十日内向劳动人事争议仲裁委员会所在地的中级人民法院申请撤销该仲裁裁决；已经受理的，裁定驳回起诉。

第三条 中级人民法院审理用人单位申请撤销终局裁决的案件，应当组成合议庭开庭审理。经过阅卷、调查和询问当事人，对没有新的事实、证据或者理由，合议庭认为不需要开庭审理的，可以不开庭审理。

中级人民法院可以组织双方当事人调解。达成调解协议的，可以制作调解书。一方当事人逾期不履行调解协议的，另一方可以申请人民法院强制执行。

第四条 当事人在人民调解委员会主持下仅就给付义务达成的调解协议，双方认为有必要的，可以共同向人民调解委员会所在地的基层人民法院申请司法确认。

第五条　劳动者非因本人原因从原用人单位被安排到新用人单位工作,原用人单位未支付经济补偿,劳动者依照劳动合同法第三十八条规定与新用人单位解除劳动合同,或者新用人单位向劳动者提出解除、终止劳动合同,在计算支付经济补偿或赔偿金的工作年限时,劳动者请求把在原用人单位的工作年限合并计算为新用人单位工作年限的,人民法院应予支持。

用人单位符合下列情形之一的,应当认定属于"劳动者非因本人原因从原用人单位被安排到新用人单位工作":

(一)劳动者仍在原工作场所、工作岗位工作,劳动合同主体由原用人单位变更为新用人单位;

(二)用人单位以组织委派或任命形式对劳动者进行工作调动;

(三)因用人单位合并、分立等原因导致劳动者工作调动;

(四)用人单位及其关联企业与劳动者轮流订立劳动合同;

(五)其他合理情形。

第六条　当事人在劳动合同或者保密协议中约定了竞业限制,但未约定解除或者终止劳动合同后给予劳动者经济补偿,劳动者履行了竞业限制义务,要求用人单位按照劳动者在劳动合同解除或者终止前十二个月平均工资的30%按月支付经济补偿的,人民法院应予支持。

前款规定的月平均工资的30%低于劳动合同履行地最低工资标准的,按照劳动合同履行地最低工资标准支付。

第七条　当事人在劳动合同或者保密协议中约定了竞业限制和经济补偿,当事人解除劳动合同时,除另有约定外,用人单位要求劳动者履行竞业限制义务,或者劳动者履行了竞业限制义务后要求用人单位支付经济补偿的,人民法院应予支持。

第八条　当事人在劳动合同或者保密协议中约定了竞业限制和经济补偿,劳动合同解除或者终止后,因用人单位的原因导致三个月未支付经济补偿,劳动者请求解除竞业限制约定的,人民法院应予支持。

第九条　在竞业限制期限内,用人单位请求解除竞业限制协议时,人民法院应予支持。

在解除竞业限制协议时,劳动者请求用人单位额外支付劳动者三个月的竞业限制经济补偿的,人民法院应予支持。

第十条　劳动者违反竞业限制约定,向用人单位支付违约金后,用人单位要求劳动者按照约定继续履行竞业限制义务的,人民法院应予支持。

第十一条　变更劳动合同未采用书面形式,但已经实际履行了口头变更的劳动合同超过一个月,且变更后的劳动合同内容不违反法律、行政法规、国家政策以及公序良俗,当事人以未采用书面形式为由主张劳动合同变更无效的,人民法院不予支持。

第十二条　建立了工会组织的用人单位解除劳动合同符合劳动合同法第三十九条、第四十条规定,但未按照劳动合同法第四十三条规定事先通知工会,劳动者以用人单位违法解除劳动合同为由请求用人单位支付赔偿金的,人民法院应予支持,但起诉前用人单位已经补正有关程序的除外。

第十三条　劳动合同法施行后,因用人单位经营期限届满不再继续经营导致劳动合同不能继续履行,劳动者请求用人单位支付经济补偿的,人民法院应予支持。

第十四条　外国人、无国籍人未依法取得就业证件即与中国境内的用人单位签订劳动合同,以及香港特别行政区、澳门特别行政区和台湾地区居民未依法取得就业证件即与内地用人单位签订劳动合同,当事人请求确认与用人单位存在劳动关系的,人民法院不予支持。

持有《外国专家证》并取得《外国专家来华工作许可证》的外国人,与中国境内的用人单位建立用工关系的,可以认定为劳动关系。

第十五条　本解释施行前本院颁布的有关司法解释与本解释抵触的,自本解释施行之日起不再适用。

本解释施行后尚未终审的劳动争议纠纷案件,适用本解释;本解释施行前已经终审,当事人申请再审或者按照审判监督程序决定再审的,不适用本解释。

2. 劳动保护

中华人民共和国安全生产法

1. 2002年6月29日第九届全国人民代表大会常务委员会第二十八次会议通过

2. 根据2009年8月27日第十一届全国人民代表大会常务委员会第十次会议《关于修改部分法律的决定》第一次修正

3. 根据2014年8月31日第十二届全国人民代表大会常务委员会第十次会议《关于修改〈中华人民共和国安全生产法〉的决定》第二次修正

目　录

第一章　总　　则

第一条　【立法目的】为了加强安全生产工作,防止和减少生产安全事故，保障人民群众生命和财产安全，促进经济社会持续健康发展，制定本法。

第二条 【适用范围】在中华人民共和国领域内从事生产经营活动的单位（以下统称生产经营单位）的安全生产，适用本法；有关法律、行政法规对消防安全和道路交通安全、铁路交通安全、水上交通安全、民用航空安全以及核与辐射安全、特种设备安全另有规定的，适用其规定。

第三条 【工作方针】安全生产工作应当以人为本，坚持安全发展，坚持安全第一、预防为主、综合治理的方针，强化和落实生产经营单位的主体责任，建立生产经营单位负责、职工参与、政府监管、行业自律和社会监督的机制。

第四条 【生产经营单位基本义务】生产经营单位必须遵守本法和其他有关安全生产的法律、法规，加强安全生产管理，建立、健全安全生产责任制和安全生产规章制度，改善安全生产条件，推进安全生产标准化建设，提高安全生产水平，确保安全生产。

第五条 【单位主要负责人主体责任】生产经营单位的主要负责人对本单位的安全生产工作全面负责。

第六条 【从业人员安全生产权利义务】生产经营单位的从业人员有依法获得安全生产保障的权利，并应当依法履行安全生产方面的义务。

第七条 【工会职责】工会依法对安全生产工作进行监督。

生产经营单位的工会依法组织职工参加本单位安全生产工作的民主管理和民主监督，维护职工在安全生产方面的合法权益。生产经营单位制定或者修改有关安全生产的规章制度，应当听取工会的意见。

第八条 【各级人民政府职责】国务院和县级以上地方各级人民政府应当根据国民经济和社会发展规划制定安全生产规划，并组织实施。安全生产规划应当与城乡规划相衔接。

国务院和县级以上地方各级人民政府应当加强对安全生产工作的领导，支持、督促各有关部门依法履行安全生产监督管理职责，建立健全安全生产工作协调机制，及时协调、解决安全生产监督管理中存在的重大问题。

乡、镇人民政府以及街道办事处、开发区管理机构等地方人民政府的派出机关应当按照职责，加强对本行政区域内生产经营单位安全生产状况的监督检查，协助上级人民政府有关部门依法履行安全生产监督管理职责。

第九条 【安全生产监督管理体制】国务院安全生产监督管理部门依照本法，对全国安全生产工作实施综合监督管理；县级以上地方各级人民政府安全生产监督管理部门依照本法，对本行政区域内安全生产工作实施综合监督管理。

国务院有关部门依照本法和其他有关法律、行政法规的规定，在各自的职责范围内对有关行业、领域的安全生产工作实施监督管理；县级以上地方各级人民政府有关部门依照本法和其他有关法律、法规的规定，在各自的职责范围内对有关行业、领域的安全生产工作实施监督管理。

安全生产监督管理部门和对有关行业、领域的安全生产工作实施监督管理的部门，统称负有安全生产监督管理职责的部门。

第十条 【安全生产标准】国务院有关部门应当按照保障安全生产的要求，依法及时制定有关的国家标准或者行业标准，并根据科技进步和经济发展适时修订。

生产经营单位必须执行依法制定的保障安全生产的国家标准或者行业标准。

第十一条 【安全生产宣传教育】各级人民政府及其有关部门应当采取多种形式，加强对有关安全生产的法律、法规和安全生产知识的宣传，增强全社会的安全生产意识。

第十二条 【协会组织职责】有关协会组织依照法律、行政法规和章程，为生产经营单位提供安全生产方面的信息、培训等服务，发挥自律作用，促进生产经营单位加强安全生产管理。

第十三条 【安全生产技术服务中介机构】依法设立的为安全生产提供技术、管理服务的机构，依照法律、行政法规和执业准则，接受生产经营单位的委托为其安全生产工作提供技术、管理服务。

生产经营单位委托前款规定的机构提供安全生产技术、管理服务的，保证安全生产的责任仍由本单位负责。

第十四条 【事故责任追究制度】国家实行生产安全事故责任追究制度，依照本法和有关法律、法规的规定，追究生产安全事故责任人员的法律责任。

第十五条 【安全生产科学技术研究】国家鼓励和支持安全生产科学技术研究和安全生产先进技术的推广应用，提高安全生产水平。

第十六条 【奖励】国家对在改善安全生产条件、防止生产安全事故、参加抢险救护等方面取得显著成绩的单位和个人，给予奖励。

第二章 生产经营单位的安全生产保障

第十七条 【安全生产条件】生产经营单位应当具备本法和有关法律、行政法规和国家标准或者行业标准规定的安全生产条件；不具备安全生产条件的，不得从事生产经营活动。

第十八条 【单位主要负责人安全生产职责】生产经营单位的主要负责人对本单位安全生产工作负有下列职责：

（一）建立、健全本单位安全生产责任制；

（二）组织制定本单位安全生产规章制度和操作规程；

（三）组织制定并实施本单位安全生产教育和培训计划；

（四）保证本单位安全生产投入的有效实施；

（五）督促、检查本单位的安全生产工作，及时消除生产安全事故隐患；

(六)组织制定并实施本单位的生产安全事故应急救援预案;

(七)及时、如实报告生产安全事故。

第十九条 【安全生产责任制】生产经营单位的安全生产责任制应当明确各岗位的责任人员、责任范围和考核标准等内容。

生产经营单位应当建立相应的机制,加强对安全生产责任制落实情况的监督考核,保证安全生产责任制的落实。

第二十条 【保证安全生产资金投入】生产经营单位应当具备的安全生产条件所必需的资金投入,由生产经营单位的决策机构、主要负责人或者个人经营的投资人予以保证,并对由于安全生产所必需的资金投入不足导致的后果承担责任。

有关生产经营单位应当按照规定提取和使用安全生产费用,专门用于改善安全生产条件。安全生产费用在成本中据实列支。安全生产费用提取、使用和监督管理的具体办法由国务院财政部门会同国务院安全生产监督管理部门征求国务院有关部门意见后制定。

第二十一条 【安全生产管理机构及人员】矿山、金属冶炼、建筑施工、道路运输单位和危险物品的生产、经营、储存单位,应当设置安全生产管理机构或者配备专职安全生产管理人员。

第二十二条 【安全生产管理机构及人员职责】生产经营单位的安全生产管理机构以及安全生产管理人员履行下列职责:

(一)组织或者参与拟订本单位安全生产规章制度、操作规程和生产安全事故应急救援预案;

(二)组织或者参与本单位安全生产教育和培训,如实记录安全生产教育和培训情况;

(三)督促落实本单位重大危险源的安全管理措施;

(四)组织或者参与本单位应急救援演练;

(五)检查本单位的安全生产状况,及时排查生产安全事故隐患,提出改进安全生产管理的建议;

(六)制止和纠正违章指挥、强令冒险作业、违反操作规程的行为;

(七)督促落实本单位安全生产整改措施。

第二十三条 【履职要求与履职保障】生产经营单位的安全生产管理机构以及安全生产管理人员应当恪尽职守,依法履行职责。

生产经营单位作出涉及安全生产的经营决策,应当听取安全生产管理机构以及安全生产管理人员的意见。

生产经营单位不得因安全生产管理人员依法履行职责而降低其工资、福利等待遇或者解除与其订立的劳动合同。

危险物品的生产、储存单位以及矿山、金属冶炼单位的安全生产管理人员的任免,应当告知主管的负有安全生产监督管理职责的部门。

第二十四条 【知识与管理能力】生产经营单位的主要负责人和安全生产管理人员必须具备与本单位所从事的生产经营活动相应的安全生产知识和管理能力。

危险物品的生产、经营、储存单位以及矿山、金属冶炼、建筑施工、道路运输单位的主要负责人和安全生产管理人员,应当由主管的负有安全生产监督管理职责的部门对其安全生产知识和管理能力考核合格。考核不得收费。

危险物品的生产、储存单位以及矿山、金属冶炼单位应当有注册安全工程师从事安全生产管理工作。鼓励其他生产经营单位聘用注册安全工程师从事安全生产管理工作。注册安全工程师按专业分类管理,具体办法由国务院人力资源和社会保障部门、国务院安全生产监督管理部门会同国务院有关部门制定。

第二十五条 【安全生产教育和培训】生产经营单位应当对从业人员进行安全生产教育和培训,保证从业人员具备必要的安全生产知识,熟悉有关的安全生产规章制度和安全操作规程,掌握本岗位的安全操作技能,了解事故应急处理措施,知悉自身在安全生产方面的权利和义务。未经安全生产教育和培训合格的从业人员,不得上岗作业。

生产经营单位使用被派遣劳动者的,应当将被派遣劳动者纳入本单位从业人员统一管理,对被派遣劳动者进行岗位安全操作规程和安全操作技能的教育和培训。劳务派遣单位应当对被派遣劳动者进行必要的安全生产教育和培训。

生产经营单位接收中等职业学校、高等学校学生实习的,应当对实习学生进行相应的安全生产教育和培训,提供必要的劳动防护用品。学校应当协助生产经营单位对实习学生进行安全生产教育和培训。

生产经营单位应当建立安全生产教育和培训档案,如实记录安全生产教育和培训的时间、内容、参加人员以及考核结果等情况。

第二十六条 【技术更新的教育和培训】生产经营单位采用新工艺、新技术、新材料或者使用新设备,必须了解、掌握其安全技术特性,采取有效的安全防护措施,并对从业人员进行专门的安全生产教育和培训。

第二十七条 【特种作业人员从业资格】生产经营单位的特种作业人员必须按照国家有关规定经专门的安全作业培训,取得相应资格,方可上岗作业。

特种作业人员的范围由国务院安全生产监督管理部门会同国务院有关部门确定。

第二十八条 【建设项目安全设施"三同时"】生产经营单位新建、改建、扩建工程项目(以下统称建设项目)的安全设施,必须与主体工程同时设计、同时施工、同时投入生产和使用。安全设施投资应当纳入建设项目概算。

第二十九条 【特殊建设项目安全评价】矿山、金属冶炼建设项目和用于生产、储存、装卸危险物品的建设项目,应当按照国家有关规定进行安全评价。

第三十条 【特殊建设项目安全设计审查】建设项目安全设施的设计人、设计单位应当对安全设施设计负责。

矿山、金属冶炼建设项目和用于生产、储存、装卸危险物品的建设项目的安全设施设计应当按照国家有关规定报经有关部门审查,审查部门及其负责审查的人员对审查结果负责。

第三十一条 【特殊建设项目安全设施验收】矿山、金属冶炼建设项目和用于生产、储存、装卸危险物品的建设项目的施工单位必须按照批准的安全设施设计施工,并对安全设施的工程质量负责。

矿山、金属冶炼建设项目和用于生产、储存危险物品的建设项目竣工投入生产或者使用前,应当由建设单位负责组织对安全设施进行验收;验收合格后,方可投入生产和使用。安全生产监督管理部门应当加强对建设单位验收活动和验收结果的监督核查。

第三十二条 【安全警示标志】生产经营单位应当在有较大危险因素的生产经营场所和有关设施、设备上,设置明显的安全警示标志。

第三十三条 【安全设备管理】安全设备的设计、制造、安装、使用、检测、维修、改造和报废,应当符合国家标准或者行业标准。

生产经营单位必须对安全设备进行经常性维护、保养,并定期检测,保证正常运转。维护、保养、检测应当作好记录,并由有关人员签字。

第三十四条 【特殊特种设备的管理】生产经营单位使用的危险物品的容器、运输工具,以及涉及人身安全、危险性较大的海洋石油开采特种设备和矿山井下特种设备,必须按照国家有关规定,由专业生产单位生产,并经具有专业资质的检测、检验机构检测、检验合格,取得安全使用证或者安全标志,方可投入使用。检测、检验机构对检测、检验结果负责。

第三十五条 【淘汰制度】国家对严重危及生产安全的工艺、设备实行淘汰制度,具体目录由国务院安全生产监督管理部门会同国务院有关部门制定并公布。法律、行政法规对目录的制定另有规定的,适用其规定。

省、自治区、直辖市人民政府可以根据本地区实际情况制定并公布具体目录,对前款规定以外的危及生产安全的工艺、设备予以淘汰。

生产经营单位不得使用应当淘汰的危及生产安全的工艺、设备。

第三十六条 【危险物品的监管】生产、经营、运输、储存、使用危险物品或者处置废弃危险物品的,由有关主管部门依照有关法律、法规的规定和国家标准或者行业标准审批并实施监督管理。

生产经营单位生产、经营、运输、储存、使用危险物品或者处置废弃危险物品,必须执行有关法律、法规和国家标准或者行业标准,建立专门的安全管理制度,采取可靠的安全措施,接受有关主管部门依法实施的监督管理。

第三十七条 【重大危险源的管理】生产经营单位对重大危险源应当登记建档,进行定期检测、评估、监控,并制定应急预案,告知从业人员和相关人员在紧急情况下应当采取的应急措施。

生产经营单位应当按照国家有关规定将本单位重大危险源及有关安全措施、应急措施报有关地方人民政府安全生产监督管理部门和有关部门备案。

第三十八条 【事故隐患治理】生产经营单位应当建立健全生产安全事故隐患排查治理制度,采取技术、管理措施,及时发现并消除事故隐患。事故隐患排查治理情况应当如实记录,并向从业人员通报。

县级以上地方各级人民政府负有安全生产监督管理职责的部门应当建立健全重大事故隐患治理督办制度,督促生产经营单位消除重大事故隐患。

第三十九条 【生产经营场所和员工宿舍安全要求】生产、经营、储存、使用危险物品的车间、商店、仓库不得与员工宿舍在同一座建筑物内,并应当与员工宿舍保持安全距离。

生产经营场所和员工宿舍应当设有符合紧急疏散要求、标志明显、保持畅通的出口。禁止锁闭、封堵生产经营场所或者员工宿舍的出口。

第四十条 【危险作业的现场安全管理】生产经营单位进行爆破、吊装以及国务院安全生产监督管理部门会同国务院有关部门规定的其他危险作业,应当安排专门人员进行现场安全管理,确保操作规程的遵守和安全措施的落实。

第四十一条 【从业人员的安全管理】生产经营单位应当教育和督促从业人员严格执行本单位的安全生产规章制度和安全操作规程;并向从业人员如实告知作业场所和工作岗位存在的危险因素、防范措施以及事故应急措施。

第四十二条 【劳动防护用品】生产经营单位必须为从业人员提供符合国家标准或者行业标准的劳动防护用品,并监督、教育从业人员按照使用规则佩戴、使用。

第四十三条 【安全检查和报告】生产经营单位的安全生产管理人员应当根据本单位的生产经营特点,对安全生产状况进行经常性检查;对检查中发现的安全问题,应当立即处理;不能处理的,应当及时报告本单位有关负责人,有关负责人应当及时处理。检查及处理情况应当如实记录在案。

生产经营单位的安全生产管理人员在检查中发现重大事故隐患,依照前款规定向本单位有关负责人报告,有关负责人不及时处理的,安全生产管理人员可以向主管的负有安全生产监督管理职责的部门报告,接到报告的部门应当依法及时处理。

第四十四条 【经费保障】生产经营单位应当安排用于配备劳动防护用品、进行安全生产培训的经费。

第四十五条 【安全生产协作】两个以上生产经营单位在同

一作业区域内进行生产经营活动，可能危及对方生产安全的，应当签订安全生产管理协议，明确各自的安全生产管理职责和应当采取的安全措施，并指定专职安全生产管理人员进行安全检查与协调。

第四十六条　【发包或出租的安全生产责任】生产经营单位不得将生产经营项目、场所、设备发包或者出租给不具备安全生产条件或者相应资质的单位或者个人。

生产经营项目、场所发包或者出租给其他单位的，生产经营单位应当与承包单位、承租单位签订专门的安全生产管理协议，或者在承包合同、租赁合同中约定各自的安全生产管理职责；生产经营单位对承包单位、承租单位的安全生产工作统一协调、管理，定期进行安全检查，发现安全问题的，应当及时督促整改。

第四十七条　【单位主要负责人组织事故抢救职责】生产经营单位发生生产安全事故时，单位的主要负责人应当立即组织抢救，并不得在事故调查处理期间擅离职守。

第四十八条　【工伤保险和安全生产责任险】生产经营单位必须依法参加工伤保险，为从业人员缴纳保险费。

国家鼓励生产经营单位投保安全生产责任保险。

第三章　从业人员的安全生产权利义务

第四十九条　【劳动合同的安全条款】生产经营单位与从业人员订立的劳动合同，应当载明有关保障从业人员劳动安全、防止职业危害的事项，以及依法为从业人员办理工伤保险的事项。

生产经营单位不得以任何形式与从业人员订立协议，免除或者减轻其对从业人员因生产安全事故伤亡依法应承担的责任。

第五十条　【知情权和建议权】生产经营单位的从业人员有权了解其作业场所和工作岗位存在的危险因素、防范措施及事故应急措施，有权对本单位的安全生产工作提出建议。

第五十一条　【批评、检举、控告、拒绝权】从业人员有权对本单位安全生产工作中存在的问题提出批评、检举、控告；有权拒绝违章指挥和强令冒险作业。

生产经营单位不得因从业人员对本单位安全生产工作提出批评、检举、控告或者拒绝违章指挥、强令冒险作业而降低其工资、福利等待遇或者解除与其订立的劳动合同。

第五十二条　【紧急处置权】从业人员发现直接危及人身安全的紧急情况时，有权停止作业或者在采取可能的应急措施后撤离作业场所。

生产经营单位不得因从业人员在前款紧急情况下停止作业或者采取紧急撤离措施而降低其工资、福利等待遇或者解除与其订立的劳动合同。

第五十三条　【获得赔偿权】因生产安全事故受到损害的从业人员，除依法享有工伤保险外，依照有关民事法律尚有获得赔偿的权利的，有权向本单位提出赔偿要求。

第五十四条　【服从安全管理义务】从业人员在作业过程中，应当严格遵守本单位的安全生产规章制度和操作规程，服从管理，正确佩戴和使用劳动防护用品。

第五十五条　【接受安全生产教育和培训义务】从业人员应当接受安全生产教育和培训，掌握本职工作所需的安全生产知识，提高安全生产技能，增强事故预防和应急处理能力。

第五十六条　【事故隐患和不安全因素的报告义务】从业人员发现事故隐患或者其他不安全因素，应当立即向现场安全生产管理人员或者本单位负责人报告；接到报告的人员应当及时予以处理。

第五十七条　【工会监督】工会有权对建设项目的安全设施与主体工程同时设计、同时施工、同时投入生产和使用进行监督，提出意见。

工会对生产经营单位违反安全生产法律、法规，侵犯从业人员合法权益的行为，有权要求纠正；发现生产经营单位违章指挥、强令冒险作业或者发现事故隐患时，有权提出解决的建议，生产经营单位应当及时研究答复；发现危及从业人员生命安全的情况时，有权向生产经营单位建议组织从业人员撤离危险场所，生产经营单位必须立即作出处理。

工会有权依法参加事故调查，向有关部门提出处理意见，并要求追究有关人员的责任。

第五十八条　【被派遣劳动者的权利义务】生产经营单位使用被派遣劳动者的，被派遣劳动者享有本法规定的从业人员的权利，并应当履行本法规定的从业人员的义务。

第四章　安全生产的监督管理

第五十九条　【政府职责】县级以上地方各级人民政府应当根据本行政区域内的安全生产状况，组织有关部门按照职责分工，对本行政区域内容易发生重大生产安全事故的生产经营单位进行严格检查。

安全生产监督管理部门应当按照分类分级监督管理的要求，制定安全生产年度监督检查计划，并按照年度监督检查计划进行监督检查，发现事故隐患，应当及时处理。

第六十条　【安全生产事项的审批、验收】负有安全生产监督管理职责的部门依照有关法律、法规的规定，对涉及安全生产的事项需要审查批准（包括批准、核准、许可、注册、认证、颁发证照等，下同）或者验收的，必须严格依照有关法律、法规和国家标准或者行业标准规定的安全生产条件和程序进行审查；不符合有关法律、法规和国家标准或者行业标准规定的安全生产条件的，不得批准或者验收通过。对未依法取得批准或者验收合格的单位擅自从事有关活动的，负责行政审批的部门发现或者接到举报后应当立即予以取缔,并依法予以处理。对已经依法取得批准的单位,负责行政审批的部门发现其不再具备安全生产条件的,应当撤销原批准。

第六十一条 【审批、验收的禁止性规定】负有安全生产监督管理职责的部门对涉及安全生产的事项进行审查、验收,不得收取费用;不得要求接受审查、验收的单位购买其指定品牌或者指定生产、销售单位的安全设备、器材或者其他产品。

第六十二条 【监督检查的职权范围】安全生产监督管理部门和其他负有安全生产监督管理职责的部门依法开展安全生产行政执法工作,对生产经营单位执行有关安全生产的法律、法规和国家标准或者行业标准的情况进行监督检查,行使以下职权:

(一)进入生产经营单位进行检查,调阅有关资料,向有关单位和人员了解情况;

(二)对检查中发现的安全生产违法行为,当场予以纠正或者要求限期改正;对依法应当给予行政处罚的行为,依照本法和其他有关法律、行政法规的规定作出行政处罚决定;

(三)对检查中发现的事故隐患,应当责令立即排除;重大事故隐患排除前或者排除过程中无法保证安全的,应当责令从危险区域内撤出作业人员,责令暂时停产停业或者停止使用相关设施、设备;重大事故隐患排除后,经审查同意,方可恢复生产经营和使用;

(四)对有根据认为不符合保障安全生产的国家标准或者行业标准的设施、设备、器材以及违法生产、储存、使用、经营、运输的危险物品予以查封或者扣押,对违法生产、储存、使用、经营危险物品的作业场所予以查封,并依法作出处理决定。

监督检查不得影响被检查单位的正常生产经营活动。

第六十三条 【生产经营单位的配合义务】生产经营单位对负有安全生产监督管理职责的部门的监督检查人员(以下统称安全生产监督检查人员)依法履行监督检查职责,应当予以配合,不得拒绝、阻挠。

第六十四条 【监督检查人员的要求】安全生产监督检查人员应当忠于职守,坚持原则,秉公执法。

安全生产监督检查人员执行监督检查任务时,必须出示有效的监督执法证件;对涉及被检查单位的技术秘密和业务秘密,应当为其保密。

第六十五条 【监督检查的记录】安全生产监督检查人员应当将检查的时间、地点、内容、发现的问题及其处理情况,作出书面记录,并由检查人员和被检查单位的负责人签字;被检查单位的负责人拒绝签字的,检查人员应当将情况记录在案,并向负有安全生产监督管理职责的部门报告。

第六十六条 【监督检查的配合】负有安全生产监督管理职责的部门在监督检查中,应当互相配合,实行联合检查;确需分别进行检查的,应当互通情况,发现存在的安全问题应当由其他有关部门进行处理的,应当及时移送其他有关部门并形成记录备查,接受移送的部门应当及时进行处理。

第六十七条 【强制停止生产经营活动】负有安全生产监督管理职责的部门依法对存在重大事故隐患的生产经营单位作出停产停业、停止施工、停止使用相关设施或者设备的决定,生产经营单位应当依法执行,及时消除事故隐患。生产经营单位拒不执行,有发生生产安全事故的现实危险的,在保证安全的前提下,经本部门主要负责人批准,负有安全生产监督管理职责的部门可以采取通知有关单位停止供电、停止供应民用爆炸物品等措施,强制生产经营单位履行决定。通知应当采用书面形式,有关单位应当予以配合。

负有安全生产监督管理职责的部门依照前款规定采取停止供电措施,除有危及生产安全的紧急情形的,应当提前二十四小时通知生产经营单位。生产经营单位依法履行行政决定、采取相应措施消除事故隐患的,负有安全生产监督管理职责的部门应当及时解除前款规定的措施。

第六十八条 【安全生产行政监察】监察机关依照行政监察法的规定,对负有安全生产监督管理职责的部门及其工作人员履行安全生产监督管理职责实施监察。

第六十九条 【中介机构的条件和责任】承担安全评价、认证、检测、检验的机构应当具备国家规定的资质条件,并对其作出的安全评价、认证、检测、检验的结果负责。

第七十条 【安全生产举报制度】负有安全生产监督管理职责的部门应当建立举报制度,公开举报电话、信箱或者电子邮件地址,受理有关安全生产的举报;受理的举报事项经调查核实后,应当形成书面材料;需要落实整改措施的,报经有关负责人签字并督促落实。

第七十一条 【举报权】任何单位或者个人对事故隐患或者安全生产违法行为,均有权向负有安全生产监督管理职责的部门报告或者举报。

第七十二条 【居委会、村委会的监督】居民委员会、村民委员会发现其所在区域内的生产经营单位存在事故隐患或者安全生产违法行为时,应当向当地人民政府或者有关部门报告。

第七十三条 【举报奖励】县级以上各级人民政府及其有关部门对报告重大事故隐患或者举报安全生产违法行为的有功人员,给予奖励。具体奖励办法由国务院安全生产监督管理部门会同国务院财政部门制定。

第七十四条 【舆论监督】新闻、出版、广播、电影、电视等单位有进行安全生产公益宣传教育的义务,有对违反安全生产法律、法规的行为进行舆论监督的权利。

第七十五条 【安全生产违法行为信息库】负有安全生产监督管理职责的部门应当建立安全生产违法行为信息库,如实记录生产经营单位的安全生产违法行为信息;对违法行为情节严重的生产经营单位,应当向社会公告,并通报行业主管部门、投资主管部门、国土资源主管部门、证券监督管理机构以及有关金融机构。

第五章 生产安全事故的应急救援与调查处理

第七十六条 【事故应急救援信息系统】国家加强生产安全事故应急能力建设,在重点行业、领域建立应急救援基地和应急救援队伍,鼓励生产经营单位和其他社会力量建立应急救援队伍,配备相应的应急救援装备和物资,提高应急救援的专业化水平。

国务院安全生产监督管理部门建立全国统一的生产安全事故应急救援信息系统,国务院有关部门建立健全相关行业、领域的生产安全事故应急救援信息系统。

第七十七条 【事故应急救援预案与体系】县级以上地方各级人民政府应当组织有关部门制定本行政区域内生产安全事故应急救援预案,建立应急救援体系。

第七十八条 【事故应急救援预案的制定与演练】生产经营单位应当制定本单位生产安全事故应急救援预案,与所在地县级以上地方人民政府组织制定的生产安全事故应急预案相衔接,并定期组织演练。

第七十九条 【高危行业的应急救援要求】危险物品的生产、经营、储存单位以及矿山、金属冶炼、城市轨道交通运营、建筑施工单位应当建立应急救援组织;生产经营规模较小的,可以不建立应急救援组织,但应当指定兼职的应急救援人员。

危险物品的生产、经营、储存、运输单位以及矿山、金属冶炼、城市轨道交通运营、建筑施工单位应当配备必要的应急救援器材、设备和物资,并进行经常性维护、保养,保证正常运转。

第八十条 【单位报告和组织抢救义务】生产经营单位发生生产安全事故后,事故现场有关人员应当立即报告本单位负责人。

单位负责人接到事故报告后,应当迅速采取有效措施,组织抢救,防止事故扩大,减少人员伤亡和财产损失,并按照国家有关规定立即如实报告当地负有安全生产监督管理职责的部门,不得隐瞒不报、谎报或者迟报,不得故意破坏事故现场、毁灭有关证据。

第八十一条 【安全监管部门的事故报告】负有安全生产监督管理职责的部门接到事故报告后,应当立即按照国家有关规定上报事故情况。负有安全生产监督管理职责的部门和有关地方人民政府对事故情况不得隐瞒不报、谎报或者迟报。

第八十二条 【事故抢救】有关地方人民政府和负有安全生产监督管理职责的部门的负责人接到生产安全事故报告后,应当按照生产安全事故应急救援预案的要求立即赶到事故现场,组织事故抢救。

参与事故抢救的部门和单位应当服从统一指挥,加强协同联动,采取有效的应急救援措施,并根据事故救援的需要采取警戒、疏散等措施,防止事故扩大和次生灾害的发生,减少人员伤亡和财产损失。

事故抢救过程中应当采取必要措施,避免或者减少对环境造成的危害。

任何单位和个人都应当支持、配合事故抢救,并提供一切便利条件。

第八十三条 【事故调查】事故调查处理应当按照科学严谨、依法依规、实事求是、注重实效的原则,及时、准确地查清事故原因,查明事故性质和责任,总结事故教训,提出整改措施,并对事故责任者提出处理意见。事故调查报告应当依法及时向社会公布。事故调查和处理的具体办法由国务院制定。

事故发生单位应当及时全面落实整改措施,负有安全生产监督管理职责的部门应当加强监督检查。

第八十四条 【责任追究】生产经营单位发生生产安全事故,经调查确定为责任事故的,除了应当查明事故单位的责任并依法予以追究外,还应当查明对安全生产的有关事项负有审查批准和监督职责的行政部门的责任,对有失职、渎职行为的,依照本法第八十七条的规定追究法律责任。

第八十五条 【事故调查处理不得干涉】任何单位和个人不得阻挠和干涉对事故的依法调查处理。

第八十六条 【事故定期统计分析和定期公布制度】县级以上地方各级人民政府安全生产监督管理部门应当定期统计分析本行政区域内发生生产安全事故的情况,并定期向社会公布。

第六章 法律责任

第八十七条 【监管部门工作人员违法责任】负有安全生产监督管理职责的部门的工作人员,有下列行为之一的,给予降级或者撤职的处分;构成犯罪的,依照刑法有关规定追究刑事责任:

(一)对不符合法定安全生产条件的涉及安全生产的事项予以批准或者验收通过的;

(二)发现未依法取得批准、验收的单位擅自从事有关活动或者接到举报后不予取缔或者不依法予以处理的;

(三)对已经依法取得批准的单位不履行监督管理职责,发现其不再具备安全生产条件而不撤销原批准或者发现安全生产违法行为不予查处的;

(四)在监督检查中发现重大事故隐患,不依法及时处理的。

负有安全生产监督管理职责的部门的工作人员有前款规定以外的滥用职权、玩忽职守、徇私舞弊行为的,依法给予处分;构成犯罪的,依照刑法有关规定追究刑事责任。

第八十八条　【监管部门违法责任】负有安全生产监督管理职责的部门，要求被审查、验收的单位购买其指定的安全设备、器材或者其他产品的，在对安全生产事项的审查、验收中收取费用的，由其上级机关或者监察机关责令改正，责令退还收取的费用；情节严重的，对直接负责的主管人员和其他直接责任人员依法给予处分。

第八十九条　【中介机构违法责任】承担安全评价、认证、检测、检验工作的机构，出具虚假证明的，没收违法所得；违法所得在十万元以上的，并处违法所得二倍以上五倍以下的罚款；没有违法所得或者违法所得不足十万元的，单处或者并处十万元以上二十万元以下的罚款；对其直接负责的主管人员和其他直接责任人员处二万元以上五万元以下的罚款；给他人造成损害的，与生产经营单位承担连带赔偿责任；构成犯罪的，依照刑法有关规定追究刑事责任。

对有前款违法行为的机构，吊销其相应资质。

第九十条　【资金投入违法责任】生产经营单位的决策机构、主要负责人或者个人经营的投资人不依照本法规定保证安全生产所必需的资金投入，致使生产经营单位不具备安全生产条件的，责令限期改正，提供必需的资金；逾期未改正的，责令生产经营单位停产停业整顿。

有前款违法行为，导致发生生产安全事故的，对生产经营单位的主要负责人给予撤职处分，对个人经营的投资人处二万元以上二十万元以下的罚款；构成犯罪的，依照刑法有关规定追究刑事责任。

第九十一条　【单位主要负责人违法责任】生产经营单位的主要负责人未履行本法规定的安全生产管理职责的，责令限期改正；逾期未改正的，处二万元以上五万元以下的罚款，责令生产经营单位停产停业整顿。

生产经营单位的主要负责人有前款违法行为，导致发生生产安全事故的，给予撤职处分；构成犯罪的，依照刑法有关规定追究刑事责任。

生产经营单位的主要负责人依照前款规定受刑事处罚或者撤职处分的，自刑罚执行完毕或者受处分之日起，五年内不得担任任何生产经营单位的主要负责人；对重大、特别重大生产安全事故负有责任的，终身不得担任本行业生产经营单位的主要负责人。

第九十二条　【对单位主要负责人罚款】生产经营单位的主要负责人未履行本法规定的安全生产管理职责，导致发生生产安全事故的，由安全生产监督管理部门依照下列规定处以罚款：

（一）发生一般事故的，处上一年年收入百分之三十的罚款；

（二）发生较大事故的，处上一年年收入百分之四十的罚款；

（三）发生重大事故的，处上一年年收入百分之六十的罚款；

（四）发生特别重大事故的，处上一年年收入百分之八十的罚款。

第九十三条　【单位安全生产管理人员违法责任】生产经营单位的安全生产管理人员未履行本法规定的安全生产管理职责的，责令限期改正；导致发生生产安全事故的，暂停或者撤销其与安全生产有关的资格；构成犯罪的，依照刑法有关规定追究刑事责任。

第九十四条　【生产经营单位安全管理违法责任(一)】生产经营单位有下列行为之一的，责令限期改正，可以处五万元以下的罚款；逾期未改正的，责令停产停业整顿，并处五万元以上十万元以下的罚款，对其直接负责的主管人员和其他直接责任人员处一万元以上二万元以下的罚款：

（一）未按照规定设置安全生产管理机构或者配备安全生产管理人员的；

（二）危险物品的生产、经营、储存单位以及矿山、金属冶炼、建筑施工、道路运输单位的主要负责人和安全生产管理人员未按照规定经考核合格的；

（三）未按照规定对从业人员、被派遣劳动者、实习学生进行安全生产教育和培训，或者未按照规定如实告知有关的安全生产事项的；

（四）未如实记录安全生产教育和培训情况的；

（五）未将事故隐患排查治理情况如实记录或者未向从业人员通报的；

（六）未按照规定制定生产安全事故应急救援预案或者未定期组织演练的；

（七）特种作业人员未按照规定经专门的安全作业培训并取得相应资格，上岗作业的。

第九十五条　【建设项目违法责任】生产经营单位有下列行为之一的，责令停止建设或者停产停业整顿，限期改正；逾期未改正的，处五十万元以上一百万元以下的罚款，对其直接负责的主管人员和其他直接责任人员处二万元以上五万元以下的罚款；构成犯罪的，依照刑法有关规定追究刑事责任：

（一）未按照规定对矿山、金属冶炼建设项目或者用于生产、储存、装卸危险物品的建设项目进行安全评价的；

（二）矿山、金属冶炼建设项目或者用于生产、储存、装卸危险物品的建设项目没有安全设施设计或者安全设施设计未按照规定报经有关部门审查同意的；

（三）矿山、金属冶炼建设项目或者用于生产、储存、装卸危险物品的建设项目的施工单位未按照批准的安全设施设计施工的；

（四）矿山、金属冶炼建设项目或者用于生产、储存危险物品的建设项目竣工投入生产或者使用前，安全设施未经验收合格的。

第九十六条　【生产经营单位安全管理违法责任(二)】生产经营单位有下列行为之一的，责令限期改正，可以处五万元以下的罚款；逾期未改正的，处五万元以上二十万元以下的罚款,对其直接负责的主管人员和其他直接责任人员处一万元以上二万元以下的罚款;情节严重的,责令停产停业整顿;构成犯罪的,依照刑法有关规定追究刑事责任:

(一)未在有较大危险因素的生产经营场所和有关设施、设备上设置明显的安全警示标志的;

(二)安全设备的安装、使用、检测、改造和报废不符合国家标准或者行业标准的;

(三)未对安全设备进行经常性维护、保养和定期检测的;

(四)未为从业人员提供符合国家标准或者行业标准的劳动防护用品的;

(五)危险物品的容器、运输工具,以及涉及人身安全、危险性较大的海洋石油开采特种设备和矿山井下特种设备未经具有专业资质的机构检测、检验合格,取得安全使用证或者安全标志,投入使用的;

(六)使用应当淘汰的危及生产安全的工艺、设备的。

第九十七条 【违法经营危险物品】未经依法批准,擅自生产、经营、运输、储存、使用危险物品或者处置废弃危险物品的,依照有关危险物品安全管理的法律、行政法规的规定予以处罚;构成犯罪的,依照刑法有关规定追究刑事责任。

第九十八条 【生产经营单位安全管理违法责任(三)】生产经营单位有下列行为之一的,责令限期改正,可以处十万元以下的罚款;逾期未改正的,责令停产停业整顿,并处十万元以上二十万元以下的罚款,对其直接负责的主管人员和其他直接责任人员处二万元以上五万元以下的罚款;构成犯罪的,依照刑法有关规定追究刑事责任:

(一)生产、经营、运输、储存、使用危险物品或者处置废弃危险物品,未建立专门安全管理制度、未采取可靠的安全措施的;

(二)对重大危险源未登记建档,或者未进行评估、监控,或者未制定应急预案的;

(三)进行爆破、吊装以及国务院安全生产监督管理部门会同国务院有关部门规定的其他危险作业,未安排专门人员进行现场安全管理的;

(四)未建立事故隐患排查治理制度的。

第九十九条 【未采取措施消除事故隐患】生产经营单位未采取措施消除事故隐患的,责令立即消除或者限期消除;生产经营单位拒不执行的,责令停产停业整顿,并处十万元以上五十万元以下的罚款,对其直接负责的主管人员和其他直接责任人员处二万元以上五万元以下的罚款。

第一百条 【生产经营单位发包、出租违法责任】生产经营单位将生产经营项目、场所、设备发包或者出租给不具备安全生产条件或者相应资质的单位或者个人的,责令限期改正,没收违法所得;违法所得十万元以上的,并处违法所得二倍以上五倍以下的罚款;没有违法所得或者违法所得不足十万元的,单处或者并处十万元以上二十万元以下的罚款;对其直接负责的主管人员和其他直接责任人员处一万元以上二万元以下的罚款;导致发生生产安全事故给他人造成损害的,与承包方、承租方承担连带赔偿责任。

生产经营单位未与承包单位、承租单位签订专门的安全生产管理协议或者未在承包合同、租赁合同中明确各自的安全生产管理职责,或者未对承包单位、承租单位的安全生产统一协调、管理的,责令限期改正,可以处五万元以下的罚款,对其直接负责的主管人员和其他直接责任人员可以处一万元以下的罚款;逾期未改正的,责令停产停业整顿。

第一百零一条 【同一作业区域安全管理违法责任】两个以上生产经营单位在同一作业区域内进行可能危及对方安全生产的生产经营活动,未签订安全生产管理协议或者未指定专职安全生产管理人员进行安全检查与协调的,责令限期改正,可以处五万元以下的罚款,对其直接负责的主管人员和其他直接责任人员可以处一万元以下的罚款;逾期未改正的,责令停产停业。

第一百零二条 【生产经营场所和员工宿舍违法责任】生产经营单位有下列行为之一的,责令限期改正,可以处五万元以下的罚款,对其直接负责的主管人员和其他直接责任人员可以处一万元以下的罚款;逾期未改正的,责令停产停业整顿;构成犯罪的,依照刑法有关规定追究刑事责任:

(一)生产、经营、储存、使用危险物品的车间、商店、仓库与员工宿舍在同一座建筑内,或者与员工宿舍的距离不符合安全要求的;

(二)生产经营场所和员工宿舍未设有符合紧急疏散需要、标志明显、保持畅通的出口,或者锁闭、封堵生产经营场所或者员工宿舍出口的。

第一百零三条 【免责协议违法责任】生产经营单位与从业人员订立协议,免除或者减轻其对从业人员因生产安全事故伤亡依法应承担的责任的,该协议无效;对生产经营单位的主要负责人、个人经营的投资人处二万元以上十万元以下的罚款。

第一百零四条 【从业人员违章操作】生产经营单位的从业人员不服从管理,违反安全生产规章制度或者操作规程的,由生产经营单位给予批评教育,依照有关规章制度给予处分;构成犯罪的,依照刑法有关规定追究刑事责任。

第一百零五条 【生产经营单位不服从监督检查】违反本法规定,生产经营单位拒绝、阻碍负有安全生产监督管理职责的部门依法实施监督检查的,责令改正;拒不改正的,处二万元以上二十万元以下的罚款;对其直接负责的主管人员和其他直接责任人员处一万元以上二万元以下的罚款;构成犯罪的,依照刑法有关规定追究刑事责任。

第一百零六条 【单位主要负责人事故处理违法责任】生产经营单位的主要负责人在本单位发生生产安全事故时,不立即组织抢救或者在事故调查处理期间擅离职守或者逃匿的,给予降级、撤职的处分,并由安全生产监督管理部门处上一年年收入百分之六十至百分之一百的罚款;对逃匿的处十五日以下拘留;构成犯罪的,依照刑法有关规定追究刑事责任。

生产经营单位的主要负责人对生产安全事故隐瞒不报、谎报或者迟报的,依照前款规定处罚。

第一百零七条 **【政府部门未按规定报告事故】**有关地方人民政府、负有安全生产监督管理职责的部门,对生产安全事故隐瞒不报、谎报或者迟报的,对直接负责的主管人员和其他直接责任人员依法给予处分;构成犯罪的,依照刑法有关规定追究刑事责任。

第一百零八条 **【不具备安全生产条件】**生产经营单位不具备本法和其他有关法律、行政法规和国家标准或者行业标准规定的安全生产条件,经停产停业整顿仍不具备安全生产条件的,予以关闭;有关部门应当依法吊销其有关证照。

第一百零九条 **【事故责任单位处罚】**发生生产安全事故,对负有责任的生产经营单位除要求其依法承担相应的赔偿等责任外,由安全生产监督管理部门依照下列规定处以罚款:

(一)发生一般事故的,处二十万元以上五十万元以下的罚款;

(二)发生较大事故的,处五十万元以上一百万元以下的罚款;

(三)发生重大事故的,处一百万元以上五百万元以下的罚款;

(四)发生特别重大事故的,处五百万元以上一千万元以下的罚款;情节特别严重的,处一千万元以上二千万元以下的罚款。

第一百一十条 **【行政处罚决定机关】**本法规定的行政处罚,由安全生产监督管理部门和其他负有安全生产监督管理职责的部门按照职责分工决定。予以关闭的行政处罚由负有安全生产监督管理职责的部门报请县级以上人民政府按照国务院规定的权限决定;给予拘留的行政处罚由公安机关依照治安管理处罚法的规定决定。

第一百一十一条 **【生产经营单位赔偿责任】**生产经营单位发生生产安全事故造成人员伤亡、他人财产损失的,应当依法承担赔偿责任;拒不承担或者其负责人逃匿的,由人民法院依法强制执行。

生产安全事故的责任人未依法承担赔偿责任,经人民法院依法采取执行措施后,仍不能对受害人给予足额赔偿的,应当继续履行赔偿义务;受害人发现责任人有其他财产的,可以随时请求人民法院执行。

第七章 附 则

第一百一十二条 **【用语解释】**本法下列用语的含义:

危险物品,是指易燃易爆物品、危险化学品、放射性物品等能够危及人身安全和财产安全的物品。

重大危险源,是指长期地或者临时地生产、搬运、使用或者储存危险物品,且危险物品的数量等于或者超过临界量的单元(包括场所和设施)。

第一百一十三条 **【事故、隐患分类判定标准的制定】**本法规定的生产安全一般事故、较大事故、重大事故、特别重大事故的划分标准由国务院规定。

国务院安全生产监督管理部门和其他负有安全生产监督管理职责的部门应当根据各自的职责分工,制定相关行业、领域重大事故隐患的判定标准。

第一百一十四条 **【生效日期】**本法自2002年11月1日起施行。

女职工劳动保护特别规定

2012年4月28日国务院令第619号公布施行

第一条 为了减少和解决女职工在劳动中因生理特点造成的特殊困难,保护女职工健康,制定本规定。

第二条 中华人民共和国境内的国家机关、企业、事业单位、社会团体、个体经济组织以及其他社会组织等用人单位及其女职工,适用本规定。

第三条 用人单位应当加强女职工劳动保护,采取措施改善女职工劳动安全卫生条件,对女职工进行劳动安全卫生知识培训。

第四条 用人单位应当遵守女职工禁忌从事的劳动范围的规定。用人单位应当将本单位属于女职工禁忌从事的劳动范围的岗位书面告知女职工。

女职工禁忌从事的劳动范围由本规定附录列示。国务院安全生产监督管理部门会同国务院人力资源社会保障行政部门、国务院卫生行政部门根据经济社会发展情况,对女职工禁忌从事的劳动范围进行调整。

第五条 用人单位不得因女职工怀孕、生育、哺乳降低其工资、予以辞退、与其解除劳动或者聘用合同。

第六条 女职工在孕期不能适应原劳动的,用人单位应当根据医疗机构的证明,予以减轻劳动量或者安排其他能够适应的劳动。

对怀孕7个月以上的女职工,用人单位不得延长劳动时间或者安排夜班劳动,并应当在劳动时间内安排一定的休息时间。

怀孕女职工在劳动时间内进行产前检查,所需时间计入劳动时间。

第七条 女职工生育享受98天产假,其中产前可以休假15天;难产的,增加产假15天;生育多胞胎的,每多生育1个婴儿,增加产假15天。

女职工怀孕未满4个月流产的,享受15天产假;怀孕满4个月流产的,享受42天产假。

第八条 女职工产假期间的生育津贴,对已经参加生育保险的,按照用人单位上年度职工月平均工资的标准由生育保险基金支付;对未参加生育保险的,按照女职工产假前工资的标准由用人单位支付。

女职工生育或者流产的医疗费用,按照生育保险规定的项目和标准,对已经参加生育保险的,由生育保险基金支付;对未参加生育保险的,由用人单位支付。

第九条 对哺乳未满1周岁婴儿的女职工,用人单位不得延长劳动时间或者安排夜班劳动。

用人单位应当在每天的劳动时间内为哺乳期女职工安排1小时哺乳时间;女职工生育多胞胎的,每多哺乳1个婴儿每天增加1小时哺乳时间。

第十条 女职工比较多的用人单位应当根据女职工的需要,建立女职工卫生室、孕妇休息室、哺乳室等设施,妥善解决女职工在生理卫生、哺乳方面的困难。

第十一条 在劳动场所,用人单位应当预防和制止对女职工的性骚扰。

第十二条 县级以上人民政府人力资源社会保障行政部门、安全生产监督管理部门按照各自职责负责对用人单位遵守本规定的情况进行监督检查。

工会、妇女组织依法对用人单位遵守本规定的情况进行监督。

第十三条 用人单位违反本规定第六条第二款、第七条、第九条第一款规定的,由县级以上人民政府人力资源社会保障行政部门责令限期改正,按照受侵害女职工每人1000元以上5000元以下的标准计算,处以罚款。

用人单位违反本规定附录第一条、第二条规定的,由县级以上人民政府安全生产监督管理部门责令限期改正,按照受侵害女职工每人1000元以上5000元以下的标准计算,处以罚款。用人单位违反本规定附录第三条、第四条规定的,由县级以上人民政府安全生产监督管理部门责令限期治理,处5万元以上30万元以下的罚款;情节严重的,责令停止有关作业,或者提请有关人民政府按照国务院规定的权限责令关闭。

第十四条 用人单位违反本规定,侵害女职工合法权益的,女职工可以依法投诉、举报、申诉,依法向劳动人事争议调解仲裁机构申请调解仲裁,对仲裁裁决不服的,依法向人民法院提起诉讼。

第十五条 用人单位违反本规定,侵害女职工合法权益,造成女职工损害的,依法给予赔偿;用人单位及其直接负责的主管人员和其他直接责任人员构成犯罪的,依法追究刑事责任。

第十六条 本规定自公布之日起施行。1988年7月21日国务院发布的《女职工劳动保护规定》同时废止。

附录:

女职工禁忌从事的劳动范围

一、女职工禁忌从事的劳动范围:

(一)矿山井下作业;

(二)体力劳动强度分级标准中规定的第四级体力劳动强度的作业;

(三)每小时负重6次以上、每次负重超过20公斤的作业,或者间断负重、每次负重超过25公斤的作业。

二、女职工在经期禁忌从事的劳动范围:

(一)冷水作业分级标准中规定的第二级、第三级、第四级冷水作业;

(二)低温作业分级标准中规定的第二级、第三级、第四级低温作业;

(三)体力劳动强度分级标准中规定的第三级、第四级体力劳动强度的作业;

(四)高处作业分级标准中规定的第三级、第四级高处作业。

三、女职工在孕期禁忌从事的劳动范围:

(一)作业场所空气中铅及其化合物、汞及其化合物、苯、镉、铍、砷、氰化物、氮氧化物、一氧化碳、二硫化碳、氯、己内酰胺、氯丁二烯、氯乙烯、环氧乙烷、苯胺、甲醛等有毒物质浓度超过国家职业卫生标准的作业;

(二)从事抗癌药物、己烯雌酚生产,接触麻醉剂气体等的作业;

(三)非密封源放射性物质的操作,核事故与放射事故的应急处置;

(四)高处作业分级标准中规定的高处作业;

(五)冷水作业分级标准中规定的冷水作业;

(六)低温作业分级标准中规定的低温作业;

(七)高温作业分级标准中规定的第三级、第四级的作业;

(八)噪声作业分级标准中规定的第三级、第四级的作业;

(九)体力劳动强度分级标准中规定的第三级、第四级体力劳动强度的作业;

(十)在密闭空间、高压室作业或者潜水作业,伴有强烈振动的作业,或者需要频繁弯腰、攀高、下蹲的作业。

四、女职工在哺乳期禁忌从事的劳动范围:

(一)孕期禁忌从事的劳动范围的第一项、第三项、第九项;

(二)作业场所空气中锰、氟、溴、甲醇、有机磷化合物、有机氯化合物等有毒物质浓度超过国家职业卫生标准的作业。

中华人民共和国职业病防治法

1. 2001年10月27日第九届全国人民代表大会常务委员会第二十四次会议通过
2. 根据2011年12月31日第十一届全国人民代表大会常务委员会第二十四次会议《关于修改〈中华人民共和国职业病防治法〉的决定》第一次修正
3. 根据2016年7月2日第十二届全国人民代表大会常务委员会第二十一次会议《关于修改〈中华人民共和国节约能源法〉等六部法律的决定》第二次修正
4. 根据2017年11月4日第十二届全国人民代表大会常务委员会第三十次会议《关于修改〈中华人民共和国会计法〉等十一部法律的决定》第三次修正

目　录

第一章　总　　则

第一条　【立法目的】为了预防、控制和消除职业病危害，防治职业病，保护劳动者健康及其相关权益，促进经济社会发展，根据宪法，制定本法。

第二条　【职业病概念】本法适用于中华人民共和国领域内的职业病防治活动。

本法所称职业病，是指企业、事业单位和个体经济组织等用人单位的劳动者在职业活动中，因接触粉尘、放射性物质和其他有毒、有害因素而引起的疾病。

职业病的分类和目录由国务院卫生行政部门会同国务院安全生产监督管理部门、劳动保障行政部门制定、调整并公布。

第三条　【工作方针】职业病防治工作坚持预防为主、防治结合的方针，建立用人单位负责、行政机关监管、行业自律、职工参与和社会监督的机制，实行分类管理、综合治理。

第四条　【职业卫生保护权】劳动者依法享有职业卫生保护的权利。

用人单位应当为劳动者创造符合国家职业卫生标准和卫生要求的工作环境和条件，并采取措施保障劳动者获得职业卫生保护。

工会组织依法对职业病防治工作进行监督，维护劳动者的合法权益。用人单位制定或者修改有关职业病防治的规章制度，应当听取工会组织的意见。

第五条　【用人单位防治责任】用人单位应当建立、健全职业病防治责任制，加强对职业病防治的管理，提高职业病防治水平，对本单位产生的职业病危害承担责任。

第六条　【主要责任人】用人单位的主要负责人对本单位的职业病防治工作全面负责。

第七条　【工伤保险】用人单位必须依法参加工伤保险。

国务院和县级以上地方人民政府劳动保障行政部门应当加强对工伤保险的监督管理，确保劳动者依法享受工伤保险待遇。

第八条　【在技术、工艺、设备、材料上控制职业病】国家鼓励和支持研制、开发、推广、应用有利于职业病防治和保护劳动者健康的新技术、新工艺、新设备、新材料，加强对职业病的机理和发生规律的基础研究，提高职业病防治科学技术水平；积极采用有效的职业病防治技术、工艺、设备、材料；限制使用或者淘汰职业病危害严重的技术、工艺、设备、材料。

国家鼓励和支持职业病医疗康复机构的建设。

第九条　【职业卫生监督制度】国家实行职业卫生监督制度。

国务院安全生产监督管理部门、卫生行政部门、劳动保障行政部门依照本法和国务院确定的职责，负责全国职业病防治的监督管理工作。国务院有关部门在各自的职责范围内负责职业病防治的有关监督管理工作。

县级以上地方人民政府安全生产监督管理部门、卫生行政部门、劳动保障行政部门依据各自职责，负责本行政区域内职业病防治的监督管理工作。县级以上地方人民政府有关部门在各自的职责范围内负责职业病防治的有关监督管理工作。

县级以上人民政府安全生产监督管理部门、卫生行政部门、劳动保障行政部门（以下统称职业卫生监督管理部门）应当加强沟通，密切配合，按照各自职责分工，依法行使职权，承担责任。

第十条　【防治规划】国务院和县级以上地方人民政府应当制定职业病防治规划，将其纳入国民经济和社会发展计划，并组织实施。

县级以上地方人民政府统一负责、领导、组织、协调本行政区域的职业病防治工作，建立健全职业病防治工作体制、机制，统一领导、指挥职业卫生突发事件应对工作；加强职业病防治能力建设和服务体系建设，完善、落实职业病防治工作责任制。

乡、民族乡、镇的人民政府应当认真执行本法，支持职业卫生监督管理部门依法履行职责。

第十一条　【宣传教育】县级以上人民政府职业卫生监督管理部门应当加强对职业病防治的宣传教育，普及职业病防治的知识，增强用人单位的职业病防治观念，提高劳动者的职业健康意识、自我保护意识和行使职业卫生保护权利的能力。

第十二条 【国家职业卫生标准的制定与公布】有关防治职业病的国家职业卫生标准,由国务院卫生行政部门组织制定并公布。

国务院卫生行政部门应当组织开展重点职业病监测和专项调查,对职业健康风险进行评估,为制定职业卫生标准和职业病防治政策提供科学依据。

县级以上地方人民政府卫生行政部门应当定期对本行政区域的职业病防治情况进行统计和调查分析。

第十三条 【检举、控告和奖励】任何单位和个人有权对违反本法的行为进行检举和控告。有关部门收到相关的检举和控告后,应当及时处理。

对防治职业病成绩显著的单位和个人,给予奖励。

第二章 前期预防

第十四条 【从源头上控制和消除】用人单位应当依照法律、法规要求,严格遵守国家职业卫生标准,落实职业病预防措施,从源头上控制和消除职业病危害。

第十五条 【职业卫生要求】产生职业病危害的用人单位的设立除应当符合法律、行政法规规定的设立条件外,其工作场所还应当符合下列职业卫生要求:

(一)职业病危害因素的强度或者浓度符合国家职业卫生标准;

(二)有与职业病危害防护相适应的设施;

(三)生产布局合理,符合有害与无害作业分开的原则;

(四)有配套的更衣间、洗浴间、孕妇休息间等卫生设施;

(五)设备、工具、用具等设施符合保护劳动者生理、心理健康的要求;

(六)法律、行政法规和国务院卫生行政部门、安全生产监督管理部门关于保护劳动者健康的其他要求。

第十六条 【危害项目申报制度】国家建立职业病危害项目申报制度。

用人单位工作场所存在职业病目录所列职业病的危害因素的,应当及时、如实向所在地安全生产监督管理部门申报危害项目,接受监督。

职业病危害因素分类目录由国务院卫生行政部门会同国务院安全生产监督管理部门制定、调整并公布。职业病危害项目申报的具体办法由国务院安全生产监督管理部门制定。

第十七条 【职业病危害预评价报告】新建、扩建、改建建设项目和技术改造、技术引进项目(以下统称建设项目)可能产生职业病危害的,建设单位在可行性论证阶段应当进行职业病危害预评价。

医疗机构建设项目可能产生放射性职业病危害的,建设单位应当向卫生行政部门提交放射性职业病危害预评价报告。卫生行政部门应当自收到预评价报告之日起三十日内,作出审核决定并书面通知建设单位。未提交预评价报告或者预评价报告未经卫生行政部门审核同意的,不得开工建设。

职业病危害预评价报告应当对建设项目可能产生的职业病危害因素及其对工作场所和劳动者健康的影响作出评价,确定危害类别和职业病防护措施。

建设项目职业病危害分类管理办法由国务院安全生产监督管理部门制定。

第十八条 【职业病防护设施实施】建设项目的职业病防护设施所需费用应当纳入建设项目工程预算,并与主体工程同时设计,同时施工,同时投入生产和使用。

建设项目的职业病防护设施设计应当符合国家职业卫生标准和卫生要求;其中,医疗机构放射性职业病危害严重的建设项目的防护设施设计,应当经卫生行政部门审查同意后,方可施工。

建设项目在竣工验收前,建设单位应当进行职业病危害控制效果评价。

医疗机构可能产生放射性职业病危害的建设项目竣工验收时,其放射性职业病防护设施经卫生行政部门验收合格后,方可投入使用;其他建设项目的职业病防护设施应当由建设单位负责依法组织验收,验收合格后,方可投入生产和使用。安全生产监督管理部门应当加强对建设单位组织的验收活动和验收结果的监督核查。

第十九条 【特殊管理】国家对从事放射性、高毒、高危粉尘等作业实行特殊管理。具体管理办法由国务院制定。

第三章 劳动过程中的防护与管理

第二十条 【职业病防治管理措施】用人单位应当采取下列职业病防治管理措施:

(一)设置或者指定职业卫生管理机构或者组织,配备专职或者兼职的职业卫生管理人员,负责本单位的职业病防治工作;

(二)制定职业病防治计划和实施方案;

(三)建立、健全职业卫生管理制度和操作规程;

(四)建立、健全职业卫生档案和劳动者健康监护档案;

(五)建立、健全工作场所职业病危害因素监测及评价制度;

(六)建立、健全职业病危害事故应急救援预案。

第二十一条 【保障资金投入】用人单位应当保障职业病防治所需的资金投入,不得挤占、挪用,并对因资金投入不足导致的后果承担责任。

第二十二条 【提供职业病防护用品】用人单位必须采用有效的职业病防护设施,并为劳动者提供个人使用的职业病防护用品。

用人单位为劳动者个人提供的职业病防护用品必须

符合防治职业病的要求;不符合要求的,不得使用。

第二十三条　【技术、工艺、设备、材料替代】用人单位应当优先采用有利于防治职业病和保护劳动者健康的新技术、新工艺、新设备、新材料,逐步替代职业病危害严重的技术、工艺、设备、材料。

第二十四条　【职业病公告和警示】产生职业病危害的用人单位,应当在醒目位置设置公告栏,公布有关职业病防治的规章制度、操作规程、职业病危害事故应急救援措施和工作场所职业病危害因素检测结果。

对产生严重职业病危害的作业岗位,应当在其醒目位置,设置警示标识和中文警示说明。警示说明应当载明产生职业病危害的种类、后果、预防以及应急救治措施等内容。

第二十五条　【职业病防护设备、应急、救援设施和个人使用的职业病防护用品】对可能发生急性职业损伤的有毒、有害工作场所,用人单位应当设置报警装置,配置现场急救用品、冲洗设备、应急撤离通道和必要的泄险区。

对放射工作场所和放射性同位素的运输、贮存,用人单位必须配置防护设备和报警装置,保证接触放射线的工作人员佩戴个人剂量计。

对职业病防护设备、应急救援设施和个人使用的职业病防护用品,用人单位应当进行经常性的维护、检修,定期检测其性能和效果,确保其处于正常状态,不得擅自拆除或者停止使用。

第二十六条　【符合国家职业卫生标准和卫生要求】用人单位应当实施由专人负责的职业病危害因素日常监测,并确保监测系统处于正常运行状态。

用人单位应当按照国务院安全生产监督管理部门的规定,定期对工作场所进行职业病危害因素检测、评价。检测、评价结果存入用人单位职业卫生档案,定期向所在地安全生产监督管理部门报告并向劳动者公布。

职业病危害因素检测、评价由依法设立的取得国务院安全生产监督管理部门或者设区的市级以上地方人民政府安全生产监督管理部门按照职责分工给予资质认可的职业卫生技术服务机构进行。职业卫生技术服务机构所作检测、评价应当客观、真实。

发现工作场所职业病危害因素不符合国家职业卫生标准和卫生要求时,用人单位应当立即采取相应治理措施,仍然达不到国家职业卫生标准和卫生要求的,必须停止存在职业病危害因素的作业;职业病危害因素经治理后,符合国家职业卫生标准和卫生要求的,方可重新作业。

第二十七条　【安全生产监督管理部门的监督职责】职业卫生技术服务机构依法从事职业病危害因素检测、评价工作,接受安全生产监督管理部门的监督检查。安全生产监督管理部门应当依法履行监督职责。

第二十八条　【设备警示说明】向用人单位提供可能产生职业病危害的设备的,应当提供中文说明书,并在设备的醒目位置设置警示标识和中文警示说明。警示说明应当载明设备性能、可能产生的职业病危害、安全操作和维护注意事项、职业病防护以及应急救治措施等内容。

第二十九条　【材料危险说明】向用人单位提供可能产生职业病危害的化学品、放射性同位素和含有放射性物质的材料的,应当提供中文说明书。说明书应当载明产品特性、主要成份、存在的有害因素、可能产生的危害后果、安全使用注意事项、职业病防护以及应急救治措施等内容。产品包装应当有醒目的警示标识和中文警示说明。贮存上述材料的场所应当在规定的部位设置危险物品标识或者放射性警示标识。

国内首次使用或者首次进口与职业病危害有关的化学材料,使用单位或者进口单位按照国家规定经国务院有关部门批准后,应当向国务院卫生行政部门、安全生产监督管理部门报送该化学材料的毒性鉴定以及经有关部门登记注册或者批准进口的文件等资料。

进口放射性同位素、射线装置和含有放射性物质的物品的,按照国家有关规定办理。

第三十条　【明令禁止使用】任何单位和个人不得生产、经营、进口和使用国家明令禁止使用的可能产生职业病危害的设备或者材料。

第三十一条　【具备职业病防护条件】任何单位和个人不得将产生职业病危害的作业转移给不具备职业病防护条件的单位和个人。不具备职业病防护条件的单位和个人不得接受产生职业病危害的作业。

第三十二条　【知悉职业病危害】用人单位对采用的技术、工艺、设备、材料,应当知悉其产生的职业病危害,对有职业病危害的技术、工艺、设备、材料隐瞒其危害而采用的,对所造成的职业病危害后果承担责任。

第三十三条　【告知职业病危害】用人单位与劳动者订立劳动合同(含聘用合同,下同)时,应当将工作过程中可能产生的职业病危害及其后果、职业病防护措施和待遇等如实告知劳动者,并在劳动合同中写明,不得隐瞒或者欺骗。

劳动者在已订立劳动合同期间因工作岗位或者工作内容变更,从事与所订立劳动合同中未告知的存在职业病危害的作业时,用人单位应当依照前款规定,向劳动者履行如实告知的义务,并协商变更原劳动合同相关条款。

用人单位违反前两款规定的,劳动者有权拒绝从事存在职业病危害的作业,用人单位不得因此解除与劳动者所订立的劳动合同。

第三十四条　【职业卫生培训】用人单位的主要负责人和职业卫生管理人员应当接受职业卫生培训,遵守职业病防治法律、法规,依法组织本单位的职业病防治工作。

用人单位应当对劳动者进行上岗前的职业卫生培训和在岗期间的定期职业卫生培训,普及职业卫生知识,督促劳动者遵守职业病防治法律、法规、规章和操作规程,指导劳动者正确使用职业病防护设备和个人使用的职业病防护用品。

劳动者应当学习和掌握相关的职业卫生知识,增强职业病防范意识,遵守职业病防治法律、法规、规章和操作规程,正确使用、维护职业病防护设备和个人使用的职业病防护用品,发现职业病危害事故隐患应当及时报告。

劳动者不履行前款规定义务的,用人单位应当对其进行教育。

第三十五条 **【职业健康检查】**对从事接触职业病危害的作业的劳动者,用人单位应当按照国务院安全生产监督管理部门、卫生行政部门的规定组织上岗前、在岗期间和离岗时的职业健康检查,并将检查结果书面告知劳动者。职业健康检查费用由用人单位承担。

用人单位不得安排未经上岗前职业健康检查的劳动者从事接触职业病危害的作业;不得安排有职业禁忌的劳动者从事其所禁忌的作业;对在职业健康检查中发现有与所从事的职业相关的健康损害的劳动者,应当调离原工作岗位,并妥善安置;对未进行离岗前职业健康检查的劳动者不得解除或者终止与其订立的劳动合同。

职业健康检查应当由取得《医疗机构执业许可证》的医疗卫生机构承担。卫生行政部门应当加强对职业健康检查工作的规范管理,具体管理办法由国务院卫生行政部门制定。

第三十六条 **【职业健康监护档案】**用人单位应当为劳动者建立职业健康监护档案,并按照规定的期限妥善保存。

职业健康监护档案应当包括劳动者的职业史、职业病危害接触史、职业健康检查结果和职业病诊疗等有关个人健康资料。

劳动者离开用人单位时,有权索取本人职业健康监护档案复印件,用人单位应当如实、无偿提供,并在所提供的复印件上签章。

第三十七条 **【急性职业病危害事故的应急救援和控制措施】**发生或者可能发生急性职业病危害事故时,用人单位应当立即采取应急救援和控制措施,并及时报告所在地安全生产监督管理部门和有关部门。安全生产监督管理部门接到报告后,应当及时会同有关部门组织调查处理;必要时,可以采取临时控制措施。卫生行政部门应当组织做好医疗救治工作。

对遭受或者可能遭受急性职业病危害的劳动者,用人单位应当及时组织救治、进行健康检查和医学观察,所需费用由用人单位承担。

第三十八条 **【对未成年工和女职工的保护】**用人单位不得安排未成年工从事接触职业病危害的作业;不得安排孕期、哺乳期的女职工从事对本人和胎儿、婴儿有危害的作业。

第三十九条 **【劳动者职业卫生保护权利】**劳动者享有下列职业卫生保护权利:

(一)获得职业卫生教育、培训;

(二)获得职业健康检查、职业病诊疗、康复等职业病防治服务;

(三)了解工作场所产生或者可能产生的职业病危害因素、危害后果和应当采取的职业病防护措施;

(四)要求用人单位提供符合防治职业病要求的职业病防护设施和个人使用的职业病防护用品,改善工作条件;

(五)对违反职业病防治法律、法规以及危及生命健康的行为提出批评、检举和控告;

(六)拒绝违章指挥和强令进行没有职业病防护措施的作业;

(七)参与用人单位职业卫生工作的民主管理,对职业病防治工作提出意见和建议。

用人单位应当保障劳动者行使前款所列权利。因劳动者依法行使正当权利而降低其工资、福利等待遇或者解除、终止与其订立的劳动合同的,其行为无效。

第四十条 **【工会职责】**工会组织应当督促并协助用人单位开展职业卫生宣传教育和培训,有权对用人单位的职业病防治工作提出意见和建议,依法代表劳动者与用人单位签订劳动安全卫生专项集体合同,与用人单位就劳动者反映的有关职业病防治的问题进行协调并督促解决。

工会组织对用人单位违反职业病防治法律、法规,侵犯劳动者合法权益的行为,有权要求纠正;产生严重职业病危害时,有权要求采取防护措施,或者向政府有关部门建议采取强制性措施;发生职业病危害事故时,有权参与事故调查处理;发现危及劳动者生命健康的情形时,有权向用人单位建议组织劳动者撤离危险现场,用人单位应当立即作出处理。

第四十一条 **【费用列支】**用人单位按照职业病防治要求,用于预防和治理职业病危害、工作场所卫生检测、健康监护和职业卫生培训等费用,按照国家有关规定,在生产成本中据实列支。

第四十二条 **【职责分工】**职业卫生监督管理部门应当按照职责分工,加强对用人单位落实职业病防护管理措施情况的监督检查,依法行使职权,承担责任。

第四章 职业病诊断与职业病病人保障

第四十三条 **【职业病诊断的医疗卫生机构资格】**医疗卫生机构承担职业病诊断,应当经省、自治区、直辖市人民政府卫生行政部门批准。省、自治区、直辖市人民政府卫生行政部门应当向社会公布本行政区域内承担职业病诊断的医疗卫生机构的名单。

承担职业病诊断的医疗卫生机构应当具备下列条件:

(一)持有《医疗机构执业许可证》;

(二)具有与开展职业病诊断相适应的医疗卫生技术人员;

（三）具有与开展职业病诊断相适应的仪器、设备；

（四）具有健全的职业病诊断质量管理制度。

承担职业病诊断的医疗卫生机构不得拒绝劳动者进行职业病诊断的要求。

第四十四条 【职业病诊断地】劳动者可以在用人单位所在地、本人户籍所在地或者经常居住地依法承担职业病诊断的医疗卫生机构进行职业病诊断。

第四十五条 【相关法规制定】职业病诊断标准和职业病诊断、鉴定办法由国务院卫生行政部门制定。职业病伤残等级的鉴定办法由国务院劳动保障行政部门会同国务院卫生行政部门制定。

第四十六条 【职业病诊断因素】职业病诊断，应当综合分析下列因素：

（一）病人的职业史；

（二）职业病危害接触史和工作场所职业病危害因素情况；

（三）临床表现以及辅助检查结果等。

没有证据否定职业病危害因素与病人临床表现之间的必然联系的，应当诊断为职业病。

职业病诊断证明书应当由参与诊断的取得职业病诊断资格的执业医师签署，并经承担职业病诊断的医疗卫生机构审核盖章。

第四十七条 【用人单位提供资料及协助调查义务】用人单位应当如实提供职业病诊断、鉴定所需的劳动者职业史和职业病危害接触史、工作场所职业病危害因素检测结果等资料；安全生产监督管理部门应当监督检查和督促用人单位提供上述资料；劳动者和有关机构也应当提供与职业病诊断、鉴定有关的资料。

职业病诊断、鉴定机构需要了解工作场所职业病危害因素情况时，可以对工作场所进行现场调查，也可以向安全生产监督管理部门提出，安全生产监督管理部门应当在十日内组织现场调查。用人单位不得拒绝、阻挠。

第四十八条 【对存在异议的资料或职业病危害因素情况的制定】职业病诊断、鉴定过程中，用人单位不提供工作场所职业病危害因素检测结果等资料的，诊断、鉴定机构应当结合劳动者的临床表现、辅助检查结果和劳动者的职业史、职业病危害接触史，并参考劳动者的自述、安全生产监督管理部门提供的日常监督检查信息等，作出职业病诊断、鉴定结论。

劳动者对用人单位提供的工作场所职业病危害因素检测结果等资料有异议，或者因劳动者的用人单位解散、破产，无用人单位提供上述资料的，诊断、鉴定机构应当提请安全生产监督管理部门进行调查，安全生产监督管理部门应当自接到申请之日起三十日内对存在异议的资料或者工作场所职业病危害因素情况作出判定；有关部门应当配合。

第四十九条 【申请仲裁或依法起诉】职业病诊断、鉴定过程中，在确认劳动者职业史、职业病危害接触史时，当事人对劳动关系、工种、工作岗位或者在岗时间有争议的，可以向当地的劳动人事争议仲裁委员会申请仲裁；接到申请的劳动人事争议仲裁委员会应当受理，并在三十日内作出裁决。

当事人在仲裁过程中对自己提出的主张，有责任提供证据。劳动者无法提供由用人单位掌握管理的与仲裁主张有关的证据的，仲裁庭应当要求用人单位在指定期限内提供；用人单位在指定期限内不提供的，应当承担不利后果。

劳动者对仲裁裁决不服的，可以依法向人民法院提起诉讼。

用人单位对仲裁裁决不服的，可以在职业病诊断、鉴定程序结束之日起十五日内依法向人民法院提起诉讼；诉讼期间，劳动者的治疗费用按照职业病待遇规定的途径支付。

第五十条 【发现职业病病人报告】用人单位和医疗卫生机构发现职业病病人或者疑似职业病病人时，应当及时向所在地卫生行政部门和安全生产监督管理部门报告。确诊为职业病的，用人单位还应当向所在地劳动保障行政部门报告。接到报告的部门应当依法作出处理。

第五十一条 【职业病统计报告管理】县级以上地方人民政府卫生行政部门负责本行政区域内的职业病统计报告的管理工作，并按照规定上报。

第五十二条 【职业病诊断争议处理】当事人对职业病诊断有异议的，可以向作出诊断的医疗卫生机构所在地地方人民政府卫生行政部门申请鉴定。

职业病诊断争议由设区的市级以上地方人民政府卫生行政部门根据当事人的申请，组织职业病诊断鉴定委员会进行鉴定。

当事人对设区的市级职业病诊断鉴定委员会的鉴定结论不服的，可以向省、自治区、直辖市人民政府卫生行政部门申请再鉴定。

第五十三条 【职业病诊断鉴定委员会组成和诊断费用承担】职业病诊断鉴定委员会由相关专业的专家组成。

省、自治区、直辖市人民政府卫生行政部门应当设立相关的专家库，需要对职业病争议作出诊断鉴定时，由当事人或者当事人委托有关卫生行政部门从专家库中以随机抽取的方式确定参加诊断鉴定委员会的专家。

职业病诊断鉴定委员会应当按照国务院卫生行政部门颁布的职业病诊断标准和职业病诊断、鉴定办法进行职业病诊断鉴定，向当事人出具职业病诊断鉴定书。职业病诊断、鉴定费用由用人单位承担。

第五十四条 【委员会成员道德和纪律】职业病诊断鉴定委员会组成人员应当遵守职业道德，客观、公正地进行诊断鉴定，并承担相应的责任。职业病诊断鉴定委员会组成人员不得私下接触当事人，不得收受当事人的财物或者其他好处，与当事人有利害关系的，应当回避。

人民法院受理有关案件需要进行职业病鉴定时，应当从省、自治区、直辖市人民政府卫生行政部门依法设立的相关的专家库中选取参加鉴定的专家。

第五十五条　【疑似职业病病人的发现及诊断】医疗卫生机构发现疑似职业病病人时,应当告知劳动者本人并及时通知用人单位。

用人单位应当及时安排对疑似职业病病人进行诊断;在疑似职业病病人诊断或者医学观察期间,不得解除或者终止与其订立的劳动合同。

疑似职业病病人在诊断、医学观察期间的费用,由用人单位承担。

第五十六条　【职业病待遇】用人单位应当保障职业病病人依法享受国家规定的职业病待遇。

用人单位应当按照国家有关规定,安排职业病病人进行治疗、康复和定期检查。

用人单位对不适宜继续从事原工作的职业病病人,应当调离原岗位,并妥善安置。

用人单位对从事接触职业病危害的作业的劳动者,应当给予适当岗位津贴。

第五十七条　【社会保障】职业病病人的诊疗、康复费用,伤残以及丧失劳动能力的职业病病人的社会保障,按照国家有关工伤保险的规定执行。

第五十八条　【赔偿】职业病病人除依法享有工伤保险外,依照有关民事法律,尚有获得赔偿的权利的,有权向用人单位提出赔偿要求。

第五十九条　【用人单位责任承担】劳动者被诊断患有职业病,但用人单位没有依法参加工伤保险的,其医疗和生活保障由该用人单位承担。

第六十条　【职业病病人变动工作和用人单位变动】职业病病人变动工作单位,其依法享有的待遇不变。

用人单位在发生分立、合并、解散、破产等情形时,应当对从事接触职业病危害的作业的劳动者进行健康检查,并按照国家有关规定妥善安置职业病病人。

第六十一条　【申请医疗生活救助】用人单位已经不存在或者无法确认劳动关系的职业病病人,可以向地方人民政府民政部门申请医疗救助和生活等方面的救助。

地方各级人民政府应当根据本地区的实际情况,采取其他措施,使前款规定的职业病病人获得医疗救治。

第五章　监督检查

第六十二条　【监督检查部门】县级以上人民政府职业卫生监督管理部门依照职业病防治法律、法规、国家职业卫生标准和卫生要求,依据职责划分,对职业病防治工作进行监督检查。

第六十三条　【监督措施】安全生产监督管理部门履行监督检查职责时,有权采取下列措施:

(一)进入被检查单位和职业病危害现场,了解情况,调查取证;

(二)查阅或者复制与违反职业病防治法律、法规的行为有关的资料和采集样品;

(三)责令违反职业病防治法律、法规的单位和个人停止违法行为。

第六十四条　【临时控制措施】发生职业病危害事故或者有证据证明危害状态可能导致职业病危害事故发生时,安全生产监督管理部门可以采取下列临时控制措施:

(一)责令暂停导致职业病危害事故的作业;

(二)封存造成职业病危害事故或者可能导致职业病危害事故发生的材料和设备;

(三)组织控制职业病危害事故现场。

在职业病危害事故或者危害状态得到有效控制后,安全生产监督管理部门应当及时解除控制措施。

第六十五条　【职业卫生监督执法人员职责】职业卫生监督执法人员依法执行职务时,应当出示监督执法证件。

职业卫生监督执法人员应当忠于职守,秉公执法,严格遵守执法规范;涉及用人单位的秘密的,应当为其保密。

第六十六条　【支持配合检查】职业卫生监督执法人员依法执行职务时,被检查单位应当接受检查并予以支持配合,不得拒绝和阻碍。

第六十七条　【卫生行政部门、安全生产监管部门及其职业卫生监督执法人员禁止行为】卫生行政部门、安全生产监督管理部门及其职业卫生监督执法人员履行职责时,不得有下列行为:

(一)对不符合法定条件的,发给建设项目有关证明文件、资质证明文件或者予以批准;

(二)对已经取得有关证明文件的,不履行监督检查职责;

(三)发现用人单位存在职业病危害的,可能造成职业病危害事故,不及时依法采取控制措施;

(四)其他违反本法的行为。

第六十八条　【职业卫生监督执法人员资格认证】职业卫生监督执法人员应当依法经过资格认定。

职业卫生监督管理部门应当加强队伍建设,提高职业卫生监督执法人员的政治、业务素质,依照本法和其他有关法律、法规的规定,建立、健全内部监督制度,对其工作人员执行法律、法规和遵守纪律的情况,进行监督检查。

第六章　法律责任

第六十九条　【建设单位法律责任】建设单位违反本法规定,有下列行为之一的,由安全生产监督管理部门和卫生行政部门依据职责分工给予警告,责令限期改正;逾期不改正的,处十万元以上五十万元以下的罚款;情节严重的,责令停止产生职业病危害的作业,或者提请有关人民政府按照国务院规定的权限责令停建、关闭:

(一)未按照规定进行职业病危害预评价的;

(二)医疗机构可能产生放射性职业病危害的建设项

目未按照规定提交放射性职业病危害预评价报告，或者放射性职业病危害预评价报告未经卫生行政部门审核同意，开工建设的；

（三）建设项目的职业病防护设施未按照规定与主体工程同时设计、同时施工、同时投入生产和使用的；

（四）建设项目的职业病防护设施设计不符合国家职业卫生标准和卫生要求，或者医疗机构放射性职业病危害严重的建设项目的防护设施设计未经卫生行政部门审查同意擅自施工的；

（五）未按照规定对职业病防护设施进行职业病危害控制效果评价的；

（六）建设项目竣工投入生产和使用前，职业病防护设施未按照规定验收合格的。

第七十条　【警告和罚款】违反本法规定，有下列行为之一的，由安全生产监督管理部门给予警告，责令限期改正；逾期不改正的，处十万元以下的罚款：

（一）工作场所职业病危害因素检测、评价结果没有存档、上报、公布的；

（二）未采取本法第二十条规定的职业病防治管理措施的；

（三）未按照规定公布有关职业病防治的规章制度、操作规程、职业病危害事故应急救援措施的；

（四）未按照规定组织劳动者进行职业卫生培训，或者未对劳动者个人职业病防护采取指导、督促措施的；

（五）国内首次使用或者首次进口与职业病危害有关的化学材料，未按照规定报送毒性鉴定资料以及经有关部门登记注册或者批准进口的文件的。

第七十一条　【用人单位法律责任】用人单位违反本法规定，有下列行为之一的，由安全生产监督管理部门责令限期改正，给予警告，可以并处五万元以上十万元以下的罚款：

（一）未按照规定及时、如实向安全生产监督管理部门申报产生职业病危害的项目的；

（二）未实施由专人负责的职业病危害因素日常监测，或者监测系统不能正常监测的；

（三）订立或者变更劳动合同时，未告知劳动者职业病危害真实情况的；

（四）未按照规定组织职业健康检查、建立职业健康监护档案或者未将检查结果书面告知劳动者的；

（五）未依照本法规定在劳动者离开用人单位时提供职业健康监护档案复印件的。

第七十二条　【用人单位法律责任】用人单位违反本法规定，有下列行为之一的，由安全生产监督管理部门给予警告，责令限期改正，逾期不改正的，处五万元以上二十万元以下的罚款；情节严重的，责令停止产生职业病危害的作业，或者提请有关人民政府按照国务院规定的权限责令关闭：

（一）工作场所职业病危害因素的强度或者浓度超过国家职业卫生标准的；

（二）未提供职业病防护设施和个人使用的职业病防护用品，或者提供的职业病防护设施和个人使用的职业病防护用品不符合国家职业卫生标准和卫生要求的；

（三）对职业病防护设备、应急救援设施和个人使用的职业病防护用品未按照规定进行维护、检修、检测，或者不能保持正常运行、使用状态的；

（四）未按照规定对工作场所职业病危害因素进行检测、评价的；

（五）工作场所职业病危害因素经治理仍然达不到国家职业卫生标准和卫生要求时，未停止存在职业病危害因素的作业的；

（六）未按照规定安排职业病病人、疑似职业病病人进行诊治的；

（七）发生或者可能发生急性职业病危害事故时，未立即采取应急救援和控制措施或者未按照规定及时报告的；

（八）未按照规定在产生严重职业病危害的作业岗位醒目位置设置警示标识和中文警示说明的；

（九）拒绝职业卫生监督管理部门监督检查的；

（十）隐瞒、伪造、篡改、毁损职业健康监护档案、工作场所职业病危害因素检测评价结果等相关资料，或者拒不提供职业病诊断、鉴定所需资料的；

（十一）未按照规定承担职业病诊断、鉴定费用和职业病病人的医疗、生活保障费用的。

第七十三条　【未提供说明的处罚】向用人单位提供可能产生职业病危害的设备、材料，未按照规定提供中文说明书或者设置警示标识和中文警示说明的，由安全生产监督管理部门责令限期改正，给予警告，并处五万元以上二十万元以下的罚款。

第七十四条　【未按规定报告的处罚】用人单位和医疗卫生机构未按照规定报告职业病、疑似职业病的，由有关主管部门依据职责分工责令限期改正，给予警告，可以并处一万元以下的罚款；弄虚作假的，并处二万元以上五万元以下的罚款；对直接负责的主管人员和其他直接责任人员，可以依法给予降级或者撤职的处分。

第七十五条　【责令限期治理、停业、关闭】违反本法规定，有下列情形之一的，由安全生产监督管理部门责令限期治理，并处五万元以上三十万元以下的罚款；情节严重的，责令停止产生职业病危害的作业，或者提请有关人民政府按照国务院规定的权限责令关闭：

（一）隐瞒技术、工艺、设备、材料所产生的职业病危害而采用的；

（二）隐瞒本单位职业卫生真实情况的；

（三）可能发生急性职业损伤的有毒、有害工作场所、放射工作场所或者放射性同位素的运输、贮存不符合本法第二十五条规定的；

（四）使用国家明令禁止使用的可能产生职业病危害的设备或者材料的；

(五)将产生职业病危害的作业转移给没有职业病防护条件的单位和个人,或者没有职业病防护条件的单位和个人接受产生职业病危害的作业的;

(六)擅自拆除、停止使用职业病防护设备或者应急救援设施的;

(七)安排未经职业健康检查的劳动者、有职业禁忌的劳动者、未成年工或者孕期、哺乳期女职工从事接触职业病危害的作业或者禁忌作业的;

(八)违章指挥和强令劳动者进行没有职业病防护措施的作业的。

第七十六条　【生产、经营、进口国家明令禁用的设备材料的处罚】生产、经营或者进口国家明令禁止使用的可能产生职业病危害的设备或者材料的,依照有关法律、行政法规的规定给予处罚。

第七十七条　【对劳动者生命健康严重损害的处罚】用人单位违反本法规定,已经对劳动者生命健康造成严重损害的,由安全生产监督管理部门责令停止产生职业病危害的作业,或者提请有关人民政府按照国务院规定的权限责令关闭,并处十万元以上五十万元以下的罚款。

第七十八条　【直接责任人员的刑事责任】用人单位违反本法规定,造成重大职业病危害事故或者其他严重后果,构成犯罪的,对直接负责的主管人员和其他直接责任人员,依法追究刑事责任。

第七十九条　【非法从事卫生技术服务、职业健康检查、职业病诊断的处罚】未取得职业卫生技术服务资质认可擅自从事职业卫生技术服务的,或者医疗卫生机构未经批准擅自从事职业病诊断的,由安全生产监督管理部门和卫生行政部门依据职责分工责令立即停止违法行为,没收违法所得;违法所得五千元以上的,并处违法所得二倍以上十倍以下的罚款;没有违法所得或者违法所得不足五千元的,并处五千元以上五万元以下的罚款;情节严重的,对直接负责的主管人员和其他直接责任人员,依法给予降级、撤职或者开除的处分。

第八十条　【对卫生机构的处罚】从事职业卫生技术服务的机构和承担职业病诊断的医疗卫生机构违反本法规定,有下列行为之一的,由安全生产监督管理部门和卫生行政部门依据职责分工责令立即停止违法行为,给予警告,没收违法所得;违法所得五千元以上的,并处违法所得二倍以上五倍以下的罚款;没有违法所得或者违法所得不足五千元的,并处五千元以上二万元以下的罚款;情节严重的,由原认可或者批准机关取消其相应的资格;对直接负责的主管人员和其他直接责任人员,依法给予降级、撤职或者开除的处分;构成犯罪的,依法追究刑事责任:

(一)超出资质认可或者批准范围从事职业卫生技术服务或者职业病诊断的;

(二)不按照本法规定履行法定职责的;

(三)出具虚假证明文件的。

第八十一条　【对鉴定委员会组成人员的处罚】职业病诊断鉴定委员会组成人员收受职业病诊断争议当事人的财物或者其他好处的,给予警告,没收收受的财物,可以并处三千元以上五万元以下的罚款,取消其担任职业病诊断鉴定委员会组成人员的资格,并从省、自治区、直辖市人民政府卫生行政部门设立的专家库中予以除名。

第八十二条　【对不按照规定报告的处罚】卫生行政部门、安全生产监督管理部门不按照规定报告职业病和职业病危害事故的,由上一级行政部门责令改正,通报批评,给予警告;虚报、瞒报的,对单位负责人、直接负责的主管人员和其他直接责任人员依法给予降级、撤职或者开除的处分。

第八十三条　【县级以上地方人民政府及职业卫生监管部门渎职责任】县级以上地方人民政府在职业病防治工作中未依照本法履行职责,本行政区域出现重大职业病危害事故、造成严重社会影响的,依法对直接负责的主管人员和其他直接责任人员给予记大过直至开除的处分。

县级以上人民政府职业卫生监督管理部门不履行本法规定的职责,滥用职权、玩忽职守、徇私舞弊,依法对直接负责的主管人员和其他直接责任人员给予记大过或者降级的处分;造成职业病危害事故或者其他严重后果的,依法给予撤职或者开除的处分。

第八十四条　【刑事责任】违反本法规定,构成犯罪的,依法追究刑事责任。

第七章　附　　则

第八十五条　【用语含义】本法下列用语的含义:

职业病危害,是指对从事职业活动的劳动者可能导致职业病的各种危害。职业病危害因素包括:职业活动中存在的各种有害的化学、物理、生物因素以及在作业过程中产生的其他职业有害因素。

职业禁忌,是指劳动者从事特定职业或者接触特定职业病危害因素时,比一般职业人群更易于遭受职业病危害和罹患职业病或者可能导致原有自身疾病病情加重,或者在从事作业过程中诱发可能导致对他人生命健康构成危险的疾病的个人特殊生理或者病理状态。

第八十六条　【参照】本法第二条规定的用人单位以外的单位,产生职业病危害的,其职业病防治活动可以参照本法执行。

劳务派遣用工单位应当履行本法规定的用人单位的义务。

中国人民解放军参照执行本法的办法,由国务院、中央军事委员会制定。

第八十七条　【放射性职业病危害控制的监管】对医疗机构放射性职业病危害控制的监督管理,由卫生行政部门依照本法的规定实施。

第八十八条　【施行日期】本法自2002年5月1日起施行。

3. 社会保险

中华人民共和国社会保险法

1. 2010年10月28日第十一届全国人民代表大会常务委员会第十七次会议通过
2. 2010年10月28日中华人民共和国主席令第35号公布
3. 自2011年7月1日起施行

目　　录

第一章　总　　则

第一条　**【立法目的】**为了规范社会保险关系，维护公民参加社会保险和享受社会保险待遇的合法权益，使公民共享发展成果，促进社会和谐稳定，根据宪法，制定本法。

第二条　**【社会保险权利】**国家建立基本养老保险、基本医疗保险、工伤保险、失业保险、生育保险等社会保险制度，保障公民在年老、疾病、工伤、失业、生育等情况下依法从国家和社会获得物质帮助的权利。

第三条　**【制度方针】**社会保险制度坚持广覆盖、保基本、多层次、可持续的方针，社会保险水平应当与经济社会发展水平相适应。

第四条　**【权利和义务】**中华人民共和国境内的用人单位和个人依法缴纳社会保险费，有权查询缴费记录、个人权益记录，要求社会保险经办机构提供社会保险咨询等相关服务。

个人依法享受社会保险待遇，有权监督本单位为其缴费情况。

第五条　**【财政保障】**县级以上人民政府将社会保险事业纳入国民经济和社会发展规划。

国家多渠道筹集社会保险资金。县级以上人民政府对社会保险事业给予必要的经费支持。

国家通过税收优惠政策支持社会保险事业。

第六条　**【监督管理】**国家对社会保险基金实行严格监管。

国务院和省、自治区、直辖市人民政府建立健全社会保险基金监督管理制度，保障社会保险基金安全、有效运行。

县级以上人民政府采取措施，鼓励和支持社会各方面参与社会保险基金的监督。

第七条　**【职责分工】**国务院社会保险行政部门负责全国的社会保险管理工作，国务院其他有关部门在各自的职责范围内负责有关的社会保险工作。

县级以上地方人民政府社会保险行政部门负责本行政区域的社会保险管理工作，县级以上地方人民政府其他有关部门在各自的职责范围内负责有关的社会保险工作。

第八条　**【经办机构】**社会保险经办机构提供社会保险服务，负责社会保险登记、个人权益记录、社会保险待遇支付等工作。

第九条　**【工会作用】**工会依法维护职工的合法权益，有权参与社会保险重大事项的研究，参加社会保险监督委员会，对与职工社会保险权益有关的事项进行监督。

第二章　基本养老保险

第十条　**【参保范围和缴费】**职工应当参加基本养老保险，由用人单位和职工共同缴纳基本养老保险费。

无雇工的个体工商户、未在用人单位参加基本养老保险的非全日制从业人员以及其他灵活就业人员可以参加基本养老保险，由个人缴纳基本养老保险费。

公务员和参照公务员法管理的工作人员养老保险的办法由国务院规定。

第十一条　**【制度模式和筹资方式】**基本养老保险实行社会统筹与个人账户相结合。

基本养老保险基金由用人单位和个人缴费以及政府补贴等组成。

第十二条　**【缴费基数和比例】**用人单位应当按照国家规定的本单位职工工资总额的比例缴纳基本养老保险费，记入基本养老保险统筹基金。

职工应当按照国家规定的本人工资的比例缴纳基本养老保险费，记入个人账户。

无雇工的个体工商户、未在用人单位参加基本养老保险的非全日制从业人员以及其他灵活就业人员参加基本养老保险的，应当按照国家规定缴纳基本养老保险费，分别记入基本养老保险统筹基金和个人账户。

第十三条　**【财政责任】**国有企业、事业单位职工参加基本养老保险前，视同缴费年限期间应当缴纳的基本养老保险费由政府承担。

基本养老保险基金出现支付不足时，政府给予补贴。

第十四条　**【个人账户养老金】**个人账户不得提前支取，记账利率不得低于银行定期存款利率，免征利息税。个人死亡的，个人账户余额可以继承。

第十五条 【基本养老金的构成】基本养老金由统筹养老金和个人账户养老金组成。

基本养老金根据个人累计缴费年限、缴费工资、当地职工平均工资、个人账户金额、城镇人口平均预期寿命等因素确定。

第十六条 【最低缴费年限和制度接转】参加基本养老保险的个人,达到法定退休年龄时累计缴费满十五年的,按月领取基本养老金。

参加基本养老保险的个人,达到法定退休年龄时累计缴费不足十五年的,可以缴费至满十五年,按月领取基本养老金;也可以转入新型农村社会养老保险或者城镇居民社会养老保险,按照国务院规定享受相应的养老保险待遇。

第十七条 【因病或者非因工致残的待遇】参加基本养老保险的个人,因病或者非因工死亡的,其遗属可以领取丧葬补助金和抚恤金;在未达到法定退休年龄时因病或者非因工致残完全丧失劳动能力的,可以领取病残津贴。所需资金从基本养老保险基金中支付。

第十八条 【养老金调整机制】国家建立基本养老金正常调整机制。根据职工平均工资增长、物价上涨情况,适时提高基本养老保险待遇水平。

第十九条 【转移接续制度】个人跨统筹地区就业的,其基本养老保险关系随本人转移,缴费年限累计计算。个人达到法定退休年龄时,基本养老金分段计算、统一支付。具体办法由国务院规定。

第二十条 【农村社会养老保险制度】国家建立和完善新型农村社会养老保险制度。

新型农村社会养老保险实行个人缴费、集体补助和政府补贴相结合。

第二十一条 【农村社会养老保险待遇】新型农村社会养老保险待遇由基础养老金和个人账户养老金组成。

参加新型农村社会养老保险的农村居民,符合国家规定条件的,按月领取新型农村社会养老保险待遇。

第二十二条 【城镇居民社会养老保险】国家建立和完善城镇居民社会养老保险制度。

省、自治区、直辖市人民政府根据实际情况,可以将城镇居民社会养老保险和新型农村社会养老保险合并实施。

第三章 基本医疗保险

第二十三条 【参保范围和缴费】职工应当参加职工基本医疗保险,由用人单位和职工按照国家规定共同缴纳基本医疗保险费。

无雇工的个体工商户、未在用人单位参加职工基本医疗保险的非全日制从业人员以及其他灵活就业人员可以参加职工基本医疗保险,由个人按照国家规定缴纳基本医疗保险费。

第二十四条 【新型农村合作医疗】国家建立和完善新型农村合作医疗制度。

新型农村合作医疗的管理办法,由国务院规定。

第二十五条 【城镇居民基本医疗保险】国家建立和完善城镇居民基本医疗保险制度。

城镇居民基本医疗保险实行个人缴费和政府补贴相结合。

享受最低生活保障的人、丧失劳动能力的残疾人、低收入家庭六十周岁以上的老年人和未成年人等所需个人缴费部分,由政府给予补贴。

第二十六条 【待遇标准】职工基本医疗保险、新型农村合作医疗和城镇居民基本医疗保险的待遇标准按照国家规定执行。

第二十七条 【退休后医疗保险待遇】参加职工基本医疗保险的个人,达到法定退休年龄时累计缴费达到国家规定年限的,退休后不再缴纳基本医疗保险费,按照国家规定享受基本医疗保险待遇;未达到国家规定年限的,可以缴费至国家规定年限。

第二十八条 【支付范围】符合基本医疗保险药品目录、诊疗项目、医疗服务设施标准以及急诊、抢救的医疗费用,按照国家规定从基本医疗保险基金中支付。

第二十九条 【医疗费用的直接结算】参保人员医疗费用中应当由基本医疗保险基金支付的部分,由社会保险经办机构与医疗机构、药品经营单位直接结算。

社会保险行政部门和卫生行政部门应当建立异地就医医疗费用结算制度,方便参保人员享受基本医疗保险待遇。

第三十条 【不纳入支付范围】下列医疗费用不纳入基本医疗保险基金支付范围:

(一)应当从工伤保险基金中支付的;

(二)应当由第三人负担的;

(三)应当由公共卫生负担的;

(四)在境外就医的。

医疗费用依法应当由第三人负担,第三人不支付或者无法确定第三人的,由基本医疗保险基金先行支付。基本医疗保险基金先行支付后,有权向第三人追偿。

第三十一条 【服务协议】社会保险经办机构根据管理服务的需要,可以与医疗机构、药品经营单位签订服务协议,规范医疗服务行为。

医疗机构应当为参保人员提供合理、必要的医疗服务。

第三十二条 【转移接续】个人跨统筹地区就业的,其基本医疗保险关系随本人转移,缴费年限累计计算。

第四章 工伤保险

第三十三条 【参保范围和缴费】职工应当参加工伤保险,由用人单位缴纳工伤保险费,职工不缴纳工伤保险费。

第三十四条 【费率确定】国家根据不同行业的工伤风险程

度确定行业的差别费率，并根据使用工伤保险基金、工伤发生率等情况在每个行业内确定费率档次。行业差别费率和行业内费率档次由国务院社会保险行政部门制定，报国务院批准后公布施行。

社会保险经办机构根据用人单位使用工伤保险基金、工伤发生率和所属行业费率档次等情况，确定用人单位缴费费率。

第三十五条 【工伤保险费】用人单位应当按照本单位职工工资总额，根据社会保险经办机构确定的费率缴纳工伤保险费。

第三十六条 【享受工伤保险待遇的条件】职工因工作原因受到事故伤害或者患职业病，且经工伤认定的，享受工伤保险待遇；其中，经劳动能力鉴定丧失劳动能力的，享受伤残待遇。

工伤认定和劳动能力鉴定应当简捷、方便。

第三十七条 【不认定为工伤的情形】职工因下列情形之一导致本人在工作中伤亡的，不认定为工伤：

（一）故意犯罪；

（二）醉酒或者吸毒；

（三）自残或者自杀；

（四）法律、行政法规规定的其他情形。

第三十八条 【工伤保险基金支付的待遇】因工伤发生的下列费用，按照国家规定从工伤保险基金中支付：

（一）治疗工伤的医疗费用和康复费用；

（二）住院伙食补助费；

（三）到统筹地区以外就医的交通食宿费；

（四）安装配置伤残辅助器具所需费用；

（五）生活不能自理的，经劳动能力鉴定委员会确认的生活护理费；

（六）一次性伤残补助金和一至四级伤残职工按月领取的伤残津贴；

（七）终止或者解除劳动合同时，应当享受的一次性医疗补助金；

（八）因工死亡的，其遗属领取的丧葬补助金、供养亲属抚恤金和因工死亡补助金；

（九）劳动能力鉴定费。

第三十九条 【用人单位支付的待遇】因工伤发生的下列费用，按照国家规定由用人单位支付：

（一）治疗工伤期间的工资福利；

（二）五级、六级伤残职工按月领取的伤残津贴；

（三）终止或者解除劳动合同时，应当享受的一次性伤残就业补助金。

第四十条 【与职工基本养老保险的衔接】工伤职工符合领取基本养老金条件的，停发伤残津贴，享受基本养老保险待遇。基本养老保险待遇低于伤残津贴的，从工伤保险基金中补足差额。

第四十一条 【未缴费工伤处理】职工所在用人单位未依法缴纳工伤保险费，发生工伤事故的，由用人单位支付工伤保险待遇。用人单位不支付的，从工伤保险基金中先行支付。

从工伤保险基金中先行支付的工伤保险待遇应当由用人单位偿还。用人单位不偿还的，社会保险经办机构可以依照本法第六十三条的规定追偿。

第四十二条 【第三人造成工伤】由于第三人的原因造成工伤，第三人不支付工伤医疗费用或者无法确定第三人的，由工伤保险基金先行支付。工伤保险基金先行支付后，有权向第三人追偿。

第四十三条 【停止享受待遇的情形】工伤职工有下列情形之一的，停止享受工伤保险待遇：

（一）丧失享受待遇条件的；

（二）拒不接受劳动能力鉴定的；

（三）拒绝治疗的。

第五章 失业保险

第四十四条 【参保范围和缴费】职工应当参加失业保险，由用人单位和职工按照国家规定共同缴纳失业保险费。

第四十五条 【领取待遇的条件】失业人员符合下列条件的，从失业保险基金中领取失业保险金：

（一）失业前用人单位和本人已经缴纳失业保险费满一年的；

（二）非因本人意愿中断就业的；

（三）已经进行失业登记，并有求职要求的。

第四十六条 【领取待遇的期限】失业人员失业前用人单位和本人累计缴费满一年不足五年的，领取失业保险金的期限最长为十二个月；累计缴费满五年不足十年的，领取失业保险金的期限最长为十八个月；累计缴费十年以上的，领取失业保险金的期限最长为二十四个月。重新就业后，再次失业的，缴费时间重新计算，领取失业保险金的期限与前次失业应当领取而尚未领取的失业保险金的期限合并计算，最长不超过二十四个月。

第四十七条 【失业保险金标准】失业保险金的标准，由省、自治区、直辖市人民政府确定，不得低于城市居民最低生活保障标准。

第四十八条 【失业期间的医疗保险】失业人员在领取失业保险金期间，参加职工基本医疗保险，享受基本医疗保险待遇。

失业人员应当缴纳的基本医疗保险费从失业保险基金中支付，个人不缴纳基本医疗保险费。

第四十九条 【失业期间的丧葬补助金和抚恤金】失业人员在领取失业保险金期间死亡的，参照当地对在职职工死亡的规定，向其遗属发给一次性丧葬补助金和抚恤金。所需资金从失业保险基金中支付。

个人死亡同时符合领取基本养老保险丧葬补助金、工伤保险丧葬补助金和失业保险丧葬补助金条件的，其遗属只能选择领取其中的一项。

第五十条　【待遇领取程序】用人单位应当及时为失业人员出具终止或者解除劳动关系的证明,并将失业人员的名单自终止或者解除劳动关系之日起十五日内告知社会保险经办机构。

失业人员应当持本单位为其出具的终止或者解除劳动关系的证明,及时到指定的公共就业服务机构办理失业登记。

失业人员凭失业登记证明和个人身份证明,到社会保险经办机构办理领取失业保险金的手续。失业保险金领取期限自办理失业登记之日起计算。

第五十一条　【停止领取待遇的情形】失业人员在领取失业保险金期间有下列情形之一的,停止领取失业保险金,并同时停止享受其他失业保险待遇:

(一)重新就业的;

(二)应征服兵役的;

(三)移居境外的;

(四)享受基本养老保险待遇的;

(五)无正当理由,拒不接受当地人民政府指定部门或者机构介绍的适当工作或者提供的培训的。

第五十二条　【失业保险关系的转移接续】职工跨统筹地区就业的,其失业保险关系随本人转移,缴费年限累计计算。

第六章　生育保险

第五十三条　【参保范围和缴费】职工应当参加生育保险,由用人单位按照国家规定缴纳生育保险费,职工不缴纳生育保险费。

第五十四条　【生育保险待遇】用人单位已经缴纳生育保险费的,其职工享受生育保险待遇;职工未就业配偶按照国家规定享受生育医疗费用待遇。所需资金从生育保险基金中支付。

生育保险待遇包括生育医疗费用和生育津贴。

第五十五条　【生育医疗费用】生育医疗费用包括下列各项:

(一)生育的医疗费用;

(二)计划生育的医疗费用;

(三)法律、法规规定的其他项目费用。

第五十六条　【生育津贴】职工有下列情形之一的,可以按照国家规定享受生育津贴:

(一)女职工生育享受产假;

(二)享受计划生育手术休假;

(三)法律、法规规定的其他情形。

生育津贴按照职工所在用人单位上年度职工月平均工资计发。

第七章　社会保险费征缴

第五十七条　【社会保险登记】用人单位应当自成立之日起三十日内凭营业执照、登记证书或者单位印章,向当地社会保险经办机构申请办理社会保险登记。社会保险经办机构应当自收到申请之日起十五日内予以审核,发给社会保险登记证件。

用人单位的社会保险登记事项发生变更或者用人单位依法终止的,应当自变更或者终止之日起三十日内,到社会保险经办机构办理变更或者注销社会保险登记。

工商行政管理部门、民政部门和机构编制管理机关应当及时向社会保险经办机构通报用人单位的成立、终止情况,公安机关应当及时向社会保险经办机构通报个人的出生、死亡以及户口登记、迁移、注销等情况。

第五十八条　【申请办理社会保险登记】用人单位应当自用工之日起三十日内为其职工向社会保险经办机构申请办理社会保险登记。未办理社会保险登记的,由社会保险经办机构核定其应当缴纳的社会保险费。

自愿参加社会保险的无雇工的个体工商户、未在用人单位参加社会保险的非全日制从业人员以及其他灵活就业人员,应当向社会保险经办机构申请办理社会保险登记。

国家建立全国统一的个人社会保障号码。个人社会保障号码为公民身份号码。

第五十九条　【社会保险费征收】县级以上人民政府加强社会保险费的征收工作。

社会保险费实行统一征收,实施步骤和具体办法由国务院规定。

第六十条　【社会保险费的缴纳】用人单位应当自行申报、按时足额缴纳社会保险费,非因不可抗力等法定事由不得缓缴、减免。职工应当缴纳的社会保险费由用人单位代扣代缴,用人单位应当按月将缴纳社会保险费的明细情况告知本人。

无雇工的个体工商户、未在用人单位参加社会保险的非全日制从业人员以及其他灵活就业人员,可以直接向社会保险费征收机构缴纳社会保险费。

第六十一条　【按时足额征收】社会保险费征收机构应当依法按时足额征收社会保险费,并将缴费情况定期告知用人单位和个人。

第六十二条　【社会保险费的核定】用人单位未按规定申报应当缴纳的社会保险费数额的,按照该单位上月缴费额的百分之一百一十确定应当缴纳数额;缴费单位补办申报手续后,由社会保险费征收机构按照规定结算。

第六十三条　【未按时足额缴纳的行政处理】用人单位未按时足额缴纳社会保险费的,由社会保险费征收机构责令其限期缴纳或者补足。

用人单位逾期仍未缴纳或者补足社会保险费的,社会保险费征收机构可以向银行和其他金融机构查询其存款账户;并可以申请县级以上有关行政部门作出划拨社会保险费的决定,书面通知其开户银行或者其他金融机构划拨社会保险费。用人单位账户余额少于应当缴纳的社会保险费的,社会保险费征收机构可以要求该用人单位提供担保,签订延期缴费协议。

用人单位未足额缴纳社会保险费且未提供担保的,社会保险费征收机构可以申请人民法院扣押、查封、拍卖其价值相当于应当缴纳社会保险费的财产,以拍卖所得抵缴社会保险费。

第八章 社会保险基金

第六十四条 【基金财务管理和统筹层次】社会保险基金包括基本养老保险基金、基本医疗保险基金、工伤保险基金、失业保险基金和生育保险基金。各项社会保险基金按照社会保险险种分别建账,分账核算,执行国家统一的会计制度。

社会保险基金专款专用,任何组织和个人不得侵占或者挪用。

基本养老保险基金逐步实行全国统筹,其他社会保险基金逐步实行省级统筹,具体时间、步骤由国务院规定。

第六十五条 【基金的收支平衡和政府责任】社会保险基金通过预算实现收支平衡。

县级以上人民政府在社会保险基金出现支付不足时,给予补贴。

第六十六条 【基金预算】社会保险基金按照统筹层次设立预算。社会保险基金预算按照社会保险项目分别编制。

第六十七条 【基金预算、决算程序】社会保险基金预算、决算草案的编制、审核和批准,依照法律和国务院规定执行。

第六十八条 【基金存入财政专户】社会保险基金存入财政专户,具体管理办法由国务院规定。

第六十九条 【基金的保值增值】社会保险基金在保证安全的前提下,按照国务院规定投资运营实现保值增值。

社会保险基金不得违规投资运营,不得用于平衡其他政府预算,不得用于兴建、改建办公场所和支付人员经费、运行费用、管理费用,或者违反法律、行政法规规定挪作其他用途。

第七十条 【基金信息公开】社会保险经办机构应当定期向社会公布参加社会保险情况以及社会保险基金的收入、支出、结余和收益情况。

第七十一条 【全国社会保障基金】国家设立全国社会保障基金,由中央财政预算拨款以及国务院批准的其他方式筹集的资金构成,用于社会保障支出的补充、调剂。全国社会保障基金由全国社会保障基金管理运营机构负责管理运营,在保证安全的前提下实现保值增值。

全国社会保障基金应当定期向社会公布收支、管理和投资运营的情况。国务院财政部门、社会保险行政部门、审计机关对全国社会保障基金的收支、管理和投资运营情况实施监督。

第九章 社会保险经办

第七十二条 【经办机构的设立和经费保障】统筹地区设立社会保险经办机构。社会保险经办机构根据工作需要,经所在地的社会保险行政部门和机构编制管理机关批准,可以在本统筹地区设立分支机构和服务网点。

社会保险经办机构的人员经费和经办社会保险发生的基本运行费用、管理费用,由同级财政按照国家规定予以保障。

第七十三条 【经办机构的管理制度和职责】社会保险经办机构应当建立健全业务、财务、安全和风险管理制度。

社会保险经办机构应当按时足额支付社会保险待遇。

第七十四条 【社会保险权益记录】社会保险经办机构通过业务经办、统计、调查获取社会保险工作所需的数据,有关单位和个人应当及时、如实提供。

社会保险经办机构应当及时为用人单位建立档案,完整、准确地记录参加社会保险的人员、缴费等社会保险数据,妥善保管登记、申报的原始凭证和支付结算的会计凭证。

社会保险经办机构应当及时、完整、准确地记录参加社会保险的个人缴费和用人单位为其缴费,以及享受社会保险待遇等个人权益记录,定期将个人权益记录单免费寄送本人。

用人单位和个人可以免费向社会保险经办机构查询、核对其缴费和享受社会保险待遇记录,要求社会保险经办机构提供社会保险咨询等相关服务。

第七十五条 【信息系统建设】全国社会保险信息系统按照国家统一规划,由县级以上人民政府按照分级负责的原则共同建设。

第十章 社会保险监督

第七十六条 【人大监督】各级人民代表大会常务委员会听取和审议本级人民政府对社会保险基金的收支、管理、投资运营以及监督检查情况的专项工作报告,组织对本法实施情况的执法检查等,依法行使监督职权。

第七十七条 【社会保险行政部门监督】县级以上人民政府社会保险行政部门应当加强对用人单位和个人遵守社会保险法律、法规情况的监督检查。

社会保险行政部门实施监督检查时,被检查的用人单位和个人应当如实提供与社会保险有关的资料,不得拒绝检查或者谎报、瞒报。

第七十八条 【财政部门、审计机关的监督】财政部门、审计机关按照各自职责,对社会保险基金的收支、管理和投资运营情况实施监督。

第七十九条 【社会保险行政部门的职责】社会保险行政部门对社会保险基金的收支、管理和投资运营情况进行监督检查,发现存在问题的,应当提出整改建议,依法作出处理决定或者向有关行政部门提出处理建议。社会保险基金检查结果应当定期向社会公布。

社会保险行政部门对社会保险基金实施监督检查,有权采取下列措施:

(一)查阅、记录、复制与社会保险基金收支、管理和投资运营相关的资料,对可能被转移、隐匿或者灭失的资料予以封存;

(二)询问与调查事项有关的单位和个人,要求其对与调查事项有关的问题作出说明、提供有关证明材料;

(三)对隐匿、转移、侵占、挪用社会保险基金的行为予以制止并责令改正。

第八十条 【社会保险监督委员会的监督】统筹地区人民政府成立由用人单位代表、参保人员代表,以及工会代表、专家等组成的社会保险监督委员会,掌握、分析社会保险基金的收支、管理和投资运营情况,对社会保险工作提出咨询意见和建议,实施社会监督。

社会保险经办机构应当定期向社会保险监督委员会汇报社会保险基金的收支、管理和投资运营情况。社会保险监督委员会可以聘请会计师事务所对社会保险基金的收支、管理和投资运营情况进行年度审计和专项审计。审计结果应当向社会公开。

社会保险监督委员会发现社会保险基金收支、管理和投资运营中存在问题的,有权提出改正建议;对社会保险经办机构及其工作人员的违法行为,有权向有关部门提出依法处理建议。

第八十一条 【信息保密责任】社会保险行政部门和其他有关行政部门、社会保险经办机构、社会保险费征收机构及其工作人员,应当依法为用人单位和个人的信息保密,不得以任何形式泄露。

第八十二条 【对违法行为的举报、投诉】任何组织或者个人有权对违反社会保险法律、法规的行为进行举报、投诉。

社会保险行政部门、卫生行政部门、社会保险经办机构、社会保险费征收机构和财政部门、审计机关对属于本部门、本机构职责范围的举报、投诉,应当依法处理;对不属于本部门、本机构职责范围的,应当书面通知并移交有权处理的部门、机构处理。有权处理的部门、机构应当及时处理,不得推诿。

第八十三条 【救济途径】用人单位或者个人认为社会保险费征收机构的行为侵害自己合法权益的,可以依法申请行政复议或者提起行政诉讼。

用人单位或者个人对社会保险经办机构不依法办理社会保险登记、核定社会保险费、支付社会保险待遇、办理社会保险转移接续手续或者侵害其他社会保险权益的行为,可以依法申请行政复议或者提起行政诉讼。

个人与所在用人单位发生社会保险争议的,可以依法申请调解、仲裁,提起诉讼。用人单位侵害个人社会保险权益的,个人也可以要求社会保险行政部门或者社会保险费征收机构依法处理。

第十一章 法律责任

第八十四条 【不办理登记的责任】用人单位不办理社会保险登记的,由社会保险行政部门责令限期改正;逾期不改正的,对用人单位处应缴社会保险费数额一倍以上三倍以下的罚款,对其直接负责的主管人员和其他直接责任人员处五百元以上三千元以下的罚款。

第八十五条 【不出具证明的责任】用人单位拒不出具终止或者解除劳动关系证明的,依照《中华人民共和国劳动合同法》的规定处理。

第八十六条 【未按时足额缴费的责任】用人单位未按时足额缴纳社会保险费的,由社会保险费征收机构责令限期缴纳或者补足,并自欠缴之日起,按日加收万分之五的滞纳金;逾期仍不缴纳的,由有关行政部门处欠缴数额一倍以上三倍以下的罚款。

第八十七条 【骗取基金支出的责任】社会保险经办机构以及医疗机构、药品经营单位等社会保险服务机构以欺诈、伪造证明材料或者其他手段骗取社会保险基金支出的,由社会保险行政部门责令退回骗取的社会保险金,处骗取金额二倍以上五倍以下的罚款;属于社会保险服务机构的,解除服务协议;直接负责的主管人员和其他直接责任人员有执业资格的,依法吊销其执业资格。

第八十八条 【骗取保险待遇的责任】以欺诈、伪造证明材料或者其他手段骗取社会保险待遇的,由社会保险行政部门责令退回骗取的社会保险金,处骗取金额二倍以上五倍以下的罚款。

第八十九条 【经办机构的责任】社会保险经办机构及其工作人员有下列行为之一的,由社会保险行政部门责令改正;给社会保险基金、用人单位或者个人造成损失的,依法承担赔偿责任;对直接负责的主管人员和其他直接责任人员依法给予处分:

(一)未履行社会保险法定职责的;

(二)未将社会保险基金存入财政专户的;

(三)克扣或者拒不按时支付社会保险待遇的;

(四)丢失或者篡改缴费记录、享受社会保险待遇记录等社会保险数据、个人权益记录的;

(五)有违反社会保险法律、法规的其他行为的。

第九十条 【社会保险费征收机构的责任】社会保险费征收机构擅自更改社会保险费缴费基数、费率,导致少收或者多收社会保险费的,由有关行政部门责令其追缴应当缴纳的社会保险费或者退还不应当缴纳的社会保险费;对直接负责的主管人员和其他直接责任人员依法给予处分。

第九十一条 【侵占、挪用基金的责任】违反本法规定,隐匿、转移、侵占、挪用社会保险基金或者违规投资运营的,由社会保险行政部门、财政部门、审计机关责令追回;有违法所得的,没收违法所得;对直接负责的主管人员和其他直接责任人员依法给予处分。

第九十二条 【泄露信息的责任】社会保险行政部门和其他有关行政部门、社会保险经办机构、社会保险费征收机构及其工作人员泄露用人单位和个人信息的,对直接负责的主管人员和其他直接责任人员依法给予处分;给用人单位或者个人造成损失的,应当承担赔偿责任。

第九十三条 【国家工作人员的行政处分责任】国家工作人员在社会保险管理、监督工作中滥用职权、玩忽职守、徇私舞弊的,依法给予处分。

第九十四条 【刑事责任】违反本法规定,构成犯罪的,依法追究刑事责任。

第十二章 附 则

第九十五条 【进城务工农村居民的社会保险】进城务工的农村居民依照本法规定参加社会保险。

第九十六条 【被征地农民的社会保险】征收农村集体所有的土地,应当足额安排被征地农民的社会保险费,按照国务院规定将被征地农民纳入相应的社会保险制度。

第九十七条 【外国人参加社会保险】外国人在中国境内就业的,参照本法规定参加社会保险。

第九十八条 【施行日期】本法自2011年7月1日起施行。

工伤保险条例

1. 2003年4月27日国务院令第375号公布

2. 根据2010年12月20日国务院令第586号《关于修改〈工伤保险条例〉的决定》修订

第一章 总 则

第一条 【立法目的】为了保障因工作遭受事故伤害或者患职业病的职工获得医疗救治和经济补偿,促进工伤预防和职业康复,分散用人单位的工伤风险,制定本条例。

第二条 【适用范围】中华人民共和国境内的企业、事业单位、社会团体、民办非企业单位、基金会、律师事务所、会计师事务所等组织和有雇工的个体工商户(以下称用人单位)应当依照本条例规定参加工伤保险,为本单位全部职工或者雇工(以下称职工)缴纳工伤保险费。

中华人民共和国境内的企业、事业单位、社会团体、民办非企业单位、基金会、律师事务所、会计师事务所等组织的职工和个体工商户的雇工,均有依照本条例的规定享受工伤保险待遇的权利。

第三条 【保险费征缴的法律适用】工伤保险费的征缴按照《社会保险费征缴暂行条例》关于基本养老保险费、基本医疗保险费、失业保险费的征缴规定执行。

第四条 【用人单位基本义务】用人单位应当将参加工伤保险的有关情况在本单位内公示。

用人单位和职工应当遵守有关安全生产和职业病防治的法律法规,执行安全卫生规程和标准,预防工伤事故发生,避免和减少职业病危害。

职工发生工伤时,用人单位应当采取措施使工伤职工得到及时救治。

第五条 【工作管理与承办】国务院社会保险行政部门负责全国的工伤保险工作。

县级以上地方各级人民政府社会保险行政部门负责本行政区域内的工伤保险工作。

社会保险行政部门按照国务院有关规定设立的社会保险经办机构(以下称经办机构)具体承办工伤保险事务。

第六条 【意见征求】社会保险行政部门等部门制定工伤保险的政策、标准,应当征求工会组织、用人单位代表的意见。

第二章 工伤保险基金

第七条 【基金构成】工伤保险基金由用人单位缴纳的工伤保险费、工伤保险基金的利息和依法纳入工伤保险基金的其他资金构成。

第八条 【费率的确定】工伤保险费根据以支定收、收支平衡的原则,确定费率。

国家根据不同行业的工伤风险程度确定行业的差别费率,并根据工伤保险费使用、工伤发生率等情况在每个行业内确定若干费率档次。行业差别费率及行业内费率档次由国务院社会保险行政部门制定,报国务院批准后公布施行。

统筹地区经办机构根据用人单位工伤保险费使用、工伤发生率等情况,适用所属行业内相应的费率档次确定单位缴费费率。

第九条 【费率的调整】国务院社会保险行政部门应当定期了解全国各统筹地区工伤保险基金收支情况,及时提出调整行业差别费率及行业内费率档次的方案,报国务院批准后公布施行。

第十条 【保险费的缴纳】用人单位应当按时缴纳工伤保险费。职工个人不缴纳工伤保险费。

用人单位缴纳工伤保险费的数额为本单位职工工资总额乘以单位缴费费率之积。

对难以按照工资总额缴纳工伤保险费的行业,其缴纳工伤保险费的具体方式,由国务院社会保险行政部门规定。

第十一条 【基金的统筹】工伤保险基金逐步实行省级统筹。

跨地区、生产流动性较大的行业,可以采取相对集中的方式异地参加统筹地区的工伤保险。具体办法由国务院社会保险行政部门会同有关行业的主管部门制定。

第十二条 【基金的提取和使用】工伤保险基金存入社会保障基金财政专户,用于本条例规定的工伤保险待遇,劳动能力鉴定,工伤预防的宣传、培训等费用,以及法律、法规规定的用于工伤保险的其他费用的支付。

工伤预防费用的提取比例、使用和管理的具体办法,由国务院社会保险行政部门会同国务院财政、卫生行政、安全生产监督管理等部门规定。

任何单位或者个人不得将工伤保险基金用于投资运

营、兴建或者改建办公场所、发放奖金,或者挪作其他用途。

第十三条 【储备金】工伤保险基金应当留有一定比例的储备金,用于统筹地区重大事故的工伤保险待遇支付;储备金不足支付的,由统筹地区的人民政府垫付。储备金占基金总额的具体比例和储备金的使用办法,由省、自治区、直辖市人民政府规定。

第三章 工伤认定

第十四条 【应当认定为工伤的情形】职工有下列情形之一的,应当认定为工伤:

(一)在工作时间和工作场所内,因工作原因受到事故伤害的;

(二)工作时间前后在工作场所内,从事与工作有关的预备性或者收尾性工作受到事故伤害的;

(三)在工作时间和工作场所内,因履行工作职责受到暴力等意外伤害的;

(四)患职业病的;

(五)因工外出期间,由于工作原因受到伤害或者发生事故下落不明的;

(六)在上下班途中,受到非本人主要责任的交通事故或者城市轨道交通、客运轮渡、火车事故伤害的;

(七)法律、行政法规规定应当认定为工伤的其他情形。

第十五条 【视同工伤的情形与待遇】职工有下列情形之一的,视同工伤:

(一)在工作时间和工作岗位,突发疾病死亡或者在48小时之内经抢救无效死亡的;

(二)在抢险救灾等维护国家利益、公共利益活动中受到伤害的;

(三)职工原在军队服役,因战、因公负伤致残,已取得革命伤残军人证,到用人单位后旧伤复发的。

职工有前款第(一)项、第(二)项情形的,按照本条例的有关规定享受工伤保险待遇;职工有前款第(三)项情形的,按照本条例的有关规定享受除一次性伤残补助金以外的工伤保险待遇。

第十六条 【不为工伤的情形】职工符合本条例第十四条、第十五条的规定,但是有下列情形之一的,不得认定为工伤或者视同工伤:

(一)故意犯罪的;

(二)醉酒或者吸毒的;

(三)自残或者自杀的。

第十七条 【工伤认定的申请】职工发生事故伤害或者按照职业病防治法规定被诊断、鉴定为职业病,所在单位应当自事故伤害发生之日或者被诊断、鉴定为职业病之日起30日内,向统筹地区社会保险行政部门提出工伤认定申请。遇有特殊情况,经报社会保险行政部门同意,申请时限可以适当延长。

用人单位未按前款规定提出工伤认定申请的,工伤职工或者其近亲属、工会组织在事故伤害发生之日或者被诊断、鉴定为职业病之日起1年内,可以直接向用人单位所在地统筹地区社会保险行政部门提出工伤认定申请。

按照本条第一款规定应当由省级社会保险行政部门进行工伤认定的事项,根据属地原则由用人单位所在地的设区的市级社会保险行政部门办理。

用人单位未在本条第一款规定的时限内提交工伤认定申请,在此期间发生符合本条例规定的工伤待遇等有关费用由该用人单位负担。

第十八条 【工伤认定申请材料】提出工伤认定申请应当提交下列材料:

(一)工伤认定申请表;

(二)与用人单位存在劳动关系(包括事实劳动关系)的证明材料;

(三)医疗诊断证明或者职业病诊断证明书(或者职业病诊断鉴定书)。

工伤认定申请表应当包括事故发生的时间、地点、原因以及职工伤害程度等基本情况。

工伤认定申请人提供材料不完整的,社会保险行政部门应当一次性书面告知工伤认定申请人需要补正的全部材料。申请人按照书面告知要求补正材料后,社会保险行政部门应当受理。

第十九条 【对工伤事故的调查核实】社会保险行政部门受理工伤认定申请后,根据审核需要可以对事故伤害进行调查核实,用人单位、职工、工会组织、医疗机构以及有关部门应当予以协助。职业病诊断和诊断争议的鉴定,依照职业病防治法的有关规定执行。对依法取得职业病诊断证明书或者职业病诊断鉴定书的,社会保险行政部门不再进行调查核实。

职工或者其近亲属认为是工伤,用人单位不认为是工伤的,由用人单位承担举证责任。

第二十条 【工伤认定决定的作出】社会保险行政部门应当自受理工伤认定申请之日起60日内作出工伤认定的决定,并书面通知申请工伤认定的职工或者其近亲属和该职工所在单位。

社会保险行政部门对受理的事实清楚、权利义务明确的工伤认定申请,应当在15日内作出工伤认定的决定。

作出工伤认定决定需要以司法机关或者有关行政主管部门的结论为依据的,在司法机关或者有关行政主管部门尚未作出结论期间,作出工伤认定决定的时限中止。

社会保险行政部门工作人员与工伤认定申请人有利害关系的,应当回避。

第四章 劳动能力鉴定

第二十一条 【进行鉴定的条件】职工发生工伤,经治疗伤情相对稳定后存在残疾、影响劳动能力的,应当进行劳动能力鉴定。

第二十二条 【鉴定的等级和标准】劳动能力鉴定是指劳动功能障碍程度和生活自理障碍程度的等级鉴定。

劳动功能障碍分为十个伤残等级,最重的为一级,最轻的为十级。

生活自理障碍分为三个等级:生活完全不能自理、生活大部分不能自理和生活部分不能自理。

劳动能力鉴定标准由国务院社会保险行政部门会同国务院卫生行政部门等部门制定。

第二十三条 【鉴定的申请】劳动能力鉴定由用人单位、工伤职工或者其近亲属向设区的市级劳动能力鉴定委员会提出申请,并提供工伤认定决定和职工工伤医疗的有关资料。

第二十四条 【鉴定委员会的组成】省、自治区、直辖市劳动能力鉴定委员会和设区的市级劳动能力鉴定委员会分别由省、自治区、直辖市和设区的市级社会保险行政部门、卫生行政部门、工会组织、经办机构代表以及用人单位代表组成。

劳动能力鉴定委员会建立医疗卫生专家库。列入专家库的医疗卫生专业技术人员应当具备下列条件:

(一)具有医疗卫生高级专业技术职务任职资格;

(二)掌握劳动能力鉴定的相关知识;

(三)具有良好的职业品德。

第二十五条 【鉴定结论的作出】设区的市级劳动能力鉴定委员会收到劳动能力鉴定申请后,应当从其建立的医疗卫生专家库中随机抽取3名或者5名相关专家组成专家组,由专家组提出鉴定意见。设区的市级劳动能力鉴定委员会根据专家组的鉴定意见作出工伤职工劳动能力鉴定结论;必要时,可以委托具备资格的医疗机构协助进行有关的诊断。

设区的市级劳动能力鉴定委员会应当自收到劳动能力鉴定申请之日起60日内作出劳动能力鉴定结论,必要时,作出劳动能力鉴定结论的期限可以延长30日。劳动能力鉴定结论应当及时送达申请鉴定的单位和个人。

第二十六条 【再次鉴定】申请鉴定的单位或者个人对设区的市级劳动能力鉴定委员会作出的鉴定结论不服的,可以在收到该鉴定结论之日起15日内向省、自治区、直辖市劳动能力鉴定委员会提出再次鉴定申请。省、自治区、直辖市劳动能力鉴定委员会作出的劳动能力鉴定结论为最终结论。

第二十七条 【鉴定工作原则】劳动能力鉴定工作应当客观、公正。劳动能力鉴定委员会组成人员或者参加鉴定的专家与当事人有利害关系的,应当回避。

第二十八条 【复查鉴定】自劳动能力鉴定结论作出之日起1年后,工伤职工或者其近亲属、所在单位或者经办机构认为伤残情况发生变化的,可以申请劳动能力复查鉴定。

第二十九条 【再次鉴定与复查鉴定的期限】劳动能力鉴定委员会依照本条例第二十六条和第二十八条的规定进行再次鉴定和复查鉴定的期限,依照本条例第二十五条第二款的规定执行。

第五章 工伤保险待遇

第三十条 【工伤医疗待遇】职工因工作遭受事故伤害或者患职业病进行治疗,享受工伤医疗待遇。

职工治疗工伤应当在签订服务协议的医疗机构就医,情况紧急时可以先到就近的医疗机构急救。

治疗工伤所需费用符合工伤保险诊疗项目目录、工伤保险药品目录、工伤保险住院服务标准的,从工伤保险基金支付。工伤保险诊疗项目目录、工伤保险药品目录、工伤保险住院服务标准,由国务院社会保险行政部门会同国务院卫生行政部门、食品药品监督管理部门等部门规定。

职工住院治疗工伤的伙食补助费,以及经医疗机构出具证明,报经办机构同意,工伤职工到统筹地区以外就医所需的交通、食宿费用从工伤保险基金支付,基金支付的具体标准由统筹地区人民政府规定。

工伤职工治疗非工伤引发的疾病,不享受工伤医疗待遇,按照基本医疗保险办法处理。

工伤职工到签订服务协议的医疗机构进行工伤康复的费用,符合规定的,从工伤保险基金支付。

第三十一条 【复议与诉讼不停止支付医疗费用】社会保险行政部门作出认定为工伤的决定后发生行政复议、行政诉讼的,行政复议和行政诉讼期间不停止支付工伤职工治疗工伤的医疗费用。

第三十二条 【辅助器具的配置】工伤职工因日常生活或者就业需要,经劳动能力鉴定委员会确认,可以安装假肢、矫形器、假眼、假牙和配置轮椅等辅助器具,所需费用按照国家规定的标准从工伤保险基金支付。

第三十三条 【停工留薪期待遇】职工因工作遭受事故伤害或者患职业病需要暂停工作接受工伤医疗的,在停工留薪期内,原工资福利待遇不变,由所在单位按月支付。

停工留薪期一般不超过12个月。伤情严重或者情况特殊,经设区的市级劳动能力鉴定委员会确认,可以适当延长,但延长不得超过12个月。工伤职工评定伤残等级后,停发原待遇,按照本章的有关规定享受伤残待遇。工伤职工在停工留薪期满后仍需治疗的,继续享受工伤医疗待遇。

生活不能自理的工伤职工在停工留薪期需要护理的,由所在单位负责。

第三十四条 【伤残职工的生活护理费】工伤职工已经评定伤残等级并经劳动能力鉴定委员会确认需要生活护理的,从工伤保险基金按月支付生活护理费。

生活护理费按照生活完全不能自理、生活大部分不能自理或者生活部分不能自理3个不同等级支付,其标准分别为统筹地区上年度职工月平均工资的50%、40%或者30%。

第三十五条　【一至四级伤残待遇】职工因工致残被鉴定为一级至四级伤残的,保留劳动关系,退出工作岗位,享受以下待遇:

(一)从工伤保险基金按伤残等级支付一次性伤残补助金,标准为:一级伤残为27个月的本人工资,二级伤残为25个月的本人工资,三级伤残为23个月的本人工资,四级伤残为21个月的本人工资;

(二)从工伤保险基金按月支付伤残津贴,标准为:一级伤残为本人工资的90%,二级伤残为本人工资的85%,三级伤残为本人工资的80%,四级伤残为本人工资的75%。伤残津贴实际金额低于当地最低工资标准的,由工伤保险基金补足差额;

(三)工伤职工达到退休年龄并办理退休手续后,停发伤残津贴,按照国家有关规定享受基本养老保险待遇。基本养老保险待遇低于伤残津贴的,由工伤保险基金补足差额。

职工因工致残被鉴定为一级至四级伤残的,由用人单位和职工个人以伤残津贴为基数,缴纳基本医疗保险费。

第三十六条　【五至六级伤残待遇】职工因工致残被鉴定为五级、六级伤残的,享受以下待遇:

(一)从工伤保险基金按伤残等级支付一次性伤残补助金,标准为:五级伤残为18个月的本人工资,六级伤残为16个月的本人工资;

(二)保留与用人单位的劳动关系,由用人单位安排适当工作。难以安排工作的,由用人单位按月发给伤残津贴,标准为:五级伤残为本人工资的70%,六级伤残为本人工资的60%,并由用人单位按照规定为其缴纳应缴纳的各项社会保险费。伤残津贴实际金额低于当地最低工资标准的,由用人单位补足差额。

经工伤职工本人提出,该职工可以与用人单位解除或者终止劳动关系,由工伤保险基金支付一次性工伤医疗补助金,由用人单位支付一次性伤残就业补助金。一次性工伤医疗补助金和一次性伤残就业补助金的具体标准由省、自治区、直辖市人民政府规定。

第三十七条　【七至十级伤残待遇】职工因工致残被鉴定为七级至十级伤残的,享受以下待遇:

(一)从工伤保险基金按伤残等级支付一次性伤残补助金,标准为:七级伤残为13个月的本人工资,八级伤残为11个月的本人工资,九级伤残为9个月的本人工资,十级伤残为7个月的本人工资;

(二)劳动、聘用合同期满终止,或者职工本人提出解除劳动、聘用合同的,由工伤保险基金支付一次性工伤医疗补助金,由用人单位支付一次性伤残就业补助金。一次性工伤医疗补助金和一次性伤残就业补助金的具体标准由省、自治区、直辖市人民政府规定。

第三十八条　【工伤复发的待遇】工伤职工工伤复发,确认需要治疗的,享受本条例第三十条、第三十二条和第三十三条规定的工伤待遇。

第三十九条　【因工死亡待遇】职工因工死亡,其近亲属按照下列规定从工伤保险基金领取丧葬补助金、供养亲属抚恤金和一次性工亡补助金:

(一)丧葬补助金为6个月的统筹地区上年度职工月平均工资;

(二)供养亲属抚恤金按照职工本人工资的一定比例发给由因工死亡职工生前提供主要生活来源、无劳动能力的亲属。标准为:配偶每月40%,其他亲属每人每月30%,孤寡老人或者孤儿每人每月在上述标准的基础上增加10%。核定的各供养亲属的抚恤金之和不应高于因工死亡职工生前的工资。供养亲属的具体范围由国务院社会保险行政部门规定;

(三)一次性工亡补助金标准为上一年度全国城镇居民人均可支配收入的20倍。

伤残职工在停工留薪期内因工伤导致死亡的,其近亲属享受本条第一款规定的待遇。

一级至四级伤残职工在停工留薪期满后死亡的,其近亲属可以享受本条第一款第(一)项、第(二)项规定的待遇。

第四十条　【待遇的调整】伤残津贴、供养亲属抚恤金、生活护理费由统筹地区社会保险行政部门根据职工平均工资和生活费用变化等情况适时调整。调整办法由省、自治区、直辖市人民政府规定。

第四十一条　【因工下落不明的待遇】职工因工外出期间发生事故或者在抢险救灾中下落不明的,从事故发生当月起3个月内照发工资,从第4个月起停发工资,由工伤保险基金向其供养亲属按月支付供养亲属抚恤金。生活有困难的,可以预支一次性工亡补助金的50%。职工被人民法院宣告死亡的,按照本条例第三十九条职工因工死亡的规定处理。

第四十二条　【停止享受待遇情形】工伤职工有下列情形之一的,停止享受工伤保险待遇:

(一)丧失享受待遇条件的;

(二)拒不接受劳动能力鉴定的;

(三)拒绝治疗的。

第四十三条　【用人单位变故与职工借调的工伤保险责任】用人单位分立、合并、转让的,承继单位应当承担原用人单位的工伤保险责任;原用人单位已经参加工伤保险的,承继单位应当到当地经办机构办理工伤保险变更登记。

用人单位实行承包经营的,工伤保险责任由职工劳动关系所在单位承担。

职工被借调期间受到工伤事故伤害的,由原用人单位承担工伤保险责任,但原用人单位与借调单位可以约定补偿办法。

企业破产的，在破产清算时依法拨付应当由单位支付的工伤保险待遇费用。

第四十四条 【出境工作的工伤保险处理】职工被派遣出境工作，依据前往国家或者地区的法律应当参加当地工伤保险的，参加当地工伤保险，其国内工伤保险关系中止；不能参加当地工伤保险的，其国内工伤保险关系不中止。

第四十五条 【再次工伤的待遇】职工再次发生工伤，根据规定应当享受伤残津贴的，按照新认定的伤残等级享受伤残津贴待遇。

第六章 监督管理

第四十六条 【经办机构的职责】经办机构具体承办工伤保险事务，履行下列职责：

（一）根据省、自治区、直辖市人民政府规定，征收工伤保险费；

（二）核查用人单位的工资总额和职工人数，办理工伤保险登记，并负责保存用人单位缴费和职工享受工伤保险待遇情况的记录；

（三）进行工伤保险的调查、统计；

（四）按照规定管理工伤保险基金的支出；

（五）按照规定核定工伤保险待遇；

（六）为工伤职工或者其近亲属免费提供咨询服务。

第四十七条 【服务协议】经办机构与医疗机构、辅助器具配置机构在平等协商的基础上签订服务协议，并公布签订服务协议的医疗机构、辅助器具配置机构的名单。具体办法由国务院社会保险行政部门分别会同国务院卫生行政部门、民政部门等部门制定。

第四十八条 【费用核查与结算】经办机构按照协议和国家有关目录、标准对工伤职工医疗费用、康复费用、辅助器具费用的使用情况进行核查，并按时足额结算费用。

第四十九条 【公示与建议】经办机构应当定期公布工伤保险基金的收支情况，及时向社会保险行政部门提出调整费率的建议。

第五十条 【听取意见】社会保险行政部门、经办机构应当定期听取工伤职工、医疗机构、辅助器具配置机构以及社会各界对改进工伤保险工作的意见。

第五十一条 【行政监督】社会保险行政部门依法对工伤保险费的征缴和工伤保险基金的支付情况进行监督检查。

财政部门和审计机关依法对工伤保险基金的收支、管理情况进行监督。

第五十二条 【群众监督】任何组织和个人对有关工伤保险的违法行为，有权举报。社会保险行政部门对举报应当及时调查，按照规定处理，并为举报人保密。

第五十三条 【工会监督】工会组织依法维护工伤职工的合法权益，对用人单位的工伤保险工作实行监督。

第五十四条 【争议处理】职工与用人单位发生工伤待遇方面的争议，按照处理劳动争议的有关规定处理。

第五十五条 【行政复议与行政诉讼】有下列情形之一的，有关单位或者个人可以依法申请行政复议，也可以依法向人民法院提起行政诉讼：

（一）申请工伤认定的职工或者其近亲属、该职工所在单位对工伤认定申请不予受理的决定不服的；

（二）申请工伤认定的职工或者其近亲属、该职工所在单位对工伤认定结论不服的；

（三）用人单位对经办机构确定的单位缴费费率不服的；

（四）签订服务协议的医疗机构、辅助器具配置机构认为经办机构未履行有关协议或者规定的；

（五）工伤职工或者其近亲属对经办机构核定的工伤保险待遇有异议的。

第七章 法律责任

第五十六条 【挪用工伤保险基金的责任】单位或者个人违反本条例第十二条规定挪用工伤保险基金，构成犯罪的，依法追究刑事责任；尚不构成犯罪的，依法给予处分或者纪律处分。被挪用的基金由社会保险行政部门追回，并入工伤保险基金；没收的违法所得依法上缴国库。

第五十七条 【社会保险行政部门工作人员的责任】社会保险行政部门工作人员有下列情形之一的，依法给予处分；情节严重，构成犯罪的，依法追究刑事责任：

（一）无正当理由不受理工伤认定申请，或者弄虚作假将不符合工伤条件的人员认定为工伤职工的；

（二）未妥善保管申请工伤认定的证据材料，致使有关证据灭失的；

（三）收受当事人财物的。

第五十八条 【经办机构的责任】经办机构有下列行为之一的，由社会保险行政部门责令改正，对直接负责的主管人员和其他责任人员依法给予纪律处分；情节严重，构成犯罪的，依法追究刑事责任；造成当事人经济损失的，由经办机构依法承担赔偿责任：

（一）未按规定保存用人单位缴费和职工享受工伤保险待遇情况记录的；

（二）不按规定核定工伤保险待遇的；

（三）收受当事人财物的。

第五十九条 【不正当履行服务协议的责任】医疗机构、辅助器具配置机构不按服务协议提供服务的，经办机构可以解除服务协议。

经办机构不按时足额结算费用的，由社会保险行政部门责令改正；医疗机构、辅助器具配置机构可以解除服务协议。

第六十条 【骗取工伤保险待遇的责任】用人单位、工伤职工或者其近亲属骗取工伤保险待遇，医疗机构、辅助器具配置机构骗取工伤保险基金支出的，由社会保险行政部门责令退还，处骗取金额2倍以上5倍以下的罚款；情节严重，构成犯罪的,依法追究刑事责任。

第六十一条 【劳动能力鉴定违法的责任】从事劳动能力鉴定的组织或者个人有下列情形之一的,由社会保险行政部门责令改正,处2000元以上1万元以下的罚款;情节严重,构成犯罪的,依法追究刑事责任:

(一)提供虚假鉴定意见的;

(二)提供虚假诊断证明的;

(三)收受当事人财物的。

第六十二条 【用人单位应参加而未参加工伤保险的责任】用人单位依照本条例规定应当参加工伤保险而未参加的,由社会保险行政部门责令限期参加,补缴应当缴纳的工伤保险费,并自欠缴之日起,按日加收万分之五的滞纳金;逾期仍不缴纳的,处欠缴数额1倍以上3倍以下的罚款。

依照本条例规定应当参加工伤保险而未参加工伤保险的用人单位职工发生工伤的,由该用人单位按照本条例规定的工伤保险待遇项目和标准支付费用。

用人单位参加工伤保险并补缴应当缴纳的工伤保险费、滞纳金后,由工伤保险基金和用人单位依照本条例的规定支付新发生的费用。

第六十三条 【用人单位不协助事故调查核实的责任】用人单位违反本条例第十九条的规定,拒不协助社会保险行政部门对事故进行调查核实的,由社会保险行政部门责令改正,处2000元以上2万元以下的罚款。

第八章 附 则

第六十四条 【术语解释】本条例所称工资总额,是指用人单位直接支付给本单位全部职工的劳动报酬总额。

本条例所称本人工资,是指工伤职工因工作遭受事故伤害或者患职业病前12个月平均月缴费工资。本人工资高于统筹地区职工平均工资300%的,按照统筹地区职工平均工资的300%计算;本人工资低于统筹地区职工平均工资60%的,按照统筹地区职工平均工资的60%计算。

第六十五条 【公务员和参公事业单位、社会团体的工伤保险】公务员和参照公务员法管理的事业单位、社会团体的工作人员因工作遭受事故伤害或者患职业病的,由所在单位支付费用。具体办法由国务院社会保险行政部门会同国务院财政部门规定。

第六十六条 【非法用工单位的一次性赔偿】无营业执照或者未经依法登记、备案的单位以及被依法吊销营业执照或者撤销登记、备案的单位的职工受到事故伤害或者患职业病的,由该单位向伤残职工或者死亡职工的近亲属给予一次性赔偿,赔偿标准不得低于本条例规定的工伤保险待遇;用人单位不得使用童工,用人单位使用童工造成童工伤残、死亡的,由该单位向童工或者童工的近亲属给予一次性赔偿,赔偿标准不得低于本条例规定的工伤保险待遇。具体办法由国务院社会保险行政部门规定。

前款规定的伤残职工或者死亡职工的近亲属就赔偿数额与单位发生争议的,以及前款规定的童工或者童工的近亲属就赔偿数额与单位发生争议的,按照处理劳动争议的有关规定处理。

第六十七条 【施行时间与溯及力】本条例自2004年1月1日起施行。本条例施行前已受到事故伤害或者患职业病的职工尚未完成工伤认定的,按照本条例的规定执行。

失业保险条例

1999年1月22日国务院令第258号公布施行

第一章 总 则

第一条 为了保障失业人员失业期间的基本生活,促进其再就业,制定本条例。

第二条 城镇企业事业单位、城镇企业事业单位职工依照本条例的规定,缴纳失业保险费。

城镇企业事业单位失业人员依照本条例的规定,享受失业保险待遇。

本条所称城镇企业,是指国有企业、城镇集体企业、外商投资企业、城镇私营企业以及其他城镇企业。

第三条 国务院劳动保障行政部门主管全国的失业保险工作。县级以上地方各级人民政府劳动保障行政部门主管本行政区域内的失业保险工作。劳动保障行政部门按照国务院规定设立的经办失业保险业务的社会保险经办机构依照本条例的规定,具体承办失业保险工作。

第四条 失业保险费按照国家有关规定征缴。

第二章 失业保险基金

第五条 失业保险基金由下列各项构成:

(一)城镇企业事业单位、城镇企业事业单位职工缴纳的失业保险费;

(二)失业保险基金的利息;

(三)财政补贴;

(四)依法纳入失业保险基金的其他资金。

第六条 城镇企业事业单位按照本单位工资总额的百分之二缴纳失业保险费。城镇企业事业单位职工按照本人工资的百分之一缴纳失业保险费。城镇企业事业单位招用的农民合同制工人本人不缴纳失业保险费。

第七条 失业保险基金在直辖市和设区的市实行全市统筹;其他地区的统筹层次由省、自治区人民政府规定。

第八条 省、自治区可以建立失业保险调剂金。

失业保险调剂金以统筹地区依法应当征收的失业保险费为基数,按照省、自治区人民政府规定的比例筹集。

统筹地区的失业保险基金不敷使用时,由失业保险调剂金调剂、地方财政补贴。

失业保险调剂金的筹集、调剂使用以及地方财政补贴的具体办法,由省、自治区人民政府规定。

第九条 省、自治区、直辖市人民政府根据本行政区域失业人员数量和失业保险基金数额,报经国务院批准,可以适当调整本行政区域失业保险费的费率。

第十条 失业保险基金用于下列支出:

(一)失业保险金;

(二)领取失业保险金期间的医疗补助金;

(三)领取失业保险金期间死亡的失业人员的丧葬补助金和其供养的配偶、直系亲属的抚恤金;

(四)领取失业保险金期间接受职业培训、职业介绍的补贴,补贴的办法和标准由省、自治区、直辖市人民政府规定;

(五)国务院规定或者批准的与失业保险有关的其他费用。

第十一条 失业保险基金必须存入财政部门在国有商业银行开设的社会保障基金财政专户,实行收支两条线管理,由财政部门依法进行监督。

存入银行和按照国家规定购买国债的失业保险基金,分别按照城乡居民同期存款利率和国债利息计息。失业保险基金的利息并入失业保险基金。

失业保险基金专款专用,不得挪作他用,不得用于平衡财政收支。

第十二条 失业保险基金收支的预算、决算,由统筹地区社会保险经办机构编制,经同级劳动保障行政部门复核、同级财政部门审核,报同级人民政府审批。

第十三条 失业保险基金的财务制度和会计制度按照国家有关规定执行。

第三章 失业保险待遇

第十四条 具备下列条件的失业人员,可以领取失业保险金:

(一)按照规定参加失业保险,所在单位和本人已按照规定履行缴费义务满1年的;

(二)非因本人意愿中断就业的;

(三)已办理失业登记,并有求职要求的。

失业人员在领取失业保险金期间,按照规定同时享受其他失业保险待遇。

第十五条 失业人员在领取失业保险金期间有下列情形之一的,停止领取失业保险金,并同时停止享受其他失业保险待遇:

(一)重新就业的;

(二)应征服兵役的;

(三)移居境外的;

(四)享受基本养老保险待遇的;

(五)被判刑收监执行或者被劳动教养的;

(六)无正当理由,拒不接受当地人民政府指定的部门或者机构介绍的工作的;

(七)有法律、行政法规规定的其他情形的。

第十六条 城镇企业事业单位应当及时为失业人员出具终止或者解除劳动关系的证明,告知其按照规定享受失业保险待遇的权利,并将失业人员的名单自终止或者解除劳动关系之日起7日内报社会保险经办机构备案。

城镇企业事业单位职工失业后,应当持本单位为其出具的终止或者解除劳动关系的证明,及时到指定的社会保险经办机构办理失业登记。失业保险金自办理失业登记之日起计算。

失业保险金由社会保险经办机构按月发放。社会保险经办机构为失业人员开具领取失业保险金的单证,失业人员凭单证到指定银行领取失业保险金。

第十七条 失业人员失业前所在单位和本人按照规定累计缴费时间满1年不足5年的,领取失业保险金的期限最长为12个月;累计缴费时间满5年不足10年的,领取失业保险金的期限最长为18个月;累计缴费时间10年以上的,领取失业保险金的期限最长为24个月。重新就业后,再次失业的,缴费时间重新计算,领取失业保险金的期限可以与前次失业应领取而尚未领取的失业保险金的期限合并计算,但是最长不得超过24个月。

第十八条 失业保险金的标准,按照低于当地最低工资标准、高于城市居民最低生活保障标准的水平,由省、自治区、直辖市人民政府确定。

第十九条 失业人员在领取失业保险金期间患病就医的,可以按照规定向社会保险经办机构申请领取医疗补助金。医疗补助金的标准由省、自治区、直辖市人民政府规定。

第二十条 失业人员在领取失业保险金期间死亡的,参照当地对在职职工的规定,对其家属一次性发给丧葬补助金和抚恤金。

第二十一条 单位招用的农民合同制工人连续工作满1年,本单位并已缴纳失业保险费,劳动合同期满未续订或者提前解除劳动合同的,由社会保险经办机构根据其工作时间长短,对其支付一次性生活补助。补助的办法和标准由省、自治区、直辖市人民政府规定。

第二十二条 城镇企业事业单位成建制跨统筹地区转移,失业人员跨统筹地区流动的,失业保险关系随之转迁。

第二十三条 失业人员符合城市居民最低生活保障条件的,按照规定享受城市居民最低生活保障待遇。

第四章 管理和监督

第二十四条 劳动保障行政部门管理失业保险工作,履行下列职责:

(一)贯彻实施失业保险法律、法规;

(二)指导社会保险经办机构的工作;

(三)对失业保险费的征收和失业保险待遇的支付进

行监督检查。

第二十五条 社会保险经办机构具体承办失业保险工作,履行下列职责:

(一)负责失业人员的登记、调查、统计;

(二)按照规定负责失业保险基金的管理;

(三)按照规定核定失业保险待遇,开具失业人员在指定银行领取失业保险金和其他补助金的单证;

(四)拨付失业人员职业培训、职业介绍补贴费用;

(五)为失业人员提供免费咨询服务;

(六)国家规定由其履行的其他职责。

第二十六条 财政部门和审计部门依法对失业保险基金的收支、管理情况进行监督。

第二十七条 社会保险经办机构所需经费列入预算,由财政拨付。

第五章 罚　　则

第二十八条 不符合享受失业保险待遇条件,骗取失业保险金和其他失业保险待遇的,由社会保险经办机构责令退还;情节严重的,由劳动保障行政部门处骗取金额1倍以上3倍以下的罚款。

第二十九条 社会保险经办机构工作人员违反规定向失业人员开具领取失业保险金或者享受其他失业保险待遇单证,致使失业保险基金损失的,由劳动保障行政部门责令追回;情节严重的,依法给予行政处分。

第三十条 劳动保障行政部门和社会保险经办机构的工作人员滥用职权、徇私舞弊、玩忽职守,造成失业保险基金损失的,由劳动保障行政部门追回损失的失业保险基金;构成犯罪的,依法追究刑事责任;尚不构成犯罪的,依法给予行政处分。

第三十一条 任何单位、个人挪用失业保险基金的,追回挪用的失业保险基金;有违法所得的,没收违法所得,并入失业保险基金;构成犯罪的,依法追究刑事责任;尚不构成犯罪的,对直接负责的主管人员和其他直接责任人员依法给予行政处分。

第六章 附　　则

第三十二条 省、自治区、直辖市人民政府根据当地实际情况,可以决定本条例适用于本行政区域内的社会团体及其专职人员、民办非企业单位及其职工、有雇工的城镇个体工商户及其雇工。

第三十三条 本条例自发布之日起施行。1993年4月12日国务院发布的《国有企业职工待业保险规定》同时废止。

4. 社会救济

中华人民共和国公益事业捐赠法

1. 1999年6月28日第九届全国人民代表大会常务委员会第十次会议通过

2. 1999年6月28日中华人民共和国主席令第19号公布

3. 自1999年9月1日起施行

目　　录

第一章 总　　则

第一条 【立法目的】为了鼓励捐赠,规范捐赠和受赠行为,保护捐赠人、受赠人和受益人的合法权益,促进公益事业的发展,制定本法。

第二条 【适用范围】自然人、法人或者其他组织自愿无偿向依法成立的公益性社会团体和公益性非营利的事业单位捐赠财产,用于公益事业的,适用本法。

第三条 【公益事业】本法所称公益事业是指非营利的下列事项:

(一)救助灾害、救济贫困、扶助残疾人等困难的社会群体和个人的活动;

(二)教育、科学、文化、卫生、体育事业;

(三)环境保护、社会公共设施建设;

(四)促进社会发展和进步的其他社会公共和福利事业。

第四条 【捐赠的自愿和无偿性】捐赠应当是自愿和无偿的,禁止强行摊派或者变相摊派,不得以捐赠为名从事营利活动。

第五条 【捐赠财产的使用】捐赠财产的使用应当尊重捐赠人的意愿,符合公益目的,不得将捐赠财产挪作他用。

第六条 【捐赠须合法】捐赠应当遵守法律、法规,不得违背社会公德,不得损害公共利益和其他公民的合法权益。

第七条 【对捐赠财产及其增值的国家保护】公益性社会团体受赠的财产及其增值为社会公共财产,受国家法律保护,任何单位和个人不得侵占、挪用和损毁。

第八条 【国家鼓励和扶持】国家鼓励公益事业的发展,对公益性社会团体和公益性非营利的事业单位给予扶持和优待。

国家鼓励自然人、法人或者其他组织对公益事业进行捐赠。

对公益事业捐赠有突出贡献的自然人、法人或者其他组织,由人民政府或者有关部门予以表彰。对捐赠人进行公开表彰,应当事先征求捐赠人的意见。

第二章 捐赠和受赠

第九条 【捐赠对象选择的任意性及捐赠财产的合法性】自然人、法人或者其他组织可以选择符合其捐赠意愿的公益性社会团体和公益性非营利的事业单位进行捐赠。捐赠的财产应当是其有权处分的合法财产。

第十条 【捐赠对象】公益性社会团体和公益性非营利的事业单位可以依照本法接受捐赠。

本法所称公益性社会团体是指依法成立的,以发展公益事业为宗旨的基金会、慈善组织等社会团体。

本法所称公益性非营利的事业单位是指依法成立的,从事公益事业的不以营利为目的的教育机构、科学研究机构、医疗卫生机构、社会公共文化机构、社会公共体育机构和社会福利机构等。

第十一条 【自然灾害发生时的受赠】在发生自然灾害时或者境外捐赠人要求县级以上人民政府及其部门作为受赠人时,县级以上人民政府及其部门可以接受捐赠,并依照本法的有关规定对捐赠财产进行管理。

县级以上人民政府及其部门可以将受赠财产转交公益性社会团体或者公益性非营利的事业单位;也可以按照捐赠人的意愿分发或者兴办公益事业,但是不得以本机关为受益对象。

第十二条 【捐赠协议】捐赠人可以与受赠人就捐赠财产的种类、质量、数量和用途等内容订立捐赠协议。捐赠人有权决定捐赠的数量、用途和方式。

捐赠人应当依法履行捐赠协议,按照捐赠协议约定的期限和方式将捐赠财产转移给受赠人。

第十三条 【对公益事业工程项目兴建的捐赠】捐赠人捐赠财产兴建公益事业工程项目,应当与受赠人订立捐赠协议,对工程项目的资金、建设、管理和使用作出约定。

捐赠的公益事业工程项目由受赠单位按照国家有关规定办理项目审批手续,并组织施工或者由受赠人和捐赠人共同组织施工。工程质量应当符合国家质量标准。

捐赠的公益事业工程项目竣工后,受赠单位应当将工程建设、建设资金的使用和工程质量验收情况向捐赠人通报。

第十四条 【捐赠人权利】捐赠人对于捐赠的公益事业工程项目可以留名纪念;捐赠人单独捐赠的工程项目或者主要由捐赠人出资兴建的工程项目,可以由捐赠人提出工程项目的名称,报县级以上人民政府批准。

第十五条 【境外捐赠和华侨捐赠】境外捐赠人捐赠的财产,由受赠人按照国家有关规定办理入境手续;捐赠实行许可证管理的物品,由受赠人按照国家有关规定办理许可证申领手续,海关凭许可证验放、监管。

华侨向境内捐赠的,县级以上人民政府侨务部门可以协助办理有关入境手续,为捐赠人实施捐赠项目提供帮助。

第三章 捐赠财产的使用和管理

第十六条 【受赠手续】受赠人接受捐赠后,应当向捐赠人出具合法、有效的收据,将受赠财产登记造册,妥善保管。

第十七条 【受赠财产的使用和管理】公益性社会团体应当将受赠财产用于资助符合其宗旨的活动和事业。对于接受的救助灾害的捐赠财产,应当及时用于救助活动。基金会每年用于资助公益事业的资金数额,不得低于国家规定的比例。

公益性社会团体应当严格遵守国家的有关规定,按照合法、安全、有效的原则,积极实现捐赠财产的保值增值。

公益性非营利的事业单位应当将受赠财产用于发展本单位的公益事业,不得挪作他用。

对于不易储存、运输和超过实际需要的受赠财产,受赠人可以变卖,所取得的全部收入,应当用于捐赠目的。

第十八条 【用途约定】受赠人与捐赠人订立了捐赠协议的,应当按照协议约定的用途使用捐赠财产,不得擅自改变捐赠财产的用途。如果确需改变用途的,应当征得捐赠人的同意。

第十九条 【管理制度的建立】受赠人应当依照国家有关规定,建立健全财务会计制度和受赠财产的使用制度,加强对受赠财产的管理。

第二十条 【对受赠财产的监督】受赠人每年度应当向政府有关部门报告受赠财产的使用、管理情况,接受监督。必要时,政府有关部门可以对其财务进行审计。

海关对减免关税的捐赠物品依法实施监督和管理。

县级以上人民政府侨务部门可以参与对华侨向境内捐赠财产使用与管理的监督。

第二十一条 【捐赠人对财产的查询权】捐赠人有权向受赠人查询捐赠财产的使用、管理情况,并提出意见和建议。对于捐赠人的查询,受赠人应当如实答复。

第二十二条 【受赠财产使用、管理情况公开】受赠人应当公开接受捐赠的情况和受赠财产的使用、管理情况,接受社会监督。

第二十三条 【公益团体及资金管理】公益性社会团体应当厉行节约,降低管理成本,工作人员的工资和办公费用从利息等收入中按照国家规定的标准开支。

第四章 优 惠 措 施

第二十四条 【享受企业所得税方面的优惠及情形】公司和其他企业依照本法的规定捐赠财产用于公益事业,依照法律、行政法规的规定享受企业所得税方面的优惠。

第二十五条 【享受个人所得税优惠的情形】自然人和个体工商户依照本法的规定捐赠财产用于公益事业,依照法律、行政法规的规定享受个人所得税方面的优惠。

第二十六条　【享受关税、进口增值税优惠的情形】境外向公益性社会团体和公益性非营利的事业单位捐赠的用于公益事业的物资,依照法律、行政法规的规定减征或者免征进口关税和进口环节的增值税。

第二十七条　【政府支持和优惠】对于捐赠的工程项目,当地人民政府应当给予支持和优惠。

第五章　法律责任

第二十八条　【对擅自改变捐赠财产用途的处罚】受赠人未征得捐赠人的许可,擅自改变捐赠财产的性质、用途的,由县级以上人民政府有关部门责令改正,给予警告。拒不改正的,经征求捐赠人的意见,由县级以上人民政府将捐赠财产交由与其宗旨相同或者相似的公益性社会团体或者公益性非营利的事业单位管理。

第二十九条　【对挪用、侵占或贪污捐赠款物的处罚】挪用、侵占或者贪污捐赠款物的,由县级以上人民政府有关部门责令退还所用、所得款物,并处以罚款;对直接责任人员,由所在单位依照有关规定予以处理;构成犯罪的,依法追究刑事责任。

依照前款追回、追缴的捐赠款物,应当用于原捐赠目的和用途。

第三十条　【捐赠活动中违反有关外汇、海关等法律、法规的处罚】在捐赠活动中,有下列行为之一的,依照法律、法规的有关规定予以处罚;构成犯罪的,依法追究刑事责任:

(一)逃汇、骗购外汇的;

(二)偷税、逃税的;

(三)进行走私活动的;

(四)未经海关许可并且未补缴应缴税额,擅自将减税、免税进口的捐赠物资在境内销售、转让或者移作他用的。

第三十一条　【渎职处罚】受赠单位的工作人员,滥用职权,玩忽职守,徇私舞弊,致使捐赠财产造成重大损失的,由所在单位依照有关规定予以处理;构成犯罪的,依法追究刑事责任。

第六章　附　　则

第三十二条　【生效日期】本法自1999年9月1日起施行。

中华人民共和国慈善法

1. 2016年3月16日第十二届全国人民代表大会第四次会议通过

2. 2016年3月16日中华人民共和国主席令第43号公布

3. 自2016年9月1日起施行

目　　录

第一章　总　　则

第一条　【立法目的】为了发展慈善事业,弘扬慈善文化,规范慈善活动,保护慈善组织、捐赠人、志愿者、受益人等慈善活动参与者的合法权益,促进社会进步,共享发展成果,制定本法。

第二条　【适用范围】自然人、法人和其他组织开展慈善活动以及与慈善有关的活动,适用本法。其他法律有特别规定的,依照其规定。

第三条　【慈善活动定义】本法所称慈善活动,是指自然人、法人和其他组织以捐赠财产或者提供服务等方式,自愿开展的下列公益活动:

(一)扶贫、济困;

(二)扶老、救孤、恤病、助残、优抚;

(三)救助自然灾害、事故灾难和公共卫生事件等突发事件造成的损害;

(四)促进教育、科学、文化、卫生、体育等事业的发展;

(五)防治污染和其他公害,保护和改善生态环境;

(六)符合本法规定的其他公益活动。

第四条　【开展慈善活动的原则】开展慈善活动,应当遵循合法、自愿、诚信、非营利的原则,不得违背社会公德,不得危害国家安全、损害社会公共利益和他人合法权益。

第五条　【国家鼓励和支持】国家鼓励和支持自然人、法人和其他组织践行社会主义核心价值观,弘扬中华民族传统美德,依法开展慈善活动。

第六条　【管理体制】国务院民政部门主管全国慈善工作,县级以上地方各级人民政府民政部门主管本行政区域内的慈善工作;县级以上人民政府有关部门依照本法和其他有关法律法规,在各自的职责范围内做好相关工作。

第七条　【中华慈善日】每年9月5日为"中华慈善日"。

第二章　慈善组织

第八条　【慈善组织定义及组织形式】本法所称慈善组织,是指依法成立、符合本法规定,以面向社会开展慈善活动为宗旨的非营利性组织。

慈善组织可以采取基金会、社会团体、社会服务机构等组织形式。

第九条　【慈善组织条件】慈善组织应当符合下列条件:

（一）以开展慈善活动为宗旨；

（二）不以营利为目的；

（三）有自己的名称和住所；

（四）有组织章程；

（五）有必要的财产；

（六）有符合条件的组织机构和负责人；

（七）法律、行政法规规定的其他条件。

第十条　【慈善组织的登记和认定】设立慈善组织，应当向县级以上人民政府民政部门申请登记，民政部门应当自受理申请之日起三十日内作出决定。符合本法规定条件的，准予登记并向社会公告；不符合本法规定条件的，不予登记并书面说明理由。

本法公布前已经设立的基金会、社会团体、社会服务机构等非营利性组织，可以向其登记的民政部门申请认定为慈善组织，民政部门应当自受理申请之日起二十日内作出决定。符合慈善组织条件的，予以认定并向社会公告；不符合慈善组织条件的，不予认定并书面说明理由。

有特殊情况需要延长登记或者认定期限的，报经国务院民政部门批准，可以适当延长，但延长的期限不得超过六十日。

第十一条　【慈善组织章程】慈善组织的章程，应当符合法律法规的规定，并载明下列事项：

（一）名称和住所；

（二）组织形式；

（三）宗旨和活动范围；

（四）财产来源及构成；

（五）决策、执行机构的组成及职责；

（六）内部监督机制；

（七）财产管理使用制度；

（八）项目管理制度；

（九）终止情形及终止后的清算办法；

（十）其他重要事项。

第十二条　【慈善组织内部治理和会计监督】慈善组织应当根据法律法规以及章程的规定，建立健全内部治理结构，明确决策、执行、监督等方面的职责权限，开展慈善活动。

慈善组织应当执行国家统一的会计制度，依法进行会计核算，建立健全会计监督制度，并接受政府有关部门的监督管理。

第十三条　【年度报告义务】慈善组织应当每年向其登记的民政部门报送年度工作报告和财务会计报告。报告应当包括年度开展募捐和接受捐赠情况、慈善财产的管理使用情况、慈善项目实施情况以及慈善组织工作人员的工资福利情况。

第十四条　【禁止关联交易】慈善组织的发起人、主要捐赠人以及管理人员，不得利用其关联关系损害慈善组织、受益人的利益和社会公共利益。

慈善组织的发起人、主要捐赠人以及管理人员与慈善组织发生交易行为的，不得参与慈善组织有关该交易行为的决策，有关交易情况应当向社会公开。

第十五条　【慈善组织不得从事的活动】慈善组织不得从事、资助危害国家安全和社会公共利益的活动，不得接受附加违反法律法规和违背社会公德条件的捐赠，不得对受益人附加违反法律法规和违背社会公德的条件。

第十六条　【不得担任慈善组织负责人的情形】有下列情形之一的，不得担任慈善组织的负责人：

（一）无民事行为能力或者限制民事行为能力的；

（二）因故意犯罪被判处刑罚，自刑罚执行完毕之日起未逾五年的；

（三）在被吊销登记证书或者被取缔的组织担任负责人，自该组织被吊销登记证书或者被取缔之日起未逾五年的；

（四）法律、行政法规规定的其他情形。

第十七条　【慈善组织终止情形】慈善组织有下列情形之一的，应当终止：

（一）出现章程规定的终止情形的；

（二）因分立、合并需要终止的；

（三）连续二年未从事慈善活动的；

（四）依法被撤销登记或者吊销登记证书的；

（五）法律、行政法规规定应当终止的其他情形。

第十八条　【慈善组织的清算程序】慈善组织终止，应当进行清算。

慈善组织的决策机构应当在本法第十七条规定的终止情形出现之日起三十日内成立清算组进行清算，并向社会公告。不成立清算组或者清算组不履行职责的，民政部门可以申请人民法院指定有关人员组成清算组进行清算。

慈善组织清算后的剩余财产，应当按照慈善组织章程的规定转给宗旨相同或者相近的慈善组织；章程未规定的，由民政部门主持转给宗旨相同或者相近的慈善组织，并向社会公告。

慈善组织清算结束后，应当向其登记的民政部门办理注销登记，并由民政部门向社会公告。

第十九条　【慈善行业组织】慈善组织依法成立行业组织。

慈善行业组织应当反映行业诉求，推动行业交流，提高慈善行业公信力，促进慈善事业发展。

第二十条　【授权规定】慈善组织的组织形式、登记管理的具体办法由国务院制定。

第三章　慈善募捐

第二十一条　【慈善募捐的定义和形式】本法所称慈善募捐，是指慈善组织基于慈善宗旨募集财产的活动。

慈善募捐，包括面向社会公众的公开募捐和面向特定对象的定向募捐。

第二十二条　【公开募捐资格】慈善组织开展公开募捐，应当取得公开募捐资格。依法登记满二年的慈善组织，可以向其登记的民政部门申请公开募捐资格。民政部门应当自受理申请之日起二十日内作出决定。慈善组织符合内部治理结构健全、运作规范的条件的,发给公开募捐资格证书;不符合条件的,不发给公开募捐资格证书并书面说明理由。

法律、行政法规规定自登记之日起可以公开募捐的基金会和社会团体,由民政部门直接发给公开募捐资格证书。

第二十三条　【公开募捐方式及其限制】开展公开募捐,可以采取下列方式:

(一)在公共场所设置募捐箱;

(二)举办面向社会公众的义演、义赛、义卖、义展、义拍、慈善晚会等;

(三)通过广播、电视、报刊、互联网等媒体发布募捐信息;

(四)其他公开募捐方式。

慈善组织采取前款第一项、第二项规定的方式开展公开募捐的,应当在其登记的民政部门管辖区域内进行,确有必要在其登记的民政部门管辖区域外进行的,应当报其开展募捐活动所在地的县级以上人民政府民政部门备案。捐赠人的捐赠行为不受地域限制。

慈善组织通过互联网开展公开募捐的,应当在国务院民政部门统一或者指定的慈善信息平台发布募捐信息,并可以同时在其网站发布募捐信息。

第二十四条　【公开募捐方案】开展公开募捐,应当制定募捐方案。募捐方案包括募捐目的、起止时间和地域、活动负责人姓名和办公地址、接受捐赠方式、银行账户、受益人、募得款物用途、募捐成本、剩余财产的处理等。

募捐方案应当在开展募捐活动前报慈善组织登记的民政部门备案。

第二十五条　【公开募捐中的信息公开】开展公开募捐,应当在募捐活动现场或者募捐活动载体的显著位置,公布募捐组织名称、公开募捐资格证书、募捐方案、联系方式、募捐信息查询方法等。

第二十六条　【合作募捐】不具有公开募捐资格的组织或者个人基于慈善目的,可以与具有公开募捐资格的慈善组织合作,由该慈善组织开展公开募捐并管理募得款物。

第二十七条　【公开募捐平台的验证义务】广播、电视、报刊以及网络服务提供者、电信运营商,应当对利用其平台开展公开募捐的慈善组织的登记证书、公开募捐资格证书进行验证。

第二十八条　【定向募捐开展】慈善组织自登记之日起可以开展定向募捐。

慈善组织开展定向募捐,应当在发起人、理事会成员和会员等特定对象的范围内进行,并向募捐对象说明募捐目的、募得款物用途等事项。

第二十九条　【定向募捐的方式限制】开展定向募捐,不得采取或者变相采取本法第二十三条规定的方式。

第三十条　【募捐协调机制】发生重大自然灾害、事故灾难和公共卫生事件等突发事件,需要迅速开展救助时,有关人民政府应当建立协调机制,提供需求信息,及时有序引导开展募捐和救助活动。

第三十一条　【募捐对象的权益】开展募捐活动,应当尊重和维护募捐对象的合法权益,保障募捐对象的知情权,不得通过虚构事实等方式欺骗、诱导募捐对象实施捐赠。

第三十二条　【禁止摊派】开展募捐活动,不得摊派或者变相摊派,不得妨碍公共秩序、企业生产经营和居民生活。

第三十三条　【禁止虚假慈善】禁止任何组织或者个人假借慈善名义或者假冒慈善组织开展募捐活动,骗取财产。

第四章　慈善捐赠

第三十四条　【慈善捐赠的定义】本法所称慈善捐赠,是指自然人、法人和其他组织基于慈善目的,自愿、无偿赠与财产的活动。

第三十五条　【捐赠途径】捐赠人可以通过慈善组织捐赠,也可以直接向受益人捐赠。

第三十六条　【捐赠财产】捐赠人捐赠的财产应当是其有权处分的合法财产。捐赠财产包括货币、实物、房屋、有价证券、股权、知识产权等有形和无形财产。

捐赠人捐赠的实物应当具有使用价值,符合安全、卫生、环保等标准。

捐赠人捐赠本企业产品的,应当依法承担产品质量责任和义务。

第三十七条　【通过开展经营性活动进行捐赠】自然人、法人和其他组织开展演出、比赛、销售、拍卖等经营性活动,承诺将全部或者部分所得用于慈善目的的,应当在举办活动前与慈善组织或者其他接受捐赠的人签订捐赠协议,活动结束后按照捐赠协议履行捐赠义务,并将捐赠情况向社会公开。

第三十八条　【捐赠票据】慈善组织接受捐赠,应当向捐赠人开具由财政部门统一监(印)制的捐赠票据。捐赠票据应当载明捐赠人、捐赠财产的种类及数量、慈善组织名称和经办人姓名、票据日期等。捐赠人匿名或者放弃接受捐赠票据的,慈善组织应当做好相关记录。

第三十九条　【捐赠协议】慈善组织接受捐赠,捐赠人要求签订书面捐赠协议的,慈善组织应当与捐赠人签订书面捐赠协议。

书面捐赠协议包括捐赠人和慈善组织名称,捐赠财产的种类、数量、质量、用途、交付时间等内容。

第四十条　【禁止指定利害人为受益人及利用慈善捐赠进行违法宣传】捐赠人与慈善组织约定捐赠财产的用途和受益人时,不得指定捐赠人的利害关系人作为受益人。

任何组织和个人不得利用慈善捐赠违反法律规定宣传烟草制品,不得利用慈善捐赠以任何方式宣传法律禁止宣传的产品和事项。

第四十一条　【诺而不捐的后果】捐赠人应当按照捐赠协议履行捐赠义务。捐赠人违反捐赠协议逾期未交付捐赠财产,有下列情形之一的,慈善组织或者其他接受捐赠的人可以要求交付;捐赠人拒不交付的,慈善组织和其他接受捐赠的人可以依法向人民法院申请支付令或者提起诉讼:

(一)捐赠人通过广播、电视、报刊、互联网等媒体公开承诺捐赠的;

(二)捐赠财产用于本法第三条第一项至第三项规定的慈善活动,并签订书面捐赠协议的。

捐赠人公开承诺捐赠或者签订书面捐赠协议后经济状况显著恶化,严重影响其生产经营或者家庭生活的,经向公开承诺捐赠地或者书面捐赠协议签订地的民政部门报告并向社会公开说明情况后,可以不再履行捐赠义务。

第四十二条　【捐赠人的知情权】捐赠人有权查询、复制其捐赠财产管理使用的有关资料,慈善组织应当及时主动向捐赠人反馈有关情况。

慈善组织违反捐赠协议约定的用途,滥用捐赠财产的,捐赠人有权要求其改正;拒不改正的,捐赠人可以向民政部门投诉、举报或者向人民法院提起诉讼。

第四十三条　【国有企业捐赠】国有企业实施慈善捐赠应当遵守有关国有资产管理的规定,履行批准和备案程序。

第五章　慈善信托

第四十四条　【慈善信托的定义】本法所称慈善信托属于公益信托,是指委托人基于慈善目的,依法将其财产委托给受托人,由受托人按照委托人意愿以受托人名义进行管理和处分,开展慈善活动的行为。

第四十五条　【信托文件及其报备】设立慈善信托、确定受托人和监察人,应当采取书面形式。受托人应当在慈善信托文件签订之日起七日内,将相关文件向受托人所在地县级以上人民政府民政部门备案。

未按照前款规定将相关文件报民政部门备案的,不享受税收优惠。

第四十六条　【受托人的确定】慈善信托的受托人,可以由委托人确定其信赖的慈善组织或者信托公司担任。

第四十七条　【受托人的变更及备案】慈善信托的受托人违反信托义务或者难以履行职责的,委托人可以变更受托人。变更后的受托人应当自变更之日起七日内,将变更情况报原备案的民政部门重新备案。

第四十八条　【受托人的义务】慈善信托的受托人管理和处分信托财产,应当按照信托目的,恪尽职守,履行诚信、谨慎管理的义务。

慈善信托的受托人应当根据信托文件和委托人的要求,及时向委托人报告信托事务处理情况、信托财产管理使用情况。慈善信托的受托人应当每年至少一次将信托事务处理情况及财务状况向其备案的民政部门报告,并向社会公开。

第四十九条　【信托监察人】慈善信托的委托人根据需要,可以确定信托监察人。

信托监察人对受托人的行为进行监督,依法维护委托人和受益人的权益。信托监察人发现受托人违反信托义务或者难以履行职责的,应当向委托人报告,并有权以自己的名义向人民法院提起诉讼。

第五十条　【法律适用】慈善信托的设立、信托财产的管理、信托当事人、信托的终止和清算等事项,本章未规定的,适用本法其他有关规定;本法未规定的,适用《中华人民共和国信托法》的有关规定。

第六章　慈善财产

第五十一条　【财产的范围】慈善组织的财产包括:

(一)发起人捐赠、资助的创始财产;

(二)募集的财产;

(三)其他合法财产。

第五十二条　【财产的用途】慈善组织的财产应当根据章程和捐赠协议的规定全部用于慈善目的,不得在发起人、捐赠人以及慈善组织成员中分配。

任何组织和个人不得私分、挪用、截留或者侵占慈善财产。

第五十三条　【财产的管理】慈善组织对募集的财产,应当登记造册,严格管理,专款专用。

捐赠人捐赠的实物不易储存、运输或者难以直接用于慈善目的的,慈善组织可以依法拍卖或者变卖,所得收入扣除必要费用后,应当全部用于慈善目的。

第五十四条　【财产的投资】慈善组织为实现财产保值、增值进行投资的,应当遵循合法、安全、有效的原则,投资取得的收益应当全部用于慈善目的。慈善组织的重大投资方案应当经决策机构组成人员三分之二以上同意。政府资助的财产和捐赠协议约定不得投资的财产,不得用于投资。慈善组织的负责人和工作人员不得在慈善组织投资的企业兼职或者领取报酬。

前款规定事项的具体办法,由国务院民政部门制定。

第五十五条　【捐赠财产用途的变更】慈善组织开展慈善活动,应当依照法律法规和章程的规定,按照募捐方案或者捐赠协议使用捐赠财产。慈善组织确需变更募捐方案规定的捐赠财产用途的,应当报民政部门备案;确需变更捐赠协议约定的捐赠财产用途的,应当征得捐赠人同意。

第五十六条　【慈善项目管理】慈善组织应当合理设计慈善项目,优化实施流程,降低运行成本,提高慈善财产使用效益。

慈善组织应当建立项目管理制度,对项目实施情况进行跟踪监督。

第五十七条　【剩余捐赠财产的处理】慈善项目终止后捐赠财产有剩余的,按照募捐方案或者捐赠协议处理;募捐方案未规定或者捐赠协议未约定的，慈善组织应当将剩余财产用于目的相同或者相近的其他慈善项目，并向社会公开。

第五十八条　【慈善组织确定受益人】慈善组织确定慈善受益人，应当坚持公开、公平、公正的原则，不得指定慈善组织管理人员的利害关系人作为受益人。

第五十九条　【慈善资助协议】慈善组织根据需要可以与受益人签订协议，明确双方权利义务，约定慈善财产的用途、数额和使用方式等内容。

受益人应当珍惜慈善资助，按照协议使用慈善财产。受益人未按照协议使用慈善财产或者有其他严重违反协议情形的，慈善组织有权要求其改正；受益人拒不改正的，慈善组织有权解除协议并要求受益人返还财产。

第六十条　【慈善活动支出和管理费用】慈善组织应当积极开展慈善活动，充分、高效运用慈善财产，并遵循管理费用最必要原则，厉行节约，减少不必要的开支。慈善组织中具有公开募捐资格的基金会开展慈善活动的年度支出，不得低于上一年总收入的百分之七十或者前三年收入平均数额的百分之七十；年度管理费用不得超过当年总支出的百分之十，特殊情况下，年度管理费用难以符合前述规定的，应当报告其登记的民政部门并向社会公开说明情况。

具有公开募捐资格的基金会以外的慈善组织开展慈善活动的年度支出和管理费用的标准，由国务院民政部门会同国务院财政、税务等部门依照前款规定的原则制定。

捐赠协议对单项捐赠财产的慈善活动支出和管理费用有约定的，按照其约定。

第七章　慈善服务

第六十一条　【慈善服务的定义】本法所称慈善服务，是指慈善组织和其他组织以及个人基于慈善目的，向社会或者他人提供的志愿无偿服务以及其他非营利服务。

慈善组织开展慈善服务，可以自己提供或者招募志愿者提供，也可以委托有服务专长的其他组织提供。

第六十二条　【受益人、志愿者的人格尊严和隐私保护】开展慈善服务，应当尊重受益人、志愿者的人格尊严，不得侵害受益人、志愿者的隐私。

第六十三条　【需要专门技能的慈善服务】开展医疗康复、教育培训等慈善服务，需要专门技能的，应当执行国家或者行业组织制定的标准和规程。

慈善组织招募志愿者参与慈善服务，需要专门技能的，应当对志愿者开展相关培训。

第六十四条　【向志愿者的告知义务与协议签订】慈善组织招募志愿者参与慈善服务，应当公示与慈善服务有关的全部信息，告知服务过程中可能发生的风险。

慈善组织根据需要可以与志愿者签订协议，明确双方权利义务，约定服务的内容、方式和时间等。

第六十五条　【志愿服务记录】慈善组织应当对志愿者实名登记，记录志愿者的服务时间、内容、评价等信息。根据志愿者的要求，慈善组织应当无偿、如实出具志愿服务记录证明。

第六十六条　【合理安排志愿服务】慈善组织安排志愿者参与慈善服务，应当与志愿者的年龄、文化程度、技能和身体状况相适应。

第六十七条　【志愿者的管理和培训】志愿者接受慈善组织安排参与慈善服务的，应当服从管理，接受必要的培训。

第六十八条　【志愿者权益保障】慈善组织应当为志愿者参与慈善服务提供必要条件，保障志愿者的合法权益。

慈善组织安排志愿者参与可能发生人身危险的慈善服务前，应当为志愿者购买相应的人身意外伤害保险。

第八章　信息公开

第六十九条　【慈善信息统计和发布】县级以上人民政府建立健全慈善信息统计和发布制度。

县级以上人民政府民政部门应当在统一的信息平台，及时向社会公开慈善信息，并免费提供慈善信息发布服务。

慈善组织和慈善信托的受托人应当在前款规定的平台发布慈善信息，并对信息的真实性负责。

第七十条　【政府部门的慈善信息公开】县级以上人民政府民政部门和其他有关部门应当及时向社会公开下列慈善信息：

（一）慈善组织登记事项；

（二）慈善信托备案事项；

（三）具有公开募捐资格的慈善组织名单；

（四）具有出具公益性捐赠税前扣除票据资格的慈善组织名单；

（五）对慈善活动的税收优惠、资助补贴等促进措施；

（六）向慈善组织购买服务的信息；

（七）对慈善组织、慈善信托开展检查、评估的结果；

（八）对慈善组织和其他组织以及个人的表彰、处罚结果；

（九）法律法规规定应当公开的其他信息。

第七十一条　【慈善组织、慈善信托受托人的信息公开】慈善组织、慈善信托的受托人应当依法履行信息公开义务。信息公开应当真实、完整、及时。

第七十二条　【慈善组织信息公开的内容】慈善组织应当向社会公开组织章程和决策、执行、监督机构成员信息以及国务院民政部门要求公开的其他信息。上述信息有重大变更的，慈善组织应当及时向社会公开。

慈善组织应当每年向社会公开其年度工作报告和财务会计报告。具有公开募捐资格的慈善组织的财务会计报告须经审计。

第七十三条　【公开募捐和慈善项目实施的信息公开】具有公开募捐资格的慈善组织应当定期向社会公开其募捐情

况和慈善项目实施情况。

公开募捐周期超过六个月的,至少每三个月公开一次募捐情况,公开募捐活动结束后三个月内应当全面公开募捐情况。

慈善项目实施周期超过六个月的,至少每三个月公开一次项目实施情况,项目结束后三个月内应当全面公开项目实施情况和募得款物使用情况。

第七十四条 **【向定向募捐捐赠人的告知义务】**慈善组织开展定向募捐的,应当及时向捐赠人告知募捐情况、募得款物的管理使用情况。

第七十五条 **【向受益人的告知义务】**慈善组织、慈善信托的受托人应当向受益人告知其资助标准、工作流程和工作规范等信息。

第七十六条 **【不得公开的事项】**涉及国家秘密、商业秘密、个人隐私的信息以及捐赠人、慈善信托的委托人不同意公开的姓名、名称、住所、通讯方式等信息,不得公开。

第九章 促进措施

第七十七条 **【政府及其部门促进慈善事业的基本职责】**县级以上人民政府应当根据经济社会发展情况,制定促进慈善事业发展的政策和措施。

县级以上人民政府有关部门应当在各自职责范围内,向慈善组织、慈善信托受托人等提供慈善需求信息,为慈善活动提供指导和帮助。

第七十八条 **【慈善信息共享机制】**县级以上人民政府民政部门应当建立与其他部门之间的慈善信息共享机制。

第七十九条 **【慈善组织税收优惠】**慈善组织及其取得的收入依法享受税收优惠。

第八十条 **【捐赠人税收优惠】**自然人、法人和其他组织捐赠财产用于慈善活动的,依法享受税收优惠。企业慈善捐赠支出超过法律规定的准予在计算企业所得税应纳税所得额时当年扣除的部分,允许结转以后三年内在计算应纳税所得额时扣除。

境外捐赠用于慈善活动的物资,依法减征或者免征进口关税和进口环节增值税。

第八十一条 **【受益人税收优惠】**受益人接受慈善捐赠,依法享受税收优惠。

第八十二条 **【及时办理税收优惠手续】**慈善组织、捐赠人、受益人依法享受税收优惠的,有关部门应当及时办理相关手续。

第八十三条 **【免征行政事业费用】**捐赠人向慈善组织捐赠实物、有价证券、股权和知识产权的,依法免征权利转让的相关行政事业性费用。

第八十四条 **【对扶贫济困的特殊优惠政策】**国家对开展扶贫济困的慈善活动,实行特殊的优惠政策。

第八十五条 **【慈善服务实施用地】**慈善组织开展本法第三条第一项、第二项规定的慈善活动需要慈善服务设施用地的,可以依法申请使用国有划拨土地或者农村集体建设用地。慈善服务设施用地非经法定程序不得改变用途。

第八十六条 **【金融政策支持】**国家为慈善事业提供金融政策支持,鼓励金融机构为慈善组织、慈善信托提供融资和结算等金融服务。

第八十七条 **【政府购买慈善组织服务】**各级人民政府及其有关部门可以依法通过购买服务等方式,支持符合条件的慈善组织向社会提供服务,并依照有关政府采购的法律法规向社会公开相关情况。

第八十八条 **【慈善文化和慈善理论研究】**国家采取措施弘扬慈善文化,培育公民慈善意识。

学校等教育机构应当将慈善文化纳入教育教学内容。国家鼓励高等学校培养慈善专业人才,支持高等学校和科研机构开展慈善理论研究。

广播、电视、报刊、互联网等媒体应当积极开展慈善公益宣传活动,普及慈善知识,传播慈善文化。

第八十九条 **【鼓励企事业单位和其他组织支持慈善活动】**国家鼓励企业事业单位和其他组织为开展慈善活动提供场所和其他便利条件。

第九十条 **【慈善项目冠名】**经受益人同意,捐赠人对其捐赠的慈善项目可以冠名纪念,法律法规规定需要批准的,从其规定。

第九十一条 **【慈善表彰】**国家建立慈善表彰制度,对在慈善事业发展中做出突出贡献的自然人、法人和其他组织,由县级以上人民政府或者有关部门予以表彰。

第十章 监督管理

第九十二条 **【监督管理职责】**县级以上人民政府民政部门应当依法履行职责,对慈善活动进行监督检查,对慈善行业组织进行指导。

第九十三条 **【监督管理措施】**县级以上人民政府民政部门对涉嫌违反本法规定的慈善组织,有权采取下列措施:

(一)对慈善组织的住所和慈善活动发生地进行现场检查;

(二)要求慈善组织作出说明,查阅、复制有关资料;

(三)向与慈善活动有关的单位和个人调查与监督管理有关的情况;

(四)经本级人民政府批准,可以查询慈善组织的金融账户;

(五)法律、行政法规规定的其他措施。

第九十四条 **【检查、调查要求】**县级以上人民政府民政部门对慈善组织、有关单位和个人进行检查或者调查时,检查人员或者调查人员不得少于二人,并应当出示合法证件和检查、调查通知书。

第九十五条 **【慈善信用记录和慈善组织评估】**县级以上人民政府民政部门应当建立慈善组织及其负责人信用记录制度,并向社会公布。

民政部门应当建立慈善组织评估制度,鼓励和支持第三方机构对慈善组织进行评估,并向社会公布评估结果。

第九十六条　【**慈善行业自律**】慈善行业组织应当建立健全行业规范,加强行业自律。

第九十七条　【**社会监督**】任何单位和个人发现慈善组织、慈善信托有违法行为的,可以向民政部门、其他有关部门或者慈善行业组织投诉、举报。民政部门、其他有关部门或者慈善行业组织接到投诉、举报后,应当及时调查处理。

国家鼓励公众、媒体对慈善活动进行监督,对假借慈善名义或者假冒慈善组织骗取财产以及慈善组织、慈善信托的违法违规行为予以曝光,发挥舆论和社会监督作用。

第十一章　法律责任

第九十八条　【**慈善组织违法责任(一)**】慈善组织有下列情形之一的,由民政部门责令限期改正;逾期不改正的,吊销登记证书并予以公告:

(一)未按照慈善宗旨开展活动的;

(二)私分、挪用、截留或者侵占慈善财产的;

(三)接受附加违反法律法规或者违背社会公德条件的捐赠,或者对受益人附加违反法律法规或者违背社会公德的条件的。

第九十九条　【**慈善组织违法责任(二)**】慈善组织有下列情形之一的,由民政部门予以警告、责令限期改正;逾期不改正的,责令限期停止活动并进行整改:

(一)违反本法第十四条规定造成慈善财产损失的;

(二)将不得用于投资的财产用于投资的;

(三)擅自改变捐赠财产用途的;

(四)开展慈善活动的年度支出或者管理费用的标准违反本法第六十条规定的;

(五)未依法履行信息公开义务的;

(六)未依法报送年度工作报告、财务会计报告或者报备募捐方案的;

(七)泄露捐赠人、志愿者、受益人个人隐私以及捐赠人、慈善信托的委托人不同意公开的姓名、名称、住所、通讯方式等信息的。

慈善组织违反本法规定泄露国家秘密、商业秘密的,依照有关法律的规定予以处罚。

慈善组织有前两款规定的情形,经依法处理后一年内再出现前款规定的情形,或者有其他情节严重情形的,由民政部门吊销登记证书并予以公告。

第一百条　【**慈善组织违法责任(三)**】慈善组织有本法第九十八条、第九十九条规定的情形,有违法所得的,由民政部门予以没收;对直接负责的主管人员和其他直接责任人员处二万元以上二十万元以下罚款。

第一百零一条　【**募捐活动违法责任**】开展募捐活动有下列情形之一的,由民政部门予以警告、责令停止募捐活动;对违法募集的财产,责令退还捐赠人;难以退还的,由民政部门予以收缴,转给其他慈善组织用于慈善目的;对有关组织或者个人处二万元以上二十万元以下罚款:

(一)不具有公开募捐资格的组织或者个人开展公开募捐的;

(二)通过虚构事实等方式欺骗、诱导募捐对象实施捐赠的;

(三)向单位或者个人摊派或者变相摊派的;

(四)妨碍公共秩序、企业生产经营或者居民生活的。

广播、电视、报刊以及网络服务提供者、电信运营商未履行本法第二十七条规定的验证义务的,由其主管部门予以警告,责令限期改正;逾期不改正的,予以通报批评。

第一百零二条　【**慈善组织违法责任(四)**】慈善组织不依法向捐赠人开具捐赠票据、不依法向志愿者出具志愿服务记录证明或者不及时主动向捐赠人反馈有关情况的,由民政部门予以警告,责令限期改正;逾期不改正的,责令限期停止活动。

第一百零三条　【**骗取税收优惠的法律责任**】慈善组织弄虚作假骗取税收优惠的,由税务机关依法查处;情节严重的,由民政部门吊销登记证书并予以公告。

第一百零四条　【**危害国家安全和社会公共利益的法律责任**】慈善组织从事、资助危害国家安全或者社会公共利益活动的,由有关机关依法查处,由民政部门吊销登记证书并予以公告。

第一百零五条　【**慈善信托受托人违法责任**】慈善信托的受托人有下列情形之一的,由民政部门予以警告,责令限期改正;有违法所得的,由民政部门予以没收;对直接负责的主管人员和其他直接责任人员处二万元以上二十万元以下罚款:

(一)将信托财产及其收益用于非慈善目的的;

(二)未按照规定将信托事务处理情况及财务状况向民政部门报告或者向社会公开的。

第一百零六条　【**慈善服务中的法律责任**】慈善服务过程中,因慈善组织或者志愿者过错造成受益人、第三人损害的,慈善组织依法承担赔偿责任;损害是由志愿者故意或者重大过失造成的,慈善组织可以向其追偿。

志愿者在参与慈善服务过程中,因慈善组织过错受到损害的,慈善组织依法承担赔偿责任;损害是由不可抗力造成的,慈善组织应当给予适当补偿。

第一百零七条　【**对虚假慈善的查处**】自然人、法人或者其他组织假借慈善名义或者假冒慈善组织骗取财产的,由公安机关依法查处。

第一百零八条　【**政府部门及其工作人员的违法责任**】县级以上人民政府民政部门和其他有关部门及其工作人员有下列情形之一的,由上级机关或者监察机关责令改正;依法应当给予处分的,由任免机关或者监察机关对直接负责的主管人员和其他直接责任人员给予处分:

(一)未依法履行信息公开义务的;

（二）摊派或者变相摊派捐赠任务，强行指定志愿者、慈善组织提供服务的；

（三）未依法履行监督管理职责的；

（四）违法实施行政强制措施和行政处罚的；

（五）私分、挪用、截留或者侵占慈善财产的；

（六）其他滥用职权、玩忽职守、徇私舞弊的行为。

第一百零九条 【治安管理处罚和刑事责任追究】违反本法规定，构成违反治安管理行为的，由公安机关依法给予治安管理处罚；构成犯罪的，依法追究刑事责任。

第十二章 附 则

第一百一十条 【群众性互助互济活动】城乡社区组织、单位可以在本社区、单位内部开展群众性互助互济活动。

第一百一十一条 【慈善组织以外其他组织开展的慈善活动】慈善组织以外的其他组织可以开展力所能及的慈善活动。

第一百一十二条 【施行日期】本法自2016年9月1日起施行。

城市居民最低生活保障条例

1. 1999年9月28日国务院令第271号公布
2. 自1999年10月1日起施行

第一条 为了规范城市居民最低生活保障制度，保障城市居民基本生活，制定本条例。

第二条 持有非农业户口的城市居民，凡共同生活的家庭成员人均收入低于当地城市居民最低生活保障标准的，均有从当地人民政府获得基本生活物质帮助的权利。

前款所称收入，是指共同生活的家庭成员的全部货币收入和实物收入，包括法定赡养人、扶养人或者抚养人应当给付的赡养费、扶养费或者抚养费，不包括优抚对象按照国家规定享受的抚恤金、补助金。

第三条 城市居民最低生活保障制度遵循保障城市居民基本生活的原则，坚持国家保障与社会帮扶相结合、鼓励劳动自救的方针。

第四条 城市居民最低生活保障制度实行地方各级人民政府负责制。县级以上地方各级人民政府民政部门具体负责本行政区域内城市居民最低生活保障的管理工作；财政部门按照规定落实城市居民最低生活保障资金；统计、物价、审计、劳动保障和人事等部门分工负责，在各自的职责范围内负责城市居民最低生活保障的有关工作。

县级人民政府民政部门以及街道办事处和镇人民政府（以下统称管理审批机关）负责城市居民最低生活保障的具体管理审批工作。

居民委员会根据管理审批机关的委托，可以承担城市居民最低生活保障的日常管理、服务工作。

国务院民政部门负责全国城市居民最低生活保障的管理工作。

第五条 城市居民最低生活保障所需资金，由地方人民政府列入财政预算，纳入社会救济专项资金支出项目，专项管理，专款专用。

国家鼓励社会组织和个人为城市居民最低生活保障提供捐赠、资助；所提供的捐赠资助，全部纳入当地城市居民最低生活保障资金。

第六条 城市居民最低生活保障标准，按照当地维持城市居民基本生活所必需的衣、食、住费用，并适当考虑水电燃煤（燃气）费用以及未成年人的义务教育费用确定。

直辖市、设区的市的城市居民最低生活保障标准，由市人民政府民政部门会同财政、统计、物价等部门制定，报本级人民政府批准并公布执行；县（县级市）的城市居民最低生活保障标准，由县（县级市）人民政府民政部门会同财政、统计、物价等部门制定，报本级人民政府批准并报上一级人民政府备案后公布执行。

城市居民最低生活保障标准需要提高时，依照前两款的规定重新核定。

第七条 申请享受城市居民最低生活保障待遇，由户主向户籍所在地的街道办事处或者镇人民政府提出书面申请，并出具有关证明材料，填写《城市居民最低生活保障待遇审批表》。城市居民最低生活保障待遇，由其所在地的街道办事处或者镇人民政府初审，并将有关材料和初审意见报送县级人民政府民政部门审批。

管理审批机关为审批城市居民最低生活保障待遇的需要，可以通过入户调查、邻里访问以及信函索证等方式对申请人的家庭经济状况和实际生活水平进行调查核实。申请人及有关单位、组织或者个人应当接受调查，如实提供有关情况。

第八条 县级人民政府民政部门经审查，对符合享受城市居民最低生活保障待遇条件的家庭，应当区分下列不同情况批准其享受城市居民最低生活保障待遇：

（一）对无生活来源、无劳动能力又无法定赡养人、扶养人或者抚养人的城市居民，批准其按照当地城市居民最低生活保障标准全额享受；

（二）对尚有一定收入的城市居民，批准其按照家庭人均收入低于当地城市居民最低生活保障标准的差额享受。

县级人民政府民政部门经审查，对不符合享受城市居民最低生活保障待遇条件的，应当书面通知申请人，并说明理由。

管理审批机关应当自接到申请人提出申请之日起的30日内办结审批手续。

城市居民最低生活保障待遇由管理审批机关以货币形式按月发放；必要时，也可以给付实物。

第九条 对经批准享受城市居民最低生活保障待遇的城市居民，由管理审批机关采取适当形式以户为单位予以公布,接受群众监督。任何人对不符合法定条件而享受城市居民最低生活保障待遇的,都有权向管理审批机关提出意见;管理审批机关经核查,对情况属实的,应当予以纠正。

第十条　享受城市居民最低生活保障待遇的城市居民家庭人均收入情况发生变化的,应当及时通过居民委员会告知管理审批机关,办理停发、减发或者增发城市居民最低生活保障待遇的手续。

管理审批机关应当对享受城市居民最低生活保障待遇的城市居民的家庭收入情况定期进行核查。

在就业年龄内有劳动能力但尚未就业的城市居民,在享受城市居民最低生活保障待遇期间,应当参加其所在的居民委员会组织的公益性社区服务劳动。

第十一条　地方各级人民政府及其有关部门,应当对享受城市居民最低生活保障待遇的城市居民在就业、从事个体经营等方面给予必要的扶持和照顾。

第十二条　财政部门、审计部门依法监督城市居民最低生活保障资金的使用情况。

第十三条　从事城市居民最低生活保障管理审批工作的人员有下列行为之一的,给予批评教育,依法给予行政处分;构成犯罪的,依法追究刑事责任:

(一)对符合享受城市居民最低生活保障待遇条件的家庭拒不签署同意享受城市居民最低生活保障待遇意见的,或者对不符合享受城市居民最低生活保障待遇条件的家庭故意签署同意享受城市居民最低生活保障待遇意见的;

(二)玩忽职守、徇私舞弊,或者贪污、挪用、扣压、拖欠城市居民最低生活保障款物的。

第十四条　享受城市居民最低生活保障待遇的城市居民有下列行为之一的,由县级人民政府民政部门给予批评教育或者警告,追回其冒领的城市居民最低生活保障款物;情节恶劣的,处冒领金额1倍以上3倍以下的罚款:

(一)采取虚报、隐瞒、伪造等手段,骗取享受城市居民最低生活保障待遇的;

(二)在享受城市居民最低生活保障待遇期间家庭收入情况好转,不按规定告知管理审批机关,继续享受城市居民最低生活保障待遇的。

第十五条　城市居民对县级人民政府民政部门作出的不批准享受城市居民最低生活保障待遇或者减发、停发城市居民最低生活保障款物的决定或者给予的行政处罚不服的,可以依法申请行政复议;对复议决定仍不服的,可以依法提起行政诉讼。

第十六条　省、自治区、直辖市人民政府可以根据本条例,结合本行政区域城市居民最低生活保障工作的实际情况,规定实施的办法和步骤。

第十七条　本条例自1999年10月1日起施行。

自然灾害救助条例

1. 2010年7月8日国务院令第577号公布
2. 自2010年9月1日起施行

第一章　总　　则

第一条　为了规范自然灾害救助工作,保障受灾人员基本生活,制定本条例。

第二条　自然灾害救助工作遵循以人为本、政府主导、分级管理、社会互助、灾民自救的原则。

第三条　自然灾害救助工作实行各级人民政府行政领导负责制。

国家减灾委员会负责组织、领导全国的自然灾害救助工作,协调开展重大自然灾害救助活动。国务院民政部门负责全国的自然灾害救助工作,承担国家减灾委员会的具体工作。国务院有关部门按照各自职责做好全国的自然灾害救助相关工作。

县级以上地方人民政府或者人民政府的自然灾害救助应急综合协调机构,组织、协调本行政区域的自然灾害救助工作。县级以上地方人民政府民政部门负责本行政区域的自然灾害救助工作。县级以上地方人民政府有关部门按照各自职责做好本行政区域的自然灾害救助相关工作。

第四条　县级以上人民政府应当将自然灾害救助工作纳入国民经济和社会发展规划,建立健全与自然灾害救助需求相适应的资金、物资保障机制,将人民政府安排的自然灾害救助资金和自然灾害救助工作经费纳入财政预算。

第五条　村民委员会、居民委员会以及红十字会、慈善会和公募基金会等社会组织,依法协助人民政府开展自然灾害救助工作。

国家鼓励和引导单位和个人参与自然灾害救助捐赠、志愿服务等活动。

第六条　各级人民政府应当加强防灾减灾宣传教育,提高公民的防灾避险意识和自救互救能力。

村民委员会、居民委员会、企业事业单位应当根据所在地人民政府的要求,结合各自的实际情况,开展防灾减灾应急知识的宣传普及活动。

第七条　对在自然灾害救助中作出突出贡献的单位和个人,按照国家有关规定给予表彰和奖励。

第二章　救助准备

第八条　县级以上地方人民政府及其有关部门应当根据有关法律、法规、规章,上级人民政府及其有关部门的应急预案以及本行政区域的自然灾害风险调查情况,制定相应的自然灾害救助应急预案。

自然灾害救助应急预案应当包括下列内容:

（一）自然灾害救助应急组织指挥体系及其职责；

（二）自然灾害救助应急队伍；

（三）自然灾害救助应急资金、物资、设备；

（四）自然灾害的预警预报和灾情信息的报告、处理；

（五）自然灾害救助应急响应的等级和相应措施；

（六）灾后应急救助和居民住房恢复重建措施。

第九条 县级以上人民政府应当建立健全自然灾害救助应急指挥技术支撑系统，并为自然灾害救助工作提供必要的交通、通信等装备。

第十条 国家建立自然灾害救助物资储备制度，由国务院民政部门分别会同国务院财政部门、发展改革部门制定全国自然灾害救助物资储备规划和储备库规划，并组织实施。

设区的市级以上人民政府和自然灾害多发、易发地区的县级人民政府应当根据自然灾害特点、居民人口数量和分布等情况，按照布局合理、规模适度的原则，设立自然灾害救助物资储备库。

第十一条 县级以上地方人民政府应当根据当地居民人口数量和分布等情况，利用公园、广场、体育场馆等公共设施，统筹规划设立应急避难场所，并设置明显标志。

启动自然灾害预警响应或者应急响应，需要告知居民前往应急避难场所的，县级以上地方人民政府或者人民政府的自然灾害救助应急综合协调机构应当通过广播、电视、手机短信、电子显示屏、互联网等方式，及时公告应急避难场所的具体地址和到达路径。

第十二条 县级以上地方人民政府应当加强自然灾害救助人员的队伍建设和业务培训，村民委员会、居民委员会和企业事业单位应当设立专职或者兼职的自然灾害信息员。

第三章　应急救助

第十三条 县级以上人民政府或者人民政府的自然灾害救助应急综合协调机构应当根据自然灾害预警预报启动预警响应，采取下列一项或者多项措施：

（一）向社会发布规避自然灾害风险的警告，宣传避险常识和技能，提示公众做好自救互救准备；

（二）开放应急避难场所，疏散、转移易受自然灾害危害的人员和财产，情况紧急时，实行有组织的避险转移；

（三）加强对易受自然灾害危害的乡村、社区以及公共场所的安全保障；

（四）责成民政等部门做好基本生活救助的准备。

第十四条 自然灾害发生并达到自然灾害救助应急预案启动条件的，县级以上人民政府或者人民政府的自然灾害救助应急综合协调机构应当及时启动自然灾害救助应急响应，采取下列一项或者多项措施：

（一）立即向社会发布政府应对措施和公众防范措施；

（二）紧急转移安置受灾人员；

（三）紧急调拨、运输自然灾害救助应急资金和物资，及时向受灾人员提供食品、饮用水、衣被、取暖、临时住所、医疗防疫等应急救助，保障受灾人员基本生活；

（四）抚慰受灾人员，处理遇难人员善后事宜；

（五）组织受灾人员开展自救互救；

（六）分析评估灾情趋势和灾区需求，采取相应的自然灾害救助措施；

（七）组织自然灾害救助捐赠活动。

对应急救助物资，各交通运输主管部门应当组织优先运输。

第十五条 在自然灾害救助应急期间，县级以上地方人民政府或者人民政府的自然灾害救助应急综合协调机构可以在本行政区域内紧急征用物资、设备、交通运输工具和场地，自然灾害救助应急工作结束后应当及时归还，并按照国家有关规定给予补偿。

第十六条 自然灾害造成人员伤亡或者较大财产损失的，受灾地区县级人民政府民政部门应当立即向本级人民政府和上一级人民政府民政部门报告。

自然灾害造成特别重大或者重大人员伤亡、财产损失的，受灾地区县级人民政府民政部门应当按照有关法律、行政法规和国务院应急预案规定的程序及时报告，必要时可以直接报告国务院。

第十七条 灾情稳定前，受灾地区人民政府民政部门应当每日逐级上报自然灾害造成的人员伤亡、财产损失和自然灾害救助工作动态等情况，并及时向社会发布。

灾情稳定后，受灾地区县级以上人民政府或者人民政府的自然灾害救助应急综合协调机构应当评估、核定并发布自然灾害损失情况。

第四章　灾后救助

第十八条 受灾地区人民政府应当在确保安全的前提下，采取就地安置与异地安置、政府安置与自行安置相结合的方式，对受灾人员进行过渡性安置。

就地安置应当选择在交通便利、便于恢复生产和生活的地点，并避开可能发生次生自然灾害的区域，尽量不占用或者少占用耕地。

受灾地区人民政府应当鼓励并组织受灾群众自救互救，恢复重建。

第十九条 自然灾害危险消除后，受灾地区人民政府应当统筹研究制订居民住房恢复重建规划和优惠政策，组织重建或者修缮因灾损毁的居民住房，对恢复重建确有困难的家庭予以重点帮扶。

居民住房恢复重建应当因地制宜、经济实用，确保房屋建设质量符合防灾减灾要求。

受灾地区人民政府民政等部门应当向经审核确认的居民住房恢复重建补助对象发放补助资金和物资，住房城乡建设等部门应当为受灾人员重建或者修缮因灾损毁的居民住房提供必要的技术支持。

第二十条 居民住房恢复重建补助对象由受灾人员本人申请或者由村民小组、居民小组提名。经村民委员会、居民委员会民主评议,符合救助条件的,在自然村、社区范围内公示;无异议或者经村民委员会、居民委员会民主评议异议不成立的,由村民委员会、居民委员会将评议意见和有关材料提交乡镇人民政府、街道办事处审核,报县级人民政府民政等部门审批。

第二十一条 自然灾害发生后的当年冬季、次年春季,受灾地区人民政府应当为生活困难的受灾人员提供基本生活救助。

受灾地区县级人民政府民政部门应当在每年10月底前统计、评估本行政区域受灾人员当年冬季、次年春季的基本生活困难和需求,核实救助对象,编制工作台账,制定救助工作方案,经本级人民政府批准后组织实施,并报上一级人民政府民政部门备案。

第五章 救助款物管理

第二十二条 县级以上人民政府财政部门、民政部门负责自然灾害救助资金的分配、管理并监督使用情况。

县级以上人民政府民政部门负责调拨、分配、管理自然灾害救助物资。

第二十三条 人民政府采购用于自然灾害救助准备和灾后恢复重建的货物、工程和服务,依照有关政府采购和招标投标的法律规定组织实施。自然灾害应急救助和灾后恢复重建中涉及紧急抢救、紧急转移安置和临时性救助的紧急采购活动,按照国家有关规定执行。

第二十四条 自然灾害救助款物专款(物)专用,无偿使用。

定向捐赠的款物,应当按照捐赠人的意愿使用。政府部门接受的捐赠人无指定意向的款物,由县级以上人民政府民政部门统筹安排用于自然灾害救助;社会组织接受的捐赠人无指定意向的款物,由社会组织按照有关规定用于自然灾害救助。

第二十五条 自然灾害救助款物应当用于受灾人员的紧急转移安置,基本生活救助,医疗救助,教育、医疗等公共服务设施和住房的恢复重建,自然灾害救助物资的采购、储存和运输,以及因灾遇难人员亲属的抚慰等项支出。

第二十六条 受灾地区人民政府民政、财政等部门和有关社会组织应当通过报刊、广播、电视、互联网,主动向社会公开所接受的自然灾害救助款物和捐赠款物的来源、数量及其使用情况。

受灾地区村民委员会、居民委员会应当公布救助对象及其接受救助款物数额和使用情况。

第二十七条 各级人民政府应当建立健全自然灾害救助款物和捐赠款物的监督检查制度,并及时受理投诉和举报。

第二十八条 县级以上人民政府监察机关、审计机关应当依法对自然灾害救助款物和捐赠款物的管理使用情况进行监督检查,民政、财政等部门和有关社会组织应当予以配合。

第六章 法律责任

第二十九条 行政机关工作人员违反本条例规定,有下列行为之一的,由任免机关或者监察机关依照法律法规给予处分;构成犯罪的,依法追究刑事责任:

(一)迟报、谎报、瞒报自然灾害损失情况,造成后果的;

(二)未及时组织受灾人员转移安置,或者在提供基本生活救助、组织恢复重建过程中工作不力,造成后果的;

(三)截留、挪用、私分自然灾害救助款物或者捐赠款物的;

(四)不及时归还征用的财产,或者不按照规定给予补偿的;

(五)有滥用职权、玩忽职守、徇私舞弊的其他行为的。

第三十条 采取虚报、隐瞒、伪造等手段,骗取自然灾害救助款物或者捐赠款物的,由县级以上人民政府民政部门责令限期退回违法所得的款物;构成犯罪的,依法追究刑事责任。

第三十一条 抢夺或者聚众哄抢自然灾害救助款物或者捐赠款物的,由县级以上人民政府民政部门责令停止违法行为;构成违反治安管理行为的,由公安机关依法给予治安管理处罚;构成犯罪的,依法追究刑事责任。

第三十二条 以暴力、威胁方法阻碍自然灾害救助工作人员依法执行职务,构成违反治安管理行为的,由公安机关依法给予治安管理处罚;构成犯罪的,依法追究刑事责任。

第七章 附 则

第三十三条 发生事故灾难、公共卫生事件、社会安全事件等突发事件,需要由县级以上人民政府民政部门开展生活救助的,参照本条例执行。

第三十四条 法律、行政法规对防灾、抗灾、救灾另有规定的,从其规定。

第三十五条 本条例自2010年9月1日起施行。

5. 特殊保障

中华人民共和国残疾人保障法

1. 1990年12月28日第七届全国人民代表大会常务委员会第十七次会议通过

2. 2008年4月24日第十一届全国人民代表大会常务委员会第二次会议修订

3. 自2008年7月1日起施行

目 录

第一章 总　则

第一条 【立法目的和依据】为了维护残疾人的合法权益,发展残疾人事业,保障残疾人平等地充分参与社会生活,共享社会物质文化成果,根据宪法,制定本法。

第二条 【残疾人定义】残疾人是指在心理、生理、人体结构上,某种组织、功能丧失或者不正常,全部或者部分丧失以正常方式从事某种活动能力的人。

残疾人包括视力残疾、听力残疾、言语残疾、肢体残疾、智力残疾、精神残疾、多重残疾和其他残疾的人。

残疾标准由国务院规定。

第三条 【残疾人权利】残疾人在政治、经济、文化、社会和家庭生活等方面享有同其他公民平等的权利。

残疾人的公民权利和人格尊严受法律保护。

禁止基于残疾的歧视。禁止侮辱、侵害残疾人。禁止通过大众传播媒介或者其他方式贬低损害残疾人人格。

第四条 【对残疾人的特别扶助】国家采取辅助方法和扶持措施,对残疾人给予特别扶助,减轻或者消除残疾影响和外界障碍,保障残疾人权利的实现。

第五条 【经费保障】县级以上人民政府应当将残疾人事业纳入国民经济和社会发展规划,加强领导,综合协调,并将残疾人事业经费列入财政预算,建立稳定的经费保障机制。

国务院制定中国残疾人事业发展纲要,县级以上地方人民政府根据中国残疾人事业发展纲要,制定本行政区域的残疾人事业发展规划和年度计划,使残疾人事业与经济、社会协调发展。

县级以上人民政府负责残疾人工作的机构,负责组织、协调、指导、督促有关部门做好残疾人事业的工作。

各级人民政府和有关部门,应当密切联系残疾人,听取残疾人的意见,按照各自的职责,做好残疾人工作。

第六条 【保障残疾人参与管理国家事务和社会事务】国家采取措施,保障残疾人依照法律规定,通过各种途径和形式,管理国家事务,管理经济和文化事业,管理社会事务。

制定法律、法规、规章和公共政策,对涉及残疾人权益和残疾人事业的重大问题,应当听取残疾人和残疾人组织的意见。

残疾人和残疾人组织有权向各级国家机关提出残疾人权益保障、残疾人事业发展等方面的意见和建议。

第七条 【社会支持残疾人事业】全社会应当发扬人道主义精神,理解、尊重、关心、帮助残疾人,支持残疾人事业。

国家鼓励社会组织和个人为残疾人提供捐助和服务。

国家机关、社会团体、企业事业单位和城乡基层群众性自治组织,应当做好所属范围内的残疾人工作。

从事残疾人工作的国家工作人员和其他人员,应当依法履行职责,努力为残疾人服务。

第八条 【残联组织】中国残疾人联合会及其地方组织,代表残疾人的共同利益,维护残疾人的合法权益,团结教育残疾人,为残疾人服务。

中国残疾人联合会及其地方组织依照法律、法规、章程或者接受政府委托,开展残疾人工作,动员社会力量,发展残疾人事业。

第九条 【对残疾人的扶养义务】残疾人的扶养人必须对残疾人履行扶养义务。

残疾人的监护人必须履行监护职责,尊重被监护人的意愿,维护被监护人的合法权益。

残疾人的亲属、监护人应当鼓励和帮助残疾人增强自立能力。

禁止对残疾人实施家庭暴力,禁止虐待、遗弃残疾人。

第十条 【残疾人的义务】国家鼓励残疾人自尊、自信、自强、自立,为社会主义建设贡献力量。

残疾人应当遵守法律、法规,履行应尽的义务,遵守公共秩序,尊重社会公德。

第十一条 【残疾预防工作】国家有计划地开展残疾预防工作,加强对残疾预防工作的领导,宣传、普及母婴保健和预防残疾的知识,建立健全出生缺陷预防和早期发现、早期治疗机制,针对遗传、疾病、药物、事故、灾害、环境污染和其他致残因素,组织和动员社会力量,采取措施,预防残疾的发生,减轻残疾程度。

国家建立健全残疾人统计调查制度,开展残疾人状况的统计调查和分析。

第十二条 【对残疾军人等的特别保障】国家和社会对残疾军人、因公致残人员以及其他为维护国家和人民利益致残的人员实行特别保障,给予抚恤和优待。

第十三条 【表彰和奖励】对在社会主义建设中做出显著成绩的残疾人,对维护残疾人合法权益、发展残疾人事业、为残疾人服务做出显著成绩的单位和个人,各级人民政府和有关部门给予表彰和奖励。

第十四条 【助残日】每年5月的第三个星期日为全国助残日。

第二章 康　复

第十五条 【康复服务】国家保障残疾人享有康复服务的权利。

各级人民政府和有关部门应当采取措施,为残疾人康复创造条件,建立和完善残疾人康复服务体系,并分阶段实施重点康复项目,帮助残疾人恢复或者补偿功能,增强其参与社会生活的能力。

第十六条　【康复工作的总体要求】康复工作应当从实际出发,将现代康复技术与我国传统康复技术相结合;以社区康复为基础,康复机构为骨干,残疾人家庭为依托;以实用、易行、受益广的康复内容为重点,优先开展残疾儿童抢救性治疗和康复;发展符合康复要求的科学技术,鼓励自主创新,加强康复新技术的研究、开发和应用,为残疾人提供有效的康复服务。

第十七条　【举办康复机构】各级人民政府鼓励和扶持社会力量兴办残疾人康复机构。

地方各级人民政府和有关部门,应当组织和指导城乡社区服务组织、医疗预防保健机构、残疾人组织、残疾人家庭和其他社会力量,开展社区康复工作。

残疾人教育机构、福利性单位和其他为残疾人服务的机构,应当创造条件,开展康复训练活动。

残疾人在专业人员的指导和有关工作人员、志愿工作者及亲属的帮助下,应当努力进行功能、自理能力和劳动技能的训练。

第十八条　【开展康复医疗与训练】地方各级人民政府和有关部门应当根据需要有计划地在医疗机构设立康复医学科室,举办残疾人康复机构,开展康复医疗与训练、人员培训、技术指导、科学研究等工作。

第十九条　【培养康复专业人才】医学院校和其他有关院校应当有计划地开设康复课程,设置相关专业,培养各类康复专业人才。

政府和社会采取多种形式对从事康复工作的人员进行技术培训;向残疾人、残疾人亲属、有关工作人员和志愿工作者普及康复知识,传授康复方法。

第二十条　【残疾人辅助器具】政府有关部门应当组织和扶持残疾人康复器械、辅助器具的研制、生产、供应、维修服务。

第三章　教　　育

第二十一条　【残疾人的教育权利】国家保障残疾人享有平等接受教育的权利。

各级人民政府应当将残疾人教育作为国家教育事业的组成部分,统一规划,加强领导,为残疾人接受教育创造条件。

政府、社会、学校应当采取有效措施,解决残疾儿童、少年就学存在的实际困难,帮助其完成义务教育。

各级人民政府对接受义务教育的残疾学生、贫困残疾人家庭的学生提供免费教科书,并给予寄宿生活费等费用补助;对接受义务教育以外其他教育的残疾学生、贫困残疾人家庭的学生按照国家有关规定给予资助。

第二十二条　【残疾人教育方针】残疾人教育,实行普及与提高相结合、以普及为重点的方针,保障义务教育,着重发展职业教育,积极开展学前教育,逐步发展高级中等以上教育。

第二十三条　【实施残疾人教育的要求】残疾人教育应当根据残疾人的身心特性和需要,按照下列要求实施:

(一)在进行思想教育、文化教育的同时,加强身心补偿和职业教育;

(二)依据残疾类别和接受能力,采取普通教育方式或者特殊教育方式;

(三)特殊教育的课程设置、教材、教学方法、入学和在校年龄,可以有适度弹性。

第二十四条　【设置残疾人教育机构】县级以上人民政府应当根据残疾人的数量、分布状况和残疾类别等因素,合理设置残疾人教育机构,并鼓励社会力量办学、捐资助学。

第二十五条　【普通教育机构的责任】普通教育机构对具有接受普通教育能力的残疾人实施教育,并为其学习提供便利和帮助。

普通小学、初级中等学校,必须招收能适应其学习生活的残疾儿童、少年入学;普通高级中等学校、中等职业学校和高等学校,必须招收符合国家规定的录取要求的残疾考生入学,不得因其残疾而拒绝招收;拒绝招收的,当事人或者其亲属、监护人可以要求有关部门处理,有关部门应当责令该学校招收。

普通幼儿教育机构应当接收能适应其生活的残疾幼儿。

第二十六条　【特殊教育机构的责任】残疾幼儿教育机构、普通幼儿教育机构附设的残疾儿童班、特殊教育机构的学前班、残疾儿童福利机构、残疾儿童家庭,对残疾儿童实施学前教育。

初级中等以下特殊教育机构和普通教育机构附设的特殊教育班,对不具有接受普通教育能力的残疾儿童、少年实施义务教育。

高级中等以上特殊教育机构、普通教育机构附设的特殊教育班和残疾人职业教育机构,对符合条件的残疾人实施高级中等以上文化教育、职业教育。

提供特殊教育的机构应当具备适合残疾人学习、康复、生活特点的场所和设施。

第二十七条　【对残疾人的职业教育和培训】政府有关部门、残疾人所在单位和有关社会组织应当对残疾人开展扫除文盲、职业培训、创业培训和其他成人教育,鼓励残疾人自学成才。

第二十八条　【特殊教育师资的培养】国家有计划地举办各级各类特殊教育师范院校、专业,在普通师范院校附设特殊教育班,培养、培训特殊教育师资。普通师范院校开设特殊教育课程或者讲授有关内容,使普通教师掌握必要的特殊教育知识。

特殊教育教师和手语翻译,享受特殊教育津贴。

第二十九条　【扶持盲文、手语的研究和应用】政府有关部门应当组织和扶持盲文、手语的研究和应用,特殊教育教材的编写和出版，特殊教育教学用具及其他辅助用品的研制、生产和供应。

第四章 劳动就业

第三十条 【残疾人劳动的权利】国家保障残疾人劳动的权利。

各级人民政府应当对残疾人劳动就业统筹规划，为残疾人创造劳动就业条件。

第三十一条 【残疾人劳动就业的方针】残疾人劳动就业，实行集中与分散相结合的方针，采取优惠政策和扶持保护措施，通过多渠道、多层次、多种形式，使残疾人劳动就业逐步普及、稳定、合理。

第三十二条 【集中残疾人就业】政府和社会举办残疾人福利企业、盲人按摩机构和其他福利性单位，集中安排残疾人就业。

第三十三条 【按比例安排残疾人就业】国家实行按比例安排残疾人就业制度。

国家机关、社会团体、企业事业单位、民办非企业单位应当按照规定的比例安排残疾人就业，并为其选择适当的工种和岗位。达不到规定比例的，按照国家有关规定履行保障残疾人就业义务。国家鼓励用人单位超过规定比例安排残疾人就业。

残疾人就业的具体办法由国务院规定。

第三十四条 【鼓励残疾人自主创业】国家鼓励和扶持残疾人自主择业、自主创业。

第三十五条 【扶持农村残疾人的生产劳动】地方各级人民政府和农村基层组织，应当组织和扶持农村残疾人从事种植业、养殖业、手工业和其他形式的生产劳动。

第三十六条 【扶持残疾人就业的优惠措施】国家对安排残疾人就业达到、超过规定比例或者集中安排残疾人就业的用人单位和从事个体经营的残疾人，依法给予税收优惠，并在生产、经营、技术、资金、物资、场地等方面给予扶持。国家对从事个体经营的残疾人，免除行政事业性收费。

县级以上地方人民政府及其有关部门应当确定适合残疾人生产、经营的产品、项目，优先安排残疾人福利性单位生产或者经营，并根据残疾人福利性单位的生产特点确定某些产品由其专产。

政府采购，在同等条件下应当优先购买残疾人福利性单位的产品或者服务。

地方各级人民政府应当开发适合残疾人就业的公益性岗位。

对申请从事个体经营的残疾人，有关部门应当优先核发营业执照。

对从事各类生产劳动的农村残疾人，有关部门应当在生产服务、技术指导、农用物资供应、农副产品购销和信贷等方面，给予帮助。

第三十七条 【公共就业服务机构对残疾人就业的服务】政府有关部门设立的公共就业服务机构，应当为残疾人免费提供就业服务。

残疾人联合会举办的残疾人就业服务机构，应当组织开展免费的职业指导、职业介绍和职业培训，为残疾人就业和用人单位招用残疾人提供服务和帮助。

第三十八条 【保障残疾人的劳动权利】国家保护残疾人福利性单位的财产所有权和经营自主权，其合法权益不受侵犯。

在职工的招用、转正、晋级、职称评定、劳动报酬、生活福利、休息休假、社会保险等方面，不得歧视残疾人。

残疾职工所在单位应当根据残疾职工的特点，提供适当的劳动条件和劳动保护，并根据实际需要对劳动场所、劳动设备和生活设施进行改造。

国家采取措施，保障盲人保健和医疗按摩人员从业的合法权益。

第三十九条 【对残疾职工的技术培训】残疾职工所在单位应当对残疾职工进行岗位技术培训，提高其劳动技能和技术水平。

第四十条 【不得强迫残疾人劳动】任何单位和个人不得以暴力、威胁或者非法限制人身自由的手段强迫残疾人劳动。

第五章 文化生活

第四十一条 【残疾人的文化生活权利】国家保障残疾人享有平等参与文化生活的权利。

各级人民政府和有关部门鼓励、帮助残疾人参加各种文化、体育、娱乐活动，积极创造条件，丰富残疾人精神文化生活。

第四十二条 【开展残疾人文体活动的要求】残疾人文化、体育、娱乐活动应当面向基层，融于社会公共文化生活，适应各类残疾人的不同特点和需要，使残疾人广泛参与。

第四十三条 【丰富残疾人精神文化生活的措施】政府和社会采取下列措施，丰富残疾人的精神文化生活：

（一）通过广播、电影、电视、报刊、图书、网络等形式，及时宣传报道残疾人的工作、生活等情况，为残疾人服务；

（二）组织和扶持盲文读物、盲人有声读物及其他残疾人读物的编写和出版，根据盲人的实际需要，在公共图书馆设立盲文读物、盲人有声读物图书室；

（三）开办电视手语节目，开办残疾人专题广播栏目，推进电视栏目、影视作品加配字幕、解说；

（四）组织和扶持残疾人开展群众性文化、体育、娱乐活动，举办特殊艺术演出和残疾人体育运动会，参加国际性比赛和交流；

（五）文化、体育、娱乐和其他公共活动场所，为残疾人提供方便和照顾。有计划地兴办残疾人活动场所。

第四十四条 【鼓励残疾人进行创造性劳动】政府和社会鼓励、帮助残疾人从事文学、艺术、教育、科学、技术和其他有益于人民的创造性劳动。

第四十五条　【倡导助残的社会风尚】政府和社会促进残疾人与其他公民之间的相互理解和交流,宣传残疾人事业和扶助残疾人的事迹,弘扬残疾人自强不息的精神,倡导团结、友爱、互助的社会风尚。

第六章　社会保障

第四十六条　【残疾人享有社会保障的权利】国家保障残疾人享有各项社会保障的权利。

政府和社会采取措施,完善对残疾人的社会保障,保障和改善残疾人的生活。

第四十七条　【残疾人按照规定参加社会保险】残疾人及其所在单位应当按照国家有关规定参加社会保险。

残疾人所在城乡基层群众性自治组织、残疾人家庭,应当鼓励、帮助残疾人参加社会保险。

对生活确有困难的残疾人,按照国家有关规定给予社会保险补贴。

第四十八条　【对残疾人的社会救助】各级人民政府对生活确有困难的残疾人,通过多种渠道给予生活、教育、住房和其他社会救助。

县级以上地方人民政府对享受最低生活保障待遇后生活仍有特别困难的残疾人家庭,应当采取其他措施保障其基本生活。

各级人民政府对贫困残疾人的基本医疗、康复服务、必要的辅助器具的配置和更换,应当按照规定给予救助。

对生活不能自理的残疾人,地方各级人民政府应当根据情况给予护理补贴。

第四十九条　【对残疾人的供养】地方各级人民政府对无劳动能力、无扶养人或者扶养人不具有扶养能力、无生活来源的残疾人,按照规定予以供养。

国家鼓励和扶持社会力量举办残疾人供养、托养机构。

残疾人供养、托养机构及其工作人员不得侮辱、虐待、遗弃残疾人。

第五十条　【对残疾人搭乘公共交通工具等给予便利和优惠】县级以上人民政府对残疾人搭乘公共交通工具,应当根据实际情况给予便利和优惠。残疾人可以免费携带随身必备的辅助器具。

盲人持有效证件免费乘坐市内公共汽车、电车、地铁、渡船等公共交通工具。盲人读物邮件免费寄递。

国家鼓励和支持提供电信、广播电视服务的单位对盲人、听力残疾人、言语残疾人给予优惠。

各级人民政府应当逐步增加对残疾人的其他照顾和扶助。

第五十一条　【鼓励和发展残疾人慈善事业】政府有关部门和残疾人组织应当建立和完善社会各界为残疾人捐助和服务的渠道,鼓励和支持发展残疾人慈善事业,开展志愿者助残等公益活动。

第七章　无障碍环境

第五十二条　【为残疾人创造无障碍环境】国家和社会应当采取措施,逐步完善无障碍设施,推进信息交流无障碍,为残疾人平等参与社会生活创造无障碍环境。

各级人民政府应当对无障碍环境建设进行统筹规划,综合协调,加强监督管理。

第五十三条　【无障碍设施的建设和改造】无障碍设施的建设和改造,应当符合残疾人的实际需要。

新建、改建和扩建建筑物、道路、交通设施等,应当符合国家有关无障碍设施工程建设标准。

各级人民政府和有关部门应当按照国家无障碍设施工程建设规定,逐步推进已建成设施的改造,优先推进与残疾人日常工作、生活密切相关的公共服务设施的改造。

对无障碍设施应当及时维修和保护。

第五十四条　【信息交流无障碍】国家采取措施,为残疾人信息交流无障碍创造条件。

各级人民政府和有关部门应当采取措施,为残疾人获取公共信息提供便利。

国家和社会研制、开发适合残疾人使用的信息交流技术和产品。

国家举办的各类升学考试、职业资格考试和任职考试,有盲人参加的,应当为盲人提供盲文试卷、电子试卷或者由专门的工作人员予以协助。

第五十五条　【为残疾人提供无障碍服务】公共服务机构和公共场所应当创造条件,为残疾人提供语音和文字提示、手语、盲文等信息交流服务,并提供优先服务和辅助性服务。

公共交通工具应当逐步达到无障碍设施的要求。有条件的公共停车场应当为残疾人设置专用停车位。

第五十六条　【为残疾人选举提供便利】组织选举的部门应当为残疾人参加选举提供便利;有条件的,应当为盲人提供盲文选票。

第五十七条　【无障碍辅助设备的研制和开发】国家鼓励和扶持无障碍辅助设备、无障碍交通工具的研制和开发。

第五十八条　【导盲犬出入公共场所】盲人携带导盲犬出入公共场所,应当遵守国家有关规定。

第八章　法律责任

第五十九条　【残疾人组织的维权职责】残疾人的合法权益受到侵害的,可以向残疾人组织投诉,残疾人组织应当维护残疾人的合法权益,有权要求有关部门或者单位查处。有关部门或者单位应当依法查处,并予以答复。

残疾人组织对残疾人通过诉讼维护其合法权益需要帮助的,应当给予支持。

残疾人组织对侵害特定残疾人群体利益的行为,有权要求有关部门依法查处。

第六十条　【残疾人权益受侵害的救济渠道】残疾人的合法权益受到侵害的，有权要求有关部门依法处理，或者依法向仲裁机构申请仲裁，或者依法向人民法院提起诉讼。

对有经济困难或者其他原因确需法律援助或者司法救助的残疾人，当地法律援助机构或者人民法院应当给予帮助，依法为其提供法律援助或者司法救助。

第六十一条　【国家工作人员的法律责任】违反本法规定，对侵害残疾人权益行为的申诉、控告、检举，推诿、拖延、压制不予查处，或者对提出申诉、控告、检举的人进行打击报复的，由其所在单位、主管部门或者上级机关责令改正，并依法对直接负责的主管人员和其他直接责任人员给予处分。

国家工作人员未依法履行职责，对侵害残疾人权益的行为未及时制止或者未给予受害残疾人必要帮助，造成严重后果的，由其所在单位或者上级机关依法对直接负责的主管人员和其他直接责任人员给予处分。

第六十二条　【通过大众传播媒介损害残疾人人格的法律责任】违反本法规定，通过大众传播媒介或者其他方式贬低损害残疾人人格的，由文化、广播电影电视、新闻出版或者其他有关主管部门依据各自的职权责令改正，并依法给予行政处罚。

第六十三条　【有关教育机构的法律责任】违反本法规定，有关教育机构拒不接收残疾学生入学，或者在国家规定的录取要求以外附加条件限制残疾学生就学的，由有关主管部门责令改正，并依法对直接负责的主管人员和其他直接责任人员给予处分。

第六十四条　【歧视残疾人劳动者的法律责任】违反本法规定，在职工的招用等方面歧视残疾人的，由有关主管部门责令改正；残疾人劳动者可以依法向人民法院提起诉讼。

第六十五条　【供养、托养机构及其工作人员的法律责任】违反本法规定，供养、托养机构及其工作人员侮辱、虐待、遗弃残疾人的，对直接负责的主管人员和其他直接责任人员依法给予处分；构成违反治安管理行为的，依法给予行政处罚。

第六十六条　【违反无障碍设施管理的法律责任】违反本法规定，新建、改建和扩建建筑物、道路、交通设施，不符合国家有关无障碍设施工程建设标准，或者对无障碍设施未进行及时维修和保护造成后果的，由有关主管部门依法处理。

第六十七条　【综合性法律责任】违反本法规定，侵害残疾人的合法权益，其他法律、法规规定行政处罚的，从其规定；造成财产损失或者其他损害的，依法承担民事责任；构成犯罪的，依法追究刑事责任。

第九章　附　　则

第六十八条　【施行日期】本法自2008年7月1日起施行。

中华人民共和国老年人权益保障法

1. 1996年8月29日第八届全国人民代表大会常务委员会第二十一次会议通过

2. 根据2009年8月27日第十一届全国人民代表大会常务委员会第十次会议《关于修改部分法律的决定》第一次修正

3. 2012年12月28日第十一届全国人民代表大会常务委员会第三十次会议修订

4. 根据2015年4月24日第十二届全国人民代表大会常务委员会第十四次会议《关于修改〈中华人民共和国电力法〉等六部法律的决定》第二次修正

目　　录

第一章　总　　则

第一条　【立法目的】为了保障老年人合法权益，发展老龄事业，弘扬中华民族敬老、养老、助老的美德，根据宪法，制定本法。

第二条　【适用范围】本法所称老年人是指六十周岁以上的公民。

第三条　【基本原则】国家保障老年人依法享有的权益。

老年人有从国家和社会获得物质帮助的权利，有享受社会服务和社会优待的权利，有参与社会发展和共享发展成果的权利。

禁止歧视、侮辱、虐待或者遗弃老年人。

第四条　【总体目标】积极应对人口老龄化是国家的一项长期战略任务。

国家和社会应当采取措施，健全保障老年人权益的各项制度，逐步改善保障老年人生活、健康、安全以及参与社会发展的条件，实现老有所养、老有所医、老有所为、老有所学、老有所乐。

第五条　【社会保障】国家建立多层次的社会保障体系，逐步提高对老年人的保障水平。

国家建立和完善以居家为基础、社区为依托、机构为支撑的社会养老服务体系。

倡导全社会优待老年人。

第六条　【政府职责】各级人民政府应当将老龄事业纳入国

民经济和社会发展规划,将老龄事业经费列入财政预算,建立稳定的经费保障机制,并鼓励社会各方面投入,使老龄事业与经济、社会协调发展。

国务院制定国家老龄事业发展规划。县级以上地方人民政府根据国家老龄事业发展规划,制定本行政区域的老龄事业发展规划和年度计划。

县级以上人民政府负责老龄工作的机构,负责组织、协调、指导、督促有关部门做好老年人权益保障工作。

第七条 【社会责任】保障老年人合法权益是全社会的共同责任。

国家机关、社会团体、企业事业单位和其他组织应当按照各自职责,做好老年人权益保障工作。

基层群众性自治组织和依法设立的老年人组织应当反映老年人的要求,维护老年人合法权益,为老年人服务。

提倡、鼓励义务为老年人服务。

第八条 【宣传教育】国家进行人口老龄化国情教育,增强全社会积极应对人口老龄化意识。

全社会应当广泛开展敬老、养老、助老宣传教育活动,树立尊重、关心、帮助老年人的社会风尚。

青少年组织、学校和幼儿园应当对青少年和儿童进行敬老、养老、助老的道德教育和维护老年人合法权益的法制教育。

广播、电影、电视、报刊、网络等应当反映老年人的生活,开展维护老年人合法权益的宣传,为老年人服务。

第九条 【社会研究】国家支持老龄科学研究,建立老年人状况统计调查和发布制度。

第十条 【奖励】各级人民政府和有关部门对维护老年人合法权益和敬老、养老、助老成绩显著的组织、家庭或者个人,对参与社会发展做出突出贡献的老年人,按照国家有关规定给予表彰或者奖励。

第十一条 【老年人的义务】老年人应当遵纪守法,履行法律规定的义务。

第十二条 【法定节日】每年农历九月初九为老年节。

第二章 家庭赡养与扶养

第十三条 【养老基础】老年人养老以居家为基础,家庭成员应当尊重、关心和照料老年人。

第十四条 【赡养人义务】赡养人应当履行对老年人经济上供养、生活上照料和精神上慰藉的义务,照顾老年人的特殊需要。

赡养人是指老年人的子女以及其他依法负有赡养义务的人。

赡养人的配偶应当协助赡养人履行赡养义务。

第十五条 【患病、经济困难、生活不能自理的老年人的赡养】赡养人应当使患病的老年人及时得到治疗和护理;对经济困难的老年人,应当提供医疗费用。

对生活不能自理的老年人,赡养人应当承担照料责任;不能亲自照料的,可以按照老年人的意愿委托他人或者养老机构等照料。

第十六条 【老年人的住房保障】赡养人应当妥善安排老年人的住房,不得强迫老年人居住或者迁居条件低劣的房屋。

老年人自有的或者承租的住房,子女或者其他亲属不得侵占,不得擅自改变产权关系或者租赁关系。

老年人自有的住房,赡养人有维修的义务。

第十七条 【老年人承包的田地及其林木、牲畜的收益】赡养人有义务耕种或者委托他人耕种老年人承包的田地,照管或者委托他人照管老年人的林木和牲畜等,收益归老年人所有。

第十八条 【老年人的精神需求】家庭成员应当关心老年人的精神需求,不得忽视、冷落老年人。

与老年人分开居住的家庭成员,应当经常看望或者问候老年人。

用人单位应当按照国家有关规定保障赡养人探亲休假的权利。

第十九条 【赡养义务的强制性】赡养人不得以放弃继承权或者其他理由,拒绝履行赡养义务。

赡养人不履行赡养义务,老年人有要求赡养人付给赡养费等权利。

赡养人不得要求老年人承担力不能及的劳动。

第二十条 【赡养协议】经老年人同意,赡养人之间可以就履行赡养义务签订协议。赡养协议的内容不得违反法律的规定和老年人的意愿。

基层群众性自治组织、老年人组织或者赡养人所在单位监督协议的履行。

第二十一条 【老年人的婚姻自由】老年人的婚姻自由受法律保护。子女或者其他亲属不得干涉老年人离婚、再婚及婚后的生活。

赡养人的赡养义务不因老年人的婚姻关系变化而消除。

第二十二条 【老年人的财产权益】老年人对个人的财产,依法享有占有、使用、收益和处分的权利,子女或者其他亲属不得干涉,不得以窃取、骗取、强行索取等方式侵犯老年人的财产权益。

老年人有依法继承父母、配偶、子女或者其他亲属遗产的权利,有接受赠与的权利。子女或者其他亲属不得侵占、抢夺、转移、隐匿或者损毁应当由老年人继承或者接受赠与的财产。

老年人以遗嘱处分财产,应当依法为老年配偶保留必要的份额。

第二十三条 【扶养义务】老年人与配偶有相互扶养的义务。

由兄、姐扶养的弟、妹成年后,有负担能力的,对年老无赡养人的兄、姐有扶养的义务。

第二十四条 【不履行赡养、扶养义务】赡养人、扶养人不履行赡养、扶养义务的，基层群众性自治组织、老年人组织或者赡养人、扶养人所在单位应当督促其履行。

第二十五条 【禁止家庭暴力】禁止对老年人实施家庭暴力。

第二十六条 【监护人】具备完全民事行为能力的老年人，可以在近亲属或者其他与自己关系密切、愿意承担监护责任的个人、组织中协商确定自己的监护人。监护人在老年人丧失或者部分丧失民事行为能力时，依法承担监护责任。

老年人未事先确定监护人的，其丧失或者部分丧失民事行为能力时，依照有关法律的规定确定监护人。

第二十七条 【家庭养老支持政策】国家建立健全家庭养老支持政策，鼓励家庭成员与老年人共同生活或者就近居住，为老年人随配偶或者赡养人迁徙提供条件，为家庭成员照料老年人提供帮助。

第三章 社会保障

第二十八条 【养老保险制度】国家通过基本养老保险制度，保障老年人的基本生活。

第二十九条 【医疗保险制度】国家通过基本医疗保险制度，保障老年人的基本医疗需要。享受最低生活保障的老年人和符合条件的低收入家庭中的老年人参加新型农村合作医疗和城镇居民基本医疗保险所需个人缴费部分，由政府给予补贴。

有关部门制定医疗保险办法，应当对老年人给予照顾。

第三十条 【护理保障工作】国家逐步开展长期护理保障工作，保障老年人的护理需求。

对生活长期不能自理、经济困难的老年人，地方各级人民政府应当根据其失能程度等情况给予护理补贴。

第三十一条 【老年人救助】国家对经济困难的老年人给予基本生活、医疗、居住或者其他救助。

老年人无劳动能力、无生活来源、无赡养人和扶养人，或者其赡养人和扶养人确无赡养能力或者扶养能力的，由地方各级人民政府依照有关规定给予供养或者救助。

对流浪乞讨、遭受遗弃等生活无着的老年人，由地方各级人民政府依照有关规定给予救助。

第三十二条 【住房照顾】地方各级人民政府在实施廉租住房、公共租赁住房等住房保障制度或者进行危旧房屋改造时，应当优先照顾符合条件的老年人。

第三十三条 【老年人福利】国家建立和完善老年人福利制度，根据经济社会发展水平和老年人的实际需要，增加老年人的社会福利。

国家鼓励地方建立八十周岁以上低收入老年人高龄津贴制度。

国家建立和完善计划生育家庭老年人扶助制度。

农村可以将未承包的集体所有的部分土地、山林、水面、滩涂等作为养老基地，收益供老年人养老。

第三十四条 【养老金及其他待遇保障】老年人依法享有的养老金、医疗待遇和其他待遇应当得到保障，有关机构必须按时足额支付，不得克扣、拖欠或者挪用。

国家根据经济发展以及职工平均工资增长、物价上涨等情况，适时提高养老保障水平。

第三十五条 【物质帮助】国家鼓励慈善组织以及其他组织和个人为老年人提供物质帮助。

第三十六条 【扶养、扶助协议】老年人可以与集体经济组织、基层群众性自治组织、养老机构等组织或者个人签订遗赠扶养协议或者其他扶助协议。

负有扶养义务的组织或者个人按照遗赠扶养协议，承担该老年人生养死葬的义务，享有受遗赠的权利。

第四章 社会服务

第三十七条 【社区养老服务】地方各级人民政府和有关部门应当采取措施，发展城乡社区养老服务，鼓励、扶持专业服务机构及其他组织和个人，为居家的老年人提供生活照料、紧急救援、医疗护理、精神慰藉、心理咨询等多种形式的服务。

对经济困难的老年人，地方各级人民政府应当逐步给予养老服务补贴。

第三十八条 【基础设施】地方各级人民政府和有关部门、基层群众性自治组织，应当将养老服务设施纳入城乡社区配套设施建设规划，建立适应老年人需要的生活服务、文化体育活动、日间照料、疾病护理与康复等服务设施和网点，就近为老年人提供服务。

发扬邻里互助的传统，提倡邻里间关心、帮助有困难的老年人。

鼓励慈善组织、志愿者为老年人服务。倡导老年人互助服务。

第三十九条 【政策支持】各级人民政府应当根据经济发展水平和老年人服务需求，逐步增加对养老服务的投入。

各级人民政府和有关部门在财政、税费、土地、融资等方面采取措施，鼓励、扶持企业事业单位、社会组织或者个人兴办、运营养老、老年人日间照料、老年文化体育活动等设施。

第四十条 【养老服务设施用地】地方各级人民政府和有关部门应当按照老年人口比例及分布情况，将养老服务设施建设纳入城乡规划和土地利用总体规划，统筹安排养老服务设施建设用地及所需物资。

公益性养老服务设施用地，可以依法使用国有划拨土地或者农民集体所有的土地。

养老服务设施用地，非经法定程序不得改变用途。

第四十一条 【养老机构】政府投资兴办的养老机构，应当优先保障经济困难的孤寡、失能、高龄等老年人的服务需求。

第四十二条 【分类管理和评估】国务院有关部门制定养老服务设施建设、养老服务质量和养老服务职业等标准，建立健全养老机构分类管理和养老服务评估制度。

各级人民政府应当规范养老服务收费项目和标准,加强监督和管理。

第四十三条 【设立养老机构的条件】设立养老机构,应当符合下列条件:

(一)有自己的名称、住所和章程;

(二)有与服务内容和规模相适应的资金;

(三)有符合相关资格条件的管理人员、专业技术人员和服务人员;

(四)有基本的生活用房、设施设备和活动场地;

(五)法律、法规规定的其他条件。

第四十四条 【养老机构的许可、登记】设立公益性养老机构应当向县级以上人民政府民政部门申请行政许可;经许可的,依法办理相应的登记。

设立经营性养老机构应当在工商行政管理部门办理登记后,向县级以上人民政府民政部门申请行政许可。

县级以上人民政府民政部门负责养老机构的指导、监督和管理,其他有关部门依照职责分工对养老机构实施监督。

第四十五条 【养老机构的变更、终止】养老机构变更或者终止的,应当妥善安置收住的老年人,并依照规定到有关部门办理手续。有关部门应当为养老机构妥善安置老年人提供帮助。

第四十六条 【养老服务人才培养】国家建立健全养老服务人才培养、使用、评价和激励制度,依法规范用工,促进从业人员劳动报酬合理增长,发展专职、兼职和志愿者相结合的养老服务队伍。

国家鼓励高等学校、中等职业学校和职业培训机构设置相关专业或者培训项目,培养养老服务专业人才。

第四十七条 【养老服务协议】养老机构应当与接受服务的老年人或者其代理人签订服务协议,明确双方的权利、义务。

养老机构及其工作人员不得以任何方式侵害老年人的权益。

第四十八条 【养老责任保险】国家鼓励养老机构投保责任保险,鼓励保险公司承保责任保险。

第四十九条 【老年医疗卫生服务】各级人民政府和有关部门应当将老年医疗卫生服务纳入城乡医疗卫生服务规划,将老年人健康管理和常见病预防等纳入国家基本公共卫生服务项目。鼓励为老年人提供保健、护理、临终关怀等服务。

国家鼓励医疗机构开设针对老年病的专科或者门诊。

医疗卫生机构应当开展老年人的健康服务和疾病防治工作。

第五十条 【健康教育和医学研究】国家采取措施,加强老年医学的研究和人才培养,提高老年病的预防、治疗、科研水平,促进老年病的早期发现、诊断和治疗。

国家和社会采取措施,开展各种形式的健康教育,普及老年保健知识,增强老年人自我保健意识。

第五十一条 【老龄产业】国家采取措施,发展老龄产业,将老龄产业列入国家扶持行业目录。扶持和引导企业开发、生产、经营适应老年人需要的用品和提供相关的服务。

第五章 社会优待

第五十二条 【优待老年人】县级以上人民政府及其有关部门根据经济社会发展情况和老年人的特殊需要,制定优待老年人的办法,逐步提高优待水平。

对常住在本行政区域内的外埠老年人给予同等优待。

第五十三条 【为老年人及时、便利地享受物质帮助提供条件】各级人民政府和有关部门应当为老年人及时、便利地领取养老金、结算医疗费和享受其他物质帮助提供条件。

第五十四条 【重大事项询问并优先办理】各级人民政府和有关部门办理房屋权属关系变更、户口迁移等涉及老年人权益的重大事项时,应当就办理事项是否为老年人的真实意思表示进行询问,并依法优先办理。

第五十五条 【法律援助】老年人因其合法权益受侵害提起诉讼交纳诉讼费确有困难的,可以缓交、减交或者免交;需要获得律师帮助,但无力支付律师费用的,可以获得法律援助。

鼓励律师事务所、公证处、基层法律服务所和其他法律服务机构为经济困难的老年人提供免费或者优惠服务。

第五十六条 【医疗便利措施】医疗机构应当为老年人就医提供方便,对老年人就医予以优先。有条件的地方,可以为老年人设立家庭病床,开展巡回医疗、护理、康复、免费体检等服务。

提倡为老年人义诊。

第五十七条 【优先、优惠服务】提倡与老年人日常生活密切相关的服务行业为老年人提供优先、优惠服务。

城市公共交通、公路、铁路、水路和航空客运,应当为老年人提供优待和照顾。

第五十八条 【享受精神文化生活】博物馆、美术馆、科技馆、纪念馆、公共图书馆、文化馆、影剧院、体育场馆、公园、旅游景点等场所,应当对老年人免费或者优惠开放。

第五十九条 【筹劳义务免除】农村老年人不承担兴办公益事业的筹劳义务。

第六章 宜居环境

第六十条 【宜居环境建设】国家采取措施,推进宜居环境建设,为老年人提供安全、便利和舒适的环境。

第六十一条 【服务设施建设】各级人民政府在制定城乡规划时,应当根据人口老龄化发展趋势、老年人口分布和老年人的特点,统筹考虑适合老年人的公共基础设施、生活服务设施、医疗卫生设施和文化体育设施建设。

第六十二条 【工程建设标准体系】国家制定和完善涉及老年人的工程建设标准体系,在规划、设计、施工、监理、验收、运行、维护、管理等环节加强相关标准的实施与监督。

第六十三条 【无保障设施建设】国家制定无障碍设施工程建设标准。新建、改建和扩建道路、公共交通设施、建筑物、居住区等,应当符合国家无障碍设施工程建设标准。

各级人民政府和有关部门应当按照国家无障碍设施工程建设标准,优先推进与老年人日常生活密切相关的公共服务设施的改造。

无障碍设施的所有人和管理人应当保障无障碍设施正常使用。

第六十四条 【宜居社区建设】国家推动老年宜居社区建设,引导、支持老年宜居住宅的开发,推动和扶持老年人家庭无障碍设施的改造,为老年人创造无障碍居住环境。

第七章 参与社会发展

第六十五条 【重视老年人作用】国家和社会应当重视、珍惜老年人的知识、技能、经验和优良品德,发挥老年人的专长和作用,保障老年人参与经济、政治、文化和社会生活。

第六十六条 【组织活动】老年人可以通过老年人组织,开展有益身心健康的活动。

第六十七条 【听取老年人和老年人组织的意见建议】制定法律、法规、规章和公共政策,涉及老年人权益重大问题的,应当听取老年人和老年人组织的意见。

老年人和老年人组织有权向国家机关提出老年人权益保障、老龄事业发展等方面的意见和建议。

第六十八条 【对老年人参与社会活动的支持和保障】国家为老年人参与社会发展创造条件。根据社会需要和可能,鼓励老年人在自愿和量力的情况下,从事下列活动:

(一)对青少年和儿童进行社会主义、爱国主义、集体主义和艰苦奋斗等优良传统教育;

(二)传授文化和科技知识;

(三)提供咨询服务;

(四)依法参与科技开发和应用;

(五)依法从事经营和生产活动;

(六)参加志愿服务、兴办社会公益事业;

(七)参与维护社会治安、协助调解民间纠纷;

(八)参加其他社会活动。

第六十九条 【合法收入保护】老年人参加劳动的合法收入受法律保护。

任何单位和个人不得安排老年人从事危害其身心健康的劳动或者危险作业。

第七十条 【老年人教育】老年人有继续受教育的权利。

国家发展老年教育,把老年教育纳入终身教育体系,鼓励社会办好各类老年学校。

各级人民政府对老年教育应当加强领导,统一规划,加大投入。

第七十一条 【老年人文化生活】国家和社会采取措施,开展适合老年人的群众性文化、体育、娱乐活动,丰富老年人的精神文化生活。

第八章 法律责任

第七十二条 【侵权救济】老年人合法权益受到侵害的,被侵害人或者其代理人有权要求有关部门处理,或者依法向人民法院提起诉讼。

人民法院和有关部门,对侵犯老年人合法权益的申诉、控告和检举,应当依法及时受理,不得推诿、拖延。

第七十三条 【不作为或失职处理】不履行保护老年人合法权益职责的部门或者组织,其上级主管部门应当给予批评教育,责令改正。

国家工作人员违法失职,致使老年人合法权益受到损害的,由其所在单位或者上级机关责令改正,或者依法给予处分;构成犯罪的,依法追究刑事责任。

第七十四条 【纠纷处理】老年人与家庭成员因赡养、扶养或者住房、财产等发生纠纷,可以申请人民调解委员会或者其他有关组织进行调解,也可以直接向人民法院提起诉讼。

人民调解委员会或者其他有关组织调解前款纠纷时,应当通过说服、疏导等方式化解矛盾和纠纷;对有过错的家庭成员,应当给予批评教育。

人民法院对老年人追索赡养费或者扶养费的申请,可以依法裁定先予执行。

第七十五条 【干涉婚姻自由,拒不履行赡养、扶养义务,虐待或实施家庭暴力的处罚】干涉老年人婚姻自由,对老年人负有赡养义务、扶养义务而拒绝赡养、扶养,虐待老年人或者对老年人实施家庭暴力的,由有关单位给予批评教育;构成违反治安管理行为的,依法给予治安管理处罚;构成犯罪的,依法追究刑事责任。

第七十六条 【侵害老年人财物的处罚】家庭成员盗窃、诈骗、抢夺、侵占、勒索、故意损毁老年人财物,构成违反治安管理行为的,依法给予治安管理处罚;构成犯罪的,依法追究刑事责任。

第七十七条 【侮辱、诽谤老年人的处罚】侮辱、诽谤老年人,构成违反治安管理行为的,依法给予治安管理处罚;构成犯罪的,依法追究刑事责任。

第七十八条 【未经许可设立养老机构的处理】未经许可设立养老机构的,由县级以上人民政府民政部门责令改正;符合法律、法规规定的养老机构条件的,依法补办相关手续;逾期达不到法定条件的,责令停办并妥善安置收住的老年人;造成损害的,依法承担民事责任。

第七十九条 【养老机构及其工作人员侵害老年人人身、财产权益的处罚】养老机构及其工作人员侵害老年人人身和财产权益,或者未按照约定提供服务的,依法承担民事责任;有关主管部门依法给予行政处罚;构成犯罪的,依法追究刑事责任。

第八十条 【对渎职行为的处罚】对养老机构负有管理和监督职责的部门及其工作人员滥用职权、玩忽职守、徇私舞弊的,对直接负责的主管人员和其他直接责任人员依法给予处分;构成犯罪的,依法追究刑事责任。

第八十一条 【不履行优待老年人义务的处理】不按规定履行优待老年人义务的,由有关主管部门责令改正。

第八十二条 【工程设施不符合规定的处罚】涉及老年人的工程不符合国家规定的标准或者无障碍设施所有人、管理人未尽到维护和管理职责的,由有关主管部门责令改正;造成损害的,依法承担民事责任;对有关单位、个人依法给予行政处罚;构成犯罪的,依法追究刑事责任。

第九章 附 则

第八十三条 【变通或补充规定的制度】民族自治地方的人民代表大会,可以根据本法的原则,结合当地民族风俗习惯的具体情况,依照法定程序制定变通的或者补充的规定。

第八十四条 【溯及效力】本法施行前设立的养老机构不符合本法规定条件的,应当限期整改。具体办法由国务院民政部门制定。

第八十五条 【生效日期】本法自2013年7月1日起施行。

中华人民共和国妇女权益保障法

1. 1992年4月3日第七届全国人民代表大会第五次会议通过

2. 根据2005年8月28日第十届全国人民代表大会常务委员会第十七次会议《关于修改〈中华人民共和国妇女权益保障法〉的决定》修正

目 录

第一章 总 则

第一条 【立法目的】为了保障妇女的合法权益,促进男女平等,充分发挥妇女在社会主义现代化建设中的作用,根据宪法和我国的实际情况,制定本法。

第二条 【男女平等】妇女在政治的、经济的、文化的、社会的和家庭的生活等各方面享有同男子平等的权利。

实行男女平等是国家的基本国策。国家采取必要措施,逐步完善保障妇女权益的各项制度,消除对妇女一切形式的歧视。

国家保护妇女依法享有的特殊权益。

禁止歧视、虐待、遗弃、残害妇女。

第三条 【妇女发展纲要和规划】国务院制定中国妇女发展纲要,并将其纳入国民经济和社会发展规划。

县级以上地方各级人民政府根据中国妇女发展纲要,制定本行政区域的妇女发展规划,并将其纳入国民经济和社会发展计划。

第四条 【保障妇女合法权益】保障妇女的合法权益是全社会的共同责任。国家机关、社会团体、企业事业单位、城乡基层群众性自治组织,应当依照本法和有关法律的规定,保障妇女的权益。

国家采取有效措施,为妇女依法行使权利提供必要的条件。

第五条 【权利与义务统一】国家鼓励妇女自尊、自信、自立、自强,运用法律维护自身合法权益。

妇女应当遵守国家法律,尊重社会公德,履行法律所规定的义务。

第六条 【妇女权益的保障工作】各级人民政府应当重视和加强妇女权益的保障工作。

县级以上人民政府负责妇女儿童工作的机构,负责组织、协调、指导、督促有关部门做好妇女权益的保障工作。

县级以上人民政府有关部门在各自的职责范围内做好妇女权益的保障工作。

第七条 【妇女联合会】中华全国妇女联合会和地方各级妇女联合会依照法律和中华全国妇女联合会章程,代表和维护各族各界妇女的利益,做好维护妇女权益的工作。

工会、共产主义青年团,应当在各自的工作范围内,做好维护妇女权益的工作。

第八条 【表彰和奖励】对保障妇女合法权益成绩显著的组织和个人,各级人民政府和有关部门给予表彰和奖励。

第二章 政治权利

第九条 【政治权利男女平等】国家保障妇女享有与男子平等的政治权利。

第十条 【意见和建议权】妇女有权通过各种途径和形式,管理国家事务,管理经济和文化事业,管理社会事务。

制定法律、法规、规章和公共政策,对涉及妇女权益的重大问题,应当听取妇女联合会的意见。

妇女和妇女组织有权向各级国家机关提出妇女权益保障方面的意见和建议。

第十一条 【选举与被选举权】妇女享有与男子平等的选举权和被选举权。

全国人民代表大会和地方各级人民代表大会的代表中,应当有适当数量的妇女代表。国家采取措施,逐步提高全国人民代表大会和地方各级人民代表大会的妇女代表的比例。

居民委员会、村民委员会成员中,妇女应当有适当的名额。

第十二条 【女干部的培养和选拔】国家积极培养和选拔女干部。

国家机关、社会团体、企业事业单位培养、选拔和任用干部,必须坚持男女平等的原则,并有适当数量的妇女担任领导成员。

国家重视培养和选拔少数民族女干部。

第十三条 【妇联的权利】中华全国妇女联合会和地方各级妇女联合会代表妇女积极参与国家和社会事务的民主决策、民主管理和民主监督。

各级妇女联合会及其团体会员,可以向国家机关、社会团体、企业事业单位推荐女干部。

第十四条 【对侵害妇女权益的申诉、控告和检举的处理】对于有关保障妇女权益的批评或者合理建议,有关部门应当听取和采纳;对于有关侵害妇女权益的申诉、控告和检举,有关部门必须查清事实,负责处理,任何组织或者个人不得压制或者打击报复。

第三章 文化教育权益

第十五条 【文化教育权利男女平等】国家保障妇女享有与男子平等的文化教育权利。

第十六条 【入学、分配等不得歧视女性】学校和有关部门应当执行国家有关规定,保障妇女在入学、升学、毕业分配、授予学位、派出留学等方面享有与男子平等的权利。

学校在录取学生时,除特殊专业外,不得以性别为由拒绝录取女性或者提高对女性的录取标准。

第十七条 【保障女性青少年身心健康发展】学校应当根据女性青少年的特点,在教育、管理、设施等方面采取措施,保障女性青少年身心健康发展。

第十八条 【保障适龄女性儿童少年接受义务教育】父母或者其他监护人必须履行保障适龄女性儿童少年接受义务教育的义务。

除因疾病或者其他特殊情况经当地人民政府批准的以外,对不送适龄女性儿童少年入学的父母或者其他监护人,由当地人民政府予以批评教育,并采取有效措施,责令送适龄女性儿童少年入学。

政府、社会、学校应当采取有效措施,解决适龄女性儿童少年就学存在的实际困难,并创造条件,保证贫困、残疾和流动人口中的适龄女性儿童少年完成义务教育。

第十九条 【扫除妇女中的文盲、半文盲】各级人民政府应当依照规定把扫除妇女中的文盲、半文盲工作,纳入扫盲和扫盲后继续教育规划,采取符合妇女特点的组织形式和工作方法,组织、监督有关部门具体实施。

第二十条 【职业教育和技术培训】各级人民政府和有关部门应当采取措施,根据城镇和农村妇女的需要,组织妇女接受职业教育和实用技术培训。

第二十一条 【科教文卫活动中的男女平等】国家机关、社会团体和企业事业单位应当执行国家有关规定,保障妇女从事科学、技术、文学、艺术和其他文化活动,享有与男子平等的权利。

第四章 劳动和社会保障权益

第二十二条 【劳动和社会保障权利男女平等】国家保障妇女享有与男子平等的劳动权利和社会保障权利。

第二十三条 【职工录用禁止性别歧视和禁用女童工】各单位在录用职工时,除不适合妇女的工种或者岗位外,不得以性别为由拒绝录用妇女或者提高对妇女的录用标准。

各单位在录用女职工时,应当依法与其签订劳动(聘用)合同或者服务协议,劳动(聘用)合同或者服务协议中不得规定限制女职工结婚、生育的内容。

禁止录用未满十六周岁的女性未成年人,国家另有规定的除外。

第二十四条 【男女同工同酬】实行男女同工同酬。妇女在享受福利待遇方面享有与男子平等的权利。

第二十五条 【晋职、级和评定专业技术职务男女平等】在晋职、晋级、评定专业技术职务等方面,应当坚持男女平等的原则,不得歧视妇女。

第二十六条 【保证妇女的劳动安全和健康】任何单位均应根据妇女的特点,依法保护妇女在工作和劳动时的安全和健康,不得安排不适合妇女从事的工作和劳动。

妇女在经期、孕期、产期、哺乳期受特殊保护。

第二十七条 【对用人单位的要求】任何单位不得因结婚、怀孕、产假、哺乳等情形,降低女职工的工资,辞退女职工,单方解除劳动(聘用)合同或者服务协议。但是,女职工要求终止劳动(聘用)合同或者服务协议的除外。

各单位在执行国家退休制度时,不得以性别为由歧视妇女。

第二十八条 【保护妇女的社会保障权益】国家发展社会保险、社会救助、社会福利和医疗卫生事业,保障妇女享有社会保险、社会救助、社会福利和卫生保健等权益。

国家提倡和鼓励为帮助妇女开展的社会公益活动。

第二十九条 【生育保险】国家推行生育保险制度,建立健全与生育相关的其他保障制度。

地方各级人民政府和有关部门应当按照有关规定为贫困妇女提供必要的生育救助。

第五章 财产权益

第三十条 【财产权男女平等】国家保障妇女享有与男子平等的财产权利。

第三十一条 【保护妇女婚姻、家庭共有财产权益】在婚姻、家庭共有财产关系中,不得侵害妇女依法享有的权益。

第三十二条 【农村妇女的平等权益】妇女在农村土地承包经营、集体经济组织收益分配、土地征收或者征用补偿费使用以及宅基地使用等方面,享有与男子平等的权利。

第三十三条 【禁止以婚姻理由侵害妇女在农村集体经济组织中的权益】任何组织和个人不得以妇女未婚、结婚、离婚、丧偶等为由,侵害妇女在农村集体经济组织中的各项权益。

因结婚男方到女方住所落户的,男方和子女享有与所在地农村集体经济组织成员平等的权益。

第三十四条 【继承权男女平等】妇女享有的与男子平等的财产继承权受法律保护。在同一顺序法定继承人中,不得歧视妇女。

丧偶妇女有权处分继承的财产,任何人不得干涉。

第三十五条 【丧偶妇女的继承权】丧偶妇女对公、婆尽了主要赡养义务的,作为公、婆的第一顺序法定继承人,其继承权不受子女代位继承的影响。

第六章 人身权利

第三十六条 【人身权利男女平等】国家保障妇女享有与男子平等的人身权利。

第三十七条 【人身自由权】妇女的人身自由不受侵犯。禁止非法拘禁和以其他非法手段剥夺或者限制妇女的人身自由;禁止非法搜查妇女的身体。

第三十八条 【生命健康权】妇女的生命健康权不受侵犯。禁止溺、弃、残害女婴;禁止歧视、虐待生育女婴的妇女和不育的妇女;禁止用迷信、暴力等手段残害妇女;禁止虐待、遗弃病、残妇女和老年妇女。

第三十九条 【禁止拐卖、绑架妇女】禁止拐卖、绑架妇女;禁止收买被拐卖、绑架的妇女;禁止阻碍解救被拐卖、绑架的妇女。

各级人民政府和公安、民政、劳动和社会保障、卫生等部门按照其职责及时采取措施解救被拐卖、绑架的妇女,做好善后工作,妇女联合会协助和配合做好有关工作。任何人不得歧视被拐卖、绑架的妇女。

第四十条 【禁止性骚扰】禁止对妇女实施性骚扰。受害妇女有权向单位和有关机关投诉。

第四十一条 【禁止卖淫、嫖娼】禁止卖淫、嫖娼。

禁止组织、强迫、引诱、容留、介绍妇女卖淫或者对妇女进行猥亵活动。

禁止组织、强迫、引诱妇女进行淫秽表演活动。

第四十二条 【保护民事权利】妇女的名誉权、荣誉权、隐私权、肖像权等人格权受法律保护。

禁止用侮辱、诽谤等方式损害妇女的人格尊严。禁止通过大众传播媒介或者其他方式贬低损害妇女人格。未经本人同意,不得以营利为目的,通过广告、商标、展览橱窗、报纸、期刊、图书、音像制品、电子出版物、网络等形式使用妇女肖像。

第七章 婚姻家庭权益

第四十三条 【婚姻家庭权利男女平等】国家保障妇女享有与男子平等的婚姻家庭权利。

第四十四条 【婚姻自主权】国家保护妇女的婚姻自主权。禁止干涉妇女的结婚、离婚自由。

第四十五条 【对男方提出离婚的限制】女方在怀孕期间、分娩后一年内或者终止妊娠后六个月内,男方不得提出离婚。女方提出离婚的,或者人民法院认为确有必要受理男方离婚请求的,不在此限。

第四十六条 【禁止家庭暴力】禁止对妇女实施家庭暴力。

国家采取措施,预防和制止家庭暴力。

公安、民政、司法行政等部门以及城乡基层群众性自治组织、社会团体,应当在各自的职责范围内预防和制止家庭暴力,依法为受害妇女提供救助。

第四十七条 【共有财产权利男女平等】妇女对依照法律规定的夫妻共同财产享有与其配偶平等的占有、使用、收益和处分的权利,不受双方收入状况的影响。

夫妻书面约定婚姻关系存续期间所得的财产归各自所有,女方因抚育子女、照料老人、协助男方工作等承担较多义务的,有权在离婚时要求男方予以补偿。

第四十八条 【财产分割照顾女方原则】夫妻共有的房屋,离婚时,分割住房由双方协议解决;协议不成的,由人民法院根据双方的具体情况,按照照顾子女和女方权益的原则判决。夫妻双方另有约定的除外。

夫妻共同租用的房屋,离婚时,女方的住房应当按照照顾子女和女方权益的原则解决。

第四十九条 【子女监护权男女平等】父母双方对未成年子女享有平等的监护权。

父亲死亡、丧失行为能力或者有其他情形不能担任未成年子女的监护人的,母亲的监护权任何人不得干涉。

第五十条 【子女抚养照顾女方要求】离婚时,女方因实施绝育手术或者其他原因丧失生育能力的,处理子女抚养问题,应在有利子女权益的条件下,照顾女方的合理要求。

第五十一条 【生育自由和生殖健康】妇女有按照国家有关规定生育子女的权利,也有不生育的自由。

育龄夫妻双方按照国家有关规定计划生育,有关部门应当提供安全、有效的避孕药具和技术,保障实施节育手术的妇女的健康和安全。

国家实行婚前保健、孕产期保健制度,发展母婴保健事业。各级人民政府应当采取措施,保障妇女享有计划生育技术服务,提高妇女的生殖健康水平。

第八章 法律责任

第五十二条 【妇女合法权益受侵害的救济措施】妇女的合法权益受到侵害的,有权要求有关部门依法处理,或者依法向仲裁机构申请仲裁,或者向人民法院起诉。

对有经济困难需要法律援助或者司法救助的妇女,当地法律援助机构或者人民法院应当给予帮助,依法为其提供法律援助或者司法救助。

第五十三条 【妇女组织维护妇女合法权益】妇女的合法权益受到侵害的,可以向妇女组织投诉,妇女组织应当维护被侵害妇女的合法权益,有权要求并协助有关部门或者单位查处。有关部门或者单位应当依法查处,并予以答复。

第五十四条 【对妇女维权的诉讼和传媒帮助】妇女组织对于受害妇女进行诉讼需要帮助的,应当给予支持。

妇女联合会或者相关妇女组织对侵害特定妇女群体利益的行为,可以通过大众传播媒介揭露、批评,并有权要求有关部门依法查处。

第五十五条 【对妇女在集体经济组织中权益受侵害的救济】违反本法规定,以妇女未婚、结婚、离婚、丧偶等为由,侵害妇女在农村集体经济组织中的各项权益的,或者因结婚男方到女方住所落户,侵害男方和子女享有与所在地农村集体经济组织成员平等权益的,由乡镇人民政府依法调解;受害人也可以依法向农村土地承包仲裁机构申请仲裁,或者向人民法院起诉,人民法院应当依法受理。

第五十六条 【违法责任形式】违反本法规定,侵害妇女的合法权益,其他法律、法规规定行政处罚的,从其规定;造成财产损失或者其他损害的,依法承担民事责任;构成犯罪的,依法追究刑事责任。

第五十七条 【相关违法责任】违反本法规定,对侵害妇女权益的申诉、控告、检举,推诿、拖延、压制不予查处,或者对提出申诉、控告、检举的人进行打击报复的,由其所在单位、主管部门或者上级机关责令改正,并依法对直接负责的主管人员和其他直接责任人员给予行政处分。

国家机关及其工作人员未依法履行职责,对侵害妇女权益的行为未及时制止或者未给予受害妇女必要帮助,造成严重后果的,由其所在单位或者上级机关依法对直接负责的主管人员和其他直接责任人员给予行政处分。

违反本法规定,侵害妇女文化教育权益、劳动和社会保障权益、人身和财产权益以及婚姻家庭权益的,由其所在单位、主管部门或者上级机关责令改正,直接负责的主管人员和其他直接责任人员属于国家工作人员的,由其所在单位或者上级机关依法给予行政处分。

第五十八条 【性骚扰和家庭暴力的责任】违反本法规定,对妇女实施性骚扰或者家庭暴力,构成违反治安管理行为的,受害人可以提请公安机关对违法行为人依法给予行政处罚,也可以依法向人民法院提起民事诉讼。

第五十九条 【贬损妇女人格的责任】违反本法规定,通过大众传播媒介或者其他方式贬低损害妇女人格的,由文化、广播电影电视、新闻出版或者其他有关部门依据各自的职权责令改正,并依法给予行政处罚。

第九章 附 则

第六十条 【实施办法及变通或补充规定】省、自治区、直辖市人民代表大会常务委员会可以根据本法制定实施办法。

民族自治地方的人民代表大会,可以依据本法规定的原则,结合当地民族妇女的具体情况,制定变通的或者补充的规定。自治区的规定,报全国人民代表大会常务委员会批准后生效;自治州、自治县的规定,报省、自治区、直辖市人民代表大会常务委员会批准后生效,并报全国人民代表大会常务委员会备案。

第六十一条 【施行日期】本法自1992年10月1日起施行。

中华人民共和国未成年人保护法

1. 1991年9月4日第七届全国人民代表大会常务委员会第二十一次会议通过

2. 2006年12月29日第十届全国人民代表大会常务委员会第二十五次会议修订

3. 根据2012年10月26日第十一届全国人民代表大会常务委员会第二十九次会议《关于修改〈中华人民共和国未成年人保护法〉的决定》修正

目 录

第一章 总 则

第一条 【立法目的、依据】为了保护未成年人的身心健康,保障未成年人的合法权益,促进未成年人在品德、智力、体质等方面全面发展,培养有理想、有道德、有文化、有纪律的社会主义建设者和接班人,根据宪法,制定本法。

第二条 【未成年人概念】本法所称未成年人是指未满十八周岁的公民。

第三条 【未成年人权利】未成年人享有生存权、发展权、受保护权、参与权等权利,国家根据未成年人身心发展特点给予特殊、优先保护,保障未成年人的合法权益不受侵犯。

未成年人享有受教育权,国家、社会、学校和家庭尊重和保障未成年人的受教育权。

未成年人不分性别、民族、种族、家庭财产状况、宗教信仰等,依法平等地享有权利。

第四条 【保护原则】国家、社会、学校和家庭对未成年人进行理想教育、道德教育、文化教育、纪律和法制教育,进行爱国主义、集体主义和社会主义的教育,提倡爱祖国、爱人民、爱劳动、爱科学、爱社会主义的公德,反对资本主义的、封建主义的和其他的腐朽思想的侵蚀。

第五条 【理想道德教育】保护未成年人的工作,应当遵循下列原则:

(一)尊重未成年人的人格尊严;

(二)适应未成年人身心发展的规律和特点;

(三)教育与保护相结合。

第六条　【全社会的共同责任】保护未成年人,是国家机关、武装力量、政党、社会团体、企业事业组织、城乡基层群众性自治组织、未成年人的监护人和其他成年公民的共同责任。

对侵犯未成年人合法权益的行为,任何组织和个人都有权予以劝阻、制止或者向有关部门提出检举或者控告。

国家、社会、学校和家庭应当教育和帮助未成年人维护自己的合法权益,增强自我保护的意识和能力,增强社会责任感。

第七条　【国家机关的职责】中央和地方各级国家机关应当在各自的职责范围内做好未成年人保护工作。

国务院和地方各级人民政府领导有关部门做好未成年人保护工作;将未成年人保护工作纳入国民经济和社会发展规划以及年度计划,相关经费纳入本级政府预算。

国务院和省、自治区、直辖市人民政府采取组织措施,协调有关部门做好未成年人保护工作。具体机构由国务院和省、自治区、直辖市人民政府规定。

第八条　【社会团体的责任】共产主义青年团、妇女联合会、工会、青年联合会、学生联合会、少年先锋队以及其他有关社会团体,协助各级人民政府做好未成年人保护工作,维护未成年人的合法权益。

第九条　【表彰和奖励】各级人民政府和有关部门对保护未成年人有显著成绩的组织和个人,给予表彰和奖励。

第二章　家庭保护

第十条　【父母的责任和义务】父母或者其他监护人应当创造良好、和睦的家庭环境,依法履行对未成年人的监护职责和抚养义务。

禁止对未成年人实施家庭暴力,禁止虐待、遗弃未成年人,禁止溺婴和其他残害婴儿的行为,不得歧视女性未成年人或者有残疾的未成年人。

第十一条　【家庭教育】父母或者其他监护人应当关注未成年人的生理、心理状况和行为习惯,以健康的思想、良好的品行和适当的方法教育和影响未成年人,引导未成年人进行有益身心健康的活动,预防和制止未成年人吸烟、酗酒、流浪、沉迷网络以及赌博、吸毒、卖淫等行为。

第十二条　【家庭教育指导】父母或者其他监护人应当学习家庭教育知识,正确履行监护职责,抚养教育未成年人。

有关国家机关和社会组织应当为未成年人的父母或者其他监护人提供家庭教育指导。

第十三条　【受教育权】父母或者其他监护人应当尊重未成年人受教育的权利,必须使适龄未成年人依法入学接受并完成义务教育,不得使接受义务教育的未成年人辍学。

第十四条　【未成年人的参与权】父母或者其他监护人应当根据未成年人的年龄和智力发展状况,在作出与未成年人权益有关的决定时告知其本人,并听取他们的意见。

第十五条　【不得迫使未成年人结婚】父母或者其他监护人不得允许或者迫使未成年人结婚,不得为未成年人订立婚约。

第十六条　【委托监护】父母因外出务工或者其他原因不能履行对未成年人监护职责的,应当委托有监护能力的其他成年人代为监护。

第三章　学校保护

第十七条　【教育方针】学校应当全面贯彻国家的教育方针,实施素质教育,提高教育质量,注重培养未成年学生独立思考能力、创新能力和实践能力,促进未成年学生全面发展。

第十八条　【尊重未成年人的受教育权】学校应当尊重未成年学生受教育的权利,关心、爱护学生,对品行有缺点、学习有困难的学生,应当耐心教育、帮助,不得歧视,不得违反法律和国家规定开除未成年学生。

第十九条　【社会生活指导】学校应当根据未成年学生身心发展的特点,对他们进行社会生活指导、心理健康辅导和青春期教育。

第二十条　【不得加重学习负担】学校应当与未成年学生的父母或者其他监护人互相配合,保证未成年学生的睡眠、娱乐和体育锻炼时间,不得加重其学习负担。

第二十一条　【尊重未成年人的人格尊严】学校、幼儿园、托儿所的教职员工应当尊重未成年人的人格尊严,不得对未成年人实施体罚、变相体罚或者其他侮辱人格尊严的行为。

第二十二条　【安全制度】学校、幼儿园、托儿所应当建立安全制度,加强对未成年人的安全教育,采取措施保障未成年人的人身安全。

学校、幼儿园、托儿所不得在危及未成年人人身安全、健康的校舍和其他设施、场所中进行教育教学活动。

学校、幼儿园安排未成年人参加集会、文化娱乐、社会实践等集体活动,应当有利于未成年人的健康成长,防止发生人身安全事故。

第二十三条　【应急预案】教育行政等部门和学校、幼儿园、托儿所应当根据需要,制定应对各种灾害、传染性疾病、食物中毒、意外伤害等突发事件的预案,配备相应设施并进行必要的演练,增强未成年人的自我保护意识和能力。

第二十四条　【及时救护】学校对未成年学生在校内或者本校组织的校外活动中发生人身伤害事故的,应当及时救护,妥善处理,并及时向有关主管部门报告。

第二十五条　【专门学校】对于在学校接受教育的有严重不良行为的未成年学生,学校和父母或者其他监护人应当互相配合加以管教;无力管教或者管教无效的,可以按照有关规定将其送专门学校继续接受教育。

依法设置专门学校的地方人民政府应当保障专门学校的办学条件,教育行政部门应当加强对专门学校的管理和指导,有关部门应当给予协助和配合。

专门学校应当对在校就读的未成年学生进行思想教育、文化教育、纪律和法制教育、劳动技术教育和职业教育。

专门学校的教职员工应当关心、爱护、尊重学生,不得歧视、厌弃。

第二十六条 【幼儿园教育】幼儿园应当做好保育、教育工作,促进幼儿在体质、智力、品德等方面和谐发展。

第四章 社 会 保 护

第二十七条 【全社会关心未成年人】全社会应当树立尊重、保护、教育未成年人的良好风尚,关心、爱护未成年人。

国家鼓励社会团体、企业事业组织以及其他组织和个人,开展多种形式的有利于未成年人健康成长的社会活动。

第二十八条 【政府保护未成年人受教育权】各级人民政府应当保障未成年人受教育的权利,并采取措施保障家庭经济困难的、残疾的和流动人口中的未成年人等接受义务教育。

第二十九条 【举办未成年人活动场所】各级人民政府应当建立和改善适合未成年人文化生活需要的活动场所和设施,鼓励社会力量兴办适合未成年人的活动场所,并加强管理。

第三十条 【公共设施的免费和优惠开放】爱国主义教育基地、图书馆、青少年宫、儿童活动中心应当对未成年人免费开放;博物馆、纪念馆、科技馆、展览馆、美术馆、文化馆以及影剧院、体育场馆、动物园、公园等场所,应当按照有关规定对未成年人免费或者优惠开放。

第三十一条 【公益性互联网上网服务设施】县级以上人民政府及其教育行政部门应当采取措施,鼓励和支持中小学校在节假日期间将文化体育设施对未成年人免费或者优惠开放。

社区中的公益性互联网上网服务设施,应当对未成年人免费或者优惠开放,为未成年人提供安全、健康的上网服务。

第三十二条 【创作健康的文化作品】国家鼓励新闻、出版、信息产业、广播、电影、电视、文艺等单位和作家、艺术家、科学家以及其他公民,创作或者提供有利于未成年人健康成长的作品。出版、制作和传播专门以未成年人为对象的内容健康的图书、报刊、音像制品、电子出版物以及网络信息等,国家给予扶持。

国家鼓励科研机构和科技团体对未成年人开展科学知识普及活动。

第三十三条 【预防未成年人沉迷网络】国家采取措施,预防未成年人沉迷网络。

国家鼓励研究开发有利于未成年人健康成长的网络产品,推广用于阻止未成年人沉迷网络的新技术。

第三十四条 【禁止制作和传播非法出版物】禁止任何组织、个人制作或者向未成年人出售、出租或者以其他方式传播淫秽、暴力、凶杀、恐怖、赌博等毒害未成年人的图书、报刊、音像制品、电子出版物以及网络信息等。

第三十五条 【未成年人食品、用品及设施】生产、销售用于未成年人的食品、药品、玩具、用具和游乐设施等,应当符合国家标准或者行业标准,不得有害于未成年人的安全和健康;需要标明注意事项的,应当在显著位置标明。

第三十六条 【未成人不得进入歌舞厅和网吧】中小学校园周边不得设置营业性歌舞娱乐场所、互联网上网服务营业场所等不适宜未成年人活动的场所。

营业性歌舞娱乐场所、互联网上网服务营业场所等不适宜未成年人活动的场所,不得允许未成年人进入,经营者应当在显著位置设置未成年人禁入标志;对难以判明是否已成年的,应当要求其出示身份证件。

第三十七条 【禁止向未成年人出售烟酒】禁止向未成年人出售烟酒,经营者应当在显著位置设置不向未成年人出售烟酒的标志;对难以判明是否已成年的,应当要求其出示身份证件。

任何人不得在中小学校、幼儿园、托儿所的教室、寝室、活动室和其他未成年人集中活动的场所吸烟、饮酒。

第三十八条 【禁止招用童工】任何组织或者个人不得招用未满十六周岁的未成年人,国家另有规定的除外。

任何组织或者个人按照国家有关规定招用已满十六周岁未满十八周岁的未成年人的,应当执行国家在工种、劳动时间、劳动强度和保护措施等方面的规定,不得安排其从事过重、有毒、有害等危害未成年人身心健康的劳动或者危险作业。

第三十九条 【未成年人的隐私权】任何组织或者个人不得披露未成年人的个人隐私。

对未成年人的信件、日记、电子邮件,任何组织或者个人不得隐匿、毁弃;除因追查犯罪的需要,由公安机关或者人民检察院依法进行检查,或者对无行为能力的未成年人的信件、日记、电子邮件由其父母或者其他监护人代为开拆、查阅外,任何组织或者个人不得开拆、查阅。

第四十条 【优先救护未成年人】学校、幼儿园、托儿所和公共场所发生突发事件时,应当优先救护未成年人。

第四十一条 【禁止对未成年人实施人身侵害】禁止拐卖、绑架、虐待未成年人,禁止对未成年人实施性侵害。

禁止胁迫、诱骗、利用未成年人乞讨或者组织未成年人进行有害其身心健康的表演等活动。

第四十二条 【维护校园周边治安】公安机关应当采取有力措施,依法维护校园周边的治安和交通秩序,预防和制止侵害未成年人合法权益的违法犯罪行为。

任何组织或者个人不得扰乱教学秩序,不得侵占、破坏学校、幼儿园、托儿所的场地、房屋和设施。

第四十三条 【对流浪乞讨未成年人的救助】县级以上人民

政府及其民政部门应当根据需要设立救助场所,对流浪乞讨等生活无着未成年人实施救助,承担临时监护责任;公安部门或者其他有关部门应当护送流浪乞讨或者离家出走的未成年人到救助场所,由救助场所予以救助和妥善照顾,并及时通知其父母或者其他监护人领回。

对孤儿、无法查明其父母或者其他监护人的以及其他生活无着的未成年人,由民政部门设立的儿童福利机构收留抚养。

未成年人救助机构、儿童福利机构及其工作人员应当依法履行职责,不得虐待、歧视未成年人;不得在办理收留抚养工作中牟取利益。

第四十四条　【未成年人的卫生保健】卫生部门和学校应当对未成年人进行卫生保健和营养指导,提供必要的卫生保健条件,做好疾病预防工作。

卫生部门应当做好对儿童的预防接种工作,国家免疫规划项目的预防接种实行免费;积极防治儿童常见病、多发病,加强对传染病防治工作的监督管理,加强对幼儿园、托儿所卫生保健的业务指导和监督检查。

第四十五条　【积极发展托幼事业】地方各级人民政府应当积极发展托幼事业,办好托儿所、幼儿园,支持社会组织和个人依法兴办哺乳室、托儿所、幼儿园。

各级人民政府和有关部门应当采取多种形式,培养和训练幼儿园、托儿所的保教人员,提高其职业道德素质和业务能力。

第四十六条　【保护未成年人的智力成果】国家依法保护未成年人的智力成果和荣誉权不受侵犯。

第四十七条　【职业教育】未成年人已经完成规定年限的义务教育不再升学的,政府有关部门和社会团体、企业事业组织应当根据实际情况,对他们进行职业教育,为他们创造劳动就业条件。

第四十八条　【教育和挽救违法犯罪的未成年人】居民委员会、村民委员会应当协助有关部门教育和挽救违法犯罪的未成年人,预防和制止侵害未成年人合法权益的违法犯罪行为。

第四十九条　【未成年人受到侵权后的投诉】未成年人的合法权益受到侵害的,被侵害人及其监护人或者其他组织和个人有权向有关部门投诉,有关部门应当依法及时处理。

第五章　司 法 保 护

第五十条　【司法机关的职责】公安机关、人民检察院、人民法院以及司法行政部门,应当依法履行职责,在司法活动中保护未成年人的合法权益。

第五十一条　【法律援助和司法救助】未成年人的合法权益受到侵害,依法向人民法院提起诉讼的,人民法院应当依法及时审理,并适应未成年人生理、心理特点和健康成长的需要,保障未成年人的合法权益。

在司法活动中对需要法律援助或者司法救助的未成年人,法律援助机构或者人民法院应当给予帮助,依法为其提供法律援助或者司法救助。

第五十二条　【保护未成年人的继承权】人民法院审理继承案件,应当依法保护未成年人的继承权和受遗赠权。

人民法院审理离婚案件,涉及未成年子女抚养问题的,应当听取有表达意愿能力的未成年子女的意见,根据保障子女权益的原则和双方具体情况依法处理。

第五十三条　【监护人资格的撤销】父母或者其他监护人不履行监护职责或者侵害被监护的未成年人的合法权益,经教育不改的,人民法院可以根据有关人员或者有关单位的申请,撤销其监护人的资格,依法另行指定监护人。被撤销监护资格的父母应当依法继续负担抚养费用。

第五十四条　【教育为主、惩罚为辅】对违法犯罪的未成年人,实行教育、感化、挽救的方针,坚持教育为主、惩罚为辅的原则。

对违法犯罪的未成年人,应当依法从轻、减轻或者免除处罚。

第五十五条　【办理未成年人案件的原则】公安机关、人民检察院、人民法院办理未成年人犯罪案件和涉及未成年人权益保护案件,应当照顾未成年人身心发展特点,尊重他们的人格尊严,保障他们的合法权益,并根据需要设立专门机构或者指定专人办理。

第五十六条　【办理未成年人案件的特殊要求】讯问、审判未成年犯罪嫌疑人、被告人,询问未成年证人、被害人,应当依照刑事诉讼法的规定通知其法定代理人或者其他人员到场。

公安机关、人民检察院、人民法院办理未成年人遭受性侵害的刑事案件,应当保护被害人的名誉。

第五十七条　【对羁押、服刑未成年人的保护】对羁押、服刑的未成年人,应当与成年人分别关押。

羁押、服刑的未成年人没有完成义务教育的,应当对其进行义务教育。

解除羁押、服刑期满的未成年人的复学、升学、就业不受歧视。

第五十八条　【对未成年人犯罪案件的新闻报道要求】对未成年人犯罪案件,新闻报道、影视节目、公开出版物、网络等不得披露该未成年人的姓名、住所、照片、图像以及可能推断出该未成年人的资料。

第五十九条　【本法与预防未成年人犯罪法的衔接】对未成年人严重不良行为的矫治与犯罪行为的预防,依照预防未成年人犯罪法的规定执行。

第六章　法 律 责 任

第六十条　【三种法律责任】违反本法规定,侵害未成年人的合法权益,其他法律、法规已规定行政处罚的,从其规定;造成人身财产损失或者其他损害的,依法承担民事责任;构成犯罪的,依法追究刑事责任。

第六十一条 【国家机关及其工作人员的法律责任】国家机关及其工作人员不依法履行保护未成年人合法权益的责任,或者侵害未成年人合法权益,或者对提出申诉、控告、检举的人进行打击报复的,由其所在单位或者上级机关责令改正,对直接负责的主管人员和其他直接责任人员依法给予行政处分。

第六十二条 【父母及其他监护人的法律责任】父母或者其他监护人不依法履行监护职责,或者侵害未成年人合法权益的,由其所在单位或者居民委员会、村民委员会予以劝诫、制止;构成违反治安管理行为的,由公安机关依法给予行政处罚。

第六十三条 【学校及其教职员工的法律责任】学校、幼儿园、托儿所侵害未成年人合法权益的,由教育行政部门或者其他有关部门责令改正;情节严重的,对直接负责的主管人员和其他直接责任人员依法给予处分。

学校、幼儿园、托儿所教职员工对未成年人实施体罚、变相体罚或者其他侮辱人格行为的,由其所在单位或者上级机关责令改正;情节严重的,依法给予处分。

第六十四条 【制作或者向未成年人传播非法出版物的法律责任】制作或者向未成年人出售、出租或者以其他方式传播淫秽、暴力、凶杀、恐怖、赌博等图书、报刊、音像制品、电子出版物以及网络信息等的,由主管部门责令改正,依法给予行政处罚。

第六十五条 【生产、销售不合格的未成年人产品的法律责任】生产、销售用于未成年人的食品、药品、玩具、用具和游乐设施不符合国家标准或者行业标准,或者没有在显著位置标明注意事项的,由主管部门责令改正,依法给予行政处罚。

第六十六条 【歌舞厅、网吧允许未成年人进入的法律责任】在中小学校园周边设置营业性歌舞娱乐场所、互联网上网服务营业场所等不适宜未成年人活动的场所的,由主管部门予以关闭,依法给予行政处罚。

营业性歌舞娱乐场所、互联网上网服务营业场所等不适宜未成年人活动的场所允许未成年人进入,或者没有在显著位置设置未成年人禁入标志的,由主管部门责令改正,依法给予行政处罚。

第六十七条 【向未成年人出售烟酒的法律责任】向未成年人出售烟酒,或者没有在显著位置设置不向未成年人出售烟酒标志的,由主管部门责令改正,依法给予行政处罚。

第六十八条 【招用童工的法律责任】非法招用未满十六周岁的未成年人,或者招用已满十六周岁的未成年人从事过重、有毒、有害等危害未成年人身心健康的劳动或者危险作业的,由劳动保障部门责令改正,处以罚款;情节严重的,由工商行政管理部门吊销营业执照。

第六十九条 【侵犯未成年人隐私的法律责任】侵犯未成年人隐私,构成违反治安管理行为的,由公安机关依法给予行政处罚。

第七十条 【未成年人救助机构、儿童福利机构的法律责任】未成年人救助机构、儿童福利机构及其工作人员不依法履行对未成年人的救助保护职责,或者虐待、歧视未成年人,或者在办理收留抚养工作中牟取利益的,由主管部门责令改正,依法给予行政处分。

第七十一条 【胁迫未成年人乞讨的法律责任】胁迫、诱骗、利用未成年人乞讨或者组织未成年人进行有害其身心健康的表演等活动的,由公安机关依法给予行政处罚。

第七章 附 则

第七十二条 【施行日期】本法自 2007 年 6 月 1 日起施行。

七、刑法编

导读：

根据《中国特色社会主义法律体系》白皮书的描述，刑法是规定犯罪与刑罚的法律规范。它通过规范国家的刑罚权，惩罚犯罪，保护人民，维护社会秩序和公共安全，保障国家安全。截至2011年8月底，中国已制定一部统一的刑法、8个刑法修正案以及关于惩治骗购外汇、逃汇和非法买卖外汇犯罪的决定，并通过了9个有关刑法规定的法律解释。

中国刑法确立了罪刑法定、法律面前人人平等、罪刑相适应等基本原则。中国刑法明确规定：法律明文规定为犯罪行为的，依照法律定罪处刑；法律没有明文规定为犯罪行为的，不得定罪处刑；对任何人犯罪，在适用法律上一律平等。不允许任何人有超越法律的特权；刑罚的轻重，应当与犯罪分子所犯罪行和承担的刑事责任相适应。中国刑法规定了犯罪的概念；规定了刑罚的种类，包括管制、拘役、有期徒刑、无期徒刑、死刑五种主刑以及罚金、剥夺政治权利、没收财产三种附加刑，并对刑罚的具体运用作出了规定；规定了危害国家安全罪，危害公共安全罪，破坏社会主义市场经济秩序罪，侵犯公民人身权利、民主权利罪，侵犯财产罪，妨害社会管理秩序罪，危害国防利益罪，贪污贿赂罪，渎职罪，军人违反职责罪等十类犯罪行为及其刑事责任。

中国根据经济社会发展变化的实际，适时对刑法进行修改和解释，不断完善刑事法律制度。2011年2月通过的刑法修正案（八）对刑法作了比较重大的修改，取消了13个经济性非暴力犯罪的死刑，占中国刑法死刑罪名的19.1%；完善了对未成年人和年满75周岁的老年人从宽处理以及非监禁刑执行方式的法律规定；把不支付劳动报酬严重侵犯劳动者合法权益的行为、醉酒驾驶机动车等危险驾驶行为，规定为犯罪；加大了对一些侵犯公民人身自由、生命健康等犯罪行为的惩处力度，进一步完善了中国刑事法律制度，加强了对人权的保护，体现了中国社会文明的发展和国家民主法治的进步。

2015年8月通过的《刑法修正案（九）》，再次对刑法作了较大的修改；2017年11月通过的《刑法修正案（十）》，新增了侮辱国歌罪。

资料补充栏

中华人民共和国刑法

1. 1979年7月1日第五届全国人民代表大会第二次会议通过
2. 1997年3月14日第八届全国人民代表大会第五次会议修订
3. 根据1998年12月29日第九届全国人民代表大会常务委员会第六次会议通过的《关于惩治骗购外汇、逃汇和非法买卖外汇犯罪的决定》第一次修正
4. 根据1999年12月25日第九届全国人民代表大会常务委员会第十三次会议通过的《中华人民共和国刑法修正案》第二次修正
5. 根据2001年8月31日第九届全国人民代表大会常务委员会第二十三次会议通过的《中华人民共和国刑法修正案(二)》第三次修正
6. 根据2001年12月29日第九届全国人民代表大会常务委员会第二十五次会议通过的《中华人民共和国刑法修正案(三)》第四次修正
7. 根据2002年12月28日第九届全国人民代表大会常务委员会第三十一次会议通过的《中华人民共和国刑法修正案(四)》第五次修正
8. 根据2005年2月28日第十届全国人民代表大会常务委员会第十四次会议通过的《中华人民共和国刑法修正案(五)》第六次修正
9. 根据2006年6月29日第十届全国人民代表大会常务委员会第二十二次会议通过的《中华人民共和国刑法修正案(六)》第七次修正
10. 根据2009年2月28日第十一届全国人民代表大会常务委员会第七次会议通过的《中华人民共和国刑法修正案(七)》第八次修正
11. 根据2009年8月27日第十一届全国人民代表大会常务委员会第十次会议通过的《关于修改部分法律的决定》第九次修正
12. 根据2011年2月25日第十一届全国人民代表大会常务委员会第十九次会议通过的《中华人民共和国刑法修正案(八)》第十次修正
13. 根据2015年8月29日第十二届全国人民代表大会常务委员会第十六次会议通过的《中华人民共和国刑法修正案(九)》第十一次修正
14. 根据2017年11月4日第十二届全国人民代表大会常务委员会第三十次会议通过的《中华人民共和国刑法修正案(十)》第十二次修正

目　录

第一编　总　　则

第一章　刑法的任务、基本原则和适用范围

第一条　【立法目的和根据】为了惩罚犯罪,保护人民,根据宪法,结合我国同犯罪作斗争的具体经验及实际情况,制定本法。

第二条　【任务】中华人民共和国刑法的任务,是用刑罚同一切犯罪行为作斗争,以保卫国家安全,保卫人民民主专政的政权和社会主义制度,保护国有财产和劳动群众集体所有的财产,保护公民私人所有的财产,保护公民的人身权利、民主权利和其他权利,维护社会秩序、经济秩序,保障社会主义建设事业的顺利进行。

第三条　【罪刑法定原则】法律明文规定为犯罪行为的,依照法律定罪处刑;法律没有明文规定为犯罪行为的,不得定罪处刑。

第四条　【法律面前人人平等原则】对任何人犯罪,在适用法律上一律平等。不允许任何人有超越法律的特权。

第五条　【罪刑相适应原则】刑罚的轻重,应当与犯罪分子所犯罪行和承担的刑事责任相适应。

第六条　【属地管辖权】凡在中华人民共和国领域内犯罪的,除法律有特别规定的以外,都适用本法。

凡在中华人民共和国船舶或者航空器内犯罪的,也适用本法。

犯罪的行为或者结果有一项发生在中华人民共和国领域内的,就认为是在中华人民共和国领域内犯罪。

第七条　【属人管辖权】中华人民共和国公民在中华人民共和国领域外犯本法规定之罪的,适用本法,但是按本法规定的最高刑为三年以下有期徒刑的,可以不予追究。

中华人民共和国国家工作人员和军人在中华人民共和国领域外犯本法规定之罪的,适用本法。

第八条　【保护管辖权】外国人在中华人民共和国领域外对中华人民共和国国家或者公民犯罪,而按本法规定的最低刑为三年以上有期徒刑的,可以适用本法,但是按照犯罪地的法律不受处罚的除外。

第九条　【普遍管辖权】对于中华人民共和国缔结或者参加的国际条约所规定的罪行,中华人民共和国在所承担条约义务的范围内行使刑事管辖权的,适用本法。

第十条　【域外刑事判决的消极承认】凡在中华人民共和国领域外犯罪,依照本法应当负刑事责任的,虽然经过外国审判,仍然可以依照本法追究,但是在外国已经受过刑罚处罚的,可以免除或者减轻处罚。

第十一条　【外交代表的刑事豁免】享有外交特权和豁免权的外国人的刑事责任,通过外交途径解决。

第十二条　【溯及力】中华人民共和国成立以后本法施行以前的行为,如果当时的法律不认为是犯罪的,适用当时的法律;如果当时的法律认为是犯罪的,依照本法总则第四章第八节的规定应当追诉的,按照当时的法律追究刑事责任,但是如果本法不认为是犯罪或者处刑较轻的,适用本法。

本法施行以前,依照当时的法律已经作出的生效判决,继续有效。

第二章　犯　　罪

第一节　犯罪和刑事责任

第十三条　【犯罪概念】一切危害国家主权、领土完整和安全,分裂国家、颠覆人民民主专政的政权和推翻社会主义制度,破坏社会秩序和经济秩序,侵犯国有财产或者劳动群众集体所有的财产,侵犯公民私人所有的财产,侵犯公民的人身权利、民主权利和其他权利,以及其他危害社会的行为,依照法律应当受刑罚处罚的,都是犯罪,但是情节显著轻微危害不大的,不认为是犯罪。

第十四条　【故意犯罪】明知自己的行为会发生危害社会的结果,并且希望或者放任这种结果发生,因而构成犯罪的,是故意犯罪。

故意犯罪,应当负刑事责任。

第十五条　【过失犯罪】应当预见自己的行为可能发生危害社会的结果,因为疏忽大意而没有预见,或者已经预见而轻信能够避免,以致发生这种结果的,是过失犯罪。

过失犯罪,法律有规定的才负刑事责任。

第十六条　【不可抗力和意外事件】行为在客观上虽然造成了损害结果,但是不是出于故意或者过失,而是由于不能抗拒或者不能预见的原因所引起的,不是犯罪。

第十七条　【刑事责任年龄】已满十六周岁的人犯罪,应当负刑事责任。

已满十四周岁不满十六周岁的人,犯故意杀人、故意伤害致人重伤或者死亡、强奸、抢劫、贩卖毒品、放火、爆炸、投毒罪的,应当负刑事责任。

已满十四周岁不满十八周岁的人犯罪,应当从轻或者减轻处罚。

因不满十六周岁不予刑事处罚的,责令他的家长或者监护人加以管教;在必要的时候,也可以由政府收容教养。

第十七条之一　【已满七十五周岁的人犯罪的刑事责任】已满七十五周岁的人故意犯罪的,可以从轻或者减轻处罚;过失犯罪的,应当从轻或者减轻处罚。

第十八条　【精神病人与醉酒的人的刑事责任能力】精神病人在不能辨认或者不能控制自己行为的时候造成危害结果,经法定程序鉴定确认的,不负刑事责任,但是应当责令他的家属或者监护人严加看管和医疗;在必要的时候,由政府强制医疗。

间歇性的精神病人在精神正常的时候犯罪,应当负刑事责任。

尚未完全丧失辨认或者控制自己行为能力的精神病人犯罪的,应当负刑事责任,但是可以从轻或者减轻处罚。

醉酒的人犯罪,应当负刑事责任。

第十九条 【**又聋又哑的人或盲人犯罪的刑事责任**】又聋又哑的人或者盲人犯罪,可以从轻、减轻或者免除处罚。

第二十条 【**正当防卫**】为了使国家、公共利益、本人或者他人的人身、财产和其他权利免受正在进行的不法侵害,而采取的制止不法侵害的行为,对不法侵害人造成损害的,属于正当防卫,不负刑事责任。

正当防卫明显超过必要限度造成重大损害的,应当负刑事责任,但是应当减轻或者免除处罚。

对正在进行行凶、杀人、抢劫、强奸、绑架以及其他严重危及人身安全的暴力犯罪,采取防卫行为,造成不法侵害人伤亡的,不属于防卫过当,不负刑事责任。

第二十一条 【**紧急避险**】为了使国家、公共利益、本人或者他人的人身、财产和其他权利免受正在发生的危险,不得已采取的紧急避险行为,造成损害的,不负刑事责任。

紧急避险超过必要限度造成不应有的损害的,应当负刑事责任,但是应当减轻或者免除处罚。

第一款中关于避免本人危险的规定,不适用于职务上、业务上负有特定责任的人。

第二节 犯罪的预备、未遂和中止

第二十二条 【**犯罪预备**】为了犯罪,准备工具、制造条件的,是犯罪预备。

对于预备犯,可以比照既遂犯从轻、减轻处罚或者免除处罚。

第二十三条 【**犯罪未遂**】已经着手实行犯罪,由于犯罪分子意志以外的原因而未得逞的,是犯罪未遂。

对于未遂犯,可以比照既遂犯从轻或者减轻处罚。

第二十四条 【**犯罪中止**】在犯罪过程中,自动放弃犯罪或者自动有效地防止犯罪结果发生的,是犯罪中止。

对于中止犯,没有造成损害的,应当免除处罚;造成损害的,应当减轻处罚。

第三节 共同犯罪

第二十五条 【**共同犯罪概念**】共同犯罪是指二人以上共同故意犯罪。

二人以上共同过失犯罪,不以共同犯罪论处;应当负刑事责任的,按照他们所犯的罪分别处罚。

第二十六条 【**主犯**】组织、领导犯罪集团进行犯罪活动的或者在共同犯罪中起主要作用的,是主犯。

三人以上为共同实施犯罪而组成的较为固定的犯罪组织,是犯罪集团。

对组织、领导犯罪集团的首要分子,按照集团所犯的全部罪行处罚。

对于第三款规定以外的主犯,应当按照其所参与的或者组织、指挥的全部犯罪处罚。

第二十七条 【**从犯**】在共同犯罪中起次要或者辅助作用的,是从犯。

对于从犯,应当从轻、减轻处罚或者免除处罚。

第二十八条 【**胁从犯**】对于被胁迫参加犯罪的,应当按照他的犯罪情节减轻处罚或者免除处罚。

第二十九条 【**教唆犯**】教唆他人犯罪的,应当按照他在共同犯罪中所起的作用处罚。教唆不满十八周岁的人犯罪的,应当从重处罚。

如果被教唆的人没有犯被教唆的罪,对于教唆犯,可以从轻或者减轻处罚。

第四节 单位犯罪

第三十条 【**单位负刑事责任的范围**】公司、企业、事业单位、机关、团体实施的危害社会的行为,法律规定为单位犯罪的,应当负刑事责任。

第三十一条 【**单位犯罪的处罚原则**】单位犯罪的,对单位判处罚金,并对其直接负责的主管人员和其他直接责任人员判处刑罚。本法分则和其他法律另有规定的,依照规定。

第三章 刑 罚

第一节 刑罚的种类

第三十二条 【**刑罚的分类**】刑罚分为主刑和附加刑。

第三十三条 【**主刑种类**】主刑的种类如下:

(一)管制;

(二)拘役;

(三)有期徒刑;

(四)无期徒刑;

(五)死刑。

第三十四条 【**附加刑种类**】附加刑的种类如下:

(一)罚金;

(二)剥夺政治权利;

(三)没收财产。

附加刑也可以独立适用。

第三十五条 【**驱逐出境**】对于犯罪的外国人,可以独立适用或者附加适用驱逐出境。

第三十六条 【**民事赔偿责任**】由于犯罪行为而使被害人遭受经济损失的,对犯罪分子除依法给予刑事处罚外,并应根据情况判处赔偿经济损失。

承担民事赔偿责任的犯罪分子,同时被判处罚金,其财产不足以全部支付的,或者被判处没收财产的,应当先承担对被害人的民事赔偿责任。

第三十七条 【**非刑罚性处置措施**】对于犯罪情节轻微不需要判处刑罚的,可以免予刑事处罚,但是可以根据案件的不同情况,予以训诫或者责令具结悔过、赔礼道歉、赔偿损失,或者由主管部门予以行政处罚或者行政处分。

第三十七条之一 【**禁止从事相关职业**】因利用职业便利实施犯罪,或者实施违背职业要求的特定义务的犯罪被判处刑罚的,人民法院可以根据犯罪情况和预防再犯罪的需要,禁止其自刑罚执行完毕之日或者假释之日起从事相关职业,期限为三年至五年。

被禁止从事相关职业的人违反人民法院依照前款规定作出的决定的,由公安机关依法给予处罚;情节严重的,依照本法第三百一十三条的规定定罪处罚。

其他法律、行政法规对其从事相关职业另有禁止或者限制性规定的,从其规定。

第二节 管 制

第三十八条 【管制的期限与执行】管制的期限,为三个月以上二年以下。

判处管制,可以根据犯罪情况,同时禁止犯罪分子在执行期间从事特定活动,进入特定区域、场所,接触特定的人。

对判处管制的犯罪分子,依法实行社区矫正。

违反第二款规定的禁止令的,由公安机关依照《中华人民共和国治安管理处罚法》的规定处罚。

第三十九条 【被管制罪犯的义务与权利】被判处管制的犯罪分子,在执行期间,应当遵守下列规定:

(一)遵守法律、行政法规,服从监督;

(二)未经执行机关批准,不得行使言论、出版、集会、结社、游行、示威自由的权利;

(三)按照执行机关规定报告自己的活动情况;

(四)遵守执行机关关于会客的规定;

(五)离开所居住的市、县或者迁居,应当报经执行机关批准。

对于被判处管制的犯罪分子,在劳动中应当同工同酬。

第四十条 【管制的解除】被判处管制的犯罪分子,管制期满,执行机关应即向本人和其所在单位或者居住地的群众宣布解除管制。

第四十一条 【管制刑期的计算和折抵】管制的刑期,从判决执行之日起计算;判决执行以前先行羁押的,羁押一日折抵刑期二日。

第三节 拘 役

第四十二条 【拘役的期限】拘役的期限,为一个月以上六个月以下。

第四十三条 【拘役的执行】被判处拘役的犯罪分子,由公安机关就近执行。

在执行期间,被判处拘役的犯罪分子每月可以回家一天至两天;参加劳动的,可以酌量发给报酬。

第四十四条 【拘役刑期的计算】拘役的刑期,从判决执行之日起计算;判决执行以前先行羁押的,羁押一日折抵刑期一日。

第四节 有期徒刑、无期徒刑

第四十五条 【有期徒刑的期限】有期徒刑的期限,除本法第五十条、第六十九条规定外,为六个月以上十五年以下。

第四十六条 【有期徒刑与无期徒刑的执行】被判处有期徒刑、无期徒刑的犯罪分子,在监狱或者其他执行场所执行;凡有劳动能力的,都应当参加劳动,接受教育和改造。

第四十七条 【有期徒刑刑期的计算】有期徒刑的刑期,从判决执行之日起计算;判决执行以前先行羁押的,羁押一日折抵刑期一日。

第五节 死 刑

第四十八条 【死刑的适用对象及核准程序】死刑只适用于罪行极其严重的犯罪分子。对于应当判处死刑的犯罪分子,如果不是必须立即执行的,可以判处死刑同时宣告缓期二年执行。

死刑除依法由最高人民法院判决的以外,都应当报请最高人民法院核准。死刑缓期执行的,可以由高级人民法院判决或者核准。

第四十九条 【死刑适用对象的限制】犯罪的时候不满十八周岁的人和审判的时候怀孕的妇女,不适用死刑。

审判的时候已满七十五周岁的人,不适用死刑,但以特别残忍手段致人死亡的除外。

第五十条 【死缓变更】判处死刑缓期执行的,在死刑缓期执行期间,如果没有故意犯罪,二年期满以后,减为无期徒刑;如果确有重大立功表现,二年期满以后,减为二十五年有期徒刑;如果故意犯罪,情节恶劣的,报请最高人民法院核准后执行死刑;对于故意犯罪未执行死刑的,死刑缓期执行的期间重新计算,并报最高人民法院备案。

对被判处死刑缓期执行的累犯以及因故意杀人、强奸、抢劫、绑架、放火、爆炸、投放危险物质或者有组织的暴力性犯罪被判处死刑缓期执行的犯罪分子,人民法院根据犯罪情节等情况可以同时决定对其限制减刑。

第五十一条 【死缓执行期间的计算】死刑缓期执行的期间,从判决确定之日起计算。死刑缓期执行减为有期徒刑的刑期,从死刑缓期执行期满之日起计算。

第六节 罚 金

第五十二条 【罚金的判处】判处罚金,应当根据犯罪情节决定罚金数额。

第五十三条 【罚金的缴纳】罚金在判决指定的期限内一次或者分期缴纳。期满不缴纳的,强制缴纳。对于不能全部缴纳罚金的,人民法院在任何时候发现被执行人有可以执行的财产,应当随时追缴。

由于遭遇不能抗拒的灾祸等原因缴纳确实有困难的,经人民法院裁定,可以延期缴纳、酌情减少或者免除。

第七节 剥夺政治权利

第五十四条 【剥夺政治权利的内容】剥夺政治权利是剥夺下列权利:

(一)选举权和被选举权;

(二)言论、出版、集会、结社、游行、示威自由的权利;

(三)担任国家机关职务的权利;

(四)担任国有公司、企业、事业单位和人民团体领导职务的权利。

第五十五条 **【剥夺政治权利的期限】**剥夺政治权利的期限，除本法第五十七条规定外，为一年以上五年以下。

判处管制附加剥夺政治权利的，剥夺政治权利的期限与管制的期限相等，同时执行。

第五十六条 **【剥夺政治权利的适用对象】**对于危害国家安全的犯罪分子应当附加剥夺政治权利；对于故意杀人、强奸、放火、爆炸、投毒、抢劫等严重破坏社会秩序的犯罪分子，可以附加剥夺政治权利。

独立适用剥夺政治权利的，依照本法分则的规定。

第五十七条 **【对死刑、无期徒刑罪犯剥夺政治权利的适用】**对于被判处死刑、无期徒刑的犯罪分子，应当剥夺政治权利终身。

在死刑缓期执行减为有期徒刑或者无期徒刑减为有期徒刑的时候，应当把附加剥夺政治权利的期限改为三年以上十年以下。

第五十八条 **【剥夺政治权利的刑期计算与执行】**附加剥夺政治权利的刑期，从徒刑、拘役执行完毕之日或者从假释之日起计算；剥夺政治权利的效力当然施用于主刑执行期间。

被剥夺政治权利的犯罪分子，在执行期间，应当遵守法律、行政法规和国务院公安部门有关监督管理的规定，服从监督；不得行使本法第五十四条规定的各项权利。

第八节 没收财产

第五十九条 **【没收财产的范围】**没收财产是没收犯罪分子个人所有财产的一部或者全部。没收全部财产的，应当对犯罪分子个人及其扶养的家属保留必需的生活费用。

在判处没收财产的时候，不得没收属于犯罪分子家属所有或者应有的财产。

第六十条 **【以没收的财产偿还债务】**没收财产以前犯罪分子所负的正当债务，需要以没收的财产偿还的，经债权人请求，应当偿还。

第四章 刑罚的具体运用

第一节 量 刑

第六十一条 **【量刑根据】**对于犯罪分子决定刑罚的时候，应当根据犯罪的事实、犯罪的性质、情节和对于社会的危害程度，依照本法的有关规定判处。

第六十二条 **【从重处罚与从轻处罚】**犯罪分子具有本法规定的从重处罚、从轻处罚情节的，应当在法定刑的限度以内判处刑罚。

第六十三条 **【减轻处罚】**犯罪分子具有本法规定的减轻处罚情节的，应当在法定刑以下判处刑罚；本法规定有数个量刑幅度的，应当在法定量刑幅度的下一个量刑幅度内判处刑罚。

犯罪分子虽然不具有本法规定的减轻处罚情节，但是根据案件的特殊情况，经最高人民法院核准，也可以在法定刑以下判处刑罚。

第六十四条 **【犯罪物品的处理】**犯罪分子违法所得的一切财物，应当予以追缴或者责令退赔；对被害人的合法财产，应当及时返还；违禁品和供犯罪所用的本人财物，应当予以没收。没收的财物和罚金，一律上缴国库，不得挪用和自行处理。

第二节 累 犯

第六十五条 **【一般累犯】**被判处有期徒刑以上刑罚的犯罪分子，刑罚执行完毕或者赦免以后，在五年以内再犯应当判处有期徒刑以上刑罚之罪的，是累犯，应当从重处罚，但是过失犯罪和不满十八周岁的人犯罪的除外。

前款规定的期限，对于被假释的犯罪分子，从假释期满之日起计算。

第六十六条 **【特别累犯】**危害国家安全犯罪、恐怖活动犯罪、黑社会性质的组织犯罪的犯罪分子，在刑罚执行完毕或者赦免以后，在任何时候再犯上述任一类罪的，都以累犯论处。

第三节 自首和立功

第六十七条 **【自首】**犯罪以后自动投案，如实供述自己的罪行的，是自首。对于自首的犯罪分子，可以从轻或者减轻处罚。其中，犯罪较轻的，可以免除处罚。

被采取强制措施的犯罪嫌疑人、被告人和正在服刑的罪犯，如实供述司法机关还未掌握的本人其他罪行的，以自首论。

犯罪嫌疑人虽不具有前两款规定的自首情节，但是如实供述自己罪行的，可以从轻处罚；因其如实供述自己罪行，避免特别严重后果发生的，可以减轻处罚。

第六十八条 **【立功】**犯罪分子有揭发他人犯罪行为，查证属实的，或者提供重要线索，从而得以侦破其他案件等立功表现的，可以从轻或者减轻处罚；有重大立功表现的，可以减轻或者免除处罚。

~~犯罪后自首又有重大立功表现的，应当减轻或者免除处罚。~~①

第四节 数罪并罚

第六十九条 **【判决宣告前一人犯数罪的并罚】**判决宣告以前一人犯数罪的，除判处死刑和无期徒刑的以外，应当在总和刑期以下、数刑中最高刑期以上，酌情决定执行的刑期，但是管制最高不能超过三年，拘役最高不能超过一年，有期徒刑总和刑期不满三十五年的，最高不能超过二十年，总和刑期在三十五年以上的，最高不能超过二十五年。

数罪中有判处有期徒刑和拘役的，执行有期徒刑。数罪中有判处有期徒刑和管制，或者拘役和管制的，有期徒刑、拘役执行完毕后，管制仍须执行。

---

① 本款根据2011年2月25日《刑法修正案(八)》删去。

数罪中有判处附加刑的，附加刑仍须执行，其中附加刑种类相同的，合并执行，种类不同的，分别执行。

第七十条　**【判决宣告后发现漏罪的并罚】**判决宣告以后，刑罚执行完毕以前，发现被判刑的犯罪分子在判决宣告以前还有其他罪没有判决的，应当对新发现的罪作出判决，把前后两个判决所判处的刑罚，依照本法第六十九条的规定，决定执行的刑罚。已经执行的刑期，应当计算在新判决决定的刑期以内。

第七十一条　**【判决宣告后又犯新罪的并罚】**判决宣告以后，刑罚执行完毕以前，被判刑的犯罪分子又犯罪的，应当对新犯的罪作出判决，把前罪没有执行的刑罚和后罪所判处的刑罚，依照本法第六十九条的规定，决定执行的刑罚。

第五节　缓　　刑

第七十二条　**【适用条件】**对于被判处拘役、三年以下有期徒刑的犯罪分子，同时符合下列条件的，可以宣告缓刑，对其中不满十八周岁的人、怀孕的妇女和已满七十五周岁的人，应当宣告缓刑：

（一）犯罪情节较轻；

（二）有悔罪表现；

（三）没有再犯罪的危险；

（四）宣告缓刑对所居住社区没有重大不良影响。

宣告缓刑，可以根据犯罪情况，同时禁止犯罪分子在缓刑考验期限内从事特定活动，进入特定区域、场所，接触特定的人。

被宣告缓刑的犯罪分子，如果被判处附加刑，附加刑仍须执行。

第七十三条　**【考验期限】**拘役的缓刑考验期限为原判刑期以上一年以下，但是不能少于二个月。

有期徒刑的缓刑考验期限为原判刑期以上五年以下，但是不能少于一年。

缓刑考验期限，从判决确定之日起计算。

第七十四条　**【不适用缓刑的对象】**对于累犯和犯罪集团的首要分子，不适用缓刑。

第七十五条　**【缓刑犯应遵守的规定】**被宣告缓刑的犯罪分子，应当遵守下列规定：

（一）遵守法律、行政法规，服从监督；

（二）按照考察机关的规定报告自己的活动情况；

（三）遵守考察机关关于会客的规定；

（四）离开所居住的市、县或者迁居，应当报经考察机关批准。

第七十六条　**【缓刑的考察】**对宣告缓刑的犯罪分子，在缓刑考验期限内，依法实行社区矫正，如果没有本法第七十七条规定的情形，缓刑考验期满，原判的刑罚就不再执行，并公开予以宣告。

第七十七条　**【缓刑的撤销】**被宣告缓刑的犯罪分子，在缓刑考验期限内犯新罪或者发现判决宣告以前还有其他罪没有判决的，应当撤销缓刑，对新犯的罪或者新发现的罪作出判决，把前罪和后罪所判处的刑罚，依照本法第六十九条的规定，决定执行的刑罚。

被宣告缓刑的犯罪分子，在缓刑考验期限内，违反法律、行政法规或者国务院有关部门关于缓刑的监督管理规定，或者违反人民法院判决中的禁止令，情节严重的，应当撤销缓刑，执行原判刑罚。

第六节　减　　刑

第七十八条　**【适用条件与限度】**被判处管制、拘役、有期徒刑、无期徒刑的犯罪分子，在执行期间，如果认真遵守监规，接受教育改造，确有悔改表现的，或者有立功表现的，可以减刑；有下列重大立功表现之一的，应当减刑：

（一）阻止他人重大犯罪活动的；

（二）检举监狱内外重大犯罪活动，经查证属实的；

（三）有发明创造或者重大技术革新的；

（四）在日常生产、生活中舍己救人的；

（五）在抗御自然灾害或者排除重大事故中，有突出表现的；

（六）对国家和社会有其他重大贡献的。

减刑以后实际执行的刑期不能少于下列期限：

（一）判处管制、拘役、有期徒刑的，不能少于原判刑期的二分之一；

（二）判处无期徒刑的，不能少于十三年；

（三）人民法院依照本法第五十条第二款规定限制减刑的死刑缓期执行的犯罪分子，缓期执行期满后依法减为无期徒刑的，不能少于二十五年，缓期执行期满后依法减为二十五年有期徒刑的，不能少于二十年。

第七十九条　**【减刑程序】**对于犯罪分子的减刑，由执行机关向中级以上人民法院提出减刑建议书。人民法院应当组成合议庭进行审理，对确有悔改或者立功事实的，裁定予以减刑。非经法定程序不得减刑。

第八十条　**【无期徒刑减刑的刑期计算】**无期徒刑减为有期徒刑的刑期，从裁定减刑之日起计算。

第七节　假　　释

第八十一条　**【适用条件】**被判处有期徒刑的犯罪分子，执行原判刑期二分之一以上，被判处无期徒刑的犯罪分子，实际执行十三年以上，如果认真遵守监规，接受教育改造，确有悔改表现，没有再犯罪的危险的，可以假释。如果有特殊情况，经最高人民法院核准，可以不受上述执行刑期的限制。

对累犯以及因故意杀人、强奸、抢劫、绑架、放火、爆炸、投放危险物质或者有组织的暴力性犯罪被判处十年以上有期徒刑、无期徒刑的犯罪分子，不得假释。

对犯罪分子决定假释时，应当考虑其假释后对所居住社区的影响。

第八十二条　**【假释程序】**对于犯罪分子的假释，依照本法第七十九条规定的程序进行。非经法定程序不得假释。

第八十三条 【考验期限】有期徒刑的假释考验期限,为没有执行完毕的刑期;无期徒刑的假释考验期限为十年。

假释考验期限,从假释之日起计算。

第八十四条 【假释犯应遵守的规定】被宣告假释的犯罪分子,应当遵守下列规定:

(一)遵守法律、行政法规,服从监督;

(二)按照监督机关的规定报告自己的活动情况;

(三)遵守监督机关关于会客的规定;

(四)离开所居住的市、县或者迁居,应当报经监督机关批准。

第八十五条 【假释考验】对假释的犯罪分子,在假释考验期限内,依法实行社区矫正,如果没有本法第八十六条规定的情形,假释考验期满,就认为原判刑罚已经执行完毕,并公开予以宣告。

第八十六条 【假释的撤销】被假释的犯罪分子,在假释考验期限内犯新罪,应当撤销假释,依照本法第七十一条的规定实行数罪并罚。

在假释考验期限内,发现被假释的犯罪分子在判决宣告以前还有其他罪没有判决的,应当撤销假释,依照本法第七十条的规定实行数罪并罚。

被假释的犯罪分子,在假释考验期限内,有违反法律、行政法规或者国务院有关部门关于假释的监督管理规定的行为,尚未构成新的犯罪的,应当依照法定程序撤销假释,收监执行未执行完毕的刑罚。

第八节 时　　效

第八十七条 【追诉时效期限】犯罪经过下列期限不再追诉:

(一)法定最高刑为不满五年有期徒刑的,经过五年;

(二)法定最高刑为五年以上不满十年有期徒刑的,经过十年;

(三)法定最高刑为十年以上有期徒刑的,经过十五年;

(四)法定最高刑为无期徒刑、死刑的,经过二十年。如果二十年以后认为必须追诉的,须报请最高人民检察院核准。

第八十八条 【追诉期限的延长】在人民检察院、公安机关、国家安全机关立案侦查或者在人民法院受理案件以后,逃避侦查或者审判的,不受追诉期限的限制。

被害人在追诉期限内提出控告,人民法院、人民检察院、公安机关应当立案而不予立案的,不受追诉期限的限制。

第八十九条 【追诉期限的计算】追诉期限从犯罪之日起计算;犯罪行为有连续或者继续状态的,从犯罪行为终了之日起计算。

在追诉期限以内又犯罪的,前罪追诉的期限从犯后罪之日起计算。

第五章 其他规定

第九十条 【民族自治地方刑法适用的变通】民族自治地方不能全部适用本法规定的,可以由自治区或者省的人民代表大会根据当地民族的政治、经济、文化的特点和本法规定的基本原则,制定变通或者补充的规定,报请全国人民代表大会常务委员会批准施行。

第九十一条 【公共财产的范围】本法所称公共财产,是指下列财产:

(一)国有财产;

(二)劳动群众集体所有的财产;

(三)用于扶贫和其他公益事业的社会捐助或者专项基金的财产。

在国家机关、国有公司、企业、集体企业和人民团体管理、使用或者运输中的私人财产,以公共财产论。

第九十二条 【公民私人所有财产的范围】本法所称公民私人所有的财产,是指下列财产:

(一)公民的合法收入、储蓄、房屋和其他生活资料;

(二)依法归个人、家庭所有的生产资料;

(三)个体户和私营企业的合法财产;

(四)依法归个人所有的股份、股票、债券和其他财产。

第九十三条 【国家工作人员的范围】本法所称国家工作人员,是指国家机关中从事公务的人员。

国有公司、企业、事业单位、人民团体中从事公务的人员和国家机关、国有公司、企业、事业单位委派到非国有公司、企业、事业单位、社会团体从事公务的人员,以及其他依照法律从事公务的人员,以国家工作人员论。

第九十四条 【司法工作人员的范围】本法所称司法工作人员,是指有侦查、检察、审判、监管职责的工作人员。

第九十五条 【重伤的范围】本法所称重伤,是指有下列情形之一的伤害:

(一)使人肢体残废或者毁人容貌的;

(二)使人丧失听觉、视觉或者其他器官机能的;

(三)其他对于人身健康有重大伤害的。

第九十六条 【违反国家规定之含义】本法所称违反国家规定,是指违反全国人民代表大会及其常务委员会制定的法律和决定,国务院制定的行政法规、规定的行政措施、发布的决定和命令。

第九十七条 【首要分子的范围】本法所称首要分子,是指在犯罪集团或者聚众犯罪中起组织、策划、指挥作用的犯罪分子。

第九十八条 【告诉才处理的含义】本法所称告诉才处理,是指被害人告诉才处理。如果被害人因受强制、威吓无法告诉的,人民检察院和被害人的近亲属也可以告诉。

第九十九条 【以上、以下、以内的界定】本法所称以上、以下、以内,包括本数。

第一百条 【前科报告制度】依法受过刑事处罚的人,在入伍、就业的时候,应当如实向有关单位报告自己曾受过刑事处罚,不得隐瞒。

犯罪的时候不满十八周岁被判处五年有期徒刑以下刑罚的人,免除前款规定的报告义务。

第一百零一条 **【总则的效力】**本法总则适用于其他有刑罚规定的法律,但是其他法律有特别规定的除外。

第二编 分 则

第一章 危害国家安全罪

第一百零二条 **【背叛国家罪】**勾结外国,危害中华人民共和国的主权、领土完整和安全的,处无期徒刑或者十年以上有期徒刑。

与境外机构、组织、个人相勾结,犯前款罪的,依照前款的规定处罚。

第一百零三条 **【分裂国家罪】**组织、策划、实施分裂国家、破坏国家统一的,对首要分子或者罪行重大的,处无期徒刑或者十年以上有期徒刑;对积极参加的,处三年以上十年以下有期徒刑;对其他参加的,处三年以下有期徒刑、拘役、管制或者剥夺政治权利。

【煽动分裂国家罪】煽动分裂国家、破坏国家统一的,处五年以下有期徒刑、拘役、管制或者剥夺政治权利;首要分子或者罪行重大的,处五年以上有期徒刑。

第一百零四条 **【武装叛乱、暴乱罪】**组织、策划、实施武装叛乱或者武装暴乱的,对首要分子或者罪行重大的,处无期徒刑或者十年以上有期徒刑;对积极参加的,处三年以上十年以下有期徒刑;对其他参加的,处三年以下有期徒刑、拘役、管制或者剥夺政治权利。

策动、胁迫、勾引、收买国家机关工作人员、武装部队人员、人民警察、民兵进行武装叛乱或者武装暴乱的,依照前款的规定从重处罚。

第一百零五条 **【颠覆国家政权罪】**组织、策划、实施颠覆国家政权、推翻社会主义制度的,对首要分子或者罪行重大的,处无期徒刑或者十年以上有期徒刑;对积极参加的,处三年以上十年以下有期徒刑;对其他参加的,处三年以下有期徒刑、拘役、管制或者剥夺政治权利。

【煽动颠覆国家政权罪】以造谣、诽谤或者其他方式煽动颠覆国家政权、推翻社会主义制度的,处五年以下有期徒刑、拘役、管制或者剥夺政治权利;首要分子或者罪行重大的,处五年以上有期徒刑。

第一百零六条 **【与境外勾结的处罚规定】**与境外机构、组织、个人相勾结,实施本章第一百零三条、第一百零四条、第一百零五条规定之罪的,依照各该条的规定从重处罚。

第一百零七条 **【资助危害国家安全犯罪活动罪】**境内外机构、组织或者个人资助实施本章第一百零二条、第一百零三条、第一百零四条、第一百零五条规定之罪的,对直接责任人员,处五年以下有期徒刑、拘役、管制或者剥夺政治权利;情节严重的,处五年以上有期徒刑。

第一百零八条 **【投敌叛变罪】**投敌叛变的,处三年以上十年以下有期徒刑;情节严重或者带领武装部队人员、人民警察、民兵投敌叛变的,处十年以上有期徒刑或者无期徒刑。

第一百零九条 **【叛逃罪】**国家机关工作人员在履行公务期间,擅离岗位,叛逃境外或者在境外叛逃的,处五年以下有期徒刑、拘役、管制或者剥夺政治权利;情节严重的,处五年以上十年以下有期徒刑。

掌握国家秘密的国家工作人员叛逃境外或者在境外叛逃的,依照前款的规定从重处罚。

第一百一十条 **【间谍罪】**有下列间谍行为之一,危害国家安全的,处十年以上有期徒刑或者无期徒刑;情节较轻的,处三年以上十年以下有期徒刑:

(一)参加间谍组织或者接受间谍组织及其代理人的任务的;

(二)为敌人指示轰击目标的。

第一百一十一条 **【为境外窃取、刺探、收买、非法提供国家秘密、情报罪】**为境外的机构、组织、人员窃取、刺探、收买、非法提供国家秘密或者情报的,处五年以上十年以下有期徒刑;情节特别严重的,处十年以上有期徒刑或者无期徒刑;情节较轻的,处五年以下有期徒刑、拘役、管制或者剥夺政治权利。

第一百一十二条 **【资敌罪】**战时供给敌人武器装备、军用物资资敌的,处十年以上有期徒刑或者无期徒刑;情节较轻的,处三年以上十年以下有期徒刑。

第一百一十三条 **【危害国家安全罪适用死刑、没收财产的规定】**本章上述危害国家安全罪行中,除第一百零三条第二款、第一百零五条、第一百零七条、第一百零九条外,对国家和人民危害特别严重、情节特别恶劣的,可以判处死刑。

犯本章之罪的,可以并处没收财产。

第二章 危害公共安全罪

第一百一十四条 **【放火罪;决水罪;爆炸罪;投放危险物质罪;以危险方法危害公共安全罪】**放火、决水、爆炸以及投放毒害性、放射性、传染病病原体等物质或者以其他危险方法危害公共安全,尚未造成严重后果的,处三年以上十年以下有期徒刑。

第一百一十五条 **【放火罪;决水罪;爆炸罪;投放危险物质罪;以危险方法危害公共安全罪】**放火、决水、爆炸以及投放毒害性、放射性、传染病病原体等物质或者以其他危险方法致人重伤、死亡或者使公私财产遭受重大损失的,处十年以上有期徒刑、无期徒刑或者死刑。

【失火罪;过失决水罪;过失爆炸罪;过失投放危险物质罪;过失以危险方法危害公共安全罪】过失犯前款罪的,处三年以上七年以下有期徒刑;情节较轻的,处三年以下有期徒刑或者拘役。

第一百一十六条 **【破坏交通工具罪】**破坏火车、汽车、电车、船只、航空器,足以使火车、汽车、电车、船只、航空器发生倾覆、毁坏危险,尚未造成严重后果的,处三年以上十年以下有期徒刑。

第一百一十七条 **【破坏交通设施罪】**破坏轨道、桥梁、隧道、公路、机场、航道、灯塔、标志或者进行其他破坏活动，足以使火车、汽车、电车、船只、航空器发生倾覆、毁坏危险，尚未造成严重后果的，处三年以上十年以下有期徒刑。

第一百一十八条 **【破坏电力设备罪；破坏易燃易爆设备罪】**破坏电力、燃气或者其他易燃易爆设备，危害公共安全，尚未造成严重后果的，处三年以上十年以下有期徒刑。

第一百一十九条 **【破坏交通工具罪；破坏交通设施罪；破坏电力设备罪；破坏易燃易爆设备罪】**破坏交通工具、交通设施、电力设备、燃气设备、易燃易爆设备，造成严重后果的，处十年以上有期徒刑、无期徒刑或者死刑。

【过失损坏交通工具罪；过失损坏交通设施罪；过失损坏电力设备罪；过失损坏易燃易爆设备罪】过失犯前款罪的，处三年以上七年以下有期徒刑；情节较轻的，处三年以下有期徒刑或者拘役。

第一百二十条 **【组织、领导、参加恐怖组织罪】**组织、领导恐怖活动组织的，处十年以上有期徒刑或者无期徒刑，并处没收财产；积极参加的，处三年以上十年以下有期徒刑，并处罚金；其他参加的，处三年以下有期徒刑、拘役、管制或者剥夺政治权利，可以并处罚金。

犯前款罪并实施杀人、爆炸、绑架等犯罪的，依照数罪并罚的规定处罚。

第一百二十条之一 **【帮助恐怖活动罪】**资助恐怖活动组织、实施恐怖活动的个人的，或者资助恐怖活动培训的，处五年以下有期徒刑、拘役、管制或者剥夺政治权利，并处罚金；情节严重的，处五年以上有期徒刑，并处罚金或者没收财产。

为恐怖活动组织、实施恐怖活动或者恐怖活动培训招募、运送人员的，依照前款的规定处罚。

单位犯前两款罪的，对单位判处罚金，并对其直接负责的主管人员和其他直接责任人员，依照第一款的规定处罚。

第一百二十条之二 **【准备实施恐怖活动罪】**有下列情形之一的，处五年以下有期徒刑、拘役、管制或者剥夺政治权利，并处罚金；情节严重的，处五年以上有期徒刑，并处罚金或者没收财产：

（一）为实施恐怖活动准备凶器、危险物品或者其他工具的；

（二）组织恐怖活动培训或者积极参加恐怖活动培训的；

（三）为实施恐怖活动与境外恐怖活动组织或者人员联络的；

（四）为实施恐怖活动进行策划或者其他准备的。

有前款行为，同时构成其他犯罪的，依照处罚较重的规定定罪处罚。

第一百二十条之三 **【宣扬恐怖主义、极端主义、煽动实施恐怖活动罪】**以制作、散发宣扬恐怖主义、极端主义的图书、音频视频资料或者其他物品，或者通过讲授、发布信息等方式宣扬恐怖主义、极端主义的，或者煽动实施恐怖活动的，处五年以下有期徒刑、拘役、管制或者剥夺政治权利，并处罚金；情节严重的，处五年以上有期徒刑，并处罚金或者没收财产。

第一百二十条之四 **【利用极端主义破坏法律实施罪】**利用极端主义煽动、胁迫群众破坏国家法律确立的婚姻、司法、教育、社会管理等制度实施的，处三年以下有期徒刑、拘役或者管制，并处罚金；情节严重的，处三年以上七年以下有期徒刑，并处罚金；情节特别严重的，处七年以上有期徒刑，并处罚金或者没收财产。

第一百二十条之五 **【强制穿戴宣扬恐怖主义、极端主义服饰标志罪】**以暴力、胁迫等方式强制他人在公共场所穿着、佩戴宣扬恐怖主义、极端主义服饰、标志的，处三年以下有期徒刑、拘役或者管制，并处罚金。

第一百二十条之六 **【非法持有宣扬恐怖主义、极端主义物品罪】**明知是宣扬恐怖主义、极端主义的图书、音频视频资料或者其他物品而非法持有，情节严重的，处三年以下有期徒刑、拘役或者管制，并处或者单处罚金。

第一百二十一条 **【劫持航空器罪】**以暴力、胁迫或者其他方法劫持航空器的，处十年以上有期徒刑或者无期徒刑；致人重伤、死亡或者使航空器遭受严重破坏的，处死刑。

第一百二十二条 **【劫持船只、汽车罪】**以暴力、胁迫或者其他方法劫持船只、汽车的，处五年以上十年以下有期徒刑；造成严重后果的，处十年以上有期徒刑或者无期徒刑。

第一百二十三条 **【暴力危及飞行安全罪】**对飞行中的航空器上的人员使用暴力，危及飞行安全，尚未造成严重后果的，处五年以下有期徒刑或者拘役；造成严重后果的，处五年以上有期徒刑。

第一百二十四条 **【破坏广播电视设施、公用电信设施罪】**破坏广播电视设施、公用电信设施，危害公共安全的，处三年以上七年以下有期徒刑；造成严重后果的，处七年以上有期徒刑。

【过失损坏广播电视设施、公用电信设施罪】过失犯前款罪的，处三年以上七年以下有期徒刑；情节较轻的，处三年以下有期徒刑或者拘役。

第一百二十五条 **【非法制造、买卖、运输、邮寄、储存枪支、弹药、爆炸物罪】**非法制造、买卖、运输、邮寄、储存枪支、弹药、爆炸物的，处三年以上十年以下有期徒刑；情节严重的，处十年以上有期徒刑、无期徒刑或者死刑。

【非法制造、买卖、运输、储存危险物质罪】非法制造、买卖、运输、储存毒害性、放射性、传染病病原体等物质，危害公共安全的，依照前款的规定处罚。

单位犯前两款罪的，对单位判处罚金，并对其直接负责的主管人员和其他直接责任人员，依照第一款的规定处罚。

第一百二十六条 【违规制造、销售枪支罪】依法被指定、确定的枪支制造企业、销售企业,违反枪支管理规定,有下列行为之一的,对单位判处罚金,并对其直接负责的主管人员和其他直接责任人员,处五年以下有期徒刑;情节严重的,处五年以上十年以下有期徒刑;情节特别严重的,处十年以上有期徒刑或者无期徒刑:

(一)以非法销售为目的,超过限额或者不按照规定的品种制造、配售枪支的;

(二)以非法销售为目的,制造无号、重号、假号的枪支的;

(三)非法销售枪支或者在境内销售为出口制造的枪支的。

第一百二十七条 【盗窃、抢夺枪支、弹药、爆炸物、危险物质罪】盗窃、抢夺枪支、弹药、爆炸物的,或者盗窃、抢夺毒害性、放射性、传染病病原体等物质,危害公共安全的,处三年以上十年以下有期徒刑;情节严重的,处十年以上有期徒刑、无期徒刑或者死刑。

【抢劫枪支、弹药、爆炸物、危险物质罪;盗窃、抢夺枪支、弹药、爆炸物、危险物质罪】抢劫枪支、弹药、爆炸物的,或者抢劫毒害性、放射性、传染病病原体等物质,危害公共安全的,或者盗窃、抢夺国家机关、军警人员、民兵的枪支、弹药、爆炸物的,处十年以上有期徒刑、无期徒刑或者死刑。

第一百二十八条 【非法持有、私藏枪支、弹药罪】违反枪支管理规定,非法持有、私藏枪支、弹药的,处三年以下有期徒刑、拘役或者管制;情节严重的,处三年以上七年以下有期徒刑。

【非法出租、出借枪支罪】依法配备公务用枪的人员,非法出租、出借枪支的,依照前款的规定处罚。

【非法出租、出借枪支罪】依法配置枪支的人员,非法出租、出借枪支,造成严重后果的,依照第一款的规定处罚。

单位犯第二款、第三款罪的,对单位判处罚金,并对其直接负责的主管人员和其他直接责任人员,依照第一款的规定处罚。

第一百二十九条 【丢失枪支不报罪】依法配备公务用枪的人员,丢失枪支不及时报告,造成严重后果的,处三年以下有期徒刑或者拘役。

第一百三十条 【非法携带枪支、弹药、管制刀具、危险物品危及公共安全罪】非法携带枪支、弹药、管制刀具或者爆炸性、易燃性、放射性、毒害性、腐蚀性物品,进入公共场所或者公共交通工具,危及公共安全,情节严重的,处三年以下有期徒刑、拘役或者管制。

第一百三十一条 【重大飞行事故罪】航空人员违反规章制度,致使发生重大飞行事故,造成严重后果的,处三年以下有期徒刑或者拘役;造成飞机坠毁或者人员死亡的,处三年以上七年以下有期徒刑。

第一百三十二条 【铁路运营安全事故罪】铁路职工违反规章制度,致使发生铁路运营安全事故,造成严重后果的,处三年以下有期徒刑或者拘役;造成特别严重后果的,处三年以上七年以下有期徒刑。

第一百三十三条 【交通肇事罪】违反交通运输管理法规,因而发生重大事故,致人重伤、死亡或者使公私财产遭受重大损失的,处三年以下有期徒刑或者拘役;交通运输肇事后逃逸或者有其他特别恶劣情节的,处三年以上七年以下有期徒刑;因逃逸致人死亡的,处七年以上有期徒刑。

第一百三十三条之一 【危险驾驶罪】在道路上驾驶机动车,有下列情形之一的,处拘役,并处罚金:

(一)追逐竞驶,情节恶劣的;

(二)醉酒驾驶机动车的;

(三)从事校车业务或者旅客运输,严重超过额定乘员载客,或者严重超过规定时速行驶的;

(四)违反危险化学品安全管理规定运输危险化学品,危及公共安全的。

机动车所有人、管理人对前款第三项、第四项行为负有直接责任的,依照前款的规定处罚。

有前两款行为,同时构成其他犯罪的,依照处罚较重的规定定罪处罚。

第一百三十四条 【重大责任事故罪】在生产、作业中违反有关安全管理的规定,因而发生重大伤亡事故或者造成其他严重后果的,处三年以下有期徒刑或者拘役;情节特别恶劣的,处三年以上七年以下有期徒刑。

【强令违章冒险作业罪】强令他人违章冒险作业,因而发生重大伤亡事故或者造成其他严重后果的,处五年以下有期徒刑或者拘役;情节特别恶劣的,处五年以上有期徒刑。

第一百三十五条 【重大劳动安全事故罪】安全生产设施或者安全生产条件不符合国家规定,因而发生重大伤亡事故或者造成其他严重后果的,对直接负责的主管人员和其他直接责任人员,处三年以下有期徒刑或者拘役;情节特别恶劣的,处三年以上七年以下有期徒刑。

第一百三十五条之一 【大型群众性活动重大安全事故罪】举办大型群众性活动违反安全管理规定,因而发生重大伤亡事故或者造成其他严重后果的,对直接负责的主管人员和其他直接责任人员,处三年以下有期徒刑或者拘役;情节特别恶劣的,处三年以上七年以下有期徒刑。

第一百三十六条 【危险物品肇事罪】违反爆炸性、易燃性、放射性、毒害性、腐蚀性物品的管理规定,在生产、储存、运输、使用中发生重大事故,造成严重后果的,处三年以下有期徒刑或者拘役;后果特别严重的,处三年以上七年以下有期徒刑。

第一百三十七条 【工程重大安全事故罪】建设单位、设计单位、施工单位、工程监理单位违反国家规定,降低工程质量标准,造成重大安全事故的,对直接责任人员,处五年以下有期徒刑或者拘役,并处罚金;后果特别严重的,处五年以上十年以下有期徒刑,并处罚金。

第一百三十八条 **【教育设施重大安全事故罪】**明知校舍或者教育教学设施有危险,而不采取措施或者不及时报告,致使发生重大伤亡事故的,对直接责任人员,处三年以下有期徒刑或者拘役;后果特别严重的,处三年以上七年以下有期徒刑。

第一百三十九条 **【消防责任事故罪】**违反消防管理法规,经消防监督机构通知采取改正措施而拒绝执行,造成严重后果的,对直接责任人员,处三年以下有期徒刑或者拘役;后果特别严重的,处三年以上七年以下有期徒刑。

第一百三十九条之一 **【不报、谎报安全事故罪】**在安全事故发生后,负有报告职责的人员不报或者谎报事故情况,贻误事故抢救,情节严重的,处三年以下有期徒刑或者拘役;情节特别严重的,处三年以上七年以下有期徒刑。

第三章 破坏社会主义市场经济秩序罪

第一节 生产、销售伪劣商品罪

第一百四十条 **【生产、销售伪劣产品罪】**生产者、销售者在产品中掺杂、掺假,以假充真,以次充好或者以不合格产品冒充合格产品,销售金额五万元以上不满二十万元的,处二年以下有期徒刑或者拘役,并处或者单处销售金额百分之五十以上二倍以下罚金;销售金额二十万元以上不满五十万元的,处二年以上七年以下有期徒刑,并处销售金额百分之五十以上二倍以下罚金;销售金额五十万元以上不满二百万元的,处七年以上有期徒刑,并处销售金额百分之五十以上二倍以下罚金;销售金额二百万元以上的,处十五年有期徒刑或者无期徒刑,并处销售金额百分之五十以上二倍以下罚金或者没收财产。

第一百四十一条 **【生产、销售假药罪】**生产、销售假药的,处三年以下有期徒刑或者拘役,并处罚金;对人体健康造成严重危害或者有其他严重情节的,处三年以上十年以下有期徒刑,并处罚金;致人死亡或者有其他特别严重情节的,处十年以上有期徒刑、无期徒刑或者死刑,并处罚金或者没收财产。

本条所称假药,是指依照《中华人民共和国药品管理法》的规定属于假药和按假药处理的药品、非药品。

第一百四十二条 **【生产、销售劣药罪】**生产、销售劣药,对人体健康造成严重危害的,处三年以上十年以下有期徒刑,并处销售金额百分之五十以上二倍以下罚金;后果特别严重的,处十年以上有期徒刑或者无期徒刑,并处销售金额百分之五十以上二倍以下罚金或者没收财产。

本条所称劣药,是指依照《中华人民共和国药品管理法》的规定属于劣药的药品。

第一百四十三条 **【生产、销售不符合安全标准的食品罪】**生产、销售不符合食品安全标准的食品,足以造成严重食物中毒事故或者其他严重食源性疾病的,处三年以下有期徒刑或者拘役,并处罚金;对人体健康造成严重危害或者有其他严重情节的,处三年以上七年以下有期徒刑,并处罚金;后果特别严重的,处七年以上有期徒刑或者无期徒刑,并处罚金或者没收财产。

第一百四十四条 **【生产、销售有毒、有害食品罪】**在生产、销售的食品中掺入有毒、有害的非食品原料的,或者销售明知掺有有毒、有害的非食品原料的食品的,处五年以下有期徒刑,并处罚金;对人体健康造成严重危害或者有其他严重情节的,处五年以上十年以下有期徒刑,并处罚金;致人死亡或者有其他特别严重情节的,依照本法第一百四十一条的规定处罚。

第一百四十五条 **【生产、销售不符合标准的医用器材罪】**生产不符合保障人体健康的国家标准、行业标准的医疗器械、医用卫生材料,或者销售明知是不符合保障人体健康的国家标准、行业标准的医疗器械、医用卫生材料,足以严重危害人体健康的,处三年以下有期徒刑或者拘役,并处销售金额百分之五十以上二倍以下罚金;对人体健康造成严重危害的,处三年以上十年以下有期徒刑,并处销售金额百分之五十以上二倍以下罚金;后果特别严重的,处十年以上有期徒刑或者无期徒刑,并处销售金额百分之五十以上二倍以下罚金或者没收财产。

第一百四十六条 **【生产、销售不符合安全标准的产品罪】**生产不符合保障人身、财产安全的国家标准、行业标准的电器、压力容器、易燃易爆产品或者其他不符合保障人身、财产安全的国家标准、行业标准的产品,或者销售明知是以上不符合保障人身、财产安全的国家标准、行业标准的产品,造成严重后果的,处五年以下有期徒刑,并处销售金额百分之五十以上二倍以下罚金;后果特别严重的,处五年以上有期徒刑,并处销售金额百分之五十以上二倍以下罚金。

第一百四十七条 **【生产、销售伪劣农药、兽药、化肥、种子罪】**生产假农药、假兽药、假化肥,销售明知是假的或者失去使用效能的农药、兽药、化肥、种子,或者生产者、销售者以不合格的农药、兽药、化肥、种子冒充合格的农药、兽药、化肥、种子,使生产遭受较大损失的,处三年以下有期徒刑或者拘役,并处或者单处销售金额百分之五十以上二倍以下罚金;使生产遭受重大损失的,处三年以上七年以下有期徒刑,并处销售金额百分之五十以上二倍以下罚金;使生产遭受特别重大损失的,处七年以上有期徒刑或者无期徒刑,并处销售金额百分之五十以上二倍以下罚金或者没收财产。

第一百四十八条 **【生产、销售不符合卫生标准的化妆品罪】**生产不符合卫生标准的化妆品,或者销售明知是不符合卫生标准的化妆品,造成严重后果的,处三年以下有期徒刑或者拘役,并处或者单处销售金额百分之五十以上二倍以下罚金。

第一百四十九条　【对生产、销售伪劣商品行为的法条适用原则】生产、销售本节第一百四十一条至第一百四十八条所列产品,不构成各该条规定的犯罪,但是销售金额在五万元以上的,依照本节第一百四十条的规定定罪处罚。

生产、销售本节第一百四十一条至第一百四十八条所列产品,构成各该条规定的犯罪,同时又构成本节第一百四十条规定之罪的,依照处罚较重的规定定罪处罚。

第一百五十条　【单位犯本节规定之罪的处罚规定】单位犯本节第一百四十条至第一百四十八条规定之罪的,对单位判处罚金,并对其直接负责的主管人员和其他直接责任人员,依照各该条的规定处罚。

第二节　走　私　罪

第一百五十一条　【走私武器、弹药罪;走私核材料罪;走私假币罪】走私武器、弹药、核材料或者伪造的货币的,处七年以上有期徒刑,并处罚金或者没收财产;情节特别严重的,处无期徒刑,并处没收财产;情节较轻的,处三年以上七年以下有期徒刑,并处罚金。

【走私文物罪;走私贵重金属罪;走私珍贵动物、珍贵动物制品罪】走私国家禁止出口的文物、黄金、白银和其他贵重金属或者国家禁止进出口的珍贵动物及其制品的,处五年以上十年以下有期徒刑,并处罚金;情节特别严重的,处十年以上有期徒刑或者无期徒刑,并处没收财产;情节较轻的,处五年以下有期徒刑,并处罚金。

【走私国家禁止进出口的货物、物品罪】走私珍稀植物及其制品等国家禁止进出口的其他货物、物品的,处五年以下有期徒刑或者拘役,并处或者单处罚金;情节严重的,处五年以上有期徒刑,并处罚金。

单位犯本条规定之罪的,对单位判处罚金,并对其直接负责的主管人员和其他直接责任人员,依照本条各款的规定处罚。

第一百五十二条　【走私淫秽物品罪】以牟利或者传播为目的,走私淫秽的影片、录像带、录音带、图片、书刊或者其他淫秽物品的,处三年以上十年以下有期徒刑,并处罚金;情节严重的,处十年以上有期徒刑或者无期徒刑,并处罚金或者没收财产;情节较轻的,处三年以下有期徒刑、拘役或者管制,并处罚金。

【走私废物罪】逃避海关监管将境外固体废物、液态废物和气态废物运输进境,情节严重的,处五年以下有期徒刑,并处或者单处罚金;情节特别严重的,处五年以上有期徒刑,并处罚金。

单位犯前两款罪的,对单位判处罚金,并对其直接负责的主管人员和其他直接责任人员,依照前两款的规定处罚。

第一百五十三条　【走私普通货物、物品罪】走私本法第一百五十一条、第一百五十二条、第三百四十七条规定以外的货物、物品的,根据情节轻重,分别依照下列规定处罚:

(一)走私货物、物品偷逃应缴税额较大或者一年内曾因走私被给予二次行政处罚后又走私的,处三年以下有期徒刑或者拘役,并处偷逃应缴税额一倍以上五倍以下罚金。

(二)走私货物、物品偷逃应缴税额巨大或者有其他严重情节的,处三年以上十年以下有期徒刑,并处偷逃应缴税额一倍以上五倍以下罚金。

(三)走私货物、物品偷逃应缴税额特别巨大或者有其他特别严重情节的,处十年以上有期徒刑或者无期徒刑,并处偷逃应缴税额一倍以上五倍以下罚金或者没收财产。

单位犯前款罪的,对单位判处罚金,并对其直接负责的主管人员和其他直接责任人员,处三年以下有期徒刑或者拘役;情节严重的,处三年以上十年以下有期徒刑;情节特别严重的,处十年以上有期徒刑。

对多次走私未经处理的,按照累计走私货物、物品的偷逃应缴税额处罚。

第一百五十四条　【走私普通货物、物品罪】下列走私行为,根据本节规定构成犯罪的,依照本法第一百五十三条的规定定罪处罚:

(一)未经海关许可并且未补缴应缴税额,擅自将批准进口的来料加工、来件装配、补偿贸易的原材料、零件、制成品、设备等保税货物,在境内销售牟利的;

(二)未经海关许可并且未补缴应缴税额,擅自将特定减税、免税进口的货物、物品,在境内销售牟利的。

第一百五十五条　【间接走私行为以相应走私犯罪论处的规定】下列行为,以走私罪论处,依照本节的有关规定处罚:

(一)直接向走私人非法收购国家禁止进口物品的,或者直接向走私人非法收购走私进口的其他货物、物品,数额较大的;

(二)在内海、领海、界河、界湖运输、收购、贩卖国家禁止进出口物品的,或者运输、收购、贩卖国家限制进出口货物、物品,数额较大,没有合法证明的。

第一百五十六条　【走私共犯】与走私罪犯通谋,为其提供贷款、资金、帐号、发票、证明,或者为其提供运输、保管、邮寄或者其他方便的,以走私罪的共犯论处。

第一百五十七条　【武装掩护走私、抗拒缉私的处罚规定】武装掩护走私的,依照本法第一百五十一条第一款的规定从重处罚。

以暴力、威胁方法抗拒缉私的,以走私罪和本法第二百七十七条规定的阻碍国家机关工作人员依法执行职务罪,依照数罪并罚的规定处罚。

第三节　妨害对公司、企业的管理秩序罪

第一百五十八条　【虚报注册资本罪】申请公司登记使用虚假证明文件或者采取其他欺诈手段虚报注册资本,欺骗公司登记主管部门,取得公司登记,虚报注册资本数额巨大、

后果严重或者有其他严重情节的，处三年以下有期徒刑或者拘役，并处或者单处虚报注册资本金额百分之一以上百分之五以下罚金。

单位犯前款罪的，对单位判处罚金，并对其直接负责的主管人员和其他直接责任人员，处三年以下有期徒刑或者拘役。

第一百五十九条 **【虚假出资、抽逃出资罪】**公司发起人、股东违反公司法的规定未交付货币、实物或者未转移财产权，虚假出资，或者在公司成立后又抽逃其出资，数额巨大、后果严重或者有其他严重情节的，处五年以下有期徒刑或者拘役，并处或者单处虚假出资金额或者抽逃出资金额百分之二以上百分之十以下罚金。

单位犯前款罪的，对单位判处罚金，并对其直接负责的主管人员和其他直接责任人员，处五年以下有期徒刑或者拘役。

第一百六十条 **【欺诈发行股票、债券罪】**在招股说明书、认股书、公司、企业债券募集办法中隐瞒重要事实或者编造重大虚假内容，发行股票或者公司、企业债券，数额巨大、后果严重或者有其他严重情节的，处五年以下有期徒刑或者拘役，并处或者单处非法募集资金金额百分之一以上百分之五以下罚金。

单位犯前款罪的，对单位判处罚金，并对其直接负责的主管人员和其他直接责任人员，处五年以下有期徒刑或者拘役。

第一百六十一条 **【违规披露、不披露重要信息罪】**依法负有信息披露义务的公司、企业向股东和社会公众提供虚假的或者隐瞒重要事实的财务会计报告，或者对依法应当披露的其他重要信息不按照规定披露，严重损害股东或者其他人利益，或者有其他严重情节的，对其直接负责的主管人员和其他直接责任人员，处三年以下有期徒刑或者拘役，并处或者单处二万元以上二十万元以下罚金。

第一百六十二条 **【妨害清算罪】**公司、企业进行清算时，隐匿财产，对资产负债表或者财产清单作虚伪记载或者在未清偿债务前分配公司、企业财产，严重损害债权人或者其他人利益的，对其直接负责的主管人员和其他直接责任人员，处五年以下有期徒刑或者拘役，并处或者单处二万元以上二十万元以下罚金。

第一百六十二条之一 **【隐匿、故意销毁会计凭证、会计帐簿、财务会计报告罪】**隐匿或者故意销毁依法应当保存的会计凭证、会计帐簿、财务会计报告，情节严重的，处五年以下有期徒刑或者拘役，并处或者单处二万元以上二十万元以下罚金。

单位犯前款罪的，对单位判处罚金，并对其直接负责的主管人员和其他直接责任人员，依照前款的规定处罚。

第一百六十二条之二 **【虚假破产罪】**公司、企业通过隐匿财产、承担虚构的债务或者以其他方法转移、处分财产，实施虚假破产，严重损害债权人或者其他人利益的，对其直接负责的主管人员和其他直接责任人员，处五年以下有期徒刑或者拘役，并处或者单处二万元以上二十万元以下罚金。

第一百六十三条 **【非国家工作人员受贿罪】**公司、企业或者其他单位的工作人员利用职务上的便利，索取他人财物或者非法收受他人财物，为他人谋取利益，数额较大的，处五年以下有期徒刑或者拘役；数额巨大的，处五年以上有期徒刑，可以并处没收财产。

公司、企业或者其他单位的工作人员在经济往来中，利用职务上的便利，违反国家规定，收受各种名义的回扣、手续费，归个人所有的，依照前款的规定处罚。

国有公司、企业或者其他国有单位中从事公务的人员和国有公司、企业或者其他国有单位委派到非国有公司、企业以及其他单位从事公务的人员有前两款行为的，依照本法第三百八十五条、第三百八十六条的规定定罪处罚。

第一百六十四条 **【对非国家工作人员行贿罪】**为谋取不正当利益，给予公司、企业或者其他单位的工作人员以财物，数额较大的，处三年以下有期徒刑或者拘役，并处罚金；数额巨大的，处三年以上十年以下有期徒刑，并处罚金。

【对外国公职人员、国际公共组织官员行贿罪】为谋取不正当商业利益，给予外国公职人员或者国际公共组织官员以财物的，依照前款的规定处罚。

单位犯前两款罪的，对单位判处罚金，并对其直接负责的主管人员和其他直接责任人员，依照第一款的规定处罚。

行贿人在被追诉前主动交待行贿行为的，可以减轻处罚或者免除处罚。

第一百六十五条 **【非法经营同类营业罪】**国有公司、企业的董事、经理利用职务便利，自己经营或者为他人经营与其所任职公司、企业同类的营业，获取非法利益，数额巨大的，处三年以下有期徒刑或者拘役，并处或者单处罚金；数额特别巨大的，处三年以上七年以下有期徒刑，并处罚金。

第一百六十六条 **【为亲友非法牟利罪】**国有公司、企业、事业单位的工作人员，利用职务便利，有下列情形之一，使国家利益遭受重大损失的，处三年以下有期徒刑或者拘役，并处或者单处罚金；致使国家利益遭受特别重大损失的，处三年以上七年以下有期徒刑，并处罚金：

（一）将本单位的盈利业务交由自己的亲友进行经营的；

（二）以明显高于市场的价格向自己的亲友经营管理的单位采购商品或者以明显低于市场的价格向自己的亲友经营管理的单位销售商品的；

（三）向自己的亲友经营管理的单位采购不合格商品的。

第一百六十七条 **【签订、履行合同失职被骗罪】**国有公司、企业、事业单位直接负责的主管人员，在签订、履行合同过程中，因严重不负责任被诈骗，致使国家利益遭受重大损失的,处三年以下有期徒刑或者拘役;致使国家利益遭受特别重大损失的,处三年以上七年以下有期徒刑。

第一百六十八条　【国有公司、企业、事业单位人员失职罪;国有公司、企业、事业单位人员滥用职权罪】国有公司、企业的工作人员,由于严重不负责任或者滥用职权,造成国有公司、企业破产或者严重损失,致使国家利益遭受重大损失的,处三年以下有期徒刑或者拘役;致使国家利益遭受特别重大损失的,处三年以上七年以下有期徒刑。

国有事业单位的工作人员有前款行为,致使国家利益遭受重大损失的,依照前款的规定处罚。

国有公司、企业、事业单位的工作人员,徇私舞弊,犯前两款罪的,依照第一款的规定从重处罚。

第一百六十九条　【徇私舞弊低价折股、出售国有资产罪】国有公司、企业或者其上级主管部门直接负责的主管人员,徇私舞弊,将国有资产低价折股或者低价出售,致使国家利益遭受重大损失的,处三年以下有期徒刑或者拘役;致使国家利益遭受特别重大损失的,处三年以上七年以下有期徒刑。

第一百六十九条之一　【背信损害上市公司利益罪】上市公司的董事、监事、高级管理人员违背对公司的忠实义务,利用职务便利,操纵上市公司从事下列行为之一,致使上市公司利益遭受重大损失的,处三年以下有期徒刑或者拘役,并处或者单处罚金;致使上市公司利益遭受特别重大损失的,处三年以上七年以下有期徒刑,并处罚金:

(一)无偿向其他单位或者个人提供资金、商品、服务或者其他资产的;

(二)以明显不公平的条件,提供或者接受资金、商品、服务或者其他资产的;

(三)向明显不具有清偿能力的单位或者个人提供资金、商品、服务或者其他资产的;

(四)为明显不具有清偿能力的单位或者个人提供担保,或者无正当理由为其他单位或者个人提供担保的;

(五)无正当理由放弃债权、承担债务的;

(六)采用其他方式损害上市公司利益的。

上市公司的控股股东或者实际控制人,指使上市公司董事、监事、高级管理人员实施前款行为的,依照前款的规定处罚。

犯前款罪的上市公司的控股股东或者实际控制人是单位的,对单位判处罚金,并对其直接负责的主管人员和其他直接责任人员,依照第一款的规定处罚。

第四节　破坏金融管理秩序罪

第一百七十条　【伪造货币罪】伪造货币的,处三年以上十年以下有期徒刑,并处罚金;有下列情形之一的,处十年以上有期徒刑或者无期徒刑,并处罚金或者没收财产:

(一)伪造货币集团的首要分子;

(二)伪造货币数额特别巨大的;

(三)有其他特别严重情节的。

第一百七十一条　【出售、购买、运输假币罪】出售、购买伪造的货币或者明知是伪造的货币而运输,数额较大的,处三年以下有期徒刑或者拘役,并处二万元以上二十万元以下罚金;数额巨大的,处三年以上十年以下有期徒刑,并处五万元以上五十万元以下罚金;数额特别巨大的,处十年以上有期徒刑或者无期徒刑,并处五万元以上五十万元以下罚金或者没收财产。

【金融工作人员购买假币、以假币换取货币罪】银行或者其他金融机构的工作人员购买伪造的货币或者利用职务上的便利,以伪造的货币换取货币的,处三年以上十年以下有期徒刑,并处二万元以上二十万元以下罚金;数额巨大或者有其他严重情节的,处十年以上有期徒刑或者无期徒刑,并处二万元以上二十万元以下罚金或者没收财产;情节较轻的,处三年以下有期徒刑或者拘役,并处或者单处一万元以上十万元以下罚金。

【伪造货币罪】伪造货币并出售或者运输伪造的货币的,依照本法第一百七十条的规定定罪从重处罚。

第一百七十二条　【持有、使用假币罪】明知是伪造的货币而持有、使用,数额较大的,处三年以下有期徒刑或者拘役,并处或者单处一万元以上十万元以下罚金;数额巨大的,处三年以上十年以下有期徒刑,并处二万元以上二十万元以下罚金;数额特别巨大的,处十年以上有期徒刑,并处五万元以上五十万元以下罚金或者没收财产。

第一百七十三条　【变造货币罪】变造货币,数额较大的,处三年以下有期徒刑或者拘役,并处或者单处一万元以上十万元以下罚金;数额巨大的,处三年以上十年以下有期徒刑,并处二万元以上二十万元以下罚金。

第一百七十四条　【擅自设立金融机构罪】未经国家有关主管部门批准,擅自设立商业银行、证券交易所、期货交易所、证券公司、期货经纪公司、保险公司或者其他金融机构的,处三年以下有期徒刑或者拘役,并处或者单处二万元以上二十万元以下罚金;情节严重的,处三年以上十年以下有期徒刑,并处五万元以上五十万元以下罚金。

【伪造、变造、转让金融机构经营许可证、批准文件罪】伪造、变造、转让商业银行、证券交易所、期货交易所、证券公司、期货经纪公司、保险公司或者其他金融机构的经营许可证或者批准文件的,依照前款的规定处罚。

单位犯前两款罪的,对单位判处罚金,并对其直接负责的主管人员和其他直接责任人员,依照第一款的规定处罚。

第一百七十五条　【高利转贷罪】以转贷牟利为目的,套取金融机构信贷资金高利转贷他人,违法所得数额较大的,处三年以下有期徒刑或者拘役,并处违法所得一倍以上五倍以下罚金;数额巨大的,处三年以上七年以下有期徒刑,并处违法所得一倍以上五倍以下罚金。

单位犯前款罪的,对单位判处罚金,并对其直接负责的主管人员和其他直接责任人员,处三年以下有期徒刑或者拘役。

第一百七十五条之一 【骗取贷款、票据承兑、金融票证罪】以欺骗手段取得银行或者其他金融机构贷款、票据承兑、信用证、保函等,给银行或者其他金融机构造成重大损失或者有其他严重情节的,处三年以下有期徒刑或者拘役,并处或者单处罚金;给银行或者其他金融机构造成特别重大损失或者有其他特别严重情节的,处三年以上七年以下有期徒刑,并处罚金。

单位犯前款罪的,对单位判处罚金,并对其直接负责的主管人员和其他直接责任人员,依照前款的规定处罚。

第一百七十六条 【非法吸收公众存款罪】非法吸收公众存款或者变相吸收公众存款,扰乱金融秩序的,处三年以下有期徒刑或者拘役,并处或者单处二万元以上二十万元以下罚金;数额巨大或者有其他严重情节的,处三年以上十年以下有期徒刑,并处五万元以上五十万元以下罚金。

单位犯前款罪的,对单位判处罚金,并对其直接负责的主管人员和其他直接责任人员,依照前款的规定处罚。

第一百七十七条 【伪造、变造金融票证罪】有下列情形之一,伪造、变造金融票证的,处五年以下有期徒刑或者拘役,并处或者单处二万元以上二十万元以下罚金;情节严重的,处五年以上十年以下有期徒刑,并处五万元以上五十万元以下罚金;情节特别严重的,处十年以上有期徒刑或者无期徒刑,并处五万元以上五十万元以下罚金或者没收财产:

(一)伪造、变造汇票、本票、支票的;

(二)伪造、变造委托收款凭证、汇款凭证、银行存单等其他银行结算凭证的;

(三)伪造、变造信用证或者附随的单据、文件的;

(四)伪造信用卡的。

单位犯前款罪的,对单位判处罚金,并对其直接负责的主管人员和其他直接责任人员,依照前款的规定处罚。

第一百七十七条之一 【妨害信用卡管理罪】有下列情形之一,妨害信用卡管理的,处三年以下有期徒刑或者拘役,并处或者单处一万元以上十万元以下罚金;数量巨大或者有其他严重情节的,处三年以上十年以下有期徒刑,并处二万元以上二十万元以下罚金:

(一)明知是伪造的信用卡而持有、运输的,或者明知是伪造的空白信用卡而持有、运输,数量较大的;

(二)非法持有他人信用卡,数量较大的;

(三)使用虚假的身份证明骗领信用卡的;

(四)出售、购买、为他人提供伪造的信用卡或者以虚假的身份证明骗领的信用卡的。

【窃取、收买、非法提供信用卡信息罪】窃取、收买或者非法提供他人信用卡信息资料的,依照前款规定处罚。

银行或者其他金融机构的工作人员利用职务上的便利,犯第二款罪的,从重处罚。

第一百七十八条 【伪造、变造国家有价证券罪】伪造、变造国库券或者国家发行的其他有价证券,数额较大的,处三年以下有期徒刑或者拘役,并处或者单处二万元以上二十万元以下罚金;数额巨大的,处三年以上十年以下有期徒刑,并处五万元以上五十万元以下罚金;数额特别巨大的,处十年以上有期徒刑或者无期徒刑,并处五万元以上五十万元以下罚金或者没收财产。

【伪造、变造股票、公司、企业债券罪】伪造、变造股票或者公司、企业债券,数额较大的,处三年以下有期徒刑或者拘役,并处或者单处一万元以上十万元以下罚金;数额巨大的,处三年以上十年以下有期徒刑,并处二万元以上二十万元以下罚金。

单位犯前两款罪的,对单位判处罚金,并对其直接负责的主管人员和其他直接责任人员,依照前两款的规定处罚。

第一百七十九条 【擅自发行股票、公司、企业债券罪】未经国家有关主管部门批准,擅自发行股票或者公司、企业债券,数额巨大、后果严重或者有其他严重情节的,处五年以下有期徒刑或者拘役,并处或者单处非法募集资金金额百分之一以上百分之五以下罚金。

单位犯前款罪的,对单位判处罚金,并对其直接负责的主管人员和其他直接责任人员,处五年以下有期徒刑或者拘役。

第一百八十条 【内幕交易、泄露内幕信息罪】证券、期货交易内幕信息的知情人员或者非法获取证券、期货交易内幕信息的人员,在涉及证券的发行,证券、期货交易或者其他对证券、期货交易价格有重大影响的信息尚未公开前,买入或者卖出该证券,或者从事与该内幕信息有关的期货交易,或者泄露该信息,或者明示、暗示他人从事上述交易活动,情节严重的,处五年以下有期徒刑或者拘役,并处或者单处违法所得一倍以上五倍以下罚金;情节特别严重的,处五年以上十年以下有期徒刑,并处违法所得一倍以上五倍以下罚金。

单位犯前款罪的,对单位判处罚金,并对其直接负责的主管人员和其他直接责任人员,处五年以下有期徒刑或者拘役。

内幕信息、知情人员的范围,依照法律、行政法规的规定确定。

【利用未公开信息交易罪】证券交易所、期货交易所、证券公司、期货经纪公司、基金管理公司、商业银行、保险公司等金融机构的从业人员以及有关监管部门或者行业协会的工作人员,利用因职务便利获取的内幕信息以外的其他未公开的信息,违反规定,从事与该信息相关的证券、期货交易活动,或者明示、暗示他人从事相关交易活动,情节严重的,依照第一款的规定处罚。

第一百八十一条 【编造并传播证券、期货交易虚假信息罪】编造并且传播影响证券、期货交易的虚假信息,扰乱证券、期货交易市场,造成严重后果的,处五年以下有期徒刑或者拘役,并处或者单处一万元以上十万元以下罚金。

【诱骗投资者买卖证券、期货合约罪】证券交易所、期货交易所、证券公司、期货经纪公司的从业人员,证券业协会、期货业协会或者证券期货监督管理部门的工作人员,故意提供虚假信息或者伪造、变造、销毁交易记录,诱骗投资者买卖证券、期货合约,造成严重后果的,处五年以下有期徒刑或者拘役,并处或者单处一万元以上十万元以下罚金;情节特别恶劣的,处五年以上十年以下有期徒刑,并处二万元以上二十万元以下罚金。

单位犯前两款罪的,对单位判处罚金,并对其直接负责的主管人员和其他直接责任人员,处五年以下有期徒刑或者拘役。

第一百八十二条　【操纵证券、期货市场罪】有下列情形之一,操纵证券、期货市场,情节严重的,处五年以下有期徒刑或者拘役,并处或者单处罚金;情节特别严重的,处五年以上十年以下有期徒刑,并处罚金:

(一)单独或者合谋,集中资金优势、持股或者持仓优势或者利用信息优势联合或者连续买卖,操纵证券、期货交易价格或者证券、期货交易量的;

(二)与他人串通,以事先约定的时间、价格和方式相互进行证券、期货交易,影响证券、期货交易价格或者证券、期货交易量的;

(三)在自己实际控制的帐户之间进行证券交易,或者以自己为交易对象,自买自卖期货合约,影响证券、期货交易价格或者证券、期货交易量的;

(四)以其他方法操纵证券、期货市场的。

单位犯前款罪的,对单位判处罚金,并对其直接负责的主管人员和其他直接责任人员,依照前款的规定处罚。

第一百八十三条　【职务侵占罪】保险公司的工作人员利用职务上的便利,故意编造未曾发生的保险事故进行虚假理赔,骗取保险金归自己所有的,依照本法第二百七十一条的规定定罪处罚。

【贪污罪】国有保险公司工作人员和国有保险公司委派到非国有保险公司从事公务的人员有前款行为的,依照本法第三百八十二条、第三百八十三条的规定定罪处罚。

第一百八十四条　【非国家工作人员受贿罪】银行或者其他金融机构的工作人员在金融业务活动中索取他人财物或者非法收受他人财物,为他人谋取利益的,或者违反国家规定,收受各种名义的回扣、手续费,归个人所有的,依照本法第一百六十三条的规定定罪处罚。

【受贿罪】国有金融机构工作人员和国有金融机构委派到非国有金融机构从事公务的人员有前款行为的,依照本法第三百八十五条、第三百八十六条的规定定罪处罚。

第一百八十五条　【挪用资金罪】商业银行、证券交易所、期货交易所、证券公司、期货经纪公司、保险公司或者其他金融机构的工作人员利用职务上的便利,挪用本单位或者客户资金的,依照本法第二百七十二条的规定定罪处罚。

【挪用公款罪】国有商业银行、证券交易所、期货交易所、证券公司、期货经纪公司、保险公司或者其他国有金融机构的工作人员和国有商业银行、证券交易所、期货交易所、证券公司、期货经纪公司、保险公司或者其他国有金融机构委派到前款规定中的非国有机构从事公务的人员有前款行为的,依照本法第三百八十四条的规定定罪处罚。

第一百八十五条之一　【背信运用受托财产罪】商业银行、证券交易所、期货交易所、证券公司、期货经纪公司、保险公司或者其他金融机构,违背受托义务,擅自运用客户资金或者其他委托、信托的财产,情节严重的,对单位判处罚金,并对其直接负责的主管人员和其他直接责任人员,处三年以下有期徒刑或者拘役,并处三万元以上三十万元以下罚金;情节特别严重的,处三年以上十年以下有期徒刑,并处五万元以上五十万元以下罚金。

【违法运用资金罪】社会保障基金管理机构、住房公积金管理机构等公众资金管理机构,以及保险公司、保险资产管理公司、证券投资基金管理公司,违反国家规定运用资金的,对其直接负责的主管人员和其他直接责任人员,依照前款的规定处罚。

第一百八十六条　【违法发放贷款罪】银行或者其他金融机构的工作人员违反国家规定发放贷款,数额巨大或者造成重大损失的,处五年以下有期徒刑或者拘役,并处一万元以上十万元以下罚金;数额特别巨大或者造成特别重大损失的,处五年以上有期徒刑,并处二万元以上二十万元以下罚金。

银行或者其他金融机构的工作人员违反国家规定,向关系人发放贷款的,依照前款的规定从重处罚。

单位犯前两款罪的,对单位判处罚金,并对其直接负责的主管人员和其他直接责任人员,依照前两款的规定处罚。

关系人的范围,依照《中华人民共和国商业银行法》和有关金融法规确定。

第一百八十七条　【吸收客户资金不入帐罪】银行或者其他金融机构的工作人员吸收客户资金不入帐,数额巨大或者造成重大损失的,处五年以下有期徒刑或者拘役,并处二万元以上二十万元以下罚金;数额特别巨大或者造成特别重大损失的,处五年以上有期徒刑,并处五万元以上五十万元以下罚金。

单位犯前款罪的,对单位判处罚金,并对其直接负责的主管人员和其他直接责任人员,依照前款的规定处罚。

第一百八十八条　【违规出具金融票证罪】银行或者其他金融机构的工作人员违反规定,为他人出具信用证或者其他保函、票据、存单、资信证明,情节严重的,处五年以下有期徒刑或者拘役;情节特别严重的,处五年以上有期徒刑。

单位犯前款罪的,对单位判处罚金,并对其直接负责的主管人员和其他直接责任人员,依照前款的规定处罚。

第一百八十九条 **【对违法票据承兑、付款、保证罪】**银行或者其他金融机构的工作人员在票据业务中，对违反票据法规定的票据予以承兑、付款或者保证，造成重大损失的，处五年以下有期徒刑或者拘役；造成特别重大损失的，处五年以上有期徒刑。

单位犯前款罪的，对单位判处罚金，并对其直接负责的主管人员和其他直接责任人员，依照前款的规定处罚。

第一百九十条 **【逃汇罪】**公司、企业或者其他单位，违反国家规定，擅自将外汇存放境外，或者将境内的外汇非法转移到境外，数额较大的，对单位判处逃汇数额百分之五以上百分之三十以下罚金，并对其直接负责的主管人员和其他直接责任人员处五年以下有期徒刑或者拘役；数额巨大或者有其他严重情节的，对单位判处逃汇数额百分之五以上百分之三十以下罚金，并对其直接负责的主管人员和其他直接责任人员处五年以上有期徒刑。

第一百九十一条 **【洗钱罪】**明知是毒品犯罪、黑社会性质的组织犯罪、恐怖活动犯罪、走私犯罪、贪污贿赂犯罪、破坏金融管理秩序犯罪、金融诈骗犯罪的所得及其产生的收益，为掩饰、隐瞒其来源和性质，有下列行为之一的，没收实施以上犯罪的所得及其产生的收益，处五年以下有期徒刑或者拘役，并处或者单处洗钱数额百分之五以上百分之二十以下罚金；情节严重的，处五年以上十年以下有期徒刑，并处洗钱数额百分之五以上百分之二十以下罚金：

（一）提供资金帐户的；

（二）协助将财产转换为现金、金融票据、有价证券的；

（三）通过转帐或者其他结算方式协助资金转移的；

（四）协助将资金汇往境外的；

（五）以其他方法掩饰、隐瞒犯罪所得及其收益的来源和性质的。

单位犯前款罪的，对单位判处罚金，并对其直接负责的主管人员和其他直接责任人员，处五年以下有期徒刑或者拘役；情节严重的，处五年以上十年以下有期徒刑。

第五节 金融诈骗罪

第一百九十二条 **【集资诈骗罪】**以非法占有为目的，使用诈骗方法非法集资，数额较大的，处五年以下有期徒刑或者拘役，并处二万元以上二十万元以下罚金；数额巨大或者有其他严重情节的，处五年以上十年以下有期徒刑，并处五万元以上五十万元以下罚金；数额特别巨大或者有其他特别严重情节的，处十年以上有期徒刑或者无期徒刑，并处五万元以上五十万元以下罚金或者没收财产。

第一百九十三条 **【贷款诈骗罪】**有下列情形之一，以非法占有为目的，诈骗银行或者其他金融机构的贷款，数额较大的，处五年以下有期徒刑或者拘役，并处二万元以上二十万元以下罚金；数额巨大或者有其他严重情节的，处五年以上十年以下有期徒刑，并处五万元以上五十万元以下罚金；数额特别巨大或者有其他特别严重情节的，处十年以上有期徒刑或者无期徒刑，并处五万元以上五十万元以下罚金或者没收财产：

（一）编造引进资金、项目等虚假理由的；

（二）使用虚假的经济合同的；

（三）使用虚假的证明文件的；

（四）使用虚假的产权证明作担保或者超出抵押物价值重复担保的；

（五）以其他方法诈骗贷款的。

第一百九十四条 **【票据诈骗罪】**有下列情形之一，进行金融票据诈骗活动，数额较大的，处五年以下有期徒刑或者拘役，并处二万元以上二十万元以下罚金；数额巨大或者有其他严重情节的，处五年以上十年以下有期徒刑，并处五万元以上五十万元以下罚金；数额特别巨大或者有其他特别严重情节的，处十年以上有期徒刑或者无期徒刑，并处五万元以上五十万元以下罚金或者没收财产：

（一）明知是伪造、变造的汇票、本票、支票而使用的；

（二）明知是作废的汇票、本票、支票而使用的；

（三）冒用他人的汇票、本票、支票的；

（四）签发空头支票或者与其预留印鉴不符的支票，骗取财物的；

（五）汇票、本票的出票人签发无资金保证的汇票、本票或者在出票时作虚假记载，骗取财物的。

【金融凭证诈骗罪】使用伪造、变造的委托收款凭证、汇款凭证、银行存单等其他银行结算凭证的，依照前款的规定处罚。

第一百九十五条 **【信用证诈骗罪】**有下列情形之一，进行信用证诈骗活动的，处五年以下有期徒刑或者拘役，并处二万元以上二十万元以下罚金；数额巨大或者有其他严重情节的，处五年以上十年以下有期徒刑，并处五万元以上五十万元以下罚金；数额特别巨大或者有其他特别严重情节的，处十年以上有期徒刑或者无期徒刑，并处五万元以上五十万元以下罚金或者没收财产：

（一）使用伪造、变造的信用证或者附随的单据、文件的；

（二）使用作废的信用证的；

（三）骗取信用证的；

（四）以其他方法进行信用证诈骗活动的。

第一百九十六条 **【信用卡诈骗罪】**有下列情形之一，进行信用卡诈骗活动，数额较大的，处五年以下有期徒刑或者拘役，并处二万元以上二十万元以下罚金；数额巨大或者有其他严重情节的，处五年以上十年以下有期徒刑，并处五万元以上五十万元以下罚金；数额特别巨大或者有其他特别严重情节的，处十年以上有期徒刑或者无期徒刑，并处五万元以上五十万元以下罚金或者没收财产：

（一）使用伪造的信用卡，或者使用以虚假的身份证明骗领的信用卡的；

（二）使用作废的信用卡的；

(三)冒用他人信用卡的;

(四)恶意透支的。

前款所称恶意透支,是指持卡人以非法占有为目的,超过规定限额或者规定期限透支,并且经发卡银行催收后仍不归还的行为。

【盗窃罪】盗窃信用卡并使用的,依照本法第二百六十四条的规定定罪处罚。

第一百九十七条　【有价证券诈骗罪】使用伪造、变造的国库券或者国家发行的其他有价证券,进行诈骗活动,数额较大的,处五年以下有期徒刑或者拘役,并处二万元以上二十万元以下罚金;数额巨大或者有其他严重情节的,处五年以上十年以下有期徒刑,并处五万元以上五十万元以下罚金;数额特别巨大或者有其他特别严重情节的,处十年以上有期徒刑或者无期徒刑,并处五万元以上五十万元以下罚金或者没收财产。

第一百九十八条　【保险诈骗罪】有下列情形之一,进行保险诈骗活动,数额较大的,处五年以下有期徒刑或者拘役,并处一万元以上十万元以下罚金;数额巨大或者有其他严重情节的,处五年以上十年以下有期徒刑,并处二万元以上二十万元以下罚金;数额特别巨大或者有其他特别严重情节的,处十年以上有期徒刑,并处二万元以上二十万元以下罚金或者没收财产:

(一)投保人故意虚构保险标的,骗取保险金的;

(二)投保人、被保险人或者受益人对发生的保险事故编造虚假的原因或者夸大损失的程度,骗取保险金的;

(三)投保人、被保险人或者受益人编造未曾发生的保险事故,骗取保险金的;

(四)投保人、被保险人故意造成财产损失的保险事故,骗取保险金的;

(五)投保人、受益人故意造成被保险人死亡、伤残或者疾病,骗取保险金的。

有前款第四项、第五项所列行为,同时构成其他犯罪的,依照数罪并罚的规定处罚。

单位犯第一款罪的,对单位判处罚金,并对其直接负责的主管人员和其他直接责任人员,处五年以下有期徒刑或者拘役;数额巨大或者有其他严重情节的,处五年以上十年以下有期徒刑;数额特别巨大或者有其他特别严重情节的,处十年以上有期徒刑。

保险事故的鉴定人、证明人、财产评估人故意提供虚假的证明文件,为他人诈骗提供条件的,以保险诈骗的共犯论处。

~~**第一百九十九条**①　**【金融诈骗罪适用死刑和没收财产的规定】**犯本节第一百九十二条规定之罪,数额特别巨大并且给国家和人民利益造成特别重大损失的,处无期徒刑或者死刑,并处没收财产。~~

第二百条　【单位犯金融诈骗罪的处罚规定】单位犯本节第一百九十二条、第一百九十四条、第一百九十五条规定之罪的,对单位判处罚金,并对其直接负责的主管人员和其他直接责任人员,处五年以下有期徒刑或者拘役,可以并处罚金;数额巨大或者有其他严重情节的,处五年以上十年以下有期徒刑,并处罚金;数额特别巨大或者有其他特别严重情节的,处十年以上有期徒刑或者无期徒刑,并处罚金。

第六节　危害税收征管罪

第二百零一条　【逃税罪】纳税人采取欺骗、隐瞒手段进行虚假纳税申报或者不申报,逃避缴纳税款数额较大并且占应纳税额百分之十以上的,处三年以下有期徒刑或者拘役,并处罚金;数额巨大并且占应纳税额百分之三十以上的,处三年以上七年以下有期徒刑,并处罚金。

扣缴义务人采取前款所列手段,不缴或者少缴已扣、已收税款,数额较大的,依照前款的规定处罚。

对多次实施前两款行为,未经处理的,按照累计数额计算。

有第一款行为,经税务机关依法下达追缴通知后,补缴应纳税款,缴纳滞纳金,已受行政处罚的,不予追究刑事责任;但是,五年内因逃避缴纳税款受过刑事处罚或者被税务机关给予二次以上行政处罚的除外。

第二百零二条　【抗税罪】以暴力、威胁方法拒不缴纳税款的,处三年以下有期徒刑或者拘役,并处拒缴税款一倍以上五倍以下罚金;情节严重的,处三年以上七年以下有期徒刑,并处拒缴税款一倍以上五倍以下罚金。

第二百零三条　【逃避追缴欠税罪】纳税人欠缴应纳税款,采取转移或者隐匿财产的手段,致使税务机关无法追缴欠缴的税款,数额在一万元以上不满十万元的,处三年以下有期徒刑或者拘役,并处或者单处欠缴税款一倍以上五倍以下罚金;数额在十万元以上的,处三年以上七年以下有期徒刑,并处欠缴税款一倍以上五倍以下罚金。

第二百零四条　【骗取出口退税罪】以假报出口或者其他欺骗手段,骗取国家出口退税款,数额较大的,处五年以下有期徒刑或者拘役,并处骗取税款一倍以上五倍以下罚金;数额巨大或者有其他严重情节的,处五年以上十年以下有期徒刑,并处骗取税款一倍以上五倍以下罚金;数额特别巨大或者有其他特别严重情节的,处十年以上有期徒刑或者无期徒刑,并处骗取税款一倍以上五倍以下罚金或者没收财产。

【逃税罪;骗取出口退税罪】纳税人缴纳税款后,采取前款规定的欺骗方法,骗取所缴纳的税款的,依照本法第二百零一条的规定定罪处罚;骗取税款超过所缴纳的税款部分,依照前款的规定处罚。

第二百零五条　【虚开增值税专用发票、用于骗取出口退税、抵扣税款发票罪】虚开增值税专用发票或者虚开用于骗取

---

①　本条根据2015年8月29日《刑法修正案(九)》删去。

出口退税、抵扣税款的其他发票的，处三年以下有期徒刑或者拘役，并处二万元以上二十万元以下罚金；虚开的税款数额较大或者有其他严重情节的，处三年以上十年以下有期徒刑，并处五万元以上五十万元以下罚金；虚开的税款数额巨大或者有其他特别严重情节的，处十年以上有期徒刑或者无期徒刑，并处五万元以上五十万元以下罚金或者没收财产。

~~有前款行为骗取国家税款，数额特别巨大，情节特别严重，给国家利益造成特别重大损失的，处无期徒刑或者死刑，并处没收财产。~~①

单位犯本条规定之罪的，对单位判处罚金，并对其直接负责的主管人员和其他直接责任人员，处三年以下有期徒刑或者拘役；虚开的税款数额较大或者有其他严重情节的，处三年以上十年以下有期徒刑；虚开的税款数额巨大或者有其他特别严重情节的，处十年以上有期徒刑或者无期徒刑。

虚开增值税专用发票或者虚开用于骗取出口退税、抵扣税款的其他发票，是指有为他人虚开、为自己虚开、让他人为自己虚开、介绍他人虚开行为之一的。

第二百零五条之一 **【虚开发票罪】**虚开本法第二百零五条规定以外的其他发票，情节严重的，处二年以下有期徒刑、拘役或者管制，并处罚金；情节特别严重的，处二年以上七年以下有期徒刑，并处罚金。

单位犯前款罪的，对单位判处罚金，并对其直接负责的主管人员和其他直接责任人员，依照前款的规定处罚。

第二百零六条 **【伪造、出售伪造的增值税专用发票罪】**伪造或者出售伪造的增值税专用发票的，处三年以下有期徒刑、拘役或者管制，并处二万元以上二十万元以下罚金；数量较大或者有其他严重情节的，处三年以上十年以下有期徒刑，并处五万元以上五十万元以下罚金；数量巨大或者有其他特别严重情节的，处十年以上有期徒刑或者无期徒刑，并处五万元以上五十万元以下罚金或者没收财产。

~~伪造并出售伪造的增值税专用发票，数量特别巨大，情节特别严重，严重破坏经济秩序的，处无期徒刑或者死刑，并处没收财产。~~②

单位犯本条规定之罪的，对单位判处罚金，并对其直接负责的主管人员和其他直接责任人员，处三年以下有期徒刑、拘役或者管制；数量较大或者有其他严重情节的，处三年以上十年以下有期徒刑；数量巨大或者有其他特别严重情节的，处十年以上有期徒刑或者无期徒刑。

第二百零七条 **【非法出售增值税专用发票罪】**非法出售增值税专用发票的，处三年以下有期徒刑、拘役或者管制，并处二万元以上二十万元以下罚金；数量较大的，处三年以上十年以下有期徒刑，并处五万元以上五十万元以下罚金；数量巨大的，处十年以上有期徒刑或者无期徒刑，并处五万元以上五十万元以下罚金或者没收财产。

第二百零八条 **【非法购买增值税专用发票、购买伪造的增值税专用发票罪】**非法购买增值税专用发票或者购买伪造的增值税专用发票的，处五年以下有期徒刑或者拘役，并处或者单处二万元以上二十万元以下罚金。

非法购买增值税专用发票或者购买伪造的增值税专用发票又虚开或者出售的，分别依照本法第二百零五条、第二百零六条、第二百零七条的规定定罪处罚。

第二百零九条 **【非法制造、出售非法制造的用于骗取出口退税、抵扣税款发票罪】**伪造、擅自制造或者出售伪造、擅自制造的可以用于骗取出口退税、抵扣税款的其他发票的，处三年以下有期徒刑、拘役或者管制，并处二万元以上二十万元以下罚金；数量巨大的，处三年以上七年以下有期徒刑，并处五万元以上五十万元以下罚金；数量特别巨大的，处七年以上有期徒刑，并处五万元以上五十万元以下罚金或者没收财产。

【非法制造、出售非法制造的发票罪】伪造、擅自制造或者出售伪造、擅自制造的前款规定以外的其他发票的，处二年以下有期徒刑、拘役或者管制，并处或者单处一万元以上五万元以下罚金；情节严重的，处二年以上七年以下有期徒刑，并处五万元以上五十万元以下罚金。

【非法出售用于骗取出口退税、抵扣税款发票罪】非法出售可以用于骗取出口退税、抵扣税款的其他发票的，依照第一款的规定处罚。

【非法出售发票罪】非法出售第三款规定以外的其他发票的，依照第二款的规定处罚。

第二百一十条 **【盗窃罪】**盗窃增值税专用发票或者可以用于骗取出口退税、抵扣税款的其他发票的，依照本法第二百六十四条的规定定罪处罚。

【诈骗罪】使用欺骗手段骗取增值税专用发票或者可以用于骗取出口退税、抵扣税款的其他发票的，依照本法第二百六十六条的规定定罪处罚。

第二百一十条之一 **【持有伪造的发票罪】**明知是伪造的发票而持有，数量较大的，处二年以下有期徒刑、拘役或者管制，并处罚金；数量巨大的，处二年以上七年以下有期徒刑，并处罚金。

单位犯前款罪的，对单位判处罚金，并对其直接负责的主管人员和其他直接责任人员，依照前款的规定处罚。

第二百一十一条 **【单位犯危害税收征管罪的处罚规定】**单位犯本节第二百零一条、第二百零三条、第二百零四条、第二百零七条、第二百零八条、第二百零九条规定之罪的，对单位判处罚金，并对其直接负责的主管人员和其他直接责任人员，依照各该条的规定处罚。

第二百一十二条 **【税务机关征缴优先原则】**犯本节第二百零一条至第二百零五条规定之罪，被判处罚金、没收财产

---

① 本款根据2011年2月25日《刑法修正案（八）》删去。

② 本款根据2011年2月25日《刑法修正案（八）》删去。

的,在执行前,应当先由税务机关追缴税款和所骗取的出口退税款。

第七节 侵犯知识产权罪

第二百一十三条 【假冒注册商标罪】未经注册商标所有人许可,在同一种商品上使用与其注册商标相同的商标,情节严重的,处三年以下有期徒刑或者拘役,并处或者单处罚金;情节特别严重的,处三年以上七年以下有期徒刑,并处罚金。

第二百一十四条 【销售假冒注册商标的商品罪】销售明知是假冒注册商标的商品,销售金额数额较大的,处三年以下有期徒刑或者拘役,并处或者单处罚金;销售金额数额巨大的,处三年以上七年以下有期徒刑,并处罚金。

第二百一十五条 【非法制造、销售非法制造的注册商标标识罪】伪造、擅自制造他人注册商标标识或者销售伪造、擅自制造的注册商标标识,情节严重的,处三年以下有期徒刑、拘役或者管制,并处或者单处罚金;情节特别严重的,处三年以上七年以下有期徒刑,并处罚金。

第二百一十六条 【假冒专利罪】假冒他人专利,情节严重的,处三年以下有期徒刑或者拘役,并处或者单处罚金。

第二百一十七条 【侵犯著作权罪】以营利为目的,有下列侵犯著作权情形之一,违法所得数额较大或者有其他严重情节的,处三年以下有期徒刑或者拘役,并处或者单处罚金;违法所得数额巨大或者有其他特别严重情节的,处三年以上七年以下有期徒刑,并处罚金:

(一)未经著作权人许可,复制发行其文字作品、音乐、电影、电视、录像作品、计算机软件及其他作品的;

(二)出版他人享有专有出版权的图书的;

(三)未经录音录像制作者许可,复制发行其制作的录音录像的;

(四)制作、出售假冒他人署名的美术作品的。

第二百一十八条 【销售侵权复制品罪】以营利为目的,销售明知是本法第二百一十七条规定的侵权复制品,违法所得数额巨大的,处三年以下有期徒刑或者拘役,并处或者单处罚金。

第二百一十九条 【侵犯商业秘密罪】有下列侵犯商业秘密行为之一,给商业秘密的权利人造成重大损失的,处三年以下有期徒刑或者拘役,并处或者单处罚金;造成特别严重后果的,处三年以上七年以下有期徒刑,并处罚金:

(一)以盗窃、利诱、胁迫或者其他不正当手段获取权利人的商业秘密的;

(二)披露、使用或者允许他人使用以前项手段获取的权利人的商业秘密的;

(三)违反约定或者违反权利人有关保守商业秘密的要求,披露、使用或者允许他人使用其所掌握的商业秘密的。

明知或者应知前款所列行为,获取、使用或者披露他人的商业秘密的,以侵犯商业秘密论。

本条所称商业秘密,是指不为公众所知悉,能为权利人带来经济利益,具有实用性并经权利人采取保密措施的技术信息和经营信息。

本条所称权利人,是指商业秘密的所有人和经商业秘密所有人许可的商业秘密使用人。

第二百二十条 【单位犯侵犯知识产权罪的处罚规定】单位犯本节第二百一十三条至第二百一十九条规定之罪的,对单位判处罚金,并对其直接负责的主管人员和其他直接责任人员,依照本节各该条的规定处罚。

第八节 扰乱市场秩序罪

第二百二十一条 【损害商业信誉、商品声誉罪】捏造并散布虚伪事实,损害他人的商业信誉、商品声誉,给他人造成重大损失或者有其他严重情节的,处二年以下有期徒刑或者拘役,并处或者单处罚金。

第二百二十二条 【虚假广告罪】广告主、广告经营者、广告发布者违反国家规定,利用广告对商品或者服务作虚假宣传,情节严重的,处二年以下有期徒刑或者拘役,并处或者单处罚金。

第二百二十三条 【串通投标罪】投标人相互串通投标报价,损害招标人或者其他投标人利益,情节严重的,处三年以下有期徒刑或者拘役,并处或者单处罚金。

投标人与招标人串通投标,损害国家、集体、公民的合法利益的,依照前款的规定处罚。

第二百二十四条 【合同诈骗罪】有下列情形之一,以非法占有为目的,在签订、履行合同过程中,骗取对方当事人财物,数额较大的,处三年以下有期徒刑或者拘役,并处或者单处罚金;数额巨大或者有其他严重情节的,处三年以上十年以下有期徒刑,并处罚金;数额特别巨大或者有其他特别严重情节的,处十年以上有期徒刑或者无期徒刑,并处罚金或者没收财产:

(一)以虚构的单位或者冒用他人名义签订合同的;

(二)以伪造、变造、作废的票据或者其他虚假的产权证明作担保的;

(三)没有实际履行能力,以先履行小额合同或者部分履行合同的方法,诱骗对方当事人继续签订和履行合同的;

(四)收受对方当事人给付的货物、货款、预付款或者担保财产后逃匿的;

(五)以其他方法骗取对方当事人财物的。

第二百二十四条之一 【组织、领导传销活动罪】组织、领导以推销商品、提供服务等经营活动为名,要求参加者以缴纳费用或者购买商品、服务等方式获得加入资格,并按照一定顺序组成层级,直接或者间接以发展人员的数量作为计酬或者返利依据,引诱、胁迫参加者继续发展他人参加,骗取财物,扰乱经济社会秩序的传销活动的,处五年以下有期徒刑或者拘役,并处罚金;情节严重的,处五年以上有期徒刑,并处罚金。

第二百二十五条 【非法经营罪】违反国家规定,有下列非法经营行为之一,扰乱市场秩序,情节严重的,处五年以下有期徒刑或者拘役,并处或者单处违法所得一倍以上五倍以下罚金;情节特别严重的,处五年以上有期徒刑,并处违法所得一倍以上五倍以下罚金或者没收财产:

(一)未经许可经营法律、行政法规规定的专营、专卖物品或者其他限制买卖的物品的;

(二)买卖进出口许可证、进出口原产地证明以及其他法律、行政法规规定的经营许可证或者批准文件的;

(三)未经国家有关主管部门批准非法经营证券、期货、保险业务的,或者非法从事资金支付结算业务的;

(四)其他严重扰乱市场秩序的非法经营行为。

第二百二十六条 【强迫交易罪】以暴力、威胁手段,实施下列行为之一,情节严重的,处三年以下有期徒刑或者拘役,并处或者单处罚金;情节特别严重的,处三年以上七年以下有期徒刑,并处罚金:

(一)强买强卖商品的;

(二)强迫他人提供或者接受服务的;

(三)强迫他人参与或者退出投标、拍卖的;

(四)强迫他人转让或者收购公司、企业的股份、债券或者其他资产的;

(五)强迫他人参与或者退出特定的经营活动的。

第二百二十七条 【伪造、倒卖伪造的有价票证罪】伪造或者倒卖伪造的车票、船票、邮票或者其他有价票证,数额较大的,处二年以下有期徒刑、拘役或者管制,并处或者单处票证价额一倍以上五倍以下罚金;数额巨大的,处二年以上七年以下有期徒刑,并处票证价额一倍以上五倍以下罚金。

【倒卖车票、船票罪】倒卖车票、船票,情节严重的,处三年以下有期徒刑、拘役或者管制,并处或者单处票证价额一倍以上五倍以下罚金。

第二百二十八条 【非法转让、倒卖土地使用权罪】以牟利为目的,违反土地管理法规,非法转让、倒卖土地使用权,情节严重的,处三年以下有期徒刑或者拘役,并处或者单处非法转让、倒卖土地使用权价额百分之五以上百分之二十以下罚金;情节特别严重的,处三年以上七年以下有期徒刑,并处非法转让、倒卖土地使用权价额百分之五以上百分之二十以下罚金。

第二百二十九条 【提供虚假证明文件罪】承担资产评估、验资、验证、会计、审计、法律服务等职责的中介组织的人员故意提供虚假证明文件,情节严重的,处五年以下有期徒刑或者拘役,并处罚金。

前款规定的人员,索取他人财物或者非法收受他人财物,犯前款罪的,处五年以上十年以下有期徒刑,并处罚金。

【出具证明文件重大失实罪】第一款规定的人员,严重不负责任,出具的证明文件有重大失实,造成严重后果的,处三年以下有期徒刑或者拘役,并处或者单处罚金。

第二百三十条 【逃避商检罪】违反进出口商品检验法的规定,逃避商品检验,将必须经商检机构检验的进口商品未报经检验而擅自销售、使用,或者将必须经商检机构检验的出口商品未报经检验合格而擅自出口,情节严重的,处三年以下有期徒刑或者拘役,并处或者单处罚金。

第二百三十一条 【单位犯扰乱市场秩序罪的处罚规定】单位犯本节第二百二十一条至第二百三十条规定之罪的,对单位判处罚金,并对其直接负责的主管人员和其他直接责任人员,依照本节各该条的规定处罚。

第四章 侵犯公民人身权利、民主权利罪

第二百三十二条 【故意杀人罪】故意杀人的,处死刑、无期徒刑或者十年以上有期徒刑;情节较轻的,处三年以上十年以下有期徒刑。

第二百三十三条 【过失致人死亡罪】过失致人死亡的,处三年以上七年以下有期徒刑;情节较轻的,处三年以下有期徒刑。本法另有规定的,依照规定。

第二百三十四条 【故意伤害罪】故意伤害他人身体的,处三年以下有期徒刑、拘役或者管制。

犯前款罪,致人重伤的,处三年以上十年以下有期徒刑;致人死亡或者以特别残忍手段致人重伤造成严重残疾的,处十年以上有期徒刑、无期徒刑或者死刑。本法另有规定的,依照规定。

第二百三十四条之一 【组织出卖人体器官罪】组织他人出卖人体器官的,处五年以下有期徒刑,并处罚金;情节严重的,处五年以上有期徒刑,并处罚金或者没收财产。

未经本人同意摘取其器官,或者摘取不满十八周岁的人的器官,或者强迫、欺骗他人捐献器官的,依照本法第二百三十四条、第二百三十二条的规定定罪处罚。

违背本人生前意愿摘取其尸体器官,或者本人生前未表示同意,违反国家规定,违背其近亲属意愿摘取其尸体器官的,依照本法第三百零二条的规定定罪处罚。

第二百三十五条 【过失致人重伤罪】过失伤害他人致人重伤的,处三年以下有期徒刑或者拘役。本法另有规定的,依照规定。

第二百三十六条 【强奸罪】以暴力、胁迫或者其他手段强奸妇女的,处三年以上十年以下有期徒刑。

奸淫不满十四周岁的幼女的,以强奸论,从重处罚。

强奸妇女、奸淫幼女,有下列情形之一的,处十年以上有期徒刑、无期徒刑或者死刑:

(一)强奸妇女、奸淫幼女情节恶劣的;

(二)强奸妇女、奸淫幼女多人的;

(三)在公共场所当众强奸妇女的;

(四)二人以上轮奸的;

(五)致使被害人重伤、死亡或者造成其他严重后果的。

第二百三十七条 【强制猥亵、侮辱罪】以暴力、胁迫或者其他方法强制猥亵他人或者侮辱妇女的,处五年以下有期徒刑或者拘役。

聚众或者在公共场所当众犯前款罪的,或者有其他恶劣情节的,处五年以上有期徒刑。

【猥亵儿童罪】猥亵儿童的,依照前两款的规定从重处罚。

第二百三十八条 【非法拘禁罪】非法拘禁他人或者以其他方法非法剥夺他人人身自由的,处三年以下有期徒刑、拘役、管制或者剥夺政治权利。具有殴打、侮辱情节的,从重处罚。

【非法拘禁罪;故意伤害罪;故意杀人罪】犯前款罪,致人重伤的,处三年以上十年以下有期徒刑;致人死亡的,处十年以上有期徒刑。使用暴力致人伤残、死亡的,依照本法第二百三十四条、第二百三十二条的规定定罪处罚。

为索取债务非法扣押、拘禁他人的,依照前两款的规定处罚。

国家机关工作人员利用职权犯前三款罪的,依照前三款的规定从重处罚。

第二百三十九条 【绑架罪】以勒索财物为目的绑架他人的,或者绑架他人作为人质的,处十年以上有期徒刑或者无期徒刑,并处罚金或者没收财产;情节较轻的,处五年以上十年以下有期徒刑,并处罚金。

犯前款罪,杀害被绑架人的,或者故意伤害被绑架人,致人重伤、死亡的,处无期徒刑或者死刑,并处没收财产。

以勒索财物为目的偷盗婴幼儿的,依照前两款的规定处罚。

第二百四十条 【拐卖妇女、儿童罪】拐卖妇女、儿童的,处五年以上十年以下有期徒刑,并处罚金;有下列情形之一的,处十年以上有期徒刑或者无期徒刑,并处罚金或者没收财产;情节特别严重的,处死刑,并处没收财产:

(一)拐卖妇女、儿童集团的首要分子;

(二)拐卖妇女、儿童三人以上的;

(三)奸淫被拐卖的妇女的;

(四)诱骗、强迫被拐卖的妇女卖淫或者将被拐卖的妇女卖给他人迫使其卖淫的;

(五)以出卖为目的,使用暴力、胁迫或者麻醉方法绑架妇女、儿童的;

(六)以出卖为目的,偷盗婴幼儿的;

(七)造成被拐卖的妇女、儿童或者其亲属重伤、死亡或者其他严重后果的;

(八)将妇女、儿童卖往境外的。

拐卖妇女、儿童是指以出卖为目的,有拐骗、绑架、收买、贩卖、接送、中转妇女、儿童的行为之一的。

第二百四十一条 【收买被拐卖的妇女、儿童罪】收买被拐卖的妇女、儿童的,处三年以下有期徒刑、拘役或者管制。

收买被拐卖的妇女,强行与其发生性关系的,依照本法第二百三十六条的规定定罪处罚。

收买被拐卖的妇女、儿童,非法剥夺、限制其人身自由或者有伤害、侮辱等犯罪行为的,依照本法的有关规定定罪处罚。

收买被拐卖的妇女、儿童,并有第二款、第三款规定的犯罪行为的,依照数罪并罚的规定处罚。

收买被拐卖的妇女、儿童又出卖的,依照本法第二百四十条的规定定罪处罚。

收买被拐卖的妇女、儿童,对被买儿童没有虐待行为,不阻碍对其进行解救的,可以从轻处罚;按照被买妇女的意愿,不阻碍其返回原居住地的,可以从轻或者减轻处罚。

第二百四十二条 【妨害公务罪】以暴力、威胁方法阻碍国家机关工作人员解救被收买的妇女、儿童的,依照本法第二百七十七条的规定定罪处罚。

【聚众阻碍解救被收买的妇女、儿童罪】聚众阻碍国家机关工作人员解救被收买的妇女、儿童的首要分子,处五年以下有期徒刑或者拘役;其他参与者使用暴力、威胁方法的,依照前款的规定处罚。

第二百四十三条 【诬告陷害罪】捏造事实诬告陷害他人,意图使他人受刑事追究,情节严重的,处三年以下有期徒刑、拘役或者管制;造成严重后果的,处三年以上十年以下有期徒刑。

国家机关工作人员犯前款罪的,从重处罚。

不是有意诬陷,而是错告,或者检举失实的,不适用前两款的规定。

第二百四十四条 【强迫劳动罪】以暴力、威胁或者限制人身自由的方法强迫他人劳动的,处三年以下有期徒刑或者拘役,并处罚金;情节严重的,处三年以上十年以下有期徒刑,并处罚金。

明知他人实施前款行为,为其招募、运送人员或者有其他协助强迫他人劳动行为的,依照前款的规定处罚。

单位犯前两款罪的,对单位判处罚金,并对其直接负责的主管人员和其他直接责任人员,依照第一款的规定处罚。

第二百四十四条之一 【雇用童工从事危重劳动罪】违反劳动管理法规,雇用未满十六周岁的未成年人从事超强度体力劳动的,或者从事高空、井下作业的,或者在爆炸性、易燃性、放射性、毒害性等危险环境下从事劳动,情节严重的,对直接责任人员,处三年以下有期徒刑或者拘役,并处罚金;情节特别严重的,处三年以上七年以下有期徒刑,并处罚金。

有前款行为,造成事故,又构成其他犯罪的,依照数罪并罚的规定处罚。

第二百四十五条 【非法搜查罪;非法侵入住宅罪】非法搜查

他人身体、住宅,或者非法侵入他人住宅的,处三年以下有期徒刑或者拘役。

司法工作人员滥用职权,犯前款罪的,从重处罚。

第二百四十六条 **【侮辱罪;诽谤罪】**以暴力或者其他方法公然侮辱他人或者捏造事实诽谤他人,情节严重的,处三年以下有期徒刑、拘役、管制或者剥夺政治权利。

前款罪,告诉的才处理,但是严重危害社会秩序和国家利益的除外。

通过信息网络实施第一款规定的行为,被害人向人民法院告诉,但提供证据确有困难的,人民法院可以要求公安机关提供协助。

第二百四十七条 **【刑讯逼供罪;暴力取证罪;故意伤害罪;故意杀人罪】**司法工作人员对犯罪嫌疑人、被告人实行刑讯逼供或者使用暴力逼取证人证言的,处三年以下有期徒刑或者拘役。致人伤残、死亡的,依照本法第二百三十四条、第二百三十二条的规定定罪从重处罚。

第二百四十八条 **【虐待被监管人罪;故意伤害罪;故意杀人罪】**监狱、拘留所、看守所等监管机构的监管人员对被监管人进行殴打或者体罚虐待,情节严重的,处三年以下有期徒刑或者拘役;情节特别严重的,处三年以上十年以下有期徒刑。致人伤残、死亡的,依照本法第二百三十四条、第二百三十二条的规定定罪从重处罚。

监管人员指使被监管人殴打或者体罚虐待其他被监管人的,依照前款的规定处罚。

第二百四十九条 **【煽动民族仇恨、民族歧视罪】**煽动民族仇恨、民族歧视,情节严重的,处三年以下有期徒刑、拘役、管制或者剥夺政治权利;情节特别严重的,处三年以上十年以下有期徒刑。

第二百五十条 **【出版歧视、侮辱少数民族作品罪】**在出版物中刊载歧视、侮辱少数民族的内容,情节恶劣,造成严重后果的,对直接责任人员,处三年以下有期徒刑、拘役或者管制。

第二百五十一条 **【非法剥夺公民宗教信仰自由罪;侵犯少数民族风俗习惯罪】**国家机关工作人员非法剥夺公民的宗教信仰自由和侵犯少数民族风俗习惯,情节严重的,处二年以下有期徒刑或者拘役。

第二百五十二条 **【侵犯通信自由罪】**隐匿、毁弃或者非法开拆他人信件,侵犯公民通信自由权利,情节严重的,处一年以下有期徒刑或者拘役。

第二百五十三条 **【私自开拆、隐匿、毁弃邮件、电报罪】**邮政工作人员私自开拆或者隐匿、毁弃邮件、电报的,处二年以下有期徒刑或者拘役。

【盗窃罪】犯前款罪而窃取财物的,依照本法第二百六十四条的规定定罪从重处罚。

第二百五十三条之一 **【侵犯公民个人信息罪】**违反国家有关规定,向他人出售或者提供公民个人信息,情节严重的,处三年以下有期徒刑或者拘役,并处或者单处罚金;情节特别严重的,处三年以上七年以下有期徒刑,并处罚金。

违反国家有关规定,将在履行职责或者提供服务过程中获得的公民个人信息,出售或者提供给他人的,依照前款的规定从重处罚。

窃取或者以其他方法非法获取公民个人信息的,依照第一款的规定处罚。

单位犯前三款罪的,对单位判处罚金,并对其直接负责的主管人员和其他直接责任人员,依照各该款的规定处罚。

第二百五十四条 **【报复陷害罪】**国家机关工作人员滥用职权、假公济私,对控告人、申诉人、批评人、举报人实行报复陷害的,处二年以下有期徒刑或者拘役;情节严重的,处二年以上七年以下有期徒刑。

第二百五十五条 **【打击报复会计、统计人员罪】**公司、企业、事业单位、机关、团体的领导人,对依法履行职责、抵制违反会计法、统计法行为的会计、统计人员实行打击报复,情节恶劣的,处三年以下有期徒刑或者拘役。

第二百五十六条 **【破坏选举罪】**在选举各级人民代表大会代表和国家机关领导人员时,以暴力、威胁、欺骗、贿赂、伪造选举文件、虚报选举票数等手段破坏选举或者妨害选民和代表自由行使选举权和被选举权,情节严重的,处三年以下有期徒刑、拘役或者剥夺政治权利。

第二百五十七条 **【暴力干涉婚姻自由罪】**以暴力干涉他人婚姻自由的,处二年以下有期徒刑或者拘役。

犯前款罪,致使被害人死亡的,处二年以上七年以下有期徒刑。

第一款罪,告诉的才处理。

第二百五十八条 **【重婚罪】**有配偶而重婚的,或者明知他人有配偶而与之结婚的,处二年以下有期徒刑或者拘役。

第二百五十九条 **【破坏军婚罪】**明知是现役军人的配偶而与之同居或者结婚的,处三年以下有期徒刑或者拘役。

【强奸罪】利用职权、从属关系,以胁迫手段奸淫现役军人的妻子的,依照本法第二百三十六条的规定定罪处罚。

第二百六十条 **【虐待罪】**虐待家庭成员,情节恶劣的,处二年以下有期徒州、拘役或者管制。

犯前款罪,致使被害人重伤、死亡的,处二年以上七年以下有期徒刑。

第一款罪,告诉的才处理,但被害人没有能力告诉,或者因受到强制、威吓无法告诉的除外。

第二百六十条之一 **【虐待被监护、看护人罪】**对未成年人、老年人、患病的人、残疾人等负有监护、看护职责的人虐待被监护、看护的人,情节恶劣的,处三年以下有期徒刑或者拘役。

单位犯前款罪的,对单位判处罚金,并对其直接负责的主管人员和其他直接责任人员,依照前款的规定处罚。

有第一款行为,同时构成其他犯罪的,依照处罚较重的规定定罪处罚。

第二百六十一条　【遗弃罪】对于年老、年幼、患病或者其他没有独立生活能力的人,负有扶养义务而拒绝扶养,情节恶劣的,处五年以下有期徒刑、拘役或者管制。

第二百六十二条　【拐骗儿童罪】拐骗不满十四周岁的未成年人,脱离家庭或者监护人的,处五年以下有期徒刑或者拘役。

第二百六十二条之一　【组织残疾人、儿童乞讨罪】以暴力、胁迫手段组织残疾人或者不满十四周岁的未成年人乞讨的,处三年以下有期徒刑或者拘役,并处罚金;情节严重的,处三年以上七年以下有期徒刑,并处罚金。

第二百六十二条之二　【组织未成年人进行违反治安管理活动罪】组织未成年人进行盗窃、诈骗、抢夺、敲诈勒索等违反治安管理活动的,处三年以下有期徒刑或者拘役,并处罚金;情节严重的,处三年以上七年以下有期徒刑,并处罚金。

第五章　侵犯财产罪

第二百六十三条　【抢劫罪】以暴力、胁迫或者其他方法抢劫公私财物的,处三年以上十年以下有期徒刑,并处罚金;有下列情形之一的,处十年以上有期徒刑、无期徒刑或者死刑,并处罚金或者没收财产:

(一)入户抢劫的;

(二)在公共交通工具上抢劫的;

(三)抢劫银行或者其他金融机构的;

(四)多次抢劫或者抢劫数额巨大的;

(五)抢劫致人重伤、死亡的;

(六)冒充军警人员抢劫的;

(七)持枪抢劫的;

(八)抢劫军用物资或者抢险、救灾、救济物资的。

第二百六十四条　【盗窃罪】盗窃公私财物,数额较大的,或者多次盗窃、入户盗窃、携带凶器盗窃、扒窃的,处三年以下有期徒刑、拘役或者管制,并处或者单处罚金;数额巨大或者有其他严重情节的,处三年以上十年以下有期徒刑,并处罚金;数额特别巨大或者有其他特别严重情节的,处十年以上有期徒刑或者无期徒刑,并处罚金或者没收财产。

第二百六十五条　【盗窃罪】以牟利为目的,盗接他人通信线路、复制他人电信码号或者明知是盗接、复制的电信设备、设施而使用的,依照本法第二百六十四条的规定定罪处罚。

第二百六十六条　【诈骗罪】诈骗公私财物,数额较大的,处三年以下有期徒刑、拘役或者管制,并处或者单处罚金;数额巨大或者有其他严重情节的,处三年以上十年以下有期徒刑,并处罚金;数额特别巨大或者有其他特别严重情节的,处十年以上有期徒刑或者无期徒刑,并处罚金或者没收财产。本法另有规定的,依照规定。

第二百六十七条　【抢夺罪】抢夺公私财物,数额较大的,或者多次抢夺的,处三年以下有期徒刑、拘役或者管制,并处或者单处罚金;数额巨大或者有其他严重情节的,处三年以上十年以下有期徒刑,并处罚金;数额特别巨大或者有其他特别严重情节的,处十年以上有期徒刑或者无期徒刑,并处罚金或者没收财产。

携带凶器抢夺的,依照本法第二百六十三条的规定定罪处罚。

第二百六十八条　【聚众哄抢罪】聚众哄抢公私财物,数额较大或者有其他严重情节的,对首要分子和积极参加的,处三年以下有期徒刑、拘役或者管制,并处罚金;数额巨大或者有其他特别严重情节的,处三年以上十年以下有期徒刑,并处罚金。

第二百六十九条　【抢劫罪】犯盗窃、诈骗、抢夺罪,为窝藏赃物、抗拒抓捕或者毁灭罪证而当场使用暴力或者以暴力相威胁的,依照本法第二百六十三条的规定定罪处罚。

第二百七十条　【侵占罪】将代为保管的他人财物非法占为己有,数额较大,拒不退还的,处二年以下有期徒刑、拘役或者罚金;数额巨大或者有其他严重情节的,处二年以上五年以下有期徒刑,并处罚金。

将他人的遗忘物或者埋藏物非法占为己有,数额较大,拒不交出的,依照前款的规定处罚。

本条罪,告诉的才处理。

第二百七十一条　【职务侵占罪】公司、企业或者其他单位的人员,利用职务上的便利,将本单位财物非法占为己有,数额较大的,处五年以下有期徒刑或者拘役;数额巨大的,处五年以上有期徒刑,可以并处没收财产。

【贪污罪】国有公司、企业或者其他国有单位中从事公务的人员和国有公司、企业或者其他国有单位委派到非国有公司、企业以及其他单位从事公务的人员有前款行为的,依照本法第三百八十二条、第三百八十三条的规定定罪处罚。

第二百七十二条　【挪用资金罪】公司、企业或者其他单位的工作人员,利用职务上的便利,挪用本单位资金归个人使用或者借贷给他人,数额较大、超过三个月未还的,或者虽未超过三个月,但数额较大、进行营利活动的,或者进行非法活动的,处三年以下有期徒刑或者拘役;挪用本单位资金数额巨大的,或者数额较大不退还的,处三年以上十年以下有期徒刑。

【挪用公款罪】国有公司、企业或者其他国有单位中从事公务的人员和国有公司、企业或者其他国有单位委派到非国有公司、企业以及其他单位从事公务的人员有前款行为的,依照本法第三百八十四条的规定定罪处罚。

第二百七十三条　【挪用特定款物罪】挪用用于救灾、抢险、防汛、优抚、扶贫、移民、救济款物,情节严重,致使国家和人民群众利益遭受重大损害的,对直接责任人员,处三年以下有期徒刑或者拘役;情节特别严重的,处三年以上七年以下有期徒刑。

第二百七十四条 **【敲诈勒索罪】**敲诈勒索公私财物,数额较大或者多次敲诈勒索的,处三年以下有期徒刑、拘役或者管制,并处或者单处罚金;数额巨大或者有其他严重情节的,处三年以上十年以下有期徒刑,并处罚金;数额特别巨大或者有其他特别严重情节的,处十年以上有期徒刑,并处罚金。

第二百七十五条 **【故意毁坏财物罪】**故意毁坏公私财物,数额较大或者有其他严重情节的,处三年以下有期徒刑、拘役或者罚金;数额巨大或者有其他特别严重情节的,处三年以上七年以下有期徒刑。

第二百七十六条 **【破坏生产经营罪】**由于泄愤报复或者其他个人目的,毁坏机器设备、残害耕畜或者以其他方法破坏生产经营的,处三年以下有期徒刑、拘役或者管制;情节严重的,处三年以上七年以下有期徒刑。

第二百七十六条之一 **【拒不支付劳动报酬罪】**以转移财产、逃匿等方法逃避支付劳动者的劳动报酬或者有能力支付而不支付劳动者的劳动报酬,数额较大,经政府有关部门责令支付仍不支付的,处三年以下有期徒刑或者拘役,并处或者单处罚金;造成严重后果的,处三年以上七年以下有期徒刑,并处罚金。

单位犯前款罪的,对单位判处罚金,并对其直接负责的主管人员和其他直接责任人员,依照前款的规定处罚。

有前两款行为,尚未造成严重后果,在提起公诉前支付劳动者的劳动报酬,并依法承担相应赔偿责任的,可以减轻或者免除处罚。

第六章 妨害社会管理秩序罪

第一节 扰乱公共秩序罪

第二百七十七条 **【妨害公务罪】**以暴力、威胁方法阻碍国家机关工作人员依法执行职务的,处三年以下有期徒刑、拘役、管制或者罚金。

以暴力、威胁方法阻碍全国人民代表大会和地方各级人民代表大会代表依法执行代表职务的,依照前款的规定处罚。

在自然灾害和突发事件中,以暴力、威胁方法阻碍红十字会工作人员依法履行职责的,依照第一款的规定处罚。

故意阻碍国家安全机关、公安机关依法执行国家安全工作任务,未使用暴力、威胁方法,造成严重后果的,依照第一款的规定处罚。

暴力袭击正在依法执行职务的人民警察的,依照第一款的规定从重处罚。

第二百七十八条 **【煽动暴力抗拒法律实施罪】**煽动群众暴力抗拒国家法律、行政法规实施的,处三年以下有期徒刑、拘役、管制或者剥夺政治权利;造成严重后果的,处三年以上七年以下有期徒刑。

第二百七十九条 **【招摇撞骗罪】**冒充国家机关工作人员招摇撞骗的,处三年以下有期徒刑、拘役、管制或者剥夺政治权利;情节严重的,处三年以上十年以下有期徒刑。

冒充人民警察招摇撞骗的,依照前款的规定从重处罚。

第二百八十条 **【伪造、变造、买卖国家机关公文、证件、印章罪;盗窃、抢夺、毁灭国家机关公文、证件、印章罪】**伪造、变造、买卖或者盗窃、抢夺、毁灭国家机关的公文、证件、印章的,处三年以下有期徒刑、拘役、管制或者剥夺政治权利,并处罚金;情节严重的,处三年以上十年以下有期徒刑,并处罚金。

【伪造公司、企业、事业单位、人民团体印章罪】伪造公司、企业、事业单位、人民团体的印章的,处三年以下有期徒刑、拘役、管制或者剥夺政治权利,并处罚金。

【伪造、变造、买卖身份证件罪】伪造、变造、买卖居民身份证、护照、社会保障卡、驾驶证等依法可以用于证明身份的证件的,处三年以下有期徒刑、拘役、管制或者剥夺政治权利,并处罚金;情节严重的,处三年以上七年以下有期徒刑,并处罚金。

第二百八十条之一 **【使用虚假身份证件、盗用身份证件罪】**在依照国家规定应当提供身份证明的活动中,使用伪造、变造的或者盗用他人的居民身份证、护照、社会保障卡、驾驶证等依法可以用于证明身份的证件,情节严重的,处拘役或者管制,并处或者单处罚金。

有前款行为,同时构成其他犯罪的,依照处罚较重的规定定罪处罚。

第二百八十一条 **【非法生产、买卖警用装备罪】**非法生产、买卖人民警察制式服装、车辆号牌等专用标志、警械,情节严重的,处三年以下有期徒刑、拘役或者管制,并处或者单处罚金。

单位犯前款罪的,对单位判处罚金,并对其直接负责的主管人员和其他直接责任人员,依照前款的规定处罚。

第二百八十二条 **【非法获取国家秘密罪】**以窃取、刺探、收买方法,非法获取国家秘密的,处三年以下有期徒刑、拘役、管制或者剥夺政治权利;情节严重的,处三年以上七年以下有期徒刑。

【非法持有国家绝密、机密文件、资料、物品罪】非法持有属于国家绝密、机密的文件、资料或者其他物品,拒不说明来源与用途的,处三年以下有期徒刑、拘役或者管制。

第二百八十三条 **【非法生产、销售专用间谍器材、窃听、窃照专用器材罪】**非法生产、销售专用间谍器材或者窃听、窃照专用器材的,处三年以下有期徒刑、拘役或者管制,并处或者单处罚金;情节严重的,处三年以上七年以下有期徒刑,并处罚金。

单位犯前款罪的,对单位判处罚金,并对其直接负责的主管人员和其他直接责任人员,依照前款的规定处罚。

第二百八十四条　【非法使用窃听、窃照专用器材罪】非法使用窃听、窃照专用器材,造成严重后果的,处二年以下有期徒刑、拘役或者管制。

第二百八十四条之一　【组织考试作弊罪】在法律规定的国家考试中,组织作弊的,处三年以下有期徒刑或者拘役,并处或者单处罚金;情节严重的,处三年以上七年以下有期徒刑,并处罚金。

【组织考试作弊罪】为他人实施前款犯罪提供作弊器材或者其他帮助的,依照前款的规定处罚。

【非法出售、提供试题、答案罪】为实施考试作弊行为,向他人非法出售或者提供第一款规定的考试的试题、答案的,依照第一款的规定处罚。

【代替考试罪】代替他人或者让他人代替自己参加第一款规定的考试的,处拘役或者管制,并处或者单处罚金。

第二百八十五条　【非法侵入计算机信息系统罪】违反国家规定,侵入国家事务、国防建设、尖端科学技术领域的计算机信息系统的,处三年以下有期徒刑或者拘役。

【非法获取计算机信息系统数据、非法控制计算机信息系统罪】违反国家规定,侵入前款规定以外的计算机信息系统或者采用其他技术手段,获取该计算机信息系统中存储、处理或者传输的数据,或者对该计算机信息系统实施非法控制,情节严重的,处三年以下有期徒刑或者拘役,并处或者单处罚金;情节特别严重的,处三年以上七年以下有期徒刑,并处罚金。

【提供侵入、非法控制计算机信息系统程序、工具罪】提供专门用于侵入、非法控制计算机信息系统的程序、工具,或者明知他人实施侵入、非法控制计算机信息系统的违法犯罪行为而为其提供程序、工具,情节严重的,依照前款的规定处罚。

单位犯前三款罪的,对单位判处罚金,并对其直接负责的主管人员和其他直接责任人员,依照各该款的规定处罚。

第二百八十六条　【破坏计算机信息系统罪】违反国家规定,对计算机信息系统功能进行删除、修改、增加、干扰,造成计算机信息系统不能正常运行,后果严重的,处五年以下有期徒刑或者拘役;后果特别严重的,处五年以上有期徒刑。

违反国家规定,对计算机信息系统中存储、处理或者传输的数据和应用程序进行删除、修改、增加的操作,后果严重的,依照前款的规定处罚。

故意制作、传播计算机病毒等破坏性程序,影响计算机系统正常运行,后果严重的,依照第一款的规定处罚。

单位犯前三款罪的,对单位判处罚金,并对其直接负责的主管人员和其他直接责任人员,依照第一款的规定处罚。

第二百八十六条之一　【拒不履行信息网络安全管理义务罪】网络服务提供者不履行法律、行政法规规定的信息网络安全管理义务,经监管部门责令采取改正措施而拒不改正,有下列情形之一的,处三年以下有期徒刑、拘役或者管制,并处或者单处罚金:

(一)致使违法信息大量传播的;

(二)致使用户信息泄露,造成严重后果的;

(三)致使刑事案件证据灭失,情节严重的;

(四)有其他严重情节的。

单位犯前款罪的,对单位判处罚金,并对其直接负责的主管人员和其他直接责任人员,依照前款的规定处罚。

有前两款行为,同时构成其他犯罪的,依照处罚较重的规定定罪处罚。

第二百八十七条　【利用计算机实施犯罪的提示性规定】利用计算机实施金融诈骗、盗窃、贪污、挪用公款、窃取国家秘密或者其他犯罪的,依照本法有关规定定罪处罚。

第二百八十七条之一　【非法利用信息网络罪】利用信息网络实施下列行为之一,情节严重的,处三年以下有期徒刑或者拘役,并处或者单处罚金:

(一)设立用于实施诈骗、传授犯罪方法、制作或者销售违禁物品、管制物品等违法犯罪活动的网站、通讯群组的;

(二)发布有关制作或者销售毒品、枪支、淫秽物品等违禁物品、管制物品或者其他违法犯罪信息的;

(三)为实施诈骗等违法犯罪活动发布信息的。

单位犯前款罪的,对单位判处罚金,并对其直接负责的主管人员和其他直接责任人员,依照第一款的规定处罚。

有前两款行为,同时构成其他犯罪的,依照处罚较重的规定定罪处罚。

第二百八十七条之二　【帮助信息网络犯罪活动罪】明知他人利用信息网络实施犯罪,为其犯罪提供互联网接入、服务器托管、网络存储、通讯传输等技术支持,或者提供广告推广、支付结算等帮助,情节严重的,处三年以下有期徒刑或者拘役,并处或者单处罚金。

单位犯前款罪的,对单位判处罚金,并对其直接负责的主管人员和其他直接责任人员,依照第一款的规定处罚。

有前两款行为,同时构成其他犯罪的,依照处罚较重的规定定罪处罚。

第二百八十八条　【扰乱无线电通讯管理秩序罪】违反国家规定,擅自设置、使用无线电台(站),或者擅自使用无线电频率,干扰无线电通讯秩序,情节严重的,处三年以下有期徒刑、拘役或者管制,并处或者单处罚金;情节特别严重的,处三年以上七年以下有期徒刑,并处罚金。

单位犯前款罪的,对单位判处罚金,并对其直接负责的主管人员和其他直接责任人员,依照前款的规定处罚。

第二百八十九条　【故意伤害罪;故意杀人罪;抢劫罪】聚众"打砸抢",致人伤残、死亡的,依照本法第二百三十四条、

第二百三十二条的规定定罪处罚。毁坏或者抢走公私财物的,除判令退赔外,对首要分子,依照本法第二百六十三条的规定定罪处罚。

第二百九十条 **【聚众扰乱社会秩序罪】**聚众扰乱社会秩序,情节严重,致使工作、生产、营业和教学、科研、医疗无法进行,造成严重损失的,对首要分子,处三年以上七年以下有期徒刑;对其他积极参加的,处三年以下有期徒刑、拘役、管制或者剥夺政治权利。

【聚众冲击国家机关罪】聚众冲击国家机关,致使国家机关工作无法进行,造成严重损失的,对首要分子,处五年以上十年以下有期徒刑;对其他积极参加的,处五年以下有期徒刑、拘役、管制或者剥夺政治权利。

【扰乱国家机关工作秩序罪】多次扰乱国家机关工作秩序,经行政处罚后仍不改正,造成严重后果的,处三年以下有期徒刑、拘役或者管制。

【组织、资助非法聚集罪】多次组织、资助他人非法聚集,扰乱社会秩序,情节严重的,依照前款的规定处罚。

第二百九十一条 **【聚众扰乱公共场所秩序、交通秩序罪】**聚众扰乱车站、码头、民用航空站、商场、公园、影剧院、展览会、运动场或者其他公共场所秩序,聚众堵塞交通或者破坏交通秩序,抗拒、阻碍国家治安管理工作人员依法执行职务,情节严重的,对首要分子,处五年以下有期徒刑、拘役或者管制。

第二百九十一条之一 **【投放虚假危险物质罪;编造、故意传播虚假恐怖信息罪】**投放虚假的爆炸性、毒害性、放射性、传染病病原体等物质,或者编造爆炸威胁、生化威胁、放射威胁等恐怖信息,或者明知是编造的恐怖信息而故意传播,严重扰乱社会秩序的,处五年以下有期徒刑、拘役或者管制;造成严重后果的,处五年以上有期徒刑。

【编造、故意传播虚假信息罪】编造虚假的险情、疫情、灾情、警情,在信息网络或者其他媒体上传播,或者明知是上述虚假信息,故意在信息网络或者其他媒体上传播,严重扰乱社会秩序的,处三年以下有期徒刑、拘役或者管制;造成严重后果的,处三年以上七年以下有期徒刑。

第二百九十二条 **【聚众斗殴罪】**聚众斗殴的,对首要分子和其他积极参加的,处三年以下有期徒刑、拘役或者管制;有下列情形之一的,对首要分子和其他积极参加的,处三年以上十年以下有期徒刑:

(一)多次聚众斗殴的;

(二)聚众斗殴人数多,规模大,社会影响恶劣的;

(三)在公共场所或者交通要道聚众斗殴,造成社会秩序严重混乱的;

(四)持械聚众斗殴的。

【故意伤害罪;故意杀人罪】聚众斗殴,致人重伤、死亡的,依照本法第二百三十四条、第二百三十二条的规定定罪处罚。

第二百九十三条 **【寻衅滋事罪】**有下列寻衅滋事行为之一,破坏社会秩序的,处五年以下有期徒刑、拘役或者管制:

(一)随意殴打他人,情节恶劣的;

(二)追逐、拦截、辱骂、恐吓他人,情节恶劣的;

(三)强拿硬要或者任意损毁、占用公私财物,情节严重的;

(四)在公共场所起哄闹事,造成公共场所秩序严重混乱的。

纠集他人多次实施前款行为,严重破坏社会秩序的,处五年以上十年以下有期徒刑,可以并处罚金。

第二百九十四条 **【组织、领导、参加黑社会性质组织罪】**组织、领导黑社会性质的组织的,处七年以上有期徒刑,并处没收财产;积极参加的,处三年以上七年以下有期徒刑,可以并处罚金或者没收财产;其他参加的,处三年以下有期徒刑、拘役、管制或者剥夺政治权利,可以并处罚金。

【入境发展黑社会组织罪】境外的黑社会组织的人员到中华人民共和国境内发展组织成员的,处三年以上十年以下有期徒刑。

【包庇、纵容黑社会性质组织罪】国家机关工作人员包庇黑社会性质的组织,或者纵容黑社会性质的组织进行违法犯罪活动的,处五年以下有期徒刑;情节严重的,处五年以上有期徒刑。

犯前三款罪又有其他犯罪行为的,依照数罪并罚的规定处罚。

黑社会性质的组织应当同时具备以下特征:

(一)形成较稳定的犯罪组织,人数较多,有明确的组织者、领导者,骨干成员基本固定;

(二)有组织地通过违法犯罪活动或者其他手段获取经济利益,具有一定的经济实力,以支持该组织的活动;

(三)以暴力、威胁或者其他手段,有组织地多次进行违法犯罪活动,为非作恶,欺压、残害群众;

(四)通过实施违法犯罪活动,或者利用国家工作人员的包庇或者纵容,称霸一方,在一定区域或者行业内,形成非法控制或者重大影响,严重破坏经济、社会生活秩序。

第二百九十五条 **【传授犯罪方法罪】**传授犯罪方法的,处五年以下有期徒刑、拘役或者管制;情节严重的,处五年以上十年以下有期徒刑;情节特别严重的,处十年以上有期徒刑或者无期徒刑。

第二百九十六条 **【非法集会、游行、示威罪】**举行集会、游行、示威,未依照法律规定申请或者申请未获许可,或者未按照主管机关许可的起止时间、地点、路线进行,又拒不服从解散命令,严重破坏社会秩序的,对集会、游行、示威的负责人和直接责任人员,处五年以下有期徒刑、拘役、管制或者剥夺政治权利。

第二百九十七条 **【非法携带武器、管制刀具、爆炸物参加集会、游行、示威罪】**违反法律规定,携带武器、管制刀具或者爆炸物参加集会、游行、示威的,处三年以下有期徒刑、拘役、管制或者剥夺政治权利。

第二百九十八条　【破坏集会、游行、示威罪】扰乱、冲击或者以其他方法破坏依法举行的集会、游行、示威,造成公共秩序混乱的,处五年以下有期徒刑、拘役、管制或者剥夺政治权利。

第二百九十九条　【侮辱国旗、国徽、国歌罪】在公共场合,故意以焚烧、毁损、涂划、玷污、践踏等方式侮辱中华人民共和国国旗、国徽的,处三年以下有期徒刑、拘役、管制或者剥夺政治权利。

在公共场合,故意篡改中华人民共和国国歌歌词、曲谱,以歪曲、贬损方式奏唱国歌,或者以其他方式侮辱国歌,情节严重的,依照前款的规定处罚。

第三百条　【组织、利用会道门、邪教组织、利用迷信破坏法律实施罪】组织、利用会道门、邪教组织或者利用迷信破坏国家法律、行政法规实施的,处三年以上七年以下有期徒刑,并处罚金;情节特别严重的,处七年以上有期徒刑或者无期徒刑,并处罚金或者没收财产;情节较轻的,处三年以下有期徒刑、拘役、管制或者剥夺政治权利,并处或者单处罚金。

【组织、利用会道门、邪教组织、利用迷信致人重伤、死亡罪】组织、利用会道门、邪教组织或者利用迷信蒙骗他人,致人重伤、死亡的,依照前款的规定处罚。

犯第一款罪又有奸淫妇女、诈骗财物等犯罪行为的,依照数罪并罚的规定处罚。

第三百零一条　【聚众淫乱罪】聚众进行淫乱活动的,对首要分子或者多次参加的,处五年以下有期徒刑、拘役或者管制。

【引诱未成年人聚众淫乱罪】引诱未成年人参加聚众淫乱活动的,依照前款的规定从重处罚。

第三百零二条　【盗窃、侮辱、故意毁坏尸体、尸骨、骨灰罪】盗窃、侮辱、故意毁坏尸体、尸骨、骨灰的,处三年以下有期徒刑、拘役或者管制。

第三百零三条　【赌博罪】以营利为目的,聚众赌博或者以赌博为业的,处三年以下有期徒刑、拘役或者管制,并处罚金。

【开设赌场罪】开设赌场的,处三年以下有期徒刑、拘役或者管制,并处罚金;情节严重的,处三年以上十年以下有期徒刑,并处罚金。

第三百零四条　【故意延误投递邮件罪】邮政工作人员严重不负责任,故意延误投递邮件,致使公共财产、国家和人民利益遭受重大损失的,处二年以下有期徒刑或者拘役。

第二节　妨害司法罪

第三百零五条　【伪证罪】在刑事诉讼中,证人、鉴定人、记录人、翻译人对与案件有重要关系的情节,故意作虚假证明、鉴定、记录、翻译,意图陷害他人或者隐匿罪证的,处三年以下有期徒刑或者拘役;情节严重的,处三年以上七年以下有期徒刑。

第三百零六条　【辩护人、诉讼代理人毁灭证据、伪造证据、妨害作证罪】在刑事诉讼中,辩护人、诉讼代理人毁灭、伪造证据,帮助当事人毁灭、伪造证据,威胁、引诱证人违背事实改变证言或者作伪证的,处三年以下有期徒刑或者拘役;情节严重的,处三年以上七年以下有期徒刑。

辩护人、诉讼代理人提供、出示、引用的证人证言或者其他证据失实,不是有意伪造的,不属于伪造证据。

第三百零七条　【妨害作证罪】以暴力、威胁、贿买等方法阻止证人作证或者指使他人作伪证的,处三年以下有期徒刑或者拘役;情节严重的,处三年以上七年以下有期徒刑。

【帮助毁灭、伪造证据罪】帮助当事人毁灭、伪造证据,情节严重的,处三年以下有期徒刑或者拘役。

司法工作人员犯前两款罪的,从重处罚。

第三百零七条之一　【虚假诉讼罪】以捏造的事实提起民事诉讼,妨害司法秩序或者严重侵害他人合法权益的,处三年以下有期徒刑、拘役或者管制,并处或者单处罚金;情节严重的,处三年以上七年以下有期徒刑,并处罚金。

单位犯前款罪的,对单位判处罚金,并对其直接负责的主管人员和其他直接责任人员,依照前款的规定处罚。

有第一款行为,非法占有他人财产或者逃避合法债务,又构成其他犯罪的,依照处罚较重的规定定罪从重处罚。

司法工作人员利用职权,与他人共同实施前三款行为的,从重处罚;同时构成其他犯罪的,依照处罚较重的规定定罪从重处罚。

第三百零八条　【打击报复证人罪】对证人进行打击报复的,处三年以下有期徒刑或者拘役;情节严重的,处三年以上七年以下有期徒刑。

第三百零八条之一　【泄露不应公开的案件信息罪】司法工作人员、辩护人、诉讼代理人或者其他诉讼参与人,泄露依法不公开审理的案件中不应当公开的信息,造成信息公开传播或者其他严重后果的,处三年以下有期徒刑、拘役或者管制,并处或者单处罚金。

有前款行为,泄露国家秘密的,依照本法第三百九十八条的规定定罪处罚。

【披露、报道不应公开的案件信息罪】公开披露、报道第一款规定的案件信息,情节严重的,依照第一款的规定处罚。

单位犯前款罪的,对单位判处罚金,并对其直接负责的主管人员和其他直接责任人员,依照第一款的规定处罚。

第三百零九条　【扰乱法庭秩序罪】有下列扰乱法庭秩序情形之一的,处三年以下有期徒刑、拘役、管制或者罚金:

(一)聚众哄闹、冲击法庭的;

(二)殴打司法工作人员或者诉讼参与人的;

(三)侮辱、诽谤、威胁司法工作人员或者诉讼参与人,不听法庭制止,严重扰乱法庭秩序的;

（四）有毁坏法庭设施，抢夺、损毁诉讼文书、证据等扰乱法庭秩序行为，情节严重的。

第三百一十条　【窝藏、包庇罪】明知是犯罪的人而为其提供隐藏处所、财物，帮助其逃匿或者作假证明包庇的，处三年以下有期徒刑、拘役或者管制；情节严重的，处三年以上十年以下有期徒刑。

犯前款罪，事前通谋的，以共同犯罪论处。

第三百一十一条　【拒绝提供间谍犯罪、恐怖主义犯罪、极端主义犯罪证据罪】明知他人有间谍犯罪或者恐怖主义、极端主义犯罪行为，在司法机关向其调查有关情况、收集有关证据时，拒绝提供，情节严重的，处三年以下有期徒刑、拘役或者管制。

第三百一十二条　【掩饰、隐瞒犯罪所得、犯罪所得收益罪】明知是犯罪所得及其产生的收益而予以窝藏、转移、收购、代为销售或者以其他方法掩饰、隐瞒的，处三年以下有期徒刑、拘役或者管制，并处或者单处罚金；情节严重的，处三年以上七年以下有期徒刑，并处罚金。

单位犯前款罪的，对单位判处罚金，并对其直接负责的主管人员和其他直接责任人员，依照前款的规定处罚。

第三百一十三条　【拒不执行判决、裁定罪】对人民法院的判决、裁定有能力执行而拒不执行，情节严重的，处三年以下有期徒刑、拘役或者罚金；情节特别严重的，处三年以上七年以下有期徒刑，并处罚金。

单位犯前款罪的，对单位判处罚金，并对其直接负责的主管人员和其他直接责任人员，依照前款的规定处罚。

第三百一十四条　【非法处置查封、扣押、冻结的财产罪】隐藏、转移、变卖、故意毁损已被司法机关查封、扣押、冻结的财产，情节严重的，处三年以下有期徒刑、拘役或者罚金。

第三百一十五条　【破坏监管秩序罪】依法被关押的罪犯，有下列破坏监管秩序行为之一，情节严重的，处三年以下有期徒刑：

（一）殴打监管人员的；

（二）组织其他被监管人破坏监管秩序的；

（三）聚众闹事，扰乱正常监管秩序的；

（四）殴打、体罚或者指使他人殴打、体罚其他被监管人的。

第三百一十六条　【脱逃罪】依法被关押的罪犯、被告人、犯罪嫌疑人脱逃的，处五年以下有期徒刑或者拘役。

【劫夺被押解人员罪】劫夺押解途中的罪犯、被告人、犯罪嫌疑人的，处三年以上七年以下有期徒刑；情节严重的，处七年以上有期徒刑。

第三百一十七条　【组织越狱罪】组织越狱的首要分子和积极参加的，处五年以上有期徒刑；其他参加的，处五年以下有期徒刑或者拘役。

【暴动越狱罪；聚众持械劫狱罪】暴动越狱或者聚众持械劫狱的首要分子和积极参加的，处十年以上有期徒刑或者无期徒刑；情节特别严重的，处死刑；其他参加的，处三年以上十年以下有期徒刑。

第三节　妨害国（边）境管理罪

第三百一十八条　【组织他人偷越国（边）境罪】组织他人偷越国（边）境的，处二年以上七年以下有期徒刑，并处罚金；有下列情形之一的，处七年以上有期徒刑或者无期徒刑，并处罚金或者没收财产：

（一）组织他人偷越国（边）境集团的首要分子；

（二）多次组织他人偷越国（边）境或者组织他人偷越国（边）境人数众多的；

（三）造成被组织人重伤、死亡的；

（四）剥夺或者限制被组织人人身自由的；

（五）以暴力、威胁方法抗拒检查的；

（六）违法所得数额巨大的；

（七）有其他特别严重情节的。

犯前款罪，对被组织人有杀害、伤害、强奸、拐卖等犯罪行为，或者对检查人员有杀害、伤害等犯罪行为的，依照数罪并罚的规定处罚。

第三百一十九条　【骗取出境证件罪】以劳务输出、经贸往来或者其他名义，弄虚作假，骗取护照、签证等出境证件，为组织他人偷越国（边）境使用的，处三年以下有期徒刑，并处罚金；情节严重的，处三年以上十年以下有期徒刑，并处罚金。

单位犯前款罪的，对单位判处罚金，并对其直接负责的主管人员和其他直接责任人员，依照前款的规定处罚。

第三百二十条　【提供伪造、变造的出入境证件罪；出售出入境证件罪】为他人提供伪造、变造的护照、签证等出入境证件，或者出售护照、签证等出入境证件的，处五年以下有期徒刑，并处罚金；情节严重的，处五年以上有期徒刑，并处罚金。

第三百二十一条　【运送他人偷越国（边）境罪】运送他人偷越国（边）境的，处五年以下有期徒刑、拘役或者管制，并处罚金；有下列情形之一的，处五年以上十年以下有期徒刑，并处罚金：

（一）多次实施运送行为或者运送人数众多的；

（二）所使用的船只、车辆等交通工具不具备必要的安全条件，足以造成严重后果的；

（三）违法所得数额巨大的；

（四）有其他特别严重情节的。

在运送他人偷越国（边）境中造成被运送人重伤、死亡，或者以暴力、威胁方法抗拒检查的，处七年以上有期徒刑，并处罚金。

犯前两款罪，对被运送人有杀害、伤害、强奸、拐卖等犯罪行为，或者对检查人员有杀害、伤害等犯罪行为的，依照数罪并罚的规定处罚。

第三百二十二条　【偷越国（边）境罪】违反国（边）境管理法规，偷越国（边）境，情节严重的，处一年以下有期徒刑、拘役或者管制，并处罚金；为参加恐怖活动组织、接受恐怖活动培训或者实施恐怖活动,偷越国(边)境的,处一年以上三年以下有期徒刑,并处罚金。

第三百二十三条 【破坏界碑、界桩罪;破坏永久性测量标志罪】故意破坏国家边境的界碑、界桩或者永久性测量标志的,处三年以下有期徒刑或者拘役。

第四节 妨害文物管理罪

第三百二十四条 【故意损毁文物罪】故意损毁国家保护的珍贵文物或者被确定为全国重点文物保护单位、省级文物保护单位的文物的,处三年以下有期徒刑或者拘役,并处或者单处罚金;情节严重的,处三年以上十年以下有期徒刑,并处罚金。

【故意损毁名胜古迹罪】故意损毁国家保护的名胜古迹,情节严重的,处五年以下有期徒刑或者拘役,并处或者单处罚金。

【过失损毁文物罪】过失损毁国家保护的珍贵文物或者被确定为全国重点文物保护单位、省级文物保护单位的文物,造成严重后果的,处三年以下有期徒刑或者拘役。

第三百二十五条 【非法向外国人出售、赠送珍贵文物罪】违反文物保护法规,将收藏的国家禁止出口的珍贵文物私自出售或者私自赠送给外国人的,处五年以下有期徒刑或者拘役,可以并处罚金。

单位犯前款罪的,对单位判处罚金,并对其直接负责的主管人员和其他直接责任人员,依照前款的规定处罚。

第三百二十六条 【倒卖文物罪】以牟利为目的,倒卖国家禁止经营的文物,情节严重的,处五年以下有期徒刑或者拘役,并处罚金;情节特别严重的,处五年以上十年以下有期徒刑,并处罚金。

单位犯前款罪的,对单位判处罚金,并对其直接负责的主管人员和其他直接责任人员,依照前款的规定处罚。

第三百二十七条 【非法出售、私赠文物藏品罪】违反文物保护法规,国有博物馆、图书馆等单位将国家保护的文物藏品出售或者私自送给非国有单位或者个人的,对单位判处罚金,并对其直接负责的主管人员和其他直接责任人员,处三年以下有期徒刑或者拘役。

第三百二十八条 【盗掘古文化遗址、古墓葬罪】盗掘具有历史、艺术、科学价值的古文化遗址、古墓葬的,处三年以上十年以下有期徒刑,并处罚金;情节较轻的,处三年以下有期徒刑、拘役或者管制,并处罚金;有下列情形之一的,处十年以上有期徒刑或者无期徒刑,并处罚金或者没收财产:

(一)盗掘确定为全国重点文物保护单位和省级文物保护单位的古文化遗址、古墓葬的;

(二)盗掘古文化遗址、古墓葬集团的首要分子;

(三)多次盗掘古文化遗址、古墓葬的;

(四)盗掘古文化遗址、古墓葬,并盗窃珍贵文物或者造成珍贵文物严重破坏的。

【盗掘古人类化石、古脊椎动物化石罪】盗掘国家保护的具有科学价值的古人类化石和古脊椎动物化石的,依照前款的规定处罚。

第三百二十九条 【抢夺、窃取国有档案罪】抢夺、窃取国家所有的档案的,处五年以下有期徒刑或者拘役。

【擅自出卖、转让国有档案罪】违反档案法的规定,擅自出卖、转让国家所有的档案,情节严重的,处三年以下有期徒刑或者拘役。

有前两款行为,同时又构成本法规定的其他犯罪的,依照处罚较重的规定定罪处罚。

第五节 危害公共卫生罪

第三百三十条 【妨害传染病防治罪】违反传染病防治法的规定,有下列情形之一,引起甲类传染病传播或者有传播严重危险的,处三年以下有期徒刑或者拘役;后果特别严重的,处三年以上七年以下有期徒刑:

(一)供水单位供应的饮用水不符合国家规定的卫生标准的;

(二)拒绝按照卫生防疫机构提出的卫生要求,对传染病病原体污染的污水、污物、粪便进行消毒处理的;

(三)准许或者纵容传染病病人、病原携带者和疑似传染病病人从事国务院卫生行政部门规定禁止从事的易使该传染病扩散的工作的;

(四)拒绝执行卫生防疫机构依照传染病防治法提出的预防、控制措施的。

单位犯前款罪的,对单位判处罚金,并对其直接负责的主管人员和其他直接责任人员,依照前款的规定处罚。

甲类传染病的范围,依照《中华人民共和国传染病防治法》和国务院有关规定确定。

第三百三十一条 【传染病菌种、毒种扩散罪】从事实验、保藏、携带、运输传染病菌种、毒种的人员,违反国务院卫生行政部门的有关规定,造成传染病菌种、毒种扩散,后果严重的,处三年以下有期徒刑或者拘役;后果特别严重的,处三年以上七年以下有期徒刑。

第三百三十二条 【妨害国境卫生检疫罪】违反国境卫生检疫规定,引起检疫传染病传播或者有传播严重危险的,处三年以下有期徒刑或者拘役,并处或者单处罚金。

单位犯前款罪的,对单位判处罚金,并对其直接负责的主管人员和其他直接责任人员,依照前款的规定处罚。

第三百三十三条 【非法组织卖血罪;强迫卖血罪】非法组织他人出卖血液的,处五年以下有期徒刑,并处罚金;以暴力、威胁方法强迫他人出卖血液的,处五年以上十年以下有期徒刑,并处罚金。

【故意伤害罪】有前款行为,对他人造成伤害的,依照本法第二百三十四条的规定定罪处罚。

第三百三十四条 【非法采集、供应血液、制作、供应血液制品罪】非法采集、供应血液或者制作、供应血液制品,不符合国家规定的标准，足以危害人体健康的，处五年以下有期徒刑或者拘役，并处罚金；对人体健康造成严重危害的，处五年以上十年以下有期徒刑，并处罚金；造成特别严重后果的，处十年以上有期徒刑或者无期徒刑，并处罚金或者没收财产。

【采集、供应血液、制作、供应血液制品事故罪】经国家主管部门批准采集、供应血液或者制作、供应血液制品的部门，不依照规定进行检测或者违背其他操作规定，造成危害他人身体健康后果的，对单位判处罚金，并对其直接负责的主管人员和其他直接责任人员，处五年以下有期徒刑或者拘役。

第三百三十五条　【医疗事故罪】医务人员由于严重不负责任，造成就诊人死亡或者严重损害就诊人身体健康的，处三年以下有期徒刑或者拘役。

第三百三十六条　【非法行医罪】未取得医生执业资格的人非法行医，情节严重的，处三年以下有期徒刑、拘役或者管制，并处或者单处罚金；严重损害就诊人身体健康的，处三年以上十年以下有期徒刑，并处罚金；造成就诊人死亡的，处十年以上有期徒刑，并处罚金。

【非法进行节育手术罪】未取得医生执业资格的人擅自为他人进行节育复通手术、假节育手术、终止妊娠手术或者摘取宫内节育器，情节严重的，处三年以下有期徒刑、拘役或者管制，并处或者单处罚金；严重损害就诊人身体健康的，处三年以上十年以下有期徒刑，并处罚金；造成就诊人死亡的，处十年以上有期徒刑，并处罚金。

第三百三十七条　【妨害动植物防疫、检疫罪】违反有关动植物防疫、检疫的国家规定，引起重大动植物疫情的，或者有引起重大动植物疫情危险，情节严重的，处三年以下有期徒刑或者拘役，并处或者单处罚金。

单位犯前款罪的，对单位判处罚金，并对其直接负责的主管人员和其他直接责任人员，依照前款的规定处罚。

第六节　破坏环境资源保护罪

第三百三十八条　【污染环境罪】违反国家规定，排放、倾倒或者处置有放射性的废物、含传染病病原体的废物、有毒物质或者其他有害物质，严重污染环境的，处三年以下有期徒刑或者拘役，并处或者单处罚金；后果特别严重的，处三年以上七年以下有期徒刑，并处罚金。

第三百三十九条　【非法处置进口的固体废物罪】违反国家规定，将境外的固体废物进境倾倒、堆放、处置的，处五年以下有期徒刑或者拘役，并处罚金；造成重大环境污染事故，致使公私财产遭受重大损失或者严重危害人体健康的，处五年以上十年以下有期徒刑，并处罚金；后果特别严重的，处十年以上有期徒刑，并处罚金。

【擅自进口固体废物罪】未经国务院有关主管部门许可，擅自进口固体废物用作原料，造成重大环境污染事故，致使公私财产遭受重大损失或者严重危害人体健康的，处五年以下有期徒刑或者拘役，并处罚金；后果特别严重的，处五年以上十年以下有期徒刑，并处罚金。

以原料利用为名，进口不能用作原料的固体废物、液态废物和气态废物的，依照本法第一百五十二条第二款、第三款的规定定罪处罚。

第三百四十条　【非法捕捞水产品罪】违反保护水产资源法规，在禁渔区、禁渔期或者使用禁用的工具、方法捕捞水产品，情节严重的，处三年以下有期徒刑、拘役、管制或者罚金。

第三百四十一条　【非法猎捕、杀害珍贵、濒危野生动物罪；非法收购、运输、出售珍贵、濒危野生动物、珍贵、濒危野生动物制品罪】非法猎捕、杀害国家重点保护的珍贵、濒危野生动物的，或者非法收购、运输、出售国家重点保护的珍贵、濒危野生动物及其制品的，处五年以下有期徒刑或者拘役，并处罚金；情节严重的，处五年以上十年以下有期徒刑，并处罚金；情节特别严重的，处十年以上有期徒刑，并处罚金或者没收财产。

【非法狩猎罪】违反狩猎法规，在禁猎区、禁猎期或者使用禁用的工具、方法进行狩猎，破坏野生动物资源，情节严重的，处三年以下有期徒刑、拘役、管制或者罚金。

第三百四十二条　【非法占用农用地罪】违反土地管理法规，非法占用耕地、林地等农用地，改变被占用土地用途，数量较大，造成耕地、林地等农用地大量毁坏的，处五年以下有期徒刑或者拘役，并处或者单处罚金。

第三百四十三条　【非法采矿罪】违反矿产资源法的规定，未取得采矿许可证擅自采矿，擅自进入国家规划矿区、对国民经济具有重要价值的矿区和他人矿区范围采矿，或者擅自开采国家规定实行保护性开采的特定矿种，情节严重的，处三年以下有期徒刑、拘役或者管制，并处或者单处罚金；情节特别严重的，处三年以上七年以下有期徒刑，并处罚金。

【破坏性采矿罪】违反矿产资源法的规定，采取破坏性的开采方法开采矿产资源，造成矿产资源严重破坏的，处五年以下有期徒刑或者拘役，并处罚金。

第三百四十四条　【非法采伐、毁坏国家重点保护植物罪；非法收购、运输、加工、出售国家重点保护植物、国家重点保护植物制品罪】违反国家规定，非法采伐、毁坏珍贵树木或者国家重点保护的其他植物的，或者非法收购、运输、加工、出售珍贵树木或者国家重点保护的其他植物及其制品的，处三年以下有期徒刑、拘役或者管制，并处罚金；情节严重的，处三年以上七年以下有期徒刑，并处罚金。

第三百四十五条　【盗伐林木罪】盗伐森林或者其他林木，数量较大的，处三年以下有期徒刑、拘役或者管制，并处或者单处罚金；数量巨大的，处三年以上七年以下有期徒刑，并处罚金；数量特别巨大的，处七年以上有期徒刑，并处罚金。

【滥伐林木罪】违反森林法的规定，滥伐森林或者其他林木,数量较大的,处三年以下有期徒刑、拘役或者管制,并处或者单处罚金;数量巨大的,处三年以上七年以下有期徒刑,并处罚金。

【非法收购、运输盗伐、滥伐的林木罪】非法收购、运输明知是盗伐、滥伐的林木,情节严重的,处三年以下有期徒刑、拘役或者管制,并处或者单处罚金;情节特别严重的,处三年以上七年以下有期徒刑,并处罚金。

盗伐、滥伐国家级自然保护区内的森林或者其他林木的,从重处罚。

第三百四十六条　【单位犯破坏环境资源保护罪的处罚规定】单位犯本节第三百三十八条至第三百四十五条规定之罪的,对单位判处罚金,并对其直接负责的主管人员和其他直接责任人员,依照本节各该条的规定处罚。

第七节　走私、贩卖、运输、制造毒品罪

第三百四十七条　【走私、贩卖、运输、制造毒品罪】走私、贩卖、运输、制造毒品,无论数量多少,都应当追究刑事责任,予以刑事处罚。

走私、贩卖、运输、制造毒品,有下列情形之一的,处十五年有期徒刑、无期徒刑或者死刑,并处没收财产:

(一)走私、贩卖、运输、制造鸦片一千克以上、海洛因或者甲基苯丙胺五十克以上或者其他毒品数量大的;

(二)走私、贩卖、运输、制造毒品集团的首要分子;

(三)武装掩护走私、贩卖、运输、制造毒品的;

(四)以暴力抗拒检查、拘留、逮捕,情节严重的;

(五)参与有组织的国际贩毒活动的。

走私、贩卖、运输、制造鸦片二百克以上不满一千克、海洛因或者甲基苯丙胺十克以上不满五十克或者其他毒品数量较大的,处七年以上有期徒刑,并处罚金。

走私、贩卖、运输、制造鸦片不满二百克、海洛因或者甲基苯丙胺不满十克或者其他少量毒品的,处三年以下有期徒刑、拘役或者管制,并处罚金;情节严重的,处三年以上七年以下有期徒刑,并处罚金。

单位犯第二款、第三款、第四款罪的,对单位判处罚金,并对其直接负责的主管人员和其他直接责任人员,依照各该款的规定处罚。

利用、教唆未成年人走私、贩卖、运输、制造毒品,或者向未成年人出售毒品的,从重处罚。

对多次走私、贩卖、运输、制造毒品,未经处理的,毒品数量累计计算。

第三百四十八条　【非法持有毒品罪】非法持有鸦片一千克以上、海洛因或者甲基苯丙胺五十克以上或者其他毒品数量大的,处七年以上有期徒刑或者无期徒刑,并处罚金;非法持有鸦片二百克以上不满一千克、海洛因或者甲基苯丙胺十克以上不满五十克或者其他毒品数量较大的,处三年以下有期徒刑、拘役或者管制,并处罚金;情节严重的,处三年以上七年以下有期徒刑,并处罚金。

第三百四十九条　【包庇毒品犯罪分子罪;窝藏、转移、隐瞒毒品、毒赃罪】包庇走私、贩卖、运输、制造毒品的犯罪分子的,为犯罪分子窝藏、转移、隐瞒毒品或者犯罪所得的财物的,处三年以下有期徒刑、拘役或者管制;情节严重的,处三年以上十年以下有期徒刑。

【包庇毒品犯罪分子罪】缉毒人员或者其他国家机关工作人员掩护、包庇走私、贩卖、运输、制造毒品的犯罪分子的,依照前款的规定从重处罚。

【走私、贩卖、运输、制造毒品罪】犯前两款罪,事先通谋的,以走私、贩卖、运输、制造毒品罪的共犯论处。

第三百五十条　【非法生产、买卖、运输制毒物品、走私制毒物品罪】违反国家规定,非法生产、买卖、运输醋酸酐、乙醚、三氯甲烷或者其他用于制造毒品的原料、配剂,或者携带上述物品进出境,情节较重的,处三年以下有期徒刑、拘役或者管制,并处罚金;情节严重的,处三年以上七年以下有期徒刑,并处罚金;情节特别严重的,处七年以上有期徒刑,并处罚金或者没收财产。

【制造毒品罪】明知他人制造毒品而为其生产、买卖、运输前款规定的物品的,以制造毒品罪的共犯论处。

单位犯前两款罪的,对单位判处罚金,并对其直接负责的主管人员和其他直接责任人员,依照前两款的规定处罚。

第三百五十一条　【非法种植毒品原植物罪】非法种植罂粟、大麻等毒品原植物的,一律强制铲除。有下列情形之一的,处五年以下有期徒刑、拘役或者管制,并处罚金:

(一)种植罂粟五百株以上不满三千株或者其他毒品原植物数量较大的;

(二)经公安机关处理后又种植的;

(三)抗拒铲除的。

非法种植罂粟三千株以上或者其他毒品原植物数量大的,处五年以上有期徒刑,并处罚金或者没收财产。

非法种植罂粟或者其他毒品原植物,在收获前自动铲除的,可以免除处罚。

第三百五十二条　【非法买卖、运输、携带、持有毒品原植物种子、幼苗罪】非法买卖、运输、携带、持有未经灭活的罂粟等毒品原植物种子或者幼苗,数量较大的,处三年以下有期徒刑、拘役或者管制,并处或者单处罚金。

第三百五十三条　【引诱、教唆、欺骗他人吸毒罪】引诱、教唆、欺骗他人吸食、注射毒品的,处三年以下有期徒刑、拘役或者管制,并处罚金;情节严重的,处三年以上七年以下有期徒刑,并处罚金。

【强迫他人吸毒罪】强迫他人吸食、注射毒品的,处三年以上十年以下有期徒刑,并处罚金。

引诱、教唆、欺骗或者强迫未成年人吸食、注射毒品的,从重处罚。

第三百五十四条　【容留他人吸毒罪】容留他人吸食、注射毒品的,处三年以下有期徒刑、拘役或者管制,并处罚金。

第三百五十五条　【非法提供麻醉药品、精神药品罪】依法从

事生产、运输、管理、使用国家管制的麻醉药品、精神药品的人员，违反国家规定，向吸食、注射毒品的人提供国家规定管制的能够使人形成瘾癖的麻醉药品、精神药品的，处三年以下有期徒刑或者拘役，并处罚金；情节严重的，处三年以上七年以下有期徒刑，并处罚金。向走私、贩卖毒品的犯罪分子或者以牟利为目的，向吸食、注射毒品的人提供国家规定管制的能够使人形成瘾癖的麻醉药品、精神药品的，依照本法第三百四十七条的规定定罪处罚。

单位犯前款罪的，对单位判处罚金，并对其直接负责的主管人员和其他直接责任人员，依照前款的规定处罚。

第三百五十六条　【毒品犯罪的再犯】因走私、贩卖、运输、制造、非法持有毒品罪被判过刑，又犯本节规定之罪的，从重处罚。

第三百五十七条　【毒品的范围及数量的计算原则】本法所称的毒品，是指鸦片、海洛因、甲基苯丙胺（冰毒）、吗啡、大麻、可卡因以及国家规定管制的其他能够使人形成瘾癖的麻醉药品和精神药品。

毒品的数量以查证属实的走私、贩卖、运输、制造、非法持有毒品的数量计算，不以纯度折算。

第八节　组织、强迫、引诱、容留、介绍卖淫罪

第三百五十八条　【组织卖淫罪；强迫卖淫罪】组织、强迫他人卖淫的，处五年以上十年以下有期徒刑，并处罚金；情节严重的，处十年以上有期徒刑或者无期徒刑，并处罚金或者没收财产。

组织、强迫未成年人卖淫的，依照前款的规定从重处罚。

犯前两款罪，并有杀害、伤害、强奸、绑架等犯罪行为的，依照数罪并罚的规定处罚。

【协助组织卖淫罪】为组织卖淫的人招募、运送人员或者有其他协助组织他人卖淫行为的，处五年以下有期徒刑，并处罚金；情节严重的，处五年以上十年以下有期徒刑，并处罚金。

第三百五十九条　【引诱、容留、介绍卖淫罪】引诱、容留、介绍他人卖淫的，处五年以下有期徒刑、拘役或者管制，并处罚金；情节严重的，处五年以上有期徒刑，并处罚金。

【引诱幼女卖淫罪】引诱不满十四周岁的幼女卖淫的，处五年以上有期徒刑，并处罚金。

第三百六十条　【传播性病罪】明知自己患有梅毒、淋病等严重性病卖淫、嫖娼的，处五年以下有期徒刑、拘役或者管制，并处罚金。

~~嫖宿不满十四周岁的幼女的，处五年以上有期徒刑，并处罚金。~~①

第三百六十一条　【特定单位的人员组织、强迫、引诱、容留、介绍卖淫的处理规定】旅馆业、饮食服务业、文化娱乐业、出租汽车业等单位的人员，利用本单位的条件，组织、强迫、引诱、容留、介绍他人卖淫的，依照本法第三百五十八条、第三百五十九条的规定定罪处罚。

前款所列单位的主要负责人，犯前款罪的，从重处罚。

第三百六十二条　【窝藏、包庇罪】旅馆业、饮食服务业、文化娱乐业、出租汽车业等单位的人员，在公安机关查处卖淫、嫖娼活动时，为违法犯罪分子通风报信，情节严重的，依照本法第三百一十条的规定定罪处罚。

第九节　制作、贩卖、传播淫秽物品罪

第三百六十三条　【制作、复制、出版、贩卖、传播淫秽物品牟利罪】以牟利为目的，制作、复制、出版、贩卖、传播淫秽物品的，处三年以下有期徒刑、拘役或者管制，并处罚金；情节严重的，处三年以上十年以下有期徒刑，并处罚金；情节特别严重的，处十年以上有期徒刑或者无期徒刑，并处罚金或者没收财产。

【为他人提供书号出版淫秽书刊罪】为他人提供书号，出版淫秽书刊的，处三年以下有期徒刑、拘役或者管制，并处或者单处罚金；明知他人用于出版淫秽书刊而提供书号的，依照前款的规定处罚。

第三百六十四条　【传播淫秽物品罪】传播淫秽的书刊、影片、音像、图片或者其他淫秽物品，情节严重的，处二年以下有期徒刑、拘役或者管制。

【组织播放淫秽音像制品罪】组织播放淫秽的电影、录像等音像制品的，处三年以下有期徒刑、拘役或者管制，并处罚金；情节严重的，处三年以上十年以下有期徒刑，并处罚金。

制作、复制淫秽的电影、录像等音像制品组织播放的，依照第二款的规定从重处罚。

向不满十八周岁的未成年人传播淫秽物品的，从重处罚。

第三百六十五条　【组织淫秽表演罪】组织进行淫秽表演的，处三年以下有期徒刑、拘役或者管制，并处罚金；情节严重的，处三年以上十年以下有期徒刑，并处罚金。

第三百六十六条　【单位犯本节规定之罪的处罚】单位犯本节第三百六十三条、第三百六十四条、第三百六十五条规定之罪的，对单位判处罚金，并对其直接负责的主管人员和其他直接责任人员，依照各该条的规定处罚。

第三百六十七条　【淫秽物品的范围】本法所称淫秽物品，是指具体描绘性行为或者露骨宣扬色情的诲淫性的书刊、影片、录像带、录音带、图片及其他淫秽物品。

有关人体生理、医学知识的科学著作不是淫秽物品。

包含有色情内容的有艺术价值的文学、艺术作品不视为淫秽物品。

第七章　危害国防利益罪

第三百六十八条　【阻碍军人执行职务罪】以暴力、威胁方法

① 本款根据2015年8月29日《刑法修正案（九）》删去。

阻碍军人依法执行职务的，处三年以下有期徒刑、拘役、管制或者罚金。

【阻碍军事行动罪】故意阻碍武装部队军事行动，造成严重后果的，处五年以下有期徒刑或者拘役。

第三百六十九条　【破坏武器装备、军事设施、军事通信罪】破坏武器装备、军事设施、军事通信的，处三年以下有期徒刑、拘役或者管制；破坏重要武器装备、军事设施、军事通信的，处三年以上十年以下有期徒刑；情节特别严重的，处十年以上有期徒刑、无期徒刑或者死刑。

【过失损坏武器装备、军事设施、军事通信罪】过失犯前款罪，造成严重后果的，处三年以下有期徒刑或者拘役；造成特别严重后果的，处三年以上七年以下有期徒刑。

战时犯前两款罪的，从重处罚。

第三百七十条　【故意提供不合格武器装备、军事设施罪】明知是不合格的武器装备、军事设施而提供给武装部队的，处五年以下有期徒刑或者拘役；情节严重的，处五年以上十年以下有期徒刑；情节特别严重的，处十年以上有期徒刑、无期徒刑或者死刑。

【过失提供不合格武器装备、军事设施罪】过失犯前款罪，造成严重后果的，处三年以下有期徒刑或者拘役；造成特别严重后果的，处三年以上七年以下有期徒刑。

单位犯第一款罪的，对单位判处罚金，并对其直接负责的主管人员和其他直接责任人员，依照第一款的规定处罚。

第三百七十一条　【聚众冲击军事禁区罪】聚众冲击军事禁区，严重扰乱军事禁区秩序的，对首要分子，处五年以上十年以下有期徒刑；对其他积极参加的，处五年以下有期徒刑、拘役、管制或者剥夺政治权利。

【聚众扰乱军事管理区秩序罪】聚众扰乱军事管理区秩序，情节严重，致使军事管理区工作无法进行，造成严重损失的，对首要分子，处三年以上七年以下有期徒刑；对其他积极参加的，处三年以下有期徒刑、拘役、管制或者剥夺政治权利。

第三百七十二条　【冒充军人招摇撞骗罪】冒充军人招摇撞骗的，处三年以下有期徒刑、拘役、管制或者剥夺政治权利；情节严重的，处三年以上十年以下有期徒刑。

第三百七十三条　【煽动军人逃离部队罪；雇用逃离部队军人罪】煽动军人逃离部队或者明知是逃离部队的军人而雇用，情节严重的，处三年以下有期徒刑、拘役或者管制。

第三百七十四条　【接送不合格兵员罪】在征兵工作中徇私舞弊，接送不合格兵员，情节严重的，处三年以下有期徒刑或者拘役；造成特别严重后果的，处三年以上七年以下有期徒刑。

第三百七十五条　【伪造、变造、买卖武装部队公文、证件、印章罪；盗窃、抢夺武装部队公文、证件、印章罪】伪造、变造、买卖或者盗窃、抢夺武装部队公文、证件、印章的，处三年以下有期徒刑、拘役、管制或者剥夺政治权利；情节严重的，处三年以上十年以下有期徒刑。

【非法生产、买卖武装部队制式服装罪】非法生产、买卖武装部队制式服装，情节严重的，处三年以下有期徒刑、拘役或者管制，并处或者单处罚金。

【伪造、盗窃、买卖、非法提供、非法使用武装部队专用标志罪】伪造、盗窃、买卖或者非法提供、使用武装部队车辆号牌等专用标志，情节严重的，处三年以下有期徒刑、拘役或者管制，并处或者单处罚金；情节特别严重的，处三年以上七年以下有期徒刑，并处罚金。

单位犯第二款、第三款罪的，对单位判处罚金，并对其直接负责的主管人员和其他直接责任人员，依照各该款的规定处罚。

第三百七十六条　【战时拒绝、逃避征召、军事训练罪】预备役人员战时拒绝、逃避征召或者军事训练，情节严重的，处三年以下有期徒刑或者拘役。

【战时拒绝、逃避服役罪】公民战时拒绝、逃避服役，情节严重的，处二年以下有期徒刑或者拘役。

第三百七十七条　【战时故意提供虚假敌情罪】战时故意向武装部队提供虚假敌情，造成严重后果的，处三年以上十年以下有期徒刑；造成特别严重后果的，处十年以上有期徒刑或者无期徒刑。

第三百七十八条　【战时造谣扰乱军心罪】战时造谣惑众，扰乱军心的，处三年以下有期徒刑、拘役或者管制；情节严重的，处三年以上十年以下有期徒刑。

第三百七十九条　【战时窝藏逃离部队军人罪】战时明知是逃离部队的军人而为其提供隐蔽处所、财物，情节严重的，处三年以下有期徒刑或者拘役。

第三百八十条　【战时拒绝、故意延误军事订货罪】战时拒绝或者故意延误军事订货，情节严重的，对单位判处罚金，并对其直接负责的主管人员和其他直接责任人员，处五年以下有期徒刑或者拘役；造成严重后果的，处五年以上有期徒刑。

第三百八十一条　【战时拒绝军事征收、征用罪】战时拒绝军事征收、征用，情节严重的，处三年以下有期徒刑或者拘役。

第八章　贪污贿赂罪

第三百八十二条　【贪污罪】国家工作人员利用职务上的便利，侵吞、窃取、骗取或者以其他手段非法占有公共财物的，是贪污罪。

受国家机关、国有公司、企业、事业单位、人民团体委托管理、经营国有财产的人员，利用职务上的便利，侵吞、窃取、骗取或者以其他手段非法占有国有财物的，以贪污论。

与前两款所列人员勾结，伙同贪污的，以共犯论处。

第三百八十三条　【对贪污罪的处罚规定】对犯贪污罪的，根据情节轻重，分别依照下列规定处罚：

（一）贪污数额较大或者有其他较重情节的，处三年以下有期徒刑或者拘役，并处罚金。

（二）贪污数额巨大或者有其他严重情节的，处三年以上十年以下有期徒刑，并处罚金或者没收财产。

（三）贪污数额特别巨大或者有其他特别严重情节的，处十年以上有期徒刑或者无期徒刑，并处罚金或者没收财产；数额特别巨大，并使国家和人民利益遭受特别重大损失的，处无期徒刑或者死刑，并处没收财产。

对多次贪污未经处理的，按照累计贪污数额处罚。

犯第一款罪，在提起公诉前如实供述自己罪行、真诚悔罪、积极退赃，避免、减少损害结果的发生，有第一项规定情形的，可以从轻、减轻或者免除处罚；有第二项、第三项规定情形的，可以从轻处罚。

犯第一款罪，有第三项规定情形被判处死刑缓期执行的，人民法院根据犯罪情节等情况可以同时决定在其死刑缓期执行二年期满依法减为无期徒刑后，终身监禁，不得减刑、假释。

第三百八十四条　【挪用公款罪】国家工作人员利用职务上的便利，挪用公款归个人使用，进行非法活动的，或者挪用公款数额较大、进行营利活动的，或者挪用公款数额较大、超过三个月未还的，是挪用公款罪，处五年以下有期徒刑或者拘役；情节严重的，处五年以上有期徒刑。挪用公款数额巨大不退还的，处十年以上有期徒刑或者无期徒刑。

挪用用于救灾、抢险、防汛、优抚、扶贫、移民、救济款物归个人使用的，从重处罚。

第三百八十五条　【受贿罪】国家工作人员利用职务上的便利，索取他人财物的，或者非法收受他人财物，为他人谋取利益的，是受贿罪。

国家工作人员在经济往来中，违反国家规定，收受各种名义的回扣、手续费，归个人所有的，以受贿论处。

第三百八十六条　【对受贿罪的处罚规定】对犯受贿罪的，根据受贿所得数额及情节，依照本法第三百八十三条的规定处罚。索贿的从重处罚。

第三百八十七条　【单位受贿罪】国家机关、国有公司、企业、事业单位、人民团体，索取、非法收受他人财物，为他人谋取利益，情节严重的，对单位判处罚金，并对其直接负责的主管人员和其他直接责任人员，处五年以下有期徒刑或者拘役。

前款所列单位，在经济往来中，在帐外暗中收受各种名义的回扣、手续费的，以受贿论，依照前款的规定处罚。

第三百八十八条　【受贿罪】国家工作人员利用本人职权或者地位形成的便利条件，通过其他国家工作人员职务上的行为，为请托人谋取不正当利益，索取请托人财物或者收受请托人财物的，以受贿论处。

第三百八十八条之一　【利用影响力受贿罪】国家工作人员的近亲属或者其他与该国家工作人员关系密切的人，通过该国家工作人员职务上的行为，或者利用该国家工作人员职权或者地位形成的便利条件，通过其他国家工作人员职务上的行为，为请托人谋取不正当利益，索取请托人财物或者收受请托人财物，数额较大或者有其他较重情节的，处三年以下有期徒刑或者拘役，并处罚金；数额巨大或者有其他严重情节的，处三年以上七年以下有期徒刑，并处罚金；数额特别巨大或者有其他特别严重情节的，处七年以上有期徒刑，并处罚金或者没收财产。

离职的国家工作人员或者其近亲属以及其他与其关系密切的人，利用该离职的国家工作人员原职权或者地位形成的便利条件实施前款行为的，依照前款的规定定罪处罚。

第三百八十九条　【行贿罪】为谋取不正当利益，给予国家工作人员以财物的，是行贿罪。

在经济往来中，违反国家规定，给予国家工作人员以财物，数额较大的，或者违反国家规定，给予国家工作人员以各种名义的回扣、手续费的，以行贿论处。

因被勒索给予国家工作人员以财物，没有获得不正当利益的，不是行贿。

第三百九十条　【对行贿罪的处罚规定】对犯行贿罪的，处五年以下有期徒刑或者拘役，并处罚金；因行贿谋取不正当利益，情节严重的，或者使国家利益遭受重大损失的，处五年以上十年以下有期徒刑，并处罚金；情节特别严重的，或者使国家利益遭受特别重大损失的，处十年以上有期徒刑或者无期徒刑，并处罚金或者没收财产。

行贿人在被追诉前主动交待行贿行为的，可以从轻或者减轻处罚。其中，犯罪较轻的，对侦破重大案件起关键作用的，或者有重大立功表现的，可以减轻或者免除处罚。

第三百九十条之一　【对有影响力的人行贿罪】为谋取不正当利益，向国家工作人员的近亲属或者其他与该国家工作人员关系密切的人，或者向离职的国家工作人员或者其近亲属以及其他与其关系密切的人行贿的，处三年以下有期徒刑或者拘役，并处罚金；情节严重的，或者使国家利益遭受重大损失的，处三年以上七年以下有期徒刑，并处罚金；情节特别严重的，或者使国家利益遭受特别重大损失的，处七年以上十年以下有期徒刑，并处罚金。

单位犯前款罪的，对单位判处罚金，并对其直接负责的主管人员和其他直接责任人员，处三年以下有期徒刑或者拘役，并处罚金。

第三百九十一条　【对单位行贿罪】为谋取不正当利益，给予国家机关、国有公司、企业、事业单位、人民团体以财物的，或者在经济往来中，违反国家规定，给予各种名义的回扣、手续费的，处三年以下有期徒刑或者拘役，并处罚金。

单位犯前款罪的，对单位判处罚金，并对其直接负责的主管人员和其他直接责任人员，依照前款的规定处罚。

第三百九十二条　【介绍贿赂罪】向国家工作人员介绍贿赂，情节严重的，处三年以下有期徒刑或者拘役，并处罚金。

介绍贿赂人在被追诉前主动交待介绍贿赂行为的，可以减轻处罚或者免除处罚。

第三百九十三条 【单位行贿罪;行贿罪】单位为谋取不正当利益而行贿,或者违反国家规定,给予国家工作人员以回扣、手续费,情节严重的,对单位判处罚金,并对其直接负责的主管人员和其他直接责任人员,处五年以下有期徒刑或者拘役,并处罚金。因行贿取得的违法所得归个人所有的,依照本法第三百八十九条、第三百九十条的规定定罪处罚。

第三百九十四条 【贪污罪】国家工作人员在国内公务活动或者对外交往中接受礼物,依照国家规定应当交公而不交公,数额较大的,依照本法第三百八十二条、第三百八十三条的规定定罪处罚。

第三百九十五条 【巨额财产来源不明罪】国家工作人员的财产、支出明显超过合法收入,差额巨大的,可以责令该国家工作人员说明来源,不能说明来源的,差额部分以非法所得论,处五年以下有期徒刑或者拘役;差额特别巨大的,处五年以上十年以下有期徒刑。财产的差额部分予以追缴。

【隐瞒境外存款罪】国家工作人员在境外的存款,应当依照国家规定申报。数额较大、隐瞒不报的,处二年以下有期徒刑或者拘役;情节较轻的,由其所在单位或者上级主管机关酌情给予行政处分。

第三百九十六条 【私分国有资产罪】国家机关、国有公司、企业、事业单位、人民团体,违反国家规定,以单位名义将国有资产集体私分给个人,数额较大的,对其直接负责的主管人员和其他直接责任人员,处三年以下有期徒刑或者拘役,并处或者单处罚金;数额巨大的,处三年以上七年以下有期徒刑,并处罚金。

【私分罚没财物罪】司法机关、行政执法机关违反国家规定,将应当上缴国家的罚没财物,以单位名义集体私分给个人的,依照前款的规定处罚。

第九章 渎 职 罪

第三百九十七条 【滥用职权罪;玩忽职守罪】国家机关工作人员滥用职权或者玩忽职守,致使公共财产、国家和人民利益遭受重大损失的,处三年以下有期徒刑或者拘役;情节特别严重的,处三年以上七年以下有期徒刑。本法另有规定的,依照规定。

国家机关工作人员徇私舞弊,犯前款罪的,处五年以下有期徒刑或者拘役;情节特别严重的,处五年以上十年以下有期徒刑。本法另有规定的,依照规定。

第三百九十八条 【故意泄露国家秘密罪;过失泄露国家秘密罪】国家机关工作人员违反保守国家秘密法的规定,故意或者过失泄露国家秘密,情节严重的,处三年以下有期徒刑或者拘役;情节特别严重的,处三年以上七年以下有期徒刑。

非国家机关工作人员犯前款罪的,依照前款的规定酌情处罚。

第三百九十九条 【徇私枉法罪】司法工作人员徇私枉法、徇情枉法,对明知是无罪的人而使他受追诉、对明知是有罪的人而故意包庇不使他受追诉,或者在刑事审判活动中故意违背事实和法律作枉法裁判的,处五年以下有期徒刑或者拘役;情节严重的,处五年以上十年以下有期徒刑;情节特别严重的,处十年以上有期徒刑。

【民事、行政枉法裁判罪】在民事、行政审判活动中故意违背事实和法律作枉法裁判,情节严重的,处五年以下有期徒刑或者拘役;情节特别严重的,处五年以上十年以下有期徒刑。

【执行判决、裁定失职罪;执行判决、裁定滥用职权罪】在执行判决、裁定活动中,严重不负责任或者滥用职权,不依法采取诉讼保全措施、不履行法定执行职责,或者违法采取诉讼保全措施、强制执行措施,致使当事人或者其他人的利益遭受重大损失的,处五年以下有期徒刑或者拘役;致使当事人或者其他人的利益遭受特别重大损失的,处五年以上十年以下有期徒刑。

司法工作人员收受贿赂,有前三款行为的,同时又构成本法第三百八十五条规定之罪的,依照处罚较重的规定定罪处罚。

第三百九十九条之一 【枉法仲裁罪】依法承担仲裁职责的人员,在仲裁活动中故意违背事实和法律作枉法裁决,情节严重的,处三年以下有期徒刑或者拘役;情节特别严重的,处三年以上七年以下有期徒刑。

第四百条 【私放在押人员罪】司法工作人员私放在押的犯罪嫌疑人、被告人或者罪犯的,处五年以下有期徒刑或者拘役;情节严重的,处五年以上十年以下有期徒刑;情节特别严重的,处十年以上有期徒刑。

【失职致使在押人员脱逃罪】司法工作人员由于严重不负责任,致使在押的犯罪嫌疑人、被告人或者罪犯脱逃,造成严重后果的,处三年以下有期徒刑或者拘役;造成特别严重后果的,处三年以上十年以下有期徒刑。

第四百零一条 【徇私舞弊减刑、假释、暂予监外执行罪】司法工作人员徇私舞弊,对不符合减刑、假释、暂予监外执行条件的罪犯,予以减刑、假释或者暂予监外执行的,处三年以下有期徒刑或者拘役;情节严重的,处三年以上七年以下有期徒刑。

第四百零二条 【徇私舞弊不移交刑事案件罪】行政执法人员徇私舞弊,对依法应当移交司法机关追究刑事责任的不移交,情节严重的,处三年以下有期徒刑或者拘役;造成严重后果的,处三年以上七年以下有期徒刑。

第四百零三条 【滥用管理公司、证券职权罪】国家有关主管部门的国家机关工作人员,徇私舞弊,滥用职权,对不符合法律规定条件的公司设立、登记申请或者股票、债券发行、上市申请,予以批准或者登记,致使公共财产、国家和人民利益遭受重大损失的,处五年以下有期徒刑或者拘役。

上级部门强令登记机关及其工作人员实施前款行为的，对其直接负责的主管人员，依照前款的规定处罚。

第四百零四条 **【徇私舞弊不征、少征税款罪】**税务机关的工作人员徇私舞弊，不征或者少征应征税款，致使国家税收遭受重大损失的，处五年以下有期徒刑或者拘役；造成特别重大损失的，处五年以上有期徒刑。

第四百零五条 **【徇私舞弊发售发票、抵扣税款、出口退税罪】**税务机关的工作人员违反法律、行政法规的规定，在办理发售发票、抵扣税款、出口退税工作中，徇私舞弊，致使国家利益遭受重大损失的，处五年以下有期徒刑或者拘役；致使国家利益遭受特别重大损失的，处五年以上有期徒刑。

【违法提供出口退税凭证罪】其他国家机关工作人员违反国家规定，在提供出口货物报关单、出口收汇核销单等出口退税凭证的工作中，徇私舞弊，致使国家利益遭受重大损失的，依照前款的规定处罚。

第四百零六条 **【国家机关工作人员签订、履行合同失职被骗罪】**国家机关工作人员在签订、履行合同过程中，因严重不负责任被诈骗，致使国家利益遭受重大损失的，处三年以下有期徒刑或者拘役；致使国家利益遭受特别重大损失的，处三年以上七年以下有期徒刑。

第四百零七条 **【违法发放林木采伐许可证罪】**林业主管部门的工作人员违反森林法的规定，超过批准的年采伐限额发放林木采伐许可证或者违反规定滥发林木采伐许可证，情节严重，致使森林遭受严重破坏的，处三年以下有期徒刑或者拘役。

第四百零八条 **【环境监管失职罪】**负有环境保护监督管理职责的国家机关工作人员严重不负责任，导致发生重大环境污染事故，致使公私财产遭受重大损失或者造成人身伤亡的严重后果的，处三年以下有期徒刑或者拘役。

第四百零八条之一 **【食品监管渎职罪】**负有食品安全监督管理职责的国家机关工作人员，滥用职权或者玩忽职守，导致发生重大食品安全事故或者造成其他严重后果的，处五年以下有期徒刑或者拘役；造成特别严重后果的，处五年以上十年以下有期徒刑。

徇私舞弊犯前款罪的，从重处罚。

第四百零九条 **【传染病防治失职罪】**从事传染病防治的政府卫生行政部门的工作人员严重不负责任，导致传染病传播或者流行，情节严重的，处三年以下有期徒刑或者拘役。

第四百一十条 **【非法批准征收、征用、占用土地罪；非法低价出让国有土地使用权罪】**国家机关工作人员徇私舞弊，违反土地管理法规，滥用职权，非法批准征收、征用、占用土地，或者非法低价出让国有土地使用权，情节严重的，处三年以下有期徒刑或者拘役；致使国家或者集体利益遭受特别重大损失的，处三年以上七年以下有期徒刑。

第四百一十一条 **【放纵走私罪】**海关工作人员徇私舞弊，放纵走私，情节严重的，处五年以下有期徒刑或者拘役；情节特别严重的，处五年以上有期徒刑。

第四百一十二条 **【商检徇私舞弊罪】**国家商检部门、商检机构的工作人员徇私舞弊，伪造检验结果的，处五年以下有期徒刑或者拘役；造成严重后果的，处五年以上十年以下有期徒刑。

【商检失职罪】前款所列人员严重不负责任，对应当检验的物品不检验，或者延误检验出证、错误出证，致使国家利益遭受重大损失的，处三年以下有期徒刑或者拘役。

第四百一十三条 **【动植物检疫徇私舞弊罪】**动植物检疫机关的检疫人员徇私舞弊，伪造检疫结果的，处五年以下有期徒刑或者拘役；造成严重后果的，处五年以上十年以下有期徒刑。

【动植物检疫失职罪】前款所列人员严重不负责任，对应当检疫的检疫物不检疫，或者延误检疫出证、错误出证，致使国家利益遭受重大损失的，处三年以下有期徒刑或者拘役。

第四百一十四条 **【放纵制售伪劣商品犯罪行为罪】**对生产、销售伪劣商品犯罪行为负有追究责任的国家机关工作人员，徇私舞弊，不履行法律规定的追究职责，情节严重的，处五年以下有期徒刑或者拘役。

第四百一十五条 **【办理偷越国（边）境人员出入境证件罪；放行偷越国（边）境人员罪】**负责办理护照、签证以及其他出入境证件的国家机关工作人员，对明知是企图偷越国（边）境的人员，予以办理出入境证件的，或者边防、海关等国家机关工作人员，对明知是偷越国（边）境的人员，予以放行的，处三年以下有期徒刑或者拘役；情节严重的，处三年以上七年以下有期徒刑。

第四百一十六条 **【不解救被拐卖、绑架妇女、儿童罪】**对被拐卖、绑架的妇女、儿童负有解救职责的国家机关工作人员，接到被拐卖、绑架的妇女、儿童及其家属的解救要求或者接到其他人的举报，而对被拐卖、绑架的妇女、儿童不进行解救，造成严重后果的，处五年以下有期徒刑或者拘役。

【阻碍解救被拐卖、绑架妇女、儿童罪】负有解救职责的国家机关工作人员利用职务阻碍解救的，处二年以上七年以下有期徒刑；情节较轻的，处二年以下有期徒刑或者拘役。

第四百一十七条 **【帮助犯罪分子逃避处罚罪】**有查禁犯罪活动职责的国家机关工作人员，向犯罪分子通风报信、提供便利，帮助犯罪分子逃避处罚的，处三年以下有期徒刑或者拘役；情节严重的，处三年以上十年以下有期徒刑。

第四百一十八条 **【招收公务员、学生徇私舞弊罪】**国家机关工作人员在招收公务员、学生工作中徇私舞弊，情节严重的，处三年以下有期徒刑或者拘役。

第四百一十九条 **【失职造成珍贵文物损毁、流失罪】**国家机关工作人员严重不负责任，造成珍贵文物损毁或者流失，后果严重的，处三年以下有期徒刑或者拘役。

第十章 军人违反职责罪

第四百二十条 **【军人违反职责罪的概念】**军人违反职责,危害国家军事利益,依照法律应当受刑罚处罚的行为,是军人违反职责罪。

第四百二十一条 **【战时违抗命令罪】**战时违抗命令,对作战造成危害的,处三年以上十年以下有期徒刑;致使战斗、战役遭受重大损失的,处十年以上有期徒刑、无期徒刑或者死刑。

第四百二十二条 **【隐瞒、谎报军情罪;拒传、假传军令罪】**故意隐瞒、谎报军情或者拒传、假传军令,对作战造成危害的,处三年以上十年以下有期徒刑;致使战斗、战役遭受重大损失的,处十年以上有期徒刑、无期徒刑或者死刑。

第四百二十三条 **【投降罪】**在战场上贪生怕死,自动放下武器投降敌人的,处三年以上十年以下有期徒刑;情节严重的,处十年以上有期徒刑或者无期徒刑。

投降后为敌人效劳的,处十年以上有期徒刑、无期徒刑或者死刑。

第四百二十四条 **【战时临阵脱逃罪】**战时临阵脱逃的,处三年以下有期徒刑;情节严重的,处三年以上十年以下有期徒刑;致使战斗、战役遭受重大损失的,处十年以上有期徒刑、无期徒刑或者死刑。

第四百二十五条 **【擅离、玩忽军事职守罪】**指挥人员和值班、值勤人员擅离职守或者玩忽职守,造成严重后果的,处三年以下有期徒刑或者拘役;造成特别严重后果的,处三年以上七年以下有期徒刑。

战时犯前款罪的,处五年以上有期徒刑。

第四百二十六条 **【阻碍执行军事职务罪】**以暴力、威胁方法,阻碍指挥人员或者值班、值勤人员执行职务的,处五年以下有期徒刑或者拘役;情节严重的,处五年以上十年以下有期徒刑;情节特别严重的,处十年以上有期徒刑或者无期徒刑。战时从重处罚。

第四百二十七条 **【指使部属违反职责罪】**滥用职权,指使部属进行违反职责的活动,造成严重后果的,处五年以下有期徒刑或者拘役;情节特别严重的,处五年以上十年以下有期徒刑。

第四百二十八条 **【违令作战消极罪】**指挥人员违抗命令,临阵畏缩,作战消极,造成严重后果的,处五年以下有期徒刑;致使战斗、战役遭受重大损失或者有其他特别严重情节的,处五年以上有期徒刑。

第四百二十九条 **【拒不救援友邻部队罪】**在战场上明知友邻部队处境危急请求救援,能救援而不救援,致使友邻部队遭受重大损失的,对指挥人员,处五年以下有期徒刑。

第四百三十条 **【军人叛逃罪】**在履行公务期间,擅离岗位,叛逃境外或者在境外叛逃,危害国家军事利益的,处五年以下有期徒刑或者拘役;情节严重的,处五年以上有期徒刑。

驾驶航空器、舰船叛逃的,或者有其他特别严重情节的,处十年以上有期徒刑、无期徒刑或者死刑。

第四百三十一条 **【非法获取军事秘密罪】**以窃取、刺探、收买方法,非法获取军事秘密的,处五年以下有期徒刑;情节严重的,处五年以上十年以下有期徒刑;情节特别严重的,处十年以上有期徒刑。

【为境外窃取、刺探、收买、非法提供军事秘密罪】为境外的机构、组织、人员窃取、刺探、收买、非法提供军事秘密的,处十年以上有期徒刑、无期徒刑或者死刑。

第四百三十二条 **【故意泄露军事秘密罪;过失泄露军事秘密罪】**违反保守国家秘密法规,故意或者过失泄露军事秘密,情节严重的,处五年以下有期徒刑或者拘役;情节特别严重的,处五年以上十年以下有期徒刑。

战时犯前款罪的,处五年以上十年以下有期徒刑;情节特别严重的,处十年以上有期徒刑或者无期徒刑。

第四百三十三条 **【战时造谣惑众罪】**战时造谣惑众,动摇军心的,处三年以下有期徒刑;情节严重的,处三年以上十年以下有期徒刑;情节特别严重的,处十年以上有期徒刑或者无期徒刑。

第四百三十四条 **【战时自伤罪】**战时自伤身体,逃避军事义务的,处三年以下有期徒刑;情节严重的,处三年以上七年以下有期徒刑。

第四百三十五条 **【逃离部队罪】**违反兵役法规,逃离部队,情节严重的,处三年以下有期徒刑或者拘役。

战时犯前款罪的,处三年以上七年以下有期徒刑。

第四百三十六条 **【武器装备肇事罪】**违反武器装备使用规定,情节严重,因而发生责任事故,致人重伤、死亡或者造成其他严重后果的,处三年以下有期徒刑或者拘役;后果特别严重的,处三年以上七年以下有期徒刑。

第四百三十七条 **【擅自改变武器装备编配用途罪】**违反武器装备管理规定,擅自改变武器装备的编配用途,造成严重后果的,处三年以下有期徒刑或者拘役;造成特别严重后果的,处三年以上七年以下有期徒刑。

第四百三十八条 **【盗窃、抢夺武器装备、军用物资罪】**盗窃、抢夺武器装备或者军用物资的,处五年以下有期徒刑或者拘役;情节严重的,处五年以上十年以下有期徒刑;情节特别严重的,处十年以上有期徒刑、无期徒刑或者死刑。

【盗窃、抢夺枪支、弹药、爆炸物、危险物质罪】盗窃、抢夺枪支、弹药、爆炸物的,依照本法第一百二十七条的规定处罚。

第四百三十九条 **【非法出卖、转让武器装备罪】**非法出卖、转让军队武器装备的,处三年以上十年以下有期徒刑;出卖、转让大量武器装备或者有其他特别严重情节的,处十年以上有期徒刑、无期徒刑或者死刑。

第四百四十条 **【遗弃武器装备罪】**违抗命令,遗弃武器装备的,处五年以下有期徒刑或者拘役;遗弃重要或者大量武器装备的,或者有其他严重情节的,处五年以上有期徒刑。

第四百四十一条 **【遗失武器装备罪】**遗失武器装备,不及时报告或者有其他严重情节的,处三年以下有期徒刑或者拘役。

第四百四十二条 【擅自出卖、转让军队房地产罪】违反规定,擅自出卖、转让军队房地产,情节严重的,对直接责任人员,处三年以下有期徒刑或者拘役;情节特别严重的,处三年以上十年以下有期徒刑。

第四百四十三条 【虐待部属罪】滥用职权,虐待部属,情节恶劣,致人重伤或者造成其他严重后果的,处五年以下有期徒刑或者拘役;致人死亡的,处五年以上有期徒刑。

第四百四十四条 【遗弃伤病军人罪】在战场上故意遗弃伤病军人,情节恶劣的,对直接责任人员,处五年以下有期徒刑。

第四百四十五条 【战时拒不救治伤病军人罪】战时在救护治疗职位上,有条件救治而拒不救治危重伤病军人的,处五年以下有期徒刑或者拘役;造成伤病军人重残、死亡或者有其他严重情节的,处五年以上十年以下有期徒刑。

第四百四十六条 【战时残害居民、掠夺居民财物罪】战时在军事行动地区,残害无辜居民或者掠夺无辜居民财物的,处五年以下有期徒刑;情节严重的,处五年以上十年以下有期徒刑;情节特别严重的,处十年以上有期徒刑、无期徒刑或者死刑。

第四百四十七条 【私放俘虏罪】私放俘虏的,处五年以下有期徒刑;私放重要俘虏、私放俘虏多人或者有其他严重情节的,处五年以上有期徒刑。

第四百四十八条 【虐待俘虏罪】虐待俘虏,情节恶劣的,处三年以下有期徒刑。

第四百四十九条 【战时缓刑】在战时,对被判处三年以下有期徒刑没有现实危险宣告缓刑的犯罪军人,允许其戴罪立功,确有立功表现时,可以撤销原判刑罚,不以犯罪论处。

第四百五十条 【本章适用的主体范围】本章适用于中国人民解放军的现役军官、文职干部、士兵及具有军籍的学员和中国人民武装警察部队的现役警官、文职干部、士兵及具有军籍的学员以及执行军事任务的预备役人员和其他人员。

第四百五十一条 【战时的界定】本章所称战时,是指国家宣布进入战争状态、部队受领作战任务或者遭敌突然袭击时。

部队执行戒严任务或者处置突发性暴力事件时,以战时论。

附 则

第四百五十二条 【生效日期及法律的废止与保留】本法自1997年10月1日起施行。

列于本法附件一的全国人民代表大会常务委员会制定的条例、补充规定和决定,已纳入本法或者已不适用,自本法施行之日起,予以废止。

列于本法附件二的全国人民代表大会常务委员会制定的补充规定和决定予以保留。其中,有关行政处罚和行政措施的规定继续有效;有关刑事责任的规定已纳入本法,自本法施行之日起,适用本法规定。

附件一

全国人民代表大会常务委员会制定的下列条例、补充规定和决定,已纳入本法或者已不适用,自本法施行之日起,予以废止:

1. 中华人民共和国惩治军人违反职责罪暂行条例
2. 关于严惩严重破坏经济的罪犯的决定
3. 关于严惩严重危害社会治安的犯罪分子的决定
4. 关于惩治走私罪的补充规定
5. 关于惩治贪污罪贿赂罪的补充规定
6. 关于惩治泄露国家秘密犯罪的补充规定
7. 关于惩治捕杀国家重点保护的珍贵、濒危野生动物犯罪的补充规定
8. 关于惩治侮辱中华人民共和国国旗国徽罪的决定
9. 关于惩治盗掘古文化遗址古墓葬犯罪的补充规定
10. 关于惩治劫持航空器犯罪分子的决定
11. 关于惩治假冒注册商标犯罪的补充规定
12. 关于惩治生产、销售伪劣商品犯罪的决定
13. 关于惩治侵犯著作权的犯罪的决定
14. 关于惩治违反公司法的犯罪的决定
15. 关于处理逃跑或者重新犯罪的劳改犯和劳教人员的决定

附件二

全国人民代表大会常务委员会制定的下列补充规定和决定予以保留,其中,有关行政处罚和行政措施的规定继续有效;有关刑事责任的规定已纳入本法,自本法施行之日起,适用本法规定:

1. 关于禁毒的决定①
2. 关于惩治走私、制作、贩卖、传播淫秽物品的犯罪分子的决定
3. 关于严惩拐卖、绑架妇女、儿童的犯罪分子的决定
4. 关于严禁卖淫嫖娼的决定
5. 关于惩治偷税、抗税犯罪的补充规定②

---

① 根据《中华人民共和国禁毒法》第71条的规定,本决定自2008年6月1日起废止。

② 根据《全国人民代表大会常务委员会关于废止部分法律的决定》,本决定自2009年6月27日起废止。

6. 关于严惩组织、运送他人偷越国(边)境犯罪的补充规定①

7. 关于惩治破坏金融秩序犯罪的决定

8. 关于惩治虚开、伪造和非法出售增值税专用发票犯罪的决定

最高人民法院关于审理未成年人刑事案件具体应用法律若干问题的解释

1. 2005年12月12日最高人民法院审判委员会第1373次会议通过
2. 2006年1月11日公布
3. 法释〔2006〕1号
4. 自2006年1月23日起施行

为正确审理未成年人刑事案件,贯彻"教育为主,惩罚为辅"的原则,根据刑法等有关法律的规定,现就审理未成年人刑事案件具体应用法律的若干问题解释如下:

第一条 本解释所称未成年人刑事案件,是指被告人实施被指控的犯罪时已满十四周岁不满十八周岁的案件。

第二条 刑法第十七条规定的"周岁",按照公历的年、月、日计算,从周岁生日的第二天起算。

第三条 审理未成年人刑事案件,应当查明被告人实施被指控的犯罪时的年龄。裁判文书中应当写明被告人出生的年、月、日。

第四条 对于没有充分证据证明被告人实施被指控的犯罪时已经达到法定刑事责任年龄且确实无法查明的,应当推定其没有达到相应法定刑事责任年龄。

相关证据足以证明被告人实施被指控的犯罪时已经达到法定刑事责任年龄,但是无法准确查明被告人具体出生日期的,应当认定其达到相应法定刑事责任年龄。

第五条 已满十四周岁不满十六周岁的人实施刑法第十七条第二款规定以外的行为,如果同时触犯了刑法第十七条第二款规定的,应当依照刑法第十七条第二款的规定确定罪名,定罪处罚。

第六条 已满十四周岁不满十六周岁的人偶尔与幼女发生性行为,情节轻微、未造成严重后果的,不认为是犯罪。

第七条 已满十四周岁不满十六周岁的人使用轻微暴力或者威胁,强行索要其他未成年人随身携带的生活、学习用品或者钱财数量不大,且未造成被害人轻微伤以上或者不敢正常到校学习、生活等危害后果的,不认为是犯罪。

已满十六周岁不满十八周岁的人具有前款规定情形的,一般也不认为是犯罪。

第八条 已满十六周岁不满十八周岁的人出于以大欺小、以强凌弱或者寻求精神刺激,随意殴打其他未成年人、多次对其他未成年人强拿硬要或者任意损毁公私财物,扰乱学校及其他公共场所秩序,情节严重的,以寻衅滋事罪定罪处罚。

第九条 已满十六周岁不满十八周岁的人实施盗窃行为未超过三次,盗窃数额虽已达到"数额较大"标准,但案发后能如实供述全部盗窃事实并积极退赃,且具有下列情形之一的,可以认定为"情节显著轻微危害不大",不认为是犯罪:

(一)系又聋又哑的人或者盲人;

(二)在共同盗窃中起次要或者辅助作用,或者被胁迫;

(三)具有其他轻微情节的。

已满十六周岁不满十八周岁的人盗窃未遂或者中止的,可不认为是犯罪。

已满十六周岁不满十八周岁的人盗窃自己家庭或者近亲属财物,或者盗窃其他亲属财物但其他亲属要求不予追究的,可不按犯罪处理。

第十条 已满十四周岁不满十六周岁的人盗窃、诈骗、抢夺他人财物,为窝藏赃物、抗拒抓捕或者毁灭罪证,当场使用暴力,故意伤害致人重伤或者死亡,或者故意杀人的,应当分别以故意伤害罪或者故意杀人罪定罪处罚。

已满十六周岁不满十八周岁的人犯盗窃、诈骗、抢夺罪,为窝藏赃物、抗拒抓捕或者毁灭罪证而当场使用暴力或者以暴力相威胁的,应当依照刑法第二百六十九条的规定定罪处罚;情节轻微的,可不以抢劫罪定罪处罚。

第十一条 对未成年罪犯适用刑罚,应当充分考虑是否有利于未成年罪犯的教育和矫正。

对未成年罪犯量刑应当依照刑法第六十一条的规定,并充分考虑未成年人实施犯罪行为的动机和目的、犯罪时的年龄、是否初次犯罪、犯罪后的悔罪表现、个人成长经历和一贯表现等因素。对符合管制、缓刑、单处罚金或者免予刑事处罚适用条件的未成年罪犯,应当依法适用管制、缓刑、单处罚金或者免予刑事处罚。

第十二条 行为人在达到法定刑事责任年龄前后均实施了危害社会行为,只能依法追究其达到法定刑事责任年龄后实施的危害社会行为的刑事责任。

行为人在年满十八周岁前后实施了不同种犯罪行为,对其年满十八周岁以前实施的犯罪应当依法从轻或者减轻处罚。行为人在年满十八周岁前后实施了同种犯罪行为,在量刑时应当考虑对年满十八周岁以前实施的犯罪,适当给予从轻或者减轻处罚。

第十三条 未成年人犯罪只有罪行极其严重的,才可以适用无期徒刑。对已满十四周岁不满十六周岁的人犯罪一般不判处无期徒刑。

---

① 根据《全国人民代表大会常务委员会关于废止部分法律的决定》,本决定自2009年6月27日起废止。

第十四条 除刑法规定“应当”附加剥夺政治权利外,对未成年罪犯一般不判处附加剥夺政治权利。

如果对未成年罪犯判处附加剥夺政治权利的,应当依法从轻判处。

对实施被指控犯罪时未成年、审判时已成年的罪犯判处附加剥夺政治权利,适用前款的规定。

第十五条 对未成年罪犯实施刑法规定的“并处”没收财产或者罚金的犯罪,应当依法判处相应的财产刑;对未成年罪犯实施刑法规定的“可以并处”没收财产或者罚金的犯罪,一般不判处财产刑。

对未成年罪犯判处罚金刑时,应当依法从轻或者减轻判处,并根据犯罪情节,综合考虑其缴纳罚金的能力,确定罚金数额。但罚金的最低数额不得少于五百元人民币。

对被判处罚金刑的未成年罪犯,其监护人或者其他人自愿代为垫付罚金的,人民法院应当允许。

第十六条 对未成年罪犯符合刑法第七十二条第一款规定的,可以宣告缓刑。如果同时具有下列情形之一,对其适用缓刑确实不致再危害社会的,应当宣告缓刑:

(一)初次犯罪;

(二)积极退赃或赔偿被害人经济损失;

(三)具备监护、帮教条件。

第十七条 未成年罪犯根据其所犯罪行,可能被判处拘役、三年以下有期徒刑,如果悔罪表现好,并具有下列情形之一的,应当依照刑法第三十七条的规定免予刑事处罚:

(一)系又聋又哑的人或者盲人;

(二)防卫过当或者避险过当;

(三)犯罪预备、中止或者未遂;

(四)共同犯罪中从犯、胁从犯;

(五)犯罪后自首或者有立功表现;

(六)其他犯罪情节轻微不需要判处刑罚的。

第十八条 对未成年罪犯的减刑、假释,在掌握标准上可以比照成年罪犯依法适度放宽。

未成年罪犯能认罪服法,遵守监规,积极参加学习、劳动的,即可视为“确有悔改表现”予以减刑,其减刑的幅度可以适当放宽,间隔的时间可以相应缩短。符合刑法第八十一条第一款规定的,可以假释。

未成年罪犯在服刑期间已经成年的,对其减刑、假释可以适用上述规定。

第十九条 刑事附带民事案件的未成年被告人有个人财产的,应当由本人承担民事赔偿责任,不足部分由监护人予以赔偿,但单位担任监护人的除外。

被告人对被害人物质损失的赔偿情况,可以作为量刑情节予以考虑。

第二十条 本解释自公布之日起施行。

《最高人民法院关于办理未成年人刑事案件适用法律的若干问题的解释》(法发〔1995〕9号)自本解释公布之日起不再执行。

最高人民法院关于审理交通肇事刑事案件具体应用法律若干问题的解释

1. 2000年11月10日最高人民法院审判委员会第1136次会议通过
2. 2000年11月15日公布
3. 法释〔2000〕33号
4. 自2000年11月21日起施行

为依法惩处交通肇事犯罪活动,根据刑法有关规定,现将审理交通肇事刑事案件具体应用法律的若干问题解释如下:

第一条 从事交通运输人员或者非交通运输人员,违反交通运输管理法规发生重大交通事故,在分清事故责任的基础上,对于构成犯罪的,依照刑法第一百三十三条的规定定罪处罚。

第二条 交通肇事具有下列情形之一的,处三年以下有期徒刑或者拘役:

(一)死亡一人或者重伤三人以上,负事故全部或者主要责任的;

(二)死亡三人以上,负事故同等责任的;

(三)造成公共财产或者他人财产直接损失,负事故全部或者主要责任,无能力赔偿数额在三十万元以上的。

交通肇事致一人以上重伤,负事故全部或者主要责任,并具有下列情形之一的,以交通肇事罪定罪处罚:

(一)酒后、吸食毒品后驾驶机动车辆的;

(二)无驾驶资格驾驶机动车辆的;

(三)明知是安全装置不全或者安全机件失灵的机动车辆而驾驶的;

(四)明知是无牌证或者已报废的机动车辆而驾驶的;

(五)严重超载驾驶的;

(六)为逃避法律追究逃离事故现场的。

第三条 “交通运输肇事后逃逸”,是指行为人具有本解释第二条第一款规定和第二款第(一)至(五)项规定的情形之一,在发生交通事故后,为逃避法律追究而逃跑的行为。

第四条 交通肇事具有下列情形之一的,属于“有其他特别恶劣情节”,处三年以上七年以下有期徒刑:

(一)死亡二人以上或者重伤五人以上,负事故全部或者主要责任的;

(二)死亡六人以上,负事故同等责任的;

(三)造成公共财产或者他人财产直接损失,负事故全部或者主要责任,无能力赔偿数额在六十万元以上的。

第五条 “因逃逸致人死亡”,是指行为人在交通肇事后为逃避法律追究而逃跑,致使被害人因得不到救助而死亡的情形。

交通肇事后,单位主管人员、机动车辆所有人、承包人或者乘车人指使肇事人逃逸,致使被害人因得不到救助而死亡的,以交通肇事罪的共犯论处。

第六条　行为人在交通肇事后为逃避法律追究,将被害人带离事故现场后隐藏或者遗弃,致使被害人无法得到救助而死亡或者严重残疾的,应当分别依照刑法第二百三十二条、第二百三十四条第二款的规定,以故意杀人罪或者故意伤害罪定罪处罚。

第七条　单位主管人员、机动车辆所有人或者机动车辆承包人指使、强令他人违章驾驶造成重大交通事故,具有本解释第二条规定情形之一的,以交通肇事罪定罪处罚。

第八条　在实行公共交通管理的范围内发生重大交通事故的,依照刑法第一百三十三条和本解释的有关规定办理。

在公共交通管理的范围外,驾驶机动车辆或者使用其他交通工具致人伤亡或者致使公共财产或者他人财产遭受重大损失,构成犯罪的,分别依照刑法第一百三十四条、第一百三十五条、第二百三十三条等规定定罪处罚。

第九条　各省、自治区、直辖市高级人民法院可以根据本地实际情况,在三十万元至六十万元、六十万元至一百万元的幅度内,确定本地区执行本解释第二条第一款第(三)项、第四条第(三)项的起点数额标准,并报最高人民法院备案。

最高人民法院、最高人民检察院关于办理生产、销售伪劣商品刑事案件具体应用法律若干问题的解释

1. 2001年4月5日最高人民法院审判委员会第1168次会议、2001年3月30日最高人民检察院第九届检察委员会第84次会议通过

2. 2001年4月9日公布

3. 法释[2001]10号

4. 自2001年4月10日起施行

为依法惩治生产、销售伪劣商品犯罪活动,根据刑法有关规定,现就办理这类案件具体应用法律的若干问题解释如下:

第一条　刑法第一百四十条规定的"在产品中掺杂、掺假",是指在产品中掺入杂质或者异物,致使产品质量不符合国家法律、法规或者产品明示质量标准规定的质量要求,降低、失去应有使用性能的行为。

刑法第一百四十条规定的"以假充真",是指以不具有某种使用性能的产品冒充具有该种使用性能的产品的行为。

刑法第一百四十条规定的"以次充好",是指以低等级、低档次产品冒充高等级、高档次产品,或者以残次、废旧零配件组合、拼装后冒充正品或者新产品的行为。

刑法第一百四十条规定的"不合格产品",是指不符合《中华人民共和国产品质量法》第二十六条第二款规定的质量要求的产品。

对本条规定的上述行为难以确定的,应当委托法律、行政法规规定的产品质量检验机构进行鉴定。

第二条　刑法第一百四十条、第一百四十九条规定的"销售金额",是指生产者、销售者出售伪劣产品后所得和应得的全部违法收入。

伪劣产品尚未销售,货值金额达到刑法第一百四十条规定的销售金额三倍以上的,以生产、销售伪劣产品罪(未遂)定罪处罚。

货值金额以违法生产、销售的伪劣产品的标价计算;没有标价的,按照同类合格产品的市场中间价格计算。货值金额难以确定的,按照国家计划委员会、最高人民法院、最高人民检察院、公安部1997年4月22日联合发布的《扣押、追缴、没收物品估价管理办法》的规定,委托指定的估价机构确定。

多次实施生产、销售伪劣产品行为,未经处理的,伪劣产品的销售金额或者货值金额累计计算。

第三条　经省级以上药品监督管理部门设置或者确定的药品检验机构鉴定,生产、销售的假药具有下列情形之一的,应认定为刑法第一百四十一条规定的"足以严重危害人体健康":

(一)含有超标准的有毒有害物质的;

(二)不含所标明的有效成份,可能贻误诊治的;

(三)所标明的适应症或者功能主治超出规定范围,可能造成贻误诊治的;

(四)缺乏所标明的急救必需的有效成份的。

生产、销售的假药被使用后,造成轻伤、重伤或者其他严重后果的,应认定为"对人体健康造成严重危害"。

生产、销售的假药被使用后,致人严重残疾,三人以上重伤、十人以上轻伤或者造成其他特别严重后果的,应认定为"对人体健康造成特别严重危害"。

第四条　经省级以上卫生行政部门确定的机构鉴定,食品中含有可能导致严重食物中毒事故或者其他严重食源性疾患的超标准的有害细菌或者其他污染物的,应认定为刑法第一百四十三条规定的"足以造成严重食物中毒事故或者其他严重食源性疾患"。

生产、销售不符合卫生标准的食品被食用后,造成轻伤、重伤或者其他严重后果的,应认定为"对人体健康造成严重危害"。

生产、销售不符合卫生标准的食品被食用后,致人死亡、严重残疾、三人以上重伤、十人以上轻伤或者造成其他特别严重后果的,应认定为"后果特别严重"。

第五条　生产、销售的有毒、有害食品被食用后,造成轻伤、重伤或者其他严重后果的,应认定为刑法第一百四十四条

规定的“对人体健康造成严重危害”。

生产、销售的有毒、有害食品被食用后，致人严重残疾、三人以上重伤、十人以上轻伤或者造成其他特别严重后果的，应认定为“对人体健康造成特别严重危害”。

第六条 生产、销售不符合标准的医疗器械、医用卫生材料，致人轻伤或者其他严重后果的，应认定为刑法第一百四十五条规定的“对人体健康造成严重危害”。

生产、销售不符合标准的医疗器械、医用卫生材料，造成感染病毒性肝炎等难以治愈的疾病、一人以上重伤、三人以上轻伤或者其他严重后果的，应认定为“后果特别严重”。

生产、销售不符合标准的医疗器械、医用卫生材料，致人死亡、严重残疾、感染艾滋病、三人以上重伤、十人以上轻伤或者造成其他特别严重后果的，应认定为“情节特别恶劣”。

医疗机构或者个人，知道或者应当知道是不符合保障人体健康的国家标准、行业标准的医疗器械、医用卫生材料而购买、使用，对人体健康造成严重危害的，以销售不符合标准的医用器材罪定罪处罚。

没有国家标准、行业标准的医疗器械，注册产品标准可视为“保障人体健康的行业标准”。

第七条 刑法第一百四十七条规定的生产、销售伪劣农药、兽药、化肥、种子罪中“使生产遭受较大损失”，一般以二万元为起点；“重大损失”，一般以十万元为起点；“特别重大损失”，一般以五十万元为起点。

第八条 国家机关工作人员徇私舞弊，对生产、销售伪劣商品犯罪不履行法律规定的查处职责，具有下列情形之一的，属于刑法第四百一十四条规定的“情节严重”：

（一）放纵生产、销售假药或者有毒、有害食品犯罪行为的；

（二）放纵依法可能判处二年有期徒刑以上刑罚的生产、销售伪劣商品犯罪行为的；

（三）对三个以上有生产、销售伪劣商品犯罪行为的单位或者个人不履行追究职责的；

（四）致使国家和人民利益遭受重大损失或者造成恶劣影响的。

第九条 知道或者应当知道他人实施生产、销售伪劣商品犯罪，而为其提供贷款、资金、帐号、发票、证明、许可证件，或者提供生产、经营场所或者运输、仓储、保管、邮寄等便利条件，或者提供制假生产技术的，以生产、销售伪劣商品犯罪的共犯论处。

第十条 实施生产、销售伪劣商品犯罪，同时构成侵犯知识产权、非法经营等其他犯罪的，依照处罚较重的规定定罪处罚。

第十一条 实施刑法第一百四十条至第一百四十八条规定的犯罪，又以暴力、威胁方法抗拒查处，构成其他犯罪的，依照数罪并罚的规定处罚。

第十二条 国家机关工作人员参与生产、销售伪劣商品犯罪的，从重处罚。

最高人民法院、最高人民检察院关于办理危害食品安全刑事案件适用法律若干问题的解释

1. 2013年4月28日最高人民法院审判委员会第1576次会议、2013年4月28日最高人民检察院第十二届检察委员会第5次会议通过
2. 2013年5月2日公布
3. 法释〔2013〕12号
4. 自2013年5月4日起施行

为依法惩治危害食品安全犯罪，保障人民群众身体健康、生命安全，根据刑法有关规定，对办理此类刑事案件适用法律的若干问题解释如下：

第一条 生产、销售不符合食品安全标准的食品，具有下列情形之一的，应当认定为刑法第一百四十三条规定的“足以造成严重食物中毒事故或者其他严重食源性疾病”：

（一）含有严重超出标准限量的致病性微生物、农药残留、兽药残留、重金属、污染物质以及其他危害人体健康的物质的；

（二）属于病死、死因不明或者检验检疫不合格的畜、禽、兽、水产动物及其肉类、肉类制品的；

（三）属于国家为防控疾病等特殊需要明令禁止生产、销售的；

（四）婴幼儿食品中生长发育所需营养成分严重不符合食品安全标准的；

（五）其他足以造成严重食物中毒事故或者严重食源性疾病的情形。

第二条 生产、销售不符合食品安全标准的食品，具有下列情形之一的，应当认定为刑法第一百四十三条规定的“对人体健康造成严重危害”：

（一）造成轻伤以上伤害的；

（二）造成轻度残疾或者中度残疾的；

（三）造成器官组织损伤导致一般功能障碍或者严重功能障碍的；

（四）造成十人以上严重食物中毒或者其他严重食源性疾病的；

（五）其他对人体健康造成严重危害的情形。

第三条 生产、销售不符合食品安全标准的食品，具有下列情形之一的，应当认定为刑法第一百四十三条规定的“其他严重情节”：

（一）生产、销售金额二十万元以上的；

（二）生产、销售金额十万元以上不满二十万元，不符合食品安全标准的食品数量较大或者生产、销售持续时间较长的；

(三)生产、销售金额十万元以上不满二十万元,属于婴幼儿食品的;

(四)生产、销售金额十万元以上不满二十万元,一年内曾因危害食品安全违法犯罪活动受过行政处罚或者刑事处罚的;

(五)其他情节严重的情形。

第四条 生产、销售不符合食品安全标准的食品,具有下列情形之一的,应当认定为刑法第一百四十三条规定的"后果特别严重":

(一)致人死亡或者重度残疾的;

(二)造成三人以上重伤、中度残疾或者器官组织损伤导致严重功能障碍的;

(三)造成十人以上轻伤、五人以上轻度残疾或者器官组织损伤导致一般功能障碍的;

(四)造成三十人以上严重食物中毒或者其他严重食源性疾病的;

(五)其他特别严重的后果。

第五条 生产、销售有毒、有害食品,具有本解释第二条规定情形之一的,应当认定为刑法第一百四十四条规定的"对人体健康造成严重危害"。

第六条 生产、销售有毒、有害食品,具有下列情形之一的,应当认定为刑法第一百四十四条规定的"其他严重情节":

(一)生产、销售金额二十万元以上不满五十万元的;

(二)生产、销售金额十万元以上不满二十万元,有毒、有害食品的数量较大或者生产、销售持续时间较长的;

(三)生产、销售金额十万元以上不满二十万元,属于婴幼儿食品的;

(四)生产、销售金额十万元以上不满二十万元,一年内曾因危害食品安全违法犯罪活动受过行政处罚或者刑事处罚的;

(五)有毒、有害的非食品原料毒害性强或者含量高的;

(六)其他情节严重的情形。

第七条 生产、销售有毒、有害食品,生产、销售金额五十万元以上,或者具有本解释第四条规定的情形之一的,应当认定为刑法第一百四十四条规定的"致人死亡或者有其他特别严重情节"。

第八条 在食品加工、销售、运输、贮存等过程中,违反食品安全标准,超限量或者超范围滥用食品添加剂,足以造成严重食物中毒事故或者其他严重食源性疾病的,依照刑法第一百四十三条的规定以生产、销售不符合安全标准的食品罪定罪处罚。

在食用农产品种植、养殖、销售、运输、贮存等过程中,违反食品安全标准,超限量或者超范围滥用添加剂、农药、兽药等,足以造成严重食物中毒事故或者其他严重食源性疾病的,适用前款的规定定罪处罚。

第九条 在食品加工、销售、运输、贮存等过程中,掺入有毒、有害的非食品原料,或者使用有毒、有害的非食品原料加工食品的,依照刑法第一百四十四条的规定以生产、销售有毒、有害食品罪定罪处罚。

在食用农产品种植、养殖、销售、运输、贮存等过程中,使用禁用农药、兽药等禁用物质或者其他有毒、有害物质的,适用前款的规定定罪处罚。

在保健食品或者其他食品中非法添加国家禁用药物等有毒、有害物质的,适用第一款的规定定罪处罚。

第十条 生产、销售不符合食品安全标准的食品添加剂,用于食品的包装材料、容器、洗涤剂、消毒剂,或者用于食品生产经营的工具、设备等,构成犯罪的,依照刑法第一百四十条的规定以生产、销售伪劣产品罪定罪处罚。

第十一条 以提供给他人生产、销售食品为目的,违反国家规定,生产、销售国家禁止用于食品生产、销售的非食品原料,情节严重的,依照刑法第二百二十五条的规定以非法经营罪定罪处罚。

违反国家规定,生产、销售国家禁止生产、销售、使用的农药、兽药,饲料、饲料添加剂,或者饲料原料、饲料添加剂原料,情节严重的,依照前款的规定定罪处罚。

实施前两款行为,同时又构成生产、销售伪劣产品罪,生产、销售伪劣农药、兽药罪等其他犯罪的,依照处罚较重的规定定罪处罚。

第十二条 违反国家规定,私设生猪屠宰厂(场),从事生猪屠宰、销售等经营活动,情节严重的,依照刑法第二百二十五条的规定以非法经营罪定罪处罚。

实施前款行为,同时又构成生产、销售不符合安全标准的食品罪,生产、销售有毒、有害食品罪等其他犯罪的,依照处罚较重的规定定罪处罚。

第十三条 生产、销售不符合食品安全标准的食品,有毒、有害食品,符合刑法第一百四十三条、第一百四十四条规定的,以生产、销售不符合安全标准的食品罪或者生产、销售有毒、有害食品罪定罪处罚。同时构成其他犯罪的,依照处罚较重的规定定罪处罚。

生产、销售不符合食品安全标准的食品,无证据证明足以造成严重食物中毒事故或者其他严重食源性疾病,不构成生产、销售不符合安全标准的食品罪,但是构成生产、销售伪劣产品罪等其他犯罪的,依照该其他犯罪定罪处罚。

第十四条 明知他人生产、销售不符合食品安全标准的食品,有毒、有害食品,具有下列情形之一的,以生产、销售不符合安全标准的食品罪或者生产、销售有毒、有害食品罪的共犯论处:

(一)提供资金、贷款、账号、发票、证明、许可证件的;

(二)提供生产、经营场所或者运输、贮存、保管、邮寄、网络销售渠道等便利条件的;

(三)提供生产技术或者食品原料、食品添加剂、食品相关产品的;

（四）提供广告等宣传的。

第十五条　广告主、广告经营者、广告发布者违反国家规定，利用广告对保健食品或者其他食品作虚假宣传，情节严重的，依照刑法第二百二十二条的规定以虚假广告罪定罪处罚。

第十六条　负有食品安全监督管理职责的国家机关工作人员，滥用职权或者玩忽职守，导致发生重大食品安全事故或者造成其他严重后果，同时构成食品监管渎职罪和徇私舞弊不移交刑事案件罪、商检徇私舞弊罪、动植物检疫徇私舞弊罪、放纵制售伪劣商品犯罪行为罪等其他渎职犯罪的，依照处罚较重的规定定罪处罚。

负有食品安全监督管理职责的国家机关工作人员滥用职权或者玩忽职守，不构成食品监管渎职罪，但构成前款规定的其他渎职犯罪的，依照该其他犯罪定罪处罚。

负有食品安全监督管理职责的国家机关工作人员与他人共谋，利用其职务行为帮助他人实施危害食品安全犯罪行为，同时构成渎职犯罪和危害食品安全犯罪共犯的，依照处罚较重的规定定罪处罚。

第十七条　犯生产、销售不符合安全标准的食品罪，生产、销售有毒、有害食品罪，一般应当依法判处生产、销售金额二倍以上的罚金。

第十八条　对实施本解释规定之犯罪的犯罪分子，应当依照刑法规定的条件严格适用缓刑、免予刑事处罚。根据犯罪事实、情节和悔罪表现，对于符合刑法规定的缓刑适用条件的犯罪分子，可以适用缓刑，但是应当同时宣告禁止令，禁止其在缓刑考验期限内从事食品生产、销售及相关活动。

第十九条　单位实施本解释规定的犯罪的，依照本解释规定的定罪量刑标准处罚。

第二十条　下列物质应当认定为“有毒、有害的非食品原料”：

（一）法律、法规禁止在食品生产经营活动中添加、使用的物质；

（二）国务院有关部门公布的《食品中可能违法添加的非食用物质名单》《保健食品中可能非法添加的物质名单》上的物质；

（三）国务院有关部门公告禁止使用的农药、兽药以及其他有毒、有害物质；

（四）其他危害人体健康的物质。

第二十一条　“足以造成严重食物中毒事故或者其他严重食源性疾病”“有毒、有害非食品原料”难以确定的，司法机关可以根据检验报告并结合专家意见等相关材料进行认定。必要时，人民法院可以依法通知有关专家出庭作出说明。

第二十二条　最高人民法院、最高人民检察院此前发布的司法解释与本解释不一致的，以本解释为准。

最高人民法院关于审理非法集资刑事案件具体应用法律若干问题的解释

1. 2010年11月22日最高人民法院审判委员会第1502次会议通过
2. 2010年12月13日公布
3. 法释〔2010〕18号
4. 自2011年1月4日起施行

为依法惩治非法吸收公众存款、集资诈骗等非法集资犯罪活动，根据刑法有关规定，现就审理此类刑事案件具体应用法律的若干问题解释如下：

第一条　违反国家金融管理法律规定，向社会公众（包括单位和个人）吸收资金的行为，同时具备下列四个条件的，除刑法另有规定的以外，应当认定为刑法第一百七十六条规定的“非法吸收公众存款或者变相吸收公众存款”：

（一）未经有关部门依法批准或者借用合法经营的形式吸收资金；

（二）通过媒体、推介会、传单、手机短信等途径向社会公开宣传；

（三）承诺在一定期限内以货币、实物、股权等方式还本付息或者给付回报；

（四）向社会公众即社会不特定对象吸收资金。

未向社会公开宣传，在亲友或者单位内部针对特定对象吸收资金的，不属于非法吸收或者变相吸收公众存款。

第二条　实施下列行为之一，符合本解释第一条第一款规定的条件的，应当依照刑法第一百七十六条的规定，以非法吸收公众存款罪定罪处罚：

（一）不具有房产销售的真实内容或者不以房产销售为主要目的，以返本销售、售后包租、约定回购、销售房产份额等方式非法吸收资金的；

（二）以转让林权并代为管护等方式非法吸收资金的；

（三）以代种植（养殖）、租种植（养殖）、联合种植（养殖）等方式非法吸收资金的；

（四）不具有销售商品、提供服务的真实内容或者不以销售商品、提供服务为主要目的，以商品回购、寄存代售等方式非法吸收资金的；

（五）不具有发行股票、债券的真实内容，以虚假转让股权、发售虚构债券等方式非法吸收资金的；

（六）不具有募集基金的真实内容，以假借境外基金、发售虚构基金等方式非法吸收资金的；

（七）不具有销售保险的真实内容，以假冒保险公司、伪造保险单据等方式非法吸收资金的；

（八）以投资入股的方式非法吸收资金的；

(九)以委托理财的方式非法吸收资金的;

(十)利用民间"会"、"社"等组织非法吸收资金的;

(十一)其他非法吸收资金的行为。

第三条　非法吸收或者变相吸收公众存款,具有下列情形之一的,应当依法追究刑事责任:

(一)个人非法吸收或者变相吸收公众存款,数额在20万元以上的,单位非法吸收或者变相吸收公众存款,数额在100万元以上的;

(二)个人非法吸收或者变相吸收公众存款对象30人以上的,单位非法吸收或者变相吸收公众存款对象150人以上的;

(三)个人非法吸收或者变相吸收公众存款,给存款人造成直接经济损失数额在10万元以上的,单位非法吸收或者变相吸收公众存款,给存款人造成直接经济损失数额在50万元以上的;

(四)造成恶劣社会影响或者其他严重后果的。

具有下列情形之一的,属于刑法第一百七十六条规定的"数额巨大或者有其他严重情节":

(一)个人非法吸收或者变相吸收公众存款,数额在100万元以上的,单位非法吸收或者变相吸收公众存款,数额在500万元以上的;

(二)个人非法吸收或者变相吸收公众存款对象100人以上的,单位非法吸收或者变相吸收公众存款对象500人以上的;

(三)个人非法吸收或者变相吸收公众存款,给存款人造成直接经济损失数额在50万元以上的,单位非法吸收或者变相吸收公众存款,给存款人造成直接经济损失数额在250万元以上的;

(四)造成特别恶劣社会影响或者其他特别严重后果的。

非法吸收或者变相吸收公众存款的数额,以行为人所吸收的资金全额计算。案发前后已归还的数额,可以作为量刑情节酌情考虑。

非法吸收或者变相吸收公众存款,主要用于正常的生产经营活动,能够及时清退所吸收资金,可以免予刑事处罚;情节显著轻微的,不作为犯罪处理。

第四条　以非法占有为目的,使用诈骗方法实施本解释第二条规定所列行为的,应当依照刑法第一百九十二条的规定,以集资诈骗罪定罪处罚。

使用诈骗方法非法集资,具有下列情形之一的,可以认定为"以非法占有为目的":

(一)集资后不用于生产经营活动或者用于生产经营活动与筹集资金规模明显不成比例,致使集资款不能返还的;

(二)肆意挥霍集资款,致使集资款不能返还的;

(三)携带集资款逃匿的;

(四)将集资款用于违法犯罪活动的;

(五)抽逃、转移资金、隐匿财产,逃避返还资金的;

(六)隐匿、销毁账目,或者搞假破产、假倒闭,逃避返还资金的;

(七)拒不交代资金去向,逃避返还资金的;

(八)其他可以认定非法占有目的的情形。

集资诈骗罪中的非法占有目的,应当区分情形进行具体认定。行为人部分非法集资行为具有非法占有目的的,对该部分非法集资行为所涉集资款以集资诈骗罪定罪处罚;非法集资共同犯罪中部分行为人具有非法占有目的,其他行为人没有非法占有集资款的共同故意和行为的,对具有非法占有目的的行为人以集资诈骗罪定罪处罚。

第五条　个人进行集资诈骗,数额在10万元以上的,应当认定为"数额较大";数额在30万元以上的,应当认定为"数额巨大";数额在100万元以上的,应当认定为"数额特别巨大"。

单位进行集资诈骗,数额在50万元以上的,应当认定为"数额较大";数额在150万元以上的,应当认定为"数额巨大";数额在500万元以上的,应当认定为"数额特别巨大"。

集资诈骗的数额以行为人实际骗取的数额计算,案发前已归还的数额应予扣除。行为人为实施集资诈骗活动而支付的广告费、中介费、手续费、回扣,或者用于行贿、赠与等费用,不予扣除。行为人为实施集资诈骗活动而支付的利息,除本金未归还可予折抵本金以外,应当计入诈骗数额。

第六条　未经国家有关主管部门批准,向社会不特定对象发行、以转让股权等方式变相发行股票或者公司、企业债券,或者向特定对象发行、变相发行股票或者公司、企业债券累计超过200人的,应当认定为刑法第一百七十九条规定的"擅自发行股票、公司、企业债券"。构成犯罪的,以擅自发行股票、公司、企业债券罪定罪处罚。

第七条　违反国家规定,未经依法核准擅自发行基金份额募集基金,情节严重的,依照刑法第二百二十五条的规定,以非法经营罪定罪处罚。

第八条　广告经营者、广告发布者违反国家规定,利用广告为非法集资活动相关的商品或者服务作虚假宣传,具有下列情形之一的,依照刑法第二百二十二条的规定,以虚假广告罪定罪处罚:

(一)违法所得数额在10万元以上的;

(二)造成严重危害后果或者恶劣社会影响的;

(三)二年内利用广告作虚假宣传,受过行政处罚二次以上的;

(四)其他情节严重的情形。

明知他人从事欺诈发行股票、债券,非法吸收公众存款,擅自发行股票、债券,集资诈骗或者组织、领导传销活动等集资犯罪活动,为其提供广告等宣传的,以相关犯罪的共犯论处。

第九条 此前发布的司法解释与本解释不一致的，以本解释为准。

最高人民法院、最高人民检察院关于办理妨害信用卡管理刑事案件具体应用法律若干问题的解释

1. 2009年10月12日最高人民法院审判委员会第1475次会议、2009年11月12日最高人民检察院第十一届检察委员会第22次会议通过

2. 2009年12月3日公布

3. 法释〔2009〕19号

4. 自2009年12月16日起施行

为依法惩治妨害信用卡管理犯罪活动，维护信用卡管理秩序和持卡人合法权益，根据《中华人民共和国刑法》规定，现就办理这类刑事案件具体应用法律的若干问题解释如下：

第一条 复制他人信用卡、将他人信用卡信息资料写入磁条介质、芯片或者以其他方法伪造信用卡1张以上的，应当认定为刑法第一百七十七条第一款第（四）项规定的"伪造信用卡"，以伪造金融票证罪定罪处罚。

伪造空白信用卡10张以上的，应当认定为刑法第一百七十七条第一款第（四）项规定的"伪造信用卡"，以伪造金融票证罪定罪处罚。

伪造信用卡，有下列情形之一的，应当认定为刑法第一百七十七条规定的"情节严重"：

（一）伪造信用卡5张以上不满25张的；

（二）伪造的信用卡内存款余额、透支额度单独或者合计数额在20万元以上不满100万元的；

（三）伪造空白信用卡50张以上不满250张的；

（四）其他情节严重的情形。

伪造信用卡，有下列情形之一的，应当认定为刑法第一百七十七条规定的"情节特别严重"：

（一）伪造信用卡25张以上的；

（二）伪造的信用卡内存款余额、透支额度单独或者合计数额在100万元以上的；

（三）伪造空白信用卡250张以上的；

（四）其他情节特别严重的情形。

本条所称"信用卡内存款余额、透支额度"，以信用卡被伪造后发卡行记录的最高存款余额、可透支额度计算。

第二条 明知是伪造的空白信用卡而持有、运输10张以上不满100张的，应当认定为刑法第一百七十七条之一第一款第（一）项规定的"数量较大"；非法持有他人信用卡5张以上不满50张的，应当认定为刑法第一百七十七条之一第一款第（二）项规定的"数量较大"。

有下列情形之一的，应当认定为刑法第一百七十七条之一第一款规定的"数量巨大"：

（一）明知是伪造的信用卡而持有、运输10张以上的；

（二）明知是伪造的空白信用卡而持有、运输100张以上的；

（三）非法持有他人信用卡50张以上的；

（四）使用虚假的身份证明骗领信用卡10张以上的；

（五）出售、购买、为他人提供伪造的信用卡或者以虚假的身份证明骗领的信用卡10张以上的。

违背他人意愿，使用其居民身份证、军官证、士兵证、港澳居民往来内地通行证、台湾居民来往大陆通行证、护照等身份证明申领信用卡的，或者使用伪造、变造的身份证明申领信用卡的，应当认定为刑法第一百七十七条之一第一款第（三）项规定的"使用虚假的身份证明骗领信用卡"。

第三条 窃取、收买、非法提供他人信用卡信息资料，足以伪造可进行交易的信用卡，或者足以使他人以信用卡持卡人名义进行交易，涉及信用卡1张以上不满5张的，依照刑法第一百七十七条之一第二款的规定，以窃取、收买、非法提供信用卡信息罪定罪处罚；涉及信用卡5张以上的，应当认定为刑法第一百七十七条之一第一款规定的"数量巨大"。

第四条 为信用卡申请人制作、提供虚假的财产状况、收入、职务等资信证明材料，涉及伪造、变造、买卖国家机关公文、证件、印章，或者涉及伪造公司、企业、事业单位、人民团体印章，应当追究刑事责任的，依照刑法第二百八十条的规定，分别以伪造、变造、买卖国家机关公文、证件、印章罪和伪造公司、企业、事业单位、人民团体印章罪定罪处罚。

承担资产评估、验资、验证、会计、审计、法律服务等职责的中介组织或其人员，为信用卡申请人提供虚假的财产状况、收入、职务等资信证明材料，应当追究刑事责任的，依照刑法第二百二十九条的规定，分别以提供虚假证明文件罪和出具证明文件重大失实罪定罪处罚。

第五条 使用伪造的信用卡、以虚假的身份证明骗领的信用卡、作废的信用卡或者冒用他人信用卡，进行信用卡诈骗活动，数额在5000元以上不满5万元的，应当认定为刑法第一百九十六条规定的"数额较大"；数额在5万元以上不满50万元的，应当认定为刑法第一百九十六条规定的"数额巨大"；数额在50万元以上的，应当认定为刑法第一百九十六条规定的"数额特别巨大"。

刑法第一百九十六条第一款第（三）项所称"冒用他人信用卡"，包括以下情形：

（一）拾得他人信用卡并使用的；

（二）骗取他人信用卡并使用的；

（三）窃取、收买、骗取或者以其他非法方式获取他人信用卡信息资料，并通过互联网、通讯终端等使用的；

(四)其他冒用他人信用卡的情形。

第六条　持卡人以非法占有为目的,超过规定限额或者规定期限透支,并且经发卡银行两次催收后超过3个月仍不归还的,应当认定为刑法第一百九十六条规定的"恶意透支"。

有以下情形之一的,应当认定为刑法第一百九十六条第二款规定的"以非法占有为目的":

(一)明知没有还款能力而大量透支,无法归还的;

(二)肆意挥霍透支的资金,无法归还的;

(三)透支后逃匿、改变联系方式,逃避银行催收的;

(四)抽逃、转移资金,隐匿财产,逃避还款的;

(五)使用透支的资金进行违法犯罪活动的;

(六)其他非法占有资金,拒不归还的行为。

恶意透支,数额在1万元以上不满10万元的,应当认定为刑法第一百九十六条规定的"数额较大";数额在10万元以上不满100万元的,应当认定为刑法第一百九十六条规定的"数额巨大";数额在100万元以上的,应当认定为刑法第一百九十六条规定的"数额特别巨大"。

恶意透支的数额,是指在第一款规定的条件下持卡人拒不归还的数额或者尚未归还的数额。不包括复利、滞纳金、手续费等发卡银行收取的费用。

恶意透支应当追究刑事责任,但在公安机关立案后人民法院判决宣告前已偿还全部透支款息的,可以从轻处罚,情节轻微的,可以免除处罚。恶意透支数额较大,在公安机关立案前已偿还全部透支款息,情节显著轻微的,可以依法不追究刑事责任。

第七条　违反国家规定,使用销售点终端机具(POS机)等方法,以虚构交易、虚开价格、现金退货等方式向信用卡持卡人直接支付现金,情节严重的,应当依据刑法第二百二十五条的规定,以非法经营罪定罪处罚。

实施前款行为,数额在100万元以上的,或者造成金融机构资金20万元以上逾期未还的,或者造成金融机构经济损失10万元以上的,应当认定为刑法第二百二十五条规定的"情节严重";数额在500万元以上的,或者造成金融机构资金100万元以上逾期未还的,或者造成金融机构经济损失50万元以上的,应当认定为刑法第二百二十五条规定的"情节特别严重"。

持卡人以非法占有为目的,采用上述方式恶意透支,应当追究刑事责任的,依照刑法第一百九十六条的规定,以信用卡诈骗罪定罪处罚。

第八条　单位犯本解释第一条、第七条规定的犯罪的,定罪量刑标准依照各该条的规定执行。

最高人民法院关于审理拐卖妇女案件适用法律有关问题的解释

1. 1999年12月23日最高人民法院审判委员会第1094次会议通过
2. 2000年1月3日公布
3. 法释〔2000〕1号
4. 自2000年1月25日起施行

为依法惩治拐卖妇女的犯罪行为,根据刑法和刑事诉讼法的有关规定,现就审理拐卖妇女案件具体适用法律的有关问题解释如下:

第一条　刑法第二百四十条规定的拐卖妇女罪中的"妇女",既包括具有中国国籍的妇女,也包括具有外国国籍和无国籍的妇女。被拐卖的外国妇女没有身份证明的,不影响对犯罪分子的定罪处罚。

第二条　外国人或者无国籍人拐卖外国妇女到我国境内被查获的,应当根据刑法第六条的规定,适用我国刑法定罪处罚。

第三条　对于外国籍被告人身份无法查明或者其国籍国拒绝提供有关身份证明,人民检察院根据刑事诉讼法第一百二十八条第二款的规定起诉的案件,人民法院应当依法受理。

最高人民法院关于审理拐卖妇女儿童犯罪案件具体应用法律若干问题的解释

1. 2016年11月14日最高人民法院审判委员会第1699次会议通过
2. 2016年12月21日
3. 法释〔2016〕28号
4. 自2017年1月1日起施行

为依法惩治拐卖妇女、儿童犯罪,切实保障妇女、儿童的合法权益,维护家庭和谐与社会稳定,根据刑法有关规定,结合司法实践,现就审理此类案件具体应用法律的若干问题解释如下:

第一条　对婴幼儿采取欺骗、利诱等手段使其脱离监护人或者看护人的,视为刑法第二百四十条第一款第(六)项规定的"偷盗婴幼儿"。

第二条　医疗机构、社会福利机构等单位的工作人员以非法获利为目的,将所诊疗、护理、抚养的儿童出卖给他人的,以拐卖儿童罪论处。

第三条　以介绍婚姻为名,采取非法扣押身份证件、限制人身自由等方式,或者利用妇女人地生疏、语言不通、孤立无援等境况,违背妇女意志,将其出卖给他人的,应当以拐卖妇女罪追究刑事责任。

以介绍婚姻为名，与被介绍妇女串通骗取他人钱财，数额较大的，应当以诈骗罪追究刑事责任。

第四条 在国家机关工作人员排查来历不明儿童或者进行解救时，将所收买的儿童藏匿、转移或者实施其他妨碍解救行为，经说服教育仍不配合的，属于刑法第二百四十一条第六款规定的“阻碍对其进行解救”。

第五条 收买被拐卖的妇女，业已形成稳定的婚姻家庭关系，解救时被买妇女自愿继续留在当地共同生活的，可以视为“按照被买妇女的意愿，不阻碍其返回原居住地”。

第六条 收买被拐卖的妇女、儿童后又组织、强迫卖淫或者组织乞讨、进行违反治安管理活动等构成其他犯罪的，依照数罪并罚的规定处罚。

第七条 收买被拐卖的妇女、儿童，又以暴力、威胁方法阻碍国家机关工作人员解救被收买的妇女、儿童，或者聚众阻碍国家机关工作人员解救被收买的妇女、儿童，构成妨害公务罪、聚众阻碍解救被收买的妇女、儿童罪的，依照数罪并罚的规定处罚。

第八条 出于结婚目的收买被拐卖的妇女，或者出于抚养目的收买被拐卖的儿童，涉及多名家庭成员、亲友参与的，对其中起主要作用的人员应当依法追究刑事责任。

第九条 刑法第二百四十条、第二百四十一条规定的儿童，是指不满十四周岁的人。其中，不满一周岁的为婴儿，一周岁以上不满六周岁的为幼儿。

第十条 本解释自2017年1月1日起施行。

最高人民法院、最高人民检察院关于办理利用信息网络实施诽谤等刑事案件适用法律若干问题的解释

1. 2013年9月5日最高人民法院审判委员会第1589次会议、2013年9月2日最高人民检察院第十二届检察委员会第9次会议通过

2. 2013年9月6日公布

3. 法释〔2013〕21号

4. 自2013年9月10日起施行

为保护公民、法人和其他组织的合法权益，维护社会秩序，根据《中华人民共和国刑法》、《全国人民代表大会常务委员会关于维护互联网安全的决定》等规定，对办理利用信息网络实施诽谤、寻衅滋事、敲诈勒索、非法经营等刑事案件适用法律的若干问题解释如下：

第一条 具有下列情形之一的，应当认定为刑法第二百四十六条第一款规定的“捏造事实诽谤他人”：

（一）捏造损害他人名誉的事实，在信息网络上散布，或者组织、指使人员在信息网络上散布的；

（二）将信息网络上涉及他人的原始信息内容篡改为损害他人名誉的事实，在信息网络上散布，或者组织、指使人员在信息网络上散布的；

明知是捏造的损害他人名誉的事实，在信息网络上散布，情节恶劣的，以“捏造事实诽谤他人”论。

第二条 利用信息网络诽谤他人，具有下列情形之一的，应当认定为刑法第二百四十六条第一款规定的“情节严重”：

（一）同一诽谤信息实际被点击、浏览次数达到五千次以上，或者被转发次数达到五百次以上的；

（二）造成被害人或者其近亲属精神失常、自残、自杀等严重后果的；

（三）二年内曾因诽谤受过行政处罚，又诽谤他人的；

（四）其他情节严重的情形。

第三条 利用信息网络诽谤他人，具有下列情形之一的，应当认定为刑法第二百四十六条第二款规定的“严重危害社会秩序和国家利益”：

（一）引发群体性事件的；

（二）引发公共秩序混乱的；

（三）引发民族、宗教冲突的；

（四）诽谤多人，造成恶劣社会影响的；

（五）损害国家形象，严重危害国家利益的；

（六）造成恶劣国际影响的；

（七）其他严重危害社会秩序和国家利益的情形。

第四条 一年内多次实施利用信息网络诽谤他人行为未经处理，诽谤信息实际被点击、浏览、转发次数累计计算构成犯罪的，应当依法定罪处罚。

第五条 利用信息网络辱骂、恐吓他人，情节恶劣，破坏社会秩序的，依照刑法第二百九十三条第一款第（二）项的规定，以寻衅滋事罪定罪处罚。

编造虚假信息，或者明知是编造的虚假信息，在信息网络上散布，或者组织、指使人员在信息网络上散布，起哄闹事，造成公共秩序严重混乱的，依照刑法第二百九十三条第一款第（四）项的规定，以寻衅滋事罪定罪处罚。

第六条 以在信息网络上发布、删除等方式处理网络信息为由，威胁、要挟他人，索取公私财物，数额较大，或者多次实施上述行为的，依照刑法第二百七十四条的规定，以敲诈勒索罪定罪处罚。

第七条 违反国家规定，以营利为目的，通过信息网络有偿提供删除信息服务，或者明知是虚假信息，通过信息网络有偿提供发布信息等服务，扰乱市场秩序，具有下列情形之一的，属于非法经营行为“情节严重”，依照刑法第二百二十五条第（四）项的规定，以非法经营罪定罪处罚：

（一）个人非法经营数额在五万元以上，或者违法所得数额在二万元以上的；

（二）单位非法经营数额在十五万元以上，或者违法所得数额在五万元以上的。

实施前款规定的行为，数额达到前款规定的数额五倍以上的，应当认定为刑法第二百二十五条规定的“情节特别严重”。

第八条 明知他人利用信息网络实施诽谤、寻衅滋事、敲诈

勒索、非法经营等犯罪,为其提供资金、场所、技术支持等帮助的,以共同犯罪论处。

第九条　利用信息网络实施诽谤、寻衅滋事、敲诈勒索、非法经营犯罪,同时又构成刑法第二百二十一条规定的损害商业信誉、商品声誉罪,第二百七十八条规定的煽动暴力抗拒法律实施罪,第二百九十一条之一规定的编造、故意传播虚假恐怖信息罪等犯罪的,依照处罚较重的规定定罪处罚。

第十条　本解释所称信息网络,包括以计算机、电视机、固定电话机、移动电话机等电子设备为终端的计算机互联网、广播电视网、固定通信网、移动通信网等信息网络,以及向公众开放的局域网络。

最高人民法院、最高人民检察院关于办理侵犯公民个人信息刑事案件适用法律若干问题的解释

1. 2017年3月20日最高人民法院审判委员会第1712次会议、2017年4月26日最高人民检察院第十二届检察委员会第63次会议通过
2. 2017年5月8日公布
3. 法释〔2017〕10号
4. 自2017年6月1日起施行

为依法惩治侵犯公民个人信息犯罪活动,保护公民个人信息安全和合法权益,根据《中华人民共和国刑法》《中华人民共和国刑事诉讼法》的有关规定,现就办理此类刑事案件适用法律的若干问题解释如下:

第一条　刑法第二百五十三条之一规定的"公民个人信息",是指以电子或者其他方式记录的能够单独或者与其他信息结合识别特定自然人身份或者反映特定自然人活动情况的各种信息,包括姓名、身份证件号码、通信通讯联系方式、住址、账号密码、财产状况、行踪轨迹等。

第二条　违反法律、行政法规、部门规章有关公民个人信息保护的规定的,应当认定为刑法第二百五十三条之一规定的"违反国家有关规定"。

第三条　向特定人提供公民个人信息,以及通过信息网络或者其他途径发布公民个人信息的,应当认定为刑法第二百五十三条之一规定的"提供公民个人信息"。

未经被收集者同意,将合法收集的公民个人信息向他人提供的,属于刑法第二百五十三条之一规定的"提供公民个人信息",但是经过处理无法识别特定个人且不能复原的除外。

第四条　违反国家有关规定,通过购买、收受、交换等方式获取公民个人信息,或者在履行职责、提供服务过程中收集公民个人信息的,属于刑法第二百五十三条之一第三款规定的"以其他方法非法获取公民个人信息"。

第五条　非法获取、出售或者提供公民个人信息,具有下列情形之一的,应当认定为刑法第二百五十三条之一规定的"情节严重":

(一)出售或者提供行踪轨迹信息,被他人用于犯罪的;

(二)知道或者应当知道他人利用公民个人信息实施犯罪,向其出售或者提供的;

(三)非法获取、出售或者提供行踪轨迹信息、通信内容、征信信息、财产信息五十条以上的;

(四)非法获取、出售或者提供住宿信息、通信记录、健康生理信息、交易信息等其他可能影响人身、财产安全的公民个人信息五百条以上的;

(五)非法获取、出售或者提供第三项、第四项规定以外的公民个人信息五千条以上的;

(六)数量未达到第三项至第五项规定标准,但是按相应比例合计达到有关数量标准的;

(七)违法所得五千元以上的;

(八)将在履行职责或者提供服务过程中获得的公民个人信息出售或者提供给他人,数量或者数额达到第三项至第七项规定标准一半以上的;

(九)曾因侵犯公民个人信息受过刑事处罚或者二年内受过行政处罚,又非法获取、出售或者提供公民个人信息的;

(十)其他情节严重的情形。

实施前款规定的行为,具有下列情形之一的,应当认定为刑法第二百五十三条之一第一款规定的"情节特别严重":

(一)造成被害人死亡、重伤、精神失常或者被绑架等严重后果的;

(二)造成重大经济损失或者恶劣社会影响的;

(三)数量或者数额达到前款第三项至第八项规定标准十倍以上的;

(四)其他情节特别严重的情形。

第六条　为合法经营活动而非法购买、收受本解释第五条第一款第三项、第四项规定以外的公民个人信息,具有下列情形之一的,应当认定为刑法第二百五十三条之一规定的"情节严重":

(一)利用非法购买、收受的公民个人信息获利五万元以上的;

(二)曾因侵犯公民个人信息受过刑事处罚或者二年内受过行政处罚,又非法购买、收受公民个人信息的;

(三)其他情节严重的情形。

实施前款规定的行为,将购买、收受的公民个人信息非法出售或者提供的,定罪量刑标准适用本解释第五条的规定。

第七条　单位犯刑法第二百五十三条之一规定之罪的,依照本解释规定的相应自然人犯罪的定罪量刑标准,对直接负

责的主管人员和其他直接责任人员定罪处罚,并对单位判处罚金。

第八条 设立用于实施非法获取、出售或者提供公民个人信息违法犯罪活动的网站、通讯群组,情节严重的,应当依照刑法第二百八十七条之一的规定,以非法利用信息网络罪定罪处罚;同时构成侵犯公民个人信息罪的,依照侵犯公民个人信息罪定罪处罚。

第九条 网络服务提供者拒不履行法律、行政法规规定的信息网络安全管理义务,经监管部门责令采取改正措施而拒不改正,致使用户的公民个人信息泄露,造成严重后果的,应当依照刑法第二百八十六条之一的规定,以拒不履行信息网络安全管理义务罪定罪处罚。

第十条 实施侵犯公民个人信息犯罪,不属于"情节特别严重",行为人系初犯,全部退赃,并确有悔罪表现的,可以认定为情节轻微,不起诉或者免予刑事处罚;确有必要判处刑罚的,应当从宽处罚。

第十一条 非法获取公民个人信息后又出售或者提供的,公民个人信息的条数不重复计算。

向不同单位或者个人分别出售、提供同一公民个人信息的,公民个人信息的条数累计计算。

对批量公民个人信息的条数,根据查获的数量直接认定,但是有证据证明信息不真实或者重复的除外。

第十二条 对于侵犯公民个人信息犯罪,应当综合考虑犯罪的危害程度、犯罪的违法所得数额以及被告人的前科情况、认罪悔罪态度等,依法判处罚金。罚金数额一般在违法所得的一倍以上五倍以下。

第十三条 本解释自2017年6月1日起施行。

最高人民法院关于审理抢劫案件具体应用法律若干问题的解释

1. *2000年11月17日最高人民法院审判委员会第1141次会议通过*
2. *2000年11月22日公布*
3. *法释〔2000〕35号*
4. *自2000年11月28日起施行*

为依法惩处抢劫犯罪活动,根据刑法的有关规定,现就审理抢劫案件具体应用法律的若干问题解释如下:

第一条 刑法第二百六十三条第(一)项规定的"入户抢劫",是指为实施抢劫行为而进入他人生活的与外界相对隔离的住所,包括封闭的院落、牧民的帐篷、渔民作为家庭生活场所的渔船、为生活租用的房屋等进行抢劫的行为。

对于入户盗窃,因被发现而当场使用暴力或者以暴力相威胁的行为,应当认定为入户抢劫。

第二条 刑法第二百六十三条第(二)项规定的"在公共交通工具上抢劫",既包括在从事旅客运输的各种公共汽车,大、中型出租车,火车,船只,飞机等正在运营中的机动公共交通工具上对旅客、司售、乘务人员实施的抢劫,也包括对运行途中的机动公共交通工具加以拦截后,对公共交通工具上的人员实施的抢劫。

第三条 刑法第二百六十三条第(三)项规定的"抢劫银行或者其他金融机构",是指抢劫银行或者其他金融机构的经营资金、有价证券和客户的资金等。

抢劫正在使用中的银行或者其他金融机构的运钞车的,视为"抢劫银行或者其他金融机构"。

第四条 刑法第二百六十三条第(四)项规定的"抢劫数额巨大"的认定标准,参照各地确定的盗窃罪数额巨大的认定标准执行。

第五条 刑法第二百六十三条第(七)项规定的"持枪抢劫",是指行为人使用枪支或者向被害人显示持有、佩带的枪支进行抢劫的行为。"枪支"的概念和范围,适用《中华人民共和国枪支管理法》的规定。

第六条 刑法第二百六十七条第二款规定的"携带凶器抢夺",是指行为人随身携带枪支、爆炸物、管制刀具等国家禁止个人携带的器械进行抢夺或者为了实施犯罪而携带其他器械进行抢夺的行为。

最高人民法院、最高人民检察院关于办理盗窃刑事案件适用法律若干问题的解释

1. *2013年3月8日最高人民法院审判委员会第1571次会议、2013年3月18日最高人民检察院第十二届检察委员会第1次会议通过*
2. *2013年4月2日公布*
3. *法释〔2013〕8号*
4. *自2013年4月4日起施行*

为依法惩治盗窃犯罪活动,保护公私财产,根据《中华人民共和国刑法》、《中华人民共和国刑事诉讼法》的有关规定,现就办理盗窃刑事案件适用法律的若干问题解释如下:

第一条 盗窃公私财物价值一千元至三千元以上、三万元至十万元以上、三十万元至五十万元以上的,应当分别认定为刑法第二百六十四条规定的"数额较大"、"数额巨大"、"数额特别巨大"。

各省、自治区、直辖市高级人民法院、人民检察院可以根据本地区经济发展状况,并考虑社会治安状况,在前款规定的数额幅度内,确定本地区执行的具体数额标准,报最高人民法院、最高人民检察院批准。

在跨地区运行的公共交通工具上盗窃,盗窃地点无法查证的,盗窃数额是否达到"数额较大"、"数额巨大"、"数额特别巨大",应当根据受理案件所在地省、自治区、直辖

市高级人民法院、人民检察院确定的有关数额标准认定。

盗窃毒品等违禁品,应当按照盗窃罪处理的,根据情节轻重量刑。

第二条　盗窃公私财物,具有下列情形之一的,“数额较大”的标准可以按照前条规定标准的百分之五十确定:

(一)曾因盗窃受过刑事处罚的;

(二)一年内曾因盗窃受过行政处罚的;

(三)组织、控制未成年人盗窃的;

(四)自然灾害、事故灾害、社会安全事件等突发事件期间,在事件发生地盗窃的;

(五)盗窃残疾人、孤寡老人、丧失劳动能力人的财物的;

(六)在医院盗窃病人或者其亲友财物的;

(七)盗窃救灾、抢险、防汛、优抚、扶贫、移民、救济款物的;

(八)因盗窃造成严重后果的。

第三条　二年内盗窃三次以上的,应当认定为“多次盗窃”。

非法进入供他人家庭生活,与外界相对隔离的住所盗窃的,应当认定为“入户盗窃”。

携带枪支、爆炸物、管制刀具等国家禁止个人携带的器械盗窃,或者为了实施违法犯罪携带其他足以危害他人人身安全的器械盗窃的,应当认定为“携带凶器盗窃”。

在公共场所或者公共交通工具上盗窃他人随身携带的财物的,应当认定为“扒窃”。

第四条　盗窃的数额,按照下列方法认定:

(一)被盗财物有有效价格证明的,根据有效价格证明认定;无有效价格证明,或者根据价格证明认定盗窃数额明显不合理的,应当按照有关规定委托估价机构估价;

(二)盗窃外币的,按照盗窃时中国外汇交易中心或者中国人民银行授权机构公布的人民币对该货币的中间价折合成人民币计算;中国外汇交易中心或者中国人民银行授权机构未公布汇率中间价的外币,按照盗窃时境内银行人民币对该货币的中间价折算成人民币,或者该货币在境内银行、国际外汇市场对美元汇率,与人民币对美元汇率中间价进行套算;

(三)盗窃电力、燃气、自来水等财物,盗窃数量能够查实的,按照查实的数量计算盗窃数额;盗窃数量无法查实的,以盗窃前六个月月均正常用量减去盗窃后计量仪表显示的月均用量推算盗窃数额;盗窃前正常使用不足六个月的,按照正常使用期间的月均用量减去盗窃后计量仪表显示的月均用量推算盗窃数额;

(四)明知是盗接他人通信线路、复制他人电信码号的电信设备、设施而使用的,按照合法用户为其支付的费用认定盗窃数额;无法直接确认的,以合法用户的电信设备、设施被盗接、复制后的月缴费额减去被盗接、复制前六个月的月均电话费推算盗窃数额;合法用户使用电信设备、设施不足六个月的,按照实际使用的月均电话费推算盗窃数额;

(五)盗接他人通信线路、复制他人电信码号出售的,按照销赃数额认定盗窃数额。

盗窃行为给失主造成的损失大于盗窃数额的,损失数额可以作为量刑情节考虑。

第五条　盗窃有价支付凭证、有价证券、有价票证的,按照下列方法认定盗窃数额:

(一)盗窃不记名、不挂失的有价支付凭证、有价证券、有价票证的,应当按票面数额和盗窃时应得的孳息、奖金或者奖品等可得收益一并计算盗窃数额;

(二)盗窃记名的有价支付凭证、有价证券、有价票证,已经兑现的,按照兑现部分的财物价值计算盗窃数额;没有兑现,但失主无法通过挂失、补领、补办手续等方式避免损失的,按照给失主造成的实际损失计算盗窃数额。

第六条　盗窃公私财物,具有本解释第二条第三项至第八项规定情形之一,或者入户盗窃、携带凶器盗窃,数额达到本解释第一条规定的“数额巨大”、“数额特别巨大”百分之五十的,可以分别认定为刑法第二百六十四条规定的“其他严重情节”或者“其他特别严重情节”。

第七条　盗窃公私财物数额较大,行为人认罪、悔罪,退赃、退赔,且具有下列情形之一,情节轻微的,可以不起诉或者免予刑事处罚;必要时,由有关部门予以行政处罚:

(一)具有法定从宽处罚情节的;

(二)没有参与分赃或者获赃较少且不是主犯的;

(三)被害人谅解的;

(四)其他情节轻微、危害不大的。

第八条　偷拿家庭成员或者近亲属的财物,获得谅解的,一般可以不认为是犯罪;追究刑事责任的,应当酌情从宽。

第九条　盗窃国有馆藏一般文物、三级文物、二级以上文物的,应当分别认定为刑法第二百六十四条规定的“数额较大”、“数额巨大”、“数额特别巨大”。

盗窃多件不同等级国有馆藏文物的,三件同级文物可以视为一件高一级文物。

盗窃民间收藏的文物的,根据本解释第四条第一款第一项的规定认定盗窃数额。

第十条　偷开他人机动车的,按照下列规定处理:

(一)偷开机动车,导致车辆丢失的,以盗窃罪定罪处罚;

(二)为盗窃其他财物,偷开机动车作为犯罪工具使用后非法占有车辆,或者将车辆遗弃导致丢失的,被盗车辆的价值计入盗窃数额;

(三)为实施其他犯罪,偷开机动车作为犯罪工具使用后非法占有车辆,或者将车辆遗弃导致丢失的,以盗窃罪和其他犯罪数罪并罚;将车辆送回未造成丢失的,按照其所实施的其他犯罪从重处罚。

第十一条　盗窃公私财物并造成财物损毁的,按照下列规定处理:

(一)采用破坏性手段盗窃公私财物,造成其他财物损毁的,以盗窃罪从重处罚;同时构成盗窃罪和其他犯罪的,择一重罪从重处罚;

(二)实施盗窃犯罪后,为掩盖罪行或者报复等,故意毁坏其他财物构成犯罪的,以盗窃罪和构成的其他犯罪数罪并罚;

(三)盗窃行为未构成犯罪,但损毁财物构成其他犯罪的,以其他犯罪定罪处罚。

第十二条 盗窃未遂,具有下列情形之一的,应当依法追究刑事责任:

(一)以数额巨大的财物为盗窃目标的;

(二)以珍贵文物为盗窃目标的;

(三)其他情节严重的情形。

盗窃既有既遂,又有未遂,分别达到不同量刑幅度的,依照处罚较重的规定处罚;达到同一量刑幅度的,以盗窃罪既遂处罚。

第十三条 单位组织、指使盗窃,符合刑法第二百六十四条及本解释有关规定的,以盗窃罪追究组织者、指使者、直接实施者的刑事责任。

第十四条 因犯盗窃罪,依法判处罚金刑的,应当在一千元以上盗窃数额的二倍以下判处罚金;没有盗窃数额或者盗窃数额无法计算的,应当在一千元以上十万元以下判处罚金。

第十五条 本解释发布实施后,最高人民法院《关于审理盗窃案件具体应用法律若干问题的解释》(法释〔1998〕4号)同时废止;之前发布的司法解释和规范性文件与本解释不一致的,以本解释为准。

最高人民法院、最高人民检察院关于办理诈骗刑事案件具体应用法律若干问题的解释

1. *2011年2月21日最高人民法院审判委员会第1512次会议、2010年11月24日最高人民检察院第十一届检察委员会第49次会议通过*
2. *2011年3月1日公布*
3. *法释〔2011〕7号*
4. *自2011年4月8日起施行*

为依法惩治诈骗犯罪活动,保护公私财产所有权,根据刑法、刑事诉讼法有关规定,结合司法实践的需要,现就办理诈骗刑事案件具体应用法律的若干问题解释如下:

第一条 诈骗公私财物价值三千元至一万元以上、三万元至十万元以上、五十万元以上的,应当分别认定为刑法第二百六十六条规定的"数额较大"、"数额巨大"、"数额特别巨大"。

各省、自治区、直辖市高级人民法院、人民检察院可以结合本地区经济社会发展状况,在前款规定的数额幅度内,共同研究确定本地区执行的具体数额标准,报最高人民法院、最高人民检察院备案。

第二条 诈骗公私财物达到本解释第一条规定的数额标准,具有下列情形之一的,可以依照刑法第二百六十六条的规定酌情从严惩处:

(一)通过发送短信、拨打电话或者利用互联网、广播电视、报刊杂志等发布虚假信息,对不特定多数人实施诈骗的;

(二)诈骗救灾、抢险、防汛、优抚、扶贫、移民、救济、医疗款物的;

(三)以赈灾募捐名义实施诈骗的;

(四)诈骗残疾人、老年人或者丧失劳动能力人的财物的;

(五)造成被害人自杀、精神失常或者其他严重后果的。

诈骗数额接近本解释第一条规定的"数额巨大"、"数额特别巨大"的标准,并具有前款规定的情形之一或者属于诈骗集团首要分子的,应当分别认定为刑法第二百六十六条规定的"其他严重情节"、"其他特别严重情节"。

第三条 诈骗公私财物虽已达到本解释第一条规定的"数额较大"的标准,但具有下列情形之一,且行为人认罪、悔罪的,可以根据刑法第三十七条、刑事诉讼法第一百四十二条的规定不起诉或者免予刑事处罚:

(一)具有法定从宽处罚情节的;

(二)一审宣判前全部退赃、退赔的;

(三)没有参与分赃或者获赃较少且不是主犯的;

(四)被害人谅解的;

(五)其他情节轻微、危害不大的。

第四条 诈骗近亲属的财物,近亲属谅解的,一般可不按犯罪处理。

诈骗近亲属的财物,确有追究刑事责任必要的,具体处理也应酌情从宽。

第五条 诈骗未遂,以数额巨大的财物为诈骗目标的,或者具有其他严重情节的,应当定罪处罚。

利用发送短信、拨打电话、互联网等电信技术手段对不特定多数人实施诈骗,诈骗数额难以查证,但具有下列情形之一的,应当认定为刑法第二百六十六条规定的"其他严重情节",以诈骗罪(未遂)定罪处罚:

(一)发送诈骗信息五千条以上的;

(二)拨打诈骗电话五百人次以上的;

(三)诈骗手段恶劣、危害严重的。

实施前款规定行为,数量达到前款第(一)、(二)项规定标准十倍以上的,或者诈骗手段特别恶劣、危害特别严重的,应当认定为刑法第二百六十六条规定的"其他特别严重情节",以诈骗罪(未遂)定罪处罚。

第六条 诈骗既有既遂,又有未遂,分别达到不同量刑幅度的,依照处罚较重的规定处罚;达到同一量刑幅度的,以诈

骗罪既遂处罚。

第七条 明知他人实施诈骗犯罪,为其提供信用卡、手机卡、通讯工具、通讯传输通道、网络技术支持、费用结算等帮助的,以共同犯罪论处。

第八条 冒充国家机关工作人员进行诈骗,同时构成诈骗罪和招摇撞骗罪的,依照处罚较重的规定定罪处罚。

第九条 案发后查封、扣押、冻结在案的诈骗财物及其孳息,权属明确的,应当发还被害人;权属不明确的,可按被骗款物占查封、扣押、冻结在案的财物及其孳息总额的比例发还被害人,但已获退赔的应予扣除。

第十条 行为人已将诈骗财物用于清偿债务或者转让给他人,具有下列情形之一的,应当依法追缴:

(一)对方明知是诈骗财物而收取的;

(二)对方无偿取得诈骗财物的;

(三)对方以明显低于市场的价格取得诈骗财物的;

(四)对方取得诈骗财物系源于非法债务或者违法犯罪活动的。

他人善意取得诈骗财物的,不予追缴。

第十一条 以前发布的司法解释与本解释不一致的,以本解释为准。

最高人民法院关于审理拒不执行判决、裁定刑事案件适用法律若干问题的解释

1. 2015年7月6日最高人民法院审判委员会第1657次会议通过
2. 2015年7月20日公布
3. 法释〔2015〕16号
4. 自2015年7月22日起施行

为依法惩治拒不执行判决、裁定犯罪,确保人民法院判决、裁定依法执行,切实维护当事人合法权益,根据《中华人民共和国刑法》、《中华人民共和国刑事诉讼法》、《中华人民共和国民事诉讼法》等法律规定,就审理拒不执行判决、裁定刑事案件适用法律若干问题,解释如下:

第一条 被执行人、协助执行义务人、担保人等负有执行义务的人对人民法院的判决、裁定有能力执行而拒不执行,情节严重的,应当依照刑法第三百一十三条的规定,以拒不执行判决、裁定罪处罚。

第二条 负有执行义务的人有能力执行而实施下列行为之一的,应当认定为全国人民代表大会常务委员会关于刑法第三百一十三条的解释中规定的"其他有能力执行而拒不执行,情节严重的情形":

(一)具有拒绝报告或者虚假报告财产情况、违反人民法院限制高消费及有关消费令等拒不执行行为,经采取罚款或者拘留等强制措施后仍拒不执行的;

(二)伪造、毁灭有关被执行人履行能力的重要证据,以暴力、威胁、贿买方法阻止他人作证或者指使、贿买、胁迫他人作伪证,妨碍人民法院查明被执行人财产情况,致使判决、裁定无法执行的;

(三)拒不交付法律文书指定交付的财物、票证或者拒不迁出房屋、退出土地,致使判决、裁定无法执行的;

(四)与他人串通,通过虚假诉讼、虚假仲裁、虚假和解等方式妨害执行,致使判决、裁定无法执行的;

(五)以暴力、威胁方法阻碍执行人员进入执行现场或者聚众哄闹、冲击执行现场,致使执行工作无法进行的;

(六)对执行人员进行侮辱、围攻、扣押、殴打,致使执行工作无法进行的;

(七)毁损、抢夺执行案件材料、执行公务车辆和其他执行器械、执行人员服装以及执行公务证件,致使执行工作无法进行的;

(八)拒不执行法院判决、裁定,致使债权人遭受重大损失的。

第三条 申请执行人有证据证明同时具有下列情形,人民法院认为符合刑事诉讼法第二百零四条第三项规定的,以自诉案件立案审理:

(一)负有执行义务的人拒不执行判决、裁定,侵犯了申请执行人的人身、财产权利,应当依法追究刑事责任的;

(二)申请执行人曾经提出控告,而公安机关或者人民检察院对负有执行义务的人不予追究刑事责任的。

第四条 本解释第三条规定的自诉案件,依照刑事诉讼法第二百零六条的规定,自诉人在宣告判决前,可以同被告人自行和解或者撤回自诉。

第五条 拒不执行判决、裁定刑事案件,一般由执行法院所在地人民法院管辖。

第六条 拒不执行判决、裁定的被告人在一审宣告判决前,履行全部或部分执行义务的,可以酌情从宽处罚。

第七条 拒不执行支付赡养费、扶养费、抚育费、抚恤金、医疗费用、劳动报酬等判决、裁定的,可以酌情从重处罚。

第八条 本解释自发布之日起施行。此前发布的司法解释和规范性文件与本解释不一致的,以本解释为准。

最高人民法院、最高人民检察院关于办理贪污贿赂刑事案件适用法律若干问题的解释

1. 2016年3月28日最高人民法院审判委员会第1680次会议、2016年3月25日最高人民检察院第十二届检察委员会第50次会议通过
2. 2016年4月18日公布
3. 法释〔2016〕9号
4. 自2016年4月18日起施行

为依法惩治贪污贿赂犯罪活动,根据刑法有关规定,

现就办理贪污贿赂刑事案件适用法律的若干问题解释如下：

第一条 贪污或者受贿数额在三万元以上不满二十万元的，应当认定为刑法第三百八十三条第一款规定的“数额较大”，依法判处三年以下有期徒刑或者拘役，并处罚金。

贪污数额在一万元以上不满三万元，具有下列情形之一的，应当认定为刑法第三百八十三条第一款规定的“其他较重情节”，依法判处三年以下有期徒刑或者拘役，并处罚金：

（一）贪污救灾、抢险、防汛、优抚、扶贫、移民、救济、防疫、社会捐助等特定款物的；

（二）曾因贪污、受贿、挪用公款受过党纪、行政处分的；

（三）曾因故意犯罪受过刑事追究的；

（四）赃款赃物用于非法活动的；

（五）拒不交待赃款赃物去向或者拒不配合追缴工作，致使无法追缴的；

（六）造成恶劣影响或者其他严重后果的。

受贿数额在一万元以上不满三万元，具有前款第二项至第六项规定的情形之一，或者具有下列情形之一的，应当认定为刑法第三百八十三条第一款规定的“其他较重情节”，依法判处三年以下有期徒刑或者拘役，并处罚金：

（一）多次索贿的；

（二）为他人谋取不正当利益，致使公共财产、国家和人民利益遭受损失的；

（三）为他人谋取职务提拔、调整的。

第二条 贪污或者受贿数额在二十万元以上不满三百万元的，应当认定为刑法第三百八十三条第一款规定的“数额巨大”，依法判处三年以上十年以下有期徒刑，并处罚金或者没收财产。

贪污数额在十万元以上不满二十万元，具有本解释第一条第二款规定的情形之一的，应当认定为刑法第三百八十三条第一款规定的“其他严重情节”，依法判处三年以上十年以下有期徒刑，并处罚金或者没收财产。

受贿数额在十万元以上不满二十万元，具有本解释第一条第三款规定的情形之一的，应当认定为刑法第三百八十三条第一款规定的“其他严重情节”，依法判处三年以上十年以下有期徒刑，并处罚金或者没收财产。

第三条 贪污或者受贿数额在三百万元以上的，应当认定为刑法第三百八十三条第一款规定的“数额特别巨大”，依法判处十年以上有期徒刑、无期徒刑或者死刑，并处罚金或者没收财产。

贪污数额在一百五十万元以上不满三百万元，具有本解释第一条第二款规定的情形之一的，应当认定为刑法第三百八十三条第一款规定的“其他特别严重情节”，依法判处十年以上有期徒刑、无期徒刑或者死刑，并处罚金或者没收财产。

受贿数额在一百五十万元以上不满三百万元，具有本解释第一条第三款规定的情形之一的，应当认定为刑法第三百八十三条第一款规定的“其他特别严重情节”，依法判处十年以上有期徒刑、无期徒刑或者死刑，并处罚金或者没收财产。

第四条 贪污、受贿数额特别巨大，犯罪情节特别严重、社会影响特别恶劣、给国家和人民利益造成特别重大损失的，可以判处死刑。

符合前款规定的情形，但具有自首，立功，如实供述自己罪行、真诚悔罪、积极退赃，或者避免、减少损害结果的发生等情节，不是必须立即执行的，可以判处死刑缓期二年执行。

符合第一款规定情形的，根据犯罪情节等情况可以判处死刑缓期二年执行，同时裁判决定在其死刑缓期执行二年期满依法减为无期徒刑后，终身监禁，不得减刑、假释。

第五条 挪用公款归个人使用，进行非法活动，数额在三万元以上的，应当依照刑法第三百八十四条的规定以挪用公款罪追究刑事责任；数额在三百万元以上的，应当认定为刑法第三百八十四条第一款规定的“数额巨大”。具有下列情形之一的，应当认定为刑法第三百八十四条第一款规定的“情节严重”：

（一）挪用公款数额在一百万元以上的；

（二）挪用救灾、抢险、防汛、优抚、扶贫、移民、救济特定款物，数额在五十万元以上不满一百万元的；

（三）挪用公款不退还，数额在五十万元以上不满一百万元的；

（四）其他严重的情节。

第六条 挪用公款归个人使用，进行营利活动或者超过三个月未还，数额在五万元以上的，应当认定为刑法第三百八十四条第一款规定的“数额较大”；数额在五百万元以上的，应当认定为刑法第三百八十四条第一款规定的“数额巨大”。具有下列情形之一的，应当认定为刑法第三百八十四条第一款规定的“情节严重”：

（一）挪用公款数额在二百万元以上的；

（二）挪用救灾、抢险、防汛、优抚、扶贫、移民、救济特定款物，数额在一百万元以上不满二百万元的；

（三）挪用公款不退还，数额在一百万元以上不满二百万元的；

（四）其他严重的情节。

第七条 为谋取不正当利益，向国家工作人员行贿，数额在三万元以上的，应当依照刑法第三百九十条的规定以行贿罪追究刑事责任。

行贿数额在一万元以上不满三万元，具有下列情形之一的，应当依照刑法第三百九十条的规定以行贿罪追究刑事责任：

（一）向三人以上行贿的；

（二）将违法所得用于行贿的；

(三)通过行贿谋取职务提拔、调整的;

(四)向负有食品、药品、安全生产、环境保护等监督管理职责的国家工作人员行贿,实施非法活动的;

(五)向司法工作人员行贿,影响司法公正的;

(六)造成经济损失数额在五十万元以上不满一百万元的。

第八条 犯行贿罪,具有下列情形之一的,应当认定为刑法第三百九十条第一款规定的"情节严重":

(一)行贿数额在一百万元以上不满五百万元的;

(二)行贿数额在五十万元以上不满一百万元,并具有本解释第七条第二款第一项至第五项规定的情形之一的;

(三)其他严重的情节。

为谋取不正当利益,向国家工作人员行贿,造成经济损失数额在一百万元以上不满五百万元的,应当认定为刑法第三百九十条第一款规定的"使国家利益遭受重大损失"。

第九条 犯行贿罪,具有下列情形之一的,应当认定为刑法第三百九十条第一款规定的"情节特别严重":

(一)行贿数额在五百万元以上的;

(二)行贿数额在二百五十万元以上不满五百万元,并具有本解释第七条第二款第一项至第五项规定的情形之一的;

(三)其他特别严重的情节。

为谋取不正当利益,向国家工作人员行贿,造成经济损失数额在五百万元以上的,应当认定为刑法第三百九十条第一款规定的"使国家利益遭受特别重大损失"。

第十条 刑法第三百八十八条之一规定的利用影响力受贿罪的定罪量刑适用标准,参照本解释关于受贿罪的规定执行。

刑法第三百九十条之一规定的对有影响力的人行贿罪的定罪量刑适用标准,参照本解释关于行贿罪的规定执行。

单位对有影响力的人行贿数额在二十万元以上的,应当依照刑法第三百九十条之一的规定以对有影响力的人行贿罪追究刑事责任。

第十一条 刑法第一百六十三条规定的非国家工作人员受贿罪、第二百七十一条规定的职务侵占罪中的"数额较大""数额巨大"的数额起点,按照本解释关于受贿罪、贪污罪相对应的数额标准规定的二倍、五倍执行。

刑法第二百七十二条规定的挪用资金罪中的"数额较大""数额巨大"以及"进行非法活动"情形的数额起点,按照本解释关于挪用公款罪"数额较大""情节严重"以及"进行非法活动"的数额标准规定的二倍执行。

刑法第一百六十四条第一款规定的对非国家工作人员行贿罪中的"数额较大""数额巨大"的数额起点,按照本解释第七条、第八条第一款关于行贿罪的数额标准规定的二倍执行。

第十二条 贿赂犯罪中的"财物",包括货币、物品和财产性利益。财产性利益包括可以折算为货币的物质利益如房屋装修、债务免除等,以及需要支付货币的其他利益如会员服务、旅游等。后者的犯罪数额,以实际支付或者应当支付的数额计算。

第十三条 具有下列情形之一的,应当认定为"为他人谋取利益",构成犯罪的,应当依照刑法关于受贿犯罪的规定定罪处罚:

(一)实际或者承诺为他人谋取利益的;

(二)明知他人有具体请托事项的;

(三)履职时未被请托,但事后基于该履职事由收受他人财物的。

国家工作人员索取、收受具有上下级关系的下属或者具有行政管理关系的被管理人员的财物价值三万元以上,可能影响职权行使的,视为承诺为他人谋取利益。

第十四条 根据行贿犯罪的事实、情节,可能被判处三年有期徒刑以下刑罚的,可以认定为刑法第三百九十条第二款规定的"犯罪较轻"。

根据犯罪的事实、情节,已经或者可能被判处十年有期徒刑以上刑罚的,或者案件在本省、自治区、直辖市或者全国范围内有较大影响的,可以认定为刑法第三百九十条第二款规定的"重大案件"。

具有下列情形之一的,可以认定为刑法第三百九十条第二款规定的"对侦破重大案件起关键作用":

(一)主动交待办案机关未掌握的重大案件线索的;

(二)主动交待的犯罪线索不属于重大案件的线索,但该线索对于重大案件侦破有重要作用的;

(三)主动交待行贿事实,对于重大案件的证据收集有重要作用的;

(四)主动交待行贿事实,对于重大案件的追逃、追赃有重要作用的。

第十五条 对多次受贿未经处理的,累计计算受贿数额。

国家工作人员利用职务上的便利为请托人谋取利益前后多次收受请托人财物,受请托之前收受的财物数额在一万元以上的,应当一并计入受贿数额。

第十六条 国家工作人员出于贪污、受贿的故意,非法占有公共财物、收受他人财物之后,将赃款赃物用于单位公务支出或者社会捐赠的,不影响贪污罪、受贿罪的认定,但量刑时可以酌情考虑。

特定关系人索取、收受他人财物,国家工作人员知道后未退还或者上交的,应当认定国家工作人员具有受贿故意。

第十七条 国家工作人员利用职务上的便利,收受他人财物,为他人谋取利益,同时构成受贿罪和刑法分则第三章第三节、第九章规定的渎职犯罪的,除刑法另有规定外,以受贿罪和渎职犯罪数罪并罚。

第十八条 贪污贿赂犯罪分子违法所得的一切财物,应当依照刑法第六十四条的规定予以追缴或者责令退赔,对被害人的合法财产应当及时返还。对尚未追缴到案或者尚未足额退赔的违法所得,应当继续追缴或者责令退赔。

第十九条 对贪污罪、受贿罪判处三年以下有期徒刑或者拘役的,应当并处十万元以上五十万元以下的罚金;判处三年以上十年以下有期徒刑的,应当并处二十万元以上犯罪数额二倍以下的罚金或者没收财产;判处十年以上有期徒刑或者无期徒刑的,应当并处五十万元以上犯罪数额二倍以下的罚金或者没收财产。

对刑法规定并处罚金的其他贪污贿赂犯罪,应当在十万元以上犯罪数额二倍以下判处罚金。

第二十条 本解释自2016年4月18日起施行。最高人民法院、最高人民检察院此前发布的司法解释与本解释不一致的,以本解释为准。

最高人民法院、最高人民检察院关于办理行贿刑事案件具体应用法律若干问题的解释

1. 2012年5月14日最高人民法院审判委员会第1547次会议、2012年8月21日最高人民检察院第十一届检察委员会第77次会议通过
2. 2012年12月26日公布
3. 法释〔2012〕22号
4. 自2013年1月1日起施行

为依法惩治行贿犯罪活动,根据刑法有关规定,现就办理行贿刑事案件具体应用法律的若干问题解释如下:

第一条 为谋取不正当利益,向国家工作人员行贿,数额在一万元以上的,应当依照刑法第三百九十条的规定追究刑事责任。

第二条 因行贿谋取不正当利益,具有下列情形之一的,应当认定为刑法第三百九十条第一款规定的"情节严重":

(一)行贿数额在二十万元以上不满一百万元的;

(二)行贿数额在十万元以上不满二十万元,并具有下列情形之一的:

1. 向三人以上行贿的;

2. 将违法所得用于行贿的;

3. 为实施违法犯罪活动,向负有食品、药品、安全生产、环境保护等监督管理职责的国家工作人员行贿,严重危害民生、侵犯公众生命财产安全的;

4. 向行政执法机关、司法机关的国家工作人员行贿,影响行政执法和司法公正的;

(三)其他情节严重的情形。

第三条 因行贿谋取不正当利益,造成直接经济损失数额在一百万元以上的,应当认定为刑法第三百九十条第一款规定的"使国家利益遭受重大损失"。

第四条 因行贿谋取不正当利益,具有下列情形之一的,应当认定为刑法第三百九十条第一款规定的"情节特别严重":

(一)行贿数额在一百万元以上的;

(二)行贿数额在五十万元以上不满一百万元,并具有下列情形之一的:

1. 向三人以上行贿的;

2. 将违法所得用于行贿的;

3. 为实施违法犯罪活动,向负有食品、药品、安全生产、环境保护等监督管理职责的国家工作人员行贿,严重危害民生、侵犯公众生命财产安全的;

4. 向行政执法机关、司法机关的国家工作人员行贿,影响行政执法和司法公正的;

(三)造成直接经济损失数额在五百万元以上的;

(四)其他情节特别严重的情形。

第五条 多次行贿未经处理的,按照累计行贿数额处罚。

第六条 行贿人谋取不正当利益的行为构成犯罪的,应当与行贿犯罪实行数罪并罚。

第七条 因行贿人在被追诉前主动交待行贿行为而破获相关受贿案件的,对行贿人不适用刑法第六十八条关于立功的规定,依照刑法第三百九十条第二款的规定,可以减轻或者免除处罚。

单位行贿的,在被追诉前,单位集体决定或者单位负责人决定主动交待单位行贿行为的,依照刑法第三百九十条第二款的规定,对单位及相关责任人员可以减轻处罚或者免除处罚;受委托直接办理单位行贿事项的直接责任人员在被追诉前主动交待自己知道的单位行贿行为的,对该直接责任人员可以依照刑法第三百九十条第二款的规定减轻处罚或者免除处罚。

第八条 行贿人被追诉后如实供述自己罪行的,依照刑法第六十七条第三款的规定,可以从轻处罚;因其如实供述自己罪行,避免特别严重后果发生的,可以减轻处罚。

第九条 行贿人揭发受贿人与其行贿无关的其他犯罪行为,查证属实的,依照刑法第六十八条关于立功的规定,可以从轻、减轻或者免除处罚。

第十条 实施行贿犯罪,具有下列情形之一的,一般不适用缓刑和免予刑事处罚:

(一)向三人以上行贿的;

(二)因行贿受过行政处罚或者刑事处罚的;

(三)为实施违法犯罪活动而行贿的;

(四)造成严重危害后果的;

(五)其他不适用缓刑和免予刑事处罚的情形。

具有刑法第三百九十条第二款规定的情形的,不受前款规定的限制。

第十一条 行贿犯罪取得的不正当财产性利益应当依照刑法第六十四条的规定予以追缴、责令退赔或者返还被害人。

因行贿犯罪取得财产性利益以外的经营资格、资质或

者职务晋升等其他不正当利益,建议有关部门依照相关规定予以处理。

第十二条　行贿犯罪中的"谋取不正当利益",是指行贿人谋取的利益违反法律、法规、规章、政策规定,或者要求国家工作人员违反法律、法规、规章、政策、行业规范的规定,为自己提供帮助或者方便条件。

违背公平、公正原则,在经济、组织人事管理等活动中,谋取竞争优势的,应当认定为"谋取不正当利益"。

第十三条　刑法第三百九十条第二款规定的"被追诉前",是指检察机关对行贿人的行贿行为刑事立案前。

最高人民法院关于审理挪用公款案件具体应用法律若干问题的解释

1. 1998年4月6日最高人民法院审判委员会第972次会议通过
2. 1998年4月29日公布
3. 法释〔1998〕9号
4. 自1998年5月9日起施行

为依法惩处挪用公款犯罪,根据刑法的有关规定,现对办理挪用公款案件具体应用法律的若干问题解释如下:

第一条　刑法第三百八十四条规定的"挪用公款归个人使用",包括挪用者本人使用或者给他人使用。

挪用公款给私有公司、私有企业使用的,属于挪用公款归个人使用。

第二条　对挪用公款罪,应区分三种不同情况予以认定:

(一)挪用公款归个人使用,数额较大、超过三个月未还的,构成挪用公款罪。

挪用正在生息或者需要支付利息的公款归个人使用,数额较大,超过三个月但在案发前全部归还本金的,可以从轻处罚或者免除处罚。给国家、集体造成的利息损失应予追缴。挪用公款数额巨大,超过三个月,案发前全部归还的,可以酌情从轻处罚。

(二)挪用公款数额较大,归个人进行营利活动的,构成挪用公款罪,不受挪用时间和是否归还的限制。在案发前部分或者全部归还本息的,可以从轻处罚;情节轻微的,可以免除处罚。

挪用公款存入银行、用于集资、购买股票、国债等,属于挪用公款进行营利活动。所获取的利息、收益等违法所得,应当追缴,但不计入挪用公款的数额。

(三)挪用公款归个人使用,进行赌博、走私等非法活动的,构成挪用公款罪,不受"数额较大"和挪用时间的限制。

挪用公款给他人使用,不知道使用人用公款进行营利活动或者用于非法活动,数额较大、超过三个月未还的,构成挪用公款罪;明知使用人用于营利活动或者非法活动的,应当认定为挪用人挪用公款进行营利活动或者非法活动。

第三条　挪用公款归个人使用,"数额较大、进行营利活动的",或者"数额较大、超过三个月未还的",以挪用公款一万元至三万元为"数额较大"的起点,以挪用公款十五万元至二十万元为"数额巨大"的起点。挪用公款"情节严重",是指挪用公款数额巨大,或者数额虽未达到巨大,但挪用公款手段恶劣;多次挪用公款;因挪用公款严重影响生产、经营,造成严重损失等情形。

"挪用公款归个人使用,进行非法活动的",以挪用公款五千元至一万元为追究刑事责任的数额起点。挪用公款五万元至十万元以上的,属于挪用公款归个人使用,进行非法活动"情节严重"的情形之一。挪用公款归个人使用,进行非法活动,情节严重的其他情形,按照本条第一款的规定执行。

各高级人民法院可以根据本地实际情况,按照本解释规定的数额幅度,确定本地区执行的具体数额标准,并报最高人民法院备案。

挪用救灾、抢险、防汛、优抚、扶贫、移民、救济款物归个人使用的数额标准,参照挪用公款归个人使用进行非法活动的数额标准。

第四条　多次挪用公款不还,挪用公款数额累计计算;多次挪用公款,并以后次挪用的公款归还前次挪用的公款,挪用公款数额以案发时未还的实际数额认定。

第五条　"挪用公款数额巨大不退还的",是指挪用公款数额巨大,因客观原因在一审宣判前不能退还的。

第六条　携带挪用的公款潜逃的,依照刑法第三百八十二条、第三百八十三条的规定定罪处罚。

第七条　因挪用公款索取、收受贿赂构成犯罪的,依照数罪并罚的规定处罚。

挪用公款进行非法活动构成其他犯罪的,依照数罪并罚的规定处罚。

第八条　挪用公款给他人使用,使用人与挪用人共谋,指使或者参与策划取得挪用款的,以挪用公款罪的共犯定罪处罚。

八、程序法编

导读：

程序法，在《中国特色社会主义法律体系》白皮书中称为“诉讼与非诉讼程序法”。根据“白皮书”的描述，诉讼与非诉讼程序法是规范解决社会纠纷的诉讼活动与非诉讼活动的法律规范。诉讼法律制度是规范国家司法活动解决社会纠纷的法律规范，非诉讼程序法律制度是规范仲裁机构或者人民调解组织解决社会纠纷的法律规范。截至 2011 年 8 月底，中国已制定了诉讼与非诉讼程序法方面的法律 10 部。

中国制定了刑事诉讼法，规定一切公民在适用法律上一律平等，人民法院、人民检察院分别独立行使审判权、检察权，人民法院、人民检察院、公安机关分工负责、互相配合、互相制约，保证犯罪嫌疑人、被告人获得辩护，未经人民法院依法判决，对任何人不得确定有罪等刑事诉讼的基本原则和制度，并规定了管辖、回避、辩护、证据、强制措施、侦查、起诉、审判、执行等制度和程序，有效保证了刑法的正确实施，保护了公民的人身权利、财产权利、民主权利和其他权利，保障了社会主义建设事业的顺利进行。

中国制定了民事诉讼法，确立当事人有平等的诉讼权利、根据自愿和合法的原则进行调解、公开审判、两审终审等民事诉讼的基本原则和制度，明确了诉讼当事人的诉讼权利和诉讼义务，规范了证据制度，规定了第一审普通程序、第二审程序、简易程序、特别程序、审判监督程序等民事审判程序，还对执行程序、强制执行措施作了明确规定。

中国制定了行政诉讼法，确立了“民告官”的法律救济制度。行政诉讼法明确规定，公民、法人和其他组织认为自己的合法权益被行政机关及其工作人员侵犯，有权依法向人民法院提起行政诉讼，人民法院依法对行政案件独立行使审判权，保障公民的合法权益。行政诉讼法颁布实施以来，平均每年受理行政案件 10 万余件，保障了公民的合法权益，促进了行政机关依法行使行政职权。

中国制定了仲裁法，规范了国内仲裁与涉外仲裁机构的设立，明确规定仲裁委员会独立于行政机关，从机构设置上保证了仲裁委员会的独立性，明确将自愿、仲裁独立、一裁终局等原则作为仲裁的基本原则，系统规定了仲裁程序。仲裁法颁布实施以来，共仲裁各类经济纠纷 50 多万件，案件标的额达到人民币 7000 多亿元，对于公正、及时、有效地解决民事经济纠纷，保护当事人的合法权益，维护社会经济秩序稳定与促进社会和谐，发挥了积极作用。

人民调解是一项具有中国特色的化解矛盾、消除纷争的非诉讼纠纷解决方式。中国宪法、民事诉讼法对人民调解的性质和基本原则作了规定，国务院颁布了人民调解委员会组织条例，人民调解工作不断发展。2009 年，人民调解组织调解民间纠纷 767 万多件，调解成功率在 96% 以上。为进一步推动人民调解工作，完善人民调解制度，中国制定了人民调解法，将人民调解工作长期积累的好经验、好做法制定为法律。目前，中国共有人民调解组织 82 万多个，人民调解员 467 万多人，形成了覆盖广大城乡的人民调解工作网络，为预防和减少民间纠纷、化解社会矛盾、维护社会和谐稳定发挥了重要作用。

此外，中国还制定了引渡法、海事诉讼特别程序法、劳动争议调解仲裁法、农村土地承包经营纠纷调解仲裁法等法律，建立健全了诉讼与非诉讼程序法律制度。

资料补充栏

1. 诉讼程序

中华人民共和国刑事诉讼法

1. 1979年7月1日第五届全国人民代表大会第二次会议通过
2. 根据1996年3月17日第八届全国人民代表大会第四次会议《关于修改〈中华人民共和国刑事诉讼法〉的决定》第一次修正
3. 根据2012年3月14日第十一届全国人民代表大会第五次会议《关于修改〈中华人民共和国刑事诉讼法〉的决定》第二次修正

目　录

第一编　总　　则

第一章　任务和基本原则

第一条　【立法目的】为了保证刑法的正确实施，惩罚犯罪，保护人民，保障国家安全和社会公共安全，维护社会主义社会秩序，根据宪法，制定本法。

第二条　【本法任务】中华人民共和国刑事诉讼法的任务，是保证准确、及时地查明犯罪事实，正确应用法律，惩罚犯罪分子，保障无罪的人不受刑事追究，教育公民自觉遵守法律，积极同犯罪行为作斗争，维护社会主义法制，尊重和保障人权，保护公民的人身权利、财产权利、民主权利和其他权利，保障社会主义建设事业的顺利进行。

第三条　【公检法职责分工】对刑事案件的侦查、拘留、执行逮捕、预审，由公安机关负责。检察、批准逮捕、检察机关直接受理的案件的侦查、提起公诉，由人民检察院负责。审判由人民法院负责。除法律特别规定的以外，其他任何机关、团体和个人都无权行使这些权力。

人民法院、人民检察院和公安机关进行刑事诉讼，必须严格遵守本法和其他法律的有关规定。

第四条　【国家安全机关职权】国家安全机关依照法律规定，办理危害国家安全的刑事案件，行使与公安机关相同的职权。

第五条　【法院、检察院依法独立行使职权】人民法院依照法律规定独立行使审判权，人民检察院依照法律规定独立行使检察权，不受行政机关、社会团体和个人的干涉。

第六条　【诉讼基本原则】人民法院、人民检察院和公安机关进行刑事诉讼，必须依靠群众，必须以事实为根据，以法律为准绳。对于一切公民，在适用法律上一律平等，在法律面前，不允许有任何特权。

第七条　【三机关相互关系】人民法院、人民检察院和公安机关进行刑事诉讼，应当分工负责，互相配合，互相制约，以保证准确有效地执行法律。

第八条　【法律监督】人民检察院依法对刑事诉讼实行法律监督。

第九条　【诉讼语言文字】各民族公民都有用本民族语言文字进行诉讼的权利。人民法院、人民检察院和公安机关对于不通晓当地通用的语言文字的诉讼参与人，应当为他们翻译。

在少数民族聚居或者多民族杂居的地区,应当用当地通用的语言进行审讯,用当地通用的文字发布判决书、布告和其他文件。

第十条 【两审终审】人民法院审判案件,实行两审终审制。

第十一条 【审判公开及辩护权】人民法院审判案件,除本法另有规定的以外,一律公开进行。被告人有权获得辩护,人民法院有义务保证被告人获得辩护。

第十二条 【无罪推定】未经人民法院依法判决,对任何人都不得确定有罪。

第十三条 【人民陪审制】人民法院审判案件,依照本法实行人民陪审员陪审的制度。

第十四条 【保障诉讼权利】人民法院、人民检察院和公安机关应当保障犯罪嫌疑人、被告人和其他诉讼参与人依法享有的辩护权和其他诉讼权利。

诉讼参与人对于审判人员、检察人员和侦查人员侵犯公民诉讼权利和人身侮辱的行为,有权提出控告。

第十五条 【不追究刑事责任情形】有下列情形之一的,不追究刑事责任,已经追究的,应当撤销案件,或者不起诉,或者终止审理,或者宣告无罪:

(一)情节显著轻微、危害不大,不认为是犯罪的;

(二)犯罪已过追诉时效期限的;

(三)经特赦令免除刑罚的;

(四)依照刑法告诉才处理的犯罪,没有告诉或者撤回告诉的;

(五)犯罪嫌疑人、被告人死亡的;

(六)其他法律规定免予追究刑事责任的。

第十六条 【外国人刑事责任的处理】对于外国人犯罪应当追究刑事责任的,适用本法的规定。

对于享有外交特权和豁免权的外国人犯罪应当追究刑事责任的,通过外交途径解决。

第十七条 【刑事司法协助】根据中华人民共和国缔结或者参加的国际条约,或者按照互惠原则,我国司法机关和外国司法机关可以相互请求刑事司法协助。

第二章 管　　辖

第十八条 【职能管辖】刑事案件的侦查由公安机关进行,法律另有规定的除外。

贪污贿赂犯罪,国家工作人员的渎职犯罪,国家机关工作人员利用职权实施的非法拘禁、刑讯逼供、报复陷害、非法搜查的侵犯公民人身权利的犯罪以及侵犯公民民主权利的犯罪,由人民检察院立案侦查。对于国家机关工作人员利用职权实施的其他重大的犯罪案件,需要由人民检察院直接受理的时候,经省级以上人民检察院决定,可以由人民检察院立案侦查。

自诉案件,由人民法院直接受理。

第十九条 【基层法院管辖】基层人民法院管辖第一审普通刑事案件,但是依照本法由上级人民法院管辖的除外。

第二十条 【中级法院管辖】中级人民法院管辖下列第一审刑事案件:

(一)危害国家安全、恐怖活动案件;

(二)可能判处无期徒刑、死刑的案件。

第二十一条 【高级法院管辖】高级人民法院管辖的第一审刑事案件,是全省(自治区、直辖市)性的重大刑事案件。

第二十二条 【最高人民法院管辖】最高人民法院管辖的第一审刑事案件,是全国性的重大刑事案件。

第二十三条 【级别管辖变通】上级人民法院在必要的时候,可以审判下级人民法院管辖的第一审刑事案件;下级人民法院认为案情重大、复杂需要由上级人民法院审判的第一审刑事案件,可以请求移送上一级人民法院审判。

第二十四条 【审判地域管辖】刑事案件由犯罪地的人民法院管辖。如果由被告人居住地的人民法院审判更为适宜的,可以由被告人居住地的人民法院管辖。

第二十五条 【优先、移送管辖】几个同级人民法院都有权管辖的案件,由最初受理的人民法院审判。在必要的时候,可以移送主要犯罪地的人民法院审判。

第二十六条 【指定管辖】上级人民法院可以指定下级人民法院审判管辖不明的案件,也可以指定下级人民法院将案件移送其他人民法院审判。

第二十七条 【专门管辖】专门人民法院案件的管辖另行规定。

第三章 回　　避

第二十八条 【回避事由和方式】审判人员、检察人员、侦查人员有下列情形之一的,应当自行回避,当事人及其法定代理人也有权要求他们回避:

(一)是本案的当事人或者是当事人的近亲属的;

(二)本人或者他的近亲属和本案有利害关系的;

(三)担任过本案的证人、鉴定人、辩护人、诉讼代理人的;

(四)与本案当事人有其他关系,可能影响公正处理案件的。

第二十九条 【办案人员行为之禁止】审判人员、检察人员、侦查人员不得接受当事人及其委托的人的请客送礼,不得违反规定会见当事人及其委托的人。

审判人员、检察人员、侦查人员违反前款规定的,应当依法追究法律责任。当事人及其法定代理人有权要求他们回避。

第三十条 【回避的决定及效力】审判人员、检察人员、侦查人员的回避,应当分别由院长、检察长、公安机关负责人决定;院长的回避,由本院审判委员会决定;检察长和公安机关负责人的回避,由同级人民检察院检察委员会决定。

对侦查人员的回避作出决定前,侦查人员不能停止对案件的侦查。

对驳回申请回避的决定,当事人及其法定代理人可以申请复议一次。

第三十一条 【其他人员的回避】本章关于回避的规定适用于书记员、翻译人员和鉴定人。

辩护人、诉讼代理人可以依照本章的规定要求回避、申请复议。

第四章 辩护与代理

第三十二条 【自行辩护与委托辩护】犯罪嫌疑人、被告人除自己行使辩护权以外,还可以委托一至二人作为辩护人。下列的人可以被委托为辩护人:

(一)律师;

(二)人民团体或者犯罪嫌疑人、被告人所在单位推荐的人;

(三)犯罪嫌疑人、被告人的监护人、亲友。

正在被执行刑罚或者依法被剥夺、限制人身自由的人,不得担任辩护人。

第三十三条 【委托辩护人的时间】犯罪嫌疑人自被侦查机关第一次讯问或者采取强制措施之日起,有权委托辩护人;在侦查期间,只能委托律师作为辩护人。被告人有权随时委托辩护人。

侦查机关在第一次讯问犯罪嫌疑人或者对犯罪嫌疑人采取强制措施的时候,应当告知犯罪嫌疑人有权委托辩护人。人民检察院自收到移送审查起诉的案件材料之日起三日以内,应当告知犯罪嫌疑人有权委托辩护人。人民法院自受理案件之日起三日以内,应当告知被告人有权委托辩护人。犯罪嫌疑人、被告人在押期间要求委托辩护人的,人民法院、人民检察院和公安机关应当及时转达其要求。

犯罪嫌疑人、被告人在押的,也可以由其监护人、近亲属代为委托辩护人。

辩护人接受犯罪嫌疑人、被告人委托后,应当及时告知办理案件的机关。

第三十四条 【指定辩护】犯罪嫌疑人、被告人因经济困难或者其他原因没有委托辩护人的,本人及其近亲属可以向法律援助机构提出申请。对符合法律援助条件的,法律援助机构应当指派律师为其提供辩护。

犯罪嫌疑人、被告人是盲、聋、哑人,或者是尚未完全丧失辨认或者控制自己行为能力的精神病人,没有委托辩护人的,人民法院、人民检察院和公安机关应当通知法律援助机构指派律师为其提供辩护。

犯罪嫌疑人、被告人可能被判处无期徒刑、死刑,没有委托辩护人的,人民法院、人民检察院和公安机关应当通知法律援助机构指派律师为其提供辩护。

第三十五条 【辩护人的责任】辩护人的责任是根据事实和法律,提出犯罪嫌疑人、被告人无罪、罪轻或者减轻、免除其刑事责任的材料和意见,维护犯罪嫌疑人、被告人的诉讼权利和其他合法权益。

第三十六条 【辩护律师侦查期间的权利】辩护律师在侦查期间可以为犯罪嫌疑人提供法律帮助;代理申诉、控告;申请变更强制措施;向侦查机关了解犯罪嫌疑人涉嫌的罪名和案件有关情况,提出意见。

第三十七条 【辩护人会见通信权】辩护律师可以同在押的犯罪嫌疑人、被告人会见和通信。其他辩护人经人民法院、人民检察院许可,也可以同在押的犯罪嫌疑人、被告人会见和通信。

辩护律师持律师执业证书、律师事务所证明和委托书或者法律援助公函要求会见在押的犯罪嫌疑人、被告人的,看守所应当及时安排会见,至迟不得超过四十八小时。

危害国家安全犯罪、恐怖活动犯罪、特别重大贿赂犯罪案件,在侦查期间辩护律师会见在押的犯罪嫌疑人,应当经侦查机关许可。上述案件,侦查机关应当事先通知看守所。

辩护律师会见在押的犯罪嫌疑人、被告人,可以了解案件有关情况,提供法律咨询等;自案件移送审查起诉之日起,可以向犯罪嫌疑人、被告人核实有关证据。辩护律师会见犯罪嫌疑人、被告人时不被监听。

辩护律师同被监视居住的犯罪嫌疑人、被告人会见、通信,适用第一款、第三款、第四款的规定。

第三十八条 【辩护人查阅摘抄复制权】辩护律师自人民检察院对案件审查起诉之日起,可以查阅、摘抄、复制本案的案卷材料。其他辩护人经人民法院、人民检察院许可,也可以查阅、摘抄、复制上述材料。

第三十九条 【辩护人申请调取证据权】辩护人认为在侦查、审查起诉期间公安机关、人民检察院收集的证明犯罪嫌疑人、被告人无罪或者罪轻的证据材料未提交的,有权申请人民检察院、人民法院调取。

第四十条 【辩护人证据展示义务】辩护人收集的有关犯罪嫌疑人不在犯罪现场、未达到刑事责任年龄、属于依法不负刑事责任的精神病人的证据,应当及时告知公安机关、人民检察院。

第四十一条 【律师调查取证权】辩护律师经证人或者其他有关单位和个人同意,可以向他们收集与本案有关的材料,也可以申请人民检察院、人民法院收集、调取证据,或者申请人民法院通知证人出庭作证。

辩护律师经人民检察院或者人民法院许可,并且经被害人或者其近亲属、被害人提供的证人同意,可以向他们收集与本案有关的材料。

第四十二条 【辩护人的义务】辩护人或者其他任何人,不得帮助犯罪嫌疑人、被告人隐匿、毁灭、伪造证据或者串供,不得威胁、引诱证人作伪证以及进行其他干扰司法机关诉讼活动的行为。

违反前款规定的,应当依法追究法律责任,辩护人涉嫌犯罪的,应当由办理辩护人所承办案件的侦查机关以外的侦查机关办理。辩护人是律师的,应当及时通知其所在的律师事务所或者所属的律师协会。

第四十三条　【被告人拒绝与更换辩护】在审判过程中，被告人可以拒绝辩护人继续为他辩护，也可以另行委托辩护人辩护。

第四十四条　【诉讼代理】公诉案件的被害人及其法定代理人或者近亲属，附带民事诉讼的当事人及其法定代理人，自案件移送审查起诉之日起，有权委托诉讼代理人。自诉案件的自诉人及其法定代理人，附带民事诉讼的当事人及其法定代理人，有权随时委托诉讼代理人。

人民检察院自收到移送审查起诉的案件材料之日起三日以内，应当告知被害人及其法定代理人或者其近亲属、附带民事诉讼的当事人及其法定代理人有权委托诉讼代理人。人民法院自受理自诉案件之日起三日以内，应当告知自诉人及其法定代理人、附带民事诉讼的当事人及其法定代理人有权委托诉讼代理人。

第四十五条　【诉讼代理人的范围】委托诉讼代理人，参照本法第三十二条的规定执行。

第四十六条　【辩护律师的保密义务】辩护律师对在执业活动中知悉的委托人的有关情况和信息，有权予以保密。但是，辩护律师在执业活动中知悉委托人或者其他人，准备或者正在实施危害国家安全、公共安全以及严重危害他人人身安全的犯罪的，应当及时告知司法机关。

第四十七条　【辩护人、诉讼代理人申诉控告权】辩护人、诉讼代理人认为公安机关、人民检察院、人民法院及其工作人员阻碍其依法行使诉讼权利的，有权向同级或者上一级人民检察院申诉或者控告。人民检察院对申诉或者控告应当及时进行审查，情况属实的，通知有关机关予以纠正。

第五章　证　　据

第四十八条　【证据及种类】可以用于证明案件事实的材料，都是证据。

证据包括：

（一）物证；

（二）书证；

（三）证人证言；

（四）被害人陈述；

（五）犯罪嫌疑人、被告人供述和辩解；

（六）鉴定意见；

（七）勘验、检查、辨认、侦查实验等笔录；

（八）视听资料、电子数据。

证据必须经过查证属实，才能作为定案的根据。

第四十九条　【举证责任】公诉案件中被告人有罪的举证责任由人民检察院承担，自诉案件中被告人有罪的举证责任由自诉人承担。

第五十条　【证据的收集】审判人员、检察人员、侦查人员必须依照法定程序，收集能够证实犯罪嫌疑人、被告人有罪或者无罪、犯罪情节轻重的各种证据。严禁刑讯逼供和以威胁、引诱、欺骗以及其他非法方法收集证据，不得强迫任何人证实自己有罪。必须保证一切与案件有关或者了解案情的公民，有客观地充分地提供证据的条件，除特殊情况外，可以吸收他们协助调查。

第五十一条　【运用证据要求】公安机关提请批准逮捕书、人民检察院起诉书、人民法院判决书，必须忠实于事实真象。故意隐瞒事实真象的，应当追究责任。

第五十二条　【取证主体、对象及妨碍取证的法律责任】人民法院、人民检察院和公安机关有权向有关单位和个人收集、调取证据。有关单位和个人应当如实提供证据。

行政机关在行政执法和查办案件过程中收集的物证、书证、视听资料、电子数据等证据材料，在刑事诉讼中可以作为证据使用。

对涉及国家秘密、商业秘密、个人隐私的证据，应当保密。

凡是伪造证据、隐匿证据或者毁灭证据的，无论属于何方，必须受法律追究。

第五十三条　【重调查、不轻信口供】对一切案件的判处都要重证据，重调查研究，不轻信口供。只有被告人供述，没有其他证据的，不能认定被告人有罪和处以刑罚；没有被告人供述，证据确实、充分的，可以认定被告人有罪和处以刑罚。

证据确实、充分，应当符合以下条件：

（一）定罪量刑的事实都有证据证明；

（二）据以定案的证据均经法定程序查证属实；

（三）综合全案证据，对所认定事实已排除合理怀疑。

第五十四条　【非法证据排除规则】采用刑讯逼供等非法方法收集的犯罪嫌疑人、被告人供述和采用暴力、威胁等非法方法收集的证人证言、被害人陈述，应当予以排除。收集物证、书证不符合法定程序，可能严重影响司法公正的，应当予以补正或者作出合理解释；不能补正或者作出合理解释的，对该证据应当予以排除。

在侦查、审查起诉、审判时发现有应当排除的证据的，应当依法予以排除，不得作为起诉意见、起诉决定和判决的依据。

第五十五条　【检察机关调查核实排除非法证据职责】人民检察院接到报案、控告、举报或者发现侦查人员以非法方法收集证据的，应当进行调查核实。对于确有以非法方法收集证据情形的，应当提出纠正意见；构成犯罪的，依法追究刑事责任。

第五十六条　【非法证据调查程序】法庭审理过程中，审判人员认为可能存在本法第五十四条规定的以非法方法收集证据情形的，应当对证据收集的合法性进行法庭调查。

当事人及其辩护人、诉讼代理人有权申请人民法院对以非法方法收集的证据依法予以排除。申请排除以非法方法收集的证据的，应当提供相关线索或者材料。

第五十七条 【证据合法性证明】在对证据收集的合法性进行法庭调查的过程中,人民检察院应当对证据收集的合法性加以证明。

现有证据材料不能证明证据收集的合法性的,人民检察院可以提请人民法院通知有关侦查人员或者其他人员出庭说明情况;人民法院可以通知有关侦查人员或者其他人员出庭说明情况。有关侦查人员或者其他人员也可以要求出庭说明情况。经人民法院通知,有关人员应当出庭。

第五十八条 【严格排除原则】对于经过法庭审理,确认或者不能排除存在本法第五十四条规定的以非法方法收集证据情形的,对有关证据应当予以排除。

第五十九条 【证言的审查判断】证人证言必须在法庭上经过公诉人、被害人和被告人、辩护人双方质证并且查实以后,才能作为定案的根据。法庭查明证人有意作伪证或者隐匿罪证的时候,应当依法处理。

第六十条 【证人的资格与义务】凡是知道案件情况的人,都有作证的义务。

生理上、精神上有缺陷或者年幼,不能辨别是非、不能正确表达的人,不能作证人。

第六十一条 【证人及其近亲属的保护】人民法院、人民检察院和公安机关应当保障证人及其近亲属的安全。

对证人及其近亲属进行威胁、侮辱、殴打或者打击报复,构成犯罪的,依法追究刑事责任;尚不够刑事处罚的,依法给予治安管理处罚。

第六十二条 【特殊保护措施】对于危害国家安全犯罪、恐怖活动犯罪、黑社会性质的组织犯罪、毒品犯罪等案件,证人、鉴定人、被害人因在诉讼中作证,本人或者其近亲属的人身安全面临危险的,人民法院、人民检察院和公安机关应当采取以下一项或者多项保护措施:

(一)不公开真实姓名、住址和工作单位等个人信息;

(二)采取不暴露外貌、真实声音等出庭作证措施;

(三)禁止特定的人员接触证人、鉴定人、被害人及其近亲属;

(四)对人身和住宅采取专门性保护措施;

(五)其他必要的保护措施。

证人、鉴定人、被害人认为因在诉讼中作证,本人或者其近亲属的人身安全面临危险的,可以向人民法院、人民检察院、公安机关请求予以保护。

人民法院、人民检察院、公安机关依法采取保护措施,有关单位和个人应当配合。

第六十三条 【证人作证补助制度】证人因履行作证义务而支出的交通、住宿、就餐等费用,应当给予补助。证人作证的补助列入司法机关业务经费,由同级政府财政予以保障。

有工作单位的证人作证,所在单位不得克扣或者变相克扣其工资、奖金及其他福利待遇。

第六章 强制措施

第六十四条 【拘传、取保候审、监视居住的概括性规定】人民法院、人民检察院和公安机关根据案件情况,对犯罪嫌疑人、被告人可以拘传、取保候审或者监视居住。

第六十五条 【取保候审的条件与执行】人民法院、人民检察院和公安机关对有下列情形之一的犯罪嫌疑人、被告人,可以取保候审:

(一)可能判处管制、拘役或者独立适用附加刑的;

(二)可能判处有期徒刑以上刑罚,采取取保候审不致发生社会危险性的;

(三)患有严重疾病、生活不能自理,怀孕或者正在哺乳自己婴儿的妇女,采取取保候审不致发生社会危险性的;

(四)羁押期限届满,案件尚未办结,需要采取取保候审的。

取保候审由公安机关执行。

第六十六条 【取保候审的保证方式】人民法院、人民检察院和公安机关决定对犯罪嫌疑人、被告人取保候审,应当责令犯罪嫌疑人、被告人提出保证人或者交纳保证金。

第六十七条 【保证人的条件】保证人必须符合下列条件:

(一)与本案无牵连;

(二)有能力履行保证义务;

(三)享有政治权利,人身自由未受到限制;

(四)有固定的住处和收入。

第六十八条 【保证人的义务及法律责任】保证人应当履行以下义务:

(一)监督被保证人遵守本法第六十九条的规定;

(二)发现被保证人可能发生或者已经发生违反本法第六十九条规定的行为的,应当及时向执行机关报告。

被保证人有违反本法第六十九条规定的行为,保证人未履行保证义务的,对保证人处以罚款,构成犯罪的,依法追究刑事责任。

第六十九条 【被取保候审人的义务】被取保候审的犯罪嫌疑人、被告人应当遵守以下规定:

(一)未经执行机关批准不得离开所居住的市、县;

(二)住址、工作单位和联系方式发生变动的,在二十四小时以内向执行机关报告;

(三)在传讯的时候及时到案;

(四)不得以任何形式干扰证人作证;

(五)不得毁灭、伪造证据或者串供。

人民法院、人民检察院和公安机关可以根据案件情况,责令被取保候审的犯罪嫌疑人、被告人遵守以下一项或者多项规定:

(一)不得进入特定的场所;

(二)不得与特定的人员会见或者通信;

(三)不得从事特定的活动;

(四)将护照等出入境证件、驾驶证件交执行机关保存。

被取保候审的犯罪嫌疑人、被告人违反前两款规定,已交纳保证金的,没收部分或者全部保证金,并且区别情形,责令犯罪嫌疑人、被告人具结悔过,重新交纳保证金、提出保证人,或者监视居住、予以逮捕。

对违反取保候审规定,需要予以逮捕的,可以对犯罪嫌疑人、被告人先行拘留。

第七十条 【保证金的确定及缴纳】取保候审的决定机关应当综合考虑保证诉讼活动正常进行的需要,被取保候审人的社会危险性,案件的性质、情节,可能判处刑罚的轻重,被取保候审人的经济状况等情况,确定保证金的数额。

提供保证金的人应当将保证金存入执行机关指定银行的专门账户。

第七十一条 【退还保证金】犯罪嫌疑人、被告人在取保候审期间未违反本法第六十九条规定的,取保候审结束的时候,凭解除取保候审的通知或者有关法律文书到银行领取退还的保证金。

第七十二条 【监视居住的条件】人民法院、人民检察院和公安机关对符合逮捕条件,有下列情形之一的犯罪嫌疑人、被告人,可以监视居住:

(一)患有严重疾病、生活不能自理的;

(二)怀孕或者正在哺乳自己婴儿的妇女;

(三)系生活不能自理的人的唯一扶养人;

(四)因为案件的特殊情况或者办理案件的需要,采取监视居住措施更为适宜的;

(五)羁押期限届满,案件尚未办结,需要采取监视居住措施的。

对符合取保候审条件,但犯罪嫌疑人、被告人不能提出保证人,也不交纳保证金的,可以监视居住。

监视居住由公安机关执行。

第七十三条 【监视居住的执行】监视居住应当在犯罪嫌疑人、被告人的住处执行;无固定住处的,可以在指定的居所执行。对于涉嫌危害国家安全犯罪、恐怖活动犯罪、特别重大贿赂犯罪,在住处执行可能有碍侦查的,经上一级人民检察院或者公安机关批准,也可以在指定的居所执行。但是,不得在羁押场所、专门的办案场所执行。

指定居所监视居住的,除无法通知的以外,应当在执行监视居住后二十四小时以内,通知被监视居住人的家属。

被监视居住的犯罪嫌疑人、被告人委托辩护人,适用本法第三十三条的规定。

人民检察院对指定居所监视居住的决定和执行是否合法实行监督。

第七十四条 【监视居住期限的折抵】指定居所监视居住的期限应当折抵刑期。被判处管制的,监视居住一日折抵刑期一日;被判处拘役、有期徒刑的,监视居住二日折抵刑期一日。

第七十五条 【被监视居住人的义务】被监视居住的犯罪嫌疑人、被告人应当遵守以下规定:

(一)未经执行机关批准不得离开执行监视居住的处所;

(二)未经执行机关批准不得会见他人或者通信;

(三)在传讯的时候及时到案;

(四)不得以任何形式干扰证人作证;

(五)不得毁灭、伪造证据或者串供;

(六)将护照等出入境证件、身份证件、驾驶证件交执行机关保存。

被监视居住的犯罪嫌疑人、被告人违反前款规定,情节严重的,可以予以逮捕;需要予以逮捕的,可以对犯罪嫌疑人、被告人先行拘留。

第七十六条 【监视居住监控方式】执行机关对被监视居住的犯罪嫌疑人、被告人,可以采取电子监控、不定期检查等监视方法对其遵守监视居住规定的情况进行监督;在侦查期间,可以对被监视居住的犯罪嫌疑人的通信进行监控。

第七十七条 【取保候审和监视居住的期限和解除】人民法院、人民检察院和公安机关对犯罪嫌疑人、被告人取保候审最长不得超过十二个月,监视居住最长不得超过六个月。

在取保候审、监视居住期间,不得中断对案件的侦查、起诉和审理。对于发现不应当追究刑事责任或者取保候审、监视居住期限届满的,应当及时解除取保候审、监视居住。解除取保候审、监视居住,应当及时通知被取保候审、监视居住人和有关单位。

第七十八条 【逮捕的权限划分】逮捕犯罪嫌疑人、被告人,必须经过人民检察院批准或者人民法院决定,由公安机关执行。

第七十九条 【逮捕的条件】对有证据证明有犯罪事实,可能判处徒刑以上刑罚的犯罪嫌疑人、被告人,采取取保候审尚不足以防止发生下列社会危险性的,应当予以逮捕:

(一)可能实施新的犯罪的;

(二)有危害国家安全、公共安全或者社会秩序的现实危险的;

(三)可能毁灭、伪造证据,干扰证人作证或者串供的;

(四)可能对被害人、举报人、控告人实施打击报复的;

(五)企图自杀或者逃跑的。

对有证据证明有犯罪事实,可能判处十年有期徒刑以上刑罚的,或者有证据证明有犯罪事实,可能判处徒刑以上刑罚,曾经故意犯罪或者身份不明的,应当予以逮捕。

被取保候审、监视居住的犯罪嫌疑人、被告人违反取保候审、监视居住规定,情节严重的,可以予以逮捕。

第八十条 【拘留的条件】公安机关对于现行犯或者重大嫌疑分子,如果有下列情形之一的,可以先行拘留:

(一)正在预备犯罪、实行犯罪或者在犯罪后即时被发觉的;

(二)被害人或者在场亲眼看见的人指认他犯罪的;
(三)在身边或者住处发现有犯罪证据的;
(四)犯罪后企图自杀、逃跑或者在逃的;
(五)有毁灭、伪造证据或者串供可能的;
(六)不讲真实姓名、住址,身份不明的;
(七)有流窜作案、多次作案、结伙作案重大嫌疑的。

第八十一条　【异地执行拘留、逮捕】公安机关在异地执行拘留、逮捕的时候,应当通知被拘留、逮捕人所在地的公安机关,被拘留、逮捕人所在地的公安机关应当予以配合。

第八十二条　【公民扭送】对于有下列情形的人,任何公民都可以立即扭送公安机关、人民检察院或者人民法院处理:
(一)正在实行犯罪或者在犯罪后即时被发觉的;
(二)通缉在案的;
(三)越狱逃跑的;
(四)正在被追捕的。

第八十三条　【拘留的执行】公安机关拘留人的时候,必须出示拘留证。

拘留后,应当立即将被拘留人送看守所羁押,至迟不得超过二十四小时。除无法通知或者涉嫌危害国家安全犯罪、恐怖活动犯罪通知可能有碍侦查的情形以外,应当在拘留后二十四小时以内,通知被拘留人的家属。有碍侦查的情形消失以后,应当立即通知被拘留人的家属。

第八十四条　【拘留后案件的办理】公安机关对被拘留的人,应当在拘留后的二十四小时以内进行讯问。在发现不应当拘留的时候,必须立即释放,发给释放证明。

第八十五条　【提请批准逮捕】公安机关要求逮捕犯罪嫌疑人的时候,应当写出提请批准逮捕书,连同案卷材料、证据,一并移送同级人民检察院审查批准。必要的时候,人民检察院可以派人参加公安机关对于重大案件的讨论。

第八十六条　【审查批准逮捕程序】人民检察院审查批准逮捕,可以讯问犯罪嫌疑人;有下列情形之一的,应当讯问犯罪嫌疑人:
(一)对是否符合逮捕条件有疑问的;
(二)犯罪嫌疑人要求向检察人员当面陈述的;
(三)侦查活动可能有重大违法行为的。

人民检察院审查批准逮捕,可以询问证人等诉讼参与人,听取辩护律师的意见;辩护律师提出要求的,应当听取辩护律师的意见。

第八十七条　【批捕权】人民检察院审查批准逮捕犯罪嫌疑人由检察长决定。重大案件应当提交检察委员会讨论决定。

第八十八条　【审查批捕】人民检察院对于公安机关提请批准逮捕的案件进行审查后,应当根据情况分别作出批准逮捕或者不批准逮捕的决定。对于批准逮捕的决定,公安机关应当立即执行,并且将执行情况及时通知人民检察院。对于不批准逮捕的,人民检察院应当说明理由,需要补充侦查的,应当同时通知公安机关。

第八十九条　【提请批捕和批捕的时限】公安机关对被拘留的人,认为需要逮捕的,应当在拘留后的三日以内,提请人民检察院审查批准。在特殊情况下,提请审查批准的时间可以延长一日至四日。

对于流窜作案、多次作案、结伙作案的重大嫌疑分子,提请审查批准的时间可以延长至三十日。

人民检察院应当自接到公安机关提请批准逮捕书后的七日以内,作出批准逮捕或者不批准逮捕的决定。人民检察院不批准逮捕的,公安机关应当在接到通知后立即释放,并且将执行情况及时通知人民检察院。对于需要继续侦查,并且符合取保候审、监视居住条件的,依法取保候审或者监视居住。

第九十条　【不批捕的复议、复核】公安机关对人民检察院不批准逮捕的决定,认为有错误的时候,可以要求复议,但是必须将被拘留的人立即释放。如果意见不被接受,可以向上一级人民检察院提请复核。上级人民检察院应当立即复核,作出是否变更的决定,通知下级人民检察院和公安机关执行。

第九十一条　【逮捕的执行】公安机关逮捕人的时候,必须出示逮捕证。

逮捕后,应当立即将被逮捕人送看守所羁押。除无法通知的以外,应当在逮捕后二十四小时以内,通知被逮捕人的家属。

第九十二条　【逮捕后案件的办理】人民法院、人民检察院对于各自决定逮捕的人,公安机关对于经人民检察院批准逮捕的人,都必须在逮捕后的二十四小时以内进行讯问。在发现不应当逮捕的时候,必须立即释放,发给释放证明。

第九十三条　【捕后羁押审查】犯罪嫌疑人、被告人被逮捕后,人民检察院仍应当对羁押的必要性进行审查。对不需要继续羁押的,应当建议予以释放或者变更强制措施。有关机关应当在十日以内将处理情况通知人民检察院。

第九十四条　【不当强制措施的变更或撤销】人民法院、人民检察院和公安机关如果发现对犯罪嫌疑人、被告人采取强制措施不当的,应当及时撤销或者变更。公安机关释放被逮捕的人或者变更逮捕措施的,应当通知原批准的人民检察院。

第九十五条　【变更强制措施申请权】犯罪嫌疑人、被告人及其法定代理人、近亲属或者辩护人有权申请变更强制措施。人民法院、人民检察院和公安机关收到申请后,应当在三日以内作出决定;不同意变更强制措施的,应当告知申请人,并说明不同意的理由。

第九十六条　【羁押期限届满的强制措施变更】犯罪嫌疑人、被告人被羁押的案件,不能在本法规定的侦查羁押、审查起诉、一审、二审期限内办结的,对犯罪嫌疑人、被告人应当予以释放;需要继续查证、审理的,对犯罪嫌疑人、被告人可以取保候审或者监视居住。

第九十七条　【超期强制措施的变更与解除】人民法院、人民检察院或者公安机关对被采取强制措施法定期限届满的犯罪嫌疑人、被告人,应当予以释放、解除取保候审、监视居住或者依法变更强制措施。犯罪嫌疑人、被告人及其法定代理人、近亲属或者辩护人对于人民法院、人民检察院或者公安机关采取强制措施法定期限届满的,有权要求解除强制措施。

第九十八条　【侦查监督】人民检察院在审查批准逮捕工作中,如果发现公安机关的侦查活动有违法情况,应当通知公安机关予以纠正,公安机关应当将纠正情况通知人民检察院。

第七章　附带民事诉讼

第九十九条　【附带民诉的提起】被害人由于被告人的犯罪行为而遭受物质损失的,在刑事诉讼过程中,有权提起附带民事诉讼。被害人死亡或者丧失行为能力的,被害人的法定代理人、近亲属有权提起附带民事诉讼。

如果是国家财产、集体财产遭受损失的,人民检察院在提起公诉的时候,可以提起附带民事诉讼。

第一百条　【财产保全措施】人民法院在必要的时候,可以采取保全措施,查封、扣押或者冻结被告人的财产。附带民事诉讼原告人或者人民检察院可以申请人民法院采取保全措施。人民法院采取保全措施,适用民事诉讼法的有关规定。

第一百零一条　【附带民诉调解程序】人民法院审理附带民事诉讼案件,可以进行调解,或者根据物质损失情况作出判决、裁定。

第一百零二条　【附带民诉的审判组织】附带民事诉讼应当同刑事案件一并审判,只有为了防止刑事案件审判的过分迟延,才可以在刑事案件审判后,由同一审判组织继续审理附带民事诉讼。

第八章　期间、送达

第一百零三条　【期间】期间以时、日、月计算。

期间开始的时和日不算在期间以内。

法定期间不包括路途上的时间。上诉状或者其他文件在期满前已经交邮的,不算过期。

期间的最后一日为节假日的,以节假日后的第一日为期满日期,但犯罪嫌疑人、被告人或者罪犯在押期间,应当至期满之日为止,不得因节假日而延长。

第一百零四条　【期间的耽误与恢复】当事人由于不能抗拒的原因或者有其他正当理由而耽误期限的,在障碍消除后五日以内,可以申请继续进行应当在期满以前完成的诉讼活动。

前款申请是否准许,由人民法院裁定。

第一百零五条　【送达】送达传票、通知书和其他诉讼文件应当交给收件人本人;如果本人不在,可以交给他的成年家属或者所在单位的负责人员代收。

收件人本人或者代收人拒绝接收或者拒绝签名、盖章的时候,送达人可以邀请他的邻居或者其他见证人到场,说明情况,把文件留在他的住处,在送达证上记明拒绝的事由、送达的日期,由送达人签名,即认为已经送达。

第九章　其他规定

第一百零六条　【有关用语的解释】本法下列用语的含意是:

(一)"侦查"是指公安机关、人民检察院在办理案件过程中,依照法律进行的专门调查工作和有关的强制性措施;

(二)"当事人"是指被害人、自诉人、犯罪嫌疑人、被告人、附带民事诉讼的原告人和被告人;

(三)"法定代理人"是指被代理人的父母、养父母、监护人和负有保护责任的机关、团体的代表;

(四)"诉讼参与人"是指当事人、法定代理人、诉讼代理人、辩护人、证人、鉴定人和翻译人员;

(五)"诉讼代理人"是指公诉案件的被害人及其法定代理人或者近亲属、自诉案件的自诉人及其法定代理人委托代为参加诉讼的人和附带民事诉讼的当事人及其法定代理人委托代为参加诉讼的人;

(六)"近亲属"是指夫、妻、父、母、子、女、同胞兄弟姊妹。

第二编　立案、侦查和提起公诉

第一章　立　　案

第一百零七条　【立案侦查】公安机关或者人民检察院发现犯罪事实或者犯罪嫌疑人,应当按照管辖范围,立案侦查。

第一百零八条　【立案材料来源】任何单位和个人发现有犯罪事实或者犯罪嫌疑人,有权利也有义务向公安机关、人民检察院或者人民法院报案或者举报。

被害人对侵犯其人身、财产权利的犯罪事实或者犯罪嫌疑人,有权向公安机关、人民检察院或者人民法院报案或者控告。

公安机关、人民检察院或者人民法院对于报案、控告、举报,都应当接受。对于不属于自己管辖的,应当移送主管机关处理,并且通知报案人、控告人、举报人;对于不属于自己管辖而又必须采取紧急措施的,应当先采取紧急措施,然后移送主管机关。

犯罪人向公安机关、人民检察院或者人民法院自首的,适用第三款规定。

第一百零九条　【报案、控告、举报的形式、要求及保护措施】报案、控告、举报可以用书面或者口头提出。接受口头报案、控告、举报的工作人员,应当写成笔录,经宣读无误后,由报案人、控告人、举报人签名或者盖章。

接受控告、举报的工作人员,应当向控告人、举报人说明诬告应负的法律责任。但是,只要不是捏造事实,伪造证据,即使控告、举报的事实有出入,甚至是错告的,也要和诬告严格加以区别。

公安机关、人民检察院或者人民法院应当保障报案人、控告人、举报人及其近亲属的安全。报案人、控告人、举报人如果不愿公开自己的姓名和报案、控告、举报的行为,应当为他保守秘密。

第一百一十条 【立案程序】人民法院、人民检察院或者公安机关对于报案、控告、举报和自首的材料,应当按照管辖范围,迅速进行审查,认为有犯罪事实需要追究刑事责任的时候,应当立案;认为没有犯罪事实,或者犯罪事实显著轻微,不需要追究刑事责任的时候,不予立案,并且将不立案的原因通知控告人。控告人如果不服,可以申请复议。

第一百一十一条 【立案监督】人民检察院认为公安机关对应当立案侦查的案件而不立案侦查的,或者被害人认为公安机关对应当立案侦查的案件而不立案侦查,向人民检察院提出的,人民检察院应当要求公安机关说明不立案的理由。人民检察院认为公安机关不立案理由不能成立的,应当通知公安机关立案,公安机关接到通知后应当立案。

第一百一十二条 【自诉案件的提起】对于自诉案件,被害人有权向人民法院直接起诉。被害人死亡或者丧失行为能力的,被害人的法定代理人、近亲属有权向人民法院起诉。人民法院应当依法受理。

第二章 侦　　查

第一节 一般规定

第一百一十三条 【侦查的任务】公安机关对已经立案的刑事案件,应当进行侦查,收集、调取犯罪嫌疑人有罪或者无罪、罪轻或者罪重的证据材料。对现行犯或者重大嫌疑分子可以依法先行拘留,对符合逮捕条件的犯罪嫌疑人,应当依法逮捕。

第一百一十四条 【预审】公安机关经过侦查,对有证据证明有犯罪事实的案件,应当进行预审,对收集、调取的证据材料予以核实。

第一百一十五条 【申诉控告情形】当事人和辩护人、诉讼代理人、利害关系人对于司法机关及其工作人员有下列行为之一的,有权向该机关申诉或者控告:

(一)采取强制措施法定期限届满,不予以释放、解除或者变更的;

(二)应当退还取保候审保证金不退还的;

(三)对与案件无关的财物采取查封、扣押、冻结措施的;

(四)应当解除查封、扣押、冻结不解除的;

(五)贪污、挪用、私分、调换、违反规定使用查封、扣押、冻结的财物的。

受理申诉或者控告的机关应当及时处理。对处理不服的,可以向同级人民检察院申诉;人民检察院直接受理的案件,可以向上一级人民检察院申诉。人民检察院对申诉应当及时进行审查,情况属实的,通知有关机关予以纠正。

第二节 讯问犯罪嫌疑人

第一百一十六条 【讯问主体】讯问犯罪嫌疑人必须由人民检察院或者公安机关的侦查人员负责进行。讯问的时候,侦查人员不得少于二人。

犯罪嫌疑人被送交看守所羁押以后,侦查人员对其进行讯问,应当在看守所内进行。

第一百一十七条 【讯问地点、时间】对不需要逮捕、拘留的犯罪嫌疑人,可以传唤到犯罪嫌疑人所在市、县内的指定地点或者到他的住处进行讯问,但是应当出示人民检察院或者公安机关的证明文件。对在现场发现的犯罪嫌疑人,经出示工作证件,可以口头传唤,但应当在讯问笔录中注明。

传唤、拘传持续的时间不得超过十二小时;案情特别重大、复杂,需要采取拘留、逮捕措施的,传唤、拘传持续的时间不得超过二十四小时。

不得以连续传唤、拘传的形式变相拘禁犯罪嫌疑人。传唤、拘传犯罪嫌疑人,应当保证犯罪嫌疑人的饮食和必要的休息时间。

第一百一十八条 【讯问程序】侦查人员在讯问犯罪嫌疑人的时候,应当首先讯问犯罪嫌疑人是否有犯罪行为,让他陈述有罪的情节或者无罪的辩解,然后向他提出问题。犯罪嫌疑人对侦查人员的提问,应当如实回答。但是对与本案无关的问题,有拒绝回答的权利。

侦查人员在讯问犯罪嫌疑人的时候,应当告知犯罪嫌疑人如实供述自己罪行可以从宽处理的法律规定。

第一百一十九条 【讯问聋、哑人的要求】讯问聋、哑的犯罪嫌疑人,应当有通晓聋、哑手势的人参加,并且将这种情况记明笔录。

第一百二十条 【讯问笔录与书面供词】讯问笔录应当交犯罪嫌疑人核对,对于没有阅读能力的,应当向他宣读。如果记载有遗漏或者差错,犯罪嫌疑人可以提出补充或者改正。犯罪嫌疑人承认笔录没有错误后,应当签名或者盖章。侦查人员也应当在笔录上签名。犯罪嫌疑人请求自行书写供述的,应当准许。必要的时候,侦查人员也可以要犯罪嫌疑人亲笔书写供词。

第一百二十一条 【录音录像】侦查人员在讯问犯罪嫌疑人的时候,可以对讯问过程进行录音或者录像;对于可能判处无期徒刑、死刑的案件或者其他重大犯罪案件,应当对讯问过程进行录音或者录像。

录音或者录像应当全程进行,保持完整性。

第三节 询问证人

第一百二十二条 【询问地点与个别询问】侦查人员询问证人,可以在现场进行,也可以到证人所在单位、住处或者证人提出的地点进行,在必要的时候,可以通知证人到人民检察院或者公安机关提供证言。在现场询问证人,应当出示工作证件,到证人所在单位、住处或者证人提出的地点询问证人,应当出示人民检察院或者公安机关的证明文件。

询问证人应当个别进行。

第一百二十三条　【询问证人的程序】询问证人,应当告知他应当如实地提供证据、证言和有意作伪证或者隐匿罪证要负的法律责任。

第一百二十四条　【询问笔录与书面证言】本法第一百二十条的规定,也适用于询问证人。

第一百二十五条　【询问被害人】询问被害人,适用本节各条规定。

第四节　勘验、检查

第一百二十六条　【勘验、检查的主体与对象】侦查人员对于与犯罪有关的场所、物品、人身、尸体应当进行勘验或者检查。在必要的时候,可以指派或者聘请具有专门知识的人,在侦查人员的主持下进行勘验、检查。

第一百二十七条　【现场保护】任何单位和个人,都有义务保护犯罪现场,并且立即通知公安机关派员勘验。

第一百二十八条　【持证勘验、检查】侦查人员执行勘验、检查,必须持有人民检察院或者公安机关的证明文件。

第一百二十九条　【尸体解剖】对于死因不明的尸体,公安机关有权决定解剖,并且通知死者家属到场。

第一百三十条　【人身检查】为了确定被害人、犯罪嫌疑人的某些特征、伤害情况或者生理状态,可以对人身进行检查,可以提取指纹信息,采集血液、尿液等生物样本。

犯罪嫌疑人如果拒绝检查,侦查人员认为必要的时候,可以强制检查。

检查妇女的身体,应当由女工作人员或者医师进行。

第一百三十一条　【勘验、检查笔录】勘验、检查的情况应当写成笔录,由参加勘验、检查的人和见证人签名或者盖章。

第一百三十二条　【复检、复查】人民检察院审查案件的时候,对公安机关的勘验、检查,认为需要复验、复查时,可以要求公安机关复验、复查,并且可以派检察人员参加。

第一百三十三条　【侦查实验】为了查明案情,在必要的时候,经公安机关负责人批准,可以进行侦查实验。

侦查实验的情况应当写成笔录,由参加实验的人签名或者盖章。

侦查实验,禁止一切足以造成危险、侮辱人格或者有伤风化的行为。

第五节　搜　　查

第一百三十四条　【搜查的对象】为了收集犯罪证据、查获犯罪人,侦查人员可以对犯罪嫌疑人以及可能隐藏罪犯或者犯罪证据的人的身体、物品、住处和其他有关的地方进行搜查。

第一百三十五条　【协助义务】任何单位和个人,有义务按照人民检察院和公安机关的要求,交出可以证明犯罪嫌疑人有罪或者无罪的物证、书证、视听资料等证据。

第一百三十六条　【搜查证】进行搜查,必须向被搜查人出示搜查证。

在执行逮捕、拘留的时候,遇有紧急情况,不另用搜查证也可以进行搜查。

第一百三十七条　【搜查要求】在搜查的时候,应当有被搜查人或者他的家属,邻居或者其他见证人在场。

搜查妇女的身体,应当由女工作人员进行。

第一百三十八条　【搜查笔录】搜查的情况应当写成笔录,由侦查人员和被搜查人或者他的家属,邻居或者其他见证人签名或者盖章。如果被搜查人或者他的家属在逃或者拒绝签名、盖章,应当在笔录上注明。

第六节　查封、扣押物证、书证

第一百三十九条　【查封、扣押的对象】在侦查活动中发现的可用以证明犯罪嫌疑人有罪或者无罪的各种财物、文件,应当查封、扣押;与案件无关的财物、文件,不得查封、扣押。

对查封、扣押的财物、文件,要妥善保管或者封存,不得使用、调换或者损毁。

第一百四十条　【查封、扣押清单】对查封、扣押的财物、文件,应当会同在场见证人和被查封、扣押财物、文件持有人查点清楚,当场开列清单一式二份,由侦查人员、见证人和持有人签名或者盖章,一份交给持有人,另一份附卷备查。

第一百四十一条　【扣押邮件电报】侦查人员认为需要扣押犯罪嫌疑人的邮件、电报的时候,经公安机关或者人民检察院批准,即可通知邮电机关将有关的邮件、电报检交扣押。

不需要继续扣押的时候,应即通知邮电机关。

第一百四十二条　【查询、冻结财产】人民检察院、公安机关根据侦查犯罪的需要,可以依照规定查询、冻结犯罪嫌疑人的存款、汇款、债券、股票、基金份额等财产。有关单位和个人应当配合。

犯罪嫌疑人的存款、汇款、债券、股票、基金份额等财产已被冻结的,不得重复冻结。

第一百四十三条　【查封、扣押、冻结的解除】对查封、扣押的财物、文件、邮件、电报或者冻结的存款、汇款、债券、股票、基金份额等财产,经查明确实与案件无关的,应当在三日以内解除查封、扣押、冻结,予以退还。

第七节　鉴　　定

第一百四十四条　【鉴定】为了查明案情,需要解决案件中某些专门性问题的时候,应当指派、聘请有专门知识的人进行鉴定。

第一百四十五条　【鉴定的程序与要求】鉴定人进行鉴定后,应当写出鉴定意见,并且签名。

鉴定人故意作虚假鉴定的,应当承担法律责任。

第一百四十六条　【鉴定意见的告知及异议】侦查机关应当将用作证据的鉴定意见告知犯罪嫌疑人、被害人。如果犯罪嫌疑人、被害人提出申请,可以补充鉴定或者重新鉴定。

第一百四十七条　【精神病鉴定的期间】对犯罪嫌疑人作精

神病鉴定的期间不计入办案期限。

第八节 技术侦查措施

第一百四十八条 【适用案件的范围】公安机关在立案后,对于危害国家安全犯罪、恐怖活动犯罪、黑社会性质的组织犯罪、重大毒品犯罪或者其他严重危害社会的犯罪案件,根据侦查犯罪的需要,经过严格的批准手续,可以采取技术侦查措施。

人民检察院在立案后,对于重大的贪污、贿赂犯罪案件以及利用职权实施的严重侵犯公民人身权利的重大犯罪案件,根据侦查犯罪的需要,经过严格的批准手续,可以采取技术侦查措施,按照规定交有关机关执行。

追捕被通缉或者批准、决定逮捕的在逃的犯罪嫌疑人、被告人,经过批准,可以采取追捕所必需的技术侦查措施。

第一百四十九条 【技术侦查措施期限】批准决定应当根据侦查犯罪的需要,确定采取技术侦查措施的种类和适用对象。批准决定自签发之日起三个月以内有效。对于不需要继续采取技术侦查措施的,应当及时解除;对于复杂、疑难案件,期限届满仍有必要继续采取技术侦查措施的,经过批准,有效期可以延长,每次不得超过三个月。

第一百五十条 【严格执行和保密义务】采取技术侦查措施,必须严格按照批准的措施种类、适用对象和期限执行。

侦查人员对采取技术侦查措施过程中知悉的国家秘密、商业秘密和个人隐私,应当保密;对采取技术侦查措施获取的与案件无关的材料,必须及时销毁。

采取技术侦查措施获取的材料,只能用于对犯罪的侦查、起诉和审判,不得用于其他用途。

公安机关依法采取技术侦查措施,有关单位和个人应当配合,并对有关情况予以保密。

第一百五十一条 【秘密侦查、控制下交付】为了查明案情,在必要的时候,经公安机关负责人决定,可以由有关人员隐匿其身份实施侦查。但是,不得诱使他人犯罪,不得采用可能危害公共安全或者发生重大人身危险的方法。

对涉及给付毒品等违禁品或者财物的犯罪活动,公安机关根据侦查犯罪的需要,可以依照规定实施控制下交付。

第一百五十二条 【证据转化】依照本节规定采取侦查措施收集的材料在刑事诉讼中可以作为证据使用。如果使用该证据可能危及有关人员的人身安全,或者可能产生其他严重后果的,应当采取不暴露有关人员身份、技术方法等保护措施,必要的时候,可以由审判人员在庭外对证据进行核实。

第九节 通 缉

第一百五十三条 【通缉】应当逮捕的犯罪嫌疑人如果在逃,公安机关可以发布通缉令,采取有效措施,追捕归案。

各级公安机关在自己管辖的地区以内,可以直接发布通缉令;超出自己管辖的地区,应当报请有权决定的上级机关发布。

第十节 侦查终结

第一百五十四条 【一般侦查羁押期限及其延长】对犯罪嫌疑人逮捕后的侦查羁押期限不得超过二个月。案情复杂、期限届满不能终结的案件,可以经上一级人民检察院批准延长一个月。

第一百五十五条 【特殊侦查羁押期限】因为特殊原因,在较长时间内不宜交付审判的特别重大复杂的案件,由最高人民检察院报请全国人民代表大会常务委员会批准延期审理。

第一百五十六条 【重大复杂案件侦查羁押期限的延长】下列案件在本法第一百五十四条规定的期限届满不能侦查终结的,经省、自治区、直辖市人民检察院批准或者决定,可以延长二个月:

(一)交通十分不便的边远地区的重大复杂案件;

(二)重大的犯罪集团案件;

(三)流窜作案的重大复杂案件;

(四)犯罪涉及面广,取证困难的重大复杂案件。

第一百五十七条 【重刑案件侦查羁押期限的延长】对犯罪嫌疑人可能判处十年有期徒刑以上刑罚,依照本法第一百五十六条规定延长期限届满,仍不能侦查终结的,经省、自治区、直辖市人民检察院批准或者决定,可以再延长二个月。

第一百五十八条 【侦查羁押期限计算的两种特殊情形】在侦查期间,发现犯罪嫌疑人另有重要罪行的,自发现之日起依照本法第一百五十四条的规定重新计算侦查羁押期限。

犯罪嫌疑人不讲真实姓名、住址,身份不明的,应当对其身份进行调查,侦查羁押期限自查清其身份之日起计算,但是不得停止对其犯罪行为的侦查取证。对于犯罪事实清楚,证据确实、充分,确实无法查明其身份的,也可以按其自报的姓名起诉、审判。

第一百五十九条 【辩护律师意见听取】在案件侦查终结前,辩护律师提出要求的,侦查机关应当听取辩护律师的意见,并记录在案。辩护律师提出书面意见的,应当附卷。

第一百六十条 【移送审查起诉】公安机关侦查终结的案件,应当做到犯罪事实清楚,证据确实、充分,并且写出起诉意见书,连同案卷材料、证据 并移送同级人民检察院审查决定;同时将案件移送情况告知犯罪嫌疑人及其辩护律师。

第一百六十一条 【撤销案件】在侦查过程中,发现不应对犯罪嫌疑人追究刑事责任的,应当撤销案件;犯罪嫌疑人已被逮捕的,应当立即释放,发给释放证明,并且通知原批准逮捕的人民检察院。

第十一节 人民检察院对直接受理的案件的侦查

第一百六十二条 【检察院侦查的法律依据】人民检察院对

直接受理的案件的侦查适用本章规定。

第一百六十三条 【自侦案件中的拘留、逮捕】人民检察院直接受理的案件中符合本法第七十九条、第八十条第四项、第五项规定情形,需要逮捕、拘留犯罪嫌疑人的,由人民检察院作出决定,由公安机关执行。

第一百六十四条 【自侦案件中对被拘留人的处理】人民检察院对直接受理的案件中被拘留的人,应当在拘留后的二十四小时以内进行讯问。在发现不应当拘留的时候,必须立即释放,发给释放证明。

第一百六十五条 【自侦案件中逮捕的时限】人民检察院对直接受理的案件中被拘留的人,认为需要逮捕的,应当在十四日以内作出决定。在特殊情况下,决定逮捕的时间可以延长一日至三日。对不需要逮捕的,应当立即释放;对需要继续侦查,并且符合取保候审、监视居住条件的,依法取保候审或者监视居住。

第一百六十六条 【自侦案件侦查终结的处理】人民检察院侦查终结的案件,应当作出提起公诉、不起诉或者撤销案件的决定。

第三章 提起公诉

第一百六十七条 【公诉权】凡需要提起公诉的案件,一律由人民检察院审查决定。

第一百六十八条 【审查起诉的内容】人民检察院审查案件的时候,必须查明:

(一)犯罪事实、情节是否清楚,证据是否确实、充分,犯罪性质和罪名的认定是否正确;

(二)有无遗漏罪行和其他应当追究刑事责任的人;

(三)是否属于不应追究刑事责任的;

(四)有无附带民事诉讼;

(五)侦查活动是否合法。

第一百六十九条 【审查起诉的期限】人民检察院对于公安机关移送起诉的案件,应当在一个月以内作出决定,重大、复杂的案件,可以延长半个月。

人民检察院审查起诉的案件,改变管辖的,从改变后的人民检察院收到案件之日起计算审查起诉期限。

第一百七十条 【审查起诉程序】人民检察院审查案件,应当讯问犯罪嫌疑人,听取辩护人、被害人及其诉讼代理人的意见,并记录在案。辩护人、被害人及其诉讼代理人提出书面意见的,应当附卷。

第一百七十一条 【补充侦查】人民检察院审查案件,可以要求公安机关提供法庭审判所必需的证据材料;认为可能存在本法第五十四条规定的以非法方法收集证据情形的,可以要求其对证据收集的合法性作出说明。

人民检察院审查案件,对于需要补充侦查的,可以退回公安机关补充侦查,也可以自行侦查。

对于补充侦查的案件,应当在一个月以内补充侦查完毕。补充侦查以二次为限。补充侦查完毕移送人民检察院后,人民检察院重新计算审查起诉期限。

对于二次补充侦查的案件,人民检察院仍然认为证据不足,不符合起诉条件的,应当作出不起诉的决定。

第一百七十二条 【提起公诉的条件和程序】人民检察院认为犯罪嫌疑人的犯罪事实已经查清,证据确实、充分,依法应当追究刑事责任的,应当作出起诉决定,按照审判管辖的规定,向人民法院提起公诉,并将案卷材料、证据移送人民法院。

第一百七十三条 【不起诉的条件和程序】犯罪嫌疑人没有犯罪事实,或者有本法第十五条规定的情形之一的,人民检察院应当作出不起诉决定。

对于犯罪情节轻微,依照刑法规定不需要判处刑罚或者免除刑罚的,人民检察院可以作出不起诉决定。

人民检察院决定不起诉的案件,应当同时对侦查中查封、扣押、冻结的财物解除查封、扣押、冻结。对被不起诉人需要给予行政处罚、行政处分或者需要没收其违法所得的,人民检察院应当提出检察意见,移送有关主管机关处理。有关主管机关应当将处理结果及时通知人民检察院。

第一百七十四条 【被不起诉书的宣布和送达】不起诉的决定,应当公开宣布,并且将不起诉决定书送达被不起诉人和他的所在单位。如果被不起诉人在押,应当立即释放。

第一百七十五条 【公安机关对不起诉决定的异议】对于公安机关移送起诉的案件,人民检察院决定不起诉的,应当将不起诉决定书送达公安机关。公安机关认为不起诉的决定有错误的时候,可以要求复议,如果意见不被接受,可以向上一级人民检察院提请复核。

第一百七十六条 【被害人对不起诉决定的异议】对于有被害人的案件,决定不起诉的,人民检察院应当将不起诉决定书送达被害人。被害人如果不服,可以自收到决定书后七日以内向上一级人民检察院申诉,请求提起公诉。人民检察院应当将复查决定告知被害人。对人民检察院维持不起诉决定的,被害人可以向人民法院起诉。被害人也可以不经申诉,直接向人民法院起诉。人民法院受理案件后,人民检察院应当将有关案件材料移送人民法院。

第一百七十七条 【被不起诉人对不起诉决定的申诉】对于人民检察院依照本法第一百七十三条第二款规定作出的不起诉决定,被不起诉人如果不服,可以自收到决定书后七日以内向人民检察院申诉。人民检察院应当作出复查决定,通知被不起诉的人,同时抄送公安机关。

第三编 审 判

第一章 审判组织

第一百七十八条 【合议庭组成】基层人民法院、中级人民法院审判第一审案件,应当由审判员三人或者由审判员和人民陪审员共三人组成合议庭进行,但是基层人民法院适用简易程序的案件可以由审判员一人独任审判。

高级人民法院、最高人民法院审判第一审案件,应当由审判员三人至七人或者由审判员和人民陪审员共三人至七人组成合议庭进行。

人民陪审员在人民法院执行职务，同审判员有同等的权利。

人民法院审判上诉和抗诉案件，由审判员三人至五人组成合议庭进行。

合议庭的成员人数应当是单数。

合议庭由院长或者庭长指定审判员一人担任审判长。院长或者庭长参加审判案件的时候，自己担任审判长。

第一百七十九条 **【合议庭评议原则】**合议庭进行评议的时候，如果意见分歧，应当按多数人的意见作出决定，但是少数人的意见应当写入笔录。评议笔录由合议庭的组成人员签名。

第一百八十条 **【审判委员会】**合议庭开庭审理并且评议后，应当作出判决。对于疑难、复杂、重大的案件，合议庭认为难以作出决定的，由合议庭提请院长决定提交审判委员会讨论决定。审判委员会的决定，合议庭应当执行。

第二章　第一审程序

第一节　公诉案件

第一百八十一条 **【公诉案件的庭前审查】**人民法院对提起公诉的案件进行审查后，对于起诉书中有明确的指控犯罪事实的，应当决定开庭审判。

第一百八十二条 **【开庭前准备】**人民法院决定开庭审判后，应当确定合议庭的组成人员，将人民检察院的起诉书副本至迟在开庭十日以前送达被告人及其辩护人。

在开庭以前，审判人员可以召集公诉人、当事人和辩护人、诉讼代理人，对回避、出庭证人名单、非法证据排除等与审判相关的问题，了解情况，听取意见。

人民法院确定开庭日期后，应当将开庭的时间、地点通知人民检察院，传唤当事人，通知辩护人、诉讼代理人、证人、鉴定人和翻译人员，传票和通知书至迟在开庭三日以前送达。公开审判的案件，应当在开庭三日以前先期公布案由、被告人姓名、开庭时间和地点。

上述活动情形应当写入笔录，由审判人员和书记员签名。

第一百八十三条 **【审判公开原则及例外】**人民法院审判第一审案件应当公开进行。但是有关国家秘密或者个人隐私的案件，不公开审理；涉及商业秘密的案件，当事人申请不公开审理的，可以不公开审理。

不公开审理的案件，应当当庭宣布不公开审理的理由。

第一百八十四条 **【出庭支持公诉】**人民法院审判公诉案件，人民检察院应当派员出席法庭支持公诉。

第一百八十五条 **【开庭】**开庭的时候，审判长查明当事人是否到庭，宣布案由；宣布合议庭的组成人员、书记员、公诉人、辩护人、诉讼代理人、鉴定人和翻译人员的名单；告知当事人有权对合议庭组成人员、书记员、公诉人、鉴定人和翻译人员申请回避；告知被告人享有辩护权利。

第一百八十六条 **【法庭调查】**公诉人在法庭上宣读起诉书后，被告人、被害人可以就起诉书指控的犯罪进行陈述，公诉人可以讯问被告人。

被害人、附带民事诉讼的原告人和辩护人、诉讼代理人，经审判长许可，可以向被告人发问。

审判人员可以讯问被告人。

第一百八十七条 **【证人、鉴定人出庭作证义务】**公诉人、当事人或者辩护人、诉讼代理人对证人证言有异议，且该证人证言对案件定罪量刑有重大影响，人民法院认为证人有必要出庭作证的，证人应当出庭作证。

人民警察就其执行职务时目击的犯罪情况作为证人出庭作证，适用前款规定。

公诉人、当事人或者辩护人、诉讼代理人对鉴定意见有异议，人民法院认为鉴定人有必要出庭的，鉴定人应当出庭作证。经人民法院通知，鉴定人拒不出庭作证的，鉴定意见不得作为定案的根据。

第一百八十八条 **【强制作证及拒绝作证的责任承担】**经人民法院通知，证人没有正当理由不出庭作证的，人民法院可以强制其到庭，但是被告人的配偶、父母、子女除外。

证人没有正当理由拒绝出庭或者出庭后拒绝作证的，予以训诫，情节严重的，经院长批准，处以十日以下的拘留。被处罚人对拘留决定不服的，可以向上一级人民法院申请复议。复议期间不停止执行。

第一百八十九条 **【证人、鉴定人作证程序】**证人作证，审判人员应当告知他要如实地提供证言和有意作伪证或者隐匿罪证要负的法律责任。公诉人、当事人和辩护人、诉讼代理人经审判长许可，可以对证人、鉴定人发问。审判长认为发问的内容与案件无关的时候，应当制止。

审判人员可以询问证人、鉴定人。

第一百九十条 **【出示物证和宣读证据性文书】**公诉人、辩护人应当向法庭出示物证，让当事人辨认，对未到庭的证人的证言笔录、鉴定人的鉴定意见、勘验笔录和其他作为证据的文书，应当当庭宣读。审判人员应当听取公诉人、当事人和辩护人、诉讼代理人的意见。

第一百九十一条 **【休庭调查】**法庭审理过程中，合议庭对证据有疑问的，可以宣布休庭，对证据进行调查核实。

人民法院调查核实证据，可以进行勘验、检查、查封、扣押、鉴定和查询、冻结。

第一百九十二条 **【调取新证据】**法庭审理过程中，当事人和辩护人、诉讼代理人有权申请通知新的证人到庭，调取新的物证，申请重新鉴定或者勘验。

公诉人、当事人和辩护人、诉讼代理人可以申请法庭通知有专门知识的人出庭，就鉴定人作出的鉴定意见提出意见。

法庭对于上述申请，应当作出是否同意的决定。

第二款规定的有专门知识的人出庭,适用鉴定人的有关规定。

第一百九十三条　【法庭辩论和最后陈述】法庭审理过程中,对与定罪、量刑有关的事实、证据都应当进行调查、辩论。

经审判长许可,公诉人、当事人和辩护人、诉讼代理人可以对证据和案件情况发表意见并且可以互相辩论。

审判长在宣布辩论终结后,被告人有最后陈述的权利。

第一百九十四条　【违反法庭秩序的处理】在法庭审判过程中,如果诉讼参与人或者旁听人员违反法庭秩序,审判长应当警告制止。对不听制止的,可以强行带出法庭;情节严重的,处以一千元以下的罚款或者十五日以下的拘留。罚款、拘留必须经院长批准。被处罚人对罚款、拘留的决定不服的,可以向上一级人民法院申请复议。复议期间不停止执行。

对聚众哄闹、冲击法庭或者侮辱、诽谤、威胁、殴打司法工作人员或者诉讼参与人,严重扰乱法庭秩序,构成犯罪的,依法追究刑事责任。

第一百九十五条　【评议、判决】在被告人最后陈述后,审判长宣布休庭,合议庭进行评议,根据已经查明的事实、证据和有关的法律规定,分别作出以下判决:

(一)案件事实清楚,证据确实、充分,依据法律认定被告人有罪的,应当作出有罪判决;

(二)依据法律认定被告人无罪的,应当作出无罪判决;

(三)证据不足,不能认定被告人有罪的,应当作出证据不足、指控的犯罪不能成立的无罪判决。

第一百九十六条　【判决的宣告与送达】宣告判决,一律公开进行。

当庭宣告判决的,应当在五日以内将判决书送达当事人和提起公诉的人民检察院;定期宣告判决的,应当在宣告后立即将判决书送达当事人和提起公诉的人民检察院。判决书应当同时送达辩护人、诉讼代理人。

第一百九十七条　【判决书】判决书应当由审判人员和书记员署名,并且写明上诉的期限和上诉的法院。

第一百九十八条　【延期审理】在法庭审判过程中,遇有下列情形之一,影响审判进行的,可以延期审理:

(一)需要通知新的证人到庭,调取新的物证,重新鉴定或者勘验的;

(二)检察人员发现提起公诉的案件需要补充侦查,提出建议的;

(三)由于申请回避而不能进行审判的。

第一百九十九条　【法庭审理中的补充侦查】依照本法第一百九十八条第二项的规定延期审理的案件,人民检察院应当在一个月以内补充侦查完毕。

第二百条　【中止审理】在审判过程中,有下列情形之一,致使案件在较长时间内无法继续审理的,可以中止审理:

(一)被告人患有严重疾病,无法出庭的;

(二)被告人脱逃的;

(三)自诉人患有严重疾病,无法出庭,未委托诉讼代理人出庭的;

(四)由于不能抗拒的原因。

中止审理的原因消失后,应当恢复审理。中止审理的期间不计入审理期限。

第二百零一条　【法庭笔录】法庭审判的全部活动,应当由书记员写成笔录,经审判长审阅后,由审判长和书记员签名。

法庭笔录中的证人证言部分,应当当庭宣读或者交给证人阅读。证人在承认没有错误后,应当签名或者盖章。

法庭笔录应当交给当事人阅读或者向他宣读。当事人认为记载有遗漏或者差错的,可以请求补充或者改正。当事人承认没有错误后,应当签名或者盖章。

第二百零二条　【审理期限】人民法院审理公诉案件,应当在受理后二个月以内宣判,至迟不得超过三个月。对于可能判处死刑的案件或者附带民事诉讼的案件,以及有本法第一百五十六条规定情形之一的,经上一级人民法院批准,可以延长三个月;因特殊情况还需要延长的,报请最高人民法院批准。

人民法院改变管辖的案件,从改变后的人民法院收到案件之日起计算审理期限。

人民检察院补充侦查的案件,补充侦查完毕移送人民法院后,人民法院重新计算审理期限。

第二百零三条　【人民检察院对审判活动的监督】人民检察院发现人民法院审理案件违反法律规定的诉讼程序,有权向人民法院提出纠正意见。

第二节　自诉案件

第二百零四条　【自诉案件范围】自诉案件包括下列案件:

(一)告诉才处理的案件;

(二)被害人有证据证明的轻微刑事案件;

(三)被害人有证据证明对被告人侵犯自己人身、财产权利的行为应当依法追究刑事责任,而公安机关或者人民检察院不予追究被告人刑事责任的案件。

第二百零五条　【自诉案件的受理、审理程序】人民法院对于自诉案件进行审查后,按照下列情形分别处理:

(一)犯罪事实清楚,有足够证据的案件,应当开庭审判;

(二)缺乏罪证的自诉案件,如果自诉人提不出补充证据,应当说服自诉人撤回自诉,或者裁定驳回。

自诉人经两次依法传唤,无正当理由拒不到庭的,或者未经法庭许可中途退庭的,按撤诉处理。

法庭审理过程中,审判人员对证据有疑问,需要调查核实的,适用本法第一百九十一条的规定。

第二百零六条　【自诉案件的调解、和解和撤诉】人民法院对自诉案件,可以进行调解;自诉人在宣告判决前,可以同被告人自行和解或者撤回自诉。本法第二百零四条第三项规定的案件不适用调解。

人民法院审理自诉案件的期限,被告人被羁押的,适用本法第二百零二条第一款、第二款的规定;未被羁押的,应当在受理后六个月以内宣判。

第二百零七条 【反诉】自诉案件的被告人在诉讼过程中,可以对自诉人提起反诉。反诉适用自诉的规定。

第三节 简易程序

第二百零八条 【简易程序的适用范围】基层人民法院管辖的案件,符合下列条件的,可以适用简易程序审判:

(一)案件事实清楚、证据充分的;

(二)被告人承认自己所犯罪行,对指控的犯罪事实没有异议的;

(三)被告人对适用简易程序没有异议的。

人民检察院在提起公诉的时候,可以建议人民法院适用简易程序。

第二百零九条 【不适用简易程序的情形】有下列情形之一的,不适用简易程序:

(一)被告人是盲、聋、哑人,或者是尚未完全丧失辨认或者控制自己行为能力的精神病人的;

(二)有重大社会影响的;

(三)共同犯罪案件中部分被告人不认罪或者对适用简易程序有异议的;

(四)其他不宜适用简易程序审理的。

第二百一十条 【简易程序审理公诉案件】适用简易程序审理案件,对可能判处三年有期徒刑以下刑罚的,可以组成合议庭进行审判,也可以由审判员一人独任审判;对可能判处的有期徒刑超过三年的,应当组成合议庭进行审判。

适用简易程序审理公诉案件,人民检察院应当派员出席法庭。

第二百一十一条 【简易程序询问被告意见】适用简易程序审理案件,审判人员应当询问被告人对指控的犯罪事实的意见,告知被告人适用简易程序审理的法律规定,确认被告人是否同意适用简易程序审理。

第二百一十二条 【简易程序法庭辩论】适用简易程序审理案件,经审判人员许可,被告人及其辩护人可以同公诉人、自诉人及其诉讼代理人互相辩论。

第二百一十三条 【简易程序的程序简化】适用简易程序审理案件,不受本章第一节关于送达期限、讯问被告人、询问证人、鉴定人、出示证据、法庭辩论程序规定的限制。但在判决宣告前应当听取被告人的最后陈述意见。

第二百一十四条 【简易程序的审限】适用简易程序审理案件,人民法院应当在受理后二十日以内审结;对可能判处的有期徒刑超过三年的,可以延长至一个半月。

第二百一十五条 【简易程序转普通程序】人民法院在审理过程中,发现不宜适用简易程序的,应当按照本章第一节或者第二节的规定重新审理。

第三章 第二审程序

第二百一十六条 【上诉的提起】被告人、自诉人和他们的法定代理人,不服地方各级人民法院第一审的判决、裁定,有权用书状或者口头向上一级人民法院上诉。被告人的辩护人和近亲属,经被告人同意,可以提出上诉。

附带民事诉讼的当事人和他们的法定代理人,可以对地方各级人民法院第一审的判决、裁定中的附带民事诉讼部分,提出上诉。

对被告人的上诉权,不得以任何借口加以剥夺。

第二百一十七条 【抗诉的提起】地方各级人民检察院认为本级人民法院第一审的判决、裁定确有错误的时候,应当向上一级人民法院提出抗诉。

第二百一十八条 【公诉案件被害人的请求抗诉】被害人及其法定代理人不服地方各级人民法院第一审的判决的,自收到判决书后五日以内,有权请求人民检察院提出抗诉。人民检察院自收到被害人及其法定代理人的请求后五日以内,应当作出是否抗诉的决定并且答复请求人。

第二百一十九条 【上诉、抗诉的期限】不服判决的上诉和抗诉的期限为十日,不服裁定的上诉和抗诉的期限为五日,从接到判决书、裁定书的第二日起算。

第二百二十条 【上诉的程序】被告人、自诉人、附带民事诉讼的原告人和被告人通过原审人民法院提出上诉的,原审人民法院应当在三日以内将上诉状连同案卷、证据移送上一级人民法院,同时将上诉状副本送交同级人民检察院和对方当事人。

被告人、自诉人、附带民事诉讼的原告人和被告人直接向第二审人民法院提出上诉的,第二审人民法院应当在三日以内将上诉状交原审人民法院送交同级人民检察院和对方当事人。

第二百二十一条 【抗诉的程序】地方各级人民检察院对同级人民法院第一审判决、裁定的抗诉,应当通过原审人民法院提出抗诉书,并且将抗诉书抄送上一级人民检察院。原审人民法院应当将抗诉书连同案卷、证据移送上一级人民法院,并且将抗诉书副本送交当事人。

上级人民检察院如果认为抗诉不当,可以向同级人民法院撤回抗诉,并且通知下级人民检察院。

第二百二十二条 【第二审的全面审查】第二审人民法院应当就第一审判决认定的事实和适用法律进行全面审查,不受上诉或者抗诉范围的限制。

共同犯罪的案件只有部分被告人上诉的,应当对全案进行审查,一并处理。

第二百二十三条 【第二审审理的方式和开庭地点】第二审人民法院对于下列案件,应当组成合议庭,开庭审理:

(一)被告人、自诉人及其法定代理人对第一审认定的事实、证据提出异议,可能影响定罪量刑的上诉案件;

(二)被告人被判处死刑的上诉案件;

(三)人民检察院抗诉的案件;

(四)其他应当开庭审理的案件。

第二审人民法院决定不开庭审理的,应当讯问被告人,听取其他当事人、辩护人、诉讼代理人的意见。

第二审人民法院开庭审理上诉、抗诉案件,可以到案件发生地或者原审人民法院所在地进行。

第二百二十四条 【第二审公诉人阅卷和出庭】人民检察院提出抗诉的案件或者第二审人民法院开庭审理的公诉案件,同级人民检察院都应当派员出席法庭。第二审人民法院应当在决定开庭审理后及时通知人民检察院查阅案卷。人民检察院应当在一个月以内查阅完毕。人民检察院查阅案卷的时间不计入审理期限。

第二百二十五条 【第二审后的处理】第二审人民法院对不服第一审判决的上诉、抗诉案件,经过审理后,应当按照下列情形分别处理:

(一)原判决认定事实和适用法律正确、量刑适当的,应当裁定驳回上诉或者抗诉,维持原判;

(二)原判决认定事实没有错误,但适用法律有错误,或者量刑不当的,应当改判;

(三)原判决事实不清楚或者证据不足的,可以在查清事实后改判;也可以裁定撤销原判,发回原审人民法院重新审判。

原审人民法院对于依照前款第三项规定发回重新审判的案件作出判决后,被告人提出上诉或者人民检察院提出抗诉的,第二审人民法院应当依法作出判决或者裁定,不得再发回原审人民法院重新审判。

第二百二十六条 【上诉不加刑及其限制】第二审人民法院审理被告人或者他的法定代理人、辩护人、近亲属上诉的案件,不得加重被告人的刑罚。第二审人民法院发回原审人民法院重新审判的案件,除有新的犯罪事实,人民检察院补充起诉的以外,原审人民法院也不得加重被告人的刑罚。

人民检察院提出抗诉或者自诉人提出上诉的,不受前款规定的限制。

第二百二十七条 【第一审程序违法导致的重审】第二审人民法院发现第一审人民法院的审理有下列违反法律规定的诉讼程序的情形之一的,应当裁定撤销原判,发回原审人民法院重新审判:

(一)违反本法有关公开审判的规定的;

(二)违反回避制度的;

(三)剥夺或者限制了当事人的法定诉讼权利,可能影响公正审判的;

(四)审判组织的组成不合法的;

(五)其他违反法律规定的诉讼程序,可能影响公正审判的。

第二百二十八条 【重审程序】原审人民法院对于发回重新审判的案件,应当另行组成合议庭,依照第一审程序进行审判。对于重新审判后的判决,依照本法第二百一十六条、第二百一十七条、第二百一十八条的规定可以上诉、抗诉。

第二百二十九条 【对裁定的第二审】第二审人民法院对不服第一审裁定的上诉或者抗诉,经过审查后,应当参照本法第二百二十五条、第二百二十七条和第二百二十八条的规定,分别情形用裁定驳回上诉、抗诉,或者撤销、变更原裁定。

第二百三十条 【重审的期限计算】第二审人民法院发回原审人民法院重新审判的案件,原审人民法院从收到发回的案件之日起,重新计算审理期限。

第二百三十一条 【第二审的其他程序规定】第二审人民法院审判上诉或者抗诉案件的程序,除本章已有规定的以外,参照第一审程序的规定进行。

第二百三十二条 【第二审期限】第二审人民法院受理上诉、抗诉案件,应当在二个月以内审结。对于可能判处死刑的案件或者附带民事诉讼的案件,以及有本法第一百五十六条规定情形之一的,经省、自治区、直辖市高级人民法院批准或者决定,可以延长二个月;因特殊情况还需要延长的,报请最高人民法院批准。

最高人民法院受理上诉、抗诉案件的审理期限,由最高人民法院决定。

第二百三十三条 【第二审及最高人民法院判决、裁定的效力】第二审的判决、裁定和最高人民法院的判决、裁定,都是终审的判决、裁定。

第二百三十四条 【查封、扣押、冻结物品的处理及违法处理的法律责任】公安机关、人民检察院和人民法院对查封、扣押、冻结的犯罪嫌疑人、被告人的财物及其孳息,应当妥善保管,以供核查,并制作清单,随案移送。任何单位和个人不得挪用或者自行处理。对被害人的合法财产,应当及时返还。对违禁品或者不宜长期保存的物品,应当依照国家有关规定处理。

对作为证据使用的实物应当随案移送,对不宜移送的,应当将其清单、照片或者其他证明文件随案移送。

人民法院作出的判决,应当对查封、扣押、冻结的财物及其孳息作出处理。

人民法院作出的判决生效以后,有关机关应当根据判决对查封、扣押、冻结的财物及其孳息进行处理。对查封、扣押、冻结的赃款赃物及其孳息,除依法返还被害人的以外,一律上缴国库。

司法工作人员贪污、挪用或者私自处理查封、扣押、冻结的财物及其孳息的,依法追究刑事责任;不构成犯罪的,给予处分。

第四章 死刑复核程序

第二百三十五条 【死刑核准权】死刑由最高人民法院核准。

第二百三十六条 【死刑核准程序】中级人民法院判处死刑的第一审案件，被告人不上诉的，应当由高级人民法院复核后，报请最高人民法院核准。高级人民法院不同意判处死刑的，可以提审或者发回重新审判。

高级人民法院判处死刑的第一审案件被告人不上诉的，和判处死刑的第二审案件，都应当报请最高人民法院核准。

第二百三十七条 【死缓核准权】中级人民法院判处死刑缓期二年执行的案件，由高级人民法院核准。

第二百三十八条 【死刑复核的合议庭】最高人民法院复核死刑案件，高级人民法院复核死刑缓期执行的案件，应当由审判员三人组成合议庭进行。

第二百三十九条 【死刑复核处理结果】最高人民法院复核死刑案件，应当作出核准或者不核准死刑的裁定。对于不核准死刑的，最高人民法院可以发回重新审判或者予以改判。

第二百四十条 【死刑复核程序】最高人民法院复核死刑案件，应当讯问被告人，辩护律师提出要求的，应当听取辩护律师的意见。

在复核死刑案件过程中，最高人民检察院可以向最高人民法院提出意见。最高人民法院应当将死刑复核结果通报最高人民检察院。

第五章 审判监督程序

第二百四十一条 【申诉人的范围及申诉的效力】当事人及其法定代理人、近亲属，对已经发生法律效力的判决、裁定，可以向人民法院或者人民检察院提出申诉，但是不能停止判决、裁定的执行。

第二百四十二条 【因申诉而重新审判的事由】当事人及其法定代理人、近亲属的申诉符合下列情形之一的，人民法院应当重新审判：

（一）有新的证据证明原判决、裁定认定的事实确有错误，可能影响定罪量刑的；

（二）据以定罪量刑的证据不确实、不充分、依法应当予以排除，或者证明案件事实的主要证据之间存在矛盾的；

（三）原判决、裁定适用法律确有错误的；

（四）违反法律规定的诉讼程序，可能影响公正审判的；

（五）审判人员在审理该案件的时候，有贪污受贿，徇私舞弊，枉法裁判行为的。

第二百四十三条 【提起再审的主体、理由】各级人民法院院长对本院已经发生法律效力的判决和裁定，如果发现在认定事实上或者在适用法律上确有错误，必须提交审判委员会处理。

最高人民法院对各级人民法院已经发生法律效力的判决和裁定，上级人民法院对下级人民法院已经发生法律效力的判决和裁定，如果发现确有错误，有权提审或者指令下级人民法院再审。

最高人民检察院对各级人民法院已经发生法律效力的判决和裁定，上级人民检察院对下级人民法院已经发生法律效力的判决和裁定，如果发现确有错误，有权按照审判监督程序向同级人民法院提出抗诉。

人民检察院抗诉的案件，接受抗诉的人民法院应当组成合议庭重新审理，对于原判决事实不清楚或者证据不足的，可以指令下级人民法院再审。

第二百四十四条 【指令再审】上级人民法院指令下级人民法院再审的，应当指令原审人民法院以外的下级人民法院审理；由原审人民法院审理更为适宜的，也可以指令原审人民法院审理。

第二百四十五条 【再审的程序】人民法院按照审判监督程序重新审判的案件，由原审人民法院审理的，应当另行组成合议庭进行。如果原来是第一审案件，应当依照第一审程序进行审判，所作的判决、裁定，可以上诉、抗诉；如果原来是第二审案件，或者是上级人民法院提审的案件，应当依照第二审程序进行审判，所作的判决、裁定，是终审的判决、裁定。

人民法院开庭审理的再审案件，同级人民检察院应当派员出席法庭。

第二百四十六条 【再审强制措施】人民法院决定再审的案件，需要对被告人采取强制措施的，由人民法院依法决定；人民检察院提出抗诉的再审案件，需要对被告人采取强制措施的，由人民检察院依法决定。

人民法院按照审判监督程序审判的案件，可以决定中止原判决、裁定的执行。

第二百四十七条 【再审期限】人民法院按照审判监督程序重新审判的案件，应当在作出提审、再审决定之日起三个月以内审结，需要延长期限的，不得超过六个月。

接受抗诉的人民法院按照审判监督程序审判抗诉的案件，审理期限适用前款规定；对需要指令下级人民法院再审的，应当自接受抗诉之日起一个月以内作出决定，下级人民法院审理案件的期限适用前款规定。

第四编 执　　行

第二百四十八条 【执行的依据】判决和裁定在发生法律效力后执行。

下列判决和裁定是发生法律效力的判决和裁定：

（一）已过法定期限没有上诉、抗诉的判决和裁定；

（二）终审的判决和裁定；

（三）最高人民法院核准的死刑的判决和高级人民法院核准的死刑缓期二年执行的判决。

第二百四十九条 【无罪、免除刑事处罚的判决的执行】第一审人民法院判决被告人无罪、免除刑事处罚的，如果被告人在押，在宣判后应当立即释放。

第二百五十条 【死刑令签发及死缓执行】最高人民法院判处和核准的死刑立即执行的判决,应当由最高人民法院院长签发执行死刑的命令。

被判处死刑缓期二年执行的罪犯,在死刑缓期执行期间,如果没有故意犯罪,死刑缓期执行期满,应当予以减刑,由执行机关提出书面意见,报请高级人民法院裁定;如果故意犯罪,查证属实,应当执行死刑,由高级人民法院报请最高人民法院核准。

第二百五十一条 【死刑交付执行及执行停止】下级人民法院接到最高人民法院执行死刑的命令后,应当在七日以内交付执行。但是发现有下列情形之一的,应当停止执行,并且立即报告最高人民法院,由最高人民法院作出裁定:

(一)在执行前发现判决可能有错误的;

(二)在执行前罪犯揭发重大犯罪事实或者有其他重大立功表现,可能需要改判的;

(三)罪犯正在怀孕。

前款第一项、第二项停止执行的原因消失后,必须报请最高人民法院院长再签发执行死刑的命令才能执行;由于前款第三项原因停止执行的,应当报请最高人民法院依法改判。

第二百五十二条 【死刑执行程序】人民法院在交付执行死刑前,应当通知同级人民检察院派员临场监督。

死刑采用枪决或者注射等方法执行。

死刑可以在刑场或者指定的羁押场所内执行。

指挥执行的审判人员,对罪犯应当验明正身,讯问有无遗言、信札,然后交付执行人员执行死刑。在执行前,如果发现可能有错误,应当暂停执行,报请最高人民法院裁定。

执行死刑应当公布,不应示众。

执行死刑后,在场书记员应当写成笔录。交付执行的人民法院应当将执行死刑情况报告最高人民法院。

执行死刑后,交付执行的人民法院应当通知罪犯家属。

第二百五十三条 【死缓、无期、有期徒刑、拘役的执行】罪犯被交付执行刑罚的时候,应当由交付执行的人民法院在判决生效后十日以内将有关的法律文书送达公安机关、监狱或者其他执行机关。

对被判处死刑缓期二年执行、无期徒刑、有期徒刑的罪犯,由公安机关依法将该罪犯送交监狱执行刑罚。对被判处有期徒刑的罪犯,在被交付执行刑罚前,剩余刑期在三个月以下的,由看守所代为执行。对被判处拘役的罪犯,由公安机关执行。

对未成年犯应当在未成年犯管教所执行刑罚。

执行机关应当将罪犯及时收押,并且通知罪犯家属。

判处有期徒刑、拘役的罪犯,执行期满,应当由执行机关发给释放证明书。

第二百五十四条 【暂予监外执行】对被判处有期徒刑或者拘役的罪犯,有下列情形之一的,可以暂予监外执行:

(一)有严重疾病需要保外就医的;

(二)怀孕或者正在哺乳自己婴儿的妇女;

(三)生活不能自理,适用暂予监外执行不致危害社会的。

对被判处无期徒刑的罪犯,有前款第二项规定情形的,可以暂予监外执行。

对适用保外就医可能有社会危险性的罪犯,或者自伤自残的罪犯,不得保外就医。

对罪犯确有严重疾病,必须保外就医的,由省级人民政府指定的医院诊断并开具证明文件。

在交付执行前,暂予监外执行由交付执行的人民法院决定;在交付执行后,暂予监外执行由监狱或者看守所提出书面意见,报省级以上监狱管理机关或者设区的市一级以上公安机关批准。

第二百五十五条 【暂予监外执行的监督】监狱、看守所提出暂予监外执行的书面意见的,应当将书面意见的副本抄送人民检察院。人民检察院可以向决定或者批准机关提出书面意见。

第二百五十六条 【不当监外执行的监督】决定或者批准暂予监外执行的机关应当将暂予监外执行决定抄送人民检察院。人民检察院认为暂予监外执行不当的,应当自接到通知之日起一个月以内将书面意见送交决定或者批准暂予监外执行的机关,决定或者批准暂予监外执行的机关接到人民检察院的书面意见后,应当立即对该决定进行重新核查。

第二百五十七条 【监外执行的终止】对暂予监外执行的罪犯,有下列情形之一的,应当及时收监:

(一)发现不符合暂予监外执行条件的;

(二)严重违反有关暂予监外执行监督管理规定的;

(三)暂予监外执行的情形消失后,罪犯刑期未满的。

对于人民法院决定暂予监外执行的罪犯应当予以收监的,由人民法院作出决定,将有关的法律文书送达公安机关、监狱或者其他执行机关。

不符合暂予监外执行条件的罪犯通过贿赂等非法手段被暂予监外执行的,在监外执行的期间不计入执行刑期。罪犯在暂予监外执行期间脱逃的,脱逃的期间不计入执行刑期。

罪犯在暂予监外执行期间死亡的,执行机关应当及时通知监狱或者看守所。

第二百五十八条 【社区矫正】对被判处管制、宣告缓刑、假释或者暂予监外执行的罪犯,依法实行社区矫正,由社区矫正机构负责执行。

第二百五十九条 【剥夺政治权利的执行】对被判处剥夺政治权利的罪犯,由公安机关执行。执行期满,应当由执行机关书面通知本人及其所在单位、居住地基层组织。

第二百六十条 【罚金刑的执行】被判处罚金的罪犯,期满不缴纳的，人民法院应当强制缴纳；如果由于遭遇不能抗拒的灾祸缴纳确实有困难的，可以裁定减少或者免除。

第二百六十一条 【没收财产刑的执行】没收财产的判决，无论附加适用或者独立适用，都由人民法院执行；在必要的时候，可以会同公安机关执行。

第二百六十二条 【新罪、漏罪的追诉及减刑、假释】罪犯在服刑期间又犯罪的，或者发现了判决的时候所没有发现的罪行，由执行机关移送人民检察院处理。

被判处管制、拘役、有期徒刑或者无期徒刑的罪犯，在执行期间确有悔改或者立功表现，应当依法予以减刑、假释的时候，由执行机关提出建议书，报请人民法院审核裁定，并将建议书副本抄送人民检察院。人民检察院可以向人民法院提出书面意见。

第二百六十三条 【对减刑、假释的监督】人民检察院认为人民法院减刑、假释的裁定不当，应当在收到裁定书副本后二十日以内，向人民法院提出书面纠正意见。人民法院应当在收到纠正意见后一个月以内重新组成合议庭进行审理，作出最终裁定。

第二百六十四条 【错判及申诉的处理】监狱和其他执行机关在刑罚执行中，如果认为判决有错误或者罪犯提出申诉，应当转请人民检察院或者原判人民法院处理。

第二百六十五条 【执行的监督】人民检察院对执行机关执行刑罚的活动是否合法实行监督。如果发现有违法的情况，应当通知执行机关纠正。

第五编 特别程序

第一章 未成年人刑事案件诉讼程序

第二百六十六条 【未成年人犯罪审理原则】对犯罪的未成年人实行教育、感化、挽救的方针，坚持教育为主、惩罚为辅的原则。

人民法院、人民检察院和公安机关办理未成年人刑事案件，应当保障未成年人行使其诉讼权利，保障未成年人得到法律帮助，并由熟悉未成年人身心特点的审判人员、检察人员、侦查人员承办。

第二百六十七条 【法律援助】未成年犯罪嫌疑人、被告人没有委托辩护人的，人民法院、人民检察院、公安机关应当通知法律援助机构指派律师为其提供辩护。

第二百六十八条 【社会调查程序】公安机关、人民检察院、人民法院办理未成年人刑事案件，根据情况可以对未成年犯罪嫌疑人、被告人的成长经历、犯罪原因、监护教育等情况进行调查。

第二百六十九条 【逮捕措施慎用原则】对未成年犯罪嫌疑人、被告人应当严格限制适用逮捕措施。人民检察院审查批准逮捕和人民法院决定逮捕，应当讯问未成年犯罪嫌疑人、被告人，听取辩护律师的意见。

对被拘留、逮捕和执行刑罚的未成年人与成年人应当分别关押、分别管理、分别教育。

第二百七十条 【适当成年人在场制度】对于未成年人刑事案件，在讯问和审判的时候，应当通知未成年犯罪嫌疑人、被告人的法定代理人到场。无法通知、法定代理人不能到场或者法定代理人是共犯的，也可以通知未成年犯罪嫌疑人、被告人的其他成年亲属，所在学校、单位、居住地基层组织或者未成年人保护组织的代表到场，并将有关情况记录在案。到场的法定代理人可以代为行使未成年犯罪嫌疑人、被告人的诉讼权利。

到场的法定代理人或者其他人员认为办案人员在讯问、审判中侵犯未成年人合法权益的，可以提出意见。讯问笔录、法庭笔录应当交给到场的法定代理人或者其他人员阅读或者向他宣读。

讯问女性未成年犯罪嫌疑人，应当有女工作人员在场。

审判未成年人刑事案件，未成年被告人最后陈述后，其法定代理人可以进行补充陈述。

询问未成年被害人、证人，适用第一款、第二款、第三款的规定。

第二百七十一条 【附条件不起诉制度】对于未成年人涉嫌刑法分则第四章、第五章、第六章规定的犯罪，可能判处一年有期徒刑以下刑罚，符合起诉条件，但有悔罪表现的，人民检察院可以作出附条件不起诉的决定。人民检察院在作出附条件不起诉的决定以前，应当听取公安机关、被害人的意见。

对附条件不起诉的决定，公安机关要求复议、提请复核或者被害人申诉的，适用本法第一百七十五条、第一百七十六条的规定。

未成年犯罪嫌疑人及其法定代理人对人民检察院决定附条件不起诉有异议的，人民检察院应当作出起诉的决定。

第二百七十二条 【附条件不起诉监督考察】在附条件不起诉的考验期内，由人民检察院对被附条件不起诉的未成年犯罪嫌疑人进行监督考察。未成年犯罪嫌疑人的监护人，应当对未成年犯罪嫌疑人加强管教，配合人民检察院做好监督考察工作。

附条件不起诉的考验期为六个月以上一年以下，从人民检察院作出附条件不起诉的决定之日起计算。

被附条件不起诉的未成年犯罪嫌疑人，应当遵守下列规定：

（一）遵守法律法规，服从监督；

（二）按照考察机关的规定报告自己的活动情况；

（三）离开所居住的市、县或者迁居，应当报经考察机关批准；

（四）按照考察机关的要求接受矫治和教育。

第二百七十三条 【附条件不起诉的撤销情形】被附条件不起诉的未成年犯罪嫌疑人，在考验期内有下列情形之一的，人民检察院应当撤销附条件不起诉的决定，提起公诉：

(一)实施新的犯罪或者发现决定附条件不起诉以前还有其他犯罪需要追诉的;

(二)违反治安管理规定或者考察机关有关附条件不起诉的监督管理规定,情节严重的。

被附条件不起诉的未成年犯罪嫌疑人,在考验期内没有上述情形,考验期满的,人民检察院应当作出不起诉的决定。

第二百七十四条 【不公开审理】审判的时候被告人不满十八周岁的案件,不公开审理。但是,经未成年被告人及其法定代理人同意,未成年被告人所在学校和未成年人保护组织可以派代表到场。

第二百七十五条 【犯罪记录封存】犯罪的时候不满十八周岁,被判处五年有期徒刑以下刑罚的,应当对相关犯罪记录予以封存。

犯罪记录被封存的,不得向任何单位和个人提供,但司法机关为办案需要或者有关单位根据国家规定进行查询的除外。依法进行查询的单位,应当对被封存的犯罪记录的情况予以保密。

第二百七十六条 【其他规定】办理未成年人刑事案件,除本章已有规定的以外,按照本法的其他规定进行。

第二章 当事人和解的公诉案件诉讼程序

第二百七十七条 【和解情形】下列公诉案件,犯罪嫌疑人、被告人真诚悔罪,通过向被害人赔偿损失、赔礼道歉等方式获得被害人谅解,被害人自愿和解的,双方当事人可以和解:

(一)因民间纠纷引起,涉嫌刑法分则第四章、第五章规定的犯罪案件,可能判处三年有期徒刑以下刑罚的;

(二)除渎职犯罪以外的可能判处七年有期徒刑以下刑罚的过失犯罪案件。

犯罪嫌疑人、被告人在五年以内曾经故意犯罪的,不适用本章规定的程序。

第二百七十八条 【和解协议书】双方当事人和解的,公安机关、人民检察院、人民法院应当听取当事人和其他有关人员的意见,对和解的自愿性、合法性进行审查,并主持制作和解协议书。

第二百七十九条 【和解协议书的效力】对于达成和解协议的案件,公安机关可以向人民检察院提出从宽处理的建议。人民检察院可以向人民法院提出从宽处罚的建议;对于犯罪情节轻微,不需要判处刑罚的,可以作出不起诉的决定。人民法院可以依法对被告人从宽处罚。

第三章 犯罪嫌疑人、被告人逃匿、死亡案件违法所得的没收程序

第二百八十条 【没收违法所得情形】对于贪污贿赂犯罪、恐怖活动犯罪等重大犯罪案件,犯罪嫌疑人、被告人逃匿,在通缉一年后不能到案,或者犯罪嫌疑人、被告人死亡,依照刑法规定应当追缴其违法所得及其他涉案财产的,人民检察院可以向人民法院提出没收违法所得的申请。

公安机关认为有前款规定情形的,应当写出没收违法所得意见书,移送人民检察院。

没收违法所得的申请应当提供与犯罪事实、违法所得相关的证据材料,并列明财产的种类、数量、所在地及查封、扣押、冻结的情况。

人民法院在必要的时候,可以查封、扣押、冻结申请没收的财产。

第二百八十一条 【没收违法所得审理程序】没收违法所得的申请,由犯罪地或者犯罪嫌疑人、被告人居住地的中级人民法院组成合议庭进行审理。

人民法院受理没收违法所得的申请后,应当发出公告。公告期间为六个月。犯罪嫌疑人、被告人的近亲属和其他利害关系人有权申请参加诉讼,也可以委托诉讼代理人参加诉讼。

人民法院在公告期满后对没收违法所得的申请进行审理。利害关系人参加诉讼的,人民法院应当开庭审理。

第二百八十二条 【没收违法所得审理结果】人民法院经审理,对经查证属于违法所得及其他涉案财产,除依法返还被害人的以外,应当裁定予以没收;对不属于应当追缴的财产的,应当裁定驳回申请,解除查封、扣押、冻结措施。

对于人民法院依照前款规定作出的裁定,犯罪嫌疑人、被告人的近亲属和其他利害关系人或者人民检察院可以提出上诉、抗诉。

第二百八十三条 【终止审理情形】在审理过程中,在逃的犯罪嫌疑人、被告人自动投案或者被抓获的,人民法院应当终止审理。

没收犯罪嫌疑人、被告人财产确有错误的,应当予以返还、赔偿。

第四章 依法不负刑事责任的精神病人的强制医疗程序

第二百八十四条 【强制医疗适用条件】实施暴力行为,危害公共安全或者严重危害公民人身安全,经法定程序鉴定依法不负刑事责任的精神病人,有继续危害社会可能的,可以予以强制医疗。

第二百八十五条 【强制医疗决定程序】根据本章规定对精神病人强制医疗的,由人民法院决定。

公安机关发现精神病人符合强制医疗条件的,应当写出强制医疗意见书,移送人民检察院。对于公安机关移送的或者在审查起诉过程中发现的精神病人符合强制医疗条件的,人民检察院应当向人民法院提出强制医疗的申请。人民法院在审理案件过程中发现被告人符合强制医疗条件的,可以作出强制医疗的决定。

对实施暴力行为的精神病人,在人民法院决定强制医疗前,公安机关可以采取临时的保护性约束措施。

第二百八十六条 【强制医疗案件审理程序】人民法院受理强制医疗的申请后，应当组成合议庭进行审理。

人民法院审理强制医疗案件，应当通知被申请人或者被告人的法定代理人到场。被申请人或者被告人没有委托诉讼代理人的，人民法院应当通知法律援助机构指派律师为其提供法律帮助。

第二百八十七条 【强制医疗案件审理期限及救济方式】人民法院经审理，对于被申请人或者被告人符合强制医疗条件的，应当在一个月以内作出强制医疗的决定。

被决定强制医疗的人、被害人及其法定代理人、近亲属对强制医疗决定不服的，可以向上一级人民法院申请复议。

第二百八十八条 【定期诊断评估制度及强制医疗措施解除】强制医疗机构应当定期对被强制医疗的人进行诊断评估。对于已不具有人身危险性，不需要继续强制医疗的，应当及时提出解除意见，报决定强制医疗的人民法院批准。

被强制医疗的人及其近亲属有权申请解除强制医疗。

第二百八十九条 【检察机关法律监督】人民检察院对强制医疗的决定和执行实行监督。

附 则

第二百九十条 【军保部门、监狱的侦查权】军队保卫部门对军队内部发生的刑事案件行使侦查权。

对罪犯在监狱内犯罪的案件由监狱进行侦查。

军队保卫部门、监狱办理刑事案件，适用本法的有关规定。

中华人民共和国民事诉讼法

1. 1991年4月9日第七届全国人民代表大会第四次会议通过
2. 根据2007年10月28日第十届全国人民代表大会常务委员会第三十次会议《关于修改〈中华人民共和国民事诉讼法〉的决定》第一次修正
3. 根据2012年8月31日第十一届全国人民代表大会常务委员会第二十八次会议《关于修改〈中华人民共和国民事诉讼法〉的决定》第二次修正
4. 根据2017年6月27日第十二届全国人民代表大会常务委员会第二十八次会议《关于修改〈中华人民共和国民事诉讼法〉和〈中华人民共和国行政诉讼法〉的决定》第三次修正

目 录

第一编 总 则

第一章 任务、适用范围和基本原则

第一条 【立法依据】中华人民共和国民事诉讼法以宪法为根据,结合我国民事审判工作的经验和实际情况制定。

第二条 【立法任务】中华人民共和国民事诉讼法的任务,是保护当事人行使诉讼权利,保证人民法院查明事实,分清是非,正确适用法律,及时审理民事案件,确认民事权利义务关系,制裁民事违法行为,保护当事人的合法权益,教育公民自觉遵守法律,维护社会秩序、经济秩序,保障社会主义建设事业顺利进行。

第三条 【适用范围】人民法院受理公民之间、法人之间、其他组织之间以及他们相互之间因财产关系和人身关系提起的民事诉讼,适用本法的规定。

第四条 【空间效力】凡在中华人民共和国领域内进行民事诉讼,必须遵守本法。

第五条 【涉外民诉同等原则、对等原则】外国人、无国籍人、外国企业和组织在人民法院起诉、应诉,同中华人民共和国公民、法人和其他组织有同等的诉讼权利义务。

外国法院对中华人民共和国公民、法人和其他组织的民事诉讼权利加以限制的,中华人民共和国人民法院对该国公民、企业和组织的民事诉讼权利,实行对等原则。

第六条 【审判权】民事案件的审判权由人民法院行使。

人民法院依照法律规定对民事案件独立进行审判,不受行政机关、社会团体和个人的干涉。

第七条 【审理原则】人民法院审理民事案件,必须以事实为根据,以法律为准绳。

第八条 【诉讼权利平等原则】民事诉讼当事人有平等的诉讼权利。人民法院审理民事案件,应当保障和便利当事人行使诉讼权利,对当事人在适用法律上一律平等。

第九条 【调解原则】人民法院审理民事案件,应当根据自愿和合法的原则进行调解;调解不成的,应当及时判决。

第十条 【审判制度】人民法院审理民事案件,依照法律规定实行合议、回避、公开审判和两审终审制度。

第十一条 【语言文字】各民族公民都有用本民族语言、文字进行民事诉讼的权利。

在少数民族聚居或者多民族共同居住的地区,人民法院应当用当地民族通用的语言、文字进行审理和发布法律文书。

人民法院应当对不通晓当地民族通用的语言、文字的诉讼参与人提供翻译。

第十二条 【辩论权】人民法院审理民事案件时,当事人有权进行辩论。

第十三条 【诚实信用原则、当事人处分原则】民事诉讼应当遵循诚实信用原则。

当事人有权在法律规定的范围内处分自己的民事权利和诉讼权利。

第十四条 【法律监督权】人民检察院有权对民事诉讼实行法律监督。

第十五条 【支持起诉】机关、社会团体、企业事业单位对损害国家、集体或者个人民事权益的行为,可以支持受损害的单位或者个人向人民法院起诉。

第十六条 【变通规定】民族自治地方的人民代表大会根据宪法和本法的原则,结合当地民族的具体情况,可以制定变通或者补充的规定。自治区的规定,报全国人民代表大会常务委员会批准。自治州、自治县的规定,报省或者自治区的人民代表大会常务委员会批准,并报全国人民代表大会常务委员会备案。

第二章 管 辖

第一节 级别管辖

第十七条 【基层法院管辖】基层人民法院管辖第一审民事案件,但本法另有规定的除外。

第十八条 【中级法院管辖】中级人民法院管辖下列第一审民事案件:

(一)重大涉外案件;

(二)在本辖区有重大影响的案件;

(三)最高人民法院确定由中级人民法院管辖的案件。

第十九条 【高级法院管辖】高级人民法院管辖在本辖区有重大影响的第一审民事案件。

第二十条 【最高法院管辖】最高人民法院管辖下列第一审民事案件:

(一)在全国有重大影响的案件;

(二)认为应当由本院审理的案件。

第二节 地域管辖

第二十一条 【一般地域管辖】对公民提起的民事诉讼,由被告住所地人民法院管辖;被告住所地与经常居住地不一致的,由经常居住地人民法院管辖。

对法人或者其他组织提起的民事诉讼,由被告住所地人民法院管辖。

同一诉讼的几个被告住所地、经常居住地在两个以上人民法院辖区的,各该人民法院都有管辖权。

第二十二条 【特别规定】下列民事诉讼,由原告住所地人民法院管辖;原告住所地与经常居住地不一致的,由原告经常居住地人民法院管辖:

(一)对不在中华人民共和国领域内居住的人提起的有关身份关系的诉讼;

(二)对下落不明或者宣告失踪的人提起的有关身份关系的诉讼;

(三)对被采取强制性教育措施的人提起的诉讼;

(四)对被监禁的人提起的诉讼。

第二十三条 【合同纠纷管辖】因合同纠纷提起的诉讼,由被告住所地或者合同履行地人民法院管辖。

第二十四条 【保险合同纠纷管辖】因保险合同纠纷提起的诉讼,由被告住所地或者保险标的物所在地人民法院管辖。

第二十五条 【票据纠纷管辖】因票据纠纷提起的诉讼,由票据支付地或者被告住所地人民法院管辖。

第二十六条 【公司诉讼管辖】因公司设立、确认股东资格、分配利润、解散等纠纷提起的诉讼,由公司住所地人民法院管辖。

第二十七条 【运输合同纠纷管辖】因铁路、公路、水上、航空运输和联合运输合同纠纷提起的诉讼,由运输始发地、目的地或者被告住所地人民法院管辖。

第二十八条 【侵权纠纷管辖】因侵权行为提起的诉讼,由侵权行为地或者被告住所地人民法院管辖。

第二十九条 【交通事故管辖】因铁路、公路、水上和航空事故请求损害赔偿提起的诉讼,由事故发生地或者车辆、船舶最先到达地、航空器最先降落地或者被告住所地人民法院管辖。

第三十条 【海损事故管辖】因船舶碰撞或者其他海事损害事故请求损害赔偿提起的诉讼,由碰撞发生地、碰撞船舶最先到达地、加害船舶被扣留地或者被告住所地人民法院管辖。

第三十一条 【海难救助费用管辖】因海难救助费用提起的诉讼,由救助地或者被救助船舶最先到达地人民法院管辖。

第三十二条 【共同海损管辖】因共同海损提起的诉讼,由船舶最先到达地、共同海损理算地或者航程终止地的人民法院管辖。

第三十三条 【专属管辖】下列案件,由本条规定的人民法院专属管辖:

(一)因不动产纠纷提起的诉讼,由不动产所在地人民法院管辖;

(二)因港口作业中发生纠纷提起的诉讼,由港口所在地人民法院管辖;

(三)因继承遗产纠纷提起的诉讼,由被继承人死亡时住所地或者主要遗产所在地人民法院管辖。

第三十四条 【协议管辖】合同或者其他财产权益纠纷的当事人可以书面协议选择被告住所地、合同履行地、合同签订地、原告住所地、标的物所在地等与争议有实际联系的地点的人民法院管辖,但不得违反本法对级别管辖和专属管辖的规定。

第三十五条 【共同管辖】两个以上人民法院都有管辖权的诉讼,原告可以向其中一个人民法院起诉;原告向两个以上有管辖权的人民法院起诉的,由最先立案的人民法院管辖。

第三节 移送管辖和指定管辖

第三十六条 【移送管辖】人民法院发现受理的案件不属于本院管辖的,应当移送有管辖权的人民法院,受移送的人民法院应当受理。受移送的人民法院认为受移送的案件依照规定不属于本院管辖的,应当报请上级人民法院指定管辖,不得再自行移送。

第三十七条 【指定管辖】有管辖权的人民法院由于特殊原因,不能行使管辖权的,由上级人民法院指定管辖。

人民法院之间因管辖权发生争议,由争议双方协商解决;协商解决不了的,报请它们的共同上级人民法院指定管辖。

第三十八条 【管辖权转移】上级人民法院有权审理下级人民法院管辖的第一审民事案件;确有必要将本院管辖的第一审民事案件交下级人民法院审理的,应当报请其上级人民法院批准。

下级人民法院对它所管辖的第一审民事案件,认为需要由上级人民法院审理的,可以报请上级人民法院审理。

第三章 审判组织

第三十九条 【一审审判组织】人民法院审理第一审民事案件,由审判员、陪审员共同组成合议庭或者由审判员组成合议庭。合议庭的成员人数,必须是单数。

适用简易程序审理的民事案件,由审判员一人独任审理。

陪审员在执行陪审职务时,与审判员有同等的权利义务。

第四十条 【二审、重审、再审审判组织】人民法院审理第二审民事案件,由审判员组成合议庭。合议庭的成员人数,必须是单数。

发回重审的案件,原审人民法院应当按照第一审程序另行组成合议庭。

审理再审案件,原来是第一审的,按照第一审程序另行组成合议庭;原来是第二审的或者是上级人民法院提审的,按照第二审程序另行组成合议庭。

第四十一条 【审判长】合议庭的审判长由院长或者庭长指定审判员一人担任;院长或者庭长参加审判的,由院长或者庭长担任。

第四十二条 【评议原则】合议庭评议案件,实行少数服从多数的原则。评议应当制作笔录,由合议庭成员签名。评议中的不同意见,必须如实记入笔录。

第四十三条 【依法办案】审判人员应当依法秉公办案。

审判人员不得接受当事人及其诉讼代理人请客送礼。

审判人员有贪污受贿,徇私舞弊,枉法裁判行为的,应当追究法律责任;构成犯罪的,依法追究刑事责任。

第四章 回避

第四十四条 【回避情形】审判人员有下列情形之一的,应当自行回避,当事人有权用口头或者书面方式申请他们回避:

(一)是本案当事人或者当事人、诉讼代理人近亲属的;

(二)与本案有利害关系的;

(三)与本案当事人、诉讼代理人有其他关系,可能影响对案件公正审理的。

审判人员接受当事人、诉讼代理人请客送礼,或者违反规定会见当事人、诉讼代理人的,当事人有权要求他们回避。

审判人员有前款规定的行为的,应当依法追究法律责任。

前三款规定,适用于书记员、翻译人员、鉴定人、勘验人。

第四十五条 【回避申请】当事人提出回避申请,应当说明理由,在案件开始审理时提出;回避事由在案件开始审理后知道的,也可以在法庭辩论终结前提出。

被申请回避的人员在人民法院作出是否回避的决定前,应当暂停参与本案的工作,但案件需要采取紧急措施的除外。

第四十六条 【回避决定权人】院长担任审判长时的回避,由审判委员会决定;审判人员的回避,由院长决定;其他人员的回避,由审判长决定。

第四十七条 【回避申请决定程序】人民法院对当事人提出的回避申请,应当在申请提出的三日内,以口头或者书面形式作出决定。申请人对决定不服的,可以在接到决定时申请复议一次。复议期间,被申请回避的人员,不停止参与本案的工作。人民法院对复议申请,应当在三日内作出复议决定,并通知复议申请人。

第五章 诉讼参加人

第一节 当 事 人

第四十八条 【诉讼当事人】公民、法人和其他组织可以作为民事诉讼的当事人。

法人由其法定代表人进行诉讼。其他组织由其主要负责人进行诉讼。

第四十九条 【诉讼权利义务】当事人有权委托代理人,提出回避申请,收集、提供证据,进行辩论,请求调解,提起上诉,申请执行。

当事人可以查阅本案有关材料,并可以复制本案有关材料和法律文书。查阅、复制本案有关材料的范围和办法由最高人民法院规定。

当事人必须依法行使诉讼权利,遵守诉讼秩序,履行发生法律效力的判决书、裁定书和调解书。

第五十条 【和解】双方当事人可以自行和解。

第五十一条 【诉讼请求、反诉】原告可以放弃或者变更诉讼请求。被告可以承认或者反驳诉讼请求,有权提起反诉。

第五十二条 【共同诉讼】当事人一方或者双方为二人以上,其诉讼标的是共同的,或者诉讼标的是同一种类、人民法院认为可以合并审理并经当事人同意的,为共同诉讼。

共同诉讼的一方当事人对诉讼标的有共同权利义务的,其中一人的诉讼行为经其他共同诉讼人承认,对其他共同诉讼人发生效力;对诉讼标的没有共同权利义务的,其中一人的诉讼行为对其他共同诉讼人不发生效力。

第五十三条 【人数确定的代表人诉讼】当事人一方人数众多的共同诉讼,可以由当事人推选代表人进行诉讼。代表人的诉讼行为对其所代表的当事人发生效力,但代表人变更、放弃诉讼请求或者承认对方当事人的诉讼请求,进行和解,必须经被代表的当事人同意。

第五十四条 【人数不确定的代表人诉讼】诉讼标的是同一种类、当事人一方人数众多在起诉时人数尚未确定的,人民法院可以发出公告,说明案件情况和诉讼请求,通知权利人在一定期间向人民法院登记。

向人民法院登记的权利人可以推选代表人进行诉讼;推选不出代表人的,人民法院可以与参加登记的权利人商定代表人。

代表人的诉讼行为对其所代表的当事人发生效力,但代表人变更、放弃诉讼请求或者承认对方当事人的诉讼请求,进行和解,必须经被代表的当事人同意。

人民法院作出的判决、裁定,对参加登记的全体权利人发生效力。未参加登记的权利人在诉讼时效期间提起诉讼的,适用该判决、裁定。

第五十五条 【民事公益诉讼】对污染环境、侵害众多消费者合法权益等损害社会公共利益的行为,法律规定的机关和有关组织可以向人民法院提起诉讼。

人民检察院在履行职责中发现破坏生态环境和资源保护、食品药品安全领域侵害众多消费者合法权益等损害社会公共利益的行为,在没有前款规定的机关和组织或者前款规定的机关和组织不提起诉讼的情况下,可以向人民法院提起诉讼。前款规定的机关或者组织提起诉讼的,人民检察院可以支持起诉。

第五十六条 【诉讼第三人、第三人撤销之诉】对当事人双方的诉讼标的,第三人认为有独立请求权的,有权提起诉讼。

对当事人双方的诉讼标的,第三人虽然没有独立请求权,但案件处理结果同他有法律上的利害关系的,可以申请参加诉讼,或者由人民法院通知他参加诉讼。人民法院判决承担民事责任的第三人,有当事人的诉讼权利义务。

前两款规定的第三人,因不能归责于本人的事由未参加诉讼,但有证据证明发生法律效力的判决、裁定、调解书的部分或者全部内容错误,损害其民事权益的,可以自知道或者应当知道其民事权益受到损害之日起六个月内,向作出该判决、裁定、调解书的人民法院提起诉讼。人民法院经审理,诉讼请求成立的,应当改变或者撤销原判决、裁定、调解书;诉讼请求不成立的,驳回诉讼请求。

第二节 诉讼代理人

第五十七条 【法定代理人】无诉讼行为能力人由他的监护人作为法定代理人代为诉讼。法定代理人之间互相推诿代理责任的,由人民法院指定其中一人代为诉讼。

第五十八条 【委托代理人】当事人、法定代理人可以委托一至二人作为诉讼代理人。

下列人员可以被委托为诉讼代理人:

(一)律师、基层法律服务工作者;

(二)当事人的近亲属或者工作人员;

(三)当事人所在社区、单位以及有关社会团体推荐的公民。

第五十九条 【委托程序】委托他人代为诉讼,必须向人民法院提交由委托人签名或者盖章的授权委托书。

授权委托书必须记明委托事项和权限。诉讼代理人代为承认、放弃、变更诉讼请求,进行和解,提起反诉或者上诉,必须有委托人的特别授权。

侨居在国外的中华人民共和国公民从国外寄交或者托交的授权委托书,必须经中华人民共和国驻该国的使领馆证明;没有使领馆的,由与中华人民共和国有外交关系的第三国驻该国的使领馆证明,再转由中华人民共和国驻该第三国使领馆证明,或者由当地的爱国华侨团体证明。

第六十条 【代理权变更、解除】诉讼代理人的权限如果变更或者解除,当事人应当书面告知人民法院,并由人民法院通知对方当事人。

第六十一条 【诉讼代理人权利】代理诉讼的律师和其他诉讼代理人有权调查收集证据,可以查阅本案有关材料。查阅本案有关材料的范围和办法由最高人民法院规定。

第六十二条 【离婚诉讼代理】离婚案件有诉讼代理人的,本人除不能表达意思的以外,仍应出庭;确因特殊情况无法出庭的,必须向人民法院提交书面意见。

第六章 证 据

第六十三条 【证据种类】证据包括:

(一)当事人的陈述;

(二)书证;

(三)物证;

(四)视听资料;

(五)电子数据;

(六)证人证言;

(七)鉴定意见;

(八)勘验笔录。

证据必须查证属实,才能作为认定事实的根据。

第六十四条 【举证责任】当事人对自己提出的主张,有责任提供证据。

当事人及其诉讼代理人因客观原因不能自行收集的证据,或者人民法院认为审理案件需要的证据,人民法院应当调查收集。

人民法院应当按照法定程序,全面地、客观地审查核实证据。

第六十五条 【及时提供证据义务】当事人对自己提出的主张应当及时提供证据。

人民法院根据当事人的主张和案件审理情况,确定当事人应当提供的证据及其期限。当事人在该期限内提供证据确有困难的,可以向人民法院申请延长期限,人民法院根据当事人的申请适当延长。当事人逾期提供证据的,人民法院应当责令其说明理由;拒不说明理由或者理由不成立的,人民法院根据不同情形可以不予采纳该证据,或者采纳该证据但予以训诫、罚款。

第六十六条 【证据收据】人民法院收到当事人提交的证据材料,应当出具收据,写明证据名称、页数、份数、原件或者复印件以及收到时间等,并由经办人员签名或者盖章。

第六十七条 【人民法院调查取证】人民法院有权向有关单位和个人调查取证,有关单位和个人不得拒绝。

人民法院对有关单位和个人提出的证明文书,应当辨别真伪,审查确定其效力。

第六十八条 【法庭质证】证据应当在法庭上出示,并由当事人互相质证。对涉及国家秘密、商业秘密和个人隐私的证据应当保密,需要在法庭出示的,不得在公开开庭时出示。

第六十九条 【公证证据效力】经过法定程序公证证明的法律事实和文书,人民法院应当作为认定事实的根据,但有相反证据足以推翻公证证明的除外。

第七十条 【书证、物证】书证应当提交原件。物证应当提交原物。提交原件或者原物确有困难的,可以提交复制品、照片、副本、节录本。

提交外文书证,必须附有中文译本。

第七十一条 【视听资料】人民法院对视听资料,应当辨别真伪,并结合本案的其他证据,审查确定能否作为认定事实的根据。

第七十二条 【证人义务、资格】凡是知道案件情况的单位和个人,都有义务出庭作证。有关单位的负责人应当支持证人作证。

不能正确表达意思的人,不能作证。

第七十三条 【证人出庭作证】经人民法院通知,证人应当出庭作证。有下列情形之一的,经人民法院许可,可以通过书面证言、视听传输技术或者视听资料等方式作证:

(一)因健康原因不能出庭的;

(二)因路途遥远,交通不便不能出庭的;

(三)因自然灾害等不可抗力不能出庭的;

(四)其他有正当理由不能出庭的。

第七十四条 【证人出庭费用负担】证人因履行出庭作证义务而支出的交通、住宿、就餐等必要费用以及误工损失,由败诉一方当事人负担。当事人申请证人作证的,由该当事人先行垫付;当事人没有申请,人民法院通知证人作证的,由人民法院先行垫付。

第七十五条 【当事人陈述】人民法院对当事人的陈述,应当结合本案的其他证据,审查确定能否作为认定事实的根据。

当事人拒绝陈述的,不影响人民法院根据证据认定案件事实。

第七十六条　【鉴定程序启动和鉴定人选认】当事人可以就查明事实的专门性问题向人民法院申请鉴定。当事人申请鉴定的,由双方当事人协商确定具备资格的鉴定人;协商不成的,由人民法院指定。

当事人未申请鉴定,人民法院对专门性问题认为需要鉴定的,应当委托具备资格的鉴定人进行鉴定。

第七十七条　【鉴定人权利义务】鉴定人有权了解进行鉴定所需要的案件材料,必要时可以询问当事人、证人。

鉴定人应当提出书面鉴定意见,在鉴定书上签名或者盖章。

第七十八条　【鉴定人出庭作证】当事人对鉴定意见有异议或者人民法院认为鉴定人有必要出庭的,鉴定人应当出庭作证。经人民法院通知,鉴定人拒不出庭作证的,鉴定意见不得作为认定事实的根据;支付鉴定费用的当事人可以要求返还鉴定费用。

第七十九条　【专家证人出庭】当事人可以申请人民法院通知有专门知识的人出庭,就鉴定人作出的鉴定意见或者专业问题提出意见。

第八十条　【勘验笔录】勘验物证或者现场,勘验人必须出示人民法院的证件,并邀请当地基层组织或者当事人所在单位派人参加。当事人或者当事人的成年家属应当到场,拒不到场的,不影响勘验的进行。

有关单位和个人根据人民法院的通知,有义务保护现场,协助勘验工作。

勘验人应当将勘验情况和结果制作笔录,由勘验人、当事人和被邀参加人签名或者盖章。

第八十一条　【证据保全】在证据可能灭失或者以后难以取得的情况下,当事人可以在诉讼过程中向人民法院申请保全证据,人民法院也可以主动采取保全措施。

因情况紧急,在证据可能灭失或者以后难以取得的情况下,利害关系人可以在提起诉讼或者申请仲裁前向证据所在地、被申请人住所地或者对案件有管辖权的人民法院申请保全证据。

证据保全的其他程序,参照适用本法第九章保全的有关规定。

第七章　期间、送达

第一节　期　　间

第八十二条　【期间种类、计算】期间包括法定期间和人民法院指定的期间。

期间以时、日、月、年计算。期间开始的时和日,不计算在期间内。

期间届满的最后一日是节假日的,以节假日后的第一日为期间届满的日期。

期间不包括在途时间,诉讼文书在期满前交邮的,不算过期。

第八十三条　【期间顺延】当事人因不可抗拒的事由或者其他正当理由耽误期限的,在障碍消除后的十日内,可以申请顺延期限,是否准许,由人民法院决定。

第二节　送　　达

第八十四条　【送达回证】送达诉讼文书必须有送达回证,由受送达人在送达回证上记明收到日期,签名或者盖章。

受送达人在送达回证上的签收日期为送达日期。

第八十五条　【直接送达】送达诉讼文书,应当直接送交受送达人。受送达人是公民的,本人不在交他的同住成年家属签收;受送达人是法人或者其他组织的,应当由法人的法定代表人、其他组织的主要负责人或者该法人、组织负责收件的人签收;受送达人有诉讼代理人的,可以送交其代理人签收;受送达人已向人民法院指定代收人的,送交代收人签收。

受送达人的同住成年家属,法人或者其他组织的负责收件的人,诉讼代理人或者代收人在送达回证上签收的日期为送达日期。

第八十六条　【留置送达】受送达人或者他的同住成年家属拒绝接收诉讼文书的,送达人可以邀请有关基层组织或者所在单位的代表到场,说明情况,在送达回证上记明拒收事由和日期,由送达人、见证人签名或者盖章,把诉讼文书留在受送达人的住所;也可以把诉讼文书留在受送达人的住所,并采用拍照、录像等方式记录送达过程,即视为送达。

第八十七条　【简易送达】经受送达人同意,人民法院可以采用传真、电子邮件等能够确认其收悉的方式送达诉讼文书,但判决书、裁定书、调解书除外。

采用前款方式送达的,以传真、电子邮件等到达受送达人特定系统的日期为送达日期。

第八十八条　【委托送达、邮寄送达】直接送达诉讼文书有困难的,可以委托其他人民法院代为送达,或者邮寄送达。邮寄送达的,以回执上注明的收件日期为送达日期。

第八十九条　【转交送达之一】受送达人是军人的,通过其所在部队团以上单位的政治机关转交。

第九十条　【转交送达之二】受送达人被监禁的,通过其所在监所转交。

受送达人被采取强制性教育措施的,通过其所在强制性教育机构转交。

第九十一条　【转交送达日期】代为转交的机关、单位收到诉讼文书后,必须立即交受送达人签收,以在送达回证上的签收日期,为送达日期。

第九十二条　【公告送达】受送达人下落不明,或者用本节规定的其他方式无法送达的,公告送达。自发出公告之日起,经过六十日,即视为送达。

公告送达,应当在案卷中记明原因和经过。

第八章　调　　解

第九十三条　【调解原则】人民法院审理民事案件,根据当事人自愿的原则,在事实清楚的基础上,分清是非,进行调解。

第九十四条 【调解组织形式】人民法院进行调解,可以由审判员一人主持,也可以由合议庭主持,并尽可能就地进行。

人民法院进行调解,可以用简便方式通知当事人、证人到庭。

第九十五条 【协助调解】人民法院进行调解,可以邀请有关单位和个人协助。被邀请的单位和个人,应当协助人民法院进行调解。

第九十六条 【调解协议】调解达成协议,必须双方自愿,不得强迫。调解协议的内容不得违反法律规定。

第九十七条 【调解书】调解达成协议,人民法院应当制作调解书。调解书应当写明诉讼请求、案件的事实和调解结果。

调解书由审判人员、书记员署名,加盖人民法院印章,送达双方当事人。

调解书经双方当事人签收后,即具有法律效力。

第九十八条 【不制作调解书的情形】下列案件调解达成协议,人民法院可以不制作调解书:

(一)调解和好的离婚案件;

(二)调解维持收养关系的案件;

(三)能够即时履行的案件;

(四)其他不需要制作调解书的案件。

对不需要制作调解书的协议,应当记入笔录,由双方当事人、审判人员、书记员签名或者盖章后,即具有法律效力。

第九十九条 【调解失败】调解未达成协议或者调解书送达前一方反悔的,人民法院应当及时判决。

第九章 保全和先予执行

第一百条 【诉讼中保全】人民法院对于可能因当事人一方的行为或者其他原因,使判决难以执行或者造成当事人其他损害的案件,根据对方当事人的申请,可以裁定对其财产进行保全、责令其作出一定行为或者禁止其作出一定行为;当事人没有提出申请的,人民法院在必要时也可以裁定采取保全措施。

人民法院采取保全措施,可以责令申请人提供担保,申请人不提供担保的,裁定驳回申请。

人民法院接受申请后,对情况紧急的,必须在四十八小时内作出裁定;裁定采取保全措施的,应当立即开始执行。

第一百零一条 【诉前保全】利害关系人因情况紧急,不立即申请保全将会使其合法权益受到难以弥补的损害的,可以在提起诉讼或者申请仲裁前向被保全财产所在地、被申请人住所地或者对案件有管辖权的人民法院申请采取保全措施。申请人应当提供担保,不提供担保的,裁定驳回申请。

人民法院接受申请后,必须在四十八小时内作出裁定;裁定采取保全措施的,应当立即开始执行。

申请人在人民法院采取保全措施后三十日内不依法提起诉讼或者申请仲裁的,人民法院应当解除保全。

第一百零二条 【保全范围】保全限于请求的范围,或者与本案有关的财物。

第一百零三条 【财产保全措施】财产保全采取查封、扣押、冻结或者法律规定的其他方法。人民法院保全财产后,应当立即通知被保全财产的人。

财产已被查封、冻结的,不得重复查封、冻结。

第一百零四条 【保全解除】财产纠纷案件,被申请人提供担保的,人民法院应当裁定解除保全。

第一百零五条 【保全错误补救】申请有错误的,申请人应当赔偿被申请人因保全所遭受的损失。

第一百零六条 【先予执行】人民法院对下列案件,根据当事人的申请,可以裁定先予执行:

(一)追索赡养费、扶养费、抚育费、抚恤金、医疗费用的;

(二)追索劳动报酬的;

(三)因情况紧急需要先予执行的。

第一百零七条 【先予执行条件】人民法院裁定先予执行的,应当符合下列条件:

(一)当事人之间权利义务关系明确,不先予执行将严重影响申请人的生活或者生产经营的;

(二)被申请人有履行能力。

人民法院可以责令申请人提供担保,申请人不提供担保的,驳回申请。申请人败诉的,应当赔偿被申请人因先予执行遭受的财产损失。

第一百零八条 【复议】当事人对保全或者先予执行的裁定不服的,可以申请复议一次。复议期间不停止裁定的执行。

第十章 对妨害民事诉讼的强制措施

第一百零九条 【拘传】人民法院对必须到庭的被告,经两次传票传唤,无正当理由拒不到庭的,可以拘传。

第一百一十条 【对妨害法庭秩序的强制措施】诉讼参与人和其他人应当遵守法庭规则。

人民法院对违反法庭规则的人,可以予以训诫,责令退出法庭或者予以罚款、拘留。

人民法院对哄闹、冲击法庭,侮辱、诽谤、威胁、殴打审判人员,严重扰乱法庭秩序的人,依法追究刑事责任;情节较轻的,予以罚款、拘留。

第一百一十一条 【对某些妨害诉讼行为的强制措施】诉讼参与人或者其他人有下列行为之一的,人民法院可以根据情节轻重予以罚款、拘留;构成犯罪的,依法追究刑事责任:

(一)伪造、毁灭重要证据,妨碍人民法院审理案件的;

(二)以暴力、威胁、贿买方法阻止证人作证或者指使、贿买、胁迫他人作伪证的;

(三)隐藏、转移、变卖、毁损已被查封、扣押的财产,或者已被清点并责令其保管的财产,转移已被冻结的财产的;

(四)对司法工作人员、诉讼参加人、证人、翻译人员、鉴定人、勘验人、协助执行的人,进行侮辱、诽谤、诬陷、殴打或者打击报复的;

(五)以暴力、威胁或者其他方法阻碍司法工作人员执行职务的;

(六)拒不履行人民法院已经发生法律效力的判决、裁定的。

人民法院对有前款规定的行为之一的单位,可以对其主要负责人或者直接责任人员予以罚款、拘留;构成犯罪的,依法追究刑事责任。

第一百一十二条　【对虚假诉讼、调解行为的司法处罚】当事人之间恶意串通,企图通过诉讼、调解等方式侵害他人合法权益的,人民法院应当驳回其请求,并根据情节轻重予以罚款、拘留;构成犯罪的,依法追究刑事责任。

第一百一十三条　【对恶意串通逃避执行行为的司法处罚】被执行人与他人恶意串通,通过诉讼、仲裁、调解等方式逃避履行法律文书确定的义务的,人民法院应当根据情节轻重予以罚款、拘留;构成犯罪的,依法追究刑事责任。

第一百一十四条　【不协助调查、执行的强制措施】有义务协助调查、执行的单位有下列行为之一的,人民法院除责令其履行协助义务外,并可以予以罚款:

(一)有关单位拒绝或者妨碍人民法院调查取证的;

(二)有关单位接到人民法院协助执行通知书后,拒不协助查询、扣押、冻结、划拨、变价财产的;

(三)有关单位接到人民法院协助执行通知书后,拒不协助扣留被执行人的收入、办理有关财产权证照转移手续、转交有关票证、证照或者其他财产的;

(四)其他拒绝协助执行的。

人民法院对有前款规定的行为之一的单位,可以对其主要负责人或者直接责任人员予以罚款;对仍不履行协助义务的,可以予以拘留;并可以向监察机关或者有关机关提出予以纪律处分的司法建议。

第一百一十五条　【罚款、拘留】对个人的罚款金额,为人民币十万元以下。对单位的罚款金额,为人民币五万元以上一百万元以下。

拘留的期限,为十五日以下。

被拘留的人,由人民法院交公安机关看管。在拘留期间,被拘留人承认并改正错误的,人民法院可以决定提前解除拘留。

第一百一十六条　【拘传、罚款、拘留程序】拘传、罚款、拘留必须经院长批准。

拘传应当发拘传票。

罚款、拘留应当用决定书。对决定不服的,可以向上一级人民法院申请复议一次。复议期间不停止执行。

第一百一十七条　【强制措施决定权】采取对妨害民事诉讼的强制措施必须由人民法院决定。任何单位和个人采取非法拘禁他人或者非法私自扣押他人财产追索债务的,应当依法追究刑事责任,或者予以拘留、罚款。

第十一章　诉讼费用

第一百一十八条　【诉讼费用的交纳】当事人进行民事诉讼,应当按照规定交纳案件受理费。财产案件除交纳案件受理费外,并按照规定交纳其他诉讼费用。

当事人交纳诉讼费用确有困难的,可以按照规定向人民法院申请缓交、减交或者免交。

收取诉讼费用的办法另行制定。

第二编　审判程序

第十二章　第一审普通程序

第一节　起诉和受理

第一百一十九条　【起诉条件】起诉必须符合下列条件:

(一)原告是与本案有直接利害关系的公民、法人和其他组织;

(二)有明确的被告;

(三)有具体的诉讼请求和事实、理由;

(四)属于人民法院受理民事诉讼的范围和受诉人民法院管辖。

第一百二十条　【起诉方式】起诉应当向人民法院递交起诉状,并按照被告人数提出副本。

书写起诉状确有困难的,可以口头起诉,由人民法院记入笔录,并告知对方当事人。

第一百二十一条　【起诉状】起诉状应当记明下列事项:

(一)原告的姓名、性别、年龄、民族、职业、工作单位、住所、联系方式,法人或者其他组织的名称、住所和法定代表人或者主要负责人的姓名、职务、联系方式;

(二)被告的姓名、性别、工作单位、住所等信息,法人或者其他组织的名称、住所等信息;

(三)诉讼请求和所根据的事实与理由;

(四)证据和证据来源,证人姓名和住所。

第一百二十二条　【先行调解】当事人起诉到人民法院的民事纠纷,适宜调解的,先行调解,但当事人拒绝调解的除外。

第一百二十三条　【立案期限】人民法院应当保障当事人依照法律规定享有的起诉权利。对符合本法第一百一十九条的起诉,必须受理。符合起诉条件的,应当在七日内立案,并通知当事人;不符合起诉条件的,应当在七日内作出裁定书,不予受理;原告对裁定不服的,可以提起上诉。

第一百二十四条　【审查起诉】人民法院对下列起诉,分别情形,予以处理:

（一）依照行政诉讼法的规定，属于行政诉讼受案范围的，告知原告提起行政诉讼；

（二）依照法律规定，双方当事人达成书面仲裁协议申请仲裁、不得向人民法院起诉的，告知原告向仲裁机构申请仲裁；

（三）依照法律规定，应当由其他机关处理的争议，告知原告向有关机关申请解决；

（四）对不属于本院管辖的案件，告知原告向有管辖权的人民法院起诉；

（五）对判决、裁定、调解书已经发生法律效力的案件，当事人又起诉的，告知原告申请再审，但人民法院准许撤诉的裁定除外；

（六）依照法律规定，在一定期限内不得起诉的案件，在不得起诉的期限内起诉的，不予受理；

（七）判决不准离婚和调解和好的离婚案件，判决、调解维持收养关系的案件，没有新情况、新理由，原告在六个月内又起诉的，不予受理。

第二节　审理前的准备

第一百二十五条　【答辩状提出】人民法院应当在立案之日起五日内将起诉状副本发送被告，被告应当在收到之日起十五日内提出答辩状。答辩状应当记明被告的姓名、性别、年龄、民族、职业、工作单位、住所、联系方式；法人或者其他组织的名称、住所和法定代表人或者主要负责人的姓名、职务、联系方式。人民法院应当在收到答辩状之日起五日内将答辩状副本发送原告。

被告不提出答辩状的，不影响人民法院审理。

第一百二十六条　【权利义务告知】人民法院对决定受理的案件，应当在受理案件通知书和应诉通知书中向当事人告知有关的诉讼权利义务，或者口头告知。

第一百二十七条　【管辖权异议、应诉管辖】人民法院受理案件后，当事人对管辖权有异议的，应当在提交答辩状期间提出。人民法院对当事人提出的异议，应当审查。异议成立的，裁定将案件移送有管辖权的人民法院；异议不成立的，裁定驳回。

当事人未提出管辖异议，并应诉答辩的，视为受诉人民法院有管辖权，但违反级别管辖和专属管辖规定的除外。

第一百二十八条　【告知合议庭组成】合议庭组成人员确定后，应当在三日内告知当事人。

第一百二十九条　【审核取证】审判人员必须认真审核诉讼材料，调查收集必要的证据。

第一百三十条　【法院调查程序】人民法院派出人员进行调查时，应当向被调查人出示证件。

调查笔录经被调查人校阅后，由被调查人、调查人签名或者盖章。

第一百三十一条　【委托调查】人民法院在必要时可以委托外地人民法院调查。

委托调查，必须提出明确的项目和要求。受委托人民法院可以主动补充调查。

受委托人民法院收到委托书后，应当在三十日内完成调查。因故不能完成的，应当在上述期限内函告委托人民法院。

第一百三十二条　【当事人追加】必须共同进行诉讼的当事人没有参加诉讼的，人民法院应当通知其参加诉讼。

第一百三十三条　【开庭准备程序】人民法院对受理的案件，分别情形，予以处理：

（一）当事人没有争议，符合督促程序规定条件的，可以转入督促程序；

（二）开庭前可以调解的，采取调解方式及时解决纠纷；

（三）根据案件情况，确定适用简易程序或者普通程序；

（四）需要开庭审理的，通过要求当事人交换证据等方式，明确争议焦点。

第三节　开庭审理

第一百三十四条　【审理方式】人民法院审理民事案件，除涉及国家秘密、个人隐私或者法律另有规定的以外，应当公开进行。

离婚案件，涉及商业秘密的案件，当事人申请不公开审理的，可以不公开审理。

第一百三十五条　【巡回审理】人民法院审理民事案件，根据需要进行巡回审理，就地办案。

第一百三十六条　【开庭通知及公告】人民法院审理民事案件，应当在开庭三日前通知当事人和其他诉讼参与人。公开审理的，应当公告当事人姓名、案由和开庭的时间、地点。

第一百三十七条　【庭前准备】开庭审理前，书记员应当查明当事人和其他诉讼参与人是否到庭，宣布法庭纪律。

开庭审理时，由审判长核对当事人，宣布案由，宣布审判人员、书记员名单，告知当事人有关的诉讼权利义务，询问当事人是否提出回避申请。

第一百三十八条　【法庭调查顺序】法庭调查按照下列顺序进行：

（一）当事人陈述；

（二）告知证人的权利义务，证人作证，宣读未到庭的证人证言；

（三）出示书证、物证、视听资料和电子数据；

（四）宣读鉴定意见；

（五）宣读勘验笔录。

第一百三十九条　【当事人庭审权利】当事人在法庭上可以提出新的证据。

当事人经法庭许可，可以向证人、鉴定人、勘验人发问。

当事人要求重新进行调查、鉴定或者勘验的,是否准许,由人民法院决定。

第一百四十条　【诉的合并】原告增加诉讼请求,被告提出反诉,第三人提出与本案有关的诉讼请求,可以合并审理。

第一百四十一条　【法庭辩论】法庭辩论按照下列顺序进行:

(一)原告及其诉讼代理人发言;

(二)被告及其诉讼代理人答辩;

(三)第三人及其诉讼代理人发言或者答辩;

(四)互相辩论。

法庭辩论终结,由审判长按照原告、被告、第三人的先后顺序征询各方最后意见。

第一百四十二条　【法庭辩论后的调解】法庭辩论终结,应当依法作出判决。判决前能够调解的,还可以进行调解,调解不成的,应当及时判决。

第一百四十三条　【按撤诉处理】原告经传票传唤,无正当理由拒不到庭的,或者未经法庭许可中途退庭的,可以按撤诉处理;被告反诉的,可以缺席判决。

第一百四十四条　【缺席判决】被告经传票传唤,无正当理由拒不到庭的,或者未经法庭许可中途退庭的,可以缺席判决。

第一百四十五条　【撤诉】宣判前,原告申请撤诉的,是否准许,由人民法院裁定。

人民法院裁定不准许撤诉的,原告经传票传唤,无正当理由拒不到庭的,可以缺席判决。

第一百四十六条　【延期审理】有下列情形之一的,可以延期开庭审理:

(一)必须到庭的当事人和其他诉讼参与人有正当理由没有到庭的;

(二)当事人临时提出回避申请的;

(三)需要通知新的证人到庭,调取新的证据,重新鉴定、勘验,或者需要补充调查的;

(四)其他应当延期的情形。

第一百四十七条　【法庭笔录】书记员应当将法庭审理的全部活动记入笔录,由审判人员和书记员签名。

法庭笔录应当当庭宣读,也可以告知当事人和其他诉讼参与人当庭或者在五日内阅读。当事人和其他诉讼参与人认为对自己的陈述记录有遗漏或者差错的,有权申请补正。如果不予补正,应当将申请记录在案。

法庭笔录由当事人和其他诉讼参与人签名或者盖章。拒绝签名盖章的,记明情况附卷。

第一百四十八条　【宣判】人民法院对公开审理或者不公开审理的案件,一律公开宣告判决。

当庭宣判的,应当在十日内发送判决书;定期宣判的,宣判后立即发给判决书。

宣告判决时,必须告知当事人上诉权利、上诉期限和上诉的法院。

宣告离婚判决,必须告知当事人在判决发生法律效力前不得另行结婚。

第一百四十九条　【审限】人民法院适用普通程序审理的案件,应当在立案之日起六个月内审结。有特殊情况需要延长的,由本院院长批准,可以延长六个月;还需要延长的,报请上级人民法院批准。

第四节　诉讼中止和终结

第一百五十条　【中止诉讼】有下列情形之一的,中止诉讼:

(一)一方当事人死亡,需要等待继承人表明是否参加诉讼的;

(二)一方当事人丧失诉讼行为能力,尚未确定法定代理人的;

(三)作为一方当事人的法人或者其他组织终止,尚未确定权利义务承受人的;

(四)一方当事人因不可抗拒的事由,不能参加诉讼的;

(五)本案必须以另一案的审理结果为依据,而另一案尚未审结的;

(六)其他应当中止诉讼的情形。

中止诉讼的原因消除后,恢复诉讼。

第一百五十一条　【终结诉讼】有下列情形之一的,终结诉讼:

(一)原告死亡,没有继承人,或者继承人放弃诉讼权利的;

(二)被告死亡,没有遗产,也没有应当承担义务的人的;

(三)离婚案件一方当事人死亡的;

(四)追索赡养费、扶养费、抚育费以及解除收养关系案件的一方当事人死亡的。

第五节　判决和裁定

第一百五十二条　【判决书】判决书应当写明判决结果和作出该判决的理由。判决书内容包括:

(一)案由、诉讼请求、争议的事实和理由;

(二)判决认定的事实和理由、适用的法律和理由;

(三)判决结果和诉讼费用的负担;

(四)上诉期间和上诉的法院。

判决书由审判人员、书记员署名,加盖人民法院印章。

第一百五十三条　【先行判决】人民法院审理案件,其中一部分事实已经清楚,可以就该部分先行判决。

第一百五十四条　【裁定】裁定适用于下列范围:

(一)不予受理;

(二)对管辖权有异议的;

(三)驳回起诉;

(四)保全和先予执行;

(五)准许或者不准许撤诉;

(六)中止或者终结诉讼;

(七)补正判决书中的笔误;

（八）中止或者终结执行；

（九）撤销或者不予执行仲裁裁决；

（十）不予执行公证机关赋予强制执行效力的债权文书；

（十一）其他需要裁定解决的事项。

对前款第一项至第三项裁定，可以上诉。

裁定书应当写明裁定结果和作出该裁定的理由。裁定书由审判人员、书记员署名，加盖人民法院印章。口头裁定的，记入笔录。

第一百五十五条　【生效裁判】最高人民法院的判决、裁定，以及依法不准上诉或者超过上诉期没有上诉的判决、裁定，是发生法律效力的判决、裁定。

第一百五十六条　【裁判文书公开】公众可以查阅发生法律效力的判决书、裁定书，但涉及国家秘密、商业秘密和个人隐私的内容除外。

第十三章　简易程序

第一百五十七条　【适用范围】基层人民法院和它派出的法庭审理事实清楚、权利义务关系明确、争议不大的简单的民事案件，适用本章规定。

基层人民法院和它派出的法庭审理前款规定以外的民事案件，当事人双方也可以约定适用简易程序。

第一百五十八条　【起诉方式】对简单的民事案件，原告可以口头起诉。

当事人双方可以同时到基层人民法院或者它派出的法庭，请求解决纠纷。基层人民法院或者它派出的法庭可以当即审理，也可以另定日期审理。

第一百五十九条　【简便方式传唤、送达和审理】基层人民法院和它派出的法庭审理简单的民事案件，可以用简便方式传唤当事人和证人、送达诉讼文书、审理案件，但应当保障当事人陈述意见的权利。

第一百六十条　【审理方式】简单的民事案件由审判员一人独任审理，并不受本法第一百三十六条、第一百三十八条、第一百四十一条规定的限制。

第一百六十一条　【审理期限】人民法院适用简易程序审理案件，应当在立案之日起三个月内审结。

第一百六十二条　【小额诉讼程序】基层人民法院和它派出的法庭审理符合本法第一百五十七条第一款规定的简单的民事案件，标的额为各省、自治区、直辖市上年度就业人员年平均工资百分之三十以下的，实行一审终审。

第一百六十三条　【简易程序转普通程序】人民法院在审理过程中，发现案件不宜适用简易程序的，裁定转为普通程序。

第十四章　第二审程序

第一百六十四条　【上诉】当事人不服地方人民法院第一审判决的，有权在判决书送达之日起十五日内向上一级人民法院提起上诉。

当事人不服地方人民法院第一审裁定的，有权在裁定书送达之日起十日内向上一级人民法院提起上诉。

第一百六十五条　【上诉状】上诉应当递交上诉状。上诉状的内容，应当包括当事人的姓名，法人的名称及其法定代表人的姓名或者其他组织的名称及其主要负责人的姓名；原审人民法院名称、案件的编号和案由；上诉的请求和理由。

第一百六十六条　【上诉方式】上诉状应当通过原审人民法院提出，并按照对方当事人或者代表人的人数提出副本。

当事人直接向第二审人民法院上诉的，第二审人民法院应当在五日内将上诉状移交原审人民法院。

第一百六十七条　【受理上诉】原审人民法院收到上诉状，应当在五日内将上诉状副本送达对方当事人，对方当事人在收到之日起十五日内提出答辩状。人民法院应当在收到答辩状之日起五日内将副本送达上诉人。对方当事人不提出答辩状的，不影响人民法院审理。

原审人民法院收到上诉状、答辩状，应当在五日内连同全部案卷和证据，报送第二审人民法院。

第一百六十八条　【审查范围】第二审人民法院应当对上诉请求的有关事实和适用法律进行审查。

第一百六十九条　【二审审理方式】第二审人民法院对上诉案件，应当组成合议庭，开庭审理。经过阅卷、调查和询问当事人，对没有提出新的事实、证据或者理由，合议庭认为不需要开庭审理的，可以不开庭审理。

第二审人民法院审理上诉案件，可以在本院进行，也可以到案件发生地或者原审人民法院所在地进行。

第一百七十条　【二审裁判】第二审人民法院对上诉案件，经过审理，按照下列情形，分别处理：

（一）原判决、裁定认定事实清楚，适用法律正确的，以判决、裁定方式驳回上诉，维持原判决、裁定；

（二）原判决、裁定认定事实错误或者适用法律错误的，以判决、裁定方式依法改判、撤销或者变更；

（三）原判决认定基本事实不清的，裁定撤销原判决，发回原审人民法院重审，或者查清事实后改判；

（四）原判决遗漏当事人或者违法缺席判决等严重违反法定程序的，裁定撤销原判决，发回原审人民法院重审。

原审人民法院对发回重审的案件作出判决后，当事人提起上诉的，第二审人民法院不得再次发回重审。

第一百七十一条　【裁定上诉处理】第二审人民法院对不服第一审人民法院裁定的上诉案件的处理，一律使用裁定。

第一百七十二条　【二审调解】第二审人民法院审理上诉案件，可以进行调解。调解达成协议，应当制作调解书，由审判人员、书记员署名，加盖人民法院印章。调解书送达后，原审人民法院的判决即视为撤销。

第一百七十三条　【撤回上诉】第二审人民法院判决宣告前，上诉人申请撤回上诉的，是否准许，由第二审人民法院裁定。

第一百七十四条 【二审适用程序】第二审人民法院审理上诉案件,除依照本章规定外,适用第一审普通程序。

第一百七十五条 【二审裁判效力】第二审人民法院的判决、裁定,是终审的判决、裁定。

第一百七十六条 【二审审限】人民法院审理对判决的上诉案件,应当在第二审立案之日起三个月内审结。有特殊情况需要延长的,由本院院长批准。

人民法院审理对裁定的上诉案件,应当在第二审立案之日起三十日内作出终审裁定。

第十五章 特别程序

第一节 一般规定

第一百七十七条 【适用范围】人民法院审理选民资格案件、宣告失踪或者宣告死亡案件、认定公民无民事行为能力或者限制民事行为能力案件、认定财产无主案件、确认调解协议案件和实现担保物权案件,适用本章规定。本章没有规定的,适用本法和其他法律的有关规定。

第一百七十八条 【审级及审判组织】依照本章程序审理的案件,实行一审终审。选民资格案件或者重大、疑难的案件,由审判员组成合议庭审理;其他案件由审判员一人独任审理。

第一百七十九条 【特别程序转化】人民法院在依照本章程序审理案件的过程中,发现本案属于民事权益争议的,应当裁定终结特别程序,并告知利害关系人可以另行起诉。

第一百八十条 【审限】人民法院适用特别程序审理的案件,应当在立案之日起三十日内或者公告期满后三十日内审结。有特殊情况需要延长的,由本院院长批准。但审理选民资格的案件除外。

第二节 选民资格案件

第一百八十一条 【起诉与受理】公民不服选举委员会对选民资格的申诉所作的处理决定,可以在选举日的五日以前向选区所在地基层人民法院起诉。

第一百八十二条 【审限与判决】人民法院受理选民资格案件后,必须在选举日前审结。

审理时,起诉人、选举委员会的代表和有关公民必须参加。

人民法院的判决书,应当在选举日前送达选举委员会和起诉人,并通知有关公民。

第三节 宣告失踪、宣告死亡案件

第一百八十三条 【宣告失踪】公民下落不明满二年,利害关系人申请宣告其失踪的,向下落不明人住所地基层人民法院提出。

申请书应当写明失踪的事实、时间和请求,并附有公安机关或者其他有关机关关于该公民下落不明的书面证明。

第一百八十四条 【宣告死亡】公民下落不明满四年,或者因意外事故下落不明满二年,或者因意外事故下落不明,经有关机关证明该公民不可能生存,利害关系人申请宣告其死亡的,向下落不明人住所地基层人民法院提出。

申请书应当写明下落不明的事实、时间和请求,并附有公安机关或者其他有关机关关于该公民下落不明的书面证明。

第一百八十五条 【公告与判决】人民法院受理宣告失踪、宣告死亡案件后,应当发出寻找下落不明人的公告。宣告失踪的公告期间为三个月,宣告死亡的公告期间为一年。因意外事故下落不明,经有关机关证明该公民不可能生存的,宣告死亡的公告期间为三个月。

公告期间届满,人民法院应当根据被宣告失踪、宣告死亡的事实是否得到确认,作出宣告失踪、宣告死亡的判决或者驳回申请的判决。

第一百八十六条 【判决撤销】被宣告失踪、宣告死亡的公民重新出现,经本人或者利害关系人申请,人民法院应当作出新判决,撤销原判决。

第四节 认定公民无民事行为能力、限制民事行为能力案件

第一百八十七条 【管辖与申请】申请认定公民无民事行为能力或者限制民事行为能力,由其近亲属或者其他利害关系人向该公民住所地基层人民法院提出。

申请书应当写明该公民无民事行为能力或者限制民事行为能力的事实和根据。

第一百八十八条 【医学鉴定】人民法院受理申请后,必要时应当对被请求认定为无民事行为能力或者限制民事行为能力的公民进行鉴定。申请人已提供鉴定意见的,应当对鉴定意见进行审查。

第一百八十九条 【代理人、审理与判决】人民法院审理认定公民无民事行为能力或者限制民事行为能力的案件,应当由该公民的近亲属为代理人,但申请人除外。近亲属互相推诿的,由人民法院指定其中一人为代理人。该公民健康情况许可的,还应当询问本人的意见。

人民法院经审理认定申请有事实根据的,判决该公民为无民事行为能力或者限制民事行为能力人;认定申请没有事实根据的,应当判决予以驳回。

第一百九十条 【判决撤销】人民法院根据被认定为无民事行为能力人、限制民事行为能力人或者他的监护人的申请,证实该公民无民事行为能力或者限制民事行为能力的原因已经消除的,应当作出新判决,撤销原判决。

第五节 认定财产无主案件

第一百九十一条 【管辖与申请书】申请认定财产无主,由公民、法人或者其他组织向财产所在地基层人民法院提出。

申请书应当写明财产的种类、数量以及要求认定财产无主的根据。

第一百九十二条 【公告与判决】人民法院受理申请后,经审

查核实,应当发出财产认领公告。公告满一年无人认领的,判决认定财产无主,收归国家或者集体所有。

第一百九十三条　【撤销判决】判决认定财产无主后,原财产所有人或者继承人出现,在民法通则规定的诉讼时效期间可以对财产提出请求,人民法院审查属实后,应当作出新判决,撤销原判决。

第六节　确认调解协议案件

第一百九十四条　【申请与管辖】申请司法确认调解协议,由双方当事人依照人民调解法等法律,自调解协议生效之日起三十日内,共同向调解组织所在地基层人民法院提出。

第一百九十五条　【裁定与执行】人民法院受理申请后,经审查,符合法律规定的,裁定调解协议有效,一方当事人拒绝履行或者未全部履行的,对方当事人可以向人民法院申请执行;不符合法律规定的,裁定驳回申请,当事人可以通过调解方式变更原调解协议或者达成新的调解协议,也可以向人民法院提起诉讼。

第七节　实现担保物权案件

第一百九十六条　【申请与管辖】申请实现担保物权,由担保物权人以及其他有权请求实现担保物权的人依照物权法等法律,向担保财产所在地或者担保物权登记地基层人民法院提出。

第一百九十七条　【裁定与执行】人民法院受理申请后,经审查,符合法律规定的,裁定拍卖、变卖担保财产,当事人依据该裁定可以向人民法院申请执行;不符合法律规定的,裁定驳回申请,当事人可以向人民法院提起诉讼。

第十六章　审判监督程序

第一百九十八条　【法院依职权提起再审】各级人民法院院长对本院已经发生法律效力的判决、裁定、调解书,发现确有错误,认为需要再审的,应当提交审判委员会讨论决定。

最高人民法院对地方各级人民法院已经发生法律效力的判决、裁定、调解书,上级人民法院对下级人民法院已经发生法律效力的判决、裁定、调解书,发现确有错误的,有权提审或者指令下级人民法院再审。

第一百九十九条　【当事人申请再审】当事人对已经发生法律效力的判决、裁定,认为有错误的,可以向上一级人民法院申请再审;当事人一方人数众多或者当事人双方为公民的案件,也可以向原审人民法院申请再审。当事人申请再审的,不停止判决、裁定的执行。

第二百条　【申请再审的条件】当事人的申请符合下列情形之一的,人民法院应当再审:

(一)有新的证据,足以推翻原判决、裁定的;

(二)原判决、裁定认定的基本事实缺乏证据证明的;

(三)原判决、裁定认定事实的主要证据是伪造的;

(四)原判决、裁定认定事实的主要证据未经质证的;

(五)对审理案件需要的主要证据,当事人因客观原因不能自行收集,书面申请人民法院调查收集,人民法院未调查收集的;

(六)原判决、裁定适用法律确有错误的;

(七)审判组织的组成不合法或者依法应当回避的审判人员没有回避的;

(八)无诉讼行为能力人未经法定代理人代为诉讼或者应当参加诉讼的当事人,因不能归责于本人或者其诉讼代理人的事由,未参加诉讼的;

(九)违反法律规定,剥夺当事人辩论权利的;

(十)未经传票传唤,缺席判决的;

(十一)原判决、裁定遗漏或者超出诉讼请求的;

(十二)据以作出原判决、裁定的法律文书被撤销或者变更的;

(十三)审判人员审理该案件时有贪污受贿,徇私舞弊,枉法裁判行为的。

第二百零一条　【对调解书申请再审】当事人对已经发生法律效力的调解书,提出证据证明调解违反自愿原则或者调解协议的内容违反法律的,可以申请再审。经人民法院审查属实的,应当再审。

第二百零二条　【离婚判决、调解不得再审】当事人对已经发生法律效力的解除婚姻关系的判决、调解书,不得申请再审。

第二百零三条　【当事人申请再审程序】当事人申请再审的,应当提交再审申请书等材料。人民法院应当自收到再审申请书之日起五日内将再审申请书副本发送对方当事人。对方当事人应当自收到再审申请书副本之日起十五日内提交书面意见;不提交书面意见的,不影响人民法院审查。人民法院可以要求申请人和对方当事人补充有关材料,询问有关事项。

第二百零四条　【再审申请的审查与再审案件的审级】人民法院应当自收到再审申请书之日起三个月内审查,符合本法规定的,裁定再审;不符合本法规定的,裁定驳回申请。有特殊情况需要延长的,由本院院长批准。

因当事人申请裁定再审的案件由中级人民法院以上的人民法院审理,但当事人依照本法第一百九十九条的规定选择向基层人民法院申请再审的除外。最高人民法院、高级人民法院裁定再审的案件,由本院再审或者交其他人民法院再审,也可以交原审人民法院再审。

第二百零五条　【当事人申请再审期限】当事人申请再审,应当在判决、裁定发生法律效力后六个月内提出;有本法第二百条第一项、第三项、第十二项、第十三项规定情形的,自知道或者应当知道之日起六个月内提出。

第二百零六条　【中止执行及例外】按照审判监督程序决定再审的案件,裁定中止原判决、裁定、调解书的执行,但追索赡养费、扶养费、抚育费、抚恤金、医疗费用、劳动报酬等案件,可以不中止执行。

第二百零七条　【再审审理程序】人民法院按照审判监督程序再审的案件,发生法律效力的判决、裁定是由第一审法院作出的,按照第一审程序审理,所作的判决、裁定,当事人可以上诉;发生法律效力的判决、裁定是由第二审法院作出的,按照第二审程序审理,所作的判决、裁定,是发生法律效力的判决、裁定;上级人民法院按照审判监督程序提审的,按照第二审程序审理,所作的判决、裁定是发生法律效力的判决、裁定。

人民法院审理再审案件,应当另行组成合议庭。

第二百零八条　【检察院提出抗诉或者检察建议】最高人民检察院对各级人民法院已经发生法律效力的判决、裁定,上级人民检察院对下级人民法院已经发生法律效力的判决、裁定,发现有本法第二百条规定情形之一的,或者发现调解书损害国家利益、社会公共利益的,应当提出抗诉。

地方各级人民检察院对同级人民法院已经发生法律效力的判决、裁定,发现有本法第二百条规定情形之一的,或者发现调解书损害国家利益、社会公共利益的,可以向同级人民法院提出检察建议,并报上级人民检察院备案;也可以提请上级人民检察院向同级人民法院提出抗诉。

各级人民检察院对审判监督程序以外的其他审判程序中审判人员的违法行为,有权向同级人民法院提出检察建议。

第二百零九条　【当事人申请检察建议或者抗诉】有下列情形之一的,当事人可以向人民检察院申请检察建议或者抗诉:

(一)人民法院驳回再审申请的;

(二)人民法院逾期未对再审申请作出裁定的;

(三)再审判决、裁定有明显错误的。

人民检察院对当事人的申请应当在三个月内进行审查,作出提出或者不予提出检察建议或者抗诉的决定。当事人不得再次向人民检察院申请检察建议或者抗诉。

第二百一十条　【检察院的调查权】人民检察院因履行法律监督职责提出检察建议或者抗诉的需要,可以向当事人或者案外人调查核实有关情况。

第二百一十一条　【抗诉案件的审理】人民检察院提出抗诉的案件,接受抗诉的人民法院应当自收到抗诉书之日起三十日内作出再审的裁定;有本法第二百条第一项至第五项规定情形之一的,可以交下一级人民法院再审,但经该下一级人民法院再审的除外。

第二百一十二条　【抗诉书】人民检察院决定对人民法院的判决、裁定、调解书提出抗诉的,应当制作抗诉书。

第二百一十三条　【检察员出庭】人民检察院提出抗诉的案件,人民法院再审时,应当通知人民检察院派员出席法庭。

第十七章　督 促 程 序

第二百一十四条　【支付令申请】债权人请求债务人给付金钱、有价证券,符合下列条件的,可以向有管辖权的基层人民法院申请支付令:

(一)债权人与债务人没有其他债务纠纷的;

(二)支付令能够送达债务人的。

申请书应当写明请求给付金钱或者有价证券的数量和所根据的事实、证据。

第二百一十五条　【受理】债权人提出申请后,人民法院应当在五日内通知债权人是否受理。

第二百一十六条　【支付令的审理、异议和执行】人民法院受理申请后,经审查债权人提供的事实、证据,对债权债务关系明确、合法的,应当在受理之日起十五日内向债务人发出支付令;申请不成立的,裁定予以驳回。

债务人应当自收到支付令之日起十五日内清偿债务,或者向人民法院提出书面异议。

债务人在前款规定的期间不提出异议又不履行支付令的,债权人可以向人民法院申请执行。

第二百一十七条　【终结督促程序】人民法院收到债务人提出的书面异议后,经审查,异议成立的,应当裁定终结督促程序,支付令自行失效。

支付令失效的,转入诉讼程序,但申请支付令的一方当事人不同意提起诉讼的除外。

第十八章　公示催告程序

第二百一十八条　【适用范围】按照规定可以背书转让的票据持有人,因票据被盗、遗失或者灭失,可以向票据支付地的基层人民法院申请公示催告。依照法律规定可以申请公示催告的其他事项,适用本章规定。

申请人应当向人民法院递交申请书,写明票面金额、发票人、持票人、背书人等票据主要内容和申请的理由、事实。

第二百一十九条　【公告及期限】人民法院决定受理申请,应当同时通知支付人停止支付,并在三日内发出公告,催促利害关系人申报权利。公示催告的期间,由人民法院根据情况决定,但不得少于六十日。

第二百二十条　【停止支付】支付人收到人民法院停止支付的通知,应当停止支付,至公示催告程序终结。

公示催告期间,转让票据权利的行为无效。

第二百二十一条　【申报票据权利】利害关系人应当在公示催告期间向人民法院申报。

人民法院收到利害关系人的申报后,应当裁定终结公示催告程序,并通知申请人和支付人。

申请人或者申报人可以向人民法院起诉。

第二百二十二条　【公示催告判决】没有人申报的,人民法院应当根据申请人的申请,作出判决,宣告票据无效。判决应当公告,并通知支付人。自判决公告之日起,申请人有权向支付人请求支付。

第二百二十三条　【利害关系人起诉】利害关系人因正当理由不能在判决前向人民法院申报的,自知道或者应当知道判决公告之日起一年内,可以向作出判决的人民法院起诉。

第三编 执行程序

第十九章 一般规定

第二百二十四条 【执行根据、管辖】发生法律效力的民事判决、裁定,以及刑事判决、裁定中的财产部分,由第一审人民法院或者与第一审人民法院同级的被执行的财产所在地人民法院执行。

法律规定由人民法院执行的其他法律文书,由被执行人住所地或者被执行的财产所在地人民法院执行。

第二百二十五条 【对违法执行行为的异议】当事人、利害关系人认为执行行为违反法律规定的,可以向负责执行的人民法院提出书面异议。当事人、利害关系人提出书面异议的,人民法院应当自收到书面异议之日起十五日内审查,理由成立的,裁定撤销或者改正;理由不成立的,裁定驳回。当事人、利害关系人对裁定不服的,可以自裁定送达之日起十日内向上一级人民法院申请复议。

第二百二十六条 【变更执行法院】人民法院自收到申请执行书之日起超过六个月未执行的,申请执行人可以向上一级人民法院申请执行。上一级人民法院经审查,可以责令原人民法院在一定期限内执行,也可以决定由本院执行或者指令其他人民法院执行。

第二百二十七条 【案外人异议】执行过程中,案外人对执行标的提出书面异议的,人民法院应当自收到书面异议之日起十五日内审查,理由成立的,裁定中止对该标的的执行;理由不成立的,裁定驳回。案外人、当事人对裁定不服,认为原判决、裁定错误的,依照审判监督程序办理;与原判决、裁定无关的,可以自裁定送达之日起十五日内向人民法院提起诉讼。

第二百二十八条 【执行机构、程序】执行工作由执行员进行。

采取强制执行措施时,执行员应当出示证件。执行完毕后,应当将执行情况制作笔录,由在场的有关人员签名或者盖章。

人民法院根据需要可以设立执行机构。

第二百二十九条 【委托执行】被执行人或者被执行的财产在外地的,可以委托当地人民法院代为执行。受委托人民法院收到委托函件后,必须在十五日内开始执行,不得拒绝。执行完毕后,应当将执行结果及时函复委托人民法院;在三十日内如果还未执行完毕,也应当将执行情况函告委托人民法院。

受委托人民法院自收到委托函件之日起十五日内不执行的,委托人民法院可以请求受委托人民法院的上级人民法院指令受委托人民法院执行。

第二百三十条 【执行和解】在执行中,双方当事人自行和解达成协议的,执行员应当将协议内容记入笔录,由双方当事人签名或者盖章。

申请执行人因受欺诈、胁迫与被执行人达成和解协议,或者当事人不履行和解协议的,人民法院可以根据当事人的申请,恢复对原生效法律文书的执行。

第二百三十一条 【执行担保】在执行中,被执行人向人民法院提供担保,并经申请执行人同意的,人民法院可以决定暂缓执行及暂缓执行的期限。被执行人逾期仍不履行的,人民法院有权执行被执行人的担保财产或者担保人的财产。

第二百三十二条 【执行承担】作为被执行人的公民死亡的,以其遗产偿还债务。作为被执行人的法人或者其他组织终止的,由其权利义务承受人履行义务。

第二百三十三条 【执行回转】执行完毕后,据以执行的判决、裁定和其他法律文书确有错误,被人民法院撤销的,对已被执行的财产,人民法院应当作出裁定,责令取得财产的人返还;拒不返还的,强制执行。

第二百三十四条 【调解书执行】人民法院制作的调解书的执行,适用本编的规定。

第二百三十五条 【民事执行法律监督】人民检察院有权对民事执行活动实行法律监督。

第二十章 执行的申请和移送

第二百三十六条 【申请执行和移送执行】发生法律效力的民事判决、裁定,当事人必须履行。一方拒绝履行的,对方当事人可以向人民法院申请执行,也可以由审判员移送执行员执行。

调解书和其他应当由人民法院执行的法律文书,当事人必须履行。一方拒绝履行的,对方当事人可以向人民法院申请执行。

第二百三十七条 【仲裁裁决执行】对依法设立的仲裁机构的裁决,一方当事人不履行的,对方当事人可以向有管辖权的人民法院申请执行。受申请的人民法院应当执行。

被申请人提出证据证明仲裁裁决有下列情形之一的,经人民法院组成合议庭审查核实,裁定不予执行:

(一)当事人在合同中没有订有仲裁条款或者事后没有达成书面仲裁协议的;

(二)裁决的事项不属于仲裁协议的范围或者仲裁机构无权仲裁的;

(三)仲裁庭的组成或者仲裁的程序违反法定程序的;

(四)裁决所根据的证据是伪造的;

(五)对方当事人向仲裁机构隐瞒了足以影响公正裁决的证据的;

(六)仲裁员在仲裁该案时有贪污受贿,徇私舞弊,枉法裁决行为的。

人民法院认定执行该裁决违背社会公共利益的,裁定不予执行。

裁定书应当送达双方当事人和仲裁机构。

仲裁裁决被人民法院裁定不予执行的,当事人可以根据双方达成的书面仲裁协议重新申请仲裁,也可以向人民法院起诉。

第二百三十八条 【公证债权文书执行】对公证机关依法赋予强制执行效力的债权文书,一方当事人不履行的,对方当事人可以向有管辖权的人民法院申请执行,受申请的人民法院应当执行。

公证债权文书确有错误的,人民法院裁定不予执行,并将裁定书送达双方当事人和公证机关。

第二百三十九条 【申请执行期间】申请执行的期间为二年。申请执行时效的中止、中断,适用法律有关诉讼时效中止、中断的规定。

前款规定的期间,从法律文书规定履行期间的最后一日起计算;法律文书规定分期履行的,从规定的每次履行期间的最后一日起计算;法律文书未规定履行期间的,从法律文书生效之日起计算。

第二百四十条 【执行通知】执行员接到申请执行书或者移交执行书,应当向被执行人发出执行通知,并可以立即采取强制执行措施。

第二十一章 执行措施

第二百四十一条 【被执行人报告义务】被执行人未按执行通知履行法律文书确定的义务,应当报告当前以及收到执行通知之日前一年的财产情况。被执行人拒绝报告或者虚假报告的,人民法院可以根据情节轻重对被执行人或者其法定代理人、有关单位的主要负责人或者直接责任人员予以罚款、拘留。

第二百四十二条 【查询、扣押、冻结、划拨、变价金融资产】被执行人未按执行通知履行法律文书确定的义务,人民法院有权向有关单位查询被执行人的存款、债券、股票、基金份额等财产情况。人民法院有权根据不同情形扣押、冻结、划拨、变价被执行人的财产。人民法院查询、扣押、冻结、划拨、变价的财产不得超出被执行人应当履行义务的范围。

人民法院决定扣押、冻结、划拨、变价财产,应当作出裁定,并发出协助执行通知书,有关单位必须办理。

第二百四十三条 【扣留、提取收入】被执行人未按执行通知履行法律文书确定的义务,人民法院有权扣留、提取被执行人应当履行义务部分的收入。但应当保留被执行人及其所扶养家属的生活必需费用。

人民法院扣留、提取收入时,应当作出裁定,并发出协助执行通知书,被执行人所在单位、银行、信用合作社和其他有储蓄业务的单位必须办理。

第二百四十四条 【查封、扣押、冻结、拍卖、变卖被执行人财产】被执行人未按执行通知履行法律文书确定的义务,人民法院有权查封、扣押、冻结、拍卖、变卖被执行人应当履行义务部分的财产。但应当保留被执行人及其所扶养家属的生活必需品。

采取前款措施,人民法院应当作出裁定。

第二百四十五条 【查封、扣押财产程序】人民法院查封、扣押财产时,被执行人是公民的,应当通知被执行人或者他的成年家属到场;被执行人是法人或者其他组织的,应当通知其法定代表人或者主要负责人到场。拒不到场的,不影响执行。被执行人是公民的,其工作单位或者财产所在地的基层组织应当派人参加。

对被查封、扣押的财产,执行员必须造具清单,由在场人签名或者盖章后,交被执行人一份。被执行人是公民的,也可以交他的成年家属一份。

第二百四十六条 【查封财产保管】被查封的财产,执行员可以指定被执行人负责保管。因被执行人的过错造成的损失,由被执行人承担。

第二百四十七条 【拍卖、变卖财产】财产被查封、扣押后,执行员应当责令被执行人在指定期间履行法律文书确定的义务。被执行人逾期不履行的,人民法院应当拍卖被查封、扣押的财产;不适于拍卖或者当事人双方同意不进行拍卖的,人民法院可以委托有关单位变卖或者自行变卖。国家禁止自由买卖的物品,交有关单位按照国家规定的价格收购。

第二百四十八条 【搜查被执行人财产】被执行人不履行法律文书确定的义务,并隐匿财产的,人民法院有权发出搜查令,对被执行人及其住所或者财产隐匿地进行搜查。

采取前款措施,由院长签发搜查令。

第二百四十九条 【指定交付】法律文书指定交付的财物或者票证,由执行员传唤双方当事人当面交付,或者由执行员转交,并由被交付人签收。

有关单位持有该项财物或者票证的,应当根据人民法院的协助执行通知书转交,并由被交付人签收。

有关公民持有该项财物或者票证的,人民法院通知其交出。拒不交出的,强制执行。

第二百五十条 【强制迁出】强制迁出房屋或者强制退出土地,由院长签发公告,责令被执行人在指定期间履行。被执行人逾期不履行的,由执行员强制执行。

强制执行时,被执行人是公民的,应当通知被执行人或者他的成年家属到场;被执行人是法人或者其他组织的,应当通知其法定代表人或者主要负责人到场。拒不到场的,不影响执行。被执行人是公民的,其工作单位或者房屋、土地所在地的基层组织应当派人参加。执行员应当将强制执行情况记入笔录,由在场人签名或者盖章。

强制迁出房屋被搬出的财物,由人民法院派人运至指定处所,交给被执行人。被执行人是公民的,也可以交给他的成年家属。因拒绝接收而造成的损失,由被执行人承担。

第二百五十一条 【财产权证照转移】在执行中,需要办理有关财产权证照转移手续的,人民法院可以向有关单位发出协助执行通知书,有关单位必须办理。

第二百五十二条 【对行为执行】对判决、裁定和其他法律文书指定的行为,被执行人未按执行通知履行的,人民法院可以强制执行或者委托有关单位或者其他人完成，费用由被执行人承担。

第二百五十三条 【**迟延履行**】被执行人未按判决、裁定和其他法律文书指定的期间履行给付金钱义务的，应当加倍支付迟延履行期间的债务利息。被执行人未按判决、裁定和其他法律文书指定的期间履行其他义务的，应当支付迟延履行金。

第二百五十四条 【**继续履行**】人民法院采取本法第二百四十二条、第二百四十三条、第二百四十四条规定的执行措施后，被执行人仍不能偿还债务的，应当继续履行义务。债权人发现被执行人有其他财产的，可以随时请求人民法院执行。

第二百五十五条 【**对被执行人的限制措施**】被执行人不履行法律文书确定的义务的，人民法院可以对其采取或者通知有关单位协助采取限制出境，在征信系统记录、通过媒体公布不履行义务信息以及法律规定的其他措施。

第二十二章 执行中止和终结

第二百五十六条 【**执行中止**】有下列情形之一的，人民法院应当裁定中止执行：

（一）申请人表示可以延期执行的；

（二）案外人对执行标的提出确有理由的异议的；

（三）作为一方当事人的公民死亡，需要等待继承人继承权利或者承担义务的；

（四）作为一方当事人的法人或者其他组织终止，尚未确定权利义务承受人的；

（五）人民法院认为应当中止执行的其他情形。

中止的情形消失后，恢复执行。

第二百五十七条 【**执行终结**】有下列情形之一的，人民法院裁定终结执行：

（一）申请人撤销申请的；

（二）据以执行的法律文书被撤销的；

（三）作为被执行人的公民死亡，无遗产可供执行，又无义务承担人的；

（四）追索赡养费、扶养费、抚育费案件的权利人死亡的；

（五）作为被执行人的公民因生活困难无力偿还借款，无收入来源，又丧失劳动能力的；

（六）人民法院认为应当终结执行的其他情形。

第二百五十八条 【**中止、终结裁定效力**】中止和终结执行的裁定，送达当事人后立即生效。

第四编 涉外民事诉讼程序的特别规定

第二十三章 一般原则

第二百五十九条 【**适用本国法**】在中华人民共和国领域内进行涉外民事诉讼，适用本编规定。本编没有规定的，适用本法其他有关规定。

第二百六十条 【**国际条约优先**】中华人民共和国缔结或者参加的国际条约同本法有不同规定的，适用该国际条约的规定，但中华人民共和国声明保留的条款除外。

第二百六十一条 【**外交特权与豁免**】对享有外交特权与豁免的外国人、外国组织或者国际组织提起的民事诉讼，应当依照中华人民共和国有关法律和中华人民共和国缔结或者参加的国际条约的规定办理。

第二百六十二条 【**语言文字**】人民法院审理涉外民事案件，应当使用中华人民共和国通用的语言、文字。当事人要求提供翻译的，可以提供，费用由当事人承担。

第二百六十三条 【**中国律师代理**】外国人、无国籍人、外国企业和组织在人民法院起诉、应诉，需要委托律师代理诉讼的，必须委托中华人民共和国的律师。

第二百六十四条 【**公证和认证**】在中华人民共和国领域内没有住所的外国人、无国籍人、外国企业和组织委托中华人民共和国律师或者其他人代理诉讼，从中华人民共和国领域外寄交或者托交的授权委托书，应当经所在国公证机关证明，并经中华人民共和国驻该国使领馆认证，或者履行中华人民共和国与该所在国订立的有关条约中规定的证明手续后，才具有效力。

第二十四章 管 辖

第二百六十五条 【**特殊地域管辖**】因合同纠纷或者其他财产权益纠纷，对在中华人民共和国领域内没有住所的被告提起的诉讼，如果合同在中华人民共和国领域内签订或者履行，或者诉讼标的物在中华人民共和国领域内，或者被告在中华人民共和国领域内有可供扣押的财产，或者被告在中华人民共和国领域内设有代表机构，可以由合同签订地、合同履行地、诉讼标的物所在地、可供扣押财产所在地、侵权行为地或者代表机构住所地人民法院管辖。

第二百六十六条 【**专属管辖**】因在中华人民共和国履行中外合资经营企业合同、中外合作经营企业合同、中外合作勘探开发自然资源合同发生纠纷提起的诉讼，由中华人民共和国人民法院管辖。

第二十五章 送达、期间

第二百六十七条 【**送达方式**】人民法院对在中华人民共和国领域内没有住所的当事人送达诉讼文书，可以采用下列方式：

（一）依照受送达人所在国与中华人民共和国缔结或者共同参加的国际条约中规定的方式送达；

（二）通过外交途径送达；

（三）对具有中华人民共和国国籍的受送达人，可以委托中华人民共和国驻受送达人所在国的使领馆代为送达；

（四）向受送达人委托的有权代其接受送达的诉讼代理人送达；

（五）向受送达人在中华人民共和国领域内设立的代表机构或者有权接受送达的分支机构、业务代办人送达；

(六)受送达人所在国的法律允许邮寄送达的,可以邮寄送达,自邮寄之日起满三个月,送达回证没有退回,但根据各种情况足以认定已经送达的,期间届满之日视为送达;

(七)采用传真、电子邮件等能够确认受送达人收悉的方式送达;

(八)不能用上述方式送达的,公告送达,自公告之日起满三个月,即视为送达。

第二百六十八条　【答辩期间】被告在中华人民共和国领域内没有住所的,人民法院应当将起诉状副本送达被告,并通知被告在收到起诉状副本后三十日内提出答辩状。被告申请延期的,是否准许,由人民法院决定。

第二百六十九条　【上诉期间】在中华人民共和国领域内没有住所的当事人,不服第一审人民法院判决、裁定的,有权在判决书、裁定书送达之日起三十日内提起上诉。被上诉人在收到上诉状副本后,应当在三十日内提出答辩状。当事人不能在法定期间提起上诉或者提出答辩状,申请延期的,是否准许,由人民法院决定。

第二百七十条　【审理期限】人民法院审理涉外民事案件的期间,不受本法第一百四十九条、第一百七十六条规定的限制。

第二十六章　仲　　裁

第二百七十一条　【涉外仲裁与诉讼】涉外经济贸易、运输和海事中发生的纠纷,当事人在合同中订有仲裁条款或者事后达成书面仲裁协议,提交中华人民共和国涉外仲裁机构或者其他仲裁机构仲裁的,当事人不得向人民法院起诉。

当事人在合同中没有订有仲裁条款或者事后没有达成书面仲裁协议的,可以向人民法院起诉。

第二百七十二条　【涉外仲裁保全】当事人申请采取保全的,中华人民共和国的涉外仲裁机构应当将当事人的申请,提交被申请人住所地或者财产所在地的中级人民法院裁定。

第二百七十三条　【涉外仲裁效力】经中华人民共和国涉外仲裁机构裁决的,当事人不得向人民法院起诉。一方当事人不履行仲裁裁决的,对方当事人可以向被申请人住所地或者财产所在地的中级人民法院申请执行。

第二百七十四条　【涉外仲裁裁决不予执行】对中华人民共和国涉外仲裁机构作出的裁决,被申请人提出证据证明仲裁裁决有下列情形之一的,经人民法院组成合议庭审查核实,裁定不予执行:

(一)当事人在合同中没有订有仲裁条款或者事后没有达成书面仲裁协议的;

(二)被申请人没有得到指定仲裁员或者进行仲裁程序的通知,或者由于其他不属于被申请人负责的原因未能陈述意见的;

(三)仲裁庭的组成或者仲裁的程序与仲裁规则不符的;

(四)裁决的事项不属于仲裁协议的范围或者仲裁机构无权仲裁的。

人民法院认定执行该裁决违背社会公共利益的,裁定不予执行。

第二百七十五条　【救济途径】仲裁裁决被人民法院裁定不予执行的,当事人可以根据双方达成的书面仲裁协议重新申请仲裁,也可以向人民法院起诉。

第二十七章　司法协助

第二百七十六条　【协助原则】根据中华人民共和国缔结或者参加的国际条约,或者按照互惠原则,人民法院和外国法院可以相互请求,代为送达文书、调查取证以及进行其他诉讼行为。

外国法院请求协助的事项有损于中华人民共和国的主权、安全或者社会公共利益的,人民法院不予执行。

第二百七十七条　【协助途径】请求和提供司法协助,应当依照中华人民共和国缔结或者参加的国际条约所规定的途径进行;没有条约关系的,通过外交途径进行。

外国驻中华人民共和国的使领馆可以向该国公民送达文书和调查取证,但不得违反中华人民共和国的法律,并不得采取强制措施。

除前款规定的情况外,未经中华人民共和国主管机关准许,任何外国机关或者个人不得在中华人民共和国领域内送达文书、调查取证。

第二百七十八条　【文字要求】外国法院请求人民法院提供司法协助的请求书及其所附文件,应当附有中文译本或者国际条约规定的其他文字文本。

人民法院请求外国法院提供司法协助的请求书及其所附文件,应当附有该国文字译本或者国际条约规定的其他文字文本。

第二百七十九条　【协助程序】人民法院提供司法协助,依照中华人民共和国法律规定的程序进行。外国法院请求采用特殊方式的,也可以按照其请求的特殊方式进行,但请求采用的特殊方式不得违反中华人民共和国法律。

第二百八十条　【申请外国法院承认和执行】人民法院作出的发生法律效力的判决、裁定,如果被执行人或者其财产不在中华人民共和国领域内,当事人请求执行的,可以由当事人直接向有管辖权的外国法院申请承认和执行,也可以由人民法院依照中华人民共和国缔结或者参加的国际条约的规定,或者按照互惠原则,请求外国法院承认和执行。

中华人民共和国涉外仲裁机构作出的发生法律效力的仲裁裁决,当事人请求执行的,如果被执行人或者其财产不在中华人民共和国领域内,应当由当事人直接向有管辖权的外国法院申请承认和执行。

第二百八十一条　【提出申请对外国法院判决的承认和执行】外国法院作出的发生法律效力的判决、裁定,需要中华人民共和国人民法院承认和执行的,可以由当事人直接向中华人民共和国有管辖权的中级人民法院申请承认和执行,也可以由外国法院依照该国与中华人民共和国缔结或者参加的国际条约的规定,或者按照互惠原则,请求人民法院承认和执行。

第二百八十二条　【审查对外国法院裁判的承认执行的申请】人民法院对申请或者请求承认和执行的外国法院作出的发生法律效力的判决、裁定,依照中华人民共和国缔结或者参加的国际条约,或者按照互惠原则进行审查后,认为不违反中华人民共和国法律的基本原则或者国家主权、安全、社会公共利益的,裁定承认其效力,需要执行的,发出执行令,依照本法的有关规定执行。违反中华人民共和国法律的基本原则或者国家主权、安全、社会公共利益的,不予承认和执行。

第二百八十三条　【外国仲裁裁决的承认与执行】国外仲裁机构的裁决,需要中华人民共和国人民法院承认和执行的,应当由当事人直接向被执行人住所地或者其财产所在地的中级人民法院申请,人民法院应当依照中华人民共和国缔结或者参加的国际条约,或者按照互惠原则办理。

第二百八十四条　【施行日期】本法自公布之日起施行,《中华人民共和国民事诉讼法(试行)》同时废止。

中华人民共和国行政诉讼法

1. 1989年4月4日第七届全国人民代表大会第二次会议通过
2. 根据2014年11月1日第十二届全国人民代表大会常务委员会第十一次会议《关于修改〈中华人民共和国行政诉讼法〉的决定》第一次修正
3. 根据2017年6月27日第十二届全国人民代表大会常务委员会第二十八次会议《关于修改〈中华人民共和国民事诉讼法〉和〈中华人民共和国行政诉讼法〉的决定》第二次修正

目　录

第一章　总　　则

第一条　【立法目的】为保证人民法院公正、及时审理行政案件,解决行政争议,保护公民、法人和其他组织的合法权益,监督行政机关依法行使职权,根据宪法,制定本法。

第二条　【诉权】公民、法人或者其他组织认为行政机关和行政机关工作人员的行政行为侵犯其合法权益,有权依照本法向人民法院提起诉讼。

前款所称行政行为,包括法律、法规、规章授权的组织作出的行政行为。

第三条　【权利与义务】人民法院应当保障公民、法人和其他组织的起诉权利,对应当受理的行政案件依法受理。

行政机关及其工作人员不得干预、阻碍人民法院受理行政案件。

被诉行政机关负责人应当出庭应诉。不能出庭的,应当委托行政机关相应的工作人员出庭。

第四条　【独立行使审判权】人民法院依法对行政案件独立行使审判权,不受行政机关、社会团体和个人的干涉。

人民法院设行政审判庭,审理行政案件。

第五条　【以事实为根据,以法律为准绳原则】人民法院审理行政案件,以事实为根据,以法律为准绳。

第六条　【合法性审查原则】人民法院审理行政案件,对行政行为是否合法进行审查。

第七条　【合议、回避、公开审判和两审终审原则】人民法院审理行政案件,依法实行合议、回避、公开审判和两审终审制度。

第八条　【法律地位平等原则】当事人在行政诉讼中的法律地位平等。

第九条　【本民族语言文字原则】各民族公民都有用本民族语言、文字进行行政诉讼的权利。

在少数民族聚居或者多民族共同居住的地区,人民法院应当用当地民族通用的语言、文字进行审理和发布法律文书。

人民法院应当对不通晓当地民族通用的语言、文字的诉讼参与人提供翻译。

第十条　【辩论原则】当事人在行政诉讼中有权进行辩论。

第十一条　【法律监督原则】人民检察院有权对行政诉讼实行法律监督。

第二章　受案范围

第十二条　【行政诉讼受案范围】人民法院受理公民、法人或者其他组织提起的下列诉讼:

(一)对行政拘留、暂扣或者吊销许可证和执照、责令停产停业、没收违法所得、没收非法财物、罚款、警告等行政处罚不服的;

(二)对限制人身自由或者对财产的查封、扣押、冻结

等行政强制措施和行政强制执行不服的;

(三)申请行政许可,行政机关拒绝或者在法定期限内不予答复,或者对行政机关作出的有关行政许可的其他决定不服的;

(四)对行政机关作出的关于确认土地、矿藏、水流、森林、山岭、草原、荒地、滩涂、海域等自然资源的所有权或者使用权的决定不服的;

(五)对征收、征用决定及其补偿决定不服的;

(六)申请行政机关履行保护人身权、财产权等合法权益的法定职责,行政机关拒绝履行或者不予答复的;

(七)认为行政机关侵犯其经营自主权或者农村土地承包经营权、农村土地经营权的;

(八)认为行政机关滥用行政权力排除或者限制竞争的;

(九)认为行政机关违法集资、摊派费用或者违法要求履行其他义务的;

(十)认为行政机关没有依法支付抚恤金、最低生活保障待遇或者社会保险待遇的;

(十一)认为行政机关不依法履行、未按照约定履行或者违法变更、解除政府特许经营协议、土地房屋征收补偿协议等协议的;

(十二)认为行政机关侵犯其他人身权、财产权等合法权益的。

除前款规定外,人民法院受理法律、法规规定可以提起诉讼的其他行政案件。

第十三条 【受案范围的排除】人民法院不受理公民、法人或者其他组织对下列事项提起的诉讼:

(一)国防、外交等国家行为;

(二)行政法规、规章或者行政机关制定、发布的具有普遍约束力的决定、命令;

(三)行政机关对行政机关工作人员的奖惩、任免等决定;

(四)法律规定由行政机关最终裁决的行政行为。

第三章 管　　辖

第十四条 【基层人民法院管辖第一审行政案件】基层人民法院管辖第一审行政案件。

第十五条 【中级人民法院管辖的第一审行政案件】中级人民法院管辖下列第一审行政案件:

(一)对国务院部门或者县级以上地方人民政府所作的行政行为提起诉讼的案件;

(二)海关处理的案件;

(三)本辖区内重大、复杂的案件;

(四)其他法律规定由中级人民法院管辖的案件。

第十六条 【高级人民法院管辖的第一审行政案件】高级人民法院管辖本辖区内重大、复杂的第一审行政案件。

第十七条 【最高人民法院管辖的第一审行政案件】最高人民法院管辖全国范围内重大、复杂的第一审行政案件。

第十八条 【一般地域管辖和法院跨行政区域管辖】行政案件由最初作出行政行为的行政机关所在地人民法院管辖。经复议的案件,也可以由复议机关所在地人民法院管辖。

经最高人民法院批准,高级人民法院可以根据审判工作的实际情况,确定若干人民法院跨行政区域管辖行政案件。

第十九条 【限制人身自由行政案件的管辖】对限制人身自由的行政强制措施不服提起的诉讼,由被告所在地或者原告所在地人民法院管辖。

第二十条 【不动产行政案件的管辖】因不动产提起的行政诉讼,由不动产所在地人民法院管辖。

第二十一条 【选择管辖】两个以上人民法院都有管辖权的案件,原告可以选择其中一个人民法院提起诉讼。原告向两个以上有管辖权的人民法院提起诉讼的,由最先立案的人民法院管辖。

第二十二条 【移送管辖】人民法院发现受理的案件不属于本院管辖的,应当移送有管辖权的人民法院,受移送的人民法院应当受理。受移送的人民法院认为受移送的案件按照规定不属于本院管辖的,应当报请上级人民法院指定管辖,不得再自行移送。

第二十三条 【指定管辖】有管辖权的人民法院由于特殊原因不能行使管辖权的,由上级人民法院指定管辖。

人民法院对管辖权发生争议,由争议双方协商解决。协商不成的,报它们的共同上级人民法院指定管辖。

第二十四条 【管辖权转移】上级人民法院有权审理下级人民法院管辖的第一审行政案件。

下级人民法院对其管辖的第一审行政案件,认为需要由上级人民法院审理或者指定管辖的,可以报请上级人民法院决定。

第四章 诉讼参加人

第二十五条 【原告资格】行政行为的相对人以及其他与行政行为有利害关系的公民、法人或者其他组织,有权提起诉讼。

有权提起诉讼的公民死亡,其近亲属可以提起诉讼。

有权提起诉讼的法人或者其他组织终止,承受其权利的法人或者其他组织可以提起诉讼。

人民检察院在履行职责中发现生态环境和资源保护、食品药品安全、国有财产保护、国有土地使用权出让等领域负有监督管理职责的行政机关违法行使职权或者不作为,致使国家利益或者社会公共利益受到侵害的,应当向行政机关提出检察建议,督促其依法履行职责。行政机关不依法履行职责的,人民检察院依法向人民法院提起诉讼。

第二十六条 【被告资格】公民、法人或者其他组织直接向人民法院提起诉讼的,作出行政行为的行政机关是被告。

经复议的案件,复议机关决定维持原行政行为的,作出原行政行为的行政机关和复议机关是共同被告;复议机关改变原行政行为的,复议机关是被告。

复议机关在法定期限内未作出复议决定,公民、法人或者其他组织起诉原行政行为的,作出原行政行为的行政机关是被告;起诉复议机关不作为的,复议机关是被告。

两个以上行政机关作出同一行政行为的,共同作出行政行为的行政机关是共同被告。

行政机关委托的组织所作的行政行为,委托的行政机关是被告。

行政机关被撤销或者职权变更的,继续行使其职权的行政机关是被告。

第二十七条 【共同诉讼】当事人一方或者双方为二人以上,因同一行政行为发生的行政案件,或者因同类行政行为发生的行政案件、人民法院认为可以合并审理并经当事人同意的,为共同诉讼。

第二十八条 【代表人诉讼】当事人一方人数众多的共同诉讼,可以由当事人推选代表人进行诉讼。代表人的诉讼行为对其所代表的当事人发生效力,但代表人变更、放弃诉讼请求或者承认对方当事人的诉讼请求,应当经被代表的当事人同意。

第二十九条 【诉讼第三人】公民、法人或者其他组织同被诉行政行为有利害关系但没有提起诉讼,或者同案件处理结果有利害关系的,可以作为第三人申请参加诉讼,或者由人民法院通知参加诉讼。

人民法院判决第三人承担义务或者减损第三人权益的,第三人有权依法提起上诉。

第三十条 【法定代理人】没有诉讼行为能力的公民,由其法定代理人代为诉讼。法定代理人互相推诿代理责任的,由人民法院指定其中一人代为诉讼。

第三十一条 【委托代理人】当事人、法定代理人,可以委托一至二人作为诉讼代理人。

下列人员可以被委托为诉讼代理人:

(一)律师、基层法律服务工作者;

(二)当事人的近亲属或者工作人员;

(三)当事人所在社区、单位以及有关社会团体推荐的公民。

第三十二条 【当事人及诉讼代理人权利】代理诉讼的律师,有权按照规定查阅、复制本案有关材料,有权向有关组织和公民调查,收集与本案有关的证据。对涉及国家秘密、商业秘密和个人隐私的材料,应当依照法律规定保密。

当事人和其他诉讼代理人有权按照规定查阅、复制本案庭审材料,但涉及国家秘密、商业秘密和个人隐私的内容除外。

第五章 证 据

第三十三条 【证据种类】证据包括:

(一)书证;

(二)物证;

(三)视听资料;

(四)电子数据;

(五)证人证言;

(六)当事人的陈述;

(七)鉴定意见;

(八)勘验笔录、现场笔录。

以上证据经法庭审查属实,才能作为认定案件事实的根据。

第三十四条 【被告举证责任】被告对作出的行政行为负有举证责任,应当提供作出该行政行为的证据和所依据的规范性文件。

被告不提供或者无正当理由逾期提供证据,视为没有相应证据。但是,被诉行政行为涉及第三人合法权益,第三人提供证据的除外。

第三十五条 【行政机关收集证据的限制】在诉讼过程中,被告及其诉讼代理人不得自行向原告、第三人和证人收集证据。

第三十六条 【被告延期提供证据和补充证据】被告在作出行政行为时已经收集了证据,但因不可抗力等正当事由不能提供的,经人民法院准许,可以延期提供。

原告或者第三人提出了其在行政处理程序中没有提出的理由或者证据的,经人民法院准许,被告可以补充证据。

第三十七条 【原告可以提供证据】原告可以提供证明行政行为违法的证据。原告提供的证据不成立的,不免除被告的举证责任。

第三十八条 【原告举证责任】在起诉被告不履行法定职责的案件中,原告应当提供其向被告提出申请的证据。但有下列情形之一的除外:

(一)被告应当依职权主动履行法定职责的;

(二)原告因正当理由不能提供证据的。

在行政赔偿、补偿的案件中,原告应当对行政行为造成的损害提供证据。因被告的原因导致原告无法举证的,由被告承担举证责任。

第三十九条 【法院要求当事人提供或者补充证据】人民法院有权要求当事人提供或者补充证据。

第四十条 【法院调取证据】人民法院有权向有关行政机关以及其他组织、公民调取证据。但是,不得为证明行政行为的合法性调取被告作出行政行为时未收集的证据。

第四十一条 【申请法院调取证据】与本案有关的下列证据,原告或者第三人不能自行收集的,可以申请人民法院调取:

(一)由国家机关保存而须由人民法院调取的证据;

(二)涉及国家秘密、商业秘密和个人隐私的证据;

(三)确因客观原因不能自行收集的其他证据。

第四十二条　**【证据保全】**在证据可能灭失或者以后难以取得的情况下,诉讼参加人可以向人民法院申请保全证据,人民法院也可以主动采取保全措施。

第四十三条　**【证据适用规则】**证据应当在法庭上出示,并由当事人互相质证。对涉及国家秘密、商业秘密和个人隐私的证据,不得在公开开庭时出示。

人民法院应当按照法定程序,全面、客观地审查核实证据。对未采纳的证据应当在裁判文书中说明理由。

以非法手段取得的证据,不得作为认定案件事实的根据。

第六章　起诉和受理

第四十四条　**【行政复议与行政诉讼】**对属于人民法院受案范围的行政案件,公民、法人或者其他组织可以先向行政机关申请复议,对复议决定不服的,再向人民法院提起诉讼;也可以直接向人民法院提起诉讼。

法律、法规规定应当先向行政机关申请复议,对复议决定不服再向人民法院提起诉讼的,依照法律、法规的规定。

第四十五条　**【经行政复议的起诉期限】**公民、法人或者其他组织不服复议决定的,可以在收到复议决定书之日起十五日内向人民法院提起诉讼。复议机关逾期不作决定的,申请人可以在复议期满之日起十五日内向人民法院提起诉讼。法律另有规定的除外。

第四十六条　**【起诉期限】**公民、法人或者其他组织直接向人民法院提起诉讼的,应当自知道或者应当知道作出行政行为之日起六个月内提出。法律另有规定的除外。

因不动产提起诉讼的案件自行政行为作出之日起超过二十年,其他案件自行政行为作出之日起超过五年提起诉讼的,人民法院不予受理。

第四十七条　**【行政机关不履行法定职责的起诉期限】**公民、法人或者其他组织申请行政机关履行保护其人身权、财产权等合法权益的法定职责,行政机关在接到申请之日起两个月内不履行的,公民、法人或者其他组织可以向人民法院提起诉讼。法律、法规对行政机关履行职责的期限另有规定的,从其规定。

公民、法人或者其他组织在紧急情况下请求行政机关履行保护其人身权、财产权等合法权益的法定职责,行政机关不履行的,提起诉讼不受前款规定期限的限制。

第四十八条　**【起诉期限的扣除和延长】**公民、法人或者其他组织因不可抗力或者其他不属于其自身的原因耽误起诉期限的,被耽误的时间不计算在起诉期限内。

公民、法人或者其他组织因前款规定以外的其他特殊情况耽误起诉期限的,在障碍消除后十日内,可以申请延长期限,是否准许由人民法院决定。

第四十九条　**【起诉条件】**提起诉讼应当符合下列条件:

(一)原告是符合本法第二十五条规定的公民、法人或者其他组织;

(二)有明确的被告;

(三)有具体的诉讼请求和事实根据;

(四)属于人民法院受案范围和受诉人民法院管辖。

第五十条　**【起诉方式】**起诉应当向人民法院递交起诉状,并按照被告人数提出副本。

书写起诉状确有困难的,可以口头起诉,由人民法院记入笔录,出具注明日期的书面凭证,并告知对方当事人。

第五十一条　**【登记立案】**人民法院在接到起诉状时对符合本法规定的起诉条件的,应当登记立案。

对当场不能判定是否符合本法规定的起诉条件的,应当接收起诉状,出具注明收到日期的书面凭证,并在七日内决定是否立案。不符合起诉条件的,作出不予立案的裁定。裁定书应当载明不予立案的理由。原告对裁定不服的,可以提起上诉。

起诉状内容欠缺或者有其他错误的,应当给予指导和释明,并一次性告知当事人需要补正的内容。不得未经指导和释明即以起诉不符合条件为由不接收起诉状。

对于不接收起诉状、接收起诉状后不出具书面凭证,以及不一次性告知当事人需要补正的起诉状内容的,当事人可以向上级人民法院投诉,上级人民法院应当责令改正,并对直接负责的主管人员和其他直接责任人员依法给予处分。

第五十二条　**【法院不立案的救济】**人民法院既不立案,又不作出不予立案裁定的,当事人可以向上一级人民法院起诉。上一级人民法院认为符合起诉条件的,应当立案、审理,也可以指定其他下级人民法院立案、审理。

第五十三条　**【规范性文件的附带审查】**公民、法人或者其他组织认为行政行为所依据的国务院部门和地方人民政府及其部门制定的规范性文件不合法,在对行政行为提起诉讼时,可以一并请求对该规范性文件进行审查。

前款规定的规范性文件不含规章。

第七章　审理和判决

第一节　一般规定

第五十四条　**【公开审理原则】**人民法院公开审理行政案件,但涉及国家秘密、个人隐私和法律另有规定的除外。

涉及商业秘密的案件,当事人申请不公开审理的,可以不公开审理。

第五十五条　**【回避】**当事人认为审判人员与本案有利害关系或者有其他关系可能影响公正审判,有权申请审判人员回避。

审判人员认为自己与本案有利害关系或者有其他关系,应当申请回避。

前两款规定,适用于书记员、翻译人员、鉴定人、勘验人。

院长担任审判长时的回避,由审判委员会决定;审判人员的回避,由院长决定;其他人员的回避,由审判长决定。当事人对决定不服的,可以申请复议一次。

第五十六条 【诉讼不停止执行及例外】诉讼期间,不停止行政行为的执行。但有下列情形之一的,裁定停止执行:

(一)被告认为需要停止执行的;

(二)原告或者利害关系人申请停止执行,人民法院认为该行政行为的执行会造成难以弥补的损失,并且停止执行不损害国家利益、社会公共利益的;

(三)人民法院认为该行政行为的执行会给国家利益、社会公共利益造成重大损害的;

(四)法律、法规规定停止执行的。

当事人对停止执行或者不停止执行的裁定不服的,可以申请复议一次。

第五十七条 【先予执行】人民法院对起诉行政机关没有依法支付抚恤金、最低生活保障金和工伤、医疗社会保险金的案件,权利义务关系明确、不先予执行将严重影响原告生活的,可以根据原告的申请,裁定先予执行。

当事人对先予执行裁定不服的,可以申请复议一次。复议期间不停止裁定的执行。

第五十八条 【拒不到庭或中途退庭的法律后果】经人民法院传票传唤,原告无正当理由拒不到庭,或者未经法庭许可中途退庭的,可以按照撤诉处理;被告无正当理由拒不到庭,或者未经法庭许可中途退庭的,可以缺席判决。

第五十九条 【妨害行政诉讼强制措施】诉讼参与人或者其他人有下列行为之一的,人民法院可以根据情节轻重,予以训诫、责令具结悔过或者处一万元以下的罚款、十五日以下的拘留;构成犯罪的,依法追究刑事责任:

(一)有义务协助调查、执行的人,对人民法院的协助调查决定、协助执行通知书,无故推拖、拒绝或者妨碍调查、执行的;

(二)伪造、隐藏、毁灭证据或者提供虚假证明材料,妨碍人民法院审理案件的;

(三)指使、贿买、胁迫他人作伪证或者威胁、阻止证人作证的;

(四)隐藏、转移、变卖、毁损已被查封、扣押、冻结的财产的;

(五)以欺骗、胁迫等非法手段使原告撤诉的;

(六)以暴力、威胁或者其他方法阻碍人民法院工作人员执行职务,或者以哄闹、冲击法庭等方法扰乱人民法院工作秩序的;

(七)对人民法院审判人员或者其他工作人员、诉讼参与人、协助调查和执行的人员恐吓、侮辱、诽谤、诬陷、殴打、围攻或者打击报复的。

人民法院对有前款规定的行为之一的单位,可以对其主要负责人或者直接责任人员依照前款规定予以罚款、拘留;构成犯罪的,依法追究刑事责任。

罚款、拘留须经人民法院院长批准。当事人不服的,可以向上一级人民法院申请复议一次。复议期间不停止执行。

第六十条 【调解】人民法院审理行政案件,不适用调解。但是,行政赔偿、补偿以及行政机关行使法律、法规规定的自由裁量权的案件可以调解。

调解应当遵循自愿、合法原则,不得损害国家利益、社会公共利益和他人合法权益。

第六十一条 【民事争议和行政争议交叉】在涉及行政许可、登记、征收、征用和行政机关对民事争议所作的裁决的行政诉讼中,当事人申请一并解决相关民事争议的,人民法院可以一并审理。

在行政诉讼中,人民法院认为行政案件的审理需以民事诉讼的裁判为依据的,可以裁定中止行政诉讼。

第六十二条 【撤诉】人民法院对行政案件宣告判决或者裁定前,原告申请撤诉的,或者被告改变其所作的行政行为,原告同意并申请撤诉的,是否准许,由人民法院裁定。

第六十三条 【审理依据】人民法院审理行政案件,以法律和行政法规、地方性法规为依据。地方性法规适用于本行政区域内发生的行政案件。

人民法院审理民族自治地方的行政案件,并以该民族自治地方的自治条例和单行条例为依据。

人民法院审理行政案件,参照规章。

第六十四条 【规范性文件审查和处理】人民法院在审理行政案件中,经审查认为本法第五十三条规定的规范性文件不合法的,不作为认定行政行为合法的依据,并向制定机关提出处理建议。

第六十五条 【裁判文书公开】人民法院应当公开发生法律效力的判决书、裁定书,供公众查阅,但涉及国家秘密、商业秘密和个人隐私的内容除外。

第六十六条 【有关行政机关工作人员和被告的处理】人民法院在审理行政案件中,认为行政机关的主管人员、直接责任人员违法违纪的,应当将有关材料移送监察机关、该行政机关或者其上一级行政机关;认为有犯罪行为的,应当将有关材料移送公安、检察机关。

人民法院对被告经传票传唤无正当理由拒不到庭,或者未经法庭许可中途退庭的,可以将被告拒不到庭或者中途退庭的情况予以公告,并可以向监察机关或者被告的上一级行政机关提出依法给予其主要负责人或者直接责任人员处分的司法建议。

第二节 第一审普通程序

第六十七条 【发送起诉状和提出答辩状】人民法院应当在立案之日起五日内,将起诉状副本发送被告。被告应当在收到起诉状副本之日起十五日内向人民法院提交作出行政行为的证据和所依据的规范性文件,并提出答辩状。人民法院应当在收到答辩状之日起五日内,将答辩状副本发送原告。

被告不提出答辩状的,不影响人民法院审理。

第六十八条　【审判组织形式】人民法院审理行政案件,由审判员组成合议庭,或者由审判员、陪审员组成合议庭。合议庭的成员,应当是三人以上的单数。

第六十九条　【驳回原告诉讼请求】行政行为证据确凿,适用法律、法规正确,符合法定程序的,或者原告申请被告履行法定职责或者给付义务理由不成立的,人民法院判决驳回原告的诉讼请求。

第七十条　【撤销判决和重作判决】行政行为有下列情形之一的,人民法院判决撤销或者部分撤销,并可以判决被告重新作出行政行为:

(一)主要证据不足的;

(二)适用法律、法规错误的;

(三)违反法定程序的;

(四)超越职权的;

(五)滥用职权的;

(六)明显不当的。

第七十一条　【重作判决对被告的限制】人民法院判决被告重新作出行政行为的,被告不得以同一的事实和理由作出与原行政行为基本相同的行政行为。

第七十二条　【履行判决】人民法院经过审理,查明被告不履行法定职责的,判决被告在一定期限内履行。

第七十三条　【给付判决】人民法院经过审理,查明被告依法负有给付义务的,判决被告履行给付义务。

第七十四条　【确认违法判决】行政行为有下列情形之一的,人民法院判决确认违法,但不撤销行政行为:

(一)行政行为依法应当撤销,但撤销会给国家利益、社会公共利益造成重大损害的;

(二)行政行为程序轻微违法,但对原告权利不产生实际影响的。

行政行为有下列情形之一,不需要撤销或者判决履行的,人民法院判决确认违法:

(一)行政行为违法,但不具有可撤销内容的;

(二)被告改变原违法行政行为,原告仍要求确认原行政行为违法的;

(三)被告不履行或者拖延履行法定职责,判决履行没有意义的。

第七十五条　【确认无效判决】行政行为有实施主体不具有行政主体资格或者没有依据等重大且明显违法情形,原告申请确认行政行为无效的,人民法院判决确认无效。

第七十六条　【确认违法和无效判决的补充规定】人民法院判决确认违法或者无效的,可以同时判决责令被告采取补救措施;给原告造成损失的,依法判决被告承担赔偿责任。

第七十七条　【变更判决】行政处罚明显不当,或者其他行政行为涉及对款额的确定、认定确有错误的,人民法院可以判决变更。

人民法院判决变更,不得加重原告的义务或者减损原告的权益。但利害关系人同为原告,且诉讼请求相反的除外。

第七十八条　【行政协议履行及补偿判决】被告不依法履行、未按照约定履行或者违法变更、解除本法第十二条第一款第十一项规定的协议的,人民法院判决被告承担继续履行、采取补救措施或者赔偿损失等责任。

被告变更、解除本法第十二条第一款第十一项规定的协议合法,但未依法给予补偿的,人民法院判决给予补偿。

第七十九条　【复议决定和原行政行为一并裁判】复议机关与作出原行政行为的行政机关为共同被告的案件,人民法院应当对复议决定和原行政行为一并作出裁判。

第八十条　【公开宣判】人民法院对公开审理和不公开审理的案件,一律公开宣告判决。

当庭宣判的,应当在十日内发送判决书;定期宣判的,宣判后立即发给判决书。

宣告判决时,必须告知当事人上诉权利、上诉期限和上诉的人民法院。

第八十一条　【第一审审限】人民法院应当在立案之日起六个月内作出第一审判决。有特殊情况需要延长的,由高级人民法院批准,高级人民法院审理第一审案件需要延长的,由最高人民法院批准。

第三节　简易程序

第八十二条　【简易程序适用情形】人民法院审理下列第一审行政案件,认为事实清楚、权利义务关系明确、争议不大的,可以适用简易程序:

(一)被诉行政行为是依法当场作出的;

(二)案件涉及款额二千元以下的;

(三)属于政府信息公开案件的。

除前款规定以外的第一审行政案件,当事人各方同意适用简易程序的,可以适用简易程序。

发回重审、按照审判监督程序再审的案件不适用简易程序。

第八十三条　【简易程序的审判组织形式和审限】适用简易程序审理的行政案件,由审判员一人独任审理,并应当在立案之日起四十五日内审结。

第八十四条　【简易程序与普通程序的转换】人民法院在审理过程中,发现案件不宜适用简易程序的,裁定转为普通程序。

第四节　第二审程序

第八十五条　【上诉】当事人不服人民法院第一审判决的,有权在判决书送达之日起十五日内向上一级人民法院提起上诉。当事人不服人民法院第一审裁定的,有权在裁定书送达之日起十日内向上一级人民法院提起上诉。逾期不提起上诉的,人民法院的第一审判决或者裁定发生法律效力。

第八十六条　【二审审理方式】人民法院对上诉案件,应当组成合议庭，开庭审理。经过阅卷、调查和询问当事人，对没有提出新的事实、证据或者理由，合议庭认为不需要开庭审理的，也可以不开庭审理。

第八十七条　【二审审查范围】人民法院审理上诉案件，应当对原审人民法院的判决、裁定和被诉行政行为进行全面审查。

第八十八条　【二审审限】人民法院审理上诉案件，应当在收到上诉状之日起三个月内作出终审判决。有特殊情况需要延长的，由高级人民法院批准，高级人民法院审理上诉案件需要延长的，由最高人民法院批准。

第八十九条　【二审裁判】人民法院审理上诉案件，按照下列情形，分别处理：

（一）原判决、裁定认定事实清楚，适用法律、法规正确的，判决或者裁定驳回上诉，维持原判决、裁定；

（二）原判决、裁定认定事实错误或者适用法律、法规错误的，依法改判、撤销或者变更；

（三）原判决认定基本事实不清、证据不足的，发回原审人民法院重审，或者查清事实后改判；

（四）原判决遗漏当事人或者违法缺席判决等严重违反法定程序的，裁定撤销原判决，发回原审人民法院重审。

原审人民法院对发回重审的案件作出判决后，当事人提起上诉的，第二审人民法院不得再次发回重审。

人民法院审理上诉案件，需要改变原审判决的，应当同时对被诉行政行为作出判决。

第五节　审判监督程序

第九十条　【当事人申请再审】当事人对已经发生法律效力的判决、裁定，认为确有错误的，可以向上一级人民法院申请再审，但判决、裁定不停止执行。

第九十一条　【再审事由】当事人的申请符合下列情形之一的，人民法院应当再审：

（一）不予立案或者驳回起诉确有错误的；

（二）有新的证据，足以推翻原判决、裁定的；

（三）原判决、裁定认定事实的主要证据不足、未经质证或者系伪造的；

（四）原判决、裁定适用法律、法规确有错误的；

（五）违反法律规定的诉讼程序，可能影响公正审判的；

（六）原判决、裁定遗漏诉讼请求的；

（七）据以作出原判决、裁定的法律文书被撤销或者变更的；

（八）审判人员在审理该案件时有贪污受贿、徇私舞弊、枉法裁判行为的。

第九十二条　【人民法院依职权再审】各级人民法院院长对本院已经发生法律效力的判决、裁定，发现有本法第九十一条规定情形之一，或者发现调解违反自愿原则或者调解书内容违法，认为需要再审的，应当提交审判委员会讨论决定。

最高人民法院对地方各级人民法院已经发生法律效力的判决、裁定，上级人民法院对下级人民法院已经发生法律效力的判决、裁定，发现有本法第九十一条规定情形之一，或者发现调解违反自愿原则或者调解书内容违法的，有权提审或者指令下级人民法院再审。

第九十三条　【抗诉和检察建议】最高人民检察院对各级人民法院已经发生法律效力的判决、裁定，上级人民检察院对下级人民法院已经发生法律效力的判决、裁定，发现有本法第九十一条规定情形之一，或者发现调解书损害国家利益、社会公共利益的，应当提出抗诉。

地方各级人民检察院对同级人民法院已经发生法律效力的判决、裁定，发现有本法第九十一条规定情形之一，或者发现调解书损害国家利益、社会公共利益的，可以向同级人民法院提出检察建议，并报上级人民检察院备案；也可以提请上级人民检察院向同级人民法院提出抗诉。

各级人民检察院对审判监督程序以外的其他审判程序中审判人员的违法行为，有权向同级人民法院提出检察建议。

第八章　执　　行

第九十四条　【生效裁判和调解书的执行】当事人必须履行人民法院发生法律效力的判决、裁定、调解书。

第九十五条　【申请强制执行和执行管辖】公民、法人或者其他组织拒绝履行判决、裁定、调解书的，行政机关或者第三人可以向第一审人民法院申请强制执行，或者由行政机关依法强制执行。

第九十六条　【对行政机关拒绝履行的执行措施】行政机关拒绝履行判决、裁定、调解书的，第一审人民法院可以采取下列措施：

（一）对应当归还的罚款或者应当给付的款额，通知银行从该行政机关的账户内划拨；

（二）在规定期限内不履行的，从期满之日起，对该行政机关负责人按日处五十元至一百元的罚款；

（三）将行政机关拒绝履行的情况予以公告；

（四）向监察机关或者该行政机关的上一级行政机关提出司法建议。接受司法建议的机关，根据有关规定进行处理，并将处理情况告知人民法院；

（五）拒不履行判决、裁定、调解书，社会影响恶劣的，可以对该行政机关直接负责的主管人员和其他直接责任人员予以拘留；情节严重，构成犯罪的，依法追究刑事责任。

第九十七条　【非诉执行】公民、法人或者其他组织对行政行为在法定期限内不提起诉讼又不履行的，行政机关可以申请人民法院强制执行，或者依法强制执行。

第九章　涉外行政诉讼

第九十八条　【涉外行政诉讼的法律适用原则】外国人、无国籍人、外国组织在中华人民共和国进行行政诉讼,适用本法。法律另有规定的除外。

第九十九条　【同等与对等原则】外国人、无国籍人、外国组织在中华人民共和国进行行政诉讼,同中华人民共和国公民、组织有同等的诉讼权利和义务。

外国法院对中华人民共和国公民、组织的行政诉讼权利加以限制的,人民法院对该国公民、组织的行政诉讼权利,实行对等原则。

第一百条　【中国律师代理】外国人、无国籍人、外国组织在中华人民共和国进行行政诉讼,委托律师代理诉讼的,应当委托中华人民共和国律师机构的律师。

第十章　附　　则

第一百零一条　【适用民事诉讼法规定】人民法院审理行政案件,关于期间、送达、财产保全、开庭审理、调解、中止诉讼、终结诉讼、简易程序、执行等,以及人民检察院对行政案件受理、审理、裁判、执行的监督,本法没有规定的,适用《中华人民共和国民事诉讼法》的相关规定。

第一百零二条　【诉讼费用】人民法院审理行政案件,应当收取诉讼费用。诉讼费用由败诉方承担,双方都有责任的由双方分担。收取诉讼费用的具体办法另行规定。

第一百零三条　【施行日期】本法自1990年10月1日起施行。

2. 非诉讼程序

中华人民共和国仲裁法

1. 1994年8月31日第八届全国人民代表大会常务委员会第九次会议通过

2. 根据2009年8月27日第十一届全国人民代表大会常务委员会第十次会议《关于修改部分法律的决定》第一次修正

3. 根据2017年9月1日第十二届全国人民代表大会常务委员会第二十九次会议《关于修改〈中华人民共和国法官法〉等八部法律的决定》第二次修正

目　　录

第一章　总　　则

第一条　【立法目的】为保证公正、及时地仲裁经济纠纷,保护当事人的合法权益,保障社会主义市场经济健康发展,制定本法。

第二条　【适用范围】平等主体的公民、法人和其他组织之间发生的合同纠纷和其他财产权益纠纷,可以仲裁。

第三条　【适用范围的例外】下列纠纷不能仲裁:

(一)婚姻、收养、监护、扶养、继承纠纷;

(二)依法应当由行政机关处理的行政争议。

第四条　【自愿仲裁原则】当事人采用仲裁方式解决纠纷,应当双方自愿,达成仲裁协议。没有仲裁协议,一方申请仲裁的,仲裁委员会不予受理。

第五条　【或裁或审原则】当事人达成仲裁协议,一方向人民法院起诉的,人民法院不予受理,但仲裁协议无效的除外。

第六条　【仲裁机构的选定】仲裁委员会应当由当事人协议选定。

仲裁不实行级别管辖和地域管辖。

第七条　【依据事实和法律仲裁原则】仲裁应当根据事实,符合法律规定,公平合理地解决纠纷。

第八条　【独立仲裁原则】仲裁依法独立进行,不受行政机关、社会团体和个人的干涉。

第九条　【一裁终局制】仲裁实行一裁终局的制度。裁决作出后,当事人就同一纠纷再申请仲裁或者向人民法院起诉的,仲裁委员会或者人民法院不予受理。

裁决被人民法院依法裁定撤销或者不予执行的,当事人就该纠纷可以根据双方重新达成的仲裁协议申请仲裁,也可以向人民法院起诉。

第二章　仲裁委员会和仲裁协会

第十条　【仲裁委员会的设置】仲裁委员会可以在直辖市和省、自治区人民政府所在地的市设立,也可以根据需要在其他设区的市设立,不按行政区划层层设立。

仲裁委员会由前款规定的市的人民政府组织有关部门和商会统一组建。

设立仲裁委员会,应当经省、自治区、直辖市的司法行政部门登记。

第十一条　【仲裁委员会的设立条件】仲裁委员会应当具备下列条件:

(一)有自己的名称、住所和章程;

(二)有必要的财产;

(三)有该委员会的组成人员;

(四)有聘任的仲裁员。

仲裁委员会的章程应当依照本法制定。

第十二条　【仲裁委员会的组成】仲裁委员会由主任一人、副主任二至四人和委员七至十一人组成。

仲裁委员会的主任、副主任和委员由法律、经济贸易专家和有实际工作经验的人员担任。仲裁委员会的组成人员中,法律、经济贸易专家不得少于三分之二。

第十三条 【仲裁员的条件】仲裁委员会应当从公道正派的人员中聘任仲裁员。

仲裁员应当符合下列条件之一:

(一)通过国家统一法律职业资格考试取得法律职业资格,从事仲裁工作满八年的;

(二)从事律师工作满八年的;

(三)曾任法官满八年的;

(四)从事法律研究、教学工作并具有高级职称的;

(五)具有法律知识、从事经济贸易等专业工作并具有高级职称或者具有同等专业水平的。

仲裁委员会按照不同专业设仲裁员名册。

第十四条 【仲裁委员会的独立性】仲裁委员会独立于行政机关,与行政机关没有隶属关系。仲裁委员会之间也没有隶属关系。

第十五条 【中国仲裁协会】中国仲裁协会是社会团体法人。仲裁委员会是中国仲裁协会的会员。中国仲裁协会的章程由全国会员大会制定。

中国仲裁协会是仲裁委员会的自律性组织,根据章程对仲裁委员会及其组成人员、仲裁员的违纪行为进行监督。

中国仲裁协会依照本法和民事诉讼法的有关规定制定仲裁规则。

第三章 仲裁协议

第十六条 【仲裁协议的形式和内容】仲裁协议包括合同中订立的仲裁条款和以其他书面方式在纠纷发生前或者纠纷发生后达成的请求仲裁的协议。

仲裁协议应当具有下列内容:

(一)请求仲裁的意思表示;

(二)仲裁事项;

(三)选定的仲裁委员会。

第十七条 【仲裁协议的无效】有下列情形之一的,仲裁协议无效:

(一)约定的仲裁事项超出法律规定的仲裁范围的;

(二)无民事行为能力人或者限制民事行为能力人订立的仲裁协议;

(三)一方采取胁迫手段,迫使对方订立仲裁协议的。

第十八条 【内容不明确的仲裁协议的处理】仲裁协议对仲裁事项或者仲裁委员会没有约定或者约定不明确的,当事人可以补充协议;达不成补充协议的,仲裁协议无效。

第十九条 【仲裁协议效力的独立性】仲裁协议独立存在,合同的变更、解除、终止或者无效,不影响仲裁协议的效力。

仲裁庭有权确认合同的效力。

第二十条 【仲裁协议异议的处理】当事人对仲裁协议的效力有异议的,可以请求仲裁委员会作出决定或者请求人民法院作出裁定。一方请求仲裁委员会作出决定,另一方请求人民法院作出裁定的,由人民法院裁定。

当事人对仲裁协议的效力有异议,应当在仲裁庭首次开庭前提出。

第四章 仲裁程序

第一节 申请和受理

第二十一条 【申请仲裁的条件】当事人申请仲裁应当符合下列条件:

(一)有仲裁协议;

(二)有具体的仲裁请求和事实、理由;

(三)属于仲裁委员会的受理范围。

第二十二条 【申请仲裁的文件】当事人申请仲裁,应当向仲裁委员会递交仲裁协议、仲裁申请书及副本。

第二十三条 【仲裁申请书内容】仲裁申请书应当载明下列事项:

(一)当事人的姓名、性别、年龄、职业、工作单位和住所,法人或者其他组织的名称、住所和法定代表人或者主要负责人的姓名、职务;

(二)仲裁请求和所根据的事实、理由;

(三)证据和证据来源、证人姓名和住所。

第二十四条 【仲裁申请的受理与不受理】仲裁委员会收到仲裁申请书之日起五日内,认为符合受理条件的,应当受理,并通知当事人;认为不符合受理条件的,应当书面通知当事人不予受理,并说明理由。

第二十五条 【受理后的准备工作】仲裁委员会受理仲裁申请后,应当在仲裁规则规定的期限内将仲裁规则和仲裁员名册送达申请人,并将仲裁申请书副本和仲裁规则、仲裁员名册送达被申请人。

被申请人收到仲裁申请书副本后,应当在仲裁规则规定的期限内向仲裁委员会提交答辩书。仲裁委员会收到答辩书后,应当在仲裁规则规定的期限内将答辩书副本送达申请人。被申请人未提交答辩书的,不影响仲裁程序的进行。

第二十六条 【仲裁当事人起诉的处理】当事人达成仲裁协议,一方向人民法院起诉未声明有仲裁协议,人民法院受理后,另一方在首次开庭前提交仲裁协议的,人民法院应当驳回起诉,但仲裁协议无效的除外;另一方在首次开庭前未对人民法院受理该案提出异议的,视为放弃仲裁协议,人民法院应当继续审理。

第二十七条 【仲裁请求变动】申请人可以放弃或者变更仲裁请求。被申请人可以承认或者反驳仲裁请求,有权提出反请求。

第二十八条 【财产保全】一方当事人因另一方当事人的行为或者其他原因,可能使裁决不能执行或者难以执行的,可以申请财产保全。

当事人申请财产保全的,仲裁委员会应当将当事人的申请依照民事诉讼法的有关规定提交人民法院。

申请有错误的,申请人应当赔偿被申请人因财产保全所遭受的损失。

第二十九条 【**仲裁代理**】当事人、法定代理人可以委托律师和其他代理人进行仲裁活动。委托律师和其他代理人进行仲裁活动的,应当向仲裁委员会提交授权委托书。

第二节 仲裁庭的组成

第三十条 【**仲裁庭的组成**】仲裁庭可以由三名仲裁员或者一名仲裁员组成。由三名仲裁员组成的,设首席仲裁员。

第三十一条 【**仲裁员的选任**】当事人约定由三名仲裁员组成仲裁庭的,应当各自选定或者各自委托仲裁委员会主任指定一名仲裁员,第三名仲裁员由当事人共同选定或者共同委托仲裁委员会主任指定。第三名仲裁员是首席仲裁员。

当事人约定由一名仲裁员成立仲裁庭的,应当由当事人共同选定或者共同委托仲裁委员会主任指定仲裁员。

第三十二条 【**仲裁员的指定**】当事人没有在仲裁规则规定的期限内约定仲裁庭的组成方式或者选定仲裁员的,由仲裁委员会主任指定。

第三十三条 【**仲裁庭组成情况的通知**】仲裁庭组成后,仲裁委员会应当将仲裁庭的组成情况书面通知当事人。

第三十四条 【**回避的适用范围**】仲裁员有下列情形之一的,必须回避,当事人也有权提出回避申请:

(一)是本案当事人或者当事人、代理人的近亲属;

(二)与本案有利害关系;

(三)与本案当事人、代理人有其他关系,可能影响公正仲裁的;

(四)私自会见当事人、代理人,或者接受当事人、代理人的请客送礼的。

第三十五条 【**当事人申请回避**】当事人提出回避申请,应当说明理由,在首次开庭前提出。回避事由在首次开庭后知道的,可以在最后一次开庭终结前提出。

第三十六条 【**回避的决定**】仲裁员是否回避,由仲裁委员会主任决定;仲裁委员会主任担任仲裁员时,由仲裁委员会集体决定。

第三十七条 【**仲裁员的重新确定**】仲裁员因回避或者其他原因不能履行职责的,应当依照本法规定重新选定或者指定仲裁员。

因回避而重新选定或者指定仲裁员后,当事人可以请求已进行的仲裁程序重新进行,是否准许,由仲裁庭决定;仲裁庭也可以自行决定已进行的仲裁程序是否重新进行。

第三十八条 【**仲裁员的除名**】仲裁员有本法第三十四条第四项规定的情形,情节严重的,或者有本法第五十八条第六项规定的情形的,应当依法承担法律责任,仲裁委员会应当将其除名。

第三节 开庭和裁决

第三十九条 【**仲裁审理的方式**】仲裁应当开庭进行。当事人协议不开庭的,仲裁庭可以根据仲裁申请书、答辩书以及其他材料作出裁决。

第四十条 【**仲裁不公开原则**】仲裁不公开进行。当事人协议公开的,可以公开进行,但涉及国家秘密的除外。

第四十一条 【**开庭通知与延期审理**】仲裁委员会应当在仲裁规则规定的期限内将开庭日期通知双方当事人。当事人有正当理由的,可以在仲裁规则规定的期限内请求延期开庭。是否延期,由仲裁庭决定。

第四十二条 【**视为撤回申请和缺席判决**】申请人经书面通知,无正当理由不到庭或者未经仲裁庭许可中途退庭的,可以视为撤回仲裁申请。

被申请人经书面通知,无正当理由不到庭或者未经仲裁庭许可中途退庭的,可以缺席裁决。

第四十三条 【**举证责任**】当事人应当对自己的主张提供证据。

仲裁庭认为有必要收集的证据,可以自行收集。

第四十四条 【**专门性问题的鉴定**】仲裁庭对专门性问题认为需要鉴定的,可以交由当事人约定的鉴定部门鉴定,也可以由仲裁庭指定的鉴定部门鉴定。

根据当事人的请求或者仲裁庭的要求,鉴定部门应当派鉴定人参加开庭。当事人经仲裁庭许可,可以向鉴定人提问。

第四十五条 【**证据出示和质证**】证据应当在开庭时出示,当事人可以质证。

第四十六条 【**证据保全**】在证据可能灭失或者以后难以取得的情况下,当事人可以申请证据保全。当事人申请证据保全的,仲裁委员会应当将当事人的申请提交证据所在地的基层人民法院。

第四十七条 【**当事人的辩论**】当事人在仲裁过程中有权进行辩论。辩论终结时,首席仲裁员或者独任仲裁员应当征询当事人的最后意见。

第四十八条 【**仲裁笔录**】仲裁庭应当将开庭情况记入笔录。当事人和其他仲裁参与人认为对自己陈述的记录有遗漏或者差错的,有权申请补正。如果不予补正,应当记录该申请。

笔录由仲裁员、记录人员、当事人和其他仲裁参与人签名或者盖章。

第四十九条 【**仲裁和解**】当事人申请仲裁后,可以自行和解。达成和解协议的,可以请求仲裁庭根据和解协议作出裁决书,也可以撤回仲裁申请。

第五十条 【**和解后反悔的处理**】当事人达成和解协议,撤回仲裁申请后反悔的,可以根据仲裁协议申请仲裁。

第五十一条 【**仲裁调解**】仲裁庭在作出裁决前,可以先行调解。当事人自愿调解的,仲裁庭应当调解。调解不成的,应当及时作出裁决。

调解达成协议的，仲裁庭应当制作调解书或者根据协议的结果制作裁决书。调解书与裁决书具有同等法律效力。

第五十二条 【仲裁调解书】调解书应当写明仲裁请求和当事人协议的结果。调解书由仲裁员签名，加盖仲裁委员会印章，送达双方当事人。

调解书经双方当事人签收后，即发生法律效力。

在调解书签收前当事人反悔的，仲裁庭应当及时作出裁决。

第五十三条 【仲裁裁决的作出】裁决应当按照多数仲裁员的意见作出，少数仲裁员的不同意见可以记入笔录。仲裁庭不能形成多数意见时，裁决应当按照首席仲裁员的意见作出。

第五十四条 【裁决书的内容】裁决书应当写明仲裁请求、争议事实、裁决理由、裁决结果、仲裁费用的负担和裁决日期。当事人协议不愿写明争议事实和裁决理由的，可以不写。裁决书由仲裁员签名，加盖仲裁委员会印章。对裁决持不同意见的仲裁员，可以签名，也可以不签名。

第五十五条 【先行裁决】仲裁庭仲裁纠纷时，其中一部分事实已经清楚，可以就该部分先行裁决。

第五十六条 【裁决书的补正】对裁决书中的文字、计算错误或者仲裁庭已经裁决但在裁决书中遗漏的事项，仲裁庭应当补正；当事人自收到裁决书之日起三十日内，可以请求仲裁庭补正。

第五十七条 【裁决书的生效】裁决书自作出之日起发生法律效力。

第五章 申请撤销裁决

第五十八条 【申请撤销裁决条件】当事人提出证据证明裁决有下列情形之一的，可以向仲裁委员会所在地的中级人民法院申请撤销裁决：

（一）没有仲裁协议的；

（二）裁决的事项不属于仲裁协议的范围或者仲裁委员会无权仲裁的；

（三）仲裁庭的组成或者仲裁的程序违反法定程序的；

（四）裁决所根据的证据是伪造的；

（五）对方当事人隐瞒了足以影响公正裁决的证据的；

（六）仲裁员在仲裁该案时有索贿受贿，徇私舞弊，枉法裁决行为的。

人民法院经组成合议庭审查核实裁决有前款规定情形之一的，应当裁定撤销。

人民法院认定该裁决违背社会公共利益的，应当裁定撤销。

第五十九条 【申请撤销裁决的期限】当事人申请撤销裁决的，应当自收到裁决书之日起六个月内提出。

第六十条 【撤销与否的期限】人民法院应当在受理撤销裁决申请之日起两个月内作出撤销裁决或者驳回申请的裁定。

第六十一条 【申请撤销裁决的后果】人民法院受理撤销裁决的申请后，认为可以由仲裁庭重新仲裁的，通知仲裁庭在一定期限内重新仲裁，并裁定中止撤销程序。仲裁庭拒绝重新仲裁的，人民法院应当裁定恢复撤销程序。

第六章 执 行

第六十二条 【仲裁裁决的执行】当事人应当履行裁决。一方当事人不履行的，另一方当事人可以依照民事诉讼法的有关规定向人民法院申请执行。受申请的人民法院应当执行。

第六十三条 【仲裁裁决的不予执行】被申请人提出证据证明裁决有民事诉讼法第二百一十三条第二款规定的情形之一的，经人民法院组成合议庭审查核实，裁定不予执行。

第六十四条 【裁决中止、终结与恢复执行】一方当事人申请执行裁决，另一方当事人申请撤销裁决的，人民法院应当裁定中止执行。

人民法院裁定撤销裁决的，应当裁定终结执行。撤销裁决的申请被裁定驳回的，人民法院应当裁定恢复执行。

第七章 涉外仲裁的特别规定

第六十五条 【涉外仲裁的范围】涉外经济贸易、运输和海事中发生的纠纷的仲裁，适用本章规定。本章没有规定的，适用本法其他有关规定。

第六十六条 【涉外仲裁委员会的设立】涉外仲裁委员会可以由中国国际商会组织设立。

涉外仲裁委员会由主任一人、副主任若干人和委员若干人组成。

涉外仲裁委员会的主任、副主任和委员可以由中国国际商会聘任。

第六十七条 【涉外仲裁委员会仲裁员聘任】涉外仲裁委员会可以从具有法律、经济贸易、科学技术等专门知识的外籍人士中聘任仲裁员。

第六十八条 【涉外仲裁的证据保全】涉外仲裁的当事人申请证据保全的，涉外仲裁委员会应当将当事人的申请提交证据所在地的中级人民法院。

第六十九条 【涉外仲裁的开庭笔录】涉外仲裁的仲裁庭可以将开庭情况记入笔录，或者作出笔录要点，笔录要点可以由当事人和其他仲裁参与人签字或者盖章。

第七十条 【涉外仲裁裁决的撤销】当事人提出证据证明涉外仲裁裁决有民事诉讼法第二百五十八条第一款规定的情形之一的，经人民法院组成合议庭审查核实，裁定撤销。

第七十一条 【裁决的不予执行】被申请人提出证据证明涉外仲裁裁决有民事诉讼法第二百五十八条第一款规定的情形之一的，经人民法院组成合议庭审查核实，裁定不予执行。

第七十二条 【仲裁裁决在外国的承认和执行】涉外仲裁委员会作出的发生法律效力的仲裁裁决，当事人请求执行的，如果被执行人或者其财产不在中华人民共和国领域内,应当由当事人直接向有管辖权的外国法院申请承认和执行。

第七十三条　**【涉外仲裁规则】**涉外仲裁规则可以由中国国际商会依照本法和民事诉讼法的有关规定制定。

第八章　附　　则

第七十四条　**【仲裁时效】**法律对仲裁时效有规定的,适用该规定。法律对仲裁时效没有规定的,适用诉讼时效的规定。

第七十五条　**【涉外仲裁暂行规则制定】**中国仲裁协会制定仲裁规则前,仲裁委员会依照本法和民事诉讼法的有关规定可以制定仲裁暂行规则。

第七十六条　**【仲裁费用】**当事人应当按照规定交纳仲裁费用。

收取仲裁费用的办法,应当报物价管理部门核准。

第七十七条　**【不适用本法的两类合同】**劳动争议和农业集体经济组织内部的农业承包合同纠纷的仲裁,另行规定。

第七十八条　**【本法施行前有关仲裁规定的效力】**本法施行前制定的有关仲裁的规定与本法的规定相抵触的,以本法为准。

第七十九条　**【新旧仲裁机构的衔接过渡】**本法施行前在直辖市、省、自治区人民政府所在地的市和其他设区的市设立的仲裁机构,应当依照本法的有关规定重新组建;未重新组建的,自本法施行之日起届满一年时终止。

本法施行前设立的不符合本法规定的其他仲裁机构,自本法施行之日起终止。

第八十条　**【施行日期】**本法自1995年9月1日起施行。

最高人民法院关于适用《中华人民共和国仲裁法》若干问题的解释

1. 2005年12月26日最高人民法院审判委员会第1375次会议通过
2. 2006年8月23日公布
3. 法释〔2006〕7号
4. 自2006年9月8日起施行

根据《中华人民共和国仲裁法》和《中华人民共和国民事诉讼法》等法律规定,对人民法院审理涉及仲裁案件适用法律的若干问题作如下解释:

第一条　仲裁法第十六条规定的"其他书面形式"的仲裁协议,包括以合同书、信件和数据电文(包括电报、电传、传真、电子数据交换和电子邮件)等形式达成的请求仲裁的协议。

第二条　当事人概括约定仲裁事项为合同争议的,基于合同成立、效力、变更、转让、履行、违约责任、解释、解除等产生的纠纷都可以认定为仲裁事项。

第三条　仲裁协议约定的仲裁机构名称不准确,但能够确定具体的仲裁机构的,应当认定选定了仲裁机构。

第四条　仲裁协议仅约定纠纷适用的仲裁规则的,视为未约定仲裁机构,但当事人达成补充协议或者按照约定的仲裁规则能够确定仲裁机构的除外。

第五条　仲裁协议约定两个以上仲裁机构的,当事人可以协议选择其中的一个仲裁机构申请仲裁;当事人不能就仲裁机构选择达成一致的,仲裁协议无效。

第六条　仲裁协议约定由某地的仲裁机构仲裁且该地仅有一个仲裁机构的,该仲裁机构视为约定的仲裁机构。该地有两个以上仲裁机构的,当事人可以协议选择其中的一个仲裁机构申请仲裁;当事人不能就仲裁机构选择达成一致的,仲裁协议无效。

第七条　当事人约定争议可以向仲裁机构申请仲裁也可以向人民法院起诉的,仲裁协议无效。但一方向仲裁机构申请仲裁,另一方未在仲裁法第二十条第二款规定期间内提出异议的除外。

第八条　当事人订立仲裁协议后合并、分立的,仲裁协议对其权利义务的继受人有效。

当事人订立仲裁协议后死亡的,仲裁协议对承继其仲裁事项中的权利义务的继承人有效。

前两款规定情形,当事人订立仲裁协议时另有约定的除外。

第九条　债权债务全部或者部分转让的,仲裁协议对受让人有效,但当事人另有约定、在受让债权债务时受让人明确反对或者不知有单独仲裁协议的除外。

第十条　合同成立后未生效或者被撤销的,仲裁协议效力的认定适用仲裁法第十九条第一款的规定。

当事人在订立合同时就争议达成仲裁协议的,合同未成立不影响仲裁协议的效力。

第十一条　合同约定解决争议适用其他合同、文件中的有效仲裁条款的,发生合同争议时,当事人应当按照该仲裁条款提请仲裁。

涉外合同应当适用的有关国际条约中有仲裁规定的,发生合同争议时,当事人应当按照国际条约中的仲裁规定提请仲裁。

第十二条　当事人向人民法院申请确认仲裁协议效力的案件,由仲裁协议约定的仲裁机构所在地的中级人民法院管辖;仲裁协议约定的仲裁机构不明确的,由仲裁协议签订地或者被申请人住所地的中级人民法院管辖。

申请确认涉外仲裁协议效力的案件,由仲裁协议约定的仲裁机构所在地、仲裁协议签订地、申请人或者被申请人住所地的中级人民法院管辖。

涉及海事海商纠纷仲裁协议效力的案件,由仲裁协议约定的仲裁机构所在地、仲裁协议签订地、申请人或者被申请人住所地的海事法院管辖;上述地点没有海事法院的,由就近的海事法院管辖。

第十三条 依照仲裁法第二十条第二款的规定，当事人在仲裁庭首次开庭前没有对仲裁协议的效力提出异议，而后向人民法院申请确认仲裁协议无效的，人民法院不予受理。

仲裁机构对仲裁协议的效力作出决定后，当事人向人民法院申请确认仲裁协议效力或者申请撤销仲裁机构的决定的，人民法院不予受理。

第十四条 仲裁法第二十六条规定的"首次开庭"是指答辩期满后人民法院组织的第一次开庭审理，不包括审前程序中的各项活动。

第十五条 人民法院审理仲裁协议效力确认案件，应当组成合议庭进行审查，并询问当事人。

第十六条 对涉外仲裁协议的效力审查，适用当事人约定的法律；当事人没有约定适用的法律但约定了仲裁地的，适用仲裁地法律；没有约定适用的法律也没有约定仲裁地或者仲裁地约定不明的，适用法院地法律。

第十七条 当事人以不属于仲裁法第五十八条或者民事诉讼法第二百五十八条规定的事由申请撤销仲裁裁决的，人民法院不予支持。

第十八条 仲裁法第五十八条第一款第一项规定的"没有仲裁协议"是指当事人没有达成仲裁协议。仲裁协议被认定无效或者被撤销的，视为没有仲裁协议。

第十九条 当事人以仲裁裁决事项超出仲裁协议范围为由申请撤销仲裁裁决，经审查属实的，人民法院应当撤销仲裁裁决中的超裁部分。但超裁部分与其他裁决事项不可分的，人民法院应当撤销仲裁裁决。

第二十条 仲裁法第五十八条规定的"违反法定程序"，是指违反仲裁法规定的仲裁程序和当事人选择的仲裁规则可能影响案件正确裁决的情形。

第二十一条 当事人申请撤销国内仲裁裁决的案件属于下列情形之一的，人民法院可以依照仲裁法第六十一条的规定通知仲裁庭在一定期限内重新仲裁：

（一）仲裁裁决所根据的证据是伪造的；

（二）对方当事人隐瞒了足以影响公正裁决的证据的。

人民法院应当在通知中说明要求重新仲裁的具体理由。

第二十二条 仲裁庭在人民法院指定的期限内开始重新仲裁的，人民法院应当裁定终结撤销程序；未开始重新仲裁的，人民法院应当裁定恢复撤销程序。

第二十三条 当事人对重新仲裁裁决不服的，可以在重新仲裁裁决书送达之日起六个月内依据仲裁法第五十八条规定向人民法院申请撤销。

第二十四条 当事人申请撤销仲裁裁决的案件，人民法院应当组成合议庭审理，并询问当事人。

第二十五条 人民法院受理当事人撤销仲裁裁决的申请后，另一方当事人申请执行同一仲裁裁决的，受理执行申请的人民法院应当在受理后裁定中止执行。

第二十六条 当事人向人民法院申请撤销仲裁裁决被驳回后，又在执行程序中以相同理由提出不予执行抗辩的，人民法院不予支持。

第二十七条 当事人在仲裁程序中未对仲裁协议的效力提出异议，在仲裁裁决作出后以仲裁协议无效为由主张撤销仲裁裁决或者提出不予执行抗辩的，人民法院不予支持。

当事人在仲裁程序中对仲裁协议的效力提出异议，在仲裁裁决作出后又以此为由主张撤销仲裁裁决或者提出不予执行抗辩，经审查符合仲裁法第五十八条或者民事诉讼法第二百一十三条、第二百五十八条规定的，人民法院应予支持。

第二十八条 当事人请求不予执行仲裁调解书或者根据当事人之间的和解协议作出的仲裁裁决书的，人民法院不予支持。

第二十九条 当事人申请执行仲裁裁决案件，由被执行人住所地或者被执行的财产所在地的中级人民法院管辖。

第三十条 根据审理撤销、执行仲裁裁决案件的实际需要，人民法院可以要求仲裁机构作出说明或者向相关仲裁机构调阅仲裁案卷。

人民法院在办理涉及仲裁的案件过程中作出的裁定，可以送相关的仲裁机构。

第三十一条 本解释自公布之日起实施。

本院以前发布的司法解释与本解释不一致的，以本解释为准。

中华人民共和国人民调解法

1. *2010年8月28日第十一届全国人民代表大会常务委员会第十六次会议通过*
2. *2010年8月28日中华人民共和国主席令第34号公布*
3. *自2011年1月1日起施行*

目　　录

第一章　总　　则

第一条 【**立法目的**】为了完善人民调解制度，规范人民调解活动，及时解决民间纠纷，维护社会和谐稳定，根据宪法，制定本法。

第二条 【**人民调解的内涵**】本法所称人民调解，是指人民调解委员会通过说服、疏导等方法，促使当事人在平等协商基础上自愿达成调解协议，解决民间纠纷的活动。

第三条　【人民调解的原则】人民调解委员会调解民间纠纷，应当遵循下列原则：

(一)在当事人自愿、平等的基础上进行调解；

(二)不违背法律、法规和国家政策；

(三)尊重当事人的权利，不得因调解而阻止当事人依法通过仲裁、行政、司法等途径维护自己的权利。

第四条　【调解不收费原则】人民调解委员会调解民间纠纷，不收取任何费用。

第五条　【对人民调解工作的指导】国务院司法行政部门负责指导全国的人民调解工作，县级以上地方人民政府司法行政部门负责指导本行政区域的人民调解工作。

基层人民法院对人民调解委员会调解民间纠纷进行业务指导。

第六条　【国家对人民调解工作的支持和保障】国家鼓励和支持人民调解工作。县级以上地方人民政府对人民调解工作所需经费应当给予必要的支持和保障，对有突出贡献的人民调解委员会和人民调解员按照国家规定给予表彰奖励。

第二章　人民调解委员会

第七条　【人民调解委员会的性质和法律地位】人民调解委员会是依法设立的调解民间纠纷的群众性组织。

第八条　【人民调解委员会的组成】村民委员会、居民委员会设立人民调解委员会。企业事业单位根据需要设立人民调解委员会。

人民调解委员会由委员三至九人组成，设主任一人，必要时，可以设副主任若干人。

人民调解委员会应当有妇女成员，多民族居住的地区应当有人数较少民族的成员。

第九条　【人民调解委员会委员的产生和任期】村民委员会、居民委员会的人民调解委员会委员由村民会议或者村民代表会议、居民会议推选产生；企业事业单位设立的人民调解委员会委员由职工大会、职工代表大会或者工会组织推选产生。

人民调解委员会委员每届任期三年，可以连选连任。

第十条　【人民调解委员会的设立情况统计】县级人民政府司法行政部门应当对本行政区域内人民调解委员会的设立情况进行统计，并且将人民调解委员会以及人员组成和调整情况及时通报所在地基层人民法院。

第十一条　【人民调解委员会工作制度的建立健全和监督】人民调解委员会应当建立健全各项调解工作制度，听取群众意见，接受群众监督。

第十二条　【人民调解委员会的工作保障】村民委员会、居民委员会和企业事业单位应当为人民调解委员会开展工作提供办公条件和必要的工作经费。

第三章　人民调解员

第十三条　【人民调解员的产生】人民调解员由人民调解委员会委员和人民调解委员会聘任的人员担任。

第十四条　【人民调解员的个人素质及其培训】人民调解员应当由公道正派、热心人民调解工作，并具有一定文化水平、政策水平和法律知识的成年公民担任。

县级人民政府司法行政部门应当定期对人民调解员进行业务培训。

第十五条　【对不良调解员的处理】人民调解员在调解工作中有下列行为之一的，由其所在的人民调解委员会给予批评教育、责令改正，情节严重的，由推选或者聘任单位予以罢免或者解聘：

(一)偏袒一方当事人的；

(二)侮辱当事人的；

(三)索取、收受财物或者牟取其他不正当利益的；

(四)泄露当事人的个人隐私、商业秘密的。

第十六条　【对人民调解员的生活、医疗保障及其家属的救助】人民调解员从事调解工作，应当给予适当的误工补贴；因从事调解工作致伤致残，生活发生困难的，当地人民政府应当提供必要的医疗、生活救助；在人民调解工作岗位上牺牲的人民调解员，其配偶、子女按照国家规定享受抚恤和优待。

第四章　调 解 程 序

第十七条　【调解程序的启动】当事人可以向人民调解委员会申请调解；人民调解委员会也可以主动调解。当事人一方明确拒绝调解的，不得调解。

第十八条　【人民调解与行政调解、诉讼调解三种方式的衔接】基层人民法院、公安机关对适宜通过人民调解方式解决的纠纷，可以在受理前告知当事人向人民调解委员会申请调解。

第十九条　【人民调解员的选择】人民调解委员会根据调解纠纷的需要，可以指定一名或者数名人民调解员进行调解，也可以由当事人选择一名或者数名人民调解员进行调解。

第二十条　【调解活动的参与】人民调解员根据调解纠纷的需要，在征得当事人的同意后，可以邀请当事人的亲属、邻里、同事等参与调解，也可以邀请具有专门知识、特定经验的人员或者有关社会组织的人员参与调解。

人民调解委员会支持当地公道正派、热心调解、群众认可的社会人士参与调解。

第二十一条　【调解公正与调解及时原则】人民调解员调解民间纠纷，应当坚持原则，明法析理，主持公道。

调解民间纠纷，应当及时、就地进行，防止矛盾激化。

第二十二条　【调解的灵活性原则】人民调解员根据纠纷的不同情况，可以采取多种方式调解民间纠纷，充分听取当事人的陈述，讲解有关法律、法规和国家政策，耐心疏导，在当事人平等协商、互谅互让的基础上提出纠纷解决方案，帮助当事人自愿达成调解协议。

第二十三条　【当事人的权利】当事人在人民调解活动中享有下列权利：

（一）选择或者接受人民调解员；

（二）接受调解、拒绝调解或者要求终止调解；

（三）要求调解公开进行或者不公开进行；

（四）自主表达意愿、自愿达成调解协议。

第二十四条　【当事人的义务】当事人在人民调解活动中履行下列义务：

（一）如实陈述纠纷事实；

（二）遵守调解现场秩序，尊重人民调解员；

（三）尊重对方当事人行使权利。

第二十五条　【人民调解员的能动性】人民调解员在调解纠纷过程中，发现纠纷有可能激化的，应当采取有针对性的预防措施；对有可能引起治安案件、刑事案件的纠纷，应当及时向当地公安机关或者其他有关部门报告。

第二十六条　【调解不成的处理】人民调解员调解纠纷，调解不成的，应当终止调解，并依据有关法律、法规的规定，告知当事人可以依法通过仲裁、行政、司法等途径维护自己的权利。

第二十七条　【调解案件的立档、归档问题】人民调解员应当记录调解情况。人民调解委员会应当建立调解工作档案，将调解登记、调解工作记录、调解协议书等材料立卷归档。

第五章　调解协议

第二十八条　【调解协议的达成】经人民调解委员会调解达成调解协议的，可以制作调解协议书。当事人认为无需制作调解协议书的，可以采取口头协议方式，人民调解员应当记录协议内容。

第二十九条　【调解协议书的内容】调解协议书可以载明下列事项：

（一）当事人的基本情况；

（二）纠纷的主要事实、争议事项以及各方当事人的责任；

（三）当事人达成调解协议的内容，履行的方式、期限。

调解协议书自各方当事人签名、盖章或者按指印，人民调解员签名并加盖人民调解委员会印章之日起生效。调解协议书由当事人各执一份，人民调解委员会留存一份。

第三十条　【口头调解协议的生效日期】口头调解协议自各方当事人达成协议之日起生效。

第三十一条　【调解协议书的效力】经人民调解委员会调解达成的调解协议，具有法律约束力，当事人应当按照约定履行。

人民调解委员会应当对调解协议的履行情况进行监督，督促当事人履行约定的义务。

第三十二条　【调解协议达成后的司法救济】经人民调解委员会调解达成调解协议后，当事人之间就调解协议的履行或者调解协议的内容发生争议的，一方当事人可以向人民法院提起诉讼。

第三十三条　【人民调解协议的司法确认】经人民调解委员会调解达成调解协议后，双方当事人认为有必要的，可以自调解协议生效之日起三十日内共同向人民法院申请司法确认，人民法院应当及时对调解协议进行审查，依法确认调解协议的效力。

人民法院依法确认调解协议有效，一方当事人拒绝履行或者未全部履行的，对方当事人可以向人民法院申请强制执行。

人民法院依法确认调解协议无效的，当事人可以通过人民调解方式变更原调解协议或者达成新的调解协议，也可以向人民法院提起诉讼。

第六章　附　则

第三十四条　【人民调解委员会的参照设立】乡镇、街道以及社会团体或者其他组织根据需要可以参照本法有关规定设立人民调解委员会，调解民间纠纷。

第三十五条　【生效日期】本法自2011年1月1日起施行。

附录

资料补充栏

附录 1

以国家主席令通过的法律目录[①]

（1983.9～2017.12）

中华人民共和国主席令(第六届):

第1号:(任免决定)(1983.9.2)

第2号:(任免决定)(1983.9.2)

第3号:全国人民代表大会常务委员会关于严惩严重危害社会治安的犯罪分子的决定(1983.9.2)(已废止)

第4号:全国人民代表大会常务委员会关于迅速审判严重危害社会治安的犯罪分子的程序的决定(1983.9.2)(已废止)

第5号:全国人民代表大会常务委员会关于修改《中华人民共和国人民法院组织法》的决定(1983.9.2)

第6号:全国人民代表大会常务委员会关于修改《中华人民共和国人民检察院组织法》的决定(1983.9.2)

第7号:中华人民共和国海上交通安全法(1983.9.2)

第8号:全国人民代表大会常务委员会关于修改《中华人民共和国中外合资经营企业所得税法》的决定(1983.9.2)(已废止)

第9号:中华人民共和国统计法(1983.12.8)

第10号:(任免决定)(1983.12.8)

第11号:中华人民共和国专利法(1984.3.12)

第12号:中华人民共和国水污染防治法(1984.5.11)

第13号:中华人民共和国民族区域自治法(1984.5.31)

第14号:中华人民共和国兵役法(1984.5.31)

第15号:全国人民代表大会常务委员会关于刑事案件办案期限的补充规定(1984.7.7)(已废止)

第16号:(任免决定)(1984.7.7)

第17号:中华人民共和国森林法(1984.9.20)

第18号:中华人民共和国药品管理法(1984.9.20)

第19号:(任免决定)(1984.9.20)

第20号:全国人民代表大会常务委员会关于在沿海港口城市设立海事法院的决定(1984.11.14)

第21号:中华人民共和国会计法(1985.1.21)

第22号:中华人民共和国涉外经济合同法(1985.3.21)(已废止)

第23号:(任免决定)(1985.3.21)

第24号:中华人民共和国继承法(1985.4.10)

第25号:(批准《中华人民共和国政府和大不列颠及北爱尔兰联合王国政府关于香港问题的联合声明》)(1985.4.10)

第26号:中华人民共和国草原法(1985.6.18)

第27号:(任免决定)(1985.6.18)

第28号:中华人民共和国计量法(1985.9.6)

第29号:中华人民共和国居民身份证条例(1985.9.6)(已废止)

第30号:(任免决定)(1985.9.6)

第31号:中华人民共和国外国人入境出境管理法(1985.11.22)(已废止)

第32号:中华人民共和国公民出境入境管理法(1985.11.22)(已废止)

第33号:(任免决定)(1985.11.22)

第34号:中华人民共和国渔业法(1986.1.20)

第35号:(任免决定)(1986.1.20)

第36号:中华人民共和国矿产资源法(1986.3.19)

第37号:中华人民共和国民法通则(1986.4.12)

第38号:中华人民共和国义务教育法(1986.4.12)

第39号:中华人民共和国外资企业法(1986.4.12)

第40号:(任免决定)(1986.4.12)

第41号:中华人民共和国土地管理法(1986.6.25)

第42号:(任免决定)(1986.6.25)

第43号:中华人民共和国治安管理处罚条例(1986.9.5)(已废止)

第44号:中华人民共和国外交特权与豁免条例(1986.9.5)

第45号:中华人民共和国企业破产法(试行)(1986.12.2)(已废止)

第46号:中华人民共和国国境卫生检疫法(1986.12.2)

第47号:中华人民共和国邮政法(1986.12.2)

第48号:全国人民代表大会常务委员会关于修改《中华人民共和国全国人民代表大会和地方各级人民代表大会选举法》的决定(1986.12.2)

第49号:全国人民代表大会常务委员会关于修改《中华人民共和国地方各级人民代表大会和地方各级人民政府组织法》的决定(1986.12.2)

第50号:(任免决定)(1986.12.2)

第51号:中华人民共和国海关法(1987.1.22)

第52号:(任免决定)(1987.4.11)

① 本目录由编者根据历年立法情况整理,内容截至2017年12月。

第53号:中华人民共和国技术合同法(1987.6.23)(已废止)
第54号:(批准《中华人民共和国政府和葡萄牙共和国政府关于澳门问题的联合声明》)(1987.6.23)
第55号:(任免决定)(1987.6.23)
第56号:(任免决定)(1987.6.23)
第57号:中华人民共和国大气污染防治法(1987.9.5)
第58号:中华人民共和国档案法(1987.9.5)
第59号:中华人民共和国村民委员会组织法(试行)(1987.11.24)(已废止)
第60号:中华人民共和国全国人民代表大会常务委员会议事规则(1987.11.24)
第61号:中华人民共和国水法(1988.1.21)
第62号:全国人民代表大会常务委员会关于惩治走私罪的补充规定(1988.1.21)
第63号:全国人民代表大会常务委员会关于惩治贪污罪贿赂罪的补充规定(1988.1.21)
第64号:(任免决定)(1988.1.21)
第65号:(任免决定)(1988.3.12)

中华人民共和国主席令(第七届):
第1号:(任免决定)(1988.4.9)
第2号:(任免决定)(1988.4.12)
第3号:中华人民共和国全民所有制工业企业法(1988.4.13)
第4号:中华人民共和国中外合作经营企业法(1988.4.13)
第5号:中国人民解放军军官军衔条例(1988.7.1)
第6号:中华人民共和国保守国家秘密法(1988.9.5)
第7号:全国人民代表大会常务委员会关于惩治泄露国家秘密犯罪的补充规定(1988.9.5)(已废止)
第8号:中国人民解放军现役军官服役条例(1988.9.5)
第9号:中华人民共和国野生动物保护法(1988.11.8)
第10号:全国人民代表大会常务委员会关于惩治捕杀国家重点保护的珍贵、濒危野生动物犯罪的补充规定(1988.11.8)(已废止)
第11号:中华人民共和国标准化法(1988.12.29)
第12号:全国人民代表大会常务委员会关于修改《中华人民共和国土地管理法》的决定(1988.12.29)
第13号:(任免决定)(1988.12.29)
第14号:中华人民共和国进出口商品检验法(1989.2.21)
第15号:中华人民共和国传染病防治法(1989.2.21)
第16号:中华人民共和国行政诉讼法(1989.4.4)
第17号:中华人民共和国全国人民代表大会议事规则(1989.4.4)
第18号:(任免决定)(1989.7.6)
第19号:(任免决定)(1989.9.4)
第20号:中华人民共和国集会游行示威法(1989.10.31)
第21号:中华人民共和国城市居民委员会组织法(1989.12.26)
第22号:中华人民共和国环境保护法(1989.12.26)
第23号:中华人民共和国城市规划法(1989.12.26)(已废止)
第24号:(任免决定)(1989.12.26)
第25号:中华人民共和国军事设施保护法(1990.2.23)
第26号:中华人民共和国香港特别行政区基本法(1990.4.4)
第27号:全国人民代表大会关于修改《中华人民共和国中外合资经营企业法》的决定(1990.4.4)
第28号:中华人民共和国国旗法(1990.6.28)
第29号:全国人民代表大会常务委员会关于惩治侮辱中华人民共和国国旗国徽罪的决定(1990.6.28)(已废止)
第30号:(任免决定)(1990.6.28)
第31号:中华人民共和国著作权法(1990.9.7)
第32号:中华人民共和国铁路法(1990.9.7)
第33号:中华人民共和国归侨侨眷权益保护法(1990.9.7)
第34号:(任免决定)(1990.9.7)
第35号:中华人民共和国领事特权与豁免条例(1990.10.30)
第36号:中华人民共和国残疾人保障法(1990.12.28)
第37号:中华人民共和国缔结条约程序法(1990.12.28)
第38号:全国人民代表大会常务委员会关于禁毒的决定(1990.12.28)(已废止)
第39号:全国人民代表大会常务委员会关于惩治走私、制作、贩卖、传播淫秽物品的犯罪分子的决定(1990.12.28)
第40号:(任免决定)(1990.12.28)
第41号:中华人民共和国国徽法(1991.3.2)
第42号:(任免决定)(1991.3.2)
第43号:(任免决定)(1991.4.8)
第44号:中华人民共和国民事诉讼法(1991.4.9)
第45号:中华人民共和国外商投资企业和外国企业所得税法(1991.4.9)(已废止)
第46号:中华人民共和国烟草专卖法(1991.6.29)
第47号:全国人民代表大会常务委员会关于修改《中华人民共和国文物保护法》第三十条、第三十一条的决定(1991.6.29)
第48号:全国人民代表大会常务委员会关于惩治盗掘古文化遗址古墓葬犯罪的补充规定(1991.6.29)(已废止)
第49号:中华人民共和国水土保持法(1991.6.29)
第50号:中华人民共和国未成年人保护法(1991.9.4)
第51号:全国人民代表大会常务委员会关于严禁卖淫嫖娼的决定(1991.9.4)
第52号:全国人民代表大会常务委员会关于严惩拐卖、绑架

妇女、儿童的犯罪分子的决定(1991.9.4)
第53号:中华人民共和国进出境动植物检疫法(1991.10.30)
第54号:中华人民共和国收养法(1991.12.29)
第55号:中华人民共和国领海及毗连区法(1992.2.25)
第56号:中华人民共和国全国人民代表大会和地方各级人民代表大会代表法(1992.4.3)
第57号:中华人民共和国工会法(1992.4.3)
第58号:中华人民共和国妇女权益保障法(1992.4.3)
第59号:中华人民共和国人民警察警衔条例(1992.7.1)
第60号:中华人民共和国税收征收管理法(1992.9.4)
第61号:全国人民代表大会常务委员会关于惩治偷税、抗税犯罪的补充规定(1992.9.4)(已废止)
第62号:全国人民代表大会常务委员会关于修改《中华人民共和国专利法》的决定(1992.9.4)
第63号:(任免决定)(1992.9.4)
第64号:中华人民共和国海商法(1992.11.7)
第65号:中华人民共和国矿山安全法(1992.11.7)
第66号:中华人民共和国测绘法(1992.12.28)
第67号:全国人民代表大会常务委员会关于惩治劫持航空器犯罪分子的决定(1992.12.28)(已废止)
第68号:中华人民共和国国家安全法(1993.2.22)(已废止)
第69号:全国人民代表大会常务委员会关于修改《中华人民共和国商标法》的决定(1993.2.22)
第70号:全国人民代表大会常务委员会关于惩治假冒注册商标犯罪的补充规定(1993.2.22)(已废止)
第71号:中华人民共和国产品质量法(1993.2.22)
第72号:(任免决定)(1993.2.22)

中华人民共和国主席令(第八届):
第1号:(任免决定)(1993.3.28)
第2号:(任免决定)(1993.3.29)
第3号:中华人民共和国澳门特别行政区基本法(1993.3.31)
第4号:中华人民共和国科学技术进步法(1993.7.2)
第5号:中华人民共和国农业技术推广法(1993.7.2)
第6号:中华人民共和国农业法(1993.7.2)
第7号:全国人民代表大会常务委员会关于惩治生产、销售伪劣商品犯罪的决定(1993.7.2)(已废止)
第8号:(任免决定)(1993.7.2)
第9号:全国人民代表大会常务委员会关于修改《中华人民共和国经济合同法》的决定(1993.9.2)(已废止)
第10号:中华人民共和国反不正当竞争法(1993.9.2)
第11号:中华人民共和国消费者权益保护法(1993.10.31)
第12号:全国人民代表大会常务委员会关于修改《中华人民共和国个人所得税法》的决定(1993.10.31)
第13号:中华人民共和国注册会计师法(1993.10.31)
第14号:中华人民共和国红十字会法(1993.10.31)
第15号:中华人民共和国教师法(1993.10.31)
第16号:中华人民共和国公司法(1993.12.29)
第17号:全国人民代表大会常务委员会关于修改《中华人民共和国会计法》的决定(1993.12.29)
第18号:全国人民代表大会常务委员会关于外商投资企业和外国企业适用增值税、消费税、营业税等税收暂行条例的决定(1993.12.29)
第19号:全国人民代表大会常务委员会关于严惩组织、运送他人偷越国(边)境犯罪的补充规定(1994.3.5)(已废止)
第20号:中华人民共和国台湾同胞投资保护法(1994.3.5)
第21号:中华人民共和国预算法(1994.3.22)
第22号:中华人民共和国对外贸易法(1994.5.12)
第23号:中华人民共和国国家赔偿法(1994.5.12)
第24号:全国人民代表大会常务委员会关于修改《中华人民共和国治安管理处罚条例》的决定(1994.5.12)(已废止)
第25号:全国人民代表大会常务委员会关于修改《中国人民解放军现役军官服役条例》的决定(1994.5.12)
第26号:全国人民代表大会常务委员会关于修改《中国人民解放军军官军衔条例》的决定(1994.5.12)
第27号:(任免决定)(1994.5.12)
第28号:中华人民共和国劳动法(1994.7.5)
第29号:中华人民共和国城市房地产管理法(1994.7.5)
第30号:全国人民代表大会常务委员会关于惩治侵犯著作权的犯罪的决定(1994.7.5)(已废止)
第31号:中华人民共和国仲裁法(1994.8.31)
第32号:中华人民共和国审计法(1994.8.31)
第33号:中华人民共和国母婴保健法(1994.10.27)
第34号:中华人民共和国广告法(1994.10.27)
第35号:中华人民共和国监狱法(1994.12.29)
第36号:全国人民代表大会常务委员会关于修改《中华人民共和国全国人民代表大会和地方各级人民代表大会选举法》的决定(1995.2.28)
第37号:全国人民代表大会常务委员会关于修改《中华人民共和国地方各级人民代表大会和地方各级人民政府组织法》的决定(1995.2.28)
第38号:中华人民共和国法官法(1995.2.28)
第39号:中华人民共和国检察官法(1995.2.28)
第40号:中华人民共和国人民警察法(1995.2.28)
第41号:全国人民代表大会常务委员会关于惩治违反公司法的犯罪的决定(1995.2.28)(已废止)
第42号:全国人民代表大会常务委员会关于修改《中华人民共和国税收征收管理法》的决定(1995.2.28)
第43号:(任免决定)(1995.2.28)
第44号:(任免决定)(1995.3.17)

第45号:中华人民共和国教育法(1995.3.18)
第46号:中华人民共和国中国人民银行法(1995.3.18)
第47号:中华人民共和国商业银行法(1995.5.10)
第48号:中华人民共和国预备役军官法(1995.5.10)
第49号:中华人民共和国票据法(1995.5.10)
第50号:中华人民共和国担保法(1995.6.30)
第51号:中华人民共和国保险法(1995.6.30)
第52号:全国人民代表大会常务委员会关于惩治破坏金融秩序犯罪的决定(1995.6.30)
第53号:(任免决定)(1995.6.30)
第54号:全国人民代表大会常务委员会关于修改《中华人民共和国大气污染防治法》的决定(1995.8.29)
第55号:中华人民共和国体育法(1995.8.29)
第56号:中华人民共和国民用航空法(1995.10.30)
第57号:全国人民代表大会常务委员会关于惩治虚开、伪造和非法出售增值税专用发票犯罪的决定(1995.10.30)
第58号:中华人民共和国固体废物污染环境防治法(1995.10.30)
第59号:中华人民共和国食品卫生法(1995.10.30)(已废止)
第60号:中华人民共和国电力法(1995.12.28)
第61号:中华人民共和国戒严法(1996.3.1)
第62号:(任免决定)(1996.3.1)
第63号:中华人民共和国行政处罚法(1996.3.17)
第64号:全国人民代表大会关于修改《中华人民共和国刑事诉讼法》的决定(1996.3.17)
第65号:全国人民代表大会常务委员会关于修改《中华人民共和国统计法》的决定(1996.5.15)
第66号:全国人民代表大会常务委员会关于修改《中华人民共和国水污染防治法》的决定(1996.5.15)
第67号:中华人民共和国律师法(1996.5.15)
第68号:中华人民共和国促进科技成果转化法(1996.5.15)
第69号:中华人民共和国职业教育法(1996.5.15)
第70号:中华人民共和国拍卖法(1996.7.5)
第71号:全国人民代表大会常务委员会关于修改《中华人民共和国档案法》的决定(1996.7.5)
第72号:中华人民共和国枪支管理法(1996.7.5)3-185
第73号:中华人民共和国老年人权益保障法(1996.8.29)
第74号:全国人民代表大会常务委员会关于修改《中华人民共和国矿产资源法》的决定(1996.8.29)
第75号:中华人民共和国煤炭法(1996.8.29)
第76号:中华人民共和国乡镇企业法(1996.10.29)
第77号:中华人民共和国环境噪声污染防治法(1996.10.29)
第78号:中华人民共和国人民防空法(1996.10.29)
第79号:中国人民解放军选举全国人民代表大会和地方各级人民代表大会代表的办法(修订)(1996.10.29)
第80号:中华人民共和国香港特别行政区驻军法(1996.12.30)
第81号:(任免决定)(1996.12.30)
第82号:中华人民共和国合伙企业法(1997.2.23)
第83号:中华人民共和国刑法(修订)(1997.3.14)
第84号:中华人民共和国国防法(1997.3.14)
第85号:中华人民共和国行政监察法(1997.5.9)
第86号:中华人民共和国公路法(1997.7.3)
第87号:中华人民共和国动物防疫法(1997.7.3)
第88号:中华人民共和国防洪法(1997.8.29)
第89号:(任免决定)(1997.8.29)
第90号:中华人民共和国节约能源法(1997.11.1)
第91号:中华人民共和国建筑法(1997.11.1)
第92号:中华人民共和国价格法(1997.12.29)
第93号:中华人民共和国献血法(1997.12.29)
第94号:中华人民共和国防震减灾法(1997.12.29)

中华人民共和国主席令(第九届):

第1号:(任免决定)(1998.3.17)
第2号:(任免决定)(1998.3.18)
第3号:全国人民代表大会常务委员会关于修改《中华人民共和国森林法》的决定(1998.4.29)
第4号:中华人民共和国消防法(1998.4.29)
第5号:中华人民共和国执业医师法(1998.6.26)
第6号:中华人民共和国专属经济区和大陆架法(1998.6.26)
第7号:中华人民共和国高等教育法(1998.8.29)
第8号:中华人民共和国土地管理法(修订)(1998.8.29)
第9号:中华人民共和国村民委员会组织法(修订)(1998.11.4)
第10号:全国人民代表大会常务委员会关于修改《中华人民共和国收养法》的决定(1998.11.4)
第11号:(任免决定)(1998.11.4)
第12号:中华人民共和国证券法(1998.12.29)
第13号:全国人民代表大会常务委员会关于修改《中华人民共和国兵役法》的决定(1998.12.29)
第14号:全国人民代表大会常务委员会关于惩治骗购外汇、逃汇和非法买卖外汇犯罪的决定(1998.12.29)
第15号:中华人民共和国合同法(1999.3.15)
第16号:中华人民共和国行政复议法(1999.4.29)
第17号:中华人民共和国预防未成年人犯罪法(1999.6.28)
第18号:中华人民共和国澳门特别行政区驻军法(1999.6.28)
第19号:中华人民共和国公益事业捐赠法(1999.6.28)
第20号:中华人民共和国个人独资企业法(1999.8.30)
第21号:中华人民共和国招标投标法(1999.8.30)

第 22 号:全国人民代表大会常务委员会关于修改《中华人民共和国个人所得税法》的决定(1999.8.30)
第 23 号:中华人民共和国气象法(1999.10.31)
第 24 号:中华人民共和国会计法(修订)(1999.10.31)
第 25 号:全国人民代表大会常务委员会关于修改《中华人民共和国公路法》的决定(1999.10.31)
第 26 号:中华人民共和国海洋环境保护法(修订)(1999.12.25)
第 27 号:中华人民共和国刑法修正案(1999.12.25)
第 28 号:中华人民共和国海事诉讼特别程序法(1999.12.25)
第 29 号:全国人民代表大会常务委员会关于修改《中华人民共和国公司法》的决定(1999.12.25)
第 30 号:(任免决定)(2000.3.1)
第 31 号:中华人民共和国立法法(2000.3.15)
第 32 号:中华人民共和国大气污染防治法(修订)(2000.4.29)
第 33 号:全国人民代表大会常务委员会关于修改《中华人民共和国产品质量法》的决定(2000.7.8)
第 34 号:中华人民共和国种子法(2000.7.8)
第 35 号:全国人民代表大会常务委员会关于修改《中华人民共和国海关法》的决定(2000.7.8)
第 36 号:全国人民代表大会常务委员会关于修改《中华人民共和国专利法》的决定(2000.8.25)
第 37 号:中华人民共和国国家通用语言文字法(2000.10.31)
第 38 号:全国人民代表大会常务委员会关于修改《中华人民共和国渔业法》的决定(2000.10.31)
第 39 号:全国人民代表大会常务委员会关于修改《中华人民共和国归侨侨眷权益保护法》的决定(2000.10.31)
第 40 号:全国人民代表大会常务委员会关于修改《中华人民共和国中外合作经营企业法》的决定(2000.10.31)
第 41 号:全国人民代表大会常务委员会关于修改《中华人民共和国外资企业法》的决定(2000.10.31)
第 42 号:中华人民共和国引渡法(2000.12.28)
第 43 号:全国人民代表大会常务委员会关于修改《中国人民解放军现役军官服役条例》的决定(2000.12.28)
第 44 号:(任免决定)(2000.12.28)
第 45 号:中华人民共和国药品管理法(修订)(2001.2.28)
第 46 号:全国人民代表大会常务委员会关于修改《中华人民共和国民族区域自治法》的决定(2001.2.28)
第 47 号:(任免决定)(2001.2.28)
第 48 号:全国人民代表大会关于修改《中华人民共和国中外合资经营企业法》的决定(2001.3.15)
第 49 号:中华人民共和国税收征收管理法(修订)(2001.4.28)
第 50 号:中华人民共和国信托法(2001.4.28)
第 51 号:全国人民代表大会常务委员会关于修改《中华人民共和国婚姻法》的决定(2001.4.28)
第 52 号:中华人民共和国国防教育法(2001.4.28)
第 53 号:全国人民代表大会常务委员会关于修改《中华人民共和国法官法》的决定(2001.6.30)
第 54 号:全国人民代表大会常务委员会关于修改《中华人民共和国检察官法》的决定(2001.6.30)
第 55 号:中华人民共和国防沙治沙法(2001.8.31)
第 56 号:中华人民共和国刑法修正案(二)(2001.8.31)
第 57 号:(任免决定)(2001.8.31)
第 58 号:全国人民代表大会常务委员会关于修改《中华人民共和国著作权法》的决定(2001.10.27)
第 59 号:全国人民代表大会常务委员会关于修改《中华人民共和国商标法》的决定(2001.10.27)
第 60 号:中华人民共和国职业病防治法(2001.10.27)
第 61 号:中华人民共和国海域使用管理法(2001.10.27)
第 62 号:全国人民代表大会常务委员会关于修改《中华人民共和国工会法》的决定(2001.10.27)
第 63 号:中华人民共和国人口与计划生育法(2001.12.29)
第 64 号:中华人民共和国刑法修正案(三)(2001.12.29)
第 65 号:全国人民代表大会常务委员会关于修改《中华人民共和国律师法》的决定(2001.12.29)
第 66 号:(任免决定)(2001.12.29)
第 67 号:全国人民代表大会常务委员会关于修改《中华人民共和国进出口商品检验法》的决定(2002.4.28)
第 68 号:中华人民共和国政府采购法(2002.6.29)
第 69 号:中华人民共和国中小企业促进法(2002.6.29)
第 70 号:中华人民共和国安全生产法(2002.6.29)
第 71 号:中华人民共和国科学技术普及法(2002.6.29)
第 72 号:中华人民共和国清洁生产促进法(2002.6.29)
第 73 号:中华人民共和国农村土地承包法(2002.6.29)
第 74 号:中华人民共和国水法(修订)(2002.8.29)
第 75 号:中华人民共和国测绘法(修订)(2002.8.29)
第 76 号:中华人民共和国文物保护法(修订)(2002.10.28)
第 77 号:中华人民共和国环境影响评价法(2002.10.28)
第 78 号:全国人民代表大会常务委员会关于修改《中华人民共和国保险法》的决定(2002.10.28)
第 79 号:(任免决定)(2002.10.28)
第 80 号:中华人民共和国民办教育促进法(2002.12.28)
第 81 号:中华人民共和国农业法(修订)(2002.12.28)
第 82 号:中华人民共和国草原法(修订)(2002.12.28)
第 83 号:中华人民共和国刑法修正案(四)(2002.12.28)
第 84 号:(任免决定)(2002.12.28)
第 85 号:中华人民共和国海关关衔条例(2003.2.28)

中华人民共和国主席令(第十届):

第 1 号:(任免决定)(2003.3.16)

第2号:(任免决定)(2003.3.17)
第3号:(任免决定)(2003.4.26)
第4号:中华人民共和国居民身份证法(2003.6.28)
第5号:中华人民共和国港口法(2003.6.28)
第6号:中华人民共和国放射性污染防治法(2003.6.28)
第7号:中华人民共和国行政许可法(2003.8.27)
第8号:中华人民共和国道路交通安全法(2003.10.28)
第9号:中华人民共和国证券投资基金法(2003.10.28)
第10号:(任免决定)(2003.10.28)
第11号:中华人民共和国银行业监督管理法(2003.12.27)
第12号:全国人民代表大会常务委员会关于修改《中华人民共和国中国人民银行法》的决定(2003.12.27)
第13号:全国人民代表大会常务委员会关于修改《中华人民共和国商业银行法》的决定(2003.12.27)
第14号:(任免决定)(2004.2.29)
第15号:中华人民共和国对外贸易法(修订)(2004.4.6)
第16号:中华人民共和国农业机械化促进法(2004.6.25)
第17号:中华人民共和国传染病防治法(修订)(2004.8.28)
第18号:中华人民共和国电子签名法(2004.8.28)
第19号:全国人民代表大会常务委员会关于修改《中华人民共和国公路法》的决定(2004.8.28)
第20号:全国人民代表大会常务委员会关于修改《中华人民共和国公司法》的决定(2004.8.28)
第21号:全国人民代表大会常务委员会关于修改《中华人民共和国证券法》的决定(2004.8.28)
第22号:全国人民代表大会常务委员会关于修改《中华人民共和国票据法》的决定(2004.8.28)
第23号:全国人民代表大会常务委员会关于修改《中华人民共和国拍卖法》的决定(2004.8.28)
第24号:全国人民代表大会常务委员会关于修改《中华人民共和国野生动物保护法》的决定(2004.8.28)
第25号:全国人民代表大会常务委员会关于修改《中华人民共和国渔业法》的决定(2004.8.28)
第26号:全国人民代表大会常务委员会关于修改《中华人民共和国种子法》的决定(2004.8.28)
第27号:全国人民代表大会常务委员会关于修改《中华人民共和国学位条例》的决定(2004.8.28)
第28号:全国人民代表大会常务委员会关于修改《中华人民共和国土地管理法》的决定(2004.8.28)
第29号:全国人民代表大会常务委员会关于修改《中华人民共和国全国人民代表大会和地方各级人民代表大会选举法》的决定(2004.10.27)
第30号:全国人民代表大会常务委员会关于修改《中华人民共和国地方各级人民代表大会和地方各级人民政府组织法》的决定(2004.10.27)
第31号:中华人民共和国固体废物污染环境防治法(修订)(2004.12.29)
第32号:中华人民共和国刑法修正案(五)(2005.2.28)
第33号:中华人民共和国可再生能源法(2005.2.28)
第34号:反分裂国家法(2005.3.14)
第35号:中华人民共和国公务员法(2005.4.27)
第36号:(任免决定)(2005.4.27)
第37号:(任免决定)(2005.7.1)
第38号:中华人民共和国治安管理处罚法(2005.8.28)
第39号:中华人民共和国公证法(2005.8.28)
第40号:全国人民代表大会常务委员会关于修改《中华人民共和国妇女权益保障法》的决定(2005.8.28)
第41号:中华人民共和国外国中央银行财产司法强制措施豁免法(2005.10.25)
第42号:中华人民共和国公司法(修订)(2005.10.27)
第43号:中华人民共和国证券法(修订)(2005.10.27)
第44号:全国人民代表大会常务委员会关于修改《中华人民共和国个人所得税法》的决定(2005.12.29)
第45号:中华人民共和国畜牧法(2005.12.29)
第46号:全国人民代表大会常务委员会关于废止《中华人民共和国农业税条例》的决定(2005.12.29)
第47号:(任免决定)(2005.12.29)
第48号:全国人民代表大会常务委员会关于修改《中华人民共和国审计法》的决定(2006.2.28)
第49号:中华人民共和国农产品质量安全法(2006.4.29)
第50号:中华人民共和国护照法(2006.4.29)
第51号:中华人民共和国刑法修正案(六)(2006.6.29)
第52号:中华人民共和国义务教育法(修订)(2006.6.29)
第53号:中华人民共和国各级人民代表大会常务委员会监督法(2006.8.27)
第54号:中华人民共和国企业破产法(2006.8.27)
第55号:中华人民共和国合伙企业法(修订)(2006.8.27)
第56号:中华人民共和国反洗钱法(2006.10.31)
第57号:中华人民共和国农民专业合作社法(2006.10.31)
第58号:全国人民代表大会常务委员会关于修改《中华人民共和国银行业监督管理法》的决定(2006.10.31)
第59号:全国人民代表大会常务委员会关于修改《中华人民共和国人民法院组织法》的决定(2006.10.31)
第60号:中华人民共和国未成年人保护法(修订)(2006.12.29)
第61号:(任免决定)(2006.12.29)
第62号:中华人民共和国物权法(2007.3.16)
第63号:中华人民共和国企业所得税法(2007.3.16)
第64号:(任免决定)(2007.4.27)
第65号:中华人民共和国劳动合同法(2007.6.29)
第66号:全国人民代表大会常务委员会关于修改《中华人民共和国个人所得税法》的决定(2007.6.29)
第67号:(任免决定)(2007.6.29)
第68号:中华人民共和国反垄断法(2007.8.30)

第 69 号:中华人民共和国突发事件应对法(2007.8.30)
第 70 号:中华人民共和国就业促进法(2007.8.30)
第 71 号:中华人民共和国动物防疫法(修订)(2007.8.30)
第 72 号:全国人民代表大会常务委员会关于修改《中华人民共和国城市房地产管理法》的决定(2007.8.30)
第 73 号:(任免决定)(2007.8.30)
第 74 号:中华人民共和国城乡规划法(2007.10.28)
第 75 号:全国人民代表大会常务委员会关于修改《中华人民共和国民事诉讼法》的决定(2007.10.28)
第 76 号:中华人民共和国律师法(修订)(2007.10.28)
第 77 号:中华人民共和国节约能源法(修订)(2007.10.28)
第 78 号:(任免决定)(2007.10.28)
第 79 号:中华人民共和国禁毒法(2007.12.29)
第 80 号:中华人民共和国劳动争议调解仲裁法(2007.12.29)
第 81 号:全国人民代表大会常务委员会关于修改《中华人民共和国道路交通安全法》的决定(2007.12.29)
第 82 号:中华人民共和国科学技术进步法(修订)(2007.12.29)
第 83 号:全国人民代表大会常务委员会关于修改《中华人民共和国国境卫生检疫法》的决定(2007.12.29)
第 84 号:全国人民代表大会常务委员会关于修改《中华人民共和国文物保护法》的决定(2007.12.29)
第 85 号:全国人民代表大会常务委员会关于修改《中华人民共和国个人所得税法》的决定(2007.12.29)
第 86 号:(任免决定)(2007.12.29)
第 87 号:中华人民共和国水污染防治法(修订)(2008.2.28)

中华人民共和国主席令(第十一届):

第 1 号:(任免决定)(2008.3.16)
第 2 号:(任免决定)(2008.3.17)
第 3 号:中华人民共和国残疾人保障法(修订)(2008.4.24)
第 4 号:中华人民共和国循环经济促进法(2008.8.29)
第 5 号:中华人民共和国企业国有资产法(2008.10.28)
第 6 号:中华人民共和国消防法(修订)(2008.10.28)
第 7 号:中华人民共和国防震减灾法(修订)(2008.12.27)
第 8 号:全国人民代表大会常务委员会关于修改《中华人民共和国专利法》的决定(2008.12.27)
第 9 号:中华人民共和国食品安全法(2009.2.28)
第 10 号:中华人民共和国刑法修正案(七)(2009.2.28)
第 11 号:中华人民共和国保险法(修订)(2009.2.28)
第 12 号:中华人民共和国邮政法(修订)(2009.4.24)
第 13 号:全国人民代表大会常务委员会关于修改《中华人民共和国全国人民代表大会常务委员会议事规则》的决定(2009.4.24)
第 14 号:中华人民共和国农村土地承包经营纠纷调解仲裁法(2009.6.27)
第 15 号:中华人民共和国统计法(修订)(2009.6.27)
第 16 号:全国人民代表大会常务委员会关于废止部分法律的决定(2009.6.27)
第 17 号:中华人民共和国人民武装警察法(2009.8.27)
第 18 号:全国人民代表大会常务委员会关于修改部分法律的决定(2009.8.27)
第 19 号:中华人民共和国驻外外交人员法(2009.10.31)
第 20 号:(任免决定)(2009.10.31)
第 21 号:中华人民共和国侵权责任法(2009.12.26)
第 22 号:中华人民共和国海岛保护法(2009.12.26)
第 23 号:全国人民代表大会常务委员会关于修改《中华人民共和国可再生能源法》的决定(2009.12.26)
第 24 号:(任免决定)(2009.12.26)
第 25 号:中华人民共和国国防动员法(2010.2.26)
第 26 号:全国人民代表大会常务委员会关于修改《中华人民共和国著作权法》的决定(2010.2.26)
第 27 号:全国人民代表大会关于修改《中华人民共和国全国人民代表大会和地方各级人民代表大会选举法》的决定(2010.3.14)
第 28 号:中华人民共和国保守国家秘密法(修订)(2010.4.29)
第 29 号:全国人民代表大会常务委员会关于修改《中华人民共和国国家赔偿法》的决定(2010.4.29)
第 30 号:中华人民共和国石油天然气管道保护法(2010.6.25)
第 31 号:全国人民代表大会常务委员会关于修改《中华人民共和国行政监察法》的决定(2010.6.25)
第 32 号:(任免决定)(2010.6.25)
第 33 号:全国人民代表大会常务委员会关于修改《中华人民共和国预备役军官法》的决定(2010.8.28)
第 34 号:中华人民共和国人民调解法(2010.8.28)
第 35 号:中华人民共和国社会保险法(2010.10.28)
第 36 号:中华人民共和国涉外民事关系法律适用法(2010.10.28)
第 37 号:中华人民共和国村民委员会组织法(修订)(2010.10.28)
第 38 号:全国人民代表大会常务委员会关于修改《中华人民共和国全国人民代表大会和地方各级人民代表大会代表法》的决定(2010.10.28)
第 39 号:中华人民共和国水土保持法(修订)(2010.12.25)
第 40 号:(任免决定)(2010.12.25)
第 41 号:中华人民共和国刑法修正案(八)(2011.2.25)
第 42 号:中华人民共和国非物质文化遗产法(2011.2.25)
第 43 号:中华人民共和国车船税法(2011.2.25)
第 44 号:(任免决定)(2011.2.25)
第 45 号:全国人民代表大会常务委员会关于修改《中华人民共和国煤炭法》的决定(2011.4.22)

第46号:全国人民代表大会常务委员会关于修改《中华人民共和国建筑法》的决定(2011.4.22)
第47号:全国人民代表大会常务委员会关于修改《中华人民共和国道路交通安全法》的决定(2011.4.22)
第48号:全国人民代表大会常务委员会关于修改《中华人民共和国个人所得税法》的决定(2011.6.30)
第49号:中华人民共和国行政强制法(2011.6.30)
第50号:全国人民代表大会常务委员会关于修改《中华人民共和国兵役法》的决定(2011.10.29)
第51号:全国人民代表大会常务委员会关于修改《中华人民共和国居民身份证法》的决定(2011.10.29)
第52号:全国人民代表大会常务委员会关于修改《中华人民共和国职业病防治法》的决定(2011.12.31)
第53号:(任免决定)(2011.12.31)
第54号:全国人民代表大会常务委员会关于修改《中华人民共和国清洁生产促进法》的决定(2012.2.29)
第55号:全国人民代表大会关于修改《中华人民共和国刑事诉讼法》的决定(2012.3.14)
第56号:中华人民共和国军人保险法(2012.4.27)
第57号:中华人民共和国出境入境管理法(2012.6.30)
第58号:全国人民代表大会常务委员会关于修改《中国人民解放军选举全国人民代表大会和县级以上地方各级人民代表大会代表的办法》的决定(2012.6.30)
第59号:全国人民代表大会常务委员会关于修改《中华人民共和国民事诉讼法》的决定(2012.8.31)
第60号:全国人民代表大会常务委员会关于修改《中华人民共和国农业技术推广法》的决定(2012.8.31)
第61号:(任免决定)(2012.8.31)
第62号:中华人民共和国精神卫生法(2012.10.26)
第63号:全国人民代表大会常务委员会关于修改《中华人民共和国监狱法》的决定(2012.10.26)
第64号:全国人民代表大会常务委员会关于修改《中华人民共和国律师法》的决定(2012.10.26)
第65号:全国人民代表大会常务委员会关于修改《中华人民共和国未成年人保护法》的决定(2012.10.26)
第66号:全国人民代表大会常务委员会关于修改《中华人民共和国预防未成年人犯罪法》的决定(2012.10.26)
第67号:全国人民代表大会常务委员会关于修改《中华人民共和国治安管理处罚法》的决定(2012.10.26)
第68号:全国人民代表大会常务委员会关于修改《中华人民共和国国家赔偿法》的决定(2012.10.26)
第69号:全国人民代表大会常务委员会关于修改《中华人民共和国人民警察法》的决定(2012.10.26)
第70号:全国人民代表大会常务委员会关于修改《中华人民共和国邮政法》的决定(2012.10.26)
第71号:中华人民共和国证券投资基金法(修订)(2012.12.28)
第72号:中华人民共和国老年人权益保障法(修订)(2012.12.28)
第73号:全国人民代表大会常务委员会关于修改《中华人民共和国劳动合同法》的决定(2012.12.28)
第74号:全国人民代表大会常务委员会关于修改《中华人民共和国农业法》的决定(2012.12.28)
第75号:(任免决定)(2012.12.28)

中华人民共和国主席令(第十二届):

第1号:(任免决定)(2013.3.15)
第2号:(任免决定)(2013.3.16)
第3号:中华人民共和国旅游法(2013.4.25)
第4号:中华人民共和国特种设备安全法(2013.6.29)
第5号:全国人民代表大会常务委员会关于修改《中华人民共和国文物保护法》等十二部法律的决定(2013.6.29)
第6号:全国人民代表大会常务委员会关于修改《中华人民共和国商标法》的决定(2013.8.30)
第7号:全国人民代表大会常务委员会关于修改《中华人民共和国消费者权益保护法》的决定(2013.10.25)
第8号:全国人民代表大会常务委员会关于修改《中华人民共和国海洋环境保护法》等七部法律的决定(2013.12.28)
第9号:中华人民共和国环境保护法(修订)(2014.4.24)
第10号:全国人民代表大会常务委员会关于修改《中华人民共和国军事设施保护法》的决定(2014.6.27)
第11号:(任免决定)(2014.6.27)
第12号:全国人民代表大会常务委员会关于修改《中华人民共和国预算法》的决定(2014.8.31)
第13号:全国人民代表大会常务委员会关于修改《中华人民共和国安全生产法》的决定(2014.8.31)
第14号:全国人民代表大会常务委员会关于修改《中华人民共和国保险法》等五部法律的决定(2014.8.31)
第15号:全国人民代表大会常务委员会关于修改《中华人民共和国行政诉讼法》的决定(2014.11.1)
第16号:中华人民共和国反间谍法(2014.11.1)
第17号:中华人民共和国航道法(2014.12.28)
第18号:(任免决定)(2014.12.28)
第19号:(任免决定)(2015.2.27)
第20号:全国人民代表大会关于修改《中华人民共和国立法法》的决定(2015.3.15)
第21号:中华人民共和国食品安全法(修订)(2015.4.24)
第22号:中华人民共和国广告法(修订)(2015.4.24)
第23号:全国人民代表大会常务委员会关于修改《中华人民共和国港口法》等七部法律的决定(2015.4.24)
第24号:全国人民代表大会常务委员会关于修改《中华人民共和国电力法》等六部法律的决定(2015.4.24)

第25号:全国人大常务委员会关于修改《中华人民共和国义务教育法》等五部法律的决定(2015.4.24)
第26号:全国人民代表大会常务委员会关于修改《中华人民共和国计量法》等五部法律的决定(2015.4.24)
第27号:全国人民代表大会常务委员会关于修改《中华人民共和国药品管理法》的决定(2015.4.24)
第28号:全国人民代表大会常务委员会关于修改《中华人民共和国文物保护法》的决定(2015.4.24)
第29号:中华人民共和国国家安全法(2015.7.1)
第30号:中华人民共和国刑法修正案(九)(2015.8.29)
第31号:中华人民共和国大气污染防治法(修订)(2015.8.29)
第32号:全国人民代表大会常务委员会关于修改《中华人民共和国促进科技成果转化法》的决定(2015.8.29)
第33号:全国人民代表大会常务委员会关于修改《中华人民共和国地方各级人民代表大会和地方各级人民政府组织法》、《中华人民共和国全国人民代表大会和地方各级人民代表大会选举法》、《中华人民共和国全国人民代表大会和地方各级人民代表大会代表法》的决定(2015.8.29)
第34号:全国人民代表大会常务委员会关于修改《中华人民共和国商业银行法》的决定(2015.8.29)
第35号:中华人民共和国种子法(修订)(2015.11.4)
第36号:中华人民共和国反恐怖主义法(2015.12.27)
第37号:中华人民共和国反家庭暴力法(2015.12.27)
第38号:中华人民共和国国家勋章和国家荣誉称号法(2015.12.27)
第39号:全国人民代表大会常务委员会关于修改《中华人民共和国教育法》的决定(2015.12.27)
第40号:全国人民代表大会常务委员会关于修改《中华人民共和国高等教育法》的决定(2015.12.27)
第41号:全国人民代表大会常务委员会关于修改《中华人民共和国人口与计划生育法》的决定(2015.12.27)
第42号:中华人民共和国深海海底区域资源勘探开发法(2016.2.26)
第43号:中华人民共和国慈善法(2016.3.16)
第44号:中华人民共和国境外非政府组织境内活动管理法(2016.4.28)
第45号:(任免决定)(2016.4.28)
第46号:中华人民共和国资产评估法(2016.7.2)
第47号:中华人民共和国野生动物保护法(修订)(2016.7.2)
第48号:全国人民代表大会常务委员会关于修改《中华人民共和国节约能源法》等六部法律的决定(2016.7.2)
第49号:(任免决定)(2016.7.2)
第50号:中华人民共和国国防交通法(2016.9.3)
第51号:全国人民代表大会常务委员会关于修改《中华人民共和国外资企业法》等四部法律的决定(2016.9.3)
第52号:(任免决定)(2016.9.3)
第53号:中华人民共和国网络安全法(2016.11.7)
第54号:中华人民共和国电影产业促进法(2016.11.7)
第55号:全国人民代表大会常务委员会关于修改《中华人民共和国民办教育促进法》的决定(2016.11.7)
第56号:全国人民代表大会常务委员会关于修改《中华人民共和国海洋环境保护法》的决定(2016.11.7)
第57号:全国人民代表大会常务委员会关于修改《中华人民共和国对外贸易法》等十二部法律的决定(2016.11.7)
第58号:(任免决定)(2016.11.7)
第59号:中华人民共和国中医药法(2016.12.25)
第60号:中华人民共和国公共文化服务保障法(2016.12.25)
第61号:中华人民共和国环境保护税法(2016.12.25)
第62号:(任免决定)(2016.12.25)
第63号:中华人民共和国红十字会法(修订)(2017.2.24)
第64号:全国人民代表大会常务委员会关于修改《中华人民共和国企业所得税法》的决定(2017.2.24)
第65号:(任免决定)(2017.2.24)
第66号:中华人民共和国民法总则(2017.3.15)
第67号:中华人民共和国测绘法(修订)(2017.4.27)
第68号:(任免决定)(2017.4.27)
第69号:中华人民共和国国家情报法(2017.6.27)
第70号:全国人民代表大会常务委员会关于修改《中华人民共和国水污染防治法》的决定(2017.6.27)
第71号:全国人民代表大会常务委员会关于修改《中华人民共和国民事诉讼法》和《中华人民共和国行政诉讼法》的决定(2017.6.27)
第72号:(任免决定)(2017.6.27)
第73号:中华人民共和国核安全法(2017.9.1)
第74号:中华人民共和国中小企业促进法(修订)(2017.9.1)
第75号:中华人民共和国国歌法(2017.9.1)
第76号:全国人民代表大会常务委员会关于修改《中华人民共和国法官法》等八部法律的决定(2017.9.1)
第77号:中华人民共和国反不正当竞争法(修订)(2017.11.4)
第78号:中华人民共和国标准化法(修订)(2017.11.4)
第79号:中华人民共和国公共图书馆法(2017.11.4)
第80号:中华人民共和国刑法修正案(十)(2017.11.4)
第81号:全国人民代表大会常务委员会关于修改《中华人民共和国会计法》等十一部法律的决定(2017.11.4)
第82号:(任免决定)(2017.11.4)
第83号:中华人民共和国农民专业合作社法(修订)(2017.12.27)
第84号:中华人民共和国烟叶税法(2017.12.27)
第85号:中华人民共和国船舶吨税法(2017.12.27)
第86号:全国人民代表大会常务委员会关于修改《中华人民共和国招标投标法》、《中华人民共和国计量法》的决定(2017.12.27)

附录2

以国务院令通过的行政法规目录[①]

(1988.6～2017.12)

国务院令第1号:中华人民共和国企业法人登记管理条例(1988.6.3)(已被588、648、666号令修订)

国务院令第2号:全民所有制小型工业企业租赁经营暂行条例(1988.6.5)(已被50号令修订)

国务院令第3号:中华人民共和国河道管理条例(1988.6.10)(已被588、676、687号令修订)

国务院令第4号:中华人民共和国私营企业暂行条例(1988.6.25)

~~国务院令第5号:中华人民共和国私营企业所得税暂行条例(1988.6.25)(已被137号令废止)~~

~~国务院令第6号:国务院关于征收私营企业投资者个人收入调节税的规定(1988.6.25)(已被319号令废止)~~

国务院令第7号:国务院关于鼓励台湾同胞投资的规定(1988.7.3)

~~国务院令第8号:军人抚恤优待条例(1988.7.18)(已被413号令废止)~~

~~国务院令第9号:女职工劳动保护规定(1988.7.21)(已被619号令废止)~~

~~国务院令第10号:污染源治理专项基金有偿使用暂行办法(1988.7.28)(已被369号令废止)~~

国务院令第11号:中华人民共和国印花税暂行条例(1988.8.6)(已被588号令修订)

国务院令第12号:现金管理暂行条例(1988.9.8)(已被588号令修订)

~~国务院令第13号:国家行政机关工作人员贪污贿赂行政处分暂行规定(1988.9.13)(已被495号令废止)~~

国务院、中央军事委员会令第14号:中国人民解放军现役士兵服役条例(1988.9.23)(已被113、269、578号令修订)

~~国务院令第15号:楼堂馆所建设管理暂行条例(1988.9.22)(已被688号令废止)~~

~~国务院令第16号:中华人民共和国筵席税暂行条例(1988.9.22)(已被516号令废止)~~

国务院令第17号:中华人民共和国城镇土地使用税暂行条例(1988.9.27)(已被483、588、645号令修订)

~~国务院令第18号:基金会管理办法(1988.9.27)(已被400号令废止)~~

~~国务院令第19号:土地复垦规定(1988.11.8)(已被592号令废止)~~

国务院令第20号:国家行政机关及其工作人员在国内公务活动中不得赠送和接受礼品的规定(1988.12.1)

~~国务院令第21号:中华人民共和国审计条例(1988.11.30)(已被审计法废止)~~

国务院、中央军事委员会令第22号:中国人民武装警察部队实行警官警衔制度的具体办法(1988.12.17)(已被588号令修订)

国务院令第23号:医疗用毒性药品管理办法(1988.12.27)

~~国务院令第24号:精神药品管理办法(1988.12.27)(已被442号令废止)~~

国务院令第25号:放射性药品管理办法(1989.1.13)(已被588、676号令修订)

国务院令第26号:行政区域边界争议处理条例(1989.2.3)

国务院令第27号:铺设海底电缆管道管理规定(1989.2.11)

~~国务院令第28号:国内航空运输旅客身体损害赔偿暂行规定(1989.2.20)(已被国函[2006]8号废止)~~

国务院令第29号:民用航空运输不定期飞行管理暂行规定(1989.3.2)

~~国务院令第30号:中华人民共和国一九八九年国库券条例(1989.3.2)(已被319号令废止)~~

~~国务院令第31号:中华人民共和国种子管理条例(1989.3.13)(已被种子法废止)~~

~~国务院令第32号:中华人民共和国测绘成果管理规定(1989.3.2)(已被469号令废止)~~

~~国务院令第33号:石油、天然气管道保护条例(1989.3.12)(已被313号令废止)~~

~~国务院令第34号:特别重大事故调查程序暂行规定(1989.3.29)(已被493号令废止)~~

~~国务院令第35号:中华人民共和国一九八九年特种国债条~~

① 本目录由编者根据历年立法情况整理,内容截至2017年12月。其中,已废止文件加删除线,已被修改文件排为仿宋体。

例(1989.3.2)(已被319号令废止)
国务院令第36号:外国商会管理暂行规定(1989.6.14)(已被645号令修订)
国务院令第37号:人民调解委员会组织条例(1989.6.17)
国务院令第38号:中华人民共和国渔港水域交通安全管理条例(1989.7.3)(已被588、687号令修订)
国务院令第39号:铁路运输安全保护条例(1989.8.15)(已被430号令废止)
国务院令第40号:中华人民共和国环境噪声污染防治条例(1989.9.26)(已被环境噪声污染防治法废止)
国务院令第41号:全民所有制企业临时工管理暂行规定(1989.10.5)(已被319号令废止)
国务院令第42号:中华人民共和国水下文物保护管理条例(1989.10.20)(已被588号令修订)
国务院令第43号:社会团体登记管理条例(1989.10.25)(已被250号令废止)
国务院令第44号:放射性同位素与射线装置放射防护条例(1989.10.24)(已被449号令废止)
国务院令第45号:第四次全国人口普查办法(1989.10.25)(已被319号令废止)
国务院令第46号:森林病虫害防治条例(1989.12.18)
国务院令第47号:外国记者和外国常驻新闻机构管理条例(1990.1.19)(已被537号令废止)
国务院令第48号:法规规章备案规定(1990.2.18)(已被337号令废止)
国务院令第49号:国务院关于修改《全民所有制工业企业承包经营责任制暂行条例》第二十一条的决定(1990.2.24)
国务院令第50号:国务院关于修改《全民所有制小型工业企业租赁经营暂行条例》第二十二条的决定(1990.2.24)
国务院令第51号:盐业管理条例(1990.3.2)
国务院令第52号:中华人民共和国看守所条例(1990.3.17)
国务院令第53号:中华人民共和国标准化法实施条例(1990.4.6)
国务院、中央军事委员会令第54号:国防计量监督管理条例(1990.4.5)
国务院令第55号:中华人民共和国城镇国有土地使用权出让和转让暂行条例(1990.5.19)
国务院令第56号:外商投资开发经营成片土地暂行管理办法(1990.5.19)(已被516号令废止)
国务院令第57号:中华人民共和国一九九〇年国库券条例(1990.5.30)(已被319号令废止)
国务院令第58号:中华人民共和国一九九〇年特种国债条例(1990.5.30)(已被319号令废止)
国务院令第59号:中华人民共和国乡村集体所有制企业条例(1990.6.3)(已被588号令修订)
国务院令第60号:关于修改《征收教育费附加的暂行规定》的决定(1990.6.7)
国务院令第61号:中华人民共和国防治陆源污染物污染损害海洋环境管理条例(1990.6.22)
国务院令第62号:中华人民共和国防治海岸工程建设项目污染损害海洋环境管理条例(1990.6.25)(已被507、676号令修订)
国务院令第63号:法规汇编编辑出版管理规定(1990.7.29)
国务院令第64号:国务院关于鼓励华侨和香港澳门同胞投资的规定(1990.8.19)
国务院令第65号:中华人民共和国邮政法实施细则(1990.11.12)
国务院令第66号:劳动就业服务企业管理规定(1990.11.22)
国务院令第67号:国务院关于修改《全民所有制矿山企业采矿登记管理暂行办法》的决定(1990.11.22)(已被241号令废止)
国务院令第68号:中华人民共和国海上国际集装箱运输管理规定(1990.12.5)(已被335号令废止)
国务院令第69号:中华人民共和国行政监察条例(1990.12.9)(已被行政监察法废止)
国务院令第70号:行政复议条例(1990.12.24)(已被行政复议法废止)
国务院、中央军事委员会令第71号:民兵工作条例(1990.12.24)(已被588号令修订)
国务院令第72号:总会计师条例(1990.12.31)(已被588号令修订)
国务院令第73号:中华人民共和国土地管理法实施条例(1991.1.4)(已被256号令废止)
国务院令第74号:大中型水利水电工程建设征地补偿和移民安置条例(1991.2.15)(已被471号令废止)
国务院令第75号:企业职工伤亡事故报告和处理规定(1991.2.22)(已被493号令废止)
国务院令第76号:专利代理条例(1991.3.4)
国务院令第77号:水库大坝安全管理条例(1991.3.22)(已被588号令修订)
国务院令第78号:城市房屋拆迁管理条例(1991.3.22)(已被305号令废止)
国务院令第79号:中华人民共和国一九九一年国库券条例(1991.3.29)(已被319号令废止)
国务院令第80号:中华人民共和国一九九一年特种国债条例(1991.4.15)(已被319号令废止)
国务院令第81号:禁止使用童工规定(1991.4.15)(已被364号令废止)

~~国务院令第82号:中华人民共和国固定资产投资方向调节税暂行条例(1991.4.16)(已被628号令废止)~~

~~国务院令第83号:中华人民共和国产品质量认证管理条例(1991.5.7)(已被390号令废止)~~

~~国务院令第84号:中华人民共和国计算机软件保护条例(1991.6.4)(已被339号令废止)~~

~~国务院令第85号:中华人民共和国外商投资企业和外国企业所得税法实施细则(1991.6.30)(已被512号令废止)~~

国务院令第86号:中华人民共和国防汛条例(1991.7.2)(已被441号、588号令修订)

~~国务院令第87号:全民所有制企业招用农民合同制工人的规定(1991.7.25)(已被516号令废止)~~

国务院令第88号:中华人民共和国城镇集体所有制企业条例(1991.9.9)(已被588、666号令修订)

~~国务院令第89号:道路交通事故处理办法(1991.9.22)(已被405号令废止)~~

~~国务院令第90号:国家预算管理条例(1991.10.21)(已被预算法废止)~~

国务院令第91号:国有资产评估管理办法(1991.11.16)

国务院令第92号:农民承担费用和劳务管理条例(1991.12.7)

国务院令第93号:中国公民往来台湾地区管理办法(1991.12.17)(已被661号令修订)

~~国务院令第94号:中华人民共和国出口货物原产地规则(1992.3.8)(已被416号令废止)~~

国务院令第95号:中华人民共和国国库券条例(1992.3.18)(已被588号令修订)

~~国务院令第96号:国务院关于修改《中华人民共和国进出口关税条例》的决定(1992.3.18)(已被392号令废止)~~

国务院令第97号:(发行一元、五角、一角三种金属人民币)(1992.5.8)

国务院令第98号:国务院关于修改《植物检疫条例》的决定(1992.5.13)

~~国务院令第99号:国务院关于修改《国营企业实行劳动合同制暂行规定》第二条第二十六条的决定(1992.5.18)(已被319号令废止)~~

国务院令第100号:城市绿化条例(1992.6.22)(已被588号令修订)

国务院令第101号:城市市容和环境卫生管理条例(1992.6.28)(已被588、676号令修订)

国务院令第102号:国务院关于外商参与打捞中国沿海水域沉船沉物管理办法(1992.7.12)(已被588、666号令修订)

国务院令第103号:全民所有制工业企业转换经营机制条例(1992.7.23)(已被588号令修订)

国务院令第104号:人民警察警衔标志式样和佩带办法(1992.9.12)(已被177号、289号令修订)

国务院令第105号:实施国际著作权条约的规定(1992.9.25)

国务院令第106号:中药品种保护条例(1992.10.14)

国务院令第107号:储蓄管理条例(1992.12.11)(已被588号令修订)

国务院令第108号:中华人民共和国国家货币出入境管理办法(1993.1.20)

国务院令第109号:中华人民共和国船舶和海上设施检验条例(1993.2.14)

~~国务院令第110号:国有企业职工待业保险规定(1993.4.12)(已被258号令废止)~~

国务院令第111号:国有企业富余职工安置规定(1993.4.20)

国务院令第112号:股票发行与交易管理暂行条例(1993.4.22)

国务院、中央军事委员会令第113号:国务院、中央军事委员会关于修改《解放军现役士兵服役条例》的决定(1993.4.27)

~~国务院令第114号:国务院关于修改《中华人民共和国自然科学奖励条例》、《中华人民共和国发明奖励条例》和《中华人民共和国科学技术进步奖励条例》的决定(1993.6.28)(已被265号令废止)~~

国务院令第115号:电网调度管理条例(1993.6.29)(已被588号令修订)

国务院令第116号:村庄和集镇规划建设管理条例(1993.6.29)

~~国务院令第117号:中华人民共和国企业劳动争议处理条例(1993.7.6)(已被588号令废止)~~

~~国务院令第118号:中华人民共和国归侨侨眷权益保护法实施办法(1993.7.19)(已被410号令废止)~~

~~国务院令第119号:取水许可制度实施办法(1993.8.1)(已被460号令废止)~~

国务院令第120号:中华人民共和国水土保持法实施条例(1993.8.1)(已被588号令修订)

国务院令第121号:企业债券管理条例(1993.8.2)(已被588号令修订)

国务院令第122号:国务院关于修改《扫除文盲工作条例》的决定(1993.8.1)

~~国务院令第123号:中华人民共和国税收征收管理法实施细则(1993.8.4)(已被362号令废止)~~

国务院令第124号:核电厂核事故应急管理条例(1993.8.4)

（已被588号令修订）

~~国务院令第125号：国家公务员暂行条例（1993.8.4）（已被公务员法废止）~~

~~国务院令第126号：长江三峡工程建设移民条例（1993.8.19）（已被299号令废止）~~

国务院令第127号：卖淫嫖娼人员收容教育办法（1993.9.4）（已被588号令修订）

国务院、中央军事委员会令第128号：中华人民共和国无线电管理条例（1993.9.11）（已被国务院、中央军事委员会令第672号修订）

国务院令第129号：卫星电视广播地面接收设施管理规定（1993.10.5）（已被638号令修订）

国务院令第130号：草原防火条例（1993.10.5）（已被542号令修订）

国务院令第131号：中华人民共和国对外合作开采陆上石油资源条例（1993.10.7）（已被317号、506号、606、638号令修订）

~~国务院令第132号：国务院关于修改《国内航空运输旅客身体损害赔偿暂行规定》的决定（1993.11.29）（已被国函〔2006〕8号废止）~~

国务院令第133号：国务院关于在对外公务活动中赠送和接受礼品的规定（1993.12.5）

国务院令第134号：中华人民共和国增值税暂行条例（1993.12.13）（已被538、666、691号令修订）

国务院令第135号：中华人民共和国消费税暂行条例（1993.12.13）（已被539号令修订）

~~国务院令第136号：中华人民共和国营业税暂行条例（1993.12.13）（已被691号令废止）~~

~~国务院令第137号：中华人民共和国企业所得税暂行条例（1993.12.13）（已被企业所得税法废止）~~

国务院令第138号：中华人民共和国土地增值税暂行条例（1993.12.13）（已被588号令修订）

国务院令第139号：中华人民共和国资源税暂行条例（1993.12.25）（已被605号令修订）

~~国务院令第140号：地震监测设施和地震观测环境保护条例（1994.1.10）（已被409号令废止）~~

~~国务院令第141号：农村五保供养工作条例（1994.1.23）（已被456号令废止）~~

国务院令第142号：中华人民共和国个人所得税法实施条例（1994.1.28）（已被452、519、600号令修订）

~~国务院令第143号：国务院关于对农业特产收入征收农业税的规定（1994.1.30）（已被459号令废止）~~

国务院令第144号：中华人民共和国境内外国人宗教活动管理规定（1994.1.31）

~~国务院令第145号：宗教活动场所管理条例（1994.1.31）（已被426号令废止）~~

国务院令第146号：国务院关于职工工作时间的规定（1994.2.3）（已被174号令修订）

国务院令第147号：中华人民共和国计算机信息系统安全保护条例（1994.2.18）（已被588号令修订）

~~国务院令第148号：中华人民共和国外资金融机构管理条例（1994.2.25）（已被426号令废止）~~

国务院令第149号：医疗机构管理条例（1994.2.26）（已被666号令修订）

国务院令第150号：矿产资源补偿费征收管理规定（1994.2.27）（已被222号令修订）

国务院令第151号：教学成果奖励条例（1994.3.14）

国务院令第152号：中华人民共和国矿产资源法实施细则（1994.3.26）

国务院令第153号：种畜禽管理条例（1994.4.15）（已被588号令修订）

国务院令第154号：国务院关于废止1993年底以前发布的部分行政法规的决定（1994.5.16）

国务院令第155号：中华人民共和国船舶登记条例（1994.6.2）（已被653号令修订）

国务院令第156号：中华人民共和国公司登记管理条例（1994.6.24）（已被451、648、666号令修订）

~~国务院令第157号：中华人民共和国国家安全法实施细则（1994.6.4）（已被反间谍法废止）~~

国务院令第158号：城市供水条例（1994.7.19）

~~国务院令第159号：国有企业财产监督管理条例（1994.7.24）（已被283号令废止）~~

国务院令第160号：国务院关于股份有限公司境外募集股份及上市的特别规定（1994.8.4）

国务院令第161号：残疾人教育条例（1994.8.23）（已被588、674号令修订）

~~国务院令第162号：基本农田保护条例（1994.8.18）（已被257号令废止）~~

国务院令第163号：食盐加碘消除碘缺乏危害管理条例（1994.8.23）（已被676号令修订）

~~国务院令第164号：中华人民共和国气象条例（1994.8.18）（已被气象法废止）~~

~~国务院令第165号：音像制品管理条例（1994.8.25）（已被341号令废止）~~

~~国务院令第166号：国务院关于修改《行政复议条例》的决定（1994.10.9）（已被行政复议法废止）~~

国务院令第167号：中华人民共和国自然保护区条例（1994.10.9）（已被588、687号令修订）

~~国务院令第168号：煤炭生产许可证管理办法（1994.12.20）（已被638号令废止）~~

国务院令第169号：乡镇煤矿管理条例（1994.12.20）（已被638号令修订）

~~国务院令第170号：强制戒毒办法（1995.1.12）（已被597号令废止）~~

~~国务院令第171号:国家赔偿费用管理办法(1995.1.25)(已被589号令废止)~~

国务院令第172号:破坏性地震应急条例(1995.2.11)(已被588号令修订)

国务院、中央军事委员会令第173号:国防交通条例(1995.2.24)(已被588号令修订)

国务院令第174号:国务院关于修改《国务院关于职工工作时间的规定》的决定(1995.3.25)

国务院令第175号:国际航行船舶进出中华人民共和国口岸检查办法(1995.3.21)

国务院令第177号:国务院关于修改《人民警察警衔标志式样和佩带办法》的决定(1995.5.16)

国务院、中央军事委员会令第178号:民兵武器装备管理条例(1995.6.3)(已被588号令修订)

~~国务院令第179号:中华人民共和国知识产权海关保护条例(1995.7.5)(已被395号令废止)~~

~~国务院令第180号:中华人民共和国地图编制出版管理条例(1995.7.10)(已被664号令废止)~~

国务院令第181号:中央预算执行情况审计监督暂行办法(1995.7.19)

国务院令第182号:中华人民共和国出境入境边防检查条例(1995.7.20)

国务院令第183号:淮河流域水污染防治暂行条例(1995.8.8)(已被588号令修订)

国务院令第184号:中华人民共和国注册建筑师条例(1995.9.23)

~~国务院令第185号:信访条例(1995.10.28)(已被431号令废止)~~

国务院令第186号:中华人民共和国预算法实施条例(1995.11.22)

国务院令第187号:中华人民共和国航标条例(1995.12.3)(已被588号令修订)

国务院令第188号:教师资格条例(1995.12.12)

国务院令第189号:国务院关于股份有限公司境内上市外资股的规定(1995.12.25)

国务院令第190号:中华人民共和国监控化学品管理条例(1995.12.27)(已被588号令修订)

国务院令第191号:中华人民共和国人民警察使用警械和武器条例(1996.1.16)

国务院令第192号:企业国有资产产权登记管理办法(1996.1.25)

国务院令第193号:中华人民共和国外汇管理条例(1996.1.29)(已被211号、532令修订)

国务院、中央军事委员会令第194号:中华人民共和国红十字标志使用办法(1996.1.29)

国务院令第195号:中华人民共和国计算机信息网络国际联网管理暂行规定(1996.2.1)(已被218号令修订)

国务院令第196号:电力供应与使用条例(1996.4.17)(已被666号令修订)

国务院令第197号:食盐专营办法(1996.5.27)(已被645号令修订)

国务院令第198号:城市道路管理条例(1996.6.4)(已被588、676号令修订)

国务院令第199号:中华人民共和国涉外海洋科学研究管理规定(1996.6.18)

~~国务院令第200号:电影管理条例(1996.6.19)(已被342号令废止)~~

国务院令第201号:中华人民共和国民用航空安全保卫条例(1996.7.6)(已被588号令修订)

国务院令第202号:特殊标志管理条例(1996.7.13)

国务院令第203号:中华人民共和国测量标志保护条例(1996.9.4)(已被588号令修订)

国务院令第204号:中华人民共和国野生植物保护条例(1996.9.30)(已被687号令修订)

~~国务院令第205号:旅行社管理条例(1996.10.15)(已被550号令废止)~~

国务院令第206号:中华人民共和国进出境动植物检疫法实施条例(1996.12.2)

国务院令第207号:(任命董建华为中华人民共和国香港特别行政区第一任行政长官)(1996.12.16)

国务院令第208号:血液制品管理条例(1996.12.30)(已被666号令修订)

国务院令第209号:中华人民共和国海关稽查条例(1997.1.3)(已被588、670号令修订)

~~国务院令第210号:出版管理条例(1997.1.2)(已被343号令废止)~~

国务院令第211号:国务院关于修改《中华人民共和国外汇管理条例》的决定(1997.1.14)

~~国务院令第212号:印刷业管理条例(1997.3.8)(已被315号令废止)~~

国务院令第213号:植物新品种保护条例(1997.3.20)(已被635、653号令修订)

~~国务院令第214号:中华人民共和国反倾销和反补贴条例(1997.3.25)(已被328、329号令废止)~~

国务院令第215号:中国人民银行货币政策委员会条例(1997.4.15)

国务院令第216号:中华人民共和国农药管理条例(1997.5.8)(已被326、677号令修订)

国务院令第217号:传统工艺美术保护条例(1997.5.20)(已被638号令修订)

国务院令第218号:国务院关于修改《计算机信息网络国际联网管理暂行规定》的决定(1997.5.20)

国务院令第219号:国务院关于在香港特别行政区同时升挂

使用国旗区旗的规定(1997.6.5)

国务院令第220号:公安机关督察条例(1997.6.20)(已被603号令修订)

国务院令第221号:中华人民共和国香港特别行政区域图(1997.7.1)

国务院令第222号:国务院关于修改《矿产资源补偿费征收管理规定》的决定(1997.7.3)

国务院令第223号:中华人民共和国烟草专卖法实施条例(1997.7.3)(已被638、666号令修订)

国务院令第224号:中华人民共和国契税暂行条例(1997.7.7)

国务院令第225号:殡葬管理条例(1997.7.21)(已被628号令修订)

~~国务院令第226号:社会力量办学条例(1997.7.31)(已被民办教育促进法废止)~~

国务院令第227号:国务院行政机构设置和编制管理条例(1997.8.3)

国务院令第228号:广播电视管理条例(1997.8.11)(已被645、676号令修订)

~~国务院令第229号:营业性演出管理条例(1997.8.11)(已被439号令废止)~~

国务院令第230号:中华人民共和国核出口管制条例(1997.9.10)(已被480号令修订)

国务院令第231号:中华人民共和国审计法实施条例(1997.10.21)(已被571号令修订)

国务院令第232号:中华人民共和国民用航空器国籍登记条例(1997.10.21)

国务院令第233号:中华人民共和国民用航空器权利登记条例(1997.10.21)

国务院、中央军事委员会令第234号:中华人民共和国军品出口管理条例(1997.10.22)(已被366号令修订)

国务院令第235号:罚款决定与罚款收缴分离实施办法(1997.11.17)

国务院令第236号:中华人民共和国合伙企业登记管理办法(1997.11.19)(已被497、648号令修订)

~~国务院令第237号:国务院关于修改《中华人民共和国水路运输管理条例》的决定(1997.12.3)(已被625号令废止)~~

国务院令第238号:生猪屠宰管理条例(1997.12.19)(已被525、588、666号令修订)

国务院令第239号:国务院关于修改《电力设施保护条例》的决定(1998.1.7)

国务院令第240号:矿产资源勘查区块登记管理办法(1998.2.12)(已被653号令修订)

国务院令第241号:矿产资源开采登记管理办法(1998.2.12)(已被653号令修订)

国务院令第242号:探矿权采矿权转让管理办法(1998.2.12)(已被653号令修订)

~~国务院令第243号:国务院关于修改《中华人民共和国海上国际集装箱运输管理规定》的决定(1998.4.18)(已被335号令废止)~~

~~国务院令第244号:粮食收购条例(1998.6.6)(已被407号令废止)~~

国务院令第245号:中华人民共和国核两用品及相关技术出口管制条例(1998.6.10)(已被484号令修订)

~~国务院令第246号:国务院稽察特派员条例(1998.7.3)(已被516号令废止)~~

国务院令第247号:非法金融机构和非法金融业务活动取缔办法(1998.7.13)(已被588号令修订)

国务院令第248号:城市房地产开发经营管理条例(1998.7.20)(已被588号令修订)

~~国务院令第249号:粮食购销违法行为处罚办法(1998.8.5)(已被407号令废止)~~

国务院令第250号:社会团体登记管理条例(1998.10.25)(已被666号令修订)

国务院令第251号:民办非企业单位登记管理暂行条例(1998.10.25)

国务院令第252号:事业单位登记管理暂行条例(1998.10.25)(已被411号令修订)

国务院令第253号:建设项目环境保护管理条例(1998.11.29)(已被682号令修订)

国务院令第254号:国内交通卫生检疫条例(1998.11.28)

国务院令第255号:地震预报管理条例(1998.12.17)

国务院令第256号:中华人民共和国土地管理法实施条例(1998.12.27)(已被588、653号令修订)

国务院令第257号:基本农田保护条例(1998.12.27)(已被588号令修订)

国务院令第258号:失业保险条例(1999.1.22)

国务院令第259号:社会保险费征缴暂行条例(1999.1.22)

国务院令第260号:金融违法行为处罚办法(1999.2.22)

~~国务院令第261号:娱乐场所管理条例(1999.3.26)(已被458号令废止)~~

国务院令第262号:住房公积金管理条例(1999.4.3)(已被350号令修订)

国务院令第263号:导游人员管理条例(1999.5.14)(已被687号令修订)

国务院令第264号:(任命何厚铧为中华人民共和国澳门特别行政区第一任行政长官)(1999.5.20)

国务院令第265号:国家科学技术奖励条例(1999.5.23)(已被396、638号令修订)

国务院令第266号:饲料和饲料添加剂管理条例(1999.5.29)(已被327、609、645、666、676号令修订)

~~国务院令第267号:期货交易管理暂行条例(1999.6.2)(已被489号令废止)~~
国务院令第268号:(发行第五套人民币)(1999.6.30)
国务院、中央军事委员会令第269号:国务院、中央军委关于修改《中国人民解放军现役士兵服役条例》的决定(1999.6.30)
国务院令第270号:全国年节及纪念日放假办法(1999.9.18)(已被513、644号令修订)
国务院令第271号:城市居民最低生活保障条例(1999.9.28)
国务院令第272号:对储蓄存款利息所得征收个人所得税的实施办法(1999.9.30)(已被502号令修订)
国务院令第273号:商用密码管理条例(1999.10.7)
国务院令第274号:中华人民共和国台湾同胞投资保护法实施细则(1999.12.5)
~~国务院令第275号:中华人民共和国澳门特别行政区行政区域图(1999.12.20)(已被665号令废止)~~
国务院令第276号:医疗器械监督管理条例(2000.1.4)(已被650、680号令修订)
~~国务院令第277号:第五次全国人口普查办法(2000.1.25)(已被516号令废止)~~
国务院令第278号:中华人民共和国森林法实施条例(2000.1.29)(已被588、666号令修订)
国务院令第279号:建设工程质量管理条例(2000.1.30)(已被687号令修订)
国务院令第280号:中华人民共和国人民币管理条例(2000.2.3)(已被653号令修订)
国务院令第281号:违反行政事业性收费和罚没收入收支两条线管理规定行政处分暂行规定(2000.2.12)
国务院令第282号:国有重点金融机构监事会暂行条例(2000.3.15)
国务院令第283号:国有企业监事会暂行条例(2000.3.15)
国务院令第284号:中华人民共和国水污染防治法实施细则(2000.3.20)
国务院令第285号:个人存款账户实名制规定(2000.3.20)
国务院令第286号:蓄滞洪区运用补偿暂行办法(2000.5.27)
国务院令第287号:企业财务会计报告条例(2000.6.21)
国务院、中央军事委员会令第288号:中华人民共和国飞行基本规则(2000.7.24)(已被312、509号令修订)
国务院令第289号:国务院关于修改《人民警察警衔标志式样和佩带办法》的决定(2000.8.18)
国务院、中央军事委员会令第290号:中国人民解放军实施《中华人民共和国执业医师法》办法(2000.9.14)
国务院令第291号:中华人民共和国电信条例(2000.9.25)(已被653、666号令修订)
国务院令第292号:互联网信息服务管理办法(2000.9.25)(已被588号令修订)
国务院令第293号:建设工程勘察设计管理条例(2000.9.25)(已被662、687号令修订)
国务院令第294号:中华人民共和国车辆购置税暂行条例(2000.10.22)
国务院令第295号:广播电视设施保护条例(2000.11.5)
国务院令第296号:煤矿安全监察条例(2000.11.7)(已被638号令修订)
国务院令第297号:金融资产管理公司条例(2000.11.10)
国务院、中央军事委员会令第298号:中华人民共和国军事设施保护法实施办法(2001.1.12)
国务院令第299号:长江三峡工程建设移民条例(2001.2.21)(已被588号令修订)
国务院令第300号:集成电路布图设计保护条例(2001.4.2)
国务院令第301号:国务院关于修改《中华人民共和国外资企业法实施细则》的决定(2001.4.12)
国务院令第302号:国务院关于特大安全事故行政责任追究的规定(2001.4.21)
国务院令第303号:国务院关于禁止在市场经济活动中实行地区封锁的规定(2001.4.21)(已被588号令修订)
国务院令第304号:农业转基因生物安全管理条例(2001.5.23)(已被588、687号令修订)
~~国务院令第305号:城市房屋拆迁管理条例(2001.6.13)(已被590号令废止)~~
国务院令第306号:中华人民共和国专利法实施细则(2001.6.15)(已被368、569号令修订)
国务院令第307号:报废汽车回收管理办法(2001.6.16)
国务院令第308号:中华人民共和国母婴保健法实施办法(2001.6.20)(已被690号令修订)
国务院令第309号:计划生育技术服务管理条例(2001.6.13)(已被428号令修订)
国务院令第310号:行政执法机关移送涉嫌犯罪案件的规定(2001.7.9)
国务院令第311号:国务院关于修改《中华人民共和国中外合资经营企业法实施条例》的决定(2001.7.22)
国务院、中央军事委员会令第312号:国务院、中央军委关于修改《中华人民共和国飞行基本规则》的决定(2001.7.27)
~~国务院令第313号:石油天然气管道保护条例(2001.8.2)(已被588号令废止)~~
国务院令第314号:棉花质量监督管理条例(2001.8.3)(已

被470、687号令修订)
国务院令第315号:印刷业管理条例(2001.8.2)(已被666、676号令修订)
国务院、中央军事委员会令第316号:国务院、中央军委关于修改《征兵工作条例》的决定(2001.9.5)
国务院令第317号:国务院关于修改《中华人民共和国对外合作开采陆上石油资源条例》的决定(2001.9.23)
国务院令第318号:国务院关于修改《中华人民共和国对外合作开采海洋石油资源条例》的决定(2001.9.23)
国务院令第319号:国务院关于废止2000年底以前发布的部分行政法规的决定(2001.10.6)
国务院令第320号:长江河道采砂管理条例(2001.10.25)
国务院令第321号:行政法规制定程序条例(2001.11.16)
国务院令第322号:规章制定程序条例(2001.11.16)
国务院令第323号:地震安全性评价管理条例(2001.11.15)(已被676号令修订)
国务院令第324号:金融机构撤销条例(2001.11.23)
~~国务院令第325号:国务院关于修改《兽药管理条例》的决定(2001.11.29)(已被516号令废止)~~
国务院令第326号:国务院关于修改《农药管理条例》的决定(2001.11.29)
国务院令第327号:国务院关于修改《饲料和饲料添加剂管理条例》的决定(2001.11.29)
国务院令第328号:中华人民共和国反倾销条例(2001.11.26)(已被401号令修订)
国务院令第329号:中华人民共和国反补贴条例(2001.11.26)(已被402号令修订)
国务院令第330号:中华人民共和国保障措施条例(2001.11.26)(已被403号令修订)
国务院令第331号:中华人民共和国技术进出口管理条例(2001.12.10)(已被588号令修订)
国务院令第332号:中华人民共和国货物进出口管理条例(2001.12.10)
国务院令第333号:外商投资电信企业管理规定(2001.12.11)(已被534、666号令修订)
~~国务院令第334号:国务院关于修改《旅行社管理条例》的决定(2001.12.11)(已被550号令废止)~~
国务院令第335号:中华人民共和国国际海运条例(2001.12.11)(已被638、666号令修订)
国务院令第336号:中华人民共和国外资保险公司管理条例(2001.12.12)(已被636、666号令修订)
国务院令第337号:法规规章备案条例(2001.12.14)
国务院令第338号:外国律师事务所驻华代表机构管理条例(2001.12.22)
国务院令第339号:计算机软件保护条例(2001.12.20)(已被588、632号令修订)
~~国务院令第340号:中华人民共和国外资金融机构管理条例(2001.12.20)(已被478号令废止)~~
国务院令第341号:音像制品管理条例(2001.12.25)(已被595、645、666号令修订)
国务院令第342号:电影管理条例(2001.12.25)
国务院令第343号:出版管理条例(2001.12.25)(已被594、638、653、666号令修订)
国务院令第344号:危险化学品安全管理条例(2002.1.26)(已被591、645号令修订)
国务院令第345号:奥林匹克标志保护条例(2002.2.4)
国务院令第346号:指导外商投资方向规定(2002.2.11)
国务院令第347号:(任命董建华为中华人民共和国香港特别行政区第二任行政长官)(2002.3.4)
国务院令第348号:人工影响天气管理条例(2002.3.19)
国务院令第349号:地质资料管理条例(2002.3.19)(已被666、676号令修订)
国务院令第350号:国务院关于修改《住房公积金管理条例》的决定(2002.3.24)
国务院令第351号:医疗事故处理条例(2002.4.4)
国务院令第352号:使用有毒物品作业场所劳动保护条例(2002.5.12)
国务院令第353号:行政区域界线管理条例(2002.5.13)
国务院令第354号:中国公民出国旅游管理办法(2002.5.27)(已被676号令修订)
国务院令第355号:中华人民共和国内河交通安全管理条例(2002.6.28)(已被588、676号令修订)
国务院令第356号:专职守护押运人员枪支使用管理条例(2002.7.27)
国务院令第357号:社会抚养费征收管理办法(2002.8.2)
国务院令第358号:中华人民共和国商标法实施条例(2002.8.3)(已被651号令修订)
国务院令第359号:中华人民共和国著作权法实施条例(2002.8.2)(已被588、633号令修订)
国务院令第360号:中华人民共和国药品管理法实施条例(2002.8.4)(已被666号令修订)
国务院令第361号:中华人民共和国导弹及相关物项和技术出口管制条例(2002.8.22)
国务院令第362号:中华人民共和国税收征收管理法实施细则(2002.9.7)(已被628、638、666号令修订)
国务院令第363号:互联网上网服务营业场所管理条例(2002.9.29)(已被588、666号令修订)
国务院令第364号:禁止使用童工规定(2002.10.1)
国务院令第365号:中华人民共和国生物两用品及相关设备和技术出口管制条例(2002.10.14)
国务院、中央军事委员会令第366号:国务院、中央军委关于

修改《中华人民共和国军品出口管理条例的决定(2002.10.15)
国务院令第 367 号:退耕还林条例(2002.12.14)(已被 666 号令修订)
国务院令第 368 号:国务院关于修改《中华人民共和国专利法实施细则》的决定(2002.12.28)
国务院令第 369 号:排污费征收使用管理条例(2003.1.2)
~~国务院令第 370 号:无照经营查处取缔办法(2003.1.6)(已被 684 号令废止)~~
国务院、中央军事委员会令第 371 号:通用航空飞行管制条例(2003.1.10)
国务院令第 372 号:中华人民共和国中外合作办学条例(2003.3.1)(已被 638 号令修订)
国务院令第 373 号:特种设备安全监察条例(2003.3.11)(已被 549 号令修订)
国务院令第 374 号:中华人民共和国中医药条例(2003.4.7)
国务院令第 375 号:工伤保险条例(2003.4.27)(已被 586 号令修订)
国务院令第 376 号:突发公共卫生事件应急条例(2003.5.9)(已被 588 号令修订)
国务院令第 377 号:中华人民共和国文物保护法实施条例(2003.5.18)(已被 645、666、676、687 号令修订)
国务院令第 378 号:企业国有资产监督管理暂行条例(2003.5.27)(已被 588 号令修订)
国务院令第 379 号:物业管理条例(2003.6.8)(已被 504、666 号令修订)
国务院令第 380 号:医疗废物管理条例(2003.6.16)(已被 588 号令修订)
国务院令第 381 号:城市生活无着的流浪乞讨人员救助管理办法(2003.6.20)
国务院令第 382 号:公共文化体育设施条例(2003.6.26)
国务院令第 383 号:中华人民共和国渔业船舶检验条例(2003.6.27)
国务院令第 384 号:海关关衔标志式样和佩带办法(2003.7.15)
国务院令第 385 号:法律援助条例(2003.7.21)
国务院令第 386 号:乡村医生从业管理条例(2003.8.5)
国务院令第 387 号:婚姻登记条例(2003.8.8)
国务院令第 388 号:中央储备粮管理条例(2003.8.15)(已被 588、666 号令修订)
国务院令第 389 号:国务院关于修改《中华人民共和国海关对出口加工区监管的暂行办法》的决定(2003.9.2)
国务院令第 390 号:中华人民共和国认证认可条例(2003.9.3)(已被 666 号令修订)
国务院、中央军事委员会令第 391 号:民用运力国防动员条例(2003.9.11)(已被 588 号令修订)
国务院令第 392 号:中华人民共和国进出口关税条例(2003.11.23)(已被 588、645、666、676 号令修订)
国务院令第 393 号:建设工程安全生产管理条例(2003.11.24)
国务院令第 394 号:地质灾害防治条例(2003.11.24)
国务院令第 395 号:中华人民共和国知识产权海关保护条例(2003.12.2)(已被 572 号令修订)
国务院令第 396 号:国务院关于修改《国家科学技术奖励条例》的决定(2003.12.20)
国务院令第 397 号:安全生产许可证条例(2004.1.13)(已被 638、653 号令修订)
国务院令第 398 号:反兴奋剂条例(2004.1.13)(已被 588、653 号令修订)
国务院令第 399 号:中华人民共和国民办教育促进法实施条例(2004.3.5)
国务院令第 400 号:基金会管理条例(2004.3.8)
国务院令第 401 号:国务院关于修改《中华人民共和国反倾销条例》的决定(2004.3.31)
国务院令第 402 号:国务院关于修改《中华人民共和国反补贴条例》的决定(2004.3.31)
国务院令第 403 号:国务院关于修改《中华人民共和国保障措施条例》的决定(2004.3.31)
国务院令第 404 号:兽药管理条例(2004.4.9)(已被 653、666 号令修订)
国务院令第 405 号:中华人民共和国道路交通安全法实施条例(2004.4.30)(已被 687 号令修订)
国务院令第 406 号:中华人民共和国道路运输条例(2004.4.30)(已被 628、666 号令修订)
国务院令第 407 号:粮食流通管理条例(2004.5.26)(已被 638、666 号令修订)
国务院令第 408 号:危险废物经营许可证管理办法(2004.5.30)(已被 645、666 号令修订)
国务院令第 409 号:地震监测管理条例(2004.6.17)(已被 588 号令修订)
国务院令第 410 号:中华人民共和国归侨侨眷权益保护法实施办法(2004.6.23)
国务院令第 411 号:国务院关于修改《事业单位登记管理暂行条例》的决定(2004.6.27)
国务院令第 412 号:国务院对确需保留的行政审批项目设定行政许可的决定(2004.6.29)(已被 548、671 号令修订)
国务院、中央军事委员会令第 413 号:军人抚恤优待条例(2004.8.1)(已被 602 号令修订)
国务院令第 414 号:(任命何厚铧为中华人民共和国澳门特别行政区第二任行政长官)(2004.9.1)

国务院令第415号:全国经济普查条例(2004.9.5)
国务院令第416号:中华人民共和国进出口货物原产地条例(2004.9.3)
国务院令第417号:收费公路管理条例(2004.9.13)
国务院、中央军事委员会令第418号:国防专利条例(2004.9.17)
国务院令第419号:中华人民共和国行政监察法实施条例(2004.9.17)
国务院令第420号:中华人民共和国海关行政处罚实施条例(2004.9.19)
国务院令第421号:企业事业单位内部治安保卫条例(2004.9.27)
国务院令第422号:世界博览会标志保护条例(2004.10.20)
国务院令第423号:劳动保障监察条例(2004.11.1)
国务院令第424号:病原微生物实验室生物安全管理条例(2004.11.12)(已被666号令修订)
国务院、中央军事委员会令第425号:中国人民解放军实施《中华人民共和国药品管理法》办法(2004.12.9)
国务院令第426号:宗教事务条例(2004.11.30)(已被686号令修订)
国务院令第427号:财政违法行为处罚处分条例(2004.11.30)(已被588号令修订)
国务院令第428号:国务院关于修改《计划生育技术服务管理条例》的决定(2004.12.10)
国务院令第429号:著作权集体管理条例(2004.12.28)(已被588、645号令修订)
~~国务院令第430号:铁路运输安全保护条例(2004.12.27)(已被639号令废止)~~
国务院令第431号:信访条例(2005.1.10)
国务院令第432号:电力监管条例(2005.2.15)
国务院令第433号:(批准中华人民共和国香港特别行政区行政长官董建华辞去行政长官职务)(2005.3.12)
国务院令第434号:疫苗流通和预防接种管理条例(2005.3.24)(已被668号令修订)
国务院令第435号:国务院实施《中华人民共和国民族区域自治法》若干规定(2005.5.19)
国务院、中央军事委员会令第436号:军队参加抢险救灾条例(2005.6.7)
国务院令第437号:(任命曾荫权为中华人民共和国香港特别行政区行政长官)(2005.6.21)
国务院、中央军事委员会令第438号:中国人民解放军文职人员条例(2005.6.23)
国务院令第439号:营业性演出管理条例(2005.7.7)(已被528、638、666号令修订)
国务院令第440号:中华人民共和国工业产品生产许可证管理条例(2005.7.9)
国务院令第441号:国务院关于修改《中华人民共和国防汛条例》的决定(2005.7.15)
国务院令第442号:麻醉药品和精神药品管理条例(2005.8.3)(已被645、666号令修订)
国务院令第443号:直销管理条例(2005.8.23)(已被676号令修订)
国务院令第444号:禁止传销条例(2005.8.23)
国务院令第445号:易制毒化学品管理条例(2005.8.26)(已被653、666号令修订)
国务院令第446号:国务院关于预防煤矿生产安全事故的特别规定(2005.9.3)(已被638号令修订)
国务院令第447号:中华人民共和国进出口商品检验法实施条例(2005.8.31)(已被638、666、676号令修订)
国务院令第448号:国务院关于修改《征收教育费附加的暂行规定》的决定(2005.8.20)
国务院令第449号:放射性同位素与射线装置安全和防护条例(2005.9.14)(已被653号令修订)
国务院令第450号:重大动物疫情应急条例(2005.11.18)(已被687号令修订)
国务院令第451号:国务院关于修改《中华人民共和国公司登记管理条例》的决定(2005.12.18)
国务院令第452号:国务院关于修改《中华人民共和国个人所得税法实施条例》的决定(2005.12.19)
国务院令第453号:国务院关于修改《中华人民共和国统计法实施细则》的决定(2005.12.16)
国务院令第454号:中华人民共和国海关统计条例(2005.12.25)
国务院令第455号:烟花爆竹安全管理条例(2006.1.21)(已被666号令修订)
国务院令第456号:农村五保供养工作条例(2006.1.21)
国务院令第457号:艾滋病防治条例(2006.1.29)
国务院令第458号:娱乐场所管理条例(2006.1.29)(已被666号令修订)
国务院令第459号:(废止《国务院关于对农业特产收入征收农业税的规定》、《屠宰税暂行条例》)(2006.2.17)
国务院令第460号:取水许可和水资源费征收管理条例(2006.2.21)(已被676号令修订)
国务院令第461号:国务院关于修改《价格违法行为行政处罚规定》的决定(2006.2.21)
国务院令第462号:机动车交通事故责任强制保险条例(2006.3.21)(已被618、630、666号令修订)
国务院令第463号:血吸虫病防治条例(2006.4.1)

~~国务院令第464号:中华人民共和国烟叶税暂行条例(2006.4.28)(已被烟叶税法废止)~~

国务院令第465号:中华人民共和国濒危野生动植物进出口管理条例(2006.4.29)

国务院令第466号:民用爆炸物品安全管理条例(2006.5.10)(已被653号令修订)

国务院令第467号:地方志工作条例(2006.5.18)

国务院令第468号:信息网络传播权保护条例(2006.5.18)(已被634号令修订)

国务院令第469号:中华人民共和国测绘成果管理条例(2006.5.27)

国务院令第470号:国务院关于修改《棉花质量监督管理条例》的决定(2006.7.4)

国务院令第471号:大中型水利水电工程建设征地补偿和移民安置条例(2006.7.7)(已被638、645、679号令修订)

国务院令第472号:黄河水量调度条例(2006.7.24)

国务院令第473号:全国农业普查条例(2006.8.23)

国务院令第474号:风景名胜区条例(2006.9.19)(已被666号令修订)

国务院令第475号:防治海洋工程建设项目污染损害海洋环境管理条例(2006.9.19)(已被676号令修订)

国务院令第476号:长城保护条例(2006.10.11)

国务院令第477号:北京奥运会及其筹备期间外国记者在华采访规定(2006.11.1)

国务院令第478号:中华人民共和国外资银行管理条例(2006.11.11)(已被653、657号令修订)

国务院令第479号:公安机关组织管理条例(2006.11.13)

国务院令第480号:国务院关于修改《中华人民共和国核出口管制条例》的决定(2006.11.9)

国务院令第481号:诉讼费用交纳办法(2006.12.19)

~~国务院令第482号:中华人民共和国车船税暂行条例(2006.12.29)(已被车船税法废止)~~

国务院令第483号:国务院关于修改《中华人民共和国城镇土地使用税暂行条例》的决定(2006.12.31)

国务院令第484号:国务院关于修改《中华人民共和国核两用品及相关技术出口管制条例》的决定(2007.1.26)

国务院令第485号:商业特许经营管理条例(2007.2.6)

国务院令第486号:地方各级人民政府机构设置和编制管理条例(2007.2.24)

国务院令第487号:国家自然科学基金条例(2007.2.24)

国务院令第488号:残疾人就业条例(2007.2.25)

国务院令第489号:期货交易管理条例(2007.3.6)(已被627、638、666、676号令修订)

国务院令第490号:(任命曾荫权为中华人民共和国香港特别行政区第三任行政长官)(2007.4.2)

国务院令第491号:人体器官移植条例(2007.3.31)

国务院令第492号:中华人民共和国政府信息公开条例(2007.4.5)

国务院令第493号:生产安全事故报告和调查处理条例(2007.4.9)

国务院令第494号:中华人民共和国船员条例(2007.4.14)(已被638、645、653、676号令修订)

国务院令第495号:行政机关公务员处分条例(2007.4.22)

国务院令第496号:中华人民共和国水文条例(2007.4.25)(已被638、666、676号令修订)

国务院令第497号:国务院关于修改《中华人民共和国合伙企业登记管理办法》的决定(2007.5.9)

国务院令第498号:农民专业合作社登记管理条例(2007.5.28)(已被648号令修订)

国务院令第499号:中华人民共和国行政复议法实施条例(2007.5.29)

国务院令第500号:民用核安全设备监督管理条例(2007.7.11)(已被666号令修订)

国务院令第501号:铁路交通事故应急救援和调查处理条例(2007.7.11)(已被628号令修订)

国务院令第502号:国务院关于修改《对储蓄存款利息所得征收个人所得税的实施办法》的决定(2007.7.20)

国务院令第503号:国务院关于加强食品等产品安全监督管理的特别规定(2007.7.26)

国务院令第504号:国务院关于修改《物业管理条例》的决定(2007.8.26)

国务院令第505号:大型群众性活动安全管理条例(2007.9.14)

国务院令第506号:国务院关于修改《中华人民共和国对外合作开采陆上石油资源条例》的决定(2007.9.18)

国务院令第507号:国务院关于修改《中华人民共和国防治海岸工程建设项目污染损害海洋环境管理条例》的决定(2007.9.25)

国务院令第508号:全国污染源普查条例(2007.10.9)

国务院、中央军事委员会令第509号:国务院、中央军委关于修改《中华人民共和国飞行基本规则》的决定(2007.10.18)

国务院令第510号:现役军人和人民武装警察居民身份证申领发放办法(2007.10.21)

国务院令第511号:中华人民共和国耕地占用税暂行条例(2007.12.1)

国务院令第512号:中华人民共和国企业所得税法实施条例(2007.12.6)

国务院令第513号：国务院关于修改《全国年节及纪念日放假办法》的决定（2007.12.14）
国务院令第514号：职工带薪年休假条例（2007.12.14）
国务院令第515号：国务院关于修改《价格违法行为行政处罚规定》的决定（2008.1.13）
国务院令第516号：国务院关于废止部分行政法规的决定（2008.1.15）
国务院令第517号：护士条例（2008.1.31）
国务院令第518号：土地调查条例（2008.2.7）（已被666号令修订）
国务院令第519号：国务院关于修改《中华人民共和国个人所得税法实施条例》的决定（2008.2.18）
国务院令第520号：地质勘查资质管理条例（2008.3.3）
国务院、中央军事委员会令第521号：武器装备科研生产许可管理条例（2008.3.6）
国务院令第522号：证券公司监督管理条例（2008.4.23）（已被653号令修订）
国务院令第523号：证券公司风险处置条例（2008.4.23）（已被666号令修订）
国务院令第524号：历史文化名城名镇名村保护条例（2008.4.22）（已被687号令修订）
国务院令第525号：生猪屠宰管理条例（2008.5.25）（已被588号令修订）
国务院令第526号：汶川地震灾后恢复重建条例（2008.6.8）
国务院令第527号：对外承包工程管理条例（2008.7.21）（已被676号令修订）
国务院令第528号：国务院关于修改《营业性演出管理条例》的决定（2008.7.22）
国务院令第529号：国务院关于经营者集中申报标准的规定（2008.8.3）
国务院令第530号：民用建筑节能条例（2008.8.1）
国务院令第531号：公共机构节能条例（2008.8.1）（已被676号令修订）
国务院令第532号：中华人民共和国外汇管理条例（2008.8.5）
国务院令第533号：中华人民共和国畜禽遗传资源进出境和对外合作研究利用审批办法（2008.8.28）
国务院令第534号：国务院关于修改《外商投资电信企业管理规定》的决定（2008.9.10）
国务院令第535号：中华人民共和国劳动合同法实施条例（2008.9.18）
国务院令第536号：乳品质量安全监督管理条例（2008.10.9）
国务院令第537号：中华人民共和国外国常驻新闻机构和外国记者采访条例（2008.10.17）
国务院令第538号：中华人民共和国增值税暂行条例（2008.11.10）（已被666、691号令修订）
国务院令第539号：中华人民共和国消费税暂行条例（2008.11.10）
~~国务院令第540号：中华人民共和国营业税暂行条例（2008.11.10）（已被691号令废止）~~
国务院令第541号：森林防火条例（2008.12.1）
国务院令第542号：草原防火条例（2008.11.29）
~~国务院令第543号：国务院关于修改《中华人民共和国公路管理条例》的决定（2008.12.27）（已被593号令废止）~~
~~国务院令第544号：国务院关于修改《中华人民共和国水路运输管理条例》的决定（2008.12.27）（已被625号令废止）~~
国务院令第545号：国务院关于修改《中华人民共和国航道管理条例》的决定（2008.12.27）
国务院令第546号：（废止《城市房地产税暂行条例》、《长江干线航道养护费征收办法》、《内河航道养护费征收和使用办法》）（2008.12.31）
国务院、中央军事委员会令第547号：军服管理条例（2009.1.13）
国务院令第548号：国务院关于修改《国务院对确需保留的行政审批项目设定行政许可的决定》的决定（2009.1.29）
国务院令第549号：国务院关于修改《特种设备安全监察条例》的决定（2009.1.24）
国务院令第550号：旅行社条例（2009.2.20）（已被666、676号令修订）
国务院令第551号：废弃电器电子产品回收处理管理条例（2009.2.25）
国务院令第552号：中华人民共和国抗旱条例（2009.2.26）
国务院令第553号：民用机场管理条例（2009.4.13）
国务院令第554号：彩票管理条例（2009.5.4）
国务院令第555号：流动人口计划生育工作条例（2009.5.11）
国务院令第556号：基础测绘条例（2009.5.12）
国务院令第557号：中华人民共和国食品安全法实施条例（2009.7.20）（已被666号令修订）
国务院令第558号：（任命崔世安为中华人民共和国澳门特别行政区第三任行政长官）（2009.8.10）
国务院令第559号：规划环境影响评价条例（2009.8.17）
国务院令第560号：全民健身条例（2009.8.30）（已被638、666号令修订）
国务院令第561号：防治船舶污染海洋环境管理条例（2009.9.9）（已被638、645、653、666、676号令修订）
国务院令第562号：放射性物品运输安全管理条例（2009.9.14）

国务院令第563号:农业机械安全监督管理条例(2009.9.17)(已被666号令修订)
国务院令第564号:保安服务管理条例(2009.10.13)
国务院令第565号:政府参事工作条例(2009.11.2)
国务院令第566号:广播电台电视台播放录音制品支付报酬暂行办法(2009.11.10)(已被588号令修订)
国务院令第567号:外国企业或者个人在中国境内设立合伙企业管理办法(2009.11.25)
国务院令第568号:行政学院工作条例(2009.12.22)
国务院令第569号:国务院关于修改《中华人民共和国专利法实施细则》的决定(2010.1.9)
国务院令第570号:气象灾害防御条例(2010.1.27)(已被687号令修订)
国务院令第571号:中华人民共和国审计法实施条例(2010.2.11)
国务院令第572号:国务院关于修改《中华人民共和国知识产权海关保护条例》的决定(2010.3.24)
国务院令第573号:消耗臭氧层物质管理条例(2010.4.8)
国务院令第574号:国务院关于修改《中华人民共和国国境卫生检疫法实施细则》的决定(2010.4.24)
~~国务院令第575号:国务院关于修改《中华人民共和国外国人入境出境管理法实施细则》的决定(2010.4.24)(已被出境入境管理法废止)~~
国务院令第576号:全国人口普查条例(2010.5.24)
国务院令第577号:自然灾害救助条例(2010.7.8)
国务院、中央军事委员会令第578号:中国人民解放军现役士兵服役条例(2010.7.26)
国务院、中央军事委员会令第579号:中华人民共和国无线电管制规定(2010.8.31)
国务院令第580号:古生物化石保护条例(2010.9.5)
国务院令第581号:中华人民共和国海关事务担保条例(2010.9.14)
国务院、中央军事委员会令第582号:武器装备质量管理条例(2010.9.30)
国务院令第583号:城镇燃气管理条例(2010.11.19)(已被666号令修订)
国务院令第584号:外国企业常驻代表机构登记管理条例(2010.11.19)(已被638号令修订)
国务院令第585号:国务院关于修改《价格违法行为行政处罚规定》的决定(2010.12.4)
国务院令第586号:国务院关于修改《工伤保险条例》的决定(2010.12.20)
国务院令第587号:国务院关于修改《中华人民共和国发票管理办法》的决定(2010.12.20)
国务院令第588号:国务院关于废止和修改部分行政法规的决定(2011.1.8)
国务院令第589号:国家赔偿费用管理条例(2011.1.17)
国务院令第590号:国有土地上房屋征收与补偿条例(2011.1.21)
国务院令第591号:危险化学品安全管理条例(2011.3.2)(已被645号令修订)
国务院令第592号:土地复垦条例(2011.3.5)
国务院令第593号:公路安全保护条例(2011.3.7)
国务院令第594号:国务院关于修改《出版管理条例》的决定(2011.3.19)
国务院令第595号:国务院关于修改《音像制品管理条例》的决定(2011.3.19)
国务院令第596号:个体工商户条例(2011.4.16)(已被648、666号令修订)
国务院令第597号:戒毒条例(2011.6.26)
国务院、中央军事委员会令第598号:军工关键设备设施管理条例(2011.6.24)
国务院令第599号:电力安全事故应急处置和调查处理条例(2011.7.7)
国务院令第600号:国务院关于修改《中华人民共和国个人所得税法实施条例》的决定(2011.7.19)
国务院令第601号:烈士褒扬条例(2011.7.26)
国务院、中央军事委员会令第602号:国务院、中央军事委员会关于修改《军人抚恤优待条例》的决定(2011.7.29)
国务院令第603号:公安机关督察条例(2011.8.31)
国务院令第604号:太湖流域管理条例(2011.9.7)
国务院令第605号:国务院关于修改《中华人民共和国资源税暂行条例》的决定(2011.9.30)
国务院令第606号:国务院关于修改《中华人民共和国对外合作开采陆上石油资源条例》的决定(2011.9.30)
国务院令第607号:国务院关于修改《中华人民共和国对外合作开采海洋石油资源条例》的决定(2011.9.30)
国务院、中央军事委员会令第608号:退役士兵安置条例(2011.10.29)
国务院令第609号:饲料和饲料添加剂管理条例(2011.11.3)(已被645号令修订)
~~国务院令第610号:中华人民共和国船舶吨税暂行条例(2011.12.5)(已被船舶吨税法废止)~~
国务院令第611号:中华人民共和国车船税法实施条例(2011.12.5)
国务院令第612号:放射性废物安全管理条例(2011.12.20)
国务院令第613号:中华人民共和国招标投标法实施条例(2011.12.20)(已被676号令修订)
国务院令第614号:拘留所条例(2012.2.23)
国务院令第615号:海洋观测预报管理条例(2012.3.1)

国务院令第 616 号:(任命梁振英为中华人民共和国香港特别行政区第四任行政长官)(2012.3.28)
国务院令第 617 号:校车安全管理条例(2012.4.5)
国务院令第 618 号:国务院关于修改《机动车交通事故责任强制保险条例》的决定(2012.3.30)
国务院令第 619 号:女职工劳动保护特别规定(2012.4.28)
国务院令第 620 号:对外劳务合作管理条例(2012.6.4)
国务院令第 621 号:机关事务管理条例(2012.6.28)
国务院令第 622 号:无障碍环境建设条例(2012.6.28)
国务院令第 623 号:气象设施和气象探测环境保护条例(2012.8.29)(已被 666 号令修订)
国务院令第 624 号:教育督导条例(2012.9.9)
国务院令第 625 号:国内水路运输管理条例(2012.10.13)(已被 666、676 号令修订)
国务院令第 626 号:缺陷汽车产品召回管理条例(2012.10.22)
国务院令第 627 号:国务院关于修改《期货交易管理条例》的决定(2012.10.24)
国务院令第 628 号:国务院关于修改和废止部分行政法规的决定(2012.11.9)
国务院令第 629 号:农业保险条例(2012.11.12)(已被 666 号令修订)
国务院令第 630 号:国务院关于修改《机动车交通事故责任强制保险条例》的决定(2012.12.17)
国务院令第 631 号:征信业管理条例(2013.1.21)
国务院令第 632 号:国务院关于修改《计算机软件保护条例》的决定(2013.1.30)
国务院令第 633 号:国务院关于修改《中华人民共和国著作权法实施条例》的决定(2013.1.30)
国务院令第 634 号:国务院关于修改《信息网络传播权保护条例》的决定(2013.1.30)
国务院令第 635 号:国务院关于修改《中华人民共和国植物新品种保护条例》的决定(2013.1.31)
国务院令第 636 号:国务院关于修改《中华人民共和国外资保险公司管理条例》的决定(2013.5.30)
国务院令第 637 号:中华人民共和国外国人入境出境管理条例(2013.7.12)
国务院令第 638 号:国务院关于废止和修改部分行政法规的决定(2013.7.18)
国务院令第 639 号:铁路安全管理条例(2013.8.17)
国务院令第 640 号:长江三峡水利枢纽安全保卫条例(2013.9.9)
国务院令第 641 号:城镇排水与污水处理条例(2013.10.2)
国务院令第 642 号:国务院关于修改《国际收支统计申报办法》的决定(2013.11.9)
国务院令第 643 号:畜禽规模养殖污染防治条例(2013.11.11)
国务院令第 644 号:国务院关于修改《全国年节及纪念日放假办法》的决定(2013.12.11)
国务院令第 645 号:国务院关于修改部分行政法规的决定(2013.12.7)
国务院令第 646 号:中华人民共和国保守国家秘密法实施条例(2014.1.17)
国务院令第 647 号:南水北调工程供用水管理条例(2014.2.16)
国务院令第 648 号:国务院关于废止和修改部分行政法规的决定(2014.2.19)
国务院令第 649 号:社会救助暂行办法(2014.2.21)
国务院令第 650 号:医疗器械监督管理条例(2014.3.7)(已被 680 号令修订)
国务院令第 651 号:中华人民共和国商标法实施条例(2014.4.29)
国务院令第 652 号:事业单位人事管理条例(2014.4.25)
国务院令第 653 号:国务院关于修改部分行政法规的决定(2014.7.29)
国务院令第 654 号:企业信息公示暂行条例(2014.8.7)
国务院令第 655 号:(任命崔世安为中华人民共和国澳门特别行政区第四任行政长官)(2014.9.17)
国务院令第 656 号:不动产登记暂行条例(2014.11.24)
国务院令第 657 号:国务院关于修改《中华人民共和国外资银行管理条例》的决定(2014.11.27)
国务院令第 658 号:中华人民共和国政府采购法实施条例(2015.1.30)
国务院令第 659 号:博物馆条例(2015.2.9)
国务院令第 660 号:存款保险条例(2015.2.17)
国务院令第 661 号:国务院关于修改《中国公民往来台湾地区管理办法》的决定(2015.6.14)
国务院令第 662 号:国务院关于修改《建设工程勘察设计管理条例》的决定(2015.6.12)
国务院令第 663 号:居住证暂行条例(2015.11.26)
国务院令第 664 号:地图管理条例(2015.11.26)
国务院令第 665 号:中华人民共和国澳门特别行政区行政区域图(2015.12.20)
国务院令第 666 号:国务院关于修改部分行政法规的决定(2016.2.6)
国务院令第 667 号:全国社会保障基金条例(2016.3.10)
国务院令第 668 号:国务院关于修改《疫苗流通和预防接种管理条例》的决定(2016.4.23)
国务院令第 669 号:农田水利条例(2016.5.17)
国务院令第 670 号:国务院关于修改《中华人民共和国海关稽查条例》的决定(2016.6.19)
国务院令第 671 号:国务院关于修改《国务院对确需保留的行政审批项目设定行政许可的决定》的决定(2016.8.25)
国务院、中央军事委员会令第 672 号:中华人民共和国无线

电管理条例(2016.11.11)

国务院令第673号:企业投资项目核准和备案管理条例(2016.11.30)

国务院令第674号:残疾人教育条例(2017.2.1)

国务院令第675号:残疾预防和残疾人康复条例(2017.2.7)

国务院令第676号:国务院关于修改和废止部分行政法规的决定(2017.3.1)

国务院令第677号:农药管理条例(2017.3.16)

国务院令第678号:(任命林郑月娥为中华人民共和国香港特别行政区第五任行政长官)(2017.3.31)

国务院令第679号:国务院关于修改《大中型水利水电工程建设征地补偿和移民安置条例》的决定(2017.4.14)

国务院令第680号:国务院关于修改《医疗器械监督管理条例》的决定(2017.5.4)

国务院令第681号:中华人民共和国统计法实施条例(2017.5.28)

国务院令第682号:国务院关于修改《建设项目环境保护管理条例》的决定(2017.7.16)

国务院令第683号:融资担保公司监督管理条例(2017.8.2)

国务院令第684号:无证无照经营查处办法(2017.8.6)

国务院令第685号:志愿服务条例(2017.8.22)

国务院令第686号:宗教事务条例(2017.8.26)

国务院令第687号:国务院关于修改部分行政法规的决定(2017.10.7)

国务院令第688号:机关团体建设楼堂馆所管理条例(2017.10.5)

国务院、中央军事委员会令第689号:中国人民解放军文职人员条例(2017.9.27)

国务院令第690号:国务院关于修改部分行政法规的决定(2017.11.17)

国务院令第691号:国务院关于废止《中华人民共和国营业税暂行条例》和修改《中华人民共和国增值税暂行条例》的决定(2017.)

国务院令第692号:中华人民共和国反间谍法实施细则(2017.11.22)

国务院令第693号:中华人民共和国环境保护税法实施条例(2017.12.25)

对本丛书部分读者意见的统一回复

编者按：本套丛书出版以来，收到了大量的读者意见反馈表，网上书店也有大量评论。大部分读者对本丛书表示了肯定和好评，编者在此一并致以诚挚的谢意。读者的批评和差评也是我们改进的动力，编者在此对于一些典型的“差评”统一予以回复，希望能够解答读者的疑虑。

> 作为工具书是不错了，但是本身没有什么原创性，都是一些资料的集合卖这么贵就有点坑了，资料都是在网上可以下载的

不可否认法规工具书确实存在原创性不足、资料并非独家等问题。本书编辑出版的目的就在于为读者提供查询的便利，避免读者在几百万条的法规库中苦苦寻找自己需要的那几十个文件。因为即使有搜索引擎，是否能搜全、搜到的文本是否准确、有没有遗漏本领域关键条文，也是不少读者担心的问题，而这正是本书出版的价值所在。至于定价，不管是原创也好、汇编也罢，目前国内的图书出版仍然是按照成本定价法，即书越厚越贵，印量越小越贵，因此作为小印量的专业类图书，本书的定价标准可能比小说等大众类高印量图书略贵，但仍然是根据成本测算确定的合理价格，并非暴利。

> 内容很翔实，但是缺点亦显而易见：没有对重点法条进行详解

如您所见，本书已经很厚了，如果再增加对重点法条的详解，可能维持目前这个定价较为困难。本书的主要功能是在本领域提供便利和全面的查询，如需深入理解学习，建议您购买配套的主体法注释本或者释义，二者定价都不高，相信能满足您的需求。

> 同事也想买几套，就是到现在还缺货，不知道什么时候能买到

本书为受众群体较小的专业类图书，出于库存压力和成本考虑，每年均限量印刷，印刷的副本销售完后便不再重印，只能等待年底更新。如果网店断货时间较长，建议您去实体店看看有无剩余，或者等来年再购买新版。

书拿到了，缺少第17-32页，心情一下子很不好，懒得退了，正版书出这种问题实在无法原谅

图书在装订过程中的确有可能出现缺页的情况，虽然概率极低，但目前确实难以完全避免。如果读者正好购买到缺页的图书，请与本书责任编辑或责任印制联系免费退换。联系方式请见书末读者意见反馈表。

发现有些法规收录不全

本书收录的法规在出版前经过了编者的时效性核实，对于已经失效或废止的法规均未收录在内。如您发现有您需要的、本书编辑出版前已经公布的法律文件未被收录，请通过邮箱或书末所附电话告诉我们。如确系本领域重要文件，我们将在再版时予以添加。对于提供重大出版意见并被采纳的，还将获赠书籍。对于本书出版后一年内新公布的法律文件，我们将通过电子版的方式为您提供免费增补。

法规不是很全，有很多节选的

同上，请将您需要的法规告知我们。关于节选，本套丛书编纂的原则是尽可能的全文收录。但确实存在一些文件很长，但通篇又只有个别条文与本领域有关（如合同法律法规全书收录的《城市房地产管理法》，其中与房屋租赁合同相关的部分只占很小的比例），为了节省篇幅以尽可能调低定价，我们做了节选处理，请读者谅解。

编辑电话老是没人接

出版社编辑经常需要外出组稿及在社内沟通联络各出版环节，无法一直坐在工位上接听读者来电，请您谅解。如编辑电话打不通，您可通过以下途径联系我们：

1.拨打出版社统一咨询电话010-63939796，由客服人员转达意见

2.用手机扫描本书最后及封底的法规中心服务公众号二维码直接与法律出版社法规中心工作人员联系

3.直接通过法律出版社法规中心电子邮箱联系，电子邮箱地址为：law@lawpress.com.cn或faguizhongxin@163.com

- 书中缺少物权法司法解释
- 竟然没有收录合同法解释三

司法解释都有明确的名称，除直接针对法律本身作出的解释可以简称为某某法司法解释外，其他司法解释均不能自行简称为某某法司法解释。如：《最高人民法院关于审理买卖合同纠纷案件适用法律问题的解释》不能称为“合同法解释三”，可简称“买卖合同司法解释”；《最高人民法院关于审理建筑物区分所有权纠纷案件具体应用法律若干问题的解释》属于物权法相关司法解释，但不能直接简称为“物权法司法解释”。建议您先核实所要找的司法解释全称，再查找书中是否有遗漏。我们每年修订时都会梳理两版修订期间新公布的所有法律、行政法规、司法解释，相信在重要文件方面不会有所遗漏。如有，恳请您通知我们，便于我们改进。

- 封面翘得厉害
- 书折痕非常明显，边缘都坏掉了
- 书边都撞皱了好难看啊

这一问题在读者反馈中较为普遍，因此从2016版开始，本书增加了勒口（即封面、封底的延长内折部分），相信可以较为有效的解决封面上翘、折压问题。但对于物流中因冲撞、挤压等导致的褶皱、破损等问题，我们确实无法预见和预防，请您谅解。如果担心书在运输中损坏，您可以去实体店购买。

字好小，密密麻麻的

要在五六百页的篇幅内容纳一百余万字的内容，只能在字号、行距上进行压缩。本套除《司法解释全集》和《常用法律法规全书》外，均采用小五号字，在同类工具书中字号已经属于较大了。另外，我们针对部分重要法律出版了“大字本”，可供您选择。

- 感觉不像正版的，印得不清楚
- 正版书，印刷质量很好
- 非常差的纸质，绝对盗版
- 纸张质量很好，应该是正品

关于纸张和印刷质量，不同读者评判的标准不同。本书正文采用70克原白胶版纸印刷，属于普通图书正常用纸。法律出版社选取的印刷厂均在业界口碑良好，但任何机器运作中都无法完全避免缺页、倒装问题（概率极低），如有此类问题，您可以联系我们退换。

挺实用的，不过貌似和2016年版的没什么不同啊

国家每年都会修改或新出台若干部法律、行政法规、司法解释，以及大量的行政规章、规范性文件，但不同领域的法律文件更新频率不同。有的领域一直面临频繁的法规更新，如公司、证券（上市公司）、银行业、刑法等；有的领域因为立法热点的原因，近年来更新较为频繁，如刑事诉讼、民事诉讼、反贪污贿赂等；有的领域每年有一些更新，如工程建设、民事、土地、医疗、合同等；有的领域曾经是立法热点，但近年来立法趋于稳定，更新不再频繁，如劳动、合同、知识产权、房地产等。但不管哪种情况，每年都会有一定量的内容更新，只是根据立法的实际情况，不同分册的更新比例不同。同时由于小印量的原因，上一年的图书基本都已售罄，再版时一定会体现当年的最新立法，请您放心购买。

买了你们的书，可是拿去找相关部门时，相关部门不认你们书里的规定，说对他们没有法律效力。

首先，我们收录的文件都经过时效性审核，可以确保出版时的现行有效（但不排除个别文件发文时间在付印前，实际公开时间在付印后的情形）。从出版到您购买图书期间如果发生了法规的修改、废止等情况，则难以避免。但每年有修改、废止的法规毕竟是少数，如果不确定您想用的法规是否现行有效，您可拨打编辑部电话或者通过电子邮箱、QQ咨询。

其次，不同法律文件的效力级别不同，在宪法以下，国家法律、行政法规、司法解释都是具有较高法律效力的文件，只要是现行有效的，就具有法律约束力，任何机关和个人无权否认其法律效力。行政规章的效力级别稍低，在行政管理中对本领域有效，在审判中能起到参考作用。司法文件、规范性文件的效力级别更低，不具有普遍的约束力，但其发文对象对于它们各自规范的事项仍是应该遵守的。

再次，不排除个别政府部门工作人员只认红头文件和标准文本，不认可法规汇编的效力。红头文件一般大众难以获取，标准文本分别限定收录在国家指定的刊物中，按半月、月或双月出版发行，数量极大且非常分散，不利于普通大众对单一领域文件的获取。因此，我们将分散在不同出处的、庞杂的文件予以汇编，便于读者查询使用。在通过行政复议、民事诉讼、行政诉讼等方式解决问题时，不需要当事人提供法规纸质文本，只需列出文件名和具体条款即可。另外，根据《政府信息公开条例》，对于涉及公民、法人或者其他组织切身利益的信息，也可以申请政府信息公开。

封面写的2017年版，但里面没有当年的新法规！

本书出版于201×年1~3月（不同分册出版时间可能略有差异），出版前还需经过编辑、排版、印刷等流程，故收录的文件截止日期往往更前，这是所有法规工具书的共同缺陷。本书将收录文件的截止日期标识在编辑出版说明中。纸质出版具有相对滞后性的缺点，如您需要了解最新法规信息，可关注我们的服务号获取。

从2012年开始买你们的书，每年都买，怎么2017年买的跟以前不一样了？

非常抱歉，我们2017年原计划采用全新配色，并对封面进行了重新设计。但改后的封面配色方案跟以往图书有较大的不同，既难以与以往版本相关联，也难以与其他同质产品相区分。故2018年后我们将恢复2009年至2016年间广泛采用的“彩虹色系”配色方案，除个别分册外，均恢复原封面色彩。

市场上同名图书较多，怎么确定买到的是你们的版本？

法律出版社“法律法规全书”系列，是市场上最早采用“方砖”开本的法规工具书产品，随着本书日渐受到读者认可和欢迎，同类产品也逐渐涌现并且越来越多。这一方面增加了读者选购的辨识难度，另一方面也给了读者更多的选择机会，是市场经济发展的必然规律。如果您希望购买的是我们这套产品，请在购买时认准封面的“独角兽”（獬豸）标识，该标识为法律出版社的品牌形象。另外，法律出版社是被评为一级的100家图书出版单位之一，被授予“全国百佳图书出版单位”，我们在封面上也添加了相应标识，可与其他图书相区分。

扫描二维码关注：法规中心读者服务部（服务号）

获取免费增补材料